BUCHREIHE

FINANZ UND STEUERN

Band 3, Einkommensteuer

Einkommensteuer

von

Wolfgang Zenthöfer

Oberregierungsrat

Dozent an der Fachhochschule für Finanzen
Nordrhein-Westfalen, Nordkirchen

Prof. Dr. Dieter Schulze zur Wiesche

4., völlig neubearbeitete Auflage

1997

SCHÄFFER-POESCHEL VERLAG
STUTTGART

Die Deutsche Bibliothek — CIP-Einheitsaufnahme

Zenthöfer, Wolfgang:
Einkommensteuer / von Wolfgang Zenthöfer; Dieter Schulze zur Wiesche. — 4., neubearb. Aufl. — Stuttgart: Schäffer-Poeschel, 1997
(Buchreihe Finanz und Steuern; Bd. 3)
ISBN 3-8202-1125-X
NE: Schulze zur Wiesche, Dieter; GT

gedruckt auf säure- und chlorfreiem, alterungsbeständigem Papier

ISBN 3-8202-1125-X

Dieses Werk einschließlich aller seiner Teile ist urheberrechtlich geschützt. Jede Verwertung außerhalb der engen Grenzen des Urheberrechtsgesetzes ist ohne Zustimmung des Verlages unzulässig und strafbar. Das gilt insbesondere für Vervielfältigungen, Übersetzungen, Mikroverfilmungen und die Einspeicherung und Verarbeitung in elektronischen Systemen

© 1997 Schäffer-Poeschel Verlag für Wirtschaft · Steuern · Recht GmbH
Satz: Dörr + Schiller GmbH, Stuttgart
Druck und Bindung: Franz Spiegel Buch GmbH, Ulm
Printed in Germany

Schäffer-Poeschel Verlag Stuttgart
Ein Tochterunternehmen der Verlagsgruppe Handelsblatt

Vorwort zur 4. Auflage

Das vorliegende Buch will eine Verbindung zwischen didaktisch aufbereiteter Vermittlung von Grundlagenwissen und weitergehenden Informationen für den Praktiker schaffen. Der Stoff wird methodisch dargestellt und durch zahlreiche Beispiele verdeutlicht.

Es soll daher auch für denjenigen verständlich sein, der sich erst einkommensteuerliche Grundbegriffe aneignen will. Die Beispiele sind zum Teil komplex und eignen sich somit auch für eine Klausurvorbereitung. Das Buch bietet jedoch über das Grundlagenwissen hinaus in vielen Bereichen einen tiefergehenden stofflichen Umfang, ohne dabei das Prinzip der systematischen Aufbereitung aufzugeben.

Behandelt sind alle wesentlichen Teile des „reinen" Einkommensteuerrechts, ausgenommen die Vorschriften, die die Buchführung, Bilanzierung und Gewinnermittlung durch Betriebsvermögensvergleich betreffen. Wegen der Gesamtdarstellung des Bilanzsteuerrechts wird auf Band 1 dieser Buchreihe verwiesen.

Berücksichtigt sind auch Grundzüge des Umwandlungssteuerrechts, des internationalen Steuerrechts einschließlich Doppelbesteuerungsabkommen sowie des Außensteuerrechts (AStG).

Das Lehrbuch richtet sich nicht nur an den **Ausbildungs-** und **Fortbildungsbereich,** sondern soll auch den Praktiker ansprechen, der eine Orientierung bei wesentlichen Einzelfragen sucht.

Einen Kommentar kann und will dieser Band jedoch nicht ersetzen.

Das Lehrbuch berücksichtigt den **neuesten Rechtsstand 1.1.1996/97.** Soweit die Rechtslage sich zum **1.1.1997** ändert, werden auch diese Änderungen anhand des Regierungsentwurfs des Jahressteuergesetzes 1997 bereits vorgestellt.

Alle relevanten Änderungsgesetze sind bereits vollständig eingearbeitet u.a.

- **Jahressteuergesetz 1996**
- **Jahressteuer-Ergänzungsgesetz 1996**
- **Eigenheimzulagengesetz**

Die bis zum **31.10.1996 veröffentlichte höchstrichterliche Rechtsprechung** ist ebenso berücksichtigt wie der Entwurf der **Einkommensteuer-Richtlinien 1996** und die Hinweise im **Einkommensteuer-Handbuch.**

Für Anregungen und Hinweise sind die Verfasser dankbar.

November 1996   Die Verfasser

Bearbeiterübersicht:

Schulze zur Wiesche: Abschnitte A, B, E, K. 2.1 bis K. 2.3, K. 4, K. 10, K. 11

Zenthöfer: Abschnitte C, D, G, I, J, K. 1, K. 2.4 bis K. 2.9, K. 3, K. 5, K. 7, K. 8, K. 9, L, M, O, P, Q

Schulze zur Wiesche / Zenthöfer: Abschnitte F, H, K. 6, N

Gesamtbearbeitung und Gesamtverantwortung: Zenthöfer

Inhaltsverzeichnis

	Seite
Vorwort zur 4. Auflage	V
Bearbeiterübersicht	VI
Abkürzungsverzeichnis	XLVII

A. Wesen und Grundlagen der Einkommensteuer

		Seite
1.	**Wesen und Bedeutung**	1
1.1	Bedeutung der Einkommensteuer	1
1.2	Einkommensteuer im Steuersystem	1
1.2.1	Einkommensteuer als direkte Steuer	1
1.2.2	Besitzsteuer	1
1.2.3	Personensteuer	1
1.2.4	Einkommensteuer als Veranlagungs- und Abzugssteuer	1
1.3	Gesetzgebung, Ertragshoheit, Verwaltungshoheit	1
1.3.1	Gesetzgebungskompetenz	1
1.3.2	Ertragshoheit	2
1.3.3	Verwaltungshoheit	2
2.	**Rechtsgrundlagen**	2
3.	**Rechtsentwicklung der ESt**	3
4.	**Jahressteuergesetz 1996 – Überblick –**	4
5.	**Änderungen aufgrund des „Eigenheimzulagengesetzes"**	8
6.	**Geplante Änderungen des EStG nach dem Entwurf des JStG 1997 (BR-Drucks. 390/96 vom 24. 5. 1996)**	8

B. Persönliche Steuerpflicht

		Seite
1.	**Allgemeiner Überblick**	9
1.1	Abgrenzung von der sachlichen Steuerpflicht	9
1.2	Abgrenzung des Personenkreises	9
1.3	Arten der persönlichen Steuerpflicht	9
2.	**Unbeschränkte Steuerpflicht**	10
2.1	Voraussetzungen	10
2.2	Wohnsitz	11
2.2.1	Wohnung	11
2.2.2	Innehaben einer Wohnung	11
2.2.3	Beibehaltungs- und Benutzungsabsicht	12
2.2.4	Aufgabe des Wohnsitzes	13
2.3	Gewöhnlicher Aufenthalt	13
2.3.1	Aufenthalt mit Verweilensabsicht	13
2.3.2	Sechsmonatsfrist des § 9 Satz 2 AO	13
2.3.3	Billigkeitsregelung (§ 9 Satz 3 AO)	14
2.4	Inland	14
3.	**Erweiterte unbeschränkte Steuerpflicht**	15

4.	Unbeschränkte Steuerpflicht auf Antrag (§§ 1 u. 1a EStG)	15
5.	Beschränkte Steuerpflicht	15
6.	Erweiterte beschränkte Steuerpflicht	16
7.	**Beginn und Ende der Steuerpflicht**	16
7.1	Geburt, Tod und Verschollenheit	16
7.1.1	Grundsatz	16
7.1.2	Nasciturus (Kind im Mutterleib)	16
7.1.3	Verschollenheit	16
7.2	Beginn und Ende der Steuerpflicht	17
7.2.1	Unbeschränkte Steuerpflicht	17
7.2.2	Beschränkte Steuerpflicht	17
7.3	Wechsel der Steuerpflicht	17
8.	**Exterritoriale**	18

C. Grundlagen der Einkommensbesteuerung

1.	**Bemessungsgrundlage der ESt**	19
1.1	Einkommen	19
1.2	Zu versteuerndes Einkommen	19
1.3	Elemente des zu versteuernden Einkommens	19
1.3.1	Einkunftsarten (§ 2 Abs. 1 EStG)	19
1.3.2	Nicht steuerbare Vermögensmehrungen	20
1.3.3	Dualismus der Einkünfteermittlung	22
1.3.3.1	Gewinneinkünfte	23
1.3.3.2	Überschußeinkünfte	24
1.3.3.3	Verluste	24
1.3.4	Summe der Einkünfte	24
1.3.5	Gesamtbetrag der Einkünfte	25
1.3.5.1	Altersentlastungsbetrag (§ 24a EStG)	26
1.3.5.2	Freibetrag für Land- und Forstwirte (§ 13 Abs. 3 EStG)	26
1.3.6	Einkommen	26
1.3.7	Zu versteuerndes Einkommen (§ 2 Abs. 5 EStG)	27
1.3.8	Übersicht über die Ermittlung des zu versteuernden Einkommens	27
1.3.9	Ermittlung der festzusetzenden ESt (R 4 EStR)	28
2.	**Ermittlung der Einkünfte**	32
2.1	Ermittlung der Überschußeinkünfte (§ 2 Abs. 2 Nr. 2 EStG)	32
2.1.1	Einnahmen (§ 8 EStG)	32
2.1.1.1	Güterzufluß	32
2.1.1.2	Einkunftszusammenhang	33
2.1.1.3	Fehlender Güterzufluß	34
2.1.1.4	Nachträgliche Einnahmen	36
2.1.2	Werbungskosten (§ 9 EStG)	36
2.1.2.1	Aufwendungen	36
2.1.2.2	Finaler oder kausaler Zusammenhang mit Einnahmen?	37
2.1.2.3	Unmaßgebliche Merkmale	39
2.1.2.4	Verhältnis zum Betriebsausgaben-Begriff	40
2.1.2.5	Abflußprinzip	40
2.1.2.6	Unterbrechung der Einnahmeerzielung	40
2.1.2.7	Vorweggenommene Werbungskosten	40
2.1.2.8	Vergebliche Aufwendungen	41
2.1.2.9	Nachträgliche Werbungskosten	41

2.1.2.10	Zuordnung der WK zu der zugehörigen Einkunftsart	41
2.1.2.11	Werbungskosten i. S. des § 9 Abs. 1 Satz 3 EStG	42
2.2	Werbungskostenpauschbeträge (§ 9a EStG)	42
3.	**Betriebseinnahmen und Betriebsausgaben**	**44**
3.1	Begriff der Betriebseinnahmen	44
3.2	Begriff der Betriebsausgaben	46
3.2.1	Aufwendungen	47
3.2.2	Veranlassung durch den Betrieb	47
3.2.3	Keine Notwendigkeit, Zweckmäßigkeit oder Üblichkeit	48
3.2.4	Zeitlicher Zusammenhang	48
3.2.4.1	Vorweggenommene BA	48
3.2.4.2	Nachträgliche BA	48
3.3	Nichtabziehbare Betriebsausgaben (§ 4 Abs. 5 und 7 EStG)	49
3.3.1	Allgemeines	49
3.3.2	Geschenke (§ 4 Abs. 5 Nr. 1 EStG)	49
3.3.3	Bewirtungsaufwendungen (§ 4 Abs. 5 Nr. 2 EStG)	51
3.3.4	Gästehäuser (§ 4 Abs. 5 Nr. 3 EStG)	53
3.3.5	Aufwendungen für Jagd, Fischerei, Segeljachten, Motorjachten und ähnliche Zwecke (§ 4 Abs. 5 Nr. 4 EStG)	53
3.3.6	Mehraufwendungen für Verpflegung (§ 4 Abs. 5 Nr. 5 EStG)	54
3.3.7	Aufwendungen für doppelte Haushaltsführung (§ 4 Abs. 5 Nr. 6a, § 9 Abs. 1 Satz 3 Nr. 5 EStG)	56
3.3.8	Aufwendungen für ein Arbeitszimmer (§ 4 Abs. 5 Nr. 6b EStG)	57
3.3.9	Fahrtkosten (§ 4 Abs. 5 Nr. 6 EStG)	60
3.3.10	Andere die Lebensführung berührende Ausgaben (§ 4 Abs. 5 Nr. 7 EStG)	61
3.3.11	Geldbußen und ähnliche Sanktionen (§ 4 Abs. 5 Nr. 8 EStG)	62
3.3.11.1	Allgemeines	62
3.3.11.2	Betriebliche oder private Veranlassung	63
3.3.11.3	Fallgruppen des Abzugsverbots	63
3.3.11.4	Einschränkung des Abzugsverbots für Geldbußen	64
3.3.11.5	Rückzahlung von Sanktionen	64
3.3.11.6	Kein Werbungskostenabzug von Geldbußen	65
3.3.11.7	Verfahrenskosten	65
3.3.12	Hinterziehungszinsen zu Betriebsteuern (§ 4 Abs. 5 Nr. 8a EStG)	65
3.3.13	Schmiergelder (§ 4 Abs. 5 Nr. 10 EStG)	65
3.3.14	Besondere Aufzeichnung (§ 4 Abs. 7 EStG)	66
3.3.15	Buchtechnische Behandlung	66
3.3.16	Veräußerung und Entnahme von Wirtschaftsgütern i. S. des § 4 Abs. 5 EStG	66
3.3.17	Entsprechende Anwendung bei Werbungskosten	66
3.4	Mitgliedsbeiträge und Spenden an politische Parteien sind keine Betriebsausgaben oder Werbungskosten	67
4.	**Nichtabzugsfähige Kosten der Lebensführung (§ 12 EStG)**	**67**
4.1	Begriff, Grundsätze	67
4.2	Typische Aufwendungen der Lebensführung	68
4.3	Gemischte Aufwendungen (§ 12 Nr. 1 Satz 2 EStG)	69
4.3.1	Begriff	69
4.3.2	Aufteilungsverbot	70
4.4	Ausnahmen vom Aufteilungsverbot gemischter Aufwendungen	71
4.4.1	Einfache und leicht nachprüfbare Aufteilung	71
4.4.2	Private Mitveranlassung von ganz untergeordneter Bedeutung	72
4.5	Einzelfälle	72
4.6	Spenden	77
4.7	Zuwendungen (§ 12 Nr. 2 EStG)	77
4.8	Personensteuern (§ 12 Nr. 3 EStG)	77
4.9	Geldstrafen und ähnliche Rechtsnachteile (§ 12 Nr. 4 EStG)	79

4.9.1	Grundsatz	79
4.9.2	Umfang des Abzugsverbots	79
4.9.3	Verfahrenskosten	79
5.	**Vereinnahmung und Verausgabung (§ 11 EStG)**	**80**
5.1	Bedeutung der Vorschrift	80
5.2	Geltungsbereich des § 11 EStG	81
5.3	Analoge Anwendung des § 11 EStG	82
5.4	Zeitpunkt des Zufließens von Einnahmen und Abfließens von Ausgaben	83
5.4.1	Zufluß	83
5.4.1.1	Begriff	83
5.4.1.2	Einzelfälle	83
5.4.2	Begriff der Leistung (Abfluß)	87
5.4.3	Übersicht: Zufluß/Abfluß (§ 11 EStG)	88
5.5	Ausnahmeregelung für regelmäßig wiederkehrende Einnahmen und Ausgaben (§ 11 Abs. 1 Satz 2 und Abs. 2 Satz 2 EStG)	89
5.5.1	Allgemeines	89
5.5.2	Voraussetzungen für die Anwendung der Ausnahmeregelung	89
5.5.2.1	Regelmäßig wiederkehrende Einnahmen/Ausgaben	89
5.5.2.2	Fälligkeit kurze Zeit vor Beginn bzw. kurze Zeit nach Ende des Kalenderjahres der wirtschaftlichen Zugehörigkeit	90
5.5.2.3	Zu- oder Abfluß kurze Zeit nach Ende bzw. vor Beginn des Kalenderjahres der wirtschaftlichen Zugehörigkeit	90
5.6	Rückflüsse	92
5.6.1	Negative Einnahmen	93
5.6.2	Rückzahlung von Betriebseinnahmen	93
5.6.3	Rückfluß von Ausgaben	93
6.	**Bemessungszeitraum – Veranlagungszeitraum – Ermittlungszeitraum**	**93**
6.1	Bemessungszeitraum	93
6.2	Veranlagungszeitraum (§ 25 EStG)	94
6.3	Ermittlungszeitraum	94
6.3.1	Grundsätze	94
6.3.2	Ermittlungszeitraum für die Überschußeinkünfte	95
6.3.3	Ermittlungszeitraum für die Gewinneinkünfte	95
6.3.4	Ermittlungszeitraum bei Wechsel der Steuerpflicht	95
6.4	Zeitliche Bestimmungen des EStG – Zusammenfassende Übersicht	96
7.	**Wirtschaftsjahr (§ 4a EStG)**	**96**
7.1	Allgemeines	96
7.2	Dauer des Wirtschaftsjahres	97
7.2.1	Grundsatz	97
7.2.2	Rumpfwirtschaftsjahr	97
7.3	Wirtschaftsjahr bei Gewerbetreibenden	99
7.3.1	Grundsätze	99
7.3.2	Umstellung des Wirtschaftsjahres	100
7.3.2.1	Begriff	100
7.3.2.2	Zeitpunkt der Umstellung	101
7.3.2.3	Einvernehmen mit dem Finanzamt	101
7.3.2.4	Herbeiführung und Versagung des Einvernehmens	101
7.3.2.5	Maßgebliche Umstellungsgründe	102
7.3.2.6	Unmaßgebliche Gründe	103
7.4	Wirtschaftsjahr bei Land- und Forstwirtschaft	103
7.5	Zeitliche Zuordnung des Gewinns	104
7.5.1	Gewerbebetrieb	104
7.5.2	Land- und Forstwirtschaft	104

D. Veranlagung der Einkommensteuer

1.	**Begriff der Veranlagung**	106
2.	**Grundsatz der Einzelveranlagung**	106
3.	**Veranlagung von Ehegatten**	107
3.1	Arten der Ehegattenveranlagung	107
3.2	Steuererklärungspflicht	108
3.3	Voraussetzungen für die Ehegattenveranlagung	108
3.3.1	Bestehen einer rechtsgültigen Ehe	108
3.3.2	Kein dauerndes Getrenntleben (R 174 Abs. 1 EStR)	109
3.3.3	Unbeschränkte Steuerpflicht beider Ehegatten	111
3.3.4	Gleichzeitiges Vorliegen der Voraussetzungen für die Ehegattenveranlagung	111
3.4	Ausübung des Wahlrechts zwischen Zusammenveranlagung und getrennter Veranlagung sowie ggf. besonderer Veranlagung (§ 26 Abs. 2, 3 EStG, R 174 Abs. 3 und 4 EStR)	112
3.5	Sonderregelung bei mehreren Ehen eines Stpfl. in einem VZ (§ 26 Abs. 1 S. 2 EStG, R 174 Abs. 2 EStR)	113
4.	**Durchführung der Zusammenveranlagung von Ehegatten (§ 26b EStG)**	115
4.1	Allgemeines	115
4.2	Gesamtbetrag der Einkünfte	115
4.2.1	Gesonderte Ermittlung der Einkünfte	115
4.2.2	Besonderheiten bei den Einkünften aus § 20 EStG	116
4.2.3	Summe der Einkünfte (§ 2 Abs. 1 EStG)	117
4.2.4	Altersentlastungsbetrag (§ 24a EStG)	117
4.2.5	Freibetrag nach § 13 Abs. 3 EStG	118
4.3	Einkommensermittlung (§ 2 Abs. 4 EStG)	118
4.3.1	Sonderausgaben	118
4.3.1.1	Höchstbeträge für Vorsorgeaufwendungen	118
4.3.1.2	Vorsorgepauschale (§ 10c Abs. 2 und 3 EStG)	118
4.3.1.3	Sonderausgaben-Pauschbetrag (§ 10c Abs. 1 EStG)	119
4.3.2	Außergewöhnliche Belastungen (§§ 33–33c EStG)	119
4.3.3	Anwendung des 10d EStG	119
4.4	Tarifliche Freibeträge	120
5.	**Durchführung der getrennten Veranlagung von Ehegatten (§ 26a EStG)**	120
5.1	Ermittlung des Gesamtbetrags der Einkünfte	120
5.2	Sonderausgaben i. S. der §§ 10 und 10b EStG	120
5.2.1	Ermittlung der abzugsfähigen Beträge	120
5.2.2	Vorsorgepauschale bei getrennter Veranlagung	121
5.3	Außergewöhnliche Belastungen	121
5.3.1	Außergewöhnliche Belastungen i. S. der §§ 33 bis 33b EStG	121
5.3.2	Übertragung eines Pauschbetrags gem. § 33b Abs. 5 EStG	122
5.3.3	Kinderbetreuungskosten (§ 33c EStG)	122
5.4	Verlustabzug (§ 10d EStG)	122
5.5	Abzugsbeträge nach § 10e bis § 10i, 52 Abs. 21 S. 4 bis 7 EStG, § 7 FördGG	122
5.6	Haushaltsfreibetrag	122
5.7	Tarif	123
6.	**Durchführung der besonderen Veranlagung (§ 26c EStG)**	123
6.1	Ermittlung und Zurechnung der Einkünfte – Gesamtbetrag der Einkünfte	123
6.2	Ermittlung des Einkommens	123
6.3	Zu versteuerndes Einkommen	124
6.4	Tarif	125
6.5	Vergleichendes Beispiel	125

7.	**Zurechnung der Einkünfte bei Ehegatten, Verträge zwischen Ehegatten**	126
7.1	Allgemeines, Einkommensteuerliche Auswirkungen von Ehegattenverträgen	126
7.2	Allgemeine Voraussetzungen zur Anerkennung von Ehegattenverträgen	129
7.2.1	Ernsthafte Vereinbarung und tatsächliche Durchführung	129
7.2.2	Klare und eindeutige Regelungen, Rückwirkungsverbot	130
7.3	Arbeitsverträge	131
7.3.1	Inhalt des Arbeitsvertrags	131
7.3.2	Ernsthaftigkeit	132
7.3.3	Tatsächliche Durchführung	132
7.3.4	Keine Gütergemeinschaft	134
7.3.5	Angemessenheit des Arbeitslohns	134
7.3.6	Steuerliche Folgen der Nichtanerkennung eines Ehegatten-Arbeitsverhältnisses	135
7.3.7	Leistungen zur Zukunftssicherung des Arbeitnehmer-Ehegatten durch den Arbeitgeber-Ehegatten	135
7.3.7.1	Leistungen zur gesetzlichen Sozialversicherung	135
7.3.7.2	Betriebliche Altersversorgung außerhalb der gesetzlichen Sozialversicherung	135
7.3.7.3	Abfindungszahlungen	138
7.3.7.4	Vermögenswirksame Leistungen	138
7.3.7.5	Sonstige Bezüge und Vorteile	138
7.3.8	Besonderheiten bei Arbeitsverträgen mit Personengesellschaften	138
7.3.9	Arbeitsverträge von Eltern mit Kindern zwischen Angehörigen	139
8.	**Andere Verträge**	139
8.1	Gesellschaftsverträge	139
8.2	Miet- und Pachtverträge	140
8.3	Darlehensverträge	140
8.3.1	Allgemeines	140
8.3.2	Fremdvergleich	141
8.3.3	Schenkweise begründete Darlehensforderung	141
9.	**Auswirkungen der ehelichen Güterstände auf die Zurechnung der Einkünfte von Ehegatten**	142
9.1	Eheliche Güterstände (zivilrechtliche Grundlagen)	142
9.2	Einkommensteuerliche Folgen	143
9.2.1	Zugewinngemeinschaft und Gütertrennung	143
9.2.2	Allgemeine Gütergemeinschaft	143
9.2.3	Andere vertragliche Güterstände	147

E. Tarif

1.	**Aufbau des Tarifs**	148
1.1	Allgemeines	148
1.2	Nullzone	150
1.3	Erste linear-progressive Zone	150
1.4	Zweite progressive Zone	150
1.5	Proportionalzone	150
1.6	Grundtabelle	150
1.7	Splittingtarif	150
1.8	Vorteile des Splittingverfahrens	150
2.	**Anwendungsbereich von Grundtarif und Splittingtarif**	151
2.1	Grundtarif (§ 32a Abs. 1 und 4 EStG)	151
2.2	Splittingtarif (§ 32a Abs. 5 EStG)	151
2.3	Verwitweten-Splitting	152
2.3.1	Grundsätze	152
2.3.2	Verwitweteneigenschaft	152

2.3.3	Wiederaufleben der Verwitweteneigenschaft	153
2.4	Splittingtarif im Jahr der Auflösung der Ehe bei Wiederheirat	153
2.4.1	Grundsätze	153
2.4.2	Wiederheirat beider Ehegatten	154
2.5	Tarifmöglichkeiten bei Einzelveranlagung	154
2.6	Tarifmöglichkeiten bei der besonderen Veranlagung (§ 26c EStG)	155
2.7	Anwendungsfälle des Grund- und Splittingtarifs (Übersicht)	156
3.	**Progressionsvorbehalt (§ 32b EStG)**	156
4.	**Tarifbegrenzung für gewerbliche Einkünfte (§ 32c EStG)**	157
4.1	Grundsatz	157
4.2	Gewerbliche Einkünfte	157
4.3	Technische Durchführung der Begrenzung	158
4.4	Ehegatten	158
4.5	Splittingtarif nach § 32a Abs. 6 EStG	159
5.	**Außerordentliche Einkünfte i. S. der §§ 34, 34b EStG**	159
5.1	Außerordentliche Einkünfte i. S. des § 34 Abs. 2 EStG	159
5.1.1	§ 34 EStG als Tarifvorschrift	159
5.1.2	Veräußerungsgewinne	160
5.1.3	Entschädigungen	160
5.1.4	Nutzungsvergütungen und Zinsen i. S. des § 24 Nr. 3 EStG	160
5.1.5	Außerordentlichkeit der Einkünfte	160
5.1.6	Besteuerung der außerordentlichen Einkünfte	161
5.1.6.1	Ermäßigter Steuersatz für außerordentliche Einkünfte (§ 34 Abs. 1 Satz 1 EStG)	161
5.1.6.2	Besteuerung des verbleibenden Einkommens	161
5.1.6.3	Personenbezogenheit der Begünstigung	162
5.1.6.4	Berücksichtigung von Verlusten	163
5.1.6.5	Berücksichtigung von Amts wegen	164
5.2	Entlohnung für mehrjährige Tätigkeit (§ 34 Abs. 3 EStG)	164
5.2.1	Grundsätze	164
5.2.2	Voraussetzungen für die Verteilung	165
5.2.3	Durchführung der Verteilung	165
5.3	Zusammentreffen von außerordentlichen Einkünften und Entlohnung für mehrjährige Tätigkeit	166
5.4	Steuersätze bei außerordentlichen Einkünften aus Forstwirtschaft (§ 34b EStG)	166
6.	**Steuerermäßigung bei Einkünften aus Land- und Forstwirtschaft (§ 34e EStG)**	166
7.	**Steuerermäßigung nach § 34f EStG**	168
7.1	Allgemeines	168
7.2	§ 34f Abs. 1 EStG	168
7.3	Voraussetzungen des § 34f Abs. 2 EStG	168
7.3.1	Inanspruchnahme der Steuerbegünstigung nach § 10e Abs. 1 bis 5 oder § 15b BerlinFG	168
7.3.2	Nutzung zu eigenen Wohnzwecken	168
7.3.3	Zu berücksichtigende Kinder	169
7.3.4	Antrag	170
7.4	Voraussetzungen des § 34f Abs. 3 EStG	170
7.5	Begrenzung auf ein Objekt im Veranlagungszeitraum	170
7.6	Höhe der Steuerermäßigung	170
7.6.1	Ausgangsbetrag	170
7.6.2	Ermäßigungsbetrag	170
7.7	Vor- und Rücktrag der Steuerermäßigung	171
7.7.1	Grundsätze	171

7.7.2	Besonderheiten beim Rücktrag des Baukindergeldes in den neuen Bundesländern	171
7.8	Beschränkung auf die Bemessungsgrundlage (§ 34f Abs. 4 EStG)	172
8.	**Sonstige Steuerermäßigungen**	172
9.	**Steuerermäßigung bei Belastung mit Erbschaftsteuer**	172
9.1	Grundsätze	172
9.2	Mit Erbschaftsteuer belastete „Einkünfte"	172
9.3	Milderung der Doppelbelastung	173

F. Sonderausgaben

1.	**Begriff der Sonderausgaben**	175
1.1	Begriffsbestimmung	175
1.2	Sonderausgaben im System der Einkommensermittlung	176
1.3	Einteilung der Sonderausgaben	176
1.3.1	Unbeschränkt abzugsfähige Sonderausgaben	176
1.3.2	Beschränkt abzugsfähige Sonderausgaben	176
1.3.3	Unterscheidung zwischen Vorsorgeaufwendungen (Versicherungsbeiträge) und übrigen Sonderausgaben	176
1.4	Übersicht	177
1.5	Politische Zielsetzungen	177
1.6	Abgrenzung zu den Betriebsausgaben und Werbungskosten	178
1.7	Abgrenzung zu den außergewöhnlichen Belastungen	178
1.8	Mindesthöhe für den Abzug (Pauschalabzüge)	178
2.	**Allgemeine Voraussetzungen für den Sonderausgabenabzug nach den §§ 10 und 10b EStG**	178
2.1	Enumerationsprinzip	178
2.2	Aufwendungen des Steuerpflichtigen	179
2.2.1	Art der Leistung	179
2.2.2	Herkunft der Leistung	179
2.3	Anrechnung von Erstattungen	180
2.4	Keine Betriebsausgaben oder Werbungskosten	180
2.5	Schuldnerprinzip	181
2.6	Abfluß der Ausgaben	182
2.6.1	Grundsatz	182
2.6.2	Ausnahmeregelung für regelmäßig wiederkehrende Ausgaben	182
2.7	Unbeschränkte Steuerpflicht	182
3.	**Einzelne Sonderausgaben**	182
3.1	Unterhaltsleistungen an den geschiedenen oder dauernd getrennt lebenden Ehegatten	182
3.2	Renten und dauernde Lasten	182
3.3	Vorsorgeaufwendungen	183
3.3.1	Die einzelnen Versicherungsarten	183
3.3.1.1	Krankenversicherung	183
3.3.1.2	Pflegeversicherung	184
3.3.1.3	Unfallversicherung	184
3.3.1.4	Haftpflichtversicherung	185
3.3.1.5	Beiträge zur gesetzlichen Rentenversicherung (§ 10 Abs. 1 Nr. 2a EStG)	185
3.3.1.6	Beiträge an die Bundesanstalt für Arbeit	186
3.3.1.7	Versicherungen auf den Erlebens- oder Todesfall	186
3.3.1.8	Gemeinsame Abzugsgrundsätze für Beiträge zu Versicherungen	189
3.3.1.9	Kein unmittelbarer wirtschaftlicher Zusammenhang mit steuerfreien Einnahmen (§ 10 Abs. 2 Nr. 1 EStG)	191

3.3.1.10	Keine vermögenswirksamen Leistungen	191
3.3.2	Bausparkassenbeiträge (§ 10 Abs. 1 Nr. 3 EStG a. F.)	191
3.3.3	Steuerliche Einschränkungen bei Lebensversicherungen als Finanzierungsmodell (§ 10 Abs. 2 Satz 2, § 20 Abs. 1 Nr. 6 Satz 3 EStG)	191
3.3.3.1	Abzugsverbot für Beiträge zu Lebensversicherungen	191
3.3.3.2	Ausnahmen vom Abzugsverbot	192
3.3.3.3	Übergangsregelung (§ 52 Abs. 13a EStG)	195
3.3.4	Nachversteuerung von Versicherungsbeiträgen (§ 10 Abs. 5 EStG)	196
3.3.4.1	Grundsätze	196
3.3.4.2	Lebensversicherungen i. S. § 10 Abs. 1 Nr. 2b bb) bis dd) EStG	196
3.3.4.3	Rentenversicherungen i. S. des § 10 Abs. 1 Nr. 2b bb) EStG gegen Einmalbeitrag (§ 10 Abs. 5 Nr. 2 EStG)	196
3.3.4.4	Durchführung der Nachversteuerung	196
3.3.5	Höchstbeträge für Vorsorgeaufwendungen	197
3.4	Kirchensteuer	200
3.4.1	Begriff	200
3.4.2	Erhebungsberechtigte Körperschaft	200
3.4.3	Umfang des Abzugs	200
3.4.4	Erstattungen	201
3.4.5	Zahlung der Kirchensteuer des Erblassers durch den Erben	201
3.5	Zinsen auf nichtabziehbare Steuern (§ 10 Abs. 1 Nr. 5 EStG)	202
3.6	Steuerberatungskosten	202
3.6.1	Begriff	202
3.6.2	Abgrenzung zu den Betriebsausgaben	202
3.6.3	Abgrenzung zu den Werbungskosten	202
3.6.4	Steuerberatungskosten als Sonderausgaben	202
3.6.5	Steuerberatungskosten als gemischte Aufwendungen	203
3.6.6	Vereinfachungsregel	203
3.7	Ausbildungskosten (§ 10 Abs. 1 Nr. 7 EStG)	203
3.7.1	Grundsätze	203
3.7.2	Begriff „Berufsausbildung". Abgrenzung zur Fortbildung	204
3.7.3	Begriff „Weiterbildung in nicht ausgeübtem Beruf"	205
3.7.4	Keine Sonderregelung für hauswirtschaftliche Aus- oder Weiterbildung	206
3.7.5	Zusammenfassender Überblick	206
3.7.6	Begünstigte Aufwendungen	207
3.7.7	Höchstbetrag	207
3.8	Aufwendungen für hauswirtschaftliche Beschäftigungsverhältnisse	207
3.9	Aufwendungen für den Besuch von Privatschulen (§ 10 Abs. 1 Nr. 9 EStG)	208
3.10	Ausgaben für steuerbegünstigte Zwecke („Spenden") i. S. des § 10b EStG	209
3.10.1	Begriff	209
3.10.2	Spenden als Zuwendungen	209
3.10.3	Einschränkung für Zuwendung von Nutzungen und Leistungen (§ 10b Abs. 3 Satz 1 EStG)	209
3.10.4	Bewertung von Sachspenden	210
3.10.5	Unentgeltlichkeit und Freiwilligkeit der Zuwendung	210
3.10.6	Abgrenzung zu den Betriebsausgaben und Werbungskosten	211
3.10.7	Zweckbestimmung und Verwendung der Spende	211
3.10.7.1	Qualifizierte Zwecke	212
3.10.7.2	Einfache Zwecke	212
3.10.7.3	Rückzahlung und zweckwidrige Verwendung	212
3.10.7.4	Verfahren bei Durchlaufspenden	213
3.10.8	Spendenempfänger	213
3.10.9	Höhe der Abzugsfähigkeit	213
3.10.9.1	Höchstbeträge	213
3.10.9.2	Spendenrücktrag und -vortrag bei Großspenden	214
3.10.10	Spendennachweis	215
3.10.11	Abzugsfähigkeit von Parteispenden	216

3.10.11.1	Begriff	216
3.10.11.2	Berücksichtigung als Sonderausgaben	216
3.10.11.3	Steuerermäßigung nach § 34g EStG	216
4.	**Sonderausgaben-Pauschbetrag und Vorsorgepauschale (§ 10c EStG)**	**217**
4.1	Überblick	217
4.2	Sonderausgaben-Pauschbetrag	217
4.3	Vorsorgepauschale	218
4.3.1	Voraussetzung	218
4.3.2	Ermittlung der Vorsorgepauschale (Grundfall)	218
4.3.3	Gekürzte Vorsorgepauschale (§ 10c Abs. 3 und Abs. 4 EStG)	220
4.3.4	Vorsorgepauschale bei Zusammenveranlagung	221
4.3.4.1	Bezug von Arbeitslohn durch einen der Ehegatten	221
4.3.4.2	Bezug von Arbeitslohn durch beide Ehegatten (ungekürzte Vorsorgepauschale)	222
4.3.5	Gekürzte Vorsorgepauschale bei Ehegatten, die beide Arbeitslohn beziehen	222
4.3.6	Berechnung der Vorsorgepauschale in Mischfällen (§ 10c Abs. 4 Satz 2 EStG)	223
4.4	Vorsorgepauschale bei getrennter Veranlagung (§ 26a EStG) und besonderer Veranlagung (§ 26c EStG)	224
4.5	Vorsorgepauschale bei Splittingtarif nach § 32a Abs. 6 EStG	224
5.	**Verlustausgleich, Verlustabzug**	**224**
5.1	Sinn und Zweck der Vorschrift des § 10d EStG	224
5.2	Verlustausgleich	225
5.2.1	Horizontaler Verlustausgleich	225
5.2.2	Vertikaler Verlustausgleich	225
5.2.3	Steuerfreie Gewinne	226
5.2.4	Begriff des nicht ausgeglichenen Verlusts	226
5.2.5	Ausschluß des Verlustausgleichs	226
5.3	Verlustabzug (§ 10d EStG)	227
5.3.1	Grundsätze	227
5.3.1.1	Verlustrücktrag	227
5.3.1.2	Verlustvortrag	228
5.3.1.3	Berücksichtigung des Verlustabzugs von Amts wegen	228
5.3.1.4	Wahlrecht	228
5.3.1.5	Berichtigung bereits bestandskräftiger Veranlagungen	228
5.3.1.6	Durchführung des Verlustabzugs	229
5.3.2	Umfang des Verlustabzugs	229
5.3.3	Verlustrücktrag	229
5.3.3.1	Zeitlicher Umfang	229
5.3.3.2	Gesetzlicher Höchstbetrag	230
5.3.3.3	Antrag auf Beschränkung des Verlustrücktrags	230
5.3.4	Verlustvortrag	230
5.3.5	Zusammentreffen von Verlustausgleich und Verlustabzug	231
5.3.6	Behandlung des Verlustausgleichs und des Verlustabzuges bei Ehegattenveranlagung	232
5.3.6.1	Zusammenveranlagung	232
5.3.6.2	Getrennte Veranlagung	232
5.3.6.3	„Voreheliche" Verluste eines Ehegatten	232
5.3.6.4	Verlustabzug nach Wegfall der Voraussetzungen des § 26 Abs. 1 EStG	233
5.3.6.5	Verluste im Jahr der Eheschließung	233
5.3.7	Verluste im Erbfall	233
5.3.7.1	Gesamtrechtsnachfolge	233
5.3.7.2	Mehrheit von Erben	233
5.3.7.3	Verlustabzug des Erben	233
5.3.7.4	Verlustausgleich des Erblassers	233
5.4	Feststellungsverfahren	235
5.4.1	Verbleibender Verlustabzug	235

| 5.4.2 | Zuständiges Finanzamt | 236 |
| 5.4.3 | Erlaß, Aufhebung und Änderung von Bescheiden | 236 |

G. Außergewöhnliche Belastungen

1.	Außergewöhnliche Belastungen allgemeiner Art (§ 33 EStG)	237
1.1	Begriff, Sinn und Zweck	237
1.2	Abzugsvoraussetzungen	237
1.2.1	Aufwendungen	238
1.2.1.1	Begriff	238
1.2.1.2	Zeitpunkt der Berücksichtigung	238
1.2.1.3	Ansammlung von Beträgen	238
1.2.1.4	Durch Schuldaufnahme bestrittene Aufwendungen	239
1.2.1.5	Vermögensminderungen und Vermögensverluste	239
1.2.1.6	Eigene Aufwendungen	239
1.3	Keine Betriebsausgaben, Werbungskosten oder Sonderausgaben	240
1.3.1	Grundsatz	240
1.3.2	Ausnahmeregelung für Aufwendungen i. S. des § 10 Abs. 1 Nr. 7 bis 9 EStG	242
1.4	Belastungsprizip	242
1.4.1	Begriff	242
1.4.2	Fälle fehlender Belastung	243
1.4.2.1	Erstattung von Aufwendungen	243
1.4.2.2	Erlangung von Gegenwerten	246
1.4.2.3	Keine Unterscheidung zwischen Einkommens- und Vermögensbelastung	248
1.4.2.4	Maßgeblichkeit der existentiell wichtigen Bereiche	248
1.4.2.5	Aufwendungen im Zusammenhang mit dem unentgeltlichen Erwerb von Vermögen	249
1.4.2.6	Aufwendungen zur Erhaltung des Vermögens	249
1.4.2.7	Vermögensverluste	250
1.4.2.8	Vermögensrechtliche Regelungen	250
1.5	Außergewöhnlichkeit	250
1.5.1	Abgrenzung von typischen Lebenshaltungskosten	250
1.5.2	Außergewöhnlichkeit des Ereignisses	251
1.5.3	Durchführung des Vergleichs	252
1.5.3.1	Vergleichbare Steuerpflichtige	252
1.5.3.2	Überwiegende Mehrzahl	253
1.5.3.3	Vergleichbare Aufwendungen	253
1.6	Zwangsläufigkeit	254
1.6.1	Zwangsläufigkeit dem Grunde nach	254
1.6.1.1	Zwangsläufigkeit aus rechtlichen Gründen	254
1.6.1.2	Zwangsläufigkeit des verursachenden Ereignisses	255
1.6.1.3	Zwangsläufigkeit aus tatsächlichen Gründen	256
1.6.1.4	Zwangsläufigkeit aus sittlichen Gründen	257
1.6.2	Zwangsläufigkeit der Aufwendungen der Höhe nach	258
1.6.3	Zwangsläufigkeit der Belastung	258
1.7	Zumutbare Belastung (§ 33 Abs. 1 und 3 EStG)	258
1.7.1	Begriff, Sinn und Zweck	258
1.7.2	Berechnung der zumutbaren Belastung	259
1.7.2.1	Bemessungsgrundlage	259
1.7.2.2	Maßgeblicher Prozentsatz der zumutbaren Belastung	259
1.8	Antrag des Steuerpflichtigen	261
1.9	Verhältnis des § 33 zu § 160 AO	261
1.10	Einzelfälle des § 33 EStG	261
1.10.1	Krankheitskosten (R 189 Abs. 1 EStR)	261
1.10.2	Kurkosten (R 189 Abs. 1 und 3 EStR)	263
1.10.2.1	Außergewöhnlichkeit und Zwangsläufigkeit dem Grunde nach	263
1.10.2.2	Umfang des Abzugs (= Zwangsläufigkeit der Höhe nach)	264

1.10.3	Beerdigungskosten	265
1.10.4	Ehescheidungskosten	266
1.10.5	Prozeßkosten	268
1.10.5.1	Strafprozeßkosten	268
1.10.5.2	Zivilprozeßkosten	268
1.10.6	Schadensersatzleistungen	269
1.10.7	Ausstattung von Kindern	269
2.	**Die typisierten Fälle des § 33a EStG. Allgemeines**	**269**
2.1	Aufwendungen	269
2.2	Die Aufwendungen dürfen keine BA, WK, SA sein	269
2.3	Einkommensbelastung	270
2.4	Keine Prüfung der Außergewöhnlichkeit	270
2.5	Zwangsläufigkeit	270
2.6	Kein Abzug der zumutbaren Belastung	270
2.7	Antrag	270
2.8	Zusammenfassung	271
3.	**Außergewöhnliche Belastung durch Unterhalt (§ 33a Abs. 1 EStG)**	**271**
3.1	Voraussetzungen des Freibetrages nach § 33a Abs. 1 EStG (Überblick)	271
3.2	Typische Unterhaltsaufwendungen	272
3.3	Zwangsläufigkeit der Aufwendungen	275
3.3.1	Zwangsläufigkeit i. S. von § 33 Abs. 2 EStG	275
3.3.2	Notwendigkeit der Aufwendungen	276
3.3.3	Kein Anspruch des Stpfl. oder anderer Personen auf einen Kinderfreibetrag oder Kindergeld für die unterhaltene Person	277
3.3.4	Belastung	278
3.3.5	Besonderheiten bei Ehegatten	278
3.3.6	Zusammenfassung	
3.4	Berechnung des Freibetrages nach § 33a Abs. 1 EStG	279
3.4.1	Begriff der Einkünfte	279
3.4.2	Begriff und Ermittlung der Bezüge	280
3.4.3	Höhe der Steuerermäßigung	281
3.4.3.1	Abzug der Aufwendungen bis zum Höchstbetrag	281
3.4.3.2	Verminderung des Höchstbetrages um eigene Einkünfte, Bezüge und öffentliche Ausbildungszuschüsse der unterhaltenen Person	281
3.4.3.3	Beispiele zur Ermittlung und Anrechnung eigener Einkünfte und Bezüge unterstützter Personen	282
3.4.4	Unterstützung mehrerer Personen durch einen Steuerpflichtigen	283
3.4.5	Unterstützung durch mehrere Personen	285
3.4.6	Zeitanteilige Aufteilung des Höchstbetrags (§ 33a Abs. 4 EStG)	286
3.4.6.1	Zwölftelung des Höchstbetrags	286
3.4.6.2	Berechnung der Einkünfte und Bezüge der unterhaltenen Person	286
3.4.7	Beispiele	287
4.	**Ausbildungsfreibeträge (§ 33a Abs. 2 EStG)**	**289**
4.1	Grundsätze	289
4.2	Voraussetzungen und Höhe	289
4.3	Gewährung eines Kinderfreibetrags oder von Kindergeld	290
4.4	Aufwendungen für die Berufsausbildung	290
4.4.1	Aufwendungen	290
4.4.2	Begriff der Berufsausbildung	290
4.4.3	Bedeutung der Berufsausbildung	291
4.5	Auswärtige Unterbringung	291
4.5.1	Bedeutung	291
4.5.2	Begriff	291
4.6	Unterbringung im Haushalt des Steuerpflichtigen	292

4.7	Vollendung bzw. Nichtvollendung des 18. Lebensjahres	292
4.8	Höhe der Steuerermäßigung	293
4.8.1	Grundsätze	293
4.8.2	Nicht unbeschränkt stpfl. Kinder	293
4.8.3	Anrechnung eigener Einkünfte und Bezüge sowie öffentlicher Zuschüsse	293
4.8.3.1	Grundsatz	293
4.8.3.2	Nicht unbeschränkt stpfl. Kinder	294
4.9	Zeitanteilige Kürzung des Ausbildungsfreibetrags	295
4.10	Aufteilung des Ausbildungsfreibetrags	297
4.11	Antrag	298
4.12	Verhältnis zu §§ 33b, 33c EStG	298
5.	**Hilfe im Haushalt**	**298**
5.1	Allgemeines	298
5.2	Voraussetzungen	298
5.2.1	Grundsatz	298
5.2.2	Hilfe im Haushalt	298
5.2.3	Hauswirtschaftliche Arbeiten	299
5.2.4	Kinder i. S. des § 33a Abs. 3 Satz 1 Nr. 2 EStG	300
5.2.5	Körperliche Hilflosigkeit	300
5.2.6	Schwere Körperbehinderung	300
5.3	Höhe der Steuerermäßigung	300
6.	**Freibetrag für Heimbewohner (§ 33a Abs. 3 Satz 2 EStG)**	**301**
6.1	Voraussetzungen, Höhe	301
6.2	Verhältnis zu § 33 EStG, Aufwendungen wegen Pflegebedürftigkeit	302
7.	**Pauschbeträge für Körperbehinderte und Hinterbliebene (§ 33b EStG)**	**302**
7.1	Allgemeines	302
7.2	Voraussetzungen der Pauschbeträge für Körperbehinderte	302
7.3	Anspruchsberechtigte Körperbehinderte	302
7.4	Art der Körperbehinderung	303
7.5	Höhe des Pauschbetrags	303
7.6	Nachweis der Körperbehinderung (§ 65 EStDV) und behinderungsbedingte Aufwendungen	304
7.7	Verhältnis des § 33b zu § 33 EStG	305
7.7.1	Wahlrecht	305
7.7.2	Abgeltung typischer Mehraufwendungen durch § 33b EStG	305
7.8	Übertragung des einem Kind zustehenden Pauschbetrags auf den Steuerpflichtigen (§ 33b Abs. 5 EStG)	306
7.8.1	Voraussetzungen für die Übertragbarkeit	306
7.8.2	Aufteilung des Pauschbetrags	307
7.8.3	Wahlmöglichkeit zwischen Pauschbetrag und den tatsächlichen Aufwendungen in Übertragungsfällen	307
7.9	Hinterbliebene (§ 33b Abs. 4 EStG)	308
7.10	Pflege-Pauschbetrag (§ 33b Abs. 6 EStG)	308
7.10.1	Grundsätze	308
7.10.2	Voraussetzungen	308
7.10.3	Besonderheiten	309
7.11	Zusammentreffen von Antragsgründen	309
8.	**Kinderbetreuungskosten (§ 33c EStG)**	**309**
8.1	Allgemeines	309
8.2	Überblick	309
8.3	Alleinstehende (§ 33c Abs. 2 EStG)	310
8.4	Kinderbetreuungskosten	310
8.5	Berücksichtigungsgründe	311

8.5.1	Veranlassung durch Erwerbstätigkeit des Alleinstehenden	311
8.5.2	Veranlassung durch Krankheit oder Behinderung des Alleinstehenden	312
8.5.3	Berücksichtigung bei Ehegatten	312
8.6	Kind des Steuerpflichtigen	312
8.6.1	Haushaltszugehörigkeit	312
8.6.2	Keine Vollendung des 16. Lebensjahres zu Beginn des VZ	312
8.6.3	Unbeschränkte Steuerpflicht des Kindes und Haushaltszugehörigkeit	313
8.7	Verhältnis zu anderen kinderbedingten Steuervergünstigungen	313
8.8	Umfang der Vergünstigung	313
8.8.1	Höchstbetrag	313
8.8.2	Zeitanteilige Ermäßigung des Höchstbetrags	314
8.8.3	Halbteilungsgrundsatz	314
8.8.4	Pauschbetrag	315
8.8.5	Zusammenwirken von Höchstbetrag (§ 33c Abs. 3), Pauschbetrag (§ 33c Abs. 4) und allgemeinen außergewöhnlichen Belastungen i. S. d. § 33 EStG	315
8.8.6	Zumutbare Belastung bei Zusammenveranlagung (§ 26b EStG)	319
8.9	Anwendung des § 33c EStG bei Ehegatten	320

H. Familienleistungsausgleich

1.	Überblick	321
2.	Gemeinsame Regelungen für das Kindergeld und den Kinderfreibetrag	322
2.1	Amtsprinzip	322
2.2	Monatsprinzip	323
2.3	Sonderregelung für VZ 1996	323
3.	Regelung des Kindergelds im EStG	323
3.1	Anspruchsberechtigter	323
3.2	Kinder i. S. des Kindergelds (§ 63)	323
3.3	Kindergeld	324
3.3.1	Höhe des Kindergelds, Zahlungszeitraum	324
3.3.2	Andere anzurechnende Leistungen für Kinder	324
3.3.3	Wohnsitz des Kindes	324
3.4	Keine Aufteilung bei mehreren Berechtigten	324
3.5	Auszahlung des Kindergelds	325
3.5.1	Öffentlicher Dienst	325
3.5.2	Privatwirtschaft	325
3.6	Lohnabrechnung	325
3.7	Befreiung für kleine Betriebe	325
4.	Berücksichtigung von Kindern	325
4.1	Begriff des Kindes	325
4.1.1	Im ersten Grad mit dem Stpfl. verwandte Kinder	326
4.1.1.1	Leibliche Kinder	326
4.1.1.2	Adoptivkinder	326
4.1.1.3	Pflegekinder	327
4.2	Berücksichtigung von Kindern vor Vollendung des 18. Lebensjahres	329
4.2.1	Allgemeine Voraussetzungen	329
4.2.2	Mehrere Kindschaftsverhältnisse	329
4.2.3	Unbeschränkte Steuerpflicht ist nicht Voraussetzung	330
4.2.4	Beendigung des Kindschaftsverhältnisses	330
4.2.4.1	Adoption	330
4.2.4.2	Begründung eines Pflegekindschaftsverhältnisses	330
4.3	Kinder, die das 18. Lebensjahr vollendet haben	330
4.3.1	Überblick	330

4.3.2	Arbeitslose Kinder (§ 32 Abs. 4 Nr. 1 EStG)	331
4.3.3	Kinder in Berufsausbildung (§ 32 Abs. 4 Nr. 2a EStG)	331
4.3.4	Übergangszeit zwischen zwei Ausbildungsabschnitten (§ 32 Abs. 4 Nr. 2b EStG)	332
4.3.5	Verhinderung oder Unterbrechung der Berufsausbildung mangels Ausbildungsplatz (§ 32 Abs. 4 Nr. 2c EStG)	332
4.3.6	Kinder, die ein freiwilliges soziales oder ökologisches Jahr leisten (§ 32 Abs. 4 Nr. 2d EStG)	332
4.4	Kinder, die das 21. bzw. 27. Lebensjahr vollendet haben	332
4.5	Einkunftsgrenze (§ 32 Abs. 4 Sätze 2 bis 6 EStG)	333
4.6	Behinderte Kinder (§ 32 Abs. 4 Nr. 3 EStG)	333
5.	**Kinderfreibetrag (§ 32 Abs. 6 EStG) und Haushaltsfreibetrag (§ 32 Abs. 7 EStG)**	334
5.1	Allgemeines	334
5.2	Kind muß nicht unbeschränkt stpfl. sein	334
5.3	Höhe des Kinderfreibetrags, Grundsatz	335
5.4	Verdoppelter (= voller) Kinderfreibetrag	335
5.5	Übertragung des Kinderfreibetrags	336
5.6	Berücksichtigung von Auslandskindern im Lohnsteuerverfahren	337
6.	**Familienleistungsausgleich durch Kindergeld bzw. Kinderfreibetrag**	337
6.1	Allgemeines	337
6.2	Günstigerprüfung	337
6.3	Günstigerprüfung bei nicht unter § 26 EStG fallenden Elternpaaren	340
6.4	Kindergeld bei Ermittlung der festzusetzenden ESt (§ 2 Abs. 6 EStG)	341
6.5	Auswirkungen der Kinder auf Zuschlagsteuern (SolZ, KiSt – § 51a Abs. 2 EStG)	341

I. Haushaltsfreibetrag (§ 32 Abs. 7 EStG)

1.	Grundsätze	342
2.	Abzug eines Kinderfreibetrags oder Gewährung von Kindergeld	342
3.	Zuordnung des Kindes	343

J. Gewinnermittlung

1.	**Grundsätze**	345
1.1	Gewinnermittlungsarten	345
1.2	Anwendungsbereich der Gewinnermittlungsarten	345
1.3	Buchführungspflichtgrenzen nach Steuerrecht (§ 141 AO)	345
1.4	Unterschiede zwischen § 4 Abs. 1 und § 5 EStG	346
1.5	Wechsel der Gewinnermittlungsart	346
1.6	Steuerliche Gewinnermittlung	346
2.	**Einnahme-Überschuß-Rechnung (§ 4 Abs. 3 EStG)**	346
2.1	Allgemeines	346
2.2	Anwendungsbereich	347
2.3	Wesen der Gewinnermittlung nach § 4 Abs. 3 EStG	348
2.4	Gemeinsamkeiten mit der Gewinnermittlung durch Bestandsvergleich	348
2.5	Unterschiede zum Bestandsvergleich	348
2.6	Betriebseinnahmen	348
2.6.1	Allgemeines	348
2.6.2	Durchlaufende Posten	349
2.6.3	Veräußerung von Anlagevermögen	349

2.6.4	Behandlung der USt bei § 4 Abs. 3 EStG	350
2.6.5	Entnahmen	351
2.6.5.1	Allgemeines	351
2.6.5.2	Barentnahmen	351
2.6.5.3	Sachentnahmen (Entnahmen von Wirtschaftsgütern)	351
2.6.5.4	Entnahme von Nutzungen und Leistungen	352
2.6.6	Darlehen	353
2.6.7	Besonderheiten beim Zufluß von Arzthonoraren	354
2.6.7.1	Honorareinzug durch privatärztliche Verrechnungsstellen	354
2.6.7.2	Honorare für kassenärztliche Leistungen	354
2.7	Betriebsausgaben	354
2.7.1	Allgemeines	354
2.7.2	Erwerb von Umlaufvermögen	354
2.7.3	Erwerb von nichtabnutzbarem Anlagevermögen	355
2.7.4	Erwerb von abnutzbarem Anlagevermögen	355
2.7.5	Geringwertige Wirtschaftsgüter	357
2.7.5.1	Begriff und Voraussetzungen	357
2.7.5.2	Behandlung bei § 4 Abs. 3 EStG	357
2.7.6	Darlehen	358
2.7.7	Forderungsausfall	358
2.7.7.1	Darlehensforderungen	358
2.7.7.2	Kundenforderungen	358
2.7.8	Forderungserlaß	359
2.7.8.1	Erlaß aus betrieblichen Gründen	359
2.7.8.2	Erlaß aus privaten Gründen	359
2.7.9	Diebstahl und Unterschlagung	359
2.7.9.1	Geldverluste	359
2.7.9.2	Diebstahl von Wirtschaftsgütern	360
2.7.10	Einlagen	360
2.7.10.1	Geldeinlagen	360
2.7.10.2	Sacheinlagen	360
2.7.10.3	Nutzung von Wirtschaftsgütern des Privatvermögens für betriebliche Zwecke	362
2.7.11	Kontokorrentzinsen als Betriebsausgaben	362
2.7.12	Abschreibung des Praxiswerts	363
2.8	Entschädigungen (R 35 Abs. 5 EStR)	363
2.9	Erwerb und Veräußerung gegen Renten, Raten, dauernde Lasten	363
2.10	Entgeltlicher Betriebserwerb	363
2.11	Übergang zum Bestandsvergleich	363
2.12	Betriebsveräußerung und Betriebsaufgabe	363
2.13	Aufzeichnungen	364
3.	**Absetzung für Abnutzung (AfA)**	**364**
3.1	Abschreibung als Oberbegriff	364
3.2	Abschreibung als Begriff des Handelsrechts	364
3.3	Zweck der steuerlichen AfA	364
3.4	Verhältnis von Handelsrecht und Steuerrecht	365
3.5	Steuerliche AfA-Grundsätze	366
3.6	AfA-Berechtigter	367
3.6.1	Grundsatz	367
3.6.2	Einzelfälle	367
3.6.3	Nutzungsrechte und Ehegattengrundstücke. Drittaufwand	368
3.6.4	AfA-Berechtigung bei Miteigentum	371
3.7	Der AfA unterliegende Wirtschaftsgüter	371
3.8	Nutzungsdauer	373
3.9	Bemessungsgrundlage der AfA	374
3.9.1	Anschaffungskosten	375
3.9.2	Herstellungskosten	375

3.9.3	Nachträgliche Anschaffungs- oder Herstellungskosten	375
3.9.3.1	Begriff	375
3.9.3.2	Abgrenzung zum Erhaltungsaufwand	376
3.9.3.3	Bemessung der AfA bei § 7 Abs. 1 und 2 EStG	376
3.9.3.4	Abgrenzung zur Herstellung eines anderen Wirtschaftsguts	377
3.9.4	Nachträgliche Minderungen der AfA-Bemessungsgrundlage	378
3.9.5	Surrogate als Bemessungsgrundlage	378
3.9.5.1	Entnahme aus dem Betriebsvermögen	378
3.9.5.2	Einlage in das Betriebsvermögen	378
3.9.5.3	Unentgeltlicher Erwerb einzelner Wirtschaftsgüter aus einem Betriebsvermögen aus betrieblichem Anlaß in das Betriebsvermögen	378
3.9.5.4	Unentgeltlicher Erwerb im Privatvermögen	378
3.10	AfA-Methoden	379
3.10.1	Lineare AfA (§ 7 Abs. 1 Satz 1 EStG)	379
3.10.2	Degressive AfA (§ 7 Abs. 2 Satz 2 EStG)	380
3.10.2.1	Allgemeines	380
3.10.2.2	Betriebswirtschaftliche Bedeutung	380
3.10.2.3	Anwendungsbereich – Begriff des beweglichen Wirtschaftsguts	380
3.10.2.4	Berechnung der AfA	380
3.10.3	Leistungs-AfA	382
3.10.4	Wechsel der AfA-Methode	382
3.10.4.1	Allgemeines	382
3.10.4.2	Übergang von der degressiven AfA (§ 7 Abs. 2) zur linearen AfA (§ 7 Abs. 1)	383
3.10.4.3	Kein Übergang von der linearen AfA (§ 7 Abs. 1) zur degressiven AfA (§ 7 Abs. 2)	383
3.10.4.4	Übergang von der bzw. zur Leistungs-AfA	383
3.10.5	AfA bei Miteigentum	383
3.11	AfA bei Anschaffung/Herstellung oder Veräußerung von Wirtschaftsgütern im Laufe des KJ (Wirtschaftsjahres)	383
3.11.1	Beginn der AfA-Berechtigung	383
3.11.2	AfA bei Anschaffung oder Herstellung im Laufe eines Wirtschaftsjahres	384
3.11.3	Ende der AfA-Berechtigung	385
3.11.4	AfA im Jahr der Veräußerung	385
3.11.5	AfA bei der Einlage von Wirtschaftsgütern	385
3.11.6	AfA nach Entnahme	386
3.11.7	AfA nach Teilwertabschreibung	386
3.11.8	Übergang zur Verwendung für die Erzielung von Überschußeinkünften	386
3.12	Absetzung für außergewöhnliche technische oder wirtschaftliche Abnutzung	387
3.12.1	Begriff und Voraussetzungen	387
3.12.2	Anwendungsbereich	387
3.12.3	Vornahme der AfaA	387
3.12.4	AfA nach Vornahme einer Absetzung für außergewöhnliche Abnutzung	388
3.12.5	Versicherungsleistungen	389
3.13	Absetzung für Substanzverringerung (AfS)	389
3.13.1	Anwendungsbereich	389
3.13.2	Bemessungsgrundlage der AfS	390
3.13.2.1	Entgeltlicher Erwerb von Bodenschätzen	390
3.13.2.2	Unentgeltlicher Erwerb von Bodenschätzen	390
3.13.2.3	Entdeckung der Bodenschätze durch den Stpfl.	390
3.13.3	Methoden der Absetzung für Sustanzverringerung	391
3.14	Folgen unterlassener und überhöhter AfA und AfS	391
3.14.1	Vorsätzlich unterlassene AfA	392
3.14.2	Versehentlich unterlassene AfA	392
3.14.3	Überhöhte AfA	393
3.15	AfA bei Gebäuden	393
3.15.1	Gebäudebegriff	393
3.15.2	Grundsatz der Einheitlichkeit des Gebäudes. Selbständige und unselbständige Gebäudeteile	393

3.15.3	Lineare AfA nach § 7 Abs. 4 EStG	395
3.15.3.1	Typisierte Gebäude-AfA	395
3.15.3.2	AfA gemäß § 7 Abs. 4 Satz 1 Nr. 2 EStG	395
3.15.3.3	Lineare AfA für Wirtschaftsgebäude	396
3.15.3.4	Übersicht zur typisierten Gebäude-AfA	398
3.15.3.5	Ojektbezogene Gebäude-AfA (§ 7 Abs. 4 Satz 2 EStG)	398
3.15.3.6	Beginn der Nutzungsdauer bei Gebäuden	399
3.15.3.7	Besonderheiten	399
3.15.4	Degressive Gebäude-AfA (§ 7 Abs. 5 EStG)	400
3.15.5	AfA-Bemessungsgrundlagen bei Gebäuden	403
3.15.6	Einlage von Gebäuden in das Betriebsvermögen	403
3.15.7	Gebäude-AfA nach Entnahme	404
3.15.8	Folgen unterlassener und überhöhter Gebäude-AfA	404
3.15.9	AfA bei nachträglichen Anschaffungs- und Herstellungskosten	405
3.15.9.1	Allgemeines	405
3.15.9.2	AfA nach § 7 Abs. 4 Satz 1 EStG	405
3.15.9.3	AfA nach § 7 Abs. 4 Satz 2 EStG	406
3.15.9.4	AfA nach § 7 Abs. 5	407
3.15.9.5	Herstellungskosten für ein neues Wirtschaftsgut	407
3.15.10	Außergewöhnliche technische oder wirtschaftliche AfA	408
3.15.10.1	Zulässigkeit der AfaA bei Gebäuden	408
3.15.10.2	Gründe für eine AfaA	408
3.15.10.3	Berechnung der AfaA	409
3.15.10.4	AfA-Bemessungsgrundlage nach Vornahme einer AfaA	409
3.15.10.5	Zusammentreffen einer AfaA mit nachträglichen Anschaffungs- oder Herstellungskosten	410
3.16	Gemeinsame Vorschriften für erhöhte Absetzungen und Sonderabschreibungen	410
3.16.1	Allgemeines, Anwendungsbereich	410
3.16.2	Nachträgliche Anschaffungs- und Herstellungskosten	411
3.16.3	AfA bei Sonderabschreibungen	411
3.16.4	Kumulationsverbot	411
3.16.5	Abschreibung bei mehreren Beteiligten	412
3.16.6	AfA nach Ablauf von Sonderabschreibungen	412
3.16.7	Sonstiges	412
3.17	Erhöhte AfA und Sonderabschreibungen	412
4.	Ansparabschreibung zur Förderung kleiner und mittlerer Betriebe (§ 7g Abs. 3 bis 6 EStG)	412
4.1	Bildung der Rücklage	412
4.2	Höchstbetrag der Ansparrücklage (§ 7g Abs. 3 Satz 5 EStG)	413
4.3	Auflösung der Rücklage bei Investitionen	414
4.4	Auflösung der Rücklage ohne Investition	414

K. Die einzelnen Einkunftsarten

1.	Einkünfte aus Land- und Forstwirtschaft (§§ 13 – 14a EStG)	415
1.1	Begriffsbestimmung	415
1.2	Abgrenzung der Land- und Forstwirtschaft zum Gewerbebetrieb bei Zukauf fremder Erzeugnisse	415
1.2.1	Abgrenzungsgrundsätze	415
1.2.2	Beginn des Gewerbebetriebs	416
1.2.2.1	Grundsatz	416
1.2.2.2	Sonderfälle	417
1.3	Betriebsarten	417
1.3.1	Betriebe, die Pflanzen und Pflanzenteile mit Hilfe der Naturkräfte gewinnen	417
1.3.2	Tierzucht und Tierhaltung	417

1.3.2.1	Landwirtschaftliche Tierzucht und Tierhaltung	417
1.3.2.2	Gewerbliche Tierzucht und Tierhaltung	418
1.3.2.3	Gemeinschaftliche Tierhaltung (§ 13 Abs. 1 Nr. 1 S. 5 und Abs. 4 EStG)	420
1.3.3	Binnenfischerei, Fischzucht und Teichwirtschaft	420
1.3.4	Jagd	420
1.3.5	Einkünfte aus Hauberg; Wald-, Forst- und Laubgenossenschaften sowie ähnlicher Realgemeinden i. S. des § 3 Abs. 2 KStG	420
1.3.6	Land- und forstwirtschaftliche Nebenbetriebe (§ 13 Abs. 2 Nr. 1 EStG)	421
1.3.6.1	Begriff des Nebenbetriebs	421
1.3.6.2	Be- und Verarbeitungsbetriebe	421
1.3.6.3	Substanzbetriebe	422
1.3.6.4	Dienstleistungen	422
1.4	Nutzungswert der Wohnung des Land- und Forstwirts (§ 13 Abs. 2 Nr. 2 EStG)	422
1.4.1	Wohnung überschreitet nicht die übliche Größe	422
1.4.2	Übergangsregelungen (§ 52 Abs. 15 EStG)	423
1.4.2.1	Fortsetzung der Nutzungswertbesteuerung	423
1.4.2.2	Wahlrecht	423
1.4.2.3	Entnahme	423
1.4.2.4	Fertigstellung einer Wohnung nach dem 31. 12. 1986	424
1.4.2.5	Veräußerung	424
1.4.2.6	Entgeltliche Überlassung einer Wohnung	424
1.4.2.7	Unentgeltliche Überlassung einer Wohnung	424
1.4.2.8	Steuerfreiheit des Entnahme- oder Veräußerungsgewinns	425
1.4.2.9	Nutzungswertbesteuerung nach steuerfreier Entnahme	425
1.4.2.10	Weitergeltung von erhöhter AfA und Sonderabschreibungen	425
1.4.3	Ermittlung des Nutzungswerts	425
1.4.4	Wohnung überschreitet die übliche Größe	426
1.4.5	Übersicht	426
1.4.6	Einnahmen aus kurzfristiger Vermietung	426
1.5	Abgrenzung zur Liebhaberei	426
1.6	Verpachtung des Betriebs oder einzelner Teile des Betriebs	428
1.7	Mitunternehmerschaft in der Landwirtschaft	428
1.8	Hofübergabe, Altenteilsleistungen	429
1.8.1	Vorweggenommene Erbfolge	429
1.8.2	Altenteilsleistungen	429
1.9	Gewinnermittlung	430
1.9.1	Betriebsvermögensvergleich (§ 4 Abs. 1 EStG)	430
1.9.2	Einnahme-Überschuß-Rechnung (§ 4 Abs. 3 EStG)	431
1.9.3	Gewinnermittlung nach § 13a EStG	431
1.9.4	Gewinnschätzung	432
1.10	Gewinnermittlungszeitraum	432
1.11	Besteuerung der Einkünfte aus Land- und Forstwirtschaft	432
1.11.1	Freibetrag (§ 13 Abs. 3 EStG)	432
1.11.2	Verlustausgleich – Verlustabzug	433
1.11.3	Betriebsveräußerung, Betriebsaufgabe, Betriebsverpachtung	434
1.11.3.1	Grundsätze	434
1.11.3.2	Veräußerungsgewinn	434
1.11.3.3	Veräußerungsfreibetrag	435
1.11.3.4	Ermäßigter Steuersatz (§§ 34, 34e, 35 EStG)	438
2.	**Einkünfte aus Gewerbebetrieb**	438
2.1	Gewerbebetrieb	438
2.1.1	Begriff des Gewerbebetriebs	438
2.1.1.1	Selbständige Tätigkeit (R 134 EStR)	439
2.1.1.2	Nachhaltigkeit	439
2.1.1.3	Gewinnerzielungsabsicht	440
2.1.1.4	Beteiligung am allgemeinen wirtschaftlichen Verkehr	442

2.1.2	Abgrenzung gegenüber der Vermögensverwaltung (R 137 EStR)	443
2.1.2.1	Begriff der Vermögensverwaltung	443
2.1.2.2	Abgrenzung zwischen privater Vermögensverwaltung und gewerblichem Grundstückshandel	443
2.1.2.3	Abgrenzung zu den Einkünften aus Vermietung und Verpachtung (§ 21 EStG) sowie zu § 22 Nr. 3 EStG (R 137 Abs. 2 und 3 EStR)	448
2.1.2.4	Betriebsverpachtung	450
2.1.3	Zurechnung der Einkünfte aus § 15 EStG	451
2.1.4	Beginn und Ende des Gewerbebetriebes	451
2.1.5	Einkünfte aus Gewerbebetrieb als Summe aller Gewinne aller Betriebe nach Verlustausgleich	451
2.1.6	Wirtschaftsjahr als Ermittlungszeitraum	452
2.2	Mitunternehmerschaft (§ 15 Abs. 1 Nr. 2 EStG)	452
2.2.1	Mitunternehmerschaft als Voraussetzung für gemeinschaftliche gewerbliche Einkünfte	452
2.2.2	Einzelne Voraussetzungen für eine Mitunternehmerschaft	452
2.2.2.1	Gesellschaftsverhältnis	452
2.2.2.2	Vergleichbares Gemeinschaftsverhältnis	453
2.2.2.3	Verdeckte Mitunternehmerschaft	454
2.2.2.4	Mitunternehmerrisiko	454
2.2.2.5	Mitunternehmerinitiative	456
2.2.2.6	Gemeinsamer Betrieb eines Gewerbebetriebes. Partielle gewerbliche Tätigkeit (§ 15 Abs. 3 Nr. 1 EStG)	457
2.2.2.7	Gewerblich geprägte Personengesellschaft	458
2.2.3	Mittelbare Beteiligung an Personengesellschaften (§ 15 Abs. 1 Nr. 2 Satz 2 EStG)	459
2.2.3.1	Überblick	459
2.2.3.2	Voraussetzungen	460
2.2.3.3	Gleichstellung des mittelbar Beteiligten mit einem unmittelbar Beteiligten	460
2.2.3.4	Verfahren der Gewinnfeststellung	461
2.2.4	Einzelne Mitunternehmerschaften	462
2.2.4.1	OHG	462
2.2.4.2	Kommanditgesellschaft	462
2.2.4.3	Gesellschaft des bürgerlichen Rechts (GbR)	463
2.2.4.4	Stille Gesellschaft	463
2.2.4.5	Unterbeteiligung	464
2.2.5	Gewerbliche Einkünfte aus der Mitunternehmerschaft	464
2.2.5.1	Allgemeines	464
2.2.5.2	Gewinnanteil	466
2.2.5.3	Sondervergütungen	466
2.2.5.4	Buchmäßige und bilanzielle Darstellung	470
2.2.6	Gewinnverteilung	470
2.2.6.1	Grundsätze	470
2.2.6.2	Änderung der Gewinnverteilung	472
2.2.7	Rechtsgeschäfte der Personengesellschaft mit ihren Gesellschaftern	472
2.2.7.1	Grundsätze	472
2.2.7.2	Veräußerung aus dem Gesamthandsvermögen in das Privatvermögen eines Gesellschafters und umgekehrt	473
2.2.7.3	Sonstige Rechtsgeschäfte	473
2.2.8	Übertragung von Wirtschaftsgütern innerhalb des Betriebsvermögens der Mitunternehmerschaft	474
2.2.8.1	Unentgeltliche Übertragung von Sonderbetriebsvermögen auf einen anderen Gesellschafter	474
2.2.8.2	Entgeltliche Übertragung von Sonderbetriebsvermögen auf einen anderen Gesellschafter	474
2.2.8.3	Veräußerung von Sonderbetriebsvermögen an die Gesellschaft	474
2.2.8.4	Übertragung von Sonderbetriebsvermögen auf die Gesellschaft gegen Gewährung von Gesellschaftsrechten	475

2.2.8.5	Übertragung von Gesamthandsvermögen in das Sonderbetriebsvermögen	475
2.2.9	Behandlung von Rechtsgeschäften zwischen Personengesellschaften bei Beteiligungsidentität	476
2.2.10	Gewinnermittlung und Gewinnfeststellung	476
2.2.11	Familiengesellschaften (R 138a EStR)	479
2.2.11.1	Vorbemerkungen	479
2.2.11.2	Bürgerlichrechtliche Wirksamkeit	479
2.2.11.3	Tatsächliche Durchführung des Gesellschaftsverhältnisses	480
2.2.11.4	Vertragsabschluß zu Bedingungen wie unter Dritten	481
2.2.11.5	Rechtsfolgen bei Nichtanerkennung dem Grunde nach	482
2.2.11.6	Mitunternehmerschaft der Familienangehörigen	482
2.2.11.7	Angemessenheit der Gewinnbeteiligung	483
2.2.12	GmbH und Co. KG	484
2.2.12.1	Begriff	484
2.2.12.2	Arten der GmbH & Co. KG	486
2.2.12.3	Mitunternehmerschaft bei der GmbH & Co. KG	486
2.2.12.4	Beitragspflichten der Gesellschafter bei der GmbH & Co. KG	487
2.2.12.5	Betriebsvermögen der GmbH & Co. KG	487
2.2.12.6	Gewinnverteilung bei der GmbH & Co. KG	488
2.2.12.7	Gesonderte Gewinnfeststellung bei der GmbH & Co. KG	490
2.3	Gewinne des Komplementärs einer Kommanditgesellschaft auf Aktien	492
2.3.1	Allgemeines	492
2.3.2	Kommanditgesellschaft auf Aktien (KGaA)	492
2.3.3	Körperschaftsteuerpflicht der KGaA	492
2.3.4	Einkünfte des Komplementärs	493
2.4	Verluste bei beschränkt haftenden Gesellschaftern (§ 15a EStG)	493
2.4.1	Behandlung der Verluste nach Handelsrecht	493
2.4.2	Steuerrechtliche Folgen	494
2.4.3	Einschränkung des Verlustausgleichs nach § 15a EStG	494
2.4.3.1	Behandlung der Verluste bei den persönlich haftenden Gesellschaftern	494
2.4.3.2	Behandlung von Verlusten bei den Kommanditisten	495
2.4.3.3	Verlustberücksichtigung bei weitergehender Außenhaftung nach § 171 Abs. 1 1. Halbs. HGB	500
2.4.3.4	Verrechenbarer Verlust, § 15a Abs. 2 EStG	501
2.4.3.5	Behandlung von Einlageminderungen nach vorausgegangenem Verlustausgleich/ Verlustabzug (§ 15a Abs. 3 Satz 1 EStG)	503
2.4.3.6	Haftungsminderung (§ 15a Abs. 3 Satz 3 EStG)	505
2.4.3.7	Gesonderte Feststellung des verrechenbaren Verlustes (§ 15a Abs. 4 EStG)	505
2.4.3.8	Sinngemäße Anwendung des § 15a EStG	505
2.4.3.9	Entsprechende Anwendung des § 15a bei anderen Gewinneinkünften	507
2.4.3.10	Sinngemäße Anwendung des § 15a bei den Überschußeinkünften (§ 20 Abs. 1 Nr. 4 und § 21 Abs. 1 EStG)	507
2.4.3.11	Zeitlicher Anwendungsbereich (§ 52 Abs. 19 EStG)	507
2.4.3.12	Nachversteuerung des Gewinns aus dem Wegfall negativer Kapitalkonten von Kommanditisten	507
2.5	Verluste aus gewerblicher Tierzucht und Tierhaltung	511
2.5.1	Verbot des Ausgleichs	511
2.5.2	Verlustabzug innerhalb der gewerblichen Tierzucht (Tierhaltung)	512
2.6	Veräußerung und Aufgabe eines Betriebes (§ 16 EStG)	512
2.6.1	Vorbemerkung und Überblick	512
2.6.1.1	Tatbestände des § 16 EStG	512
2.6.1.2	Bedeutung des § 16 EStG	513
2.6.1.3	§ 16 EStG als Gewinnermittlungsvorschrift eigener Art	513
2.6.2	Veräußerung	513
2.6.2.1	Begriff der Veräußerung (R 139 Abs. 1 EStR)	513
2.6.2.2	Abgrenzung von anderen Arten der Betriebseinstellung	514
2.6.3	Tatbestand der Betriebsveräußerung (§ 16 Abs. 1 EStG)	515

2.6.3.1	Veräußerung des ganzen Betriebs	515
2.6.3.2	Veräußerung eines Teilbetriebs	517
2.6.3.3	Veräußerung einer zum Betriebsvermögen gehörenden 100%igen Beteiligung an einer Kapitalgesellschaft (§ 16 Abs. 1 Nr. 1 zweiter HS EStG)	520
2.6.4	Ermittlung des Veräußerungsgewinns	520
2.6.4.1	Schema zur Ermittlung des Veräußerungsgewinns (§ 16 Abs. 2 EStG)	520
2.6.4.2	Zeitpunkt der Gewinnrealisierung	521
2.6.5	Veräußerung eines Mitunternehmeranteils (§ 16 Abs. 1 Nr. 2 EStG)	527
2.6.5.1	Ausscheiden eines Gesellschafters und Gesellschafterwechsel	527
2.6.5.2	Begriff des Mitunternehmeranteils	528
2.6.5.3	Sonderbetriebsvermögen	528
2.6.5.4	Teil eines Mitunternehmeranteils	528
2.6.5.5	Mitunternehmeranteile im Betriebsvermögen	529
2.6.5.6	Veräußerungszeitpunkt	529
2.6.5.7	Rechtsfolgen	530
2.6.5.8	Veräußerung eines Kommanditanteils mit negativem Kapitalkonto	530
2.6.6	Betriebsaufgabe (§ 16 Abs. 3 EStG)	531
2.6.6.1	Begriff der Aufgabe des ganzen Betriebs (R 139 Abs. 2 EStR)	531
2.6.6.2	Beginn und Ende der Betriebsaufgabe	533
2.6.6.3	Abgrenzung zu normalen Geschäften	534
2.6.6.4	Abgrenzung zur Betriebsveräußerung	534
2.6.6.5	Änderung des Unternehmenszwecks	535
2.6.6.6	Abgrenzung zur Betriebsverlegung	536
2.6.6.7	Betriebsverlegung in das Ausland	537
2.6.6.8	Abgrenzung zur unentgeltlichen Übertragung	537
2.6.6.9	Teilbetriebsaufgabe	538
2.6.6.10	Aufgabegewinn	539
2.6.6.11	Aufgabekosten	539
2.6.6.12	Wert des Betriebsvermögens	540
2.6.6.13	Abgrenzung zwischen begünstigtem Veräußerungs- bzw. Aufgabegewinn i. S. des § 16 EStG und dem laufenden Gewinn	540
2.6.6.14	Nachträgliche Einkünfte nach Betriebsveräußerung	542
2.6.6.15	Realteilung von Personengesellschaften	545
2.6.7	Unentgeltliche Betriebsübertragungen	547
2.6.7.1	Überblick	547
2.6.7.2	Erbfall, Erbauseinandersetzung und vorweggenommene Erbfolge	547
2.6.7.3	Tod eines Mitunternehmers einer Personengesellschaft	566
2.6.7.4	Übergangsregelung	572
2.6.7.5	Unentgeltliche Betriebsübertragungen unter Lebenden	573
2.6.8	Freibetrag nach § 16 Abs. 4 EStG	580
2.6.8.1	Allgemeines	580
2.6.8.2	Neuregelung durch JStG 1996	580
2.6.8.3	Kürzung des Freibetrags bei Überschreiten des Grenzbetrags	581
2.6.8.4	Veräußerung mehrerer Betriebe	582
2.6.8.5	Verwirklichung des Veräußerungsgewinns in verschiedenen VZ	583
2.6.8.6	Voraussetzungen des Freibetrags	583
2.6.8.7	Personenbezogenheit	585
2.6.8.8	Veräußerung oder Aufgabe eines Teilbetriebs oder Mitunternehmeranteils	585
2.6.8.9	Einschränkung der Steuerbegünstigung bei Veräußerer-Erwerber-Identität	585
2.6.8.10	Verfahrensfragen bei Mitunternehmeranteilen	587
2.6.9	Betriebsverpachtung im ganzen	587
2.6.9.1	Grundsätze	587
2.6.9.2	Anwendungsvoraussetzungen für das Wahlrecht bei Betriebsverpachtung	588
2.6.9.3	Betriebsfortführung als ruhender Betrieb	591
2.6.9.4	Erklärung der Betriebsaufgabe	592
2.6.9.5	„Unfreiwillige" Beendigung des ruhenden Betriebs	594
2.6.9.6	Unentgeltliche Betriebsüberlassung	594

2.6.9.7	Grundsätze bei den übrigen Gewinneinkünften	594
2.6.9.8	Teilbetriebe	595
2.6.9.9	Hinausschiebung der Besteuerung stiller Reserven bei fehlender Betriebsverpachtung	595
2.6.9.10	Abschließendes Beispiel zur Betriebsverpachtung	595
2.7	Einbringung eines Betriebs, Teilbetriebs, Mitunternehmeranteils in eine Kapitalgesellschaft (§ 20 UmwStG)	596
2.7.1	Voraussetzungen für eine begünstigte Sacheinbringung	597
2.7.1.1	Einbringungsgegenstand	597
2.7.1.2	Einbringendes Unternehmen	597
2.7.1.3	Aufnehmende Kapitalgesellschaft	598
2.7.1.4	Gegenleistung für die Sacheinlage	598
2.7.2	Wahlrecht der übernehmenden Kapitalgesellschaft	598
2.7.2.1	Buchwerte	599
2.7.2.2	Teilwerte	599
2.7.2.3	Zwischenwerte	599
2.7.3	Einbringungszeitpunkt	599
2.7.4	Behandlung der Einbringung beim Einbringenden	599
2.7.4.1	Grundsätze	599
2.7.4.2	Veräußerungsgewinn	600
2.7.5	Anschaffungskosten	601
2.7.6	Beispiel einer Einbringung	601
2.7.7	Spätere Veräußerung einbringungsgeborener Anteile	603
2.7.7.1	Grundsätze	603
2.7.7.2	Ausnahmen	603
2.7.7.3	Veräußerungsgewinn	603
2.7.7.4	Veräußerungsfreibetrag (§ 16 Abs. 4 EStG)	603
2.7.7.5	Ermäßigter Steuersatz (§ 34 EStG)	604
2.7.7.6	Sonderfälle	604
2.8	Einbringung eines Betriebes, Teilbetriebes oder Mitunternehmeranteils in eine Personengesellschaft (§ 24 UmwStG)	605
2.8.1	Allgemeines	605
2.8.2	Anwendungsbereich des § 24 UmwStG	605
2.8.3	Begriffe und Voraussetzungen	605
2.8.3.1	Einbringung eines Betriebes	605
2.8.3.2	Gewährung von Gesellschaftsrechten	606
2.8.4	Rechtsfolgen – Steuerliche Behandlung der Einbringung	606
2.8.4.1	Wahlrecht	606
2.8.4.2	Buchwertfortführung	606
2.8.4.3	Ansatz der (höheren) Teilwerte	607
2.8.4.4	Ergänzungsbilanzen	610
2.8.4.5	Grundfall	610
2.8.4.6	Ansatz von Zwischenwerten	613
2.8.5	Einbringungszeitpunkt	614
2.8.6	Einbringung mit Zuzahlung, die nicht Betriebsvermögen wird	614
2.9	Betriebsaufspaltung	614
2.9.1	Begriff der Betriebsaufspaltung	614
2.9.1.1	Allgemeines	614
2.9.1.2	Einteilung der Erscheinungsformen	615
2.9.2	Voraussetzungen der Betriebsaufspaltung	616
2.9.2.1	Sachliche Verflechtung	616
2.9.2.2	Personelle Verflechtung (R 137 Abs. 8 EStR und H 137 EStH)	618
2.9.3	Motive für die Betriebsaufspaltung	623
2.9.4	Folgen der Betriebsaufspaltung	623
2.9.4.1	Besitzunternehmen als Gewerbebetrieb	623
2.9.4.2	Selbständige Gewinnermittlung für Besitz- und Betriebsunternehmen	623
2.9.4.3	Anteile an der Betriebsgesellschaft als notwendiges Betriebsvermögen	623

2.9.4.4	Steuerliche Behandlung des Pachtvertrags	624
2.9.4.5	Verdeckte Gewinnausschüttungen	625
2.9.4.6	Darlehnsforderungen an das Betriebsunternehmen	625
2.9.4.7	Veräußerung und Einbringung von Wirtschaftsgütern in das Betriebsunternehmen	625
2.9.4.8	Korrespondierende Bilanzierung?	626
2.9.4.9	Besondere Formen der Betriebsaufspaltung	627
2.9.4.10	Beendigung der Betriebsaufspaltung	629
2.10	Sonderabschreibungen zur Förderung kleiner und mittlerer Betriebe bei Betriebsaufspaltung	630
3.	**Veräußerung von Anteilen an Kapitalgesellschaften bei wesentlicher Beteiligung (§ 17 EStG)**	**631**
3.1	Regelungsinhalt	631
3.2	Rechtssystematische Einordnung, Rechtfertigung der Besteuerung	631
3.3	Persönlicher Anwendungsbereich	632
3.4	Begriff der Anteile an einer Kapitalgesellschaft	633
3.5	Zugehörigkeit der veräußerten Anteile zum Privatvermögen	634
3.6	Vorrang des § 23 EStG	634
3.7	Abgrenzung der Einkunftsarten bei der Veräußerung von Anteilen an einer Kapitalgesellschaft (Subsidiarität)	636
3.8	Abgrenzung der Besteuerung der Veräußerung von Anteilen von Ausschüttungen auf die Anteile	637
3.9	Wesentliche Beteiligung des Veräußerers	637
3.9.1	Begriff	637
3.9.2	Veräußerung von Anwartschaften auf Beteiligungen und Genußrechten	638
3.9.3	Unmittelbare oder mittelbare Beteiligung	638
3.9.3.1	Unmittelbare Beteiligung	638
3.9.3.2	Anteilige unmittelbare Zurechnung	638
3.9.3.3	Mittelbare Beteiligung	639
3.9.4	Berücksichtigung von Anteilen im Betriebsvermögen bei der Berechnung der Höhe der Beteiligung	640
3.9.5	Keine Einbeziehung von Anteilen Dritter	640
3.9.6	Ermittlung der Beteiligungshöhe bei Halten eigener Anteile durch die KapGes und bei Einziehung von GmbH-Anteilen	641
3.10	Zeitpunkt und Dauer der wesentlichen Beteiligung (Fünfjahresfrist)	641
3.10.1	Grundsatz	641
3.10.2	Berechnung der Fünfjahresfrist	642
3.10.3	Fünfjahresfrist bei unentgeltlichem Erwerb	643
3.11	Wegfall der Bagatellgrenze von 1 v. H.	644
3.12	Veräußerung von Anteilen	644
3.12.1	Begriff	644
3.12.2	Verdeckte Einlage einer wesentlichen Beteiligung in eine Kapitalgesellschaft	645
3.12.3	Fälle, die kein Veräußerungsgeschäft sind	645
3.13	Ermittlung des Veräußerungsgewinns	646
3.13.1	Umfang und Zeitpunkt der Gewinnverwirklichung	646
3.13.2	Veräußerungspreis	646
3.13.2.1	Begriff und Umfang	646
3.13.2.2	Gewinnausschüttungen als Teil des Veräußerungserlöses	647
3.13.2.3	Entgeltsformen	649
3.13.3	Anschaffungskosten	650
3.13.3.1	Begriff	650
3.13.3.2	Typische Anschaffungskosten	651
3.13.3.3	Nachträgliche Anschaffungskosten	652
3.13.3.4	Anschaffungsnebenkosten	653
3.13.3.5	Unmaßgeblichkeit des Abflußzeitpunkts	653
3.13.3.6	Minderung der Anschaffungskosten	653
3.13.3.7	Veräußerungskosten	653

3.13.3.8	Schuldzinsen für Darlehen zum Erwerb der Anteile	653
3.13.4	Mehrere Erwerbsvorgänge	654
3.14	Freibetrag gemäß § 17 Abs. 3 EStG	655
3.14.1	Rechtsnatur	655
3.14.2	Höhe des Freibetrags	655
3.14.3	Teilentgeltliche Veräußerung	655
3.14.4	Kürzung des Freibetrags nach § 17 Abs. 3 S. 2 EStG	656
3.14.5	Berechnung des Freibetrags, falls Kapitalgesellschaft eigene Anteile hält	656
3.15	Verlustberücksichtigung	657
3.16	Kapitalherabsetzung und Liquidation (§ 17 Abs. 4 EStG)	657
3.16.1	Bedeutung/Allgemeines	657
3.16.2	Anrechnungsverfahren bei Liquidation und Kapitalherabsetzung	658
3.16.3	Einkünfte der Anteilseigner	660
3.16.4	Entsprechende Anwendung des § 17 Abs. 1 bis 3 EStG im Falle der privaten wesentlichen Beteiligung	661
3.16.5	Unwesentliche Beteiligung	662
3.16.6	Zusammenfassende Beispiele	662
3.16.7	Keine nachträglichen Verluste aus § 17 Abs. 4 EStG	663
3.16.8	Abgrenzung zu Werbungskosten aus § 19 EStG	663
4.	**Einkünfte aus selbständiger Arbeit (§ 18 EStG)**	**664**
4.1	Begriff	664
4.2	Einkünfte aus freiberuflicher Tätigkeit	664
4.2.1	Begriff	664
4.2.2	Aufgezählte freiberufliche Tätigkeiten	665
4.2.2.1	Wissenschaftliche Tätigkeit (H 136 EStH)	665
4.2.2.2	Künstlerische Tätigkeit (H 136 EStH)	665
4.2.2.3	Schriftstellerische Tätigkeit (H 136 EStH)	666
4.2.2.4	Unterrichtende Tätigkeit (H 136 EStH)	667
4.2.2.5	Erzieherische Tätigkeit	667
4.2.2.6	Katalogberufe und diesen ähnliche Berufe	667
4.2.3	Selbständigkeit der Tätigkeit	668
4.2.4	Abgrenzung zur gewerblichen Tätigkeit	669
4.2.4.1	Eigene Fachkenntnisse	669
4.2.4.2	Leitung und Eigenverantwortlichkeit	669
4.2.5	Vorliegen mehrerer Tätigkeiten. Gemischte Tätigkeit	671
4.2.5.1	Freiberufliche Tätigkeit neben nichtselbständiger Arbeit	671
4.2.5.2	Mehrere Betriebe eines Steuerpflichtigen	671
4.2.5.3	Mehrere Tätigkeiten im Rahmen eines Betriebes	672
4.2.6	Übersicht	674
4.2.7	Gemeinschaftliche Ausübung der freiberuflichen Tätigkeit	674
4.3	Besonderheiten im Erbfall	675
4.3.1	Nachträgliche Einkünfte der Erben	675
4.3.2	Praxisfortführung	676
4.3.3	Praxisverpachtung durch Erben	676
4.3.4	Praxisverpachtung durch den Berufsträger	676
4.4	Betriebsveräußerung und Einbringung einer Praxis in eine GbR	677
4.4.1	Veräußerungstatbestände	677
4.4.1.1	Veräußerung einer Praxis	677
4.4.1.2	Veräußerung einer „Teilpraxis"	677
4.4.1.3	Veräußerung eines freiberuflichen Sozietätsanteils	677
4.4.1.4	Aufgabe einer Praxis	678
4.4.2	Ermittlung und Besteuerung des Veräußerungs- bzw. Aufgabegewinns	678
4.4.3	Einbringung einer Einzelpraxis in eine Sozietät bzw. Partnergesellschaft	678
4.5	Gewinnermittlung bei freiberuflicher Tätigkeit	679
4.6	Lotterieeinnehmer (§ 18 Abs. 1 Nr. 2 EStG)	679
4.7	Sonstige selbständige Arbeit (§ 18 Abs. 1 Nr. 3 EStG)	679

4.7.1	Tätigkeiten	679
4.7.2	Vervielfältigungstheorie	679
4.7.3	Subsidiarität gegenüber den Katalogberufen sowie dem Gewerbebetrieb	680
5.	**Einkünfte aus nichtselbständiger Arbeit**	**680**
5.1	Begriff des Arbeitnehmers	680
5.2	Dienstverhältnis (§ 1 Abs. 2 LStDV)	681
5.3	Mehrere Tätigkeiten	683
5.4	Unselbständige Nebentätigkeiten	683
5.5	Arbeitslohn	684
5.5.1	Allgemeines	684
5.5.2	„Gelegenheitsgeschenke" als Arbeitslohn	685
5.5.3	Sachbezüge	686
5.5.3.1	Begriff	686
5.5.3.2	Bewertung der Sachbezüge	686
5.5.3.3	Belegschaftsrabatte (§ 8 Abs. 3 EStG)	687
5.5.4	Zuwendungen aus ganz überwiegend betrieblichem Interesse	687
5.5.6	Betriebsveranstaltungen	688
5.5.7	Befreiungen	689
5.5.8	Zufluß von Arbeitslohn	689
5.5.8.1	Grundsätze	689
5.5.8.2	Einzelfälle	689
5.6	Werbungskosten bei Arbeitnehmern	690
5.6.1	Werbungskostenbegriff	690
5.6.2	Einzelfälle	691
5.6.2.1	Beiträge zu Berufsverbänden (§ 9 Abs. 1 Nr. 3 EStG)	692
5.6.2.2	Fahrten zwischen Wohnung und Arbeitsstätte (§ 9 Abs. 1 Nr. 4 EStG)	692
5.6.2.3	Aufwendungen für Arbeitsmittel (§ 9 Abs. 1 Nr. 6 EStG)	695
5.6.2.4	Häusliches Arbeitszimmer	697
5.6.2.5	Fortbildungskosten	698
5.6.3	Ersatz von Werbungskosten durch den Arbeitgeber	699
5.7	Ermittlung der Einkünfte	699
5.7.1	Ermittlungsschema	699
5.7.2	Versorgungsfreibetrag	699
5.7.3	Arbeitnehmer-Pauschbetrag (§ 9a Nr. 1a EStG)	700
5.8	Vermögensbeteiligung von Arbeitnehmern (§ 19a EStG)	701
5.8.1	Allgemeines	701
5.8.2	Höhe der Vergünstigung	701
5.8.3	Wert der Vermögensbeteiligung	702
5.8.4	Begünstigte Leistungen	702
5.8.5	Sperrfrist	702
5.8.6	Erträge der Vermögensbeteiligung	702
6.	**Einkünfte aus Kapitalvermögen**	**702**
6.1	Begriff der Einkünfte aus Kapitalvermögen	702
6.2	Die einzelnen Einnahmen gem. § 20 Abs. 1 Nr. 1 bis 8 EStG	704
6.2.1	Einkünfte aus Beteiligungen an Kapitalgesellschaften (§ 20 Abs. 1 Nr. 1 bis 3 EStG)	704
6.2.1.1	Dividenden, Gewinnanteile	705
6.2.1.2	Zufluß der Einnahmen	707
6.2.1.3	Ausgabe von Freianteilen	709
6.2.1.4	Ausgabe von Bezugsrechten	710
6.2.1.5	Verdeckte Gewinnausschüttungen	711
6.2.1.6	Kapitalrückzahlungen	712
6.2.1.7	Anrechenbare Körperschaftsteuer	713
6.2.1.8	Ausschüttung von EK 01	714
6.2.1.9	Zurechnung der Einkünfte	714
6.2.2	Gewinnanteile aus Investmentfonds	715

6.2.2.1	Inländische Fonds	715
6.2.2.2	Behandlung der Erträge aus ausländischen Investmentfonds	716
6.2.3	Gewinnanteile aus stillen Beteiligungen und partiarischen Darlehn (§ 20 Abs. 1 Nr. 4 EStG)	717
6.2.3.1	Begriff der stillen Beteiligung	717
6.2.3.2	Partiarische Darlehen	719
6.2.3.3	Abgrenzung zur atypischen stillen Beteiligung	719
6.2.3.4	Zusammenfassender Überblick	720
6.2.3.5	Stille Beteiligung von nahen Angehörigen	720
6.2.3.6	Umfang der Einnahmen aus stiller Beteiligung	722
6.2.3.7	Zufluß der Einnahmen	722
6.2.3.8	Werbungskosten	723
6.2.3.9	Unterbeteiligungen	724
6.2.4	Zinsen aus Hypotheken, Grundschulden und Renten aus Rentenschulden	725
6.2.5	Außerrechnungsmäßige und rechnungsmäßige Zinsen bei Lebensversicherungen	725
6.2.6	Erträge aus sonstigen Kapitalforderungen (§ 20 Abs. 1 Nr. 7 EStG)	727
6.2.6.1	Überblick	727
6.2.6.2	Kapitalforderungen gegenüber Kreditinstituten	729
6.2.6.3	Anleihen (Teilschuldverschreibungen)	729
6.2.6.4	Pfandbriefe	730
6.2.6.5	Gewinnobligationen	730
6.2.6.6	Wandelschuldverschreibungen	730
6.2.6.7	Optionsanleihen	730
6.2.6.8	Bausparzinsen	731
6.2.6.9	Sparbriefe	731
6.2.6.10	Öffentliche Anleihen, Obligationen, Schatzbriefe und Schatzanweisungen	732
6.2.6.11	Schuldscheindarlehen	733
6.2.6.12	Verzugszinsen	733
6.2.6.13	Stundungszinsen	733
6.2.6.14	Erstattungszinsen	734
6.2.6.15	Prozeßzinsen	734
6.2.6.16	Vorfälligkeitsentschädigungen	734
6.2.6.17	Zinsanteil bei wiederkehrenden Bezügen	734
6.2.7	Diskonterträge (§ 20 Abs. 1 Nr. 8 EStG)	734
6.2.8	Darlehensverträge mit Angehörigen	735
6.2.9	Zinsen auf Lohnforderungen	735
6.2.10	Aufzinsungs- und Abzinsungspapiere	735
6.2.11	Verschiedene Formen von Kapitalanlagen (Finanzinnovationen)	735
6.3	Besondere Entgeltsformen und Veräußerungsfälle (§ 20 Abs. 2 EStG)	737
6.3.1	Besondere Entgelte und Vorteile (§ 20 Abs. 2 Nr. 1 EStG)	737
6.3.2	Einkünfte aus der Veräußerung von Dividendenscheinen oder Zinsscheinen (§ 20 Abs. 2 Nr. 2 EStG)	738
6.3.2.1	Allgemeines	738
6.3.2.2	Veräußerung von Aktien	738
6.3.2.3	Veräußerung festverzinslicher Wertpapiere	741
6.3.2.4	Veräußerung festverzinslicher Wertpapiere ohne Zinsschein	742
6.3.2.5	Kapitalerträge aus der Veräußerung oder Abtretung von abgezinsten oder aufgezinsten Kapitalforderungen (§ 20 Abs. 2 Nr. 4 EStG)	742
6.4	Werbungskosten	745
6.4.1	Begriff	745
6.4.2	Schuldzinsen	745
6.4.3	Sonstige Werbungskosten	747
6.4.4	Werbungskostenpauschbetrag (§ 9a Nr. 1b EStG)	747
6.5	Sparer-Freibetrag	748
6.6	Zurechnung der Einkünfte	748
6.7	Nießbrauch am Kapitalvermögen	749
6.7.1	Vorbehaltsnießbrauch	749

6.7.2	Zuwendungsnießbrauch	750
6.7.2.1	Unentgeltlich bestellter Nießbrauch	750
6.7.2.2	Entgeltlich bestellter Nießbrauch	750
7.	**Einkünfte aus Vermietung und Verpachtung (§ 21 EStG)**	**751**
7.1	Begriffe „Vermietung" und „Verpachtung"	751
7.2	Verhältnis der Vermietung und Verpachtung i. S. des § 21 EStG gegenüber dem Zivilrecht	751
7.3	Arten der Einkünfte aus Vermietung und Verpachtung	753
7.3.1	Vermietung und Verpachtung unbeweglichen Vermögens (§ 21 Abs. 1 Nr. 1 EStG)	753
7.3.2	Überlassung von Grundstücken zur Substanzausbeute	753
7.3.2.1	Begriff	753
7.3.2.2	Abgrenzung zwischen Verpachtung und Veräußerung	754
7.3.3	Vermietung und Verpachtung von Sachinbegriffen (§ 21 Abs. 1 Nr. 2 EStG)	755
7.3.3.1	Begriff	755
7.3.4	Zeitlich begrenzte Überlassung von Rechten (§ 21 Abs. 1 Nr. 3 EStG)	755
7.3.5	Abtretung von Miet- und Pachtzinsforderungen (§ 21 Abs. 1 Nr. 4 EStG)	757
7.3.6	Einkunftserzielung bei den Einkünften aus Vermietung und Verpachtung	758
7.3.7	Mietverträge zwischen nahen Angehörigen	758
7.4	Einnahmen aus Vermietung und Verpachtung	759
7.4.1	Begriff	759
7.4.2	Einzelfälle von Einnahmen	759
7.4.2.1	Leistungen des Mieters/Pächters an Dritte zugunsten des Vermieters/Verpächters	759
7.4.2.2	Umlagen	759
7.4.2.3	Schadensersatzleistungen des Mieters oder Dritter	760
7.4.2.4	Instandhaltung durch den Mieter	762
7.4.2.5	Grundstücksaufbauten durch den Mieter	762
7.4.2.6	Behandlung von Zuschüssen	763
7.4.2.7	Mietvorauszahlungen und Mieterzuschüsse	763
7.4.2.8	Leistungen Dritter	766
7.4.2.9	Zinsen	766
7.4.2.10	Erbbauzinsen	766
7.4.10	Bestellung eines dinglichen Wohnrechts gegen Übertragung eines unbebauten Grundstücks im privaten Bereich	767
7.5	Subsidiaritätsklausel des § 21 Abs. 3 EStG	767
7.6	Zurechnung der Einkünfte	768
7.7	Nutzungswert der Wohnung im eigenen Haus (§ 21 Abs. 2 EStG)	769
7.7.1	Nutzungswert der Wohnung im eigenen Haus (§ 21 Abs. 2 1. Alternative)	769
7.7.1.1	Anwendungsbereich	769
7.7.1.2	Begriff der Wohnung	769
7.7.1.3	Begriff der Selbstnutzung	769
7.7.1.4	Sonderformen der Selbstnutzung	769
7.7.1.5	Begriff der Wohnzwecke	770
7.7.1.6	Ermittlung des Nutzungswerts	770
7.7.1.7	Nutzungswert bei aufwendig gebauten Zweifamilienhäusern	770
7.7.1.8	Werbungskostenabzug bei selbstgenutzter Wohnung	771
7.7.1.9	Ansatz des Nutzungswerts als betriebliche Einkunftsart	772
7.7.2	Unentgeltliche Überlassung einer Wohnung	773
7.8	Werbungskosten bei den Einkünften aus Vermietung und Verpachtung	773
7.8.1	Grundsätze	773
7.8.2	Vergebliche Planungskosten	774
7.8.3	Schuldzinsen und Geldbeschaffungskosten	775
7.8.3.1	Begriffe	775
7.8.3.2	Wirtschaftlicher Zusammenhang	776
7.8.3.3	Damnum	777
7.8.4	Weitere Werbungskosten	778
7.8.5	Abgrenzung von Erhaltungsaufwand und Herstellungsaufwand	780

7.8.5.1	Begriff des Erhaltungsaufwands	780
7.8.5.2	Begriff des Herstellungsaufwands	781
7.8.5.3	Zeitpunkt der Berücksichtigung von Erhaltungsaufwand und Herstellumgsaufwand	783
7.8.5.4	Abbruchkosten	785
7.8.5.5	Anschaffungsnaher Aufwand	785
7.8.5.6	Aufwendungen für Gartenanlagen	788
7.8.5.7	Werbungskosten-Pauschbetrag (§ 9a Nr. 2 EStG)	788
7.8.6	Absetzung für Abnutzung	790
7.8.6.1	Allgemeines	790
7.8.6.2	Anschaffungskosten bei Gebäuden	791
7.8.6.3	Herstellungskosten bei Gebäuden	792
7.8.6.4	Unentgeltlicher Erwerb	793
7.8.6.5	Erhöhte AfA gemäß § 7b EStG	806
7.8.6.6	Erhöhte AfA nach § 82a EStDV	808
7.8.6.7	Umbauabschreibung (§ 7c EStG)	809
7.8.6.8	Erhöhte Absetzung für Mietwohnungen mit Sozialbindung (§ 7k EStG)	822
7.8.6.9	Förderung von Baudenkmalen und Gebäuden in Sanierungs- und Entwicklungsgebieten	827
7.8.6.10	Erhöhte AfA bei Gebäuden in Sanierungsgebieten und städtebaulichen Entwicklungsbereichen (§ 7h EStG)	827
7.8.6.11	Erhöhte AfA bei Baudenkmalen (§ 7i EStG)	828
7.8.6.12	Verteilung von Erhaltungsaufwand bei Gebäuden in Sanierungsgebieten und städtebaulichen Entwicklungsbereichen (§ 11a EStG) sowie bei Baudenkmalen (§ 11b EStG)	828
7.8.6.13	Zeitlich unbegrenzte Nutzungswertbesteuerung bei selbstgenutzten Baudenkmalen im Betriebsvermögen (§ 52 Abs. 15 Satz 12 EStG)	828
7.9	Wegfall der Ermittlung des Nutzungswerts der eigenen Wohnung nach § 21a EStG	829
7.9.1	Allgemeines, Wegfall des § 21a EStG	829
7.9.2	Zeitlicher Anwendungsbereich	829
7.9.3	Sachlicher Anwendungsbereich	829
7.9.4	Anwendungsvoraussetzungen des § 21a Abs. 1 EStG	830
7.9.4.1	Belegenheit im Inland	830
7.9.4.2	Keine Überschreitung des 20fachen der bebauten Fläche	831
7.9.4.3	Selbstnutzung einer eigenen Wohnung	831
7.9.4.4	Einfamilienhaus oder andere Grundstücksart	832
7.9.4.5	Einkünfte aus § 21 EStG	832
7.9.5	Ausnahmetatbestände	832
7.9.5.1	Wohnungsbegriff	833
7.9.5.2	Begriff der Einheit von Räumen	833
7.9.5.3	Begriff der dauernden Nutzung	834
7.9.5.4	Anerkennung von Mietverhältnissen	834
7.9.5.5	Unentgeltliche Überlassung	836
7.9.5.6	Gewerbliche oder berufliche Nutzung	836
7.9.5.7	Sechsmonatsfrist	836
7.9.5.8	Vereinfachungsregelung	837
7.9.6	Ermittlung des Nutzungswerts	838
7.10	Behandlung des selbstgenutzten Wohneigentums	838
7.10.1	Überblick	838
7.10.1.1	Wegfall der Nutzungswertbesteuerung	838
7.10.1.2	Wegfall erhöhter AfA nach § 7b EStG	838
7.10.1.3	Förderung des selbstgenutzten Wohneigentums	838
7.10.2	Übergangsregelungen für vor dem 1.1.1987 hergestellte oder angeschaffte Gebäude/Eigentumswohnungen des Privatvermögens (§ 52 Abs. 21 EStG)	839
7.10.2.1	Fortsetzung der Ermittlung des Nutzungswerts als Überschuß des Mietwerts über die Werbungskosten	839
7.10.2.2	Rechtsfolgen bei Fortsetzung der Nutzungswertbesteuerung durch Überschußrechnung	843

7.10.2.3	Verzicht auf die Nutzungswertbesteuerung (Abwahl)	843
7.10.2.4	Übergangsregelung für Fälle der früheren pauschalierten Nutzungswertbesteuerung (§ 21a EStG)	845
7.10.3	Steuerliche Förderung des selbstgenutzten Wohneigentums (§ 10e EStG)	846
7.10.3.1	Allgemeines	846
7.10.3.2	Zeitliche Anwendung	847
7.10.3.3	Zeitpunkt der Herstellung und Anschaffung	847
7.10.3.4	Begünstigte Objekte	848
7.10.3.5	Abzugsberechtigte Personen	851
7.10.3.6	Einkommensgrenze (§ 10e Abs. 5a EStG)	853
7.10.3.7	Erwerb unter Ehegatten	854
7.10.3.8	Ermittlung des Abzugsbetrags (Grundförderung § 10e Abs. 1 EStG)	854
7.10.3.9	Objektverbrauch	861
7.10.3.10	Fortsetzung der Grundförderung bei einem Folgeobjekt	866
7.10.3.11	Miteigentum	868
7.10.3.12	Vorrang des Betriebsausgaben- und Werbungskostenabzugs	870
7.10.3.13	Behandlung der Erbengemeinschaft und ihrer Auseinandersetzung	870
7.10.3.14	Aufwendungen vor erstmaliger Selbstnutzung (§ 10e Abs. 6 EStG)	871
7.10.3.15	Erweiterter Schuldzinsenabzug (§ 10e Abs. 6a EStG)	878
7.10.3.16	Gesonderte und einheitliche Feststellung bei Miteigentümern nach § 10e Abs. 7 EStG	882
7.10.3.17	Anwendung des § 10e EStG und des § 52 Abs. 21 Sätze 4 bis 6 EStG bei Aufwendungen für eine eigene Wohnung im Rahmen einer doppelten Haushaltsführung	882
7.10.4	Steuerbegünstigung für zu eigenen Wohnzwecken genutzte Baudenkmale und Gebäude in Sanierungsgebieten und städtebaulichen Entwicklungsbereichen (§ 10f EStG)	883
7.10.4.1	Allgemeines	883
7.10.4.2	Herstellungsaufwand (§ 10f Abs. 1 EStG)	883
7.10.4.3	Erhaltungsaufwand (§ 10f Abs. 2 EStG)	883
7.10.4.4	Objektbeschränkung (§ 10f Abs. 3 EStG)	883
7.10.4.5	Miteigentum und Hinzuerwerb von Anteilen	884
7.10.5	Steuerbegünstigung der unentgeltlich zu Wohnzwecken überlassenen Wohnung im eigenen Haus (§ 10 h EStG)	884
7.11	Miteigentum an Grundstücken	891
7.11.1	Einnahmen	891
7.11.2	Werbungskosten und AfA	892
7.11.3	Entgeltliche Überlassung an einzelne Miteigentümer	892
7.12	Gemischte Nutzung von Gebäuden	892
7.13	Förderung des selbstgenutzten und unentgeltlich überlassenen Wohneigentums nach dem Eigenheimzulagengesetz und § 10i EStG	893
7.13.1	Vorbemerkung	893
7.13.2	Anspruchsberechtigte	894
7.13.3	Begünstigte Objekte (§ 2 EigZulG)	895
7.13.4	Nutzung zu Wohnzwecken	896
7.13.5	Förderzeitraum (§ 3 EigZulG)	897
7.13.6	Bemessungsgrundlage (§ 8 EigZulG)	897
7.13.7	Höhe der Eigenheimzulage (§ 9 EigZulG)	898
7.13.8	Einkunftsgrenze (§ 5 EigZulG)	900
7.13.9	Objektbeschränkung (§ 6 EigZulG)	901
7.13.10	Folgeobjekt (§ 7 EigZulG)	903
7.13.11	Verfahrensvorschriften	904
7.13.11.1	Entstehung des Anspruchs auf Eigenheimzulage (§ 10 EigZulG) und Auszahlung (§ 13 EigZulG)	904
7.13.11.2	Festsetzung der Eigenheimzulage (§ 11 EigZulG)	904
7.13.11.3	Änderung der Verhältnisse (§ 11 Abs. 2 bis 5 EigZulG)	905
7.13.11.4	Antrag auf Eigenheimzulage (§ 12 EigZulG)	905

7.13.11.5	Auszahlung (§ 13 EigZulG)	905
7.13.11.6	Rückforderung (§ 14 EigZulG)	905
7.13.12	Eigenheimzulage bei Anschaffung von Genossenschaftsanteilen (§ 17 EigZulG)	905
7.13.13	Anwendungsregelung (§ 19 EigZulG)	906
7.13.14	Vorkostenregelung (§ 10i EStG)	907
7.13.14.1	Vorkostenpauschale	907
7.13.14.2	Erhaltungsaufwendungen	908
8.	**Nießbrauch und andere dingliche sowie obligatorische Nutzungsrechte an Grundvermögen**	**911**
8.1	Begriff und zivilrechtliche Grundlagen	913
8.2	Überblick	914
8.3	Nießbrauchsarten	914
8.4	Überblick	915
8.5	Allgemeine Besteuerungsgrundsätze	915
8.5.1	Zurechnung von Einkünften	915
8.5.2	Bestellung eines Nießbrauchs- oder eines anderen Nutzungsrechts zwischen nahen Angehörigen	916
8.5.3	Zuwendungsnießbrauch	917
8.5.3.1	Abgrenzung zwischen entgeltlicher, teilweise entgeltlicher und unentgeltlicher Bestellung	917
8.5.3.2	Übersichten zum unentgeltlichen Zuwendungsnießbrauch (Tz. 17–26)	917
8.5.3.4	Übersichten zum entgeltlichen Zuwendungsnießbrauch (Tz. 27–35)	918
8.5.3.5	Teilentgeltlicher Zuwendungsnießbrauch	919
8.5.4	Übersichten zum Vorbehaltsnießbrauch (Tz. 36–50)	920
8.5.5	Vermächtnis-Nießbrauch	922
8.6	Quoten- und Bruchteilsnießbrauch	922
8.7	Bruttonießbrauch	923
8.8	Dingliches Wohnrecht	923
8.8.1	Nutzungswertbesteuerung und Werbungskostenabzug	923
8.8.2	Entgeltlicher Erwerb eines wohnrechtsbelasteten Gebäudes	923
8.8.3	AfA für Eigentümer nach Erlöschen des Vorbehaltsnießbrauchs	924
8.8.3.1	Grundsatz	924
8.8.3.2	Entgeltlicher Erwerb	924
8.8.3.3	Unentgeltlicher Erwerb	925
8.8.4	Schenkung eines Betriebsgrundstücks unter Nießbrauchsvorbehalt	925
8.8.5	Zuwendungsnießbrauch an Betriebsgrundstück	926
8.9	Ablösung des Nießbrauchs	926
8.10	Obligatorische Nutzungsrechte	928
8.10.1	Unentgeltliche Überlassung einer Wohnung mit gesicherter Rechtsposition	928
8.10.2	Gesicherte Rechtsposition bei Überlassung an Angehörige	928
8.10.3	Fehlende gesicherte Rechtsposition	929
8.10.4	Überlassung an minderjährige Kinder	930
8.10.5	Übersicht	930
8.10.6	AfA-Berechtigung und Abzug von Aufwendungen als WK bei unentgeltlicher Wohnungsüberlassung	930
8.10.7	Teilweise unentgeltliche Überlassung einer Wohnung	931
8.10.8	Abgrenzung zwischen Teilentgeltlichkeit und Unentgeltlichkeit	931
8.10.9	Weitervermietung durch Nutzungsberechtigten	932
8.10.10	Fehlgeschlagener Nießbrauch	932
8.10.11	Vorbehaltenes obligatorisches Nutzungsrecht	932
8.10.12	Entgeltlicher Erwerb eines Grundstücks und Übernahme eines Nutzungsrechts	933
8.11	Beurteilungskriterien für Nutzungsrechte	934
9.	**Sonderabschreibungen nach Fördergebietsgesetz**	**934**
9.1	Anspruchsberechtigter und Fördergebiet	934
9.2	Begünstigte Maßnahmen	935

9.3	Höhe der Sonderabschreibungen	935
9.4	Änderungen des FördG durch das JStG 1996	935
9.5	Beispiel	936

10. Sonstige Einkünfte (§ 22 EStG) ... 937

10.1	Einkünfte aus wiederkehrenden Bezügen (§ 22 Nr. 1 EStG)	937
10.1.1	Wirkungsbereich wiederkehrender Bezüge/Leistungen	937
10.1.2	Begriff „wiederkehrende Leistungen/Bezüge"	939
10.1.2.1	Leistungen in Geld oder Geldeswert	939
10.1.2.2	Einheitlicher Entschluß	939
10.1.2.3	Wiederkehr von Zeit zu Zeit	940
10.1.2.4	Gewisse Dauer	940
10.1.3	Begriff der „Rente"	940
10.1.3.1	Leistungen in Geld oder vertretbaren Sachen	941
9.1.3.2	Regelmäßigkeit	942
9.1.3.3	Gleichmäßigkeit	942
9.1.3.4	Rentenstammrecht	944
9.1.3.5	Selbständigkeit des Stammrechts	945
10.1.3.6	Dauer der Bezüge/Leistungen	946
10.1.4	Dauernde Lasten	948
10.1.5	Bedeutung der Unterscheidung der Arten wiederkehrender Bezüge/Leistungen	949
10.1.5.1	Übersicht	949
10.1.5.2	Abgrenzung zu Raten	949
10.1.5.3	Abgrenzung der entgeltlichen Zeitrente von Raten im betrieblichen Bereich	950
10.1.6	Abgrenzung betrieblicher und privater Renten	950
10.1.7	Betriebliche Renten	951
10.1.7.1	Betriebliche Veräußerungsrenten	951
10.1.7.2	Betriebliche Versorgungsrenten	961
10.1.7.3	Betriebsveräußerung gegen Kaufpreisraten	963
10.1.7.4	Betriebs- oder Mitunternehmeranteilsveräußerung gegen andere wiederkehrende Bezüge	964
10.1.7.5	Veräußerung einzelner Wirtschaftsgüter des Betriebsvermögens gegen Leibrente	966
10.1.7.6	Betriebliche Schadensrenten und Unfallrenten (Behandlung beim Empfänger)	966
10.1.8	Private wiederkehrende Bezüge/Leistungen	967
10.1.8.1	Begriff und Arten	967
10.1.8.2	Private Veräußerungsleihrenten	968
10.1.8.3	Veräußerung privater Wirtschaftsgüter gegen dauernde Lasten. Sonstige private dauernde Lasten	971
10.1.8.4	Gleichstellung entgeltlicher privater Zeitrenten mit Kaufpreisraten	972
10.1.8.5	Bedeutung des Abzugsverbots nach § 12 Nr. 2 für die Besteuerung wiederkehrender Bezüge	973
10.1.8.6	Private Versorgungsleibrenten	975
10.1.8.7	Versicherungsrenten und sonstige Renten	981
10.1.9	Ermittlung des Ertragsanteils privater Leibrenten	982
10.1.9.1	Grundsätze	982
10.1.9.2	Abgekürzte Leibrenten (Höchstzeitrenten)	983
10.1.9.3	Verlängerte Leibrenten (Mindestzeitrenten)	983
10.1.9.4	Erhöhung der Rente	983
10.1.9.5	Herabsetzung der Rente	984
10.1.9.6	Berufs- und Erwerbsunfähigkeitsrenten	985
10.1.9.7	Renten bei mehreren Berechtigten	986
10.1.9.8	Besonderheiten bei Sozialversicherungsrenten	986
10.1.10	Begrenztes Realsplitting (§ 10 Abs. 1 Nr. 1, § 22 Nr. 1a EStG)	987
10.1.10.1	Allgemeines	987
10.1.10.2	Voraussetzungen	987
10.1.10.3	Behandlung beim unterhaltsleistenden Ehegatten	988

10.1.10.4	Behandlung beim Unterhaltsempfänger	989
10.1.10.5	Behandlung bei Nichtvorliegen der Voraussetzungen des Realsplitting	989
10.1.11	Ermittlung der Einkünfte aus § 22 Nr. 1 und 1a EStG	990
10.2	Einkünfte aus Spekulationsgeschäften (§§ 22 Nr. 2, 23 EStG)	990
10.2.1	Allgemeines	990
10.2.2	Voraussetzungen eines Spekulationsgeschäfts	990
10.2.2.1	Gegenstand des Spekulationsgeschäfts	991
10.2.2.2	Aufhebung der sachlichen Befreiung des § 23 Abs. 2 EStG	991
10.2.2.3	Anschaffung und Veräußerung als Voraussetzungen des Spekulationsgeschäfts	991
10.2.3	Spekulationsfristen (§ 23 Abs. 1 Nr. 1 EStG)	995
10.2.3.1	Allgemeines	995
10.2.3.2	Fristberechnung	996
10.2.3.3	Weitere Einzelfälle	999
10.2.3.4	Fixgeschäfte (§ 23 Abs. 1 Nr. 2 EStG)	999
10.2.4	Ermittlung der Einkünfte aus Spekulationsgeschäften (§ 23 Abs. 3 EStG)	1000
10.2.4.1	Begriff des Spekulationsgewinns	1000
10.2.4.2	Veräußerungspreis	1000
10.2.4.3	Anschaffungskosten	1001
10.2.4.4	Werbungskosten	1002
10.2.4.5	Einnahmen aus der Nutzung des Wirtschaftsgutes während der Besitzzeit	1003
10.2.4.6	Bedeutung des Zufluß- und Abflußprinzips (§ 11 EStG)	1004
10.2.4.7	Veräußerung gegen Raten und Leibrenten	1004
10.2.5	Freigrenze (§ 23 Abs. 3 Satz 2 EStG)	1005
10.2.6	Verlustausgleichsverbot	1005
10.2.7	Verhältnis des § 23 EStG zu den anderen Einkünften (§ 23 Abs. 2 EStG)	1006
10.2.7.1	Grundsatz	1006
10.2.7.2	Anwendungsfälle des § 23 Abs. 2 EStG	1006
10.2.8	Beschränkte Steuerpflicht	1007
10.2.8.1	Einschränkung des § 23 EStG	1007
10.2.8.2	Wechsel der Steuerpflicht	1007
10.3	Einkünfte aus Leistungen (§ 22 Nr. 3 EStG)	1007
10.3.1	Begriff und Umfang	1007
10.3.2	Nicht zu besteuernde Leistungen	1008
10.3.3	Ermittlung und Besteuerung der Einkünfte	1009
10.4	Abgeordnetenbezüge	1010
10.4.1	Umfang der Besteuerung	1010
10.4.2	Werbungskosten	1010
10.4.3	Besteuerung	1010
11.	**Entschädigungen und nachträgliche Einkünfte (§ 24 EStG)**	1010
11.1	Grundsätze	1010
11.2	Entschädigungen	1011
11.2.1	Eintritt eines Schadens durch Einnahmen-Wegfall	1012
11.2.2	Leistungen Dritter als Ausgleich für einen Schaden	1012
11.2.3	Kausalzusammenhang zwischen der entgehenden Einnahme und der Entschädigung	1013
11.2.4	Andere Leistung anstelle der Einnahme (Betriebseinnahme)	1013
11.2.5	Kein gewöhnlicher Geschäftsvorfall bzw. Ereignisablauf	1014
11.2.6	Ersatzleistungen für Sachschäden	1014
11.2.7	Ersatzleistungen für Personenschäden	1014
11.2.8	Entschädigungen für die Aufgabe oder Nichtausübung einer Tätigkeit (§ 24 Nr. 1b EStG)	1015
11.2.9	Ausgleichszahlungen an Handelsvertreter nach § 89b HGB	1015
11.3	Einkünfte aus einer ehemaligen Tätigkeit oder einem früheren Rechtsverhältnis	1016
11.3.1	Allgemeines	1016
11.3.2	Einkünfte aus ehemaliger Tätigkeit	1016
11.3.3	Einkünfte aus einem früheren Rechtsverhältnis	1017
11.3.4	Nachträgliche Verluste	1017

11.3.5	Einkünfte als Rechtsnachfolger	1017
11.4	Nutzungsvergütungen (§ 24 Nr. 3 EStG)	1018
12.	**Zugewinnausgleich und Versorgungsausgleich**	**1018**
12.1	Zugewinnausgleich	1018
12.2	Versorgungsausgleich	1019
12.2.1	Öffentlich-rechtlicher Versorgungsausgleich	1020
12.2.2	Schuldrechtlicher Versorgungsausgleich	1021
12.2.3	Sonstige Vereinbarungen über den Versorgungsausgleich	1022

L. Altersentlastungsbetrag (§ 24a EStG)

1.	**Altersentlastungsbetrag (§ 24a EStG)**	**1023**
1.1	Zweck	1023
1.2	Voraussetzung	1023
1.3	Bemessungsgrundlage (§ 24a Satz 1 EStG)	1023
1.4	Ermittlung des Freibetrags	1026

M. Steuerfreie Einnahmen (§§ 3–3b EStG)

1.	**Grundsätze**	**1027**
2.	**Einzelne Steuerbefreiungen**	**1027**
2.1	Steuerbefreiung nach § 3 Nr. 1 EStG	1027
2.1.1	Leistungen aus Versicherungen (§ 3 Nr. 1 EStG)	1027
2.1.2	Mutterschaftsgeld (§ 3 Nr. 1 d EStG)	1028
2.2	Lohnersatzleistungen (§ 3 Nr. 2 EStG)	1028
2.3	Kapitalabfindungen (§ 3 Nr. 3 EStG)	1028
2.4	Steuerbefreiungen beim Arbeitslohn	1028
2.5	Ersatz von Reisekosten, Kosten doppelter Haushaltsführung und Umzugskosten (§ 3 Nr. 13 und § 3 Nr. 16 EStG)	1029
2.6	Zukunftssicherung (§ 3 Nr. 62 EStG)	1029
2.6.1	Begriff	1029
2.6.2	Formen	1029
2.6.3	Steuerliche Behandlung – Übersicht	1030
2.6.4	Behandlung einzelner Zukunftssicherungsleistungen	1030
2.7	Zinsersparnisse aus Arbeitgeberdarlehn (§ 3 Nr. 68 EStG 1987)	1032
2.8	Kindergeld, Erziehungsgeld	1032
2.9	Übungsleiterfreibetrag (§ 3 Nr. 26 EStG)	1032
2.9.1	Allgemeines	1032
2.9.2	Tätigkeit	1033
2.9.3	Nebenberuflichkeit	1033
2.9.4	Vergleichbare Tätigkeit	1033
2.9.5	Begünstigte Auftraggeber und Zwecke	1033
2.9.6	Höhe des Freibetrags	1034
2.9.7	Zusammentreffen mit anderen Steuervergünstigungen	1034
2.10	Unterbringung und Betreuung von nicht schulpflichtigen Kindern (§ 3 Nr. 33 EStG)	1034
2.11	Jobticket für Fahrten zwischen Wohnung und Arbeitsstätte (§ 3 Nr. 34 EStG)	1035
2.12	Sanierungsgewinne (§ 3 Nr. 66 EStG)	1035
2.13	Lohnzuschläge für Sonntags-, Feiertags- oder Nachtarbeit (§ 3b EStG)	1035
3.	**Abzugsverbot gemäß § 3c EStG**	**1036**

N. Internationales Steuerrecht

1.	**Einführung**	1037
2.	**Besteuerung beschränkt Steuerpflichtiger**	1039
2.1	Grundsätze	1039
2.2	Inländische Einkünfte	1039
2.2.1	Einkünfte aus Land- und Forstwirtschaft (§ 49 Abs. 1 Nr. 1 EStG)	1039
2.2.2	Einkünfte aus Gewerbebetrieb (§ 49 Abs. 1 Nr. 2 EStG)	1040
2.2.2.1	Grundsätze	1040
2.2.2.2	Betriebstätte	1040
2.2.2.3	Inländischer ständiger Vertreter	1042
2.2.2.4	Behandlung von Mitunternehmerschaften	1043
2.2.2.5	Betriebsveräußerungen	1044
2.2.2.6	Einkünfte aus dem Betrieb von Seeschiffen oder Luftfahrzeugen aus Beförderungen (§ 49 Abs. 1 Nr. 2b und c EStG)	1044
2.2.2.7	Einkünfte aus künstlerischen und sportlichen Darbietungen (§ 49 Abs. 1 Nr. 2d EStG)	1044
2.2.2.8	Gewinnermittlung der Betriebstätte	1046
2.2.2.9	Veräußerung einer wesentlichen Beteiligung (§ 49 Abs. 1 Nr. 2e EStG)	1046
2.2.2.10	Veräußerung bestimmter Wirtschaftsgüter ohne Vorhandensein einer inländischen Betriebstätte (§ 49 Abs. 1 Nr. 2f EStG)	1047
2.2.3	Einkünfte aus selbständiger Arbeit i. S. des § 49 Abs. 1 Nr. 3 EStG	1047
2.2.3.1	Grundsätze	1047
2.2.3.2	Ausübung im Inland	1047
2.2.3.3	Verwertung im Inland	1048
2.2.3.4	Nachträgliche Einkünfte	1049
2.2.4	Einkünfte aus nichtselbständiger Arbeit (§ 19 EStG)	1049
2.2.5	Einkünfte aus Kapitalvermögen	1049
2.2.5.1	Gewinnanteile (§ 49 Abs. 1 Nr. 5a EStG)	1049
2.2.5.2	Steuergutschrift i. S. von § 20 Abs. 1 Nr. 3 (§ 49 Abs. 1 Nr. 5b EStG)	1051
2.2.5.3	Zinsen aus Kapitalforderungen (§ 49 Abs. 1 Nr. 5c EStG)	1051
2.2.6	Einkünfte aus Vermietung und Verpachtung (§ 49 Abs. 1 Nr. 6 EStG)	1052
2.2.6.1	Übersicht	1052
2.2.6.2	Unbewegliches Vermögen und Sachinbegriffe	1052
2.2.6.3	Zeitlich begrenzte Überlassung von Rechten	1052
2.2.7	Sonstige Einkünfte i. S. des § 22 Nr. 1 EStG (§ 49 Abs. 1 Nr. 7 EStG)	1053
2.2.8	Spekulationsgeschäfte i. S. von § 22 Nr. 2 i. V. m. § 23 EStG (§ 49 Abs. 1 Nr. 8 EStG)	1053
2.2.9	Sonstige Einkünfte i. S. des § 22 Nr. 4 (§ 49 Abs. 1 Nr. 8a EStG)	1054
2.2.10	Sonstige Einkünfte i. S. von § 22 Nr. 3 (§ 49 Abs. 1 Nr. 9 EStG)	1054
2.3	Isolierende Betrachtungsweise (§ 49 Abs. 2 EStG)	1055
2.4	Pauschalierung für Schiffahrt- und Luftfahrtunternehmen	1055
2.5	Ermittlung der Einkünfte und Erhebung der Steuer	1056
2.5.1	Grundsätze	1056
2.5.2	Steuerabzugsverfahren	1056
2.5.2.1	Lohnsteuerabzug bei beschränkt Steuerpflichtigen	1056
2.5.2.2	Kapitalertragsteuer	1057
2.5.2.3	Aufsichtsratsteuer	1057
2.5.2.4	Steuerabzug nach § 50a Abs. 4 EStG	1057
2.5.2.5	Wirkung des Steuerabzuges	1058
2.5.2.6	Besonderheiten bei Doppelbesteuerungsabkommen (§ 50d EStG)	1059
2.5.2.7	Übersicht	1061
2.5.3	Veranlagungsverfahren	1061
2.5.3.1	Anzuwendende Vorschriften	1061
2.5.3.2	Einzelveranlagung	1062
2.5.3.3	Ermittlung des Gesamtbetrags der Einkünfte	1062

2.5.3.4	Ermittlung des Einkommens / zu versteuernden Einkommens	1063
2.5.3.5	Tarif und Mindeststeuer	1063
2.5.3.6	Veranlagung beschränkt steuerpflichtiger Arbeitnehmer	1063
3.	**Wechsel der Steuerpflicht**	**1064**
3.1	Grundsätze	1064
3.2	Veranlagung	1065
3.3	Ermittlung der Besteuerungsgrundlagen	1066
3.3.1	Gewinneinkünfte bei Betriebsvermögensvergleich	1066
3.3.2	Gewinneinkünfte mit Einnahme-Überschuß-Rechnung und Überschußeinkünfte	1067
3.4	Freibeträge und Pauschbeträge	1068
4.	**Persönliche Steuerpflicht von Nichtinländern (§ 1 Abs. 2 und 3, § 1a EStG)**	**1068**
4.1	Überblick	1068
4.2	Unbeschränkte Steuerpflicht auf Antrag (§ 1 Abs. 3 EStG)	1068
4.3	Sonderregelungen nach § 1a EStG	1069
4.3.1	Allgemeines	1069
4.3.2	Zusammenveranlagung und Splittingtarif (§ 1a Abs. 1 Nr. 2 EStG)	1070
4.3.3	Realsplitting (§ 1a Abs. 1 Nr. 1 EStG)	1071
4.3.4	Haushaltsfreibetrag (§ 1a Abs. 1 Nr. 3 EStG)	1071
4.3.5	Kinderbetreuungsfreibetrag nach § 33c EStG (§ 1a Abs. 1 Nr. 4 EStG)	1071
4.4	Anwendungsregelung	1071
4.5	Sonderausgaben und außergewöhnliche Belastungen	1072
4.6	Berücksichtigung der persönlichen Verhältnisse	1072
4.7	Progressionsvorbehalt	1073
5.	**Doppelbesteuerungsabkommen**	**1073**
5.1	Maßnahmen zur Vermeidung einer internationalen Doppelbesteuerung	1073
5.2	Bedeutung der Doppelbesteuerungsabkommen	1073
5.3	Aufbau des Doppelbesteuerungsabkommens	1075
5.3.1	Sachlicher Umfang des Abkommens	1075
5.3.2	Begriffsbestimmungen	1075
5.3.2.1	Begriff der Person	1075
5.3.2.2	Begriff der Betriebstätte	1075
5.3.2.3	Wohnsitz	1075
5.3.2.4	Sonstige Auslegungen	1076
5.3.3	Zuordnung der Quellen (Aufteilung des Besteuerungsrechts)	1076
5.3.4	Vermeidung der Doppelbesteuerung	1077
5.4	Die einzelnen Zuordnungsregeln	1077
5.4.1	Belegenheitsprinzip	1077
5.4.2	Betriebstättenprinzip	1078
5.4.2.1	Grundsätze	1078
5.4.2.2	Einkünfte als Mitunternehmer	1078
5.4.2.3	Umfang des Betriebstättenprinzips	1078
5.4.2.4	Gewinnermittlung	1079
5.4.3	Ort der Ausübung	1079
5.4.4	Ort der öffentlichen Kasse	1080
5.4.5	Wohnsitzprinzip	1080
5.5	Vermeidung der Doppelbesteuerung	1081
5.5.1	Steuerbefreiung	1081
5.5.2	Steueranrechnung	1081
5.5.3	Progressionsvorbehalt	1081
5.5.4	Beschränkte Steuerpflicht und DBA	1081
6.	**Progressionsvorbehalt bei nach DBA steuerfreien Einkünften (§ 32b Abs. 1 Nr. 3 EStG)**	**1083**
6.1	Bedeutung	1083

6.2	Voraussetzungen	1083
6.2.1	Anwendbarkeit aufgrund eines Doppelbesteuerungsabkommens	1083
6.2.2	Unbeschränkte Steuerpflicht	1083
6.3	Durchführung des Progressionsvorbehaltes	1083
6.4	Ermittlung der abkommensbefreiten ausländischen Einkünfte	1084
6.5	Negativer Progressionsvorbehalt	1085
6.6	Einschränkung des negativen Progressionsvorbehalts durch § 2a EStG	1085
7.	**Einschränkung der Abzugsfähigkeit ausländischer Verluste**	1086
7.1	Einschränkung der Abzugsfähigkeit ausländischer Verluste nach § 2a EStG	1086
7.1.1	Sinn und Zweck der Vorschrift	1086
7.1.2	Sachlicher Umfang der Vorschrift	1086
7.6.2.1	Grundsätze	1086
7.1.2.2	Einkunftsart i. S. des § 2a Abs. 1 EStG	1088
7.1.2.3	Einkünfte der jeweils selben Art	1088
7.1.3	Aktivitätsklausel (§ 2a Abs. 2 EStG)	1088
7.1.4	Räumlicher Anwendungsbereich	1089
7.1.5	Umfang der Einschränkungen	1090
7.1.6	Verhältnis zu § 15a EStG	1090
7.1.7	Abschließendes Beispiel	1091
7.1.8	Gesonderte Feststellung der verbleibenden Verluste	1091
7.2	Berücksichtigung von DBA-Verlusten nach § 2a Abs. 3 EStG	1092
7.2.1	Verlustausgleich und Verlustabzug	1092
7.2.2	Hinzurechnungsbetrag (§ 2a Abs. 3 Satz 3 EStG)	1092
7.2.3	Gesonderte Feststellung	1093
7.2.4	Progressionsvorbehalt	1093
8.	**Vermeidung der Doppelbesteuerung durch innerstaatliche Maßnahmen**	1093
8.1	Innerstaatliche Maßnahmen	1093
8.2	Anrechnungsverfahren	1093
8.2.1	Allgemeines	1093
8.2.2	Voraussetzungen für die Anrechnung	1094
8.2.2.1	Ausländische Einkünfte	1094
8.2.2.2	Besteuerung im Quellenstaat	1095
8.2.2.3	Der deutschen Einkommensteuer entsprechende Steuer	1095
8.2.2.4	Festsetzung und Zahlung der ausländischen Steuer	1095
8.2.2.5	Auf den Veranlagungszeitraum entfallende Steuer	1095
8.2.2.6	Anrechnung fiktiver Auslandssteuern	1096
8.2.3	Wahlrecht des Steuerpflichtigen	1096
8.2.4	Durchführung des Anrechnungsverfahrens, Höchstbetrag	1096
8.3	Abzug der ausländischen Steuer bei der Ermittlung der Einkünfte	1097
8.3.1	Voraussetzungen	1097
8.3.2	Durchführung des Abzugs	1098
8.3.3	Besonderheiten bei mehreren Beteiligten	1099
8.4	Tarifermäßigung beim Betrieb von Handelsschiffen im internationalen Verkehr	1099
8.5	Erlaß der deutschen Steuer oder Pauschalierung der deutschen Steuer	1099
8.6	Anrechnungsverfahren aufgrund von Doppelbesteuerungsabkommen	1099
8.7	Steueranrechnung bei beschränkt Steuerpflichtigen (§ 50 Abs. 6 EStG)	1100
8.8	Gesamtüberblick Veranlagungsverfahren	1101
9.	**Außensteuergesetz**	1102
9.1	Zielsetzung des Außensteuergesetzes	1102
9.2	Berichtigung von Einkünften	1102
9.2.1	Grundsätze	1102
9.2.2	Anwendungsbereich	1102
9.2.3	Zu berichtigende Einkünfte	1102
9.2.4	Nahestehende Person	1103

9.2.5	Durchführung der Gewinnberichtigung	1103
9.2.6	Verhältnis zu Doppelbesteuerungsabkommen	1104
9.3	Erweiterte beschränkte Steuerpflicht	1104
9.3.1	Grundsätze	1104
9.3.2	Persönliche Voraussetzungen	1104
9.3.3	Niedrige Besteuerung	1105
9.3.4	Wesentliche wirtschaftliche Interessen	1105
9.3.5	Veranlagung bei erweiterter beschränkter Steuerpflicht	1106
9.3.5.1	Umfang der Besteuerung	1106
9.3.5.2	Ermittlung des zu versteuernden Einkommens	1106
9.3.5.3	Veranlagung, Tarif	1107
9.4	Wegfall der unbeschränkten Steuerpflicht bei wesentlicher Beteiligung (§ 6 AStG)	1108
9.4.1	Sinn und Zweck der Vorschrift	1108
9.4.2	Voraussetzungen für die Besteuerung	1109
9.4.3	Talbestände, die einer Wohnsitzverlegung gleichstehen	1109
9.4.4	Ermittlung des Veräußerungsgewinnes	1109
9.4.5	Spätere Veräußerung des Anteils	1110
9.4.6	Stundung der Steuer	1110
9.4.7	Berichtigung der Veranlagung	1110
9.4.8	Veranlagung	1111
9.5	Zugriffsbesteuerung	1111

O. Veranlagung von Arbeitnehmern (§ 46 EStG)

1.	Bedeutung der Vorschrift	1112
2.	Voraussetzungen	1112
2.1	Veranlagungstatbestände des § 46 EStG	1112
2.2	Fälle der Zwangsveranlagung	1112
2.2.1	Wegfall der allgemeinen Veranlagungsgrenze	1112
2.2.2	Andere Einkünfte von mehr als 800 DM (§ 46 Abs. 2 Nr. 1 EStG)	1112
2.2.3	Mehrere Dienstverhältnisse (§ 46 Abs. 2 Nr. 2 EStG)	1114
2.2.4	Anwendung der gekürzten Vorsorgepauschale (§ 46 Abs. 2 Nr. 3 EStG)	1115
2.2.5	Bezug von Arbeitslohn durch beide Ehegatten (§ 46 Abs. 2 Nr. 3a EStG)	1115
2.2.6	Eintragung eines Freibetrags auf der Lohnsteuerkarte nach § 39a Abs. 1 Nr. 1 bis 3, 5 und 6 EStG (§ 46 Abs. 2 Nr. 4 EStG)	1115
2.2.7	Übertragung von Frei- und Pauschbeträgen bei nicht unter § 26 Abs. 1 EStG fallenden Elternpaaren (§ 46 Abs. 2 Nr. 4a EStG)	1116
2.2.8	Eheauflösung und Wiederheirat eines Ehegatten im VZ (§ 46 Abs. 2 Nr. 6 EStG)	1116
2.2.9	Anwendung des § 1 Abs. 3 und § 1a EStG (§ 46 Abs. 2 Nr. 7 EStG)	1116
2.3	Antragsveranlagungen nach § 46 Abs. 2 Nr. 8 EStG	1116
3.	Härteausgleich	1118
3.1	Allgemeines	1118
3.2	Anwendungsbereich	1118
3.3	Härteausgleich nach § 46 Abs. 3 EStG	1118
3.3.1	Voraussetzungen	1118
3.3.2	Durchführung	1118
3.4	Erweiterter Härteausgleich (§ 70 EStDV)	1120

P. Entrichtung der Einkommensteuer

1.	Vorauszahlungen	1122
1.1	Grundsatz	1122
1.2	Anpassung von Vorauszahlungen	1122

1.3	Einschränkungen der Vorauszahlungsminderung	1122
1.3.1	Bestimmte Sonderausgaben und außergewöhnliche Belastungen	1122
1.3.2	Aufwendungen i. S. des § 10e Abs. 6, § 10h Satz 3 und § 10i EStG	1123
1.3.3	Negative Einkünfte aus § 21 EStG	1123
1.3.3.1	Allgemeines	1123
1.3.3.2	Negative Einkünfte aus § 21 EStG bei Gebäuden	1123
1.3.3.3	Objektbezogenheit	1123
1.3.3.4	Negative Einkünfte aus § 21 EStG	1124
1.3.3.5	Abgrenzung der Gebäude" von „sonstigen Vermögensgegenständen" i. S. des § 21 Abs. 1 Nr. 1 EStG	1124
1.3.3.6	Begriffe „Anschaffung" und Herstellung"	1124
1.3.3.7	Herstellung nach der Anschaffung	1125
1.3.3.8	Kein Ausschluß negativer Einkünfte aus VuV eines Gebäudes bei den Vorauszahlungen bei erhöhter AfA nach § 14a, § 14c, § 14d BerlinFG und Sonder-AfA nach § 4 FörderGG	1125
1.3.3.9	Entsprechende Anwendung auf andere Vermögensgegenstände	1125
1.3.3.10	Stundung von Vorauszahlungen?	1126
1.4	Mindestgrenze	1126
2.	**Anrechnungsbeträge, Verrechnung von Kindergeld und Abschlußzahlung**	1126
3.	**Steuerabzug**	1127
3.1	Lohnsteuer	1127
3.1.1	Allgemeines	1127
3.1.2	Bedeutsame Änderungen durch das JStG 1996 und JStErgG 1996	1127
3.2	Kapitalertragsteuer	1132
3.2.1	Kapitalertragsteuerpflichtige Einnahmen und Höhe der Kapitalertragsteuer (§§ 43, 43a EStG)	1132
3.2.2	Entstehung und Entrichtung der Kapitalertragsteuer (§ 44 EStG)	1133
3.2.2.1	Entstehung der Kapitalertragsteuer	1133
3.2.2.2	Fälligkeit der Kapitalertragsteuer	1135
3.2.2.3	Anmeldung und Bescheinigung (§ 45a EStG)	1135
3.2.2.4	Zinsabschlag und Freistellungsauftrag	1135
3.2.2.5	Abstandnahme vom Steuerabzug (§ 44a EStG)	1143
3.2.2.6	Erstattung von Kapitalertragsteuer (§§ 44b, 44c EStG)	1144
3.2.2.7	Abgeltung der Einkommensteuer durch die besondere Kapitalertragsteuer	1145
3.2.2.8	Erstattung von KapSt an Erwerber von Zins- oder Dividendenscheinen (§ 45 EStG)	1145
3.3	Besonderheiten des Zinsabschlags bei Stückzinsen und Kursdifferenzpapieren	1145
3.4	Anrechnung	1151
3.4.1	Anrechnung auf die ESt. Grundsätze	1151
3.4.2	Kapitalertragsteuer auf nach § 8b Abs. 1 KStG steuerfreie Bezüge	1151
3.4.3	Absenkung der Kapitalertragsteuer im EU-Bereich (§ 44d EStG)	1151
4.	**Anrechnung von Körperschaftsteuer (§ 36 Abs. 2 Nr. 3 EStG)**	1151
4.1	Anrechnungsgrundsatz	1151
4.2	Höhe und Zufluß der anrechenbaren Körperschaftsteuer	1152
4.3	Anrechnung der Körperschaftsteuer bei Zugehörigkeit der Gewinnausschüttungen zu den Gewinneinkünften	1153
4.4	Voraussetzungen der Anrechnung	1154
4.4.1	Persönliche Anrechnungsberechtigung	1154
4.4.2	Vorliegen steuerpflichtiger Einnahmen aus § 20 Abs. 1 Nr. 1 und 2 EStG	1155
4.4.3	Körperschaftsteuer einer unbeschränkt steuerpflichtigen Körperschaft im Sinne der §§ 27, 43 KStG	1156
4.4.4	Steuerbescheinigung nach §§ 44 bis 46 KStG	1156
4.4.5	Kein Vergütungsantrag	1156
4.5	Ausschluß der Anrechnung nach § 36a EStG	1157
4.5.1	Grundsatz	1157

4.5.2	Ausschluß der Anrechnung nach § 36a EStG	1157
4.6	Ausschließungsgründe	1157
4.7	Einschränkung des Dividenden-Stripping (Ausschluß der Anrechnung nach § 36 Abs. 2 Nr. 3 Satz 4 Buchst. g EStG)	1157
4.8	Keine KSt-Anrechnung für das EK 01	1157
5.	**Vergütung der Körperschaftsteuer (§§ 36b, 36c, 36d, 36e EStG)**	1158

Q. Wertminderung von Anteilen durch Gewinnausschüttungen (§ 50c EStG)

1.	Allgemeines	1160
2.	Grundregelung	1160
3.	Besonderheiten	1161

Stichwortverzeichnis 1163

Abkürzungsverzeichnis

Abs.	=	Absatz
Abschn.	=	Abschnitt
AEAO	=	AO-Anwendungserlaß
AfA	=	Absetzungen für Abnutzung
AFG	=	Arbeitsförderungsgesetz
AfS	=	Absetzungen für Substanzverringerung
AG	=	Aktiengesellschaft
AktG	=	Gesetz über Aktiengesellschaften und Kommanditgesellschaften auf Aktien (Aktiengesetz)
Anm	=	Anmerkung
AO	=	Abgabenordnung
Art.	=	Artikel
AStG	=	Außensteuergesetz
BA	=	Betriebsausgaben
BAföG	=	Bundesausbildungsförderungsgesetz
BAG	=	Bundesarbeitsgericht
BB	=	Betriebsberater (Zeitschrift)
BE	=	Betriebseinnahmen
BerlinFG	=	Berlinförderungsgesetz
BesitzU	=	Besitzunternehmen
Betr. AVG	=	Gesetz zur Verbesserung der betrieblichen Altersversorgung
BetriebsG	=	Betriebsgesellschaft
BewRGr	=	Richtlinien zur Bewertung des Grundvermögens
BMF	=	Bundesfinanzministerium
BFH	=	Bundesfinanzhof
BFH/NV	=	Bundesfinanzhof/nicht veröffentlichte Urteile (Zeitschrift)
BGBl	=	Bundesgesetzblatt
BGH	=	Bundesgerichtshof
BMF	=	Bundesfinanzministerium
BMF-EA	=	BMF-Schreiben vom 11. 1. 1993, BStBl I 62 (Erbauseinandersetzung)
BMF-VE	=	BMF-Schreiben vom 13. 1. 1993, BStBl I 80 (Vorweggenommene Erbfolge)
BT-Drucks.	=	Bundestagsdrucksache
BStBl	=	Bundessteuerblatt
BV	=	Betriebsvermögen
BVerfG	=	Bundesverfassungsgericht
DB	=	Der Betrieb (Zeitschrift)
DDR	=	(ehemalige) Deutsche Demokratische Republik [Beitrittsgebiet]
DStR	=	Deutsches Steuerrecht (Zeitschrift)
DStZ	=	Deutsche Steuerzeitung
DV	=	Durchführungsverordnung
EFG	=	Entscheidungen der Finanzgerichte
EigZulG	=	Eigenheimzulagengesetz
EK	=	Eigenkapital
ErbSt	=	Erbschaftsteuer
ErbStG	=	Erbschaftsteuergesetz
Erl FinMin	=	Erlaß Finanzministerium
ESt	=	Einkommensteuer
EStDV	=	Einkommensteuer-Durchführungsverordnung
EStG	=	Einkommensteuergesetz
EStH	=	Einkommensteuer-Handbuch
EStR	=	Einkommensteuer-Richtlinien
FA	=	Finanzamt
FG	=	Finanzgericht
FinMin	=	Finanzminister(ium)

FinVerw	=	Finanzverwaltung
FKPG	=	Gesetz zur Umsetzung des Föderalen Konsolidierungsprogramms
FörderG	=	Fördergebietsgesetz
FR	=	Finanzrundschau (Zeitschrift)
GenG	=	Genossenschaftsgesetz
GewStDV	=	Gewerbesteuer-Durchführungsverordnung
GewStG	=	Gewerbesteuergesetz
gl. A.	=	gleicher Ansicht
GmbH	=	Gesellschaft mit beschränkter Haftung
GmbHG	=	Gesetz betreffend die Gesellschaft mit beschränkter Haftung
GmbHR	=	GmbH-Rundschau (Zeitschrift)
GrenzpendlerG	=	Grenzpendlergesetz
GrESt	=	Grunderwerbsteuergesetz
H	=	Hinweise im Einkommensteuer-Handbuch
HFR	=	Höchstrichterliche Finanzrechtsprechung
HGB	=	Handelsgesetzbuch
h. M.	=	herrschende Meinung
Inf.	=	Die Information (Zeitschrift)
InvZulG	=	Investitionszulagengesetz
i. S.	=	im Sinne
JStErgG 1996	=	Jahressteuer-Ergänzungsgesetz 1996
JStG 1996	=	Jahressteuergesetz 1996
JStG 1997	=	Jahressteuergesetz 1997
KAGG	=	Gesetz über Kapitalanlagegesellschaften
KapErhG	=	Kapitalerhöhungsgesetz aus Gesellschaftsmitteln
KapESt	=	Kapitalertragsteuer
KapGes	=	Kapitalgesellschaft
KG	=	Kommanditgesellschaft
KGaA	=	Kommanditgesellschaft auf Aktien
KiSt	=	Kirchensteuer
Kj (KJ)	=	Kalenderjahr
KSt(G)	=	Körperschaftsteuer(Gesetz)
KStR	=	Körperschaftsteuer-Richtlinien
KultStiftFG	=	Kultur- und Stiftungsförderungsgesetz
LSt-Abzug	=	Lohnsteuerabzug
LStDV	=	Lohnsteuer-Durchführungsverordnung
LStR	=	Lohnsteuer-Richtlinien
LuF	=	Land- und Forstwirtschaft
MU	=	Mitunternehmer
m.w.N.	=	mit weiteren Nachweisen
NE	=	Neueinlage
nrkr.	=	nicht rechtskräftig
NWB	=	Neue Wirtschaftsbriefe
OFD	=	Oberfinanzdirektion
OHG	=	offene Handelsgesellschaft
PE	=	Privatentnahme
PersG	=	Personengesellschaft
PV	=	Privatvermögen
R	=	Abschnitt der Einkommensteuer-Richtlinien
RFH	=	Reichsfinanzhof
RStBl	=	Reichssteuerblatt
Sonder-BV	=	Sonderbetriebsvermögen
SparPG	=	Sparprämiengesetz
StÄndG	=	Steueränderungsgesetz
StandOG	=	Standortsicherungsgesetz
StEK	=	Steuererlaßkartei
StKl.	=	Steuerklasse

StMBG	=	Mißbrauchsbekämpfungs- und Steuerbereinigungsgesetz
StRefG	=	Steuerreformgesetz
StRK/ESt	=	Steuerrechtsprechungskartei (ESt)
StuW	=	Steuer und Wirtschaft (Zeitschrift)
Tz	=	Textziffer
u. E.	=	unseres Erachtens
UmwStG	=	Umwandlungssteuergesetz 1995
USt(G)	=	Umsatzsteuer(Gesetz)
vEK	=	verwendbares Eigenkapital
VermBG	=	Vermögensbildungsgesetz
vGA	=	verdeckte Gewinnausschüttung
VSt	=	Vermögensteuer
V.u.V.	=	Vermietung und Verpachtung
VZ	=	Veranlagungszeitraum
Wj (WJ)	=	Wirtschaftsjahr
WK	=	Werbungskosten
WEG	=	Wohnungseigentumsgesetz
WoBauG	=	Wohnungsbaugesetz
WoBauFG	=	Wohnungsbauförderungsgesetz
WoPG	=	Wohnungsbauprämiengesetz
WPg	=	Die Wirtschaftsprüfung (Zeitschrift)
ZPO	=	Zivilprozeßordnung

Besonderer Hinweis:

R ... (EStR) bedeutet Abschnitt ... EStR 1996
H ... (EStH) bedeutet Hinweise ... ESt-Handbuch 1995 ff.

A. Wesen und Grundlagen der Einkommensteuer

1. Wesen und Bedeutung

1.1 Bedeutung der Einkommensteuer

Die Einkommensteuer ist eine Steuer, die vom Einkommen der natürlichen Personen erhoben wird.

Sie ist vom **haushaltsmäßigen Aufkommen** her zusammen mit der Lohnsteuer die wichtigste Steuer.

Die Einkommensteuer hat weiterhin erhebliche **sozial- und wirtschaftspolitische** Komponenten. Zur Berücksichtigung der wirtschaftlichen Leistungsfähigkeit des Stpfl. vgl. 1.2.4. Zahlreiche Vorschriften im EStG sind **wirtschaftspolitisch motiviert**, z. B. die Förderung des Wohneigentums bzw. Wohnungsbaus (§ 10e bis § 10i bzw. §§ 7c, 7k).

1.2 Einkommensteuer im Steuersystem

1.2.1 Einkommensteuer als direkte Steuer

Die Einkommensteuer ist eine **direkte** Steuer, weil sie von demjenigen erhoben wird, der die Belastung auch selbst trägt. Die Einkommensteuer kann nicht überwälzt werden, anders als die Umsatzsteuer, die an den Letztverbraucher über den Preis weiterbelastet wird. Der Steuerschuldner ist bei der ESt auch der Steuerträger.

1.2.2 Besitzsteuer

Unter **Besitzsteuern** werden Steuern verstanden, die an Besitz und Vermögen bzw. Erwerb (Einkommen) anknüpfen. Verkehrssteuern stellen dagegen auf Vorgänge des Rechtsverkehrs ab.

Die Einkommensteuer ist – wie die **VSt** – den Besitzsteuern zuzurechnen.

1.2.3 Personensteuer

Personensteuern sind Steuern, die von Personen erhoben werden und dabei an die wirtschaftliche Leistungsfähigkeit einer Person anknüpfen. Objektsteuern (insbesondere die **Realsteuern**) erfassen dagegen ein Objekt: z. B. die Grundsteuer den Grundbesitz, die Gewerbesteuer den Gewerbebetrieb. Die Einkommensteuer ist dagegen eine **Personensteuer.** Ihre Höhe richtet sich nach der wirtschaftlichen Leistungsfähigkeit einer natürlichen Person, die durch das Einkommen bestimmt ist. Grundlage sind die Einkünfte einer Person. Berücksichtigt werden jedoch z. B. Familienstand, Anzahl der Kinder, außergewöhnliche Belastungen. Der Steuertarif, der auf das zu versteuernde Einkommen angewendet wird, ist kein Einheitstarif, sondern ist entsprechend der Höhe des Einkommens progressiv gestaffelt (§ 32a Abs. 1), wobei ein Existenzminimum **steuerfrei** bleibt, § 32a Abs. 1 Nr. 1. **Zur Höhe des steuerfreien Existenzminimums für die VZ 1997 und 1998 vgl. § 52 Abs. 22b und E 1.2.2.**

Personensteuern sind grds. nicht abzugsfähig gemäß § 12 Nr. 3.

1.2.4 Einkommensteuer als Veranlagungs- und Abzugssteuer

Die Einkommensteuer wird grds. durch Veranlagung festgesetzt. Als Lohnsteuer (§§ 38 ff.) und Kapitalertragsteuer (§§ 43 ff.) sowie nach § 50a Abs. 4 (Steuerabzug bei beschränkter Steuerpflicht) wird sie jedoch im Abzugsverfahren erhoben.

1.3 Gesetzgebung, Ertragshoheit, Verwaltungshoheit

1.3.1 Gesetzgebungskompetenz

Die Einkommensteuer ist eine Steuer i. S. des Art. 105 Abs. 2 GG. Danach hat der Bund die konkurrierende Gesetzgebung.

1.3.2 Ertragshoheit

Die Einkommensteuer ist eine „Gemeinschaftssteuer". Sie steht Bund, Ländern und Gemeinden zu, Art. 106 Abs. 3 GG. Das Aufkommen steht Bund und Ländern je zur Hälfte zu. Am Länderanteil sind die Gemeinden beteiligt. Ihnen stehen 15 v. H. der Einkommensteuer zu (§ 1 Gemeindefinanzreformgesetz vom 8.9.1969 BGBl I 1587, geändert durch Art. 13 des Steueränderungsgesetzes 1979 vom 30.11.1978, BStBl 1978 I 479). § 1 des Gesetzes über die Steuerberechtigung und Zerlegung bei der Einkommensteuer und Körperschaftsteuer vom 29.3.1952 (BStBl 1952 I 235) regelt, welches Bundesland Anspruch auf die Einkommensteuer hat. Danach steht die Einkommensteuer für ein Kalenderjahr grundsätzlich dem Bundesland zu, in dem der Stpfl. am 1. Oktober oder an dem in diesem Jahr fallenden Stichtag der Personenstandsaufnahme (20. September) seinen Wohnsitz oder, wenn ein solcher im Inland nicht besteht, seinen gewöhnlichen Aufenthalt hat.

1.3.3 Verwaltungshoheit

Die Einkommensteuer wird durch Landesfinanzbehörden verwaltet (Art. 108 Abs. 2 GG), das gilt auch hinsichtlich des Bundesanteils an der ESt (Art. 108 Abs. 3 GG). Die Organisationsgewalt der Länder ist allerdings dadurch beschränkt, daß der Aufbau der Landesfinanzbehörden durch Bundesgesetz bestimmt wird (Finanzverwaltungsgesetz [FVG]). Zur einheitlichen Auslegung von Steuergesetzen kann der Bund mit Zustimmung des Bundesrates allgemeine Verwaltungsvorschriften erlassen (Richtlinien), Art. 108 Abs. 7 GG. Dies ist z. B. geschehen durch die **EStR** und **LStR**.

2. Rechtsgrundlagen

Rechtsgrundlage für die Einkommensteuer ist das Einkommensteuergesetz (letzte amtliche Neufassung i. d. F. der Bekanntmachung von 1990 (siehe BStBl 1990 I 453). Seit 1.1.1993 ergaben sich Änderungen insbesondere durch das

- Zinsabschlaggesetz 1993
- Art. 19 Gesetz zur Umsetzung des Föderalen Konsolidierungsprogramms (FKPG) von 1993
- Art. 1 Standortsicherungsgesetz (StandOG) von 1993
- Art. 1 Gesetz zur Bekämpfung des Mißbrauchs und zur Bereinigung des Steuerrechts (StMBG) von 1993
- Art. 3 Abs. 4. Gesetz zur Förderung eines freiwilligen ökologischen Jahres (FÖJG) von 1993
- Art. 4 Gesetz zur Änderung der Parteiengesetze und anderer Gesetze von 1994
- Art. 26 Pflege-Versicherungsgesetz (von 1994)
- Art. 7 Wohnungsbauförderungsgesetz (von 1994)
- Art. 1 Grenzpendlergesetz (von 1994)
- Art. 14 Finanzmarktförderungsgesetz (von 1994)
- Art. 6 Gesetz zur Änderung des Umwandlungssteuerrechts (von 1995)
- Art. 1 Jahressteuergesetz 1996 von 1995
- Art. 3 Gesetz zur Neuregelung der steuerrechtlichen Wohnungseigentumsförderung (EigZulG) von 1995
- Art. 2 Zweites Gesetz zur Änderung des Arbeitsförderungsgesetzes von 1995
- Art. 1 und Art. 27 Jahressteuer-Ergänzungsgesetz 1996 (von 1995).

Einkommensteuerrechtliche Bestimmungen enthalten u. a. ferner das

- Fördergebietsgesetz
- Umwandlungssteuergesetz 1995
- Kapitalerhöhungssteuergesetz
- Außensteuergesetz
- Gesetz über die Kapitalanlagegesellschaften (KAGG)

Gesetz im **materiellen** Sinne sind auch die Einkommensteuer-Durchführungsverordnung (**EStDV**) und die Lohnsteuer-Durchführungsverordnung (**LStDV**).

Keine Gesetze im materiellen Sinne sind die Richtlinien (Einkommensteuer-Richtlinien) und Lohnsteuer-Richtlinien. Sie dienen der einheitlichen Auslegung von Steuergesetzen durch die Verwaltung (gesetzliche Grundlagen: Art. 108 Abs. 7 GG), haben aber keinen allgemeinverbindlichen Charakter. Gleiches gilt für sonstige Verwaltungsanweisungen (Erlasse der Landesfinanzminister, Verfügungen) der Oberfinanzdirektionen (zum Teil in Karteien zusammengestellt). Sie binden nur die Verwaltung.

Die **Urteile der Finanzgerichte** (FG) und auch des **Bundesfinanzhofs** binden grds. nur in dem entschiedenen Fall. Soweit jedoch eine Entscheidung des BFH Rechtsausführungen von allgemeiner Bedeutung enthält, können die obersten Finanzbehörden die Grundsätze für gleichgelagerte Fälle anwendbar erklären.

Ist ein Urteil des BFH im Bundessteuerblatt (BStBl Teil II) ohne (gleichzeitigen) Nichtanwendungserlaß veröffentlicht worden, so erkennen die obersten Finanzbehörden die Rechtsausführungen auch für gleichgelagerte Fälle an. Inzwischen haben die obersten Finanzbehörden in Einzelfällen auch **nachträgliche** Nichtanwendungserlasse herausgegeben.

3. Rechtsentwicklung der ESt

Die Einkommensteuer hat ihre Vorläufer gegen Ende des 18. Jahrhundert. Als Vorläufer können die Kopf- und Klassensteuern gelten, wie sie im Laufe des 19. Jahrhunderts in einigen Einzelländern erhoben wurden. Das erste Einkommensteuergesetz eines Bundesstaates wurde im Königreich Sachsen (Ges. vom 2.7.1878) verabschiedet. Ausgangspunkt war der durch den deutsch-französischen Krieg gestiegene Geldbedarf. In Preußen wurde erst 1891 ein Einkommensteuergesetz (Miquel'sche Steuerreform) verabschiedet.

In der Weimarer Republik wurde im Rahmen der Erzbergerschen Steuerreform 1920 ein neues Einkommensteuergesetz geschaffen. Das Einkommensteuergesetz von 1934, das in seinen Grundzügen bis 1975 beibehalten wurde, brachte z. B. eine klare Trennung der Begriffe Einkommen/Einkünfte. Dieses Gesetz wurde in den Grundprinzipien auch von der Bundesrepublik übernommen. In der Folgezeit wurden nahezu jährlich Änderungsgesetze verabschiedet (u. a. Jahressteuergesetz 1996 mit nachträglichen Änderungsgesetzen).

Ab **1.1.1991** war das ESt-Recht der Bundesrepublik Deutschland **auch** für die neuen fünf Bundesländer übernommen worden.

Ab Seite 4 ist ein Überblick über die wichtigsten Änderungen durch das Jahressteuergesetz 1996 und Jahressteuer-Ergänzungsgesetz 1996 abgedruckt.

4. Jahressteuergesetz 1996 – Überblick –

§ 1 Abs. 3	Unbeschränkte Steuerpflicht auf Antrag
§ 1 a	Besteuerung von EU- und EWR-Bürgern
§ 2 Abs. 5 S. 2	Abzug von Kinderfreibeträgen für Zwecke der Nebensteuer (**KiSt, SolZ**)
§ 2 Abs. 6 S. 2	Hinzurechnung von Kindergeld zur festzusetzenden ESt bei Abzug von Kinderfreibeträgen
§ 3 Nr. 36	Steuerbefreiung für Pflegeleistungen ab 1. 4. 1995
§ 3 Nr. 69	Steuerbefreiung für Leistungen aus dem Programm Humanitäre Soforthilfe an HIV-Infizierte und AIDS-Kranke ab 1. 1. 1994

§ 4 Abs. 5 Nr. 5 Mehraufwendungen für Verpflegung bei Auswärtstätigkeit

Inlandspauschbeträge je nach Abwesenheit:

mind. 24 Stunden	**46 DM**
mind. 14 Stunden	**20 DM**
mind. 10 Stunden	**10 DM**

Die **Verpflegungsmehraufwendungen** sind bei einer längerfristigen vorübergehenden Tätigkeit an derselben auswärtigen Tätigkeitsstätte **nur noch für die ersten drei Monate** abzugsfähig. Diese Beschränkung gilt auch für Verpflegungsmehraufwendungen aus Anlaß einer **doppelten Haushaltsführung**.

§ 4 Abs. 5 Satz 1 Nr. 6 **Aufwendungen für Fahrten zwischen Wohnung und Betrieb**
Die nichtabzugsfähigen Aufwendungen werden pauschal ermittelt. Sie ergeben sich aus der Differenz zwischen **0,03 % des Listenneupreises je Kfz je Kalendermonat und Entfernungskilometer** und den Kilometersätzen für Fahrten zwischen Wohnung und Arbeitsstätte (§ 9 Abs. 1 S. 3 Nr. 4) (vgl. § 8 Abs. 2)

§ 4 Abs. 5 Satz 1 Nr. 6a **Doppelte Haushaltsführung**
Generelle Beschränkung des Abzugs von Aufwendungen aus Anlaß einer doppelten Haushaltsführung auf **längstens 2 Jahre**.
(Dies gilt auch für laufende Fälle; vgl. § 52 Abs. 11a)

Zur Berücksichtigung von Verpflegungsmehraufwendungen vgl. § 4 Abs. 5 S. 1 Nr. 6. (höchstens 3 Monate)

§ 4 Abs. 5 Satz 1 Nr. 6b **Arbeitszimmer**
Beschränkung der Abzugsmöglichkeit von Aufwendungen für ein häusliches Arbeitszimmer und seine Ausstattung auf Räume, die zu mehr als 50 % – gemessen an der gesamten betrieblichen/beruflichen Tätigkeit – für die betriebliche/berufliche Tätigkeit genutzt werden.
Alternativ ist ein begrenzter Abzug der Kosten auch möglich, wenn kein anderer Arbeitsplatz zur Verfügung steht.
Der **Abzug der Aufwendungen** ist in diesen Fällen auf **höchstens 2 400 DM/Jahr** begrenzt. Ein **unbegrenzter** Abzug ist ausnahmsweise möglich, wenn das häusliche Arbeitszimmer den Mittelpunkt der betrieblichen/beruflichen Tätigkeit darstellt.

§ 4 Abs. 5 Satz 1 Nr. 10 **Nichtabziebarkeit von Schmiergeldern**
Bestechungsgelder oder Schmiergelder und vergleichbare Sachzuwendungen sowie damit zusammenhängende Aufwendungen unterliegen dem Abzugsverbot, wenn wegen der Zuwendung rechtskräftig eine strafrechtliche Verurteilung erfolgt, ein Bußgeld verhängt worden ist oder ein Stafverfahren nach §§ 153–154e StPO eingestellt worden ist.

§ 4d Änderung für Zuwendungen an rückgedeckte U-Kassen

§ 6 Abs. 1 Nr. 4 Satz 2 und 3 **Privatanteil Pkw-Kosten**
Ansatz von 1 % des Listenneupreises pro Monat; bei Führen eines ordnungsgemäßen Fahrtenbuches ist auch der Ansatz tatsächlich entstandener Aufwendungen möglich (vgl. Anmerkungen zu § 8 Abs. 2 EStG).

§ 7 Abs. 5 Satz 1 Nr. 3b	**Degressive AfA für Wohngebäude** Neuregelung der degressiven Wohngebäude-AfA: Der AfA-Satz beträgt nur noch 5% in den ersten Jahren (statt bisher zunächst 7%). Staffelung im einzelnen: 8 Jahre je 5 % 6 Jahre je 2,50% 36 Jahre je 1,25% Anwendung bei Bauantrag oder notariellem Kaufvertrag nach dem 31.12.1995.
§ 7f	Sonderabschreibungen für private Krankenhäuser entfallen
§ 7g	**Ansparabschreibungen** Begrenzung der Rücklagen nach § 7g Abs. 3 auf 300 000 DM je Betrieb des Stpfl.
§ 8 Abs. 2	**Gestellung von Kraftwagen durch den Arbeitgeber** Gesetzliche Neuregelung der Erfassung des geldwerten Vorteils aus der Privatnutzung betrieblicher Pkw (bisher: Abschn. 31 Abs. 7 LStR mit 4 Methoden) **a) Privatfahrten** Die Neuregelung sieht nur noch zwei statt bisher vier Ermittlungsmethoden vor 1. Ansatz mit 1% des Listenneupreises des PKW/Monat (1%-Regelung) 2. Ansatz der tatsächlichen Aufwendungen (Kostennachweis, Fahrtenbuch) – § 6 Abs. 1 Nr. 4 Satz 2 gilt entsprechend – **b) Fahrten zwischen Wohnung und Arbeitsstätte** 1. Ansatz mit 0,03% des Listenpreises je Monat und je Entfernungskilometer oder 2. Ansatz der tatsächlich entstandenen Aufwendungen, wenn die Kfz-Kosten durch Einzelnachweis und die Fahrten durch ein Fahrtenbuch belegt werden.
§ 8 Abs. 2	**Bagatellgrenze** Für die Versteuerung geldwerter Vorteile aus bestimmten Sachbezügen wird – **nach** Anrechnung vom Arbeitnehmer gezahlter Entgelte – eine **Freigrenze von 50 DM monatlich** eingeführt.
§ 9 Abs. 1 Nr. 5	**Doppelte Haushaltsführung** Generelle Beschränkung des Abzugs von Aufwendungen aus Anlaß einer beruflich veranlaßten doppelten Haushaltsführung auf **längstens 2 Jahre** (vgl. § 4 Abs. 5 Satz 1 Nr. 6a).
§ 9 Abs. 5	**Vereinheitlichung und Vereinfachung der Pauschalen für Verpflegungsmehraufwendungen bei auswärtiger Beschäftigung** (Dienstreisen, Einsatzwechseltätigkeiten, Fahrtätigkeiten, doppelte Haushaltsführung) Vgl. § 4 Abs. 5 Satz 1 Nr. 5
§ 9 Abs. 5	**Arbeitszimmer** Vgl. § 4 Abs. 5 Satz 1 Nr. 6b
§ 9a Nr. 2	**Pauschbetrag für Werbungskosten bei V. u. V.-Einkünften** (§ 21) Einführung der Möglichkeit eines pauschalen Werbungskostenabzugs bei vermieteten Gebäuden, soweit sie Wohnzwecken dienen. Der Pauschbetrag beträgt **42 DM/qm Wohnfläche**. Neben dem Pauschbetrag abzugsfähig bleiben Schuldzinsen, AfA und Sonderabschreibungen.
§ 10 Abs. 1 Nr. 7	**Ausbildungskosten** Verdopplung der Höchstbeträge für den Abzug von Aufwendungen für die eigene Berufsausbildung oder Weiterbildung auf 1 800 DM bzw. auf 2 400 DM bei ausbildungsbedingter auswärtiger Unterbringung.
§ 10 Abs. 1 Nr. 8	**Aufwendungen für ein hauswirtschaftliches Beschäftigungsverhältnis** Ausschluß des Abzugs von Aufwendungen für ein hauswirtschaftliches Beschäftigungsverhältnis, die in wirtschaftlichem Zusammenhang mit steuerfreien Einnahmen stehen. Wird Pflegegeld steuerfrei bezogen (vgl. § 3 Nr. 36), scheidet somit der Abzug von Aufwendungen für ein hauswirtschaftliches Beschäftigungsverhältnis aus.

§ 10b Abs. 1 S. 3 und 4	**Großspendenregelung** Ausdehnung der Rück- und Vortragsmöglichkeit für Zuwendungen über 50 000 DM auf Spenden zur Förderung mildtätiger Zwecke.
§ 10c Abs. 2	**Vorsorgepauschale** – Anhebung der Vorsorgepauschale von 18 % auf 20 % des Arbeitslohns – Anhebung des Höchstbetrags der gekürzten Vorsorgepauschale von bisher 2 000 DM auf 2 214 DM.
§ 14a	**Freibetrag für Veräußerungsgewinne aus Land- und Forstwirtschaft** Verlängerung der Freibetragsregelungen auf Veräußerungen / Entnahmen vor dem 1.1.2001 Anhebung • des Freibetrags in § 14a Abs. 1 auf 150 000 DM • der Einkunftsgrenze in § 14a Abs. 1 und der Einkommensgrenzen in § 14a Abs. 4 und Abs. 5 auf 35 000 DM / 70 000 DM für Veräußerungen und Entnahmen nach dem 31.12.1995
§ 16 Abs. 4	**Betriebsveräußerung** – Der Freibetrag von 30 000 DM entfällt ersatzlos. – Der bisherige Freibetrag von 120 000 DM für Stpfl., die • das 55. Lebensjahr vollendet haben oder • dauernd berufsunfähig sind, wird auf 60 000 DM herabgesetzt. Die Anwendung erfolgt auf Veräußerungen nach dem 31.12.1995. Hinweis: Der Grenzbetrag von 300 000 DM für den Veräußerungsgewinn, bis zu dem der Freibetrag ungekürzt gewährt wird, bleibt unverändert.
§ 17	– **Bagatellgrenze** Die Bagatellgrenze von 1 %, bis zu der Anteilsveräußerungen bisher nicht besteuert wurden, entfällt. – **Einschränkungen** der Verlustberücksichtigung (§ 17 Abs. 2 Satz 4).
§ 23	**Spekulationsgewinne** Bei der Ermittlung des Gewinns aus Spekulationsgeschäften sind die Anschaffungskosten/Herstellungskosten des Wirtschaftsguts um **Absetzungen für Abnutzung**, erhöhte Absetzungen und Sonderabschreibungen zu **mindern**, soweit sie bei der Ermittlung der Einkünfte aus Vermietung und Verpachtung abgezogen worden sind. Die Neuregelung gilt für Veräußerungsgeschäfte, bei denen der Stpfl. das WG nach dem **31.7.1995** angeschafft und veräußert hat.
§§ 31, 32, 61–78	**Familienleistungsausgleich** – Vereinheitlichung des Kindbegriffs im Einkommensteuer- und Kindergeldrecht – Erhöhung des Kindergeldes und der Kinderfreibeträge ab 1996 – Einführung eines Wahlrechts zwischen Kinderfreibetrag und Kindergeld – Grundsatz der Auszahlung des Kindergeldes durch die Arbeitgeber – Einführung des Monatsprinzips auch beim Kinderfreibetrag

Kindergeld (monatl.)	1. Kind	2. Kind	3. Kind	4. Kind
1996	200 DM	200 DM	300 DM	350 DM
1997	220 DM	220 DM	300 DM	350 DM
Kinderfreibetrag	für jedes Kind (jährlich)			
1996	3132 DM/6264 DM			
1997	3306 DM/6912 DM			

§ 32a	**Steuerfreistellung des Existenzminimums** durch Anhebung des Grundfreibetrages: **1996** auf **12 095 DM/24 190 DM** (Ledige/Verheiratete) **1997** und **1998** auf **12 365 DM/24 730 DM** (Ledige/Verheiratete) **1999** auf **13 067 DM/26 134 DM** (Ledige/Verheiratete)

§ 32b	**Progressionsvorbehalt**
	Einbeziehung der ausländischen Einkünfte, wenn deren Summe positiv ist, bei Stpfl. i. S. des § 1 Abs. 3
§ 32d	**Existenzminimum:** Aufgehoben, vgl. jetzt § 32a
§ 33a Abs. 1	**Unterhaltsleistungen**
	– Beschränkung des Abzugs auf Unterhaltsleistungen an Personen,
	– gegenüber denen eine gesetzlich Unterhaltspflicht besteht oder
	– denen die zum Unterhalt bestimmten inländischen öffentlichen Mittel (z. B. Arbeitslosenhilfe) mit Rücksicht auf die Unterhaltsleistungen gekürzt worden sind.
	– Anhebung des Höchstbetrages ab 1996 einheitlich auf **12 000 DM**
	– Absenkung der Anrechnungsfreigrenze auf **1 200 DM**
§ 33a Abs. 2	**Ausbildungsfreibetrag**
	Regelung zu „Wehrdienstkindern" (§ 33a Abs. 2 S. 2 und 4) ist gestrichen
§ 33b Abs. 6	**Pflege-Pauschbetrag**
	Klarstellung, daß der Pflegepauschbetrag nicht beansprucht werden kann, **soweit** ein Stpfl. für die Pflege einer Person ein Entgelt erhält, z. B. wenn die zu pflegende Person das steuerfrei erhaltene Pflegegeld an den pflegenden Stpfl. weiterleitet.
	Neufassung ist ab VZ 1995 anzuwenden (§ 52 Abs. 24).
§ 38c	**Lohnsteuertabellen**
	Neue Lohnsteuertabellen, in denen durch die Streichung des § 38c Abs. 1 Nr. 5 **keine** Kinderfreibeträge mehr berücksichtigt werden.
§ 39a	**Freibetrag beim Lohnsteuerabzug**
	Die nach § 39a Abs. 1 Nr. 6 bisher für Auslandskinder eintragungsfähigen ermäßigten Kinderfreibeträge können nicht mehr als Freibetrag auf der Lohnsteuerkarte berücksichtigt werden (vgl. § 38c).
§§ 40a Abs. 2, 40b	**Pauschsteuersatz für Teilzeitbeschäftigte und Zukunftssicherungsleistungen**
	– Anhebung des Pauschsteuersatzes für Teilzeitbeschäftigte und Zukunftssicherungsleistungen (Direktversicherungen, Zuwendungen an Pensionskassen, Beiträge für eine Unfallversicherung) von 15 v.H. auf 20 v.H.
	– Anhebung des jährlichen Höchstbetrages für die Pauschalierung der Lohnsteuer auf Beiträge für Direktversicherungen und Pensionskassen von 3000 DM auf 3408 DM
	– Ausschluß der Pauschalierung bei Teilzeitbeschäftigten, die für eine andere Beschäftigung von demselben Arbeitgeber Arbeitslohn beziehen, der dem individuellen Lohnsteuerabzug unterworfen wird.
§ 46 Abs. 1	– Wegfall der allgemeinen Veranlagungsgrenze
	(Bisher bestand Veranlagungspflicht bei einem zu versteuernden Einkommen von mehr als 27 000 DM/54 000 DM).
	– Pflichtveranlagung für verheiratete EU-Arbeitnehmer, deren Ehegatte im Heimatland wohnt, wenn die Lohnsteuer nach der Steuerklasse III einbehalten wurde.
§ 50 Abs. 3	**Beschränkte Steuerpflicht:** Wegfall des Sonderfreibetrages von 864 DM.
§ 50 Abs. 4	Aufgehoben, vgl. §§ 1, 1a
§ 50a Abs. 4	**Steuerabzug bei beschränkt Stpfl.:** Vereinheitlichung des Steuersatzes auf 25%.
§ 51 Abs. 1 Nr. 1c	**Betriebsausgaben-Pauschbetrag**
	Ermächtigung zum Erlaß einer Rechtsverordnung über die Einführung besonderer Betriebsausgaben-Pauschbeträge für bestimmte Gruppen von Betrieben bei Bezug von Einkünften i.S.d. §§ 15 oder 18 und Gewinnermittlung nach § 4 Abs. 3.
§ 51 Abs. 1 Nr. 1f	**Kurzveranlagung**
	Ermächtigung zum Erlaß einer Rechtsverordnung über eine Kurzveranlagung mit verkürzter Erklärung und vereinfachter Ermittlung der Besteuerungsgrundlagen **ab VZ 1997**

§ 51a	**Zuschlagsteuern** Bemessungsgrundlage für die Zuschlagsteuern – wie z. B. die Kirchensteuer und der SolZ – ist die Einkommensteuer, die abweichend von § 2 Abs. 6 festzusetzen wäre, wenn statt der Zahlung von Kindergeld die Kinderfreibeträge berücksichtigt würden. Auch wenn der Stpfl. Kindergeld erhält, und damit bei der Berechnung der Einkommensteuer/Lohnsteuer kein Kinderfreibetrag abzuziehen wäre, wird somit nur für Zwecke der Berechnung der Bemessungsgrundlage für die Zuschlagsteuern ein „fiktiver" Kinderfreibetrag abgezogen.

EStDV

§ 8	**Bagatellgrenze für eigenbetrieblich genutzte Grundstücksteile** Eigenbetrieblich genutzte Grundstücksteile brauchen nicht als Betriebsvermögen behandelt zu werden, wenn ihr Wert nicht mehr als – 20% des gemeinen Wertes des Gesamtgrundstücks **und** – 40 000 DM (bisher 20 000 DM) beträgt; vgl. R 13 Abs. 8.
§ 55 Abs. 2	**Ertragsanteil bei abgekürzten Leibrenten** Anhebung des Ertragsanteils für **abgekürzte Leibrenten** sowie der **Altersgrenzen**, ab denen der Ertragsanteil auch für abgekürzte Leibrenten nach § 22 zu ermitteln ist.

5. Änderungen aufgrund des „Eigenheimzulagengesetzes"

§ 10 Abs. 1 Nr. 3	**Sonderausgabenabzug für Bausparbeiträge**; Wegfall ab VZ 1996.
§ 10i	Neuregelung des Vorkostenabzugs bei selbstgenutztem/unentgeltlich überlassenem Wohneingentum.

6. Geplante Änderungen des EStG nach dem Entwurf des JStG 1997 (BR-Drucks. 390/96 vom 24. 5. 1996)

§ 1a Abs. 2 Nr. 3	Anwendung des § 1a auf deutsche Diplomaten, die gemeinsam mit ihrem Ehegatten nicht die Voraussetzungen der unbeschränkten Steuerpflicht erfüllen.
§ 7g Abs. 2	Verzicht auf das zusätzliche Tatbestandsmerkmal der Gewerbekapitalgrenze wegen des erwarteten Wegfalls der Gewerbekapitalsteuer ab 1. 1. 1997.
§ 7g Abs. 7	Verbesserungen der Ansparabschreibung (§ 7g Abs. 3) bei Existenzgründern.
§ 10 Abs. 1 Nr. 8	Verdoppelung des Höchstbetrags auf 24 000 DM für den Sonderausgabenabzug von Aufwendungen für hauswirtschaftliche Beschäftigungsverhältnisse und Wegfall bisher einschränkender Voraussetzungen bis auf die Rentenversicherungspflicht des Beschäftigungsverhältnisses.
§ 32b Abs. 1; § 50 Abs. 3 S. 2; § 50 Abs. 5	Veranlagungswahlrecht für beschränkt Stpfl. bei Steuerabzug nach § 50a Abs. 4 Nr. 1 und 2; in diesen Fällen keine Mindeststeuer von 25%.
§ 38 Abs. 5	Befreiung von LSt-Einbehaltung bei Beschäftigungsverhältnissen in Privathaushalten im Rahmen des Haushaltsscheckverfahrens.
§ 41a	Anhebung der 1 200 DM-Grenze für die jährliche Anmeldung und Abführung der Lohnsteuer auf 1 600 DM.
§ 51 Abs. 1 Nr. 2	Wegfall der Sonderabschreibungen auf Schiffe und Flugzeuge gemäß § 82f EStDV nach dem 30. 4. 1996.

B. Persönliche Steuerpflicht

1. Allgemeiner Überblick

1.1 Abgrenzung von der sachlichen Steuerpflicht

Der Begriff „Steuerpflicht" hat im EStG eine doppelte Bedeutung. Es ist zu unterscheiden zwischen **persönlicher und sachlicher** Steuerpflicht.

Die persönliche Steuerpflicht klärt die Frage, **welcher Personenkreis** unter das EStG fällt.

Die sachliche Steuerpflicht setzt das Vorhandensein einer Bemessungsgrundlage (= zu versteuerndes Einkommen) voraus (Steuerentrichtungspflicht).

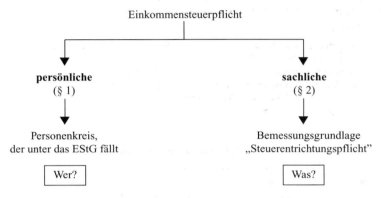

1.2 Abgrenzung des Personenkreises

Nur **natürliche Personen** können einkommensteuerpflichtig sein (vgl. § 1). Natürliche Person ist der **(lebende) Mensch** (von der Geburt bis zum Tod). Vgl. im einzelnen B 6.1.

Juristische Personen (§ 1 Abs. 1 Nr. 1–4 KStG) und **unter § 1 Abs. 1 Nr. 5 KStG fallende nichtrechtsfähige Personenvereinigungen** unterliegen dagegen selbständig mit ihrem Einkommen der **Körperschaftsteuer**.

Die übrigen nichtrechtsfähigen Personenvereinigungen (Personengesellschaften des Handelsrechts und Gemeinschaften) sind selbst weder einkommensteuer- noch körperschaftsteuerpflichtig.

Vielmehr werden die Einkünfte anteilig den Gesellschaftern/Gemeinschaftern zugeordnet und unmittelbar bei diesen als Einkünfte aus Gewerbebetrieb (§ 15 Abs. 1 Nr. 2) der ESt unterworfen.

Verfahrensmäßige Besonderheit ist hierbei eine gesonderte und einheitliche Feststellung der Einkünfte gemäß §§ 179 ff. AO.

Überblick

Natürliche Personen	Körperschaften i. S. der §§ 1 und 2 KStG	Personenvereinigungen (soweit nicht unter §§ 1 und 2 KStG fallend)
ESt-Pflicht (§ 1 EStG)	KSt-Pflicht (§§ 1 und 2 KStG)	weder ESt- noch KSt-Pflicht, sondern unmittelbar anteilige Zurechnung der Einkünfte auf Gesellschafter/Gemeinschafter

1.3 Arten der persönlichen Steuerpflicht

Die Steuerpflicht im Sinne des § 1 knüpft (bei unbeschränkter Steuerpflicht) an den **Wohnsitz** bzw. bei beschränkter Steuerpflicht an **Quellen im Inland** an.

Wer seinen Wohnsitz bzw. gewöhnlichen Aufenthalt im Inland hat, ist **unbeschränkt** steuerpflichtig (§ 1 Abs. 1). Hier gilt das **Universalitätsprinzip (bzw. Totalitätsprinzip)**. Daher ist derjenige, der seinen Wohnsitz bzw. gewöhnlichen Aufenthalt im Inland hat, grundsätzlich mit seinem **gesamten „Welteinkommen"** steuerpflichtig, unabhängig davon, wo die Einkommensquellen belegen sind. Auf die **Staatsangehörigkeit** kommt es hier **nicht** an. Hat eine natürliche Person dagegen weder Wohnsitz noch gewöhnlichen Aufenthalt im Inland, kommt es darauf an, ob diese Person Einkünfte im Inland hat **(Territorialitätsprinzip)**. In diesem Falle unterliegen **nur bestimmte Quellen** im Inland der deutschen Einkommensteuer (Quellenprinzip). Hier liegt **beschränkte** Steuerpflicht (§ 1 **Abs. 4**) vor.

Der Kreis der unbeschränkt Stpfl. ist jedoch durch § 1 Abs. 2 und Abs. 3 auf solche Personen **erweitert** worden, die zwar keinen Wohnsitz im Inland haben, jedoch durch andere Anknüpfungspunkte, wie ein öffentlich-rechtliches Dienstverhältnis und Zahlung aus einer inländischen öffentlichen Kasse, der Bundesrepublik Deutschland verbunden sind, so daß auch diese als unbeschränkt Stpfl. behandelt werden. In diesem Falle spricht man von einer **erweiterten unbeschränkten** Steuerpflicht.

Vgl. im einzelnen unter B 3.

Neben der beschränkten Steuerpflicht gibt es auch eine **erweiterte beschränkte** Steuerpflicht (§ 2 AStG). Durch die erweiterte beschränkte Steuerpflicht wird nicht wie bei der unbeschränkten Steuerpflicht der personelle Umfang erweitert, sondern lediglich der sachliche Umfang insofern, als die Steuerpflicht auf sämtliche inländischen Quellen ausgedehnt wird, und die Einkünfte, die bei beschränkt Stpfl. i. S. des § 1 Abs. 4 lediglich dem Abzugsverfahren unterliegen, in die Veranlagung mit einbezogen werden. Vgl. im einzelnen N 8.3.

Übersicht

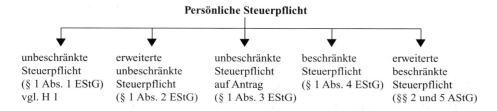

2. Unbeschränkte Steuerpflicht

2.1 Voraussetzungen

Die unbeschränkte Steuerpflicht setzt voraus, daß

die **natürliche Person**

einen **Wohnsitz oder** ihren **gewöhnlichen Aufenthalt** im Inland hat, § 1 Abs. 1. Hat ein Steuerpflichtiger **mehrere** Wohnsitze, so reicht es für die unbeschränkte Steuerpflicht aus, daß einer dieser Wohnsitze im Inland liegt.

Beispiel:

A hat einen Wohnsitz in Amsterdam, einen in New York, einen in Arosa (Schweiz) und einen in Düsseldorf.

Er ist unbeschränkt steuerpflichtig, da er **einen** Wohnsitz im Inland hat (§ 1 Abs. 1).

Fehlt es an einem Wohnsitz i. S. des § 8 AO im Inland, ist dennoch unbeschränkte Steuerpflicht gegeben, wenn der Stpfl. seinen gewöhnlichen Aufenthalt i. S. des § 9 AO im Inland hat.

Andere Merkmale sind bedeutungslos, insbesondere

- Staatsangehörigkeit
- Rasse
- Geschlecht
- Lebensalter
- Rechtsfähigkeit nach BGB.

Hinsichtlich der Berücksichtigung der persönlichen Verhältnisse ist jedoch nunmehr bedeutsam, ob der Stpfl. **EU- oder EWR-Bürger** oder Staatsbürger eines **Drittlandes** ist (Vgl. § 1a).

Für die unbeschränkte Steuerpflicht ist **nicht das Vorliegen von Einkünften erforderlich**. Dies ist erst eine Frage der sachlichen Steuerpflicht.

Für die Frage der unbeschränkten Steuerpflicht ist es unerheblich, ob ein Doppelbesteuerungsabkommen den Wohnsitz dem anderen Staat zuweist. Der Wohnsitzbegriff eines Doppelbesteuerungsabkommens ist nur maßgebend für die Zuweisung der Einkünfte zu dem jeweiligen Vertragsstaat, nicht jedoch für die Frage der persönlichen Steuerpflicht.

2.2 Wohnsitz

Nach § 8 AO hat jemand einen Wohnsitz dort, wo er eine Wohnung unter Umständen innehat, die darauf schließen lassen, daß er die Wohnung beibehalten und benutzen wird. Die Wohnsitzbegründung muß daher auf Dauer angelegt sein. § 8 AO geht über den bürgerlich-rechtlichen Wohnsitzbegriff (§ 7 BGB) hinaus. Vgl. im einzelnen AO-Anwendungserlaß (AEAO) zu §§ 8 und 9 AO vom 1990, BStBl I 50.

2.2.1 Wohnung

Ein Wohnsitz setzt eine **Wohnung** voraus. Eine Wohnung sind eingerichtete Räume, die der Inhaber ohne eine wesentliche Änderung jederzeit zum Wohnen benutzen kann und die ihm nach der Größe und Ausstattung ein seinen Lebensbedürfnissen entsprechendes Heim bieten. Benutzt der Stpfl. lediglich einige Räume zum Unterstellen seiner Möbel, so liegt keine Wohnung vor. Der Wohnsitz setzt i. d. R. eine angemessene, den Lebensbedürfnissen des Inhabers entsprechende Wohnung voraus. Nicht notwendig ist eine abgeschlossene Wohnung. Auch ein möbliertes Zimmer kann eine Wohnung darstellen, unter Umständen auch ein Hotelzimmer (bei einem Dauermietverhältnis), ebenso Gemeinschaftsunterkünfte bei Polizei und Streitkräften.

Keine Wohnung stellt jedoch z. B. ein Zelt oder ein Wohnwagen dar. Für die Wohnsitzbegründung im Sinne des § 8 AO ist nicht erforderlich, daß der Ort auch den Lebensmittelpunkt bildet. Gelegentliches Übernachten auf einem inländischen Betriebsgelände, in einem Büro u. ä. begründet noch **keinen** Wohnsitz (BFH, BStBl 1985 II 331).

Wer sich, wenn auch in regelmäßigen Abständen, in der Wohnung eines Angehörigen oder Bekannten aufhält, begründet dort **keinen** Wohnsitz (BFH, BStBl 1970 II 109), sofern es sich nicht wie im Falle einer Familienwohnung oder der Wohnung einer Wohngemeinschaft gleichzeitig um eine eigene Wohnung handelt.

> **Beispiel:**
> A studiert in Paris. Er hat in der Familienwohnung seiner Eltern weiterhin sein Zimmer. A ist weiterhin unbeschränkt stpfl., da er einen Wohnsitz im Inland hat.

2.2.2 Innehaben einer Wohnung

Innehaben einer Wohnung heißt, die Verfügungsmacht über sie besitzen (AEAO zu § 8 [a. a. O.] Nr. 1). Fallen die tatsächliche und die rechtliche Verfügungsmacht auseinander, so genügt, da es dann im Steuerrecht auf den wirtschaftlichen Sachverhalt ankommt, die tatsächliche Verfügungsmacht über die Wohnung (Herrmann/Heuer/Raupach, EStG, § I Anm. 35). Das Innehaben erfordert **nicht** eine ständige Benutzung (AEAO zu § 8 AO [a. a. O.] Nr. 1). Wer eine Wohnung tatsächlich benutzt, wird auch die tatsächliche Herrschaft über sie haben. Wer dagegen die tatsächliche Herrschaft hat, braucht die Wohnung noch nicht zu benutzen (Beispiel: Weitervermietung). Es kommt darauf an, ob eine nachhaltige Benutzung durch den Stpfl. selbst zu erwarten ist. Die Wohnung muß dem Stpfl. jederzeit zur Verfügung stehen.

Es **genügt**, daß die Wohnung z. B. über Jahre hinweg jährlich **regelmäßig zweimal** zu bestimmten Zeiten über **einige Wochen** benutzt wird (BFH, BStBl 1989 II 182).

Ehegatten, die nicht dauernd getrennt leben, können verschiedene Wohnungen und damit verschiedene Wohnsitze haben. Die Eheschließung allein führt nicht ohne weiteres dazu, daß die Wohnung des einen Ehegatten auch dem anderen Ehegatten als Wohnung zuzurechnen ist (Herrmann/Heuer/Raupach,

EStG, § 1 Anm. 35). Minderjährige Kinder, die bei den Eltern wohnen, haben deren Wohnung inne bis zu einer erkennbaren Aufgabe. Das gilt auch ohne eigene Möbel des Kindes und ohne einen besonders zugeteilten Raum, wenn die elterliche Wohnung dem Kind jedenfalls die Möglichkeit bietet, dort zu wohnen. Jedoch begründet gelegentlicher, wenn auch wiederholter Besuch bei den Eltern dort keine Wohnung des Kindes, wenn es anderweitig, sei es auch an wechselnden Orten, wohnt. Die Kinder können auch einen eigenen steuerlichen Wohnsitz begründen, anders als im Zivilrecht, wonach sie gemäß § 11 BGB stets den Wohnsitz der Eltern teilen (vgl. BFH, BStBl 1984 II 366, unter 2 c). Die tatsächliche Sachherrschaft über eine Wohnung kann auch über Dritte ausgeübt werden. Das gilt insbesondere für Familienangehörige.

Beispiel:

A ist von seinem Arbeitgeber für zwei Jahre nach Amerika versetzt worden. Ihm gehört eine Eigentumswohnung in Düsseldorf.

a) Seine Familie wohnt weiterhin in der Düsseldorfer Eigentumswohnung.
b) Seine Familie geht mit nach Amerika. Seine Raumpflegerin kümmert sich weiter um die Wohnung.
c) Die Wohnung wird zwischenzeitlich für die ganze Zeit der Abwesenheit untervermietet.

Im Falle a) und b) übt A weiterhin die Sachherrschaft über Familienangehörige oder abhängige Personen aus (BFH, BStBl 1996 II 2). Im Falle c) hat A die Wohnung durch Untervermietung aufgegeben, da die Mieter eine eigene Sachherrschaft über die Wohnung begründet haben.

Das Innehaben der inländischen Wohnung kann nach den Umständen des Einzelfalles auch dann anzunehmen sein, wenn der Stpfl. sie während eines Auslandsaufenthaltes **kurzfristig** (bis zu 6 Monaten) vermietet oder untervermietet, um sie alsbald nach Rückkehr im Inland wieder zu benutzen (AEAO, a.a.O., Nr. 2).

Ein Innehaben kann zu bejahen sein beim

– selbstnutzenden Eigentümer
– dinglich Wohnberechtigten
– selbstnutzenden Nießbraucher
– Mieter
– Selbstnutzung aufgrund unentgeltlicher Überlassung (= Leihe).

2.2.3 Beibehaltungs- und Benutzungsabsicht

Die Wohnsitzbegründung im Sinne des § 8 AO setzt voraus, daß der Stpfl. die Wohnung beibehalten und benutzen wird, und zwar müssen bei Begründung des Wohnsitzes bereits die Umstände vorliegen, die darauf schließen lassen. Beibehalten und benutzen bedeutet nachhaltig benutzen. Es muß damit zu rechnen sein, daß der Stpfl. sich in der Wohnung wiederholt zum Wohnen aufhalten wird. Unterbrechungen des Aufenthalts sind in diesem Falle unerheblich. Das gilt insbesondere für auswärtigen Aufenthalt zur Berufsausübung oder zur Ausbildung. Selbst zeitweiliges Vermieten während einer voraussichtlich vorübergehenden Abwesenheit steht einer nachhaltigen Benutzung nicht entgegen, wenn der Zeitraum nicht mehr als 6 Monate beträgt.

Entscheidend ist, daß die Wohnung dem Inhaber dauernd für seine Wohnzwecke zur Verfügung steht. Auf den Umfang der Benutzung kommt es nicht an. Die gelegentliche Benutzung durch den Stpfl. kann genügen, wenn seine Familie die Wohnung ständig benutzt und die Wohnung auch als sein Heim anzusehen ist. Auch ein Ferienhaus, das die Familie lediglich in den Schulferien benutzt, aber immer wieder (regelmäßig), kann eine Wohnung darstellen. Keine Wohnsitzbegründung in diesem Sinne liegt jedoch vor, wenn der Stpfl. lediglich für einen kurzfristigen Aufenthalt eine Wohnung mietet.

Beispiel:

A aus Rom hat für eine Praktikantentätigkeit in Düsseldorf eine Wohnung gemietet. Der Aufenthalt in Düsseldorf ist von vornherein auf 4 Monate begrenzt.

A hat keinen Wohnsitz i. S. des § 8 AO im Inland begründet. Unerheblich ist, daß er einen Mietvertrag abgeschlossen hat. Er ist daher nicht unbeschränkt steuerpflichtig.

Bei welcher **Zeitspanne** die Beibehaltung einer Wohnung vorliegen soll, regelt das Gesetz nicht. Bei von vornherein zeitlich begrenzter Verfügungsmacht über die Wohnung ist daher fraglich, welcher Zeitraum ausreicht.

Wegen des engen Zusammenhangs von § 8 (Wohnsitz) und § 9 AO (gewöhnlicher Aufenthalt) erscheint eine Anlehnung an die Sechsmonatsfrist i. S. des § 9 Satz 2 AO eine sinnvolle Auslegung.

Bei dieser Auslegung ist die Beibehaltungsabsicht z. B. zu bejahen, wenn die Verfügungsmacht über eine Wohnung zwar von Anfang an zeitlich begrenzt war, jedoch für einen längeren Zeitraum als 6 Monate (AEAO zu § 8 [a. a. O.] Nr. 1).

Eine vorzeitige Aufgabe der Wohnung aufgrund **späteren** Entschlusses wäre unerheblich.

2.2.4 Aufgabe des Wohnsitzes

Ein Wohnsitz im Sinne des § 8 AO besteht **nicht mehr,** wenn die inländische Wohnung z. B. durch Kündigung und Auflösung einer Mietwohnung, durch unbefristete Vermietung der Wohnung im eigenen Haus bzw. der Eigentumswohnung unter Mitnahme des ganzen Hausrats aufgegeben wird (AEAO zu § 8 [a. a. O.] Nr. 3).

Gleiches gilt, wenn eine Wohnung lediglich zur Vermögensverwaltung zurückgelassen wird.

2.3 Gewöhnlicher Aufenthalt

2.3.1 Aufenthalt mit Verweilensabsicht

Den gewöhnlichen Aufenthalt hat jemand dort, wo er sich unter Umständen aufhält, die erkennen lassen, daß er an diesem Ort oder in diesem Gebiet nicht nur vorübergehend verweilt (§ 9 Satz 1 AO).

Die Merkmale des § 9 Satz 1 AO sind also

1. tatsächlicher Aufenthalt und
2. Verweilensabsicht.

Der Begriff „gewöhnlich" ist gleichbedeutend mit „dauernd". „Dauernd" erfordert keine ununterbrochene Anwesenheit, sondern ist im Sinne von „nicht nur vorübergehend" zu verstehen (BFH, BStBl 1989 II 956).

Ein Aufenthalt erfordert **Stetigkeit,** d. h. auch Übernachtung im Inland.

> **Beispiel:**
> Sogenannte **Grenzgänger,** die im Inland tagsüber einer Tätigkeit nachgehen (z. B. im Rahmen eines inländischen Dienstverhältnisses oder eines eigenen Betriebs), jedoch arbeitstäglich zu ihrer Wohnung im Ausland zurückkehren, haben **nicht** ihren gewöhnlichen Aufenthalt im Inland und sind daher **nicht unbeschränkt stpfl.** (BFH, BStBl 1984 II 11, BStBl 1985 II 331 und BStBl 1988 II 944). Vgl. auch AEAO zu § 9 AO Nr. 3.

Der gewöhnliche Aufenthalt kann **nicht** gleichzeitig an mehreren Orten bestehen (AEAO, a. a. O.).

2.3.2 Sechsmonatsfrist des § 9 Satz 2 AO

Da die Verweilensabsicht im Zweifel schwer nachzuprüfen ist, kann diese Voraussetzung wie folgt ersetzt werden

Als gewöhnlicher Aufenthalt im Geltungsbereich dieses Gesetzes ist stets und **von Beginn an** ein **zeitlich zusammenhängender Aufenthalt von mehr als 6 Monaten Dauer** anzusehen.

Durch den Ablauf der Sechsmonatsfrist tritt die unbeschränkte Steuerpflicht kurzerhand ab Beginn des Aufenthalts im Inland ein.

> **Beispiel:**
> Der amerikanische Schauspieler A aus New York befindet sich zu Filmarbeiten vom 1. 10. 01 bis 15. 4. 02 in der Bundesrepublik Deutschland und hält sich während dieser Zeit ununterbrochen in verschiedenen Hotels auf.
> A hat keinen Wohnsitz begründet. Trotzdem ist er durch Aufenthalt von mehr als 6 Monaten unbeschränkt stpfl. geworden (und zwar ab Einreise 1. 10. 01 bis 15. 4. 02).
> (Da er sich aus Gründen der Einkunftserzielung im Inland aufhielt, scheidet die Ausnahmeregelung des § 9 Satz 3 AO aus).

Der Aufenthalt in der Bundesrepublik muß mehr als 6 Monate betragen, daher mindestens 183 Tage. Der Tag des Beginns des Aufenthaltes wird nicht mitgezählt (§ 187 Abs. 1 BGB). Gibt der Steuerpflichtige den Wohnsitz auf und behält er den Aufenthalt bei, so beginnt die Frist von 6 Monaten nicht mit der Aufgabe des Wohnsitzes, sondern in dem Zeitpunkt, in dem der Aufenthalt schon neben dem Wohnsitz bestanden hat, also schon mit der Begründung des Wohnsitzes. Die Frist **endet** im Falle eines **ununterbrochenen** Aufenthalts mit dem Ablauf des Tages des 6. Monats, der nach seinem Monatsdatum dem Tag der Aufenthaltsbegründung entspricht (§ 188 Abs. 2 BGB), also hier Berechnung nach Monaten.

Beispiel:
A ist am 10.2.01 in die Bundesrepublik eingereist, ohne einen Wohnsitz zu begründen. Er bleibt bis zum 1.9.01 dort. A ist unbeschränkt stpfl. Die Sechsmonatsfrist endet mit Ablauf des 10.8.01.

Bei **unterbrochenen Aufenthalten wird die Sechsmonatsfrist nach Tagen** berechnet (§ 191 BGB). Hierbei zählt – außer dem Einreisetag – auch der Ausreisetag **nicht** mit (wenn kein voller Tag).

Beispiel:
A ist am 1.3.01 in die Bundesrepublik eingereist, ohne dort einen Wohnsitz zu begründen. Er bleibt bis zum 1.10.01 dort (Ausreise noch am 1.10.01). Vom 1.8. bis 14.8. verbringt er einen Urlaub außerhalb des Inlands.
Die Frist beginnt mit dem 2.3. und endet mit Ablauf des 30.9. A ist abzüglich der 14 Tage 199 Tage im Inland und somit vom 2.3. bis 30.9. unbeschränkt stpfl. Ob die Tage der Unterbrechung mitzählen, ist umstritten (vgl. Littmann/Bitz/Hellwig, EStR, 15. Aufl., § 1 Rd. Nr. 72).

Die Frist ist unabhängig vom Veranlagungszeitraum. Es ist nicht Voraussetzung, daß sie in einem Veranlagungszeitraum vorgelegen hat, entscheidend **ist der zusammenhängende Zeitraum von mehr als 6 Monaten.**

Bei kurzfristigen Unterbrechungen gilt gemäß § 9 S. 2 2. Halbs. AO:

Der Aufenthalt von 6 Monaten braucht nicht ununterbrochen zu verlaufen, kurzfristige Unterbrechungen wie z.B. Ferienaufenthalte sind unbeachtlich.

Bei Unterbrechungen der Anwesenheit kommt es darauf an, ob noch ein **einheitlicher** Aufenthalt oder mehrere **getrennte** Aufenthalte anzunehmen sind. Ein einheitlicher Aufenthalt ist gegeben, wenn der Aufenthalt nach den Verhältnissen fortgesetzt werden sollte und die Unterbrechung nur **kurzfristig** ist. Als kurzfristige Unterbrechungen kommen in Betracht Familienheimfahrten, Jahresurlaub, längerer Heimaturlaub, Kur und Erholung, aber auch geschäftliche Reisen (AEAO zu § 9 [a. a. O.] Nr. 3). Die Zeit der Abwesenheit darf bei Berechnung der Frist von 6 Monaten lt. RFH **nicht** mitgezählt werden (RFH, RStBl 1935, 1445; vgl. Herrmann/Heuer/Raupach; EStG § 1 Anm. 49 m. w. N.). Allerdings ist die frühere Anw. 1 zu § 1 EStG der ESt-Kartei NW aufgehoben worden. ME bedeutet dies, daß die FinVerw die Auffassung vertritt, daß keine Hemmung des Fristablaufs eintritt (mE zutreffend) (vgl. auch BFH, DB 1990, 2570).

2.3.3 Billigkeitsregelung (§ 9 Satz 3 AO)

Kein gewöhnlicher Aufenthalt liegt jedoch vor, wenn der Aufenthalt ausschließlich zu Besuchs-, Erholungs-, Kur- oder ähnlichen privaten Zwecken genommen wird und **nicht länger als ein Jahr** dauert.

2.4 Inland

Für die Art der Steuerpflicht kommt es entscheidend darauf an, ob im Inland ein Wohnsitz oder gewöhnlicher Aufenthalt gegeben ist.

Inland im Sinne des § 1 ist das Gebiet der Bundesrepublik Deutschland. Die ehemalige DDR gehört steuerrechtlich seit dem **1.1.1991** zum Inland.

Zum Inland gehören auch die Zollausschlüsse (Exklave Büsingen = BFH, BStBl 1989 II 614), Freihäfen und die Dreimeilenzone, ferner Handelsschiffe, die zur Führung der deutschen Flagge berechtigt sind.

Zum Inlandsbegriff im Sinne des EStG gehört auch der Festlandsockel (§ 1 Abs. 1 S.2). Der Festlandsockel gehört jedoch nur insoweit zum steuerlichen Inland, als dort Naturschätze erforscht und ausgebeutet werden. Aus dieser Einschränkung folgt, daß beim Inlandbegriff des EStG und der ertragsteuerlichen Nebengesetze zu prüfen ist, ob es der „Soweit"-Satz des § 1 Abs. 1 S. 2 zuläßt, unter diesen Begriff auch den Festlandsockel zu erfassen. Naturschätze des Meeresuntergrundes sind z. B. Erze, Kohle, Erdöl, Mineralien und sonstige Gesteine. Zweifelhaft ist, ob Erdgas hierzu zählt. In der Konvention wird es nicht erwähnt.

3. Erweiterte unbeschränkte Steuerpflicht

Die unbeschränkte Einkommensteuerpflicht erstreckt sich auch auf **deutsche Staatsangehörige,** die zwar im Inland weder einen Wohnsitz noch ihren gewöhnlichen Aufenthalt haben, jedoch zu einer **inländischen juristischen Person des öffentlichen Rechts** in einem aktiven **Dienstverhältnis** stehen und dafür Arbeitslohn aus einer inländischen Öffentlichen Kasse beziehen (§ 1 Abs. 2 S. 1). Das gilt insbesondere für Auslandsbeamte, insbesondere Beamte der diplomatischen Missionen, nicht jedoch für Beschäftigte internationaler Organisationen (H 1 [1]) EStH). Nach BFH, BStBl 1989 II 351 ist ein von einem innerdeutschen Dienstherrn beurlaubter, für einen Schulverband im Ausland tätiger Lehrer, der vom ausländischen Schulträger keine Vergütung erhält, sondern vom Bundesverwaltungsamt eine Ausgleichszulage erhält, **nicht** unbeschränkt steuerpflichtig (vgl. BMF-Schreiben, BStBl 1989 I 164). Vgl. auch BFH, BStBl 1988 II 768 und BStBl 1992 II 548. Diese Art der Steuerpflicht erstreckt sich **auch** auf die **zum Haushalt** dieser Person **gehörenden Angehörigen,** die die **deutsche Staatsangehörigkeit** besitzen und rückwirkend ab 1. 1. 1975 **auch** auf solche **Angehörige,** die zwar **keine deutsche** Staatsangehörigkeit besitzen, aber **keine Einkünfte** oder **nur Einkünfte** beziehen, die **ausschließlich im Inland einkommensteuerpflichtig** sind. Voraussetzung ist jedoch, daß diese Personen in dem Staat, in dem sie ihren Wohnsitz oder gewöhnlichen Aufenthalt haben, **lediglich als beschränkt Stpfl. behandelt** werden. Dies ist nach den Vorschriften des jeweiligen ausländischen Steuerrechts zu prüfen (BFH vom 9. 10. 1985, StRK EStG 1975 § 1 R. 3). Dadurch soll erreicht werden, daß auch diejenigen Angehörigen von Bediensteten des Bundes oder eines Landes mit diplomatischem oder konsularischem Status ohne Wohnsitz oder gewöhnlichen Aufenthalt im Inland in die erweiterte unbeschränkte Einkommensteuerpflicht einbezogen werden, soweit **sie nicht** die deutsche Staatsangehörigkeit besitzen. Das hat auch zur Folge, daß für diesen Personenkreis die Anwendung des Splittingverfahrens in Betracht kommt.

4. Unbeschränkte Steuerpflicht auf Antrag (§§ 1 u. 1a EStG)

Die Einführung einer **unbeschränkten** Steuerpflicht auf Antrag erfolgte in Anpassung an das EG-Recht. Nach Art. 45 des EWG-Vertrags (Diskriminierungsverbot) hat jeder Mitgliedstaat Bürger eines anderen EU- oder EWR-Staates den eigenen Staatsbürgern gleich zu behandeln. Das bedeutet, daß ein EU-Bürger mit nahezu ausschließlich inländischen Einkünften einem unbeschränkt Stpfl. gleich zu behandeln ist (EuGH v. 14. 2. 1995, DB 1995, 407 – „Schumacker-Urteil" –).

Die neuen Vorschriften des § 1 Abs. 3, § 1a treten an die Stelle der Regelungen des Grenzpendlergesetzes. Natürliche Personen, die im Inland weder einen Wohnsitz noch ihren gewöhnlichen Aufenthalt haben, können, soweit sie inländische Einkünfte haben, unter der Voraussetzung, daß ihre Einkünfte nahezu ausschließlich der deutschen Steuer unterliegen oder die der deutschen Steuer nicht unterliegenden Einkünfte 12 000 DM (Existenzminimum) nicht übersteigen, auf Antrag ab 1. 1. 1996 als unbeschränkt Stpfl. behandelt werden

Vgl. im einzelnen N. 4.

5. Beschränkte Steuerpflicht

Natürliche Personen, die im Inland weder einen Wohnsitz noch ihren gewöhnlichen Aufenthalt haben, sind nur stpfl., wenn sie inländische Einkünfte im Sinne des § 49 haben. Sie sind dann mit diesen Einkünften beschränkt steuerpflichtig, d. h., die Einkommensteuerpflicht beschränkt sich nur auf diese im Inland bezogenen Einkünfte, soweit sie nicht nach § 1 Ab. 2 bzw. Abs. 3 als unbeschränkt Stpfl. behandelt werden. Der Bezug inländischer Einkünfte i. S. des § 49 ist somit Tatbestandsmerkmal und zugleich Rechtsfolge. Vgl. im einzelnen N. 2.

6. Erweiterte beschränkte Steuerpflicht

Die erweiterte beschränkte Steuerpflicht gilt für Deutsche, die weder ihren Wohnsitz noch ihren gewöhnlichen Aufenthalt im Inland haben, jedoch innerhalb der letzten 10 Jahre vor Wohnsitzverlegung ins Ausland mindestens insgesamt 5 Jahre unbeschränkt stpfl. waren und weiterhin noch wesentliche wirtschaftliche Interessen im Inland haben und ihren Wohnsitz in ein sogenanntes Gebiet mit niedriger Besteuerung (Niedrigsteuer-Land) verlegt haben. Diese Personen werden zwar weiterhin als beschränkt Stpfl. behandelt. Jedoch wird ihre Steuerpflicht auf inländische Quellen, die über die in § 49 aufgeführten hinausgehen, ausgedehnt, nämlich auf alle die Einkünfte, die nicht ausländische Einkünfte im Sinne des § 34 d sind. Einzeldarstellung siehe N. 8.3.

7. Beginn und Ende der Steuerpflicht

7.1 Geburt, Tod und Verschollenheit

7.1.1 Grundsatz

Die persönliche Steuerpflicht, sowohl die unbeschränkte als auch die beschränkte, beginnt frühestens mit der Vollendung der **Geburt** und endet spätestens mit dem **Tode**. Auf die bürgerlich-rechtliche Rechtsfähigkeit (insbesondere die Geschäftsfähigkeit) kommt es **nicht** an.

Daher sind auch **geschäftsunfähige** Personen, z.B. Kinder unter 7 Jahren (vgl. § 104 BGB) sowie **beschränkt geschäftsfähige** Minderjährige (vgl. § 106 BGB) persönlich steuerpflichtig.

Beispiel:

Das 6jährige Kind K mit Wohnsitz bei seinen Eltern im Inland hat Vermögen geerbt, aus dem Einkünfte anfallen.

Es ist unbeschrankt stpfl. (§ 1 Abs. 1) und selbständig zur ESt mit den von ihm erzielten Einkünften zu veranlagen.

7.1.2 Nasciturus (Kind im Mutterleib)

Ein **nasciturus** ist zwar bürgerlich-rechtlich insoweit beschränkt rechtsfähig, als er zum Erben eingesetzt werden kann und über seine Mutter schon Schadensersatzansprüche geltend machen kann. Stpfl. ist er erst mit der Geburt.

Ist ein nasciturus als Erbe eingesetzt und ist der Erbfall vor der Geburt eingetreten, ist ein Nachlaßpfleger zu bestellen (§ 1923 Abs. 2 BGB).

Beispiel:

A hat den N (Nasciturus) zum Erben eingesetzt. A ist am 30.3.01 verstorben. N ist jedoch erst am 1.12.01 geboren worden. In der Zeit 1.4.01 bis 30.11.01 sind 30000 DM Einkünfte angefallen. P ist als Pfleger bestellt worden.

N können die Einkünfte nicht zugerechnet werden, weil er im Zeitpunkt der Erzielung noch nicht persönlich steuerpflichtig war, da dies Geburt voraussetzt. P ist lediglich Verwalter, nicht Bezieher der Einkünfte.

Der Nachlaß ist eventuell als Zweckvermögen i.S. des § 1 Abs. 1 Nr. 5 KStG der Körperschaftsteuerpflicht zu unterwerfen.

7.1.3 Verschollenheit

Im Falle der Verschollenheit gilt folgendes: Die Todeserklärung Verschollener erfolgt regelmäßig erst, nachdem sie schon lange Jahre vermißt waren. Der Todeszeitpunkt wirkt dann bürgerlich-rechtlich auf den mutmaßlichen Todeszeitpunkt lt. Beschluß zurück (§ 5 VerschG). Eine Rückwirkung ist jedoch steuerlich nicht praktikabel, da sonst die Veranlagungen für den Verschollenen und den (die) Erben nicht bzw. nicht endgültig durchgeführt werden könnten. Ggf. müßten die Veranlagungen lang zurückliegender Jahre nachträglich berichtigt werden.

Aus diesem Grunde bestimmt § 49 AO, daß der Verschollene bis zur Rechtskraft des Beschlusses über die Todeserklärung als lebend zu behandeln ist. Bis zu diesem Zeitpunkt bleiben Verschollene einkommensteuerpflichtig.

Beispiel:
Die Eheleute A sind für die Jahre 01–05 zusammenveranlagt worden. Ehemann A ist seit 02 verschollen. Mit Beschluß des AG X-Stadt vom 21.6.06 ist der Ehemann zum 1.6.04 für tot erklärt worden.
Steuerlich wirkt der Tod erst auf den 21.6.06, so daß bis einschließlich 06 eine Zusammenveranlagung durchzuführen ist. Der Ermittlungszeitraum für A läuft in 06 allerdings nur bis zum 21.6.06.

Die praktische Bedeutung des § 49 AO für die Erben des Verschollenen besteht einkommensteuerlich darin, daß dessen Einkünfte mit denen der Erben für die Zeit bis zur Rechtskraft des Todeserklärungsbeschlusses nicht zusammengerechnet werden dürfen. Für die Frage, ob ein Verschollener nach bürgerlichem Recht Erbe geworden ist, kommt es dagegen auf den im Todeserklärungsbeschluß festgestellten mutmaßlichen Todeszeitpunkt an.

Beispiel:
E ist am 20.4.05 verstorben. Erben sind seine 3 Söhne A, B, C.
A ist seit dem Jahre 03 verschollen. Nach dem Beschluß des Amtsgerichts X vom 4.6.05 gilt er als am 1.7.04 als verstorben.
A gilt somit nicht als Erbe nach E. Ihm sind daher die Erträge aus dem Nachlaß nicht anteilsmäßig zuzurechnen (BFH, BStBl 1956 III 373).

7.2 Beginn und Ende der Steuerpflicht

7.2.1 Unbeschränkte Steuerpflicht

Die unbeschränkte Steuerpflicht **beginnt** entweder mit der Vollendung der **Geburt,** wenn im Zeitpunkt des Todes Wohnsitz oder gewöhnlicher Aufenthalt im Inland gegeben ist oder sie beginnt mit der Begründung eines Wohnsitzes oder des gewöhnlichen Aufenthaltes im Inland. Mit der Wohnsitzbegründung im Inland beginnt eine neue Steuerpflicht auch dann, wenn der Steuerpflichtige mit seinen Einkünften bisher beschränkt stpfl. war (= **Wechsel** der Steuerpflicht); vgl. N. 6.3. Der Bezug von (stpfl.) Einkünften ist **unerheblich.** Die Steuerpflicht **endet** durch Tod oder durch Aufgabe des Wohnsitzes oder des gewöhnlichen Aufenthaltes im Inland.

7.2.2 Beschränkte Steuerpflicht

Die beschränkte Steuerpflicht beginnt entweder mit der Geburt oder mit der Aufgabe von Wohnsitz oder gewöhnlichem Aufenthalt im Inland. In beiden Fällen wird jedoch vorausgesetzt, daß im Zeitpunkt der Geburt oder im Zeitpunkt der Aufgabe des inländischen Wohnsitzes inländische Einkünfte i.S. des § 49 vorhanden sind (= zweites Tatbestandsmerkmal). Abgesehen von den Fällen der Geburt und des Wohnsitzwechsels wird in jedem Falle eine beschränkte Steuerpflicht begründet, sobald eine natürliche Person, die keinen Wohnsitz oder gewöhnlichen Aufenthalt im Inland hat, inländische Einkünfte i.S. des § 49 erzielt. Sie beginnt in dem Zeitpunkt, ab dem inländische Einkünfte erzielt werden.

Das Ende der beschränkten Steuerpflicht tritt durch Tod, Wegfall der Erzielung inländischer Einkünfte i.S. des § 49 oder mit Beginn der unbeschränkten Steuerpflicht ein.

7.3 Wechsel der Steuerpflicht

Wird ein unbeschränkt Steuerpflichtiger beschränkt steuerpflichtig oder wird ein beschränkt Stpfl. unbeschränkt steuerpflichtig, ist dies als Beendigung der bisherigen und Begründung einer neuen Steuerpflicht anzusehen. Wegen der tiefgreifenden Unterschiede beider Arten der Steuerpflicht ist es nicht möglich, die während der Dauer der unbeschränkten Steuerpflicht erzielten Einkünfte mit den Einkünften während der beschränkten Steuerpflicht zusammenzurechnen und umgekehrt. Findet während eines Kalenderjahres ein Wechsel der persönlichen Steuerpflicht statt, sind ab 1.1.1996 nicht mehr **zwei Veranlagungen** wie bisher durchzuführen, sondern nur noch **eine** Veranlagung.

Die Zeit der beschränkten Steuerpflicht und die Zeit der unbeschränkten Steuerpflicht stellen jeweils einen eigenständigen Ermittlungszeitraum dar. Die Steuer selbst wird jedoch jeweils für den Veranlagungszeitraum, der sich mit dem gesamten Kalenderjahr deckt, erhoben. Vgl. im einzelnen N. 3.

8. Exterritoriale

Nach den allgemeinen völkerrechtlichen Grundsätzen sind unter Wahrung der Gegenseitigkeit die Leiter und Mitglieder beglaubigter diplomatischer Vertretungen, sowie deren Angehörige als exterritorial und damit als nicht unbeschränkt steuerpflichtig anzusehen (§ 2 AO). Dasselbe gilt für die Bediensteten dieser Personen, die nicht deutsche Staatsangehörige sind. Alle diese von der unbeschränkten Steuerpflicht befreiten Personen können aber als beschränkt Steuerpflichtige zu veranlagen sein, wenn sie inländische Einkünfte i. S. des § 49 bezogen haben.

C. Grundlagen der Einkommensbesteuerung

1. Bemessungsgrundlage der ESt

Die ESt ist – wie die Bezeichnung zum Ausdruck bringt – eine Steuer vom Einkommen. Ohne Einkommen ergibt sich grds. keine ESt. Allerdings ist der steuerliche Einkommensbegriff nicht mit der Verwendung dieses Ausdrucks im allgemeinen Sprachgebrauch identisch.

1.1 Einkommen

Das deutsche EStG hat seinen eigenen Einkommensbegriff geschaffen. Es umschreibt den Kreis der wirtschaftlichen Vorgänge, die es durch die Einkommensbesteuerung treffen will und zählt sie im § 2 erschöpfend auf. Es definiert den Einkommensbegriff in § 2 Abs. 4 wie folgt:

Einkommen ist der Gesamtbetrag der Einkünfte aus den im § 2 Abs. 1 bezeichneten Einkunftsarten, vermindert um die Sonderausgaben und außergewöhnliche Belastungen.

Gesamtbetrag der Einkünfte ist nach § 2 Abs. 3 die Summe der Einkünfte vermindert um den Altersentlastungsbetrag nach § 24a sowie den Freibetrag nach § 13 Abs. 3.

Das „Einkommen" i. S. des § 2 Abs. 4 ist mithin ein rechtlich selbständiger Begriff, der keine Beziehung zu irgendwelchen wirtschaftlichen Einkommensbegriffen hat, sondern abschließend im Gesetz umschrieben ist. Insbesondere die beiden volkswirtschaftlichen widerstreitenden Einkommenstheorien

- Reinvermögenstheorie und
- Quellentheorie

boten bei der Festlegung des einkommensteuerlichen Einkommensbegriffs keine eindeutige Grundlage.

Nach der **Reinvermögenstheorie** werden sämtliche Vermögensmehrungen zum Einkommen gerechnet ohne Rücksicht auf ihre Herkunft, z. B. auch Schenkungen, Erbschaften, Spielgewinne.

Die **Quellentheorie** erfaßt nur wiederkehrende Erträge aus „fließenden" Einkunftsquellen.

1.2 Zu versteuerndes Einkommen

Das Einkommen, vermindert ggf. um den Kinderfreibetrag nach §§ 31, 32, den Haushaltsfreibetrag nach § 32 Abs. 7 und um die sonstigen vom Einkommen abzuziehenden Beträge, ist das zu **versteuernde Einkommen** (§ 2 Abs. 5). Es ist

– **Besteuerungsgegenstand**, d. h. das Vorhandensein eines zu versteuernden Einkommens ist Voraussetzung für die sachliche Einkommensteuerpflicht; und
– **Bemessungsgrundlage** für die tarifliche Einkommensteuer.

1.3 Elemente des zu versteuernden Einkommens

Das zu versteuernde Einkommen ist eine Berechnungsgröße, die sich durch Zusammensetzung bestimmter systematisch verknüpfter Grundbegriffe in genau festgelegter Reihenfolge ergibt. Es setzt sich aus folgenden Elementen zusammen:

1.3.1 Einkunftsarten (§ 2 Abs. 1 EStG)

Der ESt unterliegen nur die in § 2 Abs. 1 aufgezählten Einkünfte. Die Aufzählung der **sieben Einkunftsarten** ist **abschließend**. Danach unterliegen der ESt

1. Einkünfte aus Land- und Forstwirtschaft (§ 13)
2. Einkünfte aus Gewerbebetrieb (§ 15)
3. Einkünfte aus selbständiger Arbeit (§ 18)
4. Einkünfte aus nichtselbständiger Arbeit (§ 19)
5. Einkünfte aus Kapitalvermögen (§ 20)

6. Einkünfte aus Vermietung und Verpachtung (§ 21)

7. sonstige Einkünfte im Sinne des § 22.

Wegen der unterschiedlichen Behandlung der einzelnen Einkünfte im Rahmen des Einkommensteuerrechts, aber auch im Rahmen anderer Steuergesetze (z. B. Gewerbesteuer), muß in jedem Einzelfall festgestellt werden, zu welcher der sieben Einkunftsarten die Einkünfte gehören.

Häufig läßt sich die Einkunftsart unschwer aus der Art der „Einkunftsquelle" oder Tätigkeit ableiten. Zur eindeutigen und näheren Abgrenzung dienen die §§ 13 bis 24. Hier werden die Einkünfte aus den einzelnen Einkunftsarten im einzelnen aufgezählt bzw. definiert.

Dabei ist die Aufzählung zum Teil nur beispielhaft.

So gehören z. B. außer den in § 18 Abs. 1 Nr. 1 aufgezählten Katalogberufen auch **ähnliche Berufe** zu der freiberuflichen Tätigkeit.

Eindeutig ist die Zuordnung in folgenden **Beispielen:**

	Einkünfte aus
Landwirt:	§ 13
Lebensmittelhändler:	§ 15
Arbeiter, Angestellter, Beamter:	§ 19

Beispiele für Abgrenzungsfälle:

a) Bezüge eines Versicherungsvertreters können aus gewerblicher Tätigkeit (§ 15) oder nichtselbständiger Arbeit (§ 19) herrühren. Im ersten Fall ist der Versicherungsvertreter Gewerbetreibender, also auch gewerbesteuerpflichtig, im zweiten Fall ist von den Bezügen Lohnsteuer einzubehalten.

b) Ein Grundstück eines Gewerbetreibenden kann zu seinem Betriebsvermögen oder zu seinem Privatvermögen gehören. In dem einen Fall gehören die Einkünfte aus dem Grundstück zu den Einkünften aus Gewerbebetrieb, im anderen zu den Einkünften aus Vermietung und Verpachtung. Die Einkünfte aus Gewerbebetrieb werden anders ermittelt als die aus Vermietung und Verpachtung.

Zu beachten ist noch, daß **nicht alle** Vermögensmehrungen, die sich **nicht** unter die ersten sechs Einkunftsarten einordnen lassen, zu den Einkünften aus § 22 gehören, da in § 22 eine abschließende Aufzählung enthalten ist, nämlich

Einkünfte aus:

1. wiederkehrenden Bezügen

2. Spekulationsgeschäften

3. Leistungen

4. Tätigkeiten als Mandatsträger.

Die nach **§ 24** zu erfassenden Bezüge bilden **keine eigenständige** Einkunftsart. Vielmehr ist eine Zuordnung zu der betreffenden Einkunftsart vorzunehmen.

In Ausnahmefällen werden Beträge der ESt unterworfen, die streng genommen unter keine der 7 Einkunftsarten fallen:

Es handelt sich dabei insbesondere um den Hinzurechnungsbetrag nach § 2a Abs. 3 Satz 3.

Nach § 2a Abs. 3 Satz 3 kann es zur Nachversteuerung von bestimmten ausländischen Betriebstättenverlusten kommen, die im Entstehungsjahr auf Antrag im Wege des Verlustausgleichs geltend gemacht worden sind. Vgl. im einzelnen N. 6.2.

1.3.2 Nicht steuerbare Vermögensmehrungen

Nur Vermögensmehrungen, die sich unter eine der aufgezählten Einkunftsarten einordnen lassen, unterliegen der ESt.

Alle anderen Vermögensmehrungen fallen als „nicht einkommensteuerbare Zuflüsse" **nicht** unter die ESt.

Nicht steuerbare Vermögensmehrung ist alles, was nicht unter den § 2 Abs. 1 fällt, z. B.
- Schenkungen
- Erbschaften.

Beispiel:
A erbt am 2.1.08 von seinem an diesem Tage verstorbenen Vater ein Mietshaus, dessen Verkehrswert am Tag des Erbanfalls 450 000 DM beträgt.
Der Güterzuwachs infolge des Erbanfalls stellt keine Einnahme aus einer der Einkunftsarten dar.
- Vermächtnisse
- Lotterie-, Spiel-, Wettgewinne.

Beispiel:
A gewinnt am 10.12.02 im Lotto 100 000 DM. Der Lottogewinn stellt für A keine Einnahme dar.
Legt A den Betrag z. B. als Sparguthaben an, sind lediglich die gutgeschriebenen Zinsen Einnahmen aus Kapitalvermögen (§ 20 Abs. 1 Nr. 7).

Keine Einkünfte liegen auch bei der sogenannten **Liebhaberei** vor.

Soweit die in § 2 Abs. 1 aufgezählten Einkunftsarten auf einer Tätigkeit beruhen, muß es sich um eine ernstgemeinte Beteiligung am Wirtschaftsleben handeln. Ein wesentliches Merkmal dafür ist das Streben, durch die ausgeübte Tätigkeit einen **Gewinn zu erzielen** (vgl. § 15 Abs. 2 Satz 1). Zur Gewinnabsicht im einzelnen vgl. K. 2.1.1.3.

Eine wirtschaftliche Betätigung liegt daher nicht vor, wenn der Stpfl. eine Tätigkeit nur aus „Liebhaberei" ausübt. Es kommt dabei nicht auf seine persönliche (subjektive) Auffassung zu seiner Tätigkeit an, sondern darauf, ob sie nach objektiven Gesichtspunkten auf Dauer gesehen zu positiven Einkünften führen kann. Der subjektiven Auffassung der Stpfl. kann nur in Grenzfällen Bedeutung beigelegt werden (BFH, BStBl 1970 II 377).

Um Liebhabereibetätigung handelt es sich in der Regel bei Schrebergärtnern, Brieftaubenzüchten, Briefmarkensammeln, Unterhaltung eines Reitstalls oder eines landwirtschaftlichen Anwesens, das mehr der Erholung oder der Repräsentation des Besitzers dient und nicht der Bewirtschaftung nach betriebswirtschaftlichen Grundsätzen.

Die Grundsätze der Liebhaberei sind jedoch **nicht** anwendbar bei Selbstnutzung einer Wohnung und Untervermietung der anderen Wohnung eines Zweifamilienhauses im Rahmen der Übergangsregelung des § 52 Abs. 21 Satz 2 (BFH, BStBl 1995 II 102).

Wird eine Tätigkeit als Liebhaberei angesehen, so ist sie grundsätzlich steuerlich ohne Bedeutung. Die Folge ist, daß die Aufwendungen oder Verluste das Einkommen nach § 12 Nr. 1 nicht mindern dürfen.

Andererseits sind die Einnahmen oder Wertsteigerungen nicht steuerpflichtig.

Anlaufverluste (d.h. Verluste in den ersten Jahren einer Tätigkeit) sind für sich allein kein Beweisanzeichen für Liebhaberei. Vgl. hierzu im einzelnen zur Abgrenzung von den Einkünften aus § 13: K. 1.5. sowie § 15: K. 2.1.1.3.1.

Ein Liebhabereiverlust kann aber als BA oder WK zu einem Hauptberuf abzugsfähig sein, z.B. Verlust aus Konzert(en) ohne Einkunftserzielungsabsicht als Werbungskosten zu einer nichtselbständigen Musikertätigkeit (BFH, BStBl 1994 II 510).

Beispiel:
Ein Briefmarkensammler veräußert bzw. tauscht Briefmarken. Es liegt keine der Einkunftsarten 1 bis 7 vor. Vielmehr ist ein Fall sogenannter **Liebhaberei** gegeben, d. h. eine **nicht einkommensteuerrelevante** Betätigung (außerhalb der Einkünfteerzielung).
Folge: Einnahmen und Ausgaben berühren das Einkommen nicht.

Es liegen auch keine sonstigen Einkünfte i. S. des § 22 vor, da eine Einordnung unter einen der Tatbestände des § 22 ebenfalls nicht möglich ist.

Nicht der ESt unterliegen auch **Preise** für künstlerische Leistungen u. ä., es sei denn, sie stehen in einem Kausalzusammenhang mit einer Einkünfteerzielung (insbesondere mit einer Gewinneinkunftsart), BFH, BStBl 1989 II 650. Auch ein **ohne** Gegenleistung verliehener Geldpreis kann danach Betriebseinnahme sein. **Nicht** einkunftsbezogen sind Preise für das Lebenswerk oder Gesamtschaffen (Ehrung der Persönlichkeit des Preisträgers im Vordergrund), BFH, BStBl 1985 II 427. Vgl. dagegen FG Berlin, EFG 1985, 335 (mit einem Filmpreis verbundene Geldzuwendungen als Betriebseinnahme eines freiberuflichen Regisseurs) und BFH, BStBl 1989 II 641 (einem Gewerbetreibenden von einem Geschäftspartner zugewendete Reise als Betriebseinnahme).

Die Tatsache, daß Einkünfte aus einer **verbotenen** oder **unsittlichen** Tätigkeit anfallen (z. B. Schwarzhandel, Schmuggel, Rauschgifthandel, Prostitution, Schmiergelder), verhindert nicht die Besteuerung nach allgemeinen Grundsätzen. Solche Einkünfte können im Rahmen einer bestehenden Einkunftsart (z. B. Gewerbebetrieb) anfallen oder selbst zur Annahme eines Gewerbebetriebs führen; vgl. § 40 AO.

1.3.3 Dualismus der Einkünfteermittlung

Einkünfte sind das **Nettoergebnis** einer Einkunftsart bzw. einer Einkunftsquelle. Der Begriff ist also nicht identisch mit „Einnahmen", d. h. von den Bruttobezügen sind die damit zusammenhängenden Ausgaben abzuziehen.

Nach § 2 Abs. 2 sind die 7 Einkunftsarten in zwei Gruppen eingeteilt:

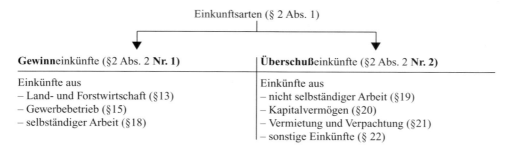

Dementsprechend sieht das Gesetz eine unterschiedliche Einkünfteermittlung für beide Gruppen vor (sogenannter **Dualismus der Einkünfteermittlung**):

Einkünfte sind bei den im § 2 Abs. 1 Nr. 1 bis 3 aufgezählten Einkunftsarten der Gewinn (§ 2 Abs. 2 Nr. 1), bei den im § 2 Abs. 1 Nr. 4 bis 7 aufgezählten Einkunftsarten der Überschuß der Einnahmen über die Werbungskosten (§ 2 Abs. 2 Nr. 2). Es handelt sich dabei nicht um verschiedene Bezeichnungen, sondern um zwei grundsätzlich verschiedene Arten der Einkunftsermittlung.

Gewinneinkünfte	Überschußeinkünfte
Einkünfte sind der **Gewinn** (§§ 4 bis 7e)	Einkünfte sind der **Überschuß der** Einnahmen über die WK (§§ 8 bis 9a)

Das Einkunftsergebnis kann positiv oder negativ sein. Negative Einkünfte werden auch als **Verluste** bezeichnet.

Verluste gehören damit begrifflich zu den Einkünften (vgl. BFH-Gutachten vom 25.1.1951, BStBl III 68).

1.3.3.1 Gewinneinkünfte

Bei den Gewinneinkünften gibt es grds. zwei Arten der Gewinnermittlung:
- Gegenüberstellung der **Betriebseinnahmen** und **Betriebsausgaben** eines Betriebs (§ 4 Abs. 3) und
- Gewinnermittlung durch Betriebsvermögensvergleich (§ 4 Abs. 1, § 5).

a) Gewinnermittlung durch Bestandsvergleich

Die Gewinnermittlung durch **Bestandsvergleich** ist bei zur Buchführung und zu jährlichen Abschlüssen gesetzlich verpflichteten Land- und Forstwirten und Gewerbetreibenden sowie bei allen Beziehern von Gewinneinkünften, die freiwillig Bücher führen und regelmäßige Abschlüsse machen, vorzunehmen. Vgl. J. 1.

Als Gewinn ist hierbei die im Wj eingetretene BV-Mehrung anzusetzen. Dabei sind Veränderungen des BV am Schluß das Wd infolge privater Einflüsse (Privatentnahmen und -einlagen) zu neutralisieren.

Gewinnformel nach § 4 Abs. 1:

```
   BV am Schluß des (laufenden) WJ
./.BV am Schluß des vorangegangenen WJ
   BV-Änderung
 + Privatentnahmen (§ 4 Abs. 1 S. 2)
./.Einlagen (§ 4 Abs. 1 S. 5)
 = Gewinn/Verlust
```

Beispiel:

		DM
	BV 31.12.02	100 000
./.	BV 31.12.01	80 000
	BV-Änderung	20 000
+	Privatentnahmen	15 000
./.	Einlagen	3 000
	Gewinn (§ 4 Abs. 1)	32 000

> Zur Buchführung und Gewinnermittlung durch Bestandsvergleich wird auf die Gesamtdarstellung in Band 1 der Reihe Finanz und Steuern verwiesen.

b) Einnahme-Überschuß-Rechnung (§ 4 Abs. 3)

Nach § 4 Abs. 3 ist eine vereinfachte Gewinnermittlung durch Gegenüberstellung der (zugeflossenen) Betriebseinnahmen und (abgeflossenen) Betriebsausgaben (vgl. § 4 Abs. 4) zugelassen (auch „§ 4 (3)-Rechnung" genannt).

Diese ist zulässig bei Gewerbebetrieben und Land- und Forstwirten, die nicht zur Buchführung verpflichtet sind (und auch nicht freiwillig Bücher führen).

Die Einnahme-Überschuß-Rechnung ist stets zulässig bei Freiberuflern (§ 18 Abs. 1 Nr. 1), da diese nicht zur Buchführung verpflichtet sein können (vgl. §§ 140, 141 AO).

Schema:

Bruttobezüge	./. Ausgaben	= Nettobezüge
Betriebseinnahmen	./. Betriebsausgaben (§ 4 Abs. 4)	= Gewinn/Verlust

Zum Begriff der Betriebseinnahmen und Betriebsausgaben vgl. C. 3.

Wegen der Grundsätze der § 4 Abs. 3-Rechnung vgl. J. 2.

Die Bedeutung der einzelnen bei der Einkunftsermittlung verwendeten Begriffe ist genau festgelegt.

Der Landwirt, der Gewerbebetreibende, der selbständig Berufstätige können nur „Betriebseinnahmen" und „Betriebsausgaben" haben (**nicht** etwa „Einnahmen" und „Werbungskosten").

Bei den Überschußeinkünften heißen die Zuflüsse dagegen „Einnahmen" und die Abflüsse „Werbungskosten", vgl. nachfolgend 1.3.3.2.

1.3.3.2 Überschußeinkünfte

Bei den Einkunftsarten § 2 Abs. 1 Nr. 4 bis 7 ist der **Überschuß** (§ 2 Abs. 2 Nr. 2) anzusetzen:

Bruttobezüge	./. Ausgaben	= Nettobezüge
Einnahmen (vgl. § 8)	./. Werbungskosten (vgl. § 9)	= Überschuß der Einnahmen über die Werbungskosten

Hat ein Stpfl. mehrere Einkunftsquellen aus einer Einkunftsart, so sind die Ergebnisse zunächst **getrennt** durch Gegenüberstellung aller Einnahmen und Werbungskosten der einzelnen Einkunftsquellen zu ermitteln. Sodann ist eine Zusammenrechnung der Ergebnisse der einzelnen Einkunftsquellen derselben Einkunftsart vorzunehmen.

Beispiel:	Haus 1	Haus 2
	DM	DM
Einnahmen	12 000	9 000
WK	5 000	10 000
Überschuß	7 000	–
Verluste	–	./. 1 000
Einkünfte aus Vermietung und Verpachtung	6000 DM	

Positive und negative Ergebnisse der einzelnen Einkunftsquellen derselben Einkunftsart sind also miteinander zu verrechnen (= „horizontaler" oder „unechter" Verlustausgleich); vgl. 1.3.3.3 und 1.3.4.

1.3.3.3 Verluste

Wenn sich bei den ersten drei Einkunftsarten nach § 4 Abs. 1 eine Vermögensminderung ergibt, bezeichnet man dieses Ergebnis als Verlust. Ebenso können bei der § 4 Abs. 3-Rechnung die verausgabten BA höher als die Betriebseinnahmen sein. Auch hier ergibt sich ein Verlust. Bei den letzten vier Einkunftsarten können die Werbungskosten höher sein als die Einnahmen. Dieses Ergebnis wird als Überschuß der Werbungskosten über die Einnahmen (oder ebenfalls als Verlust) bezeichnet.

Negative Einkünfte heißen auch **Verluste.** Sie können grds. bei allen 7 Einkunftsarten entstehen. Wegen ihrer Berücksichtigung vgl. nachstehend 1.3.4.

1.3.4 Summe der Einkünfte

Die Zusammenrechnung der Einkünfte aus den verschiedenen Einkunftsarten ergibt die **Summe der Einkünfte.** Wenn sich aus einzelnen Einkunftsarten oder Einkunftsquellen ein Verlust ergibt, so muß ein Ausgleich mit den anderen (positiven) Einkünften vorgenommen werden.

Obwohl der Verlustausgleich im EStG nicht ausdrücklich enthalten ist, war es schon immer anerkannt, daß der Begriff der Einkünfte nicht nur positive, sondern auch negative Einkünfte (eben Verluste) mit umfaßt. Das Gesetz wendet im übrigen für den gleichen Sachverhalt die Begriffe Verluste und negative Einkünfte nebeneinander an (vgl. § 10d: Verluste; § 39a Abs. 1 Nr. 5: negative Einkünfte). Ein sachlicher Unterschied besteht jedoch nicht.

Beim Verlustausgleich ist zu unterscheiden

– **Vertikaler Verlustausgleich** = echter Verlustausgleich: Verrechnung von negativen mit positiven Einkünften aus anderen Einkunftsarten im Entstehungsjahr des Verlustes

– **Horizontaler Verlustausgleich** = unechter Verlustausgleich

Mehrere Ergebnisse derselben Einkunftsart werden zusammengefaßt. Treten dort Verluste auf, so spricht man vom „unechten" Verlustausgleich = Verrechnung von negativen Einkünften mit positiven Einkünften aus derselben Einkunftsart im Entstehungsjahr.

Beispiel:
Ein Stpfl. erzielte aus der Vermietung eines Hauses im VZ 01 Einnahmen von 9000 DM; die damit in Zusammenhang stehenden Werbungskosten betrugen 15 000 DM. Davon hat der Stpfl. im VZ aber erst 14 000 DM verausgabt. Den Rest von 1000 DM bezahlte der Stpfl. erst im VZ 02. Außerdem erzielte der Stpfl. aus einer Imbißstube Betriebseinnahmen von 25 000 DM, die damit zusammenhängenden Betriebsausgaben betrugen 10 000 DM (tatsächlich gezahlt).

Einkünfte aus

1. **§ 15**
   Gewinnermittlung nach § 4 Abs. 3:

Betriebseinnahmen	25 000 DM
./. Betriebsausgaben	10 000 DM
Gewinn	15 000 DM

2. **§ 21**
   Überschußermittlung (§ 2 Abs. 2 Nr. 2)

Einnahmen (§ 21, § 8)	9 000 DM
./. (abgeflossene) WK (§ 9)	14 000 DM
Verlust	./. 5 000 DM
Summe der Einkünfte VZ 01	10 000 DM

Verlustausgleichsverbote

Es gibt Verlustausgleichsverbote, d.h. der Verlustausgleich ist in einer Reihe von Fällen gesetzlich eingeschränkt oder ausgeschlossen, insbesondere Verluste aus

- bestimmten ausländischen Einkunftsquellen, § 2a
- der Beteiligung als beschränkt haftender Gesellschafter, § 15a
- Leistungen, § 22 Nr. 3 Satz 3
- Spekulationsgeschäften, § 23 Abs. 4 Satz 3
- bestimmten Kapitalerträgen bei beschränkter Steuerpflicht, § 50 Abs. 2

Vgl. hierzu im einzelnen F. 6.2.4., K. 9.3. und 9.4., N. 2.4.2 sowie N. 6.2.

Eine Sonderregelung gilt für Verluste aus **gewerblicher Tierzucht und gewerblicher Tierhaltung**. Sie dürfen nach § 15 Abs. 4 weder mit anderen Einkünften aus Gewerbebetrieb noch mit Einkünften aus anderen Einkunftsarten ausgeglichen werden. Mit dieser Vorschrift soll Wettbewerbsverzerrungen gegenüber der Landwirtschaft entgegengewirkt werden. Der Gesetzgeber will verhindern, daß Stpfl. mit hohem Einkommen nur deshalb Beteiligungen an gewerblichen Tierzucht- oder Tierhaltungsunternehmen erwerben, um durch den Ausgleich der sich bei diesen Unternehmen gerade in den Anfangsjahren durch die Inanspruchnahme der Bewertungsfreiheit für geringwertige Wirtschaftsgüter nach § 6 Abs. 2 (z.B. bei Hühnerfarmen für Legehennen) ergebenden Verluste mit ihren eigenen positiven Einkünften erhebliche Steuerersparnisse zu erzielen.

Zur eingeschränkten Verlustberücksichtigung in diesen Fällen in späteren VZ vgl. K. 2.5.

Mit **steuerfreien Einkünften** findet kein Verlustausgleich statt.

Bei der Ermittlung des Gesamtbetrags der Einkünfte nicht ausgeglichene Verluste können nach **§ 10d** wie Sonderausgaben im Wege des zweijährigen **Verlustrücktrags** und des – zeitlich unbegrenzten – **Verlustvortrags** berücksichtigt werden (vorbehaltlich eines Verlustausgleichsverbots, dem in der Regel ein Verlustabzugsverbot nach § 10d folgt). Vgl. F. 6.

1.3.5 Gesamtbetrag der Einkünfte

Die Summe der Einkünfte ist zur Ermittlung des Gesamtbetrags der Einkünfte ggf. wie folgt zu mindern (vgl. Abschn. 3 Abs. 1).

Summe der Einkünfte **(nach** Verlustausgleich)
./. Altersentlastungsbetrag (§ 24a); vgl. C. 1.3.5.1 und L. 1.
./. Freibetrag für Land- und Forstwirte (§ 13 Abs. 3); vgl. K. 1.11.1.

= Gesamtbetrag der Einkünfte (§ 2 Abs. 3)

1.3.5.1 Altersentlastungsbetrag (§ 24a EStG)

Bei Stpfl., die zu Beginn des Kalenderjahres, für das das Einkommen errechnet wird, das 64. Lebensjahr vollendet haben, sind 40% des Arbeitslohns und der positiven Summe der übrigen Einkünfte (ohne Leibrenten-Ertragsanteile i. S. § 22 Nr. 1 und Abgeordnetenbezüge i. S. Nr. 4), höchstens aber 3720 DM von der Summe der Einkünfte abzuziehen. Vgl. im einzelnen L. 1.

1.3.5.2 Freibetrag für Land- und Forstwirte (§ 13 Abs. 3 EStG)

Stpfl. mit positiven Einkünften aus Land- und Forstwirtschaft erhalten nach § 13 Abs. 3 einen Freibetrag bis zu 2000 DM, höchstens aber in Höhe der positiven Einkünfte aus § 13. Bei Zusammenveranlagung von Ehegatten (§ 26b) verdoppelt sich der Höchstbetrag auf 4000 DM. Der Freibetrag wird jedoch erst bei Ermittlung des Gesamtbetrags der Einkünfte, und zwar **nach** dem Altersentlastungsbetrag abgezogen (vgl. R 3). Vgl. im einzelnen K. 1.11.3.3.

Beispiel:

A bezieht folgende Einkünfte

aus Land- und Forstwirtschaft 3 500 DM

aus Vermietung und Verpachtung 12 000 DM

aus Gewerbebetrieb ∕. 1 000 DM. L ist 66 Jahre alt und verheiratet (§ 26 Abs. 1). Berechnung des Gesamtbetrags der Einkünfte:

§ 13 EStG	3 500 DM
§ 15 EStG	∕. 1 000 DM
§ 21 EStG	12 000 DM
Summe der Einkünfte (§ 2 Abs. 1)	14 500 DM
∕. Altersentlastungsbetrag (40 v. H. von 14 500 DM = 5800, max. 3720 DM)	∕. 3 720 DM
∕. Freibetrag gem. § 13 Abs. 3 (höchstens)	∕. 3 500 DM
= Gesamtbetrag der Einkünfte (§ 2 Abs. 3)	7 280 DM

Der Freibetrag nach § 13 Abs. 3 entfällt, wenn das Einkommen **ohne** Berücksichtigung des Freibetrages 50 000/100 000 DM übersteigt.

1.3.6 Einkommen

Vom Gesamtbetrag der Einkünfte werden nach § 2 Abs. 4 die Sonderausgaben und die außergewöhnlichen Belastungen abgezogen.

Die **Sonderausgaben** sind in den §§ 10–10h geregelt; vgl. hierzu im einzelnen F. und K. 7.10.3.

Es handelt sich dabei um Beträge, die das Einkommen mindern dürfen, obwohl sie weder zu den Betriebsausgaben noch zu den Werbungskosten gehören. Dem Grunde nach handelt es sich um Kosten der Lebensführung, die an sich nach § 12 nicht abziehbar wären. Der Gesetzgeber hat jedoch aus sozial- und wirtschaftspolitischen Gründen den Abzug im Rahmen der §§ 10–10h zugelassen.

Beispiele:

Kranken- und Lebensversicherungsbeiträge, gezahlte Kirchensteuer.

Pauschalabzüge für Sonderausgaben im Sinne der §§ 10, 10b regelt § 10c; vgl. im einzelnen F. 4.

Zu den **Sonderausgaben im weiteren Sinne** gehören auch

– der Verlustabzug (§ 10d); vgl. im einzelnen F. 6.

– die Förderung des selbstgenutzten Wohneigentums nach § 10e und 10f; vgl. K. 7.10.3.

– die Förderung bestimmten unentgeltlich an Angehörige überlassenen Wohneigentums (§ 10h); vgl. 7.10.5.

Außergewöhnliche Belastungen (§§ 33–33c)

sind systematisch ebenfalls als Lebenshaltungskosten einzustufen. Ihre Berücksichtigung soll der verminderten Leistungsfähigkeit infolge verschiedener Belastungen Rechnung tragen.

Beispiele:
- nicht ersetzte Krankheitskosten: Abzug im Rahmen des § 33 nach Minderung um eine zumutbare Belastung;
- Unterhalt bedürftiger Personen: typisierter Abzug unter den Voraussetzungen des § 33a Abs 1 bis zu einem Höchstbetrag von 12 000 DM (ab VZ 1996) je unterhaltene Person.

Schema

Gesamtbetrag der Einkünfte (§ 2 Abs. 3)
./. Sonderausgaben (§§ 10–10c)
./. außergewöhnliche Belastungen (§§ 33–33c)
./. § 10e, 10f, § 10g, § 10h
./. Verlustabzug (§ 10d)
= Einkommen (§ 2 Abs. 4)

1.3.7 Zu versteuerndes Einkommen (§ 2 Abs. 5 EStG)

Die ESt bemißt sich nach dem zu versteuernden Einkommen. Das Einkommen ist ggf. noch um die **tariflichen Freibeträge** und sonstigen vom Einkommen abzuziehenden Beiträge zu mindern.

Tarifliche Freibeträge sind
- der Kinderfreibetrag von 6 264 DM bzw. 3 132 DM je Kind (§ 32 Abs. 6). Vgl. im einzelnen I. 1.
- der Haushaltsfreibetrag von 5616 DM (§ 32 Abs. 7)

Beispiel für einen **sonstigen vom Einkommen abzuziehenden Betrag** ist der Härteausgleich nach § 46 Abs. 3 und 5 EStG, § 70 EStDV in bestimmten Fällen bei Arbeitnehmerveranlagungen zur ESt. Vgl. im einzelnen O.

1.3.8 Übersicht über die Ermittlung des zu versteuernden Einkommens

(§ 2 Abs. 5 EStG; R 3 EStR)

Summe der Einkünfte aus den Einkunftsarten
− Verlustabzugsbetrag (§ 2a Abs. 3 Satz 1)
+ Hinzurechnungsbetrag (§ 2a Abs. 3 Satz 3)
= Summe der Einkünfte
− Altersentlastungsbetrag (§ 24a)
− Freibetrag für Land- und Forstwirte (§ 13 Abs. 3)
= Gesamtbetrag der Einkünfte (§ 2 Abs. 3)
− Sonderausgaben (§§ 10, 10b, 10c)
− außergewöhnliche Belastungen (§§ 33–33c)
− Abzugsbeträge nach § 10e bis 10i
− Verlustabzug (§ 10d, § 2a Abs. 3 Satz 2)
= Einkommen (§ 2 Abs. 4)
− Kinderfreibetrag (§ 32 Abs. 6)
− Haushaltsfreibetrag (§ 32 Abs. 7)
− freibleibender Betrag nach § 46 Abs. 3 und 5, § 70 EStDV
= zu versteuerndes Einkommen (§ 2 Abs. 5)

Der **Abzug ausländischer Steuern vom Einkommen** nach § 34c Abs. 2 und 3 erfolgt bereits bei der Ermittlung der **Einkünfte**; vgl. N. 7.3.

Beispiel:
Der Stpfl. erzielte im VZ Einkünfte aus Vermietung und Verpachtung 8 000 DM, aus Gewerbebetrieb 45 000 DM. Dem Stpfl. ist ein Freibetrag gemäß § 33a Abs. 1 (Unterstützung eines Angehörigen) von angenommen 5 000 DM zu gewähren. Die abzugsfähigen Sonderausgaben (§ 10) betragen 2500 DM. Der 65 Jahre alte Stpfl. ist ledig und hat keine Kinder. Das zu versteuernde Einkommen ermittelt sich wie folgt:

Einkünfte aus § 15	45 000 DM
aus § 21	8 000 DM
Summe der Einkünfte	53 000 DM
– Altersentlastungsbetrag (§ 24a) 40% von 53 000, höchstens	– 3 720 DM
Gesamtbetrag der Einkünfte (§ 2 Abs. 3)	49 280 DM
– Sonderausgaben (§ 10)	2 500 DM
– außergewöhnliche Belastungen (§ 33a)	5 000 DM
Einkommen (§ 2 Abs. 4) = Zu versteuerndes Einkommen (§ 2 Abs. 5)	41 780 DM

1.3.9 Ermittlung der festzusetzenden ESt (R 4 EStR)

Die festzusetzende Einkommensteuer (§ 2 Abs. 6) ist wie folgt zu ermitteln:

```
         Steuerbetrag
1a       laut Grundtabelle/Splittingtabelle
         oder
1b       nach dem bei Anwendung des Progressionsvorbehalts (§ 32b) sich ergebenden Steuersatz
 2 +     Steuer auf die einem ermäßigten Steuersatz unterliegenden Einkünfte (§§ 34, 34b, 34c Abs. 4)
 3 =     tarifliche Einkommensteuer (§ 32a Abs. 1, 5)
 4 –     Entlastungsbetrag nach § 32c
 5 –     ausländische Steuern nach § 34c Abs. 1 und 6 EStG, § 12 AStG
 6 –     Steuerermäßigung bei Land- und Forstwirten nach § 34e
 7 –     Steuerermäßigung für Einkünfte aus Berlin (West) nach §§ 21, 22 BerlinFG
 8 –     Steuerermäßigung bei Inanspruchnahme der Steuerbegünstigung nach § 10e (§ 34f)
 9 –     Steuerermäßigung bei Parteispenden und Zuwendungen an unabhängige Wählergemeinschaften
         (§ 34 g)
10 –     Steuerermäßigung bei Belastung mit Erbschaftsteuer (§ 35)
   +     Steuern nach § 34c Abs. 5
11 +     Nachsteuer nach §§ 30, 31 EStDV
12 =     festzusetzende Einkommensteuer (§ 2 Abs. 6)
```

Wegen der Anrechnung einbehaltener Steuerabzugsbeträge vgl. § 36 Abs. 2 Nr. 2.

Berechnungsschema des zu versteuernden Einkommens
(ab VZ 1996)

			Stpfl./Ehemann DM	Ehefrau DM
1. Einkünfte aus Land- und Forstwirtschaft				
2. Einkünfte aus Gewerbebetrieb			+	+ ....
3. Einkünfte aus selbständiger Arbeit			+	+ ....

	Stpfl./Ehemann DM	Ehefrau DM		
4. Einkünfte aus nicht-selbständiger Arbeit				
Bruttoarbeitslohn	....	....		
Versorgungs-Freibetrag (40 v. H. der Versorgungsbezüge, höchstens 6000 DM je Person)	–	–		
verbleiben	....	....		
Arbeitnehmer-Pauschbetr.o. höhere Werbungskosten	– 2000	– 2000	▶ + ...	▶ + ...
5. Einkünfte aus Kapitalvermögen Einnahmen	....	....		
Werbungskosten (ggf. Pauschbetrag von 100 DM, bei Ehegatten 200 DM)	–	–		
Sparer-Freibetrag 6000 DM, bei Ehegatten 12000 DM)	–	–	▶ + ...	▶ + ...
6. Einkünfte aus Vermietung und Verpachtung			+	+ ....
7. Sonstige Einkünfte Einnahmen (bei Leibrenten nur Ertragsanteil)	....	....		
Werbungskosten (ggf. Pauschbetrag von 200 DM)	–	–	▶ + ...	▶ + ...
			↳ + ...	
		Summe der Einkünfte	....	
Hinzurechnungen (z. B. nach § 2a Abs. 3 Satz 3)			+	

	Stpfl./Ehemann DM	Ehefrau DM

Altersentlastungsbetrag § 24a

Bruttoarbeitslohn ohne Versorgungsbezüge ....
Positive Summe der Einkünfte lt. Nummern
1 bis 3 und 5 bis 7
(jedoch ohne Einkünfte aus Leibrenten) ....   + ...   + ...

                  Zusammen
Davon 40 v. H., höchstens je 3720 DM ....   + ...   ▶ –

Freibetrag für Land- und Forstwirte (ggf. 2000 DM, bei Ehegatten 4000 DM)
gem. § 13 Abs. 3 ....   –

                       Gesamtbetrag der Einkünfte
                                     DM

Sonderausgaben
a) Sonderausgaben, die nicht Vorsorgeaufwendungen sind:
    Sonderausgaben gem. § 10 Abs. 1 Nr. 1, 1a, 4, 6, 8 und 9 ....
    Aufwendungen für die eigene Berufsausbildung gem. § 10
    Abs. 1 Nr 7 ....   + ...
    Abziehbarer Betrag der Spenden und Beiträge gem. § 10b ......   + ...

                               Summe
Abziehbar (mindestens Pauschbetrag von 108 DM, bei
Anwendung der Splittingtabelle 216 DM) gem. § 10c Abs. 1, 4 .....   ▶ –

b) Vorsorgeaufwendungen
    (Versicherungsbeiträge)   Zwischensumme
                                                            DM

    aa) Mindestens abziehbar gem § 10c Abs 2

        Vorsorgepauschale (wenn Stpfl. und /oder Ehegatte   **) Anzusetzen
        Arbeitslohn bezogen haben/hat)   ist jeweils der
        Arbeitslohn (Beträge lt. Nr. 4 abzüglich Altersent-   niedrigere Betrag
        lastungsbetrag (s. oben), soweit er 40 v. H. des   DM
        Arbeitslohns nicht übersteigt, höchstens 3720 DM)

        Stpfl./Ehemann .... DM ⎫
        Ehefrau   + ... DM ⎬
        zusammen   .... DM, 20 v. H.
                                    .... DM

    1) höchstens 6000 DM (bei Anwendung der
       Splittingtabelle 12 000 DM) ./. 16 v. H der
       Bemessungsgrundlage)   .... DM

    2) höchstens (2610 DM, bei Anwendung der   ▶ + ...
       Splittingtabelle 5220 DM – soweit der Teilbetrag
       nach Nr. 1 überschritten wird)
    3) zuzüglich die Hälfte, soweit die Teilbeträge nach Nr. 1
       und Nr. 2 überschritten sind, höchstens 1305 (2610) DM

       abgerundet auf durch 54 teilbare Zahl ....
       (ggf. **gekürzte** Vorsorgepauschale, § 10 c Abs. 3)

bb) Unter Berücksichtigung der Höchstbeträge abziehbar
    gem. 3 10 Abs. 3
Aufgewendete
Versicherungsbeiträge .... DM ▶

Vorwegabzug .... DM
(6000 DM, bei Ehegatten 12 000 DM)

ggf. Kürzung um
16 v. H. der
Einnahmen .... – .... DM ▶ – .... DM ▶

Verbleibender Betrag (nicht negativ) .... DM ▶

**)

Höchstbetrag (2610 DM, bei
Ehegatten 5220 DM) .... – .... DM ▶
                        Verbleiben .... DM

Der verbleibende Betrag ist zur Hälfte abziehbar
Zusatzhöchstbetrag, maximal 50% des Grundhöchstbetrags .....

                                    Summe

Vom Gesamtbetrag der Einkünfte abzuziehen ist der
höhere Betrag ....

Außergewöhnliche Belastungen nach §§ 33 – 33c ....
Abzugsbetrag nach § 10e bis 10h ....

                                    Einkommen

Kinderfreibetrag je Kind
mtl. 522 DM/261 DM (ab VZ 1997: 576 DM/288 DM) ....

Haushaltsfreibetrag für Alleinstehende bei Anwendung
der Grundtabelle mit mindestens einem Kind 5616 DM ....
Härteausgleich nach § 46 Abs. 3 und 5 EStG, § 70 EStDV ....

                        Zu versteuerndes Einkommen
                                    Einkommensteuer

Davon ab:
Lohnsteuer .... DM+Kapitalertragsteuer .... DM+Körperschaftsteuer .... DM
Geleistete Vorauszahlungen ....

                        Erstattungsbetrag/Abschlußzahlung

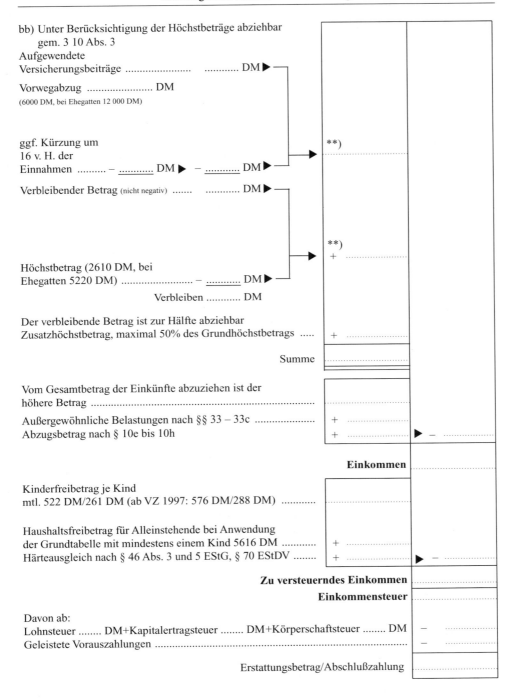

2. Ermittlung der Einkünfte

Aufgrund des dualistischen Einkünfteermittlungsprinzips des § 2 Abs. 2 ist zwischen Gewinn- und Überschußeinkünften zu unterscheiden:

Gewinneinkünfte (bei Gewinnermittlung nach § 4 Abs. 3)	Überschußeinkünfte
Betriebseinnahmen ./. Betriebsausgaben (§ 4 Abs. 4)	Einnahmen (§ 8) ./. Werbungskosten (§ 9)

Im Bereich der Überschußeinkünfte wird der Tatbestand der Einkünfteerzielung durch den Zufluß der Einnahmen und den Abfluß von WK verwirklicht. Vgl. BFH-Beschluß vom 19.8.1986, StRK EStG 1975 § 11 R 18. Entsprechendes gilt bei § 4 Abs. 3.

2.1 Ermittlung der Überschußeinkünfte (§ 2 Abs. 2 Nr. 2 EStG)

2.1.1 Einnahmen (§ 8 EStG)

Den Begriff „Einnahmen" definiert das EStG nur bei den Überschuß-Einkunftsarten i.S. des § 2 Abs. 1 Nr. 4 bis 7. Bei den Gewinneinkunftsarten gebraucht das Gesetz im Zusammenhang mit der Gewinnermittlung nach § 4 Abs. 3 den Begriff „Betriebseinnahmen", ohne ihn zu definieren.

Zur sinngemäßen Anwendung des § 8 bei § 4 Abs. 3 vgl. J. 2.

Einnahmen sind – im Unterschied zu den Einkünften – die **ungekürzten** Bruttobezüge (Roheinnahmen) aus der jeweiligen Einkunftsquelle einer Überschußeinkunftsart, also ohne jeden Abzug.

Beispiele:
- Bruttoarbeitslohn
- Bruttodividende
- Mieteinnahmen

Abgrenzungen

Es ist streng zu unterscheiden zwischen folgenden Begriffen:
- Einnahmen sind **Brutto**einnahmen
- Einkünfte sind **Netto**ergebnisse
- Einkommen ist das Ergebnis der Einkommensermittlung nach dem Berechnungsschema des § 2 Abs. 4.

Die Bedeutung der Vorschrift liegt in der abstrakten Regelung, welche Güter dem Grunde und der Höhe nach als Einnahmen zu erfassen sind.

Nach der Definition in § 8 sind Einnahmen **alle Güter, die in Geld oder Geldeswert bestehen und dem Steuerpflichtigen im Rahmen der Einkunftsarten des § 2 Abs. 1 Nr. 4–7 zufließen.**

Tatbestandsmerkmale des Einnahmebegriffs sind mithin
1. Güterzufluß in Geld oder Geldeswert
2. im Rahmen der Einkunftsarten 4–7.

2.1.1.1 Güterzufluß

Es spielt keine Rolle, ob
- es sich um **einmalige oder laufende** Bezüge handelt,
- ein **Rechtsanspruch** besteht,
- unter welcher **Bezeichnung** die Leistung erfolgt.

Beispiel:

Ein Arbeitnehmer erhält als „Weihnachtsgeschenk" von seinem Arbeitgeber einen Barscheck über 1000 DM.

Es handelt sich nicht um ein Geschenk, sondern um ein zusätzliches (wenn auch freiwilliges und ggf. einmaliges) Entgelt für die „Gestellung der Arbeitskraft" durch den Arbeitnehmer, falls private Gründe auszuschließen sind.

Allerdings sind evtl. sachliche Steuerbefreiungen (z.B. nach § 3) zu beachten.

Beispiel:
Geburtsbeihilfen an Arbeitnehmer sind steuerfrei bis 700 DM (§ 3 Nr. 15).

Anstelle von Geld (= nur im Bundesgebiet gültige Zahlungsmittel) können dem Steuerpflichtigen auch geldwerte Güter zufließen. Geldwerte Güter sind Sachbezüge in Form der Zuwendung von
– Sachen
– Rechten
– Leistungen und Nutzungen sowie sonstigen Vorteilen jeder Art.

Zu den Sachbezügen gehören auch Zahlungsmittel in ausländischer Währung.

Auch Vorteilszuwendungen Dritter können zu Einnahmen führen (z. B. Trinkgelder); BFH, BStBl 1981 II 707.

Einzelfälle von Sachbezügen bei **Arbeitnehmern:**
– unentgeltliche oder verbilligte Überlassung einer Wohnung durch den Arbeitgeber an den Arbeitnehmer.

Beispiel:
Ein Arbeitgeber stellt einem Arbeitnehmer unentgeltlich eine Wohnung in seinem Mietshaus zur Verfügung. Die anderen Mieter zahlen für gleichartige Wohnungen in dem Haus monatlich 500 DM.
A hat zusätzliche Einnahmen i. S. des § 19 in Form eines Sachbezugs. Dieser ist mit dem üblichen Endpreis von mtl. 500 DM anzusetzen (§ 8 Abs. 2).
Unentgeltliche oder verbilligte Kfz-Gestellung (§ 8 Abs. 2 Sätze 2 bis 5; BMF-Schreiben vom 28.5.1996, BStBl I 654).
– Verpflegung des Arbeitnehmers durch den Arbeitgeber.
– Übereignung von Wirtschaftsgütern.

Beispiel:
Der Arbeitnehmer A erhält von seinem Arbeitgeber zu Weihnachten eine goldene Uhr im Wert von 575 DM (ortsüblicher Endpreis incl. USt am Abgabeort). Die Übereignung erfolgte ohne rechtliche Verpflichtung des Arbeitgebers und wurde A zusätzlich zu seinem vertraglichen Arbeitsentgelt gewährt.
Die Uhr stellt kein Entgelt für eine zusätzliche Leistung des A dar. Der Arbeitgeber hat Anschaffungskosten von 200 DM + 30 DM USt aufgewendet.
Die kostenlose Übertragung ist nur aus dem Dienstverhältnis erklärbar. Es liegt ein Sachbezug vor. Ansatz mit dem üblichen Endpreis einschließlich USt = 575 DM.
– Verrichtung von Diensten für den Arbeitnehmer durch den Arbeitgeber oder durch einen von ihm beauftragten Dritten.

Beispiel:
Der Betriebsgärtner hält auf Veranlassung des Arbeitgebers den privaten Garten des Prokuristen in Ordnung.

Wegen weiterer **Einzelheiten** zu den Sachbezügen bei Arbeitnehmern vgl. **K. 5.** Vgl. auch BFH, BStBl 1988 II 525.

Diese Sachbezüge müssen zu steuerlichen Zwecken in Geldbeträge umgerechnet werden. Sie sind mit den üblichen Endpreisen des Abgabeorts anzusetzen. Das ist der Betrag, den der Steuerpflichtige an seinem Wohnsitz unter gewöhnlichen Verhältnissen für Güter gleicher Art im freien Verkehr hätte aufwenden müssen (vgl. § 8 Abs. 2). Hierzu gehört auch die USt.

Für freie Unterkunft und Verpflegung von Arbeitnehmern sind die amtlichen Sachbezugswerte der **Sachbezugsverordnung** anzusetzen. Sie entsprechen den Werten, die bei der Sozialversicherung angesetzt werden (§ 8 Abs. 2 S. 6). Bei bestimmten Personalrabatten ist der sogenannte **Rabattfreibetrag 2 400 DM** zu beachten (§ 8 Abs. 3 EStG).

Der Rückfluß von WK eines früheren Jahres stellt ebenfalls Einnahmen i. S. des § 8 dar (BFH, BStBl 1965 III 67).

2.1.1.2 Einkunftszusammenhang

Es muß ein konkreter wirtschaftlicher Zusammenhang mit einer (Überschuß-)Einkunftsart feststellbar sein (BFH, BStBl 1983 II 251).

Beispiel:
Bei einem Arbeitnehmer hängen Leistungen des Arbeitgebers i. d. R. mit dem Dienstverhältnis zusammen, sind also Arbeitslohn.

Nicht zu Einnahmen führt aber etwa die **Veräußerung** von Wirtschaftsgütern, die im Rahmen einer Überschußeinkunftsart ganz oder teilweise genutzt werden (BFH, BStBl 1980 II 71).

Insbesondere die Veräußerung von Arbeitsmitteln eines Arbeitnehmers (Pkw, Fachliteratur u. ä.) ist **keine** Einnahme aus § 19, da sich die berufliche Veranlassung auf den Nutzungsbereich beschränkt.

Beispiel:
Der Beamtenanwärter A verkauft im Jahre 03 an einen Freund Fachbücher für zusammen 200 DM.
Diese Bücher hatte sich A im Jahre 01 für 350 DM angeschafft.
Der Erlös stellt für A keine Einnahmen aus nichtselbständiger Arbeit dar (privater Veräußerungsvorgang auf der Vermögensebene).

Der Kausalzusammenhang mit einer Einkunftsart ist regelmäßig gegeben, wenn der Güterzufluß die Gegenleistung für eine Leistung des Stpfl. im Rahmen der jeweiligen Einkunftsart darstellt. Die Beurteilung richtet sich im einzelnen nach den §§ 19, 20, 21, 22. Vgl. auch BFH, BStBl 1988 II 266.

Dies schließt nicht aus, daß im Einzelfall auch bei unentgeltlichen Vorgängen eine Besteuerung vorzunehmen ist.

Beispiel:
Wiederkehrende Bezüge können nach § 22 Nr. 1 auch stpfl. sein, wenn sie unentgeltlich gewährt werden (vgl. § 22 Nr. 1 S. 2).

2.1.1.3 Fehlender Güterzufluß

Damit eine Einnahme vorliegt, muß der Stpfl. wirtschaftliche Verfügungsmacht an einer von außen kommenden Vermögensmehrung erlangen. Fälle, in denen es an einem Güterzufluß mangelt, führen nicht zu einer Einnahme im Sinne des § 8, weil es an einer wirtschaftlichen Bereicherung im Rahmen einer der Überschußeinkünfte fehlt.

In folgenden Fällen ist daher **kein** Zufluß von Gütern gegeben:

- Zuwendungen des Arbeitgebers in ganz überwiegendem betrieblichen Interesse
- Aufmerksamkeiten von geringem Wert (Sachzuwendungen bis 60 DM brutto)
- Wertsteigerungen
- Verkaufserlöse (Veräußerung des Vermögensstamms im Rahmen des Privatvermögens)
- unterlassene Aufwendungen
- Verzicht auf Einnahmen
- Nutzung von Vermögen für eigene Zwecke
- Entstehung einer Forderung.

a) **Zuwendungen in ganz überwiegendem betrieblichen Interesse**
Vorteile, die keine wirtschaftliche Vermögensmehrung bedeuten, sind keine Sachbezüge (Einnahmen). Solche Vorteile kommen häufig bei der Einkunftsart nichtselbständige Arbeit vor, insbesondere bei Zuwendungen an die Gesamtbelegschaft (z. B. bei Betriebsveranstaltungen) oder bei „aufgedrängten" Vorteilen (z. B. bei Vorsorgeuntersuchungen leitender Angestellter).

Sie beruhen insbesondere auf sozialen Erwägungen des Arbeitgebers.

Beispiel:
Kostenlose Benutzung des Schwimmbades und der Sauna in einem Betrieb durch die Arbeitnehmer.

b) **Aufmerksamkeiten**
Sachzuwendungen von geringem Wert – bis 60 DM –, z. B. Blumen, Pralinen, die einem Arbeitnehmer aus besonderem Anlaß (z. B. zum Geburtstag) gewährt werden, sind keine Einnahme, also kein Arbeitslohn (BFH, BStBl 1985 II 641; Abschn. 73 LStR).

c) **Wertsteigerungen**
Wertsteigerungen (z. B. bei Grundstücken oder Wertpapieren) sind keine Einnahmen. Sie bilden nur einen **Güterzuwachs**, nicht aber einen **Güterzufluß**.

Beispiel 1:
Das Haus des A (Privatvermögen) hatte am Anfang des Jahres 09 einen Verkehrswert von 200 000 DM, am Ende des Jahres 09 von 220 000 DM.
Es liegt keine Einnahme vor, insbesondere nicht aus § 21.

Beispiel 2:
Arbeitnehmer B hat im Januar 02 Aktien zum Kurswert von 5 000 DM gekauft. Im Laufe des Jahres ist der Kurswert der Aktien laufend gestiegen. Am 31.12.02 müßte B bei einem Erwerb der Aktien 6 000 DM bezahlen.
B hat **keine** Einnahmen aus Kapitalvermögen erzielt.

d) **Veräußerungserlöse (Vermögensstamm)**
Bei den Überschuß-Einkunftsarten werden nur die **Früchte** der Einkunftsquellen, grundsätzlich aber nicht die Erlöse aus der Veräußerung des Vermögensstammes erfaßt. **Ausnahmen: § 17 und § 23.**

Beispiel:
A verkauft sein Haus, das er zu 200 000 DM erworben hat, nach 4 Jahren zu 280 000 DM.
Die Veräußerung fällt unter keine Einkunftsart, insbesondere nicht unter § 21.
Hier liegt auch kein Spekulationsgewinn im Sinne des § 22 Nr. 2 i. V. m. § 23 vor, da es nicht innerhalb der Zweijahresfrist veräußert wurde.

e) **Unterlassene Aufwendungen**
Unterlassene Aufwendungen, sofern sie durch eigene Tätigkeit oder Nutzung eigenen Vermögens bedingt sind, führen ebenfalls **nicht** zu Einnahmen.

Beispiel:
Der Stpfl. A repariert das Dach des ihm gehörenden Mietshauses selbst. Die Ausgaben für Material betragen 100 DM. Ein Handwerker hätte zusätzlich 500 DM Arbeitslohn berechnet.
Die unterlassenen Ausgaben sind keine Einnahmen.
(Die Materialaufwendungen sind als WK nach § 9 abzugsfähig.)

Systematischer Hinweis:
Eine Ausnahme zu diesem Grundsatz bildete (grds. bis VZ 1986 einschließlich) der Nutzungswert der eigenen, selbstgenutzten Wohnung.
Zu den Einkünften aus § 21 gehörte (bis 1986) auch der Nutzungswert der Wohnung im eigenen Haus oder der Nutzungswert einer dem Steuerpflichtigen ganz oder teilweise unentgeltlich überlassenen Wohnung (§ 21 Abs. 2). Diese Vorschrift ist allerdings grds. nur noch bis 1986 einschließlich anzuwenden. Wegen der „Konsumgutlösung" sowie der Übergangsregelung (ggf. bis VZ 1998) vgl. K. 7.10.

f) **Verzicht auf Einnahmen**
Der **Verzicht** des Stpfl. auf Einnahmen ohne Rücksicht auf den Anlaß kann nicht als fiktive Einnahme besteuert werden. Im Bereich des Privatvermögens ist keine Besteuerung von „Entnahmevorgängen" möglich. **Anders** bei § 4 Abs. 3; vgl. J. 2. und BFH, BStBl 1975 II 526.

Beispiel:
Arbeitnehmer A gewährt seinem Freund B ein Darlehn über 50 000 DM. Im Hinblick auf die Freundschaft verzichtet A auf eine Verzinsung des Darlehns. Üblicherweise wäre für dieses Darlehn ein Marktzins von 6% p. a. zu zahlen. A hat keine Einnahmen aus Kapitalvermögen erzielt.
Zur systemwidrigen Ausnahme bei der Nutzungswertbesteuerung vgl. e).
Auch der nachträgliche Erlaß einer auf Einnahmen gerichteten privaten Forderung ist i. d. R. nicht zu besteuern.

Beispiel:
Wie vor, nur daß A mit B im Darlehnsvertrag eine Zinszahlung von 8% p. a. vereinbart hat. A verzichtet jedoch nachträglich auf die Zinszahlung.
Es liegen ebenfalls bei A keine Einnahmen aus § 20 vor.

g) **Schadensersatzleistungen**
Schadensersatzleistungen können auf der privaten Vermögensebene liegen, aber auch in einem Einkunftszusammenhang stehen.

Beispiele:

1. Ein Chemiearbeiter hatte seinen Pkw auf dem Betriebsparkplatz abgestellt. Eine Säurewolke zerstörte den Lack. Der Arbeitgeber ersetzt die Kosten der Neulackierung.
Die Geldleistung ist nicht Ausfluß des Dienstverhältnisses, sondern Folge einer unerlaubten Handlung (§ 823 BGB). Die Schadensersatzpflicht gemäß § 249 BGB beruht hier auf gesetzlichen Vorschriften, ist also kein Arbeitslohn.

2. Ein Arbeitnehmer erhält infolge Auflösung des Dienstverhältnisses durch den Arbeitgeber von diesem u. a. Ersatz für eine Vermögenseinbuße, die der Arbeitnehmer infolge Veräußerung des Einfamilienhauses am bisherigen Arbeitsort erlitten hat. Nach BFH, BStBl 1975 II 520 hat die Schadensersatzleistung ihre Grundlage im (aufgelösten) Dienstverhältnis und ist daher Arbeitslohn.

3. Die Gebäudeversicherung leistet für ein durch Brand zerstörtes Gebäude Ersatz in Höhe von 100 000 DM; der Restwert des Gebäudes beträgt 70 000 DM. Außerdem ersetzt sie den entstehenden Mietausfall.
Ein Ersatz für den Vermögensschaden ist in Höhe von 30 000 DM anzunehmen und insoweit **keine** Einnahme (BFH, BStBl 1994 II 11 und 12). In Höhe des Restwertes (= Betrag der a. o. AfA, § 7 Abs. 1 S. 5) von 70 000 DM liegt jedoch eine Einnahme vor. Der Ersatz des Mietausfalls ist ebenfalls nach § 21 Abs. 1 Nr. 1 zu versteuern (vgl. auch § 24 Nr. 1a).

2.1.1.4 Nachträgliche Einnahmen

Nach Beendigung der Einkunftserzielung zufließende Einnahmen sind nach § 24 Nr. 2 als nachträgliche Einnahmen aus der jeweils zugehörigen Einkunftsart zu erfassen. § 24 schafft **insoweit keine** eigene Einkunftsart. Vgl. K. 10.

Beispiel:

X hat im Jahre 09 sein Mietshaus verkauft. Bei Verkauf des Hauses war ein Mieter mit einer Mietzahlung von 1 200 DM rückständig. Aufgrund eines Urteils erhält A am 20. 3. 10 von dem ehemaligen Mieter die rückständige Miete überwiesen.
Die Zahlung ist noch als Einnahme aus § 21 Abs. 1 Nr. 1 zu erfassen (§ 24 Nr. 2).

2.1.2 Werbungskosten (§ 9 EStG)

Zur Ermittlung des Nettoergebnisses einer Überschuß-Einkunftsart (§ 2 Abs. 1 Nr. 4 bis 7) sind von den Einnahmen die WK abzuziehen.

Der Geltungsbereich des § 9 umfaßt die Einkunftsarten 4 bis 7.

Eine **Legal**definition enthält § 9 Abs. 1 Satz 1:

WK sind Aufwendungen zur Erwerbung, Sicherung und Erhaltung der Einnahmen.

Tatbestandsmerkmale des WK-Begriffs sind somit nach dem Gesetzeswortlaut:
- Aufwendungen zur a) Erwerbung oder
   b) Sicherung und Erhaltung von Einnahmen.

Vgl. aber zur Auslegung unten 2.1.2.2 (lediglich **Kausalzusammenhang** erforderlich).

2.1.2.1 Aufwendungen

Eine gesetzliche Definition fehlt im EStG. Eine Inhaltsbestimmung ergibt sich aus der sinngemäßen Anwendung des Begriffs „Einnahmen" (Umkehrung des § 8).

Danach sind **Aufwendungen Güterabflüsse in Geld oder Geldeswert,** die beim Stpfl. durch ihr Abfließen zu einer **Vermögensminderung** führen. WK können daher auch in **Sachaufwendungen** bestehen (BFH, BStBl 1982 II 533 und 1986 II 340). Diese können sogar im Verlust des wirtschaftlichen Eigentums an einem Gebäude bestehen.

Beispiel:

Ein Hauseigentümer bezahlt eine Handwerkerreparatur vereinbarungsgemäß durch Hingabe von Sachwerten. Die Übereignung der Gegenstände führt zu WK bei § 21. Die Höhe bestimmt sich in analoger Anwendung des § 8 Abs. 2 nach dem ortsüblichen Endpreis des Abgabeorts. (Dieser Wert dürfte weitgehend mit dem gemeinen Wert [§ 9 BewG] übereinstimmen.

Aufwendungen liegen auch vor, wenn dem Stpfl. ein Ersatzanspruch zusteht, z. B. aus einer Versicherung.

Beispiel:

Der Hauseigentümer bezahlt in 01 eine Handwerkerrechnung (Erhaltungsaufwand). Die Gebäudeversicherung ersetzt den Betrag in 02.

Die Bezahlung des Erhaltungsaufwands führt in 01 zu abzugsfähigen WK. Die Ersatzleistung in 02 stellt Einnahmen bei den Einkünften aus § 21 dar. Auch mit fremden Mitteln geleistete Ausgaben sind Aufwendungen in diesem Sinne.

Keine Aufwendungen liegen vor bei der **eigenen Arbeitsleistung (BFH, BStBl 1986 II 142) sowie unterlassenen Aufwendungen.**

Beispiel:

Ein Hauseigentümer repariert in 10 Stunden selbst Schäden an seinem Mietshaus. Der Wert einer Arbeitsstunde beträgt 25 DM. Die Reparatur hätte bei Durchführung durch einen Handwerker 400 DM gekostet.

Für Material hat der Stpfl. 100 DM ausgegeben.

Lediglich die Materialkosten sind als WK abzugsfähig. Der Wert der eigenen Arbeitsleistung stellt keine Aufwendungen dar, ebenso nicht die tatsächlich nicht getätigten Ausgaben.

Keine Aufwendungen sind außerdem grds. **Wertverluste** an Vermögensgegenständen im Bereich des Privatvermögens (BFH, BStBl 1986 II 771).

Keine Werbungskosten sind z. B.

a) der Kursverlust privater Wertpapiere
b) der Kaufkraftverlust der Währung (Nominalwertprinzip).

Beispiel:

A besitzt ein Mietshaus. Durch den beabsichtigten Bau einer Flughafen-Startbahn ist der Wert des Hauses um 50 000 DM gemindert. Die Wertminderung stellt für A keine Werbungskosten dar.

Bei **Verlust** eines **Vermögensgegenstandes (= Substanzverlust)** können WK vorliegen, wenn

a) der Verlust des Wirtschaftsguts bei der beruflichen Verwendung eingetreten ist (BFH, BStBl 1986 II 771) oder
b) die Einwirkung aus in der Berufssphäre liegenden Gründen erfolgt ist (BFH, BStBl 1982 II 442).

WK stellt ebenso der **Verlust von Arbeitsmitteln** i. S. § 9 Abs. 1 Nr. 6 dar, auch infolge eines **neutralen, d. h. nicht berufsbezogenen** Ereignisses, nicht aber der Verlust von Bargeld (BFH, a. a. O.).

Ein Forderungsverlust eines Arbeitnehmers aus einem Darlehn an einen vorgesehenen Arbeitgeber kann zu WK führen (BFH, BStBl 1989 II 382).

Auch **entgangene Einnahmen** sind keine Aufwendungen (BFH, BStBl 1981 II 160).

Beispiel:

Ein Arbeitnehmer kann nicht den in Zeiten der Nichtbeschäftigung entgangenen Arbeitslohn als WK abziehen. Das Ausbleiben von Einnahmen berührt lediglich die Einnahmeseite.

2.1.2.2 Finaler oder kausaler Zusammenhang mit Einnahmen?

Bei der Legaldefinition fällt auf, daß ein enger Zusammenhang zwischen den Einnahmen und den Ausgaben bestehen muß. Die Ausgaben müssen nach dem Gesetzeswortlaut **final** (zweckgerichtet) mit Einnahmen im Zusammenhang stehen (= finale Beziehung); so noch ausdrücklich BFH, BStBl 1958 III 103. Die neuere Rechtsprechung des BFH geht jedoch von einem WK-Begriff aus, der durch das – vom Betriebsausgaben-Begriff des § 4 Abs. 4 stammende – **Veranlassungsprinzip** bestimmt ist.

Danach sind WK alle Aufwendungen, die durch die Erzielung von (stpfl.) Einnahmen (aus den Überschuß-Einkunftsarten) **veranlaßt** sind (BFH, BStBl 1989 II 16 und BStBl 1989 II 934).

So hatte bereits der BFH für Einkünfte aus

- § 19 (BStBl 1980 II 75; 1981 II 368; 1984 II 315)
- § 21 (BStBl 1981 II 510) entschieden.

Dieser WK-Begriff gilt aber einheitlich bei allen Überschußeinkünften (BFH, BStBl 1982 II 37).

WK eines Arbeitnehmers sind daher alle Aufwendungen, die durch das Dienstverhältnis veranlaßt sind.

Beispiel:

Steuerberatungskosten sind WK bei den Einkünften aus § 21, soweit sie auf die Ermittlung der Einkünfte aus Vermietung und Verpachtung entfallen.

Erforderlich ist ein **objektiver** Zusammenhang mit der auf Einnahmeerzielung gerichteten Tätigkeit (BFH, BStBl 1981 II 368). Dieser ist nicht nur bei unmittelbarem, sondern **auch** bei **mittelbarem** Zusammenhang mit der auf Einnahmeerzielung gerichteten Tätigkeit gegeben (BFH, BStBl 1981 II 368). Letzterer kann nur bei **wirtschaftlichem** Zusammenhang zu bejahen sein (BFH, BStBl 1981 II 510; 1983 II 17). Dieser kann auch bei **Folgekosten** zu bejahen sein (vgl. BFH, BStBl 1984 II 314).

Beispiel:

1. Einem Arbeitnehmer entstehen im Zusammenhang mit seiner ehrenamtlichen Tätigkeit für die zuständige Gewerkschaft nicht ersetzte Reisekosten. Die Aufwendungen hängen mittelbar mit der Berufstätigkeit zusammen und sind daher als WK abzugsfähig (BFH, BStBl 1981 II 368).
2. Aufwendungen für die Anschaffung klimabedingter Kleidung im Zusammenhang mit einem beruflich veranlaßten Umzug vom Inland in das Ausland sind **WK** (BMF, BStBl 1995 I 53).
3. Wie 2., aber Umzug von Ausland in das Inland. Es liegen hier **keine** WK vor (BFH, BStBl 1995 II 17).

Ein allenfalls **loser** und **entfernter Zusammenhang reicht nicht aus** (BFH, BStBl 1984 II 27).

Beispiel:

Schuldzinsen für einen Kredit zur Finanzierung der Schenkungsteuer, die wegen des unentgeltlichen Erwerbs von (ertragbringenden) GmbH-Anteilen festgesetzt wurde, sind keine WK bei § 20, da die Schenkungsteuer nicht Anschaffungsnebenkosten (wie die GrESt) darstellt, sondern eine nach § 12 Nr. 3 nicht abzugsfähige sonstige Personensteuer.

Ein rein **rechtlicher** Zusammenhang mit der Einkunftsquelle reicht nicht aus (BFH, BStBl 1980 II 348).

Beispiel:

Belastung eines Miethauses mit einer Hypothek. Die Darlehnsmittel verwendet der Stpfl. zur Anschaffung einer privaten Yacht. Keine WK.

Typische WK sind somit

– Aufwendungen zur Sicherung von Einnahmen.

Beispiel:

Beiträge zu Gebäudeversicherungen.

– Aufwendungen zur Erhaltung von Einnahmen.

Beispiele:

– Fortbildungskosten eines Steuerfachgehilfen,
– Prozeßkosten eines Vermieters zur Abwehr von Einnahmeschmälerungen, Reparaturkosten eines Hauseigentümers an seinem Mietshaus.

Ist ein **finaler** Zusammenhang i. S. des § 9 Abs. 1 S. 1 zu verneinen, ist hilfsweise ein Kausalzusammenhang zu prüfen, da Veranlassung durch Einkünfteerzielung ausreicht.

Zu den WK gehört auch der Wertverzehr der mit der Einkunftserzielung zusammenhängenden Wirtschaftsgüter in Form der **AfA** (vgl. **§ 9 Abs. 1 Nr. 7**).

Keine WK sind Aufwendungen für den Erwerb und die Veräußerung der Einkunftsquelle selbst (einschließlich **Nebenkosten**); BFH, BStBl 1989 II 934.

Beispiel:

Die Anschaffungskosten des Baugrundstücks eines Miethauses sind nicht als WK abzugsfähig.

Keine WK sind an Verwalter gezahlte Entgelte, die auf **nicht steuerbare Wertsteigerungen** des verwalteten Vermögens (z. B. Kapitalvermögen oder Grundbesitz) entfallen; BFH, BStBl 1989 II 16.

Keine Werbungskosten sind zurückgezahlte Einnahmen. Sie sind **negative Einnahmen** und somit mit den positiven Einnahmen zu verrechnen (BFH, BStBl 1978 II 162; 1979 II 510).

Beispiel:
Ein Arbeitnehmer muß Arbeitslohn zurückzahlen, den er versehentlich zuviel erhalten hat.

Ein Arbeitnehmer muß die erhaltene Weihnachtsgratifikation zurückzahlen, die er unter der Voraussetzung erhalten hat, daß er den Arbeitsplatz innerhalb einer bestimmten Frist nicht wechselt.

In beiden Fällen liegen negative Einnahmen vor, die unmittelbar mit dem Arbeitslohn zu verrechnen sind und deshalb auf den Werbungskostenpauschbetrag nicht anrechenbar sind (BFH, BStBl 1964 III 184).

2.1.2.3 Unmaßgebliche Merkmale

a) Notwendigkeit und Üblichkeit
Für den Begriff der WK ist es unerheblich, ob die Ausgaben **notwendig** und **üblich** waren oder nicht. Wichtig ist allein, daß sie objektiv in einem wirtschaftlichen Zusammenhang mit der Einnahmeerzielung stehen und damit subjektiv der Erwerbung, Sicherung oder Erhaltung der Einnahme dienen sollten. Also sind auch über das notwendige und übliche Maß hinausgehende Aufwendungen Werbungskosten (BFH, BStBl 1981 II 735 betr. Personalcomputer für ca. 20000 DM bei Mathematiklehrer).

Der erforderliche wirtschaftliche Zusammenhang wird nicht dadurch beseitigt, daß der Stpfl. unwirtschaftlich gehandelt hat (BFH, BStBl 1975 II 421; 1977 II 238).

Ebenso wie bei den Betriebsausgaben ist es auch bei den Werbungskosten grundsätzlich Sache des Stpfl. zu entscheiden, in welcher Höhe er Aufwendungen tätigen will. Schafft z. B. ein Arbeitnehmer Fachliteratur an, so kann das Finanzamt grundsätzlich nicht prüfen, ob die Anschaffung notwendig oder zweckmäßig war. Diese Entscheidung trifft allein der Stpfl. (BFH, BStBl 1962 III 184 und BStBl 1969 II 341). Das Recht, den Umfang der durch die Einkunftserzielung veranlaßten Aufwendungen frei zu bestimmen, wird unabhängig von den besoldungsrechtlichen Regelungen nach der zuletzt genannten Entscheidung auch den Angehörigen des öffentlichen Dienstes zuerkannt. Zweifelhaft bleibt allerdings, ob sich der Angehörige des öffentlichen Dienstes auch über Weisungen des Dienstherrn hinwegsetzen darf (verneinend BFH, BStBl 1968 II 150 und 395), u. E. unzutreffend.

Beispiele:
1. Ein angestellter Wissenschaftler kauft zur Lösung eines Problems besonders umfangreiche Fachliteratur.

   Die **gesamten** Aufwendungen sind WK. Der Abzug ist nicht auf das notwendige oder übliche Maß begrenzt.

2. Steuerinspektorin X kauft sich einen Einkommensteuerkommentar für 150 DM, obwohl das gleiche Werk in der Bibliothek des Finanzamts steht.

   Die Aufwendungen stellen für X trotzdem Werbungskosten bei ihren Einkünften aus § 19 dar.

3. Arbeitnehmer Z fährt täglich mit der Bundesbahn zu seiner Arbeitsstelle. Er kauft sich jeweils eine Monatsfahrkarte 1. Klasse für 250 DM. Eine Fahrkarte 2. Klasse würde nur 125 DM kosten.

   Der tatsächlich aufgewendete Betrag ist abzugsfähig.

   Ebenso bei Taxi-Benutzung (BFH, BStBl 1980 II 582).

b) Willentlichkeit
Auch Willentlichkeit der Aufwendungen ist nicht erforderlich (BFH, BStBl 1984 II 434; 1986 II 771; 1993 II 44).

Beispiel:
Der Stpfl. hat Aufwendungen infolge eines Verkehrsunfalls auf der Fahrt von der Wohnung zur Arbeitsstätte (keine privaten Einflüsse wie z. B. Alkoholgenuß).

Die Aufwendungen durch den Unfall sind WK, da sie **beruflich** veranlaßt sind, obwohl sie nicht willentlich herbeigeführt worden sind.

Ebenso bei Verlust eines Privat-Pkw auf einer Dienstreise (BFH, BStBl 1993 II 44).

c) Aufwendungen, die die Lebensführung berühren
Sofern es sich jedoch um Aufwendungen handelt, die auch die Lebensführung berühren, ist die Vorschrift § 4 Abs. 5 Nr. 7 (vgl. C. 3.3.7) bei den Überschuß-Einkünften entsprechend anwendbar (BFH, BStBl 1990 II 423 und **§ 9 Abs. 5**).

2.1.2.4 Verhältnis zum Betriebsausgaben-Begriff

a) **Veranlassungsprinzip**
Da eine bloße Veranlassung von Aufwendungen durch eine Einkunftsart für den Abzug von Aufwendungen als WK für ausreichend angesehen wird, haben sich der Betriebsausgaben- und der WK-Begriff soweit angenähert, daß beide insofern deckungsgleich sind (BFH, BStBl 1980 II 75; 1981 II 368). Vgl. auch bereits BFH, BStBl 1970 II 458: „Es ist gerade ein Anliegen der Rechtsprechung, aus Gründen der steuerlichen Gleichbehandlung den Inhalt des Begriffs der Werbungskosten mit dem der Betriebsausgaben in Übereinstimmung zu bringen" Ebenso BFH, BStBl 1984 II 315.

b) Weitere **Gemeinsamkeiten** zwischen Werbungskosten und Betriebsausgaben:

1. Bei beiden **Ausgabearten** müssen Aufwendungen entstanden sein.
2. Notwendigkeit und Üblichkeit der Ausgaben sind **ohne** Bedeutung.
3. Lebensführungskosten im Sinne des § 12 **scheiden** in beiden Fällen **aus**.

Betriebsausgaben und Werbungskosten sind ihrer Art nach Aufwendungen in objektivem Zusammenhang mit der Erzielung von Einkünften. Sie müssen von den Kosten der Lebensführung im Sinne des § 12 abgegrenzt werden, die ihrer Art nach Ausgaben zur Verwendung des erzielten Einkommens sind. Dabei sind Betriebsausgaben und Werbungskosten gegenüber den Kosten der Lebenshaltung grundsätzlich gleich abzugrenzen (vgl. BFH, BStBl 1961 III 63).

c) § 4 Abs. 5 Nr. 1 bis 5, 7 bis 8a und § 4 Abs. 6 (Zuwendungen an politische Parteien) gelten auch bei den WK (§ 9 Abs. 5).

2.1.2.5 Abflußprinzip

WK sind im Jahre ihres Abflusses zu berücksichtigen (§ 11 Abs. 2). Vgl. hierzu C. 5.

Beispiel:
Hauseigentümer läßt Mietshaus durch Handwerker am Jahresende 02 reparieren. Die Rechnung erhält er erst Ende des Jahres 03 und bezahlt sie Anfang 04. WK liegen erst im Jahre 04 vor.

2.1.2.6 Unterbrechung der Einnahmeerzielung

Werbungskosten müssen mit einer bestimmten Einkunftsart (nicht Einnahmen) im Zusammenhang stehen. Ist diese Voraussetzung gegeben, so kommt es nicht darauf an, ob tatsächlich ständig Einnahmen erzielt werden. Die Aufwendungen verlieren nicht den Charakter von WK bei vorübergehender Unterbrechung des Einnahmezuflusses.

Beispiel:
Ein ansonsten vermietetes Gebäude steht vorübergehend leer. Die Hausaufwendungen (incl. der AfA) sind trotzdem weiterhin als WK abzugsfähig (vgl. R 161 Abs. 3).

2.1.2.7 Vorweggenommene Werbungskosten

Werbungskosten können zeitlich vor, während oder nach der Erzielung von Einnahmen aufgewendet sein. Bei den Aufwendungen vor der Erzielung von Einnahmen muß aber eine klar erkennbare Beziehung zu einer bestimmten Einkunftsart bestehen (BFH, BStBl 1983 II 354 und 554). Das ist in der Regel dann der Fall, wenn aus der angestrebten Einkunftsart auch tatsächlich Einkünfte erzielt werden (enger wirtschaftlicher und zeitlicher Zusammenhang). Daß die erstrebten Einnahmen erst in einem späteren Veranlagungszeitraum zufließen, ist unbedeutend. Die vor Erzielung der Einnahmen geleisteten Werbungskosten nennt man „vorweggenommene" Werbungskosten.

Beispiele:

a) Ein Stpfl. baut ein Haus. Das Haus wird im Jahr des Baubeginns noch nicht bezugsfertig. Mieteinnahmen werden also noch nicht erzielt. Es sind aber bereits Zinsen für das zur Finanzierung des Baues geliehene Geld zu zahlen. Die Zinsen sind bereits Werbungskosten, obwohl Einnahmen noch nicht erzielt sind (BFH, BStBl 1980 II 396; 1981 II 470).

Sie führen zu einem (ausgleichs- und ggf. nach § 10d abzugsfähigen) Verlust aus § 21.

b) Ein Arbeitnehmer erstrebt eine Verbesserung der beruflichen Stellung. Er bewirbt sich bei einem anderen Unternehmer. Es entstehen ihm durch Bewerbungsschreiben, persönliche Vorstellung usw. Kosten. Diese Kosten sind Werbungskosten, auch wenn sie erfolglos geblieben sind; vgl. 2.1.2.8.

Keine vorweggenommenen WK zu den Einkünften aus § 22 Nr. 1 sind Beiträge eines Arbeitnehmers zur gesetzlichen Rentenversicherung (BFH, BStBl 1986 II 747).

2.1.2.8 Vergebliche Aufwendungen

Sogar erfolglos gebliebene Aufwendungen können Werbungskosten sein, nur dürfen die Aufwendungen nicht in einem so frühen Stadium steckengeblieben sein, daß sie noch nicht mit einer bestimmten Einkunftsart in eine klar erkennbare Verbindung gebracht werden können (BFH, BStBl 1984 II 306).

Beispiel:
Vergebliche Bewerbungskosten eines Arbeitnehmers sind als WK abzugsfähig.

Anders evtl. wenn sich ein Schulabgänger „auf Verdacht" gleichzeitig bei verschiedenen Arbeitgebern bewirbt, sofern sie nicht ernsthaft in Betracht kommen.

Wegen der Behandlung **erfolgloser** Aufwendungen zur Anschaffung oder Herstellung von Grundstücken vgl. im einzelnen K. 7.8.2.

2.1.2.9 Nachträgliche Werbungskosten

Auch Ausgaben, die erst nach Beendigung der Einkunftserzielung verausgabt werden, können zu abzugsfähigen WK führen. Voraussetzung ist, daß sie noch in wirtschaftlichem Zusammenhang mit der früheren Einkunftserzielung stehen (§§ 9 Abs. 1 S. 1 und 2, § 24 Nr. 2; BFH, BStBl 1983 II 373).

Beispiel:
Der ehemalige Geschäftsführer einer aufgelösten GmbH wird vom Finanzamt für Lohnsteuer haftbar gemacht, die während der Zeit seiner Geschäftsführung schuldhaft nicht abgeführt worden sind. Seine Zahlungen sind Werbungskosten aus nichtselbständiger Arbeit, auch wenn er Einnahmen aus nicht selbständiger Arbeit nicht mehr bezieht.

Schuldzinsen für ein Darlehn zur **Finanzierung von WK** (z. B. Erhaltungsaufwand) sind auch nach Veräußerung der „Einkunftsquelle" (z. B. Haus) als WK abzugsfähig; siehe hierzu die Beispiele bei Meyer, DStR 1983, 534.

Abzugsfähig sind auch Aufwendungen, die während der Einkunftserzielung entstanden, aber erst nach Beendigung der Einkunftserzielung geleistet worden sind.

Beispiel:
Der Stpfl. hat zum 1.1.05 sein Mietshaus veräußert. Im Jahre 06 bezahlt er noch rückständige Grundsteuer, Schuldzinsen, Reparaturrechnungen aus dem Jahre 05. Die Zahlungen sind im Jahre 06 als WK abzugsfähig.

Hierbei handelt es sich – jedenfalls bei **„Vermögenseinkünften"** wie § 20 und § 21 – nicht um **nachträglich entstandene**, sondern **lediglich verspätet** (nachträglich) **geleistete** WK. Diese sind nach BFH, BStBl 1983 II 373 stets als WK abzugsfähig.

Schuldzinsen, die auf die Zeit nach Veräußerung eines Hauses entfallen, sind **keine** nachträglichen WK (BFH, BStBl 1983 II 373, BStBl 1992 II 289. Entsprechendes gilt bei Veräußerung einer wesentlichen Beteiligung an einer KapGes i. S. des § 17 (BFH, BStBl 1984 II 29). Es kommt im Gegensatz zur Einstellung einer Gewinneinkunftserzielung (§§ 13, 15, 18) – **nicht** darauf an, inwieweit der bei Aufgabe der Tätigkeit erzielte Erlös zur Schuldentilgung ausreicht; vgl. dagegen zum betrieblichen Bereich K. 2.6.14.2.9, BFH, BStBl 1982 II 321, sowie H 171 (nachträgliche Ausgaben). Wegen weiterer Einzelheiten zu § 21 vgl. K. 7.8.

2.1.2.10 Zuordnung der WK zu der zugehörigen Einkunftsart

Die Einkünfte müssen aus jeder Einkunftsart getrennt berechnet werden. Die Werbungskosten können deshalb immer nur von den Einnahmen der jeweils zugehörigen Einkunftsart abgezogen werden (§ 9 Abs. 1 S. 2).

Beispiel:

	§ 19	§ 21
Einnahmen	–	12 000
WK	400	19 000
Einkünfte § 19 (Verlust)	./. 400	
Einkünfte § 21 (Verlust)		./. 7 000

Stehen Aufwendungen mit **mehreren** Einkunftsarten im Zusammenhang, so sind sie ggf. im Wege der Schätzung aufzuteilen.

Beispiel:

Ein Darlehn wurde vom Stpfl. in Höhe von 100 000 DM zum Erwerb einer ertragbringenden Kapitalanlage und in Höhe von 300 000 DM zum Erwerb einer vermieteten Eigentumswohnung verwendet. Er hat im VZ 30 000 DM Schuldzinsen aufgewendet.

Die Schuldzinsen sind zu ¼ WK bei § 20 = 7 500 DM und zu ¾ WK bei § 21 = 22 500 DM.

Dient ein im Eigentum des Stpfl. stehendes Gebäude (z. B. Einfamilienhaus, Eigentumswohnung) als Unterkunft am Arbeitsort während einer doppelten Haushaltsführung (§ 9 Abs. 1 Nr. 5), entsteht beim WK-Abzug eine Konkurrenz zwischen den Einkünften aus § 19 und der Förderung nach § 10e. Da das Wohnen beruflich veranlaßt ist, erfolgt der Abzug bei § 19 nach § 9 Abs. 1 Nr. 5 im Rahmen der gesetzlich gesetzten Grenzen. Zu Einzelheiten und evtl. Wahlrechten vgl. BMF-Schreiben vom 1989, BStBl I 165. Vgl. auch **§ 2 EigZulG**.

2.1.2.11 Werbungskosten i. S. des § 9 Abs. 1 Satz 3 EStG

Typische Werbungskosten sind nach § 9 Abs. 1 Satz 3

– Schuldzinsen, Renten und dauernde Lasten (vgl. K. 9.)	§ 9 Abs. 1 Nr. 1
– Steuern vom Grundbesitz und öffentliche Abgaben	§ 9 Abs. 1 Nr. 2
– Beiträge zu Berufsständen	§ 9 Abs. 1 Nr. 3
– Aufwendungen für Fahrten zwischen Wohnung und Arbeitsstätte	§ 9 Abs. 1 Nr. 4
– Arbeitsmittel	§ 9 Abs. 1 Nr. 6
– Absetzung für Abnutzung (vgl. J. 3)	§ 9 Abs. 1 Nr. 7

Die dort aufgezählten Aufwendungen bzw. Beträge sind in jedem Fall Werbungskosten, wenn sie in wirtschaftlichem Zusammenhang mit den Einkunftsarten des § 2 Abs. 1 Nr. 4–7 stehen.

Zu den WK bei Arbeitnehmern vgl. im einzelnen K. 5.6, zu den WK bei Vermietung und Verpachtung vgl. K. 7.8.

2.2 Werbungskostenpauschbeträge (§ 9a EStG)

§ 9a sieht den Abzug von Werbungskostenpauschbeträgen bei bestimmten Einkunftsarten nach § 19, § 20, § 22 Nr. 1 und 1a vor.

Werbungskostenpauschbeträge dienen der Verwaltungsvereinfachung. Sie werden stets dann abgezogen, wenn die tatsächlichen Werbungskosten eines Steuerpflichtigen niedriger als die Pauschbeträge sind. Dies gilt auch, wenn keine tatsächlichen Werbungskosten entstanden sind (§ 9a S. 1).

Werbungskostenpauschbeträge gibt es gemäß § 9a nur für folgende Einkunftsarten

nichtselbständige Arbeit:	– § 9a Nr. 1a –	2 000 DM
Kapitalvermögen:	– § 9a Nr. 1b –	100 DM
sonstige Einkünfte i. S. § 22 Nr. 1 und 1a:	– § 9a Nr. 1c –	200 DM

Für die Einkunftsart Vermietung und Verpachtung sieht § 9a Nr. 2 – **ab VZ 1996** – eine (**wahlweise**) **Teilpauschalierung** vor; vgl. K 7.8.5.7. Für die übrigen sonstigen Einkünfte i. S. des § 22 (Nr. 2 = Spekulationsgewinn, Nr. 3 = Leistungseinkünfte) sieht das EStG keine Pauschbeträge vor.

Grundsätze

a) Die Pauschbeträge sind nur bei unbeschränkt Stpfl. anwendbar. Sie gelten grds. nicht bei der Veranlagung beschränkt Stpfl. (§ 50 Abs. 1 Satz 5). Ausnahmen vgl. § 50 Abs. 1 S. 6 f., § 1 Abs. 3 und § 1a. Siehe hierzu im einzelnen N 2.5.3.3.2.

b) Die Pauschbeträge werden stets in Höhe des vollen Jahresbetrages gewährt, und zwar auch dann, wenn die persönliche Steuerpflicht nur während eines Teils des Kalenderjahres bestanden hat.

Beispiel:
Ein Stpfl. mit einem Monatsgehalt von 4000 DM ist am 10. 5. gestorben. Seine Steuerpflicht ist am 10. 5. erloschen. Der Arbeitnehmerpauschbetrag wird trotzdem mit 2000 DM angesetzt (keine zeitanteilige Kürzung).

c) Für den Abzug der Pauschbeträge ist es auch ohne Bedeutung, ob der Stpfl. während des vollen Kalenderjahres Einkünfte aus den in Betracht kommenden Einkunftsarten bezogen hat.

Beispiel:
Ein Stpfl. ist bis zum 30. 4. Angestellter gewesen. Er bezieht ab 1. 5. eine Rente aus der Angestelltenversicherung. Bei der Veranlagung wird von den Einkünften aus nichtselbständiger Arbeit ein Pauschbetrag von 2000 DM und von dem steuerpflichtigen Teil der wiederkehrenden Bezüge ein Pauschbetrag von 200 DM abgesetzt (keine zeitanteilige Aufteilung).

d) Bezieht ein Stpfl. Einnahmen aus **mehreren Quellen einer** Einkunftsart, so erhält er den Pauschbetrag für diese Einkunftsart trotzdem **nur einmal.**

Beispiel:
Der Stpfl. bezieht zwei Renten. Er erhält den WK Pauschbetrag von 200 DM (§ 9a Nr. 3) insgesamt nur einmal im VZ.

e) Treffen bei einem Stpfl. verschiedene der in § 9a bezeichneten Einkunftsarten zusammen, so kommt ein Pauschbetrag für Werbungskosten bei jeder der bezeichneten Einkunftsarten in Betracht.

f) Durch den Abzug der Pauschbeträge von den Einnahmen dürfen niemals Verluste entstehen.

Deshalb dürfen die Pauschbeträge bei den Einkünften

– aus Kapitalvermögen und nach § 22 Nr. 1, 1a nicht höher als die Einnahmen
– aus nichtselbständiger Arbeit nicht höher als die um den Versorgungsfreibetrag i. S. § 19 Abs. 2 geminderten Einnahmen sein (§ 9a letzter Satz).

Beispiel:
Die Einnahmen aus Kapitalvermögen betragen 80 DM. Bei den Einkünften aus Kapitalvermögen kann nicht der Pauschbetrag von 100 DM abgesetzt werden, sondern nur ein Betrag von 80 DM

g) Zurückgezahlte Einnahmen (z. B. Rückzahlung der Weihnachtsgratifikation bei Arbeitsplatzwechsel) sind negative Einnahmen und keine Werbungskosten. Sie sind stets neben einem Werbungskostenpauschbetrag abzusetzen. Sie können also den Pauschbetrag nicht aufzehren.

Beispiel:

Erhaltener Arbeitslohn	24 000 DM
./. Rückzahlung von Arbeitslohn	1 000 DM
Einnahmen aus § 19	23 000 DM
./. Arbeitnehmer-Pauschbetrag § 9a Nr. 1a	2 000 DM
Einkünfte aus § 19	21 000 DM

h) Grundsätze bei Zusammenveranlagung (§ 26b) von Ehegatten

Bei der Zusammenveranlagung von Ehegatten (§ 26b) steht bei den Einkünften aus nichtselbständiger Arbeit und den wiederkehrenden Bezügen nach § 22 Nr. 1, 1a der jeweilige Pauschbetrag für Werbungskosten jedem Ehegatten zu, der entsprechende Einnahmen bezieht (BFH, BStBl 1955 III 390; 1958 III 207).

Anders bei den Einkünften aus Kapitalvermögen. Bei Ehegatten, die zusammen zur Einkommensteuer veranlagt werden, erhöht sich der Pauschbetrag auf 200 DM. Für die Erhöhung des Pauschbetrages ist es unerheblich, ob beide Ehegatten Einnahmen aus Kapitalvermögen haben oder nur einer der Ehegatten. Der Pauschbetrag von 200 DM steht den Ehegatten im Fall ihrer Zusammenveranlagung gemeinsam zu. Nachgewiesene höhere Werbungskosten können deshalb nur abgezogen werden, wenn die Werbungskosten beider Ehegatten zusammen mehr als 200 DM betragen. Vgl. R 85 Abs. 1 und K. 6.4.4 sowie BFH, BStBl 1985 II 547.

Beispiel:

	M	E
Einnahmen	12 300	250
WK	190	–
Einkunftsermittlung:		
Einnahmen	12 300	250
./. WK	–	–
./. WK-Pauschbetrag (§ 9a Nr. 1b)	200	–
./. Sparer-Freibetrag (§ 20 Abs. 4) 6 000 + 5 750 =	11 750	250
Einkünfte aus § 20	350	0

Sind Kindern des Stpfl. Kapitalerträge zuzurechnen, sind sie deshalb mit ihren Kapitaleinkünften selbständig zur ESt zu veranlagen. Der Pauschbetrag für Werbungskosten steht daher auch nur ihnen zu.

Neben diesen im Gesetz festgesetzten Pauschbeträgen sind durch die Verwaltung aus Vereinfachungsgründen für bestimmte Berufsgruppen Werbungskosten-Pauschsätze geschaffen worden. Diese werden neben den gesetzlichen Werbungskosten-Pauschbeträgen gewährt. Vgl. Abschn. 47 LStR.

3. Betriebseinnahmen und Betriebsausgaben

Den Einnahmen und Werbungskosten bei den Überschuß-Einkunftsarten entsprechen die Betriebseinnahmen und Betriebsausgaben bei den Gewinn-Einkunftsarten, also bei Land- und Forstwirtschaft, Gewerbebetrieb und selbständiger Arbeit.

Die Betriebseinnahmen und Betriebsausgaben stellen **unmittelbare Besteuerungsgrundlagen** nur bei der Gewinnermittlung nach § 4 Abs. 3 dar. Für die Gewinnermittlung durch Bestandsvergleich haben die Begriffe nur insoweit Bedeutung, als sie außerbetriebliche von den betrieblichen Vorgängen voneinander abgrenzen. Im übrigen erfolgt dort die Zuordnung von **Aufwand und Ertrag** nach wirtschaftlicher Zugehörigkeit.

Beispiel:
Ein Lottogewinn ist auch im Rahmen des Bestandsvergleichs **keine** BE, d.h. nicht als betrieblicher Ertrag zu erfassen, da kein Zusammenhang mit einer Gewinneinkunftsart besteht.

3.1 Begriff der Betriebseinnahmen

Das EStG enthält keine eigene Begriffsdefinition. Daher wird § 8 sinngemäß anzuwenden sein. Danach sind Betriebseinnahmen

– Güter in Geld oder Geldeswert
– im Rahmen der Einkunftsarten des § 2 Abs. 1 Nr. 1 bis 3.

In **Umkehrung** des Begriffs der **Betriebsausgaben** (§ 4 Abs. 4) – vgl. 3.2 – sind Betriebseinnahmen Güterzuflüsse, die **durch den Betrieb veranlaßt** sind.

Wegen der Begriffsmerkmale des § 8 vgl. C. 2.1.1. Ob der **Zufluß** Tatbestandsmerkmal der Betriebseinnahme ist, ist streitig (vgl. BFH, BStBl 1974 II 210).

Die Frage ist jedoch ohne praktische Bedeutung, da bei der Gewinnermittlung nach § 4 Abs. 3 Betriebseinnahmen auf jeden Fall im Zeitpunkt des Zuflusses anzusetzen sind (§ 4 Abs. 3 S. 1).

Betriebseinnahmen sind somit alle in Geld bestehenden oder geldwerten Güter, die dem Steuerpflichtigen im Rahmen eines landwirtschaftlichen, gewerblichen oder eines der selbständigen Arbeit dienenden Betriebs zufließen. Vgl. BFH, BStBl 1988 II 633 und 995.

Trotz der ähnlich klingenden Definition ist der Begriff der BE **weiter** zu fassen als der Einnahme-Begriff des § 8:

Im betrieblichen Bereich sind insbesondere – im Gegensatz zu den Überschußeinkünften – auch Einnahmen aus Veräußerung von der Einkunftserzielung dienenden Wirtschaftsgütern (Betriebsvermögen) als BE zu erfassen. Zu den BE gehören folglich auch Einnahmen aus sogenannten **Hilfsgeschäften,** insbesondere die Einnahmen aus der Veräußerung von Gegenständen des Anlagevermögens (vgl. R 16 Abs. 3).

Beispiel:
Ein Unternehmer verkauft abgenutzte Maschinen als Schrott.

Auch Einnahmen aus **Nebentätigkeiten** sind zu erfassen.

Beispiel:
Ein Arzt erhält für einen Aufsatz in einer medizinischen Fachzeitschrift eine Vergütung von 1 000 DM. Das Honorar ist BE.

Öffentliche Zuschüsse sind regelmäßig BE (BFH, BStBl 1988 II 324).

Gesetzwidriges oder **unsittliches** Handeln schließt auch die Annahme von Betriebseinnahmen nicht aus (vgl. § 40 AO).

Beispiel:
Einnahmen aus dem Verkauf von Schmuggelware oder aus Schwarzhandelsgeschäften sind BE.

Ebenso sind Betriebseinnahmen aus **nichtigen** oder **anfechtbaren Rechtsgeschäften** zu erfassen, sofern sie unter eine Gewinneinkunftsart fallen und die Beteiligten das wirtschaftliche Ergebnis bestehen lassen (§ 41 Abs. 1 AO).

Bei der Gewinnermittlung nach § 4 Abs. 3 ist im Einzelfall durch Vergleich mit den Grundsätzen des Bestandsvergleichs im Hinblick auf die herzustellende Gleichheit des Totalgewinns zu entscheiden, welche Güterzuflüsse als Betriebseinnahmen aufzuzeichnen sind.

Vorschüsse sind bei § 4 Abs. 3 auch dann bereits bei Zufluß zu erfassen, wenn feststeht, daß sie (teilweise) zurückgezahlt werden müssen (BFH, BStBl 1982 II 593).

Sachzuwendungen als Gegenleistung für betriebliche Leistungen sind ebenfalls Betriebseinnahmen (BFH, BStBl 1975 II 526).

Beispiele:
1. Ein Rechtsanwalt erhält von seinem Klienten vereinbarungsgemäß eine goldene Uhr als Honorar. Der ortsübliche Mittelpreis der Uhr (bei § 4 Abs. 3 einschließlich USt) stellt eine Betriebseinnahme dar (BFH, a. a. O.).
2. Ein Arzt erhält von einem Patienten vereinbarungsgemäß als Honorar eine Eigentumswohnung zu Eigentum (vgl. FG Ba.Wü., EFG 1981, 75).

Ob die Sachzuwendung beim Geber im Falle betrieblicher Veranlassung tatsächlich abziehbare BA ist oder dem Abzugsverbot des § 4 Abs. 5 Nr. 1 unterliegt, ist unerheblich (BFH, BStBl 1974 II 216).

Beispiel:
Großhändler G schenkt seinem Kunden – Einzelhändler E – eine Rechenmaschine. Hiervon verspricht er sich intensivere Geschäftsbeziehungen. Der übliche Endpreis des Wirtschaftsgutes beträgt 400 DM, die Anschaffungskosten 150 DM+USt. Der Güterzufluß stellt für E eine Betriebseinnahme dar. G dagegen kann die Anschaffungskosten des Wirtschaftsguts **nicht** als BA abziehen.

Es liegt zwar begrifflich eine BA i. S. des § 4 Abs. 4 vor. Diese ist jedoch nicht abzugsfähig, da es sich um ein nichtabziehbares Geschenk i. S. des § 4 Abs. 5 Nr. 1 handelt. Falls das verschenkte Wirtschaftsgut jedoch beim Empfänger nur betrieblich genutzt werden kann, gilt das Abzugsverbot des § 4 Abs. 5 Nr. 1 nicht (R 20 Abs. 2 Satz 4).

Nach BFH, BStBl 1982 II 394 liegt ein Geschenk nicht vor, wenn eine Seite von der Entgeltlichkeit der Zuwendung ausgeht. Maßgebend ist die Sicht des Leistenden. Die erwartete Verbesserung der Geschäftsbeziehungen ist jedoch keine konkrete Gegenleistung, da E das Geschenk auf jeden Fall behalten kann.

Die betriebliche Veranlassung einer Sachzuwendung kann auch **ohne** eine konkrete Gegenleistung zu bejahen sein; vgl. BFH, BStBl 1988 II 633 („Preise") und 1988 II 995 („Urlaubsreise").

Auch **nachträgliche** BE sind zu erfassen, vgl. § 24 Nr. 2.

> **Beispiel:**
> Entschädigungen, die als Ersatz für entgangene oder entgehende Einnahmen gezahlt werden.

Nicht zu den Betriebseinnahmen gehören Einlagen (§ 4 Abs. 1 Satz 5). Weiterhin sind **keine** Betriebseinnahmen die **durchlaufenden Posten.** Das sind solche Beträge, die ein Stpfl. im Namen und für Rechnung eines anderen vereinnahmt und verausgabt, § 4 Abs. 3 Satz 2. Sie sind von Bedeutung bei freien Berufen (z. B. Gerichtskosten).

Vereinnahmte und verausgabte MwSt sind **keine** durchlaufenden Posten, sondern bei § 4 Abs. 3 als Betriebseinnahmen und Betriebsausgaben anzusetzen (BFH, BStBl 1975 II 441). Vgl. J. 2.

Keine Betriebseinnahme ist im Rahmen des § 4 Abs. 3 im Zeitpunkt des Güterzuflusses anzusetzen, wenn sich das zugewendete Wirtschaftsgut nach den Regeln des § 4 Abs. 3 erst zu einem späteren Zeitpunkt als Betriebseinnahme auswirkt.

> **Beispiel:**
> Der Händler H (§ 4 Abs. 3) erhält als Naturalrabatt für den Bezug von 100 Schreibmaschinen 3 Schreibmaschinen zusätzlich ohne Berechnung. Einkaufspreis je Maschine 100 DM netto. Verkaufspreis incl. USt 250 DM.
>
> Da hier auch beim Bestandsvergleich im Zeitpunkt des Güterzuflusses noch keine Gewinnerhöhung einträte (sondern erst beim Verkauf durch das Fehlen eines entsprechenden „Wareneinsatzes" bzw. über einen höheren Warenendbestand), wird der Ansatz einer Betriebseinnahme auch bei § 4 Abs. 3 unterbleiben müssen.

Keine Betriebseinnahmen (entsprechend § 8) liegen auch vor bei

– Unterlassung von Aufwendungen und

– Verzicht auf Einnahmen aus betrieblichen Gründen.

> Bei Forderungserlaß aus privaten Gründen liegt dagegen eine als Betriebseinnahme zu erfassende Entnahme der Forderung vor.

Wegen weiterer Einzelfälle von BE vgl. R 16 Abs. 3 und J. 2.

3.2 Begriff der Betriebsausgaben

Betriebsausgaben heißen die Ausgaben bei den Gewinneinkunftsarten. Im Gegensatz zu den BE sind die BA gesetzlich definiert. BA sind nach § 4 Abs. 4 **alle Aufwendungen, die durch den Betrieb veranlaßt sind.**

Die BA bilden – ebenso wie die BE – eine unmittelbare Besteuerungsgrundlage für die Gewinnermittlung nach § 4 Abs. 3.

Bei der Gewinnermittlung durch Bestandsvergleich dienen sie der Abgrenzung der betrieblichen und privaten Aufwendungen bzw. Wertabgaben (vgl. die Verweisungen in § 4 Abs. 1 S. 6 und § 5 Abs. 6).

Sie mindern den Gewinn sowohl beim Bestandsvergleich (§ 4 Abs. 1, § 5) als auch bei der Einnahme-Überschußrechnung des § 4 Abs. 3.

Der **Zeitpunkt der Gewinnminderung** ist allerdings beim Bestandsvergleich und der § 4 Abs. 3-Rechnung **unterschiedlich:** Während es bei § 4 Abs. 3 im Prinzip auf den Zeitpunkt des Abflusses (§ 11 Abs. 2) ankommt, ist beim Bestandsvergleich eine Zuordnung des „Aufwands" nach den Grundsätzen der wirtschaftlichen Zugehörigkeit vorzunehmen.

Merkmale der BA sind

a) Aufwendungen

b) Veranlassung durch den Betrieb

c) Abfluß (nur bei § 4 Abs. 3 für den Zeitpunkt der Berücksichtigung von Bedeutung).

3.2.1 Aufwendungen

Aufwendungen sind – in entsprechender Anwendung von § 8 – Güterabflüsse in Geld oder Geldeswert, d. h. betriebliche Wertabgaben in Form

- gezahlter Ausgaben oder
- Wertabgaben ohne Zahlungsvorgang.

Jedoch sind nicht alle gezahlten betrieblichen Ausgaben auch als BA absetzbar.

Beispiele:
- Durchlaufende Posten (§ 4 Abs. 3 S. 2)
- Bezahlung der Anschaffungskosten von GWG i. S. des § 6 Abs. 2
- Hingabe eines Darlehens.

Auch Vermögensminderungen wie

- die AfA (§ 7) oder
- der Ausfall einer Darlehnsforderung

sind (zumindest bei ergebnisorientierter Auslegung) als Aufwendungen zu verstehen und führen bei betrieblichem Zusammenhang zu BA (bzw. WK); vgl. § 4 Abs. 3 S. 3.
Der Begriff der „Aufwendungen" ist jedoch **nicht** identisch mit „Aufwand" im betriebswirtschaftlichen Sinne. Vgl. im übrigen zu den WK 2.1.2.1.

3.2.2 Veranlassung durch den Betrieb

Eine betriebliche Veranlassung ist gegeben, wenn ein **tatsächlicher oder wirtschaftlicher Zusammenhang mit dem Betrieb** besteht (BFH, BStBl 1979 II 512). Den Stpfl. trifft hier in Zweifelsfällen die Beweislast. Vgl. auch BFH, BStBl 1987 II 711 und 1988 II 777 (Umzugskosten eines selbständigen Arztes als BA, bei Erleichterung der stationären Patientenbehandlung).
Ein bloßer **rechtlicher** Zusammenhang reicht dagegen nicht aus.

Beispiel:
Ein für private Zwecke aufgenommenes Darlehen wird durch Bestellung einer Hypothek oder Grundschuld an einen zum BV gehörenden Grundstück abgesichert.
Zinsen und Geldbeschaffungskosten sind **keine** BA.

Die wirtschaftliche Veranlassung muß im **Einzelfall** geprüft werden.
- **Objektiv** muß ein Zusammenhang bestehen mit dem Betrieb/dem Beruf.
- **Subjektiv** werden die Aufwendungen häufig zur Förderung des Betriebs/des Berufs gemacht. Dies ist jedoch nicht zwingend. Zuweilen sind die Aufwendungen auch nicht willentlich herbeigeführt.

Beispiel:
Autounfall auf einer betrieblichen Fahrt.

Entscheidend ist stets der **objektive** Zusammenhang. Veranlassung ist dabei nicht gleichbedeutend mit Verursachung.
Veranlassung = auslösendes Moment oder äußerer Anlaß (= für BA entscheidend)
Verursachung = Grund zu jeder Sache schlechthin (für BA-Begriff des § 4 Abs. 4 irrelevant!).

Beispiele:
Ein Freiberufler verunglückt auf der Fahrt zu einem Mandanten, weil die Bremsen an seinem betrieblichen Pkw versagen.
Ursache: Versagen der Bremsen
Anlaß: Betriebliche Fahrt
Da der **Anlaß** betrieblich war, stellen die durch den Unfall entstandenen Aufwendungen BA dar.

Durch den Betrieb veranlaßte Aufwendungen entstehen nicht nur bei Rechtsgeschäften, die im Rahmen des Betriebs/Berufs anfallen, sondern auch Einbußen, die ein Stpfl. im Zusammenhang mit seinem Betrieb/Beruf erleidet (BFH, BStBl 1980 II 639).

> **Beispiel:**
>
> Aufwendungen durch eine **typische Berufskrankheit** des Stpfl. sind BA; vgl. zur Abgrenzung von den außergewöhnlichen Belastungen § 33 Abs. 2 S. 2 (Vorrang des BA- und WK-Abzugs) C. 1.3.

Betrieblich veranlaßt können auch Schadensersatzleistungen an Dritte sein, wenn der Schaden im wesentlichen als unmittelbare Folge der betrieblichen Tätigkeit anzusehen ist.

> **Beispiel:**
>
> Ein Arzt muß wegen eines nachgewiesenen „Kunstfehlers" Schadensersatz leisten. Die Zahlungen sind BA.

Betriebsausgaben können auch Aufwendungen sein, die nicht zur Erzielung von Betriebseinnahmen gemacht werden, sondern z. B. zur Erhaltung des Vermögens. Eine mittelbare Veranlassung genügt (BFH, BStBl 1960 III 511).

> **Beispiel:**
>
> Unfallkosten sind – ohne Rücksicht auf das Verschulden des Stpfl. – BA, wenn sich der Unfall auf einer betrieblichen Fahrt ereignet hat (BFH, BStBl 1978 II 105); Ausnahme, wenn für den Unfall private Gründe maßgebend sind, z. B. Alkoholeinfluß oder Wettfahrten; nach **H 118** (Unfallkosten, Nr. 2) soll dies auch bei **grober Mißachtung der Verkehrsregeln** gelten (m.E. **un**zutreffend, vgl. BFH, BStBl 1984 II 434).

3.2.3 Keine Notwendigkeit, Zweckmäßigkeit oder Üblichkeit

Aufwendungen sind auch dann durch den Betrieb veranlaßt, wenn der Unternehmer angenommen hat, daß sie im Interesse des Betriebes liegen, selbst wenn sie objektiv gesehen für den Betrieb nicht notwendig waren. Grundsätzlich liegt es im Ermessen des Betriebsinhabers, welche Ausgaben für den Betrieb getätigt werden (BFH, BStBl 1955 III 205). Es kommt also insbesondere nicht darauf an, ob die Betriebsausgaben sich im Rahmen des notwendigen oder üblichen Maßes halten, ob sie angemessen oder zweckmäßig sind. Vgl. aber § 4 Abs. 5 Nr. 7 und C. 3.3.

Keine Kosten der Lebensführung

Zur Abgrenzung von den Kosten der Lebensführung vgl. C. 4.

3.2.4 Zeitlicher Zusammenhang

Nach § 4 Abs. 4 ist **kein** (enger) zeitlicher Zusammenhang erforderlich.

3.2.4.1 Vorweggenommene BA

BA können daher auch bereits vor der Betriebseröffnung anfallen. Zwischen den Aufwendungen und einer bestimmten Einkunftsart muß jedoch eine klar erkennbare Beziehung bestehen. Grundsätzlich ist der Nachweis erforderlich, daß ein endgültiger Entschluß zur Betriebseröffnung vorlag (BFH, BStBl 1992 II 819). Eine klar erkennbare Verbindung kann auch bestehen, wenn es nicht zu der geplanten geschäftlichen oder beruflichen Tätigkeit gekommen ist (sogenannte **vergebliche** Betriebsausgaben). Hier können sich Nachweisschwierigkeiten ergeben.

> **Beispiele:**
>
> Ein Arzt mietet Praxisräume und kauft Einrichtungsgegenstände, um eine eigene Praxis zu eröffnen. Weil er krank wird, muß der seinen Plan aufgeben. Seine Aufwendungen (Miete und Anschaffungskosten der Einrichtung) sind „vergebliche" Betriebsausgaben.

3.2.4.2 Nachträgliche BA

Nach Betriebseinstellung sind Aufwendungen i. d. R. nicht mehr betrieblich veranlaßt, weil der wirtschaftliche Zusammenhang mit dem Betrieb normalerweise wegfällt.

In Ausnahmefällen sind jedoch auch **nachträgliche BA** möglich.

> **Beispiel:**
>
> Aufwendungen für ein Arbeitszimmer zur Abwicklung geerbten Betriebsvermögens sind nachträgliche BA (BFH, BStBl 1989 II 509). Die Abzugsbeschränkungen nach § 4 Abs. 5 Nr. 6b sind ab VZ 1996 zu beachten.

Vgl. auch zu nachträglichen WK C. 2.1.2.9, nachträglichen BA bei § 16: K 2.6.14, bei § 17: K. 3.13.2.

3.3 Nichtabziehbare Betriebsausgaben (§ 4 Abs. 5 und 7 EStG)

3.3.1 Allgemeines

Nicht alle Ausgaben, die begrifflich BA sind, können auch bei der Gewinnermittlung berücksichtigt werden. Das Gesetz unterscheidet vielmehr zwischen abziehbaren BA (§ 4 Abs. 4) und nichtabziehbaren BA (§ 4 Abs. 5 und 7). Hierdurch wird die Abzugsfähigkeit von BA wesentlich eingeschränkt; zuletzt ist dies durch das **JStG 1996** geschehen (Einführung weiterer Abzugsverbote ab VZ 1996). Aufgrund des § 4 Abs. 5 und 7 sind solche BA nicht abzugsfähig, die letztlich die Lebensführung des Stpfl. oder anderer Personen berühren, und zwar insoweit, als sie unter Berücksichtigung der Verkehrsauffassung als unangemessen anzusehen sind. Es handelt sich um Aufwendungen, die zwar betrieblich bedingt sind, aber an der Grenze zwischen betrieblicher Sphäre und privater Lebenshaltung liegen. Wichtig ist, daß diese Aufwendungen nicht ausschließlich die Lebenshaltung des Stpfl. selbst berühren müssen; es genügt der Zusammenhang mit der Lebensführung **anderer** Personen. Bei diesen kann es sich etwa um Geschäftsfreunde handeln. Aufwendungen, die die Lebensführung dieser Personen berühren, können z.B. entstehen für die Bewirtung. Soweit Bewirtungsaufwendungen unter Berücksichtigung der Verkehrsauffassung als unangemessen anzusehen sind, scheiden sie bei der Ermittlung des steuerlichen Gewinns aus (§ 4 Abs. 5 Nr. 2).

Aufwendungen i.S. des § 4 Abs. 5 „berühren" zwar die Lebensführung, sie sind jedoch keine Lebensführungskosten, sondern Betriebsausgaben, und sind daher nicht zu verwechseln mit den sogenannten „gemischten Aufwendungen" i.S. des § 12 Nr. 1 S.2 2. Halbs., die teilweise betrieblich/beruflich und teilweise privat veranlaßt sind und deshalb grundsätzlich in voller Höhe dem Abzugsverbot des § 12 Nr. 1 unterliegen. Vgl. im einzelnen C. 4.

Systematisch hat das Abzugsverbot des § 12 Vorrang vor § 4 Abs. 5 und 7 (vgl. BFH, BStBl 1992 II 524).

§ 4 Abs. 5 bildet eine **Ausnahme von dem Grundsatz,** daß es für den BA-Abzug unerheblich ist, ob Aufwendungen notwendig, zweckmäßig oder üblich sind.

Sinn und Zweck: § 4 Abs. 5 soll den **Spesenmißbrauch** verhindern. Die Vorschrift gilt unmittelbar **nur im Bereich der Betriebsausgaben.**

Sie ist jedoch auf die Werbungskosten **entsprechend** anzuwenden (§ 9 Abs. 5).

Beispiel:
Ein Arbeitnehmer wendet Geschäftsfreunden auf eigene Kosten Geschenke zu, deren Anschaffungskosten im VZ 75 DM einschl. USt je Geschäftsfreund übersteigen. Es liegen beim Arbeitnehmer **nichtabzugsfähige** WK vor (§ 9 Abs. 5 i. V. m. § 4 Abs. 5 Nr. 1).

Nach § 4 Abs. 5 dürfen insbesondere folgende BA nicht abgezogen werden:

Aufwendungen für
- Geschenke (über der Geschenkgrenze von 75 DM)
- Bewirtung von Geschäftsfreunden (soweit unangemessen bzw. nicht betrieblich veranlaßt)
- Gästehäuser
- Jagden, Fischerei, Jachten u.ä.
- Mehraufwendungen für Verpflegung, soweit sie bestimmte Pauschbeträge überschreiten
- Fahrten zwischen Wohnung und Betriebsstätte (teilweise)
- doppelte Haushaltsführung (teilweise)
- häusliches Arbeitszimmer (ggf. Abzugsverbot bzw. Höchstbetrag DM 2 400 DM – ab VZ 1996)
- Geldbußen und ähnliche Sanktionen
- sonstige die Lebensführung berührende Aufwendungen, soweit sie unangemessen sind
- Schmiergelder i. R. des § 4 Abs. 5 Nr. 10.

3.3.2 Geschenke (§ 4 Abs. 5 Nr. 1 EStG)

Nach § 4 Abs. 5 Nr. 1 sind Aufwendungen für betriebliche Geschenke an Personen, die nicht Arbeitnehmer des Stpfl sind, nichtabzugsfähige Betriebsausgaben, wenn sie im VZ je Empfänger insgesamt **75 DM** übersteigen.

Geschenke sind unentgeltliche Zuwendungen, also Leistungen **ohne konkrete Gegenleistung** (R 21 Abs. 3 S. 1). Sie können bestehen aus **Bar-** oder **Sach**leistungen und werden einem **Empfänger (Dritten)** gewährt. Zugaben i. S. der Zugabe-VO sind keine Geschenke und daher stets als BA abziehbar (BFH, BStBl 1987 II 296 und BStBl 1994 II 170).

Übersicht

Behandlung betrieblicher Geschenke (§ 4 Abs. 5 Nr. 1)

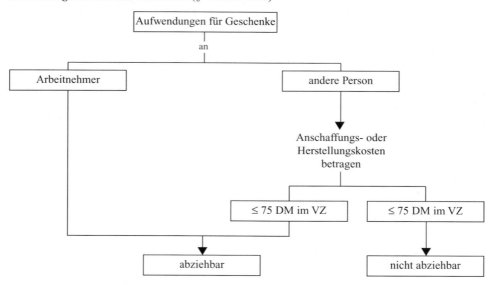

Ein Geschenk im Sinne von § 4 Abs. 5 Nr. 1 ist danach z. B. anzunehmen, wenn ein Stpfl. einem Geschäftsfreund oder dessen Beauftragten ohne rechtliche Verpflichtung und ohne zeitlichen oder sonstigen unmittelbaren Zusammenhang mit einer Leistung des Empfängers eine Bar- oder Sachzuwendung gibt (Übersendung von Geschenkkörben oder anderen typischen Geschenkartikeln wie Vasen, Schalen usw.).

Ein Geschenk ist **auch** gegeben, wenn mit ihm der Zweck verfolgt wird, die Geschäftsbeziehungen zu verbessern oder zu sichern (R 21 Abs. 4 S. 3), da es an einer konkreten Gegenleistung mangelt. Unter dieser Voraussetzung fallen unter den Begriff des Geschenks auch Schmiergelder. Ist die Zuwendung jedoch mit (der Erwartung) einer konkreten Gegenleistung verbunden, liegen abzugsfähige BA gemäß § 4 Abs. 4 vor (BFH, BStBl 1982 II 394). Maßgebend ist die Sicht des Gebers. Bei Schmiergeldern ist aber grds. weitere Voraussetzung die namentliche Nennung des Empfängers (vgl. § 160 AO). Vgl. hierzu aber einschränkend BFH, BStBl 1989 II 995 (teilweise Abzugsfähigkeit, soweit kein Steuerausfall entsteht). Zu beachten ist ab VZ 1996 das Abzugsverbot nach § 4 Abs. 5 Nr. 10.

Kränze und Blumen bei Beerdigungen sind keine Geschenke, da es an einem Empfänger fehlt (R 21 Abs. 4 S. 5 Nr. 1).

Abweichend vom Grundsatz dürfen als Betriebsausgaben abgesetzt werden Aufwendungen für Geschenke.

– an Arbeitnehmer (Umkehrschluß!),

– sowie generell, wenn die Anschaffungs- oder Herstellungskosten je Empfänger und Wirtschaftsjahr 75 DM nicht übersteigen.

Der Betrag von 75 DM ist eine **Freigrenze**, d. h. übersteigen die Aufwendungen für ein Geschenk die Grenze, sind sie in vollem Umfang nichtabzugsfähig.

Die Grenze von 75 DM für Geschenke bezieht sich auf die Anschaffungs- oder Herstellungskosten. Ob die Umsatzsteuer dazu gehört, ergibt sich aus § 9b.

Aufwendungen für das Kennzeichnen des Werbeträgers und für Karten und Geschenkpapier gehören zu den Anschaffungs- oder Herstellungskosten (R 21 Abs. 3 Satz 1).

Werden einem Empfänger (oder ihm nahestehende Personen) in einem Wirtschaftsjahr **mehrere Geschenke** gemacht, so ist für die Frage, ob die 75-DM-Grenze überschritten ist, wie folgt zu verfahren:

Alle Aufwendungen für Geschenke werden zusammengerechnet. Sie sind nur dann abzugsfähig, wenn sie insgesamt 75 DM nicht übersteigen.

Die Geschenke brauchen **keine** Werbeträger sein.

3.3.3 Bewirtungsaufwendungen (§ 4 Abs. 5 Nr. 2 EStG)

Bewirtungsaufwendungen sind zum einen abzugsfähig, soweit sie für **Arbeitnehmer des Stpfl.** erbracht werden. Sie sind auch bei Bewirtung **anderer** Personen abzugsfähig, soweit sie nach der Verkehrsauffassung nicht als unangemessen angesehen werden und ihre Höhe und betriebliche Veranlassung nachgewiesen sind (§ 4 Abs. 5 Nr. 2).

a) Begrenzung der abziehbaren Aufwendungen

Der Abzug von geschäftlich veranlaßten Bewirtungskosten bei der steuerlichen Gewinnermittlung wird auf 80 v. H. der angemessenen und nachgewiesenen Aufwendungen begrenzt.

Beispiel:
Bewirtungsaufwendungen 7 000 DM, davon sollen 2 000 DM unangemessen sein (BFH, BStBl 1990 II 575). Abziehbar als Betriebsausgaben sind 80 v. H. von 7 000 ./. 5 000 DM = 4 000 DM.

Die 80 v. H.-Grenze schließt nach R 21 Abs. 6 Satz 7 ebenfalls die Arbeitnehmer des Stpfl. ein, die an der Bewirtung teilnehmen (Ausnahme: vgl. R 21 Abs. 7 S. 3). Daher darf der Stpfl. den auf seine Arbeitnehmer entfallenden Teil der Bewirtungskosten **nicht** aus dem Gesamtbetrag herausrechnen.

Da die Abzugsbeschränkung ausdrücklich nur bei geschäftlichem Anlaß gilt, sind Aufwendungen für die reine **Arbeitnehmerbewirtung**, z. B. aus Anlaß von Betriebsveranstaltungen, ebenfalls **voll abziehbar** (R 21 Abs. 7 Satz 1).

Auch der auf den **bewirtenden Unternehmer** entfallende Anteil der Aufwendungen fällt unter die 80 v. H.-Beschränkung (R 21 Abs. 6 Satz 7). Ob die Aufwendungen für die eigene Person anläßlich der Bewirtung Dritter Lebenshaltungskosten sind, ist Tatfrage, vgl. BFH, BStBl 1988 II 771.

Mit „Bewirtung aus geschäftlichem Anlaß" wird **nicht** nur die Bewirtung von sogenannten Geschäftsfreunden umschrieben.

Es ist gleichgültig, ob schon Geschäftsbeziehungen zu den bewirteten Personen bestehen oder erst bzw. überhaupt angebahnt werden sollen. Es kann sich auch um bloße Besucher des Betriebs handeln (Bewirtung als Teil der „Öffentlichkeitsarbeit" des Betriebs).

Eine **allgemeine** betriebliche Veranlassung ist aber nicht „geschäftlich", führt also nicht zur Kürzung der Bewirtungsaufwendungen um 20 v. H.

Beispiel:
- Bewirtung von Angehörigen der Arbeitnehmer
- Bewirtung von Personen, die zur Gestaltung eines Betriebsfestes beitragen (z. B. Musiker).

Wäre mit geschäftlichem Anlaß jeder betriebliche Anlaß gemeint, so hätte es der Ergänzung des gesetzlichen Tatbestandes nicht bedurft, da § 4 Abs. 5 das Vorliegen von Betriebsausgaben voraussetzt (vgl. § 4 Abs. 5 Satz 3).

Was im einzelnen zu den „Bewirtungsaufwendungen" zählt, ist nicht unumstritten. Unstreitig gehören dazu die Aufwendungen für Essen, Getränke und wohl auch Tabakwaren. Bedienungsgelder, Garderobekosten, Fahrtkosten zum und vom Bewirtungsort sind dazu zu zählen; vgl. R 21 Abs. 5.

Keine Bewirtungskosten, sondern voll **abziehbare BA** liegen vor bei
- Gewährung von Aufmerksamkeiten in geringem Umfang (Kaffee, Tee, Gebäck), z. B. bei betrieblichen Besprechungen
- Produkt-/Warenverkostungen; hier liegt Werbeaufwand ähnlich wie bei Warenproben vor. Dies gilt auch bei Beauftragung Dritter sowie bei Messeveranstaltungen. Vgl. R 21 Abs. 5 Satz 8.

Nicht unter § 4 Abs. 5 Nr. 2, sondern unter das volle Abzugsverbot des § 4 Abs. 5 Nr. 7 fallen Aufwendungen für den Bereich von Nachtlokalen mit Striptease- und anderen Darbietungen bei offensichtlichem Mißverhältnis des Wertes der verzehrten Speisen und Getränke zur Höhe der Aufwendungen (BFH, BStBl 1990 II 575).

b) Nachweis

Die geschäftliche Veranlassung und die Höhe der Bewirtungskosten sind durch schriftliche Angaben über Ort, Tag, Teilnehmer und Anlaß der Bewirtung sowie Höhe der Aufwendungen nachzuweisen. Hierzu gehören auch der Stpfl. selbst und seine teilnehmenden Arbeitnehmer (BFH, BStBl 1986 II 488. Die Ausfüllung eines amtlichen Vordrucks ist jedoch nicht vorgeschrieben. Bei der Bewirtung in einer Gaststätte genügen schriftliche Angaben über Anlaß und Teilnehmer der Bewirtung.

Ort, Tag und Höhe der Aufwendungen brauchen zum Nachweis der Bewirtung nicht gesondert angegeben werden, wenn die Bewirtung in einer Gaststätte stattgefunden hat, weil sich diese Angaben dann aus der Rechnung ergeben.

Bei Bewirtung in einer Gaststätte ist eine Rechnung auf den **Namen** des **bewirtenden Stpfl.** beizufügen (BFH, BStBl 1990 II 903 und BStBl 1994 II 894); diese braucht aber nicht vom Inhaber der Gaststätte unterschrieben zu sein.

Eine Rechnung bis 200 DM braucht **nicht** auf den Namen des bewirtenden Unternehmers ausgestellt sein.

Nach dem 30.6.1994 sind die in Anspruch genommenen Leistungen nach Art, Umfang, Entgelt und Tag der Bewirtung in der Rechnung **gesondert** zu bezeichnen; die für den Vorsteuerabzug ausreichende Angabe „**Speisen und Getränke**" und die Angabe der für die Bewirtung in Rechnung gestellten Gesamtsumme **genügen** für Bewirtungen nach diesem Zeitpunkt für den Betriebsausgabenabzug **nicht mehr** (R 21 Abs. 8 Satz 9).

Bei Bewirtungen nach dem 31.12.1994 werden nur noch Rechnungen anerkannt, die **maschinell** erstellt und registriert wurden (über eine sog. „Kellnerkasse") (R 21 Abs. 8 Satz 8).

Fraglich ist, ob eine solche Voraussetzung durch bloße Verwaltungsanweisung gefordert werden kann.

Die Aufwendungen für Bewirtungen aus geschäftlichem Anlaß sind einschließlich ihres nicht abziehbaren Teils (also insbesondere einschließlich der 20 v.H.-Minderung) gesondert **aufzuzeichnen** (§ 4 Abs. 7). Gesonderte Belegablage genügt nicht (BFH, BStBl 1988 II 613). Die erforderlichen schriftlichen Angaben müssen zeitnah gemacht werden (BFH, BStBl 1988 II 655); bei § 4 Abs. 3 vgl. BFH, BStBl 1988 II 611. Zu weiteren Einzelheiten vgl. R 22 und BMF-Schreiben vom 22.11.1994, BStBl 1994 I 855.

Ist der Nachweis nicht vollständig geführt, sind die gesamten Bewirtungsaufwendungen nicht abziehbar (BFH, BStBl 1986 II 488) – zur unvollständigen Ausfüllung des früheren amtlichen Vordrucks.

Der Abzug von betrieblichen Bewirtungsaufwendungen kann also aus zwei verschiedenen Gründen versagt werden:

– entweder der Nachweis der Höhe und der betrieblichen Veranlassung der Aufwendungen fehlt,
– oder die Kosten sind nach der allgemeinen Verkehrsauffassung als unangemessen anzusehen.

Im letzteren Fall sind die Kosten insoweit nichtabzugsfähig, als sie unangemessen sind.

Zuvor ist die betriebliche Veranlassung zu prüfen: Hat die Bewirtung in der **Wohnung** des Stpfl. stattgefunden, liegen regelmäßig nichtabzugsfähige Kosten der privaten Lebensführung vor (§ 12 Nr. 1; R 21 Abs. 5 Satz 8).

c) Übersicht

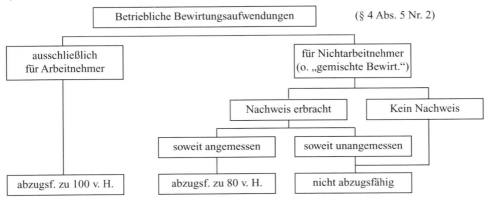

Bewirtung	
in der Wohnung des Stpfl. stets § 12 Nr. 1 (R 21 Abs. 5 Satz 8)	außerhalb der Wohnung des Stpfl. BA (zu 80 v. H.), wenn ausschließlich betrieblich veranlaßt
	Abzugsbeschränkung § 4 Abs. 5 und 7

Aufwendungen für einen Geburtstagsempfang sind **keine** BA (BFH, BStBl 1992 II 524).

d) Umsatzsteuerliche Behandlung

Durch § I Abs. 1 Nr. 2 Buchstabe c UStG wird erreicht, daß der nach § 4 Abs. 5 Nr. 2 abziehbare Teil der Bewirtungsaufwendungen von 20 v. H. **nicht der Umsatzsteuer** als Eigenverbrauch unterliegt. § 1 Abs. 1 Nr. 2c Satz 2 UStG **nimmt** diese Aufwendungen aus dem Tatbestand des Eigenverbrauchs **ausdrücklich** aus.

3.3.4 Gästehäuser (§ 4 Abs. 5 Nr. 3 EStG)

Gästehäuser dienen der Bewirtung, der Beherbergung oder Unterhaltung von Personen, Aufwendungen für derartige Einrichtungen sind nicht als Betriebsausgaben abziehbar, wenn es sich um ein Gästehaus für Personen, die nicht Arbeitnehmer des Stpfl. sind, handelt und sich außerhalb des Ortes des Betriebes des Stpfl. befindet.

Beispiel:
Ein Unternehmen in Stuttgart unterhält ein Gästehaus für Geschäftsfreunde im Schwarzwald. Die Aufwendungen dafür sind zwar Betriebsausgaben, aber nach § 4 Abs. 5 Nr. 3 nicht abzugsfähig.

In folgenden Ausnahmefällen sind die betreffenden BA aber abzugsfähig:

— Gästehaus am Ort des Betriebes
— Gästehaus für Arbeitnehmer
— Gästehaus ist Hotel oder Pension.

Vgl. R 21 Abs. 10.

3.3.5 Aufwendungen für Jagd, Fischerei, Segeljachten, Motorjachten und ähnliche Zwecke (§ 4 Abs. 5 Nr. 4 EStG)

Die Aufwendungen für die Pacht oder die Ausübung einer Jagd oder einer Fischerei scheiden bei der Gewinnermittlung aus, soweit die Ausübung der Jagd oder der Fischerei nicht Gegenstand eines Gewerbebetriebes ist oder in den Rahmen eines land- und forstwirtschaftlichen Betriebes fällt.

Beispiele:

1. Der Vorstand einer Maschinenbau-AG hat eine Jagd gepachtet, zu der in der Regel Geschäftsfreunde eingeladen werden. Die Aufwendungen für die Pacht und die mit der Ausübung der Jagd zusammenhängenden Aufwendungen sind nicht als Betriebsausgaben absetzbar.
2. Zum Betrieb eines Forstbetriebes gehört in der Regel die Pflege des Wildbestandes und die Ausübung der Jagd. Die Aufwendungen dafür sind Betriebsausgaben.

Soweit der Betrieb eines Gästehauses, die Fischerei, das Halten von Segeljachten oder Motorjachten gewerblich, d. h. **mit Gewinnabsicht** (vgl. § 15 Abs. 2) oder **ohne Unterhaltungs- bzw. Freizeitwert** für die Geschäftsfreunde (BFH, BStBl 1993 II 367 betr. Schiff als „schwimmender Konferenzsaal") betrieben wird, sind die Aufwendungen dafür durch § 4 Abs. 5 nicht berührt. Der selbständige Pächter eines Gästehauses ist Gewerbetreibender, seine Aufwendungen für die Unterhaltung des Gästehauses sind abzugsfähige Betriebsausgaben.

Ähnliche Zwecke i. S. des § 4 Abs. 5 Nr. 2 können Golfplätze und das Halten von Reitpferden sein.

3.3.6 Mehraufwendungen für Verpflegung (§ 4 Abs. 5 Nr. 5 EStG)

Der BFH hatte die bisherigen Verwaltungsregelungen, die Pauschbeträge für Verpflegungsaufwand gewährten, für den Bereich der Inlandsdienstreisen als rechtswidrig angesehen. Vgl. z. B. BFH, BStBl 1994 II 529. Diese Regelungen werden gleichwohl bis Ende 1995 weiterhin angewandt.

Mit Wirkung **ab 1996** wird durch eine **gesetzliche Neuregelung** eine verschärfte Rechtsgrundlage geschaffen.

- § 4 Abs. 5 Nr. 5 bestimmt (als ausreichende gesetzliche Grundlage, vgl. BFH, BStBl 1995 II 329), daß Mehraufwendungen für Verpflegung grundsätzlich nicht abgezogen werden können.
- Mehraufwendungen für Verpflegung können jedoch dann berücksichtigt werden, wenn der Stpfl. vorübergehend von seiner Wohnung und dem Mittelpunkt seiner dauerhaft angelegten betrieblichen/ beruflichen Tätigkeit entfernt betrieblich/beruflich tätig wird.

Neue Pauschalen

Für jeden Kalendertag, an dem der Stpfl. wegen dieser vorübergehenden Tätigkeit von seiner Wohnung und seinem Tätigkeitsmittelpunkt entfernt tätig wird, wird ein **Pauschbetrag** in folgender Höhe festgesetzt:

- **46 DM** bei einer Abwesenheit von 24 Stunden
- **20 DM** bei einer Abwesenheit von weniger als 24 Stunden aber mindestens 14 Stunden
- **10 DM** bei einer Abwesenheit von weniger als 14 Stunden aber mindestens 10 Stunden.

Bei mehrtägigen Dienstreisen ist die Höhe der Pauschbeträge unverändert (46 DM).

Bei einer Auswärtstätigkeit im Ausland wird durch Bezugnahme auf die Auslandstagegelder nach dem Bundesreisekostengesetz die bisherige Verwaltungsregelung gesetzlich verankert (§ 4 Abs. 5 Nr. 5 S. 4). Hier gilt ebenfalls eine **zeitliche Staffelung**. Der Einzelnachweis ist auch hier ausgeschlossen. Bei eintägigen Auslandsreisen und bei An- und Rückreisetag von mehrtägigen Auslandstätigkeiten sind 80 v. H. bzw. 40 v. H. des Auslandstagegeldes anzusetzen.

Die Berücksichtigung tatsächlicher Verpflegungsmehraufwendungen ist ab 1996 somit nicht mehr möglich, und zwar sowohl bei eintägigen wie mehrtägigen Dienstreisen im Inland und Ausland.

Arbeitnehmer

Die Regelungen gelten auch bei **Arbeitnehmern (§ 9 Abs. 5)**.

Einsatzwechsel- und Fahrtätigkeit

Die Pauschalen gelten auch bei ständig wechselnden Tätigkeitsstätten bzw. Tätigkeiten auf einem Fahrzeug (Berufskraftfahrer). Hierbei ist allein die Dauer der Abwesenheit von der Wohnung maßgeblich (§ 4 Abs. 5 S. 3).

Dreimonatsfrist

Ist die vorübergehende Auswärtstätigkeit an derselben Tätigkeitsstätte längerfristig angelegt, können die Pauschalen – wie bisher – nur für die ersten drei Monate in Anspruch genommen werden.

Doppelte Haushaltsführung

Die Pauschalen sind auch bei einer aus betrieblichem/beruflichem Anlaß begründeten doppelten Haushaltsführung anzuwenden. Dies führt zwar in einer Anfangsphase einer doppelten Haushaltsführung zu einer höheren Steuerentlastung als bisher, weil Verpflegungsmehraufwendungen innerhalb des Dreimonatszeitraums auch ohne Einsatzwechseltätigkeit berücksichtigt werden können.

Eine Verschlechterung tritt jedoch insoweit ein, als nach Ablauf des Dreimonatszeitraums die Berücksichtigung von Mehraufwendungen für Verpflegung generell ausgeschlossen ist. Bei der Ermittlung des Dreimonatszeitraums ist eine unmittelbar vorausgehende Auswärtstätigkeit am Beschäftigungsort anzurechnen.

Beispiel:
Der verheiratete Arbeitnehmer A mit Hausstand in Dortmund wird für seinen Arbeitgeber ab 1.9.1996 auswärts in Düsseldorf tätig.
Da sich im Herbst 1996 abzeichnet, daß der Einsatz länger dauern wird, mietet A ab 1.11.1996 ein Appartement in Düsseldorf.

Lösung:
A begründet ab 1.11.1996 eine doppelte Haushaltsführung. Die Auswärtstätigkeit in Düsseldorf ab September 1996 ist bei der Gewährung der Pauschalen für Verpflegungsmehraufwendungen anläßlich der doppelten Haushaltsführung anzurechnen, so daß die Pauschalen nur noch für den Monat November 1996 gewährt werden können. Ab Dezember 1996 ist die Berücksichtigung von Verpflegungsmehraufwendungen ausgeschlossen.

Unentgeltliche Verpflegung

Keine Kürzung des Pauschbetrags (mehr) ist vorzunehmen bei unentgeltlicher Verpflegung.

Bei unentgeltlicher Verpflegung von Arbeitnehmern durch oder auf Veranlassung des Arbeitgebers ist ab VZ 1996 ein **Sachbezug** von 4,50 DM/Mahlzeit (bzw. 2,60 DM/Frühstück) anzusetzen; vgl. Abschn. 31 Abs. 6a LStR.

Nach § 4 Abs. 5 Satz 1 Nr. 5 Satz 2 ist eine Tätigkeit, die nach 14.00 Uhr begonnen und vor 10.00 Uhr des nachfolgenden Kalendertages beendet wird, ohne daß eine Übernachtung stattfindet, mit der gesamten Abwesenheitsdauer dem Kalendertag der überwiegenden Abwesenheit zuzurechnen.

Hiermit wird den besonderen Verhältnissen der Berufskraftfahrer, die typischerweise ihre Auswärtstätigkeiten zur Nachtzeit ausüben, hinsichtlich der geltend zu machenden Mehraufwendungen für Verpflegung Rechnung getragen.

Fall 1
Reisekosten und Erstattungen durch den Arbeitgeber
– § 4 Abs. 5 Nr. 5, § 3 Nr. 16 EStG, Abschn. 16 und 37 ff LStR 1996 – Erlaß FM NRW vom 22.5.1996

Der Arbeitnehmer legt dem Arbeitgeber Belege über Verpflegungskosten i. H. von 80,50 DM einschl. 15% USt vor. Er erstattet diesen Betrag dem AN, weil dieser eine mehr als 12stündige Dienstreise ausgeführt hat.

Lösung:
Der AG darf nur in Höhe eines Pauschbetrages von 10 DM steuerfrei erstatten. Die Erstattung nach Belegen ist nicht mehr voll steuerfrei. Der übersteigende Betrag ist für den AN stpfl. Arbeitslohn = 70,50 DM.

Hinweise zur USt:
Der AG (vorsteuerabzugsberechtigter Unternehmer) kann **nur** aus dem ertragsteuerlich zulässigen Pauschbetrag von 10 DM die Vorsteuer i. H. von 13,04% = 1,30 DM herausrechnen.

Buchung:
Löhne / Gehälter	70,50 DM		
Reisekosten (Arbeitnehmer)	8,70 DM		
Vorsteuer	1,30 DM	an Geldkonto	80,50 DM

Anm.: Außerdem besteht Sozialversicherungspflicht für den Betrag von 70,50 DM.

Fall 2 – Reisekosten Unternehmer –
Die obigen Verpflegungskosten sind durch eine Geschäftsreise des Unternehmers entstanden.

Lösung:
Die Gesamtkosten sind begrifflich in voller Höhe Betriebsausgaben, weil betrieblich veranlaßt (§ 4 Abs. 4).
Die Vorsteuer ist in **voller** Höhe gem. § 15 UStG abzugsfähig.

Buchung

Reisekosten (Unternehmer)	70,00 DM		
Vorsteuer	10,50 DM	an Geldkonto	80,50 DM

Aber:
In Höhe der den zulässigen Pauschbetrag **übersteigenden** Kosten liegen gem. § 4 Abs. 5 Nr. 5 nicht abzugsfähige BA vor, die Eigenverbrauch gem. § 1 (1) Nr. 2c UStG darstellen.

Berechnung:

zustehender Pauschbetrag (= Bruttobetrag!)	10,00 DM
abzgl. Vorsteuer 13,04 %	1,30 DM
= abzugsfähige BA	8,70 DM
geltend gemachte BA (s. o.)	70,00 DM
= nicht abzugsfähige BA	61,30 DM
zzgl. 15 % USt Eigenverbrauch § 1 Abs. 1 Nr. 2c UStG	9,20 DM

Buchung:

nicht abzugsfähige BA	61,30 DM	an Erlöse	61,30 DM
Privatentnahmen	9,20 DM	an USt	9,20 DM

3.3.7 Aufwendungen für doppelte Haushaltsführung (§ 4 Abs. 5 Nr. 6a, § 9 Abs. 1 Satz 3 Nr. 5 EStG)

Nach § 9 Abs. 1 Nr. 5 a. F. (bis VZ 1995) war bei Stpfl. mit eigenem Hausstand eine beruflich begründete doppelte Haushaltsführung zeitlich unbegrenzt anzuerkennen, auch wenn sie letztlich aus privaten Gründen beibehalten wurde.

Die Gesetzesänderung begrenzt ab VZ 1996 die doppelte Haushaltsführung über § 4 Abs. 5 Nr. 6a auf **2 Jahre**.

Zu den nichtabziehbaren Betriebsausgaben bzw. Werbungskosten i. S. des § 4 Abs. 5 Nr. 6a / § 9 Abs. 1 S. 3 Nr. 5 gehören nunmehr auch Aufwendungen wegen einer aus betrieblichem/beruflichem Anlaß begründeten doppelten Haushaltsführung, **soweit** die doppelte Haushaltsführung über die Dauer von **zwei Jahren** beibehalten wird (§ 4 Abs. 5 Nr. 6a).

Nach § 52 Abs. **4 und 11a** gilt die Neuregelung ab dem VZ 1996 aber auch für die Fälle einer bereits vor dem 1. 1. 1996 bestehenden doppelten Haushaltsführung. Besteht die doppelte Haushaltsführung am 1. 1. 1996 bereits zwei Jahre oder länger, kommt mithin ein Abzug der Aufwendungen im VZ 1996 nicht mehr in Betracht.

Beispiel:

Arbeitnehmer A hat im Januar 1994 eine steuerlich anzuerkennende dopppelte Haushaltsführung begründet, die auch weiter in 1996 besteht. Aufgrund der Neuregelung in § 4 Abs. 5 Nr. 6a i. V. m. § 9 Abs. 5 können die Aufwendungen für die doppelte Haushaltsführung hier ab 1. 1. 1996 **nicht mehr** berücksichtigt werden.

Die zeitliche Beschränkung gilt für die **einzelne** doppelte Haushaltsführung. Bei einem Wechsel des Arbeitsortes **und** der auswärtigen Wohnung beginnt eine **neue** Zweijahresfrist.

Abzugsmöglichkeiten nach Ablauf der Zweijahresfrist

– **Fahrten zwischen Wohnung und Arbeitsstätte**

Nach Ablauf der Zweijahresfrist ist noch der Abzug von Aufwendungen **für Fahrten zwischen Wohnung und Betriebsstätte/Arbeitsstätte** nach § 9 Abs. 1 Nr. 4 möglich. Da die Abzugsbeschränkung für Familienheimfahrten nach Ablauf der zwei Jahre entfällt, können auch **mehrere Heimfahrten** je Woche berücksichtigt werden.

– **Förderung des selbstgenutzen Wohneigentums**

a) § 10e EStG

Nach Auffassung der Finanzverwaltung ist die Inanspruchnahme von § 10e bisher ausgeschlossen, solange der Stpfl. die Mehraufwendungen für die doppelte Haushaltsführung als Werbungskosten abzieht, BMF-Schreiben vom 10.5.1989, BStBl I 165. Es hätte dem Stpfl. ein generelles Wahlrecht eingeräumt werden müssen, weil dem Gesetz keine eindeutige Regelung dieser Frage entnommen werden konnte. Fraglich ist die Behandlung für das Jahr, in dem wegen des Ablaufs des Zwei-Jahres-Zeitraums der Werbungskostenabzug im Laufe eines Jahres wegfällt. M.E ist für dieses Jahr entsprechend BMF-Schreiben vom 31.12.1994 RZ 58 § 10e **voll** zu gewähren.

b) Eigenheimzulage

Die Eigenheimzulage ist nach § 2 EigZulG ausgeschlossen, solange für die Wohnung i. R. einer doppelten Haushaltsführung AfA oder BA oder WK abgezogen werden.

3.3.8 Aufwendungen für ein Arbeitszimmer (§ 4 Abs. 5 Nr. 6b EStG)

a) Überblick

Bei der Anerkennung häuslicher Arbeitszimmer gelten bereits bisher strenge Maßstäbe. Durch das JStG 1996 kommt es zu weiteren einschneidenden Einschränkungen.

Rechtssystematisch geht § 4 Abs. 5 Nr. 6b davon aus, daß Aufwendungen für ein häusliches Arbeitszimmer sowie Kosten für dessen Ausstattung „**grundsätzlich in vollem Umfang** zu den **nichtabziehbaren** Betriebsausgaben bzw. Werbungskosten gehören (§ 4 Abs. 5 Nr. 6b Satz 1). Die vorschrift regelt dann zwei Ausnahmen, unter denen die Aufwendungen **ganz oder teilweise** abgezogen werden können.

aa) Ausnahme = begrenzter Abzug bis 2 400 DM

- Der begrenzte Abzug ist möglich, wenn die betriebliche oder berufliche Nutzung des Arbeitszimmers mehr als 50 % der gesamten betrieblichen und beruflichen Tätigkeit ausmacht oder
- wenn für die betriebliche/berufliche Tätigkeit **kein** anderer Arbeitsplatz zur Verfügung steht.

bb) Ausnahme = unbegrenzter Abzug

Ist das Arbeitszimmer Mittelpunkt der gesamten betrieblichen und beruflichen Tätigkeit, können die Aufwendungen dagegen in voller Höhe als Betriebsausgaben/Werbungskosten berücksichtigt werden.

a) § 4 Abs. 5 Nr. 6b Satz 1 = Grundsatz: kein Abzug	– Stpfl. verrichtet nur bis zu 50 % seiner betrieblichen und beruflichen Tätigkeit im Arbeitszimmer **und** – dem Stpfl. steht ein Arbeitsplatz außerhalb des Arbeitszimmers zur Verfügung
b) § 4 Abs. 5 Nr. 6b Satz 2 und Satz 3 1. Halbsatz = begrenzter Abzug bis zu 2 400 DM im VZ	– mehr als 50 % der betrieblichen und beruflichen Tätigkeit erfolgt im Arbeitszimmer **oder** – es wird kein anderer Arbeitsplatz zur Verfügung gestellt (im Betrieb ist kein Arbeitsplatz vorhanden)
c) § 4 Abs. 5 Nr. 6b Satz 3 2. Halbsatz = voller Abzug	Arbeitszimmer ist Mittelpunkt der betrieblichen und beruflichen Tätigkeit

Die Abgrenzung der drei Fallgruppen stößt offensichtlich auf Schwierigkeiten.

b) Unbegrenzter Abzug

Nach Abschn. 45 Abs. 3 Sätze 1 bis 3 LStR können die Werbungskosten, die sich aus einem Arbeitszimmer ergeben, unbegrenzt abgezogen werden,

„wenn das häusliche Arbeitszimmer den Mittelpunkt der gesamten beruflichen und betrieblichen Betätigung des Stpfl. bildet. Bei einem Arbeitnehmer, der neben seinen Einkünften aus nichtselbständiger Arbeit keine Gewinneinkünfte erzielt, kann ein häusliches Arbeitszimmer nur dann der maßgebende Mittelpunkt der beruflichen Betätigung sein, wenn der Arbeitnehmer an keinem anderen Ort dauerhaft tätig wird. Die Voraussetzung kann deshalb bei Heimarbeitern erfüllt sein, nicht dagegen bei Lehrern oder Richtern, die ihren Tätigkeitsmittelpunkt in der Schule bzw. im Gericht haben."

c) begrenzter Abzug

Nach Abschn. 45 Abs. 3 Satz 4 LStR ist der begrenzte Abzug bis 2 400 DM im KJ möglich, wenn eine der beiden folgenden Voraussetzungen erfüllt ist:

aa) Die berufliche Nutzung des Arbeitszimmers beansprucht mehr als 50 vom Hundert der gesamten beruflichen und betrieblichen Tätigkeit. Dabei ist jeweils die tatsächliche Dauer in den Zeitraum (längstens im Besteuerungsjahr) maßgebend, in dem die Tätigkeit ausgeübt wird. Ein begrenzter Werbungskostenabzug kann hiernach z. B. bei Richtern, die ihre berufliche Tätigkeit nur tageweise im Gerichtsgebäude ausüben, und bei anderen Arbeitnehmern mit überwiegender häuslicher Tätigkeit in Betracht kommen.

bb) Der Arbeitgeber hat den für die berufliche Tätigkeit erforderlichen Arbeitsplatz nicht zur Verfügung gestellt. Diese Voraussetzung ist regelmäßig bei Lehrern erfüllt, die für ihre Unterrichtsvorbereitung keinen Schreibtisch in der Schule haben.

d) Abzugsverbot

Sind die Voraussetzungen der Sätze 1 oder 4 nicht erfüllt, sind die Aufwendungen in voller Höhe vom Abzug ausgeschlossen (Abschn. 45 Abs. 3 Satz 5 LStR).

e) Einzelfälle

– **Lehrer**

M. E ist davon auszugehen, daß ein Lehrer seinen „Arbeitsplatz" nicht in den einzelnen Klassenräumen hat. Steht ihm in der Schule kein Schreibtisch zur Verfügung, an dem er notwendige schriftliche Arbeiten erledigen kann, ist das häusliche Arbeitszimmer steuerlich anzuerkennen, wobei allerdings die abziehbaren Kosten auf 2 400 DM begrenzt sind.

– **Schulleiter**

Ein Schulleiter, dem in der Schule ein Arbeitsplatz zur Verfügung gestellt wird, kann Aufwendungen für ein häusliches Arbeitszimmer offensichtlich nicht mehr geltend machen (Abzugsverbot).

– **Freiberufler**

Verfügt ein Freiberufler in seiner Praxis über einen Arbeitsplatz, hat dies zur Folge, daß Aufwendungen für ein häusliches Arbeitszimmer (in dem z. B. die Korrespondenz oder ein Teil der Arbeiten erledigt wird) nicht mehr abziehbar sind.

– **Arbeitnehmer mit nebenberuflicher freiberuflicher oder gewerblicher Tätigkeit**

Beispiel:

Ein angestellter Rechtsanwalt betreut **nebenberuflich** einige Mandanten. Hierfür ist in seinem Haus ein Arbeitszimmer eingerichtet.

M. E ist das Arbeitszimmer der Mittelpunkt der (nebenberuflichen) freiberuflichen Tätigkeit, so daß die Aufwendungen hierfür in vollem Umfang abgezogen werden können. Durch das Wort „und" könnte aber auch eine die Einkunftsart übergreifende Betrachtung notwendig sein.

Dasselbe Problem ergibt sich z. B. auch bei nebenberuflicher schriftstellerischer Tätigkeit.

M. E ist der Umfang des Hauptberufes in solchen Fällen kein Kriterium für die Anerkennung des Arbeitszimmers, insbesondere, wenn es für den Hauptberuf nicht oder nur unwesentlich genutzt wird.

Der **Höchstbetrag** von 2 400 DM wird **nicht** zeitanteilig gekürzt, wenn das Abeitszimmer nur während eines **Teils** des Kalenderjahres genutzt wird.

Beispiel:

Eine Eigentumswohnung wird ab 1. 10 1996 selbst genutzt. Anteilige Aufwendungen des anzuerkennenden Arbeitszimmers vom 1. 10. bis 31. 12. 1996 = 3 000 DM

Anzusetzen ist der (ungekürzte) Höchstbetrag von 2 400 DM.

- **Beide Ehegatten** haben je ein Arbeitszimmer. Der Höchstbetrag ist m. E. **zweimal** zu gewähren.
- **Beide Ehegatten** nutzen ein Arbeitszimmer **gemeinsam**. Das Haus/die Wohnung steht im gemeinschaftlichen Eigentum. Hier spricht ebenfalls einiges für **zweimalige** Gewährung des Höchstbetrags.

f) Begriff des Arbeitszimmers

Die Abgrenzung des Arbeitszimmers ist nach **unveränderten** Grundsätzen vorzunehmen. Vgl. hierzu Abschn. 45 Abs. 1 LStR. Voraussetzungen sind insbesondere – wie bisher –

- so gut wie ausschließlich berufliche Nutzung
- räumliche Trennung von der üblichen Wohnung (Problematik Durchgangszimmer)

g) Aufwendungen für das Arbeitszimmer

(Berufs-)Typische Arbeitsmittel gehören **nicht** zur Ausstattung (Abschn. 45 Abs. 2 Satz 6 LStR).

Die **übrige** Ausstattung soll dagegen auch ab 1996 zu den Aufwendungen für das Arbeitszimmer gehören. Dies ist m. E. nicht haltbar, wenn das **Abzugsverbot** für das Arbeitszimmer greift. Gl. A. FG Rh.-Pf., Urteil vom 24. 4. 1996, DB 1996, 1798 – Rev.

Unklar bleibt auch, was als Kosten der **Ausstattung** anzusehen ist. Hierdurch darf m. E. **nicht** der Begriff der steuerlich abziehbaren Arbeitsmittel eingeschränkt werden, mit der Folge, daß die Ausstattung eines Arbeitszimmers mit Schreibtisch, Stuhl und PC nicht zu Werbungskosten führt. Der BFH hat Aufwendungen für diese Arbeitsmittel **auch dann** als Werbungskosten anerkannt, wenn sich die Gegenstände nicht in einem als häuslichem Arbeitszimmer eingerichteten Raum befinden (BFH, BStBl 1993 II 106). Wäre der Begriff Ausstattung weit auszulegen, käme es zu dem nicht nachvollziehbaren Ergebnis, daß Kosten für einen Schreibtisch im Arbeitszimmer aufgrund der Regelung in § 4 Abs. 5 Nr. 6b nicht oder nur begrenzt abziehbar wären, derselbe zu beruflichen Zwecken genutzte Schreibtisch im **Wohnraum** hingegen steuerlich zu berücksichtigen ist (?).

h) Zugehörigkeit zum Betriebsvermögen

Gehören die Aufwendungen für ein überwiegend **gewerblich** oder **freiberuflich** genutztes Arbeitszimmer aufgrund der neuen gesetzlichen Einschränkungen ganz oder teilweise zu den **nicht abziehbaren Betriebsausgaben**, muß das Arbeitszimmer gleichwohl wie bisher von Gewerbetreibenden und Freiberuflern zum Betriebsvermögen gerechnet werden. Obwohl die Aufwendungen nicht oder nur teilweise abziehbar sind, sind die bei einer späteren Veräußerung oder Entnahme aufgedeckten stillen Reserven zu versteuern (ggf. § 6b).

Im Fall der Veräußerung eines Wirtschaftsguts i. S. d. § 4 Abs. 5 hat der BFH bereits in BStBl 1974 II 207 entschieden, daß zur Berechnung des Veräußerungsgewinns als Buchwert der Wert anzusetzen ist, der sich unter Berücksichtigung der Absetzungen ergibt, auch wenn die AfA nicht abziebare Aufwendungen waren (vgl. auch H 21, zum Meinungsstreit siehe auch Schmidt/Heinicke, EStG, 15. Auflage, Anm. 564, 590, 597).

Eine private Mitbenutzung von mehr als 10 % steht der Qualifizierung als „Arbeitszimmer" entgegen. In diesem Fall sind die Aufwendungen für das Arbeitszimmer wegen des Aufteilungsverbots des § 12 Nr. 1 Satz 2 insgesamt den nicht abziehbaren privaten Lebenshaltungskosten zuzurechnen. Bei einer unter 90 % liegenden betrieblichen Nutzung des Arbeitszimmers gehört dieses demnach nicht zum Betriebsvermögen, sondern zum Privatvermögen.

Es reicht mithin nach der speziellen Definition („so gut wie ausschließlich berufliche/betriebliche Nutzung" ein bloßes Überwiegen der beruflichen/betrieblichen Nutzung **nicht** aus.

i) Nutzung von Arbeitszimmern für Vermögensverwaltung (Vermögenseinkünfte)

Fraglich ist auch die steuerliche Behandlung von Arbeitszimmern, die außerhalb des betrieblichen und beruflichen Bereichs z. B. bei einer Vermögensverwaltung oder der Verwaltung von vermietetem Grundbesitz genutzt werden. Da begrifflich keine „betriebliche" oder „berufliche" Nutzung erfolgt, könnte dem Wortlaut nach von der Nichtabziehbarkeit der gesamten Aufwendungen ausgegangen werden. Ob dies tatsächlich beabsichtigt ist, ist zumindest fraglich.

k) Beispiele:

Fall 1

Ein selbständiger Rechtsanwalt mit Büro in seiner Praxis unterhält **zusätzlich** ein häusliches Arbeitszimmer im eigenen Einfamilienhaus zur gelegentlichen Nutzung für schwierige Fälle.

Hierfür sind folgende Kosten angefallen:

– anteilige Hauskosten	1 000 DM	
– anteilige Steuern/Versicherungen	500 DM	
– AfA Einrichtungsgegenstände	1 500 DM	
– AfA Gebäude	3 000 DM	6 000 DM

aa) Lösung bis VZ 1995

Kosten von 6 000 DM sind in **voller** Höhe als BA abzugsfähig

bb) Lösung ab VZ 1996

Kosten sind in **voller** Höhe **nicht** abzugsfähige BA (§ 4 Abs. 5 Nr. 6b S. 1), da
- Arbeitsplatz in der Praxis vorhanden und
- nicht mehr als 50 % der Tätigkeit.

Das Arbeitszimmer bleibt notwendiges BV.

Fall 2

Der Rechtsanwalt nutzt das Arbeitszimmer ab 1996 privat und macht deshalb hierfür keine Betriebsausgaben mehr geltend.

Lösung:

- Entnahme des Arbeitszimmers/Grundstücksteil – Gebäude und Grubo – mit Gewinnrealisierung 1.1.1996: **Teilwert ./. Buchwert = sb Ertrag**
- USt-freier Eigenverbrauch, § 4 Nr. 9a UStG
- § 15a UStG ist zu beachten (Vorsteuerberichtigung wegen Nutzungsänderung).

Fall 3:

Der Stpfl. hat Einkünfte aus § 19 und Einkünfte aus schriftstellerischer Nebentätigkeit, die zu 100 % im häuslichen Arbeitszimmer ausgeübt wird.

Die Kosten des Arbeitszimmers betragen 6 000 DM, wovon 4 000 DM auf die AN-Tätigkeit und 2 000 DM auf die schriftstellerische Tätigkeit entfallen.

Lösung:

Der Höchstbetrag von 2 400 DM ist aufzuteilen

WK zu § 19 EStG	BA zu § 18 EStG
3 000 DM	2 000 DM
anteiliger Höchstbetrag	
²/₃ × 2 400 DM = 1 600 DM	¹/₃ × 2 400 DM = 800 DM

Umsatzsteuer auf Eigenverbrauch

In Höhe der nichtabziehbaren BA liegt bei Unternehmern umsatzsteuerlich Eigenverbrauch i. S. des § 1 Abs. 1 Nr. 2c UStG vor.

3.3.9 Fahrtkosten (§ 4 Abs. 5 Nr. 6 EStG)

Aufwendungen für Fahrten zwischen Wohnung und Betriebsstätte dürfen – ebenso wie bei Arbeitnehmern – nur bis zur Höhe der sich aus § 9 Abs. 1 Nr. 4 ergebenden Beträge als BA abgezogen werden (sogenannte Kilometerpauschalen). Der Kilometer-Pauschbetrag beträgt je Entfernungskilometer ab VZ 1994 0,70 DM (Kraftwagen) bzw. 0,33 DM (Motorräder/Motorroller).

Darüber hinausgehende Beträge sind nichtabzugsfähige Betriebsausgaben. Vgl. R 23 Abs. 1.

Die Ermittlung wurde durch das JStG neu geregelt.

a) Abzugsbeschränkung

Nach § 4 Abs. 5 Nr. 6 dürfen den Gewinn nicht mindern:

„Aufwendungen für Fahrten des Stpfl. zwischen Wohnung und Betriebsstätte in Höhe des positiven Unterschiegsbetrags zwischen **0,03 v. H.** des inländischen **Listenpreises** i. S. des § 6 Abs. 1 Nr. 4 S. 2 des Kraftfahrzeugs im Zeitpunkt der Erstzulassung je Kalendermonat für jeden Entfernungskilometer und dem sich nach § 9 Abs. 1 S. 3 Nr. 4 ergebenden Betrag sowie Aufwendungen für Familienheimfahrten in Höhe des positiven Unterschiedsbetrags zwischen **0,002 v. H.** des inländischen Listenpreises i. S. des § 6 Abs. 1 Nr. 4 S. 2 und dem sich nach § 9 Abs. 1 S. 3 Nr. 5 S. 4 und 5 ergebenden Betrag.

Ermittelt der Stpfl. die private Nutzung des Kraftfahrzeugs nach § 6 Abs. 1 Nr. 4 S. 3 treten an die Stelle des mit 0,03 oder 0,002 v. H. des inländischen Listenpreises ermittelten Betrags für Fahrten zwischen Wohnung und Betriebsstätte und für Familienheimfahrten, die auf diesen Fahrten entfallenden tatsächlichen Aufwendungen."

Diese Regelung steht im Zusammenhang mit der pauschalierten Ermittlung des privaten Nutzungsanteils für betrieblichen Pkw in § 6 Abs. 1 Nr. 4.

Aufwendungen für solche Fahrten gehören insoweit zu den nicht abziehbaren Betriebsausgaben i. S. des § 4 Abs. 5, als sie die Km-Pauschale des § 9 Abs. 1 S. 3 Nr. 4 übersteigen. Die Aufwendungen für die genannten Fahrten sind nunmehr grundsätzlich **pauschal** auf der Grundlage des inländischen Listenpreises für das Fahrzeug zu ermitteln. Eine entsprechende Begrenzung gilt auch bei **Familienheimfahrten** anläßlich einer aus betrieblichen Gründen veranlaßten doppelten Haushaltsführung.

Beispiel:

Listenpreis i. S. des § 6 Abs. 1 Nr. 4 S. 2	50 000 DM
× 0,03 v. H. =	15 DM
× Anzahl der Monate (12 Monate) =	180 DM
× Entfernungs-Km (z. B. 20 km)	
= fiktiver Aufwand	3 600 DM
./. abziehbar nach § 9 Abs. 1 S. 3 Nr. 4 (angenommen) 200 Tage×20 km×0,70 DM	2 800 DM
nichtabziehbare Betriebsausgabe	800 DM

Für die Ermittlung dieser nicht abziehbaren Betriebsausgaben besteht jetzt ebenfalls ein **Wahlrecht** zwischen dem Ansatz der tatsächlichen Kosten und dem eines Schätzwertes. Dabei ist dieses Wahlrecht an das Wahlrecht gekoppelt, das für den Nachweis der Aufwendungen für Privatfahrten besteht.

Wird der **private Nutzungsanteil nicht** nach der pauschalen Methode (§ 6 Abs. 1 Nr. 4 S. 2), sondern aufgrund eines **Einzelnachweises und ordnungsmäßigem Fahrtenbuch** (§ 6 Abs. 1 Nr. 4 S. 3) ermittelt, sind auch bei der Berechnung der nichtabziehbaren Betriebsausgaben im Rahmen von Familienheimfahrten die **tatsächlichen Kfz-Kosten** zugrunde zu legen.

b) Abgrenzung zu Fahrten zwischen Betriebstätten

Fahrten zwischen mehreren Betriebstätten sind **voll** abzugsfähig. Vgl. hierzu R 23 Abs. 1 Sätze 6 ff und BFH, BStBl 1994 II 468.

3.3.10 Andere die Lebensführung berührende Ausgaben (§ 4 Abs. 5 Nr. 7 EStG)

BA, die die Lebensführung des Stpfl. oder anderer Personen berühren, sind solche Aufwendungen, die **ohne** ihre betriebliche Veranlassung zu den nach § 12 nichtabzugsfähigen Kosten der Lebensführung gehören würden (R 21 Abs. 12). Diese Aufwendungen sind ebenfalls nichtabzugsfähige BA, soweit sie nach der Verkehrsauffassung unangemessen sind und nicht bereits unter § 4 Abs. 5 Nr. 1 bis 6 fallen.

Hierunter können insbesondere fallen (vgl. R 21 Abs. 12):

— Übernachtungskosten auf einer Geschäftsreise
— Pkw-Unterhaltung („Luxus-Limousinen")
— Benutzung eines eigenen (nicht gemieteten) Hubschraubers als Fortbewegungsmittel für betriebliche Reisen (BFH, BStBl 1985 II 458)

- Aufwendungen für die Ausstattung der Geschäftsräume, z. B. der Chef-Zimmer und Sitzungsräume („luxuriöse" Ausstattung)

- Aufwendungen für Besuch von Nachtlokalen mit Striptease und anderen Darbietungen bei offensichtlichem Mißverhältnis zum Wert der verzehrten Speisen und Getränke (BFH, BStBl 1990 II 575).

Die Vorschrift soll jedoch nur angewendet werden, wenn die Aufwendungen ins Gewicht fallen und die Grenze des Angemessenen erheblich überschritten wird. Nach FG Saar, EFG 1986, 276 rkr kann jedoch die einschränkende BFH-Rechtsprechung zum InvZulG (z. B. BFH, BStBl 1979 II 387 = 40 000 DM anerkannt bei AK von 76 500 DM) **nicht** analog angewendet werden. Ebenso BFH, BStBl 1987 II 853 und BStBl 1988 II 629.

Beispiel:

Ein Facharzt schafft einen Pkw mit Anschaffungskosten von 200 000 DM (netto) an. Die Fahrleistung beträgt: 4 000 km privat, 4 000 km Fahrten zwischen Wohnung und Praxis, 2 000 km sonstige betriebliche Fahrten. Die Kfz-Kosten sind hinsichtlich der darin enthaltenen unangemessen hohen AfA nicht abzugsfähig, soweit sie auf überhöhte Anschaffungskosten entfallen.

Die Angemessenheit von Anschaffungskosten für betrieblich genutzte **Pkws** unter Berücksichtigung von § 4 Abs. 5 ist im **Einzelfall** zu überprüfen.

Wesentliche Beurteilungsgrundlage ist bei Pkws insbesondere der Umfang der Reisetätigkeit (geht in Richtung „Kosten-Nutzen-Analyse" s. u.).

Eine Festlegung **allgemeiner Grenzwerte** existiert nicht (BFH, BStBl 1987 II 853 = Grundsatzentscheidung). Die FinVerw berücksichtigt aber die BFH- und FG-Entscheidungen als Anhaltspunkte.

Beispiele aus der Rechtsprechung:

Daimler-Benz:
- 500 SEC AK ca. 80 000 DM (netto) 1982: anerkannt 50 000 DM (Nds. FG vom 29. 4. 1985 II 329/83 n. v.)
- 500 SEL AK ca. 70 000 DM (netto) 1981: anerkannt 48 000 DM (FG Münster vom 5. 10. 1983 V 4203/83 U n. v.)
- 500 SE AK ca. 75 000 DM (netto) 1981: anerkannt 50 000 DM (FG Hbg vom 11. 2. 1985, EFG 1985, 338)

Porsche:
- Turbo AK ca. 75 000 (netto) 1978: voll anerkannt (BFH vom 8. 10. 1987, a.a.O.).

Für die Angemessenheit von Aufwendungen i. S. § 4 Abs. 5 Nr. 7 sind im übrigen folgende Kriterien zu berücksichtigen:

- Größe des Unternehmens
- Höhe von Umsatz und Gewinn
- Bedeutung des Repräsentationsaufwandes für den Geschäftserfolg (BFH, BStBl 1986 II 904 betr. Orientteppiche für die Praxis eines Unternehmensberaters), des weiteren
- Üblichkeit in vergleichbaren Betrieben
- Objektiver Grund für die Anschaffung, z. B. günstiges Kopplungsgeschäft – Umfang der Mitbenutzung durch Mitarbeiter (BFH, a. a. O.).

Vorrangig ist aber das Abzugs- und Aufteilungsverbot des § 12 Nr. 1 zu prüfen.

Bei Erwerb aktivierungspflichtiger Wirtschaftsgüter des Anlagevermögens stellt **nur** die **AfA** Aufwendungen i. S. des § 4 Abs. 5 Nr. 7 der (BFH, BStBl 1986 II 904, BStBl 1987 II 108). Der unangemessene Teil der AfA ist außerhalb der Bilanz hinzuzurechnen (BFH/NV 1986, 18).

3.3.11 Geldbußen und ähnliche Sanktionen (§ 4 Abs. 5 Nr. 8 EStG)

3.3.11.1 Allgemeines

Der Katalog der nichtabziehbaren Betriebsausgaben enthält in § 4 Abs. 5 **Geldbußen** und der Katalog der nichtabziehbaren Ausgaben in § 12 **Geldstrafen**. Ferner ist durch § 9 Abs. 5 der Werbungskostenabzug von Geldbußen entsprechend ausgeschlossen worden.

Soll bei einer Geldbuße der durch die Ordnungswidrigkeit erlangte wirtschaftliche Vorteil abgeschöpft werden, so fällt der auf die Abschöpfung des wirtschaftlichen Vorteils entfallende Teil der Geldbuße nicht unter das Abzugsverbot des § 4 Abs. 5 Nr. 8, vgl. 3.3.9.4.

3.3.11.2 Betriebliche oder private Veranlassung

Geldbußen, Ordnungsgelder, Verwaltungsgelder u. ä. können
- der Lebensführung zuzurechnen sein
- aber auch betrieblich veranlaßt sein.

Nur bei betrieblicher Veranlassung greift das Abzugsverbot des § 4 Abs. 5 Nr. 8 ein. In anderen Fällen ergibt sich das Abzugsverbot bereits aus § 12 Nr. 1 infolge der privaten Veranlassung.

Beispiel:
Der Gewerbetreibende hat ein Verwarnungsgeld gezahlt wegen Falschparkens auf einer
1. Privatfahrt
2. betrieblichen Fahrt (wichtiger Geschäftstermin o. ä.).

Im Fall 1 ergibt sich das Abzugsverbot bereits aus § 12 Nr. 1 (Privatsphäre, keinerlei Einkunftszusammenhang). Im Fall 2 liegen uE infolge des Einkunftszusammenhangs trotz des vorsätzlichen Handelns begrifflich BA vor, aber das Abzugsverbot des § 4 Abs. 5 Nr. 8 kommt zum Zuge.

Das Abzugsverbot für solche Aufwendungen beruht auf der übergeordneten Erwägung, daß der Strafcharakter von Geldstrafen und Geldbußen nicht durch steuerliche Abzugsfähigkeit abgeschwächt werden darf (vgl. Tipke/Kruse, Rdn. 7 zu § 40 AO). Dieser Gedanke steht auch hinter § 4 Abs. 5 Nr. 8.

Nicht unter das Abzugsverbot des § 4 Abs. 5 Nr. 8 fällt uE der **Ersatz** von Geldbußen u. ä. durch einen Arbeitgeber an seine Arbeitnehmer, da hierin **Arbeitslohn** zu erblicken ist.

3.3.11.3 Fallgruppen des Abzugsverbots

a) Geldbußen (R 24 Abs. 2)

Zu den **Geldbußen** gehören alle Sanktionen, die gesetzlich als Geldbußen bezeichnet sind. In erster Linie sind dies die Geldbußen nach dem Ordnungswidrigkeitenrecht. Außerdem sind auch die Geldbußen einbezogen, die nach den Disziplinargesetzen des Bundes und der Länder und nach den berufsgerichtlichen Gesetzen (Bundesrechtsanwaltsordnung, Bundesnotarordnung, Wirtschaftsprüferordnung, Steuerberatungsgesetz, Patentanwaltsordnung) festgesetzt werden können.

Beispiele:
- Geldbußen wegen Verkehrsverstößen bei betrieblich/beruflich veranlaßten Fahrten,
- vom Kartellamt verhängte Geldbußen wegen verbotener Baupreisabsprachen oder anderer Verstöße gegen Wettbewerbsbeschränkungen,
- Geldbußen wegen Verstößen gegen Umweltbestimmungen,
- Geldbußen wegen Verstößen gegen außenwirtschaftliche Bestimmungen (z. B. Verkauf von Wertpapieren ins Ausland ohne Genehmigung),
- in berufsgerichtlichen Verfahren verhängte Geldbußen.

Geldbußen nach dem Gesetz über Ordnungswidrigkeiten sind auch insoweit nicht abziehbar, als bei ihrer Bemessung der aus der Tat gezogene wirtschaftliche Vorteil (§ 17 Abs. 4 OWiG) oder der durch die Tat erlangte Mehrerlös (§ 38 Abs. 4 des Gesetzes gegen Wettbewerbsbeschränkungen) berücksichtigt wird.

Das Abzugsverbot gilt nicht für Nebenfolgen vermögensrechtlicher Art wie Abführung des Mehrerlöses oder die Einziehung von Gegenständen.

b) Ordnungsgelder (R 24 Abs. 4)

Ordnungsgelder sind die so bezeichneten Unrechtsfolgen, die in den Verfahrensverordnungen ZPO, StPO, GVG oder in verfahrensrechtlichen Vorschriften anderer Gesetze vorgesehen sind. Bei diesen Ordnungsgeldern handelt es sich ihrer Funktion nach um den Geldbußen vergleichbare Rechtsnachteile.

Beispiele:
– Ordnungsgeld gegen einen Zeugen wegen Verletzung seiner Pflicht zum Erscheinen vor Gericht
– Ordnungsgelder nach § 890 ZPO.

c) Verwarnungsgelder (R 24 Abs. 5)

Verwarnungsgelder sind vor allem die in § 56 OWiG so bezeichneten geldlichen Einbußen, die dem Betroffenen aus Anlaß einer Ordnungswidrigkeit mit seinem Einverständnis auferlegt werden, um der Verwarnung Nachdruck zu verleihen.

Beispiel:
Gebührenpflichtige Verwarnungen, z. B. wegen Falschparkens (mit Einverständnis des Betroffenen).

d) Leistungen zur Erfüllung von Auflagen und Weisungen

Von der Absetzbarkeit ausgeschlossen sind auch Leistungen zur Erfüllung von Auflagen oder Weisungen, die in einem berufsgerichtlichen Verfahren bei einer Einstellung aufgrund des entsprechend anwendbaren § 153a Abs. 1 Nr. 2, 3 StPO erteilt werden.

Beispiel:
Der Stpfl. zahlt als Auflage bei Einstellung eines berufsgerichtlichen Verfahrens (entsprechende Anwendung von § 153a StPO) 1 000 DM an eine gemeinnützige Einrichtung (z. B. das DRK).
Abzugsverbot § 4 Abs. 5 Nr. 8.

Auflagen oder Weisungen, die lediglich der Wiedergutmachung des durch die Tat verursachten Schadens dienen, fallen nicht unter das Abzugsverbot.

Ein Abzug als Spende nach § 10 b scheidet ebenfalls aus, da es an der Freiwilligkeit mangelt (BFH, BStBl 1964 III 332; BFH, BStBl 1991 II 234).

e) Sanktionen der EG

Geldbußen, die von Organen der EG verhängt werden, werden ebenfalls vom Abzugsverbot erfaßt. Denn ein Vorstoß gegen EG-Recht soll steuerlich nicht günstiger als ein Verstoß gegen nationales Recht behandelt werden.

Aber entsprechend bisheriger Praxis schließt das Gesetz von einem ausländischen Staat verhängte ausländische Geldstrafen, **nicht** aber ausländische **Geldbußen** vom Abzug aus (vgl. § 12 Nr. 4 und C. 4.9).

Im Ausland von einer Behörde oder einem Gericht festgesetzte Geldbußen, Ordnungsgelder und Verwarnungsgelder sind also als Betriebsausgaben abziehbar, wenn die zu ahndende Handlung im Zusammenhang mit einem Betrieb begangen worden ist.

3.3.11.4 Einschränkung des Abzugsverbots für Geldbußen

Der „Abschöpfungsteil" der Geldbuße ist als Betriebsausgabe abzugsfähig, falls die **Steuerbelastung** bei der Bemessung der Geldbuße **nicht** berücksichtigt worden ist.

Damit wird dem Beschluß des BVerfG in BStBl 1990 II 438 Rechnung getragen. Danach führte das uneingeschränkte Abzugsverbot für Geldbußen zu einer verfassungswidrigen Doppelbelastung, wenn der durch den Gesetzesvorstoß erlangte wirtschaftliche Vorteil bzw. Mehrerlös brutto, also einschließlich der Ertragsteuern, abgeschöpft wird und anschließend im Besteuerungsverfahren infolge des Abzugsverbots zusätzlich den Ertragsteuern unterworfen wird.

Haben ein Gericht oder eine Ordnungsbehörde den gesamten Gewinn ohne Berücksichtigung der Ertragsteuerbelastung abgeschöpft, gilt das Abzugsverbot für Geldbußen nur für den eigentlichen Ahndungsteil der Geldbuße.

Die Änderung hat praktische Bedeutung bei Bußgeldbescheiden, die von Organen der EG erlassen werden, weil diese die nationale Steuerbelastung nicht berücksichtigen (können). Vgl. R 24 Abs. 3.

3.3.11.5 Rückzahlung von Sanktionen

Die **Rückzahlung** von im Betrieb angefallenen Sanktionen darf nach § 4 Abs. 5 Nr. 8 letzter Satz den Gewinn nicht erhöhen (im Unterschied zu den übrigen nichtabzugsfähigen BA des § 4 Abs. 5).

3.3.11.6 Kein Werbungskostenabzug von Geldbußen

Nach § 9 Abs. 5 gilt das für den Bereich der Betriebsausgaben vorgeschriebene Verbot des Abzugs von Geldbußen usw. entsprechend für den Bereich der Werbungskosten.

3.3.11.7 Verfahrenskosten

Verteidigungskosten und Gerichtskosten in Bußgeldverfahren sind weder „Geldbuße" noch bußgeldähnliche Rechtsfolge. Sie sind daher – wie bei Zusammenhang mit Strafverfahren – abzugsfähige BA oder WK, wenn das dem Verfahren zugrundeliegende Vergehen (Ordnungswidrigkeit) eindeutig dem betrieblichen/beruflichen Bereich zuzuordnen ist (BFH, BStBl 1982 II 467).

Es ist mithin unerheblich, daß die Sanktion selbst unter das Abzugsverbot des § 4 Abs. 5 Nr. 8 fällt (oder gar unter § 12 Nr. 4).

Die Verfahrenskosten sind auch im Falle des Unterliegens des Stpfl. abzugsfähig.

Bei **gemischter**, d.h. **betrieblicher und privater** Veranlassung, kommt das Aufteilungs- und Abzugsverbot des § 12 Abs. 1 S. 2 2. Halbs. zum Zuge; vgl. C. 4.3.

Im Falle der förmlichen Einstellung können Verteidigungskosten in einem Bußgeld- oder Ordnungsgeldverfahren aber nach § 33 abzuziehen sein (BFH, BStBl 1958 III 105).

3.3.12 Hinterziehungszinsen zu Betriebsteuern (§ 4 Abs. 5 Nr. 8a EStG)

Steuerliche Nebenleistungen (§ 3 Abs. 3 AO: Verspätungszuschläge, Zinsen, Säumniszuschläge, Zwangsgelder und Kosten) teilen im allgemeinen das Schicksal der Steuer, zu der sie gehören. Steuerliche Nebenleistungen auf Betriebssteuern (USt, GewSt) sind daher als Betriebsausgaben abziehbar.

Durch § 4 Abs. 5 Nr. 8a werden jedoch Hinterziehungszinsen i.S. des § 235 AO vom Abzug als Betriebsausgaben ausgeschlossen. Dies gilt dann, wenn es sich um hinterzogene Betriebssteuern handelt.

Der Ausschluß der Hinterziehungszinsen vom Betriebsausgabenabzug ist im Hinblick auf das Abzugsverbot für Geldbußen, Ordnungsgelder, Verwarnungsgelder u.a. nach § 4 Abs. 5 Nr. 8 zu sehen.

Die übrigen Zinsen bleiben als Betriebsausgaben abziehbar, sofern die allgemeinen Voraussetzungen für den Betriebsausgabenabzug vorliegen.

Von den Zinsen auf Betriebssteuern sind also nur Nachforderungszinsen (§ 233a AO), Stundungszinsen (§ 234 AO) und Aussetzungszinsen (§ 237 AO) abziehbare Betriebsausgaben.

Ansonsten sind diese Zinsen als Sonderausgaben abziehbar (§ 10 Abs. 1 Nr. 5 und § 12 Nr. 3).

3.3.13 Schmiergelder (§ 4 Abs. 5 Nr. 10 EStG)

Nach § 4 Abs 5 Nr. 10 dürfen Bestechungs- und Schmiergelder im **Inland** nicht als Betriebsausgaben abgezogen werden. Ausgeschlossen vom Betriebsausgabenabzug sind alle Zuwendungen, deren **Hingabe oder Empfang strafbar** ist. Die abstrakte Strafbarkeit der Zahlung oder des Empfanges reicht jedoch nicht aus.

Das Abzugsverbot gilt, wenn

– eine **rechtskräftige** (strafrechtliche) **Verurteilung** erfolgt ist **oder**
– ein **Bußgeld** rechtskräftig verhängt worden ist **oder**
– das Verfahren gemäß §§ 153–154e StPO eingestellt wurde.

Sog. nützliche Ausgaben an **ausländische** Empfänger bleiben dagegen von dieser Abzugsbeschränkung ausgenommen.

Von besonderer Bedeutung ist, daß in § 30 AO verankerte **Steuergeheimnis** durch § 4 Abs. 5 Nr. 10 S. 2 insoweit gelockert wird, als die Finanzbehörde die Sachverhalte, die einen **Tatverdacht begründen**, der Staatsanwaltschaft bzw. der Ordnungsbehörde mitzuteilen hat. Im Rahmen des Ermittlungsverfahrens dürfen die Finanzbehörden zur Sachverhaltsermittlung insoweit jedoch **keine Zwangsmaßnahmen** anwenden.

Diese Mitteilungspflicht der Finanzbehörden hat wegen der möglichen strafrechtlichen Konsequenzen wohl erheblich größere praktische Bedeutung als das steuerliche Abzugsverbot. Im Regelfall konnten nämlich solche Zahlungen an inländische Empfänger bereits nach bisherigem Recht nicht steuermindernd abgezogen werden, weil der Zahlende dem Finanzamt den Emfpänger nicht benennen wollte (§ 160 AO).

3.3.14 Besondere Aufzeichnung (§ 4 Abs. 7 EStG)

Zu den sachlichen Einschränkungen des BA-Abzugs kommt noch eine formelle Einschränkung des Abzuges von Betriebsausgaben. Nach § 4 Abs. 7 sind Aufwendungen i. S. des § 4 Abs. 5 Nr. 1 bis 5 und 7 **einzeln** und **getrennt** von den sonstigen Betriebsausgaben aufzuzeichnen. Dies muß **fortlaufend** und **zeitnah** erfolgen. Bei der Gewinnermittlung nach § 4 Abs. 1, § 5 ist keine Verbuchung auf besonderen Konten erforderlich, bei § 4 Abs. 3 müssen diese Aufwendungen von Anfang an getrennt und einzeln aufgezeichnet werden (BFH, BStBl 1988 II 535). Auch soweit z. B. Geschenke sachlich als Betriebsausgaben anerkannt werden könnten, dürfen sie bei der Gewinnermittlung also nur dann berücksichtigt werden, wenn die besondere Aufzeichnungsvorschrift des § 4 Abs. 7 beachtet wird. Nähere Bestimmungen über die Art und den Umfang der Aufzeichnungspflicht enthält R 22.

Zu der Frage von **Sammelbuchungen** bei bilanzierenden Gewerbetreibenden vgl. BFH, BStBl 1988 II 613:

Rechnen Arbeitnehmer oder Handelsvertreter eines bilanzierenden Stpfl. zusammen mit ihren Reisekosten auch die für einen bestimmten Zeitraum auf Kosten des Stpfl. verauslagten Bewirtungsaufwendungen mit ihm ab, so ist die besondere Aufzeichnungspflicht (§ 4 Abs. 7) auch dann als erfüllt anzusehen, wenn die Bewirtungsaufwendungen – getrennt von den Reisekosten – je Arbeitnehmer oder Handelsvertreter in einer Summe auf einem besonderen Konto „Bewirtungsaufwendungen" verbucht werden und sich eine Einzelaufstellung über die Bewirtungsaufwendungen sowie die erforderlichen Nachweise aus dem einzelnen Abrechnungsbeleg ergeben bzw. diesem beigefügt sind. Eine gesonderte Verbuchung jeder einzelnen Bewirtung ist dann nicht erforderlich.

Da **Zugaben** i. S. der ZugabeVO keine „Geschenke" sind, gelten für sie **nicht** die besonderen Aufzeichnungspflichten des § 4 Abs. 7 (BFH, BStBl 1987 II 296).

3.3.15 Buchtechnische Behandlung

Hat der Stpfl. Aufwendungen i. S. des § 4 Abs. 5 als Betriebsausgabe behandelt, so können diese dem Gewinn außerbilanziell hinzugerechnet werden.

Wenn der Stpfl. die Aufwendungen im Buchführungswerk zutreffend behandeln will, muß er das Konto „Nichtabziehbare Ausgaben" direkt über das Kapitalkonto abschließen. Entnahmen liegen nicht vor, da keine Lebensführungskosten gegeben sind (vgl. R 21 Abs. 1 Satz 3).

3.3.16 Veräußerung und Entnahme von Wirtschaftsgütern i. S. des § 4 Abs. 5 EStG

Die Veräußerung von Wirtschaftsgütern des BV, deren Anschaffungs- und Herstellungskosten nach § 4 Abs. 5 bzw. 7 nicht im Wege der AfA den Gewinn mindern dürfen, ist dessenungeachtet bei der Gewinnermittlung zu berücksichtigen. Dabei ist dem Veräußerungserlös der Buchwert gegenüberzustellen, der sich nach Abzug der – wenn auch nach § 4 Abs. 5 bzw. 7 nichtabziehbaren – AfA ergibt.

Entsprechendes gilt bei **Entnahme**.

3.3.17 Entsprechende Anwendung bei Werbungskosten

Die Abzugsverbote des § 4 Abs. 5 und 7 sind bei den WK entsprechend anzuwenden (**§ 9 Abs. 5**). Es darf sich aber nicht um Aufwendungen für Rechnung des Arbeitgebers handeln (dann liegen BA des Arbeitgebers vor).

3.4 Mitgliedsbeiträge und Spenden an politische Parteien sind keine Betriebsausgaben oder Werbungskosten

Für **Parteispenden** (§ 10b Abs. 2) wird in § 4 Abs. 6 bestimmt, daß Aufwendungen zur Förderung staatspolitischer Zwecke **keine BA** sind. Unter Aufwendungen zur Förderung staatspolitischer Zwecke sind nunmehr Mitgliedsbeiträge und Spenden an politische Parteien zu verstehen (§ 10b Abs. 2). Ein entsprechendes Abzugsverbot für den Bereich der WK enthält § 9 Abs. 5.

Mitgliedsbeiträge und Spenden an politische Parteien sollen danach bei natürlichen Personen ebenfalls Kosten der Lebensführung sein und können lediglich im Rahmen des § 10b und des § 34g berücksichtigt werden.

Die Finanzverwaltung geht davon aus, daß Mitgliedsbeiträge und Spenden an politische Parteien Kosten der Lebensführung sind und zwar auch dann, wenn sie durch betriebliche Erwägungen mitveranlaßt werden (R 122). Ebenso BFH-Gutachten vom 17.5.1952, BStBl III 228.

Im übrigen wird argumentiert, daß ein unbegrenzter Abzug der genannten Aufwendungen als BA nicht verfassungskonform gewesen wäre, weil er die Grundsatzentscheidungen des BVerfG über die steuerliche Behandlung von Zuwendungen an politische Parteien vom 24.6.1958 (BStBl III 403) und vom 24.7.1979 (BStBl II 612) unterlaufen hätte (vgl. auch BFH, BStBl 1988 II 220).

Dagegen sind nach BFH, BStBl 1985 II 92 und 1989 II 971 Beitragszahlungen an einen **Berufsverband** (voll abziehbare) Betriebsausgaben, wenn die Ziele des Berufsverbands geeignet sind, den Betrieb des Beitragszahlers zu erhalten und zu fördern. Die vom BFH gegebene Begründung der Entscheidung hat auf die Beurteilung der Parteispenden-Problematik nicht im Sinne einer Erweiterung des BA-Begriffs ausgestrahlt.

Nach BFH, BStBl 1986 II 373 sind Parteispenden „im allgemeinen" nicht als BA abziehbar. Während der BFH hier jedoch offengelassen hatte, ob sogenannte „gezielte" Parteispenden oder solche zur „Pflege des geschäftlichen Umfelds" als BA abziehbar sein können, reicht nach BFH, BStBl 1988 II 220 die Förderung allgemeiner politischer und wirtschaftlicher Rahmenbedingungen nicht für einen BA-Abzug aus. **Dagegen** steht das auf jeden Fall zu beachtende **gesetzliche Verdikt**.

4. Nichtabzugsfähige Kosten der Lebensführung (§ 12 EStG)

4.1 Begriff, Grundsätze

§ 12 regelt die Abgrenzung der BA und WK zu den Kosten der privaten Lebensführung. Der ESt unterliegt das vom Stpfl. **erzielte** Einkommen. Die **Verwendung** des Einkommens darf mithin bei der **Einkommensermittlung nicht** berücksichtigt werden.

Nichtabziehbare Einkommensverwendung liegt bei den **Kosten der Lebensführung** vor.

Begriff: Lebensführungskosten sind **Aufwendungen, die nicht ausschließlich durch die Erzielung von Einkünften veranlaßt sind.** Es gibt bei der ESt folgende **Arten von Ausgaben:**

Ausgaben		
ausschließlich durch Einkunftserzielung veranlaßt		nicht ausschließlich durch Einkunftserzielung veranlaßt
Betriebsausgaben (§ 4 Abs. 4) Grundsatz: abzugsfähig Ausnahmen: Abzugsverbote § 4 Abs. 5 u. 7	Werbungskosten (§ 9) entsprechende Anwendung des § 4 Abs. 5 (§9 Abs. 5)	Lebensführungskosten **Grundsatz:** Abzugsverbot (§ 12 Nr. 1) bei der – Einkunftsermittlung und – Einkommensermittlung **Ausnahmen:** – Sonderausgaben (§§ 10, 10b, 10e) – ohne § 10 Abs. 1 Nr. 1a, soweit Zuwendung i. S. § 12 Nr. 2 – außergewöhnliche Belastungen (§§ 33 – 33c)

Betriebsausgaben und Werbungskosten sind also grds. abzugsfähig. Bei den BA und WK ergeben sich Abzugsverbote nach § 4 Abs. 5 und Abs. 7 und § 9 Abs 5. Vgl. C. 3.3.

Lebensführungskosten sind grds. nicht abzugsfähig gem. § 12 Nr. 1.

Kraft ausdrücklicher gesetzlicher Regelung sind bestimmte Lebensführungskosten als Sonderausgaben gemäß §§ 10, 10b und 10e abzugsfähig. Vgl. BFH, BStBl 1986 II 894.

Außerdem können außergewöhnliche Belastungen, wenn die Voraussetzungen der §§ 33 bis 33c erfüllt sind, zu einer Steuerermäßigung führen. Sie werden technisch bei der Ermittlung des Einkommens berücksichtigt (§ 2 Abs. 4).

§ 12 Nr. 1 Satz 1 hat nur eine klarstellende Funktion. Sind Ausgaben auch nicht teilweise durch die Einkunftserzielung veranlaßt, ergibt sich die Nichtabziehbarkeit bereits aus § 4 Abs. 4 und § 9.

4.2 Typische Aufwendungen der Lebensführung

§ 12 zählt beispielhaft typische Aufwendungen auf, die als Verwendung des Einkommens anzusehen sind. Zu den für den Haushalt des Stpfl. und für den Unterhalt seiner Familienangehörigen aufgewendeten Beträgen gehören die Aufwendungen für die Familienwohnung (Miete, Einrichtung), für den Haushalt (Verpflegung), für die Kleidung, für Erziehung der Kinder, Krankheit, für kulturelle Bedürfnisse und dergleichen.

Maßgebend für das Abzugsverbot ist jeweils die private Veranlassung.

Einzelfälle

a) **Ernährung**

Grundsatz: Abzugsverbot § 12 Nr. 1

Ausnahmen: BA/WK bei betrieblicher/beruflicher Veranlassung, z. B.

- Verpflegungspauschbeträge bei Geschäfts- und Dienstreisen, Fahrtätigkeit, Einsatzwechseltätigkeit sowie doppelter Haushaltsführung (§ 4 Abs. 5 Nr. 5, § 9 Abs. 5, Abschn. 39 LStR, § 9 Abs. 1 Nr. 5, Abschn. 43 LStR).

Beispiel:

Steuerberater A macht Aufwendungen für Kaffee in Höhe von insgesamt 300 DM als BA geltend. Den Kaffee bereitet sich A im Büro zu, damit er konzentriert arbeiten kann.

Die Aufwendungen stellen keine BA dar. Insbesondere liegt kein sogenannter „Mehraufwand" für Verpflegung vor.

b) **Krankheitskosten**

Grundsatz: Lebensführungskosten, aber Steuerermäßigung im Rahmen des § 33; vgl. im einzelnen G. 1.3.1.

Ausnahmen: Krankheitskosten sind als BA bzw. WK abzugsfähig, wenn

- ein eindeutiger betrieblicher/beruflicher Zusammenhang besteht

Beispiel:

Krankheitskosten infolge eines Unfall auf der Fahrt zwischen Wohnung und Betrieb.

- eine anerkannte typische Berufskrankheit vorliegt.

Beispiele:

1. Silikose eines Bergmanns = typische Berufskrankheit
2. Steuerberater S möchte die ihm durch eine Grippeerkrankung entstandenen Krankheitskosten in Höhe von 200 DM als BA abziehen. Er begründet dies damit, daß in seinem Büro eine erhöhte Ansteckungsgefahr besteht Es liegen keine BA vor (keine typische Berufskrankheit).

Vgl. im einzelnen G. 1.3.1.

c) **Wohnung**

Grundsatz: Aufwendungen für die private Wohnung fallen unter § 12 Nr. 1. Dies gilt für Wohnungsmiete ebenso wie für Aufwendungen für die selbstgenutzte Wohnung im eigenen Haus.

Aufgrund des Wegfalls der Nutzungswertbesteuerung ab 1.1.1987 (Nichtanwendung des § 21 Abs. 2 S. I gemäß § 52 Abs. 21) liegen bei den durch die selbstgenutzte Wohnung im eigenen Haus verursachten Aufwendungen (einschl. der AfA) begrifflich **keine WK mehr vor ("Konsumgut-Lösung")**. Lediglich in den Übergangsfällen des § 52 Abs. 21 Satz 2 stellen die Aufwendungen noch bis 1998 WK dar, weil hier der Nutzungswert der Wohnung noch – systemwidrig – als fiktive Einnahme aus Vermietung und Verpachtung angesetzt wird (§ 21 Abs. 2 S. 1).

Das selbstgenutzte Wohnungseigentum wird aber über den Bereich der Sonderausgaben durch **§ 10e** gefördert (hierzu im einzelnen K. 8.10) sowie durch die Bauzulage nach dem EigZulG (grds. ab VZ 1996).

Ausnahmen: BA oder WK sind aber Aufwendungen für ein häusliches Arbeitszimmer (vgl. Abschn. 45 LStR) und Unterkunft am Ort einer doppelten Haushaltsführung bis zu 2 Jahren (§ 9 Abs. 1 Nr. 5). Bei Aufwendungen für Unterkunft in **eigener** Wohnung ist grds. der Abzug als WK bei § 19 möglich. Vgl. im einzelnen BMF-Schreiben vom 10.5.1989, BStBl I 165.

d) Unterhaltsaufwendungen, Erziehung und Ausbildung von Kindern

Aufwendungen für den Unterhalt von Personen sind regelmäßig Lebensführungskosten. Ein Abzug als BA oder WK scheidet aus. Jedoch ist unter bestimmten Voraussetzungen eine Berücksichtigung möglich als

– Sonderausgaben gemäß § 10 Abs. 1 Nr. 1 und Nr. 1a (vgl. im einzelnen F. 3.1, F. 3.2 sowie K. 9.1.10) und
– außergewöhnliche Belastungen
§ 33a Abs. 1, Abs. 2, § 33c (vgl. im einzelnen G.).

e) Kleidung

Grundsatz: Abzugsverbot § 12 Nr. 1.

Ausnahme: Typische Berufskleidung

Aufwendungen für typische Berufskleidung sind als BA bzw. WK abzugsfähig. Hierbei kommt es auf die Art der Kleidungsstücke an. Typische Berufskleidung ist nur dann gegeben, wenn nach dem objektiven Charakter der Kleidung die fast ausschließliche berufliche Verwendung erkennbar ist (BFH, BStBl 1980 II 75).

Beispiele:
– Robe des Rechtsanwalts und Richters
– Uniform eines Piloten.

Festliche Berufskleidung eines Berufsmusikers ist **keine** typische Berufskleidung (BFH, BStBl 1991 II 751).

f) Kinderbetreuungskosten

Aufwendungen für Kinderbetreuung sind auch dann keine BA oder WK, wenn sie durch die Berufstätigkeit der Eltern veranlaßt sind (BFH, BStBl 1983 II 297). Ggf. aber § 33c; vgl. G 8.

4.3 Gemischte Aufwendungen (§ 12 Nr. 1 Satz 2 EStG)

4.3.1 Begriff

Gemischte Aufwendungen liegen vor bei Aufwendungen, die der privaten Lebensführung dienen und gleichzeitig die berufliche bzw. betriebliche Tätigkeit fördern.

Es ist demnach zu unterscheiden zwischen

	Behandlung
– BA/WK, die in keinem Zusammenhang mit der Lebensführung stehen	abziehbar
– BA/WK, die die Lebensführung berühren	Abzugsverbot § 4 Abs. 5 Nr. 7 prüfen
– Lebenshaltungskosten, die die berufliche Stellung des Steuerpflichtigen mit sich bringt	grds. Aufteilungs und Abzugsverbot § 12 Nr. 1 S. 2
– reinen Kosten der Lebensführung	Abzugsverbot § 12 Nr. 1 S. 1

4.3.2 Aufteilungsverbot

§ 12 Nr. 1 S. 2 **verbietet** eine **Aufteilung** bei gemischt veranlaßten Aufwendungen (sowohl hinsichtlich des Erwerbs eines Wirtschaftsguts als auch hinsichtlich der lfd. Kosten).

Das bedeutet, daß gemischte Aufwendungen insgesamt nichtabzugsfähig sind **(gesetzliche Typisierung)**. Vgl. R 117.

§ 12 Nr. 1 S. 2 hat mithin – im Gegensatz zu Satz 1 der Vorschrift – **rechtsbegründende** Wirkung.

Die Vorschrift dient der Steuergerechtigkeit (BFH, BStBl 1983 II 715).

Das Aufteilungs- und Abzugsverbot soll verhindern, daß Aufwendungen, die beruflichen wie privaten Interessen dienen, bei einigen Stpfl. zum Teil in einen einkommensteuerlich relevanten Bereich verlagert werden können. Überdies soll eine steuerliche Abzugsfähigkeit vermieden werden, ohne daß die tatsächliche berufliche Veranlassung nachprüfbar ist.

Vom Abzugsverbot betroffen sind insbesondere Aufwendungen für Wirtschaftsgüter der gehobenen Lebensführung, wenn ihre ausschließliche berufliche bzw. betriebliche Veranlassung nicht nachgewiesen wird.

Bei Gegenständen die üblicherweise einer gehobenen Lebensführung dienen (z. B. Waschmaschinen, Heimcomputer, Kühlschränke) ist nach der Lebenserfahrung davon auszugehen, daß sie im allgemeinen zu privaten Zwecken angeschafft werden. Diese Vermutung ist aber widerlegbar. Behauptet ein Stpfl., daß er solche Gegenstände ausschließlich zu betrieblichen/beruflichen Zwecken nutzt, so muß er das eindeutig nachweisen. Kann dieser Nachweis nicht geführt werden, so unterliegen die gesamten Aufwendungen dem Abzugsverbot nach § 12 Nr. 1 S. 2.

Diese Auslegung der Vorschrift beruht auf dem BFH-Beschluß des Großen Senats BStBl 1971 II 17. Aus dieser Entscheidung ergibt sich, daß der BFH an der Auslegung des § 12 Nr. 1 Satz 2 als eines Aufteilungsverbots bei den die Lebensführung berührenden Aufwendungen festhält.

Beispiele:
1. Der „Große Brockhaus" eines Lehrers oder eines Anwalts, das Tonbandgerät oder die Farbdias eines Lehrers, das Video- und Fernsehgerät sowie der CD-Player eines Steuerberaters, Tageszeitungen, Unterhaltungslektüre und dgl. entziehen sich nach dieser Rechtsprechung einer Aufteilung in einen betrieblichen und einen privaten Nutzungsteil. Vgl. z. B. BFH, BStBl 1990 II 19.
2. A macht die Kosten eines Anzugs als WK geltend mit der Behauptung er trage den Anzug nur im Beruf. Bürgerliche Kleidung ist primär privat veranlaßt.
   Hierbei ist typisierend auf die Art der Kleidungsstücke abzustellen.

BA oder WK liegen auch dann nicht vor, wenn feststeht, daß die Kleidungsstücke ausschließlich zu beruflichen Zwecken getragen werden (BFH, BStBl 1980 II 75). Dies gilt auch, wenn sie vom Arbeitgeber vorgeschriebene „Dienstkleidung" ist (BFH, BStBl 1996 II 180).

Ist ein Gegenstand in vollem Umfange dem privaten Lebensbereich zuzurechnen, so soll auch eine gelegentliche, nicht ins Gewicht fallende betriebliche Mitbenutzung eines für die Lebenshaltung angeschafften Gegenstandes eine steuerliche Berücksichtigung ausschließen (BFH, BStBl 1971 II 17).

Beispiel:
Ein Arzt benutzt den privaten Kühlschrank gelegentlich auch zur Kühlung medizinischer Ampullen in unbedeutendem Umfang.

Diese Auslegung widerspricht m. E. dem § 4 Abs. 4 (gl. A. Herrmann/Heuer/Raupach, Anm. 3c zu § 12). Aufwendungen für **Tageszeitungen, Wochenzeitschriften** und **Unterhaltungselektronik** sind regelmäßig Lebenshaltungskosten (BFH, BStBl 1990 II 19).

Gemischte Aufwendungen lassen sich im wesentlichen in folgende Fallgruppen einteilen (vgl. Offerhaus, BB 1979, 667):

a) **Gleichzeitige Verwirklichung der gemischten Veranlassung**

In diesem Fall dient eine Aufwendung gleichzeitig mehreren Zwecken.

Beispiele:
- Ferienaufenthalt eines Französisch-Lehrers in Frankreich (vgl. BFH, BStBl 1980 II 746)
- Konzertbesuch einer OStR'in für Musik (vgl. BStBl 1971 II 368)
- Weihnachtsgeschenke an Mitarbeiter eines angestellten Chefarztes (BFH, BStBl 1985 II 286).

Es handelt sich in allen Fällen um nichtabziehbare gemischte Aufwendungen.

b) **Zu einem beruflichen Anlaß tritt später ein privater Umstand hinzu**

In diesem Fall liegt zunächst ein eindeutig beruflicher Zusammenhang vor. Der Aufwand entsteht jedoch dadurch, daß ein weiteres (privates) Moment hinzutritt (regelmäßig Fehlverhalten).

Beispiel:

Verkehrsunfall infolge Alkoholgenusses auf betrieblicher Fahrt. Der Unfall beruht auf einem persönlichen Fehlverhalten. Die betriebliche Veranlassung der Fahrt tritt in den Hintergrund.
(Vgl. GrS BFH, BStBl 1978 II 105;H 118 (Unfallkosten, Nr. 2))

c) **Der berufliche und der die Lebensführung betreffende Anlaß verwirklichen sich zeitlich nacheinander**

Hier ergibt sich häufig – als Ausnahme vom Grundsatz – eine Aufteilungsmöglichkeit.

Beispiel:

Telefongespräche: Eine Trennung in private und betriebliche Gespräche ist möglich (BStBl 1979 II 149).

4.4 Ausnahmen vom Aufteilungsverbot gemischter Aufwendungen

Zu diesem Aufteilungs- und Abzugsverbot gelten nur folgende Ausnahmen:

a) einfache und leicht nachprüfbare Aufteilung anhand eines objektiven Aufteilungsmaßstabs
b) private Mitveranlassung von ganz untergeordneter Bedeutung.

Weitere Ausnahmen läßt der BFH nicht zu (BFH, BStBl 1981 II 201 und BStBl 1990 II 49). Vgl. auch nachfolgend 4.4.2.

Das Aufteilungsverbot **gilt nicht** beim **Zusammentreffen** von **WK** und **Sonderausgaben** (Kosten der Berufsausbildung); BFH, BStBl 1990 II 901.

4.4.1 Einfache und leicht nachprüfbare Aufteilung

Gehören die Kosten der Anschaffung eines Wirtschaftsguts zu den in § 12 Nr. 1 Satz 2 bezeichneten Aufwendungen für die Lebensführung, ist eine **Aufteilung** in nicht abziehbare Aufwendungen für die Lebensführung und in Betriebsausgaben oder Werbungskosten nur zulässig, wenn **objektive Merkmale und Unterlagen eine zutreffende und leicht nachprüfbare Trennung ermöglichen** (und wenn außerdem der berufliche Nutzungsanteil nicht von untergeordneter Bedeutung ist); vgl. Grundsatzentscheidung GrS BStBl 1971 II 17, bestätigt BFH, BStBl 1982 II 69 und BStBl 1990 II 901.

Voraussetzung ist hierfür das Vorhandensein

a) eines **objektiven Aufteilungsmaßstabes** (z. B. Kilometerleistung bei einem Pkw; Gesprächsgebühren bei Telefonbenutzung) und
b) von **Aufzeichnungen,** aus denen sich die Aufteilung ergibt (z. B. vollständig geführtes Fahrtenbuch bei einem Pkw i. S. H 118 (Fahrtenbuch); Aufzeichnungen der geführten privaten und beruflich geführten Telefongespräche, zumindest für einen repräsentativen Zeitraum).

Nach BFH, BStBl 1971 II 21 ist grds. eine Aufteilung im Wege der „griffweisen Schätzung" nach § 162 AO in nicht abziehbare Lebenshaltungskosten und BA oder WK **nicht zulässig.**

Es müssen sich also ausreichende Anhaltspunkte gewinnen lassen, nach denen der Umfang der betrieblichen und der privaten Nutzung mit einiger Sicherheit ermittelt werden kann. Ist das nicht möglich, so bleibt die Vermutung entscheidend, daß die Anschaffung der Gegenstände, die einer gehobenen Lebensführung dienen, zu den nicht abziehbaren Aufwendungen des privaten Lebensbereiches gehören.

Bei der privaten **Pkw-Nutzung** von Unternehmern ist eine Schätzung des Privatanteils **ab VZ 1996** aufgrund § 6 Abs. 1 Nr. 4 Sätze 2 und 4 gesetzlich ausgeschlossen.

Die Grundsätze gelten bei Aufwendungen einer Personengesellschaft entsprechend.

Bei Veranlassung
- durch den Betrieb der Personengesellschaft liegen BA vor,
- durch die private Lebensführung eines oder mehrerer Gesellschafter nichtabziehbare Aufwendungen i. S. d. § 12 Nr. 1 (BFH, BStBl 1994 II 843 [844]).

Zu **Schuldzinsen** aus einem **Kontokorrentkredit** vgl. BFH GrS, BStBl 1990 II 817 und unter 4.5.1. Bei einem privat veranlaßten **Umzug** sind die durch den Transport von Arbeitsmitteln entstandenen (anteiligen) Aufwendungen **keine** WK (BFH, BStBl 1989 II 972).

4.4.2 Private Mitveranlassung von ganz untergeordneter Bedeutung

Eine ganz untergeordnete, gelegentliche private Mitbenutzung steht dem **vollen** Abzug als BA/WK nicht entgegen, rechtfertigt also nicht eine Aufteilung der Nutzung in betrieblichen und privaten Aufwand. Vgl. BFH, BStBl 1984 II 11 (betr. häusliches Arbeitszimmer) und BFH, BStBl 1987 II 263 (betr. Sportgeräte eines Sportlehrers – Abzugsverbot wegen ca. 15 % privater Nutzung).

Beispiel:
Auf einer betrieblichen Schreibmaschine wird gelegentlich auch Privatpost geschrieben.
Hier überwiegt die Förderung des Berufs bei weitem und die Lebensführung tritt ganz in den Hintergrund (BFH, a. a. O.).

Zu den **engen Voraussetzungen** für den WK-Abzug von **Ski-Lehrgängen** bei Lehrern vgl. BFH, BStBl 1989 II 91.

Eine Aufteilung ist lt. BFH auch **nicht** zulässig, wenn feststeht, daß infolge des Berufs außergewöhnlich hohe Aufwendungen für nicht ausschließlich berufsbedingte Kosten notwendig sind (BFH, BStBl 1990 II 49).

Beispiel:
Aufwendungen für Kleidung, Friseur, Kosmetika einer Sängerin hat der BFH (a. a. O.) auch nicht begrenzt zum Abzug als BA zugelassen.

4.5 Einzelfälle

Im Einzelfall ist es oft nicht leicht festzustellen, ob für die zu beurteilenden Aufwendungen betriebliche bzw. berufliche Gründe die Ursachen waren, oder ob die den Aufwand veranlassenden Umstände im privaten Lebensbereich des Stpfl. liegen. Zu zahlreichen Einzelfragen haben daher Rechtsprechung und Verwaltung Stellung genommen.

a) Repräsentationsaufwendungen u. ä.

Bei den Repräsentationsaufwendungen und Aufwendungen für Ernährung, Kleidung und Wohnung besteht oft ein Zusammenhang mit der gewerblichen und beruflichen Tätigkeit des Steuerpflichtigen. Dann liegen gemischte Aufwendungen vor, die nach den unter 4.3 dargestellten Grundsätzen zu beurteilen sind.

Es ist mithin zu prüfen, ob die Aufwendungen ausschließlich betrieblichen oder beruflichen Zwecken dienen. Dienen die Aufwendungen ausschließlich oder weitaus überwiegend betrieblichen oder beruflichen Zwecken, so sind sie als Betriebsausgaben oder Werbungskosten abzugsfähig. Sind die Aufwendungen nur zum Teil durch betriebliche oder berufliche Zwecke veranlaßt worden und läßt sich dieser Teil der Aufwendungen von den Ausgaben für die private Lebensführung einwandfrei trennen, so sind die Ausgaben insoweit als Betriebsausgaben oder Werbungskosten zu berücksichtigen.

Ansonsten kommt das Aufteilungs- und Abzugsverbot des § 12 Nr. 1 S. 2 zum Zuge. Vgl. im einzelnen R 117 und H 117. S. auch BFH, BStBl 1984 II 557; 1985 II 286.

b) Bewirtung von Geschäftsfreunden

Bei der Bewirtung von Geschäftsfreunden
- in der Privatwohnung des Stpfl. oder
- anläßlich des Geburtstags des Stpfl. in einer Gaststätte

besteht die unwiderlegbare Vermutung einer privaten Mitveranlassung (BFH, BStBl 1991 II 524). Da eine Trennung nach objektiven Merkmalen nicht möglich ist, sind in solchen Fällen die gesamten Bewirtungsaufwendungen nicht abzugsfähig gemäß § 12 Nr. 1 S. 2 (BFH, BStBl 1992 II 524).

Vgl. H 117 (Bewirtungskosten).

Beispiel:

Ein Rechtsanwalt macht Aufwendungen in Höhe von 1 000 DM für die Bewirtung befreundeter Anwälte und deren Ehefrauen als Betriebsausgaben geltend. Wie alljährlich hatte er diesen Personenkreis zur Feier seines Geburtstags in seinem Hause eingeladen.

Abzugsverbot § 12 Nr. 1 S. 2.

Die Behandlung der Aufwendungen für die Bewirtung und Unterhaltung von Geschäftsfreunden außerhalb des Hauses des Stpfl. richtet sich nach den allgemeinen Grundsätzen. Soweit hiernach die Aufwendungen Betriebsausgaben sind, können sie jedoch nur in den Grenzen des § 4 Abs. 5 Nr. 2 abgezogen werden. Vgl. hierzu 3.3.3.

c) Gesellschaftliche Veranstaltungen

Um Kosten der Lebensführung, die nicht abgezogen werden können, handelt es sich stets bei den Aufwendungen, die der Stpfl. aus Anlaß von gesellschaftlichen Veranstaltungen seines Berufsverbandes, seines Wirtschaftsverbandes, seines Fachverbandes oder seiner Gewerkschaft gemacht hat, und zwar auch dann, wenn die gesellschaftlichen Veranstaltungen im Zusammenhang mit einer rein fachlichen oder beruflichen Tagung oder Sitzung standen. Hier ist keine Trennung der Aufwendungen nach objektiven Gesichtspunkten möglich (BFH, BStBl 1968 II 713). Vgl. H 117 (Gesellschaftliche Veranstaltungen).

Die **Mitgliedschaft** in einem **Karnevalsverein** ist **stets** der Privatsphäre zuzurechnen (BFH, BStBl 1993 II 53).

Aufwendungen für die Einladung von Geschäftsfreunden zu **Karnevalsveranstaltungen** eines Vereins, dem der **Stpfl.** als **Mitglied** angehört, fallen unter das Abzugsverbot des § 12 Nr. 1 S. 2 (BFH, BStBl 1994 II 843). Dies gilt **auch**, wenn die **berufliche** Motivation **entscheidend** war (BFH, BStBl 1992 II 524).

d) Mitgliedsbeiträge zu Sportvereinen und sonstigen Vereinen

Die Beiträge unterliegen regelmäßig dem Aufteilungs- und Abzugsverbot des § 12 Nr. 1 S. 2. Die Vermutung ihrer privaten Mitveranlassung kann nicht dadurch widerlegt werden, daß – unstreitig – durch die Mitgliedschaft die beruflichen bzw. betrieblichen Interessen gefördert werden.

e) Aufwendungen für Wirtschaftsgüter der gehobenen Lebensführung

Bei Aufwendungen z. B. für Tonbandgeräte, Radios, Fernsehgeräte, Nachschlagewerke, Waschmaschinen, Kühlschränke, Heimcomputer usw. ist die tatsächliche Verwendung maßgeblich.

Im allgemeinen besteht eine widerlegbare Vermutung der privaten Veranlassung. Ein Nachweis ausschließlicher beruflicher bzw. betrieblicher Veranlassung muß **durch den Stpfl.** erfolgen. Wenn dieser Nachweis erfolgt, liegen BA oder WK vor.

Beispiele (aus der Rechtsprechung):
- Tonbandgerät eines Richters = § 12 (BFH, BStBl 1971 II 459)
- Allgemeines Nachschlagewerk eines Lehrers = § 12 (BFH, BStBl 1977 II 716)
- Allgemeines englisches Nachschlagewerk eines Englischlehrers = § 12
- Überregionale Tageszeitung = § 12 (BFH, BStBl 1962 III 368)

Beim Bezug des **Handelsblatts** liegen jedoch BA vor (BFH, vom 12.11.1982, DB 1983, 372) – entsprechend ggf. auch WK. Zu **Heimcomputern** vgl. OFD Köln, Vfg. vom 26.7.1985, FR 1985, 586; EFG 1987, 173 rkr (Spielcomputer im allgemeinen keine WK); EFG 1987, 301 rkr (bei Mathematiklehrer mit Informatik WK). Der **zweifache** Kauf bzw. Besitz z. B. eines Buches spricht für die **rein** berufliche Nutzung eines der beiden Exemplare (BFH, BStBl 1977 II 716).

f) Gemischte Pkw-Nutzung (§ 6 Abs. 1 Nr. 4 Sätze 2 und 3 EStG)

In der Regel werden betriebliche Personenkraftwagen auch privat genutzt. Liegen vollständige Aufzeichnungen über den Umfang der betrieblichen/beruflichen und privaten Nutzung vor (Fahrtenbuch), so ist ein Fall objektiv aufteilbarer gemischter Kosten gegeben.

Die Aufteilung erfolgt nach dem Nutzungsverhältnis. Aufzuteilen sind die **Gesamtkosten.** Dazu gehören **laufende** Kosten (Benzin, Öl, Reparaturen, Wartung usw.), **feste** Kosten (z. B. Kfz-Steuer und -Versicherung), die **AfA** sowie **Finanzierungskosten** der Anschaffung des Fahrzeugs (vgl. auch BFH, BStBl 1988 II 348 und 1990 II 8; H 118 (Gesamtaufwendungen)). Aber auch wenn das Nutzungsverhältnis nicht im einzelnen nachgewiesen wird, ließ die FinVerw aus Vereinfachungsgründen bis VZ 1995 einschl. eine Aufteilung zu.

Der Nachweis kann ab **VZ 1996 nur** durch ein ordnungsmäßiges **Fahrtenbuch** i. S. H 118 erfolgen.

Eine Schätzung ist somit ab VZ 1996 nicht mehr zulässig.

Beispiel:

A ist mit seinem Pkw im Jahre 01 insgesamt 40 000 km gefahren. Nach dem vorliegenden ordnungsmäßigen Fahrtenbuch entfallen hiervon 28 000 km auf beruflich und 12 000 km auf privat veranlaßte Fahrten. Die Kfz-Kosten betragen:

laufende Aufwendungen	3 200 DM
Kfz-Steuer	300 DM
Kfz-Versicherung	1 000 DM
AfA	5 000 DM
Schuldzinsen für Darlehen zur Finanzierung der Pkw-Anschaffung	3 000 DM
Damnum (einbehalten bei der Auszahlung des Damnums in 01) siehe Schuldzinsen	1 500 DM
	14 000 DM

Betrieblicher Nutzungsanteil:

$$\frac{28\,000 \text{ km}}{40\,000 \text{ km}} = 70\%$$

Betriebsausgaben: 70% von 14 000 DM = 9800 DM.

Die Grundsätze des Einzelnachweises gelten für Aufwendungen für ein eigenes **Flugzeug** entsprechend (BFH, BStBl 1978 II 93).

Die 1%-Regelung ist jedoch **nicht** anwendbar (gilt nur für **Kfz**), daher müßte hier eine Schätzung möglich sein.

Die Berücksichtigung der Aufwendungen eines Arbeitnehmers für Fahrten zwischen Wohnung und Arbeitsstätte als Werbungskosten erfolgt im Rahmen des § 9 Abs. 1 Nr. 4; vgl. hierzu K. 5.

Ein Veräußerungsgewinn aus dem Kfz mindert im Veräußerungsjahr **nicht** die Bemessungsgrundlage für den privaten Nutzungsanteil (BFH, BStBl 1994 II 353).

g) Pkw-Unfallkosten

Die Behandlung der Unfallkosten ist abhängig von der **Veranlassung der Fahrt,** auf der sich der Unfall ereignete.

aa) Privatfahrt

In diesem Falle sind die Unfallkosten insgesamt keine BA oder WK. Dies gilt auch, wenn der Pkw zum BV gehört (BFH, BStBl 1978 II 457; 1987 II 275; 1990 II 8).

Beispiel:

Der Stpfl. erleidet einen Pkw-Unfall auf einem nicht beruflich veranlaßten Umweg: Abzugsverbot § 12.

bb) Betriebliche (berufliche) Fahrt

Bei ausschließlich betrieblicher (beruflicher) Veranlassung der Fahrt sind die Unfallkosten in voller Höhe BA/WK.

Unerheblich sind das **Verschulden** des Stpfl. und der Anteil der **Privatnutzung** (BFH GrS, BStBl 1978 II 105).

Beispiele:

1. Während einer Fahrt zu einem Kunden kommt es wegen einer heruntergefallenen Zigarette zu einem Autounfall = BA
2. Wie 1, der Stpfl. erleidet aber einen Schwächeanfall = BA (BFH, BStBl 1978 II 381)

3. wie 1, aber der Unfall beruht auf grober Fahrlässigkeit = BA; **anders** – m. E. unzutreffend – H 118 (Unfallkosten, Nr. 2), da im Widerspruch zu BFH, BStBl 1984 II 434.
4. Stpfl. fährt **vorsätzlich** zu schnell, um pünktlich bei einem Kunden zu sein, und verursacht einen Unfall = BA; **anders** – m. E. unzutreffend – H 118 (Unfallkosten, Nr. 2), da im Widerspruch zu BFH, BStBl 1984 II 434.
5. Der Stpfl. stand bei dem Unfall unter erheblichem Alkoholeinfluß. Hier waren private Gründe für den Unfall maßgebend. Es liegen **keine** BA oder WK vor. Vgl. BFH, BStBl 1984 II 434.

h) Telefonkosten

Sowohl bei einem betrieblichen als auch privaten Telefonanschluß sind Telefonkosten aufteilbar. Für sie gilt – ebenso wie bei Pkw-Kosten – das Aufteilungsverbot des § 12 Nr. 1 S. 2 **nicht**. Denn jedes Gespräch ist für sich zu beurteilen.

Fehlen geeignete Aufzeichnungen, ist **auch** eine Aufteilung im **Schätzungswege** möglich.

Aufgeteilt werden können sowohl die Gesprächsgebühren als auch die Grundgebühren (BFH, BStBl 1981 II 131).

i) Aufwendungen für Straßenkleidung

Es besteht die grundsätzliche Vermutung auch privater Mitveranlassung.

Durch die Tatsache, daß die Straßenkleidung einem beruflich bzw. betrieblich bedingtem erhöhten Verschleiß unterliegt, kann die Vermutung privater Mitveranlassung der Aufwendungen nicht ausgeräumt werden.

Das Abzugsverbot des § 12 Nr. 1 S. 2 gilt auch dann, wenn feststeht, daß die Kleidungsstücke nur im Beruf getragen werden (BFH, BStBl 1980 II 75). In typisierender Weise ist mithin auf die Art der Kleidung abzustellen.

> **Beispiel:**
> X ist Rechtsanwalt. Er hat sich zwei neue Anzüge gekauft. Der Preis je Anzug betrug 800 DM. X will die Aufwendungen für die Anzüge als Werbungskosten abziehen, weil seine Anzüge, bedingt durch die Art der Tätigkeit, einem erhöhten Verschleiß unterliegen.
> Ein Abzug als BA ist nicht möglich.

k) Studienreisen (R 117a EStR)

Vgl. Grundsatzentscheidung GrS BStBl 1979 II 513. Dient die (insbesondere **Auslands-**)Reise der **allgemeinen beruflichen Information und Fortbildung,** liegen nichtabzugsfähige Kosten gemäß § 12 Nr. 1 S. 2 vor. Ein WK-Abzug ist **nur bei besonderen beruflichen Bedürfnissen** möglich (BFH, BStBl 1982 II 69). Teilnahme als **Verbandsfunktionär** ist ein starkes Indiz für berufliche/betriebliche Veranlassung (BFH, BStBl 1985 II 325), s. a. BFH, BStBl 1983 II 409. **Für** Betriebs- oder Berufsbedingtheit können z. B. sprechen

– eine straffe Organisation mit wenig Raum für Privatinteressen
– bei Arbeitnehmern Gewährung von Zuschüssen oder Urlaub bzw. Dienstbefreiung.

Dagegen können z. B. sprechen

– Wenn die Veranstaltung an bevorzugten Tourismuszielen liegt
– viele freie Sonn- und Feiertage
– Organisation als Schiffsreise (BFH, BStBl 1989 II 19).
– Veranstaltung im **Ausland.**

Vgl. auch H 117a, BFH, BStBl 1989 II 405 und 1990 II 134.

Der Stpfl. muß an den Veranstaltungen **tatsächlich teilgenommen** haben (strenge Anforderungen an den Nachweis, z. B. **Testate**). Ist eine Studienreise usw. nicht beruflich/betrieblich veranlaßt, können **einzelne** Aufwendungen trotzdem BA oder WK sein, z. B. Kursgebühren und Reisekosten für ausschließlich berufliche Teile der Reise (BFH, BStBl 1992 II 898).

Voraussetzung ist eine leichte und einwandfreie Abgrenzbarkeit.

l) Kontokorrentzinsen

Entsteht eine Kontokorrentverbindlichkeit sowohl durch betrieblich als auch durch privat veranlaßte Auszahlungen bzw. Überweisungen, so ist **nur** der **betriebliche Teil** des Kredits dem **BV** zuzurechnen. Nur die auf diesen (betrieblichen) **Teil** entfallenden Schuldzinsen sind als Betriebsausgaben abzugsfähig. Dies gilt **sowohl** bei Gewinnermittlung nach **§ 4 Abs. 3** als auch **§ 4 Abs. 1** BFH GrS, BStBl 1990 II 817 (BMF-Schreiben vom 10. 11. 1993, BStBl I 930).

Diese Aufteilung verstößt **nicht** gegen § 12 Nr. 1 Satz 2 (grds. Aufteilungsverbot bei gemischter Veranlassung), da ein objektiver Aufteilungsmaßstab vorhanden ist.

Die Aufteilung erfolgt **grds.** nach der sogenannten „**Zinsstaffelmethode**". Vgl. im einzelnen BMF-Schreiben vom 10. 11. 1993 a. a. O.

Hierzu müßte eine Aufteilung des einheitlichen Kontokorrents (z. B. in der Buchführung) erfolgen. Bei **Tilgungsleistungen** und **Einlagen** kann unterstellt werden, daß durch die laufenden Geldeingänge vorrangig die privaten Schuldanteile getilgt werden (so bereits BMF-Schreiben vom 27. 7. 1987, BStBl I 508), so auch BFH, BStBl 1991 II 226.

Der Stpfl. kann das Aufteilungsverhältnis auch durch andere Unterlagen darlegen. Ggf. ist der betriebliche Zinsanteil zu **schätzen** (unbeschadet des § 12 Nr. 1 S. 2).

Dies kann z. B. nach der sogenannten **Verhältnismethode** geschehen. Hierbei wird der gesamte Zinsaufwand nach dem – evtl. überschlägig ermittelten – **Verhältnis** der betrieblichen und privaten **Auszahlungen** aufgeteilt (falls überwiegend ein Schuldenstand vorhanden war).

Von dem **Aufteilungsgrundsatz** gibt es **eine Ausnahme: das „Zweikontenmodell"**.

Beim „Zweikontenmodell" werden im Betrieb erzielte Einnahmen zur Tilgung eines privaten Darlehens entnommen. Deshalb wird ein neues Darlehen zur Finanzierung von betrieblichen Aufwendungen aufgenommen. Hier sind die **Verwendung** der **betrieblichen** Mittel zur Tilgung der **Privatschuld** und die **Neuaufnahme** der **Betriebsschuld** steuerrechtlich **anzuerkennen**.

Voraussetzung ist die Aufnahme zweier Darlehen, von denen das eine bis zur vollständigen Tilgung Privatvermögen bleibt und das andere von Anfang an zum Betriebsvermögen gehört (BMF-Schreiben vom 27. 7. 1987, a. a. O.). In dieser Gestaltung liegt mithin **kein** Mißbrauch i. S. § 42 AO.

Die **Zuordnung** einer Verbindlichkeit zum **Betriebs-** oder Privatvermögen hängt im **Grundsatz** von dem **Anlaß** ihrer **Entstehung** ab. Eine Betriebsschuld ist grundsätzlich nur anzuerkennen, wenn sie durch einen betrieblichen Vorgang ausgelöst wird. Nach BFH, BStBl 1985 II 510 und BStBl 1985 II 619 kann jedoch eine dem Privatvermögen zugeordnete Verbindlichkeit unter bestimmten Voraussetzungen durch **Umschuldung** zu einer Betriebsschuld werden.

Eine Privatschuld wird zwar nicht schon dadurch zu einer Betriebsschuld, daß sie

– in der Handelsbilanz als Verbindlichkeit des Betriebs ausgewiesen oder
– durch betrieblich genutztes Grundvermögen dinglich gesichert wird oder
– dadurch, daß vorhandenes Betriebsvermögen Grundlage für Entstehen und Höhe einer privaten Schuld ist.

Eine Umschuldung ist aber grundsätzlich dadurch möglich, daß im Betrieb vorhandenes Eigenkapital entnommen und durch Fremdkapital ersetzt wird.

Wird jedoch einem Betrieb ein Darlehen zugeführt und werden die Barmittel daraus innerhalb kurzer Zeit wieder entnommen, finden **keine Ersetzung** von Eigen- durch Fremdkapital statt, sondern eine Finanzierung von Entnahmen aus Darlehensmitteln (BFH, BStBl 1985 II 512). Die Verbindlichkeit ist **von Anfang an als Privatschuld** zu behandeln; die Schuldzinsen sind dann **keine** BA.

Entgegen den vorgenannten BFH-Urteilen (BStBl 1985 II 510 und 622) kann ein privates Darlehen **nicht** allein deshalb als Betriebsschuld steuerrechtlich anerkannt werden, weil im Betrieb entnahmefähige Mittel vorhanden sind. Das Darlehen kann nicht in einen (noch nicht durch entnahmefähige Mittel abgedeckten) privaten und einen (durch Änderung des Verwendungszwecks umgewidmeten) betrieblichen Teil aufgegliedert werden. Daran ändert auch die bilanzielle Behandlung der Darlehensverbindlichkeit durch den Stpfl. als Betriebsschuld nichts; denn die Frage, ob eine Schuld zum Betriebsvermögen oder zum Privatvermögen gehört, ist nach objektiven Gesichtspunkten zu beurteilen.

Eine Verbindlichkeit kann nicht allein durch eine Willensentscheidung des Stpfl. die Eigenschaft als Betriebs- oder Privatschuld erlangen, also grundsätzlich kein gewillkürtes Betriebsvermögen sein (BFH, BStBl 1986 II 255). Maßgebend ist die tatsächliche Verwendung der Darlehensmittel (BFH, BStBl 1991 II 514).

Entnahmefinanzierung bedeutet, daß von einem betrieblichen Kontokorrentkonto **Überweisungen** auf ein privates Konto oder Abhebungen erfolgen, die privat verwendet werden.

Die hierauf entfallenden Schuldzinsen sind **keine** BA (BFH, BStBl 1991 II 516 als Klarstellung zu einer mißverständlichen Formulierung in BFH, BStBl 1990 II 817).

Mit den vom BVerfG geäußerten Zweifeln an der steuerlich relevanten Umschuldungsmöglichkeit (insbesondere des Zweikontenmodells) hat sich der BFH auseinandergesetzt, ist aber aus Gründen der Praktikabilität zu einer Anerkennung gekommen. Dem Ergebnis ist zuzustimmen, denn: „Die Möglichkeit, Privatschulden in betriebliche Verbindlichkeiten umzuschulden, läßt sich mit den Mitteln des Steuerrechts nicht verhindern" (so treffend – wfr – in DB 1990, 2239).

m) Gemischt genutzte Wirtschaftsgüter

Wird durch einen einheitlichen Kaufvertrag ein gemischt genutztes Grundstück erworben und die Kaufpreisschuld teils mit **Fremdmitteln,** teils mit Eigenmitteln beglichen, so sind die **Schuldzinsen** nur im Verhältnis des betrieblichen Anteils zum privat genutzten Anteils als BA abziehbar.

Einen Grundsatz, daß **vorrangig** der auf **privater** Veranlassung beruhende Teil der Schuld getilgt wurde, gibt es **nicht (Abgrenzung** zur Behandlung gemischter Kontokorrentkonten nach BFH GrS, BStBl 1990 II 817).

– BFH, BStBl 1992 II 141 –

Aufwendungen für einen beruflich genutzten Bereich eines Wohnhauses sind bei fehlender räumlicher Trennung **keine** BA (BFH, BStBl 1992 II 528). Vgl. auch Abschn. 45 LStR (häusliches Arbeitszimmer).

n) Sprachkurse

Aufwendungen für einen Grundkurs in einer gängigen Fremdsprache (z. B. Englisch)

a) im **Ausland** sind **nicht** abzugsfähig (BFH, BStBl 1993 II 786)
b) im **Inland** sind abzugsfähig (BFH, BStBl 1994 II 248).

4.6 Spenden

Zu den Aufwendungen für die Lebensführung gehören auch **Spenden.** Dazu gehören alle ohne rechtliche Verpflichtung geleisteten Aufwendungen für die in § 10b genannten Zwecke (gemeinnützige, mildtätige, kirchliche, kulturelle und ähnliche Zwecke), auch wenn sie durch betriebliche Erwägungen mitveranlaßt werden. Die Spende ist bei natürlichen Personen ein persönliches Opfer und damit eine Aufwendung für den privaten Lebensbereich. Vgl. BFH, BStBl 1988 II 220. Unter den Voraussetzungen des § 10b können Spenden aber als Sonderausgaben abgezogen werden (vgl. R 111 bis 113) und F 3.8. Außerdem ist bei Parteispenden eine Ermäßigung der Steuerschuld nach § 34g zu beachten; vgl. F 3.8.
Zur Parteispendenproblematik vgl. C. 3.4.

4.7 Zuwendungen (§ 12 Nr. 2 EStG)

Zum Inhalt und zur Bedeutung dieser Vorschrift vgl. Darstellung in K. 9.1, R 123 und H 123.

4.8 Personensteuern (§ 12 Nr. 3 EStG)

Nicht abziehbar sind nach § 12 Nr. 3
– Steuern vom Einkommen
– sonstige Personensteuern
– Umsatzsteuer auf den Eigenverbrauch (§ I Abs. 1 Nr. 2 UStG) und Lieferungen oder sonstige Leistungen, die Entnahmen sind
– bestimmte Nebenleistungen zu nicht abziehbaren Steuern. Vgl. H 121.

Steuern von Einkommen sind die Steuern, die nach Maßgabe des Einkommens einer Person erhoben werden. Außer der Einkommensteuer und ihren besonderen Formen wie Lohnsteuer und Kapitalertragsteuer gehört dazu an sich auch die **Kirchensteuer**. Die gezahlte Kirchensteuer ist aber auf Grund der besonderen Bestimmung in § 10 Abs. 1 Nr. 4 als Sonderausgabe abziehbar. **Nicht** zu den Steuern vom Einkommen gehört aber die Gewerbesteuer. Die Gewerbesteuer wird nach dem objektivierten Ertrag eines gewerblichen Betriebes erhoben; sie ist deshalb BA. Für die ausländische Einkommensteuer, die auf ausländische Einkünfte des Steuerpflichtigen entfällt, gilt das Abzugsverbot des § 12 Nr. 3 ebenfalls; vgl. aber die Sonderregelung in § 34c (vgl. N. 7.).

Unter den Voraussetzungen dieser Vorschrift ist wahlweise

– der Abzug bei der Ermittlung der Einkünfte (§ 34 c Abs. 2)

oder

– die Anrechnung auf die ESt (§ 34c Abs. 1)

möglich. Materiell bedeutet der Abzug nach § 34c Abs. 2 keine Ausnahme vom Abzugsverbot des § 12 Nr. 3, sondern Milderung einer Doppelbesteuerung ausländischer Einkünfte.

Sonstige Personensteuern sind u. a. die

– Vermögensteuer

– Erbschaftsteuer

– Solidaritätszuschlag.

Keine Personensteuer ist aber z. B. die USt; diese wird zwar auch von einer Person geschuldet, aber sie belastet einen bestimmten Wirtschaftsvorgang (Lieferung oder sonstige Leistung). Kraft ausdrücklicher gesetzlicher Vorschrift (§ 12 Nr. 3) ist dagegen die USt für den Eigenverbrauch und für Lieferungen oder sonstige Leistungen, die Entnahmen sind, nicht abziehbar. Die Regelung beruht auf der Überlegung, eine ungleiche Behandlung im Verhältnis zwischen Unternehmern, die ihren privaten Lebensbedarf ganz oder teilweise aus ihren Unternehmen durch Einnahmen decken können, und den Endverbrauchern, die ihren Lebensbedarf durch umsatzsteuerbelasteten Einkauf decken müssen, zu vermeiden. Zur Behandlung der USt auf den Eigenverbrauch bei § 4 Abs. 3 vgl. J. 2.6.4.

Mit Steuern zusammenhängende andere Leistungen

Mit Steuern zusammenhängende andere Leistungen teilen das Schicksal der jeweiligen Steuern, mit der sie zusammenhängen. Vgl. H 121.

Daher fallen folgende „Nebenleistungen" unter § 12 Nr. 3, falls ihnen eine nichtabziehbare Steuer zugrundeliegt

– Säumniszuschläge (§ 240 AO)

– Verspätungszuschläge (§ 152 AO)

– Zwangsgelder (§ 329 AO)

Für Stundungszinsen (§ 234 AO), Aussetzungszinsen (§ 237 AO) und Nachforderungszinsen (§ 233a AO) gilt:

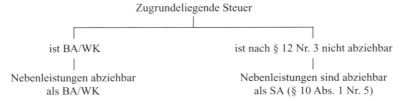

Daher sind Stundungs-, Nachforderungs- und Aussetzungszinsen (§§ 234, 233a, 237 AO) zu nichtabziehbaren Steuern vom Abzugsverbot des § 12 Nr. 3 nicht betroffen, sind also **SA** (§ 10 Abs. 1 Nr. 5), aber **keine** BA/WK (vgl. BFH, BStBl 1992 II 342).

Zinsen für zurückgeforderte Investitionszulage sind abziehbar.

4.9 Geldstrafen und ähnliche Rechtsnachteile (§ 12 Nr. 4 EStG)

4.9.1 Grundsatz

Nichtabzugsfähig sind auch die wegen eines Verbrechens oder Vergehens von den Gerichten verhängten **Strafen** und ähnliche Rechtsnachteile, selbst wenn sie mit einer der Besteuerung unterliegenden Tätigkeit des Bestraften zusammenhängen (BFH, BStBl 1955 III 338 und BStBl 1969 II 74).

Sie gelten nach § 12 Nr. 4 stets als Kosten der Lebensführung. Dahinter steht die Überlegung, daß eine mit Strafe bedrohte Handlung dem privaten Bereich zuzuordnen ist (höchstpersönliches Fehlverhalten). Würde man Strafen als abzugsfähige BA oder Werbungskosten anerkennen, so würde im Ergebnis das von den ordentlichen Gerichten ausgesprochene Strafmaß in seinen Wirkungen unvertretbar abgeschwächt und auf die Allgemeinheit verlagert; vgl. BFH, BStBl 1976 II 340 und C. 3.3.8.1.

4.9.2 Umfang des Abzugsverbots

Das Abzugsverbot umfaßt in einem Strafverfahren festgesetzte Geldstrafen, sonstige Rechtsfolgen vermögensrechtlicher Art, bei denen der Strafcharakter überwiegt, und Leistungen zur Erfüllung von Auflagen oder Weisungen, soweit die Auflagen oder Weisungen nicht lediglich der Wiedergutmachung des durch die Tat verursachten Schadens dienen. Vgl. H 120.

a) Geldstrafen

Geldstrafen sind alle so bezeichneten Rechtsnachteile, die von einem Gericht verhängt werden.

Zu den Geldstrafen gehören auch die von einem **ausländischen** Gericht verhängten Geldstrafen. Die im Ausland festgesetzten Sanktionen können jedoch abziehbar sein, wenn diese Sanktionen wesentlichen Grundsätzen der deutschen Rechtsordnung widersprechen, vgl. **R 120**, BFH, BStBl 1992 II 85.

b) Sonstige Vermögensnachteile

Sonstige Rechtsfolge vermögensrechtlicher Art, bei denen der Strafcharakter überwiegt, ist vor allem die Einziehung von Gegenständen, soweit diese Strafcharakter hat (vgl. § 74 Abs. 2 Nr. 1 StGB).

c) Leistungen zur Erfüllung von Auflagen oder Weisungen in einem Strafverfahren

Dazu gehören in erster Linie die Auflagen, die nach § 56b Abs. 2 Nr. 2, 3, § 59a Abs. 2 StGB bei einer Strafaussetzung zur Bewährung oder bei einer Verwarnung mit Strafvorbehalt erteilt werden, sodann die Auflagen und Weisungen bei einer Einstellung nach § 153a Abs. 1 Satz 1 Nr. 2, 3 StPO.

Keinen Strafcharakter haben dagegen Auflagen oder Weisungen, die die Wiedergutmachung des durch die Tat verursachten Schadens zum Gegenstand haben (vgl. § 56b Abs. 2 Nr. 1 StGB, § 153a Abs. 1 Satz 1 Nr. 1 StPO).

Die Leistungen dürfen nicht lediglich der Schadenswiedergutmachung dienen.

> **Beispiel:**
> Eine vom Gericht verhängte Zahlung an eine gemeinnützige Organisation zur Bewährungsauflage nach einer Verurteilung auf Bewährung fällt unter das Abzugsverbot des § 12 Nr. 4, da sie Strafcharakter hat. Ein Spendenabzug nach §§ 10b, 34g scheidet – mangels Freiwilligkeit – ebenfalls aus.

4.9.3 Verfahrenskosten

Verfahrenskosten (Strafverteidigungs- und Gerichtskosten) sind weder „Strafe" noch strafähnliche Rechtsfolge. Sie sind daher abzugsfähige BA oder WK, wenn die dem Verfahren zugrundeliegende Tat eindeutig dem betrieblichen/beruflichen Bereich zuzuordnen ist (BFH, BStBl 1982 II 467). Vgl. auch C 3.3.8.6 sowie H 120 (Kosten des Strafverfahrens/der Strafverteidigung.

Die „Einheit der Rechtsordnung" gebietet hier **nicht** ein Abzugsverbot, da diese Aufwendungen nicht vom Gericht verhängt werden und den Stpfl. nicht unabdingbar treffen sollen. So braucht sich der Stpfl. nicht zwingend vor Gericht durch einen Prozeßbevollmächtigten (Rechtsanwalt) vertreten lassen.

Ob **Verfahrenskosten** zu den Betriebsausgaben oder zu den nichtabziehbaren Kosten der Lebenshaltung gehören, ist **nicht** davon abhängig, ob ein Angeklagter wegen der ihm zu Last gelegten Tat **verurteilt** oder ob er wegen erwiesener Unschuld oder mangels Beweisen **freigesprochen** worden ist.

Die Verfahrenskosten können daher auch im Falle der **Verurteilung abzugsfähige** BA oder WK sein (zum Teil in der Literatur bereits kritisiert).

Gerät jemand in den Verdacht, eine strafbare Handlung begangen zu haben, die er nur auf Grund seiner betrieblichen oder beruflichen Tätigkeit hätte begehen können, dann muß die Einleitung des Strafverfahrens auf Grund dieses Verdachtes als durch den Betrieb veranlaßt angesehen werden. Die Aufwendungen zur Entkräftigung dieses Verdachts sind Betriebsausgaben. Dabei bleibt unberücksichtigt, daß diese Aufwendungen auch der Wiederherstellung der persönlichen Ehre des Angeklagten dienen.

An der betrieblichen oder beruflichen Veranlassung der Strafverteidigungskosten ist ein strenger Maßstab anzulegen (BFH, BStBl 1961 III 18).

Beispiel:
Metzgermeister M wird angeklagt, zur Wurstbereitung verdorbenes Fleisch verwendet zu haben.
1. M wird verurteilt
2. M wird freigesprochen.

In beiden Fällen hat er die Verfahrenskosten zu tragen. Die unter Strafe gestellte Handlung ist eindeutig dem betrieblichen Bereich zuzuordnen.

Sind Verfahrenskosten sowohl betrieblich (beruflich) als auch privat veranlaßt, sind sie nicht abzugsfähige Mischkosten i. S. des § 12 Nr. 1 S. 2.

Im Falle des Freispruchs sind jedoch – nicht ausschließlich betrieblich (beruflich) veranlaßte – Strafverteidigungskosten unter den weiteren Voraussetzungen des § 33 als außergewöhnliche Belastung abziehbar.

Beispiel:
Der Gewerbetreibende G verursachte auf der Fahrt zu einem Geschäftspartner einen Verkehrsunfall. Nach der Beweisaufnahme des Amtsgerichts hatte G den Unfall durch Mißachtung der Vorfahrtsregeln verursacht. Das Amtsgericht setzte die hierfür verhängte dreimonatige Freiheitsstrafe zur Bewährung aus. Als Bewährungsauflage mußte G 2 500 DM an das DRK zahlen.

G hatte Kosten für einen eigenen Rechtsanwalt von 2 000 DM sowie Gerichtskosten von 750 DM zu tragen. Die Zahlung an das DRK ist nicht abzugsfähig nach § 12 Nr. 4. Die Rechtsanwalts- und Gerichtskosten sind vollabziehbare BA.

5. Vereinnahmung und Verausgabung (§ 11 EStG)

5.1 Bedeutung der Vorschrift

Der Besteuerung unterliegt das Einkommen, das in einem bestimmten Veranlagungszeitraum bezogen wurde (§ 25 Abs. 1). Aufgrund dieser Abschnittsbesteuerung sind die Grundlagen für die Besteuerung jeweils für ein Kalenderjahr zu ermitteln.

Daraus ergibt sich die Notwendigkeit, den Zeitpunkt zu bestimmen, in dem Einnahmen bezogen bzw. Ausgaben abzusetzen sind.

Aufgrund des § 11 ist für den Zeitpunkt der steuerlichen Berücksichtigung grds. für Einnahmen das KJ des Zuflusses für Ausgaben das KJ der Leistung maßgebend, weil durch Zu- und Abfluß die wirtschaftliche Leistungsfähigkeit verändert wird.

Daher sind steuerlich relevante **Einnahmen** innerhalb des Kalenderjahres **bezogen,** in dem sie dem Steuerpflichtigen **zugeflossen** sind (§ 11 Abs. 1 Satz 1).

Ausgaben sind für das Kalenderjahr **anzusetzen,** in dem sie **geleistet** worden sind (§ 11 Abs. 2 Satz 1).

Zu welchem Kalenderjahr eine Einnahme oder Ausgabe **wirtschaftlich** gehört, ist grds. ohne Bedeutung. Auf die **Fälligkeit** kommt es nicht an. Der Zufluß bzw. Abfluß kann vor, bei oder nach der Fälligkeit liegen.

Beispiel:
Ein Mietwohnhausbesitzer hat im Herbst 01 Reparaturen an seinem Grundstück vornehmen lassen. Die Rechnung über 1 000 DM ist am 15.11.01 ausgestellt. Der Betrag ist sofort fällig. Er wird aber erst am 10.1.02 bezahlt. Die 1 000 DM sind Werbungskosten des Kalenderjahres 02.

Es ist aber die Ausnahmeregelung des § 11 Abs. 1 Satz 2 und § 11 Abs. 2 Satz 2 zu beachten:

Im Jahr der wirtschaftlichen Zugehörigkeit werden erfaßt:

- **regelmäßig wiederkehrende Einnahmen,** die kurze Zeit vor Beginn oder nach Beendigung des Kalenderjahres (KJ), zu dem sie wirtschaftlich gehören, zugeflossen sind, bzw.
- **regelmäßig wiederkehrende Ausgaben,** die kurze Zeit vor Beginn oder nach Beendigung des KJ, zu dem sie wirtschaftlich gehören, geleistet sind.

Vgl. hierzu im einzelnen 5.5.

Eine Besonderheit ist bei der zeitlichen Zuordnung von Arbeitslohn beim Arbeitnehmer zu beachten:

Laufender Arbeitslohn gilt in dem KJ als bezogen, in dem der Lohnzahlungszeitraum endet (§ 11 Abs. 1 Satz 3 i. V. m. § 38a Abs. 1 Satz 2).

Für **nicht** laufend gezahlten Arbeitslohn (sonstige Bezüge) gilt hingegen das allgemeine Zu- und Abflußprinzip (§ 38a Abs. 1 Satz 3).

Beispiel:
Einen Arbeitnehmer wird das Dezembergehalt (fällig 31.12.01) verspätet erst am 20.1.02 ausgezahlt.

Ansatz im Jahr 01, § 38a Abs. 1 S. 2.

Durch **zusammengeballte** Zuflüsse in einem KJ könnten Härten infolge des progressiven ESt-Tarifs auftreten.

Als Milderungsregelungen kommen in Betracht

- ermäßigter Steuersatz für Entschädigungen, § 34 Abs. 1, Abs. 2 Nr. 2 i. V. m. § 24 Nr. 1
- rechnerische Verteilung von Einmalzahlungen, die mehrere Jahre betreffen, nach § 34 Abs. 3
- Verteilung von Mietvorauszahlungen und verlorenen Mieterzuschüssen beim Vermieter nach R 163 Abs. 2 und 3
- Verteilung eines Nießbrauchsentgelts beim Eigentümer nach Tz. 32 des Nießbrauchserlasses vom 15.11.1984 (vgl. K. 8.5.3.4).

5.2 Geltungsbereich des § 11 EStG

§ 11 gilt in den Bereichen der Ermittlung des zu versteuernden Einkommens, bei denen es auf Zu- und Abfluß ankommt. Der unmittelbare Geltungsbereich des § 11 umfaßt mithin

a) auf der **Einnahmeseite** (§ 11 Abs. 1)

1. Betriebseinnahmen bei der Gewinnermittlung nach § 4 Abs. 3
2. Einnahmen bei den Überschußeinkunftsarten (§ 8)

b) auf der **Ausgabenseite** (§ 11 Abs. 2)

1. Betriebsausgaben (§ 4 Abs. 4) bei der Gewinnermittlung nach § 4 Abs. 3
2. Werbungskosten bei den Überschußeinkünften (§ 9)
3. Sonderausgaben (§ 10, § 10b, § 10 e Abs. 6, § 10i Abs. 1 Nr. 2)
4. außergewöhnliche Belastungen (§§ 33, 33a, 33c); dies gilt auch bei Fremdfinanzierung der Aufwendungen (BFH, BStBl 1988 II 814).

Keine Anwendung findet § 11 mithin beim Betriebsvermögensvergleich i. S. des § 4 Abs. 1 und § 5 (§ 11 Abs. 1 Satz 4, § 11 Abs. 2 Satz 3).

Nach den Grundsätzen ordnungsmäßiger Buchführung entsteht ein Gewinn oder Verlust bei jeder Änderung der Höhe des Betriebsvermögens.

Beispiel:
Ein bilanzierender Rechtsanwalt stellt eine Honorarrechnung aus. Schon zu diesem Zeitpunkt, nicht erst bei Bezahlung hat er zu buchen: „Forderungen an Erträge" (und USt).

Zusammengefaßt ergibt sich: § 11 ist unmittelbar anzuwenden bei

- Ermittlung der Überschußeinkünfte
- Gewinnermittlung nach § 4 Abs. 3
- Sonderausgaben und außergewöhnlichen Belastungen.

Darüberhinaus gilt § 11 bei der Gewinnermittlung nach § 13a für Land- und Forstwirte insoweit, als bestimmte Korrekturen vom Zu- bzw. Abfluß abhängen.

Übersicht

Geltungsbereich des Zu- und Abflusses

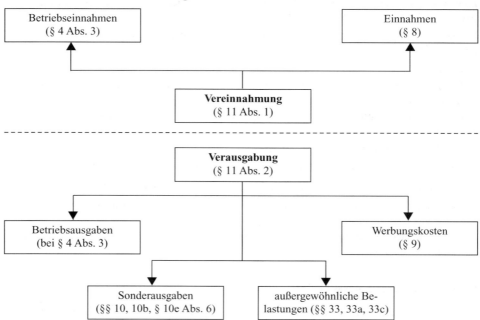

Sowohl bei der Gewinnermittlung nach § 4 Abs. 3 als auch bei den Überschußeinkünften gehen die Vorschriften über die AfA (§§ 7 ff.) dem § 11 vor (§ 4 Abs. 3 Satz 3; § 9 Abs. 1 Nr. 7).

> **Beispiel:**
> A läßt ein Gebäude erstellen. Es wird im Oktober des Jahres 01 bezugsfertig. Rechnungen über 300 000 DM hat er bis Ende 01 bezahlt, weitere Rechnungen im Wert von 200 000 DM bezahlt er erst im Jahre 02.
>
> Da es wegen § 7 nicht auf die Bezahlung der Rechnungen ankommt, sondern auf die bis dahin entstandenen Herstellungskosten, kann A die AfA aus 500 000 DM schon im Jahre 01 als Werbungskosten geltend machen (§ 9 Abs. 1 Nr. 7).

Bei den Einkünften aus § 21 ist die Verteilungsmöglichkeit für Erhaltungsaufwand nach § 82b EStDV zu beachten sowie bei den Sonderausgaben nach § 52 Abs. 21 Satz 6 EStG, § 82a Abs. 3 EStDV.

Vgl. auch § 11a, § 11b und § 10f Abs. 2 EStG.

5.3 Analoge Anwendung des § 11 EStG

Eine zeitliche Abgrenzung **innerhalb** eines Kalenderjahres ist insbesondere erforderlich

- in **Erbfällen** (vgl. C. 6.2).
- beim **Wechsel** zwischen beschränkter und unbeschränkter **Steuerpflicht** (vgl. C. 6.3.4).

Bei der Frage, ob Einnahmen und Ausgaben
- dem Erblasser oder Erben zuzurechnen sind bzw.
- in die Zeit der beschränkten oder unbeschränkten Steuerpflicht fallen, ist u. E. § 11 analog anzuwenden.

Beispiele:
E stirbt am 1. 7. 08. Sein Sohn S ist Alleinerbe.
Die Einkünfte müssen bis zum 1. 7. 08 dem Vater E ab 2. 7. 08 dem Sohn S zugerechnet werden.
Mietshausbesitzer A nimmt ab 1. 7. 05 in der Schweiz seinen Wohnsitz.
Bis zum 30. 6. 05 sind die Einkünfte im Rahmen der unbeschränkten, später im Rahmen der beschränkten Steuerpflicht zu erfassen. Dabei werden zwei Veranlagungen durchgeführt.

Keine analoge Anwendung findet § 11 dagegen im Bereich der Einkünfte aus § 21 bei der Abgrenzung zu einem Zeitraum einkommensteuerlich irrelevanter Nutzung.

5.4 Zeitpunkt des Zufließens von Einnahmen und Abfließens von Ausgaben

§ 11 enthält keine gesetzliche Definition der Begriffe „Zufluß" und „Leistung".
Die Auslegung der Begriffe durch die Rechtsprechung ist zu beachten.

5.4.1 Zufluß

5.4.1.1 Begriff

Einnahmen sind dann zugeflossen, wenn der Steuerpflichtige über sie **wirtschaftlich verfügen kann** (BFH, BStBl 1974 II 54, BStBl 1986 II 342). Zufluß bedeutet mithin Erlangung wirtschaftlicher Verfügungsmacht über Einnahmen. Vgl. **H 116 (Allgemeines – Zufluß von Einnahmen)**.

Beispiel:
Mit der Barzahlung oder tatsächlichen Übergabe geldwerter Güter ist eine Einnahme zugeflossen.

Der Zuflußbegriff orientiert sich nicht am Zivilrecht, sondern an wirtschaftlichen Gesichtspunkten. Daher braucht der Zuflußzeitpunkt nicht mit dem Zeitpunkt der „Erfüllung" i. S. des § 362 BGB übereinzustimmen. Der Zufluß kann vor der zivilrechtlichen Erfüllung liegen (BFH, BStBl 1990 II 310 und BStBl 1990 II 287). Dies ist z. B. der Fall beim Scheck; vgl. hierzu 5.4.1.2 c).
Man kann über Einnahmen wirtschaftlich verfügen, ohne sie je „in die Hand bekommen" zu haben. Das ist z. B. der Fall, wenn der **Berechtigte einen Dritten als Empfänger benennt.** Hier liegt der Zufluß i. d. R. im **Zeitpunkt der Anweisung** an den Schuldner vor.

Beispiel:
Privatmann A hat dem B ein Darlehn gegeben. Die Darlehnszinsen von jährlich 1 500 DM sind jeweils am 1. Juli eines jeden Jahres fällig. Am 30. 7. 02 hat A den B telefonisch gebeten, die Zinsen statt an ihn, an seine Mutter zu leisten. B hat die Bitte am 2. 8. 02 erfüllt.
Die Zinsen sind A als Einnahmen aus Kapitalvermögen am 30. 7. 02 zugeflossen.

5.4.1.2 Einzelfälle

a) Banküberweisung

Bei Banküberweisung ist der Betrag mit der Gutschrift auf dem Konto des Stpfl. (Empfängers) zugeflossen (BFH, BStBl 1984 II 560).

Beispiel:
Überweisung von Miete durch den Mieter: 10. 12. 01 Tag der Abbuchung beim Mieter, 11. 12. 01 Gutschrift des Betrags auf dem Konto des Vermieters.
12. 12. 01 Zusendung des Kontoauszugs per Post an Vermieter, 19. 2. 02 Vermieter hebt den Betrag zusammen mit anderen Eingängen ab. Die Miete war am 30. 11. 01 fällig.
Zufluß liegt vor bei **Gutschrift** des Betrags auf dem Konto des Vermieters = 11. 12. 01, weil er ab diesem Zeitpunkt über den Betrag verfügen konnte. Die Fälligkeit ist ohne Bedeutung.

b) Zahlung an Bevollmächtigten

Eine Einnahme ist auch dann dem Steuerpflichtigen zugeflossen, wenn sie von dessen Bevollmächtigten in Empfang genommen worden ist.

Beispiel:
Eine Arzthelferin nimmt von einem Patienten auftragsgemäß am 28.12.01 1 000 DM für Bezahlung einer Arztrechnung entgegen. Sie übergibt den Betrag erst am 2.1.02 dem Arzt. Der Arzt muß die Betriebseinnahmen von 1 000 DM in 01 ansetzen, da sie mit der Entnahme durch die Bevollmächtigte zugeflossen ist (BFH, BStBl 1976 II 560).

c) Scheck – H116 (Scheck...) –

Der Scheck – eine Sonderform der kaufmännischen Anweisung (Regelung im Scheckgesetz) – ist eine Urkunde, in der der Inhaber eines Bankguthabens eine Bank anweist, aus dem Guthaben den in der Urkunde bezeichneten Betrag an diejenige Person, die den Scheck vorlegt, zu zahlen. Es handelt sich zwar nicht um ein gesetzliches Zahlungsmittel. Der Scheck dient jedoch dem Zahlungsverkehr und ermöglicht eine Verfügung über Buchgeld. Neben dem **Barscheck** gibt es die Sonderform des **Verrechnungsschecks,** die nicht der Barzahlung, sondern nur der Gutschrift auf einem Konto dient. Wird der Scheck entsprechend dem Bankvertrag ausgestellt, kann der Empfänger des Schecks regelmäßig von einer Auszahlung oder Gutschrift der Schecksumme ausgehen.

Die Vereinnahmung eines Scheckbetrags liegt daher nicht erst bei der Gutschrift auf dem Konto oder Auszahlung des Scheckbetrags an den Empfänger vor, sondern bereits mit der **Entgegennahme** (BFH, BStBl 1969 II 76). Bei Übermittlung eines Schecks (z.B. durch die Post) ist der Zufluß uE mit Erlangung der Verfügungsmacht über den Scheck (z.B. **Zustellung durch die Post)** gegeben **(analog** BFH, BStBl 1986 II 284 zum Abfluß); vgl. 5.4.2.

Voraussetzung ist aber, daß

– die bezogene Bank im Fall der sofortigen Vorlage den Scheckbetrag auszahlen oder gutschreiben würde und

– der sofortigen Vorlage keine zivilrechtlichen Abreden entgegenstehen (BFH, BStBl 1981 II 305). Dies gilt auch, wenn der Scheck – wie im Wirtschaftsleben üblich – zahlungshalber hingegeben wird (BFH, a.a.O.), also zivilrechtlich nur ein „Zahlungsversuch" ist.

Beispiel:
1. Der Rechtsanwalt R erhält am 27.12.01 von seinem Mandanten einen Scheck zum Ausgleich einer Honorarrechnung.
   – Es handelt sich um einen Barscheck. R läßt sich den Scheckbetrag am 28.12.01 von seiner Bank in bar auszahlen. Zufluß in 01.
   – Es handelt sich um einen Verrechnungsscheck. R übergibt den Scheck erst am 31.12.01 seiner Bank zur Gutschrift. Die Bank schreibt den Scheckbetrag am 2.1.02 auf seinem Konto gut. Ebenfalls Zufluß in 01. Auf den Tag der Gutschrift kommt es nicht an.
   – R reichte den Scheck seiner Bank sofort am 27.12.01 ein. Der Scheck war jedoch nicht gedeckt. Die bezogene Bank lehnte am 30.12.01 eine Gutschrift ab. **Kein Zufluß,** wenn die bezogene Bank die Auszahlung oder Gutschrift mangels Deckung ablehnt.
   – Der Mandant übergab den Scheck am Abend des 31.12.01. R übergab den Scheck der Bank zum frühestmöglichen Zeitpunkt am 2.1.02.
   Kein Zufluß mehr in 01, da die Entgegennahme zu einem Zeitpunkt erfolgte, zu dem es dem R nicht mehr möglich war, den Scheck der Bank vorzulegen (so zu schließen aus den Entscheidungsgründen BFH, BStBl 1981 II 305; **a. A.** FG Münster, Urt. vom 31.12.1983 X 6058/81 E (rkr) – n. v. und Apitz, FR 1985, 290).
2. Der Mandant übergab dem R den Scheck am 27.12.01. Vereinbarungsgemäß dürfte R den Scheck frühestens am 5.1.02 zur Gutschrift vorlegen.
   Kein Zufluß in 01 infolge zivilrechtlicher Einschränkung der Verfügungsmöglichkeit in 01.

Verfügt der Empfänger **vertragswidrig vorzeitig** durch Einlösung, ist uE die tatsächliche **Gutschrift** beim Empfänger maßgebend.

d) Wechsel – H 116 (Wechsel) –

Der Wechsel ist eine Urkunde, in der sich der Schuldner in Wechselform zur Zahlung einer bestimmten Summe verpflichtet. Die Zahlungspflicht ist unabhängig von dem zugrundeliegenden Rechtsgeschäft (also etwa unabhängig von Bestand einer Kaufpreisforderung).

Der Wechsel ist ein Kreditmittel. **Es gibt zwei Formen des Wechsels:**

- **eigener Wechsel (Solawechsel)** = Schuldversprechen, in dem der Aussteller selbst der Wechselschuldner ist.
- **gezogener Wechsel (Tratte bzw. Akzept)**
  Hier beauftragt der Aussteller des Wechsel eine dritte Person (den „Bezogenen" = „Akzeptanten"), den Wechselgläubiger zu befriedigen.

Wird durch Wechsel zahlungshalber geleistet, so ist die Einnahme daher grds. erst mit der **Einlösung** oder **Diskontierung** zugeflossen (BFH, BStBl 1971 II 624; siehe auch BFH, BStBl 1981 II 305). Wegen Ausnahmen vgl. FG Köln, EFG 1983, 141.

> **Beispiel:**
> Ein Unternehmer mit Gewinnermittlung nach § 4 Abs. 3 erhält für eine Forderung am 30.12.01 einen vier Wochen später fälligen Wechsel. Einlösung: 30.1.02.
>
> Auch der Wechsel wird bürgerlich-rechtlich im allgemeinen erfüllungshalber hingegeben, so daß sowohl Abfluß als auch Zufluß erst bei Wechseleinlösung anzunehmen sind (vgl. Abschn. 116 Abs. 1 Satz 5) Zufluß erst in 02. Der Wechsel wird daher im Gegensatz zum Scheck nicht wie Bargeld behandelt.

e) Gutschrift in den Büchern des Schuldners

Einnahmen sind i. d. R. im Zeitpunkt des Eintritts des Leistungserfolgs zugeflossen. Dem Eintritt des Leistungserfolgs steht es aber gleich, wenn der Empfänger in der Lage ist, den Leistungserfolg ohne weiteres Zutun des im übrigen **leistungsbereiten** und **leistungsfähigen** Schuldners herbeizuführen.

Bei **Gutschrift** ist eine Einnahme dann zugeflossen, wenn der Empfänger jederzeit über den gutgeschriebenen Betrag verfügen kann. Das ist der Fall, wenn durch die Gutschrift die Verwirklichung des Anspruchs so gesichert ist, daß sie wirtschaftlich als Eingang angesehen werden kann. Vgl. BFH, BStBl 1975 II 350; BStBl 1976 II 65. Es muß zum Ausdruck kommen, daß der Betrag von der Gutschrift an zur Verfügung steht (BFH, BStBl 1968 II 225). Wird dagegen der geschuldete Betrag deshalb gutgeschrieben, weil der Schuldner durch Zahlungsunfähigkeit an der Zahlung zum Fälligkeitstag gehindert ist, so liegt die Gutschrift nicht im Interesse des Gläubigers, sondern im Interesse des Schuldners. In solchen Fällen bedeutet die Gutschrift kein Zufließen (BFH, BStBl 1953 III 170).

Kein Zufließen bedeutet eine Gutschrift auch dann, wenn sie lediglich ein betriebsinterner Buchungsvorgang bleibt, wenn der aus der Gutschrift Berechtigte also keine Möglichkeit hat, über sein Guthaben zu verfügen.

Auch in der Gutschrift eines Lohnanspruchs kann bereits ein Zufließen liegen.

> **Beispiel:**
> Der Arbeitnehmer A läßt sich den gutgeschriebenen Lohn nicht auszahlen, weil er sich durch die Belassung des Lohnes im Betrieb des Arbeitgebers eine Kapitalanlage schaffen wollte. Gutschriften beim Arbeitgeber zugunsten des Arbeitnehmers auf Grund von Gewinnbeteiligungs- und Vermögensbildungsmodellen sind aber dem Arbeitnehmer nicht zugeflossen, wenn die Gutschrift im Interesse des Arbeitgebers erfolgt ist und keine Novation in ein Darlehn vorliegt (BFH, BStBl 1982 II 465).

f) Forderungsabtretung

Ein Zufluß ist gleichfalls anzunehmen, wenn eine Forderung an Zahlungsstatt und nicht zahlungshalber an den Gläubiger abgetreten wird, BFH, BStBl 1966 III 394 und BStBl 1985 II 330.

Durch die Abtretung an Zahlungsstatt erlischt das Schuldverhältnis, vgl. § 364 Abs. 1 BGB.

Sie muß ausdrücklich, zumindest erkennbar vereinbart sein.

> **Beispiel:**
> A schuldet dem Rechtsanwalt B 1 000 DM. Da A keine flüssigen Geldmittel hat, tritt er B in 01 eine Forderung im Nennwert von 1100 DM ab.

Sie hat einen realisierbaren Wert von 800 DM. B zieht in 02 800 DM ein. Die Abtretung erfolgt
1. an Zahlungsstatt
2. zahlungshalber.

Im Fall 1 hat B in 01 Betriebseinnahmen von 800 DM.

Im Fall 2 fließt B der Betrag von 800 DM erst in 02 zu.

Abwandlung:

Kann B wider Erwarten in 02 den vollen Betrag von 1 100 DM einziehen, hat er – im Fall 1 den Mehrbetrag von 300 DM weder in 01 noch in 02 zu versteuern (Vorgang auf der Vermögensebene). – im Fall 2 in 02 1 100 DM zu versteuern.

g) Aufrechnung – H 116 (Aufrechnung) –

Im Falle des Erlöschens einer Forderung durch Aufrechnung (§§ 387 ff. BGB) liegt der Zuflußzeitpunkt beim Gläubiger im Zeitpunkt des **Wirksamwerdens** der Aufrechnungserklärung, d. h. bei **Zugang** dieser **Erklärung** an den Schuldner (vgl. § 130 BGB); BFH, BStBl 1977 II 601.

h) Novation

Novation (wörtlich = Erneuerung) bedeutet **Schuldumwandlung (Schuldumschaffung).** Sie liegt vor, wenn ein Schuldverhältnis aufgehoben und durch ein neu begründetes ersetzt, es also umgewandelt wird. Durch Novation kann ebenfalls ein Zufluß bewirkt werden (BFH, BStBl 1984 II 480).

Beispiel:

A hat B ein Darlehn gegeben. Am 1. Juli 02 hat sich A auf Bitte des B bereit erklärt, ihm fällige Zinsen im Betrag von 1 000 DM als weiteres Darlehn, rückzahlbar mit der ursprünglichen Darlehnssumme und mit 8 v. H. zu verzinsen, zu überlassen. B wäre zwar zur Zahlung der Zinsen in der Lage gewesen, ein zusätzliches Darlehn erleichtert jedoch seine finanzielle Dispositionen.

Hier wurde die fällige Zinsschuld in ein weiteres Darlehn umgewandelt. Mithin sind dem A am 1.7.02 die Zinsen zugeflossen. Durch die Novation hat A über die Einnahme verfügt.

Von der Novation ist eine **Stundung** abzugrenzen. Wird ein Betrag gestundet, ist er gerade deswegen noch **nicht** zugeflossen.

Beispiel:

Wie oben, aber B ruft am 1.7.02 bei A an und bittet um Stundung der an diesem Tage fälligen Darlehnszinsen bis zum 1.10.02, weil er im Augenblick zahlungsunfähig ist.

A stimmt dem Stundungsantrag notgedrungen zu.

Hier hat A noch die Zinsforderung.

Die Darlehnszinsen sind ihm somit am 1.7.02 noch **nicht** zugeflossen.

Merke

Novation	Stundung
Neue Schuld (vorher Zinsschuld, nachher Darlehnsschuld)	Alte Schuld (unverändert Zinsschuld)
Verzinsung	keine Verzinsung
Schuldner zahlungsunfähig	Schuldner zahlungsunfähig

Werden bei Nichtzahlung einer Schuld zwischen Gläubiger und Schuldner Vereinbarungen getroffen, so ist die Antwort auf die Frage, ob der Schuldner zahlungsfähig war, ein entscheidendes Indiz für den Zufluß.

Die Gewährung einer **Stundung** bedeutet **keinen Zufluß** der Einnahmen beim Stundenden. Der Zufluß liegt erst bei tatsächlicher späterer Zahlung vor.

Wegen der Besonderheiten des Zuflusses von **Honoraren bei Ärzten** vgl. J. 2.6.7 und **H 116 (Arzthonorar)**.

Sparzinsen für Einlagen bei Kreditinstituten fließen u. E. nach allgemeinen Grundsätzen im Zeitpunkt der **Gutschrift** durch die Bank auf dem Konto zu. Diese erscheint auf dem nicht ausgehändigten Kontoblatt. Die Gutschrift erfolgt regelmäßig gegen Ende des Jahres. Die spätere Eintragung im Sparbuch (i. d. R. erst im folgenden Jahr) bewirkt keinen Zufluß. Der BFH kommt zu demselben Ergebnis, allerdings mit der Begründung, es handele sich um regelmäßig wiederkehrende Einnahmen i. S. des § 11 Abs. 1 S. 2 (BFH, BStBl 1975 II 696).

Beispiel:
A hat bei seiner Sparkasse ein Sparguthaben. Die Zinsen für das Jahr werden von der Sparkasse am 27.12.01 gutgeschrieben. Am 5.2.02 geht A zu seiner Sparkasse und läßt die Eintragung der Zinsen in seinem Sparbuch vornehmen, die Zinsen sind A in 01 zugeflossen.

Wegen des Zuflusses von **Kapitalerträgen** vgl. im einzelnen K 6.2.6.

5.4.2 Begriff der Leistung (Abfluß)

Ein Abfluß i. S. des § 11 Abs. 2 S. 1 liegt im Zeitpunkt der Leistung vor.

- Leistung bedeutet Verlust **wirtschaftlicher** (nicht: rechtlicher) Verfügungsmacht (Umkehrung zum Zufluß) (BFH, BStBl 1986 II 453). Der Leistende muß nur alles getan haben, um den Zufluß beim Empfänger eintreten zu lassen. Zu- und Abflußzeitpunkt müssen nicht identisch sein.

- Bei **Barzahlung** oder **Übergabe geldwerter Güter** liegt der Abfluß im Zeitpunkt der Übergabe des Bargelds bzw. der Wirtschaftsgüter vor.

- Bei **Bankaberweisung mit Zugang des Überweisungsauftrags bei der Bank (nicht** erst im Zeitpunkt der Lastschrift auf dem Konto des Überweisenden). Vgl. BFH, BStBl 1986 II 453, BFH/NV 1986, 653 und BFH, BStBl 1987 II 673. Das gilt auch bei Gutschrift auf einem Sperrkonto des Zahlungsempfängers (BFH, BStBl 1989 II 702). Vgl. **H116 (Überweisung)**.

Der Stpfl. muß aber alles in seiner Macht stehende getan haben, um eine unverzügliche bankübliche Ausführung zu gewährleisten (insbesondere ausreichende Deckung auf dem Konto).

Beispiel:
A hat versehentlich eine Handwerkerrechnung vom 15.10.01 nicht bezahlt. Erst am 28.12.01 übergibt er seiner Bank einen Überweisungsauftrag über den Betrag von 500 DM. Die Belastung auf seinem Bankkonto erfolgt am 2.1.02. Durch ein Versehen der Bank wird der Betrag zunächst am 4.1.02 dem nicht beteiligten X gutgeschrieben. Nachdem der Handwerker H den fehlenden Zahlungseingang am 10.1.02 bei seiner Bank reklamiert hat, wird der Betrag ihm am 20.1.02 auf seinem Bankkonto gutgeschrieben. Abfluß bei A mit Übergabe des Auftrags an die Bank. Der Zuflußzeitpunkt bei H (20.1.02) ist unerheblich, ebenso der Zeitpunkt der Lastschrift bei A.

- Beim **Scheck** (Bar- oder Verrechnungsscheck) grds. mit der **Entgegennahme** des Schecks durch den Empfänger, d. h. mit der Leistungshandlung (BFH, BStBl 1986 II 342). Entsprechendes gilt bei Zahlung mit **Scheck-** oder **Kreditkarte**.

Dies gilt jedoch **nicht bei fehlender Deckung** oder ausdrücklichem **zivilrechtlichem Vorbehalt** des Scheckgebers der **späteren Einlösung** oder tatsächlicher Nichteinlösungsmöglichkeit am Ende eines Jahres. Vgl. hierzu bereits 5.4.1.2 c).

Beispiel:
Hauseigentümer A hat versehentlich die Schuldzinsen für den Monat November 01 bei Fälligkeit nicht bezahlt. Am 28.12.01 übergibt A dem Gläubiger G einen Verrechnungsscheck über 1 000 DM. G reicht diesen Scheck erst am 20.1.02 bei seiner Bank ein. Er hätte ihn auch noch im Jahre 01 der Bank einreichen können. Die Gutschrift auf seinem Bankkonto erfolgt am 22.1.02. Die Belastung auf dem Konto des A erfolgt am 25.1.02. Abfluß bei A am 28.12.01.

Bei **Übermittlung** eines Schecks liegt der Abfluß in dem Zeitpunkt vor, in dem der Übermittelnde sich der uneingeschränkten Verfügungsgewalt über den Scheck begeben hat, z. B. **durch Übergabe an die Post (Einwurf in den Postbriefkasten)** oder **Einwurf in den Briefkasten des Zahlungsempfängers** (BFH, BStBl 1986 II 284).

Beim Wechsel ist der Abfluß im Zeitpunkt der **Entrichtung der Wechselsumme** gegeben. Auch bei den weiteren Abflußmöglichkeiten sind die Grundsätze zu § 11 Abs. 1 entsprechend zu beachten. Dies bedeutet jedoch **nicht immer**, daß Zufluß- und Abflußzeitpunkt identisch sind.

Beispiele:

Banküberweisung	**Zufluß** **Gutschrift** beim Empfänger	**Abfluß** **Auftrag** des Schuldners an die Bank	Zu- und Abfluß **nicht** identisch
Scheck: a) Übergabe	Entgegennahme durch Empfänger		Zu- und Abfluß **identisch**
b) Übermittlung durch Post	Übergabe an die Post	Zustellung durch die Post	**nicht identisch**

5.4.3 Übersicht: Zufluß/Abfluß (§ 11 EStG)

Einzelfälle	**Abfluß im Zeitpunkt**	**Zufluß im Zeitpunkt**
(1) Barzahlung	der Zahlung (Übergabe des Geldes)	wie Abfluß
(2) Barzahlungen a) an Bevollmächtigten b) durch Boten	der Zahlung (Übergabe des Geldes)	wie Abfluß
(3) Überweisungen (z. B. Girokonto)	der Erteilung des Überweisungsauftrags	der Gutschrift
(4) Zahlschein	der Einzahlung bei der Bank oder Sparkasse	der Gutschrift auf dem Konto des Empfängers
(5) Hingabe von Schecks erfüllungshalber	– der Entgegennahme durch Empfänger (soweit Deckung vorhanden und sofortige Vorlage möglich) – bei **Übermittlung** im Zeitpunkt des Verlusts der uneingeschränkten Verfügungsgewalt (z. B. Übergabe an die Post)	– wie Abfluß – bei Übermittlung z. B. mit Einwurf in den Hausbriefkasten oder Zustellung durch die Post
(6) Hingabe von Wechseln erfüllungshalber	der Einlösung	der Einlösung bzw. Diskontierung
(7) Aufrechnung	des Wirksamwerdens (= Zugang) der Aufrechnungserklärung	wie Abfluß
(8) Zinsen auf Sparguthaben	–	grds. 31. 12. des jeweiligen Jahres

Zum **Damnum** vgl. im einzelnen K. 7.8.3.3 und H 116 „Damnum".

5.5 Ausnahmeregelung für regelmäßig wiederkehrende Einnahmen und Ausgaben (§ 11 Abs. 1 Satz 2 und Abs. 2 Satz 2 EStG)

5.5.1 Allgemeines

Bei § 11 kommt es grds. auf den tatsächlichen Abfluß oder Zufluß von Gütern, d. h. auf die Übertragung der Verfügungsmacht an.

Die wirtschaftliche Zugehörigkeit zu einem bestimmten Kalenderjahr oder anderen Zeiträumen ist daher grds. ohne Bedeutung. Der Zuflußzeitpunkt von Einnahmen bzw. der Abflußzeitpunkt von Ausgaben ist jedoch nicht in jedem Fall für die steuerliche Berücksichtigung maßgebend.

Eine Ausnahme ergibt sich aus § 11 Abs. 1 Satz 2. Danach müssen **regelmäßig wiederkehrende Einnahmen** und **Ausgaben,** die dem Stpfl. kurze Zeit vor Beginn oder kurze Zeit nach Beendigung des Kalenderjahres, zu dem sie **wirtschaftlich** gehören, zu- oder abgeflossen sind, diesem Kalenderjahr zugerechnet werden.

Einnahmen und Ausgaben gehören wirtschaftlich zu dem Zeitraum, auf den sie sich beziehen (nicht also unbedingt in dem sie **fällig** geworden sind), so ausdrücklich BFH, BStBl 1987 II 16 unter Aufgabe der bisherigen Rechtsprechung sowie BFH, BStBl 1996 II 266 (267).

In diesen Ausnahmefällen erschien dem Gesetzgeber die wirtschaftliche Zugehörigkeit wichtiger als der tatsächliche Ab- oder Zuflußzeitpunkt.

5.5.2 Voraussetzungen für die Anwendung der Ausnahmeregelung

Die Anwendung der Ausnahmeregelung setzt voraus:
- Regelmäßig wiederkehrende Einnahme
- Wirtschaftliche Zugehörigkeit zum abgelaufenen bzw. folgenden KJ
- Fälligkeit kurze Zeit vor Beginn oder nach Beendigung des KJ (BFH, BStBl 1987 II 16).
- Zufluß/Abfluß kurze Zeit nach Ablauf (bzw. keine Zeit vor Beginn) des KJ der wirtschaftlichen Zugehörigkeit.

5.5.2.1 Regelmäßig wiederkehrende Einnahmen/Ausgaben

Diese Voraussetzung ist erfüllt, wenn aufgrund eines **bestehenden Rechtsverhältnisses** ein Anspruch auf bzw. eine Verpflichtung zu wiederkehrenden Einnahmen besteht (BFH, BStBl 1996 II 266 [267]). Grundlage muß ein einheitlicher öffentlich-rechtlicher oder privatrechtlicher Anspruch- bzw. Verpflichtungsgrund sein.

Entscheidend ist daher, ob ein Dauerschuldverhältnis vorliegt, z. B. ein Vertrag, aus dem für längere Zeit Leistungen geschuldet werden. In Betracht kommen daher, weil ein Vertragsverhältnis von Dauer vorliegt, insbesondere; Löhne und Gehälter, Zinsen, Mieten und Pachten, Renten und Versicherungsbeiträge.

Dagegen sind keine wiederkehrende Leistungen, da sie immer wieder neu entstehen bzw. beschlossen werden müssen: Dividenden, Gewinnanteile aus stillen Beteiligungen und GmbH-Anteilen, USt-Vorauszahlungen (fraglich), u. E. aber Telefongebühren.

> **Beispiel:**
> Ein Unternehmer mit Gewinnermittlung nach § 4 Abs. 3 zahlt die USt-Vorauszahlung für den Monat Dezember 01 am 10.1.02 (bei Fälligkeit).
> Der Umsatzsteuer liegt u. E. kein Dauerschuldverhältnis zugrunde. Die Umsatzsteuer entsteht gemäß § 13 UStG jeweils mit Ablauf des Voranmeldungszeitraums, in dem die Leistungen ausgeführt worden sind. Die USt-Zahlung ist daher im Jahre des tatsächlichen Abflusses (also in 02) als BA (gem. § 4 Abs. 4, R 86 Abs. 4 und R 16) zu berücksichtigen. Die Ausnahmeregelung ist bereits deshalb nicht anwendbar, weil es sich nicht um eine wiederkehrende Leistung i. S. des § 11 Abs. 2 S. 2 handelt.
> Aufgrund von BFH, BStBl 1986 II 342, 1987 II 16 und BStBl 1996 II 266 läßt sich auch die gegenteilige Auffassung vertreten, da hier vom BFH keine Gleichmäßigkeit mehr gefordert wird.
> Die Regelmäßigkeit erfordert hinsichtlich der Einnahmen bzw. Leistungen lediglich Fälligkeit in bestimmten Zeitabständen.

Es ist nicht erforderlich, daß bei dem jeweiligen Stpfl. diese Einnahmen in gleichbleibender Höhe wiederkehren (so BFH, BStBl 1986 II 342, 1987 II 16 und 1996 II 266).

5.5.2.2 Fälligkeit kurze Zeit vor Beginn bzw. kurze Zeit nach Ende des Kalenderjahres der wirtschaftlichen Zugehörigkeit

Regelmäßig wiederkehrende Einnahmen oder Ausgaben sind nach der geänderten Rechtsprechung (BFH, BStBl 1987 II 16 und BStBl 1996 II 266) solche, die nach dem zugrunde liegenden Rechtsverhältnis **kurze Zeit vor Ende oder nach Ende des Kalenderjahres fällig sind, zu dem sie wirtschaftlich gehören.**

Als kurze Zeit i. S. § 11 Abs. 1 Satz 2 und § 11 Abs. 2 Satz 2 ist ein **Zeitraum von jeweils bis zu 10 Tagen anzusehen** (BFH, BStBl 1974 II 547 und H 116 (Allgemeines – Kurze Zeit).

Das bedeutet u. E., daß die Fälligkeit in der Zeit vom 22. 12. bis 10. 1. des folgenden KJ liegen muß (in BFH, BStBl 1996 II 266 aber undeutlich).

5.5.2.3 Zu- oder Abfluß kurze Zeit nach Ende bzw. vor Beginn des Kalenderjahres der wirtschaftlichen Zugehörigkeit

Grundbedingung für die Anwendung der Ausnahmeregelung ist, daß Zu- bzw. Abfluß und wirtschaftliche Zugehörigkeit in zwei verschiedenen, aufeinanderfolgenden KJ liegen.

Auch beim Zu- bzw. Abflußzeitpunkt gilt als kurze Zeit ein Zeitraum von 10 Tagen nach Ende oder vor Beginn des KJ der wirtschaftlichen Zugehörigkeit; vgl. H 116 (Allgemeines – Kurze Zeit).

Bei Einnahmen oder Ausgaben, die nach Beendigung des KJ, zu dem sie wirtschaftlich gehören, zugeflossen sind, gilt mithin der Zeitraum vom 1. **Januar bis 10. Januar** als kurzer Zeitraum.

Bei Einnahmen oder Ausgaben, die vor Beginn des Kalenderjahres, zu dem sie wirtschaftlich gehören, zugeflossen oder geleistet worden sind, gilt der Zeitraum vom **22. Dezember bis 31. Dezember** als kurze Zeit.

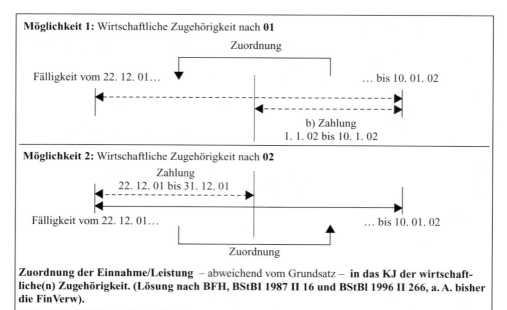

Zuordnung der Einnahme/Leistung – abweichend vom Grundsatz – **in das KJ der wirtschaftliche(n) Zugehörigkeit.** (Lösung nach BFH, BStBl 1987 II 16 und BStBl 1996 II 266, a. A. bisher die FinVerw).

Die Anwendung der Ausnahmeregelung bedeutet:

Die Einnahme bzw. Ausgabe wird nicht im Kalenderjahr des Zu- bzw. Abflusses berücksichtigt, sondern in dem Kalenderjahr der wirtschaftlichen Zugehörigkeit.

Wichtig ist – nach BFH-Auslegung –, daß beide Merkmale – **Zahlungsvorgang und wirtschaftliche Zugehörigkeit (nicht:** Fälligkeit) in zwei „benachbarten" KJ liegen (BFH, BStBl 1987 II 16).

Beispiel 1:

Ein Arzt mit Gewinnermittlung nach § 4 Abs. 3 zahlt die Praxismiete für den Monat Dezember 02 in Höhe von 2 000 DM, die nachträglich am 31. 12. 02 fällig ist,

a) am 9. 1. 03
b) am 25. 1. 03
c) am 28. 12. 02
d) am 12. 12. 02.

Lösung:

Zwei der Voraussetzungen sind in allen Fällen a) bis d) gleichermaßen erfüllt:

– Regelmäßige Wiederkehr

– Fälligkeit (hier:) am Ende des KJ

Im Beispiel a) ist die Zahlung ebenfalls kurze Zeit nach Ende des KJ der wirtschaftlichen Zugehörigkeit erfolgt.

Daher ist sowohl die Ausgabe beim Arzt (BA gemäß § 4 Abs. 4) als auch die Einnahme beim Vermieter (Mieteinnahme gem. § 21 Abs. 1 Nr. 1) nicht im tatsächlichen Zahlungsjahr (03) sondern im KJ der wirtschaftlichen Zugehörigkeit, also in 02 zu berücksichtigen (= Anwendung der Ausnahmeregelung).

Im Beispiel b) ist Zahlung **nicht** kurze Zeit nach Ende des KJ 02 erfolgt. Die Ausnahmeregelung ist daher **nicht** anwendbar. Die Einnahme bzw. BA ist im KJ 03, dem KJ des tatsächlichen Zahlungsflusses, anzusetzen, § 11 Abs. 1 S. 1 bzw. § 11 Abs. 2 S. 1.

In den Beispielen c) und d) taucht das Problem überhaupt nicht auf, da sowohl wirtschaftliche Zugehörigkeit als auch Zahlung noch in 02 liegen, also Zufluß und Abfluß nicht in einem anderen KJ als dem Jahr der wirtschaftliche Zugehörigkeit liegen. Der Ansatz ist jeweils im KJ 02 vorzunehmen.

Beispiel 2:

Was ändert sich im Beispiel 1, wenn die Miete am **Anfang** des Monats zu zahlen ist, also die Dezember-Miete für KJ 02 am 1. 12. 02 fällig ist?

Lösung:

Im Beispiel a) ist zwar weiterhin – wie im Fall 1 – die Zahlung kurze Zeit nach Ende des KJ der wirtschaftliche Zugehörigkeit 02 erfolgt. Jedoch liegt die Fälligkeit nicht kurze Zeit vor Ende des KJ 02. Daher kommt die Ausnahmeregelung nicht zur Anwendung. Der Betrag ist im tatsächlichen Zahlungsjahr 03 zu berücksichtigen.

Im Beispiel b) liegen nunmehr sowohl Zahlungszeitpunkt als auch Fälligkeitstermin **außerhalb** des jeweiligen 10-Tage-Zeitraums, so daß ebenfalls **kein** Platz für die Ausnahmeregelung ist.

In den Fällen c) und d) taucht das Problem weiterhin nicht auf; Lösung wie im Fall 1.

Beispiel 3:

Weitere Abwandlung von Beispiel 1: Fälligkeit am 2. 1. 03, sonst wie Beispiel 1.

Lösung:

Nach den Entscheidungsgründen der BFH-Urt. in BStBl 1987 II 16 und BStBl 1996 II 266 ist die Ausnahmeregelung des § 11 Abs. 1 S. 2 nur auf Einnahmen/Ausgaben anwendbar, „die nach dem zugrundeliegenden Rechtsverhältnis grundsätzlich **kurze Zeit vor oder nach Ende des KJ fällig sind, zu dem sie wirtschaftlich gehören**".

Die Besonderheit des vorliegenden Falles besteht darin, daß die Fälligkeit nicht im KJ der eigentlichen wirtschaftlichen Zugehörigkeit (hier KJ 02) liegt, sondern erst zu Beginn des Folgejahres.

Damit setzt der BFH „wirtschaftliche Zugehörigkeit" und „Fälligkeit" **nicht** mehr gleich.

Zwar liegen Fälligkeit und tatsächlicher Zahlungsvorgang in demselben KJ (= 03). Darauf kommt es aber (nicht mehr) an.

Da die Ausgabe kurze Zeit nach Ende des KJ fällig war, zu dem sie wirtschaftlich gehöre, kommt man zur Anwendung der Ausnahmeregelung.

Beispiel 4:

Hauseigentümer A hat sein Miethaus vermietet. Nach den vertraglichen Vereinbarungen sind die Mieten jeweils am 1. eines Monats für den laufenden Monat fällig. Mieter M konnte die Miete für die Monate Oktober bis Dezember 01 nicht bei Fälligkeit bezahlen. Am 28.12.01 übergibt M dem A einen Verrechnungsscheck über 2 000 DM für Miete Oktober 01 bis Januar 02 einschließlich, den A am 6.1.02 bei seiner Bank einlöst.

Miete	Ansatz im KJ	gemäß
Oktober 01	01	§ 11 Abs. 1 S. 1
November 01	01	§ 11 Abs. 1 S. 1
Dezember 01	01	§ 11 Abs. 1 S. 1
Januar 02	02	§ 11 Abs. 1 S. 2

Bei den Mieten Oktober bis Dezember 01 liegen wirtschaftliche Zugehörigkeit und Zufluß in 01, das Zuordnungsproblem taucht mithin nicht auf. Bei der Januar-Miete kommt die Ausnahmeregelung zum Zuge.

Beispiel 5:

Wie Fall 4, nur daß die Miete jeweils am **Monatsende** fällig ist.

Miete	Ansatz im KJ	gemäß
Oktober 01	01	§ 11 Abs. 1 S. 1
November 01	01	§ 11 Abs. 1 S. 1
Dezember 01	01	§ 11 Abs. 1 S. 1
Januar 02	01	§ 11 Abs. 1 S. 1

Bei keiner der Monatsmieten ist die Ausnahmeregelung anwendbar. Wegen der Miete Oktober bis November vgl. Fall 4. Bei der Januarmiete 02 fehlt es an der Fälligkeit zu **Beginn** des KJ 02, d.h. vom 1.1.02 bis 10.1.02.

Beispiel 6:

Ein Unternehmer mit Gewinnermittlung nach § 4 Abs. 3 zahlt seine Telefonrechnung (Grundgebühr und Gesprächsgebühren) für den Monat Dezember 01 am 10.1.02.

Es handelt sich zwar **nicht** um – in etwa – gleichmäßige Zahlungen. Vielmehr schwankte die Höhe der Gebühren erheblich. Trotzdem ist die Ausnahmeregelung anwendbar. Ansatz im KJ 01.

Beispiel 7:

A besitzt Aktien der Z-AG Die Aktien gehören zu seinem Privatvermögen. Am 10.1.02 wird A die Dividende für das Jahr 01 auf seinem Bankkonto gutgeschrieben.

Die Dividende ist **keine** regelmäßig wiederkehrende Einnahme. Ansatz im KJ 02.

Beispiel 8:

Ein selbständiger Arzt erhält von der „Kassenärztlichen Vereinigung" (KV) für die Behandlung von Kassenpatienten eine Abschlagszahlung für Dezember 01 (fällig 10.1.02)

a) am 10.1.02 (bei Fälligkeit), b) verspätet am 20.1.02.

a) Betriebseinnahmen liegen grds. bei Zufluß beim Arzt vor. Die Abschlagszahlung ist jedoch gemäß § 11 Abs. 1 Satz 2 im KJ 01 als Betriebseinnahme anzusetzen, da sie kurze Zeit (= 10 Tage) nach Ablauf des KJ, zu dem die Einnahme gehört, fällig war und zugeflossen ist (= Urteilsfall BFH, BStBl 1987 II 16; siehe H 116 (Arzthonorar).

b) Ansatz in 02, da Zahlung nicht in der Zeit vom 1.1. bis 10.1.02 (keine „kurze Zeit").

5.6 Rückflüsse

Unter Rückflüssen sind zu verstehen:

zugeflossene Einnahmen, die wieder abfließen, und abgeflossene Ausgaben, die wieder zufließen.

5.6.1 Negative Einnahmen

Müssen Einnahmen im späteren Jahr zurückgezahlt werden, z. B. weil sie zu Unrecht vereinnahmt sind, so wirkt dieser Vorgang sich nur für das Jahr der Rückzahlung aus. Die Rückzahlung in einem späteren Veranlagungszeitraum hebt den Zufluß in einem früheren Veranlagungszeitraum nicht auf. Die zurückgezahlten Beträge sind als **negative Einnahmen** bei der jeweiligen Einkunftsart im Jahre ihres Abflusses (§ 11 Abs. 2 S. 1) mit positiven Einnahmen zu verrechnen.

Beispiel:

Ein Arbeitnehmer erhält infolge eines Rechenfehlers monatlich 100 DM zuviel. Nach zwei Jahren wird der Fehler (im KJ 03) entdeckt, der Arbeitnehmer muß 2400 DM zurückzahlen. Dieser Betrag ist von dem Arbeitslohn des Jahres der Rückzahlung 03 abzusetzen.

Vgl. auch H154 (Rückgängigmachung einer Gewinnausschüttung), BFH, BStBl 1979 II 510 zu § 20 und näher K. 6.2.1.2.

5.6.2 Rückzahlung von Betriebseinnahmen

Die Rückzahlung zugeflossener BE stellt u. E. **negativ BE** dar. Bei § 4 Abs. 3 ist die Rückzahlung von BE auf jeden Fall im Abflußzeitpunkt zu berücksichtigen. Bei **Weiterleitung** von Honorarvorschüssen durch Rechtsanwälte liegen dagegen **BA** vor (BFH, BStBl 1963 III 132).

5.6.3 Rückfluß von Ausgaben

Es kommt vor, daß abgeflossene einkommensteuerlich relevante Ausgaben wieder zurückfließen, also BA, WK, Sonderausgaben und Aufwendungen, die außergewöhnliche Belastungen darstellen. Bei den BA (im Rahmen des § 4 Abs. 3), WK und Sonderausgaben ist dabei das **Zufluß**prinzip zu beachten. Jeweils im Zuflußzeitpunkt sind zu erfassen

– erstattete BA als BE (bei § 4 Abs. 3)
– erstattete WK als Einnahmen (bei Zufluß im Jahre des ursprünglichen Abflusses auch Minderung der WK)
– erstattete Sonderausgaben als Minderung von Sonderausgaben gleicher Art (vgl. hierzu F. 2.1.3).

Bei den außergewöhnlichen Belastungen gilt jedoch das Zuflußprinzip nicht, sondern das **Belastungsprinzip.** Das bedeutet, daß i. d. R. bereits Erstattungsansprüche mit den Aufwendungen zu verrechnen sind. Vgl. im einzelnen G. 1.

6. Bemessungszeitraum – Veranlagungszeitraum – Ermittlungszeitraum

Die ESt kann nicht erhoben werden ohne Vorschriften über den Zeitabschnitt, für den die Besteuerung erfolgen soll. Die ESt ist eine Jahressteuer (§ 2 Abs. 7 Satz 1).

Es sind drei einkommensteuerliche Zeiträume zu unterscheiden:

– Bemessungszeitraum
– Ermittlungszeitraum
– Veranlagungszeitraum

Alle drei Zeiträume stimmen normalerweise mit dem Kalenderjahr überein (Ausnahmen siehe nach folgend).

6.1 Bemessungszeitraum

Bemessungszeitraum ist der Zeitraum, nach dessen zu versteuerndem Einkommen sich die Einkommensteuer bemißt (§ 2 Abs. 7).

Dieser Zeitraum umfaßt **ohne Ausnahme** ein **Kalenderjahr**.

Dies gilt auch

- bei nur zeitlich begrenzter Einkünfteerzielung im Kalenderjahr, ebenso
- bei persönlicher Steuerpflicht nur während eines Teils des KJ.

Auch wenn die persönliche Steuerpflicht nicht im ganzen Jahr bestanden hat (z. B. Tod im Laufe des KJ's), ist das zu versteuernde Einkommen nicht auf einen Jahresbetrag umzurechnen. Vielmehr ist auf das während der persönlichen Steuerpflicht bezogene zu versteuernde Einkommen stets die Jahrestabelle anzuwenden.

Beispiel:
A hat Einkünfte nur vom 1.1. bis 30.9.04 bezogen. Sie betrugen 50 000 DM.

Maßgebend ist das im KJ bezogene Einkommen ohne Rücksicht darauf, ob es während des ganzen KJ gleichmäßig

oder

nur in einzelnen Teilen des KJ bezogen wurde.

Ausgehend von Einkünften von 50 000 DM wird das zu versteuernde Einkommen für das KJ 04 ermittelt.

Es findet **keine** Umrechnung des zu versteuernden Einkommens statt.

Auf das ermittelte zu versteuernde Einkommen wird die ESt-Tabelle (= Jahrestabelle) angewendet.

6.2 Veranlagungszeitraum (§ 25 EStG)

Um eine andere Frage als um die Anwendung der Steuertabelle handelt es sich in § 25 Abs. 1. Dort steht ein gesetzlicher Auftrag an die Verwaltung, die ESt jeweils **für ein Kalenderjahr festzusetzen.**

Dies ist das Prinzip des **„Steuerabschnitts"** (= „Abschnittsbesteuerung"). Für jedes KJ ergeht ein **gesonderter** ESt-Bescheid.

Im Gegensatz zur ESt umfaßt der VZ bei der Vermögensteuer **drei** Kalenderjahre (vgl. Hauptveranlagung, § 15 VStG). Veranlagungszeitraum (VZ) ist also der Zeitraum, für den die ESt veranlagt wird (§ 25 Abs. 1).

Er umfaßt ausnahmslos ein KJ.

Dies gilt auch

- bei zeitlich begrenzter Einkünfteerzielung
- wenn die persönliche Steuerpflicht nicht im ganzen KJ bestanden hat.

Beispiel:
B verstarb am 1.4.02. VZ bleibt das ganze KJ 02, ebenso der Bemessungszeitraum (s. o.).

Lediglich der Ermittlungszeitraum verkürzt sich (s. unten). Eine Veranlagung kann normalerweise erst nach Ablauf des KJ, für das sie erfolgt, durchgeführt werden, weil erst dann feststeht, welches zu versteuernde Einkommen der Stpfl. im VZ bezogen hat (§ 25 Abs. 1).

Hat die persönliche Steuerpflicht jedoch nicht während des ganzen KJ bestanden, so bleibt das KJ der VZ, jedoch kann die Veranlagung auch in diesem Fall **ab VZ 1996** erst nach Ablauf des KJ vorgenommen werden (Wegfall von § 25 Abs. 2 durch das JStG 1996).

6.3 Ermittlungszeitraum

6.3.1 Grundsätze

Vom Bemessungszeitraum und VZ ist schließlich der Ermittlungszeitraum (EZ) zu unterscheiden.

Ermittlungszeitraum ist der Zeitraum, für den die Besteuerungsgrundlage (das zu versteuernde Einkommen) ermittelt wird (§ 2 Abs. 7 Satz 2 und § 25 Abs. 1 zweiter Halbsatz „... bezogen hat").

Es ist also der Zeitraum, in dem sich die Besteuerungsgrundlagen ergeben haben, d. h. die Einnahmen zugeflossen und die abzugsfähigen Aufwendungen geleistet worden sind.

Grundsätzlich umfaßt der EZ **ein Kalenderjahr.**

Außerhalb des EZ angefallene Besteuerungsgrundlagen können bei der Berechnung des zu versteuernden Einkommens nicht berücksichtigt werden.

Hat die persönliche Steuerpflicht nicht im ganzen KJ bestanden, so umfaßt der EZ nur den Zeitraum der Steuerpflicht.

Besteht während eines KJ sowoh beschränkte als auch unbeschränkte Steuerpflicht, so sind die während der beschränkten Steuerpflich erzielten inländischen Einkünfte den während der unbeschränkten Steuerpflicht erzielten Einkünften hinzuzurechnen (§ 2 Abs. 7 Satz 3).

6.3.2 Ermittlungszeitraum für die Überschußeinkünfte

Dies ist der Zeitraum, für den Einnahmen und Werbungskosten zu ermitteln sind.

- Ermittlungszeitraum ist i. d. R. das Kalenderjahr (bzw. ein kürzerer Zeitraum bei nicht während des ganzen KJ bestehender persönlicher Steuerpflicht).
- Ermittlungszeitraum bei lediglich zeitlich begrenzter Einkunftserzielung bleibt u. E. das KJ.

Beispiel:
A befand sich vom 1.1. bis 30.9.01 ohne eigene Einkünfte in Berufsausbildung. Vom 1.10. – 31.12.01 erzielte er ein zu versteuerndes Einkommen von 25 000 DM (hierin sind nur Einkünfte aus § 19 enthalten).
Bemessungszeitraum = KJ 01
VZ = KJ 01
EZ = KJ 01 (keine Verkürzung – str.).

6.3.3 Ermittlungszeitraum für die Gewinneinkünfte

Hier ist ein **spezieller** Ermittlungszeitraum für die beiden Gewinneinkunftsarten
- § 13 und
- § 15 (im Falle des Bestandsvergleichs)

zu beachten, das **Wirtschaftsjahr (§ 4a)**. Vgl. im einzelnen C. 7.

Im übrigen – bei § 18 und bei § 15 im Falle der Gewinnermittlung nach § 4 Abs. 3 – bleibt Ermittlungszeitraum das KJ.

6.3.4 Ermittlungszeitraum bei Wechsel der Steuerpflicht

Der Wechsel von der unbeschränkten zur beschränkten Steuerpflicht ist als Erlöschen der bisherigen und Neubegründung der jeweils anderen Art des Steuerpflicht anzusehen. Für den VZ des Wechsels sind daher **zwei** Veranlagungen durchzuführen. Ermittlungszeitraum ist dabei der Zeitraum der jeweiligen Art der Steuerpflicht.

Daher ergeben sich für **ein KJ zwei** getrennte Ermittlungszeiträume.

Vgl. im einzelnen N. 3.

6.4 Zeitliche Bestimmungen des EStG – Zusammenfassende Übersicht

Fall:

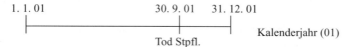

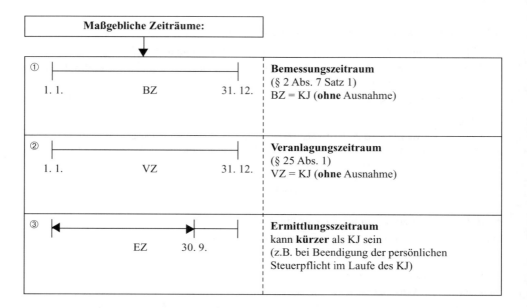

7. Wirtschaftsjahr (§ 4a EStG)

7.1 Allgemeines

Bei der ESt gilt das Prinzip der Abschnittsbesteuerung. VZ ist das KJ (§ 25 Abs. 1). Ermittlungszeitraum für die Besteuerungsgrundlagen ist ebenfalls grundsätzlich das KJ (§ 2 Abs. 7); vgl. C. 6.

Abweichend hiervon ist das Wirtschaftsjahr (WJ) nach § 4a ein besonderer Gewinnermittlungszeitraum nur für die Einkünfte aus Land- und Forstwirtschaft und Gewerbebetrieb. Nach § 8b Satz 1 EStDV darf es längstens einen Zeitraum von zwölf Monaten umfassen, es weicht unter Umständen vom Kalenderjahr ab.

Für die Ermittlung der übrigen Teile der Bemessungsgrundlage bleibt der Ermittlungszeitraum nach § 2 Abs. 7 Satz 2 das Kalenderjahr.

Abweichende WJ bei Land- und Forstwirten und Gewerbetreibenden sollen Inventurschwierigkeiten beseitigen helfen.

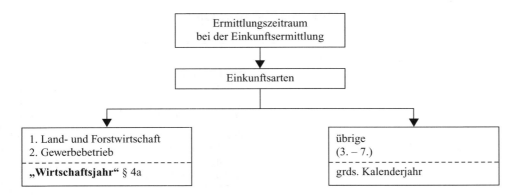

Bei Freiberuflern gilt § 4a nach dem Gesetzeswortlaut **nicht**.

Diese müssen daher den Gewinn stets nach dem KJ ermitteln (auch bei Bestandsvergleich nach § 4 Abs. 1).

7.2 Dauer des Wirtschaftsjahres

7.2.1 Grundsatz

Das WJ umfaßt grds. einen Zeitraum von 12 Monaten, § 8b S. 1 EStDV.

Es darf somit grds. **nicht länger als 12 Monate** sein (Umkehrschluß).

Beispiel:
Betriebseröffnung durch einen im HR eingetragenen Gewerbetreibenden zum 1.1.01. Der **späteste** erste Abschlußzeitpunkt ist der 31.12.01.

Zu Ausnahmen im Bereich der Landwirtschaft vgl. § 8c Abs. 2 S. 2 EStDV.

7.2.2 Rumpfwirtschaftsjahr

Nach § 8b Satz 2 EStDV darf das Wirtschaftsjahr einen kürzeren Zeitraum als das KJ umfassen bei

- **Eröffnung oder Erwerb** des Betriebs
- **Aufgabe** oder **Veräußerung** des Betriebs
- **Umstellung** des WJ.

Solche kürzeren WJ werden **Rumpfwirtschaftsjahre** genannt. Die Gewinne der RumpfWJ sind nach den allgemeinen Regeln (§ 4a Abs. 2) sowohl bei Land- und Forstwirten als auch bei Gewerbetreibenden den Veranlagungszeiträumen zuzuordnen.

Beispiele:
1. Eröffnung eines Gewerbebetriebs am 1.10.01. Der Stpfl. wählt das KJ als WJ.
   Es ergibt sich ein Anfangs-RumpfWJ vom 1.10.01 bis 31.12.01. Das nächste WJ verläuft vom 1.1.02 bis 31.12.02.
2. Betriebseröffnung am 1.7.01. Der Stpfl. wählt zulässigerweise ein WJ vom 1.7. bis 30.6.
   Das erste WJ verläuft vom 1.7.01 bis 30.6.02. Ein RumpfWJ ergibt sich hier trotz Betriebseröffnung **nicht**.
3. Betriebseröffnung am 1.10.01. Der Stpfl. wählt zulässigerweise das WJ vom 1.7. bis 30.6.
   Es ergibt sich ein – vom KJ abweichendes – Anfangs-RumpfWJ vom 1.10.01 bis 30.6.02.
4. Das WJ eines Gewerbebetriebs umfaßte den Zeitraum vom 1.10. bis 30.9. Am 30.11.09 wird der Betrieb eingestellt. Es ergibt sich ein End-RumpfWJ vom 1.10.09 bis 30.11.09. Außerdem endet in 09 noch vorher das WJ 08/09 (1.10.08–30.9.09).
   Die Ergebnisse **beider** WJ sind im VZ = KJ 09 zu erfassen (§ 4a Abs. 2 Nr. 2). Vgl. hierzu 7.5.

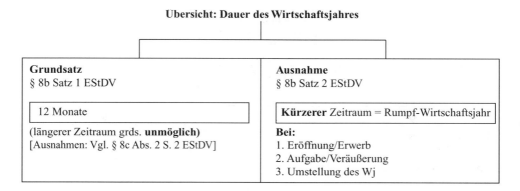

Der Begriff des WJ ist betriebs- und personenbezogen. Dies bedeutet im einzelnen:

Bei unentgeltlicher Betriebsübertragung liegen jeweils eine Betriebseinstellung und -eröffnung i. S. des § 8b S. 2 EStDV vor (BFH, BStBl 1980 II 8).

Dem steht die Buchwertverknüpfung i. S. des § 7 Abs. 1 EStDV nicht entgegen.

Beispiel:
V überträgt seinem Sohn S zum 1.10.08 seinen Gewerbebetrieb (WJ = KJ) unentgeltlich:
Es ergibt sich bei V ein End-RumpfWJ vom 1.1. bis 30.9.08 und S ein Anfangs-RumpfWJ vom 1.10. bis 31.12.08.

Ob durch das o. a. BFH-Urt. auch die hiervon abweichende Rechtsprechung zur **Gesamtrechtsnachfolge** durch **Erbfall** (BFH, BStBl 1969 II 34, a. A. BFH, BStBl 1967 II 86) überholt ist, ist fraglich.

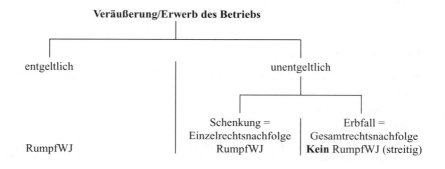

Auch bei

- **Einbringung** eines Einzelunternehmens in eine **PersG** und

- **Ausscheiden** eines Gesellschafters aus einer zweigliedrigen PersG (vgl. BFH, BStBl 1989 II 519)

liegen i. S. der § 4a EStG, § 8b S. 2 EStDV jeweils eine Betriebseinstellung und -eröffnung vor Vgl. hierzu BFH, BStBl 1981 II 84 zur rechtlichen Selbständigkeit der PersG; vgl. H 25 (Umwandlung).

Entsteht eine Betriebsgesellschaft durch Betriebsaufspaltung, liegt eine **Neugründung** eines Betriebs vor (BFH, BStBl 1980 II 94). Dies entspricht dem Gedanken, daß bei der Figur der Betriebsaufspaltung sich zwei rechtlich selbständige Unternehmen gegenüberstehen (vgl. Grundsatzentscheidung BFH, BStBl 1972 II 62).

Da der Gesellschafterwechsel in einer PersG ihren Bestand unberührt läßt, liegt in solchen Fällen keine Betriebseröffnung bzw. -einstellung vor (vgl. zur rechtlichen Identität BFH, BStBl 1979 II 159). Dies gilt auch bei Umwandlung einer PersG in eine andere PersG.

Keine Eröffnung soll auch vorliegen, wenn mehrere Betriebe in eine Personengesellschaft eingebracht werden und ein abweichendes Wirtschaftsjahr eines Betriebes beibehalten wird (zweifelhaft).

Keine Eröffnung liegt weiterhin vor, wenn bei einem eintragungspflichtigen Betrieb die Eintragung nachgeholt wird. Eine Umstellung des WJ ist dann zustimmungsbedürftig i.S. des § 4a Abs. 1 Nr. 2 S. 2.

Wenn die Firma bisher nicht im Handelsregister eingetragen war und die Eintragung wegen Änderung des Betriebes notwendig wird, ist dies wegen der konstitutiven Wirkung der Eintragung **wie** eine Eröffnung zu behandeln, d. h. es darf ein RumpfWJ entstehen und das WJ darf neu bestimmt werden **(keine zustimmungsbedürftige „Umstellung")**.

7.3 Wirtschaftsjahr bei Gewerbetreibenden

7.3.1 Grundsätze

Gewerbetreibende können nach § 4a Abs. 1 Nr. 2 ein abweichendes WJ nur haben, wenn ihre Firma im Handelsregister eingetragen ist.

Andernfalls entspricht das WJ dem Kalenderjahr (§ 4a Abs. 1 Nr. 3). Wenn die Firma im Handelsregister (HR) eingetragen ist, können Gewerbetreibende jeden Zeitraum – also auch das Kalenderjahr – als WJ wählen, für den sie regelmäßig Abschlüsse machen, sofern er zwölf Monate umfaßt. (Wegen eines Rumpf-WJ vgl. 7.2.2.) Handelsrechtlich ist kein bestimmtes WJ vorgeschrieben.

Bei Betriebseröffnung bzw. Erwerb kann der im HR eingetragene Stpfl. **den regelmäßigen** Abschlußzeitpunkt und damit den **regelmäßigen** Verlauf des WJ frei wählen. Es darf jedoch kein Mißbrauch i.S. § 42 AO vorliegen, der zu einer ungerechtfertigten Steuerpause führt (BFH, BStBl 1992 II 486). An der Regelmäßigkeit **fehlt** es aber bei wiederholtem willkürlichem Wechsel des Abschlußzeitpunkts; in solchen Fällen ist das **KJ** als WJ maßgebend (BFH, BStBl 1965 III 227). Diese Wahl des Wirtschaftsjahres darf nicht mit einer Umstellung des Wirtschaftsjahres verwechselt werden. Eine Umstellung liegt nur vor, wenn sie im Rahmen eines bestehenden Betriebes erfolgt. Die Wahl ist nicht fristgebunden. Die Wahl ist mit der Erstellung und Einreichung des ersten Abschlusses ausgeübt. Vgl. R 25 Abs. 2 S. 1.

> **Beispiel:**
> Geschäftseröffnung bei einem in das HR eingetragenen Gewerbebetriebs am 1.7.01. Die Stpfl. wählt ein Wirtschaftsjahr vom 1.7. bis 30.6. – Die Wahl dieses vom Kalenderjahr abweichenden Wirtschaftsjahres ist zulässig, § 4a Abs. 1 Nr. 2 Satz 1. Sie bedarf **nicht** des Einvernehmens mit dem Finanzamt.

Die Ankündigung eines abweichenden WJ (z.B. bei der steuerlichen Anmeldung) ist ohne Rechtswirkung. Grundsätzlich muß die Eintragung in das HR bei Betriebseröffnung bzw. -erwerb erfolgen. Nach h. M. muß sie spätestens am Schluß der ersten WJ vorliegen.

Ist die Firma auch im Zeitpunkt der Veranlagung noch nicht eingetragen, kann das Ergebnis eines abweichenden Wirtschaftsjahres der Veranlagung aber noch zugrundegelegt werden, wenn die Eintragung unverzüglich betrieben wird (streitig).

Unterbleibt die Anmeldung zur Eintragung bei einem eintragungspflichtigen Betrieb, bleibt das KJ WJ.

Es ist **unerheblich, ob** die Firma **zu Recht oder zu Unrecht** eingetragen ist.

Das Finanzamt hat insoweit **kein materielles** Prüfungsrecht.

Hat der Stpfl. **mehrere** Betriebe, ist jeder Betrieb im Hinblick auf § 4a gesondert zu behandeln, d. h. das WJ muß nicht bei allen Betrieben gleich verlaufen.

Der Abschlußzeitpunkt braucht nicht an einem Monatsende zu liegen (ist aber zweckmäßiger).

Hat ein Stpfl. unzulässigerweise (weil er z.B. nicht im HR eingetragen ist) den Gewinn nach dem abweichenden WJ ermittelt, ist der Gewinn nach dem KJ als WJ zu schätzen (FG Ba.-Wü., EFG 1983, 454 rkr).

Das Betriebsergebnis eines WJ ist bei Gewerbetreibenden stets in dem KJ (ohne Aufteilung) anzusetzen, in dem das WJ endet.

Beispiel:
Der im Handelsregister eingetragene Gewerbetreibende A ermittelt den Gewinn für den Zeitraum vom 1. 7. bis 30. 6. Er hat folgende Ergebnisse ermittelt:

WJ 01/02 = ./. 25 000 DM

WJ 02/03 = 30 000 DM

Das abweichende WJ ist gemäß § 4a Abs. 1 Nr. 2 Satz 1 zulässig.

Nach § 4a Abs. 2 Nr. 2 sind anzusetzen:
- im KJ 02 der Verlust des WJ 01/02: ./. 25 000 DM
- im KJ 03 der Gewinn des WJ 02/03: 30 000 DM

Eine Aufteilung auf die KJ ist **nicht** vorzunehmen.

Nach der **Löschung** im Handelsregister kann ein abweichendes WJ **nicht** beibehalten werden.

Es ist von Gesetzes wegen auf das KJ umzustellen (§ 4a Abs. 1 Nr. 3).

7.3.2 Umstellung des Wirtschaftsjahres

7.3.2.1 Begriff

Nach § 4a Abs. 1 Nr. 2 Satz 2 ist bei im HR eingetragenen Gewerbetreibenden eine Umstellung des WJ möglich.

Wenn die Umstellung auf ein vom KJ abweichendes WJ erfolgen soll, ist sie nur wirksam, wenn sie im Einvernehmen mit dem Finanzamt geschieht.

Auf diese Weise soll eine einseitig vom Steuerpflichtigen herbeigeführte Steuerpause vermieden werden.

Eine „Umstellung" ist begrifflich nur gegeben, wenn das WJ im Rahmen eines **fortbestehenden Betriebs** umgestellt wird. Folglich liegen u. E. bei

- Einbringung eines Einzelunternehmens in eine PersG und
- Ausscheiden eines Gesellschafters aus einer zweigliedrigen PersG

keine Umstellung, sondern Betriebseinstellung bzw. -eröffnung vor; vgl. 7.2.2.

Ein im Wege der Betriebsaufspaltung entstandenes **Besitz**unternehmen ist rechtlich identisch mit dem bisherigen Gewerbebetrieb.

Nach Löschung im HR muß das Besitzunternehmen aber sein WJ zwangsweise auf das KJ umstellen, da es nicht mehr unter § 4a Abs. 1 Nr. 2, sondern nunmehr unter § 4a Abs. 1 Nr. 3 fällt.

7.3.2.2 Zeitpunkt der Umstellung

Der Entschluß zur Umstellung des WJ muß **vor** oder spätestens **10 Tage nach** dem gewünschten neuen Abschlußtag liegen, da sonst die Buchführung mangels zeitnaher körperlicher Inventur nicht mehr ordnungsmäßig ist (Ausnahme denkbar bei sogenannter permanenter Inventur, § 241 Abs. 2 HGB, R 30 Abs. 2).

Beispiele:
1. Das bisherige Wirtschaftsjahr umfaßte den Zeitraum vom 1.10. bis 30.9. Am 31.3.05 wurde das Wirtschaftsjahr auf den Zeitraum vom 1.4. bis 31.3. umgestellt. – Bei Vorliegen der weiteren Voraussetzung (Einvernehmen mit dem Finanzamt) ist die Umstellung zulässig.
2. Das bisherige Wirtschaftsjahr umfaßte den Zeitraum vom 1.10. bis 30.9. Am 15.4.05 faßte der Stpfl. den Beschluß, das Wirtschaftsjahr auf den Zeitraum 1.4. bis 31.3. umzustellen, erstmals auf den 31.3.05. Die Umstellung zum 31.3.05 ist noch nicht zulässig, da der erstrebte Abschlußtag mehr als 10 Tage vor dem Umstellungsbeschluß liegt. Die Umstellung ist erst denkbar zum 31.3.06.

7.3.2.3 Einvernehmen mit dem Finanzamt

Bei der Umstellung sind drei Fälle zu unterscheiden:

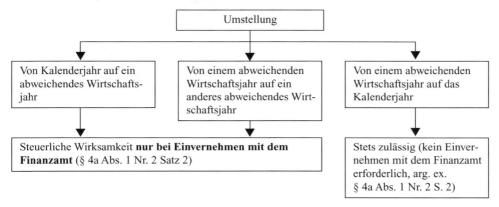

Die Umstellung des Abschlußzeitpunkts auf einen (bzw. einen anderen) vom Ende des Kalenderjahres abweichenden Abschlußzeitpunkt bedarf also stets des Einvernehmens mit dem Finanzamt.

Beispiel:
1. Das bisherige Wirtschaftsjahr stimmte mit dem Kalenderjahr überein. Ab VZ 07 will der Stpfl. den Abschlußzeitpunkt auf den 30.9. verlegen, erstmals also auf den 30.9.07.
2. Der Betrieb hatte bisher ein Wirtschaftsjahr vom 1.4. bis 31.3. Ab VZ 06 will der Stpfl. das Wirtschaftsjahr auf den Zeitraum 1.10. bis 30.9. umstellen.

In beiden Fällen bedarf die Umstellung des Wirtschaftsjahres des Einvernehmens mit dem Finanzamt.

Das Einvernehmen ist nicht herbeizuführen in den Fällen des § 241 Abs. 2 HGB (permanente Inventur).

Die bis zu 3 Monate vorgezogene oder bis zu 2 Monate nach dem Bilanzstichtag liegende körperliche Bestandsaufnahme im Sinne von R 30 Abs. 2 ist keine Umstellung des Wirtschaftsjahres. Andererseits liegt ein Umstellungsgrund bei Inventurproblemen vor, auch wenn diese durch die permanente Inventur beseitigt werden könnten.

7.3.2.4 Herbeiführung und Versagung des Einvernehmens

Herbeiführung bzw. Versagung des Einvernehmens können innerhalb und außerhalb des Veranlagungsverfahrens erfolgen.

Dabei sind die Begriffe Zustimmung, Einwilligung und Genehmigung im Sinne des § 108 BGB sinngemäß anzuwenden (mangels gesetzlicher Definition).

Mögliche Formen sind danach:

a) **Förmliche Einwilligung bzw. Versagung**
Hier wird – vor dem gewünschten Abschlußtag – die vorherige Zustimmung bzw. die förmliche Ablehnung der Umstellung durch besonderen Bescheid ausgesprochen.

Die Entscheidung ist im Einspruchsverfahren anfechtbar.

b) **Formlose Genehmigung bzw. Versagung**
Die nachträgliche Zustimmung wird durch Übernahme der Besteuerungsgrundlage aus dem den Steuererklärungen zugrundeliegenden abweichenden Wirtschaftsjahr erteilt (konkludentes Verhalten des Finanzamtes).

Bei Versagung der Umstellung ist das vom Stpfl. gewählte Wirtschaftsjahr unbeachtlich (FG Ba.-Wü., EFG 1983, 454). Das Finanzamt muß dann den Gewinn nach dem maßgeblichen Wirtschaftsjahr – ggf. im Schätzungswege, § 162 AO – ermitteln.

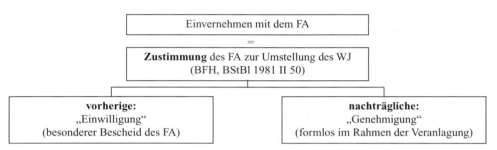

Es handelt sich um eine Ermessensentscheidung.

Das Finanzamt hat nach pflichtgemäßem Ermessen sein Einvernehmen zu erklären oder zu versagen (vgl. § 5 AO).

7.3.2.5 Maßgebliche Umstellungsgründe

Die Zustimmung ist vom Finanzamt nur dann zu erteilen, wenn der Stpfl.

– gewichtige

– in der Organisation des Betriebs gelegene

Gründe für die Umstellung des Wirtschaftsjahres anführen kann. Betriebsnotwendig braucht die Umstellung aber nicht sein.

Es müssen aber wirtschaftlich einleuchtende bzw. ernsthafte betriebliche, d. h. betriebswirtschaftlich relevante Gründe vorgebracht werden können, damit willkürliche Umstellungen aus rein steuerlichen Gründen vermieden werden.

Die erstrebte Umstellung des Wirtschaftsjahres muß eine für das Unternehmen auf Dauer nützliche Maßnahme sein und sich in ihrem Zweck nicht nur auf das Jahr der Umstellung selbst beschränken (BFH, BStBl 1974 II 238).

Gründe, die eine Umstellung rechtfertigen, sind danach zum Beispiel

– Wesentliche Änderung des Geschäftsgegenstands

– Angleichung des Wirtschaftsjahres durch einen Pachtbetrieb an das für die Pachtabrechnung (Umsatz- oder Gewinnpacht) maßgebende Pachtjahr

– Umstellung des Beginns des Wirtschaftsjahres einer Organgesellschaft auf den Zeitpunkt des Beginns der Organschaft

– Umstellung des Wirtschaftsjahres konzernzugehöriger Unternehmen auf den einheitlichen Konzernabschlußzeitpunkt (zum Beispiel gemäß § 299 HGB).

Inventurschwierigkeiten sind i. d. R. ein ausreichender Umstellungsgrund, auch soweit die behaupteten Schwierigkeiten durch eine körperliche Bestandsaufnahme zu einem anderen Stichtag durch sogenannte „permanente Inventur" nach § 241 Abs. 2 HGB, R 30 Abs. 2 beseitigt werden könnten. Vgl. BFH, BStBl 1965 III 287, 1967 III 111, 1972 II 87. Siehe aber H 25 (Zustimmungsbedürftige Umstellung).

7.3.2.6 Unmaßgebliche Gründe

a) Erlangung einer bloßen Steuerpause

Die Erlangung einer bloßen „Steuerpause" oder „anderer steuerlicher Vorteile" als jeweils einziges oder beherrschendes Umstellungsmotiv ist kein Zustimmungsgrund. In solchen Fällen muß das Finanzamt – ermessensfehlerfrei – die Zustimmung versagen (BFH, BStBl 1981 II 50 und 1983 II 672; H 25 (Steuerpause/mißbräuchliche Gestaltung).

Beispiel:

Der Stpfl. hatte bisher seinen Gewinn nach dem Kalenderjahr ermittelt. Er stellt im Kalenderjahr 04 das Wirtschaftsjahr um und schließt nunmehr am 31. 1., erstmalig am 31. 1. 04 ab. Der Abschluß auf den 31. 12. soll unstreitig ebenfalls branchenüblich sein. Auch sind die Bestände am 31. 1. nicht geringer. – Die Umstellung bedarf des Einvernehmens mit dem Finanzamt (§ 4a Abs. 1 Nr. 2 Satz 2).

Der Umstellung ist die Zustimmung zu versagen.

Beherrschendes Umstellungsmotiv war offensichtlich die Erzielung einer Steuerpause, nämlich die angestrebte Versteuerung des Gewinns des Wirtschaftsjahres vom 1. 2. 04 bis 31. 1. 05 erst bei der Veranlagung für den VZ 05. Der Gewinn ist weiterhin nach dem mit dem Kalenderjahr übereinstimmenden Wirtschaftsjahr zu ermitteln.

b) Andere steuerliche Vorteile

Das Einvernehmen des FA zur Umstellung des Wirtschaftsjahres kann auch dann zu versagen sein, wenn durch die Umstellung u. a. die Möglichkeit eines Verlustrücktrages eröffnet wird (BFH, BStBl 1983 II 672).

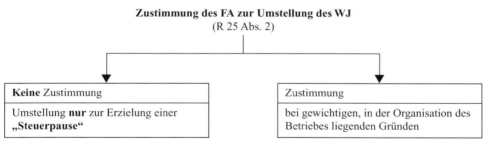

7.4 Wirtschaftsjahr bei Land- und Forstwirtschaft

Bei den Einkünften aus Land- und Forstwirtschaft verläuft das Wirtschaftsjahr gemäß

a) § 4a Abs. 1 Nr. 1 im Normalfall vom 1. **Juli bis 30. Juni,**

b) § 8c Abs. 1 Nr. 1 EStDV bei Betrieben mit einem Futterbauanteil von 80% und mehr vom **1. Mai bis 30. April.**

Der in Abschn. 2.11 der Bewertungs-Richtlinien enthaltene Begriff „Betriebe mit einem Futterbauanteil von 80 v. H. und mehr" soll eine bundeseinheitliche Regelung des abweichenden Wirtschaftsjahrs in der Landwirtschaft sicherstellen. Gemeint sind damit „reine Viehzucht" und „reine Weidewirtschaft", also die Weidemast sowie auch die Aufzucht und Haltung von Weidetieren.

c) § 8c Abs. 1 Nr. 2 EStDV bei reiner Forstwirtschaft vom **1. Oktober bis 30. September.**

d) Nach § 8c Abs. 2 EStDV können **Gartenbau-, Obstbau-** und **Baumschulbetriebe** sowie **reine Forstbetriebe** auch das Kalenderjahr als WJ wählen.

Abgesehen von dieser Wahlmöglichkeit, sind Land- und Forstwirten die WJ kraft Gesetzes jeweils zwingend vorgeschrieben. Die Gewinnermittlungsart ist hierbei grds. unerheblich (Ausnahme: § 4a Abs. 1 Nr. 3 S. 2).

e) Sind nicht im Handelsregister eingetragene Gewerbetreibende gleichzeitig buchführende Land- und Forstwirte, können sie mit Zustimmung des FA das für ihren land- und forstwirtschaftlichen Betrieb maßgebende (abweichende) WJ auch für ihren Gewerbebetrieb bestimmen, falls auch für den Gewerbebetrieb der Gewinn durch Bestandsvergleich ermittelt wird (§ 4a Abs. 1 Nr. 3 Satz 2).

Beispiel:
Bei einem buchführenden Landwirt mit WJ vom 1.7. bis 30.6. Stellt ein Teil der Tierhaltung wegen nachhaltiger Überschreitung der gesetzlichen Obergrenze der Vieheinheiten nach § 13 Abs. 1 Nr. 1 S. 2 einen eigenständigen Gewerbebetrieb dar, für den der Gewinn ebenfalls durch Bestandsvergleich ermittelt wird.
Der Landwirt kann für den Gewerbebetrieb ebenfalls den Zeitraum vom 1.7. bis 30.6. als WJ wählen.

Liegen bei einem Betrieb i. S. des § 8c Abs. 1 Nr. 1 bzw. 2 EStDV daneben noch andere Nutzungen vor, ist dies unschädlich (§ 8c Abs. 1 Satz 2 EStDV), wenn diese Nutzungen 10 v. H. des Gesamtwerts des Betriebs nicht übersteigen (BFH, BStBl 1988 II 269).

f) Stellt ein Land- und Forstwirt sein von einem KJ abweichendes WJ auf ein mit dem KJ übereinstimmendes WJ um, verlängert sich das letzte vom KJ abweichende WJ um den Zeitraum bis zum Beginn des ersten mit dem KJ übereinstimmenden WJ; ein Rumpf-WJ ist nicht zu bilden (§ 8c Abs. 2 Satz 2 EStDV).

7.5 Zeitliche Zuordnung des Gewinns

7.5.1 Gewerbebetrieb

Nach § 4a Abs. 2 Nr. 2 wird der Gewinn/Verlust aus einem **abweichenden** Wirtschaftsjahr dem **Kalenderjahr zugeordnet,** in dem das Wirtschaftsjahr endet. Eine zeitanteilige Aufteilung erfolgt **nicht** (anders als bei Land- und Forstwirtschaft, vgl. unten 7.5.2).

Beim **Kalenderwirtschaftsjahr** bedarf es keiner Regelung (Erfassung im betreffenden VZ).

Bei einer Umstellung eines abweichenden Wirtschaftsjahres auf das Kalenderjahr als Wirtschaftsjahr werden regelmäßig die Ergebnisse zweier Wirtschaftsjahre bei der Veranlagung des Umstellungsjahrs erfaßt.

Beispiel:
Der Stpfl. ermittelte den Gewinn zulässigerweise für das Wirtschaftsjahr vom 1.4. bis 31.3. Am 15.3.07 faßte er den Entschluß, den Gewinn ab dem Jahre 07 nach dem Kalenderjahr zu ermitteln. Er hat folgende Gewinne ermittelt:

1.4.06 bis 31.3.07	40 000 DM
1.4.07 bis 31.12.07	./. 5 000 DM

Die Umstellung bedurfte **nicht** des Einvernehmens mit dem Finanzamt (arg. ex. § 4a Abs. 1 Nr. 2 S. 2).
Durch die Umstellung entstand zulässigerweise das Rumpfwirtschaftsjahr 1.4.07 bis 31.12.07 (§ 8b Satz 2 Nr. 2 EStDV).
Bei der Veranlagung für den VZ 07 sind anzusetzen (§ 4a Abs. 2 Nr. 2).

Wirtschaftsjahr 06/07	40 000 DM
Rumpfwirtschaftsjahr 07	./. 5 000 DM
Einkünfte aus Gewerbebetrieb	35 000 DM

7.5.2 Land- und Forstwirtschaft

Nach § 4a Abs. 2 Satz 1 ist der laufende Gewinn des WJ bei Land- und Forstwirten auf das Kalenderjahr, in dem das WJ beginnt, und das, in dem es endet, entsprechend dem zeitlichen Anteil aufzuteilen.

Daraus folgt, der Gewinn ist im Normalfall im Verhältnis $6/12 : 6/12$
bei Weidewirtschaft (§ 8c Abs. 1 Nr. 1 EStDV) im Verhältnis $8/12 : 4/12$
bei Forstwirtschaft (§ 8c Abs. 1 Nr. 2 EStDV) im Verhältnis $3/12 : 9/12$

aufzuteilen, falls keine Rumpfwirtschaftsjahre vorliegen.

Von der zeitanteiligen Aufteilung sind nach § 4a Abs. 2 Nr. 1 Satz 2 **Veräußerungsgewinne** i. S. des § 14 ausgenommen.

Diese sind vielmehr ohne Aufteilung dem KJ zuzuordnen, in dem der Veräußerungsgewinn erzielt wurde. Hierdurch wird eine zweifache Anwendung der Vergünstigungen für Veräußerungsgewinne (§ 14 Satz 2) vermieden.

Veräußerungs**verluste** sind nach dem eindeutigen Wortlaut der Vorschrift **nicht** auszusondern.

Beispiel:

1. Der buchführende Land- und Forstwirt A hat folgende Gewinne erzielt:

   WJ 01/02 = Gewinn   24 000 DM
   WJ 02/03 = Verlust ∕ 36 000 DM

   Wie hoch sind die Einkünfte aus § 13 für den VZ 02?

   Das Wirtschaftsjahr umfaßt den Zeitraum vom 1.7. bis 30.6. des folgenden KJ (§ 4a Abs. 1 Nr. 1).

   Die Gewinne der WJ sind entsprechend ihren zeitlichen Anteilen auf das KJ 02 aufzuteilen (§ 4a Abs. 2 Nr. 1):

WJ 01/02: ½ von 24 000 DM	12 000 DM
WJ 02/03: ½ von ∕ 36 000 DM =	∕ 18 000 DM
Einkünfte aus § 13 für VZ 02 (= Verlust)	∕ 6 000 DM

2. Abwandlung von Fall 1: reine Forstwirtschaft.

   WJ vom 1.10. bis 30.9.

WJ 01/02: 9/12 von 24 000 DM =	16 000 DM
WJ 02/03: 3/12 von ∕ 36 000 DM =	∕ 9 000 DM
Einkünfte § 13 für 02	7 000 DM

3. Der buchführende Landwirt (WJ 1.7. bis 30.6.) hat folgende Gewinne erzielt:

   WJ 03/04 = Gewinn 40 000 DM
   WJ 04/05 = Gewinn 85 000 DM

   Im Gewinn des WJ 04/05 ist ein stpfl. Veräußerungsgewinn i. S. des § 14 in Höhe von 25 000 DM enthalten, der am 30.4.05 entstanden ist.

   Einkünfte aus § 13 für VZ 04 gemäß § 4a Abs. 2 Nr. 1:

WJ 03/04		½ von 40 000 DM =	20 000 DM
WJ 04/05	85 000 DM		
∕ § 14	25 000 DM		
	60 000 DM × ½ =		30 000 DM
			50 000 DM

Der Veräußerungsgewinn i. S. des § 14 ist im VZ 05 zu erfassen.

Übersicht:

Zuordnung des Gewinns bei abweichendem WJ

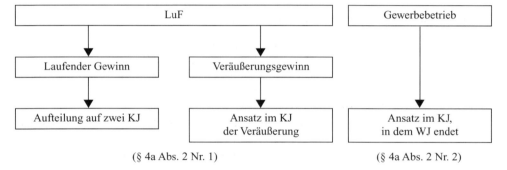

D. Veranlagung der Einkommensteuer

1. Begriff der Veranlagung

Der Stpfl. wird nach Ablauf des KJ mit dem Einkommen, genauer gesagt: dem zu versteuernden Einkommen, das er im abgelaufenen VZ erzielt hat, zur ESt „veranlagt" (§ 25 Abs. 1).

Hierbei werden in einem besonderen Verwaltungsverfahren die Besteuerungsgrundlagen (Einkünfte, Sonderausgaben, außergewöhnliche Belastungen, tarifliche Freibeträge usw.) ermittelt und die Steuerschuld durch Steuerbescheid festgesetzt.

Dieses Verfahren nennt man **Veranlagung**.

Es besteht aus zwei Teilen:

a) Ermittlung der Besteuerungsgrundlagen (Ermittlungsverfahren)

b) Festsetzung der Steuerschuld (Festsetzungsverfahren) und Bekanntgabe durch Steuerbescheid.

Dieses Verfahren ist in der AO geregelt. Vgl. Band 4 dieser Buchreihe.

Erhebungsformen der Einkommensteuer

Grundsätzlich wird die ESt durch Veranlagung erhoben. Es gibt aber daneben auch andere Methoden.

Nach § 38 Abs. 1 Satz 1 wird die ESt bei Einkünften aus nichtselbständiger Arbeit durch **Lohnsteuerabzug (Abzug vom Arbeitslohn)** erhoben.

Im Falle des Lohnsteuerabzugs nach § 38 Abs. 1 ist jedoch – abgesehen von den Sonderfällen des § 46 – keine Veranlagung mehr durchzuführen; vgl. § 46 Abs. 4 = **Abgeltung der ESt durch Lohnsteuerabzug**. Entsprechend dem Lohnsteuerabzug bei Einkünften aus nichtselbständiger Arbeit wird die ESt bei bestimmten Einkünften aus **Kapitalvermögen** (§ 20) nach § 43 im Wege der Kapitalertragsteuer erhoben.

Ein weiterer Steuerabzug ist für beschränkt Stpfl. nach § 50a vorgesehen.

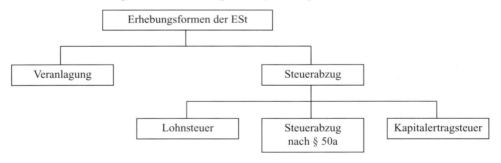

2. Grundsatz der Einzelveranlagung

Aus § 25 Abs. 1 ergibt sich der Grundsatz bei der Veranlagung zur ESt:

> Jeder Stpfl. ist grundsätzlich einzeln zur ESt zu veranlagen.

Diese Veranlagungsart heißt daher **Einzelveranlagung**.

Sie bedeutet, daß die zu versteuernden Einkommen verschiedener Stpfl. normalerweise nicht zusammengefaßt werden dürfen.

Man bezeichnet den Grundsatz der Einzelveranlagung auch als **Individualbesteuerung**.

Die Einzelveranlagung gilt für Stpfl., die
- ledig,
- verwitwet,
- geschieden oder
- verheiratet sind (nur, wenn die Voraussetzungen für eine Ehegattenveranlagung **nicht** vorliegen, s. unten 3.).

Beispiel:
V, verwitwet, lebt mit seinem 10jährigen Sohn S in einem gemeinsamen Haushalt. V und S haben im Jahr 03 je ein getrennt berechnetes zu versteuerndes Einkommen bezogen. Es werden zwei Einzelveranlagungen durchgeführt.

3. Veranlagung von Ehegatten

3.1 Arten der Ehegattenveranlagung

Von dem Grundsatz der Einzelveranlagung gibt es unter den Voraussetzungen des **§ 26 Abs. 1 Satz 1** Ausnahmen (nur) für **Ehegatten**.

Für diesen Personenkreis ist ein Wahlrecht zwischen:

a) **Getrennter** Veranlagung gemäß § 26a

b) **Zusammen**veranlagung gemäß § 26b

vorgesehen (**Nicht „Einzel**veranlagung").

Für den VZ der Eheschließung können sie statt dessen die **besondere Veranlagung** nach § 26c wählen.

Da die Zusammenveranlagung, die getrennte Veranlagung und die besondere Veranlagung nur bei Ehegatten in Betracht kommen, kann man diese Veranlagungsarten unter dem Sammelbegriff **Ehegattenveranlagung (-besteuerung)** zusammenfassen.

Der Gesetzgeber besteuert Ehegatten unter den Voraussetzungen des § 26 nach besonderen Regeln, weil er den Besonderheiten, die sich aus dem Bestand der Ehe ergeben, Rechnung tragen wollte.

Da **Ehegatten eine persönliche und wirtschaftliche Gemeinschaft** bilden, ist es z.B. gerechtfertigt, bestimmte Besteuerungsgrundlagen einheitlich für beide Ehegatten zu ermitteln.

So betreffen etwa Sonderausgaben (§§ 10, 10b) aufgrund der gemeinsamen Haushalts- und Wirtschaftsführung nicht den einzelnen Ehegatten, sondern die Eheleute als Gemeinschaft.

Die Sonderausgaben werden daher bei § 26b einheitlich ermittelt. Es spielt dabei keine Rolle, welcher der Ehegatten sie im einzelnen geleistet hat.

Dadurch wird auch die **Besteuerung vereinfacht.**

Bei der Gestaltung der Veranlagungsarten für Ehegatten geht der Gesetzgeber grundsätzlich von der **Zusammenveranlagung** aus.

Die Zusammenveranlagung ist dadurch gekennzeichnet, daß eine gemeinsame Ermittlung des zu versteuernden Einkommens der Ehegatten mit einem für diese Veranlagungsart günstigen ESt-Tarif verbunden ist (s. § 32a Abs. 5; vgl. im einzelnen C. 4.).

Um aber eine getrennte Steuerfestsetzung auch bei Eheleuten zu ermöglichen, wurde ein Wahlrecht auf **getrennte Veranlagung** (bei Ausübung durch **einen** Ehegatten bindend, § 26 Abs. 2 Satz 1, R 174 Abs. 3) eingeführt. Vgl. im einzelnen C. 5.

Die **besondere Veranlagung** (§ 26c) wurde dagegen eingeführt, um insbesondere bei der Zusammenführung von Halbfamilien Steuernachzahlungen dadurch zu vermeiden, daß sie – auf Antrag – wie Unverheiratete behandelt werden. Vgl. C. 6.

Der Begriff „getrennte Veranlagung" ist **nicht** etwa gleichbedeutend mit dem der „Einzelveranlagung". Die getrennte Veranlagung wird nach ganz anderen Grundsätzen als eine Einzelveranlagung durchgeführt.

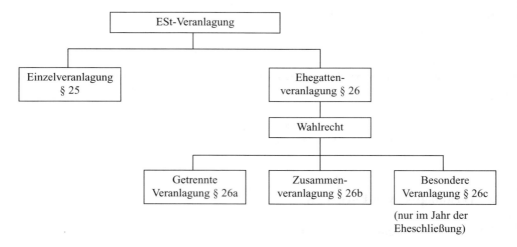

3.2 Steuererklärungspflicht

Wegen der **Steuererklärungspflicht** Hinweis auf §§ **149 ff. AO, § 25 Abs. 3 EStG, § 56 EStDV**.

Bei Zusammenveranlagung ist eine gemeinsame Steuererklärung der Ehegatten abzugeben (§ 25 Abs. 3 S. 2 EStG). Dagegen ist jeweils eine eigene Steuererklärung jedes Ehegatten bei getrennter Veranlagung abzugeben (§ 25 Abs. 3 S. 3 EStG).

3.3 Voraussetzungen für die Ehegattenveranlagung

Unter welchen Voraussetzungen die Veranlagung von Ehegatten nach den Grundsätzen der Ehegattenbesteuerung durchzuführen ist, bestimmt § 26 Abs. 1 Satz 1

Voraussetzungen für die Ehegattenbesteuerung

1. Ehegatten
2. Unbeschränkte Steuerpflicht beider Ehegatten
3. Kein dauerndes Getrenntleben
4. Vorliegen der Voraussetzungen (1 bis 3) zu Beginn des VZ
   oder
   Eintritt im Laufe des VZ

3.3.1 Bestehen einer rechtsgültigen Ehe

Ob es sich um Ehegatten handelt, richtet sich danach, ob eine Ehe nach bürgerlichem Recht besteht (BFH, BStBl 1957 III 300). Die Vorschriften befinden sich im Ehegesetz. Vgl. H 174.

Die Ehe kann wirksam nur vor dem Standesbeamten geschlossen werden (§ 11 EheG).

Die kirchliche Trauung ist hierfür bedeutungslos.

Ehen von Ausländern

Bei Ehen von Ausländern ist das im Heimatland geltende Recht bei Eheschließung im Ausland maßgeblich. Bei Eheschließung im Inland ist § 15a EheG zu beachten.

Auflösung der Ehe

Die beiden häufigsten Auflösungsfälle sind

a) Tod
b) Scheidung.

Es gibt noch als dritten Auflösungsgrund die **„Aufhebung"** (vgl. § 37 Abs. 1 EheG). Wegen der Aufhebungsgründe vgl. §§ 30 bis 34 EheG.

Für die Frage der Durchführung einer Ehegattenveranlagung anstelle der Einzelveranlagung ist es wichtig zu wissen, **ab welchem Zeitpunkt** eine Ehe besteht bzw. nicht mehr besteht.

Aufgelöst ist die Ehe ab dem Zeitpunkt
- des **Todes** eines Ehegatten
- der **Scheidung.**

Im Falle der Ehescheidung wird die Ehe **mit Eintritt der Rechtskraft des Scheidungsurteils** aufgelöst (§ 29 EheG).

Beispiel:
Die Ehegatten haben sich am 16. 4. 02 endgültig getrennt. Die Scheidungsklage wurde am 15. 12. 02 von der Ehefrau eingereicht. Die Rechtskraft des Scheidungsurteils trat am 5. 1. 03 ein.
Die Ehe ist ab dem 5. 1. 03 aufgelöst. Bei der Aufhebung ist dementsprechend auf die Rechtskraft des Aufhebungsurteils abzustellen.

- **Nichtigkeitserklärung**

Von der Auflösung einer Ehe ist die gerichtliche Nichtigkeitserklärung zu unterscheiden. Wegen der Nichtigkeitsgründe vgl. §§ 17 bis 21 EheG (z. B. Geschäftsunfähigkeit, Doppelehe).

Hier gilt die Ehe mit der Rechtskraft des Urteils als von Anfang an nicht geschlossen (§ 23 EheG). Nach H 174 (Allgemeines) ist die Ehe einkommensteuerlich bis zur Rechtskraft der Nichtigerklärung wie eine gültige Ehe zu behandeln.

Beispiel:
Die am 30. 12. 01 standesamtlich geschlossene Ehe des A mit der B wird wegen **Doppelehe** des A für nichtig erklärt. A lebte von der B nicht dauernd getrennt.
Die Rechtskraft der Nichtigkeitserklärung ist am 2. 1. 03 eingetreten.
Die Veranlagungen 01 bis 03 sind noch nicht durchgeführt.
Obwohl die Ehe als von Anfang an nicht geschlossen gilt, sind der A und die B in den drei VZ (01 bis **03**) als Ehegatten zu behandeln; erst ab VZ **04** sind Einzelveranlagungen durchzuführen.

Die §§ 40 bis 42 AO sind bei der Frage nach dem Bestehen einer Ehe **nicht** anwendbar.

Beispiel:
Eheleute leben nach einer aus außersteuerlichen Gründen erfolgten Ehescheidung weiter zusammen. Es liegt zivilrechtlich und damit auch steuerlich **keine** Ehe mehr vor.
Eine Ehe kann auch nicht mit dem Argument angenommen werden, die Ehescheidung sei nur zum **Schein** erfolgt.

- **Verschollenheit**

Ein Stpfl., dessen Ehegatte verschollen oder vermißt ist, gilt weiter als verheiratet. Der Verschollene gilt weiter als lebende (natürliche) Person mit Wohnsitz im Inland (BFH, BStBl 1978 II 372).

Erst mit der Rechtskraft des Todeserklärungsbeschlusses gilt der Verschollene **steuerlich** als verstorben (§ 49 AO). Daher gilt sein überlebender Ehegatte auch erst ab diesem Tag als verwitwet.

Hiervon zu unterscheiden ist eine gerichtliche Festlegung der Todeszeit einer Person, deren Tod **gewiß** ist, nach § 39 VerschG. Hier ist die vom Gericht festgelegte Todeszeit auch steuerlich maßgebend.

3.3.2 Kein dauerndes Getrenntleben (R 174 Abs. 1 EStR)

Trotz bestehender Ehe liegt kein Grund mehr vor, eine Ehegattenbesteuerung nach §§ 26–26c durchzuführen, wenn die **Lebensgemeinschaft nach den tatsächlichen Verhältnissen aufgehoben** ist.

Daher ist es nach § 26 Abs. 1 Satz 1 für die Ehegattenveranlagung weiterhin erforderlich, daß die Ehegatten nicht dauernd getrennt leben.

Der Volksmund kennt eine kurze und treffende Bezeichnung für das dauernde Getrenntleben von Ehegatten:

„Getrennt von Tisch und Bett"

Ehegatten leben dauernd getrennt, wenn die eheliche **Lebens- und Wirtschaftsgemeinschaft endgültig aufgehoben** ist.

Unter Lebensgemeinschaft ist die räumliche, persönliche und geistige Gemeinschaft und unter Wirtschaftsgemeinschaft die gemeinsame Erledigung der die Eheleute gemeinsam berührenden wirtschaftlichen Fragen ihres Zusammenlebens zu verstehen (vgl. BFH, BStBl 1973 II 640).

Die Aufhebung dieser Gemeinschaft führt in der Regel zu einer **räumlichen** Trennung, d. h. die gemeinsame Wohnung der Ehegatten wird aufgehoben.

Diese Trennung darf nicht nur vorübergehend, sondern muß nach § 26 Abs. 1 Satz 1 **dauernd (d. h. endgültig)** sein.

Der Begriff des dauernden Getrenntlebens setzt ein objektives und ein subjektives Merkmal voraus:

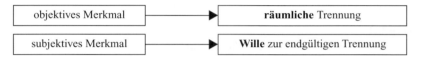

Es kommt vor, daß Ehegatten aufgrund zwingender äußerer Umstände längere Zeit räumlich getrennt sind. Fehlt bei solchen Fällen der erkennbare Wille zur Trennung, leben die Ehegatten nicht dauernd getrennt.

Beispiel:
Der Stpfl. hat am 2.1.01 einen schweren Verkehrsunfall erlitten. Er wird voraussichtlich 15 Monate im Krankenhaus verbringen müssen. Seine Ehefrau, die weiterhin die eheliche Wohnung bewohnt, kann ihn aus beruflichen Gründen nur vereinzelt besuchen. Die Ehegatten leben im VZ 01 **nicht** dauernd getrennt.

Die Gemeinschaft ist nicht endgültig aufgehoben, sondern nur vorübergehend auf Grund zwingender Umstände. Es fehlt der Wille zur Trennung.

Entsprechendes gilt z. B. bei längeren Auslandsaufenthalten oder Verbüßung einer Freiheitsstrafe.

Nach § 1567 Abs. 1 BGB leben Ehegatten getrennt, wenn zwischen ihnen keine häusliche Gemeinschaft besteht und ein Ehegatte sie erkennbar nicht herstellen will, weil er die eheliche Lebensgemeinschaft ablehnt. Bei der Ermittlung des Zeitraums des Getrenntlebens, der für die Frage des Scheiterns der Ehe gemäß § 1566 BGB von Bedeutung ist, ist **zivilrechtlich** die übereinstimmende Erklärung der Ehegatten vor dem Familiengericht maßgebend.

Für den steuerlichen Begriff des **dauernden Getrenntlebens im Sinne des § 26 Abs. 1** ist jedoch weiterhin an der Rechtsprechung des BFH (vgl. R 174 Abs. 1) festzuhalten. Ob nach dem Gesamtbild der Verhältnisse ein dauerndes Getrenntleben von Ehegatten im Sinne des § 26 Abs. 1 bei einem Getrenntleben nach § 1567 BGB vorliegt, hängt deshalb von den Umständen des Einzelfalls ab.

Die Erklärung von Ehegatten vor dem Familiengericht, ein Jahr dauernd getrennt gelebt zu haben, ist daher **steuerlich** unbeachtlich, sofern die Ehegatten zu Beginn des KJ noch nicht geschieden waren und tatsächlich nicht dauernd getrennt gelebt haben (BFH, BStBl 1986 II 486).

Der Finanzverwaltung ist bei der Feststellung des Sachverhalts ein Eingriff in die Intimsphäre verwehrt (Schutz des Grundrechts der Menschenwürde).

Sie hat daher die Angaben der Ehegatten, sie lebten nicht dauernd getrennt, im Regelfall ohne weitere Prüfung zugrundezulegen.

Da eine eingehende Erforschung des Sachverhalts nicht möglich ist, ist die Frage des dauernden Getrenntlebens in erster Linie nach erkennbaren äußeren Umständen zu beurteilen.

Solche **äußeren Umstände** sind z. B.

- Die Ehegatten haben in der ESt-Erklärung die Frage nach dem dauernden Getrenntleben bejaht.
- Einer oder beide Ehegatten haben die Scheidungsklage erhoben.
- Ehegatten sind auseinandergegangen, um die Scheidungsklage zu erheben.

Beispiel:

Die Ehegatten A haben in der ESt-Erklärung für den VZ 02 die Frage nach dem dauernden Getrenntleben bejaht (seit 15.12.01). Die Ehegatten geben verschiedene Wohnanschriften an. Weitere Umstände sind dem Finanzamt nicht bekannt.

Das Finanzamt ist an diese Angaben der Stpfl. gebunden, da keine äußeren Umstände erkennbar gegen eine dauernde Trennung sprechen.

3.3.3 Unbeschränkte Steuerpflicht beider Ehegatten

Damit Ehegatten für einen VZ im Wege der Ehegattenveranlagung i. S. des § 26 besteuert werden können, müssen grds. beide Ehegatten unbeschränkt steuerpflichtig (§ 1 Abs. 1 bis 3) sein.

Für Zeiträume **beschränkter** Steuerpflicht (§ 1 Abs. 4) sind auch Ehegatten grds. einzeln zu veranlagen (§§ 25, 49, 50); vgl. N. 3.

Beispiel:

Die Eheleute B leben im VZ 01 nicht dauernd getrennt. Sie haben ihren ausschließlichen Wohnsitz i. S. von § 8 AO in der Schweiz. Sie halten sich auch nicht im Inland auf. In Lindau gehören jedem der Ehegatten mehrere vermietete Mietwohngrundstücke. Die Ehegatten sind beide beschränkt steuerpflichtig (§ 1 Abs. 4). Daher müssen sie ihre inländischen Einkünfte einzeln versteuern. (Einzelveranlagungen gemäß § 25 i. V. m. § 49).

Für **Staatsangehörige** eines **EU-** oder **EWR**-Staates ist die **Ausnahmeregelung § 1a Abs. 1 Nr. 2** zu beachten. Danach ist auf Antrag eine Behandlung des nicht dauernd getrennt lebenden Ehegatten ohne Wohnsitz im Inland als unbeschränkt Stpfl. für die Anwendung des § 26 Abs. 1 möglich.

3.3.4 Gleichzeitiges Vorliegen der Voraussetzungen für die Ehegattenveranlagung

Die **drei Voraussetzungen**

- Ehegatten
- Kein dauerndes Getrenntleben
- Unbeschränkte Steuerpflicht beider Ehegatten

müssen nach § 26 Abs. 1 Satz 1 **bei beiden Ehegatten gleichzeitig entweder zu Beginn des VZ vorgelegen haben, d. h. jeweils am 1. Januar 0 Uhr oder** im Laufe des VZ eingetreten sein.

Es handelt sich hierbei um Alternativ-Voraussetzungen.

Beispiele:

1. Die unbeschränkt steuerpflichtigen Eheleute A haben sich am 5.1.02 dauernd getrennt.
   Für 02 ist eine Ehegattenveranlagung (Zusammenveranlagung oder getrennte Veranlagung) durchzuführen.
   Die Voraussetzungen des § 26 Abs. 1 Satz 1 haben zu Beginn des VZ 02 vorgelegen. Die Herbeiführung der dauernden Trennung im Laufe des VZ ist daher für den VZ 02 unbeachtlich.

2. Herr A und Frau B (beide unbeschränkt steuerpflichtig) heiraten am 29.12.03.
   Für den VZ 03 ist bereits eine Ehegattenveranlagung (Zusammenveranlagung oder getrennte Veranlagung) durchzuführen.
   Die Voraussetzungen des § 26 Abs. 1 Satz I haben ab 30.12.03 vollzählig (d. h. gleichzeitig) vorgelegen. Der Eintritt im Laufe des VZ reicht aus.
   Eine **Mindestdauer** für das Vorliegen einzelner oder aller Voraussetzungen ist **nicht** erforderlich.
   Das Vorliegen einzelner oder aller Voraussetzungen an **einigen wenigen Tagen** oder sogar an einem **einzigen Tag** (zu einem **bestimmten Zeitpunkt**) ist ausreichend.

3. M (Wohnsitz in Aachen) heiratet am 28.12.02 die F (Wohnsitz in Amsterdam) in Den Haag. Vom 23.12.02 bis 3.1.03 verbringen beide einen Urlaub in England. Da F in 01 nicht unbeschränkt steuerpflichtig wurde (mangels Wohnsitz), sind 2 Einzelveranlagungen für 01 durchzuführen, und zwar für F, soweit sie inländische Einkünfte gem. § 49 bezogen hat.
   Zu beachten ist aber die Antragsmöglichkeit nach § 1a Abs. 1 Nr. 2.

3.4 Ausübung des Wahlrechts zwischen Zusammenveranlagung und getrennter Veranlagung sowie ggf. besonderer Veranlagung (§ 26 Abs. 2, 3 EStG, R 174 Abs. 3 und 4 EStR)

Ob es – bei Vorliegen der Voraussetzungen des § 26 Abs. 1 S. 1 – zur Zusammenveranlagung oder zur getrennten Veranlagung kommt, hängt von der Ausübung des Wahlrechts durch die Ehegatten ab. Es kommt zur

a) Durchführung der **Zusammenveranlagung:**
   - auf Antrag **beider** Ehegatten (§ 26 Abs. 2 Satz 2)
   - bei **Nichtausübung** des **Wahlrechts** (§ 26 Abs. 3)

b) Durchführung der **getrennten Veranlagung**:
   auf Antrag **mindestens eines** Ehegatten (§ 26 Abs. 2 Satz 1).

Die besondere Veranlagung für den VZ der Eheschließung setzt den Antrag beider Ehegatten voraus (§ 26 Abs. 2 S. 2).

Form der Ausübung des Wahlrechts

Die Ausübung des Wahlrechts zwischen Zusammenveranlagung und getrennter Veranlagung sowie ggf. der besonderen Veranlagung bedarf bestimmter Formen.

Diese Wahl kann nach § 26 Abs. 2 Satz 3 wirksam ausgeübt werden

a) durch **schriftliche Erklärung**
b) durch **Abgabe (Erklärung) zu Protokoll**

gegenüber dem Finanzamt. Die amtlichen Vordrucke enthalten hierzu Fragen nach der Veranlagungsform.

Folge der Nichtausübung des Wahlrechts

Gibt keiner der Ehegatten eine Erklärung zur Veranlagungsart ab, so ist das Wahlrecht nicht ausgeübt worden.

In diesem Fall wird nach § 26 Abs. 3 unterstellt, daß die Ehegatten die Zusammenveranlagung wählen. Denn die Zusammenveranlagung ist meistens die für die Stpfl. günstigere Veranlagungsart (z. B. wegen des „Ehegattensplittings").

Zeitpunkt der Antragstellung und Widerruf

Die zur Ausübung der Wahl erforderliche Erklärung kann nach BFH, BStBl 1982 II 156 **noch im Rechtsbehelfsverfahren** mit Ausnahme des Revisionsverfahrens und, soweit es nach den Vorschriften der Abgabenordnung zulässig ist, **im Rahmen der Änderung von Steuerbescheiden abgegeben oder widerrufen** werden.

Ein **Widerruf** der einmal getroffenen Wahl kann jedoch nach den Grundsätzen von Treu und Glauben unzulässig sein (BFH, BStBl 1973 II 625).

Die Widerrufsmöglichkeit kommt auch bei Gewährung des Verlustrücktrags zum Tragen, wenn infolge des Widerrufs der durch den Verlustabzug eröffnete Korrekturspielraum bei beiden Ehegatten weder über- noch unterschritten wird (BFH, BStBl 1989 II 229).

Ist im Fall der getrennten Veranlagung die Veranlagung eines der Ehegatten bereits bestandskräftig und wird im Zuge der anderen Veranlagung die von einem der Ehegatten oder beiden Ehegatten abgegebene Erklärung über die Wahl der getrennten Veranlagung widerrufen, so ist eine Zusammenveranlagung durchzuführen (BFH, BStBl 1977 II 605 und BStBl 1978 II 215). Die bestandskräftige Veranlagung ist nach § 175 Abs. 1 Nr. 2 AO aufzuheben, da die Vorschriften des § 26 Abs. 1 hinsichtlich der Besteuerung beider Ehegatten nur einheitlich angewendet werden können. Haben beide Ehegatten eine Erklärung über die Wahl der getrennten Veranlagung abgegeben, so müssen beide Ehegatten ihre Erklärung widerrufen. Hat nur einer der Ehegatten eine Erklärung abgegeben, so ist der Widerruf dieses Ehegattens nur wirksam, wenn der andere Ehegatte nicht widerspricht. Vgl. R 174 Abs. 3 Satz 3.

Antrag bei Tod eines Ehegatten

Die Zusammenveranlagung für das Jahr des Todes eines der Ehegatten kann von dem überlebenden Ehegatten allein nur gewählt werden, wenn er Alleinerbe ist. Ist dies nicht der Fall oder schlägt er die Erbschaft aus, so ist zur Zusammenveranlagung die Zustimmung der Erben des verstorbenen Ehegatten erforderlich (BFH, BStBl 1980 II S. 188, BStBl 1982 II 156).

Bei Nichtausübung des Wahlrechts gilt auch hier § 26 Abs. 3 (BFH, BStBl 1986 II 545).

„Schikaneverbot"
Der einseitige Antrag eines Ehegatten auf getrennte Veranlagung ist **rechtsunwirksam**, wenn dieser Ehegatte im VZ keine eigenen – positiven oder negativen – Einkünfte erzielt hat oder wenn seine positiven Einkünfte so gering sind, daß weder eine Einkommensteuer festzusetzen ist noch die Einkünfte einem Steuerabzug zu unterwerfen waren. In diesem Fall sind die Ehegatten nach § 26 Abs. 3 zusammen zu veranlagen, wenn der andere Ehegatte dies beantragt hat (BFH, BStBl 1992 II 297; R 174 Abs. 3 Satz 4). Der Antrag auf getrennte Veranlagung des **einkunftslosen** Ehegatten ist auch dann unbeachtlich, wenn dem anderen Ehegatten eine Steuerstraftat zur Last gelegt wird (BFH, BStBl 1992 II 297). Nicht willkürlich ist der einseitige Antrag, wenn die getrennte Veranlagung diesem Ehegatten steuerliche Vorteile bringt und ihm eine zivilrechtliche Auseinandersetzung wegen der Aufteilung des Erstattungsanspruchs im Falle der Zusammenveranlagung nicht zuzumuten ist (FG Hbg, EFG 1982, 27, FG Köln, EFG 1984, 31 rkr.).

Beispiele:
1. Ein Ehegatte beantragt Zusammenveranlagung, der andere getrennte Veranlagung.
2. Beide Ehegatten beantragen Zusammenveranlagung
3. Ein Ehegatte beantragt getrennte Veranlagung, der andere äußert sich nicht hierzu.
4. Keiner der Ehegatten äußert sich zur Veranlagungsart.

Die Voraussetzungen des § 26 Abs. 1 S. 1 sind erfüllt.

		Rechtsgrundlage
Zu 1:	getrennte Veranlagung	§ 26 Abs. 2 Satz 1
Zu 2:	Zusammenveranlagung	§ 26 Abs. 2 Satz 2
Zu 3:	getrennte Veranlagung	§ 26 Abs. 2 Satz 1
Zu 4:	Zusammenveranlagung	§ 26 Abs. 3

3.5 Sonderregelung bei mehreren Ehen eines Stpfl. in einem VZ (§ 26 Abs. 1 S. 2 EStG, R 174 Abs. 2 EStR)

a) Grundsätze

War der **Stpfl. im Laufe des VZ mehr als einmal verheiratet und** ist die **vorangegangene Ehe**, für die die Voraussetzungen des § 26 Abs. 1 Satz 1 vorlagen, durch **Tod des anderen Ehegatten, Scheidung oder Aufhebung aufgelöst** worden, liegen die Voraussetzungen des § 26 Abs. 1 Satz 1 unter Umständen für denselben VZ bei mehr als einer Ehe des Stpfl. vor.

Theoretisch wäre daher eine Ehegattenveranlagung mit jedem der Ehegatten möglich.

Der Gesetzgeber hat für diesen Fall eine Regelung in § 26 Abs. 1 Satz 2 gefunden.

Danach gilt das Wahlrecht zwischen getrennter Veranlagung (§ 26a) und Zusammenveranlagung (§ 26b) sowie der besonderen Veranlagung (§ 26c) nur für die letzte Ehe, wenn für diese die Voraussetzungen des § 26 Abs. 1 Satz 1 erfüllt sind.

Der vom Wahlrecht ausgeschlossene Ehegatte wird **einzeln** veranlagt.

Unter den Voraussetzungen des § 26 Abs. 1 Satz 2 bleibt also eine im Laufe des VZ **aufgelöste** Ehe bei Wiederheirat eines Ehegatten für die Ehegattenveranlagung **unberücksichtigt** – vorbehaltlich § 26 Abs. 1 **Satz 3** –. Vgl. auch BFH, BStBl 1988 II 395.

Beispiel:
Die Ehefrau F 1 des Stpfl. M ist am 1.2.02 gestorben. Die Ehegatten lebten nicht dauernd getrennt. M hat am 12.11.02 erneut geheiratet, und zwar die F 2. M und F 2 leben nicht dauernd getrennt. Alle drei Personen sind (bzw. waren) unbeschränkt stpfl. und hatten Einkünfte.

Bei beiden Ehen liegen für den VZ 01 die Voraussetzungen für eine Ehegattenbesteuerung nach § 26 Abs. 1 Satz 1 vor.

Nach § 26 Abs. 1 S. 2 bleibt jedoch für den VZ 02 die Ehe des M mit der F 1 unberücksichtigt. Vielmehr ist zwingend eine Ehegattenveranlagung mit F 2 durchzuführen (Wahlrecht zwischen Zusammenveranlagung [§ 26b], getrennter Veranlagung [§ 26a] und besonderer Veranlagung [§ 26c]).

F 1 ist einzeln zu veranlagen (**Umkehrschluß** aus § 26 Abs. 1 Satz 2).

Die einzelnen Voraussetzungen des § 26 Abs. 1 Satz 2 sind also:

a) Auflösung einer Ehe im Laufe des VZ
b) Wiederheirat eines Ehegatten im VZ der Auflösung der vorangegangenen Ehe
c) Vorliegen der Voraussetzungen des § 26 Abs. 1 Satz 1 bei
   aa) der aufgelösten **und** bb) der neuen Ehe.

Ist das nicht der Fall, so besteht das Wahlrecht für die aufgelöste vorangegangene Ehe.

Die Sonderregelung des § 26 Abs. 1 Satz 2 kommt nur zur Anwendung, wenn in einem VZ mehrere Ehen eines Stpfl., die die Voraussetzungen des § 26 erfüllen, konkurrieren. Ein Konkurrenzfall liegt also nicht vor, wenn bei einer von zwei Ehen im VZ die Voraussetzungen des § 26 Abs. 1 Satz 1 nicht vorliegen.

Beispiele:

1. Die Ehe des M mit der **nicht unbeschränkt stpfl.** Ehefrau F 1 wird am 5.7.02 geschieden. M und F 1 lebten seit dem 1.5.02 dauernd getrennt.

   M heiratet noch im VZ 02 die **unbeschränkt stpfl.** F 2.

   Die Sonderregelung des § 26 Abs. 1 Satz 2 ist nicht anwendbar, da die Voraussetzungen des § 26 nur bei der Ehe von M mit der F 2 vorliegen.

   F 1 ist nicht unbeschränkt stpfl.

   Daher sind durchzuführen

   a) M und F 2 Ehegattenveranlagung gemäß § 26 Abs. 1 Satz I
   b) F 1 Einzelveranlagung gemäß § 25.

2. Die Ehe der F und des unbeschränkt stpfl. M 1 wird am 1.7.03 geschieden (dauernde Trennung seit März des VZ 03). F heiratet am 5.12.03 den nicht unbeschränkt stpfl. M 2.

   Die Sonderregelung des § 26 Abs. 1 Satz 2 ist für den VZ 03 nicht anzuwenden. Die Voraussetzungen des § 26 lagen im VZ 03 nur bei der aufgelösten Ehe vor.

   a) F und M 1 Ehegattenveranlagung gemäß § 26 Abs. 1 Satz I
   b) M 2 Einzelveranlagung gemäß § 25.

b) Wiederheirat beider Ehegatten

§ 26 Abs. 1 Satz 2 spricht nur den Fall der Wiederheirat eines Ehegatten an. Sind beide Ehegatten eine neue Ehe eingegangen, die die Voraussetzungen des § 26 Abs. 1 S.1 erfüllt, so können sie das Wahlrecht bei der Ehegattenveranlagung nur mit ihrem jeweils neuen Ehegatten ausüben.

Bei Wiederheirat beider Ehegatten der aufgelösten Ehe und Vorliegen der Voraussetzungen des § 26 bei allen drei Ehen ist § 26 Abs. 1 Satz 2 also zweimal (für jede der beiden neuen Ehen) anzuwenden.

Beispiel:

1. Die Ehe des M 1 und der F 1 wird im VZ 02 geschieden. Beide gehen noch in demselben VZ eine neue Ehe ein; M 1 heiratet F 2, F 1 heiratet M 2.

   Bei allen drei Ehen sollen die Voraussetzungen des § 26 im VZ 02 vorliegen. Es sind durchzuführen

Person(en)	Veranlagungsart	Rechtsgrundlage
b) F 1 und M 2	Ehegattenveranlagung	§ 26 Abs. 1 Satz 2
c) M 1 und F 2	Ehegattenveranlagung	§ 26 Abs. 1 Satz 2

   M 1 und F 1 sind mithin **nicht** miteinander zu veranlagen.

2. Abwandlung:

   Wie Beispiel 1., nur haben M 1 und F 1 bereits seit dem Beginn des VZ 01 dauernd getrennt gelebt. Hier bedarf es **nicht** der Sonderregelung des § 26 Abs. 1 Satz 2.

   Die aufgelöste Ehe von M 1 und F 1 konkurriert **nicht** mit der jeweils erneut eingegangenen Ehe, da bei der aufgelösten Ehe die Voraussetzungen des § 26 nicht vorliegen.

   Wegen des **Tarifs** in den Fällen des § 26 Abs 1 Satz 2 vgl. § 32a Abs. 6 Nr. 2 und E 2.

Zur Veranlagung bei **Doppelehe** von Ausländern vgl. BFH, BStBl 1986 II 390.

c) Veranlagungswahlrecht für die aufgelöste Ehe (§ 26 Abs. 1 Satz 3 EStG)

Durch § 26 Abs. 1 **Satz 3** wird dem Stpfl., dessen vorangegangene Ehe im VZ durch Tod des anderen Ehegatten aufgelöst worden ist, zur Vermeidung unbefriedigender Ergebnisse **nunmehr** die Möglichkeit eröffnet, für das Todesjahr des anderen Ehegatten bei **Wahl** der **besonderen Veranlagung** nach § 26c für die neue Ehe **auch** ein **Veranlagungswahlrecht** für die **vorangegangene (aufgelöste)** Ehe auszuüben. Vgl. R 174 Abs. 2.

Beispiel:
Die Ehefrau F 1 des M ist im VZ 01 verstorben. Die Ehegatten lebten nicht dauernd getrennt. M ging noch in 01 erneut eine Ehe ein mit F2.
1. Wenn die Ehegatten M und F 2 für 01 die besondere Veranlagung (§ 26c) beantragen (§ 26 Abs. 2 Satz 2), hat M für 01 ein Wahlrecht zwischen
   – „schlichter" besonderer Veranlagung (§ 26c) und
   – Ehegattenveranlagung (§ 26a oder § 26b)
   mit der verstorbenen Ehefrau F1 (§ 26 Abs. 1 Satz 3).
   Daneben wird die besondere Veranlagung (§ 26c) der F 2 durchgeführt.
   Wegen des Tarifs in diesem Falle vgl. Abschn. E.
2. Wird für den VZ 01 nicht die besondere Veranlagung für die neue Ehe M und F 2 beantragt, ist – wie bisher – eine Ehegattenveranlagung (§ 26a oder § 26b) nur für die neue Ehe möglich (§ 26 Abs. 1 Satz 2).
   Die verstorbene F 1 ist dann zwingend einzeln zu veranlagen. Daher ist der Splittingtarif nach § 32a Abs. 6 Nr. 2 anzuwenden.

4. Durchführung der Zusammenveranlagung von Ehegatten (§ 26b EStG)

4.1 Allgemeines

Die Zusammenveranlagung nach § 26b mündet in **ein gemeinsames** zu versteuerndes Einkommen der Ehegatten, so daß eine **gemeinsame ESt** für beide Ehegatten festgesetzt wird (und zwar nach dem **Splittingverfahren**, § 32a Abs. 5; vgl. hierzu E. 2.). Es findet nur **eine** Veranlagung statt.

Zunächst aber werden die Einkünfte jedes Ehegatten wie bei der Einzelveranlagung oder getrennten Veranlagung gesondert ermittelt (§ 26b, R 174b, BFH, BStBl 1986 II 713 und 1988 II 827). Wegen der Zurechnung der Einkünfte gelten die unter D. 7. dargestellten Grundsätze entsprechend (vgl. R 174b Abs. 1). Die gesonderte Ermittlung der Einkünfte hat insbesondere Auswirkungen auf die Pauschbeträge für Werbungskosten (§ 9a) sowie für die Anwendung von Freibeträgen und Freigrenzen (z.B. § 23 Abs. 3). Die getrennt ermittelten Einkünfte beider Ehegatten werden danach zu einer gemeinsamen Summe der Einkünfte zusammengerechnet.

Für die weitere Berechnung des Gesamtbetrags der Einkünfte des Einkommens und des zu versteuernden Einkommens werden die Eheleute grds. gemeinsam als ein Steuerpflichtiger behandelt. Die Sonderausgaben und außergewöhnlichen Belastungen werden gemeinsam ermittelt. An mehreren Stellen ist im EStG ausdrücklich angegeben, wann für Ehegatten im Fall der Zusammenveranlagung bestimmte Freibeträge verdoppelt werden oder sonstige Vergünstigungen zustehen oder gewährt werden (Beispiele: §§ 9a Nr. 1, 10 Abs. 3, 10c Abs. 2, 13 Abs. 3, 20 Abs. 4, 24a).

Die Ehegatten sind hierbei nach § 44 Abs. 1 AO Gesamtschuldner. Zur Erstattungsberechtigung vgl. BFH, BStBl 1983 II 162 und 1990 II 41. Die Bekanntgabe erfolgt entweder durch zusammengefaßten Steuerbescheid (§ 155 Abs. 3 AO) oder gesonderte Bescheide (BFH, BStBl 1985 II 583).

4.2 Gesamtbetrag der Einkünfte

4.2.1 Gesonderte Ermittlung der Einkünfte

Grundsätzlich ist eine getrennte Einkunftsermittlung vorzunehmen (BFH, BStBl 1985 II 547, BStBl 1986 II 713 und 1988 II 827).

Beispiel:

	M	F
Einnahmen aus § 21	10 000 DM	8 000 DM
WK (§ 9)	3 000 DM	11 000 DM
Einkünfte § 21	7 000 DM	./. 3 000 DM

Verlustausgleich

Anschließend ist aber ein gemeinsamer Verlustausgleich durchzuführen (R 115 Abs. 7).

Beispiel:

Einkünfte aus § 15 (M)	./. 12 000 DM
Einkünfte aus § 21 (F)	+ 40 000 DM
Gemeinsame Summe der Einkünfte	28 000 DM

Auswirkung auf den Abzug der WK-Pauschbeträge und der sonstigen Einkunftsermittlungsfreibeträge

Jeder Ehegatte erhält grds. die ihm zustehenden Pauschbeträge und Freibeträge gesondert (als Ausfluß der getrennten Einkunftsermittlung).

Beispiel:

Einnahmen § 19 Abs. 1 Nr. 1	20 000 DM	1 300 DM
− Arbeitnehmerpauschbetrag (§ 9a Nr. 1a)	− 2 000 DM	− 1 300 DM
Einkünfte § 19	18 000 DM	0 DM

Haben beide Ehegatten Einkünfte aus wiederkehrenden Bezügen (§ 22 Nr. 1 und Nr. 1a), ist jedem der WK-Pauschbetrag von 200 DM (§ 9a Nr. 1c) zu gewähren.

Beispiel:

	M	F
Ertragsanteil Leibrente (Einnahmen § 22 Nr. 1)	5 000 DM	− DM
Unterhaltsbezüge (§ 22 Nr. 1a)	− DM	9 000 DM
./. WK-Pauschbetrag	− 200 DM	− 200 DM
sonstige Einkünfte	4 800 DM	8 800 DM

4.2.2 Besonderheiten bei den Einkünften aus § 20 EStG

Eine Ausnahme vom Grundsatz der getrennten Einkunftsermittlung ergibt sich durch den Abzug von 200 DM gem. § 9a Nr. 1 Satz 2. Für die Verdoppelung ist es gleichgültig, ob nur ein Ehegatte oder beide Einnahmen aus § 20 beziehen.

Der Abzug des gemeinsamen WK-Pauschbetrags gem. § 9a Nr. 1b S. 2 bedingt eine rechtlich gemeinsame Einkunftsermittlung bei § 20.

Die Einnahmen beider Eheleute werden zusammengerechnet. Von der Gesamtsumme ist der gemeinsame Pauschbetrag abzuziehen, wenn die nachgewiesenen Werbungskosten beider Ehegatten den Betrag von 200 DM nicht übersteigen.

Daraus resultiert – entgegen dem Gesetzeswortlaut des § 20 Abs. 4 Satz 3 – ein rechtlich **gemeinsamer** Abzug des **Sparer-Freibetrags** nach § 20 Abs. 4.

Bei der Zusammenveranlagung von Ehegatten (§ 26b) erhalten die Eheleute den gemeinsamen Sparer-Freibetrag von 12 000 DM (§ 20 Abs. 4 Satz 2).

Trotz des entgegenstehenden Wortlauts des § 20 Abs. 4 Satz 3 sind die Einkünfte zusammenveranlagter Eheleute also gemeinsam nach folgender Formel zu ermitteln (siehe auch R 156 Abs. 1 S. 3):

   Summe der Kapitalerträge der Ehegatten
./. gemeinsame Werbungskosten, oder
    – falls diese niedriger sind – Pauschbetrag nach § 9a Nr. 1b von 200 DM
./. gemeinsamer Sparer-Freibetrag von 12 000 DM
 = gemeinsame Einkünfte aus Kapitalvermögen

In technischer Hinsicht kann die Ermittlung aber trotzdem gesondert erfolgen (so auch die Praxis der FinVerw). Eine getrennte Ermittlung **muß** durchgeführt werden, wenn sie rechtliche Bedeutung hat, z. B. wegen eines Altersentlastungsbetrags (§ 24a); vgl. R 85 Abs. 1 S. 5.

Beispiel:

	M	F
Einnahmen aus § 20	12 800 DM	150 DM

1. **gemeinsame Ermittlung**

Einnahmen aus § 20 der Ehegatten	12 950 DM
./. gemeinsamer WK-Pauschbetrag	− 200 DM
./. gemeinsamer Sparer-Freibetrag	− 12 000 DM
Einkünfte aus § 20 der Ehegatten	750 DM

2. **(technisch) getrennte Ermittlung (= Praxis)**

	M	F
Einnahmen § 20	12 800 DM	150 DM
./. WK-Pauschbetrag (beliebige Verteilung), z. B.	50 DM	150 DM
Zwischensumme	12 750 DM	0 DM
./. Sparer-Freibetrag § 20 Abs. 4	12 000 DM	0 DM
Einkünfte aus § 20	750 DM	0 DM

Da F den Sparerfreibetrag nicht ausnutzen kann, ist er voll auf M zu übertragen (§ 20 Abs. 4 S. 3). Die getrennte und gemeinsame Ermittlung der Einkünfte aus § 20 müssen zum gleichen Ergebnis führen.

Eine Übertragung des nicht ausgenutzten Sparer-Freibetrages ist andererseits auch bei einem **Verlust** aus § 20 eines Ehegatten möglich (BFH, BStBl 1985 II 547, R 156 Abs. 1 S. 3).

	M	F
Beispiel:		
Einnahmen aus § 20	12 400	−
./. WK	−	700
(WK-Pauschbetrag entfällt)		
./. Sparer-Freibetrag	./. 12 000	−
Einkünfte § 20	400	./. 700
insgesamt	./. 300	

4.2.3 Summe der Einkünfte (§ 2 Abs. 1 EStG)

Die Einkünfte werden bei der Zusammenveranlagung zwar getrennt ermittelt (Ausnahme: § 20!), anschließend aber zu einer gemeinsamen Summe der Einkünfte zusammengefaßt, da die Ehegatten als ein Stpfl. behandelt werden (§ 26b). Es findet daher nur **eine** Veranlagung statt.

4.2.4 Altersentlastungsbetrag (§ 24a EStG)

Im Falle der Zusammenveranlagung erhält jeder Ehegatte einen Altersentlastungsbetrag, sofern er die Voraussetzungen erfüllt. Die Berechnung ist für jeden Ehegatten gesondert durchzuführen.

Beispiel:
Ehegatten i. S. § 26 Abs. 1 haben im VZ folgende Einkünfte:

1. **Ehemann** (66 Jahre alt)

Arbeitslohn (§ 19 Abs. 1 Nr. 1)	8 000 DM
15	./. 5 000 DM

2. **Ehefrau** (60 Jahre alt)

Arbeitslohn (§ 19 Abs. 1 Nr. 1)	3 000 DM
§ 21	10 000 DM

Nur dem Ehemann steht der § 24a zu.

Bemessungsgrundlage:
Arbeitslohn (M) 8 000 DM
Die negative Summe der übrigen Einkünfte des M bleibt außer Betracht.
Altersentlastungsbetrag M:
40% von 8000 DM = 3 200 DM
(Höchstbetrag 3 720 DM)

4.2.5 Freibetrag nach § 13 Abs. 3 EStG

Den Eheleuten steht ein gemeinsamer Freibetrag bis zu 4000 DM ohne Rücksicht darauf zu, ob beide Einkünfte aus § 13 bezogen haben (§ 13 Abs. 3 S. 3).

Beispiel:

Einkünfte aus § 13 (M)	50 000 DM
(= Summe der Einkünfte).	
Die Ehefrau hat keine Einkünfte.	
Es ist ein Freibetrag nach § 13 Abs. 3 abzuziehen von	4 000 DM
Gesamtbetrag der Einkünfte	46 000 DM

Der Freibetrag steht zu, da das Einkommen **vor** Abzug des Freibetrags nach § 13 Abs. 3 50 000 DM **nicht** übersteigt (§ 13 Abs. 3 Satz 2).

4.3 Einkommensermittlung (§ 2 Abs. 4 EStG)

4.3.1 Sonderausgaben

Bei der Zusammenveranlagung von Ehegatten werden die Sonderausgaben einheitlich ermittelt, denn die Ehegatten werden nach § 26b letzter Halbsatz insoweit gemeinsam als Steuerpflichtiger behandelt.

Bei Ehegatten, die nach § 26b zusammenveranlagt werden, ist es beim Abzug von Sonderausgaben (§§ 10, 10b) gleichgültig, ob sie der Ehemann oder Ehefrau geleistet hat (§ 26b; R 86a).

4.3.1.1 Höchstbeträge für Vorsorgeaufwendungen

Das bedeutet für die Ermittlung der Höchstbeträge für Vorsorgeaufwendungen (§ 10 Abs. 3)
– **Zusammenrechnung** der Versicherungsbeiträge beider Ehegatten, ebenso der Bausparbeiträge
– Durchführung **einer gemeinsamen Höchstbetragsberechnung** i. S. des § 10 Abs. 3.

• **Vorwegabzugsbetrag**

Der Vorwegabzugsbetrag verdoppelt sich auf 12 000 DM, und zwar auch, wenn nur **ein** Ehegatte Vorsorgeaufwendungen geleistet hat oder nur **ein** Ehegatte Arbeitnehmer ist. Die Kürzung des Vorwegabzugsbetrags ist nicht etwa auf einen Betrag von 6 000 DM begrenzt. Auch ein darüber hinaus gehender Arbeitgeberanteil zur gesetzlichen Rentenversicherung eines Ehegatten kürzt den gemeinsamen Betrag von 12 000 DM.

• **Grundhöchstbetrag**

Verdoppelung auf 5 220 DM (auch wenn nur ein Ehegatte Vorsorgeaufwendungen geleistet hat).

4.3.1.2 Vorsorgepauschale (§ 10c Abs. 2 und 3 EStG)

Die Vorsorgepauschale ist im Falle der Zusammenveranlagung bereits dann zu gewähren, wenn nur ein Ehegatte Arbeitslohn bezogen hat.

Es verdoppeln sich die Höchstbeträge des § 10c Abs. 2 und 3.

Die **Bemessungsgrundlage** ist für beide Ehegatten jeweils gesondert zu berechnen (vgl. § 10c Abs. 4 Nr. 2), sodann aber zusammenzurechnen und eine **gemeinsame Vorsorgepauschale** zu ermitteln (vgl. R 114 Abs. 1 und 2).

Wegen der Berechnung in sogenannten Mischfällen (Bezug von Arbeitslohn durch beide Ehegatten, aber Zugehörigkeit nur eines Ehegatten zum Anwendungsbereich der gekürzten Vorsorgepauschale des § 10c Abs. 3 vgl. im einzelnen F 4.3.

Beispiele zur Berechnung:
- der gekürzten Vorsorgepauschale, wenn beide Ehegatten zum Personenkreis des § 10c Abs. 3 gehören, vgl. E 4.3
- der Vorsorgepauschale in Mischfällen vgl. E 4.3.

4.3.1.3 Sonderausgaben-Pauschbetrag (§ 10c Abs. 1 EStG)

Der Sonderausgaben-Pauschbetrag ist nach § 10c Abs. 1 Satz 2 von 108 DM auf **216 DM** zu verdoppeln.

Bei der Zusammenveranlagung von Ehegatten sind mithin zu vergleichen:

Beispiel:
Zusammenzuveranlagende Ehegatten machen folgende Sonderausgaben geltend:

	Ehemann	Ehefrau
Kirchensteuer	60 DM	70 DM
Steuerberatungskosten	50 DM	– DM
Versicherungsbeiträge	200 DM	500 DM

Die abzuziehenden Sonderausgaben sind für beide Ehegatten gemeinsam zu ermitteln.

1. Vorsorgeaufwendungen	700 DM
2. Sonderausgaben-Pauschbetrag	216 DM
(übrige Sonderausgaben sind mit 60+50+70 = 180 DM niedriger)	916 DM

4.3.2 Außergewöhnliche Belastungen (§§ 33–33c EStG)

a) Bei den außergewöhnlichen Belastungen allgemeiner Art i.S. des § 33 erfolgt eine **einheitliche** Ermittlung. Es ist unerheblich, welcher der Ehegatten mit Aufwendungen belastet ist. Die belastenden Aufwendungen sind ggf. zusammenzurechnen.

Hiervon ist eine einheitliche nach den Merkmalen des § 33 Abs. 3 ermittelte zumutbare Belastung abzuziehen. Bemessungsgrundlage für den Vomhundertsatz ist der gemeinsame Gesamtbetrag der Einkünfte.

b) Auch die Freibeträge nach § 33a sind einheitlich zu ermitteln.

c) Einen Pauschbetrag nach § 33b erhält jeder Ehegatte, der in seiner Person die Voraussetzungen erfüllt.

d) § 33c ist auch bei zusammenveranlagten Ehegatten denkbar, und zwar für die Zeit des „Alleinstehens" i.S. des § 33c Abs. 2 des jeweiligen Ehegatten sowie aus besonderen Gründen (z.B. Krankheit eines Ehegatten, vgl. § 33c Abs. 5). Hier ist ebenfalls eine einheitliche Berechnung durchzuführen wegen der gemeinsamen zumutbaren Belastung. Vgl. hierzu G. 8.8.4.

Beispiel:
Die A mit einem nichtehelichen Kind hat am 1.12.05 geheiratet. Für die Zeit ihres Alleinstehens vom 1.1.–30.11.05 ist § 33c ggf. anwendbar, obwohl für den VZ 05 bereits eine Ehegatten-Veranlagung durchgeführt wird.

4.3.3 Anwendung des 10d EStG

Jeder Ehegatte kann den Verlustabzug nach § 10d Abs. 1 S.1 für seine eigenen Verluste bis zur Höhe von jeweils 10 Mio. DM geltend machen (§ 62d Abs. 2 S.2 EStDV). Der Verlustabzug kann auch für Verluste aus dem VZ geltend gemacht werden, in denen die Ehegatten getrennt veranlagt wurden (§ 62d Abs. 2 S. 1 EStDV). Dies muß erst recht bei Einzelveranlagungen im Verlustjahr gelten.

Beispiel:
Der A und die B wurden für das Jahr 03 getrennt veranlagt (§ 26a).
A hat aus 03 einen nicht ausgeglichenen Verlust von 11 Mio. DM. Für die Rücktragsjahre 01 und 02 erfolgt eine Zusammenveranlagung (§ 26b). Bei der Berichtigung der Zusammenveranlagung für 01 nach § 10d Abs. 1 S. 2 ist ein Rücktrag von 10 Mio. DM möglich (§ 62d Abs. 2 S. 1 EStDV).
Dies muß auch gelten, wenn im Rücktragjahr das Einkommen nur aus Einkünften der B resultiert.
Der den Höchstbetrag von 10 Mio. DM übersteigende Betrag von 1 Mio. DM wird sodann nach 04 vorgetragen (**kein** weiterer Rücktrag nach 03).
Zur Ausübung des Veranlagungswahlrechts vgl. BFH, BStBl 1989 II 229.

4.4 Tarifliche Freibeträge

Diese Freibeträge erhält jeweils derjenige Ehegatte, der in seiner Person die Voraussetzungen hierfür erfüllt.

a) Der **Haushaltsfreibetrag** (§ 32 Abs. 7) ist bei Zusammenveranlagung **nicht** möglich.

b) **Kinderfreibetrag**

Nach § 32 Abs. 6 Satz 2 wird ein (verdoppelter) Kinderfreibetrag von 522 DM mtl abgezogen, wenn das Kind zu beiden Ehegatten in einem Kindschaftsverhältnis steht. Vgl. im einzelnen J. 1.

5. Durchführung der getrennten Veranlagung von Ehegatten (§ 26a EStG)

Die getrennte Veranlagung von Ehegatten nach § 26a ist eine Unterart der Ehegattenveranlagung i. S. des § 26 Abs. 1. Sie ist nicht identisch mit der Einzelveranlagung (§ 25) oder besonderen Veranlagung (§ 26c).

Allerdings werden auch bei § 26a **zwei** Veranlagungen vorgenommen. Bei der Ermittlung der außergewöhnlichen Belastungen bestehen hingegen insofern Gemeinsamkeiten mit der Zusammenveranlagung, als auch hier zunächst eine einheitliche Ermittlung durchgeführt wird. Ob die Zusammenveranlagung oder die getrennte Veranlagung günstiger ist, hängt vom Einzelfall ab.

5.1 Ermittlung des Gesamtbetrags der Einkünfte

Auch bei § 26a sind die **Einkünfte getrennt** zu ermitteln (wie generell bei Einzelveranlagung und grds. auch bei Zusammenveranlagung). Sie sind dem Ehegatten zuzurechnen, der sie bezogen hat. Werbungskostenpauschbeträge (§ 9a) sind jedem Ehegatten zu gewähren, der Einnahmen aus der jeweiligen Einkunftsart bezogen hat.

Bei den Einkünften aus Kapitalvermögen steht mithin jedem Ehegatten ein WK-Pauschbetrag von 100 DM gesondert zu (kein gemeinsamer Pauschbetrag von 200 DM wie bei Zusammenveranlagung). Eine Übertragung eines nicht ausgeschöpften Sparer-Freibetrags i. S. des § 20 Abs. 4 ist bei der getrennten Veranlagung im Gegensatz zu der Zusammenveranlagung (§ 26b) **nicht** möglich.

Der **Altersentlastungsbetrag** (§ 24a) kommt – wie bei § 25, § 26b und § 26c – nur bei dem Ehegatten in Betracht, der die Voraussetzungen erfüllt.

Entsprechendes gilt für den Freibetrag für Land- und Forstwirte (§ 13 Abs. 3). Eine Verdoppelung **entfällt**.

5.2 Sonderausgaben i. S. der §§ 10 und 10b EStG

5.2.1 Ermittlung der abzugsfähigen Beträge

Die Sonderausgaben nach den §§ 10 und 10b werden im Fall der getrennten Veranlagung von Ehegatten nach den für die Einzelveranlagung geltenden Grundsätzen ermittelt.

Das gilt auch bei der Ermittlung des Höchstbetrags für Spenden von 5 % des Gesamtbetrags der Einkünfte i. S. des § 10b. Die Sonderausgaben sind daher insgesamt **nicht** in derselben Höhe abzugsfähig wie bei einer Zusammenveranlagung.

Durch § 26a Abs. 2 Satz I soll sichergestellt werden, daß der Höchstbetrag von **12 000 DM** für Aufwendungen für ein **hauswirtschaftliches Beschäftigungsverhältnis** nach § 10 Abs. 1 Nr. 8 von Ehegatten insgesamt **nur einmal** beansprucht werden kann (Ergänzung durch StMBG).

Die Sonderausgaben können **nur** bei der Veranlagung des Ehegatten abgezogen werden, der sie geleistet hat (R 174a Abs 1).

5.2.2 Vorsorgepauschale bei getrennter Veranlagung

Die Vorsorgepauschale (§ 10c Abs. 2) ist stets nach den für eine **Einzelveranlagung** geltenden Grundsätzen zu ermitteln.

5.3 Außergewöhnliche Belastungen

5.3.1 Außergewöhnliche Belastungen i. S. der §§ 33 bis 33b EStG

a) Die Aufwendungen sind einheitlich zu ermitteln, d. h. zusammenzurechnen.

b) Der Abzug erfolgt in der sich bei einer Zusammenveranlagung ergebenden Gesamthöhe (§ 26a Abs. 2; R 174a Abs. 2).

c) Der Prozentsatz der zumutbaren Belastung (§ 33 Abs. 3) richtet sich nach der bei Zusammenveranlagung maßgebenden Höhe.

d) Bemessungsgrundlage der zumutbaren Belastung ist ein nach den Grundsätzen der Zusammenveranlagung ermittelter Gesamtbetrag der Einkünfte (**nicht** von der Summe der Gesamtbeträge der Einkünfte beider Ehegatten.

e) Die abzugsfähigen Beträge sind

   aa) je zur Hälfte bei beiden Ehegatten abzuziehen, wenn kein Antrag auf besondere Verteilung gestellt wird;

   bb) auf Antrag beider Ehegatten beliebig zu verteilen.

Diese Grundsätze gelten auch für

— Pauschbeträge nach § 33b (die nur einem Ehegatten zustehen), gesetzliche Ausnahme: auf die Ehegatten zu übertragender Pauschbetrag (§ 33b Abs. 3, § 26a Abs. 2 Satz 2); s. unter 5.3.2.

— Freibeträge für Flüchtlinge/Vertriebene i. S. § 52 Abs. 25 i. V. m. § 33a EStG 1953.

Beispiel:

Als außergewöhnliche Belastung nach § 33 machen der Ehemann 4 000 DM und die Ehefrau 1 000 DM Krankheitskosten geltend.

Ehemann:	Einkünfte aus § 15	30 000 DM
	Einnahmen aus § 20	12 500 DM
Ehefrau:	Einnahmen aus § 19	20 000 DM
	Einnahmen aus § 20	280 DM

Die Berücksichtigung soll soweit wie möglich beim Ehemann erfolgen.

Außergewöhnliche Belastungen (§ 33)
Einheitliche Ermittlung gem. § 26a Abs. 2 Satz I

Aufwendungen	Ehemann	4 000 DM	
	Ehefrau	1 000 DM	5 000 DM

./. zumutbare Belastung (§ 33 Abs. 3)
Gesamtbetrag der Einkünfte (zu ermitteln nach den Grundsätzen der Zusammenveranlagung)

Einkünfte aus	§ 15 (M)	30 000 DM
	§ 19 (F) Einnahmen 20 000 ./. § 9a Nr. 1a 2 000 =	18 000 DM
	§ 20	

(**einheitliche** Ermittlung)

Einnahmen M		12 500 DM	
F		280 DM	
		12 780 DM	
− § 9a Nr. 2		200 DM	
− § 20 Abs. 4		12 000 DM	
Einkünfte		580 DM	580 DM
Summe/Gesamtbetrag der Einkünfte			48 580 DM

(nicht identisch mit den zusammengerechneten Gesamtbeträgen der Einkünfte bei § 26a wegen der Übertragbarkeit des Sparer-Freibetrags bei § 26b!)

zumutbare Belastung (§ 33 Abs. 3 Nr. 1b)
5 % von 48 580 DM =   2 429 DM
nach § 33 insgesamt abzuziehen (Überbelastungsbetrag)
5000 DM ⁒ 2 429 DM =   2 571 DM

Der Betrag von 2 571 DM kann aufgrund des entsprechenden Antrags voll bei der Veranlagung des Ehemannes M abgezogen werden.

5.3.2 Übertragung eines Pauschbetrags gem. § 33b Abs. 5 EStG

Ein gem. § 33b Abs. 5 von einem Kind auf die getrennt veranlagten Eltern übertragener Pauschbetrag für Körperbehinderte ist stets bei jedem Ehegatten zur Hälfte zu berücksichtigen. Eine anderweitige Aufteilung scheidet aus. Vgl. 26a Abs. 2 Satz 3.

5.3.3 Kinderbetreuungskosten (§ 33c EStG)

Eine Steuerermäßigung nach § 33c ist auch bei der Ehegattenveranlagung für den einzelnen Ehegatten möglich (für die Zeit des Alleinstehens). Die zumutbare Belastung ist wie bei § 26b zu berechnen. Wegen der Problematik der zumutbaren Belastung vgl. im übrigen G. 8.8.4.

5.4 Verlustabzug (§ 10d EStG)

Bei der getrennten Veranlagung kann derjenige Ehegatte den Verlustabzug nach § 10d geltend machen, der den Verlust in seiner Person erlitten hat (§ 62d Abs. 1 S. 2 EStDV).

Hierbei spielt es keine Rolle, ob die Ehegatten für das Verlust(entstehungs)jahr getrennt (§ 26a) oder zusammenveranlagt (§ 26b) worden sind (§ 62d Abs. 1 S. 1 EStDV).

Beispiel:

Ehegatten sind für VZ 03 zusammenveranlagt worden (§ 26b). Gemeinsamer Gesamtbetrag der Einkünfte Ehemann / 12 Mio. DM hiervon nicht ausgeglichener Verlust Ehefrau 1 Mio. DM. Der Ehemann kann auf die getrennte Veranlagung für 01 bzw. 02 10 Mio. DM zurücktragen. 2 Mio. DM Verlust verbleiben für den Verlustvortrag des Ehemanns. Die Ehefrau kann nur **ihren** Verlust von 1 Mio DM auf **ihre** getrennte Veranlagung für 01 bzw. 02 zurücktragen bzw. nach 04 ff. vortragen.

5.5 Abzugsbeträge nach § 10e bis § 10i, 52 Abs. 21 S. 4 bis 7 EStG, § 7 FördGG

Abzugsbeträge nach § 10e bis § 10i usw. stehen dem Ehegatten zu, der **Eigentümer** ist. Bei **Miteigentum** sind die Miteigentumsanteile maßgebend. Zur Nutzung eines häuslichen Arbeitszimmers in der Wohnung vgl. § 10e Abs. 1 Satz 6 (bei § 26a anzuwenden). Vgl. **H 174a**).

5.6 Haushaltsfreibetrag

Der **Haushaltsfreibetrag** von 5 616 DM (§ 32 Abs. 7) scheidet bei der getrennten Veranlagung (wie bei § 26b) aus.

5.7 Tarif

Bei der getrennten Veranlagung ist stets der Grundtarif anzuwenden (§ 32a Abs. 1, 4).

Die Steuerermäßigung nach § 34f (Kinderkomponente/„Baukindergeld" bei § 10e) wird den Ehegatten in dem Verhältnis gewährt, wie sie die Abzugsbeträge nach § 10e Abs. 1–5 in Anspruch nehmen (§ 26a Abs. 2 letzter S. und H 174a). Vgl. H174a (Steuerermäßigung nach § 34f)

6. Durchführung der besonderen Veranlagung (§ 26c EStG)

Die besondere Veranlagung dient dazu, um insbesondere bei der „Zusammenführung zweier Halbfamilien" im Jahr der Eheschließung Steuernachzahlungen zu vermeiden.

Die Zusammenveranlagung unter Anwendung des sogenannten **Splittingtarifs** ist i. d. R. die günstigste Besteuerungsform. Sie ist, auch wenn jeder Ehegatte eigene Einkünfte hat, i. d. R. günstiger, als wenn jeder Ehegatte mit seinen Einkünften wie ein Nichtverheirateter besteuert wird. Von diesem Grundsatz sind aber Ausnahmen denkbar. Wenn nämlich zwei **Nichtverheiratete mit Kindern** die Ehe eingehen (z. B. Geschiedene, Verwitwete) oder wenn es sich um Verwitwete ohne Kinder handelt, denen noch für das auf das Todesjahr des Ehegatten folgende Kalenderjahr das Verwitwetensplitting (§ 32a Abs. 6 Nr. 1) zusteht, können sich durch die **Zusammenveranlagung Nachteile** ergeben; die von dem Ehepaar insgesamt zu entrichtende Einkommensteuer kann dann höher sein als die Summe der Steuerbeträge, die die Ehegatten insgesamt zu entrichten hätten, wenn sie nach der Eheschließung noch wie Nichtverheiratete besteuert würden. Vgl. das Beispiel unter 6.6.

Die Ehegatten werden nach § 26c – auf gemeinsamen Antrag – **so behandelt, als seien sie unverheiratet** (§ 26c Abs. 1 S. 1). Die besondere Veranlagung entspricht im Ergebnis weitgehend der Einzelveranlagung. Das zu versteuernde Einkommen ist somit grds. nach den für Unverheiratete geltenden Vorschriften zu ermitteln. Die besondere Veranlagung muß von beiden Ehegatten beantragt werden (§ 26 Abs. 2 Satz 2). Jeder Ehegatte hat eine eigene Steuererklärung abzugeben (§ 25 Abs. 3 S. 3).

6.1 Ermittlung und Zurechnung der Einkünfte – Gesamtbetrag der Einkünfte

Die bei der **getrennten** Veranlagung geltenden Grundsätze hinsichtlich der Ermittlung und Zurechnung von Einkünften (§ 26a Abs. 1) gelten entsprechend (§ 26c Abs. 1 Satz 3); vgl. 5.1. Auch die Bestimmungen über die Anerkennung von Verträgen zwischen Ehegatten (insbesondere **R 19**) sind entsprechend anzuwenden; vgl. D. 7.

6.2 Ermittlung des Einkommens

Wie bei Einzelveranlagungen sind zu ermitteln
- die Sonderausgaben (§§ 10 bis 10e) und
- die außergewöhnlichen Belastungen (§§ 33 bis 33c).

Die für die getrennte Veranlagung von Ehegatten (§ 26a) geltenden Vorschriften über die Berücksichtigung von außergewöhnlichen Belastungen (vgl. § 26a Abs. 2) sind **nicht** entsprechend anwendbar.

Hieraus folgt ferner, daß bei der Veranlagung jedes Ehegatten nur die von ihm selbst geleisteten **Sonderausgaben** im Sinne der §§ 10 und 10b und Aufwendungen, für die eine Steuerermäßigung wegen **außergewöhnlicher Belastung** in Betracht kommt, berücksichtigt werden können. Von den Ehegatten gemeinsam getragene Aufwendungen, z. B. Krankheitskosten für ein Kind, sind jedem Ehegatten entsprechend seinem tatsächlichen Beitrag zuzurechnen.

Hierbei ist u. E. fraglich, ob von einem Ehegatten lediglich im Innenverhältnis getragene Leistungen des anderen Ehegatten letzterem zuzurechnen sind.

Bei der Berücksichtigung außergewöhnlicher Belastungen i. S. des § 33 ist die zumutbare Belastung anzusetzen, die sich nach § 33 Abs. 3 für den betreffenden Ehegatten ergibt.

Wie bei der getrennten und der Zusammenveranlagung ist ein Abzug von **Kinderbetreuungskosten** bis zum Zeitpunkt der Eheschließung möglich. Die Vorschrift § 33c Abs. 2, die festlegt, welche Personen als Alleinstehende den Abzug von Kinderbetreuungskosten nach § 33c beanspruchen können, bleibt nach § 26c Abs. 1 Satz 2 unberührt.

Die Berücksichtigung von Kinderbetreuungskosten ist davon abhängig, daß es sich um einen Alleinstehenden im Wortsinn handelt. Die besondere Veranlagung soll nach der Begründung des Gesetzentwurfs **nicht** dazu führen, daß die Ehegatten im Heiratsjahr auch für die Zeit vom Tag der Eheschließung an Anspruch auf einen Kinderbetreuungskostenabzug wie Alleinstehende haben.

Beispiel:

Frau A, bisher alleinstehend mit einem Kind, hat am 5.8.01 geheiratet. In 01 sind ihr monatlich 500 DM Kinderbetreuungskosten entstanden (auch nach Eheschließung).

Frau A gilt ab 5.8.01 als nicht mehr alleinstehend.

Die Kinderbetreuungskosten vom 1.1. bis 31.8.01 von 4000 DM können nur – nach Abzug der zumutbaren Belastung (§ 33 Abs. 3) – in Höhe des anteiligen Höchstbetrags von 8/12 von 4000 = 2666 DM berücksichtigt werden.

Für die Zeit nach der Eheschließung haben Ehegatten bei der besonderen Veranlagung Anspruch auf Abzug von Kinderbetreuungskosten nach Ehegatten-Grundsätzen gemäß § 33c Abs. 5 wegen Krankheit oder Behinderung. Hiergegen spricht nach Auffassung der FinVerw **nicht** § 26c Abs. 1 Satz 1 (Grundsatz der Behandlung der Ehegatten als Unverheiratete).

Bei der besonderen Veranlagung ist nach § 26c Abs. 1 Satz 2 das Abzugsverbot des § 12 Nr. 2 zu beachten; vgl. R 123.

Es handelt sich um eine Klarstellung, daß auch bei § 26c **Zuwendungen** an eine gegenüber dem Steuerpflichtigen gesetzlich unterhaltsberechtigte Person oder an deren Ehegatten grundsätzlich nicht abzugsfähig sind.

Denn durch die Fiktion des § 26c Abs. 1 Satz 1 sind die nach bürgerlichem Recht bestehenden Unterhaltsberechtigungen Dritter nicht berührt. Es soll aber der Grundsatz des § 12 Nr. 2 bei § 26c nicht durchbrochen werden.

Das bedeutet z.B., daß der eine Ehegatte Unterhaltsleistungen an den anderen Ehegatten oder etwa dessen Eltern nicht als Sonderausgaben gemäß § 10 Abs. 1 Nr. 1a abziehen kann.

Auch eine Berücksichtigung nach § 33a scheidet aus.

Heiraten jedoch geschiedene Ehegatten wieder, müßte ein Abzug der Unterhaltsleistungen nach § 10 Abs. 1 Nr. 1 im Rahmen des Höchstbetrags von 27000 DM möglich sein, und zwar nur für die Leistungen bis zur Eheschließung.

Beispiel:

Die seit dem Jahre 05 geschiedenen Ehegatten heiraten am 15.7.08 wieder.

Bis zur Wiederheirat hat der geschiedene Ehemann gerichtlich festgelegte Unterhaltszahlungen von 7 x 1500 DM = 10500 DM geleistet.

Es ist zwar kein Abzug als Sonderausgabe nach § 10 Abs. 1 Nr. 1a und keine Steuerermäßigung nach § 33a Abs. 1 möglich, jedoch ein Sonderausgabenabzug nach § 10 Abs. 1 Nr. 1 mit dem Höchstbetrag von 27000 DM; Abzug in Höhe von 10500 DM.

Bei der Anwendung des § **10d** sind die Ehegatten wie Unverheiratete zu behandeln.

6.3 Zu versteuerndes Einkommen

a) Grundsätze

Das zu versteuernde Einkommen ist grds. wie bei Einzelveranlagung zu ermitteln.

Dies bedeutet insbesondere, daß ein Ehegatte (oder beide) den **Haushaltsfreibetrag** (§ 32 Abs. 7) erhalten, falls ihnen jeweils ein Kinderfreibetrag (§ 32 Abs. 6) zusteht und das Kind bei dem jeweiligen Elternteil gemeldet ist.

Beispiel:

Ein verwitweter Stpfl., dessen Ehefrau in 01 verstorben ist, mit einem Kind, heiratet in 03 eine Geschiedene mit einem Kind, das bei ihrem geschiedenen Ehemann gemeldet ist. Werden die beiden Ehegatten wie Nichtverheiratete nach § 26c besteuert, so erhalten sie u. a. folgende tarifliche Freibeträge

Freibeträge	Ehemann	Ehefrau
Haushaltsfreibetrag	–	–
Kinderfreibetrag (falls nicht Kindergeld günstiger)	6 264 DM	3 132 DM

Die Ehefrau kann trotz § 26c und Kinderfreibetrag **keinen** Haushaltsfreibetrag erhalten, da das Kind nicht bei ihr gemeldet ist. Der Ehemann erhält **keinen** Haushaltsfreibetrag, da bei ihm für den VZ 02 der Splittingtarif nach § 32a Abs. 6 Nr. 1 anzuwenden ist.

b) Einschränkungen beim Haushaltsfreibetrag (§ 26c Abs. 3 EStG)

Für die Gewährung des Haushaltsfreibetrags bleiben nach § 26c Abs. 3 Kinder unberücksichtigt, wenn das Kindschaftsverhältnis erst nach der Eheschließung begründet worden ist, d. h. wenn ein Kind nach der Eheschließung ehelich geboren, von beiden Ehegatten adoptiert oder Pflegekind beider Ehegatten geworden ist. Diese Regelung beruht auf der Erwägung, daß die Wahl der besonderen Veranlagung nach § 26c nicht zu einer ungerechtfertigten Vergünstigung führen darf. Das wäre aber der Fall, wenn die Voraussetzungen für die Gewährung des Haushaltsfreibetrags erst als Folge einer Eheschließung eintreten würden.

Beispiel:

Herr A und Frau B heiraten am 2.1.04. Am 27.12.04 wird Frau B von einem gemeinsamen (ehelichen) Kind entbunden.

Falls A und B einen Antrag nach § 26c stellen, kann **keinem** von ihnen der Haushaltsfreibetrag gewährt werden.

6.4 Tarif

Es ist der Grundtarif anzuwenden (§ 32a Abs. 1 und 4). Unter den Voraussetzungen des § 32a Abs. 6 **Nr. 1** ist das Verwitweten-Splitting zu gewähren (§ 26c Abs. 2). Hierin liegt ein wesentlicher Vorteil gegenüber der getrennten Veranlagung.

Beispiel:

A ist sei dem VZ 05 verwitwet. Die Voraussetzungen des § 26 Abs. 1 lagen im Todeszeitpunkt der (ersten) Ehefrau vor. In 06 heiratet A wieder.

Beantragen A und seine zweite Ehefrau für den VZ der Eheschließung (05) die besondere Veranlagung, erhält A den Splittingtarif gem. § 32a Abs. 6 Nr. 1 und seine zweite Ehefrau den Grundtarif. War diese ebenfalls seit dem Vorjahr (VZ 04) verwitwet, erhält auch sie den Splittingtarif i. S. des § 32a Abs. 6 Nr. 1.

Dagegen sieht § 26c Abs. 2 **keine** entsprechende Anwendung der Vorschrift des § 32a Abs. 6 **Nr. 2** vor. Dem steht der Wortlaut des § 32a Abs. 6 letzter Satz nur scheinbar entgegen.

Beispiel:

Der Stpfl. M, war zu Beginn des Veranlagungszeitraums in erster Ehe verheiratet mit F 1 und ist nach Scheidung eine zweite Ehe mit F 2 eingegangen. Der wiederverheiratete Steuerpflichtige wird bei der besonderen Veranlagung nach § 26c mit F 2 **nicht** nach dem Splitting-Verfahren besteuert.

6.5 Vergleichendes Beispiel

Der seit 01 verwitwete Stpfl. M mit einem ehelichen Kind unter 18 Jahren heiratet in 02 die ebenfalls seit 01 verwitwete F mit ebenfalls einem Kind unter 18 Jahre aus ihrer früheren Ehe. Beide Ehegatten sind unter 64 Jahre alt. Die Günstigerprüfung nach § 31 Satz 4 führt zum Abzug von 2 Kinderfreibeträgen.

Sie haben in 02 erzielt **VZ 1996**

– M: Einkünfte aus § 18   200 000 DM
– F: Einkünfte aus § 18   52 160 DM

Die Ehegatten machen keine Sonderausgaben und außergewöhnlichen Belastungen geltend.

a) Zusammenveranlagung (§ 26b)

Summe/Gesamtbetrag der Einkünfte	252 160 DM
− Sonderausgaben (§ 10c Abs. 1)	216 DM
Einkommen	251 944 DM
Kinderfreibeträge § 32 Abs. 6 Satz 3: 2 x 12 528 =	− 6 264 DM
Haushaltfreibetrag	−
zu versteuerndes Einkommen	240 416 DM
ESt Splittingtabelle 1996	81 732 DM

b) Getrennte Veranlagung (§ 26a)

	M		F
§ 18	200 000 DM	§ 18	52 160 DM
./. Sonderausgaben	108 DM		108 DM
Einkommen	199 892 DM		52 052 DM
− Kinderfreibeträge je (§ 32 Abs. 6 S. 3 Nr.1)	− 6 264 DM		− 6 264 DM
− Haushaltsfreibetrag	−		−
Zu verst. Einkommen	193 628 DM		45 788 DM
ESt lt. **Grund**tabelle 1996	79 759 DM		9 676 DM
ESt gesamt		89 435 DM	

c) Besondere Veranlagung (§ 26c)

	M	F
Einkommen (wie bei getrennter Veranlagung)	199 892 DM	52 052 DM
Kinderfreibetrag: § 32 Abs. 6 Satz 3	6 264 DM	6 264 DM
Haushaltsfreibetrag § 32 Abs. 7	−	−
zu verst. Einkommen	193 628 DM	45 788 DM
ESt **Splitting**tabelle 1996	58 528 DM	5 796 DM
	64 324 DM	

Ergebnis: Im vorliegenden Falle ist die besondere Veranlagung (mit Abstand) am günstigsten. Der Vorteil gegenüber der Zusammenveranlagung beträgt 81 732 DM ./. 64 324 DM = 17 408 DM.

7. Zurechnung der Einkünfte bei Ehegatten, Verträge zwischen Ehegatten

7.1 Allgemeines, Einkommensteuerliche Auswirkungen von Ehegattenverträgen

Bei allen für Ehegatten in Betracht kommenden Veranlagungsarten sind die Einkünfte für jeden Ehegatten getrennt zu ermitteln. Hierfür muß die Frage geklärt werden, welchem Ehegatten die Einkünfte jeweils zuzurechnen sind.

Nach § 26a Abs. 1 Satz 2 sind Einkünfte zum Teil nicht schon deswegen dem anderen Ehegatten zuzurechnen, weil dieser auf „familiärer" Basis bei der Erzielung der Einkünfte **„mitgewirkt"** hat. Er muß vielmehr Einkünfte kraft eigenen Rechts tatsächlich bezogen haben.

> **Beispiel:**
> Die Ehefrau arbeitet **unentgeltlich** im Gewerbebetrieb des Ehemannes mit. Die Eheleute leben im gesetzlichen Güterstand (Zugewinngemeinschaft). Der Gewinn aus Gewerbebetrieb ist nur dem Ehemann zuzurechnen. Es liegen weder ein Arbeitsverhältnis i. S. des § 19 noch Mitunternehmerschaft i. S. des § 15 Abs. 1 Nr. 2 vor.

Ehegatten, die nicht dauernd getrennt leben, führen in aller Regel eine Lebens- und Wirtschaftsgemeinschaft mit gleichlaufenden Interessen. Sofern ein Ehegatte selbständig erwerbstätig ist, ist der andere Ehegatte nach § 1360 BGB sogar verpflichtet, mitzuarbeiten, soweit das nach den Verhältnissen, in denen die Ehegatten leben, üblich ist. Da auf diese Mitarbeit ein gesetzlicher Anspruch besteht und das Gesetz eine Gegenleistung nicht vorsieht, hat diese grundsätzlich unentgeltlich zu erfolgen. Auf eine solche umentgeltliche Mitarbeit des anderen Ehegatten zielt die Vorschrift des § 26a Abs. 1 S. 2 ab. Nach § 1360 BGB sind die Ehegatten einander verpflichtet, durch ihre Arbeit und mit ihrem Vermögen die Familien angemessen zu unterhalten. Ist jedoch einem Ehegatten die Haushaltsführung überlassen, so erfüllt er seine Verpflichtung, durch Arbeit zum Unterhalt der Familie beizutragen, in der Regel durch die Führung des Haushalts. Aus dieser Verpflichtung, gemeinsam zum Unterhalt beizutragen, kann sich auch eine Verpflichtung zur Mitarbeit im Gewerbebetrieb des anderen Ehegatten ergeben.

Die steuerliche Anerkennung von Verträgen zwischen Ehegatten wird durch die Vorschrift des § 26a Abs. 1 Satz 2 **nicht** ausgeschlossen. Diese Bestimmung ist somit nicht anzuwenden, wenn die Mitarbeit eines Ehegatten auf einem steuerlich anzuerkennenden Vertrag beruht. Dieser stellt dann die rechtliche Grundlage für die Zurechnung der Einkünfte dar.

Die Zurechnung der Einkünfte von Ehegatten unterliegt grundsätzlich der Beurteilung nach den allgemeinen steuerlichen Vorschriften. Es ist aber zu beachten, daß die Eheleute durch Verträge miteinander die Zurechnung von Einkünften im Sinne der Verlagerung von Einkünften beeinflussen können.

Der klassische Fall ist der **Ehegatten-Arbeitsvertrag**. Hierdurch kann der Ehegatte, der Inhaber eines Gewerbebetriebes ist, einen Teil der Einkünfte auf den anderen Ehegatten übertragen.

Einkommensteuerliche Auswirkungen ergeben sich sowohl bei der getrennten Veranlagung (§ 26a) als auch bei der Zusammenveranlagung von Ehegatten (§ 26b).

Bei der getrennten Veranlagung von Ehegatten kann der **Vorteil** insbesondere in der **Progressionsmilderung** liegen, weil jedem Ehegatten die von ihm bezogenen Einkünfte zuzurechnen sind (keine Zusammenrechnung).

Einkommensteuerliche Auswirkungen ergeben sich aber auch bei der Zusammenveranlagung von Ehegatten, obwohl die getrennt ermittelten Einkünfte der Ehegatten zu einem gemeinsamen Gesamtbetrag der Einkünfte zusammengefaßt werden.

Beispiele:
1. **Zahlung von Arbeitslohn aufgrund eines Ehegattenarbeitsvertrages**
   Auswirkungen:
   - **Arbeitgeber-Ehegatte**
     Der Arbeitslohn ist in voller Höhe Betriebsausgabe, dadurch tritt eine Minderung der Gewinneinkünfte ein.
     Zusätzlicher Aufwand entsteht durch die **Arbeitgeber-Anteile zur gesetzlichen Sozialversicherung**, die beim Arbeitnehmer-Ehegatten dagegen steuerfrei gemäß § 3 Nr. 62 sind.
   - **Arbeitnehmer-Ehegatte**
     Der Arbeitslohn ist Einnahme aus § 19. Dieser ist zu mindern um den
     Arbeitnehmerpauschbetrag (§ 9a Nr. 1a) 2 000 DM

Außerdem steht die **Vorsorgepauschale** (§ 10c Abs. 2) zu.

Ggf. ist dem Arbeitnehmer-Ehegatten der **Altersentlastungsbetrag** (§ 24a) zu gewähren, da er nunmehr über eine entsprechende Bemessungsgrundlage verfügt.

Ein weiterer Vorteil kann in einer Pauschalierung der LSt nach §§ 40a, 40b liegen.

Grundfall

a) Gewinn aus Gewerbebetrieb des Ehemanns ohne Arbeitsvertrag
   mit Ehefrau 200 000 DM
   Es liegen keine weiteren Einkünfte vor.
   Die kinderlosen Eheleute (unter 64 Jahre) machen keine Sonderausgaben geltend.
   Zusammenveranlagung der Eheleute
   Einkünfte aus § 15

= Summe und Gesamtbetrag der Einkünfte	200 000 DM
./. Sonderausgaben-Pauschbetrag (§ 10c Abs. 1 und 4)	216 DM
Einkommen und zu verst. Einkommen	199 784 DM
ESt lt. Splittingtabelle 1996	61 384 DM

b) Durch Abschluß und Durchführung eines steuerlich anzuerkennenden Arbeitsvertrags ergibt sich bei einem (angenommenen) Bruttoarbeitslohn von 36 000 DM, gesetzlichen Arbeitgeberanteilen und einer einbehaltenen Kirchenlohnsteuer in Höhe des Sonderausgaben-Pauschbetrag von 216 DM:

Zusammenveranlagung mit Abschluß eines Arbeitsvertrages

1. Einkünfte aus § 15

vorläufiger Gewinn	200 000 DM	
∕. Bruttogehalt	∕. 36 000 DM	
∕. Arbeitgeberanteile	∕. 5 400 DM	
+ Minderung der GewSt-Rückstellung		
(angenommen 15% von 36 000 DM + 5 400 DM =) rd.	∕. 6 210 DM	164 810 DM

2. Einkünfte aus § 19

Stpfl. Bruttoarbeitslohn	36 000 DM	
∕. § 9a Nr. 1a	2 000 DM	34 000 DM
Summe und Gesamtbetrag der Einkünfte		198 810 DM
∕. § 10c Abs. 1 (SA = Pauschbetrag)		∕. 216 DM
∕. Vorsorgepauschale (§ 10c Abs. 2 und 4):		
20% von 36 000 DM =		∕. 7 200 DM
Einkommen und zu versteuerndes Einkommen		191 394 DM
ESt lt. Splittingtabelle 1996		57 536 DM
ESt-Ersparnis 61 384 DM ∕. 57 536 DM =		3 848 DM
+ GewSt-Ersparnis (s. o.) ca.		6 210 DM
gesamte Steuerersparnis		10 058 DM

Das Beispiel zeigt, daß die Verteilung der Einkünfte durch Ehegattenverträge dazu führen kann, daß das zu versteuernde Einkommen der Ehegatten und die von ihnen geschuldete Einkommensteuer geringer als ohne Abschluß der Verträge werden. Außerdem ergibt sich eine GewSt-Ersparnis.

2. **Zinsen aufgrund eines Darlehnsvertrages**

– **Darlehnsnehmer-Ehegatte**
  Zinsen sind in voller Höhe Betriebsausgaben oder Werbungskosten. Hierdurch tritt eine Minderung der entsprechenden Einkünfte ein.

– **Darlehnsgeber-Ehegatte**
  Dieser hat Einnahmen aus § 20 Abs. 1 Nr. 7. Hiervon sind abzuziehen

  1. ∕. Werbungskostenpauschbetrag (§ 9a Nr. 1b)   200 DM
  2. ∕. Sparerfreibetrag (§ 20 Abs. 4)   6 000/12 000 DM

Weiterhin ergeben sich im Falle eines Gewerbebetriebes auch **gewerbesteuerliche** Auswirkungen durch Minderung des Gewerbeertrages, insbesondere bei Zahlung von Arbeitslohn an einen Arbeitnehmer-Ehegatten.

Bei Darlehnsverträgen wird der Vorteil ggf. abgeschwächt durch hälftige Hinzurechnung des Zinsaufwands als sogenannte „Dauerschuldzinsen" (§ 8 Nr. 1 GewStG).

Die wichtigsten Vertragsarten sind

– Arbeitsverträge (§ 611 BGB); vgl. R 19 Abs. 1–3.
– Darlehnsverträge (§ 607 BGB) ggf. nach vorausgegangener Schenkung der Mittel; vgl. BFH, BStBl 1991 II 291; BStBl 1991 II 391; BStBl 1991 II 911; BStBl 1991 II 838; BStBl 1992 II 468; R 19, vgl. hierzu BMF-Schr. vom 1. 12. 1992, BStBl 1992 I 729 und vom 25. 5. 1993, BStBl I 410; S. auch unter 8.3.
– Miet- und Pachtverträge (§§ 535 und 581 BGB)
– unentgeltliche Nutzungsüberlassung
– Gesellschaftsverträge (Personengesellschaften und Kapitalgesellschaften)
– stille Gesellschaft (§ 230 ff. HGB) (vgl. BFH, BStBl 1990 II 10 und 68) oder auch
– Nießbrauch (§ 1030 BGB).

Ernstgemeinte und durchgeführte Verträge zwischen Ehegatten lösen demnach die gleichen steuerlichen Folgen aus, wie Verträge gleicher Art zwischen Fremden.

Vgl. im übrigen R 19 Abs. 1 und nachfolgend 7.2.

Auf Verträge mit **anderen Angehörigen** sind die Grundsätze bei Ehegattenverträgen **nicht ohne weiteres** übertragbar; vgl. BFH, BStBl 1983 II 173, BFH/NV 1986, 148 und 452 – trotzdem weitgehende Übereinstimmung der Anerkennungsgrundsätze. Wegen der Abgrenzung zu familienrechtlich geschuldeten Diensten haushaltszugehöriger Kinder (§ 1619 BGB) vgl. BFH, BStBl 1988 II 877 und 1989 II 281, R 19 Abs. 3 und unten 7.3.9.

Auch ein **Berufsausbildungsvertrag** (vgl. §§ 3, 5 BBiG) kann einen steuerrechtlich anzuerkennenden Arbeitsvertrag darstellen. Auch hierbei ist der betriebsinterne Fremdvergleich maßgebend (BFH, BStBl 1987 II 121).

7.2 Allgemeine Voraussetzungen zur Anerkennung von Ehegattenverträgen

7.2.1 Ernsthafte Vereinbarung und tatsächliche Durchführung

Vereinbarungen zwischen Ehegatten kann nicht ohne weiteres dieselbe Bedeutung wie Verträgen zwischen Fremden beigemessen werden. Eine steuerliche Anerkennung der Verträge zwischen Ehegatten setzt voraus, daß sie **ernsthaft vereinbart** und tatsächlich **durchgeführt** werden (folgt aus §§ 41, 42 AO; R 19 Abs. 1).

Bei Verträgen zwischen Ehegatten ist die Gefahr des Mißbrauchs und des Vortäuschens nicht ernstgemeinter Vereinbarungen größer als bei anderen Stpfl. Daher haben Rechtsprechung und Verwaltung (R 19 Abs. 1) besonders **strenge Anforderungen** an den Nachweis der Ernsthaftigkeit dieser Verträge gestellt. Darin ist kein Verstoß gegen den Gleichheitsgrundsatz (Art. 3 Abs. 1 GG) und den des Schutzes von Ehe und Familie durch die staatliche Ordnung (Art. 6 Abs. 1 GG) zu erblicken (BVerfG, BStBl 1959 I 204 und HFR 1985, 283).

Ein wichtiges Kriterium ist es, ob ein solcher Vertrag auch zwischen Fremden abgeschlossen würde (BFH, BStBl 1982 II 119 und BStBl 1986 II 48). Da die Möglichkeit einer – freiwilligen – Mitarbeit auf familiärer Basis besteht, müssen die Ehegatten klare und eindeutige vertragliche Abmachungen treffen. Ein stillschweigender Vertragsabschluß ist deshalb nur in Ausnahmefällen anzuerkennen (BFH, BStBl 1962 III 217 und 218). Ein stillschweigend abgeschlossener Vertrag liegt vor, wenn aus den Umständen und Handlungen der Parteien auf deren Vertragswillen geschlossen werden kann, ohne daß sie ihren Willen ausdrücklich und wörtlich erklärt haben. Nach bürgerlichem Recht können grundsätzlich alle Verträge – ausgenommen die Fälle, in denen Formvorschriften bestehen – stillschweigend abgeschlossen werden. Dies ist jedoch steuerlich nicht ohne weiteres zu beachten. Er dürfte im übrigen nur bei Dienstverträgen aktuell werden (§ 612 BGB).

Stillschweigend ist allerdings nicht gleichbedeutend mit mündlich. Mündliche Vertragsabmachungen sind gebräuchlich und, wenn die Schriftform nicht gesetzlich vorgeschrieben ist, zulässig. In den Fällen, in denen mündliche Verträge zwischen Fremden üblich sind, bestehen keine Bedenken, wenn auch die Ehegatten ihre Rechtsbeziehungen wirtschaftlicher Art durch mündliche Verträge regeln. In diesen Fällen kommt aber der tatsächlichen Gestaltung der Verhältnisse eine erhöhte Bedeutung zu.

Gegen die Ernsthaftigkeit eines Ehegattenvertrages spricht dessen **Nichtigkeit wegen Formmangels** (§ 125 BGB). In einem solchen Falle kann § 41 Abs. 1 Satz 1 AO, wonach der Formmangel solange ohne Bedeutung ist, wie die Beteiligten das wirtschaftliche Ergebnis des Vertrages tatsächlich herbeiführen, i. d. R. **nicht** angewandt werden. Denn hier geht es um die Frage, ob die Eheleute den Vertrag ernsthaft wollen. Dies kann schon aus dem Fehlen der gesetzlich vorgeschriebenen Form verneint werden.

Einer bestimmten Form (z. B. notarielle Beurkundung, Schriftform) bedürfen die Verträge nur, wenn diese nach bürgerlichem Recht vorgeschrieben ist.

Beispiel:
Die steuerliche Wirksamkeit eines Gesellschaftsvertrages, bei dem ein Ehegatte ein Grundstück in die Gesellschaft einbringt, ist in der Regel nur gegeben, wenn er notariell beurkundet ist (§ 313 BGB).

Für die meisten Verträge zwischen Ehegatten verlangt das bürgerliche Recht keine bestimmte Form.

Bei stillen Gesellschaften hält der BFH einen schriftlichen Gesellschaftsvertrag für erforderlich (BStBl 1951 III 223). Ist die Ernsthaftigkeit des Ehegattenvertrages zu verneinen, so kann der Vertrag steuerlich bereits dem **Grunde** nach nicht anerkannt werden. Die vereinbarte Verteilung der Einkünfte bleibt bei der Veranlagung der Eheleute unberücksichtigt. Es ist so zu tun, als bestünde überhaupt kein Vertrag.

Hiervon ist der Fall begrifflich zu unterscheiden, daß Ernsthaftigkeit der Vereinbarung und tatsächliche Durchführung zu bejahen sind, vielmehr lediglich eine vereinbarte Vergütung unangemessen hoch ist.

In letzterem Fall ist der Vertrag dem Grunde nach anzuerkennen. Lediglich der überhöhte Teil der Vergütung ist steuerlich unbeachtlich.

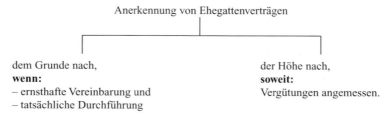

Tatsächliche Durchführung der Verträge bedeutet:

Die Eheleute müssen die Verträge tatsächlich so durchführen, wie sie zwischen ihnen vereinbart worden sind.

7.2.2 Klare und eindeutige Regelungen, Rückwirkungsverbot

Vereinbarungen mit **rückwirkender** Kraft sind – abgesehen von vereinzelten Billigkeitsmaßnahmen der Fin-Verw. – steuerlich unbeachtlich. Die Rechtsgestaltung hat im voraus klar und eindeutig zu erfolgen (BFH, BStBl 1989 II 281). Jeder Zweifel über die wesentlichen Bestandteile des Vertrags muß ausgeschlossen sein (BFH, BStBl 1962 III 217, 218), insbesondere über die Höhe der vertraglichen Vergütungen.

Beispiel:

Der Gewerbetreibende A hat am 1.7.05 mit seiner Ehefrau einen Arbeitsvertrag geschlossen, der rückwirkend vom 1.1.05 gelten soll.

Frau A hat tatsächlich bereits seit dem Jahre 03 im Betrieb 03 im Betrieb ihres Mannes mitgearbeitet. Ein Gehalt war aber bisher weder vereinbart nach gezahlt worden.

Für die Zeit vom 1.1.05–30.6.05 erhält Frau A eine Gehaltsnachzahlung von 6 x 2 000 DM = 12 000 DM (unstreitig angemessen) im Juli 05. Infolge des Rückwirkungsverbots ist der Arbeitsvertrag erst mit Wirkung vom 1.7.05 anzuerkennen. Die Nachzahlung ist steuerlich irrelevant (weder BA beim Ehemann A noch Arbeitslohn bei der Ehefrau), sondern nichtabziehbare Zuwendung i. S. des § 12 Nr. 2. **Nachträgliche Abfindungszahlungen** können aber anzuerkennen sein (BFH, BStBl 1985 II 327).

Nicht anzuerkennen sind Verträge, bei denen die tatsächliche Gestaltung der Verhältnisse von den getroffenen Vereinbarungen abweicht.

Kein Verstoß gegen das Rückwirkungsverbot liegt vor, wenn Ehegatten in einer schriftlichen Abmachung bestätigen, was früher schon zwischen ihnen ernsthaft mündlich – auch stillschweigend – vereinbart und tatsächlich durchgeführt worden ist (BFH, BStBl 1961 III 94). In diesen Fällen sind die Verträge von ihrem mündlichen oder stillschweigenden Zustandekommen an steuerlich wirksam.

Verträge vor Eingehung der Ehe

Der Abschluß eines Vertrags **vor** der Ehe ist ein gewichtiges Indiz für die Ernsthaftigkeit. Im übrigen gelten jedoch für die Zeit des Bestehens der Ehe m.E. dieselben Beurteilungskriterien wie bei während der Ehe geschlossenen Verträgen.

Somit ist ein vor der Ehe geschlossener Arbeitsvertrag unter Ehegatten steuerlich i. d. R. anzuerkennen, wenn er nach der Eheschließung in gleicher Form praktiziert wird wie zuvor.

Dies hat besondere Bedeutung, wenn Teile des Gehalts wie bereits vor der Eheschließung nicht sofort ausgezahlt werden (BFH, BStBl 1967 III 22).

Die steuerliche Anerkennung von Verträgen zwischen **Verlobten** und zwischen **geschiedenen** Ehegatten richtet sich nach den für nahe Angehörige (§ 15 AO) maßgebenden Grundsätzen. Diese entsprechen weitgehend den Grundsätzen für Verträge zwischen Ehegatten. Ebenso sind u. E. Verträge zwischen dauernd getrennt lebenden Ehegatten zu beurteilen.

Die für Ehegatten zu beachtenden Grundsätze gelten **nicht** für Verträge zwischen Partnern einer **nichtehelichen Lebensgemeinschaft** (BFH, BStBl 1988 II 670).

7.3 Arbeitsverträge

Der Arbeitsvertrag zwischen dem Unternehmer-Ehegatten und dem Arbeitnehmer-Ehegatten ist der in der Praxis am häufigsten anzutreffende Vertragstyp. Er bringt den Ehegatten in aller Regel auch die größeren steuerlichen Vorteile. Vgl. im einzelnen unter 7.1 (Grundfall).

Das BVerfG hat mit Beschlüssen (BStBl 1962 III 492 und 506) klargestellt, daß Arbeitsverträge zwischen Ehegatten grundsätzlich steuerlich anerkannt werden können.

Die wichtigsten Voraussetzungen (Ausschluß der allgemeinen Grundsätze) für die steuerliche Anerkennung sind:

Das Arbeitsverhältnis muß **ernsthaft vereinbart und tatsächlich durchgeführt** werden. Es können strengere Anforderungen gestellt werden als bei Verträgen zwischen fremden Personen (BFH, BStBl 1958 III 445 und BVerfG, BStBl 1959 III 204). Vertragsgestaltung und Durchführung sind daraufhin zu überprüfen, ob sie auch zwischen Fremden üblich wären (z.B. BFH, BStBl 1980 II 350, 1982 II 119 und BStBl 1986 II 48).

a) **Form des Arbeitsvertrags**

Anzuerkennen ist ein schriftlicher wie auch ein mündlicher Arbeitsvertrag (BFH, BStBl 1955 III 102). In Ausnahmefällen genügt u. E. auch ein stillschweigender Vertragsabschluß; vgl. hierzu unter 7.2.

b) Bereits arbeitsrechtlich ist eine schriftliche Vereinbarung nicht erforderlich, da keine Formvorschriften hierfür vorgesehen sind. Die arbeitsrechtliche Anerkennung eines Arbeitsverhältnisses hat aber nicht notwendigerweise die steuerliche Anerkennung zur Folge, FG Schleswig-Holstein vom 28.10.1981, EFG 1982, 236. Da jedoch zwischen Ehegatten Interessenkonflikte weitgehend ausgeschaltet sind, **wird man zum Nachweis der Abmachungen die Schriftform empfehlen müssen.**

7.3.1 Inhalt des Arbeitsvertrags

Der Inhalt des Vertrages muß **eindeutig** sein. Die zu erbringende Arbeitsleistung und die entsprechende Arbeitsvergütung sind notwendige Vertragsbestandteile (vgl. § 611 BGB; BFH, BStBl 1956 III 288 und 1962 III 383).

Die einzelnen Vertragsbedingungen **sollten** mithin **schriftlich vollständig** niedergelegt werden. Vertragslücken können nicht durch mündliche Nebenabreden und tatsächlichen Vollzug ausgefüllt werden.

Der schriftliche Arbeitsvertrag sollte daher Bestimmungen über Arbeitszeit, Urlaubsanspruch, Kündigung usw., Gehalt, Überstundenvergütungen, sonstige Nebenleistungen, wie Weihnachts- und Urlaubsgeld, Geburtshilfen, Art der Auszahlung, enthalten. Der Steuerpflichtige kann sich nicht darauf berufen, daß diese Vorteile den übrigen Arbeitnehmern auch gewährt werden. Bei Ehegatten und Angehörigen muß grundsätzlich eine ausdrückliche Vereinbarung vorliegen. U.E ist es für die formelle Wirksamkeit aber ausreichend, wenn im Arbeitsvertrag auf den Tarifvertrag Bezug genommen und das Ehegattenarbeitsverhältnis auch diesem „unterstellt" wird.

Aus dem Vorgenannten folgt für die Praxis, daß zwischen **Ehegatten in der Regel nur schriftliche Abmachungen anerkannt** werden, da ohne Schriftform ein Nachweis der Ernsthaftigkeit der getroffenen Vereinbarungen (insbesondere bei Besonderheiten wie darlehnsweisen Rückfluß, Zukunftssicherungsleistungen o.ä.) nicht gelingen dürfte.

7.3.2 Ernsthaftigkeit

Grds. kann der Stpfl. die Höhe seiner BA selbst bestimmen. U.E ist die Ernsthaftigkeit daher ebenfalls erfüllt, wenn der Unternehmer bei Nichtbeschäftigung seines Ehegatten auf die Einstellung eines Fremden verzichten und die Arbeit selbst übernehmen würde. Es kommt somit letztlich allein darauf an, ob der Arbeitnehmer-Ehegatte die Arbeitsleistung tatsächlich erbringt, die der Unternehmer-Ehegatte von einem Fremden verlangen würde, wenn dieser im Betrieb angestellt wäre.

Der Arbeitnehmer-Ehegatte muß also nicht konkret eine fremde Arbeitskraft ersetzen.

Die **Angemessenheit** der Vergütung berührt grds. **nicht** die Anerkennung des Arbeitsvertrages dem Grunde nach.

Der Anerkennung eines Arbeitsverhältnisses zwischen Ehegatten steht es nicht entgegen, daß der vereinbarte Arbeitslohn **unüblich niedrig** ist, es sei denn, der Arbeitslohn ist so niedrig bemessen, daß er schlechterdings nicht mehr eine Gegenleistung für eine begrenzte Tätigkeit des Arbeitnehmer-Ehegatten sein kann und deshalb angenommen werden muß, die Ehegatten wollten sich nicht binden (BFH, BStBl 1984 II 60).

Die Eheleute können nicht nur entscheiden, ob, sondern auch in welchem Umfang die Mitarbeit auf familienrechtlicher oder arbeitsvertraglicher Grundlage geleistet werden soll. Dabei ist auch ein **teilentgeltliches** Rechtsgeschäft denkbar. Geht aus dem Willen der Vertragschließenden hervor, daß Arbeitsleistungen bis zum Wert des Lohns entgeltlich, darüber hinaus unentgeltlich zu erbringen waren, liegt eine eindeutige Abgrenzung ihrer Einkommens- und Vermögenssphäre vor. Bei voller Mitarbeit im Betrieb muß aber die Arbeitsentgelt-Grenze für versicherungsfreie Nebentätigkeiten überschritten sein.

Die **Höhe der Vergütung** muß vertraglich im voraus genau festgelegt sein. Diese Voraussetzung ist auch erfüllt, wenn die Höhe des Gehalts sich nach einem bestimmten Prozentsatz des Umsatzes oder des Gewinns richtet (sofern auch ein fremder Arbeitnehmer für die geleistete Arbeit in derselben Form entlohnt worden wäre). Zu Tantiemevereinbarungen zwischen Ehegatten vgl. FG Hbg., EFG 1986, 218. Die Möglichkeit nachträglicher Gewinnverlagerungen muß ausgeschlossen sein (BFH, BStBl 1986 II 250).

Eine Vereinbarung, durch die sich Ehegatten, die beide einen Gewerbebetrieb unterhalten, gegenseitig zur vollen Mitarbeit im Betrieb des anderen Ehegatten verpflichtet (= **wechselseitiger** Arbeitsvertrag), ist steuerlich grds. nicht anzuerkennen (BFH, BStBl 1969 II 315), da sie nicht durchführbar ist.

Dagegen können **wechselseitige Teilzeit-Arbeitsverträge** anerkannt werden, wenn sie insgesamt einem Fremdvergleich standhalten (BFH, BStBl 1989 II 354).

Unterarbeitsverhältnisse sind i.d.R. nicht üblich und daher nicht anzuerkennen. Vgl. BFH, BStBl 1995 II 394 (betr. nicht anerkanntes Unterarbeitsverhältnis zwischen Lehrerin und Pädagogik studierender Tocher zur Unterrichtsvorbereitung).

7.3.3 Tatsächliche Durchführung

Aus dem Arbeitsverhältnis sind alle Folgerungen zu ziehen

- regelmäßige Erbringung der vereinbarten Arbeitsleistung
- tatsächliche Auszahlung des vereinbarten Arbeitslohnes zum üblichen Zahlungszeitpunkt
- Einbehaltung von Lohnsteuer- und Sozialversicherungsabzugsbeträgen, soweit Abzugsverpflichtung besteht. Nichteinbehaltung ist Indiz gegen Ernsthaftigkeit (BFH, BStBl 1984 II 60).

Keine Anerkennung

- bei **langzeitiger Nichtzahlung** des Arbeitslohns (BFH, BStBl 1991 II 842).
- wenn tatsächliche Lohnzahlung nicht der Vereinbarung entspricht (analog BFH, BStBl 1993 II 834 zu Mietvertrag)

Arbeitnehmer-Ehegatten sind grds. in vollem Umfang sozialversicherungspflichtig.

a) Kein Scheingeschäft

Sind sich die Ehegatten einig, daß das Vertragsverhältnis nicht durchgeführt werden soll, liegt ein Scheingeschäft i. S. des § 117 BGB vor. Es ist bürgerlich-rechtlich unwirksam. Nach § 41 Abs. 2 AO sind Scheingeschäfte und Scheinhandlungen für die Besteuerung unerheblich. Ist ein Arbeitsverhältnis nur zum Schein abgeschlossen worden, ist es steuerlich unbeachtlich. Evd. gezahlte Beträge sind nichtabzugsfähig gem. § 12 Nr. 2.

b) Erbringung der Arbeitsleistung

Kein wirksames Arbeitsverhältnis liegt vor, wenn der andere Ehegatte die vereinbarte Arbeitsleistung nicht erbringt (BFH, BStBl 1964 III 131; BStBl 1969 II 102). Von einer tatsächlichen Durchführung des Arbeitsverhältnisses kann auch dann nicht gesprochen werden, wenn der andere Ehegatte zwar grundsätzlich Arbeitsleistungen erbringt, aber nicht in dem vereinbarten Umfange oder aber sehr unregelmäßig, da dies unter Fremden nicht möglich wäre.

Eine Umdeutung in ein anderes Rechtsverhältnis (insbesondere in eine eigene unternehmerische Tätigkeit des im Betrieb „beschäftigten" Ehegatten) ist u. E. fraglich im Hinblick auf § 41 Abs. 2 AO.

c) Auszahlung der Vergütung

Die Arbeitsvergütung muß wie unter Fremden üblich ausgezahlt werden. Vgl. BVerfG, HFR 1985, 283.

Der Arbeitnehmer-Ehegatte muß frei über die ihm zustehende Vergütung verfügen können.

Das vereinbarte Gehalt muß auch tatsächlich in die Verfügungsgewalt zum vereinbarten Zeitpunkt gelangen (BFH, BStBl 1969 II 102). Das Gehalt ist daher grundsätzlich regelmäßig z. B. entweder bar auszuzahlen oder auf ein Konto zu überweisen (BFH, BStBl 1974 II 294).

Die Durchführung des Arbeitsverhältnisses wird daher verneint, wenn das Gehalt nur unregelmäßig ausgezahlt oder am Jahresende in einer Summe als **Entnahme gebucht** wird (BFH, BStBl 1960 III 422, BStBl 1969 II 102, BStBl 1964 III 131). Vgl. auch BFH, BStBl 1989 II 655.

Bedingungen, wie sie zwischen fremden Dritten auch vereinbart worden wären, liegen auch nicht vor, wenn das vereinbarte Jahresgehalt nicht in monatlichen Teilbeträgen, sondern **jährlich in einer Summe** zum **Schluß des Jahres ausgezahlt** wird (BFH, BStBl 1982 II 119 und BFH/NV 1986,148).

Es muß ein Vermögensabfluß beim Arbeitgeber-Ehegatten und ein Zufluß beim Arbeitnehmer Ehegatten stattfinden. Die Leistungen müssen in den vom Arbeitgeber-Bereich eindeutig getrennten Einkommensund Vermögensbereich des Arbeitnehmer-Ehegatten gelangen (BFH, BStBl 1986 II 48). Dies ist vor allem zu bejahen, wenn die Überweisung auf ein Konto des Arbeitnehmer-Ehegatten erfolgt, über das nur er verfügen kann.

Schädlich ist die Überweisung des Arbeitslohnes auf ein Bankkonto

- des Arbeitgeber-Ehegatten mit einem bloßen Mitverfügungsrecht des Arbeitnehmer-Ehegatten (BFH, BStBl 1979 II 622 und 1980 II 350);
- des Arbeitgeber-Ehegatten, über das der Arbeitnehmer-Ehegatte lediglich Verfügungsvollmacht hat (BFH, BStBl 1980 II 350). Vgl. auch BFH, BStBl 1990 II 548.

> **Beispiel:**
> Ein Stpfl. übernimmt einen Betrieb, in dem seine Frau bisher als Angestellte tätig war, nach § 613a BGB unter Fortführung des Arbeitsverhältnisses mit der Ehefrau. Das nunmehrige Ehegattenarbeitsverhältnis ist steuerlich nicht anzuerkennen, wenn der Arbeitslohn der Ehefrau – wie zuvor – auf sein Privatkonto überwiesen wird, über das auch die Ehefrau verfügen kann (Bankvollmacht).

Bei Lohnüberweisung auf ein Arbeitgeber-Konto zum Zweck der Tilgung gemeinsamer Darlehensschulden ist das Ehegatten-Arbeitsverhältnis **nicht** anzuerkennen (BFH, BStBl 1991 II 16).

Zulässig ist aber die Zahlung auf ein **eigenes** Bankkonto des **Arbeitnehmer-Ehegatten,** auch wenn der Arbeitgeber-Ehegatte ebenfalls allein darüber verfügungsberechtigt ist (BFH, BStBl 1974 II 294).

Unschädlich ist auch die Überweisung auf ein – gemeinschaftliches – **Oder-Konto**, über das beide Ehegatten ohne Mitwirkung des jeweils anderen Ehegatten verfügen (Beschluß BVerfG, BStBl 1996 II 34).

Der BFH (HFR 1963, 53) hat es als ausreichend erachtet, daß die Lohnzahlungen, die nicht als Ausgaben verbucht waren, durch ein Gehaltsquittungsbuch, das als Bestandteil der Buchführung angesehen wurde, nachgewiesen wurden.

Gemäß §§ 1360, 1360a BGB ist der Ehegatte zu angemessenem Unterhalt der Familie verpflichtet. Daher steht es der steuerlichen Anerkennung des Arbeitsvertrages nicht entgegen, daß der Arbeitnehmer-Ehegatte sein Gehalt im gemeinsamen ehelichen Haushalt verwendet. Eine Schenkung erhaltenen Lohns an den Arbeitgeber-Ehegatten ist unschädlich, wenn sie **nicht** in engem zeitlichen Zusammenhang mit der Lohnzahlung steht (BFH, BStBl 1987 II 336).

Die Zurverfügungstellung von Arbeitslohn als **Darlehn** an den Arbeitgeber-Ehegatten ist wie folgt zu beurteilen:

Eine **ganz** oder **teilweise** darlehnsweise **Belassung im Betrieb** ist grundsätzlich **schädlich**.

Dagegen ist der **Rückfluß** von Teilen des Arbeitslohnes als Darlehn **unschädlich**, wenn

- der Arbeitslohn vom Arbeitnehmer-Ehegatten tatsächlich bezogen wurde,
- eindeutige Vereinbarungen zwischen den Ehegatten bestehen,
- eine ordnungsgemäße Verbuchung und Bilanzierung erfolgt ist, auch wenn **keine** genaueren

Vereinbarungen über angemessene Verzinsung und Rückzahlung getroffen wurden (BFH, BStBl 1986 II 48 unter Aufgabe der früheren Rechtsprechung).

Der Arbeitnehmer-Ehegatte muß einen durchsetzbaren Anspruch auf Rückzahlung entweder bei Kündigung oder vereinbarter Laufzeit haben. Ist eine Kündigung ausgeschlossen oder ist eine überlange Laufzeit vereinbart, wird man den Gewerbetreibenden weiterhin als wirtschaftlichen Eigentümer des Geldbetrages ansehen müssen mit der Folge, daß er nicht dem anderen Ehegatten als zugeflossen gilt, so daß das Arbeitsverhältnis nicht anzuerkennen ist. Ist neben der Kündigung und einer angemessenen Laufzeit keine Verzinsung des Darlehns vereinbart worden, ist dies steuerlich unerheblich. Bei längerer Laufzeit ist dingliche Sicherung erforderlich (BFH, BStBl 1979 II 435).

7.3.4 Keine Gütergemeinschaft

Der Betrieb darf nicht zum Gesamtgut der Ehegatten gehören, wenn die Ehegatten im vertraglichen Güterstand der Gütergemeinschaft leben (BFH, BStBl 1966 III 277).

Denn in diesem Fall besteht regelmäßig ein (faktisches) Gesellschaftsverhältnis mit der Folge der Mitunternehmerschaft. Der „Arbeitslohn" des im Betrieb mitarbeitenden Ehegatten stellt dessen Gewinnanteil i. S. des § 15 Abs. 1 Nr. 2 dar.

7.3.5 Angemessenheit des Arbeitslohns

Die Höhe der vereinbarten Vergütungen muß angemessen sein (R 19 Abs. 1). Die steuerliche Anerkennung eines Ehegatten-Arbeitsverhältnisses führt dazu, daß die gezahlte – angemessene – Arbeitsvergütung einerseits nach § 4 Abs. 4 als Betriebsausgabe abzugsfähig ist, andererseits als Einkünfte aus nichtselbständiger Arbeit zu versteuern ist (§ 19 EStG, §§ 1, 2 LStDV). In diesem Falle gleichen sich Leistung und Gegenleistung aus, so daß Zuwendungen begrifflich nicht vorliegen und damit auch das Abzugsverbot des § 12 Nr. 2 nicht eingreifen kann. Maßstab für die Angemessenheit der Vergütung ist, was ein **vergleichbarer fremder Arbeitnehmer desselben Betriebes** erhalten würde (**betriebsinterner** Vergleich). Dies ist verfassungsrechtlich nicht zu beanstanden (BVerfG vom 4.6.1985 = StRK EStG 1975 § 4 Abs. 4 R 50). In diese Würdigung sind **alle** Bezüge und Vorteile einzubeziehen, die der Arbeitnehmer-Ehegatte erhält. Dieser anzustellende Fremdvergleich kann in der Praxis mit erheblichen Schwierigkeiten verbunden sein. Bei mangelnder interner Vergleichbarkeit darf **nicht** ein externer Vergleich durchgeführt werden (BFH, BStBl 1983 II 173). Besondere Vergütungen und Vorteile, z. B. Heirats- und Geburtsbeihilfen, Unterstützungen, Aufwendungen für die Zukunftssicherung, Weihnachtsgratifikationen (vgl. BFH, BStBl 1988 II 606), freie Station, sind ebenfalls nur unter dem Gesichtspunkt der angemessenen Gegenleistung betrieblich veranlaßt, aber auch nur dann, wenn sie tariflich oder arbeitsvertraglich **vereinbart** sind und (oder) **im Betrieb des Arbeitgebers üblich** sind (BVerfG, BStBl 1970 II 652). Unter diesen Gesichtspunkten sind auch Rückstellungen für Pensionsverpflichtungen gegenüber dem Arbeitnehmer-Ehegatten zulässig (BFH, BStBl 1971 II 178).

Zur steuerlichen Behandlung von Aufwendungen des Arbeitgebers für die betriebliche Altersversorgung des im Betrieb mitarbeitenden Ehegatten vgl. im einzelnen BMF-Schreiben vom 4. 9. 1984, BStBl 1984 I 495 sowie vom 9. 1. 1986, BStBl 1986 I 7, unten 7.3.7 und **R 41 Abs. 10**.

Bei der Angemessenheit des Gehalts ist auch die Höhe des dem Arbeitgeber-Ehegatten **verbleibenden Gewinns** zu berücksichtigen. Soweit die Gesamtvergütungen die Angemessenheitsgrenze **übersteigen,** liegen nichtabzugsfähige Aufwendungen gemäß § 12 Nr. 2 vor. Wegen **zu niedrigen** Arbeitslohns vgl. 7.3.2.

7.3.6 Steuerliche Folgen der Nichtanerkennung eines Ehegatten-Arbeitsverhältnisses

Im Falle der Nichtanerkennung des Ehegatten-Arbeitsvertrages gilt folgendes:

Der Ehegatte arbeitet auf „familiärer" bzw. familienrechtlicher Grundlage mit. Der Unternehmer(Arbeitgeber-Ehegatte) ist gesetzlich zum Unterhalt verpflichtet (§ 1360 BGB). Die Erfüllung dieser Unterhaltspflicht fällt bereits unter das Abzugsverbot des § 12 Nr. 1. Darüber hinaus greift auch das Abzugsverbot des § 12 Nr. 2 ein. **Sachausgaben**, z. B. Reisekosten, die ein lediglich auf familiärer Basis mitarbeitender Ehegatte aus **betrieblichen** Gründen verursacht, sind jedoch **abzugsfähige Betriebsausgaben** (BFH, BStBl 1961 III 123) – bei Tragung durch den Arbeitgeber-Ehegatten.

Die Unterhaltszahlungen stellen beim Empfänger keine steuerpflichtigen Einkünfte dar, da es sich nicht um Arbeitslohn im Sinne des § 2 LStDV handelt und auch nicht um steuerpflichtige Einkünfte im Sinne des § 22 (§ 22 Nr. 1 Satz 2).

Die aufgrund eines steuerlich nicht anerkannten Arbeitsverhältnisses tatsächlich gezahlten Sozialversicherungsbeiträge (Arbeitgeber- und Arbeitnehmeranteil) sind **nicht** als Betriebsausgaben abzuziehen (BFH, BStBl 1983 II 496 und BStBl 1990 II 741), jedoch Vorsorgeaufwendungen i. R. des § 10 Abs. 1 Nr. 2.

7.3.7 Leistungen zur Zukunftssicherung des Arbeitnehmer-Ehegatten durch den Arbeitgeber-Ehegatten

Die betriebliche Veranlassung von Vorsorgeaufwendungen zugunsten eines Arbeitnehmer-Ehegatten setzt ein ernsthaft gewolltes und tatsächlich durchgeführtes Arbeitsverhältnis voraus. Private Versorgungsgründe müssen durch internen Betriebsvergleich ausgeschlossen sein (BFH, BStBl 1987 II 205).

7.3.7.1 Leistungen zur gesetzlichen Sozialversicherung

Bei Anerkennung des Arbeitsverhältnisses sind der Arbeitnehmeranteil (als Bestandteil des Bruttoarbeitslohnes) und der zusätzlich abgeführte Arbeitgeberanteil abziehbare Betriebsausgaben (Rentenversicherungspflicht vorausgesetzt). Bei **Nichtanerkennung** des Arbeitsverhältnisses liegen **keine** Betriebsausgaben vor (BFH, BStBl 1990 II 741).

Sie stellen dann jedoch Vorsorgeaufwendungen i. S. § 10 Abs. 1 Nr. 2 dar.

Leistungen des Arbeitgebers zur gesetzlichen Sozialversicherung sind in Höhe des **Arbeitnehmeranteils Arbeitslohn**. Sie sind aber als Sonderausgaben im Rahmen des gemeinsamen Höchstbetrages für Ehegatten abzugsfähig.

Der Arbeitgeberanteil ist nach § 3 Nr. 62 steuerfrei.

7.3.7.2 Betriebliche Altersversorgung außerhalb der gesetzlichen Sozialversicherung

Eine betriebliche Altersversorgung des im Betrieb mitarbeitenden Ehegatten ist außerdem noch insbesondere in folgender Weise möglich:

– Pensionszusagen des Arbeitgeber-Ehegatten (§ 6a)
– Zuwendungen des Arbeitgeber-Ehegatten an eine Pensions- oder Unterstützungskasse zugunsten des Arbeitnehmer-Ehegatten, Leistungen zu einer Direktversicherung für den Arbeitnehmer-Ehegatten
– Übernahme von Beiträgen zur freiwilligen Weiter- oder Höherversicherung in den gesetzlichen Rentenversicherungen.

7.3.7.2.1 Pensionszusagen an Arbeitnehmer-Ehegatten

Die steuerliche Behandlung von Aufwendungen des Arbeitgebers für die betriebliche Altersversorgung des im Betrieb mitarbeitenden Ehegatten auf der Grundlage des Beschlusses des Bundesverfassungsgerichts vom 22.7.1970 (BStBl 1970 II 652 – vgl. auch BFH, BStBl 1971 II 178 und der BFH-Urteile BStBl 1977 II 112, BStBl 1983 II 173, BStBl 1983 II 209, BStBl 1983 II 405 und 406, BStBl 1983 II 500 und 664, BStBl 1983 II 562, BStBl 1987 II 205, BStBl 1989 II 969 – richtet sich nach dem BMF-Schreiben vom 4.9.1984, BStBl 1984 I 495 und vom 9.1.1986; BStBl I 7; vgl. auch R 41 Abs. 10, BFH, BStBl 1993 II 604 und BStBl 1994 II 111.

Voraussetzungen der Rückstellungsbildung

Für Pensionszusagen im Rahmen eines steuerlich anzuerkennenden Arbeitsverhältnisses an den Arbeitnehmer-Ehegatten können Pensionsrückstellungen im Rahmen des § 6a gebildet werden, wenn

- eine ernstlich gewollte, klar und eindeutig vereinbarte Verpflichtung vorliegt,
- die Zusage dem Grunde nach angemessen ist und
- der Arbeitgeber-Ehegatte tatsächlich mit der Inanspruchnahme aus der gegebenen Pensionszusage rechnen muß.

Unter diesen Voraussetzungen sind Pensionsrückstellungen insoweit anzuerkennen, als die Pensionszusage der Höhe nach angemessen ist (BFH, BStBl 1983 II 500 und 664).

Bei Pensionszusagen zwischen Ehegatten in Einzelunternehmen kommt nur eine Zusage auf Alters-, Invaliden- und Waisenrente in Betracht. Eine Zusage auf Witwen-/Witwerversorgung ist im Rahmen von Ehegatten-Pensionszusagen **nicht** rückstellungsfähig, da hier bei Eintritt des Versorgungsfalls Anspruch und Verpflichtung in einer Person zusammentreffen.

Eine ernstlich gewollte und dem Grunde nach angemessene Pensionszusage an den Arbeitnehmer-Ehegatten kann regelmäßig angenommen werden, wenn familienfremden Arbeitnehmern eine vergleichbare Pensionszusage eingeräumt oder zumindest ernsthaft angeboten worden ist und diese Arbeitnehmer

- nach ihren Tätigkeits- und Leistungsmerkmalen mit dem Arbeitnehmer-Ehegatten vergleichbar sind oder eine geringerwertige Tätigkeit als der Arbeitnehmer-Ehegatte ausüben,
- im Zeitpunkt der Pensionszusage oder des entsprechenden ernsthaften Angebotes dem Betrieb nicht länger angehört haben als der Arbeitnehmer-Ehegatte in dem Zeitpunkt, in dem ihm die Pensionszusage erteilt wird und
- kein höheres Pensionsalter als der Arbeitnehmer-Ehegatte haben.

Die Pensionszusage an den Arbeitnehmer-Ehegatten ist **nicht** anzuerkennen, wenn sie zu einem Lebensalter erteilt wird, zu dem einem familienfremden Arbeitnehmer keine Pensionszusage mehr eingeräumt oder ernsthaft angeboten würde, weil seine aktive Dienstzeit in absehbarer Zeit endet.

Ein **ernsthaftes Angebot** liegt vor, wenn das Angebot an den familienfremden Arbeitnehmer eindeutige und objektive Bestimmungen enthält und der Arbeitnehmer durch Annahme des Angebots einen Rechtsanspruch auf Zahlung einer betrieblichen Altersversorgung erlangen würde (z.B. Angebot der betrieblichen Altersversorgung als zusätzliche Entlohnung, nicht als Ausgleich für den Verzicht auf einen Teil des Gehalts, BFH, BStBl 1983 II 406; Gleichbehandlung des mitarbeitenden Ehegatten und der familienfremden Arbeitnehmer bei der Festlegung der Voraussetzungen zur Erlangung der betrieblichen Altersversorgung).

Zur steuerlichen Anerkennung einer Pensionszusage an den wesentlich jüngeren Arbeitnehmer-Ehegatten vgl. BFH vom 29.5.1984, DB 1984, 1963.

Beiträge zu Rückdeckungsversicherungen

Prämienzahlungen für eine Rückdeckungsversicherung einer Pensionszusage an den Arbeitnehmer-Ehegatten können als Betriebsausgaben behandelt werden, soweit auch die Pensionszusage als rückstellungsfähig anerkannt wird. Wegen der Aktivierung des Rückdeckungsanspruchs vgl. R 41 Abs. 24 und H 21 Abs. 24.

7.3.7.2.2 Beiträge zu Direktversicherungen

Beiträge des Arbeitgebers zu einer Direktversicherung zugunsten des im Betrieb mitarbeitenden Ehegatten sind als Betriebsausgaben abziehbar, wenn

- die Verpflichtung aus der Zusage der Direktversicherung ernstlich gewollt sowie klar und eindeutig vereinbart und
- die Zusage dem Grunde nach angemessen ist.

Diese Voraussetzungen können regelmäßig als erfüllt angesehen werden, wenn auch familienfremden Arbeitnehmern, die

- nach ihren Tätigkeits- und Leistungsmerkmalen mit dem Arbeitnehmer-Ehegatten vergleichbar sind oder eine geringerwertige Tätigkeit als der Arbeitnehmer-Ehegatte ausüben und
- im Zeitpunkt des Abschlusses oder des ernsthaften Angebotes der Versicherung auf ihr Leben dem Betrieb nicht wesentlich länger angehört haben als der Arbeitnehmer-Ehegatte in dem Zeitpunkt, in dem die Versicherung auf sein Leben abgeschlossen wird,

eine vergleichbare Direktversicherung eingeräumt oder ernsthaft angeboten worden ist.

Bei der Angemessenheitsprüfung ist die Gesamtentlohnung zu berücksichtigen (BFH, BStBl 1984 II 60) und zu prüfen, ob ausgezahlte Barentlohnung und Direktversicherung zuzüglich anderer Versorgungsleistungen in einer **angemessenen Relation** stehen (Beiträge zur Direktversicherung zuzüglich anderer Versorgungsleistungen **nicht mehr als 75 % des Barlohns**); vgl. auch BFH, BStBl 1984 II 60 (62), BStBl 1985 II 124, BStBl 1989 II 969 und BStBl 1995 II 873. Ein interner Betriebsvergleich mit fremden Arbeitnehmern ist auch dann geboten, wenn der Ehegatten-Arbeitnehmer aus privaten Gründen jahrelang auf fällige Gehaltserhöhungen verzichtet hat.

Die betriebliche Veranlassung von Direktversicherungen ist also nicht bereits dadurch belegt, daß die Gesamtbezüge insgesamt angemessen sind (BFH, BStBl 1986 II 559). Vielmehr muß geprüft werden, ob nicht eine „**Überversorgung**" des Arbeitnehmer-Ehegatten vorliegt. Von der Prüfung der Überversorgung kann abgesehen werden, wenn die **laufenden Aufwendungen** für die **Altersversorgung** 30 % des stpfl. Jahresarbeitslohns nicht überschreiten. Laufende Aufwendungen für die Altersversorgung sind

- Arbeitgeber- und Arbeitnehmeranteile zur gesetzlichen Sozialversicherung
- freiwillige Leistungen des Arbeitgebers zur Altersversorgung und
- Zuführungen zu einer Pensionsrückstellung.

Vgl. auch BFH, BStBl 1987 II 205 und BStBl 1995 II 873.

Beträgt die Sozialversicherung 20 % des stpfl. Arbeitslohns, können somit weitere Versorgungsleistungen bis zur Höhe von 10 % des stpfl. Arbeitslohns anzuerkennen sein. Diese Prüfung der Überversorgung gilt auch bei einer Barlohnumwandlung in eine Direktversicherung (BFH, BStBl 1987 II 557).

Diese Grundsätze gelten **auch bei Teilzeitbeschäftigung** des Arbeitnehmer-Ehegatten, soweit Direktversicherungen an Teilzeitbeschäftigte im Betrieb eingeräumt oder ernsthaft angeboten worden sind oder wenn nach Würdigung der Gesamtumstände eine hohe Wahrscheinlichkeit dafür spricht, daß der Steuerpflichtige eine solche Versorgung einem teilzeitbeschäftigten fremden Arbeitnehmer erteilt haben würde, mit dem ihn keine familiären Beziehungen verbinden.

Bei **Aushilfs- oder Kurzbeschäftigung** des Arbeitnehmer-Ehegatten ist eine zu seinen Gunsten abgeschlossene Direktversicherung steuerlich **nicht** anzuerkennen, da bei einer derartigen Beschäftigung Direktversicherungen **nicht üblich** sind.

Prämien für Versicherungen auf das Leben der im Betrieb mitarbeitenden Ehefrau, die keine Direktversicherungen sind, sind nicht als Betriebsausgaben abzugsfähig (FG Rheinland-Pfalz – rkr – , EFG 1984, 492).

Der Versicherungsanspruch einer anzuerkennenden Direktversicherung ist auch bei Ehegatten-Arbeitsverhältnissen insoweit zu aktivieren, als in einem Betrieb die Versicherungsverträge zugunsten familienfremder verheirateter Arbeitnehmer den Arbeitgeber als Bezugsberechtigten bezeichnen.

7.3.7.2.3 Andere Formen der Zukunftssicherung

Die obigen Grundsätze gelten sinngemäß für Zuwendungen des Arbeitgeber-Ehegatten an eine Pensions- oder Unterstützungskasse zugunsten eines Arbeitnehmer-Ehegatten sowie für die Übernahme von Beiträgen zur freiwilligen Höherversicherung und Weiterversicherung in der gesetzlichen Rentenversicherung.

Im letzteren Fall liegen aber keine Betriebsausgaben vor, wenn die Versicherungssumme bei vorzeitigem Tod des Arbeitnehmer-Ehegatten dem Arbeitgeber-Ehegatten zufallen würde (BFH, BStBl 1973 II 538).

Wegen weiteren Einzelheiten vgl. die BMF-Schreiben vom 4.9.1984 (a.a.O.) und vom 9.1.1986 (a.a.O).

7.3.7.3 Abfindungszahlungen

Eine Abfindungszahlung an den Arbeitnehmer-Ehegatten anläßlich der Beendigung des Arbeitsverhältnisses ist unter folgenden Voraussetzungen als BA anzurechnen:

– Zusage einer Abfindungszahlung (aber **keine** Rechtspflicht zur Zahlung erforderlich)
– Betriebliche Veranlassung der Abfindung dem Grunde und der Höhe nach
– Eindeutige und ernsthaft gewollte Vereinbarung
– Steuerlich anerkanntes Dienstverhältnis
– Angemessene Höhe der Abfindung

An den Nachweis sind strenge Anforderungen zu stellen.

7.3.7.4 Vermögenswirksame Leistungen

Vermögenswirksame Leistungen zu Gunsten des Arbeitnehmer-Ehegatten nach dem 5. VermBG (§ 1 Abs. 2 des 5. VermBG) sind als BA abziehbar.

7.3.7.5 Sonstige Bezüge und Vorteile

Soweit im Betrieb des Arbeitgeber-Ehegatten üblich, sind auch steuerlich anzuerkennen

– Sachbezüge in Form freier Unterkunft und Verpflegung, soweit sie ausnahmsweise zum tariflichen oder vereinbarten angemessenen Gehalt gehören.
– Steuerfreie **Heirats- und Geburtsbeihilfen** (§ 3 Nr. 15 EStG) sowie Jubiläumsgeschenke (§ 3 LStDV).
– **Tantiemevereinbarungen**
  Auch Tantiemevereinbarungen zwischen Familienangehörigen sind grundsätzlich zulässig; wenn sie einem Fremdvergleich standhalten (FG Schleswig-Holstein, EFG 1980, 541).

Eine gewinnabhängige Tantieme-Vereinbarung zwischen Ehegatten kann steuerlich nur berücksichtigt werden, wenn sie eindeutige und vollständige Berechnungsgrundlagen (fest oder gestaffelte v.H.-Sätze, ggf. absolute Unter- und Obergrenzen) enthält (FG Hbg., EFG 1983, 163).

Auch Vergütungen für **Arbeitnehmererfindungen** für den Arbeitnehmer-Ehegatten können als betrieblich angesehen werden, wenn sie nachweisbar ernstlich vereinbart und ihre Auszahlung tatsächlich durchgeführt wird, so wie es auch unter Fremden üblich wäre (FG Nürnberg, EFG 1980, 485).

7.3.8 Besonderheiten bei Arbeitsverträgen mit Personengesellschaften

a) Ein Arbeitsverhältnis eines Ehegatten mit einer Personengesellschaft, an der der andere Ehegatte zwar beteiligt ist, die jedoch von ihm nicht beherrscht wird, können regelmäßig steuerlich berücksichtigt werden. Es werden die Grundsätze angewendet, die auch für Arbeitsverhältnisse mit fremden Arbeitnehmern gelten (R 19 Abs. 2).

b) Dagegen werden die Grundsätze angewendet, die für Ehegatten-Arbeitsverhältnisse gelten, wenn ein Ehegatte in einer Personengesellschaft mitarbeitet, die von dem anderen Ehegatten wirtschaftlich beherrscht wird.

Eine Beherrschung liegt in der Regel bei einer Beteiligung von mehr als 50 v. H. vor. Vgl. im einzelnen R 19 Abs. 2.

Hierbei ist die Überweisung der Vergütungen auf ein sogenanntes **Oder-Konto** ebenfalls **unschädlich** (BFH, BStBl 1983 II 663).

Sagt eine Personengesellschaft einem Arbeitnehmer, dessen Ehegatte Mitunternehmer der Personengesellschaft ist, eine **Witwen-/Witwerrente** zu, so kann sie hierfür eine **Pensionsrückstellung** bilden (BFH, BStBl 1976 II 372). Aufwendungen für die Pensionszusage einer Personengesellschaft an den Ehegatten des Mitunternehmers, wenn mit dem Ehegatten ein steuerlich anzuerkennendes Arbeitsverhältnis besteht, sind als Betriebsausgabe abzugsfähig, wenn sie betrieblich veranlaßt sind. Hierbei gelten die gleichen Rechtsgrundsätze, die auch bei einer Altersversorgung des Arbeitnehmer-Ehegatten eines Einzelunternehmers anzuwenden sind; es sei denn, der Mitunternehmer-Ehegatte hat in der Personengesellschaft keine beherrschende Stellung und sein Ehegatte wird in der Gesellschaft wie ein fremder Arbeitnehmer beschäftigt.

7.3.9 Arbeitsverträge von Eltern mit Kindern zwischen Angehörigen

Für Arbeitsverträge von Eltern mit Kindern gelten die für Ehegatten zu beachtenden **Grundsätze grds. entsprechend** (BFH, BStBl 1987 II 121).

Bei minderjährigen Kindern ist die Bestellung eines Ergänzungspflegers zivilrechtlich und damit steuerlich **nicht** erforderlich.

Arbeitsverhältnisse mit Kindern unter 14 Jahren sind dagegen grds. **nicht** anzuerkennen, da im allgemeinen ein Verstoß gegen das Jugendarbeitsschutzgesetz vorliegt (Verbot der „Kinderarbeit").

Nicht anzuerkennen sind auch Vereinbarungen über **gelegentliche Hilfeleistungen** durch Angehörige, weil sie zwischen Fremden nicht vereinbart worden wären (BFH, BStBl 1988 II 632 und BStBl 1994 II 298). Der sogenannte **Fremdvergleich** ist bei **Aushilfstätigkeiten** von Kindern im Einzelfall zu prüfen (BFH, BStBl 1989 II 453). **Sonderzuwendungen** müssen **vorher** vereinbart werden (BFH, BStBl 1988 II 877). Vgl. im übrigen R 19 Abs. 3.

8. Andere Verträge

8.1 Gesellschaftsverträge

Weiterhin kann die Zurechnung der Einkünfte durch die Vereinbarung und Gründung von (Familien-) Personengesellschaften geregelt werden. Hierfür kommen insbesondere in Betracht die Gesellschaft des bürgerlichen Rechts (§ 705 ff. BGB), die OHG (§§ 105 ff. HGB) die KG (§ 161 ff. HGB) sowie die GmbH & Co KG. Vgl. hierzu im einzelnen K. 2.2.3.

Hierbei sind zum einen die allgemeinen Grundsätze zur steuerlichen Anerkennung von Verträgen zwischen Ehegatten, insbesondere das Erfordernis der klaren und eindeutigen Vereinbarungen und die Übereinstimmung der tatsächlichen Gestaltung der Verhältnisse mit den vertraglichen Vereinbarungen zu beachten.

Ein Gesellschaftsverhältnis ist aber nur dann steuerlich zu beachten, wenn eine Mitunternehmerschaft i. S. des § 15 Abs. 1 Nr. 2 besteht. Diese erfordert, daß alle beteiligten Angehörigen zur Erreichung eines gemeinsamen Gesellschaftszwecks durch Mitarbeit, Bereitstellung von Kapital oder durch Überlassung von Wirtschaftsgütern tatsächlich beitragen. Zum Begriff des gesellschaftlichen Beitrags vgl. im einzelnen K 2.2.2.1.

Die Rechtsprechung nimmt unter Umständen auch eine **verdeckte Mitunternehmerschaft** an. Mitunternehmer kann nur sein, wer zivilrechtlich Gesellschafter einer PersG ist oder – in Ausnahmefällen – eine wirtschaftlich vergleichbare Stellung hat (BFH, Beschluß GrS vom 25.6.1984, BStBl 1984 II 751; BFH, BStBl 1985 II 85; BFH, BStBl 1985 II 363). Solche besonderen Gemeinschaftsverhältnisse sind z. B. **Gütergemeinschaften** oder **Erbengemeinschaften**.

Aus der Tatsache, daß es sich um Ehegatten, also Angehörige, handelt, sind hierfür keine Folgerungen zu ziehen. Entscheidend sind Mitunternehmerinitiative und Mitunternehmerrisiko. Unangemessen hohe Vergütungen sollen ein Indiz für Mitunternehmerinitiative sein (u. E. abzulehnen). Nach BFH, BStBl 1987 II 111 ist die **Umdeutung** eines vereinbarten Arbeitsverhältnisses in ein Gesellschaftsverhältnis auch bei sehr hohen Bezügen nur in – extremen – Ausnahmefällen möglich.

Ebenso wurde die bisherige Rechtsprechung zur faktischen Mitunternehmerschaft in der Land- und Forstwirtschaft (= BFH, BStBl 1983 II 636), modifiziert; vgl. insbes. BFH, BStBl 1987 II 17, 20, 23.

Vgl. im einzelnen zur **Mitunternehmerschaft** K. 2.2 und **R 138**, zur Anerkennung von **Familienpersonengesellschaften** K. 2.2.10 und **R 138a**. Zur tatsächlichen Durchführung einer stillen Gesellschaft vgl. BFH, BStBl 1990 II 68. Zur Anerkennung vgl. auch BFH, BStBl 1990 II 10 (bei schenkweiser Begründung).

8.2 Miet- und Pachtverträge

Angehörige können ferner durch Miet-, Pacht- und Darlehnsverträge sowie durch Verträge über die Eingehung einer echten (typischen) stillen Gesellschaft eine anderweitige Verteilung der Einkünfte erreichen.

Diese Vertragstypen sind nach der BFH-Rechtsprechung zur steuerlichen Berücksichtigung solcher Verträge zwischen Eltern und Kindern zu beurteilen. Hierbei sind die allgemeinen Grundsätze des R 19 Abs. 1 zu beachten. Wie bei Arbeitsverträgen ist eine klare Trennung der Vermögens- und Einkommensbereiche der Ehegatten erforderlich. Vgl. 8.3.

Zu Gestaltungsmißbrauch bei **Vermietung** an **Eltern** vgl. BFH, BStBl 1992 II 549.

Ein steuerlich anzuerkennender **Mietvertrag** liegt **nicht** vor, wenn Eltern ihren unterhaltsberechtigten Kindern eine Wohnung vermieten und die zu zahlende Miete aus dem Barunterhalt der Eltern bestritten wird (BFH BStBl 1994 II 694). Dagegen ist lt. BFH **kein** Mißbrauch gegeben, wenn das Kind die Miete aus von den Eltern geschenkten Mitteln entrichten kann (BFH, BStBl 1996 II 59), vgl. hierzu jedoch Nichtanwendungs-Erlaß BMF vom 22. 1. 1996, BStBl 1996 I 37 (Schenkung als Unterhaltsvorauszahlung).

Grundsätzliche Voraussetzung für die steuerliche Anerkennung eines **Mietvertrags** zwischen einem **minderjährigen** Kind als Vermieter und Eltern als Mieter ist die Vertretung des Kindes bei Abschluß des Mietvertrags durch einen Ergänzungspfleger (BFH, BStBl 1992 II 1024).

Im Falle der **Nichtanerkennung** des Miet-, Pacht- oder Darlehnsvertrages liegt eine **unentgeltliche** Überlassung des Wirtschaftsguts vor. Hierbei liegt kein einlagefähiges Wirtschaftsgut vor (BFH GrS, BStBl 1988 II 348 und BStBl 1990 II 741).

Zur Frage des **Gestaltungsmißbrauchs** vgl. BFH, BStBl 1994 II 738 sowie BFH, BStBl 1996 II 158 zu **Überkreuzvermietung** von Praxisräumen durch Ehegatten.

Der Abschluß eines Mietvertrags mit dem geschiedenen Ehegatten und die Verrechnung mit dem geschuldeten Barunterhalt stellen **grds. keinen** Gestaltungsmißbrauch nach § 42 AO dar (BFH, BStBl 1996 II 214).

8.3 Darlehensverträge

Literaturhinweis: Broudré, Darlehensverträge zwischen Angehörigen, DB 1993, 8.

8.3.1 Allgemeines

Die Anerkennungsgrundsätze ergeben sich insbesondere aus
– BFH, BStBl 1991 II 291, BStBl 1991 II 391, BStBl 1991 II 581, BStBl 1991 II 882, BStBl 1991 II 911, BStBl 1991 II 838, BStBl 1992 II 468;
– R 19 Abs. 4 sowie
– BMF-Schreiben vom 1. 12. 1992, BStBl 1992 I 729, vom 25. 5. 1993, BStBl I 410.

Voraussetzung für die steuerliche Anerkennung ist, daß der Darlehensvertrag **bürgerlich-rechtlich wirksam** geschlossen worden ist und **tatsächlich wie vereinbart durchgeführt** wird. Dabei müssen Vertragsinhalt und Durchführung dem zwischen Fremden Üblichen entsprechen (Fremdvergleich, BFH, BStBl 1992 II 468).

Der Darlehensvertrag und seine tatsächliche Durchführung müssen die Trennung der Vermögens- und Einkunftssphären der vertragschließenden Angehörigen (z. B. Eltern und Kinder) gewährleisten. Eine klare, deutliche und einwandfreie Abgrenzung von einer Unterhaltsgewährung oder einer verschleierten Schenkung der Darlehenszinsen muß in jedem Einzelfall und während der gesamten Vertragsdauer möglich sein (BFH, BStBl 1991 II 838).

Gezahlte Zinsen aus einem **nicht** anerkannten Darlehen sind einkommensteuerlich irrelevant (**keine** Einnahmen aus § 20, keine WK/BA (BFH, BStBl 1995 II 264).

8.3.2 Fremdvergleich

a) Allgemeines

Das Vereinbarte muß in jedem Einzelfall und während der gesamten Vertragsdauer nach Inhalt und Durchführung dem entsprechen, was fremde Dritte bei der Gestaltung eines entsprechenden Darlehensverhältnisses üblicherweise vereinbaren würden; vgl. BFH, BStBl 1991 II 291, 391 und BStBl 1992 II 468. Vergleichsmaßstab sind die Vertragsgestaltungen, die zwischen Darlehensnehmern und Kreditinstituten üblich sind.

Das setzt insbesondere voraus, daß

– eine Vereinbarung über die Laufzeit und über Art und Zeit der Rückzahlung des Darlehens getroffen worden ist,

– die Zinsen zu den Fälligkeitszeitpunkten entrichtet werden und

– der Rückzahlungsanspruch ausreichend besichert ist. Vgl. hierzu BMF, BStBl 1993 I 410.

Der Fremdvergleich ist auch durchzuführen, wenn Vereinbarungen nicht unmittelbar zwischen Angehörigen getroffen werden, sondern zwischen einer Personengesellschaft und Angehörigen der Gesellschafter, wenn die Gesellschafter, mit deren Angehörigen die Vereinbarungen getroffen wurden, die Gesellschaft beherrschen (BFH, BStBl 1991 II 581). Gleiches gilt, wenn beherrschende Gesellschafter einer Personengesellschaft Darlehensforderungen gegen die Personengesellschaft an Angehörige schenkweise abtreten.

b) Fremdvergleich bei wirtschaftlich voneinander unabhängigen Angehörigen

Ein Darlehensvertrag zwischen volljährigen, voneinander wirtschaftlich unabhängigen Angehörigen kann ausnahmsweise steuerrechtlich bereits anerkannt werden, wenn er zwar nicht in allen Punkten dem zwischen Fremden Üblichen entspricht, aber die Darlehensmittel, die aus Anlaß der Herstellung oder Anschaffung von Vermögensgegenständen gewährt werden (z. B. Bau- oder Anschaffungsdarlehen), ansonsten bei einem fremden Dritten hätten aufgenommen werden müssen. Entscheidend ist, daß die getroffenen Vereinbarungen tatsächlich vollzogen werden, insbesondere die Darlehenszinsen regelmäßig gezahlt werden. Die Modalitäten der Darlehenstilgung und die Besicherung brauchen in diesen Fällen nicht geprüft zu werden (BFH, BStBl 1991 II 838).

8.3.3 Schenkweise begründete Darlehensforderung

Wird die unentgeltliche Zuwendung eines Geldbetrags an einen Angehörigen davon abhängig gemacht, daß der Empfänger den Betrag als Darlehen wieder zurückgeben muß, ist ertragsteuerlich weder die vereinbarte Schenkung noch die Rückgabe als Darlehen anzuerkennen. Der Empfänger erhält nicht die alleinige und unbeschränkte Verfügungsmacht über die Geldmittel, da er sie nur zum Zwecke der Rückgabe an den Zuwendenden oder an eine Personengesellschaft, die der Zuwendende oder dessen Angehörige beherrschen, verwenden darf. Entsprechendes gilt im Verhältnis zwischen Eltern und minderjährigen Kindern, wenn das Kindesvermögen nicht einwandfrei vom Elternvermögen getrennt wird. Da die Schenkung tatsächlich nicht vollzogen wurde, begründet die Rückgewähr der Geldbeträge kein mit ertragsteuerlicher Wirkung anzuerkennendes Darlehensverhältnis.

Die Vereinbarungen zwischen den Angehörigen sind vielmehr ertragsteuerlich als eine modifizierte Schenkung zu beurteilen, die durch die als Darlehen bezeichneten Bedingungen gegenüber dem ursprünglichen Schenkungsversprechen in der Weise abgeändert sind, daß der Vollzug der Schenkung bis zur Rückzahlung des sog. Darlehens aufgeschoben und der Umfang der Schenkung durch die Zahlung sogenannter Darlehenszinsen erweitert ist. Daher dürfen die als Darlehenszinsen geltend gemachten Aufwendungen nicht als Betriebsausgaben oder Werbungskosten abgezogen werden.

Die Abhängigkeit zwischen Schenkung und Darlehen ist insbesondere in folgenden Fällen unwiderlegbar zu vermuten:

– Vereinbarung von Schenkung und Darlehen in ein und derselben Urkunde oder zwar in mehreren Urkunden, aber innerhalb einer kurzen Zeit,
– Schenkung unter der Auflage der Rückgabe als Darlehen,
– Schenkungsversprechen unter der aufschiebenden Bedingung der Rückgabe als Darlehen.

Die Abhängigkeit zwischen Schenkung und Darlehen ist insbesondere bei folgenden Vertragsgestaltungen **widerlegbar zu vermuten**:

– Vereinbarungsdarlehen nach § 607 Abs. 2 BGB,
– Darlehenskündigung nur mit Zustimmung des Schenkers,
– Zulässigkeit von Entnahmen durch den Beschenkten zu Lasten des Darlehenskontos nur mit Zustimmung des Schenkers.

Die Vermutung ist widerlegt, wenn Schenkung und Darlehen sachlich und zeitlich unabhängig voneinander vorgenommen worden sind. Voraussetzung hierfür ist, daß die Schenkung zivilrechtlich wirksam vollzogen wurde. Der Schenkende muß endgültig, tatsächlich und rechtlich entreichert und der Empfänger entsprechend bereichert sein; eine nur vorübergehende oder formale Vermögensverschiebung reicht nicht aus; vgl. BFH, BStBl 1985 II 243, BStBl 1991 II 581, BStBl 1991 II 838 und BStBl 1992 II 468.

Die Grundsätze zu schenkweise begründeten Darlehensforderungen gelten auch für partiarische Darlehen und für nach dem 31. 12. 1992 schenkweise begründete stille Beteiligungen, es sei denn, es ist eine Beteiligung am Verlust vereinbart oder der stille Beteiligte ist als Mitunternehmer anzusehen. Im übrigen ist R 138a anzuwenden.

Von Gesellschaftern einer Personengesellschaft an nahe Angehörige abgetretene Darlehnsforderungen gegen die Gesellschaft unterliegen dem Fremdvergleich (BFH, BStBl 1991 II 18).

9. Auswirkungen der ehelichen Güterstände auf die Zurechnung der Einkünfte von Ehegatten

9.1 Eheliche Güterstände (zivilrechtliche Grundlagen)

a) Zugewinngemeinschaft (gesetzlicher Güterstand)

Gesetzlicher Güterstand ist die Zugewinngemeinschaft (§ 1363 BGB). Dieser Güterstand tritt ein, wenn die Ehegatten keinen anderen Güterstand vereinbart haben. Hierbei bleiben – wie bei der Gütertrennung – die Vermögen der Ehegatten getrennt. Nach Auflösung der Ehe ist der während der Ehe erzielte Zugewinn zwischen den Ehegatten auszugleichen.

Haben Eheleute Gegenstände gemeinsam angeschafft, sind diese Gegenstände bruchteilsmäßig (hälftig) jedem Ehegatten zuzuordnen. Auch steuerlich ist davon auszugehen, daß jeder Ehegatte sein eigenes Vermögen hat.

b) Gütertrennung

Bei der Gütertrennung (§ 1414 BGB) bleiben die Vermögen der Ehegatten getrennt. Es existieren zwei Vermögensmassen: Vermögen des Mannes und Vermögen der Frau. Die Gütertrennung kommt vor allem durch Ehevertrag zustande (Vereinbarung der Ehegatten), unter Umständen aber auch kraft Gesetzes (als subsidiärer gesetzlicher Güterstand) vgl. §§ 1388, 1449, 1470 BGB.

Im Falle der Beendigung dieses Güterstandes findet ein Ausgleich nicht statt.

c) Allgemeine Gütergemeinschaft (§ 1415 BGB)

Die allgemeine Gütergemeinschaft tritt nur ein durch Abschluß eines entsprechenden Ehevertrages. Bei der Gütergemeinschaft sind fünf Vermögensmassen zu unterscheiden:

- **Gesamtgut der Ehegatten**

  Zum Gesamtgut der Ehegatten gehört grundsätzlich das gesamte Vermögen der Ehegatten (§ 1416 BGB). Das Gesamtgut ist gemeinschaftliches Vermögen der Ehegatten. Es besteht insoweit eine Gemeinschaft zur gesamten Hand.

  Vereinbaren die Eheleute die allgemeine Gütergemeinschaft, geht das Vermögen beider Eheleute bei Eingehung der Ehe und das, was die Eheleute hinzuerwerben, grundsätzlich in das Gesamtgut (§ 1416 BGB). Ausgenommen hiervon sind das Sondergut und das Vorbehaltsgut.

- **Sondergut des Mannes und der Frau**

  Das Sondergut eines Ehegatten besteht aus dem ihm gehörigen (nicht durch Rechtsgeschäft übertragbaren) Gegenständen.

  Beispiele:
  - Gesellschaftsanteile
  - Nießbrauchsrechte

  Zwar verwaltet jeder Ehegatte sein Sondergut selbständig, aber für Rechnung des Gesamtguts (§ 1417 BGB). Die Erträge des Sondergutes fließen daher ins Gesamtgut.

- **Vorbehaltsgut des Mannes und der Frau**

  Zum Vorbehaltsgut gehören solche Gegenstände, die durch Ehevertrag zum Vorbehaltsgut eines Ehegatten erklärt sind (§ 1418 BGB), die ein Ehegatte von Todes wegen erwirbt oder die ihm von einem Dritten unentgeltlich zugewandt werden, wenn der Erblasser durch letztwillige Verfügung bzw. der Dritte bei der Zuwendung bestimmt hat, daß der Erwerb Vorbehaltsgut sein soll. Jeder Ehegatte verwaltet das Vorbehaltsgut selbständig und auf eigene Rechnung. Die Erträge daraus gehören daher ebenfalls zum Vorbehaltsgut (anders als beim Sondergut).

9.2 Einkommensteuerliche Folgen

Welchem Ehegatten die Einkünfte zuzurechnen sind, richtet sich danach, wer den Tatbestand der Einkunftserzielung in seiner Person verwirklicht hat.

Die Einkünfte sind grundsätzlich dem Ehegatten zuzurechnen, der sie rechtlich und wirtschaftlich erzielt hat. In Ausnahmefällen sind die Einkünfte dem Ehegatten zuzurechnen, der sie wirtschaftlich erzielt hat. Vgl. H 174a „Ehelicher Güterstand".

Wenn sie den Ehegatten gemeinsam zustehen, sind die Einkünfte ihnen anteilig zuzurechnen.

9.2.1 Zugewinngemeinschaft und Gütertrennung

Da bei der **Zugewinngemeinschaft** die Vermögen der Ehegatten zivilrechtlich getrennt bleiben und jeder die Nutzungen seines Vermögens selbst zieht, sind einkommensteuerlich jedem Ehegatten die Erträge des jeweiligen eigenen Vermögens zuzurechnen. Ein späterer Zugewinnausgleich gehört nicht zu den steuerpflichtigen Einkünften. Die Erfüllung einer Zugewinnausgleichsforderung durch Übertragung des Eigentums an Vermögenswerten führt zu einem **entgeltlichen** Erwerb des anspruchsberechtigten Ehegatten und zu einer Veräußerung des zur Erfüllung des Zugewinnanspruchs verpflichteten Ehegatten.

Bei der **Gütertrennung** gilt hinsichtlich der Zurechnung der Einkünfte die gleiche steuerliche Behandlung wie bei der Zugewinngemeinschaft.

9.2.2 Allgemeine Gütergemeinschaft

Die einkommensteuerliche Behandlung richtet sich danach, zu welcher Vermögensmasse das Vermögen gehört, aus dem Einkünfte fließen.

Einkünfte, die den Ehegatten nicht als Ertrag des Gesamtguts zufließen, sind unbeachtlich des Güterstands der Gütergemeinschaft dem Ehegatten zuzurechnen, der sie tatsächlich erzielt hat.

Gehört das Vermögen zum Sondergut oder Vorbehaltsgut eines Ehegatten, so sind die Einkünfte daraus nur diesem Ehegatten zuzurechnen Von den obigen Ausnahmen abgesehen, bildet sich aus den Vermögensmassen der Ehegatten durch Vereinbarung der Gütergemeinschaft ein Gesamtgut im Wege der Gesamtrechtsnachfolge.

Das zum Gesamtgut der Ehegatten gehörende Vermögen ist als Gesamthandsvermögen der Ehegatten zu betrachten.

Gehört das Vermögen zum Gesamtgut, so können – da das Gesamtgut den Ehegatten gemeinschaftlich gehört – die Einkünfte den Ehegatten nach § 39 Abs. 2 Nr. 2 AO anteilig zuzurechnen sein (Regelfall). Voraussetzung ist jedoch, daß durch die Gütergemeinschaft eine Vermögensgemeinschaft zwischen den Ehegatten wie zwischen Fremden besteht. Nach der Rechtsprechung des BFH (insbesondere nach dem BFH-Gutachten, BStBl 1959 III 263) ist bei den einzelnen Einkunftsarten wie folgt zu unterscheiden:

a) Einkünfte aus Land- und Forstwirtschaft (§ 13)

Die Entstehung der Einkünfte beruht hier auf dem Einsatz von Vermögen und Arbeitskraft.

Wenn beide Ehegatten im Betrieb mitarbeiten, ist der Gewinn den Ehegatten zur Hälfte zuzurechnen (vgl. § 39 Abs. 2 Nr. 2 AO). Erhebliche Unterschiede im Umfang der Arbeitsleistung können zu einer hiervon abweichenden Gewinnverteilung führen. Ein steuerlich anzuerkennendes Arbeitsverhältnis des einen Ehegatten mit dem anderen Ehegatten ist bei Zugehörigkeit des land- und forstwirtschaftlichen Betriebs zum Gesamtgut ausgeschlossen. Vgl. im einzelnen unter 2.

b) Einkünfte aus Gewerbebetrieb (§ 15)

Die Entstehung der Einkünfte beruht auf dem Einsatz von Vermögen und Unternehmertätigkeit.

Betreibt einer der Ehegatten – wenn auch lediglich auf seinen Namen – einen ins **Gesamtgut** fallenden Gewerbebetrieb, so kann ein Gesellschaftsverhältnis zwischen den Ehegatten vorliegen mit der Folge einer steuerlichen Mitunternehmerschaft (§ 15 Abs. 1 Nr. 2).

Der nichttätige Ehegatte ist wegen der Teilhabe an den Erträgen und der dinglichen Berechtigung am Gesamtgut und der hieraus herrührenden Teilhabe an den stillen Reserven des BV und der Haftung des Gesamtgutes für betriebliche Schulden unter Umständen auch ohne Gesellschaftsvertrag als Mitunternehmer anzusehen (so auch Schmidt, EStG, 14. Aufl., § 15, Anm. 63b).

Maßgeblich ist nicht, daß der andere Ehegatte handelsrechtlich nicht Gesellschafter ist. Denn nicht jeder Gesellschafter ist Mitunternehmer und umgekehrt, vgl. BFH, BStBl 1975 II 498 und K. 2.2.2.1. Ohne Bedeutung ist auch, daß der andere Ehegatte nicht nach außen auftritt und dem tätigen Ehegatten die alleinige Verwaltung über das Gesamtgut übertragen worden ist (§ 1421 BGB).

Die eigene Unternehmerinitiative wird aus den Mitwirkungsrechten bei Gütergemeinschaft und den Kontrollrechten (§§ 1423–1425; § 1435 BGB) gefolgert.

Der BFH hat es als unbeachtlich angesehen, daß die Mitunternehmerinitiative praktisch überhaupt nicht ausgeprägt ist, wenn der nicht den Betrieb führende Ehegatte lediglich die Kontrollrechte des § 1435 BGB hat (bestätigt durch BFH, BStBl 1981 II 63 – zur Errungenschaftsgemeinschaft).

Der andere – nichttätige – Ehegatte ist jedoch **nicht** Mitunternehmer, wenn im Gewerbebetrieb die persönliche Arbeitsleistung des tätigen Ehegatten entscheidend in den Vordergrund tritt und im Betrieb kein nennenswertes ins Gesamtgut fallendes Kapital eingesetzt wird (BFH, BStBl 1977 II 201 und 836 sowie BStBl 1980 II 634).

Nach letzterem Urteil ist die Ehefrau eines selbständigen Handelsvertreters, der im Güterstand der Gütergemeinschaft lebt, im Regelfall nicht deshalb schon als Mitunternehmerin des vom Ehemann betriebenen gewerblichen Unternehmens anzusehen, weil der Ehemann einige Räume eines zum Gesamtgut gehörenden Grundstücks zu Bürozwecken benutzt.

Wird dagegen **nennenswertes, ins Gesamtgut fallendes Kapital eingesetzt** oder tritt die persönliche Arbeitsleistung des handelsrechtlich das Gewerbe allein betreibenden Ehegatten **nicht** entscheidend in den Vordergrund, so ist der andere Ehegatte letztlich Mitunternehmer i. S. § 15 Abs. 1 Nr. 2 (BFH, a. a. O.). Denn wenn im Gewerbebetrieb, der zum Gesamtgut beider Eheleute gehört, erhebliches Betriebskapital gebunden ist, ist die Beteiligung am Risiko durch den Kapitaleinsatz auch für den anderen Ehegatten sehr hoch und führt zur Bejahung eines ausgeprägten Mitunternehmerrisikos.

Ist eine **Mitunternehmerschaft zu bejahen,** ist ein **Arbeitslohn** für den im Betrieb mitarbeitenden Ehegatten als **Gewinnanteil** i. S. § 15 Abs. 1 Nr. 2 zu behandeln.

Wenn beide Ehegatten im Betrieb mitarbeiten, ist der **Gewinn zur Hälfte den Ehegatten zuzurechnen.** Arbeitet nur ein Ehegatte mit oder ist die Mitarbeit der beiden Ehegatten ungleichmäßig, so ist der Gewinn im Wege der **Schätzung** (§ 162 AO) anderweitig zu verteilen. Es muß eine **einheitliche und gesonderte Gewinnfeststellung** durchgeführt werden.

Veräußerungsgewinne nach § 16 sind ebenfalls entsprechend **aufzuteilen.** Die Einkünfte aus § 17 **sind je zur Hälfte** aufzuteilen, da die persönliche Mitarbeit bei diesem Tatbestand der Einkunftserzielung bedeutungslos ist.

Im Fall der **Beteiligung** eines Ehegatten an einer **Personengesellschaft** sind zwei Fälle zu unterscheiden.

Hat der Ehegatte die **Beteiligung mit in die Ehe gebracht,** gehört sie in aller Regel zum **Sondergut,** da der Anteil an der Gesellschaft gemäß § 717 Satz I BGB nicht übertragbar ist.

Die Ergebnisanteile (§ 15 Abs. 1 Nr. 2) sind daher dem **beteiligten Ehegatten allein zuzurechnen** (BFH, BStBl 1961 III 253). Hierbei ist es lt. BFH unbeachtlich, daß die Gewinne aus der Beteiligung an der Personengesellschaft nach bürgerlichem Recht ins Gesamtgut fallen.

Wird dagegen die **Beteiligung aus dem Gesamtgut gebildet,** muß sie in aller Regel dem Gesamtgut zugerechnet werden, so daß der **Gewinnanteil den Ehegatten gemeinsam zusteht** (BFH, BStBl 1961 III 253 und 1962 III 346).

Beispiel:
Die Ehegatten haben die Beteiligung aus den Mitteln des Gesamtguts erworben. Jedem ist die Hälfte des Ergebnisanteils i. S. des § 15 Abs. 1 Nr. 2 zuzurechnen. Hinter dieser Beurteilung durch den BFH steht die Überlegung, daß der Ehegatte, der Gesellschafter ist, die Beteiligung gemäß § 39 Abs. 2 Nr. 1 AO als Treuhänder für das Gesamtgut verwaltet und daß sie deshalb steuerlich als zum Gesamtgut gehörend zu behandeln ist.

Bei einem **gepachteten Betrieb** kommt es für die Zurechnung der Einkünfte nur auf den Umfang der Arbeitsleistungen eines jeden Ehegatten an.

c) Einkünfte aus selbständiger Arbeit (§ 18)

Einkünfte aus freier Berufstätigkeit (§ 18 Abs. 1 Nr. 1) beruhen entscheidend auf den **persönlichen Arbeitsleistungen des Berufsträgers.**

Einkünfte aus einer freien Berufstätigkeit sind daher grundsätzlich dem **Berufsträger allein zuzurechnen.**

In den Fällen, in denen der Gewinn ausschließlich dem Berufsträger zuzurechnen ist, ist ein **Arbeitsverhältnis** mit dem berufsfremden Ehegatten **mit steuerlicher Wirkung möglich.**

Arbeitet ein berufsfremder Ehegatte in der Praxis des anderen Ehegatten in **untergeordneter Tätigkeit** mit, liegen kein Gesellschaftsverhältnis und auch **keine Mitunternehmerschaft** vor. Stellt aber der berufsfremde Ehegatte dem freiberuflich tätigen Ehegatten **erhebliches Vermögen** zur Ausübung der Berufstätigkeit zur Verfügung, so ist ein **Gesellschaftsverhältnis zu bejahen.** Allerdings erzielen beide Ehegatten einheitlich Einkünfte aus **Gewerbebetrieb,** vgl. H 136 (Gesellschaft); BFH, BStBl 1987 II 124. Die Gewinnverteilung richtet sich nach dem Einsatz von Arbeitskraft und Kapital. Es ist eine einheitliche und gesonderte Gewinnfeststellung durchzuführen.

Sind **beide** Ehegatten Träger der **freien Berufstätigkeit und üben beide den Beruf aus,** liegt stets ein Gesellschaftsverhältnis vor. § 15 Abs. 1 Nr. 2 ist entsprechend anzuwenden. **Beide** Ehegatten erzielen Einkünfte aus **§ 18 Abs. 1 Nr.** 1. Tätigkeitsvergütungen fallen nicht unter § 19, sondern unter § 18. I. d. R. werden die Einkünfte beider Ehegatten je zur Hälfte zuzurechnen sein. Es ist ebenfalls eine einheitliche und gesonderte Gewinnfeststellung erforderlich.

Bei Einkünften aus **sonstiger** selbständiger Tätigkeit (§ 18 Abs. 1 Nr. 3) dürften die für Freiberufler geltenden Grundsätze entsprechend anzuwenden sein.

d) Einkünfte aus nichtselbständiger Arbeit (§ 19)

Die Einkünfte aus § 19 beruhen allein auf der persönlichen Arbeitsleistung.

Die Arbeitskraft der Ehegatten gehört nicht zum Gesamtgut, sondern ist das höchstpersönliche Gut eines jeden Ehegatten. Außerdem entstehen **Rechtsbeziehungen** i. S. des § I LStDV **nur zwischen dem Arbeitgeber und dem jeweiligen Arbeitnehmer.** Wegen Ehegatten-Arbeitsverhältnissen vgl. vorstehend unter b).

Die Einkünfte sind daher steuerlich dem Ehegatten zuzurechnen, der sie als Arbeitnehmer durch seine Tätigkeit erzielt hat.

Insoweit gelten vergleichbare Grundsätze wie bei Freiberuflern.

e) Einkünfte aus Kapitalvermögen (§ 20) und Vermietung und Verpachtung (§ 21)

Diese Einkünfte basieren entscheidend auf dem Einsatz von Kapital bzw. Vermögenswerten. Sofern die Einkunftsquellen zum **Gesamtgut** gehören, sind diese **Einkünfte den Ehegatten je zur Hälfte zuzurechnen,** da ihnen der Ertrag rechtlich und wirtschaftlich gemeinsam je zur Hälfte zusteht. Es ist eine einheitliche und gesonderte Feststellung der Einkünfte durchzuführen.

Die Erträge aus Sonder- und Vorbehaltsgut sind bei dem Ehegatten, dem das Sonder- und Vorbehaltsgut zuzurechnen ist, zu erfassen.

f) Einkünfte aus § 22

– **Renten und andere wiederkehrende Bezüge (§ 22 Nr. 1)**

sind den Ehegatten je zur Hälfte zuzurechnen, wenn das Recht, aus dem die Erträge fließen, zum Gesamtgut gehört oder dem Gesamtgut „entsprungen" ist. Das gilt insbesondere auch für Renten aus der Sozialversicherung sowie Versorgungsrenten (desgleichen bei anderen Formen wiederkehrender Bezüge). Etwas **anderes** gilt bei **Unterhaltsansprüchen** gegenüber einem **geschiedenen Ehegatten.** Unter den Voraussetzungen des § 22 Nr. 1a sind die Unterhaltsleistungen **beim Empfänger zu versteuern,** und zwar von ihm **allein.**

– **Spekulationsgeschäfte (§ 22 Nr. 2 i. V. m. § 23)**

Die bei den wiederkehrenden Bezügen i.S. des § 22 Nr. 1 anzuwendenden Grundsätze sind hier entsprechend anzuwenden: Gehören die veräußerten Wirtschaftsgüter zum Gesamtgut, so sind die Einkünfte hieraus den Ehegatten zur Hälfte zuzurechnen.

g) Leistungen aus § 22 Nr. 3

Die Zurechnung der Einkünfte ist davon abhängig, ob sie durch persönliche Arbeitsleistung oder Vermögenseinsatz erzielt werden.

Bei der Vermietung einzelner beweglicher Wirtschaftsgüter des Gesamtguts werden die Einkünfte den Ehegatten zur Hälfte zugerechnet. Bei den Leistungen des § 22 Nr. 3 sind die Einkünfte dem Ehegatten zuzurechnen, der die Leistung erbracht hat.

Beispiel:

Einkünfte aus gelegentlichen Vermittlungen sind dem Ehegatten allein zuzurechnen, der die Vermittlungsleistung erbracht hat.

h) Einkünfte aus § 24

Für Entschädigungen (§ 24 Nr. 1) und nachträgliche Einkünfte (§ 24 Nr. 2) gelten die für die jeweilige Einkunftsart anzuwendenden Regeln der Zurechnung.

Beispiel:

Eine Veräußerungsleibrente aus der Veräußerung eines seinerzeit zum Gesamtgut gehörenden Gewerbebetriebs stellt im Falle der „nachträglichen" Versteuerung jedem Ehegatten zur Hälfte zuzurechnende nachträgliche Einkünfte aus §§ 15 Abs. 1 Nr. 1 i. V. m. 24 Nr. 2 dar.

i) Vereinbarung der allgemeinen Gütergemeinschaft im Laufe eines Jahres

Bei Zustandekommen der Vereinbarung der allgemeinen Gütergemeinschaft im Laufe eines Jahres treten die Wirkungen dieser Vereinbarung erst im Zeitpunkt des Wirksamwerdens ein. Es kommt u. E. nicht zu einer Rückwirkung.

Beispiel:

Gewinn aus Gewerbebetrieb 05 (WJ 1.1. – 31.12.05) des Ehemanns	120 000 DM,
Sparzinsen aus Sparkonto auf den Namen der Ehefrau für 05 (gutgeschrieben zum 31.12.05)	9 000 DM.

Gewerbebetrieb und Sparkonto werden am **1.7.05 Gesamtgut** der ab diesem Zeitpunkt vereinbarten Gütergemeinschaft. Vorher bestand gesetzlicher Güterstand der Zugewinngemeinschaft.

Zurechnung der Einkünfte in 05

Bis zum 30.6.05 sind die Einkünfte dem jeweiligen Ehegatten allein zuzurechnen, da die Einkunftsquelle dem jeweiligen Ehegatten allein gehört. Diese Aufteilung erfolgt im Schätzungswege (§ 162 AO).

Beim Gewinn ist eine zeitanteilige Aufteilung vorzunehmen; bei den Überschußeinkünften kommt es auf den Zuflußzeitpunkt (§ 11) an.

Ab 1.7.05 Zurechnung bei beiden Ehegatten je zur Hälfte

	Ehemann	Ehefrau
1.1. – 30.6.05		
§ 15 – $^{6}/_{12}$: voll –	60 000 DM	–
Einnahmen § 20 – kein Zufluß –	–	–
1.7. – 31.12.05		
§ 15 je 50% (ab. 1.7.)	30 000 DM	30 000 DM
§ 20 je 50% (31.12.)	4 500 DM	4 500 DM

j) Sonstige Wirkungen der Gütergemeinschaft

Steuerlich ist Gesamthandsvermögen wie Bruchteilseigentum zu behandeln (§ 39 Abs. 2 Nr. 2 AO). Durch die Vereinbarung der Gütergemeinschaft kommt es daher hinsichtlich des Gesamtgutes zu einer unentgeltlichen Übertragung mit der Folge, daß eine Eigentumshälfte unentgeltlich auf den anderen Ehegatten übertragen wird.

Bei Betrieben kommt insoweit § 7 Abs. 1 EStDV (Buchwertverknüpfung), bei Grundstücken des Privatvermögens § 11d EStDV zur Anwendung. Vgl. hierzu auch FinVerw, StEK EStG, § 15 Nr. 36.

Beispiel:

Die Eheleute A vereinbaren die allgemeine Gütergemeinschaft ab 1.1.06. A bringt ein vermietetes Zweifamilienhaus in das Gesamtgut ein mit Herstellungskosten von 300 000 DM.

A hat seit dem Jahre 01 hierfür degressive AfA nach § 7 Abs. 5 (jährlich 7% von 300 000 = 21 000 DM) geltend gemacht. Nach § 11d Abs. 1 EStDV geht die AfA-Bemessungsgrundlage hinsichtlich 50% des Gebäudes auf die Ehefrau über. Sie kann insoweit § 7 Abs. 5 fortsetzen als unentgeltliche Erwerberin einer ideellen Eigentumshälfte.

9.2.3 Andere vertragliche Güterstände

Auch für Eheverträge gilt grds. Vertragsfreiheit (vgl. § 1408 Abs. 1 BGB).

Ein weiterer möglicher Güterstand ist die fortgesetzte Gütergemeinschaft (§§ 1483 ff. BGB).

Im Falle der **fortgesetzten Gütergemeinschaft** sind bei unbeschränkter Steuerpflicht die Einkünfte grds. dem überlebenden Ehegatten zuzurechnen (§ 28 EStG).

Soweit in den vorgenannten Fällen ein Gesamtgut vorhanden ist, sind die Einkünfte entsprechend den Grundsätzen der allgemeinen Gütergemeinschaft zuzurechnen. Im übrigen sind die Einkünfte dem Ehegatten zuzurechnen, der sie tatsächlich erzielt hat.

Beispiel:

Gehört zum Gesamtgut ein Unternehmen, so ist dieses nur dem überlebenden Ehegatten zuzurechnen. Die Kinder gelten im Verhältnis zur Mutter nicht als Mitunternehmer (BFH, BStBl 1975 II 437).

Die Wirkungen des § 28 treten aber nicht zwangsläufig ein.

Vereinbart der überlebende Ehegatte mit den Kindern eine Aufteilung der Einkünfte, wird also die Gütergemeinschaft im Innenverhältnis tatsächlich nicht fortgesetzt, ist § 28 nicht anwendbar. Es kommt zu einer regulären Zurechnung auf alle Beteiligten (BFH, BStBl 1966 III 505).

E. Tarif

1. Aufbau des Tarifs

1.1 Allgemeines

Bemessungsgrundlage für die Einkommensteuer ist das zu versteuernde Einkommen.

Durch das JStG 1996 wurde der Tarif neu gestaltet (= **T 96**).

Mit der Steuerfreistellung des Existenzminimums wird dem Auftrag des BVerfG durch Beschluß vom 25.9.1992, BStBl 1993 II 413 entsprochen, wonach dem der Einkommsteuer unterworfenen Stpfl. nach Erfüllung seiner Einkommensteuerschuld von dem, was er erworben hat, so viel verbleiben muß, als er zur Bestreitung seines notwendigen Lebensunterhalts und – unter Berücksichtigung des Artikels 6 GG – des Lebensunterhalts seiner Familie bedarf.

Durch die Neuregelung **entfällt ab 1996** die durch das Gesetz zur Umsetzung des Föderalen Konsolidierungsprogramms (FKPG) eingeführte Übergangsregelung in § 32d, die an den Erwerbsbezügen eines Steuerpflichtigen anknüpft und die die Steuerentlastung aus der Freistellung eines im Vergleich zum tariflichen Grundfreibetrag erhöhten Existenzminimums auf die Bezieher kleiner Einkommen beschränkt.

Damit fallen auch die komplizierten und umstrittenen Bestimmungen zur Berücksichtigung von Hinzurechnungen und zur Ermittlung von sog. Erwerbsbezügen weg.

Die vom BVerfG ab VZ 1996 geforderte endtültige Regelung einer Freistellung des Existenzminimums von der Besteuerung hat der Gesetzgeber in Gestalt eines in den Einkommensteuertarif integrierten Grundfreibetrags verwirklicht.

- **Höhe des Existenzminimums**

Das steuerfreie Existenzminimum wird in den §§ 32a, 52 Abs. 22b bis d wie folgt festgelegt:

Für **1996** wird der Grundfreibetrag von 5 616 DM/11 232 DM auf **12 095 DM/24 191 DM** (Alleinstehende/zusammenveranlagte Eheleute) angehoben.

In den Jahren **1997** und **1998** wird er auf gleichbleibend **12 365 DM/24 731 DM** und ab dem Jahr **1999** auf **13 067 DM/26 135 DM** erhöht.

Die Beiträge für 1996 beruhen auf dem Bericht der Bundesregierung zur Höhe des Existenzminimus im Jahre 1996 (BT-Drs. 13/381). Das von der Besteuerung freizustellende Existenzminimum beträgt danach im Jahre 1996 bei einem Erwachsenen 11 874 DM und bei einem Haushalt mit zwei Erwachsenen 21 118 DM.

Die Beträge „orientieren" sich am **Sozialhilfebedarf**, ohne mit ihm deckungsgleich zu sein.

- **Tarifstruktur**

Die Steuerfreiheit des Existenzminimums wird als **Grundfreibetrag** im Steuertarif und **nicht** als außertarifliche Grundentlastung – wie zunächst zu Beginn des Vorhabens in den Gesetzentwürfen der Bundesregierung und der Koalitionsfraktionen vorgesehen – verwirklicht.

Der Eingangsteuersatz ist gegenüber dem bisherigen Tarif von 19 v.H. auf **25,9 v.H.** angehoben worden.

Der Einkommensteuertarif sieht anstelle des bisherigen durchgängig linear-progressiven Tarifverlaufs im Progressionsbereich **zwei linear-progressive Zonen** vor („**Knick-Tarif**").

Die bisherige untere Proportionalzone **entfällt**.

Die erste linear-progressive Zone beginnt oberhalb des Grundfreibetrags mit dem Eingangsteuersatz und endet in der Grundtabelle bei einem zu versteuernden Einkommen von 55 727 DM.

Ab einem zu versteuernden Einkommen von **55 728 DM/111 456 DM** „mündet" der neue Tarif in den „alten" Tarif 1990 (T90) ein. Die Entlastungswirkung durch die Anhebung des Grundfreibetrags wird also auf Stpfl. mit zu versteuerndem Einkommen **unterhalb** dieser Beträge begrenzt.

- **Fortentwicklung des Tarifs**

In den Jahren ab 1997 wird die Grundstruktur des Einkommensteuertarifs beibehalten. In den Jahren 1997/1998 liegt der „Knick" in der Grundtabelle bei 58 643 DM und ab 1999 bei 66 365 DM. Es ist vorgesehen, für die Zeit ab VZ 1999 rechtzeitig Verhandlungen über eine Veränderung des Einkommensteuertarifs oberhalb des Punktes, in dem der neue Tarif in den bisherigen Tarifverlauf einmündet, aufzunehmen. Dadurch soll eine dauerhafte Nichtberücksichtigung mittlerer und höherer Einkommen bei künftigen Erhöhungen des Grundfreibetrag verhindert werden (= **Tarif 2000**).

Der Verlauf des Tarifs wird durch das folgende Schema verdeutlicht.

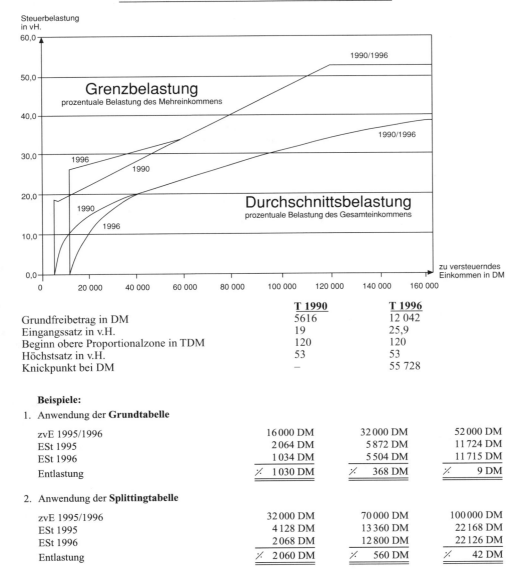

	T 1990	T 1996
Grundfreibetrag in DM	5616	12 042
Eingangssatz in v.H.	19	25,9
Beginn obere Proportionalzone in TDM	120	120
Höchstsatz in v.H.	53	53
Knickpunkt bei DM	–	55 728

Beispiele:

1. Anwendung der **Grundtabelle**

zvE 1995/1996	16 000 DM	32 000 DM	52 000 DM
ESt 1995	2 064 DM	5 872 DM	11 724 DM
ESt 1996	1 034 DM	5 504 DM	11 715 DM
Entlastung	./. 1 030 DM	./. 368 DM	./. 9 DM

2. Anwendung der **Splittingtabelle**

zvE 1995/1996	32 000 DM	70 000 DM	100 000 DM
ESt 1995	4 128 DM	13 360 DM	22 168 DM
ESt 1996	2 068 DM	12 800 DM	22 126 DM
Entlastung	./. 2 060 DM	./. 560 DM	./. 42 DM

1.2 Nullzone

Die Nullzone wird durch den **Grundfreibetrag** bestimmt, der **12 095/24 191 DM** beträgt. Zu versteuernde Einkommen bis zu diesem Betrag zuzüglich bis 54/108 DM Abrundungsbetrag werden nicht versteuert.

Das **Existenzminimum soll damit steuerfrei** gestellt werden (sofern das ZVE unterhalb des „Tarif-Knicks" (vgl. 1.1) liegt).

1.3 Erste linear-progressive Zone

Die erste linear-progressive Zone **beginnt** oberhalb des Grundfreibetrages mit dem Eingangsteuersatz von 25,9 v.H. und **endet** in der Grundtabelle bei einem zu versteuernden Einkommen von **55 727 DM**.

1.4 Zweite progressive Zone

Die zweite progressive Zone **beginnt** bei einem Einkommen von **55 728 DM** und **endet** bei **120 041 DM**. Sie entspricht dem Tarif 1990.

1.5 Proportionalzone

Einkommensteile, die das zu versteuernde Einkommen von 120 042/240 084 DM (Alleinstehende/Verheiratete) übersteigen, werden wie bisher **mit einem Spitzensteuersatz** von **53 v. H.** versteuert.

1.6 Grundtabelle

Die in § 32a Abs. 1 aufgeführten Tarifformeln sind die Grundlage für die Einkommensteuer-Grundtabelle (Anlage 1 zum EStG). Sie gilt grundsätzlich für Alleinstehende, Eheleute bei getrennter Veranlagung (§ 26a), sowie für die besondere Veranlagung (§ 26c).

Vgl. im einzelnen unter 2.

1.7 Splittingtarif

Das Splittingverfahren basiert ebenfalls auf § 32a Abs. 1.

Jedoch wird das zu versteuernde Einkommen halbiert, die Steuer auf den abgerundeten Betrag errechnet und sodann der Steuerbetrag verdoppelt (§ 32a Abs. 5).

Beispiel:

Das zu versteuernde Einkommen 1996 der Eheleute beträgt 80 000 DM.

Die Steuer nach dem Splittingtarif errechnet sich wie folgt:

halbes zu versteuerndes Einkommen	40 000 DM
abgerundet	39 960 DM
Einkommensteuer lt. Grundtabelle 1996 =	7 922 DM
Verdopplung =	15 844 DM

Somit beträgt die Steuer beim zu versteuernden Einkommen von 80 000 DM unter Anwendung des Splittingtarifs =	15 844 DM
bei Anwendung des Grundtarifs =	21 976 DM
Ersparnis durch Splittingverfahren	6 132 DM

Auf dieser Grundlage ist die Splittingtabelle erstellt worden.

1.8 Vorteile des Splittingverfahrens

Durch die rechnerische Verteilung des gemeinsamen zu versteuernden Einkommens zu gleichen Teilen (50: 50) auf beide Ehegatten wird die **progressive Wirkung** des **Einkommensteuertarifs gemildert.**

So werden durch die **zweimalige** Anwendung des Grundtarifs auf das **halbierte** zu versteuernde Einkommen

- der Grundfreibetrag,
- die Proportionalzone und
- der progressive Anstieg des Steuersatzes

zweimal zugunsten der Ehegatten wirksam.

Der Splittingvorteil ist am **größten,** wenn nur einer der Ehegatten Einkünfte bezogen hat.

Der Vorteil **wird geringer,** wenn auch der andere Ehegatte Einkünfte bezogen hat.

Der Vorteil wird **gleich 0 DM,** wenn beide Ehegatten gleichhohe Besteuerungsgrundlagen aufweisen.

2. Anwendungsbereich von Grundtarif und Splittingtarif

Der Tarif ist u.a. abhängig von der Veranlagungsart. Es empfiehlt sich, zur Prüfung des anzuwendenden Tarifs vorher die durchzuführende(n) Veranlagungsart(en) festzustellen.

Der einzelnen Veranlagungsart entspricht jeweils ein **typischer** Tarif:

Veranlagungsart	Typischer Tarif	Bemerkung
Einzelveranlagung (§ 25)	▶ **Grund**tarif (§ 32a Abs. 1, 4)	in Sonderfällen Splittingtarif
Getrennte Veranlagung (§ 26a)	▶ **Grund**tarif (§ 32a Abs. 1, 4)	einzige Tarifmöglichkeit
Zusammenveranlagung (§ 26b), ggf. i.V.m. § 1a Abs. 1 Nr. 2	▶ **Splitting**tarif (§ 32a Abs. 5)	einzige Tarifmöglichkeit
Besondere Veranlagung (§ 26c)	▶ **Grund**tarif (§ 32a Abs. 1, 4)	In Sonderfällen Splittingtarif

Mehrere Tarif**möglichkeiten** ergeben sich bei der **Einzel**veranlagung und der **besonderen** Veranlagung.

Hier ist jeweils in Sonderfällen abweichend vom Grundsatz des Grundtarifs auch das Splittingverfahren des § 32a Abs. 5 anwendbar.

2.1 Grundtarif (§ 32a Abs. 1 und 4 EStG)

Der Grundtarif wird grundsätzlich angewandt bei

- Einzelveranlagung, d.h. bei Nichtverheirateten und Eheleuten, bei denen die Voraussetzungen für eine Ehegattenveranlagung (§ 26 Abs. 1) nicht vorliegen
- Ehegatten, von denen mindestens einer die getrennte Veranlagung gewählt hat (§ 26a), sowie
- besonderer Veranlagung (§ 26c).

2.2 Splittingtarif (§ 32a Abs. 5 EStG)

Der Splittingtarif wird stets bei Ehegatten, die nach den Vorschriften der §§ 26, 26b bzw. 1a Abs. 1 Nr. 2 **zusammen zur Einkommensteuer veranlagt** werden, gewährt (§ 32a Abs. 5).

2.3 Verwitweten-Splitting

2.3.1 Grundsätze

Aus Billigkeitsgründen wird der Splittingtarif auch bei **Einzelveranlagung** gewährt bei einem **verwitweten** Stpfl. für den Veranlagungszeitraum, der dem Kalenderjahr folgt, in dem der Ehegatte verstorben ist, wenn der Steuerpflichtige und sein verstorbener Ehegatte im Zeitpunkt dessen Todes noch die Voraussetzungen des § 26 Abs. 1 Satz 1 erfüllt haben (§ 32a Abs. 6 Nr. 1).

Es ist **nicht** Voraussetzung, daß die Eheleute für das Todesjahr zusammenveranlagt werden, sondern, daß im Zeitpunkt des Todes noch die in § 26 genannten Voraussetzungen vorgelegen haben.

Splittingtarif wird daher **nicht** gewährt, wenn ein Ehegatte im Zeitpunkt des Todes seinen Wohnsitz oder gewöhnlichen Aufenthalt nicht im Inland hatte. Gleiches gilt, wenn die Eheleute sich kurz vor dem Tode des anderen Ehegatten dauernd getrennt haben. Es spielt hierbei keine Rolle, daß die Voraussetzungen der Ehegattenveranlagung in diesem Kalenderjahr vorgelegen haben und die Eheleute folglich noch zusammenveranlagt werden.

2.3.2 Verwitweteneigenschaft

Die Verwitweteneigenschaft setzt voraus,

– daß eine gültige Ehe bis zum Zeitpunkt des Todes bestand und durch den Tod aufgelöst worden ist,
– im Zeitpunkt des Todes die Voraussetzungen für eine Ehegattenveranlagung nach § 26 Abs. 1 S. 1 gegeben waren, daher
– müssen beide Eheleute im Zeitpunkt des Todes unbeschränkt steuerpflichtig gewesen sein;
– dürfen die Eheleute im Zeitpunkt des Todes nicht dauernd getrennt gelebt haben;
– muß die Verwitweteneigenschaft im darauffolgenden Jahr noch bestanden haben.

Beispiel 1:

A ist am 1.4.03 verstorben. Er lebte zu diesem Zeitpunkt von seiner Ehefrau F getrennt.

Kein Verwitwetensplitting für 04 bei der Einzelveranlagung der Ehefrau E

Beispiel 2:

Wie zuvor, der andere Ehegatte hatte im Zeitpunkt des Todes bereits seinen Wohnsitz in die Schweiz verlegt.

Kein Verwitwetensplitting für 04 bei E

Beispiel 3:

A ist verstorben. Die Eheleute lebten dauernd getrennt. Sie haben sich aber kurz vor dem Tode des A wieder versöhnt und hatten die feste Absicht, wieder zusammenzuleben.

Das Verwitwetensplitting wird gewährt.

Die Verwitweteneigenschaft besteht im Folgejahr nach dem Todesjahr des anderen Ehegatten nicht mehr, wenn der überlebende Ehegatte wieder geheiratet hat. Das gilt auch dann, wenn der andere Ehegatte die Voraussetzungen für eine Zusammenveranlagung nicht erfüllt.

Beispiel 4:

A ist in 05 verstorben. Seine Witwe hat im folgenden Jahr 06 wieder geheiratet. Der neue Ehegatte ist jedoch nicht unbeschränkt steuerpflichtig.

Es liegen zwar nicht die Voraussetzungen für eine Ehegattenveranlagung i.S. des § 26 vor, so daß für die Witwe A eine Einzelveranlagung durchzuführen ist. Die Verwitweteneigenschaft hat sie jedoch durch die Wiederheirat verloren, FG Berlin (EFG 1978, 127).

Beispiel 5:

Die Eheleute A haben sich in 05 scheiden lassen, sie lebten seit Februar 05 dauernd getrennt. Beide haben im Kalenderjahr der Scheidung nicht wiedergeheiratet.

Es ist für 05 noch die Ehegattenveranlagung durchzuführen (keine Einzelveranlagung, sondern Wahlrecht zwischen getrennter Veranlagung und Zusammenveranlagung).

Kein Fall des Splittingtarifs nach § 32a Abs. 6 Nr. 1.

2.3.3 Wiederaufleben der Verwitweteneigenschaft

a) Im Falle einer **Wiederheirat** des Stpfl. noch im Todesjahr des anderen Ehegatten gilt der ehemals verwitwete Stpfl. im folgenden VZ wieder als verwitwet, wenn diese neue Ehe noch in demselben VZ (= Todesjahr des anderen Ehegatten) aufgelöst worden ist (Scheidung/Aufhebung).

Beispiel:
A ist im Jahre 01 verstorben. Die überlebende Ehefrau (E) hat im Todesjahr wiederheiratet.
Die Ehe mit dem neuen Ehegatten ist jedoch bereits im Jahre 01 aufgehoben worden.
E gilt im Jahre 02 als verwitwet.

Das gilt erst recht, wenn auch die neue Ehe noch in demselben VZ durch **Tod** des neuen Ehegatten aufgelöst worden ist.

Beispiel:
Wie oben, jedoch ist der neue Ehegatte am 20.12.01 verstorben. E ist im Jahre 02 verwitwet.

b) Eine (noch im Todesjahr des früheren Ehegatten oder im Folgejahr geschlossene) neue Ehe des Stpfl. beseitigt auch **nicht** die Verwitweteneigenschaft, wenn **in dem auf das Todesjahr des früheren Ehegatten folgenden VZ**
  1. diese neue Ehe aufgelöst worden ist und
  2. für die neue Ehe die Voraussetzungen des § 26 Abs. 1 Satz I nicht vorgelegen haben.

Wenn also der ehemals verwitwete Stpfl. in dem auf das Todesjahr des früheren Ehegatten folgenden VZ die Voraussetzungen des § 26 Abs. 1 Satz I mit einem neuen Ehegatten erfüllt, ist das Verwitweten-Splitting nicht anwendbar, **auch nicht im Falle der getrennten Veranlagung (§ 26a) in diesem VZ.**

Beispiel a):
A ist im Jahre 01 Witwe geworden. Die Voraussetzungen für eine Ehegattenveranlagung nach § 26 Abs. 1 S. 1 haben im Zeitpunkt des Todes vorgelegen. A hat im Jahre 01 wiedergeheiratet. Der neue Ehegatte hatte und hat im Inland keinen Wohnsitz. Die Ehe ist im Jahre 02 wieder geschieden worden.
A erfüllt im Jahre 02 die Witweneigenschaft. Die Voraussetzungen für eine Ehegattenveranlagung (§ 26 Abs. 1 S.1) haben nicht vorgelegen. A wird nach dem Splittingtarif versteuert.

Beispiel b):
Wie vor. Der neue Ehegatte hat jedoch nach der Eheschließung den Wohnsitz im Inland begründet.
Die Voraussetzungen für eine Ehegattenveranlagung liegen vor.
Die Verwitweteneigenschaft liegt zwar wieder vor. Jedoch liegen für die neue, aber wieder aufgelöste Ehe die Voraussetzungen für eine Ehegattenveranlagung vor.
Daher: Kein Anwendungsfall des Verwitweten-Splitting.

Weitere die Zusammenveranlagung betreffenden Vorschriften sind in den Fällen des § 32a Abs. 6 Nr. 1 bei Verwitweten nicht anzuwenden (BFH, BStBl 1986 II 353).

2.4 Splittingtarif im Jahr der Auflösung der Ehe bei Wiederheirat

2.4.1 Grundsätze

Wird die Ehe aufgelöst, so wird der Splittingtarif nach § 32a Abs. 6 Nr. 2 i. V. m. § 26 Abs. 1 S.2 im Jahr der Auflösung unter folgenden Voraussetzungen gewährt:

a) der Stpfl. und sein bisheriger Ehegatte müssen die Voraussetzungen des § 26 Abs. 1 Satz 1 erfüllt haben

b) der bisherige Ehegatte hat wieder geheiratet und der bisherige Ehegatte und dessen neuer Ehegatte erfüllen ebenfalls die Voraussetzungen des § 26 Abs. 1 S. I im Jahr der Auflösung der Ehe des Stpfl. mit dem bisherigen Ehegatten.

Die Vorschriften §§ 26 Abs. 1 Satz 2, 32a Abs. 6 Nr. 2 sind nur anwendbar, wenn **zwei** Ehen im Sinne von § 26 Abs. 1 Satz I eines Stpfl. im VZ „miteinander konkurrieren".

Das ist **nicht** der Fall, wenn die Voraussetzungen des § 26 Abs. 1 Satz 1

a) nur bei einer der beiden Ehen oder

b) bei keiner der beiden Ehen vorliegen.

Der vom Wahlrecht der Ehegattenveranlagung ausgeschlossene Stpfl.

– wird einzeln veranlagt (§§ 25, 26 Abs. 1 Satz 2) und

– erhält dabei (aus Billigkeitsgründen) für diesen VZ den Splittingtarif gemäß § 32a Abs. 6 Nr. 2.

Der Splittingtarif gemäß § 32a Abs. 6 Nr. 2 kommt nur bei einer **Einzelveranlagung** vor.

Nicht darunter fällt ein Stpfl., dessen Ehe für nichtig erklärt worden ist.

Beispiele:

1. A ist in 04 verstorben. Seine verwitwete Ehefrau F hat im Kalenderjahr 04 wieder geheiratet. Die Voraussetzungen des § 26 Abs. 1 S. 1 sollen bei beiden Ehen vorgelegen haben.

    A ist für 04 einzeln zu veranlagen, da der andere Ehegatte mit dem neuen Ehepartner die Voraussetzungen der Ehegattenveranlagung erfüllt (§ 26 Abs. 1 Satz 2). A wird für 04 der Splittingtarif gewährt (§ 32a Abs. 6 Nr. 2).

2. A ist in 04 verstorben, seine Ehefrau F hat noch in 04 den B geheiratet. B hat jedoch in 04 seinen ausschließlichen Wohnsitz noch in den Niederlanden.

    Der neue Ehepartner B des überlebenden Ehegatten ist nicht unbeschränkt steuerpflichtig. Die Eheleute F/B erfüllen daher in 04 **nicht** die Voraussetzungen für eine Ehegattenveranlagung.

    Für 04 ist daher noch eine Ehegattenveranlagung der F mit dem verstorbenen Ehegatten A durchzuführen (Wahlrecht §§ 26, 26a, 26b). § 32a Abs. 6 Nr. 2 ist bei A für 04 **nicht** anwendbar.

Vorstehende Grundsätze zur Anwendung des § 32a Abs. 6 Nr. 2 gelten jedoch nicht, wenn die Ehegatten der neuen Ehe die besondere Veranlagung nach § 26c wählen. Vgl. § 26 Abs. 1 Satz 3 und D.3.5.

2.4.2 Wiederheirat beider Ehegatten

Heiraten **beide** Ehegatten nach ihrer Scheidung/der Aufhebung ihrer Ehe wieder einen anderen Ehegatten, so ist zwar § 26 Abs. 1 Satz 2 quasi auf beide früheren Ehegatten anzuwenden:

Jeder der früheren Ehegatten kann das Ehegattenwahlrecht nur mit dem jeweils neuen Ehegatten ausüben.

Aber **keine** Anwendung findet § 32a Abs. 6 Nr. 2.

Beispiel:

Die Eheleute M und F haben sich 03 scheiden lassen. Beide haben im Jahre 03 wieder geheiratet, Ehefrau F den B, Ehemann M die C.

Jeweils die neuen Ehegatten F/B und M/C haben ein Wahlrecht (§§ 26, 26a, 26b) zwischen Zusammenveranlagung, getrennter Veranlagung und der besonderen Veranlagung (§ 26c). § 32a Abs. 6 Nr. 2 findet keine Anwendung.

2.5 Tarifmöglichkeiten bei Einzelveranlagung

Bei der Einzelveranlagung von Personen wird grundsätzlich der Grundtarif § 32a Abs. 1, 4 angewandt.

In 3 Sonderfällen wird jedoch auch bei der Einzelveranlagung der Splittingtarif angewandt:

a) Bei verwitweten Personen in dem auf das Todesjahr des anderen Ehegatten folgenden Kalenderjahr unter der Voraussetzung, daß die Eheleute im Todeszeitpunkt die Voraussetzungen des § 26 Abs. 1 S. 1 erfüllen und der Überlebende in dem folgenden VZ noch verwitwet ist (§ 32a Abs. 6 Nr. 1)

b) Verstorbene Personen und Personen, deren Ehe im VZ geschieden oder aufgehoben ist, bei Wiederheirat des überlebenden bzw. anderen Ehegatten (§ 32a Abs. 6 Nr. 2).

Übersicht

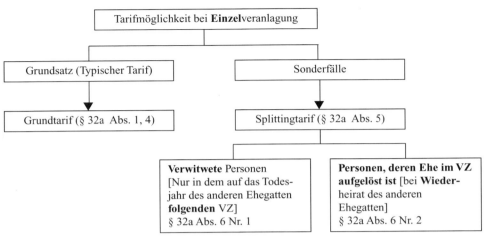

2.6 Tarifmöglichkeiten bei der besonderen Veranlagung (§ 26c EStG)

Bei der besonderen Veranlagung wird der Stpfl. so behandelt, als wäre er nicht verheiratet.

Es wird daher in der Regel auf ihn, falls die Voraussetzungen des § 32a Abs. 6 Nr. 1 nicht vorliegen, die **Grundtabelle** angewandt.

War ein Stpfl. zu Beginn des **Jahres verwitwet** und lagen bei ihm die **Voraussetzungen des § 32a Abs. 6 Nr. 1** vor, so ist bei seiner Veranlagung die **Splittingtabelle** anzuwenden (§ 26c Abs. 2). War einer der beiden Ehegatten, die die besondere Veranlagung gewählt haben, bereits zu Beginn des VZ in einer anderen Ehe verheiratet (Tod und Scheidung), so kann er jedoch nicht Zusammenveranlagung mit dem früheren Ehegatten (§ 26a) und getrennte Veranlagung (§ 26b) wählen (§ 26 Abs. 1 Satz 2).

> **Beispiel:**
> Die Eheleute A haben im Jahre 03 geheiratet. Ehemann A war in 02 Witwer geworden. Die Voraussetzungen des § 26 Abs. 1 haben im Zeitpunkt des Todes vorgelegen.
> Ehefrau A war zu Beginn des Jahres 03 noch mit B verheiratet und ist in 03 geschieden worden.
> Die Eheleute A beantragen die besondere Veranlagung nach § 26c für 03.
> Für Ehemann A ist für 03 der Splittingtarif anzuwenden, da die Voraussetzungen des § 32 Abs. 6 Nr. 1 vorliegen.
> Bei der besonderen Veranlagung der Ehefrau ist der Grundtarif anzuwenden. Sie hat **kein** Wahlrecht zwischen Zusammenveranlagung und getrennter Veranlagung (§ 26, 26a, 26b) mit ihrem früheren Ehemann.

Die Anwendung des § 32a Abs. 6 Nr. 2 ist dagegen bei der besonderen Veranlagung nicht möglich (§ 26c Abs. 2 n. F.).

Vgl. auch die Ausführungen zur besonderen Veranlagung D. 6.4.

2.7 Anwendungsfälle des Grund- und Splittingtarifs (Übersicht)

Tarif → Veranl.-Form ↓	**Grund**tarif (§ 32a Abs. 1, 4)	Splittingtarif		
		Ehegatten-Splitting (§ 32a Abs. 5, ggf. § 1a Abs. 1 Nr. 2)	**Verwitweten-** Splitting (§ 32a Abs. 6 Nr. 1)	**Sonder**-Splitting (§ 32a Abs. 6 Nr. 2)
Einzelveranlagung (§ 25)	Normalfall		in dem auf das Todesjahr des anderen Ehegatten folgenden VZ	im Falle des § 26 Abs. 1 Nr. 2
getrennte Veranlagung (§ 26a)	einzige Möglichkeit!			
Besondere Veranlagung (§ 26c)	Normalfall		wie bei Einzelveranlagung	
Zusammenveranlagung (§ 26b)		einzige Möglichkeit!		

3. Progressionsvorbehalt (§ 32b EStG)

Die Steuerfreiheit von Einkünften führt allgemein dazu, daß sich hinsichtlich des verbleibenden zu versteuernden Einkommens infolge des progressiven Tarifes auch der Steuertarif ermäßigt.

Beispiel:

A hat ein zu versteuerndes Einkommen von 80 000 DM. Daneben hat A steuerfreie Einkünfte von 40 000 DM erzielt (z. B. ausländische Einkünfte, die nach einem DBA steuerfrei sind).

Würde man diese steuerfreien Einkünfte bei der Besteuerung gänzlich unberücksichtigt lassen, hätte A eine doppelte Vergünstigung:

1. Minderung der Bemessungsgrundlage und
2. niedrigeren Steuertarif.

Der Progressionsvorbehalt (hier § 32b Abs. 1 Nr. 2 i. V. m. Abs. 2) besagt hier, daß bei dem zu versteuernden Einkommen von 80 000 DM der Steuersatz für ein zu versteuerndes Einkommen von 120 000 DM zugrunde zu legen ist (Rundungsvorschriften wurden hierbei aus Vereinfachungsgründen unbeachtet gelassen).

Nach § 32b ist daher bei bestimmten steuerfreien Einkünften der Progressionsvorbehalt anzuwenden.

Das gilt

a) für Lohnersatzleistungen (Arbeitslosengeld, Kurzarbeitergeld, Schlechtwettergeld, Arbeitslosenhilfe, Übergangsgelder, Vorruhestandsgelder, Krankengeld, Mutterschaftsgeld, Konkursausfallgeld), § 32b Abs. 1 Nr. 1. Die Aufzählung ist abschließend.

b) für ausländische Einkünfte, die

- im VZ **nicht** der **deutschen ESt** unterlegen haben. Dies gilt **nur** für Fälle der zeitweisen unbeschränkten Steuerpflicht, einschließlich der in § 2 Abs. 7 Satz 3 geregelten Fälle,
- nach einem Abkommen zur Vermeidung der Doppelbesteuerung **steuerfrei** sind (§ 32b Abs. 1 Nr. 2) oder bei Anwendung von § 1 Abs. 3, § 1a bzw. § 50 Abs. 5 Satz 4 Nr. 2 im VZ nicht der deutschen ESt unterliegenden Einkünfte, wenn deren Summe positiv ist.

In diesen Fällen ist ein besonderer Steuersatz zugrunde zu legen.

Allerdings ist bei den Lohnersatzleistungen der **Arbeitnehmer-Pauschbetrag** nach 9a Nr. 1a von **2 000 DM** abzuziehen, soweit er sich **nicht** bei der Ermittlung der Einkünfte aus nichtselbständiger Arbeit ausgewirkt hat.

Beispiel:

A (ledig) war im ganzen Jahr 1996 arbeitslos und erhielt Arbeitslosenunterstützung in Höhe von 15 000 DM. Er bezog Einkünfte aus Vermietung und Verpachtung. Das zu versteuernde Einkommen betrug 20 000 DM.

Zu versteuerndes Einkommen		20 000 DM	
+ § 32b Abs. 1 Nr. 1	15 000 DM		
./. § 9a Nr. 1a	2 000 DM	+ 13 000 DM	
für Steuersatz maßgebliches zu versteuerndes Einkommen		33 000 DM	
abgerundet		32 994 DM	
Einkommensteuer		5 806 DM	= 17,597 v. H.
festzusetzende Einkommensteuer		19 980 DM	× 17,597 v. H. = 3 515 DM

Die Sozialversicherungsträger haben Bescheinigungen auszustellen, in denen der Empfänger auch auf die steuerliche Behandlung dieser Leistungen und seine Steuererklärungspflicht hingewiesen wird (§ 32b Abs. 3); vgl. hierzu auch BMF-Schreiben, BStBl 1989 I 258.

In den Fällen des § 32b Abs. 1 Nr. 2 sind für die Steuerberechnung einzubeziehen die nach deutschem Steuerrecht ermittelten ausländischen Einkünfte, die aufgrund eines **DBA steuerfrei** sind.

Hierbei sind die außerordentlichen Einkünfte abzuziehen. Zu § 32b Abs. 1 Nr. 2 vgl. im einzelnen N. 6.2. Zur Berechnung vgl. auch BFH, BStBl 1983 II 34.

4. Tarifbegrenzung für gewerbliche Einkünfte (§ 32c EStG)

4.1 Grundsatz

Die Grenzbelastung für gewerbliche Einkünfte beträgt ab einem gewerblichen Anteil am zu versteuernden Einkommen von 100 278/200 556 DM (Ledige/Verheiratete) nur **47 v. H.**

Die Tarifbegrenzung wirkt sich also nur für Stpfl. aus, bei denen der gewerbliche Anteil am zu versteuernden Einkommen diese Höhe erreicht bzw. überschreitet. Die Begrenzung wirkt sich in der Weise aus, daß von der tariflichen Einkommensteuer ein **Entlastungsbetrag** abzuziehen ist.

4.2 Gewerbliche Einkünfte

Gewerbliche Einkünfte im Sinne dieser Vorschrift sind Gewinne oder Gewinnanteile, die

– nach § 7

oder

– § 8 Nr. 4 des Gewerbesteuergesetzes der Gewerbesteuer unterliegen.

Hiervon sind ausgenommen Gewinn bzw. Gewinnanteile, die nach § 9 Nr. 1 Satz 2 und S. 3, Nr. 2a, 3, 5, 7 und 8 des GewStG vom Gewinn aus Gewerbebetrieb zu kürzen sind.

Somit fallen insbesondere **nicht** unter § 32c Gewinnausschüttungen von Kapitalgesellschaften (bei Mindestbeteiligung von 10%). Betroffen sind davon z. B. Gewinnausschüttungen von **Komplementär-GmbH** bei GmbH & Co. KG sowie von Betriebs-GmbH im Rahmen einer Betriebsaufspaltung.

Ferner sind ausgenommen

– Kürzungsbeträge nach § 9 Nr. 2 GewStG, soweit sie auf Anteile am Gewinn einer ausländischen Betriebstätte entfallen,
– sowie Gewinne, die einer Steuerermäßigung nach § 34 unterliegen.

Sinn der Tarifbegrenzung ist, die Doppelbelastung der gewerblichen Einkünfte mit Gewerbesteuer und Einkommensteuer zu mildern. D. h., es sollen die gewerblichen Einkünfte nur insoweit entlastet werden, als sie tatsächlich der Gewerbesteuer unterlegen haben.

Daher ist § 32c auf Gewinne aus einer **Betriebsverpachtung nicht** anwendbar (R 185a Abs. 3).

4.3 Technische Durchführung der Begrenzung

Der auf gewerbliche Einkünfte i. S. des § 32c Abs. 2 entfallende Anteil am zu versteuernden Einkommen (gewerblicher Anteil) bemißt sich nach dem Verhältnis der gewerblichen Einkünfte nach § 32d Abs. 2 zur Summe der Einkünfte. Übersteigen die gewerblichen Einkünfte nach § 32d Abs. 2 die Summe der Einkünfte, ist der Entlastungsbetrag nach § 32d Abs. 4 auf der Grundlage des gesamten zu versteuernden Einkommens zu ermitteln. Der gewerbliche Anteil ist auf den nächsten durch 54 ohne Rest teilbaren vollen DM-Betrag abzurunden, wenn er nicht bereits durch 54 ohne Rest teilbar ist.

Zur Ermittlung des Entlastungsbetrags wird zunächst für den abgerundeten gewerblichen Anteil die ESt nach § 32a berechnet. Von diesem Steuerbetrag sind die Einkommensteuer, die nach § 32a auf ein zu versteuerndes Einkommen in Höhe von 100 224/200 448 entfällt, sowie 47 v. H. des abgerundeten gewerblichen Anteils, soweit er 100 278/22 556 DM übersteigt, abzuziehen.

Der sich danach ergebende Entlastungsbetrag ist auf volle DM abzurunden.

Beispiel:

A ist ledig. Seine gewerblichen Einkünfte betragen 160 000 DM, die Summe der Einkünfte 240 000 DM, das zu versteuernde Einkommen 205 000 DM.

1. Gewerblicher Anteil

$$\frac{160\,000 \times 205\,000}{240\,000} = \qquad 136\,666 \text{ DM}$$

abgerundeter gewerblicher Anteil =   136 620 DM

2. Berechnung des Entlastungsbetrags

– Einkommensteuer nach dem geltenden Tarif:
  – für 204 984   85 799 DM
  – für 136 620   49 566 DM
– Einkommensteuer nach Tarifbegrenzung 136 620
  ESt nach dem geltenden ESt-Tarif für 100 224   30 870 DM
  zzgl. 47 v. H. v. 363 96 (136 620 ./. 100 224)   17 106 DM
ESt nach Tarifbegrenzung   47 976 DM
Entlastungsbetrag   1 590 DM
Festzusetzende Einkommensteuer
nach Abzug des Entlastungsbetrags: 85 799 ./. 1 590 =   84 209 DM

Übersteigen die gewerblichen Einkünfte nach § 32c Abs. 2 die Summe der Einkünfte, ist der Entlastungsbetrag nach § 32c Abs. 4 aus Vereinfachungsgründen auf der Grundlage des **gesamten** zu versteuernden Einkommens zu ermitteln.

Beispiel:

– Gewerbliche Einkünfte eines ledigen Stpfl.   200 000 DM
– außerdem liegt ein Verlust aus § 21 vor   ./. 50 000 DM
Summe der Einkünfte   150 000 DM

Der Entlastungsbetrag nach § 32c ist auf der Grundlage des **gesamten** zu versteuernden Einkommens zu berechnen.

4.4 Ehegatten

Bei zusammenveranlagten Ehegatten beträgt der Entlastungsbetrag das Zweifache des Entlastungsbetrags, der sich für die Hälfte ihres gemeinsam ermittelten zu versteuernden Einkommens ergibt. Sie sind bei der Verhältnisrechnung nach § 32c Abs. 4 gemeinsam als Stpfl. zu behandeln.

Beispiel:

gewerbliche Einkünfte   308 000 DM
Summe der Einkünfte   440 000 DM
zu versteuerndes Einkommen   400 032 DM
gewerblicher Anteil $\dfrac{308\,000 \text{ DM} \times 400\,032 \text{ DM}}{440\,000 \text{ DM} \times 2} =$ 140 011 DM

auf 54 abgerundeter gewerblicher Anteil	139 968 DM
tarifliche ESt auf gewerblichen Anteil	51 341 DM
ESt nach Tarifbegrenzung für 139 968 DM	
tarifliche ESt für 100 224 DM	30 870 DM
zuzüglich 47 v. H. von (139 968 DM – 100 224 DM) =	18 679 DM
Einkommensteuer nach Tarifbegrenzung	49 549 DM
Entlastungsbetrag (51 341 DM – 49 549 DM) × 2 =	3 584 DM
Berechnung der festzusetzenden ESt:	
tarifliche ESt auf 400 032 DM	166 332 DM
Entlastungsbetrag	3 584 DM
festzusetzende ESt	162 748 DM

4.5 Splittingtarif nach § 32a Abs. 6 EStG

Nach § 32c Abs. 5 Satz 3 gilt die Ermittlung des Entlastungsbetrags bei Ehegatten (§ 32c Abs. 5 Sätze 1 und 2) **auch** in den Fällen des **Splittingtarifs** nach **§ 32a Abs. 6** (z. B. verwitwete Stpfl.).

5. Außerordentliche Einkünfte i. S. der §§ 34, 34b EStG

5.1 Außerordentliche Einkünfte i. S. des § 34 Abs. 2 EStG

Bestimmte außerordentliche Einkünfte, die in § 34 Abs. 2 **abschließend** aufgezählt sind, sind nach § 34 Abs. 1 tarifbegünstigt zu versteuern, soweit diese im Kalenderjahr für den Stpfl. 30 Mio. DM nicht übersteigen. Die Steuer beträgt hierfür die **Hälfte** der tariflichen Steuer, die auf diese Einkünfte entfallen würde; zur Berechnung vgl. 4.1.7.

In Betracht kommen – vgl. H 199 –

a) Veräußerungsgewinne i. S. der §§ 14, 14a Abs. 1, 16, 17, 18 Abs. 3,

b) Entschädigungen i. S. des § 24 Nr. 1

c) Nutzungsvergütungen und Zinsen, soweit für einen Zeitraum von mehr als 3 Jahren nachgezahlt worden (§ 24 Nr. 3).

5.1.1 § 34 EStG als Tarifvorschrift

§ 34 ist eine Tarifvorschrift. Diese Bestimmung schafft keine neue Einkunftsart, sondern grenzt lediglich außerordentliche Einkünfte von tariflich zu versteuernden Einkünften ab.

Sie ist eine Billigkeitsvorschrift, da einmalige Zuflüsse, die jedoch ein Ergebnis mehrerer Jahre sind, durch die Kumulation zu einer Höchstbesteuerung führen.

Die Tarifermäßigung soll bewirken, daß die Steuerbelastung dieser außerordentlichen Zuflüsse in etwa auf ein Niveau reduziert wird, das der tariflichen Steuerbelastung entspricht, die einträte, wenn diese Einkünfte auf mehrere Veranlagungszeiträume verteilt würden. Es kommt somit zu einer Milderung von Härten aufgrund der Abschnittsbesteuerung und Tarifprogression in bestimmten Fällen von zusammengeballten Einkünften.

Da sich jedoch für Stpfl., die ohne Einbeziehung der außerordentlichen Einkünfte ohnehin nach dem Spitzensteuersatz versteuert werden, ungerechtfertigte Steuervorteile ergeben würden, ist die Besteuerung der außerordentlichen Einkünfte mit der Hälfte des durchschnittlichen Steuersatzes auf außerordentliche Einkünfte bis zu insgesamt 30 Mio im Kalenderjahr begrenzt.

5.1.2 Veräußerungsgewinne

Veräußerungsgewinne, die durch **Betriebsaufgabe** und **Betriebsveräußerung** realisiert werden, beruhen auf Wertsteigerungen im Betriebsvermögen im Verlauf von vielen Jahren, die jedoch erst bei Veräußerung von Wirtschaftsgütern, spätestens jedoch mit der Beendigung der gewerblichen Tätigkeit erfaßt werden. Sie sind **stets** nach § 34 begünstigte (BFH, BStBl 1985 II 296, 299). Hinsichtlich der Begriffe der Betriebsveräußerung und Betriebsaufgabe kann auf die Ausführungen zu Betriebsveräußerungen verwiesen werden (K. 2.6).

Die Begriffe Betriebsveräußerung und Betriebsaufgabe erfordern danach eine Aufdeckung aller stiller Reserven in einem einheitlichen Akt. Die Aufnahme eines Sozius in eine Rechtsanwaltspraxis gegen eine Ausgleichszahlung fällt unter § 18 Abs. 3 und ist somit nicht nach § 34 Abs. 2 Nr. 1, Abs. 1 begünstigt (BFH, BStBl 1984 II 518). Zu den Voraussetzungen einer tarifbegünstigten Veräußerung eines Praxisanteils vgl. BFH, BStBl 1986 II 336. Bei **teilentgeltlicher** Veräußerung eines Mitunternehmeranteils ist jedoch § 34 Abs. 2, Abs. 1 anwendbar (BFH, BStBl 1986 II 811).

Ist auf einen Veräußerungsgewinn ganz oder teilweise § 6b oder § 6c angewendet worden, scheidet die Anwendung des § 34 aus.

Eine Rückverpachtung des Betriebs ist unschädlich (BFH, BStBl 1985 II 296).

Den Veräußerungsvorgängen sind die Einbringungsvorgänge i. S. der §§ 20, 24 UmwStG gleichgestellt. Hier hat die übernehmende Gesellschaft ein Wahlrecht zwischen Übernahme eines Buchwerts und Realisierung der stillen Reserven. Die Tarifvergünstigung wird bei Erbringungsvorgängen i. S. des § 24 UmwStG nur gewährt, wenn alle stillen Reserven, einschließlich eines eventuell vorhandenen Firmenwertes, realisiert werden (BFH, BStBl 1982 II 62 und 662). Vgl. im einzelnen K. 2.7 und K. 2.8.

§ 34 ist auch auf im **Aufbau befindliche Teilbetriebe** anzuwenden (BFH, BStBl 1989 II 458), jedoch **nicht** auf einen Hinzurechnungsbetrag nach § 2a Abs. 3 Satz 3, der auf Veräußerung der ausländischen Betriebsstätte entfällt (BFH, BStBl 1989 II 541 und 543).

Abwicklung laufender Geschäfte ist nicht begünstigt (BFH, BStBl 1979 II 71).

5.1.3 Entschädigungen

Die Tarifvergünstigung kommt nur dann in Betracht, wenn es sich um **Entschädigungen** i. S. des § 24 Nr. 1 handelt. Entschädigung ist nicht die Leistung des Erfüllungsinteresses.

> **Beispiel:**
>
> Ein Arbeitnehmer erhält sein Gehalt bis zum Ende des Anstellungsvertrages im Rahmen einer Kündigung in einer Summe ausgezahlt. Es liegt **keine** Entschädigung vor, unter den Voraussetzungen des § 34 Abs. 3 ist hier unter Umständen eine Verteilung auf mehrere Jahre möglich.

Schadensersatz liegt nur dann vor, wenn **anstelle** der Erfüllung etwas geleistet wird. Vgl. hierzu im einzelnen K. 10.2.

5.1.4 Nutzungsvergütungen und Zinsen i. S. des § 24 Nr. 3 EStG

Nutzungsvergütungen und Zinsen i. S. des § 24 Nr. 3 sind nur begünstigt, **wenn** sie für einen Zeitraum von mehr als 3 Jahren nachgezahlt werden. Die Steuervergünstigung nach § 34 Abs. 2 Nr. 3, Abs. 1 wird dabei auf die **gesamte** Nachzahlung **(nicht** nur für den Teilbetrag, der auf den 3 Jahre übersteigenden Teil des Nachzahlungszeitraums entfällt (BFH, BStBl 1985 II 463).

5.1.5 Außerordentlichkeit der Einkünfte

Die Außerordentlichkeit der Zuflüsse ist ein **selbständiges und zusätzliches** Merkmal der Gewährung der Tarifvergünstigung nach § 34 Abs. 1, 2. Die Außerordentlichkeit von Einkünften setzt grds. **einmalige** Beträge, also eine **Zusammenballung** von aus **mehreren Jahren** resultierenden Einnahmen voraus (z.B. BFH, BStBl 1981 II 214, BStBl 1983 II 312, 1988 II 525). Hinsichtlich der Zusammenballung in aufeinanderfolgenden Jahren vgl. H 199. Dieses Merkmal ist verfassungsrechtlich nicht zu beanstanden (BVerfG vom 10. 12. 1985 StRK EStG 1975 § 34 Abs. R. 6).

Die Rechtsprechung hat aus den Worten „in Betracht kommen" gefolgert, daß eine Entschädigung im Sinne des § 24 Nr. 1a nur dann tarifbegünstigt besteuert werden darf, wenn eine Zusammenballung von Einnahmen vorliegt, die sich bei normalem Ablauf des Geschehens auf mehrere Jahre verteilt hätten (BFH, BStBl 1983 II 221).

Die Tarifermäßigung des § 34 Abs. 1 und 2 setzt jedoch **nicht** voraus, daß es infolge der Zusammenballung von Einnahmen, verglichen mit der steuerlichen Belastung bei verteiltem Zufluß, auch tatsächlich nachweisbar zu einer Verschärfung der Steuerprogression kommt (BFH, BStBl 1983 II 221).

Steuerfreie Einkünfte gemäß § 3 Abs. 9 (Abfindungen) sind bei der Beurteilung der „Zusammenballung" **nicht** einzubeziehen (BFH, BStBl 1993 II 52).

Sogenannte „Vorabentschädigungen", die ein Handelsvertreter entsprechend abgeschlossenen Geschäften laufend als Teilzahlungen vorweg auf seine künftige Wettbewerbsentschädigung (§ 90a HGB) und auf seinen künftigen Ausgleichsanspruch erhält, führen in den jeweiligen Veranlagungszeiträumen zu keiner Zusammenballung außerordentlicher Einkünfte und lösen daher auch nicht den begünstigten Steuersatz nach § 34 Abs. 1 aus (BFH, BStBl 1988 II 930).

Keine gesonderte Prüfung der Außerordentlichkeit erfolgt bei
- Veräußerungsgewinnen (§ 34 Abs. 2 Nr. 1) und
- § 34 Abs. 2 Nr. 3

Der Grund liegt darin, daß die Außerordentlichkeit hier von Natur aus gegeben ist.

5.1.6 Besteuerung der außerordentlichen Einkünfte

5.1.6.1 Ermäßigter Steuersatz für außerordentliche Einkünfte (§ 34 Abs. 1 Satz 1 EStG)

Sind in dem Einkommen außerordentliche Einkünfte enthalten, so ist die darauf entfallende Einkommensteuer nach einem ermäßigten Satz zu bemessen. Diese in Satz 1 enthaltene Aussage wird jedoch eingeschränkt durch § 34 Abs. 1 Satz 2. Hiernach gelten lediglich ermäßigte Steuersätze für außerordentliche Einkünfte **bis** zu einer Höhe von **30 Mio DM**. Soweit die außerordentlichen Einkünfte 30 Mio DM übersteigen, unterliegen sie der Tarifbesteuerung. Die Hälfte des Durchschnittsteuersatzes ergibt sich aus dem gesamten zu versteuernden Einkommen zuzüglich der dem Progressionsvorbehalt unterliegenden Einkünfte. Die nach § 32b dem Progressionsvorbehalt unterliegenden steuerfreien Einkünfte sind demnach auch in die Bemessungsgrundlage für die Ermittlung des halben Durchschnittsteuersatzes mit einzubeziehen.

Die Steuervergünstigung des § 34 Abs. 1 Satz 2 wird jedoch **nicht** gewährt, wenn der Stpfl. auf die außerordentlichen Einkünfte ganz oder teilweise § 6b oder § 6c anwendet.

Berechnungsbeispiel (vgl. auch H 198):
A hat ein zu versteuerndes Einkommen von 300 000 DM. In diesem sind außerordentliche Einkünfte von 100 000 DM enthalten. Daneben liegen steuerfreie Einkünfte von 100 000 DM vor, die dem Progressionsvorbehalt unterliegen.

Für den Steuersatz maßgebendes zu versteuerndes Einkommen	400 000 DM
abgerundet	399 978 DM
Einkommensteuer	189 146 DM
durchschnittlicher Steuersatz	47,28910 v. H.
ESt auf die außerordentlichen Einkünfte 100 000 DM × 23,64455 %	= 23 644 DM

5.1.6.2 Besteuerung des verbleibenden Einkommens

Auf das verbleibende zu versteuernde Einkommen ist die Tabelle anzuwenden.

Beispiel:
A hat ein zu versteuerndes Einkommen von 120 000 DM; in diesem sind außerordentliche Einkünfte nach Abzug eines Veräußerungsfreibetrages (§ 16 Abs. 4) von 80 000 DM enthalten.

Zu versteuerndes Einkommen	120 000 DM
abgerundet	119 988 DM
Einkommensteuer	= 40 751 DM

Das entspricht einem durchschnittlichen Steuersatz von

$$\frac{40\,749}{119\,988} = 33{,}96 \text{ v.H.}$$

Der ermäßigte Steuersatz beträgt mithin

$$\frac{33{,}96}{2} = 16{,}98 \text{ v.H.}$$

Nach der Einkommensteuertabelle (Grundtabelle) zu versteuerndes Einkommen	119 988 DM
abzüglich der stpfl. außerordentlichen Einkünfte	80 000 DM
verbleiben	39 988 DM
erhöht auf den Endbetrag der betreffenden Tabellenstufe (= nach der Tabelle zu versteuernder Betrag)	40 013 DM
darauf entfallender Steuerbetrag	7 906 DM
Mit dem **ermäßigten Steuersatz** zu versteuerndes Einkommen:	119 988 DM
abzüglich des nach der ESt-Tabelle zu versteuernden Betrages	40 013 DM
verbleiben (= mit dem ermäßigten Steuersatz zu versteuernder Teil der a. o. Einkünfte)	79 975 DM
darauf Steuer mit dem ermäßigten Steuersatz (16,98 v.H. von 79 975 = abgerundet)	13 579 DM
Einkommensteuer insgesamt	21 484 DM

U.U kann sich sogar eine tarifliche Einkommensteuer von 0 DM ergeben, wenn das verbleibende zu versteuernde Einkommen sich innerhalb des Grundfreibetrages bewegt.

Beispiel:

A ist verheiratet (Zusammenveranlagung). Das zu versteuernde Einkommen beträgt 90 000 DM; darin sind a. o. Einkünfte von 80 000 DM enthalten.

abgerundetes zu versteuerndes Einkommen	89 964 DM
ESt	18 942 DM

$$\frac{18\,942}{89\,964} = 21{,}05 \text{ v.H.}$$

ermäßigter Satz 10,52 v.H.

zu versteuerndes Einkommen	89 964 DM
./. außerordentliche Einkünfte	80 000 DM
tariflich zu versteuerndes Einkommen	9 964 DM

Für das verbleibende zu versteuernde Einkommen ergibt sich infolge Anwendung der ESt-Tabelle eine Steuer von 0 DM.

5.1.6.3 Personenbezogenheit der Begünstigung

Die Begrenzung der Begünstigung von außerordentlichen Einkünften auf 30 Mio ist **personenbezogen** (vgl. BFH, BStBl 1989 II 558) und gilt für **alle** außerordentlichen Einkünfte während eines Kalenderjahres.

a) keine Objektbezogenheit

Die Tarifbegünstigung gilt für den Stpfl., **nicht** für den Betrieb. Sie ist daher bei Personengesellschaften für jeden Stpfl. (Mitunternehmer) gesondert zu ermitteln.

Beispiel 1:

An der A-OHG sind A, B, C und D mit jeweils 25 v.H. beteiligt. Die A-OHG veräußert ihren Betrieb an X mit 80 000 000 DM Gewinn.

Somit entfällt auf jeden Gesellschafter ein anteiliger Veräußerungsgewinn von 20 000 000 DM Dieser anteilige Veräußerungsgewinn ist bei jedem Mitunternehmer mit dem halben Steuersatz zu besteuern, da er bei keinem der Mitunternehmer 30 Mio DM übersteigt.

Beispiel 2:

Wie vor, aber A ist 50 v.H. beteiligt, B mit 30 v.H., C und D mit jeweils 10 v.H. beteiligt.

	A	B	C	D
Veräußerungsgewinn	40 Mio	24 Mio	8 Mio	8 Mio
begünstigt nach § 34	30 Mio	24 Mio	8 Mio	8 Mio
tariflich zu versteuern	10 Mio	–	–	–

b) Zusammenrechnung aller außerordentlichen Einkünfte eines Kalenderjahres eines Stpfl.

Alle außerordentlichen Einkünfte eines Kalenderjahres sind für die Anwendung des § 34 Abs. 1 zusammenzurechnen. Das gilt nicht nur für Veräußerungsgewinne/Aufgabegewinne, sondern auch für Entschädigungen unabhängig von der Einkunftsart.

Beispiel:

A hat in VZ eine Entschädigung i. S. d. § 24 Nr. 1a in Höhe von 20 000 000 DM und einen stpfl. Veräußerungsgewinn (§ 16 Abs. 2 und 4) in Höhe von 12 000 000 DM bezogen.

Die außerordentlichen Einkünfte betragen insgesamt 32 Mio DM.
Davon sind begünstigt, zum halben Steuersatz   30 000 000 DM
Tariflich zu besteuern sind   2 000 000 DM

Nicht einbezogen werden Vergütungen für mehrere Jahre im Sinne des § 34 Abs. 3.

c) Maßgeblichkeit des Kalenderjahrs

Die tarifliche Staffelung ist nur auf außerordentliche Einkünfte während **eines** Kalenderjahres begrenzt. Dies hat insbesondere Bedeutung für die Veräußerung von Teilbetrieben in unterschiedlichen Veranlagungszeiträumen und für die Betriebsaufgabe, die sich auf 2 Kalenderjahre erstreckt.

Beispiel 1:

A gibt seinen Betrieb auf. Die Aufgabe erstreckt sich über 2 Kalenderjahre. Beginn der Aufgabe 1. Okt. 01, Beendigung 30. 3. 02. Der Aufgabegewinn von 35 Mio verteilt sich auf 01 mit 15 Mio, auf 02 mit 20 Mio.

Der Aufgabegewinn ist in 01 und 02 jeweils mit dem halben Steuersatz zu erfassen. Die Begrenzung auf 30 Mio DM kommt nicht zum Zuge.

Beispiel 2:

A ist Einzelkaufmann. Sein Betrieb ist in 2 Teilbetriebe gegliedert. A verkauft den Betrieb an B mit der Maßgabe, daß der Teilbetrieb I am 20. 12. 01, Teilbetrieb II am 20. 1. 02 übergeben soll.

Da es für den Zeitpunkt der Realisierung des Veräußerungsgewinns auf die dingliche Übertragung ankommt und nicht auf das obligatorische Rechtsgeschäft, ist der Teilbetrieb I in 01, der Teilbetrieb II 02 veräußert worden.

Die Veräußerungsgewinne sind daher jeweils in den Jahren des Betriebsübergangs zu erfassen.

d) Ehegatten-Zusammenveranlagung (§ 26b EStG)

Ehegatten sind auch im Falle der Zusammenveranlagung selbständige Stpfl. Die in § 34 Abs. 1 genannte Höchstgrenze gilt daher u. E. für jeden Ehegatten; a. A. die FinVerw in R 197 Abs. 3. Der Grenzbetrag verdoppelt sich danach **nicht**.

Beispiel:

Eheleute A und B beantragen Zusammenveranlagung. A hat außerordentliche Einkünfte in Höhe von 35 Mio DM, B in Höhe von 10 Mio DM. Begünstigt sind 30 Mio + 10 Mio = 40 Mio DM. Tariflich besteuert werden 5 Mio DM; a. A. R 197 Abs. 3: begünstigt nur 30 Mio DM.

5.1.6.4 Berücksichtigung von Verlusten

Die Gesetzesfassung stellt sicher, daß die außerordentlichen Einkünfte nur insoweit versteuert werden, als sie im zu versteuernden Einkommen enthalten sind.

Sind die außerordentlichen Einkünfte niedriger als die Verluste und ergibt sich insgesamt kein zu versteuerndes Einkommen, ergibt sich auch für die außerordentlichen Einkünfte keine Steuer.

Ist das zu versteuernde Einkommen niedriger als die außerordentlichen Einkünfte, wird der ermäßigte Steuersatz insoweit gewährt, als sie im zu versteuernden Einkommen enthalten sind.

Beispiel:

A ist verheiratet. Er hat einen Veräußerungsgewinn von 5,5 Mio DM. Unter Berücksichtigung eines laufenden Verlustes und von Verlustvorträgen beträgt das zu versteuernde Einkommen 30 000 DM, abgerundet 29 916 DM, Steuer bei Splittingtabelle 1996 = 1 524 DM,

durchschnittlicher Steuersatz 5,09 v. H.

halber Steuersatz 2,54 v. H.

Einkommensteuer 2,54 v. H. von 29 916 DM = 759 DM.

5.1.6.5 Berücksichtigung von Amts wegen

§ 34 Abs. 1 ist von Amts wegen zu berücksichtigen. Der Stpfl. kann daher nach dem Gesetzeswortlaut die Steuervergünstigung **nicht** auf den für ihn günstigsten Betrag **begrenzen**.

Beispiel:

A ist verheiratet. Sein zu versteuerndes Einkommen beträgt 26 000 DM, darin sind 20 000 DM begünstigte Einkünfte enthalten.

abgerundetes zu versteuerndes Einkommen		25 920 DM
Einkommensteuer	=	476 DM

$$\frac{476}{25\,920} = 1{,}836 \text{ v. H.}$$

ermäßigter Steuersatz $\frac{1{,}836}{2} = 0{,}918$ v. H.

Nach der Einkommensteuertabelle (Splittingtabelle) zu versteuerndes Einkommen	26 000 DM
abzüglich außerordentliche Einkünfte	20 000 DM
	6 000 DM
Einkommensteuer lt. Tabelle	0 DM
Mit dem ermäßigten Satz zu versteuerndes Einkommen:	26 000 DM
abzüglich der nach der Tabelle zu versteuernden Beträge (fraglich, ob Aufrundung auf Tabelleneingangsbetrag, bis zu dem sich eine Einkommensteuer von 0 DM ergibt)	20 000 DM
darauf Steuer mit ermäßigtem Satz 20 000 × 0,918 v. H.	183 DM

Das Ergebnis erscheint unbillig. Es müßte zugelassen werden, eine Kürzung des zu versteuernden Einkommens um den Tabelleneingangsbetrag vorzunehmen, bis zu dem sich keine Einkommensteuer ergibt:

zu versteuerndes Einkommen	26 000 DM
./. nach Tabelle zu versteuern	
(= Tabelleneingangsbetrag 1996 für Einkommensteuer von 0 DM)	24 191 DM
	1 809 DM
hiervon ESt 0,918 v. H. =	16 DM

5.2 Entlohnung für mehrjährige Tätigkeit (§ 34 Abs. 3 EStG)

5.2.1 Grundsätze

Einkünfte, die die **Entlohnung für eine mehrjährige Tätigkeit** sind, unterliegen im Zuflußjahr der Einkommensteuer zu den **normalen Steuersätzen.** Sie konnten bisher auf Antrag auf die Jahre verteilt werden, in denen sie wirtschaftlich erzielt worden sind, wobei die Gesamtverteilung 3 Jahre nicht überschreiten durfte. Der Sinn und Zweck der Vorschrift des § 34 Abs. 3 besteht darin, die Tarifprogression bei zusammengeballten Entlohnungen für eine mehrjährige Tätigkeit zu mildern. Hierdurch soll erreicht werden, daß die steuerliche Belastung bei Einkünften, die dem Stpfl. für eine mehrjährige Tätigkeit zufließen, möglichst nicht höher ist, als wenn ihm in jedem der betreffenden Jahre ein Teil zugeflossen wäre (BFH, BStBl 1975 II 328).

§ 34 Abs. 3 ist somit eine Tarifvorschrift.

5.2.2 Voraussetzungen für die Verteilung

a) Tätigkeitsentlohnung

Nur Zahlungen für eine **Tätigkeit** sind begünstigt. Eine **bewußte** Vorteilszuwendung ist dabei **nicht** Voraussetzung (BFH, BStBl 1983 II 642).

Daher hat der BFH in ständiger Rechtsprechung (vgl. z. B. BFH, BStBl 1975 II 764) § 34 Abs. 3 nur auf Einkünfte aus **nichtselbständiger Arbeit** und aus **selbständiger Arbeit** angewandt (bei letzteren Einkünften nur unter erschwerten Voraussetzungen). Hinsichtlich Ablehnung bei Vermietung und Verpachtung vgl. BFH, BStBl 1963 III 380, hinsichtlich Einkünften aus Kapitalvermögen vgl. BFH, BStBl 1966 III 462; Land- und Forstwirtschaft und Gewerbebetrieb vgl. BFH, BStBl 1973 II 729. Auf den stpfl. Teil einer Dienstjubiläumsabfindung ist § 34 Abs. 3 grds. anwendbar (BFH, BStBl 1985 II 117). Zuwendungen lediglich aus Anlaß eines **Firmen**jubiläums fallen nicht darunter (BFH, BStBl 1987 II 820).

b) Mehrjährige Tätigkeit

Für die mehrjährige Tätigkeit ist es erforderlich, daß diese sich **auf mehr als einen Veranlagungszeitraum bezieht.** Nicht notwendig ist, daß die Tätigkeit länger als 12 Monate oder mehrere Jahre gedauert hat (BFH, BStBl 1961 III 399). Die Tätigkeit braucht nicht erbracht worden sein (BFH, BStBl 1970 II 683).

Im Rahmen der selbständigen Tätigkeit (§ 18) wird gefordert, daß es sich um eine **abgrenzbare Sondertätigkeit** handelt (BFH, BStBl 1975 II 763). Bei nichtselbständiger Arbeit (§ 19) kommt es auf eine Sondertätigkeit nicht an (BFH, BStBl 1971 II 802).

Es muß sich um eine Einmalzahlung handeln. Die Entlohnung muß in **einem** Kalenderjahr in **einer** Summe zufließen. War aber eine Einmalzahlung vorgesehen, ist Zufluß in **zwei** KJ ggf. unschädlich (BFH, BStBl 1967 III 2 und H 199). Es kann sich um Vorauszahlungen sowie Nachzahlungen handeln. Wegen weiterer Einzelheiten vgl. R 200.

5.2.3 Durchführung der Verteilung

Einkünfte, die eine Entlohnung für eine mehrjährige Tätigkeit darstellen, unterliegen im Zuflußjahr der Einkommensteuer zu den tariflichen Steuersätzen.

Zunächst ist die tarifliche Einkommensteuer für das um die „Entlohnungseinkünfte" verminderte zu versteuernde Einkommen (= verbleibendes zu versteuerndes Einkommen) und dann die Steuer für das verbleibende zu versteuernde Einkommen zuzüglich eines **Drittels** der Entlohnungseinkünfte zu ermitteln. Der Unterschiedsbetrag, der sich aus beiden Berechnungen ergibt, ist zu **verdreifachen** und der Einkommensteuer, die sich aus dem verbleibenden zu versteuernden Einkommen ergibt, hinzuzurechnen (vgl. auch **H 203**).

Beispiel:

Laufende Einkünfte aus selbständiger Arbeit		80 000 DM
Nachzahlung für 5 Jahre für eine Sondertätigkeit, vermindert um darauf entfallende Betriebsausgaben		60 000 DM
Summe der Einkünfte		140 000 DM
Sonderausgaben		10 000 DM
zu versteuerndes Einkommen		130 000 DM
		Einkommensteuer:
zu versteuerndes Einkommen ohne Nachzahlung (130 000 DM / 60 000 DM =)	70 000 DM	18 048 DM
zuzüglich ⅓ der Nachzahlung	20 000 DM	
	90 000 DM	26 208 DM
Unterschiedsbetrag		8 160 DM
8 160 × 3		24 480 DM
zuzüglich ESt auf verbleibende zvE		18 048 DM
Steuer im Zuflußjahr		42 528 DM

Diese Regelung gibt dem Stpfl. **keine** Möglichkeit, die Nachzahlungen auf bestimmte Jahre zu verteilen.

Ist der **Arbeitnehmer-Pauschbetrag** (§ 9a Nr. 1a) bei Einkünften aus § 19 abzuziehen, ist er im Verhältnis der **begünstigten** zu den **nichtbegünstigten Einnahmen** aufzuteilen.

5.3 Zusammentreffen von außerordentlichen Einkünften und Entlohnung für mehrjährige Tätigkeit

Die Begünstigungen des § 34 beziehen sich auf bestimmte Einkünfte innerhalb einer Einkunftsart. Ein solcher Einkunftsteil kann gleichzeitig nach mehreren Vorschriften begünstigt sein. Nach Gräber, DStZ 1974, 247 soll der Stpfl. die verschiedenen Begünstigungen gleichzeitig beanspruchen können. Verfolgen die begünstigenden Vorschriften dasselbe Ziel, ist ihre kumulative Anwendung nicht möglich (BFH, BStBl 1983 II 300). Eine gleichzeitige Inanspruchnahme des § 34 Abs. 1 und des § 34 Abs. 3 für den gleichen Einkommensteil wird nicht als zulässig erachtet; a. A. Gänger in Hartmann/Böttcher/Nissen/Bordewin, EStG § 34 Rz 6). Beide Vergünstigungen können jedoch zusammentreffen, wenn sie unterschiedliche Einkommensteile betreffen (vgl. BFH, BStBl 1983 II 221). Bei der Ermittlung des ermäßigten Steuersatzes nach § 34 Abs. 1 sind Entlohnungen für eine mehrjährige Tätigkeit nach § 34 Abs. 3 zum Zwecke der Einkommensteuerveranlagung ganz oder teilweise auf andere Kalenderjahre als das Zuflußjahr zu verteilen, aber zur Berechnung des ermäßigten Steuersatzes in die Bemessungsgrundlage einzubeziehen.

Die Begriffsbestimmung des zu versteuernden Einkommens gilt auch für § 34 Abs. 1 mit der Folge, daß die gem. § 34 Abs. 3 zum Zwecke der Einkommensteuerveranlagung auf gedanklich drei Jahre zu verteilenden Einkünfte bei der Berechnung des ermäßigten Steuersatzes für § 34 Abs. 1 nicht vom Einkommen abgezogen werden dürfen. Die nach § 34 Abs. 3 auf andere Jahre zu verteilenden Einkünfte bleiben solche des Zuflußjahres (vgl. BFH, BStBl 1983 II 221).

5.4 Steuersätze bei außerordentlichen Einkünften aus Forstwirtschaft (§ 34b EStG)

Die vorstehende Vorschrift gilt für Forstwirte, die ihren Gewinn für das stehende Holz nicht durch Bestandsvergleich ermitteln. Im **übrigen** ist aber die Gewinnermittlungsart des **Betriebes** unerheblich, so daß auch buchführende Forstwirte in den Genuß des § 34b kommen, wenn sie den Gewinn aus dem Verkauf des geschlagenen Holzes als Überschuß der Betriebseinnahmen über die Betriebsausgaben ansetzen. Dies wird der Regelfall sein. Gewinne aus der Forstwirtschaft werden daher schwanken, je nachdem, wie hoch der Einschlag war. Um die Schwankungen tariflich auszugleichen, ist eine besondere Tarifvorschrift für Forstwirte notwendig. § 34b setzt nicht voraus, daß der Forstbetrieb Einkünfte aus Forstwirtschaft hat. § 34b kann auch bei gewerblicher Holznutzung in Anspruch genommen werden (vgl. Troll in Hartmann/Böttcher/Nissen/Bordewin, EStG § 34b Anm. 1). Vgl. auch **H 204 bis 209 und 212**.

§ 34b enthält **drei Tarifvorschriften**. Die Anwendung der **betreffenden** Tarifart hängt von den Holznutzungsarten (§ 34b Abs. 1) ab.

§ 34b Abs. 1 unterscheidet zwischen **außerordentlichen Holznutzungen, nachgeholten Nutzungen** und **Holznutzungen infolge höherer Gewalt**.

6. Steuerermäßigung bei Einkünften aus Land- und Forstwirtschaft (§ 34e EStG)

Ein Steuerabzug nach § 34e Abs. 1 ist nur bei Stpfl. möglich, die einen **Gewinn** aus Land- und Forstwirtschaft zu versteuern haben. Voraussetzung jedoch ist, daß dieser Gewinn **nicht** nach Durchschnittssätzen (§ 13a) ermittelt und **nicht geschätzt** wird und der **Gewinn** aus Land- und Forstwirtschaft **50 000 DM nicht übersteigt** (betriebsbezogene Gewinngrenze). Da den **Schätzlandwirten** keine Kosten für Buchführung, Abschluß oder Aufzeichnungen entstehen, entspricht ihr Ausschluß dem Nebenziel der Vergünstigung, einen Ausgleich für diese Kosten zu gewähren. Damit wird ein Anreiz für Schätzlandwirte geschaffen, tatsächlich Bücher zu führen oder Aufzeichnungen zu machen. Es ist gleichgültig, ob der Gewinn nach § 4 Abs. 1 durch Vermögensvergleich oder nach § 4 Abs. 3 durch

Überschußrechnung ermittelt wird. Gewinne aus Sondernutzungen, die bei einem nicht buchführungspflichtigen Landwirt, ohne mit dem Grundbetrag abgegolten zu sein, in die Berechnung des Gewinns nach Durchschnittssätzen einbezogen sind (§ 13a Abs. 8), bleiben ebenfalls von der Steuerermäßigung ausgeschlossen.

Grundsätzlich ist die tarifliche Einkommensteuer abzuziehen, die auf den Gewinn des Betriebes entfällt, **höchstens 2 000 DM**. Zur Ermittlung dieser Einkommensteuer ist die für das Gesamteinkommen veranlagte Steuer in einem Prozentsatz auszudrücken und dieser dann auf den Gewinn des Betriebes anzuwenden. Betriebsgewinn ist in diesem Falle der Gewinn **nach** Abzug des Freibetrages von 2 000 DM bzw. bei zusammenveranlagten Ehegatten von 4 000 DM (§ 13 Abs. 3). Sind im Betrieb **Verluste** entstanden, so bleibt die **Steuerermäßigung,** auch bei positivem Gesamteinkommen von vornherein, **ausgeschlossen**. Gleiches gilt, wenn ein Betriebsgewinn erzielt worden ist, jedoch das Gesamteinkommen negativ ist.

Beispiel:

Landwirt A, verheiratet, hat einen Betrieb, dessen Gewinn nach § 4 Abs. 3 ermittelt wird. Der Betriebsgewinn hat eine Höhe von 26 000 DM. Seine übrigen Einkünfte betragen 14 000 DM. Sonderausgaben sind insgesamt 4 000 DM abzugsfähig.

Betriebsgewinn	26 000 DM
übrige Einkünfte	14 000 DM
Summe der Einkünfte	40 000 DM
Freibetrag § 13 Abs. 3	∕. 4 000 DM
Gesamtbetrag der Einkünfte	36 000 DM
Sonderausgaben	∕. 4 000 DM
Einkommen/zu versteuerndes Einkommen	32 000 DM
Steuer lt. Splittingtabelle 1996	2 068 DM
tarifliche Steuer $\frac{2068 \times 100}{32000} = 6{,}462$ v. H.	
Betriebsgewinn	26 000 DM
Freibetrag (§ 13 Abs. 3)	∕. 4 000 DM
	22 000 DM
Steuerermäßigung 6,462 v. H. von 22 000 DM =	1 421 DM
Steuerschuld 2 068 DM ∕. 1 421 DM =	647 DM

Der Betrag von 1 421 DM ist von der tariflichen Steuer von 2 068 DM abzuziehen.

Die **Steuerermäßigung** kann **höchstens 2 000 DM** für den einzelnen Stpfl. ausmachen. Sobald dieser Höchstbetrag von 2 000 DM erreicht ist, erübrigt sich deshalb, auch noch die auf den Gewinn des Betriebs entfallende tarifliche Steuer zu ermitteln.

Die Steuerermäßigung gilt nur für **laufende** Gewinne (BFH, BStBl 1989 II 709).

Sind an einem Betrieb **mehrere Personen beteiligt**, so kann zwar jeder von seinem **Gewinnanteil** den Steuerabzug vornehmen. Der **Höchstbetrag** von 2 000 DM wird den Beteiligten allerdings **nur anteilig** zugerechnet (§ 34e Abs. 1). Aufteilungsmaßstab dürfte hierbei das Verhältnis der Gewinnanteile sein (vgl. Troll in Hartmann/Böttcher/Nissen/Bordewin, EStG § 34e Rz. 8).

Bewirtschaftet ein Landwirt **mehrere selbständige Betriebe**, so steht ihm **für jeden Betrieb,** dessen Gewinn nicht nach § 13a ermittelt wird, der Steuerabzug zu. Bei der Ermittlung des Steuerabzugs für den einzelnen Betrieb ist der **Freibetrag** nach **§ 13 Abs. 3** entsprechend dem Verhältnis der jeweils ermittelten Gewinne **aufzuteilen.** Das gilt nicht nur, wenn der Steuerabzug für alle Betriebe in Betracht kommt, sondern auch, wenn der eine oder andere Betrieb davon ausgeschlossen ist, z. B. weil dafür der Gewinn nach § 13a ermittelt worden ist oder der Gewinn die Höchstgrenze von 50 000 DM übersteigt.

Kann für mehrere Betriebe des Landwirts die Steuerermäßigung geltend gemacht werden, so sind sie zusammenzurechnen. Zu beachten ist dabei aber, daß hier der **Höchstbetrag** von **2 000 DM** nicht für jeden einzelnen Betrieb, sondern für die Betriebe des Stpfl. **insgesamt** gilt. Nach Troll a. a. O. ist auch für die Gewinngrenze von 50 000 DM nicht nur auf den einzelnen Betrieb, sondern auch auf die Summe der Gewinne sämtlicher Betriebe abzustellen.

Beträgt der Gewinn aus dem Betrieb mehr als 50 000 DM, so mindert sich der Höchstbetrag von 2 000 DM jeweils um 20 v. H. des Betrags, der 50 000 DM übersteigt. So beträgt der Höchstbetrag bei einem Gewinn von 54 000 DM 1 200 DM, bei einem Gewinn von 60 000 DM beträgt er 0 DM.

Geht der Betrieb während eines Wirtschaftsjahres über, so steht sowohl dem alten als auch dem neuen Betriebsinhaber der Steuerabzug in vollem Umfange zu.

Ein beim **Wechsel der Gewinnermittlungsart** entstehender sogenannter **Übergangsgewinn ist anteilig** dem Gewinn der Verteilungsjahre zuzurechnen (BFH, BStBl 1990 II 495).

Vgl. im einzelnen **R 213** und **H 213**.

7. Steuerermäßigung nach § 34f EStG

7.1 Allgemeines

Nach § 34 f Abs. 1 **ermäßigte sich** bei Stpfl., die erhöhte AfA nach § 7b in Anspruch nahmen, die tarifliche **Einkommensteuer,** vermindert um die sonstigen Steuerermäßigungen mit Ausnahme der §§ 34g und 35, auf Antrag um je 600 DM für das **zweite** und weitere Kind des Stpfl. oder seines Ehegatten (auch „Kinderkomponente" oder „**Baukindergeld**" genannt).

§ 34f Abs. 1 war auf Objekte anzuwenden, die der Steuerpflichtige vor dem **1.1.1987** hergestellt oder angeschafft hat. Soweit ab Veranlagungszeitraum 1987 die den erhöhten Absetzungen nach § 7b (oder § 15 BerlinFG) entsprechenden Beträge nach § 52 Abs. 21 Satz 4 **wie Sonderausgaben** abgezogen wurden, galt der Sonderausgabenabzug als die Inanspruchnahme erhöhter Absetzungen. Hierbei war auch § 52 Abs. 26 S. 1 zu beachten; vgl. hierzu 6.2.3.1.

Für Stpfl., die die Steuervergünstigung nach § 10e **Abs. 1 bis 5** in Anspruch nehmen, wird der Abzugsbetrag von **750 DM** bereits ab dem **ersten** Kind gewährt (§ 34f **Abs. 2**).

§ 34f **Abs. 2** ist auf Objekte anzuwenden, die der Stpfl. **nach dem 31.12.1986** angeschafft oder hergestellt hat. Vgl. hierzu 6.3 und R 213a.

Für im **VZ 1990** hergestellte und angeschaffte Objekte erhöhte sich ab 1.1.1990 der Abzugsbetrag auf 750 DM, für **nach** dem **31.12.1990** und **vor** dem **1.1.1996** hergestellte oder angeschaffte Objekte auf **1 000 DM.**

Vgl. auch BMF, BStBl 1994 I 855 und H 213a „Begünstigte Objekte".

7.2 § 34f Abs. 1 EStG

Die Vorschrift war **letztmals** im **VZ 1993** anwendbar.

7.3 Voraussetzungen des § 34f Abs. 2 EStG

§ 34f Abs. 2 ist auf Objekte bei Anschaffung/Herstellung nach dem 31.12.1986 anzuwenden.

7.3.1 Inanspruchnahme der Steuerbegünstigung nach § 10e Abs. 1 bis 5 oder § 15b BerlinFG

Voraussetzung ist die tatsächliche Inanspruchnahme der **Grundförderung** nach § 10e Abs. 1 bis 5 (bzw. § 15b BerlinFG).

Die Steuerermäßigung nach § 34f Abs. 2 kann auch in Anspruch genommen werden, wenn im Veranlagungszeitraum der Abzugsbetrag nach § 10e Abs. 1 bis 5 oder § 15b BerlinFG wegen der Nachholungsmöglichkeit nach § 10e Abs. 3 Satz 1 nicht geltend gemacht wird. In der Geltendmachung der Kinderermäßigung kommt in diesem Fall die Inanspruchnahme der Steuerbegünstigung nach § 10e Abs. 1 bis 5 EStG oder § 15b BerlinFG zum Ausdruck.

7.3.2 Nutzung zu eigenen Wohnzwecken

§ 34f gilt grds. nur bei einer Wohnung, die der Stpfl. selbst zu Wohnzwecken nutzt.

Dies ist zum einen eine tatsächliche Selbstnutzung.

Eine Eigentumswohnung, die der Stpfl. im Rahmen einer **doppelten Haushaltsführung** am Arbeitsort nutzt, ist **kein** nach § 34f begünstigtes Objekt (BFH, BStBl 1989 II 829).

Eine Mitbenutzung einer Wohnung durch andere Personen ist unschädlich.

Eine **teilweise Nutzung** des Objektes zu **gewerblichen, beruflichen** oder öffentlichen Zwecken ist **unschädlich**, solange sie nicht zur Versagung der Grundförderung nach § 10e führt.

Keine Selbstnutzung stellt grds. eine unentgeltliche Überlassung der Wohnung dar.

Bei alleiniger Nutzung einer nach § 10e begünstigten Wohnung durch ein Kind kommt die Steuerermäßigung nach § 34f **nicht** in Betracht. § 34f kann aber in Anspruch genommen werden, wenn die nach § 10e begünstigte Wohnung Teil des Haushalts der Eltern ist, also zumindest von einem der beiden Elternteile **mitbewohnt** wird (BMF, BStBl 1994 I 855).

Führt also ein studierendes Kind in einer nach 10e begünstigten Eigentumswohnung der Eltern einen selbständigen Haushalt, steht den Eltern für dieses Kind eine Steuerermäßigung nach § 34f Abs. 2 **nicht** zu (BFH, BStBl 1995 II 378).

7.3.3 Zu berücksichtigende Kinder

a) Berücksichtigung (§ 32 Abs. 1 bis 5 EStG)

Der Abzugsbetrag wird bereits ab dem 1. Kind gewährt. Ab 1990 beträgt er für im VZ 1990 hergestellte oder angeschaffte Wohnungen **750 DM** (BFH, BFH/NV 1995, 18), bei Anschaffung/Herstellung nach dem 31.12.1990 **1000 DM**.

Der Gesetzeswortlaut stellt für § 34f Abs. 2 klar, daß es sich auch um Kinder i.S. des § 32 Abs. 1–5 des **Ehegatten** handeln kann. Voraussetzung ist aber, daß sie zum gemeinsamen Haushalt der Eltern gehören (BFH, BStBl 1994 II 26).

Es ist unerheblich, ob der Stpfl. nach § 32 Abs. 6 für das Kind tatsächlich einen Kinderfreibetrag bzw. Kindergeld erhält (H 213a „Kinder").

Ein Kind im Sinne des § 32 Abs. 1 bis 5 ist deshalb z.B. auch zu berücksichtigen, wenn der Kinderfreibetrag auf den anderen Elternteil übertragen worden ist. Im Fall der besonderen Veranlagung nach § 26c kann jeder Ehegatte die Steuerermäßigung in Anspruch nehmen, wenn die Voraussetzungen dafür in seiner Person erfüllt sind. Im übrigen vgl. R 213a Abs. 3. Für Kinder, die im Zeitpunkt der Anschaffung des Gebäudes bzw. Herstellung des Gebäudes zu berücksichtigen waren, kann von dem Veranlagungszeitraum an keine Steuerminderung mehr vorgenommen werden, in dem sie nicht mehr als Kinder zu berücksichtigen sind.

Beispiel:

Die Eheleute A haben ein Haus in 01 errichtet. Die drei Kinder waren 12, 14, 16 Jahre alt und lebten im Haushalt der Eltern.

Die Eltern A können je 1000 DM = 3000 DM von der Steuerschuld abziehen.

Tochter B, 03 nunmehr 18jährig, heiratet und nimmt keine Berufsausbildung auf.

B kann ab 04 nicht mehr berücksichtigt werden.

b) Haushaltszugehörigkeit

Nur für Kinder, die auf **Dauer** zum Haushalt des Stpfl. gehören bzw. gehört haben, kann § 34f gewährt werden.

Ein Kind gehört zum Haushalt des Stpfl., wenn es bei einheitlicher Wirtschaftsführung unter Leitung des Stpfl. dessen Wohnung teilt oder sich mit seiner Einwilligung vorübergehend außerhalb seiner Wohnung aufhält (BFH, BStBl 1981 II 54).

Es reicht aus, daß die Haushaltszugehörigkeit „auf Dauer angelegt" ist. Vgl. **R 213a Abs. 3**.

7.3.4 Antrag

§ 34f wird auf **Antrag** gewährt. Erhält der Stpfl. wegen eines Kindes einen Kinderfreibetrag und ist dem Finanzamt die auf Dauer angelegte Haushaltszugehörigkeit des Kindes aus anderen Unterlagen bekannt, ist die Antragstellung von Finanzamt zu unterstellen.

Ggf. muß das Finanzamt weiter aufklären und evtl. die Antragstellung anregen. Vgl. R 213a Abs. 6.

7.4 Voraussetzungen des § 34f Abs. 3 EStG

Literatur: Märkle/Franz, BB 1992, 963, Wewers, DB 1992, 704.

§ 34f Abs. 3 Satz 1 sieht bei **Inanspruchnahme** der Steuervergünstigung nach § 10e Abs. 1, 2, 4 und 5 eine Ermäßigung der tariflichen ESt um je 1 000 DM für jedes Kind des Stpfl. (§ 32 Abs. 1 bis 5) vor.

Das Baukindergeld kann nur der Stpfl. geltend machen, der die Voraussetzungen für die Grundförderung nach § 10e Abs. 1, 2, 4 und 5 für den betreffenden VZ erfüllt. Die Einkommensgrenze nach § 10e Abs. 5a (Gesamtbetrag der Einkünfte bis 120 000 DM bzw. 240 000 DM) für Objekte, bei denen der Bauantrag nach dem 31. 12. 1991 gestellt oder in Erwerbsfällen der obligatorische Vertrag nach dem 31. 12. 1991 abgeschlossen ist, schlägt auf das Baukindergeld durch.

Deshalb rechtfertigt der Abzug in den Vorjahren nicht ausgenutzter Abzugsbeträge nach § 10e Abs. 3 allein die Steuerermäßigung des § 34f nicht. Nach § 10e Abs. 5a Satz 2 ist auch in den Veranlagungszeiträumen, in denen der Gesamtbetrag der Einkünfte 120 000 DM/240 000 DM übersteigt, die Nachholung für Veranlagungszeiträume möglich, in denen diese Grenzen nicht überschritten worden sind. In den Jahren, in denen der Abzug nachgeholt wird, ist aber die Inanspruchnahme des § 34f ausgeschlossen.

7.5 Begrenzung auf ein Objekt im Veranlagungszeitraum

Nach § 34f Abs. 4 Satz 2 kann der Stpfl. die Steuerermäßigung nach § 34f Abs. 1 bis 3 im Veranlagungszeitraum **insgesamt nur für ein Objekt** in Anspruch nehmen.

Nehmen Ehegatten i. S. des § 26 Abs. 1 erhöhte AfA nach § 7b oder Grundförderung nach § 10e für zwei Objekte gleichzeitig in Anspruch, führt dies nicht zu einer doppelten Inanspruchnahme des § 34f für denselben VZ. Dies gilt auch bei getrennter Veranlagung; in diesem Fall steht die Steuerermäßigung den Ehegatten in dem Verhältnis zu, in dem sie erhöhte Absetzungen nach § 7b in Anspruch nehmen (§ 26a Abs. 2 Satz 3).

Nehmen Eheleute nicht gleichzeitig, sondern **nacheinander** erhöhte Absetzungen bzw. § 10e für 2 Objekte in Anspruch, kann die Steuerermäßigung § 34f während des Begünstigungszeitraumes nacheinander für **beide** Objekte gewährt werden.

7.6 Höhe der Steuerermäßigung

7.6.1 Ausgangsbetrag

Ausgangsbetrag für die Berücksichtigung des § 34f ist die tarifliche Einkommensteuer, wie sie sich aus § 32a ergibt. Dabei ist gegebenenfalls der Progressionsvorbehalt nach § 32b zu berücksichtigen.

Ferner sind die Steuerermäßigungen zu berücksichtigen, die auf einem ermäßigten Steuersatz unterliegende Einkünfte nach den §§ 34, 34b und 34c entfallen. Von der so ermittelten Einkommensteuer sind die sonstigen Steuerermäßigungen mit Ausnahme der §§ 34g und 35 abzusetzen.

Hiervon ist die Ermäßigung nach § 34f abzuziehen. Hierdurch kann sich **keine negative** Steuerschuld ergeben, sondern **nur** eine Ermäßigung **bis** auf **0 DM** (R 213a Abs. 4 S. 3).

7.6.2 Ermäßigungsbetrag

Der Ermäßigungsbetrag beträgt für jedes berücksichtigungsfähige Kind **750 DM bzw. 1 000 DM**. Der Ermäßigungsbetrag kommt in **voller Höhe** zum Tragen, auch wenn es sich bei dem begünstigten Objekt um einen **Miteigentumsanteil** handelt. Gleichgültig ist auch, die Voraussetzung während des gesamten

VZ vorgelegen haben, insbesondere, ob das Objekt während der VZ erworben oder veräußert worden ist (R 213a Abs. 4 Satz 2). Gleiches gilt, wenn das Objekt nur für einen Teil des Jahres eigenen Wohnzwecken diente.

7.7 Vor- und Rücktrag der Steuerermäßigung

7.7.1 Grundsätze

Baukindergeld wirkt sich nicht nur in Höhe der tariflichen Einkommensteuer ermäßigend aus. Soweit das Baukindergeld diese Einkommensteuer übersteigt, geht es **nicht** verloren.

Deswegen ist ein Rücktrag und Vortrag des Baukindergelds möglich.

Für Objekte im Sinne des § 10e, bei denen Bauantrag/Baubeginn bzw. Kaufvertrag nach dem 30.9.1991 erfolgten (§ 52 Abs. 26 Satz 4), kann der sich nicht auswirkende Teil des Baukindergeldes von der tariflichen Einkommensteuer der beiden vorangegangenen Veranlagungszeiträume abgezogen werden und damit im Rahmen einer Berichtigungsveranlagung dieser Jahre erstattet werden (§ 34f Abs. 3 Satz 3).

Eine **Reihenfolge** schreibt das Gesetz **nicht** vor. Somit besteht für den Stpfl. grundsätzlich ein Wahlrecht, welches Jahr berichtigt werden soll. Hat sich nach dem Rücktrag des Baukindergeld nicht voll ausgewirkt, so kann der verbleibende Betrag nach § 34f Abs. 3 Satz 4 bis zum Ende des achtjährigen Abzugszeitraums der Grundförderung und der beiden folgenden Veranlagungszeiträume abgezogen werden (§ 34f Abs. 3 Satz 4).

Durch diese Regelung, die die Inanspruchnahme der Steuerermäßigung innerhalb eines Zeitraumes bis zu 12 Jahren erlaubt, soll die volle Ausnutzung des sogenannten Baukindergeldes für alle Einkommensbezieher bewirkt werden.

§ 34f Abs. 3 Satz 5 enthält eine eigenständige Berichtigungsvorschrift für Steuerbescheide, um die Rückwirkung und den Vortrag der Steuerermäßigung sicherzustellen.

Aus dem Gesetzeswortlaut geht hervor, daß in dem jeweiligen Rücktrags- bzw. Vortragsjahr die Voraussetzungen des § 34f Abs. 3 Satz 1 – 3 nicht vorgelegen haben müssen. Daher ist es für die Berücksichtigung des Rück- bzw. Vortrags des Baukindergeld lediglich Voraussetzung, daß diese in dem Jahr der „Entstehung" des Baukindergeldanspruchs vorgelegen haben.

> **Beispiel:**
> Für 1996 steht dem Stpfl. Baukindergeld i. H. von 4 000 DM zu, das sich jedoch nicht auswirkt.
> A hat für 1994 ESt in Höhe von 4 000 DM, für 1995 ESt in Höhe von 5000 DM zu entrichten.
> A kann wählen, ob er das 1996 nicht ausgeschöpfte Baukindergeld in 1994 oder 1995 berücksichtigt haben will.

Dies gilt somit auch dann, wenn z. B. im Rücktrags- bzw. Vortragsjahr weder eine selbstgenutzte Wohnung noch ein Kind vorhanden sind.

7.7.2 Besonderheiten beim Rücktrag des Baukindergeldes in den neuen Bundesländern

Da das § 10e-Begünstigungsobjekt in jedem Fall nach dem 30.9.1991 angeschafft oder fertiggestellt sein muß und somit ein Abzugsbetrag erstmals im Veranlagungszeitraum 1991 in Anspruch genommen werden kann, wirkt sich ein Rücktrag des Baukindergeldes frühestens bei der Einkommensteuer-Veranlagung **1989** aus.

Für die **neuen Bundesländer** besteht eine **Sonderregelung:** Hier war eine Verrechnung des rücktragsfähigen Baukindergeldes frühestens mit der Einkommensteuer möglich, die auf das 2. Halbjahr **1990** entfällt (§ 57 Abs. 6).

7.8 Beschränkung auf die Bemessungsgrundlage (§ 34f Abs. 4 EStG)

Der § 34f Abs. 4 Satz 1 will verhindern, daß Baukindergeld über die Bemessungsgrundlage für § 10e hinaus berücksichtigt wird. Deswegen darf der Stpfl. die Steuermäßigung nach § 34f Abs. 2 und 3 nur bis zur Höhe der Bemessungsgrundlage der Abzugsbetrage nach § 10e Abs. 1 oder 2 in Anspruch nehmen.

Dies gilt nach § 52 Abs. 26 Satz 4 für alle nach dem 31.12.1991 fertiggestellten oder angeschafften Gebäude.

Beispiel:

A (verheiratet, 4 Kinder) hat an einem selbstgenutzten Einfamilienhaus eine Garage für 13 000 DM errichtet. Ihm steht an sich ein Baukindergeld von 4 000 DM für 8 Jahre, insgesamt 32 000 DM zu. Es ist jedoch begrenzt auf 13 000 DM. A kann daher 3 Jahre jeweils 4 000 DM geltend machen, im 4. Jahr noch 1 000 DM.

8. Sonstige Steuerermäßigungen

Zu § 34c vgl. N. 7.2 und 7.3; zu § 34g vgl. F. 3.8.10.3.

9. Steuerermäßigung bei Belastung mit Erbschaftsteuer

9.1 Grundsätze

Sind bei der Ermittlung des Einkommens **Einkünfte** berücksichtigt worden, die im Veranlagungszeitraum oder in den vorangegangenen vier Veranlagungszeiträumen **als Erwerb von Todes wegen der Erbschaftsteuer unterlegen haben,** so wird auf Antrag die um die sonstigen Steuerermäßigungen gekürzte tarifliche Einkommensteuer, die auf diese Einkünfte anteilig entfällt, um den in Satz 2 bestimmten Vomhundertsatz ermäßigt.

Der Vomhundertsatz bemißt sich nach dem Verhältnis, in dem die festgesetzte Erbschaftsteuer zu dem Betrag steht, der sich ergibt, wenn dem erbschaftsteuerpflichtigen Erwerb (§ 10 Abs. 1 ErbStG) die Freibeträge nach den §§ 16 und 17 und der steuerfreie Betrag nach § 5 ErbStG hinzugerechnet werden. Das gilt nicht, soweit Erbschaftsteuer nach § 10 Abs. 1 Nr. 1a als Sonderausgabe abgezogen wird. Schenkungen fallen nicht unter § 35. H 213e.

9.2 Mit Erbschaftsteuer belastete „Einkünfte"

Die Vorschrift gilt für **„Einkünfte", die im VZ** und in den **vier vorangegangenen VZ** mit Erbschaftsteuer belastet worden sind. § 35 ist **nur insoweit** anwendbar, als Einkünfte mit Erbschaftsteuer belastet sind. Diese Formulierung ist unscharf; denn Einkünfte unterliegen nicht der ErbSt. Gemeint sind vielmehr

- **Veräußerungsfälle**, bei denen die geerbten Vermögenswerte der ESt unterliegen (z. B. nach §§ 16, 17); vgl. BFH, BStBl 1988 II 832.
- **Zuflußfälle**, in denen geerbte Forderungen bei Zufluß zu Einkünften führen (z. B. vom Erben vereinnahmte Zinsen).

Ob nur die deutsche Erbschaftsteuer, anzurechnen ist, ist jedoch umstritten. Für Anrechnung auch ausländischer ErbSt, vgl. BFH, BStBl 1975 II 110.

Die Einkommensteuer ist nach § 35 nur wegen der von demselben Stpfl. als Steuerschuldner entrichteten Erbschaftsteuer zu ermäßigen. Wegen der durch frühere Erbfälle ausgelösten Erbschaftsteuer ist die Einkommensteuer auch dann nicht zu kürzen, wenn der Stpfl. sie als Nachlaßverbindlichkeit getragen hat (BFH, BStBl 1977 II 609 und H 213e „Frühere Erbfälle").

Beispiel:

A hat von seiner Tante ein Haus geerbt und aus diesem nach dem Erbfall Einnahmen erzielt. Diese Mieteinnahmen stellen **Früchte** des Hauses dar und können daher nicht nach § 35 begünstigt werden.

Insbesondere kommt § 35 in Betracht bei
- Veräußerungsgewinnen (Auflösung stiller Reserven) i. S. der §§ 14, 16, 17 und 18 Abs. 3
- Forderungen aus einer betrieblichen Tätigkeit des Erblassers im Falle der Gewinnermittlung nach § 4 Abs. 3, die als nachträgliche Betriebseinnahmen dem Erben zufließen,
- Einnahmen aus rückständigen Mietforderungen und
- Spekulationsgewinne i. S. des § 23.

Diese vorgenannten Vermögenszuflüsse können sowohl mit Erbschaftsteuer als auch mit Einkommensteuer belastet sein.

Eine Erbschaftsteuerbelastung der der Einkommensteuer unterliegenden aufgelösten stillen Reserven ist insbesondere **nicht** gegeben, wenn bei Grundstücken das 1,4fache des Einheitswertes (= Bemessungsgrundlage für die Erbschaftsteuer), nicht höher ist als der Buchwert bzw. die Anschaffungskosten des Wirtschaftsgutes. In diesem Falle haben die aufgelösten stillen Reserven, die der Einkommensteuer unterliegen, **nicht** der Erbschaftsteuer unterlegen; vgl. BFH, BB 1991, 529.

Wird ein Veräußerungsgewinn noch dem **Erblasser** zugerechnet, können die **Erben** eines Gesellschafters die Steuerermäßigung nach § 35 **nicht** in Anspruch nehmen (BFH, BStBl 1994 II 227).

Bei Renten, Nießbrauchsrechten und sonstigen wiederkehrenden Leistungen, für die der Erwerber bei der Erbschaftsteuer die jährliche Versteuerung nach § 23 ErbStG beantragt hat, wird die Jahreserbschaftsteuer weiterhin als dauernde Last nach § 10 Abs. 1 Nr. 1a abgezogen. Eine Ermäßigung der tariflichen Einkommensteuer kommt daher in diesen Fällen nicht in Betracht (§ 35 letzter Satz).

Fließen einem Stpfl. durch Nutzung eines ererbten Urheberrechts einkommensteuerpflichtige Einkünfte zu, so kann die hierauf entfallende ESt auch dann nicht gemäß § 35 gemildert werden, wenn der Ertragswert des Urheberrechts der ErbSt unterlegen hat, BFH, BStBl 1995 II 321.

9.3 Milderung der Doppelbelastung

Um die Doppelbelastung zu mildern, wird die auf diese Einkünfte **anteilig** (BFH, BStBl 1988 II 832) entfallende, um sonstige Steuerermäßigungen gekürzte tarifliche Einkommensteuer um den Hundertsatz ermäßigt, der sich aus dem Verhältnis der festgesetzten Erbschaftsteuer zum Gesamterwerb ergibt. Dabei ist die auf die begünstigten Einkünfte anteilig entfallende Einkommensteuer nach dem Verhältnis der begünstigten Einkünfte zur Summe der Einkünfte (§ 2 Abs. 3) zu ermitteln, soweit die auf die begünstigten Einkünfte entfallende Einkommensteuer bei der Veranlagung nicht bereits gesondert ermittelt worden ist.

Die Ermäßigung nach § 35 wird nicht von Amts wegen, sondern **nur auf Antrag** gewährt.

Für Stpfl. mit Einkünften aus nichtselbständiger Arbeit, die nicht schon aus anderen Gründen nach § 46 Abs. 2 zur Einkommensteuer zu veranlagen sind, ist auf Antrag eine Veranlagung nach § 46 Abs. 2 Nr. 8 durchzuführen (Hinweis auf R 217 Abs. 1).

Beispiel:

Ein im Kalenderjahr 01 verstorbener Stpfl. vererbt Mietforderungen in Höhe von 100 000 DM, die seiner Witwe als Alleinerbin im Kalenderjahr 02 zufließen. Die Mietforderungen sind Teil des erbschaftsteuerpflichtigen Erwerbs (§ 10 Abs. 1 ErbStG) von 500 000 DM. Bei der Veranlagung der Witwe zur Einkommensteuer für das Kalenderjahr 02 beträgt die Summe der Einkünfte 150 000 DM, in der die Mietforderungen enthalten sind. Das zu versteuernde Einkommen beträgt 140 000 DM.

1. Belastung mit Erbschaftsteuer:

Erbschaftsteuerpflichtiger Erwerb	500 000 DM
zuzüglich:	250 000 DM
Freibetrag nach § 16 Abs. 1 Nr. 1 ErbStG	
Freibetrag nach § 17 Abs. 1 ErbStG	250 000 DM
Gesamterwerb	1 000 000 DM
Erbschaftsteuer nach Steuerklasse 17,5 v. H. von 500 000 DM =	37 500 DM
Verhältnis der Erbschaftsteuer zum Gesamterwerb: $\frac{37\,500}{1\,000\,000}$ =	3,75 v. H.

2. Belastung mit Einkommensteuer:
   Summe der Einkünfte .... 150 000 DM
   zu versteuerndes Einkommen .... 140 000 DM
   tarifliche Einkommensteuer nach § 32a Abs. 6 Nr. 1 (Splittingtabelle 1996) .... 36 096 DM
   Von diesem Betrag entfallen auf die zugeflossenen Mietforderungen anteilig
   $$\frac{100\,000 \times 36\,096}{150\,000} = \text{(abgerundet)}$$ .... 24 064 DM
3. Minderung der Einkommensteuer von .... 36 096 DM
   um 3,75 v. H. von 24 064 DM = (abgerundet) .... − 902 DM
   ergibt eine festzusetzende Einkommensteuer von .... 35 194 DM

F. Sonderausgaben

1. Begriff der Sonderausgaben

1.1 Begriffsbestimmung

Sonderausgaben – im **engeren Sinne** – sind
- Aufwendungen eines Stpfl. im privaten Bereich **(Lebensführungskosten)**,
- die in den §§ 10 und 10b abschließend aufgeführt sind
- und **vom Gesamtbetrag der Einkünfte** abgezogen werden.

Der Begriff der Sonderausgaben ist im Gesetz nicht weiter erläutert **(keine Legaldefinition)**.
Gesetzessystematisch gesehen handelt es sich um Aufwendungen für die Lebensführung.
Ohne Aufzählung in den §§ 10, 10b als abziehbare Ausgaben griffe das **Abzugsverbot** des § 12 Nr. 1 ein. Die §§ 10, 10b sind **daher Ausnahmevorschriften** zu § 12 Nr. 1.
Bei den Vorschriften der §§ 10 und 10b handelt es sich um Sonderausgaben im **eigentlichen** bzw. **engeren** Sinne. Der Verlustabzug nach § 10d sowie die Vorschriften § 10e bis § 10h sind nur technisch den Sonderausgaben zugeordnet worden. Dagegen hat der Abzug von **Vorkosten** nach § 10i und § 10e Abs. 6 den Charakter einer **echten** Sonderausgabe.

Sonderausgaben sind, soweit es sich **nicht** um Betriebsausgaben oder Werbungskosten handelt, nur folgende Aufwendungen bzw. Abzugsbeträge:
- Unterhaltsleistungen an geschiedene oder getrennt lebende Ehegatten (§ 10 Abs. 1 Nr. 1)
- auf besonderen Verpflichtungsgründen beruhende Renten und dauernde Lasten (§ 10 Abs. 1 Nr. 1a)
- Beiträge zu Kranken-, Pflege-, Unfall- und Haftpflichtversicherungen sowie Arbeitnehmeranteile zur gesetzlichen Sozialversicherung (§ 10 Abs. 1 Nr. 2a)
- Beiträge zu bestimmten Versicherungen auf den Erlebens- und/oder Todesfall (§ 10 Abs. 1 Nr. 2b)
- Beiträge zu einer zusätzlichen freiwilligen Lebensversicherung (§ 10 Abs. 1 Nr. 2c)
- gezahlte Kirchensteuer (§ 10 Abs. 1 Nr. 4)
- Stundungs-, Aussetzungs und Nachforderungszinsen auf nicht abziehbare Steuern (§ 10Abs. 1 Nr. 5)
- Steuerberatungskosten (§ 10 Abs. 1 Nr. 6)
- Aufwendungen des Stpfl. für seine Berufsausbildung oder seine Weiterbildung in einem nicht ausgeübten Beruf (§ 10 Abs. 1 Nr. 7)
- Aufwendungen für hauswirtschaftliche Beschäftigungsverhältnisse (§ 10 Abs. 1 Nr. 8)
- 30 v. H. des Schulgelds, das der Stpfl. für ein Kind, für das er einen Kinderfreibetrag oder Kindergeld erhält, für den Besuch bestimmter **Privatschulen** entrichtet, mit Ausnahme des Entgelts für Beherbergung, Betreuung und Verpflegung (§ 10 Abs. 1 Nr. 9)
- Ausgaben für steuerbegünstigte Zwecke (Spenden) (§ 10b)
- Verlustabzug (Verlustrücktrag und Verlustvortrag) (§ 10d)
- Steuerbegünstigung der zu eigenen Wohnzwecken genutzten Wohnung im eigenen Haus (§ 10e) (läuft aus)
- Steuerbegünstigung der zu eigenen Wohnzwecken genutzten Baudenkmale sowie selbstgenutzter Wohnungen in Sanierungsgebieten und städtebaulichen Entwicklungsbereichen (§ 10f)
- Steuerbegünstigung für schutzwürdige Kulturgüter (§ 10g)
- Steuerbegünstigung der unentgeltlich zu Wohnzwecken überlassenen Wohnung im eigenen Haus nach § 10h (letztmals anzuwenden, wenn der Stpfl. den Bauantrag **vor** dem 1.1.1996 gestellt hat) und § 10i.

1.2 Sonderausgaben im System der Einkommensermittlung

Grundlage für die Einkommensbesteuerung ist die wirtschaftliche Leistungsfähigkeit des Stpfl., die durch sein Einkommen dokumentiert wird. Wesentliche Grundlage für dieses Einkommen ist die Summe der Einkünfte i. S. des § 2 Abs. 1 Nr. 1 bis 7. Aufwendungen können grundsätzlich nur berücksichtigt werden, wenn sie mit einer dieser sieben Einkunftsarten entweder in der Form von Betriebsausgaben oder in der Form von Werbungskosten im Zusammenhang stehen. Aufwendungen, die im privaten Bereich anfallen, sind grundsätzlich nicht abzugsfähig (§ 12 Nr. 1). Eine Ausnahme von diesem Grundsatz bilden jedoch die Sonderausgaben (und die außergewöhnlichen Belastungen). Diese dürfen im Rahmen der Einkommensermittlung abgezogen werden (vgl. § 2 Abs. 4).

1.3 Einteilung der Sonderausgaben

Man unterscheidet zwischen **unbeschränkt abzugsfähigen** und **beschränkt abzugsfähigen** Sonderausgaben. Im Rahmen der beschränkt abzugsfähigen Sonderausgaben nehmen die **Vorsorgeaufwendungen (Versicherungsbeiträge)** (§ 10 Abs. 1 Nr. 2) eine besondere Stellung ein.

1.3.1 Unbeschränkt abzugsfähige Sonderausgaben

Zu den unbeschränkt abzugsfähigen Sonderausgaben gehören:

a) Renten und dauernde Lasten (§ 10 Abs. 1 Nr. 1a),

b) Kirchensteuern (§ 10 Abs. 1 Nr. 4),

c) Zinsen auf nichtabziehbare Steuern (§ 10 Abs. 1 Nr. 5),

d) Steuerberatungskosten (§ 10 Abs. 1 Nr. 6),

e) Abzug von 30 v. H. des Schulgelds für bestimmte Privatschulen (§ 10 Abs. 1 Nr. 9).

Unbeschränkt abzugsfähig bedeutet, daß sie in voller Höhe, in der sie geleistet worden sind, als Sonderausgaben abziehbar sind.

1.3.2 Beschränkt abzugsfähige Sonderausgaben

Zu den beschränkt abzugsfähigen Sonderausgaben gehören:

a) Unterhaltsleistungen an geschiedene/dauernd getrennt lebende Ehegatten (§ 10 Abs. 1 Nr. 1),

b) Beiträge zu Versicherungen (§ 10 Abs. 1 Nr. 2),

c) Aufwendungen für die Berufsausbildung oder Weiterbildung in einem nicht ausgeübten Beruf (§ 10 Abs. 1 Nr. 7),

d) Aufwendungen für hauswirtschaftliche Beschäftigungsverhältnisse (§ 10 Abs. 1 Nr. 8),

e) Spenden (§ 10b),

f) Vorsorgeaufwendungen (§ 10 Abs. 1 Nr. 2).

Beschränkt abzugsfähig bedeutet, daß sie nur in dem vom Gesetzgeber gesteckten Rahmen bis zu bestimmten **Höchstbeträgen** abziehbar sind.

1.3.3 Unterscheidung zwischen Vorsorgeaufwendungen (Versicherungsbeiträge) und übrigen Sonderausgaben

Die Einteilung der Sonderausgaben im engeren (eigentlichen) Sinne kann auch wie folgt vorgenommen werden:

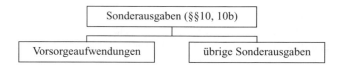

a) **Vorsorgesaufwendungen sind nur:**
Versicherungsbeiträge (§ 10 Abs. 1 Nr. 2)
Sie dienen der Eigenvorsorge der Stpfl. in unterschiedlichen Formen.

Besonderheiten:
Es gibt speziell für Vorsorgeaufwendungen
a) besondere Abzugsvoraussetzungen, vgl. § 10 Abs. 2 sowie
b) gemeinsame Höchstbeträge nach § 10 Abs. 3.
Auch die Vorschrift § 10 Abs. 5 (Nachversteuerung) gilt nur für Vorsorgeaufwendungen.

b) **Übrige Sonderausgaben**
Diese sind **zum Teil unbeschränkt** und **zum Teil begrenzt** abzugsfähig.
Für die eigentlichen Sonderausgaben gelten mindestens abzuziehende Pauschalabzüge nach § 10c.

1.4 Übersicht

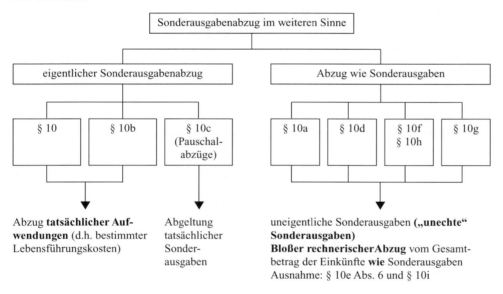

Nach § 52 Abs. 21 Sätze 4 bis 6 EStG und § 82a Abs. 3 EStDV sind außerdem bestimmte Steuervergünstigungen infolge Wegfalls der Nutzungswertbesteuerung **wie** Sonderausgaben abzuziehen; vgl. hierzu K. 7.10.

1.5 Politische Zielsetzungen

Mit der Abzugsfähigkeit dieser von Natur her den Lebenshaltungskosten zuzurechnenden Ausgaben werden **kultur-, sozial-, steuer- und wirtschaftspolitische Zwecke** verfolgt. Sie sollen den Stpfl. zu Ausgaben auf diesen Gebieten anregen. Der Staat hat z.B. ein Interesse daran, daß ein Stpfl. für sein Alter, für seine Gesundheit usw. selbst vorsorgt.
Darauf beruht die Abzugsfähigkeit bestimmter Versicherungsbeiträge.
Durch die Abzugsfähigkeit von Bausparbeiträgen soll zur Förderung des Wohnungsbaus, des Spargedankens und der Eigentumsbildung beigetragen werden.
Die Abzugsfähigkeit von Spenden soll den Staat von entsprechenden Ausgaben (z.B. Zuwendungen an gemeinnützige Einrichtungen) entlasten.

1.6 Abgrenzung zu den Betriebsausgaben und Werbungskosten

Die Sonderausgaben unterscheiden sich von den Werbungskosten und Betriebsausgaben dadurch, daß sie mit keiner Einkunftsart im Zusammenhang stehen. Zur Abgrenzung vgl. im einzelnen 2.4.

1.7 Abgrenzung zu den außergewöhnlichen Belastungen

Sonderausgaben unterscheiden sich von den außergewöhnlichen Belastungen allgemeiner Art (§ 33) dadurch, daß die als Sonderausgaben abzugsfähigen Ausgaben festgelegt sind (abschließende Aufzählung).

Die außergewöhnlichen Belastungen allgemeiner Art hingegen sind nicht auf bestimmte Ausgaben festgelegt. Erforderlich ist hier u. a., daß die Ausgaben außergewöhnlich sind und dem Stpfl. zwangsläufig erwachsen. Sonderausgaben hingegen werden i. d. R. freiwillig geleistet. Erfüllt eine Ausgabe die Voraussetzungen einer Sonderausgabe, so ist dadurch die Behandlung als außergewöhnliche Belastung grds. ausgeschlossen. die Behandlung als Sonderausgabe hat hier Vorrang (§ 33 Abs. 2 Satz 2). Zur **Ausnahme** bei § 10 Abs. 1 Nr. 7 vgl. 3.7, zu § 10 Abs. 1 Nr. 8 vgl. 3.8.

1.8 Mindesthöhe für den Abzug (Pauschalabzüge)

Sonderausgaben i. S. des § 10 Abs. 1 Nr. 1, 1a, 4–9 und des § 10b sind mindestens in Höhe der sich aus § 10c Abs. 1 und 4 ergebenden Pauschbeträge abzusetzen, wenn nicht höhere Aufwendungen nachgewiesen werden. Vorsorgeaufwendungen i. S. d. § 10 Abs. 1 Nr. 2 und 3 werden, soweit nicht höhere Aufwendungen nachgewiesen werden, nur bei **Arbeitnehmern** mindestens mit der Vorsorgepauschale (§ 10c Abs. 2 und 3) bei der Veranlagung berücksichtigt. Vgl. im einzelnen 4.

2. Allgemeine Voraussetzungen für den Sonderausgabenabzug nach den §§ 10 und 10b EStG

Abgesehen von den besonderen Voraussetzungen für die einzelne Sonderausgaben-Art müssen folgende Voraussetzungen gegeben sein:

1. im Gesetz (§§ 10, 10b) **aufgezählte Ausgabe (Enumerationsprinzip)**
2. **Aufwendungen** des Stpfl.
3. **Keine** Betriebsausgaben oder Werbungskosten
4. Ausgaben, die der **Stpfl. selbst schuldet,** falls die Ausgabe auf einem Schuldverhältnis beruht **(Schuldnerprinzip)**
5. **Leistung der** Ausgabe im Kalenderjahr (VZ) und
6. Unbeschränkte Steuerpflicht.

Ein **Antrag** ist grds. **nicht** Voraussetzung (vielmehr gilt der Amtsermittlungsgrundsatz). Dagegen ist ein ausdrücklicher Antrag erforderlich bei **Einmalbeträgen** zu Lebensversicherungen i. S. § 10 Abs. 1 Nr. 2b) bb) sowie bei Lebensversicherungsversicherungen i. S. § 10 Abs. 1 Nr. 2b) bb) bis dd) („Gefahr" der Nachversteuerung, § 10 Abs. 5).

2.1 Enumerationsprinzip

Nur die in den §§ 10, 10b **ausdrücklich aufgezählten** Ausgaben sind als Sonderausgaben abzugsfähig.

Eine entsprechende Anwendung auf andere ähnliche, im Gesetz nicht aufgeführte Ausgaben ist wegen des Ausnahmecharakters der §§ 10, 10b nicht möglich.

Allerdings kommt es für die Einordnung in die aufgeführten Ausgabearten nicht auf die Bezeichnung, sondern auf den rechtlichen und wirtschaftlichen Gehalt der Ausgabe an.

> **Beispiel:**
> Beiträge zu einer „Aussteuer"-Versicherung sind als Lebensversicherungsbeträge i. S. des § 10 Abs. 1 Nr. 2b abzugsfähig.

2.2 Aufwendungen des Steuerpflichtigen

Mit Aufwendungen sind **Ausgaben** gemeint. Es handelt sich dabei um **Güter, die in Geld oder Geldeswert bestehen** (Umkehrschluß aus § 8 Abs. 1). Ausgaben liegen nur dann vor, wenn Güter abfließen, wenn daher beim Stpfl. eine Vermögensminderung eingetreten ist.

Zum Abzug von Versicherungsbeiträgen als Sonderausgaben nach § 10 Abs. 1 Nr. 2 ist grundsätzlich nur berechtigt, wer Beiträge **selbst schuldet und entrichtet.**

Beispiel:

Ein Vater zahlt Beiträge für die Unfall- und Sozialversicherung seines **Sohnes** durch Überweisung der entsprechenden Beträge an die Versicherungsanstalt. Der Sohn kann diese Beträge **nicht** als Sonderausgaben abziehen, da er keine Aufwendungen hatte. Der Vater kann die Beiträge ebenfalls **nicht** als Sondeausgabe abziehen, da er nicht Beitragsschuldner ist (BFH, BStBl 1989 II 683 und BStBl 1995 II 637).

2.2.1 Art der Leistung

Für Sonderausgaben wird eine **Geldleistung** die Regel sein. Aber **auch Sachleistungen** sind möglich, z. B. in Form einer dauernden Last im Rahmen des § 10 Abs. 1 Nr. 1 und 1a.

Beispiele:
1. A verpflichtet sich, dem B bis zu dessen Lebensende jährlich 2 Zentner Kartoffeln, 2 Zentner Obst, 240 Eier usw. zu liefern: Abzug der Sachleistungen unter den Voraussetzungen des § 10 Abs. 1 Nr. 1a als Sonderausgabe.
2. A stellt dem Roten Kreuz für eine Rettungsaktion 60 l Benzin zur Verfügung: Der Spendenabzug ist auch für Sachspenden möglich (vgl. hierzu auch E. 3.8.3).

2.2.2 Herkunft der Leistung

Die Aufwendungen müssen nicht das Einkommen belastet haben. Nich

t notwendig ist daher, daß der Stpfl. eigene Mittel verwendet. Regelmäßig können Sonderausgaben auch unter Inanspruchnahme von Krediten geleistet werden.

Beispiel:

Bei Leistung eines Einmalbetrages zur Lebensversicherung mit Hilfe eines hierfür aufgenommenen Darlehns ist ebenfalls der Abzug als Sonderausgabe möglich.

Die Mittel für die Sonderausgabenleistungen können dem Stpfl. auch geschenkt worden sein, allerdings darf der Schenker **nicht unmittelbar** an die Versicherung usw. leisten.

Beispiel:

A ist Inhaber eines Versicherungsvertrages. Die Leistungen an die Versicherung von jährlich 2 000 DM werden von seinem Vater V erbracht.

Weder Sohn A noch Vater V können die Leistungen als Sonderausgaben absetzen. Vgl. auch 2.5 (Schuldnerprinzip), vgl. BFH, BStBl 1989 II 683 und 862.

Die Mittel können grds. **auch aus steuerfreien Einnahmen** des Stpfl. bestritten werden.

Eine Ausnahme ist bei Vorsorgeaufwendungen zu beachten: Vorsorgeaufwendungen (§ 10 Abs. 1 Nr. 2) – Versicherungsbeiträge – dürfen nicht in unmittelbarem wirtschaftlichen Zusammenhang mit steuerfreien Einnahmen stehen (§ 10 Abs. 2 Nr. 1).

Hierzu rechnen insbesondere gesetzliche Arbeitnehmeranteile zur Sozialversicherung, die auf steuerfreien Arbeitslohn entfallen (vgl. auch H 87a).

Beispiel:

Leistung bestimmter Versicherungsbeiträge mit steuerfreien Zuschüssen des Arbeitgebers (§ 3 Nr. 62).

Hauptfall:

Gesetzliche Arbeitgeberanteile zu den Sozialversicherungsbeiträgen des Arbeitnehmers.

2.3 Anrechnung von Erstattungen

Eine wirtschaftliche Belastung fehlt, soweit der Stpfl. eine Erstattung von Sonderausgaben erhält.

Als Minderung der laufenden Aufwendungen kommen in Betracht **Erstattungen** und **Rückzahlungen** durch den Gläubiger (bei Versicherungen z. B. in Form von **Beitragsrückvergütungen**).

- **Zeitpunkt der Anrechnung**

Die Erstattung ist nur dann zuzurechnen, wenn sie tatsächlich vereinnahmt worden ist. Ein Anspruch auf Erstattung ist unerheblich.

Die Anrechnung ist also **im VZ des Zuflusses** der Erstattung vorzunehmen.

- **Gleichartigkeit**

Eine Verrechnung ist **nur bei Gleichartigkeit der** geleisteten und der erstatteten Sonderausgaben möglich (vgl. H 86a „Abzugshöhe" und H 88 „Beitragsminderungen").

So kann eine Erstattung der Kfz-Versicherung nicht auf Beitragsleistungen für eine Lebensversicherung angerechnet werden, wohl aber eine Erstattung von rk KiSt auf geleistete ev KiSt.

> **Beispiele:**
> 1. A hat im Jahre 02 für 2 400 DM Beiträge an seine Krankenversicherung geleistet. Da er die Versicherung im Vorjahre nicht in Anspruch genommen hatte, erhält er für 01 in 02 zwei Monatsbeiträge in Höhe von 400 DM zurückerstattet. A hat daher wirtschaftlich nur Aufwendungen in Höhe von 2 000 DM in 02 gehabt und kann auch nur 2 000 DM als Sonderausgaben geltend machen.
> 2. B hat im Jahre 02 3 000 DM Kirchensteuern im Wege der Vorauszahlung geleistet. Für das Jahr 01 erhält er 500 DM im Jahre 02 zurück. A kann nur 2 500 DM Kirchensteuer im Jahre 02 als Sonderausgaben geltend machen.

Ein weiteres Beispiel zur Anrechnung von Erstattungen ist die Rückgewähr von Beiträgen bei der Kfz-Versicherung.

Übersteigt der Erstattungsbetrag die Zahlungen gleicher Art, so kommt eine Verrechnung mit anderen Sonderausgaben oder mit gleichartigen Aufwendungen späterer Jahre **nicht** in Betracht.

Auch Einkünfte i. S. des § 2 Abs. 1 liegen regelmäßig in Höhe eines Erstattungsüberhangs nicht vor.

2.4 Keine Betriebsausgaben oder Werbungskosten

Der Betriebsausgaben- und Werbungskostenabzug hat grundsätzlich Vorrang (§ 10 Abs. 1). Stehen die Ausgaben in einem wirtschaftlichen Zusammenhang mit Einkünften, kommt ein Sonderausgabenabzug nicht in Betracht.

Ausgaben stehen mit einer Einkunftsart im Zusammenhang, wenn sie durch diese veranlaßt sind.

> **Beispiele:**
> A ist Rechtsanwalt. Er hat bei der X-Versicherungs-AG eine Berufshaftpflichtversicherung abgeschlossen und zahlt an diese jährlich 2 000 DM.
> Es handelt sich hier um Betriebsausgaben (§ 4 Abs. 4).

Bei Krankenversicherungen und Lebensversicherungen ist regelmäßig davon auszugehen, daß sie **nicht** betrieblich veranlaßt sind (vgl. auch BFH, BStBl 1986 II 143 und 260, BStBl 1987 II 710).

Die Prämien für eine Krankentagegeldversicherung dürfen in keinem Fall als Betriebsausgaben oder Werbungskosten behandelt werden. Die Beiträge können auch dann nicht als Betriebsausgaben abgezogen werden, wenn sich die Inhaber einer freiberuflichen Praxis im Gesellschaftsvertrag gegenseitig zum Abschluß einer Krankentagegeldversicherung verpflichten und vereinbaren, daß anfallende Versicherungsleistungen den Betriebseinnahmen zugerechnet werden (BFH, BStBl 1983 II 101 und BFH, BStBl 1969 II 489). Gleiches gilt für Beiträge zu einer berufsständischen Versorgungskasse (BFH, BStBl 1972 II 730).

Die Arbeitnehmeranteile zur gesetzlichen Rentenversicherung sind **keine** vorweggenommenen Werbungskosten i. S. des § 9 zur Erlangung späterer sonstiger Einkünfte i. S. des § 22 Nr. 1 Buchst. a, sondern Sonderausgaben i. S. des § 10 Abs. 1 Nr. 2a (BFH, BStBl 1986 II 747).

Stehen die Ausgaben **teilweise** mit Einkünften in wirtschaftlichem Zusammenhang, sind sie ggf. in Sonderausgaben und Betriebsausgaben bzw. Werbungskosten aufzuteilen.

Beispiel:

Der Stpfl. nutzt seinen betrieblichen Pkw zu 25 % für private Zwecke.

Der Beitrag zur Kfz-Haftpflicht-Versicherung für diesen Pkw ist mithin zu 25 % als Sonderausgabe und zu 75 % als Betriebsausgabe abzugsfähig. Vgl. R 88 Satz 1.

2.5 Schuldnerprinzip

Soweit der Leistung der Ausgabe ein Schuldverhältnis zugrundeliegt, ist bei dem Stpfl. als Zahlenden eine Leistung als Sonderausgabe nur dann abzugsfähig, wenn er gleichzeitig auch **Schuldner** dieser Leistung ist. Schuldner ist derjenige, der aufgrund eines Rechtsverhältnisses zu einer Leistung verpflichtet ist (H 86a).

Bei Ehegatten, die die **Zusammenveranlagung** gewählt haben (§ 26b), ist es unerheblich, wer von den Ehegatten die Sonderausgaben geleistet hat (R 86a).

Bei der **getrennten Veranlagung** (§ 26a) von Eheleuten sind die Sonderausgaben bei dem Ehegatten zu berücksichtigen, der sie schuldet und diese geleistet hat.

Nicht Voraussetzung ist, daß der Stpfl. auch der Begünstigte aus dem Rechtsverhältnis ist. Es steht dem Sonderausgabenabzug nicht entgegen, daß der Begünstigte z.B. aus einem Lebensversicherungsvertrag, Krankenversicherungsvertrag und auch Bausparvertrag ein Dritter ist, also ein Dritter die Leistungen der Versicherung bzw. Bausparkasse in Anspruch nehmen kann. Der Stpfl. muß lediglich Schuldner der Beitragsleistungen zu einer Versicherung oder an eine Bausparkasse sein. Vgl. BFH, BStBl 1974 II 545 und 546.

Schuldner ist aufgrund eines Versicherungsvertrages derjenige, der nach den Vertragsbedingungen zur Beitragsleistung verpflichtet ist (Versicherungsnehmer). Vgl. BFH, BStBl 1995 II 637 – Beiträge zur Haftpflichtversicherung.

Zahlt ein **Dritter** die Beiträge, ohne Schuldner zu sein, kann er (der Dritte) die Leistungen **nicht** als Sonderausgaben im Rahmen seiner Einkommensermittlung abziehen, ebenfalls nicht der Schuldner (BFH, BStBl 1989 II 683).

Beispiele:

1. A hat mit der X-Lebensversicherung einen Lebensversicherungsvertrag abgeschlossen, wonach er jährliche Beiträge von 4 800 DM zu leisten hat. Begünstigte aus diesem Vertrag ist die geschiedene Ehefrau. Da A nicht in der Lage ist, die jährlichen Beiträge zu leisten, leistet die geschiedene Ehefrau die Beiträge, um den Versicherungsschutz als Begünstigte nicht zu verlieren. Die geschiedene Ehefrau kann die Leistungen nicht als Sonderausgaben absetzen, obwohl sie Begünstigte des Versicherungsverhältnisses ist, weil sie nicht der Versicherungsnehmer ist. A ist ebenfalls nicht zum Sonderausgabenabzug berechtigt, da die Zahlung durch die Ehefrau nach Auffassung des BFH nicht als eine Zahlung durch ihn anzusehen ist.
2. S ist 18 Jahre alt und studiert. S gehört als Versicherungsnehmer einer studentischen Krankenversicherung an. Der Vater des S übernimmt im Rahmen der allgemeinen Unterhaltsverpflichtung die Beitragszahlungen für diese Versicherung. S ist nicht sonderausgabenabzugsberechtigt. Er hat die Leistungen nicht selbst erbracht.
Der Vater ist ebenfalls nicht sonderausgabenabzugsberechtigt, weil er nicht Versicherungsnehmer ist. Daß der Vater die Beitragszahlung unmittelbar an die Versicherung geleistet hat, stellt u. E. allerdings lediglich eine Abkürzung des Zahlungsweges dar. Das Ergebnis ist unbefriedigend.
3. Sohn S nutzt einen ihm gehörenden Pkw allein. Der Pkw ist auf den Vater V zugelassen. V hat eine Pkw-Haftpflichtversicherung abgeschlossen. Die Gestaltung erfolgte, weil für V ein niedrigerer Versicherungsbeitrag zu zahlen ist. Die Prämienzahlung erfolgte durch S. Weder S noch V können die Prämie abziehen (BFH, BStBl 1989 II 862).

Der Sonderausgabenabzug kann **nicht durch privatrechtliche Vereinbarung mit Dritten** auf diese Person **verlagert** werden. Auch bei vertraglicher Übernahme von Sonderausgaben im Innenverhältnis bleibt der Schuldner im Außenverhältnis abzugsberechtigt.

2.6 Abfluß der Ausgaben

2.6.1 Grundsatz

Eine Ausgabe setzt grundsätzlich einen Abfluß bei dem Stpfl. voraus. Nach § 11 Abs. 2 muß es sich um Ausgaben handeln, die „geleistet" werden. Es können daher nur tatsächlich geleistete Sonderausgaben abgezogen werden. Deutlich wird dieser Grundsatz in § 10 Abs. 1 Nr. 4 (nur **gezahlte** Kirchensteuer). Vgl. im einzelnen C. 5.4.1.

2.6.2 Ausnahmeregelung für regelmäßig wiederkehrende Ausgaben

Es ist jedoch die Ausnahmeregelung für **regelmäßig wiederkehrende Ausgaben** (§ 11 Abs. 2 Satz 2 i. V. m. § 11 Abs. 1 Satz 1) zu beachten. Vgl. hierzu im einzelnen C. 5.5.

Beispiel:
A leistet den Monatsbeitrag zu einer Krankenversicherung für Dezember 01, fällig am 31. 12. 01, verspätet am 9. 1. 02.

Da es sich bei der Versicherung um eine regelmäßig wiederkehrende Leistung handelt, muß der Beitrag im Jahr der wirtschaftlichen Zugehörigkeit, also in 01 und nicht im Jahr der Zahlung (02) erfaßt werden. Denn die Leistung war in einem Zeitraum von bis zu 10 Tagen vor Ablauf des Kalenderjahres 01 fällig (also um die Jahreswende, vgl. BFH, BStBl 1987 II 16) und wurde innerhalb von 10 Tagen nach Beginn des neuen Kalenderjahres 02 geleistet (§ 11 Abs. 2 Satz 2).

Entsprechendes gilt für Zahlungen, die im voraus geleistet worden sind.

2.7 Unbeschränkte Steuerpflicht

Voraussetzung für den Sonderausgabenabzug ist jedoch, daß der Stpfl. **unbeschränkt** steuerpflichtig ist. Beschränkt Stpfl. können grundsätzlich keine Sonderausgaben geltend machen.

Wegen **Ausnahmen** vgl. Ausführungen zur beschränkten Steuerpflicht N. 2.4.3.3.

3. Einzelne Sonderausgaben

3.1 Unterhaltsleistungen an den geschiedenen oder dauernd getrennt lebenden Ehegatten

Unterhaltsleistungen an den geschiedenen oder dauernd getrennt lebenden unbeschränkt stpfl. Ehegatten sind bis zu 27 000 DM jährlich abzugsfähig, wenn der Geber dies mit Zustimmung des Empfängers der Leistung beantragt. Wird der Antrag gestellt, kann der darüber hinausgehende Betrag nicht nach § 33a Abs. 1 als außergewöhnliche Belastung abgezogen werden. Hinsichtlich Einzelheiten wird auf die Ausführungen zu § 22 verwiesen (K. 9.1.10).

3.2 Renten und dauernde Lasten

Abzugsfähig sind die auf besonderen Verpflichtungsgründen beruhenden Renten und dauernden Lasten, die nicht mit Einkünften in wirtschaftlichem Zusammenhang stehen. Hinsichtlich der Abgrenzung zwischen Leibrente und dauernder Last vgl. Ausführungen zu § 22 (K. 9.1). Leibrenten sind nur mit dem Ertragsanteil abzugsfähig, der sich grds. aus der in § 22 Nr. 1 Buchst. a) aufgeführten Tabelle ergibt. Dauernde Lasten und Zeitrenten jedoch sind in voller Höhe abzugsfähig vorbehaltlich einer evtl. **Wertverrechnung.** Zur **Ausdehnung** der Wertverrechnung durch den X. Senat des BFH vgl. BFH, BStBl 1992 II 609 sowie BFH, BStBl 1995 II 47, BFH-Urt. v. 25. 11. 1992, DB 1993, 665. Voraussetzung für eine dauernde Last ist jedoch die Verpflichtung zur Leistung von einer längeren Dauer. Als „längere" Dauer wird hier ein Zeitraum von **10 Jahren** angesehen.

Beispiel:
A hat sich rechtswirksam verpflichtet, seinem Neffen B während seines Studiums, längstens jedoch 6 Jahre, monatlich einen Beitrag von 300 DM zu leisten. Es liegt keine dauernde Last i. S. des § 10 Abs. 1 Nr. 1a vor, weil die Laufzeit des Vertrages nicht von einer gewissen Dauer ist (also nicht mindestens 10 Jahre beträgt).

Selbst wenn die Voraussetzungen des § 10 Abs. 1 Nr. 1a erfüllt wären, hätte im vorliegenden Fall das Abzugsverbot des § 12 Nr. 2 Vorrang. Vgl. R 87 Abs. 2 und K. 9.1.8.5 u. 9.1.8.7.

3.3 Vorsorgeaufwendungen

Unter Vorsorgeaufwendungen versteht man die Beiträge zu einer nach § 10 Abs. 1 Nr. 2 begünstigten **Personenversicherung.** Vorsorgeaufwendungen sind im Rahmen der Höchstbeträge nach § 10 Abs. 3 abzugsfähig.

3.3.1 Die einzelnen Versicherungsarten

3.3.1.1 Krankenversicherung

Krankenversicherungen i. S. des § 10 Abs. 1 Nr. 2a sind die **gesetzlichen** Krankenversicherungen der Arbeiter und Angestellten nach § 165 RVO, sowie **private** Krankenversicherungen. Gegenstand der privaten Krankenversicherung ist bei der Krankheitskostenversicherung der Ersatz von Aufwendungen für die Heilbehandlung und Erbringung sonstiger vereinbarter Leistungen, z. B. Ersatz von Aufwendungen für Früherkennung von Krankheiten, bei Geburten und Todesfällen. Auf die **Bezeichnung** kommt es **nicht** an. Zu den Krankenversicherungen gehören z. B. **auch die Kurkostenversicherung,** die Auslandsreiseheilkostenversicherung, die Krankheitskostenanwartschaftsversicherung, **Krankentagegeldversicherung** und **Krankenhaustagegeldversicherung.** Bei der gesetzlichen Krankenversicherung gehört nur der vom Arbeitnehmer gezahlte Anteil zu den Sonderausgaben, nicht jedoch der vom Arbeitgeber zu erbringende gesetzliche Anteil.

Letzterer ist nach § 10 Abs. 2 Nr. 2 i. V. mit § 3 Nr. 62 Satz 1 vom Abzug ausgeschlossen. Vgl. 3.3.1.8.

Übersicht zur Krankenversicherung

a) **private** Krankenversicherung: voller Beitrag ist SA

b)

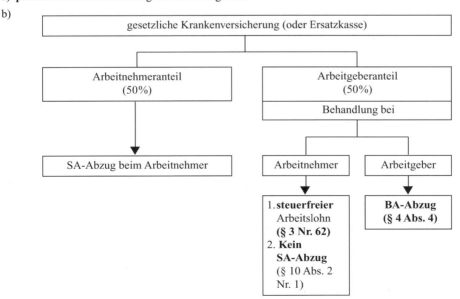

3.3.1.2 Pflegeversicherung

Unter § 10 Abs. 1 **Nr. 2a** fallen die Zahlungen zur **gesetzlichen Pflegeversicherung**, gleichgültig, ob sie an einen gesetzlichen Sozialversicherungsträger oder stattdessen an eine private Krankenversicherung gezahlt werden. Diese Leistungen fallen unter § 10 Abs. 1 Nr. 2a und die allgemeinen Höchstbeträge des § 10 Abs. 3 Nr. 1 bis 3.

Hiervon sind zu unterscheiden Beiträge zu einer zusätzlichen **freiwilligen** Pflegeversicherung. Diese sind abzugsfähig nach § 10 Abs. 1 **Nr. 2c**.

3.3.1.3 Unfallversicherung

Unfallversicherungen sind sowohl die **vertraglichen** als auch die **gesetzlichen** Unfallversicherungen. Bei der Unfallversicherung gewährt der Versicherer dem Versicherten Schutz gegen während der Vertragsdauer zustoßende Unfälle. Die Unfallversicherung bezieht sich nur auf Personenschäden.

Es ist – je nach den versicherten Risiken – eine **Abgrenzung** zu den **Betriebsausgaben** und **Werbungskosten** vorzunehmen.

Sonderausgaben liegen nur bei den Beiträgen zu **privaten** Unfallversicherungen vor. Hierzu gehört auch die Kfz-Insassenunfallversicherung.

Beiträge

– eines **Arbeitnehmers** zu einer **gesetzlichen** Unfallversicherung sind **Werbungskosten** (§ 9)

– eines **Unternehmers** zu einer **gesetzlichen** Unfallversicherung sind Betriebsausgaben (§ 4 Abs. 4),

da **ausschließlich** berufliche bzw. betriebliche Risiken versichert sind.

- **Wahlrecht bei Versicherung beruflicher und privater Unfallrisiken**

Besteht eine **erhöhte betriebliche** Unfallgefahr, so hat der Unternehmer in der Regel ein Wahlrecht zwischen der Behandlung als Betriebsvermögen und als Privatvermögen. Der Stpfl. bleibt an die einmal getroffene Entscheidung gebunden (BFH, BStBl 1963 III 399; BStBl 1976 II 599).

Beispiele:

Bei gefahrengeneigter Arbeit im Hochbau, in der Dachdeckerei, im Gerüstbau, Bergbau, Steinbruch, bei Sprengunternehmen- und Vertragsfußballspielern, Boxern usw.

Bei **häufigen Berufsfahrten** kann unter Berücksichtigung der heutigen Verkehrsverhältnisse sowohl bei Gewerbetreibenden als auch bei Freiberuflern eine erhöhte berufliche Unfallgefahr angenommen werden (BFH, BStBl 1965 III 650).

a) Gewinnermittlung nach § 4 Abs. 1, § 5 EStG

Bei Stpfl., die ihren Gewinn durch Vermögensvergleich ermitteln, gehören Unfallversicherungen, die eine erhöhte betriebliche Unfallgefahr abdecken sollen, zum gewillkürten Betriebsvermögen.

Die Versicherungsprämien sind dann im vollen Umfange Betriebsausgaben. Eine **Aufteilung** auf den betrieblichen und privaten Bereich ist **nicht** möglich. M. E ist das Urteil BFH, BStBl 1965 III 650, wonach eine Aufteilung im Verhältnis der betrieblich und privat gefahrenen km möglich ist (vgl. auch BFH, BStBl 1976 II 599, BStBl 1983 II 101) **nicht** anwendbar. Einer Aufteilung steht § 12 Nr. 1 Satz 2 2. Halbsatz entgegen.

b) Gewinnermittlung nach § 4 Abs. 3 EStG

Das Wahlrecht besteht auch dann, wenn der Stpfl. seinen Gewinn durch Überschußrechnung ermittelt. Die Prämienzahlungen für eine Unfallversicherung sind insoweit als Betriebsausgaben abzusetzen, als der Abschluß betrieblich veranlaßt ist. Der betriebliche Anteil ist ggf. zu schätzen (m. E. sehr zweifelhaft, vgl. FinMin NW vom 16. 2. 1982, StEK § 9 EStG Nr. 296 bezüglich Arbeitnehmer).

- **Behandlung von Versicherungsleistungen**

Werden die Versicherungsprämien als Betriebsausgaben behandelt, müssen entsprechend die **Versicherungsleistungen in voller Höhe als Betriebseinnahmen** behandelt werden, unabhängig davon, ob sich der Unfall im betrieblichen oder privaten Bereich ereignet (EFG 1981, 119).

Beispiel:
A ist Handelsvertreter. Er ermittelt seinen Gewinn nach § 5. Wegen des erhöhten Unfallrisikos hat er eine Unfallversicherung abgeschlossen. Die jährliche Prämie betrug 1 200 DM. Diese hatte er als Betriebsausgaben behandelt. Im Jahre 04 erlitt er auf einer Dienstfahrt einen schweren Unfall. Er bekam von der Unfallversicherung 60 000 DM.

Die Versicherungsleistung ist in voller Höhe als Betriebseinnahme zu behandeln.

Es ist fraglich, ob eine Aufteilung nach dem betrieblichen Nutzungsanteil vorzunehmen ist (Aufteilung wird von der FinVerw abgelehnt, h. M.).

3.3.1.4 Haftpflichtversicherung

Haftpflichtversicherungen sind sowohl als **freiwillige** als auch **gesetzliche** Versicherungen möglich. Pflichtversicherung ist die Kfz-Haftpflichtversicherung nach § 1 Pflichtversicherungsgesetz.

Bei der privaten Haftpflichtversicherung gewährt der Versicherer Versicherungsschutz für Personen- und Sachschäden, für die der Versicherungsnehmer aufgrund privatrechtlicher Haftpflichtbestimmungen von Dritten auf Schadenersatz in Anspruch genommen wird. Daher handelt es sich um begünstigte **Personen**versicherungen.

Beispiel:
Auch Beiträge zu einer **Hunde**haftpflichtversicherung sind als Sonderausgabe abzugsfähig, da nicht eine Sache (der Hund), sondern die **Person** (der Hundehalter) versichert ist.

Bei Kfz-Haftpflichtversicherungen ist darauf zu achten, daß diese i. d. R. mit einer Teilkasko- oder Vollkaskoversicherung zusammen abgeschlossen worden ist. Die **Kaskoversicherung** als Sachversicherung gehört nicht zu den Versicherungen, die als Sonderausgabe begünstigt sind. Ist eine **Familienhaftpflichtversicherung** mit einer Hausratversicherung verbunden, ist nur der Haftpflichtanteil begünstigt. Die **Hausratversicherung** ist eine nicht abzugsfähige Sachversicherung.

Wird ein Pkw teils **betrieblich**, teils **privat** genutzt, ist die Pkw-Haftpflichtversicherung im Verhältnis der betrieblichen zur privaten Nutzung **aufzuteilen.** Soweit eine private Veranlassung vorliegt, kann die Versicherung im Rahmen der Höchstbeträge als Sonderausgabe abgezogen werden. Vgl. R 88 Satz 1.

Beispiel:
A ist Unternehmer. Der Pkw wird zu 40 v. H. betrieblich, zu 60 v. H. für private Zwecke genutzt. Die Haftpflichtversicherung beträgt 400 DM.

Die Haftpflichtversicherung ist in Höhe von 160 DM als Betriebsausgabe, in Höhe von 240 DM als Sonderausgabe zu behandeln.

- **Vereinfachungsregelung für Arbeitnehmer**

Werden von einem Arbeitnehmer für Fahrten zwischen Wohnung und Arbeitsstätte oder Familienheimfahrten mit eigenem Pkw Pauschbeträge nach § 9 Abs. 1 Nr. 4 als Werbungskosten abgezogen, so können die Aufwendungen für die Kfz-Haftpflichtversicherung aus **Vereinfachungsgründen** in **voller** Höhe als Sonderausgaben anerkannt werden.

Beispiel:
A ist Arbeitnehmer. Er fährt an 230 Tagen im Kalenderjahr mit dem Pkw zur Arbeitsstätte. Entfernung 20 km. Die Fahrten zwischen Wohnung und Arbeitsstätte machen etwa 40 v. H. der gesamt gefahrenen km aus.

Alle laufenden Aufwendungen für Fahrten zwischen Wohnung und Arbeitsstätte sind einschl. der anteiligen Kfz-Versicherung mit der km-Pauschale abgegolten. Nach **R 88 Abs. 1 Satz 2** kann er jedoch aus Vereinfachungsgründen die **gesamte** Kfz-Versicherung als Sonderausgaben behandeln.

Die Vereinfachungsregelung gilt u. E. **nicht,** soweit Fahrtkosten in **tatsächlicher** Höhe bzw. mit einem **Dienstreise-Kilometersatz** (0,52 DM) angesetzt werden (z. B. nach § **9 Abs. 2** oder bei **Dienstreisen).**

3.3.1.5 Beiträge zur gesetzlichen Rentenversicherung (§ 10 Abs. 1 Nr. 2a EStG)

Gesetzliche Rentenversicherungen sind die Arbeiterrentenversicherung nach §§ 1226 ff. RVO sowie die Rentenversicherungen nach dem Angestelltenversicherungsgesetz (AVG). **Nicht** hierunter fallen **private** Rentenversicherungen (private Invaliditätsversicherungen). Es kann sich bei letzteren aber um Versicherungen auf den Erlebens- oder Todesfall nach § 10 Abs. 1 Nr. 2b oder um Unfallversicherungen handeln. Beiträge zu den gesetzlichen Rentenversicherungen sind sowohl die **gesetzlichen** als auch die **freiwilligen Beiträge,** Beiträge zur Weiter- und Höherversicherung, ferner die **einmalige Nachentrichtung freiwilliger Beiträge,** da das Gesetz nach Wortlaut und Zweck insoweit keine Ausnahmen macht. Das Versicherungsverhältnis des Stpfl. selbst ist Voraussetzung für den Abzug der Beiträge als Sonderausgaben. Es liegen **keine** vorweggenommenen WK zu § 22 Nr. 1 vor (BFH, BStBl 1986 II 747). Auch bei selbständig Tätigen sind freiwillige Beiträge zur Angestelltenversicherung keine BA (BVerfG vom 22.10.1986, StRK EStG 1975 § 10 Abs. 1 Nr. 1 Nr. 2 R. 3). **Arbeitgeberanteile zur gesetzlichen Rentenversicherung** sind steuerfreier Arbeitslohn und daher nicht als Sonderausgaben abzugsfähig. Vgl. § 3 Nr. 62 Satz 1 und § 10 Abs. 2 Nr. 1 sowie 3.1.1.8.

3.3.1.6 Beiträge an die Bundesanstalt für Arbeit

Es handelt sich hier um Beiträge, die Arbeitnehmer nach §§ 167–186 AFG an die Bundesanstalt für Arbeit leisten müssen. Auch hierbei ist **nur** der **Arbeitnehmeranteil** als Sonderausgabe abzugsfähig. Der Arbeitgeberanteil ist wiederum steuerfreier Arbeitslohn (§ 3 Nr. 62 Satz 1).

3.3.1.7 Versicherungen auf den Erlebens- oder Todesfall

Hier ist zu unterscheiden zwischen reinen Risikoversicherungen, die nur für den Todesfall eine Leistung vorsehen und **Lebensversicherungen mit Sparanteil** (Rentenversicherungen ohne Kapitalwahlrecht, Rentenversicherungen mit Kapitalwahlrecht und Kapitalversicherungen). Hinsichtlich der Risikoversicherungen (§ 10 Abs. 1 Nr. 2b aa) bestehen keine weiteren Voraussetzungen für die Anerkennung als Sonderausgaben. Anders ist es jedoch bei den Rentenversicherungen und den reinen Kapitalversicherungen.

Unter die Sammelbezeichnung „**Lebensversicherung**" fallen zum einen die Versicherungen auf den **Erlebensfall,** d. h. der Versicherte muß einen bestimmten Zeitpunkt erleben, wenn der Bezugsberechtigte die Versicherungsleistung erhalten soll, und die auf den **Todesfall.**

Hier sind zu unterscheiden die reinen **Todesfallversicherungen** und die **Todesfallrisikoversicherungen.** Bei der reinen Todesfallversicherung wird die Versicherungsleistung stets beim Tod des Versicherten fällig; diese Versicherungen enthalten i. d. R. keinen Sparanteil. Bei der Todesfallrisikoversicherung wird die Versicherungsleistung nur fällig, wenn der Tod bis zu einem bestimmten Zeitpunkt eintritt (z. B. vor vollständiger Rückzahlung eines Bauspardarlehens). Auch hier enthalten die Beiträge keinen Sparanteil. Beide sind nach § 10 Abs. 1 Nr. 2b aa abzugsfähig.

Hiervon zu unterscheiden sind die gemischten Versicherungen auf den Erlebens- und Todesfall mit Sparanteil. Die Versicherungsleistung wird dabei entweder beim Tod des Versicherten oder bereits vorher bei Erleben eines bestimmten Zeitpunkts fällig. Versicherungen auf den Erlebens- oder Todesfall sind insbes. die Pensions-, Versorgungs- und Sterbekassen sowie die Berufsunfähigkeits-, Aussteuer-, Berufsausbildungs- und Erbschaftsteuerversicherungen. Die jeweilige Bezeichnung ist unerheblich.

Wichtige Änderung:

Kapitalbildende Lebensversicherungen i. S. des **§ 10 Abs. 1 Nr. 2b und des § 20 Abs. 1 Nr. 6** sind nur solche Versicherungen, bei denen der **Todesfallschutz** während der **gesamten Laufzeit** des Versicherungsvertrages **mindestens 60 v. H.** der Summe der nach dem Versicherungsvertrag für die gesamte Vertragsdauer zu zahlenden Beiträge beträgt (BMF, BStBl 1996 I 36). Diese Einschränkung gilt für Lebensversicherungsverträge, die nach dem 31.3.1996 abgeschlossen worden sind (s. BMF BStBl 1996 I 124 – mit Übergangsregelung).

3.3.1.7.1 Risikoversicherungen (§ 10 Abs. 1 Nr. 2b aa EStG)

Risikoversicherungen sind solche, die nur für den Todesfall eine Leistung vorsehen. Diese werden vielfach nur für einen bestimmten Zeitraum abgeschlossen, z. B. eine Reiseversicherung. Überlebt der Versicherungsnehmer die Reise, so ist der Beitrag verfallen. Risikoversicherungen sind an keine bestimmte Laufzeit gebunden. Die Art der Beitragsleistung ist hier auch unerheblich.

Todesfallrisikoversicherungen stehen vielfach im Zusammenhang mit Bauspardarlehen. Bausparkassen machen vielfach die Gewährung eines Bauspardarlehns von dem Abschluß eines solchen Lebensversicherungsvertrages durch den Bausparer abhängig.

Grundsätzlich gehört der Lebensversicherungsbeitrag zu den Sonderausgaben im Sinne des § 10 Abs. 1 Nr. 2b aa). Nach herrschender Ansicht handelt es sich bei dieser Versicherung, auch wenn vom Abschluß eine Finanzierung im Einkünftebereich abhängig ist, nicht um Finanzierungskosten und daher nicht um Werbungskosten oder BA (vgl. Schmidt, EStG, 14. Aufl., § 4 Anm. 47e). Vgl. auch Vfg. OFD Frankfurt S 2113 A 5 St II 20 v. 7.9.1982, StEK EStG § 10 Abs. 1 Ziff. 2 Nr. 25). Nach BFH, BStBl 1986 II 143 und 260 liegen bei Risikolebensversicherungen im Zusammenhang mit einem Bauspardarlehen gemischte Aufwendungen, also Sonderausgaben vor.

3.3.1.7.2 Rentenversicherungen ohne Kapitalwahlrecht (§ 10 Abs. 1 Nr. 2b bb EStG)

Rentenversicherungen sind solche Versicherungen, bei denen der Versicherungsnehmer bzw. der Begünstigte aus dieser Versicherung im Versicherungsfall keine Einmalleistung erhält, sondern eine laufende Rente, entweder als Zeitrente oder als Leibrente. Eine Rentenversicherung kann auf den Todesfall abgeschlossen werden, i. d. R. wird sie jedoch auf den Erlebens- und Todesfall abgeschlossen. Sie tritt entweder mit dem Tod des Versicherungsnehmers oder bereits vorher ein, wenn der Versicherungsnehmer einen bestimmten Zeitpunkt überlebt hat. Rentenversicherungen können auf der Basis von Einmalbeiträgen, aber auch von laufenden Beitragsleistungen abgeschlossen werden. Eine Mindestlaufzeit ist hier als Voraussetzung für den Sonderausgabenabzug nicht vorgesehen.

Beispiel:
Der 59jährige A vereinbart mit der X-Versicherung am 2.1.01, daß er gegen einen Einmalbeitrag von 40 000 DM ab 1.7.06 mit Erreichen des 65. Lebensjahres eine monatliche Rente von 300 DM erhält. Der Einmalbeitrag in Höhe von 40 000 DM ist im Rahmen der Höchstbeträge abzugsfähig.
Bei vorzeitiger schädlicher Verfügung droht im Falle des Einmalbeitrags jedoch eine Nachversteuerung nach § 10 Abs. 5 Nr. 1. Vgl. 3.3.4.2.

3.3.1.7.3 Rentenversicherungen mit Kapitalwahlrecht (§ 10 Abs. 1 Nr. 2b cc EStG)

Rentenversicherungen mit Kapitalwahlrecht sind solche Versicherungen, bei denen der Versicherungsnehmer im Versicherungsfall (oder in einem früheren Zeitpunkt) ein Wahlrecht hat zwischen einer Auszahlung der Versicherungssumme in Form einer Rente oder in Form einer Einmalzahlung. Voraussetzung für die steuerliche Abzugsfähigkeit als Sonderausgaben jedoch ist, daß die Versicherung vereinbart ist gegen **laufende Beitragsleistungen** und daß das **Kapitalwahlrecht nicht vor 12 Jahren seit Vertragsabschluß ausgeübt** werden kann. Es ist unschädlich, wenn das Kapitalwahlrecht bereits **5 Monate vor** Ablauf von 12 Jahren ausgeübt werden kann (BMF, BStBl 1996 I 1121). – Gilt für **nach** dem 30.9.1996 abgeschlossene Versicherungen –.

Ist eine Rentenversicherung mit Kapitalwahlrecht gegen Einmalbeitrag vereinbart worden, so ist die Einmalzahlung nicht als Sonderausgabe abzugsfähig. Gleiches gilt, wenn die Versicherung eine Laufzeit von weniger als 12 Jahren hat (weil dies eine schädliche Ausübbarkeit des Kapitalwahlrechts vor Ablauf von 12 Jahren beinhaltet).

Beispiel:
A ist 55 Jahre alt. Er schließt mit der X-Versicherung einen Rentenversicherungsvertrag mit Kapitalwahlrecht ab des Inhalts, daß er das Wahlrecht mit Erreichen des 65. Lebensjahres ausüben kann. Die Beiträge sind nicht als SA abzugsfähig.

3.3.1.7.4 Kapitalversicherungen mit Sparanteil (§ 10 Abs. 1 Nr. 2b dd EStG)

Die Versicherungsleistung besteht in diesem Falle in einer Prämienzahlung, die einen Sparanteil enthalten muß. Da der Vertrag sowohl der Risikovorsorge als auch der Kapitalbildung dient, sind die Beiträge nur dann begünstigt, wenn das Kapital in mehreren Jahren angespart wird und erst nach längerer Zeit fällig wird. Daher sind **nur laufende Beiträge** und nur bei einer **Mindestlaufzeit** des **Vertrags** von **12 Jahren** begünstigt. Die Versicherungssumme darf im Erlebensfall erst frühestens 12 Jahre nach dem Vertragsabschluß fällig sein. Die frühere Fälligkeit bei Tod des Versicherungsnehmers ist unschädlich (BFH, BStBl 1988 II 132). Sind **Teilbeträge** der Versicherungssumme während der Laufzeit des Vertrags auszuzahlen und ist ein Teilbetrag vor 12 Jahren seit Vertragsabschluß fällig, so sind sämtliche Beiträge zu diesem Vertrag nicht abziehbar (FinMin NRW vom 15.8.1974, FR 1974, 477).

Beispiel:
A schließt zugunsten seiner 17jährigen Tochter eine Aussteuerversicherung ab. Die Versicherung soll spätestens mit Erreichen des 25. Lebensjahres der Tochter fällig werden. Die Mindestlaufzeit von 12 Jahren ist hier nicht erreicht, daher kann A die Versicherungsleistungen nicht als Sonderausgaben abziehen.

- **Beitragsdauer**

Eine laufende Beitragsleistung liegt grds. vor, wenn die Beitragszahlungsdauer der Laufzeit des Versicherungsvertrages entspricht. **Nicht** notwendig ist jedoch, daß während der ganzen Vertragsdauer laufend Beiträge geleistet werden. Jedoch darf die laufende Beitragsleistung nicht einem Einmalbeitrag gleichkommen.

Kein Einmalbeitrag ist gegeben, wenn nach dem Versicherungsvertrag eine **laufende** Beitragsleistung für **mindestens 3 Jahre** ab dem Zeitpunkt des Vertragsabschlusses (Datum der Ausstellung des Versicherungsscheins) vereinbart ist.

> **Beispiel:**
> A hat mit der X-Lebensversicherung am 1.4.01 eine Lebensversicherung gegen laufende Beiträge bis zum 1.4.06 abgeschlossen, die Versicherungssumme sollte im Erlebensfall am 1.4.13 fällig sein. Es liegt „laufende Beitragsleistung" vor.

Vgl. BMF-Schreiben, BStBl 1990 I 324 und H 88 „Beitragszahlungsdauer".

- **Rückdatierung des Versicherungsbeginns**

Wird bei Abschluß eines Versicherungsvertrages der technische Versicherungsbeginn zurückdatiert, handelt es sich bei den auf die **Zeit** der **Rückdatierung entfallenden Beiträgen** um **Einmalbeiträge**, auch wenn sie in Raten gezahlt werden, mit der Folge, daß sie nicht als Sonderausgaben abgezogen werden können. Das Abzugsverbot gilt jedoch **nicht** für die Beiträge, die ab Vertragsschluß bei einer Mindestvertragsdauer von 12 Jahren **mindestens** 5 Jahre laufend gezahlt werden.

> **Beispiel:**
> A schließt am 1.4.03 eine Versicherung auf den Erlebensfall mit Kapitalwahlrecht ab. Der Versicherungsbeginn wird auf den 1.1.01 zurückdatiert. Die Versicherungssumme soll zum 31.12.15 fällig sein. Die Jahresprämie in Höhe von 3 000 DM soll bis zum 31.12.15 gezahlt werden. Die auf die Jahre 01 und 02 zu zahlenden Prämien in Höhe von 6 000 DM werden gestundet und in 5 Jahresraten gezahlt.
>
> Die Prämien für 01 und 02 in Höhe von 6 000 DM sind als Einmalprämien nicht abzugsfähig. Die laufenden Prämienzahlungen sind als Sonderausgaben im Rahmen der Höchstbeträge abzugsfähig, weil die Mindestvertragsdauer von 12 Jahren eingehalten ist und die Beiträge mindestens 5 Jahre gezahlt werden.

Eine **Rückdatierung** des technischen Versicherungsbeginns ist für den Sonderausgabenabzug der Beiträge nicht schädlich, wenn sie **lediglich bis zu 3 Monaten** erfolgt.

Dies gilt bei Vertragsabschluß ab 1.1.1991. Dabei muß innerhalb von 3 Monaten der **Versicherungsschein ausgestellt und die erste Prämie gezahlt sein**. Bei Überschreitung der Dreimonatsfrist ist für **Mindestvertragsdauer** und **Beitragszahlungsdauer** der Zeitpunkt der ersten Prämienzahlung maßgebend (BMF-Schreiben vom 7.2.1991, BStBl I 214).

> **Beispiel:**
> A hat am 31.12.01 eine Kapitalversicherung gegen laufende Beitragsleistung mit Sparanteil rückwirkend zum 31.10.01 abgeschlossen. Jahresprämie 2 000 DM. Die Jahresprämien für 01/02 und 02/03 überweist er im Januar 02.
>
> Auch die Prämie für 01/02 in Höhe von 2 000 DM ist in 02 als Sonderausgabe abzugsfähig.

Vgl. BMF-Schreiben, a. a. O.

- **Zuzahlungen zur Abkürzung der Vertragslaufzeit bei gleichbleibender Versicherungssumme**

a) **Nach Vertragsabschluß vereinbarte Zuzahlung**

Vereinbart der Versicherungsnehmer nach Vertragsabschluß eine Zuzahlung zur Abkürzung der Laufzeit bei gleichbleibender Versicherungssumme, liegt eine Vertragsveränderung **(Novation)** vor. Die **Zuzahlung** ist **steuerlich wie** eine **Rückdatierung** des technischen Versicherungsbeginns gegen Einmalbeitrag zu behandeln. Die **Zuzahlung** kann daher **nicht** als Sonderausgabe abgezogen werden. Für den Sonderausgabenabzug der laufenden Beiträge sind die Verträge vor und nach der Änderung hinsichtlich der Mindestdauer von 12 Jahren getrennt zu beurteilen.

Beispiel:
Vertragsabschluß der ursprünglichen Versicherung 1.7.01. Fälligkeit der Versicherungssumme 1.7.15. Am 1.7.06 wird die Zuzahlung vereinbart.
Der geänderte Vertrag erfüllt die Voraussetzung für den Sonderausgabenabzug nicht.

b) Von vornherein vereinbarte Möglichkeit der Zuzahlung

Ist die Möglichkeit der Zuzahlung **von vornherein** im Vertrag **vereinbart** worden, ist ein Sonderausgabenabzug möglich, wenn
- die Zuzahlung frühestens nach Ablauf von 5 Jahren nach Vertragsabschluß erfolgt,
- die Restlaufzeit des Vertrages nach der letzten Zuzahlung mindestens 5 Jahre beträgt,
- die Zuzahlung im **Kalenderjahr** nicht mehr als **10 v. H.** und während der vereinbarten **Vertragslaufzeit insgesamt** nicht mehr als **20 v. H.** der Versicherungssumme betragen und
- die im Zeitpunkt des Vertragsabschlusses geltende Mindestdauer nach § 10 Abs. 1 Nr. 2 Buchstabe b Doppelbuchstabe cc und dd gewahrt wird.

Vgl. BMF-Schreiben, BStBl 1990 I 324.

Eine **Verkürzung** der **Mindestvertragsdauer** bei Stpfl. mit **Wohnsitz** in den **neuen Bundesländern** auf bis zu 6 Jahren ist zu beachten (§ 10 Abs. 1 Nr. 2 b Sätze 2 und 3).

3.3.1.7.5 Fondsgebundene Lebensversicherungen (§ 10 Abs. 1 Nr. 2b Satz 2)

Fondsgebundene Lebensversicherungen sind Kapitalversicherungen auf den Erlebens- und Todesfall, die sich von herkömmlichen Lebensversicherungen im wesentlichen dadurch unterscheiden, daß der sogenannte Sparanteil, d. h. der Teil des Beitrags, der nicht zur Deckung des Versicherungsrisikos und der Verwaltungskosten bestimmt ist, ausschließlich oder überwiegend in einem Wertpapierfonds angelegt wird. Im Erlebensfall erhält der Versicherungsnehmer einen bestimmten Anteil an den im Fonds gehaltenen Wertpapieren oder wahlweise einen entsprechenden Geldbetrag. Im Todesfall wird daneben i. d. R. eine von vornherein garantierte Risiko- oder Todesfallsumme zusätzlich in bar ausgezahlt. Beiträge an diese Versicherungen sind **nicht** als Sonderausgaben abzugsfähig.

3.3.1.7.6 Übersicht
Lebensversicherungsbeiträge (§ 10 Abs. 1 Nr. 2b)

Form der Beitragszahlung	Todesfall- und Todesfallrisikoversicherung	Rentenversicherung **ohne** Kapitalwahlrecht	Rentenversicherung **mit** Kapitalwahlrecht	Kapitalvers. **mit** Sparanteil	Fondsgebundene Lebensvers.
Einmalbeitrag	ja	ja ①	nein	nein	nein
Laufende Beiträge	ja	ja	ja ②	ja ③	nein

① **Sperrfrist** während der **gesamten Vertragsdauer** → sonst **Nachversteuerung gemäß § 10 Abs. 5 Nr. 1**
② **Voraussetzung:**
Ausübbarkeit des Kapitalwahlrechts nicht vor Ablauf von 12 Jahren
③ **Voraussetzung:**
Mindestvertragsdauer 12 Jahre

3.3.1.8 Gemeinsame Abzugsgrundsätze für Beiträge zu Versicherungen

3.3.1.8.1 Begriff des Beitrags

Zu den Beiträgen gehören neben den vereinbarten Prämien auch die **Ausfertigungsgebühren** und die **Versicherungssteuer** (BFH, BStBl 1957 III 103).

Beispiel:
A schließt am 1.6.01 eine Lebensversicherung ab über eine Jahresprämie von 2 000 DM. Ihm werden eine Ausfertigungsgebühr von 100 DM und 10 v. H. Versicherungssteuer in Höhe von 210 DM in Rechnung gestellt.
Als Sonderausgaben können 2 310 DM berücksichtigt werden.

Wer jedoch in einen Versicherungsvertrag eines anderen eintritt, kann nur die nach seinem Eintritt fällig werdenden Beiträge als Sonderausgaben absetzen. Das Abtretungsentgelt ist keine SA.

Beispiel:
A tritt in den Lebensversicherungsvertrag des B ein. Bei der Übernahme leistet er ein Abtretungsentgelt von 10 000 DM, die rückständigen Beiträge des A in Höhe von 2 000 DM und den nach der Übernahme fälligen Beitrag in Höhe von 1 000 DM.

Er kann nur 1 000 DM als Sonderausgaben absetzen.

Der Eintritt gilt **nicht** als **neuer** Abschluß (BFH, BStBl 1974 II 633). Die 12-Jahresfrist beginnt daher nicht neu, die alte Frist läuft weiter.

3.3.1.8.2 Beitragsrückvergütungen

Beitragsrückvergütungen des Versicherers mindern im Jahr der Rückvergütung geleistete Beiträge der gleichen Art. Wegen der Besonderheiten bei Dividenden, Überschußanteilen und Gewinnanteilen, vgl. H 88 „Beitragsminderungen".

3.3.1.8.3 Begünstigtes Versicherungsunternehmen

Die Leistungen müssen an Versicherungsunternehmen

– die ihren Sitz oder ihre Geschäftsleitung in einem Mitgliedstaat der Europäischen Gemeinschaft haben **und** das Versicherungsgeschäft im Inland betreiben dürfen, oder

– denen die Erlaubnis zum Geschäftsbetrieb im Inland erteilt ist, oder

– an einen Sozialversicherungsträger erfolgt sein (§ 10 Abs. 2 Nr. 2).

Übersicht

Versicherungsunternehmen (§ 10 Abs. 2 Nr. 2)

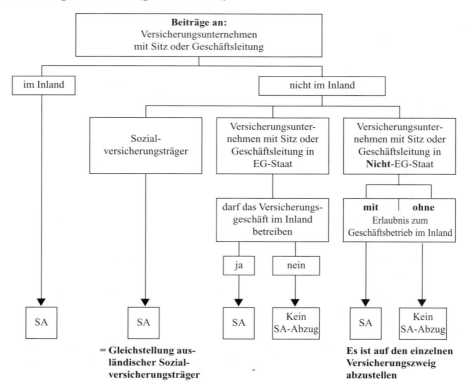

3.3.1.9 Kein unmittelbarer wirtschaftlicher Zusammenhang mit steuerfreien Einnahmen (§ 10 Abs. 2 Nr. 1 EStG)

Versicherungsbeiträge dürfen **nicht** mit steuerfreien Einnahmen in unmittelbarem wirtschaftlichen Zusammenhang stehen. Das gilt insbesondere für

- gesetzliche Arbeitgeberanteile zur Sozialversicherung, die auf steuerfreien Arbeitslohn entfallen
- Aufwendungen aus Mitteln, die nach ihrer Zweckbestimmung zur Leistung der Vorsorgeaufwendungen dienen, wie
  - steuerfreie Zukunftssicherungsleistungen des Arbeitgebers
  - steuerfreie Zuschüsse zur Krankenversicherung der Rentner.

Vgl. auch 3.3.1.4 und H 87a

3.3.1.10 Keine vermögenswirksamen Leistungen

Die Beiträge dürfen **keine vermögenswirksamen Leistungen** darstellen, für die Anspruch auf eine Arbeitnehmersparzulage nach § 13 Abs. 5 VBG besteht.

3.3.2 Bausparkassenbeiträge (§ 10 Abs. 1 Nr. 3 EStG a. F.)

Bausparkassenbeiträge sind **ab VZ 1996 nicht mehr** als Sonderausgaben abzugsfähig (Aufhebung des § 10 Abs. 1 Nr. 3 durch das EigZulG).

3.3.3 Steuerliche Einschränkungen bei Lebensversicherungen als Finanzierungsmodell (§ 10 Abs. 2 Satz 2, § 20 Abs. 1 Nr. 6 Satz 3 EStG)

Literatur: Scheurmann-Kettner/Broudré, DB 1992, 1108; Meyer-Scharenberg/Fleischmann, DStR 1992, 309. Ehlers, BB 1993, Beilage 4/1993 zu Heft 6/1993; Wacker, BB 1993, Beilage 4/1993 zu Heft 10/1993.
Verwaltungsanweisungen: BMF v. 19.5.1993, BStBl 1993 I 406, vom 2.11.1993, BStBl 1993 I 901, vom 6.5.1994, BStBl I 311, vom 22.7.1994, BStBl I 509, vom 26.9.1994, BStBl I 749 und vom 27.7.1995, BStBl I 371.

3.3.3.1 Abzugsverbot für Beiträge zu Lebensversicherungen

Beiträge zu Rentenversicherungen ohne Kapitalwahlrecht (bb) bzw. mit Kapitalwahlrecht gegen laufende Beitragsleistungen (cc) und Kapitalversicherungen gegen laufende Beitragsleistungen (dd) können nicht als Sonderausgaben abgezogen werden, wenn

- die Ansprüche aus Versicherungsbeiträgen während deren Dauer
- im Erlebensfall
- der Tilgung oder der Sicherung eines Darlehens dienen,
- dessen Finanzierungskosten Betriebsausgaben oder Werbungskosten sind.

a) Der Begriff „Ansprüche aus Versicherungsverträgen" umfaßt alle Leistungen, die das Versicherungsunternehmen an den Versicherungsnehmer aufgrund des Vertrages auszahlt (z. B. angespartes Kapital, sämtliche Zinsen, Gewinnanteile) = sog. Ablaufleistung.

b) Die Ansprüche aus der Versicherung müssen der Tilgung oder Sicherung eines Darlehns dienen.

   Ein Anspruch aus der Versicherung „dient" in diesem Sinne, wenn mit dem Darlehensgeber eine entsprechende Vereinbarung bei Abschluß des Versicherungsvertrags oder während der Laufzeit der Versicherung getroffen wird, daß die Versicherungsansprüche der Tilgung oder Sicherung des Darlehens dienen sollen, nicht jedoch, wenn die Ansprüche ohne vorherige Absprache nach Fälligkeit für eine Darlehenstilgung verwandt werden.

c) Mit der Formulierung „wenn die Ansprüche aus den Versicherungsverträgen während deren Dauer im Erlebensfall dienen" ist die Möglichkeit einer steuerschädlichen Verwendung auf die gesamte Laufzeit der Lebensversicherungsverträge ausgedehnt worden.

Beispiel:

A hat am 1.1.01 eine Versicherung auf den Erlebensfall mit Kapitalwahlrecht mit einer Laufzeit von 20 Jahren abgeschlossen. Zum 1.1.15 vereinbart er mit dem Darlehensgeber, daß ein am 31.12.20 fälliges Darlehen aus den Ansprüchen der am 1.1.01 abgeschlossenen Lebensversicherung getilgt werden soll. Die Beiträge sind für die gesamte Vertragsdauer keine Sonderausgaben.

Dagegen erfolgt keine Anwendung des § 10 Abs. 2 Satz 2, wenn der Versicherungsnehmer mit dem Darlehensgeber vereinbart, daß das Darlehen nur im Falle des **Todes** zur Tilgung des Darlehens verwandt werden soll.

d) Das Darlehen muß im Rahmen einer Einkunftsart aufgenommen sein, daher müssen die Finanzierungskosten entweder Betriebsausgaben oder Werbungskosten sein.

Die Sicherung oder Tilgung eines Darlehens außerhalb dieser Einkunftsarten durch eine Lebensversicherung führt nicht zur Versagung des Sonderausgabenabzugs der Versicherungsbeiträge.

Beispiel:

A hat ein Miethaus errichtet, den Hausbau mit einem Bankdarlehn und einem Bausparkassendarlehn finanziert. Später löst er den Bankkredit durch ein Hypothekendarlehen ab. Er vereinbart, daß die Hypothek durch eine gleichzeitig abgeschlossene Lebensversicherung getilgt werden soll.

Die Lebensversicherung dient der Tilgung eines Darlehens, dessen Finanzierungskosten Werbungskosten bei den Einkünften aus Vermietung und Verpachtung darstellen. Die Beiträge sind **grds.** keine Sonderausgaben.

Beispiel wie zuvor:

A bewohnt das Haus selbst (ausschließlich zu eigenen Wohnzwecken).

In diesem Falle stellen die Darlehenszinsen keine Werbungskosten dar. Die Beiträge zur Lebensversicherung sind daher abzugsfähig.

3.3.3.2 Ausnahmen vom Abzugsverbot

3.3.3.2.1 Anschaffung oder Herstellung bestimmter Wirtschaftsgüter (§ 10 Abs. 2 Satz 2 Buchst. a) EStG)

Die Beiträge bleiben Sonderausgaben, wenn

- das Darlehen unmittelbar und ausschließlich der Finanzierung von Anschaffungskosten und Herstellungskosten eines Wirtschaftsgutes, das dauernd zur Erzielung von Einkünften bestimmt ist, dient,
- keine Forderung ist und
- die ganz oder zum Teil zur Tilgung oder Sicherung verwendeten Ansprüche aus Versicherungsverträgen nicht die mit dem Darlehen finanzierten Anschaffungs- oder Herstellungskosten übersteigen.

a) Wirtschaftsgut

Das Wirtschaftsgut muß der Einkunftserzielung auf Dauer dienen. Das bedeutet, daß ein Wirtschaftsgut des Betriebsvermögens zum Anlagevermögen gehören muß. Somit ist die Finanzierung von Umlaufvermögen schädlich.

Ein Wirtschaftsgut des Privatvermögens muß der dauernden Erzielung von Einkünften dienen, zum Beispiel ein bebautes Grundstück der Erzielung von Mieteinkünften.

Das Wirtschaftsgut kann auch ein immaterielles sein, z.B. ein Patent oder Geschäftswert, **nicht** jedoch ein **negatives** Wirtschaftsgut (z.B. Verbindlichkeiten). Die bloße Finanzierung von Forderungen fällt nicht unter die Ausnahmeregelung. **Keine** Forderungen sind andere Kapitalanlagen wie **Aktien** und **GmbH-Anteile**.

Bei einem Anteil an einer **Personengesellschaft** handelt es sich **nicht** um ein Wirtschaftsgut im steuerlichen Sinne. Beim Anteilserwerb kann unter Einsatz von Lebensversicherungsansprüchen nur der **Teil** des Kaufpreises steuerumschädlich finanziert werden, der nach dem Verhältnis der durch den Kaufpreis realisierten Teilwerte/Verkehrswerte auf erworbene Wirtschaftsgüter, die dauernd zur Erzielung von Einkünften bestimmt sind, entfällt (BMF vom 19.5.1993, Rz 11).

b) Anschaffungskosten

Anschaffungskosten sind alle Aufwendungen, die geleistet werden, um das Wirtschaftsgut zu erwerben und in einen dem angestrebten Zweck entsprechenden betriebsbereiten Zustand zu versetzen, soweit sie dem Wirtschaftsgut einzeln zugeordnet werden können. Hierzu gehören insbesondere die Nebenkosten der Anschaffung.

Skonti, Boni, Rabatte mindern die Anschaffungskosten.

Finanzierungskosten gehören in diesem Zusammenhang weder zu den Anschaffungs- noch zu den Herstellungskosten.

c) Herstellungskosten

Herstellungskosten eines Wirtschaftsgutes sind alle Aufwendungen, die durch den Gebrauch von Gütern und die Inanspruchnahme von Diensten für die Erstellung dieses Wirtschaftsgutes, seine Erweiterung oder für eine über seinen ursprünglichen Zustand hinausgehende wesentliche Verbesserung entstehen (R 33 Abs. 1 Satz 1, § 255 Abs. 2 Satz 1 HGB), also keine Reparaturkosten, wohl hingegen nachträgliche Herstellungskosten.

Keine Herstellungskosten sind Finanzierungskosten. Aus Vereinfachungsgründen ist es aber bei der **erstmaligen Finanzierung** begünstigter Anschaffungs- oder Herstellungskosten **nicht** zu beanstanden, wenn das Darlehen auch banktübliche Finanzierungskosten einschließlich Bereitstellungszinsen und Teilvalutierungszuschläge umfaßt (BMF v. 19. 5. 1993, Rz 8).

d) Unmittelbarkeit und Ausschließlichkeit

Das Darlehen, zu dessen Tilgung oder Sicherheit die Ansprüche aus der Lebensversicherung eingesetzt werden, muß unmittelbar und ausschließlich der Finanzierung der Anschaffungs- oder Herstellungskosten dienen. Schädlich ist somit **grundsätzlich** die Mitfinanzierung von

– nicht begünstigten Wirtschaftsgütern und

– Finanzierungskosten (z. B. Zinsen, Disagio), **siehe aber c)**.

Eine bloße Umschuldung ist dagegen unschädlich.

> **Beispiel:**
> A erwirbt für 200 000 DM eine Maschine, die er zunächst vom betrieblichen Kontokorrentkonto bezahlt. Später nimmt er ein Darlehen auf. Zur Sicherung des Darlehens setzt er eine Lebensversicherung in gleicher Höhe ein.
> Das Darlehen dient unmittelbar der Finanzierung, da bereits die ursprüngliche Darlehensaufnahme unschädlich war.
> „Ausschließlich Finanzierung (begünstigter) Wirtschaftsgüter" bedeutet, daß neben Wirtschaftsgütern des Anlagevermögens z. B. keine Wirtschaftsgüter des Umlaufvermögens oder (laufende) Betriebsausgaben mitfinanziert werden dürfen.
> Bei gemischtgenutzten Grundstücken ist Steuerunschädlichkeit nur gegeben, wenn jeder Teil einem begünstigten Zweck dient.

> **Beispiel:**
> A kauft von B dessen Einzelunternehmen. Kaufpreis 500 000 DM. Dieser entfällt zu 60 v. H. auf das Anlagevermögen, zu 40 v. H. auf das Umlaufvermögen. A nimmt zur Finanzierung einen Kredit auf, den er mittels Lebensversicherung sichert.
> Der Kredit dient nicht ausschließlich der Finanzierung von Anlagegütern, sondern auch zur Finanzierung des Umlaufvermögens. Die Sicherung durch die Lebensversicherung ist daher insgesamt schädlich.
> Gleiches gilt bei Erwerb eines Anteils an einer Personengesellschaft, weil der Anteil steuerlich kein Wirtschaftsgut darstellt, vielmehr der Stpfl. die durch den Anteil repräsentierten Anteile an den einzelnen Wirtschaftsgütern erwirbt.
> **Beispiel** wie zuvor, mit dem Unterschied, daß A die Wirtschaftsgüter des Anlagevermögens mit einem Kredit von 300 000 DM, den er durch eine Lebensversicherung sichert, das Umlaufvermögen hingegen bar bezahlt. Die Sicherung des Darlehns ist unschädlich.

e) Verwendete Ansprüche aus Lebensversicherungen übersteigen nicht Anschaffungskosten/Herstellungskosten

aa) Grundsatz

Der Einsatz von Lebensversicherungen zur Finanzierung von Anschaffungs- oder Herstellungskosten von Wirtschaftsgütern ist nur dann steuerunschädlich, wenn die ganz oder zum Teil zur Tilgung oder Sicherung verwendeten Ansprüche aus Versicherungsverträgen die mit dem Darlehen finanzierten Anschaffungskosten nicht übersteigen. Das bedeutet, daß die Sicherung des Darlehns, das der Anschaffung oder Herstellung von Investitionsgütern dient, grundsätzlich nicht noch weitere Ansprüche wie Damnum, Zinsen usw. umfassen darf.

Diese Begrenzung muß in der Abtretungs- oder Verpfändungserklärung oder bei der Hinterlegung vorgenommen werden.

Beispiel:

A erwirbt ein Betriebsgrundstück, Kaufpreis 285 000 DM. Zu diesem Zweck nimmt er ein Darlehen von 300 000 DM auf, das unter Einbehaltung eines Disagios von 5 % = 15 000 DM ausgezahlt wird. Die Voraussetzungen für die Ausnahmeregelung sind nicht eigentlich erfüllt, da die Mitabsicherung des Disagios schädlich ist. Bei **erstmaliger Finanzierung** jedoch ist es unschädlich, wenn das Darlehen **einmalige** Finanzierungskosten umfaßt, aber die Sicherheiten auf den Betrag der Investition beschränkt werden (BMF-Schr. v. 19.5.1993, Rz 8).

bb) Vorschaltdarlehen

Nimmt ein Stpfl. während einer längeren Herstellungsphase ein Vorschaltdarlehen auf, das durch eine Endfinanzierung abgelöst werden soll, ist die Besicherung des Vorschaltdarlehens durch eine Versicherung unschädlich, wenn das Darlehen bis zum Zeitpunkt der Fertigstellung oder Lieferung aufgenommen wird und keine schädlichen Aufwendungen mitfinanziert werden. Eine Ablösung des Vorschaltdarlehens innerhalb von **drei Monaten** nach Fertigstellung oder Lieferung soll unschädlich sein (BMF-Schr. a. a. O., Rz 19).

cc) Umschuldung in Neufällen

Wird ein steuerlich unschädliches Darlehen mittels eines zweiten Darlehens umgeschuldet, dient auch das 2. Darlehen einer steuerlich unschädlichen Finanzierung, wenn die Darlehenssumme des 2. Darlehens die Restvaluta des 1. Darlehens zum Zeitpunkt der Umschuldung nicht übersteigt.

Zum Begriff des Neufalles vgl. BMF v. 19.5.1993, RZ 13.

dd) Umwidmung der begünstigt angeschafften und hergestellten Wirtschaftsgüter

Eine Umwidmung eines Wirtschaftsgutes ist dann **schädlich**, wenn der Zweck **nach** Umwidmung steuerschädlich ist.

Beispiel:

Ein bisher dem Betrieb dienendes Gebäude dient nach Entnahme aus dem Betriebsvermögen der Erzielung von Einkünften aus Vermietung und Verpachtung.

Die Umwidmung ist unschädlich, weil auch das Gebäude zur Erzielung von Einkünften aus Vermietung und Verpachtung dient (also längerfristig der Einnahmenerzielung dient).

Der Wechsel von Anlagevermögen zu Umlaufvermögen ist stets schädlich.

Auch der Wechsel von Betriebsvermögen in das Privatvermögen ist schädlich, wenn das Wirtschaftsgut der Einkünfteerzielung dient (vgl. BMF v. 19.5.1993, RZ 17), nicht jedoch, wenn es ausschließlich persönlichen Zwecken dient.

Wird ein Gebäude, das bisher selbst genutzt war, nunmehr vermietet, so bleibt die Besicherung des Darlehns zur Finanzierung des Gebäudes nur dann unschädlich, wenn das ursprüngliche Anschaffungs- oder Herstellungsdarlehen und die diesem Darlehen dienenden Versicherungsansprüche die engen Voraussetzungen des § 10 Abs. 2 Satz 2 Buchst. a von Anfang an erfüllen. Daher dürfen die **verwendeten Ansprüche** aus der Lebensversicherung die Anschaffungs- und Herstellungskosten des Gebäudes und auch die Darlehenssumme nicht übersteigen.

Veräußerung und **Untergang** des Wirtschaftsguts sind in der Regel unschädlich, es sei denn, das Darlehen dient nunmehr der Finanzierung von Umlaufvermögen.

ee) Bagatellgrenze 5000 DM

Wenn die Voraussetzungen der Ausnahmeregelung § 10 Abs. 2 Satz 2 Buchst. a jeweils bis zu einem **Teilbetrag** von **5000 DM nicht** erfüllt sind, ist dies unbeachtlich (§ 10 Abs. 2 S. 2a letzter Halbsatz); dies gilt also z. B. bei schädlicher „**Überbesicherung**" bis zu 5000 DM.

3.3.3.2.2 Direktversicherungen (§ 10 Abs. 2 Satz 2 Buchst. b EStG)

Eine Direktversicherung ist eine Lebensversicherung auf das Leben des Arbeitnehmers, die durch den Arbeitgeber abgeschlossen worden ist und bei der der Arbeitnehmer oder seine Hinterbliebenen hinsichtlich der Leistungen des Versicherers ganz oder teilweise bezugsberechtigt sind. Die Direktversicherung gehört nicht zum Betriebsvermögen des Arbeitgebers. Vgl. § 4b.

Das gilt nach § 4b Abs. 2 auch, wenn der Arbeitgeber die Ansprüche aus dem Versicherungsvertrag abgetreten oder beliehen hat, sofern er sich der bezugsberechtigten Person gegenüber schriftlich verpflichtet, sie bei Eintritt des Versicherungsfalles so zu stellen, als ob die Abtretung oder Beleihung nicht erfolgt wäre. Beiträge zu Direktversicherungen sind im Jahr der Verausgabung Betriebsausgaben, § 10 Abs. 2 Satz 2 Buchstabe b hat insoweit nur klarstellenden Charakter.

3.3.3.2.3 Sicherung betrieblich veranlaßter Darlehen für einen Zeitraum bis zu 3 Jahren (§ 10 Abs. 2 Satz 2 Buchst. c) EStG)

Steuerunschädlich ist die Sicherung betrieblich veranlaßter Darlehen für insgesamt nicht länger als 3 Jahre während der Laufzeit der Lebensversicherung. In diesen Fällen können die Versicherungsbeiträge nur in den Veranlagungszeiträumen nicht als Sonderausgaben abgezogen werden, in denen die Ansprüche des Versicherungsvertrages der Sicherung des Darlehens dienen.

Diese Regelung gilt nur für betrieblich veranlaßte Kredite, nicht jedoch für Kredite im privaten Bereich.

Für die Berechnung der Dreijahresfrist sind alle Zeiträume während der Versicherungslaufzeit zusammenzurechnen.

Überschreitet die Beleihung bzw. Abtretung zur Sicherheit diese Zeiträume, so sind die während der gesamten Laufzeit geleisteten Prämien, also auch für den Zeitraum, in dem die Besicherung nicht bestand, nicht abzugsfähig.

Hält sich die Verwendung der Lebensversicherung zur Sicherung innerhalb dieses Zeitraums, so sind nur die Prämien, die in den betreffenden Jahren entrichtet werden, vom Abzugsverbot betroffen, nicht jedoch die Prämien in den übrigen Zeiträumen.

Beispiele:
1. A hat im Jahre 01 eine Lebensversicherung abgeschlossen. In den Jahren 02 und 03 hat er diese zur Sicherung eines betrieblichen Kredits der Bank zur Sicherheit abgetreten. Die Prämien sind in 02 und 03 nicht abzugsfähig, wohl hingegen die des Jahres 01 und in den Jahren ab 04.
2. A hat eine Lebensversicherung in 01 abgeschlossen. Zur Finanzierung großer Hausreparaturen an seinem zum Privatvermögen gehörenden Miethaus hat er in 02 und 03 die Ansprüche hieraus der Bank zur Sicherung eines Kredites abgetreten.

   Es handelt sich hier **nicht** um einen **betrieblich** veranlaßten Kredit, daher ist die Abtretung zur Sicherung dieses Kredits schädlich, und zwar für die gesamte Vertragsdauer.

3.3.3.3 Übergangsregelung (§ 52 Abs. 13a EStG)

Die Neuregelung gilt für alle Versicherungsverträge, deren Ansprüche nach dem 13.12.1992 zur Tilgung oder Sicherung eines Darlehens dienen, es sei denn, der Stpfl. weist nach, daß die Darlehensschulden bis zu dem Zeitpunkt entstanden waren und er sich verpflichtet hatte, die Ansprüche aus dem Versicherungsvertrag zur Tilgung oder Sicherung des Darlehens einzusetzen. Die Darlehensschuld entsteht durch Auszahlung. Das Darlehen muß daher bis zu diesem Zeitpunkt (13.2.1992) ausgezahlt sein.

Die Übergangsregelung ist also nur anwendbar, wenn vor dem 14.2.1992
- die Versicherung abgeschlossen worden ist und
- das Darlehen (ganz) ausgezahlt worden ist und
- die Versicherung der Tilgung oder Sicherung des Darlehens gedient hat oder der Stpfl. sich hierzu verpflichtet hat.

Nach BMF-Schr. vom 19.5.1993 Randziffern 29 und 30 galt für bestimmte Fälle steuerschädlicher. Verwendung einer Lebensversicherung, z.B. im Zusammenhang mit Kontokorrentkrediten, aus Billigkeitsgründen eine Bereinigungsfrist bis zum 30.6.1993. Bis zu diesem Stichtag hätten sämtliche Darlehen, die mit Lebensversicherungen besichert sind, überprüft und auf die begünstigten Tatbestände zurückgeführt werden müssen.

Diese Bereinigungsfrist war durch BMF-Schreiben vom 14.6.1993, BStBl 1993 I 484 letztmals bis **31.12.1993** verlängert worden.

Weitere Einzelfragen vgl. **BMF-Schr. vom 19.5.1993, BStBl I 406**, vom **2.11.1993, BStBl I 901**, vom 6.5.1994, BStBl I 311, vom 22.7.1994, BStBl I 509, vom 26.9.1994, BStBl I 749 und vom 27.7.1995, BStBl I 371.

3.3.4 Nachversteuerung von Versicherungsbeiträgen (§ 10 Abs. 5 EStG)

3.3.4.1 Grundsätze

Sinn und Zweck der Begünstigung als Sonderausgaben ist es, daß die aufgewendeten Mittel langfristig fest angelegt bleiben. Dieses Ziel kann nur erreicht werden, wenn für den Fall, daß die Fristen nicht eingehalten werden, steuerliche Konsequenzen gezogen werden. Daher ist nach Maßgabe des § 10 Abs. 5 eine Nachversteuerung durchzuführen.

3.3.4.2 Lebensversicherungen i.S. § 10 Abs. 1 Nr. 2b bb) bis dd) EStG

Eine Nachversteuerung findet nach § 10 Abs. 5 **Nr. 1** EStG, § 30 Abs. 2 EStDV statt, wenn Ansprüche aus Versicherungsverträgen i.S. des § 10 Abs. 1 Nr. 2 Buchstabe b Doppelbuchstaben bb, cc, dd, während der Versicherungsdauer im Erlebensfall der **schädlichen** Tilgung oder Sicherung eines Darlehens dienen. Vgl. vorstehend unter 3.3.3.

3.3.4.3 Rentenversicherungen i.S. des § 10 Abs. 1 Nr. 2b bb) EStG gegen Einmalbeitrag (§ 10 Abs. 5 Nr. 2 EStG)

Bei Rentenversicherungen ohne Kapitalwahlrecht gegen Einmalbeitrag ist nach § 10 Abs. 5. Nr. 2 EStG, § 30 Abs. 1 EStDV eine Nachversteuerung durchzuführen, wenn **während der Vertragsdauer**

– die Versicherungssumme ausgezahlt,
– die geleisteten Beiträge zurückgezahlt oder
– Ansprüche aus dem Versicherungsvertrag abgetreten oder beliehen werden.

Schädlichkeit ist auch insoweit gegeben, als eine teilweise Auszahlung, Rückzahlung, Abtretung oder Beleihung erfolgt. Ansprüche sind beliehen, wenn sie zur Sicherung einer Schuld abgetreten oder verpfändet werden und die Schuld entstanden ist.

Eine Nachversteuerung erfolgt aber nicht, wenn die Versicherungssumme ausgezahlt wird, weil der Versicherungsfall (= Todesfall) eingetreten ist oder in der Rentenversicherung die vertragsmäßige Rentenleistung erbracht wird.

3.3.4.4 Durchführung der Nachversteuerung

3.3.4.4.1 Keine Berichtigung früherer Veranlagungszeiträume

Die Nachversteuerung führt **nicht** zu einer Berichtigung der Veranlagung des Veranlagungszeitraums, in dem der jeweilige Beitrag entrichtet worden ist. Sie ist vielmehr in dem Veranlagungszeitraum durchzuführen, in dem der die Nachversteuerung auslösende Tatbestand verwirklicht wird (§ 30 Abs. 1 Satz 1 letzter Halbsatz EStDV). Dabei wird zunächst die Steuer berechnet, die festzusetzen gewesen wäre, wenn der Beitrag nicht geleistet worden wäre. Der Unterschiedsbetrag zwischen dieser und der festgesetzten Steuer wird als Nachsteuer erhoben. Bei einer teilweisen Auszahlung, Rückzahlung, Abtretung oder Beleihung ist der entsprechende Teil der Beiträge nicht als geleistet anzusehen (§ 30 Abs. 1 Satz 4 EStDV).

3.3.4.4.2 Technik der Nachversteuerung

Liegen schädliche Verfügungshandlungen vor, dann ist eine Nachversteuerung durchzuführen (§ 30 EStDV). Bei der Nachversteuerung ist die Steuer zu berechnen, die festzusetzen gewesen wäre, wenn der Stpfl. den Beitrag nicht geleistet hätte. Der Unterschiedsbetrag zwischen dieser und der festgesetzten Steuer ist als **Nachsteuer** zu erheben. Dieser Unterschiedsbetrag wird im Steuerbescheid des Jahres festgesetzt, in dem der Verstoß stattgefunden hat. Vgl. **R 89**.

Hat der Stpfl. Beiträge geleistet, die auf den Sonderausgabenabzug keinen Einfluß gehabt haben, so sind die zurückgezahlten Beträge zunächst mit den Beiträgen zu verrechnen, die sich nicht ausgewirkt haben. Insoweit kommt eine Nachversteuerung nicht in Betracht.

Beispiel:

A (verheiratet ist selbständiger Rechtsanwalt. Er hat im Rahmen der Höchstbeträge (volle Auswirkung) jeweils 10 000 DM in den Jahren 01, 02, 03 in eine Lebensversicherung i. S. § 10 Abs. 1 Nr. 2 b) bb) als Einmalbeitrag gezahlt.

	01 DM	02 DM	03 DM
GdE	80 000	90 000	100 000
SA insges.	15 000	15 000	15 000
Einkommen = ZvE	65 000	75 000	85 000

Im Jahre 04 hat A seine Lebensversicherung wegen eines privaten Pkw-Kaufes beliehen. Daher ist im Jahre 04 eine Nachversteuerung durchzuführen.

	01 DM	02 DM	03 DM
	65 000	75 000	85 000
ESt (Tabelle 1996)	11 294	14 294	17 382
gedanklich berichtigtes ZvE	75 000	85 000	95 000
ESt	14 294	17 382	20 522
Mehrsteuer	3 000	3 088	3 140
Nachsteuer (in 04 zu erheben)			9 228

3.3.5 Höchstbeträge für Vorsorgeaufwendungen

Der abzugsfähige Höchstbetrag setzt sich aus folgenden Teilhöchstbeträgen i. S. des § 10 Abs. 3 zusammen:

§ 10 Abs. 3 Nr. 1 = „Grundhöchstbetrag" 2 610 DM/5 220 DM

§ 10 Abs. 3 Nr. 2 = „Vorwegabzug" 6 000 DM/ 12 000 DM

§ 10 Abs. 3 Nr. 4 = „hälftiger Höchstbetrag" (1 305 DM/2 610 DM).

§ 10 Abs. 3 Nr. 3 zusätzlicher Höchstbetrag von 360 DM

- **Grundhöchstbetrag (§ 10 Abs. 3 Nr. 1)**

Nach § 10 Abs. 3 Nr. 1 können Vorsorgeaufwendungen im Kalenderjahr für den Stpfl. bis zu einem Höchstbetrag von 2 610 DM voll abgezogen werden. Im Falle der Zusammenveranlagung von Ehegatten, erhöht sich der Betrag auf 5 220 DM.

- **Hälftiger Höchstbetrag (§ 10 Abs. 3 Nr. 4)**

Soweit die geleisteten Vorsorgeaufwendungen (einschließlich einer zusätzlichen freiwilligen Pflegeversicherung) die genannten Höchstbeträge übersteigen, sind sie zur Hälfte, jedoch höchstens bis zu 50 v. H. des Höchstbetrags i. S. des § 10 Abs. 3 Nr. 1 abzugsfähig (§ 10 Abs. 3 Nr. 4).

- **Vorwegabzugsbetrag (§ 10 Abs. 3 Nr. 2)**

Neben diesen Höchstgrenzen wird bei Versicherungen i. S. des § 10 Abs. 1 Nr. 2 ein zusätzlicher **Vorwegabzugsbetrag** von 6 000 DM gewährt. Im Falle der Zusammenveranlagung von Eheleuten beträgt dieser Vorwegabzugsbetrag 12 000 DM. Er vermindert sich ggf. nach § 10 Abs. 3 Nr. 2 Satz 2.

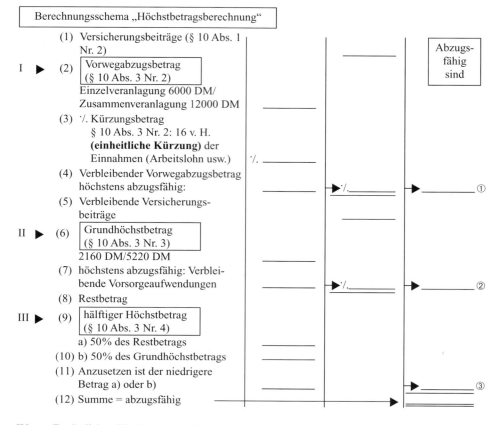

Berechnungsschema „Höchstbetragsberechnung"

I ▶ (1) Versicherungsbeiträge (§ 10 Abs. 1 Nr. 2)
(2) Vorwegabzugsbetrag (§ 10 Abs. 3 Nr. 2) Einzelveranlagung 6000 DM/ Zusammenveranlagung 12000 DM
(3) ./. Kürzungsbetrag § 10 Abs. 3 Nr. 2: 16 v. H. (**einheitliche Kürzung**) der Einnahmen (Arbeitslohn usw.)
(4) Verbleibender Vorwegabzugsbetrag höchstens abzugsfähig:
(5) Verbleibende Versicherungsbeiträge

II ▶ (6) Grundhöchstbetrag (§ 10 Abs. 3 Nr. 3) 2160 DM/5220 DM
(7) höchstens abzugsfähig: Verbleibende Vorsorgeaufwendungen
(8) Restbetrag

III ▶ (9) hälftiger Höchstbetrag (§ 10 Abs. 3 Nr. 4)
a) 50% des Restbetrags
(10) b) 50% des Grundhöchstbetrags
(11) Anzusetzen ist der niedrigere Betrag a) oder b)
(12) Summe = abzugsfähig

IV • **Zusätzlicher Höchstbetrag** für Aufwendungen zu einer zusätzlichen freiwilligen Pflegeversicherung (§ 10 Abs. 3 Nr. 3).

Für Beiträge zu einer zusätzlichen freiwilligen Pflegeversicherung wird ein zusätzlicher Höchstbetrag von 360 DM für Stpfl. gewährt, die **nach** dem **31. 12 1957** geboren sind.

Dieser Höchstbetrag wird **zusätzlich** zum Grundhöchstbetrag i. S. des § 10 Abs. 3 Nr. 1 gewährt.

• **Kürzung des Vorwegabzugsbetrags (§ 10 Abs. 3 Nr. 2 Satz 2 EStG)**

Den vollen Vorwegabzug soll derjenige erhalten, der **allein** aus seinem Einkommen für seine Alters-, Krankenvorsorge und Arbeitsplatzsicherung aufkommen muß.

Der Vorwegabzug ist **einheitlich** um **16** v. H. der Einnahmen

– aus nichtselbständiger Arbeit nach § 19 (ohne Versorgungsbezüge nach § 19 Abs. 2) und
– aus Mandatsausübung nach § 22 Nr. 4 zu kürzen.

Für die pauschale Kürzung ist bei Arbeitnehmern lediglich Voraussetzung, daß entweder

– für die Zukunftssicherung des Stpfl. Leistungen i. S. des § 3 Nr. 62 erbracht werden (= Zukunftsicherungsleistungen des Arbeitgebers aufgrund gesetzlicher Verpflichtung) oder
– der Stpfl. zum Personenkreis des § 10c Abs. 3 Nr. 1 oder Nr. 2 gehört.

Letzteres bedeutet, daß

– der sozialversicherungsbefreite Stpfl. für den Fall seines Ausscheidens aus der Beschäftigung einen Anspruch auf eine lebenslängliche Versorgung oder vergleichbare Ansprüche i. S. des § 10 Abs. 3 Nr. 1 erlangt **oder**
– der nicht sozialversicherungspflichtige Stpfl. aufgrund seiner Tätigkeit Anwartschaftsrechte auf eine Altersversorgung ganz oder teilweise ohne eigene Beitragsleistung erlangt (§ 10c Abs. 3 Nr. 2).

Unter die Kürzungsregelung fallen nur **Arbeitnehmer** und **Mandatsträger**.

- **Bemessungsgrundlage** ist der **Arbeitslohn** aus der Beschäftigung und/oder die **Einnahmen** nach § 22 Nr. 4 aus der Mandatsausübung und Gewinn aus der Tätigkeit, mit der die Alters- und Krankenversorgung zusammenhängt.

Eine Begrenzung auf den Jahresbetrag der Beitragsbemessungsgrenze in der gesetzlichen Rentenversicherung der Angestellten besteht **nicht**.

Zur Bemessungsgrundlage gehören **nicht** insbesondere

- steuerfreie Lohnersatzleistungen
- beamtenrechtliche und diesen gleichgestellte Versorgungsbezüge
- Altersruhegeld aus der gesetzlichen Rentenversicherung
- Vorruhestandsleistungen
- steuerfreier Arbeitslohn aufgrund von DBA (BMF, BStBl 1992 I 409)

Für die Kürzung ist **keine ganz**jährige Tätigkeit der betreffenden Art erforderlich.

Liegen **beide** Kürzungsgründe **nebeneinander** vor, ist die Summe aus

- Arbeitslohn und
- Einkünften aus § 22 Nr. 4

Bemessungsgrundlage für die Kürzung.

Beispiele:

1. A ist selbständiger Unternehmer und verheiratet. Er zahlte folgende Beiträge:

Krankenversicherung	6 000 DM	
Lebensversicherung	18 000 DM	
A steht der **volle** Vorwegabzug zu.		
Versicherungsbeiträge	24 000 DM	**abzugsfähig**
Vorwegabzug (§ 10 Abs. 3 Nr. 2)	12 000 DM	12 000 DM
	12 000 DM	
Grundhöchstbetrag (§ 10 Abs. 3 Nr. 1)	5 220 DM	5 220 DM
verbleiben	6 780 DM	
hälftiger Höchstbetrag (§ 10 Abs. 3 Nr. 3): 50 v. H. von 6 780 DM	3 390 DM	
höchstens	2 610 DM	2 610 DM
		19 830 DM

2. A ist Arbeitnehmer und verheiratet. Er ist in der gesetzlichen Alters- und Krankenversicherung pflichtversichert. Der Arbeitgeber zahlt den auf ihn entfallenden Teil zur gesetzlichen Alters- und Krankenversicherung. Das jährliche Bruttogehalt beträgt 80 000 DM. Die Versicherungsbeiträge betragen:
gesetzliche Sozialversicherung (Arbeitnehmer- und Arbeitgeberanteil jeweils)

Rentenversicherung		5 400 DM	
Krankenversicherung		1 800 DM	
freiwillige Krankenversicherung		600 DM	
freiwillige Altersversorgung		7 200 DM	
Versicherungsbeiträge (§ 10 Abs. 1 Nr. 2)		15 000 DM	**abzugsfähig**
Vorwegabzug	12 000 DM		
./. 16 v. H. von 80 000 DM			
(§ 10 Abs. 3 Nr. 2 Satz 2 Buchst. a)	12 800 DM	0 DM	0 DM
		15 000 DM	
Grundhöchstbetrag		5 220 DM	5 220 DM
verbleiben		9 780 DM	
hälftiger Höchstbetrag: 50 v. H. von 9 780 DM		4 890 DM	
höchstens			2 610 DM
			7 830 DM

3. A ist verheiratet und ab 1.3. des VZ Beamter. Sein Bruttogehalt beträgt 1.3. bis 31.12. 50 000 DM. Seine Beiträge zur privaten Krankenversicherung betragen 3 200 DM, Lebensversicherung 5 400 DM.

Die Voraussetzungen des § 10 Abs. 3 Nr. 2 Satz 2 Buchstabe a) liegen vor. Somit ist der Vorwegabzug um **16 v. H.** von 50 000 DM = 8 000 DM zu kürzen.

Versicherungsbeiträge		8 600 DM	**abzugsfähig**
Vorwegabzug	12 000 DM		
./. 16 v. H. von 50 000	8 000 DM	4 000 DM	4 000 DM
		4 600 DM	
Grundhöchstbetrag		5 220 DM	4 600 DM
verbleiben		0 DM	
hälftiger Höchstbetrag: 50 v. H. von 0 DM		0 DM	0 DM
			8 600 DM

Ist nur **ein Ehegatte Arbeitnehmer,** so ist der Vorwegabzug auch über den Anteil des Arbeitnehmerehegatten hinaus zu kürzen, auch soweit die Kürzung von 16 v. H. 6000 DM übersteigt (vgl. BFH, BStBl 1981 II 709).

- **Abschließende Hinweise**

Zur Höchstbetragsberechnung bei

- Zusammenveranlagung von Ehegatten (§ 26b) vgl. auch C. 4.3.2.1.
- getrennter Veranlagung von Ehegatten (§ 26a) vgl. C. 5.2.1.
- besonderen Veranlagung (§ 26c) vgl. C. 6.2.

Die **Verdopplung** des Grundhöchstbetrags nach § 10 Abs. 3 Nr. 1 sowie des Vorwegabzugs nach § 10 Abs. 3 Nr. 2 gilt nur bei Zusammenveranlagung (§ 26b).

Keine Verdopplung wird bei Einzelveranlagung, getrennter Veranlagung (§ 26a) und besonderen Veranlagung, wenn auch mit Anwendung des Splittingtarifs nach § 32a Abs. 6, gewährt.

3.4 Kirchensteuer

3.4.1 Begriff

Kirchensteuer i. S. des § 10 Abs. 1 Nr. 4 sind Geldleistungen, die von den als Körperschaften des öffentlichen Rechts anerkannten Religionsgemeinschaften von ihren Mitgliedern aufgrund gesetzlicher Bestimmungen erhoben werden (H 101).

3.4.2 Erhebungsberechtigte Körperschaft

Kirchen i. S. dieser Vorschrift sind die als Körperschaften des öffentlichen Rechts anerkannten Religionsgemeinschaften. Das sind die folgenden inländischen Religionsgemeinschaften:

die **römisch-katholische**, die **alt-katholische**, die **evangelisch-lutherische**, die **evangelisch-reformierte** Kirche und die als Körperschaften des öffentlichen Rechts anerkannten **jüdischen Kultusgemeinden,** nicht dagegen sogenannte „freie" und ausländische Religionsgesellschaften.

3.4.3 Umfang des Abzugs

Zahlungen auf die Kirchensteuerschuld sind als Sonderausgaben abzugsfähig, gleichgültig, ob es sich um festgesetzte Vorauszahlungen oder um festgesetzte Abschlußzahlungen handelt. Abzugsfähig sind auch Nebenleistungen. Rechtsbehelfskosten wegen Kirchensteuer sind **nicht** wie Kirchensteuer, aber ggf. als Steuerberatungskosten abziehbar.

Soweit **Zinsen** erhoben werden, sind sie nach § 10 Abs. 1 Nr. 5 abzugsfähig.

Auch Kirchensteuer, die als Kirchenlohnsteuer vom Arbeitslohn einbehalten wird, ist abzugsfähig. Vereinzelt wird auch ein **Kirchgeld** erhoben. Wird es nach einem **Gesetz** erhoben (KiStG bzw. Kirchensteuerordnungen der einzelnen Bundesländer), ist es ebenfalls als Kirchensteuer abzugsfähig. Abzugsfähig ist nur die festgesetzte Kirchensteuer. Freiwillige Kirchensteuerzahlungen können nur berücksichtigt werden, soweit sie **nicht** als **willkürlich** anzusehen sind; vgl. BFH vom 22.11.1983, StRK EStG 1975 § 10 Abs. 1 Nr. 4 R. 2. **Freiwillige** Beiträge an eine Kirchensteuer erhebende Religionsgemeinschaft sind keine Steuern und daher nur im Rahmen des § 10b (Spenden) abziehbar.

> **Beispiel:**
> Freiwilliges „Kirchgeld", Kollekte.

Beiträge an sonstige religiöse Gemeinschaften, die **keine** Kirchensteuer erheben, sind als Spenden abzugsfähig, wenn sie die in § 10b genannten Voraussetzungen erfüllen. Vgl. R 101 Abs. 2.

Beiträge der Mitglieder von Religionsgemeinschaften, die **mindestens** in einem Bundesland als Körperschaften des öffentlichen Rechts anerkannt sind, aber während des ganzen Jahres keine Kirchensteuer erheben, können **wie** Kirchensteuern abgezogen werden (weitere Einzelheiten vgl. R 101 Abs. 1).

> **Beispiel:**
> A gehört einer freikirchlichen Gemeinde an. Er ist unverheiratet. In dem Bundesland wird 9 v. H. Kirchensteuer erhoben. A hat im VZ 2000 DM an die Religionsgemeinschaft abgeführt. Eine entsprechende Bescheinigung hat er vorgelegt. Die Einkommensteuer betrug 20000 DM.
> A kann in Höhe von 9 v. H. von 20000 DM = 1800 DM wie Kirchensteuer abziehen.
> Der übersteigende Betrag von 200 DM ist unter den Voraussetzungen des § 10b Abs. 1 als Spende abzugsfähig.

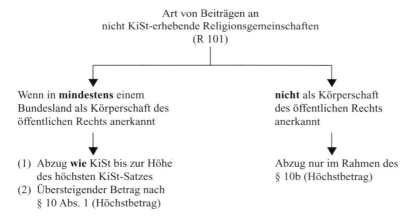

Maßgebend für den Abzug ist die Kirchensteuerzahlung, nicht jedoch die Kirchensteuerfestsetzung selbst (§ 11 Abs. 2).

3.4.4 Erstattungen

Hat ein Stpfl. z. B. für vergangene Jahre eine Kirchensteuererstattung erhalten, sind die Kirchensteuerzahlungen um diese Erstattungen zu kürzen.

> **Beispiel:**
> A sind im Jahre 1987 vom Arbeitslohn zusammen mit der Lohnsteuer 900 DM Kirchensteuer einbehalten worden. Gleichzeitig sind die Kirchensteuervorauszahlungen für 1987 auf je 150 DM für das Quartal festgesetzt worden und auch entsprechend gezahlt worden. Für 1986 erhielt der Stpfl. eine Erstattung von 400 DM. 1100 DM Kirchensteuerzahlung sind für 1987 als Sonderausgaben anzusetzen.

3.4.5 Zahlung der Kirchensteuer des Erblassers durch den Erben

Der Erbe darf die von ihm gezahlten rückständigen Kirchensteuern des Erblassers als Sonderausgaben geltend machen, weil er in die Rechtsstellung des Erblassers eintritt, die Kirchensteuer daher als abgabenrechtlicher Schuldner zahlt (§ 45 AO). Dabei ist es unerheblich, woher der Stpfl. die Mittel zur Zahlung nimmt (BFH, BStBl 1960 III 140).

3.5 Zinsen auf nichtabziehbare Steuern (§ 10 Abs. 1 Nr. 5 EStG)

Nach § 10 Abs. 1 Nr. 5 können Zinsen auf Steuernachforderungen (§ 233a AO), Stundungszinsen (§ 234 AO) und Aussetzungszinsen (§ 237 AO) als Sonderausgaben abgezogen werden. Diese Nebenleistungen sind vom Abzugsverbot des § 12 Nr. 3 ausgenommen (§ 12 Nr. 3 Satz 2).

Als Sonderausgaben abziehbar sind somit Zinsen auf nachgeforderte, gestundete oder ausgesetzte nichtabziehbare Steuern, wie Einkommensteuer, Vermögensteuer sowie Umsatzsteuer auf den Eigenverbrauch, nicht hingegen auf Umsatz- oder Gewerbesteuer, da diese schon als Betriebsausgaben abgezogen werden können. Nichtabziehbar sind Zinsen auf hinterzogene Steuern i. S. des § 235 AO. Nichtabziehbar sind auch Zinsen, die durch die Aufnahme eines Darlehns zur Bezahlung von Personensteuern entstehen.

3.6 Steuerberatungskosten

3.6.1 Begriff

Steuerberatungskosten sind alle Aufwendungen, die beim Stpfl. im Zusammenhang mit seinen Steuerangelegenheiten anfallen. Hierunter fallen insbesondere

– Rat und Hilfe in Steuersachen

– Buchführung, Jahresabschluß

– steuerliche Gutachten

– steuerliche Fachliteratur (BFH, BStBl 1989 II 865)

– auch ausländische Steuerberatungskosten.

Hierunter fallen auch mit der Steuerberatung zusammenhängende mittelbare Aufwendungen wie Fahrtkosten (einschließlich Unfallkosten auf der Fahrt zum Steuerberater, vgl. BFH, BStBl 1989 II 967). Vgl. auch H 102.

Keine Steuerberatungskosten sind Verteidigungskosten in einem Steuerstrafverfahren (BFH, BStBl 1990 II 20).

3.6.2 Abgrenzung zu den Betriebsausgaben

Steuerberatungskosten, die auf die

– Buchführung

– Erstellung der Bilanz

– Ermittlung des Gewinns

– Arbeiten für die Erklärung zum Einheitswert des Betriebsvermögens

– Erstellung der Umsatzsteuererklärung bzw. -Voranmeldung

– und Gewerbesteuererklärung

entfallen, stellen Betriebsausgaben (§ 4 Abs. 4) dar.

3.6.3 Abgrenzung zu den Werbungskosten

Beratungskosten im Zusammenhang z. B. mit den Einkünften aus Vermietung und Verpachtung oder Kapitalvermögen (insbesondere der Ermittlung dieser Einkünfte) stellen begrifflich Werbungskosten bei diesen Einkunftsarten dar. Gleiches gilt, wenn ein Steuerberater den Stpfl. in einem Steuerprozeß hinsichtlich Fragen von Überschußeinkünften vertritt. In diesem Falle stellen die Steuerberatungskosten und Prozeßführungskosten Werbungskosten dar. Dies gilt auch für Gerichtskosten.

3.6.4 Steuerberatungskosten als Sonderausgaben

Steuerberatungskosten stellen Sonderausgaben (§ 10 Abs. 1 Nr. 6) dar, sofern es sich hierbei nicht um **Werbungskosten** oder **Betriebsausgaben handelt.** Das ist der Fall, wenn die Steuerberatungskosten den privaten Bereich betreffen.

Im privaten Bereich gehören im Zusammenhang mit der **ESt** Aufwendungen für die Ermittlung der Sonderausgaben, außergewöhnliche Belastungen, die Ermittlung des Einkommens und des zu versteuernden Einkommens zu den Sonderausgaben, ebenso im Zusammenhang mit anderen Personensteuern (ErbSt, KiSt).

3.6.5 Steuerberatungskosten als gemischte Aufwendungen

I. d. R. sind die Steuerberatungskosten in Betriebsausgaben, Werbungskosten und Sonderausgaben aufzuteilen.

Beispiel:
A hat Einkünfte aus freiberuflicher Tätigkeit und Vermietung und Verpachtung. Die steuerlichen Angelegenheiten werden vom Steuerberater X erledigt.

Dieser stellte für das Jahr 03 folgendes Honorar in Rechnung:

– Gewinnermittlung Rechtsanwaltspraxis	1 200 DM
– Umsatzsteuererklärung und Voranmeldungen	300 DM
– Einkunftsermittlung Vermietung und Verpachtung	300 DM
– Rechtsbehelf Vermietung und Verpachtung	300 DM
– Einkommensteuer- und Vermögensteuererklärung	600 DM
insgesamt	2 700 DM

Die Steuerberatungskosten sind wie folgt aufzuteilen:

Betriebsausgaben § 18 Abs. 1 Nr. 1, § 4 Abs. 4	1 500 DM
Werbungskosten bei Vermietung und Verpachtung § 21, § 9	600 DM
Sonderausgaben § 10 Abs. 1 Nr. 6	600 DM

3.6.6 Vereinfachungsregel

Betragen jedoch die Steuerberatungskosten im Kalenderjahr **insgesamt nicht mehr als 1 000 DM**, so ist den Angaben des Stpfl., inwieweit sie als Sonderausgaben oder Betriebsausgaben bzw. Werbungskosten abgezogen werden sollen, aus **Vereinfachungsgründen ohne nähere Prüfung** zu folgen (R 102 Satz 2).

Beispiel:
A hat Einkünfte aus nichtselbständiger Arbeit (§ 19), aus Kapitalvermögen (§ 20) und Vermietung und Verpachtung (§ 21).
Er läßt sich in steuerlichen Angelegenheiten von Steuerberater X beraten. Dieser stellt ihm in Rechnung

Beratung Lohnsteuer	200 DM
Einkünfteermittlung V. u. V.	400 DM
Einkommensteuererklärung	300 DM
	900 DM

A beantragt den Sonderausgabenabzug.
Nach R 102 Satz 2 ist dem Antrag des Stpfl. zu folgen.

Die Grenze gilt auch – **ohne** Verdopplung – bei Zusammenveranlagung (§ 26b); R 102 Satz 3.

3.7 Ausbildungskosten (§ 10 Abs. 1 Nr. 7 EStG)

3.7.1 Grundsätze

Aufwendungen für die **Berufsausbildung** und für die **Weiterbildung in einem nicht ausgeübten Beruf** sind als Sonderausgaben **ab VZ 1996** bis zu einem Höchstbetrag von **1 800 DM**, bei auswärtiger Unterbringung i. S. des § 9 Abs. 1 Nr. 5 bis zu **2 400 DM** abzugsfähig. Voraussetzung des Sonderausgabenabzugs ist weiter, daß es sich hierbei um **Aufwendungen des Stpfl.** für die **eigene** Ausbildung oder die seines **Ehegatten** handelt.

Hierunter fallen **nicht** Aufwendungen für die Berufsausbildung einer anderen Person. So können Eltern nicht für die Berufsausbildung ihres Kindes den Sonderausgabenabzug von bis zu 1 800/2 400 DM für sich beanspruchen. Sie erhalten hierfür ggf. den Ausbildungsfreibetrag nach § 33a Abs. 2.

Von dem Abzug sind **ausgenommen** ausdrücklich die **Aufwendungen für den Lebensunterhalt,** abgesehen von den Mehraufwendungen für die auswärtige Unterbringung. Der Abzug setzt voraus, daß es sich hier begrifflich weder um Betriebsausgaben noch um Werbungskosten handelt **(keine Fortbildung).**

Beispiel:

A wohnt in Düsseldorf und arbeitet dort bei einem Steuerberater als Gehilfe. Nebenher hat er in Köln an der Universität Rechtswissenschaften belegt.

Die Fahrtkosten von Köln nach Düsseldorf betragen im VZ 1 080 DM, Aufwendungen für Fachbücher betragen 520 DM. A kann davon bis 1 600 DM als Sonderausgaben geltend machen, da der Höchstbetrag von 2 400 DM nicht überschritten ist.

3.7.2 Begriff „Berufsausbildung". Abgrenzung zur Fortbildung

Berufsausbildung ist der Inbegriff derjenigen Maßnahmen, die dem Stpfl. dazu dienen sollen, die für die Ausübung eines Berufs notwendigen fachlichen Kenntnisse oder Fertigkeiten zu erwerben. **R 180 Abs. 1 und 2 ist entsprechend anzuwenden.** Hiernach umfaßt Berufsausbildung die Maßnahmen, durch die das für den Beruf typische Können erworben werden soll. Vgl. H. 6.1 und **H 103**.

Berufsausbildungskosten sind regelmäßig nur solche Aufwendungen, die in der **erkennbaren Absicht** gemacht worden sind, auf Grund der erlangten Ausbildung eine **Erwerbstätigkeit auszuüben.** Der angestrebte Beruf muß jedoch nicht innerhalb bestimmter bildungspolitischer Zielvorstellungen des Gesetzgebers liegen.

Keine Berufsausbildung ist jedoch die Ausbildung zu einer verbotenen, strafbaren oder verfassungswidrigen Tätigkeit (BFH, BStBl 1988 II 494).

Nicht nur die Ausbildung zum **ersten** Beruf fällt darunter. **Auch** eine **Umschulung,** die zu einer **anderen Berufstätigkeit** befähigen soll **(Berufswechsel),** gehört zur Berufsausbildung, z.B. Ausbildung als **Altenpflegerin** (BFH, BFH/NV 1995, 112)

Von der Berufsausbildung ist die **Fortbildung** zu unterscheiden. Aufwendungen für die Fortbildung in einem **ausgeübten Beruf** stellen Betriebsausgaben oder Werbungskosten dar, vgl. auch Abschn. 34 Abs. 3 LStR. Die Fortbildung dient der **Erhaltung der beruflichen Kenntnisse.** Das akademische Studium stellt im allgemeinen Ausbildung dar. Ein Studium an einer **Hochschule** oder **Fachhochschule,** das einen **akademischen Grad oder zumindest** den Titel „graduiert" vermittelt, ist regelmäßig Ausbildung (BFH, BStBl 1985 II 94). Denn hierdurch wird regelmäßig die Grundlage für eine neue oder andere Lebensgestaltung des Stpfl. geschaffen. Das akademische Studium wird vom BFH grds. einheitlich bewertet. Dieser Grundsatz gilt

– für ein **Erststudium** generell (vgl. BFH, BStBl 1989 II 616, BStBl 1996 II 444 und BStBl 1996 II 450),

– bezüglich eines **Zweitstudiums** vgl. die differenzierende Rechtspr. (Nachweise in BFH, BStBl 1985 II 94, 96; BStBl 1996 II 444, 445, 446, 448).

Ein auf ein Erststudium **aufbauendes Zweitstudium** ist jedoch als Fortbildung anzusehen, wenn dadurch die beim Erststudium erworbenen Kenntnisse ergänzt und vertieft werden, und das Zweitstudium nicht den Wechsel in eine andere Berufssparte ermöglicht (BFH, BStBl 1992 II 556).

Ausbildung liegt auch bei **berufsintegriertem** Studium vor, da bei erfolgreichem Abschluß eine neue Basis für gegenüber der bisherigen beruflichen Stellung höherrangige Berufe geschaffen wird.

Als **Fortbildungskosten** werden aber **anerkannt** Studien, die **ohne** Verleihung eines akademischen Grades bzw. des Titels „graduiert" abgeschlossen werden (z.B. BFH, BStBl 1979 II 773), z.B. an **Verwaltungsakademien** und **Technikerschulen.**

Die Aufwendungen eines Grundschullehrers für eine Hochschulstudium, um die zweite Prüfung als Realschullehrer zu absolvieren, sind nunmehr Fortbildungskosten (BFH, DB 1992, 1610).

Beispiel 1:

Hochschulstudium eines bisher in der Sekundarstufe I unterrichtenden Lehrers in den bisherigen Unterrichtsfächern zur Erbringung der Befähigung zum Lehramt der Sekundarstufe II (BFH, BStBl 1992 II 556).

Beispiel 2:
Steuerinspektor A, Sachbearbeiter bei einem Finanzamt, scheidet aus der Finanzverwaltung aus, um Jura zu studieren, und dann später nach bestandenem Examen wieder in die Finanzverwaltung als Sachgebietsleiter im höheren Dienst einzutreten. Es handelt sich um Ausbildungskosten.

Aufwendungen für die **Promotion** sind in der Regel **Ausbildungskosten** (BFH, BStBl 1967 III 777, BStBl 1972 II 251).

Sie sind jedoch Werbungskosten, wenn das Promotionsstudium Gegenstand eines Dienstverhältnisses ist (BFH, BStBl 1987 II 780).

In akademischen Berufen wird die Ausbildung in der Regel mit Ablegung des ersten Staatsexamens abgeschlossen, es sei denn, daß sich ein ergänzendes Studium, ein Zweitstudium oder nach der jeweiligen Ausbildungs- oder Prüfungsordnung ein Dienstverhältnis oder Praktikum anschließt.

In Ausbildung ist auch nicht, wer – wenn auch zur Vorbereitung auf ein anderes Berufsziel – einen Beruf ausübt, der gewöhnlich als Dauerberuf ausgeübt wird (BFH, BStBl 1985 II 91).

Aufwendungen eines Diplom-Kaufmanns für die **Steuerberaterprüfung** sind jedoch Werbungskosten (BFH, BStBl 1990 II 572). Aufwendungen eines Handwerksgesellen zur Vorbereitung auf die Meisterprüfung sind Werbungskosten (ebenfalls Fortbildung), BFH, BStBl 1990 II 692.

- **Ausweitung des Begriffs „Ausbildungskosten" gegenüber § 32 Abs. 4 Nr. 1 EStG**

Nach § 32 Abs. 4 Nr. 1 liegt eine Ausbildung nur vor, wenn diese die Arbeitszeit des Kindes überwiegend in Anspruch nimmt. Im Rahmen des § 10 Abs. 1 Nr. 7 liegen auch Ausbildungskosten vor, wenn lediglich Tages- oder Abendkurse von kurzer Dauer belegt werden.

- **Ausbildung nur bei Aufbau, Erhaltung oder Sicherung einer beruflichen Existenz**

Berufsausbildung liegt nur vor, wenn der Stpfl. ernsthaft einen – ggf. neuen – Beruf anstrebt (BFH, BStBl 1996 II 8). Daher liegen z. B. keine Ausbildungskosten vor, wenn ein Apotheker einen Fotofernkursus belegt, um sein Steckenpferd Fotografie zu erweitern (BFH, BStBl 1979 II 180). Entsprechendes gilt für Führerscheinkosten der Klasse III (BFH, BStBl 1977 II 834).

- **Ausbildungskosten im Rahmen eines Dienstverhältnisses als Werbungskosten**

Keine Ausbildung liegt vor, wenn der Auszubildende im Vorbereitungsdienst steht, also in einem Ausbildungsverhältnis, z. B. als Beamtenanwärter, Studienreferendar, Gerichtsreferendar, Finanzanwärter usw.

Die „Ausbildungskosten" stellen in diesem Falle Werbungskosten dar. Vgl. BFH, BStBl 1990 II 856, 859 und 861. Hinsichtlich weiterer Einzelheiten siehe K. 5.6.2.5 (Fortbildungskosten).

Fortbildungskosten liegen auch vor, wenn ein Hochschulstudium im Rahmen eines **ausgeübten** Berufs als Offizier der Bundeswehr auf Weisung des Dienstherrn unter Fortzahlung der Dienstbezüge durchgeführt wird (BFH, BStBl 1981 II 216).

Aufwendungen für das Studium der Zahnmedizin an einer Universität sind für einen zu diesem Zweck beurlaubten Sanitätsoffiziers-Anwärter, der ein steuerpflichtiges Ausbildungsgeld erhält, Werbungskosten im Rahmen des fortbestehenden Dienstverhältnisses der Bundeswehr (BFH, BStBl 1985 II 87).

3.7.3 Begriff „Weiterbildung in nicht ausgeübtem Beruf"

Aufwendungen für die **Weiterbildung in einem nicht ausgeübten Beruf** können ebenfalls nach § 10 Abs. 1 Nr. 7 als Sonderausgaben berücksichtigt werden, wenn sie nicht vorweggenommene Betriebsausgaben oder Werbungskosten darstellen (BFH, BStBl 1962 III 467).

Weiterbildung in einem nicht ausgeübten Beruf setzt **nicht** voraus, daß der Beruf bereits ausgeübt worden ist, abgeschlossene Berufsausbildung reicht aus. Wird eine noch nicht abgeschlossene Berufsausbildung wieder aufgenommen oder eine Ausbildung für einen anderen Beruf aufgenommen, liegen ohnehin Berufsausbildungskosten vor i. S. des § 10 Abs. 1 Nr. 7.

Beispiel 1:
A ist ausgebildeter Bilanzbuchhalter und arbeitslos. Um seine Berufschancen zu verbessern, nimmt er an einer Fachhochschule ein Studium der Betriebswirtschaft auf mit angestrebtem Ziel Diplom-Betriebswirt. Es handelt sich hierbei um **Ausbildung.** Vgl. BFH, BStBl 1985 II 94.

Beispiel 2:
A ist Bürokaufmann. Sein künftiger Arbeitgeber macht die Anstellung davon abhängig, daß A vorher noch einen 8wöchigen Lehrgang der Datenverarbeitung besucht.
Vorweggenommene Werbungskosten, da hier kein akademisches Studium vorliegt.

Beispiel 3:
Eine beurlaubte Lehrerin besucht Seminare, um das erforderliche Berufswissen zu vertiefen bzw. aufzufrischen. Sie hat auf absehbare Zeit nicht vor, ihre Tätigkeit wieder aufzunehmen. Es liegt Weiterbildung im nicht ausgeübten Beruf vor, daher Abzug als Sonderausgaben.

3.7.4 Keine Sonderregelung für hauswirtschaftliche Aus- oder Weiterbildung

Eine hauswirtschaftliche Aus- oder Weiterbildung gilt nicht als Berufsausbildung, wenn sie für den eigenen Bedarf erfolgt und nicht die Grundlage für eine entsprechende, später gegen Entgelt auszuübende Tätigkeit ist. Damit ist eine steuerliche Abziehbarkeit von Aufwendungen z.B. für die Ausbildung zur Hauswirtschafterin oder die Wiederauffrischung der Kenntnisse einer Hauswirtschafterin, die ihren Beruf nicht ausübt, nach den allgemeinen Grundsätzen des § 10 Abs. 1 Nr. 7 gegeben.

3.7.5 Zusammenfassender Überblick

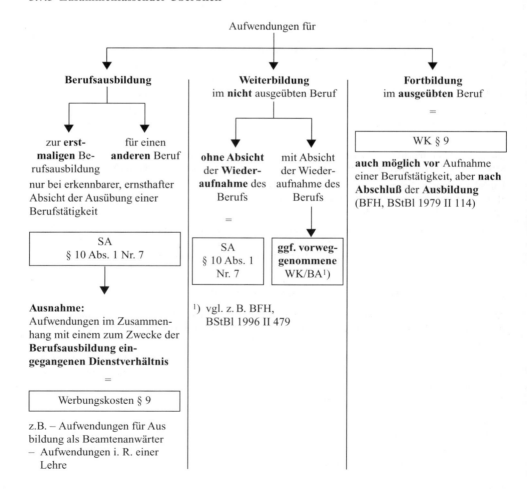

3.7.6 Begünstigte Aufwendungen

Zu den begünstigten Aufwendungen gehören **nicht nur** die **unmittelbaren** Ausbildungs- und Weiterbildungskosten wie Lehrgänge, Vorträge, Seminare, Bücher, Fachzeitschriften, Geräte, Werkzeuge, sondern auch Fahrtkosten (keine Begrenzung, § 9 Abs. 1 Nr. 4 nicht sinngemäß anwendbar), Mehrverpflegungsaufwand, Kosten für auswärtige Unterbringung i. S. des § 9 Abs. 1 Nr. 5, § 10 Abs. 1 Nr. 7 S. 2; Kosten eines häuslichen „Studienzimmers" (BFH, BStBl 1990 II 901).

Anschaffungskosten für **abnutzbare** Wirtschaftsgüter von mehrjähriger Nutzungsdauer sind auf die Nutzungsdauer verteilt als Sonderausgaben i. S. v. § 10 Abs. 1 Nr. 7 abziehbar (entsprechend § 7 Abs. 1).

Zu den als Ausbildungskosten zu berücksichtigenden Promotionskosten gehören z. B. Besuch der Seminare, Besprechungen mit dem Doktorvater, Aufwendungen für Unterlagen, Fachbücher, Promotionsgebühren, Druckkosten.

U. E gehören zu den Ausbildungskosten auch vorbereitende Aufwendungen, z. B. Prozeßkosten wegen eines Rechtsstreits zur Erlangung eines Studienplatzes dazu (bejaht i. R. des § 33a Abs. 2 vom BFH, BStBl 1985 II 135).

Die **Herkunft der Mittel,** mit denen der Stpfl. die Aufwendungen bestritten hat, ist grundsätzlich **unerheblich,** sofern er sie wirtschaftlich jedenfalls selbst getragen hat. Die Aufwendungen sind auch dann für das Kalenderjahr abzuziehen, in dem sie **geleistet** worden sind, wenn sie der Stpfl. **mit Darlehensmitteln** bestritten hat (BFH, BStBl 1972 II 250).

Erhält jedoch der Stpfl. zur unmittelbaren Förderung seiner Ausbildung oder Weiterbildung **steuerfreie Bezüge,** mit denen Aufwendungen i. S. des § 10 Abs. 1 Nr. 7 abgegolten werden, so entfällt insoweit der Sonderausgabenabzug (BFH, BStBl 1977 II 503; R 103 Satz 1). Die steuerfreien Bezüge müssen aber ausschließlich zur Bestreitung von Aufwendungen i. S. des § 10 Abs. 1 Nr. 7 bestimmt sein (z. B. Leistungen nach § 45 AFG, **nicht** jedoch Unterhaltsgeld nach § 44 AFG).

Zu den Ausbildungskosten gehören **auch Schuldzinsen** für Studiendarlehen, nicht aber die Tilgung der Studiendarlehn selbst. Dies gilt auch bei Zahlung erst nach Abschluß der Ausbildung.

Das Aufteilungsverbot der § 12 Nr. 1 Satz 2 gilt **nicht** bei der Aufteilung von Aufwendungen in BA/WK einerseits und Sonderausgaben (hier: § 10 Abs. 1 Nr. 7) andererseits (BFH, BStBl 1990 II 901).

3.7.7 Höchstbetrag

Der Sonderausgabenabzug nach § 10 Abs. 1 Nr. 7 ist ab VZ 1996 begrenzt auf **1 800 DM**, bei auswärtiger Unterbringung (i. S. des § 9 Abs. 1 Nr. 5) auf **2 400 DM**.

Diese Höchstbeträge gelten auch in Fällen einer **Weiterbildung** in einem **nicht ausgeübten Beruf**.

Bei Ehegatten i. S. des § 26 Abs. 1 gilt der Höchstbetrag für jeden in Ausbildung bzw. Weiterbildung im nicht ausgeübten Beruf befindlichen Ehegatten, ohne Rücksicht darauf, welcher Ehegatte die Aufwendungen getragen hat.

Beispiel:
Ehemann M hat im VZ getragen
– eigene Ausbildung 1 950 DM,
– Weiterbildung der Ehefrau F im nicht ausgeübten Beruf 700 DM.
Abziehbar sind für M 1 800 DM, für F 700 DM, zusammen 2 500 DM (keine Kompensation).

3.8 Aufwendungen für hauswirtschaftliche Beschäftigungsverhältnisse (§ 10 Abs. 1 Nr. 8 EStG)

Literaturhinweis: Scheurmanm-Kettner. DB 1989, 2139, 2198.

Bis zu einem Höchstbetrag von 12 000 DM im Kalenderjahr sind Aufwendungen eines Stpfl. für hauswirtschaftliche Beschäftigungsverhältnisse als Sonderausgaben nach § 10 Abs. 1 Nr. 8 abzugsfähig, allerdings nur unter folgenden Voraussetzungen:

a) daß aufgrund der Beschäftigungsverhältnisse Pflichtbeiträge zur inländischen gesetzlichen Rentenversicherung entrichtet werden und

b) zum Haushalt des Stpfl.

- mindestens **zwei** Kinder i. S. § 32 Abs. 1 S. 1, die zu Beginn des Kalenderjahres das zehnte Lebensjahr noch nicht vollendet haben (bei Alleinstehenden i. S. von § 33c Abs. 2 **ein** Kind),
- **oder** ein Hilfloser i. S. des § 33b Abs. 6 gehören.

Leben zwei Alleinstehende, die die Voraussetzungen erfüllen, im Haushalt zusammen, können sie den Höchstbetrag zusammen nur einmal in Anspruch nehmen.

Auch bei **getrennter Veranlagung** gilt der – **haushaltsbezogene** – **Höchstbetrag nur einmal** (vgl. § 26a Abs. 2).

Für jeden vollen Kalendermonat, in dem die vorgenannten Voraussetzungen nicht vorgelegen haben, ermäßigt sich der Höchstbetrag von 12 000 DM um ein Zwölftel.

Beispiel:

Den Eheleuten A, die bereits eine vierjährige Tochter haben, wird im Mai ein weiteres Kind geboren. Sie zahlen einer Haushaltshilfe, für die sie Pflichtbeiträge u. a. zur gesetzlichen Rentenversicherung entrichten, monatlich 1 500 DM.

Der Sonderausgabenbetrag kann nur für 8 Monate gewährt werden. $^{8}/_{12} \times 12\,000$ DM = 8 000 DM.

Die Vorschrift löst nicht die Vorschriften § 33a Abs. 3 und § 33c ab. Sie tritt neben sie. Da dieser Abzugsbetrag aber den Sonderausgaben zuzuordnen ist, hat er vor den außergewöhnlichen Belastungen in besonderen Fällen (§ 33a Abs. 3, § 33c) Vorrang. Soweit die Aufwendungen nach § 10 Abs. 1 Nr. 8 abzugsfähig sind, können die Freibeträge nach § 33a Abs. 3 und § 33c nicht in Anspruch genommen werden; jedoch ist in Höhe der 12 000 DM übersteigenden Aufwendungen ein Abzug i. R. d. §§ 33a Abs. 3 und 33c möglich (vgl. § 33 Abs. 2 Satz 2).

Die Aufwendungen dürfen **nicht** in unmittelbarem wirtschaftlichen Zusammenhang mit steuerfreien Einnahmen stehen. Dies ist der Fall, wenn ein Pflegebedürftiger nach § 4 Nr. 1a **steuerfreies Pflegegeld** nach den Vorschriften des Sozialgesetzbuches erhält.

3.9 Aufwendungen für den Besuch von Privatschulen (§ 10 Abs. 1 Nr. 9 EStG)

Nach § 10 Abs. 1 Nr. 9 können **30 v. H.** des **Entgelts,** das der Stpfl. für ein Kind, für das er einen Kinderfreibetrag oder Kindergeld erhält, für den Besuch einer gem. Art. 7 Abs. 4 GG staatlich genehmigten oder nach Landesrecht anerkannten allgemeinbildenden Ergänzungsschule entrichtet, mit **Ausnahme** des Entgelts für **Beherbergung, Betreuung und Verpflegung,** als Sonderausgaben abziehen. Hiernach sind Voraussetzungen für den Abzug:

- Der Stpfl. muß für das Kind einen **Kinderfreibetrag** oder **Kindergeld** erhalten.

- Das Kind muß eine sogenannte **Ersatzschule**, die zur Fachhochschulreife oder zu Hochschulreife führt (in der Regel Gesamtschule, Realschule oder Gymnasium) besuchen.

- Der Abzug der Aufwendungen ist auf 30 v. H. der Kosten, die **nicht** ein Entgelt für Beherbergung, Betreuung, Verpflegung darstellen, begrenzt.

Beispiel:

A hat seinen Sohn S in einem Internat untergebracht. Er hat hierdurch Aufwendungen von 21 600 DM gehabt.

Hiervon entfallen 15 000 DM auf Unterkunft, Verpflegung und Betreuung. 30 v. H. des übersteigenden Betrages von 6 600 DM = 1 980 DM sind nach § 10 Abs. 1 Nr. 9 abzugsfähig. Unberührt hiervon bleibt der Ausbildungsfreibetrag nach § 33a Abs. 2 Nr. 1 oder Nr. 2 Satz 2 (auswärtige Unterbringung).

Deutsche Schulen im **Ausland** fallen **nicht** unter § 10 Abs. 1 Nr. 9 (H 104).

Zur **Spendenfähigkeit** von Elternleistungen an gemeinnützige Schulvereine (= Schulen in freier Trägerschaft) vgl. BMF-Schr. vom 4. 1. 1991, BStBl 1992 I 266.

3.10 Ausgaben für steuerbegünstigte Zwecke („Spenden") i. S. des § 10b EStG

3.10.1 Begriff

Spenden i. S. des § 10b sind als Sonderausgaben abzugsfähige **freiwillige** Zuwendungen zu den in der Vorschrift genannten steuerbegünstigten Zwecken, **ohne** daß dem Spender eine entsprechende konkrete **Gegenleistung** gewährt wird. Spenden sind daher **Schenkungen,** die zu dem in § 10b genannten Zweck erfolgen. Es handelt sich hier um Ausgaben zur Förderung gemeinnütziger, mildtätiger, kirchlicher, religiöser, wissenschaftlicher und staatspolitischer Zwecke. Jedoch sind **nicht alle Zuwendungen,** die der Stpfl. für mildtätige usw. Zwecke vornimmt, wie z. b. die unmittelbare Unterstützung von Armen, nach § 10b abziehbar, sondern nur Zuwendungen an **bestimmte Empfänger** (z. B. § 48 Abs. 3 EStDV, R 111 Abs. 2 und 3).

Der Stpfl. muß wirtschaftlich endgültig belastet sein (BFH, BStBl 1991 II 690).

3.10.2 Spenden als Zuwendungen

Spenden sind unentgeltliche Zuwendungen; das sind alle Güter, die in Geld oder Geldeswert bestehen und beim Stpfl. abfließen (§ 11 Abs. 2). Unter den Spendenbegriff fällt nicht nur eine Geldzahlung, sondern auch die Zuwendung eines sonstigen geldwerten Vorteils (BFH, BStBl 1969 II 681).

Zuwendungen i. S. des § 10b sind insbesondere:

a) unmittelbare Geldzuwendungen an den begünstigten Spendenempfänger

b) Zahlungen an Dritte zugunsten des begünstigten Empfängers

c) Zuwendungen von Sachleistungen an den Spendenempfänger durch

    aa) Übertragung von Gegenständen

    bb) Ersparnis von Aufwendungsersatz durch den Spendenempfänger.

Beispiel:

A begleitet als Arzt zum Zwecke der unentgeltlichen ärztlichen Betreuung einen von einer kirchlichen Organisation veranstalteten Pilgerzug (BFH, BStBl 1972 II 613). Er verzichtet auf ihm zustehenden Auslagenersatz für Reisekosten.

In diesem Falle können nur die von dem Stpfl. selbst getragenen Kosten der Fahrt, der Unterbringung und der Verpflegung abzugsfähige Spenden sein, wenn andernfalls der Organisation Aufwendungen dafür in dieser Höhe entstanden wären, nicht jedoch das Arzthonorar, das er für seine Leistungen in Rechnung gestellt hätte. Vgl. nachfolgend 3.10.3.

3.10.3 Einschränkung für Zuwendung von Nutzungen und Leistungen (§ 10b Abs. 3 Satz 1 EStG)

Werden Nutzungen und Leistungen als Spenden gewährt, so kann **nicht** der **Wert** der **Nutzungsüberlassung** (z. B. ortsübliche Miete) oder der **Leistung** (z. B. übliches Arzthonorar) als Spende angesetzt werden.

Zwar hatte der BFH (BStBl 1986 II 726) entschieden, daß **Kfz-Kosten,** die ein Stpfl. **im Auftrage** eines als besonders förderungswürdig und gemeinnützig anerkannten **Vereins in Erfüllung des Vereinszwecks aufgewendet hat,** nach § 10b Abs. 1 als Spende abziehbar sind, auch wenn er gegen den Verein **keinen** Erstattungsanspruch hat, auf den er zu dessen Gunsten hätte verzichten können (vgl. auch BFH, BStBl 1990 II 570). Die Verwaltung bejahte in einem solchen Fall – als Voraussetzung für einen Spendenabzug – einen **unmittelbaren Zufluß beim Verein nur bei Verzicht des Spenders auf einen ihm gegen den Empfänger zustehenden Erstattungsanspruch** (BMF-Schreiben vom 27. 8. 1986, BStBl I 479). Der BFH hingegen ließ es genügen, daß der Spender im Auftrage des Vereins für dessen satzungsmäßigen Zweck Vermögen aufwendet und diesem damit Ausgaben erspart. Damit wäre ein Spendenabzug bei Aufwendungen im Interesse von solchen besonders förderungswürdigen oder gemeinnützigen Institutionen weiterhin möglich gewesen, die keine Mittel zum Aufwendungsersatz besitzen. Die Fin-Verw wendete das Urteil insoweit jedoch nicht an (BMF, a. a. O.).

§ 10b Abs. 3 Satz 4 stellt klar, daß Aufwendungen zugunsten einer zum Empfang steuerlich abzugsfähiger Aufwendungen berechtigten Körperschaft **nur** abzugsfähig sind, wenn ein **Anspruch** auf die Erstattung der Aufwendungen durch **Vertrag** oder **Satzung** eingeräumt und auf die Erstattung **verzichtet** worden ist. Der Anspruch darf nicht unter der Bedingung des Verzichts eingeräumt werden (§ 10b Abs. 3 Satz 4).

Beispiele:

1. A überläßt dem Roten Kreuz unentgeltlich Räume in seinem Mietshaus. Es besteht **kein** Erstattungsanspruch.

   Bei der unentgeltlichen **Überlassung von Räumen** im eigenen Gebäude an eine begünstigte Körperschaft läge allenfalls eine Spende in Höhe der Grundstücksaufwendungen vor, die der Eigentümer zugunsten des Nutzenden trägt, nicht jedoch die entgangenen Mieteinnahmen.

   Aber nach § 10b Abs. 3 Satz 4 scheitert der Spendenabzug am fehlenden Erstattungsanspruch.

2. A gewährt dem Sportverein ein unverzinsliches Darlehen. Der Zinsverzicht stellt keine Spende i. S. des § 10b dar.

3. A stellt für einen Katastropheneinsatz seinen Pkw zur Verfügung.

   Der Mietwert des Wagens stellt keine Spende dar. Als Spenden können lediglich die aufgewendeten anteiligen Kosten angesehen werden, soweit ein Anspruch auf Aufwendungsersatz besteht.

   Vgl. BMF-Schreiben vom 27. 8. 1986 (a. a. O.). Lediglich bei Leistungen sind danach also mit den Leistungen zusammenhängenden Aufwendungen als Vermögensopfer anzusehen (im Gegensatz zu unentgeltlichen Nutzungen, vgl. Beispiel 1).

3.10.4 Bewertung von Sachspenden

Bei **Sachleistungen** richtet sich die Höhe der Ausgabe grundsätzlich nach dem **gemeinen Wert** des zugewendeten Wirtschaftsgutes (§ 10b Abs. 3 Satz 3), hinsichtlich gebrauchter Wirtschaftsgüter (Kleider) vgl. BFH, BStBl 1989 II 879 und H 111 „gebrauchte Kleidung ..." Zum Spendenabzug bei unentgeltlicher Überlassung eines geleasten Gegenstands vgl. BFH, BStBl 1991 II 70. Ist jedoch das Wirtschaftsgut unmittelbar vor seiner Zuwendung einem Betriebsvermögen entnommen worden, so darf bei der Ermittlung der Ausgabenhöhe der **bei der Entnahme angesetzte Wert** nicht überschritten werden (§ 10b Abs. 1 Satz 5).

Sie sind daher **grundsätzlich** mit dem **Teilwert** anzusetzen. Aber Hinweis auf die **Sonderregelung in § 6 Abs. 1 Nr. 4 Satz 2.** Danach können Zuwendungen an die dort genannten Empfänger mit dem Buchwert angesetzt werden.

Begünstigt sind

– wissenschaftliche Zwecke
– Zwecke der Erziehung, Volks- oder Berufsausbildung
– mildtätige und kulturelle Zwecke.

Beispiel:

A ist Kfz-Händler. Er spendet dem DRK einen Pkw. Wiederbeschaffungskosten 12 000 DM, Verkaufspreis 18 000 DM, Buchwert 10 000 DM.

Die Spende ist mit dem Teilwert von 12 000 DM anzusetzen. **Kein** Fall des § 6 Abs. 1 Nr. 4 S. 2.

Da die Spende grundsätzlich unter den Eigenverbrauchstatbestand (§ 1 Abs. 1 Nr. 2a UStG) fällt, löst die Spende USt aus. Diese ist selbst aber keine „Zuwendung", kann also u. E. **nicht** ebenfalls als Sonderausgabe abgezogen werden. **Dagegen läßt R 111 Abs. 1 Satz 5 den Abzug dieser USt als Spende zu.**

Aufwendungen können als Spenden nur insoweit abgezogen werden, als sie bei dem begünstigen Empfänger in mindestens derselben Höhe angefallen wären (BFH, BFH/NV 1994, 154).

3.10.5 Unentgeltlichkeit und Freiwilligkeit der Zuwendung

Der Leistung darf **keine Gegenleistung** des Empfängers gegenüberstehen.

Beispiele:

1. A hat einen Sohn auf einem Internat, dessen Träger ein gemeinnütziger Verein ist. Er spendet an diesen Verein 10 000 DM.

Das Schulgeld kann **insgesamt nicht** als Spende abgezogen werden, auch soweit es nicht Gegenleistung ist. Eine Ausnahme gilt nur insoweit, als Spenden für Patenschaften, besondere Einzelveranstaltungen oder Anschaffungen außerhalb des normalen Schulbetriebes erfolgt sind (BMF-Schr., BStBl 1992 I 266). Eine Aufteilung ist nicht zulässig (BFH, BStBl 1987 II 856). Es kommt jedoch ein Abzug von 30 v. H. des Schulgeldes als Sonderausgabe gem. § 10 Abs. 1 Nr. 9 in Betracht.

2. A hält für eine wissenschaftliche Gesellschaft, deren Gemeinnützigkeit anerkannt ist, einen honorarfreien Vortrag. Er verzichtet gegenüber dem Verein auf Auslagenersatz, Fahrtkosten und Spesen.

Den Verzicht auf (vertraglichen) Aufwendungsersatz kann A als Spenden abziehen, nicht jedoch den Honorarverzicht.

Zur Abzugsfähigkeit von „Beitrittsspenden" vgl. BFH, BFH /NV 1995, 963.

Wertlose „Gegenleistungen" z. B. vom Empfänger der Geldleistung erstellte Gutachten allgemeinen Inhalts ohne wirtschaftlichen Wert beseitigen nicht die Unentgeltlichkeit (BFH, BStBl 1986 II 373).

Beispiel:
Eine „Honorarzahlung" an eine politische Partei für ein wirtschaftlich wertloses Gutachten ist lediglich als Spende i. S. des § 10b zu berücksichtigen (keine BA).

Die Zuwendungen müssen freiwillig erfolgt sein. An der Freiwilligkeit fehlt es, wenn die Leistung unter Zwang erfolgt ist.

Beispiel:
A erhält in einem Strafverfahren eine Zahlung an das Deutsche Rote Kreuz als **Bewährungsauflage**. Kein Spendenabzug. Vgl. BFH, BStBl 1991 II 234 und H 111 „Auflagen".

An der Freiwilligkeit fehlt es auch dann, wenn die Spende durch **Vermächtnis** angeordnet worden ist (BFH, BStBl 1993 II 874).

3.10.6 Abgrenzung zu den Betriebsausgaben und Werbungskosten

Leistungen, die im Zusammenhang mit einer Einkunftsart stehen, können keine Spenden i. S. von § 10b sein. Spenden sind im privaten Bereich veranlaßt.

Beispiel:
Bauunternehmer A gewährt dem gemeinnützigen Träger eines Krankenhauses einen Preisnachlaß von 2 v. H. Dieses geschieht in der Form, daß er den Rohbau zum vereinbarten Preis abrechnet und den Nachlaß gegen Spendenbescheinigung wieder zurückzahlt.

Hier liegt ein durch die Wettbewerbssituation bedingter Preisnachlaß vor. Kein Spendenabzug.

Parteispenden sind im allgemeinen **keine** BA (BFH, BStBl 1986 II 373 und 1988 II 220). Vgl. § 4 Abs. 6.

Zur **Parteispendenproblematik** vgl. auch C. 3.4.

3.10.7 Zweckbestimmung und Verwendung der Spende

Die Zuwendung des Stpfl. muß dazu bestimmt sein, den **begünstigten Zwecken unmittelbar** zu dienen. Nicht begünstigt ist bei einem Empfänger i. S. des § 5 Abs. 1 Nr. 9 KStG die Verwendung

– zu nicht satzungsmäßigen
– für Zwecke der Vermögensverwaltung
– für einem **stpfl.** „wirtschaftlichen Geschäftsbetrieb".

Grds. ist eine **tatsächliche** Verwendung der Spenden i. S. des § 10b Abs. 1 für die begünstigten Zwecke Voraussetzung für ihre Berücksichtigung als Sonderausgabe. Nicht erforderlich ist jedoch die unverzügliche Verwendung der Spende für die begünstigten Zwecke. Die Ausgaben müssen zur **Förderung mildtätiger, kirchlicher, religiöser, wissenschaftlicher und staatspolitischer Zwecke** dienen oder **als besonders förderungswürdig anerkannten gemeinnützigen** Zwecke durch Rechtsverordnung der Bundesregierung als allgemein anerkannt worden sein (§ 48 Abs. 2 EStDV).

Es ist zwischen „**einfachen**" und „**qualifizierten**" Zwecken zu unterscheiden.

3.10.7.1 Qualifizierte Zwecke

Besonders förderungswürdige gemeinnützige Zwecke sind in der **Anlage 7** der Einkommensteuer-Richtlinien aufgeführt. Hier sind u. a. aufgeführt die Förderung der **öffentlichen Gesundheitspflege**, die **Förderung der Jugendpflege** und **Jugendfürsorge**, die **Förderung des Sports**, die **Förderung kultureller Zwecke**, die **Förderung der Erziehung**, die **Förderung der Heimatpflege**, die Zwecke der Spitzenverbände der freien Wohlfahrtspflege, die Förderung des gemeinnützigen Wohnungsbaus usw.

3.10.7.2 Einfache Zwecke

Für religiöse und wissenschaftliche Zwecke, die zu den gemeinnützigen Zwecken im weiteren Sinne gehören, bedarf es einer besonderen Anerkennung, ebenso wie für mildtätige und kirchliche Zwecke, dagegen nicht.

- **Mildtätige Zwecke** (§ 53 AO) werden von einer Körperschaft verfolgt, wenn ihre Tätigkeit ausschließlich (§ 56 AO) und unmittelbar (§ 57 AO) darauf gerichtet ist, bestimmte Personen selbstlos (§ 55 AO) zu unterstützen. Es muß sich hier um Personen handeln, die hilflos aufgrund körperlicher, geistiger oder seelischer Gebrechen sind, oder es muß sich um eine besondere soziale Hilfsbedürftigkeit handeln.

  Keine mildtätige Spende liegt vor, wenn ein Stpfl. ein Ferienkind, welches von einem gemeinnützigen Ferienwerk vermittelt wurde, für mehrere Wochen unentgeltlich in seiner Familie aufnimmt, da Aufwendungen für Unterbringung und Verpflegung nicht als Spende abgezogen werden können.

  Für mildtätige Zwecke gilt auch der **Zusatzhöchst**betrag **von 5 v. H.**

- **Kirchliche Zwecke** (§ 54 AO) verfolgt eine Körperschaft, wenn ihre Tätigkeit ausschließlich (§ 56 AO) und unmittelbar (§ 57 AO) darauf gerichtet ist, eine Religionsgemeinschaft, welche Körperschaft des öffentlichen Rechts ist, selbstlos zu fördern. Unter die Spenden fallen **nicht** die Kirchensteuern, sondern nur freiwillige Beiträge.

  Bei der Förderung religiöser Zwecke braucht es sich nicht um die Förderung einer öffentlichrechtlichen Körperschaft zu handeln.

- Die **religiösen** Zwecke sind in § 52 Abs. 2 Nr. 1 AO aufgeführt und fallen ebenfalls unter die gemeinnützigen Zwecke im weiteren Sinne, die nicht der besonderen Anerkennung bedürfen.

- **Wissenschaftliche Zwecke**

  Der Begriff der wissenschaftlichen Zwecke ist im Gesetz nicht konkret definiert. Anhaltspunkte hierfür liefert die Rechtsprechung zu § 18 Abs. 1 Nr. 1. Der Feststellung, daß ein Zweck wissenschaftlich ist, kommt insofern Bedeutung zu, als für diesen Zweck ein zusätzlicher 5-v.-H.-Höchstbetrag gilt (10 % statt 5 %).

3.10.7.3 Rückzahlung und zweckwidrige Verwendung

Wird die Spende in einem späteren VZ wieder **zurückgezahlt**, so ist die Veranlagung des Abzugsjahres zu berichtigen (§ 175 Abs. 1 Nr. 2 AO).

Hat der Spender das **Geld nicht zurückerhalten,** kommt eine Berichtigung in Betracht, wenn der Spender Kenntnis von dem steuerschädlichen Verhalten des Empfängers hatte oder haben mußte (BFH, BStBl 1981 II 52).

Hier schützt der „gute Glaube" den Stpfl. vor der Rückgängigmachung des Spendenabzugs.

Nach § 10b Abs. 4 gilt ein gesetzlicher Vertrauenstatbestand für den Spender.

Der Vertrauenstatbestand gilt **nicht,** wenn der Spender die Bestätigung mit unlauteren Mitteln oder falschen Angaben erwirkt hat oder wenn ihm die Unrichtigkeit der Bestätigung bekannt ist oder infolge grober Fahrlässigkeit nicht bekannt war (§ 10b Abs. 4 S. 1).

§ 10b Abs. 4 Satz 2 enthält darüber hinaus eine **Haftungsregelung** für den **Aussteller** der Bescheinigung bzw. für den **Verein.**

3.10.7.4 Verfahren bei Durchlaufspenden

3.10.7.4.1 Geldspenden

Bei bestimmten Zuwendungen i. S. der Anlage 7, z. B. für **Sportzwecke**, ist insbesondere zu beachten, daß die Spenden an eine Körperschaft des öffentlichen Rechts oder eine öffentliche Dienststelle gemacht werden, z. B. an das städtische Sportamt (sogenannte **Durchlaufspende**). Eine Spende unmittelbar an den Empfänger (z. B. Sportverein) selbst ist **nicht** abzugsfähig. Dieses sogenannte Durchlaufspendenverfahren wird steuerlich grds. anerkannt. Voraussetzung ist, daß der endgültige Empfänger gemäß § 5 Abs. 1 Nr. 9 KStG von der KSt befreit ist und die Spenden für satzungsmäßige Zwecke verwendet. Dies haben die Behörden als Durchlaufstelle zu prüfen (insbesondere durch Vorlage des letzten Freistellungsbescheids).

Zur Zulassung des sogenannten **Listenverfahrens** bei Durchlaufspenden vgl. BMF-Schreiben vom 3.1.1986, BStBl I 52 (vgl. H 111).

3.10.7.4.2 Sachspenden

Auch Sachspenden an nicht unmittelbar spendenempfangsberechtigte steuerbefreite Körperschaften sind als Durchlaufspenden möglich; vgl. H 111.

3.10.7.4.3 Durchlaufspende statt Direktspende

Durchlaufspenden nach den vorstehenden Grundsätzen sind auch dann begünstigt, wenn eine Direktspende an den Empfänger steuerbegünstigt wäre (R 111 Abs. 3 Satz 2, **entgegen** BFH, BStBl 1991 II 258).

3.10.8 Spendenempfänger

Nach § 48 Abs. 3 EStDV sind Zuwendungen für die als förderungswürdig anerkannten Zwecke nur dann abzugsfähig, wenn der Empfänger der Zuwendungen eine **juristische Person des öffentlichen Rechts** oder eine **öffentliche Dienststelle** (z. B. Universität, Forschungsinstitut) ist und **bestätigt,** daß der zugewendete Betrag zu einem der in § 48 Abs. 1 Nr. 2 EStDV bezeichneten Zwecke verwendet wird oder der Empfänger der Zuwendungen eine in § 5 Abs. 1 Nr. 9 KStG bezeichneten Körperschaft, Personenvereinigung oder Vermögensmasse ist und bestätigt, daß sie den zugewendeten Betrag nur für ihre **satzungsmäßigen** Zwecke verwendet.

- **Billigkeitsregelung**

Nach § 48 Abs 4 EStDV können ausnahmsweise Zuwendungen als steuerbegünstigt i. S. des § 48 Abs. 1 EStDV anerkannt werden, auch wenn die Voraussetzungen des § 48 Abs. 2 oder 3 EStDV nicht gegeben sind, wenn die Empfänger der Zuwendung die im Katalog des **R 111 Abs. 2** aufgeführten Vereine und Stiftungen sind.

Allerdings sind Mitgliedsbeiträge an einen Sportverein nicht als Durchlaufspende über den Dachverband abziehbar (BFH, BStBl 1987 II 814).

3.10.9 Höhe der Abzugsfähigkeit

3.10.9.1 Höchstbeträge

Spenden (**ohne** Parteispenden, vgl. 3.8.11) sind bis zur Höhe von insgesamt **5 %** des Gesamtbetrages der Einkünfte **oder 2 v. T. der Summe der gesamten Umsätze** und der im Kalenderjahr aufgewendeten **Löhne und Gehälter** als Sonderausgaben abzugsfähig.

Unter den Begriff der gesamten Umsätze i. S. des § 10b Abs. 1 Satz I fallen die **steuerbaren** Umsätze des § 1 Abs. 1 Nr. 1 und 2 UStG, die **steuerfreien** und die **nichtsteuerbaren** Umsätze, H 113.

Nicht zu den Löhnen und Gehältern zählen Aufwendungen für die Altersversorgung und Unterstützungen.

Der Stpfl. hat ein **Wahlrecht** zwischen **beiden Höchstbeträgen**.

Beispiel:

A ist Gewerbetreibender. Sein Gesamtumsatz beträgt 2 000 000 DM, Löhne und Gehälter 800 000 DM. Der Gesamtbetrag der Einkünfte 100 000 DM.

Die Spenden betrugen 6 000 DM (kirchliche Zwecke).

Höchstbetrag 5 v. H. von 100 000 DM (GdE) =	5 000 DM
2 v. T. von 2 800 000 DM (Gesamtumsatz+Löhne) =	5 600 DM

A hat ein Wahlrecht. Hier ist die 2‰-Grenze günstiger.

Der Abzug erhöht sich bei Ausgaben für **wissenschaftliche, als besonders förderungswürdig anerkannte kulturelle** und für **mildtätige** Zwecke um weitere 5 v. H. des Gesamtbetrags der Einkünfte.

Beispiel:

A hat gespendet
2 000 DM an das DRK
2 000 DM an die Kirche
5 000 DM für wissenschaftliche und kulturelle Zwecke

Der Gesamtbetrag der Einkünfte beträgt 80 000 DM.

Die allgemeine Höchstgrenze für Spenden beträgt hier 5 v. H. von 80 000 DM =			4 000 DM
sowie für wissenschaftliche und kulturelle Zwecke weitere 5 v. H. von 80 000 DM =			4 000 DM
Berechnung des Spendenabzugs			
wissenschaftliche und kulturelle Spenden		5 000 DM	
Zusatzhöchstbetrag		4 000 DM	
abzugsfähig			4 000 DM
Rest		1 000 DM	
+ übrige Spenden		4 000 DM	
zusammen		5 000 DM	
allgemeiner Höchstbetrag		4 000 DM	4 000 DM
Abzugsfähig insgesamt			8 000 DM

Die Erhöhung gilt jedoch **nicht** für Zuwendungen an kirchliche Körperschaften und Einrichtungen, auch wenn der Empfänger die Zuwendung zur Förderung wissenschaftlicher oder als besonders förderungswürdig anerkannter kultureller Zwecke verwendet (BFH, BStBl 1967 III 365; BMF-Schreiben vom 24. 1. 1994, BStBl I 139).

Der erhöhte Satz gilt jedoch bei Zuwendungen

– für **mildtätige** Zwecke und

– zur **Denkmalpflege.**

Beispiel:

A spendet der Diözese X einen Betrag von 100 000 DM zur Renovierung einer romanischen Kirche (= Denkmalpflege).

Hier gilt der erhöhte Abzug bis zur Höhe von **10 %** des Gesamtbetrags der Einkünfte.

Anstelle der bezeichneten v. H.-Sätze des Gesamtbetrages der Einkünfte kann der Stpfl. den Satz von **2 v. T.** der Summe der gesamten Umsätze und der im Kalenderjahr aufgewendeten Löhne und Gehälter wählen. Dieser Satz von 2 v. T. wird, wenn der Stpfl. **Mitunternehmer** einer Personengesellschaft ist, von dem **Teil** der Summe der gesamten Umsätze und der im Kalenderjahr aufgewendeten Löhne und Gehälter der Personengesellschaft berechnet, der dem Anteil des Stpfl. am Gewinn der Gesellschaft entspricht. Bei den Ausgaben für wissenschaftliche und als besonders förderungswürdig anerkannte kulturelle Zwecke wird der Satz von 2 v. T. **nicht** erhöht.

3.10.9.2 Spendenrücktrag und -vortrag bei Großspenden

Hierzu müssen folgende Voraussetzungen erfüllt sein:

– Es muß sich um **Einzelspenden** von **mindestens 50 000 DM** handeln,

– zur Förderung **wissenschaftlicher, mildtätiger** (ab VZ 1996) oder als besonders förderungswürdig anerkannter **kultureller** Zwecke,

– die die Höchstsätze des § 10b Abs. 1 des Kalenderjahrs der Spende überschreiten.

Der übersteigende Spendenbetrag kann in entsprechender Anwendung des § 10d auf die **beiden** zurückliegenden Jahre und – im Gegensatz zu § 10d – auf die **5 folgenden** Jahre verteilt werden. Die Höchstsätze müssen in jedem VZ ausgeschöpft werden. Zusätzlich zur Großspende geleistete Spenden werden vorrangig berücksichtigt.

Der Rücktrag ist zwingend. Hier besteht **kein** Wahlrecht

Beispiel:
A hat im Jahre 03 Ölgemälde im Werte von 100 000 DM (gemeiner Wert) an das Museum in X gegen Spendenbescheinigung gestiftet. Der Gesamtbetrag seiner Einkünfte betrug in 03 120 000 DM. Weitere Spenden in 03 2 000 DM.

Gesamtbetrag der Einkünfte 01	150 000 DM	
Gesamtbetrag der Einkünfte 02	180 000 DM	
Weitere Spende in 02	4 000 DM	
Spende 03		100 000 DM
Höchstbetrag 03		
Gesamtbetrag der Einkünfte	120 000 DM	
davon 10 v. H.	= 12 000 DM	
abzüglich andere Spenden	2 000 DM	
Berücksichtigung 03	= 10 000 DM	./. 10 000 DM
		90 000 DM
Rücktrag nach 01		
Gesamtbetrag der Einkünfte	150 000 DM	
davon 10 v. H.	= 15 000 DM	./. 15 000 DM
		75 000 DM
Rücktrag nach 02		
Gesamtbetrag der Einkünfte	180 000 DM	
davon 10 v. H.	= 18 000 DM	
abzüglich übrige Spenden	4 000 DM	
Berücksichtigung	14 000 DM	./. 14 000 DM
Vortragsfähig nach 04 ff. =		61 000 DM

§ 10d Abs. 1 und 2 gilt sinngemäß.

3.10.10 Spendennachweis

Der Stpfl. hat dem zuständigen Finanzamt nachzuweisen, daß die erforderlichen Voraussetzungen für den Abzug der Ausgaben als Sonderausgaben erfüllt sind.

Die Spendenbescheinigung ist materiell-rechtliche Voraussetzung für den Abzug. Sie hat aber andererseits keine konstitutive Wirkung derart, daß mit ihrer Vorlage die Voraussetzungen für den Spendenabzug als erfüllt gelten. Hinsichtlich der Form und des Inhalts der Spendenbestätigung siehe R 111 Abs. 5 und H 111 (Spendenbestätigung).

Entscheidend ist die tatsächliche Verwendung für die satzungsmäßigen steuerbegünstigten Zwecke. Vgl. BFH, BStBl 1986 II 338. Dies wird jedoch entscheidend eingeschränkt durch den Vertrauenstatbestand § 10b Abs. 4.

Der Nachweis muß sich nach § 48 Abs. 3 EStDV darauf erstrecken, daß

1. der Empfänger der Zuwendungen zu den begünstigten Körperschaften usw. gehört und
2. die Zuwendungen für die begünstigten Zwecke verwendet werden.

Für den Nachweis können die in der Anlage 8 enthaltenen Muster von Bestätigungen des Empfängers der Zuwendungen als Anhalt dienen. Bei Sachspenden müssen aus der Spendenbestätigung der Wert und die genaue Bezeichnung der gespendeten Sache im Sinne des § 10b Abs. 1 Sätze 5 und 6 ersichtlich sein (BFH, BStBl 1972 II 55).

Für den Nachweis genügt der Zahlungsbeleg der Post oder eines Kreditinstituts, wenn

1. die Zuwendung zur Linderung der Not in Katastrophenfällen oder
2. bei Zuwendungen bis zum Betrag von 100 DM.

Einzelheiten zu diesem vereinfachten Verfahren siehe R 111 Abs. 6.

3.10.11 Abzugsfähigkeit von Parteispenden

3.10.11.1 Begriff

Unter den Begriff „Parteispenden" fallen nach § 10b Abs.2 **Mitgliedsbeiträge** und **Spenden** an politische Parteien i. S. des § 2 Parteiengesetz. **Nicht** darunter fallen Zuwendungen an unabhängige Wählergemeinschaften (vgl. § 34g Nr. 2).

3.10.11.2 Berücksichtigung als Sonderausgaben

Ausgaben zur Förderung staatspolitischer Zwecke können nur insoweit als Sonderausgaben abgezogen werden, als für sie keine Steuerermäßigung nach § 34g Nr. 1 gewährt worden ist.

Mitgliedsbeiträge und Zuwendungen an politische Parteien i. S. des § 2 des Parteiengesetzes sind neben den Spenden i. S. des § 10b Abs. 1

bis zur Höhe von 3 000 DM

und im Falle der Zusammenveranlagung von Ehegatten bis zur Höhe von 6 000 DM im Kalenderjahr abzugsfähig, soweit nicht für sie eine Ermäßigung nach § 34g zu gewähren ist.

3.10.11.3 Steuerermäßigung nach § 34g EStG

a) Parteispenden (§ 34g Nr. 1 EStG)

Nach **§ 34g Nr. 1** ermäßigt sich bei Ausgaben i. S. des **§ 10b Abs. 2** die tarifliche Einkommensteuer, vermindert um die sonstigen Steuerermäßigungen mit Ausnahme des § 35, um 50 % der Ausgaben, höchstens um 1 500 DM,

im Falle der Zusammenveranlagung von Ehegatten höchstens um 3 000 DM, vgl. H 112.

Beispiel:

A, verheiratet, hat 2 000 DM an die X-Partei gespendet. Die tarifliche ESt (abzüglich Steuerermäßigungen) beträgt 16 000 DM.

Die tarifliche Steuer von	16 000 DM
mindert sich um 50 v. H. von 2 000 DM =	1 000 DM
festzusetzende Steuerschuld	15 000 DM

Soweit die Spenden an politische Parteien 3 000 DM, bei Verheirateten 6 000 DM, übersteigen, sind sie bis zu **3000 DM** bzw. **6000 DM**, als Sonderausgaben abzugsfähig (s. oben 3.10.11.2).

Insgesamt können daher

- für Ledige **6 000 DM**
- für zusammenveranlagte Ehegatten **12 000 DM**

Parteispenden im VZ „berücksichtigt" werden.

Beispiel:

A, verheiratet, hat einen Gesamtbetrag der Einkünfte von 100 000 DM. Er hat an mildtätige und gemeinnützige Organisationen 2 000 DM, an die X-Partei 8 000 DM im VZ gespendet.

Höchstbetrag 5 % für mildtätige Zwecke	5 000 DM	
mildtätige Spende abzugsfähig	2 000 DM	
Parteispende, soweit sie den nach § 34g Nr. 1 berücksichtigten Teil übersteigt, abzugsfähig	2 000 DM	(8 000 DM ∕ 6 000 DM)
Abzugsfähige Spenden insgesamt	4 000 DM	

b) Zuwendungen an Vereine ohne Parteicharakter (§ 34g Nr. 2 EStG)

Nach § 34g Nr. 2 ermäßigt sich die tarifliche ESt **daneben** (also **neben** § 34g Nr. 1) bei **Mitgliedsbeiträgen und Spenden an Vereine ohne Parteicharakter** (sogenannte **unabhängige Wählergemeinschaften**) unter weiteren Voraussetzungen um ebenfalls 50 v. H. der Ausgaben, höchstens 600 DM/ 1 200 DM. Vgl. auch H 213b.

Ein Sonderausgabenabzug nach § 10b ist für diese Ausgaben, soweit sie sich nicht bei § 34g Nr. 2 ausgewirkt haben, **nicht** möglich.

Voraussetzung ist u. a., daß es Zweck eines solchen Vereins ist, durch Teilnahme mit eigenen Wahlvorschlägen an Wahlen auf Bundes-, Landes- oder Kommunalebene bei der Willensbildung mitzuwirken. Vgl. im einzelnen BMF, BStBl 1989 I 239 (H 213b).

4. Sonderausgaben-Pauschbetrag und Vorsorgepauschale (§ 10c EStG)

4.1 Überblick

Übersicht über die Anwendung der

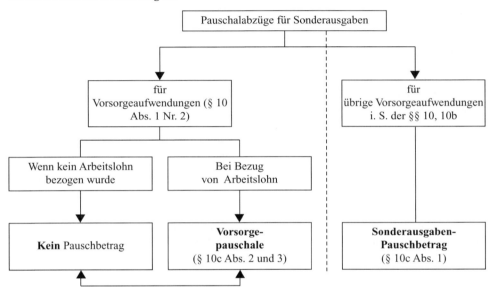

Nach § 10c werden zwei verschiedene Pauschalabzüge für Sonderausgaben gewährt:
① Sonderausgaben-Pauschbetrag (§ 10c Abs. 1)
② Vorsorgepauschale (§ 10c Abs. 2 und 3)

Vgl. zur Ermittlung im einzelnen die nachfolgenden Ausführungen sowie zur Vorsorgepauschale bei Ehegatten **R 114**.

4.2 Sonderausgaben-Pauschbetrag

Für Sonderausgaben i. S. des § 10, die nicht Vorsorgeaufwendungen sind, einschließlich der Spenden im Sinne des § 10b, wird ein Pauschbetrag von **108 DM** abgezogen, wenn der Stpfl. nicht höhere Aufwendungen nachweist. Nach § 10c Abs. 4 verdoppelt sich der Pauschbetrag bei Zusammenveranlagung von Eheleuten auf **216 DM**.

Bei Anwendung des **Splittingtarifs** nach § 32a Abs. 6 ist **ebenfalls** eine **Verdoppelung** vorzunehmen.

Übersicht: Höhe des Sonderausgaben-Pauschbetrags

		Besondere Veranlagung (§ 26c) **und** Getrennte Veranlagung von Ehegatten (§ 26a)	Einzelveranlagung (§ 25)		Zusammenveranlagung von Ehegatten (§ 26b)
			Grundtarif (§ 32a Abs. 1, 4)	Splittingtarif (§ 32a Abs. 6 Nr. 1 u. 2)	
Für **Sonderausgaben** i. S. der §§ 10, 10b (**ausgenommen** Vorsorgeaufwendungen)	Sonderausgaben-Pauschbetrag (§ 10c Abs 1)	108 DM je Ehegatte	108 DM	216 DM	216 DM

Beispiele:

1. Ein lediger Stpfl. (kein Arbeitnehmer) macht als Sonderausgaben geltend:
   Steuerberatungskosten   300 DM
   Vom Gesamtbetrag der Einkünfte sind als Sonderausgaben abzuziehen:
   Steuerberatungskosten (§ 10 Abs. 1 Nr. 6)   300 DM
   Der Pauschbetrag von 108 DM ist überschritten.

2. Ein alleinstehender Stpfl., der im VZ den Splittingtarif gemäß § 32a Abs. 6 erhält, macht geltend:
   Kirchensteuer   100 DM
   Es sind als Sonderausgaben abzuziehen:
   Sonderausgaben-Pauschbetrag (§ 10c Abs. 1)   216 DM
   (Verdopplung nach § 10c Abs. 4 letzter Satz)

Bei der **getrennten Veranlagung** der Ehegatten (§ 26a) sowie bei der besonderen Veranlagung nach § 26c gibt es keine gemeinsamen (verdoppelte) Pauschbeträge. Vielmehr sind die bei einer Einzelveranlagung mit Grundtarif in Betracht kommenden Pauschbeträge **gesondert** für jeden Ehegatten anzusetzen.

4.3 Vorsorgepauschale

4.3.1 Voraussetzung

Hat der Stpfl. steuerpflichtigen Arbeitslohn bezogen, so wird für Vorsorgeaufwendungen (§ 10 Abs. 1 Nr. 2 und 3), die Vorsorgepauschale § 10c Abs. 2, 3 und 4 abgezogen, wenn der Stpfl. nicht Aufwendungen nachweist, die zu einem höheren Abzug führen.

Die Vorsorgepauschale trägt der Tatsache Rechnung, daß die Arbeitnehmer in der Regel pflichtversichert sind und sich die Höhe der Beiträge nach der Höhe des Arbeitslohnes bemißt. Das Bestehen einer Sozialversicherungspflicht ist aber **nicht** Voraussetzung. Die Vorsorgepauschale wird auch im Falle der Zusammenveranlagung gewährt, wenn **einer** der Ehegatten Arbeitnehmer ist.

Die Vorsorgepauschale soll die zwangsweise zu entrichtenden Vorsorgeaufwendungen ohne Nachweis abgelten.

Sie ist in die Lohnsteuertabelle eingearbeitet (vgl. § 38c Abs. 1 Nr. 4).

Daher ist für Vorsorgeaufwendungen keine Lohnsteuerermäßigung möglich (Verfassungskonform gemäß BFH, BStBl 1989 II 976).

4.3.2 Ermittlung der Vorsorgepauschale (Grundfall)

a) Ermittlungsschema

Die Vorsorgepauschale beträgt ab VZ 1996 **20 v. H.** der Bemessungsgrundlage, jedoch
- höchstens 6 000 DM abzüglich 16 v. H. der Bemessungsgrundlage, zuzüglich

- höchstens 2610 DM, soweit der Teilbetrag nach Nr. 1 überschritten wird, zuzüglich
- die Hälfte, soweit die Teilbeträge nach Nr. 1 und 2 überschritten werden (höchstens bis zu 1305 DM).

Im Fall der Zusammenveranlagung und der Einzelveranlagung mit Splittingtarif nach § 32a Abs. 6 erfolgt eine **Verdopplung** der genannten Beträge nach § 10c Abs. 4.

Bei der Höchstbetragsberechnung nach § 10 Abs. 3 ist der Vorwegabzug u. a. bei Pflichtversicherten um 16 v. H. des maßgebenden Arbeitslohns zu kürzen.

Bei der Vorsorgepauschale ist eine solche Kürzung entsprechend vorzunehmen.

Die errechnete Vorsorgepauschale ist auf die nächste durch 54 teilbare Zahl abzurunden (§ 10c Abs. 2 Satz 3).

b) Bemessungsgrundlage

Bemessungsgrundlage für die Vorsorgepauschale ist der Arbeitslohn abzüglich Versorgungsfreibetrag (§ 19 Abs. 2) und abzüglich des auf den Arbeitslohn entfallenden Altersentlastungsbetrags (§ 24a). Es erfolgt **keine Kürzung** um den Arbeitnehmerpauschbetrag.

steuerpflichtiger Bruttoarbeitslohn

abzüglich 1. ∕. Versorgungsfreibetrag, § 19 Abs. 2
           2. ∕. Altersentlastungsbetrag (40% des Arbeitslohns, höchstens 3720 DM; § 24a)
= Bemessungsgrundlage

Nur **stpfl.** Arbeitslohn ist anzusetzen (BFH vom 10.3.1983, StRK EStG 1975 § 10c R 1).

Beispiel:

Der nicht zum Personenkreis des § 10c Abs. 3 gehörende Arbeitnehmer A, verheiratet, unter 64 Jahre, bezieht ein Jahresgehalt von 60000 DM. Vorsorgeaufwendungen hat er nicht nachgewiesen.

Die Vorsorgepauschale (§ 10c Abs. 2) errechnet sich wie folgt:

			anzusetzen
20 v. H. von 60000 DM =		12000 DM	
1. höchstens	12000 DM		
∕. 16 v. H. des Arbeitslohns	9600 DM	2400 DM	2400 DM
		9600 DM	
2. höchstens		5220 DM	5220 DM
		4380 DM	
3. ½ von 4380 DM =		2190 DM	2190 DM
höchstens		2610 DM	
			9810 DM
abgerundet (auf durch 54 teilbare Zahl)			9774 DM

c) Berücksichtigung des Altersentlastungsbetrags

Der Arbeitslohn ist um den **Altersentlastungsbetrag** zu kürzen. Fraglich ist jedoch der Abzug des Altersentlastungsbetrages, wenn der Stpfl. neben Arbeitslohn noch andere Einkünfte bezogen hat (Problem der Aufteilung). Dem **Sinn und Zweck** der Vorschrift entspricht es jedoch, den Altersentlastungsbetrag **nur auf Arbeitslohn** abzüglich der Versorgungsbezüge zu beziehen (R 171a Abs. 2).

Beispiel:

A ist 65 Jahre alt (ledig). Er bezieht Arbeitslohn in Höhe von 36000 DM (**keine** Versorgungsbezüge). Er gehört **nicht** zum Personenkreis des § 10c Abs. 3. Daneben liegen Einkünfte aus § 20 von 1000 DM und aus § 21 von 2000 DM vor.

Berechnung der Vorsorgepauschale

Arbeitslohn	36000 DM
∕. § 24a: 40 v. H. von 36000 DM, höchstens	∕. 3720 DM
Bemessungsgrundlage	32280 DM

20 v. H. der Bemessungsgrundlage von 32 280 DM		6 456 DM	
1. höchstens	6 000 DM		
Kürzung 16 v. H. des maßgebenden Arbeitslohns von 32 280 DM (einheitlich)	5 164 DM	836 DM	836 DM
übersteigender Betrag		5 620 DM	
2. höchstens		2 610 DM	2 610 DM
verbleiben		3 010 DM	
3. ½ von 3 010 DM =		1 505 DM	
höchstens		1 305 DM	1 305 DM
Der niedrigere Betrag ist anzusetzen.			
			4 751 DM
abgerundet			4 698 DM

4.3.3 Gekürzte Vorsorgepauschale (§ 10c Abs. 3 und Abs. 4 EStG)

Eine „gekürzte" Vorsorgepauschale von höchstens 2 214 DM wird nach § 10c Abs. 3 gewährt, wenn der Arbeitnehmer während des **ganzen** oder eines **Teils** des Kalenderjahres

a) in der gesetzlichen Rentenversicherung versicherungsfrei ist
oder
auf Antrag des Arbeitgebers von der Versicherungspflicht befreit worden ist
und dem für den Fall seines Ausscheidens aus der Beschäftigung auf Grund des Beschäftigungsverhältnisses

- eine lebenslängliche Versorgung oder
- an deren Stelle eine Abfindung zusteht oder
- in der gesetzlichen Rentenversicherung nachzuversichern ist

oder

b) nicht der gesetzlichen Rentenversicherungspflicht unterliegt, eine Berufstätigkeit ausgeübt und im Zusammenhang damit aufgrund vertraglicher Vereinbarungen Anwartschaftsrechte auf eine Altersversorgung ganz oder teilweise ohne eigene Beitragsleistung erworben hat
oder

c) Versorgungsbezüge i. S. des § 19 Abs. 2 Nr. 1 bezieht
oder

d) Altersruhegeld (Altersrente) aus der gesetzlichen Rentenversicherung erhält.

Die Vorsorgepauschale beträgt in diesen Fällen 20 v. H. **des Arbeitslohns,** höchstens **2 214 DM.**

„Arbeitslohn" ist auch hier – obwohl in § 10c Abs. 3 eine entsprechende Verweisung fehlt – der nach § 10c Abs. 2 Satz 4 ggf. verminderte Arbeitslohn. Vgl. H 114 Beispiel.

Beispiel 1:

A ist Beamter (ledig). Er hat ein Jahresgehalt von 50 000 DM bezogen (keine Versorgungsbezüge).

A ist aufgrund seines Beamtenverhältnisses nicht gesetzlich rentenversicherungspflichtig (§ 10c Abs. 3 Nr. 1). Die Vorsorgepauschale beträgt:

20 v. H. von 50 000 DM =	10 000 DM
höchstens jedoch	2 214 DM
abgerundet (entsprechend § 10c Abs. 2 Satz 4)	2 214 DM

Beispiel 2:

A (ledig) ist Gesellschafter-Geschäftsführer der X-GmbH. Er ist auf Antrag der X-GmbH von der Versicherungspflicht befreit und wird im Falle seines Ausscheidens wegen Alters oder Krankheit lebenslängliche Pension erhalten (entsprechend einer anzuerkennenden Pensionszusage). Das Gehalt beträgt 200 000 DM im VZ.

Die Vorsorgepauschale ist begrenzt auf 2 214 DM (keine Abrundung erforderlich).

Beispiel 3:

A ist 66 Jahre alt und ledig. Er erhält als pensionierter Beamter von seinem früheren Arbeitgeber ein Ruhegehalt von 30 000 DM. Er geht noch einer Nebenbeschäftigung nach und erhält hieraus Arbeitslohn in Höhe von 24 000 DM.

A erhält gemäß § 10c Abs. 3 Nr. 3 nur die gekürzte Vorsorgepauschale.

Die Vorsorgepauschale errechnet sich wie folgt:

Bemessungsgrundlage:

Arbeitslohn	54 000 DM
abzüglich Freibetrag nach § 19 Abs. 2: 40 v. H. von 30 000 DM, höchstens	./. 6 000 DM
Altersentlastungsbetrag: 40 v. H. von 24 000 DM, höchstens	./. 3 720 DM
	44 280 DM
20 v. H. =	8 856 DM
höchstens	2 214 DM
abgerundet	2 214 DM

Beispiel 4:

A ist 67 Jahre alt und ledig. Er erhält eine Altersrente aufgrund der gesetzlichen Sozialversicherung von monatlich 1 500 DM. Daneben bezieht er noch Arbeitslohn von 12 000 DM (keine Versorgungsbezüge).

	12 000 DM
./. § 24a: 40 v. H. von 12 000 DM = 4 800 DM, höchstens	3 720 DM
	8 280 DM
20 v. H. von 8 280 DM	1 656 DM
höchstens	2 214 DM
Vorsorgepauschale =	1 656 DM
abgerundet	1 620 DM

4.3.4 Vorsorgepauschale bei Zusammenveranlagung

Im Falle der **Zusammenveranlagung** ist § 10c Abs. 2 (Vorsorgepauschale) anzuwenden, wenn einer der Ehegatten Arbeitslohn bezogen hat (vgl. auch H 114 Beispiel).

Die Zusammenveranlagung hat auf die Vorsorgepauschale folgende Auswirkungen:

a) **Verdopplung**
   - des Vorwegabzugs von 6 000 DM auf 12 000 DM
   - des Grundhöchstbetrages von 2 610 DM auf 5 220 DM
   - des hälftigen Höchstbetrages von 1 305 DM auf 2 610 DM
   - der gekürzten Vorsorgepauschale von 2 214 DM auf 4 428 DM.

b) Anwendung der Vorsorgepauschale, wenn **einer** der Ehegatten Arbeitslohn bezogen hat.

c) **Gesonderte** Ermittlung des **maßgebenden Arbeitslohns,** wenn beide Ehegatten Arbeitslohn beziehen (§ 10c Abs. 4 Nr. 2).

4.3.4.1 Bezug von Arbeitslohn durch einen der Ehegatten

Bei Zusammenveranlagung werden die Höchstbeträge von 6 000 DM, 2 610 DM und 1 305 **DM verdoppelt.** Das gilt auch dann, wenn nur **einer** der Ehegatten Arbeitslohn bezieht.

Beispiel:

A (50 Jahre) ist verheiratet. Sein Gehalt beträgt 60 000 DM (Sozialversicherungspflicht). Die Ehefrau bezieht keinen Arbeitslohn. Die Vorsorgepauschale errechnet sich wie folgt:

20 v. H. von 60 000 DM =		12 000 DM	
1. höchstens	12 000 DM		
./. 16 v. H. des Arbeitslohns	9 600 DM	2 400 DM	2 400 DM
verbleiben		9 600 DM	
2. höchstens		5 220 DM	5 220 DM
verbleiben		4 380 DM	
3. höchstens ½ von 4 380 DM =		2 190 DM	
höchstens		2 610 DM	2 190 DM
			9 810 DM
abgerundet			9 774 DM

4.3.4.2 Bezug von Arbeitslohn durch beide Ehegatten (ungekürzte Vorsorgepauschale)

Beziehen **beide Ehegatten Arbeitslohn,** so ist die Bemessungsgrundlage für beide Eheleute **gesondert** zu berechnen. Durch Addition der gesondert errechneten Beträge ergibt sich die gemeinsame Bemessungsgrundlage (§ 10c Abs. 4 Nr. 2). Vgl. R 114 Abs. 1 und H 114 Beispiel „Zusammenveranlagung".

Schema

Arbeitslohn Ehemann	Arbeitslohn Ehefrau
⁒ Versorgungs-Freibetrag § 19 Abs. 2	⁒ Versorgungs-Freibetrag § 19 Abs. 2
⁒ Altersentlastungsbeitrag § 24a	⁒ Altersentlastungsbeitrag § 24a
= Bemessungsgrundlage	= Bemessungsgrundlage

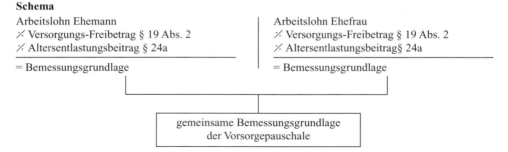

gemeinsame Bemessungsgrundlage der Vorsorgepauschale

Beispiel:

Eheleute A beziehen beide Einkünfte aus nichtselbständiger Arbeit. A (65 Jahre) bezieht ein Bruttogehalt von 69 120 DM, die Ehefrau (50 Jahre) von 36 000 DM.

Berechnung der Vorsorgepauschale

	Ehemann	**Ehefrau**	
Arbeitslohn	69 120 DM	36 000 DM	
⁒ § 24a	⁒ 3 720 DM		
	65 400 DM		
Gemeinsame Bemessungsgrundlage	101 400 DM		
20 v. H. von 101 400 DM =		20 280 DM	
1. höchstens	12 000 DM		
⁒ 16 v. H. von 101 400 DM =	16 224 DM	0 DM	0 DM
verbleiben		20 280 DM	
2. höchstens		5 220 DM	5 220 DM
verbleiben		15 060 DM	
3. 1/2 von 13 032 DM =		7 330 DM	
höchstens		2 610 DM	2 610 DM
Vorsorgepauschale			7 830 DM

4.3.5 Gekürzte Vorsorgepauschale bei Ehegatten, die beide Arbeitslohn beziehen

Bei Ehegatten, die **beide** Arbeitslohn bezogen haben und die beide zu dem Personenkreis des § 10c Abs. 3 gehören, ist die gekürzte Vorsorgepauschale anzusetzen. Diese Kappung verletzt nicht Art. 3 Abs. 1 GG (BVerfG vom 20.6.1984, StRK EStG 1975 § 10c R. 3). Ebenso wie in 4.3.4.2 ist bei der Zusammenveranlagung von Ehegatten zunächst die Bemessungsgrundlage gesondert zu berechnen. Durch Addition der gesondert errechneten Beträge ergibt sich eine gemeinsame Bemessungsgrundlage, die Grundlage für die Berechnung der Vorsorgepauschale nach § 10c Abs. 3 ist. Vgl. auch R 114 Abs. 2 und BFH, BStBl 1995 II 119.

Beispiel:

A ist Ruhestandsbeamter, 66 Jahre, er bezieht ein Ruhegehalt von 18 000 DM, daneben ein Gehalt aus aktiver Tätigkeit von 12 000 DM. Seine Ehefrau, 61 Jahre, bezieht ein Ruhegehalt von 6 667 DM.

	Ehemann	**Ehefrau**
Arbeitslohn	30 000 DM	6 667 DM
Versorgungs-Freibetrag	⁒ 6 000 DM	⁒ 2 667 DM
Altersentlastungsbetrag		
40 v. H. von 12 000 DM, höchstens	⁒ 3 720 DM	—
	20 280 DM	4 000 DM

gemeinsame Bemessungsgrundlage	24 280 DM	
20 v. H. von 24 280 DM =	4 856 DM	
höchstens	4 428 DM	
Abrundung	4 428 DM	

4.3.6 Berechnung der Vorsorgepauschale in Mischfällen (§ 10c Abs. 4 Satz 2 EStG)

Beziehen beide Ehegatten Arbeitslohn und gehört nur einer der Ehegatten zu dem Personenkreis des § 10c Abs. 3 (**Mischfall**), so ist bei der Zusammenveranlagung die Vorsorgepauschale nach **§ 10c Abs. 4 Satz 2** zu ermitteln. Dabei ist die Bemessungsgrundlage (Abs. 3) für jeden Ehegatten gesondert zu ermitteln. Aufgrund der einzelnen Bemessungsgrundlagen sind sodann für jeden Ehegatten die Ausgangsbeträge für die Vorsorgepauschale (18 v. H. der jeweiligen Bemessungsgrundlage) zu berechnen. Diese Ausgangsbeträge sind alternativ den Höchstbetragsbegrenzungen des § 10c Abs. 2 oder Abs. 3 zu unterwerfen, wobei für die Anwendung des § 10c Abs. 2 der Ausgangsbetrag für den Ehegatten, der zum Personenkreis des § 10c Abs. 3 gehört, höchstens mit 2000 DM anzusetzen ist und für die Anwendung des § 10c Abs. 3 der Ausgangsbetrag für den anderen Ehegatten außer Ansatz bleibt. Der sich nach diesen Alternativen ergebende höhere Betrag, abgerundet auf den nächsten durch 54 ohne Rest teilbaren vollen DM-Betrag, ist die Vorsorgepauschale.

Vgl. R 114 Abs. 3, H 114 Beispiel „Mischfälle".

Beispiele zur Berechnung der Vorsorgepauschale in Mischfällen

Beispiel 1:
Die Eheleute A erfüllen die Voraussetzungen für eine Zusammenveranlagung.
Der Ehemann ist Beamter mit einem Bruttoarbeitslohn von 65 000 DM.
Die Ehefrau ist rentenversicherungspflichtige Angestellte mit einem Arbeitslohn von 20 000 DM.

1. Gemeinsame Bemessungsgrundlage

Ehemann			65 000 DM
Ehefrau			20 000 DM
gemeinsame Bemessungsgrundlage			85 000 DM

2. Berechnung der Vorsorgepauschale (**1. Alternative**)
   a) Ermittlung der Ausgangsbeträge

aa) Ausgangsbetrag für Ehemann:			
20 v. H. der Bemessungsgrundlage von 65 000 DM =	13 000 DM		
Höchstbetrag für Person i. S. des § 10c Abs. 3 =	2 214 DM		
der niedrigere Betrag ist anzusetzen	2 214 DM		
bb) Ausgangsbetrag für Ehefrau:			
20 v. H. der Bemessungsgrundlage von 20 000 DM			
(**ohne** Höchstbetrag) =	4 000 DM		
Summe der Ausgangsbeträge	6 214 DM		
b) Höchstbetragsbegrenzung	12 000 DM		
aa) abzüglich 16 v. H. der gemeinsamen			
Bemessungsgrundlage von 85 000 DM =	13 600 DM		
aber kein Negativergebnis	0 DM	0 DM	
bb) Summe der Höchstbeträge (kein Abzug, da aa) = 0 DM)	6 214 DM		
Höchstbetrag 2 × 2 610 DM =	5 220 DM		
der niedrigere Betrag ist anzusetzen		5 220 DM	
cc) 6 214 DM abzüglich (0 DM + 5 220 DM) = 994 DM.			
Ansatz zur Hälfte =	497 DM		
Höchstbetrag 2 × 1 305 DM	2 610 DM		
der niedrigere Betrag ist anzusetzen		497 DM	
Summe		5 717 DM	

3. Berechnung der Vorsorgepauschale (2. **Alternative**)
   a) Ausgangsbetrag für den Ehegatten, der zum
      Personenkreis des § 10c Abs. 3 gehört:
      20 v. H. von 65 000 DM =   13 000 DM
   b) Höchstbetrag 2 x 2 000 DM =   4 428 DM
      der niedrigere Betrag ist anzusetzen   4 428 DM

4. **Vergleich der Alternativen**
   Anzusetzen ist das Ergebnis der Alternative, die zu einem
   höheren Betrag geführt hat (hier: 1. Alternative)   5 717 DM
   Abrundung auf den nächsten durch 54 ohne Rest
   teilbaren Betrag ergibt die Vorsorgepauschale   5 670 DM

4.4 Vorsorgepauschale bei getrennter Veranlagung (§ 26a EStG) und besonderer Veranlagung (§ 26c EStG)

Haben die Eheleute die getrennte oder besondere Veranlagung gewählt, ist die Vorsorgepauschale für jeden Ehegatten **gesondert wie bei einer Einzelveranlagung** anzusetzen.

4.5 Vorsorgepauschale bei Splittingtarif nach § 32a Abs. 6 EStG

Bei Anwendung des Splittingtarifs nach § 32a Abs. 6 werden ebenfalls die Höchstbeträge i. S. des § 10c Abs. 2 und 3 verdoppelt (§ 10c Abs. 4 Satz 3). Bei Ansatz der tatsächlich verausgabten Sonderausgaben werden die Höchstbeträge nach § 10 Abs. 3 dagegen **nicht** verdoppelt.

Beispiel:

A ist verwitwet. Der Ehemann ist im Vorjahr verstorben und es haben im Zeitpunkt des Todes die Voraussetzungen für eine Zusammenveranlagung vorgelegen. A, 57 Jahre alt, bezieht ein Gehalt von 60 000 DM.

Berechnung der Versorgepauschale

Gehalt = Bemessungsgrundlage	60 000 DM		
20 v. H. von 60 000 DM =		12 000 DM	
1 höchstens	12 000 DM		
./. 16 v. H. von 60 000 DM =	9 600 DM	2 400 DM	2 400 DM
verbleiben		9 600 DM	
2. zuzüglich höchstens		5 220 DM	5 220 DM
verbleiben		4 380 DM	
3. zuzüglich ½ von 4 380 DM =		2 190 DM	
höchstens		2 610 DM	2 190 DM
			9 810 DM

5. Verlustausgleich, Verlustabzug

5.1 Sinn und Zweck der Vorschrift des § 10d EStG

Mit der Möglichkeit des Verlustabzuges hinsichtlich der Verluste aus anderen Veranlagungszeiträumen (§ 10d) sollen die Nachteile reduziert werden, die sich aus der Abschnittsbesteuerung ergeben. Dadurch, daß Verluste eines Wirtschaftsjahres mit den Einkommen anderer Wirtschaftsjahre verrechnet werden können, wird die Schlechterstellung der Stpfl., die in einem Wirtschaftsjahr Verluste, in einem anderen Gewinne erzielen, gegenüber den Stpfl. gemindert, die gleichmäßig Gewinne haben. Diese Stpfl. wären ohne den Verlustabzug nach § 10d den Stpfl. gegenüber benachteiligt, die kontinuierlich, wenn auch in geringerer Höhe, Gewinne haben. Die Vorschrift gilt für alle Verluste, die **bei der Ermittlung des Gesamtbetrages der Einkünfte nicht ausgeglichen werden** und deren Abzug nicht z. B. nach § 2a, § 15 Abs. 4, § 15a, § 22 Nr. 2 und 3, ausgeschlossen ist. Der abzugsfähige Betrag entspricht dem negativen Gesamtbetrag der Einkünfte (R 115 Abs. 1 Satz 1).

Das geschieht in der Weise, daß Verluste eines Kalenderjahres, **soweit** ein **Ausgleich nicht** möglich ist, auf die **zwei vorangegangenen** Jahre zurückzutragen sind, also zunächst einmal in das **zweite** Jahr vor dem Verlustjahr und sodann auf das erste Jahr, das dem Verlustjahr vorangeht.

Soweit eine Berücksichtigung nicht durch Rücktrag erfolgt ist, ist der verbleibende Verlust auf die **dem Verlustjahr folgenden vorzutragen**.

Übersicht

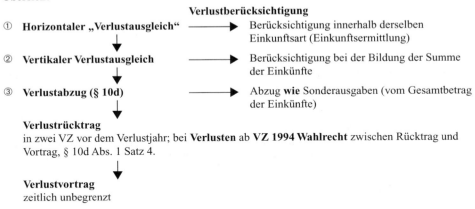

Der am Schluß eines Veranlagungszeitraums **verbleibende Verlustabzug ist gesondert** durch Bescheid festzustellen (§ 10d Abs. 3).

5.2 Verlustausgleich

Verluste sind in erster Linie im Entstehungsjahr innerhalb der Einkunftsarten auszugleichen. Wegen der Verlustausgleichsverbote vgl. 5.2.5. Man unterscheidet zwischen dem **vertikalen** und dem **horizontalen Verlustausgleich**.

5.2.1 Horizontaler Verlustausgleich

Ein horizontaler Verlustausgleich ist gegeben, wenn der Verlust innerhalb **derselben** Einkunftsart mit positiven Ergebnissen ausgeglichen wird.

Beispiel:

A hat folgende Einkünfte aus Gewerbebetrieb

Gewerbebetrieb 1 (Baustoffgroßhandel)	./. 60 000 DM
Gewerbebetrieb 2 (Bauunternehmen)	+ 40 000 DM
OHG-Beteiligung (§ 15 Abs. 1 Nr. 2)	+ 50 000 DM
gewerbliche Einkünfte insgesamt	+ 30 000 DM

Der horizontale Verlustausgleich ist also Bestandteil der Einkunftsermittlung.

5.2.2 Vertikaler Verlustausgleich

Ein **vertikaler Verlustausgleich** ist gegeben, wenn der Verlustausgleich innerhalb von mehreren Einkunftsarten desselben Steuerpflichtigen erfolgt, also bei der Bildung der Summe der Einkünfte.

Beispiel:

A hat folgende Einkünfte:

aus Gewerbebetrieb (§ 15)	./. 150 000 DM
aus freiberuflicher Tätigkeit (§ 18)	+ 80 000 DM
aus Kapitalvermögen (§ 20)	+ 20 000 DM
aus Vermietung und Verpachtung (§ 21)	+ 40 000 DM
Summe der Einkünfte und Gesamtbetrag der Einkünfte	./. 10 000 DM
nicht ausgeglichener Verlust also	10 000 DM

Der **horizontale** Verlustausgleich **geht** stets dem **vertikalen** Verlustausgleich vor (BFH, BStBl 1975 II 698). Ausgleichsfähige Verluste können nicht durch Rechtsgeschäft unter Lebenden auf eine andere Person übertragen werden, R 115 Abs. 4 (Ausnahme: „verrechenbare Verluste" i. S. des § 15a Abs. 2). Der Verlustausgleich ist **von Amts wegen** durchzuführen. Er gilt grds. bei allen 7 Einkunftsarten.

Verluste, die ein Stpfl. vor und während des Konkursverfahrens erlitten hat, sind zu berücksichtigen.

5.2.3 Steuerfreie Gewinne

Steuerfreie Sanierungsgewinne i. S. des § 3 Nr. 66, steuerfreie Veräußerungsgewinne i. S. des §§ 14, 16 Abs. 4, 17 Abs. 3 und § 18 Abs. 3 und andere steuerfreie Einnahmen (z. B. nach § 3) mindern die Verluste **nicht**, nehmen also am Verlustausgleich nicht teil (BFH, BStBl 1976 II 360; R 115 Abs. 1 Satz 2).

> **Beispiel:**
>
> A hat einen steuerfreien Veräußerungsgewinn nach § 16 Abs. 4 in Höhe von 90 000 DM erzielt und Verluste aus § 21 in Höhe von 40 000 DM.
>
> Der Verlust aus § 21 ist **nicht** mit dem steuerfreien Veräußerungsgewinn zu verrechnen. Der nicht ausgeglichene Verlust in Höhe von 40 000 DM ist nach § 10d im Wege des Abzugs als Verlustrücktrag oder Verlustvortrag in anderen Veranlagungszeiträumen zu berücksichtigen.

5.2.4 Begriff des nicht ausgeglichenen Verlusts

Der Freibetrag für Land- und Forstwirte in Höhe von bis zu 2 000 DM bzw. bei Zusammenveranlagung bis zu 4 000 DM (§ 13 Abs. 3), der **Altersentlastungsbetrag** (§ 24a) erhöhen einen bereits vorhandenen Verlust oder können zu einem nicht ausgeglichenen Verlust führen. Der nicht ausgeglichene Verlust entspricht dem **negativen Gesamtbetrag der Einkünfte** (vgl. R 3).

> **Beispiel:**
>
> A ist 65 Jahre alt, verheiratet. Er hat folgende Einkünfte:
>
> | | |
> |---|---:|
> | aus Land- und Forstwirtschaft, § 13 | + 6 000 DM |
> | aus Gewerbebetrieb, § 15 | ./. 50 000 DM |
> | aus nichtselbständiger Arbeit, § 19 | + 20 000 DM |
> | Summe der Einkünfte | ./. 24 000 DM |
> | Freibetrag für Land- und Forstwirte | ./. 4 000 DM |
> | Altersentlastungsbetrag, § 24a 40 v. H. von 24 000 DM, höchstens | ./. 3 720 DM |
> | Gesamtbetrag der Einkünfte | ./. 31 720 DM |
> | nicht ausgeglichener Verlust | ./. 31 720 DM |

Der Abzug ausländischer Steuern vom Einkommen bei der Ermittlung der Einkünfte kann dazu führen, daß das Abzugsverfahren nach § 34c Abs. 2 günstiger ist als das Anrechnungsverfahren nach § 34c Abs. 1.

5.2.5 Ausschluß des Verlustausgleichs

Der vertikale Verlustausgleich ist bei den sonstigen Einkünften i. S. der § 22 Nr. 2 (Spekulationsgeschäfte) und § 22 Nr. 3 (Einkünfte aus Leistungen) ausgeschlossen. Verluste aus Spekulationsgeschäften und Leistungen dürfen nicht mit anderen positiven Einkünften ausgeglichen werden (§ 22 Nr. 3, § 23 Abs. 3).

> **Beispiel 1:**
>
> A hat folgende Einkünfte: Kapitalvermögen 10 000 DM
> Vermietung und Verpachtung 30 000 DM.
>
> A hat aus einem Spekulationsgeschäft mit X-Aktien einen Gewinn von 3 000 DM, jedoch aus dem Geschäft mit Y-Aktien einen Verlust von 7 000 DM.

Die Summe der Einkünfte errechnet sich wie folgt:

Kapitalvermögen		10 000 DM
Vermietung und Verpachtung		30 000 DM
Spekulationsgeschäfte	+ 3 000 DM	
	./. 7 000 DM	
nicht ausgleichsfähig gemäß § 23 Abs. 4 Satz 3	./. 4 000 DM	–
Summe der Einkünfte		40 000 DM

Beispiel 2:
A hat in Erwartung einer Vermittlungsprovision 3 000 DM aufgewandt. Das Geschäft kam nicht zustande. Er darf diesen Verlust **nicht** mit anderen Einkünften ausgleichen.

Wegen der Einschränkungen des Verlustausgleichs bei

- gewerblicher Tierzucht/Tierhaltung (§ 15 Abs. 4) vgl. K. 2.5
- beschränkter Haftung (§ 15a) vgl. K. 2.4
- beschränkter Steuerpflicht (§ 50 Abs. 2) vgl. N. 2.4.3.3 u. 6
- ausländischen Verlusten (§ 2a) vgl. N. 6.

Dem Verlustausgleichsverbot folgt stets ein Verlustabzugsverbot bei § 10d, vgl. z. B. § 22 Nr. 3 Satz 3 letzter Halbsatz (für Verluste aus Leistungen).

Verluste aus **Liebhaberei**(betätigung) dagegen werden bereits deswegen nicht berücksichtigt, weil sie **außerhalb der Einkunftserzielung** angefallen sind. Das Ausgleichs- und Abzugsverbot beruht hier auf § 12 Nr. 1.

5.3 Verlustabzug (§ 10d EStG)

5.3.1 Grundsätze

Verluste, die in einem Veranlagungszeitraum nicht ausgeglichen werden können, können auf andere Veranlagungszeiträume übertragen werden. Der Verlustabzug wird in der Weise durchgeführt, daß in einem Kalenderjahr nicht ausgeglichene Verluste in einem anderen Kalenderjahr wie Sonderausgaben vom Gesamtbetrag der Einkünfte abgezogen werden.

Dies geschieht in der Form des Rücktrags und sodann des Vortrags.

Beispiel:
Ein im Jahre 03 nicht ausgeglichener Verlust wird in den Jahren 01 und 02 berücksichtigt = Verlustrücktrag.

Ein Verlustvortrag liegt vor, wenn nicht ausgeglichene Verluste in Veranlagungszeiträumen nach dem Verlustjahr berücksichtigt werden.

Beispiel:
Ein im Jahre 01 nicht ausgeglichener Verlust wird mangels Rücktragsmöglichkeit in den VZ 02 ff. bzw. infolge Beschränkung des Rücktrags durch Antrag nach § 10d Abs. 1 Satz 4 abgezogen.

Der Verlustrücktrag ist vorrangig. Ein Verlustvortrag kommt erst in Betracht, wenn entweder ein Rücktrag nicht möglich ist oder soweit der Rücktrag gesetzlich ausgeschlossen ist.

5.3.1.1 Verlustrücktrag

Der Verlustrücktrag ist nach § 10d Abs. 1 Satz 1 in die beiden Veranlagungszeiträume möglich, die dem Veranlagungszeitraum vorangehen, in dem der Verlust entstanden ist. Dabei findet zunächst der Verlustrücktrag in den **zweiten** vorangegangenen Veranlagungszeitraum statt, dann erst für noch nicht ausgeglichene Verluste in dem letzten vorangegangenen Veranlagungszeitraum, **wenn kein Antrag auf Beschränkung** nach § 10d Abs. 1 S. 4 gestellt wird.

Der Verlustrücktrag für Verluste aus den **neuen Bundesländern** erfolgt erstmalig aus den VZ **1991** bzw. **1992** auf den positiven Gesamtbetrag der Einkünfte des 2. Halbjahres 1990 (§ 57 Abs. 4 Satz 1).

5.3.1.2 Verlustvortrag

Der Verlustvortrag erfolgt in die nachfolgenden Veranlagungszeiträume nach dem Verlustjahr (§ 10d Abs. 2). Ein Verlustvortrag ist insbesondere möglich für

- durch Rücktrag nicht ausgeglichene Verluste und
- insoweit, als ein Verlustrücktrag gesetzlich ausgeschlossen ist (= Verluste, soweit sie 10 Mio. im Kalenderjahr übersteigen).

Der Verlustvortrag ist erstmals für **DDR-Verluste** des VZ **1990** möglich (§ 57 Abs. 4 Satz 2).

5.3.1.3 Berücksichtigung des Verlustabzugs von Amts wegen

Der Verlustabzug ist von Amts wegen zu berücksichtigen, und zwar als Rücktrag in das zweite und danach das dem Verlustjahr vorangegangene Jahr, darüber hinaus als Vortrag in künftige Jahre nach dem Verlustjahr.

5.3.1.4 Wahlrecht

Auf Antrag des Stpfl. ist jedoch ganz oder teilweise von der Anwendung des Rücktrags abzusehen (§ 10d Abs. 1 S. 4). Im Antrag ist die Höhe des abzuziehenden Verlustes und der Veranlagungszeitraum, in dem der Verlust abgezogen werden soll, anzugeben. Der Antrag nach § 10d Abs. 1 S. 4 kann bis zur Bestandskraft des durch den Verlustabzug zu ändernden Steuerbescheids gestellt werden (R 115 Abs. 4).

Der Stpfl. hat daher folgende Wahlmöglichkeiten:

1. Verzicht auf den Rücktrag generell,
2. Begrenzung des Rücktrages auf einen der beiden Veranlagungszeiträume
    a) Rücktrag in das 2. Jahr oder nur
    b) Rücktrag in das 1. Jahr
3. Begrenzung der Höhe des Verlustabzugs im Zeitraum des Rücktrages (teilweise Rücktrag, teilweise Vortrag)

Beispiel:

A ist verheiratet und hat keine Kinder. Im Jahr 03 (1998) hatte er einen nichtausgeglichenen Verlust von 80 000 DM. Das Einkommen in den Jahren 01 und 02 betrug jeweils 60 000 DM.

A kann den Verlustrücktrag auf einen Betrag von 35 809 (1996) und 35 269 DM (1997) begrenzen, damit sich der Grundfreibetrag (Eingangsbetrag der Splittingtabelle) voll auswirkt.

	01 (1996)	02 (1997)
vorläufiges Einkommen	60 000 DM	60 000 DM
./. Verlustrücktrag	35 809 DM	35 269 DM
Einkommen nach Rücktrag/ZvE	24 191 DM	24 731 DM
ESt lt. Splittingtabelle 1996 bzw. 1997 je	0 DM	0 DM

Die Begrenzung nach § 10d Abs. 1 Satz 4 gilt jedoch **nicht** für den **Verlustvortrag**. Hier sind Verluste stets bis zu einem **Einkommen** von **0 DM** wie Sonderausgaben vom Gesamtbetrag der Einkünfte abzuziehen.

5.3.1.5 Berichtigung bereits bestandskräftiger Veranlagungen

§ 10d Abs. 1 Satz 2 enthält eine selbständige **Berichtigungsvorschrift**. Die Veranlagungen der Vorjahre sind zu berichtigen, auch wenn die Steuerbescheide unanfechtbar geworden sind. Die Festsetzungsfristen enden insoweit nicht, bevor die Festsetzungsfrist für den Veranlagungszeitraum abgelaufen ist, in dem die Verluste nicht ausgeglichen werden. Es handelt sich hier nur um sogenannte Punktberichtigungen. Eine Gesamtaufrollung darf infolge der Berichtigung nicht vorgenommen werden. Allerdings ist insoweit eine Durchbrechung der Bestandskraft gegeben, als die Steuerschuld durch die Berücksichtigung des Verlustabzugs gemindert wurde. Innerhalb dieses punktuellen Korrekturspielraums sind **Rechtsfehler (§ 177 AO) zugunsten und zuungunsten** des Stpfl. zu berichtigen (vgl. BFH, BStBl 1989 II 225). Zur Berichtigung bei **irrtümlich** gewährtem Verlustvortrag siehe BFH, BStBl 1990 II 618 und 620 (H 115).

Zur **erneuten Ausübung von Wahlrechten** (z. B. auf Zusammenveranlagung) vgl. BFH, BStBl 1989 II 229.

5.3.1.6 Durchführung des Verlustabzugs

Der Verlustabzug wird in der Weise durch Rücktrag bzw. Vortrag durchgeführt, daß der nicht ausgeglichene Verlust vom Gesamtbetrag der Einkünfte wie Sonderausgaben abgezogen wird grds. bis zu einem Einkommen von 0 DM. Die Berücksichtigung bei der Ermittlung des Einkommens erfolgt in der Weise, daß der Verlust erst nach den Sonderausgaben, dem nicht entnommenen Gewinn (§ 10a), den außergewöhnlichen Belastungen (§§ 33, 33a, 33b, 33c) und den Abzugsbeträgen nach § 10e bis 10h vom Gesamtbetrag der Einkünfte abgezogen wird (an letzter Stelle der Einkommensermittlung). Vgl. R 3.

Eine **Begrenzung** des Verlustabzuges bis zur Höhe der **tariflichen Freibeträge** des Haushaltsfreibetrages und Kinderfreibeträge sowie des Grundfreibetrags (Ausgangsbetrag der Nullzone) ist aber im Falle des **Verlustrücktrags** möglich. Der Verlustvortrag erfolgt aber stets bis zu einem Einkommen von 0 DM (unverändert).

5.3.2 Umfang des Verlustabzugs

Der Verlustabzug gilt für Verluste, die ausgleichsfähig sind und bei der Ermittlung des Gesamtbetrages der Einkünfte nicht ausgeglichen werden. Der Verlustabzug ist somit nicht auf einzelne Einkunftsarten beschränkt. Abgesehen von den gesetzlichen Verlustausgleichsverboten (vgl. 6.2.5) sind daher Verluste, die innerhalb einer der 7 Einkunftsarten angefallen sind, abzugsfähig, soweit es nicht bereits innerhalb der jeweiligen Einkunftsart zu einem Ausgleich gekommen ist.

Beispiele:
1. A, der 01 ein Einkommen von 36000 DM hatte, ist zum 31.12.03 in den Ruhestand getreten. Im VZ 03 hat er folgende Einkünfte:

Verlust aus Vermietung und Verpachtung	./. 12000 DM
Stpfl. Ertragsanteil einer Rente	
(nach Abzug von 200 DM WK-Pauschbetrag)	+ 2200 DM
der nicht ausgleichsfähige Verlust beträgt somit	9800 DM

Dieser Betrag ist im Veranlagungszeitraum 01 wie Sonderausgaben vom Gesamtbetrag der Einkünfte abzuziehen. Soweit die Steuer für das Jahr 01 bereits festgesetzt ist, ist eine Berichtigung der Veranlagung vorzunehmen (§ 10d Abs. 1 Satz 2). Ggf. führt der Verlustabzug für diesen VZ zu einer Erstattung.

2. B hat im Jahre 03 abgesehen von einem Verlust aus Vermietung und Verpachtung in Höhe von 10000 DM keine Einkünfte. In den Jahren 01 und 02 hat er jeweils einen Gesamtbetrag der Einkünfte von 30000 DM. Die Sonderausgaben und außergewöhnlichen Belastungen betrugen jeweils im VZ 7000 DM. Die Veranlagung 01 ist wie folgt zu berichtigen.

Gesamtbetrag der Einkünfte	30000 DM
./. Sonderausgaben	7000 DM
./. Verlustabzug § 10d	10000 DM
Einkommen	13000 DM

3. C hat am 30.9.03 sein Examen gemacht. Er hat im Jahre 03 keine positiven Einkünfte. Bei der Stellensuche sind ihm 4000 DM vorweggenommene Werbungskosten entstanden. Ein Rücktrag soll mangels Einkünften in den Jahren 01 und 02 nicht möglich sein. Der Verlust aus nichtselbständiger Arbeit ist auf die VZ 04 ff. vortragsfähig.

5.3.3 Verlustrücktrag

5.3.3.1 Zeitlicher Umfang

Nicht ausgeglichene Verluste sind zunächst nach § 10d in den zweiten, dem Verlustjahr vorangegangenen Veranlagungszeitraum, zurückzutragen. Soweit dort ein Abzug nicht möglich ist, ist der Verlustabzug in dem letzten vorangegangenen Veranlagungszeitraum vorzunehmen.

5.3.3.2 Gesetzlicher Höchstbetrag

Der Verlustrücktrag ist jedoch auf 10 Mio. DM begrenzt. Diese Begrenzung gilt sowohl für natürliche als auch für juristische Personen. Die Begrenzung auf diesen Betrag gilt außerdem für **jeden Veranlagungszeitraum** und für **jeden Stpfl.**

Ist der Verlust bei einer **Personengesellschaft** entstanden, wird die betragsmäßige Begrenzung auf den einzelnen Gesellschafter abgestellt, nicht auf die Verlustquelle.

Beispiel:

An der A-KG sind die Gesellschafter A mit 30%, B mit 20%, C mit 10%, D mit 40% am Gewinn und Verlust beteiligt. Die Gesellschaft hat im Jahre 1987 einen Verlust von 40 Mio. DM erlitten. Somit entfallen auf den Gesellschafter A 12 Mio., auf den Gesellschafter B 8 Mio., auf den Gesellschafter C 4 Mio., auf den Gesellschafter D 16 Mio. Bei A und D ist der Verlustrücktrag auf jeweils 10 Mio. DM begrenzt. Die beiden anderen Gesellschafter können ihren Verlustanteil in voller Höhe zurück tragen.

Der Höchstbetrag von 10 Mio. DM gilt für **beide Rücktragsjahre zusammen (aA** Herrmann/Heuer/Raupach, EStG, Vorblatt EK Lfg. 144, S. 2 zu § 10d.

Beispiel:

A hat einen nicht ausgeglichenen Verlust aus dem Jahre 03 in Höhe von 90 000 DM.

Veranlagung 01

Gesamtbetrag der Einkünfte	40 000 DM
Sonderausgaben, außergewöhnliche Belastungen	8 000 DM
Einkommen	32 000 DM

Veranlagung 02

Gesamtbetrag der Einkünfte	60 000 DM
Sonderausgaben, außergewöhnliche Belastungen	8 000 DM
Einkommen	52 000 DM

Der nicht ausgeglichene Verlust aus dem Jahre 03 ist zunächst in das Jahr 01 zurückzutragen. Die Veranlagung ist daher im Hinblick auf den Verlustrücktrag zu berichtigen.

Gesamtbetrag der Einkünfte 01	40 000 DM
./. Sonderausgaben, außergewöhnliche Belastungen	8 000 DM
Verlustabzug § 10d	32 000 DM
Einkommen 01	0 DM

Hinsichtlich des nicht ausgeglichenen Verlustes in Höhe von 58 000 DM ist sodann ein Rücktrag im Jahre 02 vorzunehmen.

Gesamtbetrag der Einkünfte 02	60 000 DM
./. Sonderausgaben, außergewöhnliche Belastungen	8 000 DM
Verlustabzug § 10d	52 000 DM
Einkommen 02	0 DM

Der noch nicht berücksichtigte Verlust in Höhe von 6 000 DM ist in die Veranlagungszeiträume 1991 ff. vorzutragen.

5.3.3.3 Antrag auf Beschränkung des Verlustrücktrags

Bei Verlusten ab VZ 1994 ist die Antragsmöglichkeit nach § 10d Abs. 1 Satz 4 zu beachten. Vgl. bereits 5.3.1.4.

5.3.4 Verlustvortrag

Soweit der nicht ausgeglichene Verlust 10 Mio. DM übersteigt oder soweit der Verlust durch Rücktrag sonst nicht berücksichtigt werden konnte, ist er auf die dem Verlustentstehungsjahr folgenden Jahre vorzutragen. Auch hier erfolgt der Verlustabzug durch Abzug wie Sonderausgaben vom Gesamtbetrag der Einkünfte. Der Verlustabzug erfolgt auch hier als letzte Position der Einkommensermittlung.

5.3.5 Zusammentreffen von Verlustausgleich und Verlustabzug

Der Verlustausgleich hat Vorrang vor dem Verlustabzug.

Beispiel:

A hat aus dem Jahre 03 einen nicht ausgeglichenen Verlust, der auch in 01 und 02 nicht berücksichtigt werden konnte, in Höhe von 60 000 DM. Im Jahre 04 hat er einen Verlust aus § 15 in Höhe von 90 000 DM sowie positive Einkünfte aus § 20 von 50 000 DM. Infolge des vorrangigen Verlustausgleichs in Höhe von 50 000 DM entsteht ein weiterer nicht ausgeglichener Verlust von 40 000 DM, so daß ein Verlustvortrag aus 03 nach 04 nicht möglich ist.

Innerhalb des zeitlich unbegrenzten Verlustvortrags braucht nur noch beim Verlustrücktrag zwischen zeitlich „älteren" und „jüngeren" Verlusten unterschieden werden.

Beispiel:

A hat im Jahre 04 einen nicht ausgeglichenen Verlust von 60 000 DM, in 03 einen solchen von 50 000 DM. Das Einkommen betrug in 01 20 000 DM und 02 40 000 DM.

In 01 ist zunächst der Verlust aus 03 in Höhe von 20 000 DM bis zu einem Einkommen von 0 DM abzuziehen. Der nicht ausgeglichene Verlust 03 in Höhe von 30 000 DM ist vorrangig in 02 abzuziehen. Soweit noch ein Einkommen 02 (= 10 000 DM) verbleibt, ist insoweit der Verlust aus 04 abzuziehen.

01
Einkommen vor Rücktrag	20 000 DM
∕. Rücktrag aus 03	20 000 DM
	0 DM

02
Einkommen vor Rücktrag	40 000 DM
∕. 1. Rücktrag aus 03 (Rest)	30 000 DM
∕. 2. Rücktrag aus 04	10 000 DM
	0 DM

Der restliche nicht ausgeglichene Verlust aus 03 in Höhe von 50 000 DM ist auf die Jahre 05 ff. vorzutragen.

Dagegen ist innerhalb des Verlust**vortrages** nicht zwischen Verlusten verschiedener Veranlagungszeiträume zu unterscheiden. Dies gilt lediglich bei **Zusammentreffen** mit einem **Verlustrücktrag.** Hier hat der Rücktrag Vorrang.

Beispiel:

Einkommen 01	20 000 DM
Einkommen 02	15 000 DM
Verlust 03	∕. 120 000 DM
Verlust 04	∕. 90 000 DM
Einkommen 05	20 000 DM
Verlust 06	∕. 12 000 DM
Einkommen 07	60 000 DM
Einkommen 08	110 000 DM

Verlust 03 ist maximal in Höhe von 20 000 DM nach 01 und von 15 000 DM nach 02 rücktragsfähig.

noch nicht ausgeglichener Verlust	85 000 DM
Verlustvortrag nach 05	∕. 20 000 DM
noch nicht ausgeglichener und nicht abgezogener Verlust	65 000 DM
Vortrag nach 06: nicht möglich.	
Vortrag nach 07:	∕. 60 000 DM
Verbleibt Restverlust	5 000 DM
Einkommen 08 vor Verlustabzug	110 000 DM
∕. Verlustvortrag	∕. 107 000 DM
Einkommen 08	+ 3 000 DM

Bei Verlusten ab VZ 1994 ist eine Beschränkung des Rücktrags nach § 10d Abs. 1 Satz 4 möglich und ratsam.

5.3.6 Behandlung des Verlustausgleichs und des Verlustabzuges bei Ehegattenveranlagung

5.3.6.1 Zusammenveranlagung

Werden Eheleute **zusammenveranlagt** (§ 26b), so sind zwar die Einkünfte getrennt, aber die Summe der Einkünfte und der Gesamtbetrag der Einkünfte gemeinsam zu ermitteln. Das hat zur Folge, daß auch innerhalb der Einkünfte der Eheleute ein Ausgleich zwischen den positiven und negativen Einkünften stattfindet, unabhängig davon, bei wem der Verlust entstanden ist.

> **Beispiel:**
>
> Die Ehefrau A hat Einkünfte aus nichtselbstständiger Arbeit (§ 19) in Höhe von 60 000 DM und solche aus Vermietung und Verpachtung in Höhe von 42 000 DM. Der Ehemann hat einen Verlust aus Gewerbebetrieb (§ 15) in Höhe von 200 000 DM.
>
> Der Verlust des Ehemanns in Höhe von 200 000 DM wird mit den positiven Einkünften der Ehefrau in Höhe von 102 000 DM ausgeglichen, so daß der gemeinsame Gesamtbetrag der Einkünfte ./. 98 000 DM beträgt.
>
> Da der Verlust im Entstehungsjahr in Höhe von 98 000 DM nicht mit anderen Einkünften ausgeglichen werden kann, ist er zunächst in das 2. Jahr zurückzutragen und wie Sonderausgaben vom Gesamtbetrag der Einkünfte abzuziehen. Soweit ein Abzug danach nicht möglich ist, ist er wie Sonderausgaben vom Gesamtbetrag der Einkünfte des 1. dem Verlustjahr vorangegangenen Veranlagungszeitraums abzuziehen und bis dahin noch nicht ausgeglichene Verluste zeitlich unbegrenzt vorzutragen. Im Falle der Zusammenveranlagung wird grundsätzlich das **gemeinsame** Einkommen beider Eheleute durch den Verlustabzug gemindert.

5.3.6.2 Getrennte Veranlagung

Bei getrennter Veranlagung kann der Verlust grundsätzlich nur bei dem Ehegatten berücksichtigt werden, bei dem der Verlust entstanden ist. Vgl. § 62d Abs. 1 EStDV. Siehe auch C. 5.6.

Wechsel von der getrennten Veranlagung zur Zusammenveranlagung

Bei der getrennten Veranlagung werden Verluste grundsätzlich bei dem Ehegatten berücksichtigt, bei dem sie angefallen sind. Wechseln die Ehegatten jedoch von der getrennten zur Zusammenveranlagung, werden die Verluste entweder als Rücktrag oder als Vortrag uneingeschränkt berücksichtigt.

> **Beispiel:**
>
> Eheleute A und B haben in den Jahren 01, 02, 03 getrennte Veranlagung gewählt. Ehefrau B hat einen nicht ausgeglichenen Verlust aus dem Jahre 02 von 10 000 DM und aus dem Jahre 03 von 30 000 DM. Diese Verluste konnten auch durch Rücktrag bei B nicht abgezogen werden. Für das Jahr 04 beantragen beide Eheleute Zusammenveranlagung.
>
> Der Gesamtbetrag der Einkünfte beträgt in 04 40 000 DM, abzugsfähige Sonderausgaben und außergewöhnliche Belastungen 10 000 DM.
>
> | | |
> |---|---:|
> | Veranlagung 04 | |
> | GdE | 40 000 DM |
> | abzüglich Sonderausgaben und außergewöhnlicher Belastungen | 10 000 DM |
> | Verlust 02 | 10 000 DM |
> | Verlust 03 | 20 000 DM |
> | Einkommen | 0 DM* |
> | nicht abgezogener Verlust | 10 000 DM |

* Bei Verlusten ab VZ 1994 ist **Antrag auf Beschränkung** des Rücktrags nach § 10d Abs. 1 S. 4 zu beachten.

5.3.6.3 „Voreheliche" Verluste eines Ehegatten

Hat ein Ehegatte bereits einen nicht ausgeglichenen Verlust in die Ehe mit „eingebracht", ist im Falle der Zusammenveranlagung der Eheleute dieser nicht ausgeglichene Verlust nach § 10d zu berücksichtigen.

5.3.6.4 Verlustabzug nach Wegfall der Voraussetzungen des § 26 Abs. 1 EStG

In einem VZ nach Wegfall der Voraussetzungen des § 26 Abs. 1 kann ein noch nicht berücksichtigter Verlust als Sonderausgabe nur von dem Ehegatten geltend gemacht werden, bei dem der Verlust entstanden ist.

5.3.6.5 Verluste im Jahr der Eheschließung

Ist der Verlust im Jahr der Eheschließung entstanden, so ist grundsätzlich der im Rahmen der erstmals durchzuführenden Ehegatten-Veranlagung (§ 26b, § 26c oder § 26a) nicht ausgeglichene Verlust bei dem Ehegatten in die beiden vorangegangenen Veranlagungszeiträume zurückzutragen, in dessen Person der Verlust entstanden ist. Soweit der Verlust durch Rücktrag nicht abgezogen ist, ist der Verlust vorzutragen und im Falle der Zusammenveranlagung bei beiden Eheleuten in Form des Abzuges vom gemeinsamen Gesamtbetrag der Einkünfte wie Sonderausgaben zu berücksichtigen.

5.3.7 Verluste im Erbfall

5.3.7.1 Gesamtrechtsnachfolge

Können Verluste des Erblassers im Jahre des Todes nicht ausgeglichen werden und/oder ist in den vorangegangenen 2 Jahren kein Verlustrücktrag möglich, so gehen die beim Erblasser noch nicht berücksichtigten Verluste grundsätzlich auf den (die) Erben über. Vgl. H 115 „Erbfall".

5.3.7.2 Mehrheit von Erben

Bei **einer Mehrheit von Erben** geht der nicht ausgeglichene Verlust im Zweifel im **Verhältnis der Erbquoten** auf die einzelnen Erben über, es sei denn, es steht fest, daß ein Erbe den Verlust alleine zu tragen hat, weil die anderen Miterben die Erbschaft ausgeschlagen haben. Haftet jedoch der Erbe infolge Nachlaßverwaltung oder Nachlaßkonkurses nur beschränkt, kann der Verlust beim Erben nicht berücksichtigt werden (BFH, BStBl 1962 III 386).

5.3.7.3 Verlustabzug des Erben

Stammt der Verlust des Erblassers, der bis zu seinem Tode nicht ausgeglichen ist, aus dem Todesjahr vorangegangenen Veranlagungszeiträumen, so geht der nicht ausgeglichene Verlust auf die Erben als **Verlustvortrag** über.

Beispiel:
Der Anfang 05 verstorbene Erblasser hatte im Jahr 03 einen gewerblichen Verlust von 300 000 DM Er hat durch Rücktrag nach 01 und 02 und Vortrag im Jahre 04 diesen nur in Höhe von 50 000 DM abziehen können, so daß 250 000 DM bis zu seinem Tode noch nicht ausgeglichen sind. Der Verlustvortrag in Höhe von 250 000 DM geht auf den Erben über.

5.3.7.4 Verlustausgleich des Erblassers

Werden jedoch Verluste des Erblassers aus seinem Todesjahr bei dessen Veranlagung nicht ausgeglichen, so findet nach der Rechtsprechung des BFH (BStBl 1972 II 621, H 115) im Rahmen der Veranlagung des Erben ein **Verlustausgleich** statt („Vererbung des Verlustausgleichs"). Hat also der Erblasser im Todesjahr einen Verlust erlitten, der im Rahmen der Ermittlung des Gesamtbetrags der Einkünfte nicht ausgeglichen werden kann, so ist dieser Verlust zunächst beim Erblasser auf das zweite und das erste dem Verlustjahr vorangegangene Veranlagungsjahr zurückzutragen (nach Durchführung eines evtl. Verlustausgleichs beim Erblasser). Sodann ist ein Verlustausgleich beim **Erben** vorzunehmen. Der dann noch nicht berücksichtigte Verlust ist beim Erben in das zweite und dann das erste dem Ausgleichsjahr vorangegangene Jahr zurückzutragen. Soweit ein Abzug durch Rücktrag nicht erfolgt, ist der Verlust auf die folgenden Veranlagungsräume vorzutragen (siehe Schaubild).

Reihenfolge der Verlustberücksichtigung bei einem Verlust des Erblassers aus dessen Todesjahr

	Erblasser	Erbe
01	② Rücktrag	⑤ Rücktrag
02	③ Rücktrag	⑥ Rücktrag
03	Todesjahr ① Verlustausgleich	④ Verlustausgleich
04 ff.		⑦ **Vortrag** zeitlich **unbegrenzt**

Beispiel:

A (Erblasser) ist am 30. 6. 03 verstorben. Er hat in 03 bis zu seinem Tode folgende Einkünfte:

Gewerbebetrieb (Verlust)	./. 240 000 DM
Vermietung und Verpachtung	20 000 DM
Kapitalvermögen	10 000 DM
Summe/Gesamtbetrag der Einkünfte	./. 210 000 DM
nicht ausgeglichener Verlust	210 000 DM

E (Erbe) hat im Jahre 03 folgende Einkünfte:

Gewerbebetrieb	20 000 DM
Vermietung und Verpachtung	20 000 DM
Kapitalvermögen	10 000 DM
	50 000 DM
Sonderausgaben, außergewöhnliche Belastungen	8 000 DM
Einkommen	42 000 DM

Frühere Veranlagungen des Erblassers sind wie folgt durchgeführt:

01 Gesamtbetrag der Einkünfte	20 000 DM
Sonderausgaben, außergewöhnliche Belastungen	./. 10 000 DM
Einkommen	10 000 DM
02 Gesamtbetrag der Einkünfte	30 000 DM
Sonderausgaben, außergewöhnliche Belastungen	./. 8 000 DM
Einkommen	22 000 DM

Bisherige Veranlagungen des Erben:

01 GdE	30 000 DM
Sonderausgaben	./. 7 000 DM
Einkommen	23 000 DM
02 GdE	40 000 DM
Sonderausgaben	./. 7 000 DM
Einkommen	33 000 DM

Der nicht ausgeglichene Verlust des Erblassers ist zunächst bei ihm in die beiden vorangegangenen Veranlagungszeiträume rückzutragen, d. h. die Veranlagungen 01 und 02 sind zu berichtigen.

		noch nicht berücksichtigt:
01 GdE	20 000 DM	210 000 DM
Sonderausgaben	10 000 DM	
Verlustabzug § 10d	10 000 DM	./. 10 000 DM
Einkommen	0 DM*	200 000 DM
02 GdE	30 000 DM	
Sonderausgaben	8 000 DM	
Verlustabzug § 10d	22 000 DM	./. 22 000 DM
Einkommen	0 DM*	178 000 DM

Auf den **Erben** geht ein nicht ausgeglichener Verlust von 178 000 DM über („Vererbung des Verlustausgleichs").

Verlustausgleich 03 (Erbe)

Gewerbebetrieb		20 000 DM	
∕. „geerbter" Verlust(ausgleich) (siehe Anm. unten)		∕. 178 000 DM	∕. 158 000 DM
Vermietung und Verpachtung			+ 20 000 DM
Kapitalvermögen			+ 10 000 DM
Gesamtbetrag der Einkünfte			∕. 128 000 DM
nicht ausgeglichener Verlust			128 000 DM
Veranlagung 01	GdE	30 000 DM	
	Sonderausgaben	7 000 DM	
	Verlustabzug § 10d	23 000 DM	∕. 23 000 DM
	Einkommen	0 DM*	105 000 DM
Veranlagung 02	GdE	40 000 DM	
	Sonderausgaben	7 000 DM	
	Verlustabzug § 10d	33 000 DM	∕. 33 000 DM
	Einkommen	0 DM*	72 000 DM

Der noch nicht berücksichtigte Verlust ist in die Veranlagungszeiträume **nach** 03 vorzutragen.

* Bei Verlusten ab VZ 1994 ist die Möglichkeit der Beschränkung des Verlustrücktrags nach § 10d Abs. 1 S. 4 zu beachten (**kein** Rücktrag bis zur Höhe der Nullzone und der tariflichen Freibeträge).

Fraglich ist, wie der nicht ausgeglichene Verlust beim Erben darzustellen ist.

Teilweise wird die Meinung vertreten, daß der Verlust beim Erben bei der Einkunftsart zu berücksichtigen sei, bei der er entstanden ist (vgl. Beispiel oben).

Schwierigkeiten ergeben sich jedoch dann, wenn der Verlust bei mehreren Einkunftsarten entstanden ist oder sich die Höhe des Verlustes durch Abzüge von der Summe der Einkünfte (§§ 24a, 13 Abs. 3) verändert hat. Da der Verlust bereits als nicht ausgeglichener Verlust auf den Erben übergangen ist, ist der Verlust dann m. E entgegen der Darstellung im vorigen Beispiel **gesondert auszuweisen** (außerhalb der sieben Einkunftsarten), also als **1. Veränderung der Summe der Einkünfte.**

5.4 Feststellungsverfahren

Nach § 10d Abs. 3 ist der am Schluß eines Veranlagungszeitraums „verbleibende Verlustabzug" gesondert durch Bescheid festzustellen.

5.4.1 Verbleibender Verlustabzug

Verbleibender Verlustabzug i. S. des § 10d Abs. 3 ist der bei der Ermittlung des Gesamtbetrages der Einkünfte nicht ausgeglichene Verlust, vermindert um die Abzüge durch Rücktrag und Vortrag und vermehrt um den auf den Schluß des vorangegangenen Veranlagungszeitraumes festgestellten verbleibenden Verlustes (§ 10d Abs. 3 Satz 2).

Beispiel:

1. A hat im Jahre 03 einen nichtausgeglichenen Verlust von 120 000 DM. In 01 und 02 konnten jeweils 10 000 DM durch Rücktrag ausgeglichen werden, im Jahr 04 betrug das Einkommen vor Berücksichtigung des Verlustes 40 000 DM.

   Zum Schluß des Jahres 04 ergibt sich folgender verbleibender Verlust:

nicht ausgeglichener Verlust 03	120 000 DM
Abzug durch Rücktrag 01	∕. 10 000 DM
Abzug durch Rücktrag 02	∕. 10 000 DM
Abzug durch Vortrag 04	∕. 40 000 DM
verbleibender Verlustabzug zum 31. 12. 04	60 000 DM

2. Wie zuvor, im Jahre 05 hat A einen nicht ausgeglichenen Verlust von 100 000 DM.
   Zum 31. 12. 05 ergibt sich folgender verbleibender Verlustabzug.

Nicht ausgeglichener Verlust 05	100 000 DM
zuzüglich Feststellung des Vorjahres	60 000 DM
verbleibender Verlustabzug 31. 12. 05	160 000 DM

5.4.2 Zuständiges Finanzamt

Zuständig für die Feststellung ist das für die Besteuerung des Einkommens zuständige Finanzamt (§ 10d Abs. 3 Satz 3).

5.4.3 Erlaß, Aufhebung und Änderung von Bescheiden

Feststellungsbescheide sind zu erlassen, aufzuheben oder zu ändern, soweit sich die zu berücksichtigenden Abzugsbeträge ändern und deshalb der entsprechende Steuerbescheid zu erlassen, aufzuheben oder zu ändern ist.

Dies gilt auch dann, wenn der Erlaß, die Aufhebung oder die Änderung des Steuerbescheides mangels steuerlicher Auswirkungen unterbleibt.

Beispiel:

Das Finanzamt hat die Einkommensteuer des A aufgrund eines nicht ausgeglichenen Verlustes in Höhe von 100 000 DM auf 0 DM festgestellt. Später ergibt sich, daß der nicht ausgeglichene Verlust 50 000 DM beträgt.

Der Feststellungsbescheid hinsichtlich des verbleibenden Verlustabzuges ist entsprechend zu ändern.

G. Außergewöhnliche Belastungen

1. Außergewöhnliche Belastungen allgemeiner Art (§ 33 EStG)

1.1 Begriff, Sinn und Zweck

§ 33 läßt unter bestimmten Voraussetzungen den Abzug von Lebensführungskosten als außergewöhnliche Belastung in Härtefällen zu bei Beeinträchtigung der individuellen Leistungsfähigkeit (als Gebot der sozialen Gerechtigkeit).

Bei der Vorschrift des § 33 handelt es sich nicht um eine allgemeine Billigkeitsregelung. Die Gewährung der Steuerermäßigung ist daher nicht in das Ermessen der Finanzverwaltung gestellt. Wenn die entsprechenden Voraussetzungen erfüllt sind, hat der Stpfl. Anspruch auf die gesetzlich festgelegte Steuerermäßigung.

Die Vorschrift berücksichtigt damit die persönliche Leistungsfähigkeit des einzelnen Stpfl., wird also dem Charakter der ESt als Personensteuer gerecht und trägt dem Grundsatz der Gleichmäßigkeit der Besteuerung Rechnung.

Der Abzug wird vom Gesamtbetrag der Einkünfte vorgenommen. Systematisch gesehen stellt der Abzug außergewöhnlicher Belastungen eine Ausnahmeregelung zu § 12 Nr. 1 dar, der ein Abzugsverbot für Lebensführungskosten auch vom Gesamtbetrag der Einkünfte beinhaltet. Die Vorschriften §§ 33 – 33c haben tariflichen Charakter aufgrund ihrer Stellung im Gesetzesabschnitt IV (Tarif).

§ 33 enthält eine **allgemein** gehaltene Begriffsbestimmung, also keine Aufzählung von Einzelfällen. Nur auf diese Weise kann den unterschiedlichsten Belastungsfällen Rechnung getragen werden, da eine einheitliche schematische Regelung nicht möglich ist. Trotz ihrer noch verbleibenden Unbestimmtheit ist die Regelung in § 33 verfassungskonform (BVerfG, BStBl 1967 III 106). Zu beachten ist aber der Vorrang der typisierenden Regelungen in den §§ 33a bis 33c (§ 33a Abs. 5).

Als Spezialregelungen zu § 33 regeln diese Vorschriften abschließend den Abzug in folgenden typisierten Fällen:

- Unterhalt von Personen (§ 33a Abs. 1)
- Ausbildungsfreibeträge (§ 33a Abs. 2)
- Freibetrag für Hilfe im Haushalt und Heimunterbringung (§ 33a Abs. 3)
- Pauschbetrag wegen Körperbehinderung, Pflege-Pauschbetrag (§ 33b) und Hinterbliebenen-Pauschbetrag
- Kinderbetreuungskosten (§ 33c)

> **Beispiel (zum Verhältnis § 33 zu § 33a):**
> Der Stpfl. hat einen Angehörigen unterstützt.
> Sowohl die Voraussetzungen des § 33 wie auch des § 33a Abs. 1 sollen erfüllt sein.
> Der Stpfl. kann ausschließlich einen Freibetrag nach § 33a Abs. 1 erhalten, da es sich um einen **typisierten** Fall des § 33a handelt.
> Er hat **kein Wahlrecht** zwischen der Anwendung des § 33a (Abs. 1) und § 33 (§ 33a Abs. 5).

Vgl. aber BFH, BStBl 1993 II 212 (krankheitsbedingte Unterbringung in einem Schulinternat als außergewöhnliche Belastung nach § 33, **kein** Abzug eines Ausbildungsfreibetrags nach § 33a Abs. 2) und BStBl 1993 II 278.

1.2 Abzugsvoraussetzungen

Der Abzug nach § 33 erfordert folgende Voraussetzungen:
- Aufwendungen
- Keine Betriebsausgaben, Werbungskosten oder Sonderausgaben – § 33 Abs. 2 S.2
- Belastung des Einkommens – R 186 Abs. 1
- Außergewöhnlichkeit

- Zwangsläufigkeit – § 33 Abs. 2 Satz 1, R 186 Abs. 1 Sätze 4 – 5
- Übersteigen der zumutbaren Belastung (§ 33 Abs. 3)
- Antrag

Die Voraussetzungen, die das Wesen der außergewöhnlichen Belastungen ausmachen, sind

- die **Belastung**
- die **Außergewöhnlichkeit**
- die **Zwangsläufigkeit.**

Man kann sie daher auch **Kern**voraussetzungen nennen. Zu den Voraussetzungen im einzelnen:

1.2.1 Aufwendungen

1.2.1.1 Begriff

Dem Stpfl. müssen Aufwendungen erwachsen sein. Aufwendungen sind tatsächliche Güterabflüsse in **Geld** oder **Geldeswert**. Dies entspricht dem Begriff der Aufwendungen bei den Betriebsausgaben (§ 4 Abs. 4), Werbungskosten (§ 9 Abs. 1 S. 1) und Sonderausgaben (§ 10 Abs. 1 Satz 1).

Es kommen vor allem in Betracht

- Geldleistungen
- Hingabe von Wirtschaftsgütern

> **Beispiel:**
>
> Der (weder krankenversicherte noch beihilfeberechtigte) Stpfl. schuldet einem Arzt Honorare von 3 000 DM. Da der Stpfl. den Betrag nicht aufbringen kann, übereignet er dem Arzt statt des Geldbetrages vereinbarungsgemäß ein gerade für 3 500 DM erworbenes Gemälde.
>
> Die Übereignung des Gemäldes stellt einen Güterabfluß in Geldeswert dar. Die Aufwendungen betragen 3 500 DM (in Höhe des gemeinen Wertes des Gemäldes).

Nicht zu Aufwendungen führen im Rahmen des § 33 aber Vermögensverluste, Vermögensminderungen, Einnahmeausfälle (Gewinnverzicht).

> **Beispiel:**
>
> Wegen einer Verschlechterung des Zustands seiner Schwiegermutter hat A auf einige ihm angebotene Aufträge verzichtet, um Haushaltsaufgaben zu übernehmen, damit seine Frau mehr Zeit für die Pflege der Mutter hat.
>
> Hierdurch ist ihm im VZ 01 unstreitig ein Gewinn von 35 000 DM entgangen. – Keine Berücksichtigung nach § 33 mangels Aufwendungen. Der Gewinnverzicht (Einnahmeverlust) ist kein tatsächlicher Güterabfluß.

1.2.1.2 Zeitpunkt der Berücksichtigung

Die Aufwendungen sind in dem Jahr erwachsen, in dem sie geleistet worden sind. Es gilt also das **Abflußprinzip** des § 11 Abs. 2, allerdings **nur, soweit eine endgültige Belastung vorliegt;** vgl. 1.4.2.1.2). Unmaßgeblich ist das Jahr, in dem der Rechtsgrund für die Aufwendungen ausgelöst wurde (BFH, BStBl 1982 II 744).

> **Beispiel:**
>
> Der nicht krankenversicherte Stpfl. erhielt im VZ 02 Arztrechnungen von 5 000 DM für Behandlungen im VZ 01. Er bezahlte den Betrag am 2. 1. 03. – Abzug nach § 33 erst im Jahr der Zahlung = VZ 03. Verbindlichkeiten sind keine Aufwendungen.

1.2.1.3 Ansammlung von Beträgen

Die Ansammlung von Beträgen zur Bestreitung künftiger Ausgaben stellt noch keine Aufwendungen i. S. v. § 33 dar.

> **Beispiel:**
>
> Stpfl. zahlt auf ein Sparkonto mit vierjähriger Kündigungsfrist jährlich 15 000 DM ein, um sich in vier Jahren einer komplizierten Herzoperation zu unterziehen. –

Kein Abzug der Sparleistungen nach § 33, da es sich lediglich um eine Bildung von Rücklagen für künftige Ausgaben handelt. Erst die spätere Verausgabung der angesammelten Beträge kann zu einer außergewöhnlichen Belastung führen.

1.2.1.4 Durch Schuldaufnahme bestrittene Aufwendungen

Auch bei Bestreitung der Aufwendungen mit fremden Mitteln (z. B. Darlehn) erwachsen dem Stpfl. die nach § 33 abzugsfähigen Aufwendungen nicht erst bei der Rückzahlung der Fremdmittel, sondern bereits im Zeitpunkt der Verausgabung (BFH, BStBl 1988 II 814, R 186 Abs. 1 Satz 3). Die Tilgung der Fremdmittel führt **nicht** zu einer (Einkommens-)Belastung des Stpfl.

Auch die **Zinsen** sind in solchen Fällen nach § 33 berücksichtigungsfähig, und zwar **im Jahr** der Verausgabung. Vgl. auch BFH, BStBl 1986 II 745 und BStBl 1990 II 958.

Beispiel:
Eine Krankenhausrechnung vom 3. Oktober 02 in Höhe von 5 000 DM wird durch ein am 20. Oktober 02 aufgenommenes Darlehn beglichen (ebenfalls 5 000 DM, Auszahlung zu 100%). Die Rückzahlung erfolgt ab 2. Januar 03; Monatsrate 200 DM, davon 185 DM Tilgung und 15 DM Zins.

Abzug nach § 33 im VZ 02: 5 000 (abzüglich zumutbarer Belastung, § 33 Abs. 3). Die Tilgungsbeträge ab 03 sind **keine** Aufwendungen, die den Stpfl. belasten. Die Zinsen von 15 DM × 12 = 180 DM sind ebenfalls abzugsfähig nach § 33, und zwar jeweils im Abflußjahr.

1.2.1.5 Vermögensminderungen und Vermögensverluste

Keine Aufwendungen liegen schließlich vor bei Vermögensminderungen und Vermögensverlusten (z. B. durch Unfall oder Diebstahl).

Beispiel:
Einem Stpfl. wird im Urlaub ein Kassettenrecorder im Wert von 500 DM aus dem zuvor verschlossenen Pkw gestohlen.
Die Wiederbeschaffungskosten eines neuen Geräts betragen 600 DM. –
Kein Abzug des Vermögensverlustes nach § 33 mangels Aufwendungen. Auch eine tatsächliche Wiederbeschaffung kann in diesem Fall nicht nach § 33 berücksichtigt werden (vgl. BFH, BStBl 1976 II 712).

Für die Wiederbeschaffung von Hausrat und Kleidung nach außergewöhnlichem Verlust ist eine Berücksichtigung nach § 33 unter den Voraussetzungen und im Rahmen des R 189 möglich.

1.2.1.6 Eigene Aufwendungen

Es muß sich um **eigene** Aufwendungen des Stpfl. handeln. Bei der **Zusammenveranlagung von Ehegatten** (§ 26b) ist es jedoch unerheblich, welcher der Ehegatten die Aufwendungen getragen hat, da hier die außergewöhnlichen Belastungen einheitlich ermittelt werden.

In **Erbfällen** ist zu beachten: Nach der einkommensteuerlichen Systematik können Aufwendungen nur bei dem Stpfl. berücksichtigt werden, dem sie erwachsen sind, d. h. bei dem sie tatsächlich abgeflossen sind. Der Ermittlungszeitraum für die Besteuerungsgrundlagen des Erblassers endet mit seinem Tod. Nur bis zu diesem Zeitpunkt erwachsene Aufwendungen können beim Erblasser nach § 33 zu berücksichtigen sein.

A. A. BFH, BStBl 1962 III 31:

Bei Zahlung von Krankheitskosten des Erblassers durch den (die) Erben binnen kurzer Zeit nach dem Erbfall aus dem Nachlaß soll ein **Abzug noch bei der letzten Veranlagung des Erblassers** erfolgen, obwohl die Aufwendungen tatsächlich dem (den) Erben erwachsen sind. M. E abzulehnen, da sich der BFH hier außer auf Billigkeitserwägungen auf eine inzwischen aufgehobene Vorschrift § 26a Abs. 2 **Satz 3** EStG **1957** stützte, nach der in der Tat nach dem Tode des Erblassers angefallene Aufwendungen noch bei seiner Besteuerung berücksichtigt werden konnten.

Eine Berücksichtigung bei den Erben scheidet bei Bestreitung aus dem Nachlaß in jedem Falle aus (vgl. BFH, a. a. O.).

Krankheitskosten gelten zwar als aus dem Einkommen bestritten. Es handelt sich hier jedoch um Ausgaben, auf die der Nachlaß anzurechnen ist, da sie hier Nachlaßverbindlichkeiten darstellen (§ 1967 BGB).

Beispiel:

Der Vater des Stpfl. stirbt am 1.7.07. Der Sohn ist Alleinerbe. Der Nachlaß beträgt 45 000 DM. Der Sohn bezahlt am 2.8.07 u. a. offene Krankenhaus- und Arztrechnungen des Vaters von 4 500 DM. –

Ein Abzug beim Sohn (Erben) ist mangels Belastung durch die Aufwendungen nicht möglich (Anrechnung des Nachlasses).

Nach BFH (a. a. O.) soll aber eine Berücksichtigung nach § 33 noch bei der ESt-Veranlagung des Vaters für den VZ 07 möglich sein.

1.3 Keine Betriebsausgaben, Werbungskosten oder Sonderausgaben

1.3.1 Grundsatz

Eine Berücksichtigung von Ausgaben schon bei der Einkunftsermittlung sowie als Sonderausgaben hat Vorrang vor § 33 (§ 33 Abs. 2 Satz 2). **Die Aufwendungen dürfen daher nicht Betriebsausgaben, Werbungskosten oder Sonderausgaben sein.** Die Entscheidung ist nach dem objektiven Charakter der Aufwendungen zu treffen. Die verschiedenen Ausgabearten sind streng zu trennen. Der Stpfl. hat **kein** Wahlrecht bei der Art der Berücksichtigung der Aufwendungen. Vgl. **BFH**, BStBl 1992 II 290.

So können Krankheitskosten im Einzelfall Betriebsausgaben oder Werbungskosten sein, z. B. nach einem **Unfall im Betrieb**, auf einer **Dienstreise** oder auf dem **Weg zwischen Wohnung und Arbeitsstätte.**

Betriebsausgaben oder Werbungskosten sind auch die Aufwendungen im Zusammenhang mit einer **typischen Berufskrankheit.** Hierbei spielt es keine Rolle, ob die Aufwendungen der Abwehr drohender oder der Beseitigung bereits eingetretener Gesundheitsschäden dienen.

Die Rechtsprechung stellt an den Begriff „typische Berufskrankheit" strenge Anforderungen. Es muß sich dabei um **Krankheiten** handeln, die **in unmittelbarem Zusammenhang mit dem Beruf** stehen und **für den Beruf typisch,** d. h., die Krankheit muß nach den gesicherten Erfahrungen der Medizin und der Berufsgenossenschaft wesentlich durch den Beruf mitbedingt sein (BFH, BStBl 1954 III 86; BStBl 1957 III 288). Entscheidend ist, ob die Gefahr der Erkrankung nur oder hauptsächlich infolge des Berufs für alle Angehörigen dieses Berufszweiges besteht. Hierzu müssen häufig Sachverständige, wie Berufsgenossenschaft, Gesundheitsämter und Sozialversicherungsbehörden gehört werden (BFH, BStBl 1965 III 358).

Steuerlich ist eine typische Berufskrankheit unter den gleichen Voraussetzungen anzunehmen, unter denen bei Versicherten auf eine Berufskrankheit geschlossen wird.

Anerkannte Fälle von Berufskrankheiten im Sinne der Unfallversicherung sind in der Berufskrankheitenverordnung in der jeweils geltenden Fassung aufgeführt.

Typische Berufskrankheiten sind daher z. B. Röntgenkrebs bei Röntgenärzten, Tuberkulose bei Lungenfachärzten, Infektionskrankheiten im Gesundheitsdienst, Vergiftungen in der bleiverarbeitenden und chemischen Industrie, Silikose im Bergbau und in der keramischen Industrie sowie Asbestose in Asbestwerken sowie durch Verarbeitung von Asbest.

Beispiele:

1. Ein frühinvalider Bergmann hat nicht ersetzte Krankheitskosten von 1 000 DM infolge eines Silikoseleidens, das als typische Berufskrankheit anerkannt ist. Er bezieht keinen Arbeitslohn mehr, sondern eine Berufsunfähigkeitsrente. –

    Die Krankheitskosten können nicht nach § 33 berücksichtigt werden. Es handelt sich begrifflich um (nachträgliche) Werbungskosten in unmittelbarem wirtschaftlichen Zusammenhang mit der früheren, nichtselbständigen Arbeit (kausaler Werbungskostenbegriff des § 9 Abs. 1, da eine „typische Berufskrankheit" vorliegt). Folge: Negative Einkünfte aus § 19 (Verlust) ∕ 1 000 DM; Verlustausgleich (§ 2 Abs. 1) mit anderen positiven Einkünften. Ggfs. ist ein Verlustrücktrag und/oder -vortrag gemäß § 10d vorzunehmen.

2. Der Gewerbetreibende hat 4 000 DM Kosten eines Zivilprozesses getragen, den ein Lieferant gegen ihn wegen einer streitigen betrieblichen Verbindlichkeit angestrengt hatte. –

    Es liegen Betriebsausgaben vor (§ 4 Abs. 4).

3. Der Inhaber einer Einzelfirma wurde bei der Rückkehr von seinem Geschäftslokal von unbekannten Tätern entführt. Die Entführer verlangten die Zahlung eines Lösegeldes. Nach Entrichtung der verlangten Summe wurde der Stpfl. freigelassen. Das Lösegeld wurde von einem betrieblichen Konto des Stpfl. abgehoben. Der Stpfl. beantragt, das Lösegeld als Betriebsausgabe abzuziehen, hilfsweise als außergewöhnliche Belastung. –

Eine Berücksichtigung ist **nicht als Betriebsausgabe, aber** nach **§ 33** möglich. Lösegelder, die ein entführter Unternehmer zahlt, um sein Leben und seine Gesundheit zu erhalten und seine Freiheit wiederzuerlangen, sind keine abzugsfähigen Betriebsausgaben, die den Gewinn aus Gewerbebetrieb mindern könnten. Es handelt sich vielmehr um gemischte Aufwendungen im Sinne von § 12 Nr. 1 Satz 2 und daher trotz teilweiser betrieblicher Veranlassung insgesamt nicht um abzugsfähige Ausgaben (Aufteilungsverbot). Die räuberische Erpressung richtet sich nämlich nicht unmittelbar und ausschließlich gegen bestimmte Wirtschaftsgüter des Betriebsvermögens, sondern vielmehr auch gegen einen bestimmten Menschen sowie gegen das Vermögen des Erpreßten, dabei aber schlechthin gegen das Vermögen ohne Differenzierung zwischen Betriebsvermögen und Privatvermögen. Hinzu kommt, „daß der Unternehmer das Lösegeld nicht nur zahlt, um in Zukunft wieder gewerbliche Gewinne erzielen zu können, sondern in erster Linie, um sein Leben und seine Gesundheit zu erhalten und seine Freiheit wiederzuerlangen. Außerdem belastet das Risiko einer Entführung und Erpressung alle Personen, die vermögend sind, unabhängig davon, ob sich ihr Reichtum in einem hohen Einkommen oder in einem großen Vermögen offenbart und wie sich Einkommen und Vermögen im einzelnen zusammensetzen.

Dem Umstand, daß der Betroffene gerade auf einer Fahrt von seinem Betrieb zu seiner Wohnung entführt worden ist, kommt ebenfalls keine rechtliche Bedeutung zu.

Es ist weiterhin unerheblich, ob das Lösegeld von einem privaten oder einem betrieblichen Bankkonto abgehoben wurde (BFH, BStBl 1981 II 303; 1981 II 307). Jedoch ist ein Abzug nach § 33 möglich (vgl. Bilsdorfer, DStR 1980, 27, a. A. Faut, RWP, 14 SteuerR, D ESt II B 109).

Ein kausaler Einkunftszusammenhang ist aber nicht mehr gegeben, wenn die Verpflichtungen, zu deren Erfüllung Aufwendungen gemacht werden, ihrer Rechtsnatur nicht betrieblicher/beruflicher, sondern privater Art sind (BFH, BStBl 1980 II 641).

Beispiel:

Ein selbständiger Röntgenarzt macht die Kosten der Heilung bzw. Linderung von genetischen Strahlenschäden seines Kindes als Betriebsausgaben geltend. –

Im Gegensatz zur Behandlung eigener Strahlenschäden oder zu Schadensersatzleistungen an Dritte wegen Strahlenschäden hat der BFH hier die Erfüllung der Verpflichtung zur Zahlung der Heilkosten im privaten Bereich gesehen (gleichgültig, ob man einen Schadensersatzanspruch des Kindes gegenüber dem Vater aus § 823 BGB annimmt oder aus der allgemein gesetzlichen Unterhaltspflicht nach §§ 1601 ff. BGB herleitet) (BFH, a. a. O.). Daher ist ein Abzug nur nach § 33 möglich.

Ob und inwieweit sich die Aufwendungen als Betriebsausgaben, Werbungskosten oder Sonderausgaben auswirken, ist dabei bedeutungslos (BFH, BStBl 1992 II 293).

Daher ist kein Abzug in folgenden Fällen als außergewöhnliche Belastung möglich:

– Vorsorgeaufwendungen, soweit sie die Höchstbeträge gemäß § 10 Abs. 3 übersteigen (BFH, BStBl 1968 II 406, BStBl 1992 II 293);

– Unterhaltsleistungen an geschiedene/dauernd getrennt lebende Ehegatten i. S. von § 10 Abs. 1 Nr. 1, soweit sie den Höchstbetrag von 27 000 DM übersteigen (kein Abzug nach § 33a Abs. 1);

– nichtabzugsfähige Betriebsausgaben i. S. von § 4 Abs. 5 oder § 4 Abs. 7;

– nach § 3c nichtabzugsfähige Ausgaben (BFH, BStBl 1970 II 210).

Beispiele:

1. Der Stpfl. läßt einen konventionellen Fahrstuhl in sein selbstgenutztes Einfamilienhaus einbauen. –

   Die Aufwendungen stellen begrifflich nachträgliche Herstellungskosten dar, die nur im Rahmen des § 10e bzw. der Eigenheimzulage berücksichtigt werden können. Auch wenn sich die Aufwendungen infolge Ausschöpfung der Höchstgrenzen des § 10e nicht auswirken, scheidet eine Berücksichtigung nach § 33 aus. Ein Abzug nach § 33 scheidet auch wegen Erlangung eines **Gegenwerts** aus (vgl. 1.42.2 sowie BFH, BStBl 1992 II 290).

2. Ein verheirateter Wehrpflichtiger macht Kosten für Familienheimfahrten als Werbungskosten bei Einkünften aus nichtselbständiger Tätigkeit geltend. –

Infolge des unmittelbaren wirtschaftlichen Zusammenhangs mit dem steuerfreien Wehrsold handelt es sich um nichtabzugsfähige Werbungskosten gemäß § 3c. Da es sich begrifflich um Werbungskosten handelt, ist auch ein Abzug nach § 33 ausgeschlossen.

1.3.2 Ausnahmeregelung für Aufwendungen i. S. des § 10 Abs. 1 Nr. 7 bis 9 EStG

Eine Ausnahmeregelung gilt nach § 33 Abs. 2 Satz 2 für

– Berufsausbildungskosten

– Aufwendungen für hauswirtschaftliche Arbeiten i. S. des § 10 Abs. 1 Nr. 8 und

– Schulgeld für bestimmte Ersatz- bzw. Ergänzungsschulen i. S. des § 10 Abs. 1 Nr. 9.

Bei **Ausbildungskosten** kann der den Höchstbetrag von 1 800 DM bzw. 2 400 DM (ab VZ 1996) für den Sonderausgabenabzug nach § 10 Abs. 1 Nr. 7 übersteigende Teil der Aufwendungen **unter den allgemeinen Voraussetzungen** des § 33 als außergewöhnliche Belastung abgezogen werden.

Die Zwangsläufigkeit der Aufwendungen ist insbesondere gegeben bei Umschulung infolge Arbeitsunfähigkeit im bisherigen Beruf oder infolge technischer Entwicklung auf dem bisherigen Arbeitsgebiet. Aufwendungen für die Berufsausbildung des Ehegatten stehen eigenen Ausbildungskosten gleich. Dagegen ist die Übernahme von Ausbildungskosten des (der) Verlobten i. d. R. nicht zwangsläufig.

Die Rückzahlung von Studiendarlehen ist nur dann zwangsläufig, wenn die Schuldaufnahme als zwangsläufig und außergewöhnlich anzusehen war.

Beispiel:

Ein arbeitsloser Arbeitnehmer (Bergmann) nimmt im VZ 01 an Umschulungskursen der Arbeitsverwaltung teil, um sich zur Bürokraft umschulen zu lassen. Den nicht ersetzten Eigenanteil der Umschulungskosten von 4 000 DM hat er mit einem am 2.1.01 aufgenommenen Darlehn von 4 000 DM (Auszahlung 100 %) bestritten, das er Ende 03 zurückzahlte. Der Stpfl. zahlte in 01, 02 und 03 je 400 DM Zinsen. Er war nicht auswärtig untergebracht. –

VZ 01

Zu den Ausbildungskosten gehören

– Umschulung	4 000 DM
– Schuldzinsen	400 DM
	4 400 DM

Schuldzinsen für Ausbildungsdarlehn sind Sonderausgaben i. S. von § 10 Abs. 1 Nr. 7 (H 186 [Schuldzinsen]), und zwar auch insoweit, als sie erst nach Abschluß der Berufsausbildung gezahlt werden.

Der Höchstbetrag bei Sonderausgaben nach § 10 Abs. 1 Nr. 7 ist 1 800 DM. Die Bestreitung mit Darlehensmitteln ist hierbei unbeachtlich. Der übersteigende Betrag von 2 600 DM ist nach § 33 zu beurteilen (§ 33 Abs. 2 S. 2), denn die Umschulung war außergewöhnlich und zwangsläufig.

VZ 02

Die Zinsen von 400 DM sind Sonderausgaben (§ 10 Abs. 1 Nr. 7); vgl. VZ 01.

VZ 03

Die Zinsen von 400 DM sind wiederum Sonderausgaben, **nicht** die Darlehnstilgung.

	VZ 01	VZ 02	VZ 03
Sonderausgabe § 10 Abs. 1 Nr. 7	1 800	400	400
§ 33	2 600	–	–

1.4 Belastungsprizip

1.4.1 Begriff

Die steuerliche Leistungsfähigkeit des Stpfl. ist nur dann tatsächlich eingeschränkt, wenn die Aufwendungen den Stpfl. **wirtschaftlich belasten** (BFH, BStBl 1975 II 14, BStBl 1983 II 744 und 1988 II 814).

Der Begriff erfordert also, daß der Stpfl. die Aufwendungen wirtschaftlich selbst zu tragen hat.

Anders ausgedrückt: Das Belastungsprinzip erfordert einen endgültigen Abfluß von Aufwendungen.

1.4.2 Fälle fehlender Belastung

In einer Reihe **typischer Fälle** fehlt es an der **Belastung**. Fälle fehlender Belastung sind vor allem

a) die Erstattung von Aufwendungen (Ersatzleistungen durch Dritte)

b) die Erlangung von Gegenwerten

c) Vermögensschäden

1.4.2.1 Erstattung von Aufwendungen

1.4.2.1.1 Zweckbestimmung von Erstattungen

Von den Aufwendungen i. S. von § 33 sind alle Erstattungen abzuziehen, die zum Ausgleich der Belastung bestimmt sind. Erstattungen sind daher – abgesehen von der Feststellung ihrer Höhe – auf ihre Zweckbestimmung zu untersuchen.

Als Erstattungen kommen insbesondere folgende **steuerfreie** Ersatzleistungen Dritter in Betracht:

aa) Versicherungsleistungen (Kranken-, Krankenhaustagegeld-, Unfallversicherung),

bb) Beihilfen und Unterstützungen, insbesondere durch Arbeitgeber,

cc) Schadensersatzleistungen durch den Schädiger.

Bei vollständiger Erstattung ist kein Abzug nach § 33 möglich, bei teilweiser Erstattung ist nur der vom Stpfl. selbst getragene Teil der Aufwendungen abzugsfähig.

Beispiele:

1. Krankheitskosten eines (nicht krankenversicherten) Beamten in 01   3 000 DM
 ./. steuerfreie Beihilfen des Dienstherrn (zugeflossen in 01)   1 800 DM
 = eigentliche Belastung   1 200 DM

2. Ein Steuerberater wendet im VZ 01 Krankheitskosten von 7000 DM auf. In demselben VZ erhielt er folgende Versicherungsleistungen:

    a) Krankheitskostenerstattung durch die Krankenversicherung
    gemäß der vorgelegten Rechnungen   3 000 DM
    b) Krankenhaustagegelder 20 Tage × 100 DM =   2 000 DM
    Leistungsgrund ist nach dem Inhalt der Versicherung jeder Tag eines Krankenhausaufenthalts (Ergänzung der Krankheitskostenversicherung)
    c) Krankentagegelder als pauschaler Ersatz für eingetretenen
    Verdienstausfall 20 Tage × 150 DM =   3 000 DM
    insgesamt   8 000 DM

    Eine Verrechnung darf nur insoweit erfolgen, als die Leistungen zum Ausgleich der Aufwendungen bestimmt sind.

    Abzug nach § 33   7 000 DM
    ./. a)   3 000 DM
    ./. b)   2 000 DM
    verbleibende Belastung des Stpfl.   2 000 DM

    a) Die Erstattung ist zur Deckung der Krankheitskosten bestimmt.

    b) Krankenhaustagegelder ergänzen den Krankheitskostenschutz durch pauschale Beträge, dienen also ebenfalls der Kostendeckung. Sie sind bis zur Höhe der Kosten des Krankenhausaufenthalts abzuziehen (BFH, BStBl 1972 II 177).

    c) Krankentagegeld ist **nicht** von den Krankheitskosten abzuziehen, da Ersatz für Verdienstausfall. Leistungen aus Krankentagegeldversicherungen heben also die Belastung des Einkommens nicht auf.

3. Ein nicht versicherter Unfallschuldiger zahlt an den geschädigten A, der 12 000 DM nicht ersetzte Krankheitskosten hatte, Ersatz der Krankheitskosten 10 000 DM sowie ein **Schmerzensgeld** von 3 500 DM. –
Es handelt sich bei dem Schmerzensgeld **nicht** um eine von den Aufwendungen abzuziehende Erstattung, da es nicht zum Ausgleich materieller Einbußen, sondern wegen erlittener Schmerzen gezahlt wird. Abzug nach § 33 bei A: 12 000 DM ./. 10 000 DM = 2 000 DM.

Anzurechnen sind nur **steuerfreie** Ersatzleistungen.

Zum steuerpflichtigen Arbeitslohn oder zu den steuerpflichtigen Betriebseinnahmen gehörende Ersatzleistungen durch einen anderen als eine Krankenversicherung beseitigen dagegen die Belastung des Einkommens nicht (BFH, BStBl 1975 II 632).

Beispiel:

Der angestellte Pharmareferent erhält vertragsgemäß vollen Ersatz seiner Krankheitskosten. Daher hat er keine Krankenversicherung abgeschlossen. Im VZ 03 hatte der Stpfl. 3 000 DM Krankheitskosten, die ihm vom Arbeitgeber ersetzt wurden.

Die Ersatzleistungen sind steuerpflichtiger Arbeitslohn

Daher kann der Stpfl. seine Krankheitskosten nach § 33 geltend machen.

Für die Verrechnung mit den Aufwendungen sind die Herkunft der Mittel und das Bestehen eines Rechtsanspruchs auf die Ersatzleistungen unbeachtlich, da es – wie gesagt – lediglich auf die Zweckbestimmung ankommt.

Beispiel:

A erhält von seiner Krankenversicherung einen einmaligen, freiwilligen Zuschuß zu Krankheitskosten, die nach dem Versicherungsvertrag von Versicherungsleistungen ausgeschlossen sind. –

Die Erstattung ist von den Aufwendungen abzuziehen.

1.4.2.1.2 Ersatzleistungen in späteren Kalenderjahren

Hierbei muß unterschieden werden, ob im Kalenderjahr der Verausgabung mit der Ersatzleistung dem Grunde nach zu rechnen war oder noch nicht. **Ersatzleistungen in einem späteren Jahr sind ebenfalls bereits im Jahr der Aufwendungen zu verrechnen, wenn sie dem Grunde nach am Schluß des Jahres (der Aufwendungen) feststanden.** Insoweit ist das Zuflußprinzip bedeutungslos.

Rechtfertigung: Eine Belastung liegt wirtschaftlich nicht vor. Eine schematische Anwendung des Zu- und Abflußprinzips des § 11 würde zu einem unzutreffenden Ergebnis führen. In Höhe einer zu erwartenden Ersatzleistung ist nämlich die Belastung des Stpfl. nicht endgültig, vgl. BFH, BStBl 1983 II 744.

Beispiele:

1. Der Stpfl. wendete im VZ 01 4 000 DM Krankheitskosten aus eigenen Mitteln auf. Die ihm zustehende Leistung der Krankenversicherung von 2 700 DM wird ihm aufgrund seines noch im VZ 01 gestellten Erstattungsantrags im VZ 02 überwiesen. –

   Die endgültige Belastung beträgt nur 1 300 DM. Die im VZ 02 zugeflossene Erstattung ist bereits von den Aufwendungen des VZ 01 abzuziehen, da mit ihr dem Grunde nach gerechnet werden konnte.

2. Der nicht krankenversicherte Stpfl. ist Beamter. Er hat im VZ 01 6 000 DM Krankheitskosten aufgewendet. Hierauf soll dem Stpfl. eine Beihilfe des Dienstherrn von 65% = 3 900 DM zustehen. Der Stpfl. hat den Beihilfeantrag jedoch erst am Schluß des VZ 02 gestellt, so daß die Beihilfe im VZ 03 überwiesen wurde. Die Antragsfrist soll gewahrt sein.

   Die dem Stpfl. im VZ 02 zugeflossene Ersatzleistung ist mit den Aufwendungen des VZ 01 zu verrechnen, denn als Beamter hat der Stpfl. einen Rechtsanspruch auf die Beihilfe.

   Bei Wahrung der Antragsfrist kommt es auf den Zeitpunkt der Antragstellung nicht an.

Es kommt vor, daß die genaue Höhe einer zu erwartenden Ersatzleistung im Zeitpunkt der Durchführung der Veranlagung noch nicht bekannt ist. Dann muß sie in der voraussichtlichen (geschätzten) Höhe abgezogen werden. Allerdings darf das FA m. E. jedoch vorläufig (§ 165 AO) veranlagen.

Ersatzleistungen, mit denen im Kalenderjahr der Verausgabung der Aufwendungen noch nicht dem Grunde nach zu rechnen war, sind **nicht** mit den Aufwendungen, für die sie bestimmt sind, zu verrechnen (so bereits – zutreffend – RFH, RStBl 1930, 267). Dabei ist es unerheblich, ob die Ersatzleistungen im Zeitpunkt der Durchführung der Veranlagung für den zurückliegenden VZ dem Grunde nach feststehen oder bereits zugeflossen sind. Entscheidend ist allein, daß der Stpfl. mit der Ersatzleistung am Schluß des zu veranlagenden VZ dem Grunde nach rechnen konnte.

Sind dem Stpfl. im Zuflußjahr einer solchen im Jahr der dazugehörigen Aufwendungen **nicht** zu verrechnenden Ersatzleistung wiederum gleichartige Aufwendungen erwachsen, sind sie m. E. mit diesen neuen Aufwendungen zu verrechnen.

Beispiel:

Ein Stpfl. beantragt im VZ 01 wegen 2 000 DM Krankheitskosten des VZ 01 eine Erstattung bei seiner Versicherung. Ihm ist bekannt, daß für diese Krankheit ein Versicherungsabschluß besteht.
Zur Überraschung des Stpfl. teilt ihm seine Versicherung im VZ 02 mit, daß sie hierauf freiwillig und einmalig einen Betrag von 400 DM leiste. Der Betrag wurde im VZ 02 ausgezahlt.
Die Veranlagung für den VZ 01 ist noch nicht durchgeführt. Der Stpfl. hat im VZ 02 weitere Krankheitskosten von 3000 DM aufgewendet, die ihm weder ersetzt wurden noch werden. –
Die Ersatzleistung ist **nicht** von den Aufwendungen des VZ 01 abzuziehen, mindert aber die Belastung durch Krankheitskosten des VZ 02. Abzug nach § 33 in 01: 2 000 DM, in 02: 4 000 DM ./. 400 DM = 3 600 DM. Die Erstattung im VZ 02 ist von den Aufwendungen des VZ 02 abzuziehen, da es sich um gleichartige Aufwendungen handelte (in beiden Fällen Krankheitskosten).

Fraglich kann im Einzelfall sein, wann Belastungsfälle gleichartig sind.

Beispiel:

Wie oben, nur, daß dem Stpfl. in 02 statt weiterer Krankheitskosten nach § 33 anzuerkennende Scheidungskosten von 4 000 DM erwachsen. –
Die in 01 nicht zu verrechnende Ersatzleistung von 400 DM ist auch in 02 nicht mit den Scheidungskosten zu verrechnen, da es sich um unterschiedliche Belastungsfälle handelt.

Übersicht

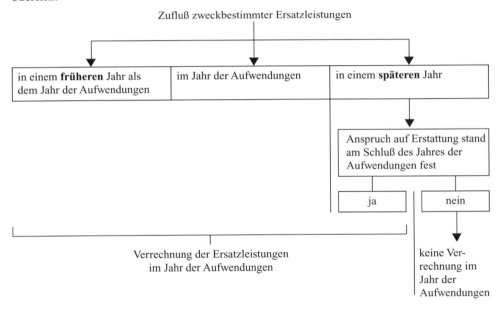

Ersatzleistungen vor dem Jahr der Aufwendungen

Fließen Ersatzleistungen in einem **vor** dem Jahr der Aufwendungen liegenden Zeitpunkt zu, sind sie mit den späteren Aufwendungen ebenfalls zu verrechnen. Denn auch insoweit ist die endgültige Belastung wirtschaftlich gemindert. Damit tritt der Gedanke der Abgrenzung der VZ gegeneinander durch die Zuordnungsvorschrift des § 11 in den Hintergrund.

Beispiel:

Der Stpfl. erhält am 20.12.01 von seiner Krankenversicherung eine Vorschußzahlung von 2 000 DM auf die zu erwartende Kostenerstattung einer Heilbehandlung im VZ 02. Aufwendungen im VZ 02: 5 000 DM. –
Die im VZ 01 zugeflossene Erstattung ist von den Aufwendungen des VZ 02 abzuziehen. Auf den Zeitpunkt des Zuflusses der Erstattung kann es nicht ankommen. Vielmehr ist die tatsächliche Minderung der Belastung ausschlaggebend.

1.4.2.1.3 Vorteilsausgleichung

Maßgeblich ist die Gesamtbelastung des Stpfl. Daher bilden außergewöhnliche Belastungen der gleichen Art, die in dasselbe Jahr fallen, einen einheitlichen Komplex. Folglich muß sich ein Stpfl. einen Überschuß aus einem Belastungsfall der gleichen Art anrechnen lassen (Vorteilsausgleichung). Einheitlich zu beurteilen sind daher z. B. Krankheitskosten eines VZ.

Beispiel:

Der Stpfl. hatte in demselben VZ folgende Krankheitskosten:

	Aufwendungen	Erstattungen
1. Krankenhauskosten	4 000 DM	4 600 DM
2. Besuche beim Hausarzt (Erkältung usw.)	1 500 DM	700 DM

Abzug nach § 33:

4 000 DM ./. 4 600 DM = ./. 600 DM
1 500 DM ./. 700 DM = 800 DM
5 500 DM ./. 5 300 DM = 200 DM

Der Vorteil aus dem Krankheitsfall (1) durch die Übererstattung von 600 DM ist auf die Belastung (2) anzurechnen, da es sich um gleichartige Belastungsfälle (Krankheitskosten) handelt.

1.4.2.1.4 Verzicht auf Ersatzansprüche

Verzichtet ein Stpfl. auf ihm zustehende Ersatzleistungen, sind die Aufwendungen in Höhe des Verzichts auf Erstattung i. d. R. nicht mehr als zwangsläufig anzusehen. Zwar bleibt der Stpfl. insoweit belastet, kann die Aufwendungen aber wegen der fehlenden Zwangsläufigkeit nicht nach § 33 abziehen.

Das gilt auch, wenn der Stpfl. für den Verzicht vernünftige Gründe hat, z. B. wenn der Erstattungsantrag zur Erlangung einer Beitragsrückgewähr aus der Krankenversicherung unterbleibt.

Beispiel:

Der Stpfl. verzichtet auf einen Erstattungsantrag über eine Leistung von 40 DM für einige Medikamente für 100 DM, um in den Genuß von Beitragsrückgewähr durch die Krankenversicherung zu kommen (200 DM). –
Der Stpfl. ist zwar in Höhe von 100 DM ./. 40 DM = 60 DM belastet; diese Belastung ist aber nicht zwangsläufig.

Eine andere Beurteilung kann m. E. dann geboten sein, wenn ein Stpfl. nach Stellung eines Erstattungsantrages Sachverhalte offenbaren würde, die ihm nachweislich andere erhebliche Nachteile bringen würden.

Müßte z. B. ein Arbeitnehmer bei Offenlegung von Belastungsfällen ernsthaft um seinen Arbeitsplatz fürchten, würde der Verzicht auf eine Ersatzleistung durch den Arbeitgeber m. E. nicht zum Wegfall der Zwangsläufigkeit der Belastung führen.

1.4.2.1.5 Unerfüllte Ersatzansprüche

Die Zwangsläufigkeit setzt grds. voraus, daß etwaige Ansprüche auf Ersatz der Aufwendungen gegen Dritte erfolglos – im Rahmen des Zumutbaren – geltend gemacht worden sind (BFH, BStBl 1992 II 137).

1.4.2.2 Erlangung von Gegenwerten

1.4.2.2.1 Begriff

Eine Belastung liegt nicht vor bei Erlangung geldwerter Vorteile für die Aufwendungen im Rahmen eines Leistungsaustausches (BFH, BStBl 1976 II 194). Der Gegenstand oder die bestellte Leistung muß eine Marktfähigkeit besitzen, die sich in einem konkreten Verkehrswert ausdrückt (BFH, BStBl 1983 II 378).

Die Gegenwertlehre ist mit rechtsstaatlichen Grundsätzen vereinbar (BVerfG, BStBl 1967 III 106).

Anzurechnende Gegenwerte sind den Aufwendungen ähnlich wie Ersatzleistungen gegenüberzustellen. Dabei ist i. d. R. von der Gleichwertigkeit der Aufwendungen und des Gegenwertes auszugehen. Diese Vermutung dürfte nur in seltenen Ausnahmefällen zu widerlegen sein. Daher kann z. B. die erstmalige Anschaffung von Hausrat nicht zu einer Steuerermäßigung nach § 33 führen (BFH, BStBl 1964 III 302).

Beispiele:
1. Ein körperbehinderter Stpfl. macht die Kosten eines Wäschetrockners nach § 33 geltend. –
Trotz der Körperbehinderung liegt nach Billigkeitserwägungen ein **anzurechnender** Gegenwert vor, so daß kein Abzug nach § 33 möglich ist. Vgl. BFH-Urteil in BStBl 1974 II 745, in dem der BFH für die Kosten eines Geschirrspülers ebenfalls den Abzug nach § 33 abgelehnt hat.
2. Anschaffung der Erstlingsausstattung durch die Eltern bei Geburt eines Kindes. –
Es liegt u. a. ein anzurechnender Gegenwert vor. Kein Abzug nach § 33.

1.4.2.2.2 Künftige Gegenwerte

Auch künftig zufließende Gegenwerte sind einzubeziehen.

Beispiel:
Ein Stpfl. beantragt den Abzug von Studienkosten nach § 33. –
Es liegt ein anzurechnender Gegenwert vor (BFH, BStBl 1964 III 330). Daher ist kein Abzug möglich. Außerdem liegen begrifflich Sonderausgaben vor (Ausbildungskosten gemäß § 10 Abs. 1 Nr. 7).

1.4.2.2.3 Nicht anzurechnende Gegenwerte

Die Erlangung materieller Werte für die Aufwendungen kann nicht uneingeschränkt als anzurechnender Gegenwert angesehen werden. Es gibt Fälle, in denen eine Anrechnung dem Billigkeitscharakter des § 33 zuwiderliefe.

Solche nicht anzurechnenden Gegenwerte liegen anerkanntermaßen vor bei

a) Aufwendungen zu einer **Schadensbeseitigung** bei existentiell notwendigen Gegenständen (R 187),

b) Aufwendung zur **Milderung körperlicher Mängel.**

1.4.2.2.3.1 Aufwendungen für existentiell notwendige Gegenstände (R 187)

Nicht anzurechnende Gegenwerte liegen im wesenlichen vor bei der Wiederbeschaffung von Gütern, Hausrat und Kleidung nach einem Schadenseintritt, der als außergewöhnliches und zwangsläufiges Ereignis anzusehen ist (= unabwendbares Ereignis). S. a. **H 189** („Lebensverhältnisse des Stpfl.") sowie BFH, BStBl 1995 II 104).

Der Stpfl. erlangt hierbei letztlich keinen wirtschaftlichen Vorteil, weil lediglich der Zustand vor Schadenseintritt (= alter Zustand) wiederhergestellt werden soll.

Wie die Wiederbeschaffung zu behandeln sind Aufwendungen zur Wiederinstandsetzung.

Die wesentlichen **unabwendbaren Ereignisse** sind nach R 187 Nr. 2 z. B. **Brand, Diebstahl, Hochwasser, Vertreibung.** Die Wiederbeschaffung von im Urlaub gestohlener Kleidung fällt aber z. B. **nicht** hierunter (BFH, BStBl 1976 II 712), ebenso nicht ein Pkw (BFH, BStBl 1984 II 104).

Aufwendungen zur Wiederbeschaffung verlorener privater Gegenstände dürfen nur ausnahmsweise und in einem eng begrenzten Rahmen nach § 33 berücksichtigt werden. Es muß sich um Gegenstände handeln, die nach allgemeiner Anschauung unter Berücksichtigung der Lebensverhältnisse zur Einrichtung einer Wohnung und zur Führung eines Haushalts üblicherweise **erforderlich** sind (BFH, BStBl 1958 III 378) = existentiell notwendige Gegenstände (R 187 Nr. 1).

Dem Stpfl. müssen tatsächlich finanzielle Aufwendungen entstanden sein; ein bloßer Schadenseintritt reicht zur Annahme von Aufwendungen nicht aus (R 187 Nr. 3).

Die Aufwendungen müssen ihrer Höhe nach notwendig und angemessen sein und werden nur berücksichtigt, soweit sie den Wert des Gegenstandes im Vergleich zu vorher nicht übersteigen. (R 187 Nr. 4).

Nur der endgültig verlorene Aufwand kann berücksichtigt werden, d. h. die Aufwendungen sind um einen etwa nach Schadenseintritt noch vorhandenen Restwert zu kürzen (R 187 Nr. 5).

Der Steuerpflichtige muß glaubhaft darlegen, daß er den Schaden nicht verschuldet hat und daß realisierbare Ersatzansprüche gegen Dritte nicht bestehen (R 187 Nr. 6).

Ein Abzug scheidet aus, sofern der Steuerpflichtige zumutbare Schutzmaßnahmen unterlassen oder eine allgemein zugängliche und übliche Versicherungsmöglichkeit nicht wahrgenommen hat (R 187 Nr. 7).

Bei Schäden an der Wohnung können Aufwendungen nur berücksichtigt werden, soweit sie auf die selbstgenutzte Wohnfläche entfallen und sofern nicht bereits eine andere Steuervergünstigung, z. B. nach § 10e EStG oder eine Eigenheimzulage oder andere öffentliche Mittel in Anspruch genommen werden (R 187 Nr. 8).

Das schädigende Ereignis darf nicht länger als drei Jahre zurückliegen, bei Baumaßnahmen muß mit der Wiederherstellung oder Schadensbeseitigung innerhalb von drei Jahren nach dem schädigenden Ereignis begonnen worden sein (R 187 Nr. 9).

1.4.2.2.3.2 Aufwendungen zur Milderung körperlicher Mängel

Nicht anzurechnen sind Gegenstände, die dazu dienen, die Folgen körperlicher Schäden oder Mängel zu mildern. Hierunter fallen z. B. Aufwendungen für Brillen, Schuheinlagen, Hörapparate, Prothesen, Krankenfahrstuhl (Rollstuhl).

> **Beispiel:**
>
> Ein schwerhöriger Stpfl. macht nach § 33 geltend:
> - Anschaffung eines Hörgeräts   600 DM
> - Batterien   20 DM
> - Wartung, Reparaturen   150 DM
>
> Sämtliche Aufwendungen können nach § 33 berücksichtigt werden.

1.4.2.3 Keine Unterscheidung zwischen Einkommens- und Vermögensbelastung

Ob im Einzelfall der Vermögensbereich betroffen ist oder eine Belastung des laufenden Einkommens vorliegt, ist **unerheblich** (BFH, BStBl 1995 II 104 = **Änderung** der Rechtsprechung) Ohne Bedeutung ist dabei auch, ob der Stpfl. **im Einzelfall** die Aufwendungen aus seinem Einkommen oder seinem Vermögen bestritten hat (R 186 Abs. 1 Satz 6).

1.4.2.4 Maßgeblichkeit der existentiell wichtigen Bereiche

Berühren aber Aufwendungen üblicherweise einen existentiell wichtigen Bereich, ist eine Berücksichtigung nach § 33 möglich (bei Vorliegen der **weiteren Voraussetzungen**). So gelten vor allem eigene Krankheitskosten stets als Belastung i. S. des § 33.

> **Beispiel:**
>
> Der Stpfl. hat Krankheitskosten von 5 000 DM nachweislich aus Ersparnissen bestritten, die bereits zu Beginn des VZ vorhanden waren. Er hat diesen Betrag sogar eigens für diesen Fall angespart. –
>
> Nicht die Ansammlung, sondern die Verausgabung der Mittel führte zu Aufwendungen. Es liegt auch eine Belastung i. S. des § 33 vor, da Krankheit einen existentiell wichtigen Lebensbereich betrifft (körperliche, geistige und seelische Unversehrtheit).
>
> Der Stpfl. kann ohne Rücksicht auf die Vermögenshöhe die Steuerermäßigung nach § 33 beanspruchen. (Mit steigendem Einkommen sinkt jedoch der steuerlich wirksame Abzug über die zumutbare Belastung [§ 33 Abs. 3] bis auf 0 DM.)
>
> Der BFH hat mit dem Urteil BStBl 1995 II 1904 die **Unterscheidung** zwischen **Einkommensbelastung** und **Vermögensbelastung aufgegeben**, da sie mit Wortlaut und Zweck des § 33 nicht vereinbar ist. Dadurch wird auch der Anwendungsbereich des § 33 nicht unangemessen ausgedehnt.

Der Ausschluß von Vermögensbelastungen würde auch zu einer Benachteiligung sozial schwächerer Stpfl. Somit kommt auch die Anerkennung von Aufwendungen zur Wiederherstellung von Schäden an Vermögensgegenständen nach § 33 in Betracht. Weitere Voraussetzungen sind aber die Berührung eines für den Stpfl. existentiell wichtigen Bereichs (ein Urteilsfall: Wohnen im eigenen Einfamilienhaus).

Dazu kommen die weiteren Voraussetzungen des § 33. Die **Zwangsläufigkeit** ist hier nur gegeben, wenn ein eigenes (ursächliches) Verschulden des Stpfl. nicht erkennbar ist. Die **Belastung** setzt außerdem voraus, daß (realisierbare) Ersatzansprüche gegen Dritte nicht gegeben sind (vgl. R 187).

Notwendigkeit und **Üblichkeit** bedingen hier, daß der zerstörte oder beschädigte Vermögensgegenstand in Größe und Ausstattung nicht erheblich über den üblichen Standard hinausgehen darf, da er sonst nicht für den Stpfl. existentiell notwendig sein soll (R 187 Nr. 4).

Außerdem ist vorrangig zur „Schadensminderung" auf bestehende **Versicherungsmöglichkeiten** hinzuweisen (R 187 Nr. 7).

1.4.2.5 Aufwendungen im Zusammenhang mit dem unentgeltlichen Erwerb von Vermögen

Eine Fallgruppe, bei der die Aufwendungen keine Belastung i. S. der § 33 darstellen, ist der unentgeltliche Erwerb von Vermögen durch den Stpfl.

Fälle unentgeltlichen Erwerbs sind vor allem

– Erbschaft (§ 1922 BGB)

– Schenkung (auch unter Auflage), (§ 525 BGB)

– vorweggenommene Erbfolge (BFH, BStBl 1961 III 367).

Soweit Aufwendungen in umittelbarem Zusammenhang mit einer Erbschaft oder Schenkung stehen, hängen sie wirtschaftlich so eng mit dem unentgeltlichen Erwerbsvorgang zusammen, daß beides als einheitlicher Vorgang zu werten ist. Soweit die mit dem unentgeltlichen Erwerb von Vermögen zusammenhängenden Aufwendungen allerdings den gemeinen Wert des erhaltenen Vermögens übersteigen, können sie nicht hieraus gedeckt werden. In Höhe des übersteigenden Teils der Aufwendungen ist der Stpfl. belastet i. S. von § 33.

Beispiele:
1. Der Stpfl. hat als Alleinerbe – nicht zu beanstandende – unmittelbare Kosten der Beerdigung eines Angehörigen in Höhe von 5 000 DM aufgewendet. Der Wert des vom Erblasser geerbten Vermögens beträgt 3 000 DM und bestand aus einem Sparkonto. Der Stpfl. hat die Beerdigungskosten
    a) von dem geerbten Sparbuch,
    b) aus seinem Einkommen bestritten. –
    Der Stpfl. ist in beiden Fällen in Höhe von 2 000 DM belastet. Der Wert des Nachlasses ist von den Aufwendungen abzuziehen, da es sich bei den Beerdigungskosten um Nachlaßverbindlichkeiten (§§ 1967, 1968 BGB) handelt, die in engem wirtschaftlichen Zusammenhang mit dem Nachlaß stehen. Woraus die Nachlaßverbindlichkeiten tatsächlich (mehr oder weniger zufällig) geleistet wurden, kann keine Rolle spielen.
2. Wie Beispiel 1., aber der Nachlaß besteht aus einem Grundstück mit einem Verkehrswert von 26 000 DM. – Eine Belastung liegt nicht vor, da der Wert des Nachlasses die Aufwendungen übersteigt. Die Art des Nachlasses spielt dabei keine Rolle, insbesondere nicht der Grad der Realisierbarkeit.

1.4.2.6 Aufwendungen zur Erhaltung des Vermögens

Dienen Aufwendungen der Erhaltung und Sicherung des Vermögens, ist ebenfalls grds. keine Belastung gegeben. Von einem Härtefall i. S. des § 33 kann hier grds. nicht die Rede sein. Häufig liegen hier überdies abziehbare Betriebsausgaben oder Werbungskosten vor.

Beispiel:
Der Stpfl. hat einen ausländischen Staat auf Rückerstattung eines in jenem Staat belegenen vermieteten Wohnhauses, das im Krieg beschlagnahmt worden war, verklagt. Der Stpfl. beantragt, die Prozeßkosten als Werbungskosten bei der Einkunftsart Vermietung und Verpachtung, hilfsweise nach § 33 zu berücksichtigen. –

Da es um die Rückerstattung des Vermögensstammes geht, liegen keine Werbungskosten gemäß § 9 Abs. 1 S. 1 vor (BFH, BStBl 1966 III 536). Auch ein Abzug nach § 33 ist nicht möglich, da bzw. wenn kein existentiell wichtiger Bereich (wie z. B. das eigene Wohnen) betroffen ist (BFH, BStBl 1995 II 104 [108]).

1.4.2.7 Vermögensverluste

Unfreiwillige (unbeabsichtigte) Vermögensverluste begründen **keine** Aufwendungen, da diese (i. d. R.) ein bewußtes (gewolltes) Verhalten des Stpfl. voraussetzen (BFH, BStBl 1995 II 104). Hier scheitert der Abzug nach § 33 bereits daran, daß keine Aufwendungen vorliegen. Hierunter fallen z. B. Enteignung, Kursverluste bei Wertpapieren, Inflationsverluste bei Bargeld und Sparguthaben, Beschädigung oder Zerstörung körperlicher Wirtschaftsgüter des Privatvermögens, z. B. Schäden am selbstgenutzten eigenen Haus.

Beispiel:
1. Unverschuldeter Totalschaden eines privaten Pkws. Der fiktive Zeitwert betrug vor Schadenseintritt 10 000 DM. Der Stpfl. erlöste für das Unfallfahrzeug noch 700 DM. –
Nach BFH, a. a. O. stellt der Unterschiedsbetrag von 9 300 DM zwischen Zeitwert und Schrotterlös bereits keine Aufwendungen i. S. von § 33 dar. Zwar gilt der allgemeine Aufwendungsbegriff auch bei § 33, aber unbeabsichtigte (unfreiwillige) Vermögensminderungen fallen nicht darunter.
2. Vergebliche Zahlungen für Grundstückskauf und Bau eines selbstzunutzenden Hauses infolge Betrug sind **keine** außergewöhnliche Belastung (BFH, BStBl 1995 II 774).

1.4.2.8 Vermögensrechtliche Regelungen

Aufwendungen im Rahmen vermögensrechtlicher Regelungen, insbesondere
- **Erbauseinandersetzung** (BFH, BStBl 1958 III 290)
- **Zugewinnausgleich**
- **Versorgungsausgleich** (BFH, BStBl 1984 II 106)
- **Übertragung** von **Versorgungs-Anwartschaften** bzw. **Begründung** von **Anwartschaften** in der **gesetzlichen Rentenversicherung** durch „Renteneinkauf" nach dem Härteregelungsgesetz (s. a. BMF-Schreiben vom 20. 7. 1981, BStBl I 567).
- **Vorzeitiger Erbausgleich an nichteheliche Kinder** i. S. § 1934 d und § 1934e BGB (BFH, BStBl 1988 II 332, 1989 II 282 und BStBl 1994 II 240).

1.5 Außergewöhnlichkeit

Dieses Tatbestandsmerkmal ist am schwierigsten einzugrenzen, da die Legaldefinition in § 33 Abs. 1 Satz 1 1. Halbsatz sehr allgemein gehalten ist. Nach dem Gesetzeswortlaut müssen dem Stpfl. größere Aufwendungen erwachsen als der überwiegenden Mehrzahl vergleichbarer Stpfl. Vergleichbar sind Stpfl.
- gleicher Einkommensverhältnisse,
- gleicher Vermögensverhältnisse und
- gleichen Familienstands.

1.5.1 Abgrenzung von typischen Lebenshaltungskosten

Zwar handelt es sich bei § 33 stets um die Berücksichtigung von Lebenshaltungskosten. Dennoch können typische (alltägliche) Lebenshaltungskosten nicht außergewöhnlich i. S. von § 33 sein, weil mit ihnen jeder zu rechnen hat. Für Aufwendungen solcher Art verbleibt es vielmehr bei dem Abzugsverbot für Lebenshaltungskosten gemäß § 12 Nr. 1.

Übliche („alltägliche") Lebenshaltungskosten sind z. B.
- Wohnungsmiete
- Kleidung

- Nahrung
- Urlaub u. a.

Bei solchen Aufwendungen wird „unterstellt", daß sie **ihrer Art nach** ohnehin der überwiegenden Mehrzahl aller Stpfl. zu erwachsen pflegen. Der eigentlich nach § 33 Abs. 1 S. 1 vorgesehene **konkrete** Vergleich entfällt hier, da die Rechtsprechung eine weitergehende Differenzierung ablehnt. Vielmehr muß nach Auffassung des BFH im Interesse der Praktikabilität der Vorschrift eine Typisierung der Aufwendungsarten vorgenommen werden, auch wenn sie im Einzelfall zu gewissen persönlichen Härten führt (BFH, BStBl 1975 II 482), sowie BFH, BStBl 1989 II 614 zur Nichtberücksichtigung zeitweilig höherer Lebenshaltungskosten in bestimmten Landesteilen (hier Exklave Büsingen). Kritisch Herrmann/Heuer/Raupach. EStG, § 33, Anm. 16 – 30, Prozeßkosten, S. E 75.

Beispiele:

1. Der Stpfl. ist 2,25 m groß. Er ist ausschließlich auf Maßkleidung angewiesen. Er beantragt, die Mehrkosten (im VZ 05 konkret und zutreffend mit 950 DM ermittelt) nach § 33 abzuziehen, da nur eine kleine Minderheit durch solche Mehraufwendungen belastet sei. – Ein Abzug nach § 33 ist nicht möglich. Aufwendungen für Kleidung sind ihrer Art nach nie außergewöhnlich. Ein Abspaltung von Mehrkosten lehnt der BFH ab. Es mögen zwar höhere Kosten als normalerweise für die Bekleidung entstehen, aber die Tatsache, daß Kleidung nichts außergewöhnliches ist, ändert sich dadurch nicht (BFH, BStBl 1963 III 381).

2. Ein Stpfl. magert infolge einer Krankheit in kurzer Zeit so stark ab, daß er seine Anzüge nicht mehr tragen kann.

    Die Kosten für das Ändern der Kleidung stellen eine außergewöhnliche Belastung dar, da diese Mehraufwendungen krankheitsbedingt sind (BFH, HFR 1981, 518).

3. Dem Stpfl. wurde seine Mietwohnung wegen Eigenbedarfs des Eigentümers gekündigt. Er macht die entstandenen Umzugskosten nach § 33 geltend. –

    Nach Sinn und Zweck des § 33 fallen nicht unter die Vorschrift die jedermann treffenden Kosten, wie z. B. für Ernährung, Kleidung und Wohnung(smiete). Bei einem Umzug handelt es sich um ein alltägliches Ereignis. Auch eine Differenzierung zwischen den verschiedenen Arten von Wohnraumkündigung verbietet sich im Sinne einer vernünftigen Typisierung (BFH, BStBl 1978 II 526).

4. Der Stpfl. ist gemäß ärztlicher Bescheinigung auf Schonkost angewiesen. Die Mehraufwendungen aufgrund der Diät werden auf 600 DM geschätzt. –

    Aufwendungen für Nahrung sind generell nicht außergewöhnlich. § 33 Abs. 2 S. 3 enthält überdies ein ausdrückliches Abzugsverbot für Diätverpflegung.

5. Aufwendungen für eine Zweitwohnung in Davos (Schweiz) sind keine „Krankheitskosten" i. S. des § 33 (BFH, BStBl 1988 II 137).

6. Aufwendungen für Privatschulbesuch eines an Legasthenie erkrankten Kindes sind i. d. R. keine außergewöhnliche Belastung (BFH, BStBl 1990 II 962). Es kommt ggf. ein Abzug von 30 v. H. des Schulgelds als Sonderausgabe in Betracht (§ 10 Abs. 1 Nr. 9).

1.5.2 Außergewöhnlichkeit des Ereignisses

Bei dieser Voraussetzung ist auf die Außergewöhnlichkeit des Ereignisses abzustellen (R 186 Abs. 1 Satz 2). Beurteilungsgrundlage ist also die Art der entstandenen Aufwendungen. Ihre Höhe ist somit für die Frage der Außegewöhnlichkeit bedeutungslos. Die Formulierung im Gesetz, das von „größeren" Aufwendungen spricht, soll daher bedeuten, daß auf eine auf den besonderen Verhältnissen des Stpfl. beruhende zusätzliche Belastung abzustellen ist. Dies bedeutet zum einen, daß auch geringfügige Aufwendungen außergewöhnlich sein können.

Beispiel:

Ein der gesetzlichen Krankenversicherung angehörender Arbeiter hatte im VZ gesetzliche Rezeptgebühren in Höhe von 46 DM zu tragen. –

Die Rezeptgebühren sind als Krankheitskosten ihrer Art nach außergewöhnlich. Ihre Höhe ist bedeutungslos.

Der Grundsatz gilt auch in umgekehrter Richtung:

Aufwendungen, die der üblichen Lebenshaltung zuzurechnen sind, werden nicht dadurch außergewöhnlich i. S. von § 33, daß sie beim einzelnen Stpfl. besonders („außergewöhnlich") hoch sind (BFH, BStBl 1975 II 482). Außerdem kann es hier auch nicht darauf ankommen, ob die überwiegende Mehrzahl vergleichbarer Stpfl. derartig hohe Aufwendungen tätigt. Die **Höhe** der Aufwendungen hat – ausnahmsweise – in einigen wenigen Fällen Bedeutung, in denen nämlich einer überwiegenden Mehrheit vergleichbarer Stpfl. zwar gleichartige, aber nicht so hohe Aufwendungen entstanden sind. Dies trifft vor allem bei Kurkosten zu.

Anläßlich eines Kuraufenthalts entstehen auch Aufwendungen für Verpflegung. Die gegenüber der häuslichen Lebensführung entstandenen **Mehraufwendungen** gelten nach Rechtsprechung und Verwaltungsmeinung als krankheitsbedingt und können nach § 33 abgezogen werden (systemwidrige Ausnahme). Die Verpflegungsmehraufwendungen werden wie folgt berechnet:

Tatsächliche Aufwendungen für Verpflegung

∠ Haushaltsersparnis

= Mehraufwendungen

Die Haushaltsersparnis beträgt $1/5$ der Aufwendungen.

> **Beispiel:**
>
> Der Stpfl. hat in einem anerkannten Kurort unter ständiger ärztlicher Kontrolle eine 30tägige Badekur durchgeführt, deren Notwendigkeit vom Amtsarzt bescheinigt ist. Der Stpfl. macht u. a. Aufwendungen für Verpflegung für sich und seine Ehefrau laut vorgelegter Rechnungen und Quittungen von 2 100 DM (täglich 35 DM pro Person) geltend. –
>
> Die auf die Ehefrau entfallenden Verpflegungsaufwendungen scheiden für den Abzug nach § 33 aus, da sie u. a. nicht außergewöhnlich sind. Die Mehraufwendungen des kurenden Stpfl. selbst sind in folgender Höhe außergewöhnlich:
>
> | | |
> |---|---:|
> | Aufwendungen ($1/2$) | 1 050 DM |
> | ∠ Haushaltsersparnis ($1/5$ der Aufwendungen) = | 210 DM |
> | nach § 33 zu berücksichtigen | 840 DM |

1.5.3 Durchführung des Vergleichs

Die Außergewöhnlichkeit der Aufwendungen eines Stpfl. ist danach zu beurteilen, ob und wieviel andere Stpfl., die vergleichbare wirtschaftliche Verhältnisse aufweisen, ebenfalls derartige bzw. ebenso hohe Aufwendungen wie der Stpfl. hatten. Es ist also ein Vergleich anzustellen.

1.5.3.1 Vergleichbare Steuerpflichtige

Zur Durchführung des Vergleichs muß der mit bestimmten Aufwendungen belastete Stpfl. einer Vergleichsgruppe gegenübergestellt werden, und zwar muß diese spezielle Vergleichsgruppe jeweils folgende drei im Gesetz geforderten Merkmale gleichzeitig aufweisen:

– gleiche Einkommensverhältnisse

– gleiche Vermögensverhältnisse

– gleichen Familienstand (verheiratet, ledig/geschieden, verwitwet, Kinderzahl).

Andernfalls ergäbe sich bei der Prüfung der Außergewöhnlichkeit eine Verzerrung. Einkommensstärkeren Stpfl. würde die Steuerermäßigung sonst häufig versagt werden müssen. In den Vergleich sind dabei nur unbeschränkt Stpfl. i. S. von § I Abs. 1 bis 3 einzubeziehen, da es Zweck des § 33 ist, eine Art Härteausgleich zwischen denjenigen Stpfl. herbeizuführen, die nach diesem Gesetz uneingeschränkt zu besteuern sind. Hieraus ergibt sich, daß

– die Belastung nur im Vergleich zur Gruppe vergleichbarer Stpfl. höher sein muß. Die Aufwendungen brauchen – absolut – nicht außergewöhnlich hoch zu sein.

– die Steuerermäßigung nach § 33 unabhängig in der Höhe des Einkommens und Vermögens ist, da immer eine (homogene) Vergleichsgruppe herangezogen wird.

1.5.3.2 Überwiegende Mehrzahl

Die Aufwendungen (und die Belastung) sind außergewöhnlich, wenn der Vergleich ergibt, daß die „überwiegende Mehrzahl" der (vergleichbaren) Stpfl.

entweder: mit derartigen Aufwendungen nicht belastet
oder: mit derartigen Aufwendungen nicht so hoch belastet waren.

Andernfalls käme man nie zu einer Außergewöhnlichkeit. Weder aus dem Gesetz noch aus den EStR geht hervor, welcher Prozentsatz eine überwiegende Mehrheit darstellen soll.

Da eine „Mehrheit" stets überwiegt, soll durch das Adjektiv „überwiegend" nach RFH, RStBl 1937, 359 ausgedrückt werden, daß nur eine **erheblich** über 50% liegende Mehrheit in Frage kommt. Daher muß die Außergewöhnlichkeit in den besonderen Verhältnissen

– eines **einzelnen** Stpfl. oder
– einer **kleinen Mehrheit**

begründet sein (vgl. BFH, BStBl 1981 II 25). Ob dies der Fall ist, kann im Einzelfall schwierig zu beurteilen sein. Denn häufig werden sich die Zahl der Betroffenen und die Höhe ihrer Aufwendungen nicht feststellen lassen. Hier muß nicht auf statistische Erhebungen zurückgegriffen werden. Fehlen solche Unterlagen, kann die Abwägung nur durch Abschätzung erfolgen. Ereignisse, die bei der überwiegenden Mehrzahl der in den gleichen Verhältnissen lebenden Stpfl. gegeben sind, können also nicht im Rahmen des § 33 berücksichtigt werden.

Beispiel:
Der in einem strengen und langen Winter erforderliche erhöhte Brennstoffverbrauch kann nicht nach § 33 berücksichtigt werden. Bei örtlich begrenzten Ereignissen (z. B. Naturkatastrophen) werden die Betroffenen aber i. d. R. zu einer kleinen Minderheit im Verhältnis zu allen Stpfl. gehören.

Häufig kann die konkrete Durchführung eines Vergleichs unterbleiben, da Rechtsprechung und Verwaltung die Frage der Außergewöhnlichkeit für die häufigsten Fälle des § 33 bereits geklärt haben.

Danach fallen **eigene Krankheitskosten stets** unter § 33. Es spielt keine Rolle,

– **wie hoch** die Belastung ist (auch geringfügige Aufwendungen fallen darunter)
– auf **welchen Ursachen** die Krankheit beruht (auch bei vom Stpfl. bewußt herbeigeführten Aufwendungen wie z. B. Selbstmordversuch)
– **welche Art** von Erkrankung vorliegt (auch bei harmlosen Infekten).

Beispiel:
Es soll angenommen werden, daß der weit überwiegende Teil der Bevölkerung des Bundesgebiets von einer Massenepidemie betroffen wurde. –

Nach der Legaldefinition sind die entsprechenden Aufwendungen **nicht** außergewöhnlich, denn der einzelne Stpfl. würde nicht mehr zu einer kleinen Minderheit, sondern zu einem großen Kreis von mit gleichartigen Aufwendungen Belasteten gehören. Trotzdem werden ihrer Art nach Krankheitskosten stets als außergewöhnliche Belastung berücksichtigt.

1.5.3.3 Vergleichbare Aufwendungen

Vergleichen kann man nur die Aufwendungen, die vergleichbare Personen aus einem gleichartigen Anlaß hatten.

Es genügt z. B. für eine Verneinung der Außergewöhnlichkeit nicht, daß die überwiegende Mehrzahl der vergleichbaren Personen irgendwelche anderen außergewöhnlichen Belastungen hatte. Würde der Vergleich so angestellt, käme man meistens zu dem (falschen) Ergebnis, daß die Belastung des einzelnen Stpfl. nicht außergewöhnlich sei.

Daher hängt die Außergewöhnlichkeit wesentlich davon ab, daß nur gleichartige Aufwendungen beurteilt werden. Dies kann nur im Einzelfall entschieden werden.

Eine außergewöhnliche Belastung liegt auch vor, wenn der überwiegenden Mehrzahl vergleichbarer Stpfl. zwar gleichartige Aufwendungen erwachsen sind, aber der Stpfl. zu einer Minderheit gehört, der die Aufwendungen nicht ersetzt werden. Hier ergibt sich die Außergewöhnlichkeit aus der eingetretenen Belastung.

Beispiel:
Der Stpfl. ist in der gesetzlichen Krankenversicherung und hat daher Anspruch auf kostenlose Heilbehandlung und Medikamente. Ausnahmsweise hat er für eine aufwendige Spezialbehandlung 2000 DM Krankheitskosten selbst tragen müssen. –

Hier ergibt sich die Außergewöhnlichkeit aus der Tatsache der eingetretenen Belastung; denn der überwiegenden Mehrzahl vergleichbarer gesetzlich Krankenversicherter entsteht keine nennenswerte Belastung durch Krankheitskosten (allenfalls die Rezeptgebühr).

1.6 Zwangsläufigkeit

Die Vorschrift des § 33 soll sicherstellen, daß Aufwendungen nur in wirklichen Härtefällen als außergewöhnliche Belastung steuermindernd berücksichtigt werden. Daher ist nach § 33 Abs. 1 Voraussetzung, daß die Aufwendungen dem Stpfl. zwangsläufig erwachsen sind.

Die Zwangsläufigkeit ist in § 33 Abs. 2 Satz I definiert.

Hieraus ergibt sich, daß Aufwendungen dann zwangsläufig sind, wenn sich der Stpfl. ihnen aus **rechtlichen, tatsächliche oder sittlichen Gründen nicht entziehen kann.** Außerdem müssen die **Aufwendungen** den Umständen nach **notwendig und angemessen** sein. Nur in dieser Höhe können sie im Rahmen des § 33 berücksichtigt werden.

Einerseits muß also jeweils ein bestimmter **Grund** für die Zwangsläufigkeit vorliegen, andererseits können nicht beliebig **hohe** Aufwendungen in völlig unbegrenzter **Höhe** abgezogen werden.

Zwangsläufigkeit muß folglich in zweierlei Hinsicht vorliegen, nämlich

– dem **Grunde** nach
– der **Höhe** nach.

1.6.1 Zwangsläufigkeit dem Grunde nach

Die Zwangsläufigkeit dem Grunde nach kann sich aus

– rechtlichen oder
– tatsächlichen oder
– sittlichen

Gründen ergeben (vgl. auch BFH, BStBl 1980 II 639).

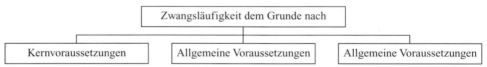

1.6.1.1 Zwangsläufigkeit aus rechtlichen Gründen

Rechtliche Gründe ergeben sich aus gesetzlichen Vorschriften, insbesondere aus den Fällen der gesetzlichen Unterhaltspflicht.

Gesetzlicher Unterhaltspflicht liegt z. B. in folgenden Fällen vor:

– Verwandte in gerader Linie (wechselseitig), § 1601 BGB
– Geschiedener Ehegatte
   Unterhaltsberechtigung gemäß §§ 1569 ff. BGB
– Nichteheliche Kinder
   Unterhaltsberechtigung gegenüber dem Erzeuger, §§ 1615aff. BGB
– Adoptiveltern und -kinder
   (wechselseitig), § 1770 Abs. 3 BGB.

Allerdings ist für die **typischen** Unterhaltsaufwendungen aufgrund gesetzlicher Unterhaltspflicht (oder sittlicher Verpflichtung) kein Abzug nach § 33 möglich, sondern es kommt ausschließlich ein Freibetrag nach § 33a Abs. 1, la sowie § 33a Abs. 2 in Betracht (§ 33a Abs. 5). Lediglich außergewöhnliche Aufwendungen sind **daneben** nach § 33 abziehbar (BFH, BStBl 1991 II 62); vgl. 3.2.

Beispiel:
Der Stpfl. übernimmt Krankheitskosten seiner nicht krankenversicherten und mittellosen verwitweten Mutter –

Die Aufwendungen erwachsen dem Stpfl. zwangsläufig, da er sich ihnen (bereits) aus rechtlichen Gründen nicht entziehen kann. Die Mutter ist ihm gegenüber als Verwandte in gerader Linie (§ 1589 BGB) gesetzlich unterhaltsverpflichtet, da sie auch bedürftig ist (§§ 1601, 1602 BGB). Es handelt sich **nicht** um typische Unterhaltsaufwendungen i.S. des § 33a Abs. 1. Daher ist ein Abzug nach § 33 möglich (vgl. auch BFH, BStBl 1991 II 62).

1.6.1.2 Zwangsläufigkeit des verursachenden Ereignisses

Viele Aufwendungen der Lebensführung sind unvermeidbar, da sie zumeist auf einer rechtlichen Verpflichtung beruhen. So beruhen z.B. auch Aufwendungen für Kleidung oder Möbel auf der Erfüllung von Kaufverträgen. Solche Aufwendungen aufgrund eines aus freien Stücken und ohne zwingenden Anlaß abgeschlossenen Vertrages werden zwar aufgrund einer **rechtsgeschäftlichen Verpflichtung** geleistet, sind aber nur deswegen noch **nicht zwangsläufig** i.S. von § 33. Mit dem Zweck des § 33 wäre es nämlich unvereinbar, in solchen Fällen die bloße Zwangsläufigkeit der Aufwendungen als ausreichend für eine Steuerermäßigung anzusehen. Andernfalls wären Aufwendungen für die alltägliche Lebensführung als außergewöhnliche Belastung absetzbar. Der Stpfl. könnte die Zwangsläufigkeit beliebig durch freiwilliges Eingehen einer Rechtspflicht herbeiführen. Daher muß sich die Prüfung der Zwangsläufigkeit auch auf die **Ursachen** erstrecken, die zum Entstehen der Aufwendungen geführt haben. Dies ergibt sich zwar nicht aus dem Wortlaut des Gesetzes, aber aus dem Zweck des § 33. Vgl. BFH, BStBl 1986 II 745.

Die Zwangsläufigkeit ist **zu bejahen, wenn das zeitlich letzte Ereignis in einer Kausalkette**, durch das die Aufwendungen unmittelbar verursacht worden sind, **als zwangsläufig anzusehen ist.**

Beispiel:
Der Stpfl. beantragt, die Tilgungsleistungen auf ein Darlehn, das er zur Bezahlung eines Wohnmobils aufgenommen hatte, nach § 33 zu berücksichtigen. –

Ein Abzug ist nicht möglich. Der Stpfl. ist zwar zur Rückzahlung des Darlehns rechtlich verpflichtet (aufgrund des Darlehnsvertrages aus § 607 BGB). Die Schuldaufnahme ist jedoch nicht zwangsläufig erfolgt, denn sie beruhte nicht auf einem für den Stpfl. unabwendbaren Ereignis. Zur Zwangsläufigkeit bei **Erfüllung** von **Nachlaßverbindlichkeiten** durch Erben vgl. BFH, BStBl 1987 II 715.

Schuldzinsen fallen unter § 33, wenn die Schuldaufnahme durch Aufwendungen veranlaßt ist, die ihrerseits eine außergewöhnliche Belastung darstellen (BFH, BStBl 1986 II 745).

Rechtsprechung und Verwaltung **verzichten** aber bei Zwangsläufigkeit der Aufwendungen aus lediglich **rechtlichen** Gründen im Einzelfall auf die **Prüfung der Unabwendbarkeit des Ereignisses,** wenn es sich um bestimmte **außergewöhnliche Vorgänge im höchstpersönlichen Lebensbereich** handelt. Die Ermittlungen der Finanzverwaltung i.S. von § 88 AO müssen nach Ansicht des BFH unterbleiben, soweit sie ein Eindringen in die höchstpersönlichen, sich einer „Motivforschung" entziehenden Angelegenheiten des Stpfl. bedeuten würden.

Die im Rahmen des § 33 zu berücksichtigenden Aufwendungen des Privatbereichs können daher in zwei Fallgruppen aufgeteilt werden:

a) **Höchstpersönliche Angelegenheiten**
   Hier folgt die Zwangsläufigkeit anhand des zeitlich letzten Ereignisses innerhalb einer Ereigniskette, das die rechtliche Verpflichtung ausgelöst hat.

   Beispiele:
   1. **Selbstmordversuch:**
      Die Rechnung des Arztes für die Behandlung ist das maßgebliche letzte Ereignis. Dem Stpfl. kann sein Verhalten nicht entgegengehalten werden. Krankheitskosten sind stets eine außergewöhnliche Belastung.
   2. **Ehescheidung:**
      Das gerichtliche Scheidungsurteil ist maßgeblich. Die Scheidungskosten sind eine außergewöhnliche Belastung, weil der Stpfl. aus rechtlichen Gründen verpflichtet war, die Scheidungskosten zu bezahlen und hier

nach der Rechtsprechung nicht zu prüfen ist, ob das für die Aufwendungen ursächliche Ereignis für den Stpfl. zwangsläufig war. Dem Stpfl. kann nicht die Ursachensetzung an der Scheidung vor gehalten werden (z. B. Zerrüttung nach Ehebruch).

Zu den als außergewöhnliche Vorgänge im höchstpersönlichen Lebensbereich eingestuften Sachverhalten gehören u. a. auch

- Aufwendungen für einen dauernd getrennt lebenden Ehegatten
- Aufwendungen für ein nichteheliches Kind (§ 1615a BGB).

b) Übrige Angelegenheiten

Hier ist der gesamte Ereignisablauf maßgebend. Die Ursache des Schuldgrundes muß auf ihre Zwangsläufigkeit untersucht werden.

> **Beispiel:**
> Der Stpfl. muß für eine ihm von Unbekannt verursachte Beschädigung an einem von ihm für die Dauer einer Urlaubsreise geliehenen Pkw aufkommen. –
> Der Stpfl. ist zwar rechtlich zum Schadensersatz verpflichtet (vgl. § 599 BGB). Die Zwangsläufigkeit der Aufwendungen ist jedoch zu verneinen, da das letztlich verursachende Ereignis „Urlaub" innerhalb der Kausalkette weder außergewöhnlich noch zwangsläufig ist (BFH, BStBl 1974 II 106).

Um dem Billigkeitscharakter des § 33 gebührend Rechnung zu tragen, kann es geboten sein, die Kausalkette nicht bis zum Beginn zurückzuverfolgen. Das bedeutet, daß unter Umständen auf die Prüfung der Unabwendbarkeit der Aufwendungen verzichtet wird.

> **Beispiel:**
> Der nicht haftpflichtversicherte Stpfl. hat als Fußgänger durch leichte Fahrlässigkeit einer anderen Person Sachschäden zugefügt und muß diese ersetzen. –
> Die Schadensersatzleistungen dürfen sich nach § 33 auswirken, da sie als zwangsläufig anzusehen sind. Die lediglich leichte Mißachtung der Sorgfaltspflicht kann dem Stpfl. nach dem Sinn des § 33 nicht vorzuhalten sein (BFH, BStBl 1963 III 499).

M. E entfällt die Prüfung der Zwangsläufigkeit des Ereignisses auch, wenn **neben** einer rechtlichen Verpflichtung zu den Aufwendungen die im Gesetz als gleichrangig aufgeführten tatsächlichen oder sittlichen Gründe vorliegen. Vgl. nachfolgend unter 1.6.1.3 und 1.6.1.4.

1.6.1.3 Zwangsläufigkeit aus tatsächlichen Gründen

Tatsächliche Gründe liegen vor, wenn der Stpfl. sich Aufwendungen aufgrund bestimmter unabwendbarer äußerer Umstände oder Ereignisse nicht entziehen kann, ohne daß eine rechtliche Verpflichtung der Grund für die Aufwendungen war („höhere Gewalt"), z. B. Aufwendungen infolge Krankheit, Krieg, Tod, Unwetter, Brand usw. Vgl. R 186 Abs. 1. Solche Gründe sind (genau wie sittliche Gründe, vgl. 1.6.1.4) **den rechtlichen Gründen gleichgestellt.** Daher sind vor allem **eigene Krankheitskosten** stets zwangsläufig. Die Zwangsläufigkeit der Aufwendungen ergibt sich – abgesehen von der rechtlichen Verpflichtung zur Bezahlung der Rechnungen – bereits aus der **Tatsache,** daß der Stpfl. Krankheitskosten aufgewendet hat.

Ebenso sind **Scheidungskosten** stets zwangsläufig.

Tatsächliche (und auch sittliche) Gründe der Aufwendungen führen aufgrund der ihnen vom Gesetzgeber beigemessenen Gleichrangigkeit mit rechtlichen Gründen selbst dann zur Zwangsläufigkeit, wenn

- sich der Stpfl. dem Ereignis, das die Aufwendungen verursacht hat, hätte entziehen können, oder
- der Stpfl. die Aufwendungen durch sein Verhalten sogar bewußt oder schuldhaft selbst verursacht hat.

Eine **Prüfung** des für die Aufwendungen **ursächlichen Ereignisses unterbleibt also stets.**

> **Beispiel:**
> Der Stpfl. hat durch einen Selbstmordversuch verursachte Arzt- und Krankenhauskosten aufgewendet.
> Die Aufwendungen sind als außergewöhnliche Belastung abzugsfähig.

Keine Zwangsläufigkeit aus **tatsächlichen** Gründen kann begründet werden durch einen maßgeblich von menschlichen Willen beeinflußten Zustand (BFH, BStBl 1990 II 738 [739 m. w. N.]).

Beispiel:
Eigene Internatsunterbringung zur Berufsausbildung ist nicht zwangsläufig i. S. des § 33 Abs. 2.

1.6.1.4 Zwangsläufigkeit aus sittlichen Gründen

Schließlich können noch sittliche Gründe zur Zwangsläufigkeit führen. Sittliche Gründe liegen vor, wenn nach dem Urteil billig und gerecht Denkender Dritter gegenüber eine moralische Verpflichtung besteht, ohne daß sie rechtlich erzwingbar ist.

Den rechtlichen Verpflichtungen sind solche ethischen Beweggründe ebenfalls **gleichgestellt.** Eine sittliche Verpflichtung in diesem Sinne kann man nur dritten Personen gegenüber haben (nicht etwa sich selbst gegenüber). Der Begriff ist eng auszulegen (EFG 1959, 312). Eine sittliche Verpflichtung wird gegenüber **Angehörigen i. S. § 15 AO,** bei denen nicht bereits eine gesetzliche Unterhaltsberechtigung besteht, **ohne nähere Prüfung anerkannt.** Bei Angehörigen **können daneben** gleichzeitig rechtliche Gründe, insbesondere eine gesetzliche Unterhaltsverpflichtung vorliegen. Dann ergibt sich die Zwangsläufigkeit auch sowohl aus rechtlichen wie sittlichen Gründen. Vorrangig sind aber rechtliche Gründe zu prüfen.

Ab 1996 reicht eine **sittliche Verpflichtung** im Rahmen des **§ 33a Abs. 1 nicht** mehr aus.

Beispiel:
Der Stpfl. übernimmt Krankheitskosten für folgende bedürftige Personen
1. Vater
2. Bruder.

Beim Vater ergibt sich die Zwangsläufigkeit primär bereits aufgrund der gesetzlichen Unterhaltspflicht (§§ 1589, 1601, 1602 BGB). Daneben liegt eine sittliche Verpflichtung vor.

Beim Bruder handelt es sich nicht um eine gesetzlich unterhaltsberechtigte Person (kein Verwandter in gerader Linie i. S. § 1589 BGB). Es liegen aber ohne weiteres im Rahmen des **§ 33 anzuerkennende** sittliche Beweggründe vor, da der Bruder Angehöriger i. S. von § 15 AO ist.

Bei Personen, die **nicht** Angehörige i. S. § 15 AO sind, wird in **besonderen Fällen (**bei **engen persönlichen Bindungen)** ebenfalls Zwangsläufigkeit aus sittlichen Gründen anerkannt (R 186 Abs. 1 Satz 5). Das gleiche dürfte gelten, wenn beim Empfänger eine auf eine andere Weise nicht zu behebende Notlage vorliegt.

Beispiel:
Ein Stpfl. übernimmt Krankheitskosten einer früheren langjährigen Hausangestellten, die nunmehr mittellos und arbeitsunfähig ist.
Es liegt eine anzuerkennende sittliche Verpflichtung vor (BFH, BStBl 1954 III 188).

Ausnahmsweise können auch Aufwendungen für andere Personen zwangsläufig sein, z. B. Zuwendungen eines Stpfl. an die Mutter seines nichtehelichen Kindes.

Nicht zu einer sittlichen Verpflichtung i. S. des § 33 führt dagegen die **allgemeine** Anstandspflicht**, in** Not geratenen Menschen zu helfen. Dabei ist die subjektive Auffassung des Stpfl. nicht entscheidend. Nicht jede gute Tat kann daher im Rahmen des § 33 berücksichtigt werden (gemäß BVerfG vom 23. 6. 1978, StRK, EStG 1975 § 33 R 2 verfassungsrechtlich nicht zu beanstanden). U. U kommt jedoch ein Spendenabzug nach § 10b in Betracht.

Beispiel:
Der Stpfl. schickt Paketsendungen in eine unter Hungersnot leidende Region aufgrund anonymer Adressenvermittlung.
Ein Abzug (hier: im Rahmen der typisierten Regelung für Unterhalt nach § 33a Abs. 1) ist nicht möglich, da keine anzuerkennenden sittlichen Gründe vorliegen.

Auch sittliche Gründe für die Aufwendungen haben ein solches Gewicht, daß die Zwangsläufigkeit i. S. von § 33 selbst dann zu bejahen ist, wenn der Stpfl. sich – objektiv gesehen – den Aufwendungen hätte entziehen können. Aufwendungen für **das Studium von Geschwistern** sind i. d. R. **nicht** zwangsläufig (BFH, BStBl 1989 II 280).

1.6.2 Zwangsläufigkeit der Aufwendungen der Höhe nach

Aufwendungen, deren Zwangsläufigkeit dem Grunde nach feststeht, dürfen nur insoweit als außergewöhnliche Belastung geltend gemacht werden, als sie der Höhe nach zwangsläufig sind. Nach § 33 Abs. 2 S. 1 2. Halbsatz sind die Aufwendungen der Höhe nach nur insoweit zwangsläufig, als sie den Umständen nach **notwendig** und angemessen sind. Hierfür gibt es keine allgemeinen Regeln.

Maßgeblich sind die Verhältnisse im Einzelfall. Vgl. R 186 Abs. 1 S. 7. Bei Krankheitskosten sind z. B. Art, Schwere und Dauer der Erkrankung zu berücksichtigen. Eine Schätzung (§ 162 AO) des angemessenen Betrags ist für bestimmte Einzelfälle durch Rechtsprechung und Verwaltung vorgenommen worden.

Eine Prüfung der Angemessenheit erfolgt u. a. bei:

a) Wiederbeschaffung von existentiell notwendigen Gegenständen (R 187)

b) Badekuren (R 189 Abs. 3, u. a. Abzug einer Haushaltsersparnis in Höhe von 1/5 der Verpflegungsaufwendungen, R 188 Abs. 3)

c) Private Pkw-Kosten Geh- und Stehbehinderter (R 189 Abs. 4): Berücksichtigung von 3000 km Fahrleistung, bei außergewöhnlicher Gehbehinderung 15 000 km; je km (zur Zeit) 0,52 DM (oder Einzelnachweis) = 1560 DM. S. a. H 189 „Fahrtkosten Behinderter"

Vgl. hierzu im einzelnen unter C. 7.7.2.

Soweit die Höhe der Aufwendungen durch persönliche Ansprüche bedingt ist, werden sie gegebenenfalls nur zum Teil anerkannt (z. B. BFH, BStBl 1965 III 91 betrifft Frischzellen-Kur).

Die freiwillige **Ablösung von laufenden Kosten** für die Unterbringung eines pflegebedürftigen Kindes in einer Anstalt ist keine außergewöhnliche Belastung nach § 33.

> **Beispiel:**
>
> Der Stpfl. zahlte an die Pflegeanstalt, in der sein pflegebedürftiges, zu 100% körperbehindertes, Kind untergebracht ist, anstelle des bisherigen monatlichen Pflegesatzes von 2 000 DM eine einmalige Abfindungssumme von 275 000 DM. Dafür verpflichtete sich der Träger der Anstalt, das Kind des Stpfl. lebenslang in der Anstalt zu pflegen.
>
> Die Zahlung der einmaligen Summe ist nicht zwangsläufig erfolgt. Es handelte sich um eine auf freiem Entschluß des Stpfl. beruhende wirtschaftliche Maßnahme. Es sind daher nur die laufenden monatlichen Zahlungen bis zum Zeitpunkt der Ablösung zu berücksichtigen (BFH, BStBl 1981 II 130). Überdies ist m. E. bei der Abfindung ein Vorgang auf der reinen Vermögensebene gegeben (vom BFH offengelassen).

Für die Frage der Zwangsläufigkeit der Höhe nach **ohne Bedeutung** sind aber

– die Höhe des Vermögens des Stpfl.,

– die Frage, ob der Stpfl. die Aufwendungen aus seinem Einkommen oder Vermögen bestritten hat (R 186 Abs. 1 Satz 6).

1.6.3 Zwangsläufigkeit der Belastung

Nicht nur die Aufwendungen, sondern auch die durch sie eingetretene Belastung des Einkommens muß zwangsläufig sein. Der Stpfl. muß alles Zumutbare getan haben, um die Belastung so niedrig wie möglich zu halten. Daher entfällt die Zwangsläufigkeit der Belastung z. B. bei Verzicht des Stpfl. auf ihm zustehende Ersatzleistungen. Die Gründe für den Verzicht sind i. d. R. bedeutungslos. Vgl. hierzu unter 1.4.2.1.4.

1.7 Zumutbare Belastung (§ 33 Abs. 1 und 3 EStG)

1.7.1 Begriff, Sinn und Zweck

Der Stpfl. kann nur insoweit einen Freibetrag nach § 33 erhalten, als seine Aufwendungen die „zumutbare Belastung" übersteigen (§ 33 Abs. 1). Mit dieser Regelung wird die wirtschaftliche Leistungsfähigkeit des Stpfl. berücksichtigt.

Der Gesetzgeber mutet dem Stpfl. zu, einen bestimmten Teil seiner Belastung zu tragen, ohne hierfür eine steuerliche Vergünstigung nach § 33 zu erhalten.

Die zumutbare Belastung wird durch Anwendung eines nach Familienstand und Höhe der Bemessungsgrundlage gestaffelten Vonhundertsatzes auf die Bemessungsgrundlage ermittelt.

Nach § 33 Abs. 3 bestimmen folgende Faktoren die Höhe der zumutbaren Belastung
- Zahl der Kinder(freibeträge) **oder**
- Art des Tarifs **und**
- Höhe des Gesamtbetrags der Einkünfte.

Die Veranlagungsart hat nur mittelbare Auswirkung (auf den anzuwendenden Tarif).

1.7.2 Berechnung der zumutbaren Belastung

1.7.2.1 Bemessungsgrundlage

Bemessungsgrundlage für die Berechnung der zumutbaren Belastung ist der Gesamtbetrag der Einkünfte i. S. von § 2 Abs. 3, ermittelt nach dem Schema in R 3. Hierauf wird der nach § 33 Abs. 3 maßgebliche Vomhundertsatz angewendet.

| zumutbare Belastung | = | Gesamtbetrag der Einkünfte | × | Maßgeblicher Prozentsatz |

Außer Betracht bleiben beim Gesamtbetrag der Einkünfte insbesondere
- ausländische Einkünfte, die aufgrund eines DBA steuerfrei sind, aber dem Progressionsvorbehalt nach § 32b Abs. 1 Nr. 2 unterliegen,
- andere steuerfreie Einnahmen; dies gilt wie auch für steuerfreie Lohnersatzleistungen, die dem Progressionsvorbehalt nach § 32b Abs. 1 Nr. 1 unterliegen,
- nach §§ 40 bis 40b pauschalversteuerter Arbeitslohn.

Der nach § 33 vom Gesamtbetrag der Einkünfte abzuziehende Freibetrag ermittelt sich wie folgt:

	abzugsfähige Aufwendungen i. S. § 33
./.	zumutbare Belastung (§ 33 Abs. 3)
=	abzuziehender Freibetrag („Überlastungsbetrag")

1.7.2.2 Maßgeblicher Prozentsatz der zumutbaren Belastung

Die Tabelle des § 33 Abs. 3 ist wie folgt aufgebaut:
- Bei Stpfl., bei denen keine Kinderfreibeträge zu berücksichtigen sind, hängt der maßgebliche Prozentsatz der zumutbaren Belastung ab von
  - dem anzuwendenden **Tarif** (Grundtarif, § 32a Abs. 1 und Abs. 4 bzw. Splittingtarif, § 32a Abs. 5 oder Abs. 6 und
  - der Höhe des **Gesamtbetrags der Einkünfte**.
- Bei Stpfl., bei denen mindestens ein Kinderfreibetrag oder Kindergeld für **ein** Kind berücksichtigt wird, kommt es auf den bei der Veranlagung anzuwendenden Tarif nicht an. Hier sind vielmehr maßgeblich: die Zahl der zu berücksichtigenden Kinder(freibeträge) und Höhe des Gesamtbetrags der Einkünfte.

Übersicht über die maßgeblichen Faktoren

	Kinderzahl i. S. von § 33 Abs. 3	Tarif (Grund- oder Splitting-Tarif)	Höhe des Gesamtbetrages der Einkünfte
Stpfl. ohne Kinder (§ 33 Abs. 3 Nr. 1)	–	×	×
Stpfl. mit Kindern (§ 33 Abs. 3 Nr. 2)	×	ohne Bedeutung	×

Andere Faktoren sind bedeutungslos. Als **Kinder** i. S. von § 33 Abs. 3 **zählen** Kinder, für die der Stpfl. **einen Kinderfreibetrag** (nach § 32 Abs. 6) **oder Kindergeld erhält** (§ 33 Abs. 3 Satz 2).

Hierbei kann es sich um einen Kinderfreibetrag in Höhe von 251 DM (ab VZ 1997 = 288 DM) nach § 32 Abs. 6 Satz 1 (= Zähler 0,5) oder 522 DM (ab VZ 1997 = 576 DM) nach § 32 Abs. 6 Satz 2 ff. (= Zähler 1,0) handeln. Vgl. hierzu im einzelnen die Ausführungen zu den Kinderfreibeträgen unter H.

Die Höhe der zumutbaren Belastung gehört also zu den „kinderbedingten Steuerentlastungen", deren Gewährung vom Abzug (und hier zusätzlich der Anzahl) von beim Stpfl. abzuziehenden Kinderfreibeträgen bzw. vom Kindergeld abhängig ist. Die **Zuordnung** i. S. des § 32 Abs. 7 hat hierfür **keine** Bedeutung.

Beispiele:

1. Die Stpfl. A ist ledig und hat zwei nichteheliche Kinder unter 16 Jahren, die ihr nach § 32 Abs. 7 Satz 2 zuzuordnen und bei ihr nach § 32 Abs. 3 zu berücksichtigen sind. Für beide Kinder erhält sie jeweils einen Kinderfreibetrag von 3 132 DM (ab VZ 1997 = 3 456 DM) bzw. nach § 32 Abs. 6 Satz 1. Der leibliche Vater B ist unbeschränkt stpfl. Gesamtbetrag der Einkünfte der A 30 000 DM.

   Die zumutbare Belastung beträgt 30 000 DM × 2 % = 600 DM (§ 33 Abs. 3 S. I Nr. 2a i. V. m. S. 2), da sie zwei Kinderfreibeträge bzw. Kindergeld für zwei Kinder erhält (§ 32 Abs. 6 Satz 1). Abzustellen ist nicht auf die Zuordnung der Kinder, sondern auf die Gewährung der Kinderfreibeträge.

   Abwandlung von Beispiel 1

   Die Kinderfreibeträge wurden nach § 32 Abs. 6 Satz 5 auf den leiblichen Vater B übertragen.

   Durch diesen Verlust des Kinderfreibetrags tritt auch der Verlust der kinderbedingten Minderung der zumutbaren Belastung ein. Die zumutbare Belastung ist nach § 33 Abs. 3 Nr. 1 zu berechnen, also so, als hätte die A keine Kinder. Vgl. hierzu auch I. 1.

2. Wie Beispiel 1. Der ebenfalls ledige leibliche Vater B der beiden nichtehelichen Kinder der A ist im VZ seiner Unterhaltsverpflichtung nachgekommen. Gesamtbetrag der Einkünfte 30 000 DM.

   Die zumutbare Belastung beträgt ebenfalls 30 000 DM × 2 % = 600 DM (wie Fall 1). (§ 33 Abs. 3 S. 1 Nr. 2a i. V. m. S. 2)

   Auch B hat zwei Kinder im Sinne der zumutbaren Belastung, da er nach § 32 Abs. 6 Satz I – wie die leibliche Mutter der Kinder – Kinderfreibeträge für 2 Kinder erhält (wenn auch nur je 3 132/3 456 DM nach § 32 Abs. 6 S. 1.

3. C ist verheiratet und mit seiner Ehefrau nach § 26 b zusammen veranlagt. Es sind zwei Kinder zu berücksichtigen. Gesamtbetrag der Einkünfte der Eheleute 30 000 DM.

   Die zumutbare Belastung beträgt unverändert gegenüber den obigen Fällen 30 000 DM × 2 % = 600 DM (§ 33 Abs. 3 **Nr. 2a**).

   Die Anwendung des Ehegatten-Splittingtarifs wirkt sich nicht aus.

   Die beiden Kinder zählen, weil die Ehegatten für beide Kinder einen **Kinderfreibetrag** erhalten (hier jeweils 6 264/6 912 DM je Kind, § 32 Abs. 6 Satz 2).

4. Stpfl. D ist seit dem Vorjahr verwitwet. Er erfüllte mit seiner Ehefrau bis zu deren Tod die Voraussetzungen des § 26 Abs. 1 Satz 1. Zwei leibliche Kinder sind zu berücksichtigen. Gesamtbetrag der Einkünfte 30 000 DM.

   Bei der Einzelveranlagung des D ist zwar der Splittingtarif gemäß § 32a Abs. 6 Nr. 1 anzuwenden. Der Vomhundertsatz der zumutbaren Belastung bestimmt sich jedoch auch hier nach § 33 Abs. 3 S. I **Nr. 2a** (zwei Kinder) (nicht nach Nr. 1b Splittingtarif):
   30 000 DM × 2 % = 600 DM.

   Die beiden Kinder **zählen**, weil D für beide Kinder einen **Kinderfreibetrag** erhält (hier jeweils von 6 264/6 912 DM nach § 32 Abs. 6 Satz 3).

Zur Ermittlung der zumutbaren Belastung bei getrennter Veranlagung von Ehegatten nach § 26a vgl. R 174a Abs. 2.

1.8 Antrag des Steuerpflichtigen

Ein Antrag ist formelle Voraussetzung für die Gewährung der Steuerermäßigung. Dieser Antrag ist aber formfrei. Es genügt daher z. B., daß der Wille des Stpfl. ersichtlich wird durch Vorlage von Rechnungen, Belegen, Urkunden usw., die sich nach § 33 auswirken können. Ist dem Stpfl. eine Antragsmöglichkeit offensichtlich nicht bewußt, ist das FA sogar verpflichtet, durch entsprechende Antragstellung anzuregen. Es ist auch eine nachträgliche Antragstellung im Rechtsbehelfsverfahren möglich.

1.9 Verhältnis des § 33 zu § 160 AO

Im allgemeinen geht aus den Unterlagen auch hervor, wer der Empfänger der belastenden Aufwendungen war. Ist dies nicht der Fall, weil der Stpfl. den Empfänger nicht nennen will oder kann, taucht die Frage auf, ob § 160 AO der Berücksichtigung nach § 33 entgegensteht. § 160 AO soll die Erfassung steuerpflichtiger Einnahmen beim Empfänger von Aufwendungen sicherstellen. Prinzipiell ist die Vorschrift daher auch im Verhältnis zu § 33 anwendbar. Im Rahmen des § 160 AO ist aber der Behörde ein Ermessensspielraum eingeräumt. Die Anforderungen des Finanzamtes müssen sich im Rahmen des Zumutbaren bewegen. Unzumutbar ist es jedoch, dem Stpfl. die Angabe des Empfängers der Zahlung abzuverlangen, wenn dieser zu der Ausgabe aufgrund einer echten Notlage gezwungen war und ihm der Name des Empfängers nicht bekannt ist. Diese Situation wird aber auf Ausnahmefälle, wie Entführungen, beschränkt sein.

Beispiele:
1. Der Stpfl. hat ein Hörgerät „ohne Rechnung" gegen Barzahlung erworben.
   § 160 AO verbietet eine Berücksichtigung auch nach § 33, wenn der Stpfl. den Empfänger verschweigt.
2. Der Stpfl. war entführt worden und hatte aufgrund räuberischer Erpressung mit Bedrohung seines Lebens an Unbekannt ein Lösegeld gezahlt, das er nach § 33 absetzen will.
   Dem Antrag ist stattzugeben, da die Identität der Entführer unbekannt sein dürfte. Zwar stellt das Lösegeld bei den Entführern steuerpflichtige sonstige Einkünfte i. S. von § 22 Nr. 3 dar. Dabei ist es unerheblich, daß die Einnahme auf einem gesetzwidrigen Handeln beruht (§ 40 AO).
   Die Nichtbenennung der Entführer verhindert also eine Versteuerung derer Einnahmen. Trotzdem kann hier m. E. § 160 AO eine Anerkennung als außergewöhnliche Belastung nicht verhindern.

1.10 Einzelfälle des § 33 EStG

Nachfolgend werden weitere Einzelheiten dargestellt. Vgl. auch H 186.

1.10.1 Krankheitskosten (R 189 Abs. 1 EStR)

Zu den eigentlichen Krankheitskosten zählen vor allem die Aufwendungen für die **Behandlung** durch **Ärzte** und **Heilpraktiker**, für **Operationen**, **Zahnbehandlungen** und **Zahnersatz, Medikamente, Krankenhausaufenthalte, Krankenbeförderungen, krankheitsbedingte Kleidung** (z. B. orthopädische Schuhe) und **technische Hilfsmittel** (wie Brillen, Hörapparate).

In Betracht kommt ein Abzug von Aufwendungen **des Stpfl. für sich selbst**, für **seinen Ehegatten**, für die **Kinder**, für **Angehörige** (§ 15 AO) und für weitere Personen, soweit die allgemeinen Voraussetzungen des § 33 gegeben sind (BFH, BStBl 1991 II 62).

Eigene Arzt- und Krankenhauskosten sowie für den Ehegatten und Kinder sind stets zwangsläufig (aus tatsächlichen Gründen) und belasten – soweit nicht ersetzt – das Einkommen.

Auf ein Verschulden des Stpfl. an der Krankheit als dem verursachenden Ereignis kommt es nicht an.

Beispiel:
Der Stpfl. hat sich wegen Medikamentenabhängigkeit einer Entziehungskur unterworfen. –
Es handelt sich um (zwangsläufige) Krankheitskosten (BFH, BStBl 1967 III 459 betr. Alkoholentziehungskur).

Der Höhe nach ist die Zwangsläufigkeit in der Regel zu unterstellen. Bei besonders hohen Aufwendungen oder nicht allgemein anerkannten Behandlungsmethoden kann in Ausnahmefällen eine Begrenzung auf einen angemessenen Betrag erforderlich sein.

Hierzu muß aber ein auffälliges Mißverhältnis zwischen den erforderlichen und tatsächlichen Aufwendungen vorliegen. Auf die Beihilfefähigkeit (bei öffentlich Bediensteten) oder tariflicher Erstattungsfähigkeit bei den Krankenkassen kann es aber nicht ankommen.

Beispiel:

Aufwendungen für eine Frisch- und Trockenzellen-Kur sind nach Ansicht des BFH nicht in der tatsächlichen Höhe, sondern nur in Höhe eines angemessenen Betrages nach § 33 zu berücksichtigen (BFH, BStBl 1965 III 91). Außerdem können solche Aufwendungen nur berücksichtigt werden, wenn die Behandlung zur Heilung oder Linderung einer Krankheit vorgenommen wird. Ob das der Fall ist, ist grds. aufgrund eines vor Beginn der Behandlung erstellten amtsärztlichen Zeugnisses nachzuweisen (BFH, BStBl 1981 II 711).

Bei **Krankenhausaufenthalten** steht die **Wahl der Klasse dem Stpfl. frei;** insoweit ist keine Prüfung der Zwangsläufigkeit der Höhe nach durchzuführen.

Eine **Haushaltsersparnis** ist bei **Krankenhausaufenthalt** (anders als bei Kurkosten) regelmäßig **nicht** abzuziehen.

Beispiel:

Der Stpfl. macht folgende durch einen Krankenhausaufenthalt entstandene und nicht ersetzte Aufwendungen nach § 33 geltend:

Arztkosten	1000 DM
Krankenhausaufenthalt (15 Tage x 200 DM im Einzelbettzimmer)	3000 DM
Trinkgelder an Pflegekräfte	50 DM
Die anzuerkennenden Aufwendungen von	4000 DM

sind nicht um eine Haushaltsersparnis zu kürzen.

Die Trinkgelder dürften nicht zwangsläufig sein.

Aufwendungen für **Besuchsfahrten** zu einem **Kind** des Stpfl. im Krankenhaus fallen unter § 33, wenn der Aufenthalt der Eltern am Krankenbett des Kindes für dessen Gesundung aus ärztlicher Sicht therapeutisch unentbehrlich ist (vgl. R 189 Abs. 1). Das gilt **auch,** wenn es sich nicht um ein Kind, sondern um **nahe Angehörige** des Stpfl. handelt. Die medizinische Veranlassung der Besuchsfahrt muß durch eine Bescheinigung des behandelnden Krankenhausarztes konkret nachgewiesen werden (BFH, BStBl 1984 II 484).

Fahrten zu pflegebedürftigen Elternteilen sind **insoweit** außergewöhnlich, als sie den Aufwand für übliche Besuchsfahrten überschreiten (BFH, BStBl 1990 II 958).

Als Krankheitskosten können **auch** Aufwendungen **für vorbeugende Maßnahmen gegen Krankheiten** berücksichtigt werden, nicht jedoch auch solche, die der Erhaltung der Gesundheit ganz allgemein dienen.

Beispiele:

1. Aufwendungen eines an Heuschnupfen oder asthmatischen Beschwerden Leidenden für eine Reise nach Mallorca während der Zeit des Pollenflugs sind auch dann keine außergewöhnliche Belastung, wenn die Reise von einem Arzt für erforderlich gehalten wird (BFH, BStBl 1972 II 534).
2. Aufwendungen für die Ausübung eines Sports können nur dann als allgemeine außergewöhnliche Belastung (§ 33) anerkannt werden, wenn durch eine ärztliche Bescheinigung die Ausübung des Sports als für die Heilung oder Linderung der Krankheit eindeutig erforderlich nachgewiesen wird, wenn außerdem ärztliche Anweisungen über Art und Umfang der Sportausübung vorliegen und wenn der Sport unter ärztlicher Leitung und Aufsicht ausgeübt wird. Je nach der Art des Sports kann ausnahmsweise die fachkundige Leitung und Aufsicht – z. B. durch eine Krankengymnastin – genügen (BFH, BStBl 1972 II 14).

Bei der **Geburt eines Kindes** sind folgende Aufwendungen wie Krankheitskosten zu behandeln: Kosten für Arzt, Krankenhaus, Hebamme, häusliche Säuglingsschwester (bei ärztlicher Anordnung).

Aufwendungen für die **Ausstattung** des Kindes fallen nicht unter § 33, da der Stpfl. einen Gegenwert erhält.

Beispiel:

Anläßlich der Geburt eines Kindes sind folgende Aufwendungen entstanden:

Arztkosten (Entbindung)	2 600 DM
Arztkosten (Behandlung, Untersuchungen des Neugeborenen)	500 DM
Krankenhausaufenthalt (10 Tage)	3000 DM
Säuglingswäsche	400 DM

Pflegemittel	100 DM
Kinderwagen	500 DM

Arztkosten und Krankenhausaufenthalt wurden in voller Höhe ersetzt (je 50% Beihilfe des Arbeitgebers und Krankenkasse). –

Ein Abzug nach § 33 ergibt sich nicht. Die nach § 33 zu berücksichtigenden Aufwendungen wurden voll ersetzt. Die Ausstattung (Wäsche, Pflegemittel, Kinderwagen) stellt keine außergewöhnliche Belastung dar.

Aufwendungen für **Arzneimittel** u. ä. können **nur bei ärztlichen** Verordnung oder Bescheinung (auch durch Heilpraktiker) nach § 33 berücksichtigt werden (BFH, BStBl 1990 II 958, und zwar auch dann nicht, wenn die Literatur der Entscheidung für eine bestimmte Therapie dient (BFH, BStBl 1996 II 88).

Nicht erforderlich ist dies aber bei länger dauernden Krankheiten, die einen laufenden Verbrauch bestimmter Medikamente bedingen, falls das Vorliegen bereits früher dargetan wurde.

Kraft ausdrücklicher gesetzlicher Regelung kann **Diälverpflegung nicht nach** § 33 berücksichtigt werden (§ 33 Abs. 2 letzter Satz). Dies gilt auch, wenn die Diät an die Stelle einer medikamentösen Behandlung tritt.

Aufwendungen für **medizinische Fachliteratur sind keine** außergewöhnliche Belastung (BFH, BStBl 1990 II 958), und zwar auch dann nicht, wenn die Entscheidung für eine bestimmte Therapie dient (BFH, BStBl 1996 II 88).

Die Zwangsläufigkeit der Anschaffung medizinischer Hilfsmittel, die auch von Gesunden zur Steigerung des Lebenskomforts angeschafft werden, ist durch Vorlage eines vor dem Kauf erstellten amts- oder vertrauensärztlichen Attests nachzuweisen (BFH, BStBl 1991 II 920).

Die **Übernahme von Krankheitskosten Angehöriger** kann aus **rechtlichen** Gründen (infolge der gesetzlichen Unterhaltspflicht nach §§ 1601, 1602 BGB) oder **sittlicher** Verpflichtung (gilt bei § 33 weiterhin auch ab VZ 1996) zwangsläufig sein. Als außergewöhnliche Kosten sind sie **nicht** durch den Unterhaltsfreibetrag nach § 33a Abs. 1 abgegolten, sondern können daneben nach § 33 berücksichtigt werden, sofern sie der Angehörige nicht selbst tragen konnte. Vgl. BFH, BStBl 1991 II 62. Dabei spielt es **keine** Rolle, ob

– der Stpfl. die Krankheitskosten unmittelbar bestritten hat, oder
– dem Unterstützten entsprechende Mittel zur Verfügung gestellt hat.

Beispiele:
1. Der Stpfl. hat Krankheitskosten seines Vaters übernommen, die nicht aus seinem eigenen Einkommen oder Vermögen bestritten werden könnten. –
   Der Stpfl. kann die Kosten nach § 33 abziehen.
   Die Aufwendungen sind infolge gesetzlicher Unterhaltspflicht des Stpfl. und Bedürftigkeit des Vaters zwangsläufig.
2. Der Stpfl. hat aufgrund Urteils des Familiengerichts nach Auflösung der Ehe wegen Geisteskrankheit Unterhalt zu leisten und die Kosten für die Unterbringung in einer Heilanstalt zu tragen. –
   Die Unterhaltsleistungen können nur nach § 33a Abs. 1 berücksichtigt werden. Die Kosten der Heilanstalt sind daneben nach § 33 abzugsfähig.

Zu Aufwendungen wegen Pflegebedürftigkeit des Stpfl. bzw. Dritter vgl. R 188 und H 188.

Die Kosten altersbedingter Unterbringung in einem Alters(wohn)heim sind grds. **nicht** nach § 33 abziehbar. Dies gilt **auch** bei **Erkrankung** während des Heimaufenthalts (BFH, BStBl 1990 II 418).

1.10.2 Kurkosten (R 189 Abs. 1 und 3 EStR)

1.10.2.1 Außergewöhnlichkeit und Zwangsläufigkeit dem Grunde nach

Zu den Krankheitskosten gehören unter den Voraussetzungen des R 188 Abs. 1 auch Aufwendungen für Kuren, soweit sie im Einzelfall zwangsläufig und außergewöhnlich sind.

Die Zwangsläufigkeit dem Grunde nach und die Außergewöhnlichkeit liegen i. d. R nur vor bei medizinischer Notwendigkeit z. B. bei ernsthafter Erkrankung zur Wiederherstellung der Gesundheit. Der Stpfl. muß die **Kurbedürftigkeit nachweisen,** und zwar i. d. R. durch Vorlage eines **vor** Antritt der Kur ausgestellten **amtsärztlichen Zeugnisses,** wenn sich die Notwendigkeit der Kur nicht schon aus anderen Unterlagen ergibt. Dies ist z. B. **bei Pflichtversicherten die Bescheinigung der Versiche-**

rungsanstalt und bei **öffentlich Beschäftigten die Bestätigung der Behörde,** daß die Notwendigkeit im Rahmen der Bewilligung von Zuschüssen oder Beihilfen geprüft und anerkannt worden ist (BFH, BStBl 1980 II 295).

Bei Zuschüssen von Krankenkassen kann die Notwendigkeit der Kur jedoch nur unterstellt werden, wenn Zuschüsse auch zu den Kosten für Unterkunft und Verpflegung und nicht nur zu den Kurmitteln geleistet werden.

Außerdem kann auf eine amtsärztliche Bescheinigung verzichtet werden, wenn die Notwendigkeit der Kur aus anderen Gründen offensichtlich ist, z. B. bei Schwerbeschädigten oder bei Genesenden nach einer schweren Operation oder Erkrankung.

Weiterhin muß sich der Stpfl. am Kurort grundsätzlich in ärztliche Behandlung begeben. Der Abzug ist ggf. neben einem Pauschbetrag nach § 33b möglich (BFH, BStBl 1988 II 275).

Zur Anerkennung einer Kur bei **Kindern** vgl. BFH, BStBl 1991 II 763 (grds. Unterbringung in einem Kinderheim erforderlich).

1.10.2.2 Umfang des Abzugs (= Zwangsläufigkeit der Höhe nach)

Zu den abzugsfähigen Kurkosten gehören

- Kosten der **Unterbringung** in der tatsächlichen Höhe
- **Verpflegungskosten**. Jedoch ist eine Minderung um die Haushaltsersparnis vorzunehmen. Diese beträgt $1/5$ der Verpflegungskosten (R 189 Abs. 3).
- **Fahrtkosten**.

Zu den absetzbaren Aufwendungen gehören auch die Kosten für die Hin- und Rückfahrt zum bzw. vom Kurort. Dabei werden grundsätzlich nur die Kosten, die bei Benutzung eines öffentlichen Verkehrsmittels erwachsen würden, anerkannt. Die Kosten für die Benutzung eines eigenen Kfz werden nur ausnahmsweise anerkannt, wenn besondere persönliche Verhältnisse des Stpfl. dies erfordern oder bei Gehbehinderung. Bei alten, hilflosen Stpfl. können auch die Kosten für eine Begleitperson als außergewöhnliche Belastung berücksichtigt werden.

Aufwendungen des Stpfl. für **Besuchsfahrten zu** seinem eine Kur durchführenden Ehegatten sind jedoch keine außergewöhnliche Belastung (BFH, BStBl 1975 II 536). Hat ein Stpfl. eine Badekur an Stelle einer nach seinen Einkommensverhältnissen sonst üblichen Erholungsreise gemacht, so können die Kosten der Unterbringung und Verpflegung nur insoweit berücksichtigt werden, als sie die üblichen Kosten einer Erholungsreise übersteigen, es sei denn, die Badekur unterscheidet sich erheblich von einer üblichen Erholungsreise. Die in diesem Fall am Badeort entstandenen Arzt- und Kurmittelkosten sind dagegen als zwangsläufig anzusehen (als allgemeine Krankheitskosten).

Kosten für **Kuren** im **Ausland** werden i. d. R. nur bis zur Höhe der Aufwendungen als außergewöhnliche Belastung anerkannt, die in einem dem Heilzweck entsprechenden inländischen Kurort entstehen würden, es sei denn, daß gerade die Kur im Ausland vom Amtsarzt als notwendig bestätigt wird.

Eine sogenannte **Klimakur,** die dazu dient, eine Krankheit, z. B. allergischen Heuschnupfen, Beschwerden, vor allem durch den Klimawechsel zu beheben, stellt i. d. R. eine **nicht** berücksichtigungsfähige Erholungsreise dar. Eine Ausnahme gilt bei amtsärztlicher Bestätigung der Notwendigkeit.

Aufwendungen für ärztlich verordnete **Nachkuren** in einem typischen Erholungsort sind nicht außergewöhnlich. Dies gilt vor allem dann, wenn die Nachkur nicht unter ständiger ärztlicher Aufsicht in einer besonderen Kranken- oder Genesungsanstalt durchgeführt wird. Auch hier sind aber nach allgemeinen Grundsätzen die entstandenen Arzt- und Kurmittelkosten abzugsfähig.

Beispiele:
1. Der Stpfl. hat im VZ 01 eine Kur unter ständiger ärztlicher Kontrolle in einem Kurort durchgeführt. Nach der amtsärztlichen Bescheinigung (**vor** der Kur ausgestellt) war die Kur (Dauer 30 Tage) dringend erforderlich.

    Folgende Aufwendungen entstanden:
    - Unterbringung und Verpflegung für 30 Tage   4 000 DM (davon Verpflegung 1 500 DM)
    - Arzt- und Kurmittelkosten   1 000 DM
    - Reisekosten mit der Bundesbahn   200 DM
    - Taschengeld für Nebenausgaben   1 500 DM

Die Aufwendungen sind (bis auf das Taschengeld) durch Belege nachgewiesen.

Der Stpfl. hat die ihm zustehenden (steuerfreien) Ersatzleistungen zu den Kurkosten von 2 000 DM im VZ 02 erhalten.

Die Kurkosten sind dem Grunde nach zwangsläufig, da die Kurbedürftigkeit, hier: durch vorheriges amtsärztliches Attest, nachgewiesen wurde und die Kur unter ärztlicher Überwachung stattfand.

Die Aufwendungen können der Art und Höhe nach wie folgt berücksichtigt werden:

1.	Unterbringung und Verpflegung		4 000 DM
⁒	**Haushaltsersparnis**		
	$1/5$ × tägliche Verpflegungskosten 50 DM = 10 DM × 30 Tage =	⁒	300 DM
			3700 DM
2.	Arzt- und Kurmittelkosten		1 000 DM
3.	Fahrtkosten (grds. nur öffentliche Verkehrsmittel; BFH, BStBl 1991 II 762)		200 DM
			4900 DM
⁒	zustehende Ersatzleistungen		2 000 DM
	nach § 33 zu berücksichtigen		2900 DM

Das Taschengeld stellt keine außergewöhnliche Belastung dar (weder zwangsläufig noch außergewöhnliche Aufwendungen).

2. Im Anschluß an eine als notwendig bestätigte Kur hat der Stpfl. noch in einem Kurort eine 14tägige Nachkur durchgeführt, zu der ihm sein Hausarzt geraten hatte. Hierfür sind folgende Aufwendungen entstanden:

Unterbringung	770 DM
Verpflegung (14 Tage)	490 DM
Arztkosten am Kurort	1 000 DM
Kurmittel	500 DM
Fahrtkosten (eigener Pkw)	600 DM

Die Aufwendungen sind durch Belege nachgewiesen. Ersatzleistungen von dritter Seite hat der Stpfl. nicht erhalten. –

Die Nachkur ist nicht außergewöhnlich und zwangsläufig. Abzugsfähig sind nur die Arzt- und Kurmittelkosten von 1 500 DM.

1.10.3 Beerdigungskosten

Beerdigungskosten sind Nachlaßverbindlichkeiten (§§ 1967, 1968 BGB). Der Erbe hat sie aus dem Nachlaß zu bestreiten, soweit dieser ausreicht. Folglich liegt grds. **keine** Belastung des Stpfl. vor.

Ein Abzug nach § 33 ist nur insoweit möglich, als die Beerdigungskosten den Wert des Nachlasses übersteigen (BFH, BStBl 1991 II 140). Der Nachlaß ist mit dem gemeinen Wert (§ 9 BewG) anzusetzen. Dies gilt auch für schwerveräußerliche Wirtschaftsgüter.

Nicht zum Nachlaß im bürgerlich-rechtlichen Sinn gehören Ansprüche auf **Lebensversicherungen (Sterbegeldversicherungen**, aber auch Kapitallebensversicherungen), bei denen der Erbe der Bezugsberechtigte ist. Jedoch entfällt auch in dieser Höhe wirtschaftlich die Belastung des Stpfl. durch den Sterbefall. Nach BFH, BStBl 1991 II 140 und BStBl 1996 II 413 sind die Leistungen **anteilig** anzurechnen, soweit sie auf die **eigentlichen** – unter § 33 fallenden – Beerdigungskosten entfallen. Der Nachlaß ist auch anzurechnen, wenn der Stpfl. Beerdigungskosten seines verstorbenen **Ehegatten** trägt und die Voraussetzungen des § 26 im Todesjahr vorgelegen haben.

Die **Zwangsläufigkeit** kann sich aus **sittlichen** Gründen ergeben. Soweit keine gesetzliche Unterhaltspflicht bestand, ist eine rechtliche Verpflichtung wegen der Möglichkeit der Erbausschlagung zu verneinen (BFH, BStBl 1987 II 715). Bestand jedoch gesetzliche Unterhaltspflicht, bleibt gemäß § **1615 Abs. 2 BGB** auch bei Erbausschlagung die **gesetzliche Verpflichtung** zur Tragung der Beerdigungskosten bestehen (BFH, BStBl 1988 II 130).

Wegen der Bezahlung von Krankheitskosten des Erblassers durch den Erben vgl. 1.2.1.6.

Zu den Beerdigungskosten gehören vor allem die unmittelbar durch den Todesfall verursachten Aufwendungen für Sarg und Leistungen des Bestattungsunternehmens, Gebühren und **Erstanlage des Grabes.** Aufwendungen für eine Grabstätte und ein Grabdenkmal können auch insoweit anerkannt werden, als es sich um eine Doppelgrabstätte für den hinterbliebenen Ehegatten handelt.

Die Kosten des Grabdenkmals können aber nur in angemessener Höhe berücksichtigt werden.

Nicht berücksichtigt werden können mangels Zwangsläufigkeit i. S. von § 33

- Aufwendungen für Trauerkleidung (hier liegt daneben auch ein Gegenwert vor); BFH, BStBl 1967 III 364;
- Bewirtung der Trauergäste (BFH, BStBl 1988 II 130);
- Grabpflegekosten (vgl. EFG 1967, 510, mit der Begründung fehlender Außergewöhnlichkeit);
- Fahrtkosten zur Beerdigung **auch nicht** bei **nahen Angehörigen** (BFH, BStBl 1994 II 754).

Beispiele:
1. Im VZ 01 verstarb der Vater des Stpfl. A ist Alleinerbe. Der Nachlaß besteht lediglich aus einem Sparbuch von 1 500 DM. Im Zusammenhang mit dem Todesfall entstanden A folgende Aufwendungen, die er aus seinem laufenden Einkommen bestritten hat:

Trauerkleidung	900 DM
Grabstein	2 500 DM
Beerdigungsinstitut	500 DM
Sarg	800 DM
Gebühren	100 DM
Grabstelle	750 DM
Bewirtung der Trauergäste	250 DM

A beantragt, die Aufwendungen von 5 800 DM nach § 33 zu berücksichtigen. –

Die Beerdigungskosten (Bestattungsinstitut, Sarg, Gebühren, Grabstelle, Grabstein) von 4 650 DM sind Nachlaßverbindlichkeiten (§§ 1967, 1968 BGB) und damit im Prinzip Vorgänge auf der Vermögensebene. Die tatsächliche Bestreitung aus dem Einkommen ist ohne Bedeutung. Eine Belastung liegt aber insoweit vor, als die Aufwendungen nicht durch den Nachlaß gedeckt sind:

4 650 DM ∕ 1 500 DM =   3 150 DM

Bei der Trauerkleidung liegt ein anzurechnender Gegenwert vor infolge der anderweitigen Verwendungsmöglichkeiten der Kleidung; außerdem sind die Aufwendungen nicht zwangsläufig (BFH, BStBl 1967 III 364). Das gleiche gilt für die Bewirtungskosten.

2. Fall wie vor, aber aus einer vom Vater des A abgeschlossenen Sterbegeldversicherung wurde A die Versicherungssumme von 2 000 DM ausgezahlt. Bezugsberechtigt war nach dem Versicherungsvertrag der jeweilige Erbe. –

Der **Anspruch auf die Versicherungssumme ist in der Person des Erben A entstanden** und gehört daher **nicht zum Nachlaß** im bürgerlich-rechtlichen Sinne. Gleichwohl entfällt in Höhe von anteilig **4 650 DM/ 5 800 DM × 2 000 DM** die wirtschaftliche Belastung des Stpfl. durch den Todesfall. Ein Abzug nach § 33 ist nur noch in Höhe von 3 150 DM ∕ 1 603 DM = 1 547 DM möglich.

3. Wie vor., nur daß A als Erbe noch im VZ 01 rückständige Krankenhausrechnungen des Vaters von 1 000 DM bezahlt hat. –

Nach BFH, BStBl 1961 III 31 können die Krankheitskosten noch bei der ESt-Veranlagung 01 für den Vater berücksichtigt werden. M. E unzutreffend; vgl. hierzu bereits 1.2.1.6.

Aufgrund einer sittlichen aber rechtlichen Verpflichtung kann **auch die Begleichung von Nachlaßverbindlichkeiten** nach § 33 berücksichtigt werden, **soweit** es sich um Schulden handelt, die auf **existentiellen Bedürfnissen** beruhen (z. B. Aufwendungen für rückständige **Miete, Strom, Gas, Telefon** usw.); vgl. BFH, BStBl 1987 II 715.

1.10.4 Ehescheidungskosten

Scheidungskosten sind zwangsläufig aus tatsächlichen Gründen, da eine Ehe zu Lebzeiten beider Ehegatten nur durch gerichtliche Scheidung aufgelöst werden kann (Zerrüttungsprinzip); BFH, BStBl 1977 II 492. Hierdurch entstehen unabwendbare Aufwendungen.

Nach dem geltenden Scheidungsrecht werden **Ehescheidung und Regelung der Scheidungsfolgen** in einem Verfahren zusammengefaßt und **auch kostenmäßig als Einheit** behandelt.

Die Gebühren richten sich nach dem Gesamtstreitwert, der aus Streitwertposten für die einzelnen Verfahrensteile gebildet wird, so daß bereits wegen der Degression der Gebührentabelle eine rechnerische Aufteilung ebenfalls nicht möglich wäre.

Die demzufolge zwangsläufig entstehenden Kosten der Scheidungsfolgeregelung sind daher auch abzugsfähig. Hierzu gehören insbesondere Kosten, die durch die Regelung der elterlichen Sorge über ein gemeinschaftliches Kind entstehen, durch die Entscheidung über die Unterhaltspflicht, durch Regelung des **Versorgungsausgleichs** sowie der **güterrechtlichen Verhältnisse**. Berücksichtigt werden auch Kosten, die durch die Beiziehung eines **Gutachters** für die **Vermögensbewertung** entstehen, auch wenn diese Kosten nicht zu denen des Rechtsstreites gehören. Als außergewöhnliche Belastung werden auch Scheidungskosten berücksichtigt, die der Stpfl. aufgrund **einer vom Gericht übernommenen freiwilligen Vereinbarung mit dem geschiedenen Ehegatten bezahlt,** nicht jedoch die Kosten, die der Stpfl. abweichend von der gerichtlichen Entscheidung übernimmt. Scheidungskosten sind damit andererseits aber nur die unmittelbar und unvermeidbar durch das prozessuale Verfahren entstandenen Aufwendungen (BFH 1975 II 111, 1977 II 492).

Hierzu gehören beispielsweise **nicht** die Kosten einer Auskunftei (Detektei), die zur Ausforschung der Lebensumstände des anderen Ehegatten eingeschaltet wurde. Solche **Aufwendungen für die Beschaffung** von Beweismitteln sind **nicht** zwangsläufig (BFH, BStBl 1992 II 795).

Beispiel:

1. Der geschiedene Ehemann B muß laut Urteil des Familiengerichts die gesamten Kosten des Verfahrens tragen:

Kosten eigener Anwalt	2 000 DM
Kosten gegnerischer Anwalt	1 500 DM
Gerichtskosten	1 000 DM
	4 500 DM

Die Gerichtskosten enthalten auch die Scheidungsfolgeregelungen (Regelung der elterlichen Sorge über das gemeinschaftliche Kind, der Unterhaltspflicht gegenüber den Kindern und dem Ehegatten sowie der Rechtsverhältnisse an der Ehewohnung und am Hausrat).
Durch die Beiziehung eines Gutachters für die Vermögensbewertung sind A zusätzlich 600 DM Kosten entstanden, die nicht zu denen des Rechtsstreites gehören (Privatgutachten).
Vor dem Prozeß hatte B eine Auskunftei mit der Ausforschung der Lebensumstände seiner damals getrennt lebenden Ehefrau beauftragt und hierfür ein Honorar von 1 000 DM gezahlt. –
Sämtliche durch den Scheidungsprozeß entstandenen Kosten stellen für B eine außergewöhnliche Belastung dar (5 100 DM).
Die Regelung der Vermögensverhältnisse ist nach geltendem Scheidungsrecht untrennbar mit der Scheidung verbunden. Diese Kosten fallen ebenfalls unter § 33. Das gleiche gilt für die Kosten des Privatgutachtens. Nicht unmittelbar prozessual bedingt sind aber die Detektivkosten und daher nicht nach § 33 zu berücksichtigen.

2. Wie vor, aber der Stpfl. hatte vor der Scheidung mit seiner Ehefrau vereinbart, daß jeder seine Anwaltskosten selbst tragen solle und die Gerichtskosten geteilt werden sollten.
Die Kosten des Privatgutachtens sollte B. allein tragen. Das Gericht übernahm diese in rechtsverbindlicher Form vorliegende Vereinbarung. –
Als außergewöhnliche Belastung nach § 33 sind auch die Scheidungskosten zu berücksichtigen, die der Stpfl. aufgrund einer vom Gericht übernommenen freiwilligen Vereinbarung mit dem geschiedenen Ehegatten zahlt.
Daher kann B nach § 33 abziehen:

Eigene Anwaltskosten (voll)	2 000 DM
Gerichtskosten ($^1/_2$)	500 DM
Privatgutachten (voll)	600 DM
	3 100 DM
Die geschiedene Ehefrau kann nach § 33 abziehen:	
Eigene Anwaltskosten	1 500 DM
Gerichtskosten ($^1/_2$)	500 DM
	2 000 DM

1.10.5 Prozeßkosten

Prozeßkosten (die weder Betriebsausgaben noch Werbungskosten sind) können eine außergewöhnliche Belastung nach § 33 darstellen. Entscheidend ist, ob sie im Einzelfall als zwangsläufig i. S. von § 33 anzusehen sind. Da der Stpfl. die durch Richterspruch auferlegten Kosten stets aufgrund öffentlich-rechtlicher Verpflichtung zahlen muß, ist m. E. auf die Zwangsläufigkeit des letztlich die Aufwendungen verursachenden Ereignisses abzustellen.

Prozeßkosten zur Erlangung eines **Studienplatzes für Kinder** fallen als **Ausbildungskosten** unter § 33a Abs. 2 und können daher **nicht nach** § 33 berücksichtigt werden (BFH, BStBl 1985 II 135).

1.10.5.1 Strafprozeßkosten

Im Falle der **Verurteilung** des Stpfl. haben Strafprozeßkosten den Charakter von „Nebenstrafen" und können sich nach dem übergeordneten Prinzip, daß der Strafcharakter nicht durch steuerliche Absetzbarkeit abgeschwächt werden darf, auch nicht bei § 33 auswirken (vgl. z. B. BFH, BStBl 1961 III 482).

Im Falle des **Freispruchs** ist die Zahlung der dem Stpfl. auferlegten verbleibenden Kosten als zwangsläufig anzusehen, da der Freispruch deutlich macht, daß dem Stpfl. **kein Fehlverhalten** nachgewiesen werden konnte (z. B. BFH, BStBl 1958 III 105). Es spielt keine Rolle, ob der Freispruch wegen erwiesener Unschuld oder nur mangels Beweises erfolgte. In beiden Fällen stellen die dem Stpfl. verbleibenden Kosten (anteilige Gerichts- und Strafverteidigungskosten) eine außergewöhnliche Belastung dar.

Bei teilweisem Freispruch ist nach BFH, BStBl 1958 III 105 und 1963 III 5 § 33 grundsätzlich insgesamt **nicht** anwendbar. Eine Aufteilung im Schätzungswege ist nicht möglich.

Ebenso im Ergebnis bei Einstellung des Strafverfahrens nach § 153a Abs. 2 StPO gegen Auflage (insbes. Zahlungen zum Schadensausgleich), BFH, BStBl 1996 II 197.

Anders, wenn der Stpfl. wegen einiger Anklagepunkte freigesprochen wurde, die in keinem inneren Tatzusammenhang mit den übrigen Anklagepunkten stehen, die zur Verurteilung geführt haben (BFH, BStBl 1964 III 331). Ist die zunächst zur Last gelegte Tat nur aus der betrieblichen oder beruflichen Tätigkeit der freigesprochenen Stpfl. zu erklären, liegen Betriebsausgaben bzw. Werbungskosten vor.

Beispiel:
Aufgrund anonymer Anzeige wird gegen einen Metzgermeister Anklage wegen Verdacht des Verstoßes gegen das Lebensmittelgesetz erhoben. Der Stpfl. wird jedoch mangels Beweises freigesprochen. Ihm wird vom Gericht ein Teil der Gerichts- sowie der eigenen Strafverteidigungskosten auferlegt. – Die Einleitung des Verfahrens war durch den Betrieb veranlaßt (§ 4 Abs. 4), da die dem Stpfl. zur Last gelegte Tat nur durch die betriebliche Tätigkeit des Stpfl. erteilbar ist. Im Falle eines Freispruchs kann nicht davon ausgegangen werden, daß die Strafprozeßkosten auf einer strafbaren Tat beruhen und daher unter das Abzugsverbot des § 12 fallen (BFH, BStBl 1961 III 18).

Strafverteidigungskosten eines Stpfl., der vor Rechtskraft eines Urteils stirbt, können nach § 33 abziehbar sein (insbesondere beim Erben) (BFH, BStBl 1989 II 831).

Strafverteidigungskosten (Rechtsanwaltskosten) von Eltern für ein – wenn auch volljähriges – **Kind** sind – auch im Falle der Verurteilung des Kindes – bei den Eltern dem Grunde nach zwangsläufig (BFH, BStBl 199 II 895), der Höhe nach aber nur im Rahmen der Gebührenordnung für Rechtsanwälte (BRAGO).

1.10.5.2 Zivilprozeßkosten

Wer zur Durchsetzung seiner Ansprüche einen (Aktiv-)Prozeß führt, handelt zwangsläufig, da er nur seine staatsbürgerlichen Rechte wahrnimmt und ein Verzicht auf deren Ausübung unzumutbar ist. Die **Zwangsläufigkeit** i. S. von § 33 wird nach der (allerdings uneinheitlichen) Rechtsprechung jedoch **zumeist verneint,** wobei auch die Begründungen unterschiedlich sind. Dabei tendiert die (m. E. zu enge) Rechtsprechung dazu, eher bei Aktivals bei Passivprozessen die Zwangsläufigkeit zu verneinen (z. B. BFH, BStBl 1958 III 419, abschwächend BFH, BStBl 1963 III 499). Allgemeingültige Regeln lassen sich nicht aufstellen. Kosten eines Zivilprozesses erwachsen in aller Regel **nicht** zwangsläufig, unabhängig davon, ob es sich um einen Aktiv- oder Passivprozeß handelt (BFH, BStBl 1986 II 745).

Der BFH verneint bei sozialinadäquatem Verhalten des Stpfl., d. h. bei erheblichem Verschulden im straf- bzw. zivilrechtlichem Sinne (m. E. zu Recht) die Zwangsläufigkeit. In solchen Fällen ist es geboten, eine teilweise Abwälzung der Kosten über eine Steuerentlastung zu verhindern (vgl. BFH, BStBl 1963 III 499).

Beispiel:

Der Stpfl. hat bei regem Verkehr beim Überschreiten eines Fußgängerüberwegs leicht fahrlässig einen Unfall verursacht. In einem gegen den Stpfl. angestrengten Schadensersatzprozeß wurde ihm ein Teil der Prozeßkosten auferlegt.

Das Schadensereignis wurde durch eine kurze, auch bei gewissenhaften Menschen vorkommende Unachtsamkeit ausgelöst.

Da der Stpfl. den Schaden mithin nicht vorsätzlich oder grob fahrlässig verursacht hat, er sich also sozialadäquat verhalten hat, ist die Zwangsläufigkeit i. S. des § 33 zu bejahen. Vgl. unten 1.10.6.

Wer sich gegen ehrenrührige Angriffe durch Beleidigungs- oder Unterlassungsklage wehrt, handelt nach Ansicht des BFH zwangsläufig (BFH, BStBl 1958 III 105).

1.10.6 Schadensersatzleistungen

Bei Schadensersatzleistungen ist – ebenso wie Zivilprozeßkosten – auf den Grad des Verschuldens durch den Stpfl. abzustellen. Der BFH hat die Grundsätze des BFH-Urteils BStBl 1963 III 499 (vgl. 1.10.5) auf die Beurteilung der Zwangsläufigkeit von Schadensersatzleistungen übertragen (BFH, BStBl 1982 II 749). Danach **entfällt die Zwangsläufigkeit** – entgegen EFG 1976, 82 – **nicht bereits bei jedem leichten Verschuldensgrad.** Dies würde insbesondere im Zusammenhang mit Verkehrsunfällen dem Billigkeitscharakter des § 33 nicht gerecht werden, da bereits eine kleine Unachtsamkeit zu unabsehbaren Schadensfolgen führen kann. Daher ist die Zwangsläufigkeit nur bei vorsätzlicher Schädigung oder grober Fahrlässigkeit (Leichtfertigkeit) zu verneinen.

1.10.7 Ausstattung von Kindern

– Aufwendungen zur Ausstattung eines Sohnes und
– Aussteueraufwendungen für eine Tochter (vgl. § 1624 Abs. 1 BGB)
sind regelmäßig Aufwendungen auf der Vermögensebene.

Adoptionskosten sind keine außergewöhnlichen Belastungen (BFH, BStBl 1987 II 495).

2. Die typisierten Fälle des § 33a EStG. Allgemeines

§ 33a ist eine **lex specialis** (Spezialvorschrift) zu § 33. Deshalb müssen hierbei die **Voraussetzungen des § 33** insoweit beachtet werden, als § 33a nichts Gegenteiliges bestimmt. Danach gilt:

2.1 Aufwendungen

Das Vorliegen von Aufwendungen ist **auch** im Rahmen des § 33a **Voraussetzung.** Zum Begriff „Aufwendungen" vgl. 1.2.1. Auch hier gilt das **Abflußprinzip des § 11** (BFH-Urteil vom 30. 7. 1982, StRK EStG 1975 § 33a R 19).

Ausnahmen sind die Vorschriften § 33b und § 33c Abs. 4. Es handelt sich jeweils um einen **Pauschbetrag** (für Körperbehinderte/Pflegeaufwand bzw. für Kinderbetreuungskosten). Hier brauchen **keine** Aufwendungen nachgewiesen werden bzw. vorliegen.

2.2 Die Aufwendungen dürfen keine BA, WK, SA sein

Beispiel:

Ein Gewerbetreibender beschäftigt eine Arbeitnehmerin zu 90 % im Haushalt und zu 10 % im Betrieb. Arbeitslohn 10 000 DM; Arbeitgeber-Anteil zur gesetzlichen Rentenversicherung 900 DM.

- Aufwendungen i. S. § 33a Abs. 3 sind 90% von 10 900 DM = 9 810 DM, aber Höchstbetrag 1 200 DM bzw. 1 800 DM.
- 10% der Aufwendungen = 1 090 DM sind als BA abzugsfähig (§ 4 Abs. 4).

Im übrigen vgl. bereits 1.3 (zu § 33).

2.3 Einkommensbelastung

Eine Belastung i. S. § 33a liegt nicht vor bei:

a) **Ersatzleistungen** (vgl. 1.4.2.1 – zu § 33)

Beispiel:
Aufwendungen für eine Hausgehilfin werden von **dritter** Seite **erstattet** (z. B. Krankenversicherung).

b) Gegenwerten (vgl. 1.4.2.2 – zu § 33)

Beispiel:
Übertragung von Vermögenswerten auf den Stpfl. durch eine pflegebedürftige Person; vgl. R 187 Abs. 4.

Dem **Belastungsprinzip** steht auch bei **§ 33a Abs. 1** nach Auffassung des BFH und der FinVerw nicht entgegen, daß auch aus **fremden Mitteln** bestrittene Unterhaltsaufwendungen nach der Vorschrift zu berücksichtigen sind; vgl. zu § 33a Abs. 1 unter 3.1.

2.4 Keine Prüfung der Außergewöhnlichkeit

Diese Voraussetzung ist **vom Gesetzgeber unterstellt,** da es sich bereits **um typisierte Fälle der Außergewöhnlichkeit** handelt. Daher ist **keine Prüfung** der Außergewöhnlichkeit vorzunehmen.

2.5 Zwangsläufigkeit

Es liegt für jeden typisierten Fall eine spezielle Regelung der Zwangsläufigkeit vor (so auch der BFH zu § 33a Abs. 1 in BStBl 1991 II 62). Bei § 33a Abs. 2 und Abs. 3 **entfällt** eine Prüfung der Zwangsläufigkeit.

2.6 Kein Abzug der zumutbaren Belastung

In den Fällen der **§ 33a und § 33b entfällt** ein Abzug der zumutbaren Belastung.

2.7 Antrag

Der Abzug erfolgt nicht von Amts wegen, sondern ist von einem Antrag abhängig. Der Antrag kann noch im Rechtsbehelfsverfahren gestellt werden.

Eine Ausnahme gilt bei § 33b; der Pauschbetrag muß lediglich „geltendgemacht" werden.

2.8 Zusammenfassung

Vergleich der Voraussetzungen

	§ 33	§§ 33a – 33c	Anmerkung:
1. Aufwendungen	×	×	Ausnahme: § 33b und § 33c Abs. 4 = Pauschbeträge
2. Keine WK, BA, SA	×	×	
3. Einkommensbelastung	×	×	
4. Außergewöhnlichkeit	×	–	Keine Prüfung bei § 33a, 33b, 33c, da typisierte Fälle
5. Zwangsläufigkeit	×	×	Spezielle Regelung in § 33a, 33b, 33c s. oben 2.5.
6. Zumutbare Belastung	×	–	**Kein** Abzug bei §§ 33a, 33b

Kein Wahlrecht zwischen § 33 und **§ 33a** (vgl. § 33a Abs. 5);
ebenso nicht zwischen § 33 und § 33c.

3. Außergewöhnliche Belastung durch Unterhalt (§ 33a Abs. 1 EStG)

3.1 Voraussetzungen des Freibetrages nach § 33a Abs. 1 EStG (Überblick)

Unter den Voraussetzungen des § 33a Abs. 1 kann ein Stpfl. Unterhaltsaufwendungen bis zu einem **Höchstbetrag** im Kalenderjahr für jede unterhaltene Person vom Gesamtbetrag der Einkünfte abziehen. Der Höchstbetrag beträgt ab **VZ 1996** einheitlich **12 000 DM**

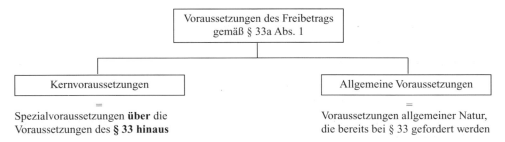

Spezialvoraussetzungen **über** die
Voraussetzungen des **§ 33 hinaus**

Voraussetzungen allgemeiner Natur,
die bereits bei § 33 gefordert werden

A: Kernvoraussetzungen

① **Tatsächliche Aufwendungen für den Unterhalt**
② **Zwangsläufigkeit** (R 190 Abs. 2)
   a) Zwangsläufigkeit dem Grunde nach i. S. des § 33 Abs. 2
   b) **Notwendigkeit der Aufwendungen/Bedürftigkeit der unterstützten Person**
      (§ 33a Abs. 1 Satz 2; R 190 Abs. 2 Satz 2 ff.)
③ Kein Anspruch des Stpfl. oder anderer Personen auf einen **Kinderfreibetrag** oder **Kindergeld** für die unterstützte Person (§ 33a Abs. 1 Satz 1)

B: Allgemeine Voraussetzungen

a) Weder Betriebsausgaben noch Werbungskosten oder Sonderausgaben (§ 33 Abs. 2 S. 2)
b) Einkommensbelastung (§ 33 Abs. 1)

Eine Belastung liegt **auch** vor, soweit die Unterhaltsaufwendungen aus **fremden Mitteln** bestritten worden sind (entsprechend BFH, BStBl 1988 II 814 zu § 33).

C: Antrag

Vgl. hierzu bereits unter 2.

3.2 Typische Unterhaltsaufwendungen

Dem Stpfl. müssen tatsächliche Aufwendungen für den Unterhalt einer Person erwachsen. Unterhalt i. S. des § 33a Abs. 1 ist die **Deckung des üblichen Lebensbedarfs** (BFH, BStBl 1982 II 21).

a) Hierzu gehören nur typische Aufwendungen. Unterhalt im engeren Sinne sind (mehr oder weniger notwendige) alltägliche Ausgaben wie Wohnung, Kleidung, Ernährung, Heizung, Beleuchtung, Krankenversicherung. Der Begriff des Unterhalts i. S. des § 33a Abs. 1 ist mithin enger als im BGB (§ 1601 BGB). Vgl. H 190 – „Allgemeines" und „Abgrenzung zu § 33".

Beispiel:
Der Stpfl. wendet einem Angehörigen ein Farbfernsehgerät zu.
Die Zuwendung fällt nicht unter § 33a Abs. 1 (BFH, BStBl 1991 II 73).

Zu den Unterhaltsaufwendungen i. S. des § 33a Abs. 1 gehören **auch** die Kosten einer etwaigen **Berufsausbildung** (es sei denn, die Aufwendungen für Berufsausbildung führen zu einem Ausbildungsfreibetrag gem. § 33a Abs. 2). Für die Inanspruchnahme des § 33a Abs. 1 ist aber **nicht** etwa Voraussetzung, daß sich die unterstützte Person in Berufsausbildung befindet. Es soll nur klargestellt werden, daß die Aufwendungen für eine etwaige Berufsausbildung ebenfalls zu den Unterhaltsaufwendungen gehören.

Typischer Unterhalt sind auch die Kosten der Unterbringung in einem **Altenheim** (BFH, BStBl 1990 II 418).

b) **Nicht** zu den Unterhaltsaufwendungen i. S. v. § 33a Abs. 1 gehören besondere Aufwendungen für die unterhaltene Person aufgrund außergewöhnlicher Umstände, insbesondere:

Außergewöhnliche Aufwendungen können **neben** einem Freibetrag nach § 33a Abs. 1 im Rahmen des § 33 abgezogen werden, soweit sie zwangsläufig sind (BFH, BStBl 1991 II 62), z. B.

– **Krankheitskosten, Sterbefall** (R 189)

– Unterbringung in einem **Pflegeheim** oder in der **Pflegestation** eines Altenheims (R 188 Abs. 2) vgl. hierzu im einzelnen BMF-Schreiben vom 6.3.1995, BStBl I 182.

Daraus folgt: Durch den Freibetrag nach § 33a Abs. 1 sind nur typische, d.h. **gewöhnliche** Unterhaltsaufwendungen abgegolten, nicht dagegen **außergewöhnliche**.

Beispiele:

1. Der Stpfl. hat seiner mittellosen Mutter monatlich 400 DM zur Bestreitung des Lebensunterhalts zugewendet. Außerdem hat er nicht erstattete Krankheitskosten der Mutter von 6 000 DM im VZ übernommen.
   Die Stpfl. erhält für die
   a) laufenden Unterhaltsaufwendungen: Freibetrag gemäß § 33a Abs. 1 i. H. v. 4 800 DM
   b) Übernahme der Krankheitskosten: Steuerermäßigung im Rahmen des § 33.
   Bei den Krankheitskosten handelt es sich um **außergewöhnliche** Aufwendungen.

2. A wendet für seinen Vater, der keine eigenen Einkünfte und kein nennenswertes Vermögen hat, folgende Zahlungen auf:
   – Verpflegung monatlich 300 DM
   – für Miete monatlich 200 DM
   Daneben hat er für Kleidung im VZ 400 DM und für Arztkosten 1 000 DM ausgegeben.

a) Zu den typischen Unterhaltsaufwendungen gehören:

Verpflegung	300 DM	
Miete	200 DM	
	500 DM × 12 =	6 000 DM
Kleidung		400 DM
Aufwendungen		6 400 DM
Höchstbetrag		12 000 DM
abzugsfähig		6 400 DM

b) Die Übernahme der Arztkosten stellt außergewöhnliche Aufwendungen i. S. des § 33 dar (BFH, BStBl 1991 II 62).

Nach dem BMF-Schr. v. 6. 3. 1995, a.a.O gilt:

- Die Aufwendungen für den **typischen Unterhalt** und für **außergewöhnlichen Bedarf** sind nach folgenden Kriterien **abzugrenzen**:

  - Der **typische Unterhalt** umfaßt den notwendigen Lebensunterhalt, wie er im Bundessozialhilfegesetz (BSHG) umschrieben wird. Dahzu gehören insbesondere Aufwendungen für Ernährung, Unterkunft, Kleidung, Körperpflege, Hausrat, Heizung und persönliche Bedürfnisse des täglichen Lebens (vgl. § 12 BSHG).

  - **Außergewöhnlicher Bedarf** ist nur bei über den typischen Unterhalt hinausgehenden Bedürfnissen in besonderen Lebenslagen anzuerkennen, wie z. B. im Fall der Pflegebedürftigkeit oder der Behinderung oder im Krankheitsfall.

Der Stpfl. hat im Rahmen seiner Mitwirkungspflicht (§ 90 AO) Unterlagen vorzulegen, die die Abgrenzung ermöglichen, ggf. Vorlage einer getrennten Rechnung.

- § 33a Abs. 1 ist **vor** § 33 zu prüfen.

Ein Abzug der Aufwendungen für außergewöhnlichen Bedarf nach § 33 kommt nur in Betracht, soweit die eigenen Einkünfte und die zur Bestreitung des Unterhalts bestimmten oder geeigneten Bezüge des Unterhaltsempfängers zur Deckung dieses Bedarfs nicht ausreichen. Bei der Beurteilung, ob sie nicht ausreichen, ist ein angemessener Betrag für zusätzlichen persönlichen Bedarf zu berücksichtigen. Als angemessen kann in Anlehnung an § 21 Abs. 3 BSHG regelmäßig der für den zusätzlichen persönlichen Bedarf erklärte Betrag anerkannt werden, wenn er 3 000 DM jährlich nicht übersteigt.

Folgende Fallgestaltungen sind zu unterscheiden:

a) Ergibt sich eine Steuerermäßigung nach § 33a Abs. 1, so sind die Aufwendungen für den außergewöhnlichen Bedarf uneingeschränkt, jedoch gemindert um die zumutbare Belastung, nach § 33 abzuziehen.

Beispiel

Der pflegebedürftige, vermögenslose Vater A (R 188 Abs. 1 Satz 2) hat seinen eigenen Haushalt aufgelöst und ist während des gesamten Kalenderjahrs in einem Pflegeheim untergebracht.

Dafür werden 48 000 DM in Rechnung gestellt, und zwar (12 × 2 300 DM =) 27 600 DM für den typischen Unterhalt und 20 400 DM für Pflege. A zahlt aus seinen anrechenbaren Einkünften und Bezügen in Höhe von 9 000 DM auf die Heimkosten 6 600 DM und behält 2 400 DM für zusätzlichen persönlichen Bedarf zurück. Die restlichen Heimkosten von (48 000 – 6 600 DM =) 41 400 DM trägt der Sohn B.

Die Abzugsbeträge für B berechnen sich wie folgt:

- **nach § 33a Abs. 1**

In den Gesamtkosten enthaltener Anteil für den typischen Unterhalt		27 600 DM
Abziehbarer Höchstbetrag		12 000 DM
anrechenbare Einkünfte und Bezüge des A	9 000 DM	
anrechnungsfreier Betrag	./. 1 200 DM	
anzurechnende Einkünfte und Bezüge des A	7 800 DM	./. 7 800 DM
verbleibender Betrag		4 200 DM
abzuziehender Betrag		4 200 DM

- **nach § 33**

    Der in den Gesamtkosten enthaltene Anteil für Pflege kommt uneingeschränkt für den Abzug in Betracht, da er niedriger ist als (die gesamten Aufwendungen des B von 41 400 DM abzüglich des nach § 33a Abs. 1 abzuziehenden Betrags von 4 200 DM =) 37 200 DM.   20 400 DM

    Der Betrag von 20 400 DM ist nach Minderung um die zumutbare Belastung vom Gesamtbetrag der Einkünfte des B abzuziehen.

b) Ergibt sich wegen der anrechenbaren Einkünfte und Bezüge keine Steuerermäßigung nach § 33a Abs. 1, so ist der Abzug der Aufwendungen für außergewöhnlichen Bedarf unter Berücksichtigung der Einkünfte und Bezüge zu berechnen, die der Unterhaltsempfänger für den außergewöhnlichen Bedarf einzusetzen hat. Dazu sind von der Summe der anrechenbaren Einkünfte und Bezüge die Kosten des typischen Unterhalts sowie ein angemessener Betrag für zusätzlichen persönlichen Bedarf abzuziehen.

Beispiel:

Sachverhalt wie im ersten Beispiel, jedoch hat A anrechenbare Einkünfte und Bezüge von 36 000 DM. Er zahlt daraus auf die Gesamtkosten 30 000 DM und behält 6 000 DM für zusätzlichen persönlichen Bedarf zurück. Die restlichen Heimkosten von (48 000 DM − 30 000 DM =) 18 000 DM trägt der Sohn B.

Da die anrechenbaren Einkünfte und Bezüge des A höher sind als die Summe aus Höchstbetrag und anrechnungsfreiem Betrag von (12 000 DM + 1 200 DM =) 13 200 DM, scheidet ein Abzug nach § 33a Abs. 1 aus. Daher kommt für B nur ein Abzug nach § 33 in Betracht. Dieser berechnet sich wie folgt:

Pflegekosten		20 400 DM
Einkünfte und Bezüge des A	36 000 DM	
Kosten des typischen Unterhalts	− 27 600 DM	
angemessener Betrag für zusätzlichen persönlichen Bedarf	− 3 000 DM	
einzusetzender Betrag des A	5 400 DM	− 5 400 DM
Der verbleibende Betrag von		15 000 DM

kommt in vollem Umfang für den Abzug in Betracht, da er niedriger ist als die insgesamt von B getragenen Aufwendungen von 18 000 DM.

Der Betrag von 15 000 DM ist nach Minderung um die zumutbare Belastung vom Gesamtbetrag der Einkünfte des B abzuziehen.

Anm.: Der Vater des Stpfl. erhält einen Pauschbetrag nach § 33b von 7 200 DM, jedoch **keinen** Freibetrag für Heimunterbringung gem. § 33a Abs. 3 mangels Aufwendungen.

Bei zum Haushalt des Stpfl. gehörenden unterhaltenen Personen ist regelmäßig davon auszugehen, daß dem Stpfl. Aufwendungen in Höhe des jeweiligen Höchstbetrags entstanden sind.

c) **Kein Wahlrecht zwischen § 33a Abs. 1 EStG und § 33 EStG**

    Der Stpfl. kann Aufwendungen, die unter § 33a Abs. 1 fallen, weder **neben** § 33a Abs. 1 noch **anstelle** des § 33a Abs. 1 nach § 33 abziehen (§ 33a Abs. 5).

d) **Zeitpunkt der Berücksichtigung**

    Die Aufwendungen werden im VZ der Leistung berücksichtigt, soweit sie für diesen bestimmt sind (BFH, BStBl 1981 II 713). Unterhaltszahlungen am Ende des KJ zur Deckung des Unterhaltsbedarfs für das Folgejahr bleiben steuerlich unberücksichtigt (BFH, BStBl 1987 II 341). Auch eine Zurückbeziehung auf Monate vor dem Zahlungsmonat verbietet sich (BFH, a. a. O. und BStBl 1992 II 32).

Vorauszahlungen für spätere VZ haben meist den Charakter von **Kapitalabfindungen zur Abgeltung künftiger Unterhaltsansprüche**. Es handelt sich um einen Vorgang auf der **Vermögensebene** Somit fehlt eine Einkommensbelastung. Eine Berücksichtigung nach §§ 33a, 33 ist nicht möglich.

Letztes Abzugsjahr ist das Jahr der Abfindung (BFH, BStBl 1963 III 379).

Beispiel:

Der seit dem Jahre 02 geschiedene B löst seine Unterhaltsverpflichtung von monatlich 1 000 DM (gezahlt bis November 04 einschließlich) durch Zahlung einer einmaligen Abfindungssumme von 100 000 DM am 15. 11. 04 ab.

Die Kapitalabfindung kann weder nach § 33a Abs. 1 noch nach § 33 berücksichtigt werden, da der Vorgang auf der Vermögensebene liegt.

Für das Jahr der Ablösung 04 ist noch ein Freibetrag bis zum Ablösungszeitpunkt möglich, also Höchstbetrag $^{11}/_{12} \times 7200$ DM = 6600 DM gemäß § 33a Abs. 4;
(Statt nach § 33a Abs. 1 wären die laufenden Unterhaltszahlungen unter den Voraussetzungen des § 10 Abs. 1 Nr. 1 als Sonderausgaben abzugsfähig bis 27000 DM.)

Bei Unterhaltszahlungen **für künftige** Monate des laufenden Jahres ist die **Zahlungsweise** im Hinblick auf § 33a Abs. 4 grds. nicht von Bedeutung (BFH, BStBl 1981 1131). Es kommt hierbei nicht darauf an, in welchen Monaten gezahlt wurde, sondern **für** welche Monate. Dies beurteilt sich nach dem Willen des Gebers. Berücksichtigt werden können aber nur Leistungen, die zum Unterhalt für künftige Monate des **laufenden** KJ dienen sollen. Die Deckung des Unterhaltsbedarfs für ein Folgejahr bleibt somit im Jahr der Leistung (= Vorjahr) unberücksichtigt (BFH, BStBl 1981 II 713).

Beispiel:
Vorauszahlung von Unterhalt für 04 im Januar 04 in Höhe von 8400 DM. Höchstbetrag 12 × 600 DM = 7200 DM. Es ist **keine** Aufteilung nach § 33a Abs. 4 vorzunehmen.
Vgl. auch BFH, BStBl 1982 II 21 (= unschädlich).

e) Nachweis
Zur Beweiserleichterung für Barunterhalt an Angehörige im Ausland. Vgl. BFH, BStBl 1995 II 114.

3.3 Zwangsläufigkeit der Aufwendungen

3.3.1 Zwangsläufigkeit i. S. von § 33 Abs. 2 EStG

Die Aufwendungen müssen dem Grunde nach zwangsläufig sein.

Die Abzugsmöglichkeit von Unterhaltsleistungen wird ab VZ 1996 nach § 33a Abs. 1 auf zwei Fallgruppen begrenzt:
Berücksichtigt werden nur noch Unterhaltsaufwendungen an

a) **gesetzlich unterhaltsberechtigte Personen.** Hierunter fallen

- Verwandte in gerader Linie,
- Ehegatten während des Bestehens der Ehe,
- dauernd getrennt lebende Ehegatten
- Ehegatten nach Auflösung der Ehe.

Vgl. § 33a Abs. 1 Satz 1 und R 190 Abs. 1.

Dabei genügt es hier zukünftig, daß eine sogenannte **potentielle Unterhaltspflicht** besteht, der Empfänger also zu dem Personenkreis gehört, der im Fall der Bedürftigkeit Unterhaltsansprüche geltend machen könnte. Vgl. aber 3.3.2.

Denn § 33a Abs. 1 enthält eigene Bestimmungen, nach denen die anzuerkennende Unterhaltsleistungen insbesondere nach den eigenen Einkünften und Bezügen des Empfängers abzugrenzen sind.

b) Empfänger, denen zum Unterhalt bestimmte inländische **öffentliche Mittel wegen der Unterhaltsleistungen** des Stpfl. **gekürzt** worden sind.

Vgl. § 33a Abs. 1 Satz 2 und R 190 Abs. 2 (Gleichgestellte Personen).

- Diese Fallgruppe betrifft vor allem **eheähnliche Lebensgemeinschaften.**

Nach der Rechtsprechung ist der Abzug von Unterhaltsaufwendungen u. a. anerkannt worden, wenn einem Lebenspartner wegen der Unterhaltsleistungen Sozialhilfe bzw. Arbeitslosenhilfe gekürzt/versagt wurden.

Vgl. BFH, BStBl 1994 II 442, 897.

Damit dürften auch die Fälle **weiter anerkannt** werden, in denen der BFH die Zwangsläufigkeit aus **sittlichen** Gründen anerkannt hat, **weil**

- gemeinsame Kinder vorhanden sind bzw.
- ein Partner keiner Erwerbstätigkeit nachgehen kann, weil er den anderen pflegebedürftigen Partner versorgt.

Zu a)

Bei **gleichzeitiger** Unterhaltsverpflichtung **mehrerer** Personen ist die Zwangsläufigkeit **abhängig** von der **Rangordnung** der Unterhaltsansprüche.

Rangordnung (1) Ehegatte
(2) Abkömmlinge
(3) übrige Verwandte in aufsteigender Linie

Zu beachten ist die **Abhängigkeit** der Unterhaltsansprüche von der **Leistungsfähigkeit** des Verpflichteten sowie der **Bedürftigkeit** des Berechtigten (vgl. § 1602 BGB).

Beispiel:

Ein Stpfl. unterstützt seine(n) mittellose(n)

		gesetzliche Unterhaltspflicht
(1)	Vater	ja
(2)	Sohn	ja
(3)	Geschwister (= Angehörige i. S. von § 15 AO)	nein
(4)	Großvater	ja
(5)	in Not geratenen Freund (enge persönliche Bindungen)	–

Zu b)

Bei Unterhaltsleistungen an den **Partner** einer **eheähnlichen Lebensgemeinschaft** kommt es ab VZ 1996 **nicht** mehr auf eine sittliche Verpflichtung an, sondern lediglich darauf, ob dem Empfänger wegen des Unterhalts öffentliche Leistungen gekürzt worden sind. Der anzuerkennende Unterhalt ist auf den Betrag der Kürzung öffentlicher Mittel begrenzt (R 190 Abs. 2).

Unterhalt für ein **Schwiegerkind** kann ab VZ 1996 **nicht** mehr zwangsläufig sein. –

Zwangsläufig sind Aufwendungen außerdem nur, soweit der Stpfl. imstande ist, die Aufwendungen ohne Gefährdung des Lebensunterhalts für sich und seine Familie zu erbringen (sog. **Opfergrenze**); vgl. BFH, BStBl 1986 II 852, BStBl 1992 II 35 und R 190 Abs. 4). Vgl. auch 3.4.3.

Die Opfergrenze gilt unabhängig davon, ob die unterhaltene Person im Inland oder Ausland lebt.

3.3.2 Notwendigkeit der Aufwendungen

Für eine Zwangsläufigkeit i. S. von § 33 Abs. 2 reicht nicht die bloße Zugehörigkeit zu dem Personenkreis möglicherweise („potentiell") unterhaltsberechtigter Personen bzw. die Tatsache, daß es sich um einen Angehörigen i. S. von § 15 AO handelt, aus.

Vielmehr muß hinzukommen, daß die unterhaltene Person **bedürftig** ist.

§ 33a Abs. 1 Satz 2 enthält – über die Zwangsläufigkeit i. S. des § 33 hinausgehend – eine Spezialregelung der Frage, wann eine unterhaltene Person als bedürftig anzusehen ist, oder anders ausgedrückt, in welchen Fällen die Unterstützung notwendig ist.

Danach darf die unterhaltene Person **kein oder nur geringes Vermögen** haben.

Als **geringfügig** kann ein Vermögen **bis** zu einem **gemeinen Wert** von 30 000 DM angesehen werden (R 190 Abs. 3 Satz 2).

Bestimmte Gegenstände bleiben dabei außer Betracht; siehe Aufzählung in R 190 Abs. 3 S. 3.

Beispiel:

Die unterstützte Person bewohnt ein eigenes Einfamilienhaus (Verkehrswert 200 000 DM). Der Hausrat hat einen Wert von 15 000 DM. Die Bedürftigkeit ist zu bejahen, da beide Vermögenswerte außer Betracht bleiben.

Über den Wortlaut des § 33a Abs. 1 Satz 2 hinaus fordert aber R 190 Abs. 3 Satz 1 außerdem, daß die unterhaltene Person nicht nur ihr eigenes Vermögen, sondern als weitere ihr zur Verfügung stehende Quelle **auch** – soweit möglich bzw. zumutbar – ihre **eigene Arbeitskraft** einsetzt.

> **Beispiel:**
> Der Stpfl. unterstützt im VZ 02 den in seinem Haushalt lebenden mittellosen 30jährigen Sohn, der im VZ 01 (Vorjahr) sein Studium mit dem Diplom abgeschlossen hat. Der Sohn hat eine ihm im VZ 01 angebotene gutbezahlte Stellung in Neuß ausgeschlagen, da er lieber in Essen arbeiten möchte. Der Sohn besaß im VZ 02 Aktien mit einem Kurswert von 30 000 DM, die er nicht für seinen Lebensunterhalt angreifen wollte (keine Einkünfte hieraus).
> Der Sohn gehört als Verwandter in gerader Linie zwar zum Kreis der **gesetzlich unterhaltsberechtigten Personen** (§§ 1589, 1601 BGB).
> Er hat auch **nur geringfügiges Vermögen** (§ 33a Abs. 1 Satz 2), da es einen gemeinen Wert von **nicht mehr als 30 000 DM** hat.
> Die Aufwendungen des Vaters sind jedoch **nicht notwendig,** da der Sohn nicht zunächst seine eigene Arbeitskraft eingesetzt hat.

Unterhaltsaufwendungen sind mithin nur dann zwangsläufig, wenn der Empfänger seinen Unterhalt wegen seines Gesundheitszustandes, seines Alters oder Arbeitslosigkeit nicht verdienen kann.

Bei unterstützten mittellosen Eltern ist die Frage, ob sie ihren Unterhalt selbst verdienen können, i. d. R. ohne Prüfung zu unterstellen.

3.3.3 Kein Anspruch des Stpfl. oder anderer Personen auf einen Kinderfreibetrag oder Kindergeld für die unterhaltene Person

Voraussetzung für die Berücksichtigung von Unterhaltsleistungen nach § 33a Abs. 1 ist, daß für die unterstützte Person **weder** der **Stpfl. noch** eine andere Person **Anspruch auf einen Kinderfreibetrag (§ 32 Abs. 6)** oder **Kindergeld** hat.

Ein Unterhaltsfreibetrag nach § 33a Abs. 1 für **Kinder** kommt demnach insbesondere für Kinder in Betracht, wenn die Eltern bzw. ein Elternteil keinen Anspruch auf einen Kinderfreibetrag oder Kindergeld haben bzw. hat, weil

– das Kind **nicht unbeschränkt stpfl.** ist

– das Kind das 18. Lebensjahr vollendet hat, aber nicht die in § 32 Abs. 4 und 5 genannten Voraussetzungen erfüllt, insbesondere **arbeitslos** ist.

Bei Anspruch irgendeiner Person auf einen Kinderfreibetrag oder Kindergeld können die typischen Unterhaltsaufwendungen **auch nicht** im Rahmen des § 33 abgezogen werden (§ 33a Abs. 5). Dahinter steht folgender „Abgeltungsgedanke". Es soll eine abschließende Regelung des Kinderleistungsausgleichs durch den Kinderfreibetrag i. S. des § 32 Abs. 6 oder das Kindergeld und die davon mittelbar abhängigen kinderbedingten Steuererleichterungen erfolgen.

„Verliert" ein Elternteil eines Ehepaares, das **nicht** die Voraussetzungen des § 26 Abs. 1 Satz I erfüllt, gegenüber dem anderen Elternteil nach § 32 Abs. 6 Satz 5 einen ihm an sich **zustehenden Kinderfreibetrag,** steht mithin der Gewährung einer Steuerermäßigung nach § 33a Abs. 1 immer noch der (verdoppelte) **Kinderfreibetrag** des **anderen** Elternteils entgegen.

Hinzu kommt der Verlust der anderen kinderfreibetrags- bzw kindergeldabhängigen Steuervergünstigungen.

Es ist unerheblich, ob der Anspruch tatsächlich geltend gemacht wird.

> **Beispiel:**
> Der Stpfl. ist Vater eines nichtehelichen Kindes, für das nicht er, sondern die leibliche Mutter Anspruch auf Kindergeld haben soll. Er unterstützt das Kind aufgrund Gerichtsurteils mit monatlich 350 DM. Das Kind ist bei der Mutter mit Hauptwohnsitz gemeldet.
> Der Stpfl. kann **keinen Freibetrag** gemäß § 33a Abs. 1 erhalten, da er einen **Kinderfreibetrag** erhält (mtl. 261/288 DM gemäß § 32 Abs. 6 Satz 1).

3.3.4 Belastung

Das Einkommen des Stpfl. muß durch die Unterhaltsaufwendungen **belastet** sein (BFH, BStBl 1979 II 660 (662).

Beispiel:

Der Stpfl. hat eine Erbschaft mit einem gemeinen Wert von 300 000 DM gemacht. An einen Vermächtnisnehmer muß er eine jährliche Rentenzahlung von 4 800 DM leisten.

Es liegt keine Einkommensbelastung i. S. der §§ 33, 33a Abs. 1 vor.

Die Belastung liegt auf der Vermögensebene, da sie aus dem Nachlaß gedeckt werden kann.

Im übrigen ist hier ein Abzug des Ertragsanteil als **Sonderausgabe** gemäß § 10 Abs. 1 Nr. 1a möglich. Vgl. K. 9.1.

Auch **mit fremden Mitteln geleistete** Aufwendungen sind zu berücksichtigen; vgl. bereits 3.1.

3.3.5 Besonderheiten bei Ehegatten

a) Ehegatten i. S. des § 26 Abs. 1 EStG

Keine Anwendung findet § 33a Abs. 1 auf Ehegatten, die die Voraussetzungen des § 26 Abs. 1 erfüllen.

§ 33a Abs. 1 wird hier durch die Vorschriften der Ehegattenbesteuerung (§§ 26 – 26b, § 32a Abs. 5) **verdrängt** (BFH GrS, BStBl 1989 II 164).

Die Anwendung des § 33a Abs. 1 ist jedoch möglich, wenn der unterhaltene Ehegatte **nicht unbeschränkt** stpfl. ist (BFH, BStBl 1989 II 164). Denn hierbei kommt es **nicht zur** Ehegattenveranlagung.

b) Ehegatten, die nicht § 26 Abs. 1 EStG erfüllen

Solange Ehegatten **unter § 26 Abs. 1 fallen**, ist die Anwendung des § 33a Abs. 1 **ausgeschlossen** (BFH, a. a. O.).

Danach kommt § 33a Abs. 1 im Verhältnis von Ehegatten zueinander nur in Betracht:

– nach der **Scheidung** der Ehe

– bei dauerndem **Getrenntleben**

– wenn der unterhaltene Ehegatte **nicht unbeschränkt stpfl.** ist.

Keine Anwendung findet § 33a Abs. 1 demnach für den VZ der Scheidung, der Herbeiführung der dauernden Trennung oder des Wegfalls der unbeschränkten Steuerpflicht, **sofern noch eine Ehegattenbesteuerung durchgeführt** wird (BFH, BStBl 1989 II 658).

Beispiel:

B lebt von seiner Ehefrau seit dem 1. 10. 07 dauernd getrennt. In 08 wurde die Ehe geschieden. B zahlt seit dem 1. 10. 07 monatlich 500 DM, seit dem 1. 5. 08 monatlich 800 DM an seine Ehefrau, die keine Einkünfte und kein Vermögen hat.

Zwar besteht gesetzliche Unterhaltspflicht bei getrennt lebenden Ehegatten gemäß § 1361 BGB.

– Für das Jahr 07 kann jedoch kein Freibetrag gemäß § 33a Abs. 1 gewährt werden, da noch eine Ehegatten-Veranlagung gemäß §§ 26 – 26b durchzuführen ist.

– Ab dem VZ 08 kann bei der Einzelveranlagung des B ein Freibetrag nach § 33a Abs. 1 gewährt werden. Stattdessen kommt ein Abzug als SA gemäß § 10 Abs. 1 Nr. 1 in Betracht. Vgl. K. 9.1.9.

Auch bei der **besonderen Veranlagung** nach § 26c für den VZ der Eheschließung ist ein Freibetrag nach § 33a Abs. 1 nicht möglich (vgl. 6.2).

3.3.6 Zusammenfassung

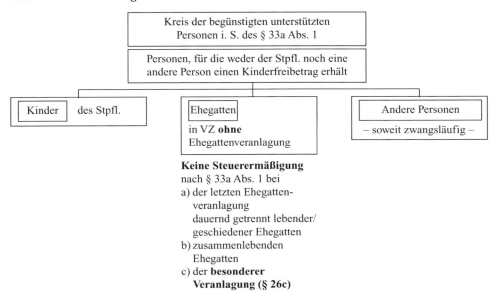

3.4 Berechnung des Freibetrages nach § 33a Abs. 1 EStG

Anhebung des Höchstbetrags

- Der Höchstbetrag wurde ab VZ 1996 auf **12 000 DM** angehoben.
- Die Absenkung des **Höchstbetrags** nach § 33a Abs. 1 Nr. 1 a. F. auf bei
  - minderjährigen Unterhaltsempfängern und
  - Personen, für die der Stpfl. die Voraussetzungen für einen Ausbildungsfreibetrag nach § 33a Abs. 2 erfüllt,

  ist **entfallen**.

Auf den Höchstbetrag von 12 000 DM (ab VZ 1996) sind anzurechnen

- eigene **Einkünfte** der unterstützten Person und
- **Bezüge, die zum Unterhalt bestimmt oder geeignet sind,**

soweit sie **1 200 DM** im VZ (ab VZ 1996) übersteigen (§ 33a Abs. 1 S. 3).

Hierunter fallen Leistungen, die **keine** Unterhaltsleistungen i. S. des § 33a Abs. 1 sind; es spielt keine Rolle, ob sie

- vom Stpfl.
- dessen Ehegatten oder
- von einem Dritten

erbracht werden (BFH, BStBl 1981 II 158).

- Von der unterhaltenen Person bezogene **Ausbildungshilfen aus öffentlichen Mitteln** oder **Zuschüsse von Förderungseinrichtungen**, die ihrerseits öffentliche Mittel enthalten, sind ungekürzt vom Höchstbetrag abzuziehen. Damit ist insoweit die Rechtslage hergestellt worden, die bereits bei der Ermittlung des Ausbildungsfreibetrags nach § 33a Abs. 2 gilt.

Die Höchstbeträge und die Anrechnungsfreigrenze sind **typisiert**. Erhöhte Lebenshaltungskosten des Unterstützten haben daher hierauf **keinen** Einfluß (BFH, BStBl 1991 II 62).

3.4.1 Begriff der Einkünfte

a) Darunter sind zu verstehen alle Einkünfte im steuerrechtlichen Sinn (§ 2 Abs 1); BFH, BStBl 1981 II 92, BStBl 1988 II 830 und 939. Vgl. H 190.

Dies gilt auch, soweit sie aus Leistungen des Stpfl. stammen; BFH, BStBl 1981 II 158.

Beispiel:

Der Stpfl. gewährt einer von ihm unterstützten Person auch unentgeltlich Unterkunft (aufgrund „gesicherter Rechtsposition" des Nutzenden).

Es handelt sich **nicht** um Unterhaltsleistungen, da der Nutzungswert aufgrund gesicherter Rechtsposition des Nutzenden diesem zuzurechnen wäre aber weder der Nutzende noch der Eigentümer mit diesem Tatbestand Einkünfte erzielen (insbesondere nicht gemäß § 21 Abs. 2).

Nach Wegfall der Nutzungswertbesteuerung ab 1987 kann eine Nutzungsüberlassung nicht mehr als eigene Einkünfte einer unterstützten Person beurteilt werden. Auch Unterhaltsaufwendungen liegen insoweit nicht vor.

Bei Vorliegen **mehrerer Einkunftsarten ist die** „Summe der Einkünfte" (§ 2 Abs. 1) der unterstützten Person zu ermitteln. Hierbei ist auch ein Verlustausgleich durchzuführen.

b) **Verfügungsbeschränkungen**

Verfügungsbeschränkungen sind mit dem steuerlichen Begriff der Einkünfte nicht vereinbar (BFH, BStBl 1973 II 145). Sie mindern nicht die anzusetzenden Einkünfte. Folglich brauchen Einkünfte nicht „zum Unterhalt bestimmt oder geeignet" sein (z. B. einbehaltene Sozialversicherungsbeiträge und vermögenswirksame Leistungen); der Relativsatz in § 33 Abs. 1 Satz 3 bezieht sich nur auf die „Bezüge"; vgl. 3.4.2.

Beispiel:

Der festgestellte Gewinnanteil an einer GbR beträgt für die unterstützte Person für WJ 01/02 4 000 DM.

Entnahmen **nur**: in 01 = 1 000 DM
in 02 = 1 500 DM

Eigene Einkünfte 02 gemäß § 4a Abs. 2 Nr. 2, § 15 Abs. 1 Nr. 2 = 4 000 DM.

3.4.2 Begriff und Ermittlung der Bezüge

a) Bezüge sind **Zuflüsse** aus einer Quelle, die
   – nicht steuerbar oder
   – steuerfreie Einnahmen sind.

Weiterhin ist Voraussetzung ihre **Eignung oder Bestimmung** zum **Unterhalt** und/oder zur **Berufsausbildung** (BFH, BStBl 1981 II 92). Vgl. H 190.

Bestimmte zweckgebundene Zuschüsse rechnen daher nicht zu den Bezügen.

Beispiele:

– Blindenhilfe aus öffentlichen Mitteln ist dazu bestimmt, die durch Blindheit bedingten Mehraufwendungen auszugleichen. Die Leistungen sind daher nicht zum Unterhalt bestimmt oder geeignet.
– im Rahmen der Sozialhilfe geleistete Beträge für Krankenhilfe, häusliche Pflege (BFH, BStBl 1988 II 830 und 939).

Es darf sich **nicht lediglich** handeln um
– Verwendung von Einkünften i. S. § 2 Abs. 1 (z. B. Entnahmen eines Gesellschafters einer Personengesellschaft)
– Verbrauch von Vermögen (z. B. Abhebungen vom Sparkonto)
– Umschichtung von Vermögen (Forderungseinzug in Raten)
– Einmalige Vermögensanfälle (z. B. Erbschaft, Schenkung von Vermögen).

Hauptfälle von Bezügen sind
– steuerfreie Einnahmen nach dem EStG (§§ 3, 3b) oder anderen Gesetzen, z. B. **Wohngeld, (nicht** jedoch steuerfreie Einnahmen nach § 3 Nr. 12, 13 und 26)

– steuerlich nicht erfaßter Teil von Leibrenten (Kapitalanteil).

Von der unterstützten Person bezogene, nach **§ 40a pauschalversteuerte** Löhne sind Bezüge (BFH, BStBl 1990 II 885).

Bezüge im Ausland, die – wenn sie im Inland anfielen, Einkünfte wären, sind wie inländische Einkünfte zu ermitteln (R 190 Abs. 5 letzter S.).

Keine Bezüge sind z.B. die steuerfrei bleibenden Teile von Versorgungsbezügen (**§ 19 Abs. 2**), und der Sparer-Freibetrag (§ 20 Abs. 4) (BFH, BStBl 1977 II 832).

Als Bezüge im vorstehenden Sinne gelten **nicht**

aa) unerfüllte Unterhaltsansprüche eines verheirateten Kindes gegenüber seinem Ehegatten

bb) nicht steuerpflichtige **Unterhaltszuschüsse** einer dritten Person, zu dem das Kind in einem Kindschaftsverhältnis steht.

cc) nicht steuerpflichtige **Unterhaltsleistungen**, für die eine dritte Person, zu dem das Kind kein Kindschaftsverhältnis begründet, einen Freibetrag nach § 33a Abs. 1 erhält, in entsprechender Anwendung von BFH, BStBl 1971 II 300; vgl. BMF vom 19.11.1973, BStBl 1973 I 690.

dd) Erziehungsgeld nach dem BErzGG (BFH, BStBl 1995 II 527).

Tatsächliche Unterhaltsleistungen des Ehegatten eines Kindes gehören zu seinen anrechenbaren Bezügen (BFH, BStBl 1986 II 554).

Zum Umfang der Bezüge bei Wehrpflichtigen vgl. BFH, BStBl 1981 II 805, BStBl 1991 II 716.

b) Von Bezügen einschließlich der Ausbildungsbeihilfen aus öffentlichen Mitteln ist – soweit keine höheren Aufwendungen nachgewiesen werden – mindestens ein **Unkosten-Pauschbetrag** von insgesamt **360 DM** abzuziehen (R 190 Abs. 5 S. 2).

3.4.3 Höhe der Steuerermäßigung

3.4.3.1 Abzug der Aufwendungen bis zum Höchstbetrag

Nach § 33a Abs. 1 wird die Steuerermäßigung durch Abzug der Aufwendungen, höchstens eines Höchstbetrages im VZ für jede unterhaltene Person gewährt.

Der Höchstbetrag, bis zu dem Unterhaltsaufwendungen steuerlich abzugsfähig sind, beträgt ab VZ 1996 einheitlich **12 000 DM**.

Der jeweilige Höchstbetrag ist **kein Freibetrag**, der ohne Rücksicht auf die Höhe der Aufwendungen abgezogen wird.

Es sind zu vergleichen:

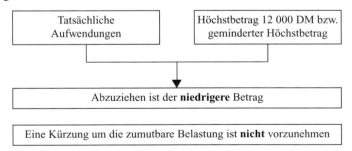

3.4.3.2 Verminderung des Höchstbetrages um eigene Einkünfte, Bezüge und öffentliche Ausbildungszuschüsse der unterhaltenen Person

Übersteigen die „eigenen Einkünfte und „Bezüge" der unterhaltenen Person **nicht** den „unschädlichen" Betrag, so ist der Höchstbetrag nicht zu kürzen.

Der „unschädliche" (d.h. **anrechnungsfreie**) Betrag beträgt bis zum VZ 1995 einschließlich 6 000 DM, ab VZ 1996 = 1 200 DM.

Übersteigen die eigenen Einkünfte und Bezüge der unterhaltenen Person den unschädlichen Betrag im VZ, wird der Höchstbetrag stufenweise abgebaut.

Eine Kürzung des Höchstbetrags von 12 000 DM erfolgt somit dann, wenn die eigenen Einkünfte und Bezüge der unterstützten Person 1 200 DM im VZ übersteigen.

Berechnungsschema
für die Kürzung des Höchstbetrags um eigene Einkünfte und Bezüge der unterhaltenen Person:

Höchstbetrag (VZ) ab 1996		12 000 DM
1. Eigene Einkünfte und Bezüge	_____ DM	
∕. Unschädlicher Betrag	∕. 1 200 DM	
Übersteigender Betrag = Minderung des Höchstbetrags	_____ DM	∕. _____ DM
2. Ausbildungszuschüsse aus öffentlichen Mitteln (eigener Kürzungstatbestand)		∕. _____ DM
gekürzter Höchstbetrag		= _____ DM

Nicht die **Aufwendungen** werden also um den den jeweiligen Höchstbetrag übersteigenden Betrag „eigener Einkünfte und Bezüge" gekürzt, sondern der jeweilige **Höchstbetrag.**

Schema

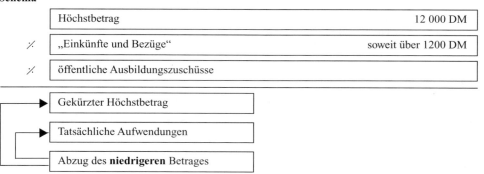

Die Höhe eigener Einkünfte und Bezüge **des unterstützenden Stpfl. selbst ist ohne** jede Bedeutung. Denn die Zwangsläufigkeit i. S. der §§ 33, 33a stellt nicht auf die Einkommens- und Vermögenshöhe des belasteten Stpfl. ab.

3.4.3.3 Beispiele zur Ermittlung und Anrechnung eigener Einkünfte und Bezüge unterstützter Personen

1. A unterstützt seine Mutter, die eine Altersrente von monatlich 400 DM bezieht (ab 64. Lebensjahr) mit monatlich 150 DM. Daneben hat die Mutter ein Sparkassenbuch über ein Guthaben von 30 000 DM, das ihr gesamtes Vermögen darstellt. Auf das Sparguthaben wurden ihr im VZ 2 250 DM Zinsen gutgeschrieben. Von dem Sparguthaben verwendete die Mutter monatlich noch zusätzlich zu den 150 DM ihres Sohnes 350 DM für ihren Lebensunterhalt.

   Die Unterhaltsaufwendungen sind zwangsläufig (§ 33 Abs. 2) infolge gesetzlicher Unterhaltspflicht (§§ 1589, 1601, 1602 BGB). Das Vermögen von 30 000 DM ist unschädlich, da es 30 000 DM nicht übersteigt (R 190 Abs. 3 Satz 2, § 33a Abs. 1 S. 2).

   Höchstbetrag § 33a Abs. 1   12 000 DM
   Eigene Einkünfte und Bezüge

   a) **Einkünfte**   b) **Bezüge**
   1. § 20   2 250 DM
      ∕. § 9a Nr. 1b   100 DM
      ∕. § 20 Abs. 4   2 150 DM   Sparerfreibetrag –
                            0 DM   kein Ansatz

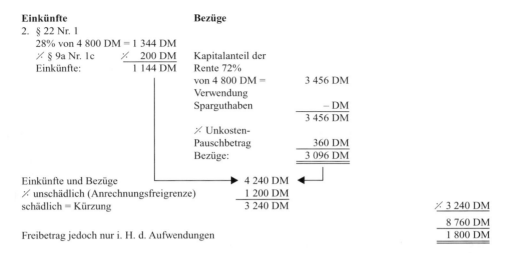

Einkünfte		Bezüge	
2. § 22 Nr. 1			
28% von 4 800 DM = 1 344 DM			
./. § 9a Nr. 1c ./. 200 DM		Kapitalanteil der	
Einkünfte: 1 144 DM		Rente 72%	
		von 4 800 DM =	3 456 DM
		Verwendung	
		Sparguthaben	– DM
			3 456 DM
		./. Unkosten-	
		Pauschbetrag	360 DM
		Bezüge:	3 096 DM
Einkünfte und Bezüge		4 240 DM	
./. unschädlich (Anrechnungsfreigrenze)		1 200 DM	
schädlich = Kürzung		3 240 DM	./. 3 240 DM
			8 760 DM
Freibetrag jedoch nur i. H. d. Aufwendungen			1 800 DM

2. Die Stpfl. haben einen 28jährigen ehelichen Sohn, der sich im ganzen Kalenderjahr 01 in Berufsausbildung befindet. Der Sohn verdient durch eine nichtselbständige Tätigkeit monatlich 450 DM. Die Stpfl. steuern zu den Kosten des Unterhalts und der Berufsausbildung gleichbleibend monatlich 350 DM bei.

Einkünfte und Bezüge des Kindes:

a) **Einkünfte**

Einnahmen nach § 19 Abs. 1	12 × 450	=	5 400 DM
abzüglich Arbeitnehmer-Pauschbetrag (§ 9a Nr. 1a)		=	2 000 DM
			3 400 DM

b) **Bezüge:** liegen nicht vor.

Einkünfte und Bezüge für 01 insgesamt	3 400 DM
Die Unterhaltszuschüsse des Stpfl. an den Sohn stellen keine Bezüge dar.	–,–
Die Einkünfte des Sohnes übersteigen den unschädlichen Betrag von 12 000 DM um	2 200 DM
geminderter Höchstbetrag (§ 33a Abs. 1 Satz 1)	
12 000 DM ./. 2 200 DM =	9 800 DM
Aufwendungen	4 200 DM
Freibetrag nach § 33a Abs. 1	4 200 DM

3.4.4 Unterstützung mehrerer Personen durch einen Steuerpflichtigen

a) Der Stpfl. erhält den Höchstbetrag für jede Person, also mehrmals für einen VZ.
b) Einheitlich geleisteter Unterhalt ist i. d. R. nach Köpfen aufzuteilen (BFH, BStBl 1989 II 1009 und BStBl 1994 II 731).
c) Es ist jedoch für jede Person grds. eine **gesonderte Berechnung durchzuführen**.

Ausnahme:

Unterstützung von in Haushaltsgemeinschaft lebenden Ehegatten. Für sie ist von einem gemeinsamen Höchstbetrag von 24 000 DM auszugehen, der evtl. zu kürzen ist um die Summe der getrennt ermittelten „schädlichen" Einkünfte und Bezüge der Ehegatten (BFH, BStBl 1992 II 245).

Diese Berechnung wirkt sich günstig aus, wenn **nur einer** der unterstützten **(zusammenlebenden)** Ehegatten Einkünfte und Bezüge hat.

Trotzdem beträgt der unschädliche Betrag (Anrechnungsfreigrenze): 2 × 1 200 DM = 2 400 DM

Vgl. H 190 (Unterhalt für mehrere Personen).

Beispiele:

1. Sohn unterstützt beide Eltern mit monatlich 500 DM
zusammen = 6 000 DM p. a.

Vater: steuerfreie Rente		18 000 DM jährlich
Mutter: Zinsen Sparbuch		200 DM jährlich

Einkünfte Mutter		
Einnahmen § 20 Abs. 1 Nr. 7	200 DM	
./. gemeinsamer WK-Pauschbetrag	200 DM	0 DM
Bezüge Vater	18 000 DM	
./. Unkosten-Pauschbetrag	360 DM	17 640 DM
		17 640 DM
– unschädl. Betrag (**anrechnungsfrei**) 2 × 1 200 DM		2 400 DM
schädlich		15 240 DM
Summe der Höchstbeträge:		24 000 DM
		./. 15 240 DM
geminderter Höchstbetrag		8 760 DM
Freibetrag § 33a Abs. 1 nur i. H. d. Aufwendungen		6 000 DM

2. Abwandlung des obigen Beispiels:

Die Ehegatten (Eltern des Stpfl.) **leben dauernd getrennt**. Der Sohn unterstützt beide mit je monatlich 250 DM.

	Getrennte Berechnung:		
	Vater	**Mutter**	
Bezüge	18 000 DM	200 DM	Zinsen § 20
Unkosten-Pauschbetrag	360 DM	200 DM	WK – PB
eigene Einkünfte und Bezüge	17 640 DM	0 DM	
./. unschädlich	./. 1 200 DM		
schädliche Einkünfte und Bezüge	16 440 DM		
Höchstbetrag	12 000 DM		
– schädliche Einkünfte	16 440 DM		
Höchstbetrag	0 DM	12 000 DM	
Freibetrag	0 DM	3 000 DM	(= i. H. der) Aufwendungen

3. A unterstützt seine Eltern mit monatlich 700 DM. Der Vater bezieht lediglich eine Rente von monatlich 500 DM. Die Mutter hat keine Einkünfte.

(**Vereinfachte**) Ermittlung der Einkünfte und Bezüge:

Rente 500 DM × 12 =	6 000 DM	
./. WK-Pauschbetrag	200 DM	
./. Unkosten-Pauschbetrag	360 DM	
	5 440 DM	5 440 DM
./. unschädlich 2 × 1 200 DM		./. 2 400 DM
schädlich		3 040 DM
Höchstbetrag (gekürzt) 2 × 12 000 DM = 24 000 DM ./. 3 040 DM		= 20 960 DM
Aufwendungen = 700 DM × 12=		8 400 DM
zu gewährender Freibetrag		8 400 DM

Bei Unterstützung von im gemeinsamen Haushalt lebenden Personen, unter denen sich auch **Kinder** befinden, für das der Stpfl. Anspruch auf Kindergeld hat, ist der Unterhalt mindestens in Höhe des **Kindergelds** anzunehmen. Nur der **restliche** Unterhalt für die **anderen** Personen fällt unter § 33a Abs. 1 (BFH, BStBl 1989 II 278).

Die Anrechnungsfreigrenze ist **nicht** für weitere in der Haushaltsgemeinschaft lebende Personen zu gewähren, für die § 33a Abs. 1 wegen eines Kinderfreibetrags nicht in Betracht kommt (BFH, BStBl 1992 II 900).

3.4.5 Unterstützung durch mehrere Personen

a) Tragen **mehrere** Personen zum Unterhalt **eines** Bedürftigen bei, dann erhalten sie den jeweiligen Höchstbetrag nur einmal **gemeinschaftlich** (§ 33a Abs. 1 S. 5), wenn ihre Unterstützungsleistungen **alle** dem Grunde nach **zwangsläufig** sind. **Die Aufteilung des Höchstbetrages erfolgt im Verhältnis der Unterhaltsleistungen.**

b) Tragen Personen zum Unterhalt bei, deren **Leistungen nicht zwangsläufig** sind, so entfällt eine Aufteilung auf sie.

Ihre Unterhaltsleistungen sind in diesem Fall Bezüge des Unterstützten (mit Unkosten-Pauschbetrag).

Ausnahme:

Nicht als eigene Einkünfte oder Bezüge gelten **Unterhaltsleistungen der leiblichen Mutter eines nichtehelichen Kindes.** Sie haben **keinen Einfluß auf den beim leiblichen Vater** abzuziehenden Höchstbetrag nach § 33a Abs. 1 für dessen Unterstützungsleistung (BFH, BStBl 1961 III 437). Das BFH-Urteil BStBl 1981 II 158 hat m. E. hierauf keine Auswirkungen.

c) Eine **Aufteilung entfällt ebenfalls** insoweit, als Aufwendungen durch eine Person getragen werden, die **nicht unbeschränkt steuerpflichtig** ist (beschränkt steuerpflichtige i. S. § 1 Abs. 4 bzw. **nicht** steuerpflichtige Personen).

Beispiele:

1. Die unbeschränkt steuerpflichtigen Geschwister A und B unterstützten gemeinsam ihre Mutter (verwitwet); A: 4800 DM, B: 2400 DM. Die Mutter bezieht eine steuerfreie Unfallrente von 6360 DM.

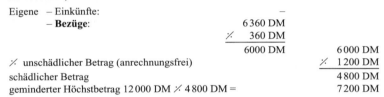

Eigene – Einkünfte:	–	
– **Bezüge**:	6360 DM	
	⁒ 360 DM	
	6000 DM	6000 DM
⁒ unschädlicher Betrag (anrechnungsfrei)		⁒ 1200 DM
schädlicher Betrag		4800 DM
geminderter Höchstbetrag 12000 DM ⁒ 4800 DM =		7200 DM

für A und B zusammen
Aufteilung nach dem Verhältnis der Unterhaltsleistungen

A		B	
²/₃ × 7200 DM =	4800 DM	¹/₃ × 7200 DM =	2400 DM

– entspricht jeweils den tatsächlichen Unterhaltsaufwendungen –

Die Unterstützung durch den jeweils anderen stellt **keine** Einkünfte oder Bezüge bei unterstützten Personen dar (BMF, BStBl 1971 I 300).

2. **Abwandlung**:

Nur A ist unbeschränkt steuerpflichtig. B hat seinen Wohnsitz in den Niederlanden. Die wiederkehrenden Bezüge sind steuerpflichtige Einkünfte i. S. § 22 Nr. 1, da der Geber B nicht unbeschränkt steuerpflichtig ist (Umkehrschluß aus § 22 Nr. 1 S. 2).

Einkünfte:

§ 22 Nr. 1		2400 DM	(keine Leibrente)
⁒ WK-Pauschbetrag		200 DM	2200 DM
Bezüge:		6360 DM	
		⁒ 360 DM	6000 DM
			8200 DM
⁒ unschädlich			1200 DM
schädliche Einkünfte und Bezüge			7000 DM
Höchstbetrag			12000 DM
Freibetrag § 33a Abs. 1			5000 DM

Die Zahlungen des B gelten nicht als Unterstützungsleistungen.

3.4.6 Zeitanteilige Aufteilung des Höchstbetrags (§ 33a Abs. 4 EStG)

3.4.6.1 Zwölftelung des Höchstbetrags

Für jeden **vollen** Kalendermonat, in dem die Voraussetzungen des § 33a Abs. 1 nicht vorgelegen haben, ist der jeweilige **Höchstbetrag** um je $1/12$ zu kürzen.

Angefangene Monate führen mithin noch zu einem anteiligen Freibetrag.

Folgende **Gründe** können zu einer solchen **Aufteilung** führen:

– Unterstützungszeitraum von weniger als 12 Monaten (einschließlich angefangener Monate)
– Keine Zwangsläufigkeit i. S. von § 33 Abs. 2 der Unterstützung für einen Teil des Jahres
– Erhebliches Vermögen (über 30 000 DM, R 190 Abs. 3) in einem Teil des Jahres

3.4.6.2 Berechnung der Einkünfte und Bezüge der unterhaltenen Person

Der unschädliche Betrag eigener Einkünfte und Bezüge von 1 200 DM (ab VZ 1996), bis VZ 1995 6 000 DM (Anrechnungsfreigrenze) wird für jeden wegfallenden **vollen** Monat um je $1/12$ **gekürzt**.

Anschließend ist ein Vergleich des gezwölftelten Höchstbetrags mit den tatsächlichen Aufwendungen des **verkürzten** Zeitraums vorzunehmen:

Ansatz des **niedrigeren** Betrages.

Einkünfte und Bezüge der Person (des Kindes), die außerhalb des Zeitraums, für den ein Freibetrag nach § 33a Abs. 1 oder 2 gewährt wird, erzielt worden sind, werden **nicht** in die Kürzungsregelung einbezogen (§ **33a Abs. 4 Satz 2**). Folgerichtig ist dann aber eine nur anteilige Berücksichtigung der

– Einkunftsermittlungsfreibeträge (§ 19 Abs. 2, § 9a, § 20 Abs. 4) und des
– Unkostenpauschbetrags von 360 DM für Bezüge.

Die FinVerw gewährt die fraglichen Beträge nur anteilig (vgl. **R 192a** und **Beispiele** in **H 192a**).

Nach R 192a ist wie folgt zu verfahren: In die Anrechnung sind nur solche Einkünfte und Bezüge einzubeziehen, die dem **Unterstützungszeitraum wirtschaftlich zuzuordnen** sind.

a) Bei regelmäßig in kürzeren Zeitabständen (z. B. monatlich) fließenden Beträgen, nämlich Renten, Einkünften aus nichtselbständiger Arbeit und Bezügen, sind die im Unterstützungszeitraum **zugeflossenen** (§ 11 Abs. 1 Satz 1) Einkünfte anzusetzen. Hierbei ist Aufteilungsmaßstab grds. das Verhältnis der auf den Unterstützungszeitraum entfallenden Einnahmen zu den Gesamteinnahmen. Den Pauschbetrag übersteigende WK sind nach dem Abfluß (§ 11 Abs. 2) zuzuordnen. Vgl. R 192a Abs. 2 **Nr. 1**.

Es ergeben sich folgende **Fallgestaltungen** (vgl. Veigel, DB 1989, 240)

aa) **Ansatz eines Pauschbetrags:**

aaa) Einnahmen ausschließlich im Ausbildungszeitraum: Der Pauschbetrag mindert in voller Höhe die Einnahmen im Ausbildungszeitraum.

bbb) Einnahmen ausschließlich **außerhalb** des Ausbildungszeitraums:
Der Pauschbetrag bleibt unberücksichtigt.

ccc) Einnahmen in beiden Zeiträumen:
Der Pauschbetrag ist – im Ergebnis – im **Verhältnis** der Einnahmen auf beide Zeiträume **aufzuteilen.**

bb) **Höhere Werbungskosten als Pauschbetrag**

aaa) Innerhalb des Ausbildungszeitraums:
Für den Pauschbetrag gilt a) cc) entsprechend. Zusätzlich ist der den Pauschbetrag übersteigende Teil der Werbungskosten **voll** dem Ausbildungszeitraum zuzuordnen.

bbb) außerhalb des Ausbildungszeitraums:
Für den Pauschbetrag gilt a) cc) entsprechend. Der den Pauschbetrag übersteigende Teil der Werbungskosten bleibt unberücksichtigt.

ccc) Werbungskosten in beiden Zeiträumen:
Für den Pauschbetrag a) cc) entsprechend. Zusätzlich ist der den Pauschbetrag übersteigende Teil der Werbungskosten im Verhältnis der Werbungskosten, die wirtschaftlich innerhalb und außerhalb des Ausbildungszeitraums angefallen sind, den beiden Zeiträumen zuzuordnen.

b) Andere Einkünfte sollen hier dem Unterstützungszeitraum zeitanteilig zuzurechnen sein. Der Stpfl. soll jedoch nachweisen können, daß die Einkünfte und Bezüge der unterstützten Person auf andere Zeiträume des Kalenderjahrs entfallen und deshalb eine andere Verteilung vorzunehmen ist (z. B. Festgeldkonto, das nur wenige Monate bestand). Vgl. R 192a Abs. 2 **Nr. 2**.

Problematisch ist u. E. die Abkehr vom Zuflußprinzip bei nicht in kürzeren Zeitabständen zufließenden Überschußeinkünften (z. B. Sparzinsen). Der Wortlaut des § 33a Abs. 4 Satz 2 ist hier nicht eindeutig.

3.4.7 Beispiele

a) Der Stpfl. unterstützt seine alleinstehende im Inland lebende Mutter vom 15. 4. bis 15. 9. (Unterstützungszeitraum) mit insgesamt 3 600 DM. Die Mutter bezieht ganzjährig eine monatliche Rente von 400 DM (Ertragsanteil 25 v. H.). Außerdem fließen ihr im Dezember aus einem am 1. 7. geerbten Kapital, das als geringfügig anzusehen ist, für die vorangegangenen 12 Monate Einnahmen aus Kapitalvermögen in Höhe von 7 900 DM zu.

1. Höchstbetrag für das Kalenderjahr		12 000 DM
anteiliger Höchstbetrag für die Monate April bis September (6 Monate)		6 000 DM
2. Eigene Einkünfte der Mutter im Unterstützungszeitraum		
Einkünfte aus Leibrenten		
steuerpflichtiger Ertragsanteil 25 v. H. von 4800 DM		1 200 DM
WK-Pauschbetrag (§ 9a Nr. 1c)	./.	200 DM
		1 000 DM
auf den Unterstützungszeitraum entfallen 6/12		500 DM
Einkünfte aus Kapitalvermögen:		
Einnahmen		7 900 DM
WK-Pauschbetrag (§ 9a Nr. 1b)	./.	100 DM
Sparer-Freibetrag (§ 20 Abs. 4)	./.	6 000 DM
		1 800 DM
auf den Unterstützungszeitraum entfällt die Hälfte der für den Zeitraum Juli bis Dezember zugeflossenen Einkünfte (Erbanfall am 1. 7.)		450 DM
Summe der Einkünfte im Unterstützungszeitraum		950 DM
3. Eigene Bezüge der Mutter im Unterstützungszeitraum		
steuerlich nicht erfaßter Teil der Rente		3 600 DM
Unkosten-Pauschbetrag	./.	360 DM
		3 240 DM
Summe der auf den Unterstützungszeitraum entfallenden Bezüge (6/12)		1 620 DM
4. Summe der Einkünfte und Bezüge, soweit sie auf den Unterstützungszeitraum entfallen		2 570 DM
5. Die auf den Unterstützungszeitraum entfallenden Einkünfte und Bezüge übersteigen den anteiligen anrechnungsfreien Betrag von		600 DM
um		1 970 DM
geminderter Höchstbetrag 6 000 DM ./. 1 970 DM		4 030 DM
Von den Unterhaltsleistungen in Höhe von 3600 DM sind somit zu berücksichtigen		3 600 DM

b) Unterhaltsaufwendungen des Stpfl. vom 1. 1. bis **31. 7.** des VZ monatlich 200 DM = 1 400 DM
Einkünfte und Bezüge der unterhaltenen Person vom 1. 1. bis **31. 12.** (im VZ) = 4 800 DM

und zwar (monatlich gleichbleibend) 400 DM.

		DM
Höchstbetrag (1.1. – **31.7.**)	⁷/₁₂ von 12 000 =	7 000
Einkünfte und Bezüge	1.1. – 31.7. 2 800	
./. unschädlicher Betrag:	⁷/₁₂ von 1 200 = __700__	
Übersteigender Betrag = Kürzungsbetrag	2 100	2 100
Gekürzter Höchstbetrag		4 900
Tatsächliche Aufwendungen		1 400
Anzusetzen ist der **niedrigere** Betrag		__1 400__

c) B unterstützte seinen Vater V vom 1.1.06 bis zu seinem Tode am 30.11.06 mit monatlich 450 DM. Der 70jährige Vater bezog bis zu seinem Tode eine Beamtenpension in Höhe von monatlich 1 000 DM.

Aufwendungen i. S. § 33a Abs.1	4 950 DM	
Höchstbetrag	¹¹/₁₂ von 12 000 DM	= 11 000 DM
Einkünfte M:		
§ 19	11 000 DM	
./. § 19 Abs. 2	4 400 DM	
./. § 9a Nr. 1a	2 000 DM	
Einkünfte	4 600 DM	

Die Einkünfte entfallen in **voller** Höhe auf den Unterstützungszeitraum.

unschädliche Einkünfte und Bezüge		
¹¹/₁₂ von 1 200 DM =	1 100 DM	
anzurechnende Einkünfte und Bezüge	3 500 DM	3 500 DM
abzugsfähig		7 500 DM

Es fragt sich, ob zur Ermittlung der Einkünfte aus § 19 sämtliche Freibeträge mit ¹¹/₁₂ anzusetzen sind.

ME ist hier **keine** Zwölftelung der Einkunftsermittlungsfreibeträge vorzunehmen (entsprechend H 192a).

d) Der 30jährige Sohn des Stpfl. beendet sein auswärtiges Studium am 20.3.09. Die Verzögerung des Abschlusses beruhte auf einer Erkrankung. In 09 bestand kein Anspruch auf Kinderfreibetrag oder Kindergeld mehr. Ab 1.12.09 erhielt der Sohn ein Bruttogehalt als Angestellter von monatlich 2 150 DM brutto. Außerdem bezog er eine steuerfreie Unfallrente von monatlich 400 DM (ganzjährig). Er hat kein Vermögen. Der Vater trug vom 1.1. – 31.3.09 300 DM für Kost und Unterkunft und steuerte monatlich 200 DM in bar bei.

Höchstbetrag § 33a Abs. 1 und 4	³/₁₂ × 12 000 DM	= 3 000 DM
Die Einkünfte aus § 19 sind **nicht** anzusetzen, da sie wirtschaftlich nicht dem Unterstützungszeitraum zuzuordnen sind (§ 33a Abs. 4 Satz 2).		0 DM
Eigene Einkünfte		
Bezüge		
steuerfreie Rente	4 800 DM	
./. Unkosten-Pauschbetrag	./. 360 DM	
	4 440 DM	
Einkünfte und Bezüge	4 440 DM	
hiervon 3/12	1 110 DM	
./. unschädlich		
³/₁₂ × 1 200 DM	300 DM	
schädlich	810 DM	./. 810 DM
geminderter Höchstbetrag		2 190 DM
Aufwendungen		1 500 DM
als Freibetrag abzuziehen		1 500 DM

4. Ausbildungsfreibeträge (§ 33a Abs. 2 EStG)

4.1 Grundsätze

Diese Freibeträge sollen die Aufwendungen von Eltern für die Berufsausbildung eines Kindes abgelten. Berechtigte sind nur Personen, die **Anspruch auf einen Kinderfreibetrag** für das Kind haben **und ihn auch tatsächlich erhalten**. Der Ausbildungsfreibetrag wird **neben** dem **Kinderfreibetrag gewährt**.

Im Gegensatz zur Kindergeldberechtigung steht ein Kinderfreibetrag grds. beiden Elternteilen zu. Daher erhält die Vorschrift des § 33a Abs. 2 Regelungen, die verhindern sollen, daß der Ausbildungsfreibetrag **mehrfach** in voller Höhe gewährt wird. Dies stellt sicher, daß für jedes Kind lediglich **insgesamt einmal** der Ausbildungsfreibetrag gewährt wird. Er ist bei mehreren Berechtigten aufzuteilen.

Kein Ausbildungsfreibetrag wird für **haushaltszugehörige Kinder unter 18 Jahren** gewährt.

4.2 Voraussetzungen und Höhe

Voraussetzung für die Gewährung eines Ausbildungsfreibetrags ist nach § 33a Abs. 2, daß
- der Stpfl. einen **Kinderfreibetrag oder Kindergeld** für das Kind erhält (§§ 31, 32).
- ihm **Aufwendungen für die Berufsausbildung** des Kindes erwachsen sind
- er einen **Antrag** stellt
- das Kind bestimmte **Altersvoraussetzungen** erfüllt und
- es ggf. auswärtig untergebracht ist (nur bei § 33a Abs. 2 Nr. **1** und **Nr. 2 Satz 2**).

Übersicht

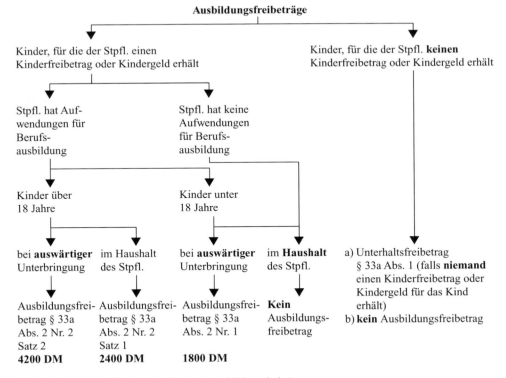

(Zur Verfassungsmäßigkeit der **Höhe** der Ausbildungsbeiträge vgl. BVerfG-Beschluß, BStBl 1994 II 307)

Nach BFH, BStBl 1992 II 1023 handelt es sich um drei selbständige Tatbestände.

4.3 Gewährung eines Kinderfreibetrags oder von Kindergeld

Die Ausbildungsfreibeträge nach § 33a Abs. 2 sind kindbedingte Erleichterungen zur typisierenden Berücksichtigung von Ausbildungsaufwendungen für ein Kind neben dem Kinderfreibetrag bzw. dem Kindergeld. Daher ist darauf abzustellen, daß der Stpfl. für das betreffende Kind einen Kinderfreibetrag oder Kindergeld **tatsächlich erhält**. Dies hat zur Folge, daß auch für die Gewährung eines Ausbildungsfreibetrags der **Kindbegriff des § 32 gilt**.

Erhält der Stpfl. **keinen Kinderfreibetrag oder Kindergeld**, kann ihm **auch** ein **Ausbildungsfreibetrag nicht** zugebilligt werden. Dies ist von erheblicher Bedeutung bei einem Elternpaar, bei dem die Voraussetzungen des § 26 Abs. 1 Satz 1 nicht vorliegen. Wird nämlich in diesen Fällen nach § 32 Abs. 6 Satz 5 der Kinderfreibetrag eines Elternteils auf den anderen **übertragen**, kann der Stpfl. **keinen** Ausbildungsfreibetrag geltend machen. Dagegen ist es u. E. **unschädlich**, daß das Kindergeld nur an **einen** Elternteil in **voller** Höhe ausgezahlt wird. Denn der andere Ehegatte erhält infolge Minderung seiner Barunterhaltsverpflichtung i. H. des **halben** Kindergelds ebenfalls „Kindergeld" im Wege des **zivilrechtlichen Ausgleichs**.

4.4 Aufwendungen für die Berufsausbildung

4.4.1 Aufwendungen

Dem Stpfl. müssen für alle drei Arten des Ausbildungsfreibetrags Aufwendungen für die Berufsausbildung eines Kindes erwachsen (BFH, BStBl 1988 II 423 und 442); z. B.:

Fahrtkosten, Aufwendungen für Lernmittel, Studiengebühren und Gerichts- und Anwaltskosten wegen der Zulassung zum Studium (BFH, BStBl 1985 II 139).

Auch Kosten einer evtl. **auswärtigen Unterbringung** oder **Mehraufwand für Verpflegung** zählen dazu (sind aber **nicht** Voraussetzung, s. unten) (BFH, BStBl 1988 II 422).

Auf die **Höhe** der Aufwendungen kommt es **nicht** an.

Auch im Fall der auswärtigen Unterbringung kommt es für die Gewährung des Ausbildungsfreibetrags nur darauf an, daß Aufwendungen für die **Berufsausbildung** entstanden sind. Unerheblich ist, ob der Stpfl. die Kosten der auswärtigen Unterbringung ganz oder teilweise getragen hat (BFH, BStBl 1977 II 240 ist überholt). **Nicht** zu den Berufsausbildungskosten dürften – streng genommen – **typische Unterhaltsaufwendungen** (wie z. B. für Kleidung und Ernährung) gehören, da sie eigentlich mit dem Kinderfreibetrag und dem Kindergeld abgegolten sind. Nach R 191 Abs. 2 Satz 3 gelten sie aber als Aufwendungen für die Berufsausbildung (Vermutungsregel).

Besteht **keine** Lernmittelfreiheit für Schulkinder, ist von Aufwendungen des Stpfl. auszugehen (BFH, BStBl 1988 II 438).

Keine Aufwendungen für die Berufsausbildung liegen vor, wenn Eltern dem Kind einen Betrag zuwenden, aus dessen Zinserträgen das Kind den gesamten Lebensunterhalt **und** die Berufsausbildung bestreitet (BFH, BStBl 1994 II 694).

4.4.2 Begriff der Berufsausbildung

Der Begriff der Berufsausbildung entspricht demjenigen des § 32 Abs. 4 Nr. 1; vgl. Ausführungen zu § 32 und R 180.

Danach ist Berufsausbildung die Ausbildung für einen künftigen Beruf (sowohl erstmaligen als auch anderen Beruf).

> **Beispiel:**
> Ein verwitweter Stpfl. hat sein noch nicht schulpflichtiges Kind in einem Tageshort untergebracht. Es liegt noch keine Berufsausbildung vor (BFH, BStBl 1975 II 607).

Nicht in Berufsausbildung befindet sich jedoch ein Kind, das ein höher gestecktes Berufsziel anstrebt, während es weiter einen bestimmten Beruf ausübt.

Insoweit liegen lediglich Fortbildungskosten vor (die eigene Werbungskosten des Kindes darstellen können).

Beispiel:

Ein als Steuerfachgehilfe tätiges Kind (mit üblichem Gehalt), strebt den Beruf als Steuerberater an.
Da lediglich **Fortbildung** vorliegt, ist kein Ausbildungsfreibetrag zu gewähren (vgl. BFH, BStBl 1985 II 91).

Für die Frage, ob eine Berufsausbildung vorliegt, ist es **ohne Bedeutung**, ob eine **erstmalige** oder eine **weitere** Ausbildung vorliegt. Eine Berufsausbildung ist aber nur anzunehmen, wenn sie die Arbeitszeit und die Arbeitskraft des Kindes überwiegend beansprucht. **Regelmäßige Ferien** (z. B. Semesterferien) gehören ebenso wie die **Übergangszeit zwischen zwei Ausbildungsabschnitten bis zu 4 Monaten** zur Berufsausbildung (vgl. auch § 32 Abs. 4 Nr. 2), dasselbe gilt für die Übergangszeit zwischen einem Ausbildungsabschnitt und dem Zeitpunkt, ab dem der Wehr- oder Zivildienst geleistet wird, sowie den Zeitraum einer **vorübergehenden Unterbrechung** der Ausbildung wegen **Krankheit**, solange das Ausbildungsverhältnis dadurch nicht unterbrochen wird, R 191 Abs. 2 Satz 5. **Nicht** in die Berufsausbildung miteinzubeziehen ist aber die Übergangszeit zwischen dem Anschluß der Berufsausbildung und dem Berufsantritt sowie die Probezeit bei erstmaligem Berufsantritt.

Beispiel:

Die 19jährige geistig behinderte Tochter des A mit einer Minderung der Erwerbsfähigkeit um 100 v. H. lebt im Haushalt ihrer Eltern. Sie wurde nach dem Besuch einer Sonderschule aufgrund eines Rehabilitationsplans des Arbeitsamtes in den Arbeitstrainingsbereich einer Werkstatt für Behinderte aufgenommen und später in den Arbeitsbereich der Werkstatt übernommen.

A erhält den Ausbildungsfreibetrag in Höhe von 2 400 DM gemäß § 33a Abs. 2 Nr. 2 Satz 1, da das Arbeitstraining als Ausbildung anzusehen ist (EFG 1982, 30 – rkr; R 180 Abs. 4).

Der Begriff der Berufsausbildung im Sinne des § 33a Abs. 2 umfaßt auch die Vermittlung von Kenntnissen und Fertigkeiten für jede als Lebensaufgabe und Lebensgrundlage geeignete Arbeit oder Beschäftigung.

4.4.3 Bedeutung der Berufsausbildung

Ein Ausbildungsfreibetrag kommt grds. nur für Zeiten in Betracht, in denen sich das Kind **tatsächlich** in **Berufsausbildung** (vgl. R 180) befindet; zu Ausnahmen vgl. 4.4.2.

4.5 Auswärtige Unterbringung

4.5.1 Bedeutung

Die auswärtige Unterbringung

– ist Voraussetzung für den Ausbildungsfreibetrag nach § 33a Abs. 2 Nr. 1 für ein Kind, das das 18. Lebensjahr noch nicht vollendet hat und

– führt bei Kindern, die das 18. Lebensjahr vollendet haben, zu dem gegenüber § 33a Abs. 2 Nr. 2 Satz 1 höheren Freibetrag nach § 33a Abs. 2 Nr. 2 Satz 2.

4.5.2 Begriff

Eine **auswärtige Unterbringung** i. S. des § 33a Abs. 2 liegt vor, wenn das Kind (ggf. im selben Wohnort) außerhalb des Haushalts seiner Eltern untergebracht ist; vgl. R 191 Abs. 3 und BFH, BStBl 1988 II 138. Dies gilt auch für eine nach **§ 10e** bzw. nach dem **EigZulG** begünstigte Wohnung, in der das Kind einen selbständigen Haushalt führt (BFH, BStBl 1995 II 378). Welche **Gründe** für die auswärtige Unterbringung maßgebend sind, ist **unerheblich**. Ein Kind kann auch dann auswärts untergebracht sein, wenn es sich außerhalb des Haushalts der Eltern in einer Universitätsstadt aufhält und dort nach der **Heirat** unter Fortsetzung des Studiums eine **eheliche Wohnung** bezieht (BFH, BStBl 1974 II 299). Dies gilt auch, wenn ein verheiratetes Kind, das am Ausbildungsort einen eigenen Hausstand führt, mit der Berufsausbildung erst nach der Heirat beginnt (BFH, BStBl 1975 II 488).

Leben Eltern dauernd getrennt und wohnt das Kind bei einem Elternteil, so ist es aus der Sicht des anderen Elternteils **nicht** auswärtig untergebracht (BFH, BStBl 1986 II 554; 1988 II 138 und 1988 II 579; a. A. EFG 1987, 247 – rkr).

Ist ein Ausbildungsfreibetrag bei mehreren Elternpaaren zu berücksichtigen, muß das Kind außerhalb der Haushalte **aller** Elternteile untergebracht sein (BFH, BStBl 1986 II 836, 1988 II 579).

Eine auswärtige Unterbringung i. S. des § 33a Abs. 2 setzt weiterhin voraus, daß die Unterbringung außerhalb des elterlichen Haushalts auf eine **gewisse Dauer** angelegt ist, die zu einer räumlichen Selbständigkeit des Kindes während einer ganzen Ausbildung (z. B. eines Studiums) oder eines bestimmten Ausbildungsabschnitts (z. B. eines Studiensemesters) führt (BFH, BStBl 1983 II 109 und 1983 II 457).

Dieses Erfordernis ist z. B. nicht erfüllt bei

– der Teilnahme an einer Klassenfahrt von nur wenigen Tagen (BFH, BStBl 1983 II 109),

– einem dreiwöchigen Sprachkurs in England (BFH, BStBl 1983 II 457 und 1990 II 62) oder

– einem sechswöchigen Praktikum in den Semesterferien außerhalb des Hochschulorts (BFH, BStBl 1994 II 699).

Dies gilt – entgegen EFG 1982, 190 – auch z. B. für von der Schule veranstaltete kurze Pflichtskikurse. Die Folge ist, daß das Kind während derartiger Abwesenheiten weiterhin im Haushalt der Eltern untergebracht ist.

Wird ein noch **nicht schulpflichtiges Kind** auswärtig untergebracht, kann ein Ausbildungsfreibetrag schon deswegen nicht gewährt werden, weil sich das Kind noch nicht in Berufsausbildung befindet; eine Berufsausbildung ist in der Regel frühestens ab dem Zeitpunkt des Besuchs der Grundschule anzunehmen (BFH, BStBl 1975 II 607).

Es wird **nicht** darauf abgestellt, ob dem Kinde ohne Gefährdung des Ausbildungszwecks zugemutet werden könnte, täglich in den Haushalt der Eltern zurückzukehren. Das Kind darf aber nicht mehr am hauswirtschaftlichen Leben der Eltern teilnehmen; das tut es jedoch noch, wenn es zum Übernachten oder zu den Mahlzeiten in den elterlichen Haushalt zurückkehrt. Unterbringung in demselben Mietshaus steht der Annahme auswärtiger Unterbringung aber nicht entgegen (EFG 1982, 248). Auswärtige Unterbringung i. S. des § 33a Abs. 2 liegt **nicht** vor, wenn sie **krankheitsbedingt** ist. Hier erfolgt ein Abzug ausschließlich **statt** nach § 33a Abs. 2 nach § 33 (BFH, BStBl 1993 II 278 betr. auswärtige Unterbringung wegen medizinischer Legasthenie (Lese-Rechtschreibschwäche). **Rechtsprechung vgl. H 191.**

4.6 Unterbringung im Haushalt des Steuerpflichtigen

Der Freibetrag von 2400 DM gilt Aufwendungen für über 18 Jahre alte Kinder ab, die im Haushalt des Stpfl. untergebracht sind. Die Regelung kommt in **allen Fällen** zum Zuge, in denen **keine auswärtige Unterbringung** gegeben ist. Insbesondere ist der Fall gemeint, daß ein Kind getrennt lebender Eltern bei einem Elternteil wohnt (vgl. BFH, BStBl 1968 II 494).

Da eine auswärtige Unterbringung eine **gewisse Dauer** voraussetzt, kann ein Aufenthalt außerhalb des Haushalts deshalb der Annahme einer Unterbringung im Haushalt des Stpfl. nur dann entgegenstehen, wenn er auf eine gewisse Dauer angelegt ist. Vgl. oben 4.5 und R 191 Abs. 3 S. 4.

4.7 Vollendung bzw. Nichtvollendung des 18. Lebensjahres

Ausschlaggebend für die Gewährung bzw. die Höhe des Ausbildungsfreibetrages ist die Vollendung bzw. Nichtvollendung des 18. Lebensjahres.

Die Berechnung erfolgt gemäß § 108 Abs. 1 AO nach den Vorschriften des BGB.

Bei der Berechnung des Lebensalters wird der Tag der Geburt mitgezählt (§§ 187 Abs. 2, 188 Abs. 2 BGB).

Vollendet das Kind im Laufe des VZ das **18. Lebensjahr,** so werden die in Betracht kommenden Ausbildungsfreibeträge **zeitanteilig** gewährt (§ 33a Abs. 4); dabei wird der Monat, in dem das Kind sein 18. Lebensjahr vollendet, dem Zeitraum zugerechnet, in dem das Kind 18. Jahre alt ist.

Beispiel:

Ein am 2.6.1979 geborenes Kind, das in Berufsausbildung ist und auswärtig untergebracht ist, vollendet sein 18. Lebensjahr mit Ablauf des 1.6.1997. Für das Kalenderjahr 1997 ist ein Ausbildungsfreibetrag von 3200 DM (= $^5/_{12}$ von 1800 DM + $^7/_{12}$ von 4200 DM) zu gewähren.

4.8 Höhe der Steuerermäßigung

4.8.1 Grundsätze

Auf die Höhe der tatsächlichen Aufwendungen kommt es **nicht** an. Es handelt sich bei § 33a Abs. 2 um Freibeträge, nicht um Höchstbeträge. Die Höhe der Freibeträge ist gestaffelt. Vgl. Übersicht in 4.2
Wegen der Minderung um eigene Einkünfte, Bezüge und Zuschüsse des Kindes vgl. 4.8.3; zur zeitanteiligen Gewährung vgl. 4.8.4.

4.8.2 Nicht unbeschränkt stpfl. Kinder

Für ein nicht unbeschränkt stpfl. Kind sind die Ausbildungsfreibeträge auf das nach den Verhältnissen des Wohnsitzstaates notwendige und angemessene Maß zu ermäßigen (§ 33a Abs. 2 Satz 5). Diese Einschränkung gilt in der Regel für Kinder ausländischer Arbeitnehmer, die im Ausland z. B. bei Verwandten (nicht beim Ehegatten) zur Berufsausbildung auswärtig untergebracht sind. In diesen Fällen muß die von der Finanzverwaltung zur Vereinfachung eingeführte Ländergruppeneinteilung (vgl. BMF-Schreiben vom 2.5.1990, BStBl I 223) angewendet werden. Dadurch kann sich eine **Verminderung** der **Ausbildungsfreibeträge um** $1/3$ bzw. $2/3$ ergeben; eine solche Herabsetzung ist auch beim **unschädlichen Betrag von 3 600 DM** (Anrechnungsfreigrenze) vorzunehmen.

Steuerermäßigung nach § 33a Abs. 1 kann für Auslandskinder neben einem Ausbildungsfreibetrag (§ 33a Abs. 2) **nicht** in Anspruch genommen werden. Ab VZ 1994 gibt es die sog. „Kombinationsfälle" nicht mehr.

Beispiele:
1. Ein ausländischer Arbeitnehmer hat ein im Ausland wohnendes Kind (19 Jahre), das sich in auswärtiger Ausbildung befindet. Mtl. Unterhalt 300 DM.
    a) Kinderfreibetrag 6 264 DM (§ 32 Abs. 1) trotz Nichtvorliegen unbeschränkter Steuerpflicht, **aber grds. kein Kindergeld**, vgl. § 63.
    b) **kein** Unterhaltsfreibetrag nach § 33a Abs. 1
    c) Ausbildungsfreibetrag § 33a Abs. 2 Nr. 2 S. 2 = 4 200 DM
2. Wie Beispiel 1, aber Zuzug des Kindes zum Vater in das Inland im **Juni** des VZ.
    a) Kinderfreibetrag gemäß § 32 Abs. 1, 4 und 6 i. H. v. 6 264 DM
    b) **Kein** Freibetrag gemäß § 33a Abs. 1, da Kinderfreibetrag zu gewähren
    c) Ausbildungsfreibetrag:
        $6/12 \times 4200$ DM $= 2100$ DM (§ 33a Abs. 2 Nr. 2 Satz 2)
        $6/12 \times 2400$ DM $= \underline{1200\text{ DM}}$ (§ 33a Abs. 2 Nr. 2 Satz 1)
        $\phantom{6/12 \times 2400\text{ DM} = {}} 3300$ DM

4.8.3 Anrechnung eigener Einkünfte und Bezüge sowie öffentlicher Zuschüsse

4.8.3.1 Grundsatz

Nach § 33a Abs. 2 Satz 2 vermindern sich die Ausbildungsfreibeträge jeweils um die eigenen Einkünfte und solche Bezüge des Kindes, die zur Bestreitung seines Unterhalts oder seiner Berufsausbildung bestimmt oder geeignet sind, soweit sie 3 600 DM übersteigen.

Darüber hinaus sind die Ausbildungsfreibeträge um die dem Kind aus öffentlichen Mitteln gewährten Zuschüsse (z. B. BAföG-Zuschüsse) zu kürzen (**eigenständiger** Kürzungsgrund lt. Gesetzeswortlaut).

Der **Begriff** der Einkünfte und Bezüge ist **derselbe wie bei § 33a Abs. 1**; vgl. 3.4.2 und R 191.

Keine anrechenbaren eigenen Bezüge sind **Unterhaltszahlungen** eines geschiedenen oder dauernd getrennt lebenden Elternteils für ein nichteheliches Kind.

Tatsächlich erbrachte Unterhaltsleistungen des Ehegatten des Kindes sind aber bei der Berechnung des Ausbildungsfreibetrages anzurechnen (BFH, BStBl 1986 II 554).

Einkünfte des Ehegatten, die in dem Zeitraum vor der Eheschließung erzielt worden sind, scheiden für eine Anrechnung aus (BFH, BStBl 1986 II 840). Vgl. auch BFH, BStBl 1986 II 805.

Zuschüsse

Zu den lt. Gesetzeswortlaut voll – d. h. ohne Anrechnungsfreigrenze – anzurechnenden öffentlichen Zuschüssen gehören z. B.

- Zuschüsse (ohne Darlehnsanteil) nach dem BAföG,
- Berufsbeihilfen und Ausbildungsgelder nach dem AFG und
- steuerfreie Stipendien.

Nach R 190 Abs. 5 will die FinVerw **jedoch den Unkosten-Pauschbetrag von 360 DM** gewähren. Es darf jedoch nicht zu einer Doppelberücksichtigung bei Bezügen und öffentlichen Zuschüssen kommen.

Mindert sich der Ausbildungsfreibetrag rechnerisch wegen zu hoher Einkünfte und Bezüge auf 0 DM, kann auch aus besonderen Gründen kein Freibetrag gewährt werden (BFH, BStBl 1986 II 805).

Beispiel:

Die 19jährige Tochter befindet sich im VZ 01 in Berufsausbildung und ist auswärtig untergebracht. Sie hat in 01 bezogen

Arbeitslohn			5 500 DM
BAföG-Zuschuß			3 600 DM
Ausbildungsfreibetrag (§ 33a Abs. 2 Nr. 2 Satz 2)			4 200 DM
Arbeitslohn		5 500 DM	
./. Arbeitnehmer-Pauschbetrag		2 000 DM	
eigene Einkünfte		3 500 DM	
eigene Bezüge		–	
		3 500 DM	
./. Anrechnungsfreigrenze		3 600 DM	
anzurechnen		0 DM	
./. BAföG-Zuschuß		3 600 DM	
Unkosten-Pauschbetrag (fraglich, s. aber oben)	./.	360 DM	3 240 DM
Verbleibender Ausbildungsfreibetrag			960 DM

Nach BFH, BStBl 1992 II 1023 handelt es sich bei § 33a Abs. 2 um **drei selbständige Tatbestände**. (Zumindest) als Ausbildungshilfen bezogene (öffentliche) Zuschüsse mindern die jeweiligen anteiligen Ausbildungsfreibeträge eines KJ **getrennt** (BFH, a. a. O.).

4.8.3.2 Nicht unbeschränkt stpfl. Kinder

Es bestehen bei § 33a Abs. 2 keine Besonderheiten. Eine Steuerermäßigung neben § 33a Abs. 2 nach § 33a Abs. 1 ist jedoch nicht möglich.

Beispiele:

1. Ein Stpfl. unterhält sein über 18 Jahre altes Kind, das sich während des ganzen Kalenderjahres in Berufsausbildung befindet und bei dem anderen Elternteil in einem Land der Ländergruppe I lebt. Die Unterhaltsleistungen für das Kind betragen 12 000 DM. Das Kind hat im Heimatland Arbeitslohn in Höhe von umgerechnet 12 400 DM.

a) Steuerermäßigung wegen Unterhaltsaufwendungen (§ 33a Abs. 1): nicht möglich			–,–
b) Ausbildungsfreibetrag (§ 33a Abs. 2)			2400 DM
eigene Bezüge		10 400 DM	
./. Anrechnungsfreigrenze		./. 3600 DM	
		6 800 DM	– 6 800 DM
abzuziehender Ausbildungsfreibetrag			0 DM

   Gemäß R 190 Abs. 5 S. 4 sind die Bezüge in Form des steuerfreien ausländischen Arbeitslohns wie inländische Einkünfte aus § 19 zu ermitteln. Der Unkosten-Pauschbetrag von 360 DM ist hier aber **nicht** zusätzlich abzuziehen.

2. Sachverhalt wie Beispiel 1. Das Kind hat jedoch keinen Arbeitslohn, sondern erhält im Heimatland für das ganze Kalenderjahr als Ausbildungshilfe einen Zuschuß aus öffentlichen Mitteln von umgerechnet 3 600 DM.

a) Ausbildungsfreibetrag nach § 33a Abs. 2			2400 DM
Zuschuß		3 600 DM	
Unkostenpauschbetrag (vgl. R 190 Abs. 5)		– 360 DM	
verbleibender Betrag = anzurechnen		3 240 DM	– 3240 DM
abzuziehender Ausbildungsfreibetrag			0 DM

b) Steuerermäßigung wegen Unterhaltsaufwendungen (§ 33a Abs. 1): entfällt.

4.9 Zeitanteilige Kürzung des Ausbildungsfreibetrags

Der in Betracht kommende Ausbildungsfreibetrag ermäßigt sich für jeden **vollen** Kalendermonat, in dem die Voraussetzungen für seine Gewährung nicht vorgelegen haben, um je $1/12$ (§ 33a Abs. 4). Dies bedeutet, daß eine Kürzung für einen Kalendermonat nur zulässig ist, wenn die jeweiligen Voraussetzungen des § 33a Abs. 2 an **keinem** Tag dieses Monats vorgelegen haben. Eine zeitanteilige Kürzung kommt z. B. in Betracht, wenn im Laufe eines KJ

– die auswärtige Unterbringung beginnt oder endet,
– das Kind das 18. Lebensjahr vollendet,
– das Kind seine Berufsausbildung beginnt oder beendet.
– die Gewährung eines Kinderfreibetrages oder von Kindergeld beginnt oder endet.

Beispiel:
Der 19 Jahre alte Sohn befindet sich das ganze Jahr 01 über in Berufsausbildung. Ab 31.8.01 ist er auswärtig untergebracht. Die Eltern, die die Kosten der Berufsausbildung tragen, erhalten für das Jahr 01 einen Kinderfreibetrag (6 264 DM) bzw. haben Anspruch auf Kindergeld. Das Kind hat keine eigenen Einkünfte und Bezüge.
Ausbildungsfreibeträge:

Freibetrag nach § 33a Abs. 2 Nr. 2 Satz 1 vom 1.1. bis 30.7.01:	
$7/12$ von 2 400 DM	1 400 DM
Freibetrag nach § 33a Abs. 2 Nr. 2 Satz 2 vom 1.8. bis 31.12.01:	
$5/12$ von 4 200 DM	1 750 DM
	3 150 DM

Bei Vollendung des 18. Lebensjahres im Laufe des Kalenderjahres ist für den Monat, in dem das Kind das 18. Lebensjahr vollendet, der jeweils günstigere (anteilige) Freibetrag zu berücksichtigen. Vgl. R 192a Abs. 1.

Beispiel:
Das im VZ 19 ganzjährig auswärts untergebrachte Kind des Stpfl. ist am 2.6.01 geboren.
Für den VZ 19 erhält der Stpfl. gemäß

§ 33a Abs. 2 Nr. 1	$5/12 \times 1\,800$ DM	750 DM
§ 33a Abs. 2 Nr. 2 Satz 2	$7/12 \times 4\,200$ DM	2 450 DM
zusammen		3 200 DM

Aufzuteilen sind nicht nur der Ausbildungsfreibetrag, sondern auch
– der Betrag der eigenen **„Einkünfte" und „Bezüge"** sowie
– **der unschädliche (anrechnungsfreie) Betrag von 3 600 DM** (§ 33a Abs. 2 Satz 2).

Dies gilt ebenfalls für die als Ausbildungsbeihilfe bezogenen Zuschüsse. Sie mindern den zeitanteiligen Freibetrag nur für die Monate, für die sie bestimmt sind (§ 33a Abs. 4 Satz 3). Dabei ist ggf. eine **getrennte** Minderung unterschiedlicher anteiliger Ausbildungsfreibeträge vorzunehmen (BFH, BStBl 1992 II 1023).

§ 33a Abs. 4 Satz 2 gilt auch bei den Ausbildungsfreibeträgen. Daher bleiben – wie bei § 33a Abs. 1 – eigene Einkünfte und Bezüge außerhalb des Zeitraums, für den der (anteilige) Freibetrag gewährt wird – außer Betracht. Zur Ermittlung der Einkünfte und Bezüge in diesen Fällen vgl. 3.4.6.2. **R und H 192a sind** zu beachten. **Beispiele** vgl. **H 192a**.

Beispiele:

1. Ein 20 Jahre altes Kind befindet sich bis zum 30.11.01 in Berufsausbildung und ist deswegen auswärtig untergebracht. Ab 1.12.01 ist es als Arbeitnehmer tätig. Der im Dezember 01 bezogene Bruttoarbeitslohn beträgt 5000 DM. Daneben hat das Kind im VZ als Zuschuß gewährte Leistungen nach dem BAföG in Höhe von 1 100 DM erhalten (für Januar bis November 01).

Ausbildungsfreibetrag

Freibetrag nach § 33a Abs. 2 Nr. 2 Satz 2 für das Kalenderjahr	4 200 DM
für 11 Monate: $^{11}/_{12}$ von 4 200 =	3 850 DM

– eigene Einkünfte im KJ:

Die eigenen Einkünfte des Kindes sind **nicht** anzurechnen, da sie – auch nicht anteilig – auf den Ausbildungszeitraum entfallen.

– ∕. Zuschuß 1 100 DM / 360 DM Unkostenpauschbetrag =	740 DM*
zu gewährender Ausbildungsfreibetrag	3 110 DM

* Die Anrechnung der steuerfreien Zuschüsse ist zwar nur auf den jeweiligen Ausbildungszeitraum bezogen. Nach H 192a jedoch **keine** Zwölftelung des Unkosten-Pauschbetrags („Besonderheiten zu Zuschüssen" – Beispiel).

2. Die Eheleute haben einen Sohn. Am 30.6.01 besteht er am Wohnort das Abitur. Im Juli 01 machte er Urlaub. Vom 1.8. bis 14.10.01 verdiente er 6 125 DM Bruttobezüge aus einer nichtselbständigen Beschäftigung.

Ab 1.10.01 besuchte er eine Universität außerhalb des Wohnorts. Er wohnte seitdem in einem Studentenheim am Studienort. Es wurden Zuschüsse nach dem BAföG in Höhe von 2 760 DM für 02 durch Bescheid festgesetzt, aber erst Anfang 03 ausgezahlt.

Die Eltern erhalten für 01 und 02 einen Kinderfreibetrag.

Das Kind hat das 18. Lebensjahr mit Ablauf des 1.2.01 vollendet (Annahme).

VZ 01

Januar 01:

Kein Freibetrag, da der Sohn zwar das 18. Lebensjahr nicht vollendet und in Berufsausbildung ist, aber keine auswärtige Unterbringung vorliegt	0 DM

Februar bis September 01:

Freibetrag § 33a Abs. 2 Nr. 2 Satz 1

– 18. Lebensjahr vollendet
– in Berufsausbildung
– **keine** auswärtige Unterbringung
– Urlaub + Übergangszeit rechnen mit, da nicht mehr als 4 Monate

(vgl. R 191 Abs. 2 Satz 5)

$^{8}/_{12}$ × 2 400 DM =	1 600 DM

Oktober bis Dezember:

Freibetrag § 33a Abs. 2 Nr. 2 Satz 2, da zusätzlich auswärtige Unterbringung:

$^{3}/_{12}$ × 4 200 DM =		1 050 DM
zusammen		2 650 DM

Anrechnung eigener Einkünfte und Bezüge:

§ 19 Arbeitslohn	6 125 DM	
– § 9a Nr. 1a	2 000 DM	
Einkünfte (keine Zwölftelung)	4 125 DM	
∕. unschädlich:		
$^{11}/_{12}$ von 3 600 DM =	3 300 DM	
schädliche Einkünfte	825 DM	∕. 825 DM
zu gewährender Freibetrag		1 825 DM

Die Abzugsbeträge bei § 19 sind **nicht** zu zwölfteln, da sie in **voller** Höhe auf den Unterstützungs- bzw. Ausbildungszeitraum entfallen. Nach BFH, BStBl 1992 II 1023 handelt es sich um zwei verschiedene selbständige Tatbestände. Der BFH hat deshalb die Kürzung um **Ausbildungszuschüsse** getrennt vorgenommen.

VZ 02

§ 33a Abs. 2 Nr. 2 Satz 2	4 200 DM
./. Zuschüsse 2 760 DM ./. 360 DM =	2 400 DM
zu gewährender Freibetrag	1 800 DM

Die Kürzung ist ohne Rücksicht auf den Zufluß der Zuschüsse vorzunehmen.

Unbeschränkt steuerpflichtigen Ehegatten, die nicht dauernd getrennt leben, steht der Ausbildungsfreibetrag nur einmal zu; das gilt auch bei getrennter Veranlagung.

4.10 Aufteilung des Ausbildungsfreibetrags

Für die Fälle, in denen ein Kind zu mehreren Personen in einem Kindschaftsverhältnis steht, sind die Aufteilungsregeln § 33a Abs. 2 Sätze 4 bis 9 zu beachten. Vgl. auch **H 191**.

a) Grundsatz der Einmalberücksichtigung

Nach § 33a Abs. 2 Satz 4 gilt der Grundsatz der Einmalberücksichtigung.

b) Hälftige Aufteilung

Besteht ein Kindschaftsverhältnis zu zwei Stpfl., die zusammen die Voraussetzungen des § 26 Abs. 1 Satz 1 **nicht** erfüllten, so erhält jeder die Hälfte des Abzugsbetrags nach § 33a Abs. 2 (§ 33a Abs. 2 Satz 5).

Die beiden Stpfl. brauchen **nicht** ein Elternpaar zu sein.

Beispiel:

Eine unverheiratete Stpfl. hat das nichteheliche Kind einer ebenfalls ledigen leiblichen Mutter (nach früherem Adoptionsrecht) adoptiert, zu beiden Müttern besteht ein Kindschaftsverhältnis. Der leibliche Vater ist verstorben.

Der Ausbildungsfreibetrag ist je zur Hälfte aufzuteilen.

Die Übertragungsmöglichkeit nach § 33a Abs. 2 Satz 9 gilt hier nicht.

c) Übertragungsmöglichkeit nur bei Elternpaaren

Handelt es sich um ein Elternpaar, das **nicht** die Voraussetzungen des § 26 Abs. 1 Satz I erfüllt, ist eine Übertragung des zustehenden Anteils auf den anderen Ehegatten möglich, aber **nur auf gemeinsamen Antrag** (§ 33a Abs. 2 Satz 9); verfassungsgemäß (BFH, BStBl 1986 II 561).

Die Übertragung auf einen Elternteil gegen **Nachweis,** daß er allein die Ausbildungskosten bestritten hat, ist **nicht** möglich.

Beispiel:

A und B leben dauernd getrennt in Scheidungsabsicht. Aus der Ehe sind zwei Kinder (17 und 20 Jahre alt) hervorgegangen. Beide Kinder sind auswärtig untergebracht und studieren. Der Ehemann kommt für das Studium der Kinder alleine auf. Grundsätzlich stehen beiden Eltern die Ausbildungsfreibeträge je zur Hälfte zu. Auf gemeinsamen Antrag jedoch können die Eltern den Ausbildungsfreibetrag auf einen Elternteil, hier den Vater, übertragen. Es ist **nicht** Voraussetzung, daß der Vater für den Unterhalt und die Berufsausbildung aufkommt. Eine derartige Vereinbarung ist zweckmäßig, wenn der einkommensstärkere Elternteil im wesentlichen allein für den Unterhalt und für die Ausbildungskosten des Kindes aufkommt. Die Folgen aus diesem Verzicht sind hier allein auf den Ausbildungsfreibetrag beschränkt. **Er wirkt sich nicht auf andere kinderbedingte Steuerentlastungen aus.**

Ausbildungsfreibeträge für A

§ 33a Abs. 2 Nr. 1	1 800 DM
§ 33a Abs. 2 Nr. 2 Satz 2	4 200 DM
zusammen	6 000 DM

Hiervon ist der Fall zu unterscheiden, daß der Kinderfreibetrag auf Antrag auf **einen** Elternteil übertragen wird (vgl. § 32 Abs. 6 Satz 5). Dann liegt bei § 33a Abs. 2 **kein** Aufteilungsfall vor. Vielmehr kann nur der Elternteil den vollen Ausbildungsfreibetrag erhalten, der allein den Kinderfreibetrag (von 6 264 DM) hat. Siehe auch Teil 1.2.

Kein Aufteilungsfall ist gegeben bei einem Elternpaar, von dem ein Elternteil nicht unbeschränkt stpfl. ist. Hier erhält der **unbeschränkt** stpfl. Elternteil den **vollen** Ausbildungsfreibetrag.

d) Kindschaftsverhältnis zu mehr als zwei Stpfl.

Steht das Kind zu mindestens drei Stpfl. in einem Kindschaftsverhältnis, erhält nach § 33a Abs. 2 Sätzen 6 und 7 ein Elternpaar zusammen stets die **Hälfte** des Abzugsbetrags und, sofern bei diesem Ehepaar die Voraussetzungen des § 26 Abs. 1 Satz 1 **nicht** vorliegen (dauernd getrennt lebende oder geschiedene Ehegatten sowie Eltern eines nichtehelichen Kindes), jeder Elternteil ein **Viertel** des Abzugsbetrags i. S. des § 33a Abs. 2. Eine andere Aufteilung ist nicht möglich. Handelt es sich um zwei Elternpaare, erhält jedes Elternpaar die Hälfte des Abzugsbetrags. Hat ein weiterer **dritter Stpfl.**, der mit einer anderen Person kein Elternpaar bildet, am Ausbildungsfreibetrag teil, kann er die **Hälfte** des Abzugsbetrags in Anspruch nehmen.

4.11 Antrag

Die Anwendung der Vorschrift setzt voraus, daß ein Antrag gestellt wird.

Wird der Antrag erst nach Unanfechtbarkeit der Steuerfestsetzung gestellt, so kommt eine Änderung des Einkommensteuerbescheides nach § 173 Abs. 1 Nr. 2 AO in Betracht (BFH, BStBl 1989 II 960).

4.12 Verhältnis zu §§ 33b, 33c EStG

Ein Ausbildungsfreibetrag wegen auswärtiger Unterbringung neben dem Pauschbetrag für ein dauernd pflegebedürftiges Kind i. S. § 33b Abs. 3 Satz 3 und Abs. 5 ist zulässig; a. A. BFH vom 29. 4. 1982 – VI R 117/79 n. v.

Wegen des Verhältnisses zu § 33c vgl. 8.7 und BFH, BStBl 1993 II 278.

5. Hilfe im Haushalt

5.1 Allgemeines

§ 33a Abs. 3 S. 1 regelt die Gewährung einer Steuerermäßigung im Fall der Beschäftigung einer Hausgehilfin oder Haushaltshilfe. § 33a Abs. 3 führt folgende Tatbestände auf, bei deren Vorliegen eine Steuerermäßigung gewährt werden kann:
– Vollendung des 60. Lebensjahres des Stpfl. oder eines nicht dauernd getrennt lebenden Ehegatten oder
– nicht nur vorübergehende körperliche Hilflosigkeit oder schwere Körperbehinderung oder
– erforderliche Beschäftigung einer Haushaltsgehilfin (Haushaltshilfe) wegen Krankheit
  – des Stpfl. oder
  – seines nicht dauernd getrennt lebenden Ehegatten oder
  – eines haushaltszugehörigen Kindes im Sinne des § 32 Abs. 1 Satz I oder
  – einer anderen haushaltszugehörigen Person, für die der Stpfl. eine Steuerermäßigung nach § 33a Abs. 1 erhält. Vgl. R und H 192.

5.2 Voraussetzungen

5.2.1 Grundsatz

In den in § 33a Abs. 3 Satz I genannten Fällen wird die Zwangsläufigkeit der Aufwendungen vom Gesetzgeber unterstellt, diese Frage braucht nicht wie bei § 33a Abs. 1 geprüft zu werden.

5.2.2 Hilfe im Haushalt

Hilfe im Haushalt i. S. d. § 33a Abs. 3 ist nach BFH, BStBl 1959 III 170 eine mit hauswirtschaftlichen Arbeiten beschäftigte Person.

Es ist dabei nicht erforderlich, daß sie nur „einfache" häusliche Arbeiten verrichtet. Die sogenannte „Haushälterin" oder „Wirtschafterin" wird im allgemeinen als Hausgehilfin anzusehen sein.

Die Hilfe kann auch nur stundenweise mit häuslichen Arbeiten beschäftigt sein. Hierbei braucht **kein Arbeitsverhältnis vorzuliegen.**

Auf das Geschlecht der beschäftigten Person kann es nicht ankommen (so auch Offerhaus, DStR 1979, 475).

Grds. können **auch Familienangehörige** Hilfen im Haushalt sein. So kann nach BFH, BStBl 1961 III 549 unter besonderen Umständen die **Mutter** im Haushalt ihrer berufstätigen Tochter Hilfe sein. Es muß allerdings ein ernsthaftes Vertragsverhältnis vorliegen. Dies braucht aber **kein** Dienstverhältnis zu sein (BFH, BStBl 1979 II 326). Es genügt z. B. ein **Werkvertrag.** Die Person darf aber **nicht** zum Haushalt des Stpfl. gehören.

Für die **Tochter** als Hilfe im Haushalt der Mutter gilt dasselbe (Nds FG, EFG 1973, 268 rkr, durch BFH vom 21. 2. 1975 – VI R 46/73 n. v. bestätigt).

Ein **Ehegatte kann nicht Haushaltshilfe** des anderen Ehegatten sein (BFH, BStBl 1979 II 80).

Dagegen soll der Partner einer Lebensgemeinschaft Haushaltshilfe sein können (BFH, BStBl 1990 II 294; aber **Nichtanwendungserlaß** = BMF-Schreiben vom 14. 3. 1990, BStBl I 147).

Auch eine **Kinderpflegerin** kann Hilfe im Haushalt sein (BFH, BStBl 1979 II 410), wenn sie **auch** typische hauswirtschaftliche Arbeiten erledigt.

Zu beachten ist aber die Konkurrenz zu Kinderbetreuungskosten nach § 33c; vgl. hierzu 8.4.

5.2.3 Hauswirtschaftliche Arbeiten

Begünstigt ist nur die Beschäftigung von Personen. Diese müssen **typische hauswirtschaftliche Arbeiten** erledigen. Dies kann auch ein(e) Schüler(in) sein, der (die) teilweise Hausaufgabenbetreuung der Kinder des Stpfl. verrichtet (BFH, BStBl 1979 II 142); ebenso ein(e) Babysitter(in), BFH vom 31. 3. 1982 VI 212/79 (n. v.).

Beispiele:

1. Die 65 Jahre alte Stpfl. beschäftigt eine Begleiterin, da sie viel auf Reisen geht, für 24 000 DM p. a.
   Da die Begleiterin keinerlei hauswirtschaftliche Arbeiten im Haushalt erledigt, ist sie **keine** Hilfe i. S. des § 33a Abs. 3.
2. Der 69 Jahre alte Stpfl. nimmt seine Wirtschafterin gelegentlich während seiner Reisen als Begleitperson mit. Insgesamt erhielt die Wirtschafterin im VZ ein Gehalt von 18 000 DM. Es ist nicht erforderlich, daß die Hausgehilfin ausschließlich hauswirtschaftliche Arbeiten verrichtet. Daher Freibetrag 1 200 DM gemäß § 33a Abs. 3 Nr. 1.
3. Die Eheleute K, die beide berufstätig und unter 60 Jahre sind, haben zwei Kinder unter 18 Jahren und beschäftigen eine Kinderpflegerin, die u. a. Essen für die Kinder zubereitet. Es werden zwar auch hauswirtschaftliche Arbeiten verrichtet, aber weder § 33a Abs. 3 Nr. 1 oder 2 ist erfüllt. Auch die Voraussetzungen des § 33c sind nicht erfüllt.
   Hiergegen bestehen u. E. verfassungsrechtliche Bedenken, da die intakte Ehe bei erwerbsbedingter Kinderbetreuung im Gegensatz zu Alleinerziehenden leer ausgeht. Jedoch Hinweis auf § 10 Abs. 1 Nr. 8.

Begünstigt ist auch die Beauftragung eines **selbständigen Unternehmens,** wenn es typische hauswirtschaftliche Arbeiten erledigt, z. B.

- **Teppichbodenreinigung**
- **Fensterputzen**
- **Gartenarbeit.**

Die Arbeiten müssen grds. **im Haushalt des Stpfl.** (bzw. Garten) erledigt werden (BFH, BStBl 1982 II 399)

Beispiel:

Der Stpfl. läßt seine Wäsche in einer Wäscherei waschen, die die Wäsche abholt und bringt. Die Aufwendungen sind **nicht** nach § 33a Abs. 3 begünstigt (BFH, a. a. O.).

Eine **Umlage**, die der **Vermieter** für die **Treppenhausreinigung** von den Mietern verlangt, führt bei diesem **nicht** zur Anerkennung der Beschäftigung einer Haushaltshilfe, FG Düsseldorf, EFG 1976, 340, rkr. Denn die Mieter sind nicht Vertragspartner des oder der mit der Reinigung Beauftragten.

Nicht begünstigt ist auch die Anschaffung elektrischer Haushaltsmaschinen.

Hauswirtschaftlich sind **nur häufiger wiederkehrende Arbeiten**. Dazu zählen z. B. nicht Streichen oder Tapezieren von Wänden; solche Handwerksarbeiten fallen **nicht** unter § 33a Abs. 3. Auch für eine Kraft, die sowohl im **Betrieb** als auch im Haushalt des Stpfl. beschäftigt wird, kommt hinsichtlich der Haushaltstätigkeit der Freibetrag als Haushaltshilfe bis zum Höchstbetrag von 1 800 DM bzw. 1 200 DM in Betracht (BFH, BStBl 1980 II 117).

> **Beispiel:**
> Die 63 Jahre alte Stpfl. beschäftigt eine Putzfrau, die auch die Reinigung im Betrieb der Stpfl. erledigt. Die gesamten Aufwendungen betrugen im VZ 12 000 DM zuzüglich 1 800 DM Arbeitgeberanteile zur Sozialversicherung. Auf die Tätigkeit im Betrieb entfallen 75%.
> – 75% von 13 800 DM = 10 350 DM sind abzugsfähige Betriebsausgaben.
> – 25% = 3 450 DM fallen unter § 33a Abs. 3 Nr. 1.
> Daher ist der Höchstbetrag von 1 200 DM zu gewähren.

Die Inanspruchnahme der vollen Steuerermäßigung setzt voraus, daß die Haushaltshilfe jeden Monat tätig wurde (§ 33a Abs. 4; R 192a; BFH, BStBl 1979 II 326).

5.2.4 Kinder i. S. des § 33a Abs. 3 Satz 1 Nr. 2 EStG

Kinder sind die nach § 32 Abs. **1** oder § 32 Abs. 6 Satz 6.

Wegen des Kindbegriffs vgl. H. 2. Es kommt nach dem Gesetzeswortlaut **nicht** darauf an, daß das Kind beim Stpfl. zu berücksichtigen ist nach § 32 Abs. 1 bis 5.

Daher ist erst recht **nicht** Voraussetzung, daß der Stpfl. hierfür einen Kinderfreibetrag (§ 32 Abs. 6) erhält.

Das Kind muß **zum Haushalt** gehören. Vgl. hierzu R 192 Abs. 1.

> **Beispiel:**
> Die 17jährige Tochter des Stpfl. studiert mit Einwilligung der Eltern in Lausanne (Schweiz).
> Es liegt ein Kind i. S. des § 33a Abs. 3 Satz 1 Nr. 2 vor.

Eine **Altersgrenze** für die Kinder besteht demnach **nicht (zweifelhaft).**

5.2.5 Körperliche Hilflosigkeit

Der Begriff der nicht nur vorübergehenden körperlichen Hilfslosigkeit entspricht dem Begriff i. S. des § 33b Abs. 3 Satz 3.

Ein gesundes Kleinstkind rechnet nach BFH, BStBl 1958 III 377 **nicht** zu den nicht nur vorübergehende körperlich hilflosen Personen. Als solche Personen kommen vielmehr nur in Betracht, die infolge **Krankheit oder hohen Alters** körperlich hilflos sind.

5.2.6 Schwere Körperbehinderung

Dieses Merkmal ist nach H 192 Abs. (Schwere Behinderung) bei einer Minderung der Erwerbsunfähigkeit von **mindestens 45 %** erfüllt. Der Nachweis muß wie bei § 33b geführt werden.

5.3 Höhe der Steuerermäßigung

Berücksichtigt werden die **tatsächlichen Aufwendungen** bis zu einem **Höchstbetrag von 1 800 DM bzw. 1 200 DM** im VZ. Der Höchstbetrag von 1 800 DM gilt bei **nicht nur vorübergehender Hilflosigkeit** und bei **Schwerbehinderung**.

Die Frage der Zwangsläufigkeit und damit auch der Notwendigkeit und Angemessenheit der Aufwendungen ist hier **nicht** zu prüfen.

§ 33a Abs. 3 Satz 3 bestimmt ausdrücklich, daß auch beim Vorliegen mehrerer Tatbestände i. S. des § 33a Abs. 3 nur der Betrag für eine Hilfe im Haushalt bzw. eine Heimunterbringung beansprucht werden kann (BFH, BStBl 1993 II 106).

Ausnahme: Die Ehegatten sind wegen Pflegebedürftigkeit eines der Ehegatten an einer gemeinsamen Haushaltsführung gehindert.

Zu den Aufwendungen für die Beschäftigung einer Hilfe gehören nur die unmittelbar hierdurch verursachten **Aufwendungen (Barlohn, freie Unterkunft, Sachzuwendungen,** auch **Sozialversicherungsbeiträge).** Deren Abzug als Sonderausgaben nach § 10 Abs. 1 Nr. 2 scheidet aus. Freie Station ist grds. mit dem tatsächlichen Wert anzusetzen.

Aufwendungen für eine **frühere** Hilfe können **nicht** nach § 33a Abs. 3 berücksichtigt werden (BFH, BStBl 1965 III 444).

Im Fall der Beschäftigung einer Hilfe wegen Krankheit können die Aufwendungen auch nicht teilweise als Krankheitskosten nach § 33 behandelt werden. Möglich ist aber daneben die Beschäftigung einer Krankenpflegerin oder Krankenschwester nach den Grundsätzen des § 33.

Liegen die Voraussetzungen **nicht** sämtlich in allen 12 Monaten des VZ vor, ist der Höchstbetrag nach § 33a Abs. 4 nur **zeitanteilig** zu gewähren (§ 33a Abs. 4).

Dies ist der Fall bei

– Vollendung des 60. Lebensjahres des Stpfl. im Laufe des VZ
– Beginn und/oder Ende
  – des Kindschaftsverhältnisses
  – der körperlichen Hilflosigkeit, schwerer Körperbehinderung oder Krankheit.

Beispiel:
A (geb. am 2. 7. 1936, verstorben am 3. 8. 1996) bzw. seine Ehefrau (geb. 3. 11. 1936) beschäftigten das ganze Jahr 1996 eine Hausgehilfin.
A erfüllte die Altersvoraussetzung in den Monaten **Juli und August** 1996, die Ehefrau **ab November** 1996.
Daher beträgt der Höchstbetrag $^4/_{12}$ von 1 200 DM = 400 DM für 1996.

6. Freibetrag für Heimbewohner (§ 33a Abs. 3 Satz 2 EStG)

6.1 Voraussetzungen, Höhe

Ein Freibetrag von bis zu 1 800 DM wird gewährt, wenn

– der Stpfl. und (oder) sein nicht dauernd getrennt lebender Ehegatte in einem **Heim oder dauernd zur Pflege untergebracht** ist und
– die Aufwendungen für die Unterbringung Kosten für Dienstleistungen enthalten, die mit denen einer Hausgehilfin oder Haushaltshilfe vergleichbar sind, sowie
– die Voraussetzungen des § 33a Abs. 3 Satz I Nr. 1 oder 2 erfüllt sind.

Bei **fehlender** Pflegebedürftigkeit beträgt der **Höchstbetrag 1 200 DM.**

Diese Vorschrift begünstigt insbesondere Bewohner von Altenheimen, Altenwohnheimen, Pflegeheimen und ähnlichen Einrichtungen. Abzuziehen sind die tatsächlichen Aufwendungen bis zum Höchstbetrag **(kein Pauschbetrag).** Ehegatten i. S. des § 26 Abs. 1 Satz 1 können den Höchstbetrag jedoch **nur einmal** abziehen.

Liegen bei Ehegatten i. S. des § 26 sowohl die Voraussetzungen des § 33a Abs. 3 Satz 1 (Hausgehilfin) als auch Satz 2 (Heimbewohner) vor, ist **nur** ein Freibetrag, und zwar jeweils der **höhere** Abzugsbetrag zu berücksichtigen.

Beispiel:
Von Ehegatten lebt einer im Altersheim (nicht pflegebedürftig); Kosten für hauswirtschaftliche Dienstleistungen 2 400 DM im VZ. Der andere Ehegatte lebt noch im ehemaligen gemeinsamen Haushalt und beschäftigt gelegentlich eine Hilfe im Haushalt (Gesamtaufwendungen im VZ 900 DM).
Es ist ein Freibetrag nach § 33a Abs. 3 **Satz 2** von 1 200 DM zu gewähren.

Auch der Höchstbetrag für Heimbewohner ermäßigt sich um je ein Zwölftel für jeden **vollen** Kalendermonat, in dem die Voraussetzungen nicht vorgelegen haben (§ 33a Abs. 4).

6.2 Verhältnis zu § 33 EStG, Aufwendungen wegen Pflegebedürftigkeit

Wird ein Stpfl. in der Pflegestation eines Altersheimes in einem Altenpflegeheim oder Pflegeheim untergebracht, können die Aufwendungen als Krankheitskosten nach § 33 **oder** mit dem erhöhten Pauschbetrag von 7 200 DM nach § 33b Abs. 3 berücksichtigt werden. Außerdem kommt der Freibetrag für Heimbewohner oder wegen Beschäftigung einer Hilfe im Haushalt gemäß § 33a Abs. 3 in Betracht. Vgl. R 187 Abs. 3. Dabei sind bei Geltendmachung von Krankheitskosten nach § 33 die Gesamtaufwendungen um die Kosten hauswirtschaftlicher Dienstleistungen zu kürzen (R 187 Abs. 1 S. 6). Die Kürzung ist zur Vereinfachung mit dem Abzugsbetrag des § 33a Abs. 3 Satz 2 (Höchstbetrag 1 800 DM bzw. 1 200 DM) zu bemessen.

Falls der Haushalt des Stpfl. aufgelöst ist, ist außerdem eine Haushaltsersparnis von 7 200 DM jährlich zu berücksichtigen (R 188 Abs. 2 Satz 2).

7. Pauschbeträge für Körperbehinderte und Hinterbliebene (§ 33b EStG)

7.1 Allgemeines

Körperbehinderten entstehen auf Grund ihrer Beschädigung und körperlichen Behinderung typischerweise besondere Aufwendungen. Dem trägt § 33b durch Gewährung von Pauschbeträgen zur Abgeltung unmittelbar durch die Körperbehinderung entstandener Aufwendungen Rechnung.

Bei § 33b handelt es sich um eine typisierende Sonderregelung für die beiden Tatbestände
- Körperbehinderte, denen hierdurch unmittelbar Aufwendungen erwachsen, sowie
- bestimmte Hinterbliebene

Die Regelung des § 33b dient der Vereinfachung und ist grds. abschließend. Eine Berücksichtigung der persönlichen Verhältnisse im Einzelfall ist ebenso ausgeschlossen wie die erweiternde Anwendung auf vergleichbare Sachverhalte. Die Pauschbeträge sind grundsätzlich **nicht übertragbar** (Ausnahme: § 33b Abs. 5). Sie sind vom Gesamtbetrag der Einkünfte abzuziehen (§ 2 Abs. 4).

Für **beschränkt** Stpfl. gilt § 33b **nicht** (§ 50 Abs. 1 Satz 5).

Die Gewährung des Freibetrages hängt jedoch noch vom Vorliegen der speziellen Tatbestandsvoraussetzungen ab. Vgl. H 194.

7.2 Voraussetzungen der Pauschbeträge für Körperbehinderte

Voraussetzungen für die Gewährung eines Körperbehindertenpauschbetrags sind
- Antrag
- Körperbehinderung mit dauernder Minderung der Erwerbsfähigkeit i. S. des § 33b Abs. 2
- Nachweis durch vorgeschriebene Bescheinigungen.

7.3 Anspruchsberechtigte Körperbehinderte

Anspruchsberechtigt sind nach § 33b Abs. 2:

a) Schwerbeschädigte

Bei einer Minderung der Erwerbsfähigkeit um mindestens 50 v. H. (§ 33b Abs. 2 Nr. 1).

b) Minderbeschädigte

Bei einer Minderung der Erwerbsfähigkeit um weniger als 50 v. H. aber mindestens 25 v. H.
Bei diesem Personenkreis muß eine der folgenden zusätzlichen Anspruchsvoraussetzungen erfüllt sein:
- gesetzlicher Anspruch auf Rente oder andere laufende Bezüge wegen der Behinderung oder
- typische Berufskrankheit oder
- äußerlich erkennbare dauernde Einbuße der körperlichen Beweglichkeit.

Wann eine „äußerlich erkennbare Einbuße der körperlichen Beweglichkeit" vorliegt, ist **nicht** vom FA zu entscheiden. Dieses Merkmal muß – wie bereits der Vomhundertsatz der Körperbehinderung – vom Stpfl. durch vorgeschriebene Bescheinigungen nachgewiesen werden. Vgl. zum **Begriff** der typischen Berufskrankheit vgl. G. 1.3.

Nicht alle körperlich Behinderten fallen somit unter § 33b. Steht ihnen danach **kein** Pauschbetrag zu, können sie die mit der Behinderung zusammenhängenden Belastungen nach § 33 geltend machen (BFH, BStBl 1967 III 459).

Beispiele:
1. A ist zuckerkrank. Das Leiden ist als Kriegsleiden vom Bundesversorgungsamt anerkannt worden. Er bezieht eine monatliche Rente von 400 DM. Die Erwerbsminderung beträgt 40 v. H.
A erhält einen Pauschbetrag von 840 DM (§ 33b Abs. 2 Nr. 1a i. V. m. Abs. 3).
2. A hat bei einem Autounfall während des Urlaubs eine Beinverletzung erlitten. Dieser Unfall führte dazu, daß er das Knie nicht mehr beugen kann. Die vom Versorgungsamt festgestellte Erwerbsminderung beträgt 25%
A muß sich neben dem Grad der Minderung auch die „äußerlich erkennbare dauernde Einbuße der körperlichen Beweglichkeit" bescheinigen lassen, um als Minderbeschädigter den Pauschbetrag nach § 33b Abs. 3 von 600 DM zu erhalten.

7.4 Art der Körperbehinderung

Zu den Körperbehinderten i. S. § 33b gehören auch Personen, die an **inneren Krankheiten** erkrankt oder **psychisch krank** oder im Endstadium **pflegebedürftig** sind. Es gehören also nicht nur Körperbehinderungen durch äußere Einflüsse wie Kriegs- oder Unfallverletzung hierzu.

Die Erwerbsminderung kann auch **überwiegend auf Alterserscheinungen beruhen.**

Die Minderung der Erwerbsfähigkeit muß außerdem dauernd, darf also nicht nur vorübergehend sein (§ 33b Abs. 3 Satz 1).

Dies wird nach den maßgebenden „Anhaltspunkten für die ärztliche Begutachtung Behinderter nach dem SchwerbehG" nur bei einem Zeitraum von **mehr als 6 Monaten** bescheinigt.

Der Begriff der Erwerbsfähigkeit ist **nicht** mit dem der Leistungsfähigkeit gleichzusetzen und daher unabhängig vom ausgeübten oder angestrebten Beruf (BFH, BStBl 1968 II 606).

7.5 Höhe des Pauschbetrags

Maßgeblich für die Höhe des zu gewährenden Pauschbetrags ist der **Grad** der dauernden Erwerbsminderung. Vgl. die Staffeltabelle im Gesetz (§ 33b Abs. 3 Satz 2).

Der Pauschbetrag beträgt für **Blinde und ständig hilflose** Personen 7 200 DM (§ 33b Abs. 3 S. 3). Zum Begriff der ständigen Hilflosigkeit i. S. von § 33b Abs. 3 Satz 3 vgl. BFH, BStBl 1985 II 129. Sie ist auch dann anzunehmen, wenn – z. B. nach einem Unfall – die Hilflosigkeit ununterbrochen für eine längere Zeit gegeben ist, aber mit ihrer Minderung oder ihrem Wegfall zu rechnen ist (BFH, BStBl 1985 II 129).

Blindheit bzw. Hilflosigkeit müssen in der vorgeschriebenen Form bescheinigt sein. Vgl. BMF-Schreiben vom 28. 7. 1994, BStBl I 601.

Der erhöhte Pauschbetrag setzt nicht einen bestimmten Vomhundertsatz der Körperbehinderung voraus. Die Gewährung ist ebenfalls davon unabhängig, ob eine Pflegeperson beschäftigt wird.

Beispiel:
Der Stpfl. ist zu 7% erwerbsgemindert. Nach der Bescheinigung des Versorgungsamtes ist er so hilflos, daß er ohne fremde Hilfe nicht bestehen kann. Eine Pflegeperson wird aber nicht beschäftigt.
Der Pauschbetrag nach § 33b Abs. 3 S. 3 von 7 200 DM ist zu gewähren.

Bei Eintritt der Erwerbsminderung im Laufe eines Kalenderjahres ist der **volle** (nicht zeitanteilige) Pauschbetrag zu gewähren. Es handelt sich um **Jahresbeträge.** Vgl. R 194 Abs. 3.

Bei einer **rückwirkenden** Anerkennung der Körperbehinderung ist die erforderliche Bescheinigung ein **Grundlagenbescheid** i. S. von § 171 Abs. 10 AO, der zu einer Berichtigung von Veranlagungen nach § 175 Abs. 1 Nr. 1 AO führt (BFH, BStBl 1986 II 245). Dies gilt selbst bei Antragstellung gemäß § 33b **nach** Bestandskraft des Steuerbescheides und Feststellung der Behinderung durch das Versorgungsamt vor Erlaß des Steuerbescheides.

Entsprechendes gilt bei **nachträglicher Herabsetzung** des Minderungsgrades (BFH, BStBl 1990 II 60).

Bei einer **Änderung** des Grads der Erwerbsminderung im Laufe des Kalenderjahres ist der **höchste** festgestellte Grad maßgebend, R 194 Abs. 3 S. 1.

Beispiele:
1. Für A war bisher ein Grad der Körperbehinderung von 65% festgestellt. Mit Wirkung vom 10.12.08 wird der Grad auf 45% herabgesetzt. Maßgeblich für den VZ 08 ist noch der Grad von 65%, also Pauschbetrag 1740 DM. Ab VZ 09 erhält A nur noch einen Pauschbetrag für 45% = 1110 DM.
2. A war bisher 25% Körperbehindert. Ab 1.10.09 wird die Erwerbsminderung auf 60% erhöht. Pauschbetrag bereits ab VZ 09 für Grad von 60% = 1410 DM.

Bei Körperbehinderung aus **mehreren** Gründen ist nur **ein** Pauschbetrag möglich.

Maßgebend ist der zusätzlich zu bescheinigende Grad der **Gesamtminderung**.

Beispiel:
A ist wegen einer Sehbehinderung zu 35% und wegen eines Rückenleidens zu 55% erwerbsgemindert. Weitere Unterlagen legt er nicht vor. Da die Gesamtminderung nicht nachgewiesen ist, kann nur der (höhere) Satz von 55% berücksichtigt werden.

7.6 Nachweis der Körperbehinderung (§ 65 EStDV) und behinderungsbedingte Aufwendungen

a) Die **Tatsache** der **Körperbehinderung** und deren Ausmaß sind durch **amtliche Bescheinigungen** nachzuweisen (§ 33b Abs. 6 EStG, § 65 EStDV). Dies geschieht durch

Schwerbeschädigtenausweis oder

Rentenbescheid oder

Bescheinigungen des Versorgungsamtes.

Einzelheiten siehe H. 194 (Allgemeines und Nachweise). Danach gilt für

– Minderbehinderte i. S. d. § 33b Abs. 2 Nr. 1a: Bescheinigung des Versorgungsamtes oder Rentenbescheid des Versorgungsamts oder eines Trägers der gesetzlichen Unfallversicherung (nicht der gesetzlichen Rentenversicherung, BFH, BStBl 1968 II 608).
– Minderbehinderte i. S. d. § 33b Abs. 2 Nr. 1b: Bescheinigung des Versorgungsamts
– Schwerbehinderte: Ausweis nach § 3 Abs. 5 SchwbG
– Blinde und ständig Hilflose: Schwerbehindertenausweis oder Bescheid über die Gewährung von Pflege, Pflegezulage oder Pflegegeld.

Diese Bescheinigungen sind im Rechtsbehelfsweg angreifbare Verwaltungsakte. Dies gilt auch hinsichtlich der Äußerung zu der Frage, ob die Körperbehinderung zu einer äußerlich erkennbaren dauernden Einbuße der körperlichen Beweglichkeit geführt hat. Für Bescheinigungen der Versorgungsämter ist der Rechtsweg zu den Sozialgerichten eröffnet.

Bindungswirkung der Bescheinigungen

Die Finanzbehörden und Finanzgerichte sind grundsätzlich an diese Bescheinigungen gebunden, da es sich um Grundlagenbescheide i. S. des § 171 Abs. 10 und § 175 Abs. 1 Satz I AO handelt (§ 182 AO). Die Bindungswirkung erstreckt sich auch auf die Aussage

– einer **dauernden** Erwerbsminderung i. S. § 33b Abs. 3 Satz I und
– ob eine **ständige** Hilflosigkeit i. S. § 33b Abs. 3 Satz 3 gegeben ist.

b) Darüber hinaus fordert jedenfalls BFH, BStBl 1995 II 408 zusätzlich Nachweis oder Glaubhaftmachung entsprechender behinderungsbedingter Aufwendungen.

7.7 Verhältnis des § 33b zu § 33 EStG

7.7.1 Wahlrecht

Der Stpfl. hat ein **Wahlrecht** zwischen dem Pauschbetrag nach § 33b und Berücksichtigung tatsächlicher typischer, durch die Körperbehinderung verursachter Kosten nach § 33b Abs. 1 letzter Halbsatz.

Beispiel:
Die Körperbehinderung beträgt 100 %. Der Stpfl. weist behinderungsbedingte Aufwendungen von 4000 DM nach; die zumutbare Belastung beträgt 1 600 DM.

a) § 33: tatsächliche Aufwendungen   4 000 DM
   ./. zumutbare Belastung   1 600 DM
   abzugsfähiger Überbelastungsbetrag   2 400 DM

b) Der Pauschbetrag nach § 33b von **2 760 DM** ist **höher** (keine Kürzung um die zumutbare Belastung).

7.7.2 Abgeltung typischer Mehraufwendungen durch § 33b EStG

Die Körperbehinderten-Pauschbeträge gelten die typischen unmittelbar durch die Körperbeschädigung verursachten Aufwendungen ab, soweit sie außergewöhnliche Belastungen darstellen, wie z. B. für Wäsche, Hilfeleistungen, Prothesen, Hilfsmittel o. ä.

Außergewöhnliche Krankheitskosten, z. B. Arzt-, Operations- und Krankenhauskosten sowie Kurkosten (BFH, BStBl 1988 II 275), können **jedoch neben § 33b** nach § 33 berücksichtigt werden, z. B. Kosten einer Operation, die mit der Körperbehinderung zusammenhängt (oder diese erst hervorgerufen hat).

Beispiel:
A ist wegen Tbc zu 85 % körperbehindert. Er muß sich deswegen einer Operation unterziehen. Die nicht ersetzten Aufwendungen hierfür betragen 1 500 DM. Weitere nachgewiesene Aufwendungen durch die Körperbehinderung 2 500 DM hat A im VZ gehabt. Die zumutbare Belastung beträgt 700 DM.

a) Für die typischen Aufwendungen wegen der Behinderung von 2 500 DM erhält A wahlweise den Pauschbetrag nach § 33b von 2 400 DM (ohne Minderung um die zumutbare Belastung) oder Steuerermäßigung nach § 33 (abzüglich der zumutbaren Belastung).

b) Die Operationskosten sind in jedem Fall nach § 33 zu berücksichtigen (keine Abgeltung durch § 33b).

	1. Möglichkeit	2. Möglichkeit	
§ 33	2 500 DM	–	**typische** behinderungsbedingte Aufwendungen
+	1 500 DM	1 500 DM	**außergew.** Aufwendungen
	4 000 DM	1 500 DM	
./. zumutbare Belastung	700 DM	./. 700 DM	
	3 300 DM	800 DM	
§ 33b	–	2 400 DM	
insgesamt abzugsfähig	3 300 DM	3 200 DM	

In diesem Falle ist es günstiger, alle Aufwendungen nach § 33 zu berücksichtigen.

Zu den außergewöhnlichen, nicht abgegoltenen Aufwendungen können auch **Kfz-Kosten** gehören. Vgl. R 189 Abs. 4 und H 188 Abs. 4 (Fahrtkosten Behinderter).

Bei einer Minderung der Erwerbsfähigkeit von **mindestens 80 %** können Kraftfahrzeugkosten für **Privatfahrten bis zu 3 000 km** als außergewöhnliche Belastung geltend gemacht werden (BMF, BStBl 1996 I 446).

Das gleiche gilt bei einer Minderung der Erwerbsfähigkeit um mindestens 70 v. H., wenn eine **Geh- und Stehbehinderung nachgewiesen** wird (Merkzeichen **G**).

Abzugsfähig sind entweder die **Taxikosten** oder bei Benutzung eines **eigenen Kraftfahrzeugs** 0,52 DM je km bzw. die **tatsächlichen nachgewiesenen Kosten**.

Ein höherer Aufwand als 0,52 DM/km gilt als unangemessen und darf deshalb im Rahmen des § 33 **nicht** berücksichtigt werden (BMF-Schreiben vom 29. 4. 1996, BStBl I 446).

Die **Anschaffungskosten eines Pkw** sind jedoch in allen Fällen nicht als außergewöhnliche Belastung anzuerkennen (Nds FG, EFG 1976, 448, rkr).

Bei Stpfl., die so gehbehindert sind, daß sie sich außerhalb des Hauses nur mit Hilfe eines Kfz bewegen können (Kennzeichen **aG**), sind grundsätzlich **alle** Kfz-Kosten, soweit sie nicht Werbungskosten sind als außergewöhnliche Belastung anzuerkennen. Die Grenzen der Angemessenheit müssen aber beachtet werden (ggf. Schätzung). **Angemessen** ist in der Regel eine **private** Fahrleistung **bis zu 15 000 km** jährlich (BFH, BStBl 1992 II 179, BStBl 1993 II 286 und BMF, BStBl 1996 II 446). Erholungs-, Freizeit- und Besuchsfahrten sind aber zu berücksichtigen (BFH, BStBl 1975 II 825 und 1980 II 651). Die Abziehbarkeit ist auch dann zu bejahen, wenn ein **anderer**, z. B. Vater, die Steuerermäßigung in Anspruch nimmt, weil der Pauschbetrag auf ihn übertragen ist.

Als Berechnungsgrundlage dürfen dann allerdings nur solche Fahrten berücksichtigt werden, an denen der Körperbehinderte selbst teilgenommen hat, BFH, BStBl 1975 II 825.

Die Freibeträge nach § 33a Abs. 3 Satz 1 (Hilfe im Haushalt) und § 33a Abs. 3 S. 2 (Heimunterbringung des Stpfl. oder seines Ehegatten) sind neben den Pauschbeträgen nach § 33b anwendbar.

Betriebsausgaben und **Werbungskosten,** die infolge der Körperbehinderung entstehen, sind **nicht abgegolten.**

Beispiel:
Fahrten zwischen Wohnung und Arbeitsstätte eines körperbehinderten Arbeitnehmer.

Wegen der Höhe der als Werbungskosten abziehbaren Kfz-Kosten vgl. § 9 Abs. 2 und K. 5.

Beispiel:
Ein zu 80 % Körperbehinderter Arbeitnehmer hatte im VZ mit seinem Pkw
6 000 km Fahrten zwischen Wohnung und Arbeitsstätte (tatsächliche Fahrleistung) und
5 000 km Privatfahrten
Die Kfz-Kosten weist er nicht besonders nach. Es sind abzugsfähig als

1. Werbungskosten

gemäß § 9 Abs. 1 Nr. 4 i. V. m. § 9 Abs. 2 Nr. 1
6000 km × 0,52 DM = 3 120 DM

Mangels Nachweises der tatsächlichen Aufwendungen sind 0,52 DM je gefahrenen km anzusetzen.

2. § 33

Als außergewöhnlich gelten 3 000 km. Daher sind (mangels Einzelnachweis)
3 000 km × 0,52 DM = 1 560 DM
anzusetzen. Hiervon ist noch die zumutbare Belastung abzuziehen.

7.8 Übertragung des einem Kind zustehenden Pauschbetrags auf den Steuerpflichtigen (§ 33b Abs. 5 EStG)

Steht der Pauschbetrag einem Kind zu, das beim Stpfl. berücksichtigt ist, so kann auf Antrag der **Pauschbetrag auf den Stpfl. übertragen** werden, wenn er vom Kind nicht in Anspruch genommen wird bzw. sich bei dessen Besteuerung nicht auswirkt, § 33b Abs. 5 und R 189 Abs. 5.

7.8.1 Voraussetzungen für die Übertragbarkeit

Es müssen folgende Voraussetzungen erfüllt sein:

– Anspruch des Stpfl. auf Kindergeld.

– Anspruch des Kindes auf den Pauschbetrag nach § 33b

– Keine Inanspruchnahme des Pauschbetrages durch das Kind.

Die Übertragung auf Eltern(teile) ist also nur möglich, wenn das **Kind selbst Anspruch auf** den Körperbehinderten-Pauschbetrag hat. **Kein** Anspruch des Kindes besteht z. B., wenn das Kind nicht unbeschränkt stpfl. ist (BFH, BStBl 1982 II 256 und BStBl 1995 II 408). Ein Abzug tatsächlicher Aufwendungen nach § 33 ist aber möglich (H 194 „Kinder").

Beispiel:
Die Eltern haben Doppelwohnsitz im Inland und Ausland. Ihr körperbehindertes Kind hat seinen ausschließlichen Wohnsitz im Ausland. Da das Kind mangels unbeschränkter Steuerpflicht selbst keinen Pauschbetrag nach § 33b erhalten kann, ist auch eine Übertragung eines Pauschbetrags auf die (unbeschränkt stpfl.) Eltern nicht möglich. Die Eltern können aber nachgewiesene oder glaubhaft gemachte typische Aufwendungen nach § 33 geltend machen.

Die Übertragbarkeit ist nicht dadurch ausgeschlossen, daß das Kind die Aufwendungen selbst getragen hat.

Übertragung des Pauschbetrags für Körperbehinderte auf einen Elternteil kann auch dann erfolgen, wenn dieser selbst körperbehindert ist, also dadurch in den Genuß mehrerer Pauschbeträge nach § 33b kommt.

Die Übertragbarkeit eines Pauschbetrags nach § 33b ist an die **Gewährung von Kindergeld** (§ 32 Abs. 6) geknüpft. Wegen **nicht unbeschränkt stpfl. Kinder** vgl. § 1 Abs. 3 Satz 2, 2. Alt. und R 189 Abs. 5 Satz 6.

Hervorzuheben sind auch hier die nachteiligen Folgen bei **Verlust** des **Kinderfreibetrags** oder von **Kindergeld** nach § 32 Abs. 6 Satz 5 bei nicht unter § 26 Abs. 1 Satz 1 fallenden Elternpaaren. Der Pauschbetrag ist dann nur bei dem Elternteil möglich, der den Kinderfreibetrag von monatlich 522 DM (ab VZ 1997 576 DM) oder das Kindergeld erhält.

7.8.2 Aufteilung des Pauschbetrags

Die Aufteilungsregeln gelten für **alle** Fälle, in denen für ein Kind **mehrere Personen einen Kinderfreibetrag erhalten.**

a) Gesetzliche Aufteilung

Nach § 33b Abs. 5 Satz 2 gelten in diesen Fällen die Aufteilungsregeln bei den Ausbildungsfreibeträgen (§ 33a Abs. 2 Sätze 5 bis 7). Das bedeutet:

— bei Elternpaaren, die zusammen nicht unter § 26 Abs. 1 Satz 1 fallen:

Halbierung des Pauschbetrags (R 189 Abs. 5 Satz 2)

— bei Kindschaftsverhältnis zu mehr als zwei Stpfl.:
  — eine Hälfte des Pauschbetrags für ein Elternpaar
  — ein weiterer Stpfl., zu dem ebenfalls ein Kindschaftsverhältnis besteht, erhält ebenfalls eine Hälfte.

b) Auf Antrag beliebige Verteilung

Auf gemeinsamen Antrag nicht unter § 26 Abs. 1 Satz 1 fallender **Elternpaare** ist eine anderweitige Verteilung des zu übertragenden Pauschbetrags möglich (§ 33b Abs. 5 Satz 3); dann ist **kein** Abzug behinderungsbedingter Aufwendungen nach § 33 möglich.

Steht das Kind zu mehr als zwei Stpfl. in einem Kindschaftsverhältnis, kann sich die Verteilung auf einen Hälfteanteil des Pauschbetrags beziehen (siehe oben aa).

7.8.3 Wahlmöglichkeit zwischen Pauschbetrag und den tatsächlichen Aufwendungen in Übertragungsfällen

Auch in den Fällen des § 33b Abs. 5 besteht **grds.** ein **Wahlrecht** des Stpfl. zwischen Pauschbetrag nach § 33b und Berücksichtigung der tatsächlichen Krankheitskosten für das Kind.

Bei von der gesetzlichen Aufteilungsregelung abweichenden Aufteilung der übertragbaren Pauschbeträge ist die Wahlmöglichkeit zwischen § 33b und § 33 für die Aufwendungen, für die § 33b gilt, **ausgeschlossen.**

Wenn Eltern den Pauschbetrag nach § 33b **Abs. 3 Satz 3** von 7 200 DM für ein ständig hilfloses körperbehindertes Kind erhalten, sind nach BFH, BStBl 1968 II 647 auch die Kosten für die Unterbringung in einer Heil- und Pflegeanstalt hierdurch abgegolten, also nicht zusätzlich berücksichtigungsfähig (bestätigt: BFH vom 24.9.1982 – VI R 117/79 nv).

Möglich ist jedoch der Abzug des Pauschbetrags nach § 33b Abs. 3 **S. 2** und daneben der Abzug von Unterbringungskosten nach § 33.

Dagegen dürfte **§ 33c** neben einem auf die Eltern übertragenen Pauschbetrag nach § 33b zu gewähren sein.

7.9 Hinterbliebene (§ 33b Abs. 4 EStG)

Hinterbliebenen steht nach § 33b Abs. 4 auf Antrag ein Pauschbetrag von 720 DM zu, wenn die Hinterbliebenenbezüge insbesondere nach dem Bundesversorgungsgesetz, Bundesentschädigungsgesetz oder der gesetzlichen Unfallversicherung gezahlt werden. Dasselbe gilt für beamtenrechtliche Versorgungsbezüge, wenn der betreffende Beamte an den Folgen eines Dienstunfalls verstorben ist. Der **Nachweis** der Voraussetzungen ist durch amtliche Unterlagen zu erbringen. Da der Pauschbetrag personenbezogen ist, ist er beiden Ehegatten zu gewähren, wenn sie die Voraussetzungen dafür erfüllen.

Der Pauschbetrag wird auch dann in **vollem** Umfang gewährt, wenn die Voraussetzungen **nicht das ganze Jahr** vorgelegen haben. Steht der Pauschbetrag einem **Kind** zu, das beim Stpfl. berücksichtigt wird, so kann auf Antrag der Pauschbetrag **auf den Stpfl. übertragen** werden, wenn er vom Kind nicht in Anspruch genommen wird bzw. sich bei dessen Besteuerung nicht auswirkt (§ 33b Abs. 5).

7.10 Pflege-Pauschbetrag (§ 33b Abs. 6 EStG)

7.10.1 Grundsätze

Nach § 33b Abs. 6 kann ein Stpfl., dem durch die Pflege einer nicht nur vorübergehend hilflosen Person außergewöhnliche Belastungen erwachsen, einen **Pflege-Pauschbetrag** von **1 800 DM** geltend machen.

Hiervon ist **keine** zumutbare Belastung abzuziehen.

Dabei besteht ein Wahlrecht zwischen dem Pauschbetrag von 1 800 DM und dem Abzug nach § 33 (hier mit Abzug der zumutbaren Belastung).

7.10.2 Voraussetzungen

Der Pflege-Pauschbetrag setzt voraus:

a) **Persönliche Pflege durch den Stpfl.**
   Der Stpfl. muß die Pflege – im Inland –
   – entweder in **seiner** Wohnung
   – oder in der Wohnung des/der Pflegebedürftigen

   selbst durchführen.

   Dies wird jedoch auch noch dann angenommen, wenn er sich zur Unterstützung zeitweise einer ambulanten Pflegekraft bedient; es darf jedoch nicht eine ständige ausschließliche Pflege durch Dritte erfolgen.

b) **Pflegebedürftigkeit der Person**
   Voraussetzung ist die **ständige Hilflosigkeit** i. S. des § 33b Abs. 3 S. 3, d. h. für die gepflegte Person müssen die **Voraussetzungen** für den erhöhten **Pauschbetrag** nach § 33b von **7200 DM** vorliegen.

   Ab VZ 1995 kann der Nachweis nur noch nach § 65 Abs. 4 EStDV geführt werden. Vgl. auch BMF-Schreiben vom 28. 7. 1994, BStBl 1994 I 601.

   Die Gewährung von Pflegehilfe oder Pflegegeld macht die Pflege nicht entgeltlich.

c) **Zwangsläufigkeit**
   Weitere Voraussetzung ist die Zwangsläufigkeit dem Grunde nach i. S. von R 186 Abs. 1, § 33 **Abs. 2 Satz 1**.

   Jedoch kann auch Nachbarschaftshilfe – als sittliche Verpflichtung – begünstigt sein.

Der Pflege-Pauschbetrag ist auch möglich für die Pflege

- des Ehegatten
- eines Kindes, auch bei Übertragung des Pauschbetrags nach § 33b Abs. 5 auf den Stpfl.

d) **Keine Einnahmen für Pflege**

Rückwirkend ab dem VZ 1995 (§ 52 Abs. 24) entfällt die Möglichkeit der Inanspruchnahme des Pflegepauschbetrages, wenn die pflegende Person **für die Pflege Einnahmen** erhält (§ 33b Abs. 6 Satz 1 letzter Halbs.).

Der Pflegepauschbetrag soll Aufwendungen abgelten, die bei Nachweis auch nach § 33 Abs. 1 geltend gemacht werden könnten. Soweit die Pflegeperson für ihre Pflegeleistung und die damit verbundenen Aufwendungen Einnahmen erhält, verbleibt ihr keine Belastung. Deshalb kann sie in diesem Fall den Pflegepauschbetrag nicht ansetzen. Übersteigen die Aufwendungen die Einnahmen hieraus, kann der Abzug insoweit nach § 33 erfolgen.

7.10.3 Besonderheiten

- Der Pauschbetrag ist **nicht** zeitanteilig zu gewähren (**keine** „Zwölftelung"), wenn die Pflege nur zeitweise im VZ erfolgte (R 194 Abs. 3 Satz 2).
- Teilen sich mehrere Personen die Pflege, ist der Pauschbetrag nach der Anzahl der Pflegepersonen aufzuteilen (§ 33b Abs. 6 Satz 3 und R 194 Abs. 2).
- Pflegt **ein Stpfl. mehrere** Personen, ist ihm der Pauschbetrag von 1 800 DM **mehrfach** zu gewähren (R 194 Abs. 1).

7.11 Zusammentreffen von Antragsgründen

Hat ein Stpfl. sowohl Anspruch auch den Pauschbetrag für Körperbehinderte als auch den Pauschbetrag für Hinterbliebene, so werden **beide** Pauschbeträge **nebeneinander** gewährt, R 194 Abs. 1. Ehegatten haben beide Anspruch auf den Pauschbetrag für Körperbehinderte, wenn sie unbeschränkt stpfl. sind, nicht dauernd getrennt leben und die Voraussetzungen des § 33b erfüllen (R. 194 Abs. 1). Mangels unbeschränkter Stpfl. beider Ehegatten entfällt z. B. der Pauschbetrag wegen dauernder Pflegebedürftigkeit für eine ständig im Ausland lebende Ehefrau (FG Münster, EFG 1974, 230, rkr) – vorbehaltlich eines Antrags nach § 1 Abs. 3. Das gilt auch für den Hinterbliebenenfreibetrag (BMF, BB 1976, 1547).

8. Kinderbetreuungskosten (§ 33c EStG)

8.1 Allgemeines

Nach § 33c können bei erwerbstätigen Alleinstehenden Aufwendungen für Dienstleistungen zur Betreuung eines Kindes im Sinne des § 32 Abs. 1 als außergewöhnliche Belastung im Sinne des § 33 berücksichtigt werden.

Berücksichtigungsgründe sind auch

- Krankheit und
- Behinderung des Stpfl.

(vgl. § 33c Abs. 1 Satz 1).

Außerdem ist der Anwendungsbereich der Vorschrift durch § 33c Abs. 5 auf Ehegatten i.S. des § 26 Abs. 1 ausgedehnt, aber nur für die Berücksichtigungsgründe **Behinderung** bzw. **Krankheit** eines der Ehegatten. Zur Verfassungsmäßigkeit der grds. Versagung des Abzugs bei „intakter Ehe" vgl. BFH, BStBl 1990 II 70.

8.2 Überblick

Aufwendungen für Dienstleistungen zur Betreuung eines Kindes i. S. des § 32 Abs. 1 sind bei **Alleinstehenden** als außergewöhnliche Belastung i. S. des § 33 unter folgenden Voraussetzungen zu berücksichtigen:

- Antrag des Steuerpflichtigen
- Alleinstehender
- Kinderbetreuungskosten
- Veranlassung der Betreuungskosten durch **Erwerbstätigkeit, Krankheit** oder **Behinderung** des Alleinstehenden
- Kind i. S. des § 32 Abs. 1 Satz 1
  - Haushaltszugehörigkeit
  - Keine Vollendung des 16. Lebensjahres zu Beginn des VZ
- Unbeschränkte Steuerpflicht des Kindes.

8.3 Alleinstehende (§ 33c Abs. 2 EStG)

Alleinstehende sind

- Unverheiratete (Ledige, Geschiedene, Verwitwete)
- dauernd getrennt lebende Verheiratete
- Verheiratete, deren Ehegatte nicht unbeschränkt stpfl. ist.

Der bei der Einzelveranlagung anzuwendende ESt-Tarif ist für die Gewährung der Steuervergünstigung ohne Bedeutung. Maßgebend ist ebenfalls nicht der Ehegattenbegriff des § 26 Abs. 1. So gelten z. B. Ehegatten von dem Zeitpunkt an als alleinstehend, von dem an sie dauernd getrennt leben. Dabei können nur die während des Alleinstehens entstandenen Aufwendungen berücksichtigt werden, vgl. R 195 Abs. 1 S. 4. Dies gilt **auch** bei der **besonderen Veranlagung nach** § 26c.

Beispiele:

1. Frau C hat infolge Erwerbstätigkeit Kinderbetreuungskosten für ihr 7jähriges Kind. Ihr Ehemann ist am 2. 7. 05 verstorben. Obwohl für
   - 05 der Splittingtarif nach § 32a Abs. 5 wegen Zusammenveranlagung (§ 26b) und
   - 06 das Verwitweten-Splitting gemäß § 32a Abs. 6 Nr. 1 anzuwenden ist, wird § 33c mangels ausdrücklicher entgegenstehender Regelung gewährt, und zwar für
   - 05 bis zum zeitanteiligen Höchstbetrag $6/12 \times 4\,000$ DM), § 33c Abs. 3 S. 3 und
   - 06 voll gewährt.
2. Herr A und Frau B haben am 30. 6. 01 geheiratet. Beide hatten durch Erwerbstätigkeit bedingte Kinderbetreuungskosten vom 1. 1. bis 31. 12. 01 und beantragen die **besondere** Veranlagung (§ 26c).
   § 33c ist bei beiden Ehegatten **zeitanteilig** vom 1. 1. bis 30. 6. 01 zu berücksichtigen. Die besondere Veranlagung nach § 26c führt **nicht** dazu, daß A und B ab Eheschließung weiter als „alleinstehend" i. S. des § 33c behandelt werden. Vgl. auch zu § 26c D. 6.

Für die übrige Zeit können Kinderbetreuungskosten unter den – eingeschränkten – Voraussetzungen des § 33c Abs. 5 berücksichtigt werden.

8.4 Kinderbetreuungskosten

Es müssen Aufwendungen für Dienstleistungen zur Kinderbetreuung vorliegen. Dies sind Ausgaben in Geld oder Geldeswert, die der Alleinstehende zur Beaufsichtigung oder Betreuung durch Dritte aufwendet. Der erkennbare Betreuungsgrund muß die persönliche Fürsorge für das Kind sein, braucht aber nicht alleiniger Zweck zu sein. Zur Kinderbetreuung zählen daher insbesondere

- die Unterbringung in Kindergärten, Kindertagesstätten, Kinderhorten, Kinderheimen, Kinderkrippen und ähnlichen Einrichtungen sowie bei Tagesmüttern, Wochenmüttern und Ganztagspflegestellen,
- die Beschäftigung von Kinderpflegerinnen, Erzieherinnen und Kinderschwestern,
- die Beschäftigung einer Hausgehilfin oder Haushaltshilfe, soweit diese Kinder betreuen, wenn bei ihrer Dienstleistung der auf die Betreuung des Kindes entfallende Teil nicht von untergeordneter Bedeutung ist (Aufteilung!),
- Hilfe bei Erledigung von häuslichen Schulaufgaben (BFH, BStBl 1979 II 142).

Als Entgelt kommen in Betracht Ausgaben in Geld oder Geldeswert (z. B. Sachleistungen). Auch Kostenerstattung an die Betreuungsperson (z. B. für Fahrtkosten) fällt darunter. Vgl. im einzelnen R 195 Abs. 4.

Nicht anzuerkennen sind Aufwendungen für

– Unterricht und Vermittlung besonderer Fähigkeiten,
– sportliche und andere Freizeitbeschäftigungen (vgl. § 33c Abs. 1 letzter Satz),
– Verpflegung des Kindes (auch nicht als Sachleistungen der Betreuungsperson),
– Mitgliedsbeiträge an Jugend- und Sportvereine,
– Nebenkosten, die nicht unmittelbar der Betreuung des Kindes dienen (z. B. Fahrtkosten des Kindes) bzw. des Stpfl. (vgl. BFH, BStBl 1987 II 167),
– Leistungen an eine Person, zu der das Kind in einem Kindschaftsverhältnis steht.

Ein einheitliches Entgelt ist ggf. im Schätzungswege aufzuteilen, wenn der nicht zu berücksichtigende Kostenanteil nicht von untergeordneter Bedeutung ist.

Wenn in den Dienstleistungen sowohl Kinderbetreuungskosten als auch Aufwendungen durch die Beschäftigung einer Hausgehilfin oder Haushaltshilfe enthalten sind, werden die Aufwendungen auf die jeweiligen Tatbestände (§ 33a Abs. 3 bis 1 200 DM bzw. 1 800 DM und der Rest nach § 33c) aufzuteilen sein.

Beispiel:
Frau A (verwitwet, ganztägig erwerbstätig) beschäftigt eine Hausgehilfin, die neben der Hausarbeit auch die beiden Kinder der Frau A, zu Beginn des KJ 9 und 17 Jahre alt, betreut.
Die Aufwendungen haben insgesamt im KJ 9 000 DM betragen. Hiervon werden ggf. 1 800 DM nach § 33a Abs. 3 berücksichtigt.
Der Restbetrag ist das Entgelt für Betreuung = 7 200 DM und fällt unter § 33c. Grundsätzlich ist dieser Betrag noch auf das 9jährige und das 17jährige Kind aufzuteilen (z. B. bei Betreuung zu unterschiedlichen Zeiten). Bei gleichzeitiger Betreuung wird evtl. eine Kürzung entfallen, soweit die Kosten für die Betreuung zweier Kinder nicht höher sind als für die Betreuung eines Kindes.

Die Kinderbetreuungskosten können nur insoweit berücksichtigt werden, als sie einen angemessenen Betrag nicht übersteigen (§ 33c Abs. 1 S. 4). Im Regelfall ist eine entsprechende Überprüfung aber entbehrlich. Allerdings sind ohnehin die Höchstbeträge 4 000 DM bzw. 2 000 DM für jedes weitere Kind zu beachten. Bei Kinderbetreuung durch Angehörige kann die Angemessenheit der Zahlungen zu prüfen sein. Vgl. R 195 Abs. 4 S. 8.

Die Herkunft der Mittel (z. B. aus Darlehn) ist **ohne** Bedeutung.

Ein Abzug nach § 33c entfällt insoweit, als sie als Sonderausgaben abgezogen werden können (§ 10 Abs. 1 Nr. 8, § 33 Abs. 2 Satz 2).

8.5 Berücksichtigungsgründe

8.5.1 Veranlassung durch Erwerbstätigkeit des Alleinstehenden

Die Kinderbetreuung muß durch eine Erwerbstätigkeit des Alleinerziehenden objektiv verursacht sein.

Das kann bereits bei kurzzeitiger Erwerbstätigkeit der Fall sein. Auch Heimarbeit kann eine Erwerbstätigkeit i. S. des § 33c sein, wenn sie nicht unbedeutend ist (vgl. BFH, BStBl 1974 II 299).

Unschädliche kurzfristige Unterbrechungen liegen z. B. bei Urlaub, Arbeitslosigkeit und Krankheit vor, längstens jedoch für einen zusammenhängenden Zeitraum von 2 Monaten. Das bedeutet, daß mehrere kurzfristige Unterbrechungen nicht zusammengerechnet werden.

Jedoch ist eine Abgrenzung von Erwerbstätigkeit zu sonstiger Einkünfteerzielung („fundierte Einkünfte") geboten; vgl. BFH, BStBl 1975 II 537. Hiernach ist eine „Erwerbstätigkeit" eine „Beschäftigung". Erzielt der Stpfl. nur fundierte Einkünfte (z. B. §§ 20, 21), ist § 33c m. E. eindeutig nicht anwendbar, da es an einer „Tätigkeit" fehlt.

Zweifelhaft ist, ob Kinderbetreuungskosten wegen Erwerbstätigkeit auch dann „den Umständen nach notwendig" sind, wenn der Alleinstehende daneben über ausreichende fundierte Einkünfte verfügt (u. E. zu verneinen).

Berufsausbildung ist aus Billigkeitsgründen einer **Erwerbstätigkeit** gleichzustellen (R 195 Abs. 2 Satz 2).

8.5.2 Veranlassung durch Krankheit oder Behinderung des Alleinstehenden

Kinderbetreuungskosten Alleinstehender können nicht nur berücksichtigt werden, wenn die Aufwendungen wegen Erwerbstätigkeit erwachsen. Gründe, die zur Berücksichtigung von Kinderbetreuungskosten führen sind nunmehr auch

– körperliche, geistige oder seelische **Behinderung** oder

– **Krankheit**

des **Stpfl.**

Krankheit fahrt grds. nur dann zu Anerkennung als Kinderbetreuungsgrund, wenn sie während eines zusammenhängenden Zeitraums von mindestens 3 Monaten bestanden hat. Das gilt nur dann nicht, wenn der Krankheitsfall unmittelbar im Anschluß an eine Erwerbstätigkeit eintritt (§ 33c Abs. 1 letzter Satz). Behinderung setzt **keinen** bestimmten Grad voraus (R 195 Abs. 2 Satz 3).

8.5.3 Berücksichtigung bei Ehegatten

Kinderbetreuungskosten können auch von Ehegatten i. S. des § 26 Abs. 1 geltend gemacht werden, wenn die Betreuung wegen **körperlicher, geistiger oder seelischer Behinderung oder wegen Krankheit eines oder beider Ehegatten** notwendig ist. Im Fall der Krankheit muß diese jedoch während eines zusammenhängenden Zeitraums von mindestens 3 Monaten bestanden haben.

Ist nur einer der Ehegatten krank oder behindert, muß der **andere erwerbstätig** sein, damit die Ehegatten die Voraussetzungen erfüllen. Zur Frage der Verfassungsmäßigkeit des eingeschränkten Abzugs bei Ehegatten vgl. Beschluß, BStBl 1990 II 70.

8.6 Kind des Steuerpflichtigen

Es muß sich um ein Kind i. S. d. § 32 **Abs. 1** oder Absatz 6 Satz 6 handeln.

Die Zuordnungsregelungen des § 32 Abs. 7 S. 2 und 3 sind **ohne** Bedeutung. Gehört das Kind jedoch gleichzeitig zum **(gemeinsamen)** Haushalt von zwei Alleinstehenden, so stehen die in Betracht kommenden Höchstbeträge und Pauschbeträge jedem nur zur Hälfte zu. Zweifelhaft dürfte in diesen Fällen sein, welcher Höchstbetrag zu halbieren ist, wenn das Kind für den einen das erste und für den anderen ein weiteres Kind ist. M. E ist in diesen Fällen auf die Verhältnisse des einzelnen Stpfl. abzustellen.

8.6.1 Haushaltszugehörigkeit

Die tatsächliche Haushaltszugehörigkeit des Kindes muß gegeben sein. An den Nachweis sind keine formellen Anforderungen zu stellen, da die tatsächlichen Verhältnisse maßgebend sind.

Nach R 195 Abs. 3 ist darauf abzustellen, ob das Kind bei dem Stpfl. lebt oder sich mit seiner Einwilligung vorübergehend außerhalb seiner Wohnung aufhält.

8.6.2 Keine Vollendung des 16. Lebensjahres zu Beginn des VZ

Die Altersgrenze ergibt sich aus dem Wortlaut des § 33c Abs. 1 Satz 1. Vollendet das Kind im Laufe des VZ das 16. Lebensjahr, führt dies jedoch **nicht** zu einer zeitanteiligen Kürzung i. S. des § 33c Abs. 3 S. 3.

8.6.3 Unbeschränkte Steuerpflicht des Kindes und Haushaltszugehörigkeit

Ein Abzug von Kinderbetreuungskosten ist nach dem Gesetzeswortlaut nur möglich, wenn das Kind unbeschränkt stpfl. ist und zum inländischen Haushalt des Stpfl. gehört.

Beispiel:
Vater X und Mutter Y, seit Jahren dauernd getrennt lebend (R 174 Abs. 2), haben ein Kind (12 Jahre alt), das im gesamten KJ tatsächlich zum Haushalt des X gehörte, obwohl es immer noch bei Y mit Hauptwohnung gemeldet war. Eine Bescheinigung des Jugendamtes über die Haushaltszugehörigkeit kann X nicht vorlegen.

Der alleinstehende Vater X kann § 33c beanspruchen,
- da die tatsächlichen Verhältnisse maßgebend sind
- obwohl das Kind der Mutter nach § 32 Abs. 7 S. 2 zuzuordnen ist.

Nach BFH, BStBl 1992 II 896 ist § 33c jedoch auch bei **nicht** unbeschränkt stpfl. Kindern anzuwenden (vgl. H 195 „Berücksichtigung von Betreuungsaufwendungen für Auslandskinder").

8.7 Verhältnis zu anderen kinderbedingten Steuervergünstigungen

§ 33c ist insbesondere **neben** dem
- Haushaltsfreibetrag, § 32 Abs. 7
- Kinderfreibetrag (§ 32 Abs. 6) bzw. Kindergeld
- Ausbildungsfreibetrag, § 33a Abs. 2 (vgl. hierzu R 195 Abs. 4 S. 9)
- Freibetrag für Hilfe im Haushalt (§ 33a Abs. 3)
- Übertragung eines Körperbehinderten-Pauschbetrages des Kindes auf den Stpfl. nach § 33b Abs. 5 (gl. A. Herrmann/Heuer/Raupach, EStG, Anm. 29 zu § 33c, a. A. v. Oepen, NWB F 3, 5984)

sowie neben sonstigen kinderbedingten Steuervergünstigungen anwendbar.

Bei auswärtiger Unterbringung des Kindes wegen Lese-Rechtschreibschwäche (medizinische Legasthenie) sind die Aufwendungen **ausschließlich** nach **§ 33** zu berücksichtigen, da **Krankheitskosten** vorliegen. Daneben kommt ein Ausbildungsfreibetrag nach § 33a Abs. 2 **nicht** in Betracht (BFH, BStBl 1993 II 278); u. E. ist auch **nicht** § 33c anzuwenden (auch bei Vorliegen der sonstigen Voraussetzungen).

8.8 Umfang der Vergünstigung

8.8.1 Höchstbetrag

Die (nach Auffassung der FinVerw) um die **zumutbare Belastung** (vgl. 8.8.5 und weiter unten) **gekürzten** Aufwendungen werden für das erste Kind auf einen **Höchstbetrag** von **4000 DM** begrenzt (§ 33c Abs. 3 S. 1). Für jedes weitere Kind (i. S. des § 33c Abs. 1) erhöht sich der Höchstbetrag um **je 2000 DM** (§ 33c Abs. 3 S. 2 = **Erhöhungsbetrag).**

Eine Aufteilung der tatsächlichen (nachgewiesenen oder glaubhaft gemachten) Kinderbetreuungskosten auf das erste Kind und die weiteren Kinder ist nicht vorzunehmen, wenn alle Kinder die Voraussetzungen für den Abzug nach § 33c erfüllen. Der zu ermittelnde Höchstbetrag gilt somit für alle zu berücksichtigenden Kinder; jedoch sind Grundhöchstbetrag und Erhöhungsbeträge im Prinzip für die einzelnen Kinder getrennt zu ermitteln.

Beispiele:

Kinderbetreuungskosten für
K1 3 000 DM
K2 2 500 DM
    5 500 DM

Die Voraussetzungen des § 33c liegen bei beiden Kindern ganzjährig vor.

Höchstbetrag

In welcher Reihenfolge der Grundhöchstbetrag von 4 000 DM und der Erhöhungsbetrag von 2 000 DM zugeordnet werden, spielt im vorliegenden Fall keine Rolle:

Grundhöchstbetrag	4 000 DM
./. Erhöhungsbetrag	2 000 DM
	6 000 DM

höchstens aber die tatsächlichen Aufwendungen von 5 500 DM.

Hiervon ist noch die **zumutbare Belastung (§ 33 Abs. 3) abzuziehen** (a. A. BFH, BStBl 1992 II 814; aber Nichtanwendungserlaß BMF vom 25. 9. 1992, BStBl I 545, R 195 Abs. 5 S. I und H 195 „Anrechnung der zumutbaren Belastung").

8.8.2 Zeitanteilige Ermäßigung des Höchstbetrags

Liegen die Voraussetzungen nur für einen Teil des KJ vor, so ermäßigen sich die in Betracht kommenden Höchstbeträge für jeden vollen Kalendermonat, in dem die Voraussetzungen nicht vorlagen, um je $1/12$ (entspricht dem Gedanken des § 33a Abs. 4, § 33c Abs. 3 Satz 3).

Beispiel:
Die erwerbstätige, seit 30. 12. 01 verwitwete Frau A hat ein eheliches Kind, geboren 3. 6. 02. § 33c steht für 02 bis zur Höhe von $7/12 \times 4\,000$ DM = 2 333 DM zu.

Keine Kürzung ist jedoch vorzunehmen, wenn die Betreuungskosten im Laufe des VZ nicht regelmäßig geleistet worden sind. Ebenso ist keine Kürzung vorzunehmen, wenn das Kind nicht während des gesamten VZ unbeschränkt stpfl. war (vgl. oben 8.6.3) oder im VZ das 16. Lebensjahr vollendet.

Liegen die Voraussetzungen für den Abzug von Kinderbetreuungskosten bei den einzelnen Kindern für unterschiedliche Zeiten des VZ vor, so hat die **Reihenfolge,** in der Grund- und Erhöhungsbetrag angewendet werden, **Bedeutung.** Eine gesetzliche Festlegung fehlt. Der Grundhöchstbetrag ist demjenigen Kind zuzuordnen, bei dem er sich für den Stpfl. am günstigsten auswirkt, also ohne Rücksicht auf die Geburtenfolge (R 195 Abs. 5 S. 3).

Dabei können für dasselbe Kind im VZ zeitanteilig der Grund- und der Erhöhungsbetrag zu berücksichtigen sein.

Beispiel:

Frau X (verwitwet, voll erwerbstätig) hat einen Sohn (K1), der zu Beginn des KJ 01 15 Jahre alt ist, zu Beginn des KJ 02 aber bereits 16 Jahre ist. Das zweite Kind (K2) ist im April 02 geboren. Festlegung der günstigsten Reihenfolge:

VZ 01
1. Grundhöchstbetrag für K1	= 4 000 DM
2. Erhöhungsbetrag für K2 (zeitanteilig) $9/12 \times 2\,000$ DM	= 1 500 DM
max. Kinderbetreuung	5 500 DM

VZ 02
Hier ist die umgekehrte Reihenfolge günstiger:
1. Grundhöchstbetrag für K2	= 4 000 DM
2. Erhöhungsbetrag für K1 entfällt, da 16. Lebensjahr vollendet	—
	4 000 DM

8.8.3 Halbteilungsgrundsatz

Gehört ein Kind (§ 32 Abs. 1) gleichzeitig zum Haushalt zweier Alleinstehender, ist bei jedem von ihnen der maßgebende, ggf. zeitanteilige Höchstbetrag (Grund bzw. Erhöhungsbetrag) anzusetzen. Die ermittelten Höchstbeträge sind jedoch zu **halbieren** (§ 33c Abs. 3 S. 4). Vgl. H 195 – Beispiele.

Beispiel:
X und Y leben in eheähnlicher Gemeinschaft. Beide sind erwerbstätig. Für ihr gemeinsames, am 2. 1. 01 geborenes Kind erwachsen ihnen durch Beschäftigung einer Kinderpflegerin ab 20. 7. 01 Kinderbetreuungskosten.

§ 33c steht zeitanteilig ab Juli 01 zu:

Höchstbetrag $^{6}/_{12} \times 4\,000$ DM = $2\,000$ DM, § 33c Abs. 3 S. 3. Dieser Betrag ist auf X und Y je zur Hälfte zu verteilen = je 1 000 DM (§ 33c Abs. 3 letzter Satz).

Der **Halbteilungsgrundsatz** gilt auch dann, wenn nur einer der Alleinstehenden den § 33c in Anspruch nehmen kann, z. B. weil er allein erwerbstätig ist.

R 195 Abs. 5 gilt entsprechend, wenn ein Kind gleichzeitig zum Haushalt zweier Alleinstehender gehört und deshalb nur der hälftige Grundhöchst- bzw. Erhöhungsbetrag abzuziehen ist. Bei Eltern mit gemeinsamen und nicht gemeinsamen Kindern kann diese Zuordnung bei den einzelnen Elternteilen unterschiedlich ausfallen.

Beispiel:

C und D leben unverheiratet zusammen. Im gemeinsamen Haushalt lebt ein vierjähriges Kind (K1) der C sowie ein gemeinsames Kind K2 von C und D, das am 8.7.01 geboren wurde.

VZ 01:	C		D
Grundhöchstbetrag K1 =	4 000 DM	K2 = $^{6}/_{12} \times 4\,000$ = $2\,000$ DM Ansatz $^{1}/_{2}$	1 000 DM
Erhöhungsbetrag K2: $^{6}/_{12} \times 2\,000$ DM = 1 000 DM Ansatz $^{1}/_{2}$ =	500 DM		
	4 500 DM		1 000 DM

8.8.4 Pauschbetrag

Alleinstehende mit Kindern erhalten für Aufwendungen für Dienstleistungen zur Betreuung dieser Kinder für jedes Kind mindestens einen **Pauschbetrag** von **480 DM** im Kalenderjahr (§ 33c Abs. 4). Dieser Pauschbetrag ermäßigt sich für jeden vollen Kalendermonat, in dem die Voraussetzungen für den Abzug von Kinderbetreuungskosten nicht vorgelegen haben, für das jeweilige Kind um ein Zwölftel. Für ein Kind, das gleichzeitig zum Haushalt zweier Alleinstehender gehört, ist der Pauschbetrag zu **halbieren.** R 195 Abs. 5 gilt sinngemäß.

Die Pauschbeträge sind - im Gegensatz zu den tatsächlichen Aufwendungen i. S. des § 33c Abs. 3; siehe aber BFH, BStBl 1992 II 814, hierzu jedoch Nichtanwendungserlaß BMF vom 25.9.1992, BStBl I 545 – **nicht** um die zumutbare Belastung zu kürzen. Ein Nachweis ist **nicht** erforderlich (weder über die Höhe der Aufwendungen noch die Inanspruchnahme von Betreuungsleistungen).

Beispiel:

Die alleinstehende Frau A hatte Kinderbetreuungskosten von 240 DM für die Zeit vom 1.1.–15.9.01. Am 15.9.01 ist ihr Kind verstorben. Die zumutbare Belastung beträgt 200 DM. Pauschbetrag:

$^{9}/_{12} \times 480$ DM = 360 DM (Zwölftelung). Die tatsächlichen Aufwendungen liegen bereits ohne Minderung um die zumutbare Belastung unter dem Pauschbetrag.

Ein Abzug tatsächlicher Aufwendungen (im Rahmen des Höchstbetrags) für ein Kind und Gewährung des Pauschbetrags für ein anderes Kind schließen sich aus.

Gehört das Kind gleichzeitig zum Haushalt zweier Alleinstehender, ist auch der Pauschbetrag zu halbieren (§ 33c Abs. 3 Satz 4 und Abs. 4 Satz 3). Eine Übertragung auf den anderen Elternteil ist nicht zulässig.

8.8.5 Zusammenwirken von Höchstbetrag (§ 33c Abs. 3), Pauschbetrag (§ 33c Abs. 4) und allgemeinen außergewöhnlichen Belastungen i. S. d. § 33 EStG

Zweifelhaft ist, in welcher Weise die Höchstbeträge für Kinderbetreuungskosten zu ermitteln sind, wenn sie mit außergewöhnlichen Belastungen nach § 33 zusammentreffen. Insbesondere das Zusammenwirken des § 33c mit § 33 und mit dem Pauschbetrag von 480 DM im Kalenderjahr je zu berücksichtigendem Kind wirft Probleme auf. Diese Fragen werden nachfolgend anhand von Zahlenbeispielen dargestellt.

Fest steht, daß der Betrag der **zumutbaren Belastung** (§ 33 Abs. 3) – nach BMF-Schreiben vom 25.9.1992, BStBl I 545 und vom 16.1.1995, BStBl I 88 **abzuziehen entgegen BFH**, BStBl 1992 II 814 – ein einheitlicher Kürzungsbetrag für §§ 33 und 33c Abs. 3 ist, der insgesamt **nur einmal** abgezogen werden darf. Dabei dürfte die günstigste Abzugsreihenfolge für den Stpfl. maßgebend sein (ergibt sich aber nicht eindeutig aus dem Gesetz). Vgl. R 186 Abs. 2.

Berechnungsschema für den Abzug von Kinderbetreuungskosten und anderen außergewöhnlichen Belastungen (H 195)

		DM	**DM**	**DM**
1.	Berücksichtigungsfähige Kinderbetreuungskosten (§ 33c)	___		
2.	Pauschbetrag (§ 33c Abs. 4)	___		
3.	verbleibt	___		
4.	Falls Nr. 3 Null oder negativ: abzuziehender Betrag = Pauschbetrag		___	
5.	Falls Nr. 3 positiv: zumutbare Belastung ___ DM; davon bei den Kinderbetreuungskosten abziehbar (höchstens Betrag von Nr. 3)		___	
6.	verbleibt		___	
7.	Höchstbetrag für Kinderbetreuungskosten		___	
8.	abzuziehender Betrag = der niedrigere Betrag von Nr. 6 und Nr. 7			___
9.	andere außergewöhnliche Belastungen (§ 33)		___	
10.	./. zumutbare Belastung, soweit noch nicht auf die Kinderbetreuungskosten angerechnet		___	
11.	abzuziehender Betrag			___
12.	abzuziehender Gesamtbetrag Nr. 4 und Nr. 11 oder Nr. 8 und Nr. 11			___

Beispiel:

Fall A.

Der alleinstehende A hat ein Kind; § 33c Abs. 1 ist gegeben. A macht Kinderbetreuungskosten von 4 000 DM und außergewöhnliche Belastungen i. S. des § 33 von 2 500 DM geltend. Die zumutbare Belastung beträgt 3 900 DM.

Lösungsmöglichkeiten:

Lösung 1:

a)	§ 33	2 500 DM	
	./. zumutbare Belastung	3 900 DM	
	Abzug nach § 33	0 DM	
b)		4 000 DM	
	§ 33c		
	./. zumutbare Belastung		3 900 DM
	davon Verbrauch durch § 33		2 500 DM
	noch abzuziehen	1 400 DM	1 400 DM
	Abzug nach § 33c	2 600 DM	
	zusammen (§§ 33 und 33c)		2 600 DM

Lösung 2 (nach dem Berechnungsschema in H 195):

1.	Aufwendung § 33c		4 000 DM	4 000 DM
2.	Pauschbetrag § 33c Abs. 4		480 DM	
3.	verbleiben		3 520 DM	
4.	–			
5.	zumutbare Belastung (§ 33 Abs. 3)	3 900 DM		
	davon bei § 33c zu berücksichtigen	3 520 DM	–	3 520 DM
	Rest	380 DM		
6.	verbleibt			480 DM
7.	Höchstbetrag			4 000 DM
8.	abzuziehen (= Pauschbetrag)			480 DM
9.	§ 33			2 500 DM
10.	./. Zumutbare Belastung, soweit noch nicht auf § 33c angerechnet			380 DM
	insgesamt nach § 33 und § 33c			2 120 DM
	abzuziehen			2 600 DM

Lösungsvariante 2 beruht auf R 186 Abs. 2. Danach soll nach Auffassung der FinVerw die zumutbare Belastung, falls die Kinderbetreuungskosten den Pauschbetrag (§ 33c Abs. 4) übersteigen, zunächst auf den übersteigenden Betrag i. S. des § 33c und sodann auf die anderen außergewöhnlichen Belastungen (§ 33) anzurechnen sein. Lösungsvariante 1 führt jedoch – ohne Beschränkung der Verrechnung der zumutbaren Belastung – zu dem gleichen Ergebnis.

Lösung 3:

a)	§ 33c		4 000 DM
	./. zumutbare Belastung		3 900 DM
			100 DM
	mindestens jedoch Pauschbetrag		480 DM
b)	§ 33		2 500 DM
	./. zumutbare Belastung	3 900 DM	
	./. Verbrauch bei § 33	3 900 DM	
	Kürzung	0 DM	0 DM
	Abzug nach § 33		2 500 DM
	zusammen		2 980 DM

Der Vorteil von 380 DM bei der Lösungsvariante 3 beruht darauf, daß bei § 33c der Pauschbetrag von 480 DM gewährt wird, obwohl die zumutbare Belastung der Kinderbetreuungskosten bis auf 100 DM mindert. Die Entfaltung einer solchen zusätzlichen Freibetragswirkung ist durch den **Gesetzeswortlaut** nicht ausgeschlossen. Zur Verwaltungsauffassung vgl. Lösungsvariante 2.

Fall B:

Der alleinstehende B mit einem Kind i. S. des § 33c macht geltend:

Kinderbetreuung	400 DM
Aufwendungen i. S. d. § 33	4 000 DM
Die zumutbare Belastung beträgt	2 500 DM

Lösungsmöglichkeiten:

1. Anrechnung der zumutbaren Belastung zuerst auf die anderen außergewöhnlichen Belastungen (§ 33)

a)	§ 33c Abs. 4 (Pauschbetrag)		480 DM
b)	§ 33	4 000 DM	
	./. zumutbare Belastung (kein Verbrauch durch § 33c)	2 500 DM	
	abzuziehen	1 500 DM	1 500 DM
	zusammen		1 980 DM

Diese Lösung entspricht der Auffassung der FinVerw (R 186 Abs. 2). Danach soll die zumutbare Belastung nur auf die anderen außergewöhnlichen Belastungen (§ 33) anzurechnen sein, falls die Kinderbetreuungskosten den Pauschbetrag nicht übersteigen.

2. Anrechnung der zumutbaren Belastung zuerst auf Kinderbetreuungskosten

a) § 33c	400 DM		
./. zumutbare Belastung	2 500 DM		
verbleiben	0 DM		
Ansatz Pauschbetrag			480 DM
b) § 33	4 000 DM		
zumutbare Belastung	2 500 DM		
./. Verbrauch bei § 33c	400 DM		
Rest	2 100 DM	2 100 DM	
abzuziehen		1 900 DM	1 900 DM
zusammen			2 380 DM

Der Vorteil der 2. Variante liegt in dem mit 400 DM angenommenen Verbrauch der zumutbaren Belastung.

Schlußfolgerung:

Ein Verbrauch der zumutbaren Belastung tritt auch bei Inanspruchnahme des Pauschbetrages (§ 33 Abs. 4) ein **(streitig).** Deshalb kann sich im Einzelfall der Nachweis von Kinderbetreuungskosten auch im Grenzbereich unterhalb des Pauschbetrages wegen der Rückwirkung auf § 33 zugunsten einer höheren Steuerermäßigung auswirken (a. A. die FinVerw).

3. Die weitestgehende Auslegung wäre, daß im vorstehenden Fall sogar ein Verbrauch der zumutbaren Belastung in Höhe des Pauschbetrags von 480 DM anzunehmen ist (zweifelhaft), also:

a) § 33c Pauschbetrag			480 DM
b) § 33	4 000 DM		
§ 33 Abs. 3	2 500 DM		
./. Verbrauch	480 DM	2 020 DM	1 980 DM
insgesamt zu berücksichtigen			2 460 DM

An der Lösung 3 ist allerdings problematisch, daß eine **zusätzliche** Freibetragswirkung durch den Pauschbetrag eintritt.

Dagegen wird bei Lösung 2 eine zusätzliche Freibetragswirkung beim Pauschbetrag vermieden, ohne auf das Prinzip des Pauschbetrags nach § 33c Abs. 4 zu verzichten.

Hierdurch wird auch der Extremfall vermieden, daß ein Alleinstehender, der keine Kinderbetreuungskosten aufwendet, neben dem eine Freibetragswirkung entfaltenden Pauschbetrag noch zusätzlich in den Genuß einer verminderten zumutbaren Belastung kommt. Es wäre daher gerechtfertigt zu verlangen, daß der Alleinstehende in solchen Fällen seine Kinderbetreuungskosten einzeln nachweist.

Dadurch würde andererseits der Vereinfachungseffekt des Pauschbetrags nach § 33c Abs. 4 beeinträchtigt.

Andererseits könnten außergewöhnliche Belastungen i. S. d. § 33, die sich bisher wegen der Höhe der zumutbaren Belastung nicht ausgewirkt haben zum „Verbrauch" der zumutbaren Belastung benutzt werden.

Beispiel:

§ 33	500 DM		
§ 33c	4 000 DM		
zumutbare Belastung	700 DM		
Günstigste Lösung:			
1. § 33	500 DM		
./. zumutbare Belastung	700 DM		
	0 DM		
2. § 33c		4 000 DM	
./. zumutbare Belastung	700 DM		
Verbrauch bei § 33	500 DM		
Rest	200 DM	./. 200 DM	(statt 700!)
		3 800 DM	

Nach Auffassung der FinVerw soll der Rechengang lauten:

1. Aufwendungen § 33c	4 000 DM	4 000 DM
2. Pauschbetrag § 33c Abs. 4	480 DM	
3. verbleiben	3 520 DM	
4. –		

5. zumutbare Belastung (§ 33 Abs. 3)	700 DM		
dann bei § 33c	700 DM		700 DM
6. verbleiben			3 300 DM
7. Höchstbetrag § 33c			4 000 DM
8. abzuziehen nach § 33c			3 300 DM
9. Aufwendungen § 33		500 DM	
10. zumutbare Belastung (soweit noch nicht bei § 33c angerechnet)		0 DM	
11. nach § 33 zu berücksichtigen		500 DM	500 DM
12. insgesamt abzuziehen			3 800 DM

Es ergibt sich kein Unterschied zum Lösungsweg 1.

Die FinVerw konzediert also (unausgesprochen) den oben geschilderten Effekt.

8.8.6 Zumutbare Belastung bei Zusammenveranlagung (§ 26b EStG)

Wenn in dem maßgeblichen VZ die Voraussetzungen für eine Zusammenveranlagung (§ 26 Abs. 1) vorliegen, ergibt sich der (bekannte) Effekt, daß die bei der Zusammenveranlagung zu berücksichtigende zumutbare Belastung sich im Vergleich zu einer Einzelveranlagung erhöhen und daher zu einem niedrigeren Überbelastungsbetrag nach § 33 führen kann, weil die Aufwendungen nach § 33 für beide Ehegatten zusammengerechnet und die zumutbare Belastung in Abhängigkeit vom Gesamtbetrag der Einkünfte **beider** Ehegatten und der Zahl der Kinder (§ 33 Abs. 3) von den Aufwendungen abgezogen wird.

Beispiel:

Die geschiedene B mit einem Kind unter 16 Jahren heiratet am 20.10.01 den C. Jeder bringt ein Kind mit in die Ehe.

	B	**C**
Gesamtbetrag der Einkünfte	20 000 DM	100 000 DM
zumutbare Belastung ohne Eheschließung	2 % = 400 DM	3 % = 3 000 DM
zusammen	3 400 DM	

Infolge der Zusammenveranlagung beträgt die zumutbare Belastung 4 v. H. des Gesamtbetrags der Einkünfte von 120 000 DM = 4 800 DM. Die steuerwirksamen Kinderbetreuungskosten verringern sich gegenüber den **Einzel**veranlagungen ohne Eheschließung. Diese nachteilige Wirkung der Zusammenveranlagung ist auf das lineare Anwachsen der Prozentsätze des § 33 Abs. 3 mit steigendem Gesamtbetrag der Einkünfte zurückzuführen.

Ein weiteres Problem ergibt sich hier bei der Berechnung des im Ergebnis nach § 33c abzuziehenden Betrages.

Einerseits steht jedem Ehegatten für die Zeit bis zur Eheschließung der § 33c zeitanteilig zu (§ 33c Abs. 3 S. 3).

Andererseits werden Ehegatten bei der Zusammenveranlagung wie ein Stpfl. behandelt, soweit nichts anderes gesetzlich vorgeschrieben ist (§ 26b).

Dies würde eine gemeinsame **(einheitliche)** Ermittlung der Steuerermäßigung bedeuten. Dies kann u. E. jedoch **nicht** bei der Ermittlung des für jeden Ehegatten zu berücksichtigenden Höchstbetrags gelten (gl. A. FinVerw).

Fortführung des obigen Beispiels:

	B	**C**
Kinderbetreuungskosten	6 000 DM	2 500 DM

Dankmeyer/Klöckner, DB 1985, 70 schlagen vor, die gemeinsame zumutbare Belastung von 4 800 DM entsprechend dem Anteil des betreffenden Ehegatten an dem Gesamtbetrag der Einkünfte aufzuteilen und von seinen bis zur Eheschließung aufgewendeten Kinderbetreuungskosten für die anzustellende Vergleichsrechnung abzuziehen.

Folgt man diesem Vorschlag, ergibt sich im obigen Beispiel folgende Berechnung:

	B		C
Kinderbetreuungskosten	6 000 DM		2 500 DM
anteilige zumutbare Belastung	¹/₆ = 800 DM		⁵/₆ = 4 000 DM
bleiben	5 200 DM		0 DM
anteiliger Höchstbetrag ¹⁰/₁₂ × 4 000 DM =	3 333 DM		3 333 DM
anzusetzen anteiliger Höchstbetrag (B) bzw. Pauschbetrag (C)	3 333 DM	¹⁰/₁₂ × 480 DM	400 DM
zusammen		3 733 DM	

Das BMF-Schreiben (a. a. O.) regelt u. E. diesen Fall nicht.

8.9 Anwendung des § 33c EStG bei Ehegatten

Nach § 33c Abs. 5 sind Kinderbetreuungskosten auch bei **Ehegatten** i. S. des § **26 Abs.** 1 zu berücksichtigen bei

a) körperlicher, geistiger oder seelischer Behinderung eines Ehegatten oder Krankheit **eines** Ehegatten **und**

b) Erwerbstätigkeit **oder** Krankheit usw. des **anderen** Ehegatten.

Dabei sind anzuwenden § 33c Abs. 1, Abs. 3 Sätze 1 bis 3 (Höchstbetrag) und Abs. 4 (Pauschbetrag).

H. Familienleistungsausgleich

1. Überblick

Durch das Jahressteuergesetz 1996 ist der bisherige **Familienlastenausgleich** zu einem **Familienleistungsausgleich** weiterentwickelt worden. Ziele waren die Steuerfreistellung von Einkommen in Höhe des vollen Kinderexistenzminimums, eine deutliche Verbesserung der Förderung der Familien mit niedrigeren Einkommen und mehreren Kindern sowie eine Vereinheitlichung der bisherigen einkommensteuer- und kindergeldrechtlichen Regelungen. Die Weiterentwicklung zum **Familienleistungsausgleich** bedeutet einen grundlegenden Systemwechsel. Die bisher mögliche kumulative Inanspruchnahme von Kinderfreibetrag und Kindergeld wird ab dem VZ 1996 durch eine Regelung abgelöst, wonach beides nach entsprechenden Anhebungen nur noch alternativ in Betracht kommt. Das Finanzamt prüft nachträglich im Rahmen der ESt-Veranlagung von Amts wegen, ob das Kindergeld die steuerliche Wirkung des Kinderfreibetrags ausgleicht.

Kindergeld stellte nach dem bisherigen Bundeskindergeldgesetz, auch soweit es im dualen System des Familienlastenausgleichs steuerlichen Zwecken diente, eine Sozialleistung dar. Im Rahmen des Familienleistungsausgleichs wird Kindergeld als **Steuervergütung** gezahlt. Daraus und aus der Rechtsstellung der Familienkassen als Bundesfinanzbehörden ergibt sich, daß hierauf u. a. die Abgabenordnung und die Finanzgerichtsordnung Anwendung finden. Vgl. auch Einführung zur DA-FamEStG, BfF vom 28.6.1996, BStBl I 707.

Die Förderung der Familien wird damit inhaltlich und verfahrenstechnisch grundlegend umgestellt.

Die steuerliche Freistellung eines Einkommensbetrags in Höhe des Existenzminimums eines Kindes wird durch den Kinderfreibetrag nach § 31 **oder** durch Kindergeld nach §§ 62 ff bewirkt (= **Wegfall** des dualen Systems). Damit wird die Vorgabe des Bundesverfassungsgerichts, einen Einkommensbetrag in Höhe des Existenzminimums eines Kindes steuerfrei zu lassen (Beschlüsse BStBl 1990 II 653 bzw. 664) erfüllt.

Das bislang grundsätzlich geltende duale System von Kindergeld und Kinderfreibetrag wird ab dem Kalenderjahr 1996 durch eine **wahlweise** Gewährung des (erhöhten) Kindergeldes **oder** eines (erhöhten) Kinderfreibetrages abgelöst.

Der **Kinderfreibetrag** wird von 2052 DM/**4104 DM** auf 3132 DM/**6264 DM** erhöht.

Das Kindergeld wird nunmehr monatlich ausgezahlt und beträgt:

	1996	1997
für das 1. und 2. Kind	200 DM	220 DM
für das 3. Kind	300 DM	300 DM
für jedes weitere Kind	350 DM	350 DM
	(vgl. § 32 EStG)	(vgl. § 52 Abs. 32a EStG)

Es **entfallen** dafür:

1. der Kindergeldzuschlag für Eltern mit geringem Einkommen sowie
2. die einkommensabhängige Minderung des Kindergelds für Stpfl. mit höherem Einkommen.

Die **Kindbegriffe** des EStG und des Kindergeldrechts werden **harmonisiert**.

Hat das Kind das 18. Lebensjahr vollendet, entfallen Kinderfreibetrag **und** Kindergeld, wenn das Kind eigene Einkünfte und Bezüge in Höhe von **mehr als 12000 DM** im Kalenderjahr erzielt (vgl. nachfolgend 4.3).

Die **Auszahlung** des Kindergelds erfolgt nicht nur im öffentlichen Dienst durch den Arbeitgeber, sondern wird auch bei privaten Arbeitsverhältnissen grds. vom Arbeitgeber vorgenommen.

Für Zwecke der **Zuschlagsteuern (SolZ, KiSt)** wird bei Ermittlung der Bemessungsgrundlage ein **fiktiver** Kinderfreibetrag berücksichtigt (vgl. § 2 Abs. 6 Satz 1 und § 51a).

Neben dem Kindergeld (§§ 62 ff) und dem Kinderfreibetrag (§ 32 Abs. 6) finden Kinder bei der Ermittlung des zu versteuernden Einkommens wie folgt Berücksichtigung:

- Haushaltsfreibetrag (§ 32 Abs. 7)
- Zumutbare Belastung bei den außergewöhnlichen Belastungen (§ 33 Abs. 3)
- Ausbildungsfreibetrag (§ 33a Abs. 2)
- Kinderbetreuungskosten (§ 33c)
- Übertragung eines Pauschbetrags für Körperbehinderte (§ 33b Abs. 5)
- Baukindergeld bei Inanspruchnahme des § 10e (§ 34f) bzw. Kinderzulage nach § 9 EigZulG
- Berechnung der Kirchensteuer (§ 51a)

Darüber hinaus wirken sich Kinder bei der Arbeitnehmersparzulage aus.

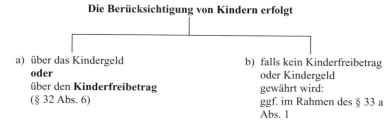

Vom Kinderfreibetrag (§ 32 Abs. 6) bzw. vom Kindergeld (§ 62 ff) sind folgende Kindervergünstigungen abhängig

- Haushaltsfreibetrag (§ 32 Abs. 7)
- Minderung des v. H.-Satzes der zumutbaren Belastung (§ 33 Abs. 3)
- Ausbildungsfreibetrag (§ 33a Abs. 2)
- Übertragung des Pauschbetrags für Körperbehinderte nach § 33b Abs. 5.

2. Gemeinsame Regelungen für das Kindergeld und den Kinderfreibetrag

2.1 Amtsprinzip

Nach § 31 erfolgt der Familienleistungsausgleich in der Weise, daß im Rahmen der ESt-Veranlagung von Amts wegen überprüft wird, ob es für den Stpfl. günstiger ist, das Kindergeld **oder** den Kinderfreibetrag zu erhalten. Es ist also von Amts wegen die für den Stpfl. **günstigere** Lösung anzuwenden. Dies setzt bei Arbeitnehmern ggf. einen **Antrag** auf Durchführung zur ESt-Veranlagung voraus.

Vgl. im einzelnen Einführungsschreiben des BMF vom 30. 11. 1995, BStBl I 805.

Beispiel 1:

A ist verheiratet. Bei ihm sind zwei Kinder zu berücksichtigen. Sein Einkommen beträgt 120 000 DM.

Kindergeldanspruch 2 × 200 DM = 400 DM, jährlich	4 800 DM
Ersparnis durch Kinderfreibetrag	
ESt bei zu versteuerndem Einkommen von 120 000 DM =	28 844 DM
ESt bei Berücksichtigung von 2 Kinderfreibeträgen	
(= 12 528 DM), also für ZVE von 107 472 DM =	24 604 DM
Steuerersparnis bei Berücksichtigung von 2 Kinderfreibeträgen	4 240 DM

Das Kindergeld ist günstiger. Von Amts wegen ist **kein** Kinderfreibetrag zu berücksichtigen. Es verbleibt bei dem gezahlten Kindergeld.

Beispiel 2:

Wie zuvor, das Einkommen beträgt jedoch 200 000 DM.

Kindergeld 2 × 2 400 DM =	4 800 DM
Steuer bei ZVE 200 000 DM	61 486 DM
Steuer bei Berücksichtigung von Kinderfreibeträgen:	
200 000 DM ./. 13 528 DM = 187 472 DM	55 728 DM
ESt-Ersparnis	5 758 DM

Es sind von Amts wegen Kinderfreibeträge zu berücksichtigen. Die ESt ist wie folgt festzusetzen:

Tarifliche ESt	55 728 DM
+ gezahltes Kindergeld (§ 2 Abs. 6 S. 2 EStG)	4 800 DM
	60 528 DM

2.2 Monatsprinzip

Beim Kinderfreibetrag wird ebenfalls, wie bisher schon beim Kindergeld, das **Monatsprinzip** eingeführt. Danach ist insbesondere im Geburtsjahr bzw. im Kalenderjahr der Vollendung des 18. Lebensjahres oder Wegfall des Kinderfreibetrages aus anderen Gründen der Freibetrag anteilig nur für die Monate zu gewähren, in denen die Voraussetzungen für die Gewährung des Kinderfreibetrages vorliegen.

Beispiel 1:
Das Kind ist am 2. April 1978 geboren und in 1996 weder in Ausbildung noch behindert.
Die Eltern erhalten für 1996 lediglich $^{4}/_{12}$ des Kinderfreibetrages von 6 624 DM = 2 088 DM bzw. nur für 4 Monate Kindergeld.

Beispiel 2:
Das Kind ist am 30. April 1996 geboren.
Die Eltern erhalten für 1996 lediglich $^{9}/_{12}$ des Kinderfreibetrages von 6 264 DM = 4 698 DM bzw. nur für 9 Monate Kindergeld.

2.3 Sonderregelung für VZ 1996

Für das **Kalenderjahr 1996** erfolgt zunächst **zwingend** die Auszahlung des Kindergeldes. Dies gilt auch dann, wenn von vornherein feststeht, daß der Abzug des Kinderfreibetrages für den Stpfl. günstiger ist. Erst im Rahmen der ESt-Veranlagung kann in diesen Fällen die Umstellung auf den Kinderfreibetrag erfolgen. Nach § 36 Abs. 2 S. 1, § 2 Abs. 6 S. 2 wird dann das (ausgezahlte) Kindergeld der ESt hinzugerechnet.

Ab VZ 1997: Wahlrecht

Ab dem Kalenderjahr **1997** soll dem Stpfl. ein Wahlrecht eingeräumt werden, ob er von Anfang an den Kinderfreibetrag oder das Kindergeld erhalten will.

3. Regelung des Kindergelds im EStG

Auch das **Kindergeld** wird nunmehr im **EStG** geregelt (§§ 62-78). (Vgl. im einzelnen Einführungsschreiben des BMF v. 30. 11. 1995, BStBl 1995 I 805.

3.1 Anspruchsberechtigter

Anspruchsberechtigt sind grundsätzlich
- nach § 1 Abs. 1 bis Abs. 3 unbeschränkt Stpfl. und
- **Ausländer**, wenn sie im Besitz einer Aufenthaltsberechtigung oder Aufenthaltserlaubnis sind, **nicht** jedoch, wenn ausländische Arbeitnehmer nur zur vorübergehenden Dienstleistung in das Inland entsandt worden sind (§ 62).

3.2 Kinder i. S. des Kindergelds (§ 63)

Der Kindbegriff i. S. des Kindergelds ist grundsätzlich mit dem des § 32 Abs. 1 identisch. § 32 Abs. 4 und 5 gelten entsprechend.

Neben den Kindern i. S. des § 32 Abs. 1 werden vom Berechtigten in seinem Haushalt aufgenommene Kinder seines Ehegatten (Stiefkinder) und vom Berechtigten in seinem Haushalt aufgenommene Enkel berücksichtigt.

3.3 Kindergeld

3.3.1 Höhe des Kindergelds, Zahlungszeitraum

Das Kindergeld, das für das erste und zweite Kind monatlich jeweils 200 DM (**ab 1.1.1997 = 220 DM**), für das dritte Kind 300 DM und die weiteren Kinder jeweils 350 DM beträgt, wird von Beginn des Monats gezahlt, in dem die Anspruchsvoraussetzungen erfüllt sind bis zum Ende des Monats, in dem die Anspruchsvoraussetzungen wegfallen. Vgl. DA-FamEStG DA 66. Es wird **monatlich** gezahlt (DA-FamEStG, DA 71.1).

Beispiel:
Den Eheleuten A wird ein Kind am 30.4. geboren, das jedoch am 1.5. wieder verstirbt.
Die Eltern erhalten das Kindergeld für 2 Monate.

Das Kindergeld wird nur auf Antrag gezahlt (hinsichtlich weiterer Einzelheiten vgl. auch 4.).

3.3.2 Andere anzurechnende Leistungen für Kinder

Kindergeld wird **nicht** für ein Kind gezahlt, für das andere Leistungen zu zahlen sind bzw. bei entsprechender Antragstellung zu zahlen wären. Es handelt sich nach § 63 Abs. 1 um

a) Kinderzulagen aus der gesetzlichen Unfallversicherung oder Kinderzuschüsse aus der gesetzlichen Rentenversicherung (§ 65 Abs. 1 Nr. 1)

b) Leistungen für Kinder, die im Ausland gewährt werden und dem Kindergeld oder einer unter der Nr. 1 genannten Leistungen vergleichbar sind (§ 65 Abs. 1 Nr. 2)

c) Leistungen für Kinder, die von einer zwischen- oder überstaatlichen Einrichtung gewährt werden und dem Kindergeld vergleichbar sind (§ 65 Abs. 1 Nr. 3)

Soweit es für sonstige Kindervergünstigungen nach dem EStG auf den Erhalt von Kindergeld ankommt, stehen diese Leistungen dem Kindergeld gleich.

Erreichen die Leistungen nach § 65 Abs. 1 Nr. 1 (Kinderzulagen) nicht die Höhe des Kindergeldanspruchs, wird Kindergeld in Höhe des Unterschiedsbetrags gezahlt, wenn er mindestens 10 DM beträgt. Vgl. DA-FamEStG, DA 65.

3.3.3 Wohnsitz des Kindes

Kindergeld kann grundsätzlich nur einem Kind mit Wohnsitz oder gewöhnlichem Aufenthalt im **Inland** oder in einem Mitgliedstaat der Europäischen Union (EU) oder in einem Staat, auf den das Abkommen über den Europäischen Wirtschaftsraum (EWR) Anwendung findet, gewährt werden (§ 63 Abs. 1).

Allerdings wird die Bundesregierung ermächtigt, für Berechtigte, die im Inland erwerbstätig sind oder sonst ihre hauptsächlichen Einkünfte erzielen, einen Anspruch auf Kindergeld entsprechend der Regelung des § 32 Abs. 6 Satz 4 hinsichtlich des Kinderfreibetrages einzuräumen. Vgl. DA 63.6, a.a.O.

3.4 Keine Aufteilung bei mehreren Berechtigten

Das Kindergeld kann **nicht** auf die Berechtigten aufgeteilt werden. Es steht entsprechend der Reihenfolge des § 64 nur **einem** Berechtigten zu. Vgl. im einzelnen DA-FamEStG, DA 64.1.

Für ein und dasselbe Kind kann immer nur eine Person Kindergeld erhalten. Bei mehreren Personen wird das Kindergeld demjenigen Elternteil gezahlt, der das Kind in seinem Haushalt aufgenommen hat. Lebt ein Kind im gemeinsamen Haushalt seiner Eltern oder im Haushalt eines Elternteils und dessen Ehegatten, von Pflegeeltern oder Großeltern, so können diese untereinander den Berechtigten bestimmen. Die Berechtigtenbestimmung kann mit Wirkung für die Zukunft jederzeit schriftlich widerrufen oder geändert werden.

Lebt das Kind **nicht** im Haushalt eines Elternteils, so wird Kindergeld an denjenigen Elternteil gezahlt, der dem Kind laufend den höchsten Barunterhalt zahlt. Zahlt überhaupt kein Elternteil Unterhalt, so bestimmt das Vormundschaftsgericht auf Antrag einen Elternteil zum Berechtigten.

3.5 Auszahlung des Kindergelds

Zuständig ist das Bundesamt für Finanzen, wobei sich dieses Amt der Bundesanstalt für Arbeit bedient. Das Kindergeld ist bei der örtlich zuständigen **Familienkasse** schriftlich zu beantragen (§ 67). Das Kindergeld wird von der Familienkasse durch Bescheid festgesetzt und auch ausgezahlt, soweit nichts anderes bestimmt ist (§ 70 Abs. 1). Die Familienkasse bleibt organisatorisch der Arbeitsverwaltung (Arbeitsämter) zugeordnet. Vgl. DA-FamEStG, DA 71.

3.5.1 Öffentlicher Dienst

Nach § 72 erfolgt die Zahlung des Kindergelds an Angehörige des **öffentlichen Dienstes** durch die jeweilige juristische Person, die insoweit Familienkasse ist, also auch die Festsetzung vornimmt. Dies entspricht auch dem bisherigen Verfahren. Vgl. auch DA-FamEStG, DA 72.

3.5.2 Privatwirtschaft

Auch bei **Arbeitnehmern in der Privatwirtschaft** zahlt nunmehr **grds.** der Arbeitgeber das Kindergeld aus (§ 73). Die **Festsetzung** des Kindergelds erfolgt in diesen Fällen jedoch durch die Familienkasse, die dem Arbeitnehmer darüber eine Bescheinigung ausstellt, die dem Arbeitgeber vorzulegen ist (§ 73 Abs. 1 S. 2). Vgl. DA-FamEStG, DA 73.

Eine Übergangsregelung bestand für Januar bis März 1996 (§ 73 Abs. 3); vgl. Merkblatt für den Arbeitgeber [u. a.] zur Auszahlung des Kindergelds ab 1. 1. 1996 (RZ 78) sowie DA-FamEStG, DA 78.

3.6 Lohnabrechnung

In den Lohnabrechnungen ist das Kindergeld gesondert auszuweisen. Das insgesamt an die Arbeitnehmer ausgezahlte Kindergeld wird von der einbehaltenen Lohnsteuer abgerechnet, so daß nur noch die übersteigende Lohnsteuer an das Finanzamt abzuführen ist. Übersteigt der insgesamt ausgezahlte Kindergeldbetrag die insgesamt angemeldeten Steuerbeträge, so wird der übersteigende Betrag vom Betriebsstätten-Finanzamt erstattet.

An einen Arbeitnehmer, der voraussichtlich nicht länger als sechs Monate bei dem Arbeitgeber beschäftigt ist, braucht der Arbeitgeber **kein** Kindergeld auszuzahlen.

3.7 Befreiung für kleine Betriebe

Arbeitgeber, die auf Dauer nicht mehr als **50 Arbeitgeber** beschäftigen, brauchen kein Kindergeld auszuzahlen, wenn sie sich von der Auszahlungspflicht haben befreien lassen. In die Feststellung, ob die Anzahl der Arbeitnehmer überschritten wird, sind die Arbeitnehmer sämtlicher (inländischer) Betriebsstätten einzubeziehen. Als Arbeitnehmer zählen dabei alle Personen, die in einem Dienstverhältnis zu dem Arbeitgeber stehen (Arbeiter, Angestellte, Auszubildende, Teilzeitbeschäftigte). Dazu sollen auch Arbeitnehmer gehören, die vom Arbeitgeber keinen Arbeitslohn erhalten, wenn das Dienstverhältnis weiterbesteht, z. B. kranke Arbeitnehmer nach Ablauf der Lohnfortzahlung oder Arbeitnehmer, die sich im Erziehungsurlaub befinden. Einzubeziehen sind auch frühere Arbeitnehmer, die von dem Arbeitgeber Versorgungsbezüge i. S. des § 19 Abs. 2 erhalten. Die Befreiung ist **beim Arbeitsamt** schriftlich zu beantragen.

Vgl. im einzelnen **Kindergeldauszahlungs-Verordnung** (KAV) vom 10. 11. 1995, BStBl I 715, **Merkblatt für Arbeitgeber** (BStBl 1995 I 719) sowie ausführlich **DA-FamEStG, BfF vom 28. 6. 1996, BStBl I 707 bis 1108.**

4. Berücksichtigung von Kindern

4.1 Begriff des Kindes

Kinder i. S. des § 32 Abs. 1 sind nur:

a) Kinder, die im ersten Grade mit dem Stpfl. verwandt sind,

b) Pflegekinder.

Ein Stiefkindschaftsverhältnis stellt **kein** Kindschaftsverhältnis i. S. des § 32 Abs. 1 dar, das einen selbständigen Anspruch auf einen Kinderfreibetrag begründet.

Ein Stiefelternteil kann jedoch einen Anspruch auf den Kinderfreibetrag haben, wenn der Stiefelternteil das Kind in seinen Haushalt aufgenommen hat **und** der leibliche Elternteil durch Übertragung verzichtet (§ 32 Abs. 6 Satz 7).

4.1.1 Im ersten Grad mit dem Stpfl. verwandte Kinder

Im ersten Grade verwandt sind **leibliche Kinder** und **Adoptivkinder** (§§ 1741 ff. BGB).

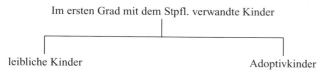

Die Begriffe leibliche Kinder und Adoptivkinder sind zu einem Begriff (§ 32 Abs. 1 Nr. 1) zusammengefaßt. Dies trägt den Grundsätzen des geltenden Adoptionsrechts Rechnung, wonach Adoptivkinder nicht als solche besonders gekennzeichnet werden. Dies hat zur Folge, daß in den Fällen, in denen das **Verwandtschaftsverhältnis** eines Kindes **durch Adoption zu seinen leiblichen Eltern erlischt**, diese Kinder bei ihren leiblichen Eltern steuerlich nicht mehr berücksichtigt werden können.

Für ein Kindschaftsverhältnis ist es unerheblich, ob es durch **Geburt** oder durch **Adoption** begründet worden ist. Adoptivkinder sind den leiblichen Kindern vollkommen gleichgestellt.

Vgl. im einzelnen 2.1.2. S. a. **H 176** sowie **DA-FamEStG, DA 63.2.1**.

4.1.1.1 Leibliche Kinder

Der Begriff leibliche **Kinder** ist ein Begriff des **Steuerrechts**, nicht des bürgerlichen Rechts.

Unter den Begriff der leiblichen Kinder fallen

- **eheliche** Kinder (§§ 1591–1600 BGB),
- **für ehelich erklärte** Kinder (§§ 1723–1739 bzw. 1740a–1740g BGB) und
- **nichtehelich** Kinder.

Die Begründung des Kindschaftsverhältnisses erfolgt hierbei grds. durch Geburt.

Bei nichtehelichen Kindern besteht ein Kindschaftsverhältnis im steuerlichen Sinne nicht nur zwischen einem Kind und seiner leiblichen Mutter, sondern auch im Verhältnis zu dem leiblichen Vater.

Das Verwandtschaftsverhältnis darf nicht infolge Adoption erloschen sein (vgl. nachstehend 4.1.1.2).

4.1.1.2 Adoptivkinder

Adoptivkinder sind Kinder, die aufgrund eines notariell beurkundeten Antrags über die Annahme an Kindes Statt im wesentlichen die Stellung eines ehelichen Kindes des Annehmenden erhalten (§§ 1741–1772 BGB). Vgl. DA-FamEStG, DA 63.2.1.5.

Der Adoptionsantrag bedarf der gerichtlichen Bestätigung (Beschluß des Vormundschaftsgerichts).

Steuerlich wird ein Kindschaftsverhältnis nur zu dem Stpfl./Ehegatten begründet, der den Adoptionsantrag gestellt hat.

Zu beiden Eheleuten wird das Kindschaftsverhältnis durch Adoption nur begründet, wenn beide Eheleute das Kind gemeinschaftlich adoptiert haben.

Die Annahme an Kindes Statt wird erst mit Zustellung des Beschlusses des Vormundschaftsgerichts wirksam (§§ 1752 Abs. 1, 1768 Abs. 1 BGB). Mit der Bekanntgabe des gerichtlichen Bestätigungsbeschlusses ist das Kindschaftsverhältnis i. S. des § 32 Abs. 1 Nr. 1 entstanden.

Ein durch Adoption begründetes Kindschaftsverhältnis kann durch **Antrag** (§ 1760 BGB) oder **von Amts wegen** (§ 1763 BGB) wieder **aufgelöst** werden.

Mit der Wirksamkeit der Adoption **erlöschen** die **Verwandtschaftsverhältnisse** bei **minderjährigen** Kindern zu den leiblichen Eltern und den bisherigen Verwandten (§ 1755 Abs. 1 BGB). S. a. **H 176**.

Besteht bei einem angenommenen Kind das Kindschaftsverhältnis zu den leiblichen Eltern weiter, dann ist das Kind **ab VZ 1996 vorrangig** als **Adoptivkind** zu berücksichtigen (§ 32 Abs. 2 Satz 1).

Bei **Volljährigen** bleiben jedoch die Verwandtschaftsverhältnisse zu den leiblichen Eltern bestehen. § 1770 Abs. 2 BGB.

Besonderheiten ergeben sich für **nichteheliche Kinder**. So kann ein Stpfl. (Vater oder Mutter) sein nichteheliches Kind allein annehmen (§ 1741 Abs. 3 BGB), wenn er das 21. Lebensjahr vollendet hat. Es ist hierzu die Einwilligung der Mutter erforderlich (§ 1747 Abs. 2 BGB). Das nichteheliche Kind erhält hierdurch die Rechtsstellung eines ehelichen Kindes. Bei Adoption des nichtehelichen Kindes durch den anderen Ehegatten erhält dieses die Rechtsstellung eines gemeinschaftlichen ehelichen Kindes, § 1754 BGB. Nimmt ein Stpfl. das nichteheliche Kind seines Ehegatten an, so tritt das Erlöschen der Verwandtschaft nur im Verhältnis zu dem anderen Elternteil und dessen Verwandten ein (§ 1755 BGB).

4.1.1.3 Pflegekinder

Beim Pflegekindschaftsverhältnis handelt es sich **nicht** um ein Kindschaftsverhältnis auf **rechtlicher** Grundlage, sondern um eines aus tatsächlichen Gründen (§ 32 Abs. 1 Nr. 2). Der Begriff des **Pflegekindes** ist durch das **Gesetz** definiert worden. Vgl. auch **R 177** und DA-FamEStG, DA 63.2.2.

Demnach setzt ein Pflegekindschaftsverhältnis folgende Tatbestandsmerkmale voraus:

- Verbindung durch ein familienähnliches, auf längere Dauer berechnetes Band; vgl. 4.1.1.3.1.

- Aufnahme in den Haushalt der Pflegeeltern; vgl. 4.1.1.3.2.

- Kein Obhuts- und Pflegeverhältnis mehr zu den leiblichen Eltern; vgl. 4.1.1.3.3.

- Unterhaltung des Pflegekindes mindestens zu einem nicht unwesentlichen Teil auf Kosten der Pflegeeltern; vgl. 4.1.1.3.4.

4.1.1.3.1 Familienähnliches Band (R 177 Abs. 1 EStR)

Ein Pflegekindschaftsverhältnis besteht zwischen Personen, die durch ein **auf längere Dauer angelegtes** Pflegeverhältnis mit **häuslicher Gemeinschaft** (vgl. 4.1.1.3.2) wie Eltern und Kind miteinander verbunden sind. Der Begriff des Pflegekindes setzt somit ein besonders enges, tatsächlich bestehendes familiäres Band zu den Pflegeeltern voraus. Die Pflegeeltern müssen die **Personensorge** für das Kind übernommen haben, und wie leibliche Eltern für das Kind sorgen. Das Pflegekind muß im Haushalt der Pflegeeltern sein ausschließliches Zuhause haben.

Der Begriff **des Dauerzustandes** verlangt nicht eine vertragsähnliche feste Regelung dahin, daß er überhaupt nicht geändert werden dürfte. Es kann vielmehr ein für die Annahme der Pflegekindschaft genügender Dauerzustand auch dann gegeben sein, wenn nur unter gewissen Voraussetzungen mit einer vorzeitigen Beendigung dieses Zustandes zu rechnen ist. Wird ein Kind zunächst nur vorübergehend in den Haushalt aufgenommen, so kann sich bei längerer Beibehaltung hierdurch ein Dauerzustand ergeben (BFH, BStBl 1953 III 74).

Kein familienähnliches Band wird begründet, wenn von vornherein nur eine Zwischenunterbringung beabsichtigt ist (z. B. sogenannte „**Kostkinder**"; vgl. R 177 Abs. 1 Satz 4 f.).

Ein Pflegekindschaftsverhältnis kann auch zu jüngeren **Geschwistern** begründet werden (BFH, BStBl 1977 II 832). **Nicht** Voraussetzung ist auch, daß ein Altersunterschied wie zwischen Eltern und Kindern besteht. Vgl. R 177 Abs. 3. Kein Pflegekindschaftsverhältnis wird jedoch begründet, wenn das zu betreuende Geschwister erst im Erwachsenenalter pflegebedürftig geworden ist (R 177 Abs. 3 Satz 3).

Beispiel:

Die Eheleute A und B sind durch ein Flugzeugunglück ums Leben gekommen. Sie hinterlassen den 9jährigen S. Das Kind wird zunächst von den Großeltern aufgenommen, die für den Lebensunterhalt in vollem Umfange aufkommen. Die 16jährige Schwester des verstorbenen Vaters und Tochter der Großeltern beabsichtigt, nach ihrem Examen S zu adoptieren.

In diesem Falle ist **kein** Pflegekindschaftsverhältnis zu den Großeltern begründet worden, weil sie das Kind **nur vorübergehend** aufgenommen haben, auch wenn sie für die Zwischenzeit für den vollen Unterhalt aufkommen. Zur Schwester ist ebenfalls noch kein Kindschaftsverhältnis begründet worden.

4.1.1.3.2 Aufnahme in den Haushalt der Pflegeeltern (R 177 Abs. 1 EStR)

Das Pflegekind muß auf Dauer im Haushalt der Pflegeeltern untergebracht sein. Die häusliche Gemeinschaft wird nicht dadurch gelöst, daß das Pflegekind wegen einer Berufsausbildung oder eines Studiums auswärtig untergebracht ist, sofern sich die Pflegeeltern noch um die persönlichen Dinge kümmern.

Beispiel:

O hat seinen Neffen N aufgenommen, weil seine Eltern durch ein Autounglück ums Leben gekommen sind. N war bereits schon von seinen Eltern in einem Internat untergebracht worden, wo er auch nach dem Tode verblieb. O kümmert sich um den Neffen wie ein Vater. Er zahlt einen Teil des Internatsgeldes. N verbringt die Schulferien im Haushalt des O. N ist Pflegekind des O.

4.1.1.3.3 Kein Obhuts- und Pflegeverhältnis zu den leiblichen Eltern (R 177 Abs. 2 EStR)

Ein Pflegekindschaftsverhältnis kann **nur** dann angenommen werden, wenn das Kind aus dem natürlichen oder rechtlich begründeten Obhuts- und Pflegeverhältnis zu seinen leiblichen Eltern ebenso wie zu nur rechtlichen Eltern ausgeschieden ist (vgl. hierzu R 177 Abs. 2). Hierzu reicht eine Beeinträchtigung in der Obhut des Kindes nicht aus (BFH, BStBl 1989 II 680). Das Obhutsverhältnis besteht aber i. d. R. **nicht** mehr, wenn der sorgeberechtigte Elternteil mindestens 1 Jahr keine ausreichenden Kontakte mehr zu dem Kind hat(te); BFH, BStBl 1995 II 582. Nach BFH, BStBl 1996 II 63 bei fehlenden Kontakten über mehr als 2 Jahre.

Leben die leiblichen Eltern oder ein leiblicher Elternteil noch, so ist die Annahme eines Pflegekindschaftsverhältnisses nicht möglich, solange das Obhutsverhältnis zu den leiblichen Eltern nicht tatsächlich endgültig gelöst ist (BFH, BStBl 1962 III 124). **Vorübergehende** Abwesenheit des Elternteils unterbricht nicht das Obhuts- und Pflegeverhältnis (BFH, BStBl 1992 II 20).

Ein Pflegekindschaftsverhältnis wird daher **nicht** begründet, wenn

- ein **Enkelkind** bei den **Großeltern** zusammen **mit der leiblichen Mutter** lebt, die Großeltern sich jedoch im wesentlichen um das leibliche Wohl des Enkelkindes kümmern, weil die Mutter ganztags berufstätig ist und daher in der Obhut und Pflege des Kindes beeinträchtigt ist (vgl. BFH, BStBl 1971 II 274 und BStBl 1989 II 680).

- der Stpfl. sein **nichteheliches Kind und dessen Mutter** in seinen Haushalt aufgenommen hat, weil das Kind leibliches Kind beider Elternteile ist.

- der Stpfl. einen Ehepartner geheiratet hat, der bereits ein Kind aus einer früheren Ehe oder ein nichteheliches Kind mit in die Ehe gebracht hat, weil das Kind nicht aus der Obhut des leiblichen Elternteils ausgeschieden ist.

Allerdings kann auch in diesem Fall der Kinderfreibetrag auf einen Stiefelternteil oder Großeltern übertragen werden, wenn sie das Kind in ihrem Haushalt aufgenommen haben (§ 32 Abs. 6 Satz 6)

4.1.1.3.4 Unterhaltung des Pflegekindes mindestens zu einem nicht unwesentlichen Teil auf Kosten der Pflegeeltern (R 177 Abs. 4 EStR)

Nach § 32 Abs. 1 Nr. 2 liegt ein Pflegekindschaftsverhältnis nur vor, wenn die Pflegeeltern zum Unterhalt des Pflegekinds **zu einem nicht unwesentlichen Teil beigetragen** haben. Kindergeld sowie Erziehungsbeihilfen des Jugendamts oder entsprechende Leistungen (z. B. der leiblichen Eltern) stehen einem Pflegekindschaftsverhältnis grds. **nicht** entgegen. Ein Pflegekindschaftsverhältnis liegt hiernach auch dann vor, wenn bei einem vom Jugendamt zugewiesenen Kind das Jugendamt für das Kind Pflegegeld zahlt oder andere Leistungen übernimmt wie die Beschaffung von Kleidung, Zahlung von Arztkosten,

Vermittlung einer Lehrstelle usw. (vgl. auch BMF vom 16. 10. 1985, BStBl 1985 I 635). Die Voraussetzung ist als **erfüllt** anzusehen, wenn das Pflegegeld und/oder andere Mittel, die der Stpfl. für das Kind erhält, den **maßgebenden Pflegesatz des Jugendamts nicht übersteigen** (R 177 Abs. 4 Satz 2).

Zahlen darüber hinaus **andere** Personen Unterhalt für das Kind oder zahlt das Jugendamt zusätzlich ein Erziehungsgeld, ist jedoch zu prüfen, ob der Stpfl. noch das Kind zu einem nicht unwesentlichen Teil auf seine Kosten unterhält. Nach R 177 Abs. 4 Satz 3 EStR müssen die Pflegeeltern bei einem über dem Pflegesatz liegenden erhaltenen Entgelt mindestens im Monat durchschnittlich 250 DM selbst aufbringen.

Es ist jedoch nicht notwendig, daß die Pflegeeltern den Unterhalt des Pflegekindes alleine tragen. Das Pflegekindschaftsverhältnis wird also nicht dadurch ausgeschlossen, daß die die leiblichen Eltern zum Unterhalt des Kindes beitragen.

Erhält der Stpfl. aber ein über dem Pflegesatz liegendes Entgelt, so ist die Voraussetzung nicht erfüllt, wenn durch das Entgelt die **Unterhaltskosten** des Kindes abgedeckt werden und der Stpfl. für Unterbringung und Betreuung **marktgerechte Kostpflege** erhält (BFH, BStBl 1992 II 20).

Von den Pflegekindern im steuerlichen Sinne sind daher die **Kostkinder** zu unterscheiden. Hierbei werden Verpflegung und Erziehung eines Kindes aufgrund eines Vertrages (Kostkindvertrag) gegen Entgelt übernommen. Ein Kostkindvertrag wird i. d. R. nur gegen Erstattung der Unterhaltskosten abgeschlossen. Ein Kindschaftsverhältnis wird hierdurch **nicht** begründet (R 177 Abs. 1 Satz 4).

Eltern, die mangels finanzieller Leistungsfähigkeit nicht unterhaltspflichtig sind, werden so behandelt, als ob sie ihrer Unterhaltsverpflichtung nicht nachgekommen sind.

Das gilt grds. auch bei unterhaltspflichtigen Eltern, von denen jeder im Schnitt weniger als 150 DM monatlich zahlt.

4.2 Berücksichtigung von Kindern vor Vollendung des 18. Lebensjahres

4.2.1 Allgemeine Voraussetzungen

Nach § 32 Abs. 3 wird ein Kind in dem **Kalendermonat** berücksichtigt,
- in dem es lebend geboren wurde, und
- in jedem folgenden Kalendermonat, zu dessen Beginn es das 18. Lebensjahr noch nicht vollendet hat.

- Es muß ein Kindschaftsverhältnis bestehen.
- Das Kind ist von dem Monat an zu berücksichtigen, in dem es lebend geboren wurde.
- Es wird bis zu dem Kalendermonat berücksichtigt, zu dessen Beginn es das 18. Lebensjahr noch nicht vollendet hat.

Beispiele
1. Dem Elternpaar A ist am 3. 4. 03 ein Kind geboren worden.
   Das Kind wird ab 1. 4. 03 berücksichtigt.
2. Der Sohn S vollendet am 20. 5. 04 das 18. Lebensjahr.
   Er wird ab 1. 6. 04 bei den Eltern nicht mehr berücksichtigt.

4.2.2 Mehrere Kindschaftsverhältnisse

Ein Kind kann künftig nur bei **einem** Elternpaar Berücksichtigung finden. Besteht hinsichtlich eines Kindes mit dem Stpfl. im ersten Grad verwandten Kindes ein Pflegekindschaftsverhältnis, geht das Pflegekindschaftsverhältnis vor (§ 32 Abs. 2 Satz 2).

Besteht bei einem Adoptivkind das Kindschaftsverhältnis zu den leiblichen Eltern weiter, ist es vorrangig als Adoptivkind zu berücksichtigen (§ 32 Abs. 2 Satz 2). Vgl. R 177 Abs. 5.

Durch diese Neuregelung soll die bisher mögliche Doppelberücksichtigung
- von Pflegekindern und
- von angenommenen Kindern in Fällen der Erwachsenenadoption

ausgeschlossen werden. Entsprechende Regelungen zum Kindergeld enthalten die §§ 63 und 64.

4.2.3 Unbeschränkte Steuerpflicht ist nicht Voraussetzung

Kinder sind auch zu berücksichtigen, wenn sie **nicht unbeschränkt stpfl.** sind. Daher ist für Kinder, die ihren Wohnsitz im Ausland haben, ein Kinderfreibetrag oder ggf. Kindergeld zu gewähren.

4.2.4 Beendigung des Kindschaftsverhältnisses

Ein Kindschaftsverhältnis wird insbesondere **beendet** durch **Tod** bzw. **Adoption**.

Bürgerrechtlich wird ein „rechtliches" Kindschaftsverhältnis **nicht** durch Begründung eines **Pflegekindschaftsverhältnisses** beendet.

Ein Kind wird jedoch bei den leiblichen Eltern **nicht** mehr berücksichtigt, wenn zu anderen Personen ein Pflegekindschafts- oder Adoptivkindschaftsverhältnis begründet worden ist (§ 32 Abs. 2); s. oben 4.2.2.

Wird ein Kindschaftsverhältnis durch **Tod** beendet, wird das Kind im Todesmonat noch berücksichtigt; vgl. oben 4.2.1.

4.2.4.1 Adoption

Die Begründung einer Adoption beendet bei minderjährigen Kindern grundsätzlich das Kindschaftsverhältnis zu den leiblichen Eltern, mit der Folge, daß das Kind nur noch bis zum Beginn des Monats, in dem die Adoption rechtskräftig wird, bei den leiblichen Eltern zu berücksichtigen ist.

Die Erwachsenenadoption beendet grundsätzlich das leibliche Kindschaftsverhältnis nicht. In diesem Fall kann jedoch das Kind nur noch bei den Adoptiveltern berücksichtigt werden. Vgl. § 32 Abs. 2.

4.2.4.2 Begründung eines Pflegekindschaftsverhältnisses

Die Begründung eines Pflegekindschaftsverhältnisses beendet das leibliche Kindschaftsverhältnis **nicht**. In diesem Falle hat aber das Pflegekindschaftsverhältnis Vorrang. Es fragt sich nur, ob in diesem Falle das Kind bei den leiblichen Eltern in dem Monat, in dessen Verlauf das Pflegekindschaftsverhältnis begründet wird, noch berücksichtigt werden kann oder wegen des Vorrangs der Pflegeeltern auch dieser Monat bereits bei den leiblichen Eltern ausscheidet.

4.3 Kinder, die das 18. Lebensjahr vollendet haben

4.3.1 Überblick

Kinder, die das 18. Lebensjahr vollendet haben, werden nach § 32 Abs. 4 Satz 1 nur noch berücksichtigt, wenn sie

a) noch nicht das 21. Lebensjahr vollendet haben, arbeitslos sind und der Arbeitsvermittlung im Inland zur Verfügung stehen (wie bisher schon im Kindergeldrecht)

b) noch nicht das 27. Lebensjahr vollendet haben **und**

   aa) für einen Beruf ausgebildet worden sind **oder**

   bb) sich in einer Übergangszeit zwischen zwei Ausbildungsabschnitten von höchstens 4 Monaten befinden **oder**

   cc) eine Berufsausbildung mangels Ausbildungsplatzes nicht beginnen oder fortsetzen können **oder**

   dd) ein freiwilliges soziales Jahr i. S. des Gesetzes zur Förderung eines freiwilligen sozialen Jahres oder eines freiwillig ökologischen Jahres i. S. des Gesetzes zur Förderung eines freiwilligen ökologischen Jahres leisten **oder**

c) wegen körperlicher, geistiger oder seelischer Beschränkung außerstande sind, sich selbst zu unterhalten. Vgl. im einzelnen **DA-FamEStG, DA 63.3**.

In den Fällen des § 32 Abs. 4 Satz **Nr. 1** und **2a** bis **2d** – nicht bei behinderten Kindern der Nr. 3 – ist eine **Einkunftsgrenze** von 12 000 DM zu beachten (§ 32 Abs. 4 S. 2 ff); vgl. **4.6**.

Nicht mehr zu berücksichtigen sind Kinder, die den **gesetzlichen Grundwehrdienst** oder **Zivildienst** oder **freiwillig Wehrdienst** leisten oder eine Tätigkeit als **Entwicklungshelfer** ausüben (bisherige § 32 Abs. 1 Nr. 3–5).

Statt dessen sind entsprechende Verlängerungstatbestände eingeführt worden (siehe hierzu § 32 Abs. 5), falls sich der Ausbildungsabschluß über das 27. Lebensjahr hinaus verzögert; ist dies **nicht** der Fall, geht für die Zeitdauer eines der o. a. „Dienste" die Berücksichtigung des Kindes verloren.

4.3.2 Arbeitslose Kinder (§ 32 Abs. 4 Nr. 1 EStG)

Arbeitslose Kinder können bis zur Vollendung des 21. Lebensjahres berücksichtigt werden, wenn sie der Arbeitsvermittlung im Inland zur Verfügung stehen.

4.3.3 Kinder in Berufsausbildung (§ 32 Abs. 4 Nr. 2a EStG)

- **Begriff**

Als **Berufsausbildung** ist die Ausbildung für einen künftigen Beruf anzusehen. Vgl. **R 180 Abs. 1.** Hierunter fällt z. B. die

– Ausbildung für einen **handwerklichen, kaufmännischen, technischen** oder **wissenschaftlichen** Beruf sowie

– die Ausbildung in der **Hauswirtschaft** aufgrund eines Ausbildungsvertrages oder an einer Lehranstalt, z. B. Haushaltsschule, Berufsfachschule.

Die Berufsausbildung soll die für die Ausübung eines Berufes notwendigen fachlichen Fertigkeiten und Kenntnisse in einem geordneten Ausbildungsgang vermitteln (vgl. § 1 Abs. 2 Berufsbildungsgesetz).

Insbesondere fällt unter die Berufsausbildung der Besuch von **Allgemeinwissen vermittelnden Schulen**, von **Fachschulen, Fachhochschulen** und **Hochschulen** sowie ein nach der jeweiligen Ausbildungs- oder Prüfungsordnung **vorgeschriebenes Praktikum** (praktischer Teil der Ausbildung). Ein Zeitsoldat, der an einer Bundeswehr-Hochschule studiert, befindet sich **nicht** in Berufsausbildung (BFH, BStBl 1994 II 102).

Eine Berufsausbildung ist aber **nur** dann anzunehmen, wenn sie die **Zeit** oder **Arbeitskraft** des Kindes **überwiegend in Anspruch nimmt**. Hierbei ist neben der tatsächlichen Ausbildungszeit auch der Zeitaufwand für Wege von und zur Ausbildungsstätte sowie für die notwendigen häuslichen Vor- und Nacharbeiten zu berücksichtigen.

Eine Ausbildung ist jedoch **nicht** anzunehmen bei einem Besuch von **Abendkursen** oder **Tageskursen** von nur **kurzer** Dauer sowie bei Ausbildung im Rahmen einer den vollen Lebensunterhalt sicherstellenden Erwerbstätigkeit (z. B. Besuch einer Berufsaufbauschule unter Fortzahlung der tariflichen Bezüge = BFH, BStBl 1994 II 101).

- **Abschluß**

Die **Berufsausbildung** ist **abgeschlossen**, wenn das Kind einen Ausbildungsstand erreicht hat, der es zur Berufsausübung befähigt. Vgl. **R 180 Abs. 2.**

In der Regel ist die Berufsausbildung mit dem Abschluß einer Prüfung abgeschlossen.

In **Handwerksberufen** wird die Berufsausbildung regelmäßig mit der Ablegung der Gesellenprüfung abgeschlossen, es sei denn, daß sich hieran eine weitere Fachausbildung oder Besuch einer Meisterschule anschließt.

In **akademischen** Berufen wird die Berufsausbildung regelmäßig mit der Ablegung des **1. Staatsexamens** oder einer entsprechenden Abschlußprüfung abgeschlossen, es sei denn, daß sich ein ergänzendes oder ein Zweitstudium oder ein Dienstverhältnis i. S. d. Referendarausbildung anschließt.

Fortbildung und **nicht Ausbildung** liegt z. B. vor, wenn ein bereits im Berufsleben stehender Stpfl. sich als Angehöriger der steuerberatenden Berufe z. B. auf die Steuerberaterprüfung oder Wirtschaftsprüferprüfung vorbereitet (BFH, BStBl 1989 II 91, BStBl 1969 II 433 sowie BStBl 1990 II 572).

Vgl. im übrigen zur Abgrenzung F. 3.7 und BFH, BStBl 1985 II 94.

Der Abschluß einer Berufsausbildung schließt **nicht** aus, daß das Kind später **erneut** in eine Berufsausbildung eintritt. Vgl. **R 180 Abs. 3**.

> **Beispiele:**
> A hat nach dem Abitur eine Lehrlingsausbildung mit der Kaufmannsgehilfenprüfung abgeschlossen und beginnt im Anschluß daran ein betriebswirtschaftliches Studium. – Gleiches gilt, wenn das Kind eine Gesellenprüfung abgelegt hat und im Anschluß daran eine Fachhochschule besucht.

Unerheblich ist auch, ob das Kind in der Zwischenzeit nach der Berufsausbildung bereits einen Beruf ausgeübt hat und nun einen anderen Beruf erlernt.

Die Übergangszeit zwischen zwei Ausbildungsabschnitten bis zu 4 Monaten gehört zur Ausbildung, **nicht** aber die Übergangszeit zwischen dem Anschluß der Berufsausbildung und dem Berufsantritt,

sowie die Probezeit beim erstmaligen Berufsantritt (BFH, BStBl 1964 III 300); vgl. unten 4.3.4.

4.3.4 Übergangszeit zwischen zwei Ausbildungsabschnitten (§ 32 Abs. 4 Nr. 2b EStG)

Befindet sich ein Kind in einer **Übergangszeit** von **nicht mehr als vier Monaten** zwischen zwei Ausbildungsabschnitten, kann es auch während dieser Zeit berücksichtigt werden. Gleiches gilt für eine Übergangszeit zwischen dem Beginn oder Ende des Wehr- oder Ersatzdienstes bzw. eines freiwilligen sozialen oder ökologischen Jahres (BMF-Schreiben v. 18.12.1995, Tz 14). Vgl. R 180a.

4.3.5 Verhinderung oder Unterbrechung der Berufsausbildung mangels Ausbildungsplatz (§ 32 Abs. 4 Nr. 2c EStG)

Ein Kind ist zu berücksichtigen, wenn mit der Berufsausbildung mangels Ausbildungsplatzes nicht begonnen oder diese nicht fortgesetzt werden konnte (§ 32 Abs. 4 Nr. 2c). Vgl. i. e. **R und H 180b**.

4.3.6 Kinder, die ein freiwilliges soziales oder ökologisches Jahr leisten (§ 32 Abs. 4 Nr. 2d EStG)

Ein Kind, das ein freiwilliges soziales Jahr i. S. des Gesetzes zur Förderung eines freiwilligen sozialen Jahres ableistet, ist zu berücksichtigen (§ 32 Abs. 4 Nr. 2d) Vgl. **R 180c**.

Für Kinder über 18 Jahre, die ein **freiwilliges ökologisches Jahr** leisten, wird ein Kinderfreibetrag gewährt (§ 32 Abs. 4 Nr. 6).

4.4 Kinder, die das 21. bzw. 27. Lebensjahr vollendet haben

Nach § 32 **Abs. 5** ist die Berücksichtigung eines Kindes ggf. über das **21.** Lebensjahr (wegen Arbeitslosigkeit, § 32 Abs. 4 S.1 Nr. 1) **bzw.** über das 27. Lebensjahr (wegen Berufsausbildung, § 32 Abs. 4 S.1 Nr. 2a) hinaus möglich, wenn das Kind **gesetzlichen Grundwehrdienst** (ggf. auch in der ehemaligen DDR) oder einen **Ersatzdienst** geleistet hat (= **Verlängerungstatbestände**); vgl. **DA-FamEStG, DA 63.5**.

Im Bereich des § 32 Abs. 4 S. 1 Nr. 2 ist damit **nur** der Fall begünstigt, in dem sich das Kind in **Berufsausbildung** befindet (Buchstabe a). Die anderen Fälle des § 32 Abs. 4 S. 1 Nr. 2 (Buchstaben b–d) sind **nicht** betroffen. Die Einkunftsgrenze von 12 000 DM (vgl. 4.6) ist **auch** hier zu beachten.

> **Beispiel:**
> Ein Kind vollendet sein 27. Lebensjahr mit Ablauf des 31.12.1995. In den Kalenderjahren 1996 und 1997 befindet sich das Kind noch in Berufsausbildung (Studium). Das Kind hat den gesetzlichen Grundwehrdienst von seinerzeit 12monatiger Dauer geleistet. Das Kind hat keinerlei eigene Einkünfte und Bezüge erzielt.
> Das Kind ist noch für das ganze Jahr 1996 zu berücksichtigen, nicht hingegen mehr für 1997.

§ 32 Abs. 4 und 5 gelten beim Kindergeld entsprechend (§ 32 Abs. 1 S. 2).

4.5 Einkunftsgrenze (§ 32 Abs. 4 Sätze 2 bis 6 EStG)

Nach § 32 Abs. 4 S. 2-6 kann für ein **über 18 Jahre** altes Kind ein Kinderfreibetrag oder Kindergeld nicht mehr gewährt werden, wenn das Kind **eigene Einkünfte und Bezüge** von **mehr als 12 000 DM** im Kalenderjahr erzielt, die zur Bestreitung des Unterhalts bestimmt oder geeignet sind. Dies entspricht der Formulierung des Begriffs Einkünfte und Bezüge in § 33a Abs. 1 und 2. Vgl. **DA-FamEStG, DA 63.4.**

Diese Grenze gilt **nicht** für Kinter **unter 18 Jahren** (§ 32 Abs. 3) und für **behinderte Kinder** (§ 32 Abs. 4 S. 1 Nr. 3), sondern nur für Kinder i. S. d. § 32 Abs. 4 S. 1 Nr. 1 und 2.

Ein **Verzicht** auf Teile der zustehenden Einkünfte und Bezüge schließt deren Anrechnung **nicht** aus, ist also wirkungslos (§ 32 Abs. 4 Satz 6). Lediglich Bezüge, die für „besondere Ausbildungszwecke" bestimmt sind, bleiben außer Ansatz.

Entsprechendes gilt für Einkünfte, soweit sie für solche Zwecke verwendet werden, z. B. Ersatz von Studiengebühren und Reisekosten sowie Zuschüsse zum Wechselkursausgleich und zur Auslandskrankenversicherung bei einem Auslandsstudium.

Nicht anzurechnende Bezüge i. S. d. sind z. B.

– das Büchergeld bei Begabtenförderung oder
– bei einem Auslandsstudium die Studiengebühren, Reisekosten und Zuschläge zum Wechselkursausgleich und zur Auslandskrankenversicherung.

BAföG-Zuschüsse stellen Bezüge dar, nicht jedoch Leistungen nach dem Arbeitsmarktförderungsgesetz (AFG) (vgl. i. e. Tz 16–19 des BMF-Schr. v. 18. 12. 1995 a. a. O.).

Für jeden **vollen** Kalendermonat, in dem die Voraussetzungen für einen Kinderfreibetrag **nicht** vorgelegen haben, ermäßigt sich der Betrag von 12 000 DM um $^1/_{12}$. Dies entspricht der **Zwölftelungsregelung** in § 33a Abs. 4.

Außerhalb des Berücksichtigungszeitraums bezogene Einkünfte und Bezüge sind **nicht** anzurechnen (§ 32 Abs. 4 Satz 5; Tz 16 BMF-Schr. v. 18. 12. 1995 a. a. O.).

Beispiel 1:
Kind A hat im September 02 das BWL-Studium durch Diplom abgeschlossen und zum 1. 12. 02 ein Arbeitsverhältnis begründet.
A darf während der Ausbildungszeit in 02 nur Einkünfte und Bezüge von $^9/_{12}$ von 12 000 DM = 9 000 DM beziehen.

Beispiel 2:
Das Kind (K) vollendet am 13. 3. 02 das 18. Lebensjahr und ist danach **nicht** in Ausbildung usw.
Das Kind hatte im ganzen Kalenderjahr 02 30 000 DM Einkünfte aus § 21. Hiervon entfallen 24 000 DM auf die Zeit **nach** Vollendung des 18. Lebensjahres.
Das Kind könnte nur für den Zeitraum bis zur Vollendung des 18. Lebensjahres berücksichtigt werden. Die Einkünfte und Bezüge in diesem Zeitraum betragen jedoch 6 000 DM (Januar bis März) und sind damit höher als $^3/_{12}$ von 12 000 DM = 3 000 DM. Somit ist **keine** Berücksichtigung mehr möglich.

Bei Kindern mit Wohnsitz oder gewöhnlichem Aufenthalt im **Ausland ermäßigt** sich die Grenze der Einkünfte und Bezüge des Kindes ggf. entsprechend den Verhältnissen des Wohnsitzstaates des Kindes; § 32 Abs. 6 Satz 4 gilt sinngemäß.

Ab 1997 **erhöht** sich die Einkunftsgrenze von 12 000 DM auf **12 360 DM** und ab 1999 auf 13 020 DM, vgl. § 52 Abs. 22a.

4.6 Behinderte Kinder (§ 32 Abs. 4 Nr. 3 EStG)

Nach § 32 Abs. 4 Nr. 3 sind zu berücksichtigen, unabhängig vom Alter, Kinder, die wegen körperlicher, geistiger oder seelischer Behinderung außerstande sind, sich selbst zu unterhalten. Vgl. **DA-FamEStG, DA 63.3.6.**

Dies gilt auch für verheiratete oder geschiedene behinderte Kinder.

Es ist **nicht** Voraussetzung, daß der Ehegatte oder frühere Ehegatte des Kindes ihm keinen ausreichenden Unterhalt leisten kann oder ihm gegenüber nicht unterhaltspflichtig ist.

Die gesetzliche **Einkunftsgrenze** von **12 000 DM** des § 32 Abs. 4 S. 2 ff gilt für diese Kinder **nicht**.

Ein Kind gilt nur als außerstande, sich selbst zu unterhalten, wenn es um **mindestens 50%** erwerbsgemindert ist (**Schwerbehinderung** i. S. §§ 1, 2 SchwbG).

Es kommt dabei **nicht** nur darauf an, ob das Kind in der Lage ist, durch eigene Erwerbstätigkeit seinen Unterhalt zu bestreiten, sondern auch, ob es genügend andere Einkünfte und Bezüge erzielt, um seinen Lebensunterhalt bestreiten zu können. Bei eigenen Einkünften und/oder Bezügen von nicht mehr als 12 000 DM im VZ (ab VZ 1996) ist regelmäßig davon auszugehen, daß das Kind sich nicht unterhalten kann, vgl. i. e. R 180d Abs. 4.

Für die Ermittlung der Bezüge gilt R 190 Abs. 5 entsprechend (BMF-Schr. v. 18. 12. 1995, RZ 20).

Auch **eigenes Vermögen** ist zu berücksichtigen (sofern es nicht geringfügig ist). R 190 Abs. 3 gilt entsprechend.

Die Erwerbsunfähigkeit muß von **Dauer** sein. Eine dauernde Erwerbsunfähigkeit liegt vor, wenn keine Aussicht besteht, daß das Kind in absehbarer Zeit seine Erwerbsfähigkeit in vollem oder beschränktem Umfang wiedererlangt. Grundsätzlich ist die dauernde Erwerbsunfähigkeit durch einen Ausweis nach § 4 Abs. 5 des Schwerbehindertengesetzes (§ 65 Abs. 1 Nr. 1 EStDV) nachzuweisen.

5. Kinderfreibetrag (§ 32 Abs. 6 EStG) und Haushaltsfreibetrag (§ 32 Abs. 7 EStG)

5.1 Allgemeines

Der Kinderfreibetrag ist ein tariflicher Freibetrag, der ebenso wie der Haushaltsfreibetrag (§ 32 Abs. 7) vom Einkommen abgesetzt wird.

Der Kinderfreibetrag ist ab 1. 1. 1996 **kein** Jahresfreibetrag mehr, sondern ist monatlich **zeitanteilig** zu gewähren, wenn die Voraussetzungen nicht das ganze Jahr vorgelegen haben.

Er ist für jeden Monat zu gewähren, zu **dessen Beginn** die Voraussetzungen gegeben waren (**Monatsprinzip**).

Dies bedeutet entsprechend dem nunmehr auch für den Kinderfreibetrag geltenden **Monatsprinzip** also **monatlich 261 DM/522 DM**.

> **Beispiel:**
> Das Kind der Eheleute A wird am 30. 11. 01 geboren. Ihnen steht nur ein Kinderfreibetrag von 2/12 von 6 264 DM = 1 004 DM zu.

Durch den Kinderfreibetrag (sowie das Kindergeld) sind grundsätzlich alle Aufwendungen für Unterhalt und Betreuung eines Kindes abgegolten. Zusätzlich sind Betreuungskosten unter den Voraussetzungen des § 33c abziehbar (vgl. G. 8.). Daneben werden – abhängig vom Kinderfreibetrag – unter den Voraussetzungen des § 33a Abs. 2 Ausbildungsfreibeträge gewährt.

5.2 Kind muß nicht unbeschränkt stpfl. sein

Kinderfreibeträge kommen **auch** für nicht unbeschränkt stpfl. Kinder in Betracht. Allerdings kann für ein nach § 1 Abs. 1 und 2 unbeschränkt stpfl. Kind ein Kinderfreibetrag nur abgezogen werden, soweit dieser nach den Verhältnissen des Wohnsitzstaates notwendig und angemessen ist.

Der Kinderfreibetrag ist somit nach den wirtschaftlichen Verhältnissen des Wohnsitzstaates der Kinder

- in voller Höhe abzuziehen oder
- auf zwei Drittel oder
- ein Drittel

zu ermäßigen (§ 32 Abs. 6 Satz 4). Dabei ist die Ländergruppeneinteilung gemäß BMF-Schreiben vom 11. 12. 1989, BStBl I 463 anzuwenden.

Die Berücksichtigung der Kinderfreibeträge auch für Auslandskinder bei Festsetzung und Erhebung von **Zuschlagsteuern** wird durch entsprechende Ergänzungen des § 51a Abs. 2 sowie die Einführung des § 51a Abs. 2a sichergestellt.

5.3 Höhe des Kinderfreibetrags, Grundsatz

Der Kinderfreibetrag beträgt monatlich insgesamt 522 DM für ein Kind.

Er wird grundsätzlich **nur einmal** gewährt, unabhäng von der Anzahl der Kindschaftsverhältnisse. Er ist ein einheitlicher, von der Ordnungszahl des Kindes unabhängiger Freibetrag, im Gegensatz vom Kindergeld, das nach der Zahl der Kinder gestaffelt ist.

Durch § 32 Abs. 6 Satz 1 wird der **Halbteilungsgrundsatz** bei einem unbeschränkt stpfl. Elternpaar, bei dem die Voraussetzungen des § 26 Abs. 1 Satz 1 **nicht** vorliegen, verwirklicht. Bei einem solchen Elternpaar erhält demnach jeder Elternteil für ein gemeinsames Kind grundsätzlich den Kinderfreibetrag von 3 132 DM.

Die Halbteilung erschien dem Gesetzgeber als sachgerechte Lösung (z. B. wegen der vom bürgerlichen Recht angenommenen Gleichwertigkeit von Geldleistungen und persönlicher Betreuung, vgl. § 1606 Abs. 3 BGB).

Die gleiche Halbteilung gilt im Ergebnis für Ehegatten, die nach §§ 26, 26a getrennt zur ESt veranlagt werden. Auch hier erhält jeder Ehegatte also einen Kinderfreibetrag von 3 132 DM, wenn das Kind zu beiden Ehegatten in einem Kindschaftsverhältnis steht.

Bei Ehegatten, die nach §§ 26, 26b zusammen zur Einkommensteuer veranlagt werden, gilt im Prinzip nichts anderes, nur daß gesetzestechnisch im § 32 Abs. 6 Satz 2 ein **verdoppelter** Freibetrag von 6 264 DM enthalten ist, wenn es sich um ein zu berücksichtigendes Kind jedes Ehegatten handelt.

Anders ausgedrückt: § 32 Abs. 6 geht davon aus, daß der Kinderfreibetrag in Höhe von 6 264 DM für ein Kind grds. nur einmal gewährt wird. Sind mehrere Berechtigte vorhanden, so ist er grundsätzlich auf die Berechtigten aufzuteilen.

5.4 Verdoppelter (= voller) Kinderfreibetrag

In folgenden Fällen verdoppelt sich der Kinderfreibetrag auf 6 264 DM: wenn

1. im Fall der Zusammenveranlagung von Ehegatten das Kind zu beiden Ehegatten in einem Kindschaftsverhältnis steht (§ 32 Abs. 6 Satz 2) (= **Regelfall**);
2. der andere Elternteil vor dem Beginn des VZ verstorben ist (§ 32 Abs. 6 Satz 3 Nr. 1);
3. der andere Elternteil während des ganzen Kj. nicht unbeschränkt stpfl. gewesen ist (§ 32 Abs.6 Satz 3 Nr. 1);
4. der Stpfl. allein das Kind angenommen hat (§ 32 Abs. 6 Satz 3 Nr. 2) oder
5. das Kind nur zum Stpfl. allein in einem Pflegekindschaftsverhältnis steht (§ 32 Abs. 6 Satz 3 Nr. 2).

Den Fällen 2. bis 5. (= **Sonderfälle**) ist gemeinsam, daß das Kind hier zu keiner anderen unbeschränkt stpfl. Person in einem Kindschaftsverhältnis als zu dem Stpfl. steht.

Wegen der Fallgruppe 2 gleichgestellter Fälle vgl. R 181 (Wohnsitz des anderen Elternteils nicht zu ermitteln oder Vater des Kindes amtlich nicht feststellbar).

Die Verdopplung ist also nur vorgesehen, wenn sichergestellt ist, daß der Kinderfreibetrag nur von einem Elternteil beansprucht wird. Dies schließt eine „Doppelberücksichtigung" bei verschiedenen Elternteilen bzw. -paaren **grds.** aus.

Beispiele:
a) Die Eheleute A haben 3 gemeinsame Kinder.
Den Eheleuten stehen Kinderfreibeträge i. H. von 3 × 6 264 = 18 792 DM zu.
b) B ist seit dem Vorjahr verwitwet und hat 2 Kinder, die aus der Ehe mit dem Verstorbenen hervorgegangen sind.
B stehen zwei Kinderfreibeträge in Höhe von jeweils 6 264 DM zu (§ 32 Abs. 6 S. 3 Nr. 1).

c) C ist geschieden. Die Ehefrau D ist vor Jahren ins Ausland gezogen. Die drei Kinder aus der geschiedenen Ehe befinden sich bei C im Inland.

C erhält Kinderfreibeträge i. H. von 3 × 6264 = 18792 DM.

d) Der verheiratete D hat ein minderjähriges Kind alleine angenommen.

aa) Zusammenveranlagung (§ 26b)

bb) D beantragt getrennte Veranlagung (§ 26a).

Im Falle aa) ist ein Kinderfreibetrag von 6264 DM zu gewähren. Es besteht zwar kein Kindschaftsverhältnis zu beiden Elternteilen, dem Ehemann steht jedoch der erhöhte Freibetrag zu, da durch die Adoption das Kindschaftsverhältnis zu den leiblichen Eltern gelöst worden ist.

Im Falle bb) ist dem D der volle (bzw. „verdoppelte") Freibetrag von 6264 DM zu gewähren, da nur zu ihm ein Kindschaftsverhältnis begründet worden ist.

e) Kind E ist nichtehelich geboren worden, der Vater V ist unbekannt, die minderjährige Mutter M kümmert sich nicht um das Kind. Frau B (ledig) hat zu E ein Pflegekindschaftsverhältnis begründet. Sie erhält daher einen Kinderfreibetrag von 6264 DM. V und M erhalten jeweils **keinen** Kinderfreibetrag (§ 32 Abs. 2 Satz 2).

f) Die Ehegatten M und F (Zusammenveranlagung gemäß § 26b) haben in 01 das nichteheliche minderjährige Kind der Frau A gemeinsam adoptiert. Der leibliche Vater B ist in 01 verstorben.

Die Ehegatten M und F erhalten in **02** einen Kinderfreibetrag von 6264 DM (§ 32 Abs. 6 Satz 2).

Frau A erhält in 02 **keinen** Kinderfreibetrag (§ 32 Abs. 2 Satz 1), obwohl (theoretisch) ein Fall des § 32 Abs. 6 Satz 3 Nr. 1 vorläge.

5.5 Übertragung des Kinderfreibetrags

Bei einem unbeschränkt stpfl. Elternpaar, bei dem die Voraussetzungen des § 26 Abs. 1 Satz 1 nicht vorliegen, wird im Regelfall (bei Erfüllung der Unterhaltspflicht durch beide Elternteile) nach der Grundsatzregelung des § 32 Abs. 6 Satz 1 bei jedem unbeschränkt stpfl. Elternteil ein Freibetrag von 3132 DM abgezogen. Dies gilt **unabhängig** von der Haushaltszugehörigkeit bzw. Zuordnung i. S. des § 32 Abs. 7. Abweichend von dieser gesetzlichen Grundsatzregelung kann der Kinderfreibetrag bei einem Elternpaar, bei dem die Voraussetzungen des § 26 Abs. 1 Satz 1 nicht vorliegen, von einem Elternteil auf den anderen Elternteil auf Antrag übertragen werden (§ 32 Abs. 6 Satz 5).

Dann erhält der Elternteil, auf den die Übertragung erfolgt, einen Kinderfreibetrag von 6264 DM, der andere Elternteil **keinen** Kinderfreibetrag. Vgl. **R 181a** und **H 181a**.

Die Übertragung ist möglich:

auf Antrag des Elternteils, der seiner Unterhaltsverpflichtung gegenüber dem Kind während des Kj. nachkommt, sofern der andere Elternteil nicht oder zu einem unwesentlichen Teil seine Unterhaltsverpflichtung erfüllt;

Die bisherige einvernehmliche Übertragung des Kinderfreibetrages ist ab VZ 1996 entfallen.

Auf Antrag eines Elternteiles kann der Kinderfreibetrag des anderen Elternteils auf diesen übertragen werden, wenn folgende Voraussetzungen gegeben sind:

a) Der Antragsteller muß seiner Unterhaltsverpflichtung gegenüber dem Kind für das Kalenderjahr im wesentlichen nachkommen

b) der andere Elternteil kommt jedoch seiner Unterhaltsverpflichtung nicht oder nur zu einem unwesentlichen Teil nach.

Die Frage, wann der andere Elternteil seiner Unterhaltsverpflichtung gegenüber dem Kind für das Kalenderjahr im wesentlichen nachkommt, ist im Gesetz nicht geregelt.

Als „wesentlich" ist eine Erfüllung der Unterhaltsverpflichtung anzusehen, wenn ihr zu mindestens **75 v. H.** genügt wird. Abzustellen ist dabei auf die vertraglich oder gerichtlich festgelegte Unterhaltsverpflichtung. Vgl. im einzelnen R 181a Abs. 2. Der Stpfl. muß einen entsprechenden Nachweis führen oder die Unterhaltsragung glaubhaft machen. Vgl. R 181a Abs. 4.

Beispiele:

1. Die A hat ein nichteheliches Kind. Sie kommt allein für den Unterhalt des Kindes auf. Der Vater des Kindes ist nicht in der Lage, zum Unterhalt des Kindes beizutragen. In diesem Falle erhält die A auf Antrag den vollen Kinderfreibetrag von 6264 DM.

2. Die Eheleute A sind geschieden worden, die Personensorge für die gemeinsamen Kinder hat die Mutter. Die Kinder sind in einem Internat untergebracht, für dessen Kosten der Vater voll aufkommt. Die Ferien verleben die Kinder meistens mit dem Vater.
   Hier trägt die Mutter sicher nicht wesentlich zum tatsächlichen Unterhalt der Kinder bei. Daher kann der Vater den Antrag stellen, daß er auch den Kinderfreibetrag des anderen Elternteiles erhält.

Fraglich ist, ob der Antrag auf Übertragung auch dann rechtswirksam gestellt werden kann, wenn der Stpfl. keine stpfl. Einkünfte hat oder zwar bezieht, sich aber der zu übertragende Kinderfreibetrag weder steuerlich noch auf einen Kindergeldzuschlag auswirkt.

Bei entsprechender Anwendung der Grundsätze zur Wahl der getrennten Veranlagung von Ehegatten (vgl. R 174 Abs. 3 und die dort zitierte BFH-Rechtsprechung) könnte in solchen Fällen ein entsprechender Antrag rechtsmißbräuchlich sein.

5.6 Berücksichtigung von Auslandskindern im Lohnsteuerverfahren

Zur Berücksichtigung der Auslandskinder im Lohnsteuerverfahren ist vom Betriebsstätten-Finanzamt in der Lohnsteuerkarte oder in der Bescheinigung für den Lohnsteuerabzug bei unbeschränkter Einkommensteuerpflicht i. S. d. § 1 Abs. 1 oder unbeschränkter Stpfl. auf Antrag (§ 1 Abs. 3) die Zahl der Kinderfreibeträge einzutragen (§ 39c Abs 3 Satz 3 und 4).

6. Familienleistungsausgleich durch Kindergeld bzw. Kinderfreibetrag

6.1 Allgemeines

Ab 1996 erfolgt der Familienleistungsausgleich zunächst durch die monatliche Zahlung von Kindergeld nach § 31 als **Steuervergütung**, (bisher dagegen als Sozialleistung).

Wird die gebotene steuerliche Freistellung durch das Kindergeld **nicht** in vollem Umfang bewirkt, ist bei der Veranlagung zur Einkommensteuer der Kinderfreibetrag (§ 32 Abs. 6) abzuziehen. In diesem Falle sind das Kindergeld oder vergleichbare Leistungen nach § 36 Abs. 2 zu verrechnen, auch soweit sie dem Stpfl. im Wege eines zivilrechtlichen Anspruchs zustehen. Die Verrechnung erfolgt in der Weise, daß das gezahlte Kindergeld in entsprechendem Umfang der Einkommensteuer hinzugerechnet wird (§ 2 Abs. 6 Satz 2).

Beispiel:

A ist im Jahre 1996 für 2 Kinder Kindergeld von insgesamt 4800 DM gezahlt worden. Bei der Veranlagung des Jahres 1996 werden zwei Kinderfreibeträge berücksichtigt. Die Steuer wird auf 20000 DM festgesetzt. Die Steuer ist um das gezahlte Kindergeld in Höhe von 4800 DM zu erhöhen (§ 2 Abs. 6 S. 2)) = 24800 DM.

Bei der Bemessung der **Lohnsteuer** werden Kinderfreibeträge **nicht** mehr berücksichtigt. Die Lohnsteuerbelastung des für den Unterhalt eines Kindes erforderlichen Einkommens wird durch das monatliche Kindergeld ausgeglichen (BMF, BStBl 1995 I 429, Tz. 2.1).

Ab **VZ 1997** haben die Stpfl. bereits zu **Beginn** des Jahres ein Wahlrecht, ob der Kinderlastenausgleich durch den Kinderfreibetrag oder durch Kindergeldzahlungen erfolgen soll.

Eine Eintragung des Kinderfreibetrages auf der Lohnsteuerkarte bewirkt ab 1.1.1996 lediglich eine Berücksichtigung bei der Bemessung des **Solidaritätszuschlags** und bei der **Kirchensteuer**. Vgl. 6.6.

6.2 Günstigerprüfung

Ob im Einzelfall Kinderfreibetrag oder Kindergeld **günstiger** ist, wird im Rahmen der **Veranlagung von Amts wegen** geprüft. Vgl. hierzu im einzelnen BMF-Schreiben vom 18.12.1995, Rz. 5 bis 9.

Übersicht für den VZ 1996 (§ 32 Abs. 6, § 66 Abs. 1)

	Kinderfreibetrag		oder	Kindergeld		Kinderfreibetrag ist günstiger
	monatlich	jährlich		monatlich	jährlich	ab Grenzsteuersatz
1. Kind	522 DM	6264 DM		200 DM	2400 DM	38,31 %
2. Kind	522 DM	6264 DM		200 DM	2400 DM	38,31 %
3. Kind	522 DM	6264 DM		300 DM	3600 DM	entfällt (> 53 %)
ab 4. Kind	522 DM	6264 DM		350 DM	4200 DM	entfällt (> 53 %)

Übersicht für den VZ 1997 (§ 52 Abs. 31a, 32a)

	Kinderfreibetrag		oder	Kindergeld		Kinderfreibetrag ist günstiger
	monatlich	jährlich		monatlich	jährlich	ab Grenzsteuersatz
1. Kind	576 DM	6912 DM		220 DM	2640 DM	38,19 %
2. Kind	576 DM	6912 DM		220 DM	2640 DM	38,19 %
3. Kind	576 DM	6912 DM		300 DM	3600 DM	52,08 %
ab 4. Kind	576 DM	6912 DM		350 DM	4200 DM	entfällt (> 53 %)

Beispiel 1:

A (verheiratet, ein Kind) hat ein Einkommen **1996** von 140 000 DM

Veranlagung

a) ohne Kinderfreibetrag		b) mit einem Kinderfreibetrag	
Einkommen	140 000	Einkommen	140 000
		Kinderfreibetrag für ein Kind	./. 6 264
zu verst. Einkommen	140 000	zvE	133 736
tarifliche ESt (T 96)	36 096	tarifliche ESt	33 756
		+ entsprechendes Kindergeld	2 400
festzusetzende ESt	36 096	festzusetzende ESt	36 156

Die Günstigerprüfung führt zu einer festzusetzenden Steuer von 36 096 DM.

Es ist **kein** Kinderfreibetrag abzuziehen. Der Stpfl. behält das Kindergeld.

Die Günstigerprüfung ist für **jedes** zu berücksichtigende Kind gesondert durchzuführen (BMF-Schreiben vom 18. 12. 1995, RZ 7).

Beispiel 2:

A ist verheiratet und hat 3 Kinder

Veranlagung

a) ohne Kinderfreibetrag		b) mit einem Kinderfreibetrag	
Einkommen	230 000		230 000
		Kinderfreibeträge für 2 Kinder	./. 12 528
zu verst. Einkommen	230 000	zu verst. Einkommen	217 472
tarifliche ESt	76 256	tarifliche ESt	69 926
		+ entsprechendes Kindergeld	4 800
festzusetzende ESt	76 256	festzusetzende ESt	74 726

Die Günstigerprüfung führt in diesem Falle zu einer festzusetzenden Steuer von 74 726 DM mit einem Kinderfreibetrag für die ersten **beiden** Kinder und Kindergeld für das dritte Kind (1996 = 3 600 DM).

Bei der Günstigerprüfung sind das **Monatsprinzip** und die **Zählfolge** der **Kinder** zu beachten.

Beispiel:

A ist verheiratet und hat in 1996 3 Kinder.
Anton geb. 1.6.1978
Bettina geb. 20.4.1986
Cäcilie geb. 21.3 1996.
Es stehen – alternativ – zu:

Kinder	von–bis	Kinderfreibetrag		Kindergeld	
Anton	Jan.–Mai	5 × 522 DM	2 610 DM	5 × 200 DM	1 000 DM
Bettina	Jan.–Dez.	12 × 522 DM	6 264 DM	12 × 200 DM	2 400 DM
Cäcilie	März–Mai	3 × 522 DM	1 566 DM	3 × 300 DM	900 DM
	Juni–Dez.	7 × 522 DM	3 654 DM	7 × 200 DM	1 400 DM

Weil das Kindergeld für Cäcilie von mtl. 300 DM für März bis Mai 1996 günstiger ist als der mtl. Kinderfreibetrag von 522 DM, ist insoweit **keine** Günstigerprüfung vorzunehmen.

Veranlagung

a) ohne Kinderfreibetrag		b) mit einem Kinderfreibetrag	
Einkommen	230 000 DM	Einkommen	230 000 DM
		Kinderfreibeträge	
		1. Anton	./. 2 610 DM
		2. Bettina	./. 6 264 DM
		3. Cäcilie	./. 3 654 DM
zu verst. Einkommen	230 000 DM	zu verst. Einkommen	217 472 DM
tarifliche ESt	76 256 DM	tarifliche ESt	69 926 DM
		+ entsprechendes Kindergeld	4 800 DM
festzusetzende ESt	76 256 DM	festzusetzende ESt	74 726 DM

Die Steuer ist auf 74 726 DM festzusetzen.

Das hinzuzurechnende Kindergeld beträgt für

Anton	1 000 DM
Bettina	2 400 DM
Cäcilie	1 400 DM
	4 800 DM

6.3 Günstigerprüfung bei nicht unter § 26 EStG fallenden Elternpaaren

Die Günstigerprüfung ist hier **getrennt pro** Elternteil durchzuführen.

Beispiel:
Am 1.4.1996 wird den nicht verheirateten Eltern das erste Kind geboren. Einkommen des Vater 80 000 DM, Einkommen der Mutter 40 000 DM. Das Kind lebt im Haushalt der Mutter (ebenso Meldung bei der Mutter). Der Vater kommt der Unterhaltsverpflichtung nach.

Lösung:
Das Kind ist ab Monat April nach § 32 Abs. 3 bzw. § 66 Abs. 2 zu berücksichtigen.
Der **Kinderfreibetrag** beträgt je Elternteil 9 × 261 DM = 2 349 DM.
Das **Kindergeld** beträgt nach § 66 Abs. 1 = 200 DM und wird **voll** der Mutter ausgezahlt. Nach § 1660b Abs. 3 Satz 2 BGB steht das Kindergeld im **Innenverhältnis** beiden Elternteilen je zur **Hälfte** zu. Das Kindergeld ist zur Hälfte auf den Regelunterhalt, den der Vater zu zahlen hat, anzurechnen (§ 1615g BGB).

a) **Veranlagung der Mutter**
Einzelveranlagung mit 9 × 0,5 Kinderfreibetrag
 – **kein** Haushaltsfreibetrag.
 – Grundtabelle.
 – Bei der Günstigerprüfung ist die **Hälfte** des Kindergeldes für die Monate April bis Dezember 1996 der ESt hinzuzurechnen.

Veranlagung

aa) ohne Kinderfreibetrag		bb) mit Kinderfreibetrag	
Einkommen	80 000 DM	Einkommen	80 000 DM
		0,5 Kinderfreibetrag/9 Mon.	./. 2 349 DM
zu verst. Einkommen	80 000 DM	zu verst. Einkommen	77 651 DM
Steuer (T 96)	21 976 DM		21 014 DM
		anteiliges Kindergeld	+ 900 DM
festzusetzende ESt	21 976 DM	festzusetzende ESt	21 914 DM

Die Günstigerprüfung führt bei Abzug des Kinderfreibetrags zu einer festzusetzenden ESt von 21 914 DM mit Hinzurechnung von Kindergeld.

Die Verrechnung mit dem Kindergeld ist unabhängig davon, ob der zivilrechtliche Ausgleich durch den leiblichen Vater tatsächlich in Anspruch genommen wird (BMF vom 18.12.1995, RZ 9 letzter Satz).

b) Veranlagung der Mutter
 – Einzelveranlagung mit 9 × 0,5 Kinderfreibetrag,
 – Haushaltsfreibetrag
 – Grundtabelle.

Im Rahmen der Günstigerprüfung ist bei dem betreuenden Elternteil nur die ihm wirtschaftlich verbleibende Hälfte des Kindergelds für die ESt hinzuzurechnen.

Veranlagung

aa) ohne Kinderfreibetrag		bb) mit 0,5 Kinderfreibetrag (zeitanteilig)	
Einkommen	40 000 DM	Einkommen	40 000 DM
Haushaltsfreibetrag	5 616 DM	Haushaltsfreibetrag	5 616 DM
		0,5 Kinderfreibetrag /9 Mon.	2 349 DM
zu verst. Einkommen	34 384 DM	zu verst. Einkommen	32 035 DM
tarifliche ESt	6 207 DM	tarifliche ESt	5 520 DM
		entsprechendes Kindergeld	+ 900 DM
festzusetzende ESt	6 207 DM	festzusetzende ESt	6 420 DM

Kommt der Vater der Unterhaltspflicht **nicht** nach, wird auf **Antrag** der **Mutter** nach § 32 Abs. 6 Satz 5 der Kinderfreibetrag des Vaters auf sie übertragen. In diesem Fall ist im Rahmen der Günstigerprüfung bei ihrer ESt-Veranlagung der volle Kinderfreibetrag abzuziehen und das volle Kindergeld der tariflichen Steuer hinzuzurechnen. Bei der ESt-Veranlagung des Vaters kann für dieses Kind **weder** ein Kinderfreibetrag **noch** der Ausbildungsfreibetrag abgezogen werden.

6.4 Kindergeld bei Ermittlung der festzusetzenden ESt (§ 2 Abs. 6 EStG)

Wird bei der Veranlagung ein Kinderfreibetrag abgezogen, so ist zur Ermittlung der „festzusetzenden Einkommensteuer" das **Kindergeld** (**oder vergleichbare Leistungen**) in **entsprechendem Umfang** der ESt hinzuzurechnen (§ 36 Abs. 2).

Das gilt auch, soweit das Kindergeld dem Stpfl. im Wege eines zivilrechtlichen Ausgleichs zusteht (§ 31 S. 5, 2. Halbsatz).

Kindergeld wird nicht (oder nicht in voller Höhe) gezahlt bei Anspruch auf Leistungen i. S. § 65 Abs. 1:

– Kinderzulagen aus der gesetzlichen Unfallversicherung
– Kinderzuschüsse aus der gesetzlichen Rentenversicherung
– Kindergeld oder vergleichbare Leistungen im Ausland
– vergleichbare Leistungen einer zwischen- oder überstaatlichen Einrichtung.

Bei Abzug des Kinderfreibetrags i. R. der ESt-Veranlagung sind auch die o. g. Leistungen zur Ermittlung der festzusetzenden ESt hinzuzurechnen (§ 36 Abs. 2).

6.5 Auswirkungen der Kinder auf Zuschlagsteuern (SolZ, KiSt – § 51a Abs. 2 EStG)

Bemessungsgrundlage ist die Einkommensteuer, die **abweichend** von § 2 Abs. 6 unter **Berücksichtigung** von Kinderfreibeträgen in allen Fällen des § 32 festzusetzen wäre. Das Kindergeld ist **nicht** gegenzurechnen.

Beispiel 1:

Wie Beispiel 1 unter 6.2 – Günstigerprüfung –

Maßstabsteuer ist die tarifliche ESt, die sich bei fiktivem Abzug von Kinderfreibeträgen ergibt.

Maßstabsteuer	33 756 DM
Solidaritätszuschlag 7,5 % =	2 531 DM
Kirchensteuer 9 % =	3 038 DM

Beispiel 2:

Wie Beispiel 2 unter 6.2 – Günstigerprüfung –

Einkommen	230 000 DM	
./. Kinderfreibeträge lt. ESt-Veranlagung	./. 12 528 DM	
zu versteuerndes Einkommen	217 472 DM	für ESt-Veranlagung
./. zusätzliche Kinderfreibeträge für März bis Mai	./. 1 566 DM	
zu versteuerndes Einkommen	215 906 DM	für Zuschlagsteuern
Maßstabsteuer	69 178 DM	
Solidaritätszuschlag 7,5 %	5 188 DM	
Kirchensteuer 9 %	6 226 DM	

I. Haushaltsfreibetrag (§ 32 Abs. 7 EStG)

1. Grundsätze

Stpfl.,

- die nicht als Ehegatten nach § 26a getrennt oder
- nach § 26b zusammenveranlagt werden und
- bei denen die ESt nicht nach dem Splitting-Verfahren (§ 32a Abs. 6) ermittelt wird,

erhalten einen Haushaltsfreibetrag, wenn bei ihrer Veranlagung mindestens ein Kinderfreibetrag für ein Kind abzuziehen ist, das in der **Wohnung des Stpfl. im Inland gemeldet** ist (§ 32 Abs. 7). Vgl. **R 182 und H 182**.

Der Haushaltsfreibetrag beträgt **5616 DM**.

Für die Gewährung des Haushaltsfreibetrags müssen also folgende Voraussetzungen erfüllt sein:

a) Kein Splittinglarif

Bei der Veranlagung darf nicht der Splittingtarif nach § 32a Abs. 5 oder 6 zur Anwendung kommen.

b) Keine getrennte Veranlagung

Es darf sich nicht um eine getrennte Veranlagung nach §§ 26, 26a handeln.

Die besondere Veranlagung nach § 26c schließt jedoch die Gewährung des Haushaltsfreibetrags **nicht** aus; hierbei ist jedoch die Einschränkung des § 26c Abs. 3 zu beachten. Danach wird die Gewährung des Haushaltsfreibetrags ausgeschlossen, wenn bei den Veranlagungen der Ehegatten nach § 26c ein Kinderfreibetrag nur für das Kind abzuziehen ist, für das das Kindschaftsverhältnis in Beziehung zu beiden Ehegatten erst nach der Eheschließung begründet worden ist, z. B. für ein nach der Eheschließung geborenes Kind.

Aus den Voraussetzungen a) und b) folgt:

Der Abzug des Haushaltsfreibetrags ist **nur** möglich

– im Falle der Einzelveranlagung (§ 25) mit Grundtarif (§ 32a Abs. 1, 4) sowie

– grundsätzlich auch bei der besonderen Veranlagung (§ 26c); wegen der Einschränkung vgl. § 26c Abs. 3.

c) Mindestens ein Kinderfreibetrag

Bei der Veranlagung muß mindestens ein Kinderfreibetrag abgezogen werden.

Ist auch der andere Elternteil unbeschränkt einkommensteuerpflichtig, so wird der Haushaltsfreibetrag nur gewährt, wenn das Kind, für das der Kinderfreibetrag abgezogen wird, **bei dem Stpfl. mit Wohnung im Inland gemeldet** ist.

2. Abzug eines Kinderfreibetrags oder Gewährung von Kindergeld

Der Haushaltsfreibetrag für Alleinstehende mit Grundtarif hängt davon ab, ob der Stpfl. einen Kinderfreibetrag oder Kindergeld **(tatsächlich)** erhält. Ein Elternteil, von dem ein Kinderfreibetrag auf den anderen übertragen worden ist, erhält somit den Haushaltsfreibetrag **nicht** (unabhängig von der Meldung, d. h. Zuordnung des Kindes).

> **Beispiel:**
>
> Ein über 18 Jahre alter, in Berufsausbildung befindlicher Sohn eines geschiedenen Elternpaares ist in der Wohnung der Mutter im Inland gemeldet. Der Vater, zu dessen Haushalt das Kind nicht gehört, hat die Unterhaltsaufwendungen für das Kind im wesentlichen getragen. Das Kind wäre zwar der Mutter zuzuordnen (§ 32 Abs. 7 Satz 1). Stellt der Vater jedoch den Antrag, den Kinderfreibetrag der geschiedenen Ehefrau auf ihn zu übertragen (§ 32 Abs. 6 Satz 3), verliert diese mit dem Kinderfreibetrag auch den Haushaltsfreibetrag.

Der Vater erhält den Haushaltsfreibetrag, da er allein den Kinderfreibetrag erhält und nur er sämtliche Voraussetzungen für den Haushaltsfreibetrag erfüllt. Eine Zuordnung erfolgt **nicht**. Vgl. H 182 „Abzug ohne Zuordnung".

Sind mehrere gemeinsame Kinder im Kalenderjahr – nacheinander oder gleichzeitig – in den Wohnungen beider Elternteile im Inland gemeldet, werden die Kinderfreibeträge aber nicht für alle Kinder übertragen, so ist die Zuordnungsregelung des § 32 Abs. 7 Satz 2 zu beachten.

Beispiele:
1. Beide Kinder geschiedener Eltern wohnen in 02 zunächst in der Wohnung der Mutter im Inland und sind dort gemeldet. Am 1.4.02 zieht Kind 1 in die Wohnung des Vaters im Inland um und wird entsprechend angemeldet. Der Vater zahlt Barunterhalt für das Kind 2 während des ganzen Kalenderjahres und für das erste Kind bis einschließlich März 02. Ab 1.4.02 trägt er für das erste Kind allein den vollen Unterhalt.

   Da nur der Vater seiner Unterhaltsverpflichtung gegenüber dem Kind 1 im wesentlichen nachkommt, wird der Kinderfreibetrag der Mutter antragsgemäß auf ihn übertragen. Die Mutter behält ihren Kinderfreibetrag für das Kind 2.

   Aufgrund der Zuordnungsregelung verbleibt der Haushaltsfreibetrag bei der Mutter. Für den Vater ist der Haushaltsfreibetrag ausgeschlossen. Vgl. H 182 „Abzug mit Zuordnung".

2. In nichtehelicher Gemeinschaft lebende Eltern haben zwei Kinder, die in ihrer gemeinsamen Wohnung im Inland gemeldet sind. Die Eltern erfüllen ihre Unterhaltsverpflichtung und haben damit Anspruch auf die Kinderfreibeträge. Mit Zustimmung der Mutter wird ihr Kinderfreibetrag für ein Kind auf den Vater übertragen. Den Kinderfreibetrag für das andere Kind behält sie.

   Aufgrund der Zuordnungsregelung verbleibt der Haushaltsfreibetrag grundsätzlich bei der Mutter. Der Vater kann den Haushaltsfreibetrag anstelle der Mutter nur mit deren Zustimmung erhalten.

Der Haushaltsfreibetrag **entfällt grds.**, wenn das Kind während des ganzen Kalenderjahrs nicht unbeschränkt stpfl. ist, da Voraussetzung für den Haushaltsfreibetrag grds. ist, daß das Kind zu (irgend) einem Zeitpunkt im Kalenderjahr zum inländischen Haushalt eines Alleinstehenden gehört.

Ein Haushaltsfreibetrag kann **auch** gewährt werden, wenn das Kind im Haushalt des Stpfl., jedoch nicht im Inland wohnt, wenn der Stpfl.

- Staatsangehöriger eines EU- oder EWR-Staates ist,
- unbeschränkt stpfl. nach § 1 Abs. 1 und 2 oder auf Antrag nach § 1 Abs. 3 ist und
- das Kind in einem gemeinsamen Haushalt in einem EU- oder EWR-Staat lebt (§ 1a Abs. 1 Nr. 3).

3. Zuordnung des Kindes

Die Zuordnung von Kindern ist für die Gewährung der Kinderfreibeträge (§ 32 Abs. 6) oder des Kindergelds **ohne** Bedeutung.

Die Zuordnung hat jedoch für die Frage Bedeutung, welchem Elternteil der **Haushaltsfreibetrag** (§ 32 Abs. 7) zu gewähren ist.

Die Zuordnungsregelung betrifft nur das Verhältnis **zweier Elternteile** zueinander.

Sie ist anzuwenden bei

- einem Kind i.S.d. § 32 Abs. 1–5
- das zu beiden Elternteilen im selben Kindschaftsverhältnis steht (h.M.)
- eines unbeschränkt stpfl. Elternpaares
- bei dem die Voraussetzungen des § 26 Abs. 1 Satz 1 nicht vorliegen.

Es sind **zwei** Fallgruppen zu unterscheiden.

a) **Meldung des Kindes zu Beginn des KJ nur bei einem Elternteil**

   Die Zuordnung erfolgt hier grundsätzlich bei dem Elternteil, in dessen Wohnung es im Kj. **zuerst** gemeldet war (§ 32 Abs. 7 Satz 1). Es ist **gleichgültig**, ob es sich um **Haupt-** oder **Nebenwohnung** handelt.

   Dies gilt auch dann, wenn das bei dem einen Elternteil gemeldete Kind bei dem anderen Elternteil lebt (BFH, BStBl 1982 II 111).

Meldung nur für kurze Zeit zum Jahreswechsel bei einem Elternteil reicht (BFH, BStBl 1982 II 733). Darauf, wo das Kind oder die Elternteile tatsächlich gelebt haben, kommt es nicht an (BFH, BStBl 1985 II 8). Maßgebend sind ausschließlich die melderechtlichen Verhältnisse lt. Melderegister. Dabei ist das **Stichtagsprinzip** maßgebend, d. h. grds. die Verhältnisse zum 1.1. eines VZ[1]); bei Begründung der Voraussetzungen für die Kinderberücksichtigung im Laufe des VZ ist der Zeitpunkt des maßgebenden Ereignisses (z.B. Geburt des Kindes) entscheidend. Vgl. H. 182 „Abzug mit Zuordnung". Nachträgliche (rückwirkende) An- und Ummeldungen sind **wirkungslos** (BFH, BStBl 1996 II 91).

Auch wenn der Elternteil, in dessen Wohnung das Kind mit Hauptwohnung gemeldet ist, kurz nach Beginn des Kj. stirbt, und der andere Elternteil das Kind ab diesem Zeitpunkt aufnimmt, wird das Kind dem Verstorbenen zugeordnet (BFH, BStBl 1983 II 9).

b) **Meldung des Kindes zu Beginn des KJ bei beiden Elternteilen**

War das Kind in einer gemeinsamen Wohnung der Eltern mit Hauptwohnung gemeldet, so ist es der Mutter zuzuordnen (§ 32 Abs. 7 Satz 2).

Es wird dem Vater zugeordnet, wenn die Mutter ihre – unwiderrufliche; vgl. § 32 Abs. 7 S. 2 letzter Halbs. – Zustimmung erteilt (§ 32 Abs. 7 Satz 2).

Mit der Zustimmung oder Nichtzustimmung haben die Eltern eine **Gestaltungsbefugnis,** wer von beiden den Haushaltsfreibetrag erhalten soll (BFH, BStBl 1986 II 344).

In § 32 Abs. 7 Satz 2 ist klargestellt, daß **nicht** unter § 26 Abs. 1 fallende Eltern wegen **gemeinsamer** Kinder den Haushaltsfreibetrag **nicht** mehr als einmal in Anspruch nehmen können, wenn die Kinder bei beiden Elternteilen gemeldet sind. Dies ist durch unterschiedliche Zuordnung **nicht** möglich.

Beispiel:

Ein nicht verheiratetes Elternpaar hat zwei gemeinsame Kinder, die bei beiden Eltern gemeldet sind. K1 soll der Mutter zugeordnet werden, K2 mit Zustimmung der Mutter, dem Vater.

Den Haushaltsfreibetrag kann **entweder nur** die Mutter **oder** der Vater erhalten.

Beispiele:

1. Geschiedene Ehegatten haben ein Kind unter 18 Jahren. Das Kind ist in der Wohnung der Mutter gemeldet und lebt auch bei ihr.

   a) Der geschiedene Ehemann hat aufgrund Gerichtsurteil Unterhaltszahlungen an seine geschiedene Ehefrau sowie das Kind zu leisten.

   b) Er leistet keinen Unterhalt.

   Im Fall a) ist das Kind der Mutter zuzuordnen (§ 32 Abs. 7 Satz 1). Sie erhält daher allein den Haushaltsfreibetrag von 5 616 DM. Beide Ehegatten erhalten trotzdem einen Kinderfreibetrag von jeweils 3 132 DM (§ 32 Abs. 6 Satz 1).

   Im Fall b) Zuordnung und Haushaltsfreibetrag wie bei a). Die Ehefrau könnte eine Übertragung des Kinderfreibetrags beantragen (§ 32 Abs. 6 Satz 5).

2. Wie Beispiel 1 a), aber das Kind lebt beim Vater. Die Zuordnung erfolgt trotzdem bei der Mutter. Trägt sie allerdings nur unwesentlich zum Unterhalt des Kindes bei, kann ihr der Kinderfreibetrag aufgrund Übertragungsantrag des geschiedenen Ehemannes verlorengehen. Damit ginge auch der Haushaltsfreibetrag verloren (und zwar insgesamt).

3. Ehegatten leben seit VZ 04 dauernd getrennt. Das 7jährige eheliche Kind ist bis April 08 in der Wohnung des Vaters gemeldet. Ab Mai 08 zieht das Kind zu seiner Mutter, weil ihr das Sorgerecht zugesprochen wurde (Ummeldung). Maßgebend ist die Meldung bei Beginn des VZ 08. Daher ist das Kind für 08 noch dem Vater zuzuordnen, ab VZ 09 jedoch der Mutter.

Elternteil i.S. des § 32 Abs. 7 kann – ab VZ 1996 – **auch** ein **Großeltern-** bzw. **Stiefelternteil** sein, wenn diesem der Kinderfreibetrag nach § 32 Abs. 6 Satz 6 übertragen worden ist.

---

[1]) Maßgebend ist der Tag des **Eingangs** der melderechtlichen An- oder Ummeldung (BFH, BStBl 1996 II 91).

J. Gewinnermittlung

1. Grundsätze

1.1 Gewinnermittlungsarten

Bei den Gewinneinkünften ist als Einkünfte der **Gewinn** bzw. **Verlust** anzusetzen, § 2 Abs. 2 Nr. 1. Es gibt folgende Gewinnermittlungsarten:
- Betriebsvermögensvergleich (Bestandsvergleich) mit den Unterarten § 4 Abs. 1 und § 5
- Einnahme-Überschuß-Rechnung (§ 4 Abs. 3) sowie
- Gewinnermittlung nach Durchschnittssätzen gemäß § 13a.

1.2 Anwendungsbereich der Gewinnermittlungsarten

Die in § 5 vorgesehene Art der Gewinnermittlung gilt für **Gewerbetreibende**, die auf Grund gesetzlicher Vorschriften verpflichtet sind, Bücher zu führen und regelmäßig Abschlüsse zu machen, oder die ohne eine solche Verpflichtung Bücher führen und regelmäßig Abschlüsse machen. Gesetzliche Vorschriften i. S. des § 5 sind die handelsrechtlichen Vorschriften (insbesondere §§ 238 ff. HGB) sowie § 141 AO. **Ausnahmsweise** gilt § 5 für **Land- und Forstwirte** über § 3 HGB, § 1450 AO.

Die in § 4 Abs. 1 vorgesehene Gewinnermittlung gilt für **Land- und Forstwirte**, die nach § 141 AO zur Buchführung verpflichtet sind oder Bücher freiwillig führen.

Wegen der Besonderheiten bei der Land- und Forstwirtschaft, insbesondere zur Gewinnermittlung nach § 13a (Durchschnittssätze) vgl. K. 1.

Außerdem gilt § 4 Abs. 1 für Stpfl. mit Einkünften aus **selbständiger Arbeit (§ 18)**, wenn sie **freiwillig** Bücher führen und Abschlüsse erstellen.

§ 4 Abs. 1 gilt auch für Gewerbetreibende, wenn diese nicht zur Buchführung verpflichtet sind, auch freiwillig keine Bücher führen, aber keine Aufzeichnungen haben, die für eine Gewinnermittlung nach dem Überschuß der Betriebseinnahmen über die Betriebsausgaben ausreichen, so daß der Gewinn geschätzt werden muß. Wegen des Anwendungsbereiches des § 4 Abs. 3 vgl. auch nachfolgend 2.2 und R 16 Abs. 1.

1.3 Buchführungspflichtgrenzen nach Steuerrecht (§ 141 AO)

Buchführungspflicht kann sich ergeben nach
- Handelsrecht: gemäß §§ 238 ff. HGB i. V. m. § 140 AO
- Steuerrecht: gemäß § 141 AO (soweit nicht bereits Verpflichtung nach § 140 AO).

Nach § 141 AO müssen Gewerbetreibende bzw. Land- und Forstwirte für Zwecke der Besteuerung nach dem Einkommen, dem Ertrag und dem Vermögen, die nach den bei der letzten Veranlagung getroffenen Feststellungen etweder einen Gesamtumsatz (einschl. des steuerfreien Umsatzes) von 500 000 DM oder ein Betriebsvermögen von mehr als 125 000 DM oder land- und forstwirtschaftliches Vermögen von mehr als 125 000 DM oder einen Gewinn aus Gewerbebetrieb oder aus Land- und Forstwirtschaft von mehr als 48 000 DM gehabt haben, Bücher führen und aufgrund jährlicher Bestandsaufnahme regelmäßig Abschlüsse machen.

Die Verpflichtung zur Buchführung **beginnt** mit **Beginn** des WJ, das auf die Bekanntgabe der Mitteilung des FA folgt (§ 141 Abs. 2 AO).

Die Buchführungspflicht **endet** nach Unterschreitung der Grenzen des § 141 AO erst mit Ablauf des Folgejahres nach dem KJ, in dem das FA den Wegfall der Buchführungspflicht festgestellt hat.

Bei **einmaliger** Überschreitung der Grenzen kann auf Antrag gem. § 148 AO Befreiung von der Buchführungspflicht gewährt werden.

§ 141 AO hat nur Bedeutung, wenn nicht schon nach Handelsrecht Buchführungspflicht besteht.

Die Buchführungspflicht bezieht sich auf den einzelnen Betrieb.

Für Angehörige der **freien Berufe** besteht **keine** Buchführungspflicht. Sie können ihren Gewinn stets nach § 4 Abs. 3 durch Überschußrechnung ermitteln. Vgl. zum Anwendungsbereich der Gewinnermittlungsarten im einzelnen Abschn. J. 2.2 und 1.2.

1.4 Unterschiede zwischen § 4 Abs. 1 und § 5 EStG

Zum **Gewinnbegriff** des § 4 Abs. 1 **(Gewinnformel)** vgl. C. 1.3.3.1 (mit Grundbeispiel).

Die Gewinnermittlung nach § 5 unterscheidet sich von der Gewinnermittlung nach § 4 Abs. 1 **nur** noch bei Stpfl. mit Einkünften aus **selbständiger Arbeit** dadurch, daß nur bei § 5 der Stpfl. – abgesehen von den einkommensteuerlichen Vorschriften – an die handelsrechtlichen Rechnungslegungsvorschriften (bzw. handelsrechtlichen Grundsätze ordnungsmäßiger Buchführung **[GoB]**) gebunden ist. Dagegen wird für nach § 141 AO buchführungspflichtige Stpfl. mit § 4 Abs. 1 – Gewinnermittlung – (= Landwirte und Gewerbetreibende, die Minderkaufleute [§ 4 HGB] sind) bestimmt, daß die einschlägigen Vorschriften des HGB (§§ 238, 240 bis 242 Abs. 1 sowie §§ 243 bis 256) anzuwenden sind.

Die Vorschriften § 242 Abs. 2 und 3 HGB sind von der Anwendung auf nach § 141 AO Buchführungspflichtige, die keine Vollkaufleute sind, ausgenommen, damit sie nicht zur doppelten Buchführung verpflichtet werden.

Damit unterscheidet sich insoweit die Gewinnermittlung nach § 4 Abs. 1 von § 5 nur noch bei Stpfl. mit Einkünften aus § 18, die Gewinnermittlung nach § 4 Abs. 1 haben.

1.5 Wechsel der Gewinnermittlungsart

Der Stpfl. kann die Gewinnermittlungsart wechseln, falls er nicht gesetzlich an eine bestimmte Gewinnermittlungsart gebunden ist. Der Übergang von der Einnahme-Überschuß-Rechnung zum Bestandsvergleich erfordert rechtzeitige Einrichtung einer ordnungsgemäßen Buchführung, der Übergang vom Bestandsvergleich nach § 4 Abs. 3 erfordert rechtzeitigen Wegfall des Buchführungswerks (nur soweit keine gesetzliche Verpflichtung [mehr] zur Buchführung besteht).

Der Übergang erfordert Gewinnkorrekturen. Vgl. im einzelnen R 17 und Anlage 1 EStR.

1.6 Steuerliche Gewinnermittlung

Die steuerliche Gewinnermittlung ist in den §§ 4 bis 7e geregelt. Vgl. R 12 bis 45.

> Zur **Buchführung, Bilanzierung und Gewinnermittlung** wird auf die Gesamtdarstellung in Band 1 der Reihe Finanzen und Steuern hingewiesen (Buchführung und Bilanzsteuerrecht).

Zu § 4 Abs. 3 vgl. nachfolgend 2.

2. Einnahme-Überschuß-Rechnung (§ 4 Abs. 3 EStG)

2.1 Allgemeines

Aufgrund des § 4 Abs. 3 können nicht zur Buchführung verpflichtete Stpfl. ihren Gewinn als **Überschuß der Betriebseinnahmen (BE) über die Betriebsausgaben (BA)** ermitteln. Hierdurch soll die Gewinnermittlung vereinfacht und erleichtert werden, denn die Aufstellung von Bilanzen und Gewinn und Verlustrechnungen aufgrund einer doppelten Buchführung erübrigt sich damit.

Die Vorschrift beinhaltet jedoch **keinen eigenen Gewinnbegriff**. Vielmehr kommt es wegen des bei § 4 Abs. 3 geltenden **Istprinzips** lediglich zu Verschiebungen bei den einzelnen Periodengewinnen.

Der sogenannte **Totalgewinn** muß sich dagegen entsprechen, d. h. auf die Dauer gesehen muß daher die vereinfachte Gewinnermittlung nach § 4 Abs. 3 zu demselben Gesamtergebnis führen wie der Vermögensvergleich. Dieses Grundelement der Überschußrechnung – das **Zu- und Abflußprinzip** – wird im allgemeinen nur von den Abschreibungsvorschriften der §§ 7 ff., der Bewertungsfreiheit nach § 6 Abs. 2 sowie von der Erfassung von Sach-Entnahmen und Sach-Einlagen unter Beachtung von § 6 Abs. 1 Nr. 4 und Nr. 5 durchbrochen. Im übrigen kommt § 6 hier nicht zur Anwendung, da die Gewinnermittlung nach § 4 Abs. 3 Wertschwankungen des Betriebsvermögens grds. unberücksichtigt läßt. Begriffe wie Rechnungsabgrenzungsposten, Wertberichtigungen, Teilwertabschreibungen und Rückstellungen sind dem § 4 Abs. 3 fremd.

Der Ermittlungszeitraum ist bei dieser Form der Gewinnermittlung das Kalenderjahr, soweit nicht ausnahmsweise Land- und Forstwirte den Gewinn nach § 4 Abs. 3 ermitteln. In diesen Fällen ist der gesetzlich vorgeschriebenen Gewinnermittlungszeitraum nach § 4a Abs. 1 Nr. 1 EStG bzw. § 8c EStDV zu beachten.

2.2 Anwendungsbereich

Der **sachliche** Anwendungsbereich ist auf die **Gewinneinkünfte** beschränkt. Die Vorschrift des § 4 Abs. 3 darf nicht verwechselt werden mit der Überschußermittlung nach § 2 Abs. 2 Nr. 2 für die vier Überschuß-Einkunftsarten.

Zum berechtigten Personenkreis gehören

a) Land- und Forstwirte und Gewerbetreibende, die nicht nach gesetzlichen Vorschriften (vgl. §§ 140, 141 AO) zur Buchführung und Bilanzierung verpflichtet sind und dies auch nicht freiwillig tun. Bei Land und Forstwirten darf der Gewinn außerdem nicht nach Durchschnittssätzen (§ 13a) ermittelt werden.

b) Stpfl. mit Einkünften aus selbständiger Arbeit, wenn sie nicht freiwillig Bücher führen und keine regelmäßigen Abschlüsse erstellen.

Bei Stpfl. mit Einkünften aus selbständiger Arbeit kann sich **keine** Verpflichtung zur Buchführung und Bilanzierung ergeben, da sie weder unter § 140 AO noch § 141 AO fallen. Der Gewinn ist auch dann für Besteuerungszwecke nach § 4 Abs. 3 zu ermitteln, wenn ein nicht zur Buchführung verpflichteter Stpfl. zwar Bücher führt und auch einen Abschluß gemacht hat, er darüber hinaus aber seinen Gewinn auch noch nach § 4 Abs. 3 ermittelt, wenn die Buchführung schwerwiegende, ihre Ordnungsmäßigkeit ausschließende Mängel aufweist (BFH, BStBl 1967 III 288 und 310).

Zur **Gewinnschätzung** in den Fällen des § 4 Abs. 3 gilt nach BFH, BStBl 1984 II 504:

a) Besteht keine Buchführungspflicht, werden auch freiwillig keine Bücher geführt und liegen keine Aufzeichnungen nach § 4 Abs. 3 vor, aus denen geschlossen werden kann, daß der Stpfl. zulässigerweise die Gewinnermittlung nach § 4 Abs. 3 gewählt hat, so ist die Gewinnschätzung nach § 4 Abs. 1 vorzunehmen. Ist für das Vorjahr der Gewinn nach § 4 Abs. 3 ermittelt worden, so ist R 17 zu beachten.

b) Besteht keine Buchführungspflicht und werden auch freiwillig keine Bücher geführt, liegen jedoch Aufzeichnungen nach den Grundzügen des § 4 Abs. 3 vor, die zwar keine Gewinnermittlung darstellen, aber aus tatsächlichen Umständen den Schluß erlauben, daß der Stpfl. zulässigerweise die Gewinnermittlung nach § 4 Abs. 3 gewählt hat, so ist die Gewinnschätzung nach § 4 Abs. 3 vorzunehmen.

Eine Verpflichtung, den Gewinn nach **§ 4 Abs. 3** zu ermitteln, besteht nicht. Es handelt sich vielmehr um eine **Kannvorschrift**.

In der Besteuerungspraxis fallen unter § 4 Abs. 3:

a) Landwirte, deren Betriebe die Grenzen des § 141 AO nicht übersteigen und die nicht unter § 13a fallen (Antrag nach § 13a Abs. 1 Satz 2 Nr. 2). Unter § 140 AO fallen sie i. d. R. nicht. Dies ist allerdings über § 3 HGB denkbar.

b) Kleingewerbetreibende, die entweder keine Kaufleute i. S. des HGB oder Minderkaufleute i. S. des HGB sind und deren Betrieb die Grenzen des § 141 AO nicht übersteigt.

c) Freiberufler, denn sie sind keine Kaufleute und fallen auch nicht unter § 141 AO.

Vgl. im übrigen R 12 Abs. 2 und 3 sowie R 16 Abs. 1 Sätze 1 ff.

Beispiel:

Ein nicht buchführungspfl. Kleingewerbetreibender, der seinen Betrieb in 01 eröffnet hat, hat in **01** weder freiwillig Bücher geführt noch irgendwelche Aufzeichnungen über BE und BA gemacht. Im Jahr **02** hat er ordnungsmäßig Bücher geführt und einen Abschluß erstellt. Im Jahr **03** hat er weiterhin eine ordnungsmäßige Buchführung, legt aber dem FA eine Einnahme-Überschuß-Rechnung vor.

Es sind der Besteuerung zugrundezulegen:
- für 01 Gewinnschätzung nach § 4 Abs. 1
- für 02 Gewinnermittlung nach § 4 Abs I
- für 03 Gewinnermittlung nach § 4 Abs. 1.

Bei freiwilliger Buchführung und Bilanzierung scheidet § 4 Abs. 3 aus.

Zur Entscheidung für § 4 Abs. 3 vgl. BFH, BStBl 1990 II 287.

2.3 Wesen der Gewinnermittlung nach § 4 Abs. 3 EStG

Das Wesen der Gewinnermittlung nach § 4 Abs. 3 besteht in einer Gegenüberstellung der

    zugeflossenen BE
    und
    abgeflossenen BA

nach dem Zu- und Abflußprinzip des § 11. Es handelt sich somit grds. um eine **reine Ist-Rechnung**.

Grundlage dieser Gewinnermittlung ist nicht eine Buchführung, sondern sind Aufzeichnungen der BE und BA. Dabei ist eine exakte zeitliche „Verbuchung" nicht vorgesehen.

2.4 Gemeinsamkeiten mit der Gewinnermittlung durch Bestandsvergleich

Die Begriffe BE, BA sind bei den Gewinnermittlungsarten identisch. Weiterhin stimmt der **Totalgewinn** mit § 4 Abs. 1, § 5 überein.

2.5 Unterschiede zum Bestandsvergleich

a) **Zeitliche Erfassung von BE und BA**

Bei § 4 Abs. 3 gilt § 11 (Zu- und Abflußprinzip). Daher führt z.B. nicht die Entstehung der Forderung zu einem Ertrag, sondern erst der Zufluß des Geldes. Dementsprechend führen Schulden erst bei Bezahlung zu BA, nicht bereits bei Entstehung. Durch Steuerung von Zu- und Abfluß sind Verschiebungen der Periodengewinne möglich und zulässig (BFH, BStBl 1991 II 13).

b) **Wertschwankungen des Betriebsvermögens wirken** sich **nicht** aus, da keine Bewertung nach § 6 vorzunehmen ist. Daher sind z.B. weder Teilwertabschreibungen noch Rückstellungen möglich.

c) **Kein gewillkürtes Betriebsvermögen**

Bei der Gewinnermittlung nach § 4 Abs. 3 gibt es kein („originäres") gewillkürtes BV, sondern nur notwendiges BV oder Privatvermögen. Vgl. BFH, BStBl 1964 III 455.

Eine Ausnahme ist nach § 4 Abs. 1 Satz 3 für Wirtschaftsgüter zu beachten, die bei der Gewinnermittlung durch Bestandsvergleich zulässigerweise als Betriebsvermögen behandelt wurde: diese bleiben nach Wechsel zur Gewinnermittlung nach § 4 Abs. 3 grundsätzlich Betriebsvermögen. Eine weitere Ausnahme enthält § 4 Abs. 1 Satz 4 bei Nutzungsänderung (Absinken der eigenbetrieblichen Nutzung auf 50% weniger); vgl. 2.6.5.3.

2.6 Betriebseinnahmen

2.6.1 Allgemeines

Der Begriff „Betriebseinnahmen" ist zwar im EStG nicht ausdrücklich definiert, für die Gewinnermittlung nach § 4 Abs. 3 sind jedoch die Grundsätze des § 8 analog anzuwenden. Danach (sowie in **Umkehrung** des § 4 Abs. 4) gehören zu den **BE alle Zuflüsse in Geld oder Geldeswert, die im Rahmen der betrieblichen Tätigkeit zufließen** (BFH, BStBl 1988 II 266, 268). Vgl. im einzelnen C. 3.1.

Zu den BE gehören insbesondere zugeflossene Entgelte aus Lieferungen und Leistungen (Warenverkäufe, Dienstleistungen, Provisionseinnahmen), aber auch aus
- Hilfs- und Nebengeschäften (BFH, BStBl 1965 III 12; z. B. Veräußerung von Anlagegütern).
- ggf. Zinseinnahmen aus betrieblichen Guthaben und Forderungen. Bei diesen BE ist die Regelung des § 11 Abs. 1 Satz 2 besonders zu beachten, nach der regelmäßig wiederkehrenden Einnahmen, die dem Stpfl. kurze Zeit (bis zu 10 Tagen) vor Beginn oder nach Beendigung des Kalenderjahres, zu dem sie wirtschaftlich gehören, zugeflossen sind, als in diesem Kalenderjahr bezogen gelten. Wegen der Merkmale des Einnahme-Begriffs vgl. C 2.1.1.

BE werden bei § 4 Abs. 3 erst bei Zufluß (§ 11 Abs. 1) angesetzt. Vgl. im einzelnen C. 5. Daher ist die Entstehung von Forderungen noch ohne Einfluß auf den Gewinn.

Beispiel:
Ein Arzt behandelt einen Patienten in 01. Die Abrechnung erfolgt in 02. Der Patient zahlt in 03.
Erst in 03 ist eine BE anzusetzen.

Vorschüsse, Teilzahlungen und Abschlagszahlungen führen mit Zufluß zu BE. Dabei ist es gleichgültig, ob es sich um Vorauszahlungen für noch zu liefernde Wirtschaftsgüter bzw. noch zu erbringende Leistungen handelt (keine Hinausschiebung der Gewinnrealisierung bis zur Erfüllung möglich); vgl. BFH 1982 II 593 und BStBl 1990 II 287. Eine spätere **Rückzahlung** bzw. **Weitergabe** (z. B. bei Rechtsanwälten) stellt **BA** dar (BFH, BStBl 1963 III 132). Bei den Vorausleistungen darf es nicht um Beträge gehen, die der Stpfl. im Namen und für Rechnung eines anderen vereinnahmt hat (durchlaufende Posten), § 4 Abs. 3 Satz 2. Wegen Besonderheiten beim Zufluß von Arzthonoraren vgl. nachfolgend 2.6.7.

Auch **Sachzuflüsse** und **Nutzungsvorteile** (z. B. Kfz-Gestellung) können BE sein (BFH, BStBl 1988 II 266, 268). Zufluß auch bei Gutschrift von Provisionen auf einem „Kautionskonto" (BFH, BStBl 1993 II 499).

Zu **Tauschvorgängen** bei § 4 Abs. 3 vgl. BFH, BStBl 1986 II 607.

Auch bei der Gewinnermittlung nach § 4 Abs. 3 hat der Stpfl. bei **Zuschüssen** aus öffentlichen oder privaten Mitteln zur Beschaffung von Anlagegütern nach R 34 Abs. 2 das Wahlrecht, ob er den vereinnahmten Zuschuß zu den BE zählen oder von den Anschaffungs- oder Herstellungskosten des betreffenden WJ absetzen will.

2.6.2 Durchlaufende Posten

Hierunter sind Geldbeträge zu verstehen, die der Stpfl. **im Namen und für Rechnung eines anderen vereinnahmt.** Nach § 4 Abs. 3 Satz 2 rechnen diese Beträge nicht zu den BE. Hierzu gehört **nicht Auslagenersatz.** Die vom Stpfl. in Rechnung gestellte **USt** gehört **nicht** zu den durchlaufenden Posten, da sie in eigenem Namen vereinnahmt und geschuldet wird.

2.6.3 Veräußerung von Anlagevermögen

Zu den BE gehören auch Erlöse auch der Veräußerung von abnutzbaren und nicht abnutzbaren Anlagegütern, R 16 Abs. 3 S. 1. Der Ansatz erfolgt zwingend im VZ des **Zuflusses** (BFH, BStBl 1995 II 635). Derartige Erlöse fallen bei § 4 Abs. 3 nur an, wenn Wirtschaftsgüter des notwendigen Betriebsvermögens veräußert werden, denn gewillkürtes Betriebsvermögen im Sinne des Betriebsvermögensvergleichs kennt die Gewinnermittlung nach § 4 Abs. 3 grds. nicht. Eine Ausnahme bildet das nach § 4 Abs. 1 Sätze 3 und 4 „geduldete" Betriebsvermögen nach Übergang zur Gewinnermittlung nach § 4 Abs. 3 bzw. nach Nutzungsänderung unter 50 % betriebliche Nutzung.

Werden abnutzbare WG des Anlagevermögens (mit Ausnahme von Gebäuden) teilweise eigenbetrieblich, teilweise privat genutzt (z. B. Pkw), so können derartige Gegenstände nur ganz dem Betriebs- oder ganz dem Privatvermögen zugeordnet werden (vgl. R 13 Abs. 1). Demnach kann sich beim Verkauf eines solchen gemischtgenutzten Wirtschaftsguts grds. nur dann eine BE ergeben, wenn es zu mehr als 50 % dem eigenen Betrieb diente. Dann aber ist eine BE in voller Höhe anzusetzen. Bei Gebäuden ist nur auf die zum Betriebsvermögen gehörenden Gebäudeteile abzustellen (vgl. R 13 Abs. 3 ff.).

Im Jahr der **Veräußerung** sind die **Anschaffungs- oder Herstellungskosten** bzw. der noch nicht (im Wege der AfA) abgeschriebenen **Restwert** entsprechend als **BA** anzusetzen (§ 4 Abs. 3 Satz 4).

Beispiel 1:

Ein Rechtsanwalt veräußert seinen zu 80% freiberuflich genutzten und daher zum Praxisvermögen gehörenden Pkw für 10 000 DM + 1 500 DM USt am 28.12.01 gegen sofortige Barzahlung. Der noch nicht abgeschriebene Restwert betrug im Veräußerungszeitpunkt 8 000 DM.

In 01 sind anzusetzen als

BE 11 500 DM (einschließlich der vereinnahmten USt). Vgl. hierzu nachfolgend 2.6.4.
BA 8 000 DM Restwert.

Abwandlung:

Der Pkw wurde nur zu 40% freiberuflich genutzt (kein Fall des § 4 Abs. 1 Sätze 3 und 4). Da der Wagen nicht zum Betriebsvermögen gehört, liegt weder eine BE noch eine BA vor.

Fließt der Veräußerungserlös in einem **anderen KJ** als dem Veräußerungsjahr zu, wäre nach dem Wortlaut des § 4 Abs. 3 Satz 4 der Restwert trotzdem im Veräußerungsjahr als BA abzuziehen.

Die wortgetreue Anwendung dieser Vorschrift würde aber gerade das angestrebte Ziel, nur den Unterschiedsbetrag zwischen Veräußerungserlös und Restwert gewinnwirksam werden zu lassen, vereiteln und zu Verzerrungen der Gewinnauswirkung führen. In Anlehnung an die Regelung in R 16 Abs. 5 Satz 1 bei Vereinnahmung eines Kaufpreises in Ratenform kann hier u. E. der Restwert auch im Zuflußjahr 02 als BA abgesetzt werden. U. E hat der Stpfl. hier ein Wahlrecht (offengelassen in BFH, BStBl 1995 II 635).

Beispiel 2:

Wie oben Beispiel 1, aber der Veräußerungserlös fließt erst in 02 zu.

Der Restwert kann wahlweise im Veräußerungsjahr 01 oder im Zuflußjahr des Erlöses (02) als BA abgesetzt werden.

Im Schrifttum werden hierzu unterschiedliche Meinungen vertreten. Zum einen wird als Zeitpunkt der Veräußerung der Zeitpunkt des schuldrechtlichen, auf die Übertragung des Eigentums gerichteten Verpflichtungsgeschäfts verstanden, zum anderen das Jahr der dinglichen Übertragung des Wirtschaftsguts. Beide Auslegungen werden u. E. jedoch der Zielsetzung des § 4 Abs. 3 Satz 4 nicht gerecht.

Bei Veräußerung von Wirtschaftsgütern des Anlagevermögens gegen einen **in Raten zu zahlenden Kaufpreis** oder gegen eine **Veräußerungsrente** kann **in jedem KJ** einen **Teilbetrag** der noch nicht als BA berücksichtigten Anschaffungs- oder Herstellungskosten in Höhe der in demselben Wirtschaftsjahr zu fließenden Kaufpreisraten oder Rentenzahlungen als BA abgesetzt werden (R 16 Abs. 5).

Der Stpfl. hat somit ein Wahlrecht.

Beispiel 3:

Wie oben Beispiel 1, aber der Veräußerungserlös fließt in drei gleichen Kaufpreisraten von je 3 800 DM in den Jahren 01 bis 03 zu.

1. Möglichkeit

	01	02	03
BE	3 800 DM	3 800 DM	3 800 DM
BA	8 000 DM	–	–
Gewinnauswirkung	– 4 200 DM	+ 3 800 DM	+ 3 800 DM

2. Möglichkeit

	01	02	03
BE	3 800 DM	3 800 DM	3 800 DM
BA	3 800 DM	3 800 DM	400 DM
Gewinnauswirkung	0 DM	0 DM	+ 3 400 DM

Wird die Kaufpreisforderung **uneinbringlich,** so ist der noch nicht abgesetzte Betrag in dem Wirtschaftsjahr als Betriebsausgabe zu berücksichtigen, in dem der Verlust eintritt.

2.6.4 Behandlung der USt bei § 4 Abs. 3 EStG

Die USt wird – anders als beim Bestandsvergleich (einzelperiodisch gesehen) – nicht erfolgsneutral behandelt.

Bezogen auf den Totalgewinn ergibt sich aber kein Unterschied zum Bestandsvergleich. Im Ergebnis ist die USt auch bei § 4 Abs. 3 erfolgsneutral.

Es kommt lediglich zu zeitlichen Verschiebungen der Gewinnauswirkung.

Daher sind anzusetzen:

Vereinnahmte USt-Beträge (R 16 Abs. 3 Satz 1)	als BE
gezahlte Vorsteuer	als BA
an das FA gezahlte USt-Zahllast	als BA
vom FA erstattete Vorsteuer(-Überhänge) (R 16 Abs. 3 S. 1)	als BE

Zu beachten ist also, daß jeweils im Zu- bzw. Abflußzeitpunkt von USt bzw. Vorsteuer eine Gewinnauswirkung eintritt. Per Saldo wird die USt damit ebenfalls erfolgsneutral behandelt.

Wegen der (nichtabziehbaren) Umsatzsteuer auf den Eigenverbrauch vgl. 2.6.5.3.

> **Beispiel:**
> Aufgrund der USt-Voranmeldung für November 01 erhält der Stpfl. vom FA in Januar 02 eine Erstattung eines Vorsteuerüberhangs von 2 000 DM.
> Es ist in 02 eine BE von 2 000 DM zu erfassen.

2.6.5 Entnahmen

2.6.5.1 Allgemeines

Die Ermittlungsvorschrift des § 4 Abs. 3 Satz 1 enthält keine Verweisung auf Entnahmen und Einlagen. Zur Herstellung der Übereinstimmung des Totalgewinns muß jedoch eine Gewinnkorrektur erfolgen, soweit sich sonst eine Abweichung vom Bestandsvergleich ergäbe.

Dabei sind die Bewertungsvorschriften § 6 Abs. 1 Nr. 4 bzw. 5 entsprechend zu beachten.

2.6.5.2 Barentnahmen

Entnahmen von Bargeld sind ohne Einfluß auf die Gewinnermittlung. Denn infolge des Zu- und Abflußprinzips (§ 11) hat sich bereits der Geldzufluß als BE ausgewirkt. Da sich durch die Entnahme der Gewinn nicht gemindert hat, unterbleibt auch eine Hinzurechnung zum Gewinn.

2.6.5.3 Sachentnahmen (Entnahmen von Wirtschaftsgütern)

Für die Überführung von Wirtschaftsgütern in das Privatvermögen folgt aus dem Vergleich mit dem Bestandsvergleich (vgl. oben 2.6.4.1), daß eine Gewinnerhöhung in Höhe des Teilwerts (§ 6 Abs. 1 Nr. 4) erfolgen muß. Dies kann – technisch gesehen – durch Ansatz wie eine BE erfolgen.

Nach § 4 Abs. 3 Satz 4 bzw. Satz 3 sind gleichzeitig als BA abzuziehen:
- bei nichtabnutzbaren Anlagegütern: die Anschaffungs- oder Herstellungskosten,
- bei abnutzbaren Anlagegütern: der noch nicht im Wege der AfA berücksichtigte Restwert.

> **Beispiel:**
> Der Stpfl. überführt in 05 ein nicht mehr benötigtes unbebautes Grundstück ins Privatvermögen. Die Anschaffungskosten in 01 betrugen 10 000 DM, Teilwert bei Entnahme 45 000 DM. Gewinnauswirkung in 05:
>
> | | |
> |---|---:|
> | BE Teilwert | 45 000 DM |
> | BA Anschaffungskosten | 10 000 DM |
> | Gewinnauswirkung | + 35 000 DM |
>
> Dies entspricht der Behandlung beim Bestandsvergleich.
> Es liegt zwar Eigenverbrauch gem. § 1 Abs. 1 Nr. 2a UStG vor, dieser ist jedoch steuerfrei gem. § 4 Nr. 9a UStG.

Bei der Entnahme von **Umlaufvermögen** entfällt eine Verminderung des Gewinns um die bereits bei der Zahlung als BA abgesetzten Anschaffungs- oder Herstellungskosten. Es ist nur noch eine BE anzusetzen.

Die Gegenstandsentnahme stellt steuerbaren **Eigenverbrauch** gem. **§ 1 Abs. 1 Nr. 2a UStG** dar. Soweit keine USt-Befreiung eingreift (wie im obigen Beispiel), ist der Vorgang umsatzsteuerpflichtig.

Diese USt ist **nichtabziehbar** gem. § 12 Nr. 3. Die an das FA entrichteten USt-Beträge sind daher für Zwecke der Gewinnermittlung grundsätzlich um die nach § 12 Nr. 3 nicht abzugsfähigen Beträge zu kürzen. Das Abzugsverbot wird somit erst im Zeitpunkt der Zahlung der entsprechenden Umsatzsteuer verwirklicht (vgl. auch BFH, BStBl 1990 II 742).

Die FinVerw hatte es bisher jedoch nicht beanstandet, wenn der Stpfl. die USt auf den Eigenverbrauch als fiktive BE im Zeitpunkt des Eigenverbrauchs und dementsprechend bei ihrer späteren Entrichtung als BA behandelt. Damit hatte der Stpfl. bisher ein Wahlrecht:

a) – Ansatz der Eigenverbrauch-USt als fiktive BE im Zeitpunkt des Eigenverbrauchs

– dann voller BA-Abzug der USt-Zahllast **oder**

b) Kürzung der BA (Minderung der gezahlten USt um die Eigenverbrauch-USt).

Die frühere Anweisung 8 zu § 4 Abs. 3 ESt-Kartei NW ist jedoch aufgehoben.

Beispiel:

Entnahme eines betrieblichen Pkw am 31.12.04 (Teilwert = „Einkaufspreis" i. S. § 10 Abs. 4 Nr. 1 UStG 6 000 DM, Restwert 5 000 DM). Die USt auf den Eigenverbrauch wurde in 05 gezahlt.

Gewinnauswirkung

1. Möglichkeit

BE 04	6 000 DM	Entnahmewert gem. § 6 Abs. 1 Nr. 4
BE 04	900 DM	USt-Eigenverbrauch § 12 Nr. 3
BA 04	5 000 DM	Restwert
Gewinn 04	+ 1 900 DM	
Gewinn 05	– 900 DM	
Gewinn gesamt	+ 1 000 DM	

Die in 05 gezahlte USt ist nicht bei den BA zu kürzen.

2. Möglichkeit

BE 04	6 000 DM	
BA 04	5 000 DM	
Gewinn 04	+ 1 000 DM	
Gewinn 05	0 DM	durch nichtabzugsfähige Ausgabe gem. § 12 Nr. 3.
Gewinn gesamt	1 000 DM	

Sowohl bei Änderung der Gewinnermittlungsart als auch bei Nutzungsänderung ist das sogenannte „geduldete Betriebsvermögen" zu beachten (§ 4 Abs. 1 Sätze 3 und 4), d.h. hierdurch kommt es **nicht** zu Gegenstandsentnahmen.

Beispiele:

1. Steuerberater A mit Gewinnermittlung nach § 4 Abs. 1 hat ein Grundstück als gewillkürtes BV bilanziert. Er geht zur Gewinnermittlung nach § 4 Abs. 3 über. – Obwohl bei § 4 Abs. 3 an sich kein gewillkürtes BV möglich ist, liegt keine Entnahme vor (§ 4 Abs. 1 Satz 3).

2. Rechtsanwalt B, mit Gewinnermittlung gem. § 4 Abs. 3, nutzt einen Pkw zunächst zu 70%, später nur noch zu 35% beruflich. – Der Pkw ist zunächst notwendiges BV, später gewillkürtes („geduldetes") BV. Auch hier liegt keine Entnahme vor (§ 4 Abs. 1 Satz 4).

2.6.5.4 Entnahme von Nutzungen und Leistungen

Bei der **Nutzung** von Wirtschaftsgütern des Betriebsvermögens **für private Zwecke** (z. B. Pkw und Telefon) stellt der Privatanteil nicht abziehbare Lebenshaltungskosten i. S. des § 12 Nr. 1 dar. Eigentlich müßte eine **Kürzung der BA** erfolgen. Üblich ist auch, da die Gewinnauswirkung dieselbe ist, ein Ansatz als (fiktive) BE; vgl. 2.6.5.3. Bei der Ermittlung des Privatanteils sind die **gesamten** Kosten (**feste** [incl. AfA] und **laufende**) anzusetzen. Abziehbare Vorsteuer gehört nicht dazu (§ 9b Abs. 1). Vgl. H 118 (Gesamtaufwendungen).

Schuldzinsen (einschl. eines evtl. Damnums) und andere Geldbeschaffungskosten gehören dazu (BFH, BStBl 1988 II 348 und BStBl 1990 II 8).

Eine Gewinnerhöhung ist auch bei der **Entnahme von Leistungen** (z.B. Inanspruchnahme von Arbeitnehmern für private Zwecke) vorzunehmen.

Bei Nutzungs- und Leistungsentnahmen fällt ebenfalls **Eigenverbrauch-USt** an (**§ 1 Abs. 1 Nr. 2b UStG**). Sie ist wie bei der Gegenstandsentnahme zu behandeln (s.o. 2.6.5.3).

Beispiel:

Die private Pkw-Nutzung beträgt lt. Einzelnachweis (Fahrtenbuchregelung, § 6 Abs. 1 Nr. 4 S. 3) 20%.

Angefallene Kosten:

Benzin, Wartung, Reparaturen	4 000 DM
Kfz-Steuer und Versicherung	1 000 DM
AfA	5 000 DM
Zinsen Anschaffungsdarlehen	1 000 DM
Privatanteil 20% von 11 000 DM (uE aber ohne Schuldzinsen, jedoch str.) =	2 200 DM

Die USt auf den Eigenverbrauch ist **nicht** abzugsfähig.
Gewinnerhöhung durch (fiktive) BE 2 200 bzw.

Nicht mit Vorsteuer behaftete Kosten (wie Kfz-Steuer und -Versicherung sowie die anteilige AfA bei Erwerb ohne Vorsteuerabzug) sind **nicht** in die Bemessungsgrundlage für den Verwendungseigenverbrauch einzubeziehen. BMF-Schreiben vom 28.9.1993, BStBl 1993 I 912 (alle nicht mit Vorsteuer belasteten Kosten sind nicht einzubeziehen). Abschn. 155 Abs. 2 UStR, BMF-Schr. vom 21.2.1996, DB 1996, BStBl 1996 I 51.

2.6.6 Darlehen

Geldflüsse zwischen der privaten und betrieblichen Sphäre sind bei § 4 Abs. 3 ohne Bedeutung. Daher gilt:

a) Die **Aufnahme** von Darlehen für betriebl. Zwecke stellt **keine BE** dar.

Der BFH geht in HFR 1970, 9 zu Recht von dem Gedanken aus, daß eine Darlehensaufnahme nicht in die Ertrags-, sondern in die Vermögenssphäre eines Stpfl. fällt.

b) **Schuldzinsen** für betriebliche Darlehen sind **BA** im Jahr der Zahlung. Zu beachten ist aber § 11 Abs. 2 Satz 2.

c) Ein bei Darlehensauszahlung einbehaltenes **Damnum** ist grundsätzlich im Kj. der Darlehensauszahlung **BA** (vgl. entsprechend BFH, BStBl 1966 III 144 zum Empfang eines Damnums), soweit zivilrechtlich nichts anderes vereinbart ist. Das Damnum ist also grds. nicht auf die Laufzeit des Darlehens zu verteilen.

Der Abfluß unterliegt jedoch der Parteivereinbarung (BFH, BStBl 1975 II 330). Dies führt bei der sogenannten Tilgungsstreckung dazu, daß das Damnum in Raten ab- bzw. zufließt. Ebenso falls der Kredit dem Stpfl. in Raten ausgezahlt wird und jede Rate einen Teil des Damnums enthält. Hier ist auch nur ein ratenweiser Abfluß des Darlehensabgeldes gegeben.

d) Der **Erlaß** einer betrieblichen Darlehensschuld ist eine BE.

e) Die **Rückzahlung** von betrieblichen Darlehen stellt **keine BA** dar.

f) Der **Ausfall** einer betrieblichen **Darlehensforderung** ist als **BA** zu berücksichtigen (H 16 „Darlehensverluste").

Beispiel:

Aufnahme eines betrieblichen Darlehens in 01	10 000 DM	Keine BE
./. Damnum 5%	500 DM	BA in 01
Auszahlungsbetrag	9 500 DM	Keine BE
Die Zinsen für 01 (fällig 31.12.01) wurden verspätet gezahlt im März 02	1 000 DM	BA in 02

Die Ausnahmeregelung des § 11 Abs. 2 Satz 2 ist bei den Schuldzinsen für 01 nicht anwendbar (Abfluß nicht am Anfang des Jahres 02).

2.6.7 Besonderheiten beim Zufluß von Arzthonoraren

2.6.7.1 Honorareinzug durch privatärztliche Verrechnungsstellen

Honorarforderungen aus der Behandlung von Privatpatienten lassen Ärzte zum Teil von privatärztlichen Verrechnungsstellen (PVS) abrechnen.

Auch das Inkasso erledigen die PVS.

Der Honorarzufluß ist hier bereits mit dem Eingang bei der PVS anzunehmen, da diese die Beträge als **Bevollmächtigte** empfängt. Vgl. **H 116** (Arzthonorar).

Beispiel:
Eine PVS hat für den Arzt Dr. A in 01 100 000 DM Honorare eingezogen. Davon hat sie an A überwiesen in 01 80 000 DM, in 02 20 000 DM.

Der Arzt hat in 01 100 000 DM Honorare zu versteuern, da sie ihm durch Zahlung an die bevollmächtigte PVS zugeflossen sind (§ 11 Abs. 1 Satz 1). Ein Problem des § 11 Abs. 1 Satz 2 (Ausnahmeregelung) liegt hier **nicht** vor.

2.6.7.2 Honorare für kassenärztliche Leistungen

Bei der Behandlung von (gesetzlich oder freiwillig versicherten) „Kassenpatienten" erbringt der Arzt rechtlich Leistungen gegenüber dem gesetzlichen Krankenversicherungsträger.

Die Krankenkasse wiederum erbringt Sachleistungen an ihre Versicherten. Die Abrechnung mit dem Arzt erfolgt über die Kassenärztlichen Vereinigungen. Folglich liegen hier beim Arzt Betriebseinnahmen erst bei **Eingang beim Arzt** vor.

Zu beachten ist hier, daß bei § 4 Abs. 3 die jeweils für Dezember des Vorjahres Anfang Januar des Folgejahres zu leistenden Abschlagszahlungen der Kassenärztlichen Vereinigung gemäß § 11 Abs. 1 Satz 2 als regelmäßig wiederkehrende Einnahmen des Arztes dem vorangegangenen KJ zuzurechnen sind (BFH, BStBl 1987 II 16). Damit ist BFH, BStBl 1958 III 23 überholt. Vgl. zur Problematik der „Ausnahmeregelung" C. 5.5. Vgl. **H 116** (Arzthonorar)

2.7 Betriebsausgaben

2.7.1 Allgemeines

Auch bei § 4 Abs. 3 gilt der allgemeine BA-Begriff. Nach der Legaldefinition des **§ 4 Abs. 4** müssen die Ausgaben durch den Betrieb veranlaßt sein **(Veranlassungsprinzip).** Vgl. im einzelnen C. 3.2. Grds. gilt auch für BA das **Abflußprinzip** des § 11 Abs. 2 (§ 4 Abs. 3 Satz 1).

Sofort abzugsfähige Betriebsausgaben sind daher z.B. ausgezahlte Löhne, Versicherungsbeiträge, Mieten, Zinsen, GewSt und Ausgaben für Heizung und Beleuchtung sowie sonstige laufende Kosten bei Bezahlung.

Nach § 4 Abs. 3 Satz 3 ff. sind aber Besonderheiten zu berücksichtigen, s. u. 2.7.2 f. Kennzeichnend für § 4 Abs. 3 ist, daß der Erwerb von abnutzbarem Anlagevermögen, nicht abnutzbarem Anlagevermögen und Umlaufvermögen verschieden behandelt wird.

2.7.2 Erwerb von Umlaufvermögen

Die Behandlung des Erwerbs von Umlaufvermögen beim Bestandsvergleich und bei § 4 Abs. 3 ist völlig verschieden. Nach der Grundsatzregelung des § 4 Abs. 3 Satz I führen sie bereits **bei Bezahlung** der Anschaffungskosten bzw. Herstellungskosten zu **BA.** Dies gilt auch bei kurzlebigen Wirtschaftsgütern, die nach Gebrauch wiederum zu Rohstoffen verarbeitet werden (z.B. Schriftmetalle einer Druckerei); BFH, BStBl 1988 II 502 sowie BFH, BStBl 1991 II 13 (Erwerb von Zahngold durch Zahnärzte ist sofort abzugsfähige BA, auch wenn der Vorrat für einige Jahre reicht, da UV); anerkannt z.B. bei Verbrauch in 7 Jahren, BFH, BStBl 1994 II 750).

Beispiel:

A erwirbt als Einzelhändler für 10 000 DM + 15 % USt 1 500 DM am 30. 12. 01 Waren und bezahlt sie sofort. Die Waren werden in 02 veräußert; Erlöse insgesamt 15 000 DM (zuzüglich 15 % USt). Am 31. 12. 02 ist nichts mehr auf Lager.

		Gewinn	
BA in 01	11 500 DM	./. 11 500 DM	(Anschaffungskosten und gezahlte Vorsteuer)
BE in 02	17 250 DM	+ 17 250 DM	

Im Falle des Bestandsvergleichs ergäbe sich eine Gewinnauswirkung der Anschaffungskosten erst bei Verkauf in 02 über den Wareneinsatz. Die Abführung der USt-Zahllast von 750 DM an das FA stellt eine weitere BA dar.

Werteinbußen (z. B. Verderb) können **nicht** als BA berücksichtigt werden, da BA stets bei Bezahlung vorliegen. Dies gilt u. E. auch bei Verlust noch **nicht** bezahlter Ware. § 6 Abs. 1 Nr. 1 bis 3 sind **nicht** anwendbar.

2.7.3 Erwerb von nichtabnutzbarem Anlagevermögen

Hier gilt im Prinzip der Grundsatz, daß diese Wirtschaftsgüter (z. B. Grund und Boden, Aktien) in der Gewinnermittlung nach § 4 Abs. 3 genauso behandelt werden wie beim Bestandsvergleich.

Wegen der Besonderheiten bei Veräußerung vgl. 2.6.3.

Die Anschaffungs- oder Herstellungskosten für nicht abnutzbare Wirtschaftsgüter des Anlagevermögens sind **erst im Zeitpunkt der Veräußerung oder Entnahme** dieser Wirtschaftsgüter als **BA** zu berücksichtigen. Sie sind unter Angabe des Tages der Anschaffung oder Herstellung und der Anschaffungs- oder Herstellungskosten oder des an deren Stelle getretenen Werts in besondere, laufend zu führende Verzeichnisse aufzunehmen (§ 4 Abs. 3 Sätze 4 und 5).

Beispiel:

Der Kleingewerbetreibende K erwirbt in 01 einen zum notwendigen BV gehörenden Genossenschaftsanteil für 2 500 DM. Er bezahlt den Kaufpreis in 02. In 03 entnimmt er den Anteil (Teilwert 3 000 DM).

Weder in 01 noch 02 können die Anschaffungskosten als BA berücksichtigt werden.

In 03 sind anzusetzen als	BE: Entnahmewert (§ 6 Abs. 1 Nr. 4)	3 000 DM
	./. BA: Anschaffungskosten (§ 4 Abs. 3 Satz 4)	2 500 DM
	Gewinnauswirkung	+ 500 DM

2.7.4 Erwerb von abnutzbarem Anlagevermögen

Abnutzbare Anlagegüter (z. B. Gebäude, Maschinen, Einrichtungsgegenstände) werden in der Gewinnermittlung nach § 4 Abs. 3 grds. genauso behandelt wie beim Bestandsvergleich.

Die Anschaffungs- oder Herstellungskosten abnutzbarer Wirtschaftsgüter (für die § 6 Abs. 2 nicht zur Anwendung kommt) können nicht nach vollendeter Anschaffung oder Herstellung oder bei Bezahlung als BA abgezogen werden, da nach § 4 Abs. 3 Satz 3 die Vorschriften der §§ 7 ff. den Grundsätzen des § 11 vorgehen.

BA kann in diesen Fällen **nur** die **jährliche AfA** sein (§ 7, R 16 Abs. 3 Satz 2). Bei der Ermittlung der AfA-Bemessungsgrundlage ist § 9b Abs. 1 zu beachten. Abziehbare Vorsteuer gehört nicht zu den Anschaffungs- und Herstellungskosten, sondern ist im Zeitpunkt ihrer Zahlung (sofort) abziehbare BA (§ 4 Abs. 3 Satz 1). Zur AfA vgl. im einzelnen J. 3.

Beispiel 1:

A mit Gewinnermittlung nach § 4 Abs. 3 schafft am 30. 6. 01 einen betrieblichen Pkw an für 20 000 DM + 15 % USt 3 000 DM (abziehbar) = 23 000 DM und bezahlt die Rechnung am 2. 1. 02. Die betriebsgewöhnliche Nutzungsdauer beträgt 4 Jahre. Die Anschaffungskosten (und AfA-Bemessungsgrundlage) betragen 20 000 DM (§ 9b Abs. 1). Die AfA ist grds. ab dem Zeitpunkt der Anschaffung oder Fertigstellung zu berücksichtigen. Bei beweglichen Wirtschaftsgütern wie dem Pkw kann die Vereinfachungsregelung des R 44 Abs. 2 Satz 3 berücksichtigt werden.

Da die Anschaffung noch in der ersten Jahreshälfte erfolgte, ist die gesamte Jahres-AfA zu berücksichtigen.

Die AfA ist bereits auch BA, wenn die Anschaffungs- oder Herstellungskosten noch nicht bezahlt sind.
BA

01: AfA 25% von 20 000 DM =	5 000 DM
02: AfA	5 000 DM
gezahlte VoSt	3 000 DM
	8 000 DM
03: AfA	5 000 DM
04: AfA	5 000 DM

Beispiel 2:

Der Stpfl. (mit Regelbesteuerung bei der USt) erwirbt einen Pkw, den er zu 30% betrieblich nutzt, und behandelt ihn zutreffend als ustliches Unternehmensvermögen. – Der Pkw ist **notwendiges Privatvermögen**. Die gezahlte Vorsteuer ist **keine** BA. Anschaffungskosten sind der Nettokaufpreis **ohne USt**. 30% der laufenden Kosten und der AfA sind BA. Bei Veräußerung ist der **Veräußerungspreise einschl. USt keine BE** 70% Privatnutzung sind Eigenverbrauch. Die USt auf diesen Eigenverbrauch ist nicht abzugsfähig (§ 12 Nr. 3).

Für die Frage der **Nachholung von AfA gibt es** in der § 4 Abs. 3-Rechnung keine Besonderheiten. Auch bei § 4 Abs. 3 ist eine Nachholung **bewußt** unterlassener AfA unzulässig (BFH, BStBl 1966 III 88, und BStBl 1981 II 255, vgl. R 44 Abs. 10), d. h. das AfA-Volumen verringert sich insoweit endgültig. Bei **versehentlich** unterlassener Gebäude-AfA ist eine Nachholung während des planmäßigen (gesetzlichen) Abschreibungszeitraums zwar auch unzulässig. Im Gegensatz zur **bewußten** Unterlassung tritt aber **kein endgültiger** Verlust von AfA ein, da sich der Abschreibungszeitraum bis zur Vollabschreibung verlängert (BFH, BStBl 1987 II 491). Bei beweglichen Wirtschaftsgütern ist eine Verteilung des Restwerts auf die Restnutzungsdauer vorzunehmen (R 44 Abs. 10).

Vorauszahlungen für Wirtschaftsgüter, die nach den §§ 7 ff. abzuschreiben sind, können nicht bei Leistung BA sein. Nach § 7 kann nur die AfA nach vollendeter Anschaffung oder Herstellung vorgenommen werden, und zwar von den gesamten Anschaffung- oder Herstellungskosten. Anders bei geringwertigen Wirtschaftsgütern, vgl. 2.7.5.

Werteinbußen an abnutzbaren Anlagegütern können bei § 4 Abs. 3 nur in Form der außergewöhnlichen technischen oder wirtschaftlichen AfA nach § 7 Abs. 1 letzter Satz berücksichtigt werden. Teilwertabschreibungen nach § 6 Abs. 1 Nr. 1 sind nicht möglich.

Beispiel:

Eine Maschine wird durch Fehlbedienung zerstört. Je nach Zerstörungsgrad ist der nicht abgeschriebene Restwert um eine außergewöhnliche AfA zu mindern. Vgl. hierzu J. 3.

Beim Ausscheiden abnutzbarer Anlagegüter aus dem Betriebsvermögen ist der Restwert vom Tag des Ausscheidens als BA zu berücksichtigen. Dabei ist es gleichgültig, ob das Wirtschaftsgut durch Verkauf (vgl. 2.6.3), Tausch, Entnahme (vgl. 2.6.5.3) oder Zerstörung (vgl. 2.7.9.2) ausscheidet.

Beispiel:

A mit Gewinnermittlung nach § 4 Abs. 3 schenkt am 31.10.03 seinem Sohn einen bisher lt. Einzelnachweis (§ 6 Abs. 1 Nr. 4 S. 3) zu 80% betrieblich und zu 20% privat genutzten Pkw. Der Wagen wurde am 2.1.01 für 21 000 DM + 3 150 DM USt angeschafft. Der Teilwert am Entnahmetag beträgt 7 000 DM. Die betriebsgewöhnliche Nutzungsdauer beträgt 4 Jahre. A behandelte die bis 31.10.03 angefallenen laufenden Kosten (ohne AfA) in Höhe von 3 450 DM (brutto) als BA. A ist voll zum Vorsteuerabzug berechtigt. Auswirkung auf die BE und BA für 03:

- Die Sachentnahme ist mit dem Teilwert (§ 6 Abs. 1 Nr. 4) von 7000 DM als BE in 03 anzusetzen.
- Die Vorsteuer von 450 DM stellt – ohne Rücksicht auf die 20%ige Privatnutzung – in voller Höhe eine BA in 01 dar.
- Die Privatnutzung ist als (fiktive) BE anzusetzen. Ermittlung:

Kosten (netto) (hiervon **nicht** mit Vorsteuer belastet 1 375 DM)	3 000 DM
AfA (zeitanteilig 1.1.03 – 31.10.03) $^{10}/_{12}$ von 5 250 DM =	4 375 DM
	7 375 DM
Privatanteil 20%	1 475 DM

Die Kosten von 3000 DM und die zeitanteilige AfA von 4375 DM sind voll BA.

- Der sich zum 31.10.03 ergebende Restwert ist als BA abzuziehen.

Ermittlung:

Anschaffungskosten 01	21 000 DM
∕ AfA 01 und 02 2 × 25 % (§ 7 Abs. 1)	10 500 DM
∕ AfA 03 (s. o.) 10/12	4 375 DM
Restwert 31.10.03	6 125 DM

- Die private Pkw-Nutzung und die Entnahme des Pkws am 31.10.03 stellen umsatzsteuerlich Eigenverbrauch nach § 1 Abs. 1 Nr. 2 a bzw. b UStG dar. Diese USt ist nach § 12 Nr. 3 bei Zahlung nicht abzugsfähig (BFH, BStBl 1990 II 742). Sie kann nach bisheriger Verwaltungsauffassung bzw. -praxis aus Vereinfachungsgründen auch als (fiktive) BE angesetzt werden.

Ermittlung:

Entnahme Pkw: Teilwert entspricht „Einkaufspreis" im Zeitpunkt des Eigenverbrauchs (§ 10 Abs. 4 Nr. 1 UStG)	7 000 DM
Verwendungstatbestand: anteilige Kosten (§ 10 Abs. 4 Nr. 2 UStG) 20 % (s. o.) von 4 375 DM ∕ 1 625 DM =	1 200 DM
Bemessungsgrundlagen	7 200 DM
USt 15 % = nichtabziehbar gemäß § 12 Nr. 3	1 080 DM

Vgl. Abschn. 155 Abs. 2 UStR und BMF-Schreiben vom 21.2.1996, BStBl I 151.

2.7.5 Geringwertige Wirtschaftsgüter

2.7.5.1 Begriff und Voraussetzungen

Die Bewertungsfreiheit für geringwertige Anlagegüter können auch Stpfl. in Anspruch nehmen, die den Gewinn nach § 4 Abs. 3 ermitteln, wenn sie ein Verzeichnis nach § 6 Abs. 2 Satz 4 führen.

Voraussetzung ist weiter, daß die Anschaffungs- oder Herstellungskosten des beweglichen Anlageguts nicht mehr als 800 DM betragen. Zur Überprüfung dieser Grenze ist die Vorsteuer stets außer Betracht zu lassen. Es ist gleichgültig, ob der Stpfl. die Vorsteuern abziehen kann oder nicht (§ 6 Abs. 2 Satz 1 und R 86 Abs. 4).

Außerdem muß eine selbständige Nutzungsfähigkeit gegeben sein; vgl. hierzu Einzelheiten in R 40 Abs. 1.

2.7.5.2 Behandlung bei § 4 Abs. 3 EStG

Die Anschaffungs- oder Herstellungskosten eines geringwertigen Wirtschaftsguts im Sinne des § 6 Abs. 2 sind im Jahre der Vollendung der Anschaffung oder Herstellung als BA zu berücksichtigen.

Auf die Bezahlung in einem späteren Jahr kommt es nicht an. Erfolgt die Bezahlung erst in einem späteren Jahr als der Anschaffung oder Herstellung, ist trotzdem bereits im Anschaffungs- bzw. Herstellungsjahr der BA-Abzug vorzunehmen. § 6 Abs. 2 geht § 11 vor.

Werden die Zahlungen für das geringwertige Wirtschaftsgut jedoch ganz oder teilweise **vor** der Anschaffung oder Herstellung geleistet, dann sind diese Beträge bei Verausgabung BA, wenn feststeht, daß die Aufwendungen für ein geringwertiges Wirtschaftsgut erfolgen.

Die abziehbare Vorsteuer ist – nach allgemeinen Grundsätzen – im Jahre des Abflusses als BA zu berücksichtigen.

Beispiele:

Ein a) Rechtsanwalt
  b) Arzt (nur steuerfreie Umsätze)
    schafft eine betriebliche Schreibmaschine an im Dezember 01

Kaufpreis	800 DM
+ 15 % USt	120 DM
	920 DM

Bezahlung am a) 31.12.01
       b) 5. 1.02

Das Wirtschaftsgut wird in einem Verzeichnis gem. § 6 Abs. 2 S. 4 geführt.

a) Rechtsanwalt
1. Betriebsausgaben bei Zahlung in 01:
   BA 01:
   800 DM Abzug der Anschaffungskosten gem. § 6 Abs. 2
   <u>120 DM</u> Vorsteuer bei Zahlung gem. § 11 Abs. 2
   920 DM BA insgesamt
   BA 02: –
2. Betriebsausgaben bei Zahlung in 02:
   BA 01:
   800 DM Abzug der Anschaffungskosten gem. § 6 Abs. 2
   BA 02:
   120 DM gezahlte Vorsteuer.
   Hinweis: bei Bezahlung in Teilbeträgen/Raten **anteiliger** Abfluß der Vorsteuer.

b) Arzt
Die Anschaffungskosten betragen zwar gem. § 9 b Abs. 1 = 920 DM.
Trotzdem liegt ein geringwertiges Wirtschaftsgut vor, da die – wenn auch nicht abziehbare – Vorsteuer bei der 800 DM-Grenze außer Betracht bleibt.
1. Betriebsausgaben bei Zahlung in 01:
   BA 01: 920 DM Anschaffungskosten gem. § 6 Abs. 2
   BA 02: –
2. Betriebsausgaben bei Zahlung in 02:
   Behandlung wie bei Zahlung in 01.

Der Sofortabzug gilt auch für Fälle der Einlage und der Zuführung bei Betriebsöffnung. Vgl. hierzu 2.7.10.2.

2.7.6 Darlehen

Die Hingabe eines betrieblich veranlaßten Darlehens wirkt sich nicht aus:

Die Auszahlung stellt keine BA dar, die Rückzahlung keine BE. Vereinnahmte Zinsen für betrieblich gewährte Darlehen sind BE. Entsprechendes gilt für ein Damnum im Zeitpunkt der Vereinnahmung.
Vgl. 2.6.6.

2.7.7 Forderungsausfall

Es ist zwischen dem Ausfall von Darlehensforderungen und Kundenforderungen (Debitoren, Honorarforderungen usw.) zu unterscheiden.

2.7.7.1 Darlehensforderungen

Darlehensforderungen, die eindeutig zum BV gehören, werden im Jahr des endgültigen Ausfalls bzw. Teilausfalls als BA abgezogen (BFH, BStBl 1972 II 334); **H 16** (Darlehensverluste).

Beispiel:
A mit Gewinnermittlung nach § 4 Abs. 3 hat B in 01 ein betriebliches Darlehen von 10 000 DM gegeben. Bis Ende 02 hat B 5 000 DM zurückgezahlt.
In 03 verstirbt B ohne Erben.
Da eine Teilforderung von 5 000 DM uneinbringlich wurde, kann A 5 000 DM als BA abziehen.

Geht wider Erwarten eine Darlehensrückzahlung nach berechtigtem Betriebsausgabenabzug ein, so ist sie im Zeitpunkt der Rückzahlung als BE zu erfassen.

2.7.7.2 Kundenforderungen

Fällt eine Kundenforderung u. ä. aus, so ist – im Gegensatz zu Darlehensforderungen – kein Abzug als BA möglich, da die Entstehung der Forderung den Gewinn nicht erhöht hat – im Gegensatz zur Behandlung bei § 4 Abs. 1, § 5.

Die Gewinnminderung tritt bereits dadurch ein, daß eine entsprechende BE endgültig fehlt.

> **Beispiel:**
> Händler A hat dem B in 01 Waren auf Ziel geliefert zum Preis von 10 000 DM + 1 500 DM USt. In 02 fällt B in Konkurs, ohne gezahlt zu haben. Der Konkurs wird in 02 mangels Masse abgelehnt.
> Der Forderungsausfall stellt keine BA dar. Die wegen § 17 UStG (Änderung der Bemessungsgrundlage) eintretende USt-Minderung stellt bei Zufluß eine BE dar (bzw. BA-Minderung durch veränderte USt-Zahllast).

2.7.8 Forderungserlaß

Es ist zu unterscheiden zwischen einem Erlaß aus betrieblichen und privaten Gründen.

2.7.8.1 Erlaß aus betrieblichen Gründen

Der Erlaß einer Kundenforderung, Honorarforderung o. ä. aus **betrieblichen** Gründen – z. B. zur Verbesserung oder Erhaltung der Geschäftsbeziehungen – bleibt **ohne Gewinnauswirkung**. Eine Gewinnminderung tritt bereits dadurch ein, daß ein entsprechender Zufluß fehlt.

2.7.8.2 Erlaß aus privaten Gründen

Erläßt ein Überschußrechner seine Honorarforderungen aus **privaten** Gründen, so liegt eine **Entnahme** (der Forderung) vor (BFH, BStBl 1975 II 526). Die Entnahme ist mit dem Bruttobetrag als BE anzusetzen. Die zugrundeliegende Leistung bleibt umsatzsteuerlich steuerbar und steuerpflichtig. **(Kein** Fall des § 17 UStG!) Der Zufluß erfolgt im Zeitpunkt des Forderungserlasses.

Anders bei einer von vornherein unentgeltlichen Leistung des Stpfl.; hier liegt keine BE vor.

> **Beispiel:**
> Ein Arzt behandelt kostenlos einen Verwandten. Einem fremden Patienten hätte er 400 DM berechnet.
> Es liegt keine BE vor, weiterhin auch kein steuerbarer Eigenverbrauch.

2.7.9 Diebstahl und Unterschlagung

2.7.9.1 Geldverluste

Geldverluste durch Diebstahl oder Unterschlagung können als **BA** abgezogen werden, wenn der Stpfl. **nachweist**, daß zwischen dem Verlust des Geldes und dem Betrieb ein **objektiver wirtschaftlicher oder tatsächlicher Zusammenhang besteht** (BFH, BStBl 1976 II 560, BStBl 1992 II 343).

Nach BFH, BStBl 1962 III 366 sollte ein BA-Abzug u. a. nur bei sogenannter „geschlossener Kassenführung" vorliegen – zu eng lt. BFH, BStBl 1992 II 343.

Eine Aufzeichnung auch der Geldentnahmen und -einlagen und eine Nachprüfbarkeit durch Kassenfehlbestandsrechnungen sind daher **nicht** in jedem Fall erforderlich.

Kann der Stpfl. nämlich den Nachweis des engen Zusammenhangs zwischen dem Geldverlust und dem Betrieb auf andere Weise führen, spricht die Vermutung dafür, daß das Geld zum BV gehörte. Dann ist ebenfalls ein BA-Abzug möglich. Ein solcher anzunehmender Zusammenhang liegt insbesondere vor bei **Verlust** des Geldes

– in den **Betriebsräumen** oder

– durch **Unterschlagung** durch **Angestellte** oder

– wenn es „abgezählt" zur unmittelbaren betrieblichen Verwendung bereitlag.

Regreßansprüche beeinträchtigen den BA-Abzug nicht. Erst ein Zufluß einer Ersatzleistung ist als BE zu erfassen (BFH, a. a. O., S. 561).

> **Beispiele:**
> 1. Ein Lehrling unterschlägt Ende 01 aus der Portokasse 100 DM des Stpfl. mit Gewinnermittlung nach § 4 Abs. 3. Dies entdeckt der Stpfl. Anfang 02 bei einem Kassensturz. Der Verlust stellt bei Nachweis eine BA in 01 dar.

2. Eine Arzthelferin unterschlägt in 01 insgesamt 1 000 DM. Die Beträge haben Privatpatienten zum Rechnungsausgleich bar an sie in der Arztpraxis gezahlt. In 02 zahlt sie durch gerichtlichen Vergleich 800 DM.

Der Betrag ist dem Arzt im Augenblick vor der Unterschlagung als BE zugeflossen (§ 11 Abs. 1), da die Entgegennahme durch eine Angestellte in den Praxisräumen mit dem stillschweigenden Einverständnis des Arztes erfolgt ist und das Geld somit wirtschaftlich in den Machtbereich des Stpfl. gelangt ist (Zufluß durch Zahlung an **Bevollmächtigte**).

Aus diesem Grunde ist aber auch der Verlust dem betrieblichen Bereich zuzuordnen. Die teilweise Durchsetzung des Regreßanspruchs in 02 führt zu BE in 02.

		Gewinn	
BE 01	+ 1 000 DM	+ 1 000 DM	
BA 01	+ 1 000 DM	./. 1 000 DM	0 DM
BE 02			+ 800 DM

Sind die unterschlagenen Gelder nicht als BE erfaßt, ändert sich der Gewinn im Jahre des Geldverlustes im Ergebnis nicht.

2.7.9.2 Diebstahl von Wirtschaftsgütern

Die Entwendung von Wirtschaftsgütern kann **nur bei eindeutiger Zugehörigkeit zum BV zu BA** führen.

Es ist jedoch zu unterscheiden:

a) Bei Verlust von **nichtabnutzbarem** Anlagevermögen sind die ungekürzten Anschaffungs- oder Herstellungskosten als BA zu berücksichtigen. Nach § 4 Abs. 3 Satz 4 ist zwar ein BA-Abzug dieser Kosten erst bei Veräußerung oder Entnahme vorgesehen. Der BA-Abzug muß hier jedoch im Zeitpunkt des Verlusts möglich sein, da sich die Aufwendungen sonst überhaupt nicht gewinnmindernd auswirken würden.

b) Der Verlust eines Wirtschaftsguts des **abnutzbaren** Anlagevermögens in Höhe des Restwerts führt zu der Vornahme einer außerordentlichen AfA nach § 7 Abs. 1 Satz 5 und damit zu einer BA.

Auf diese Weise wirken sich im Ergebnis ebenfalls die gesamten Aufwendungen als BA aus.

c) Der Verlust von **Umlaufvermögen** führt zu keiner Gewinnminderung. Denn die Anschaffungs- und Herstellungskosten führen (bereits bzw. erst) bei Bezahlung zu BA.

Beispiel:
Dem Kleingewerbetreibenden wurden in 01 für 100 DM + 15 DM eingekaufte Waren gestohlen. Die Einkaufsrechnung bezahlt er in 02 i. H. v. 115 DM vor (einschl. abziehbarer Vorsteuer). Der Verlust darf sich in 01 nicht als BA auswirken (Vertretbar auch gegenteilige Auffassung).

Verluste infolge höherer Gewalt (Brand, Hochwasser u. ä.) sind wie Diebstahl, Unterschlagung zu behandeln. Auch in diesen Fällen sind eventuelle Schadenersatzleistungen erst im Jahr des Zuflusses als BE zu erfassen.

2.7.10 Einlagen

2.7.10.1 Geldeinlagen

Dem Betrieb aus dem Privatbereich zugeführte Barmittel sind bei § 4 Abs. 3 ohne Auswirkung. Vgl. zu Geldentnahmen 2.6.5.2.

2.7.10.2 Sacheinlagen

Für Sacheinlagen gilt die Regel: sie werden grds. so behandelt wie die Anschaffung des Wirtschaftsgutes selbst. Sacheinlagen haben demnach bei § 4 Abs. 3 den Charakter von BA. Es kommt jedoch darauf an, welche Art von Wirtschaftsgütern eingelegt wird.

Übersicht:

Nach den Grundsätzen des § 4 Abs. 3 ergibt sich:

Art des Wirtschaftsguts	Behandlung
a) Umlaufvermögen	sofort abzugsfähige BA (§ 4 Abs. 3 Satz 1)
b) abnutzbares Anlagevermögen (wenn nicht GWG)	BA nur im Wege der AfA § 7 (§ 4 Abs. 3 Satz 3)
c) GWG	sofort abzugsfähige BA (§ 6 Abs. 2)
d) nicht abnutzbares Anlagevermögen	BA erst bei – Veräußerung bzw. – Entnahme (§ 4 Abs. 3 Satz 4)
e) nicht abziehbare Aufwendungen (z.B. Geschenk i.S. des § 4 Abs. 5 Nr. 1)	nicht abzugsfähige BA

Die Einlagen sind nach § 6 Abs. 1 Nr. 5 (bzw. 6) zu bewerten. Die Anwendung dieser Bewertungsregeln bedeutet:

a) Umlaufvermögen

Maßgebend ist grds. der Teilwert bei Zuführung; bei Einlage innerhalb von 3 Jahren seit Anschaffung sind höchstens die Anschaffungs- oder Herstellungskosten anzusetzen.

Beispiel:

Der Stpfl. betreibt einen Gebrauchtwarenhandel. In 09 legt er eine private Modelleisenbahn, die er in 01 für 500 DM + 75 DM USt privat angeschafft hatte zum Verkauf in seine Auslage. Der Teilwert beträgt zu diesem Zeitpunkt 900 DM (netto). Er verkauft sie im Jahre 10 für 1 150 DM. Einlagewert ist – wegen Ablauf der Dreijahresfrist – generell der Teilwert. Der Stpfl. kann daher in 09 sofort 900 DM als BA absetzen. Im Jahre 10 hat er 1 150 DM als BE zu versteuern.

b) Abnutzbares Anlagevermögen

Werden abnutzbare Anlagegüter aus dem Privatvermögen dem Betrieb zugeführt, so kann nur die AfA nach § 7 zu BA führen. Die AfA-Bemessungsgrundlage ergibt sich dabei aus § 6 Abs. 1 Nr. 5. Dies ist grds. der Teilwert im Einlagezeitpunkt. Der Teilwert darf jedoch die „fortgeführten" Anschaffungs- oder Herstellungskosten nicht übersteigen, wenn das zugeführte Wirtschaftsgut innerhalb der letzten drei Jahre vor dem Zeitpunkt der Einlage im Privatbereich angeschafft oder hergestellt worden ist. Es ist also zu beachten, daß die privaten Anschaffungs- oder Herstellungskosten um die AfA zu kürzen sind, die auf die Zeit vor der Einlage entfallen. Dies kann bei beweglichen Wirtschaftsgütern nur die lineare AfA (§ 7 Abs. 1) sein. In derartigen Fällen werden also die „fortgeführten Anschaffungskosten" mit dem Teilwert im Einlagezeitpunkt verglichen.

Beispiel:

Ein Pkw wurde bis 31.12.02 zu 20% betrieblich, ab VZ 03 zu 80% betrieblich genutzt.
Die Anschaffung erfolgte am 2.1.01 für 20 000 + 3 000 DM USt. Die Restnutzungsdauer betrug am 1.1.03 2 Jahre, die gesamte Nutzungsdauer betrug ursprünglich 4 Jahre. Der Pkw wurde ustlich **nicht** als Unternehmensvermögen behandelt.
Der Teilwert beträgt am 1.1.03 a) 9 000 DM
 b) 12 000 DM.
Ermittlung der „fortgeführten Anschaffungskosten":

Anschaffungskosten 2.1.01	23 000 DM
./. AfA 01 + 02	11 500 DM
31.12.02/1.1.03	11 500 DM

Im Falle **a)** ist der (niedrigere) Teilwert maßgebend. Die AfA ist entweder nach § 7 Abs. 1 oder § 7 Abs. 2 vorzunehmen.

§ 7 Abs. 1: AfA-Satz 50% bei Restnutzungsdauer von 2 Jahren ergibt jährliche AfA von 4 500 DM.

§ 7 Abs. 2: AfA-Satz 30%. AfA im Jahre 03 somit 30% von (9000 DM / 2700 DM =) 6300 DM = 1890 DM usw.

Bei **b)** dürfen höchstens die fortgeführten Anschaffungskosten von 11 500 DM angesetzt werden. Dieser Wert ist dann Ausgangspunkt für die AfA.

c) Geringwertige Wirtschaftsgüter

§ 6 Abs. 2 gilt auch bei **Einlage** geringwertiger Wirtschaftsgüter.

An die Stelle der Anschaffungs- oder Herstellungskosten treten in diesen Fällen die nach § 6 Abs. 1 Nr. 5 oder 6 maßgebenden Werte. Bei der Prüfung der 800 DM-Grenze kann in diesen Fällen Vorsteuer **nicht** abgezogen werden.

Beispiel:

Der Stpfl. nutzt eine im Februar 06 für 1000 DM + 150 DM USt zu privaten Zwecken angeschaffte Schreibmaschine (gewöhnliche Nutzungsdauer 5 Jahre) ab 1.3.08 überwiegend betrieblich. Teilwert 1.3.08 800 DM.

Ermittlung des nach § 6 Abs. 2 als BA abzuziehenden Einlagewertes (§ 6 Abs. 1 Nr. 5).

Anschaffungskosten (einschl. nichtabziehbarer Vorsteuer, § 9b Abs. 1)	1 150 DM
./. AfA: nur nach § 7 Abs. 1 (da noch kein Anlagevermögen)	
(März 06 bis Februar 08 =) 2 J. × 20% = 40%	– 460 DM
Fortgeführte Anschaffungskosten	690 DM

Der (höhere) Teilwert ist nicht anzusetzen, da die Einlage innerhalb der Dreijahresfrist liegt. Die Bewertung erfolgt daher mit den fortgeführten Anschaffungskosten von 690 DM. Diese sind in 08 Sofortaufwand gem. § 6 Abs. 2. Der Vorsteuerabzug kann – auch nicht anteilig – nachgeholt werden.

Abwandlung:

Der Teilwert beträgt a) 900 DM
b) 600 DM

Bei **a)** sind die fortgeführten Anschaffungskosten von 690 DM weiterhin maßgebend. BA in 08: 690 DM.

Bei **b)** ist der niedrigere Teilwert von 600 DM (ohne Rücksicht auf die Dreijahresfrist) maßgebend. BA in 08: 600 DM.

d) Nicht abnutzbares Anlagevermögen

Hier ist § 4 Abs. 3 Satz 4 entsprechend anzuwenden (wie bei Veräußerung/Entnahme).

2.7.10.3 Nutzung von Wirtschaftsgütern des Privatvermögens für betriebliche Zwecke

Werden (bewegliche) Wirtschaftsgüter des Privatvermögens des Stpfl. teilweise betrieblich genutzt, so sind die durch die betriebliche Nutzung verursachten Aufwendungen BA.

Gegenstand der Einlage dürften hier die anteiligen Geldmittel sein; denn laufende Nutzungen (beweglicher) Wirtschaftsgüter sind nicht einlagefähig (BFH, BStBl 1988 II 348). Die Verwendung der anteiligen Barmittel für betriebliche Zwecke führt jedenfalls zu sofort abzugsfähigen BA, aber (erst) im Zeitpunkt der Nutzung.

Auch die anteilige AfA ist dabei zu berücksichtigen.

Beispiel:

Ein Stpfl. (mit § 4 Abs. 3) benutzt seinen Pkw zu 80% privat und 20% betrieblich. Der Pkw gehört zum (notwendigen) Privatvermögen. 20% der gesamten Kosten (einschließlich AfA) sind als BA zu berücksichtigen.

2.7.11 Kontokorrentzinsen als Betriebsausgaben

Bei § 4 Abs. 3 gibt es nach Auffassung von BFH (BStBl 1983 II 723 und BFH GrS, BStBl 1990 II 817) und FinVerw keine Vermutung für den betrieblichen Charakter der gesamten Kontokorrentschuld. Hier sind daher alle über das Kontokorrentkonto abgewickelten Zahlungsvorgänge einzeln auf ihre betriebliche oder private Veranlassung zu untersuchen. Der betriebliche Anteil der Zinsen ist z.B. nach der Zins(zahlen)staffelmethode zu berechnen. Der BFH und die FinVerw beanstanden aber eine anderweitige Schätzung nicht. Vgl. auch BMF-Schreiben vom 27.7.1987, BStBl I 508, BFH, BStBl 1991 II 226 und BMF-Schreiben vom 10.11.1993, BStBl I 930. Vgl. auch R 13 Abs. 15. Beachte aber Vorlagebeschlüsse BFH, BStBl 1995 II 877 und 882 (Zweikontenmodell in Frage gestellt?).

Tilgungsleistungen verringern vorrangig den **privaten** Teil der Schuld (BFH, BStBl 1992 II 817).

Diese Grundsätze sind **nicht** übertragbar auf die **einheitliche** Fremdfinanzierung eines **gemischtgenutzten** Wirtschaftsguts (z. B. Gebäudes); BFH, BStBl 1992 II 141.

2.7.12 Abschreibung des Praxiswerts

Im Gegensatz zum gewerblichen Firmenwert konnte ein entgeltlich erworbener freiberuflicher Praxiswert grds. – von (früheren) Sonderfällen abgesehen – schon immer nach § 7 Abs. 1 abgeschrieben werden; vgl. im einzelnen J. 3. Die Nutzungsdauer ist individuell zu schätzen und wird i. d. R. mit 3 bis 5 Jahren angenommen (BMF-Schreiben vom 15.1.1995, BStBl I 14). Vgl. im einzelnen nachfolgend J. 3.7.

2.8 Entschädigungen (R 35 Abs. 5 EStR)

Scheidet bei § 4 Abs. 3 ein Wirtschaftsgut (z. B. durch Brand oder Diebstahl) oder infolge oder zur Vermeidung eines behördlichen Eingriffes (z. B. drohende Enteignung) gegen Entschädigung aus dem Betriebsvermögen aus, so gelten die Grundsätze der „Rücklage für Ersatzbeschaffung" sinngemäß: Entschädigungsleistungen sind BE, der Restwert des ausgeschiedenen Wirtschaftsguts ist BA (R 35 Abs. 5). Ist die Entschädigung höher als der Restwert im Zeitpunkt des Ausscheidens, so kann der darüber hinausgehende Betrag im Jahr der Ersatzbeschaffung von den Anschaffungs- oder Herstellungskosten des Ersatz-Wirtschaftsguts sofort voll abgezogen werden. Die restlichen Anschaffungs- oder Herstellungskosten sind auf die Nutzungsdauer zu verteilen.

Vgl. wegen weiterer Einzelheiten R 35 Abs. 5.

2.9 Erwerb und Veräußerung gegen Renten, Raten, dauernde Lasten

Vgl. hierzu R 16 Abs. 4 und 5 sowie Abschn. K. 9.1.7.

2.10 Entgeltlicher Betriebserwerb

Bei entgeltlichem Erwerb eines Betriebs sind die einzelnen Wirtschaftsgüter nach § 6 Abs. 1 Nr. 6 mit dem Teilwert, höchstens mit den Anschaffungskosten anzusetzen. Der Kaufpreis ist entsprechend zu verteilen.

Für die Behandlung der anteiligen Anschaffungskosten der einzelnen Wirtschaftsgüter sind die allgemeinen Grundsätze des § 4 Abs. 3 anzuwenden, d. h. z. B. soweit der Kaufpreis auf Umlaufvermögen entfällt, ist er bei Bezahlung BA usw. Wegen des Betriebserwerbs gegen Raten oder Renten vgl. K. 9.1.7.

2.11 Übergang zum Bestandsvergleich

Ein Übergang der Gewinnermittlung von § 4 Abs. 3 zum Betriebsvermögensvergleich (§ 4 Abs. 1, § 5) ist ohne weiteres möglich. Hierbei sind jedoch **Gewinnkorrekturen** erforderlich zur **Vermeidung einer Nicht- bzw. Doppelerfassung** von BE oder BA.

Vgl. R 17 und Anlage 1 EStR sowie **Band 1** dieser Buchreihe.

2.12 Betriebsveräußerung und Betriebsaufgabe

Betriebsveräußerung und -aufgabe sind Tatbestände des § 18 Abs. 3 i. V. m. § 16. Vgl. hierzu K. 2.6.

Zu beachten ist, daß der Stpfl. zwangsläufig von der Gewinnermittlung nach § 4 Abs. 3 zur Gewinnermittlung durch Betriebsvermögensvergleich übergehen muß (R 17 Abs. 1). Bei diesem Übergang sind die **Zu- und Abrechnungen** nach **R 17 Abs. 1** dem letzten, nach § 4 Abs. 3 ermittelten Gewinn zuzurechnen. Sie sind nicht Bestandteil des Veräußerung- oder Aufgabegewinns. Der sich per Saldo ergebende Zurechnungsbetrag kann **nicht** auf drei Jahre verteilt werden.

2.13 Aufzeichnungen

Eine ordnungsmäßige Buchführung im Sinne des ESt-Rechts ist bei § 4 Abs. 3 nicht gegeben. Es werden nur Aufzeichnungen über die BE und BA geführt. Eine allgemeine Verpflichtung hierzu ist im Gesetz wohl nicht enthalten. Entscheidend sind aber die vollständige Erfassung der BE sowie der vollständige Nachweis der BA (durch Belege) und ihrer betrieblichen Veranlassung. Die Belegsammlung ist die entscheidende Grundlage der Gewinnermittlung.

3. Absetzung für Abnutzung (AfA)

3.1 Abschreibung als Oberbegriff

Die Begriffe „Abschreibung" und „Absetzung für Abnutzung" sind **nicht deckungsgleich.** Der Begriff **„Abschreibung"** erfaßt **sämtliche** denkbaren **Wertminderungen** eines Wirtschaftsguts im Bereich des Betriebsvermögens (Anlage- und Umlaufvermögen) sowie der Überschußeinkünfte.

Der Begriff „Abschreibung" umfaßt daher

- die Absetzung für Abnutzung (AfA)
- die Absetzung für Substanzverringerung (AfS; vgl. § 7 Abs. 6)
- Absetzungen wegen außergewöhnlicher technischer oder wirtschaftlicher Abnutzung (vgl. § 7 Abs. 1 Satz 5)
- Teilwertabschreibungen
- Sonderabschreibungen und
- erhöhte Abschreibungen.

3.2 Abschreibung als Begriff des Handelsrechts

Der Begriff der **AfA** ist ein **steuerrechtlicher** Begriff. Das Handelsrecht verwendet stattdessen den Begriff „Abschreibung". Im Handelsrecht ist die Abschreibung Ausdruck des Wertverzehrs.

Das HGB betrachtet die Frage der Abschreibung unter dem Gesichtspunkt des zutreffenden Vermögensausweises. Nach § 253 Abs. 2 HGB sind bei den Gegenständen des Anlagevermögens, deren Nutzung zeitlich begrenzt ist, die Anschaffungs- oder Herstellungskosten um **planmäßige Abschreibungen** zu vermindern.

Dabei ist keine bestimmte Methode vorgeschrieben (Methodenwahlrecht). Der Plan muß aber die Anschaffungs- oder Herstellungskosten nach einer den Grundsätzen ordnungsmäßiger Buchführung entsprechenden Abschreibungsmethode auf die Geschäftsjahre verteilen, in denen der Gegenstand voraussichtlich genutzt werden kann (§ 253 Abs. 2 S. 1 HGB).

Außerdem sind **außerplanmäßige** Abschreibungen zur Anpassung an den niedrigeren Wert möglich bzw. geboten gemäß § 253 Abs. 2 S. 3, Abs. 3 und § 254 HGB.

Vgl. hierzu im einzelnen **Band 1 dieser Buchreihe** (Buchführung und Bilanzsteuerrecht).

Betriebswirtschaftlich gesehen haben die Abschreibungen einen **(Selbst-)Finanzierungseffekt:**

Die sich aus der Abschreibung ergebende Mittelansammlung erleichtert die Wiederbeschaffung der durch den Wertverzehr verbrauchten Anlagegüter. Bei steigenden Wiederbeschaffungspreisen werden jedoch die hierfür erforderlichen Mittel nicht in voller Höhe angesammelt. Denn die Absetzung ist von den historischen Anschaffungs- oder Herstellungskosten vorzunehmen. Absetzungen von den Wiederbeschaffungskosten sind – wie im Steuerrecht – nicht zulässig.

3.3 Zweck der steuerlichen AfA

Dagegen dient die AfA im Steuerrecht der **Gewinn-** bzw. **Einkunftsermittlung.** Die steuerliche AfA führt zu einer **Verteilung der Aufwendungen auf die (betriebs)gewöhnliche Nutzungsdauer** (§ 7 Abs. 1 Satz 2) = **Verteilungsfunktion** (BFH, BStBl 1978 II 343).

Dabei sind die **Methodenvorschriften** der §§ 7 ff. zu beachten. Die Anschaffungs- oder Herstellungskosten eines abnutzbaren Wirtschaftsguts, das der **Einkunftserzielung** dient, stellen begrifflich **Betriebsausgaben** (§ 4 Abs. 4) oder **Werbungskosten** (§ 9) dar.

Es würde aber betriebswirtschaftlich, handelsrechtlich und steuerlich zu falschen Ergebnissen führen, wenn man diesen Betrag im Jahr der Ausgabe voll zum Abzug zulassen würde, weil der Ausgabe mit der Anschaffung des Wirtschaftsguts ein Gegenwert gegenübersteht. § 7 Abs. 1 Satz 1 bestimmt deshalb, daß die Anschaffungs- oder Herstellungskosten für abnutzbare Wirtschaftsgüter, deren Verwendung oder Nutzung durch den Steuerpflichtigen zur Erzielung von Einkünften sich erfahrungsgemäß auf einen Zeitraum von mehr als einem Jahr erstreckt, auf die Jahre der betriebsgewöhnlichen Nutzungsdauer zu verteilen sind. Diese Bestimmung gilt nicht nur für die Gewinnermittlung durch **Betriebsvermögensvergleich** (§ 4 Abs. 1, § 5), sondern auch für die Gewinnermittlung nach **§ 4 Abs. 3** und gemäß § 9 Abs. 1 Nr. 7 für die Ermittlung des **Überschusses der Einnahmen über die Werbungskosten** bei den Überschußeinkünften.

In Betracht kommen sowohl **körperliche** als auch **immaterielle, bewegliche und unbewegliche** Wirtschaftsgüter.

Von **nicht abnutzbaren** Wirtschaftsgütern des Anlagevermögens (§ 6 Abs. 1 Nr. 2; Grund und Boden – ohne die darauf errichteten Gebäude –, Beteiligungen) und von Wirtschaftsgütern des Umlaufvermögens kann eine AfA **nicht** vorgenommen werden. Für diese Wirtschaftsgüter kommt, wenn sie zu einem Betriebsvermögen gehören, nur eine **Teilwertabschreibung** in Betracht.

Im Bereich des Betriebsvermögens muß es sich folglich um (abnutzbares) **Anlagevermögen** (vgl. § 247 Abs. 2 HGB) handeln.

Abschreibung (handelsrechtlich, §§ 253, 254 HGB)	AfA (steuerlich, § 7 EStG)
Ausdruck des Wertverzehrs	Verteilung der Aufwendungen (AK/HK) auf gewöhnliche Nutzungsdauer
weitgehendes Methodenwahlrecht	Methodenvorschriften §§ 7 ff. EStG

Neben der AfA nach § 7 (d. h. **zusätzlich**) sind steuerlich ggfs. **Sonderabschreibungen** zulässig (z. B. § 7g EStG).

Außerdem gibt es **erhöhte AfA**, die **anstelle** der AfA nach § 7 vorgenommen werden können, z. B. § 7c, § 7h, § 7i, § 7k EStG.

Die Absetzungsvorschriften sind aus finanzpolitischen oder konjunkturpolitischen Gründen häufig geändert worden.

3.4 Verhältnis von Handelsrecht und Steuerrecht

Das **Handelsrecht** legt eine bestimmte AfA-Art nicht fest. So ist hier neben einer **linearen** AfA, die die Anschaffungskosten gleichmäßig auf die Nutzungsdauer verteilt, und neben verschiedenen Formen der **degressiven** AfA auch eine **progressive** AfA möglich.

Nach § 5 Abs. 1 ist das Betriebsvermögen anzusetzen, das nach den handelsrechtlichen Grundsätzen ordnungsmäßiger Buchführung auszuweisen ist, § 5 Abs. 1 regelt jedoch nur den Umfang der Bilanzierung. Hinsichtlich des Wertansatzes geht das Steuerrecht eigene Wege. Nach § 5 Abs. 6 sind u. a. die Vorschriften über die Bewertung und über die Absetzung für Abnutzung oder Substanzverringerung zu befolgen. Soweit das Steuerrecht ein Wahlrecht zuläßt, treten an seine Stelle zwingende handelsrechtliche Vorschriften. Der Maßgeblichkeitsgrundsatz besagt, daß der Stpfl. an einen handelsrechtlich zulässigen Wertansatz auch steuerrechtlich gebunden ist.

Zu dem Verhältnis der handelsrechtlichen Abschreibungen zur steuerlichen AfA, zur Teilwertabschreibung sowie den Auswirkungen des **Maßgeblichkeitsgrundsatzes** (§ 5 Abs. 1 Satz 1) sowie der sogenannten **umgekehrten Maßgeblichkeit** (vgl. § 254 HGB, § 5 Abs. 1 Satz 2 EStG) bei bilanzierenden Kaufleuten vgl. im einzelnen **Band 1 dieser Buchreihe** (Buchführung und Bilanzsteuerrecht).

3.5 Steuerliche AfA-Grundsätze

Rechtsgrundlage für die AfA ist § 7. Eine Ergänzung erfolgt durch § 7a, der gemeinsame Vorschriften für erhöhte Absetzungen und Sonderabschreibungen enthält, und für Sonderfälle durch die §§ 7b bis 7k. Die Verbindung zu den Gewinnermittlungsvorschriften wird durch § 6 Abs. 1 Nr. 1 hergestellt. Danach sind abnutzbare Wirtschaftsgüter des Anlagevermögens mit den Anschaffungs- oder Herstellungskosten vermindert um die AfA nach § 7 anzusetzen. § 7 ist nicht nur anzuwenden beim Betriebsvermögensvergleich, sondern auch bei § 4 Abs. 3 und – eingeschränkt – auch bei der Ermittlung der Überschußeinkünfte (§ 9 Abs. 1 Nr. 7). Es besteht ein **Zwang** zur AfA nach § 7. Dabei kommt es weder auf einen tatsächlichen Wertverzehr noch auf die Nutzung an.

Stpfl. mit Gewinnermittlung durch Bestandsvergleich (§ 4 Abs. 1 und § 5) müssen zumindest die gewöhnliche AfA nach § 7 vornehmen (vgl. Wortlaut des § 6 Abs. 1 Nr. 1).

Entsprechendes gilt gemäß § 4 Abs. 3 Satz 3 bei der Einnahme-Überschuß-Rechnung.

Bei den Überschußeinkünften ist die AfA ebenfalls zwingend vorzunehmen; zulässig sind aber nur diejenige nach § 7 Abs. 1, Abs. 4 und Abs. 5 (§ 9 Abs. 1 Nr. 7).

Abgesehen von den erhöhten Absetzungen und den Sonderabschreibungen ist die AfA abschließend in § 7 geregelt. Hiernach sieht das Steuerrecht vor:

a) die **lineare** AfA, d.h. die AfA in gleichbleibenden Jahresbeträgen (§ 7 Abs. 1 Satz 1)

b) die **degressive** AfA, d.h. die AfA in fallenden Jahresbeträgen (§ 7 Abs. 2) = Restbuchwert AfA

c) die AfA **nach Maßgabe der Leistung** (§ 7 Abs. 1 Satz 4).

d) für Gebäude lineare AfA (§ 7 Abs. 4) bzw. unter bestimmten Voraussetzungen degressive AfA (§ 7 Abs. 5 – fallende AfA-Sätze in zeitlicher Staffelung).

Bei abnutzbaren beweglichen Wirtschaftsgütern des Anlagevermögens, die mehreren Beteiligten zuzurechnen sind, können die AfA nur einheitlich entweder nach § 7 Abs. 1 Sätze 1 und 2 oder nach § 7 Abs. 1 Satz 4 oder nach § 7 Abs. 2 bemessen werden.

- **Grundsatz der vollen Absetzung**

Die AfA sind grundsätzlich so zu bemessen, daß die Anschaffungs- oder Herstellungskosten nach Ablauf der betriebsgewöhnlichen Nutzungsdauer des Wirtschaftsguts **voll abgesetzt** sind. Ein **Schrottwert** ist bei der Bemessung der AfA nur zu berücksichtigen, wenn er – wie das im allgemeinen bei Gegenständen von großem Gewicht oder aus wertvollem Material der Fall ist – im Vergleich zu den Anschaffungs- oder Herstellungskosten und auch bei Anlegung eines absoluten Maßstabes erheblich ist. In diesem Fall ist der Schrottwert in der Weise zu berücksichtigen, daß nur die um den Schrottwert gekürzten Anschaffungs- oder Herstellungskosten auf die betriebsgewöhnliche Nutzungsdauer des Wirtschaftsguts zu verteilen sind (BFH-Beschluß, BStBl 1968 II 268 und BFH, BStBl 1971 II 800). Ein steuerlich zu berücksichtigender Schrottwert wird im allgemeinen nur bei **Seeschiffen** vorliegen. Bei der Bemessung von Sonderabschreibungen und erhöhten Absetzungen ist ein Schrottwert **nicht** zu berücksichtigen.

Wird ein zum Betriebsvermögen gehöriges Wirtschaftsgut (z.B. ein Pkw) während der geschätzten Nutzungsdauer **veräußert**, so darf für die Bemessung der AfA **kein Restwert** von den Anschaffungskosten abgesetzt werden unter dem Gesichtspunkt, daß noch ein über dem Buchwert liegender Veräußerungserlös erzielt wird (BFH, BStBl 1975 II 268).

- **Einzel- und Sammelabschreibungen**

Grds. ist jedes Wirtschaftsgut einzeln abzuschreiben. Wegen der Möglichkeit von Sammelabschreibungen im BV vgl. R 31 Abs. 2 Satz 3 und **Band 1 dieser Buchreihe**.

- **Einheitlichkeit der AfA**

Gegenstand der AfA ist grds. das **einzelne Wirtschaftsgut** als Nutzungs- und Funktionseinheit. Es ist nicht zulässig, einzelne Bestandteile eines Wirtschaftsguts entsprechend ihrer unterschiedlichen Nutzungsdauer abzusetzen (BFH, BStBl 1974 II 132 und Beschluß GrS 1978 II 620). Vgl. auch R 31 Abs. 2 Satz 2.

Stehen **mehrere** bürgerlich-rechtlich selbständige Wirtschaftsgüter in einem **einheitlichen Nutzungs- und Funktionszusammenhang,** sind sie steuerlich als ein **einheitliches** Wirtschaftsgut anzusehen; vgl. R 40 Abs. 1. Sie stehen in einem einheitlichen Nutzungs- und Funktionszusammenhang, wenn sie sich nach ihrer betrieblichen Funktion gegenseitig bedingen. Vgl. § 6 Abs. 2 Satz 2. Ist ein Wirtschaftsgut dauernd dazu bestimmt, einem anderen Wirtschaftsgut zu dienen, so bildet es mit ihm grundsätzlich eine Bewertungseinheit (BFH, BStBl 1978 II 322). Das gilt auch dann, wenn das Wirtschaftsgut aus einem betrieblichen Nutzungszusammenhang gehört und in einen anderen eingefügt werden kann (§ 6 Abs. 2 Satz 3).

Beispiel:

X hat in 01 eine Werkzeugmaschine angeschafft (betriebsgewöhnliche Nutzungsdauer 10 Jahre). Gleichzeitig hat er Werkzeuge angeschafft, die dieser Werkzeugmaschine dienen, z. B. Bohrer, Fräsen, Schleifen usw.

Es handelt sich um ein einheitliches Wirtschaftsgut, weil die Werkzeuge nicht einer selbständigen Nutzung fähig sind, sondern dazu bestimmt sind, der Werkzeugmaschine als Hauptwirtschaftsgut zu dienen. Das Wirtschaftsgut unterliegt einer einheitlichen Abnutzung. Die Nutzungsdauer und daher der AfA-Zeitraum richtet sich nach der betriebsgewöhnlichen Nutzungsdauer des Hauptwirtschaftsguts. Die Anschaffungskosten der Werkzeugmaschine einschließlich der Werkzeuge sind daher auf die Nutzungsdauer von 10 Jahren zu verteilen und entsprechend abzusetzen. Soweit die Werkzeuge eine kürzere Nutzungsdauer haben, ist ihr Ersatz durch neue Werkzeuge als Erhaltungsaufwand zu behandeln.

Zur Behandlung von **Gebäudeteilen** sowie **Ein- und Umbauten** als selbständige Wirtschaftsgüter vgl. 3.15.9.5 sowie im einzelnen **Band 1 dieser Buchreihe**.

3.6 AfA-Berechtigter

3.6.1 Grundsatz

AfA-berechtigt ist grds. derjenige, der den **wirtschaftlichen Verzehr** trägt (vgl. BFH, BStBl 1975 II 6 und 8. Nach BFH, BStBl 1985 II 453 und BStBl 1990 II 889 ist grds. derjenige zur AfA berechtigt, der die Anschaffungs- oder Herstellungskosten für das Wirtschaftsgut getragen hat; ebenso BFH, BStBl 1987 II 322 zur erhöhten AfA. Nach h. L. ist grds. auch die **Zurechnung** des Wirtschaftsguts erforderlich. Grundsätzlich ist der **zivilrechtliche** Eigentümer auch wirtschaftlich als Eigentümer anzusehen. Wirtschaftliches und zivilrechtliches Eigentum fallen jedoch auseinander, wenn ein anderer als der zivilrechtliche Eigentümer die tatsächliche Herrschaft über ein Wirtschaftsgut ausübt.

Dann ist das Wirtschaftsgut dem wirtschaftlichen Eigentümer zuzurechnen (§ 39 Abs. 2 Nr. 1 AO) und dieser ist AfA-berechtigt (vgl. z. B. R 44 Abs. 1 Satz 2).

Wer z. B. als Nichteigentümer berechtigt ist, auf Grund vertraglicher Vereinbarung ein Wirtschaftsgut (bis zum Ende der betriebsgewöhnlichen Nutzungsdauer) zu nutzen, ohne daß der Eigentümer den Gegenstand herausverlangen kann, ist als wirtschaftlicher Eigentümer anzusehen.

Beispiel:

Kauf unter Eigentumsvorbehalt (§ 455 BGB):
A hat am 1.4.01 von dem Kfz-Händler B einen Pkw für 30 000 DM zuzüglich 4 200 DM USt erworben. B hat sich bis zur vollen Bezahlung des Pkw das Eigentum an diesem vorbehalten (§ 455 BGB). Zum 31.12.01 war erst ein Teil des Kaufpreises gezahlt. A ist mit der Übergabe des Pkw wirtschaftlicher Eigentümer geworden (§ 39 Abs. 2 Nr. 1 Satz I AO), so daß ihm die AfA zusteht.

3.6.2 Einzelfälle

Der **Erwerber eines Gebäudes** ist ohne Rücksicht auf den Zeitpunkt des zivilrechtlichen Eigentumsübergangs durch die Grundbucheintragung von dem Zeitpunkt an AfA-berechtigt, an dem die Nutzungen und Lasten auf ihn übergehen. Vgl. R 44 Abs. 1 Satz 2.

Weitere Fälle wirtschaftlichen Eigentums sind in § 39 Abs. 2 Nr. 1 Satz 2 AO geregelt.

Ist z. B. ein Wirtschaftsgut einem Dritten (Sicherungsnehmer) zur Sicherheit übertragen worden, so bleibt der **Sicherungsgeber** wirtschaftlicher Eigentümer (§ 39 Abs. 2 Nr. 1 Satz 2 AO).

Beispiel:

X hat der A Bank eine Werkzeugmaschine für einen Kredit zur Sicherheit übereignet. X bleibt weiterhin wirtschaftlicher Eigentümer, da X das Wirtschaftsgut weiterhin wie ein Eigentümer nutzen darf.

X ist daher AfA-Berechtigter.

Zur Zurechnung bei **Leasing**-Verhältnissen vgl. BMF-Schreiben vom 19.4.1971, BStBl I 264 und 21.3.1972, BStBl I 168. Zum Leasing sowie zu **unechten** und **echten Mietkaufverträgen** vgl. im einzelnen **Band 1 dieser Buchreihe** (Buchführung und Bilanzsteuerrecht).

Die **unentgeltliche Überlassung** eines Wirtschaftsguts an einen Dritten berechtigt den Nutzenden nicht zur Vornahme von AfA (BFH, BStBl 1979 II 401). Der Eigentümer ist mangels Einkunftserzielung ebenfalls **nicht** AfA-berechtigt (BFH, BStBl 1981 II 68, BStBl 1986 II 327, BStBl 1985 II 720).

Der unentgeltlich Überlassende bleibt aber nach Auffassung des BFH (BStBl 1980 II 181) auch AfA-berechtigt bei einer **unentgeltlichen Betriebsüberlassung**. Dies kann der Fall sein, wenn die Leistungen des Begünstigten in erster Linie der Altersversorgung (z. B. der überlassenden Eltern) dienen sollen. Die unentgeltliche Betriebsüberlassung ist dann steuerlich ebenso zu behandeln wie ein Pachtverhältnis. Wenn der Überlassende dem FA gegenüber nicht ausdrücklich die Betriebsaufgabe erklärt, hat er nach wie vor gewerbliche Einkünfte (BFH, BStBl 1976 II 335; 1977 II 719) und bleibt AfA-berechtigt. Vgl. auch R 139 Abs. 5.

Das dem Pächter vom Verpächter überlassene, aber im Eigentum des Verpächters verbliebene Inventar, das zum Anlagevermögen gehört, wird weiterhin dem Verpächter zugerechnet (z. B. BFH, BStBl 1979 II 138). Das gilt auch dann, wenn das Inventar auf den Pächter zum Schätzwert übertragen wird mit der Verpflichtung, es bei Ablauf des Pachtverhältnisses zum Schätzwert zurückzugewähren (**Pachterneuerungsverpflichtung, Substanzerhaltungspflicht,** § 587 BGB) (BFH, BStBl 1966 III 61; 147 und 589; 1975 II 700; 1979 II 38; aber streitig).

Zu den **Bilanzierungsfragen** (Aktivierung der angeschafften Ersatzwirtschaftsgüter, Aktivierung bzw. Passivierung des Substanzerhaltungsanspruchs bzw. der -verpflichtung) vgl. **Band 1 dieser Buchreihe** (Buchführung und Bilanzsteuerrecht). Zur AfA-Berechtigung bei **Nießbrauch** vgl. K. 8.8.

Zu **Bauten auf fremdem Grund und Boden, Mietereinbauten, Laden- und Schaufensterum- und -ausbauten** vgl. **Band 1 dieser Buchreihe.**

3.6.3 Nutzungsrechte und Ehegattengrundstücke. Drittaufwand

a) Kernpunkte der Rechtsprechung

Bei **betrieblicher** Nutzung eines Gebäudes auf einem Grundstück, das im Miteigentum der Ehegatten steht, ist mit BFH, BStBl 1990 II 578 und BStBl 1991 II 82 eine dramatische Verschärfung der Rechtsprechung eingetreten. Danach liegt auch in den Fällen des Miteigentums – jedenfalls im betrieblichen Bereich – **kein** wirtschaftliches Eigentum des Betriebsinhabers bei dem Gebäudeteil vor, der dem Ehegatten des Betriebsinhabers nach Bruchteilen (§ 39 Abs. 2 Nr. 2 AO) zuzurechnen ist.

Das gilt selbst dann, wenn der gewerbetreibende Ehegatte das Grundstück lediglich in dem Umfang nutzt, der seinem Miteigentumsanteil entspricht. Das ergibt sich aus BStBl 1990 II 578, mit dem der BFH zur Überprüfung des Aktivierungswahlrechts bei Grundstücken von untergeordneter Bedeutung (R 13 Abs. 8) ohne weitere Erläuterung die betriebliche Nutzung eines gemeinsamen Ehegattengrundstücks nur zu 50 v. H. als Betriebsvermögen des gewerbetreibenden Ehegatten beurteilt hat.

Auch in BStBl 1991 II 82 beschränkt der BFH die Aktivierung in Miteigentumsfällen – **gegen** das rkr. Urteil des Hess. FG v. 27.7.1989, EFG 1990, 165 – expressis verbis auf den Miteigentumsanteil an den betrieblich genutzten Räumen. Im Urteilsfall wurde das den Ehegatten zu je 50 v. H. gehörende bebaute Grundstück zu 50 v. H. von der Ehefrau für ihre Arztpraxis und der Rest für private Wohnzwecke genutzt. Der BFH hat nur 25 v. H. vom Gebäude und Grund und Boden als Betriebsvermögen behandelt.

Der sogenannte „**Rechtszuständigkeits**"-Gedanke, wie er in Miteigentumsfällen bei **§ 10e** (vgl. BMF-Schreiben vom 25.10.1990 Rz. 27) und **§ 21** (vgl. R 164) zum Ausdruck kommt, ist nach Auffassung des BFH im **betrieblichen** Bereich **nicht** anzuwenden.

Nun besteht sogar die Gefahr, daß die für **Arbeitnehmer** günstige gegenteilige BFH-Rechtsprechung zum **häuslichen** Arbeitszimmer (vgl. Abschn. 45 Satz 6 LStR) ins Wanken gerät (wohl nicht dagegen infolge des Förderungsgedankens die Grundsätze bei § 10 e). Die Folge des Rechtsprechungsschwenks im betrieblichen Bereich ist der Verlust der auf den Miteigentumsanteil entfallenden Gebäude-AfA, die keine BA mehr ist.

Dagegen sind die anteiligen Hausaufwendungen, die auf den anderen Miteigentumsanteil entfallen, jedenfalls dann BA des Betriebsinhabers, wenn er sie selbst getragen hat (sog. **Eigenaufwand**); vgl. BFH vom 30.1.1995 GrS, BStBl 1995 II 281.

Der **BFH lehnt** mithin im **betrieblichen** Bereich die Berücksichtigung von sogenanntem **Drittaufwand offensichtlich ab.** So auch BFH, BStBl 1996 II 192 und BStBl 1996 II 193. Es ist aber noch die Entscheidung des Großen Senats zum Vorlagebeschluß vom 27.7.1994, BStBl 1995 II 27 abzuwarten.

Dagegen hat der BFH GrS in BStBl 1995 II 281 bestätigt, daß **eigener** Herstellungsaufwand für den Miteigentumsanteil eines **Dritten** (unter den allgemeinen Voraussetzungen) als **BA** oder **WK** abziehbar sein kann = sog. „**Eigenaufwand** für fremdes Wirtschaftsgut".

b) Unentgeltliche betriebliche Nutzung eines Ehegattengrundstücks

Der Große Senat des BFH hatte mit Beschluß vom 26.10.1987, BStBl 1988 II 348 entschieden, daß Gegenstand einer Einlage nur Vermögensgegenstände sein können, nicht dagegen bloße Nutzungsvorteile.

Die bisherige Rechtsprechung zur Nutzungsrechtseinlage bei Ehegattengrundstücken steht mit diesem Beschluß nicht mehr in Einklang. Der BFH hat nachfolgend entschieden, daß die unentgeltlich eingeräumte Möglichkeit betrieblicher Nutzungen eines Gegenstandes kein einlagefähiges Wirtschaftsgut darstellt. Folge: AfA kann nicht vorgenommen werden. Gegenstand der Einlage könne nur eigener Aufwand sein, nicht jedoch der Aufwand eines Dritten, hier des Ehegatten (= Ablehnung von Drittaufwand im betrieblichen Bereich – im Gegensatz zur Arbeitszimmer-Rechtsprechung betr. Arbeitnehmer!) Vgl. BFH, BStBl 1990 II 741 und 1991 II 82.

Konsequenzen sind:

- Der Betriebsinhaber-Ehegatte kann AfA für das Gebäude nicht geltend machen.
- Andere grundstücksbezogene Kosten kann er nur dann als Betriebsausgaben abziehen, wenn er sie aufgrund einer entsprechenden Vereinbarung zwischen den Ehegatten als Nutzungsberechtigter zu tragen hat (bei fehlender Vereinbarung kein Abzug! Nach BFH GrS vom 30.1.1995 [a.a.O.] erscheint es fraglich, ob eine solche Vereinbarung [noch] erforderlich ist).

Der Betriebsinhaber hat – im Gegensatz zur bisherigen Rechtsprechung und Verwaltungsauffassung – nicht die Möglichkeit, das unentgeltlich erlangte Nutzungsrecht durch Einlage als Betriebsvermögen zu behandeln (früher möglich in Höhe der Summe der AfA-Beträge, die der Eigentümer-Ehegatte während der voraussichtlichen Nutzungszeit hätte geltend machen können).

- Der Grundstückseigentümer-Ehegatte kann Gebäude-AfA und Grundstücksaufwendungen mangels Einnahmen nicht als WK abziehen.
- Es kommt somit zum „Leerlauf" der Gebäude-AfA.

c) Unentgeltliche Nutzung eines Grundstücks und von Grundstücksteilen im Miteigentum von Ehegatten

1. Betrieblicher Bereich

Die Rechtsprechungsänderung zur Einlage unentgeltlicher Nutzungsrechte wirkt sich auch auf betriebliche Nutzungen aus, die unentgeltlich auf einem gemeinsamen Ehegatten-Grundstück erfolgen

Die betriebliche Nutzung ist **aufzusplitten** in

aa) den Miteigentumsanteil des Betriebsinhabers und

bb) den Miteigentumsanteil des anderen Ehegatten.

Zu aa): Nur der Miteigentumsanteil des Betriebsinhaber-Ehegatten am Grund und Boden und Gebäude wird mit dem entsprechenden Anteil der gesamten Anschaffungskosten aktiviert.

Bei Fremdfinanzierung darf nur anteilig passiviert werden. Folglich ist auch der Schuldzinsenabzug auf den entsprechenden Anteil des gesamten Zinsaufwands begrenzt.

Zu bb): Der Miteigentumsanteil des anderen Ehegatten dient nicht der Erzielung von Einnahmen im Rahmen einer Einkunftsart. Die AfA ist daher insoweit weder als Werbungskosten noch als Drittaufwand im Rahmen der Betriebsausgaben abzugsfähig, weil das Nutzungsrecht unentgeltlich erlangt wurde und eigene Aufwendungen des Betriebsinhabers insoweit nicht vorliegen. So BFH, BStBl 1991 II 82. Entsprechendes muß für den anteiligen Schuldzinsenabzug gelten.

Das o. a. Urteil betrifft die unentgeltliche Nutzung eines Teils des gemeinsamen Ehegatten-Grundstücks (Arbeitszimmer für betriebliche Zwecke). Die Behandlung bei Nutzung eines ganzen Grundstücks kann aber nicht anders sein.

2. Arbeitszimmer-Rechtsprechung – Arbeitszimmer des Arbeitnehmer-Ehegatten bei Miteigentum der Ehegatten

Lt. BFH, BStBl 1988 II 764 und ihm folgend die Verwaltung (Abschn. 45 Abs. 2 Satz 4 LStR, **H 44** (Miteigentum von Ehegatten) führt dagegen die Nutzung eines häuslichen Arbeitszimmers bei den Einkünften aus nichtselbständiger Tätigkeit im **vollen** Umfang zu Werbungskosten. Dies gilt auch für die AfA, die auf den Miteigentumsanteil des anderen Ehegatten am Arbeitszimmer entfällt.

Damit läßt der VI. Senat im Gegensatz zum IV. und VIII. Senat jedenfalls für den Bereich der Werbungskosten Drittaufwand zum Abzug zu. Nochmals bestätigt: BFH VI. Senat, BFH/NV 1995, 879 (allerdings mit der Begründung, daß der Stpfl. die AK/HK entsprechend seinem Miteigentumsanteil getragen habe[?]).

Aus R 164 Abs. 1 Satz 3 (zu § 21) und BMF-Schr. vom 31.12.1994, Rz. 60 (zu § 10e) kann **aber** für den **betrieblichen** Bereich (= R 44 Abs. 1) auf eine Beschränkung auf den Miteigentumsanteil geschlossen werden (entspricht auch BFH, BStBl 1988 II 764).

Der BFH hat es abgelehnt, für den Fall der betrieblichen Nutzung die AfA zu berücksichtigen, die auf den Miteigentumsanteil des anderen Ehegatten entfällt.

Diese unterschiedliche Behandlung ist m. E. nur schwer nachvollziehbar. Es ist fraglich, ob diese unterschiedliche Behandlung aufrechtzuerhalten ist.

Dagegen erscheint eine Beibehaltung des Rechtszuständigkeitsgedankens in Tz. 62 des BMF-Schr. vom 31.12.1994 zu § 10e im Hinblick auf den Förderungszweck des § 10e möglich.

d) Vertrauensschutz und Übergangsregelung für den betrieblichen Bereich

Eine bundeseinheitliche Stellungnahme der Verwaltung fehlt bislang.

– Aufgrund mehrerer Verfügungen, z. B. nach OFD Düsseldorf vom 22.7.1993 S 2134a A – St 11 bestehen **keine** Bedenken, vorerst weiter nach den bisherigen Grundsätzen zu verfahren.

– Unproblematisch sind bereits durchgeführte Veranlagungen wegen § 176 Abs. 1 Nr. 3 AO (gilt auch bei VdN-Festsetzungen, vgl. BFH, BStBl 1989 II 50; 1989 II 198).

Ein Übergang zu einer entgeltlichen Überlassung für die Zukunft ist möglich (**Mietvertrag**).

e) Unentgeltliche betriebliche Nutzung nach Grundstücksschenkung unter Nießbrauchsvorbehalt

Nach der BFH-Rechtsprechung bleibt ein Stpfl., der unter Vorbehalt des Nießbrauchs Grundstücke auf ein Kind überträgt, in der Regel **nicht** wirtschaftlicher Eigentümer. Daraus folgt, daß das Grundstück in solchen Fällen durch Entnahme zum Teilwert aus dem Betriebsvermögen des Stpfl. ausscheidet. Vgl. BFH, BStBl 1974 II 481; BStBl 1984 II 212; 1989 II 763.

– **Keine Einlage des Nutzungsrechts**

Eine „Einlage des Nutzungsrechts zum Teilwert" ist **nicht** möglich (BFH, BStBl 1989 II 763).

– **AfA und Aufwandseinlage**

Eigene Aufwendungen bei betrieblicher Nutzung betriebsfremden Vermögens sind BA (BFH GrS, Beschluß vom 30.1.1995, BStBl 1995 II 281). Das gilt auch in den Fällen des Vorbehaltsnießbrauchs, soweit der Nießbraucher zur Kostentragung kraft Gesetzes oder Vertrages verpflichtet ist.

Die AfA ist im Wege der Aufwandseinlage geltend zu machen.

Sie beruht auf den abschreibbaren Anschaffungs- oder Herstellungskosten, die der Nutzungsberechtigte ursprünglich einmal selbst betragen hat.

Die Höhe der AfA ist in den EStR nicht geregelt. Lt. BFH kann die AfA aufgrund des Nutzungsrechts nicht höher sein als die AfA auf den genutzten Gegenstand selbst. Da der AfA-Berechnung für die Nutzung jedoch eine erfolgswirksame Entnahme des Grundstücks vorangegangen ist, ist als Bemessungsgrundlage der Entnahmewert des Gebäudes maßgebend. Vgl. BFH, BStBl 1990 II 368 (hier 371).

Die Anwendung der degressiven Gebäude-AfA ist im Anschluß an eine Entnahme nach Auffassung der Finanzverwaltung unzulässig (R 43 Abs. 6 und 44 Abs. 12 Nr. 1).

In Altfällen ist m. E. eine erfolgsneutrale Korrektur in Höhe des noch nicht abgeschriebenen Restbuchwertes vorzunehmen.

Folgen:

- AfA ist weiterhin Aufwand über „Aufwandseinlage"
- Erlöschen des Nießbrauchsrechts ist schon bisher nicht erfolgswirksam gewesen (kein Aufwand, vgl. BFH, BStBl 1989 II 763).

Also tritt kein Nachteil für den Stpfl. ein.

f) Zuwendungsnießbrauch

Ein dinglich gesichertes Nutzungsrecht ist zwar grundsätzlich einlagefähig. Das gilt jedoch nicht für unentgeltlich erlangte Nutzungsrechte. Hier ist die Einlage auf die eigenen Aufwendungen begrenzt. Da der Zuwendungsnießbraucher die Anschaffungs- oder Herstellungskosten des Gebäudes jedoch nicht getragen hat, kommt die Gewährung von AfA auch nicht über den Rechtsgedanken des § 11d EStDV in Betracht (BFH, BStBl 1990 II 888).

3.6.4 AfA-Berechtigung bei Miteigentum

Ist ein Wirtschaftsgut im Miteigentum mehrerer, so steht die AfA den Miteigentümern grundsätzlich im **Verhältnis** ihrer **Miteigentumsanteile** zu (BFH, BStBl 1978 II 674). AfA können innerhalb einer Grundstücksgemeinschaft **abweichend** von den Eigentumsanteilen verteilt werden, wenn die Miteigentümer die Anschaffungs- oder Herstellungskosten in unterschiedlicher Höhe (abweichend von den Miteigentumsanteilen) getragen haben (R 164 Abs. 1). Im Falle erhöhter AfA vgl. § 7a Abs. 7 (grds. nur **einheitliche** Inanspruchnahme von allen Beteiligten; BFH, BStBl 1986 II 910).

Im übrigen sind **Vereinbarungen** zwischen Miteigentümern über die Verteilung der AfA **nicht** anzuerkennen (BFH, BStBl 1987 II 322 betreffend erhöhte AfA). Anders bei Gesellschafterwechsel in einer Personengesellschaft (z. B. Immobilienfonds); vgl. BFH, BStBl 1984 II 54 und Fleischmann/Haas, DStR 1993, 534 m.w.N., interessant z. B. für **Fördergebiets-Fonds**; vgl. aber erläuternd BMF-Schr. vom 29.3.1993, BStBl I 279 Rz 1.

3.7 Der AfA unterliegende Wirtschaftsgüter

AfA sind bei Wirtschaftsgütern anzusetzen, die der **Abnutzung** unterliegen (BFH, BStBl 1986 II 355; R 42 Abs. 1) und der **Erzielung von Einkünften** dienen. Es ist hierbei zu beachten, daß der Begriff des Wirtschaftsgutes nicht identisch ist mit dem bürgerlich-rechtlichen Begriff der Sache bzw. eines Rechts. Wirtschaftsgüter stellen grundsätzlich alle Vorteile dar, die im Rechtsverkehr handelbar sind und bewertet werden können. Bewegliche Sachen sind in der Regel abnutzbar (R 42 Abs. 2), Rechte, soweit sie einer zeitlichen Begrenzung unterliegen (BFH, BStBl 1979 II 38); regelmäßig abnutzbar sind Gebäude. Für Kunstgegenstände und Antiquitäten gelten Besonderheiten (vgl. z. B. BFH, BStBl 1978 II 164 (**keine** AfA bei Gemälden eines anerkannten Meisters) und BFH, BStBl 1986 II 355 (AfA auch bei alten Möbeln, die im Wert steigen).

Auch **Bodenschätze** sind abnutzbar im weiteren Sinne (BFH, BStBl 1968 II 3). Hierfür kommt eine AfS in Betracht (§ 7 Abs. 6). Bei der **Abnutzung** kann es sich um eine **technische** oder **wirtschaftliche** handeln.

§ 7 unterscheidet **nicht** nach Einkunftsarten (BFH, BStBl 1990 II 830).

Je nachdem, ob nutzbare Wirtschaftsgüter

- beweglich oder unbeweglich,
- materiell oder immateriell,
- zum Betriebsvermögen oder Privatvermögen gehören,

sind unterschiedliche AfA-Methoden zulässig. Vgl. nachstehende Übersicht:

		Wirtschaftsgüter		
	abnutzbar		nicht abnutzbar	
materiell		immateriell	materiell	immateriell
beweglich **Beispiele:** Maschinen, Kfz, Betriebsvorrichtungen	unbeweglich Gebäude, selbständige unbewegliche Gebäudeteile / andere unbewegliche Wirtschaftsgüter **Beispiele:** Abschn. 43 Abs. 1	**Beispiele:** Patente, Nutzungsrechte, freiberuflicher Praxiswert, Geschäftswert (ab 1.1.1987)	Grund und Boden:	Beteiligungen Güterfernverkehrsgenehmigungen (BFH, BStBl 1992 II 383 und 529 **keine** AfA nach § 7 Abs. 1 Satz 3)
lineare AfA (§ 7 Abs. 1); Leisungs-AfA (§ 7 Abs. 1); degressive AfA (§ 7 Abs. 2)	lineare (§ 7 Abs. 4) und degressive (§ 7 Abs. 5) Gebäude-AfA / **nur** lineare AfA (§ 7 Abs. 1)	**nur** lineare AfA (§ 7 Abs. 1)	= keine AfA (im BV aber: ggf. Teilwertabschreibung)	

Zu den **beweglichen** Wirtschaftsgütern vgl. 3.10.2.3. Zum Begriff der Betriebsvorrichtungen vgl. § 68 Abs. 2 Nr. 2 BewG, R 42 Abs. 3, sowie im einzelnen 3.10.2.3.

Zur Frage der **Selbständigkeit** von **Gebäude-** bzw. **Grundstücksbestandteilen** vgl. R 42 Abs. 5. Wie ein Gebäude ist ein **Nutzungsrecht** an einem **Gebäude** zu behandeln, das durch **Baumaßnahmen** des Nutzungsberechtigten entstanden ist. Dies gilt für Nutzungsrechte im Privatvermögen entsprechend (R 42 Abs. 5 S. 3).

Zu den **immateriellen** Wirtschaftsgütern **Band 1 dieser Buchreihe.**

Immaterielle Wirtschaftsgüter, deren **Nutzungsdauer zeitlich begrenzt** ist, unterliegen der Abnutzung. Es kommt hier nur die lineare AfA in Betracht, weil die degressive AfA nur für bewegliche Wirtschaftsgüter des Anlagevermögens zulässig ist (§ 7 Abs. 2).

Beispiel:
Die Brauerei A hat dem Gastwirt G einen Zuschuß in Höhe von 10 000 DM gewährt. G hat sich der A gegenüber verpflichtet, ausschließlich für 5 Jahre von ihr Bier zu beziehen. Es handelt sich um ein zeitlich begrenztes immaterielles Wirtschaftsgut. Die Anschaffungskosten sind nicht sofort, sondern während der Nutzungsdauer von 5 Jahren gleichmäßig absetzbar.

Neben Nutzungsrechten (vgl. BFH, BStBl 1983 II 739) kommen hier im wesentlichen Patente in Betracht.

Der **entgeltlich erworbene (= derivative) gewerbliche** (oder land- und forstwirtschaftliche) **Geschäfts- oder Firmenwert** gehört aufgrund der § 6 Abs. 1 Nr. 2, § 7 Abs. 1 Satz 1 zu den **abnutzbaren** Wirtschaftsgütern des Anlagevermögens.

Die betriebsgewöhnliche **Nutzungsdauer** ist mit **15** Jahren festgelegt (§ 7 Abs. 1 Satz 3), so daß der AfA-Satz 6 $^{2}/_{3}$ % beträgt.

Als Übergangsregelung für „Altfälle" ist von einem fiktiven Beginn der Nutzungsdauer am 1.1.1987 auszugehen.

Dagegen gehört ein entgeltlich erworbener (= derivativer) freiberuflicher Praxiswert schon bisher grds. zu den **abnutzbaren** Wirtschaftsgütern.

Er verliert diese Eigenschaft **nicht** dadurch, daß die Tätigkeit des Erwerbers nach § 2 Abs. 2 GewStG als Gewerbebetrieb gilt. Eine Wirtschaftsprüfer- und Steuerberater-GmbH, die einen Praxiswert entgeltlich erwirbt, kann deshalb grundsätzlich AfA auf dieses Wirtschaftsgut vornehmen.

Für bestimmte Fälle hatten Rechtsprechung und Verwaltung (BMF-Schreiben vom 30.7.1979 (BStBl I 481) früher die AfA ausgeschlossen, so bei

— Sozietätsgründung, weil der frühere Praxisinhaber weiterhin entscheidenden Einfluß ausübt (BFH, BStBl 1975 II 381)

— Eintritt in eine bestehende Sozietät (FG Düsseldorf, EFG 1986, 12)

— Ausscheiden eines Teilhabers aus einer Sozietät (BFH, BStBl 1982 II 620),

— GmbH-Gründung, wenn der bisherige Praxisinhaber in der GmbH weiterhin entscheidenden Einfluß ausübt (BMF-Schreiben vom 30.7.1979, a.a.O.).

Dies konnte angesichts der Gesetzesänderung bezüglich des gewerblichen Firmenwerts **nicht** aufrechterhalten werden. Deshalb hatte die FinVerw seit 1.1.1987 die $^{1}/_{15}$-AfA auch in diesen Fällen zugelassen, vgl. BMF-Schreiben vom 20.11.1986, BStBl 1986 I 532; a.A. nunmehr BFH, BStBl 1994 II 590: Danach ist die Nutzungsdauer des Beispiels in Fällen der **Sozietätsgründung doppelt** so lang wie üblich, also **6 bis 10 Jahre**; im Urteilsfall **8 Jahre**; vgl. auch BMF-Schreiben vom 15.1.1995, BStBl I 14.

Die **individuelle** Nutzungsdauer beträgt **3 bis 5 Jahre** (BMF-Schreiben vom 15.1.1995, BStBl I 14.

Nicht abnutzbar sind nach der ausdrücklichen Vorschrift des § 6 Abs. 1 Nr. 2 der **Grund und Boden** sowie **Beteiligungen**. Hier ist – bei Zugehörigkeit zum Betriebsvermögen – allerdings eine Teilwertabschreibung denkbar. Bei **Umlaufvermögen** ist generell eine AfA unzulässig.

3.8 Nutzungsdauer

„Gesamtdauer der Verwendung oder Nutzung" ist nach § 7 Abs. 1 Satz 2 die „betriebsgewöhnliche Nutzungsdauer".

Danach ist die betriebsgewöhnliche Nutzungsdauer der Zeitraum, in dem das Wirtschaftsgut unter Berücksichtigung seines Einsatzes im Betrieb des Steuerpflichtigen zur Erzielung von Einnahmen verwendet oder genutzt werden kann. Zum Beginn bei Gebäuden vgl. § 11c Abs. 1 EStDV.

Die AfA auf ein Wirtschaftsgut ist grds. (aber nicht notwendig) durch Abnutzung oder durch Substanzverringerung veranlaßt. Unter Abnutzung versteht man zunächst eine **mechanische** oder **technische** (z.B. Verschleiß), die sich auf den Zustand des Wirtschaftsgutes auswirkt. Die Abnutzung kann aber auch **wirtschaftlich** verstanden werden. Dann liegt die Wertminderung außerhalb des Wirtschaftsgutes.

> **Beispiel:**
> Entwicklung einer neuen Computer Generation, die die bisherige unrentabel macht.

Die Nutzungsmöglichkeit hängt sowohl von technischen als auch von wirtschaftlichen Faktoren ab. Daher ist zwischen technischer und wirtschaftlicher Nutzungsdauer zu unterscheiden.

- **Technische Nutzungsdauer** ist die Zeit, in der ein Wirtschaftsgut (Anlagegut) eine (betrieblich) nutzbare Leistung erbringt.

- **Wirtschaftliche Nutzungsdauer** ist die Zeit, in der das Wirtschaftsgut in betriebswirtschaftlich sinnvoller Weise, also rentabel und rationell, eingesetzt werden kann.

Die wirtschaftliche Abnutzung berücksichtigt den technischen Fortschritt, Wandel des Geschmacks usw. So kann der Einsatz einer Maschine infolge von Innovationsprozessen nicht mehr rentabel sein, obwohl die Maschine selbst noch technisch einwandfrei läuft.

Sind solche wirtschaftlichen Umstände schon bei der Anschaffung des Wirtschaftsgutes voraussehbar, ist die wirtschaftliche Nutzungsdauer kürzer als die technische. Die Festlegung der betriebsgewöhnlichen Nutzungsdauer richtet sich dann im Zweifel nach der wirtschaftlichen Nutzungsdauer (BFH, BStBl 1957 III 301). Vgl. auch die ausdrückliche Erwähnung der wirtschaftlichen Nutzungsdauer in § 7 Abs. 1 Satz 5. Maßgebend ist die **kürzere** der beiden Nutzungsdauern. S. a. Vorbemerkung zu den amtlichen AfA-Tabellen Nr. 5, BMF, DB 1976, 1793.

Auf die Nutzungsdauer hat es keinen Einfluß, wenn das Wirtschaftsgut voraussichtlich oder erfahrungsgemäß vor seiner technischen und wirtschaftlichen Abnutzung veräußert wird.

Die Nutzungsdauer ist dabei unter Berücksichtigung aller Umstände zu schätzen. Hierbei sind Erfahrungssätze zu beachten. Dabei kommt der Schätzung des Stpfl. besondere Bedeutung zu, es sei denn, seine Schätzung liegt offensichtlich außerhalb des angemessenen Schätzungsrahmens (BFH, BStBl 1956 III 86, 1958 III 291).

Die Finanzverwaltung hat unter Mitwirkung der jeweils in Betracht kommenden Fachverbände der Wirtschaft für die der Abnutzung unterliegenden Wirtschaftsgüter sogenannte **„amtliche AfA-Tabellen"** herausgegeben, deren Sätze für die betreffenden Wirtschaftsgüter als **Anhaltspunkt** für die Bemessung der AfA dienen sollen. Es handelt sich jedoch nicht um rechtsverbindliche Durchschnittssätze.

Wenn sich herausstellt, daß die Nutzungsdauer eines Wirtschaftsgutes unrichtig geschätzt worden ist, so ist der noch nicht abgesetzte Teil der Anschaffungs- oder Herstellungskosten auf die Restnutzungsdauer zu verteilen (RFH, RStBl 1940, 603). Maßgebend für den Wechsel in Höhe der Absetzungen für Abnutzung ist der Zeitpunkt, in dem entdeckt wird, daß die mutmaßliche technische oder wirtschaftliche Lebensdauer des Wirtschaftsgutes sich verkürzt hat (RFH, RStBl 1937, 909). Zulässig ist aber regelmäßig auch eine außergewöhnliche Absetzung nach § 7 Abs. 1 S. 5 bzw. im BV bei Gewinnermittlung nach § 4 Abs. 1 oder § 5 eine Teilwert-Abschreibung.

Beispiel:

Die Nutzungsdauer einer Maschine, deren Anschaffungskosten 150 000 DM betragen, wurde auf 10 Jahre geschätzt. Nach 3 Jahren stellt sich heraus, daß die Nutzungsdauer nur 5 Jahre beträgt. Nach 3 Jahren beträgt der Buchwert 105 000 DM. Dieser Wert ist auf die Restnutzungsdauer von 2 Jahren zu verteilen. Die AfA beträgt im 4. und 5. Jahr jeweils 52 500 DM.

Bei dauernd erheblich verminderter Nutzung oder bei längerer Stillegung werden aber die Nutzungsdauer und damit die AfA-Beträge neu zu ermitteln sein. Bei **„mehrschichtiger"** Nutzung läßt die FinVerw höhere AfA-Sätze zu; vgl. Vorbemerkungen zu den amtlichen AfA-Tabellen Nr. 7 (BMF, vgl. DB 1976, 1793).

Ein Sonderfall ist die **rechtliche** Nutzungsdauer. Das ist der Zeitraum, in dem ein Wirtschaftsgut genutzt werden darf. Der Fall kommt vor bei zeitlich begrenzten Nutzungsrechten, insbesondere bei Bauten auf fremdem Grund und Boden (Mietereinbauten); vgl. BFH, BStBl 1979 II 399 und 507 sowie BStBl 1985 II 128. Ist die rechtliche Nutzungsdauer kürzer als die wirtschaftliche/technische, ist i. d. R. auf die kürzere rechtliche Nutzungsdauer abzuschreiben. Hinweis auf BMF-Schreiben vom 15. 1. 1976 (BStBl I 66) betr. Mietereinbauten, R 42 Abs. 6; s. im einzelnen **Band 1 dieser Buchreihe**.

Als betriebsgewöhnliche Nutzungsdauer des Geschäfts- bzw. Firmenwerts eines Gewerbebetriebs oder land- und forstwirtschaftlichen Betriebs gilt nach § 7 Abs. 1 S. 3 ein Zeitraum von **15 Jahren**. Dies ist bisher der einzige Fall einer gesetzlichen Festlegung der Nutzungsdauer eines Wirtschaftsgut (abgesehen von Gebäuden).

Die Nutzungsdauer **betrieblicher und privater** Pkw ist im Verwaltungsweg auf **5 Jahre** festgelegt worden. Dies gilt bei **Erstzulassung** nach dem **31. 12. 1992**; so BMF-Schr. vom 3. 12. 1992, BStBl I 734 und BMF-Schr. v. 28. 5. 1993, BStBl I 483. Somit wendet die FinVerw **nicht** das BFH-Urteil, BStBl 1992 II 1000 an (wonach Pkw im allgemeinen eine Nutzungsdauer von 8 Jahren haben sollen).

Werden Wirtschaftsgüter erst nach Ablauf eines Teils ihrer gesamten Nutzungsdauer für die Erzielung von Einkünften genützt, ist AfA erst ab dem **Beginn** der Einkünfteerzielung zulässig. Die auf die Zeit vor der Umwidmung entfallende AfA ist nicht als WK oder BA abzugsfähig (BFH, BStBl 1989 II 922).

3.9 Bemessungsgrundlage der AfA

Bemessungsgrundlage der AfA sind die (grds. tatsächlichen) **Anschaffungs- oder Herstellungskosten** des Wirtschaftsguts oder der an ihre Stelle tretende Wert (vgl. z. B. § 7a Abs. 9 EStG; §§ 7, 10, 10a EStDV). Diese Bemessungsgrundlage ist auch das AfA-Volumen, kann also voll abgesetzt werden (vorbehaltlich einer nachträglichen Minderung; siehe 3.9.4).

Die Bemessungsgrundlage kann sich **durch Übertragung** von **Rücklagen** (z. B. nach §§ 6b, 6c oder R 35) sowie durch erhaltene **Zuschüsse mindern**. Vgl. R 43 Abs. 4.

Zur Ermittlung der AfA-Bemessungsgrundlage für Gebäude im Beitrittsgebiet vgl. BMF-Schr. vom 15. 1. 1995, BStBl I 14.

3.9.1 Anschaffungskosten

Es gilt der **handelsrechtliche** und damit übereinstimmende **bilanzsteuerliche** Begriff der Anschaffungskosten **(entsprechend** auch bei Privatvermögen). Nach § 255 Abs. 1 HGB gehören zu den Anschaffungskosten alle Aufwendungen, die geleistet werden, um einen Vermögensgegenstand zu erwerben und in einen betriebsbereiten Zustand zu versetzen. Vgl. auch BFH, BStBl 1985 II 690 und 1986 II 60. Hierzu gehören auch **Nebenkosten**.

Beispiel:
Kosten der Fundamentierung einer Maschine.

Nach § 255 Abs. 1 HGB und BFH, BStBl 1984 II 101 können nur einzeln zuzuordnende Kosten, also **nur Einzelkosten, nicht** dagegen anteilige **Gemeinkosten** erfaßt werden. Zu Anschaffungspreisminderungen vgl. nachstehend 3.9.4. Wegen weiterer Einzelheiten vgl. **R 32a, H 32a** und **Band 1 dieser Buchreihe**.

3.9.2 Herstellungskosten

Auch hier kann die handelsrechtliche Definition herangezogen werden. Nach § 255 Abs. 2 HGB und damit weitgehend übereinstimmend nach R 33 sind Herstellungskosten die Aufwendungen, die

– durch den Verbrauch von Gütern und
– die Inanspruchnahme von Diensten
– für die Herstellung, Erweiterung oder wesentliche Verbesserung eines Vermögensgegenstandes entstehen.

Vgl. auch R 33, 33a, H 33a sowie im einzelnen **Band 1 dieser Buchreihe**.

3.9.3 Nachträgliche Anschaffungs- oder Herstellungskosten

Für die AfA bei nachträglichen Anschaffungs- oder Herstellungskosten fehlt eine allgemeine gesetzliche Regelung der Absetzung.

Geregelt ist lediglich die Behandlung nachträglicher Anschaffungs- oder Herstellungskosten bei erhöhten AfA und Sonderabschreibungen (§ 7a Abs. 1).

3.9.3.1 Begriff

Nachträgliche Anschaffungs- oder Herstellungskosten sind Aufwendungen, die **nach vollendeter Anschaffung bzw. Fertigstellung** (§ 9a EStDV) eines Wirtschaftsguts anfallen. Vgl. auch § 255 Abs. 1 HGB.

Voraussetzung ist mithin, daß bereits ein **fertiges** Wirtschaftsgut vorliegt. Nachträgliche Kosten liegen dagegen **nicht** vor, wenn durch sie bei wirtschaftlicher Betrachtung ein **anderes Wirtschaftsgut** entsteht (R 43 Abs. 5 und 11 S. 4).

Nachträgliche Anschaffungs- bzw. Herstellungskosten liegen **stets** vor bei bloßen **nachträglichen Kostenerhöhungen** (ohne Substanzvermehrung, bzw. ohne Änderung der Wesensart).

Nachträgliche Anschaffungskosten oder Herstellungskosten sind aber auch solche Zusatzbeschaffungen, die die Brauchbarkeit und auch den Wert eines Wirtschaftsguts erhöhen (BFH, BStBl 1975 II 345).

Beispiele:
1. A hat für einen in 01 gekauften Lkw in 02 ein Aufbauteil angeschafft.
   Es liegen nachträgliche Anschaffungskosten vor.
2. In einem Industriebetrieb wird die Fertigungsanlage wegen Kapazitätserweiterung vergrößert = nachträgliche Anschaffungskosten.
3. A hat eine Werkzeugmaschine angeschafft. Zwei Monate später werden Werkzeugteile ergänzt. Die Werkzeugteile stehen mit der Werkzeugmaschine in einem einheitlichen Nutzungs- und Funktionszusammenhang und bilden daher mit der Werkzeugmaschine zusammen ein Wirtschaftsgut.

Werden jedoch ausgeschiedene Werkzeugteile ersetzt, liegt keine Ersatzbeschaffung, sondern Erhaltungsaufwand vor.

Die **Veränderung von Verbindlichkeiten** aus dem Erwerb eines Wirtschaftsguts führt **nicht** zur Änderung der Anschaffungskosten (BFH, BStBl 1984 II 109).

Beispiel:
Eine Kaufpreisrente erhöht sich aufgrund einer Wertsicherungsklausel.

3.9.3.2 Abgrenzung zum Erhaltungsaufwand

Es ist jedoch eine Abgrenzung zum sofort als BA oder WK abzugsfähigen Erhaltungsaufwand vorzunehmen. Vgl. R 157 und im einzelnen K 2.7.8.5.

Keine Anschaffung, sondern Erhaltungsaufwand liegt vor, wenn **verbrauchte Teile** ergänzt werden. Das gilt auch dann, wenn die Reparatur zum Anlaß genommen wird, das Wirtschaftsgut zu modernisieren.

Nach der gewandelten Rechtsprechung liegt aber auch dann Erhaltungsaufwand vor, wenn **technisch nicht verbrauchte Teile** eines Wirtschaftsguts ausgewechselt werden, z. B. um es auf den modernsten Stand der Technik zu bringen.

3.9.3.3 Bemessung der AfA bei § 7 Abs. 1 und 2 EStG

Werden nachträgliche Anschaffungs- oder Herstellungskosten aufgewendet, bei denen AfA nach § 7 Abs. 1 oder 2 vorgenommen werden, so bemessen sich vom Jahr der Entstehung der nachträglichen Anschaffungs- oder Herstellungskosten an die AfA nach den um die nachträglichen Anschaffungs- oder Herstellungskosten **vermehrten letzten Buchwert** oder **Restwert** und der **Restnutzungsdauer** (R 44 Abs. 11 Satz 1).

Die Restnutzungsdauer ist unter Berücksichtigung des Zustands des Wirtschaftsguts im Zeitpunkt der Beendigung der nachträglichen Herstellungsarbeiten **neu zu schätzen.**

Es kann sich infolge der nachträglichen Herstellungskosten dabei **auch eine Nutzungsdauerverlängerung** ergeben. Es ist zu beachten, daß die Nutzungsdauer bei nachträglichen Kostenerhöhungen nicht berührt wird.

Im einzelnen gilt folgendes:

a) **Lineare AfA (§ 7 Abs. 1)**

Hier ist vom Zeitpunkt des Entstehens nachträglicher Kosten an der AfA-Satz so zu erhöhen, daß die gesamten Anschaffungskosten, bestehend aus dem letzten Buchwert und den nachträglichen Anschaffungskosten, bis zum Ablauf der gegebenen Restnutzungsdauer abgesetzt sind.

Ändert sich die Restnutzungsdauer nicht, muß der AfA-Satz dennoch erhöht werden. Wird die Restnutzungsdauer durch die nachträglichen Arbeiten verlängert, ist der AfA-Satz ebenfalls so zu ändern, daß die volle Absetzung innerhalb der Restnutzungsdauer erfolgt.

b) **Degressive AfA (§ 7 Abs. 2)**

Hier soll der anzuwendende Hundertsatz nach R 44 Abs. 11 Satz 1 ebenfalls nach der tatsächlichen Restnutzungsdauer (auf Grund einer neuen Schätzung) bemessen werden.

Trotzdem kann der Restwert zuzüglich nachträglicher Anschaffungskosten innerhalb der tatsächlichen Restnutzungsdauer auf diese Weise nicht voll abgesetzt werden. Hier bietet sich ein Übergang auf die lineare AfA an.

Beispiel:
Für ein bewegliches Wirtschaftsgut (Anschaffungskosten 200 000 DM) mit einer betriebsgewöhnlichen Nutzungsdauer von 10 Jahren, das nach § 7 Abs. 2 degressiv abgeschrieben wird, entstehen im 6. Jahr nachträgliche Herstellungskosten von 81 386 DM.

Hierdurch soll es zu einer Verlängerung der gesamten Nutzungsdauer auf 12 Jahre kommen.

Anschaffungskosten	200 000 DM
AfA nach § 7 Abs. 2 für die Jahre 01 bis 05 (30 % des jeweiligen Buchwerts) 60 000 + 42 000 + 29 400 + 20 580 + 14 406 =	166 386 DM
Buchwert am Ende des 5. Jahres	33 614 DM
+ nachträgliche HK im 6. Jahre	81 386 DM
Bemessungsgrundlage für das 6. Jahr	115 000 DM

Für das 6. Jahr beträgt die AfA 30 v.H. von 115 000 DM = 34 500 DM, in den folgenden Jahren jeweils 30 v.H. des jeweiligen Buchwerts. Der AfA-Satz beträgt auch bei einer Restnutzungsdauer von 7 Jahren 100/7 × = 42,84 v.H., jedoch maximal 30 v.H. (also unverändert). Im 9. Jahr sollte auf die günstigere lineare Abschreibung übergegangen werden. In diesem Jahr beträgt die degressive Absetzung 11 833 DM, die lineare dagegen ab dem 6. Jahr 16 428 DM (entsprechend einer Restnutzungsdauer von 7 Jahren).

Häufig entstehen die nachträglichen Kosten im Laufe des KJ bzw. WJ. Bei der Bemessung der AfA für das Jahr der Entstehung können diese Kosten aus **Vereinfachungsgründen** so berücksichtigt werden, als wären sie **zu Beginn** dieses Jahres aufgewendet worden (R 43 Abs. 11 Satz 3).

Beispiel:

Anschaffungskosten eines Wirtschaftsguts 2.1.01	200 000 DM
nachträgliche Herstellungskosten 100 000 DM;	
Herstellung beendet 1.8.04	
ursprünglicher AfA-Betrag 20 000 DM (§ 7 Abs. 1) aufgrund	
Nutzungsdauer 10 Jahre	
neue Restnutzungsdauer 1.8.04 8 Jahre	
Buchwert 1.1.04	140 000 DM
nachträgliche Herstellungskosten	100 000 DM
neue Bemessungsgrundlage ab 04	240 000 DM
Restnutzungsdauer 8 Jahre; AfA-Satz 12,5 v.H.	30 000 DM
Buchwert 31.12.04	210 000 DM

3.9.3.4 Abgrenzung zur Herstellung eines anderen Wirtschaftsguts

Wird ein Wirtschaftsgut durch zusätzliche Aufwendungen in seinem Wesen so verändert, daß wirtschaftlich gesehen die Schaffung eines **neuen Wirtschaftsguts** vorliegt, handelt es sich nicht um nachträgliche Herstellungskosten, sondern um Aufwendungen für die Schaffung eines neuen Wirtschaftsguts (R 43 Abs. 5). Dies kann auch bei einer sogenannten **Generalüberholung** der Fall sein. Der **Restbuchwert** und die neuen Herstellungskosten stellen zusammen die Herstellungskosten dieses neuen Wirtschaftsguts dar. Die AfA ist somit nach der Summe aus dem Buchwert oder Restwert des Wirtschaftsguts und den nachträglichen Herstellungskosten und der voraussichtlichen Nutzungsdauer dieses anderen Wirtschaftsgutes zu bemessen. Siehe auch R 44 Abs. 11 Satz 4 und „Dachgeschoß-Erlaß" (BMF, BStBl 1996 I 689).

Beispiel:

Ein Wirtschaftsgut stand zum 1.1.05 mit 24 000 DM zu Buch. Jährliche AfA 4 000 DM. Wegen technischer Überalterung wurde mit einem Aufwand von 40 000 DM wirtschaftlich ein neues Wirtschaftsgut geschaffen. Die Arbeiten waren am 30.6.05 beendet. Nutzungsdauer des „neuen" Wirtschaftsguts 10 Jahre.

Es liegen – nacheinander – **zwei** verschiedene Wirtschaftsgüter vor.

1. Altes Wirtschaftsgut:

Buchwert 1.1.05	24 000 DM
anteilige AfA bis Juni 05	2 000 DM
Restbuchwert 30.6.05	22 000 DM
./. Abgang (Übertragung auf neues Wirtschaftsgut)	22 000 DM
	0 DM

2. Neues Wirtschaftsgut:

Restbuchwert alt	22 000 DM
+ neue Herstellungskosten	40 000 DM
Herstellungskosten	62 000 DM
volle AfA (da Fertigstellung in der ersten Jahreshälfte) 10 %	6 200 DM
Buchwert 31.12.05	55 800 DM

Da es sich in diesen Fällen um die Herstellung eines neuen Wirtschaftsguts handelt, ist der Stpfl. an die früher gewählte AfA-Methode nicht mehr gebunden. Er kann daher, wenn er bei dem alten Wirtschaftsgut die lineare AfA gewählt hat, das neue Wirtschaftsgut **degressiv** nach § 7 Abs. 2 absetzen.

3.9.4 Nachträgliche Minderungen der AfA-Bemessungsgrundlage

Skonti, Rabatte, Boni, Kaufpreisminderungen u. ä. mindern die Anschaffungskosten; vgl. hierzu R 32a und im einzelnen **Band 1 dieser Buchreihe.** Somit mindert sich auch die AfA-Bemessungsgrundlage.

Hat sich die Bemessungsgrundlage in einem späteren VZ geändert, ist erst von diesem Zeitpunkt an von der geänderten Bemessungsgrundlage auszugehen.

Beispiel:

A hat Anfang 01 eine Maschine für 100 000 DM angeschafft, Nutzungsdauer 10 Jahre. Ab 02 ermäßigen sich die Anschaffungskosten um 20 000 DM (**keine** gesetzliche Rückwirkung wie z. B. Minderung).

Anschaffungskosten 01	100 000 DM
Nutzungsdauer 10 Jahre; AfA 10%	10 000 DM
Buchwert 31. 12. 01	90 000 DM
Kaufpreisminderung in 02	20 000 DM
	70 000 DM

Die AfA kann neu bemessen werden, ausgehend vom Restwert und der Restnutzungsdauer.

Dann ergibt sich ab 02 eine AfA von

$$\frac{70\,000\ \text{DM}}{9} = 7777\ \text{DM}.$$

3.9.5 Surrogate als Bemessungsgrundlage

In einer Reihe von Fällen ist eine **fiktive Bemessungsgrundlage** bzw. ein **Hilfswert** anzusetzen.

3.9.5.1 Entnahme aus dem Betriebsvermögen

Nach der Entnahme eines Wirtschaftsguts ist die AfA **grds.** nach dem bei der Entnahme anzusetzenden Wert (**Teilwert** bzw. **gemeiner Wert**) nach § 7 Abs. 1 oder § 7 Abs. 2 zu bemessen, R 43 Abs. 6 S. 2. Vgl. 3.15.7.

Auch nach Ablauf einer **erhöhten** AfA ist der Entnahmewert maßgebend (BFH, BStBl 1983 II 759).

3.9.5.2 Einlage in das Betriebsvermögen

Maßgebend für die AfA nach § 7 Abs. 1 und 2 sind der Einlagewert i. S. des § 6 Abs. 1 Nr. 5 und die tatsächliche künftige Nutzungsdauer des Wirtschaftsguts. Vgl. 3.11.5 (mit Beispiel) und R 44 Abs. 12 Nr. 1.

Für Gebäude gilt entsprechendes.

3.9.5.3 Unentgeltlicher Erwerb einzelner Wirtschaftsgüter aus einem Betriebsvermögen aus betrieblichem Anlaß in das Betriebsvermögen

Werden aus betrieblichem Anlaß einzelne Wirtschaftsgüter aus einem Betriebsvermögen unentgeltlich in das Betriebsvermögen eines anderen Stpfl. übertragen, so gilt für den (unentgeltlichen) Erwerber der Betrag als Anschaffungskosten, den er für das einzelne Wirtschaftsgut im Zeitpunkt des Erwerbs hätte aufwenden müssen (**mutmaßliche Anschaffungskosten), § 7 Abs. 2 EStDV.**

Dies gilt auch bei § 4 Abs. 3 (§ 7 Abs. 3 EStDV).

Bei unentgeltlicher Übertragung eines Betriebs oder Teilbetriebs sind nach § 7 Abs. 1 EStDV die **Buchwerte** fortzuführen.

3.9.5.4 Unentgeltlicher Erwerb im Privatvermögen

Zum Begriff des unentgeltlichen Erwerbs vgl. K. 7.8.6.4.

Nach § **11d Abs. 1 EStDV** führt der Rechtsnachfolger sowohl bei **Einzel-** als auch **Gesamtrechtsnachfolge** die AfA-Bemessungsgrundlage des Rechtsvorgängers fort. Bei **Gebäuden** vgl. K. 7.8.6.4.

3.10 AfA-Methoden

3.10.1 Lineare AfA (§ 7 Abs. 1 Satz 1 EStG)

Die lineare AfA ist uneingeschränkt zulässig, wenn ein Wirtschaftsgut der Abnutzung unterliegt, dessen Nutzungsdauer mehr als ein Jahr beträgt und einer selbständigen Nutzung fähig ist (soweit es sich nicht um ein Gebäude oder selbständige Gebäudeteile handelt).

Die Anschaffungs- oder Herstellungskosten des Wirtschaftsguts werden hier **gleichmäßig** auf die Jahre der (betriebsgewöhnlichen) Nutzungsdauer verteilt. AfA-Satz und AfA-Betrag ändern sich daher während der Nutzung des Wirtschaftsguts in der Regel nicht. Dies gilt sowohl bei den Gewinneinkünften als auch bei den Überschußeinkünften.

Es handelt sich bei der linearen AfA um eine rein schematische Verteilungsabschreibung ohne Rücksicht auf betriebswirtschaftliche Gegebenheiten, die lediglich die Tatsache der Nutzung, nicht aber deren jeweiliges Ausmaß berücksichtigt.

Die lineare AfA nach § 7 Abs. 1 Sätze 1 und 2 ist die **einzige** Abschreibungsmöglichkeit bei

– abnutzbaren **unbeweglichen** Wirtschaftsgütern, die nicht Gebäude oder selbständige Gebäudeteile sind, z. B. Außenanlagen wie Einfriedungen und Bodenbefestigungen, soweit sie nicht Betriebsvorrichtungen sind;

– abnutzbaren **immateriellen** Wirtschaftsgütern, z. B. zeitlich begrenzte Rechte (BFH, BStBl 1979 II 38),

– abnutzbaren beweglichen Wirtschaftsgütern, die **nicht** zu einem **Betriebsvermögen** gehören.

Im Falle des unentgeltlichen Erwerbs sind § 7 Abs. 1 EStDV (Betriebsvermögen), § 11d Abs. 1 EStDV (Privatvermögen) und R 43 Abs. 3 zu beachten.

Bei der Gewinnermittlung ist die AfA nach § 7 Abs. 1 z. B. auch anzusetzen, wenn der Stpfl. in der Handelsbilanz eine steuerlich unzulässige AfA-Art gewählt hat (z. B. die progressive AfA) (vgl. den Bewertungsvorbehalt des § 5 Abs. 6). Die degressive AfA nach § 7 Abs. 2 setzt bei bilanzierenden Gewerbetreibenden dagegen voraus, daß der Stpfl. diese AfA auch in der Handelsbilanz angesetzt hat (= umgekehrte Maßgeblichkeit, § 5 Abs. 1 Satz 2; BFH, BStBl 1990 II 681). Bei beweglichen Anlagegütern des Anlagevermögens (also nur im betrieblichen Bereich) ist ein **Übergang** von der degressiven AfA zur linearen AfA möglich (§ 7 Abs. 3), **nicht** jedoch **umgekehrt** (vgl. § 7 Abs. 3).

- Der jährliche **AfA-Betrag** wird durch Division der Anschaffungs- oder Herstellungskosten (= Normalfall der AfA-Bemessungsgrundlage) durch die (betriebs)gewöhnliche Nutzungsdauer ermittelt.

$$\frac{\text{AfA-Bemessungsgrundlage}}{\text{Nutzungsdauer}} = \text{jährlicher AfA-Betrag (DM)}.$$

- Der **AfA-Satz** ergibt sich durch Division von 100 durch die Nutzungsdauer (in Jahren).

$$\frac{100}{\text{ND}} = \text{AfA-Satz (in \%)}.$$

Beispiel:

A hat einen Pkw für 20 000 DM zuzüglich 2 800 DM (abziehbare) USt angeschafft. Nutzungsdauer 4 Jahre. Die jährliche AfA beträgt somit 25 v. H. = 5 000 DM jährlich.

Der AfA-Satz beträgt $\frac{100}{4} = 25\%$.

Die AfA ist auch vorzunehmen, wenn das Wirtschaftsgut in geringerem Maß oder vorübergehend überhaupt nicht genutzt wurde.

Bei Wirtschaftsgütern mit **linearer** AfA sind Absetzungen für **außergewöhnliche** technische oder wirtschaftliche Abnutzung zulässig (§ 7 Abs. 1 Satz 5) Vgl. 3.12.

3.10.2 Degressive AfA (§ 7 Abs. 2 Satz 2 EStG)

3.10.2.1 Allgemeines

Bei **beweglichen** Wirtschaftsgütern des **Anlagevermögens** – also **nur** im **betrieblichen** Bereich – kann der Stpfl. statt der AfA in gleichen Jahresbeträgen die AfA in fallenden Jahresbeträgen bemessen. Sie kann **nur noch** nach einem unveränderten Hundertsatz vom jeweiligen Buchwert (Restwert) vorgenommen werden. **Andere** degressive AfA-Methoden sind **nicht zulässig.**

Die Inanspruchnahme setzt bei Buchführungspflicht nach HGB Zugrundelegung dieser Methode in der **Handelsbilanz** voraus (BFH, BStBl 1990 II 681). Dies folgt bereits aus der sogenannten **umgekehrten Maßgeblichkeit** (§ 5 Abs. 1 Satz 2).

3.10.2.2 Betriebswirtschaftliche Bedeutung

Fallende Jahresbeträge der AfA sind betriebswirtschaftlich sinnvoll, weil sich daraus ein Ausgleich zu dem später steigenden Erhaltungsaufwand ergibt. Außerdem trägt sie der Gefahr des raschen Veraltens besser Rechnung. Die degressive AfA kommt außerdem dem Liquiditätsbedürfnis des Betriebes entgegen, weil die aufgewendeten Anschaffungs- oder Herstellungskosten schneller wieder angesammelt werden (erhöhter Selbstfinanzierungseffekt). Allerdings ist zu beachten, daß sich durch die degressive AfA die Steuerlast in die späteren Nutzungsjahre verschiebt (nachteilige Auswirkungen der Progression sind denkbar).

3.10.2.3 Anwendungsbereich – Begriff des beweglichen Wirtschaftsguts

Die degressive AfA ist **nur** bei **beweglichen** Wirtschaftsgütern (des Anlagevermögens) zulässig. Dies können nur **Sachen** im Sinne des § 90 BGB, also nur **körperliche** Gegenstände sein (BFH, BStBl 1964 III 575); immaterielle Wirtschaftsgüter gehören **nicht** zu den beweglichen Wirtschaftsgütern (BFH, BStBl 1979 II 634). Zu den beweglichen Wirtschaftsgütern gehören insbesondere Maschinen, maschinelle Anlagen und sonstige Betriebsvorrichtungen, auch wenn sie wesentliche Bestandteile eines Grundstücks sind, sowie Werkzeuge und Einrichtungsgegenstände. Schiffe sind bewegliche Wirtschaftsgüter, auch wenn sie im Schiffsregister eingetragen sind. Bei der Abgrenzung der **Betriebsvorrichtungen** von den Betriebsgrundstücken sind die allgemeinen Grundsätze des Bewertungsrechts (§ 68 Abs. 2 Nr. 2 BewG) anzuwenden. Vgl. BMF-Schreiben vom 31.3.1992 betr. Abgrenzung der Betriebsvorrichtungen vom Grundvermögen (BStBl 1992 I 342). Als Betriebsvorrichtungen können danach nur **Vorrichtungen** angesehen werden, **mit denen das Gewerbe unmittelbar betrieben wird** (BFH, BStBl 1958 III 400). Vgl. R 42 Abs. 3.

> **Beispiele:**
>
> Bedienungsvorrichtungen, Autoaufzüge in Parkhäusern, Förderbänder, Kühleinrichtungen, Verkaufsautomaten, Abladevorrichtungen, moderne Schaukästen (BFH, BStBl 1955 III 141), speziell auf einen Betrieb ausgerichtete Hofbefestigungen (BFH, BStBl 1975 II 20 und BStBl 1976 II 527), Lastenaufzüge (BFH, BStBl 1978 II 186), Verkaufsautomaten.

Eine abgehängte, mit einer Beleuchtungsanlage versehene **Kassettendecke** eines Büroraums ist Gebäudebestandteil, **nicht** Betriebsvorrichtung (BFH, BStBl 1988 II 440).

3.10.2.4 Berechnung der AfA

Während sich bei der linearen AfA die jährlichen AfA-Beträge bis zur vollständigen Absetzung des Wirtschaftsgutes nicht verändern, verringern sich bei der degressiven AfA die AfA-Beträge von Jahr zu Jahr.

Die fallenden AfA-Beträge ergeben sich **durch jährliche Verringerung der AfA-Bemessungsgrundlage bei gleichbleibendem AfA-Satz.** AfA-Bemessungsgrundlage ist hier der jeweilige **Restbuchwert** des Wirtschaftsguts. Deshalb heißt diese AfA-Methode auch „Buchwertabschreibung". Ohne auf betriebswirtschaftliche Bedürfnisse Rücksicht zu nehmen, hat der Gesetzgeber die v.H.-Sätze der degressiven AfA zu einem Instrument der konjunkturellen Steuerung gemacht. Der AfA Satz darf **nicht mehr als das Dreifache** des bei der **linearen** AfA in Betracht kommenden AfA-Satzes und **höchstens 30 %** betragen.

Für Nutzungsdauern bis 5 Jahren ist die degressive AfA kaum interessant. Sie bewirkt hohe Restwerte, die nur durch eine zusätzliche Abschreibung nach Ablauf der betriebsgewöhnlichen Nutzungsdauer oder durch einen (nach § 7 Abs. 3 Satz 1 zulässigen) **Übergang zur linearen AfA** beseitigt werden können. Dies setzt bei buchführungspflichtigen Kaufleuten entsprechende Handhabung in der Handelsbilanz voraus (BFH, BStBl 1990 II 681; § 5 Abs. 1 Satz 2).

Beispiele zur Berechnung bei nachträglichen Herstellungskosten vgl. H 44.

Vergleich § 7 Abs. 1 mit § 7 Abs. 2

ND	AfA § 7 Abs. 1	AfA § 7 Abs. 2
5	20 %	30 %
10	10 %	30 % (3 × 10 %)
20	5 %	15 % (3 × 5 %)

Eine **außergewöhnliche** technische oder wirtschaftliche **Abschreibung** ist im Rahmen der degressiven AfA **nicht zulässig** (§ 7 Abs. 2 Satz 4). Zum Begriff der technischen und wirtschaftlichen Abnutzung vgl. 3.12.1. Sie wird aber ermöglicht durch (zulässigen) Übergang zur linearen AfA (vgl. § 7 Abs. 3 S. 1). Voraussetzung für § 7 Abs. 2 sind besondere Aufzeichnungen (§ 7 Abs. 2 S. 3, § 7a Abs. 8).

Beispiel: Gegenüberstellung der linearen AfA und degressiven AfA

Die Anschaffungskosten eines betrieblichen Pkw mit einer betriebsgewöhnlichen Nutzungsdauer von 4 Jahren haben 40 000 DM am 2.1.01 betragen (ohne verrechenbare Vorsteuer).

Ein Vergleich der linearen mit der degressiven AfA ergibt hier:

AfA-Methode	linear	degressiv
AfA Satz	25 %	30 %
Anschaffungskosten	40 000	40 000
./. AfA 1. Jahr	10 000	12 000
Buchwert Ende 1. Jahr	30 000	28 000
./. AfA 2. Jahr	10 000	8 400
Buchwert Ende 2. Jahr	20 000	19 600
./. AfA 3. Jahr	10 000	5 880
Buchwert Ende 3. Jahr	10 000	13 720
./. AfA 4. Jahr	9 999	4 116
Buchwert Ende 4. Jahr	1	9 604

Die Gegenüberstellung zeigt, daß der Pkw bei der linearen AfA nach Ablauf von 4 Jahren bis auf den sogenannten Erinnerungswert von 1 DM abgeschrieben wäre, während die Maschine bei degressiver AfA noch einen Restbuchwert von 9 604 DM hätte. Da sich ein solcher Restwert auf Grund der AfA-Berechnungsmethode des § 7 Abs. 2 zwangsläufig ergibt, wird es zugelassen, diesen **Restwert** im **letzten** Jahr der angenommenen Nutzungsdauer **voll abzuschreiben** (vgl. Herrmann/Heuer/Raupach, EStG, § 7 Anm. 270). Dies ist ein Übergang nach § 7 Abs. 1 im letzten Jahr.

Zulässig ist aber auch ein früherer Übergang von der degressiven Abschreibung zur linearen (§ 7 Abs. 3). In diesem Fall bemißt sich die AfA vom Zeitpunkt des Überganges an nach dem noch vorhandenen Restwert und nach der Restnutzungsdauer des betreffenden Wirtschaftsgutes (§ 7 Abs. 3 Satz 2).

Beispiel:

Wie vor. Hier ist auch zulässig ein jederzeitiger Übergang nach § 7 Abs. 1. Dies wäre im vorliegenden Fall bereits ab dem 2. Jahr vorteilhaft, wenn der Stpfl. an einer möglichst hohen AfA interessiert ist.

In diesem Fall wäre der Restwert von 28 000 DM auf die Restnutzungsdauer von 3 Jahren zu verteilen:

$$\frac{28\,000 \text{ DM}}{3} = 9\,333 \text{ DM jährliche AfA 02 bis 04.}$$

Ein Übergang auf die lineare Abschreibungsmethode ist aber stets dann erforderlich, wenn die Maschine infolge der technischen Entwicklung bereits vor Ablauf der angenommenen Nutzungsdauer veraltet und deshalb eine Abschreibung wegen außergewöhnlicher wirtschaftlicher Abnutzung erforderlich wird (§ 7 Abs. 1 Satz 5).

3.10.3 Leistungs-AfA

Bei beweglichen Wirtschaftsgütern des Anlagevermögens, bei denen es **wirtschaftlich begründet** ist, die **AfA nach Maßgabe der Leistung** des Wirtschaftsguts vorzunehmen, kann der Stpfl. dieses Verfahren statt der AfA in gleichen Jahresbeträgen anwenden, wenn er den auf das einzelne Jahr entfallenden Umfang der Leistung nachweist (§ 7 Abs. 1 Satz 4).

Diese AfA-Methode ist nur zugelassen, wenn sie wirtschaftlich begründet ist. Sie erscheint bei solchen Wirtschaftsgütern begründet, deren **Leistung** während der Nutzungsdauer **erheblichen Schwankungen** unterworfen ist. An die Stelle der Nutzungsdauer tritt hier die Leistung. Die voraussichtliche Gesamtleistung während der betriebsgewöhnlichen Nutzungsdauer ist zu der im einzelnen Jahr tatsächlich erbrachten Leistung in Beziehung zu setzen.

Der **Nachweis** des auf das einzelne Wirtschaftsjahr entfallenden Umfangs der Leistung kann z.B. bei einer Spezialmaschine durch ein die **Anzahl der Arbeitsvorgänge** registrierendes Zählwerk oder bei einem Kraftfahrzeug durch den **Kilometerzähler** geführt werden. Vgl. R 44 Abs. 5 S. 2 ff.

Beispiel:

Ein bestimmtes Spezialfahrzeug hat erfahrungsgemäß eine Gesamtfahrleistung von 150 000 km. Die Anschaffungskosten (5.1.01) betrugen 120 000 DM. Laut Kilometerzähler betrug die Fahrleistung

1. Jahr	50 000 km
2. Jahr	20 000 km
3. Jahr	10 000 km
4. Jahr	40 000 km
5. Jahr	30 000 km
	150 000 km

AfA nach Maßgabe der Leistung:

	km-Leistung (%)	AfA
1. Jahr	$33^1/_3$ %	40 000 DM
2. Jahr	$13^1/_3$ %	16 000 DM
3. Jahr	$6^2/_3$ %	8 000 DM
4. Jahr	$26^2/_3$ %	32 000 DM
5. Jahr	20 %	24 000 DM
	100 %	120 000 DM

Die Leistungs-AfA **berücksichtigt** sowohl eine nur **teilweise Auslastung** als auch eine **Mehrschichten-Nutzung** des Wirtschaftsgutes.

Die Leistungs-AfA entspricht am besten den betriebswirtschaftlichen Anforderungen und stimmt praktisch mit der kalkulatorischen Abschreibung überein.

3.10.4 Wechsel der AfA-Methode

3.10.4.1 Allgemeines

Die Möglichkeit, von der ursprünglich in Anspruch genommenen Methode auf eine andere überzugehen, kann für den Stpfl. aus betriebswirtschaftlichen wie auch steuerlichen Gründen von Interesse sein, bzw. wenn die Voraussetzungen für die Anwendung einer anderen Methode erst im Lauf der Nutzung eintreten. Die Notwendigkeit eines Übergangs kann sich ergeben, wenn die Voraussetzungen der angewendeten Methode wegfallen.

Für **immaterielle** Wirtschaftsgüter und für **unbewegliche** Wirtschaftsgüter, die **keine Gebäude** sind, ist allerdings ausnahmslos **nur** die **lineare** AfA (§ 7 Abs. 1 Satz 1 und 2) zulässig, so daß hier das Problem nicht praktisch wird. Wegen des AfA-Wechsels bei Gebäuden vgl. 3.15.3.3.

3.10.4.2 Übergang von der degressiven AfA (§ 7 Abs. 2) zur linearen AfA (§ 7 Abs. 1)

Nach § 7 Abs. 3 Satz 1 ist bei beweglichen Wirtschaftsgütern des Anlagevermögens der **Übergang** von der degressiven Absetzung (§ 7 Abs. 2 Satz 1 und 2) auf die lineare Absetzung (§ 7 Abs. 1 Satz 1 und 2) **zulässig**.

Dieser Übergang ist sinnvoll, sobald die Abschreibungshöhe unter die lineare AfA absinken würde. In diesen Fällen bemißt sich die AfA vom Zeitpunkt des Übergangs an nach dem dann noch vorhandenen Restwert und der Restnutzungsdauer des einzelnen Wirtschaftsguts (§ 7 Abs. 3 Satz 2). Vgl. 3.10.2.4 (mit Beispiel).

3.10.4.3 Kein Übergang von der linearen AfA (§ 7 Abs. 1) zur degressiven AfA (§ 7 Abs. 2)

Dagegen ist nach § 7 Abs. 3 Satz 3 umgekehrt der Übergang von der linearen AfA (§ 7 Abs. 1 Satz 1 und 2) zur degressiven AfA (§ 7 Abs. 2) unzulässig.

3.10.4.4 Übergang von der bzw. zur Leistungs-AfA

Für bewegliche Wirtschaftsgüter des Anlagevermögens **nicht geregelt** ist der Wechsel zwischen der linearen oder degressiven AfA und der AfA nach Maßgabe der Leistung nach § 7 Abs. 1 Satz 3. Ein solcher Wechsel ist daher **zulässig**.

3.10.5 AfA bei Miteigentum

Ob Miteigentümer die AfA entweder nur einheitlich linear (§ 7 Abs. 1) oder degressiv (§ 7 Abs. 2) geltend machen können, ist str. Nach Auffassung der FinVerw soll in entsprechender Anwendung um § 7a (der nur für erhöhte und Sonder-AfA gilt) **kein** Wahlrecht bestehen (**a. A.** BFH, BStBl 1974 II 704).

Für den Bereich der Überschußeinkünfte (insbesondere § 21) bestimmt R 164 Abs. 1:

AfA kann nur von dem Miteigentümer geltend gemacht werden, der die Anschaffungs- bzw. Abschaffungskosten getragen hat.

3.11 AfA bei Anschaffung/Herstellung oder Veräußerung von Wirtschaftsgütern im Laufe des KJ (Wirtschaftsjahres)

3.11.1 Beginn der AfA-Berechtigung

Voraussetzung für die AfA ist die **Anschaffung** bzw. **Herstellung** eines Wirtschaftsguts (R 44 Abs. 1). Die AfA-Berechtigung beginnt bei Anschaffung mit Erlangung des wirtschaftlichen Eigentums (§ 39 Abs. 2 Nr. 1 AO).

Der Beginn der tatsächlichen Nutzung ist nicht entscheidend. Vgl. § 9a EStDV und R 44 Abs. 1 Satz 1.

> **Beispiel:**
> Erwerb einer Maschine:
> - Lieferung 30.11.01 (Kauf unter Eigentumsvorbehalt)
> - Bezahlung 2.1.02
> - Die Inbetriebnahme verzögert sich bis 2.2.02
>
> **Lösung:**
> Die AfA ist ab 31.11.01 zu berücksichtigen, da hier der Übergang des wirtschaftlichen Eigentums erfolgte (§ 39 Abs. 2, 1 AO).
> Die AfA ist nur zeitanteilig mit $^1/_{12}$ bzw. $^2/_{12}$ zu berücksichtigen (vgl. aber Vereinfachungsregelung R 44 Abs. 2, siehe nachfolgend 2.).

Die AfA beginnt mithin erst mit der **Nutzungsmöglichkeit**. Sie ist im Zweifel gegeben, wenn der Anschaffungsvorgang bzw. der Herstellungsvorgang beendet ist.

Bei der Herstellung eines Wirtschaftsguts fallen Nutzungsmöglichkeit und Vollendung der Herstellung in der Regel zusammen. Bei der Anschaffung eines Wirtschaftsguts ist jedoch zu beachten, daß die Anschaffung auch dann nicht bereits mit der Verschaffung der Verfügungsmacht endet, wenn noch die Zuführung zum vorbestimmten Zweck hinzukommen muß. Dabei ist es unerheblich, in wessen Pflichtbereich die Herstellung der Betriebsbereitschaft fällt (Lieferant oder Besteller). Das Urteil des BFH, BStBl 1988 II 1009 zu sog. „Montagefällen" ist ertragsteuerlich **nicht** anzuwenden. Vgl. R 44 Abs. 1 S. 4.

> **Beispiel:**
>
> Eine Werkzeugmaschine wird zum 30. 12. 01 ausgeliefert, die Fundamente werden im Januar 02 gelegt, der Anschluß der Maschine erfolgt im Februar 02. Die Werkzeugmaschine ist mit dem Rechnungspreis (netto, ohne USt) zum 31. 12. 01 zu bilanzieren. Sie unterliegt jedoch in 01 noch nicht der Abnutzung, da der Anschaffungsvorgang am 31. 12. 01 noch nicht beendet war und seine Nutzungsmöglichkeit somit noch nicht bestand.

Bei immateriellen Wirtschaftsgütern kommt es auf den Zeitpunkt des Beginns der Nutzungsmöglichkeit bzw. der „Verflüchtigung" an.

> **Beispiel:**
>
> Getränkefirma A hat dem Gastwirt B im Oktober 01 50 000 DM gezahlt, damit er ab 1. 1. 03 für 10 Jahre Getränke von ihr bezieht. Die 50 000 DM stellen Anschaffungskosten eines immateriellen der Abnutzung unterliegenden Wirtschaftsguts dar, weil es zeitlich begrenzt ist. Es ist bereits zum 31. 12. 01 zu bilanzieren; die Abnutzung beginnt jedoch erst ab 1. 1. 03, somit ist eine AfA erstmals in 03 zulässig.

3.11.2 AfA bei Anschaffung oder Herstellung im Laufe eines Wirtschaftsjahres

Bei beweglichen abnutzbaren Anlagegütern, die im Laufe eines Wirtschaftsjahres angeschafft oder hergestellt werden, ist grds. nur der Teil des auf ein Jahr entfallenden AfA-Betrages abzusetzen, der auf den Zeitraum zwischen Anschaffung oder Herstellung und dem Ende des Wirtschaftsjahres entfällt (pro rata temporis-Regelung).

Dies ergibt sich aus dem Wortlaut des Gesetzes („der ... auf ein Jahr entfällt"). Das gilt auch bei Bemessung der AfA nach der degressiven Methode (§ 7 Abs. 2).

Angefangene Monate zählen grds. mit (Wahlrecht).

> **Beispiel:**
>
> Die Anschaffung einer Maschine erfolgte am 20. 5. Die AfA ist bei zeitanteiliger Berechnung für Mai bis Dezember = $8/12$ zu berücksichtigen.

Zur **Vereinfachung** haben die EStR im **R 44 Abs. 2 S. 3** für den betrieblichen Bereich aber folgende Regelungen getroffen: Bei beweglichen Anlagegütern, die in der **ersten** Hälfte eines Wirtschaftsjahres angeschafft oder hergestellt sind, kann der für das **ganze** Jahr in Betracht kommende AfA-Betrag abgesetzt werden.

Für Anlagegüter, die in der **zweiten** Hälfte des Wirtschaftsjahres angeschafft oder hergestellt sind, kann als Absetzungsbetrag die **Hälfte** des Jahresbetrages angesetzt werden (R 44 Abs. 2 Satz 3).

Anschaffung/Herstellung		AfA
1. Jahreshälfte	→	volle Jahres-AfA
2. Jahreshälfte	→	halbe Jahres-AfA

> **Beispiele:**
>
> 1. Am **30. 6. 01** ist eine Werkzeugmaschine für 45 000 DM netto geliefert worden. Die Anschaffung ist somit in der **ersten** Jahreshälfte erfolgt. Es kann daher die **volle** Jahres-AfA in Anspruch genommen werden. Stattdessen sind auch möglich
>   – $7/12$ der Jahres-AfA
>   – **mindestens** aber $6/12$ der Jahres-AfA.
> 2. Anschaffung am 1. 7. 01. Die zeitanteilige AfA ($6/12$) führt hier zu keinem anderen Ergebnis als die Vereinfachungsregelung (ebenfalls $6/12$).
> 3. Anschaffung am 31. 12. 01:
>   – Vereinfachungsregelung: $6/12$ da Anschaffung in der zweiten Jahreshälfte
>   – bei zeitanteiliger AfA $1/12$ der Jahres-AfA oder keine AfA.

Diese Vereinfachungsregelung ist bei beweglichen Wirtschaftsgütern, die im Laufe eines Rumpfwirtschaftsjahres angeschafft oder hergestellt werden, entsprechend anzuwenden. Dabei ist zu beachten, daß als AfA-Betrag für das gesamte Rumpfwirtschaftsjahr nur der Teil des auf ein volles Wirtschaftsjahr entfallenden AfA-Betrages in Betracht kommt, der dem Anteil des Rumpfwirtschaftsjahrs an einem vollen Wirtschafsjahr entspricht. Die Vereinfachungsregelung gilt jedoch nicht für **unbewegliche** Wirtschaftsgüter.

Eine entsprechende Regelung für die Überschußeinkünfte fehlt; evtl. aus Gründen der Gleichbehandlung entsprechende Anwendung. Lediglich bei § 19 vgl. Abschn. 44 Abs. 3 LStR.

3.11.3 Ende der AfA-Berechtigung

Die AfA endet grds. mit Ablauf der zugrundegelegten Nutzungsdauer bzw. dem Zeitpunkt, zu dem die Nutzung aus technischen oder wirtschaftlichen Gründen endet. Neben dem Zeitpunkt der Veräußerung bzw. unentgeltlichen Übertragung auf einen anderen Berechtigten kann auch der Zeitpunkt der Entnahme des Wirtschaftsguts aus dem Betriebsvermögen als Ende der betrieblichen Nutzung in Betracht kommen. Vgl. im einzelnen nachstehend 3.11.4. und 3.11.6 sowie R 44 Abs. 9.

3.11.4 AfA im Jahr der Veräußerung

Scheidet ein abnutzbares bewegliches Anlagegut aus dem Betriebsvermögen während eines Wirtschaftsjahrs aus, kann grundsätzlich nur der **Teil** des auf ein Jahr entfallenden AfA-Betrages abgesetzt werden, der dem Zeitraum zwischen dem Ausscheiden des Wirtschaftsguts und dem Anfang des Jahres entspricht (streng zeitanteilige AfA). Auch hier zählen angefangene Monate grds. mit.

Die Vereinfachungsregelung des R 44 Abs. 2 Satz 3 ist **nicht** anwendbar. Allerdings ist anzumerken, daß die Nichtverrechnung der AfA im Jahr des Ausscheidens in der Regel keine Auswirkung auf das Ergebnis hat.

Beispiel:
A hat einen Pkw, der am 1.1.04 mit 8 000 DM zu Buche stand, am 3.3.04 für 12 000 DM (netto, ohne USt) veräußert. Jährlicher AfA-Betrag 4 000 DM.

Buchwert 1.1.04	8 000 DM		
Veräußerungspreis	12 000 DM		
Gewinn (s. b. Ertrag)	4 000 DM		
Buchwert 1.1.04	8 000 DM		
anteilige AfA (³/₁₂)	1 000 DM	./.	1 000 DM
Buchwert 31.3.04	7'000 DM		
Veräußerungspreis	12 000 DM		
s. b. Ertrag	5 000 DM	+	5 000 DM
Gewinn			4 000 DM

Von Bedeutung ist die Berücksichtigung der zeitanteiligen AfA besonders dann, wenn ein Wirtschaftsgut teilweise privat genutzt worden ist, und zwar für die Ermittlung der Höhe der **Nutzungsentnahmen.** Auch im Falle einer **Betriebsaufgabe bzw. -veräußerung** ist wegen der Ermittlung des begünstigten Veräußerungsgewinns der Ansatz der zeitanteiligen AfA erforderlich.

3.11.5 AfA bei der Einlage von Wirtschaftsgütern

Wird ein Wirtschaftsgut in ein Betriebsvermögen eingelegt, liegt ein **anschaffungsähnlicher** Vorgang vor. Hier tritt an die Stelle der Anschaffungs- oder Herstellungskosten der **Einlagewert** (§ 6 Abs. 1 Nr. 5). Hiernach sind Wirtschaftsgüter grundsätzlich mit dem Teilwert einzulegen, höchstens jedoch – wenn die Anschaffung oder Herstellung des Wirtschaftsguts innerhalb der letzten 3 Jahre vor der Einlage erfolgt ist, mit den (um die AfA bis zum Zeitpunkt der Einlage gekürzten) **„fortgeführten Anschaffungs- oder Herstellungskosten".** Vgl. auch R 43 Abs. 6 und R 39. Für die weitere AfA (nach § 7 Abs. 1 oder 2) ist sodann nicht von der ursprünglichen, sondern von der **Restnutzungsdauer** auszugehen. Bei **Gebäuden** vgl. jedoch 3.15.6.

Beispiel:

Ein Pkw ist im Januar 01 für 23 000 DM einschließlich USt privat angeschafft worden. Nutzungsdauer 4 Jahre. Im Januar 03 wird er in das Betriebsvermögen eingelegt **(Nutzungsänderung)**. Der Teilwert zum 1.1.03 betrug 12 000 DM. Restnutzungsdauer 2 Jahre

Ermittlung des maßgebenden Einlagewerts:

Anschaffungskosten (einschl. nichtabziehbarer USt)	23 000 DM
./. AfA 01 und 02 5%	11 500 DM
Fortgeführte Anschaffungskosten	11 500 DM

Die Einlage ist mit 11 500 DM anzusetzen. Der höhere Teilwert von 12 000 DM darf nicht angesetzt werden.

Die als BA zu berücksichtigende AfA beträgt nach § 7 Abs. 1 03 und 04 je 50% von 11 500 DM = 5 750 DM. Stattdessen ist auch die AfA nach § 7 Abs. 2 zulässig.

Bei abnutzbaren Wirtschaftsgütern, die **im Laufe** eines Wirtschaftsjahres (oder Rumpfwirtschaftsjahres) in das Betriebsvermögen eingelegt worden sind, gilt R 44 Abs. 2 Satz I entsprechend, d. h. grds. wäre nur die zeitanteilige AfA ab dem Einlagezeitpunkt zulässig. Jedoch ist **die Vereinfachungsregelung** des R 44 Abs. 2 Satz 3 ff. **entsprechend** anzuwenden, wenn bei den Wirtschaftsgütern vor der Einlage AfA nicht zulässig waren. Das bedeutet, bei Einlage im 1. Halbjahr ist die volle, bei Einlage im 2. Halbjahr ist die halbe Jahres-AfA zu berücksichtigen. Wenn ein Wirtschaftsgut im Wege einer gemischten Schenkung in ein Betriebsvermögen gelangt, ist neben den tatsächlichen Anschaffungskosten noch eine Einlage anzusetzen (BFH, BStBl 1981 II 794).

3.11.6 AfA nach Entnahme

Das EStG enthält keine ausdrückliche Regelung, wie die AfA bei einem Wirtschaftsgut zu bemessen seien, das nach der Entnahme aus dem Betriebsvermögen zur Erzielung von Einkünften genutzt wird. Im Hinblick auf den Wertansatz bei Entnahme (§ 6 Abs. 1 Nr. 4 Satz 1) oder bei Wirtschaftsgütern, die bei einer Betriebsaufgabe als Privatvermögen zurückbehalten würden (§ 16 Abs. 3 Satz 3), entspricht es dem Sinn und Zweck der Vorschriften über die AfA, die Bemessungsgrundlage für die weiteren AfA eines vom Betriebsvermögen in das Privatvermögen überführten Wirtschaftsguts **grds.** mit dem Teilwert oder dem gemeinen Wert anzusetzen. Die Überführung in das Privatvermögen ist ein **anschaffungsähnlicher** Vorgang. Der Teilwert oder der gemeine Wert, mit dem das Wirtschaftsgut bei der Überführung steuerlich erfaßt wird, tritt an die Stelle der Anschaffungskosten i. S. des § 7. Dieser Wert ist auch **grds.** Bemessungsgrundlage für die weiteren AfA nach § 7 Abs. 1 (R 44 Abs. 12 Nr. 1).

Stattdessen bleiben als AfA-Bemessungsgrundlage die (tatsächlichen) **Anschaffungs- oder Herstellungskosten** und die tatsächliche **gesamte Nutzungsdauer** maßgebend bei Übergang von der Schätzung bzw. § 13a zum Bestandsvergleich (Bemessung der weiteren AfA nach § 7 Abs. 1 oder 2; **Kürzung** des **AfA-Volumens** um fiktive AfA-Beträge nach § 7 Abs. 1 oder 2 bis zum Übergang (BFH, BStBl 1986 II 390 und 392 sowie R 43 Abs. 6 Satz 2 i. V. m. R 44 Abs. 12 Nr. 2).

Vgl. auch für Gebäude 3.15.7 (mit Beispiel).

3.11.7 AfA nach Teilwertabschreibung

Bei Wirtschaftsgütern, bei denen die AfA nach § 7 Abs. 1 und 2 vorzunehmen sind, sind nach einer Teilwertabschreibung die AfA vom Restwert, also von dem um den Betrag der Teilwertabschreibung gekürzten Buchwert vorzunehmen. Regelmäßig wird die Nutzungsdauer verkürzt sein, so daß sich ein höherer AfA-Satz ergibt. Nach einer Teilwertabschreibung eines bisher nach § 7 Abs. 2 abgeschriebenen Wirtschaftsguts ist die degressive AfA weiter zulässig. Es bietet sich jedoch Übergang auf die lineare AfA nach der Restnutzungsdauer an.

Entsprechendes gilt nach einer AfaA i. S. des § 7 Abs. 1 Satz 5. Vgl. 3.12.

3.11.8 Übergang zur Verwendung für die Erzielung von Überschußeinkünften

Wird ein bewegliches Wirtschaftsgut nach einer einkommensteuerlich unbeachtlichen Nutzung zur Erzielung von Überschuß-Einkünften (§ 2 Abs. 1 Nr. 4 bis 7) genutzt, bemißt sich die AfA nach § 7 Abs. 1 von den (ungekürzten) Anschaffungs- oder Herstellungskosten und der tatsächlichen gesamten

Nutzungsdauer (vgl. Abschn. 43 Abs. 6 Satz 3). Das AfA-Volumen ist um fiktive AfA nach § 7 Abs. 1 bis zur Nutzungsänderung zu kürzen (R 44 Abs. 12 Nr. 2).

Siehe auch H 44 Beispiele Nr. 4.

3.12 Absetzung für außergewöhnliche technische oder wirtschaftliche Abnutzung

3.12.1 Begriff und Voraussetzungen

Nach § 7 Abs. 1 Satz 5 sind Absetzungen für außergewöhnliche technische oder wirtschaftliche Abnutzung zulässig. Außergewöhnliche Abnutzung ist gegeben, wenn sie infolge eines besonderen Ereignisses über die geschätzte Abnutzung nicht unwesentlich hinausgeht, so daß die ursprünglich angenommene Nutzungsdauer nicht erreicht wird.

Es ist zu unterscheiden zwischen außergewöhnlicher **technischer** und **wirtschaftlicher** Abnutzung.

a) Außergewöhnliche **technische** Abnutzung liegt insbesondere vor,
   – wenn der Gegenstand in stärkerem Maß als bei der üblichen Nutzung beansprucht wird (z. B. infolge von Mehrschichtennutzung oder durch die Unterlassung der Instandhaltungsarbeiten sowie
   – bei Beschädigung oder Zerstörung durch Unfall, unsachgemäße Behandlung usw.

   Beispiel:
   Ein betrieblicher Lkw wird durch einen Unfall zerstört.
   Ein Wirtschaftsgut ist technisch abgenutzt, wenn es nicht mehr gebrauchsfähig ist.

b) Außergewöhnliche **wirtschaftliche** Abnutzung liegt vor, wenn durch **Umstände**, die **außerhalb des Wirtschaftsguts** liegen, seine **wirtschaftliche Nutzbarkeit erheblich herabgesetzt wird**, insbesondere bei Änderung der Nachfrage, Wandel des modischen Geschmacks, Unrentabilität infolge technischen Fortschritts.

Die AfaA ist **nicht** zulässig bei Wirtschaftsgütern, die **degressiv** abgeschrieben werden (§ 7 Abs. 2 Satz 4). Wegen der AfaA bei Gebäuden vgl. 3.15.10.

Absetzungen für außergewöhnliche technische oder wirtschaftliche Abnutzung sind zulässig, wenn der Abnutzungsgrad bzw. die Wertminderung so stark sind, das **voraussichtlich** die **geschätzte Nutzungsdauer nicht erreicht** werden kann.

Es müssen ganz **konkrete Anhaltspunkte** dafür vorliegen, daß ein Wirtschaftsgut vor seiner normalen technischen Abnutzung seinem Zweck nicht mehr dienen kann. Nur unbestimmte Zukunftsaussichten reichen nicht aus. Eine Wertminderung ohne Beeinträchtigung der Nutzungsdauer kann jedoch Grund für eine Teilwertabschreibung sein, nicht aber für eine AfaA. Nach wohl h. M. kann eine AfaA zu einem unter dem Teilwert liegenden Buchwert führen.

3.12.2 Anwendungsbereich

Die AfaA hat vor allem Bedeutung bei
– den Überschußeinkünften und
– der Gewinnermittlung nach § 4 Abs. 3.

Bei der Gewinnermittlung durch Bestandsvergleich wird einer außergewöhnlichen Abnutzung bereits (weitgehend) durch das Institut der Teilwertabschreibung Rechnung getragen.

Deckungsgleichheit besteht aber **nicht,** da eine AfaA höher sein kann als eine gebotene Teilwertabschreibung. In einem solchen Fall würde der Kaufmann die AfaA vornehmen, um zum niedrigstmöglichen Wertansatz zu gelangen.

3.12.3 Vornahme der AfaA

Diese Absetzung ist **grds.** für das Kj (Wirtschaftsjahr) zulässig, in dem die außergewöhnliche Abnutzung bzw. Wertminderung **eingetreten ist, spätestens** aber im VZ der **Entdeckung** des Schadens (BFH, BStBl 1994 II 11 und 12).

Die AfaA darf nicht deswegen versagt werden, um sie mit einer in einem späteren VZ zufließenden Versicherungsentschädigung verrechnen zu können (BFH, BStBl 1994 II 11). Es besteht insoweit auch **kein** Wahlrecht (BFH, BStBl 1994 II 11).

Nach wohl h. M. besteht im übrigen hinsichtlich der Vornahme der AfaA dem Grunde nach ein Wahlrecht (vgl. RFH, RStBl 1930, 270; FG Nürnberg, EFG 1957, 230; Grass in Hartmann/Böttcher, § 7 Anm. 18c).

Wird die außergewöhnliche Abnutzung erst in einem späteren Jahr entdeckt, so ist die AfaA **ausnahmsweise** noch im **Jahr der Entdeckung** zulässig (BFH, BStBl 1994 II 11). Bei bilanzierenden Stpfl. ist allerdings die **Wertaufhellung** zu berücksichtigen (bei Entdeckung der im abgelaufenen Wj eingetretenen außergewöhnlichen Abnutzung bis zum Tage der Bilanzaufstellung).

Das Ausmaß der außergewöhnlichen Absetzung ergibt sich aus der durch die außergewöhnliche Abnutzung verminderte Nutzungsdauer.

Die AfaA schließt die gleichzeitige Vornahme der Normal-AfA **grds. nicht** aus. Beide AfA müssen zusammen die gesamte Gebrauchs- bzw. Wertminderung im WJ (bzw. KJ) ergeben. Die NormalAfA darf jedoch **nicht** zusätzlich im Jahre der Inanspruchnahme der außergewöhnlichen AfA beansprucht werden, wenn letztere die gesamte Wertminderung bereits abdeckt.

Beispiele:

1. Eine Maschine wurde Anfang 01 für 40 000 DM angeschafft; Nutzungsdauer 10 Jahre, lineare AfA (§ 7 Abs. 1). Sie wird durch einen Brand am 2.1.02 völlig zerstört.

Buchwert 1.1.02	36 000 DM
außergewöhnliche technische AfA	36 000 DM
Buchwert 2.1.02	0 DM

Eine „Normal-AfA" für 02 entfällt.

2. Eine Maschine wurde in 01 für 100 000 DM angeschafft (Nutzungsdauer 10 Jahre), lineare AfA (§ 7 Abs. 1).

Durch einen Bedienungsfehler wird die Maschine Ende 06 beschädigt, so daß sich die gesamte Nutzungsdauer auf 8 Jahre vermindert.

Buchwert 31.12.06 (ohne Beschädigung): 100 000 DM ./. 60 000 DM =	40 000 DM
AfA bei Nutzungsdauer von 8 Jahren jährlich 12,5 % von 100 000 DM = 12 500 DM	
Buchwert 31.12.06 bei verkürzter Nutzungsdauer von 8 Jahren 100 000 DM ./. 62 500 DM =	25 000 DM
AfaA in 06	15 000 DM
Buchwert 1.1.06	50 000 DM
./. AfaA (s. oben)	./. 15 000 DM
./. AfA (in 06 noch unverändert)	./. 10 000 DM
Buchwert 31.12.06	25 000 DM

Dieser Buchwert ist auf die Restnutzungsdauer von 2 Jahren mit jährlich 12 500 DM zu verteilen (entspricht 12,5 % von 100 000 DM).

Nach Herrmann/Heuer/Raupach, EStG, Anm. 220 zu § 7 soll es genauso zulässig sein, den Restbuchwert vor Schadenseintritt auf die Restnutzungsdauer zu verteilen (u. E. fraglich):

Buchwert 1.1.06	50 000 DM

AfA für 06 bis 08 je 33 ⅓ = 16 666 DM.

In diesem Fall wird keine AfaA vorgenommen.

Abbruch- und **Aufräumungskosten** sind ebenfalls als WK/BA abziehbar, wenn die AfaA zu den WK/BA gehört (BFH, BStBl 1994 II 12).

3.12.4 AfA nach Vornahme einer Absetzung für außergewöhnliche Abnutzung

Ist für ein Wirtschaftsgut eine außergewöhnliche AfA beansprucht worden, richtet sich die lineare AfA ab dem **Folgejahr** (gl. A. Herrmann/Heuer/Raupach, EStG, Anm. 212 zu § 7) nach dem **Restwert** und der **Restnutzungsdauer**. Häufig wird die Nutzungsdauer verkürzt sein (aber nicht zwingend).

Beispiel:

Ein abnutzbares bewegliches Wirtschaftsgut ist in 01 für 60 000 DM angeschafft worden. Nutzungsdauer 20 Jahre, lineare AfA (§ 7 Abs. 1).
Buchwert 31.12.07 39 000 DM. **Ende** 08 ist eine Wertminderung um 50 % des Buchwerts vom **31.12.07** eingetreten. Die gesamte Nutzungsdauer hat sich nicht verändert.

Buchwert 31.12.07	39 000 DM
./. AfA 08 (wie bisher)	./. 3 000 DM
./. AfaA 08 50 % × 39 000 DM =	./. 19 500 DM
Buchwert 31.12.08	16 500 DM

Daneben ist hier für 08 AfA vorzunehmen.

AfA ab 09 bei einer Restnutzungsdauer von 12 Jahren

$$\frac{16\,500 \text{ DM}}{12} = 1\,375 \text{ DM jährlich.}$$

Häufig wird das die AfaA begründende Ereignis im Laufe eine WJ (KJ) eintreten. Hier wird die Auffassung vertreten, daß sich die Normal-AfA bereits für dieses Jahr – zeitanteilig – ändert (**gesetzliche Ausnahme**: bei **Gebäuden** = **§ 11c Abs. 2 EStDV**; vgl. 3.15.10).

Beispiel:

Wie vor mit Abwandlung, daß die Wertminderung am 30.6.08 eingetreten ist.

Buchwert 31.12.07	39 000 DM
./. AfA 1.1.08 – 30.6.08: 6/12 × 3 000 DM =	./. 1 500 DM
./. AfaA 30.6.08	./. 19 500 DM
Buchwert 30.6.08	18 000 DM

AfA (bei Verteilung auf Restnutzungsdauer 12 ½ Jahre) 1.7.08 – 31.12.08:

$6/12 \times \dfrac{18\,000 \text{ DM}}{12{,}5} =$	./. 720 DM
Buchwert 31.12.08	17 280 DM
AfA 09 – 20 je $\dfrac{18\,000 \text{ DM}}{12{,}5} =$ jährlich.	1 440 DM

3.12.5 Versicherungsleistungen

Eine Versicherungsleistung gehört nur insoweit zu den Einnahmen (z. B aus § 21), als sie **WK**, also insbesondere

– AfaA und
– Abbruch- und Aufräumkosten

ersetzen soll.
Sie mindert **nicht** die (Wieder-) Herstellungskosten (BFH, BStBl 1994 II 12).

3.13 Absetzung für Substanzverringerung (AfS)

3.13.1 Anwendungsbereich

Nach § 7 Abs. 6 ist bei Bergbauunternehmen, Steinbrüchen und anderen Betrieben, die einen Verbrauch von Substanz mit sich bringen, § 7 Abs. 1 entsprechend anzuwenden. Dabei sind Absetzungen nach Maßgabe des Substanzverzehrs zulässig (**Absetzung für Substanzverringerung = AfS**).
Gegenstand der AfS ist dabei die abbaufähige, wirtschaftlich verwertbare Bodensubstanz, also abzubauende Bodenschätze, nicht jedoch das anfallende Bergematerial.
Zu beachten ist, daß der **Grund und Boden** (die **Erdoberfläche**) ein selbständiges, von den Bodenschätzen abzugrenzendes, aber nicht abnutzbares Wirtschaftsgut ist (BFH, BStBl 1957 III 246).
Nur die Bodenschätze (z.B. Kali, Kohle, Erdöl, Sand, Lehm) unterliegen daher der AfS. Aber **auch** ein **Nutzungsrecht** zur Substanzausbeute unterliegt der AfS (BFH, BStBl 1979 II 38).

Die AfS kann nur bei entsprechendem **Einkunftszusammenhang** als BA (§ 4 Abs. 4) oder WK (§ 9 Abs. 1 Nr. 7) geltend gemacht werden. Nur soweit die Verwertung der Bodenschätze zu Einkünften führt (vgl. hierzu K. 7.3.2), ist somit ein Abzug der AfS möglich.

3.13.2 Bemessungsgrundlage der AfS

3.13.2.1 Entgeltlicher Erwerb von Bodenschätzen

Die Vornahme einer AfS ist vom Vorhandensein von **Anschaffungskosten** abhängig. Es soll **nicht** ein Wertverlust, der beim Abbau von Bodenschätzen am Grundstück entsteht, ausgeglichen werden. Vielmehr soll der **Aufwand für den Erwerb** des Wirtschaftsguts „Bodenschatz" auf den Zeitraum seiner Ausbeute verteilt werden. Ein Bodenschatz wird nicht schon durch sein bloßes Vorhandensein zu einem Wirtschaftsgut. Solange der Eigentümer den zum Grund und Boden gehörenden Bodenschatz nicht selbst nutzt oder durch einen anderen ausbeuten läßt, ist er einer selbständigen Bewertung nicht zugänglich und damit ertragsteuerlich irrelevant. Vgl. BFH, BStBl 1978 II 343.

Ein Wirtschaftsgut i. S. des § 7 ist der Bodenschatz insbesondere dann, wenn ein Abbauunternehmer ein den Bodenschatz enthaltendes Grundstück erwirbt und einen entsprechenden **Preis** nicht nur für das Grundstück, sondern **auch für** den unter der Erde lagernden **Bodenschatz bezahlt** (BFH, BStBl 1979 II 624).

Für die **Aufteilung** der Anschaffungskosten auf den Grund und Boden und die Bodenschätze können die vom BFH entwickelten Grundsätze zur Aufteilung eines einheitlichen Kaufpreises eines bebauten Grundstücks als Anhaltspunkt dienen (vgl. z. B. BFH, BStBl 1973 II 295).

Werden Bodenschätze zusammen mit dem Grundstück erworben, **ohne** daß dies bei der Kaufpreisbemessung berücksichtigt wurde, sind spätere Absetzungen wegen **Fehlens von Anschaffungskosten** nicht zulässig (BFH, BStBl 1978 II 343).

3.13.2.2 Unentgeltlicher Erwerb von Bodenschätzen

Bei unentgeltlichem Erwerb ist die AfS **ggf.** vom Erwerber fortzuführen, und zwar

- bei betrieblicher Übertragung aus einem in ein anderes Betriebsvermögen gemäß § 7 Abs. 2 EStDV,
- bei Übertragung in das Privatvermögen des Erwerbers gemäß § 11d Abs. 1 EStDV.

Nur ein **entdeckter** und zur nachhaltigen **Nutzung in den Verkehr gebrachter Bodenschatz** ist ein **Wirtschaftsgut,** das mit steuerlicher Wirkung selbständig übertragen werden kann. Ein Bodenschatz wird zum Wirtschaftsgut im einkommensteuerlichen Sinn erst, wenn begründete Vorstellungen über den Umfang und die Abbauwürdigkeit des Bodenschatzes bestehen und mit einem Abbau zu rechnen ist (BFH, BStBl 1989 II 37). Außerdem muß eine notwendige öffentlich-rechtl. Erlaubnis o. ä. erteilt sein. Bis zur Entstehung des Wirtschaftsguts bleibt der Bodenschatz unselbständiger Teil des Grund und Bodens (BFH, BStBl 1990 II 317).

Die Fortführung der AfS nach einem unentgeltlichen Erwerb eines Bodenschatzes setzt daher seine entgeltliche Anschaffung durch den Rechtsvorgänger (oder dessen Rechtsvorgänger) voraus. Konnte der Rechtsvorgänger **keine** AfS geltend machen, ist eine „Fortführung" nach § 11d Abs. 1 EStDV begrifflich **nicht möglich.**

3.13.2.3 Entdeckung der Bodenschätze durch den Stpfl.

a) Entdeckung im Privatvermögen

Der Bodenschatz entsteht erst mit dem Beginn seiner Verwertung nach Entdeckung. Da keine Anschaffungskosten aufgewendet werden können, ist eine AfS nicht möglich (BFH, BStBl 1983 II 106). Dies gilt auch bei **Einlage** in das **BV** (BFH, BStBl 1994 II 846 = Abgrenzung zu BFH, BStBl 1994 II 293).

Dies folgt daraus, daß unentgeltliche Nutzungsrechte **nicht** mit dem **Teilwert** in ein BV des Nutzungsberechtigten eingelegt werden dürfen (vgl. BFH GrS, BStBl 1988 II 348). Dies gilt für **jede Art** von Nutzungsrechten (BFH, BStBl 1991 II 82). Die Einlage des Bodenschatzes ist daher mit **0 DM** zu bewerten (**anders** lt BFH, BStBl 1994 II 293 bei **isolierter** Einlage des Bodenschatzes **ohne** den dazu gehörenden Grund und Boden).

b) **Entdeckung im Betriebsvermögen**

Nach BFH, BStBl 1983 II 106 und BStBl 1989 II 37 gilt dasselbe wie zu a). Eine Einlage, die nach § 6 Abs. 1 Nr. 5 zu bewerten wäre, liegt nicht vor. Daher ebenfalls keine AfS.

c) **Einlage in das Betriebsvermögen**

Eine Einlage als gewillkürtes BV zur Erlangung der AfS hat der BFH zumindest bei einem Land- und Forstwirt verneint (BFH, BStBl 1983 II 106).

Vgl. im einzelnen BMF-Schreiben vom 9. 8. 1993, BStBl I 678.

3.13.3 Methoden der Absetzung für Sustanzverringerung

Nach § 7 Abs. 6 wird anstelle der Verwendung oder Nutzung der **Verbrauch von Substanz vorausgesetzt**. Zulässig sind die **lineare Absetzung** und eine evtl. Absetzung für **außergewöhnliche** Abnutzung (BFH, BStBl 1966 III 88).

Da die lineare Absetzung den tatsächlichen Verhältnissen häufig nicht gerecht wird, ist stattdessen auch eine Absetzung **nach Maßgabe des Substanzverzehrs** zugelassen.

- **AfS nach dem Substanzverzehr**
  Diese Methode bedingt eine **Schätzung des abbauwürdigen Substanzvorrats** (vergleichbar mit der Leistungsabschreibung bei beweglichen Wirtschaftsgütern).

  Hierbei ergibt sich die jährliche AfS wie folgt:

  $$\text{AfS} = \frac{\text{Anschaffungskosten} \times \text{Jahresförderung im WJ}}{\text{abbauwürdiger Substanzvorrat}}$$

  Beispiel:
  Eine Kiesbaggerei hat Ende 01 ein Kiesvorkommen von geschätzten 500 000 t für 1 750 000 DM von einem Landwirt erworben. Die Förderung wurde in 02 aufgenommen. Die Jahresförderung betrug in 02 75 000 t.

  Für **01** ist **noch keine AfS** vorzunehmen.

  Die AfS 02 beträgt $\frac{1\,750\,000 \times 75\,000}{500\,000} = 262\,500$ DM

  Bei den **Überschußeinkünften** ist nach BFH, BStBl 1979 II 38 nur die **lineare** AfS zulässig.

- **lineare AfS**
  Die Vornahme linearer AfS setzt eine Ermittlung des voraussichtlichen Abbauzeitraums voraus.

  Sie ist nur sinnvoll, wenn die Förderung keinen erheblichen Jahresschwankungen unterliegt.

  Beispiel:
  Wie vor. Es ist mit einer vollständigen Auskiesung des Vorkommens bis Ende des Jahres 10 zu rechnen. Der Ausbeutezeitraum umfaßt die Jahre 02 bis 10, also 9 Jahre. Die jährliche lineare AfS (erst ab 02) beträgt

  $\frac{1\,750\,000}{9} = 194\,444$ DM.

3.14 Folgen unterlassener und überhöhter AfA und AfS

AfA/AfS „sind" nach § 7 – also zwingend – vorzunehmen. Für den Bereich des Betriebsvermögens ergibt sich dies zusätzlich aus § 6 Abs. 1 Nr. 1 Satz 1 sowie aufgrund des Maßgeblichkeitsgrundsatzes bei bilanzierenden Kaufleuten (§ 5 Abs. 1) bereits aus dem Handelsrecht (§ 253 HGB).

Der Stpfl. hat **kein** Wahlrecht, ob er die AfA vornehmen will oder nicht. Insbesondere kann er in Verlustjahren nicht darauf verzichten oder die AfA niedriger bemessen.

Es fragt sich, **ob** und **wie AfA „nachgeholt"** werden kann (und muß), wenn sie entgegen den gesetzlichen Vorschriften nicht oder zu niedrig vorgenommen worden ist.

Es ist hierbei zwischen **irrtümlich (versehentlich)** und **vorsätzlich (bewußt)** unterlassener AfA zu unterscheiden. Vgl. R 44 Abs. 10.

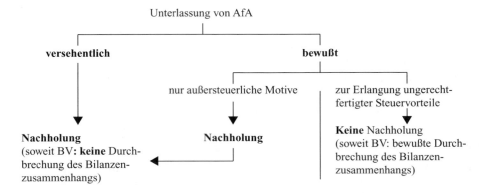

3.14.1 Vorsätzlich unterlassene AfA

Hat ein Stpfl. es **vorsätzlich** unterlassen, bei der Aufstellung der Jahresbilanzen jährliche AfA zu berücksichtigen, darf er die so bewußt unterlassene AfA grds. **nicht** in den Folgejahren nachholen (BFH, BStBl 1981 II 255).

Die Forderung nach Nachholung einer solchermaßen unterlassenen AfA würde einen **Verstoß gegen Treu und Glauben** darstellen, wenn der Stpfl. die an sich gebotene AfA bewußt unterlassen hat, um durch eine Nachholung insgesamt unberechtigt eine ins Gewicht fallende Steuerersparnis zu erzielen. Er muß sich dann so behandeln lassen, als hätte er in den betreffenden Jahren die AfA zutreffend vorgenommen. Die bewußt unterlassene AfA ist verfallen (BFH, BStBl 1972 II 271). Der Bilanzansatz wird dann unter **bewußter Durchbrechung des Bilanzenzusammenhangs** (vgl. § 252 Abs. 1 Nr. 1 HGB und § 4 Abs. 1 EStG) auf den Ansatz gemindert, der sich bei zutreffender AfA-Vornahme ergeben hätte. Damit wird der zu versteuernde **Totalgewinn** bewußt zu Lasten des Stpfl. **erhöht**. Dies gilt nur dann **nicht,** wenn der Steuerpflichtige einen zu hohen Bilanzansatz (also auch einen zu niedrigen Ansatz der AfA) **ausschließlich aus außersteuerlichen Gründen** gewählt hat. Dann liegt **kein** Fall von Treu und Glauben im Verhältnis zur Finanzbehörde vor (BFH, BStBl 1981 II 255).

Beispiel:

X hat im Jahr 01 einen Gewerbebetrieb erworben und dabei für einen derivativen Firmenwert 666 666 DM gezahlt. X hat das Wirtschaftsgut in seinen Bilanzen als nicht abnutzbares Wirtschaftsgut des Anlagevermögens (§ 266 Abs. 2 Aktivseite A I 1 HGB) ausgewiesen. Zum 31.12.03 hat er eine (unbegründete) Teilwertabschreibung auf 0 DM vorgenommen. Die Veranlagungen der Jahre 01 und 02 sollen bestandskräftig sein (keine Berichtigungsmöglichkeit mehr nach der AO).

Die AfA ist im vorliegenden Falle willkürlich unterlassen worden. Willkürlich unterlassene AfA kann nicht durch eine Teilwertabschreibung nachgeholt werden. Das Wirtschaftsgut ist in der Anfangsbilanz 1.1.03 mit dem Wert auszuweisen, mit dem es bei zutreffender steuerlicher Behandlung zu Buche gestanden hätte. Der Bilanzenzusammenhang darf zuungunsten des Stpfl. durchbrochen werden. Der Firmenwert ist somit zum 1.1.03 mit 577 778 DM zu aktivieren. Im Jahr 03 ist eine AfA von 44 444 DM zu berücksichtigen. Dies entspricht dem AfA-Satz von 6 $^{2}/_{3}$ % bei einer Nutzungsdauer von 15 Jahren (§ 7 Abs. 1 Satz 3).

Gewinnänderung 03 + 666 666 DM Teilwertabschreibung
                          ÷   44 444 DM AfA
                          + 622 222 DM

3.14.2 Versehentlich unterlassene AfA

Hat der Stpfl. lediglich **versehentlich** AfA unterlassen, ist ihre „**Nachholung**" **möglich**. Die unterlassene AfA darf aber nicht voll im ersten Jahr der Aufdeckung des Fehlers nachgeholt werden (vgl. BFH, BStBl 1987 II 491 und 1984 II 709 zu Gebäuden), sondern ist **auf die Restnutzungsdauer zu verteilen.** Die AfA wird also in der Weise nachgeholt, daß die noch nicht abgesetzten Anschaffungs oder Herstellungskosten (Buchwert) entsprechend der bei dem Anlagegut angewandten Absetzungsmethode in gleichbleibenden oder fallenden Jahresbeträgen auf die noch verbleibende Restnutzungsdauer verteilt werden (BFH, BStBl 1967 III 386). Diese ist ggf. neu zu schätzen. Zur „Nachholung" bei § 4 Abs. 3 vgl. BFH, BStBl 1972 II 271.

Beispiel:
X hat in der zweiten Jahreshälfte 01 ein Wirtschaftsgut mit einer Nutzungsdauer von 5 Jahren angeschafft. Die Anschaffungskosten dieses Wirtschaftsguts betrugen 200 000 DM. X hat im Jahr 01 zulässigerweise die halbe Jahres-AfA von 10 000 DM berücksichtigt, versehentlich aber auch weiter diese AfA-Höhe in den Folgejahren 02 bis 04 beibehalten. Zum 31.12.04 betrug der Buchwert daher 70 000 DM. Die Jahre bis einschließlich 03 sind nach der AO nicht mehr zu berichtigen. Da die Jahre 02 und 03 nicht mehr berichtigungsfähig sind, kann die unterlassene AfA in Höhe von je 10 000 DM nachgeholt werden. Sie ist aber auf die Restnutzungsdauer zu verteilen. Der Restwert des Wirtschaftsgutes zum 31.12.03 beträgt 70 000 DM, die Restnutzungsdauer angenommen 2 Jahre. Die jährliche AfA beträgt somit für 04 und 05 je 35 000 DM.

Für unterlassene Absetzungen für Substanzverringerung (AfS) gilt dies mit der Maßgabe entsprechend, daß die unterlassenen AfS in gleichen Beträgen auf die restliche Nutzungsdauer zu verteilen sind (BFH, BStBl 1967 III 460).

3.14.3 Überhöhte AfA

Zu den Folgen überhöhter AfA vgl. BFH, BStBl 1988 II 335 und R 44 Abs. 10 (zu § 7 Abs. 4).

3.15 AfA bei Gebäuden

Abweichend von § 7 Abs. 1 und § 7 Abs. 2 ist die AfA bei Gebäuden **selbständig geregelt** in **§ 7 Abs. 4** und **§ 7 Abs. 5**. Wegen der erhöhten Abschreibungen nach § 7c ff. EStG und § 82a ff EStDV vgl. K. 7.

§ 7 Abs. 4 und § 7 Abs. 5 gelten für alle Gebäude, gleichgültig, welchen Zwecken sie dienen und ob sie zum Betriebsvermögen oder zum Privatvermögen gehören (bei § 7 Abs. 4 aber mit unterschiedlichen Rechtsfolgen). **§ 7 Abs. 5** gilt **nur** für im **Inland** belegene Gebäude.

3.15.1 Gebäudebegriff

Für den Gebäudebegriff sind die **bewertungsrechtlichen** Vorschriften maßgebend, vgl. § 68 BewG.

Ein Gebäude kann auch auf fremdem Grund und Boden errichtet sein (vgl. § 94 BewG).

Den Gebäuden stehen gleich **Eigentumswohnungen** und im **Teileigentum** stehende Räume (§ 7 Abs. 5a). **Nicht** zu den Gebäuden gehören **Betriebsvorrichtungen.** Das sind Vorrichtungen aller Art, die zu einer Betriebsanlage gehören, auch wenn sie wesentliche Bestandteile sind; vgl. § 68 Abs. 2 Nr. 2 BewG und 3.10.2.3. Vgl. R 42 Abs. 5.

Wie Gebäude werden auch abgeschrieben Gebäudeteile, die **selbständige unbewegliche Wirtschaftsgüter** sind (§ 7 Abs. 5a). Für den Grund und Boden kommt eine Absetzung für Abnutzung **nicht** in Betracht.

3.15.2 Grundsatz der Einheitlichkeit des Gebäudes. Selbständige und unselbständige Gebäudeteile

Das Gebäude ist grundsätzlich ein einheitliches Wirtschaftsgut, so daß für das Gebäude mit allen seinen Bestandteilen (sowie dem Zubehör) nur eine einheitliche AfA in Betracht kommt (BFH GrS BStBl 1974 II 132).

Dieser Grundsatz der einheitlichen Gebäude-AfA bedeutet, daß das Gebäude als Ganzes Gegenstand der AfA ist. Dies gilt sowohl im Privatvermögen als auch Betriebsvermögen.

Beispiel:
A hat ein Gebäude errichtet. Herstellungskosten 500 000 DM. Die gesetzlich unterstellte Nutzungsdauer des Gebäudes beträgt 50 Jahre (vgl. § 7 Abs. 4 Satz 1). In den Herstellungskosten sind auch die Aufwendungen für eine Heizungsanlage in Höhe von 55 000 DM enthalten, deren Nutzungsdauer mit 20 Jahren anzunehmen ist. Die Heizungsanlage ist einheitlich mit dem Gebäude abzuschreiben.

Bei verschiedener Nutzungsdauer einzelner Teile eines Wirtschaftsgutes richtet sich die Nutzungsdauer grundsätzlich nach dem Teil mit der längsten Nutzungsdauer. Die Ersetzung vorzeitig verbrauchter Teile eines Wirtschaftsguts ist als Erhaltungsaufwand zu behandeln.

Es ist aber eine Abgrenzung der unselbständigen Gebäudeteile von den selbständigen Gebäudeteilen vorzunehmen. Hierbei gelten folgende Grundsätze:

Maßgeblich ist der **Nutzungs- und Funktionszusammenhang** des jeweiligen Bauteils.

Unselbständige Gebäudeteile liegen vor bei einheitlichem Nutzungs- und Funktionszusammenhang mit dem Gebäude. Vgl. R 13 Abs. 3.

> **Beispiele:**
> Fahrstuhl-, Heizungs-, Belüftungs- und Entlüftungsanlagen, soweit sie nicht als Betriebsvorrichtungen anzusehen sind (vgl. Abschn. 42 Abs. 2), zur Beheizung einer Fabrikanlage verwendete Lufterhitzer (BFH, BStBl 1975 II 689), Feuerlöschanlage einer Fabrik oder eines Warenhauses (BFH, BStBl 1980 II 409 und BStBl 1984 II 262), Bäder und Duschen eines Hotels (BFH, BStBl 1982 II 782) und Rolltreppen eines Kaufhauses (BFH, BStBl 1983 II 223).

Gebäudeteile sind dagegen **selbständige** Wirtschaftsgüter bei einem von der eigentlichen Gebäudenutzung **verschiedenen** Nutzungs- und Funktionszusammenhang. Dies ist der Fall, wenn sie **besonderen Zwecken** dienen. Sie sind deshalb gesondert vom Gebäude abzuschreiben. Vgl. R 42 Abs. 3 bis 6 und R 13 Abs. 3.

Es sind folgende Fälle zu unterscheiden: – vgl. auch **H 42** –

a) **Betriebsvorrichtungen** sind stets **bewegliche** Wirtschaftsgüter (vgl. R 42 Abs. 3). Daher ist AfA nach § 7 Abs. 1 oder 2 möglich (keine Gebäude-AfA).

b) Einbauten für vorübergehende Zwecke (= **Scheinbestandteile**, § 95 BGB).

   Das sind:
   aa) die vom Steuerpflichtigen für seine eigenen Zwecke vorabergehend eingefügten Anlagen,
   bb) die vom Vermieter oder Verpächter zur Erfüllung besonderer Bedürfnisse des Mieters oder Pächters eingefügten Anlagen, deren Nutzungszeit nicht länger als die Laufzeit des Vertragsverhältnisses ist;

c) **Ladeneinbauten, Schaufensteranlagen,** Gaststätteneinbauten, Schalterhallen von Kreditinstituten sowie ähnliche Einbauten, die einem schnellen Wandel des modischen Geschmacks unterliegen, und zwar auch dann, wenn sie in Neubauten eingefügt werden (BFH, BStBl 1965 III 291).

   Hierbei kann eine **Nutzungsdauer** von **7 Jahren** angenommen werden (= **AfA-Satz 14 v. H.**) – bei Anschaffung/Herstellung nach dem 31.12.1994 (vorher 5 bis 10 Jahre) (BMF-Schreiben vom 30.5.1996, BStBl I 643).

   > **Beispiel:**
   > A hat ein gemischtgenutztes Gebäude hergestellt. Im Untergeschoß befindet sich ein Laden. Die Herstellungskosten des Gebäudes betrugen 600 000 DM. Ferner betrugen die Herstellungskosten einer Schaufensteranlage 35 000 DM. A geht davon aus, daß die Schaufensteranlage spätestens nach 5 Jahren umgestaltet werden muß. Bei der Schaufensteranlage handelt es sich um ein selbständiges Wirtschaftsgut, das nicht mit dem Gebäude in einem Nutzungs- und Funktionszusammenhang steht. Als selbständiges Wirtschaftsgut (Gebäudeteil) hat es eine eigene betriebsgewöhnliche Nutzungsdauer. Da diese 5 Jahre beträgt, sind die Herstellungskosten für diesen Gebäudeteil innerhalb von 5 Jahren abzusetzen (§ 7 Abs. 4 Satz 2 i. V. m. § 7 Abs. 5a). Dies ist günstiger als die degressive Gebäude-AfA nach § 7 Abs. 5. Es handelt sich hierbei nicht um einbewegliches Wirtschaftsgut, so daß keine AfA nach § 7 Abs. 2 möglich ist.

d) **Sonstige selbständige Gebäudeteile** (vgl. R 13 Abs. 3 Nr. 5)

   Wird ein Gebäude **teils eigenbetrieblich, teils fremdbetrieblich, teils zu eigenen Wohnzwecken und teils zu fremden Wohnzwecken** genutzt, so ist jeder der vier unterschiedlich genutzten Gebäudeteile ein besonderes Wirtschaftsgut, weil das Gebäude in verschiedenen Nutzungs- und Funktionszusammenhängen steht (BFH-Beschluß BStBl 1974 II 132 und BFH, BStBl 1978 II 6.

   Besteht ein Gebäude aus mehreren solcher selbständiger Gebäudeteile, die besondere Wirtschaftsgüter sind, so ist grundsätzlich für jedes einzelne Wirtschaftsgut gesondert zu prüfen, ob es zum Betriebsvermögen oder zum Privatvermögen gehört. Die AfA sind jeweils gesondert vorzunehmen (vgl. § 7 Abs. 5a).

e) sogenannte Mietereinbauten

Vgl. hierzu BFH, BStBl 1975 II 443; 1978 II 345 und BMF-Schreiben vom 15.1.1976 (BStBl I 66) (= Mietereinbauten-Erlaß). Zur Aktivierung als selbständige Wirtschaftsgüter bei wirtschaftlichem Eigentum vgl. BFH, BStBl 1994 II 164.

Zum ganzen vgl. Einzeldarstellung in **Band 1** dieser Buchreihe.

3.15.3 Lineare AfA nach § 7 Abs. 4 EStG

Soweit für ein Gebäude nicht die degressive AfA (§ 7 Abs. 5) oder erhöhte AfA (insbes. § 7b) in Anspruch genommen wird, ist (d. h. muß) mindestens die lineare AfA nach § 7 Abs. 4 abgesetzt werden.

Dabei ist zunächst zwischen der **typisierten** und der **objektbezogenen** AfA zu unterscheiden.

a) **§ 7 Abs. 4 Satz 1 = typisierte AfA**
Hierbei wird vom Gesetz jeweils eine bestimmte Nutzungsdauer unterstellt. Vgl. nachfolgende Ausführungen 3.15.3.1.

b) **§ 7 Abs. 4 Satz 2 = objektbezogene AfA**
Bei Nachweis einer gegenüber der jeweiligen gesetzlich unterstellten Nutzungsdauer **verkürzten Nutzungsdauer** sind höhere AfA-Sätze als nach § 7 Abs. 4 Satz 1 vorgeschrieben zulässig. Vgl. nachstehend 3.15.3.5.

Unter den Voraussetzungen des § 7 Abs. 5 kann die degressive Gebäude-AfA in Anspruch genommen werden; vgl. 3.15.4.

3.15.3.1 Typisierte Gebäude-AfA

Die Vorschrift unterscheidet bei zum Betriebsvermögen gehörenden Gebäuden bzw. Gebäudeteilen i. S. von R 13 Abs. 3 und 4 zwischen **Wirtschaftsgebäuden** (§ 7 Abs. 4 Satz I Nr. 1) und **sonstigen Gebäuden,** wenn der **Antrag auf Baugenehmigung nach dem 31.3.1985** erfolgte. Für betriebliche Gebäude (Gebäudeteile), für die der Bauantrag vor dem 1.4.1985 erfolgte, ist **nur** § 7 Abs. 4 Satz 1 **Nr. 2** anwendbar. Bei Gebäuden i. S. von § 7 Abs. 4 Satz 1 Nr. 2 kommt es auf die Zugehörigkeit zum Betriebs- oder Privatvermögen nicht an.

Die AfA nach § 7 Abs. 4 sind **bis zur vollen Absetzung** der Anschaffungs- und Herstellungskosten des jeweiligen Gebäudes vorzunehmen. Die volle Absetzung ist erreicht, sobald die Summe der insgesamt vorgenommenen AfA einschließlich der Absetzungen für außergewöhnliche technische und wirtschaftliche Abnutzung die Anschaffungs- oder Herstellungskosten des Gebäudes erreicht (R 44 Abs. 3 Satz 1).

3.15.3.2 AfA gemäß § 7 Abs. 4 Satz 1 Nr. 2 EStG

Hierunter fallen alle Gebäude bzw. Gebäudeteile, **soweit** sie **nicht Wirtschaftsgebäude** i. S. des § 7 Abs. 4 Satz 1 Nr. 1 sind; vgl. hierzu nachfolgend 3.15.3.3.

Maßgeblich für die Bestimmung des AfA-Satzes ist außerdem das Jahr der Fertigstellung.

Der Anschaffungszeitpunkt bei einem vom Stpfl. angeschafften Gebäude ist für den AfA-Satz unerheblich.

Die AfA beträgt für

- Gebäude, die **vor** dem **1.1.1925 fertiggestellt** worden sind, 2,5% jährlich (gesetzlich unterstellte Nutzungsdauer: 40 Jahre)
- Gebäude, die **nach** dem **31.12.1924 fertiggestellt** worden sind, 2% jährlich (gesetzlich unterstellte Nutzungsdauer: 50 Jahre).

Die Nutzungsdauer muß nicht nach den tatsächlichen Verhältnissen ermittelt werden, sondern ist gesetzlich festgelegt, allerdings mit der Einschränkung, daß der Stpfl. auch von einer kürzeren Nutzungsdauer des Gebäudes ausgehen kann, wenn er Umstände darlegen kann, die die Annahme einer Verkürzung rechtfertigen; vgl. dazu § 7 Abs. 4 Satz 2 und nachfolgend 3.15.3.5.

Zum Beginn der Nutzungsdauer vgl. § 11c Abs. 1 EStDV.

Ein Ansatz niedrigerer AfA-Sätze als jährlich 2% bzw. 2,5% ist selbst bei einer nachweislich längeren Nutzungsdauer (z. B. 80 Jahre) nicht denkbar:

Beispiel:

A hat Anfang 1994 ein Mietwohngrundstück
1. Baujahr 1924
2. Baujahr 1925 entgeltlich erworben.

AfA-Satz im Falle a) 2,5%, b) 2%.
Das Anschaffungsjahr ist unerheblich.
Die typisierte Nutzungsdauer beginnt für den Erwerber A im Anschaffungszeitpunkt (vgl. § 11c Abs. 1 Satz 2 Nr. 3 EStDV).

3.15.3.3 Lineare AfA für Wirtschaftsgebäude

Durch § 7 Abs. 4 Satz 1 Nr. 1 wird der Abschreibungszeitraum für sogenannte Wirtschaftsgebäude von 50 auf 25 Jahre verkürzt. Die lineare AfA beträgt hiernach – auch bei einer tatsächlichen Nutzungsdauer von mehr als 25 Jahren – regelmäßig jährlich 4 v.H. statt 2 v.H. bzw. 2,5 v.H. der Herstellungs- oder Anschaffungskosten des Gebäudes. Zugleich gilt für solche Gebäude bzw. Gebäudeteile ggf. eine verbesserte degressive AfA (§ 7 Abs. 5 Satz 1 Nr. 1). Vgl. 3.15.4.

Begünstigt sind nur Gebäude bzw. Gebäudeteile, soweit sie

a) zum (notwendigen oder gewillkürten) **Betriebsvermögen** gehören,

b) nicht (eigenen oder fremden) **Wohnzwecken** dienen und

c) der **Antrag auf Baugenehmigung nach dem 31.3.1985** gestellt wurde.

- **Gebäudebegriff**

Es gilt der allgemeine Gebäudebegriff. Weiterhin ist die Aufteilung des Gebäudes in sonstige selbständige Gebäudeteile nach R 13 Abs. 3 Nr. 5 und Abs. 4 zu beachten. Vgl. § 7 Abs. 5a.

- **Zugehörigkeit zum Betriebsvermögen**

Handelt es sich bei einem Gebäude um ein einheitliches Wirtschaftsgut, kann es nur insgesamt oder gar nicht zum Betriebsvermögen gehören.

Dagegen ist die Zugehörigkeit zum Betriebsvermögen für jeden „sonstigen selbständigen Gebäudeteil" i.S. des § 7 Abs. 5a gesondert zu prüfen, vgl. R 13 Abs. 4.

Auch **Sonderbetriebsvermögen** von Personengesellschaften kann begünstigt sein.

- **Ausschluß von Wohnzwecken**

Zum Begriff der – hier ausgeschlossenen – Wohnzwecke vgl. R 42a Abs. 1 bis 3.

Ausgeschlossen sind sowohl eigene als auch fremde Wohnzwecke. Für fremde Wohnzwecke gilt dies selbst dann, wenn es sich um notwendiges Betriebsvermögen handelt. Daher ist für an Arbeitnehmer überlassene Werkswohnungen die verbesserte AfA nicht zulässig.

Beispiel:

Ein Freiberufler mit Gewinnermittlung nach
1. § 4 Abs. 3
2. § 4 Abs. 1

erwirbt ein Gebäude (Antrag auf Baugenehmigung im April 1985), das wie folgt genutzt wird:
1/3 eigene Praxis
1/3 vermietet zu gewerblichen/freiberuflichen Zwecken
1/3 eigene Wohnung.

Zulässig ist hier nur AfA nach § 7 Abs. 4 (nicht § 7 Abs. 5).

- Bei § 4 Abs. 3 ist nur der Praxisteil „Wirtschaftsgebäude" (da das Gebäude nur 1/3 Betriebsvermögen ist) und mit 4% anteilig abzuschreiben.

  Grds. ist kein gewillkürtes BV bei § 4 Abs. 3 möglich. Daher gilt **kein** erhöhter AfA-Satz für die anderen 2/3 des Gebäudes (sondern nur AfA 2%).

- Bei § 4 Abs. 1 umfaßt das Wirtschaftsgebäude i.S. § 7 Abs. 4 Satz 1 Nr. 1 2/3 des Gebäudes, wenn auch der fremdgewerbliche Gebäudeteil als gewillkürtes Betriebsvermögen aktiviert ist.

Der Wohnteil ist in keinem Fall als Teil eines Wirtschaftsgebäudes begünstigt (auch wenn er noch zulässigerweise als gewillkürtes Betriebsvermögen behandelt wird).

Im übrigen ist die Zulässigkeit der verbesserten AfA bei Vermietung vom Verhalten der Nutzenden abhängig.

Beispiel:
A hat an B ein bei A ganz zum gewillkürten Betriebsvermögen gehörendes Gebäude (Bauantrag 2.4.1985) vermietet. B nutzt es zu ²/₃ für eigenbetriebliche und zu ¹/₃ für eigene Wohnzwecke. A erhält die verbesserte AfA nur für ²/₃ des Gebäudes.

Der Wohnteil ist kein Wirtschaftsgebäude

- **Bauantrag nach dem 31.3.1985**

Zum Begriff vgl. R 42a Abs. 4.

Darunter ist der formelle Bauantrag zu verstehen. **Nicht** darunter fällt eine **Bauanzeige** (da sie eine nicht genehmigungsbedürftige Baumaßnahme betrifft).

Ist ein Bauantrag nicht gestellt worden,

– obwohl eine Genehmigung erforderlich gewesen wäre („Schwarzbau") oder
– weil ein genehmigungsfreies Bauvorhaben vorliegt,

so ist nach dem Gesetzeswortlaut die verbesserte AfA ausgeschlossen.

Nach Zitzmann, DB 1986, 103 (106 f.) liegt eine Gesetzeslücke vor (uE zutreffend).

- **Höhe der AfA**

Für ein „Wirtschaftsgebäude" ist die lineare AfA nur in Höhe von 4% zulässig (Mindest-AfA).

Es kann **nicht** wahlweise eine AfA von nur 2% vorgenommen werden (kein Wahlrecht), so R 44 Abs. 4. Dies erscheint unbefriedigend, da es sich bei der Verbesserung der Gebäude-AfA mehr um eine Steuervergünstigung mit Anreizwirkung als eine Änderung der Normal-AfA handelt.

- **AfA-Wechsel**

Sowohl die Zugehörigkeit zum Betriebsvermögen bzw. Privatvermögen als auch die Nutzung eines Gebäudes kann sich **ändern**. Ein Gebäude kann somit **nachträglich** zum Wirtschaftsgebäude werden oder diese Eigenschaft **verlieren**.

Eine solche Änderung zieht zwangsläufig einen AfA-Wechsel und damit eine Änderung der AfA-Höhe nach sich. Vgl. R 44 Abs. 8.

§ 7 Abs. 4 (und Abs. 5) enthält aber keine ausdrückliche Regelung. Es ist jeweils auf die **Verhältnisse im Wirtschaftsjahr** abzustellen. Dabei ist uE aber zu beachten, daß sowohl eine **Entnahme** als auch eine **Einlage** als **anschaffungsähnlicher Vorgang** zu werten sind (vgl. BFH, BStBl 1983 II 759).

Beispiele:
1. Ein Wirtschaftsgebäude ist vom Zeitpunkt der Fertigstellung 2.1.01 an mit 4% nach § 7 Abs. 4 Satz 1 Nr. 1 abgeschrieben worden bis zu seiner Entnahme zum 31.12.03. Tatsächliche (Gesamt-) Nutzungsdauer 60 Jahre.

   Herstellungskosten   1 000 000 DM
   Teilwert 31.12.03   1 200 000 DM

   Nach der Entnahme – als anschaffungsähnlichem Vorgang – bemißt sich die weitere AfA nach dem Entnahmewert, hier Teilwert von 1 200 000 DM.

   Der AfA-Satz von 4% ist ab Entnahme nicht mehr zulässig. Da die tatsächliche Restnutzungsdauer (57 Jahre) größer ist als 50 Jahre, beträgt der AfA-Satz 2% (§ 7 Abs. 4 Satz I Nr. 2). AfA somit 2% von 1 200 000 DM = 24 000 DM 50 Jahre lang (vgl. § 11c Abs. 1 EStDV – sinngemäß).

b) Ein Gebäude (Bauantrag 2.4.1985) ist im Privatvermögen von der Anschaffung am 2 1.01 an nach § 7 Abs. 4 Satz I Nr. 2 mit 2% abgeschrieben worden. Anschaffungskosten 1 000 000 DM. Gesamte Nutzungsdauer 60 Jahre. Zum 1.1.04 wurde es in das Betriebsvermögen zur vollen eigenbetrieblichen Nutzung eingelegt (Teilwert 1 100 000 DM).

Da auch bei Einlage ein anschaffungsähnlicher Vorgang anzunehmen ist, ist nunmehr die AfA für Wirtschaftsgebäude, zumindest nach § 7 Abs. 4 Satz 1 Nr. 1 mit 4% zulässig, und zwar vom Teilwert als nach § 6 Abs. 1 Nr. 5 maßgebendem Einlagewert (Dreijahresfrist ist abgelaufen). AfA ab 05 4% von 1 100 000 DM = 44 000 DM jährlich.

Zur Frage eines Wechsels zwischen § 7 Abs. 4 und § 7 Abs. 5 vgl. 3.15.4.

Eine **Angleichung** von „Altgebäuden" (Bauantrag vor dem 1.4.1985) an die AfA gemäß § 7 Abs. 4 Satz 1 Nr. 1 (z. B. **durch Teilwertabschreibung oder AfaA) ist unzulässig** (§ 7 Abs. 4 Satz 4).

3.15.3.4 Übersicht zur typisierten Gebäude-AfA (§ 7 Abs. 4 Satz 1 EStG)

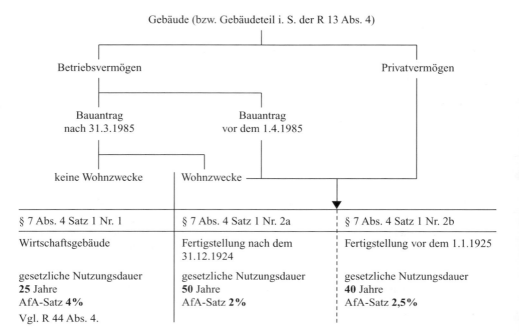

3.15.3.5 Ojektbezogene Gebäude-AfA (§ 7 Abs. 4 Satz 2 EStG)

Abweichend von § 7 Abs. 4 Satz 1 läßt § 7 Abs. 4 Satz 2 in den Fällen einer **nachweislich kürzeren tatsächlichen Nutzungsdauer** (als der gesetzlich unterstellten) auch einen **höheren** AfA-Satz zu.

Dies ist nur möglich bei Vorliegen **besonderer – technischer oder wirtschaftlicher – Umstände** (R 44 Abs. 3 Satz 2).

Die Verkürzung der Nutzungsdauer muß nachgewiesen werden. An den Nachweis werden strenge Anforderungen gestellt (z. B. Gutachten). Die Absicht des Abbruchs oder der Veräußerung eines zunächst noch genutzten Gebäudes rechtfertigt keine Verkürzung der Nutzungsdauer (BFH, BStBl 1982 II 385). Vielmehr muß der Abbruch feststehen (BFH, BStBl 1985 II 126). Die tatsächliche Nutzungsdauer (bzw. Restnutzungsdauer) muß betragen in den Fällen des

	weniger als
– § 7 Abs. 4 Satz 1 Nr. 1 (Wirtschaftsgebäude)	25 Jahre
– § 7 Abs. 4 Satz 1 Nr. 2a	50 Jahre
– § 7 Abs. 4 Satz 1 Nr. 2b	40 Jahre

Der AfA-Satz ermittelt sich wie folgt:

$$\frac{100}{\text{tatsächliche Nutzungsdauer}}$$

Für den **Beginn** der Nutzungsdauer gilt auch hier **§ 11c Abs. 1 EStDV**. Dies bedeutet: Für den Erwerber eines Gebäudes bezieht sich der Nachweis der tatsächlichen Nutzungsdauer ab dem Zeitpunkt des Erwerbs durch ihn (also Restnutzungsdauer).

> **Beispiel:**
> A ist seit 1.1.1996 Eigentümer eines Ende 1949 errichteten Mietwohngrundstücks.
> Er wies durch ein Gutachten nach, daß die Restnutzungsdauer am 1.1.1996 noch 20 Jahre betrug.
> Der AfA-Satz beträgt für A 5% (§ 7 Abs. 4 Satz 2 EStG i.V.m. § 11c Abs. 1 Satz 2 Nr. 2 EStDV).

Bei Wirtschaftsgebäuden hat die Vorschrift zunehmend an Bedeutung verloren, da hier bereits eine Nutzungsdauer von lediglich 25 Jahren unterstellt ist.

So ist z.B. in „Neufällen" die im Verwaltungswege festgelegte verkürzte Nutzungsdauer von 33 $^1/_3$ Jahren für Gebäude, die ausschließlich dem Einzelhandel dienen, bei Zugehörigkeit zum Betriebsvermögen bedeutungslos geworden.

3.15.3.6 Beginn der Nutzungsdauer bei Gebäuden

Nutzungsdauer in diesem Sinne ist der Zeitraum, in dem ein Gebäude voraussichtlich seiner Zweckbestimmung entsprechend benutzt werden kann. Nach § 11c Abs. 1 EStDV beginnt der Zeitraum der Nutzungsdauer

a) bei Gebäuden, die der Steuerpflichtige vor dem 21.6.1948 angeschafft oder hergestellt hat, mit dem 21.6.1948;

b) bei Gebäuden, die der Steuerpflichtige nach dem 20.6.1948 hergestellt hat, mit dem **Zeitpunkt der Fertigstellung** und

c) bei Gebäuden, die der Steuerpflichtige nach dem 20.6.1948 angeschafft hat, mit **dem Zeitpunkt der Anschaffung**.

3.15.3.7 Besonderheiten

- **Anschaffung oder Fertigstellung während eines Wirtschafts- bzw. Kalenderjahres**

Wird ein Gebäude **während** eines WJ bzw. KJ angeschafft bzw. fertiggestellt, kann die AfA nach § 7 Abs. 4 in diesem Jahr **nur zeitanteilig** gewährt werden (R 44 Abs. 2 Satz 1).

> **Beispiel:**
> X hat ein Gebäude (Privatvermögen) für 500000 DM errichtet, das am 15.4.01 bezugsfertig geworden ist. Nutzungsdauer 60 Jahre.
> Die jährliche AfA errechnet sich wie folgt:
>
> | | |
> |---|---:|
> | Bemessungsgrundlage | 500000 DM |
> | AfA 2 v.H. (§ 7 Abs. 4 Satz 1 Nr. 2) | 10000 DM |
> | AfA-Beginn 1.4.01 (einschließlich des angefangenen Monats) | |
> | zeitanteilige AfA $^3/_{12}$ = | 2500 DM |

Die Vereinfachungsregelung des R 44 Abs. 2 Satz 3 ist nicht anwendbar.

- **Veräußerung**

Wird ein Gebäude im VZ veräußert, können sowohl der Veräußerer als auch der Erwerber **nur** die entsprechende **zeitanteilige** AfA erhalten (R 44 Abs. 9).

> **Beispiel:**
> A hat an B mit Wirkung vom Beginn des 1. Oktober 01 ein Gebäude für 500000 DM veräußert; die ursprünglichen Herstellungskosten betrugen 400000 DM. A stehen daher nur noch $^9/_{12}$ der AfA von 8000 DM (2 v.H. von 400000 DM) = 6000 DM zu. B kann von seinen Anschaffungskosten in Höhe von 500000 DM die zeitanteilige AfA im Anschaffungsjahr beanspruchen.
> AfA 2% von 500000 DM = 10000 DM, hiervon
> $^3/_{12}$ = 2500 DM.

Bei unentgeltlicher Übertragung gilt (bei § 7 Abs. 4) Entsprechendes.

3.15.4 Degressive Gebäude-AfA (§ 7 Abs. 5 EStG)

Die Vorschrift des § 7 Abs. 5 ist mehrmals geändert worden.

Die degressive AfA ist nur mit den vorgeschriebenen Staffelsätzen zulässig. Eine Anwendung **höherer oder niedriger** Sätze ist **ausgeschlossen**.

§ 7 Abs. 5 gilt

a) für den **Bauherrn,** und zwar nur bei **Neubauten** im **bautechnischen** Sinne (BFH, BStBl 1992 II 808)

b) für **Erwerber, falls die Anschaffung spätestens im Jahr der Fertigstellung erfolgt.**

Die (rechtliche) Umwandlung eines bestehenden Gebäudes in **Eigentumswohnungen** ist **keine Neuherstellung** i. S. des § 7 Abs. 5.

Im Falle der Anschaffung gilt dies jedoch nur, wenn der Bauherr für das veräußerte Gebäude weder degressive AfA noch erhöhte Absetzungen oder Sonderabschreibungen in Anspruch genommen hat.

Bei Antrag auf Baugenehmigung (bei Herstellung des Gebäudes durch den Stpfl.) oder Abschluß des obligatorischen Vertrags (in Erwerbsfällen) nach dem 28.2.1989 und vor dem **1.1.1996** gilt folgende AfA-Staffel

$\left.\begin{array}{l} 4 \times 7 \quad \% \\ 6 \times 5 \quad \% \\ 24 \times 1{,}25\,\%. \end{array}\right\}$ § 7 Abs. 5 Nr. **3a** = **Mietwohnungsneubau**

Die Abschreibungsdauer beträgt hierfür nur **40** Jahre. Eine tatsächlich längere oder kürzere Nutzungsdauer als 40 Jahre ist unerheblich.

Wegen der Begriffe „Bauantrag" und „obligatorischer Vertrag" vgl. R 42a Abs. 4 und 6.

Für die in § 7 Abs. 4 Satz 1 **Nr. 1** bezeichneten **Wirtschaftsgebäude gilt auch** eine höhere **degressive AfA.** Die degressive Gebäude-AfA beträgt danach für Wirtschaftsgebäude gemäß § 7 Abs. 5 Satz 1 **Nr. 1:**

in den ersten	4 Jahren	jeweils 10,0 v. H. =	40 v. H.
in den folgenden	3 Jahren	jeweils 5,0 v. H. =	15 v. H.
in den folgenden	18 Jahren	jeweils 2,5 v. H. =	45 v. H.
	25 Jahre		100 v. H.

Zwischen den beiden AfA-Staffeln § 7 Abs. 5 Nr. 1 und Nr. 2 besteht **kein Wahlrecht**, u. E. wohl aber zwischen den Regelungen § 7 Abs. 5 Nr. 2 und § 7 Abs. 5 Nr. 3. Zwischen linearer und degressiver AfA kann gewählt werden.

Übersicht über die Voraussetzungen der Gebäude-AfA gem. § 7 Abs. 5 Nr. 1 und 2

§ 7 Abs. 5 Satz 1 Nr. 1	§ 7 Abs. 5 Satz 1 Nr. 2
1. Gebäude im Sinne des § 7 Abs. 4 Satz 1 Nr. 1 **(Wirtschaftsgebäude)**	1. Gebäude im Sinne des § 7 Abs. 4 Satz 1 Nr. 2
	2. Belegenheit im Inland
	3. a) Bauherr oder
	b) Anschaffung bis zum Ende des Jahres der Fertigstellung
	4. Keine Inanspruchnahme
	– degressiver AfA (§ 7 Abs. 5)
	– Sonder-AfA
	– erhöhter AfA
	durch Bauherrn (falls Anschaffung).
	5. a) im Fall der Herstellung:
Bauantrag vor 1.1.1994	**Bauantrag vor 1.1.1995**
	b) im Fall der **Anschaffung**:
Notarieller Kaufvertrag vor 1.1.1994	**notarieller Kaufvertrag vor 1.1.1995**

Bei § 7 Abs. 5. Nr. 3 müssen **Wohnzwecke** vorliegen. Dies ist **nicht** der Fall beim häuslichen Arbeitszimmer eines Arbeitnehmers im eigenen Haus (BFH, BStBl 1995 II 598). Es kommen nur in Betracht 2% (§ 7 Abs. 4 Nr. 2) oder 5% (§ 7 Abs 5 Nr. 2), BFH, BStBl 1995 II 727.

Somit ist für **Wirtschaftsgebäude** i. S. § 7 Abs. 5 Nr. 1, für die der **Bauantrag nach dem 31.12.1993 gestellt wird oder** für die der notarielle **Kaufvertrag** nach diesem Zeitpunkt **abgeschlossen** wird, die Möglichkeit der **degressiven AfA abgeschafft.**

Für diese Wirtschaftsgebäude ist **nur noch die lineare** AfA nach § 7 Abs. 4 Satz 1 Nr. 1 möglich, d. h. im Regelfall 25 Jahre × 4%.

Für Gebäude i. S. des § 7 Abs. 5 Nr. 2, die aufgrund eines nach dem 31.12.1994 gestellten Bauantrags hergestellt bzw. aufgrund eines nach dem 31.12.1994 rechtswirksam abgeschlossenen obligatorischen Vertrags angeschafft sind, wurde die degressive AfA **ebenfalls ausgeschlossen.** Mit dieser weiteren Einschränkung der degressiven Gebäude-AfA wird eine weitgehende **Gleichbehandlung** der in § 7 Abs. 5 Satz 1 Nr. 1 und 2 bezeichneten Gebäude erreicht.

Für neue Gebäude i. S. des § 7 Abs. 5 Nr. 2 ist daher i. d. R. nur noch eine AfA nach § 7 Abs. 4 von 2% zulässig.

Nach dem R 42a Abs. 5 gilt: Nach § 7 Abs. 5 Satz 1 Nr. 1 und 2 ist die degressive AfA in den Fällen der Herstellung eines Gebäudes nur zulässig, wenn der Bauantrag vor dem 1. Januar 1994 bzw. 1. Januar 1995 gestellt worden ist.

Es ist in diesen Fällen unerheblich, wer den Bauantrag gestellt hat.

Ist deshalb für ein Gebäude der Bauantrag vor dem maßgeblichen Zeitpunkt gestellt worden, kann der Erwerber eines unbebauten Grundstücks oder der Erwerber eines teilfertigen Gebäudes die degressive AfA auch dann vornehmen, wenn er das bebaute Grundstück oder das teilfertige Gebäude nach dem 31.12.1993 bzw. 31.12.1994 erworben hat und das Gebäude aufgrund des gestellten Bauantrags fertigstellt. Das gilt auch, wenn der Bauantrag vor dem maßgeblichen Zeitpunkt von einer Personengesellschaft oder einer Gemeinschaft gestellt worden ist und nach dem 31.12.1993 bzw. 31.12.1994, bevor das Gebäude fertiggestellt ist, weitere Personen der Gesellschaft oder Gemeinschaft beitreten.

Zu den nach § 7 Abs. 5 Satz 1 Nr. 1 und 2 begünstigten Herstellungskosten gehören in diesen Fällen die (anteiligen) Anschaffungskosten des teilfertigen Gebäudes und die (anteiligen) Herstellungskosten zur Fertigstellung des Gebäudes. Aus BFH, BStBl 1994 II 704 kann eine andere Rechtsauffassung **nicht** hergeleitet werden, weil dieses Urteil zu einer Fassung des § 7 Abs. 5 ergangen ist, nach der die degressive AfA nur vom Bauherrn in Anspruch genommen werden konnte.

Rückführung der degressive AfA für Mietwohnungsneubau (§ 7 Abs. 5 Nr. 3b).

Die **degressive** AfA für Gebäude, die **nicht** zu einem Betriebsvermögen gehören und **Wohnzwecken** dient, wurde durch das JStG 1996 abgesenkt.

Bauantrag bzw. **notarieller Kaufvertrag** (Neubauten)

	AfA-Staffel
– nach 28.2.89 und **vor 1.1.1996**	4 × 7%
	6 × 5%
	6 × 2%
	24 × 1,25%
– **nach 31.12.1995**	8 × 5%
	6 × 2,5%
	36 × 1,25%

Hinweis

Um in den Genuß der 7%igen AfA zu kommen, mußte der Bauantrag noch bis 31.12.1995 gestellt werden bzw. der Kaufvertrag abgeschlossen sein. Dabei gilt wiederum R 42a Abs. 5.

Grundsätze der degressiven AfA

- **Vorgeschriebene AfA-Staffel**

Die degressiven AfA nach § 7 Abs. 5 sind nur mit den in dieser Vorschrift vorgeschriebenen Staffelsätzen zulässig. Die Anwendung höherer oder niedrigerer AfA-Sätze ist ausgeschlossen (R 44 Abs. 4). Die unterstellte Nutzungsdauer beginnt im Jahre der Herstellung bzw. (begünstigten) Anschaffung; § 11c Abs. 1 EStDV.

- **AfA im Jahr der Fertigstellung bzw. (begünstigten) Anschaffung**

Im Jahr der Fertigstellung bzw. Anschaffung des Gebäudes sind die degressiven AfA in Höhe des **vollen Jahresbetrags abzuziehen** (BFH, BStBl 1974 II 704).

> **Beispiel:**
> A hat für 700 000 DM ein Wirtschaftsgebäude (§ 7 Abs. 4 Satz 1 Nr. 1) errichtet. Es ist zum 30. 12. 01 fertiggestellt worden. Er will das Gebäude degressiv abschreiben. A steht für das Wj. (Kj.) 01 die volle Jahres-AfA von 10 % auf 700 000 DM = 70 000 DM zu.

Voraussetzung ist **nicht**, daß das gesamte – einheitlich geplante – Gebäude fertiggestellt ist. Es genügt, daß ein Teil des Gebäudes, der einem eigenständigen Nutzungs- und Funktionszusammenhang dienen soll, abgeschlossen erstellt ist (lt. BFH: und genutzt wird, u. E. nicht erforderlich). Bemessungsgrundlage sind die gesamten bisher angefallenen HK (BFH, BStBl 1991 II 133 und BStBl 1992 II 801 (802).

- **AfA im Jahr der Veräußerung**

Wird das Gebäude im Laufe eines Kalenderjahres (bzw. abweichenden Wirtschaftsjahrs) veräußert, steht dem Veräußerer nur die **zeitanteilige** AfA zu (BFH, BStBl 1977 II 835; R 44 Abs. 9 Satz 1).

- **Fertigstellung eines erworbenen Rohbaus**

Bei Fertigstellung eines Gebäudes, das der Stpfl. in unfertigem Zustand erworben hat, ist degressive AfA nach § 7 Abs. 5 unter den allgemeinen Voraussetzungen sowohl für die Anschaffungs- als auch eigenen Herstellungskosten zulässig, da begrifflich eine „Anschaffung bis zum Ende des Jahres der Fertigstellung" vorliegt.

> **Beispiel:**
> A hat in 01 einen Rohbau für 300 000 DM erworben. Zur Fertigstellung bis Ende 02 wendete er noch 200 000 DM auf.
> Der Bauantrag soll als nach dem 31. 3. 1985 und vor dem 1. 1. 1995 gestellt gelten. Das Gebäude dient voll Wohnzwecken (fremdvermietet) und ist (zutreffend) als gewillkürtes Betriebsvermögen bilanziert.
> Es liegt ein Gebäude i. S. des § 7 Abs. 4 Satz 1 Nr. 2 vor (kein Wirtschaftsgebäude).
> Die degressive AfA beträgt in den ersten 8 Jahren gemäß § 7 Abs. 5 Nr. 2 = 5 % von den Herstellungskosten von 500 000 DM = 25 000 DM.

- **Außergewöhnliche AfA**

§ 7 Abs. 1 Satz 5 ist – entgegen dem Wortlaut des § 7 Abs. 4 – auch bei degressiver Gebäude-AfA (R 44 Abs. 13 Satz 2) anwendbar. Die weitere Abschreibung richtet sich nach § 11 c Abs. 2 EStDV; vgl. hierzu 3.15.10.4.

- **Wechsel der AfA-Methode**

Nicht zulässig ist ein Übergang

- von § 7 Abs. 5 nach § 7 Abs. 4 (BFH, BStBl 1987 II 618)
- von § 7 Abs. 4 nach § 7 Abs. 5
- von § 7b nach § 7 Abs. 5 (BFH, BStBl 1976 II 414)

Ob ein Wechsel zwischen § 7 Abs. 5 Nr. 1 und Nr. 2 bei Begründung oder Wegfall der Eigenschaft als „Wirtschaftsgebäude" möglich ist, ist fraglich.

Dagegen spricht zumindest in **Einlage-** bzw. **Entnahmefällen,** daß die auslösende Einlage bzw. Entnahme nach BFH, BStBl 1983 II 759 anschaffungsähnliche Vorgänge sind, eine Anschaffung nach dem Jahr der Fertigstellung aber nicht unter § 7 Abs. 5 fällt. Vgl. im einzelnen Herrmann/Heuer/Raupach, EStG, § 7, grüne Bl. S. 25 f. Ablehnend R 44 Abs. 8 und BFH, BStBl 1992 II 909 **(keine** degressive Gebäude-AfA nach Entnahme).

- **Unentgeltlicher Erwerb**

Bei unentgeltlichem Erwerb kann der Erwerber eine nach § 7 Abs. 5 vom Rechtsvorgänger begonnene AfA fortsetzen (§ 11d Abs. 1 EStDV). Im Jahr des Übergangs ist eine beliebige Verteilung der Jahres-AfA möglich (analog zu § 7b). Zum Begriff des unentgeltlichen Erwerbs vgl. K. 7.8.6.4.

Wegen der Berücksichtigung **nachträglicher Herstellungskosten** vgl. R 44 Abs. 11, zur Abgrenzung von der Herstellung eines **neuen Wirtschaftsguts** vgl. R 43 Abs. 5, 3.15.9.5 und BFH, BStBl 1992 II 808 (= sog. **bautechnischer Neubau**); zur Abgrenzung von der Herstellung eines **anderen Wirtschaftsguts** vgl. „**Dachgeschoß-Erlaß**" = BMF-Schr. vom 10. 7. 1996, BStBl I 689.

3.15.5 AfA-Bemessungsgrundlagen bei Gebäuden

AfA-Bemessungsgrundlage sind die **Anschaffungskosten** oder **Herstellungskosten**. Vgl. hierzu bereits 3.9. Einzelfälle von Herstellungskosten bei Gebäuden behandelt **R 33a**. Siehe auch K. 7.8.6.3.

Die **Herstellung** eines Gebäudes ist gegeben, wenn der Eigentümer des Gebäudes als Bauherr anzusehen ist. Vgl. hinsichtlich der Bauherreneigenschaft BFH, BStBl 1973 II 59, R 44 Abs. 1, BMF-Schreiben, BStBl 1990 I 366 (Bauherren-Erlaß).

Bei unentgeltlichem Erwerb führt der Rechtsnachfolger die AfA-Bemessungsgrundlage des Rechtsvorgängers fort (§ 11d Abs. 1 EStDV).

3.15.6 Einlage von Gebäuden in das Betriebsvermögen

Wird ein Gebäude aus dem Privatvermögen in das Betriebsvermögen eingelegt, so ist darin ein **Anschaffungsähnlicher Vorgang** zu sehen (BFH, BStBl 1983 II 759).

Die weitere AfA ist gemäß R 43 Abs. 6 Sätze 1 und 2 nach dem maßgebenden **Einlagewert** i. S. des § 6 Abs. 1 Nr. 5 (Teilwert, fortgeführte Anschaffungs-/Herstellungskosten, gemeiner Wert) zu bemessen.

Dieser ist in den Fällen des § 7 Abs. 4 Sätze 1 und 2 auf die **tatsächliche** Restnutzungsdauer zu verteilen. Vgl. R 44 Abs. 12 Nr. 1. Bei § 7 Abs. 4 Satz 1 führt dies nicht zu einer Erhöhung des AfA-Satzes, falls die Restnutzungsdauer noch mindestens 50 bzw. 40 (bei Wirtschaftsgebäuden 25) Jahre beträgt.

> **Beispiel:**
> X hat ein Grundstack mit aufstehendem Gebäude zum 1. 1. 10 in sein Unternehmen eingelegt. Die ursprünglichen Herstellungskosten im Januar 01 betrugen 400 000 DM (Nutzungsdauer 80 Jahre). Der Teilwert des Gebäudes im Zeitpunkt der Einbringung betrug 500 000 DM. Das Gebäude ist fremdvermietet zu Wohnzwecken. Die AfA-Bemessungsgrundlage ab dem Zeitpunkt der Einlage beträgt 500 000 DM (= neues AfA-Volumen).
> Da die Restnutzungsdauer von 70 Jahren größer ist als 50 Jahre, beträgt der AfA-Satz unverändert 2 %.

Entsteht durch die Einlage ein Wirtschaftsgebäude, erhöht sich der AfA-Satz auf 4 % (§ 7 Abs. 4 Satz 1 Nr. 1); R 44 Abs. 8.

In den Fällen des § 7 Abs. 4 Satz 2 wird sich der AfA-Satz regelmäßig erhöhen.

> **Beispiel:**
> Ein Gebäude mit Anschaffungskosten von Anfang 01 von 200 000 DM wird Ende 05 in das Betriebsvermögen eingelegt (Teilwert 250 000 DM) – kein Wirtschaftsgebäude.
> Die ursprünglich nachgewiesene Nutzungsdauer beträgt 25 Jahre.
> AfA-Bemessungsgrundlage ab 06 = Teilwert 250 000 DM.
> Der AfA-Satz nach tatsächlicher künftiger Nutzungsdauer (25 / 5 =) 20 Jahre beträgt 5 % = 12 500 DM.

Problematisch ist die Einlage bei zuvor degressiv abgeschriebenen Gebäuden, da lt. BFH, BStBl 1983 II 752 ein anschaffungsähnlicher Vorgang gegeben ist. Somit ist die degressive AfA nach einer Einlage grds. unzulässig (vgl. R 44 Abs. 12 Nr. 1); Ausnahme: Einlage im VZ der Anschaffung oder Herstellung entsprechend BFH, BStBl 1995 II 170 zur Entnahme.

Dieselbe Problematik besteht nach einer Entnahme, vgl. 3.15.7.

Beispiel:

Ein Gebäude (Herstellungskosten Anfang 01 1 000 000 DM, Nutzungsdauer 80 Jahre) wird Ende 10 in das Betriebsvermögen eingelegt (Teilwert 1 100 000 DM, **tatsächliche** Restnutzungsdauer 60 Jahre).

Bisherige AfA nach § 7 Abs. 5 Nr. 2:

Herstellungskosten	1 000 000 DM
./. 8 × 5 % = 40%	400 000 DM
./. 2 × 2,5% = 5%	50 000 DM
Restwert Ende 10	550 000 DM

Ab Einlage bemißt sich die AfA nach § 7 Abs. 4 Satz 1 Nr. 2 mit 2% von 1 100 000 DM = 22 000 DM; Falls es sich um ein Wirtschaftsgebäude handelt, beträgt der AfA-Satz 4% (§ 7 Abs. 4 Satz 1 Nr. 1).

Die degressive AfA ist nicht mehr zulässig.

3.15.7 Gebäude-AfA nach Entnahme

Nach R 43 Abs. 6 Satz 2 sind bei Gebäuden, die der Stpfl. aus einem Betriebsvermögen in das Privatvermögen überführt hat, die weiteren AfA **grds.** nach dem **Teilwert** (§ 6 Abs. 1 Nr. 4) oder **gemeinen Wert** (§ 16 Abs. 3 Satz 4) zu bemessen, mit dem das Gebäude bei der Überführung angesetzt worden ist. Nach BFH, BStBl 1992 II 969 besteht aber **keine** Bindungswirkung an den Wertansatz bei der Ermittlung des Entnahme- oder Aufgabegewinns; hierzu besteht jedoch ein Nichtanwendungserlaß (BMF-Schr. vom 30. 10. 1992, BStBl I 651).

Beispiel:

Ein Gebäude (Anschaffungskosten Anfang 01 1 000 000 DM; kein Wirtschaftsgebäude i. S. des § 7 Abs. 4 Satz 1 Nr. 1 wird Ende 10 in das Privatvermögen überführt (Teilwert 1 100 000 DM, Restbuchwert 800 000 DM, Restnutzungsdauer über 50 Jahre). Die AfA ab 11 beträgt 2% von 1 100 000 DM = 22 000 DM.

Auch die Entnahme führt grds. zum Wegfall der degressiven AfA; vgl. vorstehend 3.15.6.

Dagegen bleibt bei **Entnahme** im VZ der Fertigstellung die degressive AfA möglich. Maßgebend ist der Entnahmewert. Vgl. BFH, BStBl 1995 II 170.

In folgenden Fällen bleiben dagegen die **Anschaffungs- oder Herstellungskosten** maßgebend (R 43 Abs. 6 Satz 3; BFH, BStBl 1994 II 749).

a) Übergang des Betriebs von der Gewinnermittlung durch Schätzung oder nach § 13a zur Buchführung,

b) Verwendung eines Gebäudes, das bisher „Privatgut" war (Selbstnutzung oder unentgeltliche Überlassung zu Wohnzwecken) zur Einkünfteerzielung i. S. des § 21.

Nach einer **Änderung** der Bemessungsgrundlage (R 44 Abs. 12 Nr. 1) sind die weiteren AfA nach § 7 Abs. 4 Satz 1 oder Satz 2 und der tatsächlichen Restnutzungsdauer zu bemessen.

Bleibt die bisherige Bemessungsgrundlage maßgebend (R 43 Abs. 6 Satz 3), so sind die weiteren AfA grundsätzlich nach dem ursprünglichen Verfahren zu bemessen (R 44 Abs. 12 Nr. 2).

Bei Übergang des Gebäudes vom „Privatgut" zur Einkünfteerzielung sind die AfA nach der gesamten Nutzungsdauer gemäß § 7 Abs. 4 oder § 7 Abs. 5 zu bemessen.

Das **AfA-Volumen** ist jedoch um die **fiktive AfA** nach § 7 Abs. 4 oder 5 für den Zeitraum vor dem Übergang zu **kürzen**.

3.15.8 Folgen unterlassener und überhöhter Gebäude-AfA

Im Prinzip gelten die Grundsätze der Nachholung bei beweglichen Wirtschaftsgütern (vgl. 3.14) auch bei Gebäuden (im Privat- und Betriebsvermögen).

In den Fällen des § 7 Abs. 4 Satz 2 (objektbezogene lineare AfA) erfolgt die Nachholung versehentlich unterlassener AfA durch Verteilung des Rest(buch)werts auf die Restnutzungsdauer, da hier ein individueller AfA-Satz die volle Absetzung während der nachgewiesenen verkürzten Nutzungsdauer gewährleistet.

In den Fällen des § 7 Abs. 4 Satz 1 und § 7 Abs. 5 erfolgt lt. BFH die Nachholung versehentlich unterlassener AfA im Hinblick auf die gebotene Beibehaltung der gesetzlich vorgeschriebenen Vomhundertsätze bei unveränderter tatsächlicher Nutzungsdauer in der Weise, daß sich der Abschreibungszeitraum verlängert (BFH, BStBl 1984 II 709). Der BFH läßt also AfA außerhalb der Nutzungsdauer zu, verlegt mithin einen Teil der Absetzung in einen Zeitraum nach Ablauf der Nutzungsdauer (BFH, BStBl 1987 II 491 und R 44 Abs. 10).

Beispiel:
Für ein Wirtschaftsgebäude i. S. des § 7 Abs. 4 Satz 1 Nr. 1 mit Herstellungskosten von 500 000 DM ist in den Jahren 01 bis 04 (bestandskräftig) versehentlich nur eine AfA von 2 % berücksichtigt worden. Der Buchwert zum 31.12.04 beträgt mithin 460 000 DM. Ab 05 ist die zutreffende AfA nach § 7 Abs. 4 Satz 1 Nr. 1 von 4 % = 20 000 DM jährlich zu berücksichtigen. Hierzu wird ein Abschreibungszeitraum von noch 23 Jahren benötigt. Die volle Absetzung erfolgt mithin nicht – wie eigentlich vorgesehen – in 25, sondern in 4 + 23 = 27 Jahren.

Bei überhöhter AfA nach § 7 Abs. 4 Satz 1 ist im weiteren die gesetzliche vorgeschriebene AfA vorzunehmen, so daß sich insgesamt gesehen der Abschreibungszeitraum verkürzt. Vgl. auch BFH, BStBl 1988 II 335. Dies gilt entsprechend auch bei degressiver AfA nach § 7 Abs. 5 (BFH, BStBl 1993 II 661).

Unterlassene **erhöhte Absetzungen** oder **Sonderabschreibungen,** für deren Inanspruchnahme ein Wahlrecht besteht, können dann nicht nachgeholt werden, wenn der Begünstigungszeitraum und der Prozentsatz gesetzlich festgelegt sind (BFH, BStBl 1984 II 709).

3.15.9 AfA bei nachträglichen Anschaffungs- und Herstellungskosten

3.15.9.1 Allgemeines

Eine gesonderte AfA ist für nachträgliche Anschaffungs- oder Herstellungskosten unzulässig (BFH, BStBl 1975 II 412; BStBl 1984 II 196).

Nachträgliche Herstellungskosten liegen grds. auch bei einem Ausbau, Umbau oder einer Erweiterung des Gebäudes vor (BFH, BStBl 1977 II 725), ebenso bei einer nachträglich errichteten Baulichkeit oder Einrichtung an dem bisher vorhandenen Gebäude, deren Fehlen dem Gebäude ein negatives Gepräge geben würde (BFH, BStBl 1984 II 196).

Beispiele:
Umzäunung, Garage.

Für die Behandlung nachträglicher Anschaffungs- oder Herstellungskosten bei Gebäuden gibt es keine allgemeine gesetzliche Regelung. Lediglich für **erhöhte AfA** nach § 7b besteht eine Regelung (§ 7b Abs. 3). K. 7.8.6.5.11.2.

Nach R 44 Abs. 11 gilt:

3.15.9.2 AfA nach § 7 Abs. 4 Satz 1 EStG

Sind für ein bestehendes Gebäude nachträgliche Anschaffungs- oder Herstellungskosten aufgewendet worden, können die AfA nach den Anschaffungs- oder Herstellungskosten des Gebäudes (oder dem an deren Stelle tretenden Wert), vermehrt um die nachträglichen Anschaffungs- oder Herstellungskosten, und nach dem für das Gebäude maßgebenden Hundertsatz bemessen werden (BFH, BStBl 1975 II 412 und 1984 II 709). Vgl. H 44 (Beispiele, Nr. 3).

Beispiel:
Anschaffungskosten eines Gebäudes (Privatvermögen) im Jahr 01 500 000 DM. AfA nach § 7 Abs. 4 Satz 1 Nr. 2 = 2 %.
Nachträgliche Herstellungkosten im Jahre 11 150 000 DM (fertiggestellt 2.1.11).
AfA ab dem Jahr 11: 2 % von 650 000 DM = 13 000 DM.

AfA-Volumen ab dem Jahr 11:

Anschaffungskosten	500 000 DM
./. AfA 01 – 10 10 × 2 % = 20 %	100 000 DM
Restwert 31. 12. 10	400 000 DM
+ nachträgliche Herstellungskosten	150 000 DM
	550 000 DM

Die AfA läuft bis zur vollen Absetzung noch über 42 Jahre. Damit ist hier die volle Absetzung nach 50 Jahren noch nicht erreicht.

Aus **Vereinfachungsgründen** ist es nicht zu beanstanden, wenn die nachträglichen Anschaffungs- oder Herstellungskosten im Jahr ihrer Entstehung bei der Bemessung der AfA so berücksichtigt werden, als wären sie zu **Beginn** dieses Jahres aufgewendet worden (R 44 Abs. 11 Satz 3).

Beispiel:

Wie vor, aber die Fertigstellung erfolgte im Juli 11.

Es kann bereits die volle Jahres-AfA für die nachträglichen Herstellungskosten in Anspruch genommen werden (keine Änderung der Lösung).

Wird jedoch hierbei die volle Absetzung innerhalb der **tatsächlichen** Nutzungsdauer nicht erreicht, so können u. E. die weiteren AfA entsprechend § 7 Abs. 4 Satz 2 höher als 4 % bzw. 2,5 % bemessen werden (Umkehrschluß).

Beispiel:

Wie vor, aber die tatsächliche Restnutzungsdauer beträgt nachweislich 40 Jahre.

AfA-Volumen ab dem Jahre 11

Restwert 31. 12. 10	400 000 DM
+ nachträgliche Kosten	150 000 DM
AfA-Volumen	550 000 DM

Die AfA würde bei einem unveränderten AfA-Satz von 2 % bis zur vollen Absetzung noch

$$\frac{550\,000}{13\,000} = 42{,}3 \text{ Jahre laufen.}$$

Der Restwert von 550 000 DM kann daher auf 40 Jahre verteilt werden; so daß nunmehr ein AfA-Satz von 2,5 % gilt (jährliche AfA 13 750 DM).

3.15.9.3 AfA nach § 7 Abs. 4 Satz 2 EStG

In den Fällen des § 7 Abs. 4 Satz 2 bemessen sich die weiteren AfA nach dem um die nachträglichen Anschaffungs- oder Herstellungskosten vermehrten Restwert und der Restnutzungsdauer des Gebäudes (BFH, BStBl 1971 II 142).

Beispiel:

A hat eine Halle für 500 000 DM errichtet, tatsächliche Nutzungsdauer 20 Jahre. In 06 nimmt er eine bauliche Erweiterung vor (135 000 DM). Die Gesamtnutzungsdauer ändert sich hierdurch nicht.

ursprüngliche Herstellungskosten	500 000 DM
abzüglich AfA 5 Jahre × 5 v. H. = 25 %	125 000 DM
Buchwert zum 31. 12. 05	375 000 DM
zuzüglich nachträgliche Herstellungskosten 06	135 000 DM
	510 000 DM
Restnutzungsdauer 15 Jahre = 6 ²/₃ v. H. AfA 06	34 000 DM
Buchwert 31. 12. 06	476 000 DM

Ergibt sich auf Grund der nachträglichen Herstellungskosten eine längere Nutzungsdauer, ist die entsprechend längere Restnutzungsdauer zugrunde zu legen. Hat sich im obigen Beispiel die Gesamtnutzungsdauer um 10 Jahre verlängert, ist von einer Restnutzungsdauer von 25 Jahren auszugehen. Der AfA-Satz betrüge dann ab dem Jahre 11 4 v. H. (statt vorher 5 %).

Es ist jedoch aus Vereinfachungsgründen nicht zu beanstanden, wenn auch in den Fällen des § 7 Abs. 4 Satz 2 die weiteren AfA in entsprechender Anwendung der Regelung in R 44 Abs. 11 Satz 1 nach dem bisher bei dem Gebäude angewandten Hundertsatz bemessen werden (R 44 Abs. 11 Satz 2).

Beispiel:
Wie vor.
1. Es ist zulässig, die AfA wie folgt zu berechnen:

Ursprüngliche Herstellungskosten	500 000 DM
+ nachträgliche Herstellungskosten	135 000 DM
5% von	635 000 DM
= 31 750 DM	

2. Die Regelung kann aber auch so verstanden werden, daß zwar der ursprüngliche AfA-Satz genommen wird, aber auf den Restwert von 510 000 DM angewendet wird: 5% von 510 000 DM = 25 500 DM.

Da bei der sogenannten objektbezogenen AfA nach Möglichkeit eine Vollabschreibung mit Ablauf der nachgewiesenen verkürzten Nutzungsdauer angestrebt wird, ist die Lösung 1. m.E. naheliegender.

3.15.9.4 AfA nach § 7 Abs. 5

In den Fällen des § 7 Abs. 5 ist lediglich eine Erhöhung der AfA-Bemessungsgrundlage vorzunehmen und darauf der gerade nach der Staffelung maßgebende AfA-Satz anzuwenden (BFH, BStBl 1987 II 491).

Eine Restwert-AfA ist hier nicht vorgesehen. Vgl. H 44 (Beispiele, Nr. 3).

Beispiel:
Herstellungskosten eines Wirtschaftsgebäudes (§ 7 Abs. 4 Satz 1 Nr. 1)   500 000 DM
Es sind nachträgliche Herstellungskosten von 100 000 DM entstanden im
a) 3. Jahr nach Fertigstellung
b) 4. Jahr nach Fertigstellung.
Fall a): AfA in 04 10% von (500 000 DM + 100 000 DM =) 600 000 DM = 60 000 DM AfA ab 05 – 07 5% = 30 000 DM usw.
Fall b): AfA 05 – 07 je 5% von 600 000 DM = 30 000 DM.

Bleibt am Ende der 50jährigen Nutzungsdauer noch ein Restwert, ist er nach § 7 Abs. 4 abzusetzen (BFH, BStBl 1987 II 491).

3.15.9.5 Herstellungskosten für ein neues Wirtschaftsgut

Nicht um nachträgliche Herstellungskosten im Sinne des R 44 Abs. 11, sondern um Herstellungskosten für ein **neues Wirtschaftsgut** handelt es sich bei Aufwendungen für

– einen „Anbau mit Verschachtelung"
– einen selbständigen Anbau
– einen selbständigen Gebäudeteil i. S. des R 13 Abs. 4.

Da durch solche Baumaßnahmen neue Gebäude bzw. selbständige Gebäudeteile hergestellt werden, kommt in diesen Fällen auch die Anwendung der degressiven AfA nach § 7 Abs. 5, bei Betriebsvorrichtungen § 7 Abs. 2 in Betracht.

a) Aufwendungen für Anbau mit Verschachtelung

Aufwendungen für einen Anbau, der zu einer Verschachtelung mit dem bestehenden Gebäude führt, sind Teil der Herstellungskosten eines neuen Wirtschaftsguts, das Alt- und Neubauteile umfaßt, wenn die in das bisherige Gebäude oder in Teile desselben einbezogenen Neubauten dem Gebäude das Gepräge geben (vgl. BFH, BStBl 1975 II 342 und BStBl 1978 II 46).

Das gleiche gilt bei Aufwendungen für einen grundlegenden Umbau, durch den das Gebäude in seinem Zustand so wesentlich verändert wird, daß es bei objektiver Betrachtung als neues Wirtschaftsgut erscheint (vgl. BFH, BStBl 1975 II 424 und BStBl 1978 II 280 und 363). Die AfA bemessen sich in diesen Fällen nach der Summe aus dem Buchwert oder dem Restwert des Altgebäudes im Zeitpunkt der Fertigstellung des Anbaus und den durch den Anbau oder Umfang entstandenen Herstellungskosten.

Beispiel:

A hat ein in 01 errichtetes Fabrikgebäude (Wirtschaftsgebäude i. S. § 7 Abs. 4 Satz 1 Nr. 1), das zum 1.10.21 noch mit 50 000 DM zu Buche stand, völlig umgestaltet, so daß ein neues Bauwerk entstanden ist. Die Aufwendungen betrugen hierfür 250 000 DM. Der Umbau wurde am 1.10.21 fertiggestellt.

Restwert des alten Gebäudes 1.10.21	50 000 DM
Herstellungskosten in 21	250 000 DM
Gesamt	300 000 DM

AfA gemäß § 7 Abs. 4 Satz 1 Nr. 1 4% von 300 000 DM = 12 000 DM, für das Jahr 21 nur zeitanteilig $3/12$ = 3 000 DM (Keine Anwendung des R 44 Abs. 11 Satz 3).

Es besteht auch die Möglichkeit, das neue Gebäude nach § 7 Abs. 5 Nr. 1 mit 10% = 30 000 DM abzuschreiben (für das Jahr 21 bereits volle Jahres-AfA). Für den Altbauteil ist AfA bis zur Fertigstellung des Anbaus vorzunehmen.

b) Selbständiger Anbau

Aufwendungen für einen Anbau, der **nicht** zu einer Verschachtelung mit dem bestehenden Gebäude führt, sind Herstellungskosten für ein **selbständiges** Gebäude (vgl. BFH, BStBl 1975 II 344, BStBl 1978 II 78 und BStBl 1978 II 123), soweit durch den Anbau nicht nur eine Baulichkeit oder sonstige Einrichtung geschaffen wird, die dem bestehenden Gebäude derart dient, daß es ohne die Baulichkeit oder sonstige Einrichtung als unvollständig erscheint (BFH, BStBl 1984 II 196).

Die Nutzungsdauer des Anbaus ist selbständig, also unabhängig vom übrigen Gebäude zu schätzen.

Beispiel:

A hat an sein Geschäftsgebäude eine eingeschossige Lagerhalle angebaut. Die Baukosten hierfür betrugen 30 000 DM; Nutzungsdauer der Halle 20 Jahre. Die Lagerhalle stellt ein selbständiges Gebäude dar. Die jährliche AfA beträgt nach § 7 Abs. 4 Satz 2 5%, oder nach § 7 Abs. 5 Nr. 1 in den ersten 8 Jahren 10% (Wirtschaftsgebäude) usw.

c) Selbständige Gebäudeteile

Aufwendungen für einen Anbau oder eine Aufstockung sind Herstellungskosten für ein neues Wirtschaftsgut, wenn durch die Herstellungsarbeiten selbständige Gebäudeteile i. S. des R 13 Abs. 4 geschaffen werden. Vgl. hierzu im einzelnen **Band 1** dieser Buchreihe.

Bei Gebäuden, bei denen nach Inanspruchnahme von Sonderabschreibungen, z. B. nach den §§ 7e bis 7g EStG, §§ 76 ff. EStDV die AfA nach dem Restwert und dem nach § 7 Abs. 4 unter Berücksichtigung der Restnutzungsdauer maßgebenden Hundertsatz zu bemessen sind, ist R 44 Abs. 12 Nr. 1 entsprechend anzuwenden. An die Stelle der tatsächlichen Nutzungsdauer tritt die tatsächliche Restnutzungsdauer. Vgl. § 7a Abs. 9 und BMF-Schreiben vom 6.10.1986, BStBl I 487, Beispiel 2.

3.15.10 Außergewöhnliche technische oder wirtschaftliche AfA

3.15.10.1 Zulässigkeit der AfaA bei Gebäuden

Bei der linearen Gebäude-AfA (§ 7 Abs. 4) ist eine Absetzung wegen außergewöhnlicher technischer und wirtschaftlicher Abnutzung zulässig, da § 7 Abs. 4 Satz 3 ausdrücklich auf § 7 Abs. 1 Satz 5 verweist. Dagegen fehlt bei der degressiven AfA in § 7 Abs. 5 eine entsprechende Verweisung. Dies hätte zur Folge, daß z. B. die Zerstörung eines zum Privatvermögen gehörenden Gebäudes (z. B. durch Brand oder Überschwemmung) bei § 7 Abs. 5 steuerlich überhaupt nicht und im Bereich des Betriebsvermögens nur bei Vorliegen der Voraussetzungen einer Teilwertabschreibung, berücksichtigt werden könnte. Nach R 44 Abs. 13 Satz 2 ist daher die Vornahme von AfaA auch bei Gebäuden nicht zu beanstanden, die nach § 7 Abs. 5 abgeschrieben werden.

Die AfaA ist im Betriebsvermögen wie im Privatvermögen (vgl. § 9 Abs. 1 Nr. 7) zulässig (bei allen Einkunftsarten).

3.15.10.2 Gründe für eine AfaA

Eine AfaA setzt außergewöhnliche Umstände voraus, die im Jahr ihrer Geltendmachung die wirtschaftliche Nutzbarkeit haben sinken lassen (BFH, BStBl 1980 II 743). Vgl. H 44.

Zu den Begriffen außergewöhnliche technische bzw. wirtschaftliche Abnutzung im allgemeinen, vgl. bereits 3.12.

Den Stpfl. trifft die objektive Beweislast (BFH, BStBl 1980 II 69). Bei Gebäuden kommt eine außergewöhnliche technische AfA insbesondere in Betracht, wenn ein **Gebäude ganz oder teilweise** infolge höherer Gewalt **zerstört** worden ist (z. B. Brand, Unwetter, Überschwemmung) (BFH, BStBl 1969 II 464).

Weitere Fälle sind

– Abriß von Teilen des Gebäudes bei einem Umbau (BFH, BStBl 1962 III 272); die „bewußte Beseitigung" von Bausubstanz steht der AfaA **nicht** entgegen (BFH, BStBl 1994 II 902).

Die entfernte Bausubstanz muß abgrenzbar in den Anschaffungs- oder Herstellungskosten enthalten sein. Ihr Wert darf nicht von ganz untergeordneter Bedeutung sein. Als Wert sind **zur Beurteilung der Frage der nicht untergeordneten Bedeutung, nicht** zur Höhe AfaA! – (aus Vereinfachungsgründen) die anteiligen Anschaffungs- oder Herstellungskosten (= anteilige AfA-Bemessungsgrundlage) anzusetzen (BFH, a. a. O.).

– Beseitigung verdeckter Mängel (BFH, BStBl 1963 III 325)

– nicht nur unwesentliche Beeinträchtigung des Nutzungswerts des Gebäudes infolge fehlerhafter Bauausführung; dies gilt nicht bei noch nicht fertiggestellten Gebäuden (BFH, BStBl 1987 II 694 und 695).

– eingeschränkte Vermietbarkeit nach Mieterwechsel bei einem nach den Wünschen des Vormieters errichteten Gebäudes (BFH, BStBl 1981 II 161).

Behördliche Auflagen beim Bau eines Mietshauses, die zu geringeren Mieteinnahmen führen, können in späteren Jahren **nicht** eine Absetzung für wirtschaftliche Abnutzung rechtfertigen (BFH, BStBl 1980 II 743).

Baumängel vor Fertigstellung eines Gebäudes rechtfertigen **keine** AfaA (BFH, BStBl 1987 II 694, BStBl 1992 II 805 sowie BStBl 1995 II 306).

Zum **Gebäudeabbruch** Einzeldarstellung in **Band 1** dieser Buchreihe.

Die AfaA muß grundsätzlich **im Jahre des Eintritts der außergewöhnlichen Wertminderung** vorgenommen werden. Ob dem Grunde nach eine Pflicht besteht, ist streitig. Bei Ausscheiden des Wirtschaftsguts ist die AfaA Pflicht.

Zum Verhältnis der AfaA zu einer Teilwertabschreibung vgl. 3.12.2.

3.15.10.3 Berechnung der AfaA

Bei Zerstörung des Wirtschaftsguts ist der auf den zerstörten Teil entfallende **Buchwert** maßgeblich; bestätigt für Totalschaden eines Pkw durch BFH, BStBl 1995 II 318. Damit ist u. E. BFH, BStBl 1980 II 71, wonach der Zeitwertunterschied (vor und nach Beschädigung) maßgebend sein soll, überholt.

Dies gilt auch bei Zugehörigkeit zum Privatvermögen: hier ist der fiktive Restbuchwert maßgebend (BFH, BStBl 1995 II 318).

Sind Schadensbeseitigungskosten Erhaltungsaufwand, sind sie **neben** einer AfaA als BA oder WK abzugsfähig.

Es ist **keine** Saldierung zwischen einer AfaA und einer Entschädigung vorzunehmen /(BFH, BStBl 1994 II 11, 12). Bei den Einkünften aus § 21 ist die Entschädigung Einnahme, **soweit WK ersetzt** werden.

3.15.10.4 AfA-Bemessungsgrundlage nach Vornahme einer AfaA

Hat der Stpfl. bei einem **Gebäude** eine AfaA vorgenommen, so bemessen sich die AfA von dem **folgenden Wirtschaftsjahr** oder Kalenderjahr an nach den Anschaffungs- und Herstellungskosten des Gebäudes abzüglich des Betrages der Absetzung für außergewöhnliche technische oder wirtschaftliche Abnutzung (§ 11c Abs. 2 EStDV).

Beispiel:

A hat Anfang 01 ein Wirtschaftsgebäude (§ 7 Abs. 4 Satz 1 Nr. 1) für 400 000 DM errichtet. Jährliche AfA 4 v.H. Am 2.1.11 läßt er 30 v.H. des Gebäudes abreißen. Der Buchwert des Gebäudes beträgt zum 31.12.10 240 000 DM. Da der Abriß 30 v.H. der Bausubstanz ausmacht, ist der Buchwert des Gebäudes entsprechend durch eine außergewöhnliche AfA (= 30 v.H. von 240 000 DM = 72 000 DM) zu mindern. Nach § 11c Abs. 2 EStDV ist der Gebäudeabriß bei der Höhe der AfA im Jahr der außergewöhnlichen AfA noch nicht zu berücksichtigen. Es ist somit von den ursprünglichen Herstellungskosten auszugehen. Erst im Folgejahr ist die Bemessungsgrundlage um den Betrag der außergewöhnlichen technischen AfA zu mindern.

Buchwert 1.1.11	240 000 DM
außergewöhnliche AfA in 11	72 000 DM
AfA 11 (unverändert)	16 000 DM
Buchwert 31.12.11	152 000 DM
AfA-Bemessungsgrundlage ab 1.1.12:	400 000 DM
– außergewöhnliche AfA (§ 11c Abs. 2 EStDV)	72 000 DM
	328 000 DM
jährliche AfA ab 1.1.12 4%	13 120 DM
Buchwert 31.12.12 152 000 / 13 120 =	138 880 DM

Entsprechendes gilt nach einer **Teilwertabschreibung** (§ 11c Abs. 2 Satz 3 EStDV).

3.15.10.5 Zusammentreffen einer AfaA mit nachträglichen Anschaffungs- oder Herstellungskosten

Werden nach Vornahme einer AfaA nachträgliche Herstellungskosten aufgewendet, erhöhen sie die Bemessungsgrundlage ab dem Jahr ihrer Entstehung, während die Minderung durch die AfaA nach wie vor erst im Folgejahr nach § 11c Abs. 2 EStDV vorzunehmen ist.

Beispiel:

Wie vor, aber in 11 werden nachträgliche Herstellungskosten von 100 000 DM aufgewendet.

Buchwert 1.1.11		240 000 DM
./. AfaA		72 000 DM
+ nachträgliche Herstellungskosten		100 000 DM
./. **AfA 11**		
4 % von (400 000 + 100 000) =		20 000 DM
Buchwert 31.12.11		248 000 DM
– **AfA 12**		
	500 000 DM	
./. AfaA aus 11	72 000 DM	
	428 000 DM × 4 %	– 17 120 DM
Buchwert 31.12.12		230 880 DM

Entsprechendes gilt nach einer **Teilwertabschreibung.**

3.16 Gemeinsame Vorschriften für erhöhte Absetzungen und Sonderabschreibungen

3.16.1 Allgemeines, Anwendungsbereich

§ 7a ist bei beweglichen und anderen Wirtschaftsgütern (insbesondere Gebäuden) anzuwenden. § 7a gilt für alle im EStG, der EStDV und in anderen Gesetzen geregelten **erhöhten AfA** und **Sonderabschreibungen.**

§ 7a ist nur dann **nicht** anzuwenden, wenn oder soweit dies in der jeweiligen Vorschrift ausdrücklich gesagt ist.

Keine Anwendung findet § 7a bei Steuervergünstigungen, die nicht in Form von erhöhten Absetzungen oder Sonderabschreibungen gewährt werden, z.B. bei der Bewertungsfreiheit für geringwertige Wirtschaftsgüter nach § 6 Abs. 2. Vgl. R 45 Abs. 1.

3.16.2 Nachträgliche Anschaffungs- und Herstellungskosten

Nachträgliche Anschaffungs- oder Herstellungskosten erhöhen die Bemessungsgrundlage ab dem Jahre ihres Entstehens, § 7a Abs. 1. Nachträgliche Anschaffungs- oder Herstellungskosten im Sinne des § 7a Abs. 1 können für das Jahr der Entstehung aus Vereinfachungsgründen so berücksichtigt werden, als wären sie zu Beginn dieses Jahres aufgewendet worden. Hinsichtlich des Jahres der Entstehung nachträglicher Anschaffungs- oder Herstellungskosten gilt § 9a EStDV sinngemäß. Nach Ablauf des Begünstigungszeitraums sind die AfA bei Gebäuden sowie in den Fällen des § 7 Abs. 5a nach dem **Restwert** und dem sich **nach § 7 Abs. 4** maßgebenden Vomhundertsatz zu bemessen (§ 7a Abs. 9). Vgl. R 45 Abs. 9. Bei beweglichen Wirtschaftsgütern ist der Restwert auf die Restnutzungsdauer zu verteilen, diese ist grds. neu zu schätzen. Es kann aber auch die rechnerische zugrunde gelegt werden (R 45 Abs. 10). Vgl. H 45 Beispiele Nr. 1.

Beispiel:
Für ein bewegliches Wirtschaftsgut mit einer betriebsgewöhnlichen Nutzungsdauer von 10 Jahren, für das im Wirtschaftsjahr der Anschaffung Sonderabschreibungen in Anspruch genommen worden sind, werden im 5. Jahr des Begünstigungszeitraums nachträgliche Herstellungskosten aufgewendet.

		Abschreibungen	Bemessungsgrundlage
Anschaffungskosten			100 000 DM
Abschreibungen der ersten 4 Jahre:			
a) 10 % AfA = 10 000 DM × 3 =		30 000 DM	
b) 50 % Sonderabschreibung =		50 000 DM	80 000 DM
nachträgliche Herstellungskosten im 5. Jahr			+ 40 000 DM
			140 000 DM
Abschreibungen des 5 Jahres:			
a) 10 % AfA von 140 000 DM =		14 000 DM	
b) 50 % Sonderabschreibungen von 140 000 DM =	70 000 DM		
abzüglich bereits vorgenommene Sonderabschreibungen	− 50 000 DM	20 000 DM	34 000 DM
Abschreibung des 6. Jahres:			
10 % AfA von 140 000 DM =		14 000 DM	− 128 000 DM
Restwert am angenommenen Ende des Begünstigungszeitraums			12 000 DM

Vom 7. Jahr an betragen die AfA (Restnutzungsdauer 3 Jahre) je $^1/_3$ (= 33 $^1/_3$ v. H.) des Restwerts von 12 000 DM = 4 000 DM jährlich.

§ 7a Abs. 1 ist **nicht** anzuwenden, soweit für die Behandlung nachträglicher Anschaffungs- oder Herstellungskosten Sonderregelungen gelten (vgl. z. B. § 7h, § 7i EStG, § 4 Abs. 3 FörderGG), oder Herstellungsarbeiten so umfassend sind, daß hierdurch – wirtschaftlich betrachtet – ein anderes Wirtschaftsgut entsteht. Wegen der Bemessung der AfA in diesen Fällen vgl. R 43 Abs. 5 und R 44 Abs. 11 Satz 4 (R 45 Abs. 2).

3.16.3 AfA bei Sonderabschreibungen

Nach § 7a Abs. 4 kommt neben Sonder-AfA grds. nur lineare AfA in Betracht. Dies gilt jedoch **nicht** bei der Sonder-AfA nach § 7g.

3.16.4 Kumulationsverbot

Nach § 7a Abs. 5 ist die Inanspruchnahme von erhöhten Absetzungen oder Sonderabschreibungen auf Grund mehrerer Vorschriften bei einem Wirtschaftsgut ausgeschlossen (Kumulationsverbot). Der Steuerpflichtige kann in diesen Fällen wählen, welche Abschreibungsvergünstigung er in Anspruch nehmen will. Das Kumulationsverbot gilt nicht in den Fällen, in denen nachträgliche Anschaffungs- oder Herstellungskosten Gegenstand einer eigenen Abschreibungsvergünstigung sind. Zu beachten ist, daß das Kumulationsverbot nur für erhöhte Absetzungen und Sonderabschreibungen, nicht jedoch für andere Vergünstigungen gilt.

3.16.5 Abschreibung bei mehreren Beteiligten

Nach § 7a Abs. 7 dürfen bei Wirtschaftsgütern, die mehreren Beteiligten zuzurechnen sind, erhöhte Absetzungen oder Sonderabschreibungen nur anteilig für diejenigen Beteiligten vorgenommen werden, die sämtliche Voraussetzungen für die Inanspruchnahme der erhöhten Absetzungen oder Sonderabschreibungen erfüllen; dabei dürfen die erhöhten Absetzungen oder Sonderabschreibungen von diesen Beteiligten **nur einheitlich**, d. h. mit einem einheitlichen Hundertsatz vorgenommen werden. Vgl. auch BFH, BStBl 1990 II 953. Wie zu verfahren ist, wenn die Voraussetzungen für die erhöhten Absetzungen oder Sonderabschreibungen bei allen Beteiligten erfüllt sind, ist in § 7a Abs. 7 nicht geregelt. Aus der Vorschrift kann jedoch entnommen werden, daß die erhöhten Absetzungen oder Sonderabschreibungen in diesen Fällen von allen Beteiligten nur mit einem einheitlichen Hundertsatz vorgenommen werden können. Die Inanspruchnahme von erhöhten Absetzungen oder Sonderabschreibungen mit unterschiedlichen Hundertsätzen ist deshalb auch in den Fällen nicht zulässig, in denen alle Beteiligten, denen das Wirtschaftsgut zuzurechnen ist, die Voraussetzungen für die erhöhten Absetzungen oder Sonderabschreibungen erfüllen.

3.16.6 AfA nach Ablauf von Sonderabschreibungen

Nach Ablauf des Begünstigungszeitraums für Sonderabschreibungen bemessen sich die AfA gemäß § 7a Abs. 9.

a) bei Gebäuden und selbständigen Gebäudeteilen (§ 7 Abs. 5a) nach dem Restwert und dem nach § 7 Abs. 4 unter Berücksichtigung der Restnutzungsdauer maßgebenden Prozentsatz, vgl. BFH, BStBl 1992 II 622, BMF vom 20. 7. 1992, BStBl I 415 und H 45 Beispiel Nr. 4.

b) bei anderen Wirtschaftsgütern nach dem Restwert und der Restnutzungsdauer.

3.16.7 Sonstiges

Wegen der buchmäßigen Voraussetzungen von zum Betriebsvermögen gehörenden Wirtschaftsgütern vgl. § 7a Abs. 8. Die Voraussetzungen des danach zu führenden Verzeichnisses sind auch dann erfüllt wenn es erst im Zeitpunkt der Geltendmachung der erhöhten AfA oder Sonderabschreibung erstellt wird (BFH, BStBl 1985 II 47). Zur Behandlung von **Anzahlungen** auf Anschaffungskosten und Teilherstellungskosten vgl. § 7a Abs. 2, BFH, BStBl 1986 II 367 und R 45 Abs. 5 und 6.

3.17 Erhöhte AfA und Sonderabschreibungen

§ 7c – Umbauabschreibung vgl. K. 7.8.6.8.

§ 7f – Bewertungsfreiheit für abnutzbare Wirtschaftsgüter des Anlagevermögens privater Krankenhäuser, vgl. R 82

§ 7g – Sonderabschreibung zur Förderung mittlerer und kleinerer Betriebe, vgl. R 83; Vgl. auch BMF vom 31. 12. 1986, BStBl 1987 I 51

§ 7h – Erhöhte AfA für Gebäude in Sanierungsgebieten und städtebaulichen Entwicklungsbereichen vgl. K. 7.8.6.11.

§ 7i – Erhöhte AfA bei Baudenkmalen, vgl. K. 7.8.6.11.

§ 7k – Degressive AfA für Neubauwohnungen mit Sozialbindung, vgl. K. 7.8.6.9.

Bei erhöhten AfA und Sonderabschreibungen ist § 7a zu beachten; vgl. vorstehend 3.16.

4. Ansparabschreibung zur Förderung kleiner und mittlerer Betriebe (§ 7g Abs. 3 bis 6 EStG)

4.1 Bildung der Rücklage

„Kleine und mittlere Unternehmen" haben nach § 7g Abs. 1 und 2 die Möglichkeit, für **neue bewegliche Wirtschaftsgüter des Anlagevermögens** im Jahr der Anschaffung oder Herstellung Abschreibungen nach § 7 Abs. 2 und § 7g in Höhe von **bis zu 50 v. H.** der Anschaffungs- oder Herstellungskosten vorzunehmen. Diese Abschreibungen dienen der steuerlichen Entlastung der Unternehmen in der Zeit **nach** Beendigung der Investition. Es hat sich aber gezeigt, daß bei kleinen und mittleren Unternehmen bereits in der Zeit vor Beendigung der Investition ein Bedürfnis für eine Steuerstundung besteht. Mit Hilfe einer solchen Steuerstundung können eigene Mittel angespart werden, um dem Unternehmen die Finanzierung der Investition zu erleichtern.

Aus diesem Grund wird durch eine Ergänzung des § 7g **ab VZ 1995** (bei abweichendem WJ ab VZ **1996**) die Möglichkeit geschaffen, im Vorgriff auf spätere Abschreibungsmöglichkeiten zur Finanzierung künftiger Investitionen eine Rücklage zu bilden („Ansparabschreibung" zur Förderung kleiner und mittlerer Betriebe).

Gemäß § 7g Abs. 3 kann für die künftige Anschaffung oder Herstellung neuer beweglicher Wirtschaftsgüter des Anlagevermögens eine den Gewinn mindernde **Rücklage** gebildet werden. Diese Rücklage darf (aufgrund Änderung durch das StMBG) **50 v. H.** der (voraussichtlichen) Anschaffungs- oder Herstellungskosten des begünstigten Wirtschaftsgutes nicht überschreiten, das der Stpfl. voraussichtlich **bis zum Ende des zweiten auf die Bildung der Rücklage folgenden WJ** anschaffen oder herstellen wird. Die Rücklage kann ohne Vorlage von Investitionsplänen gebildet werden.

Die Rücklage kann auch gebildet werden, wenn ein **Verlust** entsteht oder sich erhöht (§ 7g Abs. 3 S. 4).

Voraussetzungen

a) Gewinnermittlung nach § 4 Abs. 1, § 5; vgl. aber § 7g Abs. 6
b) Betriebsgröße i. S. des § 7g Abs. 2
c) Buchgemäßer Nachweis
d) keine Doppelförderung.

Die Rücklage ist **nicht personenbezogen,** sondern **betriebs-** und **investitionsbezogen** ausgestaltet.

zu a) Der Steuerpflichtige darf von dem Wahlrecht der Rücklagenbildung nur Gebrauch machen, wenn er für seinen Betrieb bilanziert. Dies bedeutet, daß bei Stpfl., die ihren Gewinn nach § 5 ermitteln, der Ansatz der Rücklage in der Steuerbilanz einen entsprechenden Ausweis in der Handelsbilanz (§ 273 HGB) voraussetzt (§ 5 Abs. 1 Satz 2, sog. „umgekehrte Maßgeblichkeit"). Zur Anwendung bei § 4 Abs. 3 vgl. aber § 7g Abs. 6.

zu c) Es wird gefordert, daß die Bildung und Auflösung der Rücklage buchmäßig nachvollzogen werden kann.

zu d) Zur Vermeidung einer Doppelförderung darf die Rücklage **nicht** gebildet werden, wenn der Stpfl. Rücklagen nach dem **Zonenrandförderungs**gesetz oder dem **Fördergebiets**gesetz ausweist (§ 7g Abs. 3 Nr. 4). Die Bildung ist **erstmals** im Jahre **1995** möglich (= im ersten WJ, das nach dem 31. 12. 1994 beginnt, § 52 Abs. 11), bei **abweichendem WJ** also erst im **VZ 1996**.

4.2 Höchstbetrag der Ansparrücklage (§ 7g Abs. 3 Satz 5 EStG)

Die nach § 7g Abs. 3 ab VZ 1995 bzw. ab WJ 1995/96 eingeführten **Ansparabschreibungen** für kleinere und mittlere Betriebe werden auf einen jährlichen Betrag von 300 000 DM[1]) **je Betrieb** begrenzt (§ 7g Abs. 3 S. 5).

Die Rücklagen sind mithin bei Investitionsplanungen bis insgesamt 600 000 DM[1]) zu einem Bilanzstichtag begrenzt.

Der **Höchstbetrag** bezieht sich auf den **einzelnen Betrieb**.

Hat ein Stpfl. mehrere **Einzelfirmen**, gilt der Höchstbetrag mithin für jeden Betrieb.

Dagegen kann eine **Personengesellschaft** den Höchstbetrag nur **einmal** in Anspruch nehmen.

Der Höchstbetrag bezieht sich nur auf die Ansparabschreibung, also die auszuweisende Rücklage, nicht dagegen auf die später in Anspruch zu nehmende AfA und Sonderabschreibungen.

---

[1]) Nach dem Entwurf des JStG **1997** ist eine **Verdoppelung** dieses Betrags geplant.

Beispiel:

Ansparrücklage 31.12.1995			
für geplante Investitionen	in 1996	400 000 DM	
	in 1997	100 000 DM	
	50% von	500 000 DM	= 250 000 DM
./. **Auflösung 1996**			
Investitionen 1996 300 000 DM			./. 150 000 DM
			100 000 DM
+ **weitere Investitionsplanung 1998**			
50% von 450 000 DM			+ 225 000 DM
			325 000 DM
jedoch maximal 31.12.1996 =			300 000 DM

Zeitliche Anwendung

Die Neuregelung ist erstmals für Wirtschaftsjahre anzuwenden, die nach dem 31.12.1994 beginnen (§ 52 Abs. 11 S. 2). Bei einem mit dem Kalenderjahr übereinstimmenden Wirtschaftsjahr ist die Beschränkung folglich bereits zum 31.12.1995 zu berücksichtigen.

4.3 Auflösung der Rücklage bei Investitionen

Werden Wirtschaftsgüter nach § 7 Abs. 2 und § 7g abgeschrieben, so können im Jahr der Anschaffung oder Herstellung Abschreibungen in Höhe von bis zu 50 v. H. der Anschaffungs- oder Herstellungskosten (Höchstbetrag) in Anspruch genommen werden.

Gebildete Rücklagen sind daher in Höhe dieses Höchstbetrags zwingend **gewinnerhöhend** aufzulösen, wenn die begünstigten Wirtschaftsgüter bis zum Ende des zweiten auf die Bildung der Rücklage folgenden Wirtschaftsjahrs angeschafft oder hergestellt werden.

Dem Ertrag, der sich durch die gewinnerhöhende Auflösung ergibt, stehen gewinnmindernde Abschreibungsbeträge gegenüber.

Schreibt der Stpfl. die begünstigten Wirtschaftsgüter nach § 7 Abs. 2 und § 7g ab, gleichen sich die anfallenden Abschreibungsbeträge und die Erträge aus den gewinnerhöhenden Rücklagenauflösungen grundsätzlich aus, vorausgesetzt,

- die Anschaffung/Herstellung erfolgt im 1. Halbjahr und
- die Voraussetzungen für die Sonderabschreibung nach § 7g Abs. 1 und 2 liegen vor.

4.4 Auflösung der Rücklage ohne Investition

Ist die Rücklage bis zum Ende des zweiten auf ihre Bildung folgenden Wirtschaftsjahrs mangels ausreichender oder fehlender Investition noch vorhanden, so ist die Rücklage **spätestens zu diesem Zeitpunkt in vollem** Umfang **gewinnerhöhend** aufzulösen (**freiwillig** schon früher möglich).

Zur Vermeidung von Mitnahmeeffekten ist ein Gewinnzuschlag in Höhe von 6 v. H. des aufgelösten Rücklagenbetrages in **allen** Fällen vorzunehmen, in denen eine überhöhte Rücklage gebildet worden ist. Mit dem Gewinnzuschlag soll der Steuerstundungseffekt ausgeglichen werden.

Dabei ist der Gewinn des WJ, in dem die Rücklage aufgelöst wird, für jedes volle WJ, in dem die Rücklage bestanden hat, um 6 v. H. des aufgelösten Rücklagenbetrags zu erhöhen. Bei Gewinnermittlung nach § 4 Abs. 3 ist der Ansatz fiktiver BA in Höhe von 50 v. H. der voraussichtlichen Anschaffungs-/Herstellungskosten möglich, die Auflösung durch eine fiktive Betriebseinnahme vorzunehmen (§ 7g Abs. 6).

K. Die einzelnen Einkunftsarten

1. Einkünfte aus Land- und Forstwirtschaft (§§ 13 – 14a EStG)

1.1 Begriffsbestimmung

Land- und Forstwirtschaft ist nach § 13 Abs. 1 Nr. 1 Satz 1 der gesamte Bereich der planmäßigen **nichtgewerblichen Bodenbewirtschaftung.**

Nichtgewerblich ist die Bodenbewirtschaftung, wenn sie auf die Gewinnung von pflanzlichen und tierischen Erzeugnissen oder auf verwandte Zweige der Urproduktion sowie auf die Verwendung und Verwertung (insbesondere Veräußerung der selbstgewonnenen Erzeugnisse) gerichtet ist (R 135 Abs. 1).

Bei dauerndem und nachhaltigem Zukauf fremder Erzeugnisse zur Weiterveräußerung ist gegenüber dem Gewerbebetrieb abzugrenzen; vgl. 1.2.

Dagegen liegt **gewerbliche** Bodenbewirtschaftung vor beim Abbau von Bodenschätzen (keine Neugewinnung von Bodenerzeugnissen!).

Einkünfte aus der gewerblichen Bodenbewirtschaftung gehören daher zu den Einkünften aus Gewerbebetrieb (§ 15 Abs. 1 Nr. 1), es sei denn, es liegt ein landwirtschaftlicher Nebenbetrieb i.S. des § 13 Abs. 2 Nr. 1 vor. Siehe 1.3.6.3.

> **Beispiele:**
> Bergbauunternehmen, Betriebe zur Gewinnung von Torf, Steinen und Erden, sind gewerbliche Betriebe (soweit sie nicht land- und forstwirtschaftliche Nebenbetriebe sind).
> Zur Einordnung einer kleineren Privatwaldung als **Forstbetrieb** vgl. BFH, BStBl 1989 II 718.
> Zur Abgrenzung zum Gewerbebetrieb vgl. auch BMF-Schr. vom 31.10.1995, BStBl I 703.

1.2 Abgrenzung der Land- und Forstwirtschaft zum Gewerbebetrieb bei Zukauf fremder Erzeugnisse

1.2.1 Abgrenzungsgrundsätze

Das Wesen der Landwirtschaft besteht in der Urerzeugung, d.h. in der Aufzucht von Pflanzen und Tieren mit Hilfe der Naturkräfte und Verwertung der selbsterzeugten Produkte.

Keine Landwirtschaft, sondern **Gewerbebetrieb** liegt vor, wenn in **erheblichem Umfang fremde Erzeugnisse über den betriebsnotwendigen Umfang hinaus zugekauft werden** (R 135 Abs. 6).

Fremde Erzeugnisse sind nach R 135 Abs. 5 Satz 2 **nur zur Weiterveräußerung** zugekaufte Erzeugnisse ohne Bearbeitung im eigenen Betrieb im Wege des Erzeugungsprozesses.

Es ist zu unterscheiden:

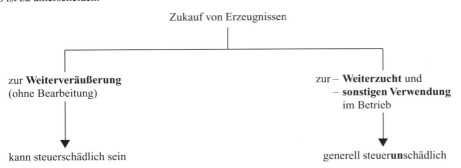

Steuerschädlich kann nur ein **dauernder** und **nachhaltiger** Zukauf fremder Erzeugnisse zur Weiterveräußerung sein.

Hierbei ist als zusätzliches **Abgrenzungskriterium** auf das **Verhältnis des Einkaufswerts des Zukaufs zum Gesamtumsatz des Betriebs** abzustellen (vgl. R 135 Abs. 5); a. A. BFH, BStBl 1981 II 518, danach ist der **Verkaufswert** des Zukaufs maßgebend; Ansatz des Zukaufs aus Vereinfachungsgründen mit dem **Einkaufswert**:

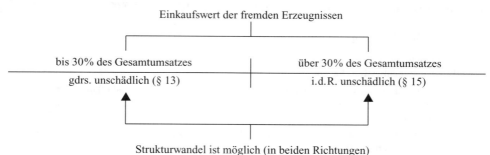

Ein Zukauf über die 30%-Grenze hinaus ist in **Ausnahmesituationen unschädlich,** da es insoweit an der Nachhaltigkeit fehlt, z. B. Zukauf zur Erfüllung fester Lieferverträge nach Mißernten oder Tierseuchen.

Beispiel:

WJ	Gesamtumsatz des Betriebs	Zukauf (Einkaufswert)		Verhältnis
01/02	100 000	30 000		30 %
02/03	150 000	50 000	(Wegen Mißernte zur Erfüllung von Lieferverträgen)	33 $^1/_3$ %

In beiden WJ liegen Einkünfte aus § 13 vor, da im WJ
- 01/02 die 30%-Grenze nicht überschritten ist,
- 02/03 eine Ausnahmesituation vorlag.

Unschädlicher Zukauf liegt also vor bei

a) Zukauf zur **Weiterbearbeitung/Verwertung** im Betrieb

b) dauerndem und nachhaltigem Zukauf von Fremderzeugnissen von **nicht mehr als 30 %** des Umsatzes des Betriebes

c) Zukauf in **Ausnahmesituationen** trotz Überschreitung der 30%-Grenze.

In **Ausnahmefällen** kann jedoch auch bei **Nichtüberschreitung der 30%-Grenze** ein Gewerbebetrieb vorliegen (vgl. BFH, BStBl 1989 II 284).

1.2.2 Beginn des Gewerbebetriebs

1.2.2.1 Grundsatz

Der Begriff des **regelmäßigen** und **nachhaltigen** Zukaufs erfordert i. d. R. einen längeren Zeitraum für die Beurteilung. Rechtsprechung und Verwaltungsanweisungen gehen im Regelfall von einem Zeitraum von **3 Jahren** aus.

Wird die unschädliche Grenze während eines Zeitraums von drei aufeinanderfolgenden WJ ununterbrochen überschritten, liegt grundsätzlich von dem darauffolgenden WJ an ein Gewerbebetrieb vor (R 135 Abs. 2 S. 3).

Beispiel:

Zukauf in den WJ 01/02 20 %
02/03 30 %
03/04 35 %
im WJ 04/05 liegt noch kein Gewerbebetrieb vor.

1.2.2.2 Sonderfälle

In drei Sonderfällen wird der Beginn des Gewerbebetriebs vorverlegt:

a) Erhebliche Ausweitung des Zukaufs

Wenn durch die Ausweitung des Zukaufs erheblich über die 30%-Grenze hinaus erkennbar ist, daß der Betrieb auf Dauer umstrukturiert werden soll, liegt ein Gewerbebetrieb bereits vom WJ des erstmaligen Überschreitens der unschädlichen Zukaufsgrenze vor (R 135 Abs. 2 S. 1 und 2).

Dies wird angenommen bei einer Ausweitung des Zukaufs auf mehr als 50%.

b) sonstige Umstrukturierung

Mit dem Beginn von sonstigen Umstrukturierungsmaßnahmen liegt ebenfalls bereits ein Gewerbebetrieb vor (R 135 Abs. 2 S.1). Dies kann z.B. durch außergewöhnliche, dem bisherigen Betriebscharakter nicht mehr entsprechende Investitionen dokumentiert werden.

c) Bei **Neugründung** liegt von Anfang an ein Gewerbebetrieb vor, falls die unschädliche Zukaufsgrenze von 30% von Anfang an erheblich überschritten ist, d.h. der Einkaufswert des steuerschädlichen Zukaufs mehr als 50% des Gesamtumsatzes des Betriebs beträgt; vgl. a).

1.3 Betriebsarten

Die verschiedenen in der Einkunftsart Land- und Forstwirtschaft zusammengefaßten Einkünfte teilt das Gesetz in die folgenden Gruppen ein.

1.3.1 Betriebe, die Pflanzen und Pflanzenteile mit Hilfe der Naturkräfte gewinnen

Dazu gehören nach der beispielhaften Aufzählung in § 13 Abs. 1 Nr. 1 S. I neben der **Landwirtschaft im engeren Sinn (Ackerbau und Weidewirtschaft)** die **Forstwirtschaft** (zur Mindestgröße eines Forstbetriebs vgl. BFH, BStBl 1985 II 549), der **Weinbau**, der **Gartenbau**, der **Obst- und Gemüsebau** sowie Baumschulen.

Weitere „Betriebe, die Pflanzen und Pflanzenteile" mit Hilfe der Naturkräfte gewinnen, sind z.B. Saatzuchtbetriebe, der Hopfenbau, die Pilzzucht in Kellern und die Pflanzenzucht in Gewächshäusern.

1.3.2 Tierzucht und Tierhaltung

1.3.2.1 Landwirtschaftliche Tierzucht und Tierhaltung

Zu den Einkünften aus Land- und Forstwirtschaft gehören auch die Einkünfte aus der landwirtschaftlichen Tierhaltung. Ob eine Tierhaltung als landwirtschaftliche Tierhaltung angesprochen werden kann, richtet sich nach § 13 Abs. 1 Nr. 1 Satz 2 ff danach, ob der auf der landwirtschaftlich genutzten Fläche erzeugte und gehaltene Tierbestand (gerechnet nach Vieheinheiten je Hektar landwirtschaftlich genutzter Fläche) die gesetzlich festgelegte Obergrenze nicht nachhaltig übersteigt (vgl. R 124a Abs. 1 und BFH, BStBl 1983 II 3). Der **Grundgedanke** dieser Regelung ist, daß die landwirtschaftlich genutzte Fläche – **gedanklich** – ausreichende Futtergrundlage für den Tierbestand sein könnte. Die tatsächliche Nutzung ist aber nicht entscheidend.

Die Futtererzeugung muß nicht durch den landwirtschaftlichen Betrieb erfolgen.

Unerheblich ist auch der tatsächliche Futterzukauf.

Bei der Abgrenzung zu § 15 ist wie folgt vorzugehen:

a) Ermittlung des Tierbestands (Umrechnung in Vieheinheiten)

Maßgebend ist (grds.) der **regelmäßige und nachhaltige** Viehbestand des Betriebs. Lediglich bei Mastrindern mit einer Mastdauer von weniger als 1 Jahr (vgl. BFH, BStBl 1992 II 378: Ansatz mit 1,0 VE), bei Kälbern, Jungvieh, Schafen und Damtieren unter einem Jahr ist der Jahresdurchschnittsbestand maßgebend (R 124a Abs. 1 S.4).

Der ermittelte Viehbestand ist in Vieheinheiten (VE) umzurechnen. Die Umrechnung in Vieheinheiten erfolgt nach dem Futterbedarf. Der Umrechnungsschlüssel für Tierbestände ergibt sich nach § 51 Abs. 4 BewG aus der dem BewG beigefügten Anlage 1, wiedergegeben in R 124a Abs. 1.

b) Ermittlung der nach § 13 Abs. 1 Nr. 1 S. 2 zulässigen VE-Zahl

Die zulässige VE-Zahl ergibt sich ausschließlich aus der Größe der „landwirtschaftlich genutzten Fläche". Diese umfaßt die **regelmäßig** landwirtschaftlich genutzten Flächen und zwar sowohl **eigene** wie die **zugepachteten** Flächen, soweit sie **regelmäßig** landwirtschaftlich genutzt werden. Verpachtete Flächen sind auszuscheiden. Aufgrund öffentlicher Förderungsprogramme stillgelegte Flächen gelten weiterhin als landwirtschaftlich genutzt.

Nicht einzubeziehen sind insbesondere forstwirtschaftliche, weinbauliche, gärtnerische Flächen, Abbauland, Geringstland, Unland.

Bei Schwankungen ist die regelmäßig genutzte Fläche maßgebend. Die tatsächliche Nutzung der landwirtschaftlichen Flächen für die Tierzucht und Tierhaltung ist **unerheblich.** Vgl. H 124a.

Beispiel (zur Ermittlung der landwirtschaftlichen Fläche):

eigene Fläche		21 ha
davon		
dauerverpachtet	./.	1 ha
Wald	./.	5 ha
		15 ha
zugepachtet	+	17 ha
landwirtschaftliche Fläche		32 ha

Die Anzahl der zulässigen VE ist ausgehend von einer Betriebsgröße von 32 ha zu ermitteln.

Beispiel (zur Ermittlung der zulässigen VE-Zahl):
Ein Landwirt bearbeitet eine landwirtschaftliche Fläche von 50 ha.
Wieviel VE darf er haben, ohne daß eine gewerbliche Tierhaltung entsteht?

(1) 20 ha × 10   VE = 200 VE
(2) 10 ha × 7   VE = 70 VE
(3) 10 ha × 3   VE = 30 VE
(4) 10 ha × 1,5 VE = 15 VE

50 ha → 315 VE

c) Der Vergleich der tatsächlich vorhandenen VE mit den nach § 13 Abs. 1 Satz 2 zulässigen VE führt zu der Entscheidung, inwieweit Landwirtschaft oder Gewerbebetrieb vorliegen.

Beispiel:
In einem Betrieb werden regelmäßig gehalten bzw. erzeugt:
5 Kälber (unter 1 Jahr), 16 Kühe, 75 Mastschweine (aus zugekauften Ferkeln), 100 Legehennen, bewirtschaftete Fläche = 3,5 ha.

(A) VE gemäß R 124a Abs. 2 = Tatsächlicher Viehbestand

5 Kälber (unter 1 Jahr)	5 × 0,3 VE = 1,5 VE
16 Kühe	16 × 1,0 VE = 16,0 VE
75 Mastschweine	75 × 0,16 VE = 12,0 VE
100 Legehennen (eigene Aufzucht)	100 × 0,02 VE = 2,0 VE
	31,5 VE

(B) Zulässig i. R. des § 13 sind:
3,5 ha × 10 VE =   35   VE

(C) **Folge: Alle** Einkünfte aus dem Viehbestand sind Einkünfte aus § 13 (und zwar unabhängig von Selbsterzeugung der notwendigen Futtermittel oder Zukauf des Futters).

1.3.2.2 Gewerbliche Tierzucht und Tierhaltung

Gewerbliche Tierhaltung/Tierzucht liegt bei nachhaltigem Überschreiten der gesetzlichen Obergrenze vor.

Übersteigt der Tierbestand die in § 13 Abs. 1 Nr. 1 festgelegte Obergrenze, so ist bei nachhaltiger Überschreitung der Grenze **nur** der **übersteigende** Tierbestand der gewerblichen Tierhaltung/Tierzucht zuzurechnen (**R 124a Abs. 2**).

Es ist also **nicht** etwa der gesamte Tierbestand damit Gewerbebetrieb. Vielmehr liegen grds. nebeneinander Einkünfte aus § 13 und § 15 vor.

Dabei sind einzelne Zweige des Tierbestandes **im ganzen** entweder der gewerblichen oder der landwirtschaftlichen Tierzucht/Tierhaltung zuzuordnen (R 124a Abs. 4 S. 3). Besteht der Tierbestand aus **einem einzigen** Tierzweig, liegt folgerichtig bei Überschreitung der Obergrenze **insgesamt** ein Gewerbebetrieb vor (R 124a Abs. 2 S. 2).

> **Beispiel:**
> Ein ausschließlich und allein der Aufzucht von Masthühnern dienender Betrieb weist einen Tierbestand auf, der die **Grenzen** des § 13 Abs. 1 Nr. 1 Satz 2 nachhaltig übersteigt. Der **gesamte** Tierbestand stellt eine **gewerbliche** Tierhaltung dar.

Bei Betrieben mit mehreren Tierzweigen richtet sich deren Zuordnung zur gewerblichen bzw. landwirtschaftlichen Tierhaltung (Tierzucht) nach ihrer Flächenabhängigkeit (R 124a Abs. 2 **S. 3ff**).

Weniger flächenabhängige Zweige (z. B. Geflügel) sind eher § 15,

mehr flächenabhängige Zweige (z. B. Pferde, Rindvieh) sind eher § 13 zuzuordnen.

Unter „Zweigen" einer Tierart sind die verschiedenen Nutzungsarten Zugvieh, Zuchtvieh, Mastvieh und übriges Nutzvieh zu verstehen.

Bei der Frage der **Nachhaltigkeit** der Obergrenzen-Überschreitung und dem davon abhängigen Zeitpunkt des **Beginns** des Gewerbebetriebs finden die für den steuerschädlichen Zukauf von Fremderzeugnissen geltenden Grundsätze (vgl. R 135 Abs. 2 und 1.2.2) entsprechende Anwendung (R 124a Abs. 2 S. 7).

Daher führt eine **vorübergehende Überschreitung der Grenze grundsätzlich nicht zur Annahme gewerblicher Tierhaltung (Tierzucht).**

Die Nachhaltigkeit bezieht sich dabei sowohl auf den Umfang der regelmäßig landwirtschaftlich genutzten Flächen als auch auf den Umfang des tatsächlichen Tierbestandes.

Die Obergrenzen können mithin nicht nur durch eine Aufstockung des tatsächlichen Tierbestandes, sondern auch – bei unverändertem Tatbestand – durch Flächenabgänge (Verpachtung, Verkauf) überschritten werden.

Der Beginn des Gewerbebetriebes liegt im Regelfall **nach Ablauf** des ununterbrochenen Dreijahres-Zeitraums vor, währenddessen die Obergrenzen des § 13 Abs. 1 Nr. 1 überschritten waren.

> **Beispiel:**
> Die Obergrenzen sind bei einem Betrieb im WJ 01/02 und 03/04, nicht aber im WJ 02/03 überschritten. Es liegt noch kein Gewerbebetrieb vor.

Der Dreijahreszeitraum ist objektbezogen, d. h. bei Wechsel des Betriebsinhabers beginnt **kein** neuer Dreijahreszeitraum. Bei einem Strukturwandel der Tierhaltung (Tierzucht) beginnt der Gewerbebetrieb mit dem Beginn der Umstrukturierungsmaßnahme.

> **Beispiele:**
> 1. **Erhebliche Ausweitung des Tierbestandes** über die **zulässige Grenze**: Beginn des Gewerbebetriebs mit der Aufstockung des Tierbestands.
> 2. Bisher selbstbewirtschaftete landwirtschaftliche Flächen werden auf Dauer verpachtet oder veräußert bei gleichbleibendem Tierbestand:
>   Beginn des Gewerbebetriebs bereits ab Zeitpunkt des Flächenabgangs, sofern und soweit die Obergrenzen nun mehr überschritten sind. Steht einer Tierzucht/Tierhaltung **keinerlei** land- und forstwirtschaftliche Nutzfläche als (theoretische) Fütterungsgrundlage zur Verfügung, ist insoweit stets ein Gewerbebetrieb gegeben (BFH, BStBl 1983 II 36).

Da bei gewerblicher Tierhaltung (Tierzucht) die nicht der Land- und Forstwirtschaft zuzurechnenden Tierbestände einen selbstständigen Gewerbebetrieb bilden, gehören zum gewerblichen BV nicht nur

- die der gewerblichen Tierhaltung (Tierzucht) zuzurechnenden Tierbestände, sondern auch die mit ihnen zusammengehörenden Wirtschaftsgüter z. B.

- die der gewerblichen Tierhaltung (Tierzucht) dienenden Gebäude bzw. Gebäudeteile, die entsprechenden Grundflächen der Gebäude sowie Beiflächen.
- Bewegliche Wirtschaftsgüter sind dem Betrieb zuzuordnen, dem sie überwiegend dienen.

Pferdezucht ist Teil der Tierzucht und damit Landwirtschaft, wenn die Obergrenze (zulässige VEZahl) nicht überschritten wird. **Vollblutzucht** ist aber Liebhaberei; vgl. nachfolgend 1.5.

Pensionsreitpferdehaltung (= Haltung und Pflege fremder Reitpferde gegen Entgelt) ist ebenfalls Landwirtschaft, wenn für den gesamten Tierbestand (einschl. der Pensionstiere) die **Obergrenze nicht überschritten** werden. Dies gilt auch, wenn den Pferdehaltern Reitanlagen einschließlich Reithalle zur Verfügung gestellt werden (BFH, BStBl 1989 II 111).

Pferdehaltung für sich allein ist kein landwirtschaftlicher Betrieb, sondern nur **soweit** sie im Zusammenhang mit Pferdezucht steht **oder** Pferde als Nutztiere in der Landwirtschaft verwendet werden.

Es ist zur steuerlich irrelevanten Liebhaberei abzugrenzen; vgl. hierzu auch nachfolgend 1.5 und K 2.1.1.3.1.

Erteilt ein Land- und **Forstwirt Reitunterricht** (Reitschule), führt dies **nicht** zu Einkünften aus § 18 Abs. 1 Nr. 1 (= unterrichtende Tätigkeit), sondern grds. zu Einkünften aus § 13. **Vermietet** ein Landwirt Reitpferde, liegen Einkünfte aus § 15 vor, wenn noch weitere ins Gewicht fallende Leistungen erbracht werden, die **nicht** der Landwirtschaft zuzurechnen sind (tierärztliche Behandlung der Pferde, Betrieb einer Reithalle, Imbiß, Clubräume) hinzukommen (BFH, BStBl 1989 11 416).

1.3.2.3 Gemeinschaftliche Tierhaltung (§ 13 Abs. 1 Nr. 1 S. 5 und Abs. 4 EStG)

Nach § 13 Abs. 1 Nr. 1 Satz 5 fallen auch die Einkünfte aus der **gemeinschaftlichen Tierhaltung** unter § 13.

Die Vorschrift eröffnet Land- und Forstwirten unter den Voraussetzungen des § 51a Abs. 1 Nr. 1 Buchst. a – c BewG die Möglichkeit, ihre landwirtschaftliche Tiererzeugung und Tierhaltung auf bestimmte Gesellschaften zu übertragen. Der Gesetzgeber hat mit dieser Neuregelung einen Schritt in Richtung auf die Rationalisierung in der Landwirtschaft durch Kooperation auf gesellschaftlicher Basis (Genossenschaft, Verein, Personengesellschaft) getan.

Bei diesen Zusammenschlüssen sind die allgemeinen Abgrenzungskriterien des § 13 Abs. 1 Nr. 1 anzuwenden. Maßgebend für die Obergrenze sind grds. die von der Kooperation bewirtschafteten Flächen.

Nach § 51a BewG können die Mitglieder aber die sich für ihren Einzelbetrieb ergebende VE-Zahl ganz oder teilweise auf die Kooperation übertragen. In gleicher Höhe mindert sich allerdings die bei dem übertragenden Betrieb zulässige VE-Zahl.

Weitere Betriebsarten sind:

1.3.3 Binnenfischerei, Fischzucht und Teichwirtschaft

Auch die Ausübung der Fischerei und Fischzucht durch Ausnutzung der Naturkräfte in gepachteten **Binnengewässern** ist **landwirtschaftlicher** Betrieb (RFH, RStBl 1936, 186 und 702). Einkünfte aus der **Küstenfischerei** und **Hochseefischerei** sind dagegen Einkünfte aus **Gewerbebetrieb**.

1.3.4 Jagd

Einkünfte aus der Jagd gehören nur dann zu den Einkünften aus Land- und Forstwirtschaft, wenn die Jagd mit dem Betrieb einer Land- und Forstwirtschaft in Zusammenhang steht. Jagden von Gewerbetreibenden sind selbst Gewerbebetriebe, wenn nicht eine Liebhaberei anzunehmen ist. Vgl. unten 1.5.

1.3.5 Einkünfte aus Hauberg; Wald-, Forst- und Laubgenossenschaften sowie ähnlicher Realgemeinden i. S. des § 3 Abs. 2 KStG

Die Ausschüttungen auf Beteiligungen an Forstgenossenschaften gehören dem Grunde nach zu den Einkünften aus § 20. Nach der Rechtsprechung des BFH (BStBl 1962 111 7) waren sie jedoch den Einkünften aus § 13 zuzurechnen, wenn sie in einem landwirtschaftlichen Betrieb anfielen. Der Gesetzgeber ist dieser Rechtsprechung in § 13 Abs. 1 Nr. 4 gefolgt. Voraussetzung für die Zurechnung zu den Einkünften auf § 13 ist jedoch, daß die Forstgenossenschaften selbst keinen gewerblichen Betrieb darstellen. Aufgrund § 13 Abs. 1 Nr. 4 EStG, § 3 Abs. 2 KStG liegt eine land- und forstwirtschaftliche Mitunternehmerschaft mit allen Konsequenzen vor (BFH vom 9.10.86, StRK EStG, 1975, § 13 Abs. 1 R. 2).

1.3.6 Land- und forstwirtschaftliche Nebenbetriebe (§ 13 Abs. 2 Nr. 1 EStG)

Vgl. hierzu BMF-Schreiben vom 31.10.1995, BStBl I 703, Abs. 3

1.3.6.1 Begriff des Nebenbetriebs

Land- und Forstwirte unterhalten oft im Zusammenhang mit ihrem land- und forstwirtschaftlichen Betrieb noch Betriebe mit gewerblichem Charakter. Es kann sich dabei insbesondere um **Be- bzw. Verarbeitungsbetriebe** oder um **Substanzbetriebe** handeln (R 135 Abs. 3 und H 135 „Nebenbetriebe"). Abgrenzungsfragen dieser Art spielen auch im Umsatzsteuerrecht (§ 24 Abs. 2 Satz 2 UStG) und im Bewertungsrecht (§ 42 BewG) eine Rolle.

Betriebe können selbständige gewerbliche Betriebe oder Nebenbetriebe der Land- und Forstwirtschaft sein. Im ersten Fall sind die Einkünfte daraus Einkünfte aus § 15, im letzteren Fall Einkünfte aus § 13. Für die Frage, ob ein land- oder forstwirtschaftlicher Nebenbetrieb oder ein selbständiger gewerblicher Betrieb vorliegt, ist die wirtschaftliche Zweckbestimmung des Betriebs entscheidend. Dient der Betrieb dazu, den land- und forstwirtschaftlichen Hauptbetrieb dadurch zu fördern, daß die landwirtschaftlichen Erzeugnisse besser verwertet werden, oder daß durch Verwendung der Rückstände in dem landwirtschaftlichen Betrieb dessen Erträge erhöht werden, so ist er ein landund forstwirtschaftlicher Nebenbetrieb. Bildet der Betrieb für seinen Inhaber eine selbständige Einnahmequelle, mit der weniger der Vorteil des landwirtschaftlichen Betriebs als eigene wirtschaftliche Zwecke verfolgt werden, dann ist ein gewerblicher Betrieb anzunehmen.

Allgemeine Voraussetzungen für einen Nebenbetrieb sind mithin:

a) der Betrieb muß dem land- und forstwirtschaftlichen Hauptbetrieb dienen (Unterordnung).

b) Der Nebenbetrieb darf nicht Selbstzweck sein.

1.3.6.2 Be- und Verarbeitungsbetriebe

Be- und Verarbeitungsbetriebe sind Betriebe, die die Erzeugnisse des landwirtschaftlichen Hauptbetriebs verwerten oder verarbeiten und die sich daraus ergebenden Erzeugnisse entweder an Dritte veräußern und an den Hauptbetrieb zurückgeben.

Beispiele:
1. Mit einem landwirtschaftlichen Betrieb ist eine Brennerei verbunden, die den gebrannten Sprit verkauft und die Schlempe als Futtermittel in die Landwirtschaft zurückgibt.
2. Ein forstwirtschaftlicher Betrieb unterhält ein Sägewerk.

Ein Be- und Verarbeitungsbetrieb kann danach nur dann als land- und forstwirtschaftlicher Nebenbetrieb behandelt werden, wenn in ihm **überwiegend** Erzeugnisse aus der eigenen Landwirtschaft verarbeitet werden. Dabei muß das Endprodukt noch als Erzeugnis der Land- und Forstwirtschaft anzusehen sein.

Beispiele:

Molkereiprodukte einer angeschlossenen Molkerei, Branntwein einer angeschlossenen Kornbrennerei, Bretter, Bohlen usw. eines einer Forstwirtschaft angeschlossenen Sagewerks, Rohbiogas.

Der Betrieb muß gegenüber dem land- und forstwirtschaftlichen Betrieb von untergeordneter Bedeutung sein. Liegt in der Be- oder Verarbeitung ein eigenständiger Hauptzweck, liegt neben der Land- und Forstwirtschaft ein i. d. R. getrennt zu behandelnder Gewerbebetrieb vor.

Beispiele:

Betrieb einer Mühle ist Gewerbebetrieb.

Es ist aber auch denkbar, daß die Landwirtschaft zum Nebenzweck wird und dem Gewerbebetrieb als Hauptbetrieb dient.

Beispiele:

Eine Konservenfabrik betreibt selbst Gemüseanbau.

Es liegt ein einheitlicher Gewerbebetrieb vor. (Dies steht im Einklang mit der Behandlung der landwirtschaftlich genutzten Fläche als „Betriebsgrundstück der Land- und Forstwirtschaft" i. S. v. § 99 Abs. 1 Nr. 1 BewG).

1.3.6.3 Substanzbetriebe

Substanzbetriebe sind Betriebe, die aus dem Boden des landwirtschaftlichen Hauptbetriebs Substanz entnehmen.

Beispiele:

Ziegeleien, Kalkbrennereien, Sand-, Kies-, Lehm- und Tongruben, Steinbrüche und Torfstechereien im Zusammenhang mit einem landwirtschaftlichen Betrieb.

Grundsätzlich handelt es sich bei der Substanzentnahme um eine **gewerbliche** Bodenbewirtschaftung. Ein land- und forstwirtschaftlicher Nebenbetrieb liegt aber vor, wenn die in ihm gewonnenen Erzeugnisse überwiegend im Hauptbetrieb verwendet werden, z. B. zum Bau bzw. zur Ausbesserung von Wirtschaftsgebäuden und Wirtschaftswegen. Es darf also nur weniger als 50% der gewonnenen Substanz veräußert worden sein. Diese Voraussetzung ist bei Substanzbetrieben nur selten auf Dauer gegeben. Solche Betriebe sind meist gewerbliche Betriebe.

Beispiele:

1. Ein Forstwirt unterhält ein Sägewerk. Das verwendete Holz stammt zu 85% aus der eigenen Forstwirtschaft des Betriebsinhabers, zu 15% aus Zukauf. Das Sägewerk ist ein Nebenbetrieb der Forstwirtschaft.
2. Ein Landwirt hat eine Mühle. Die Leistungen der Mühle entfallen mit 70 v. H. auf das Vermahlen des in der eigenen Landwirtschaft des Betriebsinhabers erzeugten Getreides, mit 30 v. H. auf das Vermahlen von Getreide, das ihm von anderen Landwirten zur Vermahlung gegen Werklohn zugebracht wird (Kunden- oder Lohnmüllerei). Die Mühle ist ein selbständiger Gewerbebetrieb, und zwar unabhängig von dem Umfang des Einsatzes eigener Erzeugnisse aus dem land- und forstwirtschaftlichen Betrieb, vgl. 1.3.6.2.

1.3.6.4 Dienstleistungen

Nach R 135 Abs. 7 können auch Dienstleistungen eines Land- und Forstwirts für Dritte einen land- und forstwirtschaftlichen Nebenbetrieb darstellen.

Hierbei liegen Einkünfte aus § 13 vor, wenn die Einnahmen hieraus nicht mehr als 50 v. H. des Gesamtumsatzes des gesamten Betriebs betragen (vgl. R 135 Abs. 4 Satz 1 und 2; vgl. aber BFH, BStBl 1992 II 651 Forstschlepparbeiten können Gewerbebetrieb sein). Wegen der Einordnung von Arbeiten der **Landschaftspflege** vgl. R 135 Abs. 2 Satz 3 ff. Zum gleichzeitigen Betrieb einer Baumschule und von Landschaftspflege vgl. BFH, BStBl 1989 II 432.

Wegen des Ausschanks selbsterzeugter Getränke vgl. R 135 Abs. 8.

Ein einheitlicher Gewerbebetrieb liegt vor, wenn die eigenen Erzeugnisse nachhaltig und regelmäßig zu mehr als 40% im eigenen Handelsgeschäft abgesetzt werden. Vgl. R 135 Abs. 6.

1.4 Nutzungswert der Wohnung des Land- und Forstwirts (§ 13 Abs. 2 Nr. 2 EStG)

1.4.1 Wohnung überschreitet nicht die übliche Größe

Zu den Einkünften aus § 13 gehörte nach § 13 Abs. 2 Nr. 2 grds. bis zum **VZ 1986** einschließlich auch der **Nutzungswert der Wohnung**, soweit sie die bei vergleichbaren Betrieben übliche Größe nicht überschreitet.

In diesem Fall gehörte die Wohnung zum (notwendigen) land- und forstwirtschaftlichen BV (vgl. BFH, BStBl 1980 II 323).

Gemäß § 52 Abs. 15 ist diese Vorschrift **ab 1987** grds. **nicht mehr** anzuwenden. Zur **Übergangsregelung** vgl. § 52 Abs. 15, BMF-Schreiben vom 14.11.1986, BStBl I 528. Vgl. hierzu auch K. 7.10 und nachfolgend 1.4.2.

Bei einem einheitlichen Gebäude bestehend aus Wirtschafts- und Wohngebäude dürfte stets BV vorliegen; BFH, a.a.O., a.A. Herrmann/Heuer/Raupach, Anm. 140 zu § 13). Die sachliche Rechtfertigung dieser Zurechnung zum BV liegt in dem engen wirtschaftlichen Zusammenhang mit dem Betrieb (BFH, BStBl 1968 II 411).

Voraussetzungen für die Zurechnung des Nutzungswerts zu den Einkünften aus § 13 waren also

a) Zugehörigkeit der Wohnung zum land- und forstwirtschaftlichen BV und

b) Keine Überschreitung der üblichen Größe.

Ob die übliche Größe nicht überschritten ist, ist anhand aller Umstände des Einzelfalls, insbesondere von Lage, Struktur und Umfang des Betriebs zu entscheiden. Wesentliches Indiz dürfte die bewertungsrechtliche Zugehörigkeit zum land- und forstwirtschaftlichen Vermögen sein (BFH, BStBl 1980 II 323); bestätigt: BFH, BStBl 1985 II 401.

Beispiel:
Neben dem Betrieb einer Blumengärtnerei in Stadtlage mit einer landwirtschaftlichen Nutzfläche von unter 1 ha hat der Inhaber ein Einfamilienhaus (selbstgenutzt) errichtet. Der Nutzungswert gehört **nicht** zu den Einkünften aus § 13 (BFH, a.a.O.).

1.4.2 Übergangsregelungen (§ 52 Abs. 15 EStG)

1.4.2.1 Fortsetzung der Nutzungswertbesteuerung

Gehörte der Nutzungswert einer Wohnung des Land- und Forstwirts im VZ 1986, wenn auch nur für kurze Zeit, zu den Einkünften aus Land- und Forstwirtschaft, gilt dies weiterhin, wenn diese Wohnung in dem betreffenden VZ nach dem VZ 1986 wenigstens zeitweise für eigene Wohnzwecke oder eines Altenteilers genutzt wird (§ 52 Abs. 15 Satz 2). Dies gilt auch dann, wenn eine solche Wohnung zwischenzeitlich in anderer Weise, z.B. durch Vermietung, genutzt wird.

Letztmals ist § 13 Abs. 2 Nr. 2 bzw. § 13a Abs. 3 Nr. 4 und Abs. 7 für den VZ **1998** anwendbar (§ 52 Abs. 15 S. 2). Vgl. R 130a Abs. 7.

Gleiches gilt, wenn auf dem land- und forstwirtschaftlichen Betriebsvermögen gehörenden Grund und Boden eine nach dem 31.12.1986 fertiggestellte Wohnung zu eigenen Wohnzwecken oder als Altenteilerwohnung genutzt wird, wenn der **Antrag auf Baugenehmigung vor dem 1.1.1987 gestellt** worden ist (§ 52 Abs. 15 Abs. 3).

1.4.2.2 Wahlrecht

Soweit der Nutzungswert der Wohnung nach § 52 Abs. 15 S.2 und 3 auch nach 1986 noch zu den Einkünften aus Land- und Forstwirtschaft gehört, kann der Steuerpflichtige für einen VZ nach dem VZ 1986 unwiderruflich beantragen, daß § 13 Abs. 2 Nr. 2 ab diesem Veranlagungszeitraum **nicht mehr angewendet** wird (§ 52 Abs. 15 Satz 4).

1.4.2.3 Entnahme

Verzichtet der Stpfl. auf die Nutzungswertbesteuerung im Rahmen des § 13 Abs. 2 Nr. 2 nach dem 31.12.1986, so gelten die Wohnung des Stpfl. und/oder die Altenteilerwohnung sowie der dazugehörige Grund und Boden zu dem Zeitpunkt als entnommen, bis zu dem § 13 Abs. 2 Nr. 2 und § 13a Abs. 3 Nr. 4 und Abs. 7 letztmals angewendet werden (§ 52 Abs. 15 Satz 6), frühestens also zum 31.12.1986. Der **Entnahmegewinn** bleibt bei **der Besteuerung außer Ansatz** (§ 52 Abs. 15 Satz 7). Ein **Entnahmeverlust** bleibt **berücksichtigungsfähig**.

Ist dagegen § 52 Abs. 15 Satz 3 auf eine nach dem 31.12.1986 fertiggestellte Wohnung nicht anzuwenden, weil der Bauantrag nach dem 31.12.1986 gestellt worden ist, gelten die Wohnung und der dazugehörende Grund und Boden als entnommen. Dieser Entnahmegewinn ist ebenfalls steuerfrei (§ 52 Abs. 15 Satz 10); vgl. nachfolgend 1.4.2.4.

1.4.2.4 Fertigstellung einer Wohnung nach dem 31.12.1986

Wird auf einem zum Betriebsvermögen gehörenden Grundstück eine selbstgenutzte Wohnung oder eine Wohnung des Altenteilers nach dem 31.12.1986 fertiggestellt, so wird der Grund und Boden grundsätzlich (Ausnahme § 52 Abs. 15 Satz 3) entnommen. Der Einnahmegewinn ist jedoch steuerfrei (§ 52 Abs. 15 Satz 10).

Dies gilt unabhängig vom Antrag auf Baugenehmigung. Eine Fortsetzung der Nutzungswertbesteuerung ist für solche Wohnungen jedoch **nicht** möglich.

Die Steuerbefreiung ist objektmäßig auf eine eigengenutzte Wohnung und auf **eine** Altenteilerwohnung begrenzt.

Diese Regelung gilt **auch** für **Gewerbetreibende** und **Freiberufler** (§ 52 Abs. 15 Satz 11).

§ 52 Abs. 15 Satz 10 betrifft nur die **Errichtung** einer Wohnung. Nach dem Gesetzeswortlaut sind Gewinne aus der Entnahme von Grund und Boden nicht steuerfrei, wenn bisher betrieblich genutzte Räume nach dem 31.12.1986 zu Wohnzwecken genutzt werden (= bloße Nutzungsänderung).

> **Beispiel:**
>
> Der Stpfl. nutzt bisher eigenbetrieblich genutzte Räume, die zutreffend als notwendigen BV bilanziert sind (**R 13**), ab 1.7.1997 zu eigenen Wohnzwecken. Es liegt eine **steuerpflichtige** Entnahme der Wohnung (Gebäudeteil) und des dazugehörenden Grund und Boden vor.

Dagegen ist die Regelung des § 52 Abs. 15 Satz 10 anwendbar, wenn ein Betriebsgrundstück um eine eigengenutzte Wohnung aufgestockt wird und deshalb der anteilige Grund und Boden entnommen wird.

1.4.2.5 Veräußerung

Veräußert der Stpfl. die eigengenutzte Wohnung und den dazugehörigen Grund und Boden nach dem 31.12.1986, bevor sie wegen Verzichts auf die Besteuerung nach § 13 Abs. 2 Nr. 2 als entnommen gelten, so bleibt der Veräußerungsgewinn ebenfalls außer Ansatz (§ 52 Abs. 15 Satz 8 Nr. 1).

> **Beispiel:**
>
> A veräußert im Jahre 1997 seinen landwirtschaftlichen Betrieb. Einen Antrag, § 13 Abs. 2 Nr. 2 nicht mehr anzuwenden, hatte der Stpfl. nicht gestellt.
>
> Der für die Wohnung und den dazugehörigen Grund und Boden erzielte Veräußerungsgewinn bleibt bei der Besteuerung außer Ansatz.

1.4.2.6 Entgeltliche Überlassung einer Wohnung

Wird eine vor dem 1.1.1987 einem Dritten entgeltlich zur Nutzung überlassene Wohnung und der dazugehörige Grund und Boden vor dem 1.1.1999 für eigene Wohnzwecke oder für Wohnzwecke eines Altenteilers entnommen, so bleibt der Entnahmegewinn bei der Besteuerung ebenfalls außer Ansatz (§ 52 Abs. 15 Satz 8 Nr. 2).

Dies gilt aber nur, soweit nicht Wohnungen vorhanden sind, die Wohnzwecken des Eigentümers des Betriebs oder eines Altenteilers dienen und für diese der Entnahme- oder Veräußerungsgewinn nach § 52 Abs. 15 S. 6 – bei Verzicht auf Besteuerung des Nutzungswerts nach § 13 Abs. 2 Nr. 2 – oder nach § 52 Abs. 15 S. 8 Nr. 1 – bei Entnahme oder Veräußerung der Wohnung – außer Ansatz geblieben ist.

1.4.2.7 Unentgeltliche Überlassung einer Wohnung

Die obigen Ausführungen gelten entsprechend für eine zum land- und forstwirtschaftlichen Betriebsvermögen gehörende Wohnung, die **unentgeltlich** einem Dritten überlassen worden ist.

In diesen Fällen gelten jedoch die Wohnung des Stpfl. und der dazugehörende Grund und Boden zum 31.12.1986 – **steuerfrei** – als entnommen, wenn der Nutzungswert im VZ 1986 nur beim Nutzenden anzusetzen war (§ 52 Abs. 15 Satz 9). Hier gilt die zwölfjährige Übergangsfrist für den Eigentümer nicht.

1.4.2.8 Steuerfreiheit des Entnahme- oder Veräußerungsgewinns

Die Steuerfreiheit des Entnahme- oder Veräußerungsgewinns setzt – außer in den Fällen des § 52 Abs. 15 Satz 8 Nr. 1 beim Leerstehen der Wohnung (siehe vorstehend 1.4.2.4), des § 52 Abs. 15 Satz 8 Nr. 2 und Satz 9 mit Zurechnung beim Nutzenden – voraus, daß dem Eigentümer zum Zeitpunkt der Entnahme oder Veräußerung der Nutzungswert der Wohnung zuzurechnen ist. Eine steuerfreie Entnahme oder Veräußerung ist deshalb beispielsweise in folgenden Fällen nicht möglich:

- Eine im Jahre 1986 selbstgenutzte Wohnung wird ab Herbst 1986 über das Jahr 1998 hinaus an Landarbeiter vermietet. Da zum 31.12.1998 dem Eigentümer kein Nutzungswert der Wohnung zuzurechnen ist, liegt kein „anderer Fall" i. S. des § 52 Abs. 15 Satz 6 vor.

- Eine im Jahre 1986 vom Eigentümer selbstgenutzte Wohnung wird ab Herbst 1986 über das Jahr 1998 hinaus von einem Pächter/Wirtschaftsüberlassungsberechtigten zu eigenen Wohnzwecken genutzt. Auch hier liegt mangels Nutzungswertbesteuerung beim Eigentümer im Jahre 1998 kein „anderer Fall" i. S. des § 52 Abs. 15 Satz 6 vor.

- Eine im Jahre 1986 selbstgenutzte Wohnung wird ab dem 1.1.1987 zur Lagerung von Vorräten verwendet. Im Jahre 1996 wird sie mit dem Betrieb veräußert. Da im Jahre 1996 dem Eigentümer ein Nutzungswert der Wohnung nicht zuzurechnen ist, ist der Veräußerungsgewinn der Wohnung nicht nach § 52 Abs. 15 Satz 8 Nr. 1 steuerfrei.

1.4.2.9 Nutzungswertbesteuerung nach steuerfreier Entnahme

Nach einer steuerfreien Entnahme einer Wohnung, für die im VZ 1986 der Überschuß des Mietwerts über die Betriebsausgaben zu erfassen war, gelten sogar die Übergangsregelungen des § 52 Abs. 21. Das bedeutet insbesondere die Fortführung der Nutzungswertbesteuerung im Rahmen des § 21 Abs. 2 durch Überschuß des Mietwerts über die WK (BMF-Schreiben vom 12.11.1986, BStBl 1986 I 528, Abschn. 11).

1.4.2.10 Weitergeltung von erhöhter AfA und Sonderabschreibungen

Nach dem Wegfall der Nutzungswertbesteuerung im Rahmen der Einkünfte aus § 13 und/oder § 21 Abs. 2 können die auf die Wohnung entfallenden Aufwendungen nicht mehr als Betriebsausgaben bzw. WK abgezogen werden.

Haben jedoch für den VZ 1986 die Voraussetzungen für die Inanspruchnahme **erhöhter Absetzungen** oder von **Sonderabschreibungen** vorgelegen, konnten ab dem auf das Ende der Nutzungswertbesteuerung folgenden VZ bis einschließlich des VZ, für den die erhöhten Absetzungen oder die Sonderabschreibungen letztmals hätten in Anspruch genommen werden können, die diesen entsprechenden Beträge **wie Sonderausgaben** vom Gesamtbetrag der Einkünfte abgezogen werden (§ 52 Abs. 15 Satz 5 i. V. mit Abs. 21 Satz 4). Dies war bei § 7b letztmals für den **VZ 1993** denkbar.

Bei Zugehörigkeit der Wohnung zu **einem gewerblichen** oder **freiberuflichen** BV gelten § 52 Abs. 15 Sätze 6 bis 9 sinngemäß. Dagegen ist § 52 Abs. 15 **Satz 3** ausdrücklich nicht anwendbar (BMF-Schreiben vom 12.11.1986, a.a.O., Abschn. IV).

1.4.3 Ermittlung des Nutzungswerts

Maßgebend ist grds. und vorrangig – **wie bei den Einkünften** aus § 21 – die **ortsübliche, mittlere Miete** für eine in Art und Ausstattung vergleichbare Wohnung (sinngemäße Anwendung von § 8 Abs. 2 = **Marktmiete**). Der Nutzungswert ist nur dann in Anwendung an die **Kostenmiete** zu schätzen, wenn die ortsübliche mittlere Miete nicht ermittelt werden kann (z.B. BFH, BStBl 1977 II 860; vgl. auch R 162 Abs. 2 sowie BFH, BStBl 1986 II 394 und BMF-Schreiben vom 2.10.1986, BStBl I 486 zu aufwendigen Zweifamilienhäusern).

Bei Vermietung einer Einliegerwohnung kann nach BFH, BStBl 1975 II 33 die Miete als Grundlage für die Schätzung des Nutzungswertes dienen. Auch bei der Gewinnermittlung nach § 13a ist der Nutzungswert gewinnerhöhend hinzuzurechnen. § 13 Abs. 2 Nr. 2 gilt auch bei einem vom Land- und Forstwirt gepachtetem Betrieb.

Auch das Haus bzw. die Wohnung von **Altenteilern** gehört regelmäßig zum BV, und zwar im Hinblick auf § 34 Abs. 3 BewG, nach dem die Altenteiler-Wohnung zum land- und forstwirtschaftlichen Vermögen gehört (BFH, BStBl 1983 II 638).

Hierfür ist ein gesonderter Nutzungswert anzusetzen. Nach (dem von der FinVerw angewendeten BFH Urteil) BFH, BStBl 1984 II 97 ist **abweichend** von BFH, BStBl 1984 II 366 (vgl. hierzu K. 8.10) der Nutzungswert auch bei Bestehen eines dinglichen Wohnrechts dem Eigentümer zuzurechnen. Allerdings ist in entsprechender Höhe eine dauernde Last als Sonderausgabe nach § 10 Abs. 1 Nr. 1a abzuziehen (vgl. gleichlautende Erlasse der FinVerw, StEK EStG § 10 Abs. 1 Nr. 1 Nr. 30, 1984). Die **Hausaufwendungen** (incl. **Gebäude-AfA**) stellen im Falle des § 13 Abs. 2 Nr. 2 **Betriebsausgaben** dar (ab VZ 1987 im Rahmen des § 52 Abs. 15).

1.4.4 Wohnung überschreitet die übliche Größe

Überschreitet die Wohnung die bei Betrieben gleicher Art übliche Größe (Beispiel: Schloß, Villa auf einem Bauernhof), dann gehörte der Nutzungswert der Wohnung **bis zum VZ 1986** in **vollem** Umfang zu den Einnahmen aus Vermietung und Verpachtung. Dann sind auch die Aufwendungen für die Wohnung im Rahmen der Übergangsregelung keine Betriebsausgaben, sondern Werbungskosten aus Vermietung und Verpachtung.

1.4.5 Übersicht:

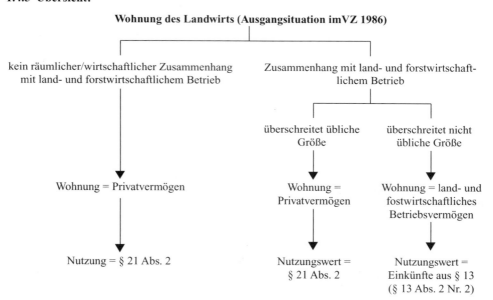

Wegen der Übergangsregelungen ab VZ 1987 bis 1998 vgl. § 52 Abs. 15 und 21, K. 7.10 und vorstehende Ausführungen (1.4.2).

1.4.6 Einnahmen aus kurzfristiger Vermietung

Einnahmen aus kurzfristiger Vermietung einzelner Zimmer oder Betten an Feriengäste gehören unter bestimmten Voraussetzungen zu den Einkünften aus § 13; vgl. im übrigen; Abschn. 1.02 Abs. 10 und 1.03 Abs. 7 BewRL.

1.5 Abgrenzung zur Liebhaberei

Der Begriff der Liebhaberei im steuerlichen Sinn spielt insbesondere bei der Landwirtschaft eine Rolle.

Ein Liebhabereibetrieb liegt vor bei einer **Betätigung ohne Gewinnerzielungsabsicht,** die von persönlichen Motiven getragen wird.

Fehlende Gewinnabsicht wird angenommen, wenn ein Betrieb

- nicht nach betriebswirtschaftlichen Grundsätzen geführt wird und
- nach seiner Wesensart auf Dauer nicht mit Gewinn arbeiten kann (BFH, BStBl 1985 II 205).

Vgl. hierzu im einzelnen K. 2.1.1.3.1.

Verluste (wie auch evtl. Überschüsse) aus Liebhabereibetätigungen bleiben bei der Ermittlung der Einkünfte außer Betracht, da sie sich keiner der Einkunftsarten zuordnen lassen. Im Bereich der Land- und Forstwirtschaft kann sich dabei insbesondere um die Beurteilung von Tierhaltung und Tierzucht (Pferde) handeln.

Bei einer **Pferdezucht- bzw. Pferdehaltung** ist das Vorliegen der Gewinnerzielungsabsicht **Tatfrage.**

Auf die Erzielung von Rennpreisen kann eine Gewinnerzielungsabsicht nicht gestützt werden, denn sie entzieht sich jeder kaufmännischen Berechnung (BFH, BStBl 1960 III 324, betr. Vollblutzucht; RFH, RStBl 1944, 366, betr. Traberzucht). Die Rechtsprechung hat es deshalb abgelehnt, Verluste aus einem Vollblutzuchtbetrieb steuerlich anzuerkennen. Bei einer mit Pferdezucht verbundenen landwirtschaftlichen Betätigung (z. B. Bewirtschaftung von Ländereien) kann die Pferdezucht steuerlich nicht zu berücksichtigende Liebhaberei sein trotz Gewinnträchtigkeit der landwirtschaftlichen Betätigung (BFH, BStBl 1986 II 293 [296]).

Ein typischer Fall der Liebhaberei liegt bei **einem landwirtschaftlichen Anwesen** vor, das in erster Linie der **Freizeitgestaltung, Erholung und Repräsentation** des Eigentümers dient, und das wegen ausschließlicher Bewirtschaftung durch entlohnte fremde Arbeitskräfte nicht mit Gewinn arbeiten kann (BFH, BStBl 1976 II 485).

Dauernde Verluste während eines Zeitraums von etwa **acht und mehr Jahren** sprechen für die Annahme von Liebhaberei (in Ausnahmefällen widerlegbar); BFH, BStBl 1985 II 399 betr. Verluste eines **Schriftstellers.**

Ähnlich bei Verlusten eines **Erfinders** (BFH, BStBl 1985 II 424).

Bei Erwerb eines „heruntergewirtschafteten" landwirtschaftlichen Anwesens, Umbau zu einem nach modernen Gesichtspunkten geführten landwirtschaftlichen Betrieb und Veräußerung nach etwa 4 Jahren zu einem Kaufpreis, der die Anschaffungskosten und die Verluste bis zur Veräußerung bei weitem übersteigt, fallen die bis zur Veräußerung angefallenen Verluste als steuerrelevante Anlaufverluste unter § 13, falls durch Gutachten zweifelsfrei nachgewiesen wird, daß – ohne die Veräußerung – auf Dauer Gewinne erzielbar gewesen wären (BFH, a. a. O.).

Muß aber davon ausgegangen werden, daß diese Verluste im Rahmen der Gesamtentwicklung des Betriebs auch nicht annähernd durch

- spätere Gewinne und/oder
- mögliche Veräußerungsgewinne

ausgeglichen werden, so liegt (nichtsteuerbare) Liebhaberei vor.

Vgl. dagegen BFH, BStBl 1985 II 205 zur Verpachtung einer Reitschule wegen vorausgegangener andauernder Verluste. Die BFH-Rechtsprechung zur Abgrenzung der Liebhaberei von § 13 ist verfassungsgemäß (BVerfG vom 28. 10. 1986, StRK EStG 1975 § 13 Allg. R. 7).

Zu den Voraussetzungen der Liebhaberei bei einem gehobenen Wohnsitz eines Städters auf dem Lande mit geringfügigem Landbesitz und Kleintierhaltung s. BFH, BStBl 1987 II 89.

Die Ausübung einer **Jagd** auf dem Areal eines land- und forstwirtschaftlichen Betrieb als Revier ist keine Liebhaberei, auch wenn die Jagd für sich betrachtet Verluste erbringt (BFH, BStBl 1979 II 100).

Bei Gewinnermittlung nach § 13a kann ein Landwirt mangels nachgewiesener Verluste nicht geltend machen, seine Tätigkeit sei Liebhaberei. Zum Nachweis der Verluste muß zur Gewinnermittlung nach § 4 Abs. 1 übergegangen werden (BFH, BStBl 1989 II 234).

1.6 Verpachtung des Betriebs oder einzelner Teile des Betriebs

Einkünfte aus der Vermietung und Verpachtung von land- und forstwirtschaftlich genutzten Flächen sind nur dann Einkünfte aus § 13, wenn sie in einem land- und forstwirtschaftlichen Betrieb anfallen.

Das bei der Betriebsverpachtung eingeräumte Wahlrecht nach R 139 Abs. 5 gilt auch bei der Land- und Forstwirtschaft. Zum Wahlrecht vgl. im einzelnen K. 2.6.9.

Das Verpächterwahlrecht gilt nur, falls der Betrieb vom Verpächter zuvor selbst **bewirtschaftet** worden ist (BFH, BStBl 1989 II 863).

Zum Verpächterwahlrecht bei einer **Erbengemeinschaft** vgl. BFH, BStBl 1992 II 521.

Entscheidet sich der Landwirt für die Betriebsaufgabe, so überführt er damit den Betrieb in sein Privatvermögen. Die hierdurch aufgelösten stillen Reserven sind nach § 14 i. V. m. §§ 16, 34 zu versteuern. Die aus der Verpachtung zu fließenden Einkünfte sind als Einkünfte aus § 21 zu erfassen.

Entscheidet sich der Landwirt jedoch dafür, den verpachteten Betrieb weiterhin als einen („ruhenden") Betrieb der Land- und Forstwirtschaft anzusehen, so gehören die Einkünfte aus der Verpachtung zu den Einkünften aus § 13. Der Gewinn ist in diesem Fall nach § 4 Abs. 1 bzw., wenn keine Buchführungspflicht besteht, nach § 4 Abs. 3 zu ermitteln. Eine Gewinnermittlung nach Durchschnittssätzen (§ 13a) **scheidet** aus. Eine Aufdeckung der stillen Reserven entfällt dann.

Verpachtet der Landwirt einzelne Flächen an andere Landwirte zur landwirtschaftlichen Nutzung, so können die Pachteinnahmen den Einkünften aus Land- und Forstwirtschaft zugerechnet werden, wenn die Größe der verpachteten Fläche im Verhältnis zur gesamte Fläche des Betriebs von untergeordneter Bedeutung ist.

Beispiele:
1. Ein Landwirt verpachtet einzelne Flächen an seine Arbeitnehmer, um diese dadurch fester mit seinem Landwirtschaftsbetrieb zu verbinden.
2. Ein Landwirt verpachtet einzelne Flächen, weil die Eigenbewirtschaftung wegen der weiten Entfernung der Flächen vom Hof sich für ihn nicht lohnt.

In beiden Fällen sind die Pachtzinsen landwirtschaftliche Betriebseinnahmen.

Wird eine landwirtschaftliche Fläche von dem Pächter aber auf Dauer zweckentfremdet verwendet, gehören die Einnahmen zu den Einkünften aus Vermietung und Verpachtung.

Beispiel:

Ein Landwirt verpachtet 1 ha an eine Erdölgesellschaft zur Ablagerung von Bohrrückständen = Einnahmen aus § 21 Abs. 1 Nr. 1.

Wegen der Anerkennung von unentgeltlichen Betriebsüberlassungsverträgen vgl. K. 2.6.9.6. Nach BFH, BStBl 1976 II 335 ist die Übereignung des lebenden und toten Inventars nicht Voraussetzung für die steuerliche Anerkennung des Überlassungsvertrages.

1.7 Mitunternehmerschaft in der Landwirtschaft

Auch bei den Einkünften aus § 13 ist eine **gemeinschaftliche** Einkünfteerzielung nach den Regeln des § 15 Abs. 1 Nr. 2 möglich, insbesondere auch zwischen

– (dinglich) Nutzungsberechtigten und Eigentümern
– Ehegatten
– Eltern(teil) und Kinder(n) (auch minderjährigen).

Grds. gelten die allgemeinen Grundsätze für die Anerkennung einer – gewerblichen – Mitunternehmerschaft bei Familiengesellschaften; vgl. hierzu K. 2.3.10, **R 138a** und **H 126**.

Bei Ehegatten ist jedoch auch ohne Vorliegen eines Gesellschaftsvertrags eine sogenannte **verdeckte** Mitunternehmerschaft denkbar, wenn jedem der Ehegatten ein Teil der bewirtschafteten Flächen gehört und der Flächenanteil eines Ehegatten nicht von lediglich untergeordneter Bedeutung ist (nicht kleiner als 20% der Nutzflächen); wegen der weiteren Voraussetzungen vgl. BFH, BStBl 1983 II 636, BFH, BStBl 1987 II 17, 20 und 23.

Bewirtschaftet ein Ehegatte eine dem anderen Ehegatten gehörende Teilfläche von untergeordneter Bedeutung (im Urteilsfall 3 ha) – ohne daß also Mitunternehmerschaft besteht und ohne Nutzungsüberlassungsvertrag aufgrund familiärer Basis, so sind die hierauf entfallenden Einkünfte dem Eigentümer-Ehegatten zuzurechnen (BFH, BStBl 1989 II 504).

Beruht die Grundstücksüberlassung nicht auf besonderen Vereinbarungen, so ist nach BFH (a. a. O.) von privaten Erwägungen dafür auszugehen. Dies gilt auch bei gemeinschaftlichem Grundbesitz.

Etwas anderes kann für landwirtschaftliche Grundstücke gelten, deren Nutzung zur Fruchtziehung unmittelbar zur Betätigung i. S. des § 13 führt.

Eine verdeckte Mitunternehmerschaft setzt nach der Entscheidung des Großen Senats (BStBl 1984 II 751 = Wegfall der Gepräge-Rechtsprechung), BFH, BStBl 1985 II 85 sowie BFH, BStBl 1985 II 363 zumindest ein gemeinschaftsähnliches Verhältnis voraus; ebenso BFH, BStBl 1986 II 455 bei Erwerb eines landwirtschaftlichen Betriebs zu Bruchteilen. Dagegen sind im jeweiligen Alleineigentum beider Ehegatten stehende Höfe grds. selbständige Einzelbetriebe (BFH, BStBl 1985 II 460, 461).

Eine „konkludente" Innengesellschaft zwischen Eheleuten setzt voraus, daß eine geschäftliche oder berufliche Zusammenarbeit über die eheliche Verbindung hinaus anzunehmen ist.

1.8 Hofübergabe, Altenteilsleistungen

1.8.1 Vorweggenommene Erbfolge

Literatur: vgl. K. 2.6.7.4 und Seithel, BB 1993, 473.

Bei **Hofübergabe** im Wege der **vorweggenommenen Erbfolge** (auch unter Auflagen, z. B. Vereinbarung von Altenteilsleistungen) liegt unter den allgemeinen Voraussetzungen (vor allem bei Übertragung sämtlicher wesentlicher Betriebsgrundlagen) eine **unentgeltliche Betriebsübertragung** mit zwingender Buchwertverknüpfung i. S. des **§ 7 Abs. 1 EStDV** vor, die die Anwendung des § 16 (Betriebsaufgabe) ausschließt, oder ein **teilentgeltlicher Erwerb**. Vgl. hierzu K. 2.6.7A sowie BMF-Schreiben vom 13. 1. 1993, BStBl I 80 – insbesondere Rz 42 – 46.

Bei der Zurückbehaltung eines weiterhin selbst bewirtschafteten, nicht zu großen Grundstücks (nach Auffassung der FinVerw bis 0,3 ha) besteht ein Wahlrecht zwischen Besteuerung der stillen Reserven als laufender Gewinn (BFH, BStBl 1981 II 566) und Nichtaufdeckung.

In den übrigen Fällen (z. B. bei Zurückbehaltung wesentlicher Betriebsgrundlagen) liegt insgesamt eine begünstigte Betriebsaufgabe i. S. des § 16 Abs. 3 vor; vgl. hierzu im einzelnen K. 2.6.7.4.1.Vgl. auch BFH, BStBl 1982 II 20.

Bei Zurückbehaltung von 20% der Nutzfläche kann nicht von einer Betriebsaufgabe deswegen ausgegangen werden, weil keine Gewinne erwirtschaftet werden (BFH, BStBl 1986 II 808).

1.8.2 Altenteilsleistungen

Altenteilslasten sind im Rahmen des **„Sonderrechts"** einer Hofübergabe vereinbarte Leistungen des Hofübernehmers an die Eltern, insbesondere

– Unterhaltsleistungen in Geld oder Naturalleistungen
– obligatorische oder dingliche Nutzungsrechte.

Altenteilsleistungen sind keine Betriebsausgaben. Sie können aber als Sonderausgaben gemäß § 10 Abs. 1 Nr. 1a vom Gesamtbetrag der Einkünfte abgezogen werden, und zwar je nach der Art der Leistung als Leibrente und/oder als dauernde Last. Dies gilt auch bei Gewinnermittlung nach Durchschnittsätzen gemäß § 13a (BFH, BStBl 1976 II 67).

Bei verschiedenartigen laufenden Leistungen ist grundsätzlich bei jeder Leistungsart gesondert zu prüfen, ob es sich um eine Leibrente oder dauernde Last handelt (BFH, BStBl 1984 II 97).

Bestehen die auf Lebenszeit vereinbarten Altenteilslasten zu einem nicht unerheblichen Teil aus gleichbleibenden Geldleistungen, so sind sie insoweit als Leibrenten in Höhe des Ertragsanteils und im übrigen als dauernde Last in voller Höhe abziehbar.

In einer **Änderung der Rechtsprechung** hat der BFH in BStBl 1992 II 78 und BStBl 1992 II 499 entschieden:

Bei vorweggenommener Erbfolge sind Versorgungsleistungen eine dauernde Last
- bei ausdrücklicher vertraglicher Änderungsmöglichkeit i. S. des § 323 ZPO,
- im übrigen bereits aufgrund des **Vertragstypus** als Versorgungsvertrag. Konsequenz: Dann entfällt eine Aufteilung in Mischfällen; vielmehr liegt insgesamt eine dauernde Last vor.

Die FinVerw erkannte bereits in Anbetracht des Urteils BFH, BStBl 1984 II 97 bereits bisher die **Geldleistungen weiter** als **dauernde Last an, wenn bis 31.12.1985 vereinbart wurde** (Schriftform ausreichend), daß die **Höhe** der **Geldleistung** von der **Leistungsfähigkeit** des **Hofes und/oder** der **Bedürftigkeit des Altenteilers** abhängt (= nachträgliche Vereinbarung einer Abänderungsklausel = StEK, EStG § 10 Abs. 1 Ziff. 1 Nr. 30 [1984]). Für Wirtschaftsüberlassungsverträge war die Frist verlängert worden bis 30.9.1986 (z. B. FinMin BaWü, DStR 1986, 436).

Aufgrund BFH, BStBl 1984 II 97 rechnet die FinVerw bis zur freiwilligen Beendigung der Nutzungswertbesteuerung den Nutzungswert der Wohnung bei schuldrechtlicher Überlassung wie auch dinglichem Wohnrecht dem **Betriebsinhaber** zu, betrachtet ihn aber als dauernde Last (bei nach § 13a pauschalierenden Landwirten allerdings nur mit dem Jahreswert von 1/18 des im EW besonders ausgewiesenen Wohnungswerts), die ebenfalls als Sonderausgabe abzugsfähig ist (StEK, a.a.O.). Diese Zurechnung des Nutzungswerts auf den Überlassenden läuft eigentlich den BFH-Urteilen BStBl 1984 II 366 und 371 zuwider, wonach der Nutzende bei gesicherter Rechtsposition den Nutzungswert zu versteuern hatte, wird aber von der FinVerw ausdrücklich so praktiziert.

Der Berechtigte (Altenteiler) muß die Leistungen entsprechend der Behandlung beim Betriebsinhaber nach § 22 Nr. 1 versteuern, und zwar
- mit dem vollen Betrag, soweit sonstige wiederkehrende Bezüge (z. B. Nutzungswert der Wohnung)
- mit dem Ertragsanteil, soweit eine Leibrente (z. B. Geldleistung ohne Abänderungsklausel) vorliegen.

Eine **Wertverrechnung** der dauernden Last mit dem übertragenen BV ist **nicht** vorzunehmen (BFH, BStBl 1985 II 709, BFH GrS, BStBl 1990 II 847).

Die vorstehenden Grundsätze gelten **nicht** außerhalb des „**Sonderrechts**" der „Vermögensübergabe" (vgl. Änderung der Rechtspr. durch BFH-Urteil vom 25.11.1992, DB 1993, 665).

1.9 Gewinnermittlung

Für die Ermittlung des Gewinns aus Land- und Forstwirtschaft muß man unterscheiden zwischen buchführungspflichtigen und nichtbuchführungspflichtigen Landwirten. Wer buchführungspflichtig ist, bestimmt § 141 Abs. 1 Nr. 1, 3, 5 AO. Es kommt darauf an, ob der Gesamtumsatz, der land- und forstwirtschaftliche Wirtschaftswert oder die Einkünfte aus Land und Forstwirtschaft die im Gesetz festgelegten Grenzen übersteigen.

Vgl. im einzelnen R 127 Abs. 1.

In Betracht kommen folgende Gewinnermittlungsarten:

a) Betriebsvermögensvergleich (§ 4 Abs. 1)

b) Überschußrechnung (§ 4 Abs. 3)

c) Gewinnermittlung nach Durchschnittssätzen (§ 13a)

d) Schätzung nach § 162 AO.

1.9.1 Betriebsvermögensvergleich (§ 4 Abs. 1 EStG)

Bei gesetzlicher Buchführungspflicht gemäß § 141 AO muß der Land- und Forstwirt den Gewinn durch BV-Vergleich (§ 4 Abs. 1) ermitteln.

Eine Verpflichtung, Bücher zu führen, besteht für den Land- und Forstwirt nach § 141 Abs. 1 AO dann, wenn

a) sein Gesamtumsatz (einschließlich des steuerfreien Umsatzes) 500 000 DM oder

b) selbstbewirtschaftete land- und forstwirtschaftliche Flächen mit einem Wirtschaftswert (§ 46 BewG) von mehr als 40 000 DM oder

c) der Gewinn aus Land- und Forstwirtschaft 48 000 DM
   überstiegen hat.

Voraussetzung ist aber stets, daß das Finanzamt die Betriebe, die neu buchführungspflichtig werden, hiervon benachrichtigt, § 141 Abs. 2 Satz 1 AO. Die Mitteilung soll dem Stpfl. mindestens einen Monat vor Beginn des WJ zugehen, ab dem Bücher zu führen sind (AO-Kartei § 141 Karte I Nr. 5). Eine Verpflichtung zur Buchführung für einen zurückliegenden Zeitraum wäre objektiv nicht ordnungsgemäß erfüllbar (BGH vom 26.6.1985, StRK EStG 1975 § 13 Abs. 3 R. 12).

Sind die Bücher ordnungsgemäß geführt, ist als Gewinn das buchmäßige Ergebnis zugrunde zu legen (§ 158 AO). Das gilt bei Landwirten, die ohne dazu verpflichtet zu sein, ordnungsmäßige Bücher führen und Abschlüsse machen, nur dann, wenn sie dies ausdrücklich beantragen (§ 13a Abs. 2). Die Buchführungspflicht endet auch bei einer Erhöhung der Buchführungsgrenzen nicht ohne eine Feststellung nach § 141 Abs. 2 Satz 2 AO (§ 19 Abs. 4 EGAO; BFH, BStBl 1984 II 782).

1.9.2 Einnahme-Überschuß-Rechnung (§ 4 Abs. 3 EStG)

Die Überschußrechnung ist nur zulässig, wenn der Land- und Forstwirt

a) nicht zur Buchführung verpflichtet ist,

b) auch nicht freiwillig Bücher führt,

c) – nicht unter § 13a Abs. 1 fällt (vgl. 1.9.3) **oder**

  – zwar unter § 13a fällt, aber den Antrag nach § 13a Abs. 2 Nr. 2 auf Gewinnermittlung nach § 4 Abs. 3 gestellt hat,

d) nicht nach § 13a Abs. 2 Nr. 1 für das betreffende oder für eines der drei vorhergehenden WJ einen wirksamen Antrag auf Gewinnermittlung nach § 4 Abs. 1 gestellt hat, und

e) die erforderlichen Aufzeichnungen für § 4 Abs. 3 geführt hat.

Andernfalls ist der Gewinn nach § 4 Abs. 1 zu ermitteln (bei freiwilliger Buchführung auf Antrag nach § 13a, sofern dessen Voraussetzungen erfüllt sind).

Zum **Antrag** nach § **13a Abs.** 2 vgl. R 127 Abs. 3 und BFH, BStBl 1988 II 530 und 532 sowie 1989 II 234.

Wenn die BE und BA nicht aufgezeichnet worden sind, ist der Gewinn nach § 4 Abs. 1 zu schätzen, R 127 Abs. 1 Satz 3.

Hat der Stpfl. dagegen die Gewinnermittlung nach § 4 Abs. 3 beantragt, ist die Gewinnschätzung nach § 4 Abs. 3 vorzunehmen (BFH, BStBl 1984 II 504).

Hat der Stpfl. neben einer nicht ordnungsgemäßen Buchführung ausreichende Aufzeichnungen für die § 4 Abs. 3-Rechnung, ist letztere zwingend der Besteuerung zugrundzulegen (z.B. BFH, BStBl 1967 III 310).

1.9.3 Gewinnermittlung nach § 13a EStG

Liegen die folgenden Ausschließungsgründe nicht vor, so ist der Gewinn zwingend nach § 13a zu ermitteln (§ 13a Abs. 1):

a) Buchführungspflicht nach § 141 AO,

b) Ausgangswert nach § 13a Abs. 4 = 0 DM oder mehr als 32 000 DM,

c) Tierbestände über den Höchstgrenzen des § 13a Abs. 1 Nr. 3.

U. a. ist also Voraussetzung, daß **keine** Buchführungspflicht gegeben ist. § 13a stellt eine vereinfachte Gewinnermittlung nach Durchschnittssätzen dar. Grundbetrag ist ein fest bestimmter DM-Betrag je Hektar selbstbewirtschafteter landwirtschaftlicher Fläche von 1/6 bzw. 1/5 des Ausgangswertes. Der Ausgangswert richtet sich nach § 13a Abs. 4. Er beruht auf dem Einheitswert des land- und forstwirtschaftlichen Betriebes.

Nach § 13a Abs. 4 Nr. 1 Satz 6 ist der **Ausgangswert für die** Gewinnermittlung nach Durchschnittssätzen auch dann neu zu ermitteln, wenn Zu- oder Abgänge bei den landwirtschaftlich genutzten Flächen zu keiner Fortschreibung des EW nach § 22 BewG führen. Mit der Neufassung dieser Vorschrift durch das StMBG wird verdeutlicht, daß auch bei **nicht** zu Fortschreibungen führenden Veränderungen im Bestand der in § 13a Abs. 4 Nr. 1 Satz 2 genannten Flächen entsprechend zu verfahren ist.

Dem Grundbetrag sind hinzuzurechnen:

a) Der Wert der Arbeitsleistung des Betriebsinhabers (§ 13a Abs. 3 Nr. 2 i. V. m. Abs. 5). Vgl. bei Nebenerwerbslandwirten BFH, BStBl 1990 II 973.
b) die vereinnahmten Pachtzinsen (§ 13a Abs. 3 Nr. 3 i. V. m. Abs. 6 S. 2)
c) den Zuschlägen nach § 13a Abs. 2 Nr. 5 i. V. m. Abs. 8
d) dem Nutzungswert der Wohnung (§ 13a Abs. 3 Nr. 4) i. V. m. Abs. 7. Vgl. R 130a Abs. 7.

Abzusetzen sind Pachtzinsen, soweit sie den auf die zugepachteten Flächen nach § 13a Abs. 4 Nr. 2 und 4 entfallenden Grundbetrag nicht übersteigen, sowie Pachtzinsen, Schuldzinsen und dauernde Lasten, die Betriebsausgaben sind und bei der Einheitsbewertung nicht berücksichtigt sind (§ 13a Abs. 6, R 130a Abs. 6). Soweit gemäß § 52 Abs. 15 ein Nutzungswert für eine Wohnung nicht mehr anzusetzen ist, können gezahlte Pachtzinsen und Schuldzinsen nicht als BA abgezogen werden.

Vereinfachtes Schema der Gewinnberechnung nach § 13a

1.	Grundbetrag je nach Höhe des Ausgangswerts	§ 13a Abs. 4
2. +	Wert der Arbeitsleistung	§ 13a Abs. 5
3. +	vereinnahmte Pachtzinsen für Wirtschaftsgüter des Betriebsvermögens	§ 13a Abs. 6 Satz 2
4. +	Nutzungswert der Wohnung	§ 13a Abs. 7
5. +	Gewinn aus Sondervorgängen (nicht anzusetzen bis 3000 DM)	§ 13a Abs. 8
6. ./.	Verausgabte Pachtzinsen (nicht fiktive; BFH, BStBl 1986 II 808)	§ 13a Abs. 6 Satz 1
7. ./.	Schuldzinsen (soweit Betriebsausgaben)	§ 13a Abs. 3 Satz 2
8. ./.	Steuerbegünstigungen (z. B. § 78 EStDV)	
=	Gewinn des WJ	

Bei der Veranlagung ist § 4a Abs. 2 Nr. 1 (zeitanteilige Aufteilung) zu beachten.

Diese Regelung gilt auch für Land- und Forstwirte, die freiwillig Bücher führen und regelmäßig Abschlüsse machen, es sei denn, sie beantragen, daß der nach § 4 Abs. 1 ermittelte Gewinn der Besteuerung zugrunde gelegt wird (§ 13a Abs. 2 Nr. 1). Der Landwirt ist an diesen Antrag für 4 aufeinanderfolgende Wirtschaftsjahre gebunden, das heißt, er ist für diesen Zeitraum verpflichtet, Bücher zu führen und Abschlüsse zu machen, § 13a Abs. 2 S. 1. Vgl. R 130a.

Die Befugnis zur Gewinnermittlung nach § 13a geht nicht vom Verpächter auf den Pächter eines Betriebs über (BFH, BStBl 1986 II 741). Zum Übergang von § 13a nach § 4 Abs. 1 vgl. BFH, BStBl 1986 II 392.

1.9.4 Gewinnschätzung

Hat ein Landwirt, der gesetzlich zur Führung von Büchern verpflichtet war, diese nicht oder nicht ordnungsmäßig geführt, muß der Gewinn durch Schätzung nach § 4 Abs. 1 ermittelt werden (§ 162 AO), vgl. R 127 Abs. 1 sowie BFH, BStBl 1985 II 352 und BStBl 1986 II 741.

1.10 Gewinnermittlungszeitraum

Bei Land- und Forstwirten ist der Gewinn nach dem Wirtschaftsjahr zu ermitteln, § 4a Abs. 1. Unerheblich ist dabei die Gewinnermittlungsart.

Vgl. im einzelnen C 7.

1.11 Besteuerung der Einkünfte aus Land- und Forstwirtschaft

1.11.1 Freibetrag (§ 13 Abs. 3 EStG)

Nach § 13 Abs. 3 werden die Einkünfte aus Land- und Forstwirtschaft zur ESt nur herangezogen, soweit sie 2 000 DM (bei zusammenveranlagten Ehegatten zusammen bis 4 000 DM) übersteigen. Er darf aber höchstens bis zur Höhe der Einkünfte aus Land- und Forstwirtschaft abgezogen werden.

Die Gewinnermittlungsart ist ohne Bedeutung.

Einkünfte aus Land- und Forstwirtschaft

Sind mehrere Personen am Gewinn aus Land- und Forstwirtschaft beteiligt (z. B. bei Personengesellschaften), so steht der Freibetrag jedem der Beteiligten zu, bei dem die Voraussetzungen vorliegen.

Der Freibetrag entfällt nach § 13 Abs. 3 Satz 2, wenn das Einkommen ohne Berücksichtigung des Freibetrages 50 000/100 000 DM übersteigt.

Beispiele:
1. Einkünfte § 13 = 50 100 DM, Einkommen ohne Freibetrag § 13 Abs. 3 < 50 000 DM. Der ledige Stpfl. ist unter 64 Jahre alt. Es ist ein Freibetrag nach § 13 Abs. 3 von 2 000 DM zu gewähren.
2. wie 1., aber der Stpfl. ist zu Beginn des VZ 64 Jahre alt.

SdE	50 100 DM
./. § 24a	3 720 DM
	46 380 DM
./. § 13 Abs. 3	2 000 DM
GdE	44 380 DM

Der Freibetrag ist bei der Ermittlung des Gesamtbetrags der Einkünfte zu berücksichtigen (BFH, BStBl 1976 II 413). Für die Frage, ob ein Arbeitnehmer nach § 46 Abs. 2 Nr. 1 und Abs. 3 wegen Vorhandenseins landwirtschaftlicher Einkünfte zu veranlagen ist, sind aber die landwirtschaftlichen Einkünfte nach Abzug des Freibetrages anzusetzen.

Beispiele:
1. Lediger Stpfl. (65 Jahre alt)

Einkünfte § 13	45 000 DM
§ 21	5 000 DM
Summe der Einkünfte	50 000 DM
./. § 24a	3 720 DM
./. Freibetrag § 13 Abs. 3	2 000 DM
Gesamtbetrag der Einkünfte	44 280 DM

2.
Einkünfte § 13	1 100 DM
§ 19	40 000 DM
Summe der Einkünfte	41 100 DM
– § 13 Abs. 3	1 100 DM
Gesamtbetrag der Einkünfte	40 000 DM

Der Freibetrag nach § 13 Abs. 3 ist zu gewähren, da das Einkommen vor Abzug des § 13 Abs. 3 kleiner ist als 50 000 DM. Der Freibetrag ist höchstens bis zur Höhe der Einkünfte aus § 13 zu gewähren.

Bei zusammenveranlagten Ehegatten (§ 26b) **verdoppelt** sich der Freibetrag bereits dann auf 4 000 DM, wenn nur **einer** der Ehegatten Einkünfte aus § 13 erzielt.

Beispiel:
Zusammenveranlagte Ehegatten (M und F)

M:	Einkünfte § 13	80 000 DM
F:	Keine Einkünfte	– DM
		80 000 DM
	./. § 13 Abs. 3	4 000 DM
	Gesamtbetrag der Einkünfte	76 000 DM

Zur Bestimmung des abzuziehenden Freibetrags sind die Einkünfte aus § 13 beider Ehegatten zusammenzurechnen (BFH, BStBl 1988 II 827; H 124).

1.11.2 Verlustausgleich – Verlustabzug

Verluste aus § 13 können sowohl bei buchführenden als auch bei nichtbuchführenden Land- und Forstwirten mit anderen Einkünften ausgeglichen werden. Derartige Verluste können sich auch bei der Gewinnermittlung nach Durchschnittsätzen durch Kürzung vom Grundbetrag ergeben. Bei nichtbuchführenden Land- und Forstwirten, deren Einkünfte geschätzt werden, können sich keine Verluste ergeben, da die Schätzung selbst nicht zu einem Verlust führen kann. Die Verluste sind nach § 10d rücktrags- und vortragsfähig. Wegen Verlusten aus gewerblicher Tierzucht und Tierhaltung Hinweis auf § 15 Abs. 4 und K. 2.5.

1.11.3 Betriebsveräußerung, Betriebsaufgabe, Betriebsverpachtung

1.11.3.1 Grundsätze

Zu den Einkünften aus Land- und Forstwirtschaft gehören auch die Gewinne aus der Veräußerung oder Aufgabe eines land- und forstwirtschaftlichen Betriebes oder Teilbetriebes (§ 14). Auch durch behördlichen Zwang veranlaßte Veräußerungen sind zu besteuern (R 132).

Bei der Anwendung des § 14 **sind die Grundsätze des § 16 und R 139 anzuwenden,** soweit nicht spezielle Regelungen zu § 14 eingreifen (vgl. z. B. R 131). Zu § 16 vgl. im einzelnen K. 2.6. Eine **Betriebsabwicklung** – vergleichbar einer allmählichen Liquidation – führt zu laufenden Einkünften aus § 13 (BFH, BStBl 1984 II 364). Die Zurückbehaltung von 20 v. H. landwirtschaftlicher Nutzfläche steht der Annahme einer Betriebsveräußerung im ganzen entgegen (BFH, BStBl 1986 II 808). Dies kann auch bei einer Zurückbehaltung von **weniger** als 20 v. H. (im Urteilsfall **18 v. H.**) gelten, wenn die zurückbehaltene Fläche von annähernd gleicher Bonität und nicht von untergeordneter Bedeutung ist (BFH, BStBl 1990 II 428).

Auch Land- und Forstwirte, deren Gewinne nach § 13a zu ermitteln sind, haben den bei der Veräußerung oder Aufgabe des land- und forstwirtschaftlichen Betriebs (Teilbetriebs) sich ergebenden Veräußerungsgewinn im Sinn von § 14 zu versteuern (BFH, BStBl 1966 III 164).

Zum Begriff des land- und forstwirtschaftlichen Teilbetriebs vgl. BFH, BStBl 1982 II 158. Danach ist forstwirtschaftlicher Teilbetrieb schon jede größere zusammenhängende Forstfläche. Im übrigen vgl. R 139 Abs. 3 und K. 2.6.3.2.

Beispiele für Teilbetriebe:
Veräußerung des Forstbetriebs bei einem land- und forstwirtschaftlichen Betrieb; des Sägewerks eines Forstbetriebs usw. Teilbetrieb ist auch ein land- und forstwirtschaftlicher Nebenbetrieb.

Zur Aufgabe eines Forstbetriebs durch Umgestaltung vgl. BFH, BStBl 1988 II 257.

Bei der Verpachtung eines land- und forstwirtschaftlichen Betriebs oder Teilbetriebs gilt das Wahlrecht zwischen

– Fortführung als ruhender Betrieb mit Einkünften aus § 13 oder

– Erklärung der Betriebsaufgabe i. S. des § 14 (vgl. R 139 Abs. 5 und „Verpachtungserlasse"). Vgl. hierzu im einzelnen K. 2.6.3.2

Bei Verpachtung eines Betriebes gilt die gleichzeitige Veräußerung des gesamten lebenden und toten Inventars an den Pächter nicht als Teilbetriebsveräußerung (BFH, BStBl 1975 II 770). Es kann sich in einem solchen Fall aber um eine Betriebsaufgabe handeln (BFH, BStBl 1976 II 415), nämlich wenn auch das lebende und tote Inventar eine wesentliche Betriebsgrundlage darstellt. Bei sogenannter **eiserner Verpachtung** eines landwirtschaftlichen Betriebs entsteht dagegen kein Veräußerungsgewinn bei Verzicht des Verpächters auf Aktivierung des Feldinventars, der stehenden Ernte sowie der selbst geschaffenen Vorräte (BFH, BStBl 1985 II 391 und BStBl 1986 II 399).

1.11.3.2 Veräußerungsgewinn

1.11.3.2.1 Grundsätze

Zur **Ermittlung des Veräußerungsgewinns** vgl. § 16 Abs. 2 und K. 2.6.4.

Wurde der Gewinn bisher nach § 4 Abs. 3 ermittelt, ist ein Übergang zum BV–Vergleich anzunehmen; vgl. R 17 und 127 Abs. 6.

Zum Veräußerungserlös gehört alles, was der Veräußerer anläßlich des Veräußerungsgeschäfts als Entgelt erhält. Vgl. im einzelnen K. 2.6.6.13.2. Zu berücksichtigen sind daher auch z. B. Entschädigungen, die für wegfallende Gewinnaussichten, für die vorzeitige Räumung des Wohnhauses oder für Umzugskosten und dergleichen gezahlt werden.

Veräußerungsgewinne i. S. des § 14 sind in dem VZ zu erfassen, in dem sie entstanden sind (§ 4a Abs. 2 Nr. 1 Satz 2), vgl. C. 7.

1.11.3.2.2 Entschädigungen für Feldinventar und stehende Ernte (R 131 Abs. 2 EStR)

Unter „Grund und Boden" ist nur der „nackte" Grund und Boden zu verstehen. Besondere Anlagen auf oder im Grund und Boden, die zum beweglichen Anlagevermögen oder zum Umlaufvermögen gehören, sind grundsätzlich als eigene Wirtschaftsgüter aktivierungspflichtig (vgl. BFH, BStBl 1961 III 398). Nach diesen Grundsätzen gehören auch das Feldinventar und die stehende Ernte bei den landwirtschaftlichen Betrieben mit jährlicher Fruchtfolge nicht zum Wert des Grund und Bodens. Aus Vereinfachungsgründen kann jedoch von einer Aktivierung dieser Wirtschaftsgüter abgesehen werden, da in normalen Jahren der Wert dieser Wirtschaftsgüter zu Beginn und am Ende eines Wirtschaftsjahres in der Regel annähernd gleich ist. Werden anläßlich der Übernahme von landwirtschaftlichen Betrieben, Teilbetrieben oder Betriebstellen (Verkauf, Verpachtung, Wechsel des Pächters, Zurücknahme in Eigenbewirtschaftung) Entschädigungen für Feldinventar und stehende Ernte gezahlt, so sind sie als **Betriebsausgaben** – beim Empfänger als **Betriebseinnahmen** – zu behandeln (vgl. BFH, BStBl 1964 III 62). Bei einer Veräußerung oder Aufgabe des Betriebs oder Teilbetribs i. S. des § 14 sind diese Betriebseinnahmen **in den Veräußerungserlös** einzubeziehen (Abschn. 131 Abs. 2). Beim Übernehmer liegen sofort abzugsfähige BA vor. Vgl. aber R 131 Abs. 2 S. 10 (**keine** Gewinnrealisierung bei Betriebsverpachtung im Falle des Verzichts auf Aktivierung von Feldinventar, stehender Ernte sowie selbst geschaffener Vorräte).

1.11.3.2.3 Entschädigungen für Wirtschaftserschwernisse

Bei der Veräußerung eines Teilbetriebs oder von Betriebsteilen sich ergebende Erschwernisse in der Wirtschaftsführung, weil der vorhandene Gebäude- und Inventarbestand für den Restbetrieb zu groß ist und der Überbestand eine Belastung für den Betrieb ist oder weil sich durch die Abtrennung von Betriebsteilen die Bewirtschaftung des Betriebs verteuert, sind **grds. BE.**

Ihnen steht jedoch die Wirtschaftserschwernis als Belastung gegenüber. Zum Ausgleich kann in die Bilanz am Ende des betr. Wirtschaftsjahres bis zur Höhe der Entschädigung ein **Schuldposten** „Wirtschaftserschwernis" eingestellt werden. Dieser Schuldposten ist in den folgenden Jahren jeweils um den Betrag zu vermindern, der von der Mehrbelastung anteilig auf dieses Jahr entfällt. Da der anteilige Betrag der Mehrbelastung schwer zu ermitteln ist, kann von dem Schuldposten jährlich ein gleichhoher Betrag innerhalb eines Zeitraums von 20 Jahren abgesetzt werden.

Bei nichtbuchführenden Land- und Forstwirten, deren Gewinn nach Durchschnittssätzen zu ermitteln ist, sind Wirtschaftserschwernisse bei der Gewinnermittlung ebenfalls gesondert nach § 13a zu berücksichtigen (BFH, BStBl 1990 II 891) und zwar als **Zuschlag** nach § 13a Abs. 8 bei **Zufluß** (BFH, BStBl 1982 II 598), gilt nicht in den neuen Bundesländern (BMF-Schr., BStBl 1993 I 241). Vgl. H 130a und H 131 „Wirtschaftserschwernisse". Deshalb sind auch i. R. des § 14 Entschädigungen für Wirtschaftserschwernisse anzusetzen.

Gewinne, die bei der Veräußerung oder Aufgabe eines forstwirtschaftlichen Betriebs oder Teilbetriebs für das stehende Holz erzielt werden, sind nach § 14 zu versteuern. Der Veräußerungsgewinn ist mit den Steuersätzen des § 34 Abs. 1 zu versteuern. Zur Berechnung des steuerpflichtigen Veräußerungsgewinns vgl. BFH, BStBl 1961 III 398.

Die auf das stehende Holz entfallenden Einnahmen aus der Veräußerung einzelner forstwirtschaftlicher Grundstücksflächen gehören zu den laufenden Einnahmen des Wirtschaftsjahres.

1.11.3.3 Veräußerungsfreibetrag

1.11.3.3.1 Freibetrag nach § 16 Abs. 4 EStG

Nach § 14 Satz 2 ist der Freibetrag nach § 16 Abs. 4 auch auf Veräußerungsgewinne i. S. des § 14 anzuwenden. Zu § 16 Abs. 4 vgl. im einzelnen K. 2.6.8.

Wird jedoch ein Freibetrag nach § 14a Abs. 1 gewährt, ist § 16 Abs. 4 nicht anwendbar (§ 14 Satz 2).

Fraglich ist, ob neben § 16 Abs. 4 ein Freibetrag nach § 14a Abs. 4 gewährt werden kann.

Der **Freibetrag nach § 13 Abs.** 3 wird auch für Veräußerungsgewinne i. S. des § 14 (nach Abzug eines Veräußerungsfreibetrags gewährt.

1.11.3.3.2 Freibetrag nach § 14a Abs. 1 bis 3 EStG

Nach dieser Vorschrift erhalten Land- und Forstwirte mit „kleinen" Betrieben, wenn sie diesen im ganzen veräußern oder aufgeben, als **„Dauerregelung"** statt des Freibetrags nach § 16 Abs. 4 ab VZ 1996 einen Freibetrag von 150 000 DM (bis 31. 12. 1995 = 90 000 DM).

Im Gegensatz zu § 16 Abs. 4 gilt dies **nicht** für Teilbetriebe, um den agrarpolitisch angestrebten Effekt der Agrarstrukturverbesserung zu gewährleisten.

Voraussetzungen (vgl. R 133a):

a) **Betriebsveräußerung im ganzen**

b) im Zeitpunkt der Veräußerung maßgebender **Wirtschaftswert** nicht größer als 40 000 DM.

c) andere Einkünfte des Stpfl. in den beiden dem Veräußerungsjahr vorausgegangenen Veranlagungszeiträumen ab VZ 1996 jeweils nicht höher als 35 000 DM, bei nicht dauernd getrennt lebenden Ehegatten 70 000 DM.

Die Einkünfte auf Land- und Forstwirtschaft werden hier also nicht mitgerechnet. Auf die Höhe der Einkünfte im VZ der Veräußerung kommt es nicht an.

Der Tatbestand der Gesamtbetriebsveräußerung ist auch erfüllt, wenn die zum land- und forstwirtschaftlichen Betrieb gehörenden Gebäude samt dem dazu gehörenden Grund und Boden **nicht** mitveräußert werden. Nach § 14a Abs. 2 gelten die Gebäude mit dem dazu gehörenden Grund und Boden als entnommen. Zum Begriff „Veräußerung" vgl. auch BFH, BStBl 1992 II 553 (Verkaufsangebot kann Veräußerung sein).

Die Entnahme ist mit dem **Teilwert** anzusetzen (logischerweise bei §§ 14, 16 der gemeine Wert).

Der Entnahmegewinn ist als Teil des nach § 34 begünstigten Veräußerungs-/Aufgabegewinns zu besteuern (str.). Als Veräußerung gilt unter den Voraussetzungen des § 14a Abs. 3 auch die Aufgabe. Der Veräußerungsfreibetrag im Sinne des § 14a Abs. 1 bis 3 ist **objektbezogen.** Veräußert ein Land- und Forstwirt mehrere Betriebe, so kann er demzufolge den Freibetrag mehrmals in Anspruch nehmen.

1.11.3.3.3 Freibetrag zur Abfindung weichender Erben (§ 14a Abs. 4 EStG)

a) Grundsätze

Vergünstigungen werden nach § 14a Abs. 4 zeitlich begrenzt auch gewährt, wenn **vor** dem **1. 1. 2000** nur ein **Teil** des zu einem land- und forstwirtschaftlichen Betrieb gehörenden Grund und Bodens veräußert oder entnommen wird (Geltungsdauer verlängert durch JStG 1996).Der bei der Veräußerung oder Entnahme entstehende Gewinn wird auf Antrag nur insoweit besteuert, als er **120 000 DM** übersteigt. Voraussetzung hierfür ist jedoch, daß der **Veräußerungspreis** nach Abzug der Veräußerungskosten oder **Grund und Boden innerhalb von 12 Monaten** nach der Veräußerung bzw. Entnahme in sachlichem Zusammenhang (vgl. hierzu BFH, BStBl 1988 II 608) mit der Hoferbfolge oder Hofübergabe **zur Abfindung weichender Erben verwendet** wird und das Einkommen des Stpfl ohne Berücksichtigung des Freibetrags in der dem Veranlagungszeitraum der Veräußerung vorangegangenen Veranlagungszeitraum von 35 000 DM nicht überstiegen hat; bei Ehegatten, die nach §§ 26, 26b zusammen veranlagt werden, erhöht sich der Betrag von 35 000 DM auf 70 000 DM (§ 14a Abs. 4 Nr. 2).

Verwendet der Stpfl. den Veräußerungspreis nur zu einem Teil zu den angegebenen begünstigten Zwecken, so ist nur der Teil des Veräußerungsgewinns steuerfrei, der dem Verhältnis entspricht, in dem der für die begünstigten Zwecke verwendete Teil des Veräußerungspreises zu dem gesamten Veräußerungspreis nach Abzug der Veräußerungskosten steht (vgl. § 14a Abs. 6).

Dagegen sind Leistungen zur Abfindung künftiger Erben auch insoweit nach § 14a Abs. 4 begünstigt, als sie den Betrag übersteigen, der den weichenden Erben nach der HöfeO zusteht (BFH, BStBl 1995 II 371).

Der Freibetrag von 120 000 DM wird bei der Veräußerung oder Entnahme von zu einem land- und forstwirtschaftlichen Betrieb gehörenden Grundstücken zur Abfindung weichender Erben **je nach der Anzahl der weichenden Erben mehrmals gewährt.** Der Freibetrag soll insgesamt nur einmal je weichender Erbe in Betracht kommen, unabhängig davon, ob der Erblasser selbst und/oder der Hoferbe die Abfindung vornehmen bzw. die Abfindung in mehreren Schritten oder durch mehrere Inhaber vorgenommen wird (§ 14a Abs. 4 S. 4).

Zu den weichenden Erben rechnen nur gesetzliche, nicht lediglich testamentarische Erben, es sei denn, sie sind auch gesetzlich erbberechtigt. Es spielt keine Rolle, ob die Abfindung der weichenden Erben zu Lebzeiten des Erblassers oder nach dessen Tode vorgenommen wird, und ob die weichenden Erben aus dem Veräußerungserlös oder in Grundstücken abgefunden werden. Vgl. im einzelnen **R 133b Abs. 1**. Unschädlich ist auch eine Übertragung des Grund und Bodens auf einen weichenden Erben **und** dessen **Ehegatten** (BFH, BStBl 1988 II 490).

Vgl. im einzelnen R 133b Abs. 2.

Der Freibetrag entfällt nicht sofort bei Überschreiten der Einkommensgrenzen von 35 000/70 000 DM, sondern es gilt folgende Gleitregelung:

Übersteigt das Einkommen den Betrag von 35 000 DM, so vermindert sich der Betrag von 120 000 DM für jede angefangene 500 DM des übersteigenden Einkommens um 20 000 DM; bei Ehegatten, die zusammen veranlagt werden und deren Einkommen den Betrag von 70 000 DM übersteigt, vermindert sich der Betrag von 120 000 DM für jede angefangene 1 000 DM des übersteigenden Einkommens um 20 000 DM.

b) Einzelfragen

§ 14a Abs. 4 wurde an die Rechtsentwicklung angepaßt, die sich durch die Beschlüsse des Großen Senats des BFH (BStBl 1990 II 837, 847) zur stl. Behandlung der Erbauseinandersetzung und der vorweggenommenen Erbfolge ergeben hat.

aa) Zurechnung des Entnahmegewinns

Ein **Entnahmegewinn** ist nicht beim weichenden Erben, sondern beim **Betriebsinhaber** anzusetzen. Insoweit bedarf es keiner Regelung in § 14a Abs. 4.

bb) Hingabe eines Grundstücks als Veräußerung

In bestimmten Fällen ist die Hingabe eines Grundstücks an den weichenden Erben nicht als Entnahme, sondern als **Veräußerung** zu behandeln (§ 14a Abs. 4).

cc) Unschädliche Mitunternehmerschaft bei weichenden Erben

Nach § 14a Abs. 4 Satz 5 steht eine Stellung als **Mitunternehmer** des Betriebs bis zur Auseinandersetzung einer Behandlung als weichender Erbe nicht entgegen, wenn sich die Erben innerhalb von zwei Jahren nach dem Erbfall auseinandersetzen; damit ist sichergestellt, daß der Freibetrag im Erbfall wie bisher in Anspruch genommen werden kann.

Für die Fälle, in denen der zur Übernahme des Betriebs berufene Erbe noch minderjährig ist, wird ergänzend bestimmt, daß die Zweijahresfrist erst mit Eintritt dessen **Volljährigkeit** beginnt. Nach § 52 Abs. 17 gilt diese Ergänzung auch für bereits zurückliegende VZ.

1.11.3.3.4 Freibetrag zur Schuldentilgung (§ 14a Abs. 5 EStG)

Nach § 14a Abs. 5 wird ein zeitlich begrenzter Freibetrag von 90 000 DM bei der **Veräußerung von Grund und Boden zur Schuldentilgung** gewährt. Dieser Freibetrag wird gewährt für Grundstücksveräußerungen vor dem 1.1.**2000**; maßgebend ist der Zeitpunkt des wirtschaftlichen Übergangs (§ 39 Abs. 2 Nr. 1 AO). Voraussetzung ist, daß mit dem Veräußerungserlös alte Betriebsschulden, die vor dem 1. Juli 1985 bestanden haben, getilgt werden. Der Freibetrag ist von einer Einkommensgrenze in Höhe von 27 000/54 000 DM (Alleinstehende/Verheiratete) abhängig. Damit wird erreicht, daß die Begünstigung auf kleinere Betrieb beschränkt bleibt. Vgl. im einzelnen R 133c.

Auch hier gilt die Gleitregelung:

Übersteigt das Einkommen den Betrag von 35 000 DM, so vermindert sich der Betrag von 90 000 DM für jede angefangenen 500 DM des übersteigenden Einkommens um 15 000 DM; bei Ehegatten, die zusammen veranlagt werden und bei denen das Einkommen den Betrag von 70 000 DM übersteigt, vermindert sich der Betrag von 90 000 DM für jede angefangenen 1 000 DM des übersteigenden Einkommens um 15 000 DM.

Der Freibetrag gilt für alle unter die Vorschrift fallenden Veräußerungen insgesamt nur **einmal** (§ 14a Abs. 5 Satz 3).

1.11.3.4 Ermäßigter Steuersatz (§§ 34, 34e, 35 EStG)

Ein Veräußerungsgewinn i. S. des § 14 wird, soweit er nicht steuerfrei ist, mit dem ermäßigten Steuersatz nach § 34 Abs. 1 und 2 Nr. 2 besteuert. Unter bestimmten Voraussetzungen ermäßigt sich die ESt auf den Veräußerungsgewinn nach § 34e bis zu 2 000 DM (Ehegatten 4 000 DM). Vgl. hierzu im einzelnen E. 4., R 213 sowie Inf. 1981, 1 (gilt nicht bei § 13a; BFH, BStBl 1992 II 458).

Weiterhin wird die ESt nach § 35 auf Antrag ermäßigt, wenn der Veräußerer den Betrieb oder Teilbetrieb innerhalb der letzten fünf Jahre im Erbgang oder durch Schenkung (vorweggenommene Erbfolge) erworben und infolge des Erwerbs Erbschaftsteuer gezahlt hat. Vgl. hierzu im einzelnen E. 5.

2. Einkünfte aus Gewerbebetrieb

2.1 Gewerbebetrieb

Übersicht

Einkünfte aus Gewerbebetrieb (§ 15) können erzielt werden als

Einzelgewerbetreibender § 15 Abs. 1 Nr. 1	Mitunternehmer § 15 Abs. 1 Nr. 2 in Form von	Komplementär einer KG a. A. § 15 Abs. 1 Nr. 3 in Form von
Voraussetzungen: Gewerbebetrieb, wenn • selbständige • nachhaltige Tätigkeit • Beteiligung am allgemeinen wirtschaftlichen Verkehr • mit Gewinnerzielungsabsicht • keine Land- und Forstwirtschaft • keine Ausübung eines freien Berufes • über die Vermögensverwaltung hinausgehende Tätigkeit	1. **Gewinnanteilen** an einer • OHG • KG • GbR • atypischen stillen Gesellschaft • Unterbeteiligung nach Art einer atypisch stillen Gesellschaft • sonstigen vergleichbaren Gemeinschaft 2. **Sondervergütungen**	1. **Gewinnanteilen** 2. **Sondervergütungen**

2.1.1 Begriff des Gewerbebetriebs

Das Einkommensteuergesetz enthält in § 15 Abs. 2 eine eigene Legaldefinition des Gewerbebetriebes. Danach ist ein Gewerbebetrieb eine Tätigkeit, die
a) selbständig
b) nachhaltig
c) mit Gewinnerzielungsabsicht vorgenommen wird und sich
d) als Beteiligung am allgemeinen wirtschaftlichen Verkehr darstellt;
e) es darf sich nicht um Einkünfte aus Land- und Forstwirtschaft und aus selbständiger Arbeit handeln und es muß sich um eine über die Vermögensverwaltung hinausgehende Tätigkeit handeln.

Vgl. grundsätzlich BFH, BStBl 1991 II 66. (Abgrenzungs-) Beispiele vgl. H 136.

Der Gewerbebetrieb setzt **eine Tätigkeit voraus.** Nicht notwendig ist eine feste Einrichtung, aus der die Tätigkeit ausgeübt wird oder ein fester Ort der Betätigung. Auch ein Reisegewerbetreibender oder Schausteller ist Gewerbetreibender i. S. des § 15 Abs. 2. Wer lediglich einem anderen Kapital oder ein Grundstück oder sonstige Wirtschaftsgüter zur Nutzung überläßt, ist nicht Gewerbetreibender (bloße **Vermögensverwaltung;** vgl. 2.1.2). Es muß eine zusätzliche Tätigkeit des Überlassenden hinzukommen.

Beispiel:

A ist Inhaber eines Campingplatzes. Neben der Vermietung der einzelnen Plätze für das Aufstellen von Zelten und Wohnwagen stellt er den Platzbenutzern sanitäre Anlagen zur Verfügung und übernimmt deren Reinigung. Darüber hinaus stellt er die Stromversorgung, Instandhaltung und Pflege des Platzes und der Anlagen sicher und übernimmt die Überwachung des Platzes. Die Tätigkeit geht über eine bloße Nutzungsüberlassung hinaus (vgl. auch BFH, BStBl 1983 II 80 und 426).

Gewerbliche Tätigkeit **kann z. B. im Handel (An- und Verkauf) bestehen, in Herstellung** (Verarbeitung und Weiterverkauf), **Bearbeitung,** in einer **Werkleistung, Dienstleistung, Vermittlung und Beratung,** soweit diese Tätigkeiten nicht in den Bereich der freiberuflichen und sonstigen selbständigen Tätigkeit fallen.

Beispiele:
- Trikotwerbung durch Spitzensportler ist ein Gewerbebetrieb.
- Ebenso die wiederholte öffentliche Benutzung von Sportgeräten gegen Zahlungen durch den Hersteller (BFH, BStBl 1986 II 424).

Zu **privaten Differenzgeschäften** über Devisen oder Edelmetalle vgl. BFH, BStBl 1989 II 39 (i. d. R. kein Gewerbebetrieb).

Für die gewerbliche Tätigkeit ist es unerheblich, ob die Tätigkeit legal ist. Auch wer mit seiner Tätigkeit gegen gesetzliche Verbote verstößt, betreibt ein Gewerbe, z. B. der Hehler, der gewerbsmäßig gestohlene Sachen veräußert, oder ein Importeur, der es darauf abstellt, Importbestimmungen zu umgehen. Vgl. § 40 AO, BFH, BStBl 1991 II 66 sowie BStBl 1991 II 802.

2.1.1.1 Selbständige Tätigkeit (R 134 EStR)

Die Tätigkeiten müssen selbständig ausgeübt sein, d. h. in eigener Verantwortung. Selbständig ist eine Tätigkeit, die auf eigene Rechnung und Gefahr entfaltet wird (BFH, BStBl 1989 II 414).

Der selbständig Tätige muß das wirtschaftliche Risiko, Erfolg und Mißerfolg seiner Betätigung tragen. Unmaßgeblich ist, wer nach außen als Inhaber des Betriebes auftritt. Entscheidend ist, wer wirtschaftlich die Geschäfte tatsächlich auf eigenes Risiko betreibt (BFH, BStBl 1991 II 66).

An einer Selbständigkeit fehlt es, wenn jemand aufgrund eines Dienstverhältnisses in den Betrieb eines anderen eingegliedert ist und dessen Weisungen zu befolgen hat (BFH, BStBl 1973 II 260).

Beispiel:

A ist Handelsvertreter, der es übernommen hat, für die X-GmbH und andere Unternehmen Geschäfte zu vermitteln. Für die Vermittlungen erhält er Provisionen. Er unterliegt keinen Weisungen. Im Vertrag ist lediglich vereinbart, daß ihm die Vertretung entzogen werden kann, wenn bestimmte Umsätze nicht erreicht werden.

A ist selbständig. Er ist keinen Weisungen seiner Auftraggeber unterworfen und trägt ein erhebliches Unternehmerrisiko. A erzielt Einkünfte aus § 15 Abs. 1 Nr. 1.

Anders läge der Fall, wenn A gegen eine **hohe** feste Vergütung mit Zusatzprovisionen für Geschäftsabschlüsse tätig wäre, einen bestimmten Bezirk zu betreuen und die Weisungen seines Auftraggebers zu befolgen hätte.

A wäre in diesem Fall Arbeitnehmer, da er insbesondere kein ins Gewicht fallendes Unternehmerrisiko trüge. Auf den Umfang seines BV kommt es jedoch nicht an.

Vgl. im übrigen R 67 bis 69 LStR und hinsichtlich der Merkmale der Selbständigkeit/Nichtselbständigkeit BFH, BStBl 1985 II 661; vgl. § 1 LStDV, K. 5 und H 134.

2.1.1.2 Nachhaltigkeit

Die Nachhaltigkeit einer gewerblichen Betätigung liegt vor, wenn eine Tätigkeit von vornherein mit dem Willen unternommen wird, sie bei sich bietender Gelegenheit **zu wiederholen** (BFH, BStBl 1964 III 139; BStBl 1967 III 467). Sie muß von der **Absicht** getragen sein, die Tätigkeit zu wiederholen und daraus eine **selbständige Erwerbsquelle** zu machen (BFH, BStBl 1989 II 621). Ein einmaliges Vermittlungsgeschäft, das laufende Provisionseinnahmen zur Folge hat, begründet noch keine gewerbliche Tätigkeit (BFH, BStBl 1964 III 139). Hier liegen aber Einkünfte i. S. des § 22 Nr. 3 vor.

Beispiel:
A ist Erbe. Er veräußert die Gegenstände aus dem Nachlaß, indem er durch Zeitungsanzeigen um Käufer wirbt.

Es handelt sich hier um eine Tätigkeit, die auf den Erbfall begrenzt ist. Es fehlt uE an der Schaffung einer selbständigen Erwerbsquelle (s. auch BFH, BStBl 1991 II 66).

Der Verkauf von Wirtschaftsgütern des Privatvermögens, begründet i. d. R. noch keine nachhaltige Tätigkeit.

Es wird jedoch eine nachhaltige Tätigkeit bejaht, wenn ein Stpfl. Grundstücke kauft, um sie zu parzellieren, zu bebauen und an mehrere Käufer weiterzuveräußern (z. B. BFH, BStBl 1972 II 291; BStBl 1973 II 260; BStBl 1973 II 682; BStBl 1982 II 700) („ gewerblicher Grundstückshandel"). Vgl. hierzu im einzelnen 2.1.2.2.

Eine Mehrheit von auf Gewinnerzielung gerichteten, im inneren Zusammenhang stehenden Handlungen führt in der Regel zur Bejahung der gewerblichen Tätigkeit (BFH, BStBl 1986 II 88). Bei mehreren Einzelmaßnahmen ist die Nachhaltigkeit zu bejahen, wenn die Einzelmaßnahmen unselbständige Teile einer in sich abgestimmten Gesamttätigkeit darstellen (BFH, BStBl 1967 III 337). Zur Abgrenzung von **einmaligen bzw. gelegentlichen** Tätigkeiten vgl. BFH, BStBl 1986 II 88.

Die **Zeitdauer** ist jedoch **ohne Bedeutung.**

Beispiele:
1. A betreibt während eines Jahrmarktes für 3 Tage eine Imbißstube mit Getränkeausschank. Es liegt eine gewerbliche Tätigkeit vor.
2. An- und Verkauf von Wertpapieren für die Dauer von 5 Wochen (vgl. BFH, BStBl 1991 II 66).

Der An- und Verkauf festverzinslicher Wertpapiere kann auch dann Gewerbebetrieb sein, wenn die Tätigkeit von vornherein auf relativ kurze Zeit angelegt ist. Besteht die ausgeübte Tätigkeit aus einem sich wiederholenden Leistungsaustausch, so ist sie nachhaltig, wenn sie von dem Entschluß getragen wird, sie zu wiederholen und daraus eine – wenn auch zeitlich begrenzte – Einkunftsquelle zu machen. Werden z. B. 10 Wertpapiergeschäfte von einer einheitlichen Wiederholungsabsicht getragen, so ist eine nachhaltige Tätigkeit zu bejahen (BFH a. a. O.). S. a. H 134a.

2.1.1.3 Gewinnerzielungsabsicht

Die Gewinnerzielungsabsicht ist weitere Voraussetzung für einen Gewerbebetrieb (vgl. § 15 Abs. 2). Die Gewinnerzielungsabsicht selbst ist im Gesetz nicht definiert. Die Vorschrift stellt jedoch klar, daß eine durch die Betätigung verursachte **Minderung der Steuern vom Einkommen keinen Gewinn** darstellt. Vgl. im einzelnen 2.1.1.3.2.

Bei der Gewinnerzielungsabsicht gilt der Gewinnbegriff des § 4 Abs. 1. Hiernach ist der Gewinn der Unterschiedsbetrag zwischen dem Betriebsvermögen am Schluß des Wirtschaftsjahres und dem Betriebsvermögen am Schluß des vorangegangenen Wirtschaftsjahres. Gewinn ist somit Vermögensmehrung und zwar begrenzt auf das Betriebsvermögen. Die Gewinnerzielungsabsicht ist daher nach Ansicht des Großen Senates des BFH in BStBl 1984 II 751 auf **Mehrung des Betriebsvermögens** ausgerichtet. Hierbei ist auf den **Totalgewinn und nicht auf einzelne Periodenergebnisse** abzustellen. Veräußerungsgewinne i. S. des § 16 sind zu berücksichtigen (BFH, BStBl 1988 II 778). Der Wegfall eines nicht vom ausscheidenden Gesellschafter einer Personengesellschaft auszugleichenden negativen Kapitalkontos ist dagegen **nicht** einzubeziehen (vgl. 2.4). § 15 Abs. 2 stellt klar, daß die Vermögensmehrung im betrieblichen Bereich eintreten muß und eine Gewinnerzielungsabsicht nicht vorliegt, wenn sie im außerbetrieblichen Bereich, z. B. in einer Steuerersparnis eintritt.

Somit liegt **keine** Gewinnerzielungsabsicht i. S. des § 15 Abs. 2 vor, wenn die Ausnutzung **steuerlicher Vorteile** der alleinige Zweck der Tätigkeit einer **Personengesellschaft** ist (§ 15 Abs. 2 Satz 2). Die Voraussetzung ist nicht rechtsbegründend, sondern hat lediglich deklaratorische Bedeutung.

Es reicht aus, wenn die Gewinnerzielungsabsicht Nebenzweck der Tätigkeit ist (§ 15 Abs. 2 Satz 3).

Unerheblich ist jedoch im Einzelfall, ob tatsächlich Gewinne erzielt werden (BFH, BStBl 1984 II 751). Erstrebt der Stpfl. mit seinen Einnahmen nur eine Deckung der Selbstkosten, liegt ein Gewerbebetrieb nicht vor (BFH, BStBl 1985 II 61).

Vgl. auch BFH, BStBl 1985 II 399 (Gestüt); BStBl 1985 II 424 (Erfindungen), BFH, BStBl 1986 II 289 und 68, BStBl 1988 II 10 (Vercharterung eines Motorboots), BStBl 1988 II 778, nachfolgend 2.1.1.3.1 und **H 134b**.

Bei **Verlustzuweisungs-Gesellschaften** ist zu vermuten, daß sie bei ihrer Gründung keine Gewinnerzielungsabsicht haben, sondern lediglich die Möglichkeit einer späteren Gewinnerzielung in Kauf nehmen (BFH, BStBl 1996 II 219). Daher liegen **keine** Verluste aus Gewerbebetrieb vor **(Vermögensebene, Liebhaberei).**

2.1.1.3.1 Liebhaberei

Die Gewinnerzielungsabsicht fehlt, wenn sich die Betätigung als sogenannte Liebhaberei darstellt.

Unter Liebhaberei ist im betrieblichen Bereich eine Betätigung zu verstehen, die **ohne Gewinnerzielungsabsicht** ausgeübt wird oder anders ausgedrückt nicht der Erzielung positiver Einkünfte dient, sondern aus persönlichen, nicht wirtschaflichen Gründen der Lebensführung betrieben wird.

Eine Liebhaberei liegt vor, wenn ein **Betrieb nicht nach betriebswirtschaftlichen Gesichtspunkten geführt** wird und nach seiner **Wesensart** auf Dauer gesehen nicht nachhaltig mit Gewinn arbeitet (BFH, BStBl 1979 II, 485; BStBl 1985 II 205, BStBl 1988 II 10 und BStBl 1988 II 778).

Als innere Tatsache kann die fehlende Gewinnerzielungsabsicht nur aus **objektiven** Umständen und Verhältnissen festgestellt werden.

- Erster und wichtigster Umstand in diesem Sinne ist das Fortführen des Betriebes trotz andauernder Verluste über die betriebsspezifische Anlaufzeit hinaus. Solche andauernden Verluste sind in der Regel ein Beweiszeichen für das Vorliegen einer Liebhaberei, weil die Betriebsfortführung trotz eines solchen geschlossenen Verlustzeitraumes für die Annahme spricht, daß der Betrieb bei gleichbleibender Form der Betriebsführung nicht darauf angelegt ist, Gewinn zu erzielen.
- Andauernde Verluste über die Anlaufzeit hinaus sind jedoch allein kein Beweis der Liebhaberei (BFH, BStBl 1988 II 778). Es muß in jedem Fall die Feststellung dazukommen, daß der Betrieb aus persönlichen Gründen, z.B. aufgrund einer besonderen Neigung unterhalten bzw. fortgeführt wird (BFH, BStBl 1984 II 751, BStBl 1988 II 10 und 778). Persönliche Gründe sind aber alle estlich unbeachtlichen Motive (BFH, BStBl 1986 II 289). Dafür würde der Umstand sprechen, daß der Stpfl. wegen anderer hoher Einkünfte oder aufgrund seines Vermögens finanziell in der Lage ist, die jährlich anfallenden Verluste zu tragen (BFH, BStBl 1985 II 455).
- Auch der Umstand, daß ein Stpfl. während eines Zeitraumes von acht oder mehr Jahren aus schließlich Verluste erzielt, rechtfertigt für sich alleine nicht den Schluß, das auch in den Folgejahren der Betrieb ohne Gewinnerzielungsabsicht betrieben werde (BFH, BStBl 1985 II 205 und BStBl 1985 II 399). Erst bei Weiterführung trotz offensichtlicher Unmöglichkeit einer Gewinnerzielung kommt Liebhaberei in Betracht.

Anlaufverluste bleiben jedoch steuerlich erhalten.

Beispiel:
Im Jahre 07 eröffnete A eine Reitschule einschließlich eines Pferdeverleihs. Im Jahre 08 errichtete er auf diesem Gelände ein Wohnhaus mit massivem Pferdestall, im Jahre 10 einen Aufenthalts- und Gaststättenraum mit einer Gaststätte für Reiter. Bereits seit 07 plante er eine Reithalle mit Reitbahn, die im Jahre 12 auf dem zwischenzeitlich von der Stadt erworbenen Nachbargelände errichtet wurde. Da die Reithalle wenig Zuspruch fand, wurde die Reitanlage im Jahr 14 verpachtet und im Jahr 17 mit Verlusten verkauft. Die Verluste betragen in den Jahren 7 – 16 insgesamt 300 000 DM.

A hat den Betrieb in Gewinnabsicht betrieben. Er hat daher Verluste aus Gewerbebetrieb.

Die Teilnahme eines Rennstallbesitzers an Trabrennen **kann eine gewerbliche** Tätigkeit darstellen. Der Umstand, daß der finanzielle Erfolg ungewiß ist, spricht nicht gegen eine Gewinnerzielungsabsicht (BFH, BStBl 1991 II 333).

Bei einem **Großhandelsbetrieb** spricht der Anscheinsbeweis für Gewinnabsicht (BFH, BStBl 1986 II 289). Diese Vermutung kann jedoch widerlegt werden.

Im **Urteilsfall** wurde die Gewinnabsicht **verneint,** da der Betrieb im Laufe von 30 Jahren insgesamt 1,5 Mio DM Verluste erlitten hatte.

Auszuscheiden sind aus der Betrachtung Verluste, die sich durch Inanspruchnahme von Sonderabschreibungen sowie erhöhter AfA ergeben.

Typische Fälle der Liebhaberei sind z. B. auch

- Jagd auf gepachteten Flächen (**nicht** dagegen auf eigenen land- und forstwirtschaftlichen Ländereien, BFH, BStBl 1979 II 100)
- Sportangeln
- Briefmarkensammeln und -tauschen.

Zur Abgrenzung der Land- und Forstwirtschaft von der Liebhaberei vgl. K. 1.5.

Folgen bei Annahme von Liebhaberei

Weder Einnahmen noch Ausgaben lassen sich einer der sieben Einkunftsarten zuordnen.

- Einnahmen sind somit „nichtsteuerbare Zuflüsse"
- Ausgaben sind nichtabzugsfähige Kosten der privaten Lebensführung, § 12 Nr. 1.

Beurteilungswandel

Bei einem Wechsel von einer einkommensteuerlich relevanten Tätigkeit zur Liebhaberei liegt keine Betriebsaufgabe i. S. des § 16 Abs. 3 vor. Die stillen Reserven sind mithin **nicht** vorzugsweise aufzulösen, sondern können – unter Aufnahme in ein Verzeichnis – bis zu ihrer tatsächlichen Aufdeckung (z. B. durch Veräußerung von Wirtschaftsgütern) **„eingefroren"** werden (BFH, BStBl 1982 II 381). Die Grundsätze der Betriebsverpachtung im ganzen gelten entsprechend; vgl. hierzu K. 2.6.9.

2.1.1.3.2 Steuerersparnis als Gewinn

Nach § 15 Abs. 2 Satz 2 stellt eine durch die Betätigung verursachte Minderung der Steuern vom Einkommen **keinen** Gewinn dar. Die Vorschrift des § 15 Abs. 2 hat nach herrschender Ansicht keine konstitutive Wirkung, sie hat lediglich klarstellenden Charakter (vgl. Bordewin, FR 1984, 53).

Nach BFH GrS, BStBl 1984 II 751 ist unter Gewinnerzielungsabsicht das Streben nach Betriebsvermögensmehrung in Gestalt eines Totalgewinnes zu verstehen, also den Gewinn von der Betriebseröffnung bis zur Betriebsaufgabe. Hierzu gehört jedoch nicht ein wirtschaftlicher sonstiger Vorteil außerhalb eines bereits als betrieblich qualifizierten Gewinnes. Gewinn als Betriebsergebnis kann nur als Periodengewinn i. S. d. § 4 Abs. 1, § 5 oder als **Totalgewinn**, daher als **Gesamtergebnis** eines Betriebes von der Gründung bis Veräußerung oder Aufgabe oder Liquidation zu verstehen sein. Die Absicht, aus Verlusten steuerliche Vorteile zu erlangen, kann daher nicht als Gewinnerzielungsabsicht in diesem Sinne verstanden werden. Voraussetzung für die Gewinnerzielungsabsicht ist es, daß durch die Tätigkeit auf eine größere Anzahl von Jahre gesehen, positive Einkünfte entstehen, also auf Dauer nachhaltig Gewinne entstehen. So ist eine Gewinnerzielungsabsicht gegeben, wenn sich in den ersten Jahren infolge Ausnutzung steuerlicher Abschreibungsmöglichkeiten über einen längeren Zeitraum Verluste ergeben, der Gewerbebetrieb jedoch nach Ausnutzung der AfA voraussichtlich in die Gewinnzone gelangen wird. In der Regel wird man davon ausgehen können, daß das Streben nach Gewinn bei einer **Personengesellschaft** gegeben ist. Zweifel an der Gewinnerzielungsabsicht tauchen aber auf, wenn die Gesellschaft von vornherein zeitlich begrenzt ist und das Betriebsvermögen nach Ablauf eines Begünstigungszeitraums (z. B. für Sonderabschreibungen) z. B. auf den Komplementär übertragen werden soll oder die Gesellschaft aufgelöst wird und ein Dritter das Betriebsvermögen übernimmt (BFH, BStBl 1996 II 219).

Bei Personengesellschaften muß nach Ansicht des Großen Senats die Gewinnerzielungsabsicht nicht nur auf der Ebene der Gesellschaft, sondern **auch** bei dem **einzelnen Gesellschafter** vorliegen. Wird die Gewinnerzielungsabsicht bei der Gesellschaft bereits verneint, ist diese beim Gesellschafter nicht erst zu prüfen. Ist eine Gesellschaft auf Dauer ausgerichtet und ist eine Gewinnerzielungsabsicht – Erstreben eines Totalgewinnes – zu bejahen, kann diese dennoch für den einzelnen Gesellschafter zu verneinen sein, wenn die Beteiligung von vornherein vertraglich auf den Zeitraum der Verlustzuwirtschaftung durch Sonderabschreibungen begrenzt ist. Ein Gesellschafter wird nur dann als Mitunternehmer angesehen, wenn er ein **beachtliches Unternehmerrisiko** mitträgt **und Unternehmerinitiative** entwickeln kann.

2.1.1.4 Beteiligung am allgemeinen wirtschaftlichen Verkehr

Eine Beteiligung am allgemeinen wirtschaftlichen Verkehr ist dann gegeben, wenn der Betrieb eigene **Leistungen gegen Entgelt** auf dem **allgemeinen Leistungsmarkt anbietet** (BFH, BStBl 1967 III 337, BStBl 1973 II 260). Die dargebotenen eigenen Leistungen können nicht nur in Sachleistungen und

Dienstleistungen, sondern auch in Leistungen immaterieller, insbesondere geistiger Art bestehen. Das Darbieten eigener Leistung am allgemeinen Leistungsmarkt erfordert zugleich, daß die Tätigkeit grds. auf eine unbestimmte Zahl von Personen ausgerichtet ist (BStBl 1967 II 337). Eine Begrenzung des Kundenkreises ist jedoch unschädlich (BFH, BStBl 1986 II 851). Vgl. auch BFH, BStBl 1983 II 182 und 1986 II 424. Bereits die Tätigkeit für nur **einen** bestimmten Vertragspartner reicht aus. Eine Teilnahme am allgemeinen Verkehr kann auch vorliegen, wenn der **Wettbewerb** der Gewerbetreibenden untereinander **ausgeschlossen** ist. Erforderlich ist eine nachhaltige Teilnahme am Leistungs- und Güteraustausch (vgl. hierzu BFH, BStBl 1986 II 851, BStBl 1988 II 615 und BStBl 1989 II 39).

Beispiele:
Ein Unternehmer stellt exklusiv für ein Versandhaus Waren her. Es liegt ein Gewerbebetrieb vor.
Ein Fremdenführer, der ausschließlich für ein Touristikunternehmen tätig ist, ist Gewerbetreibender.

Das Unternehmen muß als solches **nach außen in Erscheinung treten.**

2.1.2 Abgrenzung gegenüber der Vermögensverwaltung (R 137 EStR)

2.1.2.1 Begriff der Vermögensverwaltung

Zum Begriff vgl. § 14 Satz 3 AO. Vermögensverwaltung liegt danach vor, wenn Einkünfte lediglich durch **Nutzungsüberlassung** erzielt werden wie bei der Vermietung und Verpachtung von Gegenständen (insbesondere auch von Grundstücken und Gebäuden) sowie bei der **Kapitalnutzung.** In den Bereich der Vermögensverwaltung gehört in der Regel auch die Verwertung der Substanz. Wer z. B. Wertpapiere ankauft und wieder veräußert, und dadurch Kursgewinne realisiert, wird durch diese Tätigkeit nicht schon zu einem Gewerbetreibenden. Zur Vermögensverwaltung gehören auch Maßnahmen zur Erhaltung und Modernisierung der zur entgeltlichen Überlassung eingesetzten Gegenstände, weil dadurch eine ordnungsmäßige Vermögensnutzung ermöglicht wird (vgl. BFH, BStBl 1981 II 522). Der Rahmen der **Vermögensverwaltung** wird jedoch dann **verlassen,** wenn durch das **Hinzutreten weiterer Tätigkeiten** oder besonderer Umstände die Gesamttätigkeit sich nicht mehr als Nutzung von Vermögen i. S. einer Fruchtziehung des zu erhaltenden Substanzwertes darstellt, sondern in ihr die Ausnutzung substantieller Vermögenswerte durch Umschichtung entscheidend in den Vordergrund tritt (BFH, BStBl 1981 II 522; R 137 Abs. 1 S. 3).

2.1.2.2 Abgrenzung zwischen privater Vermögensverwaltung und gewerblichem Grundstückshandel

Literatur: Bitz. FR 1991, 438; Söffing, DB 1992, 1846; Reiß. FR 1992, 365, Streck/Schwedhelm, DStR 1991, 237, Schulze zur Wiesche, DB 1991, 1088.

Gewinne aus der Veräußerung von Grundstücken des Privatvermögens unterliegen nur dann der ESt, wenn die Voraussetzungen eines **Spekulationsgeschäfts** nach § 23 erfüllt sind. Handelt es sich bei den Grundstücksgeschäften dagegen um einen Gewerbebetrieb, so besteht sowohl ESt- als auch GewSt-Pflicht.

Die Annahme eines Gewerbebetriebs erfordert eine selbständige nachhaltige Betätigung, die mit Gewinnabsicht unternommen wird, sich als Beteiligung am allgemeinen wirtschaftlichen Verkehr darstellt und über den Rahmen einer Vermögensverwaltung hinausgeht.

- **Nachhaltigkeit**

Nachhaltig ist eine Tätigkeit, wenn sie auf Wiederholung angelegt ist. Es muß daher eine Mehrzahl von Einzelhandlungen auf dem Gebiet der wirtschaftlichen Betätigung vorliegen oder in der Zukunft zu erwarten sein. Wird demnach ein einzelnes Bauvorhaben mit mehreren selbständigen Veräußerungsobjekten (z. B. Einfamilienhäuser, Eigentumswohnungen) aufgrund eines einmaligen Entschlusses im Zusammenhang abgewickelt, so handelt es sich bereits wegen der Zahl der erforderlichen Einzelhandlungen um eine nachhaltige Tätigkeit, selbst wenn darüber hinaus keine Wiederholungsabsicht besteht.

- **Gewinnabsicht**

Sind bei Grundstücksveräußerungen die übrigen Merkmale eines Gewerbebetriebs erfüllt, so ist regelmäßig auch die Gewinnabsicht vorhanden.

- **Beteiligung am allgemeinen wirtschaftlichen Verkehr, die über die Vermögensverwaltung hinausgeht**

Die Beteiligung am allgemeinen wirtschaftlichen Verkehr zeigt sich darin, daß mit einer Mehrzahl von Verkäufern und Käufern in Verbindung getreten wird (BMF-Schreiben vom 20.12.1990, BStBl 1990 I 884, RZ 5).

Bei der Frage, ob eine über die bloße Vermögensverwaltung hinausgehende Beteiligung am allgemeinen wirtschaftlichen Verkehr vorliegt, sind folgende Merkmale von Bedeutung:

- enger zeitlicher Zusammenhang zwischen Grundstückserwerb bzw. Bebauung und Grundstücksveräußerung.

Bei der Prüfung der Frage, ob die „Drei-Objekt-Grenze" (s. unten) überschritten ist, sind **alle** Objektveräußerungen **innerhalb** eines **5-Jahres-Zeitraumes** einzubeziehen. Hierbei sind alle Objekte mitzuzählen, die innerhalb dieses Zeitraums angeschafft, hergestellt oder modernisiert worden sind.

Ist ein derartiger zeitlicher Zusammenhang nicht gegeben, können bis zur zeitlichen Obergrenze von 10 Jahren Objekte nur mitgerechnet werden, wenn weitere Umstände den Schluß rechtfertigen, daß im Zeitpunkt der Errichtung, des Erwerbs oder der Modernisierung eine Veräußerungsabsicht vorgelegen hat (vgl. hierzu BFH, BStBl 1990 II 1060). Vgl. BMF-Schreiben, Tz. 10 und 13.

- Verwertungsmaßnahmen beim Verkauf unbebauter Grundstücke, über die bloße Parzellierung hinaus, durch aktive Mitwirkung
  - an der Erschließung
  - Baureifmachung
  - Herbeiführung eines Bebauungsplanes.
- Verwertungsmaßnahmen beim Verkauf bebauter Grundstücke.
  - Bebauung eines unbebauten Grundstücks.
  - Modernisierungsmaßnahmen bei Altbauten.
  - Aufteilung in Eigentumswohnungen.
- Zahl der verkauften Objekte.

  Die sogenannte **Drei-Objekt-Grenze** (hierzu u.a. BFH, BStBl 1988 II 244; BStBl 1988 II 277; BStBl 1988 II 293; BStBl 1990 II 1054; BStBl 1990 II 1051) wird nunmehr auch von der Finanzverwaltung anerkannt (BMF-Schreiben, a.a.O., Rz. 7) in der Regel.

  Die **Veräußerung von bis zu drei Objekten ist in der Regel nicht gewerblich.** Dies gilt **auch** dann, wenn der veräußernde Stpfl. eine dem **Bau- und Grundstücksmarkt nahestehende Person** ist (BFH, BStBl 1990 II 1053, 1060), es sei denn, daß die betreffenden Objekte ohnehin zu einem Betriebsvermögen des betreffenden Stpfl. gehören.

  Die Veräußerung von **mehr als 3** Objekten **führt insgesamt** einschließlich der ersten 3 Objekte zu einem **gewerblichen** Grundstückshandel, wenn die übrigen Voraussetzungen des § 15 Abs. 2 gegeben sind (vgl. auch BFH, BStBl 1992 II 135).

  Für die 3 „Objekte" und deren Berechnung gelten folgende **Kriterien:**

  „Objekte" im Sinne der genannten „Drei-Objekt-Grenze" sind **Zweifamilienhäuser, Einfamilienhäuser, Eigentumswohnungen,** sowie die für eine Bebauung mit **solchen Objekten vorgesehenen Bauparzellen (BFH,** BStBl 1991 II 844, BFH/NV 1994, 21, 95). Eine auf 2 Wohnungseigentumsrechten errichtete Wohnung kann eine wirtschaftliche Einheit bilden (BFH, BStBl 1992 II 1007, BFH/NV 1994, 94).

  Bei **anderen** Objekten (z.B. Mehrfamilienhäusern, Büro-, Hotel-, Fabrik-, oder Lagergrundstücken) können deshalb auch weniger als vier Veräußerungsvorgänge einen gewerblichen Grundstückshandel begründen. Vgl. BMF-Schreiben, Rz. 9.

  Beispiel:
  A veräußert ein Fabrikgrundstück und 2 Eigentumswohnungen. Es kann insgesamt ein gewerblicher Grundstückshandel vorliegen.

- Intensität der Beteiligung am allgemeinen wirtschaftlichen Verkehr, durch
  - Werbemaßnahmen, wie Anzeigen, Druck von Prospekten
  - Einschaltung von Maklern
  - Anzahl der mit Kaufinteressenten geführten Verhandlungen
  - Zeitraum der Abwicklung der Verkäufe
  - Zahl der verkauften Objekte.

- Zusammenhang der Grundstücksgeschäfte mit sonstiger gewerblicher oder selbständiger Tätigkeit des Stpfl. z. B. als Architekt, Bauunternehmer und Makler. Vgl. BFH, BStBl 1992 II 137. Nach Irrgang/Düring, DB 1984, 2161 sind die (späteren) Verkäufe neue Tatsachen, die auch auf frühere VZ zurückwirken (streitig).

- Die Motive der Veräußerung und Verwendung der Veräußerungserlöse sind unerheblich.

Ist Gegenstand der Veräußerung nur **ein** Grundstück im rechtlichen Sinne, aber handelt es sich hierbei um eine größere Anzahl **baureifer Parzellen**, die nach einem vom Veräußerer zu erstellenden Plan zu bebauen sind, liegt bereits eine gewerbliche Tätigkeit vor (BFH, BStBl 1996 II 232).

Bei der Veräußerung gewerblich zu nutzender Grundstücke (im Urteilsfall: Supermarkt) gilt die Drei-Objekt-Grenze **nicht** (BFH, BStBl 1996 II 303).

Zum **Beginn** des Gewerbebetriebs vgl. BMF, Rz 27 (bei Errichtung erst mit Fertigstellung?).

Es handelt sich (**auch** bei **Einstellung** der gewerblichen Tätigkeit) um **laufenden** Gewinn (H 139 (9) „Gewerblicher Grundstückshandel"; BFH BStBl 1995 II 599).

Die Grundstücke gehören zum **Umlaufvermögen** (BFH, BStBl 1994 II 105).

2.1.2.2.1 An- und Verkauf von Grundstücken

Der An- und Verkauf von Grundstücken begründet grds. noch **keinen** gewerblichen Grundstückshandel. Gewerblich wird der Grundstückshandel erst durch eine nachhaltige Beteiligung am wirtschaftlichen Verkehr in Gewinnerzielungsabsicht. Die Beteiligung am allgemeinen wirtschaftlichen Verkehr zeigt sich darin, daß mit einer Mehrzahl von Verkäufern und Käufern in Verbindung getreten wird (BFH, BStBl 1973 II 661).

Beim Erwerb von Objekten i. S. der RZ 9 des BMF-Schr. liegt daher grundsätzlich ein gewerblicher Grundstückshandel vor, wenn **mehr als 3 Objekte in engem zeitlichen Zusammenhang** mit ihrem Erwerb (5 Jahre) veräußert werden und der Stpfl. mit **Veräußerungsabsicht** (vgl. BMF-Schreiben, Tz. 19) handelt. Eine bedingte Veräußerungsabsicht wird bei engem zeitlichen Zusammenhang unterstellt (BMF-Schreiben, Rz. 21, 22; BFH/NV 1994, 95).

Das für den gewerblichen Grundstückshandel erforderliche Merkmal der Nachhaltigkeit ist auch dann erfüllt, wenn sich der Verkäufer mehrerer Grundstücke zumindest um Einzelverkäufe bemüht, die Grundstücke dann aber in einem einzigen Veräußerungsgeschäft an nur einen Käufer verkauft (BFH, BStBl 1992 II 143).

Bei bebauten Grundstücken begründet die **Renovierung zum vertragsgemäßen** Gebrauch noch **keinen** gewerblichen Grundstückshandel. Hinsichtlich der **Modernisierung siehe** 2.1.2.2.4.

Ein gewerblicher Grundstückshandel liegt auch dann vor, wenn die Objekte zwischenzeitlich vermietet werden oder eigengenutzt werden (BFH, BStBl 1990 II 620). Es ist auch unerheblich, ob die selbständigen Objekte an einen oder verschiedene Erwerber veräußert werden.

Die **Veräußerungsabsicht ist anhand äußerer Merkmale zu beurteilen.** Werden die Objekte in engem zeitlichen Zusammenhang (= **i. d. R. 5 Jahre**) mit der Errichtung veräußert, zwingt dies zu der Schlußfolgerung, daß bei der Errichtung der Objekte zumindest eine bedingte Veräußerungsabsicht bestanden hat (BMF, Tz. 19; BFH/NV 1994, 95). Gewerbebetrieb ist auch bei Überschreitung der 5 Jahre möglich (BFH/NV 1994, 84 – „kontinuierlicher An- und Verkauf").

Beispiel:

A kauft in 01 drei unbebaute Grundstücke und bietet diese über Architekten Bauwilligen an; die Erlöse aus den Veräußerungen in 01 werden in 02 wieder in Grundstücken angelegt und Ende 03 veräußert. Es liegt insgesamt ein Gewerbebetrieb vor.

2.1.2.2.2 Parzellierung und Baureifmachung von Grundstücken

Gewerblich wird ein Grundstückshandel auch dann, wenn zum Ankauf und Verkauf von Grundstücken weitere Tätigkeiten – über eine verkaufsbedingte Parzellierung hinaus – hinzukommen, die darauf ausgerichtet sind, zusätzliche Gewinne zu erzielen. So liegt ein gewerblicher Grundstückshandel vor, wenn ein Stpfl. es übernimmt, die erworbenen Grundstücksflächen nicht nur zu parzellieren sondern auch **in Eigenregie zu erschließen** (vgl. BFH, BStBl 1973 II 642; BStBl 1974 II 6; BStBl 1980 II 318; BStBl 1982 II 700). Der Erwerb, die Parzellierung und die Veräußerung von mehr als 3 unbebauten Grundstücken ist aber nur dann gewerblich, wenn

- die Grundstücke (Bauparzellen) in Veräußerungsabsicht erworben wurden (vgl. Tz. 19).
- der Stpfl. über die Parzellierung hinaus Tätigkeiten entwickelt hat (z. B. Erschließung, Bebauungsplanung, Baureifmachung (BMF-Schreiben, Tz. 26, i. V. m. Tz. 5).

Beispiel:

Landwirt A läßt eine bisher landwirtschaftlich genutzte größere Fläche erschließen und veräußert die parzellierten Grundstücke nach Erschließung an verschiedene Bewerber. Die Tätigkeit stellt eine gewerbliche Tätigkeit dar.

2.1.2.2.3 Errichtung und Veräußerung von Eigentumswohnungen

Der Erwerb von unbebauten Grundstücken, um diese nach Bebauung wieder zu veräußern, stellt in der Regel, wenn sich die Tätigkeit nicht wiederholt, keine gewerbliche Tätigkeit dar. Es liegt jedoch eine gewerbliche Tätigkeit vor, wenn diese hergestellten Gebäude in Eigentumswohnungen aufgeteilt werden und mehr als 3 Objekte veräußert werden (BMF-Schreiben, Tz. 13).

Die Errichtung und die Veräußerung müssen in einem engen **zeitlichen Zusammenhang** erfolgen. Dieser ist gegeben, wenn die Zeitspanne nicht mehr als 5 Jahre beträgt (BFH, BStBl 1988 II 293; BStBl 1990 II 637) **oder**

wenn die Objekte bereits vor Fertigstellung veräußert werden.

Beispiel:

A errichtet ein Gebäude, das er von vornherein in 4 Eigentumswohnungen aufteilt. Alle 4 Wohnungen verkauft er bereits während der Bauphase.

Es liegt eine gewerbliche Tätigkeit vor.

Keine gewerbliche Tätigkeit liegt jedoch vor, wenn ein Stpfl. zunächst mehrere Jahre Mieteinkünfte erzielt hat, später das Miethaus in Eigentumswohnungen aufteilt und dann veräußert, wenn keine weiteren Tätigkeiten wie Modernisierung hinzukommen (BFH, BStBl 1984 II 137; vgl. auch BStBl 1988 II 65).

Die Annahme eines gewerblichen Grundstückshandels ist jedoch nicht deshalb ausgeschlossen, weil zum Verkauf bestimmte Wohngebäude vom Verkäufer mit seiner Familie vorübergehend bewohnt werden (BFH, BStBl 1989 II 621).

2.1.2.2.4 Altbausanierung und Weiterveräußerung

Erwirbt ein Stpfl. Altbauten, um sie anschließend zu modernisieren und weiterzuveräußern, liegt keine Vermögensverwaltung, sondern eine gewerbliche Tätigkeit vor. Die gesamte Tätigkeit ist hier als gewerbliche anzusehen, auch die zwischenzeitliche Vermietung der Wohnungen (BFH, BStBl 1981 II 522). Das gilt insbesondere dann, wenn der Erwerb planmäßig durch Fremdfinanzierung erfolgt. S. a. BFH, BStBl 1984 II 137.

Nicht unter die – zur Gewerblichkeit führende – Modernisierung fallen die Aufwendungen, die lediglich dazu dienen, die Wohnung lediglich in einen zum vertragsgemäßen Gebrauch geeigneten Zustand zu versetzen, insbesondere bei Schönheitsreparaturen.

Unter die Modernisierung fällt mithin **nicht** die bloße Herstellung der Verkaufsfähigkeit. Die Modernisierung begründet eine gewerbliche Tätigkeit auch dann, wenn auf Grund langjähriger Vermietung oder Eigennutzung der Objekte kein enger zeitlicher Zusammenhang zwischen dem **Erwerb** des Miethauses und der Veräußerung der Eigentumswohnungen besteht. In diesem Falle kommt es auf den engen zeitlichen Zusammenhang (5 Jahre) zwischen der **Modernisierung** und der Veräußerung an.

2.1.2.2.5 Grundstücksgeschäfte bei Ehegatten

Bei Ehegatten ist eine Zusammenfassung der Grundstücksaktivitäten im Regelfall nicht zulässig (Beschl. BVerfG, BStBl 1985 II 476). Daher kann grundsätzlich jeder Ehegatte 3 Objekte veräußern. Es sei denn, sie bilden zusätzlich eine enge Wirtschaftsgemeinschaft.

Beispiel:
Die Eheleute A bilden eine Gesellschaft bürgerlichen Rechts, in der sie ihre Grundstücke eingebracht haben. Hier gilt die 3-Objekt-Grenze für die Gesellschaft bürgerlichen Rechts.

2.1.2.2.6 Beteiligung an Grundstücksgesellschaften und -gemeinschaften

Bei der Beteiligung des Stpfl. an einer **Grundstücksgesellschaft** oder **-gemeinschaft** ist zwischen der Ebene der Gesellschaft/Gemeinschaft und des Gesellschafters/Gemeinschafters zu unterscheiden. Vgl. BMF-Schreiben, Tz. 12 ff. Vgl. auch BFH, BStBl 1991 II 345.

a) **Beteiligt sich ein Stpfl. an Grundstücksgesellschaften** oder **Grundstücksgemeinschaften** zur Verwertung von Grundstücken, so liegt eine Mitunternehmerschaft i. S. des § 15 Abs. 1 Nr. 2 vor, wenn die Gesellschaft **mehr als drei** Objekte innerhalb des 5-Jahres-Zeitraums veräußert (= Gewerblichkeit auf der Ebene der Gemeinschaft). Vgl. auch BFH, BStBl 1990 II 637. Das gilt auch dann, wenn an der Gesellschaft ein Gesellschafter beteiligt ist, der gleichzeitig an anderen Personengesellschaften beteiligt ist, die sich mit dem Ankauf und Verkauf von Grundstücken beschäftigen oder selbst Grundstücke an- und verkauft (BFH, BStBl 1992 II 283).

b) Ist der Stpfl. an einer vermögensverwaltenden Personengesellschaft zu **mindestens 10 v. H. beteiligt**, so werden die von der Personengesellschaft veräußerten „Objekte" bei der Drei-Objekt-Grenze des Gesellschafters mitgezählt. In diesem Falle wird die Betätigung der Personengesellschaft (Erwerb, Bebauung und Verkauf der Grundstücke) den einzelnen Gesellschaftern in gleicher Weise wie bei einer Bruchteilsgemeinschaft anteilig zugerechnet (§ 39 Abs. 2 Nr. 2 AO).

Überschreiten die von der vermögensverwaltenden Gesellschaft getätigten Geschäfte **und** dem einzelnen Gesellschafter anteilig wie Bruchteilseigentum gemäß § 39 Abs. 2 Nr. 2 AO zuzurechnenden Grundstücksveräußerungen entweder für sich gesehen oder aber unter Zusammenrechnung mit der Veräußerung von Objekten, die dem betreffenden Gesellschafter allein oder im Rahmen einer anderen Personengesellschaft gehören, den Rahmen der bloßen Vermögensverwaltung, so wird beim betreffenden Gesellschafter ein gewerblicher Grundstückshandel begründet (bestätigt durch Beschluß BFH GrS, BStBl 1995 II 617).

Beispiel:
A ist an der X-Grundstücksgemeinschaft und an der Y-Grundstücks-GbR beteiligt.
Die X-Gemeinschaft hat im Jahre 04 ein parzelliertes Grundstück, das sie in 01 erworben hat, verkauft. Die Y-GbR hatte im Jahre 03 einen Altbau erworben, diesen modernisiert, in Eigentumswohnungen aufgeteilt und im Jahre 05 eine Eigentumswohnung veräußert. A hatte im Jahre 02 ein Zweifamilienhaus erworben, in Eigentumswohnungen aufgeteilt und beide Eigentumswohnungen 05 veräußert.
A hat eine gewerbliche Tätigkeit begründet.

c) Der Veräußerung von **Grundstücken** ist die **Veräußerung von Anteilen an Grundstücksgesellschaften gleichgestellt**. Für die Drei-Objekts-Grenze kommt es hier auf die Zahl der aus dem Gesellschaftsvermögen veräußerten Grundstücke an. Somit gilt der **Anteil** an einem Grundstück als „Objekt". Auf diese Weise wird jedem Stpfl. die Drei-Objekt-Grenze **nur einmal** gewährt.

Beispiel 1:
A ist an der X-Grundstücksgesellschaft beteiligt. Im Gesellschaftsvermögen befinden sich 3 Einfamilienhäuser, die in 03 errichtet wurden. A veräußert im Jahre 05 seine Beteiligung an der Grundstücksgesellschaft, im Jahre 02 hatte er bereits eine Eigentumswohnung veräußert. A hat einen gewerblichen Grundstückshandel begründet. Vgl. aber Vorlagebeschluß BFH, BStBl 1993 II 668.

Beispiel 2:
A erwirbt 3 benachbarte Altbauten; diese werden bei Weitervermietung nach und nach modernisiert; im Anschluß daran betreibt er die Aufteilung in Eigentumswohnungen, die er an verschiedene Interessenten veräußert. Es liegt eine gewerbliche Tätigkeit vor.

2.1.2.2.7 Grds. kein Gewerbebetrieb bei Veräußerung bebauter Grundstücke nach langjähriger Nutzung

Nach dem BMF-Schr., RZ 2 kommt es für die Frage der gewerblichen Betätigung wesentlich auf die **Dauer der Nutzung vor der Veräußerung an.** Sind bebaute Grundstücke bis zur Veräußerung während eines **langen Zeitraums (mindestens zehn Jahre)** durch **Vermietung** oder zu **eigenen Wohnzwecken** genutzt worden und gehören die Einkünfte aus der Vermietung zu den Einkünften aus Vermietung und Verpachtung im Sinne des § 21, so gehört grundsätzlich auch noch die Veräußerung der bebauten Grundstücke zur privaten Vermögensverwaltung (vgl. BFH, BStBl 1990 II 1057). Das gilt auch, wenn es sich um **umfangreichen** Grundbesitz handelt und **sämtliche** Objekte in einem verhältnismäßig **kurzen** Zeitraum an **verschiedene Erwerber** veräußert werden. Bei im Wege der **Erbfolge oder vorweggenommenen Erbfolge** übergegangene Grundstücke ist die Besitzdauer des **Rechtsvorgängers** wie eine **eigene** Besitzzeit des Veräußerers zu berücksichtigen.

Dies kann aber nicht gelten bei einem kontinuierlichen An- und Verkauf über Jahre und Jahrzehnte (BFH/NV 1994, 86).

2.1.2.2.8 Wertpapiergeschäfte

Vgl. hierzu grundlegend BFH, BStBl 1991 II 66.

Auch ein angestellter Wertpapierhändler, der auf **eigene Rechnung** festverzinsliche Wertpapiere überwiegend täglich unter Ausschaltung jeglichen Kursrisikos „durchhandelt", erzielt Einkünfte aus Gewerbebetrieb (BFH, BStBl 1991 II 631). Ein Bankangestellter mit Bankgeschäften in fortgesetzter Untreue zu Lasten der Bank ist Gewerbetreibender (BFH, BStBl 1991 II 802).

2.1.2.3 Abgrenzung zu den Einkünften aus Vermietung und Verpachtung (§ 21 EStG) sowie zu § 22 Nr. 3 EStG (R 137 Abs. 2 und 3 EStR)

Die Vermietung und Verpachtung von bebauten und unbebauten Grundstücken und Gebäudeteilen fällt in der Regel in den Bereich der Vermögensverwaltung und Einkünfte hieraus werden als solche aus Vermietung und Verpachtung (§ 21 Abs. 1 Nr. 1) erfaßt. Gleiches gilt für die Vermietung von Sachinbegriffen und zeitlich begrenzten Rechten (§ 21 Abs. 1 Nr. 2 und 3). Die Erträge aus Vermietung von **beweglichen** Wirtschaftsgütern fallen unter die sonstigen Einkünfte (§ 22 Nr. 3).

– **Vermögensverwaltung** liegt grundsätzlich auch bei umfangreichem Grundbesitz vor.

   Beispiel:

   A vermietet 100 Mietwohngrundstücke mit 350 Wohnungen.

   Auch bei umfangreichem Grundbesitz liegen noch Einkünfte aus VuV vor.

– Vermögensverwaltung liegt auch bei erheblichem Verwaltungsaufwand im Zusammenhang mit der Vermietung und Verpachtung vor.

   Beispiel:

   Infolge **umfangreichen Grundbesitzes** hat der Stpfl. ein **Büro** eingerichtet sowie zur Erledigung der Verwaltungsarbeiten eine **Bürokraft** eingestellt.

   Es liegen weiterhin Einkünfte aus VuV vor. Die Ausgaben für Büro und Angestellte WK.

– Auch bei Vermietung ausschließlich zu gewerblichen Zwecken der Mieter liegen beim Vermieter Einkünfte aus § 21 vor.

   Beispiel:

   Ein Stpfl. hat Geschäftsgrundstücke **nur an Gewerbetreibende vermietet**, die sie ausschließlich für **gewerbliche Zwecke** nutzen.

Die Nutzungsüberlassung kann jedoch gewerblich werden, wenn der Überlassende neben der Überlassung noch weitere Tätigkeiten entwickelt, die der Einkunftserzielung dienen. So ist der Rahmen der Nutzungsüberlassung überschritten, wenn Räume zur vorübergehenden Beherbergung bereitgehalten werden. Die Vermietung von Garagen fällt in den Rahmen der Vermietung und Verpachtung, wenn diese Dauermietern überlassen werden, nicht jedoch, wenn Einstellplätze kurzfristigen Parkern überlassen werden; das gilt insbesondere dann, wenn der Umfang der Tätigkeit eine kaufmännische Organisation erfordert (= **Parkplatz-** bzw. **Parkhausbetrieb**).

Die Grenzen einer Vermögensverwaltung werden überschritten, wenn die Nutzungsüberlassung nicht nur der alleinige Hauptzweck ist, sondern der Vermieter zusätzliche Leistungen erbringt bzw. weitere Aktivitäten entfaltet. Das ist z. B. der Fall:

- bei kurzfristiger Überlassung von
  - Wohnräumen zur Übernachtung (Beherbergung)
  - Garagenstellplätzen
  - Ausstellungsräumen, Tennisplätzen, Sälen (BFH, BStBl 1989 II 291)
- Gewährung von zusätzlichen Leistungen wie
  - Beratung
  - Beköstigung
  - sonstige Betreuung der Mieter.
- Beteiligung am allgemeinen Verkehr durch
  - Anzeigenwerbung, Druck von Prospekten
  - Einschaltung eines Maklers.

Beispiel:
A betreibt in der Innenstadt in der Nähe von Kaufhäusern ein Parkhaus. Diese Tätigkeit ist gewerblich.

Die Vermietung führt auch dann zu gewerblichen Einkünften, wenn sie im Rahmen eines anderen Gewerbes anfällt.

Beispiel:
A hat auf seinem Grundstück 20 Garagen bzw. Einstellplätze an Dauermieter vermietet. Gleichzeitig betreibt er in räumlichen Zusammenhang eine Tankstelle und eine Kfz-Reparaturwerkstatt. Die Garagenvermietung steht in einem so engen Zusammenhang mit der übrigen gewerblichen Tätigkeit, daß sie als einheitliche gewerbliche Tätigkeit angesehen werden muß. Gleiches gilt z. B. wenn ein Warenhaus auf einem Nachbargrundstück für die Kunden des Kaufhauses einen Parkplatz bzw. ein Parkhaus unterhält.

Eine gewerbliche Tätigkeit liegt auch dann vor, wenn ein Stpfl. nachhaltig bewegliche Wirtschaftsgüter Dritten gegen Entgelt überläßt.

Beispiele:
1. A ist Inhaber eines Pkws. Er überläßt seinen im übrigen privat gefahrenen Pkw gelegentlich Dritten gegen Entgelt. Hier liegen sonstige Einkünfte nach § 22 Nr. 3 vor.
2. A ist Eigentümer eines Pkws, der ständig Dritten gegen Entgelt zur Nutzung überlassen wird. Er hat diese Tätigkeit durch ein Reklameschild neben seiner Haustür kenntlich gemacht und wirbt in regelmäßigen Abständen auch in Zeitungsanzeigen.
A hat Einkünfte aus Gewerbebetrieb (= **Mietwagenbetrieb**).

- **Beherbergung**

Die Beherbergung in Gaststätten ist regelmäßig ein Gewerbebetrieb. Das gleiche gilt für Beherbergung in Fremdenpensionen. Auch die Dauervermietung von Zimmern kann durch die Übernahme von Nebenleistungen gewerblichen Charakter erhalten, wenn die beiden Tätigkeitsbereiche wesensmäßig untrennbar miteinander verbunden sind und die Nutzung des Vermögens im Einzelfall hinter die Bereitstellung einer mit einem gewerblichen Beherbergungsbetrieb vergleichbaren einheitlichen Unternehmensorganisation zurücktritt (BFH, BStBl 1977 II 244).

Beispiel:
Witwe A, die in einem Luftkurort lebt, vermietet zwei Doppelbettzimmer und ein Dreibettzimmer an Feriengäste. Die Logiergäste erhalten ein Frühstück und können auf Vorbestellung auch eine Hauptmahlzeit einnehmen. Die Gäste werden über den örtlichen Verkehrsverein vermittelt.
Es liegt eine gewerbliche Tätigkeit vor.

- **Ferienwohnungen**

Die Vermietung einer Ferienwohnung stellt in der Regel keine gewerbliche Tätigkeit dar. Es ist zu unterscheiden:

a) Die Vermietung von Ferienwohnungen **an Reiseveranstalter** o.ä. stellt stets reine Vermögensverwaltung dar, da der Stpfl. hier – ohne Zusatzleistungen – lediglich in Rechtsbeziehungen zu **einem** Dauermieter steht.

b) Die Vermietung über Reiseveranstalter führt zu Einkünften aus Gewerbebetrieb.

Die Tätigkeit des Reiseveranstalters
- mit unternehmerischer Organisation
- schnellem Mieterwechsel
- Zusatzleistungen

ist dem Stpfl. zuzurechnen, so daß die Grenzen der bloßen Vermögensverwaltung überschritten sind (BFH, BStBl 1984 II 211).

c) Bei der Vermietung **einer** Ferienwohnung **durch den Stpfl.** selbst ist nach dem BFH (BStBl 1976 II 728) eine gewerbliche Betriebstätte gegeben, wenn sämtliche der folgenden Voraussetzungen vorliegen:

aa) Die Wohnung muß für die Führung eines Haushalts voll eingerichtet sein, z.B. Möblierung, Wäsche und Geschirr enthalten. Sie muß in einem reinen Feriengebiet im Verband mit einer Vielzahl gleichartig genutzter Wohnungen liegen, die eine einheitliche Wohnanlage bilden.

bb) Die Werbung für die kurzfristige Vermietung der Wohnung an laufend wechselnde Mieter und die Verwaltung der Wohnung müssen von einer für die einheitliche Wohnanlage bestehenden Feriendienstorganisation durchgeführt werden.

cc) Die Wohnung muß jederzeit zur Vermietung bereitgehalten werden, und es muß nach Art der Rezeption eines Hotels laufend Personal anwesend sein, das mit den Feriengästen Mietverträge abschließt und abwickelt und dafür sorgt, daß die Wohnung in einem Ausstattungs-, Erhaltungs- und Reinigungszustand ist und bleibt, der die sofortige Vermietung zuläßt.

Sind nicht sämtliche dieser Voraussetzungen erfüllt, so ist eine gewerbliche Betriebsstätte anzunehmen, wenn eine **hotelmäßige** Nutzung der Ferienwohnung vorliegt (s. auch BFH, BStBl 1990 II 383).

Nach BFH, BStBl 1985 II 211 reicht es für eine gewerbliche Tätigkeit **nicht** aus, wenn sich die Tätigkeit des Vermieters auf die Überlassung einer vollständig ausgestatteten Wohnung für jeweils mehrere Wochen beschränkt, ohne weitere Leistungen zu erbringen. Gewerblich ist die Tätigkeit der Vermietung von Ferienwohnungen nur dann, wenn der Vermieter einen ständigen und schnellen Mieterwechsel herbeiführt oder noch **Zusatzleistungen** erbringt. Dies ist insbesondere der Fall bei

- der Gewährung von Mahlzeiten,
- dem Bereithalten von Getränken,
- der Versorgung mit Lebensmitteln,
- der Bereithaltung eines für alle Mieter zugänglichen Aufenthaltsraums oder Gartens
- und auch bei einer allgemeinen Betreuung der Feriengäste, wie sie sich in der Überwachung des Gebäudes, der Entgegennahme von Telefongesprächen und der Beratung hinsichtlich der Gestaltung des Ferienaufenthaltes äußert. Neben die Überlassung des Mietobjekts muß ein persönlicher Einsatz im Rahmen einer unternehmerischen Organisation hinzukommen.

Danach kann bereits die Vermietung einer Ferienwohnung gewerblich sein (BFH, BStBl 1990 II 383).

Eine dem Vermietungszweck untergeordnete private Nutzung ändert nichts an der Gewerblichkeit (BFH, BStBl 1990 II 383).

Zur **Liebhaberei** bei einer Ferienwohnung vgl. BFH, BStBl 1988 II 778 und BFH/NV 1994, 240.

2.1.2.4 Betriebsverpachtung

Wird ein Betrieb als ganzes verpachtet, kann die Verpachtung eine gewerbliche Tätigkeit darstellen, wenn der Stpfl. selbst oder sein Rechtsvorgänger den Betrieb geführt hat und die Betriebsaufgabe nicht erklärt worden ist (BFH, BStBl 1992 II 392). Hinsichtlich weiterer Einzelheiten vgl. K. 2.1.2.4.

Wegen der **Betriebsaufspaltung** vgl. K. 2.9.

2.1.3 Zurechnung der Einkünfte aus § 15 EStG

Einzelunternehmer i. S. des § 15 Abs. 1 Nr. 1 ist derjenige, auf dessen Rechnung und Gefahr das Unternehmen geführt wird (BFH, BStBl 1970 II 120). Steuerlich ist Unternehmer und Inhaber des Betriebs derjenige, der die Voraussetzungen, die an die Einkunftsart geknüpft sind, in seiner Person erfüllt. Es kommt daher für die Zurechnung der Einkünfte aus Gewerbebetrieb nicht entscheidend darauf an, wem die Erträge eines Betriebes bürgerlichrechtlich zuzurechnen sind (Ruppe in Tipke, Übertragung von Einkunftsquellen, 37 ff.). Unternehmer und damit Gewerbetreibender ist derjenige, der **wirtschaftlich das Risiko des Unternehmens trägt**, wobei es auf die rechtliche Gestaltung nicht ankommt (BFH, BStBl 1980 II 266, BStBl 1989 II 432).

> **Beispiel:**
> A betreibt mit dem Pkw seines Sohnes eine Mietwagenzentrale.
> A ist als Unternehmer anzusehen, ihm ist der gewerbliche Gewinn zuzurechnen.

Das Gewerbe muß auf Rechnung und Gefahr des Stpfl. betrieben werden, d. h. er muß Erfolge, Mißerfolge und Lasten des Gewerbebetriebes zu tragen haben (BFH, BStBl 1970 II 20; BStBl 1971 II 339; BStBl 1980 II 432; BStBl 1980 II 266 und BStBl 1989 II 414).

Bei **Bestellung eines Nießbrauchs** an einem Unternehmen ist Unternehmer derjenige, der wirtschaftlich das Risiko des Unternehmens trägt, von allen Beteiligten als Unternehmer behandelt wird und bei dem die Erträge tatsächlich verbleiben (BStBl 1980 II 432; BStBl 1980 II 266).

2.1.4 Beginn und Ende des Gewerbebetriebes

a) Beginn

Der Gewerbebetrieb beginnt grundsätzlich dann, wenn alle in § 15 Abs. 2 genannten Voraussetzungen erfüllt worden sind. Das wird i. d. R. der Fall sein, wenn der Geschäftsbetrieb nach außen hin aufgenommen worden ist. Auf die Handelsregistereintragung kommt es hierbei nicht an.

b) Ende

Die gewerbliche Tätigkeit hört auf mit der **Einstellung** des Geschäftsbetriebes durch **Betriebsveräußerung** oder **Betriebsaufgabe.** Die allmähliche Liquidation selbst führt noch nicht zu einer Beendigung der gewerblichen Tätigkeit. Die gewerbliche Tätigkeit ist erst dann beendet, wenn die Liquidation vollständig abgeschlossen ist.

c) Tätigkeiten, Aufwendungen und Erträge vor Beginn und nach Ende des Gewerbebetriebs

Dennoch sind Tätigkeiten der Stpfl. vor Betriebseröffnung steuerlich bereits von Bedeutung. Aufwendungen, die der Stpfl. im Vorbereitungsstadium gemacht hat, können als **vorweggenommene Betriebsausgaben** Berücksichtigung finden, wenn der Zusammenhang der Aufwendungen mit den künftigen Einkünften deutlich erkennbar ist (BFH, BStBl 1991 II 761). Diese Aufwendungen sind als Verluste aus Gewerbebetrieb innerhalb der übrigen Einkünfte ausgleichsfähig. Auch **vergebliche Gründungskosten** sind abzugsfähige BA. Einkommensteuerlich werden Verluste auch dann anerkannt, wenn die Gründung fehlschlägt. Vgl. auch 2.4.

Auch **nach Aufgabe** des Gewerbebetriebes können sich noch nachträgliche Einkünfte aus Gewerbebetrieb und auch nachträgliche Betriebsausgaben ergeben. Vgl. hierzu § 24 Nr. 2 und im einzelnen K. 2.6.14 und K. 3.13.2.

2.1.5 Einkünfte aus Gewerbebetrieb als Summe aller Gewinne aller Betriebe nach Verlustausgleich

Die Gewinne aus allen Betrieben des Stpfl. werden als Einkünfte aus Gewerbebetrieb i. S. des § 15 in einer Summe zusammengefaßt. Innerhalb dieser Gewerbebetriebe findet auch ein (unechter = horizontaler) Verlustausgleich statt. Der Verlustausgleich innerhalb der Betriebe i. S. des § 15 ist nur dann ausgeschlossen, wenn es sich um Verluste aus gewerblicher Tierhaltung handelt (§ 15 Abs. 4). Sie sind jedoch ausgleichsfähig mit Verlusten des Ehegatten aus gewerblicher Tierhaltung.

Beispiel:

Der Stpfl. A hat aus einem Einzelgewerbebetrieb in X-Stadt einen Gewinn von 80 000 DM, aus einem Betrieb in Y-Stadt einen Gewinn von 50 000 DM, und einen Verlust aus der Beteiligung an der B-KG in Höhe von 70 000 DM. Aus einer Beteiligung an einem Schweinemastbetrieb (gewerbliche Tierhaltung) hat er einen Verlust von 30 000 DM.

Folgende gewerbliche Einkünfte sind anzusetzen:

Betrieb X-Stadt § 15 Abs. 1 Nr. 1	+ 80 000 DM
Betrieb Y-Stadt § 15 Abs. 1 Nr. 1	+ 50 000 DM
Beteiligung an der B-KG § 15 Abs. 1 Nr. 2	∕ 70 000 DM
Schweinemastbetrieb (nicht ausgleichsfähig) gemäß § 15 Abs. 4	– DM
Einkünfte aus Gewerbebetrieb (§ 15 EStG)	+ 60 000 DM

2.1.6 Wirtschaftsjahr als Ermittlungszeitraum

Nach § 4a ist der Gewinn bei Gewerbetreibenden nach dem Wirtschaftsjahr zu ermitteln. Vgl. hierzu im einzelnen C. 7.

2.2 Mitunternehmerschaft (§ 15 Abs. 1 Nr. 2 EStG)

2.2.1 Mitunternehmerschaft als Voraussetzung für gemeinschaftliche gewerbliche Einkünfte

Sind mehrere Personen an einem Gewerbebetrieb beteiligt, haben sie nur dann gewerbliche Einkünfte, wenn und soweit sie als **Mitunternehmer** anzusehen sind. Eine Mitunternehmerschaft liegt begrifflich vor, wenn zwei oder mehr Personen gemeinsam auf gesellschaftlicher Grundlage ein Gewerbe betreiben, also die Unternehmung auf **gemeinsame** Rechnung und Gefahr geführt wird. Die Mitunternehmerschaft ist Tatbestandsmerkmal für gewerbliche Einkünfte nach § 15 Abs. 1 Nr. 2. Die Tatsache, daß der Stpfl. **Gesellschafter** einer der dort genannten Gesellschaften (offene Handelsgesellschaft, Kommanditgesellschaft, andere Gesellschaft) ist, **reicht nicht aus.** Hiernach sind Einkünfte aus Gewerbebetrieb die Gewinnanteile der Gesellschafter einer offenen Handelsgesellschaft, einer Kommanditgesellschaft und einer anderen Gesellschaft, bei der der Gesellschafter als Mitunternehmer anzusehen ist.

Der Wortlaut läßt sowohl die Deutung zu, daß sich der Beisatz „als Mitunternehmer anzusehen ist" lediglich auf „andere Gesellschaften" als auch auf alle dort genannten Gesellschaften bezieht. Nach dem Sinne und Zweck der Vorschrift bezieht sich das Merkmal „Mitunternehmer" auf Gesellschafter **aller** dort genannten Gesellschaften (so BFH, BStBl 1979 II 405).

Somit hat ein Gesellschafter einer Personengesellschaft nur dann gewerbliche Einkünfte, wenn er gleichzeitig als **Mitunternehmer** anzusehen ist.

Der Begriff des Mitunternehmers ist im Gesetz nicht definiert, er ist von der Rechtsprechung und der Literatur entwickelt worden. Für die Frage, ob ein Gesellschafter als Mitunternehmer anzusehen ist, kommt es darauf an, ob dieser nach dem **Gesamtbild** alle Merkmale eines Mitunternehmers erfüllt.

Besondere Merkmale für die Mitunternehmerschaft sind das **Mitunternehmerrisiko** und die **Mitunternehmerinitiative.** Ist eines der Merkmale besonders stark ausgeprägt, wird man unter Umständen bei dem anderen Merkmal auf hohe Anforderungen verzichten können. Beide Merkmale müssen jedoch gleichzeitig vorliegen (BFH, BStBl 1984 II 751, 769).

Der **Typusbegriff** des Mitunternehmers ist ein das zivilrechtliche Gesellschaftsverhältnis übergreifender Begriff, nicht nur eine zusätzliche Eigenschaft zum zivilrechtlichen Gesellschaftsverhältnis.

2.2.2 Einzelne Voraussetzungen für eine Mitunternehmerschaft

2.2.2.1 Gesellschaftsverhältnis

Grds. ist ein Gesellschaftsverhältnis Grundlage der Mitunternehmerschaft. Bei Bejahung von Mitunternehmerinitiative und Mitunternehmerrisiko kann auf eine besondere Prüfung des Gesellschaftsverhältnisses verzichtet werden (BFH, BStBl 1984 II 751 [768]; BStBl 1986 II 10 [11]). Ein Gesellschaftsverhältnis unterscheidet sich dadurch von einem obligatorischen, auf Leistungsaustausch gerichteten Rechtsverhältnis, daß es auf gleiche Interessen ausgerichtet ist und einen **gemeinsamen Zweck** beinhaltet. Ein Gesellschaftsverhältnis unterscheidet sich dadurch vom Arbeitsverhältnis, daß dieses auf der Grundlage der **Gleichordnung** beruht, das Arbeitsverhältnis hingegen ein Abhängigkeitsverhältnis begründet (BFH, BStBl 1983 II 563).

Ein Gesellschaftsverhältnis setzt **nicht notwendigerweise** voraus, daß der Gesellschafter **Einlagen oder Dienstleistungen** erbringt. Es wird zwischen **Beiträgen im engeren und weiteren** Sinne unterschieden. Leistungen im **engeren** Sinne sind Geldeinlagen, Nutzungsüberlassung von Sachen oder Leistungen von Diensten. Beiträge im **weiteren** Sinne sind alle Arten der Leistungen, die die Gesellschafter zur Förderung des gemeinsamen Zwecks im Gesellschaftsvertrag verpflichtet (Fischer in Großkomm. HGB, 8. Aufl. § 105 Anm. 17, ebenso BFH, BStBl 1985 II 85).

Als **ausreichend** für die Gründung einer Gesellschaft des bürgerlichen Rechts (GbR) oder einer OHG werden nach überwiegender Meinung die Leistung eines **Beitrages im weiteren** Sinne angesehen (Staudinger/Kessler, BGB 12. Aufl. § 706 Rz 3; Soergel/Siebert BGB 10. Aufl. § 706 Anm. 1). Damit verbinden sich auch ohne besondere Beitragsfestsetzungen im Vertrag besondere Förderpflichten. Zur Mitunternehmerstellung bei **Vereinbarungstreuhand** vgl. BFH, BStBl 1985 II 247, des Treugebers. Vgl. BFH, BStBl 1989 II 722.

Auch eine Personenhandelsgesellschaft kann Mitunternehmer sein (BFH, BStBl 1985 II 334 und BStBl 1990 II 168).

2.2.2.2 Vergleichbares Gemeinschaftsverhältnis

Über den Wortlaut des § 15 Abs. 1 Nr. 2 hinaus kommt Mitunternehmerschaft auch bei Bestehen eines einem Gesellschaftsverhältnis **vergleichbaren Gemeinschaftsverhältnisses** in Betracht (BFH, BStBl 1984 II 751 [768], 1986 II 10 [11]).

Dabei kann es sich **auch um eine Innengesellschaft handeln.**

Tatsächliche Einflußmöglichkeiten reichen aber nicht, so daß es eine faktische Mitunternehmerschaft **nicht (mehr)** gibt (BFH, BStBl 1986 II 10 und 599) (wohl aber eine „verdeckte" Mitunternehmerschaft; BFH, BStBl 1986 II 802, 1988 II 62); faktisch Herrschende können **keine** Mitunternehmerschaft begründen (BFH, BStBl 1989 II 705); vgl. nachfolgend 2.2.2.3.

Ein „vergleichbares Gemeinschaftsverhältnis" kommt in Betracht bei **Gesamthandsgemeinschaften** in der Form von

- **Erbengemeinschaften,** vgl. R 138 Abs. 2 sowie BFH, BStBl 1990 II 837; BStBl 1992 II 330,
- **Gütergemeinschaften,**
- **Bruchteilsgemeinschaften,**
- **„fehlerhaften Gesellschaften"** sowie
- **Unterbeteiligungen;** vgl. R 138 Abs. 1 Satz 2.

Es kommt für die Frage, ob ein Gesellschaftsverhältnis oder ein obligatorisches Rechtsverhältnis in der Form eines Dienstvertrages, Darlehnsvertrages oder Pachtvertrages vorliegt, nicht auf die Vertragsformulierungen, sondern auf den **wirtschaftlichen Gehalt** des Vertrages an (BFH, BStBl 1981 II 210; BStBl 1981 II 310; BStBl 1981 II 602; 1984 II 373; 1984 II 623; 1984 II 751; 1986 II 10; 1986 II 455 und 802 [803]).

> **Beispiel:**
> A hat sein bisheriges Einzelunternehmen in eine Personengesellschaft eingebracht, deren Gesellschafter seine Ehefrau und seine Kinder sind. Das Betriebsgrundstück hat er zurückbehalten und an die Personengesellschaft verpachtet. Darüber hinaus hat die Personengesellschaft mit ihm einen Anstellungsvertrag abgeschlossen, wonach A zur Geschäftsführung verpflichtet ist. Die Ehefrau und die Kinder sind branchenfremd. A ist an allen Beschlüssen, die das Unternehmen und das Gesellschaftsverhältnis betreffen, beteiligt. Er erhält für seine Leistungen keine feste angemessene Vergütung, sondern ist am Gewinn des Unternehmens beteiligt. Er ist als Mitunternehmer anzusehen (BFH, BStBl 1986 II 802). Pachtvertrag und Anstellungsvertrag begründen hier ein Gesellschaftsverhältnis, da die Interessen der Beteiligten auf einen **gemeinsamen Zweck** und nicht auf einen Leistungsaustausch gerichtet sind (verdeckte Mitunternehmerschaft). Eine Mitunternehmerschaft muß in diesem Falle auch bejaht werden, da A als Geschäftsführer **Unternehmerinitiative** entwickeln kann. Da er der Gesellschaft in der Form der Nutzungsüberlassung erhebliche Betriebsmittel überlassen hat, ist er in der Form des Sonderbetriebsvermögens auch am Betriebsvermögen beteiligt.

Mitunternehmerschaft eines **Prokuristen und Geschäftsführer** kommt nur dann in Betracht, wenn dessen Anstellungsvertrag oder der Werkvertrag als Gesellschaftsvertrag angesehen werden muß, er hierbei ein Unternehmerrisiko trägt und Unternehmerinitiative entfaltet (BFH, BStBl 1985 II 85).

Im o. a. Urteilsfall hat der BFH die **Mitunternehmerschaft** eines **Prokuristen verneint** bei einer Personengesellschaft, an der der Vater und die Ehefrau des Prokuristen als Gesellschafter beteiligt sind. Der Prokurist betrieb daneben eine Einzelfirma, zwischen der und der Personengesellschaft eine gegenseitige Abhängigkeit besteht; der Prokurist war als Inhaber der Einzelfirma verpflichtet, die Personengesellschaft zu beraten. Die Einzelfirma war auf den Betrieb der Personengesellschaft zugeschnitten und auf die Mitbenutzung von Betriebsmitteln der Personengesellschaft angewiesen.

Für die Annahme eines Gesellschaftsverhältnisses i. S. § 705 BGB ist es unschädlich, wenn ein Gesellschafter es übernimmt, den Betrieb der Gesellschaft im eigenen Namen für Rechnung der Gesellschaft zu führen (BFH, BStBl 1986 II 891). Zur **Umwandlung** eines Arbeitsverhältnisses in eine Mitunternehmerschaft vgl. BFH, BStBl 1987 II 111.

2.2.2.3 Verdeckte Mitunternehmerschaft

Die steuerliche Mitunternehmerschaft von Personen, die nicht formell Gesellschafter sind, kommt aber nur dann in Betracht, wenn sie

- Mitunternehmerinitiative entwickeln können,
- Mitunternehmerrisiko tragen sowie
- eine **unangemessen hohe Vergütung** für ihre Leistungen erhalten (BFH, BStBl 1996 II 66) (= **verdeckte Mitunternehmerschaft**).

Der BFH nimmt verdeckte Mitunternehmerschaft nur bei einem **Gemeinschaftsverhältnis einander gleichgeordneter Personen** an (vgl. BFH GrS BStBl 1984 II 751; BStBl 1985 II 85; BFH, BStBl 1985 II 363); vgl. insbesondere BFH, BStBl 1986 II 10 und 802, BStBl 1988 II 62, BStBl 1994 II 282 und vorstehend 2.2.2.2 (m. w. N.).

Wer dagegen, **ohne** Gesellschafter zu sein, einer Personengesellschaft als Angestellter, Darlehnsgläubiger, Vermieter und Verpächter seine Dienste, Kapital oder Wirtschaftsgüter zur Verfügung stellt und dafür **Vergütungen erhält, die dem Wert seiner Leistungen entsprechen, ist nicht** Mitunternehmer. Das gilt auch dann, wenn er in der Personengesellschaft unternehmerische Entscheidungen zu treffen oder an ihnen mitzuwirken hat (BFH, BStBl 1985 II 363).

Es kann nur ausnahmsweise angenommen werden, daß sich ein bestehendes Arbeitsverhältnis zu einem Gesellschaftsverhältnis und zur Mitunternehmerschaft umgestaltet hat (BFH, BStBl 1987 II 111).

Allerdings soll eine Person, die Mitunternehmer ist, weil die Merkmale Mitunternehmerinitiative und Mitunternehmerrisiko erfüllt sind, **regelmäßig** auch „Gesellschafter einer Innengesellschaft" sein (BFH vom 31.1.1985, BFH/NV 1986, 17). Damit tritt die Frage des Gesellschafts- bzw. Gemeinschaftsverhältnisses als Voraussetzung für die Mitunternehmerschaft (wieder) in den Hintergrund.

Fazit:

- **Nicht jeder Gesellschafter einer Personengesellschaft muß Mitunternehmer sein.**
- **Aber jeder Mitunternehmer ist regelmäßig Gesellschafter zumindest einer Innengesellschaft.**

2.2.2.4 Mitunternehmerrisiko

Unternehmerisches Risiko bedeutet, daß der Gesellschafter oder vergleichbar Beteiligte am **Erfolg** und **Mißerfolg** des Unternehmens **teilhat** (BFH, BStBl 1984 II 751). Dies drückt sich nicht nur im Gewinn und Verlust, sondern in der Teilhabe an den Wertsteigerungen im Betriebsvermögen aus.

Das Mitunternehmerrisiko umfaßt somit die Beteiligung

a) am Gewinn und

b) am Verlust und

c) die Beteiligung am Vermögen.

D. h., der Gesellschafter muß grds. an den Vermögensänderungen, zumindest an den Wertsteigerungen teilhaben. Die **stillen Reserven** müssen ihm grds. wirtschaftlich zugerechnet werden können. Neben den stillen Reserven der Substanz muß er noch grds. am Firmenwert beteiligt sein. Das bedeutet jedoch nicht, daß alle Merkmale gleichzeitig vorliegen müssen. Es kommt im wesentlichen auf die Gesamtumstände an. Hierzu ist eine kasuistische Rechtsprechung ergangen.

Nicht notwendig ist, daß der Mitunternehmer zivilrechtlich den Unternehmensgläubigern für die Gesellschaftsschulden haftet. Eine Risikobeteiligung ist bereits dann schon gegeben, wenn er seinen Vermögenseinsatz bei dieser Unternehmung riskiert. Auch die Höhe des Gewinnanteils gehört zum Mitunternehmerrisiko. Werden die Geschäfte einer GmbH & Co. KG kraft Anstellungsvertrags von beiden Alleingesellschaftern und Geschäftsführern der GmbH geführt, die nicht zugleich Gesellschafter der KG sind, so sind die Geschäftsführer schon mangels eines Unternehmerrisikos nicht Mitunternehmer (BFH, BStBl 1986 II 599).

2.2.2.4.1 Gewinnbeteiligung

Die Gewinnbeteiligung ist Bestandteil des Unternehmerrisikos. Das Unternehmerrisiko wird erheblich geschmälert, wenn einem Gesellschafter eine Mindestverzinsung gewährt wird, was bei der OHG und KG nicht üblich ist, bei der Rechtsform der stillen Gesellschaft jedoch nicht unüblich ist. Keine Gewinnbeteiligung stellen daher grds. das Geschäftsführergehalt, Zinsen, Miet- und Pachtzahlungen dar. Ohne Gewinnbeteiligung kann in besonderen Fällen trotzdem ein erhebliches Risiko bestehen, wenn die wirtschaftliche Position eines Geschäftsführers entscheidend von der wirtschaftlichen Lage des Unternehmens abhängt oder der Gewinn neben den geschäftsunabhängigen Vergütungen nicht ins Gewicht fällt (BFH, BStBl 1981 II 310).

Die Beteiligung muß in der Absicht erworben sein, Gewinne zu erzielen; dabei kommt es nicht darauf an, daß Gewinne von Anfang an erzielt werden, es muß sich während der gesamten Dauer der Beteiligung insgesamt ein Gewinn erwarten lassen. Ist eine Beteiligung von vornherein nur für eine begrenzte Zeit erworben worden und sind in diesem Zeitraum nur Verluste zu erwarten, weil sich dieser Zeitraum, genau mit dem Zeitraum der Sonderabschreibungen deckt, ist die Beteiligung nicht in Gewinnerzielungsabsicht erworben worden (vgl. BFH GrS, BStBl 1984 II 751).

Der Nachweis der fehlenden Gewinnerzielungsabsicht wird im Zweifel nur dann geführt werden, wenn sich eine zeitliche Begrenzung der Beteiligung aus dem Gesellschaftsvertrag oder aus einem Nebenvertrag ergibt. Die Absicht des zeitlich begrenzten Erwerbs muß bereits beim Erwerb der Beteiligung vorgelegen haben.

2.2.2.4.2 Beteiligung am Verlust

Ein Merkmal für die Risikobeteiligung ist die Beteiligung am Verlust. Die Beteiligung am Verlust ist beim **Gesellschafter einer OHG** immer gegeben, er haftet für die Schulden seines Unternehmens nicht nur mit seiner Einlage, sondern auch mit seinem Privatvermögen (§ 128 HGB). Das gilt auch dann, wenn eine Beteiligung am Verlust im Gesellschaftsvertrag ausgeschlossen ist.

Der **Kommanditist** ist im Zweifel im Verhältnis seiner Gewinnbeteiligung auch am Verlust der Gesellschaft beteiligt, der Verlust mindert sein Kapitalkonto. Er ist verpflichtet, dieses Kapitalkonto aus künftigen Gewinnen wieder aufzufüllen, §§ 168, 169 HGB (sogenannte Verlusthaftung); Vgl. § 167 Abs. 3 HGB und BFH, BStBl 1986 II 599. Der Verlustausschluß stellt für sich genommen die Mitunternehmerschaft infrage, weil das Unternehmerrisiko hierdurch erheblich gemindert wird. Entscheidend ist jedoch das Gesamtbild. Auch der stille Gesellschafter ist zwar grundsätzlich am Verlust beteiligt, ist jedoch allein deswegen noch nicht Mitunternehmer. Vgl. zur Abgrenzung der typischen von der atypisch stillen Gesellschaft BFH, BStBl 1982 II 59 und 389 sowie nachfolgend 2.2.2.4.3.

2.2.2.4.3 Beteiligung am Vermögen

Formaljuristisch sind die Gesellschafter einer OHG, KG und die Mitglieder einer Erbengemeinschaft als Gesamtbänder am Vermögen beteiligt. Unter die Risikobeteiligung fällt jedoch nicht die Beteiligung am Vermögen selbst, sondern die Teilhabe an den **Vermögensänderungen.**

Da es dem Steuerrecht allein um die Erfassung des gesamten Gewinnes einer Mitunternehmerschaft geht, insbesondere auch um den Gewinn, der bei Beendigung der Tätigkeit anfällt, kommt es für die steuerliche Beurteilung auf die Teilhabe am inneren Wert, der in den Bilanzansätzen nicht zum Ausdruck kommt, an. Ist ein Gesamthänder zwar juristisch am Vermögen beteiligt, nicht jedoch an den inneren Werten (stillen Reserven), liegt im steuerlichen Sinne keine Vermögensbeteiligung vor. So hat der BFH (BStBl 1979 II 74) eine Vermögensbeteiligung abgelehnt, wenn die Beteiligung an den stillen Reserven für jeden Fall der Beendigung der Mitunternehmerschaft ausgeschlossen ist. **Nicht schädlich** ist die **Buchwertklausel,** wenn sie sich auf den Fall der **Kündigung** durch den Gesellschafter selbst bezieht, weil eine Beteiligung an den stillen Reserven immer noch gegeben ist, wenn die Gesellschaft **liquidiert** wird (vgl. auch BFH, BStBl 1989 II 758).

Eine **Vermögensbeteiligung** ist **ausgeschlossen,** wenn der persönlich haftende Gesellschafter nach dem Gesellschaftsvertrag das Recht hat, das Gesellschaftsverhältnis zu kündigen und das Gesellschaftsvermögen zum **Buchwert** zu übernehmen (BFH, BStBl 1981 II 663). Zum Hinausdrängen zum Buchwert vgl. auch BFH, BStBl 1989 II 758.

Auch bei einer **atypischen stillen Gesellschaft** und einer **Unterbeteiligung** kann der Gesellschafter am Vermögen beteiligt sein, wenn er im Falle der Beendigung des Gesellschaftsverhältnisses neben der Rückgewährung seiner Einlage auch einen Anteil an den stillen Reserven und am Firmenwert erhält (BFH, BStBl 1982 II 59). Vgl. auch BFH, BStBl 1986 II 311.

Nach Ansicht des BFH bietet jedoch eine Globalabfindung keine Gewähr, daß ein stiller Gesellschafter entsprechend seinem Gewinnanteil auch am Zuwachs des Geschäftswerts Anteil hat. Für die Ermittlung des Geschäftswerts bestehen Berechnungsmöglichkeiten, die auch im Geschäftsverkehr bei der Bewertung von Unternehmen gebraucht werden (vgl. BFH, BStBl 1980 II 690). In dieser Weise müsse auch die Beteiligung des stillen Gesellschafters am Geschäftswert ermittelt werden, wenn er die Eigenschaft eines Mitunternehmers erlangen soll.

Eine Vermögensbeteiligung kann auch in der Überlassung von Sonderbetriebsvermögen bestehen (vgl. BFH, BStBl 1976 II 332; BStBl 1982 II 389). Ist bei einer Personengesellschaft kein Gesellschaftsvermögen vorhanden, so trägt ein Gesellschafter Mitunternehmerrisiko, wenn er am laufenden Gewinn oder Verlust, Geschäftswert der Gesellschaft beteiligt ist und ihm die stillen Reserven seines Sonderbetriebsvermögens zuzurechnen sind (BFH, BStBl 1986 II 891).

Auf die Beteiligung an den stillen Reserven kann jedoch ausnahmsweise verzichtet werden, wenn die Mitunternehmerinitiative sehr stark ausgeprägt ist, z.B. bei einem beherrschenden Gesellschafter-Geschäftsführer der Komplementär-GmbH einer GmbH & Co. KG bei gleichzeitiger stiller Beteiligung (BFH, DB 1991, 1052, DB 1991, 1054, für die GmbH & Still BFH, BB 1993, 1194).

2.2.2.5 Mitunternehmerinitiative

Mitunternehmer ist nur, wer auch Mitunternehmerinitiative entfalten kann.

Ob sie **tatsächlich** entfaltet wird, ist dagegen ohne Bedeutung. Mitunternehmerinitiative kommt auf jeden Fall den geschäftsführenden Gesellschaftern einer OHG oder KG zu, die der Gesellschaft gegenüber verpflichtet sind, die laufenden Geschäfte in eigener Verantwortung zu führen. Unternehmerinitiative bedeutet also Mitbestimmung hinsichtlich der Geschäftspolitik und bei allen für die Gesellschaft wesentlichen Entscheidungen (BFH, BStBl 1984 II 751). Jedoch ist auch der angestellte Komplementär als Mitunternehmer anzusehen, wenn er keine Einlage erbracht hat und im Innenverhältnis zu den Kommanditisten wie ein Angestellter behandelt und von der Haftung freigestellt wird (BFH, BStBl 1987 II 33 und 60).

Mitunternehmerinitiative bedeutet die Beteiligung an unternehmerischen Entscheidungen. Sie kann auch in gewissen Mitspracherechten zum Ausdruck kommen (BFH, BStBl 1978 II 644; BStBl 1976 II 324; BStBl 1976 II 328; BStBl 1979 II 405; BStBl 1981 II 779; BStBl 1981 II 663), wobei jedoch im Entzug des Widerspruchsrechts keine wesentliche Einschränkung zu sehen sein soll (BFH, BStBl 1989 II 758). Die Verwaltung wendet insoweit das Urteil **nicht** an (BMF-Schreiben vom 5.10.1989, BStBl 1989 I 378).

Der **Kommanditist** ist als Mitunternehmer anzusehen, wenn er nach dem Gesellschaftsvertrag und auf Grund der tatsächlichen Stellung **annähernd** die Rechte hat, die nach dem **Regelstatut** des **HGB** über die Kommanditgesellschaft einem Kommanditisten zustehen.

Der **Kernbereich** seiner Mitwirkungsrechte muß unangetastet bleiben (BFH, BStBl 1995 II 241, BStBl 1995 II 714).

(Hierzu im einzelnen: BFH, BStBl 1972 II 10; BStBl 1974 II 404; BStBl 1975 II 498; BStBl 1976 II 324; BFH BStBl 1979 II 415; BStBl 1981 II 663.)

Insbesondere muß der Kommanditist im Rahmen der Bestimmungen des HGB Unternehmerinitiative entfalten können und ein Unternehmerrisiko tragen (BFH, BStBl 1981 II 663). Die Unternehmerinitiative kommt insbesondere durch

a) das **Widerspruchsrecht** gegen außergewöhnliche Maßnahmen der Geschäftsführung, § 164 HGB

b) Ausübung des **Stimmrechts** in grundlegenden Fragen in der Gesellschafterversammlung (§§ 161 Abs. 2, 119 HGB), insbesondere zur Feststellung des Gewinns: BGH, BB 1996, 1105

c) ein **Überwachungsrecht**, (§ 166 HGB)

zum Ausdruck.

Nach § 164 HGB hat der **Kommanditist** ein Widerspruchsrecht zu allen Maßnahmen der persönlich haftenden Gesellschafter, soweit sie den Rahmen der laufenden Geschäftsführung überschreiten. Das Widerspruchsrecht ist jedoch dispositiv. Es kann durch den Gesellschaftsvertrag erweitert werden, sogar zum Zustimmungsrecht.

Es kann durch den Gesellschaftsvertrag auch ausgeschlossen werden, ohne daß bürgerlichrechtlich der Kommanditvertrag infragegestellt wird. Das Widerspruchsrecht ist lt. BFH bei den Mitunternehmerinitiative nur von geringer Bedeutung (BFH, BStBl 1989 II 758; s. aber **Nichtanwendungserlaß BMF, BStBl 1989 I 378**).

Über grundlegende Fragen der Gesellschaft haben grundsätzlich alle Gesellschafter zu entscheiden, auch soweit sie von der Geschäftsführung ausgeschlossen sind.

Hierzu gehört insbesondere die Zustimmung zur Änderung des Gesellschaftsvertrags. Hierunter fallen u. a. die Änderung des Gesellschaftszweckes, Änderung der Gewinnverteilung und der vermögensmäßigen Beteiligung, Aufnahme neuer Gesellschafter, der Beschluß über die Feststellung und Verteilung des Gewinnes und alle Angelegenheiten, die der Gesellschaftsvertrag den Gesellschaftern vorbehalten hat.

Die Mitunternehmerinitiative der Kommanditisten wird insbesondere dadurch eingeschränkt, daß dem Komplementär Sonderrechte eingeräumt werden z. B. durch Einräumung eines Mehrstimmrechts, so daß er in allen entscheidenden Fragen die übrigen Gesellschafter (Kommanditisten) überstimmen kann (vgl BFH, BStBl 1979 II 670; BStBl 1973 II 309; BStBl 1981 II 663).

Nach § 166 HGB ist der Kommanditist berechtigt, die abschriftliche Mitteilung der jährlichen Bilanz zu verlangen und deren Richtigkeit unter Einsicht der Bücher und Papiere zu prüfen.

Bei faktischen Ausschluß von Stimm- und Widerspruchsrecht ist ein **Kommanditist kein** Mitunternehmer (BFH, BStBl 1989 II 762).

Vergleichbare Grundsätze gelten **für die atypische stille Beteiligung.** Hat der atypisch stille Beteiligte im Innenverhältnis die Rechtsstellung eines Kommanditisten, ist er, wenn auch die übrigen Voraussetzungen vorliegen, als Mitunternehmer anzusehen (BFH, BStBl 1987 II 54).

Das Merkmal der Mitunternehmerinitiative ist bei **Betriebsführung durch einen Gesellschafter** hinsichtlich der anderen Gesellschafter erfüllt, wenn diese alle maßgebenden Entscheidungen des Unternehmens der Gesellschaft miterörtern und mittragen (BFH, BStBl 1986 II 891).

Zur Frage der Mitunternehmerschaft von **Miterben hinsichtlich** eines nach dem Tode des Erblassers fortgeführten Gewerbebetriebs, vgl. Beschl. des Großen Senats, BFH, BStBl 1990 II 837.

2.2.2.6 Gemeinsamer Betrieb eines Gewerbebetriebes. Partielle gewerbliche Tätigkeit (§ 15 Abs. 3 Nr. 1 EStG)

Gegenstand des Gesellschaftsverhältnisses muß das gemeinsame Betreiben eines Gewerbebetriebes sein. Zum Begriff des Gewerbebetriebes vgl. § 15 Abs. 2 und vorstehend 2.1. **Mitunternehmerschaft** i. S. des § 15 Abs. 1 Nr. 2 ist nur an Gewerbebetrieben möglich.

Die Personengesellschaft betreibt – als **Subjekt der Einkunftsermittlung** – **nur** dann ein Gewerbe, wenn die Gesellschafter in ihrer gesamthänderischen Gebundenheit einen Gewerbebetrieb führen. D. h., die Tätigkeit der **Personengesellschaft** muß grds. die in dem § 15 Abs. 2 für einen Gewerbebetrieb genannten Voraussetzungen erfüllen (BFH, BStBl 1984 II 751).

Dagegen ist für den **einzelnen Gesellschafter nicht Voraussetzung**, daß er in seiner Person **alle Merkmale des § 15 Abs. 2 S. 1 erfüllt** (BFH, BStBl 1984 II 751 [770]).

Nach **§ 15 Abs. 3 Nr.** 1 ist die Tätigkeit einer **Personengesellschaft OHG, KG, GbR, atypisch stillen Gesellschaft** (BFH, BStBl 1995 II 171) **insgesamt** als eine **gewerbliche** zu betrachten, wenn sie in einem **Teilbereich eine gewerbliche** Tätigkeit ausübt. Vgl. auch BFH, BStBl 1984 II 152, BStBl 1989 II 748.

Beispiel:

Die Tätigkeit einer Gesellschaft bürgerlichen Rechts, deren Gegenstand der Bau und die Vermietung von Mietwohnungen ist, stellt insgesamt eine gewerbliche Tätigkeit dar, somit ist auch die Vermietung als gewerbliche Tätigkeit anzusehen.

Auch der Getränkeausschank einer in der Rechtsform einer GbR geführten Tanzschule ist ein solcher Teilbereich. Bei der Prüfung, ob ein derartiger „Teilbetrieb" mit Gewinnerzielungsabsicht geführt wird, sind solche Aufwendungen außer Ansatz zu lassen, die in vollem Umfang für den Betrieb der Tanzschule notwendig sind (BFH, BStBl 1995 II 718).

Das gilt nicht nur hinsichtlich einer im übrigen nur vermögensverwaltenden Tätigkeit, sondern auch im Hinblick auf die Einkünfte aus Land- und Forstwirtschaft und freiberuflicher Tätigkeit.

Beispiel 1:

Eine GbR betreibt ein land- und forstwirtschaftliches Gut. Eine Kiesgrube auf dem Betriebsgelände betreibt sie selbst. Das Ausbeuten der Kiesgrube stellt eine gewerbliche Tätigkeit dar, somit ist die gesamte Tätigkeit der GbR als gewerblich einzustufen.

Beispiel 2:

A, B und C betreiben als GbR ein Architekturbüro. Im Rahmen dieses Architekturbüros kaufen sie Grundstücke an und erstellen hierauf schlüsselfertige Häuser, die sie an Kaufanwärter veräußern. Daneben führt diese GbR Bauplanung und Betreuung für Kunden durch. Die gesamte Tätigkeit ist als gewerblich zu beurteilen.

Als gewerbliche Betätigung einer Personengesellschaft i. S. von § 15 Abs. 3 Nr. 1 gilt auch die Beteiligung einer nicht gewerblichen **vermögensverwaltenden** Personengesellschaft an einer gewerblichen Personengesellschaft. Voraussetzung ist, daß sich die Beteiligung im Gesamthandsvermögen einer freiberuflichen, land- und forstwirtschaftlichen oder vermögensverwaltenden Personengesellschaft befindet und die Personengesellschaft Mitunternehmer der Personengesellschaft ist (R 138 Abs. 5 Satz 4, BFH, BStBl 1996 II 264).

Beispiel:

A und B betreiben in der Form einer GbR Landwirtschaft. Im Betriebsvermögen der GbR befindet sich die Beteiligung an einer KG, die gewerbliche Viehzucht betreibt. Die gesamte Tätigkeit der GbR ist als gewerblich einzustufen.

Die Abfärbtheorie findet jedoch **keine** Anwendung, wenn sich die Beteiligung im Eigentum eines Gesellschafters oder einer nicht gewerblichen Personengesellschaft befindet oder von einer Schwestergesellschaft gehalten wird (BMF, BStBl 1996 I 621).

Die Grundsätze des BFH-Urteils BStBl 1996 II 264 sowie R 138 Abs. 5 Satz 4 sind **erstmals** auf WJ anzuwenden, die **nach** dem **31. 12. 1996** beginnen (BMF, BStBl 1996 I 621).

Bei Halten der Beteiligung durch Gesellschafter der vermögensverwaltenden Gesellschaft sind diese Beteiligungserträge **unmittelbar** bei der Veranlagung des jeweiligen Gesellschafters zu erfassen (BMF, BStBl 1996 I 621).

§ 15 Abs. 3 Nr. 1 ist **nicht** anwendbar bei der Erbengemeinschaft (BFH, BStBl 1990 II 837).

2.2.2.7 Gewerblich geprägte Personengesellschaft

Sind eine oder mehrere Kapitalgesellschaften an einer Personengesellschaft als **persönlich haftender Gesellschafter** beteiligt und sind **nur diese oder Personen, die nicht Gesellschafter** sind, zur **Geschäftsführung** befugt, so ist die Tätigkeit der Personengesellschaft **stets als Gewerbebetrieb** anzusehen (**§ 15 Abs. 3 Nr.** 2).

Vgl. R 138 Abs. 6.

Betroffen von dieser Regelung sind **nur Personengesellschaften** und andere Gemeinschaften, an denen **Kapitalgesellschaften** als persönlich Haftende beteiligt sind (BFH, BStBl 1996 II 93).

Beispiele für „gewerblich geprägte Personengesellschaften":
1. Die X-GmbH ist alleinige persönlich haftende Gesellschafterin und alleinige Geschäftsführerin der X-GmbH & Co. KG.
2. Die X-GmbH und Y-GmbH sind alleinige Gesellschafterinnen und Geschäftsführerinnen der X & Y OHG.
3. Die X-GmbH ist (persönlich haftender) Gesellschafter der ZGBR und deren alleinige Geschäftsführerin.
4. Die X-GmbH ist Gesellschafterin der X-OHG und die Gesellschafter A, B und C sind von der Geschäftsführung ausgeschlossen.
5. Die X-GmbH ist persönlich haftende Gesellschafterin der X-GmbH & Co. KG. Neben der X-GmbH sind A und B Geschäftsführer der KG, aber an der KG nicht beteiligt.

Keine Anwendung findet jedoch § 15 Abs. 3 Nr. 2 z. B. auf folgende Fälle:

– An der A-KG sind die X-GmbH und A als persönlich haftender Gesellschafter beteiligt.
– An der X-GmbH & Co. KG ist die X-GmbH als alleinige persönlich haftende Gesellschafterin beteiligt, jedoch sind die Kommanditisten A und B zu weiteren Geschäftsführern bestellt.
– An der X-GmbH & Co. KG ist die X-GmbH als persönlich haftende Gesellschafterin beteiligt, sie ist jedoch von der Geschäftsführung ausgeschlossen. Geschäftsführer sind die Kommanditisten A und B. Die rückwirkende Wiedereinführung der sogenannten Geprägetheorie ist nach BFH, BStBl 1986 II 811 verfassungskonform.

Unter § 15 Abs. 3 Nr. 2 kann auch eine sogenannte **Schein-KG** fallen.

2.2.3 Mittelbare Beteiligung an Personengesellschaften (§ 15 Abs. 1 Nr. 2 Satz 2 EStG)

2.2.3.1 Überblick

Nach § 15 Abs. 1 Nr. 2 S. 2 steht der mittelbar über eine oder mehrere Personengesellschaften beteiligte Gesellschafter dem unmittelbar beteiligten Gesellschafter gleich. Er ist als Mitunternehmer des Betriebes der Gesellschaft anzusehen, an der er mittelbar beteiligt ist, wenn er und die Personengesellschaften, die seine Beteiligung vermitteln, jeweils als Mitunternehmer des Betriebs der Personengesellschaft anzusehen sind, an denen sie unmittelbar beteiligt sind.

§ 15 Abs. 1 Nr. 2 Satz 2 soll das Ergebnis des Beschlusses des Großen Senats korrigieren, **nicht** jedoch den Begriff des Mitunternehmers auf neue dogmatische Grundlagen stellen.

Der Große Senat des BFH hatte dagegen mit Beschluß BStBl 1991 II 691 die Rechtsansicht vertreten, daß der mittelbare Beteiligte **nicht** einem Mitunternehmer gleichstehe und hatte daher die Anwendung des § 15 Abs. 1 Nr. 2 2. Halbsatz auf diesen abgelehnt.

Das hätte jedoch bedeutet, daß **Vergütungen** für Tätigkeit usw. und **Pensionszusagen** steuerlich als **Betriebsausgaben** anzuerkennen wären, wenn zwischen die Personengesellschaft und den Gesellschafter eine weitere Personengesellschaft zwischengeschaltet wird, so daß nur noch eine mittelbare Beteiligung gegeben wäre. Dies hat jedoch den Gesetzgeber dazu bewogen, § 15 Abs. 1 Nr. 2 durch einen Satz in der Weise zu erweitern, daß der mittelbare Gesellschafter einem unmittelbaren Gesellschafter gleich steht, wenn er Leistungen gegenüber der Untergesellschaft erbringt.

Damit ist durch den Gesetzgeber klargestellt, daß auch eine Personengesellschaft, also die Gesellschafter in ihrer gesamthänderischen Verbundenheit, Mitunternehmer einer anderen Personengesellschaft sein kann. Somit ist auch die Personengesellschaft als Steuerrechtssubjekt in einem beschränkten Umfange (Subjekt der Gewinnermittlung) nochmals anerkannt werden (vgl. L. Schmidt, DStR 1991, 507; Seer, StuW 1992, 43).

Die Mitunternehmerschaft der **Obergesellschaft** an der Untergesellschaft schließt im Gegensatz zum Beschluß des Großen Senats eine Mitunternehmerschaft des Obergesellschafters **nicht** aus, sondern sowohl die Obergesellschaft als auch der Gesellschafter der Obergesellschaft sind Mitunternehmer der Untergesellschaft. Die Vorschrift will den mittelbaren Gesellschafter einem Einzelunternehmer gleichstellen. Diese durch § 15 Abs. 1 Nr. 2 Satz 2 erreichte Gleichstellung des Mitunternehmers mit dem Einzelunternehmer soll nicht durch die Zwischenschaltung einer weiteren Personengesellschaft vereitelt werden.

2.2.3.2 Voraussetzungen

Nach § 15 Abs. 1 Nr. 2 Satz 2 Halbsatz 2 liegt eine Mitunternehmerschaft des Obergesellschafters dann vor, wenn zwischen der Untergesellschaft und dem Obergesellschafters dann vor, wenn zwischen der Untergesellschaft und dem Obergesellschafter – vermittelt durch die Obergesellschaft – eine **ununterbrochene Mitunternehmerkette besteht.** Daher muß die Obergesellschaft Mitunternehmerin des Betriebs der Untergesellschaft und der Obergesellschafter seinerseits Mitunternehmer des Betriebes der Obergesellschaft sein.

2.2.3.2.1 Obergesellschaft als Mitunternehmerin

Die Obergesellschaft muß Mitunternehmerin der Untergesellschaft sein, d. h. die Obergesellschaft muß gegenüber der Untergesellschaft alle Merkmale, die an eine Mitunternehmerschaft gestellt sind, erfüllen Die Gesellschafter in ihrer gesamthänderischen Verbundenheit, nicht jeder einzelne Gesellschafter der Obergesellschaft, müssen ein Mitunternehmerrisiko tragen und Mitunternehmerinitiative entfalten können.

2.2.3.2.2 Mittelbare Gesellschafter als Mitunternehmer der Obergesellschaft

Der Obergesellschafter (Gesellschafter der Obergesellschaft) ist gleichzeitig Mitunternehmer der Untergesellschaft, wenn er Mitunternehmer der Obergesellschaft ist. Erfüllt er die Merkmale eines Mitunternehmers zur Obergesellschaft (Mitunternehmerrisiko, Unternehmerinitiative), ist er gleichzeitig als Mitunternehmer der Untergesellschaft anzusehen, ohne daß es einer Prüfung bedarf, ob er alle Merkmale eines Mitunternehmers gegenüber der Untergesellschaft erfüllt. Sie wird vom Gesetzgeber unterstellt.

2.2.3.2.3 Vermittlung der Mitunternehmerschaft durch eine Personengesellschaft

Nach dem Gesetzeswortlaut muß eine Personengesellschaft die Mitunternehmerschaft vermitteln. Der Begriff der Personengesellschaft umfaßt sowohl die Personenhandelsgesellschaff als auch die **Gesellschaften bürgerlichen Rechts.** Im Sinne des § 15 Abs. 1 Nr. 2 Satz 2 ist auch die Gesellschaft bürgerlichen Rechts mitunternehmerfähig. Unter die Personengesellschaften fallen somit die OHG, die KG, die GbR, die atypisch stille Gesellschaft, die GmbH & Co KG und m. E. auch die atypische GmbH & Still.

Fraglich ist jedoch die Anwendung des § 15 Abs. 1 S. I Nr. 2 Satz 2 auf die **atypisch stille Unterbeteiligung.** Nach h. M. ist der atypisch stille Unterbeteiligte grundsätzlich nur im Verhältnis zum Hauptbeteiligten, nicht jedoch innerhalb der Hauptgesellschaft Mitunternehmer i. S. des § 15 Abs. 1 Satz 1 Nr. 2 (Seer, StuW 1992, 44; Märkle, DStZ. 1985, 508).

2.2.3.2.4 Mitunternehmer des Betriebes

Die Obergesellschaft muß Mitunternehmer des Betriebes der Gesellschaft sein. Die Obergesellschaft muß selbst gewerblich tätig sein. **Fraglich** ist eine eigene gewerbliche Betätigung, wenn die Obergesellschaft abgesehen von dem Halten der Beteiligung an anderen Personengesellschaften lediglich eine Holdingfunktion hat (vgl. Biergans, DStR 1990, 655; A. Schmidt, Einkommensteuerliche Leistungsbeziehungen bei Personengesellschaften 1990, S. 169; Schmidt, StuW 1988, 245; 249; Schulze zur Wiesche, DB 1988, 252).

Es dürfte jedoch **nicht** Sinn und Zweck der Gesetzesänderung sein, den Durchgriff nur auf Personengesellschaften, die einen eigenen Gewerbebetrieb haben, zu beschränken. Vielmehr läuft die Zielrichtung des Gesetzgebers gerade darauf hin, solche Personengesellschaften zu erfassen, die lediglich Beteiligungen vermitteln, um die Vergütungen für Leistungen eines mittelbaren Gesellschafters an den Betrieb, den die Beteiligungsgesellschaft vermittelt, den Vergütungen eines unmittelbar Beteiligten gleichzustellen.

2.2.3.3 Gleichstellung des mittelbar Beteiligten mit einem unmittelbar Beteiligten

2.2.3.3.1 Grundsätze

Der mittelbar Beteiligte wird (ab VZ 1992) einem unmittelbar Beteiligten gleichgestellt. Die Beziehungen sind so zu bewerten, als sei die Obergesellschaft unmittelbar an der Untergesellschaft beteiligt. Besteht eine ununterbrochene „Mitunternehmerkette" von der Untergesellschaft bis zum Obergesellschafter, ist dieser sowohl Mitunternehmer der Obergesellschaft als auch Mitunternehmer der Untergesellschaft. Das führt dazu, daß die Vergütungen, die der Obergesellschafter von der Untergesellschaft für Leistungen i. S. des § 15 Abs. 1 S. 1 Nr. 2 erhält, ihm auf der Ebene der Untergesellschaft zuzurechnen sind. Daher sind dem Gesamtgewinn der Untergesellschaft die an den Obergesellschafter gewährten Vergütungen wieder hinzuzurechnen.

Beispiel:
B ist Kommanditist der A-KG. Diese ist wiederum Kommanditist in der X-GmbH & Co. KG, deren Geschäftsführer B ist. B erhält von der X-GmbH & Co. KG ein Geschäftsführergehalt von jährlich 150 000 DM.

B ist Mitunternehmer der X-GmbH & Co. KG. Die Mitunternehmerschaft wird vermittelt durch die Mitunternehmerschaft der A-KG, deren Mitunternehmer B ist, an der X-GmbH & Co. KG.

2.2.3.3.2 Sonderbetriebsvermögen

§ 15 Abs. 1 Satz 1 Nr. 2 2. Halbsatz umfaßt Vergütungen für Tätigkeiten, Darlehen und Nutzungsüberlassungen (Sonderbetriebsvermögen I). Die Rechtsprechung hat jedoch die Vorschriften dahingehend erweitert, daß Wirtschaftsgüter, die der Beteiligung dienen, ebenfalls als Sonderbetriebsvermögen (Sonderbetriebsvermögen II) zu behandeln sind. Also sind auch Erträge, die der Gesellschafter im Zusammenhang mit der Beteiligung erhält, als Sonderbetriebseinnahmen zu erfassen. § 15 Abs. 1 Nr. 2 Satz 2 will sicherstellen, daß § 15 Abs. 1 Nr. 2 Satz 1 in dem Umfang, wie ihn die Rechtsprechung interpretiert hat (ob zu Recht oder Unrecht kann hier unerörtert bleiben) auch auf den mittelbaren Gesellschafter Anwendung findet.

Weitere Folge der Beteiligung ist, daß Wirtschaftsgüter, die der mittelbare Beteiligte der Untergesellschaft zur Nutzung überlassen hat, bei der Gewinnermittlung dieser zuzurechnen sind, auch wenn die Wirtschaftsgüter der Beteiligung an der Obergesellschaft dienen, somit im Verhältnis zu dieser die Voraussetzungen der Zurechnung als Sonderbetriebsvermögen II erfüllen. Der BFH hat bereits in früheren Entscheidungen entschieden, daß im Konfliktfalle das Sonderbetriebsvermögen I Vorrang hat. Grundsätzlich ist davon auszugehen, daß auch Sonderbetriebsvermögen II unter die Vorschrift des § 15 Abs. 1 Satz 1 Nr. 2 Satz 2 fällt.

Beispiel:
A, der Gesellschafter der Obergesellschaft ist, hat der Untergesellschaft, an der er selbst nicht unmittelbar beteiligt ist, ein Fabrikgrundstück überlassen.

Das Grundstück ist im Verhältnis zur Obergesellschaft Sonderbetriebsvermögen II, da es der Beteiligung an der Obergesellschaft dient, aber durch § 15 Abs. 1 Nr. 2 Satz 2 Sonderbetriebsvermögen I der Untergesellschaft, weil es dieser unmittelbar dient. Sonderbetriebsvermögen I hat Vorrang.

2.2.3.4 Verfahren der Gewinnfeststellung

Der mittelbar Beteiligte ist sowohl Mitunternehmer der Gesellschaft, an der er unmittelbar beteiligt ist, als auch Mitunternehmer der Gesellschaft, an der er über die Obergesellschaft lediglich mittelbarer Mitunternehmer ist, von der er jedoch Vergütungen für dieser gegenüber erbrachte Leistungen erhält. Er ist daher in die Gewinnfeststellung beider Personengesellschaften einzubeziehen.

Beispiel:
A ist Gesellschafter der A-OHG, an der er mit B und C zu je einem Drittel beteiligt ist. Die A-OHG ist wiederum an der X-KG mit 90 v. H. beteiligt. Die restlichen 10 v. H. hält die X-(Komplementär-) GmbH. Der Gewinnanteil der A-OHG am Gewinn der X-KG betrug in 01 1 080 000 DM. A hat der X-KG Aufträge vermittelt und von dieser Provisionen in Höhe von 150 000 DM erhalten. Der Handelsbilanzgewinn der X-KG beträgt für 01 1 200 000 DM, der A, B, C-OHG 600 000 DM (hierin ist der Gewinnanteil der OHG aus der KG bereits **enthalten**).

a) **Gewinnfeststellung der X-KG**

	X-KG: Gesamt	A-OHG (90 v.H)	X-GmbH (10 v.H)	A
Gesamtgewinn	1 200 000	1 080 000	120 000	–
+ Sondervergütungen	+ 150 000	–	–	150 000
steuerlicher Gewinnanteil	1 350 000	1 080 000	120 000	150 000

b) **Gewinnfeststellung der A-OHG:**

	Gesamt	A	B	C
	600 000	200 000	200 000	200 000

Die gewerblichen Einkünfte des A betragen aus der

1. X-KG   150 000 DM
2. A-OHG   200 000 DM
                    ―――――――――
                    350 000 DM

2.2.4 Einzelne Mitunternehmerschaften

2.2.4.1 OHG

Betreiben zwei oder mehr Kaufleute gemeinsam ein Handelsgewerbe, geschieht dies in der Rechtsform der OHG, **unabhängig** davon, ob ein schriftlicher OHG-Vertrag vorliegt oder die Gesellschaft in das Handelsregister eingetragen ist. Handwerker können als **Sollkaufleute** eine OHG gründen; die OHG entsteht hier **erst mit der Eintragung** in das Handelsregister.

Die OHG ist eine Handelsgesellschaft, bei der die Gesellschafter unbegrenzt für die Gesellschaftsschulden mit ihrem Privatvermögen haften (§ 128 HGB). Grundsätzlich sind alle Gesellschafter zur Geschäftsführung und Vertretung berechtigt und verpflichtet. Der Gesellschaftsvertrag kann jedoch Gesellschafter von der Geschäftsführung ausschließen. Diese sind dann auf Widerspruchsrechte und Kontrollrechte beschränkt.

Die OHG schließt unter ihrer Firma Rechtsgeschäfte ab (§ 124 HGB); berechtigt und verpflichtet sind jedoch die Gesellschafter in ihrer gesamthänderischen Gebundenheit. Auch Rechtsgeschäfte zwischen Gesellschaft und Gesellschafter werden zivilrechtlich anerkannt. So kann ein Gesellschafter mit der Gesellschaft ein Arbeitsverhältnis abschließen, einen Miet- oder Pachtvertrag begründen oder der Gesellschaft ein Darlehen gewähren. Die Leistungen, die die Personengesellschaft im Rahmen dieser Rechtsverhältnisse erbringt, sind für die OHG handelsrechtlich Betriebsausgaben. **Ertragsteuerlich hat** die OHG keine eigene Rechtsfähigkeit, einkommensteuerpflichtig sind die Gesellschafter. Bemessungsgrundlage für die Einkommensteuer ist der Gewinnanteil des Gesellschafters am Gesamtgewinn (vgl. nachfolgend 2.2.4).

Der Gesellschafter einer OHG ist in der Regel als Mitunternehmer anzusehen, weil er das Unternehmerwagnis wegen seiner persönlichen Haftung voll trägt, das gilt auch dann, wenn er von der Geschäftsführung ausgeschlossen ist.

Die Europäische wirtschaftliche Interessenvereinigung (**EWIV**) unterliegt nach § 1 des EWIV-Ausführungsgesetzes vom 14.4.1988 (BGBl I S. 514) den für eine OHG geltenden Rechtsvorschriften. Dies gilt auch für das ESt-Recht (H 138 [1]).

2.2.4.2 Kommanditgesellschaft

Die Kommanditgesellschaft ist eine Personenhandelsgesellschaft, bei der mindestens ein Gesellschafter persönlich haftet (Komplementär), die übrigen lediglich mit ihrer Einlage haften (§ 161 HGB).

Die Kommanditgesellschaft entsteht als solche erst mit der Eintragung ins Handelsregister. Hat diese vor der Eintragung in das Handelsregister den Geschäftsbetrieb aufgenommen, wird sie bis zur Eintragung als OHG behandelt, wenn sie ein Grundhandelsgewerbe i. S. des § 1 HGB betreibt.

Die Komplementäre sind auch dann als Mitunternehmer anzusehen, wenn ihre Stellung so eingeschränkt ist, daß sie als Arbeitnehmer anzusehen sind, z. B. wenn sie im Innenverhältnis weisungsgebunden sind und von der Haftung freigestellt wurden (vgl. BFH, BStBl 1987 II 33, BStBl 1987 II 60). Die Kommanditisten sind in der Regel auch als Mitunternehmer anzusehen, wenn ihre Rechtsstellung dem Regelstatut des HGB entspricht, d. h. ihnen muß das Widerspruchsrecht des § 164 HGB zustehen und ihr Stimmrecht in der Gesellschafterversammlung darf keinen Beschränkungen unterliegen. Darüber hinaus müssen die Kommanditisten grds. am Vermögen beteiligt sein.

Liegen die Voraussetzungen für eine Mitunternehmerschaft nicht bei Kommanditisten vor, sind sie wie Kapitalgeber zu behandeln, insbesondere dann, wenn ihre Rechtsstellung der eines typischen stillen Gesellschafters entspricht.

Beispiel:

Gesellschafter der A-KG sind A als Komplementär, B und C sind Kommanditisten. Die Kommanditbeteiligungen sind ihnen von A geschenkt worden. Nach dem Gesellschaftsvertrag haben B und C kein Widerspruchsrecht hinsichtlich von Maßnahmen, die über die laufende Geschäftsführung hinausgehen und hat A die Mehrheit der Stimmrechte in der Gesellschafterversammlung. Nach dem Gesellschaftsvertrag reicht für alle Beschlüsse die einfache Mehrheit aus. A ist berechtigt, das Gesellschaftsverhältnis mit B und C jederzeit zu kündigen und das Gesellschaftsvermögen zum Buchwert zu übernehmen.

B und C haben die Rechtsstellung von stillen Gesellschaftern und haben daher Einkünfte nach § 20 Abs. 1 Nr. 4.

2.2.4.3 Gesellschaft des bürgerlichen Rechts (GbR)

Die Gesellschaft bürgerlichen Rechts (§§ 705 ff. BGB) ist keine Handelsgesellschaft i. S. des HGB; sie fällt unter die „anderen" Gesellschaften. Steuerliche Voraussetzung ist ebenfalls, daß die Gesellschafter als Mitunternehmer anzusehen sind.

Die Gesellschaft des bürgerlichen Rechts ist die Gesellschaftsform insbesondere für **Handwerker und Minderkaufleute,** wenn der Gesellschaftszweck sich nicht auf das Betreiben eines Handelsgewerbes erstreckt. Sie ist auch die Rechtsform von Zusammenschlüssen zwischen Freiberuflern.

Dient die Gesellschaft bürgerlichen Rechts als Rechtsform für das gemeinsame Betreiben eines Gewerbes, liegt eine Mitunternehmerschaft vor.

Beispiel:

Zwei Bauhandwerker A und B schließen sich zu einem gemeinsamen Betrieb eines Baugeschäftes zusammen. Sie haben sich bisher nicht in das Handelsregister eintragen lassen. A und B betreiben kein Grundhandelsgewerbe, solange sie nicht im Handelsregister eingetragen sind, liegt weder eine OHG noch KG vor. Ihr Zusammenschluß ist daher als GbR zu werten.

2.2.4.4 Stille Gesellschaft

Die stille Gesellschaft kann ebenfalls unter den Begriff der „anderen" Gesellschaft fallen. Sie wird steuerlich dann als Mitunternehmerschaft behandelt, wenn der stille Gesellschafter als Mitunternehmer anzusehen ist. In der Regel ist der stille Gesellschafter als Kapitalgeber anzusehen. Das ist der Fall, wenn sich die vertraglichen Vereinbarungen und auch die Durchführung der Gesellschaft im Rahmen der in §§ 230 ff HGB für die stille Gesellschaft aufgestellten Normen halten.

Es liegt jedoch **ein atypisch** stilles Gesellschaftsverhältnis vor, wenn der stille Gesellschafter wirtschaftlich so gestellt ist, als wäre er **am Vermögen** beteiligt und wenn er im **Innenverhältnis nicht** auf die Kontrollrechte beschränkt ist und seine Stellung wie die eines Kommanditisten ausgestaltet ist. Wirtschaftlich ist er am Vermögen beteiligt, wenn er im Falle seines Ausscheidens an den stillen Reserven der Substanz und anteilig am Geschäftswert beteiligt ist. Vgl. BFH, BStBl 1986 II 311, BStBl 1994 II 700.

Beispiel:

B hat sich mit einer Einlage von 200 000 DM an dem Unternehmen des A als stiller Gesellschafter beteiligt. B erhält dafür 20 v. H. vom Handelsbilanzgewinn des A. Im Falle der Beendigung des Gesellschaftsverhältnisses erhält er seine Einlage zurück, außerdem wird ihm sein Anteil an den mit Beginn des Gesellschaftsverhältnisses eingetretenen Wertsteigerungen einschließlich des Firmenwerts entsprechend seiner Gewinnbeteiligung ausgezahlt. B steht ferner das Widerspruchsrecht nach Art eines Kommanditisten gem. § 164 HGB zu.

B ist als atypischer stiller Gesellschafter und somit als Mitunternehmer des A anzusehen.

Der stille Gesellschafter einer GmbH & Co. KG, der gleichzeitig Gesellschafter-Geschäftsführer der Komplementär-GmbH ist, ist trotz fehlender Beteiligung an den stillen Reserven wegen der stark ausgeprägten Mitunternehmerinitiative als **atypischer** stiller Gesellschafter anzusehen (BFH, BStBl 1994 II 702).

Auch der Gewinnanteil des atypisch stillen Gesellschafters wird durch Vermögensvergleich ermittelt. Grundlage ist die Bilanz des Handelsgewerbetreibenden (BFH, BStBl 1984 II 820). Der Anspruch auf den Gewinnanteil entsteht mit Ablauf des Wirtschaftsjahres. Auf den Zufluß kommt es hier nicht an.

Vgl. Tz 18 Mitunternehmererlaß.

2.2.4.5 Unterbeteiligung

Von einer Unterbeteiligung spricht man dann, wenn sich ein Kapitalgeber an dem Anteil eines Gesellschafters einer Personengesellschaft oder GmbH unterbeteiligt. Auch eine Unterbeteiligung an einer atypischen stillen Beteiligung ist möglich. Es handelt sich hier ebenso wie bei der stillen Gesellschaft um eine **Innengesellschaft.** Die Unterbeteiligung ist gesetzlich nicht geregelt. Auf sie finden die Vorschriften über die Gesellschaft bürgerlichen Rechts und die der stillen Gesellschaft entsprechende Anwendung. **In der Regel** ist davon auszugehen, daß der Unterbeteiligte einem stillen Gesellschafter ähnliche Einkünfte aus **Kapitalvermögen hat,** jedoch aus § 20 Abs. 1 Nr. 7.

Die Unterbeteiligung kann **jedoch auch eine Mitunternehmerschaft** sein, wenn der Unterbeteiligte an den stillen Reserven des Hauptanteils beteiligt ist und Einfluß auf die Unternehmerinitiative des Hauptbeteiligten ausüben kann (BFH, BStBl 1987 II 54), also im Innenverhältnis die Stellung eines Kommanditisten hat.

In der Regel begründen der Hauptbeteiligte und der Unterbeteiligte eine selbständige Mitunternehmerschaft neben der Personengesellschaft. Der Gewinnanteil des Hauptbeteiligten ist Gegenstand der Gewinnfeststellung nur beim Unterbeteiligungsverhältnis.

Ausnahmsweise kann der Unterbeteiligte auch **Mitunternehmer der Hauptgesellschaft** sein trotz der mittelbaren Vermögensbeteiligung, wenn er zur Hauptgesellschaft in **unmittelbaren** Rechtsbeziehungen steht, z. B. wenn er als Prokurist der Hauptgesellschaft Einfluß auf die Geschäftspolitik hat.

Ist die Unterbeteiligung allen Beteiligten bekannt, kann die Gewinnfeststellung für die Hauptgesellschaft und die Gewinnfeststellung für die Unterbeteiligung in einem Verfahren zusammengefaßt werden, wenn alle Beteiligten einverstanden sind (BFH, BStBl 1995 II 531).

Eine **Rückfallklausel** für bestimmte Fälle steht einer steuerlichen Anerkennung **nicht** entgegen (BFH BStBl 1994 II 635), wohl jedoch Vereinbarungen, die die Rechte des Unterbeteiligten einseitig beschränken (BFH, BStBl 1996 II 269).

2.2.5 Gewerbliche Einkünfte aus der Mitunternehmerschaft

2.2.5.1 Allgemeines

Zu den gewerblichen Einkünften aus der Mitunternehmerschaft gehören alle Einkünfte, die ein Mitunternehmer im Rahmen dieser Tätigkeit erzielt. Hierzu zählt **nicht nur der Gewinnanteil, sondern alle Vergütungen, die ein Gesellschafter im Zusammenhang mit dieser Tätigkeit erhält.** Entscheidend ist die **Veranlassung** und nicht die Zahlung durch die Gesellschaft. Auch Vergütungen, die von dritter Seite gezahlt werden, sind als gewerbliche Einkünfte aus der Mitunternehmerschaft zu behandeln, wenn sie durch das Gesellschaftsverhältnis veranlaßt sind.

Beispiel 1:

A ist Kommanditist einer Schiffsfinanzierungsgesellschaft, im Interesse der Gesellschaft vermittelt er neue Kommanditisten und läßt sich von diesen Maklerprovisionen zahlen.

Die Maklerprovisionen gehören mit zu den Einkünften aus der Mitunternehmerschaft (vgl. BFH, BStBl 1980 II 275, 277 und 499). Ebenso Vermittlungsprovisionen der KG an Gesellschafter (BFH vom 23.10.1986, StRK EStG, § 15 Abs. 1 Nr. 2 Mituntern. Eink. R. 31).

Beispiel 2:

A ist Kommanditist der X-KG. Er ist gleichzeitig Eigentümer eines Mietshauses, dessen Wohnungen er an Arbeitnehmer der KG vermietet. Die Mieten werden von diesen unmittelbar an A gezahlt. Sie stellen Vergütungen i. S. § 15 Abs. 1 Nr. 2 dar.

Der Umfang der gewerblichen Einkünfte aus einer Mitunternehmerschaft ergibt sich unmittelbar aus § 15 Abs. 1 Nr. 2. Hiernach sind gewerbliche Einkünfte „ ... auch die Vergütungen, die der Gesellschafter für seine Tätigkeit im Dienst der Gesellschaft oder für die Hingabe von Darlehen oder für die Überlassung von Wirtschaftsgütern bezogen hat".

Somit besteht der gewerbliche Gewinn eines Mitunternehmers aus der Gesellschaft aus 2 Komponenten: dem **Gewinnanteil** und den **Sondervergütungen**.

Sinn und Zweck dieser Vorschrift ist es, den Mitunternehmer einem Einzelunternehmer, was die Besteuerung seiner gewerblichen Einkünfte angeht, gleichzustellen (BFH, BStBl 1980 II 275 und BStBl 1983 II 688), jedoch nur, soweit das Gesetz eine Gleichstellung zuläßt (BFH, BStBl 1988 II 883).

Dabei wurden verschiedene Theorien entwickelt:

- **Bilanzbündeltheorie aufgegeben**

In der Rechtsprechung (BFH, BStBl 1979 II 172) und Literatur (z.B. Messmer StbJb 1972/1973, 127) war lange Zeit die sogenannte „Bilanzbündeltheorie" vertreten worden, wonach jeder Mitunternehmer seinen einzelnen Gewerbebetrieb hat, der aus seinem Miteigentumsanteil am Gesamthandsvermögen und seinem Sonderbetriebsvermögen besteht, so daß die Bilanz der Personengesellschaft lediglich eine Zusammenfassung von Einzelbilanzen der Gesellschafter ist. Rechtsgrundlage für diese Ansicht war § 39 AO, wonach das Gesamthandsvermögen auf die Beteiligten nach Bruchteilen aufzuteilen ist. Diese Theorie ist **aufgegeben**.

- **Beitragstheorie anzuwenden**

Nach Woerner (BB 1974, 596 ff., BB 1975, 745) sind neben dem Gewinnanteil des Gesellschafters auch die Sondervergütungen (Vergütungen, die der Gesellschafter für seine Tätigkeit im Dienste der Gesellschaft oder für die Hingabe von Darlehen oder für die Überlassung von Wirtschaftsgütern bezogen hat) als Einkünfte aus Gewerbebetrieb zu qualifizieren, sofern diese Gesellschafterleistungen im Gesellschaftsverhältnis begründet sind.

Bei den in § 15 Abs. 1 Nr. 2 Satz 1, 2. Halbs. aufgeführten Sondervergütungen handelt es sich um nichts anderes als um Erträge aus Leistungen, die zwar nicht im Gewand gesellschaftsrechtlicher Beziehungen zwischen den Gesellschaftern und der Gesellschaft erbracht werden, die aber bei wirtschaftlicher Betrachtungsweise als **Beiträge** anzusehen sind, die der **Gesellschafter zur Förderung des gemeinsamen Zweckes** einsetzt; vgl. auch 2.2.4.3.

- **Konsolidierungstheorie**

Das Gesamthandsvermögen und die Beiträge der Gesellschafter zum Gesellschaftszweck stellen nach Döllerer, DStZ A 1975 (11 ff.) eine wirtschaftliche **Einheit** dar. Der Betrieb der Gesellschaft und der Sonderbetrieb ihrer Gesellschafter bilden eine Einheit in der Hand der Gesellschaft. **Subjekt der Gewinnermittlung** ist – entsprechend der zivilrechtlichen Rechtszuständigkeit der Gesamthand – hiernach die **Personengesellschaft** (vgl. auch Döllerer, DStZ 1983, 179). Für die Feststellung der **Einkunftsart** und die **Einkunftsermittlung** ist auf die **Gesellschaft** abzustellen (BFH, BStBl 1984 II 751, 761, 764).

Gewinnanteile und Sondervergütungen gehören zum **steuerlichen Gesamtgewinn** der Personengesellschaft (BFH, BStBl 1981 II 84; BStBl 1981 II 170; 1979 II 763).

Grundlage für die Gewinnanteile der Gesellschafter ist der **Handelsbilanzgewinn der Gesellschaft** mit den sich aus § 5 Abs. 6 (Bewertungsvorbehalt) ergebenden Korrekturen für das Steuerrecht. Vgl. auch § 60 Abs. 2 EStDV.

Als weitere Komponente tritt neben den Gewinn der Personengesellschaft der Sondergewinn der Gesellschafter, der sich aus den **Sonderbetriebseinnahmen** sowie **Sondervergütungen** ergibt. Es handelt sich hierbei um eine selbständige Gewinnermittlung, die den Gewinn der Personengesellschaft selbst unberührt läßt, sondern diesen lediglich ergänzt. Der Gewinn im sogenannten **Sonderbereich** wird nach den gleichen Grundsätzen ermittelt wie der Gewinn der Personengesellschaft (durch Vermögensvergleich nach § 5) mangels expliziter Vorschriften. Grundlage für die Gewinnermittlung im Sonderbereich ist daher das Sonderbetriebsvermögen. Der Sonderbereich erfaßt nicht nur die Gewinnermittlung des Sonderbetriebsvermögens, sondern auch Sonderbetriebseinnahmen und Sonderbetriebsausgaben. Die Sonderbilanz enthält Gewinnkorrekturen, die nicht die Gesamthand, sondern den Gewinn der einzelnen Gesellschafter berühren. Da handelsrechtlicher Gewinnanteil und Sondervergütungen **getrennt** zu ermitteln sind, darf die Gewinnermittlung nicht in einer einheitlichen Bilanz sowie Gewinn- und Verlustrechnung erfolgen. Vgl. auch 2.2.4.4.

Der Gesamtgewinn der Mitunternehmerschaft setzt sich wie folgt zusammen (= additive Gewinnermittlung):

Gewinn der Personengesellschaft gemäß der aus der **Handelsbilanz** abgeleiteten **Steuerbilanz**
+ Ergebnis einer etwaigen **Ergänzungsbilanz** für einzelne Mitunternehmer
(= Wertkorrekturen gegenüber den Steuerbilanzansätzen der Gesellschaft)
= Steuerbilanz-Gewinn/Verlust der Personengesellschaft
+ „Sondergewinne" einzelner Mitunternehmer
- Sondervergütungen von der Gesellschaft i. S. von § 15 Abs. 1 Nr. 2 Satz 1, 2. Halbs.
- Sonstige Sonderbetriebseinnahmen, z. B. aus Sonderbetriebsvermögen I und II
- abzüglich Sonderbetriebsausgaben, soweit nicht bei den Sondervergütungen berücksichtigt
= steuerlicher Gesamtgewinn der Mitunternehmerschaft

2.2.5.2 Gewinnanteil

Der Gewinnanteil des einzelnen Gesellschafters ergibt sich aus der Verteilung des Gewinnes der Gesellschaft. Grundlagen hierfür sind die handelsrechtlichen Vorschriften:

- für die OHG § 120, 121 HGB
- für die KG §§ 167, 168 i. V. m. §§ 120, 121 HGB
- für die stille Gesellschaft §§ 231, 232 HGB.

Da die handelsrechtlichen Vorschriften dispositiver Natur sind, ist in der Regel **Grundlage** für die Verteilung des Gewinns der Gesellschaft der **Gesellschaftsvertrag**. Diese Gewinnverteilungsvereinbarungen werden grundsätzlich auch steuerlich anerkannt (BFH, BStBl 1981 II 163), es sei denn, die Bedingungen sind nicht nach kaufmännischen Gesichtspunkten abgewogen, wie es vielfach bei Familiengesellschaften der Fall ist. Vorabgewinne, die den Handelsbilanzgewinn **nicht** als Aufwand gemindert haben, sind Bestandteil des Gewinnanteils. Von diesen Vorwegvergütungen sind jedoch die Sondervergütungen zu unterscheiden, die im Rahmen von Drittbeziehungen geregelt sind und daher als Betriebsausgaben auch den Steuerbilanzgewinn der Gesellschaft gemindert haben (sofern es sich nicht um aktivierungspflichtigen Aufwand, also um Herstellungskosten oder Anschaffungskosten bei der Gesellschaft handelt).

2.2.5.3 Sondervergütungen

Wie bereits ausgeführt, bilden die Sondervergütungen die zweite Komponente bei der Ermittlung des gewerblichen Gewinnes aus einer Mitunternehmerschaft. Die Vergütungen für **Tätigkeiten im Dienste der Gesellschaft, die Zinsen** für die **Überlassung von Darlehen** und die **Vergütungen für Nutzungsüberlassungen** sind daher dem Handels- bzw. Steuerbilanzgewinn der Personengesellschaft, der bilanziell unverändert bleibt, wieder hinzurechnen.

Hierzu **gehören auch Vergütungen**, die als **nachträgliche Einkünfte** bezogen werden, § 15 Abs. 1 Nr. 2 **Satz 2.**

Zur bilanziellen Darstellung vgl. 2.2.4.4. Vgl. auch BFH, BStBl 1986 II 304 und 838 und BStBl 1991 II 401.

2.2.5.3.1 Tätigkeitsvergütungen

Nach der Rechtsprechung (BFH, HFR 1965, 159; BStBl 1979 II 757; 763, 767; BStBl 1980 II 274, 269) ist das Merkmal „Tätigkeit im Dienste der Gesellschaft" in einem **weiten Sinne** zu verstehen. Aus dem Gesetz ergibt sich **nicht**, daß die Tätigkeit **nur** auf die Leistung von Diensten aufgrund eines **Dienstvertrages** (§ 611 ff. BGB) beschränkt ist; sie kann sich auch auf die Herstellung eines Werkes (§ 631 BGB) oder auf den Gesellschafter übertragene andere Geschäfte beziehen (§ 675 BGB). Das gilt auch dann, wenn er sich zur Erfüllung seiner Dienstleistungspflicht einer eigenen Organisation mit Hilfskräften bedient. Die Vergütungen sind selbst dann den gewerblichen Einkünften der Mitunternehmerschaft zuzurechnen, wenn sich der Gesellschafter einer BGB-Gesellschaft bedient, deren Teilhaber er ist (BFH, BStBl 1979 II 763, BStBl 1979 II 767).

Nicht jede Vergütung der Gesellschaft an den Gesellschafter stellt eine Sondervergütung dar, sondern nur solche, die durch das Gesellschaftsverhältnis veranlaßt sind.

An der **gesellschaftlichen Veranlassung besteht** kein Zweifel, wenn die **Pflicht** des Gesellschafters, Leistungen zu erbringen, Inhalt des Gesellschaftsvertrages ist. Durch das Gesellschaftsverhältnis veranlaßt ist die Tätigkeit gegen gesonderte Vergütung **auch** dann, wenn ein Gesellschafter aufgrund **schuldrechtlichen Vertrages** seine Arbeitskraft ausschließlich für die Gesellschaft für solche Tätigkeiten ausübt, die auf die Verwirklichung des Gesellschaftszweckes gerichtet sind.

Gleiches gilt vor allem dann, wenn der Gesellschafter in Aufgabenbereichen tätig ist, die für die Erfüllung des Gesellschaftsvertrages wesentlich sind. Es ist hierbei unerheblich, ob diese Tätigkeit auch von Nichtgesellschaftern als Arbeitnehmer oder Auftragnehmer durchgeführt werden können oder ob solche in gleichen Aufgabenbereichen tätig sind. Es fallen hierunter nicht nur qualifizierte Tätigkeiten, auch Büroarbeiten und Schreibmaschinenarbeiten durch einen Gesellschafter sind grundsätzlich Tätigkeiten, die durch das Gesellschaftsverhältnis voranlaßt sind (BFH, BStBl 1980 II 271). **Entscheidend ist, daß diese Tätigkeit in irgendeiner Weise den Gesellschaftszweck fördert.** Leistungen der Gesellschafter, die sich im Ertrag niederschlagen, fördern im Zweifel den Gesellschaftszweck.

Dennoch stellt **nicht jede Vergütung** an den Gesellschafter eine solche im Sinne des § 15 Abs. 1 Nr. 2 dar, insbesondere dann nicht, wenn die Verbindung von Leistung gegenüber der Gesellschaft und Gesellschafterstellung eine **zufällige** ist.

Beispiel:

Ein Arbeitnehmer erbt einen Kommanditanteil, den er alsbald wieder veräußert. Das Gehalt fällt weiter unter § 19.

Zum Arbeitnehmer-Kommanditisten vgl. auch BFH, BFH/NV 1993, 156 = grds. Sondervergütung.

Zur Tätigkeitsvergütung gehört **auch der Arbeitgeberanteil zur gesetzlichen Sozialversicherung** (BFH, BStBl 1992 II 812).

Die gesellschaftliche Veranlassung muß nicht bereits bei Vertragsabschluß vorliegen. Die gesellschaftliche Veranlassung wird auch dann bejaht, wenn ein Rechtsverhältnis, z. B. ein Arbeitsverhältnis, das bereits vor Begründung des Gesellschaftsverhältnisses bestanden hat, fortgesetzt wird (vgl. BFH, BStBl 1982 II 192).

Erfüllt eine Sondervergütung eines Gesellschafters gleichzeitig die Voraussetzung einer **anderen Einkunftsart**, z. B. solcher aus freiberuflicher Tätigkeit oder solcher aus Vermietung und Verpachtung, so hat § 15 Abs. 1 Nr. 2 Vorrang (BFH, BStBl 1979 II 757). Die Vorschrift ist daher nicht nur sogenannte **Klassifikationsnorm**, sondern **auch eine Zuordnungsnorm** (BFH, BStBl 1983 II 570).

Sondervergütungen i. S. von § 15 Abs. 1 Nr. 2 2. Halbs. liegen **auch** vor, wenn **die Leistungen im Rahmen eines Einzelgewerbes des Gesellschafters erbracht** werden (BFH, BStBl 1979 II 750). Die Tzn 13 und 83 des Mitunternehmererlasses (BStBl 1978 I 8) sind **insoweit überholt**.

Beispiele:

Fall 1:

A ist Kommanditist der X-KG. Die X-KG hat mit ihm, vertreten durch den Komplementär, einen Anstellungsvertrag mit einem Jahresgehalt von 60 000 DM abgeschlossen. A ist Prokura erteilt worden.
Es handelt sich um Sondervergütungen (vgl. BFH, BStBl 1980 II 271; BStBl 1982 II 192).

Fall 2:

A ist Architekt und übt diesen Beruf selbständig aus. Gleichzeitig ist er Kommanditist einer Bauträgergesellschaft (X-KG). Aufgrund eines Baubetreuungsvertrages übernimmt er die Bauplanung und die Bauaufsicht. Die Vergütungen hierfür rechnet er mit der Personengesellschaft nach der Gebührenordnung für Architekten ab. Im Jahre 01 hat er insgesamt 170 000 DM Honorar von der Gesellschaft erhalten. Es handelt sich um Sondervergütungen (vgl. BFH, BStBl 1979 II 763; BStBl 1979 II 767).

Fall 3:

Die X-KG betreibt ein Verlagsunternehmen. Sie gibt u. a. eine Fachzeitschrift heraus. Die Gesellschafter sind nach dem Gesellschaftsvertrag verpflichtet, Beiträge für die Fachzeitschrift zu liefern. Die Beiträge werden zu den gleichen Bedingungen wie zwischen fremden Dritten honoriert.
Die Autorenhonorare sind als Sondervergütungen zu behandeln (BFH, BStBl 1979 II 237; BStBl 1979 II 757).

Fall 4:

A ist selbstständiger Provisionsvertreter. Im Rahmen dieses Gewerbes vermittelt er auch Abschlüsse für die X-KG, deren Kommanditist er ist. Die Provisionen fallen unter § 15 Abs. 1 Nr. 2 (vgl. BFH, BStBl 1979 II 750).

Fall 5:

A ist Steuerberater und übt diesen Beruf selbständig aus. Er ist **Gesellschafter** der × KG und über nimmt die Buchführung der KG. Es liegen Vergütungen i. S. des § 15 Abs. 1 Nr. 2 vor (BFH, BStBl 1980 II 269).

Die Sondervergütungen müssen bei der Personengesellschaft als Betriebsausgaben behandelt sein (Grundsatz der korrespondierenden Betrachtung (BFH, BStBl 1994 II 381)); dabei ist es **unerheblich**, ob **sofort** abziehbare BA oder aktivierungspflichtige Anschaffungs- oder Herstellungskosten vorliegen (BFH, DB 1996, 1380).

§ 15 Abs. 1 Nr. 2 ist grds. **nicht** anwendbar auf den Leistungsaustausch zwischen zwei gewerblich tätigen **gesellschafteridentischen** PersG (BFH, BStBl 1981 II 307; 433); siehe auch 2.2.8.

Das gilt jedoch **nicht** bei Sondervergütungen für Nutzungsüberlassungen; hier hat § 15 Abs. 1 Nr. 2 Halbsatz 2 Vorrang (BFH, BStBl 1985 II 622), anders neuerdings BFH, BStBl 1996 II 82 und BFH v. 23.4.1996 VIII R 13/95.

§ 15 Abs. 1 Nr. 2 Satz 1 2. Halbs. erfaßt **nicht**

– **Veräußerungsgeschäfte** zwischen der PersG und einen Mitunternehmer (BFH, BStBl 1978 II 191); vgl. aber 2.2.6
– **schuldrechtliche Beziehungen** der Mitunternehmer untereinander (BFH, a.a.O.).

2.2.5.3.2 Versorgungsleistungen an Rechtsnachfolger eines früheres Gesellschafters

§ 15 Abs. 1 Nr. 2 Satz 1 erfaßt seinem eindeutigen Wortlaut nach nur Vergütungen, „die der Gesellschafter (selbst) bezogen hat". Daher wird die Vorschrift durch Satz 2 entsprechend ergänzt. Die Vorschrift ist daher auch anwendbar auf **Versorgungsleistungen,** die eine Personengesellschaft einem Rechtsnachfolger, z.B. der selbst nicht als Mitunternehmerin beteiligten Witwe eines verstorbenen Gesellschafters, aufgrund des Gesellschaftsvertrags gewährt. Vgl. auch BFH, BStBl 1989 II 888.

Darüber hinaus gilt § 15 Abs. 1 Nr. 2 auch für alle Vergütungen, die als nachträgliche Einkünfte bezogen werden (§ 15 Abs. 1 Nr. 2 S. 2). Vgl. Bordewin, BB 1985, 1556.

Zur bilanziellen Behandlung der Rückstellung vgl. BFH, BStBl 1992 II 229 sowie BMF-Schreiben vom 10.3.1992, BStBl I 190.

2.2.5.3.3 Vergütungen für Darlehen

Zinsen für Gesellschafter-Darlehen gehören – soweit es sich um individualisierte Gesellschafterforderungen handelt – als Sondervergütungen zum gewerblichen Gewinn des Gesellschafters.

Es handelt sich bei den Zinsen um Betriebsausgaben, die den Handelsbilanzgewinn vermindern. Für die Darlehensgewährung gelten die gleichen Grundsätze wie für die Tätigkeitsvergütung. Sie sind ebenfalls durch das Gesellschaftsverhältnis veranlaßt.

Überlassen Gesellschafter einer **Privatbank** dieser **Einlagen in Form von Festgeld, Sparguthaben** usw., gehören die ihnen von der Bank **gutgeschriebenen Zinsen** ebenfalls nach § 15 Abs. 1 Nr. 2 Halbsatz 2 zu den gewerblichen Einkünften des Gesellschafters. Gesellschaftszweck der Gesellschaft, die ein Bankgeschäft betreibt, ist u.a., gewinnbringend Gelder auszuleihen. Diesen Zweck kann die KG umso besser verwirklichen, je mehr Mittel ihr zur Anleihung zur Verfügung stehen. Somit ist die Überlassung von Giro- und Sparguthaben eine Leistung, die den Gesellschaftszweck einer Bank fördert (BFH, BStBl 1980 II 275).

Gewinnanteile aus typisch stiller Beteiligung des Gesellschafters sind ebenfalls Sondervergütungen (BFH, BStBl 1984 II 605).

2.2.5.3.4 Vergütungen für Nutzungsüberlassungen

Überläßt ein Gesellschafter der Gesellschaft ein Wirtschaftsgut entgeltlich zur Nutzung, so ist das von der Gesellschaft an den Gesellschafter gewährte Entgelt eine Sondervergütung i.S. des § 15 Abs. 1 Nr. 2, sowie sie angemessen sind und im Falle der Beherrschung unter Bedingungen wie zwischen fremden Dritten stehen (BFH, BStBl 1989 II 500).

Unter den Begriff Nutzungsüberlassung fällt **jede** Art von Bereitstellung eines Wirtschaftsgutes für Zwecke der Personengesellschaft (BFH, BStBl 1991 II 789).

Es ist hierbei gleichgültig, ob diese Leistungen des Gesellschafters ausdrücklich im Gesellschaftsvertrag bedungen worden ist oder ob hier eine Sonderabmachung mit dem Gesellschafter im Rahmen eines Drittschuldverhältnisses abgeschlossen worden ist. Die Überlassung von Wirtschaftsgütern zur Nutzung durch die Gesellschaft ist eine Leistung eines Gesellschafters, die den Gesellschaftszweck fördert. Somit sind alle Vergütungen, die ein Gesellschafter von der Gesellschaft für die Nutzungsüberlassung von Gegenständen erhält, beim Gesellschafter als gewerblicher Gewinn zu behandeln.

Diese Mietzahlungen bleiben bei der Gesellschaft auch in der Steuerbilanz Betriebsausgaben und mindern daher entsprechend den Gewinn der Gesamthand. Eine Korrektur erfolgt in der Weise, daß Vergütungen, die bei der Gesellschaft als Aufwand behandelt wurden, außerhalb der Bilanz der Gesellschaft den gewerblichen Einkünften des Gesellschafters wieder hinzuzurechnen sind.

2.2.5.3.5 Sonderbetriebseinnahmen

Weiterhin sind bei der Ermittlung des steuerlichen Gesamtgewinns der Mitunternehmerschaft **Sonderbetriebseinnahmen** zu berücksichtigen (BFH, BStBl 1979 II 767, 1980 II 119; BFH, BB 1986, 176 und 185). Sie sind ebenfalls nach § 5 zu ermitteln (BFH, BStBl 1992 II 797). Verfahrensmäßig sind sie ebenfalls in die einheitliche und gesonderte Gewinnfeststellung einzubeziehen (BFH, BStBl 1985 II 577). Hierunter sind im wesentlichen Erträge zu verstehen, die der Gesellschafter durch den Einsatz von Wirtschaftsgütern erlangt, die der Beteiligung an der PersG dienen (sogenanntes Sonderbetriebsvermögen II). Vgl. auch BFH, BStBl 1988 II 667 (eigener Betrieb eines Personengesellschafters als Sonderbetriebsvermögen) und BStBl 1990 II 677 (Aktien im Eigentum von Mitunternehmern als Sonderbetriebsvermögen oder Privatvermögen).

> **Beispiele:**
> Gewinnausschüttungen einer Komplementär-GmbH an den Kommanditisten einer GmbH & Co. KG, sofern die GmbH-Anteile zum SBV II des Kommanditisten gehören (BFH, BStBl 1980 II 119).
> Zur Frage der Zugehörigkeit der GmbH-Anteile zum SBV vgl. BFH, BStBl 1985 II 236 und 241 (zur Einheitsbewertung des BV ergangen).
> - Erträge des Sonderbetriebsvermögens 1, soweit sie nicht bereits Sondervergütungen sind (z.B. Einnahmen aus Fremdvermietung des SBV I)
> - sonstige persönliche Erträge.
> Zur Abgrenzung von Betriebseinnahmen eines selbständigen Einzelunternehmens des Gesellschafters vgl. BFH, BStBl 1979 II 111.

Zur Frage des Vorrangs bei Konkurrenz **mehrerer** Sonderbetriebsvermögen vgl. BFH, BStBl 1988 II 679: Vorrang des Sonderbetriebsvermögens I. Siehe auch 2.2.3 (doppelstöckige Personengesellschaft).

§ 15 Abs. 3 Nr. 2 hat **Vorrang** vor § 15 Abs. 1 Nr. 2 Satz 1 Halbsatz 2 (BFH, BStBl 1996 II 93).

Der BFH hat damit entschieden, daß die Wirtschaftsgüter, die eine gewerblich tätige oder geprägte Personengesellschaft an eine ganz oder teilweise personenidentische Personengesellschaft (Schwestergesellschaft) vermietet, zum Betriebsvermögen der **vermietenden** Personengesellschaft und nicht als SonderBV zu dem BV der nutzenden Personengesellschaft gehören.

Abweichend davon gehören nach **Verwaltungsmeinung** die vermieteten Wirtschaftsgüter zum Betriebsvermögen der nutzenden Personengesellschaft, wenn die Überlassung der Wirtschaftsgüter durch die vermietende Personengesellschaft ausschließlich im Interesse eines, mehrerer oder aller Gesellschafter liegt. Ein derartiges eigenwirtschaftliches Interesse der Gesellschafter der vermietenden Gesellschaft an der Vermietung ist zu vermuten, wenn

- zu Bedingungen vermietet wird, die unter fremden Dritten nicht üblich sind, oder
- eine eigene Leistungspflicht der Gesellschafter gegenüber der nutzenden Personengesellschaft besteht, zu deren Erfüllung sich die Gesellschafter der überlassenden Personengesellschaft bedienen. Dies kann z.B. der Fall sein, wenn das überlassene Wirtschaftsgut für die nutzende Personengesellschaft eine wesentliche Betriebsgrundlage darstellt. Vgl. BMF-Schreiben vom 18.1.1996, BStBl 1996 I 83. Vgl. dagegen BFH v. 23.4.1996 VIII R 13/95.

2.2.5.3.6 Sonderbetriebsausgaben

Sind persönliche Ausgaben eines Mitunternehmers durch den Betrieb oder die Beteiligung an der Mitunternehmerschaft veranlaßt, handelt es sich um Betriebsausgaben (§ 4 Abs. 4). Solche Ausgaben eines Gesellschafters, für die er von der Gesellschaft keinen Ersatz erhält, sind bei ihm als **Sonderbetriebsausgaben** zu berücksichtigen. Vgl. auch BFH, BStBl 1986 II 304. Sie können **nur** im Rahmen der **einheitlichen** Feststellung des Gesamtgewinns der Mitunternehmerschaft Berücksichtigung finden (BFH, BStBl 1992 II 4).

Beispiele:
1. A ist Gesellschafter der X-KG, er hat Fahrtkosten zur Gesellschafterversammlung, für die er von der Gesellschaft keine Erstattung erhält.
2. A läßt die Bilanz der Gesellschaft durch einen von ihm beauftragten Wirtschaftsprüfer überprüfen. Er zahlt diesem ein Honorar von 5000 DM.
3. A hat für den Beteiligungserwerb einen Kredit aufgenommen und zahlt hierfür 8000 DM Zinsen. Die Aufwendungen stellen Sonderbetriebsausgaben dar.

2.2.5.4 Buchmäßige und bilanzielle Darstellung

Der Gewinnanteil der Gesellschafter lt. Steuerbilanz wird durch die Hinzurechnungsvorschriften des § 15 Abs. 1 Nr. 2 **nicht** berührt.

Die **Leistungsvergütungen** werden bei der Personengesellschaft als **Betriebsausgaben** behandelt. Leistungen eines Gesellschafters an die Personengesellschaft **zur Herstellung von Wirtschaftsgütern** sind dagegen bei dieser zu **aktivieren**. Soweit sich für einen Gesellschafter eine Abweichung von Handelsbilanzgewinn infolge von Bewertungsdifferenzen ergibt, sind diese Änderungen in einer **Ergänzungsbilanz** darzustellen.

Häufigster Anwendungsfall hierfür sind die Einbringungsvorgänge nach § 24 UmwStG, siehe 2.8.

Sondervergütungen, Sonderbetriebseinnahmen und Sonderbetriebsausgaben werden im Rahmen der einheitlichen und gesonderten Gewinnfeststellung für jeden einzelnen Gesellschafter außerhalb der Steuerbilanz der Personengesellschaft festgestellt. Ihre Ermittlung erfolgt nach den gleichen Grundsätzen wie die Gewinnermittlung bei Personengesellschaften (§ 4 Abs. 1, § 5) durch **Sonderbilanzen** und einer **Sonder-Gewinn- und -Verlustrechnung** (BFH, BStBl 1979 II 763).

Es besteht Buchführungspflicht der Personengesellschaft auch für das Sonder-BV (BFH, BStBl 1991 II 402). Tätigkeitsvergütungen, Darlehenszinsen, Miet- und Pachtzahlungen werden dort als Sonderbetriebseinnahmen behandelt. Soweit diesen Einnahmen Sonderbetriebsvermögen (Gesellschafterdarlehen, der Gesellschaft zur Nutzung überlassene Wirtschaftsgüter) zugrundeliegt, ist dieses in der Sonderbilanz zu bilanzieren. Vgl. Übersicht 2.2.9. § 4 Abs. 3 i. V. m. § 11 ist nicht anwendbar.

Die Handels/Steuerbilanz der Personengesellschaft und die Sonderbilanzen müssen korrespondieren (BFH, BB 1993, 898).

2.2.6 Gewinnverteilung

2.2.6.1 Grundsätze

Grundlage für die Gewinnverteilung an die Gesellschafter ist der aus der Handelsbilanz abgeleitete Steuerbilanzgewinn der Personengesellschaft (BFH, BStBl 1981 II 164 und BStBl 1990 II 965).

Weicht der **Handelsbilanz-Gewinn vom Steuerbilanz-Gewinn deshalb** ab, weil er durch die Auflösung von Bilanzierungshilfen geringer ist als der Steuerbilanzgewinn, müssen bei Anwendung des Gewinnverteilungsschlüssels auf den Steuerbilanzgewinn Korrekturen hinsichtlich **derjenigen Gesellschafter** angebracht werden, die bei der Bildung der Bilanzierungshilfe an dem Unternehmen **noch nicht beteiligt** waren (BFH, BStBl 1990 II 965). Die Verteilung des Handelsbilanzgewinns richtet sich nach den handelsrechtlichen Vorschriften. Vgl. H 138 (4).

Maßgebend ist entweder
- die **gesetzliche** Regelung **oder**
- der **Gesellschaftsvertrag**.

Die Gewinnverteilung nach Gesellschaftsvertrag kann jedoch **keine** Grundlage für die steuerliche Zurechnung sein, soweit der Gewinnverteilungsschlüssel durch außerbetriebliche Erwägungen beeinflußt ist (BFH, DB 1991, 630). Die Gewinnverteilung muß beitragsbezogen sein.

a) GbR

Die Gewinnverteilung richtet sich grundsätzlich nach dem Gesellschaftsvertrag.

Fehlt jedoch eine vertragliche Vereinbarung, so hat jeder Gesellschafter ohne Rücksicht auf die Art und Größe seines Beitrages einen gleichen Anteil am Gewinn und Verlust (§ 722 BGB) = **Gewinnverteilung nach Köpfen.**

Beispiel:

H und B betreiben in der Form einer GBR einen Gewerbebetrieb. Das Kapitalkonto des A beträgt 20 000 DM, das des B 40 000 DM. Der Jahresgewinn 01 beträgt 70 000 DM, eine vertragliche Vereinbarung über die Gewinnverteilung besteht **nicht**.

	GbR	A	B
Gewinnverteilung	70 000 DM	35 000 DM	35 000 DM

b) OHG

Nach § 121 HGB gebührt jedem Gesellschafter von dem Jahresgewinn zunächst ein Anteil in Höhe **von 4 v. H.** seines Kapitalanteils **(Kapitalverzinsung)**.

Reicht der Jahresgewinn hierzu nicht aus, so bestimmen sich die Anteile nach einem entsprechend niedrigeren Satz. Der übersteigende Gewinn (Restgewinn) wird nach Köpfen verteilt.

Ebenso werden Verluste nach Köpfen verteilt.

Bei schwankenden Kapitalkonten ist ein Durchschnittssaldo, der nach § 121 Abs. 2 HGB zu berechnen ist, für die Kapitalkontenverzinsung zugrunde zu legen.

Beispiel:

An der A-OHG ist A mit einer Einlage von 100 000 DM, B mit 80 000 DM, C mit 120 000 DM beteiligt. Der Jahresgewinn beträgt 180 000 DM.

	Gesamtgewinn	A	B	C
	180 000 DM			
Vorab: Kapitalverzinsung	12 000 DM	4000 DM	3200 DM	4800 DM
Restgewinn	168 000 DM	56 000 DM	56 000 DM	56 000 DM
Gewinnanteil		60 000 DM	59 200 DM	60 800 DM

c) KG

Bei der Kommanditgesellschaft erhalten alle Gesellschafter (Komplementäre und Kommanditisten) ebenfalls vorab eine **Verzinsung** ihrer **Kapitalkonten mit 4 v. H.** (§§ 168 Abs. 1 i. V. m. § 121 Abs. 1 und 2 HGB).

Für den Restgewinn, welcher diesen Betrag übersteigt, gilt, soweit nichts anderes vereinbart ist, ein den **Umständen nach angemessenes Verhältnis** der Anteile als vereinbart.

Das angemessene Verhältnis der Gewinnanteile wird **bestimmt** durch das Verhältnis der **Beiträge der Gesellschafter** zueinander. Hierbei sind die weiteren Beiträge, die über die Kapitaleinlage hinausgehen, wie **Geschäftsführung und Vollhaftung** des Komplementärs zu berücksichtigen, eventuell auch vertraglich vereinbarte Dienstleistungen von Kommanditisten.

Auch die **Verlustbeteiligung** erfolgt nicht nach Köpfen, sondern **entsprechend der angemessenen Verteilung des Restgewinns.** Sonderbeiträge eines Gesellschafters werden in der Regel ebenso wie die Kapitalkontenverzinsung vorab vergütet. Eine Vorabvergütung ist aus dem Jahresgewinn zu zahlen. Das setzt voraus, daß die Gesellschaft einen Gewinn erwirtschaftet hat. Leistungen, die im Rahmen eines Sonderrechtsverhältnisses vergütet werden, wie in der Regel die Geschäftsführervergütung, dürfen bei er Gewinnverteilung nicht berücksichtigt werden. Sie sind bei der Personengesellschaft Aufwand und beim Empfänger Sondervergütung i. S. des § 15 Abs. 1 Nr. 2 2. Halbsatz.

Beispiel:

An der A-KG sind A als Komplementär mit 20 v. H. und B und C als Kommanditisten mit jeweils 40 v. H. beteiligt. Nach dem Gesellschaftsvertrag werden die Kapitalkonten mit 6 v. H. verzinst und erhält A als Komplementär eine Haftungsvergütung von 10 v. H. des Handelsbilanzgewinnes.

Für die Geschäftsführung bezieht A ein Gehalt von 90 000 DM aufgrund eines gesonderten Anstellungsvertrages.

Die Kapitalkonten betragen

    A = 100 000 DM
    B = 500 000 DM
    C = 400 000 DM

Der HB-Gewinn des Jahres 01 beträgt 400 000 DM.

Gewinnverteilung und einheitliche/gesonderte Gewinnfeststellung

	Gesamtgewinn	A	B	C
	400 000 DM			
Haftungsvergütung	./. 40 000 DM	40 000 DM	–	–
Kapitalverzinsung	./. 60 000 DM	6 000 DM	30 000 DM	24 000 DM
Restgewinn (20: 40: 40)	./. 300 000 DM	60 000 DM	120 000 DM	120 000 DM
Handelsbilanzgewinnanteile		106 000 DM	150 000 DM	144 000 DM
(§ 15 Abs. 1 Nr. 2 1. Halbs.)				
+ Sondervergütung				
(§ 15 Abs. 1 Nr. 2 2. Halbs.)		+ 90 000 DM	–	–
steuerliche Gewinnanteile		196 000 DM	150 000 DM	144 000 DM

2.2.6.2 Änderung der Gewinnverteilung

Vereinbarungen für die Gewinn- und Verlustbeteiligung können mit steuerlicher Wirkung **nur für die Zukunft** vereinbart bzw. geändert werden.

Eine nach Ablauf eines Wirtschaftsjahres beschlossene Änderung der Gewinnverteilungsabrede einer PersG, die zivilrechtlich auf das abgelaufene Wirtschaftsjahr zurückbezogen wird, ist für die est-rechtliche Gewinn- und Verlustrechnung grundsätzlich unbeachtlich. Dies gilt auch bei einer rückwirkenden Änderung während eines WJ (BFH, BStBl 1984 II 53).

Diese Rechtsprechung ist von der Erkenntnis getragen, daß ein in der Personengesellschaft entstandener Gewinn oder Verlust est-rechtlich ohne weiteres nach Maßgabe des zu diesem Zeitpunkt gültigen Gewinn- oder Verlustverteilungsschlüssels aufzuteilen ist, weil die Höhe des Jahresgewinns oder -verlustes in erster Linie durch die einzelnen Geschäftsvorfälle bestimmt wird, die nicht rückwirkend herbeigeführt oder ungeschehen gemacht oder in ihrem Inhalt verändert werden können (BFH, BStBl 1980 II 723). Die Einkommensteuer ist zwar eine Jahressteuer, jedoch ist der Tatbestand der Einkunftserzielung bereits mit den einzelnen im Rahmen des Gewerbebetriebes anfallenden Geschäftsvorfällen verwirklicht, durch die Gewinn und Verluste realisiert werden. Aus diesem Grunde ist der Gewinn aufzuteilen, wenn eine Änderung der Gewinnverteilung während eines Wirtschaftsjahres wirksam werden soll (BFH, BStBl 1984 II 53).

Nach BFH, BStBl 1988 II 825 kann jedoch eine zurückliegende Gewinnverteilung aufgrund einer Bilanzberichtigung der Beteiligung am Gesellschaftsvermögen korrigiert werden.

Vgl. auch zu Familiengesellschaften 2.2.10.

2.2.7 Rechtsgeschäfte der Personengesellschaft mit ihren Gesellschaftern

2.2.7.1 Grundsätze

Grundsätzlich werden – **nicht unter § 15 Abs. 1 Nr. 2 fallende** – Rechtsgeschäfte zwischen einer Personengesellschaft und ihren Gesellschaftern auch steuerlich anerkannt, wenn sie unter gleichen Bedingungen stehen wie unter Fremden (BFH, BStBl 1979 II 767).

Zu ungunsten der Gesellschaft nicht ausgeglichene Rechtsgeschäfte, sind in einen **entgeltlichen** und einen **Entnahmeteil** aufzuteilen, das gilt auch für solche Rechtsgeschäfte, die unter § 15 Abs. 1 Nr. 2 2. Halbsatz fallen (BFH, BStBl 1994 II 381).

Insbesondere werden **Darlehensschenkungen** aus dem Betriebsvermögen an Angehörige durch Umbuchung vom Kapitalkonto auf Darlehenskonten steuerlich nur anerkannt, wenn die Bedingungen einem **Drittvergleich** standhalten.

Beispiel:

A ist Gesellschafter der A-OHG. Sein Kapitalkonto I beträgt 400 000 DM. Das Kapitalkonto II weist ebenfalls ein Guthaben von 400 000 DM aus. Seinen beiden Söhnen schenkt er jeweils 200 000 DM mit der Maßgabe, diese weiterhin der OHG als Darlehen zu belassen. Bei der Schenkung wird in der Weise vorgegangen, daß die geschenkten Beträge vom Kapitalkonto II des A auf neu eingerichtete Darlehenskonten der Kinder umgebucht werden.

Voraussetzung für die steuerliche Anerkennung ist, daß die Kinder selbständige Darlehensvereinbarungen mit der OHG schließen und die Bedingungen dem entsprechen, wie sie mit fremden Dritten auch üblich vereinbart wären (Zinsen, Kündigungsmodalitäten, Sicherheiten). Da diese Voraussetzungen **nicht** vorliegen, ist die Vereinbarung nicht anzuerkennen. Vgl. BMF, BStBl 1992 I 729 sowie D. 8.

2.2.7.2 Veräußerung aus dem Gesamthandsvermögen in das Privatvermögen eines Gesellschafters und umgekehrt

a) Veräußert eine Personengesellschaft an einen Gesellschafter ein Wirtschaftsgut, so liegt auch steuerlich in vollem Umfang ein Veräußerungsgeschäft vor, soweit es unter Bedingungen steht, die auch ein Dritter eingegangen wäre. Dies gilt auch, soweit der Gesellschafter schon vor der Veräußerung anteilig an dem Wirtschaftsgut beteiligt war (BFH, BStBl 1981 II 84; BMF-Schreiben vom 6.2.1981, BStBl I 76). Es kommt also zur **vollen Gewinnrealisierung**. Ist der Kaufpreis für das Wirtschaftsgut zu hoch, liegt hinsichtlich der **Differenz** zum Teilwert eine Entnahme vor (BFH, BStBl 1977 II 145; BStBl 1977 II 415; BStBl 1978 II 91; BStBl 1976 II 744 und BStBl 1986 II 17). Tz. 41 MU-Erlaß (BStBl 1978 I 8) ist **insoweit überholt**.

Beispiel 1:
Die A-OHG veräußert an den Gesellschafter A ein unbebautes Grundstück, das mit 10 000 DM zu Buche stand, zum Teilwert von 40 000 DM.
Hier liegt ein Rechtsgeschäft wie unter fremden Dritten vor, das steuerlich anzuerkennen ist. Die Gesellschaft hat einen Ertrag von 30 000 DM (laufender Gewinn) erzielt. Der Gesellschafter hat Anschaffungskosten von 40 000 DM.

Beispiel 2:
Wie zuvor. Die A-OHG verkauft das Grundstück an den Gesellschafter für 30 000 DM. Hier liegt ein teilentgeltliches Rechtsgeschäft vor, das in einen entgeltlichen und einen unentgeltlichen Teil aufzuteilen ist. Hinsichtlich der Differenz Kaufpreis 30 000 DM und Teilwert 40 000 DM in Höhe von 10 000 DM liegt eine **Entnahme** des Gesellschafters vor.

b) Entsprechendes gilt, wenn ein Gesellschafter ein Wirtschaftsgut seines Privatvermögens an die Personengesellschaft veräußert. Es liegt **keine Einlage des Gesellschafters, sondern in vollem** Umfang für den Gesellschafter eine Veräußerung, für die Gesellschaft eine Anschaffung vor. Vgl. auch BFH, BStBl 1986 II 53. Tz. 47 und 48 MU-Erlaß sind insoweit überholt.

Beispiel 1:
A veräußert ein Grundstück an die Gesellschaft zum Verkehrswert von 100 000 DM. Die Gesellschaft hat Anschaffungskosten in Höhe von 100 000 DM.
Soweit jedoch der Teilwert des Grundstücks den vereinbarten Kaufpreis übersteigt, liegt eine Privatentnahme vor.

Beispiel 2:
A veräußert das Grundstück für 120 000 DM. In diesem Falle liegt in Höhe von 100 000 DM eine Anschaffung, in Höhe von 20 000 DM eine Entnahme vor.
Eine Veräußerung in vollem Umfang liegt auch vor, wenn der Gesellschafter für das übertragene Wirtschaftsgut Gesellschaftsrechte erhält. Vgl. BFH, BStBl 1982 II 17. Tz. 49 MU-Erlaß ist u. E. insoweit überholt. Es liegt keine Einlage vor.

Beispiel 3:
A tritt als Gesellschafter in die X-OHG ein, als Einlage überträgt A ein bisher zu seinem Privatvermögen gehörendes Patent (Teilwert 200 000 DM). Dieses wird mit 200 000 DM seinem Kapitalkonto gutgebracht.
Die OHG hat Anschaffungskosten von 200 000 DM. Für A ergeben sich aus der Veräußerung (vorbehaltlich § 23) keine Folgen.

2.2.7.3 Sonstige Rechtsgeschäfte

Erbringt die Gesellschaft gegenüber einem Gesellschafter eine Leistung und erhält sie hierfür eine **angemessene Vergütung,** so wird dieser Leistungsaustausch grundsätzlich auch steuerlich anerkannt, wenn er sich **unter Bedingungen wie zwischen fremden Dritten vollzieht** (BFH, BStBl 1994 II 381).

Beispiele:

1. Gesellschafter A erhält von der X-KG für einen privaten Hausbau ein Darlehen von 200 000 DM gegen 8 v. H. Zinsen.

   Die Darlehenszinsen sind bei der Gesellschaft Betriebseinnahmen. Dieses Darlehen ist als Darlehensforderung auszuweisen und nicht mit dem Kapitalkonto des Gesellschafters zu verrechnen, vorausgesetzt, es besteht eine ernsthafte Rückzahlungsverpflichtung.

2. Gesellschafter A erwirbt von der A-OHG ein Erbbaugrundstück für ein Einfamilienhaus, die Bedingungen sind marktüblich. Die Erbbauzinsen stellen Betriebseinnahmen dar. Das Grundstück bleibt weiterhin Betriebsvermögen.

Erbringt eine Personengesellschaft zugunsten von **Angehörigen** bestimmter Gesellschafter an **Dritte** geleistete **Abfindungszahlungen,** die im Hinblick auf ihre private Veranlassung nicht als Betriebsausgaben abzugsfähig sind, können diese u. U. als zusätzliche Anschaffungskosten „familienfremder" Gesellschafter für den Anteilserwerb anzusehen sein (BFH, BStBl 1992 II 647). Diese Aufwendungen sind in **Ergänzungsbilanzen** der „familienfremden" Gesellschafter zu aktivieren.

2.2.8 Übertragung von Wirtschaftsgütern innerhalb des Betriebsvermögens der Mitunternehmerschaft

2.2.8.1 Unentgeltliche Übertragung von Sonderbetriebsvermögen auf einen anderen Gesellschafter

Überträgt ein Gesellschafter auf einen anderen Gesellschafter ein Wirtschaftsgut des Sonderbetriebsvermögens **unentgeltlich,** so liegt keine Entnahme vor, wenn der Gegenstand der Übertragung weiterhin Betriebsvermögen bleibt (BFH, BStBl 1993 II 93). (Das ist der Fall, wenn das Wirtschaftsgut weiterhin den Betrieb der Personengesellschaft dient.) Der Rechtsnachfolger hat die Buchwerte zu übernehmen (BFH, BStBl 1980 II 381 und Tz. 38 MU-Erlaß).

Beispiel:

A, Gesellschafter der A-OHG, überträgt ein Grundstück, das sich in seinem Sonderbetriebsvermögen befindet, unentgeltlich auf seinen Sohn (S), der ebenfalls Gesellschafter der A-OHG ist. Buchwert des Grundstücks 40 000 DM, Teilwert 100 000 DM.

S hat die Buchwerte des Vaters in einer Sonderbilanz fortzuführen (§ 7 Abs. 1 EStDV). Bei A entsteht kein Entnahmegewinn.

2.2.8.2 Entgeltliche Übertragung von Sonderbetriebsvermögen auf einen anderen Gesellschafter

Wird ein Gegenstand des Sonderbetriebsvermögens an einen anderen Gesellschafter zu **Bedingungen wie unter Fremden veräußert,** der diesen weiterhin als Sonderbetriebsvermögen der Gesellschaft überläßt, liegt in **vollem** Umfang ein **Veräußerungsgeschäft** vor. Das gilt auch, soweit der Gesellschafter schon vor der Veräußerung anteilig an dem Wirtschaftsgut beteiligt war (BFH, BStBl 1981 II 84; BMF-Schreiben vom 6. 2. 1981, BStBl I 76). Der Veräußerer hat den Veräußerungsgewinn als laufenden Sondergewinn zu versteuern. Der Erwerber hat die Anschaffungskosten in einer steuerlichen Sonderbilanz zu aktivieren. Vgl. Tz. 37 MU-Erlaß.

Beispiel:

A, Gesellschafter der X-OHG, veräußert ein Grundstück seines Sonderbetriebsvermögens, Buchwert 40 000 DM, für 100 000 DM an den Gesellschafter B, der das Grundstück ebenfalls der Gesellschaft als Sonderbetriebsvermögen überläßt.

A hat im **Sonderbereich** einen (laufenden) Gewinn in Höhe von 60 000 DM. B hat das Grundstück mit den Anschaffungskosten von 100 000 DM in seiner Sonderbilanz zu aktivieren.

2.2.8.3 Veräußerung von Sonderbetriebsvermögen an die Gesellschaft

Wird der Gesellschaft Sonderbetriebsvermögen gegen Entgelt zu Bedingungen wie unter Fremden übertragen, so daß es nunmehr Gesamthandsvermögen wird, kommt es zur **vollen** Gewinnrealisierung. Der veräußernde Gesellschafter hat laufenden Sondergewinn. Vgl. Tz. 22 MU-Erlaß.

Beispiel:

A, der Gesellschafter der A-OHG ist, veräußert ein Grundstück seines Sonderbetriebsvermögens (Buchwert 40 000 DM) zum Teilwert von 100 000 DM.
A hat Sonderbetriebseinnahmen von 60 000 DM. Die Gesellschaft hat das erworbene Grundstück mit den Anschaffungskosten von 100 000 DM zu aktivieren.

2.2.8.4 Übertragung von Sonderbetriebsvermögen auf die Gesellschaft gegen Gewährung von Gesellschaftsrechten

Wird ein Gegenstand des Sonderbetriebsvermögen von einem Gesellschafter auf die Gesellschaft **gegen Erhöhung seiner Einlage** übertragen, liegt ein tauschähnlicher Vorgang vor (Tz. 25 MU-Erlaß).

Da die Einbringung nicht aus dem Privatvermögen erfolgt ist, sondern aus dem Betriebsvermögen, hat die Gesellschaft ein **Wahlrecht**, ob sie diese Wirtschaftsgüter mit dem **Buchwert**, dem **Teilwert** oder einem **Zwischenwert** übernimmt (Tz. 26 MU-Erlaß; BFH, BStBl 1986 II 333). Im Fall der Übernahme zum Teilwert hat der einbringende Gesellschafter einen Übertragungsgewinn, der als laufender Gewinn zu behandeln ist (Tz. 27 MU-Erlaß).

Ist die Gesellschaft handelsrechtlich verpflichtet, einen höheren Wert als den Buchwert anzusetzen, kann der Buchgewinn durch eine negative Ergänzungsbilanz neutralisiert werden.

Beispiel:

A, der Gesellschafter der A-OHG ist, überträgt ein Grundstück seines Sonderbetriebsvermögens auf die Gesellschaft (Buchwert 40 000 DM). Es ist vereinbart worden, daß sich die Einlage des A in die OHG um 100 000 DM erhöhen soll. Dies entspricht dem Teilwert des Grundstücks.
Die Gesellschaft hat ein Wahlrecht zwischen Übernahme zum Buchwert, zum Teilwert oder zum Zwischenwert.
1. Bei Buchwertfortführung entsteht beim einbringenden Gesellschafter kein Sondergewinn.
2. Übernimmt die Gesellschaft das Grundstück zum Teilwert, entsteht beim Gesellschafter A ein Gewinn im Sonderbereich von 60 000 DM.
Dieser Gewinn kann durch eine negative Ergänzungsbilanz neutralisiert werden.

Gesellschaftsbilanz	
Grundstück 100 000 DM	Kapital A 100 000 DM

Ergänzungsbilanz A	
Minderkapital 60 000 DM	Minderwert Grundstück 60 000 DM

2.2.8.5 Übertragung von Gesamthandsvermögen in das Sonderbetriebsvermögen

Erfolgt die Übertragung von Gesamthandsvermögen gegen **Entgelt zu Bedingungen wie unter Fremden** in das Sonderbetriebsvermögen eines Gesellschafters, so ist die Differenz zwischen dem Buchansatz bei der Gesellschaft und dem vereinbarten Preis in vollem Umfang als (laufender) Gewinn bei der Gesellschaft zu behandeln, der vereinbarte Kaufpreis stellt beim Gesellschafter Anschaffungskosten dar. Vgl. Tz. 30 MU-Erlaß.

Beispiel:

Die A-OHG veräußert an den Gesellschafter A ein Grundstück (Buchwert 40 000 DM) zum Teilwert von 100 000 DM, der jedoch das Grundstück der Gesellschaft als Sonderbetriebsvermögen zur Nutzung überläßt.
Bei der Gesellschaft entsteht ein Gewinn von 60 000 DM. Der Gesellschafter hat das Grundstück mit den Anschaffungskosten von 100 000 DM zu bilanzieren.

Erfolgt die Übertragung in das **Sonderbetriebsvermögen gegen Minderung der Gesellschaftsrechte** (Belastung des Kapitalkontos), hat die Gesellschaft ein Wahlrecht, ob sie zum Buchwert oder Teilwert überträgt, vorausgesetzt, daß eine spätere Versteuerung der stillen Reserven im Sonderbetriebsvermögen sichergestellt ist. Ein Gewinn entsteht bei der Gesellschaft nur, wenn das Wirtschaftsgut mit einem höheren Wert als dem Buchwert im SBV angesetzt wird. Vgl. Tz. 32 – 34 MU-Erlaß.

Beispiel:
Die A-OHG überträgt dem Gesellschafter A ein Grundstück, Buchwert 40 000 DM, gegen Minderung seiner Beteiligung in Höhe von 100 000 DM. Bei der OHG entsteht ein Gewinn von 60 000 DM, wenn A das Grundstück mit 100 000 DM ansetzt.

2.2.9 Behandlung von Rechtsgeschäften zwischen Personengesellschaften bei Beteiligungsidentität

Personengesellschaften, deren Gesellschafter identisch oder teilweise identisch sind, werden nicht zu einem einheitlichen Steuersubjekt zusammengefaßt (BFH, BStBl 1992 II 375; BStBl 1994 II 625).

Leistungen einer Personengesellschaft an eine andere Personengesellschaft bei (nahezu) gleichen Gesellschaftern werden dann **nicht** als Gesellschafterbeiträge angesehen.

(BFH, BStBl 1981 II 307; BStBl 1981 II 427; BStBl 1981 II 433; BStBl 1983 II 53 und 598.)

Bei einem **entgeltlichen** mit einem typischen Fremdgeschäft vergleichbaren Vertrag gelten für die Gewinnermittlung die allgemeinen Grundsätze (also insbesondere volle Gewinnrealisierung bei Veräußerungsgeschäften), soweit nicht ausnahmsweise § 15 Abs. 1 S. I Nr. 2 2. Halbs. anzuwenden ist.

Die Drittbeziehung zwischen zwei nahezu beteiligungsidentischen Personengesellschaften wird nur anerkannt, wenn folgende Voraussetzungen gegeben sind:

a) Den Gesellschaftern der Personengesellschaft darf grundsätzlich keine eigene Leistungspflicht gegenüber ihrer Personengesellschaft obliegen, zu deren Erfüllung sie sich der anderen Personengesellschaft bedienen.
b) Die Personengesellschaft, die Leistungen erbringt in der Form von Dienst- oder Werkverträgen oder in der Form der Nutzungsüberlassung und hierfür Vergütungen erhält, muß mit diesen Vergütungen einkommensteuerlich Einkünfte aus Gewerbebetrieb beziehen und gewerbesteuerpflichtig sein.

Eine **unentgeltliche** Übertragung ist **keine** Entnahme.

Bei Forderungsverzichten der einen Personengesellschaft gegenüber der anderen im Rahmen einer Sanierung liegt ein **betrieblicher** Aufwand **nur** bei betrieblicher Veranlassung vor (BFH, BStBl 1992 II 375).

Diese Grundsätze gelten auch bei Rechtsgeschäften zwischen gewerblich geprägten Personengesellschaften (BFH, BStBl 1996 II 93).

Ein derartiges eigenwirtschaftliches Interesse der Gesellschafter der vermietenden Gesellschaft an der Vermietung ist zu **verneinen**, wenn

– zu Bedingungen vermietet wird, die mit einem fremden Dritten üblich sind oder
– eine eigene Leistungspflicht der Gesellschafter gegenüber der nutzenden Personengesellschaft besteht, zu deren Erfüllung sich die Gesellschafter der überlassenden Gesellschaft bedienen. Dies kann der Fall sein, wenn das überlassene Wirtschaftsgut für die nutzende Personengesellschaft eine wesentliche Betriebsgrundlage darstellt.

Die Verwaltung verneint jedoch die Eigenständigkeit der **überlassenden** Personengesellschaft, wenn die Überlassung der Wirtschaftsgüter durch die vermietende Personengesellschaft ausschließlich im Interesse eines, mehrerer oder aller Gesellschafter liegt (BMF, BStBl 1996 I 83), insbesondere bei einer gesellschaftsvertraglichen Verpflichtung zur Nutzungsüberlassung.

2.2.10 Gewinnermittlung und Gewinnfeststellung

Nach §§ 179, 180 AO wird der Gewinn einer Mitunternehmerschaft für alle Mitunternehmer **einheitlich und gesondert** festgestellt. Der im Rahmen für jeden Gesellschafter ermittelte Gewinn ist bei der Veranlagung bindend zugrunde zu legen (§ 182 Abs. 1 AO).

Der Gesamtgewinn ergibt sich aus dem **Steuerbilanzgewinn** der Personengesellschaft und den **Sonder**bilanzen sowie den Ergänzungsbilanzen für die einzelnen Gesellschafter. Der Gewinn des Sonderbetriebsvermögens sowie des Ergänzungsbereichs ist in gleicher Weise zu ermitteln wie der Gewinn der Personengesellschaft (Vermögensvergleich nach § 5; BFH, BB 1986, 165) und BB 1991, 34.

Die Korrekturen des § 15 Abs. 1 S. 1 Nr. 2 2. Halbs. lassen den Handelsbilanz- und Steuerbilanzgewinn (aus) der Personengesellschaft selbst unberührt. Sie **erhöhen** jedoch den **steuerlichen Gesamtgewinn der Mitunternehmerschaft.**

Beispiele:

	Personengesellschaft	Gesellschafter
Geschäftsführergehalt, Vergütungen für Dienstleistung, Darlehenszinsen für Darlehen des Gesellschafters an PersG, Pachtzahlungen an den Gesellschafter für Nutzungsüberlassung	Betriebsausgabe (handelsrechtlich) Aufwand	Sondervergütung
Architektenhonorare	Aktivierung (im Bau befindliche Anlagen bzw. Gebäude) (vgl. BFH, BStBl 1987 II 553)	Sondervergütung

Schema zur steuerlichen „additiven"Gewinnermittlung der Mitunternehmerschaft

1. Handelsrechtlicher Gewinn laut Handelsbilanz
2. (± Korrekturen aufgrund § 5 Abs. 6 EStG „Bewertungsvorbehalt"; vgl. § 60 Abs. 2 EStDV).
3. = Steuerbilanzgewinn der Personengesellschaft
4. ± Gewinn/Verlust lt. Ergänzungsbilanzen
5. ± Gewinn/Verlust gemäß § 15 Abs. 1 Satz 1 Nr. 2 2.HS
6. außerbilanzielle Zu-/Abrechungen (insgesondere nichtabziehbare BA, § 4 Abs. 5)
7. = Steuerlicher Gewinn der Mitunternehmerschaft nach § 15 Abs. 1 Nr. 2

Schema der additiven Gewinnermittlung

(1) Handelsbilanz-Gewinn/Verlustanteil aus der Personengesellschaft   = **Hauptbereich**

(2) + ·/. Korrekturen § 5 Abs. 6 EStG; § 60 Abs. 2 EStDV

(3) + ·/. Gewinn/Verlust laut **Ergänzungsbilanzen** von Gesellschaftern   = **Ergänzungsbereich**

(4) + **Sondergewinn von Gesellschaftern i.S. des § 15 Abs. 1 Nr. 2 2. Halbs.**
+ Tätigkeitsvergütungen
+ Vergütungen für
  ● Überlassung von Wirtschaftsgütern (Sonderbetriebsvermögen I)
  ● Darlehen
  ● sonstige Nutzungen und Leistungen

+ **Sonderbetriebseinnahmen** (z.B. aus Sonderbetriebsvermögen II)

·/. **Sonderbetriebsausgaben**

(5) **Sonstige außerbilanzielle Hinzurechnung** (insbesondere § 4 Abs. 5 = nichtabziehbare BA)

= **Sonderbereich**

= steuerlicher Gesamtgewinn der Mitunternehmerschaft

Für den einzelnen Gesellschafter ergeben sich bei dieser **additiven Gewinnermittlung** folgende Gewinnbestandteile:

Handelsbilanz-Gewinnanteil, § 15 Abs. 1 S. 1 Nr. 2 1. Halbs.
+ Gewinnanteil lt. Ergänzungsbilanz
+ Sonderbetriebseinnahmen und Vorwegvergütungen § 15 Abs. 1 S. 1 Nr. 2 2. Halbs.
·/. Sonderbetriebsausgaben

= steuerlicher Gewinnanteil

Beispiel:

An der A-KG sind A, B und C als Gesellschafter beteiligt. A mit einer Einlage von 200 000 DM, B und C mit jeweils 150 000 DM. Der Handelsbilanzgewinn der Gesellschaft betrug 240 000 DM. Im Gesellschaftsvertrag war vereinbart, daß A als persönlichhaftender Gesellschafter für die persönliche Haftung 10 v. H. vom Handelsbilanzgewinn erhalten soll. Die Privatkonten sollten mit 8 v. H. verzinst werden. Hiernach standen A 4000 DM, B und C je 6000 DM zu. Der Restgewinn sollte wie folgt verteilt werden: A 40 v. H. B und C jeweils 30 v. H.

Mit A wurde gesondert ein Anstellungsvertrag geschlossen, wonach dieser ein Geschäftsführergehalt von 90 000 DM erhielt, das auch ausgezahlt wurde. Außerdem hatte er der Gesellschaft ein Patent überlassen, wofür er einen Anspruch auf Lizenzgebühr von 45 000 DM in 01 hatte (gezahlt Anfang 02).

B hatte der Gesellschaft ein Darlehen in Höhe von 200 000 DM überlassen, das mit 9 v. H. zu verzinsen war. Die Zinsen für 01 waren am 5.1.02 gezahlt worden.

C hatte der Gesellschaft ein unbebautes Grundstück (steuerlich maßgebender Einlagewert 80 000 DM), ab 1.1.01 überlassen. Jahresmiete 9000 DM, Grundstücksausgaben 1000 DM.

Das Geschäftsführergehalt, die Lizenzgebühr und die Darlehenszinsen für 01 würden von der KG als Aufwand gebucht.

Lösung (ohne Auswirkungen auf die USt):

Der **Gesamtgewinn der Mitunternehmerschaft** ist zu ermitteln. Dem Steuerbilanzgewinn der Personengesellschaft sind die Sondervergütungen der Gesellschafter hinzuzurechnen.

Zum 31 12.01 sind folgende Sonderbilanzen aufzustellen

Sonderbilanz A

Lizenzforderungen	45 000 DM	Kapital 1.1.01	0 DM	
		PE	90 000 DM	
		Gewinn	135 000 DM	
		Kapital 31.12.01		45 000 DM
	45 000 DM			45 000 DM

Sonder-GuV A

Gewinn	135 000 DM	Gehalt	90 000 DM
		Lizenzerträge	45 000 DM
	135 000 DM		135 000 DM

Sonderbilanz B

Darlehensforderung	200 000 DM	Kapital 1.1.01	200 000 DM	
Zinsforderung	18 000 DM	Gewinn	18 000 DM	
		Kapital 31.12.01		218 000 DM
	218 000 DM			218 000 DM

Sonder-GuV B

| Gewinn | 18 000 DM | Zinserträge | 18 000 DM |

Sonderbilanz C

Grund und Boden	80 000 DM	Kapital 1.1.01	0 DM	
		Einlage		
		Grund und Boden	+ 80 000 DM	
		Einlage Grundstücksaufwand	+ 1 000 DM	
		Entnahme (Miete)	./. 9 000 DM	
		Gewinn	+ 8 000 DM	
		Kapital 31.12.01		80 000 DM
	80 000 DM			80 000 DM

	Sonder-GuV C		
Grundstücksaufwand	1000 DM	Mieterträge	9000 DM
Gewinn	8000 DM		
	9000 DM		9000 DM

Gesamtgewinn =	Steuerbilanzgewinn PersG =	240000 DM
	+ Gewinn Sonderbilanz A =	135000 DM
	+ Gewinn Sonderbilanz B =	18000 DM
	+ Gewinn Sonderbilanz C =	8000 DM
	steuerlicher Gesamtgewinn Mitunternehmerschaft	401000 DM

Gewinnermittlung Gesellschafter				
	A	B	C	Gesamt
Vorweggewinn (Vorausgewinn) (24000 + 4000 =)	28000 DM	6000 DM	6000 DM	40000 DM
Restgewinn	80000 DM	60000 DM	60000 DM	200000 DM
Gewinn lt Sonderbilanz	135000 DM	18000 DM	8000 DM	161000 DM
	243000 DM	84000 DM	74000 DM	401000 DM

2.2.11 Familiengesellschaften (R 138a EStR)

2.2.11.1 Vorbemerkungen

Als Familiengesellschaft wird eine Personengesellschaft bezeichnet, an der mehrheitlich Familienmitglieder, Ehegatten und Abkömmlinge oder sonstige nahe Angehörige i. S. des § 15 AO und sonstige Personen, zu denen enge Beziehungen bestehen, beteiligt sind. Grundsätzlich werden steuerlich auch Rechtsverhältnisse zwischen Familienangehörigen anerkannt. Voraussetzung jedoch ist, daß die Verträge bürgerrechtlich wirksam, daß sie ernsthaft gewollt sind, auch tatsächlich durchgeführt und unter Bedingungen abgeschlossen worden sind, wie sie auch unter fremden Dritten abgeschlossen sein würden. Vgl. hierzu BFH, BStBl 1951 III 232; BStBl 1969 II 619; BStBl 1973 II 307; BStBl 1979 II 768 und BStBl 1986 II 255 und 798.

Nach BFH, BStBl 1989 II 720 gelten die Grundsätze nur, wenn der **Schenker beherrschender Gesellschafter** ist.

Darüber hinaus werden Verträge zwischen Angehörigen nur anerkannt, wenn sie **eindeutig** sind (BFH, BStBl 1976 II 324). Sie dürfen nicht manipulierbar sein (BFH, BStBl 1961 III 158; BStBl 1964 III 429; BStBl 1973 II 309). **Rückwirkende** Vereinbarungen sind **steuerlich unwirksam**.

Ist in einem Gesellschaftsvertrag z. B. vereinbart, daß die Ehefrau im Scheidungsfall aus der Gesellschaft ausgeschlossen werden kann und ihr Ehemann an die Stelle tritt, dann ist der Kommanditanteil der Ehefrau dem Ehemann gem. § 39 AO Abs. 2 Nr. 1 Satz 1 AO zuzurechnen (BFH/NV 1991, 223).

Vgl. im übrigen zu Angehörigen-Gesellschaftsverträgen R 138a sowie BFH, BStBl 1986 II 913. Zur **schenkweisen** Aufnahme von **Kindern als Kommanditisten** in eine KG vgl. **R 138a Abs. 2**.

2.2.11.2 Bürgerlichrechtliche Wirksamkeit

Familiengesellschaften zwischen Angehörigen werden steuerlich nur anerkannt, wenn **bürgerlichrechtlich ein rechtswirksamer** Vertrag vorliegt.

- **Vormundschaftsgerichtliche Genehmigung:** Verträge mit **Minderjährigen** werden nur anerkannt, wenn eine vormundschaftliche Genehmigung vorliegt (BFH, BStBl 1975 II 141). Die zivilrechtliche Rückwirkung der vormundschaftsgerichtlichen Genehmigung eines Vertrages über den Erwerb eines Anteils einer Personengesellschaft durch einen Minderjährigen kann auch steuerlich nicht berücksichtigt werden, wenn die vormundschaftsgerichtliche Regelung nicht unverzüglich nach Abschluß des Gesellschaftsvertrags beantragt und in angemessener Frist erteilt wird (BFH, BStBl 1973 II 287; BStBl 1973 II 307; BStBl 1981 II 435).

- **Notarielle Beurkundung:** Soweit es sich um eine Beteiligungsschenkung handelt, bedarf der **Vertragsabschluß** grundsätzlich der **notariellen Form** (§ 518 BGB). Der Formmangel wird jedoch durch tatsächlichen Vollzug geheilt (vgl. § 518 Abs. 2 BGB) – im Gegensatz zur Schenkung einer stillen Beteiligung.
- **Ergänzungspfleger:** Bei minderjährigen Gesellschaftern bedarf es gem. § 1909 BGB der Bestellung eines Ergänzungspflegers. Hierbei ist für **jeden** Minderjährigen ein besonderer Ergänzungspfleger zu bestellen (BFH, BStBl 1973 II 309). Die **Ergänzungspflegschaft** gilt lediglich für den **Vertragsabschluß (Abschlußpfleger)**, nicht jedoch für die Dauer der Minderjährigkeit. Es braucht keine Dauerpflegschaft während der ganzen Dauer der Minderjährigkeit zu bestehen (BFH, BStBl 1976 II 328). Das gilt nur für die üblichen Gesellschafterbeschlüsse, nicht für solche, die eine Änderung des Gesellschaftsvertrages zum Inhalt haben.

Die formelle Unwirksamkeit des Gesellschaftsvertrages – insbesondere bei Minderjährigen – kann **nicht** durch den **faktischen Vollzug geheilt** werden (BFH, BStBl 1973 II 287; BStBl 1973 II 307); vgl. § 41 Abs. 1 S. 2 AO.

Die Gründung einer **stillen Gesellschaft** zwischen dem Vater als Schenker und seinen minderjährigen Kindern bedarf der Bestellung eines Ergänzungspflegers, der vormundschaftlichen Genehmigung nur dann, wenn der Verlust nicht ausgeschlossen ist (BFH, BStBl 1974 II 289). Vgl. auch BFH, BStBl 1984 II 623. Privatschriftlicher Vertrag reicht bei der Schenkung **einer Unterbeteiligung nicht** aus (BFH, BStBl 1979 II 768), sie bedarf der notariellen Form (§ 518 Abs. 1 S. I BGB).

Schenkt ein Stpfl. seinen **minderjährigen** Kindern **stille Beteiligungen** an seinem Handelsgewerbe, sind die „Gewinnanteile" bei der Ermittlung der Einkünfte aus **Gewerbebetrieb nichtabziehbare** Zuwendungen i. S. des § 12 Nr. 2, wenn eine **Verlustbeteiligung ausgeschlossen** ist (BFH, BStBl 1993 II 289).

2.2.11.3 Tatsächliche Durchführung des Gesellschaftsverhältnisses

Ein Gesellschaftsverhältnis kann steuerlich grundsätzlich nur anerkannt werden, wenn es auch **tatsächlich durchgeführt wird (BFH**, BStBl 1951 III 232; BFH, BStBl 1969 II 619; BStBl 1973 II 307; BFH, BStBl 1979 II 768; jedoch **Einschränkungen** des BFH in BStBl 1989 II 720 bei der **stillen Beteiligung** an einer GmbH, wenn der Schenker **nicht beherrschender** Gesellschafter ist.

Zur Anerkennung der stillen Beteiligung siehe auch BFH, BStBl 1990 II 68.

An einer tatsächlichen Durchführung mangelt es, wenn die buchhalterischen Voraussetzungen wie **Einräumung der Kapitalkonten** an die Gesellschafter **nicht erfolgt** sind und die Gesellschafter in Wirklichkeit nicht die Rechte haben, die ihnen vertragsmäßig eingeräumt worden sind, ihre **Verfügungsrechte** über den Anteil und den Gewinn also so **beschnitten** sind, daß die Beschenkten keine Eigentumsrechte ausüben können.

Behält sich ein Elternteil bei der **unentgeltlichen** Einräumung eines **Kommanditanteils** bzw. einer **Unterbeteiligung** an einem solchen das **Recht auf jederzeitige Rückübertragung** vor, so wird **keine Einkunftsquelle** auf das Kind übertragen.

Jedoch ist eine Rückfallklausel derart, daß der Gesellschaftsanteil zurückfällt, wenn der Beschenkte kinderlos verstirbt, **zulässig** (BFH, BStBl 1994 II 635).

Ebenfalls ist **keine steuerlich wirksame** Übertragung erfolgt, wenn die Gesellschafterstellung eines Kindes von vornherein auf die **voraussichtliche Zeit der Unterhaltsbedürftigkeit befristet** ist.

Allerdings kann eine Mitunternehmerschaft der Kinder nicht schon deshalb verneint werden, weil der Vater das Recht hat, das Gesellschaftsverhältnis mit Erreichen der **Volljährigkeit** des Kinder zu **kündigen** (BFH, BStBl 1976 II 678).

Für die minderjährigen Kinder sind selbständige Kapitalkonten und Privatkonten zu führen.

Der Eigentumswechsel muß durch die selbständige Kontenführung dokumentiert werden.

Der auf die Kapitalanteile der minderjährigen Kinder entfallende Gewinn ist ihren Verrechnungskonten gutzubringen (vgl. BFH, BStBl 1960 III 44).

Eine Durchführung des Gesellschaftsverhältnisses mit der Konsequenz, daß der Minderjährige Eigentümer des Anteils geworden sind, ist nach Ansicht des BFH (BStBl 1977 II 206) auch dann nicht gegeben, wenn der Vater als gesetzlicher Vertreter weiterhin die volle Verfügungsmacht über den Anteil hat und wie ein Eigentümer über diesen und den Gewinnanteil verfügen kann. Die Verwaltung der Beteiligung durch die Eltern hat sich im Rahmen der Vermögensfürsorge zu halten, insbesondere sind die Einschränkungen für die Verwendung des § 1649 BGB zu beachten. Daher dürfen die Eltern nicht unbegrenzt über die Erträgnisse aus dem Anteil verfügen (vgl. auch BFH, BStBl 1989 II 758).

Beschränkungen über das 18. Lebensjahr hinaus, die das wirtschaftliche Eigentum bis zu dem Tode beim Schenker belassen, werden steuerlich nur als Schenkungsversprechen für den Todesfall angesehen mit der Folge, daß der Vater und Schenker ertragsteuerlich weiterhin als Alleineigentümer des Unternehmens bzw. des Anteils anzusehen ist. Beschränkungen, die das Eigentum völlig aushöhlen, führen ertragsteuerlich nicht zu einer Eigentumsübertragung. Der Beschenkte muß die wesentlichen Rechte, wie Kündigungsrecht, Gewinnbezug selbst geltend machen können (vgl. BFH, BStBl 1976 II 324; BStBl 1976 II 328; BStBl 1976 II 233; BStBl 1976 II 374; BStBl 1979 II 405, BStBl 1979 II 620). Entnahmebeschränkungen sind jedoch zulässig, wenn die stehengelassenen Gewinne angemessen verzinst werden.

In der Regel ist davon auszugehen, daß ein als Kommanditist aufgenommenes Kind nicht Mitunternehmer wird, wenn es bis zum 28. Lebensjahr seinen Anteil nicht selbst verwalten kann (BFH, BStBl 1981 II 779).

Zu den wichtigsten Rechten eines Gesellschafters gehört das **Kündigungsrecht**. Ist das Kündigungsrecht im Gesellschaftsvertrag bzw. im Schenkungsvertrag auf Dauer ausgeschlossen, ist dem Beschenkten eines der wichtigsten Rechte, die aus seinem Eigentum an dem Gesellschaftsanteil fließen, entzogen worden. Ausschluß des Kündigungsrechts führt daher dazu, daß der Gesellschafter ein wesentliches Eigentumsrecht, das aus dem Anteil entspringt, nicht ausüben kann. Der BFH hat daher mit steuerlicher Wirkung ein Gesellschaftsverhältnis nicht anerkannt, wenn dieses Kündigungsrecht einseitig zu Lasten des Beschenkten aufgehoben worden ist (vgl. BFH, BStBl 1979 II 515; BStBl 1979 II 405; BStBl 1979 II 670).

Eine **Einschränkung des Kündigungsrechts** ist jedoch **zulässig**, wenn sie dazu dient, eine Kündigung zu einem Zeitpunkt zu verhindern, in dem die Kinder noch nicht die Reife erlangt haben, die Tragweite einer solchen Kündigung richtig einzuschätzen (BFH, BStBl 1989 II 758).

Zu den wichtigen Vermögensrechten aus dem Gesellschaftsanteil gehört das **Gewinnbezugsrecht**. Das Gewinnbezugsrecht kann dadurch ausgehöhlt werden, daß das Entnahmerecht eingeschränkt wird. Ein völliges Entnahmerecht aller erwirtschafteten Gewinne liegt nicht im Interesse der Gesellschaft. Der Gewinnanspruch darf aber nicht in der Weise ausgehöhlt werden, daß der Beschenkte zu Lebzeiten des Schenkers, abgesehen von Entnahmen zur Begleichung von Steuerschulden, soweit diese auf den Gewinnanteil entfallen, ausgeschlossen werden.

2.2.11.4 Vertragsabschluß zu Bedingungen wie unter Dritten

Ein Gesellschaftsverhältnis wird steuerlich nur anerkannt, wenn es unter Bedingungen abgeschlossen worden ist, wie es auch **zwischen fremden Dritten** zustande gekommen wäre (vgl. BFH, BStBl 1979 II 670; BStBl 1979 II 620; BStBl 1979 II 605; BStBl 1979 II 515; vgl. auch BStBl 1986 II 798 und BStBl 1994 II 381).

So wird es vom BFH als **unüblich** angesehen, wenn der Schenker sich im Verhältnis zu dem Kapitalanteil ein **verdoppeltes Stimmrecht zurückbehält** und im Gesellschaftsvertrag vereinbart worden ist, daß im Falle der Änderung des Gesellschaftsvertrages es lediglich der einfachen Mehrheit der Stimmen bedürfe. Desgleichen hält der BFH es für unüblich, wenn im Gesellschaftsvertrag eine **Entnahmebeschränkung** dergestalt vereinbart wird, daß lediglich der auf den Gewinnanteil entfallende Steuerbetrag entnommen werden dürfe. Ebenfalls wird als zwischen fremden Dritten **unüblich** angesehen eine **einseitige Ausgestaltung des Kündigungsrechts** dergestalt, daß der Schenker berechtigt ist, das Gesellschaftsverhältnis einseitig zu kündigen und im Rahmen der Auflösung des Gesellschaftsverhältnisses das gesamte Betriebsvermögen zu übernehmen. Unterschiedliche Ausgestaltung von Entnahmerechten braucht aber nicht zu einer Nichtanerkennung des Gesellschaftsverhältnisses zu führen, wenn sie sachlich gerechtfertigt ist. So wäre es sachlich gerechtfertigt, dem Komplementär höhere Entnahmen zuzugestehen als dem Kommanditisten.

2.2.11.5 Rechtsfolgen bei Nichtanerkennung dem Grunde nach

Wird das Gesellschaftsverhältnis steuerlich **nicht anerkannt, ist steuerlich der gesamte Gewinn dem Schenker (= Betriebs[mit]inhaber) zuzurechnen** (BFH, BStBl 1986 II 798 und H 138a). Soweit der Schenker dem Beschenkten Gewinnanteile tatsächlich hat zukommen lassen, liegt eine **Einkommensverwendung** vor, die steuerlich unbeachtlich ist, § 12 Nr. 2. Sofern es sich um eine Personengesellschaft handelt, die ausschließlich mit dem Schenker und den beschenkten Familienangehörigen gebildet worden ist, ist das Unternehmen weiterhin als ein Einzelunternehmen zu behandeln, mit der Folge, daß eine gesonderte Gewinnfeststellung zu unterbleiben hat.

Beispiel:

A betrieb bisher als Einzelunternehmer eine Fabrik. In einer besonderen Schenkungsurkunde vor dem Notar N. schenkte er seinen beiden Kindern B und C jeweils 100 000 DM von seinem Kapitalkonto. Gleichzeitig schloß er in einer zweiten Urkunde einen Gesellschaftsvertrag (KG-Vertrag) mit seinen Kindern ab. Die Kinder waren jeweils durch einen ordnungsmäßig bestellten Ergänzungspfleger vertreten.

In diesem Vertrag verpflichtete sich A, sein bisheriges Einzelunternehmen in die Gesellschaft einzubringen. Der Gesellschaftsvertrag war auf unbestimmte Dauer geschlossen. Jedoch durften B und C das Gesellschaftsverhältnis bis zum Tode des Schenkers nicht kündigen.

Die Gewinne der beiden Kommanditisten B und C mußten der Gesellschaft als Darlehen verbleiben. Dieses durfte erstmals nach dem Tode des A gekündigt werden.

Das Widerspruchsrecht gem. § 164 HGB war ausgeschlossen.

Die Gesellschaft hatte im Jahre 01 einen Gewinn von 300 000 DM. Von diesen entfielen 200 000 DM auf A und jeweils 50 000 DM auf B und C.

Das Gesellschaftsverhältnis ist steuerlich dem Grunde nach nicht anzuerkennen, da A weiterhin die volle Verfügungsmacht über das Unternehmen hat. Die Kinder sind nicht Mitunternehmer geworden. Die KG ist daher steuerlich als Einzelunternehmen des A zu behandeln. Der Gewinn von 300 000 DM ist voll A zuzurechnen.

2.2.11.6 Mitunternehmerschaft der Familienangehörigen

Die Familienangehörigen haben Einkünfte aus Gewerbebetrieb, wenn sie als Mitunternehmer anzusehen sind.

Das setzt voraus, daß sie **sowohl bürgerlich-rechtliche Gesellschafter als auch steuerlich Mitunternehmer geworden sind.** Sie sind es nicht, wenn das Gesellschaftsverhältnis steuerlich nicht anerkannt worden ist. Ist den Kindern oder dem Ehegatten die Rechtsstellung eines Kommanditisten eingeräumt worden, sind sie nur als Mitunternehmer anzusehen, wenn die Rechtsstellung in etwa dem Regelstatut des HGB der Kommanditgesellschaften entspricht. Das bedeutet **Beteiligung am Unternehmerrisiko und Mitunternehmerinitiative,** vgl. vorstehende Ausführungen zur Mitunternehmerschaft.

Keine Mitunternehmerschaft ist jedoch gegeben bei einer **jederzeit frei widerruflichen Schenkung** von Kommanditanteilen (BFH, FR 1989, 653).

Der Anteil ist nach § 39 Abs. 2 Nr. 1 S. 1 AO dem Ehemann zuzurechnen, wenn im Gesellschaftsvertrag vereinbart worden ist, daß die Ehefrau im Scheidungsfalle aus der Gesellschaft ausgeschlossen werden kann und der Ehemann an ihre Stelle tritt (BFH, FR 1990, 646).

Hat der Vater sich ein Kündigungsrecht vorbehalten mit dem Recht, das Unternehmen zum **Buchwert** zu übernehmen, ist eine Vermögensbeteiligung i. d. R. nicht gegeben (BFH, BStBl 1981 II 663).

Kinder sind insbesondere nicht als Mitunternehmer anzusehen, wenn ihnen praktisch das Stimmrecht genommen ist und sie durch Kündigung oder Änderung des Gesellschaftsvertrages gegen ihren Willen aus der Gesellschaft verdrängt werden können (BMF, BStBl 1989 I 378).

An einer **Vermögensbeteiligung fehlt** es auch, wenn den Kommanditisten **keine Einlage,** sondern nur eine Gewinnbeteiligung gewährt wurde mit der Maßgabe, die Gewinne zur Auffüllung der vereinbarten Einlage zu verwenden, solange noch keine Einlage erbracht ist.

Das gilt auch, wenn das Kind zwar zu einer **Bareinlage** verpflichtet sein soll, diese aber nur aus einem von den Eltern gewährten und aus den ersten Gewinnanteilen des Kindes wieder getilgten **Darlehen** leistet.

An einer Mitunternehmerinitiative fehlt es, wenn der Vater sich die Stimmenmehrheit in der Gesellschafterversammlung vorbehalten hat und alle Entscheidungen einschließlich der der Änderung des Gesellschaftsvertrages und der Gewinnverteilung der einfachen Stimmenmehrheit bedarf (BFH, BStBl 1979 II 670).

Auch die übrigen Beschränkungen hinsichtlich der Wahrnehmung der Gesellschaftsrechte schließen eine Mitunternehmerschaft aus. Dies gilt insbesondere auch dann, wenn die Kinder als Kommanditisten lediglich auf die Kontrollrechte beschränkt sind (§ 166 HGB). Einer Mitunternehmerschaft steht jedoch nicht entgegen, wenn der Vater und Schenker die Anteile bis zur **Volljährigkeit** verwaltet.

Liegen die **Voraussetzungen einer Mitunternehmerschaft** auch bei Anerkennung des Gesellschaftsverhältnisses **nicht** vor, können die Kommanditisten die Rechtstellung von **stillen Gesellschaftern** haben (jedoch nicht, wenn gesamte Rechtsgestaltung nur aus familiären Gründen erklärbar).

Beispiel:
A hat seinen beiden Söhnen eine Beteiligung an seinem bisherigen Einzelunternehmen geschenkt, das jetzt als KG geführt wird. Im Gesellschaftsvertrag ist vereinbart, daß B und C das Widerspruchsrecht des § 164 HGB nicht haben, A als Komplementär das Recht hat, das Gesellschaftsverhältnis zu kündigen und berechtigt ist, das gesamte Unternehmen zum Buchwert zu übernehmen. Weitere Beschränkungen hinsichtlich Entnahmen usw. sind nicht gegeben. B und C dürfen jährlich den Jahresabschluß einsehen. Der Gewinn beträgt 300 000 DM.

Auf A entfallen 200 000 DM, auf B und C jeweils 50 000 DM. Der Schenkungs- und Gesellschaftsvertrag ist zivilrechtlich wirksam.

Die Übertragung der Anteile war zwar ernsthaft gewollt und auch tatsächlich durchgeführt. Da die Voraussetzungen für eine Mitunternehmerschaft jedoch nicht vorliegen, haben B und C nur die Stellung von stillen Gesellschaftern.

Sie haben daher evtl. Einkünfte aus Kapitalvermögen, § 20 Abs. 1 Nr. 4, die ihnen mit Gutschrift zugeflossen sind. Der Gewinnanspruch der beiden Stillen in Höhe von insgesamt 100 000 DM stellt bei A Betriebsausgaben dar. Im übrigen ist A weiterhin als Einzelunternehmer zu behandeln. Sein Gewinn beträgt nach Abzug der Betriebsausgaben 200 000 DM, der nach § 15 Abs. 1 Nr. 1 zu erfassen ist.

Eine generelle Umdeutung ist aber **nicht** möglich).

2.2.11.7 Angemessenheit der Gewinnbeteiligung

a) Personengesellschaften

Unabhängig von der Anerkennung der Familiengesellschaft dem Grunde nach ist die **Gewinnverteilung steuerlich zu überprüfen.**

Die von der BFH-Rechtsprechung (vgl. auch BFH, BStBl 1973 II 489; BStBl 1973 II 866) entwickelten Grundsätze zur Angemessenheit der Gewinnbeteiligung gelten nur für die geschenkte Beteiligung, nicht für die entgeltlich erworbene, allerdings wird man auch bei einer entgeltlich durch einen Angehörigen erworbenen Beteiligung verlangen müssen, daß die Höhe der Gewinnbeteiligung in angemessenem Verhältnis zum gezahlten Entgelt steht.

Nach der Rechtsprechung des BFH sind **Kriterien** für die Gewinnverteilung der **Kapital-, Risiko- und Arbeitseinsatz** (BFH, BStBl 1968 II 152).

Nach dem BFH-Beschluß GrS, BStBl 1973 II 5 ist eine Gewinnbeteiligung eines Angehörigen-Kommanditisten, der im wesentlichen nur sein Kapital zur Verfügung gestellt hat, bis zu 15 v. H. berechnet vom Wert des Anteils **(gemeiner Wert)** als angemessen anzusehen.

Diese Grundsätze gelten nach dem Beschluß des Großen Senates (a. a. O.) für **nicht mitarbeitende** Gesellschafter. Familienangehörige als Komplementäre einer Kommanditgesellschaft sind von dieser **Begrenzung ausgeschlossen.** Übt ein Kommanditist gegen Vergütung eine unbedeutende Tätigkeit aus, gelten die Obergrenzen der Gewinnbeteiligung auch für ihn.

Es ist vom **Nominalwert** der Beteiligung auszugehen, wenn der Komplementär und Vater das Recht hat, das Gesellschaftsverhältnis zu kündigen, das Unternehmen allein fortzuführen und die Kinder mit dem Buchwert der Kapitalanteile abzufinden (BFH, BStBl 1981 II 437). Eine vom Gewinnverteilungsschlüssel abweichenden Aufteilung aus Gründen der Bedürftigkeit ist nach § 12 Nr. 2 steuerlich unbeachtlich (BFH, BStBl 1986 II 792 und BFH/NV 1995, 103).

b) Stille Gesellschaft

Die Grundsätze der Angemessenheit der Gewinnverteilung gelten darüber hinaus sowohl für die **echte stille Gesellschaft** als auch für die **atypische**, soweit es sich um **geschenkte Beteiligungen** handelt (BFH, BStBl 1974 II 616; BStBl 1973 II 650; BStBl 1974 II 114; BStBl 1974 II 51). Für die Unterbeteiligung gelten diese Grundsätze entsprechend; vgl. BFH, BStBl 1987 II 54.

Bei typischen stillen Beteiligungen ist jedoch bei der Frage der Angemessenheit vom **Nominalwert** der Beteiligung auszugehen, bei der atypisch stillen Gesellschaft vom gemeinen Wert des Anteils. Bei der typischen als auch atypisch stillen Gesellschaft, gleiches gilt für die Unterbeteiligung, ist lediglich eine Gewinnbeteiligung bis 12 v. H. vom Wert des Anteils als angemessen anzusehen, **wenn die Verlustbeteiligung ausgeschlossen** ist (BFH, BStBl 1973 II 650) und die Einlage **voll** aus einer **Schenkung** stammt.

Bei Gewinn- und Verlustbeteiligung sind bis 15 % der Einlage angemessen. Stammt die Einlage aus **eigenen Mitteln,** sind

- bei Gewinn- und Verlustbeteiligung bis 30 % der Einlage (BFH, BStBl 1982 II 387)
- bei Ausschluß der Verlustbeteiligung bis 25 % der Einlage

angemessen.

Für die Frage, ob eine Gewinnverteilung angemessen ist, kommt es nicht auf den Zeitpunkt des Gewinnanfalls an, sondern auf **den Zeitpunkt des Vertragsabschlusses** (BFH, BStBl 1974 II 51). Der Gewinnverteilungsschlüssel muß sich schon im Zeitpunkt der Schenkung und Abschluß des Gesellschaftsvertrages als unangemessen erweisen. Allerdings ist hierbei die künftige Entwicklung der Ertragsaussichten, soweit vorhersehbar, zu berücksichtigen. Sind keine Anhaltspunkte für die künftige Gewinnentwicklung vorhanden, ist hier vom **durchschnittlichen Gewinn der letzten 5 Jahre** auszugehen.

Beispiel:

A schenkt seinen Söhnen X und Y eine Kommandit-Beteiligung von jeweils nominell 250 000 DM. Gemeiner Wert dieser Beteiligung jeweils 500 000 DM. Sie sollen mit jeweils 20 v. H. am Gewinn und Verlust beteiligt sein. Der Restgewinn des Unternehmens betrug in den letzten 5 Jahren vor Vertragsabschluß durchschnittlich 600 000 DM (nach Abzug von Vorabgewinnen).

Angemessene Kapitalverzinsung:

15 v. H. von 500 000 DM = 75 000 DM
75 000 DM von 600 000 DM = 12,5 v. H.

Vereinbarte Gewinnbeteiligung 20 v. H.
angemessene Gewinnbeteiligung (Obergrenze) ./. 12,5 v. H.
= unangemessen 7,5 v. H.

Soweit der Gewinnanteil 12,5 v. H. des Restgewinns übersteigt, ist eine betriebliche Veranlassung nicht gegeben. Die so ermittelte Obergrenze (Gewinnbeteiligung in v. H. des Restgewinns) wird – grds. unverändert – auf den jeweiligen Gewinn der einzelnen WJ angewendet.

Grundsätzlich ist die Gewinnverteilung nicht ständig der Entwicklung anzupassen. Nur in den Fällen, in denen unter Fremden eine Anpassung an die tatsächliche Entwicklung erfolgen würde und der Dritte einen Anspruch auf Änderung des Gesellschaftsverhältnisses insoweit hätte, wird man einer Familiengesellschaft eine Anpassung zumuten können.

Durch die Obergrenzen wird sichergestellt, daß die gewinnabhängigen Gewinnbeteiligungen nicht zu einer unbegrenzt hohen Einkommensverlagerung führen.

Zur **rückwirkenden Änderung** der Gewinnverteilung vgl. BFH, BStBl 1984 II 53.

2.2.12 GmbH und Co. KG

2.2.12.1 Begriff

2.2.12.1.1 Allgemeines

Eine GmbH & Co. KG ist eine Personengesellschaft, deren persönlich haftende Gesellschafter eine oder mehrere GmbH sind.

Die GmbH & Co. KG wird im Ertragsteuerrecht als eine Personengesellschaft (Mitunternehmerschaft) behandelt (BFH GrS, BStBl 1984 II 751). Das gilt auch für die Einmann-GmbH und Co. KG (BFH, BStBl 1988 II 883). Der Gewinn der KG wird einheitlich und gesondert festgestellt. Hierbei wird auch ein Gewinnanteil der Komplementär-GmbH (einschließlich der Sondervergütungen und der Sonderbetriebsausgaben) erfaßt. GmbH und GmbH & Co. KG behalten jedoch ihre Selbständigkeit.

Obwohl es sich hier um zwei Gesellschaften handelt, die GmbH und die Kommanditgesellschaft, wird die GmbH & Co. KG in vieler Hinsicht als eine Einheitsgesellschaft behandelt. Die GmbH ist selbständig der Körperschaftsteuer zu unterwerfen. Der GmbH muß ein angemessener Gewinnanteil zukommen.

2.2.12.1.2 GmbH & Co. KG als Personengesellschaft

Auch die GmbH & Co. KG ist Personengesellschaft ohne eigene Rechtspersönlichkeit. Diese ist lediglich soweit Subjekt der Gewinnermittlung, als die tatbestandlichen Voraussetzungen für die Qualifizierung ihrer Einkünfte als gewerbliche bei ihr erfüllt werden müssen. Steuersubjekt sind die Gesellschafter. Sie ist nach Ansicht des Großen Senats keine Kapitalgesellschaft i. S. des § 1 Abs. 1 Nr. 1 KStG (vgl. Beschluß BFH Großer Senat vom 25.6.1984, BStBl 1984 II 751). Auch soweit eine sogenannte Publikums-GmbH & Co. KG zivilrechtlich eher einem nichtrechtsfähigen Verein ausgestaltet ist als einer Personengesellschaft, unterliegt sie nicht der Körperschaftsteuer (BFH, a. a. O.).

Der Große Senat (a. a. O.) hat die Körperschaftsteuerpflicht mit der **Begründung verneint,** daß nach § 3 Abs. 2 KStG eine Körperschaftsteuerpflicht für nichtrechtsfähige Vereine nur dann in Betracht komme, wenn das Einkommen dieser nicht rechtsfähigen Personenvereinigung nicht unmittelbar bei den Mitgliedern zu versteuern ist.

Für die Gewinneinkünfte ergibt sich die Erfassung der Gewinne bei den Gesellschaftern aus § 15 Abs. 1 Nr. 2 (vgl. auch BFH, BStBl 1978 II 674). Dies gilt nach Ansicht des Großen Senats auch bei der Publikums-GmbH & Co. KG mit wenigen Kommanditisten, wenn diese ihrerseits Treuhänder für zahlreiche Treugeber sind. Die GmbH & Co. KG ist somit stets als Personengesellschaft anzusehen und daher ihr Gewinn bei den Gesellschaftern unmittelbar zu versteuern.

2.2.12.1.3 GmbH & Co. KG als Gewerbebetrieb kraft Gepräges (§ 15 Abs. 3 Nr. 2 EStG)

Sind bei einer GmbH & Co. KG ausschließlich eine oder mehrere Kapitalgesellschaften als persönlich haftende Gesellschafter beteiligt, gilt die Personengesellschaft als Gewerbebetrieb, auch wenn die Voraussetzungen des § 15 Abs. 2 nicht gegeben sind, insbesondere dann, wenn sie ausschließlich Vermögensverwaltung betreibt. Das gilt auch für eine sogenannte **Schein-KG.** Dies gilt jedoch nicht, wenn die GmbH von der Geschäftsführung ausgeschlossen ist oder neben der GmbH weitere Gesellschafter (Kommanditisten) zu Geschäftsführern bestellt sind.

Der BFH-Beschluß vom 25.6.1984 (BStBl 1984 II 751) hat zwar die sog. Geprägerechtsprechung aufgegeben. Durch § 15 Abs. 3 Nr. 2 wurde jedoch die **Gepräge-Theorie rückwirkend** wiedereingeführt.

Bei **Verlustzuweisungsgesellschaften** nimmt die Rechtsprechung jedoch Liebhaberei an (BFH, BStBl 1991 II 564, BStBl 1992 II 328 und BStBl 1996 II 219). Vgl. auch den Gesetzeswortlaut, der als Grundvoraussetzung „Einkünfteerzielung" – zum Ausschluß der Lieberhaberei – fordert.

2.2.12.1.4 Einkunftsarten-Überblick

a) Gewerblich tätige KG

Die KG erzielt Einkünfte aus Gewerbebetrieb i. S. von § 15 Abs. 1, wenn sie ein gewerbliches Unternehmen betreibt. Der Begriff des gewerblichen Unternehmens ergibt sich aus § 15 Abs. 2.

Die Eintragung im Handelsregister begründet lediglich eine widerlegbare Vermutung, daß ein Handelsgewerbe betrieben wird (BStBl 1978 II 54) („Schein-KG").

b) Teilweise gewerblich tätige KG

Ist die KG teils gewerblich, teils freiberuflich, vermögensverwaltend oder land- und forstwirtschaftlich tätig, gilt die Tätigkeit nach § 15 Abs. 3 Nr. 1 in vollem Umfang als Gewerbebetrieb („Abfärbe-Effekt").

c) Gewerblich geprägte KG

Wenn die GmbH der alleinige persönlich haftende Gesellschafter (Komplementär) ist und nur ihr oder einem Nichtgesellschafter die Geschäftsführungsbefugnis zusteht, gilt die Tätigkeit der KG nach § 15 Abs. 3 Nr. 2 auch für den Fall als Gewerbebetrieb, in dem überhaupt keine gewerbliche Tätigkeit ausgeübt wird.

Falls ein Kommanditist zum Geschäftsführer der KG bestellt wird, entfällt die gewerbliche Prägung nach § 15 Abs. 3 Nr. 2. Die KG erzielt z. B. Einkünfte aus §§ 13, 18, 20 oder 21.

Der auf die GmbH entfallende Anteile an den KG-Einkünften führt jedoch stets zu Einkünften aus Gewerbebetrieb (§ 8 Abs. 2 KStG).

2.2.12.2 Arten der GmbH & CO KG

Die GmbH & Co. KG kommt in typischer und atypischer Form vor. Von einer typischen GmbH & Co. KG spricht man, wenn die Gesellschafter der Kommanditgesellschaft gleichzeitig Gesellschafter der GmbH sind. Hier ist ein Interessenkonflikt weitgehend ausgeschlossen. Vielfach wird in diesem Falle einer der GmbH-Gesellschafter gleichzeitig Geschäftsführer sein.

Eine **atypische** GmbH & Co. KG liegt vor, wenn die Gesellschafter der Kommanditgesellschaft und der GmbH nicht identisch sind bzw. nicht weitgehend identisch sind und somit die Willensbildung bei beiden Gesellschaften nicht gleich ist.

Auch eine sogenannte **Einheits-GmbH & Co. KG** – hierbei besteht das Vermögen der GmbH nur aus einer Beteiligung an der KG und alle Geschäftsanteile der Komplementär-GmbH sind Gesamthandsvermögen (= KG ist selbst Alleingesellschafterin der GmbH) – ist gesellschaftsrechtlich und steuerlich zulässig (BFH, BStBl 1985 II 683). Ebenso ist eine **doppelstöckige** GmbH & Co. KG möglich: hierbei ist Komplementärin eine weitere GmbH & Co. KG. Auch diese Form fällt unter § 15 Abs. 3 Nr. 2. Zur Anwendung des § 15 Abs. 1 Nr. 2 hinsichtlich der Sondervergütungen in der doppelstöckigen Personengesellschaft vgl. § 15 Abs. 1 Nr. 2 Satz 2 und vorstehend 2.2.3.

2.2.12.3 Mitunternehmerschaft bei der GmbH & Co. KG

2.2.12.3.1 Mitunternehmerschaft der GmbH

Die GmbH ist kraft ihrer Rechtsform Kaufmann und damit **Gewerbetreibender** (§ 6 HGB). Inwieweit die GmbH als Komplementär-GmbH Mitunternehmerin der GmbH & Co. KG ist, muß nach den Kriterien des § 15 Abs. 1 Nr. 2 beurteilt werden. Da die Komplementär-GmbH die Geschäfte der Kommanditgesellschaft führt und auch am Risiko des Unternehmens beteiligt ist, kommt es **nicht** darauf an, daß die **GmbH auch am Vermögen der Kommanditgesellschaft beteiligt ist.** Die Mitunternehmerschaft der GmbH als Gesellschafterin der Kommanditgesellschaft ist daher nicht infragegestellt, wenn die GmbH **nicht** am Gesamthandsvermögen beteiligt ist, ebenso nicht bei Ausschluß der Verlustbeteiligung (BFH, BStBl 1980 II 336). Es reicht auch nach dem Handelsrecht aus, daß der Komplementär lediglich seine Arbeitskraft zur Verfügung stellt (Sudhoff, BB 1975, 995), d. h. hier: die Geschäftsführung übernimmt. Die Mitunternehmerschaft ist jedoch infragegestellt, wenn die GmbH vom Vermögen, Gewinn und der Geschäftsführung ausgeschlossen ist, sondern lediglich die Haftung übernimmt. Bei fester Vergütung für Tätigkeit und Haftungsrisiko (Außenhaftung für KG-Schulden!) ist u. E. die Mitunternehmerschaft aber noch zu bejahen (vgl BFH, FR 1985, 621). Die GmbH erzielt aber ohnehin gewerbliche Einkünfte (§ 8 Abs. 2 KStG).

2.2.12.3.2 Mitunternehmerschaft der Kommanditisten

Kommanditisten der GmbH & Co. KG sind grundsätzlich Mitunternehmer, wenn ihnen die Rechte zukommen, die üblicherweise einem Kommanditisten zustehen (vgl. hierzu BFH, BStBl 1974 II S. 404; BStBl 1975 II S. 818; BStBl 1976 II S. 324). Vgl. hierzu bereits im einzelnen 2.2.1.

2.2.12.3.3 Erweiterung des Kreises der Mitunternehmer

Der BFH (BStBl 1976 II 332) hat eine Mitunternehmerschaft auch bei Nichtbeteiligung am Vermögen der KG angenommen, wenn der GmbH-Gesellschafter nicht selbst Gesellschafter der KG i. S. des HGB ist, jedoch deren Geschäftsführer gegen Gehalt und Gewinnbeteiligung ist und darüber hinaus der KG Wirtschaftsgüter verpachtet hat und hierfür eine Sondervergütung erhält (BFH, BStBl 1996 II 66 für den Fall der Unangemessenheit der Gesamtbezüge).

Eine **Mitunternehmerschaft** liegt auch im Falle einer **stillen Gesellschaft zur GmbH & Co. KG** vor, wenn der stille Gesellschafter der Hauptkapitalgeber ist und am Gewinn zu mehr als die Hälfte beteiligt ist, er unabhängig von seiner Stellung als Geschäftsführer die Rechte aus § 716 BGB hat und alle nicht laufenden Geschäfte seiner Zustimmung bedürfen (BFH, BStBl 1978 II 644).

Ebenfalls kann eine **atypisch** stille Beteiligung an der GmbH & Co. KG durch Beteiligung an den stillen Reserven des Betriebsvermögens der KG begründet werden. Das gleiche gilt für eine **Unterbeteiligung an einzelnen Kommanditanteilen** mit Beteiligung an den stillen Reserven des Anteils.

Ist ein beherrschender Gesellschafter-Geschäftsführer gleichzeitig als stiller Gesellschafter mit einer erheblichen Vermögenseinlage unter Vereinbarung einer hohen Gewinnbeteiligung sowie der Verpflichtung, die Belange bestimmter Geschäftspartner persönlich wahrzunehmen, beteiligt, liegt eine atypisch stille Gesellschaft vor (BFH BStBl 1994 II 702).

2.2.12.4 Beitragspflichten der Gesellschafter bei der GmbH & Co. KG

2.2.12.4.1 GmbH

Die Beitragspflicht der GmbH besteht in der Regel in der Übernahme des Haftungsrisikos, der Übernahme der **Geschäftsführung,** unter Umständen in der Überlassung von Wirtschaftsgütern an die Personengesellschaft. Eine Überlassung von Wirtschaftsgütern der GmbH an die Personengesellschaft kommt vor, wenn die GmbH & Co. KG ursprünglich aus einer GmbH hervorgegangen ist.

2.2.12.4.2 Kommanditisten

Die Beitragspflicht der Kommanditisten ist nach allgemeinen Grundsätzen zu beurteilen. Sie besteht in der Regel in der **Leistung der Einlage, unter Umständen** auch in einer persönlichen **Tätigkeit,** in der Überlassung von **Darlehn** und sonstigen Wirtschaftsgütern. Siehe hierzu bereits vorstehend 2.2.1.

2.2.12.5 Betriebsvermögen der GmbH & Co. KG

2.2.12.5.1 Gesamthandsvermögen

Das Betriebsvermögen der Kommanditgesellschaft besteht grundsätzlich aus dem Gesamthandsvermögen.

2.2.12.5.2 Betriebsvermögen der GmbH

Stellt die GmbH nicht lediglich ihre Dienste zur Verfügung, ist sie in der Regel auch am Gesamthandsvermögen beteiligt. Darüber hinaus kann die GmbH auch eigenes Betriebsvermögen haben. Stellt die GmbH, insbesondere, wenn die GmbH & Co. KG aus einer GmbH hervorgegangen ist, der KG eigenes Betriebsvermögen zur Nutzung zur Verfügung, so handelt es sich hierbei grundsätzlich um Sonderbetriebsvermögen der GmbH. Nach BFH (BStBl 1979 II 750) gehören auch solche Wirtschaftsgüter zum Sonderbetriebsvermögen der Gesellschafter, die ursprünglich aus dem Betriebsvermögen eines anderen Betriebes des Gesellschafters stammen. Hiernach sind alle Wirtschaftsgüter, die die Komplementär-GmbH der Kommanditgesellschaft zur Nutzung überläßt, als Sonderbetriebsvermögen zur KG behandeln. Insoweit besteht ein Vorrang auch vor der Steuerbilanz der GmbH.

2.2.12.5.3 Sonderbetriebsvermögen der Kommanditisten

Zum Sonderbetriebsvermögen der Kommanditisten gehören alle Wirtschaftsgüter, die im Eigentum eines Gesellschafters stehen, dem Betrieb jedoch zur Nutzung überlassen worden sind. Nach der Rechtsprechung (BFH, BStBl 1976 II 188) gehört auch zum Sonderbetriebsvermögen der **Anteil des Gesellschafters an der Komplementär-GmbH,** weil er der Mitunternehmerstellung dient (Einfluß auf die Geschäftsführung!); BFH, BStBl 1980 II 119, BStBl 1983 II 771; 1985 II 634. Dies gilt jedenfalls dann, wenn sich die GmbH auf die Komplementärtätigkeit beschränkt oder wenn ein daneben bestehender eigener Geschäftsbetrieb der GmbH von untergeordneter Bedeutung ist (BFH, BStBl 1986 II 55). Das gilt auch hinsichtlich einer **ausländischen** Komplementär-GmbH, deren Tätigkeit fast ausschließlich auf die Geschäftsführung einer inländischen KG beschränkt ist (BFH, BStBl 1992 II 937).

2.2.12.6 Gewinnverteilung bei der GmbH & Co. KG

2.2.12.6.1 Grundsätze

Soweit im Gesellschaftsvertrag nichts geregelt ist, gilt auch hier § 168 HGB. Hiernach ist der Gewinn, soweit er 4 v.H. nicht übersteigt, entsprechend den Kapitalanteilen zu verteilen, hinsichtlich des übersteigenden Gewinns gilt ein den Umständen nach angemessenes Verhältnis der Anteile als bedungen. Maßstab für die Gewinnverteilung ist der Beitrag des Gesellschafters zum Erreichen des Gesellschaftszweckes. Hierbei sind insbesondere die Kapitaleinlage, die Nutzungseinlagen (sofern keine Sondervereinbarung) und die sonstige Tätigkeit der Gesellschafter für die Gesellschaft zu berücksichtigen. Nach BFH, BStBl 1968 III 152 sind Maßstab für die Gewinnverteilung

a) Kapitaleinsatz

b) Risikotragung

c) Arbeitseinsatz

2.2.12.6.2 Gewinnbeteiligung der GmbH

a) Beteiligung der GmbH am Gesellschaftsvermögen

Ist die Komplementär-**GmbH am Gesellschaftsvermögen der KG beteiligt** (in der Praxis selten), ist sie angemessen am Gewinn zu beteiligen. Nicht erforderlich ist es jedoch, daß die Komplementär-GmbH im gleichen Verhältnis am Restgewinn beteiligt ist wie die Kommanditisten. Vgl. BFH, BStBl 1968 II 152.

Die Gewinnbeteiligung ist unter Bedingungen einzuräumen, wie sie mit einer Komplementär-GmbH mit fremden Gesellschaftern, die nicht gleichzeitig Kommanditisten sind, auch vereinbart worden wären.

Die Gewinnbeteiligung der GmbH muß so bemessen sein, daß sich für die GmbH für ihre Tätigkeit eine **angemessene Kapitalverzinsung** ergibt (vgl. BFH, BStBl 1968 II 152). Nach einer Verfügung der OFD Hannover vom 27.5.1969, 2241/12 StH 231, GmbHR 1970 S. 23) ist auf eine Verzinsung des Kapitals **nach** Berücksichtigung der Körperschaftsteuer von 10 bis 15 v.H. abzustellen (vgl. hierzu auch Lange, GmbH & Co. KG, NWB Fach 18 S. 2231, Kormann, DB 1972 S. 697, Meyer-Arndt, StBJB 1971/72 S. 145 ff.).

Angemessen ist bei einer auf die Geschäftsführung der KG beschränkten GmbH ein Gewinnanteil, der ihr auf Dauer **Ersatz** ihrer **Aufwendungen** sowie eine den **Kapitaleinsatz** und das **Haftungsrisiko** gebührend berücksichtigende Beteiligung am Gewinn einräumt; dabei dürfen weder die einzelnen Formen der Gewinnbeteiligung (z.B. Vorwegvergütung) noch die die Gewinnbeteiligung bestimmenden Faktoren beurteilt werden. Daraus ergibt sich, daß zumindest die Tätigkeitsvergütungen und die Gewinnanteile zusammengerechnet dem Personalaufwand gegenübergestellt werden müssen und alsdann der verbleibende Gewinnanteil auf seine Angemessenheit zu beurteilen ist (BFH, BB 1990, 2027; DB 1991, 630).

b) Vergütung der GmbH bei nicht vermögensmäßiger Beteiligung

Ist die Komplementär-GmbH nicht mit einem Kapitalanteil am Vermögen der Kommanditgesellschaft beteiligt, ist eine Gewinnbeteiligung nicht erforderlich. Es wird als ausreichend erachtet, daß ihre Leistungen angemessen vergütet werden. Der BFH (BStBl 1977 II 346) hat es als ausreichend angesehen, wenn der Komplementär neben dem **Auslagenersatz eine angemessene Vergütung** für die Übernahme des **Haftungsrisikos in Höhe der üblichen Avalprovision** erhält (im Streitfall: 6% des gezeichneten Kapitals). Die Haftungsprämie einer Geschäftsführungs-GmbH, die – gewinnunabhängig – 2 v.H. des Stammkapitals der GmbH und zusätzlich – gewinnabhängig – 10 v.H. des Gewinns der KG, höchstens jedoch 10 v.H. des Stammkapitals der GmbH, beträgt, ist steuerlich **nicht** zu beanstanden, sofern nicht bei Vertragsschluß erkennbar ist, daß die KG auf absehbare Zeit keine Gewinne erwirtschaften wird (FG Saarland v. 28.3.1990 – rkr., EFG 1990, 586). Hierbei ist vom Haftungsrisiko auszugehen. Dieses wird in der Regel von dem Umfang des Vermögens der GmbH bestimmt. Es ist ausreichend, daß die GmbH neben der Risikovergütung einen Auslagenersatz für Aufwendungen aus der Geschäftsführertätigkeit, z.B. das Geschäftsführergehalt, erhält.

Beispiel:
Eine **nicht** angemessene Gewinnverteilung führt zu einer **vGA**, da der Verzicht der GmbH zugunsten der Kommanditisten in ihrer Eigenschaft als Gesellschafter der GmbH wirkt.
Fall:
A und B sind zu je $1/2$ sowohl Gesellschafter der Komplementär-GmbH als auch Kommanditisten der KG.

	Gewinnanteile gemäß Vereinbarung	angemessene Gewinn-verteilung (Korrektur)	vGA + 3/7	gesondert festzustellender Gewinn
GmbH	0	+ 7		7
A	50	./. 3,5	+ 3,5	
			+ 1,5	51,5
B	50	./. 3,5	+ 3,5	
			+ 1,5	51,5
	100	± 0	+ 10	110

Über die vGA ist im **Feststellungsverfahren der KG** nach §§ 180, 181 AO zu entscheiden (BFH, BStBl 1980 II 531).

Neben der vGA von $2 \times 3{,}5$ als Dividende sind noch $3/7$ als anzurechnende KSt (§§ 20 Abs. 3, 20 Abs. 1 Nr. 3) zu erfassen = $1{,}5 \times 2 = 3$. Vgl. auch unten 2.2.11.7 e).

c) Verdeckte Gewinnausschüttungen der Komplementär-GmbH

Erhält die Komplementär-GmbH für ihre Tätigkeit als Geschäftsführer und für ihre Beteiligung an der GmbH & Co. KG eine **unangemessen niedrige Gewinnbeteiligung**, so liegt hinsichtlich der Differenz zur angemessenen Gewinnbeteiligung oder Vergütung **eine verdeckte Gewinnausschüttung vor**, weil darin ein Forderungsverzicht zugunsten eines Gesellschafters bzw. der Gesellschafter gesehen wird. Ebenso kann **die Herabsetzung der Gewinnbeteiligung** der GmbH eine verdeckte Gewinnausschüttung darstellen. Desgleichen liegt eine verdeckte Gewinnausschüttung an den Gesellschafter vor, wenn die **GmbH der KG Wirtschaftsgüter zu einer unangemessen niedrigen Vergütung überlassen hat. In der Vereinbarung eines überhöhten Geschäftsführergehaltes** ist eine verdeckte Gewinnausschüttung an den Geschäftsführer zu sehen, wenn er gleichzeitig Gesellschafter ist. Besteht aber ein Ersatzanspruch der GmbH gegen die KG, ist der GmbH-Gewinn nur in Höhe der Gewinnbeteiligungsquote der GmbH gemindert, so daß diese überhöhte Vergütung nur in Höhe dieser Quote zu einer VGA führt.

Beispiel:
Am Gewinn der GmbH & Co. KG sind die Komplementär-GmbH zu 10 v. H. und die beiden Kommanditisten A und B zu je 45 v. H. beteiligt. Geschäftsführer der GmbH ist der Kommanditist A, dem auch die Geschäftsführung der KG obliegt. Die GmbH hat ihrem Gesellschafter-Geschäftsführer Bezüge von 100 000 DM bezahlt. Die KG hat der GmbH die Kosten für den Geschäftsführer voll in Höhe von 100 000 DM erstattet, obwohl nur 60 000 DM angemessen sind. Der Handelsbilanzgewinn der KG beträgt 1 Mio. DM.

Lösung:
In der Vereinbarung eines überhöhten Geschäftsführergehaltes ist eine verdeckte Gewinnausschüttung an einen GmbH-Geschäftsführer zu sehen, wenn er gleichzeitig GmbH-Gesellschafter ist.
Bei überhöhter Vergütung an den Gesellschafter-Geschäftsführer der GmbH ist vGA aber nicht der Gesamtbetrag des überhöhten Teils der Vergütung, wenn ein Ersatzanspruch der GmbH gegen die KG besteht (obwohl die GmbH die Vergütungen schuldet und zahlt). Vielmehr ist der GmbH-Gewinn nur in Höhe der Schmälerung des Anteils am Restgewinn unzulässig gemindert d. h. in Höhe der Gewinnbeteiligungsquote der GmbH.

1. Angemessene Verteilung:
Wenn die KG lediglich die angemessenen Personalkosten erstattet hätte, dann wäre der KG-Gewinn um 40 000 DM höher gewesen.

	GmbH 10%	A 45%	B 45%	Gesamt
KG-Gewinn	104 000	468 000	468 000	1 040 000
Sonder-BE für GmbH	+ 60 000			+ 60 000
Sonder-BA für GmbH	./. 60 000			./. 60 000
Sonder-BE für A		+ 60 000		+ 60 000
	104 000	528 000	468 000	1 100 000

2. tatsächlich verteilt:

	GmbH 10%	A 45%	B 45%	Gesamt
KG-Gewinn	100 000	450 000	450 000	1 000 000
Sonder-BE für GmbH	+ 100 000			+ 100 000
Sonder-BA für GmbH	./. 100 000			./. 100 000
Sonder-BE für A		+ 100 000		+ 100 000
	100 000	550 000	450 000	1 100 000

3. Steuerrechtliche Gewinnverteilung:

		GmbH 10%	A 45%	B 45%	Gesamt
KG-Gewinn		104 000	468 000	468 000	1 040 000
Sonder-BE	§ 15 I 2 2. HS		+ 60 000		+ 60 000
vGA	§ 15 I 2 2. HS		+ 4 000		+ 4 000
3/7	§ 15 I 2 2. HS		+ 1 714		+ 1 714
		104 000	533 714	468 000	1 105 714

Verkauft eine GmbH & Co. KG, Wirtschaftsgüter ihres Betriebsvermögens unter erzielbarem Marktpreis an eine ihrem Gesellschafter nahestehende Person, so liegt eine VGA vor. Sie bemißt sich nach dem verdeckten Wertabfluß (= Mindererlösen) in Höhe der Beteiligungsquote der GmbH an der KG. Der übrige Mindererlös stellt eine **verdeckte Entnahme** aus dem BV der KG dar (BFH, BStBl 1986 II 17).

d) Verzicht auf Teilnahme an einer Kapitalerhöhung

Wird das Kapital der Gesellschaft durch Aufstockung der Kommanditeinlage erhöht, kann eine verdeckte Gewinnausschüttung vorliegen, wenn die Einlage der Komplementär-GmbH nicht entsprechend erhöht wird (obwohl die GmbH hierzu berechtigt und in der Lage war); vgl. BFH, BStBl 1977 II 477. Die VGA besteht darin, daß ein Bruchteil des Gesellschaftsanteils der GmbH an der KG auf die Kommanditisten übertragen wird. Vgl. aber e).

e) Änderung der Gewinnverteilung zuungunsten der GmbH

Es liegt keine verdeckte Gewinnausschüttung der GmbH an ihre Gesellschafter vor im Falle einer Änderung der Gewinnverteilung zuungunsten der GmbH, wenn diese Gewinnverteilung einem fremden in der KG tätigen Kommanditisten Anlaß gegeben hätte, das Gesellschaftsverhältnis zu kündigen (vgl. BFH, BStBl 1977 II 504). Sie ist weiterhin dann nicht als verdeckte Gewinnausschüttung anzusehen, wenn ein ordentlicher und gewissenhafter Geschäftsführer, der nicht gleichzeitig Kommanditist ist, der Minderung des Gewinnanteils zugestimmt hätte, weil sich der der GmbH verbleibende Gewinnanteil immer noch als hochwertig darstellt (vgl. BFH, BStBl 1977 II 477). Darum muß auch der Gesellschaftsvertrag in der Regel eine Vertragsänderung zulassen.

Bei **Änderung zugunsten der GmbH** ist eine **verdeckte Einlage gegeben** (BFH, DB 1991, 630).

2.2.12.7 Gesonderte Gewinnfeststellung bei der GmbH & Co. KG

a) Gewinn der Personengesellschaft

Ausgangspunkt für die Gewinnverteilung ist der aus der Handelsbilanz abgeleitete Steuerbilanzgewinn der KG (einschließlich des Gewinnanteils der Komplementär-GmbH).

b) Sondervergütungen

Nach § 15 Abs. 1 Nr. 2 2. Halbs. handelt es sich auch bei den Sondervergütungen für Tätigkeiten im Dienste der Gesellschaft, Vergütungen für überlassene Darlehn und Nutzungsüberlassung für überlassene Wirtschaftsgüter um gewerbliche Einkünfte. Sie sind im Rahmen der gesonderten Feststellung dem Gewinn der Personengesellschaft nach allgemeinen Grundsätzen hinzuzurechnen.

c) Auslagenersatz der GmbH durch die KG

Vergütungen im obigen Sinne (vgl. b) stellt auch der von der KG gewährte Auslagenersatz dar. Das gilt sowohl hinsichtlich des gezahlten Geschäftsführergehaltes als auch hinsichtlich der sonstigen Kostenübernahmen.

d) Geschäftsführergehalt

aa) Kommanditisten als GmbH-Geschäftsführer

Soweit der GmbH-Geschäftsführer gleichzeitig Kommanditist ist, unabhängig davon, ob er gleichzeitig Gesellschafter der GmbH ist, handelt es sich um eine Sondervergütung i. S. des § 15 Abs. 1 Nr. 2, und nicht um Einkünfte aus nichtselbständiger Arbeit. Das **Geschäftsführergehalt** ist somit **dem Gewinn der KG hinzuzurechnen** (vgl. BFH, BStBl 1970 II 408; BStBl 1968 II 369; BStBl 1968 II 579; BStBl 1971 II 816; BStBl 1970 II 588). Es ist hierbei **gleichgültig, ob das Gehalt von der GmbH gezahlt wird oder von der KG**. Das gilt auch dann, wenn die GmbH neben der Geschäftsführung für die KG eine eigene gewerbliche Tätigkeit ausübt (BFH, BStBl 1976 II 188), u.E. jedoch dann **Aufteilung**.

Ebenfalls sind die Sozialasten einschließlich des Arbeitgeberanteils zur Sozialversicherung als Sondervergütung behandelt, auch wenn eine gesetzliche Verpflichtung hierzu besteht (vgl. BFH, BStBl 1992 II 812).

Pensionszusagen können gegenüber Geschäftsführern, die gleichzeitig Gesellschafter der Personengesellschaft sind, **nicht mit steuerlicher Wirkung** erteilt werden (BFH, BStBl 1967 III 222; BStBl 1973 II 298).

Ist jedoch die GmbH & Co. KG aus einer GmbH hervorgegangen, brauchen die aufgrund der Zusage bis zum Zeitpunkt der Umwandlung erfolgten Rückstellungen **nicht** aufgelöst zu werden. Weitere Rückstellungen können jedoch nicht gebildet werden (vgl. BFH, BStBl 1977 II 798).

Rückstellungen für Pensionszusagen können bei der GmbH als Aufwand behandelt werden, müssen jedoch bei der **KG im Sonderbereich** des Gesellschafters dem Gewinn wieder hinzugerechnet werden (BFH, BB 1993, 898).

bb) GmbH-Geschäftsführer ist nicht Kommanditist

Ist der Geschäftsführer nicht gleichzeitig Kommanditist, aber Gesellschafter der GmbH, gelten die **allgemeinen** Grundsätze für GmbH-Gesellschafter-Geschäftsführer, d. h. es liegen beim Empfänger Einkünfte aus § 19 vor.

e) Gewinnausschüttungen der Komplementär-GmbH

Soweit die Gesellschafter der GmbH gleichzeitig Kommanditisten der KG sind, werden die **Gewinnausschüttungen** zuzüglich 3/7 Steuergutschrift (anrechenbare Körperschaftsteuer) zum gewerblichen Gewinn hinzugerechnet. (Vgl. BFH, BStBl 1976 II 188). Das gilt grds. **auch für verdeckte Gewinnausschüttungen.** Die verdeckte Gewinnausschüttung als Einkommensteil der Komplementär-GmbH wird bei der Gewinnermittlung der KG für die Komplementär-GmbH festgestellt.

Der KG-Gewinnanteil des GmbH-Gesellschafters und Kommanditisten erhöht sich bei vGA i. d. R. nur um die Steuergutschrift (3/7 der vGA), nicht dagegen um die vGA selbst, soweit sie bereits „versteuert", d. h. bereits vor Umqualifizierung im Gewinnanteil enthalten war. Auch in solchen Fällen „versteuerter" vGA muß noch KSt auf der Gesellschaftsebene erhoben werden (BFH, BStBl 1987 II 508 und 733). Vgl. das Beispiel in 2.2.11.6.2 b).

f) Erträge des sonstigen Sonderbetriebsvermögens

Haben die Gesellschafter Erträge aus Sonderbetriebsvermögen, sind sie auch insoweit dem Gewinn hinzuzurechnen, als es sich bei den Erträgen nicht um Vergütungen der Gesellschaft handelt. Es handelt sich um Sonderbetriebseinnahmen.

g) Sonderbetriebsausgaben

Da der Gewinn für die Mitunternehmer abschließend festgestellt wird, sind auch alle **Sonderbetriebsausgaben** der Gesellschafter in die Feststellung **miteinzubeziehen.** Das gilt für die GmbH sowohl für **das an den Geschäftsführer gezahlte Gehalt**, einschließlich der sonstigen Aufwendungen für die Gesellschaft. Lediglich Aufwendungen, die mit der Mitunternehmerschaft nicht im Zusammenhang stehen, stellen eigene Betriebsausgaben dar. Insbesondere sind bei den Kommanditisten Zinsen für Kredite im Zusammenhang mit der Beteiligung, Hypothekenzinsen, für die der Gesellschaft zur Nutzung überlassenen Grundstücke, AfA usw. zu berücksichtigen.

Nicht zu den Sonderbetriebsausgaben gehören Aufwendungen der Komplementär-GmbH, die auf ihrer Stellung als eigenständige juristische Person beruhen, z. B. die Kosten für die Erstellung einer eigenen Bilanz (BFH, BStBl 1996 II 295).

h) Gewinnverteilung bei der GmbH & Co. KG

Vor der Verteilung des Handelsbilanzgewinnes werden den Gesellschaftern nach allgemeinen Grundsätzen vorab die Sondervergütungen und Sondererträge aus den **Sonder-** bzw. **Ergänzungsbilanzen** zugerechnet, z. B. das Geschäftsführergehalt, Honorare für Beraterverträge, Zinsen für Darlehn, Miet- und Pachtzinsen für überlassene Wirtschaftsgüter, Lizenzgebühren und sonstige Erträge aus dem Sonderbetriebsvermögen. Das gilt insbesondere auch für Ausschüttungen der Komplementär-GmbH einschließlich verdeckter Gewinnausschüttungen (vgl. hierzu aber unter e). Die Verteilung des Restgewinnes erfolgt nach dem handelsrechtlichen Gewinnverteilungsschlüssel. Die Feststellung der verdeckten Gewinnausschüttung erfolgt ebenfalls in der einheitlichen und gesonderten Gewinnfeststellung, ebenfalls die Korrekturen bei überhöhter Gewinnbeteiligung bei Familienangehörigen. Hinsichtlich der Familienangehörigen wird nur der angemessene Gewinnanteil diesen zugerechnet, der unangemessene Anteil erhöht den Gewinn des Schenkers.

i) Pensionsrückstellung bei Ein-Mann-GmbH & Co KG für Witwenversorgung des Ehegatten des Alleingesellschafters

Die Gesellschafterstellung des alleinigen Kommanditisten steht der Einbeziehung der Anwartschaft auf Witwen/Witwer-Versorgung in die Pensionsrückstellung **nicht** entgegen (BFH, BStBl 1988 II 883).

2.3 Gewinne des Komplementärs einer Kommanditgesellschaft auf Aktien

2.3.1 Allgemeines

Nach § 15 Abs. 1 Nr. 3 gehören zu den Einkünften aus Gewerbebetrieb die **Gewinnanteile der persönlich haftenden Gesellschafter** einer Kommanditgesellschaft auf Aktien, **soweit sie nicht auf Anteile am Grundkapital entfallen** und die Vergütungen, die der persönlich haftende Gesellschafter von der Gesellschaft für seine Tätigkeit im Dienste der Gesellschaft oder für die Hingabe von Darlehn oder für die Überlassung von Wirtschaftsgütern bezogen hat. Vgl. grundlegend BFH, BStBl 1989 II 881.

2.3.2 Kommanditgesellschaft auf Aktien (KGaA)

Die KGaA ist im Aktiengesetz geregelt (§ 278 – 290 AktG). Die KGaA ist juristische Person, hat also eigene Rechtspersönlichkeit. Sie birgt jedoch Elemente der Personengesellschaft in sich, indem mindestens ein Gesellschafter den Gesellschaftsgläubigern persönlich haftet.

Sie unterliegt als Kapitalgesellschaft auch der Körperschaftsteuer.

Wirtschaftliche Grundlage der KGaA ist das gezeichnete Kapital, das von den Kommanditaktionären übernommen worden ist und die persönliche Haftung der Komplementäre mit ihrem Privatvermögen. Das gezeichnete Kapital ist wie bei der AG in Aktien eingeteilt, die von den Kommanditaktionären übernommen werden.

Der Rechtsverhältnis der persönlich haftenden Gesellschafter untereinander gegenüber der Gesamtheit der Kommanditaktionäre und gegenüber Dritten, insbesondere Gläubigern, bestimmt sich nach den Vorschriften des HGB, §§ 161 bis 177a HGB. Darüber hinaus sind nach § 283 AktG sinngemäß die für den Vorstand einer AG geltenden Vorschriften anwendbar.

2.3.3 Körperschaftsteuerpflicht der KGaA

Die KGaA ist mit ihrem Einkommen körperschaftsteuerpflichtig. Nach § 9 Nr. 2 KStG sind vom Einkommen der Körperschaft die Gewinnanteile der persönlichhaftenden Gesellschafter abzuziehen. Die dem persönlichhaftenden Gesellschafter gewährten Sondervergütungen für Darlehn, Nutzungsüberlassungen sind ohnehin schon als Betriebsausgaben behandelt worden.

Hinsichtlich der Behandlung der Ausschüttung bei der Gesellschaft wird auf Band 5 dieser Buchreihe (KSt), hinsichtlich der Behandlung beim Gesellschafter auf die Ausführungen zu den Einkünften aus Kapitalvermögen (K. 6.) verwiesen.

2.3.4 Einkünfte des Komplementärs

Der Komplementär einer KGaA hat gewerbliche Einkünfte, unabhängig davon, ob er auch die Voraussetzungen einer Mitunternehmerschaft erfüllt (vgl. grundlegend BFH, BStBl 1989 II 881).

Die Unternehmereigenschaft eines persönlichhaftender Gesellschafters einer KGaA wird vom Gesetz unterstellt. Nach BFH, a.a.O. knüpfen die Regelungen in § 15 Abs. 1 Nr. 3 mit dem Begriff persönlichhaftender Gesellschafter einer KGaA an die handelsrechtliche Rechtsstellung (§ 278 AktG) an. Eine Abwandlung dieses Merkmals unter wirtschaftlichen Gesichtspunkten ist nicht zulässig, weil das Einkommensteuerrecht in § 15 Abs. 1 Nr. 3, anders als in § 15 Abs. 1 Nr. 2 nicht auf die nach wirtschaftlichen Gesichtspunkten zu bestimmende Eigenschaft als Unternehmer (Mitunternehmer) abstellt.Ebenso wie in § 15 Abs. 1 Nr. 2 2. Halbsatz sind auch die sogenannten Sondervergütungen für Tätigkeiten im Dienste der KGaA, Darlehensgewährungen und Nutzungsüberlassungen dem Gewinnanteil als persönlichhaftender Gesellschafter hinzuzurechnen.

Beispiel:

A ist Komplementär der X-KGaA. Neben einer festen Vergütung von jährlich 120 000 DM ist er mit 2 v. H. am Gewinn der Gesellschaft beteiligt; diese machte im VZ 180 000 DM aus.

Für ein Darlehn in Höhe von 400 000 DM, das er der Gesellschaft gewährte, erhielt er 40 000 DM Zinsen. Mit nominal 500 000 DM ist er am gezeichneten Kapital als Kommanditaktionär beteiligt. Er erhielt hierfür 60 000 DM Dividenden und eine KSt-Gutschrift von $^3/_7$ von 60 000 DM = 25 714 DM.

Der gewerbliche Gewinn errechnet sich wie folgt:

Gewinnanteil 2 v. H.	=	180 000 DM
Geschäftsführergehalt		120 000 DM
Darlehnszinsen		40 000 DM
Gewinn	=	340 000 DM

Die Dividenden aus den Aktien sind **nicht** mit einzubeziehen (Wortlaut des § 15 Abs. 1 Nr. 3!). Es handelt sich hier um Kapitaleinkünfte (§ 20 Abs. 1 Nr. 1 und 3).

2.4 Verluste bei beschränkt haftenden Gesellschaftern (§ 15a EStG)

2.4.1 Behandlung der Verluste nach Handelsrecht

Die Gesellschafter einer Personengesellschaft nehmen grundsätzlich am Gewinn und Verlust der Gesellschaft teil (§§ 120, 121 HGB für die OHG, §§ 167, 168 HGB für die Kommanditgesellschaft). Die Tragung des Verlustes geschieht in der Weise, daß der Verlustanteil eines jeden Gesellschafters von dessen Kapitalkonto abgebucht wird (§§ 120 Abs. 2, 161 Abs. 2 HGB). Der Verlust wirkt sich daher unmittelbar auf den Anteil am Betriebsvermögen eines jeden Gesellschafters aus. Da die persönlich haftenden Gesellschafter einer OHG und auch der Kommanditgesellschaft in unbegrenzter Höhe für die Schulden der Gesellschaft haften (§ 128 HGB), findet bei diesen eine Abbuchung vom Kapitalkonto auch dann statt, wenn dieses einen negativen Betrag ausweist. Die persönlich haftenden Gesellschafter sind über ihre Einlage hinaus zum Ausgleich verpflichtet, die **Kommanditisten lediglich mit künftigem Gewinn**. In der Regel wird trotzdem auch beim Kommanditisten der Verlust insoweit von seinem Kapitalkonto abgebucht, als dieses einen negativen Kontostand erreicht. Der **Kommanditist** ist zwar nicht verpflichtet, den bezogenen Gewinn wegen späterer Verluste aus seinem Privatvermögen wieder zurückzuzahlen (§ 169 Abs. 2 HGB), er ist jedoch **verpflichtet, Verluste aus künftigen Gewinnen bis zum bedungenen Stand der Einlage wieder auszugleichen** (§ 169 Abs. 1 HGB).

Handelsrechtlich ist nicht streitig, daß das durch Belastung mit einem Verlustanteil negativ gewordene Kapitalkonto nicht lediglich ein bilanzieller Rechnungsposten ist, sondern eine **echte gegenwärtige Vermögensminderung** eingetreten ist (BGH, BB 1986, 91). Daß der Kommanditist nur bis zum Betrag seiner Hafteinlage am Verlust teilnimmt (vgl. § 167 Abs. 3 HGB), bedeutet handelsrechtlich nur die Grenze der endgültigen Verlusttragung.

Das negative Kapitalkonto zeigt also an, daß der Kommanditist „seinen Anteil an den künftigen Gewinnen zur Deckung früherer Verluste zur Verfügung stellen muß".

Die Verpflichtung nach § 169 Abs. 1 HGB zur Abdeckung des Verlustsaldos mit künftigen Gewinnanteilen ist also eine „**Verlusthaftung** mit künftigen Gewinnen". Dies gilt grds. aber **nicht** für eine Liquidationsabschlußbilanz, da der Kommanditist i. d. R. nicht nachschußpflichtig ist.

2.4.2 Steuerrechtliche Folgen

Die Finanzverwaltung und die Rechtsprechung des Bundesfinanzhofs haben die Zulässigkeit des negativen Kapitalkontos bei einem Kommanditisten steuerlich **ebenfalls anerkannt**. Dem steht auch die Haftungsbeschränkung nach § 171 Abs. 1 HGB nicht entgegen, da diese Vorschrift nur die Haftung bei **Ausscheiden des Kommanditisten** oder bei **Auflösung der Gesellschaft** regelt. Verlustanteile des Kommanditisten, die seine Einlage übersteigen, sind daher auch als Verluste der Kommanditisten anzuerkennen und **nicht** etwa dem **Komplementär** zuzurechnen. Lediglich ihre steuerliche Geltendmachung unterliegt im Geltungsbereich des § 15a Beschränkungen. Auch steuerlich werden daher einem Kommanditisten Verluste zugerechnet, auch soweit das Kapitalkonto einen negativen Stand ausweist, solange die Möglichkeit besteht, daß der Kommanditist sein Kapitalkonto aus künftigen Gewinnen wieder ausgleichen können wird. Diese Handhabung ist grundsätzlich auch vom Großen Senat des BFH bestätigt worden (BStBl 1979 II 414; ebenso BFH, BStBl 1981 II 164).

Nach dieser Rechtsprechung ist der Verlustanteil des Kommanditisten Ausdruck seines Anteils an der durch den Gesellschaftsverlust eingetretenen Minderung des Gesellschaftsvermögens, mithin eine eigene Vermögensminderung – eben **kein** reiner Luftposten.

Die Rechtsprechung erkennt jedoch die **Verlustzuweisung** von dem Zeitpunkt **nicht mehr mit steuerlicher Wirkung an, von dem an feststeht, daß der Kommanditist den Verlust nicht mehr ausgleichen werden wird.** Das gilt insbesondere im Falle des **Konkurses, der Liquidation und** unter Umständen auch im Falle des **Ausscheidens** als Gesellschafter (vgl. BFH, BStBl 1981 II 572, BStBl 1981 II 570). Vgl. hierzu im einzelnen 2.4.3.13.

2.4.3 Einschränkung des Verlustausgleichs nach § 15a EStG

Im zeitlichen Geltungsbereich der Vorschrift des § 15a sind Verluste bei Kommanditisten nur in Höhe ihres **Kapitalkontos** mit den übrigen Einkünften ausgleichsfähig. Nach der amtlichen Begründung ist Zielrichtung der Vorschrift insbesondere, daß bei Kommanditisten und anderen Stpfl., deren **Haftung** aus einer unternehmerischen Tätigkeit **beschränkt** ist, der **Verlustausgleich und -abzug** mit anderen positiven Einkünften **grundsätzlich auf den Haftungsbetrag begrenzt** wird; weitergehende Verluste sollen nur mit späteren Gewinnen aus derselben Beteiligung verrechnet werden können (vgl. § 15a Abs. 2). Denn Verluste, die über den Haftungsbetrag hinausgehen, belasten den Stpfl. im Jahr der Entstehung des Verlusts im Regelfall weder rechtlich noch wirtschaftlich, eine wirtschaftliche Belastung entsteht nur aufschiebend bedingt, wenn und soweit später Gewinne entstehen (vgl. § 167 Abs. 3 HGB und 2.4.1).

Weiterhin ist die Regelung darauf gerichtet, die Betätigungsmöglichkeiten von sogenannten Verlustzuweisungsgesellschaften einzuschränken. Soweit die Verlustberücksichtigung nach § 15a **nicht** beschränkt ist, sind die Verlustanteile nach den allgemeinen Regeln als Verluste aus Gewerbebetrieb mit anderen Einkünften ausgleichsfähig und nicht ausgeglichene Verluste nach § 10d im Wege des Abzugs wie Sonderausgaben auf die beiden vorangegangenen Kalenderjahre zurückzutragen sowie auf die folgenden Veranlagungsjahre zeitlich unbegrenzt vorzutragen.

Laut BFH-Beschluß in BStBl 1988 II 5 bestehen an der Verfassungsmäßigkeit des § 15a keine ernstlichen Zweifel.

2.4.3.1 Behandlung der Verluste bei den persönlich haftenden Gesellschaftern

Die begrenzte Verlustberücksichtigung trifft nur bei Haftungsbeschränkungen zu. Da persönlich haftende Gesellschafter einer Kommanditgesellschaft und auch die Gesellschafter einer OHG und GbR grundsätzlich mit ihrem gesamten Vermögen haften, ist bei ihnen ein **unbegrenzter** Verlustausgleich und Verlustabzug (§ 10d) möglich.

Eine **Ausnahme** gilt nur dann, wenn die übrigen Gesellschafter sich einem persönlich haftenden Gesellschafter gegenüber zur Übernahme des Verlustes verpflichtet haben und mit einer Inanspruchnahme des Gesellschafters durch die Gläubiger nicht zu rechnen ist. In diesem Falle wird auch bei einem persönlich haftenden Gesellschafter der Verlustausgleich und -abzug nach § 15a begrenzt sein.

2.4.3.2 Behandlung von Verlusten bei den Kommanditisten
2.4.3.2.1 Zurechnung der Verlustanteile (Einkünftezurechnung)

§ 15a enthält kein Verlustzurechnungsverbot. Die Kommanditisten nehmen grundsätzlich am Verlust der Gesellschaft teil. Auch steuerlich werden einem Kommanditisten – dem Handelsrecht folgend – insoweit auch die Verluste **zugerechnet,** die das Kapitalkonto übersteigen. Diese werden, auch soweit sie zu einem negativen Kapitalkonto führen, **nicht** dem Komplementär zugerechnet; vgl. 2.4.1.

Einschränkungen ergeben sich aber, sobald **feststeht,** daß der Kommanditist Verluste nicht mehr mit künftigen Gewinnanteilen verrechnen braucht; vgl 2.4.1 und 2.4.3.13.

2.4.3.2.2 Kein Eingriff in die gesellschaftsrechtliche Gewinnverteilung

§ 15a läßt die Gewinnverteilung der Gesellschaft als solche unberührt. Der Kommanditist erhält weiter seinen Verlust zugewiesen. Der Verlust mindert sein Kapitalkonto.

Eine **Vereinbarung** der Gesellschafter einer KG, nach der den Kommanditisten Verlustanteile/Werbungskostenüberschußanteile nur zugerechnet werden sollen, soweit dadurch kein negatives Kapitalkonto entsteht, ist aber steuerlich anzuerkennen (BFH, BStBl 1993 II 281).

2.4.3.2.3 Kein Verbot des negativen Kapitalkontos

§ 15a enthält auch **kein** Verbot der Entstehung eines negativen Kaptitalkontos. Anteile am Verlust einer Kommanditgesellschaft, die nach der handelsrechtlichen Gewinnverteilungsabrede auf einen Kommanditisten entfallen, sind dem Kommanditisten steuerrechtlich auch dann zuzurechnen, wenn sie bei ihm zur **Entstehung oder Erhöhung eines negativen Kapitalkontos** führen.

2.4.3.2.4 Verlustausgleich und Verlustabzug (§ 10d EStG)

Der **Verlustausgleich** und der **Verlustabzug** (§ 10d) sind grds. bis zu der Höhe begrenzt, bis zu der der Kommanditist entweder seine **Einlage geleistet hat oder** insoweit **persönlich haftet, als er die Einlage noch erbringen muß** Aber soweit der Verlust das Kapitalkonto übersteigt, wird dieser zwar steuerlich dem Kommanditisten weiterhin zugerechnet. Den Verlustausgleich und der Verlustabzug sind insoweit aber eingeschränkt. Vgl. im einzelnen R und H 138d.

2.4.3.2.5 Beschränkung des Verlustausgleichs und -abzugs auf das Kapitalkonto der Kommanditisten

Überblick:

Grundregeln des § 15a

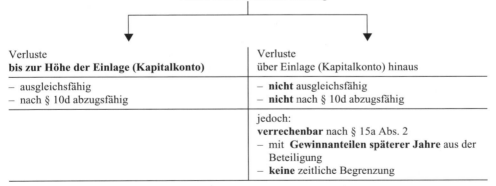

Nach der Vorschrift des § 15a darf der einem Kommanditisten zuzurechnende Anteil am Verlust der Kommanditgesellschaft weder mit anderen Einkünften aus dem Gewerbebetrieb noch mit Einkünften der anderen Einkunftsarten ausgeglichen werden, **soweit ein negatives Kapitalkonto des Kommanditisten entsteht oder sich erhöht.** Er darf **insoweit auch nicht** nach § 10d abgezogen werden. Wie bereits ausgeführt, enthält diese Vorschrift lediglich ein Verbot des Verlustausgleichs und des Verlustabzuges. Der Verlust darf zwar nicht zum Ausgleich mit anderen Einkünften sowie zum Verlustabzug verwendet werden. Der Verlust ist jedoch mit Gewinnanteilen aus der Beteiligung in den Folgejahren zu verrechnen, er mindert somit die künftigen Gewinne. Diese Verrechnungsmöglichkeit ist wie bei § 10d (Verlustabzug) **zeitlich nicht begrenzt.**

Grundfall

Die Z & Co. KG ist zum 1.1.01 gegründet worden. Gesellschafter sind Z als Komplementär, A, B und C als Kommanditisten. Die Bilanz zum 31.12.01 weist vor Berücksichtigung des Verlustes für das WJ 01 folgende Kapitalkonten der Gesellschafter aus:

Komplementär Z	60 000 DM
Kommanditist A	80 000 DM
Kommanditist B	40 000 DM
Kommanditist C	120 000 DM

Für das Wirtschaftsjahr 01 ergibt sich ein Verlust von 400 000 DM.

Die Gesellschafter sind jeweils mit 25 v.H. am Gewinn und Verlust der KG beteiligt.

Die Gesellschaftereinlagen sind in vollem Umfang geleistet. Die Verlustanteile von Z, A, B und C betragen jeweils 25 % von 400 000 DM = 100 000 DM.

Komplementär Z

Kapitalkonto 1.1.01	60 000 DM
./. Verlustanteil 01	./. 100 000 DM
Stand 31.12.01	./. 40 000 DM

Trotz Entstehung eines negativen Kapitalkontos kann Z den Verlust als **Vollhafter in voller Höhe** geltend machen: Einkünfte § 15 Abs. 1 Nr. 2 / 100 000 DM.

Kommanditisten	A DM	B DM	C DM
Kapitalkonto 1.1.01	80 000	40 000	120 000
./. Verlustanteil 01	− 100 000	− 100 000	− 100 000
Stand 31.12.01	− 20 000	− 60 000	20 000
a) in 01 **ausgleichsfähiger Verlust** (§§ 15 Abs. 1 Nr. 2, **15a Abs. 1 S. 1**)	− 80 000	− 40 000	− 100 000
b) **verrechenbarer Verlust** (§ 15a Abs. 2)	− *20 000	− *60 000	−

* Verrechnung mit Gewinnanteilen späterer Jahre (zeitlich unbegrenzt)

2.4.3.2.6 Begriff der Einlage (Kapitalkonto)

Obwohl die Haftung des Kommanditisten im Außenverhältnis sich auf die (Haft-)Einlage (§ 171 Abs. 1 HGB) bezieht, knüpft § 15a Abs. 1 an Größen an, die das **Innenverhältnis** betreffen. Die Bezugsgröße „Kapitalkonto" für die Verlustausgleichsbeschränkung ist daher steuersystematisch kaum erklärbar.

a) Handelsrechtlicher Begriff der Einlage

Bei einem Kommanditisten sind handelsrechtlich drei Begriffe der „Einlage" zu unterscheiden
- aa) Hafteinlage
- bb) Pflichteinlage
- cc) Einlage

Hafteinlage ist der Betrag, mit dem der Kommanditist den Gläubigern der Gesellschaft gegenüber einzustehen hat. Die Haftung ist ausgeschlossen, soweit die Einlage geleistet ist; vgl. § 171 Abs. 1 HGB (Außenhaftung).

Pflichteinlage ist der Betrag, den der Kommanditist nach der gesellschaftsrechtlichen Vereinbarung – im **Innenverhältnis** – zu leisten hat; vgl. § 169 HGB.

Einlage ist der Betrag, den der Kommanditist tatsächlich erbracht hat.

b) Begriff und Umfang des „Kapitalkontos" im Sinne des § 15a EStG

Maßgebend ist das Kapitalkonto lt. **Steuerbilanz der KG** (einschließlich **Ergänzungsbilanzen**), jedoch **ohne Sonderbilanzen**) (BFH, BStBl 1993 II 706).

Das Urteil ist auf Kritik gestoßen, da es dem erklärten Willen des Gesetzgebers zuwiderlaufe.
- Es werde gerade der Kreis von Stpfl. getroffen, für die der § 15a nicht gedacht war.
- Dagegen würden kreditfinanzierte Engagements begünstigt (Stahl in KöSDi 9/1992, 9075 (9076) m. w. N.).

Die FinVerw ist jedoch der Rechtsprechung gefolgt (BMF-Schr. v. 20.7.1992, BStBl I 123 und vom 24.11.1993, BStBl I 934).

aa) Kapitalkonten in der KG (Gesamthandsbereich)

Zur Ermittlung dieses Kapitalkontos sind zunächst einmal alle für den Kommanditisten geführten Konten innerhalb der Gesellschaft zusammenzurechnen. Das Kapitalkonto eines Kommanditisten umfaßt demnach **in der KG**:

aaa) Festkonten – nur soweit tatsächliche Leistung der Einlage erbracht ist (siehe unten)

Hierzu rechnen insbesondere erbrachte **Haft-** und **Pflichteinlagen = Kapitalkonto I**.

Pflichteinlagen gehören auch dann zum Kapitalkonto i. S. des § 15a Abs. 1 Satz 1, wenn sie unabhängig von der Gewinn- oder Verlustsituation verzinst werden.

bbb) Variable Konten

- **Grundsatz**

Das Kapitalkonto wird beeinflußt durch Einlagen, Entnahmen, Gewinn- und Verlustanteile und auch durch die steuerfreien Erträge wie die Investitionszulage, die als steuerfreie Betriebseinnahme das Betriebsvermögen erhöht und daher als Einlage zu buchen ist.

Die Vertragspraxis hat ein System kombinierter Kapitalanteile mit **geteilten Kapitalkonten** entwikkelt. Die Kapitalbeteiligung, das Stimmrecht und die Gewinn- bzw. Verlustbeteiligung richten sich regelmäßig nach dem Verhältnis der festen Kapitalanteile, wie sie auf dem sog. **Kapitalkonto I** ausgewiesen werden. Auf diesem Konto wird in der Regel die ursprünglich vereinbarte Pflichteinlage gebucht.

Daneben wird ein zweites **variables** Gesellschafterkonto geführt, das eine Bezeichnung wie **Kapitalkonto II, Darlehenskonto, Kontokorrentkonto** o. a. trägt. Dieses Konto dient dazu, über das Kapitalkonto I hinausgehende Einlagen, Entnahmen oder Gewinn- und Verlustanteile auszuweisen.

- **Abgrenzung zwischen steuerlichem Eigenkapital und steuerlichem Sonder-BV des Gesellschafters**

Das variable Gesellschafterkonto kann aber auch Gesellschafterdarlehen aufnehmen (BFH, BStBl 1988 II 551). Soweit deshalb ein Gesellschaftsvertrag die Führung mehrerer Gesellschafterkonten vorschreibt, ist darauf abzustellen, welche **Rechtsnatur** das Guthaben auf dem gesellschaftsvertraglich vereinbarten zweiten Gesellschafterkonto hat (BFH, BStBl 1988 II 551).

Werden auch **Verluste** auf dem separat geführten Gesellschafterkonto verrechnet, so spricht dies grundsätzlich für die Annahme eines im Gesellschaftsvermögen gesamthänderisch gebundenen Guthabens. Denn nach § 120 Abs. 2 HGB besteht der Kapitalanteil begrifflich aus der ursprünglichen Einlage und den späteren Gewinnen, vermindert um Verluste sowie Entnahmen. Damit werden stehengelassene Gewinne wie eine Einlage behandelt, soweit vertraglich nicht etwas anderes vereinbart ist; sie begründen keine Forderung des Gesellschafters gegen die Gesellschaft. Verluste mindern die Einlage und mindern nicht eine Forderung des Gesellschafters gegen die Gesellschaft. Die Einlage einschließlich der stehengelassenen Gewinne und abzüglich der Verluste und der Entnahmen stellt damit für die Gesellschaft Eigen- und nicht Fremdkapital dar.

Deshalb läßt sich die Verrechnung von Verlusten auf dem separat geführten Gesellschafterkonto mit der Annahme einer **individualisierten Gesellschafterforderung nur** vereinbaren, wenn der Gesellschaftsvertrag dahin verstanden werden kann, daß die Gesellschafter im Verlustfall eine Nachschußpflicht trifft und die nachzuschießenden Beträge durch Aufrechnung mit Gesellschafterforderungen zu erbringen sind (BFH, a. a. O.).

Ergebnis:

Die Abgrenzung eines Beteiligungskontos von einem Forderungskonto ist danach vorzunehmen, ob – nach der gesellschaftsvertraglichen Vereinbarung – auf dem jeweiligen Kapitalkonto auch Verluste verbucht werden.

Vgl. BMF-Schr. vom 15.12.1993, BStBl I 976 (= sog. Kapitalkonten-Erlaß).

ccc) Kapitalrücklagen

Wenn eine KG zur Abdeckung etwaiger Bilanzverluste ihr Eigenkapital vorübergehend durch Kapitalzuführung von außen im Wege der Bildung einer Kapitalrücklage in der Bilanz erhöht, so verstärkt sich das steuerliche Eigenkapital eines jeden Kommanditisten nach Maßgabe seiner Beteiligung an der Kapitalrücklage.

ddd) Gewinnrücklagen

Haben die Gesellschafter einer KG durch Einbehaltung von Gewinnen Gewinnrücklagen in der vom Gesellschaftsvertrag hierfür vorgesehenen Weise in der Bilanz gebildet, so verstärkt sich das steuerliche Eigenkapital eines jeden Kommanditisten nach Maßgabe seiner Beteiligung an der Gewinnrücklage.

Der Umstand, daß durch die Bildung von Kapital- (siehe ccc)) und Gewinnrücklagen das steuerliche Eigenkapital der KG **nur vorübergehend** verstärkt und die Haftung im Außenverhältnis nicht nachhaltig verbessert wird, ist für die Zugehörigkeit ausgewiesener Kapital- und Gewinnrücklagen zum Kapitalkonto i. S. § 15a Abs. 1 Satz 1 **ohne Bedeutung.**

eee) Verlustvortrag

- **Grundsatz**

Nach § 167 Abs. 3 HGB nimmt der Kommanditist an dem Verlust nur bis zum Betrag seines Kapitalanteils und seiner noch rückständigen Einlage teil. **Getrennt geführte Verlustvortragskonten mindern regelmäßig das Kapitalkonto** des Kommanditisten i. S. des § 15a Abs. 1 Satz 1.

- **Abgrenzung von selbständiger Forderung der Gesellschaft**

Das unter „Grundsatz" Gesagte gilt jedoch nicht, wenn die Regelung des § 167 Abs. 3 HGB von den Gesellschaftern abbedungen wird, so daß den Gesellschafter eine Nachschußpflicht trifft. Ist nach den Ausführungen zu bbb), die hier entsprechend gelten, eine selbständige Forderung der Gesellschaft gegen den Gesellschafter anzunehmen, mindert ein Verlustvortrag das Kapitalkonto i. S. des § 15a Abs. 1 Satz 1 **nicht.**

Außer Betracht zu lassen sind kapitalersetzende Darlehen. Handels- und steuerrechtlich sind eigenkapitalersetzende Darlehen als Fremdkapital zu behandeln; eine Gleichbehandlung mit Eigenkapital ist **nicht** möglich (BFH, BStBl 1992 II 532).

bb) Kapitalkonten in Ergänzungsbilanzen

Das Kapitalkonto spiegelt über den Anteil des Kommanditisten am Gesamthandsvermögen hinaus auch wieder die **Wertkorrekturen** bzw. **Mehr- oder Minderaufwendungen** laut steuerlicher **Ergänzungsbilanzen.**

Beispiel:

Mehraufwendungen des Kommanditisten für den Erwerb des Mitunternehmeranteils

Diese Auffassung wurde vom BFH ausdrücklich bestätigt (BFH, BStBl 1992 II 161 f., BStBl 1993 II 281 (284) sowie BStBl 1993 II 706).

2.4.3.2.7 Zeitpunkt der Einlageleistung

Zum **Zeitpunkt der Leistung** einer Kommanditeinlage hat der BFH in BStBl 1992 II 232 entschieden:

Eine Einlage ist bei Zahlung durch Banküberweisung jedenfalls dann noch nicht geleistet, wenn der vom Leistenden zur Zahlung angewiesene Geldbetrag lediglich dem Geldinstitut der Empfängerin (der Gesellschaft) gutgeschrieben ist, dieses aber seinerseits über den Betrag noch nicht zugunsten der Empfängerin disponiert hat. Denn bei Banküberweisungen ist der Wert des überwiesenen Betrages erst dann dem Empfänger zugeführt, wenn die Gutschrift auf dem Empfängerkonto erfolgt ist.

Nach dem Eingang der Überweisung bei der Empfängerbank hat die als Empfänger bezeichnete Person zwar grundsätzlich einen Rechtsanspruch gegenüber dieser Bank auf Vornahme der Gutschrift. Das Entstehen dieses Anspruchs ist indes nicht einem sofortigen Wertzufluß gleichzuachten.

2.4.3.2.8 Begriff des Verlustanteils

Der unter § 15a fallende Verlustanteil umfaßt

a) den Verlustanteil aus der Gesamtbilanz (Steuerbilanz) der KG
b) **saldiert** mit Gewinnen und Verlusten laut steuerlicher Ergänzungsbilanzen (da es sich lediglich um Wertkorrekturen des Anteils am Gesamthandsvermögen handelt).

Nicht unter § 15a fallen nach BFH und Auffassung der FinVerw Verluste aus dem Sonderbetriebsvermögen; vgl. 2.4.4.3.2.8; zu Ausnahmen vgl. R 138d Abs. 2.

Dabei ist nach Auffassung der FinVerw von einer Minderung von unter § 15a Abs. 1 fallenden Verlustanteilen durch **Gewinne** aus Sonderbetriebsvermögen auszugehen – **nach** Anwendung des § 15a. Nur ein nach Anwendung des § 15a Abs. 1 verbleibender ausgleichs- und abzugsfähiger Verlust ist mit Gewinnen aus dem Sonderbetriebsvermögen zu saldieren (BMF, BStBl 1994 I 976 = sog. **Saldierungserlaß**).

Sondervergütungen i.S. des § 15 Abs. 1 Nr. 2 Satz 1 **2. Halbs.** gehören **nicht** zu dem **aus der KG erzielten Ergebnisanteil**, verzögern also eine Verlustentstehung i.S. des § 15a Abs. 1 S. 1 nicht. Vgl. 2.4.3.2.8 und BMF-Schr. vom 15.12.1993, BStBl I 976.

Die Abgrenzung zwischen dem Anteil am Gewinn oder Verlust der KG und dem Sonderbilanzgewinn bzw. -verlust richtet sich nach der Abgrenzung zwischen Gesellschafts- und Sonderbetriebsvermögen. Dem Kommanditisten gutgeschriebene Tätigkeitsvergütungen beruhen im Hinblick auf § 164 HGB mangels anderweitiger Vereinbarungen **im Zweifel auf schuldrechtlicher** Basis und sind damit als **Sondervergütungen** zu behandeln. Sie zählen hingegen zum Gewinnanteil aus der Personengesellschaft, wenn die Tätigkeit auf **gesellschaftsrechtlicher** Basis geleistet wird (vgl. BFH, BStBl 1986 II 58, BStBl 1987 II 707 und BStBl 1987 II 816).

Dies gilt uE jedoch nur für ein sog. **Gewinnvorab**; denn im übrigen kann auch eine Sondervergütung i.S. des § 15 Abs. 1 Nr. 2 2. Halbs. auf gesellschaftsrechtlicher Basis Beruhen (Tz 81 MU-Erlaß)

Aus der Trennung der beiden Vermögensbereiche folgt nach BMF, BStBl 1993 I 976, daß

– in die Ermittlung der ausgleichs- und abzugsfähigen Verluste nach § 15a Abs. 1 **nur** die Verluste aus dem Gesellschaftsvermögen einschließlich einer etwaigen Ergänzungsbilanz **ohne vorherige** Saldierung mit Gewinnen aus dem Sonderbetriebsvermögen einbezogen werden können.
– **Gewinne** späterer Jahre aus dem Gesellschaftsvermögen einschließlich einer etwaigen Ergänzungsbilanz mit verrechenbaren Verlusten der Vorjahre verrechnet werden müssen (§ 15a Abs. 2) und Verluste aus dem Sonderbetriebsvermögen nur mit einem danach verbleibenden Gewinn aus dem Gesellschaftsvermögen einschließlich einer etwaigen Ergänzungsbilanz ausgeglichen werden können.

Beispiel:
Das maßgebliche Kapitalkonto i.S. des § 15a beträgt 60000 DM (angenommen)

			Begrenzung § 15a Abs. 1		nicht unter § 15a fallender Ergebnisanteil
		DM		DM	DM
a) Verlustanteil (lt. KG-Bilanz)	∕.	100000	∕.	100000	–
b) Tätigkeitsvergütung	+	48000		–	+ 48000
c) ErgBil (Mehr-AfA) – **kein Sonder-BV**	∕.	5000	∕.	5000	–
d) Sonderbilanz 1 (AfA Sonder-BV)	∕.	10000		–	∕. 10000
e) Sonderbilanz 2 (Zinserträge aus Darlehn an KG)	+	12000			+ 12000
begrenzt ausgleichsfähig, § 15a Abs. 1 = bis zur Höhe des Kapitalkontos			∕.	105000	
voll ausgleichsfähig, § 15 Abs. 1 Nr. 2					+ 50000

→ Einkünfte aus § 15 Abs. 1 Nr. 2 = ∕. 60000 DM + 50000 DM = ∕. 10000 DM
→ Verrechenbarer Verlust (§ 15a Abs. 2) = 45000 DM

2.4.3.2.8 Behandlung der Verluste im Sonderbetriebsvermögen

Das Verbot des Verlustausgleichs bezieht sich nur auf den sich aus der Gesellschaftsbilanz der KG ergebenden Verlust aus dem Anteil. **Nicht einbezogen** in das Verbot des Verlustausgleichs sind somit die **Sonderbetriebsausgaben und Verluste des Sonderbetriebsvermögens**. Diese bleiben weiterhin ausgleichsfähig. Dabei ist **nicht** auf die **einzelnen Sonderergebnisquellen** abzustellen, d. h. Gewinne sind nach Möglichkeit mit Verlustanteilen aus dem Sonder-BV und **nicht** mit Verlustanteilen i. S. § 15a zu saldieren.

Beispiel:

Wie oben unter 2.4.3.2.6. A hat für einen Kredit in Höhe von 500 000 DM zur Finanzierung der Einlage insgesamt 40 000 DM Kreditzinsen aufwenden müssen.

Der Verlust beträgt aus der KG	./. 150 000 DM
Sonderbetriebsausgaben	./. 40 000 DM
gesamter Verlust aus Gewerbebetrieb (§ 15 Abs 1 Nr. 2)	./. 190 000 DM

Lösung

Hiervon sind ausgleichsfähig 150 000 DM nach § 15a Abs. 1 S. 1.

Ausgleichsfähig als Verlust aus dem Sonder-BV sind weitere 40 000 DM.

Als Einkünfte aus § 15 Abs. 1 Nr. 2 sind ./. 190 000 DM anzusetzen.

Zusammenfassung:

1. Sonderbetriebsvermögen beeinflußt aufgrund der BFH-Rechtsprechung das Verlustausgleichsvolumen i. S. des § 15a Abs. 1 Satz 1 **nicht**.

2. Verluste aus dem Sonderbetriebsvermögen fallen nicht unter § 15a, sind also grds. voll ausgleichs- und nach § 10d abzugsfähig. Sie sind aber vorrangig mit Gewinnen aus dem Sonder-BV (**einschl.** Tätigkeitsvergütungen i. S § 15 Abs. 1 Nr. 2 2. HS) zu saldieren.

2.4.3.3 Verlustberücksichtigung bei weitergehender Außenhaftung nach § 171 Abs. 1 1. Halbs. HGB

a) Grundsätze

Die Haftung eines Kommanditisten bestimmt sich nicht nach der geleisteten, sondern nach der im Handelsregister eingetragenen **Hafteinlage**. Hat der Kommanditist eine geringere Einlage als die im Handelsregister eingetragene Hafteinlage geleistet, bzw. zu leisten, haftet er insoweit den Gesellschaftsgläubigern unmittelbar – d.h. wie ein Vollhafter – bis zum Betrag der noch ausstehenden Einlage. Das gilt auch dann, wenn er die im Gesellschaftsvertrag bedungene Pflichteinlage geleistet hat (§ 171 Abs. 1 HGB). In diesem Falle können die Verluste des Kommanditisten bis zur Höhe des Betrages, um den die im Handelsregister eingetragene Einlage des Kommanditisten seine geleistete Einlage übersteigt, auch ausgeglichen oder abgezogen werden, soweit durch den Verlust ein negatives Kapitalkonto entsteht oder sich erhöht (§ 15a Abs. 1 **Satz 2**).

Dieser erweiterte Verlustausgleich bzw. -abzug (§ 10d) in Höhe des weitergehenden Haftungsbetrags ist nur **einmal** möglich (R 138d Abs. 2 S. 6 bis 9).

§ 15a Abs. 1 S. 2 knüpft unmittelbar an die handelsrechtliche Rechtslage an.

Folgende **Voraussetzungen** müssen nach § 15a Abs. 1 **Satz 3** erfüllt sein (vgl. R 138d Abs. 3).

1. Der Kommanditist muß namentlich im Handelsregister eingetragen sein.
2. Das Bestehen der weitergehenden Haftung muß nachgewiesen sein (Handelsregister-Auszug!).
3. Eine Vermögensminderung aufgrund der Haftung darf **nicht**
    a) durch Vertrag ausgeschlossen oder
    b) **nach Art und Weise des Geschäftsbetriebes unwahrscheinlich sein**. Vgl. BFH, BStBl 1992 II 167 und unten b)
4. Die Haftung muß am Bilanzstichtag bestehen.

Voraussetzung für den erweiterten Verlustausgleich bzw. -abzug ist also, daß derjenige, dem der Anteil nach § 39 AO zuzurechnen ist, **am Bilanzstichtag namentlich im Handelsregister eingetragen ist.**

Die Anmeldung zur Eintragung ins Handelsregister kann **nicht** als ausreichend angesehen werden (R 138d Abs. 3 S. 2). Bei Treuhandverhältnissen und bei Unterbeteiligungen, die ein beschränkt haftender Unternehmer einem Dritten an seinem Gesellschaftsanteil einräumt, reicht die Eintragung des Treuhänders oder des Hauptbeteiligten im Handelsregister **nicht** aus (R 138d Abs. 3 S. 3).

Wegen weiterer Einzelheiten vgl. BMF-Schreiben vom 20. 2. 1992, BStBl I 161, R 138d Abs. 3 und unten b).

Beispiel:
A ist seit 1.1.01 als Kommanditist der X-KG mit einer Einlage von 1 000 000 DM beteiligt. Er hat jedoch am 31.12.01 lediglich eine Einlage von 250 000 DM in das Gesellschaftsvermögen eingezahlt.

Für das Jahr seines Eintritts in die Gesellschaft erhält er eine Verlustzuweisung von 600 000 DM.

Der Verlust ist voll ausgleichsfähig (§ 15a Abs. 1 Sätze I und 2)

Kapitalkonto	250 000 DM
Haftungserweiterung (§ 171 Abs. 1 1. Halbs. HGB)	750 000 DM

Obwohl der Verlust das Kapitalkonto in Höhe von 250 000 DM übersteigt, ist er voll **ausgleichsfähig,** weil die persönliche Haftung des Gesellschafters (überschießende Außenhaftung nach § 171 Abs. 1 S. 1 HGB) zur erweiterten Verlustberücksichtigung führt.

Verlustausgleich – nach § 15a Abs. 1 S. 1	250 000 DM
– nach § 15a Abs. 1 S. 2	350 000 DM
	600 000 DM

Voraussetzung ist jedoch, daß der Kommanditist die Haftungserweiterung nachweist und das er als derjenige, dem der Anteil zuzurechnen ist, auch im Handelsregister eingetragen ist. Werden die Kommanditanteile von Treuhändern verwaltet, wird die Haftungserweiterung steuerlich nicht anerkannt.

Tritt der Kommanditist der Kommanditgesellschaft Ende des Jahres bei und hat er zunächst nur einen Teil seiner Hafteinlage zu leisten, während der andere Teil **vertragsgemäß** erst im folgenden Jahr einzuzahlen ist, kann der Kommanditist im Erstjahr Verluste nur bis zur Höhe seiner geleisteten Einlage geltend machen. Die erweiterte Verlustausgleichsmöglichkeit nach § 15a Abs. 1 Satz 2 besteht in diesen Fällen nicht (BMF Schreiben, a. a. O., Rz. 8).

Der erweiterte Verlustausgleich kommt **nicht** in Betracht, wenn sich die Haftung aus § 172 Abs. 2 HGB ergibt (BFH, BStBl 1993 II 665).

b) Nicht unwahrscheinliche Vermögensminderung i. S. des § 15a EStG

aa) Vermutung der Wahrscheinlichkeit einer Vermögensminderung

Zum Begriff der nicht unwahrscheinlichen Vermögensminderung i. S. des § 15a gilt nach BFH, BStBl 1992 II 167: Mit der Eintragung der Haftsumme in das Handelsregister ist in der Regel ein **echtes wirtschaftliches Risiko** für den Kommanditisten verbunden. Eine Vermögensminderung für ihn ist **nur dann unwahrscheinlich,** wenn die finanzielle Ausstattung der KG und deren gegenwärtige sowie zu erwartende Liquidität im Verhältnis zu dem vertraglich festgelegten Gesellschaftszweck und dessen Umfang so außergewöhnlich günstig ist, daß die finanzielle Inanspruchnahme des zu beurteilenden Kommanditisten nicht zu erwarten ist. Bei der Wertung dieser Voraussetzungen ist **nicht allein** auf die Verhältnisse am Bilanzstichtag, sondern auch auf die voraussichtliche zukünftige Entwicklung des Unternehmens abzustellen.

Im Ergebnis sieht die Verwaltungsanweisung eine **Beweislastumkehr** vor. Die Finanzverwaltung geht im Grundsatz davon aus, daß eine Vermögensminderung beim Kommanditisten aufgrund überschießender Außenhaftung wahrscheinlich ist. Sollte die Verwaltung anderer Auffassung sein, muß sie dies begründen.

2.4.3.4 Verrechenbarer Verlust, § 15a Abs. 2 EStG

2.4.3.4.1 Verrechnung mit künftigen Gewinnanteilen

Die **nicht** nach § 15a Abs. 1 ausgeglichenen Verluste werden mit späteren Gewinnen „aus der Beteiligung" verrechnet und mindern insoweit den steuerlichen Gewinn des betreffenden späteren Jahres.

Beispiel:

A hat einen nicht ausgeglichenen Verlust aus der Kommanditbeteiligung von 400 000 DM aus dem Jahr 02. Im Folgejahr 03 hat er einen Gewinnanteil von 250 000 DM aus dieser Beteiligung.

Der verrechenbare Verlust wird mit dem Gewinnanteil verrechnet mit der Folge, daß im Wirtschaftsjahr 03 die Einkünfte aus Gewerbebetrieb (§ 15 Abs. 1 Nr. 2) 0 DM betragen. Es verbleibt ein verrechenbarer Verlust von 400 000 DM ∕ 250 000 DM = 150 000 DM, der zeitlich unbegrenzt mit weiteren Gewinnanteilen der Jahre 04 ff. verrechnet werden kann.

In die Verrechnung werden nicht nur laufende Handelsbilanz-Gewinnanteile aus der KG einbezogen, sondern auch

– Sondervergütungen i. S. des § 15 Abs. 1 Nr. 2 2. Halbs. (z. B. Tätigkeitsvergütungen), soweit sie auf **gesellschaftsrechtlicher** Basis geleistet werden (BMF, BStBl 1993 I 976 – uE zweifelhaft)

– Gewinne aus der Veräußerung des Mitunternehmeranteils (§ 16 Abs. 1 Nr. 2)

– Erträge aus dem Ergänzungsbereich laut steuerlicher Ergänzungsbilanzen.

nicht jedoch

– Sonderbetriebseinnahmen (abzüglich Sonderbetriebsausgaben) aus dem Sonder-BV.

Vgl. BMF, BStBl 1993 I 976 (Saldierungserlaß).

Beispiel:

A hat in 01 einen **nicht** ausgeglichenen Verlust in Höhe von 400 000 DM. Im Folgejahr 02 beträgt der Gewinn aus der Beteiligung 50 000 DM. Die Sondervergütungen auf gesellschaftsrechtlicher Basis betragen in 02 150 000 DM.

Der Gewinn in Höhe von 200 000 DM wird mit dem verrechenbaren Verlust bis zur Höhe von 200 000 DM verrechnet. Für den Gesellschafter besteht nunmehr noch ein verrechenbarer Verlust in Höhe von 200 000 DM.

Eine Verrechnung findet also ebenfalls mit **Veräußerungsgewinnen** i. S. des § 16 Abs. 1 Nr. 2 statt.

Beispiel:

A ist Kommanditist der X-KG. Sein Kapitalkonto beträgt ∕ 60 000 DM. In gleicher Höhe steht ihm ein verrechenbarer Verlust (§ 15a Abs. 2) zu. A scheidet gegen eine Abfindung von 40 000 DM aus der Gesellschaft aus.

A hat somit nach allgemeinen Grundsätzen einen Veräußerungsgewinn von 100 000 DM erzielt.

Veräußerungspreis =	40 000 DM
∕ Kapitalkonto =	+ 60 000 DM
Veräußerungsgewinn (§ 16 Abs. 1 Nr. 2)	100 000 DM.
∕ Kürzung des Veräußerungsgewinns um den verrechenbaren Verlust =	∕ 60 000 DM
Verbleibender Veräußerungsgewinn =	40 000 DM.

Hiervon ist noch ggf. (auf Antrag) der Veräußerungsfreibetrag nach § 16 Abs. 4 abzuziehen. Vgl. R 138d Abs. 4 Satz 1.

Für den Erwerber stellen die gesamten Aufwendungen zum Erwerb des Anteils (einschl. des negativen Kapitalkontos) Anschaffungskosten dar.

Dies gilt auch dann, wenn das negative Kapitalkonto **nicht** durch stille Reserven im Betriebsvermögen gedeckt ist (BFH, BStBl 1993 II 246).

2.4.3.4.2 Auswirkung von Einlagen

Nach dem grundlegenden BFH-Urteil vom 14. 12. 1995, DB 1996, 810 führen Einlagen in Jahren **nach** der Entstehung eines verrechenbaren Verlusts **nicht** zu einer Umwandlung des verrechenbaren Verlusts in einen ausgleichsfähigen Verlust im Einlagejahr (**keine** Analogie zur Einlageminderung i. S. § 15a Abs. 3 Satz 1).

Einlagen bewirken jedoch, daß **bis zu ihrer Höhe** ein im Einlagejahr entstehender Verlust **auch bei negativem Kapitalkonto** ausgleichsfähig ist.

– Hieraus folgt, daß der **gesamte Verlustanteil** eines WJ **ausgleichsfähig** ist, wenn in diesem WJ mindestens so hohe Einlagen geleistet werden wie der Verlustanteil.

– Sind die Einlagen niedriger, ist der Verlustanteil in Höhe der Einlagen ausgleichsfähig.

– Es ist ein Vergleich der Kapitalkontenstände durchzuführen:
  Kapitalkonto am Ende des **Verlust**jahres
  ∕. Kapitalkonto am Ende des **Vorjahres.**

a) Hat sich der Negativsaldo weiter erhöht, ist der Verlustanteil bis zur Höhe der Einlagen insoweit ausgleichsfähig, im übrigen lediglich verrechenbar.

b) Hat sich der Negativsaldo verringert oder ist gleich geblieben, ist der **gesamte** Verlustanteil ausgleichsfähig.

Beispiel 1:

- Kapitalkonto 31.12.01   ∕. 20 000 DM
- Einlagen in 02   60 000 DM
- Verlustanteil 02   50 000 DM
- Keine Entnahmen in 02

Lösung:

Kapitalkontoentwicklung:
Kapitalkonto 31.12.01   ∕. 20 000 DM
+ Einlagen in 02   + 60 000 DM
∕. Verlustanteil 02   ∕. 50 000 DM
31.12.02   ∕. 10 000 DM

Der Negativsaldo hat in 02 **abgenommen**.
Der gesamte Verlustanteil 02 ist ausgleichsfähig, da
- die Einlagen mindestens so hoch wie der Verlustanteil sind und
- der Negativsaldo des Kapitalkontos **nicht** zugenommen hat.

Beispiel 2:

Abwandlung von Beispiel 1:
Die Einlagen betrugen nur 45 000 DM.

Lösung:

Kapitalkontoentwicklung:
Kapitalkonto 31.12.01   ∕. 20 000 DM
+ Einlagen in 02   + 45 000 DM
∕. Verlustanteil 02   ∕. 50 000 DM
31.12.02   ∕. 25 000 DM

Der Negativsaldo hat in 02 um 5 000 DM zugenommen.
Ausgleichsfähig in 02   45 000 DM
Verrechenbar (§ 15a Abs. 2)   5 000 DM

Zum Zeitpunkt der **Leistung** einer Kommanditeinlage vgl. BFH, BStBl 1992 II 232, siehe oben 2.4.3.2.6 unter b).

2.4.3.5 Behandlung von Einlageminderungen nach vorausgegangenem Verlustausgleich/Verlustabzug (§ 15a Abs. 3 Satz 1 EStG)

Um eine Umgehung des Abzugsverbots zu vermeiden, sieht § 15a eine Sonderregelung **für Einlageminderungen** vor. Hiernach ist bei nachträglichen Einlageminderungen, durch die ein negatives Kapitalkonto entsteht oder sich erhöht, in Höhe der Einlageminderung dem betreffenden Kommanditisten im Jahr der Einlageminderung ein **Gewinn** hinzuzurechnen, § 15a Abs. 3 Satz 1. In gleicher Höhe entsteht ein verrechenbarer Verlust, so als ob von Anfang an eine geringere Haftung bestanden hätte bzw. niedrigere Einlage geleistet worden wäre.

Die Vorschrift gilt nach bisheriger Verwaltungsauffassung grds. für alle Entnahmen im steuerlichen Sinn, und zwar im **Gesamthands-** wie im **Sonderbereich** (strittig schon bisher, vgl. Schmidt, EStG, 15. Aufl., Anm. 52 zu § 15a).

Hierunter fielen nach **bisheriger** Verwaltungsauffassung insbesondere **Entnahmen** im Bereich des **Sonderbetriebsvermögens**, z. B. Rückzahlungen von Darlehen durch die KG an den Kommanditisten. Dies ist jedoch überholt aufgrund BFH, BStBl 1992 II 167. Denn mit seinem positiven Sonderbetriebsvermögen haftet der Kommanditist überhaupt nicht. Da das positive Sonder-BV das Verlustausgleichspotential nicht erhöht, kann die Verringerung des Sonder-BV durch Entnahmen in Sonderbereich nicht Gegenstand einer Nachversteuerung sein. Im Wege einer Übergangsregelung ist jedoch bestimmt worden, daß aufgrund einer tatsächlich vorausgegangenen Einbeziehung des positiven Sonder-BV auch eine spätere Nachversteuerung von Entnahmen aus dem Sonderbereich durchzuführen ist. Vgl. BMF-Schreiben vom 15. 12. 1993, BStBl 1993 I 976 (letzter Absatz).

Nicht darunter fällt jedoch die Rückzahlung von Einlagen im KG-Bereich, **soweit** hiermit gleichzeitig eine **Herabsetzung** der **Kommanditeinlage** verbunden ist, weil insoweit die unmittelbare Haftung des Kommanditisten wieder auflebt (§ 172 Abs. 4 HGB). Diese Fälle regelt § 15a Abs. 1 Satz 2. Dieser Fall ist daher von der Nachversteuerung ausdrücklich in § 15a Abs. 3 Satz 1 ausgenommen.

Beispiel:
B ist Kommanditist der AKG mit einer Einlage von 500 000 DM. Außerdem hat er der Gesellschaft ein Darlehn in Höhe von 400 000 DM gewährt. Durch einen Verlust in Höhe von 1 200 000 DM für 01 ist ein nicht ausgleichsfähiger Verlust in Höhe von 300 000 DM entstanden. B erhält das Darlehn in Höhe von 400 000 DM in 02 zurück. In 02 entfällt auf B ein weiterer Verlustanteil von 100 000 DM.

a) **Lösung nach bisheriger Verwaltungsauffassung**
Diese Rückzahlung von 400 000 DM ist als Gewinn zu behandeln (§ 15a Abs. 3 S. 1). Hierdurch wird gleichzeitig bewirkt, daß der in den vorangegangenen Wirtschaftsjahren als ausgleichsfähig behandelte Verlust in Höhe der Einlagenminderung nachträglich in einen verrechenbaren Verlust verwandelt wird.

- Stand des verrechenbaren Verlusts i. S. des § 15a Abs. 2 31. 12. 02:
  300 000 DM + 400 000 DM + 100 000 DM =   800 000 DM
- Einkünfte § 15 Abs. 1 Nr. 2, § 15a Abs. 3 S. 1 für 02   400 000 DM

Die Gewinnhinzurechnung ist **kein** „Gewinnanteil aus der KG". Daher ist **keine** Verrechnung mit dem verrechenbaren Verlust (auch nicht aus Vorjahren) möglich.

Die Gewinnzurechnung darf jedoch den Betrag der Anteile am Verlust der Kommanditgesellschaft (saldiert mit Gewinnanteilen) nicht übersteigen, der im Wirtschaftsjahr der Einlageminderung und in den vorangegangenen 10 Jahren ausgleichsfähig gewesen ist (§ 15a Abs. 3 S. 2).

Der nach § 15a Abs. 3 entstandene verrechenbare Verlust darf aber mit Gewinnanteilen des Jahres der Zurechnung oder späterer Jahre verrechnet werden (§ 15a Abs. 3 S. 4).

b) **Lösung nach BFH-Urteil BStBl 1992 II 167**
Keine Behandlung der Rückzahlung an den B als Gewinn i. S. § 15a Abs. 3 S. 1, wenn bzw. da das Sonder-BV (= Darlehnsforderung des B an die KG) in 01 **nicht** zu einer Erhöhung des Verlustausgleichspotentials geführt hat.

maßgebendes Kapitalkonto 01	500 000 DM	(ohne Sonder-BV)
./. Verlustanteil 01 31. 12. 01	./. 1 200 000 DM	
	./. 700 000 DM	
./. Verlustanteil 02 31. 12. 02	./. 100 000 DM	
	./. 800 000 DM	
ausgleichsfähiger Verlust 01 =	500 000 DM	
02 =	0 DM	
Stand des verrechenbaren Verlusts 31. 12. 02 (wie nach bisheriger Auffassung)	= 800 000 DM	

Keine Nachversteuerung in 02

- **Nicht** unter die Nachversteuerung fallen auch **Entnahmen** des Kommanditisten aus dem Gesamthandsbereich (vom „Kapitalkonto II"), soweit das Kapitalkonto i. S. des § 15a negativ ist oder hierdurch negativ wird. Denn auch insoweit gilt eine Entnahme als Rückzahlung der Hafteinlage und führt insoweit zum „Aufleben" einer Außenhaftung (§ 172 Abs. 4 HGB).

Fazit: Diese Nachversteuerungsvorschrift ist de facto eine „Leervorschrift" (geworden).

2.4.3.6 Haftungsminderung (§ 15a Abs. 3 Satz 3 EStG)

Eine Haftungsminderung löst die gleichen Folgen wie eine Einlageminderung aus. Ein in früheren Jahren nach § 15a Abs. 1 Satz 2 als ausgleichsfähiger Verlust behandelter Betrag wird im Jahr der Herabsetzung des Haftungsbetrags

1. gemäß § 15a Abs. 3 Satz 3 als Gewinn behandelt (Nachversteuerung) und gleichzeitig
2. als zusätzlicher verrechenbarer Verlust i. S. des § 15a Abs. 2 behandelt (§ 15a Abs. 3 Satz 4).

Auch hier wird ein ehemals ausgleichsfähiger Verlust in einen verrechenbaren Verlust umqualifiziert Voraussetzung ist, daß im Jahr der Haftungsminderung und den 10 vorangegangenen VZ Verluste nach § 15a Abs. 1 S. 2 ausgleichs- oder abzugsfähig waren.

Beispiel:

Kommanditist K ist lt. Handelsregistereintragung seit 30.12.01 mit 90 000 DM Hafteinlage an der XKG beteiligt, Erhöhung um 60 000 DM gegenüber der bisherigen Einlage, hat seine Einlage entgegen dem Vertrag jedoch erst in Höhe von 30 000 DM erbracht. In 01 entfällt auf K ein Verlustanteil von 105 000 DM, in 02 ein Verlustanteil von 12 000 DM.

Im Jahre 02 wird die Hafteinlage des K durch Handelsregister-Eintragung wieder auf 30 000 DM verringert.

Jahr 01

a) 30 000 DM ausgleichsfähig gemäß § 15a Abs. 1 **Satz 1**
b) 60 000 DM ausgleichsfähig gemäß § 15a Abs. 1 **Satz 2**
    _____ (unter den weiteren Voraussetzungen des § 15a Abs. 1 Satz 3)
    ∕. 90 000 DM Einkünfte aus § 15 Abs. 1 Nr. 2
c) 15 000 DM verrechenbarer Verlust (§ 15a Abs. 2).

Jahr 02

a) 60 000 DM Gewinn gemäß § 15a Abs. 3 Satz 3 (Nachversteuerung des in 01 nach § 15a Abs. 1 S. 2 abgezogenen Verlustes infolge Haftungsminderung in 02)
b) 60 000 DM Zugang zum verrechenbaren Verlust in Höhe der Nachversteuerung.

- Der „Nachversteuerungsgewinn" ist **nicht** mit dem korrespondierenden Zugang zum verrechenbaren Verlust zu saldieren.
- Der entstehende verrechenbare Verlust ist aber mit (andern) Gewinnen aus der KG (**ohne** Sonderbereich) ab dem WJ der „Nachversteuerung" zu verrechnen.

Feststellung des verrechenbaren Verlusts (gemäß § 15a Abs. 4 auf 60 000 DM + 15 000 DM + 12 000 DM = 87 000 DM, § 15a Abs. 3 Satz 4.

Ist in den Fällen des § 15a Abs. 3 Satz 1 bis 3 das Kapitalkonto am Jahresanfang positiv und ergeben sich im Laufe des Jahres sowohl Verluste als auch Privatentnahmen, dann sind nach Auffassung der FinVerw für die Frage, ob eine Einlageminderung vorliegt, zunächst die Privatentnahmen vom (positiven) Anfangskapital und danach erst die Verluste abzuziehen. Dadurch ergibt sich eine geringere Einlageminderung.

2.4.3.7 Gesonderte Feststellung des verrechenbaren Verlustes (§ 15a Abs. 4 EStG)

Der verrechenbare Verlust ist in jedem Jahr fortzuschreiben. Hinsichtlich des verrechenbaren Verlustes ergeht jeweils ein eigener Feststellungsbescheid. Nach § 15a Abs. 4 Satz 1 ist der verrechenbare Verlust im Jahr der Entstehung und in jedem Jahr, in dem er sich ändert, gesondert festzustellen. Der verrechenbare Verlust ist in jedem Jahr durch Bescheid neu festzustellen. Der Feststellungsbescheid über die verrechenbaren Verluste ist vom gesonderten Gewinnfeststellungsbescheid zu unterscheiden. Er ergeht gesondert und unabhängig von diesem. Der Feststellungsbescheid nach § 15a Abs. 4 erwächst selbständig in Bestandskraft. Durch § 15a Abs. 4 Sätze 5 und 6 wird gesetzlich abgesichert, daß die gesonderte Feststellung des verrechenbaren Verlustes einheitlich i. S. des § 179 Abs. 2 Satz 2 AO vorgenommen und (damit auch vordruckmäßig) mit der gesonderten und einheitlichen Feststellung der Einkünfte verbunden werden kann.

2.4.3.8 Sinngemäße Anwendung des § 15a EStG

Nach § 15a Abs. 5 gelten § 15a Abs. 1 Satz 1, Abs. 2 Sätze 1, 2 und 4 sowie Abs. 4 sinngemäß für **andere Unternehmer, soweit** deren **Haftung** der eines **Kommanditisten vergleichbar** ist.

Hierbei ist die Anwendung der Vorschriften über den erweiterten Verlustausgleich (§ 15a Abs. 1 S. 2) und die Haftungsminderung (§ 15a Abs. 3 S. 3 f.) **ausgenommen**. Die im Gesetz enthaltene Aufzählung ist beispielhaft. Vgl. BMF-Schreiben vom 14. 9. 1981, BStBl I 620.

2.4.3.8.1 Atypisch stille Gesellschaft (§ 15a Abs. 5 Nr. 1 EStG)

Die sinngemäße Anwendung des § 15a gilt insbesondere nach Nr. 1 für die atypische stille Gesellschaft, bei der der stille Gesellschafter ebenfalls als Unternehmer (Mitunternehmer) anzusehen ist. Der atypische stille Gesellschafter bleibt zivilrechtlich stiller Gesellschafter im Sinne der §§ 230 ff. HGB. Gemäß § 232 Abs. 2 HGB nimmt der stille Gesellschafter nur bis zum Betrag seiner eingezahlten oder rückständigen Einlage am Verlust des Handelsgewerbes teil, seine Haftung ist mithin der eines Kommanditisten vergleichbar. Es ist hier zu beachten, daß sich das Kapitalkonto des atypisch stillen Gesellschafters nicht aus der Handelsbilanz des Handelsgewerbetreibenden ergibt, sondern insgesamt aus dessen **Sonderbilanz**.

Vom Ausgleichsverbot ist jedoch hier **nur** der Verlustanteil als stiller Gesellschafter betroffen. **Nicht** hierunter fallen die Sonderbetriebsausgaben, die sich über den Verlustanteil hinaus aus der Sonderbilanz des stillen Gesellschafters ergeben.

Eine **Erweiterung** des Verlustausgleichs i. S. des § 15a Nr. 1 Satz 2 kommt für den atypischen stillen Gesellschafter **nicht** in Frage, weil er nicht im Handelsregister eingetragen ist.

2.4.3.8.2 BGB-Gesellschaft (§ 15a Abs. 5 Nr. 2 EStG)

Unter die Vorschrift des § 15a fallen auch **Gesellschafter von – abweichend vom Regelstatut konstruierten – BGB-Gesellschaften**, bei der der Gesellschafter als Mitunternehmer anzusehen ist, soweit die Inanspruchnahme des Gesellschafters für Schulden der Gesellschaft vertraglich ausgeschlossen ist oder nach Art und Weise des Geschäftsbetriebes unwahrscheinlich ist (§ 15a Abs. 5 Nr. 2). Zwar haften Gesellschafter einer Gesellschaft bürgerlichen Rechts in vollem Umfang, d. h. auch mit ihrem Privatvermögen. Sie können aber in den oben beschriebenen Fällen mit einem beschränkt haftenden Kommanditisten verglichen werden.

> **Beispiel:**
> Ggf. ist bei geschlossenen Immobilienfonds als GbR mit Vorschaltung eines echten Treuhänders i. V. m. geschlossener Finanzierungskonzeptionen § 15a Abs. 5 Nr. 2 anwendbar (vgl. dazu OFD Münster, Vfg vom 28. 7. 1986 S 2240 – 41 – St 11 – 31).

2.4.3.8.3 Ausländische Personengesellschaften (§ 15a Abs. 5 Nr. 3 EStG)

Entsprechendes gilt für Gesellschafter ausländischer Personengesellschaften, die der KG oder der **stillen Gesellschaft entsprechen** (§ 15a Abs. 5 Nr. 3).

2.4.3.8.4 Sinngemäße Anwendung nach § 15a Abs. 5 Nr. 4 EStG

Die sinngemäße Anwendung gilt für Unternehmer, soweit Verbindlichkeiten nur in Abhängigkeit von Erlösen oder Gewinnen aus der Nutzung, Veräußerung oder sonstigen Verwertung von Wirtschaftsgütern zu tilgen sind.

> **Beispiel:**
> Wird z. B. das Auswertungsrecht an einem Film, einem Tonwerk oder einem Buch oder eine Bohrkonzession erworben und wird der vereinbarte Kaufpreis mit der Maßgabe gestundet, daß er nur aus einem Teil der Erlöse aus der Auswertung des Rechts zu bezahlen ist, so besteht für den Erwerber des Rechts **kein** Risiko, über den Betrag der anfallenden und an den Veräußerer des Rechts abzuführenden Erlöse hinaus mit seinem sonstigen Vermögen für die Zahlung des gestundeten Kaufpreises in Anspruch genommen zu werden.

2.4.3.8.5 Mitreeder

Nach § 15a Abs. 5 Nr. 5 gilt § 15a sinngemäß bei Mitreedern einer Reederei i. S. des § 489 HGB, die als Unternehmer (Mitunternehmer) anzusehen ist, wenn die persönliche Haftung des Mitreeders für die Verbindlichkeiten der Reederei ganz oder teilweise ausgeschlossen oder soweit die Inanspruchnahme des Mitreeders für Verbindlichkeiten der Reederei nach Art und Weise des Geschäftsbetriebes unwahrscheinlich ist. Vgl. hierzu im einzelnen DB 1985, 251 (253 ff.).

2.4.3.9 Entsprechende Anwendung des § 15a bei anderen Gewinneinkünften

Nach § 13 Abs. 5 und § 18 Abs. 4 ist § 15a bei den Einkünften aus § 13 sowie § 18 entsprechend anzuwenden, da auch hier die Grundsätze der Mitunternehmerschaft gelten.

2.4.3.10 Sinngemäße Anwendung des § 15a bei den Überschußeinkünften (§ 20 Abs. 1 Nr. 4 und § 21 Abs. 1 EStG)

Nach § 20 Abs. 1 Nr. 4 Satz 2 ist § 15a auf die typische stille Gesellschaft und gemäß § 21 Abs. 1 S. 2 auch auf **vermögensverwaltende KG** und andere Personengesellschaften mit vergleichbarer Haftungsbeschränkung sinngemäß anzuwenden. Zu § 20 Abs. 1 Nr. 4 vgl. K. 6.

Die sinngemäße Anwendung des § 15a, die der Gleichstellung mit **gewerblichen KG** dient, ist problematisch. Obwohl dem Bereich der Überschußeinkünfte fremd, muß eine Art **fiktives (bisher: steuerliches) Kapitalkonto** geführt werden.

Dieses **mindert** sich aufgrund der Rechtsprechung des BFH (BStBl 1992 II 167), bestätigt für Überschußeinkünfte in BFH, BStBl 1993 II 279, **durch Fremdfinanzierung** der KG-Einlage (= **negatives Quasi-Sonder-BV**) **nicht** (vgl. BMF-Schreiben vom 20.2.1992, BStBl I 161). Es ist (folgerichtig) von der **geleisteten** Einlage auszugehen.

Negative Einkünfte aus § 21 **mindern**, positive Einkünfte **erhöhen** dabei das Ausgleichsvolumen.

Nicht ausgleichsfähige (= verrechenbare) Verluste aus § 21 werden den **Kommanditisten** zugerechnet, nicht etwa dem Komplementär.

2.4.3.11 Zeitlicher Anwendungsbereich (§ 52 Abs. 19 EStG)

2.4.3.11.1 Grundsatz

Die Vorschrift des § 15a war grds. erstmals auf Verluste anzuwenden, die in dem nach dem 31.12.1979 beginnenden Wirtschaftsjahren entstehen (§ 52 Abs. 19 Satz 1), also ab WJ 1980 bzw. WJ 1980/81.

2.4.3.11.2 Sonderregelung für „Altbetriebe" ausgelaufen

Für Betriebe, die vor dem 11.10.1979 eröffnet wurden, galten nach § 52 Abs. 19 S. 2f Übergangsregelungen. Für diese Betriebe ist die Vorschrift erst auf Verluste für Wirtschaftsjahre anwendbar, die nach dem 31.12.1984 begonnen haben (also ab WJ 1985 bzw. 1985/86) bzw. nach dem 31.12.1989.

2.4.3.11.3 Sonderregelung für „privilegierte Betriebe"

Die Sonderregelungen in § 52 Abs. 19 S. 2f für sog. „privilegierte Betriebe" sind – bis auf eine Ausnahme – spätestens zum 31.12.**1994** ausgelaufen.

Lediglich bei Verlusten im **Schiffsbau** (§ 52 Abs. 19 Satz 3) ist noch eine Ausnahmeregelung über den 31.12.1994 hinaus zu beachten: nach § 52 Abs. 19 Satz 3 Nr. 3 ist hier ggf. § 15a erstmals auf Verluste in WJ anzuwenden, die nach dem 31.12.1999 beginnen.

2.4.3.12 Nachversteuerung des Gewinns aus dem Wegfall negativer Kapitalkonten von Kommanditisten

2.4.3.12.1 Grundsatz der Verlustzurechnung

Grundsätzlich sind einem Kommanditisten, dessen gesellschaftsrechtliche Stellung sich im Innen- und Außenverhältnis nach den Vorschriften des HGB bestimmt, Verlustanteile, die nach dem allgemeinen Gewinn und Verlustverteilungsschlüssel der KG auf ihn entfallen, steuerlich auch insoweit **zuzurechnen**, als sie in einer Steuerbilanz der KG zu einem **negativen Kapitalkonto** des Kommanditisten führen (u.a. BFH, BStBl 1964 III 359; BStBl 1981 II 164; bestätigt BStBl 1986 II 136).

2.4.3.12.2 Wegfall der Verlustzurechnung bzw. eines negativen Kapitalkontos bei Feststehen des Nichtausgleichs eines negativen Kapitalkontos

Dieser Grundsatz gilt jedoch nach dem Beschluß des Großen Senats des BFH (BStBl 1981 II 164) **nicht**, soweit bei Aufstellung der Bilanz nach den Verhältnissen am Bilanzstichtag **feststeht**, daß ein **Ausgleich des negativen Kapitalkontos mit künftigen Gewinnanteilen des Kommanditisten nicht mehr in Betracht kommt** (BFH, a.a.O. – siehe unter 2.4.3.12.1).

Das bedeutet, daß
- ab diesem Zeitpunkt Verlustanteile den Kommanditisten nicht mehr zugerechnet werden können
- den „Wegfall des negativen Kapitalkontos" des Kommanditisten.

Für die Beurteilung der **Auswirkungen** des „Wegfalls" des negativen Kapitalkontos beim **Kommanditisten** und den **anderen Gesellschaftern** ist zu **unterscheiden,** ob das negative Kapitalkonto entstanden ist durch
a) (rechtlich) **ausgleichs- oder abzugsfähige** Verluste oder
b) **verrechenbare** Verluste i. S. des § 15a Abs. 2.

Unter die Fallgruppe a) fallen Verluste
- bis zum Inkrafttreten des § 15a (sogenanntes „altes" Kapitalkonto),
- während der Übergangszeit, § 52 Abs. 19 Sätze 1 bis 3 und
- bei „überschießender" Außenhaftung gemäß § 15a Abs. 1 S. 2, 3 (im Anwendungsbereich des § 15a).

Unter b) fallen **nicht ausgleichsfähige (= verrechenbare)** Verluste i. S. des § 15a Abs. 2. Die weitgehend identischen Rechtsfolgen ergeben sich – vereinfacht ausgedrückt –
- bei Wegfall des negativen Kapitalkontos **nach dem 28. 8. 1980** aus § 52 Abs. 19 Sätze 4 und 5,
- bei Wegfall vor dem 29. 8. 1980 nur aus der BFH-Rechtsprechung und den hierzu ergangenen Verwaltungsanweisungen. Sollte § 52 Abs. 19 Satz 4 **nicht** auf entgeltliche Veräußerungen anwendbar sein, ergeben sich die entsprechenden Rechtsfolgen aus der BFH-Rechtsprechung zur Rechtslage vor Inkrafttreten des § 52 Abs. 19 Sätze 4 und 5.

§ 52 Abs. 19 Satz 5 wiederum muß aufgrund der Rechtsprechung teilweise gegen seinen Wortlaut ausgelegt werden; vgl. weiter unter 2.4.3.12.6.1.

2.4.3.12.3 Gewinnrealisierung beim Kommanditisten durch Wegfall des negativen Kapitalkontos

Beim Wegfall eines durch einkommensteuerliche Verlustzurechnung entstandenen negativen Kapitalkontos eines Kommanditisten entsteht in Höhe dieses negativen Kapitalkontos ein steuerpflichtiger Gewinn des Kommanditisten. Dieser Gewinn entsteht zwar grundsätzlich erst im Zeitpunkt der Betriebsaufgabe oder -veräußerung (§ 16).

Im Einzelfall kann jedoch schon ein **steuerlich nicht begünstigter laufender Gewinn früher** zu erfassen sein, sofern feststeht, daß ein Ausgleich des negativen Kapitalkontos des Kommanditisten mit künftigen Gewinnanteilen nicht mehr in Betracht kommt.

Für einen Wegfall des negativen Kapitalkontos auch ohne Veräußerung oder Aufgabe des Betriebs der KG kommen deshalb insbesondere Fälle mit folgendem Sachverhalt in Betracht:
- die KG ist erheblich überschuldet
- stille Reserven oder ein Geschäftswert sind nicht oder nicht in ausreichender Höhe vorhanden
- die KG tätigt keine nennenswerte Umsätze mehr
- die KG hat ihre werbende Tätigkeit eingestellt
- Antrag auf Konkurseröffnung
- trotz erheblicher Überschuldung einer GmbH & Co. KG hat der Geschäftsführer pflichtwidrig keinen Konkursantrag gestellt
- ein Konkursantrag wurde mangels einer die Verfahrenskosten deckenden Masse abgelehnt
- Eröffnung des Konkursverfahrens.

Daß künftige Gewinnanteile zum Ausgleich eines negativen Kapitalkontos nicht mehr entstehen, kann im Einzelfall bei **vernünftiger kaufmännischer Beurteilung** auch bei einer KG, die **gesellschaftsrechtlich noch nicht aufgelöst** worden ist, feststehen. Umgekehrt schließt aber die gesellschaftsrechtliche Auflösung einer KG keineswegs aus, daß im Rahmen der Liquidation stille Reserven realisiert werden und deshalb noch Gewinne zu erwarten sind.

Im einzelnen vgl. hierzu z. B. Vfg. der OFD Münster vom 25. 10. 1982 – S 2241 – 3–St 11 – 31 und die ergänzenden Urteile des BFH (BStBl 1981 II 570; BStBl 1981 II 572; BStBl 1981 II 668 und BStBl 1986 II 58).

Ob die KG die **Bilanz verspätet oder** überhaupt **nicht** aufstellt, ist für die Beurteilung unerheblich (BFH vom 3. 12. 1981 V R 10/80 – NV).

Die Nachversteuerung des negativen Kapitalkontos ist nach BFH, BStBl 1981 II 164 die rechtlich notwendige Folge aus der früheren Verlustzurechnung. Dabei ist es nicht erforderlich, daß sich die dem Kommanditisten steuerlich zugerechneten Verluste bei den Einkommensteuerveranlagungen tatsächlich ausgewirkt haben (vgl. BFH, BStBl 1967 III 69). Deshalb kommt nach Auffassung der FinVerw ein Erlaß aus **sachlichen** Billigkeitsgründen **nicht** in Betracht.

Der Kommanditist verwirklicht dagegen aus dem Wegfall des negativen Kapitalkontos **keinen** Veräußerungsgewinn, wenn er (bzw. soweit er) mit der Inanspruchnahme aus einer für die KG eingegangenen Bürgschaft rechnen muß (BFH, BStBl 1991 II 64).

Ist das negative Kapitalkonto des Kommanditisten zu **Unrecht nicht** aufgelöst worden und die Veranlagung bestandskräftig, kann die gewinnerhöhende Auflösung im Folgejahr nachgeholt werden (BFH, BStBl 1992 II 650); m.E. eine unsystematische Entscheidung, die zu Unrecht auf eine „Bilanzberichtigung" gestützt wird.

2.4.3.12.4 Behandlung bei den anderen Gesellschaftern

Durch den Wegfall des negativen Kapitalkontos ergibt sich für die Gesellschafter, auf die das negative Kapitalkonto zu verteilen ist, steuerrechtlich grds. ein **Verlust** (BFH, a.a.O.). Vgl. aber nachfolgend 2.4.3.12.6.

2.4.3.12.5 Begriff des (negativen) Kapitakontos

Negatives Kapitalkonto ist hierbei das sich aus der Steuerbilanz der KG ergebende Kapitalkonto **einschließlich Ergänzungsbilanzen,** jedoch **ohne** Sonderbilanzen (BFH, BStBl 1986 II 58).

Dabei sind die Vergütungen i.S. des § 15 Abs. 1 Nr. 2 Satz 1 2. Halbs. als Aufwand abzuziehen, weil sie nach dem Gesellschaftsvertrag **gewinnunabhängig** zu zahlen sind.

Hierbei ist es unerheblich, ob die Vergütungen bereits bei der Gewinn und Verlustrechnung oder erst bei der Ergebnisverteilung außerhalb der Bilanz als Aufwand berücksichtigt wurden (BFH, a.a.O.).

Wegen der Besonderheiten bei **nichtausgezahlten** Tätigkeitsvergütungen vgl. BFH (a.a.O.).

2.4.3.12.6 Veräußerungsgewinne und Verlustzurechnung beim Ausscheiden von Kommanditisten und bei Auflösung nach § 52 Abs. 19 Sätze 4, 5 EStG

2.4.3.12.6.1 Ausscheiden eines Kommanditisten

Scheidet ein Kommanditist oder ein anderer Mitunternehmer, dessen Haftung der eines Kommanditisten vergleichbar ist und dessen **Kapitalkonto** in der Steuerbilanz der Gesellschaft auf Grund von **ausgleichs- oder abzugsfähigen Verlusten** negativ geworden ist, aus der Gesellschaft aus gegen **kaufmännisch bemessene Abfindung** und Anwachsung seines Anteils bei **allen** bisherigen Mitgesellschaftern **oder** wird in einem solchen Fall die **Gesellschaft aufgelöst,** so gilt nach § 52 Abs. 19 Satz 4 der Betrag, den der Mitunternehmer nicht ausgleichen muß, als Veräußerungsgewinn im Sinn des § 16. In Höhe der nach dieser Vorschrift als Gewinn zuzurechnenden Beträge (= negatives Kapitalkonto) sind bei den anderen Mitunternehmern unter Berücksichtigung der für die Zurechnung von Verlusten geltenden Grundsätze nach dem Gesetzeswortlaut Verlustanteile anzusetzen (§ 52 Abs. 19 Satz 5); vgl. R 138d Abs. 6 Satz 1.

> **Beispiel:**
> Kommanditist K war seit 1.1.01 mit 50000 DM an der A KG beteiligt. In den Jahren 01 – 05 war er an den Verlusten der KG mit insgesamt 180000 DM beteiligt. Er hat den Verlust voll ausgleichen können. Das Kapitalkonto beträgt zum 31.12.05 ./. 130000 DM. Auf diesem Zeitpunkt scheidet K aus. Er braucht sein negatives Kapitalkonto nicht auszugleichen (Übernahme durch die verbleibenden Gesellschafter).
> 1. **Behandlung beim ausscheidenden Kommanditisten**
> Bei K entsteht in Höhe des nicht auszugleichenden Kapitalkontos ein Veräußerungsgewinn i.S. des § 16 i.V.m. § 52 Abs. 19 Satz 4 von 130000 DM. Hiervon ist ggf. ein anteiliger Freibetrag nach § 16 Abs. 4 abzuziehen. Auf den stpfl. Veräußerungsgewinn ist § 34 anzuwenden.
> 2. **Behandlung bei den verbleibenden Gesellschaftern**
> In Höhe von 130000 DM sind den übrigen Gesellschaftern (nicht für später eingetretene Gesellschafter) Verluste nach dem Verhältnis ihres Gewinnverteilungsschlüssels zuzuweisen. Soweit diese Verlustanteile auf Kommanditisten entfallen, ist wiederum § 15a zu beachten, § 52 Abs. 19 Satz 5 und R 138d Abs. 6 S. 5.

Wenn **stille Reserven** vorhanden sind, sind in Höhe der in dem Anteil enthaltenen und auf sie übergehenden stillen Reserven **entgegen dem Gesetzeswortlaut** Anschaffungskosten zu aktivieren, je nach dem, ob alle oder einzelne Gesellschafter betroffen sind, in Hauptbilanz oder Ergänzungsbilanz. Nur in Höhe des die stillen Reserven (einschließlich Firmenwert) **übersteigenden** Teilbetrags des negativen Kapitalkontos sind bei den Mitunternehmern, auf die der Anteil übergeht, in diesen Fällen Verlustanteile anzusetzen (BFH, BStBl 1983 II 353; R 138d Abs. 6 Sätze 3 und 4; a. A. Schmidt, EStG, 14. Aufl., Anm. 85 zu § 15a (= in **voller** Höhe, d. H. in Höhe des negativen Kapitalkontos zuzüglich eines zusätzlichen Entgelts Anschaffungskosten); wieder anders Reiß sowie Knobbe-Keuk, wonach statt Aktivierung von Anschaffungskosten ein aktiver Ausgleichsposten zur Neutralisierung künftiger Gewinnanteile zu bilden sei). Nachweise vgl. Schmidt (a. a. O.).

2.4.3.12.6.2 Auflösung der Gesellschaft

Im Falle der Auflösung der Gesellschaft ist dieser Verlust ausschließlich bei den unbeschränkt haftenden Mitunternehmern anzusetzen (R 138d Abs. 5 Satz 3); a. A. Schmidt, EStG, 15. Aufl., Anm. 90a zu § 15a m. w. N., wonach ein Ansatz auch hier – außer bei den persönlich haftenden Gesellschaftern – bei den (anderen) Kommanditisten mit **positiven** Kapitalkonten erfolgen soll.

2.4.3.12.6.3 Negatives Kapitalkonto auf Grund verrechenbarer Verluste

Bei entgeltlichem Ausscheiden (vgl. unten 2.4.3.12.6.4) ist beim Veräußerer der durch Wegfall des negativen Kapitalkontos entstehende Veräußerungsgewinn i. S. § 16 um den noch vorhandenen **verrechenbaren** Verlust zu mindern. Vorrangig ist der verrechenbare Verlust aber mit einem laufenden Gewinn des Veräußerungsjahres zu verrechnen. Vgl. R 138d Abs. 4.

Beim Erwerber kommt es bei späterer Realisierung der stillen Reserven wegen der bei Erwerb aktivierten zusätzlichen Anschaffungskosten (Übernahme des negativen Kapitalkontos zuzgl. evtl. Zusatzentgelts) in der Ergänzungsbilanz zu einer Neutralisierung des Gewinns. Dann wirkt sich der frühere Verlust aus (so – uE zutreffend – Schmidt, EStG, 15. Aufl., Anm. 86 zu § 15a).

Bei der **Liquidation (Auflösung)** wird der Veräußerungsgewinn aus dem Wegfall des negativen Kapitalkontos regelmäßig durch den verrechenbaren Verlust neutralisiert.

2.4.3.12.6.4 Veräußerung von Mitunternehmeranteilen (§ 16 Abs. 1 Nr. 2 EStG)

Die o. a. Vorschriften sind nicht anwendbar, wenn der Kommanditist seinen Anteil ganz oder teilweise an einen **Dritten** oder nur an **einen** der anderen Gesellschafter gegen kaufmännisch abgewogenes Entgelt **veräußert** (§ 16 Abs. 1 Nr. 2; R 138d Abs. 5 Satz 7). In Veräußerungsfällen ist der Veräußerungsgewinn nach allgemeinen Grundsätzen unter Berücksichtigung des vom Kommanditisten nicht auszugleichenden Kapitalkontos zu ermitteln und ggf. gemäß § 15a Abs. 2 **um noch nicht ausgeglichene** (= verrechenbare) **Verluste zu mindern (R 138d Abs. 5 S. 8)**.

Für den **Erwerber** stellen die gesamten Aufwendungen zum Erwerb des Anteils (einschließlich des negativen Kapitalkontos) Anschaffungskosten dar, die auf die einzelnen Wirtschaftsgüter (incl. Firmenwert) zu verteilen und in einer Ergänzungsbilanz zu aktivieren sind (BFH, BStBl 1981 II 795), vgl. R 138d Abs. 5 Satz 9. Der Anteil an den stillen Reserven entspricht mindestens der Höhe des negativen Kapitalkontos (wird bei Übertragung zwischen Fremden vermutet, vgl. EFG 1985, 110).

Sind nachweislich **keine** stillen Reserven oder **geringere** als das negative Kapitalkonto vorhanden, liegt in Höhe der Differenz zwischen negativem Kapitalkonto und tatsächlichen stillen Reserven **kein** sofortabzugsfähiger Verlust vor, also kein **Sofortaufwand**.

Ein Aufwand entsteht erst, falls und soweit der neue Gesellschafter das übernommene negative Kapitalkonto mit Gewinnanteilen ausgleicht (BFH-Urteil vom 14. 6. 1994, DB 1995, 455). Daher ist lt. BFH ein **„Merkposten" außerhalb der Bilanz** zu bilden.

Beispiel:

Wie Beispiel unter 2.4.3.12.6.1, mit dem Unterschied, daß K seinen Anteil für 10 000 DM **veräußert** und aufgrund des § 15a nur Verlustanteile von 50 000 DM ausgleichsfähig waren und somit ein verrechenbarer Verlust von 130 000 DM vorhanden ist.

Veräußerer:

Es entsteht – nach allgemeinen Grundsätzen – folgender Veräußerungsgewinn:

Veräußerungserlös	10 000 DM
./. negatives Kapitalkonto	+ 130 000 DM
Veräußerungsgewinn § 16 Abs. 1 Nr. 2	140 000 DM
./. Verrechenbarer Verlust (§ 15a Abs. 2)	./. 130 000 DM
verbleibender Veräußerungsgewinn	10 000 DM

Hierauf sind § 16 Abs. 4 und § 34 anwendbar.

Hierbei ist der Veräußerungsgewinn **nach** der Verlustverrechnung maßgebend. nach R 138d Abs. 4 S. 1 Abzug des Freibetrags nach § 16 Abs. 4 erst **nach** Minderung um verrechenbaren Verlust.

Erwerber:
Der **Erwerber** hat grds. in Höhe von 140 000 DM Anschaffungskosten für den erworbenen Anteil. **Keine** Verlustzurechnung nach § 52 Abs. 19 S. 4.

Ergänzungsbilanz Erwerber	
Mehrwert Aktiva 140 000 DM	Mehrkapital 140 000 DM

Sind **keine** stillen Reserven vorhanden, ist gleichwohl in Höhe einer zusätzlichen Zahlung an den ausgeschiedenen Gesellschafter Aufdeckung dieses Firmenwerts anzunehmen. Im übrigen liegen **keine** aktivierungspflichtigen Aufwendungen vor.

Es liegt aber auch insgesamt kein Sofortaufwand vor.

Ergänzungsbilanz Erwerber	
Mehrwert Aktiva 10 000 DM	Mehrkapital 10 000 DM

Merkposten (außerhalb der Bilanz) 130 000 DM. Bis zu dieser Höhe liegt – bei späterer Verrechnung des negativen Kapitalkontos mit Gewinnanteilen – ein ausgleichsfähiger Verlust vor.

2.4.3.12.6.5 Unentgeltliche Übertragung des Kommanditanteils
Bei unentgeltlicher Übertragung des Kommanditanteils (= private Gründe) ist zu unterscheiden:
a) Sind die anteiligen stillen Reserven der Einzelwirtschaftsgüter (einschließlich Firmenwert) höher als das negative Kapitalkonto, liegt ein Anwendungsfall des § 7 Abs. 1 EStDV vor:
   – Keine Nachversteuerung bei dem übertragenden Kommanditisten
   – keine zusätzlichen Anschaffungskosten für den Erwerber, sondern Fortführung des negativen Kapitalkontos
b) Sind keine stillen Reserven oder geringere als das negative Kapitalkonto vorhanden, gilt
   aa) im Erbfall: Behandlung zu a)
   bb) bei Schenkung/vorweggenommener Erbfolge:
       In Höhe der Differenz zwischen stillen Reserven und negativem Kapitalkonto liegt ein Veräußerungsgewinn des Übertragenden vor. Für den Erwerber ist ein Merkposten zu bilden (außerhalb der Bilanz).

2.5 Verluste aus gewerblicher Tierzucht und Tierhaltung
Soweit bei Tierzucht und Tierhaltung die Voraussetzungen für Einkünfte aus Land- und Forstwirtschaft **nicht** gegeben sind, sofern eine nachhaltige Tätigkeit in Gewinnerzielungsabsicht vorliegt, liegen Einkünfte aus Gewerbebetrieb vor, vgl. K. 1.3.2.2, § 13 Abs. 1 Nr. 1 S. 2 bis 5 und BFH, BStBl 1983 II 36.

2.5.1 Verbot des Ausgleichs
Nach § 15 Abs. 4 dürfen jedoch Verluste aus gewerblicher Tierzucht oder gewerblicher Tierhaltung weder mit anderen Einkünften aus Gewerbebetrieb noch mit Einkünften aus anderen Einkunftsarten ausgeglichen und dürfen auch nicht allgemein nach § 10d abgezogen werden.

Hierunter fällt auch die Pelztierzucht (BFH, BStBl 1988 II 264), **nicht** jedoch eine Brüterei (BFH, BStBl 1990 II 152).

Beispiele:

1. A hat im Jahre 01 als Einzelgewerbetreibender einen Gewinn von 120 000 DM, daneben betreibt er eine Schweinemästerei. (Einkünfte aus Land- und Forstwirtschaft liegen infolge Überschreitung der gesetzlichen Obergrenze des § 13 Abs. 1 Nr. 1 nicht vor.) Der Verlust hieraus beträgt 70 000 DM. Darüberhinaus hat A in 01 Mieteinkünfte von 30 000 DM.

Einkünfte aus Gewerbebetrieb § 15	120 000 DM
Vermietung und Verpachtung	30 000 DM
Summe der Einkünfte	150 000 DM

    Der Verlust aus dem Mastbetrieb ist nicht ausgleichsfähig. Die Verluste aus gewerblicher Tierzucht und Tierhaltung dürfen jedoch innerhalb der gewerblichen Tierhaltung ausgeglichen werden.

2. A hat aus in 01 aus einer Rindermast einen Gewinn von 100 000 DM, aus einer Schweinemast einen Verlust von 80 000 DM.

Gewinn aus gewerblicher Tierhaltung	
Rindermast	100 000 DM
Schweinemast	./. 80 000 DM
als Einkünfte anzusetzen	+ 20 000 DM

    Von § 15 Abs. 4 werden **alle** Verluste aus gewerblicher Tierzucht und Tierhaltung erfaßt, **nicht** nur Abschreibungs- oder Buchverluste.

2.5.2 Verlustabzug innerhalb der gewerblichen Tierzucht (Tierhaltung)

Innerhalb der Einkünfte „gewerbliche Tierhaltung" sind in einem Veranlagungszeitraum eingetretene Verluste auf die beiden vorangegangenen Wirtschaftsjahre zurückzutragen und auf die folgenden Jahre vorzutragen.

§ 10d ist entsprechend anzuwenden.

Beispiel:

A hat im Jahre 04 einen Verlust aus Schweinemast von 160 000 DM, im Jahre 02 einen Gewinn aus Schweinemast von 50 000 DM und in 03 einen Gewinn von 10 000 DM.

Der Verlust im Jahre 04 ist nicht mit positiven Einkünften anderer Einkunftsarten auszugleichen, sondern zurückzutragen.

02 aus Schweinemast	+ 50 000 DM
Verlustabzug aus 04	./. 50 000 DM
Gewinn	0 DM
03 aus Schweinemast	+ 10 000 DM
Verlustabzug aus 04	./. 10 000 DM
Gewinn	0 DM

Die Veranlagungen 02 und 03 sind entsprechend zur berichtigen.

Der nicht ausgeglichene Verlust ist auf die fünf folgenden Jahre vorzutragen mit der Maßgabe, daß sie lediglich von den positiven Einkünften aus gewerblicher Tierzucht und Tierhaltung abgezogen werden können.

Vgl. im übrigen R 138c.

Bei Zusammenveranlagung von Ehegatten (§ 26b) werden Verluste i. S. des § 15 Abs. 4 eines Ehegatten mit entsprechenden Gewinnen des anderen Ehegatten ausgeglichen und ggf. von solchen Gewinnen auch abgezogen (BFH, BStBl 1989 II 787).

2.6 Veräußerung und Aufgabe eines Betriebes (§ 16 EStG)

2.6.1 Vorbemerkung und Überblick

2.6.1.1 Tatbestände des § 16 EStG

Unter § 16 fallen die Gewinne, die durch **Einstellung einer gewerblichen Tätigkeit** realisiert werden.

Die Einstellung kann durch
a) **Betriebsveräußerung** (§ 16 Abs. 1) oder
b) **Betriebsaufgabe** (§ 16 Abs. 3)
erfolgen.

Unter § 16 Abs. 1 fallen Gewinne aus der Veräußerung

aa) eines **ganzen Betriebes**
bb) eines **Teilbetriebes** } § 16 Abs. 1 Nr. 1 1. HS

cc) **unter bestimmten Voraussetzungen** einer 100%igen Beteiligung an einer KapGes (= fiktive Teilbetriebsveräußerung) (§ 16 Abs. 1 Nr. 1 2. HS)

dd) eines **Mitunternehmeranteils** (§ 16 Abs. 1 Nr. 2)

ee) eines Anteils eines Komplementärs einer KGaA (§ 16 Abs. 1 Nr. 3).

2.6.1.2 Bedeutung des § 16 EStG

2.6.1.2.1 Deklaratorische Bedeutung

Durch Betriebsveräußerung und Aufgabe werden die bisher unversteuert gebliebenen stillen Reserven (= nicht realisierte Gewinne) aufgedeckt.

Die Besteuerung dieser Veräußerungsgewinne wäre auch ohne die Sondervorschriften der §§ 14, 16, 18 Abs. 3 sichergestellt. Denn Betriebsveräußerung und Betriebsaufgabe müssen als „letzter betrieblicher Geschäftsvorfall" nach den Gewinnermittlungsvorschriften (§§ 4, 5) steuerlich gewinnwirksam berücksichtigt werden.

Durch die §§ 14, 16, 18 Abs. 3 wird also keine sachliche Steuerpflicht begründet; vielmehr haben die Vorschriften insoweit nur **deklaratorische** Bedeutung.

2.6.1.2.2 Konstitutive Bedeutung

§ 16 nimmt eine Abgrenzung zwischen den laufenden Gewinnen und den Veräußerungs-/Aufgabegewinnen vor.

Dies geschieht dadurch, daß

a) die **Tatbestände** „Betriebsveräußerung" sowie „Betriebsaufgabe" genau umrissen werden und
b) die **Berechnung** des Veräußerungs-/Aufgabegewinns vorgeschrieben wird.

Grund dieser Abgrenzung sind die nur bei Gewinnen aus § 16 bzw. § 14 und § 18 Abs. 3 (nicht aber aus §§ 13, 15, 18) anzuwendenden Steuervergünstigungen:

1. Freibetrag gemäß § 16 Abs. 4 (als teilweise sachliche Steuerfreiheit)
2. Ermäßigter Steuersatz nach § 34 Abs. 1, da stets „außerordentliche Einkünfte" (§ 34 Abs. 2 Nr. 1).

Veräußerungsgewinne i. S. des § 16 usw. unterliegen **nicht der Gewerbesteuer.**

2.6.1.3 § 16 EStG als Gewinnermittlungsvorschrift eigener Art

Veräußerungs- und Aufgabegewinne sind unabhängig von der bisherigen Gewinnermittlungsart grundsätzlich nach den Regeln des Bestandsvergleichs zu ermitteln.

Wurde der Gewinn vor Veräußerung/Aufgabe nach § 4 Abs. 3 ermittelt, muß der Stpfl. zwingend zum Bestandsvergleich (§ 4 Abs. 1, § 5) übergehen.

Zurechnungsbeträge, die durch den Wechsel der Gewinnermittlungsart bedingt sind (R 17), gehören noch zum **laufenden** Gewinn des Veräußerungs- bzw. Aufgabejahres.

Die Möglichkeit der Verteilung der Zurechnungsbeträge auf mehrere Jahre **entfällt** hier.

2.6.2 Veräußerung

2.6.2.1 Begriff der Veräußerung (R 139 Abs. 1 EStR)

Hierunter fällt jedes entgeltliche Geschäft, das die Übertragung eines Betriebs usw. zum Gegenstand hat, sofern **Leistung und Gegenleistung kaufmännisch abgewogen sind.**

> **Beispiel:**
> Ein Stpfl. erfüllt eine Zugewinnausgleichsschuld gegenüber seiner geschiedenen Ehefrau durch Betriebsübertragung und Zuzahlung eines Differenzbetrags in bar. –

Es liegt eine Betriebsveräußerung i. S. von § 16 Abs. 1 Nr. 1 vor, da ein entgeltlicher Vorgang gegeben ist (BFH, BStBl 1977 II 378).

Rechtsgrundlage kann ein **Kauf-** oder **Tauschvertrag** sein.

Wegen der verschiedenen Kaufpreisformen vgl. 2.6.4.2.3 bis 2.6.4.2.5. Beispiele für Tauschvorgänge sind:

Betriebsübertragung gegen Einräumung einer Beteiligung an einer
- Personengesellschaft oder
- Kapitalgesellschaft.

Besonderheiten gelten bei Einbringungsfallen (§§ 20, 24 UmwStG). Vgl. hierzu K. 2.7 und K. 2.8.

2.6.2.2 Abgrenzung von anderen Arten der Betriebseinstellung

§ 16 ist nicht anwendbar, wenn die betriebliche Tätigkeit auf andere Art als durch Betriebsveräußerung bzw. Betriebsaufgabe eingestellt wird.

a) Unentgeltliche Betriebsübertragung

Betriebsveräußerung setzt die entgeltliche Übertragung des wirtschaftlichen Eigentums an einem Betrieb voraus. Dies ist im Fall der **unentgeltlichen** Betriebsübertragung **nicht** gegeben. Somit fällt die unentgeltliche Übertragung nicht unter § 16 Abs. 1. Sie fällt aber auch nicht unter § 16 Abs. 3 – stellt also keine Aufgabe dar, da in diesen Fällen der Erwerber nach § 7 Abs. 1 EStDV die Buchwerte des Veräußerers fortführen muß.

Es entsteht somit kein Veräußerungs- oder Aufgabegewinn, da die stillen Reserven nicht aufgedeckt werden (R 139 Abs. 6).

Fälle der unentgeltlichen Übertragung sind
- Schenkung (insb. im Rahmen der **vorweggenommenen Erbfolge**)
- Übergang des Betriebs aufgrund **Erbfall**
- Übertragung des Betriebs in **Erfüllung** von Vermächtnissen

Vgl. hierzu im einzelnen K. 2.6.7.

Der Tatbestand des § 7 Abs. 1 EStDV erfordert die (unentgeltliche) Übertragung
- **aller** wesentlichen Betriebsgrundlagen
- auf **einen** Erwerber
- in einem **einheitlichen Vorgang**
- unter Aufrechterhaltung des geschäftlichen Organismus

(BFH, BStBl 1994 II 15 [18]).

Der **Begriff** der „wesentlichen Betriebsgrundlage" entspricht denjenigen bei § 16 (BFH, a. a. O., 18).

Dabei braucht die Übertragung nicht in einem Akt vollzogen werden. Die Übergabe kann auch schrittweise verwirklicht werden, wenn die Teilakte in sachlichem und zeitlichem Zusammenhang stehen. Danach kann auch eine **rund 2 Jahre** andauernde Gesamtübertragung bei innerem Zusammenhang noch den Tatbestand des § 7 Abs. 1 EStDV erfüllen, z. B. bei Verzögerung durch persönliche Umstände (BFH, BStBl 1989 II 653).

Merke: § 16 EStG und § 7 Abs. 1 EStDV schließen sich – hinsichtlich desselben Betriebs, Teilbetriebs usw. – **grds.** gegenseitig aus (BFH, BStBl 1981 II 566). **Anders** bei Erbauseinandersetzung; vgl. 2.6.7.2 ff.

b) Allmähliche Liquidation eines Betriebes (Betriebsabwicklung)

Wenn über einen längeren Zeitraum die Wirtschaftsgüter des Betriebs einzeln veräußert werden usw., so daß bei endgültiger Einstellung der betrieblichen Tätigkeit kein BV mehr vorhanden ist, liegt weder eine Veräußerung (§ 16 Abs. 1) noch eine Aufgabe (§ 16 Abs. 3) vor, sondern **laufender Gewinn** (BFH, BStBl 1984 II 364).

c) Betriebsverpachtung im ganzen

In diesem Sonderfall der Betriebseinstellung wird dem Stpfl. unter den Voraussetzungen des R 139 Abs. 5 ein **Wahlrecht eingeräumt,** ob er

- die stillen Reserven aufdeckt und nach §§ 16, 34 versteuert sowie fortan privater Verpächter ist oder
- den Betrieb als „ruhenden Betrieb" ohne Aufdeckung der stillen Reserven weiterführt mit (nicht der GewSt unterliegenden) gewerblichen Einkünften.

Vgl. im einzelnen K. 2.6.9.

2.6.3 Tatbestand der Betriebsveräußerung (§ 16 Abs. 1 EStG)

Eine Veräußerung im Sinne des § 16 Abs. 1 Nr. 1 liegt vor, wenn ein Gewerbetreibender alle wesentlichen Betriebsgrundlagen in einem einheitlichen Vorgang entgeltlich auf einen Erwerber überträgt (BFH, BStBl 1973 II 219; BStBl 1976 II 670; R 139 Abs. 1 Satz 1) und damit der Stpfl. seine bisherige gewerbliche Tätigkeit einstellt (BFH, BStBl 1986 II 808).

Hierbei ist auf den **Zeitpunkt** abzustellen, in dem das **wirtschaftliche Eigentum** an den veräußerten Wirtschaftsgütern übertragen wird (BFH, BStBl 1985 II 245); vgl. auch BStBl 1993 II 228.

2.6.3.1 Veräußerung des ganzen Betriebs

Zweck der Vorschrift des § 16 ist es insbesondere, über §§ 16 Abs. 4 und 34 die **Besteuerung** der „geballten" Aufdeckung der stillen Reserven bei Betriebsveräußerung und -aufgabe zu **mildern,** weil es zu Härten führen würde, wenn durch die Auflösung aller stillen Reserven des Betriebes jahrelang aufgestaute Gewinne in einem Zuge mit dem normalen Steuersatz versteuert werden müßten (BFH, BStBl 1980 II 239). Diese Vergünstigungen sind aber nur gerechtfertigt, wenn **„im wesentlichen"** alle stillen Reserven aufgedeckt werden. Als Abgrenzungskriterien zwischen der Besteuerung nach §§ 15 und 16, 34 wurde daher der Begriff der **„wesentlichen Betriebsgrundlagen"** geschaffen; vgl. unten 2.6.3.1.1.

Der **Lebenssachverhalt** „Betriebsveräußerung" umfaßt in der Praxis keineswegs immer die Übertragung sämtlicher Wirtschaftsgüter. Häufig werden z. B. Grundstücke zurückbehalten und lediglich an den Erwerber verpachtet.

Eine Betriebsveräußerung im ganzen liegt aber nur vor, wenn der Veräußerer seine **betriebliche Tätigkeit einstellt,** indem er das BV als Sachgesamtheit auf einen Erwerber überträgt (vgl. R 139 Abs. 1 S. 1). Zur Frage **mehrerer Betriebe** vgl. BFH, BStBl 1989 II 901.

Gegenstand der Veräußerung muß ein ganzer Gewerbebetrieb sein. Nicht erforderlich ist eine lückenlose Übertragung sämtlicher Wirtschaftsgüter des BV.

Es genügt vielmehr, daß sämtliche wesentlichen Betriebsgrundlagen auf einen Erwerber übergehen (vgl. BFH, BStBl 1985 II 508). Es ist möglich, einzelne Wirtschaftsgüter, die nicht die Eigenschaft von wesentlichen Betriebsgrundlagen haben,

- als Betriebsvermögen zurückzubehalten und erst später zu verwerten (vgl. 2.6.4.2.8)) = sog. „**Betriebsvermögen ohne Betrieb**"oder
- in das Privatvermögen zu überführen oder anderen betriebsfremden Zwecken zuzuführen (BFH, BStBl 1987 II 705 und BStBl 1988 II 374).

Der Betrieb muß als lebensfähiger geschäftlicher Organismus übergehen.

Dazu ist es **nicht** erforderlich, daß der Erwerber tatsächlich den Betrieb fortführt (R 139 Abs. 1 S. 2). Es muß nur die **theoretische Möglichkeit der Fortführung** gegeben sein.

Beispiel:
Ein Konzern kauft den Betrieb des X aus Konkurrenzgründen auf und legt ihn still. –
Bei X liegt eine nach §§ 16, 34 begünstigte Betriebsveräußerung vor.

Die Betriebsveräußerung fällt auch dann unter § 16 und § 34, wenn sie **vor Aufnahme der Tätigkeit** erfolgte (BFH, BStBl 1992 II 380). Vgl. auch H 139 (1).

2.6.3.1.1 Begriff der wesentlichen Betriebsgrundlage

Dies sind die Wirtschaftsgüter, die der Erwerber braucht, um den Betrieb ohne weitere Investitionen in annähernd gleichem Umfang fortzuführen. S. a. H 139 (8).

a) Entscheidend soll in erster Linie das **Vorhandensein stiller Reserven** sein:

Ein Wirtschaftsgut ist i. d. R. bereits deshalb wesentliche Betriebsgrundlage, weil in ihm erhebliche stille Reserven ruhen (R 139 Abs. 8 S. 2; BFH, BStBl 1979 II 557).

Schon aus diesem Grunde wären dann Grundstücke und Gebäude in aller Regel wesentliche Betriebsgrundlagen. Einschränkend jedoch BFH, BStBl 1987 II 113 und BStBl 1993 II 718:

Dies gilt dann **nicht,** wenn sich die Unwesentlichkeit aus der tatsächlichen Nutzung ergibt.

b) Fehlt es bei dem Wirtschaftsgut an erheblichen stillen Reserven, so ist nur die **Zweckbestimmung** zu berücksichtigen (BFH, a. a. O. und BFH, BStBl 1983 II 312).

Wesentlich ist das Wirtschaftsgut, wenn es

- für die **Betriebsführung wirtschafliches Gewicht** besitzt und
- die Tatsache, daß es sich um ein im **Eigentum des Betriebsinhabers** stehendes Wirtschaftsgut handelt, eine entscheidende Rolle spielt (BFH, BStBl 1970 II 17).

Mit anderen Worten, es muß sich (bei Fehlen erheblicher stiller Reserven) um für die Betriebsfortführung unentbehrliche Wirtschaftsgüter handeln (vgl. auch BFH, BStBl 1985 II 205, 1986 II 299 und 1986 II 672).

Vgl. im übrigen den Begriff der wesentlichen Betriebsgrundlage bei der Betriebsaufspaltung – also weitgehende Annäherung des Begriffs für **beide** Bereiche (aber keine völlige Übereinstimmung, H 139 [8]). Damit rückt die **Funktion** des Wirtschaftsguts in den Vordergrund; die stillen Reserven verlieren für die Frage der „Wesentlichkeit" an Bedeutung.

Vgl. auch BFH, BStBl 1993 II 718.

I. d. R. werden mehrere Wirtschaftsgüter die wesentlichen Betriebsgrundlagen darstellen. Ausnahmsweise kann auch ein einzelnes Wirtschaftsgut die wesentliche Betriebsgrundlage darstellen.

Beispiele:

- einziges Schiff eines selbständigen Binnenschiffers bei Aufgabe des Geschäftszweiges (BFH, BStBl 1976 II 670)
- Hotelgrundstück als gemeinsame wesentliche Betriebsgrundlage von Teilbetrieben (Hotel+Restaurant) (BFH, BStBl 1975 II 232).
- Der Verkauf des Schiffes einer Partenreederei stellt auch dann eine Veräußerung des ganzen Gewerbebetriebs dar, wenn an der Käuferin (einer Personenhandelsgesellschaft) einer der Partenreeder beteiligt ist (BFH, BStBl 1986 II 53).

Einzelfälle

- Das der Veräußerung oder dem Verbrauch dienende Umlaufvermögen gehört i. d. R. nicht zu wesentlichen Grundlagen (BFH, BStBl 1986 II 672).
- Ein (trotz vorhandenen Kapitals) nicht jederzeit kurzfristig beschaffbarer Warenbestand kann wesentliche Grundlage sein (BFH, BStBl 1976 II 672, 673), z. B. bei Fachgeschäften (Kunsthandel, Antiquitäten)
- Warenbestand eines Lebensmittel-Einzelhändlers ist **keine** wesentliche Betriebsgrundlage (BFH, a. a. O.);
- Grundstück eines Möbeleinzelhändlers mit Ausstellungs- und Lagerräumen ist wesentliche Betriebsgrundlage (BFH, BStBl 1966 III 49);
- Der **Kundenstamm** stellt regelmäßig eine wesentliche Grundlage dar (BFH, BStBl 1976 II 672, 673).
- Bei Fabrikationsunternehmen sind auf Fabrikation abgestellte Betriebsvorrichtungen und Betriebsgrundstücke regelmäßig wesentliche Grundlagen (z. B. BFH, BStBl 1962 III 102).

2.6.3.1.2 Einstellung des Betriebs

Nicht notwendig ist die **Einstellung jeder,** sondern **einer bestimmten gewerblichen** Tätigkeit des bisherigen Betriebsinhabers (BFH, BStBl 1985 II 245); er braucht nicht aus dem Wirtschaftsleben auszuscheiden, sondern kann z. B. mit dem Veräußerungserlös einen anderen Betrieb erwerben oder aufbauen. Dies gilt **nicht** für die Veräußerung eines Praxisanteils i. S. des § 18 Abs. 3, vgl. hierzu die „strengeren" Grundsätze gemäß BFH, BStBl 1986 II 335 (siehe K. 4.4).

Werden jedoch die wesentlichen Betriebsgrundlagen übertragen **ohne Einstellung** der betrieblichen Tätigkeit, dann liegt **keine** Betriebsveräußerung vor, sondern ein laufender Geschäftsvorfall. Das ist insbesondere gegeben bei **Betriebsverlegung.**

Betriebsverlegung liegt vor, wenn bei wirtschaftlicher Betrachtung alter und neuer Betrieb identisch sind, weil Betriebsmittel, Wirkungsfeld oder Kundschaft unverändert geblieben sind (BFH, BStBl 1976 II 670; 1985 II 131).

Beispiel:
Ein Friseur verlegt sein Geschäft in modernere Räume in der Nähe bei gleichem Kundenkreis. Die alte Geschäftseinrichtung veräußerte er mit Gewinn an einen Friseur-Fachgroßhandel. –
Es liegt **keine** Betriebsveräußerung i. S. des § 16 vor, sondern laufender Gewinn (§ 15).

Betriebsveräußerung liegt aber z. B. vor bei einem seinem Wirkungskreis nach ortsgebundenen Unternehmen im Falle der Veräußerung wesentlicher Grundlagen und Eröffnung eines neue Betriebs gleicher Art an einem anderen Ort.

Eine Betriebsveräußerung ist auch nicht gegeben bei **Ersatz wesentlicher Betriebsgrundlagen (auch wenn ein einzelnes Wirtschaftsgut die wesentliche Betriebsgrundlage darstellt)** (EFG 1973, 66; BFH, BStBl 1976 II 670).

Beispiel:
Ein Transportunternehmer veräußert seinen einzigen (alten) Lkw und erwirbt einen neuen Lkw. –
Es liegt ein laufender Geschäftsvorfall vor.

Die Veräußerung der wesentlichen Grundlage(n) und der gleichzeitige Ersatz durch ein technisch und wirtschaftlich verbessertes Wirtschaftsgut bei gleichzeitiger Fortführung der gewerblichen Tätigkeit durch den bisherigen Betriebsinhaber dient nicht der Einstellung der gewerblichen Tätigkeit, sondern im Gegenteil der Betriebsfortführung unter verbesserten Bedingungen.

Zur Veräußerung einer **freiberuflichen Praxis** vgl. im einzelnen R 147 und K. 4.4.

2.6.3.1.3 Betriebsveräußerung bei Personengesellschaften

Auch bei einer **Personengesellschaft** ist die gleichzeitige Veräußerung aller wesentlichen Grundlagen an einen Erwerber gegen Entgelt als Betriebsveräußerung im Sinne von § 16 Abs. 1 Nr. 1 zu werten. Dabei ist es unerheblich, ob die Gesellschafter gleichzeitig die Auflösung der Personengesellschaft beschließen (vgl. § 131 Nr. 2 HGB) oder ob unabhängig von einem ausdrücklichen Auflösungsbeschluß der Gesellschafter die Veräußerung aller wesentlichen Betriebsgrundlagen gesellschaftlich notwendig die Auflösung der Gesellschaft nach sich zieht. Vgl. BFH, BStBl 1982 II 348, BStBl 1983 II 598. S. a. H 139 (1).

Dies gilt auch bei Veräußerung an eine ganz oder teilweise personenidentische Personengesellschaft, es sei denn, es liegt Gestaltungsmißbrauch i. S. des § 42 AO vor (BFH, BStBl 1986 II 53).

Der Anteil eines Gesellschafters am Veräußerungsgewinn ist auch dann nach § 16, § 34 begünstigt, wenn ein **anderer** Gesellschafter § 6b in Anspruch genommen hat (BFH, BStBl 1989 II 558).

2.6.3.2 Veräußerung eines Teilbetriebs

2.6.3.2.1 Begriff des Teilbetriebs (R 139 Abs. 3 EStR)

a) Ein Teilbetrieb ist ein eigenständiger Teil des Gesamtbetriebs, der für sich allein lebensfähig ist (BFH, BStBl 1979 II 47, BStBl 1980 II 498, BStBl 1983 II 113, BStBl 1984 II 486, BStBl 1985 II 245). S. a. H 139 (3).

aa) Abgrenzungsmerkmale sind
- gewisse (nicht vollständige) wirtschaftliche Selbständigkeit (Eigenständigkeit) (BFH, BStBl 1984 II 486)
- selbständige Lebensfähigkeit (mit der Möglichkeit der Fortführung durch einen Erwerber)
- organische Geschlossenheit (R 139 Abs. 3 S. 1 bis 4)

Indizien für die Eigenständigkeit sind dabei
- selbständiger Einkauf
- selbständiger Verkauf
- verschiedenes Personal
- örtliche Trennung
- gesonderte Buchführung (aber kein begriffsnotwendiges Merkmal).

bb) Eine lediglich organisatorische Aufgliederung nach fachlichen und örtlichen Gesichtspunkten reicht **nicht** aus.

Erforderlich ist daher eine Abgrenzung des Teilbetriebs gegenüber unselbständigen Betriebsabteilungen.

Für die Annahme eines Teilbetriebes genügt nicht die Möglichkeit einer technischen Aufteilung (R 139 Abs. 3 S. 3). Teilbetriebe **können insbesondere Filialen und Zweigniederlassungen** sein.

cc) Maßgeblich sind die Verhältnisse beim Veräußerer (nicht beim Erwerber!)

Nicht erforderlich ist mithin das Fortbestehen des Teilbetriebs beim Erwerber.

Umgekehrt liegt keine Teilbetriebsveräußerung vor bei Veräußerung einzelner Wirtschaftsgüter, die vom Erwerber erst zu einem Teilbetrieb zusammengefaßt werden.

dd) **Nicht** erforderlich sind eine völlig selbständige Organisation und eigene Buchführung (BFH, BStBl 1984 II 486).

b) Eine Teilbetriebsveräußerung setzt weiter voraus, daß der Unternehmer den mit einer gewissen Selbständigkeit ausgestatteten Betriebsteil **völlig aufgibt**. Die Teilbetriebsveräußerung ist somit ebenfalls **tätigkeitsbezogen auszulegen** (BFH, BStBl 1985 II 245). Es ist aber ausreichend, wenn der Unternehmer die gewerbliche Tätigkeit aufgibt, auf die sich der veräußerte Teilbetrieb bezieht (BFH, BStBl 1989 II 973).

Werden Zweigniederlassungen oder Filialen eines Unternehmens veräußert, so ist die Annahme einer Teilbetriebsveräußerung nicht deshalb ausgeschlossen, weil das Unternehmen im übrigen andernorts weiterhin eine gleichartige gewerbliche Tätigkeit ausübt; erforderlich für die Annahme einer Teilbetriebsveräußerung ist aber, daß das Unternehmen mit der Veräußerung des entsprechenden Betriebsteils einen eigenständigen Kundenkreis aufgibt (BFH, BStBl 1990 II 55).

Die §§ 16 und 34 sind auch auf **im Aufbau befindliche Teilbetriebe** anzuwenden, die ihre werbende Tätigkeit noch nicht aufgenommen haben. Ein im Aufbau befindlicher Teilbetrieb liegt erst dann vor, wenn die wesentlichen Betriebsgrundlagen bereits vorhanden sind und bei zielgerechter Weiterverfolgung des Aufbauplans ein selbständig lebensfähiger Organismus zu erwarten ist (BFH, BStBl 1989 II 458 sowie BStBl 1992 II 380).

Keine begünstigte Teilbetriebsveräußerung, sondern laufender Gewinn liegt vor, wenn nicht die stillen Reserven aller wesentlichen Betriebsgrundlagen aufgelöst werden (BFH, BStBl 1983 II 312).

Beispiel:

Bei der Veräußerung eines Zweigwerks werden die Grundstücke, in denen erhebliche stille Reserven ruhen, nicht mitveräußert, sondern zu Buchwerten in einen anderen (inländischen) Betrieb des Stpfl. überführt (vgl. R 14 Abs 2). Es liegt weder eine begünstigte Teilbetriebsveräußerung noch Teilbetriebsaufgabe vor.

Dagegen ist für die Annahme einer Teilbetriebsveräußerung unschädlich die Überführung nicht wesentlicher Wirtschaftsgüter (ohne erhebliche stille Reserven)

– zu Buchwert in das Betriebsvermögen des Hauptbetriebs oder eines anderen Betriebs des Veräußerers
– in das Privatvermögen des Veräußerers.

2.6.3.2.2 Rechtsfolgen

Ein Teilbetrieb wird wie ein ganzer Betrieb behandelt.

Bei entgeltlicher Übertragung des wirtschaftlichen Eigentums aller zum Teilbetrieb gehörenden wesentlichen Grundlagen auf einen Erwerber werden die Grundsätze der Betriebsveräußerung angewendet (mit allen Rechtsfolgen). Der Freibetrag nach § 16 Abs. 4 ist allerdings nur **anteilig** zu gewähren; vgl. 2.6.8.4.

Der Veräußerungsgewinn ist vom laufenden Gewinn des Hauptbetriebs abzugrenzen.

2.6.3.2.3 Beispiele

1. Eine Brauerei betreibt auch selbst eine Gastwirtschaft: Teilbetrieb (BFH, BStBl 1967 III 47)
2. Ein Kraftstoff-Großhandel hat mehrere Tankstellen verpachtet. Es handelt sich nicht deshalb um Teilbetriebe, weil sie von Pächtern betrieben werden (BFH, BStBl 1980 II 498)

3. Ein Wohnungsbauunternehmen besitzt in mehreren Städten vermieteten Grundbesitz. Der Grundbesitz in der Stadt X, für den ein hauptamtlicher Verwalter bestellt ist, wird ganz veräußert: **kein** Teilbetrieb (BFH, BStBl 1969 II 484)

4. Ein metallverarbeitender Betrieb besteht aus einer Gießerei und einer Verarbeitungsabteilung. Es besteht keine strenge räumliche Trennung. Verschiedene Maschinen und Betriebsvorrichtungen werden von beiden Abteilungen gemeinsam benutzt. Die Gießerei wird veräußert. –
Kein Teilbetrieb, da unselbständige, voneinander abhängige Betriebsabteilungen (BFH, BStBl 1972 II 118)

5. A betreibt eine Lebensmittelfilialkette. Das leitende Personal der einzelnen Filialen wirkt in keiner Form bei Wareneinkauf und Preisgestaltung mit, da dies zentral geschieht. –
Die einzelnen Filialen sind keine Teilbetriebe (BFH, BStBl 1980 II 51)

6. B nutzt zwei Ferienwohnungen hotelmäßig und ist damit unstreitig Gewerbetreibender.
   a) Er veräußert eine Ferienwohnung:
   Kein Teilbetrieb (Nds. FG v. 3.4.1981, BB 1981, 955), sondern einzelnes Wirtschaftsgut. Also liegt laufender Gewinn (§ 15) vor.
   b) Er veräußert beide Ferienwohnungen:
   Betriebsveräußerung im ganzen (§ 16 Abs. 1 Nr. 1).

7. A betreibt in X-Stadt eine Steuerberatungspraxis. In Y-Stadt hat er eine weitere Praxis, in der von anderem Personal nur Mandanten aus Y-Stadt betreut werden. –
Es liegt eine Teilbetriebsveräußerung vor (§§ 18 Abs. 3 i. V. m. 16 Abs. 1 Nr. 1)

8. C hat als Gesellschafter der D-KG dieser ein Grundstück zur Nutzung als Kundenparkplatz unentgeltlich überlassen. Er veräußert es an
   a) die KG
   b) einen Dritten
   c) einen anderen Gesellschafter der X-KG.
   In allen Fällen liegt **keine** Teilbetriebsveräußerung vor.

9. X ist Inhaber eines Verlages. Er verlegte Werke auf dem Gebiet der Rechtswissenschaft, Volkswirtschaft, Betriebswirtschaft und politische Wissenschaften.
Die einzelnen Fachgebiete waren selbständig gegliedert. Jedes Fachgebiet hatte ein selbständiges Lektorat. Das Fachgebiet politische Wissenschaft verkaufte er an den Z-Verlag.
Innerhalb des Fachverlages besaß das veräußerte Fachgebiet eine gewisse Eigenständigkeit.
Der Teilbetrieb war auch organisatorisch geschlossen, weil die Betriebsabteilung ein mit einschlägigen Rechten und einschlägigem Schrifttum ausgestattetes und durch die Herausgabe einer Zeitschrift nach außen besonders in Erscheinung getretenes Spezialgebiet des Verlages mit eigenen Mitarbeitern war, das seinen eigenen, vom übrigen Verlag völlig verschiedenen Kundenkreis hatte.
Eine organisatorische Trennung war gegeben, da die Zeitschriften und Bücher dieser veräußerten Abteilung in einer anderen Druckerei als die übrigen Bücher gedruckt wurden, so daß auch hinsichtlich der Herstellung der Bücher eine Trennung vom übrigen Betrieb bestand.
Das Spezialgebiet wurde durch Veräußerung aufgegeben. Die Fachabteilung war auch für sich lebensfähig. Daher liegt eine begünstigte Teilbetriebsveräußerung vor (BFH, BStBl 1984 II 486).

10. Ein Spediteur, der auch mit eigenen Fernlastzügen das Frachtgeschäft betreibt, verkauft seine Fernlastzüge an verschiedene Erwerber und betreut in der Folgezeit seine bisherigen Kunden über die Spedition unter Einschaltung fremder Frachtführer weiter.
Es liegt weder eine Teilbetriebsveräußerung noch eine Teilbetriebsaufgabe vor (BFH, BStBl 1989 II 357).

11. Ein Stpfl., der ein Hotel betreibt und außerdem in einem Appartementhaus Ferienwohnungen vermietet, kann mit der Vermietungstätigkeit die Voraussetzungen eines Teilbetriebs erfüllen (BFH, BStBl 1989 II 376).

12. Bei der Veräußerung einer Niederlassung einer Fahrschule kann es sich um einem Teilbetrieb handeln (BFH, BStBl 1990 II 55).
Die vorstehenden Grundsätze gelten für eine Teilbetriebsaufgabe entsprechend (BFH, BStBl 1986 II 896).

2.6.3.3 Veräußerung einer zum Betriebsvermögen gehörenden 100%igen Beteiligung an einer Kapitalgesellschaft (§ 16 Abs. 1 Nr. 1 zweiter HS EStG)

Die Beteiligung an einer Kapitalgesellschaft ist begrifflich kein „Teilbetrieb" eines Gesellschafters. Eine Ausnahme gilt jedoch nach § 16 Abs. 1 Nr. 1 2. HS. Hiernach wird eine Teilbetriebsveräußerung **fingiert**. Voraussetzungen sind

a) Zugehörigkeit des gesamten Nennkapitals der Kapitalgesellschaft zum Betriebsvermögen.

    Es kann sich handeln um BV
   1. eines Einzelunternehmers oder
   2. einer Personengesellschaft als
      Gesamthandsvermögen der Gesellschaft oder
      Sonderbetriebsvermögen eines oder mehrerer Mitunternehmer der Personengesellschaft.

b) Veräußerung der gesamten Beteiligung im Laufe eines Wirtschaftsjahres.

c) Entgeltliche Übertragung auf einen Erwerber

    Bei Veräußerung an verschiedene Erwerber im Laufe eines WJ liegt zwar keine Teilbetriebsveräußerung, aber eine Teilbetriebsaufgabe vor (BFH, BStBl 1982 II 751), ebenso bei Überführung der 100%igen Beteiligung ins Privatvermögen oder teilweiser Veräußerung und teilweiser Entnahme (BFH, a. a. O.).

Einer Veräußerung gleichgestellt ist die **Liquidation** der Kapitalgesellschaft – über den Wortlaut des § 16 Abs. 1 Nr. 1 hinaus – (BFH, BStBl 1991 II 624).

Mithin fallen **nicht** unter § 16 Abs. 1 Nr. 1 2. HS:

a) Veräußerung einer ganz zum Privatvermögen gehörenden 100%igen Beteiligung.

    Hier liegen Einkünfte aus § 17 oder § 23 vor.

b) Veräußerung einer teilweise zum Betriebsvermögen und teilweise zum **Privatvermögen** gehörenden 100%igen Beteiligung.
   1. Soweit die zum BV gehörenden Anteile veräußert werden, liegt laufender Gewinn (§ 15) vor.
   2. Soweit die zum Privatvermögen gehörenden Anteile veräußert werden, liegen Einkünfte aus § 17 oder § 23 vor.

c) Veräußerung einer 100%igen Beteiligung im BV im Laufe verschiedener Wirtschaftsjahre. Es liegt laufender Gewinn vor.

Die vorstehenden Grundsätze gelten nicht bei einbringungsgeborenen Anteilen; vgl. 2.7.7.

Wegen des Freibetrags nach § 16 Abs. 4 vgl. 2.6.8.4.

2.6.4 Ermittlung des Veräußerungsgewinns

2.6.4.1 Schema zur Ermittlung des Veräußerungsgewinns (§ 16 Abs. 2 EStG)

	(1)	Veräußerungspreis
+	(2)	gemeine Werte in das Privatvermögen übernommener Wirtschaftsgüter (vgl. § 16 Abs. 3 S. 4)
		Summe
./.	(3)	Veräußerungskosten
./.	(4)	Buchwerte des Betriebsvermögens
=		Veräußerungsgewinn

Bei Übernahme sämtlicher betrieblicher Schulden durch den Erwerber ist folgende vereinfachte Ermittlung des Veräußerungsgewinns möglich:

	Veräußerungspreis (ohne übernommene Schulden)
+	gemeine Werte der in das Privatvermögen überführten Wirtschaftsgüter
./.	Veräußerungskosten
./.	Kapitalkonto laut Schlußbilanz
=	Veräußerungsgewinn

Beispiel:

Betriebsveräußerung 30. 6. 02 gegen
1. Barzahlung 280 000 DM
2. Schuldübernahme durch Erwerber 150 000 DM

A	SB 30. 6. 02		P
Aktiva 200 000 DM		Kapital	50 000 DM
		Verbindlichkeiten	150 000 DM
			200 000 DM

	Möglichkeit	
	A	B
Barzahlung	280 000 DM	280 000 DM
Schuldübernahme	– DM	150 000 DM
	280 000 DM	430 000 DM
./. Buchwerte des BV	– DM	200 000 DM
./. Kapitalkonto	50 000 DM	– DM
Veräußerungsgewinn	230 000 DM	230 000 DM

Vgl. auch H 139 Abs. 4.

2.6.4.2 Zeitpunkt der Gewinnrealisierung

2.6.4.2.1 Grundsätze

Die Gewinnverwirklichung bei § 16 tritt ein im Zeitpunkt des dinglichen Rechtsgeschäfts (§ 39 Abs. 2 AO), also im Zeitpunkt der tatsächlichen Betriebsübertragung (BFH, BStBl 1985 II 245 und BStBl 1993 II 228). Für in das Privatvermögen überführte Wirtschaftsgüter ist der Zeitpunkt der Entnahme maßgeblich.

Ein Verkauf ohne beiderseitige Erfüllung ist noch keine Veräußerung, sondern ein schwebendes Geschäft, wird also noch nicht berücksichtigt (BFH, BStBl 1976 II 529).

Das Zu- und Abflußprinzip (§ 11) gilt hier **nicht.** Vielmehr ist der Veräußerungsgewinn in dem VZ anzusetzen, in dem er realisiert worden ist.

Beispiel:

Betriebsübertragung im Rahmen einer Betriebsveräußerung am 30. 12. 02. Der Kaufpreis wird bei Fälligkeit am 31. 1. 03 gezahlt. – Der Veräußerungsgewinn ist im Jahre 02 zu erfassen.

Auch eine Gewinnverwirklichung in verschiedenen Veranlagungszeiträumen ist denkbar. Dies ist der Fall, wenn die Veräußerung sich auf zwei verschiedene VZ erstreckt, weil die Überführung nicht mitveräußerter, unwesentlicher Wirtschaftsgüter erst im Jahr nach der dinglichen Betriebsübertragung erfolgte.

Bei der Ermittlung des Veräußerungsgewinns sind die Grundsätze der **Gewinnermittlung durch Betriebsvermögensvergleich** zu beachten.

Die **spätere vergleichsweise Festlegung** eines bisher streitigen **Kaufpreises wirkt steuerlich auf den Zeitpunkt der Übertragung zurück** (BFH, BStBl 1984 II 786).

Auch die **Herabsetzung des Kaufpreises** für einen Betrieb auf Grund von **Einwendungen des Käufers** gegen die Rechtswirksamkeit des Kaufvertrages ist ein **rückwirkendes** Ereignis, das zur Änderung des Steuerbescheids führt, dem der nach dem ursprünglich vereinbarten Kaufpreis ermittelte Veräußerungsgewinn zugrunde liegt (BFH, BStBl 1989 II 41).

Zur Inanspruchnahme des Veräußerers für vom Erwerber übernommene Verbindlichkeiten trotz Freistellungszusage als **steuerlich rückwirkendes Ereignis** i. S. von **§ 175 Abs. 1 Nr. 2 AO** vgl. BFH GrS, BStBl 1993 II 894.

Vgl. auch BFH GrS, BStBl 1993 II 897 zur **Uneinbringlichkeit** der **Kaufpreisforderung**: Der Veräußerungsgewinn ist **rückwirkend auf den Veräußerungszeitpunkt zu mindern.**

2.6.4.2.2 Veräußerung im Schnittpunkt zweier Kalenderjahre

Bei der Frage, zu welchem Zeitpunkt eine Betriebsveräußerung erfolgt und damit ein Veräußerungsgewinn realisiert ist, ist auf den Tatbestand der **dinglichen Betriebsübertragung** (Übergang des wirtschaftlichen Eigentums, § 39 Abs. 2 Nr. 1 AO) abzustellen und **nicht** auf den obligatorischen Rechtsakt.

Beispiel:
Nach dem Betriebsveräußerungsvertrag vom 30.12.03 wird der Betrieb zum 1.2.04 vom Veräußerer mit allen Aktiven und Passiven auf den Erwerber übertragen. An diesem Tage erfolgte die tatsächliche Betriebsübergabe.

Der Kaufpreis war fällig am 31.12.03 und wurde am 2.1.04 gezahlt. –

Der Veräußerungsgewinn ist in 04 realisiert und zu versteuern.

Bei Veräußerung im Schnittpunkt zweier Kalenderjahre kommt es

– auf die genaue vertragliche Formulierung sowie
– auf die Gesamtumstände an (vgl. BFH, BStBl 1974 II 707 und BStBl 1993 II 228 zur Veräußerung eines Mitunternehmeranteils).

Beispiele:
1. Nach dem Vertrag geht der Betrieb „mit Ablauf des 31.12.03 24.00 Uhr'" auf den Erwerber über. – Veräußerung liegt im alten Jahr = 03, sofern auch bereits Übergabe in 03.
2. „Übertragung mit Wirkung vom 1.1.04, 0.00 Uhr": –
   Die Formulierung weist darauf hin, daß Veräußerung im Jahre 04 geschehen sollte. Ansatz des Veräußerungsgewinns im VZ 04, sofern die **tatsächliche** Übertragung **nicht** bereits in 03 erfolgte; vgl. BFH, BStBl 1993 II 228 und BStBl 1993 II 666.
3. Im Veräußerungsvertrag sind sowohl der 31.12.03 als auch an anderer Vertragsstelle der 1.1.04 genannt. – Nach den Umständen ist die Veräußerung dem **abgelaufenen** WJ 03 zuzuordnen (vgl. FG Köln vom 28.4.1981, EFG 1982, 80 [rkr] zu Veräußerung eines Kommanditanteils).

2.6.4.2.3 Veräußerungspreis

Veräußerungspreis ist die in Geld oder Geldeswert bestehende Gegenleistung für die Übertragung des Betriebs bzw. der einzelnen Wirtschaftsgüter.

Kaufpreisformen sind insbesondere

– Veräußerungspreis in Form der **Barzahlung**
– Veräußerungspreis in Form der Barzahlung und **Schuldübernahme** (oder nur Schuldübernahme)
– **Stundung** des Kaufpreises, vgl. 2.6.4.3.1
– **Kaufpreisraten**, vgl. 2.6.4.3.2
– **Rente**, vgl. 9.1.5.3 und 9.1.7.3
– **Sachwerte**.

2.6.4.2.4 Stundung des Kaufpreises

Die Stundung des Kaufpreises verhindert nicht die sofortige Realisierung des Veräußerungsgewinns im Zeitpunkt der dinglichen Übertragung.

a) **Verzinsliche Stundung**

Hier ist der **Nennwert** der Kaufpreisforderung als Veräußerungspreis anzusetzen. Die Zinsen sind Einnahmen aus Kapitalvermögen bei Zufluß (§ 20 Abs. 1 Nr. 7; § 11 Abs. 1).

Die Zinsen sind **nicht** etwa nachträgliche Einkünfte aus §§ 15, 24 Nr. 2, da die Kaufpreisforderung (Ratenforderung) mit der Versteuerung nach § 16 in das Privatvermögen überführt wird.

Beispiel:
Betriebsveräußerung gegen Kaufpreis 100 000 DM (30.12.10). Zahlungsweise: 5 Raten zu je 20 000 DM, erstmals 2.1.11. Zinsen 10 % p. a. (nachschüssig jeweils am 31.12.). Der Wert des BV (Buchwerte) beträgt 30 000 DM.

VZ 10: § 16 Abs. I Nr. 1:	100 000 DM	Nennwert der Raten
	./. 30 000 DM	Buchwerte des BV
	70 000 DM	Veräußerungsgewinn

VZ 11: Einnahmen § 20 Abs. I Nr. 7 10 % von 80 000 = 8000 DM (§ 11 Abs. 1)

b) **unverzinsliche kurzfristige Stundung**

Nach BFH, BStBl 1978 II 295 sind unverzinsliche Kaufpreisforderungen mit dem gemeinen Wert (§ 9 BewG) anzusetzen. Dieser entspricht bei kurzfristiger Stundung (bis 1 Jahr – in Anlehnung an § 12 Abs. 3 BewG) dem **Nennwert**.

Hier liegen keine Einkünfte aus § 20 vor.

c) **unverzinsliche längerfristige Stundung oder längerfristige Raten**

Hier ist als Veräußerungserlös i. S. des § 16 der gemeine Wert durch **Abzinsung** zu ermitteln; aus Vereinfachungsgründen nach dem BewG i. V. m. den Hilfstafeln zum BewG. Die Zinsanteile in den einzelnen Raten bzw. in der gestundeten Kaufpreisforderung sind Einnahmen aus § 20 Abs. 1 Nr. 7 bei Zufluß der einzelnen Rate bzw. des Kaufpreises.

Keine Abzinsung ist jedoch vorzunehmen, wenn die Fälligkeit der Kaufpreisforderung weitgehend **offengelassen** wurde (BFH, BStBl 1984 II 550).

Im übrigen verhindern Kaufpreisraten nicht die sofortige Realisierung des Veräußerungsgewinns.

Beispiel:

Ein Gewerbebetrieb wird zum 31.12.05 veräußert. Der Kaufpreis von 100 000 DM wird in 10 Jahresraten von 10 000 DM gestundet. Die erste Rate ist am 31.12.06 fällig. Kapitalkonto im Veräußerungszeitpunkt 15 000 DM. Die Veräußerungskosten hat der Erwerber zu tragen. Der Veräußerer ist 50 Jahre.

1. Veräußerungserlös nach **Anlage 9a** BewG (mittelschüssig):

	DM
10 000 × 7,745 =	77 450
./. Kapitalkonto	15 000
Veräußerungsgewinn § 16 Abs. 1 Nr. 1	62 450

2. Der Veräußerer hat den in den Raten enthaltenen Zinsanteil nach § 20 Abs. 1 Nr. 7 bei Zufluß zu versteuern.

Einnahmen 06 aus § 20 Abs. 1 Nr. 7:

	DM
Gegenwartswert 31.12.05	77 450
./. Gegenwartswert 31.12.06 10 000 DM × 7,143 =	71 430
Tilgungsanteil 06	6 020
gesamte Rate	10 000
Zinsanteil 06	3 980

oder – für die Praxis –
Vereinfachungsmethode (nach RFH) = gleichmäßige Verteilung der gesamten Zinsanteile:

	DM
Nennwert	100 000
./. Gegenwartswert 31.12.05	77 450
Gesamter Zinsanteil	22 550
d. h. jährlicher gleichbleibender Zinsanteil ($^1/_{10}$) =	2 255

d) **Ausfall der gestundeten Kaufpreisforderung**

Geht die Kaufpreisforderung nicht in Höhe des gemeinen Werts ein, den sie im Zeitpunkt der Überführung in das PV hatte, so liegt **kein** estlich unbeachtlicher Vermögensverlust auf der Vermögensebene vor. Die Ursache für diesen Verlust ist noch dem betrieblichen Bereich zuzuordnen.

Es liegen **jedoch keine** nachträglichen Verluste aus §§ 15, 24 Nr. 2 vor (BFH, BStBl 1978 II 295, 297; 1980 II 96, BFH/NV 1987, 24/5), sondern der Veräußerungsgewinn verringert sich entsprechend. Vgl. BFH GrS, BStBl 1993 II 897.

e) **Spätere Kaufpreiserfüllung über dem gemeinen Wert**

Wird der Kaufpreis entgegen dem bei Veräußerung zu erwartenden Eingang in voller Höhe erfüllt, liegt dementsprechend **kein nachträglicher** Ertrag vor (BFH, a. a. O.).

2.6.4.2.5 Veräußerung gegen Leibrente

Bei Verrentung des Kaufpreises nach kaufmännischen Grundsätzen liegt eine betriebliche Veräußerungsrente vor.

Eine Gewinnrealisierung tritt im Grunde erst ein, sobald die Rentenzahlung das Kapitalkonto zuzüglich der vom Veräußerer zu tragenden Veräußerungskosten übersteigen.

Die Rentenzahlungen sind dann im Jahr des Zuflusses in voller Höhe nachträgliche Einkünfte aus §§ 24 Nr. 2 i. V. m. §§ 13, 15, 18.

In diesem Fall erfolgt keine Besteuerung eines Veräußerungsgewinns nach § 16 und § 34 (vgl. BFH-Beschluß BStBl 1989 II 409).

Der Veräußerer hat aber weiterhin nach R 139 Abs. 11 ein Wahlrecht zwischen

nachträglicher Versteuerung (§§ 15, 24 Nr. 2) und **Sofortversteuerung** (§§ 16 und 22 Nr. 1).

Die laufenden Rentenzahlungen sind dann von Anfang an nach § 22 Nr. 1 S. 3 mit dem Ertragsanteil zu versteuern (als private Rente) – **strittig** –. Vgl. hierzu im einzelnen K. 2.9.1 (mit Beispielen).

2.6.4.2.6 Veräußerungskosten

Veräußerungskosten sind Aufwendungen, die in unmittelbarer sachlicher Beziehung zur Betriebsveräußerung stehen, wie Notarkosten, Maklergebühren, Schätzungsgebühren, Reisekosten (R 139 Abs. 12; BFH, BStBl 1984 II 233).

Bei **Berichtigung des Vorsteuerabzugs nach § 15a UStG** infolge der Betriebsveräußerung stellt der Rückzahlungsbetrag Veräußerungskosten dar (BFH, BStBl 1992 II 1038).

Soweit **Eigenverbrauch-USt** auf die Überführung von Wirtschaftsgütern in das Privatvermögen entfällt, kann sie als Veräußerungskosten abgezogen werden; vgl. auch BFH, BStBl 1989 II 563. Fraglich ist, ob die auf die Entnahmevorgänge entfallende USt unter das Abzugsverbot des § 12 Nr. 3 fällt. Enthält der angesetzte gemeine Wert des Wirtschaftsguts die USt, kann die USt auf den entsprechenden Eigenverbrauch u. E. wie Aufgabekosten abgezogen werden (§ 16 Abs. 2 als lex specialis zu § 12 Nr. 3).

Ab 1.1.1994 sind die

- **entgeltliche** und
- **unentgeltliche**

Geschäftsveräußerung **kein steuerbarer** Vorgang mehr (§ 1 Abs. 1a UStG).

Nicht zu den Veräußerungskosten gehört bei der fiktiven Teilbetriebsveräußerung i. S. des § 16 Abs. 1 Nr. 1 2. HS (100%ige Beteiligung an KapGes) die auf den Veräußerungsgewinn entfallende **Gewerbeertragsteuer** (BFH, BStBl 1978 II 100). Diese mindert den laufenden Gewinn.

Ein zeitlicher Zusammenhang mit der Veräußerung reicht **nicht**.

Beispiel:
Abfindungen an Pächter für vorzeitige Aufgabe des Pachtrechts sind keine Veräußerungskosten.

Der Abzug bei der Ermittlung des Veräußerungsgewinns erfolgt unabhängig vom Zeitpunkt der zeitlichen Entstehung z. B. in einem Jahr vor der Betriebsveräußerung (BFH, BStBl 1994 II 287). Unerheblich ist auch der Zeitpunkt der Bezahlung, da § 11 bei § 16 nicht gilt. Die Kosten werden nur soweit abgezogen, als sie vom Veräußerer getragen werden.

In Rechnung gestellte **Vorsteuer** auf Veräußerungskosten ist bei der Umsatzsteuer verrechenbar (soweit sie bei Fortführung des Betriebs abzugsfähig wäre) und stellt daher insoweit **keine** Veräußerungskosten dar.

2.6.4.2.7 Wert des Betriebsvermögens

Dem Veräußerungspreis (zuzüglich der gemeinen Werte der in das Privatvermögen überführten Wirtschaftsgüter) sind die Buchwerte des Betriebsvermögens gegenüberzustellen.

Maßgeblich ist das nach den allgemeinen bilanzsteuerrechtlichen Vorschriften ermittelte Betriebsvermögen der letzten Schlußbilanz (§ 4 Abs. 1, § 5). Hierin sind laufende Gewinne, Verluste, Entnahmen und Einlagen bis zum Veräußerungszeitpunkt verrechnet. Ein **negatives Kapitalkonto** (Betriebsvermögen) erhöht dagegen den Veräußerungsgewinn.

Beispiel:
A veräußert an B seinen Betrieb, der zum Veräußerungszeitpunkt ein durch Verrechnung von Verlusten und Entnahmen negatives Kapitalkonto von ∕ 50 000 DM aufweist, gegen eine Barzahlung von 60 000 DM

Veräußerungspreis	60 000 DM
+ negatives Kapitalkonto	50 000 DM
Veräußerungsgewinn	110 000 DM

Der Veräußerungsgewinn erhöht sich um den Betrag des negativen Kapitalkontos, weil es aus einer entsprechenden Überschuldung resultiert, von der der Veräußerer freigestellt wird.

Das Betriebsvermögen ist aber um die Buchwerte der nicht veräußerten, aber nicht in das Privatvermögen überführten Wirtschaftsgüter zu kürzen. Das sind die als BV zurückbehaltenen Wirtschaftsgüter; vgl. hierzu 2.6.4.2.8.

Beispiel:		gegenüberzustellende Buchwerte
Wirtschaftsgüter	DM	DM
1. Wesentliche Betriebsgrundlagen (an einen Erwerber veräußert) Erlös netto	200 000	90 000
2. Pkw 1 (Entnahme) gemeiner Wert	9 000	1 000
3. Pkw 2 (an Sohn verschenkt = Entnahme) gemeiner Wert	6 000	0
4. Posten Halbfertigwaren, gemeiner Wert 25 000 DM (Der nicht mitveräußerte Posten – Buchwert 20 000 DM – soll bei sich bietender Gelegenheit mit Gewinn veräußert werden)	–	–
Summe Veräußerungspreis + gemeine Werte	215 000	91 000
∕ Buchwerte	91 000	
Veräußerungsgewinn (**vor** Veräußerungskosten)	124 000	

Der Posten 4. führt bei späterer Veräußerung/Entnahme zu Einkünften aus §§ 15, 24 Nr. 2.

Anm.: Die gemeinen Werte sollen im Beispiel Nettobeträge **ohne** USt sein.

2.6.4.2.8 Behandlung der nicht veräußerten Wirtschaftsgüter

Nicht mitveräußerte Wirtschaftsgüter können

- in das Privatvermögen überführt,
- unentgeltlich übertragen oder
- als Betriebsvermögen zurückbehalten worden sein.

Es kann sich dabei – soweit eine Veräußerung vorliegen soll – nur um für den Betrieb **unwesentliche** Wirtschaftsgüter handeln.

2.6.4.2.8.1 Überführung in das Privatvermögen

Im Prinzip liegt die Entscheidung beim Steuerpflichtigen, welche Wirtschaftsgüter er in sein Privatvermögen überführen will. Es muß sich aber um in das Privatvermögen überführbare Wirtschaftsgüter handeln. Das sind solche, die betrieblich oder privat nutzbar sind und deren Veräußerung nicht alsbald vorgesehen ist. Wirtschaftsgüter, deren Nutzung durch nicht gewerbliche Vermietung oder Verpachtung möglich ist, sind z. B.

- Grundstücke
- Wertpapiere
- Pkw, Lkw, Maschinen.

Aber auch

- Darlehnsforderungen
- sowie negative Wirtschaftsgüter wie Verbindlichkeiten können privat verwertet werden.

Die in das Privatvermögen überführten Wirtschaftsgüter sind mit dem **gemeinen Wert** anzusetzen (§ 16 Abs. 3 S. 3) und die entsprechenden Buchwerte gegenüberzustellen.

Das spätere Schicksal dieser Wirtschaftsgüter berührt nicht mehr die gewerblichen Einkünfte, sondern liegt auf der Vermögensebene.

2.6.4.2.8.2 Als Betriebsvermögen zurückbehaltene Wirtschaftsgüter

2.6.4.2.8.2.1 Grundsatz

Nach ständiger Rechtsprechung des BFH ist bei der Betriebsveräußerung die Zurückbehaltung einzelner Wirtschaftsgüter (soweit es keine wesentlichen Grundlagen sind) **möglich** bzw. sogar **geboten** (BFH, BStBl 1972 II 936; 1975 II 571). Es kann sich um positive wie auch negative Wirtschaftsgüter handeln (BFH, BStBl 1972 II 936 zu Verbindlichkeiten). Solche Wirtschaftsgüter bleiben mit der Eigenschaft als BV behaftet (BFH, BStBl 1979 II 99). Wirtschaftsgüter **können** als BV zurückbehalten werden mit dem Ziel einer alsbaldigen Veräußerung oder sonstigen geschäftlichen Verwertung.

Wirtschaftsgüter, die nur betrieblich genutzt werden können, **müssen** als BV zurückbehalten werden, da sie nicht entnahmefähig sind (BFH, BStBl 1967 III 70). Die stillen Reserven brauchen also im Zeitpunkt der Betriebsveräußerung nicht aufgedeckt werden (EFG 1967, 284 rkr). Eine (geschäftliche) Verwertung (i. d. R. Veräußerung) führt zu **nachträglichen Einkünften aus § 15 i.V.m. § 24 Nr.** 2 (BFH, BStBl 1965 III 88, 1981 II 460; 1981 II 461, 462). **Nicht entnahmefähig** sind z. B.

- **Waren, Vorräte,** die der Stpfl. nicht selbst für private Zwecke verwenden kann.

- ein **Geschäfts- oder Firmenwert**; BFH, BStBl 1983 II 113; vgl. auch 2.6.9.4.1)
  = sog. „**geborenes BV ohne Betrieb**".

Übersicht:

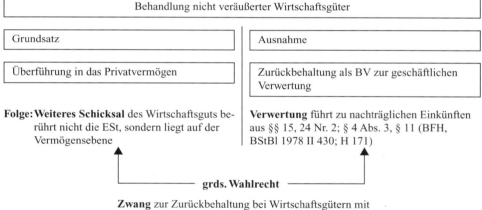

Bei **ambivalenten Wirtschaftsgütern** (mit der Möglichkeit privater **oder** betrieblicher Nutzung/Verwertung) hat der Stpfl. die Wahl zwischen Behandlung weiterhin als BV oder Entnahme (BFH, BStBl 1972 II 936; 1980 II 186).

Wegen der unentgeltlichen Übertragung von Wirtschaftsgütern vgl. 2.6.7.4.

Die als BV zurückbehaltenen Wirtschaftsgüter sind **nicht** (mit dem gemeinen Wert) dem Betriebsveräußerungserlös hinzuzurechnen, ihr Buchwert **nicht** als BV abzuziehen. Dem steht m. E. BFH, BStBl 1985 II 456 **nicht** entgegen. Hier hatte der BFH entschieden: Veräußert der Stpfl. nach Abgabe der Betriebsaufgabeerklärung Wirtschaftsgüter seines früheren Betriebsvermögens, so ist die Veräußerung kein betrieblicher Geschäftsvorfall mehr. Der bei der Veräußerung erzielte Kaufpreis kann jedoch den gemeinen Wert der Wirtschaftsgüter zum Zeitpunkt der Betriebsaufgabe beeinflussen, wenn der Steuerpflichtige schon damals die Erwartung haben konnte, die Wirtschaftsgüter zu diesem Preis zu verkaufen. Das Urteil betrifft somit nicht die mögliche Zurückbehaltung von Wirtschaftsgütern als BV.

Der bloße Einzug nicht entnommener Forderungen und die bloße Tilgung von Verbindlichkeiten führen dabei nicht mehr zu einer Gewinnauswirkung, soweit diese regelmäßig bereits bei Entstehung vorlag.

2.6.4.2.8.2.2 Verbindlichkeiten

Betrieblich begründete und bei Betriebsveräußerung zurückbehaltene Verbindlichkeiten **bleiben insoweit BV**, als sie nicht durch den Veräußerungspreis und eine Verwertung von zurückbehaltenen aktiven Wirtschaftsgütern hätten abgedeckt werden können (BFH, BStBl 1982 II 321; 1981 II 460, 461, 462, 463, 464, 1985 II 323).

Der **Nichtansatz** einer betrieblich veranlaßten Schuld in der auf den Zeitpunkt der Betriebsveräußerung oder -aufgabe zu erstellenden Steuerbilanz kann nicht als Entnahme gewertet werden. Eine Schuld, deren Aufnahme betrieblich veranlaßt ist, gehört zum notwendigen Betriebsvermögen und bleibt es auch nach Veräußerung oder Aufgabe des Betriebes, soweit es der Stpfl. nicht bei der **Betriebsaufgabe** bis zur Vollbeendigung des Gewerbebetriebes unterlassen hat, vorhandene aktive Wirtschaftsgüter für die Berichtigung der Schulden einzusetzen.

Diese für den Fall der Betriebsaufgabe nach § 16 Abs. 3 ausgesprochenen **Grundsätze gelten auch** bei einer **Betriebsveräußerung** nach § 16 Abs. 1 Nr. 1. Dabei ist es gleichgültig, ob es sich um eine Betriebsveräußerung unter Zurückbehaltung von Wirtschaftsgütern des Betriebsvermögens handelt.

Dies gilt auch bei **Umschuldung** oder Sicherung durch ein Wirtschaftsgut des PV.

Dieser Beurteilung steht es nicht entgegen, daß bei einer Betriebsveräußerung die Kaufpreisforderung ebenso wie der gezahlte Kaufpreis selbst unmittelbar in das Privatvermögen des Veräußerers übergehen. Denn anders als beim Kaufpreis, der mit der Veräußerung des Betriebes eine betriebliche Verbindung verliert, bleibt bei der zurückbehaltenen Verbindlichkeit für den Veräußerer die betriebliche Veranlassung in dem genannten Umfang bestehen.

Schuldzinsen, die auf weiterhin zum BV gehörende Verbindlichkeiten und Darlehn entfallen, sind **nachträgliche** BA (§§ 15, 4 Abs. 4, 24 Nr. 2); H 171 (Nachträgliche Ausgaben).

Hierbei gilt das **Abflußprinzip** (§ 11 Abs. 2); vgl. H 171 „Ermittlung der nachträglichen Einkünfte".

2.6.4.2.9 Nachträgliche Einkünfte nach Betriebsveräußerung

Vgl. hierzu (im Zusammenhang mit der Betriebsaufgabe) 2.6.6.14 sowie **H 171**.

2.6.4.2.10 Abgrenzung zwischen Veräußerungsgewinn und laufendem Gewinn bzw. Verlust

Die beiden Gewinnqualitäten sind streng für Zwecke der Besteuerung zu trennen.

- Laufende Verluste dürfen den steuerbegünstigten Veräußerungsgewinn nicht mindern, damit dem Stpfl. die Tarifbegünstigung erhalten bleibt.
- Verluste, die im Zusammenhang mit der Betriebsveräußerung entstanden sind, mindern den Veräußerungsgewinn.

Siehe hierzu im einzelnen 2.6.6.13 und **H 171**.

2.6.5 Veräußerung eines Mitunternehmeranteils (§ 16 Abs. 1 Nr. 2 EStG)

2.6.5.1 Ausscheiden eines Gesellschafters und Gesellschafterwechsel

Zu den Einkünften aus Gewerbebetrieb gehören nach § 16 Abs. 1 Nr. 2 auch Gewinne, die aus der „Veräußerung" eines „Mitunternehmeranteils" erzielt werden.

Zivilrechtlich ist eine „Veräußerung" von Anteilen an einer Personengesellschaft im Sinne eines dinglichen Übertragungsgeschäfts **nicht** möglich (vgl. §§ 717, 719 BGB). Vielmehr wächst beim Ausscheiden eines Gesellschafters dessen Anteil den verbleibenden Gesellschaftern kraft Gesetzes zu, §§ 738 BGB, 105 Abs. 2, 161 Abs. 2 HGB **(„Anwachsung")**.

Beim Gesellschafterwechsel wächst der Anteil des ausscheidenden Gesellschafters entsprechend dem neu eintretenden Gesellschafter zu („Umwachsung"). Diese handelsrechtliche Anwachsung bzw. Umwachsung ist **steuerlich als Veräußerung** (und beim Erwerber als **Anschaffung**) zu behandeln.

§ 16 Abs. 1 Nr. 2 gilt auch, wenn die Anteilsrechte in sonstiger Weise verändert werden. So z.B., wenn die Gesellschafter nur einen Teil ihrer Beteiligung veräußern oder, wenn die Gesellschafter eine andere Beteiligung am Gewinn oder Verlust vereinbaren, ohne die bisherigen Kapitalkonten zu verändern (vgl. 2.6.5.3). Unter § 16 Abs. 1 Nr. 2 fällt auch das Ausscheiden eines Gesellschafters aus einer zweigliedrigen Gesellschaft mit Geschäftsübernahme durch den anderen Gesellschafter.

Ein Mitunternehmeranteil kann **auch** Gegenstand einer **(Betriebs-)Aufgabe** i. S. des § 16 Abs. 3 sein. § 16 Abs. 3 bezieht sich auf **sämtliche** Tatbestände des § 16 Abs. 1 (BFH, BStBl 1986 II 896, 900); vgl. 2.6.5.9. Beispiel: Veräußerung des Gesellschaftsanteils und Entnahme des Sonder-BV.

2.6.5.2 Begriff des Mitunternehmeranteils

a) Grundvoraussetzung ist, daß der „veräußernde" Gesellschafter Mitunternehmer i. S. § 15 Abs. 1 Nr. 2 ist.

b) Der Begriff Mitunternehmeranteil umfaßt nicht nur den durch den Gesellschaftsanteil repräsentierten Miteigentumsanteil am Gesamthandsvermögen, vgl. BFH, BStBl 1978 II 368, sondern auch das Sonderbetriebsvermögen.

Aus § 16 Abs. 1 Nr. 2 geht nicht eindeutig hervor, ob der Gesellschaftsanteil oder der gesamte steuerliche Mitunternehmeranteil Gegenstand der „Veräußerung" an einen Erwerber sein muß. Ein Tatbestand des § 16 Abs. 1 Nr. 2 ist jedoch bereits gegeben, wenn nur der Gesellschaftsanteil, d. h. der Anteil am Gesamthandsvermögen, unter Zurückbehaltung des Sonderbetriebsvermögens veräußert wird (BFH, BStBl 1990 II 132). Auf die Höhe der Beteiligung kommt es nicht an.

Das entgeltliche Ausscheiden aus der Personengesellschaft kann in der „Veräußerung" des Gesellschaftsanteils an einen Dritten oder an die verbleibenden Gesellschafter bestehen.

Zum begünstigten Veräußerungsgewinn gehört auch die **Entnahme** von Wirtschaftsgütern des **Gesamthandsvermögens** vor der Anteilsveräußerung mit Einverständnis der anderen Gesellschafter (BFH, BStBl 1990 II 132).

2.6.5.3 Sonderbetriebsvermögen

Soweit der veräußernde Mitunternehmer Sonderbetriebsvermögen hat, gilt dieses als mit der Veräußerung als entnommen. Folglich ist dieses mit den gemeinen Werten dem Veräußerungserlös hinzurechnen (§ 16 Abs. 3 S. 4). Die Veräußerung einer Beteiligung an einer Personengesellschaft durch einen Mitunternehmer ist ein betriebsaufgabeähnlicher Vorgang, der aus Anteilsveräußerung und Entnahme der Wirtschaftsgüter des Sonderbetriebsvermögens besteht und einheitlich wie eine Betriebsaufgabe zu behandeln ist (BFH, BStBl II 1983, 771; vgl. auch Verfügung OFD Düsseldorf S 2522 A – St 11 vom 7. 8. 1981, StEK EStG § 16 Nr. 57).

Auf jeden Fall kann nur ein einheitlicher Veräußerungsfreibetrag gewährt werden.

Wird dagegen lediglich das Sonderbetriebsvermögen ohne gleichzeitige Anteilsveräußerung veräußert oder entnommen, ist regelmäßig **kein** nach § 16 Abs. 1 Nr. 2 § 16 Abs. 4 § 34 begünstigter Gewinn gegeben. Das gilt auch, wenn das Sonderbetriebsvermögen nur aus diesem Wirtschaftsgut bestand (BFH, BStBl 1979 II 554).

Wird gleichzeitig mit der Veräußerung des Mitunternehmeranteils das Sonder-BV zum **Buchwert** in einen anderen Betrieb des Mitunternehmens überführt, gelten die §§ 16 und 34 **nicht** (BFH, BStBl 1991 II 635).

2.6.5.4 Teil eines Mitunternehmeranteils

2.6.5.4.1 Grundsatz

Auch die Veräußerung eines **Teils** eines Mitunternehmeranteils fällt nach h. M. der Lit. unter § 16 Abs. 1 Nr. 2, ebenso nach Meinung der FinVerw (R 139 Abs. 4); gl. A. der BFH (BStBl 1982 II 211 und 1990 II 132).

Auf die Höhe des Bruchteils kommt es ebenfalls nicht an.

> **Beispiel:**
> A und B sind zu je 1/2 am Vermögen und Gewinn einer OHG beteiligt. Nunmehr veräußert A an B die **Hälfte seines Anteils.** Es liegt ein (begünstigter) Fall des § 16 Abs. 1 Nr. 2 vor.

Veräußert ein Gesellschafter einen Teil seiner Beteiligung, bleibt er also weiterhin Mitunternehmer, ist anhand der gesellschaftsrechtlichen Vereinbarungen und des Veräußerungsvertrages zu prüfen, wieviel der Gesellschafter von seiner Beteiligung abgegeben hat.

Es kommt also darauf an, wie die Gesellschafter ihr Beteiligungsverhältnis festgelegt haben.

Das HGB enthält keine Definition des Kapitalanteils. Nach herrschender Ansicht ist er eine Rechnungsgröße, die den Wert der jeweiligen wirtschaftlichen Beteiligung des Gesellschafters am Gesellschaftsvermögen zum Ausdruck bringt. Nach der Regelung des § 120 Abs. 2 HGB ist das Kapitalkonto variabel, ist also der Saldo sämtlicher bisheriger Einlagen, Gewinne, Verluste und Entnahmen des Gesellschafters (= einheitliches Kapitalkonto).

In der Vertragspraxis wurde das System der festen Kapitalanteile und der geteilten Kapitalkonten entwickelt.

Das Kapitalkonto I, das als festes Konto geführt wird, drückt die vermögensmäßige Beteiligung und die Beteiligung am Gewinn aus. Das Kapitalkonto II, auf dem Gewinne, Verluste, Entnahmen und Einlagen festgehalten werden, wird als variables Konto geführt.

Beim Kommanditisten ist das Kapitalkonto variabel bis zum Erreichen der bedungenen Einlage. Danach wird das Kapitalkonto festgeschrieben (§ 167 Abs. 2 HGB).

Beispiel:
Die bisherigen Gesellschafter einer KG haben lediglich einen Bruchteil ihres **festen** Kapitalkontos übertragen, nach dem sich auch die Rechtsstellung des neu eintretenden Gesellschafters bemißt.
Bei der Ermittlung des Wertes des veräußerten Anteils sind die übrigen Konten der Gesellschafter (Kapitalkonto II, Privatkonten, Darlehenskonten der Gesellschafter) außer acht zu lassen (BFH, BStBl 1982 II 211).

Der **entgeltliche Verzicht** eines Gesellschafters im **Einzelfall** auf die Ausübung gesellschaftsrechtlicher Befugnisse ist **keine** Veräußerung des Teils eines Mitunternehmeranteils (BFH, BStBl 1992 II 335).

2.6.5.4.2 Entgeltliche Änderung der Gewinnverteilung

Der Veräußerung eines Teils des Mitunternehmeranteils steht die entgeltliche Änderung der Gewinnverteilung gleich, da es sich um eine Änderung des davon betroffenen Gesellschaftsrechts handelt. Das gilt selbst bei unveränderten Kapitalkonten (BFH, BStBl 1982 II 211).

Veräußerungsgewinn ist das Entgelt für die Änderung der Gewinnverteilung.

Entsprechendes muß bei entgeltlicher Aufgabe sonstiger Gesellschaftsrechte gelten.

2.6.5.4.3 Veräußerung eines Anteils an den stillen Reserven

Dieser Vorgang fällt ebenfalls unter § 16 Abs. 1 Nr. 2, auch wenn er sich zwischen den schon vorhandenen Mitunternehmern vollzieht.

2.6.5.5 Mitunternehmeranteile im Betriebsvermögen

Die handelsrechtlich bedeutsame Zugehörigkeit eines Mitunternehmeranteils zum Betriebsvermögen ist **steuerlich ohne Bedeutung**. Ein Mitunternehmeranteil ist **steuerlich kein** bilanzierungsfähiges Wirtschaftsgut. Das Steuerrecht geht hier eigene Wege; der Anteil kann nicht in der Steuerbilanz bilanziert werden (vgl. BFH, BStBl 1981 II 427). In der Praxis findet sich trotzdem noch eine Bilanzierung nach der sogenannten Spiegelbildmethode.

Folglich hat die Zugehörigkeit des Anteils zum BV auch keine Auswirkungen auf § 16 Abs. 1 Nr. 2 (so bereits BFH, BStBl 1962 III 438).

Insbesondere kann es sich **nicht** um einen „Teilbetrieb" i. S. § 16 Abs. 1 Nr. 1 handeln.

2.6.5.6 Veräußerungszeitpunkt

Auch für die Entstehung eines Veräußerungsgewinns nach § 16 Abs. 1 Nr. 2 ist der Zeitpunkt maßgebend, zu dem die Veräußerung vollzogen, d.h. die Beteiligung auf den Erwerber übergegangen ist (BFH, BStBl 1984 II 786). Bei der Übertragung von Kommanditanteilen geschieht dies in dem Augenblick, in dem der Anteil dem Veräußerer ab- und dem Erwerber anwächst, vgl. §§ 738 BGB, 105 Abs. 2, 161 Abs. 2 HGB. Hierbei kann der Übergang der Anteile von den Vertragsschließenden auf einen bestimmten Zeitpunkt festgelegt werden.

Hierbei ist jedoch nicht allein auf den Wortlaut des Vertrages, sondern auf den wirtschaftlichen Gehalt der gesamten, zwischen den Beteiligten getroffenen Vereinbarung abzustellen (BFH, BStBl 1974 II 707) sowie auf die Gesamtumstände (BFH, BStBl 1993 II 228).

Beispiel:

X war an der A-KG als Kommanditist beteiligt. Mit Vertrag vom 28.12.04 veräußerte er den Anteil an Z. Der Kaufpreis war zum 5.1.05 fällig. Die Übertragung des Anteils sollte zum 1.1.05 0.00 Uhr erfolgen. Bis zu diesem Zeitpunkt sollte der Veräußerer die mit dem Gesellschaftsanteil verbundenen Nutzungen und Gefahren tragen. –

Der Veräußerungsgewinn ist bereits im Jahr 04 zu erfassen. Begründung:

Ist in den Vertragsklauseln hinsichtlich der Übertragung der Anteile sowohl der 31.12.24.00 Uhr als auch der 1.1.0.00 Uhr angesprochen, ist unter Würdigung aller Umstande zu entscheiden, welchem Feststellungsraum der Veräußerungsvorgang zuzurechnen ist.

Die Auslegung des Vertragstextes führt dazu, die steuerliche Wirkung der Übertragung des Kommanditanteils des A zum 31.12.04 anzunehmen, da der Veräußerer bis zu diesem Zeitpunkt die mit dem Gesellschaftsanteil verbundenen Nutzungen und Gefahren, also insbesondere Gewinne und Verluste zu tragen hatte. Somit sollte der Anteil bis zum 1.1.05 bereits übertragen sein.

Ein Veräußerungs- bzw. Aufgabeverlust, den der Gesellschafter einer Personengesellschaft aus dem „Wegfall" seines positiven Kapitalkontos erzielt, ist in dem Zeitpunkt realisiert, zu dem die Gesellschaft ihren Betrieb im ganzen veräußert bzw. aufgibt (BFH, BStBl 1993 II 594).

2.6.5.7 Rechtsfolgen

Die Rechtsfolgen entsprechen – modifiziert – denen bei Veräußerungen i.S. § 16 Abs. 1 Nr. 1.

Als Veräußerungsgewinn ist der Betrag anzusetzen, um den der Veräußerungspreis nach Abzug der Veräußungskosten den Wert des Anteils am Betriebsvermögen übersteigt. Der Wert des Anteils ist für den Zeitpunkt der Veräußerung auch hier noch § 4 Abs. 1 und § 5 zu ermitteln.

Ermittlung des Veräußerungsgewinns nach § 16 Abs. 2:

Veräußerungspreis für Gesellschaftsanteil
./. Veräußerungskosten
./. steuerliches Kapitalkonto
= Veräußerungsgewinn

Beispiel:

A scheidet zum 31.12.01 aus der X-KG gegen Abfindung von 100 000 DM aus. Stand des Kapitalkontos (Kapital I und Kapital II) = 35 000 DM. A ist zu 25% am Gewinn, Verlust und Vermögen der KG beteiligt. Die Kosten des Ausscheidens trug die KG.

Ermittlung des Veräußerungsgewinns:

Veräußerungspreis	100 000 DM
./. Veräußerungskosten	–
./. Kapitalkonto	30 000 DM
Veräußerungsgewinn	70 000 DM

Hiervon ist ggf. der Freibetrag nach § 16 Abs. 4 abzuziehen.

Die spätere **vergleichsweise Festlegung** eines bisher strittigen Abfindungsanspruchs wirkt auf den Veräußerungszeitpunkt zurück (ggf. Berichtigung nach § 175 Abs. 1 Nr. 2 AO; BFH, BStBl 1984 II 786; ebenso BFH, BStBl 1989 II 41).

Die **Entnahme** von Gegenständen aus dem Sonder- und Gesamthandsbetriebsvermögen ist steuerbegünstigt, falls sie in unmittelbarem Zusammenhang mit der Veräußerung des Gesellschaftsanteils steht (BFH, BStBl 1983 II 771); a. A. – in Zusammenhang mit Teilbetriebsveräußerung – BFH, BStBl 1973 II 700; – hier aber verneint, weil das entnommene Wirtschaftsgut nicht dem veräußerten Teilbetrieb gedient hatte.

2.6.5.8 Veräußerung eines Kommanditanteils mit negativem Kapitalkonto

Bei Veräußerung eines Kommanditanteils mit negativem Kapitalkonto ist der Veräußerungsgewinn nach allgemeinen Grundsätzen zu ermitteln.

Dabei ist ein **nicht auszugleichendes negatives Kapitalkonto** zu berücksichtigen. Es **erhöht** den Veräußerungsgewinn. Hiervon ist ein evtl. vorhandener **verrechenbarer Verlust abzuziehen.**

Für den Erwerber stellen die gesamten Aufwendungen zum Erwerb des Anteils (einschl. des negativen Kapitalkontos) Anschaffungskosten dar. Vgl. hierzu auch 2.4.3 12.

Hiervon abzugrenzen ist die Nachversteuerung des Wegfalls eines negativen Kapitalkontos als **laufender Gewinn**; vgl. hierzu 2.4.3.13.

Beispiel:

A war Kommanditist der X-GmbH & CO. KG. Er veräußerte zum 31.12.02 seinen Anteil an B (= **Neueintritt**). Sein Kapitalkonto betrug zum 31.12.01 ∕. 100 000 DM. Bis zum Tag seines Ausscheidens entfiel auf ihn ein weiterer anteiliger Verlust von ∕. 60 000 DM. B verpflichtete sich dem A gegenüber, das negative Kapitalkonto zu übernehmen. Auf A entfällt ein verrechenbarer Verlust i. S. § 15a Abs. 2 von 100 000 DM.

Behandlung beim Veräußerer

Der Verlust, der im Wirtschaftsjahr seines Ausscheidens angefallen ist, ist A im Verhältnis seiner Verlustbeteiligung anteilig zuzurechnen. Der negative Betrag seines Kapitalkontos **nach** Verlustzuweisung ist ihm als Veräußerungsgewinn zuzurechnen, aber um den verrechenbaren Verlust zu mindern.

Stand 31.12.01	∕. 100 000 DM
anteiliger Verlust 02	∕. 60 000 DM
Stand 31.12.02	∕. 160 000 DM
Veräußerungsgewinn	160 000 DM
∕. verrechenbarer Verlust	∕. 160 000 DM
zu versteuern	∕. 0 DM

Eine Verlustzurechnung ist nur dann nicht mehr zulässig, soweit bei Aufstellung der Bilanz nach den Verhältnissen am Bilanzstichtag feststeht, daß ein Ausgleich des negativen Kapitalkontos mit künftigen Gewinnanteilen des Kommanditisten nicht mehr in Betracht kommt (BFH, BStBl 1981 II 164). Dies ist nur der Fall, soweit feststeht, daß bei der KG als solcher Gewinne nicht mehr entstehen und/oder bei dem Rechtsnachfolger des Kommanditisten Gewinnanteile, die zur Auffüllung des negativen Kapitalkontos zu verwenden sind, nicht mehr anfallen können.

Behandlung beim Erwerber

Bei dem Erwerber B entsteht steuerlich kein sofort abzugsfähiger Verlust. Die Übernahme des negativen Kapitalkontos, also die Übernahme der Vorhaftung mit künftigen Gewinnanteilen des ausgeschiedenen Gesellschafters durch einen neueintretenden Gesellschafter hat hier den Charakter einer Gegenleistung für den Anteil des ausgeschiedenen Gesellschafters an den etwaigen stillen Reserven und/oder einem Geschäftswert. B hat in Höhe des übernommenen negativen Kapitalkontos **Anschaffungskosten.** Er hat diese Anschaffungskosten in einer positiven Ergänzungsbilanz als Mehrkapital auszuweisen und entsprechende anteilige Mehrwerte des übernommenen Betriebsvermögens zu aktivieren.

Für die Ermittlung des Aufgabe-/Veräußerungsgewinns bei Wegfall des negativen Kapitalkontos hat der ausscheidende Kommanditist in seiner Sonderbilanz eine Rückstellung zu bilden, soweit er mit einer Haftungsinanspruchnahme rechnen muß (BFH, BStBl 1993 II 747).

2.6.6 Betriebsaufgabe (§ 16 Abs. 3 EStG)

2.6.6.1 Begriff der Aufgabe des ganzen Betriebs (R 139 Abs. 2 EStR)

Eine Betriebsaufgabe liegt vor, wenn der Betriebsinhaber seine bisherige **gewerbliche Tätigkeit endgültig einstellt**, indem er das Betriebsvermögen innerhalb kurzer Zeit (und damit in einem einheitlichen Vorgang) als Sachgesamtheit auflöst. S. a. BFH, BStBl 1982 II 381 und BStBl 1985 II 456.

Die Beendigung einer gewerblichen Tätigkeit kann durch Einzelveräußerung des Betriebsvermögens und/oder Überführung der nichtveräußerten Wirtschaftsgüter in das Privatvermögen erfolgen.

Im einzelnen setzt eine Betriebsaufgabe also voraus:

1. Einstellung einer betrieblichen Tätigkeit aufgrund einheitlichen Entschlusses (Tätigkeitsbezogenheit; vgl. BFH, BStBl 1985 II 245)
2. Wegfall des selbständigen Organismus eines Betriebs (BFH, BStBl 1982 II 381)
3. Einheitlichkeit des Vorgangs.

2.6.6.1.1 Einstellung einer betrieblichen Tätigkeit

Eine Einstellung liegt vor bei Beendigung der „werbenden" Tätigkeit.

Die Beendigung ist möglich aufgrund
- eines vom Stpfl. gefaßten **(einheitlichen) Entschlusses** oder
- durch ein von **außen auf den Betrieb einwirkendes Ereignis** (auch Rechtsvorgänge, z. B. Abbruch einer Geschäftsbeziehung; vgl. BFH, BStBl 1991 II 802).

Dies erfordert **Eindeutigkeit der Aufgabehandlungen.** Für die Bestimmung des Zeitpunkts/Zeitraums ist im einzelnen maßgebend:

a) Fabrikationsbetrieb

Das Ende der werbenden Tätigkeit liegt vor nach Veräußerung der Fertigfabrikate (abgesehen von kleinen Restposten) bzw. Auflösung der Vertriebsabteilung.

Nicht entscheidend ist der Zeitpunkt der Produktionseinstellung.

Beispiel:
Produktionseinstellung im Dezember 05.
Auflösung der Vertriebsabteilung Februar 06.
Es liegt eine Betriebsaufgabe in 06 vor.

b) Großhandelsbetrieb

Das Ende der werbenden Tätigkeit tritt mit dem Tage ein, an dem die Warenvorräte nicht mehr dazu dienen, die bisherigen Kunden zu beliefern (also ebenfalls mit Einstellung des Vertriebs).

c) Einzelhandelsgeschäft

Die Einstellung liegt vor bei Ende des Warenverkaufs im Ladengeschäft.

Nicht entscheidend ist der Zeitpunkt, in dem der Zukauf aufhört.

Bedeutungslos ist ebenso die Eröffnung des Konkursverfahrens.

Aufgabewille reicht nicht. Vielmehr ist der tatsächliche Ablauf der Aufgabehandlungen erforderlich (BFH, BStBl 1984 II 711).

Keine Einstellung und daher keine Betriebsaufgabe liegt somit vor bei Betriebsunterbrechung, insbesondere
- vorübergehender Stillegung (z. B. nach Brand)
- Ruhen eines Saisonbetriebes (z. B. Eissalon) (H 139 Abs. 2).

2.6.6.1.2 Wegfall des selbständigen Organismus „Betrieb"

Der Betrieb muß als selbständiger Organismus aufhören zu bestehen (BFH, BStBl 1985 II 456). Die Betriebsaufgabe setzt somit voraus, daß die wesentlichen Grundlagen eines Betriebes einzeln veräußert und/oder in das Privatvermögen überführt werden.

Folgende Gestaltungen sind vor allem denkbar:

a) **Auflösung der Sachgesamtheit Betrieb**
durch
- Einzelveräußerung der Wirtschaftsgüter;
- teils Einzelveräußerung, teils Überführung in das Privatvermögen.

    Maßgeblich ist dabei das Schicksal der wesentlichen Betriebsgrundlagen. Die Aufgabehandlungen müssen sich auf sämtliche wesentliche Betriebsgrundlagen erstrecken. **Der Betrieb wird „zerschlagen".** Zum Begriff der wesentlichen Betriebsgrundlage vgl. 2.6.3.1.1.

b) **geschlossene Überführung der wesentlichen Betriebsgrundlagen in das Privatvermögen**
als Sachgesamtheit erfüllt ebenfalls den Aufgabetatbestand. Typisch ist für diesen Fall die anschließende Verpachtung im ganzen, die unter § 21 Abs. 1 Nr. 2 bzw. 1 fällt; vgl. zur Betriebsverpachtung im ganzen 2.6.9.

Zur Abgrenzung von einer **Betriebsunterbrechung** vgl. BFH, BStBl 1992 II 392. Eine Betriebsunterbrechung liegt vor, wenn bei Einstellung der werbenden Tätigkeit die objektiv erkennbare Absicht der Wiederaufnahme des Betriebs vorliegt.

2.6.6.1.3 Einheitlichkeit des Aufgabevorgangs

Die Aufgabe vollzieht sich naturgemäß innerhalb eines Zeitraums. Voraussetzung ist jedoch, daß die einzelnen Aufgabehandlungen (Einzelveräußerungen, Entnahmen) wirtschaftlich gesehen noch einen einheitlichen Vorgang darstellen (BFH, BStBl 1977 II 66).

Zwischen Einstellung der betrieblichen Tätigkeit und den Aufgabehandlungen muß mithin ein angemessener zeitlicher Zusammenhang bestehen.

Dabei ist die Frist **nicht zu eng** zu fassen.

Der zeitliche Zusammenhang ist auf jeden Fall gewahrt, wenn die tatsächliche Abwicklung innerhalb eines **halben Jahres** erfolgt (BFH, BStBl 1970 II 719).

Dem v. g. Urteil lag ein Zeitraum von 6 Monaten zugrunde. Dies sieht der BFH auf jeden Fall als Wahrung des zeitlichen Zusammenhangs an.

Erstreckt sich die Abwicklung über einen Zeitraum von mehr als einem Kalenderjahr, wird man in der Regel einen zeitlichen Zusammenhang verneinen müssen (BFH a. a. O.).

Zu berücksichtigen sind aber die besonderen Verhältnisse des Einzelfalls.

Grds. dürfen sich die Aufgabevorgänge **nicht** über die gesamte Dauer mehrerer Wirtschaftsjahre erstrecken (BFH, BStBl 1967 II 70).

Dagegen kann der Aufgabezeitraum in zwei – ausnahmsweise auch einmal in drei – VZ = KJ „hineinragen". Der Zeitraum läßt sich nicht schematisch bestimmen. Ein Zeitraum von (**mehr als**) **3 Jahren** ist auf jeden Fall zu lang.

Vgl. hierzu BFH, BStBl 1993 II 710 und 718 und unten 2.6.6 1.4.

Beispiel:

Aufgabehandlungen im Zeitraum vom 16. 12. 01 bis 3. 1. 03: im Einzelfall kann noch ein einheitlicher Zeitraum gegeben sein.

2.6.6.1.4 Abgrenzung zur allmählichen Abwicklung

Der Stpfl. hat bei Einstellung seiner gewerblichen Tätigkeit ein „Gestaltungsrecht" zwischen (begünstigter) Betriebsaufgabe und (nicht begünstigter) allmählicher Abwicklung. Vgl. z. B. BFH, BStBl 1980 II 186, 1981 II 460. Bei einer Abwicklung über einen Zeitraum von z. B. 5 Jahren liegt keine begünstigte Betriebsaufgabe vor (BFH, BStBl 1977 II 66, entsprechend BFH, BStBl 1984 II 364). Auch 3 Jahre sind zu lang (BFH, BStBl 1993 II 710).

Beispiel:

A beschloß im März 01 seine Einzelfirma zu liquidieren. Mit der Veräußerung einzelner zum Anlagevermögen gehörender Gegenstände wurde im September 01 begonnen. Die Liquidation des Unternehmens war erst zum 31. 12. 04 beendet. Die Löschung der Firma im HR erfolgte erst im Januar 05.

Keine begünstigte Betriebsaufgabe, weil der zeitliche Zusammenhang auf keinen Fall gewahrt ist.

Daher liegt laufender Gewinn vor.

2.6.6.2 Beginn und Ende der Betriebsaufgabe

Die Betriebsaufgabe beginnt nicht bereits mit dem Entschluß, den Betrieb aufzugeben, sondern erst dann, wenn mit Handlungen begonnen wurde, die die Betriebsaufgabe zum Gegenstand hatten, z. B. mit Veräußerungsanzeigen, Kündigung der Geschäftsräume usw. (BFH, BStBl 1984 II 711).

Der Betriebsaufgabe ist **beendet,** wenn alle wesentlichen Grundlagen entweder veräußert oder ins Privatvermögen überführt worden sind (BFH, BStBl 1993 II 710).

Soweit Wirtschaftsgüter veräußert werden, entsteht der Veräußerungsgewinn jeweils im Zeitpunkt der Übertragung des wirtschaftlichen Eigentums (BFH, BStBl 1992 II 392).

Keine Überführung ins Privatvermögen ist jedoch gegeben, wenn eine wesentliche Betriebsgrundlage kurze Zeit später veräußert wird. Werden im Zusammenhang mit der Betriebsaufgabe Grundstücke in das „Privatvermögen" überführt, um diese **kurze Zeit** später zu veräußern, ist die Betriebsaufgabe erst beendet, wenn diese Wirtschaftsgüter veräußert wurden. Die Veräußerung selbst stellt noch einen betrieblichen Vorgang dar.

Beispiel:

A hat am 2.8.01 mit der Liquidation seines Betriebes begonnen.

Die Wirtschaftsgüter wurden im Laufe des Kalenderjahres 01 veräußert. In der Schlußbilanz zum 31.12.01 war das Grundstück nicht mehr als Betriebsvermögen ausgewiesen. Im Juni 02 veräußert er das Grundstück, nachdem er endlich einen Käufer gefunden hatte.

Die Veräußerung des Grundstücks stellt noch einen betrieblichen Vorgang dar, der den Aufgabegewinn erhöht.

Ende der Betriebsaufgabe im Juni 02.

2.6.6.3 Abgrenzung zu normalen Geschäften

Gewinne, die aus „normalen" Geschäften vor und/oder nach der Aufgabe getätigt werden. gehören **nicht** zum begünstigten Aufgabegewinn (BFH, BStBl 1970 II 719).

Beispiel:

Der Stpfl. betrieb eine Spinnerei.

Im WJ 05 beschloß er die Einstellung ab 1.1.06. Die Spinnereimaschinen wurden im Mai 06 und das Betriebsgrundstück im Oktober 06 veräußert. Den Pkw überführte der Stpfl. in sein Privatvermögen. Soweit Lieferverträge noch nicht abgewickelt waren, ließ er die Halbfertigerzeugnisse in Lohnarbeit von anderen Unternehmen fertigstellen. Das Büroinventar veräußerte er im November 06 an verschiedene Abnehmer.

Der **Beginn** der Aufgabe lag vor im Mai 06 bei der Demontage der Spinnereimaschinen = Einstellung der Produktion.

Die **Beendigung** lag vor im Oktober 06 bei Veräußerung des Betriebsgrundstücks, das die letzte wesentliche Betriebsgrundlage darstellte.

Nicht zu den wesentlichen Betriebsgrundlagen gehörten das Umlaufvermögen, die Büroeinrichtung sowie die Gewinnchancen aus den schwebenden Geschäften. Ein hierdurch erzielter Veräußerungsgewinn ist aber ebenfalls begünstigt.

Die Gewinnrealisierung aus der Abwicklung der Aufträge gehört nicht zum begünstigten Aufgabegewinn, da es Gewinne aus normalen Geschäften sind.

2.6.6.4 Abgrenzung zur Betriebsveräußerung

Bei der Betriebsveräußerung wird der Betrieb als ganzes in einem einheitlichen Rechtsvorgang auf einen neuen Rechtsträger übertragen. Bei einer Betriebsaufgabe wird in der Regel der Betrieb als Organismus zerschlagen und werden die Wirtschaftsgüter im wesentlichen einzeln veräußert. Wird ein Betrieb mit seinen wesentlichen Grundlagen auf einen Dritten übertragen und werden einzelne nicht wesentliche Wirtschaftsgüter ins Privatvermögen übertragen oder einzeln veräußert, liegt eine Betriebsveräußerung vor. Die Gewinne aus der Entnahme und der Enzelveräußerung sind daher ebenfalls begünstigt, vgl. 2.6.4.2.8.

Keine Betriebsveräußerung, sondern eine Betriebsaufgabe liegt vor, wenn ein Betrieb nicht mit allen wesentlichen Teilen übertragen, der Rest entweder einzeln veräußert oder in das Privatvermögen überführt wird.

Entscheidend ist also stets das Schicksal der wesentlichen Betriebsgrundlagen.

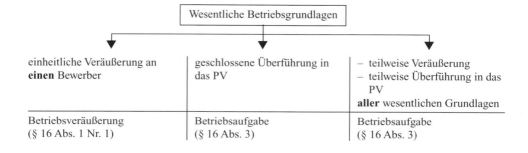

2.6.6.5 Änderung des Unternehmenszwecks

2.6.6.5.1 Grundsatz

Die Änderung des Unternehmenszweckes führt steuerlich grundsätzlich nicht zur Aufgabe des bisherigen Betriebs und Gründung eines neuen Betriebs.

Eine steuerlich unbeachtliche Änderung eines Unternehmszweckes liegt z. B. vor, wenn ein bisher als Einzelhandel geführtes Unternehmen sich nunmehr auch im Großhandel betätigt.

Eine begünstigte Aufgabe liegt auch **nicht** vor, wenn der Unternehmer zwar seine bisherige Tätigkeit eingestellt hat, gleichzeitig aber eine neue gewerbliche Tätigkeit aufgenommen hat, bei der die Wirtschaftsgüter, die bisher dem Betrieb als Anlagevermögen gedient haben, nunmehr Umlaufvermögen darstellen, weil sie z. B. zur Veräußerung bestimmt sind (BFH, BStBl 1977 II 721).

Beispiel:

Ein Unternehmer betrieb auf einem größeren Areal einen Gewerbe- und Bauhof. Da inzwischen dieses Gelände im Flächennutzungsplan als Bauland ausgewiesen war, meldete er das Gewerbe ab und beschloß, das Gelände zu parzellieren.

Die Erschließung des Geländes unternahm er in eigener Regie und auf eigenes Risiko. Die erschlossenen Grundstücke veräußerte er einzeln an Interessenten.

Es liegt **keine** Betriebsaufgabe vor, sondern nur eine Änderung des Unternehmenszweckes. Die Veräußerung in eigener Regie erschlossener und parzellierter Grundstücke stellt für sich betrachtet eine gewerbliche Tätigkeit dar.

2.6.6.5.2 Strukturwandel

Keine Betriebsaufgabe ist auch anzunehmen im Falle **des Strukturwandels** (BFH, BStBl 1979 II 732). Hier kommt es lediglich zu einem Wechsel der Einkunftsart, während der Betrieb als selbständiger Organismus weitergeführt wird.

Beispiel:

Infolge erhöhten Eigenanbaus verkaufsreifer Pflanzen wird eine Gärtnerei zum landwirtschaftlichen Betrieb. **Keine** Betriebsaufgabe.

2.6.6.5.3 Liebhabereibetrieb (Beurteilungswandel)

Ebenfalls keine Betriebsaufgabe liegt vor, wenn bei einem Betrieb ab einem bestimmten Zeitpunkt die Voraussetzungen für die Annahme eines Gewerbebetriebs wegfallen, weil die Tätigkeit nunmehr als bloße Liebhaberei außerhalb der Einkünfteerzielung angesehen wird, die betriebliche Organisation aber bestehen bleibt (BFH, BStBl 1982 II 381, BStBl 1986 II 808 [811]). Hier erfolgt zunächst keine Aufdeckung der stillen Reserven. Diese werden vielmehr zunächst „eingefroren" bis zu ihrer Realisierung nach allgemeinen Grundsätzen (tatsächliche Veräußerung oder Entnahme bzw. Erklärung der Betriebsaufgabe durch den Stpfl.); glA Wendt, GmbHR 1983, 20 (26).

Beispiel:

B ist Inhaber eines Betriebes. Da er ständig hieraus Verlust hatte, sah das FA vom 1. 1. 07 an die Tätigkeit als Liebhaberei an.

B hat jedoch niemals die Aufgabe seines Betriebes erklärt.

Die Annahme einer Betriebsaufgabe erfordert auch bei dem nach dem Wortsinn der Vorschrift weitestmöglichen Verständnis zumindest eine Handlung des Steuerpflichtigen oder eines entsprechenden Rechtsvorgangs, der darauf gerichtet ist, den Betrieb als selbständigen Organismus nicht mehr in seiner bisherigen Form bestehen lassen.

Die unveränderte Nutzung spricht gegen eine Betriebsaufgabe. Eine Betriebsaufgabe ist erst dann anzunehmen, wenn die spätere Versteuerung der stillen Reserven nicht sichergestellt ist.

Die stillen Reserven jedes Wirtschaftsguts des Anlagevermögens (Unterschied zwischen gemeinem Wert und Buchwert im Zeitpunkt des Übergangs) sind daher auf dem Zeitpunkt der Zuordnung als Liebhaberei gesondert und ggf. einheitlich festzustellen (§ 180 Abs. 2 AO i. V. m. § 8 VO zu § 180 Abs. 2 AO).

Spätere Veränderungen des Betriebsvermögens sind als nachträgliche Einkünfte aus §§ 13, 15, 18 i. V. m. § 24 Nr. 2 zu behandeln.

2.6.6.5.4 Sonderfälle der Betriebsaufgabe

Eine Betriebsaufgabe i. S. des § 16 Abs. 3 liegt neben dem Normalfall (Veräußerung der wesentlichen Grundlagen des Betriebes bzw. deren Überführung ins Privatvermögen) auch dann vor, wenn der Betrieb durch einen Rechtsvorgang in seiner ertragsteuerlichen Einordnung so verändert wird, daß die Erfassung der stillen Reserven nicht mehr gewährleistet ist. Bei den die Entnahmehandlungen (Aufgabemaßnahmen) substituierenden Rechtsvorgängen handelt es sich um das Einwirken außersteuerrechtlicher Normen auf den steuerrechtlich relevanten Sachverhalt (BFH, BStBl 1984 II 474).

Eine solche Änderung ist grds. auch dann gegeben, wenn ein bisher werbendes Unternehmen sich künftig nur noch mit der Verwaltung von Vermögen beschäftigt.

Die steuerlichen Folgen können hier aber unterschiedlich sein. Grundsätzlich hat die Einstellung der werbenden Tätigkeit eine Betriebsaufgabe zur Folge.

> **Beispiel:**
> Ein Produktionsunternehmen legt die eigene Produktion still, veräußert das Umlaufvermögen sowie Teile des Anlagevermögens. Das übrige Betriebsvermögen (z. B. Grundstücke mit erheblichen stillen Reserven) wird verpachtet.
> Es liegt eine – klassische – Betriebsaufgabe vor. Da nicht sämtliche wesentliche Betriebsgrundlagen verpachtet werden, liegt auch keine Betriebsverpachtung im ganzen vor

Liegen dagegen die Voraussetzungen einer **Betriebsverpachtung im ganzen** vor (R 139 Abs. 5), hat der Stpfl. ein Wahlrecht, ob er den Betrieb als aufgegeben behandeln will oder als „ruhenden" Betrieb fortführen wird; vgl. im einzelnen 2.6.9.

Eine **vorübergehende** Verpachtung einer freiberuflichen Praxis führt nicht zwingend zur Betriebsaufgabe (BFH, BStBl 1993 II 35).

Liegen die Voraussetzungen einer **Betriebsaufspaltung** vor, ist generell **keine** Betriebsaufgabe gegeben (und kann auch nicht „erklärt" werden), da sich der bisherige Betrieb mittelbar weiterhin am wirtschaftlichen Verkehr beteiligt (§ 15 Abs. 2 Satz 1); vgl. hierzu im einzelnen K. 2.9.

Bei **Wegfall der** tatbestandlichen Voraussetzungen einer Betriebsaufspaltung liegt zwingend eine Betriebsaufgabe vor (BFH, BStBl 1989 II 363). Eine sinngemäße Anwendung der Grundsätze zum Strukturwandel und zur Liebhaberei hat der BFH abgelehnt (BFH, BStBl 1984 II 474). Vgl. hierzu im einzelnen K. 2.9.4.10.

Eine Betriebsaufgabe liegt auch vor, wenn die Voraussetzungen für eine **gewerblich geprägte Personengesellschaft** (§ 15 Abs. 3 Nr. 2) entfallen.

Die **Einlage** eines bilanziell überschuldeten Einzelunternehmens in eine vom Stpfl. bar gegründete GmbH führt zur Aufdeckung der auf die GmbH übergehenden stillen Reserven und eines übergehenden Geschäftswerts nach § 16 Abs. 3 (BFH, BStBl 1991 II 512).

2.6.6.6 Abgrenzung zur Betriebsverlegung

Eine Betriebsverlegung ist die örtliche Verlegung eines bestehenden Betriebes, ohne daß die Identität des Betriebes verlorengeht (BFH, BStBl 1985 II 131).

Ob eine tarifbegünstigte Betriebsaufgabe und eine Neueröffnung eines anderen Betriebes oder lediglich eine Betriebsverlegung gegeben ist, richtet sich danach, ob nach dem Gesamtbild der Verhältnisse der bisherige und der neue Betrieb bei wirtschaftlicher Betrachtung und nach der Verkehrsauffassung wirtschaftlich identisch sind. Vgl. hierzu auch 2.6.3.1.2.

Die Betriebsverlegung führt dann nicht zu einer Betriebsaufgabe und Gründung eines neuen Betriebes, wenn der Unternehmenszweck der gleiche bleibt und die alten Geschäftsverbindungen im wesentlichen bestehen bleiben.

Das kann aber auch gelten, wenn der Kundenstamm wechselt. Denn bei bestimmten Branchen kann man nicht von der Existenz eines festen Kundenstamms ausgehen.

> **Beispiel:**
> Ein Kfz-Händler betreibt sein Geschäft in der Innenstadt in gemieteten Geschäftsräumen. Da ihm die Räumlichkeiten zu klein wurden und die Stadtgemeinde ihm zu günstigen Bedingungen ein Grundstück veräußerte, errichtete A in einer verkehrsgünstigen Randlage eigene Verkaufsräume, in die er seinen Betrieb verlagerte.

Es liegt **keine** Betriebsaufgabe vor

Die Schließung eines Betriebes und seine Verlegung an einen anderen Ort stellt somit nicht ohne weiteres die Betriebsaufgabe und die Eröffnung eines neuen Betriebes dar.

Beispiel:

Ein Lebensmittelhändler muß sein bisheriges Ladengeschäft schließen. Er eröffnet an einem 15 km entfernten Ort ein neues Ladengeschäft. 1. d. R. ist eine Betriebsaufgabe auch dann zu bejahen, wenn der Warenbestand des bisherigen Geschäfts in das neue Geschäft überführt wird (vgl. BFH, BStBl 1976 II 670). Denn es handelt sich um ein eng ortsgebundenes Unternehmen.

Anders wäre bei einem größeren Einkaufsmarkt (Warenhaus) zu entscheiden, da es einen größeren Einzugsbereich hat.

Wird das Ladengeschäft einer Bäckerei am bisherigen Standort geschlossen und nach kurzer Umzugsdauer an einem neuen 200 bis 300 m entfernt liegenden Standort wiedereröffnet, so sprechen die fortlaufend und artgleich ausgeübte gewerbliche Tätigkeit, die geringe Entfernung zwischen den beiden Standorten und ggf. die sich fortsetzende Umsatzentwicklung für die Annahme einer bloßen Betriebsverlegung und gegen eine Betriebsaufgabe mit anschließender Neueröffnung (BFH, BStBl 1985 II 131).

2.6.6.7 Betriebsverlegung in das Ausland

Eine Betriebsaufgabe ist auch dann gegeben, wenn ein Betrieb als wirtschaftlicher Organismus zwar bestehen bleibt, aber durch einen Rechtsvorgang in seiner ertragsteuerlichen Einordnung so verändert wurde, daß die einkommens- bzw. körperschaftsteuerliche Erfassung der stillen Reserven nicht mehr gewährleistet ist.

Eine Betriebsaufgabe ist daher auch gegeben bei Verlagerung in das Ausland, wenn dadurch die spätere Versteuerung (ESt, KSt) der stillen Reserven nicht mehr sichergestellt ist.

Dies ist der Fall, wenn ein Betrieb mit seinen wesentlichen Grundlagen in einen Staat verlagert wird, mit dem ein DBA besteht und nach dem DBA der Betriebstättenstaat das Besteuerungsrecht hat. Dies hat zur Folge, daß die Einkünfte der Betriebstätte einschließlich eines Veräußerungs- oder Aufgabegewinns im Inland steuerfrei sind.

Daher kommt es bei der Verlagerung in das Ausland zur sogenannten „Entstrickung", (d. h.) Aufdeckung der stillen Reserven (BFH, BStBl 1971 II 630). Zur Ermittlung der nach den Grundsätzen des **Fremdvergleichs** anzusetzenden Werte vgl. im einzelnen BMF-Schreiben vom 12. 2. 1990, BStBl I 72.

Aus diesem Grunde ist die Betriebsverlagerung in einen ausländischen Staat, mit dem ein DBA besteht, als Betriebsaufgabe anzusehen (BFH, BStBl 1971 II 630, BHF-Urt. vom 28. 4. 1984, StRK EStG 1975 § 49 Abs. 1 Nr. 3 R. 1).

Keine Betriebsaufgabe ist aber bei Verlagerung in das Ausland gegeben, wenn mit diesem Staat **kein** DBA besteht. Der spätere Abschluß eines DBA erst nach Verlagerung des Betriebes in das Ausland führt dagegen nicht zu einer Betriebsaufgabe.

2.6.6.8 Abgrenzung zur unentgeltlichen Übertragung

Bei der unentgeltlichen Übertragung eines Betriebs gilt § 7 Abs. 1 EStDV (R 139 Abs. 6; BFH, BStBl 1979 II 732). Dies hat zur Folge, daß die stillen Reserven **nicht** aufgedeckt werden (Abschn. 139 Abs. 6 Satz 6), sondern die Buchwerte vom Erwerber zwingend fortzuführen sind.

Voraussetzung für die Anwendung des § 7 Abs. 1 EStDV ist die unentgeltliche Übertragung **sämtlicher** wesentlicher Betriebsgrundlagen auf einen Erwerber (BFH, BStBl 1980 II 181; 1981 II 566). Insoweit unterscheidet sich die unentgeltliche Betriebsübertragung von einer Betriebsveräußerung nur hinsichtlich der Entgeltlichkeit.

Die Zurückbehaltung nicht wesentlicher Wirtschaftsgüter ist unerheblich. Ein durch die Entnahme oder Veräußerung solcher Wirtschaftsgüter realisierter Gewinn ist **nicht** tarifbegünstigt, sondern als laufender Gewinn zu versteuern (BFH, BStBl 1981 II 566), ggf. nach § 24 Nr. 2.

Im Falle der **Entnahme** ist nicht der gemeine Wert anzusetzen (da § 16 Abs. 3 Satz 4 nur für die Betriebsaufgabe gilt), sondern der **Teilwert**.

Werden dagegen nur einige (nicht sämtliche) wesentliche Betriebsgrundlagen unentgeltlich auf einen Erwerber übertragen, so liegt eine Betriebsaufgabe vor. In diesem Fall sind auch die stillen Reserven der unentgeltlichen übertragenen wesentlichen Betriebsgrundlagen aufzudecken und mit dem gemeinen Wert 1 Buchwert in den begünstigten Aufgabegewinn einzubeziehen.

Überblick

Unentgeltliche Übertragung	Rechtsfolge
1. sämtliche Wirtschaftsgüter (geschlossene Überführung)	§ 7 Abs. 1 EStDV (Buchwertverknüpfung) **keine** Anwendung des § 16
2. alle wesentlichen Betriebsgrundlagen	a) wie 1. b) Veräußerung/Entnahme der unwesentlichen Wirtschaftsgüter ist laufender Gewinn (§ 15, ggf. § 24 Nr. 2)
3. einige (einzelne) wesentliche Betriebsgrundlagen	**insgesamt** Betriebsaufgabe (§ 16 Abs. 3)

> **Beispiel:**
> A hat auf seinen Sohn das bewegliche Inventar seiner Kfz-Reparaturwerkstätte unentgeltlich übertragen. Das Betriebsgrundstück behielt er in seinem Eigentum zurück, verpachtete dieses aber an seinen Sohn.
> Es liegt keine unentgeltliche Übertragung eines Betriebes vor. Mit Verpachtung des Betriebsgrundstücks hat A jedoch seinen Betrieb aufgegeben.
> Einer Aufgabeerklärung bedurfte es nicht, da A an seinen Sohn nicht den ganzen Betrieb, sondern lediglich das Betriebsgrundstück verpachtet hat.
> In den Aufgabegewinn ist auch der gemeine Wert der unentgeltlich übertragenen Wirtschaftsgüter einzubeziehen (§ 16 Abs. 3 Satz 4).

2.6.6.9 Teilbetriebsaufgabe

Eine gesetzliche Regelung ist hierfür in § 16 nicht getroffen worden. Für die Aufgabe eines Teilbetriebs gelten aber die Grundsätze einer Teilbetriebsveräußerung entsprechend (BFH, BStBl 1986 II 896); d. h. Gegenstand der Aufgabehandlungen muß ein eigenständiger, organischer Teil eines Betriebs sein.

Keine Teilbetriebsaufgabe liegt demnach vor, wenn nicht sämtliche in den wesentlichen Betriebsgrundlagen des Teilbetriebs enthaltenen stillen Reserven aufgelöst werden z. B. durch Überführung wesentlicher Grundlagen des Teilbetriebs zu Buchwerten in den Hauptbetrieb.

> **Beispiel:**
> Ein Grundstück, das bisher dem Teilbetrieb gedient hat, wird bei der Einstellung dieses Teilbetriebs in einen anderen Betrieb oder in den Hauptbetrieb überführt.
> Da die stillen Reserven des Grundstücks somit nicht aufgelöst werden dürfen, liegt **keine** begünstigte Teilbetriebsaufgabe vor.

Eine Teilbetriebsaufgabe liegt dagegen vor bei Veräußerung nur einzelner wesentlicher Grundlagen des Teilbetriebs an einen Erwerber und

– Veräußerung der restlichen wesentlichen und nicht wesentlichen Grundlagen an verschiedene Erwerber oder
– Überführung der restlichen wesentlichen und nicht wesentlichen Grundlagen in das Privatvermögen oder
– Überführung nicht wesentlicher Grundlagen (d. h. ohne erhebliche stille Reserven) in das Betriebsvermögen des Hauptbetriebs.

Zu beachten ist auch beim Teilbetrieb, daß ein Wirtschaftsgut i. d. R. schon deshalb wesentliche Betriebsgrundlage ist, weil in ihm erhebliche stille Reserven ruhen.

Bei Aufgabe eines Teilbetriebs und zeitlich damit zusammenhängender Entnahme von Wirtschaftsgütern aus dem Betriebsvermögen des Hauptbetriebs sind die Entnahmegewinne aus dem Hauptbetrieb nicht nach §§ 16, 34 begünstigt bzw. mindern entsprechende Entnahmeverluste nicht den Aufgabegewinn (str.).

Eine Teilbetriebsaufgabe liegt auch vor bei **Entnahme** einer 100%igen Beteiligung an einer Kapitalgesellschaft (BFH, BStBl 1982 II 751), ebenso **bei Liquidation** dieser Kapitalgesellschaft (BFH, BStBl 1991 II 624).

2.6.6.10 Aufgabegewinn

Die Betriebsaufgabe ist einer Betriebsveräußerung gleichgestellt (§ 16 Abs. 3 Satz 1). Folglich sind auch Aufgabegewinne unter den Voraussetzungen des § 16 Abs. 4 steuerfrei und darüber hinaus tarifbegünstigt nach § 34 Abs. 1 und 2 Nr. 1.

Zweck der Vorschrift ist es, die Gewinne, die ohne die Aufgabe nicht aufgedeckt worden wären, zu begünstigen (BFH, BStBl 1973 II 775).

Der Aufgabegewinn ermittelt sich nach § 16 Abs. 2, Abs. 3 Satz 4. Bei der Betriebsaufgabe fehlt es an einem einheitlichen Veräußerungspreis. Die Aufdeckung der stillen Reserven erfolgt vielmehr durch Ansatz von Einzelveräußerungspreisen (der veräußerten Wirtschaftsgüter) sowie der gemeinen Werte (der nichtveräußerten Wirtschaftsgüter), § 16 Abs. 3 Satz 4 (BFH, BStBl 1987 II 113).

Der gemeine Wert von **Grundstücken** entspricht i. d. R. dem **Verkehrswert** (BFH, BStBl 1990 II 497). Aber auch bei unentgeltlich übertragenen Wirtschaftsgütern sind die stillen Reserven durch Ansatz der gemeinen Werte aufzudecken. Insoweit ist § 7 Abs. 1 EStDV nicht anwendbar; vgl. 2.6.6.8.

Wegen der Behandlung der USt vgl. 2.6.4.2.6.

Schema: Ermittlung des Aufgabegewinns

	Einzelveräußerungspreise
+	gemeine Werte (§ 16 Abs. 3 Satz 4)
	a) aller in das Privatvermögen überführten Wirtschaftsgüter und
	b) unentgeltlich übertragener Wirtschaftsgüter
	Summe
./.	Aufgabekosten (Veräußerungskosten)
./.	Buchwert des Betriebsvermögens (§ 4 Abs. 1, § 5)
	Aufgabegewinn
./.	Freibetrag § 16 Abs. 4 (auf Antrag)
	steuerpflichtiger Aufgabegewinn

Soweit Wirtschaftsgüter **veräußert** werden, entsteht der Aufgabegewinn jeweils im Zeitpunkt der Übertragung des wirtschaftlichen Eigentums (BFH, BStBl 1992 II 392).

2.6.6.11 Aufgabekosten

Aufgabekosten sind in sinngemäßer Anwendung des § 16 Abs. 2 Aufwendungen in unmittelbarem sachlichen Zusammenhang mit der Einzelveräußerung bzw. Entnahme von Wirtschaftsgütern im Rahmen der Betriebsaufgabe.

Wegen der USt auf den Eigenverbrauch bei Entnahmevorgängen vgl. 2.6.4.2.6.

Also gehören hierzu auch BA, die von Beginn bis zum Ende der Aufgabe in sachlichem Zusammenhang mit dieser entstanden sind.

> **Beispiel:**
> Gehälter für die mit Aufgabebehandlungen befaßten Arbeitnehmer mindern den Aufgabegewinn.

Nicht zu den Aufgabekosten gehören Aufwendungen zur Vorbereitung einer Betriebsaufgabe.

> **Beispiele:**
> Abfindungen an
> – Mieter, Pächter
> – Arbeitnehmer
> mindern noch den laufenden Gewinn (BFH, BStBl 1982 II 691); vgl. 2.6.4.2.6.

Weiterhin ist eine Abgrenzung vorzunehmen zu
- (vorweggenommenen) WK und
- nachträglichen Herstellungskosten.

2.6.6.12 Wert des Betriebsvermögens

Auch bei der Betriebsaufgabe ist der Wert des BV i.S. der § 4 Abs. 1, § 5 (= Buchwerte) abzuziehen, hier von der Summe aus Einzelveräußerungspreisen und/oder gemeinen Werten entnommener Wirtschafgüter.

Dabei sind die allgemeinen Bilanzierungsvorschriften zu beachten (§§ 4 – 7); BFH, BStBl 1980 II 150; 1981 II 460. Wird **keine** Bilanz erstellt, ist der Buchwert des Kapitalkontos mit Anwendung dieser Vorschriften zu ermitteln, notfalls zu schätzen (BFH, BStBl 1975 II 853).

2.6.6.13 Abgrenzung zwischen begünstigtem Veräußerungs- bzw. Aufgabegewinn i.S. des § 16 EStG und dem laufenden Gewinn

Veräußerungs- bzw. Aufgabegewinn ist nur der unmittelbar durch die Veräußerung bzw. Aufgabe erzielte Gewinn. Er dient der Erfassung der im Zeitpunkt der Betriebsveräußerung bzw. Betriebsaufgabe vorhandenen stillen Reserven.

Für die Aufstellung der letzten Schlußbilanz und die Gewinnermittlung des letzten Wirtschaftsjahres sind die allgemeinen bilanzsteuerrechtlichen Vorschriften maßgebend.

> **Beispiel:**
> Die AfA ist bis zum Zeitpunkt der Aufgabehandlung (ggf. zeitanteilig – R 44 Abs. 2) zu berücksichtigen. Bei der Abgrenzung des nach § 16 begünstigten Gewinns gegenüber dem laufenden Gewinn sind folgende Grundsätze zu beachten.

2.6.6.13.1 Abgrenzung zu Gewinnen aus normalen Geschäften während der Zeit der Betriebsaufgabe

Bei Gewinnen aus „normalen" Geschäften handelt es sich um laufenden Gewinn (§ 15). Somit werden nur die außerordentlichen Erträge, nicht jedoch die laufenden Gewinne des Aufgabezeitraumes begünstigt. Daher ist die Veräußerung des Anlagevermögens grundsätzlich begünstigter Aufgabegewinn.

Zu einem begünstigten Aufgabegewinn führen nur außerordentliche Verkäufe, nicht solche, die im Rahmen des ordentlichen Geschäftsbetriebes vorgenommen werden. Die Veräußerung des Umlaufvermögens ist daher in der Regel nicht begünstigt.

Keine außerordentliche Veräußerung liegt, vor, wenn die Waren als Räumungsverkauf im ordentlichen Geschäftsverkehr abgesetzt werden (BFH, BStBl 1971 II 688 und BStBl 1989 II 602; vgl. H 139 Abs. 9 „Räumungsverkauf").

Dagegen führt die geschlossene Veräußerung der Vorräte an einen Abnehmer zu einem begünstigten Aufgabegewinn (BFH, BStBl 1981 II 798; vgl. H 139 Abs. 9 „Umlaufvermögen").

> **Beispiele:**
> 1. Veräußerung des gesamten Warenbestands an
>   a) einen anderen Händler;
>   b) einen Handelsvertreter, der bisher den Verkauf der (selbsterzeugten) Waren lediglich vermittelt hatte (BFH, BStBl 1989 II 368).
> 2. Rückgabe sämtlicher Vorräte an den Lieferanten zu einem über den Anschaffungskosten liegenden Preis.
>   jeweils im Rahmen einer Betriebsaufgabe ist begünstigt.

Diese Gewinne haben nicht den Charakter einer normalen gewerblichen Betätigung und sind daher begünstigt.

Der bei der Überführung eines Grundstücks in lediglich zeitlichem Zusammenhang mit einer Teilbetriebsveräußerung oder Teilbetriebsaufgabe aus dem Hauptbetrieb in das Privatvermögen realisierte Gewinn ist kein Veräußerungsgewinn i.S. des § 16 (BFH, BStBl 1973 II 700).

Aufwendungen für auf Wunsch des künftigen Erwerbers vorgenommene betriebliche Änderungen mindern den laufenden Gewinn, nicht den Veräußerungsgewinn, da sie noch im Rahmen des laufenden Betriebs anfallen.

Abfindungen an Arbeitnehmer, die vom Erwerber des Betriebs nicht übernommen werden, mindern den laufenden Gewinn.

Steuerfreie Rücklagen (z. B. Rücklage für Ersatzbeschaffung nach R 35), Reinvestitionsrücklage (§ 6b Abs. 3) sind nicht zugunsten des laufenden Gewinns aufzulösen.

Soweit eine Auflösung nach der jeweiligen Vorschrift bei der Aufgabe erfolgen muß, erhöht sich der Veräußerungs-/Aufgabegewinn, weil die Auflösung insoweit wirtschaftlich durch den Tatbestand des § 16 bedingt ist.

Nach Herrmann/Heuer/Raupach, EStG, Anm. 267 zu § 16 bestehenden Zweifel, ob eine RfE nur wegen des Tatbestands Betriebsveräußerung/-aufgabe aufzulösen ist (aA BFH, BStBl 1975 II 848).

2.6.6.13.2 Entschädigungen

Zum Aufgabegewinn zählt alles, was der Betriebsinhaber im Zusammenhang mit der Betriebsaufgabe erhält.

Werden im Zusammenhang mit einer Betriebsaufgabe von dritter Seite Entschädigungen gewährt, erhöhen diese den steuerbegünstigten Aufgabegewinn (BFH, BStBl 1976 II 224).

> **Beispiel:**
> Bei der Betriebsaufgabe erhält der Stpfl. eine Entschädigung
> 1. für die Aufgabe eines Miet- oder Pachtverhältnisses (BFH, BStBl 1971 II 92);
> 2. für Umzugskosten
> 3. für die Einstellung einer bestimmten Produktion (staatliche Prämie).
> In allen Fällen 1. bis 3. stellt die Entschädigung begünstigten Aufgabegewinn dar.

Zum Aufgabe-/Veräußerungsgewinn gehören auch Entschädigungen für die Vereinbarung eines **Wettbewerbsverbots** (BFH, BStBl 1984 II 233; aA. BFH, BStBl 1983 II 289 – zu § 17).

Der **Ausgleichsanspruch eines Handelsvertreters** (§ 89b HGB) sowie – entsprechend – Ausgleichszahlungen an **Kommissionsagenten** ist, wenn die Vertragsbeendigung mit einer Betriebsaufgabe (oder -veräußerung) zusammenfällt, noch in der letzten Schlußbilanz zugunsten des **laufenden** Gewinns zu aktivieren (BFH, BStBl 1981 II 97; 1983 II 271; 1987 II 570; BFH/NV 1990, 188. **Laufender** Gewinn liegt auch vor bei Übertragung von Handelsvertretungen an einen Nachfolger (selbst bei vertraglichem Ausschluß von Ansprüchen i. S. von § 89 b HGB); BFH, BStBl 1991 II 218; vgl. H 139 Abs. 9 „Handelsvertreter".

Der Gewinn aus der Übertragung einer Fernverkehrs-Konzession gehört bei engem zeitlichen und sachlichen Zusammenhang mit der Veräußerung einer Spedition zum begünstigten Aufgabegewinn (BFH, BStBl 1990 II 420).

2.6.6.13.3 Rückstellungen

2.6.6.13.3.1 Bildung

Nach BFH, BStBl 1978 II 430 sollen bei Betriebsaufgabe Rückstellungen für künftige Betriebsausgaben nicht gebildet werden dürfen. In der Literatur stößt dieses Urteil auf Kritik (z. B. Herrmann/Heuer/Raupach, EStG, § 16 Anm. 272 mit dem m. E. zutreffenden Argument, daß dem Stpfl. ein Wahlrecht hinsichtlich der Fortführung des „Betriebsvermögensvergleichs" eingeräumt werden müsse).

2.6.6.13.3.2 Auflösung

Der Gewinn aus der Auflösung einer Rückstellung ist nicht zum Veräußerungsgewinn zu rechnen, wenn die Auflösung der Rückstellung und die Betriebsveräußerung/-aufgabe in keinem rechtlichen oder ursächlichen, sondern lediglich in einem gewissen zeitlichen Zusammenhang miteinander stehen (BFH, BStBl 1980 II 150; H 139 Abs. 9 „Rückstellung und Rücklage").

2.6.6.14 Nachträgliche Einkünfte nach Betriebsveräußerung

Literatur: Wismeth, DB 1983, 521.

Aus dem weiteren Schicksal nicht entnommener Wirtschaftsgüter, insbesondere aus der geschäftlichen Verwertung, können nachträgliche Gewinne und Verluste i. S. der §§ 15, 24 Nr. 2 entstehen (BFH, BStBl 1981 II 460, 461, 462, 463, 464; 1982 II 321).

2.6.6.14.1 Gewinnermittlungsart und Wegfall des Betriebs

Zweifelhaft ist, ob der Gewinn nach Aufgabe des Betriebs durch BV–Vergleich (§ 4 Abs. 1, § 5) zu ermitteln ist. Der VIII. Senat des BFH hat die Frage **bejaht** (BFH, BStBl 1972 II 936), der I. Senat **verneint** (BFH, BStBl 1978 II 430).

Die FinVerw hat sich der letzteren Meinung angeschlossen (**kein** BV–Vergleich).

Geht man davon aus, daß **kein** BV-Vergleich mehr möglich ist, kann der Gewinn nur in **sinngemäßer Anwendung des § 4 Abs.** 3 ermittelt werden (BFH, BStBl 1978 II 430; so H 171 „Ermittlung der nachträglichen Einkünfte").

Dies hat u. a. zur Folge, daß

- **keine** Rückstellungen für künftige BA mehr gebildet werden dürfen (BFH, BStBl 1978 II 430).

  Die Ausgaben sind vielmehr erst im Zeitpunkt des Abflusses (§ 11 Abs. 2) zu berücksichtigen; zu nachträglichen BA vgl. 2.6.6.14.2.6,

- **keine Teilwertabschreibungen** zulässig sind (BFH, a. a. O.).

  Forderungsverluste können aber gewinnmindernd berücksichtigt werden (BFH, a. a. O.), da diese Wirkung auch bei § 4 Abs. 3 eintritt (BFH, BStBl 1972 II 334).

2.6.6.14.2 Einzelfälle

2.6.6.14.2.1 Veräußerung zurückgehaltener Waren

Soweit Vorräte nicht privat verwendbar sind, sind sie nicht entnahmefähig. Ihre Veräußerung führt i. d. R. zu nachträglichen Einkünften (BFH, BStBl 1967 II 70). Es kann sich aber auch noch um einen der Betriebsaufgabe zuzurechnenden nach § 16 begünstigten Vorgang handeln; vgl. 2.6.6.13.1.

2.6.6.14.2.2 Erlaß betrieblicher Verbindlichkeiten

Werden betriebliche Verbindlichkeiten (soweit sie nach den Grundsätzen in 2.6.4.2.8.2.2 weiterhin BV waren) erlassen, liegen nachträgliche Einkünfte (§§ 15, 24 Nr. 2) vor.

Dagegen erhöht der Erlaß einer Verbindlichkeit im sachlichen und zeitlichen Zusammenhang mit der **Aufgabe** des Betriebs den Betriebsaufgabegewinn (BFH, BStBl 1989 II 458).

2.6.6.14.2.3 Ausfall von Forderungen

Soweit nicht in das Privatvermögen überführt, führt der nachträgliche Forderungsausfall zu einem nachträglichen Verlust (BFH, BStBl 1972 II 936) – es sei denn, eine bereits bei der letzten Bilanzierung vorzunehmende Wertberichtigung ist unterblieben.

2.6.6.14.2.4 Spätere Auflösung von Rückstellungen

Die spätere Auflösung einer Rückstellung für ungewisse Verbindlichkeiten wegen Wegfall des Rückstellungsgrundes ist nachträglicher laufender, **nicht** nach §§ 16, 34 begünstigter Gewinn (BFH, BStBl 1980 II 186; H 139 Abs. 9 „Rückstellungen und Rücklagen").

Beispiel:
Der Stpfl. hat in der Schlußbilanz auf den Veräußerungszeitpunkt 31. 12. 05 eine (zulässige) Garantierückstellung von 10 000 DM gebildet. Die Garantiefristen liefen für sämtliche garantiebehafteten Umsätze im Jahre 06 ab. Der Stpfl. wird im Jahre 06 noch in Höhe von 3 000 DM mit Garantieaufwand belastet. – Die Rückstellung ist in 06 wegen Ablauf der Garantiefrist aufzulösen.

Gewinn	+ 10 000 DM
Der Garantieaufwand stellt nachträgliche BA dar	./. 3 000 DM
Einkünfte §§ 15, 24 Nr. 2 in 06	7 000 DM

2.6.6.14.2.5 Erfüllung nachträglich bekanntgewordener Verbindlichkeiten

Da der Gewinn in sinngemäßer Anwendung des § 4 Abs. 3 zu ermitteln ist, scheidet nach BFH, BStBl 1978 II 430 die Bildung von Rückstellungen aus. Vielmehr ist der Zeitpunkt des Abflusses maßgebend für die Gewinnermittlung. Dies führt zu nachträglichen BA. Das gilt auch für **später gezahlte Betriebssteuern** für einen Zeitraum vor Betriebsaufgabe oder -veräußerung, wenn eine Passivierung nicht zur Erlangung ungerechtfertigter Steuervorteile unterblieben ist (§§ 4 Abs. 4, 24 Nr. 2); BFH, BStBl 1980 II 692; H 171 „Nachträgliche Ausgaben".

2.6.6.14.2.6 Abwicklung schwebender Geschäfte

Gewinne oder Verluste aus Geschäften nach Betriebsveräußerung/Betriebsaufgabe führen zu nachträglichen Einkünften (EFG 1981, 31; R 171).

2.6.6.14.2.7 Auflösung von Rücklagen

Die Auflösung einer in einem früheren WJ oder bei Betriebsveräußerung/Betriebsaufgabe nach BFH, BStBl 1980 II 43 zur Neutralisierung des Aufgabe- bzw. Veräußerungsgewinns gebildeten Rücklage nach § 6b **wegen Fristablaufs ist** laufender nachträglicher Gewinn (keine Tarifbegünstigung nach §§ 16, 34); BFH, BStBl 1982 II 348.

Beispiel:
Betriebszweck war die Übernahme, Fertigstellung und Betrieb eines Tiefkühlschiffes. Diese einzige wesentliche Betriebsgrundlage hatte A veräußert und den Gewinn aus der Veräußerung in eine Rücklage nach § 6b eingestellt. Diese Rücklage hat er im zweiten Jahr nach der Bildung gewinnerhöhend aufgelöst und für diesen Gewinn die Tarifbegünstigung nach §§ 16, 34 Abs. 1 beantragt. –
Die Gewinnerhöhung aus der Auflösung der Rücklage nach § 6b ist nicht tarifbegünstigt, auch wenn die Ursachen für deren Bildung eine Betriebsveräußerung war.
Auch im Falle der Veräußerung eines Betriebes kann eine Gewinnrealisierung entweder durch eine unmittelbare Übertragung der stillen Reserven auf Reinvestitionen oder durch Rücklagenbildung (§ 6b Abs. 3) vermieden werden. Nach § 34 Abs. 1 Satz 3 gelten die Vorschriften über die Tarifbegünstigung für außerordentliche Einkünfte, zu denen die Veräußerungsgewinne im Sinne des § 16 gehören, nicht, wenn der Steuerpflichtige auf die Veräußerungsgewinne teilweise § 6b anwendet, hinsichtlich der Veräußerung von Wirtschaftsgütern, die die Voraussetzungen des § 6b nicht erfüllen.
Die Regelung des § 34 Abs. 1 Satz 3 impliziert weiter, daß die Einkünfte aus der Auflösung der im Zuge der Veräußerung oder Aufgabe des ganzen Gewerbebetriebes gebildeten Rücklagen nicht mehr der gerade aus dieser Veräußerung oder Aufgabe abgeleiteten Tarifvergünstigung teilhaftig werden können.

Für die Zuordnung der Auflösung einer **Rücklage für Ersatzbeschaffung** zum begünstigten Aufgabegewinn ist darauf abzustellen, ob die Aufgabe der Absicht der Ersatzbeschaffung durch die Betriebsaufgabe bedingt ist. Ist dies der Fall, ist die Rücklagenauflösung begünstigter Aufgabegewinn (BFH, BStBl 1992 II 392; H 139 Abs. 9 „Rückstellungen und Rücklagen").

2.6.6.14.2.8 Auflösung eines Disagios

Wird ein Darlehen anläßlich der Betriebsaufgabe vorzeitig zurückgezahlt, so ist nach BFH, BStBl 1984 II 713 ein aktiviertes Disagio zu Lasten des laufenden Gewinns, nicht des Aufgabegewinns auszubuchen.

2.6.6.14.2.9 Importwarenabschlag (§ 80 EStDV)

Hat der Stpfl. im Zeitpunkt der Betriebsaufgabe bereits sämtliche Warenvorräte veräußert, auf die er in der letzten, vor der Betriebsaufgabe erstellten Bilanz einen Importwarenabschlag nach § 80 EStDV vorgenommen hatte, so rechnet der aus der Auflösung des Importwarenabschlags beruhende Gewinn zum **nicht** begünstigten laufenden Gewinn (BFH, BStBl 1989 II 874).

2.6.6.14.2.10 Schuldzinsen nach Betriebsveräußerung/Betriebsaufgabe

Schuldzinsen nach Betriebsveräußerung, Mitunternehmeranteilsveräußerung oder Betriebsaufgabe sind insoweit BA, als sie durch die frühere gewerbliche Tätigkeit veranlaßt sind. Siehe auch H 171 „Nachträgliche Ausgaben".

Danach sind Schuldzinsen für eine betrieblich begründete und zurückbehaltene Verbindlichkeit **nachträgliche Betriebsausgaben, soweit** sie auf Verbindlichkeiten entfallen, die durch den (die) Veräußerungserlös(e) bzw. durch Verwertung zurückbehaltener aktiver Wirtschaftsgüter **nicht getilgt werden konnten** (BFH, BStBl 1982 II 321 und BFH, BStBl 1985 II 323); vgl. hierzu 2.6.4.2.8.2.2.

Beispiel:

A war Einzelunternehmer. Er veräußerte seinen Betrieb ohne Übernahme der Schulden durch den Erwerber zum 31.12.02. Aus dem Erlös konnten nicht alle Betriebsschulden abgedeckt werden. Es blieben Schulden in Höhe von 100 000 DM übrig. Hierfür wandte er im VZ 03 10 000 DM Zinsen auf. Die nicht übernommenen Schulden waren in der Schlußbilanz 31.12.02 nicht mehr passiviert, sondern beim Jahresabschluß über Privatkonto ausgebucht worden („Darlehen an Einlagen"). –

Die Darlehnsverbindlichkeit bleibt auch nach Betriebsveräußerung eine betriebliche Verbindlichkeit.

Die Schuldzinsen von 10 000 DM stellen Betriebsausgaben dar, die zu nachträglichen Verlusten aus Gewerbebetrieb führen.

Der betriebliche Charakter der Schuldzinsen kann auch nicht mit der Begründung verneint werden, nach Nichtausweis der zugrunde liegenden Schuld in der Schlußbilanz sei die Verbindlichkeit als entnommen anzusehen.

Die Schuldzinsen sind auch noch dann und solange nachträgliche Betriebsausgaben, als der Schuldentilgung **Auszahlungshindernisse** hinsichtlich des **Veräußerungserlöses, Verwertungshindernisse** hinsichtlich der zurückbehaltenen Aktivwerte oder Rückzahlungshindernisse hinsichtlich der früheren Betriebsschulden entgegenstehen (BFH, BStBl 1985 II 323).

Das gilt **auch** bei einer **Betriebsverpachtung** nach erklärter Betriebsaufgabe. Soweit aber keine nachträglichen BA vorliegen, sind die Zinsen auch keine WK bei den Vermietungseinkünften aus § 21 (BFH, BStBl 1990 II 213).

2.6.6.14.2.11 Durch zurückbehaltenes BV verursachte Aufwendungen

Für als BV zurückbehaltene Wirtschaftsgüter anfallende Aufwendungen wie Lager-, Transport- oder Finanzierungskosten (vgl. 2.6.6.14.5) sind nachträgliche BA (BFH, BStBl 1981 II 460).

2.6.6.14.2.12 Ausfall der Kaufpreisforderung aus der Betriebsveräußerung

2.6.6.14.2.12.1 Veräußerung des ganzen Betriebs

Der Veräußerungserlös aus der Veräußerung des ganzen Betriebs geht nach ständiger Rechtsprechung zwingend (ebenso wie die Kaufpreiszahlung selbst) zwar unmittelbar in das Privatvermögen über (z. B. BFH, BStBl 1978 II 295; 1981 II 464).

Ein Forderungsausfall kann jedoch unabhängig hiervon als nachträgliches Ereignis i. S. § 175 Abs. 1 Nr. 2 AO berücksichtigt werden, das auf den Veräußerungszeitpunkt zurückwirkt.

Die Kaufpreisforederung, die durch den letzten (betrieblichen) Geschäftsvorfall entstanden ist, kann nicht anders als andere betrieblich begründete Forderungen zu behandeln sein. Vgl. BFH, BStBl 1993 II 798.

Beispiel:

Betriebsveräußerung in 05 für 100 000 DM, zahlbar in 10 verzinslichen Raten zu je 10 000 DM ab 06. Buchwerte des BV 60 000 DM. In 09 fällt die restliche Ratenforderung von 70 000 DM aus. Der Veräußerer ist 60 Jahre alt.

Lösung (nach h. M.)

1. **05** Veräußerungsgewinn § 16 Abs. I Nr. 1 100 000 DM ./. 60 000 DM =   40 000 DM
    ./. Freibetrag § 16 Abs. 4   30 000 DM
    stpfl. (§ 34) – **zunächst –**   10 000 DM

2. Forderungsausfall in 09

- Berichtigung der Veranlagung des Veräußerungsjahres gemäß § 175 Abs. 1 Nr. 2 AO hinsichtlich des Veräußerungsgewinnes, da der Ausfall der Raten (BFH, BStBl 1993 II 798) steuerlich zurückwirkt.

Neuberechnung des Veräußerungsgewinns für **05**

tatsächlich erzielter Veräußerungspreis	30 000 DM
./. Buchwert des Betriebs	60 000 DM
Veräußerungsverlust (§ 16 Abs. 1 Nr. 2)	./. 30 000 DM

Dieser Verlust ist ausgleichs- und abzugsfähig nach § 10d.

2.6.6.14.2.13 Veräußerung eines Teilbetriebs

Für eine Teilbetriebsveräußerung gelten die Grundsätze der Betriebsveräußerung.

2.6.6.15 Realteilung von Personengesellschaften

a) Allgemeines

Unter fest umrissenen Voraussetzungen ist eine steuerneutrale Beendigung einer Personengesellschaft durch **Realteilung** zugelassen. Vgl. BFH, BStBl 1982 II 456, BStBl 1992 II 385, BMF-Schr. vom 11.1.1993, (= BMF-EA) BStBl I 62, Rz 12 ff. betr. Erbauseinandersetzung.

Eine Realteilung von Personengesellschaften liegt vor, wenn jeder Gesellschafter (Mitunternehmer) einer zwei- oder mehrgliedrigen Personengesellschaft bei Auflösung und Beendigung der Gesellschaft einen **Teil des Gesellschaftsvermögens übernimmt** und mit diesem ein **Einzelunternehmen eröffnet** (oder **fortführt**);

Bei den Teilungsmassen kann es sich um

- **Teilbetriebe** (i.S. des § 16 Abs. 1 Nr. 1) oder
- **einzelne Wirtschaftsgüter**

handeln (BFH, BStBl 1992 II 385).

In die Realteilung sind nicht nur die positiven, sondern auch die **negativen** Wirtschaftsgüter einzubeziehen.

Die **Realteilung** einer Personengesellschaft ist **grds. eine Betriebsaufgabe** i.S. d. § 16 Abs. 3 (BFH, BStBl 1982 II 456).

Die Gesellschafter haben jedoch ein **Wahlrecht,** die ihnen zugewiesenen Wirtschaftsgüter mit den bisherigen Buchwerten fortzuführen, wenn sie diese Wirtschaftsgüter in einen Betrieb einbringen und die steuerliche Erfassung der stillen Reserven gewährleistet ist (BFH, a.a.O., BFH, BStBl 1992 II 385; vgl. auch BMF-Schreiben vom 11.1.1993, BStBl I Tz. 12 betr. Erbauseinandersetzung).

Das Wahlrecht soll dagegen **nicht** gelten, wenn als Teilungsmassen ganze Betriebe zugeteilt werden (BMF-EA, Rz 13).

Der Ansatz von **Zwischenwerten** ist nach Meinung der Finanzverwaltung **unzulässig.**

Das **Wahlrecht,** die Realteilung als Betriebsaufgabe zu behandeln oder die Buchwerte fortzuführen, konnte nach bisheriger Auffassung von **allen** Gesellschaftern **nur einheitlich** ausgeübt werden. Maßgebend dafür, mit welchen Werten die Wirtschaftsgüter in den Bilanzen der Gesellschafter für ihre eigenen Betriebe fortzuführen sind, sind die **steuerrechtliche und die handelsrechtliche** Realteilungsschlußbilanz der Personengesellschaft (BFH, BStBl 1992 II 385, BMF-Schr. v. 11.1.1993, Rz. 12, a.A. BFH, BStBl 1994 II 607 = Wahlrecht kann **unterschiedlich** ausgeübt werden; beachte hierzu jedoch Nichtanwendungserlaß = BMF-Schr. vom 11.8.1994, BStBl I 601).

Beispiel 1:

An der Hinz und Kunz KG sind die Gesellschafter Hinz (H) und Kunz (K) zu je 50 v.H. am Vermögen sowie am Gewinn und Verlust beteiligt.

Schlußbilanz der KG vor Realteilung:

A		31.12.		P
Wirtschaftsgüter „Teilungsmasse 1" Buchwert 600 000 (Teilwerte[1]) 900 000)		Kapital H Kapital K	600 000 600 000	
Wirtschaftsgüter „Teilungsmasse 2" Buchwert 600 000 (Teilwerte 900 000)				
1 200 000			1 200 000	

Die Gesellschafter beschließen zum 31.12., daß H die Wirtschaftsgüter 1 und K die Wirtschaftsgüter 2 übernehmen soll. Beide gründen mit diesen Wirtschaftsgütern jeweils ein Einzelunternehmen.

Es handelte sich jeweils um Einzelwirtschaftsgüter.

Lösung:

a) Betriebsaufgabe:

Es ist ein Aufgabegewinn gemäß § 16 Abs. 3 für die **Gesellschaft** zu ermitteln. Maßgebend ist der gemeine Wert der einzelnen Wirtschaftsgüter im Zeitpunkt der Aufgabe.

Der Aufgabegewinn entspricht den aufgedeckten stillen Reserven von 400 000 DM. Er entfällt je zur Hälfte auf H und K mit je 200 000 DM entsprechend dem Verhältnis Erbquote (BMF-EA, Rz 11). § 16 Abs. 4 und § 34 Abs. 1 und 2 sind anwendbar.

b) Buchwertfortführung:

H und K übernehmen jeweils die auf sie entfallenden Wirtschaftsgüter (Teilbetrieb oder einzelne Wirtschaftsgüter) und ihren Kapitalanteil zu **Buchwerten**. Eine Ausgleichszahlung im Hinblick auf die stillen Reserven ist nicht erforderlich, weil H und K hier je zur Hälfte am Gewinn und Verlust und am Liquidationserlös beteiligt sind und stille Reserven in gleicher Höhe übernehmen. Auch eine Ausgleichszahlung wegen unterschiedlich hoher Kapitalkonten ist **nicht** erforderlich (siehe Schlußbilanz!).

Beispiel 2:

Sachverhalt wie 1, aber das Kapitalkonto H beträgt 750 000 DM, das Kapitalkonto K nur 450 000 DM infolge unterschiedlich hoher Entnahmen. Zum Ausgleich hierfür muß K an H eine Ausgleichszahlung in Höhe von 150 000 DM leisten.

Lösung:

Mit der Ausgleichszahlung werden hier nicht unterschiedliche stille Reserven abgegolten, sondern lediglich das bisherige unterschiedliche Entnahmeverhalten.

Aus dieser Ausgleichszahlung sind **keine** steuerlichen Folgerungen zu ziehen.

Beispiel 3:

An einer KG sind die Gesellschafter A und B im Verhältnis von 80:20 am Vermögen sowie am Gewinn und Verlust beteiligt. Zum 31.12. stellt die KG folgende Schlußbilanz auf:

A		31.12.		P
„Wirtschaftsgüter 1" Buchwert (Teilwerte	400 000 DM 800 000 DM)	Kapital A Kapital B	400 000 DM 100 000 DM	
„Wirtschaftsgüter 2" Buchwert (Teilwerte	100 000 DM 240 000 DM)			
	500 000 DM		500 000 DM	

A und B wollen mit Wirkung ab 1.1. des Folgejahres eine **Realteilung** vornehmen. Dabei soll A die Wirtschaftsgüter 1 und B die Wirtschaftsgüter 2 übernehmen (jeweils zur Neugründung einer Einzelfirma). Es soll möglichst **nicht** zur Gewinnrealisierung kommen. Es liegen **keine** Teilbetriebe vor.

---

[1] Teilwerte sollen den gemeinen Werten entsprechen.

Lösung:

Hier erfolgt die Realteilung mit einem Wertausgleich wegen der von den Gesellschaftern übernommenen unterschiedlich hohen stillen Reserven (sog. **Spitzenausgleich**). Dieser Spitzenausgleich steht der gewinnneutralen Realteilung nicht entgegen (BFH, BStBl 1994 II 607).

Die gesamten stillen Reserven der Gesellschaft betrugen hier 540 000 DM. An ihnen war bisher A zu 80 %, B zu 20 % beteiligt. Von dem Gesamtwert der stillen Reserven i. H. v. 540 000 DM standen dem B bisher nur 108 000 DM zu. Weil er bei der Teilung 140 000 DM erhält, wird A von ihm eine Ausgleichszahlung i. H. v. 32 000 DM verlangen. Dieser Ausgleichsbetrag war nach bisheriger Auffassung – im Falle der Buchwertfortführung – beim ausgleichsberechtigten Gesellschafter in **voller Höhe** als **laufender** Gewinn zu erfassen (BMF-Schr.-EA vom 11. 1. 1993, Tz. 16; siehe auch BFH vom 1. 12. 1992, a. a. O.).

Nach BMF vom 11. 1. 1993, Tz. 16 ist der Fall wie folgt zu beurteilen:

1. **B** erhält die Teilungsmasse 2 = Wert   240 000 DM
   B steht wertmäßig zu 20 % × 1 040 000 DM =   208 000 DM
   Mehrempfang   32 000 DM

   – Entgeltlicher Erwerb der Teilungsmasse 2 zu $\frac{32\,000\ \text{DM}}{240\,000\ \text{DM}} = 13\,{}^{1}/_{3}\,\%$

   – Unentgeltlicher Erwerb zu $86\,{}^{2}/_{3}\,\%$
   B leistet die Abfindung für $13\,{}^{1}/_{3}\,\% \times 100\,000$ DM = 13 333 DM
   Daher muß B die Aktiva um 32 000 DM ./. 13 333 DM = 18 667 DM aufstocken.
   Die restlichen Buchwerte von 86 667 DM sind fortzuführen (§ 7 Abs. 1 EStDV).

2. **A** erzielt **keinen** nach § 16 Abs. 4 und § 34 **begünstigten** Veräußerungsgewinn (vgl. BMF-Schr.-EA, Tz 22) von 32 000 DM ./. 13 333 DM = 18 667 DM. Nach BFH v. 1. 12. 1992 (a. a. O.) liegt **ebenfalls nur laufender** Gewinn vor.

A	Eröffnungsbilanz B		P
Wirtschaftsgüter 2	118 667 DM	Kapital	86 667 DM
		Ausgleichsverpflichtung	32 000 DM
	118 667 DM		118 667 DM

In der Praxis wird A von B einen Ausgleich für die bei ihm eingetretene Steuerbelastung fordern. Dies ist ein **steuerlich irrelevanter** Vorgang der **Privatsphäre**; vgl. aber BFH, BStBl 1992 II 385 (m. E. offengelassen).

c) Kapitalkonten-Anpassung

Entsprechen die Summen der Buchwerte der übernommenen Wirtschaftsgüter nicht der bisherigen Höhe der Kapitalkonten, sind die Kapitalkonten den Summen der Buchwerte der übernommenen Wirtschaftsgüter – **erfolgsneutral** – anzupassen (BFH, BStBl 1992 II 385).

2.6.7 Unentgeltliche Betriebsübertragungen

2.6.7.1 Überblick

Eine unentgeltliche Betriebsübertragung führt **nicht** zur Aufdeckung stiller Reserven. Es ist kein Tatbestand des § 16 erfüllt. Der Erwerber hat die Buchwerte fortzuführen, § 7 Abs. 1 EStDV.

Eine unentgeltliche Übertragung liegt insbesondere vor bei

– Gesamtrechtsnachfolge, vgl. im einzelnen 2.6.7.2 und 2.6.7.3.
– Einzelrechtsnachfolge, vgl. im einzelnen 2.6.7.4.

Kein unentgeltlicher Erwerb liegt z. B. vor beim Erbschaftskauf durch Dritte.

2.6.7.2 Erbfall, Erbauseinandersetzung und vorweggenommene Erbfolge

Literaturhinweise:
Obermeier, Erbregelung und Erbauseinandersetzung über Betriebs und Privatvermögen im ESt-Recht, NWB E 3, 7661; **Söffing,** Die ertragsteuerrechtliche Beurteilung der Erbauseinandersetzung im unternehmerischen Bereich, DStR 1991, 201; **Felix,** 25 Fall-Beispiele zur Einführung in die neue Einkommensbesteuerung der Erbauseinandersetzung; KÖSDI 11/1991, 8279. **gf,** Veräußerungssteuerpflichtige Erbauseinandersetzung und

ihre Vermeidung, KÖSDI 1/91, 8369; **ders.**, Steuerorientierte Abfindungszahlung bei Erbauseinandersetzung, KÖSDI 1/91, a. a. O.; **ders.**, Gestaltungsfreiheit bei Erbauseinandersetzung mit variierter Passiva-Aufteilung und Abfindung, KÖSDI 1/91, 8370; **ders.**, FR 1990, 641; **dt**, Steht § 176 Abs. 1 Nr. 3 AO der Berücksichtigung der geänderten Rechtsprechung des BFH zur Erbauseinandersetzung im Betriebsvermögen beim weichenden Erben . . . entgegen?, DB 1990, 2449; **Groh,** Die Erbauseinandersetzung im ESt-Recht, DB 1990, 2135; **List,** Erbauseinandersetzungen in einkommensteuerrechtlicher Sicht, NWB E 3, 7579; **Hardt,** KFR E 3 EStG § 16, 6/90 S. 365; **Ruban,** DStR 1991, 65. **Hörger,** DStR 1993, 37; **Spiegels**, Vorweggenommene Erbfolge und Erbauseinandersetzung (Übersichten), Beilage 3/1993 zu NWB Heft 23/1993.

Vorbemerkung:

Die Rechtsprechung des Großen Senats des BFH, BStBl 1990 II 837 betr. Erbauseinandersetzung und BStBl 1990 II 847 betr. vorweggenommene Erbfolge wirft immer noch eine **Reihe von Fragen** auf. Dies wird deutlich durch voneinander abweichende Lösungsvarianten im Schrifttum (vgl. Literaturhinweise). Die FinVerw hat in zwei Schreiben ausführlich zu den Konsequenzen Stellung genommen (BMF-Schreiben vom 11. 1. 1993, BStBl I 63 betr. Erbauseinandersetzung sowie vom 13. 1. 1993, BStBl I 80 betr. Vorweggenommene Erbfolge. Der Gesamtkomplex weist trotzdem noch eine Reihe **ungeklärter Einzelprobleme** auf.

2.6.7.2.1 Übergang eines Einzelunternehmens auf einen Alleinerben durch Erbfall

2.6.7.2.1.1 Abgrenzung zur Betriebsveräußerung/Betriebsaufgabe

Der Übergang eines Betriebes als solcher auf den Alleinerben durch den Erbfall (§ 1922 BGB) führt **weder** beim **Erblasser noch** beim **Alleinerben** zu einer Betriebsaufgabe (oder Betriebsveräußerung).

Dies gilt auch, wenn der Betrieb „zum Stillstand kommt". Vielmehr liegt ein **unentgeltlicher Erwerb i. S. § 7 Abs. 1 EStDV beim Alleinerben** vor.

Der Erbe hat die Buchwerte des geerbten Betriebes fortzuführen (BFH, BStBl 1981 II 614).

Der Übergang von Schulden des Erblassers auf den Alleinerben stellt **keine** Anschaffungskosten des Nachlasses dar (**analog** BMF-Schr. v. 11. 1. 1993 – EA, Tz. 17 und 25 ff.).

Der Erbe ist ab dem Todeszeitpunkt des Erblassers als Unternehmer bzw. Gewerbetreibender anzusehen (analog BFH, BStBl 1990 II 837 und BMF Schr. v. 11. 1. 1993 Tz. 3).

Ausnahmsweise entsteht beim Erblasser ein Veräußerungsgewinn i. S. § 16 Abs. 1 Nr. 1, wenn er den Betrieb selbst noch zu Lebzeiten unter der aufschiebenden Bedingung seines Todes veräußert hat.

Im übrigen kommt es zu einen dem Erben zuzurechnenden Tatbestand der Betriebsveräußerung oder Betriebsaufgabe nur durch entsprechende Handlungen des Erben selbst (BFH, BStBl 1980 II 383; 1981 II 665).

Dies gilt unabhängig davon, ob der Betrieb befristet fortgeführt worden war oder der Erbe selbst zu keinem Zeitpunkt gewerblich tätig war.

Bei **Veräußerung eines zum Nachlaß gehörenden Betriebs durch den Alleinerben** oder **Aufgabe** ist der Veräußerungsbzw. Aufgabegewinn in der Person des **Erben** verwirklicht und von diesem zu versteuern.

2.6.7.2.1.2 Zurechnung des laufenden Gewinns

Der laufende Gewinn ist auf Erblasser und Erbe aufzuteilen. Dies kann durch Zwischenbilanz oder – falls nicht vorhanden – durch Schätzung geschehen. **A. A** BFH, BStBl 1967 II 86: Danach ist auch im Erbfall Einstellung und Neueröffnung i. S. des § 8b S. 2 EStDV gegeben.

Dagegen besteht nach BFH, BStBl 1969 II 34 sogar Pflicht zur Fortführung des WJ; das Problem ist also **streitig.** Die Frage ist dagegen geklärt für Schenkung (vorweggenommene Erbfolge): hier ist zwingend ein RumpfWj zu bilden, also besteht hier Pflicht zur Zwischenbilanz (BFH, BStBl 1980 II 8). Auf den Erblasser entfällt der bis zu seinem Todeszeitpunkt erzielte Gewinn.

Ein nach dem Erbfall und vor Betriebsveräußerung bzw. Betriebaufgabe bezogener Gewinn ist als laufender Gewinn gemäß § 15 Abs. 1 Nr. 1 in der Person des Alleinerben entstanden und von diesem zu versteuern.

Der Erbe erfüllt insoweit selbst den Tatbestand der Einkünfteerzielung aus § 15 Abs. 1 Nr. 1.

Bei Betriebsverpachtung im ganzen durch den Erben hat auch dieser das Wahlrecht i.S. von R 139 Abs. 5 (BFH, BStBl 1988 II 360 und BStBl 1992 II 392).

Beispiele:
Tod des Vaters V am 30.6.01.
Alleinerbe ist Sohn S. Zur Erbmasse gehört ein Gewerbebetrieb. Der Verlust aus Gewerbebetrieb betrug vom 1.1.01 – 30.6.01 = / 20 000 DM. Zum Todeszeitpunkt des V betrugen die Buchwerte:

Aktiva	230 000 DM
⁄ Verbindlichkeiten	35 000 DM
Betriebsvermögen	195 000 DM
gemeine Werte	270 000 DM
Teilwerte	250 000 DM

a) Sohn S führt den Betrieb
 – selbst bzw.
 – durch Geschäftsführer (Angestellten)
 fort. Gewinn 1.7.01 – 31.12.01 = 75 000 DM.
 1. V ist der laufende Verlust aus § 15 Abs. 1 Nr. 1 bis zum Todeszeitpunkt zuzurechnen ⁄ 20 000 DM
 2. Bei V liegt im Todeszeitpunkt keine Betriebsaufgabe vor. Der Betrieb geht unmittelbar auf S über (§ 1922 BGB).
 3. S führt die Buchwerte des geerbten Betriebs zwingend fort (§ 7 Abs. 1 EStDV).
 4. S erzielt einen laufenden Gewinn aus § 15 Abs. 1 Nr. 1 von 75 000 DM.

b) Abwandlung: S veräußert den Betrieb sofort mit Wirkung vom 1.7.01 an X.
 S erzielt einen Veräußerungsgewinn/Verlust i.S. § 16 Abs. 1 Nr. 1, ohne selbst gewerblich tätig gewesen zu sein (Qualifikation als gewerbliche Einkünfte aus § 16 Abs. 1 Nr. 1 infolge Gesamtrechtsnachfolge; BFH, BStBl 1970 II 747).

c) Abwandlung: S verpachtet den Betrieb sofort an X ab 1.7.01.
 S hat das Wahlrecht des R 139 Abs. 5 zwischen
  ① **ruhendem** Betrieb mit laufenden Einkünften aus § 15 Abs. 1 Nr. 1
 und ② Erklärung der **Betriebsaufgabe** i.S. des § 16 Abs. 3 sowie
  anschließender privater Verpachtung gemäß § 21 Abs. 1 Nr. 1, 2

d) Abwandlung: S verpachtet den Betrieb ab 1.9.01. Vom 1.7.01 bis 1.9.01 war der Betrieb vorübergehend „stillgelegt".
 Lösung wie bei c): das Wahlrecht ist auch hier gegeben. Das vorübergehende „Stilliegen" des Betriebs bedeutete keine Betriebsaufgabe, da eindeutige Aufgabehandlungen fehlten (vgl. BFH, BStBl 1983 II 412).

2.6.7.2.1.3 Erfüllung von Vermächtnissen und Pflichtteilen u.ä. durch den Alleinerben

Die Erfüllung von

– **Vermächtnissen** (§§ 2147 ff. BGB),

– **Pflichtteilen** (§§ 2303 ff. BGB),

– **Erbersatzansprüchen** u.ä.

stellt **keine Gegenleistungen** für den **Erwerb der Erbschaft dar,** sondern **vermögensrechtliche Pflichten, die sich aus dem Erbfall selbst ergeben** (BFH, BStBl 1992 II 392 und BMF-Schr. vom 11.1.1993 – EA, Tz. 67).

In diesen Fällen bleibt die Unentgeltlichkeit erhalten.

Folgen:

1. Auch hier kommt es zwingend zur Fortführung der Buchwerte (§ 7 Abs. 1 EStDV)

2. Es liegen keine Anschaffungskosten in Höhe der Abfindungen und Pflichtteilsleistungen vor (BMF-EA, Tz 67).

3. Bei späterer Veräußerung tritt keine Minderung des Veräußerungsgewinns um die gezahlten Aufwendungen ein.

Diese Erbfallschulden sind **private** Verbindlichkeiten, mithin **keine** Anschaffungskosten gemäß BFH, BStBl 1985 II 510 und BStBl 1992 II 392 (zu Erbersatzansprüchen). Diese Fälle behandelt der Beschluß GrS v. 5. 7. 1990 nicht. An der Beurteilung der Erfüllung der o. a. Ansprüche als erbfallbedingt hat sich aber nichts geändert; vgl. das später ergangene BFH-Urteil BStBl 1992 II 392 sowie BMF-EA, Tz 70. **Gl. A.** Obermeier, NWB F. 3, 7661 (7668, Fälle 10 und 11).

Bis zum VZ 1995 einschl. durften **Finanzierungskosten** betreffend die Finanzierung von **Pflichtteils- und Erbersatzansprüchen** als **WK** oder **BA** abgezogen werden (vgl. BMF-EA, Tz 37 und Tz 70).

Der BFH hat mit Urteilen BStBl 1994 II 619, 623 und 625 die sog. **Sekundärfolgen-Rechtsprechung** (= BFH, BStBl 1992 II 392) **aufgehoben**.

Das hat zur Folge, daß Aufwendungen für die Stundung bzw. Finanzierung von

– Pflichtteilsverbindlichkeiten,
– Vermächtnisschulden,
– Erbersatzverbindlichkeiten,
– Zugewinnausgleichsschulden,
– Abfindungsschulden nach der Höfeordnung
– Abfindungsschulden im Zusammenhang mit der Vererbung eines Anteils an einer Personengesellschaft im Wege der qualifizierten Nachfolgeklausel oder im Weg der qualifizierten Eintrittsklausel

nicht als **Betriebsausgaben** oder **Werbunskosten** abgezogen werden dürfen.

Die Rz 37 letzter Abs., 70 und 89 Satz 4 des BMF-EA sind damit überholt. Dies gilt **nicht**, soweit nach Rz 36, 37 des BMF-EA Privatschulden, die von Miterben im Rahmen der Realteilung eines Mischnachlasses übernommen werden, Betriebsschulden werden können.

Die geänderte Rechtsprechung und Verwaltungsauflassung ist für Werbungskosten erstmals für den VZ 1995 und für Betriebsausgaben erstmals für Wirtschaftsjahre, die nach 1995 und für Betriebsausgaben erstmals für Wirtschaftsjahre, die nach dem 31. 12. 1994 beginnen, anzuwenden (vgl. BMF-Schreiben vom 11. 8. 1994, BStBl 1994 I 603).

2.6.7.2.1.4 Unentgeltlicher Erwerb von Wirtschaftsgütern durch Vermächtnisnehmer

Beim Erben findet zivilrechtlich ein unmittelbarer Eigentumsübergang kraft Gesetzes vom Erblasser auf den Erben statt (§ 1922 BGB). Dem folgt das Steuerrecht.

Unterschiede bestehen aber zur zivilrechtlichen und steuerlichen Beurteilung beim Übergang aufgrund eines Vermächtnises.

a) zivilrechtlich

Es liegt der Erwerb eines bloß schuldrechtlichen Anspruchs auf den Erwerb von Wirtschaftsgütern (unentgeltlich) vom Erben vor, der diesem gegenüber erst geltend gemacht und durchgesetzt werden muß.

b) steuerlich

Steuerlich ist daher von einem unentgeltlichen Erwerb auszugehen. Dieser wird aber erst im Zeitpunkt der Durchsetzung des Anspruchs durch tatsächliche Übertragung der Wirtschaftsgüter auf den Vermächtnisnehmer wirksam. Es wird also **kein** unmittelbarer Erwerb vom Erblasser fingiert, mit der Folge, daß die Zurechnung der Erträge aus dem Wirtschaftsgut auf den Vermächtnisnehmer nicht vom Erbfall an erfolgt, sondern erst vom Zeitpunkt des wirtschaftlichen Übergang des Wirtschaftsguts auf ihn.

Zu Pflichtansprüchen siehe unter 2.6.7.2.1.6.

Die **Erfüllung eines Vermächtnisses durch den Alleinerben** mittels eines Wirtschaftsguts des geerbten Betriebs führt zur **Entnahme des Wirtschaftsgutes aus dem Betriebsvermögen**.

Der Entnahmegewinn ist entgegen früherer Rechtsprechung (BFH, BStBl 1972 II 114 und BStBl 1982 II 646) weder dem Erblasser noch dem Vermächtnisnehmer, sondern dem **Erben** zuzurechnen (so zu schließen aus BFH GrS, BStBl 1990 II 837; so auch BMF-EA, Tz 67).

Die Entnahme ist erst durch die tatsächliche Übertragung des Wirtschaftsguts verwirklicht, als Entnahmegewinn sind daher nicht die im Zeitpunkt des Erbfalls, sondern der Übertragung des Wirtschaftsguts vorhandenen stillen Reserven anzusetzen.

Der Unterschiedsbetrag zwischen Buchwert und Entnahmewert ist als **laufender** Gewinn zu erfassen.

Die **Erträge** aus dem übertragenen Wirtschaftsgut sind dem Vermächtnisnehmer – bei tatsächlicher Teilhabe – nicht bereits ab dem Erbfall als gewerblicher Gewinn zuzurechnen, sondern erst ab dem Übergang auf den Vermächtnisnehmer

Beispiel:
S ist Alleinerbe des am 2.1.01 verstorbenen V. Im Nachlaß befindet sich ein Betrieb, Buchwert 400 000 DM, Verkehrswert 800 000 DM. V hat an einem Betriebsgrundstück, Verkehrswert 250 000 DM (Buchwert 110 000 DM), ein Vermächtnis zugunsten des B bestellt. S erfüllt dieses Vermächtnis an B am 30.12.01.

Lösung:
S hat das Grundstück zum Teilwert von 250 000 DM entnommen. Den Unterschiedsbetrag zwischen dem Teilwert und dem Buchwert (250 000 DM – 110 000 DM = 140 000 DM) hat er als **Entnahmegewinn (laufenden** Gewinn) zu versteuern.

Nach der o. a. Rechtsprechung des Großen Senates des BFH sind Vermächtnisnehmer und Erbe **nicht gleichgestellt.** Im vorliegenden Falle hat S den **Nachlaß belastet** mit einem **Vermächtnis** erworben.

Dieses Vermächtnis stellt eine **private Verbindlichkeit** dar, die **nicht** im Betrieb begründet ist. Besteht das Vermächtnis in einer Sache, die sich in einem Betriebsvermögen befindet, so **tätigt** der **Erbe** eine Entnahme, wenn er einen Gegenstand des Betriebsvermögens dazu verwendet, um eine **Nachlaßverbindlichkeit** (hier in Form eines **Vermächtnisses**) zu erfüllen.

2.6.7.2.1.5 Abfindung von Pflichtteilsberechtigten durch Übertragung von Wirtschaftsgütern des zum Nachlaß gehörenden Betriebs

Die **Zurechnung** des **Entnahmegewinns** erfolgt beim **Erben** (so schon bisher BFH, BStBl 1981 II 19).

Bei Behandlung des Pflichtteilsberechtigten durch den Erben **wie ein Miterbe** (z. B. reale Teilung des Nachlasses) ist der Entnahmegewinn aber ebenfalls nicht vom Pflichtteilsberechtigten, sondern vom **Erben** zu versteuern (entgegen BFH, BStBl 1973 II 317), s. o. 2.6.7.2.1.4.

2.6.7.2.2 Übergang eines Einzelunternehmens auf mehrere Erben durch Erbfall

2.6.7.2.2.1 Erbfall und Erbauseinandersetzung nach Zivilrecht

Bei einer Mehrheit von Erben wird die Erbengemeinschaft Gesamtrechtsnachfolgerin des Erblassers (bis zur Erbteilung), § 1922 Abs. 1, § 2032 BGB. Der Nachlaß fällt den Erben mithin zur gesamten Hand zu. Eine spätere Erbauseinandersetzung stellt bürgerlich-rechtlich einen selbständigen Vorgang dar. Die Auseinandersetzung kann vertraglich oder durch einen Testamentsvollstrecker erfolgen. Die zivilrechtlichen Folgen der Erbauseinandersetzung können insbesondere sein:

- Übertragung einzelner Nachlaßgegenstände auf bestimmte Miterben (= Realteilung)
- Aufhebung der gesetzlichen Gesamthänderschaft
– durch Übertragung von Erbanteilen (vgl. BMF-EA, Tz 40 – 50)
– durch Ausscheiden von Miterben aus der Erbengemeinschaft
– durch Übernahme des Betriebs durch einen Erben
– durch „Auseinandersetzung" i. e. S., d. h. Veräußerung des Nachlasses (vgl. BMF-EA, Tz 56–58).

Vom Tode des Erblassers an verwalten die Miterben den Nachlaß gemeinsam und können über Nachlaßgegenstände auch nur gemeinschaftlich verfügen (§ 2038 Abs. 1, § 2040 Abs. 1 BGB); die Miterben stehen danach in einer **Gesamthandsgemeinschaft.** Zwar kann jeder Miterbe die Auseinandersetzung verlangen (§ 2042 Abs. 1 BGB); unterbleibt ein derartiges Verlangen oder schließen die Miterben die Auseinandersetzung vertraglich aus, kann die Erbengemeinschaft jedoch ohne zeitliche Begrenzung fortgesetzt werden. Das Ergebnis ihrer Betätigung wird Bestandteil des gemeinschaftlichen Vermögens (§ 2041 BGB).

Diese Bestimmungen gelten **auch** für ein zum **Nachlaß** gehörendes **gewerbliches Unternehmen.** Dieses wird Gesamthandsvermögen der Erben; die Erbengemeinschaft ist nach dem Erbfall Träger des Unternehmens. Die Erben befinden nach § 2038 Abs. 1 BGB darüber, ob und in welcher Weise das Unternehmen fortgeführt wird; für Verbindlichkeiten, die aus der Fortführung entstehen, haften sie gemäß

§ 1967 BGB mit dem Nachlaß, aber auch mit ihrem sonstigen Vermögen (BFH, DB 1968, 2126). Sie können das ererbte Unternehmen in der Rechtsform der Erbengemeinschaft ohne zeitliche Begrenzung fortführen.

2.6.7.2.2.2 Ertragsteuerliche Grundsätze

Mit dem Erbfall geht das Einzelunternehmen stets zunächst auf alle Miterben über.

Sämtliche Miterben werden zunächst **Mitunternehmer** i. S. des § 15 Abs. 1 Nr. 2 (BMF-EA, Tz 3).

Danach ergeben sich insbesondere folgende Möglichkeiten:

- Fortführung des Betriebs durch **alle** Miterben
- Fortführung des Betriebs durch einen (oder einige) der Miterben
- **keine** Fortführung des Betriebs durch die Erben (Liquidation oder Veräußerung)
- Realteilung des Betriebs.

Aufgrund des BFH-Beschlusses GrS vom 5. 7. 1990, BStBl II 837 ergeben sich nachstehende Grundsätze (unter Berücksichtigung des BMF-Schr. v. 11. 1. 1993; nachfolgend = BMF-EA):

1. Erbvorgang und Erbauseinandersetzung kein einheitlicher Vorgang (= Keine Einheitstheorie)

Erbfall und Erbauseinandersetzung stellen zwei selbständige Rechtsvorgänge dar.

Die **Übertragung** der **Erbteile** gegen **Abfindungszahlungen** stellt einen **entgeltlichen** Vorgang **(Veräußerung)** i. S. des § 16 Abs. 1 Nr. 2) dar.

Der übernehmende Erbe hat dementsprechend **Anschaffungskosten.**

Die Erbauseinandersetzung kann damit (und zwar **unabhängig** davon, **in welchem Zeitraum nach dem Erbfall** diese erfolgt) zu einkommensteuerlichen Gewinnrealisierungen führen (BMF-EA, Tz 3).

Abfindungszahlungen eines Erben und Aufwendungen für den Erwerb des Erbteils eines Miterben führen zu ggf. abschreibungsfähigen Anschaffungskosten des betreffenden Erben und zu einem entsprechenden Veräußerungsgewinn des weichenden Miterben. Maßgebend dafür ist, daß der Miterbe mehr erlangt, als es seinem Erbteil entspricht (BMF-EA, Tz 14 ff.).

Nicht entscheidend ist, ob der Ausgleich aus dem erlangten Nachlaßvermögen oder aus sonstigem Vermögen des Miterben geleistet wird.

Diese Grundsätze gelten **einheitlich** für die Auseinandersetzung von **Privatvermögen, Betriebsvermögen** und sogenannten **Mischnachlässen** (Privat- und Betriebsvermögen).

2. Grundsatz der unmittelbaren dinglichen unentgeltlichen Rechtsnachfolge aufgegeben

Nach dem Beschluß des BFH GrS vom 5. 7. 1990 (a. a. O.) ist davon auszugehen, daß Erbfall und Erbauseinandersetzung für die Einkommensbesteuerung – auch im Bereich des **BV** – **keine** Einheit bilden.

3. Abfindungen sind Anschaffungskosten

Abfindungszahlungen eines Erben im Rahmen der Erbauseinandersetzung und Aufwendungen für den **Erwerb des Erbteils** eines Miterben sind beim Leistenden **grundsätzlich Anschaffungskosten.**

In gleicher Höhe entsteht beim weichenden Miterben ein **Veräußerungsgewinn** i. S. des § 16 Abs. 1 Nr. 2 (BMF-EA, Tz 14).

Hierauf hat keinen Einfluß, ob die Leistungen aus dem erlangten Nachlaßvermögen erbracht werden (vgl. hierzu bereits BFH, BStBl 1987 II 616).

So kann z. B. ein Erbe, der die Erbanteile seiner Miterben erwirbt, das Entgelt durch Verwertung oder Belastung des Nachlasses erlangen.

Es besteht **kein** Unterschied gegenüber der Auseinandersetzung über Gesamthandsvermögen einer Personengesellschaft, in der es ebenfalls nicht auf die Herkunft der Mittel beim erwerbenden Gesellschafter ankommt.

Ausschlaggebend ist, daß der Miterbe mehr erlangt hat, als seinem Erbanteil entspricht, und den **Mehrempfang** aus seinem Vermögen ausgleicht, mag es sich dabei auch um vormaliges Nachlaßvermögen handeln.

Aus der **Auseinandersetzung** einer **Erbengemeinschaft** über **Betriebsvermögen** ergeben sich **Anschaffungskosten in demselben Umfang wie in anderen Fällen, in denen sich Mitunternehmer über gemeinschaftliches Vermögen auseinandersetzen.**

Dies trägt zur **Gleichmäßigkeit** der **Besteuerung** bei, weil der weichende Miterbe den realisierten Veräußerungsgewinn wie in anderen Fällen der Veräußerung von Betriebsvermögen zu versteuern hat und der übernehmende Miterbe wie in anderen Fällen des Erwerbs von Betriebsvermögen nunmehr Anschaffungskosten mit steuerlicher Wirkung geltend machen kann.

Ein und derselbe Vorgang kann nicht, soweit Privatvermögen betroffen ist, als selbständiges Veräußerungs- und Anschaffungsgeschäft, soweit Betriebsvermögen betroffen ist, dagegen als Bestandteil des Erbfalls behandelt werden.

Der eintretenden Besteuerung von Ausgleichszahlungen an weichende Miterben können die Beteiligten in Vereinbarungen Rechnung tragen; dies gilt auch für die Übertragung von Erbanteilen und die Gewährung von Abfindungen an einen ausscheidenden Miterben.

Allerdings sind die Rechtsfolgen unterschiedlich, je nachdem ob die Erbengemeinschaft **nur** über **Betriebsvermögen, nur** über **Privatvermögen** oder gar über einen **Mischnachlaß** verfügt, der sich aus beiden Vermögensarten zusammensetzt.

4. Veräußerung von Mitunternehmeranteilen durch weichende Erben

Bei Übertragung eines Mitunternehmeranteils ist der Tatbestand des § 16 Abs. 1 Nr. 2 erfüllt, insbesondere

- bei der **Übertragung** eines **Erbanteils** gegen **Abfindung**
- beim **Ausscheiden** aus der Erbengemeinschaft gegen Abfindung

hinsichtlich eines zum **Nachlaß** gehörenden Betriebs.

Die Rechtsfolgen einer Übertragung eines Erbanteils oder des Ausscheidens eines Miterben aus der Erbengemeinschaft sind also nunmehr nach dem **Vorbild** entsprechender Vorgänge in einer **Personengesellschaft** zu beurteilen.

- **Übertragung eines Erbanteils**

Die durch § 2033 Abs. 1 BGB ermöglichte Übertragung des Erbanteils an einer gewerblich tätigen Erbengemeinschaft bedeutet die **Veräußerung** eines **Mitunternehmeranteils** i. S. von § 16 Abs. 1 Nr. 2, und zwar auch dann, wenn der Erwerber ein Miterbe ist.

Anschaffungskosten und **Veräußerungsgewinn** errechnen sich **wie bei** der **Übertragung** eines **Gesellschaftsanteils** (vgl. hierzu BFH, BStBl 1981 II 84, 86; BStBl 1986 II 53, 54).

- **Ausscheiden gegen Barabfindung**

Ebenso ist es möglich, daß ein Miterbe gegen eine Barabfindung aus der Erbengemeinschaft ausscheidet; sein Anteil am Gemeinschaftsvermögen wächst dann den verbliebenen Miterben zu.

Wie beim **Ausscheiden** eines Gesellschafters können hieraus für den Ausscheidenden ein **Veräußerungsgewinn** und für die verbliebenen Miterben **Anschaffungskosten** entstehen.

- **Auseinandersetzung der Erbengemeinschaft nach BGB**

Sofern nicht ein Miterbe alle übrigen Erbanteile erwirbt oder alle übrigen Miterben aus der Erbengemeinschaft ausscheiden, so daß die Erbengemeinschaft beendet wird, kommt es zur eigentlichen „Auseinandersetzung" der Erbengemeinschaft. Sie vollzieht sich nach den §§ 2046 ff BGB und ergänzend nach den Regeln über die Auflösung der Gemeinschaft (§ 2042 Abs. 2, §§ 752 ff. BGB).

Zur Berichtigung von Geldschulden muß die Erbengemeinschaft ggf. Vermögen versilbern (§ 2046 Abs. 3 BGB); ein hierbei entstehender **Gewinn** ist **von allen Miterben zu versteuern**. Das danach verbleibende Vermögen wird nach dem Verhältnis der Erbteile aufgeteilt (§ 2047 Abs. 1 BGB).

Nach der gesetzlichen Regelung muß deswegen das gemeinschaftliche Vermögen veräußert und der Erlös geteilt werden (§ 753 BGB). Bei dem hieraus entstehenden Gewinn der Erbengemeinschaft **kann** es sich um einen **Aufgabegewinn** i. S. von § 16 Abs. 3, aber auch um einen Veräußerungsgewinn i. S. von § 16 Abs. 1 Nr. 1 handeln, wenn der Betrieb im ganzen übertragen wird.

- **Abweichende vertragliche Auseinandersetzung**

Die Miterben können aber vereinbaren, daß der **Betrieb aufgelöst** und das vorhandene Betriebsvermögen in bestimmter Weise unter sie verteilt werden soll.

Die einkommensteuerrechtlichen Folgen entsprechen denjenigen der Liquidation einer Personengesellschaft. In der Erfüllung des – konkretisierten – Auseinandersetzungsanspruchs liegt nach BFH, BStBl 1982 II 456 (betr. **Realteilung** einer Personengesellschaft)

– **weder** der Tausch von Miteigentumsrechten zwischen den Gesellschaftern

– noch der Tausch eines untergehenden Gesellschaftsanteils gegen einzelne Vermögensgüter zwischen dem Gesellschafter und der Gesellschaft.

Ein derartiger **Tausch** kann deshalb **auch nicht zwischen** der **Erbengemeinschaft** und den **Miterben** angenommen werden. Aus der Verteilung des Vermögens entsteht ein Aufgabegewinn, sofern es nicht zur Buchwertfortführung durch die Miterben kommt; hierbei kommt der von der Erbengemeinschaft für ihren Betrieb aufzustellenden Schlußbilanz dieselbe Bedeutung zu wie der Schlußbilanz einer Personengesellschaft anläßlich der **Realteilung** ihres Vermögens (vgl. BStBl 1982 II 456).

- **Ausgleichsleistung bei Mehrempfang**

Erlangt ein Miterbe in der Auseinandersetzung mehr an Vermögen, als ihm nach seinem Erbanteil zusteht, muß er eine Ausgleichsleistung für den Mehrempfang erbringen, die der benachteiligte Miterbe als Abfindung für den Vermögensverzicht erhält. Hierzu bedarf es einer gesonderten Vereinbarung zwischen den Beteiligten, da sich eine derartige Abwicklung nicht aus dem erbrechtlichen Auseinandersetzungsanspruch ergibt.

Für den **übernehmenden** Miterben stellen die Leistungen **Anschaffungskosten** für den Mehrempfang, für den **weichenden** Miterben ein einem **Veräußerungserlös** gleichkommendes Entgelt für auf gegebenes Vermögen dar. Die Vereinbarung ist der Berechnung des Anteils der Miterben am Aufgabegewinn zu berücksichtigen (vgl. BFH, BStBl 1982 II 456).

- **Übernahme des Betriebs durch einen Miterben**

Die Auseinandersetzung kann sich auch in der Weise vollziehen, daß die Erbengemeinschaft den Betrieb auf **einen** Erben überträgt und dieser die übrigen Miterben abfindet. Eine solche Vereinbarung führt steuerrechtlich zu demselben Ergebnis wie der Erwerb der Erbanteile der Miterben oder ihr Ausscheiden aus der Erbengemeinschaft gegen Gewährung einer Abfindung; für den verbleibenden Erben stellt die Abfindung **Anschaffungskosten** dar, während sich für die abgefundenen Miterben ein **Veräußerungsentgelt** ergibt.

- **Teilauseinandersetzung**

Schließlich kann sich die Auflösung einer Erbengemeinschaft auch in Abschnitten durch Teilauseinandersetzung hinsichtlich einzelner Vermögensbestandteile vollziehen.

Soweit hierbei ein Wirtschaftsgut einem Miterben zu Lasten seiner Beteiligung am Restnachlaß zugewiesen wird, das er in sein Privatvermögen übernimmt, entsteht ein **Entnahmegewinn.**

Zur **Zurechnung** des Entnahmegewinns vgl. nachfolgend 2.6.7.2.2.3.

Soweit der entnehmende Miterbe Ausgleichszahlungen an die Erbengemeinschaft oder die übrigen Miterben leistet, handelt es sich um einen Veräußerungs- und Anschaffungsvorgang.

- **Erbengemeinschaft nur mit Privatvermögen**

Eine Erbengemeinschaft, die nur über Privatvermögen verfügt, kann in derselben Weise beendet werden wie eine gewerblich tätige Erbengemeinschaft.

Zu den einkommensteuerlichen Rechtsfolgen vgl. K. 7.8.6.4.

2.6.7.2.2.3 Übertragung von Wirtschaftsgütern des zum Nachlaß gehörenden Gewerbebetriebs auf weichende Erben als Sachwertabfindung

Die Übertragung von bisher mit der Eigenschaft als Betriebsvermögen behafteten Wirtschaftsgütern auf weichende Erben führt zur **Gewinnrealisierung,** falls das Wirtschaftsgut bei dem Übernehmer **Privatvermögen** wird. Denkbar ist aber auch eine Übertragung in ein anderes Betriebsvermögen.

a) Übertragung in ein anderes Betriebsvermögen

Wird ein Wirtschaftsgut des Nachlaßbetriebes als Abfindung auf weichende Miterben oder auf Vermächtnisnehmer übertragen, kommt es **nicht** zur Aufdeckung stiller Reserven, wenn der Erwerber das Wirtschaftsgut in einen eigenen Betrieb überführt und die Versteuerung der stillen Reserven sichergestellt ist. Der Erwerber kann das Wirtschaftsgut dann steuerlich mit dem Buchwert fortführen; BFH GrS, BStBl 1990 II 837, BMF EA, Tz 55 (entsprechend Mitunternehmer Erlaß Rz. 77, 57 bis 65; BStBl 1978 I 8).

Entsprechendes gilt, wenn das Wirtschaftsgut in eine Personengesellschaft gegen Gewährung von Gesellschaftsrechten eingebracht wird. Hier gilt ein Bewertungswahlrecht entsprechend § 24 UmwStG (BFH, BStBl 1982 II 17).

b) Übertragung in das Privatvermögen

Wird das Wirtschaftsgut beim abgefundenen Miterben dagegen Privatvermögen, so kommt es zu einer gewinnrealisierenden Veräußerung.

Der **Veräußerungsgewinn** ist **laufender Gewinn** gemäß § 15 Abs. 1 **Nr. 2** (BFH, BStBl 1980 II 383). Die **Zurechnung** erfolgt nach BMF-EA, **Tz 54 nicht** auf alle **Miterben,** sondern nur auf die verbleibenden Gesellschafter. Dahinter steht die Überlegung der FinVerw. daß zunächst der Gesellschafter ausscheidet und sodann sein Abfindungsanspruch durch Hingabe eines Wirtschaftsguts getilgt wird. Diese Lösung erscheint nicht zwingend. Der BFH hat jedenfalls die Auswirkungen offengelassen. Denkbar erscheint auch eine Zurechnung auf **alle** Miterben, da ihnen das Wirtschaftsgut vor der Veräußerung zur Gesamthand gehörte. Vgl. 2.6.7.2.7.

2.6.7.2.2.4 Mitunternehmerschaft der Miterben

Ein zum Nachlaß gehörendes gewerbliches Unternehmen wird **Gesamthandsvermögen** der Erben. Nach dem Erbfall ist die Erbengemeinschaft Träger des Unternehmens.

Die **Miterben sind sofort mit dem Erbfall Mitunternehmer** i.S. von § 15 Abs. 1 Satz 1 Nr. 2 (BMF-EA, Tz 2). Da das Unternehmen nunmehr für ihre Rechnung und Gefahr geführt wird, sie Gewinn und Verlust tragen sowie für die Unternehmensschulden haften, tragen sie ein **Mitunternehmerrisiko.** Aufgrund ihres erbrechtlichen Mitwirkungsrechts können sie seit dem Erbfall auch **Mitunternehmerinitiative** ausüben.

Die Einkunftserzielung der Miterben ergibt sich mithin **nicht** aus § 24 Nr. 2, sondern aufgrund Tatbestandsverwirklichung in eigener Person.

Obwohl die Erbengemeinschaft **keine** Gesellschaft i.S. von § 705 BGB darstellt, hat der Große Senat sie trotzdem bei Anwendung des § 15 Abs. 1 Nr. 2 als ein **wirtschaftlich vergleichbares Gemeinschaftsverhältnis** einer solchen Gesellschaft gleichgestellt (Beschluß GrS BStBl 1984 II 751).

Hierbei ist es **nicht entscheidend, wie lange** sich die **Auseinandersetzung hinzieht.** Selbst wenn die Erben das Unternehmen alsbald nach dem Erbfall abwickeln, einstellen oder auf einen anderen übertragen, haben sie zunächst doch die Stellung von Mitunternehmern erlangt. Sie **verwirklichen selbst** den **Tatbestand der Einkünfteerzielung** i.S. des § 15 Abs. 1 Nr. 2. Wegen einer steuerlich unschädlichen Rückwirkung in engen Grenzen vgl. BMF-EA, **Tz 8.**

Die Erbengemeinschaft findet ihr Ende, wenn sich die Miterben hinsichtlich ihres gemeinsamen Vermögens auseinandersetzen; dieser Vorgang kann auch in einkommensteuerrechtlicher Sicht **nicht** als Bestandteil des Erbfalls angesehen werden (BMF-EA, **Tz 7).**

Damit ist für die Vorstellung kein Raum, der Miterbe habe das von ihm in der Auseinandersetzung übernommene Vermögen unmittelbar vom Erblasser erhalten. Er erlangt es vielmehr aus dem Gesamthandsvermögen der Erbengemeinschaft („Durchgangserwerb" der Erbengemeinschaft).

- **Zeitpunkt des Vollzugs der Auseinandersetzung**

Die Auseinandersetzung ist **zivilrechtlich erst vollzogen**, wenn die Erbengemeinschaft ihr Vermögen in Erfüllung eines Auseinandersetzungsvertrags auf die Miterben übertragen hat.

- **Erbe als wirtschaftlicher Eigentümer**

Steuerlich kann jedoch ein Miterbe schon früher unter Ausschluß der übrigen Miterben wirtschaftlicher Eigentümer (§ 39 Abs. 2 Nr. 1 AO) des ungeteilten Vermögens und Unternehmer oder Mitunternehmer des Betriebs der Erbengemeinschaft geworden sein.

Es bleibt jedoch auch hier die Rechtsfolge, daß zunächst alle Miterben Mitberechtigte und beim Vorhandensein eines Gewerbebetriebs auch Mitunternehmer geworden sind. Eine vertraglich vereinbarte **Rückwirkung** bezieht sich somit **lediglich** auf die **Zurechnung laufender Einkünfte** (vgl. BMF-EA, Tz 8 und 9).

Beispiel: – Gesamtauseinandersetzung[1]) –

S und T beerben ihren Vater V am 2.1.01 als gesetzliche Erben je zur Hälfte. Der Nachlaß besteht nur aus einem Gewerbebetrieb (Einzelfirma). Es betragen

– Verkehrswert des Betriebs 3 Mio. DM
– Kapitalkonto des Betriebs 1,2 Mio. DM

T **überträgt** ihren **Erbanteil** an S gegen eine Abfindung von 1,5 Mio. DM.

a) am 31.1.01   b) erst nach 10 Jahren (bei gleichen Zahlen)

Lösung:

1. Zunächst geht der Betrieb insgesamt unentgeltlich mit dem Tode des V auf die Erbengemeinschaft über:
   – zivilrechtlich nach § 1922 und § 2032 BGB
   – einkommensteuerlich nach § 7 Abs. 1 EStDV.
   Die Erbengemeinschaft führt zwingend die Buchwerte fort.
   S und T sind **zwingend sofort Mitunternehmer** geworden (BMF-EA, Tz 3).

2. Die Übertragung des Erbanteils ist nach § 2033 Abs. 1 BGB möglich.
   Da die Erbengemeinschaft sich auf einen Gewerbebetrieb bezieht und S und T Mitunternehmer sind, bedeutet diese Übertragung – wenn auch an einen Miterben erfolgt – . vgl. BMF-EA, Tz 40 und 42 –:

   aa) für T **Veräußerung** eines **Mitunternehmeranteils** i. S. § 16 Abs. 1 Nr. 2.

   Der Veräußerungsgewinn errechnet sich wie bei der Übertragung eines Gesellschaftsanteils:

Erlös	1,5 Mio. DM
./. Buchwerte (anteilig)	0,6 Mio. DM
Veräußerungsgewinn	0,9 Mio. DM

   Infolge der Höhe des Veräußerungsgewinns entfällt der anteilige Freibetrag nach § 16 Abs. 4.
   Der Veräußerungsgewinn ist begünstigt nach § 34 Abs. 1 und 2.

   bb) für **S**:

   Der Betriebserwerb ist in Höhe seines Anteils am **Kapitalkonto** von **600 000 DM** unentgeltlich (§ 7 Abs. 1 EStDV). Insoweit führt S die Buchwerte fort.
   In Höhe der **Abfindungszahlung** von **1,5 Mio. DM** hat S **Anschaffungskosten.** (Diese sind nach dem **Verhältnis** der **Teilwerte** auf die verschiedenen Wirtschaftsgüter zu verteilen.)
   Der **Zeitpunkt** der **Auseinandersetzung (Übertragung)** ist für diese Beurteilung **bedeutungslos** (Lösung Fall a) = Fall b).

Bilanzielle Darstellung (in Mio. DM
Einzelfirma V (Erblasser)

Diverse Aktiva	1,2	Kapital V	1,2

1. Schritt: Erbfall = unentgeltlicher Übergang des Betriebs vom Erblasser auf Erbengemeinschaft (§ 7 Abs. 1 EStDV) = „Durchgangserwerb" der Erbengemeinschaft

---

[1]) Zur **Teilauseinandersetzung** vgl. BMF-EA, Tz 59 – 66 und S. 842 ff); zu **umgekehrten Abfindungen** vgl. BMF-EA, Tz 62 und S. 843.

Erbengemeinschaft S und T

Diverse Aktiva	1,2	Kapital S	0,6 ①
		Kapital T	0,6 ②
	1,2		1,2

2. Schritt: „Ausscheiden" der T (Übertragung Erbanteil)

Einzelfirma S

Diverse Aktiva ½ =		0,6	Kapital S	0,6
½ =	0,6		Abfindungsverpflichtung	1,5
+ Aufstockung	0,9	1,5		
		2,1		2,1

① = **unentgeltlicher Übergang**
② = **entgeltlicher Erwerb**

Ermittlung der Abfindung

½ Buchwerte Aktiva	0,6 Mio. DM
+ ½ × stille Reserven (3,0 ∕ 1,2 Mio. DM)	+ 0,9 Mio. DM
	1,5 Mio. DM

Abwandlung

S finanziert den Kaufpreis ganz oder teilweise durch ein Darlehen

Lösung:

Es ist unbedeutend, aus welchen Mitteln der erwerbende Erbe das vereinbarte Entgelt entrichtet; diese können aus dem Nachlaß (durch Verwertung, Entnahme liquider Mittel oder Belastung) oder durch Fremdfinanzierung gewonnen werden.

Bei einer Finanzierung des Kaufpreises durch Darlehen ist dieses eine Betriebsschuld (BFH, GrS vom 5.7.1990, a.a.O.), die Schuldzinsen sind BA (z.B. BFH, BStBl 1987 II 423).

Abwandlung: T **scheidet** gegen Abfindung von 1,5 Mio. DM aus der Erbengemeinschaft **aus**.

Lösung:

Wie vor – Das Ausscheiden wird wie die Übertragung des Erbanteils behandelt (BMF-EA, Tz 51 und 53).

2.6.7.2.2.5 Zurechnung des laufenden Gewinns/Verlusts bis zur Erbauseinandersetzung

Die Zurechnung des laufenden Gewinns oder Verlusts aus dem zum Nachlaß gehörenden Betrieb kann von der Frage der Mitunternehmerschaft grundsätzlich nicht getrennt werden. **Miterben** erzielen als **Mitunternehmer** in **eigener Person** Gewinnanteile i. S. **§ 15 Abs. 1 Nr. 2**.

Der laufende Gewinn der Erbengemeinschaft wird nicht anders als der Gewinn einer gewerblich tätigen Personengesellschaft entsprechend den §§ 4, 5 für die Gemeinschaft ermittelt, grundsätzlich nach den Erbanteilen auf die Miterben aufgeteilt und von ihnen als Mitunternehmern entsprechend § 15 Abs. 1 (Satz 1) Nr. 2 versteuert (BMF-EA, **Tz 3**).

Beispiel:

V vererbt Betrieb auf Sohn S und Tochter T (gesetzliche Erbfolge zu je ½) am 1.3.05. T erklärt, den Betrieb nicht mit weiterführen zu wollen, beansprucht aber einen Anteil am Gewinn bis zur Erbauseinandersetzung (30.9.05). Gewinn WJ = KJ 05: 120000 DM. V, S und T erzielen Einkünfte aus § 15 Abs. 1 **Nr. 2**, da sie mit dem Erbfall zunächst Mitunternehmer geworden sind.

Zuordnung der Einkünfte

1. 1. – 28.2.05 V ²/₁₂ von 120000 DM	= 20000 DM
1. 3. – 30.9.05 S und T je 1/2 von ⁷/₁₂ von 120000 DM	= 35000 DM
Es liegen Einkünfte aus § 15 (1) 2 vor; 1.10. – 31.12.05 S ³/₁₂ von 120000	= 30000 DM

Zur **rückwirkenden** Zurechnung laufender Einkünfte (**max. 6 Monate**) vgl. BMF-EA, **Tz 8 und 9**.

Im übrigen gelten die Regeln des § 15 Abs. 1 Nr. 2 (Sondervergütungen, Sonder-BV).

War der Erblasser Freiberufler, ist von § 15 abzugrenzen. Bei Umqualifizierung in § 15 liegt **keine** Betriebsaufgabe vor, BFH, BStBl 1993 II 36. Vgl. BMF-EA, Tz. 55. Vorübergehende Verpachtung kann unschädlich sein (BFH, DStR 1992, 1470).

2.6.7.2.2.6 Realteilung

Die Erben können auch vereinbaren, daß der **Nachlaß real** geteilt wird. So können die Erben vereinbaren, daß der Betrieb aufgelöst und das vorhandene Betriebsvermögen in bestimmter Weise unter sie verteilt werden soll. Der erbrechtliche Auseinandersetzungsanspruch der Miterben wird durch die Erbauseinandersetzungsvereinbarung konkretisiert (BGH, BGHZ 38, 187).

Die einkommensteuerlichen Folgen entsprechen denjenigen der Liquidation einer Personengesellschaft. In Erfüllung des konkretisierten Auseinandersetzungsanspruchs liegt nach den Grundsätzen von BFH, BStBl 1982 II 456 **weder** der **Tausch** von **Miteigentumsrechten** zwischen den Gesellschaftern **noch** der **Tausch** eines untergehenden Gesellschaftsanteils gegen einzelne Vermögensgüter zwischen dem Gesellschafter und der Gesellschaft. Ein derartiger **Tausch** kann deshalb **auch nicht zwischen der Erbengemeinschaft** und den **Miterben** angenommen werden. Vgl. BMF EA, Tz 10.

Aus der Verteilung des Vermögens entsteht ein **Aufgabegewinn** (§ 16 Abs. 3), **sofern** es **nicht** zur Buchwertfortführung durch die Miterben kommt (BMF-EA, **Tz 11**). Hierbei kommt der von der Erbengemeinschaft für ihren Betrieb aufzustellenden Schlußbilanz dieselbe Bedeutung zu wie der Schlußbilanz einer Personenhandelsgesellschaft anläßlich der Realteilung ihres Vermögens: Das **Wahlrecht** ist in der Schlußbilanz der Erbengemeinschaft auszuüben (vgl. BFH, BStBl 1992 II 385 und BMF EA, **Tz 12**).

Vgl. hierzu auch 2.2.6.6.15.

a) **Realteilung ohne Abfindungszahlungen (BMF-EA, Tz 10 – 13)**

Beispiel 1:

V ist verstorben. Erben sind S1 und S2. Im Nachlaß befindet sich ein Betrieb, der aus einem Kfz-Handel und einer Kfz-Reparaturwerkstatt besteht. S1 und S2 kommen überein, daß S1 den Kfz Handel und S2 die Reparaturwerkstatt übernimmt. Das Kapitalkonto des Betriebs beträgt 150 000 DM, der Wert des gesamten Betriebes 600 000 DM. Die beiden Teilbetriebe sind gleichwertig (je 300 000 DM).

Lösung:

Es liegt die **Realteilung** eines Betriebsvermögens vor. **Zwei Teilungsmassen** (hier: Teilbetriebe) werden von den beiden Miterben **ohne Abfindung** übernommen und fortgeführt. Die übernehmenden Erben haben grundsätzlich ein **Wahlrecht,** ob sie die **Buchwerte** fortführen wollen oder das Betriebsvermögen mit dem **Teilwert** übernehmen. Sofern die Erben das Betriebsvermögen mit dem **gemeinen Wert** ansetzen, entsteht für S1 und S2 ein Aufgabegewinn i. S. des § 16 Abs. 3 von jeweils 225 000 DM. Das Wahlrecht kann nach Verwaltungsauffassung von allen Miterben nur einheitlich ausgeübt werden (vgl. BMF-EA, Tz 12; **a.A.** BFH, BStBl 1994 II 607; hierzu jedoch Nichtanwendungserlaß BMF-Schr. vom 11. 8. 1994, DB 1994, 1699 **Nr. 3**). **Zwischenwerte** sind nicht zulässig. Der Aufgabegewinn ist nach § 34 begünstigt.

Beispiel 2:

V ist verstorben. Im Nachlaß befindet sich ein Gewerbebetrieb. Erben sind Sl, S2 und S3. Der Betrieb wird **real geteilt.** S2 und S3 überführen die ihnen zugeteilten Wirtschaftsgüter in eigene bisher bestehende Betriebe. S1 führt den verkleinerten Betrieb des Erblassers weiter.

Lösung:

Auch hier erfolgt die Auseinandersetzung nach den Regeln der Realteilung. Wirtschaftsgüter des Betriebes des Nachlasses werden nicht in das Privatvermögen überführt, sondern teilweise in anderen Betrieben der Miterben verwendet. Insofern ergibt sich auch hier die Möglichkeit zur Buchwertfortführung.

b) **Realteilung mit Abfindungszahlungen (BMF-EA, Tz 14 – 22)**

Wird im Rahmen einer Erbauseinandersetzung ein Nachlaß real geteilt und erhält ein Miterbe wertmäßig mehr, als ihm nach seiner Erbquote zusteht, und zahlt er für dieses Mehr an seine Miterben eine Abfindung, so liegt insoweit ein Anschaffungs- und Veräußerungsgeschäft vor. In Höhe der **Abfindungszahlung** liegen **Anschaffungskosten** vor. Der Empfänger der Abfindung erzielt einen **Veräußerungserlös** (BMF-EA, Tz 14).

Bei der Realteilung im Rahmen einer Erbauseinandersetzung. Bezieht sich das Entgelt nicht auf das, was ein Miterbe aufgrund seiner Erbquote erhält, sondern **nur** auf das „**Mehr**", das er aufgrund eines neben der Realteilung bestehenden besonderen entgeltlichen Rechtsgeschäfts bekommt = sog. **Überquotenausgleich.**

Es handelt sich hier nicht um die bloße Aufteilung eines einheitlichen Rechtsvorgangs, sondern um die Beurteilung von **zwei rechtlich selbständigen Vorgängen,** von denen der eine unentgeltlich und der andere entgeltlich ist. Für die Zahlung einer Abfindung bedarf es daher einer **gesonderten Vereinbarung** zwischen den Beteiligten, da sich eine derartige Abwicklung nicht aus dem erbrechtlichen Auseinandersetzungsanspruch ergibt. Die Vereinbarung ist bei der **Berechnung** des Anteils des Miterben am Aufgabegewinn in den Fällen der Betriebsaufgabe zu **berücksichtigen** (BMF-EA, Tz 15).

Die Abfindungszahlung ist dem **Teil** des Kapitalkontos gegenüberzustellen, der dem **Verhältnis** von Abfindungszahlung zum Wert des übernommenen Betriebsvermögens entspricht (BMF-EA, Tz 16).

Werden Abfindungszahlungen geleistet, haben die Miterben, abgesehen von der notwendigen teilweisen Gewinnrealisierung nach Maßgabe der Abfindung, wiederum ein **Wahlrecht** zwischen voller Gewinnrealisierung (Betriebsaufgabe) und Buchwertfortführung, soweit die zugeteilten Wirtschaftsgüter oder Teilbetriebe Betriebsvermögen bleiben (BFH, BStBl 1992 II 385 und BMF-EA, Tz 18)

Beispiel 3:
S und T sind Miterben zu je 1/2. Zum Nachlaß gehört ein gewerblicher Betrieb. Teilungsmasse 1 hat einen Wert von 1 Mio DM und einen Buchwert von 100 000 DM. Teilungsmasse 2 hat einen Wert von 0,8 Mio DM und einen Buchwert von 180 000 DM. Im Wege der Erbauseinandersetzung erhält S die Teilungsmasse 1 und T die Teilungsmasse 2. Außerdem zahlt S an T eine Abfindung von 100 000 DM. Die Teilungsmassen sind Teilbetriebe.

Lösung:
Auch hier liegt grundsätzlich eine **Realteilung** vor mit der Möglichkeit der Buchwertfortführung oder dem Wertansatz zum gemeinen Wert.
Im Beispiel 3 steht dem S wertmäßig am Nachlaß 0,9 Mio DM zu. Da er aber 1 Mio DM erhält, also 100 000 DM mehr, zahlt er diesen Betrag für $1/10$ des Teilbetriebs 1, das er mehr erhält. S erwirbt also $9/10$ des Teilbetriebs 1 unentgeltlich und $1/10$ entgeltlich. Auf diese $1/10$ entfällt ein Buchwert von 10 000 DM, so daß S die Aktivwerte um 90 000 DM aufstocken muß und T einen begünstigten Veräußerungsgewinn (§ 16 Abs. 4, § 34) von 90 000 DM (100 000 DM ./. 10 000 DM) zu versteuern hat (so BMF-EA, Tz. 21, 22). Es besteht ein **Wahlrecht**, die Realteilung für S und T als Betriebsaufgabe zu behandeln (BMF-EA, Tz 18), da die Teilungsmassen Teilbetriebe darstellen (also **keine** ganzen Betriebe).
Werden die **Buchwerte** fortgeführt, so entsteht im übrigen **kein** weiterer Aufgabegewinn.

c) **Tarifbegünstigung des Veräußerungsgewinns bei Realteilung mit Abfindungszahlungen**

§§ 16, 34 sind auf den Veräußerungsgewinn, der sich aufgrund der Abfindung ergibt, anzuwenden, wenn bei der Realteilung eines Nachlasses **Betriebe** oder **Teilbetriebe** mit Abfindungszahlungen zugeteilt werden oder wenn z. B. bei einem Mischnachlaß nur ein Betrieb vorhanden ist, der unter Ausscheiden der übrigen Miterben mit Abfindung allein auf einen bestimmten Miterben übertragen wird (BMF-EA, Rz 21 und BMF-Schreiben vom 11. 8. 1994, DB 1994, 1699, **Nr. 2**).

§§ 16, 34 sind dagegen auf den Veräußerungsgewinn, der sich aufgrund der Abfindung ergibt, **nicht** anzuwenden, wenn durch die Realteilung lediglich einzelne betrieblich genutzte Wirtschaftsgüter zugeteilt werden, denn die Übertragung einzelner Wirtschaftsgüter ist auch sonst nicht tarifbegünstigt (BMF-EA, Rz 22).

Nach den Grundsätzen der Tz 21 und 22 ist im o. a. Beispiel der von T zu versteuernde Veräußerungsgewinn **tarifbegünstigt**, also nicht als laufender Gewinn zu behandeln, weil dort im Zuge der Realteilung mit Abfindungszahlungen Teilbetriebe und nicht lediglich einzelne Wirtschaftsgüter zugeteilt wurden.

d) **Übernahme von Verbindlichkeiten über die Erbquote hinaus**

Eine Übernahme von Schulden über die Erbquote hinaus führt nicht zu Anschaffungskosten. Deshalb entsteht auch kein Veräußerungsgewinn, soweit ein Miterbe Verbindlichkeiten über die Erbquote hinaus übernimmt (BMF-EA, Tz 17); zur Übernahme von Verbindlichkeiten vgl. auch BMF-EA, Tz 25 ff.

Beispiel 4:

Wie Beispiel 3 (oben unter b) mit der Abwandlung, daß S den T von Betriebsschulden in Höhe von 100 000 DM, die zur Teilungsmasse 2 gehören, freistellt, also zum gesamthänderisch gebundenen Nachlaß gehörende Verbindlichkeiten in Höhe von 100 000 DM übernimmt.

Im Beispiel 4 erhält S wertmäßig nur 0,9 Mio DM und braucht an T keine Abfindung zu zahlen. Es liegt dann **keine** entgeltliche Realteilung vor.

2.6.7.2.3 Mischnachlaß (Erbengemeinschaft mit Betriebs- und Privatvermögen)

Nicht selten gehören zu einem Nachlaß **sowohl Betriebs- als auch Privatvermögen**; diese Vermögensarten können in **einer** Erbengemeinschaft ungeachtet der Vorschrift des § 15 Abs. 3 Nr. 1 **nebeneinander** bestehen (vgl. BFH, BStBl 1987 II 120 und BStBl 1987 II 322). Vgl. BMF-EA, Tz 33–39 und 47–50.

Eine Erbengemeinschaft kann demgemäß **nebeneinander Gewinn- und Überschußeinkünfte** erzielen (BMF-EA, Tz. 4).

Erwirbt ein Erbe den Erbanteil eines Miterben an einer derartigen Erbengemeinschaft, ist der Veräußerungsvorgang beim Veräußerer und beim Erwerber deshalb **beiden Bereichen zuzuteilen**.

Bei einer Vermögensverteilung zur Auseinandersetzung der Erbengemeinschaft kommt es in **beiden Bereichen nicht** zu **Anschaffungs- und Veräußerungsgeschäften** (BMF-EA, Tz 33).

Die **Erbquote** kann **mit Betriebsvermögen** und **Privatvermögen** ausgefüllt werden (= sog. **erweiterte steuerneutrale Realteilung**).

Der Miterbe führt grundsätzlich die Buchwerte im erhaltenen Gewerbebetrieb und die Steuerwerte im erhaltenen Privatvermögen nach § 7 Abs. 1, § 11d Abs. 1 EStDV fort.

Bei der Überführung von Betriebs- in Privatvermögen kommt es zu einer **Entnahme**.

Die Abstimmung mit dem Auseinandersetzungsguthaben des Miterben kann auch in diesem Fall dadurch erreicht werden, daß der **Miterbe – überproportional – Verbindlichkeiten** der Erbengemeinschaft **übernimmt** (BMF-EA, Tz 36). Wie sich derartige Schulden in der Folge bei den Miterben auswirken, hängt davon ab, mit welchem Vermögen sie in Zusammenhang stehen und wie dieses Vermögen beim Erben verwendet wird.

So kann Privatvermögen der Erbengemeinschaft beim Miterben Betriebsvermögen und die damit zusammenhängende Verbindlichkeit Betriebsschuld werden (vgl. BFH, BStBl 1987 II 423), obwohl/auch wenn keine Anschaffungskosten vorliegen. Die entsprechenden Zinsen sind dann BA (BMF-EA, Tz 37).

Zur **Veräußerung** eines Erbteils bei Mischnachlaß vgl. BMF-EA, Tz 50.

§ 15 Abs. 3 Nr. 1 ist auch hier **nicht** anzuwenden.

Beispiel 1:

Der Nachlaß des am 2.1.01 verstorbenen V besteht aus
1. einer Einzelfirma (Buchwert 400 000 DM, Verkehrswert 2 Mio. DM).
2. Immobilien im Privatvermögen (AfA Bemessungsgrundlage des V 1,5 Mio DM, restlichen AfA-Volumen 1,2 Mio. DM, Verkehrswert 2 Mio. DM).

   Alle Werte beziehen sich auf den 31.12.01. Erben sind S1 und S2 je zur Hälfte. Der Nachlaß wird am 31.12.01 geteilt. S1 erhält die Einzelfirma, S2 die Immobilien. **Abfindungen** sind **nicht** zu leisten.

Lösung:
1. Die Realteilung ist **völlig steuerneutral**.

   S1 führt die Buchwerte der Erbengemeinschaft gemäß § 7 Abs. 1 EStDV fort, S2 die Steuerwerte der Immobilien gemäß § 11d Abs. 1 EStDV.

   Insbesondere liegt aus steuerlicher Sicht **kein** gewinnrealisierender Tausch von Erbanteilen vor.
2. S1 und S2 haben in 01 bis zur Realteilung gemeinschaftlich Einkünfte **nebeneinander** aus
   1. § 21
   2. § 15 Abs. 1 Nr. 2

   bezogen. § 15 Abs. 3 Nr. 1 ist auf die Erbengemeinschaft **nicht** anwendbar (BMF EA, Tz 4).

Beispiel 2: – Realteilung mit Abfindung –
Wie oben 1, aber der Verkehrswert der Immobilie beträgt lediglich 1,4 Mio. DM. S2 erhält daher von S1 eine Ausgleichszahlung von 0,3 Mio. DM.

Lösung:
S1 ist am Nachlaß zu 50% von (2 Mio. DM + 1,4 Mio. DM =) 1,7 Mio. DM beteiligt, erhält aber wertmäßig den Betrieb mit 2 Mio. DM. Der Mehrempfang von S1 beträgt mithin 0,3 Mio. DM.

Dieser „Überquotenausgleich" von 0,3 Mio. DM stellt

– bei S1 Anschaffungskosten und
– bei S2 Veräußerungsentgelt i. S. des § 16 Abs. 1 Nr. 2 dar.

Berechnung des **Veräußerungsgewinns** für S2:

Für die Abfindung von 0,3 Mio. DM erhält S2 $\frac{0,3 \text{ Mio DM}}{2,0 \text{ Mio DM}} = 15 \text{ v. H.}$

des BV.

Folglich erzielt S2 folgenden Veräußerungsgewinn:
(BMF-EA, Tz 38 – nach Beispiel 17)

Abfindung	300 000 DM
./. 15 v. H. × Buchwert des Betriebs 400 000 DM =	60 000 DM
§ 16 Abs. 1 Nr. 2	240 000 DM

Beispiel 3:

= **Söffing-Modell** (nach Söffing, DStR 1991, 201, 204)

Die Erbengemeinschaft A, B und C entnimmt zunächst aus dem Betrieb (Wert 3 Mio DM) liquide Mittel in Höhe von 2 Mio. DM, die im Privatvermögensbereich der Erbengemeinschaft z. B. als Festgeld oder in Wertpapieren angelegt werden. Die im Betrieb entstandene Finanzierungslücke von 2 Mio. DM wird durch Aufnahme von Fremdkapital geschlossen.

Die Bilanz sieht jetzt wie folgt aus:

Aktiva	2 400 000 DM	Schulden	2 000 000 DM
		Kapital	400 000 DM
	2 400 000 DM		2 400 000 DM

Nunmehr wird der Nachlaß real geteilt. A erhält den Betrieb (Wert – nach Entnahme der 2 Mio DM – noch 1 Mio. DM) und B und C erhalten je 1 Mio. DM Wertpapiere, die der Erbengemeinschaft in ihrem Privatvermögen gehören.

Lösungsvorschlag Söffing:

Die Unentgeltlichkeit der Erbauseinandersetzung durch Realteilung ohne Abfindungszahlung wirft die Frage auf, ob in dem Fall, daß zum Nachlaß nur ein Betriebsvermögen gehört, eine Gewinnrealisierung vermieden werden kann:

Nach Auffassung von Söffing (a. a. O.) **hat keiner Anschaffungskosten. Für niemanden entsteht ein Veräußerungsgewinn.**

Söffing meint, daß eine solche Gestaltung deshalb **zulässig** sei, weil niemand einem Kaufmann vorschreiben kann, mit wieviel Eigenkapital und wieviel Fremdkapital er sein Unternehmen führen will, und weil es für die Beurteilung der Frage, ob Abfindungsleistungen gezahlt oder zum Vermögen der Erbengemeinschaft gehörende Wirtschaftsgüter (einschließlich Geld) verteilt werden, einzig und allein auf den Bestand dieses Vermögens im Zeitpunkt der Erbauseinandersetzung ankommen kann. Gl. A. Felix, KöSDi 11/90, Tz. 12 (S. 8291).

Die **FinVerw** sieht dagegen einen **Gestaltungsmißbrauch** i. S. § 42 AO: Wird zum Zwecke der Auseinandersetzung ein Nachlaß, der nur aus Betriebsvermögen besteht, durch Entnahmen liquider Mittel in einen Mischnachlaß umgestaltet, um eine gewinneutrale Realteilung zu ermöglichen, so ist diese Gestaltung steuerlich nicht anzuerkennen, weil in diesem Fall nur für Zwecke der gewinneutralen Auseinandersetzung Privatvermögen geschaffen worden ist (vgl. BMF-EA, Tz 35).

B und C haben daher je 200 000 DM tarifbegünstigten Veräußerungsgewinn nach § 16 Abs. 1 Nr. 2 zu versteuern (Abfindung 2 000 000 DM ./. Kapitalkonten B und C 1 600 000 DM = 400 000 DM).

2.6.7.2.4 Steuerliche Auswirkung von Vermächtnissen (BMF-EA, Tz 67 – 75)

Im Falle der Erbeinsetzung liegt in **vollem Umfang** ein **unentgeltlicher Erwerb unmittelbar vom Erblasser** vor. Der **Erbe** ist an die Buch- und Steuerwerte gem. **§§ 7 Abs. 1, 11d Abs. 1 EStDV** gebunden, auch wenn ihm die Erfüllung von Vermächtnissen auferlegt wird. Die **Erfüllung** eines **Vermächtnisses** durch den beschwerten Erben stellt **kein Entgelt** für den Erwerb des Erbteils dar und führt daher bei ihm **nicht** zu Anschaffungskosten. Dies gilt auch, wenn ein Sachvermächtnis hinsichtlich eines **Wirtschaftsguts** des **Betriebsvermögens** ausgesetzt wird und dieses Sachvermächtnis vom Erben und Betriebsübernehmer erfüllt wird.

Hier liegen nicht dem Vermächtnisnehmer, sondern den Miterben zuzurechnende **(gesamthänderische) Entnahmen vor,** die bei diesen als laufender Gewinn zu versteuern sind (§ 15 Abs. 1 Nr. 2). Vgl. BMF-EA, Tz 67.

> **Beispiel:**
> A wurde vom Erblasser als Alleinerbe eingesetzt. Zum Nachlaß gehört ein Gewerbebetrieb. In Erfüllung eines Vermächtnisses überträgt A auf B ein Betriebsgrundstück (Teilwert 1 Mio DM, Buchwert 400 000 DM).
> A führt nach § 7 Abs. 1 EStDV die Buchwerte des Erblassers fort. Er erzielt bei der Übertragung des Grundstücks auf B einen laufenden Entnahmegewinn in Höhe von 600 000 DM (= 1 Mio DM ./. 400 000 DM). Das gilt auch, wenn das Grundstück beim Vermächtnisnehmer ins Betriebsvermögen übernommen wird.

Der Wert des Vermächtnisses ist **kein** Entgelt für den Betriebserwerb.

Besteht das **Vermächtnis** dagegen in einem zum Nachlaß gehörenden **Gewerbebetrieb**, ist der Vermächtnisnehmer ebenfalls nicht als unmittelbarer unentgeltlicher Erwerber vom Erblasser anzusehen, sondern er erwirbt unentgeltlich von der Erbengemeinschaft (§ 7 Abs. 1 EStDV).

Der Vermächtnisnehmer führt nach § 7 Abs. 1 EStDV die Buchwerte der Erbengemeinschaft fort (BFH, BStBl 1991 II 350).

Ist ein Gewerbebetrieb (Einzelunternehmen) aufgrund eines Sachvermächtnisses an einen der Miterben oder einen Dritten (Vermächtnisnehmer) herauszugeben, so sind die nach dem Erbfall bis zur Erfüllung des Vermächtnisses erzielten gewerblichen Einkünfte grundsätzlich den Miterben als Mitunternehmer zuzurechnen. Abweichend von diesem Grundsatz sind die zwischen Erbfall und Erfüllung des Vermächtnisses angefallenen Einkünfte dem Vermächtnisnehmer zuzurechnen, wenn dieser schon vor der Erfüllung des Vermächtnisses als Inhaber des Gewerbebetriebs (Unternehmer) anzusehen ist (BFH, BStBl 1993 II 330). Vgl. BMF-EA, Tz 68.

Besteht das Vermächtnis darin, daß dem Bedachten ein privates Wirtschaftsgut zu übertragen ist, so ist er nach § 11 d Abs. 1 EStDV an die bisher für den Alleinerben oder die Erbengemeinschaft maßgebenden Steuerwerte gebunden (BMF-EA, Tz 69).

Wird ein **Miterbe** durch ein Vermächtnis bedacht **(Vorausvermächtnis),** so hat er – ebenso wie ein **nicht** zu den Miterben gehörender Vermächtnisnehmer – lediglich einen schuldrechtlichen Anspruch gegenüber der Erbengemeinschaft. Die ihm durch das Vorausvermächtnis zugewandten Vermögensgegenstände des Erblassers erwirbt er daher nicht unmittelbar vom Erblasser, sondern von der Erbengemeinschaft (BMF-EA, Tz 72).

Betrifft das **Vorausvermächtnis** einen **Betrieb,** so erzielt die Erbengemeinschaft **keinen** Veräußerungs- oder Aufgabegewinn. Der Vermächtnisnehmer führt nach § 7 Abs. 1 EStDV die Buchwerte der Erbengemeinschaft fort.

Demgegenüber liegt eine **Entnahme** durch die Erbengemeinschaft (nicht durch den Erblasser) vor, wenn ein **Einzelwirtschaftsgut** des Betriebsvermögens in Erfüllung eines Vorausvermächtnisses auf einen der Miterben übertragen wird (BMF-EA, Tz 73).

> **Beispiel:**
> Erben sind A und B je zur Hälfte. Der Nachlaß umfaßt neben anderen Nachlaßgegenständen einen Betrieb. A erhält im Wege des Vorausvermächtnisses ein Grundstück dieses Betriebs (Teilwert 1 000 000 DM, Buchwert 400 000 DM), das er privat nutzt.

Die Erfüllung des Vorausvermächtnisses durch Übertragung des Betriebsgrundstücks auf A führt zu einem laufenden Entnahmegewinn bei der Erbengemeinschaft in Höhe von 600 000 DM, der den beiden Miterben A und B im Rahmen der einheitlichen und gesonderten Feststellung der Gewinneinkünfte je hälftig zuzurechnen ist.

Wird in Erfüllung eines Vorausvermächtnisses ein Einzelwirtschaftsgut aus dem Betriebsvermögen der Erbengemeinschaft in ein **anderes Betriebsvermögen** eines der Miterben überführt, so entsteht, wenn das überführte Wirtschaftsgut mit dem Teilwert angesetzt wird, ein **Entnahmegewinn** bei **allen Miterben,** es besteht hier **aber** das **Wahlrecht** zur – gewinneutralen – Buchwertfortführung (BMFEA, Tz 74).

Beispiel:

Erben sind A und B je zur Hälfte. Zum Nachlaß gehört u. a. ein Betrieb. A erhält im Wege des Vorausvermächtnisses ein Grundstück dieses Betriebs (Teilwert 1 000 000 DM, Buchwert 400 000 DM), das er in einem eigenen Betrieb nutzt.

Ein Entnahmegewinn kann hier **vermieden** werden, da A als Mitunternehmer zur **Fortführung** des **Buchwertes berechtigt** ist.

Besteht das Vorausvermächtnis darin, daß dem Bedachten ein privates Wirtschaftsgut zu übertragen ist, so ist er nach § 11 d Abs. 1 EStDV an die bisher für die Erbengemeinschaft maßgebenden Steuerwerte gebunden (BMF-EA, Tz 75).

2.6.7.2.5 Pflichtteilsansprüche und Erbersatzansprüche

Pflichtteilsberechtigte sind von der Erbfolge testamentarisch ausgeschlossene Abkömmlinge, Eltern und der Ehegatte des Erblassers (§ 2303 BGB).

Das Pflichtteil ist **kein** Entgelt, sondern Erbfallschuld.

Die Zuordnung der Entnahmen von Wirtschaftsgütern erfolgt hier bei der Erbengemeinschaft (BFH, BStBl 1981 II 19) (gesamthänderische Entnahme[n]).

Entsprechendes gilt für **Erbersatzansprüche.**

2.6.7.2.6 Schuldzinsen für Nachlaßverbindlichkeiten und Erbfallschulden

a) Finanzierung von Ausgleichszahlungen

Schuldzinsen für einen Kredit, den ein Miterbe beim Erwerb eines Betriebes (oder eines Mitunternehmeranteils) im Rahmen einer Erbauseinandersetzung zur Finanzierung der an die Miterben zu leistenden Ausgleichszahlungen aufgenommen hat, sind als **Betriebsausgaben** abzugsfähig (BFH, BStBl 1983 II 325 und 380). Vgl. auch BFH, BStBl 1987 II 621 (Darlehn zur Ablösung von Pflichtteilsansprüchen an geerbtem BV), BStBl 1987 II 423 und 616.

b) Mischnachlässe

Auch bei einem Mischnachlaß kann die Abstimmung mit dem Auseinandersetzungsguthaben des Miterben dadurch erreicht werden, daß der Miterbe Verbindlichkeiten der Erbengemeinschaft übernimmt. Wie sich derartige Schulden in der Folge bei den Miterben auswirken, hängt davon ab, mit welchem Vermögen sie in Zusammenhang stehen und wie dieses Vermögen beim Erben verwendet wird. So kann Privatvermögen der Erbengemeinschaft beim Miterben Betriebsvermögen und die damit zusammenhängende Verbindlichkeit Betriebsschuld werden (BMF-EA, Tz 36).

Die Übernahme von Schulden über die Erbquote hinaus kann **trotz fehlender Anschaffungskosten** zu **Betriebsvermögen** führen, das den **Schuldzinsenabzug ermöglicht.**

Beispiel:

A und B sind Miterben zu je 1/2. Zum Nachlaß gehören ein Betrieb (Wert 3 Mio DM) sowie ein privates Grundstück (Wert 2 Mio DM), das mit einer Hypothek von 1 Mio DM belastet ist. A übernimmt den Betrieb und die Verbindlichkeit, B erhält das Grundstück.

Es ist von einer **gewinneutralen Realteilung** eines Mischnachlasses auszugehen, da auch beim Mischnachlaß eine Wertangleichung zur Vermeidung von Ausgleichszahlungen durch überproportionale Übernahme von Nachlaßverbindlichkeiten erreicht werden kann. Die von A zusätzlich zum Betrieb übernommene private Nachlaßschuld **bleibt keine** Privatschuld, sondern **wandelt sich** nach der Übernahme durch A in eine **Betriebsschuld** um mit der Folge, daß A künftig die auf diese Schuld entfallenden Schuldzinsen als Betriebsausgaben abziehen kann (BMF-EA, Tz 37).

c) Erbfallschulden (Pflichtteils- und Erbersatzansprüche)

Wie die Erfüllung eines Vermächtnisses führt auch die Begleichung von Erbfallschulden (Pflichtteils- und Erbersatzansprüche) **nicht zu Anschaffungskosten.**

Rechtslage bis VZ 1995:

Dennoch dürfen bis zum VZ 1995 Aufwendungen für die **Finanzierung** von Pflichtteils- und Erbersatzansprüchen als **Betriebsausgaben** oder **Werbungskosten** abgezogen werden (vgl. BMF-EA, Tz 37). (= sog. **Sekundärfolgen-Rechtsprechung**). Hinsichtlich der Aufwendungen für die Finanzierung von Vermächtnissen ist ein Betriebsausgaben- oder Werbungskostenabzug aber nur möglich, soweit das Vermächtnis zur Abdeckung eines Pflichtteilsanspruches dient, wenn also der Vermächtnisnehmer Pflichtteilsberechtigter ist und ihm ein Geldvermächtnis bis zur Höhe des Pflichtteils vermacht ist (vgl. § 2307 BGB); nur in diesem Fall kann in hinreichendem Maße ein entsprechender Veranlassungszusammenhang angenommen werden. Ist ein Geld-Vermächtnis bis zur Höhe des Pflichtteils vermacht und liegt ein Mischnachlaß vor, müssen die Finanzierungsaufwendungen zwischen Betriebs- und Privatvermögen **aufgeteilt** werden. Vgl. BMF-EA, E 70.

Rechtslage ab VZ 1996:

Vgl. 2.6.7.2.1.3 und BMF-Schreiben vom 11. 8. 1994, BStBl 1994 I 603.

2.6.7.2.7 Teilungsanordnungen

Durch eine Teilungsanordnung (§ 2048 BGB) wird lediglich die Art und Weise der Erbauseinandersetzung durch den Erblasser festgelegt. Deshalb gehen **auch** bei der **Teilungsanordnung zunächst alle Nachlaßgegenstände** auf die **Erbengemeinschaft** und **nicht** einzelne Nachlaßgegenstände **unmittelbar** auf denjenigen Miterben über, der sie aufgrund der Teilungsanordnung erhalten soll. Dies gilt auch bei Anordnung einer Testamentvollstreckung. **Die entsprechend der Teilungsanordnung durchgeführte** Erbauseinandersetzung wird daher nach den allgemeinen steuerlichen Grundsätzen zur Erbauseinandersetzung behandelt. Setzen sich die Miterben über die Teilungsanordnung hinweg, ist für die steuerliche Beurteilung die **tatsächliche Auseinandersetzung maßgeblich.**

Zur **Abgrenzung** zwischen **Teilungsanordnung** und **Vorausvermächtnis** ist von Bedeutung, daß sich die Teilungsanordnung in der Zuweisung bestimmter Nachlaßgegenstände **innerhalb** des Rahmens des **Erbteils** erschöpft, während das Vorausvermächtnis in der Zuweisung bestimmter Nachlaßgegenstände **außerhalb** des **Erbteils,** d. h. **über** den **Erbteil hinaus,** besteht. Mit dem Vorausvermächtnis will der Erblasser einem der Erben einen **zusätzlichen** Vermögensvorteil zuwenden. Bei der Teilungsanordnung fehlt ein derartiger Begünstigungswille, sie beschränkt sich auf die Verteilung der Nachlaßgegenstände bei der Erbauseinandersetzung. Bei der Abgrenzung zwischen Teilungsanordnung und Vorausvermächtnis kommt es nicht auf die formale Bezeichnung, sondern auf das **tatsächlich Gewollte** an (vgl. BMF-EA, Tz 76 und 77).

2.6.7.2.8 Fallbeispiele

Beispiel 1: Übertragung von Erbanteilen und Sachabfindung

V ist verstorben. Erben sind Sl, S2 und S3 zu je ¹/₃ Im Nachlaß befindet sich ein Gewerbebetrieb, Buchwert 300 000 DM, Verkehrswert 600 000 DM. Sl, S2 und S3 einigen sich dahingehend, daß S1 die Erbanteile von S2 und S3 gegen Barzahlung von jeweils 150 000 DM **und Übertragung** eines **Grundstücks** aus dem Betriebsvermögen auf S2 und S3 (Buchwert 40 000 DM, Teilwert 100 000 DM) erhält.

Lösung:

1. **Zivilrechtlich** geht der Nachlaß mit dem Tode des Erblassers gesamthänderisch auf die Miterben über (§ 1922 Abs. 1, § 2032 BGB). Befindet sich im Nachlaß ein Gewerbebetrieb, werden die Erben gesamthänderische Miteigentümer des Betriebes.
Steuerlich gilt: Befindet sich im Nachlaß ein **Betriebsvermögen,** werden insoweit alle Erben unabhängig von der späteren Auseinandersetzung **Mitunternehmer.** Nach dem Beschluß des Großen Senats des BFH, BStBl 1984 II 751 ist auch eine Erbengemeinschaft als vergleichbares Gemeinschaftsverhältnis eine Mitun-

ternehmerschaft i.S. des § 15 Abs. 1 Nr. 2. Mitglieder der Erbengemeinschaft haben daher Einkünfte aus Gewerbebetrieb nicht als Rechtsnachfolger, sondern weil sie selbst in ihrer eigenen Person die in § 15 Abs. 1 Nr. 2 geknüpften Erfordernisse erfüllen.

Jeder Miterbe ist bis zum Zeitpunkt der Erbauseinandersetzung entsprechend seinem Erbanteil am Gewinn und Verlust des Unternehmens beteiligt, ebenso an den stillen Reserven. Also tragen die Miterben **Mitunternehmerrisiko.**

Infolge der gesamthänderischen Bindung und Verwaltungsbefugnis tragen sie auch **Mitunternehmerinitiative.**

2. Setzen sich die Erben hinsichtlich des Nachlasses auseinander, bilden Erbfall und Nachlaßauseinandersetzung **zwei getrennte Rechtsvorgänge.** Die frühere Rechtsprechung zur Erbauseinandersetzung hatte Erbanfall und Erbauseinandersetzung als **einen** wirtschaftlich einheitlichen Vorgang behandelt und daher den Rechtsstandpunkt vertreten, daß derjenige, der aus einem Nachlaß erwirbt, diesen Gegenstand unmittelbar vom Erblasser erhalten habe. Nunmehr gilt, daß sowohl im Bereich des Privatvermögens als auch im Bereich des Betriebsvermögens auch steuerlich der Erbanfall und die Erbauseinandersetzung **selbständig** zu würdigen sind und zwar anhand der „Einkünfte-Tatbestände" des EStG.

3. Die durch § 2033 Abs. 1 BGB ermöglichte Übertragung des Erbanteils an einer gewerblich tätigen Erbengemeinschaft bedeutet die **Veräußerung** eines **Mitunternehmeranteils** i.S. von § 16 Abs. 1 Nr. 2. Dies gilt auch dann, wenn der Erwerber ein Miterbe ist. Anschaffungs- und Veräußerungsgewinn errechnen sich wie bei der Übertragung eines Gesellschaftsanteils (vgl. BFH, BStBl 1981 II 84 und BStBl 1986 II 53).

4. Wird die Abfindung nicht in Geld, sondern in Sachwerten geleistet, kann sich zusätzlich für den/die **verbliebenen** Miterben auch im Hinblick auf ihren Anteil an den stillen Reserven der hingegebenen Wirtschaftsgüter ein **Veräußerungsgewinn** ergeben, der aber bei ihnen als laufender Gewinn zu besteuern ist.

Lösung nach Auffassung der FinVerw (BMF-EA, Tz 54 und Beispiel 20)

Nach Tz 54 BMF EA ist die Reihenfolge der Vorgänge:
1. Stufe = Ausscheiden von S2 und S3, dann
2. Stufe = Sachwertabfindung von S2 und S3 mit Grundstück durch S1.

Bilanz Erbengemeinschaft vor Ausscheiden von S2 und S3:

	DM		DM
Grundstück	40 000	Kapital S1	100 000
übrige WG	260 000	S2	100 000
		S3	100 000
	300 000		300 000

↓ 1. Stufe

Bilanz S1 **nach** Ausscheiden S2 und S3:

	DM			DM
Grundstück	40 000		Kapital (S1)	100 000
	+ 40 000 ①			
	80 000	80 000	Abfindungsverpflichtung	400 000
übrige WG	260 000 ①			
	+ 160 000			
	420 000	420 000		
		500 000		500 000

① Aufdeckung der stillen Reserven beim Grundstück zu ²/₃ von 60 000 DM = 40 000 DM.

2. Stufe: Sachwertabfindung von S2 und S3 mit dem Grundstück:

Teilwert	100 000 DM
Buchwert nach Aufstockung	80 000 DM
laufender Gewinn S1	20 000 DM

Buchung:

Abfindungsverpflichtung 100 000 DM **an** Grundstück 80 000 DM
 an s. b. Ertrag 20 000 DM

Ergebnis nach BMF-EA Tz 54:

	S1	S2	S3
§ 15 Abs. 1 Nr. 2 (laufender Gewinn)	20 000	–	–
§ 16 Abs. 1 Nr. 2	–	100 000	100 000

(Veräußerungsgewinn **jeweils** 200 000 DM ./. 100 000 DM = 100 000 DM)

Nach der Auffassung in BMF-EA, Tz 54 betragen die begünstigten Gewinnanteile i. S. § 16 Abs. 1 Nr. 2 für S2 und S3 je 100 000 DM. S1 hat einen laufenden Gewinnanteil i. S. § 15 Abs.1 Nr. 2 von 20 000 DM.

5. Die Anschaffungskosten von S2 und S3 für das Grundstück betragen je 50 000 DM, zusammen 100 000 DM.

Die **Aufdeckung** der stillen Reserven kann jedoch dadurch **bei Sachabfindung vermieden** werden, daß der abgefundene Miterbe das Wirtschaftsgut in ein **Betriebsvermögen** überführt und die **Buchwerte** der Miterbengemeinschaft **fortführt**. Vgl. BMF-EA Tz 55.

Beispiel 2:

Wie 1., jedoch mit dem Unterschied, daß S2 und S3 gegen Abfindung aus der Erbengemeinschaft ausscheiden.

Lösung:

Es ist möglich, daß ein Miterbe – so wie hier – gegen eine Barabfindung aus der **Erbengemeinschaft ausscheidet**. Sein Anteil am Gemeinschaftsvermögen wächst dann den verbliebenen Miterben zu.

Wie beim Ausscheiden eines Gesellschafters ergibt sich für die Ausscheidenden S2 und S3 ein Veräußerungsgewinn i. S. § 16 Abs. 1 Nr. 2 und für den verbliebenen Miterben S1 entstehen Anschaffungskosten.

Für Beispiel 1 und 2 ergibt sich steuerlich das gleiche Ergebnis. Vgl. BMF-EA, Tz 54.

Beispiel 3:

Wie oben 1., aber S1, S2 und S3 vereinbaren, daß S1 gegen Abfindung an S2 und S3 den Betrieb insgesamt übernimmt.

Lösung:

Die Auseinandersetzung kann sich auch in der Weise vollziehen, daß die Erbengemeinschaft den Betrieb auf einen Erben überträgt und dieser den übrigen Miterben abfindet. Eine solche Vereinbarung führt **steuerrechtlich** zu **demselben Ergebnis** wie der Erwerb der Anteile der Miterben oder ihr Ausscheiden aus der Erbengemeinschaft gegen Gewährung einer Abfindung. Für die verbleibenden Erben stellt die Abfindung Anschaffungskosten dar, während sich für die abgefundenen Erben ein Veräußerungsentgelt ergibt.

Ergebnis wie Beispiel 1 und Beispiel 2!

2.6.7.3 Tod eines Mitunternehmers einer Personengesellschaft

Literaturhinweis: Felix, Personengesellschaftsvertragliche Nachfolgeklauseln, Erbauseinandersetzung und Einkommensteuer, KöSDi 1/91, 8355. **Groh,** Mitunternehmeranteile in der Erbauseinandersetzung, DB 1991, 724; **Schoor,** Vererbung eines Mitunternehmeranteils, Steuerwarte 1993, 81.

2.6.7.3.1 Allgemeines

Durch den Tod des Gesellschafters einer OHG oder GbR, eines Komplementärs einer KG sowie des tätigen Gesellschafters einer atypischen stillen Gesellschaft wird grundsätzlich die Gesellschaft aufgelöst, § 131 Nr. 4 HGB, § 727 BGB, **für KG vgl. § 161 (2) HGB** – entsprechende Anwendung der Vorschrift § 131 Nr. 4 HGB.

Eine Besonderheit gilt beim Tod eines Kommanditisten einer KG: Der Kommanditistenerbe ist Rechtsnachfolger des Erblassers (vgl. § 1922 BGB, § 177 HGB), tritt also kraft Gesetzes unmittelbar in die Kommanditistenstellung des Erblassers ein. In diesem Fall wird die Gesellschaft nicht aufgelöst.

Tod eines Mitunternehmers

Vollhafter	**Kommanditist**
(z. B. OHG, Komplementär einer KG)	
Grundsatz:	Eintritt in die Kommanditisten-Stellung des Erblassers
Auflösung der Gesellschaft	kraft Gesetzes (§§ 1922 BGB, 177 HGB);
(§§ 131 Nr. 4 HGB, 727 BGB)	**keine** Auflösung

Die Auflösung nach § 131 Nr. 4 HGB kann jedoch durch gesellschaftsvertragliche Fortsetzungsklausel verhindert werden, § 727 Abs. 1 zweiter Satzteil BGB.

Typische Vertragsklauseln sind
- Fortsetzungsklausel, vgl. 2.6.7.4.2
- einfache dingliche Nachfolgeklausel, vgl. 2.6.7.4.3
- qualifizierte dingliche Nachfolgeklausel, vgl. 2.6.7.4.4
- schuldrechtliche Eintrittsklausel, vgl. 2.6.7.4.5

Die einkommensteuerlichen Folgen sind unterschiedlich.

Während sich noch aus dem BFH-Beschluß GrS. vom 5.7.1990 zur Erbauseinandersetzung keine grundsätzlich geänderten Beurteilungsgrundsätze zu ergeben schienen, sind die Grundsätze dieses Beschlusses nach BFH, BStBl 1992 II 510 und 512 auf Mitunternehmeranteile im Erbfall z.T. ebenfalls anzuwenden (zumindest bei der **einfachen** Nachfolgeklausel). Vgl. hierzu Groh, Mitunternehmeranteile in der Erbauseinandersetzung, DB 1991, 724.

2.6.7.3.2 Fortsetzungsklausel

a) **zivilrechtlich**

Bei der Fortsetzungsklausel (vgl. § 738 Abs. 1 S. 2 BGB) können die Erben **nicht** Gesellschafter werden. Die Fortsetzung der Gesellschaft erfolgt ohne die Erben. Rechtlich gesehen liegt ein Ausscheiden des Erblassers vor (§§ 138 HGB, 736 BGB). Der Gesellschaftsanteil wächst den verbleibenden Gesellschaftern an.

Die Abfindung der Erben gehört mithin zum Nachlaß des Erblassers, d.h. die Erben erben keinen Geschäftsanteil, sondern lediglich ein (schuldrechtliches) privates Abfindungsguthaben.

b) **steuerlich**

Da die Gesellschaftsbeteiligung **nicht vererblich gestellt** ist und daher **keine** Erbauseinandersetzung stattfindet, wirkt sich die neue Rechtsprechung (= BFH GrS vom 5.7.1990) **nicht** aus, ebenso **nicht** BFH, BStBl 1992 II 510 und 512 zu Nachfolgeklauseln).

Infolge des zivilrechtlichen Ausscheidens des Erblassers liegt eine entgeltliche Veräußerung des Mitunternehmeranteils durch den Erblasser (!) an die übrigen Gesellschafter vor (BFH, BStBl 1975 II 580; BStBl 1981 II 614); nach BMF-EA, Tz 78 liegt eine **Aufgabe** des Mitunternehmeranteils vor.

Das Entgelt besteht in der Abfindungsverpflichtung der anderen Gesellschafter.

Folglich ist der Tatbestand des § 16 Abs. 1 Nr. 2 erfüllt i. V. m § 16 Abs. 3. Der Veräußerungsgewinn ist in der Person des **Erblassers** verwirklicht.

Veräußerungsgewinn ist hier der Unterschied zwischen der Abfindung und dem Buchwert des Mitunternehmeranteils (Kapitalkonto) des Erblassers im Todeszeitpunkt (BFH, BStBl 1981 II 614).

Die Erben treten **nicht** in die Mitunternehmerstellung ein, sondern erben nur den Abfindungsanspruch. Dies ist für sie ein Vorgang auf der Vermögensebene (keine Einkünfte).

Zu Einkünften der Erben können aber z.B. Zinsen bzw. Zinsanteile bei Kaufpreisraten führen:

Da der Abfindungsanspruch zum Privatvermögen gehört, fallen sie unter § 20 Abs. 1 Nr. 7.

Ist ein Abfindungsanspruch der Erben vertraglich ausgeschlossen, richtet sich die einkommensteuerliche Beurteilung danach, ob betriebliche oder außerbetriebliche Gründe maßgebend waren (vgl. hierzu auch BGH, NJW 1981, 1956).
- Bei rein betrieblichen Motiven (z.B. unter Fremden) ist dem Erblasser ein Veräußerungsverlust zuzurechnen.
- Bei außerbetrieblichen Motiven (z.B. familiäre Gründe) liegt eine unentgeltliche Übertragung i.S. des § 7 Abs. 1 EStDV vor (BFH, BStBl 1971 II 83).

Beispiel:

Der Gesellschafter A (52 Jahre) der X-OHG ist am 30.4.10 verstorben.

Im Gesellschaftsvertrag der OHG ist vereinbart, daß beim **Tode** eines Gesellschafters die Gesellschaft nicht mit den Erben des verstorbenen Gesellschafters, sondern nur von den verbleibenden Gesellschaftern fortgesetzt wird.

Das Kapitalkonto des Erblassers A beträgt zum Zeitpunkt seines Todes 100 000 DM; die Summe der Kapitalkonten der anderen Gesellschafter beträgt 300 000 DM. A war am Gewinn mit 30 % beteiligt. Die verbleibenden Gesellschafter vereinbaren mit den testamentarischen Erben E1 und E2 eine Abfindung für das buchmäßige Kapitalkonto und die anteiligen stillen Reserven (sowie den anteiligen Firmenwert) von insgesamt 160 000 DM. Nach der vertraglichen Vereinbarung wird der Kaufpreis gestundet. Die Gesellschafter zahlen diesen Betrag von 160 000 DM in 10 gleichen Jahresraten von 160 00 DM an die Erben, fällig jeweils am 30. 4. eines jeden Jahres, erstmals am 30. 4. 10 (pünktlich gezahlt). Die Restforderung ist mit 8 % p. a. zu verzinsen, fällig ebenfalls jeweils am 30. 4. eines jeden Jahres (ebenfalls pünktlich gezahlt). Durch die Abfindung sind 30 % der insgesamt vorhandenen stillen Reserven abgegolten worden. Die X-OHG hat in der Zeit vom 1. 1. – 30. 4. 10 einen Verlust von ∕ 75 000 DM erzielt.

Da der Gesellschaftsvertrag die Fortführung der Gesellschaft ohne die Erben vorsieht, ist der verstorbene Gesellschafter A mit dem Tod ausgeschieden und Abfindungsberechtigter geworden. Die von der Fortführung der Gesellschaft ausgeschlossenen Erben haben nur einen Abfindungsanspruch geerbt.

Es entsteht somit ein dem Erblasser zuzurechnender Veräußerungsgewinn (§ 16 Abs. 1 Nr. 2), der im Todeszeitpunkt des A, 30. 4. 10, entstanden ist. Da es sich bei der Vereinbarung zwischen den verbleibenden Gesellschaftern und den Erben um eine Kaufpreisratenvereinbarung handelt, sind die stillen Reserven bereits am 30. 4. 10 als realisiert anzusehen.

Ermittlung des Veräußerungsgewinns:

Abfindung	160 000 DM
Wert des Betriebsvermögens	100 000 DM
Veräußerungsgewinn	60 000 DM

Kein Freibetrag nach § 16 Abs. 4, da der Erblasser nicht das 55. Lebensjahr vollendet hat

Diese außerordentlichen Einkünfte (§ 34 Abs. 2) sind tarifbegünstigt nach § 34 Abs. 1.

Der laufende Verlust (§ 15 Abs. 1 Nr. 2) ist noch in Höhe von 30 % × 75 000 DM = ∕ 22 500 DM dem A zuzurechnen.

Die den Erben E1 und E2 im Jahre 10 zugeflossenen Zinsen von 8 % × 144 000 = 11 520 DM sind von ihnen **anteilig** nach § 20 Abs. 1 Nr. 7 zu versteuern, da sie lediglich ein **privates** Abfindungsguthaben geerbt haben.

Hatte der Erblasser auch **Sonderbetriebsvermögen,** wird dieses zwingend **Privatvermögen** der **Erbengemeinschaft,** da die Miterben in diesem Fall **keine Mitunternehmer** sind. Der Entnahmegewinn ist ebenfalls dem **Erblasser** zuzurechnen und erhöht dessen Veräußerungsgewinn aus § 16 Abs. 1 Nr. 2.

2.6.7.3.3 Einfache dingliche Nachfolgeklausel

a) zivilrechtlich

Sieht der Gesellschaftsvertrag oder eine gesetzliche Vorschrift (z. B. § 177 HGB) eine Fortsetzung der Gesellschaft mit **allen** Erben vor, wird der **einzelne** Erbe **(nicht** die Erbengemeinschaft) abweichend vom Grundprinzip des Erbrechts entsprechend der Erbquote Gesellschafter (vgl. BGH, BGHZ 68, 225). Es liegt eine **Sonderrechtsnachfolge** aufgrund des Gesellschaftsvertrags vor. Der Mitunternehmeranteil fällt **nicht** in das Gesamthandsvermögen der Erbengemeinschaft. Eine Erbengemeinschaft kann im übrigen **nicht** Gesellschafterin einer Personengesellschaft sein. Zu beachten ist das Wahlrecht der Gesellschaftererben gemäß § 139 HGB:

Danach hat jeder der Miterben das Recht, sein Verbleiben in der Gesellschaft von der Umwandlung seines geerbten Gesellschaftsanteils in einen Kommanditanteil abhängig zu machen. Bei Nichtannahme des Antrags hat er die Wahl zwischen Ausscheiden und Verbleiben als OHG-Vollhafter.

b) steuerlich

Infolge Fortsetzung der Gesellschaft mit allen Erben liegt eine unentgeltliche Übertragung des Mitunternehmeranteils (§ 7 Abs. 1 EStDV) vom Erblasser auf die Erben vor. Die Erben treten unmittelbar in die Rechtsstellung eines Mitunternehmers entsprechend ihrer Erbquote ein. Dieser Gesellschaftsanteil ist somit **grds. tatsächlich nicht** mehr Gegenstand einer Erbauseinandersetzung. Nach Auff. des BFH bleibt der Gesellschaftsanteil trotzdem **rechtlich gesehen** Gegenstand der Auseinandersetzung. Seine Ausgliederung hat nur die Wirkungen einer vorab vollzogenen Teilauseinandersetzung.

aa) Entgeltliche Vorgänge

Sowohl bei Einbeziehung in die Erbauseinandersetzung als auch bei gesonderter Übertragung führen **Ausgleichszahlungen,** die auf die Beteiligung entfallen, zu Anschaffungskosten des Nachfolgers und zu Veräußerungserlös der abgefundenen Miterben (vgl. BFH, BStBl 1992 II 510 und 512). So auch BMF-EA, Tz 80.

Es liegt keine Aufgabe (§ 16 Abs. 3) bei dem Erblasser vor.

bb) Unentgeltliche Vorgänge

Ansonsten haben die Erben die Buchwerte fortzuführen (§ 7 Abs. 1 EStDV); so schon früher BFH, BStBl 1981 II 617; insbesondere ist bei Einbeziehung des Mitunternehmeranteils in die Erbauseinandersetzung eine **erfolgsneutrale Realteilung möglich** (BMF-EA, Tz 81).

Dies gilt auch im Falle des § 139 HGB bei Umwandlung der Rechtsstellung eines Erben in die eines Kommanditisten.

> **Beispiel** (vgl. BMF-EA, Tz 81):
> Gesellschafter einer OHG sind A, B und C. A stirbt. Erben sind D und E je zur Hälfte Zum Nachlaß gehören ein OHG-Anteil (Wert 2 Mio DM) sowie ein Privatgrundstück (Wert 2 Mio DM). D und E treten aufgrund der im Gesellschaftsvertrag verbrieften einfachen Nachfolgeklausel in die OHG ein. Das Grundstück wird zunächst in Erbengemeinschaft verwaltet. Nach einiger Zeit setzen sich D und E dergestalt auseinander, daß E dem D seinen Gesellschaftsanteil überträgt und dafür aus der Erbengemeinschaft das Privatgrundstück erhält. Ausgleichszahlungen erfolgen nicht.
> Es liegt eine gewinneutrale Realteilung eines Mischnachlasses vor, bei der D den Gesellschaftsanteil und E das Grundstück erhalten hat. Anschaffungskosten und Veräußerungsgewinne entstehen mangels Ausgleichszahlungen **nicht.**

Auch beim Vorhandensein von Sonderbetriebsvermögen ist eine gewinneutrale Realteilung eines Nachlasses möglich.

> **Beispiel** (vgl. BMF-EA, Tz 82):
> Gesellschafter einer OHG sind A, B und C. A stirbt. Erben sind D und E je zur Hälfte. Zum Nachlaß gehören ein OHG-Anteil (Wert 1,2 Mio DM), ein der OHG überlassenes Grundstück (Wert 800 000 DM) und ein Privatgrundstück (Wert 2 Mio DM). D und E treten aufgrund der im Gesellschaftsvertrag verbrieften einfachen Nachfolgeklausel in die OHG ein. Das Privatgrundstück wird zunächst in der Erbengemeinschaft verwaltet. Nach einiger Zeit setzen sich D und E dergestalt auseinander, daß E dem D seinen Gesellschaftsanteil und seinen Anteil an dem der OHG überlassenen Grundstück überträgt und dafür aus der Erbengemeinschaft das Privatgrundstück erhält. Ausgleichszahlungen erfolgen nicht.
> Es liegt eine gewinneutrale Realteilung eines Mischnachlasses vor, bei der D den Gesellschaftsanteil an der OHG und das der OHG überlassene Grundstück und E das Privatgrundstück erhält. Anschaffungskosten und Veräußerungs- bzw. Entnahmegewinne entstehen mangels Ausgleichszahlungen nicht.

c) Vermächtnisse und Pflichtteilsansprüche

Geldvermächtnisse, Pflichtteilsansprüche u. a. stellen **keine** Anschaffungskosten für den Gesellschaftsanteil dar (so schon BFH, BStBl 1985 II 722 [724]; vgl. 2.6.7.2).

d) Sonderfälle

Werden aufgrund einer Vereinbarung tatsächlich nur einige (oder nur einer) der Erben Gesellschafter unter Abfindung weichender Erben, gelten ebenfalls die Grundsätze der Erbauseinandersetzung hinsichtlich eines Einzelunternehmens sinngemäß (vgl. 2.6.7.2.2.2) sowie BFH, BStBl 1992 II 510 und 512:

– Zurechnung der laufenden Gewinnanteile auf alle Erben nach Erbquote bis zur Auseinandersetzung, da alle Miterben zunächst Mitunternehmer geworden sind;
– kein unmittelbarer unentgeltlicher Übergang des Gesellschaftsanteils auf zur Gesellschafter-Nachfolge berufene Erben unter Fortführung der Buchwerte im Sinne des § 7 Abs. 1 EStDV, sondern
– die Abfindung ist wie bei der Erbauseinandersetzung ein betrieblicher Vorgang
– Veräußerungsgewinn bei den weichenden Miterben.

Zur Behandlung von **Krediten** zur **Finanzierung** von Abfindungen vgl. 2.6.7.2.5.

Scheiden alle Erben gegen Abfindung aus, liegt **kein** erbrechtlicher Vorgang vor, sondern bei allen Erben die Veräußerung eines Mitunternehmeranteils, weil alle Erben durch den Tod des Erblassers aufgrund der dinglichen Nachfolgeklausel zunächst Mitunternehmer geworden sind und sie dann ihre Mitunternehmeranteile (an Nichterben) veräußern (so schon früher BFH, BStBl 1966 III 195).

2.6.7.3.4 Qualifizierte Nachfolgeklausel

a) zivilrechtlich

Im Gesellschaftsvertrag kann bestimmt worden sein, daß nur **einer** oder **einige** der Erben Gesellschafter (in dem Umfang des Gesellschaftsanteils des Erblassers) werden, so daß die Gesellschaft nur mit diesem (bzw. diesen) „Nachfolger-Erben" fortgesetzt wird. Hierbei geht der Gesellschaftsanteil zivilrechtlich unverändert auf diese(n) „qualifizierten" Nachfolger-Erben über. Die übrigen Miterben werden nicht Gesellschafter; sie haben keinen gesellschaftsrechtlichen Abfindungsanspruch gegen die Gesellschaft, sondern lediglich einen erbrechtlichen Wertausgleichsanspruch gegen den (die) Nachfolger-Erben (BGH, BGHZ 1968, 225).

b) steuerlich

Qualifizierte Nachfolger-Miterben treten – wie ein Alleinerbe – unmittelbar und in vollem Umfang mit dinglicher Wirkung in die Mitunternehmerstellung des Erblassers ein, müssen also die Buchwerte des Erblassers fortführen (§ 7 Abs. 1 EStDV). Hierbei kommt es **nicht** darauf an, ob die Nachfolger-Miterben tatsächlich durch Einräumung entsprechender Vermögensrechte mit Rückwirkung auf den Erbfall als einzige Mitunternehmer „installiert" sind und ob es zu einer Ausgleichszahlung kommt. Es kommt **nicht** zum sog. **Durchgangserwerb** der Erbengemeinschaft.

Weder in der Person des Erblassers noch bei **den nicht** zu Gesellschaftern berufenen Miterben entsteht durch Ausgleichszahlungen ein Veräußerungs- oder Aufgabegewinn (BFH, BStBl 1981 II 614 und BFH, BStBl 1992 II 512).

Auch ein Wertausgleich im Rahmen einer tatsächlichen Einbeziehung in die Auseinandersetzung stellt danach **keine** Anschaffungskosten des Nachfolger-Miterben und **keinen** Veräußerungspreis der übrigen Miterben dar. Vgl. BMF-EA, Tz 83.

So auch Felix, KöSDi 1991, 8355 (8357): Der BFH-Beschluß GrS, BStBl 1990 II 837 enthält zwar keine explizite Aussage zu diesem Fall. Folgt man aber kompromißlos der klaren Linie des BFH-Beschlusses, der konsequent auf die **zivilrechtliche** Basis abstellt, ist die Beibehaltung der bisherigen Beurteilung geradezu zwingend. Da der/die „nichtqualifizierten" Miterben **nicht** Gesellschafter werden, können sie in ihrer Person **auch keinen** Tatbestand des § 16 Abs. 1 Nr. 2 verwirklichen.

Das **Sonderbetriebsvermögen** geht – im Gegensatz zum Gesellschaftsanteil – zivilrechtlich auf die Erbengemeinschaft als Ganzes über.

Daraus ergibt sich, daß es mit dem **Erbfall** zu einer **anteiligen Entnahme** etwaigen Sonderbetriebsvermögens kommt, soweit das Sonderbetriebsvermögen auf nicht qualifizierte Miterben entfällt (§ 39 Abs. 2 Nr. 2 AO); BMF-EA, Tz 84.

Der Entnahmegewinn ist dem **Erblasser** zuzurechnen, da der (die) nicht qualifizierte(n) Miterbe(n) **nicht** Mitunternehmer geworden ist (sind); BMF-EA, Tz 85.

2.6.7.3.5 Schuldrechtliche Eintrittsklausel von Erben

a) zivilrechtlich

Möglich ist auch eine Eintrittsklausel zugunsten der Erben in die Gesellschaft für den Todesfall eines Gesellschafters. Dann haben diese Erben Anspruch auf Aufnahme in die Gesellschaft in dem Umfang des Gesellschaftsanteils des Erblassers (= obligatorischer Anspruch).

Zivilrechtlich wächst der Gesellschaftsanteil des Erblassers zunächst den verbleibenden Gesellschaften an, da diese Klausel keine dingliche Wirkung hat.

Übt der mit der Eintrittsklausel bedachte Erbe sein Eintrittsrecht aus, wächst ihm der Gesellschaftsanteil von den verbleibenden Gesellschaftern zu.

Übt er sein Eintrittsrecht nicht aus, verbleibt es bei der Anwachsung bei den verbleibenden Gesellschaftern.

b) steuerlich

- Bei zeitnaher Ausübung des Eintrittsrechts (innerhalb von 6 Monaten) wird der bedachte Erbe Gesellschafter, und zwar gilt der Gesellschaftsanteil steuerlich nicht unmittelbar vom Erblasser, sondern quotal von den Personengesellschaftern auf den eintretenden Erben als übergegangen. Die Wirkungen entsprechen dann **im Ergebnis** denen der einfachen Nachfolgeklausel, vgl. 2.6.7.3.3 und BMF-EA, Tz 79.
- Bei Nichtausübung des Eintrittsrechts entsprechen die Folgen mithin denen der **Fortsetzungsklausel**, vgl. 2.6.7.3.2, d. h. Erzielung eines Veräußerungsgewinns durch den Erblasser.

Bei Eintrittsberechtigung nur eines oder einiger Miterben treten – im **Endergebnis** – die steuerlichen Folgen einer **qualifizierten Nachfolgeklausel** ein, vgl. 2.6.7.3.4 und BFH, a. a. O., allerdings mit der Zwischenschaltung der Übertragung durch die Personengesellschafter auf die qualifiziert Nachfolgeberechtigten. Vgl. auch BMF-EA, Tz 79.

Schuldrechtliche Eintrittsklausel von Erben

	für alle Miterben		nur für einen oder einige Miterben	
	einheitliche Ausübung des Eintrittsrechts	einheitliche Nichtausübung des Eintrittsrechts	zeitnahe Ausübung des Eintrittsrechts (innerhalb von 6 Monaten)	Nichtausübung des Eintrittsrechts
restliche Rechtsfolgen:	**im Ergebnis** wie einfache Nachfolgeklausel	**im Ergebnis** wie Fortsetzungsklausel	**im Ergebnis** wie qualifizierte Nachfolgeklausel	**im Ergebnis** wie Fortsetzungsklausel

Die BFH-Urteile BStBl 1992 II 510 und 512 behandeln diese Klauseln allerdings nicht.

2.6.7.3.6 Auflösung der Gesellschaft

Bei Auflösung der Gesellschaft (z. B. nach § 131 Nr. 4 HGB) kommt es – nach allgemeinen Grundsätzen – auf das weitere Schicksal des Betriebs, i. e. der wesentlichen Betriebsgrundlagen, an.

- Bei Veräußerung oder Aufgabe des Betriebs durch die übrigen Gesellschafter **und** der Erben entsteht ein **allen** zuzurechnender Veräußerungs- bzw. Aufgabegewinn i. S. des § 16.
- Bei entgeltlichem Ausscheiden von Erben (die Mitunternehmer geworden sind) aus der Gesellschaft i. L. erfüllen die ausscheidenden Erben den Tatbestand des § 16 Abs. 1 Nr. 2.

2.6.7.3.7 Teilnachfolgeklausel

Sieht der Gesellschaftsvertrag vor, daß einige der Miterben mit dem ihrer Erbquote entsprechenden Bruchteil des Anteils des verstorbenen Gesellschafters in die Gesellschaft eintreten, andere mit ihrem anteiligen Buchwert aber von der Gesellschaft abzufinden sind, so sind die steuerlichen Folgen entsprechend zu differenzieren.

2.6.7.3.8 Übersicht: Gesellschaftsvertragliche Klauseln

1 Fortsetzungsklausel (§ 738 [1] S. 2 BGB)	2 dingliche Nachfolgeklausel		3 schuldrechtliche Eintrittsklausel für Erben
	a einfache	b qualifizierte	
– Fortsetzung ohne Erben			vgl. Übersicht 2.6.7.3.5
– Erben können nicht Gesellschafter werden	Fortsetzung der Gesellschaft mit allen Erben	Fortsetzung der Gesellschaft nur mit einem oder einigen Erben	
Ausscheiden des Erblassers	Alle Erben werden Gesellschafter nach Erbquote	Übertragung des gesamten Gesellschaftsanteils nur auf qualifizierte(n) Miterben	Auflösung der Gesellschaft vgl. 2.6.7.3.6
Veräußerung § 16 Abs. 1 Nr. 2 EStG durch Erblasser an verbleibende Gesellschafter	– grds. unmittelb. Übergang auf alle Erben (§ 7 Abs. 1 EStDV), bei abweichender Auseinandersetzung mit Ausgleichszahlungen **aber entgeltlicher Vorgang**	qualifizierte Nachfolger-Erben (§ 7 Abs. 1 EStDV) **auch** bei Abfindungen	

2.6.7.3.9 Sonderbetriebsvermögen des Erblassers

Die ertragsteuerliche Behandlung des Sonderbetriebsvermögens des Erblassers wird regelmäßig von der des Gesellschaftsanteils abhängen. Der in der Gesellschaft nachfolgende Erbe wird auch diese Vermögensgegenstände unentgeltlich i. S. des § 7 Abs. 1 EStDV erwerben. Insbesondere bei qualifizierter Nachfolge- oder bei Eintrittsklausel können jedoch die steuerlichen Folgen auseinandergehen. Die gesellschaftsrechtliche Einzelnachfolge des Nachfolger-Miterben kann nicht für das Sonderbetriebsvermögen gelten. Dieses fällt vielmehr mit gesamthänderischer Bindung in den Nachlaß (Durchgangserwerb der Erbengemeinschaft). Übernimmt der Nachfolger-Miterbe bei einer Auseinandersetzung diese Wirtschaftsgüter, führen Abfindungen zu Anschaffungskosten bzw. Veräußerungserlösen.

Soweit das Sonderbetriebsvermögen anteilig auf die Miterben, die nicht Gesellschafter geworden sind, entfällt, gilt es mit dem Erbfall durch der **Erblasser** anteilig als entnommen (BMF, Tz 85). Die anschließende Übertragung gegen Abfindung durch den Nachfolger-Erben führt dann zu anteiliger entgeltlicher Anschaffung/Veräußerung.

2.6.7.4 Übergangsregelung

Die Grundsätze des BMF-Schr. vom 11. 1. 1993 sind in allen **offenen Fällen** anzuwenden (BMF-EA, Tz 96 Satz 1).

Wegen der Übergangsregelungen vgl. Tz 96 Satz 2 und Tz 97.

Die Tzn 99 und 100 enthalten Regelungen über die **Nachholung unterbliebener AfA** für entgeltlich erworbene Teile eines Gebäudes.

2.6.7.5 Unentgeltliche Betriebsübertragungen unter Lebenden

2.6.7.5.1 Allgemeines

Keine Betriebsveräußerung (§ 16 Abs. 1 Nr. 1) und auch **keine** Betriebsaufgabe (§ 16 Abs. 3) liegt vor, wenn der Betrieb mit seinen wesentlichen Grundlagen unter Lebenden unentgeltlich übertragen wird (durch einheitlichen Übertragungsakt **oder** durch mehrere Übertragungsvorgänge aufgrund eines einheitlichen Entschlusses in zeitlichem und sachlichem Zusammenhang (BFH, BStBl 1989 II 653).

Dies ist stets der Fall bei einer (reinen) Schenkung (§ 516 BGB).

Rechtsfolgen:

a) **Schenker:** Keine Realisierung eines Veräußerungs- oder Aufgabegewinns (R 139 Abs. 6)
b) **Beschenkter:** Keine Anschaffungskosten, Fortführung der Buchwerte (§ 7 Abs. 1 EStDV).

Hierdurch ist eine Versteuerung der stillen Reserven im Falle der Realisierung beim Rechtsnachfolger gesichert, auch soweit sie beim Rechtsvorgänger entstanden waren. Voraussetzung ist, daß Gegenstand der Übertragung ein **ganzer** Betrieb ist, i. e. **alle wesentlichen Betriebsgrundlagen.**

Wird eine oder ein Teil der wesentlichen Grundlagen zurückbehalten oder an einen Dritten veräußert, so liegt **insgesamt** eine gewinnrealisierende Betriebsaufgabe vor (BFH, BStBl 1980 II 181 und 1981 II 566). Die unentgeltlich übertragenen Wirtschaftsgüter sind dann in den Aufgabegewinn einzubeziehen (**keine** Aufspaltung in einen unentgeltlichen Teil und in eine Teil-Aufgabe!) Werden dagegen nur einige unwesentliche Gegenstände zurückgehalten, ist der Betrieb als solcher unentgeltlich übertragen worden. Hinsichtlich der zurückbehaltenen Gegenstände liegt kein begünstigter Aufgabegewinn vor; BFH, BStBl 1981 II 566. Nach den o. a. Urteilen gelten die zurückbehaltenen Wirtschaftsgüter als entnommen. Der sich hierbei ergebende Entnahmegewinn ist als laufender Gewinn nach § 15 zu versteuern.

Anders ist jedoch die Rechtslage, wenn die zurückgehaltenen Wirtschaftsgüter einen Teilbetrieb darstellen, der nicht weitergeführt wird. In diesem Falle liegt m. E.

1. eine begünstigte Teilbetriebsaufgabe (hinsichtlich der zurückbehaltenen Wirtschaftsgüter) **und**
2. eine unentgeltliche Teilbetriebsübertragung i. S. des § 7 Abs. 1 EStDV vor.

2.6.7.5.2 Vorweggenommene Erbfolge

Literaturhinweise: Obermeier, Übertragung von Privat- und Betriebsvermögen, NWB F. 3, 7591; **ders.,** Ertragsteuerliche Behandlung der vorweggenommenen Erbfolge –, Anmerkungen zum BMF-Schr. vom 13.1.1993, DStR 1993,77. List, Vermögensübertragungen bei vorweggenommener Erbfolge, NWB E 3,7585; **Groh,** Die vorweggenommene Erbfolge – ein Veräußerungsgeschäft?, DB 1990, 2187. **Spiegels,** Beilage 3/1993 zu NWB Heft 23/1993.

a) Begriff der vorweggenommenen Erbfolge (BMF-VE, Tz 1)

Vereinbarungen, in denen Eltern ihr Vermögen, insbesondere **ihren Betrieb** oder ihren **privaten Grundbesitz mit Rücksicht** auf die **künftige Erbfolge** auf einen oder mehrere Abkömmlinge übertragen und dabei für sich einen ausreichenden Lebensunterhalt und/oder für die außer dem Übernehmer noch vorhandenen weiteren Abkömmlinge Ausgleichszahlungen ausbedingen, werden im **Zivilrecht als Übergabeverträge** bezeichnet.

Solche Vereinbarungen sind als Hofübergabeverträge vor allem in der Landwirtschaft gebräuchlich. Die vom Übernehmer zugesagten Versorgungsleistungen werden hier als Altenteil (oder Leibgedinge) bezeichnet. Die Besonderheiten eines Übergabevertrags liegen darin, daß

– häufig die Versorgung des Übergebers aus dem übernommenen Vermögen zumindest zu einem Teil gesichert werden soll und
– der Übernehmer hierbei **wenigstens teilweise eine unentgeltliche Zuwendung** erhalten soll. Der Übergabevertrag stellt sich damit **auch** als Schenkung dar.

Abfindungen können **auch für Dritte** vereinbart werden. Dabei handelt es sich vielfach um Leistungen an den **Ehegatten des Übergebers;** solche Leistungen können aber **auch** für **Geschwister** des Übernehmers vorgesehen werden (= sogenannte Gleichstellungsgelder).

Abfindungen haben zumindest **teilentgeltlichen** Charakter. **BMF-VE, Tz 1.**

b) Ertragsteuerliche Behandlung – Allgemeines

Nach dem Beschluß des BFH GrS vom 5.7.1990, BStBl II 847 zur vorweggenommenen Erbfolge und der Folge-Rechtsprechung ist zwischen

- der Zusage von Versorgungsleistungen
- der Vereinbarung von Gleichstellungsgeldern,
- der Übernahme betrieblicher Verbindlichkeiten und
- der Übernahme privater Verbindlichkeiten

zu **unterscheiden.** Vgl. im einzelnen BMF-Schreiben vom 13.1.1993, BStBl I 80 (nachfolgend „**BMF-VE**").

Soweit der Vermögensübernehmer

- **Ausgleichsleistungen** (z.B. **Gleichstellungsgelder** an Angehörige) oder
- **Abstandszahlungen** (einmalige Zahlungen an Übergeber oder Dritten) leistet (BMF, Tz 7 und Tz 24) und/oder
- bei Übertragung von Betriebsvermögen (Betrieb, Teilbetrieb, Mitunternehmeranteil) **Verbindlichkeiten außerhalb** des Betriebs **übernimmt** (BMF-VE, Tz 27),

führt dies zu **Anschaffungskosten** beim **Übernehmer** und zu einem **Veräußerungsgewinn** des Übertragenden.

Somit können sich auch bei der vorweggenommenen Erbfolge Einkommensteuerbelastungen ergeben.

Nicht zu Anschaffungskosten bzw. Veräußerungsgewinnen führt aber die Übertragung von Vermögen (gleich ob Betriebs- oder Privatvermögen) gegen **Versorgungsleistungen.** Bei Übertragung gegen Versorgungsleistungen führt der Übernehmer der bisherigen Anschaffungskosten bzw. die steuerlichen Buchwerte fort, kann andererseits aber die Versorgungsleistungen als **Sonderausgaben** gemäß § 10 Abs. 1 Nr. 1a steuermindernd geltend machen (vorbehaltlich des Abzugsverbots i.S. des § 12 Nr. 2; vgl. BMF-VE, Tz 5 letzter Satz), während der Übertrager (Versorgungsberechtigter) die Versorgungsleistungen als **wiederkehrende Bezüge** gemäß § 22 Nr. 1 Satz 1 versteuert (vorbehaltlich eines Nichtansatzes nach § 22 Nr. 1 Satz 2).

c) Abgrenzung zu voll entgeltlichen Geschäften (BMF-VE, Tz 2)

Im Gegensatz zum Vermögensübergang durch vorweggenommene Erbfolge ist ein Vermögensübergang durch voll entgeltliches Veräußerungsgeschäft anzunehmen, wenn die Werte der Leistung und Gegenleistung wie unter Fremden nach **kaufmännischen Gesichtspunkten** gegeneinander **abgewogen** sind (vgl. R 123 Satz 1). Trotz objektiver Ungleichwertigkeit von Leistung und Gegenleistung kann ein Veräußerungs-/Erwerbsgeschäft vorliegen, wenn die Beteiligten **subjektiv** von der Gleichwertigkeit ausgegangen sind (BFH, BStBl 1992 II 465).

d) Unentgeltliche Vorgänge

aa) Versorgungsleistungen (BMF-VE, Tz 4 bis 6 und 24 bis 46)

Versorgungsleistungen, die anläßlich der Übertragung von Vermögen im Wege der vorweggenommenen Erbfolge vom Übernehmer zugesagt werden, stellen **weder Veräußerungsentgelt noch Anschaffungskosten** dar, sondern wiederkehrende Bezüge i.S. des § 22 Nr. 1 bzw. Sonderausgaben i.S. des § 10 Abs. 1 Nr. 1a (BMF, Tz 6).

Das gilt auch, wenn die Versorgungsleistung nicht aus den Erträgen des übertragenen Vermögens geleistet werden kann (BFH, BStBl 1992 II 526 – streitig).

Versorgungsleistungen in Geld sind als **dauernde** Last **abziehbar, wenn** sich ihre Abänderbarkeit entweder aus einer ausdrücklichen Bezugnahme auf § 323 ZPO oder in anderer Weise aus dem Vertrag ergibt (BFH, BStBl 1991 II 793).

Der Stpfl., der Vermögen unter der Zusage von Versorgungsleistungen übernimmt, erwirbt unentgeltlich und führt deswegen nach § 7 Abs. 1 EStDV die Buchwerte und nach § 11d Abs. 1 EStDV die Ausgangswerte des Übergebers hinsichtlich des übernommenen Vermögens fort. Vgl. BMF-VE, Tz 6.

Da die Versorgungsleistungen keine Gegenleistung des Übernehmers beinhalten, müssen sie auch **nicht** vorab mit dem Wert des übertragenen Vermögens verrechnet werden (**keine** Wertverrechnung).

Dieser (aber nur dieser) Fall ist somit im Ergebnis noch als eine „Schenkung unter Auflage" (vgl. § 525 BGB) zu behandeln. Die Auflage (oder Bedingung) soll **keine** Gegenleistung sein (stellt also **keine** Anschaffungskosten des Beschenkten dar), sondern mindert als Einschränkung lediglich den Wert der Schenkung.

Private Versorgungsleistungen sind jedoch abzugrenzen zu

– betrieblichen Versorgungsleistungen und
– betrieblichen Veräußerungsrenten (siehe BMF-VE, Tz 2 und 5 i. V. m. Tz 24). Vgl. K 9.1.7.

Werden Versorgungsleistungen an den Vermögensübergeber **und** seinen **Ehegatten** (als Gesamtberechtigte) vereinbart, beziehen **beide hälftig** Einkünfte aus § 22 Nr. 1. Beiden steht der WK Pauschbetrag (§ 9a Nr. 1b) und ggf. der § 24a zu (BFH, BStBl 1994 II 107).

bb) Übertragung unter Vorbehalt des Nießbrauchs an dem Betrieb

In diesem Fall liegt ebenfalls eine unentgeltliche Übertragung vor (BFH, BStBl 1987 II 772, BStBl 1988 II 260 und BStBl 1991 II 793). Vgl. BMF-VE, Tz 10 und 24.

cc) Übertragungsverpflichtungen des Übernehmers

Aus steuerrechtlicher Sicht erwirbt der Übernehmer auch insoweit unentgeltlich, als er Teile des übertragenen Vermögens Angehörigen zu übertragen hat. Diese Verpflichtung ist **keine Gegenleistung** des Übernehmers für die Übertragung des Vermögens; sie mindert vielmehr von vornherein das übertragene Vermögen (BFH GrS, a. a. O.). Vgl. BMF-VE, Tz 8.

Stammt das Wirtschaftsgut aus dem **übertragenen** Betriebsvermögen, liegt

– bei **unmittelbarem** Anschluß an die Übertragung oder bei Zurückbehaltung durch den Übergeber eine **Entnahme** des **Übergebers** vor,
– bei Verpflichtung des Übernehmens zur **späteren** Übertragung eine Entnahme durch den Vermögensübernehmer vor (BMF-VE, Tz 32).

Dagegen liegen Anschaffungskosten vor, wenn der Übernehmer verpflichtet ist, bisher in seinem Vermögen stehende Wirtschaftsgüter auf Dritte zu übertragen, oder wenn er zunächst zu einer Ausgleichszahlung verpflichtet war und diese Verpflichtung später durch Hingabe eines Wirtschaftsguts erfüllt.

e) Entgeltliche Vorgänge

aa) Abstandszahlung an Vermögensübergeber (BMF-VE, Tz 7, 8, 11, 20, 21)

Wenn der Vermögensübernehmer eine Abstandszahlung an den Übergeber zu leisten hat, erbringt er hier **eigene Aufwendungen** im Zusammenhang mit der Vermögensübertragung. Der Übergeber erlangt einen Gegenwert für das übertragene Vermögen. Die Voraussetzungen eines **Anschaffungs-** und **Veräußerungsgeschäfts** sind damit gegeben (BMF-VE, Tz 7).

bb) Ausgleichszahlungen an Dritte

Das zu aa) Gesagte gilt auch, wenn sich der Übernehmer zu Ausgleichszahlungen **an Dritte** verpflichtet (BMF-VE, Tz 7). Bei wirtschaftlicher Betrachtung kann es **keinen Unterschied** machen, ob der Vermögensübernehmer seine Leistungen zunächst an den Übergeber erbringt, damit dieser sie an den begünstigten Angehörigen weiterleitet, oder ob er unter Vermeidung dieses Umwegs direkt an den Begünstigten leistet.

Hierbei ergibt sich für den bisherigen **Vermögensinhaber** gleichfalls ein **Veräußerungsvorgang** und für den **Vermögensübernehmer** ein **Anschaffungsgeschäft**. Er nimmt die Aufwendungen für die versprochenen Leistungen auf sich, um die Verfügungsgewalt über das Vermögen des bisherigen Inhabers zu erlangen. Hierin liegen Anschaffungskosten für die übertragenen Wirtschaftsgüter (vgl. BFH, BStBl 1966 III 672, § 255 Abs. 1 HGB). Für den bisherigen Vermögensinhaber ergibt sich ein Veräußerungsentgelt, das an die Stelle des übertragenen Vermögens trifft; es besteht in der Forderung auf Gewährung der Ausgleichszahlungen an den begünstigten Dritten.

Wirtschaftlich liegt ein „abgekürzter" Zahlungsweg vor.

Zu den Auswirkungen einer **späteren Fälligkeit der Abfindung** vgl. BMF-VE, Tz 20.

Zu **aufschiebend bedingten** bzw. **befristeten** Leistungsverpflichtungen vgl. BMF-VE, Tz 21.

cc) Übernahme von Verbindlichkeiten außerhalb des Betriebsvermögens (BMF, Tz 9)

In der Übernahme von Verbindlichkeiten des Übergebers durch den Übernehmer liegen in **steuerrechtlicher Beurteilung grundsätzlich Anschaffungskosten** des Wirtschaftsguts; die Begleichung der Verbindlichkeit führt zu Aufwendungen des Übernehmers, die er auf sich nimmt, um die Verfügungsmöglichkeit über das Wirtschaftsgut zu erlangen. Dies wird **deutlich,** wenn die Beteiligten vereinbaren, daß die Verbindlichkeiten in **Anrechnung** auf eine Abstandszahlung übernommen wird; wird als Abstandszahlung nur der zu entrichtende Barbetrag genannt, ist sie um die übernommenen Verbindlichkeiten zu erhöhen. In gleicher Höhe entsteht für den Veräußerer ein als Gegenleistung zu wertender Vorteil, weil er von sonst anfallenden Ausgaben befreit wird. Vgl. BMF, Tz 7 und 27: **Passivierung** der Verbindlichkeit als Betriebsschuld, soweit sie auf Anschaffungskosten des **BV** entfällt.

dd) Übernahme betrieblicher Verbindlichkeiten (BMF-VE, Tz 24, 27 bis 29)

In der Übernahme von Verbindlichkeiten des Übertragers durch den Übernehmer liegen zwar grundsätzlich Anschaffungskosten des Wirtschaftsgutes vor.

Eine **abweichende Beurteilung** ist jedoch geboten, wenn ein **Betrieb** oder ein Mitunternehmeranteil übertragen wird und zum **Betriebsvermögen** – was regelmäßig der Fall ist – **Verbindlichkeiten** gehören.

Wie sich aus § 16 Abs. 1 und Abs. 3 ergibt, führt die Übertragung eines Gewerbebetriebes ggf. zu einem Gewinn, wenn der Betrieb im ganzen veräußert oder aber vom bisherigen Betriebsinhaber aufgegeben wird. Letzteres verlangt, daß der Betrieb als selbständiger Organismus des Wirtschaftslebens zu bestehen aufhört.

Wird ein Betrieb im ganzen unentgeltlich auf einen Dritten übertragen, ist weder der Tatbestand der Betriebsveräußerung noch der Betriebsaufgabe oder Entnahme erfüllt, da der Übergeber danach **keinen** Gewinn verwirklicht und der Übernehmer hinsichtlich der vorhandenen positiven und negativen Wirtschaftsgüter des Betriebes an die Buchwerte seines Vorgängers anknüpft.

Dies schließt es aus, im Übergang der Verbindlichkeiten ein Entgelt zu sehen (BMF-VE, Tz 27).

Für die unentgeltliche Übertragung eines Mitunternehmeranteils gilt das gleiche.

> **Beispiel:**
> A ist Einzelgewerbetreibender. Er überträgt seinen Betrieb (Buchwert 450 000 DM, Verkehrswert 900 000 DM) auf seinen Sohn S. Auf dem Betrieb ruhen betriebliche Verbindlichkeiten in Höhe von 300 000 DM, die auf S übergehen. S verpflichtet sich, seinen Eltern bis zum Lebensende monatlich 4 000 DM zu zahlen. Eine Änderungsmöglichkeit i.S. des § 323 ZPO ist ausdrücklich vertraglich ausgeschlossen. Der Kapitalwert dieser Leistungen beträgt 500 000 DM.
>
> Es liegt eine unentgeltliche Übertragung des Betriebs vor. Weder die **Übernahme der Verbindlichkeiten** (Betriebsschulden) **noch** die **Zusage** der **Versorgung** stellen ein Entgelt dar.
>
> A muß die erhaltenen Zahlungen nach § 22 Nr. 1 versteuern, S kann diese Leistungen als Sonderausgabe nach § 10 Abs. 1 Nr. 1a abziehen. Da es sich um eine Leibrente handelt, ist jeweils **nur** der **Ertragsanteil** stpfl. bzw. abzugsfähig.

Dies gilt grundsätzlich auch bei der Übertragung eines Betriebs, Teilbetriebs oder Mitunternehmeranteils, dessen **steuerliches Kapitalkonto** negativ ist, da das Vorhandensein eines negativen Kapitalkontos einer unentgeltlichen Betriebsübertragung nicht entgegensteht (BFH, BStBl 1971 II 686, BStBl 1973 II 111 und BMF-VE, Tz 30).

Ist allerdings **neben** der **Übernahme** des **negativen Kapitalkontos** noch ein **Gleichstellungsgeld** oder eine **Abstandszahlung** zu leisten oder wird eine **private Verbindlichkeit** übernommen, handelt es sich **insgesamt** um eine **entgeltliche** Vermögensübertragung.

Der Übergeber erhält ein Veräußerungsentgelt in Höhe der ihm zusätzlich gewährten Leistungen zuzüglich des übertragenen negativen Kapitalkontos, das in der Regel auch der Veräußerungsgewinn ist und der Übernehmer hat Anschaffungskosten in entsprechender Höhe (BMF-VE, Tz 31).

> **Beispiel:**
> V überträgt seinen Gewerbebetrieb mit einem Verkehrswert von 600 000 DM im Wege der vorweggenommenen Erbfolge auf seinen Sohn S. V hat ein negatives Kapitalkonto von 100 000 DM (Aktive 300 000 DM, Passiva 400 000 DM). S hat an seine Schwester T ein Gleichstellungsgeld i. H. v. 150 000 DM zu zahlen.

Das an T zu zahlende Gleichstellungsgeld **zuzüglich** des übertragenen negativen Kapitalkontos führen zu einem Veräußerungsentgelt i. H. v. 250 000 DM, das auch gleichzeitig der Veräußerungsgewinn ist, und zu Anschaffungskosten bei S in gleicher Höhe.

f) Finanzierungskosten (BMF-VE, Tz 22)

Schuldzinsen für einen **Kredit**, der zur Finanzierung von

- **Abstandszahlungen** und
- **Gleichstellungsgeldern**

aufgenommen wird, sind als **Betriebsausgaben abziehbar**, wenn und soweit sie im Zusammenhang mit der Übertragung des Betriebsvermögens stehen. Dies gilt auch, wenn die Schuldzinsen auf einer vom Rechtsvorgänger übernommenen **privat veranlaßten** Verbindlichkeit beruhen (vgl. BMF-VE, Tz 27 und 40).

g) Übertragung eines Betriebs, Teilbetriebs oder Mitunternehmeranteils (BMF-VE, Tz 35, 36 und 38)

Bei der teilentgeltlichen Übertragung von Wirtschaftsgütern des **Privatvermögens** – auch bei der Übertragung einer wesentlichen Beteiligung i. S. des § 17 – ist eine **Aufspaltung** in einen voll entgeltlichen und voll unentgeltlichen Teilvorgang vorzunehmen; vgl. K. 3.12.2 und BFH, BStBl 1981 II 11; 1981 II 794; 1983 II 83 sowie BMF-VE, Tz 14 = **Trennungstheorie**.

Die teilentgeltliche Veräußerung eines **Betriebs, Teilbetriebs usw.** ist **dagegen nicht** in ein voll entgeltliches und ein voll unentgeltliches Geschäft zu zerlegen = **Einheitstheorie**.

Der Veräußerungsgewinn ist vielmehr durch **Gegenüberstellung** des **tatsächlichen Entgelts** und des (vollen) **Kapitalkontos** des Gesellschafters zu ermitteln (BFH, BStBl 1986 II 811).
Liegt das Veräußerungsentgelt über dem Kapitalkonto, ist § 7 Abs. 1 EStDV daher **nicht** anteilig anwendbar. So auch BMF-VE, Tz 35.

aa) Behandlung beim Übertragenden

- **Veräußerungsentgelt höher als Kapitalkonto**

Der so entstehende Veräußerungsgewinn ist **tarifbegünstigt** nach § 34 Abs. 1, Abs. 2 Nr. 1, auch wenn nicht alle stillen Reserven aufgelöst werden.

Der zu gewährende Veräußerungsfreibetrag richtete sich bis zum VZ 1995 nach dem **Verhältnis** des erzielten Gewinns zu dem bei der Veräußerung des Gewerbebetriebs insgesamt erzielbaren Gewinn (BFH, a. a. O.).

Ab VZ 1996 ist jedoch eine **anteilige** Gewährung eines Veräußerungsfreibetrages nicht mehr in § 16 Abs. 4 vorgesehen. Damit ist m. E. auch Tz 36 BMF-VE überholt.

Beispiel:
A (60 Jahre) überträgt seinen Gewerbebetrieb auf seinen Schwiegersohn B. Obwohl der reale Wert des Betriebs 300 000 DM beträgt (bei Buchwerten von 150 000 DM), wird als Kaufpreis nur ein Betrag von 200 000 DM vereinbart.
Ermittlung des Veräußerungsgewinns i. S. des § 16 Abs. 1 Nr. 1:

Veräußerungspreis	200 000 DM
./. Buchwerte	150 000 DM
Veräußerungsgewinn	50 000 DM
./. Freibetrag § 16 Abs. 4 = 60 000 DM; abzuziehen	./. 50 000 DM
Der Freibetrag ist ab VZ 1996 **nicht** mehr aufzuteilen	
Stpfl. Veräußerungsgewinn	0 DM

- **Veräußerungsentgelt kleiner bzw. gleich Kapitalkonto**

Wendet der Übernehmer Anschaffungskosten bis zur Höhe des steuerlichen Kapitalkontos auf, hat er die Buchwerte des Übergebers fortzuführen (§ 7 Abs. 1 EStDV). Ein Veräußerungsverlust liegt beim Übergeber **nicht** vor (BMF-VE, Tz 38).

Beispiel:
V überträgt seinen Gewerbebetrieb mit einem Verkehrswert von 2 000 000 DM (steuerliches Kapitalkonto 1 000 000 DM) im Wege der vorweggenommenen Erbfolge auf seinen Sohn S. S hat an seine Schwester T eine Abstandszahlung i. H. v. 300 000 DM zu leisten, die er durch Kredit finanziert.
V erzielt **keinen** Veräußerungsgewinn. S führt die Buchwerte des V unverändert fort (§ 7 Abs 1 EStDV). Der Kredit führt zu einer Betriebsschuld, die zu passivieren ist. Die Schuldzinsen sind dennoch als BA abzugsfähig (BMF, Tz 40).

bb) Behandlung beim Erwerber

Soweit ein unentgeltlicher Erwerb vorliegt, werden die Buchwerte (vgl. BMF-VE, Tz 38) und die AfA des Rechtsvorgängers (vgl. BMF-VE, Tz 39) fortgeführt (§ 7 Abs. 1 EStDV).

Soweit ein **entgeltlicher** Erwerb vorliegt, liegen eigene **Anschaffungskosten** vor.

Zur Ermittlung der Anschaffungskosten muß zunächst festgestellt werden, **in welchen Buchwerten stille Reserven enthalten** sind und wieviel sie **insgesamt** betragen. Diese stillen Reserven sind dann **gleichmäßig** um den Vomhundertsatz aufzulösen, der dem Verhältnis des aufzustockenden Betrages (Unterschied zwischen dem Buchwert des übertragenen Betriebsvermögens und dem Veräußerungspreis) zum Gesamtbetrag der vorhandenen stillen Reserven des beim Veräußerer ausgewiesenen Betriebsvermögens entspricht.

Zu einer Aufdeckung der stillen Reserven, die auf einen in dem vom Übertragenden **selbst geschaffenen Geschäfts- oder Firmenwert** entfallen, kommt es **erst nach vollständiger Aufdeckung** der stillen Reserven, die in den **übrigen Wirtschaftsgütern** des Betriebsvermögens enthalten sind.

Überschreiten die Anschaffungskosten das steuerliche Kapitalkonto des Übergebers, bestimmt sich der entgeltlich und der unentgeltlich erworbene Teil der einzelnen Wirtschaftsgüter nach dem Verhältnis der gesamten Anschaffungskosten zum Verkehrswert des Betriebs, Teilbetriebs oder Mitunternehmeranteils.

Aus **Vereinfachungsgründen** können die **Aufstockungsbeträge wie nachträgliche Anschaffungskosten** behandelt werden.

Zur **Höhe** und **Ermittlung** der AK vgl. BMF-VE, Tz 11–12; zu **Anschaffungsnebenkosten** vgl. BMF-VE, Tz 13.

h) Fallbeispiel (vgl. BMF-VE, Tz 35):

V überträgt im Wege der vorweggenommenen Erbfolge seinen Gewerbebetrieb mit einem Verkehrswert von 10 000 000 DM einschließlich der betrieblichen Verbindlichkeiten auf seinen Sohn S. S verpflichtet sich, an seinen Vater V eine Abstandszahlung von 500 000 DM und an seine Schwester T einen Gleichstellungsbetrag von 2 Mio DM zu zahlen. Die Bilanz des Gewerbebetriebs zum Übertragungszeitpunkt stellt sich wie folgt dar:

	Buchwert	(Teilwert)		Buchwert
Geschäfts- oder Firmenwert	–	(3 Mio)	Kapital	1 Mio
Anlagevermögen	4 Mio	(9 Mio)	Verbindlichkeiten	7 Mio
Umlaufvermögen	5 Mio	(6 Mio)	Rückstellungen	1 Mio
	9 Mio	(18 Mio)		9 Mio

Lösung:

Zum Erwerb des Betriebs wendet S 2 500 000 DM auf. Nicht zu den Anschaffungskosten gehören die übernommenen betrieblichen Verbindlichkeiten.

V erzielt durch die entgeltliche Übertragung seines Betriebs einen nach §§ 16, 34 begünstigten Veräußerungsgewinn i. H. v. 1 500 000 DM (Veräußerungsentgelt 2 500 000 DM ./. Betriebsvermögen 1 Mio DM).

S hat neben dem Kapitalkonto von 1 Mio DM auch Teile der bisher nicht aufgedeckten stillen Reserven bezahlt (vgl. BFH, BStBl 1986 II 811).

Für S ergeben sich folgende Wertansätze: Im Anlage- und Umlaufvermögen sind folgende stille Reserven enthalten:

Anlagevermögen	5 Mio
Umlaufvermögen	1 Mio
	6 Mio

Diese stillen Reserven werden i. H. v. 1 500 000 DM (= 25 v. H.) aufgedeckt. Zu einer Aufdeckung der in dem von V selbst geschaffenen Geschäfts- oder Firmenwert enthaltenen stillen Reserven kommt es nicht.

S hat die Buchwerte um die anteilig aufgedeckten stillen Reserven wie folgt aufzustocken:

Anlagevermögen:	
bisheriger Buchwert	4 000 000 DM
+ anteilig aufgedeckte stille Reserven (25 v. H. von 5 Mio DM)	1 250 000 DM
	5 250 000 DM

Umlaufvermögen:	
bisheriger Buchwert	5 000 000 DM
+ anteilig aufgedeckte stille Reserven (25 v. H. von 1 Mio DM)	250 000 DM
	5 250 000 DM

Die Eröffnungsbilanz des S lautet:

Geschäfts- oder Firmenwert	0 DM	Kapital	2 500 000 DM
Anlagevermögen	5 250 000 DM	Verbindlichkeiten	7 000 000 DM
Umlaufvermögen	5 250 000 DM	Rückstellungen	1 000 000 DM
	10 500 000 DM		10 500 000 DM

i) Übertragung einzelner Wirtschaftsgüter des Betriebsvermögens

aa) Unentgeltliche Übertragung

Die unentgeltliche Übertragung einzelner Wirtschaftsgüter des Betriebsvermögens stellt beim Übergeber regelmäßig eine Entnahme des Wirtschaftsguts dar. Die anschließende Übertragung im Rahmen der vorweggenommenen Erbfolge erfolgt im Privatvermögen nach den hierfür geltenden Grundsätzen. Der Übernehmer des Wirtschaftsguts hat daher seine Abschreibung regelmäßig nach dem Entnahmewert des Übergebers zu bemessen (§ 11d Abs. 1 EStDV); vgl. BMF-VE, Tz 33.

bb) Teilentgeltliche Übertragung

Werden einzelne Wirtschaftsgüter des Betriebsvermögens teilentgeltlich auf den Übernehmer übertragen, handelt es sich in Höhe des unentgeltlich übertragenen Teils um eine Entnahme in Höhe des anteiligen Teilwerts und in Höhe des entgeltlich übertragenen Teils um eine Veräußerung (BMF-VE, Tz 34).

Beispiel:

V überträgt ein bebautes Betriebsgrundstück im Wege der vorweggenommenen Erbfolge auf seinen Sohn S. Der Teilwert des Gebäudes beträgt 1 000 000 DM (Buchwert 100 000 DM). S hat an V eine Abstandszahlung zu leisten, die mit 250 000 DM auf das Gebäude entfällt.

Nach dem Verhältnis Veräußerungsentgelt zum Teilwert hat V das Gebäude zu ³/₄ entnommen (anteiliger Teilwert 750 000 DM) und zu ¹/₄ veräußert (Veräußerungserlös 250 000 DM). S hat, soweit das Gebäude von V entnommen wurde, seine AfA nach dem Entnahmewert des V i. H. v. 750 000 DM (³/₄ von 1 000 000 DM) und, soweit er das Gebäude entgeltlich erworben hat, nach seinen Anschaffungskosten von 250 000 DM zu bemessen.

j) Verbleibensfristen und Vorbesitzzeiten

Fordern einzelne Regelungen (z. B. § 6b EStG, § 2 Fördergebietsgesetz) ein Verbleiben der begünstigten Wirtschaftsgüter für einen bestimmten Zeitraum im Betriebsvermögen des Stpfl., können die Verbleibensfristen nur hinsichtlich des nach Tz. 24 bis 37 unentgeltlich übertragenen Teils des Betriebsvermögens beim Rechtsvorgänger und beim Rechtsnachfolger zusammengefaßt werden (vgl. BFH, BStBl 1986 II 811). Hinsichtlich des entgeltlich erworbenen Teils der Wirtschaftsgüter handelt es sich um eine Anschaffung, die gegebenenfalls neue Fristen in Gang setzt. Zu den Verbleibensvoraussetzungen für die Sonderabschreibungen nach § 3 Zonenrandförderungsgesetz vgl. das BMF-Schreiben v. 27. 12. 1989, BStBl I 518.

k) Mischfälle (BMF-VE, Tz 47)

Besteht das übertragene Vermögen sowohl aus Privatvermögen als auch aus Betriebsvermögen, sind der steuerlichen Beurteilung die für die jeweiligen Vermögensarten geltenden Grundsätze zugrunde zu legen. Werden zusammen mit dem Betrieb auch Wirtschaftsgüter des Privatvermögens übernommen, ist das **Entgelt** vorweg nach dem Verhältnis der Verkehrswerte des Betriebsvermögens und der privaten Wirtschaftsgüter **aufzuteilen**.

Beispiel:

Im Rahmen der vorweggenommenen Erbfolge erhält S von seinem Vater V einen Gewerbebetrieb mit einem Verkehrswert von 2 Mio DM (Buchwert 200 000 DM) und ein Mehrfamilienhaus mit einem Verkehrswert von 1 000 000 DM, das mit Verbindlichkeiten in Höhe von 300 000 DM belastet ist. Die Verbindlichkeiten stehen im Zusammenhang mit dem Erwerb des Mehrfamilienhauses. S ist verpflichtet, seiner Schwester T einen Betrag von 1,2 Mio DM zu zahlen.

S hat Anschaffungskosten für den Gewerbebetrieb und das Mehrfamilienhaus von insgesamt 1,5 Mio DM (Verbindlichkeiten 300 000 DM, Gleichstellungsgeld 1,2 Mio DM). Nach dem Verhältnis der Verkehrswerte (Gewerbebetrieb 2 Mio DM, Mehrfamilienhaus 1 Mio DM) entfallen die Anschaffungskosten zu $2/3$ auf den Gewerbebetrieb und zu $1/3$ auf das Mehrfamilienhaus. S hat danach Anschaffungskosten für den Gewerbebetrieb i. H. v. 1 Mio DM und für das Mehrfamilienhaus von 500 000 DM. Das Mehrfamilienhaus (Verkehrswert 1 Mio DM) erwirbt er zu $1/2$ entgeltlich und zu $1/2$ unentgeltlich. Die auf den Betriebserwerb entfallenden Verbindlichkeiten i. H. v. 200 000 DM ($2/3$ von 300 000 DM) stellen betriebliche Verbindlichkeiten des S dar.

l) Übergangsregelung

Die Grundsätze des BMF-VE sind in allen noch offenen Fällen anzuwenden. Soweit die Vermögensübertragung vor dem 1.1.1991 rechtlich bindend festgelegt und bis spätestens 31.12.1993 vollzogen worden ist, sind auf Antrag die Rechtsgrundsätze anzuwenden, die aufgrund der Rechtsprechung vor Ergehen des Beschlusses des BFH, BStBl 1990 II 847) gegolten haben; in diesen Fällen ist nach den bisher maßgebenden Grundsätzen (vgl. BFH, BStBl 1986 II 161) zu verfahren (BMF-VE, Tz 48).

Im Falle der Tz 48 Satz 2 ist ein Veräußerungsgewinn beim Übergeber unabhängig von der steuerlichen Behandlung beim Übernehmer gem. § 163 AO oder § 176 AO außer Ansatz zu lassen. Zugunsten des Übernehmers sind auch in diesen Fällen die Grundsätze des BMF-Schreibens vom 13.1.1993 (BMF-VE) anzuwenden (BMF-VE, Tz 48).

2.6.8 Freibetrag nach § 16 Abs. 4 EStG

2.6.8.1 Allgemeines

Der Freibetrag nach § 16 Abs. 4 beinhaltet eine **sachliche Steuerbefreiung** (ist also mit steuerfreien Einkünften i. S. des § 3 vergleichbar), H 139 Abs. 13 „Sachliche Steuerbefreiung"..

Der Freibetrag ist **unmittelbar vom Veräußerungsgewinn abzuziehen.**

Er wird sowohl bei **Betriebsveräußerung** als auch bei **Betriebsaufgabe** gewährt.

Soweit der Veräußerungs-/Aufgabegewinn nicht steuerbefreit ist, ist er nach § 34 Abs. 1 tarifbegünstigt.

Zweck des § 16 Abs. 4 ist die steuerliche Entlastung bei der Veräußerung oder Aufgabe kleinerer Betriebe aus sozialen Gründen (BFH, BStBl 1976 II 360).

Verluste werden durch den Freibetrag nach § 16 Abs. 4 nicht aufgezehrt, und zwar weder aus anderen Einkunftsarten noch Veräußerungsverluste i. S. des § 16.

Wegen der Besonderheiten des Freibetrags bei Betriebsveräußerung gegen wiederkehrende Bezüge vgl. K. 9.1.

Auf einen durch Bildung einer **Rücklage nach § 6b** teilweise neutralisierten Veräußerungsgewinn ist zwar nicht die Tarifbegünstigung des § 34 Abs. 1 anwendbar (§ 34 Abs. 1 Satz 3), nach Auffassung der FinVerw aber der Freibetrag nach § 16 Abs. 4.

2.6.8.2 Neuregelung durch JStG 1996

a) Wegfall des einfachen Freibetrags von 30 000 DM

Nach der Neufassung von § 16 Abs. 4 ist der einfache Freibetrag von 30 000 DM ersatzlos weggefallen. Jeder Veräußerungsgewinn muß ab 1996 exakt ermittelt und – mit dem ermäßigten Steuersatz nach § 34 Abs. 1 und Abs. 2 Nr. 1 – versteuert werden.

b) Absenkung des erhöhten Freibetrages auf 60 000 DM

Nach § 16 Abs. 4 wird ein Freibetrag für Veräußerungsgewinne anläßlich einer Betriebsveräußerung/-aufgabe nur noch gewährt, wenn der Stpfl. das **55. Lebensjahr** vollendet hat bzw. dauernd **berufsunfähig** ist. Der **Freibetrag** beträgt nunmehr **60 000 DM** (bislang 120 000 DM).

Unverändert bleibt mit 300 000 DM die Grenze für den Veräußerungsgrenzgewinn, bei dessen Überschreitung der Freibetrag gekürzt wird. Ab einem Veräußerungsgewinn von 360 000 DM entfällt deshalb der Freibetrag ganz.

c) Personenbezogenheit

Die Neuregelung enthält eine zweite Einschränkung: Ein Stpfl. darf den Freibetrag nur **einmal** „im Leben" in Anspruch nehmen; es wird also erstmals eine Objektbeschränkung für Betriebsveräußerungen geschaffen.

Der Freibetrag ist damit nicht mehr nur betriebs- sondern auch **personenbezogen**.

Die Objektbeschränkung gilt erstmals für Veräußerungsgewinne, die nach dem 31.12.1995 realisiert werden. Zuvor erzielte Veräußerungsgewinne werden nicht auf die neue Objektgrenze angerechnet (§ 52 Abs. 19 a).

Die Objektbeschränkung gilt – wie die anderen Neuregelungen beim § 16 Abs. 4 – auch bei **Freiberuflern** und **Landwirten** (ausgenommen § 14 a).

Fraglich ist, ob die Objektgrenze bei einem Stpfl. gesondert für jede der drei Gewinneinkunftsarten gilt, oder insgesamt nur einmal.

Der Wortlaut des Gesetzes, der in den §§ 14 und 18 Abs. 3 eine „entsprechende Anwendung" des § 16 Abs. 4 vorschreibt, läßt wohl eher die Auslegung zu, daß für jede Einkunftsart jeweils eine gesonderte Objektgrenze gilt.

d) Antragsgebundenheit

Der Freibetrag ist nur noch auf Antrag zu gewähren.

Falls kein Antrag gestellt wird, ist der volle Veräußerungsgewinn nach § 34 Abs. 1 zu versteuern.

e) Veräußerung eines Teilbetriebs / Mitunternehmeranteils

Die neue Regelungen gelten auch bei der Veräußerung eines Teilbetriebs und Mitunternehmeranteils.

Die bisherige anteilsmäßige Kürzung des Freibetrages bei Veräußerung von Mitunternehmeranteilen sowie bei der Veräußerung/Aufgabe von Teilbetrieben ist weggefallen (vgl. auch R 139 Abs. 13 S. 3).

2.6.8.3 Kürzung des Freibetrags bei Überschreiten des Grenzbetrags

Der Freibetrag wird in voller Höhe gewährt, sofern der Veräußerungsgewinn 300 000 DM nicht übersteigt. Der Freibetrag von 60 000 DM ermäßigt sich um den Betrag, um den der Veräußerungsgewinn 300 000 DM übersteigt, § 16 Abs. 4 S.2 (stufenweiser Abbau). Mithin **entfällt** der Freibetrag ganz, wenn der Veräußerungsgewinn 360 000 DM oder mehr beträgt.

Beispiel:

Veräußerungsgewinn			329 000 DM
Freibetrag		60 000 DM	
∕ **stufenweiser Abbau**			
Veräußerungsgewinn	329 000 DM		
∕ Grenzbetrag	300 000 DM		
Kürzungsbetrag	29 000 DM	29 000 DM	
verbleibender Freibetrag		31 000 DM	∕ 31 000 DM
Stpfl. Veräußerungsgewinn			298 000 DM

Bei Betriebsveräußerung gegen Sofortentgelt und wiederkehrende Bezüge ist im Fall des Antrags auf Sofortversteuerung der Kapitalwert der wiederkehrenden Bezüge für Zwecke des stufenweisen Abbaus fiktiv in den sofort realisierten Veräußerungsgewinn einzubeziehen; vgl. K. 9.1.7.1 (mit Beispiel).

Bei **Teilneutralisierung** des Veräußerungsgewinns durch Bildung einer Rücklage nach **§ 6b** ist nach Verwaltungsregelung bei der Ermittlung der Freibetragskürzung i. S. des § 16 Abs. 4 S.2 der noch nicht nach § 6b geminderte gesamte Veräußerungsgewinn zugrunde zu legen.

2.6.8.4 Veräußerung mehrerer Betriebe

Der Freibetrag ist ab VZ 1996 **personenbezogen**, d. h. an die **Person** des Betriebsinhabers gebunden. Hat der Stpfl. **mehrere** selbständige Betriebe (nicht nur Teilbetriebe), steht der Freibetrag für die Veräußerung (Aufgabe) nur **eines** Betriebes zu.

Der Stpfl. kann wählen, für welchen Veräußerungsfall er den Freibetrag in Anspruch nehmen will.

Beispiel:

Der 60jährige A gibt seinen Lebensmitteleinzelhandel in 04 auf (Aufgabegewinn 190 000 DM).
Sein Schuhgeschäft veräußert er in dem selben Jahr im ganzen (Veräußerungsgewinn 110 000 DM).
Eine Chemische Reinigung veräußert er ebenfalls in 04 mit einem Veräußerungsverlust von ∕ 20 000 DM.

Vergleichsrechnung:

a) Lebensmitteleinzelhandel

Aufgabegewinn § 16 Abs. 3	180 000 DM
∕ Freibetrag § 16 Abs. 4 S. 1	60 000 DM
stpfl. § 34 Abs. 1	120 000 DM

b) Schuhgeschäft

Veräußerungsgewinn			340 000 DM
∕ Freibetrag		60 000 DM	
Kürzung (§ 16 Abs. 4 S. 2)	340 000 DM		
	∕ 300 000 DM	∕ 40 000 DM	
		20 000 DM	∕ 20 000 DM
stpfl. § 34 Abs. 1			320 000 DM

Hier wäre es günstiger, den Freibetrag bei der Veräußerung des Lebensmittelhandels in Anspruch zu nehmen.

c) Chemische Reinigung

Der Veräußerungsverlust i. S. des § 16 von ∕ 20 000 DM mindert **nicht** die nach § 34 Abs. 1 zu besteuernden Veräußerungs-/Aufgabegewinne, sondern nach Möglichkeit andere (tariflich zu versteuernde) positive Einkünfte (BFH, BStBl 1966 III 544).

Bei Veräußerung oder Aufgabe eines **ganzen** Betriebes **und gleichzeitiger** Veräußerung einer (handelsrechtlich) zum notwendigen BV dieses Betriebes **gehörenden Mitunternehmeranteils** liegen zwei **gesondert** zu beurteilende Vorgänge i. S. des § 16 vor. Dies gilt auch für den Freibetrag nach § 16 Abs. 4 (BFH, BStBl 1977 II 259 und R 139 Abs. 13 S. 5): ggf. **Wahlrecht** (R 139 Abs. 13 S. 6).

Beispiel:

B (56 Jahre alt) gibt sein Einzelunternehmen auf. Da er deswegen nicht mehr Gesellschafter der X-OHG bleiben kann, scheidet er gleichzeitig mit der Einstellung seines Betriebes aus der X-OHG aus.

Es betragen bei Einzelfirma B (**ohne** OHG-Anteil)

– gemeine Werte	450 000 DM
– Buchwerte	320 000 DM
OHG-Anteil	
– Abfindung durch verbleibende(n) Gesellschafter	300 000 DM
– Kapitalkonto B	250 000 DM

Es liegen **zwei** gesondert zu beurteilende Vorgänge vor. **Vergleichsrechnung:**

1. Betriebsaufgabe (§ 16 Abs. 3)

Aufgabegewinn 450 000 DM ∕ 320 000 DM =	130 000 DM
∕ Freibetrag § 16 Abs. 4	60 000 DM
stpfl. (§ 34)	70 000 DM

2. Veräußerung Mitunternehmeranteil (§ 16 Abs. 1 Nr. 2)

Veräußerungspreis	300 000 DM
./. Kapitalkonto	250 000 DM
Veräußerungsgewinn	50 000 DM
./. Freibetrag	50 000 DM
Stpfl. Veräußerungsgewinn	0 DM

Aber: Der Freibetrag kann jedoch **nur einmal** („im Leben" – **ab VZ 1996**) gewährt werden. Außerdem wird der Freibetrag ab VZ 1996 **nur auf Antrag** gewährt.

2.6.8.5 Verwirklichung des Veräußerungsgewinns in verschiedenen VZ

Fraglich ist, wie der Freibetrag zu behandeln ist, wenn sich eine Betriebsaufgabe über einen VZ hinaus erstreckt (sofern noch ein „einheitlicher Vorgang" gegeben ist) bzw. wenn die Gewinnverwirklichung bei einer Betriebsveräußerung in zwei verschiedenen VZ eintritt, weil in einem VZ jeweils nur ein Teil der wesentlichen Betriebsgrundlagen übertragen worden ist. Feststeht, daß dieser Freibetrag nur einmal zu gewähren ist. Der Freibetrag kann dabei nur gewährt werden, soweit der Veräußerungsgewinn insgesamt den Grenzbetrag nicht übersteigt. Zu diesem Zweck sind die Veräußerungsgewinne beider Jahre zusammenzurechnen. Streitig ist, ob der Freibetrag im ersten Jahr voll abzuziehen ist oder im Verhältnis der anteiligen verwirklichten Gewinne auf beide Jahre verteilt werden muß.

Beispiel:

	04 ($^2/_3$)	05 ($^1/_3$)	Summe	
verwirklichter Veräußerungsgewinn	220 000 DM	+ 110 000 DM	= 330 000 DM	Veräußerungsgewinn
			./. 300 000 DM	Grenzgewinn
			30 000 DM	übersteigender Betrag
			60 000 DM	Freibetrag
anteiliger gekürzter Freibetrag	./. 20 000 DM	./. 10 000 DM	= 30 000 DM	verbleibender Freibetrag
stpfl. Veräußerungspreis	200 000 DM	100 000 DM	300 000 DM	

Bei Zusammenrechnung der Veräußerungsgewinne sind die Voraussetzungen für die Gewährung eines Freibetrages noch erfüllt. Der nach § 16 Abs. 4 Satz 3 gekürzte Freibetrag wird nach dem Verhältnis der anteiligen Veräußerungsgewinne aufgeteilt.

Wird aus der Aufgabe oder Veräußerung desselben Betriebes in einem VZ ein Veräußerungsgewinn und im nächsten VZ ein Veräußerungsverlust verwirklicht, müssen m. E. beide Ergebnisse folgerichtig saldiert werden (glA Herrmann/Heuer/Raupach, EStG, § 16 Rz. 470). Hier muß die erste Veranlagung ggf. vorläufig erfolgen.

Beispiel:

A (55 Jahre) erzielt aus der Aufgabe seines Betriebs

in 02 Aufgabegewinn	380 000 DM
in 03 Aufgabeverlust	35 000 DM
saldiert = Aufgabegewinn	345 000 DM
Veräußerungsfreibetrag:	60 000 DM
Kürzung um den 300 000 DM übersteigenden Teil des **saldierten** Aufgabegewinns von 45 000 DM =	./. 45 000 DM
in **02** zu gewährenden Freibetrag	15 000 DM

2.6.8.6 Voraussetzungen des Freibetrags

Der ab VZ 1996 nur noch bei **Alter** (d. h. Vollendung des 55. Lebensjahres im Veräußerungszeitpunkt) und **Berufsunfähigkeit** gewährte Freibetrag beträgt 60 000 DM.

Die Grenze, bis zu der der Freibetrag nicht zu kürzen ist, beträgt **300 000 DM**. Durch die damit verbundene Steuerentlastung kleinerer Veräußerungsgewinne werden insbesondere ältere Inhaber kleinerer und mittlerer Unternehmen begünstigt.

Dies gilt **auch** für Veräußerungsgewinne
- aus LuF (§ 14 Satz 2);
- aus selbständiger Arbeit (§ 18 Abs. 3).

Der Freibetrag gilt **auch** bei der **Betriebsaufgabe,** da sie als Veräußerung gilt (§ 16 Abs. 3 Satz 1).

• **Kürzung wegen Übersteigen des Grenzbetrags**

Beispiel:
Veräußerungsgewinn 400 000 DM

	a) 55 Jahre		b) unter 55 Jahre
Alter			
Veräußerungsgewinn		400 000 DM	400 000 DM
./. Freibetrag	60 000 DM		kein Freibetrag
Kürzung 400 000 DM			
Grenzbetrag 300 000 DM			
100 000 DM	./. 100 000 DM		
verbleiben	0 DM	0 DM	–,– DM
stpfl. (nach § 34)		400 000 DM	400 000 DM

• **Vollendung des 55. Lebensjahres**

Für die Frage des vollendeten 55. Lebensjahres kommt es auf den Veräußerungs-/Aufgabezeitpunkt an. Lebensaltersberechnung erfolgt nach §§ 108 Abs. 1 AO i. V. m. 187 Abs. 2 S. 2, 188 Abs. 2 BGB (Tag der Geburt zählt mit!).

Beispiel 1:
Betriebsveräußerung mit Wirkung vom 1.1.1997 0.00 Uhr.
Der Stpfl. ist geboren am a) 2. 1.1942
 b) 1. 1.1942
 c) 31.12.1941.
Vollendung des 55. Lebensjahres:
zu a) 1.1.1997 24.00 Uhr: **Kein** Freibetrag, da
Veräußerung begrifflich **vor** Vollendung des 55. Lebensjahres.
zu b) 31.12.1996 24.00 Uhr und
zu c) 30.12.1996 24.00 Uhr.
Bei b) und c) ist der Freibetrag von 60 000 DM (auf Antrag) zu gewähren.

Beispiel 2:
A (geb. 1.7.1942) veräußert Betrieb am 1.7.1997. Veräußerungsgewinn 295 000 DM. –
Es ist ein Freibetrag von 60 000 DM abzuziehen, da A das 55. Lebensjahr **mit Ablauf des 30.6.1997 24.00 Uhr** vollendet hat (§§ 108 Abs. 1 AO, 187 Abs. 2, 188 Abs. 2 BGB)
Keine Kürzung, da der Veräußerungsgewinn 300 000 DM nicht übersteigt.

• **Dauernde Berufsunfähigkeit**

Nach § 16 Abs. 4 Satz 1 soll auch eine durch dauernde Berufsunfähigkeit veranlaßte Betriebsveräußerung oder -aufgabe begünstigt werden.

Der Begriff der Berufsunfähigkeit findet sich auch in § 1246 Abs. 2 RVO als Voraussetzung für die Gewährung einer Berufsunfähigkeitsrente.

Wegen der unterschiedlichen Zielsetzung ist § 16 Abs. 4 Satz 1 grundsätzlich unabhängig vom Sozialversicherungsrecht (§ 1246 Abs. 2 RVO) auszulegen, vgl. H 139 Abs. 14.

Bei der Beurteilung, ob dauernde Berufsunfähigkeit vorliegt, ist daher darauf abzustellen, ob Aufgabe/ Veräußerung **durch** Invalidität veranlaßt ist, d. h. durch Krankheit, andere Gebrechen oder Schwäche der geistigen oder körperlichen Fähigkeiten (BFH, BStBl 1982 II 293).

Der Unternehmer kann im Invaliditätsfall nicht auf andere Tätigkeiten verwiesen werden.

Bei Betriebsveräußerung nach vorausgegangener kurzfristiger Verpachtung im ganzen ist der erhöhte Freibetrag zu gewähren, wenn im Veräußerungszeitpunkt die dauernde Berufsunfähigkeit gegeben ist, d. h. Unmöglichkeit der eigenen Betriebsfortführung (BFH, BStBl 1986 II 601).

Sozialversicherungsrechtlich ist dagegen nach § 1246 Abs. 2 Satz 2 RVO eine Berufsunfähigkeit zu verneinen, wenn der Versicherte statt seines bisherigen Berufes einen anderen ausüben kann.

Zum Nachweis der Voraussetzung reicht folglich stets die Vorlage einer Bescheinigung über eine **Berufsunfähigkeit** i. S. des § 1246 Abs. 2 RVO oder über eine **Erwerbsunfähigkeit** (§ 1247 RVO) aus. Der Nachweis kann aber auch durch private Bescheinigungen oder Gutachten geführt werden.

Beispiel:
A hatte ein Gerüstbauunternehmen betrieben. Da er infolge einer Erkrankung diesen Beruf nicht mehr ausüben konnte, veräußerte er seinen Betrieb. Danach nahm er den erlernten Beruf als Gärtner und Florist wieder auf und eröffnete einen Blumeneinzelhandel. Der Betrieb ist wegen dauernder Berufsunfähigkeit veräußert worden. A steht somit der Freibetrag von 60 000 DM zu.

2.6.8.7 Personenbezogenheit

Der Freibetrag ist nicht nur betriebsbezogen (Gewährung für einen einzelnen Betrieb, Teilbetrieb oder Mitunternehmeranteil), sondern auch **personenbezogen.**

Dies bedeutet, daß die Voraussetzungen des § 16 Abs. 4 in der Person desjenigen erfüllt sein müssen, der **selbst** den Betrieb aufgibt oder veräußert (BFH, BStBl 1981 II 665, H 139 Abs. 14 „Erbfolge").

Beispiel:
Der 65jährige Betriebsinhaber verstirbt und hinterläßt u. a. einen Gewerbebetrieb bzw. eine freiberufliche Praxis. Der 40jährige Sohn veräußert den Betrieb sofort oder gibt ihn auf.
Kein Freibetrag nach § 16 Abs. 4. Es liegt auch keine Veräußerung wegen „Berufsunfähigkeit" des Erblassers vor (BFH, BStBl 1985 II 204).

Der Freibetrag ist auch dann zu gewähren, wenn der Veräußerer im Zeitpunkt der Übertragung des Betriebs bereits verstorben ist (BFH, BStBl 1995 II 893).

2.6.8.8 Veräußerung oder Aufgabe eines Teilbetriebs oder Mitunternehmeranteils

Ab VZ 1996 ist der Freibetrag von 60 000 DM **auch** bei Veräußerung/Aufgabe eines

– Teilbetriebs oder
– Mitunternehmeranteils

voll (d. h. nicht mehr nur anteilig) zu gewähren. Die Ermäßigung nach § 16 Abs. 4 Satz 2 ist aber zu beachten.

2.6.8.9 Einschränkung der Steuerbegünstigung bei Veräußerer-Erwerber-Identität

a) Überblick

Nach § 16 Abs. 2 **Satz 3** sind Gewinne aus der Betriebsveräußerung insoweit nicht begünstigt, als auf der Seite des **Veräußerers** und des **Erwerbers dieselben Personen Unternehmer** oder **Mitunternehmer** sind.

Gleiches gilt für Veräußerungen im Rahmen einer Betriebsaufgabe (§ 16 Abs. 3), soweit bei Einzelveräußerungen dieselben Personen auf der Erwerber- wie der Veräußererseite stehen (§ 16 Abs. 3 Satz 2).

Eine entsprechende Regelung gilt in § 24 Abs. 3 UmwStG (entgegen der ausdrücklichen BFH-Rechtspr. in BStBl 1994 II 838).

Dies bedeutet eine Einschränkung des Grundsatzes, daß die Veräußerung eines Betriebs, Teilbetriebs, Mitunternehmeranteils in **vollem** Umfang begünstigt ist. Nunmehr sind nur noch Veräußerungsgewinne, soweit sie durch Veräußerung an **Dritte** erzielt worden sind, begünstigt.

Der Gesetzgeber sieht einen Mißbrauch insbesondere darin, daß der Veräußerer, soweit er gleichzeitig Erwerber ist, in seiner Person einmal einen steuerbegünstigten Veräußerungsgewinn erzielt, er jedoch gleichzeitig als Erwerber höhere Anschaffungskosten hat, die, soweit er Wirtschaftsgüter des abnutzbaren Anlagevermögens erwirbt, über die AfA während der Nutzungsdauer seinen laufenden Gewinn mindert. Diese Vorteile hat er nicht nur, wenn er gleichzeitig auf der Erwerberseite steht, sondern insbesondere auch dann, wenn er seinen bisherigen Einzelbetrieb/Mitunternehmeranteil in eine Personengesellschaft zum Teilwert einbringt.

Durch § 16 Abs. 2 Satz 3 und Abs. 3 Satz 3 EStG sowie § 24 Abs. 3 UmwStG wird bestimmt, daß insoweit ein **laufender** und damit **kein** begünstigter Gewinn erzielt wird.

b) Anwendungsbereich

Unter die Einschränkung fallen

1. Betriebsveräußerung (§ 16 Abs. 1)
2. Betriebsaufgabe (§ 16 Abs. 3), soweit Wirtschaftsgüter veräußert werden
3. Einbringung eines Betriebs usw. in eine Personengesellschaft (§ 24 UmwStG).

c) Betriebsveräußerung

Unter § 16 Abs. 2 fallen grundsätzlich alle entgeltlichen Übertragungen der wesentlichen Grundlagen eines Betriebs auf einen Erwerber. § 16 Abs. 2 Satz 3 setzt voraus, daß der Stpfl. sowohl auf der Erwerber- als auch auf der Veräußererseite steht. Der Begriff „insoweit" stellt sicher, daß die Einschränkung **nur insoweit** gilt, als Beteiligungsidentität besteht, darüber hinaus aber die Vergünstigung weiter gewährt wird.

Beispiele:

1. A (60 Jahre) veräußert seinen Betrieb (Einzelfirma) an die X-OHG, an der er zu $1/3$ beteiligt ist. Der erzielte Veräußerungsgewinn beträgt 150 000 DM.

    Es gelten als

    – Veräußerungsgewinn i. S. § 16 Abs. 2 $\quad$ $2/3 \times 150\,000$ DM = 100 000 DM
    – laufender Gewinn (§ 15 Abs. 1 Nr 1) $\quad$ $1/3 \times 150\,000$ DM = 50 000 DM

    Der Veräußerungsgewinn ist u. E. – falls beantragt – um den vollen Veräußerungsfreibetrag zu mindern (**keine** Aufteilung).

Veräußerungsgewinn	100 000 DM
∠ Freibetrag § 16 Abs. 4	60 000 DM
stpfl., nach § 34 Abs. 1, 2 Nr. 1 begünstigt	40 000 DM

2. B ist zu 60% als Komplementär an der B-KG beteiligt.

    Die B-KG veräußert ihren Betrieb an B, Veräußerungsgewinn 100 000 DM. Auf B entfallen 60% des Gewinns aus der Veräußerung = 60 000 DM. Der **gesamte Gewinnanteil** des **B** fällt unter § 15 Abs. 1 Nr. 2, ist also laufender, **nicht** nach § 34 begünstiger Gewinn.

3. An der C-OHG sind C zu $1/3$ und D zu $2/3$ beteiligt. Die C-OHG veräußert ihren Betrieb an die X-KG, an der X zu $1/3$ und C zu $2/3$ beteiligt sind; der gesamte Veräußerungsgewinn beträgt 360 000 DM.

    Anteil des C am Veräußerungsgewinn
    $1/3 \times 360\,000$ DM $\quad$ = 120 000 DM

    Hiervon in Höhe der Fremdbeteiligung begünstigt nach §§ 16, 34
    $1/3 \times 120\,000$ DM $\quad$ = 40 000 DM

d) Betriebsaufgabe

Die Begrenzung der Steuervergünstigungen §§ 16 Abs. 4, 34 für Aufgabegewinne bezieht sich **nur** auf **Veräußerungen** einzelner Wirtschaftsgüter, **nicht** jedoch auf die in das **Privatvermögen überführten Wirtschaftsgüter.** Daher bleiben die Steuervergünstigungen in vollem Umfang bestehen, wenn das Betriebsvermögen in vollem Umfang in das Privatvermögen überführt wird, ebenso, soweit Wirtschaftsgüter an **Dritte** veräußert werden.

Lediglich soweit der Veräußerer und Erwerber identisch sind, entfallen die Steuervergünstigungen.

Beispiele:

1. Bei einer Verpachtung wesentlicher Betriebsgrundlagen durch A fallen die Voraussetzungen der Betriebsaufspaltung weg.

    Beim bisherigen Besitzunternehmen liegt ein Aufgabegewinn vor. Die Wirtschaftsgüter des Besitzunternehmens (verpachtetes Anlagevermögen sowie die Beteiligung des A an der Betriebs-GmbH) wurden dabei in das Privatvermögen des A überführt.

    Der Aufgabegewinn ist in vollem Umfang nach §§ 16 Abs. 4, 34 begünstigt.

2. Bei einer gewerblich geprägten Personengesellschaft fallen die Voraussetzungen des § 15 Abs. 3 Nr. 2 weg. Lösung wie a).
3. B gibt seinen Betrieb auf.
Veräußerungspreise

	Buchwerte	begünstiger Aufgabegewinn	laufender Gewinn
– von Dritten	100 000	20 000	80 000	–
– von OHG, an der B zu 40% beteiligt ist	112 666	6 000	64 000 (60%)	42 666 (40%)
– von GmbH, an der B zu 100% beteiligt ist	200 000	40 000	160 000	–
gemeine Werte entnommener Wirtschaftsgüter	150 000	70 000	80 000	–

Durch **Kapitalgesellschaften** hindurch erfolgt im Rahmen des § 16 Abs. 2 Satz 3, § 16 Abs. 3 Satz 2 **kein** Durchgriff.

e) **Einbringung in Personengesellschaft**

Vgl. § 24 Abs. 3 UmwStG und K **2.8**.

f) **Auswirkung auf den Freibetrag nach § 16 Abs. 4 EStG**

Der Freibetrag richtet sich ausschließlich nach dem nach § 16 Abs. 2 Satz 3, § 16 Abs. 3 Satz 2 begünstigten Teil des Veräußerungs- bzw. Aufgabegewinns.

Die Qualifizierung eines Teils des insgesamt erzielten Veräußerungsgewinns als laufender Gewinn führt auch **nicht** zur rechnerischen Aufteilung des Freibetrags.

Beispiel:

A (60 Jahre) hat seinen Betrieb an die X-KG veräußert, an der er zu 25% beteiligt ist. Veräußerungspreis 560 000 DM, Buchwerte des BV 400 000 DM.

		DM
Veräußerungsgewinn gesamt		160 000
hiervon laufender Gewinn (nicht begünstigt)	25%	40 000
begünstigt		120 000
./. Freibetrag § 16 Abs. 4		60 000
stpfl.		60 000
laufender Gewinn § 15 Abs. 1 Nr. 1		40 000

2.6.8.10 Verfahrensfragen bei Mitunternehmeranteilen

Über **Entstehung** und **Höhe** eines begünstigten Veräußerungsgewinns bei Veräußerung eines Mitunternehmeranteils wird im Verfahren der einheitlichen und gesonderten Gewinnfeststellung nach § 180 Abs. 1 Nr. 2a AO entschieden.

Über die **Gewährung** und **Höhe** des Freibetrags entscheidet jedoch **ab VZ 1996** der Stpfl. durch einen entsprechenden **Antrag** bei der ESt-Veranlagung (R 139 Abs. 13 S. 1 und 2).

2.6.9 Betriebsverpachtung im ganzen

2.6.9.1 Grundsätze

Stellt ein Stpfl. seine gewerbliche Tätigkeit ein und verpachtet oder vermietet er die Wirtschaftsgüter des Betriebsvermögens insgesamt, so liegt eine bloße Betriebsunterbrechung und keine Betriebsaufgabe i. S. des § 16 Abs. 3 vor, wenn der Stpfl. beabsichtigt, seine gewerbliche Tätigkeit wieder aufzunehmen und fortzuführen. Eine beabsichtigte Fortführung durch einen Gesamtrechtsnachfolger (§ 45 AO) oder Einzelrechtsnachfolger i. S. des § 7 Abs. 1 EStDV ist ausreichend.

Aus **Nachweisgründen** wird dabei auf die vom StPfl abgegebenen Erklärungen abgestellt (BFH, BStBl 1985 II 456, 457) = unwiderlegbare Vermutung der Betriebsunterbrechungsabsicht.

Die Verpachtung eines (lebenden) Betriebes im ganzen führt daher **nicht automatisch** zu einer Betriebsaufgabe, sondern nur, wenn die Aufgabe **ausdrücklich erklärt** worden ist; BFH, BStBl 1964 III 124; sog. „**Verpachtungserlaß**" = Erl. FinMin NW vom 28. 12. 1964, BStBl 1965 II 5 i. V. m. R 139 Abs. 5.

Überläßt ein Stpfl. seinen Gewerbebetrieb einem Dritten zur Nutzung, kann er mithin zwischen Betriebsaufgabe (§ 16 Abs. 3) und Fortführung des Betriebes mit gewerblichen (aber nicht gewerbesteuerpflichtigen) Einkünften wählen (vgl. auch BFH, BStBl 1986 II 601 für LuF).

Eine Überführung von Wirtschaftsgütern in das Privatvermögen liegt nur vor, wenn sie durch einen Rechtsvorgang tatsächlich entnommen sind, sei es durch Nutzungsänderung oder – bei gewillkürtem Betriebsvermögen – durch ausdrückliche Erklärung. Die Verpachtung eines ganzen Betriebs führt mithin weder zu einer Entstrickung noch zu einer Nutzungsänderung. Somit bedarf es einer ausdrücklichen Aufgabeerklärung. Nur durch eine solche Aufgabeerklärung gilt der Betrieb als in das Privatvermögen überführt.

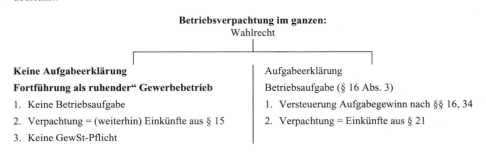

2.6.9.2 Anwendungsvoraussetzungen für das Wahlrecht bei Betriebsverpachtung

Das dem Verpächter gewährte Wahlrecht, ob er ohne Realisierung der stillen Reserven weiter Unternehmer bleiben oder ob er die stillen Reserven realisieren und in Zukunft privater Verpächter sein will, besteht nur dann, wenn eine Betriebsverpachtung und nicht eine Vermietung einzelner Wirtschaftsgüter des Betriebsvermögens vorliegt. Hierzu müssen folgende Voraussetzungen erfüllt sein:

a) Sachliche Voraussetzungen

1. **Verpachtung** oder **Vermietung** oder **unentgeltliche Überlassung** eines **lebenden** Betriebs
2. Überlassung **sämtlicher wesentlicher** Betriebsgrundlagen
3. **Tatsächliche Betriebsfortführung** durch den Pächter
4. **Keine grundlegende Umgestaltung** der wesentlichen Betriebsgrundlagen durch den Pächter.
5. **Keine Betriebsaufspaltung**
6. **Keine Mitunternehmerschaft zwischen Verpächter und Pächter**
7. **Keine Gewerblichkeit der Verpachtungstätigkeit**
8. **Bewirtschaftung** des Betriebs **vor** der Verpachtung **durch** den **Stpfl. (oder** – bei **umentgeltlichem** Erwerb – durch dessen **Rechtsvorgänger**); vgl. BFH, BStBl 1989 II 863.

b) persönliche Voraussetzungen

9. **Natürliche Person(en)** als Verpächter
10. **Unbeschränkte** Steuerpflicht des Verpächters

Das Wahlrecht besteht nicht nur bei Beginn der Verpachtung, sondern auch während der Dauer der Verpachtung (BFH, BStBl 1985 II 456).

Unter diesen Voraussetzungen besteht das Wahlrecht auch in den Fällen, in den ein Stpfl. einen erworbenen Betrieb in unmittelbarem Anschluß an den Erwerb verpachtet oder einen verpachteten Betrieb in unmittelbarem Anschluß an den Erwerb verpachtet oder einen verpachteten Betrieb erworben hat und diesen neu verpachtet oder der Erwerber eines verpachteten Betriebes in ein bestehendes Pachtverhältnis eintritt.

Das Wahlrecht besteht auch bei **unentgeltlicher** Überlassung, sei es schuldrechtlich (Leihe, § 598 BGB) oder dinglich. Vgl. BFH, BStBl 1977 II 719 und 1980 II 181.

2.6.9.2.1 Lebender Betrieb

Ein Pächter kann begrifflich nur dann einen Betrieb fortführen, wenn Gegenstand der Verpachtung ein lebender Betrieb ist.

Hat der Verpächter vor Pachtbeginn keinen Betrieb mehr geführt, sondern lediglich einzelne Wirtschaftsgüter (z.B. Grundstücke) verpachtet, liegt keine Betriebsverpachtung, sondern lediglich die Verpachtung einzelner Wirtschaftsgüter vor. In diesem Falle bedarf es keiner Aufgabeerklärung bei Pachtbeginn.

Vielmehr lag bereits im Zeitpunkt der Einstellung der gewerblichen Tätigkeit **zwingend** (ohne Aufgabeerklärung) eine Betriebsaufgabe vor.

Beispiel:
A hat das Betriebsgrundstück, Betriebsvorrichtungen und einige Wirtschaftsgüter des abnutzbaren Anlagevermögens verpachtet. Der Betrieb hat jedoch 2 Jahre stillgelegen, bis sich ein Pächter fand. Es liegt m.E. eine Betriebsverpachtung vor, weil A trotz der Stillegung einen lebensfähigen Betrieb verpachtet (vgl. BFH, BStBl 1983 II 412 und 2.6.9.9).

2.6.9.2.2 Überlassung sämtlicher wesentlicher Betriebsgrundlagen

Voraussetzung ist die Verpachtung **sämtlicher wesentlicher Betriebsgrundlagen** zur Fortsetzung des Betriebs mit der Möglichkeit, daß der Verpächter oder sein Rechtsnachfolger bei Beendigung des Vertrages den Betrieb wiederaufnehmen könnte (BFH, BStBl 1966 III 49; BStBl 1977 II 719). Wegen des Begriffs vgl. 2.6.3.1.1.

Die Überlassung lediglich des bisherigen Betriebsgrundstücks ist nur in Ausnahmefällen als Betriebsfortführung anzuerkennen, wenn es sich dabei um die **einzige** wesentliche Grundlage handelt, BFH, BStBl 1980 II 181. Nach BFH, BStBl 1987 II 113 erfüllt ein einziges bebautes Grundstück regelmäßig nicht die Voraussetzungen eines Gewerbebetriebs.

Beispiel:
A betrieb ein Café im eigenen Gebäude. Das Café mit Inventar und Umlaufvermögen schenkt er seiner Tochter. Das Gebäude behielt er jedoch zurück und verpachtete es an die Tochter.
Nach Ansicht des BFH (a.a.O.) hat A seinen Betrieb nicht aufgegeben, da das Betriebsgrundstück die einzige wesentliche Grundlage darstellte und A ohne große Aufwendungen wieder den Betrieb in Gang setzen könnte.

Unschädlich ist es daher auch, wenn der Verpächter eines Ladengeschäftes die bei Pachtbeginn vorhandenen Warenvorräte und die vorhandene Ladeneinrichtung an den Pächter veräußert, da es sich hierbei regelmäßig nicht um wesentliche Betriebsgrundlagen handeln wird (BFH, BStBl 1979 II 300).

Bei der Frage, ob es sich bei den verpachteten Wirtschaftsgütern um die wesentlichen Grundlagen eines Betriebes handelt, kommt es nicht darauf an, ob es aus der Sicht des Pächters wesentliche Grundlagen sind. Vielmehr ist dies aus der Sicht des **Verpächters** zu beurteilen. Es kommt darauf an, ob der Verpächter (bzw. sein Rechtsnachfolger) nach Beendigung des Pachtverhältnisses mit den Wirtschaftsgütern ohne großen Aufwand wieder einen Betrieb eröffnen kann (BFH, BStBl 1980 II 181).

Das Wahlrecht besteht **nicht,** wenn die wesentlichen Betriebsgrundlagen im **Miteigentum** von **Verpächter** und **Pächter** (z.B. als Miterben) stehen (BFH, BStBl 1990 II 780). Die Verpachtung von **Miteigentumsanteilen** an wesentlichen Betriebsgrundlagen ist **nicht** ausreichend.

2.6.9.2.3 Tatsächliche Betriebsfortführung durch den Pächter

Voraussetzung für das Wahlrecht ist ferner, daß der Pächter den vom Verpächter betriebenen Betrieb **tatsächlich fortführt** (BFH, BStBl 1968 II 78). Betreibt der Pächter auf dem überlassenen Grundstück ein Gewerbe **anderer** Branche (z. B. Verkauf von Textilien anstelle von – bisher – Tabakwaren), so liegt eine Betriebsaufgabe durch den Verpächter vor (BFH, BStBl 1975 II 885; BFH BStBl 1979 II 300); ebenso bei **grundlegender Umgestaltung** der wesentlichen Betriebsgrundlagen (BFH, BStBl 1983 II 412); vgl. 2.6.9.2.4.

2.6.9.2.4 Keine grundlegende Umgestaltung

Voraussetzung ist für die Betriebsfortführung, daß der Pächter den Betrieb im wesentlichen so fort führt, wie er ihn übernommen hat. Eine Betriebsverpachtung mit Wahlrecht liegt **nicht** vor, wenn anläßlich der Verpachtung die wesentlichen Betriebsgrundlagen so umgestaltet werden, daß sie nicht mehr in der bisherigen Form genutzt werden können. In diesem Falle stellt der Verpächter die werbende Tätigkeit endgültig ein. Vgl. auch BFH, BStBl 1985 II 456.

Grundsätzlich liegt daher eine Betriebsaufgabe im Zeitpunkt der Betriebseinstellung (Verpachtungsbeginn) vor, BFH, BStBl 1983 II 412.

Wegen des zeitlichen Hinausschiebens der Aufdeckung stiller Reserven vgl. 2.6.9.9.

Die vorstehenden Grundsätze gelten bei **späterer** Umgestaltung der wesentlichen Betriebsgrundlagen entsprechend, vgl. 2.6.9.5.1.

> **Beispiel:**
> X war Eigentümer einer Bäckerei. Ab 1.7.10 verpachtete er sein Betriebsvermögen an U, der jedoch das Gebäude völlig umgestaltete und in diesem eine Diskothek einrichtete und eröffnete. X hat eine Betriebsaufgabe nicht erklärt.
> Mit Verpachtungsbeginn liegt grundsätzlich eine Betriebsaufgabe vor; siehe aber 2.6.9.9 (evtl. Hinausschieben der Aufdeckung stiller Reserven).

2.6.9.2.5 Ausschluß des Wahlrechts

Eine Betriebsverpachtung mit Wahlrecht ist ausgeschlossen im Falle der

a) **Betriebsaufspaltung** und

b) **Mitunternehmerschaft zwischen Verpächter und Pächter.**

Im Falle der **Betriebsaufspaltung** ist das verpachtende (Besitz-)-Unternehmen stets und zwingend als Gewerbebetrieb zu behandeln. Eine Aufgabeerklärung ist nicht möglich ohne Wegfall der tatbestandlichen Voraussetzungen der Betriebsaufspaltung; vgl. 2.9.4.8. Auch bei Bestehen einer Mitunternehmerschaft (vgl. R 138) kann es nicht zur willensgesteuerten Aufdeckung der stillen Reserven kommen.

Die Verpachtung vollzieht sich i. R. des § 15 Abs. 1 Nr. 2, wenn z. B. der Betrieb an eine Personengesellschaft verpachtet ist und der Verpächter Gesellschafter und Mitunternehmer dieser Personengesellschaft ist.

Das Wahlrecht besteht auch **nicht,** wenn wesentliche Betriebsgrundlagen dem **Verpächter** und **Pächter gemeinsam gehören** (BFH, BStBl 1990 II 780). Vgl. 2.6.9.2.2.

Handelt es sich um eine **Erbengemeinschaft,** ist zwingend Mitunternehmerschaft gegeben (BFH, BStBl 1990 II 837 und BMF-EA, Tz 3).

2.6.9.2.6 Keine Gewerblichkeit der Verpachtungstätigkeit

Der Verpächter darf keine über die bloße Nutzungsüberlassung hinausgehenden Aktivitäten entfalten, die zur Beurteilung der Verpachtung als gewerblich führen, z. B. durch ins Gewicht fallende Sonderleistungen (BFH, BStBl 1986 II 359).

2.6.9.2.7 Bewirtschaftung des Betriebs vor der Verpachtung durch den Stpfl.

Nur in diesem Falle besteht das Wahlrecht. **Kein** Wahlrecht besteht, wenn ein erworbener Betrieb sofort verpachtet wird; in diesem Falle erzielt der Verpächter Einkünfte aus § 21 (BFH, BStBl 1996 II 188).

2.6.9.2.8 Persönliche Voraussetzungen

2.6.9.2.8.1 Natürliche Person(en) als Verpächter

Das Wahlrecht besteht nur, wenn der Verpächter eine natürliche Person oder eine nur aus natürlichen Personen bestehende bzw. **nicht** gewerblich geprägte Personengesellschaft ist.

Es gilt daher **nicht** für eine GmbH & Co. KG, die unter § 15 Abs. 3 Nr. 2 fällt, auch wenn sie tatsächlich nicht gewerblich tätig ist.

Ebenso hat eine KapGes als Verpächter notwendig weiterhin gewerbliche Einkünfte (§ 8 Abs. 2 KStG).

2.6.9.2.8.2 Unbeschränkte Steuerpflicht des Verpächters

Der Verpächter muß unbeschränkt stpfl. sein. Bei beschränkt Stpfl. kommt es unter dem Gesichtspunkt der „Entstrickung" zur Aufdeckung der stillen Reserven, weil mangels „inländischer Betriebsstätte" inländische Einkünfte i. S. des § 49 Abs. 1 Nr. 2a nicht mehr erzielt werden. Etwas anderes gilt, wenn für den „fortgesetzten Betrieb" im Inland ein ständiger Vertreter i. S. § 49 Abs. 1 Nr. 2a, R 222 bestellt wird (BFH, BStBl 1978 II 494).

Beispiel:
A verlegt seinen Wohnsitz mit Ablauf des 30.6.08 in das Ausland. Seinen inländischen Gewerbebetrieb verpachtet er ab 1.7.08 an B.

a) B ist inländischer Vertreter i. S. § 49 Abs. 1 Nr. 2a EStG, § 13 AO:
Betriebsverpachtung mit Wahlrecht i. S. des R 139 Abs. 5.

b) B ist **nicht** als inländischer Vertreter anzusehen:
Bei Beginn der Verpachtung liegt zwingend Betriebsaufgabe vor („Entstrickung" der stillen Reserven).
B erzielt aus der Verpachtung inländische Einkünfte i. S § 21, § 49 Abs. 1 Nr. 6.

2.6.9.2.9 Besonderheiten bei Personengesellschaften und Erbengemeinschaften

Bei Auflösung einer Mitunternehmerschaft kommen die Grundsätze über die Betriebsverpachtung ausnahmsweise dann zur Anwendung, wenn einer der Gesellschafter Wirtschaftsgüter eines bisherigen Sonderbetriebsvermögens einem früheren Mitgesellschafter zur Nutzung überläßt, die nach ihrer betrieblichen Bedeutung als die wesentliche Betriebsgrundlage anzusehen sind (BFH, BStBl 1979 II 300).

In diesem Fall übt der Ausgeschiedene hinsichtlich der Überlassung weiterhin eine gewerbliche Tätigkeit aus, ohne Mitunternehmer einer Personengesellschaft geblieben zu sein.

Dagegen liegt eine **Betriebsaufgabe und keine** Betriebsverpachtung vor, wenn die verpachteten wesentlichen Betriebsgrundlagen weiterhin dem Verpächter und Pächter gemeinsam gehören (z. B. als Miterben) (BFH, BStBl 1990 II 781).

Bei Betriebsverpachtung durch eine Personengesellschaft, die im übrigen keine eigenständige gewerbliche Tätigkeit mehr hat, kann das Wahlrecht zwischen Betriebsaufgabe und Betriebsfortführung nach h. A. von den Gesellschaftern nur einheitlich ausgeübt werden (vgl. Schmidt, DStR 1979, 641, m. w. N.). Zum Verpächterwahlrecht einer **Erbengemeinschaft** hinsichtlich eines Land- und forstwirtschaftl. Betriebs vgl. BFH, BStBl 1992 II 521.

2.6.9.3 Betriebsfortführung als ruhender Betrieb

Erklärt der Stpfl., daß er den Betrieb **mit der Verpachtung nicht** aufgeben will, oder gibt er **keine Erklärung** ab, so gilt der bisherige Betrieb als fortbestehend. Er wird dann nur in anderer Form als bisher genutzt.

2.6.9.3.1 Gewinnermittlung

Die Pachteinnnahmen stellen bei ihm Betriebseinnahmen dar. Grundsätzlich ist der Gewinn weiter durch Betriebsvermögensvergleich nach § 5 zu ermitteln. Bei Wegfall der Buchführungspflicht kann der Verpächter jedoch zur Gewinnermittlung nach § 4 Abs. 3 übergehen. Wird der Betrieb im Handelsregister **gelöscht**, muß der Verpächter bei abweichendem Wirtschaftsjahr sein Wirtschaftsjahr auf das Kalenderjahr **umstellen**.

Werden zurückbehaltene Wirtschaftsgüter veräußert, so ist der Veräußerungsgewinn **nicht** nach § 16 begünstigt, wenn im übrigen Betriebsfortführung gewählt wurde.

2.6.9.3.2 Umfang des Betriebsvermögens

Liegen die Voraussetzungen für eine Weiterführung des Betriebes durch den Verpächter vor, ohne daß dieser die Betriebsaufgabe erklärt hat, bleiben die verpachteten Wirtschaftsgüter weiterhin Betriebsvermögen.

Bis zur Veräußerung bleiben auch Wirtschaftsgüter, die schon zum gewillkürten Betriebsvermögen des bisherigen Betriebes gehörten, im Betriebsvermögen des „fortgesetzten Betriebes", wenn sie nicht durch eindeutige Handlung entnommen wurden (NdS FG, EFG 1980, 483), auch wenn sie nicht mitverpachtet sind (vgl. FG Rheinland-Pfalz, EFG 1986, 10 rkr).

2.6.9.3.3 Unentgeltliche Übertragung des ruhenden Betriebs

Bei **Erbfall** und **Schenkung** geht der „ruhende" Gewerbebetrieb gemäß § 7 Abs. 1 EStDV mit Buchwerten auf die Rechtsnachfolger über. Ihnen steht ebenfalls das Recht zu, die Betriebsaufgabe zu erklären (BFH, BStBl 1988 II 260, BStBl 1992 II 392 und BStBl 1993 II 36).

2.6.9.3.4 Gewerbesteuer

Da die werbende Tätigkeit während der Verpachtung eingestellt ist, besteht **keine** GewSt-Pflicht.

2.6.9.4 Erklärung der Betriebsaufgabe

2.6.9.4.1 Aufgabegewinn

Der Verpächter kann bei Pachtbeginn oder zu einem späteren Zeitpunkt während der Pachtdauer aus freien Stücken die **Betriebsaufgabe erklären.**

Die verpachteten Wirtschaftsgüter gelten dann grundsätzlich zu dem vom Verpächter gewählten Zeitpunkt als ins Privatvermögen überführt. Maßgebend für den Zeitpunkt der Aufgabe ist der Zeitpunkt des Zugangs der Erklärung bei der Finanzbehörde (BFH, BStBl 1985 II 456). Nach § 16 Abs. 3 Satz 4 sind die einzelnen Wirtschaftsgüter mit dem gemeinen Wert anzusetzen.

Zu versteuern sind die stillen Reserven, die bis zum Aufgabezeitpunkt entstanden sind, bei Aufgabeerklärung auf einen Zeitpunkt nach Pachtbeginn also nicht etwa nur bis zum Beginn der Verpachtung gebildete stille Reserven.

Ein etwaiger **originärer Geschäftswert** ist jedoch bei der Ermittlung des Aufgabegewinns **nicht** anzusetzen (BFH, BStBl 1979 II 99, bestätigt durch BFH, BStBl 1982 II 456, vgl. BMF-Schreiben vom 15.8.1984, BStBl 1984 I 461). Der originäre Geschäftswert bleibt mithin zwingend Betriebsvermögen (obgleich nicht aktivierbar gemäß § 5 Abs. 2). Bei einer evtl. späteren Veräußerung des aufgegebenen Betriebes stellt dann folgerichtig ein für diesen Geschäftswert gezahltes Entgelt nachträgliche Einkünfte aus Gewerbebetrieb dar (§§ 15, 24 Nr. 2); BFH, BStBl 1979 II 99, BMF-Schr. vom 15.8.1984, a.a.O.

Im übrigen liegt diese Veräußerung des aufgegebenen Betriebes grds. auf der privaten Vermögensebene (vorbehaltlich § 23 und § 17 bei wesentlichen Beteiligungen) (BFH, BStBl 1985 II 456).

Wegen der Behandlung des **derivativen** Geschäftswerts nach erklärter Betriebsaufgabe im Rahmen der Verpachtung eines Gewerbebetriebs siehe BFH, BStBl 1989 II 606 (ebenfalls **kein** Ansatz).

2.6.9.4.2 Pachteinkünfte

Die Pachteinkünfte sind nach der Aufgabe Einkünfte aus § 21 Abs. 1 Nr. 1 bzw. Nr. 2.

Bei **Gebäuden** ist hinsichtlich der **AfA-Bemessungsgrundlage R 43 Abs. 6 Satz 2** zu beachten:

Die weiteren AfA sind grds. nach dem (bei der Überführung in das Privatvermögen angesetzten) **gemeinen Wert** (§ 16 Abs. 3 S. 4) zu bemessen.

Beispiel:

Gemeiner Wert des entnommenen Gebäudes	220 000 DM
Buchwert bei Betriebsaufgabe	160 000 DM
aufgedeckte stille Reserven	60 000 DM
Anschaffungskosten	200 000 DM
Bisher typisierte AfA (= 2 %, § 7 Abs. 4 Satz 1)	
Neue Bemessungsgrundlage	220 000 DM
Neue AfA 2 % (unverändert), aber von 220 000 DM =	4 400 DM

Eine höherer AfA-Satz als 2 % (bzw. 2,5 %) kann nur angesetzt werden, wenn eine tatsächliche Restnutzungsdauer von weniger als 50 (bzw. 40) Jahre nachgewiesen wird. Bei **objektbezogener** AfA mit nachgewiesener verkürzter Nutzungsdauer ist in sinngemäßer Anwendung der Grundsätze nachträglicher Anschaffungskosten eine entsprechende Restwert-AfA zulässig, damit eine Vollabschreibung des AfA-Volumens bis zum Ablauf der verkürzten nachgewiesenen Nutzungsdauer erfolgt.

Beispiel:

Wie oben, aber bisheriger AfA-Satz 4 % nach § 7 Abs. 4 Satz 2 wegen Nachweis einer verkürzten Nutzungsdauer von 25 Jahren. Die Restnutzungsdauer beträgt daher noch 20 Jahre.

AfA nach der Überführung in das Privatvermögen:

Buchwert	160 000 DM
+ aufgedeckte stille Reserven	60 000 DM
gemeiner Wert (= AfA-Volumen) und Bemessungsgrundlage	220 000 DM

$$\frac{220\,000 \text{ DM}}{\text{RND 20 Jahre}} = \underline{\underline{11\,000 \text{ DM AfA p. A.}}}$$

Vgl. auch J. 3.15.9, und R 44 Abs. 12 Nr. 1.

Schuldzinsen für betrieblich veranlaßte Kredite sind nach erklärter Betriebsaufgabe insoweit **nachträgliche Betriebsausgaben,** als sie auf Schulden entfallen, die aus Veräußerungserlösen nicht getilgt werden konnten (BFH, BStBl 1985 II 323). Soweit sie **keine** nachträglichen Betriebsausgaben sind, liegen auch keine Werbungskosten bei den Vermietungseinkünften aus § 21 vor (BFH, BStBl 1990 II 213).

2.6.9.4.3 Zeitpunkt, Form und Inhalt der Aufgabeerklärung

Zur Ausübung des Wahlrechts vgl. R 139 Abs. 5. Danach setzt die Aufgabe eines Betriebs eine eindeutige Erklärung des Stpfl. voraus. Vgl. BFH, BStBl 1988 II 257 und 260.

Für die Erklärung ist aber keine bestimmte Form vorgeschrieben. Die Behandlung der Pachteinkünfte als Einkünfte aus § 21 allein ist noch **keine** solche eindeutige Erklärung (R 139 Abs. 5 S. 3).

Teilt der Steuerpflichtige mit, daß er den Betrieb als aufgegeben ansieht, so soll erst die Abgabe der Einkommensteuererklärung, in der die Einkünfte aus der Verpachtung als Einkünfte aus § 21 aufgeführt sind, als Aufgabeerklärung anzusehen sein (R 139 Abs. 5 Satz 7 2. Hs. und Satz 8).

Dies erscheint schon deswegen unlogisch, weil „keine bestimmte" Form für die Erklärung vorgeschrieben ist.

Dies ist umso bedenklicher, als nach dem Verpachtungserlaß und R 139 Abs. 5 Satz 7 1. Hs. die Aufgabe des Betriebs für den vom Stpfl. gewählten Zeitpunkt anzuerkennen ist, wenn die Aufgabeerklärung **spätestens drei Monate nach diesem Zeitpunkt** abgegeben wird. Wird die Aufgabeerklärung erst nach Ablauf dieser Frist abgegeben, so gilt der Betrieb erst im Zeitpunkt des Eingangs dieser Erklärung beim Finanzamt als aufgegeben. Da die Steuererklärung häufig nicht innerhalb von drei Monaten nach dem Zeitpunkt beim Finanzamt eingeht, von dem an die Einkünfte aus der Verpachtung als Einkünfte ein aus Vermietung und Verpachtung erklärt werden, würde der Betrieb in der Regel erst im Zeitpunkt des Eingangs der Steuererklärung beim Finanzamt als aufgegeben gelten.

Diese Anweisung erscheint bedenklich, da sie dem Stpfl. einen späteren Aufgabezeitpunkt aufoktroyiert, zu dem die stillen Reserven bereits unliebsam gewachsen sein können.

Beispiel:

A hat seinen Betrieb seit dem Jahre 05 im ganzen verpachtet. Er will auf den 1.1.08 die Aufgabe erklären und teilt dies dem FA mit formlosem Schreiben mit, das am 31.3.08 beim FA eingeht. Die ESt-Erklärung für 08 gibt A am 30.5.09 ab.

Nach Auffassung der FinVerw wäre Aufgabezeitpunkt frühestens der 30.5.09. (Dies erscheint unhaltbar.)

Nach BFH, BStBl 1985 II 456 [457] handelt es sich bei der Regelung in R 139 Abs. 5 Satz 7 nicht um die steuerliche Anerkennung einer rückwirkend erklärten Betriebsaufgabe, sondern um die Projizierung von Werten auf den tatsächlichen späteren Aufgabezeitpunkt.

Die **Zurücknahme** einer Aufgabeerklärung ist nach durchgeführter Überführung der Wirtschaftsgüter ins Privatvermögen grds. **nicht** zulässig. Etwas anderes kann nur gelten, wenn sich der Stpfl. hinsichtlich der steuerlichen Folgen geirrt hat und die Entnahme bis zum Bilanzstichtag rückgängig gemacht hat (BFH, BStBl 1968 II 4).

2.6.9.5 „Unfreiwillige" Beendigung des ruhenden Betriebs

2.6.9.5.1 Grundlegende Umgestaltung des Betriebs

„Automatische" Betriebsaufgabe ist anzunehmen, wenn bei fortbestehendem Pachtverhältnis das Pachtobjekt so grundlegend umgestaltet wird, daß die Voraussetzungen für die „alte" Betriebsfortführung nicht mehr gegeben sind (BFH 1971 II 484; vgl. auch für Verpachtungsbeginn BFH, BStBl 1983 II 412).

Entsprechendes muß m.E. gelten, wenn der Pächter die **Branche wechselt** oder seine **gewerbliche Tätigkeit ganz einstellt.**

2.6.9.5.2 Einschränkung der Verpachtung

Werden **nicht** mehr **sämtliche** wesentliche Betriebsgrundlagen verpachtet, liegt ebenfalls zwingend eine Betriebsaufgabe vor (vgl. sinngemäß BFH, BStBl 1974 II 208; 1975 II 885). Dieser Fall kann eintreten, wenn die wesentlichen Grundlagen nach und nach vom Pächter auf eigene Rechnung ersetzt werden. Dies kann durch Vereinbarung eines antizipierten Besitzkonstituts hinsichtlich der ersetzten wesentlichen Betriebsgrundlagen vermieden werden.

2.6.9.5.3 Beendigung des Pachtverhältnisses

Das Ende des Pachtvertrags führt nur dann zur Betriebsaufgabe, wenn der Verpächter kein neues Pachtverhältnis begründet und auch seine frühere gewerbliche Tätigkeit nicht wiederaufnimmt (Schmidt, DStR 1979, 677). M.E ist dem Verpächter eine angemessene Entscheidungsfrist einzuräumen; gl.A. FG Rh.-Pf., EFG 1983, 285.

2.6.9.6 Unentgeltliche Betriebsüberlassung

Die obigen Grundsätze der Betriebsverpachtung gelten auch bei **unentgeltlicher Betriebsüberlassung,** BFH, BStBl 1976 II 335; 1977 II 719, 1980 II 161.

2.6.9.7 Grundsätze bei den übrigen Gewinneinkünften

Die genannten Grundsätze gelten auch für die Verpachtung eines land- und forstwirtschaftlichen Betriebes i.S. des § 13, dagegen regelmäßig **nicht für die** Überlassung einer freiberuflichen Praxis.

Beispiel:

A betrieb bis zu seinem Tode im Alter von 65 Jahren eine Arztpraxis. Nach seinem Tode führte die Witwe (50 Jahre alt) zunächst die Praxis mit Hilfe eines Arztvertreters für 6 Monate weiter. Dann gab sie die Arztpraxis auf, indem sie die Praxiseinrichtung an den übernehmenden Arzt X veräußerte und das Grundstück mit Praxisräumen an diesen vermietete.

Lösung:

1. Praxisfortführung

Die Witwe erzielt aus der Praxisfortführung Einkünfte aus Gewerbebetrieb. Denn ihr fehlt die berufliche Qualifikation des Erblassers und damit das Recht zur eigenverantwortlichen und selbständigen Ausübung der Arztpraxis, das mit dem Tode des Freiberuflers erloschen ist und nicht vererbt werden kann (BFH, BStBl 1977 II 539).

Dem steht auch nicht entgegen, daß nach standesrechtlichen Richtlinien der Erbe und die Praxis für eine eng begrenzte Übergangszeit bis zur Veräußerung der Arztpraxis durch eine hierfür qualifizierte Person weiterführen läßt.

§ 18 Abs. 1 Nr. 1 Satz 4 setzt die berufliche Qualifikation desjenigen voraus, der vorübergehend an der persönlichen Berufsausübung verhindert ist.

2. Praxisaufgabe

Bei Beginn der Verpachtung der Praxis liegt zwingend eine Betriebsaufgabe i. S. des § 16 Abs. 3 (H 147 „Verpachtung" – Umkehrschluß; BFH, BStBl 1981 II 665).

Der Freibetrag nach § 16 Abs. 4 steht der Arztwitwe **nicht** zu. Die Voraussetzung ist nicht deswegen erfüllt, weil sie die Voraussetzungen für die Ausübung der freiberuflichen Tätigkeit nicht erfüllt. Voraussetzung ist, daß sie die gewerbliche Tätigkeit aufgrund Berufsunfähigkeit nicht mehr ausüben kann oder das 55. Lebensjahr vollendet hat (BFH, BStBl 1981 II 665; 1985 II 204).

2.6.9.8 Teilbetriebe

Die obigen Grundsätze gelten entsprechend bei Überlassung eines Teilbetriebes (h. M.).

2.6.9.9 Hinausschiebung der Besteuerung stiller Reserven bei fehlender Betriebsverpachtung

Auch wenn keine Verpachtung erfolgt oder die Verpachtung **nicht** als „ruhender Betrieb" zu werten ist (z. B. wegen grundlegender Umgestaltung der wesentlichen Betriebsgrundlagen), besteht die Möglichkeit, die Besteuerung der stillen Reserven zu verlegen auf den Zeitpunkt

– der tatsächlichen Verwertung oder
– der eindeutigen Entnahme.

Dies ist nur möglich bei Absicht

– der Verwendung der bisherigen wesentlichen Betriebsgrundlagen in einem anderen Betrieb des Stpfl. oder
– der Veräußerung oder Entnahme im Rahmen einer regulärer Betriebsaufgabe (BFH, BStBl 1983 II 412).

2.6.9.10 Abschließendes Beispiel zur Betriebsverpachtung

Der 60jährige A betreibt einen Gewerbebetrieb. Die Firma ist im Handelsregister eingetragen. Das Wirtschaftsjahr umfaßt den Zeitraum vom 1. 10. bis 30. 9. eines jeden Jahres. Vom 1. 10. 04 bis 30. 6. 05 hat A einen Gewinn von 60 000 DM durch Bestandsvergleich ermittelt. Die Zwischenbilanz zum 30. 6. 05 weist folgende Werte aus:

30. 6. 05

Grund und Boden	100 000	Verbindlichkeiten		200 000
Gebäude	80 000	Kapital		
Inventar	120 000	1. 10. 04	110 000	
Waren	100 000	Gewinn	120 000	230 000
Bank	30 000			
	430 000			430 000

Die einzelnen Wirtschaftsgüter haben zum 30.6.05 folgende Werte:

	Buchwert	Gemeiner Wert
Grund und Boden	100 000	200 000
Gebäude	80 000	180 000
Inventar	120 000	80 000
Waren	100 000	100 000
Bank	30 000	30 000
Verbindlichkeiten	200 000	200 000

A hat mit B am 30.6.05 einen Pachtvertrag geschlossen; darin hat er sich verpflichtet, den Gewerbebetrieb an B mit jährlicher Kündigung zu verpachten. Zum 30.7.05 ist die Handelsregistereintragung gelöscht worden. Die Bankbestände hat A am 30.6.05 entnommen. Die übrigen Wirtschaftsgüter des Betriebsvermögens hat er vereinbarungsgemäß am 1.7.05 an B übergeben.

Als monatliche Pacht wurden 7 000 DM vereinbart. Die Aufwendungen im Zusammenhang mit der Verpachtung (einschließlich der zutreffend unterstellten AfA) betrugen monatlich 2 000 DM.

Es liegt eine Betriebsverpachtung im ganzen vor. Denn A hat alle wesentlichen Betriebsgrundlagen verpachtet. Die entnommenen Bankbestände und zurückbehaltenen Verbindlichkeiten stellen keine wesentlichen Betriebsgrundlagen dar.

Der bisherige Betrieb wird somit mit seinen wesentlichen Grundlagen zur Fortsetzung des Betriebs übergeben, so daß der Verpächter oder sein Rechtsnachfolger bei Beendigung des Vertrages den Betrieb wieder aufnehmen und fortsetzen könnte.

A hat daher ein Wahlrecht zwischen Fortführung des Betriebs als ruhender Gewerbebetrieb **ohne** Aufdeckung der stillen Reserven nach § 16 Abs. 3. A hat in diesem Fall weiterhin Einkünfte nach §§ 15; 24 Nr. 2, die aber nicht der GewSt unterliegen.

A kann auch ausdrücklich die Betriebsaufgabe nach § 16 Abs. 3 erklären.

Dann hat A alle Wirtschaftsgüter zum 30.6.05 in sein Privatvermögen überführt und muß die stillen Reserven realisieren. Er wäre in Zukunft privater Verpächter mit Einkünften nach § 21.

Einkünfte im VZ 05:

a) **bei Ausübung des Wahlrechts als ruhender Betrieb**

Einkünfte nach § 15, § 4a (Rumpf-WJ) laufender Gewinn	120 000 DM
Einkünfte nach §§ 15, 24 Nr. 2 (Verpachtung)	30 000 DM

b) **bei Erklärung der Betriebsaufgabe:**

Einkünfte nach § 15, § 4a (w. oben a)		120 000 DM
Einkünfte nach §§ 16 Abs. 3 (Aufgabegewinn):		
Gemeiner Wert der verpachteten Wirtschaftsgüter (§ 16 Abs. 3 Satz 4)	560 000 DM	
Buchwert des verpachteten Betriebsvermögens	400 000 DM	
Aufgabegewinn	160 000 DM	
Freibetrag nach § 16 Abs. 4	60 000 DM	
Einkünfte nach §§ 16, 15	100 000 DM	100 000 DM
Einkünfte aus Gewerbebetrieb		220 000 DM
Einkünfte nach § 21 (7 000 DM ./. 2 000 DM) × 6 Monate		30 000 DM

Die Einkünfte aus § 16 von 100 000 DM sind außerordentliche Einkünfte i. S. des § 34 Abs. 2 Nr. 1 und tarifbegünstigt nach § 34 Abs. 1.

2.7 Einbringung eines Betriebs, Teilbetriebs, Mitunternehmeranteils in eine Kapitalgesellschaft (§ 20 UmwStG)

Liegt eine begünstigte Sacheinbringung in eine Kapitalgesellschaft i. S. des § 20 Abs. 1 UmwStG vor, **kann** die Sacheinbringung **erfolgsneutral**, also ohne ertragsteuerliche Belastungen, erfolgen.

Es besteht jedoch ein **Wahlrecht** zwischen

– Nichtaufdeckung

- Teilaufdeckung sowie
- Vollaufdeckung

der stillen Reserven.

Liegen die besonderen Voraussetzungen nicht vor, liegt eine Betriebsveräußerung an eine Kapitalgesellschaft im Sinne des § 16 EStG vor, die nach allgemeinen Grundsätzen zu besteuern ist, oder laufender Gewinn.

2.7.1 Voraussetzungen für eine begünstigte Sacheinbringung

2.7.1.1 Einbringungsgegenstand

Die Sacheinlage muß in der Form eines **Betriebes, Teilbetriebes** oder eines **Mitunternehmeranteils** erfolgen. Die Einbringung eines Betriebes, Teilbetriebes, oder eines Mitunternehmeranteils liegt nur vor, wenn **alle wesentlichen Grundlagen** (vgl. H 139 Abs. 8) übertragen werden. Im Falle einer Personengesellschaft muß daher grundsätzlich auch das Sonderbetriebsvermögen in das Eigentum der Kapitalgesellschaft übertragen werden, sofern es sich um wesentliche Betriebsgrundlagen handelt, vgl. Rz 47 BMF-Schreiben vom 6. 9. 1978 (BStBl I 235).

Für die Beurteilung sind die **Grundsätze des § 16** maßgebend; vgl. hierzu K. 2.6. Wegen des Begriffs des **Teilbetriebs** vgl. R 139 Abs. 3 und K. 2.6.3.2.

Eine Einbringung erfordert – wie bei § 16 – Übertragung der Wirtschaftsgüter in einem **einheitlichen Vorgang** (unproblematisch bei Einbringung im Wege zivilrechtlicher Gesamtrechtsnachfolge, z. B. Umwandlung).

Bei **Nicht**einbringung **einzelner wesentlicher Betriebsgrundlagen** liegt **keine** nach § 20 UmwStG begünstigte Einbringung vor (Rz 47, a. a. O.). Es muß aber nicht zwangsläufig zur Aufdeckung der stillen Reserven kommen. Liegt hinsichtlich **nicht** auf die KapGes übertragener wesentlicher Betriebsgrundlagen eine **Betriebsaufspaltung** vor, wird keine Aufdeckung der stillen Reserven gefordert. Denn die **sofort** verpachteten Wirtschaftsgüter bleiben auf jeden Fall unverändert Betriebsvermögen (im Besitzunternehmen); anders bei erst späterer Verpachtung dieser Wirtschaftsgüter.

Begründung einer Betriebsaufspaltung und Betriebseinbringung i. S. des § 20 UmwStG schließen sich gegenseitig aus; vgl. hierzu auch BMF-Schreiben vom 22. 1. 1985 (BStBl 1985 I 97).

Die Nichteinbringung **unwesentlicher Wirtschaftsgüter** ist für die Anwendung des § 20 UmwStG unschädlich (Rz 46, a. a. O.). Diese Wirtschaftsgüter gelten als **entnommen**, wenn sie nicht aus anderen Gründen beim Einbringenden weiterhin Betriebsvermögen bleiben können (Entnahmegewinn begünstigt nach § 34; s. unten). Die Einbringung von **Teilen** eines Mitunternehmeranteils fällt ebenfalls unter § 20 UmwStG.

§ 20 UmwStG bietet sich somit auch als Möglichkeit zur **erfolgsneutralen Beendigung einer Betriebsaufspaltung** durch Einbringung des Betriebsvermögens des Besitzunternehmens sowie zur Beendigung einer atypischen stillen Beteiligung an einer Kapitalgesellschaft (GmbH) durch Einbringung der stillen Beteiligung an.

Geht bisheriges Sonderbetriebsvermögen im Zusammenhang mit der Einbringung in das Privatvermögen über, vollzieht sich der Übergang zum Umwandlungsstichtag. Dabei ist das Sonderbetriebsvermögen mit dem **gemeinen Wert** (§ 16 Abs. 3 Satz 4) anzusetzen (BFH, BStBl 1988 II 829). Bleiben die Wirtschaftsgüter des bisherigen Sonderbetriebsvermögen dagegen BV, ergibt sich **keine** Gewinnauswirkung (BFH, BStBl 1988 II 667).

Erfolgt im Zusammenhang mit der Einbringung eine **gewinnrealisierende Entnahme**, ist der Entnahmegewinn auch dann nach § 34 EStG, § 20 Abs. 5 S. 2 UmwStG **tarifbegünstigt**, wenn die Kapitalgesellschaft das eingebrachte BV mit dem Buchwert ansetzt (BFH, BStBl 1992 II 406). Es kann sich hierbei jedoch nur um unwesentliche Wirtschaftsgüter handeln.

2.7.1.2 Einbringendes Unternehmen

Das eingebrachte Unternehmen kann die Rechtsform

- **Einzelunternehmen** (muß im Handelsregister eingetragen sein)
- **PersG**

– juristische Person (**Kapitalgesellschaft**) aufweisen.

Dies gilt **auch** bei Einbringung einer **freiberuflichen** Praxis (BFH, BStBl 1988 II 974).

Bei der Betriebseinbringung durch eine **PersG** gelten die einzelnen Mitunternehmer als Einbringende (Rz 8, a. a. O.).

2.7.1.3 Aufnehmende Kapitalgesellschaft

Aufnehmendes Unternehmen kann nur eine (bestehende oder im Zusammenhang mit der Einbringung **zu gründende) unbeschränkt stpfl. Kapitalgesellschaft** i. S. des § 1 Abs. 1 Nr. 1 KStG sein.

2.7.1.4 Gegenleistung für die Sacheinlage

Die Einbringung muß gegen Gewährung neuer Gesellschaftsrechte erworben werden. Eine Sacheinbringung i. S. des § 20 UmwStG liegt daher nicht vor, wenn Anteile an einer Personengesellschaft **unentgeltlich** auf eine KapGes übertragen werden (= Verdeckte Einlage).

Die bisherigen Eigentümer des Betriebsvermögens müssen mit Gesellschaftsrechten der aufnehmenden Gesellschaft abgefunden werden. Diese Anteile müssen durch **Neugründung** oder **Kapitalerhöhung neu** ausgegeben werden. Es reicht nicht aus, wenn die übernehmende Kapitalgesellschaft **eigene** Anteile hierfür verwendet. **Nicht** notwendig ist, daß **ausschließlich** neue Anteile gewährt werden. Die Höhe der gewährten neuen Anteile ist mithin unerheblich.

Bei Einbringung in eine **GmbH** liegt handelsrechtlich eine

– **Sachgründung** (§ 5 Abs. 4 GmbHG) bzw.
– **Sach-Kapitalerhöhung** (§ 56 GmbHG) vor.

Zur **verschleierten** Sachgründung vgl. BFH, BStBl 1986 II 86 und 1987 II 705; siehe auch BStBl 1991 II 512.

Hierbei wird zwar nach dem Gesellschaftsvertrag eine **Bargründung** der Kapitalgesellschaft vorgenommen und im Handelsregister angemeldet. Eine Bareinlage erfolgt jedoch wirtschaftlich gesehen **nicht**. Tatsächlich wird anschließend der Betrieb des Gesellschafters – i. d. R. zu **Buchwerten** – an die neugegründete **Kapitalgesellschaft veräußert** und der Kaufpreis mit der Einlageforderung **verrechnet**. Dies verstößt gegen das **Aufrechnungsverbot** des § 19 Abs. 2 Satz 2 GmbHG und ist somit unwirksam. Entsprechendes gilt bei einer Kapitalerhöhung (§ 56 GmbHG).

Ebenso wäre eine **Rückgewähr** einer Bareinlage zu beurteilen.

Bei einer solchen „verschleierten Sachgründung" ist § 20 UmwStG nicht anwendbar, da keine Betriebseinbringung i. S. des handelsrechtlichen Vorschriften vorliegt, d. h. der Einbringende keine neuen Gesellschaftsanteile erhält, sondern lediglich eine Forderung, und die Stammeinlage als nicht geleistet gilt. In BFH, BStBl 1987 II 705 hat der BFH auch eine **entsprechende** Anwendung des § 20 UmwStG auf eine „Betriebsveräußerung ohne Einbringung des Firmenwerts" abgelehnt. Hinweis auf Oppermann, Verschleierte Sachgründung und § 20 UmwStG, DB 1989, 753.

Die Folge ist beim „Einbringenden" eine Zwangsaufdeckung aller stillen Reserven i. R. des § 16 Abs. 3 (**einschließlich** eines **originären Firmenwerts**, weil dieser in die Kapitalgesellschaft verdeckt eingelegt wird). So auch OFD Düsseldorf, Vfg. vom 19. 3. 1990, DB 1990, 764 und BFH, BStBl 1993 II 131.

2.7.2 Wahlrecht der übernehmenden Kapitalgesellschaft

Literatur: App, GmbH 1991, 583.

Liegen die in § 20 Abs. 1 UmwStG genannten Voraussetzungen vor, hat die übernehmende Kapitalgesellschaft ein völlig freies **Wahlrecht,** ob sie die übernommenen Wirtschaftsgüter mit dem **Buchwert**, dem **Teilwert** oder einem **Zwischenwert** übernimmt, § 20 Abs. 2 S. I UmwStG. Ist die Kapitalgesellschaft handelsrechtlich verpflichtet, einen höheren Wert anzusetzen, darf sie dennoch steuerlich den Buchwert ansetzen (§ 20 Abs. 2 S. 2 UmwStG). Nur wenn die Passiva die Aktiva des eingebrachten Betriebsvermögens übersteigen (negatives Kapitalkonto), ist die übernehmende Kapitalgesellschaft verpflichtet, insoweit eine Aufstockung der stillen Reserven vorzunehmen, als die Bilanz ausgeglichen ist (§ 20 Abs. 2 S. 4 UmwStG).

Entscheidend ist der **tatsächliche** Ansatz bei der GmbH (Rz 17, a. a. O.).

Das Wahlrecht ist ausgeübt nach **Rz 16** (a. a. O.) mit Feststellung der Handelsbilanz (a. A. App, GmbHR 1991, 583 [584]).

Eine spätere **Änderung** des Wertansatzes erkennt der BFH nicht an (BStBl 1981 II 620).

2.7.2.1 Buchwerte

Mindestens sind die Buchwerte anzusetzen.

Buchwert ist der Wert, mit dem der Einbringende das eingebrachte BV in der Schlußbilanz auf den Einbringungszeitpunkt steuerlich anzusetzen hat.

2.7.2.2 Teilwerte

Höchstansatz ist der **Teilwert.**

Ob diese Begrenzung beachtet worden ist, kann auch im Besteuerungsverfahren des Einbringenden geprüft werden (BFH, BStBl 1986 II 623).

In diesem Falle ist **auch** ein **originärer Firmenwert** anzusetzen (Rz 14, a. a. O.).

Bei der Ausübung des Wahlrechts ist die KapGes an den Wertansatz der Sacheinlage in ihrer **Handelsbilanz gebunden (Maßgeblichkeitsgrundsatz;** vgl. im einzelnen Rz 20 – 24, a. a. O.).

Die Kapitalgesellschaft hat das eingebrachte Betriebsvermögen mit den **Teilwerten** anzusetzen, wenn die Einbringende beschränkt einkommensteuerpflichtig oder körperschaftsteuerpflichtig ist oder wenn das Besteuerungsrecht der Bundesrepublik Deutschland hinsichtlich des Gewinns aus der Veräußerung der dem Einbringenden gewährten Gesellschaftsrechte im Zeitpunkt der Sacheinlage durch ein Abkommen zur Vermeidung der Doppelbesteuerung ausgeschlossen ist.

2.7.2.3 Zwischenwerte

Ein **Zwischenwert** ist nur bei Vorhandensein stiller Reserven zulässig (Rz 10, a. a. O.).

Bei Ansatz eines Zwischenwerts sind die Buchwerte **gleichmäßig** um die anteiligen stillen Reserven aufzustocken; vgl. im einzelnen Rz 11 und 12, a. a. O. und BFH, BStBl 1984 II 747.

2.7.3 Einbringungszeitpunkt

Maßgeblich ist grds. der Zeitpunkt des Übergangs des wirtschaftlichen Eigentums, vgl. im einzelnen Rz 1, a. a. O.

In **handelsrechtlichen Umwandlungsfällen** gilt auf Antrag als Zeitpunkt der Sacheinlage der Stichtag, für den die Umwandlungsbilanz aufgestellt wird (**höchstens 8 Monate** vor der Anmeldung zur Umwandlung bzw. vor Abschluß des Einbringungsvertrags **und** vor dem tatsächlichen Übergang auf die Kapitalgesellschaft (§ 20 Abs. 8 S. 1 und 2 UmwStG).

Diese Vorschrift ist lt. BFH auf Sacheinlagen, die **nicht** im Rahmen einer handelsrechtlichen Umwandlung erfolgen, auch **nicht entsprechend** anwendbar (BFH, BStBl 1982 II 362 und BStBl 1983 II 427). A. A BMF-Schreiben vom 14. 6. 1982 (BStBl I 624): Anwendung des § 20 Abs. 8 UmwStG im Billigkeitswege. Zu den Auswirkungen auf die Einkommensermittlung des Einbringenden und der Kapitalgesellschaft bzw. Zurückbeziehung der Umwandlung vgl. (§ 20 Abs. 7 UmwStG und BFH, BStBl 1986 II 880).

2.7.4 Behandlung der Einbringung beim Einbringenden

2.7.4.1 Grundsätze

Der **Wert,** mit dem die übernehmende Kapitalgesellschaft das Betriebsvermögen ansetzt, ist auch für den **Einbringenden** in zweifacher Hinsicht bindend.

a) Der Wert, mit dem die Kapitalgesellschaft das Betriebsvermögen übernimmt, gilt als **Veräußerungspreis.**

b) Der Wert gilt als **Anschaffungskosten** für den erworbenen Gesellschaftsanteil an der Kapitalgesellschaft. § 20 Abs. 4 S. I UmwStG.)

Der Ansatz bei der Kapitalgesellschaft ist für die Berechnung des Einbringungsgewinns auch dann maßgebend, wenn der Einbringende damit rechnen mußte, für die von der Kapitalgesellschaft übernommenen Schulden des Betriebs in Anspruch genommen zu werden. An Gläubiger geleistete Zahlungen können jedoch nachträgliche Anschaffungskosten auf die erlangte Kapitalbeteiligung darstellen (BFH, BStBl 1986 II 623).

2.7.4.2 Veräußerungsgewinn

a) Übernimmt die Kapitalgesellschaft das Betriebsvermögen mit den bisherigen **Buchansätzen** des Einbringenden, entsteht bei diesem **kein Veräußerungsgewinn**. Vom Einbringenden getragene Einbringungskosten gehören in diesem Fall wohl zu den Anschaffungskosten der einbringungsgeborenen Anteile (Gl. A. H/H/R, Anm. 165 zu § 20 UmwStG a. F.).

Eine **nachträgliche** Erhöhung der Wertansätze nach einer Einbringung zum Buchwert ist steuerlich nicht anzuerkennen (BFH vom 9.4.1981, StRK UmwStG 1969 § 17 R. 1).

Für die aufnehmende KapGes bedeutet die Buchwertverknüpfung **Eintritt** in die **Rechtsposition des eingebrachten Betriebs.** Vgl.

- § 12 Abs. 3 UmwStG (Eintritt in die Rechtsposition des übertragenen Betriebs)
- § 4 Abs. 2 S. 3 UmwStG (Besitzzeitanrechnung); vgl. auch 2.8.4.2.2 und BFH, BStBl 1992 II 988.

b) Übernimmt die Kapitalgesellschaft das Betriebsvermögen des Einbringenden zu einem **höheren Wert,** so ist die Differenz zwischen dem letzten Buchansatz beim Einbringenden und dem Übernahmewert als **Veräußerungsgewinn** zu behandeln. Ist der Einbringende eine natürliche Person, ist § 34 Abs. 1 auf einen bei der Sacheinlage entstehenden Veräußerungsgewinn anzuwenden, § 20 Abs. 5 S. 1 UmwStG Der Freibetrag nach § 16 Abs. 4 ist jedoch unter den allgemeinen Voraussetzungen in diesem Fall nur dann anzuwenden, wenn die Kapitalgesellschaft das eingebrachte Vermögen mit dem Teilwert übernimmt (§ 20 Abs. 5 S. 2 UmwStG).

Ermittlung des Veräußerungsgewinns:

Veräußerungserlös = Wertansatz bei KapGes
./. Einbringungskosten des Einbringenden [1])
./. Buchwert des eingebrachten BV
= Veräußerungsgewinn § 16

Ansatz der Sacheinlage	Veräußerungsgewinn § 16	§ 16 Abs. 4	§ 34
a) Buchwert	nein	–	–
b) Zwischenwert	ja	nein	ja (bei **natürlichen** Personen)
c) Teilwert	ja	ja	ja (bei natürlichen Personen)

Beispiel:
A bringt sein Einzelunternehmen in eine GmbH gegen Gewährung neuer GmbH-Anteile ein. Die GmbH setzt die Wirtschaftsgüter des eingebrachten Betriebs an mit

1. Buchwerten   von 100 000 DM
2. Zwischenwerten   von 150 000 DM
3. Teilwerten (incl. Firmenwert)   von 190 000 DM

---

[1]) Bei Buchwertansatz stellen die Einbringungsposten wohl **keinen** Einbringungsverlust dar, sondern dürften Anschaffungskosten der einbringungsgebenden Anteile sein (vgl. oben unter a)).

Ansatz der Sacheinlage	Veräußerungsgewinn § 16		§ 16 Abs. 4	§ 34
a) Buchwert	–		–	–
b) Zwischenwert	⁄. Buchwerte	150 000 100 000 50 000	nein (§ 20 Abs. 5 S. 2 UmwStG)	ja (§ 20 Abs. 5 S. 2 UmwStG)
c) Teilwert	⁄. Buchwert	190 000 100 000 90 000	ja	ja

Geht anläßlich der Einbringung eines Mitunternehmeranteils im Sinne des § 20 UmwStG bisheriges Sonderbetriebsvermögen eines Gesellschafters in dessen Privatvermögen über, so ist das Sonderbetriebsvermögen mit dem gemeinen Wert nach § 16 Abs. 3 Satz 4 anzusetzen und durch Vergleich mit dessen Buchwert der sich ergebende Veräußerungsgewinn zu ermitteln (BFH, BStBl 1988 II 829). Vgl. auch BFH, BStBl 1992 II 406 (Begünstigung von Entnahmegewinnen nach § 16 und § 34).

2.7.5 Anschaffungskosten

Der Wert, mit dem die übernehmende Kapitalgesellschaft das Betriebsvermögen übernimmt, gilt für den Einbringenden als Anschaffungskosten für den im Wege der Einbringung erworbenen Anteil an der Kapitalgesellschaft. Dies hat Bedeutung für die Ermittlung eines späteren Veräußerungsgewinnes, z. B. i. S. des § 21 UmwStG oder § 17 EStG oder für den Fall der Einlage in ein Betriebsvermögen; vgl. 2.7.7.

2.7.6 Beispiel einer Einbringung

A bringt sein bisheriges Einzelunternehmen in die neuzugründende X-GmbH gegen Gewährung von Gesellschaftsrechten ein. Dabei wurde die folgende Bilanz zum 31. 12. 01 zugrunde gelegt:

Aktiva			Passiva
Grund und Boden	60 000 DM	Kapital	400 000 DM
Gebäude	240 000 DM	Verbindl.	700 000 DM
Maschinen	360 000 DM		
Umlaufvermögen	440 000 DM		
	1 100 000 DM		1 100 000 DM

Teilwerte:

Grund und Boden	240 000 DM
Gebäude	360 000 DM
Maschinen	360 000 DM
Umlaufvermögen	440 000 DM
originärer Firmenwert	100 000 DM
	1 500 000 DM

Das gezeichnete Kapital der neugegründeten GmbH beträgt 400 000 DM und wird von A übernommen:

Lösung:
Steuerlich: Einbringung gemäß § 20 Abs. 1 UmwStG

Bilanzielle Darstellung der Einbringung

a) Einbringung zum Buchwert

Eröffnungsbilanz der GmbH
31. 12. 01

Aktiva			Passiva
Grund und Boden	60 000 DM	gezeichnetes Kapital	400 000 DM
Gebäude	240 000 DM	Verbindl.	700 000 DM
Maschinen	360 000 DM		
Umlaufvermögen	440 000 DM		
	1 100 000 DM		1 100 000 DM

→ **Auswirkungen beim Einbringenden**

Der Veräußerungspreis entspricht in diesem Falle den Buchwerten. Also entsteht kein Veräußerungsgewinn. Der Wertansatz von 400 000 DM stellt gleichzeitig die Anschaffungskosten für die Beteiligung dar; § 20 Abs. 4 UmwStG.

b) Einbringung zum Teilwert

GmbH-Bilanz

Aktiva		Passiva	
Grund und Boden	240 000 DM	gezeichnetes Kapital	400 000 DM
Gebäude	360 000 DM	Kapitalrücklagen	400 000 DM
Maschinen	360 000 DM	Verbindlichkeiten	700 000 DM
Umlaufvermögen	440 000 DM		
Firmenwert	100 000 DM		
Summe	1 500 000 DM	Summe	1 500 000 DM

→ **Auswirkungen beim Einbringenden**

aa) Veräußerungspreis		800 000 DM
abzüglich Buchwert des übertragenen BV		400 000 DM
Veräußerungsgewinn § 16 Abs. 1 Nr. 1		400 000 DM

– hiervon ggf. Abzug des Freibetrags gemäß § 16 Abs. 4 (auf Antrag).
– ermäßigter Steuersatz gemäß § 34.

bb) Anschaffungskosten der Beteiligung   800 000 DM
Diese sind von Bedeutung bei späterer Veräußerung.

c) Ansatz eines Zwischenwerts

Wählt die GmbH einen Zwischenwert, ist der MehranSatz 1m Verhältnis der stillen Reserven auf die einzelnen Wirtschaftsgüter zu verteilen. Ein Firmenwert braucht jedoch **nicht** berücksichtigt zu werden.

Die Aktiva sollen mit 1 300 000 DM angesetzt werden.

$$\frac{\text{Aufstockung}}{\text{stille Reserven (\textbf{ohne} Firmenwert)}} = \frac{200\,000 \text{ DM}}{300\,000 \text{ DM}} = 66\,^{2}/_{3}\%$$

Der Firmenwert ist hier nach Rz 13 Abs. 1 außerachtzulassen (str., vgl. App, GmbHR 1991, 583).

→ **Gleichmäßige Aufstockung der Buchwerte** (vgl. Rz 11, a. a. O.)

	Buchwert	stille Reserven	Aufstockung	Ansatz
Grund und Boden	60 000 DM	180 000 DM ($^2/_3$)	120 000 DM	180 000 DM
Gebäude	240 000 DM	120 000 DM ($^2/_3$)	80 000 DM	320 000 DM
Firmenwert	–	kein Ansatz		

Wertansatz bei der GmbH

Aktiva	Eröffnungsbilanz	Passiva	
Grund und Boden	200 000 DM	gezeichnetes Kapital	400 000 DM
Gebäude	300 000 DM	Kapitalrücklagen	200 000 DM
Maschinen	360 000 DM	Verbindlichkeit	700 000 DM
Umlaufvermögen	440 000 DM		
Summe	1 300 000 DM	Summe	1 300 000 DM

→ **Auswirkungen beim Einbringenden**

aa) Veräußerungspreis		600 000 DM
Buchansatz		400 000 DM
Veräußerungsgwinn § 16		200 000 DM

– **kein** Freibetrag nach § 16 Abs. 4 möglich
– aber ermäßigter Steuersatz § 34 EStG; § 20 Abs. 5 UmwStG

bb) Anschaffungskosten   600 000 DM

2.7.7 Spätere Veräußerung einbringungsgeborener Anteile

Die Veräußerung von Anteilen an Kapitalgesellschaften, die durch eine Sacheinbringung im Sinne des § 20 UmwStG (einbringungsgeborene Anteile) entstanden sind, unterliegt gemäß § 21 UmwStG der Besteuerung nach § 16 EStG.

2.7.7.1 Grundsätze

Die allgemeinen Grundsätze für die steuerliche Behandlung der Veräußerung von Anteilen an einer KapGes (vgl. hierzu K. 3.7) gelten hier **nicht**; vielmehr ist § 21 UmwStG als vorrangige Sondervorschrift anzusehen.

§ 16 EStG ist daher hier auch anzuwenden bei

– Anteilen im Betriebsvermögen
– einem Spekulationsgeschäft i. S. des § 23 EStG
– unwesentlicher Beteiligung.

2.7.7.2 Ausnahmen

Die Veräußerung von sogenannten einbringungsgeborenen Anteilen unterliegt jedoch nicht der Versteuerung als Vorgang des § 16 EStG, wenn die Kapitalgesellschaft das Betriebsvermögen mit dem **Teilwert** angesetzt hat, weil in diesem Falle bei der Einbringung die bis dahin angefallenen stillen Reserven in voller Höhe als Veräußerungsgewinn angesetzt worden sind, § 21 Abs. 4 UmwStG. In diesem Fall gelten die allgemeinen Grundsätze (vgl. K. 3.7).

2.7.7.3 Veräußerungsgewinn

Im Falle einer Veräußerung nach § 21 Abs. 1 UmwStG gilt der Betrag, um den der Veräußerungspreis nach Abzug der Veräußerungskosten die Anschaffungskosten (§ 20 Abs. 4 UmwStG) übersteigt, als Veräußerungsgewinn i. S. des § 16 EStG.

Beispiel wie oben 2.7.6:
A veräußert 50 v. H. seines Anteils an der GmbH für 500 000 DM an B

1. Veräußerungsgewinn nach vorausgegangener Einbringung zum **Buchwert:**

Veräußerungspreis	500 000 DM
anteilige Anschaffungskosten	200 000 DM
Veräußerungsgewinn § 16 EStG	300 000 DM

2. Veräußerungsgewinn nach vorausgegangener Einbringung zum **Zwischenwert:**

Veräußerungspreis	500 000 DM
anteilige Anschaffungskosten i. S. § 20 Abs. 4 UmwStG	300 000 DM
Veräußerungsgewinn § 16 EStG	200 000 DM

3. Ist jedoch das Betriebsvermögen seinerzeit mit dem Teilwert angesetzt worden, findet § 21 Abs. 1 UmwStG i. V. m. § 16 EStG **keine** Anwendung.
   Da jedoch die Voraussetzungen des § 17 gegeben sind, ist der Veräußerungsgewinn hiernach zu erfassen.

Veräußerungspreis	500 000 DM
anteilige Anschaffungskosten	400 000 DM
Veräußerungsgewinn nach § 17 Abs. 2 EStG	100 000 DM

2.7.7.4 Veräußerungsfreibetrag (§ 16 Abs. 4 EStG)

§ 16 Abs. 4 ist auf einen Veräußerungsgewinn i. S. § 21 UmwStG auf Antrag anzuwenden.

2.7.7.5 Ermäßigter Steuersatz (§ 34 EStG)

§ 34 Abs. 1 ist anzuwenden, wenn der Veräußerer eine natürliche Person ist. Dies gilt auch bei Veräußerung eines Teils der einbringungsgeborenen Anteile (§ 21 Abs. 2 S. 2 UmwStG).

Beispiel:
A war mit 50 v. H. an der X-OHG beteiligt. Durch Einbringung des Betriebsvermögens der OHG in die Y-GmbH hat er Anteile an der Y-GmbH erworben. Er veräußert 40 v. H. seiner Beteiligung an B. Der Veräußerungsgewinn beträgt 200 00 DM. A ist im Zeitpunkt der Veräußerung 60 Jahre alt.

Der Veräußerungsgewinn	= 200 000 DM
Freibetrag (auf Antrag!)	./. 60 000 DM
stpfl. Veräußerungsgewinn § 16	140 000 DM

Dieser ist tarifbegünstigt nach § 34.

2.7.7.6 Sonderfälle

Eine Veräußerung im Sinne des § 21 Abs. 1 UmwStG liegt auch bei einer **Kapitalherabsetzung** vor.

Wegen der Frage der Anwendung des § 21 UmwStG im Fall einer **Kapitalerhöhung** vgl. Rz 66 (überholt, siehe unten) und 67, a. a. O.; BMF-Schreiben vom 8. 3. 1984, BStBl I 223, vom 20. 10. 1986, BStBl I 505 und vom 22. 1. 1993, BStBl I 185.

Entgegen Tz 66 des BMF-Schreibens vom 16. 6. 1978 (BStBl I 1978, 235) tritt **keine** Gewinnrealisierung ein, wenn stille Reserven von Gesellschaftsanteilen, die durch Sacheinlage gemäß § 20 Abs. 1 UmwStG erworben worden sind, bei einer Kapitalerhöhung unentgeltlich auf junge, nicht durch Sacheinlage erworbene Anteile eines Dritten übergehen (BFH, BStBl 1992 II 761 und BStBl 1992 II 764).

Gehen bei einer Kapitalerhöhung stille Reserven von einer Sacheinlage (§ 20 Abs. 1 UmwStG) unentgeltlich auch auf Altanteile und auf junge Anteile einer nahestehenden Person über, so tritt zwar keine Gewinnrealisation ein; diese Anteile werden aber insoweit ebenfalls von der Steuerverhaftung des § 21 UmwStG erfaßt (BFH, BStBl 1992 II 763). **Tz 66** des BMF-Schreibens vom 16.6.1978 ist damit **überholt** (BMF-Schreiben vom 22. 1. 1993, BStBl I 185).

Auch **ohne Veräußerung** wird ferner eine Versteuerung der bisher nicht versteuerten stillen Reserven und der nach der Einbringung eingetretenen Wertsteigerungen hinsichtlich des durch Einbringung erworbenen Anteils gemäß **§ 21 Abs. 2 UmwStG** durchgeführt, wenn

a) der Anteilseigner es beantragt oder

b) das Besteuerungsrecht der Bundesrepublik Deutschland hinsichtlich der Gewinne aus der Veräußerung der Anteile durch ein Abkommen zur Vermeidung der Doppelbesteuerung ausgeschlossen wird oder

c) die Kapitalgesellschaft, an der die Anteile bestehen, aufgelöst und abgewickelt wird oder das Kapital dieser Gesellschaft herabgesetzt und an die Anteilseigner zurückgezahlt wird, soweit die Rückzahlung nicht als Gewinnanteil gilt oder

d) die einbringungsgeborenen Anteile in eine Kapitalgesellschaft verdeckt eingelegt werden.

Da es sich hier um eine fiktive Veräußerung handelt, ist an die Stelle des Veräußerungspreises der Anteile ihr gemeiner Wert anzusetzen (§ 21 Abs. 2 S. 2 UmwStG).

In diesem Falle kann die auf den Veräußerungsgewinn entfallende Einkommensteuer oder Körperschaftsteuer in jährlichen Teilbeträgen von mindestens je einem Fünftel entrichtet werden, wenn die Entrichtung der Teilbeträge sichergestellt ist. Vgl. § 21 Abs. 2 S. 3 UmwStG.

Der Antrag nach § 21 Abs. 2 Nr. 1 UmwStG kann nicht auf einen Zeitpunkt vor seinem Eingang beim FA zurückbezogen werden (BFH, BStBl 1986 II 625).

2.8 Einbringung eines Betriebes, Teilbetriebes oder Mitunternehmeranteils in eine Personengesellschaft (§ 24 UmwStG)

2.8.1 Allgemeines

Wird ein Betrieb oder Teilbetrieb gegen Gesellschaftsrechte in eine Personengesellschaft eingebracht, liegt die **Veräußerung** eines Betriebs vor, und zwar in Form eines **Tauschvorgangs**. Der Einbringende erhält Anteile an der übernehmenden Gesellschaft. Das hätte grundsätzlich zur Folge, daß der Einbringende einen Veräußerungsgewinn nach § 16 Abs. 1 Nr. 1 zu versteuern hat, wenn er wertmäßig mehr als den Buchwert des eingebrachten BV erhält. Sofern sich die Einbringungsvorgänge nach den Regeln des § 24 UmwStG vollziehen, ist jedoch eine steuerneutrale Übertragung der stillen Reserven möglich, sofern deren spätere Versteuerung sichergestellt ist.

2.8.2 Anwendungsbereich des § 24 UmwStG[1])

§ 24 Abs. 1 UmwStG gilt für folgende Umwandlungsfälle (vgl. Rz 72 des BMF-Schreibens vom 16.6.1978, BStBl I 235).

a) **Einbringung eines Einzelunternehmens in eine bestehende Personengesellschaft**.

b) **Aufnahme eines Gesellschafters in ein bisheriges Einzelunternehmen** gegen Geldeinlage oder anderer Wirtschaftsgüter.

c) **Zusammenschluß mehrerer Einzelunternehmen zu einer Personengesellschaft**.

d) **Einbringung eines Teilbetriebs** eines Einzelunternehmens in eine Personengesellschaft.

e) **Eintritt eines weiteren Gesellschafters** in eine bestehende Personengesellschaft gegen Geldeinlage oder Einlage anderer Wirtschaftsgüter (BFH, BStBl 1985 II 695).

Der bloße Gesellschafterwechsel bei einer bestehenden PersGes fällt dagegen nicht unter § 24 UmwStG.

f) **Verschmelzung von zwei Personengesellschaften**.

g) **Verschmelzung** von Einzelunternehmen und bereits bestehenden Personengesellschaften.

Soweit die Einbringung auf Rechnung eines **Dritten** mit Abfindung an den Einbringenden erfolgt, liegt **kein** Fall des § 24 UmwStG vor, sondern **zwingend** die Veräußerung eines **Teils** eines Mitunternehmeranteils (**§ 16 Abs. 1 Nr. 2**). Der hierdurch erzielte Veräußerungsgewinn kann somit **nicht** durch eine negative Ergänzungsbilanz neutralisiert werden (BFH, BStBl 1995 II 599).

2.8.3 Begriffe und Voraussetzungen

2.8.3.1 Einbringung eines Betriebes

Die Vorschrift des § 24 UmwStG steht in einem inneren Zusammenhang mit § 16 Abs. 1 EStG, sie gilt bei der Einbringung eines **gewerblichen** oder **land- und forstwirtschaftlichen** Betriebs, aber auch einer **freiberuflichen Praxis**. Die in § 24 UmwStG verwendeten Begriffe sind § 16 Abs. 1 EStG entnommen. Es muß sich bei der Einbringung um die **wesentlichen Grundlagen** eines ganzen Betriebes, Teilbetriebs oder Mitunternehmeranteils handeln. Es ist **nicht** notwendig, daß ein Betrieb mit **allen** Wirtschaftgütern auf die Personengesellschaft übergeht. Zum Begriff der wesentlichen Betriebsgrundlagen vgl. H 139 Abs. 8 und 2.6.3.1.1. Es ist hierbei zu beachten, daß die Voraussetzungen für eine Betriebsveräußerung, nicht die einer Betriebsaufgabe gegeben sein müssen. Das gleiche gilt für den Teilbetrieb (vgl. 2.6.3.2.1). Auch hier muß ein Übergang mit den wesentlichen Grundlagen auf den neuen Betrieb folgen. Die Zurückbehaltung **nicht** wesentlicher Wirtschaftsgüter ist mithin unschädlich.

Grundsätzlich geschieht die Einbringung durch dingliche Übertragung der Wirtschaftsgüter in das Gesamthandsvermögen der Personengesellschaft.

---

[1]) **Kein** Fall des § 24 UmwStG liegt bei **formwechselnder** (und damit **identitätswahrender**) Umwandlung einer Personengesellschaft vor (BFH, BStBl 1994 II 856). In diesen Fällen ist eine Fortführung der Buchwerte zwingend, da kein Wechsel des Rechtsträgers stattgefunden hat.

Es ist aber **nicht** notwendig, daß das gesamte ursprüngliche Betriebsvermögen **Gesamthandsvermögen** wird. Es ist ausreichend, daß Teile des Betriebsvermögens der Personengesellschaft als Sonderbetriebsvermögen zur Nutzung überlassen werden. Entscheidend ist, daß **keine** Entstrickung dieser nicht in das Eigentum der Personengesellschaft übergegangenen Wirtschaftsgüter erfolgt ist, die spätere Einkommensbesteuerung der stillen Reserven mithin sichergestellt ist (BFH, BStBl 1994 II 458 und BStBl 1994 II 856). Insofern unterscheiden sich die Voraussetzungen des § 16 Abs. 1 EStG von § 24 UmwStG.

Beispiel:

X überträgt auf die A-OHG das gesamte Betriebsvermögen seines bisherigen Einzelunternehmens bis auf das Betriebsgrundstück, das er der Gesellschaft zur Nutzung überläßt.

Die Voraussetzungen für § 24 Abs. 1 UmwStG sind u. E. gegeben, obwohl die Voraussetzungen des § 16 Abs. 1 EStG nicht erfüllt sind, weil eine wesentliche Betriebsgrundlage (das Grundstück) nicht übertragen worden ist.

Es ist ausreichend, daß das Grundstück Betriebsvermögen der Mitunternehmerschaft geworden ist (notwendiges Sonderbetriebsvermögen).

Dies gilt erst recht, wenn diese Wirtschaftsgüter bereits bisher Sonder-BV waren.

2.8.3.2 Gewährung von Gesellschaftsrechten

Die Gegenleistung muß – zumindest teilweise – in einem Mitunternehmeranteil i. S. des § 15 Abs. 1 Nr. 2 bestehen.

Vgl. zum Begriff 2.6.5.2.

Auch die GmbH & Co. KG fällt unter den Begriff der Personengesellschaft (BFH GrS, BStBl 1984 II 751); ebenso auch die atypische stille Beteiligung an einem Handelsgewerbe. Nimmt ein Einzelgewerbetreibender einen atypisch stillen Beteiligten auf, so liegt hinsichtlich des Einzelunternehmens auch eine Einbringung des bisherigen Einzelbetriebes in eine Personengesellschaft i. S. des § 24 UmwStG vor.

Daneben kann auch eine andere Gegenleistung treten. Es darf aber nicht nur der Form halber ein – geringer – Mitunternehmeranteil eingeräumt werden. Der Einbringende kann auch bereits Gesellschafter sein.

2.8.4 Rechtsfolgen – Steuerliche Behandlung der Einbringung

2.8.4.1 Wahlrecht

Wird ein Betrieb in eine Personengesellschaft (Mitunternehmerschaft) eingebracht, so hat die übernehmende Personengesellschaft ein Wahlrecht (§ 24 Abs. 2 UmwStG).

Ansatzmöglichkeiten des eingebrachten Betriebsvermögens bei der aufnehmenden Personengesellschaft:

1. Bisherige Buchwerte (Buchwertverknüpfung)
2. (höhere) Teilwerte
3. Zwischenwerte.

Das Wahlrecht steht der Personengesellschaft, **nicht** dem einzelnen Gesellschafter zu, damit der Einbringungsvorgang für alle Gesellschafter einheitlich behandelt wird.

2.8.4.2 Buchwertfortführung

Die Personengesellschaft kann das übertragene Betriebsvermögen mit dem Buchwert übernehmen. Buchwert ist der Wert, mit dem der Übertragende das Betriebsvermögen zulässigerweise bilanziert hat.

2.8.4.2.1 Eingebrachter Betrieb

In diesem Fall ergibt sich für den einbringenden Betrieb kein Veräußerungsgewinn, da der Wertansatz bei der Personengesellschaft als Veräußerungspreis für den Betrieb gilt, § 24 Abs. 3 UmwStG.

Vorteil: Es erfolgt

– keine sofortige Besteuerung der stillen Reserven,
– vielmehr erst durch eine evtl. Veräußerung/Entnahme der Wirtschaftsgüter.

Bei Einbringung des Betriebs zu Buchwerten in eine Personengesellschaft ist der **Gewinn** aus der **Überführung** eines nicht zu den wesentlichen Betriebsgrundlagen gehörenden Wirtschaftsguts in das Privatvermögen **kein** begünstigter Veräußerungsgewinn (BFH, BStBl 1988 II 374).

2.8.4.2.2 Aufnehmende Personengesellschaft

Für die aufnehmende PersG bedeutet die Buchwertverknüpfung (§ 24 Abs. 2 UmwStG) Eintritt in die Rechtsposition des eingebrachten Betriebs (§ 24 Abs. 4 UmwStG).

Die Grundsätze des Bilanzenzusammenhangs sind anzuwenden (BFH, BStBl 1988 II 886).

§ 22 Abs. 1 i. V. m. § 12 Abs. 3 und § 4 Abs. 2 S. 3 UmwStG gelten danach entsprechend.

Bei Fortführung der Buchwerte tritt die PersG mithin bei folgenden Tatbeständen in die Rechtsposition der einbringenden Einzelunternehmen:

a) Absetzung für Abnutzung. Die PersG führt also auch erhöhte Absetzungen und Sonderabschreibungen fort.
b) Bewertungsfreiheit (z. B. GWG, § 6 Abs. 2, aber **keine** Nachholung).
c) Bewertungsabschlag (z. B. § 80 EStDV).
d) **Gewinnmindernde Rücklagen** (vgl. BMF-Schreiben a. a. O., Rz 30 i. v. m. Rz 82).

Zum Beispiel folgende „Sonderposten mit Rücklageanteil":
- § 6b
- RfE (R 35)
- Zuschuß-Rücklage (R 34).

Dies hat Bedeutung für
- Fortführung und
- Bildung

solcher Rücklagen.

In den Fällen, in denen die Dauer der Zugehörigkeit eines Wirtschaftsguts zum Betriebsvermögen für die Besteuerung von Bedeutung ist, ist die Zeit der Zugehörigkeit zum Betriebsvermögen des Einbringenden zu berücksichtigen (§ 4 Abs. 2 S. 3 UmwStG); vgl. BFH, BStBl 1992 II 988 – nur bei Buchwertfortführung.

Beispiele:
1. **Fortführung der § 6b-Rücklage**

   Ein Einzelunternehmer hat in 02 eine § 6b-Rücklage gebildet. Er bringt sein Unternehmen zum 31. 12. 03 in eine OHG zum **Buchwert** ein.

   Die OHG kann die Rücklage fortführen, § 15 Abs. 3 UmwStG; Rz 30 des BMF-Schreibens vom 16. 6. 1978 (a. a. O.).

   Eine Übertragung auf ein Reinvestitionsgut ist möglich bis zum Ablauf der Frist, die bei dem Einzelunternehmer maßgeblich gewesen wäre
   - bis Ende 06, § 6b Abs. 3 S. 2;
   - bis Ende 08 bei Gebäuden (neu hergestellt), § 6b Abs. 3 S. 3.

   Es handelt sich **nicht** um einen Fall des R 41b Abs. 10 (keine Fortführung durch bisherigen Einzelunternehmer in einer Ergänzungsbilanz).

2. **Bildung der Rücklage**

   Betriebseinbringung 31. 12. 02 in OHG durch A zum Buchwert. Die OHG veräußert eingebrachtes Grundstück am 3. 1. 07;

   Anschaffung und Zuführung zum Anlagevermögen im Einzelunternehmen des A am 2. 1. 01.

   Die Sechsjahresfrist (§ 6b Abs. 4 Nr. 2) ist erfüllt. Dies gilt für **alle** Gesellschafter, nicht nur für den Gesellschafter, der den Betrieb eingebracht hatte. So auch BFH, BStBl 1981 II 84 und 90.

2.8.4.3 Ansatz der (höheren) Teilwerte

Bei dem Ansatz des eingebrachten Betriebsvermögens dürfen die Teilwerte der einzelnen Wirtschaftsgüter nicht überschritten werden (§ 24 Abs. 2 S. 3 UmwStG).

Bei Einbringung eines Betriebs (z. B. freiberuflichen Praxis) mit Gewinnermittlung nach § 4 Abs. 3 in eine GbR (z. B. Sozietät) ebenfalls mit Gewinnermittlung nach § 4 Abs. 3 setzt die Anwendung der § 16 Abs. 4 und § 34 voraus, daß das gesamte BV zum Teilwert in die GbR eingebracht wird und der Einbringungsgewinn nach einer Einbringungs- und einer Eröffnungsbilanz ermittelt worden ist (BFH, BStBl 1984 II 518).

2.8.4.3.1 Eingebrachter Betrieb

a) Ermittlung des Veräußerungsgewinns

Für den eingebrachten Betrieb ergibt sich bei Ansatz mit den Teilwerten ein Veräußerungsgewinn i. S. des § 16 Abs. 1 mit Anwendung der §§ 16 Abs. 4 (auf Antrag), 34 Abs. 2 i. V. m. Abs. 1.

Der Veräußerungsgewinn ist wie folgt zu ermitteln:

Veräußerungspreis = Wertansatz bei PersG (einschl. evtl. Ergänzungsbilanzen)
./. Einbringungskosten
./. Buchwert des eingebrachten Betriebs
= Veräußerungsgewinn

Wegen der **Neutralisierung** dieses Veräußerungsgewinns durch eine negative Ergänzungsbilanz vgl. 2.8.4.4 und Tz 79 UmwSt-Erlaß.

Stattdessen ist auch die Anwendung des § 6b auf den Einbringungsgewinn möglich, soweit er auf begünstigte Wirtschaftsgüter i. S. § 6b entfällt (vgl. BMF-Schreiben, a. a. O., Rz 34 i. V. m. Rz 82).

b) Einschränkung des § 16 Abs. 4 und § 34 EStG

§ 16 Abs. 4 und § 34 Abs. 1 sind **nicht** anzuwenden, **wenn** das eingebrachte Betriebsvermögen mit seinem **Teilwert** angesetzt wird und **soweit** der **Einbringende selbst** an der Personengesellschaft beteiligt ist; **insoweit** gilt der durch die Einbringung entstehende Gewinn als **laufender** – auch **gewstpfl.** – Gewinn (§ 24 Abs. 3 Satz 3 UmwStG).

Bei wirtschaftlicher Betrachtung veräußert der Einbringende insoweit „an sich selbst". Der bei dem Ansatz des eingebrachten Betriebsvermögens mit dem Teilwert entstehende Einbringungsgewinn soll daher als laufender Gewinn, der auch der Gewerbesteuer unterliegt, behandelt werden, soweit der Einbringende an der Personengesellschaft, in die eingebracht wird, selbst beteiligt ist.

Soweit der **Einbringende** an der Personengesellschaft, in die eingebracht wird, **nicht** selbst beteiligt ist, sollen auf den Veräußerungsgewinn unverändert in vollem Umfang der Freibetrag nach § 16 Abs. 4 (auf Antrag) und die Tarifvergünstigung nach § 34 gewährt werden.

Im übrigen liegt die eigentliche Vergünstigung des § 24 UmwStG nicht in der Möglichkeit des Ansatzes der eingebrachten Wirtschaftsgüter mit dem Teilwert, sondern darin, daß die Fortführung der **Buchwerte** zulässig ist und dadurch steuerliche Erschwernisse bei betriebsnotwendigen Umstrukturierungen vermieden werden. An dieser Rechtslage hat sich nichts geändert. Für den einbringenden Gesellschafter ist im übrigen eine Buchwertfortführung hinsichtlich des eingebrachten Betriebsvermögens selbst dann möglich, wenn in der Bilanz der aufnehmenden Personengesellschaft die Teilwerte des eingebrachten Betriebsvermögens angesetzt werden. Denn der entstehende Einbringungsgewinn kann (weiterhin) durch Aufstellung einer **negativen Ergänzungsbilanz** für den einbringenden Gesellschafter in die Zukunft verlagert werden (vgl. Tz 79 des BMF-Schreibens vom 16. 6. 1978, BStBl I 235).

Nach Tz. 72 des vorgenannten BMF-Schreibens umfaßt § 24 UmwStG – über den Gesetzeswortlaut hinausgehend – u. a. den Eintritt eines weiteren Gesellschafters in eine bestehende Personengesellschaft gegen Geldeinlage oder Einlage anderer Wirtschaftsgüter. Die bisherigen Gesellschafter der Personengesellschaft bringen in diesem Fall – wirtschaftlich betrachtet – ihre Mitunternehmeranteile an der bisherigen Personengesellschaft in eine neue, durch den neu hinzutretenden Gesellschafter vergrößerte Personengesellschaft ein. Die Verwaltungsauffassung wurde durch BFH, BStBl 1985 II 695 bestätigt. Die geschilderte Gestaltungsmöglichkeit kann nicht mehr steuersparend genutzt werden. Die bisherigen Gesellschafter können zwar durch Aufnahme eines weiteren Gesellschafters gegen eine geringe Bareinlage in die Lage versetzt werden, ihr Betriebsvermögen zum Teilwert in die neue, personell erweiterte Personengesellschaft einzubringen. Sie können für die dabei aufgedeckten stillen Reserven die Vergünstigungen der §§ 16 Abs. 4 und 34 aber **nicht mehr voll** in Anspruch zu nehmen. Anschließend dürfen aber von den Teilwerten Abschreibungen zu Lasten des laufenden Gewinns vorgenommen werden. Bei anschließender Veräußerung oder Entnahme einzelner Wirtschaftsgüter ist für die Gewinnermittlung von den Teilwerten auszugehen.

Beispiel:

A, bisher Einzelunternehmer, hat in seinem Betriebsvermögen wertvolle Grundstücke mit erheblichen stillen Reserven, die er nicht mehr für seinen Betrieb benötigt. Eine **Entnahme** dieser Grundstücke würde sich **voll** auf den **laufenden** Gewinn auswirken. Er gründet daher mit seinen Kindern eine Personengesellschaft, auf die er das Betriebsvermögen mit den Teilwerten überträgt, A ist daran zu 90% und seine beiden Kinder zu je 5% beteiligt. Der Einbringungswert (= Teilwert) führte dann bei der späteren Entnahme zu keinem Entnahmegewinn.

Der Übertragungsgewinn ist beim Einbringenden nicht begünstigt, soweit der Einbringende an der Personengesellschaft beteiligt ist (hier = 90%).

Es ist fraglich, ob ein Fall des § 42 AO vorliegt.

Somit ergibt sich folgendes **Schema:**

Gesamter Einbringungsgewinn
./. Anteil in Höhe der Eigenbeteiligung an der Personengesellschaft (= laufender Gewinn)
= begünstigter Einbringungsgewinn
./. ggf. Freibetrag § 16 Abs. 4 (nur auf Antrag)
stpfl. Einbringungsgewinn → § 34

Beispiel:

X, bisheriger Einzelunternehmer, bringt sein Unternehmen in eine mit Y gegründete KG ein. Kapitalkonto des Betriebs 800 000 DM, Wert des Betriebs 1 600 000 DM. Y leistet eine Bareinlage von 400 000 DM und soll mit 20 v. H. an der KG beteiligt sein. X ist unter 55 Jahre alt.

X hat die Möglichkeit, seinen Betrieb mit dem **Buchwert** einzubringen; dann entsteht kein Übertragungsgewinn.

Er kann aber auch den Betrieb mit dem Teilwert einbringen; in diesem Fall entsteht ein Gewinn, der aber nur insoweit als Veräußerungsgewinn tarifbegünstigt ist, als der mit der Bareinlage neu hinzugetretene Gesellschafter Y beteiligt ist; soweit der Veräußerungsgewinn auf **seine** Beteiligung an der KG entfällt, handelt es sich um **laufenden** Gewinn.

Teilwerte	1 600 000 DM
Buchwerte	./. 800 000 DM
Gewinn	800 000 DM
Beteiligung Y 20 v. H. = Veräußerungsgewinn	160 000 DM
Beteiligung X 80 v. H. = lfd. Gewinn	640 000 DM
begünstigter Veräußerungsgewinn (20 v. H.)	160 000 DM
Freibetrag § 16 Abs. 4	–,– DM
steuerpflichtiger Veräußerungsgewinn	160 000 DM

2.8.4.3.2 Aufnehmende PersG

a) Einzelrechtsnachfolge

Wird das eingebrachte Betriebsvermögen bei der Personengesellschaft mit dem Teilwert angesetzt, so gelten die eingebrachten Wirtschaftsgüter als im Zeitpunkt der Einbringung von der Personengesellschaft angeschafft. Es werden Anschaffungskosten in Höhe des Teilwerts fingiert. Durch die Einbringung entstehende Nebenkosten (z. B. GrESt) sind als zusätzliche Anschaffungskosten zu aktivieren (RZ 33 i. V. m. RZ 82).

Bei Ansatz der Teilwerte tritt die PersG grds **nicht** in die Rechtsposition des eingebrachten Betriebs ein. § 12 Abs. 3 UmwStG ist daher **nicht** anwendbar. Dies bedeutet z. B., daß **keine** Rücklagenfortführung durch die PersG möglich ist (vgl. RZ 30, 31, a. a. O.). Für den Einbringenden ist jedoch die Fortführung in einer Ergänzungsbilanz möglich (R 41b Abs. 9 Satz 1); vgl. RZ 30 und RZ 82, a. a. O.).

b) Gesamtrechtsnachfolge

Erfolgt die Einbringung im Wege der **Gesamtrechtsnachfolge** nach dem **UmwG**, gilt jedoch § 22 Abs. 2 UmStG und damit § 12 Abs. 3 UmwStG entsprechend.

2.8.4.4 Ergänzungsbilanzen

Bei der Einbringung eines Betriebs, Teilbetriebs oder Mitunternehmeranteils in eine Personengesellschaft werden vielfach die Buchwerte des eingebrachten Betriebsvermögens in der Bilanz der Personengesellschaft aufgestockt, um die Kapitalkonten im gewünschten Verhältnis zueinander auszuweisen.

Es kommt auch vor, daß ein Gesellschafter als Gesellschaftseinlage einen höheren Betrag leisten muß, als ihm in der Bilanz der PersG als Kapital gutgeschrieben wird.

In diesen Fällen können die eine Sacheinlage einbringenden Gesellschafter der Personengesellschaft **negative** Ergänzungsbilanzen aufstellen, durch die die sofortige Versteuerung des Veräußerungsgewinns für den Einbringenden vermieden werden kann (vgl. RZ 78 und 79 des BMF-Schreibens, a.a.O.).

Im Ergebnis handelt es sich in diesen Fällen um einen **Buchwert**-Ansatz, da der Ansatz in der Gesellschaftsbilanz und der (den) Ergänzungsbilanz(en) zusammengefaßt wiederum die Buchwerte ergibt; vgl. Wortlaut des § 24 Abs. 3 Satz 1 UmwStG.

Die Auswirkungen im einzelnen werden erläutert in nachfolgendem Beispiel.

2.8.4.5 Grundfall

X und Y gründen zum 1.1.05 eine PersG (OHG). Beide Gesellschafter sind je zu 50% beteiligt.

X bringt sein Einzelunternehmen ein. Y leistet eine Geldeinlage von 600 000 DM (Bankeinzahlung), die er im Unternehmen belassen muß.

Die Kapitalkonten an X und Y sollen in der Eröffnungsbilanz gleich hoch sein.

X hat zum 31.12.04 folgende Schlußbilanzen erstellt:

X   Einzelunternehmen 31.12.04   P

Grund und Boden	40 000 DM	Kapital X	200 000 DM
Gebäude	160 000 DM	Verbindlichkeiten	500 000 DM
Geschäftsausstattung	100 000 DM		
übrige Aktiva	400 000 DM		
	700 000 DM		700 000 DM

Es sind folgende stille Reserven vorhanden:

	Teilwert = gemeiner Wert (ohne USt)	Stille Reserven
Grund und Boden	120 000 DM	80 000 DM
Gebäude	240 000 DM	80 000 DM
Geschäftsausstattung	140 000 DM	40 000 DM
	500 000 DM	200 000 DM

Darüber hinaus ist ein originärer Firmenwert von 200 000 DM vorhanden.

Die anfallende Grunderwerbsteuer (3 600 DM, nämlich 1/2 × 2% × 360 000 DM; vgl. § 5 Abs. 2 GrEStG), und die sonstigen Erwerbsnebenkosten, u.a. Gerichts und Notarkosten bezüglich des bebauten Grundstücks in Höhe von 2 400 DM trägt die OHG.

a) Die Buchwerte der Einzelfirma werden beibehalten.

b) Die eingebrachten Wirtschaftsgüter werden mit den Teilwerten angesetzt.

Lösung zu a):

Umsatzsteuerlich liegt eine Geschäftsveräußerung im ganzen vor. Der Vorgang ist **nicht** steuerbar (§ 1 Abs. 1a UStG).

aa) Eröffnungsbilanz OHG – Fortführung der Buchwerte –

Die Buchwerte von Grund und Boden und Gebäude sind um die anteiligen Nebenkosten nach dem Verhältnis der Teilwerte (gemeiner Wert) aufzustocken.

GrESt	3 600 DM
sonstige Nebenkosten	2 400 DM
	6 000 DM
Davon entfallen auf Grund und Boden 1/3	2 000 DM
Gebäude 2/3	4 000 DM

Die Nebenkosten sind als sonstige Verbindlichkeit zu passivieren.

Die Eröffnungsbilanz der Personengesellschaft lautet wie folgt:

Eröffnungsbilanz A+B OHG zum 1.1.05

Aktiva		Passiva	
Grund und Boden	42 000 DM	Kapital I X	400 000 DM
Gebäude	164 000 DM	Kapital I Y	400 000 DM
Geschäftsausstattung	100 000 DM	Verbindlichkeiten	500 000 DM
Sonstige Aktiva	400 000 DM	sonstige Verbindlichkeit	6 000 DM
Bank (Einzahlung B)	600 000 DM		
	1 306 000 DM		1 306 000 DM

bb) Ergänzungsbilanz Y

Da Y eine Einzahlung von 600 000 DM geleistet hat, hat er 200 000 DM mehr gezahlt, als sein buchmäßiges Kapital in der Bilanz der neuen Personengesellschaft beträgt. Y hat mit diesen 200 000 DM praktisch dem X die Hälfte der stillen Reserven (einschließlich Firmenwert) abgekauft. Er muß in diesem Falle sein in der Bilanz der Personengesellschaft nicht ausgewiesenes Mehrkapital in einer Ergänzungsbilanz ausweisen.

Bareinlage	600 000 DM
./. Kapital 1	400 000 DM
steuerliches Mehrkapital	200 000 DM

(Positive) Ergänzungsbilanz Y 1.1.05

Mehrwert:		Mehrkapital Y	200 000 DM
– Grund und Boden	40 000 DM		
– Gebäude	40 000 DM		
– Geschäftsausstattung	20 000 DM		
Firmenwert	100 000 DM		
	200 000 DM		200 000 DM

Die Mehrwerte sind nach dem Verhältnis der stillen Reserven aufzuteilen.

cc) Auswirkungen bei X

Für den Gesellschafter × entsteht ein **Veräußerungsgewinn** von 200 000 DM, der als **laufender Gewinn** nach § 15 Abs. 1 Nr. 1 zu versteuern ist (**kein** begünstigter Veräußerungsgewinn i. S. des § 16 Abs. 1 Nr. 1, da keine Vollrealisierung der stillen Reserven stattfindet).

X kann diesen Veräußerungsgewinn durch eine **negative** Ergänzungsbilanz neutralisieren, in der er dem in der (positiven) Ergänzungsbilanz des Y ausgewiesenen Mehrwert von 200 000 DM einen entsprechenden Minderwert von 200 000 DM gegenüberstellt.

Diese negative Ergänzungsbilanz des X stellt dann ein Spiegelbild der positiven Ergänzungsbilanz des Y dar:

Negative Ergänzungsbilanz X zum 1.1.05

Minderkapital X	200 000 DM	Minderwert für	
		Grund und Boden	40 000 DM
		Gebäude	40 000 DM
		Geschäftsausstattung	20 000 DM
		Firmenwert	100 000 DM
	200 000 DM		200 000 DM

Nunmehr erst ist das eingebrachte BV bei der A-B-OHG insgesamt gesehen mit den Buchwerten an gesetzt:

Ausweis:

– in der OHG-Bilanz	400 000 DM
– in der Ergänzungsbilanz Y	+ 200 000 DM
– in der Ergänzungsbilanz X	./. 200 000 DM
gesamter Wertansatz = Buchwerte	400 000 DM
(vgl. § 24 Abs. 3 S. 1 UmwStG).	

Bei der Ermittlung des Veräußerungsgewinns sind auch **alle** Ergänzungsbilanzen zu berücksichtigen.

Wertansatz des Betriebs insgesamt	400 000 DM
./. Buchwert	400 000 DM
d. h. Veräußerungsgewinn	0 DM

Merke:

Ist die Bareinlage eines Gesellschafters höher als das ihm eingeräumte Kapitalkonto, ergibt sich für diesen die **Notwendigkeit** einer (**positiven**) steuerlichen Ergänzungsbilanz.

Ist der Wertansatz der Sacheinlage niedriger als das dem Einbringenden eingeräumte Kapitalkonto, besteht für ihn die **Möglichkeit** einer **negativen** Ergänzungsbilanz.

Weitere Entwicklung des Ergänzungsbereichs

Die weitere Entwicklung des Ergänzungsbereichs richtet sich grds. nach dem Schicksal der Wirtschaftsgüter in der Hauptbilanz („entsprechend dem Verbrauch der Wirtschaftsgüter" = BFH, BStBl 1996 II 68).

Maßgebliche Gesichtspunkte sind

a) für die positive Ergänzungsbilanzen:
zutreffende Aufwandverteilung der in den Mehrwerten zum Ausdruck kommenden zusätzlichen Anschaffungskosten

b) für die negativen Ergänzungsbilanzen:
Nachholung der Besteuerung der stillen Reserven im Zeitpunkt der Realisierung (Veräußerung/Entnahme).

Die weitere Behandlung dieser Minderwerte kann sich nur nach dem Schicksal der entsprechenden Werte in der Gesellschaftsbilanz und der Werte in der positiven Ergänzungsbilanz richten. In dem Rhythmus, in dem die Werte dieser Ergänzungsbilanz abgeschrieben werden, sind die korrespondierenden Minderwerte in der negativen Ergänzungsbilanz des Einbringenden aufzulösen und als laufender Gewinn aus § 15 Abs. 1 Nr. 2 zu versteuern.

Lösung zu b) – Ansatz der Teilwerte –

aa) Eröffnungsbilanz OHG

Die Wirtschaftsgüter gelten als zum Teilwert angeschafft (§ 24 Abs. 4 i. V. m. § 22 Abs. 3 UmwStG).
Die Eröffnungsbilanz der A-B OHG lautet wie folgt:

Aktiva	Eröffnungsbilanz OHG zum 1.1.05		Passiva
Grund und Boden	122 000 DM	Kapital I X	600 000 DM
Gebäude	244 000 DM	Kapital I Y	600 000 DM
Geschäftsausstattung	140 000 DM	Verbindlichkeiten	500 000 DM
Firmenwert	200 000 DM	sonstige Verbindlichkeiten	6 000 DM
Sonstige Besitzposten	400 000 DM		
Bank (Einzahlung Y)	600 000 DM		
	1 706 000 DM		1 706 000 DM

bb) Veräußerungsgewinn des Einbringenden X

Durch die Auflösung der stillen Reserven im eingebrachten Betriebsvermögen ist für den Gesellschafter X ein Veräußerungsgewinn entstanden.

Veräußerungspreis = Teilwerte der Aktiva	700 000 DM
(§ 24 Abs. 3 UmwStG)	
./. Buchwerte	300 000 DM
Veräußerungsgewinn	400 000 DM

Nach § 24 Abs. 3 S. 3 UmwStG ist der Veräußerungsgewinn nur in Höhe der **Fremdbeteiligung** nach § 16 Abs. 4 und § 34 begünstigt.

Begünstigt: 50% von 400 000 DM = 200 000 DM → § 16 EStG

Nicht begünstigt: 50% von 400 000 DM = 200 000 DM → **§ 15 EStG**

Die Möglichkeit der Neutralisierung des Veräußerungsgewinns durch eine negative Ergänzungsbilanz bleibt bestehen.

Nach RZ 79 des BMF-Schreibens vom 16.6.1978 (a.a.O.) kann X zur Vermeidung der sofortigen Versteuerung dieses Veräußerungsgewinns eine negative Ergänzungsbilanz mit einem Minderkapital von 400 000 DM aufstellen. Diese lautet:

Negative Ergänzungsbilanz X zum 1.1.04

Minderkapital A	400 000 DM	Minderwert für	
		Grund und Boden	80 000 DM
		Gebäude	80 000 DM
		Maschinen	40 000 DM
		Firmenwert	200 000 DM
	400 000 DM		400 000 DM

(Für Y entfällt eine Ergänzungsbilanz).

Unter Berücksichtigung des Minderwerts von ∕. 400 000 DM ist das eingebrachte Betriebsvermögen nunmehr im Ergebnis steuerlich mit dem **Buchwert** angesetzt. Das hat Bedeutung u.a. für die Bemessung der AfA. Zur weiteren Entwicklung der negativen Ergänzungsbilanz vgl. unter a) (s. oben) und BFH, BStBl 1996 II 68.

Auch eine **teilweise Neutralisierung** wäre **möglich**.

Dann gelten aber nicht die Vergünstigungen § 16 Abs. 4 und § 34; vgl. § 24 Abs. 3 S. 3 UmwStG.

Wird ein Teil der wesentlichen Betriebsgrundlagen der PersG lediglich zur Nutzung überlassen, entsteht Sonderbetriebsvermögen, das mit dem Buchwert fortgeführt werden kann (Wahlrecht). Die stillen Reserven des bisherigen Einzelunternehmens werden in diesem Fall nicht sämtlich aufgedeckt.

Das Wahlrecht kann nur einheitlich ausgeübt werden.

Dabei stellt sich dabei ein Problem: § 24 Abs. 3 Satz 2 UmwStG betrifft nach dem Wortlaut **nur** das **Gesamthandsvermögen.**

Es ist fraglich, ob bei Teilwertansatz des eingebrachten BV und des Sonder-BV der Gewinn aus dem Sonder BV

– insgesamt
– anteilig oder
– insgesamt **nicht**

nach §§ 16 Abs. 4 und 34 begünstigt ist.

Für insgesamt **nicht** begünstigte „Einbringung" des Sonder-BV Schulze zur Wiesche, DB 1994, 346.

Es fragt sich m.E., ob nicht vielmehr bei Teilwertansatz ein der nach § 16 Abs. 3 EStG **voll begünstigten Entnahme** vergleichbarer Vorgang gegeben ist.

2.8.4.6 Ansatz von Zwischenwerten

§ 24 Abs. 2 Satz 1 UmwStG läßt auch zu, daß die aufnehmende Personengesellschaft das eingebrachte BV mit einem zwischen dem Buchwert und dem Teilwert liegenden Wert ansetzt. Der Aufstockungsbetrag ist nach Auffassung der FinVerw auf alle Wirtschaftsgüter gleichmäßig zu verteilen (in der Literatur uneinheitlich).

Bei Ansatz von Zwischenwerten ergibt sich für den Einbringenden eine Gewinnrealisierung in Höhe der Differenz zwischen Wertansatz und Buchwert des eingebrachten BV.

Dieser Gewinn ist – mangels Vollaufdeckung – **nicht** nach § 16 und § 34 begünstigt (§ 24 Abs. 3 S. 2 UmwStG).

Er kann wiederum durch Aufstellung einer negativen Ergänzungsbilanz für den Einbringenden neutralisiert werden.

Überblick

Wertansatz bei PersG	§ 16	§ 16 Abs. 4	§ 34
a) Buchwert	Nein	Entfällt	Entfällt
b) Zwischenwert	Ja	Nein	Nein
c) Teilwert	Ja	Ja[1])	Ja[1]),

[1]) Anwendung nur auf den der **Fremdbeteiligung** entsprechenden **Teil** des Veräußerungsgewinns (§ 16 Abs. 2 S. 3 EStG i. V. m. § 24 Abs. 3 S. 3 UmwStG).

Die PersG tritt bei Ansatz von Zwischenwerten nicht unmittelbar gemäß § 12 Abs. 3 UmwStG in die Rechtsposition des eingebrachten Einzelunternehmens ein; vgl. aber § 24 Abs. 4 i. V. m. § 22 Abs. 2 UmwStG.

Für den Einbringenden besteht statt einer – nicht begünstigten – Rücklagenauflösung (z. B. § 6b) die Möglichkeit der Fortführung in einer Ergänzungsbilanz (R 41b Abs. 9 Satz 1).

2.8.5 Einbringungszeitpunkt

Einbringungszeitpunkt ist der Zeitpunkt des Übergangs des wirtschaftlichen Eigentums an dem eingebrachten Betriebsvermögen in das Gesamthandseigentum der Personengesellschaft.

Anders als bei der Einbringung in Kapitalgesellschaften ist **keine** Rückbeziehung des Zeitpunkts möglich (h. L.); eine gesetzliche Regelung fehlt.

2.8.6 Einbringung mit Zuzahlung, die nicht Betriebsvermögen wird

Hierbei handelt es sich ebenfalls um eine nach § 16 Abs. 4, § 34 EStG begünstigte Veräußerung (BFH, BStBl 1982 II 622).

RZ 73 – 77 des BMF-Schreibens vom 16. 6. 1978 (a. a. O.) sind insoweit überholt (BMF-Schreiben vom 15. 10. 1982, BStBl I 816).

2.9 Betriebsaufspaltung

2.9.1 Begriff der Betriebsaufspaltung

2.9.1.1 Allgemeines

Eine Betriebsaufspaltung (vgl. **H 137 Abs. 5 und 6**) liegt vor bei **personeller** und **wirtschaftlicher Verflechtung zweier rechtlich selbständiger Unternehmen;** anders ausgedrückt: wenn ein wirtschaftlich einheitliches Unternehmen rechtlich in zwei verschiedene Betriebe gegliedert ist (BFH, BStBl 1972 II 63). Die häufigste Form ist die Aufgliederung eines Unternehmens in ein **Besitzunternehmen** (als Personenunternehmen) und in ein **Betriebsunternehmen** (als Betriebs-KapGes).

Beispiel:

A beschließt, seine gewerbliche Tätigkeit einzustellen und **verpachtet** sein gesamtes BV an die von ihm gegründete A-GmbH, deren Anteile er zu 100 % hält.

Bei der Betriebsaufspaltung überläßt ein Besitzunternehmen wesentliche Betriebsgrundlagen **miet-** oder **pachtweise** bzw. **unentgeltlich** einer von ihm beherrschten Betriebsgesellschaft (typisch: BetriebsGmbH) zum Zwecke der Betriebsführung bzw. Betriebsfortführung.

Für die Annahme einer Betriebsaufspaltung ist es **nicht** erforderlich, daß die wesentlichen Betriebsgrundlagen der Betriebsgesellschaft zu einem **angemessenen Entgelt** überlassen werden. Auch die **leihweise** Überlassung wesentlicher Betriebsgrundlagen oder die Überlassung zu einem **unangemessen niedrigen Entgelt** kann eine Betriebsaufspaltung begründen. Die erforderliche Gewinnerzielungsabsicht des Besitzunternehmens ist in diesen Fällen auch dann gegeben, wenn dieses wegen der fehlenden oder niedrigen Pacht Verluste erwirtschaftet. Die Gewinnerzielungsabsicht liegt hier in dem Streben begründet, mittels der im Betriebsvermögen gehaltenen Anteile an der Betriebskapitalgesellschaft gewerbliche Beteiligungserträge zu erzielen (BFH, BStBl 1991 II 713).

Bislang besteht keine gesetzliche Regelung der Betriebsaufspaltung.

2.9.1.2 Einteilung der Erscheinungsformen

2.9.1.2.1 Unterscheidung nach der Art der Entstehung:

Nach der Art ihrer Entstehung ist zu unterscheiden:

c) Eine Entstehung ist aber **auch ohne besondere Gründung oder Umgründung** möglich durch **Änderung der tatsächlichen Verhältnisse**, z.B. durch bewußte Umgestaltung der Beteiligungsverhältnisse oder Herbeiführung einer Verpachtung wesentlicher Betriebsgrundlagen.

Im Rahmen der sog. **unechten** Betriebsaufspaltung **beginnt** der **gewerbliche Betrieb des** Besitzunternehmens in dem Zeitpunkt, in dem der spätere Besitzunternehmer mit Tätigkeiten beginnt, die eindeutig und objektiv erkennbar auf die Vorbereitung der endgültig beabsichtigten Überlassung von wesentlichen Betriebsgrundlagen an die von ihm beherrschte Betriebsgesellschaft gerichtet sind (BFH, BStBl 1991 II 773).

2.9.1.2.2 Unterscheidung nach der Konstellation der Rechtsformen

Hiernach sind zu unterscheiden:

a) eigentliche		b) uneigentliche (umgekehrte)		c) mitunternehmerische	d) kapitalistische
BesitzU = Einzelunternehmen/ PersG	BesitzU = KapGes	BesitzG = KapGes	BesitzG = PersG	BesitzU **und** BetriebsU = PersG	BesitzU **und** BetriebsU = KapGes

2.9.1.2.3 Überblick über typische Möglichkeiten einer Begründung

Möglichkeiten der Begründung sind z.B.

– Ausgliederung einer BetriebsKapG aus einem EinzelU unter Fortführung des BesitzU als EinzelU und GmbH- (Bar- oder Sach-)Gründung **oder**

  Umwandlung des EinzelU in eine Besitz-PersG (§ 24 UmwStG) vor **oder** nach Ausgliederung der Betriebs-GmbH;

– Ausgliederung einer BetriebsKapG aus PersG; z.B. Ausscheiden der Komplementär-GmbH aus GmbH & Co. KG unter Satzungsänderung (da GmbH nicht mehr zur Haftungsbeschränkung benötigt wird). Die Restgesellschaft wird als GbR, OHG oder KG fortgeführt (neuer Komplementär erforderlich).

– Umwandlung einer KapG in PersG (§§ 3 ff. UmwStG), anschließend Ausgliederung einer KapG, u.a.

2.9.1.2.4 Rechtsformen

2.9.1.2.4.1 Besitzunternehmen

Das BesitzU kann folgende Rechtsformen aufweisen

- EinzelU (BFH, BStBl 1981 II 738)
- PersG
- Erbengemeinschaft (BFH, BStBl 1984 II 474, BStBl 1987 II 120)
- Bruchteilsgemeinschaft (BFH, BStBl 1983 II 299)
- juristische Person, insbesondere KapGes.

Die Geschäftsleitung (§ 10 AO) muß sich im **Inland** befinden, d.h. es ist grds. auch eine Betriebsaufspaltung „über die Grenze" möglich (vgl. auch BFH, BStBl 1983 II 77).

2.9.1.2.4.2 Betriebsunternehmen

Rechtsform des BetriebsU kann sein

- idR **KapGes** (z.B. BFH, BStBl 1982 II 479, BStBl 1987 II 120).
- auch **PersG** (sogenannte mitunternehmerische Betriebsaufspaltung) z.B. BFH, BStBl 1976 II 750; 1980 II 84; 1981 II 738; 1982 II 60; 1982 II 662; 1983 II 136. Vgl. aber 2.9.4.9.1.
- **nicht** EinzelU (h.M.)

Die BetriebsG muß ein gewerbliches Unternehmen betreiben. Gewerbebetrieb kraft Rechtsform (KapGes, § 8 Abs. 2 KStG) reicht aber aus.

Betriebsaufspaltung ist auch möglich zwischen einem BesitzU und **mehreren BetriebsG** (z.B. BStBl 1982 II 476; 1983 II 299) und **umgekehrt**.

2.9.2 Voraussetzungen der Betriebsaufspaltung

2.9.2.1 Sachliche Verflechtung

a) Verpachtung mindestens einer wesentlichen Betriebsgrundlage

Voraussetzung ist eine wirtschaftliche Verflechtung durch Verpachtung von für das Betriebsunternehmen wesentlichen Grundlagen. Dies erfordert eine Verpachtung von Wirtschaftsgütern, die **eine (nicht sämtliche)** wesentliche Betriebsgrundlage für den Betrieb der **Betriebs**gesellschaft darstellen (BFH, BStBl 1981 II 738). Eine Betriebsaufspaltung liegt also auch bei Verpachtung nur **einzelner** wesentlicher Grundlagen vor. **Nicht** notwendig ist die Verpachtung eines ganzen Betriebs. Die verpachteten Wirtschaftsgüter müssen wesentliche Betriebsgrundlage des **BetriebsU** sein.

Kriterium der wesentlichen Betriebsgrundlage

Bei der Frage, ob ein verpachtetes Wirtschaftsgut zu den wesentlichen Grundlagen der Betriebsgesellschaft gehört, kann es **nicht** auf dessen Vermögenswert oder seine **stillen Reserven** ankommen: Maßgebend kann nur die **Funktion** des Wirtschaftsgutes für den Betrieb sein; vgl. BFH, BStBl 1989 II 1014.

Voraussetzung ist ein **„besonderes wirtschaftliches Gewicht"**.

Besonderes wirtschaftliches Gewicht ist gegeben, wenn das Wirtschaftsgut nicht nur nebensächliche Funktion hat.

Vgl. auch BFH, BStBl 1989 II 152 und 454 und im übrigen H 139 Abs. 8 und H 137.

Nach BFH, BStBl 1993 II 718 kommt es **nicht** darauf an, ob das Wirtschaftsgut jederzeit ersetzbar ist.

Dies trifft **insbesondere** für Wirtschaftsgüter des Anlagevermögens zu, die **für den Betriebsablauf unerläßlich** sind, so daß ein Erwerber des Betriebs diesen nur mit ihrer Hilfe in der bisherigen Form fortführen könnte; sie werden benötigt, um den Betrieb als intakte Wirtschafts- und Organisationseinheit zu erhalten.

Beispiel:
1. Verpachtung des gesamten Anlagevermögens des BesitzU an das BetriebsU
2. Verpachtung von für das BetriebsU notwendigen Maschinen durch das BesitzU
3. Verpachtung nur eines für das BetriebsU notwendigen Grundstücks durch das BesitzU.

Die sachliche Verflechtung ist in allen drei Fällen zu bejahen.

b) Grundstücke als wesentliche Betriebsgrundlage

Die Überlassung eines **bebauten Grundstücks** stellt eine wesentliche Betriebsgrundlage des Betriebsunternehmens dar, wenn der Betrieb derart von der Verbindung mit dem Gebäudegrundstück abhängig ist, daß er an anderer Stelle nicht in der bisherigen Weise fortgeführt werden kann. Dies ist für bebaute Grundstücke zu bejahen, bei denen die Gebäude durch ihre Gliederung oder sonstige Bauart dauernd für den Betrieb eingerichtet sind; hierbei genügt es, daß Gebäude nach ihrer Lage, ihrer Größe und ihrem Grundriß auf das Tätigkeitsfeld des Betriebsunternehmens **zugeschnitten** sind. Eine **spezielle Gestaltung** im Sinne einer ausschließlichen Nutzbarkeit des Grundstücks durch die jeweilige Betriebsgesellschaft ist **nicht** erforderlich (BFH, BStBl 1991 II 336), ist aber **Indiz** für das besondere Gewicht als Betriebsgrundlage (BFH, BStBl 1993 II 233). Daher sind z. B. **Fabrikgrundstücke regelmäßig** wesentliche Betriebsgrundlagen (BFH, BStBl 1989 II 1014). Besteht ein unmittelbarer Zusammenhang zwischen der Errichtung des Betriebsgebäudes, der Vermietung und der Aufnahme des Betriebs in diesem Gebäude, ist regelmäßig davon auszugehen, daß das Gebäude durch seine Gliederung oder sonstige Bauart dauernd für den Betrieb eingerichtet oder nach Lage, Größe und Grundriß auf den Betrieb zugeschnitten ist. (BFH, BStBl 1992 II 347). Aber auch vom Besitzunternehmen überlassene **unbebaute Grundstücke** können eine wesentliche Betriebsgrundlage für das Betriebsunternehmen sein, wenn sie von diesem entsprechend seinen Bedürfnissen bebaut oder in anderer Weise gestaltet worden sind.

Eine sachliche Verflechtung ist im Falle einer echten Betriebsaufspaltung auch dann gegeben, wenn verpachtete wesentliche **Betriebsgrundlagen nicht** im **Eigentum** des **Besitzunternehmers** stehen (BFH, BStBl 1989 II 152).

Für Grundstücke ergeben sich aus den BFH-Entscheidungen folgende weitere Grundsätze

– Ein Grundstück ist zur Fortführung des Betriebs des Betriebsunternehmens erforderlich und damit eine wesentliche Betriebsgrundlage, wenn

– das vermietete Grundstück für die **Belange** des **Betriebsunternehmens besonders gestaltet** worden ist oder

– das Grundstück **nach seiner Lage** für die Belange des Betriebsunternehmens besonders geeignet ist (BFH, BStBl 1991 II 336).

– Die sachliche Verflechtung ist zu bejahen, wenn **erst das Betriebsunternehmen** (mit Zustimmung des Besitzunternehmens) ein ihm überlassenes Gebäude **für seine Zwecke baulich herrichtet**. Ob wesentliche Betriebsgrundlagen i. S. d. Betriebsaufspaltung vorliegen, läßt sich nach der Natur der Sache nur aus der Sicht des Betriebsunternehmens beurteilen. Unabhängig davon, ob die aus den Baumaßnahmen hervorgehenden Bauten oder Gebäudeteile in das Eigentum des Besitzunternehmens übergehen, begründet bereits **die Gestattung der Baumaßnahmen durch das Besitzunternehmen** eine gewerblich qualifizierte Vermietung oder Verpachtung. Unter Berücksichtigung der Baumaßnahmen des Betriebsunternehmens lassen sich Mietgegenstand und Vermieter nicht mehr ohne weiteres austauschen.

Die besondere Gestaltung erfordert lediglich Baumaßnahmen, die es dem Betriebsunternehmen ermöglichen, seinen Geschäftsbetrieb aufzunehmen und auszuüben. Es bedarf **keiner branchenspezifischen Ausgestaltung** der Art, daß Baulichkeiten nur noch und ausschließlich von dem Betriebsunternehmen genutzt werden können (BFH, BStBl 1991 II 405).

– Auch eine sog. **Systemhalle** kann wesentliche Betriebsgrundlage im Rahmen einer Betriebsaufspaltung sein, wenn sie nach Größe, Grundriß und Gliederung auf die Bedürfnisse der Betriebsgesellschaft (Fertigungsbetrieb) zugeschnitten ist. Die vielseitige Verwendbarkeit einer solchen Halle spricht nicht gegen das Vorliegen einer wesentlichen Betriebsgrundlage. Ob ein Unternehmen über wesentliche Betriebsgrundlagen verfügt, kann nicht davon abhängen, ob das Fertigungsgebäude in individueller Bauweise oder im Baukastensystem errichtet ist (BFH, BStBl 1992 II 349).

– Hinsichtlich der Frage, ob ein Grundstück im Rahmen einer Betriebsaufspaltung für das Betriebsunternehmen wirtschaftliches Gewicht hat, sind **nicht** die **einzelnen Teile** des Grundstücks für sich, sondern ist das **Grundstück einheitlich** zu beurteilen. Die Herrichtung für die besonderen Bedürfnisse der Betriebsgesellschaft kann sich allein schon aus der räumlichen Zusammenfassung verschiedener Tätigkeitsbereiche der Betriebsgesellschaft auf einem Grundstück ergeben (z. B. Lager, Verkauf, Montage und der damit zusammenhängenden Verwaltungstätigkeiten) (BFH, BStBl 1992 II 334 und BStBl 1993 II 233 [234]).

– Bei einem für Zwecke eines Fertigungsunternehmens besonders gestalteten Gebäude spricht es nicht gegen die Annahme einer wesentlichen Betriebsgrundlage, wenn einige Zeit nach Anmietung dieses Grundstücks (im Streitfall ca. 5 Jahre) ein anderes Grundstück erworben und ein neues Betriebsgebäude errichtet wird. Dieser Umstand ist ein Anzeichen dafür, daß das Betriebsunternehmen zumindest für die Zeit bis zur Fertigstellung des neuen Betriebsgebäudes auf das zuvor angepachtete Betriebsgelände angewiesen war (BFH, BStBl 1991 II 773).

– Die individuelle Gestaltung eines Grundstücks für die Bedürfnisse des Betriebsunternehmens ist lediglich **ein** Indiz für sein besonderes Gewicht als wesentliche Betriebsgrundlage (BFH, BStBl 1993 II 233). D. h. das besondere Gewicht kann sich aus **anderen** Merkmalen ergeben (siehe oben d).

– An einer wesentlichen Betriebsgrundlage kann es **fehlen,** wenn das Grundstück für die Betriebsgesellschaft von **geringer wirtschaftlicher** Bedeutung ist (BFH, BStBl 1993 II 245).

Beispiel:
Der von der Besitzgesellschaft überlassene Grundbesitz macht 22 v. H. des gesamten in gleicher Weise genutzten Grundbesitzes aus. Nach BFH (a. a. O.) liegt eine wesentliche Betriebsgrundlage vor.

2.9.2.2 Personelle Verflechtung (R 137 Abs. 8 EStR und H 137 EStH)

Die Willensbildung muß einheitlich sein (einheitlicher Betätigungswille). Die personelle Verflechtung ist gegeben, **wenn die hinter dem BesitzU und der BetriebsG stehenden natürlichen Personen einen einheitlichen geschäftlichen Betätigungswillen haben** (z. B. BFH, BStBl 1983 II 299, BStBl 1986 II 296 und 611).

Es genügt, daß die Person(en), die das BesitzU tatsächlich beherrschen, in der Lage sind, auch in der BetriebsG ihren Willen durchzusetzen (z. B. BFH, BStBl 1981 II 379, 380, BStBl 1987 II 120). Jedoch ist gleiche Beteiligungshöhe der Gesellschafter bei beiden Gesellschaften (sog. **Beteiligungsidentität**) **nicht** erforderlich.

Dies gilt bei BetriebsG in der Rechtsform einer PersG (BFH, BStBl 1983 II 299) wie auch einer KapGes (BFH, BStBl 1982 II 479).

Ist durch einen Erbfall die personelle Verflechtung entfallen, kann sie **nicht** durch einen gleichzeitig für BesitzU und BetriebsG eingesetzten Testamentsvollstrecker ersetzt werden (BFH, BStBl 1985 II 657).

Zur personellen Verflechtung bei Gütergemeinschaft vgl. BFH, BStBl 1993 II 876.

2.9.2.2.1 Beherrschung durch Mehrheit der Anteile bzw. Stimmrechte

a) Die Voraussetzung ist erfüllt bei **mehr als 50 %iger Beteiligung an einer KapGes** (BFH, BStBl 1980 II 162, BStBl 1986 II 362, 1987 II 120).

Mittelbare Beteiligung (z. B. über Komplementär-GmbH einer Betriebs-GmbH & Co. KG) reicht (BStBl 1983 II 136).

Bei **KapGes** ist nicht Anteilsbesitz, sondern letztlich **Mehrheit der Stimmrechte** entscheidend, da es satzungsmäßige bzw. aktienrechtliche Einschränkungen des Stimmrechts von Anteilen gibt (Mehrstimmrechtsanteile bzw. stimmrechtslose Anteile); vgl. BFH, BStBl 1983 II 136 und 1984 II 212.

Beispiele:
1. BesitzU   Betriebs-GmbH
   Eigentümer A 50 %   A 50 %
               B 50 %   C 50 %

Keine Betriebsaufspaltung, da A die GmbH nicht beherrscht. A und B haben Einkünfte aus Vermietung und Verpachtung, A und C aus Kapitalvermögen (offene und ggf. verdeckte Gewinnausschüttungen).

2. BesitzU   Betriebs-GmbH
   Eigentümer X 70%   X 100%
              Y 30%

   Betriebsaufspaltung: × und Y haben Einkünfte aus Gewerbebetrieb, Y obwohl er als sogenannter **Nur-Besitzgesellschafter** an der GmbH nicht beteiligt ist **(Abfärbeeffekt)**; vgl. BFH, BStBl 1972 II 796 und BStBl 1986 II 296.

   Die GmbH-Anteile gehören zum Sonderbetriebsvermögen des X im Rahmen des BesitzU.

3. BesitzU   Betriebs-GmbH
   Eigentümer der Maschinen C 100%   C 50%
   Eigentümer einer Erfindung D 100%   D 50%
   Maschinen und Erfindung sind jeweils wesentliche Betriebsgrundlagen der GmbH.

   Keine Betriebsaufspaltung. C und D bilden **keine** Besitzgesellschaft. Da keiner eine mehrheitliche Beteiligung an der GmbH hat, liegt auch keine Betriebsaufspaltung zwischen **einem** der beiden und der GmbH vor.

Bei der **kapitalistischen** Betriebsaufspaltung (Besitz- und Betriebsgesellschaft sind jeweils eine KapGes) muß die BesitzKapGes mehrheitlich an der BetriebsKapGes beteiligt sein (BFH, BStBl 1987 II 117).

b) Bei **PersG** ist nach BGB und HGB **einstimmige** Beschlußfassung erforderlich (§ 709 Abs. 1 BGB, §§ 119 Abs. 1, § 161 Abs. 2 HGB).

Wenn laut Gesellschaftsvertrag Stimmenmehrheit entscheidend ist (vgl. § 709 Abs. 2 BGB, § 119 Abs. 2 HGB), erfolgt die Berechnung im Zweifel nach „Köpfen"; der Kapitalanteil ist i. d. R. somit unbeachtlich. Vgl. BFH, BStBl 1982 II 476.

Personelle Verflechtung ist gegeben bei

– Mehrheit der Anteile **und**
– **gesetzlicher** (vgl. z. B. § 745 BGB) oder **vertraglicher** (s. o.) Maßgeblichkeit des **Mehrheitsprinzips** für die „Alltagsgeschäfte" (BFH, BStBl 1986 II 296).

Diese Grundsätze gelten auch bei der Frage der Beherrschung des BesitzU (BFH, BStBl 1983 II 299).

Beispiele:

1. **Grundstücksgemeinschaft** ─────────────▶ **Betriebs-KG**
   Brüder A 50% und B 50%   Vater: Komplementär
                                               Frau A und Frau B: Kommanditistinnen

   Bei der KG erfolgt die Abstimmung (auch für die „Alltagsgeschäfte") nach §§ 119 Abs. 1, 161 Abs. 2 HGB, d. h. es ist **einstimmige** Beschlußfassung erforderlich. Folge: Die Kommanditisten können Maßnahmen gegen den Willen des persönlich haftenden Gesellschafters nicht durchsetzen. Also kann die Grundstücksgemeinschaft die KG nicht mit den Mitteln des Gesellschaftsrechts beherrschen. Ergebnis: **Keine** Betriebsaufspaltung.

2. **Grundstücks-GbR** ──── Vermietung ────▶ **Betriebs-GmbH**
   A ⅓   A ½
   B ⅓   B ½
   C ⅓ („Nur-Besitzgesellschafter" – erzielt bei Betriebsaufspaltung ebenfalls gewerbl. Einkünfte)

   Laut Gesellschaftsvertrag ist stets **einstimmige** Beschlußfassung erforderlich; vgl. § 709 Abs. 1 BGB (entspricht § 119 Abs. 1 HGB!). Nach Meinung des BFH liegt **keine** Betriebsaufspaltung vor, da A und B die Grundstücks-GbR nicht beherrschen (BFH, BStBl 1984 II 212). So auch BFH, BStBl 1989 II 96.

Hiergegen wenden sich die BMF-Schreiben vom 29. 3. 1985 (BStBl I 121) und vom 23. 1. 1989 (BStBl I 39) insoweit, als das Erfordernis der Einstimmigkeit nicht generell einer Betriebsaufspaltung entgegensteht, sondern **tatsächliche** Interessenkollisionen nachweislich aufgetreten sein müssen. Ist dies nicht der Fall, soll von einer Beherrschung des Besitz U auszugehen sein (trotz des „Vetorechts des Nur-Besitzgesellschafters").

Eine personelle Verflechtung ist auch gegeben, wenn der beherrschende Gesellschafter der Betriebskapitalgesellschaft bei Geschäften der Besitzgesellschaft mit der KapGes **vom Stimmrecht ausgeschlossen** sind (BFH, BStBl 1989 II 455).

Zum Stimmrechtsausschluß vgl. auch BFH, BStBl 1986 II 364, 366.

2.9.2.2.2 Beteiligungsidentität

Bei sog. **Beteiligungsidentität** tritt der Umstand, daß das Besitzunternehmen wie das Betriebs unternehmen von einem einheitlichen geschäftlichen Betätigungswillen getragen werden, besonders deutlich hervor. Es ist – anders als im Fall ungleicher Beteiligungsverhältnisse (sog. Beherrschungsidentität) – kaum denkbar, daß die Einheit durch einen Interessengegensatz zwischen den Gesellschaftern aufgehoben wird. Ein (ständige) Interessengegensatz zwischen den Gesellschaftern ist auch nur dann geeignet, die Einheitlichkeit der Willensbildung zu beeinträchtigen, wenn er nicht nur möglich ist, sondern durch konkrete Tatsachen (z. B. Rechtsstreitigkeiten) nachgewiesen wird (BFH, BStBl 1992 II 349, 350).

2.9.2.2.3 Konträre Beteiligungsverhältnisse. Beherrschungsidentität

Die Grundsätze einer Betriebsaufspaltung können auch in den Fällen extrem konträrer Beteiligungsverhältnisse anzuwenden sein, da trotzdem Beherrschungsidentität vorliegt (vgl. BFH, BStBl 1992 II 349, 350). Die Verwaltung wendet die Grundsätze der Betriebsaufspaltung an, es sei denn, die Beteiligten würden den konkreten Nachweis tatsächlicher Auseinandersetzungen infolge eines Interessenkonfliktes führen. Vgl. oben 2.9.2.2.2.

Beispiel:

Besitzunternehmen	Betriebs-GmbH
Eigentümer X 95%	X 5%
Y 5%	Y 95%

Grundsätzlich liegt eine Betriebsaufspaltung vor. Interessenkonflikte sind aber nicht auszuschließen, da an sich X an der Zahlung hoher Pacht, Y dagegen an der Zahlung niedriger Pacht interessiert sein müßte.

Bei konkretem Nachweis: **keine** Betriebsaufspaltung.

2.9.2.2.3 Keine Vermutung der Interessengleichrichtung von Ehegatten und minderjährigen Kindern

Sind Ehegatten entweder an der BetriebsG oder an den dieser zur Nutzung überlassenen Wirtschaftsgütern beide beteiligt, besteht **keine** Vermutung, daß die Ehegatten ihre Rechte aus den Anteilen aufgrund **gleichgerichteter Interessen einheitlich ausüben.** BVerfG, Beschlüsse vom 12.3.1985, BStBl 1985 II 475.

Allerdings können nach Auffassung das BVerfG **besondere Umstände** zur Annahme gleichlaufender Interessen unter Eheleuten möglicherweise eher erfüllt sein als unter Fremden.

Folgende BFH-Urteile waren gemäß der o. a. Beschlüsse **vom BVerfG aufgehoben und an den BFH zurückverwiesen worden.**

a) **Urteilsfall BStBl 1981 II 376 (Folgeentscheidung = BFH, BStBl 1986 II 913)**

Danach sind Ehegattenanteile **jedenfalls dann zusammenzurechnen, wenn die Ehegatten die Besitzverhältnisse bewußt so gestaltet haben,** daß an der BesitzG die Ehegatten je zur Hälfte und an den einzelnen BetriebsGes jeweils nur einer der Ehegatten allein beteiligt sind.

BesitzG
(GrundstücksG)
M 50%
F 50%

mehrere
Betriebs-GmbH
(**Allein**gesellschafter jeweils M)

Der vom BFH angenommene einheitliche geschäftliche Betätigungswille stützt sich **nicht** auf die **Ehe, sondern** auf die **bewußte tatsächliche Gestaltung,** die eine konfliktfreie Unternehmensfortführung gewährleistet (**nicht** zu verwechseln mit Wiesbadener Modell = 0-Beteiligung; vgl. 2.9.4.5.2). Trotz der Zurückverweisung durch das BVerfG ist der BFH in seiner Folgeentscheidung wieder zur Bejahung der Betriebsaufspaltung wegen Interessengleichrichtung gekommen (BFH, BStBl 1986 II 913) und zwar mit den Argumenten der Erstentscheidung (**ohne** Vermutungsregel). Vgl. zur Kritik hieran auch Herzig/Keßler, DB 1986, 2402 ff. M. E stellt dieses Urteil einen absoluten Sonderfall dar.

b) Urteilsfall BStBl 1981 II 379 (Folgeentscheidung = BFH, BStBl 1986 II 611)

BesitzU	⟶	Betriebs-GmbH	
Grundstück		F	31,5 %
100 % F		M	31,5 %
		volljähriger Sohn	37,0 %

Beurteilung durch BFH:

Führt die Zusammenrechnung der Anteile von Ehegatten zu Mehrheitsbeteiligung in BetriebsKap-Ges, ist die personelle Verflechtung **nicht** gegeben, wenn das BesitzU nur **einem** Ehegatten gehört. Laut Folgeentscheidung des BFH liegt **keine** Betriebsaufspaltung vor (BStBl 1986 II 611).

c) BFH, BStBl 1983 II 136

Dieses Urteil betraf folgende Gestaltung: Der Ehemann betrieb zunächst ein Einzelunternehmen. Sodann wandelte er das Unternehmen dergestalt um, daß er das Anlagevermögen seines Betriebes an eine neu gegründete GmbH & Co. KG verpachtete, der er das Umlaufvermögen seines bisherigen Gewerbebetriebes verkaufte. An der Komplementär-GmbH war der Ehemann zu 98 % beteiligt, während Kommanditisten zu je 1/3 seine Ehefrau und seine zwei Kinder waren. Der Bundesfinanzhof sah bei seiner Erstentscheidung in dem Ehemann einen gewerblichen Verpächter, weil er über die Komplementär-GmbH zusammen mit seiner Ehefrau die Kommanditgesellschaft beherrschte, denn nach deren Gesellschaftsvertrag hatte jeder Gesellschafter zwar nur eine Stimme, jedoch hatte bei Stimmengleichheit die GmbH das doppelte Stimmrecht. Das Bundesverfassungsgericht lehnte dagegen die Beherrschung ab. In der Folgeentscheidung (BFH, BStBl 1986 II 362) hat der BFH die Sache an das FG zurückverwiesen.

BFH und FinVerw sind dem BVerfG gefolgt (vgl. BFH, BStBl 1986 II 362 und BStBl 1986 II 611; BMF, BStBl 1986 I 537). Damit ist auch die sinngemäße Anwendung auf Anteile von minderjährigen Kindern (so noch BFH, BStBl 1973 II 27) grds. nicht möglich. Die Beteiligung minderjähriger Kinder ist jedoch nach R 137 Abs. 8 bei der Frage der Beherrschung mitzuzählen im Fall besonderer Umstände; dies soll der Fall sein bei alleinigem Sorgerecht des Stpfl. für das minderjährige Kind (Einzelheiten siehe dort).

Für Anteile von Eltern und volljährigen Kindern und Anteile von sonstigen Verwandten und gibt es ebenfalls **keine** Vermutungsregel für Zusammenrechnung (z. B. BFH, BStBl 1983 II 136 und BStBl 1984 II 714 für volljährige Kinder).

Beispiel:

Bei Verpachtung des väterlichen Betriebs an eine GmbH, an der nur die volljährigen Kinder als Gesellschafter beteiligt sind, liegt keine Betriebsaufspaltung vor. Evtl. aber faktische Beherrschung; vgl. 2.9.2.2.4.

Stets unzulässig ist Zusammenrechnung, wenn ein Ehegatte **nur** am **Besitzunternehmen** und der **andere** Ehegatte **nur** an der **BetriebsGes** beteiligt ist (sogenanntes **Wiesbadener Modell**) vgl. 2.9.4.8.2.

Dann ist **keine** Betriebsaufspaltung gegeben (BFH, BStBl 1986 II 359 und BStBl 1987 II 28).

Das gilt auch für Ehegatten, bei denen aufgrund besonderer Beweisanzeichen gleichgerichtete wirtschaftliche Interessen anzunehmen sind (BFH, a. a. O. und H 137 Abs. 7).

In anderen Fällen ist eine Zusammenrechnung von Anteilen der Ehegatten nur bei konkreten Umständen gerechtfertigt. Konkrete Umstände des Einzelfalls können es nach Ansicht des BVerfG und des BFH durchaus rechtfertigen, eine Zusammenrechnung der Anteile vorzunehmen. Dafür müssen aber konkrete zusätzliche Beweisanzeichen im Einzelfall sprechen.

Hierbei ist nach BMF-Schreiben vom 18.11.1986, BStBl I 537 zu unterscheiden:

a) Bei Beteiligung **beider** Ehegatten jeweils an **beiden** Unternehmen mit **zusammen** der **Mehrheit** der Anteile stellen sie – wie bei Fremden – eine durch gleichgerichtete Interessen beherrschende Personengruppe dar (vgl. BFH, BStBl 1986 II 364). Die personelle Verflechtung ist nur bei nachweisbar schwerwiegenden Interessenkollisionen zu verneinen (vgl. BFH, BStBl 1982 II 662).

Sind Familienangehörige, z. B. Ehemann und Ehefrau, in der Lage, zusammen sowohl das Besitz- als auch das Betriebsunternehmen zu beherrschen, gelten für die **personelle Verflechtung** die gleichen Grundsätze wie für jede geschlossene Personengruppe, die aus fremden Personen besteht (sog. Gruppentheorie). Der von der Rechtsprechung vermutete Interessengleichklang beruht in diesen Fällen nicht auf der familiären Beziehung, sondern auf dem zweckgerichteten Zusammenschluß derselben Personen in beiden Unternehmen. Die Familienangehörigen werden nicht schlechter, sondern ebenso behandelt, wie nicht durch die Familie verbundene Steuerpflichtige (BFH-Beschluß, BStBl 1991 II 801).

b) Bei mehrheitlicher Beteiligung nur **eines** Ehegatten an **einem** der beiden Unternehmen und Mehrheit der Anteile an dem anderen Unternehmen nur zusammen mit dem anderen Ehegatten, sind dagegen als besondere Umstände, die es rechtfertigen, die Anteile der Ehefrau an einem Unternehmen denen des Ehegatten zuzurechnen, **nicht** anzusehen:

aa) Jahrelanges konfliktfreies Zusammenwirken der Eheleute innerhalb der Gesellschaft,
bb) Herkunft der Mittel für die Beteiligung der Ehefrau an der BetriebsGes vom Ehemann,
cc) „Gepräge" der Betriebsgesellschaft durch den Ehegatten,
dd) Erbeinsetzung der Ehefrau durch den Ehemann als Alleinerbe, gesetzlicher Güterstand der Zugewinngemeinschaft, beabsichtigte Alterssicherung der Ehefrau (BFH, BStBl 1986 II 362).

Zusätzliche Beweisanzeichen für Interessengleichrichtung sind aber z. B.

– eine mehrere Unternehmen umfassende, planmäßige gemeinsame Gestaltung der wirtschaftlichen Verhältnisse (besondere Zweck- und Wirtschaftsgemeinschaft); BFH, BStBl 1986 II 913;
– eine vertragliche Stimmrechtsbindung (BMF, BStBl 1986 I 537).

Diese Beweisanzeichen müssen vom FA nachgewiesen werden (**keine** Beweislastumkehr!).

Wenn wegen unzulässiger Zusammenrechnung von Ehegatten-Anteilen an der „BetriebsG" **keine echte** Betriebsaufspaltung begründet worden ist, droht ggf. eine Zwangsaufdeckung stiller Reserven nach § 16 beim (verunglückten) „Besitz U" (falls nicht die Voraussetzungen einer Betriebsverpachtung im ganzen gegeben sind oder die Wirtschaftsgüter aus anderen Gründen BV darstellen (BMF vom 18.11.1986, BStBl I 537). Die Wirtschaftsgüter sind dann im Zeitpunkt des Verpachtungsbeginn als entnommen anzusehen. Die Besteuerung der Entnahme ist nur in diesem (zurückliegenden) Jahr möglich (vgl. Abschn. 15 Abs. 2 Satz 1). Dies setzt voraus, daß die betreffende Veranlagung noch offen oder nach der AO berichtigungsfähig ist.

Bei der **„verunglückten" unechten** Betriebsaufspaltung sind die Wirtschaftsgüter des „BesitzU" zu keinem Zeitpunkt BV geworden, so daß **keine** gewinnrealisierende Entnahme gegeben ist (vgl. auch BFH, BStBl 1989 II 152 und 155 sowie BStBl 1990 II 500).

2.9.2.2.4 Faktische Beherrschung durch Nichtgesellschafter?

Eine Beherrschung auch **ohne** Anteilsbesitz ist **nur** in **Ausnahmefällen** denkbar. Zu einer personellen Verflechtung kann es lt. BFH infolge außergewöhnlicher faktischer Machtstellung von Nichtgesellschaftern der BetriebsG kommen (BFH, BStBl 1976 II 750; 1982 II 662; 1983 II 299).

Die faktische Beherrschung eines Nichtgesellschafters verdrängt die gesellschaftsrechtliche Beteiligung. Daher können der faktisch Herrschende und der gesellschaftsrechtlich Beteiligte keine Personengruppe mit gleichgerichteten Interessen bilden (BFH, BStBl 1989 II 152).

Beispiel (= Urteilsfall BFH, BStBl 1976 II 750):

BesitzG	⟶	BetriebsG KG
GbR A 60%		Frau A 60% (Komplementär)
B 40%		Frau B 40% (Kdt.)
		Prokuristen und alleinige
		„Fachleute" = A und B

Hier liegt eine Dominanz der „Fachleute" = Geschäftsführer/Prokuristen über die Ehefrauen = Gesellschafter(innen) vor.

Ergebnis: lt. BFH, a. a. O., Betriebsaufspaltung.

Kritik: Nachdem der BFH die faktische Mitunternehmerschaft weitgehend abgelehnt hat (insbes. BFH, BStBl 1985 II 85), liegt es nahe, auch eine faktische Beherrschung abzulehnen.

Sie wurde vom BFH verneint z. B. in

– BStBl 1984 II 714 (Verpachtung des Betriebs durch Vater an GmbH, deren alleinige Gesellschafter erwachsene Kinder mit fachlicher Vorbildung sind)
– BStBl 1987 II 28 und BStBl 1989 II 155 (Verpachtung des Betriebs durch Ehemann an GmbH, deren Alleingesellschafterin die nicht fachkundige Ehefrau ist).

Zieht ein **Großgläubiger** die Geschäftsführung der Betriebs-GmbH vollständig an sich, kann eine faktische Beherrschung vorliegen (vgl. BFH, BStBl 1987 II 28).

2.9.3 Motive für die Betriebsaufspaltung

Die Unternehmensfigur der Betriebsaufspaltung wird von Steuerrechtsprechung und -verwaltung dazu benutzt, um die Pachteinkünfte des BesitzU der GewSt unterwerfen zu können.

Aus der Sicht der Wirtschaftskreise sprechen u. a. folgende Motive für eine Betriebsaufspaltung:

a) **Zivilrechtliche Motive**
- Haftungsbeschränkung durch die Rechtsform der Betriebs-GmbH (z. B. Darlehn, Produkthaftung, Umweltschutz, allgemeine Vertragshaftung)
- Sicherung der Unternehmenskontinuität (durch Trennung von Management und Besitzverhältnissen)

b) **Steuerliche Motive**
- Im Vergleich zur GmbH & Co. KG sind bei einer Betriebs-GmbH die Gesellschafter-Geschäftsführer-Gehälter BA und führen zu einer erheblichen GewSt-Ersparnis.
- Im Vergleich zur GmbH ergibt sich durch Vorschaltung dieser **BesitzPersG** ein zusätzlicher Freibetrag beim Gewerbeertrag (48 000 DM) sowie Staffeltarif (§ 11 Abs. 2 GewStG).
- Es ergibt sich – rechtsformunabhängig – stets eine GewSt-Ersparnis durch den zweiten Freibetrag beim Gewerbekapital (120 000 DM).

2.9.4 Folgen der Betriebsaufspaltung

2.9.4.1 Besitzunternehmen als Gewerbebetrieb

Nach der Durchgriffstheorie des BFH führt die Betriebsaufspaltung dazu, daß die Verpachtung oder **unentgeltliche Überlassung** (vgl. BFH, BStBl 1991 II 713) des Betriebsvermögens eine **gewerbliche Tätigkeit des Besitzunternehmens** darstellt, und zwar für **alle** am Besitzunternehmen Beteiligten (BFH, BStBl 1986 II 296 und 298). In der Verpachtung ist keine Betriebsaufgabe, sondern lediglich eine Änderung des Gesellschafts- bzw. Unternehmenszwecks zu sehen. Das BesitzU besteht als gewerblicher Betrieb i. S. des § 15 Abs. 2 S. 1 fort, weil es sich über die von ihm beherrschte BetriebsKapGes mittelbar weiterhin am allgemeinen wirtschaftlichen Verkehr beteiligt (BFH, BStBl 1981 II 39). Das BesitzU hat daher **keine** Möglichkeit, die Betriebsaufgabe (nach R 139 Abs. 5) zu erklären, solange die Betriebsaufspaltung gegeben ist. Das BesitzU ist auch **gewerbesteuerpflichtig**.

Sämtliche dem Betriebsunternehmen überlassenen Wirtschaftsgüter sind BV (BFH, BStBl 1991 II 405 und BFH, DStR 1993, 199).

2.9.4.2 Selbständige Gewinnermittlung für Besitz- und Betriebsunternehmen

Besitz- und Betriebsunternehmen bleiben rechtlich und steuerlich zwei selbständige Unternehmen (BFH, BStBl 1972 II 63).

Bei Bejahung der Betriebsaufspaltung liegt idR zwischen BesitzU und BetriebsU **keine** Mitunternehmerschaft vor (vgl. aber zur Problematik der „mitunternehmerischen Betriebsaufspaltung" 2.9.4.9.1). Für das BesitzU und das BetriebsU ist daher der Gewinn jeweils **verfahrensmäßig** selbständig zu ermitteln (und nicht etwa aus einer gemeinsamen einheitlichen Feststellung!). Soweit eines der Unternehmen (oder beide) eine PersG sind, ist ggf. jeweils eine **selbständige** einheitliche und gesonderte Gewinnfeststellung für das **einzelne** Unternehmen durchzuführen. Hierbei sind die allgemeinen Grundsätze des § 15 Abs. 1 Nr. 2 anzuwenden. Vgl. aber 2.9.4.9.1.

2.9.4.3 Anteile an der Betriebsgesellschaft als notwendiges Betriebsvermögen

a) **Grundsätze. Zeitliche Erfassung von Gewinnausschüttungen**

Die Anteile der Besitzunternehmer an der Betriebs-GmbH sind grundsätzlich deren notwendiges BV bzw. Sonderbetriebsvermögen, soweit sie ihnen zuzurechnen sind (BFH, BStBl 1973 II 438, BStBl 1982, 60). Folglich sind offene und verdeckte Gewinnausschüttungen der Betriebsgesellschaft Betriebseinnahmen bzw. Sonderbetriebseinnahmen der Besitzunternehmer. Hierzu tritt die anrechenbare KSt (§§ 20 Abs. 1 Nr. 3, 20 Abs. 3, 36 Abs. 2 Nr. 3). Zum **Zeitpunkt** der **Erfassung** von Gewinnausschüttungen der Betriebs-GmbH bei dem BesitzU vgl. bisher BFH, BStBl 1980 II 702, 1981 II 184 und BFH, BStBl 1989 II 714. Da es sich bei der Betriebs-GmbH um ein „verbundenes" Unternehmen handelt, sollte es danach für die Erfassung des Gewinnanspruchs ausreichen, daß bei **Bilanzerstellung** (nicht erforderlich: zum Bilanzstichtag) für das BesitzU der Jahresabschluß der Betriebs-GmbH bereits festgestellt ist (soll nach Verwaltungsauffassung – gegen BFH – unerheblich sein) und der Ausschüttungsbeschluß vorliegt. Besteht **Einigkeit** über die Ausschüttung, sollte für die Aktivierung des Ausspruchs ausnahmsweise sogar ein Ausschüttungsbeschluß **nach** Bilanzerstellung für das BesitzU. Dies sollte auch gelten, wenn das BesitzU ein Personenunternehmen ist (BFH, BStBl 1989 II 714).

Deshalb müßte entweder ein entsprechender Gewinnverwendungsvorschlag der GmbH-Geschäftsführung vorliegen oder durch langjährige Übung eine entsprechende Gewinnausschüttung sichergestellt sein.

Weiterhin müßte das **WJ der Betriebs-GmbH vor oder zeitgleich** mit dem WJ des BesitzU enden.

Sofern diese Voraussetzungen vorliegen, ist stets eine **zeitkongruente** Aktivierung der Dividendenforderung vorzunehmen – unabhängig vom Zeitpunkt der Bilanzerstellung (BFH, BStBl 1992 II 723; OFD Düsseldorf vom 12.2.1992, S 2143 A – St 11 H).

Nach der Rechtsprechung des EuGH verstößt die phasengleiche Bilanzierung nicht gegen EU-Recht (EUGH, Beschluß vom 27.6.1996, GmbHR 1996, 521).

Für Dividenden der **Komplementär-GmbH** einer **GmbH & Co.** KG an ihre Anteilseigner, die zugleich Mitunternehmer der Kommanditgesellschaft sind, ist dagegen eine zeitkongruente Erfassung beim Gewinn der Mitunternehmerschaft **nicht** geboten.

b) Besteuerung stiller Reserven bei Beteiligung von Angehörigen an der Betriebskapitalgesellschaft, nicht aber am Besitzunternehmen

Werden **sämtliche Anteile** an der Betriebs-Kapitalgesellschaft zunächst vom **Besitzunternehmen** oder von dessen **Inhabern** erworben, so ist die spätere steuerliche Erfassung der stillen Reserven in den Anteilen an der Betriebs-Kapitalgesellschaft gewährleistet, weil die Anteile zum Betriebsvermögen der Besitzgesellschaft bzw. zum Sonderbetriebsvermögen ihrer Gesellschafter gehören. **Überträgt** anschließend die **Besitzgesellschaft** oder übertragen ihre **Gesellschafter** Anteile an der Betriebs-Kapitalgesellschaft **auf nahestehende Personen** zu einem Kaufpreis, der **niedriger** als der bei Veräußerung an einen fremden Dritten erzielbare Kaufpreis ist, so liegt in Höhe des Unterschiedsbetrags zwischen erzielbarem und vereinbartem Kaufpreis eine **Entnahme** aus dem Besitzunternehmen vor (§ 4 Abs. 1 Satz 1, § 6 Abs. 1 Nr. 4). Eine **Entnahme** in diesem Sinne liegt **auch** vor, wenn die Inhaber des Besitzunternehmens es einer nahestehenden Person ermöglichen, Anteile an der aus einer Betriebsaufspaltung hervorgegangenen Kapitalgesellschaft gegen Leistung einer Einlage, die niedriger als der Wert der Anteile ist, zu **erwerben.** In diesem Falle fehlt es zwar an einer unmittelbar auf die Anteile bezogenen Entnahmehandlung. Gleichwohl liegt eine Entnahme vor, weil die gewählte rechtliche Gestaltung dazu führt, daß stille Reserven von den den Gesellschaftern der Besitzgesellschaft gehörenden Anteilen auf Personen übergehen, bei denen diese Anteile nicht zum Betriebsvermögen der Besitzgesellschaft gehören. Der Wert der Entnahme entspricht dem Betrag der übergehenden stillen Reserven. Unerheblich ist, ob die Anteile bei Gründung der Kapitalgesellschaft oder zu einem späteren Zeitpunkt erworben werden (BMF vom 22.1.1985, BStBl I 97).

In Übereinstimmung damit hat der BFH entschieden, daß der Gesellschafter eines Besitzunternehmens, der es seinem Ehegatten ermöglicht, einen Teil des zu seinem Sonderbetriebsvermögen beim Besitzunternehmen gehörenden Anteils an der Betriebs-GmbH gegen Leistung einer Einlage zu übernehmen, die niedriger ist als der Wert des übernommenen Anteils, eine Entnahme in Höhe der Differenz zwischen dem Wert des übernommenen Anteils und der geleisteten Einlage tätigt (BFH, BStBl 1991 II 832).

2.9.4.4 Steuerliche Behandlung des Pachtvertrags

Der Pachtvertrag ist grds. steuerlich anzuerkennen. Folglich sind die verpachteten Wirtschaftsgüter weiterhin dem Besitzunternehmen zuzurechnen, von diesen als notwendiges BV zu aktivieren und abzuschreiben.

Die Pachtzahlungen sind

a) beim BesitzU Betriebseinnahmen und
b) beim BetriebsU BA (§ 4 Abs. 4);
   bei einer Betriebs-GmbH mindert sich das Körperschaftsteuerliche Einkommen.

Soweit die vereinbarte Pachtzahlungen **überhöht** sind, weil sie die Angemessenheitsgrenze übersteigen, liegt eine verdeckte Gewinnausschüttung vor.

Beispiel:

BesitzU ◄─────────────── Betriebs-GmbH
vereinbarte Pacht   300 000 DM
angemessene Pacht   230 000 DM
überhöhter Betrag =   vGA 70 000 DM

Beim BesitzU gehören sowohl die Beteiligung an der Betriebs-GmbH als auch das verpachtete Anlagevermögen zum (notwendigen) Betriebsvermögen.

Im Ergebnis erhöht sich der Gewinn des BesitzU **nur um** die **anrechenbare Körperschaftsteuer** von $3/7$ von 70 000 DM = +30 000 DM (§§ 20 Abs. 1 Nr. 3, 20 Abs 3, 36 Abs. 2 Nr. 3). Der Gewinn ist – im Ergebnis – **nicht** um den Betrag der **verdeckten Gewinnausschüttung zu erhöhen**, da in derselben Höhe bereits vor der Aufdeckung der vGA **Pachterträge als Betriebseinnahmen** erfaßt wurden. Es tritt lediglich eine **„Umqualifizierung"** dieser Betriebseinnahme ein.

Bei der Betriebs-GmbH ist das unzulässig geminderte Einkommen (vor GewSt) um die vGA von 70 000 DM zu erhöhen (§ 8 Abs. 3 Satz 2 KStG) und hierfür nach § 27 KStG die Ausschüttungsbelastung herzustellen (vgl. hierzu im einzelnen Band 5 dieser Buchreihe (Körperschaftsteuer)).

Der Pachtvertrag zwischen dem Besitzunternehmen und der Betriebskapitalgesellschaft ist auch dann steuerlich anzuerkennen, wenn aus gesellschaft(srecht)lichen Gründen eine **niedrigere** Pacht vereinbart wird, als sie von Fremden gefordert würde; dies gilt selbst bei **unentgeltlicher** Überlassung (BFH, BStBl 1991 II 713).

Aufgrund des BFH-Beschlusses GrS, BStBl 1988 II 348 muß in diesen Fällen eine verdeckte Einlage **verneint** werden. Nutzungsrechte sind keine verdeckten Einlagen. Bei Dauerverlusten ist die Annahme von „Liebhaberei"-Betätigung zu prüfen. Durch höhere Beteiligungserträge können aber Gewinne entstehen (BFH, BStBl 1991 II 713).

2.9.4.5 Verdeckte Gewinnausschüttungen

Auch im Fall der Betriebsaufspaltung können also verdeckte Gewinnausschüttungen vorkommen, da BesitzU und Betriebs-GmbH rechtlich zwei verschiedene Unternehmen sind. Beispiele verdeckter Gewinnausschüttungen sind:

– überhöhte Pacht für die an die Betriebs-GmbH verpachteten wesentlichen Grundlagen;
– überhöhte Gehaltszahlungen an den Besitzunternehmer für die Führung der Geschäfte der Betriebs-GmbH aufgrund eines im übrigen ordnungsgemäßen Geschäftsführervertrags;
– überhöhter Kaufpreis für an die Betriebs-GmbH veräußerte Wirtschaftsgüter.

2.9.4.6 Darlehnsforderungen an das Betriebsunternehmen

Eine **Darlehnsforderung** des Besitzunternehmens gegen die Betriebsgesellschaft gehört dann zum Betriebsvermögen des Besitzunternehmens, wenn das Darlehen dazu dient, die Vermögens- und Eintragslage der Betriebsgesellschaft zu verbessern und damit den Wert der Beteiligung des Besitzunternehmens zu erhalten oder zu erhöhen (BFH, BStBl 1978 II 378). Vgl. auch BFH, BStBl 1995 II 452 – Darlehensforderung als Sonderbetriebsvermögen II der Besitzgesellschafter.

Aus der Rechtsprechung des Bundesfinanzhofs folgt im Umkehrschluß, daß nicht jegliche Darlehnsgewährung an die Betriebsgesellschaft in den betrieblichen Bereich fällt. Gibt das Besitzunternehmen der Betriebsgesellschaft ein Darlehn, um sein Kapital gut verzinslich anzulegen, dann gehört die Darlehnsforderung nicht zum Betriebsvermögen des Besitzunternehmens.

Die Anerkennungsgrundsätze für Darlehen zwischen Kapitalgesellschaft und Gesellschaftern sind aber zu beachten.

2.9.4.7 Veräußerung und Einbringung von Wirtschaftsgütern in das Betriebsunternehmen

Gewinne aus der Veräußerung der nicht an das BetriebsU verpachteten wesentlichen und nicht wesentlichen Grundlagen bei Begründung der Betriebsaufspaltung (oder zu einem späteren Zeitpunkt) sind **laufender** Gewinn aus § 15, der **nicht** nach §§ 16, 34 begünstigt ist.

Ob es zu einer Gewinnrealisierung kommt, hängt u. a. von der Rechtsform des BetriebsU, der Gewährung von Gesellschaftsrechten, nicht jedoch vom Zeitpunkt der Übertragung des Wirtschaftsguts ab.

In der Literatur wird vereinzelt die Meinung vertreten, daß auch die Einbringung von Wirtschaftsgütern in die Betriebs-GmbH gegen Gewährung von Gesellschaftsrechten notwendig zur Gewinnrealisierung führen müsse – u. a. Herrmann/Heuer/Raupach, EStG, Anm. 13e zu § 15. Die ganz überwiegende Auffassung in der Literatur – Rechtsprechung hierzu fehlt bisher – hält dagegen ein Bewertungswahlrecht – also auch Buchwertverknüpfung (unabhängig von § 20 UmwStG) – für zulässig (z. B. Schmidt, DStR 1979, S. 699; Wendt, GmbHR 1983 S. 21). Nach den von der Rechtsprechung des BFH entwickelten Grundsätzen ist die **Begründung** einer Betriebsaufspaltung ohne Gewinnrealisierung möglich (vgl. Erlaß des FinMin NRW vom 22. 1. 1985 S 1978 – 39 – V B 1, ESt-Kartei NRW, Anhang UmwStG, A Nr. 24). Begründet wird diese Meinung mit dem Hinweis, daß eine zwangsweise Realisierung von stillen Reserven unterbleiben müsse, weil bei der Betriebsaufspaltung das bisherige wirtschaftliche Engagement, wenn auch in veränderter Form, fortgesetzt werde (m. E. zutreffend).

Überträgt das BesitzU erst **nach Begründung der Betriebsaufspaltung** einzelne Wirtschaftsgüter auf die Betriebs-GmbH, ist dies mE ebenfalls zu Buchwerten möglich. Die Übertragung von Wirtschaftsgütern vom Besitzunternehmen (Einzelunternehmen oder Personengesellschaft) auf die Betriebskapitalgesellschaft kann auch während der Betriebsaufspaltung **zum Buchwert** erfolgen (Hinweis auch auf Widmann/Mayer, Umwandlungsrecht, § 20 UmwStG 77, Rz 6804.1). **Dagegen** ist eine Einbringung zu **Zwischenwerten nicht** zulässig; es gelten allein die Regelungen in den Fällen der Betriebsaufspaltung. Die Vorschriften des UmwStG sind **nicht – auch nicht entsprechend** – anwendbar.

Wird das BesitzU in Form eines **Einzelunternehmens** und das BetriebsU in Form einer PersG betrieben, besteht für die Einbringung uneingeschränktes Bewertungswahlrecht (Buchwert bzw. höherer Wert, höchstens Teilwert) (BFH, BStBl 1976 II 748). Dies dürfte ebenso gelten, wenn BesitzU eine PersG ist.

Wenn Gesellschafter einer Personengesellschaft einzelne Wirtschaftsgüter aus ihrem eigenen BV (also aus ihrem EinzelU) als Sacheinlagen in die Gesellschaft einbringen, besteht – auch, wenn die Voraussetzungen des § 24 UmwStG nicht vorliegen – ein Bewertungswahlrecht: Buchwertfortführung ohne Aufdeckung der stillen Reserven ist möglich.

Dieses Wahlrecht besteht unabhängig von der Höhe der Beteiligung. Unerheblich ist auch, ob die Beteiligung an der Betriebspersonengesellschaft zum Betriebsvermögen des Besitzunternehmens gehört (BFH, BStBl 1982 II 17). Hier werden aber in aller Regel die Wirkungen der Betriebsaufspaltung verdrängt; vgl. 2.9.4.9.1.

2.9.4.8 Korrespondierende Bilanzierung?

Grundsätzlich haben Besitz- und Betriebsgesellschaft als zwei rechtlich selbständige Unternehmen unabhängig voneinander zu bilanzieren. Nach den Grundsätzen ordnungsmäßiger Buchführung gelten für den Ausweis von Schulden und Forderungen unterschiedliche Bewertungsregeln.

Daher dürfte wegen des Imparitätsprinzips keine Bewertungskongruenz bestehen. Gleichwohl verlangten Rechtsprechung (z. B. BFH, BStBl 1975 II 700) und Finanzverwaltung bei der Betriebsaufspaltung in zwei Fällen bisher eine korrespondierende Bilanzierung (Ausweis bestimmter Bilanzposten in gleicher Höhe sowohl bei der Besitz- als auch bei der Betriebsgesellschaft).

Dies ist aber fraglich geworden durch BFH, BStBl 1989 II 714, wonach es **keinen allgemeinen** Grundsatz einer korrespondierenden Bilanzierung gibt.

2.9.4.8.1 Substanzerhaltungsanspruch und -rückstellung

Ist die Betriebsgesellschaft vertraglich verpflichtet, unbrauchbar gewordene oder veraltete Pachtanlagegüter zu ersetzen oder bei Vertragsbeendigung Anlagegüter in gleichem Umfang und Zustand zurückzugeben und bildet sie dafür eine Substanzerhaltungsrückstellung, so muß die Besitzgesellschaft in gleicher Höhe einen Ersatzbeschaffungsanspruch aktivieren. Vgl. auch BFH, BStBl 1993 II 89.

> **Beispiel:**
> Das BesitzU verpachtet an die Betriebs-GmbH u. a. eine bei Pachtbeginn 1. 1. 01 neue Maschine (ND 10 Jahre): Anschaffungskosten des BesitzU 15 000 DM, Wiederbeschaffungskosten 31. 12. 01 17 000 DM, 31. 12. 02 19 000 DM. Die Betriebs-GmbH ist zur Substanzerhaltung verpflichtet.

1. Betriebs-GmbH

Das BesitzU bleibt wirtschaftlicher Eigentümer der Maschine. Die Betriebs-GmbH sammelt eine Substanzerhaltungs-Rückstellung an:

		Gewinn
31.12.01: 17 000 DM × $^1/_{10}$ = 1 700 DM		./. 1 700 DM
31.12.02: 19 000 DM × $^2/_{10}$ = 3 800 DM		./. 2 100 DM

2. BesitzU

Korrespondierende Aktivierung des Substanzerhaltungsanspruchs (fraglich geworden, s.o.).

2.9.4.8.2 Sachwertdarlehn

Das gleiche gilt, wenn die Besitzgesellschaft der Betriebsgesellschaft Waren überläßt mit der Verpflichtung, bei Beendigung des Pachtverhältnisses diese in gleicher Art und Menge zurückzugeben (Sachwertdarlehen). Die Besitzgesellschaft hat den Wert auszuweisen, den die Betriebsgesellschaft passiviert hat.

Beispiel:

Bei Begründung der Betriebsaufspaltung in 01 werden die Vorräte (Fertigfabrikate usw.) an die Betriebs-GmbH übergeben. Die GmbH übernimmt die Verpflichtung, bei Beendigung des Pachtvertrags dieselbe Menge in gleicher Art und Güte zurückzugewähren. Als Wert wurden bei Pachtbeginn (01) 200 000 DM zugrunde gelegt. Teilwert 31.12.01 = 200 000 DM, 31.12.02 = 225 000 DM.

1. Betriebs-GmbH

Die Betriebs GmbH wird wirtschaftliche Eigentümerin der Vorräte. Die Vorräte sind – falls noch vorhanden – zum 31.12.01 und 31.12.02 mit den Anschaffungskosten in Höhe des Sachwertdarlehns bei Pachtbeginn zu bewerten = 200 000 DM (Bewertungsobergrenze). Die Rückgabeverpflichtung wird bewertet zum

31.12.01	mit den Anschaffungskosten	200 000 DM
31.12.02	zwingend mit dem höheren Teilwert	
	(umgekehrtes Niederstwertprinzip), § 6 Abs. 1 Nr. 3 i.V.m. Nr.	225 000 DM
Gewinnauswirkung im Jahre 02		./. 25 000 DM

2. BesitzU

Ausweis des Rückgabeanspruchs

31.12.01	mit den Anschaffungskosten	200 000 DM
31.12.02	mit dem **höheren** (!) Teilwert	
	(**korrespondierend** zum Ansatz der Verpflichtung bei der Betriebs-GmbH)	225 000 DM

Damit wird im Jahre 02 **entgegen** den Bewertungsregeln des § 6 ein nicht realisierter Gewinn ausgewiesen (fraglich geworden, s. Q).

2.9.4.9 Besondere Formen der Betriebsaufspaltung

2.9.4.9.1 Mitunternehmerische Betriebsaufspaltung

Eine Aufspaltung in Besitzpersonengesellschaft und Betriebspersonengesellschaft wird auch als „mitunternehmerische Betriebsaufspaltung" bezeichnet.

Die Zulässigkeit einer derartigen Gestaltung unter Vermeidung des § 15 Abs. 1 Nr. 2 (keine Zurechnung der vom Besitzunternehmen der Betriebsgesellschaft verpachteten Wirtschaftsgüter als Sonderbetriebsvermögen der Betriebsgesellschaft) ist durch den BFH geklärt.

Eine (mitunternehmerische) Betriebsaufspaltung ist danach gegeben, wenn sich die Überlassung wesentlicher Betriebsgrundlagen bei einer BetriebsGes in der Rechtsform der PersGes nicht im Anwendungsbereich des sonst vorrangigen § 15 Abs. 1 Nr. 2 2. Halbsatz vollzieht, obwohl der Besitzunternehmer (Vermieter) Mitunternehmer (insbesondere Gesellschafter) der „Betriebs-PersGes" ist (Änderung der Rechtsprechung durch BFH vom 23.4.1996 VIII R 13/95).

Hierdurch werden die **Wirkungen der Betriebsaufspaltung nicht „verdrängt".** Das bedeutet, daß die Pacht sowie andere Vergütungen für die Überlassung von Wirtschaftsgütern durch das BesitzU an das BetriebsU keine Vorwegvergütungen i.S. des § 15 Abs. 1 Nr. 2 sind, die den steuerlichen Gewinn des BetriebsU erhöhen.

Die Wirkungen der Betriebsaufspaltung zwischen Personengesellschaften sind auch **nicht** in Frage gestellt, wenn die personelle Verflechtung nicht durch unmittelbaren Anteilsbesitz, sondern anderweitig hergestellt ist, insbesondere bei personeller Verflechtung **durch mittelbare Beteiligung** (vgl. hierzu BFH, BStBl 1982 II 662, 1982 II 60 und 1983 II 136).

Beispiel:

An der Besitz-PersG sind die Gesellschafter A und B zu je 50% beteiligt. An der Betriebs-PersG sind beteiligt die X-GmbH (Gesellschafter A und B je 50%) mit 85% und die Kommanditisten D und E mit je 7,5 v. H. (volljährige Kinder des A und B).

A und B sind nicht Gesellschafter der Betriebsgesellschaft, so daß eine Zurechnung der verpachteten Wirtschaftsgüter als Sonderbetriebsvermögen nicht erfolgen kann.

Betriebsaufspaltung mit allen Wirkungen ist daher möglich.

Unter § 15 Abs. 1 Nr. 2 fallen mithin nicht die Fälle, in denen an beiden Personengesellschaften zwar ganz oder teilweise dieselben Gesellschafter beteiligt sind (sogenannte gesellschafter-identische PersG), aber eine **selbst gewerblich tätige** PersG die Vermietung eines zum Gesamthandsvermögen gehörenden Wirtschaftsgut an die andere PersG aus eigenbetrieblichem Interesse [vgl. BFH, BStBl 1985 II 6] vornimmt; vgl. BFH, BStBl 1981 II 433.

2.9.4.9.2 Wiesbadener Modell

2.9.4.9.2.1 Grundgedanke

Bei dieser besonderen Form gehört das Vermögen des Besitzunternehmens (Einzelunternehmen) **einem** Ehegatten (z. B. Ehefrau), während der **andere** Ehegatte **alleiniger** Gesellschafter und Geschäftsfahrer der Betriebs-GmbH ist. Durch vertragliche Regelungen wird die wirtschaftliche Bindung zwischen Besitzunternehmen und Betriebsunternehmen sichergestellt. Steuerliches Ziel einer solchen Gestaltung ist die **Freistellung des Besitzunternehmens von der Gewerbesteuer,** also gerade die **Vermeidung** einer Betriebsaufspaltung im steuerlichen Sinne.

Eine Betriebsaufspaltung entfällt daher, wenn BesitzU und BetriebsU keine gemeinsamen Gesellschafter haben. Das gilt auch bei Ehegatten mit Interessengleichrichtung (BFH, BStBl 1986 II 359 und BStBl 1987 II 28).

Beispiele:

1. Besitzunternehmen   Betriebs-GmbH
   Eigentümer Frau X   100%   X   100%
   Lösung: Keine Betriebsaufspaltung. Die rechnerische Zusammenfassung kann nicht erfolgen, wenn der andere Ehegatte an der GmbH überhaupt nicht beteiligt ist. Frau X hat Einkünfte aus § 21 (Verpachtung), X Einkünfte aus § 20 (Gewinnausschüttungen).

2. Besitzunternehmen   Betriebs-GmbH
   Eigentümer X   100%   Frau X   100%

Lösung: Keine Betriebsaufspaltung. Auch in diese Fall erfolgt keine Zurechnung zu einer **Null-Beteiligung.**

2.9.4.9.2.2 Scheitern des Modells an tatsächlicher Machtstellung

Die Gestaltung kann im Hinblick auf eine evtl. **tatsächliche Machtstellung** gefährdet sein.

Die **personelle Verflechtung** (einheitlicher **Betätigungswille**) **setzt** nämlich **nicht** unbedingt **Anteilsbesitz an beiden Unternehmen voraus** (insbesondere BFH, BStBl 1976 II 750), sondern eine sonstige wirtschaftliche Machtstellung soll in besonders gelagerten Ausnahmefällen reichen (BFH, BStBl 1982 II 662).

Dies ist auch beim Wiesbadener Modell zu beachten (BFH, BStBl 1987 II 28).

Ein **gegenseitiges Abhängigkeitsverhältnis,** das **übereinstimmende Willensentscheidungen** erfordert, insbesondere aus einem **Vertragswerk** zwischen den Ehegatten mit **wechselseitigen Schutzklauseln,** reicht aber **nicht** aus, z. B.

- Zweckbindung von Darlehn (z. B. nur Kauf eines betrieblichen Grundstücks)
- Kündigung des Darlehns bei Kündigung des Miet-/Pachtvertrags.

Beispiel:
Wie in 2.9.4.9.2.1, aber X ist Geschäftsführer der GmbH und der alleinige Fachmann dieser GmbH.

Lösung:
Keine Betriebsaufspaltung. Es bleibt auch hier bei dem **Grundsatz „keine Zurechnung zu einer Nullbeteiligung"**. Auch in besonderen Fällen wie dem vorliegenden könnte die Durchsetzungsmöglichkeit daher uE nicht aus sogenannter **faktischer Beherrschung** resultieren.

2.9.4.9.2.3 Scheitern des Modells an (verdeckter) Mitunternehmerschaft

Soweit nicht bereits die steuerliche Nichtanerkennung des Wiesbadener Modells bereits aus der personellen Verflechtung folgt, muß – nach den Umständen des Einzelfalles – damit gerechnet werden, daß die erstrebte Gewerbesteuerfreiheit für das Besitzunternehmen durch Einbeziehung in eine (verdeckte) Mitunternehmerschaft zunichte gemacht wird.

Je enger die vertragliche wirtschaftliche Bindung des Besitzunternehmens an die Betriebsgesellschaft, desto mehr wird die Konstruktion in die Nähe der sogenannten verdeckten Mitunternehmerschaft gerückt.

Hierzu und zur Aufgabe der sog. faktischen Mitunternehmerschaft, vgl. insbes. BFH, Beschluß des Großen Senats vom 25.6.1984, BStBl II 751; BFH, BStBl 1985 II 85 und 363; BStBl 1986 II 10 und 802; BFH/NV 1986, 17).

2.9.4.10 Beendigung der Betriebsaufspaltung

Fallen die tatbestandlichen Voraussetzungen für eine Betriebsaufspaltung weg, liegt in der Regel eine **Betriebsaufgabe des Besitzunternehmens** vor. Dies hat zur Folge, daß die stillen Reserven des bisherigen Besitzunternehmens aufgelöst werden **müssen** (BFH, BStBl 1984 II 474, 1989 II 363 und BStBl 1994 II 23).

Die Voraussetzungen können **willentlich** (d.h. **handlungsbedingt**) oder unfreiwillig (d.h. **ohne Zutun**, also durch einen **Realakt**) wegfallen.

a) „Willentliche" Beendigung

Gründe hierfür können sein

– Wegfall der **sachlichen** Voraussetzungen (Veräußerung der verpachteten Gegenstände an Dritte, Beendigung der Pachtverträge)
– Wegfall der **personellen** Voraussetzungen (Eintritt neuer Gesellschafter in die GmbH, damit verbundener Verlust der beherrschenden Stellung; Veräußerung der GmbH-Anteile).

Eine **sinngemäße Anwendung der BFH-Urteile**

– BStBl 1979 II 732 (Strukturwandel eines Betriebes) und
– BStBl 1982 II 381 (Übergang eines Betriebes zur Liebhaberei bei Bestehenbleiben der betrieblichen Organisation) lehnt der BFH ab (BStBl 1984 II 474).

Also scheidet ein weiteres „Einfrieren" der stillen Reserven bis zur ihrer Realisierung nach allgemeinen Grundsätzen (z.B. durch Veräußerung) nach Auffassung des BFH aus.

Bei **rechtsgeschäftlichen Anteilsveräußerungen**, die zum Wegfall der personellen Verflechtung führen, kommt eine **Billigkeitsmaßnahme nicht in Betracht**, weil in diesen Fällen die Betriebsaufspaltung durch **willentlichen Rechtsakt** beendet wird und mithin auch die steuerrechtlichen Folgen von vornherein mit einbezogen werden können.

Beispiel:

1. Besitzunternehmen   Betriebs-GmbH
   Eigentümer B   100%   B   100%

   B schenkt die Wirtschaftsgüter des Besitzunternehmens seinem Neffen (bei dem sie Privatvermögen werden).

Freiwillige (handlungsbedingte) Beendigung der Betriebsaufspaltung: B hat das Besitzunternehmen aufgegeben. Er muß die stillen Reserven, die in den an die GmbH überlassenen Wirtschaftsgütern enthalten sind, ebenso versteuern wie die Differenz zwischen gemeinem Wert und Buchwert der GmbH-Anteile (§ 16 Abs. 3). Der Aufgabegewinn ist nach § 16 Abs. 4 und § 34 begünstigt. Wegen einer Vermeidung der Gewinnrealisierung vgl. weiter unten.

b) Unfreiwillige Beendigung

Diese kann eintreten etwa durch Erbfälle, und ähnliche Vorgänge, durch die die eine beherrschende Stellung nicht mehr vorliegt. Hier liegt ebenfalls eine Betriebsaufgabe des Besitzunternehmens vor.

Wird die personelle Verflechtung, die **nur durch die Zusammenrechnung von Anteilen bzw. Stimmrechten** der Eltern und ihrer minderjährigen Kinder begründet worden ist, dadurch beendet, daß die Kinder volljährig werden, soll aus **Billigkeitsgründen keine Betriebsaufgabe** angenommen werden. Da die personelle Verflechtung in diesem Fall nur durch einen Realakt ohne aktives Tun oder Einflußnahme der Besitzgesellschafter entfällt, sollen die Grundsätze der Betriebsverpachtung im ganzen selbst dann entsprechend angewendet werden, wenn Gegenstand der Verpachtung nicht alle wesentlichen Betriebsgrundlagen sind (R 139 Abs. 2 S. 3).

- **Vermeidung einer Gewinnrealisierung**

Weiterhin bieten sich z. B. noch folgende Möglichkeiten zur Vermeidung einer Gewinnrealisierung an:

a) Anwendung der Grundsätze der „**Betriebsverpachtung**" (R 139 Abs. 5), sofern deren Voraussetzungen sämtlich gegeben sind; FG Münster, EFG 1981, 458. Sind bei Beendigung der Betriebsaufspaltung wegen Wegfalls der persönlichen Verflechtung die Voraussetzungen für die Annahme einer Betriebsverpachtung im ganzen erfüllt, stellt sich die Frage, ob zu diesem Zeitpunkt das Verpächterwahlrecht nach R 139 Abs. 5, das im Zeitpunkt der Verpachtung nicht ausgeübt werden konnte, wieder auflebt (offengelassen in BFH, BStBl 1984 II 484), **oder** ob eine Anwendung der Grundsätze zur Betriebsverpachtung in den Fällen der Beendigung der Betriebsaufspaltung aus grundsätzlichen Erwägungen ausgeschlossen ist. Denn in dem Streitfall lagen die sachlichen Voraussetzungen einer Betriebsverpachtung nicht vor; es waren nicht alle wesentlichen Betriebsgrundlagen verpachtet. In der Literatur wird die Möglichkeit der Ausübung des Verpächterwahlrechts weitgehend bejaht. Bei Ausübung des Verpächterwahlrechts zugunsten der Betriebsverpachtung sind aber ggf. die in den GmbH-Anteilen enthaltenen stillen Reserven durch **Veräußerung** bzw. **Entnahme als laufender** Gewinn aufzudecken (u. a. Söffing, die Betriebsaufspaltung, 2. Aufl. 1990, S. 108 ff.; und andere). Nach R 139 Abs. 2 S. 3 wird nunmehr das Wahlrecht aus Billigkeitsgründen – aber nur in „Sonderfällen" – s. o. – gewährt.

b) Ausstattung mit weiterer – eigenständiger – gewerblicher Tätigkeit des BesitzU (vgl. § 15 Abs. 3 Nr. 1!).

c) Umwandlung durch Einbringung des BesitzU in Betriebs-GmbH gemäß § 20 UmwStG. vgl. hierzu BMF-Schreiben vom 22.1.1985 (BStBl 1985 I 97).

d) Änderung der Rechtsform des Besitzunternehmens in eine gewerblich geprägte Personengesellschaft, insbesondere GmbH & Co. KG i. S. des § 15 Abs. 3 Nr. 2.

Eine Aufdeckung stiller Reserven entfällt von vornherein für solche Wirtschaftsgüter, die **nicht** zum **Betriebsvermögen** des Besitzunternehmens gehören.

2.10 Sonderabschreibungen zur Förderung kleiner und mittlerer Betriebe bei Betriebsaufspaltung

Im Falle der Betriebsaufspaltung sind nach R 83 Abs. 2 Satz 4 bei der Prüfung der Grenzen des § 7g Abs. 2 Nr. 1 jeweils Einheitswert und Gewerbekapital des Besitzunternehmens und des Betriebsunternehmens **gesondert** zu betrachten (EW des Betriebs nicht mehr als 240 000 DM und Gewerbekapital nicht mehr als 500 000 DM). Vgl. BFH, BStBl 1992 II 246. Nach Auffassung des BFH fehlt es im Hinblick auf die Annahme zweier rechtlich selbständiger Unternehmen bei der Betriebsaufspaltung an einer rechtlichen Grundlage für eine Zusammenrechnung.

3. Veräußerung von Anteilen an Kapitalgesellschaften bei wesentlicher Beteiligung (§ 17 EStG)

3.1 Regelungsinhalt

Gegenstand des § 17 ist die

a) **Veräußerung**

b) von **Anteilen** an einer **KapGes,**

c) die zum **Privatvermögen** gehören,

d) bei Vorliegen einer **wesentlichen** Beteiligung **(mehr als 25 %)** des **Veräußerers**

e) **innerhalb der letzten 5 Jahre vor der Veräußerung (nicht** während des gesamten Fünfjahreszeitraums!),

f) sofern **kein** Spekulationsgeschäft i. S. von § 23 vorliegt (vgl. unten 3.6).

Die **Einkünfte (Gewinn** oder **Verlust)** sind der Unterschiedsbetrag zwischen dem Veräußerungspreis und der Summe aus Veräußerungskosten und den Anschaffungskosten der veräußerten Anteile, § 17 Abs. 2.

Ein Veräußerungsgewinn unterliegt nach Abzug eines **Freibetrags** nach § 17 Abs. 3 stets als **außerordentliche Einkünfte** (§ 34 Abs. 2 Nr. 1) dem **ermäßigten** Steuersatz nach § 34 Abs. 1.

Zu beachten ist, daß **Ausschüttungen** der KapGes auch bei wesentlich Beteiligten Einnahmen aus § 20 Abs. 1 Nr. 1 bzw. Nr. 2 sind.

Einer entgeltlichen Veräußerung gleichgestellt ist gemäß **§ 17 Abs. 4** die **Kapitalrückzahlung** bei **Auflösung** der KapGes und **Kapitalherabsetzung.**

Hierbei ist die Abgrenzung zu Gewinnanteilen i. S. von § 20 Abs. 1 Nr. 1 bzw. 2 zu beachten (Ausschüttungscharakter von Auskehrungen); vgl. 3.16.

Die **verdeckte Einlage** einer wesentlichen Beteiligung in eine **KapGes** ist einer Veräußerung gleichgestellt (§ 17 Abs. 1 Satz 2).

3.2 Rechtssystematische Einordnung, Rechtfertigung der Besteuerung

Die Besteuerung der Veräußerungsvorgänge i. S. von § 17 stellt – neben § 23 – eine gesetzliche Ausnahme von dem Grundsatz des EStG dar, daß nur im BV realisierte Wertsteigerungen bzw. -verluste zu Einkünften führen, nicht aber solche im Privatvermögen (sogenannter Dualismus der Einkünfteermittlung).

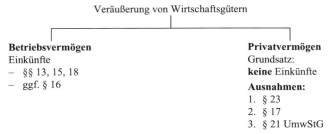

§ 17 erweitert mithin die Vorschrift des § 15.

Die Besteuerung wird damit **gerechtfertigt,** daß bei der Veräußerung ein wesentlich beteiligter Anteilseigner einer KapGes eine Sperrminorität (vgl. § 179 Abs. 2 AktG) besitzt, über die ihm bei wirtschaftlicher Betrachtung einem Mitunternehmer vergleichbare Initiativen ermöglicht werden, so daß die Anteilsveräußerung ähnlich zu besteuern sei wie die Veräußerung von Mitunternehmeranteilen (§ 16 Abs. 1 Nr. 2), also

– als Gewinn aus Gewerbebetrieb

– mit Veräußerungsfreibetrag und

– ermäßigtem Steuersatz (§ 34).

Auch unter der Herrschaft des **Anrechnungsverfahrens** nach dem KStG sind Veräußerungsgewinne nach § 17 stpfl., und zwar unter unveränderten Voraussetzungen. Zwar ist ein Grund für die Besteuerung entfallen (nämlich die Sicherstellung der Doppelbelastung mit KSt und ESt auch für thesaurierte Gewinne im Veräußerungsfall).

Trotzdem hielt der Gesetzgeber an der Besteuerung fest, weil der durch Gewinnthesaurierung erhöhte Wert einer Beteiligung nicht nur durch Ausschüttung, sondern auch durch Anteilsveräußerung realisiert werden kann (vgl. BT-Drucks. 7/1470, 263 f.).

Dies kann allerdings zu einer **zweimaligen** Besteuerung der thesaurierten Gewinne führen.

Beispiel:
   Ein wesentlich beteiligter Anteilseigner A veräußert eine wesentliche Beteiligung an B. Hierauf fließen dem Erwerber B Ausschüttungen zu. Die thesaurierten Gewinne unterliegen der ESt
1. bei A im Veräußerungsgewinn nach § 17 und
2. bei B als Ausschüttungen nach § 20 Abs. 1 Nr. 1.

Andererseits erfolgt bei § 17 **keine KSt-Anrechnung, auch soweit** der **Veräußerungserlös** auf **mit KSt belasteten thesaurierten** Gewinnen beruht. Denn § 36 Abs. 2 Nr. 3 gewährt die **Anrechnung nur im Zusammenhang mit Einnahmen i. S. von § 20 Abs. 1 Nr. 1 oder 2.** Folglich ist eine KSt-Anrechnung erst beim Anteilserwerber möglich bei

– Ausschüttungen i. S. von § 20 Abs. 1 Nr. 1 oder

– Kapitalrückzahlungen bei Auflösung (Liquidation) oder Kapitalherabsetzung (§§ 20 Abs. 1 Nr. 2, 17 Abs. 4 Satz 2); vgl. 3.16.

Die **Verfassungsmäßigkeit** des § 17 wurde vom BVerfG bejaht (BVerfG, BStBl 1970 II 160).

3.3 Persönlicher Anwendungsbereich

Es muß zwischen unbeschränkter und beschränkter Steuerpflicht des Anteilseigners unterschieden werden.

a) Bei unbeschränkter Steuerpflicht des Anteilseigners fällt die Veräußerung von Anteilen an inländischen **und ausländischen** KapGes unter § 17 (Totalitätsprinzip als Rechtsfolge der unbeschränkten Steuerpflicht).

Bei der Veräußerung von Anteilen ausländischer KapGes sind Einschränkungen des Besteuerungsrechts durch DBA zu beachten.

Beispiel:
   A, mit Wohnsitz in der Bundesrepublik veräußert eine 30%ige Beteiligung an der X-NV (Sitz und Geschäftsleitung) in Rotterdam/NL.
   Die Veräußerung fällt unter § 17.
   Bei unbeschränkter Steuerpflicht sind auch die ausländischen Einkünfte zu erfassen. Das Besteuerungsrecht bleibt nach Art. 8 Abs. 1 DBA-NL der Bundesrepublik als Wohnsitzstaat des Anteilseigners erhalten.

b) Bei beschränkter Steuerpflicht (§ 1 Abs. 4) wird nur die Veräußerung von Anteilen an **inländischen** Kapitalgesellschaften (mit Sitz oder Geschäftsleitung im Inland) durch § 49 Abs. 1 Nr. 2e erfaßt.

Auch hier sind Einschränkungen des Besteuerungsrechts durch DBA zu beachten.

Beispiele:
   aa) B mit ausschließlichem Wohnsitz in Rotterdam/NL veräußert eine 30%ige Beteiligung an einer GmbH mit Sitz bzw. Geschäftsleitung in Düsseldorf.
   B ist beschränkt stpfl. (§ 1 Abs. 4).
   Die Veräußerung führt zu inländischen Einkünften gemäß §§ 17, 49 Abs. 1 Nr. 2e. Das Besteuerungs recht steht jedoch gemäß § 2 AO, Art. 8 Abs. 1 DBA-NL den Niederlanden zu, da sie Wohnsitzstaat des Anteilseigners sind. Der Gewinn bleibt in der Bundesrepublik steuerfrei.

Bei Zugehörigkeit der veräußerten Anteile zu einem ausländischen Betriebsvermögen eines beschränkt Stpfl. ist die **isolierende Betrachtungsweise** (§ 49 Abs. 2) zu beachten.

bb) wie oben aa), aber die Beteiligung hält B in seinem Einzelunternehmen in Rotterdam.

Aufgrund des § 49 Abs. 2 liegen auch hier inländische Einkünfte aus § 49 Abs. 1 Nr. 2e vor (**nicht Nr. 2a**). Lösung wie Beispiel oben aa).

Dagegen ist die Subsidiaritätsklausel anzuwenden, wenn die Beteiligung zu einer inländischen Betriebstätte gehört.

cc) Wie oben aa), nur daß die Beteiligung zu einer inländischen Betriebstätte (§ 12 AO) des B in Kleve gehört. –

Infolge Anwendung der Subsidiaritätsklausel liegen Einkünfte aus §§ 15 Abs. 1 Nr. 1, 49 Abs. 1 Nr. **2a**, nicht § 49 Abs. 1 Nr. **2e** vor.

Das Besteuerungsrecht steht damit der Bundesrepublik als Betriebstättenstaat zu (Art. 5 DBA-NL).

3.4 Begriff der Anteile an einer Kapitalgesellschaft

§ 17 Abs. 1 Satz 2 enthält eine abschließende Aufzählung bzw. Begriffsbestimmung der Anteile an einer KapGes.

Die Gesellschaft muß nach ihrer Rechtsform unter § 1 Abs. 1 Nr. 1 KStG fallen. Daher fallen darunter insbesondere

a) Aktien,

b) GmbH-Anteile,

c) Kuxe.

Wegen der Begriffsbestimmungen vgl. Ausführungen zu § 20 (K. 6).

d) **Genußscheine**

Wegen des Begriffs vgl. § 221 Abs. 3 AktG und K. 6.5.2.1.1.

Unter § 17 fallen nach h. M. nur solche Genußrechte (verbrieft oder nicht verbrieft), die eine Beteiligung am Liquidationserlös gewähren. Denn nur in diesem Fall liegt körperschaftsteuerliches Eigenkapital und damit die von § 17 geforderte Beteiligung am Kapital der KapGes vor.

e) **Ähnliche Beteiligungen** sind

– Anteile an einer als KapGes zu behandelnden **GmbH-Vorgesellschaft** (GmbH i. Gr.) nach Abschluß des förmlichen Gesellschaftsvertrags, aber vor Eintragung in das Handelsregister (BFH, BStBl 1983 II 247).

– **Anteile an ausländischen Kapitalgesellschaften:**

Nach ausländischem Recht gegründete juristische Personen, die der Rechtsform und dem Typus nach der AG oder GmbH entsprechen, sind als KapGes i. S. § 17 anzusehen.

Nicht erforderlich sind mithin **Sitz oder Geschäftsleitung im Inland** (und damit keine unbeschränkte KSt-Pflicht gemäß § 1 Abs. 1 KStG) sowie **Gründung nach deutschem Recht**. Entscheidend ist nicht die zu fordernde Rechtsfähigkeit nach internationalem Privatrecht, sondern die wirtschaftliche Vergleichbarkeit (Typenvergleich).

Beispiele:
Der **AG** entsprechen z. B.
    S. A.   Société anonyme (z. B. Frankreich)
    S.p.A.   Società per azioni (Italien)
    N. V.   Naamlose Vermaatschapij (Niederlande)

Eigenkapitalersetzende Maßnahmen (Darlehen) führen **nicht** zu einer Erhöhung der Beteiligungsquote an der GmbH (**keine** „Anteile"). Sie sind auch **keine** ähnliche Beteiligung (BFH vom 19. 5. 1992, DB 1992, 1964), weil sie **nicht** zu einer Erweiterung der Gesellschaftsrechte führen.

f) **Anwartschaften auf solche Beteiligungen** sind obligatorische und dingliche Rechte auf Erwerb von Anteilen an einer KapGes, insbesondere
- **Bezugsrechte**
  - bei einer AG aufgrund eines Kapitalerhöhungsbeschlusses (§ 186 AktG);
  - bei einer GmbH gemäß einer Bestimmung in der Satzung oder einem Kapitalerhöhungsbeschluß (BFH, BStBl 1975 II 505); s. a. BFH, BStBl 1993 II 477;
  - schuldrechtliche Übertragungsansprüche von Aktien und GmbH-Anteilen;
  - bindendes Angebot auf Abschluß eines Übertragungsvertrages (EFG 1971, 335);
- **Umtauschrechte**, z. B. Wandelanleihen i. S. § 221 AktG, auch typische stille Beteiligungen mit Umtauschrecht in GmbH-Anteile (BFH, BStBl 1976 II 288); ihre Veräußerung fällt – bei wesentlicher Beteiligung – bereits vor Ausübung des Umtauschrechts unter § 17.

Die Veräußerung der Anwartschaften ist unter den übrigen Voraussetzungen des § 17 stpfl. Zur Frage der wesentlichen Beteiligung in diesem Zusammenhang vgl. 3.9.2.

Nicht unter § 17 fallen Anteile an eingetragenen Genossenschaften und VVaG (da diese Gesellschaften auch nicht unter § 1 Abs. 1 Nr. 1 KStG fallen).

3.5 Zugehörigkeit der veräußerten Anteile zum Privatvermögen

Unter § 17 fällt nur die Veräußerung von Anteilen im **Privatvermögen** (R 140 Abs. 1 Satz 1; BFH, BStBl 1974 II 706). Bei Zugehörigkeit der Anteile zum BV (auch Sonder-BV eines Mitunternehmers einer PersG, vgl. BFH, BStBl 1972 II 926) ist § 15 vorrangig (mit Gewinnermittlung nach § 4 Abs. 1 und § 5; R 140 Abs. 1 Satz 2).

Auch bei Alleingesellschaftern (100%ige Beteiligung) ist § 17 gegeben, sofern die veräußerten Anteile zum Privatvermögen gehörten.

Bei Zugehörigkeit einer 100%igen Beteiligung zum **BV** ist § 16 Abs. 1 Nr. 1 2. Halbs. erfüllt (= fiktive Teilbetriebsveräußerung), falls sämtliche Anteile im Laufe eines WJ veräußert werden, R 139 Abs. 3 Satz 6. Bei der Prüfung, ob eine wesentliche Beteiligung vorliegt, sind aber im BV gehaltene Anteile mitzurechnen; vgl. 3.9.4.

Bei Veräußerung sogenannter einbringungsgeborener Anteile i. S. § 21 UmwStG ist die Fiktion der Betriebsveräußerung (= § 16 Abs. 1 Nr. 1) zu beachten. Dies ist bei der Veräußerung von durch Sacheinlage erworbenen Anteile an KapGes im Falle des Buchwert- und Zwischenwert-Ansatzes durch die KapGes bei Einbringung der Fall; vgl. K. 2.7.

Bedeutung der Unterscheidung:

Bei § 15 kommt es zur vollen tariflichen Besteuerung. Bei § 16, § 17 sind der **Freibetrag** § 16 Abs. 4 bzw. § 17 Abs. 3 und der **ermäßigte** Steuersatz nach § 34 Abs. 1, 2 Nr. 1 anzuwenden.

3.6 Vorrang des § 23 EStG

Nach § 23 Abs. 2 S. 2 hat § 23 Vorrang vor § 17.

Die Unterschiede in der Besteuerung sind:

§ 17	§ 23
– Besteuerung im VZ der Veräußerung (dinglichen Übertragung)	– Besteuerung im Zuflußjahr des Erlöses
– Steuervergünstigungen §§ 17 Abs. 3, 34 Abs. 1	– Volle tarifliche Besteuerung
– keine Freigrenze	– Freigrenze 999 DM
– Bagatellgrenze (nur bis VZ 1995): Veräußerung mehr als 1% im VZ	– keine Bagatellgrenze

Bei Veräußerung (eines Teils) einer wesentlichen Beteiligung teils innerhalb, teils außerhalb der Spekulationsfrist des § 23 ist eine Aufteilung (Zuordnung) zu § 23 und § 17 vorzunehmen.

Beispiele:

1. Anschaffung eines 30%igen GmbH-Anteils durch A am 2.1.01 (Privatvermögen), Veräußerung eines Splitteranteils von 10% am 2.7.01 an B und der Restbeteiligung von 20% am 3.7.01 an C.

   Hinsichtlich des 10%igen Anteils ist ein Spekulationsgeschäft (§ 23) gegeben, da die Veräußerung innerhalb von 6 Monaten nach der Anschaffung erfolgte; vgl. zur Fristberechnung K. 8.3.2.3.

   Die Veräußerung der Restbeteiligung ist nach § 17 zu besteuern (Beachte: Gegenstand der Veräußerung braucht nicht die gesamte wesentliche Beteiligung zu sein!).

2. Wie 1., aber Veräußerung am 2.7.01 29% an B, am 3.7.01 1% an C.

   Hinsichtlich 29% § 23; der veräußerte Restanteil von 1% bleibt nach § 17 unbesteuert, da die Bagatellgrenze von 1% nicht überschritten ist.

In den Fällen, in denen eine wesentliche Beteiligung durch mehrere Erwerbshandlungen erworben wurde und der Anteilserwerb teilweise innerhalb der Spekulationsfrist liegt, muß das einheitliche Veräußerungsgeschäft, soweit hinsichtlich der veräußerten Anteile die Voraussetzungen des § 23 vorliegen, für die Besteuerung aufgeteilt werden.

Beispiel:

Erwerb – 2. 1.01	15%
– 5. 3.01	5%
– 1.10.01	7%
Veräußerung 1.3.02	27%

Für 7% gilt § 23 vorrangig (siehe jedoch oben), für die restlichen 20% ist § 17 anzuwenden mit den Vergünstigungen nach § 17 Abs. 3 und § 34 (RFH, RStBl 1941, 443).

Bei Veräußerung von Anteilen an GmbH, deren Erwerb zu verschiedenen Zeiten und zu verschiedenen Preisen erfolgte, kann der Stpfl. – bei der Veräußerung, nicht erst im Besteuerungsverfahren – bestimmen, welchen Anteil oder Teil davon er veräußert (BFH, BStBl 1979 II 77).

Zur Berechnung des Spekulationsgewinns und zur Abgrenzung der Veräußerungsgeschäfte von § 17 bzw. von steuerlich unbeachtlichen Veräußerungsvorgängen bei unwesentlicher Beteiligung in den Fällen, in denen im Spekulationszeitraum mehrfach Anschaffungs- und Veräußerungsgeschäfte über Wertpapiere derselben Art abgeschlossen worden sind; vgl. K. 8.3.2.4.1 (mit Beispiel).

3.7 Abgrenzung der Einkunftsarten bei der Veräußerung von Anteilen an einer Kapitalgesellschaft (Subsidiarität)

Übersicht

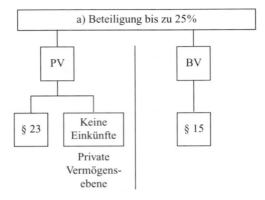

aa) unter 100%		bb) 100% (Alleingesellschafter)	
PV	BV	PV	BV
§ 23	§ 17	§ 15	§ 23	§ 17	im WJ ganz veräußert	teilweise veräußert

| § 23 Beachte Vorrang § §23 vor § 17 – **ab VZ 1994** (§ 23 Abs. 3 S. 2) | § 17 | § 15 Laufender Gewinn (R 140 Abs. 1) Tarifliche Besteuerung | § 23 | § 17 | im WJ ganz veräußert ↓ § 16 Abs. 1 Nr. 1 2. Halbs. | teilweise veräußert ↓ § 15 |

Die vorstehenden Grundsätze gelten **nicht** bei Veräußerung „einbringungsgeborener Anteile" i. S. § 21 UmwStG (nach Buchwert- oder Zwischenwert-Ansatz).

Hier ist die Fiktion des § 16 Abs. 1 Nr. 1 (§ 21 Abs. 1 UmwStG) zu beachten.

Vgl. hierzu K. 2.7.2.7.6.

Beispiele:

1. A ist zu 25% an einer GmbH beteiligt. Die Beteiligung gehört zum Privatvermögen. Anschaffung: 2.1.01; Veräußerung: 2.7.01. –
   Besteuerung nach § 23, da gesetzlicher Vorrang des § 23 vor § 17 (§ 23 Abs. 2 S.2).
2. Wie 1., aber Veräußerung am 3.7.01. –
   Keine Einkünfte, sondern Vorgang auf der Vermögensebene, da weder Spekulationsgeschäft noch wesentliche Beteiligung.
3. Wie 1., aber die Beteiligung gehört zum BV. –
   Besteuerung als laufender Gewinn/Verlust nach § **15 Abs. 1 Nr. 1**. § 23 ist lediglich subsidiär gegenüber den Gewinneinkünften.
4. Wie 1., aber Beteiligung 26%. –
   Trotz wesentlicher Beteiligung i.S. von § 17 **vorrangig** Besteuerung nach § 23 (§ 23 Abs. 2 S. 2).
5. Wie 2., aber Beteiligung 26%. –
   Besteuerung nach § **17**, da wesentliche Beteiligung des Privatvermögens.
6. Wie 3., aber Beteiligung 26%. –
   Besteuerung als laufender Gewinn/Verlust nach § **15 Abs. 1 Nr. 1**. § 17 ist subsidiär gegenüber § 15.

7. Wie 1., aber Beteiligung 100%. –
   Lösung wie 1. Keine Besonderheiten bei 100%iger Beteiligung im Privatvermögen.
8. Wie 2., aber Beteiligung 100%. –
   Lösung wie 2. Vgl. 7.
9. Eine 100%ige Beteiligung an GmbH im Betriebsvermögen wird im Wj 02 ganz veräußert.
   Besteuerung nach § 16 Abs. 1 Nr. 1 2. HS als fiktive Teilbetriebsveräußerung.
10. In den Fällen 1. bis 9. soll es sich jeweils um „einbringungsgeborene" Anteile handeln. – Hier gelten – falls die GmbH das eingebrachte BV mit den Buchwerten bzw. Zwischenwerten angesetzt hat – nicht die allgemeinen Besteuerungsgrundsätze. Vielmehr liegt in allen Fällen unterschiedslos eine Veräußerung i. S. von § 16 Abs. 1 Nr. 1 vor, § 21 Abs. 1 UmwStG.

3.8 Abgrenzung der Besteuerung der Veräußerung von Anteilen von Ausschüttungen auf die Anteile

§ 17 erfaßt nur den Veräußerungsgewinn oder -verlust. Gewinnausschüttungen werden nach § 20 versteuert, da die Beteiligung zwingend zum Privatvermögen gehören muß.

Beispiel:
Ausschüttung eines Gewinnanteils auf einen 30%igen GmbH-Anteil des A (Privatvermögen) für das WJ = KJ 01 laut Beschluß vom 2.5.02 im Mai 02. Am 1.6.02 veräußert A einen Splitteranteil von 10% an die GmbH. –
Die Ausschüttung führt zu Einnahmen aus § 20 Abs. 1 Nr. 1 und Nr. 3 (anrechenbare KSt); die Veräußerung fällt unter § 17.

Ausschüttungen aus dem **EK04** sind **nicht** stpfl. (§ 20 Abs. 1 Nr. 1 Satz 3; BFH, BStBl 1995 II 362)

3.9 Wesentliche Beteiligung des Veräußerers

3.9.1 Begriff

Der Begriff der wesentlichen Beteiligung erfordert nach § 17 Abs. 1 Satz 4 eine **Beteiligung des Veräußerers am Kapital zu mehr als 25%**. Diese Legaldefinition genügt nach dem BVerfG-Beschluß vom 15.5.1985 (StRK EStG 1975 § 17 Abs. 1 R. 7) rechtsstaatlichen Anforderungen.

Genau 25% reichen demnach nicht aus; siehe aber weiter unten. Die Grenze ist an der aktienrechtlichen „Sperrminorität" (§ 179 Abs. 2 AktG) orientiert.

Unter **„Beteiligung"** ist grundsätzlich die nominelle Beteiligung am Stamm- bzw. Grundkapital zu verstehen (BFH, BStBl 1970 II 310). Auf einen der Kapitalbeteiligung entsprechenden Umfang der Stimmrechte (insbesondere mehr als 25%) kann es demnach nicht ankommen. Dies entspricht auch dem Zweck des § 17, thesaurierte Gewinne und stille Reserven der KapGes bei Realisierung durch Anteilsveräußerung zu besteuern.

Beispiele:
1. Der Stpfl. besitzt 26% **stimmrechtslose** Vorzugsaktien einer AG. –
   Es handelt sich um eine wesentliche Beteiligung. Entscheidend ist die kapitalmäßige Beteiligung, die in den beiden Komponenten der Gesellschaftsrechte „laufende Gewinnbeteiligung" und „Beteiligung am Liquidationserlös" zum Ausdruck kommen.
2. Der Stpfl. besitzt 13% Mehrstimmrechtsaktien mit **doppeltem** Stimmrecht. –
   Da die Vermögensrechte im Verhältnis zu den anderen Anteilseignern nicht mehr als 25% betragen, liegt m. E. **keine** wesentliche Beteiligung vor.

Für eine GmbH hat der BFH in BStBl 1977 II 754 offengelassen, ob jeweils mehr als 25% der Stimmrechte **oder** mehr als 25% der Vermögensrechte (laufende Gewinnbeteiligung und Beteiligung am Liquidationserlös) ausreichen.

Die Frage ist m. E. bei mehr als 25% lediglich der Stimmrechte zu verneinen, bei mehr als 25% der **Vermögensrechte** aber zu bejahen.

Beispiel:

Der Stpfl. hält einen GmbH-Anteil von genau 25% (mit entsprechendem Stimmrecht), hat aber abweichend von §§ 29 Abs. 2 und 72 GmbHG einen Anteil am laufenden Gewinn und am Liquidationserlös von 50% = wesentliche Beteiligung gemäß § 17.

Eigenkapitalersetzende Maßnahmen, z.B. eigenkapitalersetzende **Darlehen, erhöhen** einen Anteil an einer GmbH nicht. Sie begründen oder erhöhen auch **nicht** eine **ähnliche** Beteiligung i.S. des § 17 Abs. 1 (BFH, BStBl 1992 II 902).

Solche Maßnahmen können aber zu nachträglichen Anschaffungskosten einer bestehenden Beteiligung führen; vgl. 3.13.3.3.

3.9.2 Veräußerung von Anwartschaften auf Beteiligungen und Genußrechten

Die Veräußerung von Bezugsrechten bei einer AG (§ 186 AktG) fällt unter § 17, wenn der Veräußerer **vor** Kapitalerhöhung wesentlich beteiligt war (BFH, BStBl 1975 II 505).

Die Bezugsrechte sind bei der Bestimmung der Beteiligungshöhe außer Betracht zu lassen (gl.A. L Schmidt, a.a.O., Anm. 14d).

Durch die Kapitalerhöhung kann andererseits aus einer wesentlichen eine unwesentliche Beteiligung werden. Dies kann aber nicht die Steuerpflicht der Bezugsrechtsveräußerung verhindern.

Beispiel:

A ist am Grundkapital der X-AG von 1 000 000 DM zu 40% = 400 000 DM beteiligt. An einer Kapitalerhöhung im Verhältnis 2:1 (auf 2 000 000 DM) nimmt A nicht teil, sondern veräußert seine Bezugsrechte auf nominell 400 000 DM neue Aktien.

Seine bisherige Beteiligung veräußert A
1. nach 2 Jahren
2. nach Ablauf von 5 Jahren

seit der Kapitalerhöhung. –

– Die Veräußerung der Bezugsrechte fällt unter § 17, da A vor der Kapitalerhöhung wesentlich beteiligt war (40%).
– Die Veräußerung der Beteiligung
   a) nach 2 Jahren: fällt noch unter § 17 (innerhalb der Fünfjahresfrist)
   b) nach Ablauf von 5 Jahren: fällt **nicht** unter § 17.

3.9.3 Unmittelbare oder mittelbare Beteiligung

Die Beteiligung des Veräußerers kann unmittelbar und/oder mittelbar sein (§ 17 Abs. 1 Satz 4).

3.9.3.1 Unmittelbare Beteiligung

Diese liegt vor bei

– rechtlichem Eigentum (§ 39 Abs. 1 AO), sofern nicht ein anderer wirtschaftlicher Eigentümer ist;
– wirtschaftlichem Eigentum (§ 39 Abs. 2 Nr. 1 S. 1 AO), des Veräußerers, z.B.
– Treugeber bei Treuhandverhältnissen
– Sicherungsgeber bei Sicherungsabtretung der Anteile (§ 39 Abs. 2 S. 2 Nr. 1 AO).

Der Nießbraucher ist im Normalfall **kein** wirtschaftlicher Eigentümer.

3.9.3.2 Anteilige unmittelbare Zurechnung

Bei **Bruchteils**gemeinschaften (§§ 741 ff. BGB) ist der jeweilige Anteil an der Beteiligung wie eine im Alleineigentum stehende Beteiligung zu behandeln.

Bei einer (zumindest nicht gewerblichen) **Gesamthands**gemeinschaft gilt entsprechendes, da Gesamthandseigentum steuerlich nach § 39 Abs. 2 Nr. 2 AO wie Bruchteilseigentum zu behandeln ist; BFH, BStBl 1976 II 557 und 1983 II 128 [130]). Eine wesentliche Beteiligung liegt also nur bei den Mitgliedern der Gemeinschaft vor, deren rechnerischer Anteil (§ 39 Abs. 2 Nr. 2 AO) an der KapGes mehr als 25% am gesamten Kapital der KapGes beträgt. Vgl. auch BMF-Schr. vom 11.1.1993, BStBl I 62 Tz 28.

Beispiel:

A ist zu $^1/_3$ B zu $^2/_3$ an einer Erbengemeinschaft beteiligt, zu deren Vermögen eine 52%ige Beteiligung an der Y-AG gehört. Die AG-Beteiligung wird von der Erbengemeinschaft veräußert.
A ist gemäß § 39 Abs. 2 Nr. 2 AO zu $^1/_3 \times 52\% = 17\ ^2/_3\%$ – also unwesentlich – B aber zu $^2/_3 \times 52\% = 34^2/_3\%$ – also wesentlich gemäß § 17 Abs. 1 S. 4 – beteiligt. Die Veräußerung fällt mithin nur bei B unter § 17, während bei A keine Einkünfte vorliegen (Vorgang auf der reinen Vermögensebene, vorbehaltlich § 17 Abs. 1 Satz 4; vgl. 3.10.3).

Anders als bei einer mittelbaren Beteiligung (Siehe 3.9.3.3) braucht neben der Beteiligung über eine Bruchteils- oder nicht gewerbliche Gesamthandsgemeinschaft keine weitere, den Veräußerer allein zuzurechnende Beteiligung (§ 39 Abs. 1 AO) bestehen.

3.9.3.3 Mittelbare Beteiligung

Eine mittelbare Beteiligung kann durch Beteiligung des Veräußerers an einer weiteren KapGes (siehe 3.9.3.3.1) oder einer gewerblichen Personenhandelsgesellschaft (siehe 3.9.3.3.2) begründet werden.

Eine mittelbare Beteiligung hat für den § 17 nur Bedeutung, wenn daneben auch eine unmittelbare Beteiligung besteht.

3.9.3.3.1 Mittelbare Beteiligung über KapGes

Besteht neben einer (wenn auch unwesentlichen) unmittelbaren Beteiligung an einer KapGes eine weitere mittelbare Beteiligung über eine andere KapGes, so ist eine wesentliche Beteiligung i.S. § 17 Abs. 1 S. 3 gegeben, wenn die Zusammenrechnung eine kapitalmäßige Beteiligung von mehr als 25% an der KapGes ergibt. Dabei ist dem Veräußerer die Beteiligung der die mittelbare Beteiligung vermittelnden KapGes an der anderen KapGes rein rechnerisch in dem Verhältnis zuzurechnen, in dem er am Kapital der „vermittelnden" KapGes beteiligt ist (R 140 Abs. 2 S. 3; BFH, BStBl 1980 II 646), also im Ergebnis wie bei einem Gesamthandverhältnis.

Auf die Höhe der einzelnen Beteiligungen – insbesondere eine Beherrschung der die mittelbare Beteiligung vermittelnden KapGes durch den Veräußerer – kommt es nicht an (BFH, a. a. O.).

Beispiel:

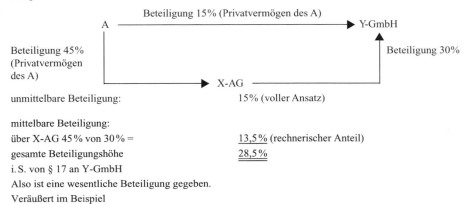

unmittelbare Beteiligung: 15% (voller Ansatz)

mittelbare Beteiligung:
über X-AG 45% von 30% = <u>13,5%</u> (rechnerischer Anteil)
gesamte Beteiligungshöhe <u>28,5%</u>
i. S. von § 17 an Y-GmbH
Also ist eine wesentliche Beteiligung gegeben.
Veräußert im Beispiel
1. A Anteile an Y-GmbH, ist § 17 gegeben.
2. A Anteile an X-AG, ist § 17 gegeben, da ebenfalls eine wesentliche Beteiligung vorliegt.
3. A Anteile an Y-GmbH nach Ablauf von 5 Jahren seit Veräußerung der Anteile an der X-AG, ist § 17 nicht gegeben, da A nicht mehr innerhalb der letzten 5 Jahre wesentlich beteiligt war.

4. die X-AG Anteile an der Y-GmbH,
 - ist bei der X-AG laufender Gewinn (§§ 15 EStG, 8 Abs. 1 und 2 KStG) gegeben (ohne Auswirkung bei A) und
 - fällt die wesentliche Beteiligung bei A weg. Veräußert A nach Ablauf von 5 Jahren seinerseits die Anteile an der Y-GmbH, erfolgt keine Besteuerung nach § 17.

Mittelbare Beteiligung liegt auch vor bei **mehrfacher** Verschachtelung (= **mehrstufige mittelbare Beteiligung**, BFH, BStBl 1978 II 594).

3.9.3.3.2 Mittelbare Beteiligung über gewerbliche Personenhandelsgesellschaft

Lediglich mittelbar soll auch eine Beteiligung über eine gewerblich tätige Personenhandelsgesellschaft (**OHG, KG**) sein, und zwar wegen ihrer Teilrechtsfähigkeit (§§ 124, 161 Abs. 2 HGB; BFH, BStBl 1982 II 392).

Beispiel:

A ist an der X-GmbH unmittelbar zu 6 % und zu $1/3$ an der gewerblich tätigen Y-OHG beteiligt. Die Y-OHG hält 60 % der Anteile der X-GmbH. –

Unmittelbare Beteiligung	6 %
mittelbare Beteiligung $1/3 \times 60\% =$	20 %
zusammengerechnet	26 %

Also ist A wesentlich beteiligt i. S. von § 17.
- Veräußert A seine 6 %ige Beteiligung (ganz oder teilweise), ist § 17 gegeben.
- Veräußert die OHG ihren GmbH-Anteil (ganz oder teilweise), ist lediglich laufender Gewinn (§ 15 Abs. 1 Nr. 2) gegeben.

Diese Grundsätze gelten **nicht** bei einer Personenhandelsgesellschaft, die **keine gewerblichen** Einkünfte erzielt (z. B. Immobilien-KG). Hier erfolgt unmittelbare Zurechnung der Anteile gemäß § 39 Abs. 2 Nr. 2 AO; vgl. BFH, BStBl 1981 II 574.

3.9.4 Berücksichtigung von Anteilen im Betriebsvermögen bei der Berechnung der Höhe der Beteiligung

Die Vorschrift des § 17 bezieht sich ausschließlich auf Anteile an KapGes, die zum **Privatvermögen** des Veräußerers gehören. Daß die Anteile sämtlich zum Privatvermögen des Veräußerers gehören, ist nicht erforderlich. § 17 setzt zwar voraus, daß die veräußerten Anteile PV des Veräußerers waren. Für die weitere Frage, ob der Veräußerer wesentlich beteiligt war, sind jedoch die zum BV rechnenden Anteile und die privaten Anteile zusammenzurechnen. Dies ergibt sich zwar nicht aus dem Wortlaut der Vorschrift, aber aus ihrem Zweck. Andernfalls konnten Stpfl. mit BV durch die Bildung z. B. von gewillkürtem BV die Vorschrift des § 17 zu umgehen versuchen. § 6 Abs. 1 Nr. 5b verhindert die Umgehung der Besteuerung nur für die in das BV eingelegten Anteile an der KapGes, und zwar nur, wenn es sich bereits um eine wesentliche Beteiligung handelt. Vgl. auch BFH, BStBl 1982 II 392.

Beispiel:

A hat in 01 15 % der Aktien der X-AG erworben, die seitdem zu seinem BV gehören. Im Jahre 02 hat er weitere 20 % der Aktien dieser Gesellschaft gekauft, die PV darstellen. Im Jahre 03 verkauft A die zuletzt erworbenen 20 % (kein Spekulationsgeschäft, Identitätsnachweis der veräußerten Anteile ist möglich). –
Die Veräußerung fällt unter § 17, da A die privaten Anteile veräußert hat und auch die übrigen Voraussetzungen des § 17 erfüllt sind. Insbesondere war A wesentlich beteiligt, denn vor der Veräußerung gehörten ihm 35 % der Anteile an der X-AG

3.9.5 Keine Einbeziehung von Anteilen Dritter

Anteile **Dritter** bleiben – abgesehen von mittelbaren Beteiligungen vermittelnden Anteilen an KapGes und gewerblichen Personenhandelsgesellschaften – bei der Berechnung der Höhe der Beteiligung außer Betracht.

Dies gilt auch für Anteile Angehöriger, insbesondere von Ehegatten und minderjährigen Kindern, und zwar gleichgültig, ob die Anteile aus eigenen Mitteln angeschafft oder vom Stpfl. schenkweise auf den Angehörigen übertragen wurden.

Eine auf diese Weise vorgenommene Aufsplittung einer wesentlichen Beteiligung stellt auch keinen Gestaltungsmißbrauch i. S. von § 42 AO dar, es sei denn, die Gesellschafterrechte verbleiben im wesentlichen beim Stpfl. (vgl. BFH, BStBl 1977 II 754 sinngemäß).

Aus der Minderjährigkeit des Beschenkten kann auch nicht ohne weiteres wirtschaftliches Eigentum des Stpfl. (Schenkers) gefolgert werden, es sei denn, die „Schenkung" ist z. B. von Anfang an zeitlich befristet oder jederzeit frei widerruflich oder gleichzeitig mit einem unwiderruflichen Rückübertragungsangebot verbunden (letztere Frage vom BFH in BStBl 1981 II 435 offen gelassen).

3.9.6 Ermittlung der Beteiligungshöhe bei Halten eigener Anteile durch die KapGes und bei Einziehung von GmbH-Anteilen

Hält eine GmbH gemäß § 33 GmbHG bzw. eine AG gemäß § 71 AktG eigene Anteile, so ist für die Frage einer wesentlichen Beteiligung das um die eigenen Anteile der KapGes verminderte Nennkapital maßgeblich (BFH, BStBl 1971 II 89). Dies gilt auch für die Frage, ob die – bis VZ 1995 geltende – Bagatellgrenze von 1% überschritten ist; vgl. 3.11.

Beispiel: Vgl. 3.11.2.

Eine Einziehung von Aktien bei einer AG ist nur durch Herabsetzung des Grundkapitals möglich (§ 237 AktG), so daß sich kein Berechnungsproblem ergibt. Durch eine Kapitalherabsetzung kann aus einer unwesentlichen eine wesentliche Beteiligung werden.

Beispiel:
A hält 25% der Aktien (Nennwert zusammen 75 000 DM) der X-AG mit einem Grundkapital von 300 000 DM. Nunmehr zieht die AG bei einer Kapitalherabsetzung Aktien im Nennwert von 50 000 DM ein. Nach der Kapitalherabsetzung ist A zu

$$\frac{75\,000 \times 100}{250\,000} = 30\%, \text{ also wesentlich beteiligt.}$$

Nach Einziehung einzelner Geschäftsanteile durch eine GmbH (§ 34 GmbHG) ist ebenfalls für die Frage, ob eine wesentliche Beteiligung vorliegt, von dem um die eingezogenen Anteile verminderten gezeichneten Kapital auszugehen. Da sich die Summe der Geschäftsanteile verringert hat, haben sich auch die Beteiligungsverhältnisse der verbleibenden Gesellschafter geändert (obwohl das gezeichnete Kapital unverändert bleibt).

Diese Grundsätze gelten **nicht** für die Ermittlung des Freibetrags nach § 17 Abs. 3, vgl. 3.14.5.

3.10 Zeitpunkt und Dauer der wesentlichen Beteiligung (Fünfjahresfrist)

3.10.1 Grundsatz

Die veräußerten Anteile brauchen selbst keine wesentliche Beteiligung (mehr) zu verkörpern.

Eine wesentliche Beteiligung braucht im Zeitpunkt der Veräußerung der Anteile ebenfalls nicht mehr gegeben sein.

Es ist ausreichend, daß hinsichtlich der veräußerten Anteile eine wesentliche Beteiligung an dieser KapGes innerhalb der letzten fünf Jahre vor der Veräußerung bestanden hat (§ 17 Abs. 1 S. 1).

Anders ausgedrückt: Die veräußerten Anteile müssen innerhalb der letzten 5 Jahre zu einer wesentlichen Beteiligung gehört haben. Diese Bestimmung dient dem Schutz vor Umgehungen (keine Steuerumgehung durch Teilveräußerungen).

Die wesentliche Beteiligung braucht innerhalb der letzten fünf Jahre nicht gleichmäßig bestanden zu haben.

Der Veräußerer muß lediglich **zu irgendeinem Zeitpunkt innerhalb von 5 Jahren vor der Veräußerung** zu mehr als 25% am Nennkapital dieser KapGes beteiligt gewesen sein.

Die **Dauer** des Bestehens der wesentlichen Beteiligung ist **ohne** Bedeutung. Kurze Zeit (= z.B. einige Tage) genügt (R 140 Abs. 2 S. 1; BFH, BStBl 1977 II 198), **ja sogar** Veräußerung am Tage des Erwerbs (BFH, BStBl 1993 II 331) oder sogar „Durchgangserwerb" für eine sog. „juristische Sekunde" (BFH, BStBl 1996 II 870).

Entsteht durch den Erwerb weiterer Anteile eine wesentliche Beteiligung, so kann diese nicht dadurch beseitigt werden, daß die erworbenen Anteile „rückwirkend" verschenkt werden (BFH, BStBl 1985 II 55).

3.10.2 Berechnung der Fünfjahresfrist

Maßgeblich für die Fristberechnung sind m.E. der dingliche Anschaffungs- bzw. Veräußerungsvorgang, also der für die Gewinnrealisierung maßgebliche Zeitpunkt des Übergangs des wirtschaftlichen Eigentums (offengelassen vom BFH in BStBl 1977 II 754).

Kein Problem ergibt sich, wenn mit dem Abschluß des obligatorischen Übertragungsgeschäfts zugleich der wirtschaftliche Übergang stattfindet.

Die Fristberechnung erfolgt nach BGB (§§ 108 Abs. 1 AO i. V. m. 187, 188 BGB).

D.h. der Tag der Anschaffung der wesentlichen Beteiligung (bzw. Schaffung der wesentlichen Beteiligung durch Hinzuerwerb o.ä.) wird nicht mitgezählt.

Veräußerungen fallen solange unter § 17, wie die Fünfjahresfrist nicht abgelaufen ist. Für jeden Veräußerungsvorgang gilt mithin – rückwärts gesehen – eine eigene Fünfjahresfrist.

Beispiele:

1. A besitzt mit 50000 DM 20 v.H. der Anteile an einer GmbH. Die Hälfte dieser Beteiligung (25000 DM) verkauft er für 60000 DM. Noch vor drei Jahren hatte C einen Anteil von 30% an der GmbH allerdings nur eine Woche lang), dann hatte er 5% veräußert. –

   A erzielt durch die Veräußerung einen nach § 17 stpfl. Veräußerungsgewinn. Denn er war innerhalb der letzten 5 Jahre wesentlich beteiligt.

2. 28.6.01 bis 7.7.01: Beteiligung 28%

   8.7.01: Veräußerung 3% Beteiligung

   Veräußerung der Restbeteiligung (25%)

   a) 8.7.06
   b) 9.7.06

– Zuletzt war der Stpfl. am 8.7.01 wesentlich beteiligt.
– Fristlauf 9.7.01 – 8.7.06 24.00 h
– D. h. die Veräußerung am   a) 8.7.06 ist stpfl. nach § 17
                              b) 9.7.06 fällt nicht mehr unter § 17.

Folgende Fälle fallen nach dem m.E. vorrangigen Sinn und Zweck der Vorschrift nicht unter § 17:

a) Veräußerung von Anteilen einer unwesentlichen Beteiligung, die erst nach Veräußerung aller zu einer wesentlichen Beteiligung gehörenden Anteile erworben wurden – bei wesentlicher Beteiligung innerhalb der letzten fünf Jahre.

Beispiel:

Anschaffung		30%	1.7.01
Veräußerung	–	10%	02
Veräußerung	–	20%	03
		0%	
Wiederanschaffung	+	5%	04
Veräußerung	–	5%	05 m.E. nicht § 17, obwohl die Veräußerung noch innerhalb der Fünfjahresfrist liegt, gehörte der veräußerte 5%-Anteil nie zu einer wesentlichen Beteiligung (anders aber BFH, BStBl 1994 II 222).

b) Veräußerung von Anteilen, die nach Veräußerung von Teilen einer wesentlichen Beteiligung erworben wurden und bei deren Erwerb nur noch eine unwesentliche Beteiligung gegeben war, **ohne daß** eine erneute wesentliche Beteiligung entstand. **Anders:** BFH, BStBl 1994 II 222.

3.10.3 Fünfjahresfrist bei unentgeltlichem Erwerb

Bei unentgeltlichem Erwerb gilt der **erweiterte Besteuerungstatbestand** des § 17 Abs. 1 S. 5. Dabei muß der Veräußerer nicht selbst wesentlich beteiligt gewesen sein.

Hat der Veräußerer den Anteil innerhalb der letzten 5 Jahre unentgeltlich erworben, so gilt § 17 Abs. 1 Satz 1 entsprechend, wenn nicht er, sondern sein Rechtsvorgänger – bei mehrfachem unentgeltlichem Erwerb (z. B. „Kettenschenkung") dessen Vorgänger – wesentlich beteiligt war(en), § 17 Abs. 1 Satz 5.

Der Grund der Regelung des § 17 Abs. 1 Satz 5 liegt in der Ausschaltung von Umgehungsmöglichkeiten, da sonst durch unentgeltliche Übertragungen auf mehrere Rechtsnachfolger die Grenzen des § 17 unterschritten werden könnten. **Hinweis:** keine Rückrechnung vom Zeitpunkt des unentgeltlichen Erwerbs.

Die Besitzdauer einer wesentlichen Beteiligung des Rechtsvorgängers ist bei unentgeltlichem Erwerb also dem Rechtsnachfolger zuzurechnen. Wegen des Begriffs „unentgeltlicher Erwerb" vgl. BMF-Schr. v. 11.1.1993, BStBl I 62 (Erbauseinandersetzung), BMF-Schr. v. 13.1.1993, BStBl I 80 (vorweggenommene Erbfolge). Zur Problematik der Abgrenzung vgl. 3.1.2.2.

Für die Berechnung der Fünfjahresfrist sind die dinglichen Anschaffungsgeschäfte des Rechtsvorgängers und des dinglichen Veräußerungsgeschäfts des Rechtsnachfolgers maßgebend.

Beispiele:
1. Vater V ist seit 2.1.01 zu 55% an der X-GmbH beteiligt. Er überträgt hiervon auf seine Söhne jeweils einen 10%igen Anteil schenkweise am 2.1.06. Die Söhne veräußern ihre Anteile sofort am 3.1.06. –
   – Die Schenkungen des V fallen nicht unter § 17, da keine Veräußerung vorliegt.
   – Die Veräußerungen durch die Söhne fallen unter § 17, da sogar noch am Tag vor der Veräußerung (2.1.06) eine wesentliche Beteiligung (des Rechtsvorgängers) vorgelegen hatte.

   Durch eine Aufsplittung einer wesentlichen Beteiligung durch Schenkung ist also keine Umgehung des § 17 möglich (jedenfalls nicht innerhalb von 5 Jahren).
2. A ist alleiniger Erbe seines am 2.1.06 verstorbenen Vaters. Zum Nachlaß gehören 25% der Aktien der B-AG. Diese Aktien veräußerte B am 2.1.09. Der Vater des A hatte in 03 50% der Anteile an der B-AG gekauft, die Hälfte davon schon am 2.5.04 wieder verkauft.

   Die Veräußerung fällt noch unter § 17. Eine wesentliche Beteiligung des Rechtsvorgängers war zuletzt am 2.5.04 gegeben. Die für den Rechtsvorgänger und Rechtsnachfolger einheitliche Fünfjahresfrist läuft erst am 2.5.09 24.00 h ab. (Bei der Berechnung des Veräußerungsgewinns sind die Anschaffungskosten des Rechtsvorgängers anzusetzen, § 17 Abs. 2 Satz 2.)

Gehört zum **Nachlaß** eine wesentliche Beteiligung, ist bei einer **Erbauseinandersetzung mit Abfindungszahlungen** BMF-Schr. vom 11.1.1993 (a.a.O.), Tz 28 zu beachten.

Beispiel:

Erblasser E, zu dessen ertragsteuerlichem Privatvermögen eine 50%ige Beteiligung an einer GmbH gehörte, wird von A und B beerbt. Im Zuge der Erbauseinandersetzung erhält A die gesamte 50%ige Beteiligung gegen Ausgleichszahlung an B für dessen hälftigen Anteil, und zwar bezogen auf den Erbfall
1. innerhalb von 5 Jahren,
2. nach Ablauf von 5 Jahren.

A erlangt – auf der Grundlage getrennter Rechtsgeschäfte – die Beteiligung zum einen in Höhe von ½ (25 v. H.) in Erfüllung seines erbrechtlichen Auseinandersetzungsanspruchs entsprechend § 11d Abs. 1 ESstDV und zum anderen bezüglich des Mehrempfangs entgeltlich von B. B erzielt in Höhe der **Ausgleichszahlung** einen **Veräußerungserlös**. Da die Beteiligung an der Kapitalgesellschaft nach dem Erbfall den Miterben A und B jeweils **zur Hälfte** gemäß § 39 Abs. 2 Nr. 2 AO zuzurechnen ist, überträgt B eine **nicht** wesentliche Beteiligung gegen Entgelt auf A.

- im Beispielsfall 1. bei Veräußerung innerhalb von 5 Jahren – kommt allerdings aufgrund der wesentlichen Beteiligung des Erblassers der **erweiterte Besteuerungstatbestand** des § 17 Abs. 1 Satz 5 zum Zuge. A führt hier die Anschaffungskosten des Erblassers zur Hälfte, nämlich für die auf ihn entfallende 25%ige Beteiligung, fort; im übrigen ist die Zahlung des A als Anschaffungskosten für die von B erhaltene 25%ige Beteiligung anzusehen.
- Im Beispielsfall 2. – Veräußerung nach Ablauf von fünf Jahren – greift der erweiterte Besteuerungstatbestand des § 17 Abs. 1 Satz 5 nicht mehr ein mit der Folge, daß die Veräußerung von § 17 nicht erfaßt wird.

3.11 Wegfall der Bagatellgrenze von 1 v. H.

Bisher konnte ein wesentlich Beteiligter an einer Kapitalgesellschaft aus seinem Privatvermögen Anteile bis 1% des Nennkapitals der Gesellschaft innerhalb eines VZ veräußern, ohne daß dadurch eine Steuerpflicht entstand.

Diese Bagatellgrenze wurde **ab VZ 1996 ersatzlos gestrichen**.

3.12 Veräußerung von Anteilen

3.12.1 Begriff

Veräußerung i. S. des § 17 ist die entgeltliche Übertragung des rechtlichen oder zumindest wirtschaftlichen Eigentums von Anteilen an einer KapGes auf einen anderen Rechtsträger, typischerweise aufgrund eines schuldrechtlichen Verpflichtungsgeschäfts (BFH, BStBl 1988 II 832 und BStBl 1995 II 693).

Die Entgeltlichkeit ist typischerweise bei kaufmännischer Abwägung von Leistung und Gegenleistung gegeben. Unter Fremden ist dies i. d. R. ohne weiteres zu bejahen.

Eine Veräußerung liegt nach BFH, BStBl 1980 II 494 aber auch bei einer Übertragung einer wesentlichen Beteiligung zu einem unangemessen niedrigen Entgelt auf eine KapGes, an der der Veräußerer beteiligt ist vor, jedoch nur in Höhe des tatsächlichen Entgelts, nicht in Höhe der „verdeckten Einlage".

Eine **verdeckte Einlage** ist mangels Entgelt **keine** Veräußerung (BFH, BStBl 1989 II 271); anders im Rahmen eines Tauschs (BFH, BStBl 1975 II 58) und bei Einlage in eine Kapitalgesellschaft (§ 17 Abs. 1 Satz 3).

Typische Veräußerungsgeschäfte sind die Anteilsübertragung aufgrund **Kauf** (§ 433 BGB) und **Tausch** (§ 515 BGB); vgl. BFH, BStBl 1975 II 58, 1979 II 749 und BStBl 1993 II 331 [332]).

Dies gilt auch bei Tausch einer wesentlichen Beteiligung gegen eine nicht wesentliche Beteiligung (BFH, BStBl 1993 II 331). Als Erlös gilt hier der Wert der erhaltenen nicht wesentlichen Beteiligung. Die Grundsätze der „Funktionsgleichheit" aufgrund des sogenannten Tauschgutachtens (BFH, BStBl 1959 III 30) sind nur bei **wesentlicher** Beteiligung übertragbar. Vgl. R 140 Abs. 4.

Eine Veräußerung liegt auch vor bei

- Anteilsübertragung aufgrund Zwangsversteigerung (BFH, BStBl 1970 II 310),
- Einräumung eines Bezugsrechts gegen Zahlung an Altgesellschafter (BFH, BStBl 1993 II 477).
- Veräußerung von Miteigentumsanteilen an einer nichtgewerblichen Gesamthandsgemeinschaft, sofern der Anteil des Veräußerers an der von der Gesamthand gehaltenen Beteiligung an einer KapGes für sich betrachtet wesentlich i. S. von § 17 ist; vgl. 3.9.3.2.
- Veräußerung eines durch Kapitalerhöhungsbeschluß entstandenen Bezugsrechts.

Streitig ist in der Literatur, ob die Einziehung von GmbH-Anteilen gegen angemessenes Entgelt zu Lasten der Rücklagen oder des Jahresüberschusses (§ 34 GmbHG) Veräußerung i. S. von § 17 Abs. 1 oder ein nach § 17 Abs. 4 zu beurteilender Vorgang („Teilliquidation") ist. Die unterschiedlichen Konsequenzen liegen in der nach § 17 Abs. 4 Satz 2 vorrangig anzusetzenden Gewinnausschüttung (§§ 20 Abs. 1 Nr. 1, 2 EStG, 41 Abs. 1 KStG); vgl. hierzu 3.16.

Zur Frage, inwieweit ein Erwerb von Anteilen im Rahmen einer Erbauseinandersetzung zu einer (entgeltlichen) Anschaffung führt und damit beim weichenden Erben Veräußerung ist, vgl. BFH, BStBl 1985 II 722, 1990 II 837 und 2.6.7.2.2.2 sowie unten 3.12.3.

3.12.2 Verdeckte Einlage einer wesentlichen Beteiligung in eine Kapitalgesellschaft

Nach § 17 Abs. 1 Satz 2 steht die verdeckte Einlage einer wesentlichen Beteiligung an einer Kapitalgesellschaft in eine andere Kapitalgesellschaft der **Veräußerung** der Anteile gleich.

In diesen Fällen tritt an die Stelle des Veräußerungspreises der Anteile ihr **gemeiner Wert** (§ 17 Abs. 2 Satz 2), da hier keine Gegenleistung gewährt wird.

Eine entsprechende Gleichstellung gilt auch bei einbringungsgeborenen Anteilen (§ 21 Abs. 2 Satz 1 Nr. 5 UmwStG).

Beispiel:

A legt eine 30 %ige Beteiligung an der A-GmbH (Anschaffungskosten 100 000 DM, Verkehrswert 300 000 DM) am 31.12.03 in die B-AG ein, an der er zu 25 % beteiligt ist (Beteiligung im Privatvermögen, keine einbringungsgeborenen Anteile). A hat einen Veräußerungsgewinn nach § 17 Abs. 1 S. 2, § 17 Abs. 2 Satz 2 von 300 000 DM ./. 100 000 DM = 200 000 DM in 03 zu versteuern. Ein Freibetrag nach § 17 Abs. 3 entfällt infolge der Höhe des Veräußerungsgewinns.

Eine spätere Veräußerung der Anteile an der B-AG liegt auf der Vermögensebene.

3.12.3 Fälle, die kein Veräußerungsgeschäft sind

a) Keine Veräußerungsgeschäfte sind unentgeltliche Übertragungen:

aa) Schenkung

Diese ist **keine** „Veräußerung zum Veräußerungspreis von 0 DM" (BFH, BStBl 1981 II 11)

- Dies gilt aber **nicht** bei einer vorweggenommenen Erbfolge mit Abfindungszahlungen. Vgl. BFH-Beschluß GrS vom 5.7.1990, BStBl II 847 zur vorweggenommenen Erbfolge. Danach hat die Abfindung Entgeltscharakter (z. B. Abfindungen an den Übergeber, Gleichstellungsgelder an Angehörige – **nicht** jedoch Versorgungsleistungen). Folglich gelten die Grundsätze des **teilentgeltlichen Erwerbs** (Trennungstheorie = BFH, BStBl 1981 II 11).

- Ein teilentgeltlicher Erwerb eines zum **Privatvermögen** gehörenden Wirtschaftsguts ist in einen unentgeltlichen und einen entgeltlichen Teilvorgang zu zerlegen (BFH, BStBl 1981 II und 1981 II 794 sowie BMF-Schr. v. 13.1.1993 (a.a.O.), **Tz 23**).

Bei § 16 ist dagegen **keine** Aufteilung vorzunehmen (BFH, BStBl 1986 II 811).

Beispiel:

A überträgt auf seinen Sohn B eine wesentliche Beteiligung im Wege der vorweggenommenen Erbfolge gegen eine Abstandszahlung von 80 000 DM. Die Anschaffungskosten des A betrugen 60 000 DM, der Verkehrswert bei Übertragung 120 000 DM.

Aus dem Verhältnis $\dfrac{\text{Erlös}}{\text{Verkehrswert}} \dfrac{80\,000}{120\,000}$

ergibt sich, daß hinsichtlich 2/3 des veräußerten Anteils eine (voll) entgeltliche Veräußerung und zu 1/3 eine nicht unter § 17 fallende unentgeltliche Übertragung vorliegen.

§ 17: Erlös	80 000
./. Anschaffungskosten 2/3 × 60 000 =	./. 40 000
Veräußerungsgewinn (§ 17 Abs 2)	40 000

Bei einer späteren Veräußerung des unentgeltlich übertragenen Anteils durch den Übernehmer ist der **erweiterte** Besteuerungstatbestand des § 17 Abs. 1 **Satz 5** zu beachten.

Die Übertragung eines wertlosen GmbH-Anteils ohne Gegenleistung ist i. d. R. eine Veräußerung i. S. des § 17 Abs. 1 (BFH, BStBl 1991 II 630; BStBl 1993 II 34). Dies gilt allerdings nur, wenn keine Gründe für eine unentgeltliche Zuwendung vorliegen (z. B. persönliche Beziehungen).

bb) Vermächtnis

cc) Erbfolge

b) Einlage einer wesentlichen Beteiligung in ein Betriebsvermögen

Hier ist jedoch die Bewertungsvorschrift § 6 Abs. 1 Nr. 5b zu beachten: Höchstgrenze für die Bewertung der Einlage sind stets die Anschaffungskosten. Hierdurch wird eine Umgehung des § 17 durch Einlage in das BV verhindert, indem die während der Dauer der Zugehörigkeit der Beteiligung zum Privatvermögen gewachsenen stillen Reserven bei Entnahme/Veräußerung als Gewinn nachversteuert werden. Bei Einlage in eine **Kapitalgesellschaft** gilt allerdings § 17 Abs. 1 Satz 2 (= **Veräußerung**). Vgl. 3.12.2.

3.13 Ermittlung des Veräußerungsgewinns

Der Veräußerungsgewinn ermittelt sich nach § 17 Abs. 2 Satz 1 wie folgt:

Veräußerungspreis (ohne USt)
./. Anschaffungskosten der Beteiligung
./. Veräußerungskosten
= Veräußerungsgewinn

3.13.1 Umfang und Zeitpunkt der Gewinnverwirklichung

Durch § 17 wird grds. der **gesamte** Wertzuwachs zwischen Anschaffung und Veräußerung erfaßt. Dies gilt **auch** für Wertsteigerungen, die auf Zeiten **einer unwesentlichen Beteiligung** und Zeiten **vor unbeschränkter Steuerpflicht** entfallen (BFH/NV 1993, 597).

Die Gewinnermittlung nach § 17 Abs. 2 ist **nicht** nach dem Zuflußprinzip des § 11 vorzunehmen, sondern (wie bei § 16) nach einer Stichtagsbewertung auf den Zeitpunkt der Veräußerung (z. B. BFH, BStBl 1983 II 640; 1983 II 289, 292; 1993 II 34 [36]; R 140 Abs. 6 S. 1). Ebenso spielt es keine Rolle, wann die Anschaffungskosten und die Veräußerungskosten i. S. von § 11 Abs. 2 abgeflossen sind.

Ein Gewinn aus der Veräußerung **entsteht** andererseits auch nicht bereits mit Abschluß des entgeltlichen schuldrechtlichen Verpflichtungsvertrages, sondern erst zu dem Zeitpunkt, zu dem das rechtliche oder zumindest das wirtschaftliche **Eigentum** an den Anteilen vom Veräußerer auf den Erwerber übergeht (BFH, BStBl 1983 II 289 und 640; BStBl 1985 II 428).

Denn § 17 ist eine Gewinnermittlungsvorschrift – wenn auch „eigener Art" – . Nach den Grundsätzen der Gewinnermittlung durch Bestandsvergleich (§§ 4 Abs. 1, 5 Abs. 1) tritt eine Gewinnrealisierung aus einem Veräußerungsvorgang ebenfalls erst im Zeitpunkt der Übertragung des wirtschaftlichen Eigentums ein. Das muß auch für § 17 gelten. Es muß daher scharf unterschieden werden zwischen dem schuldrechtlichen **Verpflichtungsgeschäft,** das tatbestandsmäßig eine „Veräußerung" i. S. von § 17 ist, und dem **Erfüllungsgeschäft,** das erst zur Realisierung des Veräußerungsgewinns führt.

> **Beispiel:**
> A veräußerte eine wesentliche Beteiligung von 30 v. H. an der X-GmbH, Anschaffungskosten 300 000 DM, für 670 000 DM an B. Der Kaufvertrag wurde am 10.10.01 abgeschlossen mit **Übergang** der Anteile zum **1.1.03**. Der Kaufpreis wurde in 2 Raten entrichtet. 370 000 DM am 1.12.01 und weitere 300 000 DM bei Übertragung.
>
> Der Veräußerungsgewinn aus der Veräußerung von Anteilen bei wesentlicher Beteiligung ist im Jahre 01 mit Abschluß des Kaufvertrages noch nicht entstanden, sondern erst im Jahre 03 mit der Übertragung der Anteile.
>
> Das wirtschaftliche und zivilrechtliche Eigentum sind erst mit dem notariellen Vertrag übergegangen.
>
> Veräußerungsgewinn **03**:
>
> | | |
> |---|---:|
> | Veräußerungserlös | 670 000 DM |
> | (Der Zufluß in Raten ist unerheblich; vgl. K. 2.6.4.2.4.) | |
> | ./. Anschaffungskosten | 300 000 DM |
> | | 370 000 DM |

3.13.2 Veräußerungspreis

3.13.2.1 Begriff und Umfang

Veräußerungspreis ist jede in Geld oder Geldeswert bestehende Gegenleistung, die der Veräußerer vom Erwerber für die Übertragung der Gesellschaftsanteile oder auf dessen Veranlassung von einem Dritten erlangt (vgl. BFH, BStBl 1978 II 295 – zu § 16 –, BFH, BStBl 1983 II 128 und BStBl 1995 II 693).

Wird im Zusammenhang mit einer Anteilsveräußerung ein Wettbewerbsverbot mit eigenständiger wirtschaftlicher Bedeutung vereinbart, gehört die Entschädigung **nicht** zum **Veräußerungspreis** bei § 17, sondern ist Entgelt für eine Leistung i. S. von § 22 Nr. 3 (BFH, BStBl 1983 II 289).

Beispiel:
A ist zu 100% an der X-GmbH (Mineralölhandel) beteiligt; er ist auch ihr Geschäftsführer.

Im Zusammenhang mit der Veräußerung sämtlicher Anteile an dem Mineralöl-Konzern Y-AG verpflichtete sich A, der noch ein Jahr lang Geschäftsführer der X-GmbH blieb, gegen Zahlung eines besonderen Entgelts 10 Jahre nicht in Wettbewerb zur Y-AG und X-GmbH zu treten. –

Das Entgelt für das Wettbewerbsverbot gehört nicht zum Veräußerungserlös für die Beteiligung. Es ist Entgelt für das Unterlassen eines Tuns als Hauptleistung (vgl. § 249 S. 2 BGB) und damit Einnahme i. S. § 22 Nr. 3.

3.13.2.2 Gewinnausschüttungen als Teil des Veräußerungserlöses

Gewinnausschüttungen der KapGes an den Veräußerer der wesentlichen Beteiligung sind **Teil des Veräußerungserlöses**, wenn lediglich ein auf abgekürztem Zahlungsweg geleistetes Kaufentgelt vorliegt (BFH, BStBl 1983 II 128). Diese zusätzlichen Veräußerungserlöse sind allerdings noch nicht im Veräußerungszeitpunkt, sondern erst bei Entstehung des jeweiligen Auszahlungsanspruchs gegenüber dem Erwerber konkretisiert.

Die Ausschüttungen sind vom Erwerber der Beteiligung als Kapitalerträge zu behandeln, nicht vom Veräußerer, da sie diesem nicht aufgrund einer Gesellschafterstellung, sondern einer bloßen Gläubigerstellung zufließen. Gleichzeitig hat der entsprechende Erwerber weitere Anschaffungskosten (= Einkunftsverwendung).

Beispiel:
A veräußert an B 30%igen GmbH-Anteil (Anschaffungskosten = 100 000 DM) mit Wirkung vom 1. 1. 01 gegen

1. eine sofortige Barzahlung von 250 000 DM
2. jeweils 50% der jährlichen Gewinnanteile des B (fällig jeweils bei Ausschüttungsbeschluß der GmbH).

Der Gewinnanteil des B für 01 betrug **vor** KapESt 100 000 DM gemäß Ausschüttungsbeschluß vom 2. 5. 02. A erhielt die Zahlung von netto 37 500 DM – verspätet – am 2. 1. 03. –

1. **A** erzielt in **01** einen Veräußerungsgewinn aus § 17:

Erlös 250 000 DM + 37 500 DM =	287 500 DM
Anschaffungskosten	100 000 DM
Veräußerungsgewinn	187 500 DM

    Ein Freibetrag nach § 17 Abs. 3 (vgl. 3.14) scheidet infolge der Höhe des Veräußerungsgewinns aus. Der Gewinn ist begünstigt nach § 34 Abs. 1, 2 Nr. 1.

    Der in 02 zugeflossene weitere Veräußerungserlös aus § 17 von 37 500 DM, der nachträglich realisiert wurde, ist u. E. nach 01 zurückzubeziehen (ggf. Berichtigung der Veranlagung nach § 175 Abs. 1 Nr. 2 AO.

    Dasselbe gilt für alle Folgeausschüttungen.

    A hat in 02 keine Einnahmen aus § 20 Abs. 1 Nr. 1, da ihm die Ausschüttungen nicht aufgrund einer Gesellschafter-, sondern einer bloßen Gläubigerstellung gegenüber dem Gesellschafter B zustehen (**vgl. § 20 Abs. 2a**).

    Auch besondere Vorteile i. S. von § 20 Abs. 2 Nr. 1 scheiden mangels Kapitalnutzung aus.

2. B hat in 02 die gesamte Ausschüttung von 100 000 DM **voll** nach § 20 Abs. 1 Nr. 1 zu versteuern und hat anrechenbare KSt in ebenfalls voller Höhe von 3/7 von 100 000 DM = 42 857 DM.

    Die Anschaffungskosten der Anteile erhöhen sich in 02 um 37 500 DM. Entsprechendes gilt für die Folgejahre Als weitere Anschaffungskosten der erworbenen Anteile wirkt sich diese Einkunftsverwendung zunächst steuerlich nicht aus.

Wird der Anteil an einer Kapitalgesellschaft veräußert, hat der **Veräußerer** des Anteils nach § 101 Nr. 2 BGB **Anspruch** auf den für das laufende Geschäftsjahr auszuschüttenden Gewinn der Gesellschaft, soweit der **Gewinn anteilig** auf die Zeit entfällt, während der der Veräußerer Inhaber des Gesellschaftsrechts war. Dieser Anspruch richtet sich nicht gegen die Gesellschaft, sondern gegen den Erwerber des Anteils. Er geht nicht als selbständiges Wirtschaftsgut auf den Erwerber über. Der Erwerber erwirbt mit dem Anteil an der Gesellschaft das uneingeschränkte Mitgliedschaftsrecht, das die Anwartschaft auf den nach Ablauf des Geschäftsjahres zu verteilenden Gewinn einschließt. Die Aufwendungen des Erwerbers sind daher einschließlich der Zahlung zur Abgeltung des Anspruchs des Veräußerers nach § 101 Nr. 2 BGB Anschaffungskosten der Anteile (BMF-Schreiben vom 16.3.1980, BStBl 1980 I 146).

Folglich liegt beim Veräußerer in voller Höhe ein Veräußerungserlös aus § 17 vor, falls es sich um ein wesentliche Beteiligung handelt.

Der nach Ablauf des WJ an den Erwerber ausgeschüttete Gewinn stellt bei ihm zuzurechnenden Kapitalertrag aus § 20 Abs. 1 Nr. 1 dar. Unter den Voraussetzungen des § 36 Abs. 2 Nr. 2 und 3 ist der Erwerber zur Anrechnung der auf den ausgeschütteten Gewinn entfallenden Kapitalertragsteuer und Körperschaftsteuer berechtigt. Dies setzt Weitergabe der an A ausgehändigten Steuerbescheinigung an B voraus. Vgl. auch BFH, BStBl 1984 II 746, BStBl 1986 II 794 und 815 und § 20 Abs. 2a.

Beispiel:

A überträgt an B eine 30%ige Beteiligung an der X-GmbH (Anschaffungskosten 30 000 DM) durch notariellen Vertrag vom 1.7.02. B hat zu zahlen:

Kaufpreis	100 000 DM
Zahlung für anteiligen Gewinnanteil 1.1. bis 30.6.02 (§ 101 Nr. 2 BGB)	4 000 DM
	104 000 DM

Im Jahre 03 schüttet die GmbH für das WJ 02 64 000 DM (Bardividende) aus. B erhält eine Gutschrift über

Gewinnanteil für 02	12 800 DM
./. 25% KapESt	./. 3 200 DM
	9 600 DM

VZ 02

1. A erzielt einen Veräußerungsgewinn aus § 17:

Veräußerungserlös	104 000 DM
./. Anschaffungskosten	30 000 DM
	74 000 DM

(Ein anteiliger Freibetrag nach § 17 Abs. 3 entfällt infolge der Höhe des Gewinns, vgl. 3.14.)

A hat die erhaltene Zahlung i.S. von § 101 Nr. 2 BGB **nicht** als Einkünfte aus § 20 zu versteuern; der Betrag von 4 000 DM stellt Teil des Veräußerungserlöses (hier bei § 17) dar.

2. B hat Anschaffungskosten für den GmbH-Anteil von 104 000 DM. Er darf die Zahlung für den anteiligen Gewinnanteil für 02 (gemäß § 101 Nr. 2 BGB) nicht als Werbungskosten absetzen (BFH, a.a.O.).

Jahr 03

B hat Einnahmen aus § 20 Abs. 1 Nr. 1	12 800 DM
+ anrechenbare KSt, § 20 Abs. 1 Nr. 3	7 200 DM
Kapitalerträge	20 000 DM

A kann auf seine ESt anrechnen

– anrechenbare KSt, § 36 Abs. 2 Nr. 3	7 200 DM
– einbehaltene KapESt, § 36 Abs. 2 Nr. 2	3 200 DM
– insgesamt anzurechnen	10 400 DM

Nicht zum Veräußerungserlös gehört das Entgelt für einen zusammen mit den Anteilen abgetretenen, durch Ausschüttungsbeschluß bereits als Gläubigerrecht entstandenen, aber noch nicht dem Veräußerer zugeflossenen Gewinnanteil (glA L. Schmidt, a.a.O., Anm. 22; Herrmann/Heuer/Raupach, EStG, § 17 Anm. 220 und nunmehr § 20 Abs. 2a). –

Beispiel:

A veräußert an B am 1.7.02 eine 30%ige Beteiligung an einer GmbH gegen 200 000 DM Barzahlung. Außerdem tritt er dem B den Auszahlungsanspruch auf den Gewinnanteil von 15 000 DM (Bardividende) aufgrund Ausschüttungsbeschluß vom 2.5.01, fällig lt. Satzung am 1.8.02, zum Nennwert ab. –

Das Abtretungsentgelt fällt bei A weder unter § 17, noch unter § 20 Abs. 1 Nr. 1. A hat die Dividende vielmehr bei Zufluß (am 1.8.02) zu versteuern, kann auch KSt anrechnen in Höhe von $^9/_{16}$ × 15 000 DM = 8 438 DM und hat den entsprechenden Anrechnungsanspruch nach § 20 Abs. 1 Nr. 3 anzusetzen.

Die Auszahlung des Gewinnanteils an B stellt keinen Kapitalertrag des B dar, sondern den bloßen Einzug einer entgeltlich erworbenen Forderung.

Vgl. hierzu auch K. 6.

3.13.2.3 Entgeltsformen

Für die steuerliche Behandlung der verschiedenen Entgeltsformen, z. B.

- Barzahlung
- Kaufpreisstundung (unverzinslich, verzinslich)
- Kaufpreisraten (unverzinslich, verzinslich)
- Gegenleistung in Sachwerten (Tausch)

sowie nachträgliche Veränderungen des Kaufpreises und nachträgliche Ausfälle bei der Kaufpreisforderung gelten die zu § 16 dargestellten Grundsätze. Vgl. K. 2.6.6.14.2.10.

Bei Veräußerung gegen **Leibrente** wendet die FinVerw das für die Betriebsveräußerung eingeräumte **Wahlrecht** zwischen **Sofortversteuerung** und **nachträglicher Versteuerung** (R 139 Abs. 11) entsprechend an (R 140 Abs. 7 S. 2) – strittig infolge der „unsicheren" Rechtslage aufgrund der Rechtsprechung des BFH.

Das bedeutet bei Veräußerung einer wesentlichen Beteiligung:

a) Sofortversteuerung

aa) **Veräußerungsgewinn § 17**

      Rentenbarwert (= gemeiner Wert) = Veräußerungserlös
./. Veräußerungskosten
./. Anschaffungskosten
= Veräußerungsgewinn
./. Freibetrag § 17 Abs. 3
= stpfl. Veräußerungsgewinn

Hierauf ist § 34 Abs. 1 anzuwenden (§ 34 Abs. 2 Nr. 1). Der Kapitalwert der Rente ist **grds.** nach §§ 13, 14 BewG zu ermitteln (vgl. R 139 Abs. 11 Satz 9), wenn kein anderer v. H.-Satz als 5,5 v. H. vereinbart ist.

bb) Leibrentenzahlungen sind von Anfang an mit dem Ertragsanteil nach § 22 Nr. 1 Satz 3 Buchst. a) zu versteuern.

b) Nachträgliche Versteuerung

Die Leibrentenzahlungen sind zunächst mit den Anschaffungskosten der veräußerten Beteiligung zuzüglich der vom Veräußerer getragenen Veräußerungskosten erfolgsneutral zu verrechnen.

Die übersteigenden Rentenzahlungen sind bei Zufluß in voller Höhe nachträgliche Einkünfte aus Gewerbebetrieb (§§ 15, 17 i. V. m. § 24 Nr. 2). Die Vergünstigungen § 17 Abs. 3 und § 34 sind hierauf nicht anwendbar.

Beispiel:
Veräußerung eines zum Privatvermögen gehörenden 30%igen GmbH-Anteils (Anschaffungskosten 100 000 DM) – außerhalb der Spekulationsfrist mit Wirkung vom 1.1.05 gegen
- Barzahlung 200 000 DM und
- Leibrente mtl. 1 000 DM ab 1.1.05.

Der maßgebliche Barwert der Rentenverpflichtung nach § 14 BewG betrug im Veräußerungszeitpunkt 240 000 DM. Der Veräußerer hatte am 1.1.05 das 65. Lebensjahr vollendet.

a) Sofortversteuerung

aa) Veräußerungsgewinn § 17

Barzahlung	200 000 DM
Rentenbarwert	240 000 DM
Veräußerungserlös	440 000 DM
./. Anschaffungskosten	190 000 DM
Veräußerungsgewinn	250 000 DM
./. Freibetrag § 17 Abs. 3 &	0 DM
zu versteuern nach §§ 17, 34	250 000 DM

Ein (anteiliger) Veräußerungsfreibetrag nach § 17 Abs. 3 verbleibt infolge der Höhe des Gewinns nicht.

bb) Die Rentenzahlungen sind nach § 22 Nr. 1 Satz 3 Buchst. a) anzusetzen mit dem Ertragsteil

24 % × 12 000 DM =	2 880 DM
./. Werbungskosten-Pauschbetrag	200 DM
sonstige Einkünfte	2 680 DM

b) Nachträgliche Versteuerung

aa) Veräußerungsgewinn § 17

Hinsichtlich der Barzahlung ist zwingend ein Veräußerungsgewinn realisiert:

Barzahlung	200 000 DM	
./. Anschaffungskosten	190 000 DM	
Veräußerungsgewinn	10 000 DM	
./. Freibetrag § 17 Abs. 3	0 DM	
zu versteuern nach §§ 17, 34	10 000 DM	
Freibetrag § 17 Abs. 3: 30 % × 20 000 DM =		= 6 000 DM
Kürzung (§ 17 Abs. 3 Satz 2):		
anzusetzender Veräußerungsgewinn	10 000 DM	
+ Rentenbarwert	240 000 DM	
	250 000 DM	
./. 30 % × 80 000 DM =	./. 24 000 DM	
Übersteigender Gewinn =		
Kürzung des Freibetrages	226 000 DM	./. 226 000 DM
verbleibender Freibetrag		0 DM

Der Rentenbarwert ist auch bei der Berechnung eines Freibetrags nach § 17 Abs. 3 (wie bei § 16 Abs. 4) **fiktiv** einzubeziehen (entsprechende Anwendung der Grundsätze des **§ 16**).

bb) Die Rentenzahlungen sind in voller Höhe von Anfang an als nachträgliche Einkünfte aus §§ 15, 17, 24 Nr. 2 zu versteuern. Einkünfte VZ 02 ff.: 12 000 DM jährlich (**tarifliche** Besteuerung).

Bei Veräußerung gegen **längerfristige Ratenzahlung** von **mehr als 10 Jahren,** bei denen der **Versorgungscharakter** eindeutig im Vordergrund steht, gelten ebenfalls die Grundsätze wie bei Betriebsveräußerung.

Bei Sofortversteuerung nach § 17 tritt hier an die Stelle des Rentenbarwerts der **gemeine Wert der Raten** (BFH, BStBl 1978 II 295 – sinngemäß). Dieser ist nach **§ 12 BewG** zu ermitteln. Vgl. R 139 Abs. 11 Satz 9 (Zinssatz 5,5 %). Die in den Raten enthaltenen Zinsanteile sind bei Zufluß nach § 20 Abs. 1 Nr. 7 zu versteuern. Berechnungsbeispiele siehe bei § 22 Nr. 1 (K. 9.1.7.3).

3.13.3 Anschaffungskosten

3.13.3.1 Begriff

Zur Ermittlung der Anschaffungskosten gelten die allgemeinen Grundsätze des ESt-Rechts (vgl. z. B. BFH, BStBl 1980 II 116). Anschaffungskosten sind daher alle Aufwendungen des Erwerbers der Beteiligung, um diese zu erlangen.

Dazu gehören

– Kaufpreis,

- Anschaffungsnebenkosten und
- nachträgliche Aufwendungen auf die Beteiligung (BFH, BStBl 1984 II 29 [31]).

Unter Umständen kommt eine nachträgliche Minderung der Anschaffungskosten in Betracht (so bei Einlagen-Rückgewähr, die keinen Kapitalertrag darstellt [EK 04]; BFH, BStBl 1995 II 362 und 725.

3.13.3.2 Typische Anschaffungskosten

Anschaffungskosten sind bei

a) Erwerb bestehender Anteile

- Kauf: der Kaufpreis in verschiedenen Formen (vgl. 3.13.2.3)
- Tausch: der gemeine Wert der für den Erhalt der Beteiligung hingegebenen Wirtschaftsgüter

Zu den Anschaffungskosten gehören auch

- dem früheren Veräußerer vertraglich zugewendete Gewinnausschüttungen; vgl. 3.13.2.2 (mit Beispiel)
- an den früheren Veräußerer gezahltes Abtretungsentgelt für den zeitanteiligen Gewinnanspruch aus § 101 Nr. 2 BGB; vgl. 3.13.2.2 (mit Beispiel).

b) Gründung der KapGes

aa) Bargründung: zu leistende Bareinlage (einschließlich eines Aufgabeaufgeldes)

Beispiel:

A hat bei Gründung der X-GmbH am 2.1.01 vom gezeichneten Kapital von 50 000 DM einen Geschäftsanteil von 50% gegen Nennwert von 25 000 DM
zuzüglich 20% Ausgabeaufgeld 5 000 DM
zusammen 30 000 DM

übernommen. Die Gründungskosten trug satzungsgemäß die KapGes.
Die Anschaffungskosten betragen 30 000 DM.

bb) Sachgründung: gemeiner Wert der Sacheinlage.
Zu beachten ist hier ggf jedoch das Ansatzwahlrecht nach § 20 UmwStG, das sich auf die Anschaffungskosten und die Art der Besteuerung einer späteren Veräußerung auswirkt; vgl. hierzu im einzelnen K. 2.7.

c) Kapitalerhöhung

aa) **aus Gesellschaftermitteln (durch Einlagen)**
Es gelten die Grundsätze wie bei Gründung; siehe b).

bb) aus **Gesellschaftsmitteln** (durch steuerbegünstigte Umwandlung von Rücklagen gemäß §§ 1ff. KapErhStG):
Die Anschaffungskosten der Altanteile sind auf die Altanteile und die neuen Freianteile zu verteilen (§ 3 KapErhStG); vgl. hierzu im einzelnen Band 5 dieser Buchreihe (Körperschaftsteuer).

d) Entnahme aus einem BV mit dem Teilwert (§ 6 Abs. 1 Nr. 4):

Als Anschaffungskosten gilt der **Entnahmewert** = **Teilwert** (BFH, BStBl 1979 II 799).

Beispiel:

Gewerbetreibender A (Gewinnermittlung nach § 5) hatte am 2.1.01 einen 40%igen GmbH-Anteil als gewillkürtes BV erworben. Die Anschaffungskosten betrugen 160 000 DM. Zum 31.12.03 hat A die Beteiligung in sein Privatvermögen überführt. Der Teilwert betrug zum 31.12.03 160 000 DM. Am 1.7.04 veräußerte A die Hälfte der Beteiligung für 90 000 DM.
03: Der Entnahmegewinn von 160 000 DM ./. 100 000 DM = 60 000 DM ist als laufender Gewinn zu versteuern.
04:
Veräußerungserlös 90 000 DM
./. Anschaffungskosten = Entnahmewert 31.12.03
160 000 × ½ = − 80 000 DM
Veräußerungsgewinn § 17 10 000 DM

e) Unentgeltlicher Erwerb:

Maßgeblich sind die Anschaffungskosten desjenigen Rechtsvorgängers, der den Anteil zuletzt entgeltlich erworben hat (§ 17 Abs. 2 S. 3).

Beispiel:

A hat am 2.1.01 30%igen GmbH-Anteil bei Gründung zum Nennwert von 30 000 DM übernommen. Alleinerbe des am 31.12.02 verstorbenen A ist B. B hat am 5.1.03 die Hälfte des geerbten Anteils für 150 000 DM an C veräußert. Am 1.7.03 schenkte B dem C die verbleibende Hälfte der Beteiligung, der sie sofort am 2.7.03 für 180 000 DM an D veräußerte.

B: Veräußerung der Hälfte einer (geerbten) wesentlichen Beteiligung:

Veräußerungserlös	150 000 DM
./. Anschaffungskosten des Erblassers A (§ 17 Abs. 2 S. 3) für Hälfte der Beteiligung ½ × 30 000 =	./. 15 000 DM
Veräußerungsgewinn	135 000 DM

C: Besteuerung nach § 17 Abs. 1 S. 5, da zwar nicht C, aber noch sein Rechtsvorgänger B wesentlich beteiligt war (= erweiterter Besteuerungstatbestand).

Veräußerungserlös	180 000 DM
./. Anschaffungskosten des Rechtsvorgängers, der zuletzt die Anteile entgeltlich erworben hat (= A); (§ 17 Abs. 2 S. 3) × 30 000 =	./. 15 000 DM
Veräußerungsgewinn § 17	165 000 DM

D hat als entgeltlicher Erwerber Anschaffungskosten in Form der Kaufpreise 150 000 DM + 180 000 DM = 330 000 DM.

3.13.3.3 Nachträgliche Anschaffungskosten

Nachträgliche Aufwendungen auf die Beteiligung erhöhen die Anschaffungskosten, wenn sie durch das Gesellschaftsverhältnis veranlaßt und weder WK gemäß §§ 9 und 20 noch Veräußerungskosten i. S. des § 17 Abs. 2 sind (BFH, BStBl 1993 II 340).

In Betracht kommen z. B.

– **verdeckte Einlagen** (Abschn. 36a KStR)

 vgl. hierzu im einzelnen Band 5 dieser Buchreihe (Körperschaftsteuer).

 Beispiele: Darlehnsverzicht des Gesellschafters (BFH, BStBl 1985 II 320, BStBl 1992 II 234, BStBl 1993 II 34 [36]);

 Sacheinlagen (BFH, BStBl 1968 II 722; BStBl 1977 II 515; insbes. Bürgschaftszahlungen, BStBl 1984 II 29 [31]) sowie ggf. Zahlungen für die Freistellung von zugunsten einer KapGes übernommenen Bürgschaftsverpflichtungen (BFH, BStBl 1985 II 320).

– **Verlust einer Darlehensforderung** im Rahmen der Liquidation der Gesellschaft, wenn das Darlehen **eigenkapitalersetzenden Charakter** (erlangt) hatte (BFH, BStBl 1993 II 333). Ein Darlehen kann eigenkapitalersetzenden Charakter dadurch erlangen, daß der Gesellschafter das in „guten Zeiten" hingegebene Darlehen in der Krise nicht abzieht, obwohl die Rückzahlung gefährdet ist.

 Hat das Darlehen auf diese Weise eigenkapitalersetzenden Charakter erlangt, **mindern** sich die Anschaffungskosten gemäß § 17 Abs. 2 **nicht** dadurch, daß der Gesellschafter später noch auf die wertlos gewordene Darlehensforderung verzichtet. Maßgebend für die Höhe der Anschaffungskosten ist der Wert des Darlehens zu dem **Zeitpunkt**, in dem es eigenkapitalersetzend wurde. Der Wert kann auch **0 DM** betragen. Vgl. – modifizierten – Nichtanwendungserlaß zu BFH, BStBl 1993 II 333 (BMF, BStBl 1994 I 257).

– **Verlust** einer wegen Darlehensgewährung „**in der Krise**" **der GmbH durch das Gesellschaftsverhältnis begründeten Darlehensforderung** durch **Konkurs** der Gesellschaft (BFH, BStBl 1992 II 234) entgegen der Auffassung der FinVerw (z. B. OFD Düsseldorf vom 8.10.1990, DB 1990, 2298. Wenn das Darlehen in der Krise **nicht** kapitalersetzend wurde, führt der Darlehensverlust auch nicht zu nachträglichen AK (z. B. wegen Kündigungsfrist).

 Vgl. zu dieser Problematik Vorlagebeschluß des BFH, BStBl 1995 II 27.

- Rückzahlung verdeckter Gewinnausschüttungen (BMF-Schreiben vom 8.5.1981, BStBl 1981 I 599); so regelmäßig bei beherrschenden Gesellschaftern.
- Nachschüsse bei einer GmbH (§§ 26–28 GmbHG).

3.13.3.4 Anschaffungsnebenkosten

Die Anschaffungsnebenkosten sind Teil der Anschaffungskosten, z. B.

- Notarkosten und Gerichtskosten (Beurkundung)
- Gesellschaftsteuer
- Beratungskosten
- Vermittlungsprovisionen, Bankspesen.

3.13.3.5 Unmaßgeblichkeit des Abflußzeitpunkts

Der Zeitpunkt des Abflusses von Anschaffungskosten ist unerheblich, da § 17 Abs. 2 eine eigenständige Art der Gewinnermittlung (Stichtagsbewertung) ist; vgl. 3.13.1.

Daher sind z. B. bei Fremdfinanzierung des Anteilserwerbs oder nicht voll eingezahltem Kapital im Veräußerungsjahr die gesamten Anschaffungskosten vom Veräußerungserlös abzuziehen, ebenso eine Veräußerungskosten**schuld** des Veräußerers, wenn die Bezahlung in einem anderen VZ erfolgte.

> **Beispiel:**
> Veräußerung einer 40%igen GmbH-Beteiligung durch A an B am 31.12.01 (Anteilsübertragung) gegen Barzahlung von 150 000 DM (Zufluß am 10.1.02) und Resteinzahlung der ausstehenden Einlage von 50% des von A veräußerten Geschäftsanteils von 40 000 DM durch B (ebenfalls am 10.1.02). B hatte den Geschäftsanteil seinerzeit zum Nennwert erworben, aber nur 20 000 DM eingezahlt.
>
> Veräußerungsgewinn in 01:
>
> | | |
> |---|---:|
> | Barzahlung | 150 000 DM |
> | Übernahme der Resteinzahlungsverpflichtung | 20 000 DM |
> | Veräußerungserlös | 170 000 DM |
> | ./. Anschaffungskosten | 40 000 DM |
> | Veräußerungsgewinn | 130 000 DM |

3.13.3.6 Minderung der Anschaffungskosten

Die **Ausschüttung/Rückzahlung** von **EK 04** führt zu einer **Minderung** der Anschaffungskosten der wesentlichen Beteiligung (BFH, BStBl 1995 II 362 und 725).

3.13.3.7 Veräußerungskosten

Nach dem **Wortlaut** des § 17 Abs. 2 S. 1 können nur Veräußerungskosten als BA berücksichtigt werden, **nicht andere Aufwendungen** während des Besitzzeitraums. Hierunter fallen insbesondere diejenigen Kosten, die der Art nach bei der Anschaffung Anschaffungsnebenkosten sind, also z. B.

- Anwalts-, Notar-, Gerichts-, Gutachter- und Reisekosten (vgl. BFH, BStBl 1993 II 34 [36])
- Bankspesen und Provisionen.

Es ist eine unmittelbare sachliche Beziehung zu dem Veräußerungsgeschäft erforderlich. Ein zeitlicher Zusammenhang genügt nicht (BFH, BStBl 1985 II 320). Vgl. R 140 Abs. 6.

Auch bei den Veräußerungskosten spielt der Abflußzeitpunkt keine Rolle.

3.13.3.8 Schuldzinsen für Darlehen zum Erwerb der Anteile

Schuldzinsen können begriffsnotwendig **keine** „Veräußerungskosten" sein (gl.A. z. B. Schmidt, a.a.O., Anm. 23b).

Entgegen BFH, BStBl 1961 III 431 sind Schuldzinsen auch **keine** nachträglichen „Anschaffungskosten" (falls es sich nicht um übernommene Zinsverbindlichkeiten handelt); z. B. Herrmann/Heuer/Raupach, EStG, § 6, Anm. 284 sowie BFH/NV 1993, 714.

Andere Aufwendungen als „Anschaffungskosten" und „Veräußerungskosten" läßt § 17 Abs. 2 S. 1 nach seinem Wortlaut aber nicht zum Abzug zu.

Nach dem Zweck der Vorschrift erschiene es aber zutreffend, zumindest Schuldzinsen und andere Geldbeschaffungskosten, soweit sie wirtschaftlich auf den maßgebenden Besitzzeitraum der wesentlichen Beteiligung (bei mehreren Erwerbsvorgängen aber auch für den Zeitraum einer noch nicht wesentlichen Beteiligung) entfallen – also von der Anschaffung bis zur Veräußerung – gewinnmindernd bei § 17 zu berücksichtigen. Das setzte aber weiter voraus, daß kein (haupt)ursächlicher Zusammenhang mit einer anderen Einkunftsart, insbesondere § 20, bestünde.

Eine Kausalität mit § 20 entfällt, wenn der Anteilseigner mit der wesentlichen Beteiligung nicht den Tatbestand der Einkunftserzielung aus § 20 Abs. 1 Nr. 1 erfüllt (vgl. BFH, BStBl 1982 II 463; 1984 II 29). Dies ist nach BFH, BStBl 1982 II 36, 37, 40 der Fall, wenn auch langfristig nicht mit einem (wenn auch bescheidenen) Überschuß gerechnet werden kann.

Dagegen liegen nach BFH, BStBl 1986 II 596 auch dann Werbungskosten bei den Einkünften aus § 20 vor, wenn zwar keine Kapitalerträge, aber Wertsteigerungen der Beteiligung zu erwarten sind. Sind auch keine Wertsteigerungen zu erwarten, entfällt ein Abzug bei § 20 lediglich, wenn die Beteiligung aus persönlichen Gründen oder Neigungen begründet oder aufrechterhalten wird.

Ist zwar nicht mit Überschüssen aus § 20, aber mit einem unter **§ 17** fallenden Veräußerungsgewinn zu rechnen, sind die Schuldzinsen, soweit sie auf den **Besitzzeitraum** entfallen, in **voller** Höhe bei **§ 20** zu berücksichtigen (BFH, BStBl 1986 II 596, BStBl 1984 II 29 sowie BFH, BFH/NV 1993, 714).

Beispiel:
A erwarb am 2.1.01 eine 40%ige Beteiligung an der Quick-profit-GmbH. Die Anschaffungskosten von 100 000 DM finanzierte er in Höhe von 92 000 DM mit einem am 2.1.01 aufgenommenen Fälligkeitsdarlehn von 100 000 DM, Auszahlung 92% (Laufzeit 4 Jahre, Zinssatz 10% p. a., zahlbar jährlich am 31.12., und auch pünktlich von A gezahlt). Wider Erwarten erwies sich die Beteiligung auf längere Sicht als völlig ertraglos. A veräußerte sie daher mit Wirkung vom 31.12.03 für 80 000 DM (sofort fällig). Das Darlehn tilgte A erst am 31.12.04. –

A erzielt in 03 einen Veräußerungsverlust aus § 17 (voll ausgleichsfähig und ggf. nach § 10d abzugsfähig).

Erlös	80 000 DM
./. Anschaffungskosten	100 000 DM
Veräußerungsverlust (§ 17)	./. 20 000 DM
Die Schuldzinsen für die Zeit vom 2.1.01 bis 31.12.03	30 000 DM
und das Damnum 2.1.01 in Höhe von ³/₄ × 8000 =	6 000 DM
sind nach BFH, BStBl 1986 II 596	
als Werbungskosten bei § 20 zu berücksichtigen	./. 36 000 DM

Die Schuldzinsen für VZ 04 und ¼ des Damnums (Anteil für VZ 04) sind nach BFH, BStBl 1984 II 29 **nicht** zu berücksichtigen.

3.13.4 Mehrere Erwerbsvorgänge

Hat ein Stpfl. Anteile an einer GmbH zu verschiedenen Zeiten und zu verschiedenen Preisen erworben, kann er bestimmen, welchen Anteil oder Teil davon er veräußert. Dies muß bei der Veräußerung geschehen, nicht erst im Besteuerungsverfahren. Für die Ermittlung eines Veräußerungsgewinns (oder -verlusts) i.S. von § 17 sind die tatsächlichen Anschaffungskosten dieses Anteils maßgebend (BFH, BStBl 1979 II 77).

Geschäftsanteile an einer GmbH behalten nämlich auch bei Hinzuerwerb oder Veräußerung ihre Selbständigkeit (§ 15 Abs. 2 GmbHG). Die Identifizierung des veräußerten Anteils erfolgt durch Bezugnahme auf den notariellen Erwerbsakt. Bei Veräußerung eines Teils eines Anteils (§ 15 Abs. 2 GmbHG) muß angegeben werden, von welchem Anteil Absplitterung erfolgt. (Bei Unterlassung wäre das Rechtsgeschäft sogar unwirksam wegen mangelnder Bestimmbarkeit.)

Die zivilrechtliche Selbständigkeit der Anteile bzw. Unterscheidbarkeit davon abgespaltener Teile ist auch steuerlich maßgebend. (Die Grundsätze der Gewinnermittlung nach §§ 4 Abs. 1, 5 sind insoweit nicht auf § 17 übertragbar, danach sind Beteiligungen einheitliche Wirtschaftsgüter (BFH, BStBl 1973 II 397). Dies kann jedoch bei § 17 nicht gelten.

Es liegt bei der Bestimmung durch den Stpfl. auch kein Fall des Gestaltungsmißbrauchs nach § 42 AO vor.

Es unterliegt vielmehr der Disposition des Stpfl., solche Veräußerungsgeschäfte möglichst günstig zu gestalten.

Beispiel:

Die X-GmbH wurde in 01 mit einem Stammkapital von 51 000 DM gegründet. A, B und C übernahmen jeweils zum Nennwert einen Geschäftsanteil von $1/3$ = 17 000 DM. In 07 erwarb C von A dessen Anteil zum Kaufpreis von 120 000 DM, in 08 auch den Anteil des B für 180 000 DM. Jeweils durch notariellen Vertrag veräußerte C in 09 die Hälfte des früheren Anteils von B für 61 000 DM, in 10 den Rest des früheren Anteils von B für 76 000 DM.

Die beiden Veräußerungen durch A fallen unter § 17.

VZ 09

Erlös	61 000 DM
./. Anschaffungskosten $1/2$ × 180 000 =	./.190 000 DM
Verlust	./. 29 000 DM

VZ 10

Erlös	76 000 DM
./. Anschaffungskosten (wie oben)	./. 90 000 DM
Verlust	./. 14 000 DM

Bei Veräußerung des von A erworbenen Anteils hätte C dagegen Veräußerungsgewinne erzielt.

Bei fehlender Identifizierung sind dagegen die durchschnittlichen Anschaffungskosten zu bilden (gl.A. Schmidt, a.a.O., Anm. 24c).

3.14 Freibetrag gemäß § 17 Abs. 3 EStG

3.14.1 Rechtsnatur

§ 17 Abs. 3 ist eine sachliche Steuerbefreiung. Der Freibetrag ist also bei Ermittlung der Einkünfte abzuziehen (BFH, BStBl 1976 II 360 zu § 16).

3.14.2 Höhe des Freibetrags

Der Veräußerungsgewinn wird zur Einkommensteuer nur herangezogen, soweit er den Teil von 20 000 DM übersteigt, der dem veräußerten Anteil an der Kapitalgesellschaft entspricht (§ 17 Abs. 3 Satz 1).

Nur bei Veräußerung sämtlicher Anteile an der KapGes beträgt der Freibetrag 20 000 DM. Eine Erhöhung wegen Alters oder Berufsunfähigkeit ist (anders als bei § 16) nicht vorgesehen.

Beispiel:

A veräußert 50%igen GmbH Anteil mit Veräußerungsgewinn von	30 000 DM
Freibetrag § 17 Abs. 3 S. 1:	
50% × 20 000 =	10 000 DM
stpfl. Veräußerungsgewinn §§ 17, 34	20 000 DM
(Keine Kürzung nach § 17 Abs. 3 S. 2)	

3.14.3 Teilentgeltliche Veräußerung

Eine teilentgeltliche Veräußerung ist nach der **Trennungstheorie** in einen (voll-) entgeltlichen und unentgeltlichen Teil zu zerlegen (BFH, BStBl 1981 II 11). Vgl. auch 3.12.3. Daher ist auch der Freibetrag nach § 17 Abs. 3 nur **anteilig** nach dem Verhältnis des tatsächlichen Veräußerungserlöses zum Verkehrswert der Beteiligung zu gewähren. Vgl. BMF-Schr. v. 13.1.1993, Tz 23.

Beispiel:
Veräußerung einer 40%igen GmbH-Beteiligung (Anschaffungskosten 360 000 DM) für 200 000 DM (Verkehrswert 400 000 DM).

Entgeltlicher Teil = $^1/_2$
Unentgeltlicher Teil = $^1/_2$

Veräußerungserlös			200 000 DM
./. Anschaffungskosten $^1/_2$ × 360 000 DM =			180 000 DM
Veräußerungsgewinn			20 000 DM
Freibetrag § 17 Abs. 3:			
$^1/_2$ × 40% × 20 000 DM = 4 000 DM		4 000 DM	
Kürzung			
Veräußerungsgewinn:	20 000 DM		
./. Grenzgewinn $^1/_2$ × 40% × 80 000 DM	16 000 DM		
Übersteigender Betrag	4 000 DM	./. 4 000 DM	
verbleibender Freibetrag		0 DM	0 DM
stpfl. Veräußerungsgewinn			20 000 DM

3.14.4 Kürzung des Freibetrags nach § 17 Abs. 3 S. 2 EStG

Der Freibetrag ermäßigt sich nach § 17 Abs. 3 Satz 2 um den Betrag, um den der Veräußerungsgewinn den Teil von 80 000 DM übersteigt, der dem veräußerten Anteil an der Kapitalgesellschaft entspricht.

Beispiel:
Veräußerung einer 70%igen GmbH-Beteiligung mit Veräußerungsgewinn von 60 000 DM. –

Freibetrag § 17 Abs. 3 S. 1 70% × 20 000 =		14 000 DM
./. Kürzung § 17 Abs. 3 S. 2:		
Veräußerungsgewinn	60 000 DM	
./. 70% × 80 000 =	56 000 DM	
Übersteigender Teil des Veräußerungsgewinns	4 000 DM	./. 4 000 DM
zu gewährender Freibetrag		10 000 DM

3.14.5 Berechnung des Freibetrags, falls Kapitalgesellschaft eigene Anteile hält

Bezugsgröße für die Berechnung des Freibetrags in den Fällen, in denen die Gesellschaft eigene Anteile hält, ist nach Auffassung der FinVerw **nicht** das um die eigenen Anteile der KapGes verminderte Nennkapital; a. A. Herrmann/Heuer/Raupach, EStG, § 17, Anm. 274.

Beispiel:
A veräußert 25%ige GmbH-Beteiligung. Veräußerungsgewinn: 30 000 DM. Gezeichnetes Kapital: 100 000 DM. Hiervon hält die GmbH selbst 20 000 DM. –

Der Freibetrag beträgt nach § 17 Abs. 3 S. 1 25% × 20 000 DM =		5 000 DM
Kürzung nach § 17 Abs. 3 S. 2		
Veräußerungsgewinn	30 000 DM	
./. 25% × 80 000 =	20 000 DM	
Kürzung	10 000 DM	./. 10 000 DM
verbleibender Freibetrag		0 DM
zu versteuern nach §§ 17, 34: 30 000 DM.		

Mehrfache Veräußerungen von Anteilen derselben wesentlichen Beteiligung in **verschiedenen** VZ sind **getrennt** zu beurteilen. Erfolgen sie im selben VZ, sind sie zur Berechnung des Veräußerungsgewinns und des Freibetrags (§ 17 Abs. 3) zusammenzufassen (einheitliche Ermittlung). Bei Veräußerungen von **Anteilen verschiedener** KapGes ist **stets getrennt** zu rechnen.

Beispiele:
1. A hat von einer 40 %igen Beteiligung (Anschaffungskosten 240 000 DM) im Januar 02 1 % für 5 000 DM und im August 02 nochmals 1 % für 20 000 DM veräußert. –

Veräußerungserlös 5 000+20 000 =		25 000 DM
./. Anschaffungskosten für 2 %		12 000 DM
Veräußerungsgewinn		13 000 DM
Freibetrag § 17 Abs. 3 S. 1:		
2 % × 20 000 =		400 DM
Kürzung § 17 Abs. 3 S. 2:		
Veräußerungsgewinn	13 000 DM	
./. 2 % × 80 000 =	1 600 DM	
Kürzung	11 400 DM	11 400 DM
		0 DM
Es verbleibt kein Freibetrag		
zu versteuern nach §§ 17, 34		13 000 DM

2. Wie 1., aber die Veräußerung erfolgte in verschiedenen VZ. – Beide Veräußerungen werden getrennt nach § 17 besteuert. Die Bagatellgrenze von 1 % ist ab VZ 1996 entfallen.

3.15 Verlustberücksichtigung

a) Grundsatz

Bei § 17 können sich Verluste ergeben. Diese sind grds. im Entstehungsjahr mit anderen (positiven) Einkünften ausgleichsfähig und ggf. nach § 10d abzugsfähig. Eine Einschränkung des Verlustausgleichs ergibt sich bereits bisher durch § 50c; vgl. hierzu R 227d und unter Q.

b) Einschränkungen durch JStG 1996

Ab VZ 1996 ist ein Veräußerungsverlust nach § 17 Abs. 2 Satz 4 nur noch zu berücksichtigen, wenn der Veräußerer (bzw. bei unentgeltlichem Erwerb der Rechtsvorgänger)

– die wesentliche Beteiligung im Rahmen der **Gründung** der Kapitalgesellschaft entgeltlich erworben hat **oder**

– die Anteile mehr als **fünf Jahre** vor der Veräußerung entgeltlich erworben hat und der Veräußerer (oder im Fall des unentgeltlichen Erwerbs einer seiner Rechtsvorgänger) während dieses Zeitraums **wesentlich** beteiligt war.

Dies gilt über § 17 Abs. 4 **auch** bei der **Liquidation** der Kapitalgesellschaft.

Mit dieser Einschränkung soll vor allem verhindert werden, daß eine nicht wesentliche Beteiligung, bei der ein Wertverlust eingetreten war, zu einer wesentlichen Beteiligung aufgestockt und dann durch Veräußerung der gesamten Anteile auch der Teil des Wertverlustes steuermindernd geltend gemacht wird, der während der Dauer der nicht wesentlichen Beteiligung eingetreten war.

Die Regelung erscheint insbesondere insoweit verfassungsrechtlich bedenklich, als Veräußerungs**gewinne** uneingeschränkt auch dann erfaßt werden, wenn der Stpfl. im maßgeblichen 5-Jahreszeitraum nur kurzzeitig wesentlich beteiligt war.

Der Ausschluß ist insbesondere nicht zu rechtfertigen

– bei einer sog. „Fehlmaßnahme", wenn die Veräußerung innerhalb von 5 Jahren mit Verlust erfolgt.
– bei Liquidation der Kapitalgesellschaft.

Dies gilt umso mehr, seit der BFH bei der sog. „Anteilsrotation" $ 42 AO (summarisch) verneint hat (BFH-Beschluß, BStBl 1995 II 65).

3.16 Kapitalherabsetzung und Liquidation (§ 17 Abs. 4 EStG)

3.16.1 Bedeutung/Allgemeines

Nach § 17 Abs. 4 Satz 1 sind (entgeltlichen) Veräußerungsgeschäften gleichgestellt

a) Auflösung der KapGes (mit der Folge des Untergangs der Anteile an der KapGes)

b) Kapitalherabsetzung (gegen Rückzahlung der Einlagen) i. S. der §§ 222 – 228 AktG (AG) und 58 GmbHG (GmbH).

Die Gleichstellung des Untergangs der Anteile mit einer Veräußerung (= Übergang der Anteile auf Dritte) wird damit gerechtfertigt, daß auch bei Auflösung bzw. Kapitalherabsetzung die in den Anteilen enthaltenen stillen Reserven in gleicher Weise realisiert werden (können).

Als Auflösung im Sinne des § 17 Abs. 4 ist auch die Umwandlung einer ausländischen Kapitalgesellschaft in eine Personengesellschaft anzusehen, wenn das maßgebende ausländische Recht in der Umwandlung eine Auflösung sieht. Vgl. hierzu BFH, BStBl 1989 II 794.

Der **Höhe** nach ist die Gleichstellung aber durch § 17 Abs. 4 Satz 1 2. Halbs. und **Satz 2** 2. Halbs. auf solche Auskehrungen begrenzt, die aus

– „originärem" Nennkapital oder aus
– Einlagen der Anteilseigner, die nicht gezeichnetes Kapital sind (**EK 04**, § 30 Abs. 2 Nr. 4 KStG), stammen.

Der **übrige Teil der Auskehrung wird** nach § **20 Abs. 1 Nr. 1 bzw. 2** als Einnahmen aus **Kapitalvermögen** erfaßt. § 17 Abs. 4 gilt mithin nur subsidiär (§ 17 Abs. 4 S. 2 2. Halbs.). Diese Einschränkung des Geltungsbereichs des § 17 Abs. 4 zugunsten der Einkünfte aus Kapitalvermögen beruht auf dem Anrechnungsverfahren nach dem KStG. Vgl. im einzelnen hierzu 3.16.2.

Das BFH-Urt. BStBl 1985 II 296, wonach die Einschränkung in § 17 Abs. 4 Satz 1 „soweit die Rückzahlung nicht als Gewinnanteil (Dividende) gilt", sich nur auf die Kapitalherabsetzung, nicht aber auf die Liquidation beziehe, ist zum EStG i. d. F. vor dem 1.1.1977 ergangen und führt daher nicht zu einer Änderung der ab 1977 geltenden Rechtslage.

3.16.2 Anrechnungsverfahren bei Liquidation und Kapitalherabsetzung

Zielsetzung des Anrechnungsverfahrens ist die **Beseitigung der Doppelbelastung** ausgeschütteter Gewinne (mit Körperschaftsteuer und Einkommensteuer) in einem **geschlossenen** System, d. h. „ohne Lücken". Es soll verhindert werden, daß auf verwendbarem Eigenkapital lastende Körperschaftsteuer definitiv wird.

Spätestens bei der Kapitalherabsetzung bzw. Liquidation der Gesellschaft soll bei der Gesellschaft die Ausschüttungsbelastung für ausgekehrtes verwendbares Eigenkapital hergestellt und die Anrechnung in Höhe der Ausschüttungsbelastung beim Anteilseigner vorgenommen werden.

Übersicht

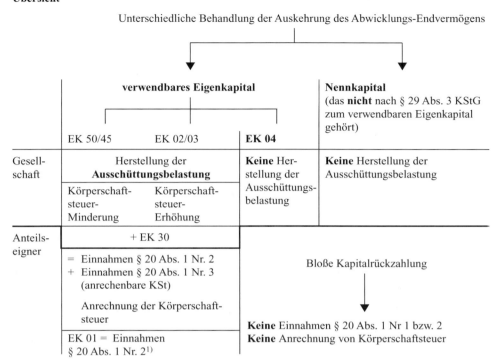

Dies wird verwirklicht durch Behandlung der Vermögensverteilung im Rahmen der Liquidation bzw. Kapitalherabsetzung als „**sonstige Leistungen**" gemäß § 41 Abs. 1 KStG.

a) Für **sonstige Leistungen gelten die Vorschriften des Anrechnungsverfahrens (§§ 27 – 40 KStG) sinngemäß**, insbesondere ist nach § 41 Abs. 1 KStG die Ausschüttungsbelastung (§ 27 KStG) herzustellen.

Zur Durchführung des Anrechnungsverfahrens auf der Ebene der Anteilseigner müssen diese sonstigen Leistungen folgerichtig als Einnahmen aus Kapitalvermögen (§ 20 Abs. 1 Nr. 2) erfaßt werden. Dies geschieht durch § 41 Abs. 1 KStG.

b) Für die Rückzahlung von **Nennkapital** ist dagegen **keine Ausschüttungsbelastung herzustellen**. Dementsprechend liegen beim Anteilseigner auch keine Kapitalerträge aus § 20, so daß keine Anrechnung von Körperschaftsteuer erfolgt.

c) Nennkapital gehört grundsätzlich nicht zum verwendbaren Eigenkapital. Stammt es jedoch aus der Umwandlung von Rücklagen, die aus Gewinnen nach dem Systemwechsel gebildet wurden, gehört es zum verwendbaren Eigenkapital (§ 29 Abs. 3 KStG).

Für den Fall der Kapitalherabsetzung bestimmt § 41 Abs. 2 KStG, daß (nach § 29 Abs. 3 KStG) zum verwendbaren Eigenkapital gehörendes Nennkapital als zuerst für die Rückzahlung verwendet gilt. Für die Auszahlung des Liquidationsüberschusses enthält das Gesetz zwar keine ausdrückliche Regelung; § 41 Abs. 2 KStG ist aber entsprechend anzuwenden (gl.A. Herrmann/ Heuer/Raupach, KStG 1977 [grüne S.], Erl. zu § 41, III 1 [Seite 9]).

Die **Ausschüttungsbelastung** ist auch **nicht** herzustellen für die **Rückzahlung von Einlagen,** die **nach** dem **Systemwechsel** geleistet worden sind (Auskehrung nach **EK 04**), § 40 Nr. 2 KStG.

---

[1]) Bei Auskehrung ab 1994 keine Herstellung der Ausschüttungsbelastung (§ 40 Nr. 1 KStG).

d) In Höhe der Kapitalherabsetzung zum Zweck der Kapitalrückzahlung **vermindern** sich die **Anschaffungskosten** der Anteile, soweit nicht Einnahmen i. S. des § 20 Abs. 1 Nr. 1 vorliegen.

Somit führt die **Ausschüttung** von **EK 04** zu einer **Minderung** der Anschaffungskosten der wesentlichen Beteiligung (BFH, BStBl 1995 II 362 und BStBl 1995 II 725).

3.16.3 Einkünfte der Anteilseigner

Beim Anteilseigner muß der Liquidationserlös bzw. der im Rahmen der Kapitalherabsetzung ausgezahlte Betrag in **steuerpflichtige Kapitalerträge** (§ 20 Abs. 1 Nr. 2 Satz 1) und nicht als Kapitalerträge zu behandelnde Kapitalrückzahlungen (§ 20 Abs. 1 Nr 2 Satz 2 2. Halbs. bzw. Satz 2 i. V. m. § 20 Abs. 1 Nr. 1 Satz 2) zerlegt werden.

Bloße **Kapitalrückzahlungen** liegen vor, soweit

a) nicht zum vEK gehörendes Nennkapital (= übriges EK) und

b) EK 04 (§ 30 Abs. 2 Nr. 4 KStG)

als zurückgezahlt gilt.

Anders ausgedrückt:
Soweit der Liquidationserlös aus dem **übrigen EK (originäres Nennkapital)** oder aus dem **EK 04** stammt, wird er wie ein Veräußerungserlös für den Wegfall der Anteile behandelt.

Hierbei handelt es sich grundsätzlich um einen Vorgang auf der privaten Vermögensebene.

Zu Einkünften führt die Kapitalrückzahlung aber u. a. wenn die Anteile eine zum Privatvermögen gehörende **wesentliche Beteiligung (§ 17)** darstellen.

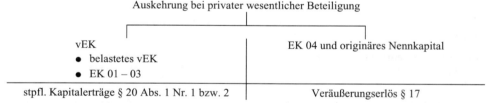

Statt Einkünften aus § 17 sind folgende weitere Möglichkeiten denkbar:

a) Zugehörigkeit der Anteile zum Betriebsvermögen

Bei Zugehörigkeit der Anteile zum **Betriebsvermögen** liegt grundsätzlich **laufender** Gewinn/Verlust in Höhe des Unterschieds zwischen der Kapitalrückzahlung und dem Buchwert der Anteile vor.

Zweifel können auftreten, soweit für Liquidationsraten EK 04 als verwendet gilt. Es wird hier die Auffassung vertreten, daß diese Auskehrungen aufgrund von § 20 Abs. 3 i. V. m. § 20 Abs. 1 Nr. 1/2 **nicht** aus der Besteuerung **ausscheiden,** sondern daß auch dieser Teil der Liquidationsraten mit dem Beteiligungsansatz zu verrechnen ist und die verbleibende Differenz gewinnwirksam wird. Zu dieser Problematik vgl. Herzig, StuW 1980, 21 (FN 16).

b) Abgrenzung zu Spekulationsgeschäften (§ 23)

Liegen zwischen der Anschaffung der Anteile und dem Liquidationsbeginn nicht mehr als 6 Monate, liegt – bei Zugehörigkeit der Anteile zum Privatvermögen – ein Spekulationsgeschäft (§ 23 Abs. 1 Nr. 1b) vor. Für diesen Fall besteht eine Regelungslücke.

In der Literatur wird überwiegend die Auffassung vertreten, daß § 17 Abs. 4 Satz 2 (Kürzung des „Veräußerungserlöses" um die steuerpflichtigen Kapitalerträge), entsprechend anzuwenden ist. Dem ist m. E. zuzustimmen.

c) Teilbetriebsfiktion des § 16 Abs. 1 Nr. 1 2 Halbs.

Soweit eine 100%ige Beteiligung an einer Kapitalgesellschaft im Betriebsvermögen gehalten wird, ist die Teilbetriebsfiktion des § 16 Abs. 1 Nr. 1 2. Halbs. gegeben. In der Auflösung der Kapitalgesellschaft wird von der Rechtspr. ein steuerbegünstigter Veräußerungsvorgang gesehen. Damit sind der ermäßigte Steuersatz nach § 34 Abs. 1, 2 und ggf. der Freibetrag nach § 16 Abs. 4 anwendbar (BFH, BStBl 1991 II 624).

Eine Aufspaltung in nach § 20 Abs 1 Nr. 1, Abs. 3 zu besteuernde Beteiligungserträge und Kapitalrückzahlungen als nach § 16 begünstigten Veräußerungspreis entsprechend § 17 Abs 4 Satz 2, hat der BFH **verneint** (BFH, BStBl 1995 II 705).

Danach liegt **insgesamt** ein **begünstigter** Veräußerungsgewinn i. S. des § 16 vor. Vgl. hierzu auch BMF-Schreiben vom 4. 10. 1995, BStBl I 629 (= Anwendungserlaß).

d) Einbringungsgeborene Anteile i. S. § 20 Abs. 1 UmwStG

Einbringungsgeborene Anteile sind entstanden durch Sacheinlage bzw. durch Kapital-Erhöhung aus Gesellschaftsmitteln (Tz 67 Erlaß zum UmwStG).

Nach § 21 Abs. 2 Nr. 4 UmwStG gilt der gesamte entstehende Gewinn als Veräußerungsgewinn i. S. des § 16 (§ 21 Abs. 1 UmwStG). Auch in diesem Fall findet **keine** Aufspaltung in nach § 20 zu besteuernde Erträge und Kapitalrückzahlungen statt (entsprechend BFH, BStBl 1995 II 705; siehe c).

3.16.4 Entsprechende Anwendung des § 17 Abs. 1 bis 3 EStG im Falle der privaten wesentlichen Beteiligung

Die Grundsätze der Ermittlung eines Veräußerungsgewinns oder -verlustes bei wesentlicher Beteiligung an einer KapGes gelten auch im Rahmen des § 17 Abs. 4 (BFH, BStBl 1985 II 428).

- **Wesentliche Beteiligung**

Die entsprechende Anwendung des § 17 Abs. 1 bis 3 bedeutet insbesondere, daß auch hier die tatbestandlichen Voraussetzungen des § 17 Abs. 1 vorliegen müssen, insbesondere das Vorliegen einer – zum **Privatvermögen** gehörenden – **wesentlichen** Beteiligung an einer KapGes.

- **Entstehungszeitpunkt des Veräußerungsgewinns**

Auch bei der Auflösung einer KapGes ist eine Stichtagsbewertung auf den Zeitpunkt der Gewinn- und Verlustrealisierung vorzunehmen.

Der Veräußerungsgewinn oder -verlust entsteht im Falle der **Liquidation** nicht bereits im Zeitpunkt der Auflösung der KapGes, sondern erst bei der Auskehrung des Vermögens an die Anteilseigner. Der Verlust kann bereits in dem Jahr erfaßt werden, in dem mit einer wesentlichen Änderung des bereits feststehenden Verlustes nicht mehr zu rechnen ist. Letztmöglicher Zeitpunkt der Erfassung ist das Jahr des förmlichen Abwicklungsendes, mithin im Jahr der Löschung der KapGes im Handelsregister (BFH, BStBl 1985 II 428). Der Veräußerungsgewinn oder -verlust wird i. d. R. also erst im Zeitpunkt der Beendigung der Abwicklung zu erfassen sein.

Bei der **Kapitalherabsetzung** ist m. E. der Zeitpunkt der Eintragung in das Handelsregister, nicht der Zahlungstag maßgebend (vgl. BFH, BStBl 1968 II 145).

- „**Veräußerungspreis**" (§ 17 Abs. 4 Satz 2)

Veräußerungspreis i. S. des § 17 Abs. 4 Satz 2 ist der gemeine Wert des dem Stpfl. zugeteilten bzw. zurückgezahlten Vermögens der KapGes (soweit nicht Einkünfte aus § 20 Abs. 1 Nr. 1 oder 2 vorliegen).

Bei einer Kapitalherabsetzung darf nur **gezeichnetes Kapital (Nennkapital)** zurückgezahlt werden. Zu steuerpfl. Einnahmen aus § 20 kann es daher nur kommen, wenn gemäß § 41 Abs. 2 KStG zum VEK gehörendes Nennkapital (umgewandelte Neurücklagen = EK 56/EK 50/EK 45/EK 36/ EK 30/EK 01/EK 02; § 29 Abs. 3 KStG) als zurückgezahlt gelten.

- „**Veräußerungsgewinn**"

„Veräußerungsgewinn" (oder -**verlust**) ist der **Unterschied** zwischen dem „Veräußerungspreis" (s. o.) und den **Anschaffungskosten** der untergehenden Anteile (§ 17 Abs. 2 sinngemäß).

Die Einkünfte (Gewinn/Verlust) ergeben sich also durch Abzug der Anschaffungskosten der Beteiligung von der Kapitalrückzahlung.

Auf einen entstehenden Veräußerungsgewinn sind die Vergünstigungen § 17 Abs. 3 (Freibetrag) und § 34 Abs. 1, 2 (ermäßigter Steuersatz) anzuwenden. Ein **Verlust** ist ausgleichs- und nach § 10d abzugsfähig. Dabei ist zu beachten, daß Einkünfte aus § 17 **nur insoweit** vorliegen, als nicht steuerpflichtige Einnahmen aus § 20 Abs. 1 Nr. 1 Satz 1 bzw. Nr. 2 Satz 1 vorliegen (§ 17 Abs. 4 Satz 2). Dadurch wird häufig ein **Verlust** aus § 17 entstehen.

Fallen **nach** Auflösung (bzw. nach Abwicklung) der KapGes noch nachträgliche Anschaffungskosten der Beteiligung i. S. des § 17 Abs. 2 Satz 1 an, so kann dies als rückwirkendes Ereignis bei der Ermittlung des Auflösungsgewinns bzw. -verlusts i. S. des § 17 Abs. 4 nach § 175 Abs. 1 Nr. 2 AO berücksichtigt werden (BFH, BStBl 1985 II 428, vgl. auch BFH, BStBl 1984 II 786, BStBl 1993 II 894 und BStBl 1993 II 897 zu § 16).

3.16.5 Unwesentliche Beteiligung

Die Aufspaltung i. S. des § 17 Abs. 4 S. 2 2. Halbs. in nach § 20 zu besteuernde Kapitalerträge und Kapitalrückzahlung gilt auch bei unwesentlichen Beteiligungen, die im Privatvermögen gehalten werden.

Hier setzt die Kritik an der unterschiedlichen Behandlung der wesentlichen und unwesentlichen Beteiligung an.

Denn ein entstehender Veräußerungsgewinn bliebe zwar unbesteuert als Vorgang außerhalb der Einkünfteerzielung. Häufig wird jedoch wegen der Aufspaltung ein Veräußerungsverlust entstehen, der im Gegensatz zu § 17 nicht steuerlich geltend gemacht werden kann. Vgl. hierzu nachfolgend 3.16.6.

3.16.6 Zusammenfassende Beispiele

Zur Verdeutlichung folgendes **Beispiel**:

A ist an einer GmbH nominell mit 50 000 DM beteiligt (Anschaffungskosten 250 000 DM).

Im Rahmen der Liquidation der GmbH werden an ihn 400 000 DM ausgekehrt, und zwar 50 000 DM (originäres) Stammkapital und 350 000 DM Rücklagen (die zum vEK [§ 29 KStG] gehören).

A ist

a) wesentlich beteiligt – b) nicht wesentlich beteiligt.

Die Anteile gehören zum Privatvermögen.

		a) wesentliche Beteiligung	b) unwesentliche Beteiligung
	DM	DM	DM
Gesamte Auskehrung	400 000		
− Stammkapitalrückzahlung	50 000		
aus vEK stammende Auskehrung = Einnahmen § 20 Abs. 1 Nr. 1 bzw. 2	350 000	350 000	350 000
+ anrechenbare KSt (§ 20 Abs. 1 Nr. 3) $3/7 \times 350 000$		150 000	150 000
nach § 20 zu versteuern		500 000	500 000
Veräußerungsverlust			—
(Grds. ausgleichsfähig vorbehaltlich § 17 Abs. 2 S. 4 – vgl. oben 3.15.b)			(nicht steuerrelevant)
„Veräußerungspreis"	50 000		
./. Anschaffungskosten der Beteiligung	250 000		
Verlust	− 200 000	− 200 000	—
effektiv zu versteuern		300 000	500 000

Abwandlung

Die Beteiligung wurde – außerhalb der Spekulationsfrist i. S. des § 23 – veräußert.

Veräußerung von Anteilen an Kapitalgesellschaften bei wesentlicher Beteiligung (§ 17 EStG)

a) **wesentliche Beteiligung**

Veräußerungserlös	400 000 DM
./. Anschaffungskosten	250 000 DM
Veräußerungsgewinn § 17	150 000 DM
(Freibetrag § 17 Abs. 3 = 0)	

Der Gewinn unterliegt dem ermäßigten Steuersatz nach § 34 Abs. 1 i. V. m. Abs. 2 Nr. 1.

b) **unwesentliche Beteiligung**

Die Veräußerung liegt auf der privaten Vermögensebene (keine Einkünfte).

Vergleich der Steuerbelastung

Angenommener Steuersatz 50% ESt und KiSt

ESt Belastung	Liquidation/Kapitalherabsetzung	Veräußerung
wesentliche Beteiligung	**voller** Steuersatz 50% von 300 000 = 150 000 (**ohne** Berücksichtigung der anrechenbaren KSt von 150 000, da entsprechend hohe KSt-Belastung auf der Ebene der KapGes)	**ermäßigter** Steuersatz $\frac{50\%}{2} \times 150\,000 =$ 37 500
Unwesentliche Beteiligung	ESt = 150 000 (wie wesentliche Beteiligung)	**Keine** ESt = 0

Das Beispiel zeigt, daß die **Veräußerung** steuerlich besser gestellt wird als die Liquidation und Kapitalherabsetzung. Zur Kritik und wegen steuervermeidender Gestaltungsmöglichkeiten in absehbaren Liquidationsfällen vgl. Herzig, StuW 1980, 19 ff.; ders., DB 1980, 1607; BB 1981, 1143; s. a. BFH, BStBl 1995 II 65 (Anteilsrotation ist (bei summarischer Prüfung) **kein** Mißbrauch i. S. von § 42 AO).

3.16.7 Keine nachträglichen Verluste aus § 17 Abs. 4 EStG

Nachträgliche Verluste **nach** Beendigung der KapGes können sich für den Gesellschafter nach Auffassung des BFH **nicht** ergeben, da stets eine Stichtagsbewertung vorzunehmen ist (BFH, BStBl 1985 II 320 und 428). Aber es können sich insbesondere bei einer nachträglichen Inanspruchnahme von Gesellschaftern (vor allem Gesellschafter-Geschäftsführern) nachträgliche Anschaffungskosten ergeben, z. B. aufgrund von Bürgschaften, Haftungsvorschriften.

Vgl. BFH, BStBl 1992 II 902, BStBl 1992 II 234 und OFD Düsseldorf vom 1. 2. 1989, DB 1989, 702.

Beispiel:

A, der an einer GmbH wesentlich beteiligt war, wird nach Auflösung der GmbH aus Bürgschaften auf Zahlung in Anspruch genommen, die er für Betriebsschulden der GmbH eingegangen ist.

Es handelt sich um **nachträgliche** weitere **Anschaffungskosten** seiner früheren wesentlichen Beteiligung, die A zwar nicht unter dem Gesichtspunkt eines nachträglichen Verlusts nach § 17 Abs. 4 im Jahr der Zahlung als negative Einkünfte aus Gewerbebetrieb i. S. des § 17 steuermindernd geltend machen kann, aber als nachträgliche Minderung des Gewinns/Verlusts aus § 17 in dem Jahr, in dem diese Einkünfte angesetzt wurden (evtl. Berichtigung der Veranlagung nach § 175 Abs. 1 Nr. 2 AO); BFH, a. a. O. Erforderlich ist aber eine **Verursachung** durch das Gesellschaftsverhältnis.

Es liegen somit **keine** Werbungskosten aus § 19 vor (BFH, a. a. O. und BFH vom 3. 6. 1993, DB 1994, 256).

Ein Auflösungsverlust i. S. des § 17 Abs. 4 ist im Fall der Ablehnung der Konkurseröffnung mangels Masse mit Zurückweisung des Konkursantrags verwirklicht (BFH v. 3. 6. 1993, DB 1994, 256).

3.16.8 Abgrenzung zu Werbungskosten aus § 19 EStG

Eine Verlustübernahme durch Gesellschafter stellt i. d. R. keine WK bei den Einkünften aus § 19 dar, vgl. BFH, BStBl 1993 II 111 sowie BFH/NV 1993, 654.

Ebenso stellt Verlust einer GmbH-Beteiligung **keine** WK bei § 19 dar (BFH, BStBl 1995 II 644).

4. Einkünfte aus selbständiger Arbeit (§ 18 EStG)

4.1 Begriff

Zu den Einkünften aus selbständiger Arbeit zählen:
1. Einkünfte aus freiberuflicher Tätigkeit
2. Einkünfte der Einnehmer einer staatlichen Lotterie, sofern sie nicht Gewerbetreibende sind
3. Einkünfte aus sonstiger selbständiger Tätigkeit.

Die bedeutsamste Gruppe dieser Einkunftsart sind die Freiberufler. Vgl. im einzelnen 4.2.

Die Lotterieeinnehmer sind in der Regel Gewerbetreibende.

4.2 Einkünfte aus freiberuflicher Tätigkeit

4.2.1 Begriff

§ 18 Abs. 1 Nr. 1 enthält weder eine Legaldefinition noch eine abschließende Aufzählung.

Eine freiberufliche Tätigkeit übt aus, wer selbständig eine **wissenschaftliche, künstlerische, schriftstellerische, unterrichtende oder erzieherische Tätigkeit** oder einen in § 18 Abs. 1 Nr. 1 genannten **Katalogberuf** oder einen **ähnlichen Beruf** ausübt.

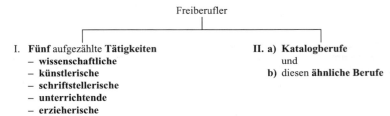

Die **positiven** Merkmale des Gewerbebetriebs (Selbständigkeit usw.) gelten auch für § 18 (H 136 „Allgemeines").

Das **Wesen** freier Berufstätigkeit oder auch sonstiger selbständiger Arbeit i. S. des § 18 liegt in der **höchstpersönlichen Erbringung von Arbeitsleistungen** unter Einsatz geistigen Vermögens und eigener Arbeitskraft begründet (BFH, BStBl 1953 III 142). Gegenüber der geistigen Arbeit und der eigenen Arbeitskraft tritt der Einsatz von Kapital in den Hintergrund (BFH, BStBl 1964 III 120; BStBl 1965 III 505).

Die Tätigkeit muß wie die gewerbliche sich als selbständig, nachhaltig, in Gewinnerzielungsabsicht und unter Teilnahme am wirtschaftlichen Verkehr darstellen (BFH, BStBl 1985 II 424; H 136 „Allgemeines").

Nachhaltigkeit liegt vor, wenn eine Wiederholungsabsicht gegeben ist; vgl. im einzelnen 2.1.1.2. Eine Tätigkeit ist nach § 18 Abs. 2 auch dann steuerpflichtig, wenn sie **vorübergehend** ist. Auch eine **einmalige** Tätigkeit ist zu erfassen, wenn zu erwarten ist, daß sie bei nächster sich bietender Gelegenheit wiederholt wird.

Die Tätigkeit muß mit **Gewinnerzielungsabsicht** erfolgen. Diese fehlt bei einem Schriftsteller, wenn nach den gegebenen tatsächlichen Verhältnissen keine Aussicht besteht, daß er jemals ein positives Gesamtergebnis erzielen wird (BFH, BStBl 1985 II 515). Zur Abgrenzung von der Liebhaberei vgl. auch 2.1.1.3.

Beispiel:
1. Richter A am Landgericht X schreibt im Kalenderjahr 01 **einen** Aufsatz für eine juristische Fachzeitschrift und erhält hierfür ein Honorar von 1 200 DM.

   Es handelt sich um eine freiberufliche Tätigkeit, auch bei einer einmaligen Veröffentlichung, weil die fachschriftstellerische Tätigkeit eines Richters als typische Nebentätigkeit anzusehen ist, bei der Wiederholungsabsicht unterstellt werden kann.

2. Rechtsanwalt B erholt sich auf einer Insel von den Strapazen seines Berufes und malt am Strand ein Bild, für das er einen Käufer findet.

Keine freiberufliche Tätigkeit, da sie, wenn sie sich nicht tatsächlich wiederholt, für einen Rechtsanwalt nicht typisch ist. Zweifel bestehen hier auch hinsichtlich der Gewinnerzielungsabsicht.

Die freie Berufstätigkeit unterscheidet sich von der **nichtselbständigen Arbeit** dadurch, daß sie **selbständig** ausgeübt wird.

Sie unterscheidet sich von den Einkünften aus Gewerbebetrieb dadurch, daß vom Berufsträger zusätzlich zur Selbständigkeit

– die (persönliche) **Leitung** sowie
– **Eigenverantwortlichkeit** aufgrund eigener Fachkenntnisse

verlangt werden, § 18 Abs. 1 Nr. 1 S. 3. Liegt **eine** der vorgenannten Voraussetzungen nicht vor, hat der Berufsträger Einkünfte aus Gewerbebetrieb, § 15. Vgl. zur Abgrenzung im einzelnen 4.2.4.

4.2.2 Aufgezählte freiberufliche Tätigkeiten

Eine freiberufliche Tätigkeit liegt (neben den Katalogberufen und ähnlichen Berufen) vor, wenn der Stpfl. selbständig eine wissenschaftliche, künstlerische, schriftstellerische, unterrichtende oder erzieherische Tätigkeit ausübt Vgl. H 136 „Freiberufliche Tätigkeit".

4.2.2.1 Wissenschaftliche Tätigkeit (H 136 EStH)

Die wissenschaftliche Tätigkeit besteht darin, eine schwierige Aufgabe nach wissenschaftlichen Grundsätzen, d.h. nach streng sachlichen und objektiven Gesichtspunkten zu lösen. Die wissenschaftliche Tätigkeit beschränkt sich nicht nur auf die sogenannte **Grundlagenforschung**, sondern auch auf die „**angewandte Wissenschaft**". Nicht nur solche Gutachten sind als wissenschaftlich zu bezeichnen, die sich mit abstrakten Fragen beschäftigen, sondern auch solche, die konkrete praktische Streitfälle erledigen (H 136 „Wissenschaftliche Tätigkeit")

Beispiel:
Prof. X erstellt ein Gutachten über die Nichtigkeit eines Gesellschafterbeschlusses einer GmbH.

Ein abgeschlossenes Hochschulstudium ist **keine** Voraussetzung für die Annahme einer wissenschaftlichen Tätigkeit.

Eine vortragende Tätigkeit ist nur dann als wissenschaftlich anzusehen, wenn sie eine gewisse Niveauhöhe aufweist, z.B. wenn von ihr Denkanstöße ausgehen.

Keine wissenschaftliche Tätigkeit liegt vor bei im wesentlichen praxisorientierter Beratung (H 136 „wissenschaftliche Tätigkeit").

Das Vermitteln von Grundwissen ist keine wissenschaftliche Tätigkeit.

Typische Erscheinungsformen sind

– Gutachtertätigkeit
– Vortragstätigkeit
– Prüfungstätigkeit.

Wer planmäßig (insbesondere nach wissenschaftlichen Methoden) ein Patent entwickelt, übt eine wissenschaftliche Tätigkeit aus. **Erfindertätigkeit** ist also wissenschaftlich (R 149 Satz 1).

4.2.2.2 Künstlerische Tätigkeit (H 136 EStH)

Wesentliches Merkmal einer künstlerischen Betätigung ist, daß die Arbeiten des Stpfl. nach ihrem Gesamtbild **eigenschöpferisch** sind und eine **bestimmte Gestaltungshöhe** erreichen (H 136 „Künstlerische Tätigkeit").

Es muß sich um eine Tätigkeit handeln, die aufgrund einer persönlichen Begabung (ggf. auch einer entsprechenden Aus- oder Vorbildung) Gegenstände oder unkörperliche Leistungen (Ideen) hervorbringt (vgl. BFH, BStBl 1977 II 474). Im Gegensatz zum Handwerker muß bei dem Künstler zu den Fertigkeiten etwas Eigenschöpferisches bei Inhalt, Stil und Form hinzukommen. Vgl. H 136 „Künstlerische Tätigkeit".

Neben den selbstschaffenden Künstlern wie **Maler, Bildhauer, Komponist, Dichter,** können auch Stpfl., die nur **reproduktiv** tätig sind, Künstler sein wie der **Pianist,** der **Sänger** und der **Schauspieler.** Die Arbeiten dürfen nicht lediglich das Produkt handwerklicher Arbeit sein (BFH, BB 1992, 1775).

Beispiele:
Fotografen, Gebrauchsgraphiker, Industriedesigner sind i. d. R. im wesentlichen nicht eigenschöpferisch, sondern handwerklich tätig.

Ein bestimmter Ausbildungsabschluß oder Vorbildung sind **nicht** Voraussetzung, sondern

- tatsächliche Beherrschung der Technik der jeweiligen Kunstart
- vereint mit künstlerischer Leistungshöhe.

Zielsetzung und Verwendung der geschaffenen Werke sind unerheblich (BFH, BStBl 1991 II 20).

Der gewerbliche Verwendungszweck schließt z. B. bei **Industriedesignern** die künstlerische Tätigkeit **nicht** aus, wenn die Arbeit nach ihrem Gesamtbild eigenschöpferisch und über eine hinreichende Beherrschung der Technik hinaus eine bestimmte künstlerische Gestaltungshöhe erreicht.

Der eigenschöpferische Charakter und die künstlerische Gestaltungshöhe einer Arbeit liegt beispielsweise gerade in der Wahl der Materialien, der Farbgebung oder der Raumwirkung.

Der BFH (BStBl 1991 II 20) hat an die künstlerische Tätigkeit **keine allzu hohen Anforderungen** gestellt, das gilt insbesondere dann, wenn die Arbeitsergebnisse keinen praktischen Gebrauchszweck haben (im Gegensatz zu den Arbeiten von Gebrauchsgraphikern, Modezeichnern, Werbefotografen). Bei den Berufen, die als freie Künstler zusammengefaßt werden, ist der allgemeinen Verkehrsauffassung besonderes Gewicht beizulegen. Insbesondere ist den Arbeiten eines **Malers** der Charakter eines Kunstwerkes beizumessen, wenn sie in Kunsthandlungen neben Bildern anerkannter Künstler angeboten werden und von Laien nicht wegen offensichtlich minderer Qualität herausgefunden werden. Das gilt insbesondere dann, wenn sie in bestimmten Kaufschichten Anklang finden. Die Einstufung durch den Gutachterausschuß als „künstlerisch ohne Belang" ist unerheblich.

Nach BFH, FR 1983, 19 ist jede **musikalische Leistung,** die einen gewissen Qualitätsstand nicht unterschreitet, als künstlerisch anzusehen. Auch die Darbietung von Tanz- und Unterhaltungsmusik kann **im Einzelfall** künstlerisch sein. Hierbei reicht die bloße Beherrschung der Instrumentaltechnik aber nicht aus.

Künstler ist auch ohne weiteres, wer aufgrund eines Kunsthochschul- oder Musikhochschulabschlusses auf dem betreffenden Gebiet tätig wird.

In Zweifelsfällen schaltet die FinVerw bei den Kunstakademien, Fachhochschulen für Kunst und Design oder bei den Oberfinanzdirektionen gebildete Gutachterausschüsse ein. Zum Verfahren bei einander widerstreitenden Gutachten vgl. BFH, BStBl 1991 II 889.

Keine eigenschöpferische Tätigkeit liegt in der Regel vor, wenn sich der Künstler darauf beschränkt, die Rolle eines Produktbenutzers zu sprechen oder zu spielen, sowie lediglich den Gegenstand seiner Werbung anzupreisen (BFH, BStBl 1992 II 353 und 413).

4.2.2.3 Schriftstellerische Tätigkeit (H 136 EStH)

Eine schriftstellerische Tätigkeit liegt vor, wenn in selbständiger Gestaltung **Gedanken schriftlich für die Öffentlichkeit niedergelegt werden** (BFH, BStBl 1958 III 316). **Das „Geschriebene" muß für die Öffentlichkeit bestimmt sein, also für einen nicht geschlossenen Kreis von Personen. Das Abfassen eines Gutachtens für einen** Auftraggeber stellt daher keine schriftstellerische Tätigkeit dar, wohl hingegen die Abfassung eines Beitrages für eine Fachzeitschrift, die ihn veröffentlicht und ihn ihrem Bezieherkreis zugänglich macht.

Es muß sich um die schriftliche Niederlegung eigener Gedanken handeln. Ein gewisses **Niveau** ist **nicht erforderlich.**

Beispiel:
Trivialliteratur (z. B. Romanhefte, Westernserien).

Ein Schriftsteller braucht

- weder Dichter
- noch Künstler
- noch Gelehrter

zu sein (H 136 „Schriftstellerische Tätigkeit").

Schriftstellerische Tätigkeit kann auch bei einem **Übersetzer** vorliegen, wenn dieser Werke der Weltliteratur ins Deutsche übersetzt (BFH, BStBl 1976 II 192).

4.2.2.4 Unterrichtende Tätigkeit (H 136 EStH)

Unterrichtende Tätigkeit ist eine auf das Vermitteln von Fähigkeiten gerichtete Tätigkeit (Herrmann/Heuer/Raupach, EStG, § 18 Anm. 70). Unterrichtende Tätigkeit ist **jede Art der persönlichen Lehrtätigkeit.** Neben der Vermittlung von **Allgemeinwissen** fällt hierunter auch der **Tanz-**, der **Schwimm-** und **Reit**unterricht, **Fahr**unterricht, **Kunst**unterricht.

Es handelt sich um eine freiberufliche Tätigkeit, wenn diese selbständig, leitend und eigenverantwortlich durch den Berufsträger ausgeübt wird. Auf die Vorbildung des Unterrichtenden kommt es nicht an. Die formale Qualifikation braucht nicht durch Prüfungen nachgewiesen zu werden.

Unterricht kann **nur für Menschen** erteilt werden. Selbständige Hundedresseure, Dompteure usw. sind mithin Gewerbetreibende.

Der Betrieb eines **Fitness-Studios** stellt in der Regel **keine** unterrichtende Tätigkeit dar (BFH, BStBl 1994 II 362); anders **bei planmäßiger Unterweisung** und **Anleitung** der Kunden.

4.2.2.5 Erzieherische Tätigkeit

Erzieherische Tätigkeit ist die planmäßige körperliche, geistige und charakterliche Formung junger Menschen (Herrmann/Heuer/Raupach, EStG, § 18 Anm 73). Die Erziehung muß **Hauptzweck** der Tätigkeit sein, sie darf nicht Nebenzweck sein (vgl. BFH, BStBl 1974 II 553; BStBl 1975 II 147).

Der Betrieb eines **Kinderheimes** stellt i. d. R. **keine** erzieherische Tätigkeit dar. Bei Kindererholungsheimen steht i. d. R. die Verpflegung und Betreuung im Vordergrund; **ausnahmsweise** kann die Erziehung im Vordergrund stehen (H 136 „Kindererholungsheim").

Erzieherische Tätigkeit wird in **Internaten** sowie in **Kindergärten** ausgeübt. Eine Fachprüfung ist für die erzieherische Tätigkeit nicht erforderlich, sie kann aufgrund eigener praktischer Erfahrungen ausgeübt werden (BFH, BStBl 1974 II 642).

4.2.2.6 Katalogberufe und diesen ähnliche Berufe

a) Katalogberufe

Übt ein Stpfl. einen in § 18 Abs. 1 Nr. 1 **namentlich genannten** Beruf unter den dort genannten weiteren Voraussetzungen selbständig aus, so hat er Einkünfte aus freier Berufstätigkeit.

Die Ausübung eines Katalogberufs ist grds. nur dann gegeben, wenn der Stpfl. eine für die Ausübung des Berufs erforderliche Vorbildung hat und berechtigt ist, diese Berufsbezeichnung zu führen (BFH, BStBl 1987 II 116). Der Nachweis einer wissenschaftlichen Ausbildung kann sich in besonderen Fällen erübrigen; vgl. BFH, BStBl 1989 II 198.

Zur Zuordnung einer Berufstätigkeit zu dem Katalogberuf „Ingenieur" vgl. BFH, BStBl 1987 II 116.

Der Katalogberuf braucht andererseits **nicht** unter eine der fünf Tätigkeiten i. S. des § 18 Abs. 1 Nr. 1 S. 2 1. Halbs. zu fallen.

b) Ähnliche Berufe

Ein Beruf ist einem der dort genannten Berufe **ähnlich**, wenn dieser Beruf von der **Ausbildung,** vom **Berufsstand** und von der **Tätigkeit** her einem dort genannten Beruf ähnlich ist (BFH, BStBl 1985 II 676). Vgl. H 136 „Ähnliche Berufe" und „Abgrenzung selbständige Arbeit/Gewerbebetrieb" (Beispiele unter a).

Die Ähnlichkeit muß sich grds. auf die **gesamte Breite des** zu vergleichenden Berufs erstrecken (BFH, BStBl 1993 II 100). Vgl. Beispiele H 136 unter b) (**nicht** ähnliche Berufe).

Grds. ist auch eine ähnliche Aus- oder Vorbildung wie bei dem jeweiligen Katalogberuf erforderlich (BFH, BStBl 1984 II 823, 1985 II 293 und 1986 II 15).

Kann jedoch der Katalogberuf **ohne** besondere Aus- oder Vorbildung ausgeübt werden, können an den zu vergleichenden Beruf keine höheren Anforderungen gestellt werden.

Vgl. z. B. BFH, BStBl 1984 II 823, 1985 II 293, 1985 II 584 und 1986 II 520.

Beispiele:

1. Ein **medizinischer Bademeister** übt **keinen** einem Arzt, Heilpraktiker, Krankengymnasten, Masseur ähnlichen Beruf aus, wenn sich seine Tätigkeit lediglich darauf beschränkt, Bäder einschließlich Saunabäder zu verabreichen. Die freie Berufstätigkeit erfordert eine persönliche Tätigkeit, lediglich die Zurverfügungstellung von Einrichtungen reicht nicht aus, eine freie Berufstätigkeiten zu begründen (BFH, BStBl 1971 II 249).
2. Ein selbständiger **Berater** für **EDV** ist grds. Gewerbetreibender (BFH, BStBl 1982 II 627,1985 II 584,1986 II 484, BFH, BStBl 1990 II 337 und BStBl 1995 II 888). Vgl. auch BStBl 1993 II 224 – (**Systemanalytiker** ist Gewerbetreibender). Ebenso ist die Tätigkeit des **Unternehmensberaters** (BStBl 1991 II 769) und eines **Marktforschers** (BStBl 1992 II 826) gewerblich.
3. Nach der Rechtsprechung des BFH, BStBl 1981 II 118; BStBl 1981 II 121 setzt ein der Berufstätigkeit des **Ingenieurs** ähnlicher Beruf i. S. des § 18 Abs. 1 Nr. 1 eine **Ausbildung** voraus, die mit der Berufsausbildung eines Ingenieurs vergleichbar ist. Eine ähnliche Berufstätigkeit kann ausnahmsweise auch dann vorliegen, wenn der Stpfl. zwar eine Ausbildung, die mit der in den Ingenieurgesetzen der Länder vorgeschriebenen Ausbildung vergleichbar ist, zwar nicht nachweisen kann, seine Tätigkeit aber mathematisch-technische Kenntnisse voraussetzt, die üblicherweise nur durch eine Berufsausbildung des Ingenieurs vermittelt werden (vgl. auch BFH, BStBl 1987 II 116).
4. Ein **Kfz-Sachverständiger,** der lediglich Gutachten über Unfallschäden und die voraussichtlichen Kosten zu deren Behebung erstellt, erfüllt **nicht** die Voraussetzungen einer dem Ingenieur ähnlichen Tätigkeit (BFH, BStBl 1981 II 118). Vgl. auch BFH, BStBl 1989 II 198 und BStBl 1993 II 100.
5. A ist gelernter Maurermeister. Nach seiner 1 1/2jährigen Ausbildung an einer privaten Technikerschule ist er für eine Baufirma als freier Mitarbeiter tätig. Er übt die Tätigkeit des **Bauleiters** für einzelne Bauvorhaben aus und rechnet der Baufirma gegenüber nach der Gebührenordnung für Architekten ab.

    Nach BFH (BStBl 1982 II 492) ist ein Beruf einem der Katalogberufe nur dann ähnlich, wenn er in wesentlichen Punkten mit diesem verglichen werden kann.

    Setzt ein Katalogberuf eine bestimmte Berufsausbildung voraus, so muß derjenige, der einen ähnlichen Beruf ausübt, die entsprechende Fachkenntnis zumindest durch Kurse oder Selbststudium erworben haben, was er durch eigene Arbeiten, die einen der Architektentätigkeit vergleichbaren Schwierigkeitsgrad aufweisen müssen, nachweisen muß. Ferner ist Voraussetzung, daß der Betroffene in einem für den Architektenberuf wesentlichen und typischen Bereich tätig worden ist.

    Zu den Leistungen des Architekten gehören zwar auch die Mitwirkung bei der Vergabe und die Bauaufsicht, diese sind jedoch nicht für diesen Beruf typisch. Die typischen Aufgaben eines Architekten liegen im planerischen und gestalterischen Bereich. A ist somit **nicht** im typischen Bereich eines Architekten tätig geworden und übt daher **nicht** einen dem eines Architekten ähnlichen Beruf aus.

    Zur einem Architekten ähnlichen Tätigkeit eines Hochbautechnikers als Bauleiter vgl. BFH, BStBl 1988 II 497 und BStBl 1990 II 64 (Freiberuflichkeit bei einem Architekten vergleichbaren theoretischen Kenntnissen bejaht).
6. Tätigkeit eines **Finanz- und Kreditberaters** ist nicht der eines beratenden Betriebswirtes ähnlich (BFH, BStBl 1988 II 666).
7. Ein Berater im Bereich der Systemtechnik übt einen einem Ingenieur **ähnlichen** Beruf aus (BFH, FR 1992, 340).

4.2.3 Selbständigkeit der Tätigkeit

Die Tätigkeit muß selbständig ausgeübt werden. Der Berufsträger muß in der Gestaltung seiner Arbeit frei sein, er darf **nicht weisungsgebunden** sein. Der Selbständigkeit steht nicht entgegen, daß der Berufsträger nur für einen Auftraggeber tätig wird. Vgl. zur Abgrenzung von Arbeitnehmern K. 5., R 134 und Abschn. 67 LStR 1996.

4.2.4 Abgrenzung zur gewerblichen Tätigkeit

Der Freiberufler muß grundsätzlich seine Leistung persönlich erbringen. Er darf sich hierbei auch fremder ebenfalls fachlich vorgebildeter Hilfskräfte bedienen, § 18 Abs. 1 Nr. 1 S. 3 1. Halbs. Es ist aber erforderlich, daß der Berufsträger **aufgrund eigener Fachkenntnisse leitend und eigenverantwortlich tätig** wird, § 18 Abs. 1 Nr. 1 S. 3 2. Halbs.

Vgl. im einzelnen H 136 „Mithilfe anderer Personen".

4.2.4.1 Eigene Fachkenntnisse

Der Berufsträger muß alle Voraussetzungen für seinen Beruf erfüllen. Das bedeutet, daß er nicht nur die Kenntnisse besitzt, er muß in der Regel die Kenntnisse durch eine entsprechende abgeschlossene Berufsausbildung durch Prüfungen nachweisen.

„Aufgrund eigener Fachkenntnis" bedeutet, daß der Berufsträger grundsätzlich **alle** Tätigkeiten, die er nach außen anbietet, selbst ausführen kann. Der Inhaber einer Sprachenschule muß daher grundsätzlich alle Sprachen, die in seiner Fachschule unterrichtet werden, selbst unterrichten können (vgl. hierzu BFH, BStBl 1969 II 165).

Beispiel:
A, der eine Ausbildung als Dipl.-Handelslehrer hat, ist Inhaber einer Privatschule für Kaufleute, Betriebswirte usw. Neben den kaufmännischen Fächern bietet er auch Kurse in Englisch und Französisch an, die von angestellten Lehrern abgehalten werden. A übt mangels eigener Fachkenntnis keine freie Berufstätigkeit aus, sondern hat gewerbliche Einkünfte

4.2.4.2 Leitung und Eigenverantwortlichkeit

Nicht notwendig ist, daß der Berufsträger die gesamte Tätigkeit, die für seinen Beruf bestimmend ist, selbst erbringt, z. B. die Rechtsberatung, die ärztliche Behandlung, Er kann sich hierfür auch fachlich vorgebildeter Kräfte bedienen. Die sogenannte Vervielfältigungstheorie ist für den Bereich des § 18 Abs. 1 Nr. 1 aufgegeben. Der Gesetzgeber verlangt nur, daß der Berufsträger entscheidend seine berufliche Tätigkeit dadurch mitprägt, daß er leitend und eigenverantwortlich tätig wird.

4.2.4.2.1 Leitung

Leitung heißt, der Berufsträger muß

- die **Organisation** selbst bestimmen,
- die **Arbeiten** seiner beruflich vorgebildeten Mitarbeiter **kontrollieren,**
- Richtlinien für die sachliche Arbeit geben,
- in Fällen grundsätzlicher Bedeutung selbst die Entscheidung treffen, vgl. insbesondere BFH, BStBl 1989 II 727. Vgl. H 136 „Mithilfe anderer Personen".

Beispiele:
1. In einer großen Anwaltskanzlei bearbeitet jeder angestellte Rechtsanwalt ein ihm zugeteiltes Fachgebiet (Ehescheidung, Mietrecht usw.) selbständig, ohne daß die Schriftsätze vom Berufsträger kontrolliert werden.
2. Der Berufsträger hat die Führung sämtlicher Geschäfte einem Bürovorsteher übertragen.

Der Berufsträger hat in beiden Fällen insbesondere nicht die Leitung.

Bei einem **Schulleiter** genügt es, daß er eigenständig in den Unterricht der anderen Lehrkräfte eingreift und Unterrichtseinheiten mitgestaltet (BFH, BStBl 1986 II 398).

Unschädlich ist eine **vorübergehende Vertretung** während **Urlaub** oder **Krankheit**; vgl. § 18 Abs. 1 Nr. 1 Satz 4.

4.2.4.2.2 Eigenverantwortlichkeit

Diese Voraussetzung bedeutet die **Übernahme der fachlichen Verantwortung** für die ausgeführten Aufträge.

Dies ist mehr als die bloße Übernahme der zivilrechtlichen Verantwortung gegenüber dem Auftraggeber.

Eigenverantwortlich bedeutet, daß

- der Berufsträger entweder wesentliche Teile der in seinem Beruf anfallenden Tätigkeiten selbst ausführt,
- oder seine Mitarbeiter hinsichtlich ihrer Arbeit so beeinflußt, daß die Auftraggeber den Eindruck haben, vom Berufsträger selbst betreut zu werden.

Die Arbeit muß den **„Persönlichkeitsstempel des Berufsträgers"** tragen (BFH, BStBl 1986 II 398).

Es muß eine persönliche Teilnahme des Berufsträgers an der praktischen Arbeit in ausreichendem Umfange gewährleistet sein. Gegenstand der eigenverantwortlichen Einflußnahme des Berufsträgers ist das einzelne von ihm in Auftrag genommene Werk oder die einzelne Dienstleistung, für deren rechnungsgemäße Ausführung er vor allem die fachliche Verantwortung übernehmen muß (BFH, BStBl 1989 II 727).

Auch das Merkmal Eigenverantwortlichkeit muß sich auf den gesamten Tätigkeitsbereich des Berufsträgers erstrecken.

An einer eigenverantwortlichen Tätigkeit fehlt es daher in der Regel z. B., wenn der Berufsträger eine Privatschule betreibt, in der viele Fachgebiete von einer großen Anzahl von Lehrern erteilt werden. So hat der BFH eine gewerbliche Tätigkeit angenommen, wenn an einer Privatschule bei 30 Lehrkräften 750 Wochenstunden unterrichtet werden (BFH, BStBl 1969 II 165, vgl. auch BFH, BStBl 1970 II 214; BStBl 1974 II 213).

Beispiele:
1. Ein **Facharzt** bedient sich bei den Untersuchungen fachlich vorgebildeter Kräfte Die Diagnose stellt er jedoch selbst und führt die anschließende Heilbehandlung durch.
2. Ein **Rechtsanwalt,** der ausschließlich eine Beratungspraxis betreibt, bedient sich für die Vorarbeiten wie Suchen von Fundstellen in der Fachliteratur und der einschlägigen höchstrichterlichen Rechtsprechung und bei Vorgutachten fachlich vorgebildeter Hilfskräfte. Die zusammenfassende endgültige Stellungnahme führt der Berufsträger selbst durch.

    In beiden Fällen 1 und 2 ist die Eigenverantwortlichkeit zu bejahen.
3. A ist Inhaber einer **Sportschule** für bestimmte Sportarten. Er beschäftigt 3 weitere Sportlehrer und bestreitet einen nicht unerheblichen Teil des gesamten in der Schule abgehaltenen Unterrichts selbst. Er beobachtet den Unterrichtsablauf der von ihm angestellten Lehrer und führt ständig Gespräche über deren Unterrichtsablauf.

    Der BFH (BStBl 1982 II 83) sah in der Tätigkeit des A eine freiberufliche Tätigkeit.

    Zur fachlichen Vorbildung gehört, daß der Berufsträger die sein Unterrichtsgebiet betreffenden Kenntnisse und Fertigkeiten und ferner die Befähigung besitzt, diese Kenntnisse und Fertigkeiten seinen Schülern zu vermitteln.

    Unter einer leitenden Tätigkeit eines Freiberuflers, der sich der Mithilfe fachlich vorgebildeter Arbeitskräfte bedient, ist die Festlegung der Grundzüge für die Organisation des Tätigkeitsbereichs und für die Durchführung der Tätigkeit, die Entscheidung grundsätzlicher Fragen und die Überwachung des Arbeitsablaufes nach festgelegten Grundsätzen zu verstehen (BFH, BStBl 1968 II 820). Eine eigenverantwortliche Tätigkeit liegt vor, wenn die für diese Tätigkeit charakteristische Beziehung des Unterrichtenden zum Schüler hergestellt wird. Diese Voraussetzung ist immer dann erfüllt, wenn der Unterrichtende einen Teil des Unterrichts selbst erteilt, aber auch das regelmäßige Eingreifen in den Unterricht der mitarbeitenden Lehrer kann eine solche Beziehung begründen (BFH, BStBl 1979 II 213; BStBl 1979 II 246 und BStBl 1986 II 398).
4. Der Inhaber eines **Kinderheimes** übt keine erzieherische Tätigkeit aus i. S. des § 18 Abs. 1 Nr. 1, wenn er sich auf die Wirtschaftsleitung des Heimes beschränkt und die pädagogische Leitung einer anderen Person überläßt (BFH/NV 1985, 70).
5. Ein **Arzt,** der Inhaber eines **zytologischen Instituts** ist, übt insoweit nur dann eine freiberufliche Tätigkeit aus, wenn die von ihm beschäftigten medizinisch-technischen Assistentinnen auf dem Gebiet der zytologischen Untersuchungen nicht nur eine untergeordnete Hilfstätigkeit ausüben, sondern eine einem ärztlichen Zytologen gleichartige Tätigkeit und der Berufsträger durch Kenntnisnahme und auch Plausibilitätskontrolle die Eigenverantwortlichkeit hinsichtlich der Untersuchungen nach außen übernommen hat (BFH, BStBl 1988 II 782, BStBl 1990 II 507).
6. Die Eigenverantwortlichkeit eines Arztes für Laboratoriumsmedizin ist **nicht** gegeben, wenn er nicht genügend Zeit für die persönliche Mitwirkung am einzelnen Untersuchungsauftrag hat (BFH, BStBl 1995 II 732).

4.2.5 Vorliegen mehrerer Tätigkeiten. Gemischte Tätigkeit

Grundsätzlich sind verschiedene Tätigkeiten eines Stpfl. getrennt zu beurteilen, wenn sie sich objektiv voneinander trennen lassen (H 136 „Gemischte Tätigkeit").

Diese getrennte Beurteilung kann auch zu verschiedenen Einkunftsarten führen.

4.2.5.1 Freiberufliche Tätigkeit neben nichtselbständiger Arbeit

Ein Freiberufler kann gleichzeitig eine nichtselbständige Arbeit ausüben, nur muß sie sich klar von der selbständigen Arbeit abgrenzen lassen.

Beispiel 1:
A ist Chefarzt eines Krankenhauses aufgrund eines Anstellungsvertrages. In einem besonderen Vertrag ist ihm gestattet worden, die Privatpatienten auf eigene Rechnung zu behandeln.
A hat hinsichtlich seines Gehaltes als Chefarzt Einkünfte aus nichtselbständiger Arbeit (§ 19), hinsichtlich der Honorare aus der Behandlung der Privatpatienten Einkünfte aus freiberuflicher Tätigkeit (§ 18).
Gleiches trifft zu beim angestellten Juristen einer Rechtsabteilung eines Unternehmens, dem es gestattet ist, außerhalb der Dienstzeit eine anwaltliche Tätigkeit auszuüuben.

Beispiel 2:
A ist Lehrer an einem Gymnasium. Daneben hat er mit einer Privatschule einen Mitarbeitervertrag, wonach er sich gegen Stundenhonorar bereit erklärt, 5 Wochenstunden zu unterrichten. In den Ferien und auch im Krankheitsfalle erhält er kein Honorar.
A hat als Beamter Einkünfte aus nichtselbständiger Arbeit, als freier Mitarbeiter der Privatschule Einkünfte aus freiberuflicher Nebentätigkeit.

Beispiel 3:
Regierungsrat A vom Finanzamt X hält im Rahmen von Fachveranstaltungen Vorträge, veröffentlicht Beiträge in Fachzeitschriften und ist Mitherausgeber eines Steuerrechtskommentars.
Als Beamter hat er Einkünfte aus nichtselbstständiger Arbeit, hinsichtlich der anderen Tätigkeiten Einkünfte aus freiberuflicher Tätigkeit (§ 18).

Eine freiberufliche Tätigkeit kann unter Umständen sogar im Verhältnis zum gleichen Arbeitgeber vorliegen, wenn diese Tätigkeit nicht Bedingung bzw. Ausfluß des Arbeitsvertrages ist.

Beispiel 4:
Dipl. Ing. A ist Angestellter eines Unternehmens. Da er gute Sprachkenntnisse in Englisch und Französisch besitzt, hat er sich bereit erklärt, in seiner Freizeit Übersetzungen zu übernehmen, die gesondert honoriert werden. Eine Verpflichtung zur Übernahme besteht nicht, die Arbeit steht auch nicht in unmittelbarem Zusammenhang mit seinem Aufgabengebiet als Angestellter. A erzielt insoweit Einkünfte aus § 18 Abs. 1 Nr. 1.

Beispiel 5:
Das Musiktheater der Stadt X zahlt an seine Orchestermitglieder Vergütungen für die Übertragung von Leistungsschutzrechten betr. Fernsehaustrahlung. Diese Rechte waren nicht auf Grund des Arbeitsvertrages auf den Arbeitgeber übergegangen. Die Orchestermitglieder erzielen Einkünfte aus § 18 (BFH, BStBl 1995 II 471).

4.2.5.2 Mehrere Betriebe eines Steuerpflichtigen

Ein Stpfl. kann mehrere Betriebe haben, die unterschiedlichen Einkunftsarten zuzuordnen sind. Voraussetzung ist, daß sachlich verschiedene Tätigkeiten vorliegen.

Beispiel:
Ein Architekt unterhält ein Architekturbüro, ein Baugeschäft und ein Weingut.
Er hat in diesem Falle freiberufliche Einkünfte (§ 18 Abs. 1 Nr. 1), gewerbliche Einkünfte (§ 15 Abs. 1 Nr. 1) und Einkünfte aus Land- und Forstwirtschaft (§ 13), da sachlich verschiedene Tätigkeiten vorliegen. Die Gewinne dieser Betriebe sind getrennt zu ermitteln.

4.2.5.3 Mehrere Tätigkeiten im Rahmen eines Betriebes

4.2.5.3.1 Trennbare gemischte Tätigkeiten

Übt der Steuerpflichtige im Rahmen seiner Tätigkeit solche Tätigkeiten aus, die in unterschiedliche Einkunftsarten einzuordnen sind, sind die Einkünfte hieraus getrennt zu erfassen, wenn eine getrennte steuerrechtliche Behandlung nach der Verkehrsauffassung ohne besondere Schwierigkeiten möglich ist (BStBl 1979 II 246, BStBl 1981 II 518 und BStBl 1986 II 213).

Grundsätzlich ist daher eine **Trennung** der Einkünfte vorzunehmen, wenn der Berufsträger im Rahmen seines freien Berufs Tätigkeiten übernimmt, die **sachlich** einer anderen Einkunftsart, z. B. Gewerbebetrieb zuzurechnen sind. Die Aufteilung setzt **nicht** gesonderte Buchführung bzw. Aufzeichnungen voraus.

Vgl. BFH, BStBl 1972 II 334 – Geldgeschäfte eines Rechtsanwalts – sowie BFH, BStBl 1984 II 129 – Vermittlungen von Vermögensanlagen.

Beispiel:
Steuerberater A vermittelt über seine Steuerberaterpraxis auch Anteile an Verlustzuweisungsgesellschaften. Die Vermittlungstätigkeit fällt unter § 15 (BFH, BStBl 1984 II 129).

Ist ein Freiberufler gleichzeitig Gesellschafter einer gewerblichen Personengesellschaft und erbringt er für die Personengesellschaft Leistungen im Rahmen seiner freiberuflichen Tätigkeit, so sind die Vergütungen, die der Gesellschafter von der Gesellschaft hierfür erhält, als Einkünfte aus Gewerbebetrieb zu qualifizieren, § 15 Abs. 1 Nr. 2 2. Halbs. Die Aufwendungen, die er hierfür getätigt hat, sind als **Sonderbetriebsausgaben** bei den Einkünften aus Gewerbebetrieb zu behandeln. Vgl. K. 2.2.4.3 und BFH, BStBl 1979 II 763; BStBl 1979 II 767.

Beispiel:
A übt den Beruf als Architekt aus. Seine Betriebseinnahmen aus dieser Tätigkeit betragen 300 000 DM, seine Betriebsausgaben 180 000 DM. A ist gleichzeitig Gesellschafter der X-KG. Er hat es gemäß Gesellschaftsvertrag übernommen, für die X-KG Pläne für Bauten zu erstellen und die Bauaufsicht zu übernehmen. Er rechnet mit der X-KG nach der Architekten Gebührenordnung ab. Die Vergütungen betragen 90 000 DM, die in den Betriebseinnahmen von 300 000 DM enthalten sind. In den BA enthalten sind Aufwendungen von 54 000 DM im Zusammenhang mit der Bauplanung für die KG.

Die Einkünfte sind aufzuteilen.

	§ 18	§ 15 Abs. 1 Nr. 2
Betriebseinnahmen	210 000 DM	90 000 DM
Betriebsausgaben	126 000 DM	54 000 DM
Einkünfte	84 000 DM	36 000 DM

4.2.5.3.2 Nichttrennbare gemischte Tätigkeiten

Eine getrennte Behandlung gemischter Tätigkeiten ist dann **nicht** möglich, **wenn sich diese Tätigkeiten gegenseitig bedingen und derartig miteinander verflochten sind, daß der ganze Betrieb nach der Verkehrsauffassung als einheitlich anzusehen** ist (BFH, BStBl 1974 II 383; BStBl 1976 II 492; BStBl 1979 II 246, BStBl 1984 II 129 und BStBl 1990 II 534). In diesem Falle sind die Einkünfte der Tätigkeit zuzuordnen, deren Merkmale nach dem **Gesamtbild überwiegen**.

Beispiele:
1. Steuerberater A übernimmt für seine Mandanten neben der Aufstellung der Jahresbilanz, das Ausfertigen der Steuererklärung auch die **Buchführung**.

   Die Buchführung im Kundenauftrag stellt für sich allein genommen eine gewerbliche Tätigkeit, hingegen die Steuerberatung und die Bilanzaufstellung eine freiberufliche Tätigkeit dar. Da sich beide Tätigkeiten gegenseitig bedingen, die Buchführung jedoch im Rahmen des steuerlichen Betreuungsvertrages von untergeordneter Bedeutung ist, ist die gesamte Tätigkeit hieraus der freiberuflichen Tätigkeit zuzurechnen.

2. Architekt B übernimmt für Bauherren die Planung, die Finanzierung und die spätere Betreuung der Bauvorhaben. Die Honorareinnahmen hieraus betrugen 180 000 DM. An den Kunden D hat er ein Grundstück für 60 000 DM architektengebunden veräußert, das er für 40 000 DM erworben hatte. Er erstellt für D die Bau-

pläne, bereitete die Bauanträge vor und übernahm die Baubetreuung (einschließlich Finanzierung). Hierfür berechnete er D insgesamt 40 000 DM. An E und F verkaufte er jeweils ein schlüsselfertiges Haus für jeweils 400 000 DM, deren Anschaffungs- und Herstellungskosten jeweils 320 000 DM betrugen.

Die Tätigkeiten des B im Rahmen seines Berufes sind **sowohl als freiberufliche als auch gewerbliche** zu qualifizieren. Soweit B lediglich die **Planung** und die **Betreuung** übernommen hat, handelt es sich um **freiberufliche** Einkünfte. Dies gilt auch im Hinblick auf die **Grundstücksfinanzierung,** obwohl diese für sich genommen eine gewerbliche Tätigkeit darstellt, weil sie mit der Baubetreuung eine Einheit darstellt und im Rahmen dieser von untergeordneter Bedeutung ist.

Der **Grundstücksverkauf** an D stellt eine **gewerbliche** Tätigkeit dar **(gewerblicher Grundstückshandel).** Die D gegenüber übernommene **Bauplanung** und **Baubetreuung** ist jedoch eine freiberufliche Tätigkeit. Der Verkauf der schlüsselfertigen Häuser an die Käufer E und F stellt **insgesamt** eine gewerbliche Tätigkeit dar.

Da das Architekturbüro vom gewerblichen Grundstückshandel zu trennen ist, ist eine Aufteilung in freiberufliche und gewerbliche Einkünfte möglich.

Beim Betrieb eines **Internates** kommt es darauf an, ob das Internat einen Nebenzweck oder einen Hauptzweck darstellt. Das Internat stellt einen Nebenzweck dar, wenn der Hauptzweck das Betreiben einer Privatschule ist. Das Internat jedoch ist Hauptzweck, wenn es in erster Linie dazu dient, Kinder zu betreuen und zu verpflegen und eine angegliederte Schule lediglich der Abrundung des Angebotes dient. Der Internatsbetrieb ist jedoch als ein Teil freiberuflicher Tätigkeit anzusehen, wenn der Hauptzweck des Internatsbetriebes die Erziehung von Schülern ist. Vgl. **H 136 „Unterrichtende und erzieherische Tätigkeit".**

Unterhält ein Arzt eine **Klinik,** so gehört diese zu seiner ärztlichen Tätigkeit, wenn die Klinik dazu dient, bestimmte ärztliche Untersuchungen und Heilverfahren zu ermöglichen (insbesondere Diagnoseklinik).

Insgesamt eine gewerbliche Tätigkeit liegt jedoch vor, wenn ein Arzt ein Sanatorium oder ein Kurhaus betreibt und seine Gäste gleichzeitig ärztlich betreut. Hier stellt die ärztliche Leistung an die Sanatoriums- und die Kurgäste lediglich eine Nebenleistung dar. Vgl. **H 136 „Heilberufe".**

4.2.6 Übersicht

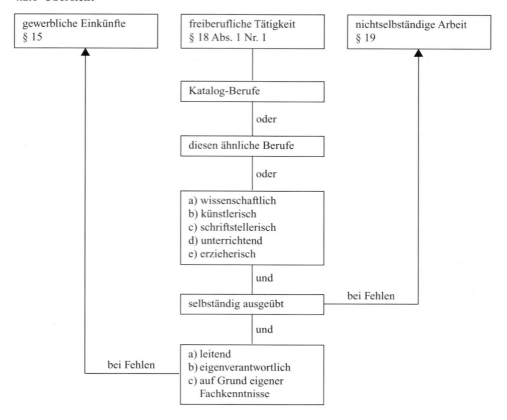

4.2.7 Gemeinschaftliche Ausübung der freiberuflichen Tätigkeit

Freiberufler können sich zu einer **Gesellschaft bürgerlichen Rechts** oder einer **Partnerschaftsgesellschaft** zusammenschließen, um den Beruf gemeinsam auszuüben. Sie üben jedoch nur dann eine freiberufliche Tätigkeit aus, wenn **jeder einzelne** Berufsträger die in § 18 Abs. 1 Nr. 1 genannten Voraussetzungen erfüllt, d. h.

a) jeder Gesellschafter muß die fachlichen Voraussetzungen für den Beruf mitbringen,

b) jeder muß leitend und eigenverantwortlich tätig sein. Vgl. **H 136 „Gesellschaft"**.

Hierbei genügt es jedoch, daß sich die Tätigkeit des einzelnen Gesellschafters auf einen bestimmten Arbeitsbereich beschränkt (BFH, HFR 1965, 578). Die Aufgabenverteilung kann von Fall zu Fall erfolgen (BFH, BStBl 1989 II 727).

Dabei ist es also **nicht** erforderlich, daß **jeder** von Ihnen in **allen** Unternehmensbereichen leitend tätig ist und an jedem Auftrag eigenverantwortlich mitarbeitet.

Einer freiberuflichen Tätigkeit jedoch steht entgegen, wenn der eine oder andere Gesellschafter lediglich eine untergeordnete Tätigkeit wahrnimmt und auch die fachlichen Voraussetzungen nicht aufweist (BFH, BStBl 1985 II 584 und 1986 II 520).

Beispiel:

A, B, C und D haben sich zu einer Rechtsanwaltsgemeinschaft in Form einer Gesellschaft bürgerlichen Rechts zusammengeschlossen. A beschäftigt sich im wesentlichen mit Gesellschaftsrecht, B mit Scheidungsrecht, C mit Bauprozessen, D übernimmt es lediglich, die Bücher zu führen und die Akten zu führen. Es liegt **insgesamt** eine **gewerbliche** Mitunternehmerschaft i. S. des § 15 Abs. 1 Nr. 2 vor.

Da D keine leitende und eigenverantwortliche Tätigkeit in dem Büro wahrnimmt, kann eine freiberufliche Tätigkeit fraglich sein. Unschädlich ist jedoch, daß A, B und C ihre Arbeit nach Sachgebieten aufgeteilt haben.

Bei einer Gesellschaft liegt nur dann eine freiberufliche Tätigkeit vor, wenn **alle Gesellschafter** die **freiberufliche Qualifikation besitzen** (BFH, BStBl 1985 II 584).

Liegen die Voraussetzungen nicht für alle Gesellschafter vor, liegen insgesamt Einkünfte aus Gewerbebetrieb für **alle Gesellschafter** vor (BFH, BStBl 1987 II 124).

Beispiele:
1. Architekt A schließt sich mit dem Bauunternehmer B zusammen, um gemeinsam Häuser zu bauen und zu verkaufen.

   Es handelt sich hier um eine gemeinsame **gewerbliche** Tätigkeit, auch wenn A es übernommen hat, die Pläne für die Häuser zu erstellen und die Kunden zu beraten (BFH, BStBl 1980 II 336).
2. Ein Steuerberater schließt sich mit einem Stpfl., der nicht zum Steuerberater/Steuerbevollmächtigten bestellt ist, zu einer Steuerberatungspraxis in der Form einer GbR zusammen. Es liegen insgesamt Einkünfte aus § 15 Abs. 1 Nr. 2 vor (BFH, BStBl 1987 II 124).

Grundsätzlich wird man verlangen müssen, daß die Gesellschafter den **gleichen freien Beruf** ausüben. Eine Ausnahme wird man jedoch dann machen müssen, wenn die beruflichen Tätigkeiten der einzelnen Gesellschafter eng beieinander liegen.

Beispiel:

Rechtsanwalt A, Wirtschaftsprüfer B und Steuerberater C schließen sich zu einer Gesellschaft bürgerlichen Rechts zusammen, um eine einheitliche rechtliche und steuerliche Beratung ihren Mandanten anbieten zu können.

Es liegen einheitlich Einkünfte aus freiberuflicher Tätigkeit vor.

Üben die Gesellschafter im Rahmen einer Personengesellschaft eine freiberufliche Tätigkeit aus, ist es erforderlich, daß die gesamte Tätigkeit dieser Personengesellschaft als eine freiberufliche zu qualifizieren ist (§ 15 Abs. 3 Nr. 1). Bei verschiedenen Tätigkeiten ist eine Aufteilung nicht möglich. Vgl. § 15 Abs. 3 Nr. 1 und BFH, BStBl 1986 II 520.

Dies gilt auch bei Beteiligung eines **atypisch stillen** Gesellschafters (BFH, BStBl 1995 II 171).

Beispiel:

A, B und C haben sich zu einer Wirtschaftsprüfungs- und Steuerberatungsgesellschaft zusammengeschlossen. Im Rahmen dieser Gesellschaft werden auch Beteiligungen und Darlehn vermittelt an Mandanten; darüber hinaus beschäftigen sich die Gesellschafter im Rahmen dieser Gesellschaft mit Personalberatung und Unternehmensplanung.

Da hier **auch** Tätigkeiten ausgeübt werden, die ihrem Inhalt nach gewerbliche Tätigkeiten sind, ist die Tätigkeit der Personengesellschaft insgesamt als eine gewerbliche einzustufen, auch insoweit, als die Tätigkeiten ihrem Wesen nach eine freiberufliche darstellen.

Übt ein Gesellschafter im Rahmen einer Steuerberatersozietät eine Treuhändertätigkeit aus, die als gewerbliche Tätigkeit zu qualifizieren ist, und wird diese Tätigkeit im Namen und für Rechnung der Sozietät ausgeübt, so übt diese als GbR **insgesamt** eine gewerbliche Tätigkeit aus (BFH, BStBl 1990 II 534).

Der Betrieb einer **Tanzschule** durch eine **GbR** ist gewerblich, wenn diese auch einen Getränkeverkauf mit Gewinn betreibt (BFH, BStBl 1995 II 718).

§ 15 Abs. 3 Nr. 1 gilt zwar nicht nur für Personenhandelsgesellschaften, sondern auch für andere Gesellschaften i. S. des § 15 Abs. 1 Nr. 2 (BFH, BStBl 1989 II 748), **nicht** jedoch für die **Erbengemeinschaft** (BFH, BStBl 1990 II 837). Hieraus können die Erben **nebeneinander** gewerbliche Einkünfte **und** andere Einkünfte (z. B. § 18, § 20, § 21) erzielen.

4.3 Besonderheiten im Erbfall

4.3.1 Nachträgliche Einkünfte der Erben

Stirbt der Berufsträger, haben die **Erben**, wenn sie selbst die Voraussetzungen des § 18 Abs. 1 Nr. 1 nicht erfüllen, **keine** Einkünfte aus freiberuflicher Tätigkeit (BFH, BStBl 1990 II 837).

Die nachträglichen Einkünfte aus selbständiger Tätigkeit sind daher auf die **Einziehung** von **Forderungen** des Erblassers beschränkt (bei Gewinnermittlung des **Erblassers** nach § 4 Abs. 3), z. B. Verkauf von Bildern eines verstorbenen Malers durch die Witwe (BFH, BStBl 1993 II 716).

Mit dem Tode eines Freiberuflers wird dessen freiberufliches Betriebsvermögen zu Betriebsvermögen des **Erben** oder der **Miterben.** Geht die freiberufliche Praxis aufgrund eines Vermächtnisses auf den Vermächtnisnehmer über, so wird das Praxisvermögen BV des Vermächtnisnehmers (BFH, BStBl 1993 II 36). Der Tod des Freiberuflers führt also nicht zur Betriebsaufgabe (BFH, BStBl 1994 II 922).

Wird die Tätigkeit zwar nicht fortgesetzt, so kann eine **Raumnutzung** durch die Witwe **(häusliches Arbeitszimmer)** dennoch betrieblich veranlaßt sein, wenn dieser Raum zur Abwicklung des bisherigen Betriebs genutzt wird (BFH, BStBl 1989 II 509).

4.3.2 Praxisfortführung

a) Führen die Erben die Tätigkeit **kraft eigener freiberuflicher Qualifikation** fort, erzielen sie – wie bereits der Erblasser – Einkünfte aus freiberuflicher Tätigkeit.

b) Erfüllen jedoch die Erben die Voraussetzungen für die Berufsausübung **nicht,** sondern führen sie die freiberufliche Praxis durch einen fachlich vorgebildeten Angestellten weiter, haben sie Einkünfte aus **Gewerbebetrieb** (BFH, BStBl 1981 II 665 und H 136).

Vgl. auch BFH (GrS) BStBl 1990 II 837 und BMF-EA, Tz 5.

4.3.3 Praxisverpachtung durch Erben

Wenn die **Witwe des Berufsträgers die Praxis verpachtet,** ist es fraglich, ob die verpachtete Praxis Betriebsvermögen bleiben und die Pachteinnahmen Einkünfte aus Gewerbebetrieb darstellen können.

Es ist zweifelhaft, ob die Rechtsprechung des BFH zum ruhenden Gewerbebetrieb auch bei der Verpachtung einer freiberuflichen Praxis anwendbar ist. Die Rechtsprechung hat einen ruhenden Gewerbebetrieb nur dann angenommen, wenn der bisherige Gewerbetreibende die wesentlichen Grundlagen seines Betriebes verpachtet hat (ebenso bei der Land- und Forstwirtschaft). Da bei einer freiberuflichen Praxis die Einrichtung als solche nicht die wesentliche Grundlage darstellt, sondern die persönlichen Fähigkeiten des Berufsträgers, die Bestandteil des Praxiswertes sind, wird sich dieser nach Verpachtung schnell verflüchtigen und der Pächter einen eigenen Praxiswert aufbauen, so daß die überlassene Büro- und Praxiseinrichtung, unter Umständen auch die Überlassung der Praxisräume nicht die wesentliche Grundlage einer freiberuflichen Tätigkeit darstellen. Das hat zur Folge, daß die frühere berufliche Tätigkeit des Erblassers durch die Verpachtung **durch den Erben aufgegeben** worden ist und der **Erbe** nunmehr Einkünfte aus **Vermietung und Verpachtung** (§ 21 Abs. 1 Nr. 2) hat. Der verpachtende Erbe, der den Betrieb aufgegeben hat, hat den Aufgabegewinn nach § 18 Abs. 3 i. V. m. § 16 Abs. 3 zu versteuern.

Die **vorübergehende Verpachtung** einer freiberuflichen Praxis durch den Erben des verstorbenen Freiberuflers oder einen Stpfl., der die Praxis im **Vermächtniswege** erworben hat, führt mangels Betriebsaufgabeerklärung **nicht** zur Betriebsaufgabe, wenn der Rechtsnachfolger im Begriff ist, die für die beabsichtigte Praxisfortführung erforderliche Qualifikation zu erlangen (BFH, BStBl 1993 II 36 und H 136 „Verpachtung nach Erbfall").

4.3.4 Praxisverpachtung durch den Berufsträger

Fraglich ist, ob der Berufsträger noch Einkünfte aus freier Berufstätigkeit haben kann, wenn **er selbst** aus Altersgründen die Praxis verpachtet. Die besonderen Merkmale leitend und eigenverantwortlich treffen auf ihn nicht mehr zu. Träger des Berufes ist der Pächter durch seinen persönlichen Arbeitseinsatz geworden, so daß Gegenstand der Verpachtung lediglich die Einrichtung ist.

U. E übt der ehemalige Berufsträger, der den Beruf selbst nicht mehr ausübt, sondern seine Praxis verpachtet, keinen freien Beruf mehr aus, er hat auch keine Einkünfte aus Gewerbebetrieb, sondern aus Vermietung und Verpachtung, auch wenn er mit der Einstellung der Berufstätigkeit nicht ausdrücklich die Betriebsaufgabe erklärt hat.

Das Verpächterwahlrecht nach den „Verpachtungserlassen" gilt **nicht** für § 18.

Zu Ausnahmefällen mit materiellen Wirtschaftsgütern als wesentliche Praxisgrundlagen vgl. Korn, DStZ 1983, 16.

4.4 Betriebsveräußerung und Einbringung einer Praxis in eine GbR

4.4.1 Veräußerungstatbestände

Zu den Einkünften aus selbständiger Arbeit gehört auch der Gewinn, der bei der Veräußerung des Vermögens oder eines selbständigen Teils des Vermögens oder eines Anteils am Vermögen erzielt wird, das der selbständigen Arbeit dient (§ 18 Abs. 3). Diese Vorschrift ist der Regelung in § 16 Abs. 1 nachgebildet. Vgl. im einzelnen **H 147 „Veräußerung"**.

Unter § 18 Abs. 3 fallen die Veräußerung einer **ganzen Praxis** (= feste Einrichtung einer freiberuflichen Tätigkeit) einer **Teilpraxis** und, wenn die Tätigkeit in einer Gesellschaft bürgerlichen Rechts ausgeübt wird, die Veräußerung des **Gesellschaftsanteils**.

Hierzu rechnet auch ein Bruchteil eines Gesellschaftsanteils (BFH, BStBl 1995 II 407, BFH/NV 1995, 766).

4.4.1.1 Veräußerung einer Praxis

Eine Veräußerung im Sinne des § 18 Abs. 3 liegt vor, wenn die wesentlichen Grundlagen der selbständigen Arbeit im ganzen einem anderen entgeltlich übertragen werden und mit der Veräußerung der Grundlagen **auch** die **Tätigkeit selbst** – wenigstens für eine **gewisse Zeit am Ort der bisherigen Tätigkeit** ihr Ende findet (BFH, BStBl 1986 II 335). Wesentliche Grundlage einer freiberuflichen Praxis ist nicht die Einrichtung, sondern das Betätigungsfeld, bei Rechtsanwälten, Steuerberatern der Mandantenstamm, beim Arzt der Patientenstamm.

Gegenstand der Übertragung sind die wesentlichen wirtschaftlichen Grundlagen der Praxis **einschließlich** des **Mandantenstamms** (BFH, BStBl 1994 II 925). Daher ist es erforderlich, daß der Veräußerer am gleichen Ort zumindest für eine gewisse Zeit seine freiberufliche Tätigkeit **nicht mehr ausübt** (R 147 Abs. 1 S.3). Aus diesem Grunde liegt grds. eine begünstigte Praxisveräußerung **nicht** vor, wenn der Veräußerer eigene Mandanten zurückbehält (vgl. jedoch 4.4.1.3 und 4).

Der Veräußerungsgewinn fällt in das Kalenderjahr, in dem die dingliche Übertragung vollzogen ist. Wird im Vertrag über den Verkauf einer freiberuflichen Praxis vereinbart, daß der Erwerber die Praxis „mit Wirkung vom 1.1. des Jahres 02" übernehmen soll, und findet auch die Übergabe vereinbarungsgemäß zu Beginn des Jahres 02 statt, so entsteht der Veräußerungsgewinn regelmäßig nicht bereits im Jahre 01 (BFH, BStBl 1992 II 525).

4.4.1.2 Veräußerung einer „Teilpraxis"

Der Begriff des Teilbetriebs i.S. des § 16 Abs. 1 Nr. 1 ist nicht ohne weiteres auf die Teilpraxis übertragbar. Die Personenbezogenheit der selbständigen Arbeit führt dazu, daß Teilbetriebe von der Rechtsprechung nur anerkannt werden, wenn es sich um verschiedenartige Tätigkeiten mit verschiedenen Mandantenkreisen handelt (z.B. Rechtsanwalt und Repetitor oder: Rechtsanwalt und Steuerberater), wenn beide Praxen organisatorisch und hinsichtlich der Mandantschaft getrennt sind (H 147 „Veräußerung – 3. Teilbetrieb")

Keine Veräußerung einer Teilpraxis i.S. von § 18 Abs. 3 liegt vor, wenn ein Tierarzt seine „Großtierpraxis" unter Zurückbehaltung der „Kleintierpraxis" veräußert (BFH, BStBl 1993 II 182 und DB 1993, 1754).

Die **Übertragung** von **technischem Wissen** und **Berufserfahrung** auf den einzigen Kunden stellt **weder** eine Betriebsveräußerung **noch** Betriebsaufgabe dar (BFH, BStBl 1996 II 4).

4.4.1.3 Veräußerung eines freiberuflichen Sozietätsanteils

Diese Bestimmung ist der Veräußerung eines **Mitunternehmeranteils** nachgebildet (= § 16 Abs. 1 Nr. 2). Hierunter fallen

- die Veräußerung eines **Anteils** eines Teilhabers an der Sozietät an einen Dritten (BFH, BStBl 1995 II 407) sowie
- das Ausscheiden eines Berufsträgers aus der Sozietät gegen Abfindung (Barabfindung, Rente usw.).

Grds. nicht unter § 18 Abs. 3 fällt die Aufnahme eines Sozius in eine Einzelpraxis, da eine Mitunternehmerschaft noch nicht gegeben war (BFH, BStBl 1984 II 518). Es kann jedoch ein nach § 24 UmwStG begünstigter Einbringungsvorgang vorliegen (vgl. BFH, a. a O. und unten 4.4.3.

Das **Ausscheiden** eines Gesellschafters aus einer freiberuflichen Sozietät ist **nur** dann **steuerbegünstigt**, wenn der Ausscheidende zumindest am gleichen Ort bzw. Einzugsbereich der Praxis die Berufstätigkeit völlig einstellt.

Dagegen ist die Einstellung der Tätigkeit nicht erforderlich bei Veräußerung eines Bruchteils des Gesellschaftsanteils (H 147 „Veräußerung – 2. Personengesellschaften"; BFH, BStBl 1995 II 407).

Keine steuerbegünstigte Praxisveräußerung ist bei **Änderung** der **Gewinnverteilung** gegeben.

4.4.1.4 Aufgabe einer Praxis

§ 18 Abs. 3 verweist auch auf § 16 Abs. 2 bis 4. Somit wird auch die **Aufgabe** einer freiberuflichen Tätigkeit mit eingeschlossen. Die Aufgabe der Berufstätigkeit wird einer Praxisveräußerung gleichgestellt.

Eine steuerbegünstigte Betriebsaufgabe liegt **auch** vor, wenn der Stpfl. die freiberufliche Tätigkeit in **geringem** Umfange fortführt (BFH, BStBl 1992 II 457). Unschädlich ist auch die Zurückbehaltung einzelner Mandanten, auf die in den letzten drei Jahren weniger als 10 v. H. der gesamten Einnahmen entfallen (R 147 Abs. 1 S. 4).

Unschädlich ist die Beschäftigung des bisherigen Praxisinhabers durch den Erwerber in nichtselbständiger Stellung bzw. Betreuung früherer Mandanten auf Rechnung und im Namen des Erwerbers der Praxis.

4.4.2 Ermittlung und Besteuerung des Veräußerungs- bzw. Aufgabegewinns

Der Veräußerungsgewinn oder der Aufgabegewinn sind nach § 16 Abs. 2 i. V. m. § 18 Abs. 3 zu ermitteln. Der Wert des Betriebsvermögens oder des Anteils ist für den Zeitpunkt der Veräußerung nach § 4 Abs. 1 oder nach § 5 zu ermitteln. Das bedeutet, daß der Sozius bei der Anteilsveräußerung, wenn der Gewinn bisher nach § 4 Abs. 3 durch Überschuß der Betriebseinnahmen über die Betriebsausgaben ermittelt worden ist, zur Gewinnermittlung durch Vermögensvergleich (§ 4 Abs. 1) übergehen muß. Der ausscheidende Sozius muß daher für den Zeitpunkt der Veräußerung oder Aufgabe eine Bilanz erstellen.

Zur Ermittlung und Besteuerung eines sogenannten **Übergangsgewinns** vgl. **R 17**.

Hinsichtlich der **Ermittlung** und **Besteuerung** des Veräußerungsgewinns kann im übrigen auf die Ausführungen zu § 16 verwiesen werden.

- **Freibetrag nach § 16 Abs. 4**:

Hat noch der Praxisinhaber seine freiberufliche Praxis wegen dauernder Berufsunfähigkeit verkauft, wird die Praxis aber erst nach dem Tode übertragen, so können die Erben den Freibetrag nach § 16 Abs. 4 wegen Berufsunfähigkeit beanspruchen. (BFH, BStBl 1995 II 893).

4.4.3 Einbringung einer Einzelpraxis in eine Sozietät bzw. Partnerschaftsgesellschaft

Auf die Einbringung einer freiberuflichen Tätigkeit in eine Gesellschaft bürgerlichen Rechts bzw. Partnerschaftsgesellschaft ist auch **§ 24 UmwStG anwendbar** (BFH, BStBl 1980 II 239, 1984 II 518).

Voraussetzung ist, daß die wesentlichen Grundlagen einer freiberuflichen Praxis, einer Teilpraxis oder Anteile an einer Sozietät in eine Freiberuflersozietät eingebracht werden.

Dies gilt auch für die Altgesellschafter, wenn in eine Sozietät ein weiterer Berufsträger als Gesellschafter eintritt (BFH, BStBl 1985 II 695, H 147 „Gesellschaftereintritt in bestehende Sozietät").

Für die Anwendung des § 24 UmwStG ist es gleichgültig, ob der Einbringende seinen Gewinn durch Vermögensvergleich § 4 Abs. 1 oder durch Überschußrechnung § 4 Abs. 3 ermittelt hat und nach welcher der beiden Methoden die übernehmende Personengesellschaft ihren Gewinn ermittelt.

Ermittelt die aufnehmende Gesellschaft ihren Gewinn nach § 4 Abs. 3 durch Gegenüberstellung der Betriebseinnahmen und der Betriebsausgaben, so wird sie den Anforderungen des Gesetzes hinsichtlich der Bilanzierung ihres Betriebsvermögen dadurch gerecht, daß sie für den Einbringungszeitpunkt

einmalig eine **Bilanz** erstellt. Gleiches gilt für den Einbringenden. Hat dieser den Gewinn nach § 4 Abs. 3 ermittelt, kann er die Gewährung der Steuervergünstigung des § 24 Abs. 3 UmwStG nur in Anspruch nehmen, wenn er eine Einbringungsbilanz erstellt, in der die Buchwerte des eingebrachten Betriebsvermögens auf den Einbringungszeitpunkt festgelegt werden (BFH, BStBl 1984 II 518).

Sind die Voraussetzungen des **§ 24 Abs. 1 UmwStG** gegeben, hat die übernehmende Personengesellschaft ein **Wahl**recht, ob sie das Betriebsvermögen mit dem **Buchwert**, dem **Teilwert** oder einem **Zwischenwert** übernimmt. Buchwertübernahme bedeutet, daß einschließlich der Ergänzungsbilanzen die Bilanzansätze des Einbringenden übernommen werden. Im Falle der Teilwertübernahme müssen **alle** stillen Reserven einschließlich eines Praxiswertes aufgedeckt werden.

Der „Übernahmewert" bei der Gesellschaft gilt als Veräußerungspreis. Der Veräußerungsgewinn, der nach § 16 Abs. 2 zu ermitteln ist, ist **nur** bei **Teilwertansatz** begünstigt (§§ 16 Abs. 4, 34 Abs. 1).

Ab **VZ 1994** ist der Einbringungsgewinn jedoch nur in Höhe der Fremdbeteiligungsquote nach §§ 16 und 34 begünstigt (vgl. § 24 Abs. 3 Satz 3 UmwStG).

4.5 Gewinnermittlung bei freiberuflicher Tätigkeit

Der Gewinn ist nach § 4 Abs. 3 zu ermitteln, wenn **nicht** freiwillig Bücher geführt und keine regelmäßigen Abschlüsse erstellt werden. Zur **pauschalen Geltendmachung** von **BA** vgl. BFH, BStBl 1961 III 216.

4.6 Lotterieeinnehmer (§ 18 Abs. 1 Nr. 2 EStG)

Lotterieeinnehmer fallen nur dann unter § 18 Abs. 1 Nr. 2, wenn es hierbei um die **ausschließliche** Tätigkeit handelt.

Wird Lotterieeinnahme lediglich als Hilfs- oder Nebengeschäft eines bestehenden Gewerbebetriebs betrieben, liegt ein Gewerbebetrieb vor.

Lotto- und Totoannahmestellen in Schreibwaren- und Tabakwarengeschäften fallen nicht unter § 18 Abs. 1 Nr. 2, sondern stellen stets Teil des einheitlichen Gewerbebetriebs vor.

4.7 Sonstige selbständige Arbeit (§ 18 Abs. 1 Nr. 3 EStG)

4.7.1 Tätigkeiten

Als Einkünfte aus sonstiger selbständiger Arbeit nennt die Vorschrift:

Vergütungen für **Testamentsvollstreckung**, für **Vermögensverwaltung** und für die **Tätigkeit als Aufsichtsratsmitglied**. Diese Aufzählung ist nur **beispielhaft**.

Jedoch ist für die Anwendung des § 18 Abs. 1 Nr. 3 ausreichend und auch erforderlich, daß die Tätigkeit den im Gesetz genannten Tätigkeiten ähnlich ist (BFH, BStBl 1989 II 729).

Ähnliche Tätigkeiten, die ebenfalls unter § 18 Abs. 1 Nr. 3 fallen, sind z. B. Tätigkeit als

- Zwangsverwalter, Nachlaßpfleger, Konkursverwalter, Vergleichsverwalter
- Verwaltungsrat- und Beiratsmitglied
- Hausverwalter.

Keine ähnlichen Tätigkeiten sind z. B.

- die Bearbeitung von Personalangelegenheiten im Auftrag des Konkursverwalters (BFH, BStBl 1989 II 729),
- die Treuhandtätigkeit eines Steuerberaters, wenn sie im wesentlichen im Ankauf von Grundstücken, Errichtung von Gebäuden und deren Finanzierung usw. besteht (BFH, BStBl 1989 II 748).

4.7.2 Vervielfältigungstheorie

Die sonstige selbständige Tätigkeit muß **im wesentlichen vom Stpfl. persönlich ausgeführt** werden. Die ständige Beschäftigung mehrerer fachlich vorgebildeter Mitarbeiter führt i. d. R. zum Gewerbebetrieb, Abschn. 136 Abs. 3. Anders als bei der freiberuflichen Tätigkeit (§ 18 Abs. 1 Nr. 1) gilt die Vervielfältigungstheorie bei § 18 Abs. 1 Nr. 3 weiter. Vgl. auch BFH, BStBl 1984 II 823 und BStBl 1994 II 936.

Beispiel:

Die Tätigkeit eines Grundstücks- und Hausverwalters ist gewerblich, wenn der Umfang der von ihm zu bewältigenden Aufgaben die ständige Beschäftigung dritter Personen als Mitarbeiter erfordert (BFH, BStBl 1971 II 299 und 1984 II 823).

Auch wenn nur Hilfskräfte beschäftigt werden, die ausschließlich **untergeordnete** Arbeiten erledigen, kann deren Umfang gewerblichen Charakter begründen (BFH, a. a. O.).

4.7.3 Subsidiarität gegenüber den Katalogberufen i. S. des § 18 Abs. 1 Nr. 1 EStG sowie dem Gewerbebetrieb

Eine sonstige selbständige Arbeit liegt nur vor, wenn nicht eine freiberufliche oder eine gewerbliche Tätigkeit gegeben ist.

Beispiele:

1. Ein Rechtsanwalt, der im Rahmen seines Berufes als Rechtsanwalt eine Testamentsvollstreckung übernommen hat, hat auch hinsichtlich dieser Tätigkeit freiberufliche Einkünfte (§ 18 Abs. 1 Nr. 1).

    Entsprechendes gilt für Konkurs- und Vergleichsverwaltungen durch einen Rechtsanwalt (BFH, BStBl 1986 II 213). Vgl. aber BFH, BStBl 1990 II 534.

2. Ein Stpfl., der einen Beruf als Konkurs- und Vergleichsverwalter ausübt, verrichtet keine freiberufliche, sondern eine sonstige selbständige Arbeit i. S. von § 18 Abs. 1 Nr. 3 (BFH, BStBl 1961 III 306; BStBl 1973 II 730).

5. Einkünfte aus nichtselbständiger Arbeit

5.1 Begriff des Arbeitnehmers

Nur „Arbeitnehmer" beziehen Einkünfte aus nichtselbständiger Arbeit. Eine Definition ist nicht in § 19, sondern in § 1 Abs. 1 LStDV enthalten.

Danach sind Arbeitnehmer Personen, die Arbeitslohn beziehen

a) aus einem gegenwärtigen Dienstverhältnis.

Beispiel:

A ist als Steuerinspektor bei einem Finanzamt tätig. Als Beamter ist er Arbeitnehmer.

b) aus einem früheren Dienstverhältnis.

Beispiel:

C ist als Regierungsdirektor pensioniert worden. Er bezieht Ruhegehalt. Es handelt sich um Arbeitslohn (§ 19 Abs. 1 Nr. 2).

c) als Rechtsnachfolger aus dem früheren Dienstverhältnis des Rechtsvorgängers.

Hier liegt eine Erweiterung des Arbeitnehmerbegriffs vor.

Beispiel:

Nach dem Tode des Beamten D erhält die Witwe vom öffentlichen Arbeitgeber eine Witwenpension. Auch die Witwe gilt als Arbeitnehmerin und bezieht Arbeitslohn in Form von „Versorgungsbezügen" (§ 19 Abs. 1 Nr 2).

Typische Arbeitnehmer sind **Beamte, Angestellte, Arbeiter.** Der steuerliche Arbeitnehmerbegriff **deckt sich nicht mit** dem Arbeitnehmerbegriff aus **anderen Rechtsgebieten** (z. B. dem **Arbeits- und Sozialversicherungsrecht**), sondern ist eigenständig (keine Einheit der Rechtsordnung). Insbesondere ist die arbeitsrechtliche Begriffsprägung für die steuerrechtliche Beurteilung nicht maßgebend. Vgl. BFH, BStBl 1974 II 301.

Das Alter des Arbeitnehmers, die Geschäftsfähigkeit usw. sind für die steuerliche Behandlung ohne Bedeutung.

5.2 Dienstverhältnis (§ 1 Abs. 2 LStDV)

Das Vorliegen eines Dienstverhältnisses ist das entscheidende Merkmal der Arbeitnehmereigenschaft. Der Begriff ist in § 1 Abs. 2 LStDV definiert. Kennzeichnend ist ein Unterordnungsverhältnis des Arbeitnehmers:

Die wesentlichen Merkmale sind gem. § 1 Abs. 2 LStDV – in Abgrenzung zur Selbständigkeit – :

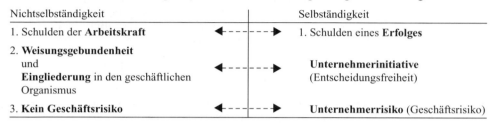

Arbeitnehmereigenschaft liegt stets dann vor, wenn der Beschäftigte kein Unternehmerrisiko trägt und in den geschäftlichen Organismus des Arbeitgebers eingegliedert ist (BFH, BStBl 1979 II 182).

- **Schulden der Arbeitskraft**

Das Dienstverhältnis kann nur durch **persönliche Tätigkeit** des Arbeitnehmers im Betrieb usw. erfüllt werden.

Ein Arbeitnehmer kann sich nicht „vertreten" lassen (vgl. BFH, BStBl 1993 II 115). Selbständige können dagegen Aufträge von Dritten (Subunternehmern) ausführen lassen.

Der Arbeitnehmer schuldet grds. keinen bestimmten Erfolg.

- **Weisungsgebundenheit und Eingliederung**

Diese Merkmale beziehen sich auf
- den Arbeitsort
- die Arbeitszeit
- die Art und Weise der Tätigkeit.

Der Arbeitnehmer ist grds. an Ort, Zeit sowie Art und Weise der Tätigkeit gebunden.

Damit stellt der Arbeitgeber sicher, daß die Tätigkeit seinem Interesse dient:

Arbeitnehmertätigkeit dient fremden Interessen.

- **Kein Geschäftsrisiko**

Vielmehr bezieht der Arbeitnehmer Arbeitslohn, der nach Leistung und zeitlichem Umfang bemessen wird.

Weitere Einzelmerkmale, deren Vorliegen für Nichtselbständigkeit der Tätigkeit spricht, sind
- Tätigkeit für **einen** Auftraggeber
- Vereinbarung der Dauer des Beschäftigungsverhältnisses
- Bezugnahme auf einen Tarifvertrag
- Bezeichnung des Vertragsverhältnisses als Arbeitsvertrag
- feste Bezahlung
- Fortzahlung der Vergütung im Krankheitsfall
- Urlaubsanspruch
- Beteiligung an betrieblicher Altersversorgung
- Beitragspflicht zur Sozialversicherung.

Vgl. im einzelnen BFH, BStBl 1985 II 661, 663 (Werbedamen) sowie BStBl 1993 II 155 (Stromableser).

Zur Anerkennung von Dienstverhältnissen zwischen Eltern und **Kindern** vgl. BFH, BStBl 1994 II 298.

Ein **Unterarbeitsverhältnis** mit einem (wenn auch volljährigen) **Kind** ist grds. wegen Unüblichkeit **nicht** anzuerkennen (BFH, BStBl 1995 II 394).

Unerheblich ist der **Grad der Machtvollkommenheit** und die **Stellung** des Arbeitnehmers. Deshalb sind auch **Vorstandsmitglieder einer AG** sowie **GmbH-Geschäftsführer** (sogar „**beherrschende**" Gesellschafter-Geschäftsführer) trotz weitgehender Unabhängigkeit **steuerlich Arbeitnehmer** (obwohl sie **sozialversicherungsrechtlich keine** Arbeitnehmer sind). Ein Arbeitnehmer kann auch am Gewinn oder Verlust des Unternehmens beteiligt sein, ohne die Arbeitnehmereigenschaft zu verlieren. Es ist außerdem ohne Bedeutung, wie lange ein Dienstverhältnis besteht. Auch **Aushilfskräfte** und **Gelegenheitsarbeiter** sind Arbeitnehmer, selbst wenn sie nur wenige Stunden arbeiten (BFH, BStBl 1974 II 301). Die Kürze der jeweiligen Tätigkeit spricht zwar gegen eine Einordnung in den Betrieb, schließt sie aber nicht aus. Dies gilt insbesondere dann, wenn die Aushilfskräfte hinsichtlich ihrer Tätigkeit zeitlich und örtlich gebunden sind, nur zu bestimmten Arbeiten herangezogen werden und diese unter Aufsicht ausführen müssen. Bei **gelegentlich ehrenamtlich Tätigen** ist regelmäßig ein Dienstverhältnis zu verneinen, weil es an der Eingliederung in den Betrieb des Auftraggebers fehlt. So sind z. B. nach BFH (BStBl 1966 III 130) **Bürgermeister** im Land NRW keine Arbeitnehmer der Gemeinden. Ist eine ehrenamtlich tätige Person jedoch in dem Betrieb des Auftraggebers eingeordnet und erhält sie laufende Vergütungen, so können die Voraussetzungen eines Dienstverhältnisses gegeben sein.

Beamtenanwärter sind Arbeitnehmer im Rahmen eines **öffentlich-rechtlichen** Dienstverhältnisses (vgl. z. B. BFH, BStBl 1985 II 465 und BStBl 1986 II 184 für Studenten der einstufigen Juristenausbildung). Gleiches gilt für ein **privatrechtliches** Ausbildungsdienstverhältnis (Lehrlinge, Auszubildende); BFH, BStBl 1985 II 644.

Arbeitnehmer ist **nicht,** wer **selbständig** tätig ist, soweit er Lieferungen und sonstige Leistungen innerhalb der von ihm selbständig ausgeübten gewerblichen oder beruflichen Tätigkeit gegen Entgelt ausführt. Für Selbständigkeit spricht, wenn jemand im wesentlichen unter eigener Verantwortung mit eigener Arbeits- und Zeiteinteilung und auf eigene Gefahr in eigenen Räumen tätig ist sowie für mehrere Auftraggeber tätig sein kann und die Höhe seiner Einnahmen selbst bestimmt (BFH, BStBl 1968 II 430).

Abgrenzung zwischen:	
Arbeitnehmer	**Selbständiger**
Bezug von Arbeitslohn	Tätigkeit von Umsätzen
Unterliegt der Lohnsteuer	Unterliegt der Umsatzsteuer

schließt sich gegenseitig aus.

- **Entscheidung in Zweifelsfällen nach dem Gesamtbild**

Es ist bisweilen zweifelhaft, ob jemand, der für einen anderen tätig wird, in dessen Betrieb eingeordnet ist oder unter seiner Leitung steht, d. h. dessen Weisungen unterworfen ist. Denn es kann jemand einem anderen zur Dienstleistung verpflichtet und bestimmten Bedingungen unterworfen sein, ohne in dessen Betrieb eingegliedert und entsprechend weisungsgebunden zu sein. In vielen Fällen stehen sich Merkmale gegenüber, die sowohl für Selbständigkeit als auch für Unselbständigkeit sprechen. Für die Beurteilung, ob jemand Arbeitnehmer ist, ist daher nicht der eine oder andere Gesichtspunkt, sondern das Gesamtbild des Beschäftigungsverhältnisses maßgebend (BFH, BStBl 1979 II 414). Die für und gegen die Unselbständigkeit sprechenden Merkmale müssen gegeneinander abgewogen werden; die jeweils gewichtigeren geben den Ausschlag (BFH, BStBl 1985 II 661).

Die Anzahl der einzelnen Merkmale ist dagegen ohne Bedeutung. Vgl. Abschn. 67 Abs. 1 und 1a LStR.

Beispiel:
Eine Reisevertreter R vertreibt Artikel im Namen und für Rechnung des Geschäftsherrn G. Der Umfang der Tätigkeit ist in das Ermessen des Vertreters gestellt (kein Mindestumfang), keine feste Arbeitszeit;

Zuweisung eines bestimmten Bezirks; Provision nur bei tatsächlicher Vermittlung von Geschäften; keine Urlaubsregelung.

Es liegen nur Merkmale für die Selbständigkeit vor. Die Zuweisung eines festen Bezirks ist steuerlich unspezifisch. R erzielt Einkünfte aus § 15.

Abwandlung:
Wie vor, aber R erhält ein **mäßiges Fixum**. Die Merkmale der Selbständigkeit dominieren nach wie vor. Ein mäßiges Fixum schließt die Selbständigkeit nicht aus (BFH, BStBl 1978 II 137; R 134 Abs. 1 Satz 2).

Es ist nicht entscheidend, ob ein schriftlicher Dienstvertrag vorliegt und ob die Person in diesem Vertrag als „Arbeitnehmer" oder „Angestellter" bezeichnet ist (BFH, BStBl 1993 II 155). Gleichwohl kann es in Grenzfällen auch auf den Vertragswillen der Beteiligten ankommen (vgl. BFH, BStBl 1968 II 430).

Entscheidend ist stets die **tatsächliche Durchführung** des Vertragsverhältnisses.

Beispiel:
Ein Stpfl., der nach einer schriftlichen Vereinbarung als sogenannter „freier Mitarbeiter" bezeichnet wird, in Wirklichkeit aber weisungsgebunden und eingegliedert ist, ist Arbeitnehmer.

5.3 Mehrere Tätigkeiten

Natürliche Personen können zum Teil selbständig, zum Teil nichtselbständig sein.

Eine **einheitliche Tätigkeit** ist aber **nicht aufteilbar,** sondern entweder insgesamt selbständig oder insgesamt nichtselbständig ausgeübt; vgl. vorstehend 5.2.

Beispiel:
Der Chefarzt C eines städtischen Krankenhauses bezieht ein Gehalt von 150 000 DM. Daneben durfte er von Privatpatienten privat liquidieren (Einnahmen 400 000 DM).
Es liegen zwei verschiedene Tätigkeiten vor. Als Chefarzt ist C Arbeitnehmer. Aus den Privatbehandlungen bezieht er Einkünfte aus § 18 Abs. 1 Nr. 1.

5.4 Unselbständige Nebentätigkeiten

a) Ob eine Nebentätigkeit oder Aushilfstätigkeit in einem **Dienstverhältnis oder selbständig** ausgeübt wird, ist nach den allgemeinen Abgrenzungsmerkmalen (§ 1 Abs. 1 und 2 LStDV) zu entscheiden. Dabei ist die Nebentätigkeit oder Aushilfstätigkeit in der Regel für sich allein zu beurteilen (BFH, BStBl 1979 II 414). Die Art einer etwaigen Haupttätigkeit ist für die Beurteilung nur wesentlich, wenn beide Tätigkeiten unmittelbar zusammenhängen.

Beispiel:
B darf als Versicherungsangestellter im Innendienst im Rahmen des Arbeitsvertrages auch Versicherungen vermitteln.

Bruttogehalt	50 000 DM
Provision	2 500 DM

Da die Tätigkeit Ausfluß des Dienstvertrages ist, gehört die Provision zu den Einnahmen aus § 19. Vgl. BFH, BStBl 1962 III 37.

Ob Bauhandwerker bei **nebenberuflicher „Schwarzarbeit"** als Arbeitnehmer des Bauherrn anzusehen sind, hängt von den Umständen des Einzelfalls ab (BFH, BStBl 1975 II 513).

Einnahmen aus der **Nebentätigkeit eines Arbeitnehmers,** die er im Rahmen des Dienstverhältnisses **für denselben Arbeitgeber** leistet, für den er die Haupttätigkeit ausübt, sind grds. Arbeitslohn, wenn dem Stpfl. aus seinem Dienstverhältnis Nebenpflichten obliegen, die zwar im Arbeitsvertrag nicht ausdrücklich vorgesehen sind, deren Erfüllung der Arbeitgeber aber nach der tatsächlichen Gestaltung des Dienstverhältnisses und nach der Verkehrsauffassung erwarten darf, auch wenn er die zusätzlichen Leistungen besonders vergüten muß (BFH, BStBl 1972 II 212). Vgl. hierzu wegen der künstlerischen Nebentätigkeit eines Orchestermusikers BFH (a. a. O.). Vgl. **Abschn. 68 LStR**.

Bei **Lehrkräften,** die **im Hauptberuf** eine **nichtselbständige** Tätigkeit ausüben, liegt eine Lehrtätigkeit im Nebenberuf nur vor, wenn diese Lehrtätigkeit nicht zu den eigentlichen Dienstobliegenheiten des Arbeitnehmers aus dem Hauptberuf gehört. Die Ausübung der Lehrtätigkeit im Nebenberuf ist in der Regel als Ausübung eines freien Berufs anzusehen (BFH, BStBl 1959 III 193), es sei denn, daß gewichtige Anhaltspunkte – z. B. Arbeitsvertrag unter Zugrundelegung eines Tarifvertrags, Anspruch auf Urlaubs- und Feiertagsvergütungen – für das Vorliegen einer Arbeitnehmertätigkeit sprechen (vgl. BFH, BStBl 1972 II 617 und BStBl 1972 II 618). Handelt es sich um die nebenberufliche Lehrtätigkeit an einer **Schule oder** einem **Lehrgang** mit **allgemein feststehenden** und nicht nur von Fall zu Fall aufgestellten **Lehrplan,** so sind die nebenberuflich tätigen Lehrkräfte dagegen in der Regel Arbeitnehmer, es sei denn, daß sie in den Schul- oder Lehrgangsbetrieb nicht fest eingegliedert sind. Hat die Lehrtätigkeit nur einen **geringen Umfang,** so kann das ein **Anhaltspunkt** dafür sein, daß eine feste **Eingliederung** in den Schul- oder Lehrgangsbetrieb **nicht** vorliegt. Ein geringer Umfang in diesem Sinne kann stets angenommen werden, wenn die nebenberuflich tätige Lehrkraft bei der einzelnen Schule oder dem einzelnen Lehrgang in der **Woche durchschnittlich nicht mehr als sechs Unterrichtsstunden** erteilt. Aber auch in diesen Fällen sind die Lehrkräfte als Arbeitnehmer anzusehen, wenn sie auf Grund eines als Arbeitsvertrag ausgestalteten Vertrags tätig werden oder wenn eine an einer Schule vollbeschäftigte Lehrkraft zusätzliche Unterrichtsstunden an derselben Schule oder an einer Schule gleicher Art erteilt (BFH, BStBl 1976 II 291, 292). Vgl. **Abschn 68 Abs. 3 LStR.**

b) Die nebenberufliche oder ehrenamtliche Tätigkeit muß mit **Überschußerzielungsabsicht** ausgeübt werden; ist dies **nicht** der Fall, ist die Tätigkeit steuerlich irrelevant („Liebhaberei"). Vgl. BFH, BStBl 1993 II 303 (Amateurfußballer) und BStBl 1994 II 944 (Sanitätshelfer).

5.5 Arbeitslohn

5.5.1 Allgemeines

§ 19 gehört zu den Überschußeinkünften. Daher gilt für den Arbeitslohn der **Einnahmebegriff** des § 8. Vgl. hierzu bereits C 2.

Nach **§ 2 LStDV** sind Arbeitslohn alle Einnahmen, die dem Arbeitnehmer aus einem

- **gegenwärtigen** oder
- **früheren** oder
- **künftigen**

Dienstverhältnis zufließen. Es ist gleichgültig,

- ob es sich um **einmalige** oder **laufende** Einnahmen handelt,
- ob ein **Rechtsanspruch** auf sie besteht und
- unter welcher **Bezeichnung** oder in welcher **Form** sie gewährt werden.

Arbeitslohn sind auch Einnahmen, die einem **Rechtsnachfolger** aus dem früheren Dienstverhältnis des Rechtsvorgängers zufließen (= Zufluß von Arbeitslohn an **Erben** des Arbeitnehmers).

Grundsatz:

Alles, was der Arbeitnehmer als Anlaß oder als Ausfluß des Dienstverhältnisses erhält, ist Arbeitslohn. Vgl. auch BFH, BStBl 1985 II 641 betrifft Lehrabschlußprämie sowie BFH, BStBl 1986 II 95.

Beispiele für Arbeitslohn:
- Löhne (für Arbeiter)
- Gehälter (für Angestellte und Beamte)
- Provision (für Vertreter)
- Gratifikation (z. B. Weihnachtsgeld und Urlaubsgeld)
- Tantiemen (= Gewinn- oder Umsatzbeteiligungen)
- Ruhegelder (Beispiel: Beamtenpension)
- Witwen- und Waisengelder (Beispiel: Pensionen an Witwen und Waisen von Beamten)

Wegen weiterer Einzelfälle von Arbeitslohn vgl. § 2 Abs. 2 LStDV und Abschn. 70 ff. LStR.

5.5.2 „Gelegenheitsgeschenke" als Arbeitslohn

Ein dem Arbeitnehmer zugewendeter geldwerter Vorteil ist Arbeitslohn, wenn er durch das Dienstverhältnis veranlaßt ist. Bereits in BStBl 1981 II 773 hat der BFH entschieden, daß **Geldgeschenke regelmäßig** als Vergütung für geleistete Dienste anzusehen und somit **unabhängig von Höhe und Anlaß** als **steuerpflichtiger Arbeitslohn** anzusehen sind.

Mit BStBl 1985 II 641 hat der BFH diese Rechtsprechung auch auf **Sachzuwendungen** ausgedehnt.

- **Auch Sonderzuwendungen ohne rechtliche Verpflichtung haben Arbeitslohncharakter**

Besondere persönliche Ereignisse in der Person des Arbeitnehmers schließen nach Auffassung des BFH den Arbeitslohncharakter freiwilliger Sonderzuwendungen nicht aus. Maßgebender Grund der Arbeitgeberleistung bleibt das Arbeitsverhältnis; das persönliche Ereignis ist nur auslösendes Moment. Auch ein „Gelegenheitsgeschenk" ist zusätzlicher Ertrag der Arbeitsleistung.

Dies gilt – so der BFH – auch in den Fällen, in denen der Arbeitgeber mit der Zuwendung zugleich soziale Ziele verfolgt. Der grundsätzlichen Steuerpflicht dieser Zuwendungen entspricht es, daß eine **Ausnahme von der Besteuerung nur bei gesetzlichen Steuerbefreiungen** (z. B. für Heirats- und Geburtsbeihilfen nach § 3 Nr. 15, für Jubiläumszuwendungen nach § 3 LStDV i. V. m. § 3 Nr. 52 EStG) zu rechtfertigen.

Die Bezeichnung „Gelegenheitsgeschenk" sagt über seine Besteuerbarkeit nichts aus; denn Natur und Häufigkeit des ehrenden Anlasses, Art des Gegenstandes und dessen Wert sind als Abgrenzungskriterien zur Bestimmung von Arbeitslohn **nicht geeignet**.

Beispiel:
Eine vom Arbeitgeber gewährte Lehrabschlußprämie an einen von ihm ausgebildeten Arbeitnehmer in Höhe von 150 DM ist voll stpfl. Arbeitslohn. Lehrabschlußprämien stehen im Leistungsaustausch, sie sind nach Ansicht des BFH aus dem Dienstverhältnis abzuleiten, weil sie Gegenleistung für das Zurverfügungstellen der Arbeitskraft im Rahmen des Ausbildungsdienstverhältnisses darstellen. Es soll ein Anreiz für einen möglichst guten Lehrabschluß geboten werden.

- **„Aufmerksamkeiten" als Ausnahme**

Der BFH will ausnahmsweise **keine** Veranlassung der Zuwendung durch das Arbeitsverhältnis annehmen, wenn es sich „um bloße Aufmerksamkeiten handelt, die auch im gesellschaftlichen Verkehr ausgetauscht werden und bei denen deshalb ein geldwerter Vorteil ausscheide und ein Leistungsentgelt nicht gegeben sein kann" (BFH, a. a. O.).

Nach wie vor bleiben **kleinere Aufmerksamkeiten** (Blumen, Pralinen, Buch usw.), die dem Arbeitnehmer oder dessen Angehörigen aus besonderem Anlaß (Geburtstag des Arbeitnehmers, Konfirmation eines Kindes des Arbeitnehmers usw.) gewährt werden, von der Besteuerung als geldwerter Vorteil ausgenommen. Fälle, in denen der Wert der als Aufmerksamkeit hingegebenen **Sachzuwendung** den Betrag von **60 DM einschl. USt nicht übersteigt,** sind im allgemeinen nicht zu beanstanden.

Zuwendungen in **Geld** gehören jedoch **stets** zum **steuerpflichtigen** Arbeitslohn Vgl. Abschn. 73 LStR.

- **Steuerbefreiung nur aufgrund gesetzlicher Vorschriften**

Steuerbefreiungen müssen auf einer gesetzlichen Grundlage beruhen.

Steuerpflichtiger Arbeitslohn sind daher auch z. B.:

- Gewährung von Getränken und Genußmitteln, sofern keine Steuerbefreiung nach § 3 Nr. 4c, § 3 Nr. 12, § 3 Nr. 13, § 3 Nr. 16, § 3 Nr. 26 oder nicht Abschn. 70 Abs. 3 Nr. 2 LStR anwendbar ist.
- Personalrabatte (BFH, BStBl 1992 II 840)
  Ggf. ist ein **Rabattfreibetrag** von bis 2400 DM je Arbeitnehmer im VZ zu gewähren (§ 8 Abs. 3 EStG). Vgl. im einzelnen 5.5.3.3.

Nach Verwaltungsauffassung **nicht** als Arbeitslohn anzusehen sind auch u. a. die in Abschn. 70 Abs. 2 LStR aufgeführten Vergütungen.

5.5.3 Sachbezüge

5.5.3.1 Begriff

Sachbezüge sind Güter in **Geldeswert**, die der Arbeitgeber dem Arbeitnehmer oder dessen Angehörigen im Rahmen des Dienstverhältnisses zuwendet. Sachbezüge können bestehen in der

- unentgeltlichen oder verbilligten Überlassung von Wirtschaftsgütern
  Hierunter kann auch die **Weitergabe** eines Preisnachlasses fallen (BFH, BStBl 1990 II 472)
- unentgeltlichen oder verbilligten Gebrauchsüberlassung von Wirtschaftsgütern
- Übernahme von Aufwendungen des Arbeitnehmers durch den Arbeitgeber.
  Dazu gehören insbesondere der Bezug
    - freier Kfz-Nutzung für Privatfahrten und Fahrten zwischen Wohnung und Arbeitsstätte (vgl. § 8 Abs. 2 Sätze 2 und 3)
    - freier Wohnung
    - freier Heizung und Beleuchtung sowie
    - freier Kost.
- Zuwendung sonstiger Vorteile, z. B. Veranstaltung von sogenannten **Incentive-Reisen** durch den Arbeitgeber als Belohnung für besondere Leistungen (vgl. BFH, BStBl 1990 II 711).
- Verzicht des Arbeitgebers auf eine ihm zustehende und realisierbare Schadensersatzforderung (BFH, BStBl 1992 II 837).

Bei **verbilligter** Überlassung ist grds. der Unterschiedsbetrag (die **Verbilligung**) zu erfassen. Wegen Ausnahmen vgl. § 8 Abs. 3 (**Rabattfreibetrag**).

Beispiele:
1. Der Unternehmer überläßt seinen Arbeitnehmern Werkswohnungen mietfrei. Auch die Kosten für Heizung und Beleuchtung übernimmt der Arbeitgeber. Es liegt ein Sachbezug vor (§ 8 Abs. 2 Satz 1).
2. Der Unternehmer stellt einem Vertreter einen firmeneigenen Pkw zur Verfügung, mit dem er neben den beruflichen Fahrten auch privat fahren darf. Die gesamten Kosten für das Kraftfahrzeug übernimmt der Arbeitgeber. Der Sachbezug „Privatfahrten" ist anzusetzen nach der **1 %-Regelung** (§ 8 Abs. 2 Satz 2) oder nach der **„Fahrtenbuch-Regelung" (Einzelnachweis**, § 8 Abs. 2 Satz 4).

Sachbezüge sind abzugrenzen von

- **kleineren Aufmerksamkeiten** (vgl. vorstehend 5.5.3.1 sowie Abschn. 73 LStR) und
- Zuwendungen aus ganz überwiegend betrieblichem Interesse (vgl. Abschn. 70 Abs. 1b S. 2 ff. LStR und nachfolgend 5.8).

5.5.3.2 Bewertung der Sachbezüge

Die Bewertung erfolgt grds. mit dem **üblichen Endpreis** des **Abgabeorts** (§ 8 Abs. 2 Satz 1).

a) Üblicher Endpreis (individueller Sachbezugswert)

Für die Bewertung der Sachbezüge ist der Preis maßgebend, den der Arbeitnehmer üblicherweise aufwenden müßte. Das ist grds. der **Einzelhandelspreis (einschließlich USt).**

Beispiel:
Ein Bekleidungsgeschäft „schenkt" einem Arbeitnehmer zu Weihnachten einen Anzug. Der Einkaufspreis der Firma beträgt 300 DM (netto, ohne USt), der übliche Verkaufspreis 575 DM (einschl. USt). Der Wert des Sachbezugs ist mit dem Einzelhandelspreis von 575 DM anzusetzen.

→ **Abgabeort**

Aus Vereinfachungsgründen und auch im Interesse der gleichmäßigen Besteuerung wird grds. als Verbrauchsort der Abgabeort, also der Ort der Arbeitsstätte angenommen (und nicht der Ort des „tatsächlichen Verbrauchs", z. B. der Wohnort des Arbeitnehmers).

b) Amtliche Sachbezugswerte (§ 8 Abs. 2 Satz 6)

Um die Bewertung der Sachbezüge zu vereinheitlichen und zu vereinfachen, sind in der sogenannten (jährlichen) **Sachbezugsverordnung** für freie **Kost** und **Unterkunft** amtliche Sachbezugswerte festgelegt, die auch bei der Sozialversicherung gelten (vgl. § 17 Viertes Buch SGB). Sie gelten grds. auch für Arbeitnehmer, die nicht der gesetzlichen Sozialversicherung unterliegen. Sie gelten **nicht** bei **nicht** sozialversicherungspfl. Arbeitnehmern, soweit es zu einer unzutreffenden Besteuerung käme (§ 8 Abs. 2 Satz 7; Abschn. 31 Abs. 3 S. 3 LStR).

c) Kfz-Gestellung durch den Arbeitgeber

Die Ermittlung des Sachbezugs erfolgt nach § 8 Abs. 2 Sätze 2 bis 5.

5.5.3.3 Belegschaftsrabatte (§ 8 Abs. 3 EStG)

Bei der Bewertung des Preisvorteils wird nicht auf den üblichen Marktpreis abgestellt, sondern der im allgemeinen Geschäftsverkehr vom Arbeitgeber selbst tatsächlich geforderte Endpreis zugrunde gelegt. In den Fällen, in denen der Arbeitgeber seine Waren nicht fremden Letztverbrauchern anbietet, ist der Endpreis maßgebend, den der dem Arbeitgeber am nächsten gelegene Einzelhändler fordert. Von diesem Endpreis wird ein Preisabschlag von 4 v. H. vorgenommen. Soweit die Preisvorteile dann 2 400 DM übersteigen, ist eine Besteuerung vorzunehmen.

> **Beispiel:**
> Herr A ist Angestellter in einem Supermarkt. Beim Einkauf von Waren wird ein Belegschaftsrabatt von 20% gewährt. A hat Waren für 10 000 DM gekauft.
>
> | | |
> |---|---:|
> | Endpreise der Waren | 10 000 DM |
> | Rabatt 20 % | 2 000 DM |
> | Kaufpreis des Arbeitnehmers | 8 000 DM |
> | Endpreise der Waren | 10 000 DM |
> | Preisabschlag 4 % | 400 DM |
> | Warenwert für steuerliche Zwecke | 9 600 DM |
> | Vorteil des Arbeitnehmers | 1 600 DM |
> | Rabattfreibetrag (steuerfrei bis 2 400 DM) | 1 600 DM |
> | zu versteuernder Vorteil | 0 DM |

Es besteht die Möglichkeit, geldwerte Vorteile aus der unentgeltlichen oder verbilligten Abgabe von Waren und Dienstleistungen nach § 40 **pauschal zu versteuern.** In diesen Fällen wird der ungekürzte übliche Endpreis, ein amtlicher Sachbezugswert oder ein amtlich festgesetzter Durchschnittswert der Besteuerung zugrunde gelegt; die Vorteile werden **nicht** um den Rabattfreibetrag gemindert.

Der Rabattfreibetrag ist auf Waren- und Dienstleistungen beschränkt, die im Unternehmen des Arbeitgebers hergestellt, vertrieben oder erbracht werden. Er gilt nicht für Arbeitnehmer im Konzern.

Zudem dürfen die Waren **nicht überwiegend für den Bedarf der Arbeitnehmer** des Arbeitgebers **hergestellt, vertrieben oder erbracht** werden. Dies bedeutet, daß z. B. bei Kantinenmahlzeiten der Rabattfreibetrag von 2 400 DM **nicht** berücksichtigt werden kann. Deputate, wie z. B. der Haustrunk und Freitabakwaren, fallen dagegen unter die Rabattregelung.

Der Rabattfreibetrag gilt für jedes **einzelne** Dienstverhältnis. Bei mehreren Dienstverhältnissen, die **gleichzeitig** nebeneinander oder im Laufe eines Kalenderjahrs **nacheinander** eingegangen werden, ist eine **mehrfache** Gewährung des Rabattfreibetrags möglich.

Unter § 8 Abs. 3 können auch Nutzungsüberlassungen (z. B. die unentgeltliche oder verbilligte Überlassung von Darlehen oder Wohnungen) fallen (BFH, BStBl 1993 II 356 und BStBl 1995 II 338).

Vgl. im einzelnen Abschn. 32 LStR und BMF-Schreiben vom 28. 4. 1995, BStBl I 273.

5.5.4 Zuwendungen aus ganz überwiegend betrieblichem Interesse

Nach der Definition des § 8 liegen Einnahmen vor, wenn beim Empfänger eine Vermögensmehrung eingetreten ist. Damit liegt **kein** Arbeitslohn vor, wenn der Arbeitnehmer **objektiv nicht bereichert** ist. Dies ist der Fall bei Leistungen des Arbeitgebers zur **Verbesserung der Arbeitsbedingungen**, zur Erfüllung seiner **Fürsorgepflicht** oder aus allgemeinen **sozialen Erwägungen**. Diese Aufwendungen tätigt der Arbeitgeber im überwiegend **betrieblichen Interesse**. Daher liegt **kein** Arbeitslohn vor (BFH, BStBl 1963 III 329, **Abschn. 70 Abs. 1b S. 2 ff. LStR**).

Die Gewährung muß ohne Rücksicht auf die individuelle Leistung des Arbeitnehmers erfolgen.

Hiervon ist auszugehen bei

- Zuwendungen an die Belegschaft als Gesamtheit oder
- „Aufdrängung" eines Vorteils ohne „Marktgängigkeit" an den Arbeitnehmer ohne Wahlmöglichkeit.

Beispiele:
- Zurverfügungstellung von firmeneigenen Parkplätzen
- Aufwendungen für firmeneigene Sporteinrichtungen
- Ausstattung des Arbeitsplatzes
- Bereitstellung von Aufenthalts-, Ruhe- und Leseräumen
- Zurverfügungstellung von Wasch-, Dusch-, Baderäumen und Schwimmbädern.

Zu Leistungen aus ganz überwiegend betrieblichem Interesse des Arbeitgebers vgl. auch BFH, BStBl 1985 II 718 (Erstattung von Clubbeiträgen). Vom Arbeitgeber getragene Kurkosten bei älteren Arbeitnehmern sind regelmäßig **stpfl.** Arbeitslohn (BFH, BStBl 1987 II 142), ebenso die Überlassung von Dienstfernsprechern für private Ferngespräche (BFH, BStBl 1977 II 99).

Vgl. auch BFH, BStBl 1986 II 868 (Zuschüsse an Arbeitnehmer zu Kosten eines betriebsfremden Kindergartens sind stpfl. Arbeitslohn).

5.5.6 Betriebsveranstaltungen

„Übliche Zuwendungen" des Arbeitgebers an seine Arbeitnehmer im Rahmen „üblicher Betriebsveranstaltungen" sind **kein** Arbeitslohn (BFH, BStBl 1985 II 529 und 532. Vgl. Abschn. 72 LStR.

Auch höherwertige Zuwendungen können bei überwiegend eigenbetrieblichem Interesse außer Ansatz bleiben.

- **„Übliche Betriebsveranstaltungen"** sind z. B.

Betriebsausflüge, Weihnachtsfeiern, Tanzabende, Jubiläumsfeiern und Pensionärtreffen als Ausflug, Besichtigung, Gaststättenbesuch auch mit Kegelbahn, Tanzzugfahrt, Schiffsfahrt. **Jährlich zwei** eintägige Betriebsveranstaltungen (**ohne** Übernachtung) sind noch im Rahmen des Üblichen. Ein mehrtägiger Betriebsausflug ist nicht mehr üblich (z. B. sogenannte „Incentive-Reisen"). Vgl. auch BFH, BStBl 1986 II 575, BStBl 1987 II 355, BStBl 1990 II 711 und BStBl 1992 II 700 und 856.

Die Veranstaltung muß grds. **allen** Arbeitnehmern offenstehen, die Teilnahme an ihr also **keine** Privilegierung einzelner Arbeitnehmer sein.

- **„Übliche Zuwendungen"**

- in jedem Fall Speisen und Getränke „in normalem Rahmen"
- Weihnachtsgeschenkpäckchen (mit Nahrungs- und Genußmitteln)
- kleine Gegenstände des täglichen Bedarfs, die im Betrieb hergestellt oder vertrieben werden.

Nicht üblich sind Geschenke von bleibendem Wert, die mit der Kontaktförderung durch die Betriebsveranstaltung nichts zu tun haben. Vgl. auch DB 1985, 1908.

- **Freigrenze 200 DM**

Nach Abschn. 72 Abs. 4 LStR ist eine Freigrenze von 200 DM einschl. USt je Veranstaltung zu beachten.

Dabei führt jeder auch noch so geringe Betrag, der die 200 DM-Grenze überschreitet, zur Steuerpflicht der **gesamten** Zuwendungen.

Aufwendungen für die Ehegatten oder Angehörige der Arbeitnehmer, die an einer Betriebsveranstaltung mit teilnehmen, werden in die Berechnung der 200-DM-Grenze einbezogen, indem sie dem Arbeitnehmer zugerechnet werden. Auch werden die Kosten für den äußeren Rahmen einbezogen und anteilsmäßig auf die Zahl der Arbeitnehmer verteilt (Abschn. 72 Abs. 5 LStR).

Im Ergebnis kann daher ein und dieselbe Betriebsveranstaltung bei einem Arbeitnehmer zur Steuerfreiheit führen (nicht mehr als 200 DM), beim anderen Arbeitnehmer durch Teilnahme von diesem zuzurechnenden weiteren Gästen jedoch insgesamt zum steuerpflichtigen Arbeitslohn werden.

Falls Betriebsveranstaltungen zu **stpfl.** Arbeitslohn führen, ist eine Pauschalversteuerung mit 25 % möglich (§ 40 Abs. 2 Satz 2 EStG).

5.5.7 Befreiungen

Darüber hinaus ist eine Reihe **gesetzlicher Befreiungen** von Leistungen des Arbeitgebers an den Arbeitnehmer zu beachten. Diese Leistungen sind dem Grunde nach Arbeitslohn i. S. des § 2 Abs. 1 LStDV.

Wichtige Befreiungen sind z. B.

Arbeitslosengeld, Kurzarbeitergeld, Schlechtwettergeld, Winterausfallgeld und Unterhaltsgeld sowie die übrigen Leistungen nach dem Arbeitsförderungsgesetz (§ 3 Nr. 2); gesetzliche Bezüge der Kriegsbeschädigten usw. (§ 3 Nr. 6); Abfindungen wegen Auflösung des Dienstverhältnisses (§ 3 Nr. 9); Aufwandsentschädigungen aus öffentlichen Kassen (§ 3 Nr. 12) und Auslagenersatz (§ 4 Nr. 50); Reisekostenerstattung (§ 3 Nr. 13 und 16); Heirats- und Geburtsbeihilfen (§ 3 Nr. 15); Leistungen für Zukunftssicherung (§ 3 Nr. 62); Trinkgelder bis 2400 DM jährlich (§ 3 Nr. 51); Jubiläumszuwendungen (§ 3 Nr. 52, § 3 LStDV); Zinsersparnisse und Zinszuschüsse (Abschn. 50 Abs. 2 Nr. 5 LStR, vgl. auch M. 2.6); Überlassung von Aktien usw. an Arbeitnehmer zu Vorzugskursen (§ 19a); vgl. hierzu 5.8.

Zur steuerlichen Behandlung von **Vorruhestandsleistungen** vgl. BMF-Schreiben vom 3. 9. 1984, BStBl I 498, Abschn. 9 Abs. 1 und 60, 66 Abs. 2 und 75 Abs. 1 LStR. Die Befreiungsvorschrift § 3 Nr. 9 ist uneingeschränkt auf Vorruhestandsleistungen anzuwenden.

5.5.8 Zufluß von Arbeitslohn

5.5.8.1 Grundsätze

Arbeitslohn ist grds. bei Zufluß (§ 11 Abs. 1 S. 1) zu erfassen (vgl. § 38a Abs. 1 Satz 3). Eine Sonderregelung gilt für **laufenden Arbeitslohn** (zum Begriff vgl. Abschn. 118 LStR): Dieser gilt **in dem KJ als bezogen, in dem der Lohnzahlungs-** (bzw. Lohnabrechnungs-) **Zeitraum endet** (§ 38a Abs. 1 Satz 2). Die Ausnahmeregelung des § 11 Abs. 1 **Satz 2** hat somit für Arbeitslohn **keine** Bedeutung.

Sonstige Bezüge, also Bezüge, die kein laufender Arbeitslohn sind (zum Begriff vgl. Abschn. 119 LStR) sind mithin stets bei tatsächlichem Zufluß i. S. § 11 Abs. 1 Satz 1 zu erfassen. Vgl. hierzu bereits C. 5.

5.5.8.2 Einzelfälle

In der **Gutschrift** eines **Lohnanspruchs** kann bereits das Zufließen i. S. des § 11 liegen. Es kommt darauf an, in wessen Interesse lediglich eine Gutschrift und keine Auszahlung vorgenommen worden ist.

Die Gutschrift steht der Zahlung dann gleich, wenn der Arbeitnehmer sich durch die Belassung des Lohnes im Betrieb des Arbeitgebers eine Kapitalanlage schaffen wollte (BFH, BStBl 1953 III 170).

Kann der Arbeitgeber wegen Zahlungsschwierigkeiten den Lohn nicht sofort auszahlen, so bedeutet die Gutschrift keinen Zufluß.

Zum Zufluß von Arbeitslohn durch **Abtretung** einer **Forderung** durch den Arbeitgeber an den Arbeitnehmer vgl. BFH, BStBl 1966 III 394.

Gutschriften beim Arbeitgeber zugunsten des Arbeitnehmers aufgrund eines **Gewinnbeteiligungs-** und **Vermögensbildungsmodells** sind dem Arbeitnehmer dann noch nicht zugeflossen, wenn er über die gutgeschriebenen Beträge wirtschaftlich nicht verfügen kann (BFH, BStBl 1982 II 469).

Vom Arbeitgeber hierauf gewährte **Zinsen** (in üblicher Höhe) sind Einnahmen aus Kapitalvermögen i. S. § 20 Abs. 1 Nr. 7, **nicht** Arbeitslohn (BFH, BStBl 1990 II 532).

Gewinnbeteiligungen von Arbeitnehmern sind nicht im Zeitpunkt der Gutschrift zugeflossen, wenn sie erst nach Eintritt des Versorgungsfalles in monatlichen Raten auszuzahlen sind (BFH, BStBl 1974 II 454).

Bei dem Erwerb sogenannter Belegschaftsaktien fließt dem Arbeitnehmer der Vorteil, der in einer verbilligten Überlassung dieser Aktien besteht, auch dann im Zeitpunkt des Erwerbs zu, wenn er sich verpflichtet hat, die Aktien für eine bestimmte Zeit nicht weiterzuveräußern (BFH, BStBl 1985 II 136).

Zum **Zuflußzeitpunkt** eines geldwerten Vorteils vgl. auch BFH, BStBl 1985 II 437 sowie BStBl 1990 II 711. Der Zufluß ist anzunehmen, wenn der Stpfl. den Vorteil tatsächlich in Anspruch genommen hat.

Es kommt **nicht** darauf an, ob er ihn

- an einen Dritten abtreten oder
- in Geld umsetzen kann.

Wegen der Vergünstigungen nach § 19a vgl. 5.8.

Zur Behandlung von **Direktversicherungen** vgl. BMF-Schr., BStBl 1993 I 248.

5.6 Werbungskosten bei Arbeitnehmern

5.6.1 Werbungskostenbegriff

Zu den Werbungskosten gehören alle **Aufwendungen, die durch den Beruf veranlaßt sind (Kausalitätsprinzip)**. Eine berufliche Veranlassung setzt voraus, daß **objektiv** ein Zusammenhang mit dem Beruf besteht und – und in der Regel – subjektiv die Aufwendungen zur Förderung des Berufs gemacht werden (BFH, BStBl 1981 II 368). Ein Zusammenhang mit dem Beruf ist gegeben, wenn die Aufwendungen in einem wirtschaftlichen Zusammenhang mit der auf Einnahmeerzielung gerichteten Tätigkeit des Arbeitnehmers stehen (BFH, BStBl 1983 II 17 und BStBl 1993 II 44).

Der objektive Zusammenhang ist stets zwingend erforderlich. Dagegen ist die (subjektive) Absicht, durch die Aufwendung den Beruf zu fördern, nicht in jedem Fall begriffsnotwendiges Merkmal des Werbungskostenbegriffs. Vgl. Abschn. 33 Abs. 1 LStR.

> **Beispiel:**
> Unfreiwillige Ausgaben und „Zwangsaufwendungen" können Werbungskosten sein (siehe C 2.1.2.3).

Die unterschiedliche steuerliche Behandlung von Veräußerungsgewinnen bei den Gewinneinkunftsarten und den Überschußeinkünften ist ohne Einfluß auf den Werbungskostenbegriff.

Die Vorschriften über die **nichtabziehbaren Betriebsausgaben** nach § 4 Abs. 5 gelten auch für den Bereich der Werbungskosten **(§ 9 Abs. 5)**.

Durch die gesetzliche Regelung ist z. B. die nach § 4 Abs. 5 Nr. 1 für Sachgeschenke maßgebende Wertgrenze von 75 DM auch im Bereich der **WK** zu beachten. Dabei ist von den Anschaffungskosten, d. h. einschließlich der beim Arbeitnehmer nichtabzugsfähigen Umsatzsteuer, auszugehen, wie bei einem nicht vorsteuerabzugsberechtigten Unternehmer (vgl. R 86 Abs. 5 Satz 3).

Das Abzugsverbot für unangemessen hohe Aufwendungen (§ 4 Abs. 5 Nr. 7) gilt somit ebenfalls entsprechend bei den WK (§ 9 Abs. 5).

Hinsichtlich der Angemessenheitsprüfung von Werbungskosten weisen Abschn. 33 Abs. 1 Satz 8 und 9 LStR darauf hin, daß es sich nur um **seltene Ausnahmefälle** handeln kann, bei denen die Grenze der Angemessenheit **erheblich** überschritten wird. Als Beispiel werden die Aufwendungen durch die Nutzung eines **Privatflugzeugs** für Dienstreisen angeführt. **Damit wird die Angemessenheitsprüfung wie schon in der Vergangenheit weitgehend aus dem Bereich der Werbungskosten herausgehalten.** Offen bleibt aber z. B. die Frage, inwieweit ein Arbeitnehmer einen besonders teuren Kraftwagen, den er in großem Umfang auch für Dienstreisen einsetzt, zur Berechnung des Kilometersatzes berücksichtigen kann, ohne daß die Grenzen der Angemessenheit verletzt werden.

Es muß zu § 12 abgegrenzt werden. Vgl. C 4. und Abschn. 33 Abs. 2 LStR.

> **Beispiele:**
> 1. Aufwendungen für eine Auslandsgruppenreise sind nur dann als Werbungskosten anzuerkennen, wenn ein beruflicher Auftrag für das Reiseziel und die Reise selbst konkret vorgegeben sind, so daß die Reiseart nur der Erledigung der damit verbundenen beruflichen Tätigkeit dient (z. B. BFH, BStBl 1982 II 69).

2. Ein Büroangestellter macht die Kosten des Führerscheinerwerbs Klasse III als WK geltend. Dieser Führerscheinerwerb betrifft immer auch die Privatsphäre. Daher ist kein WK-Abzug möglich (BFH, BStBl 1977 II 834). I. d. R. ist auch kein Sonderausgabenabzug nach § 10 Abs. 1 Nr. 7 möglich, da keine berufsspezifische Ausbildung vorliegt (BFH, a. a. O.); anders bei Berufskraftfahrern. Hier stellt der Erwerb des Führerscheins Klasse II WK dar.
3. AK für einen **Spielecomputer** sind regelmäßig **keine** WK (BFH, BStBl 1993 II 348).
4. Bewirtungskosten anläßlich einer Beförderung sind keine WK (BFH, BStBl 1993 II 350).

Weiterhin ist eine **Abgrenzung** zu als **Sonderausgaben** abzugsfähigen **Ausbildungskosten** vorzunehmen. Vgl. hierzu F. 3.7 und BFH, BStBl 1993 II 108 (Aufwendungen eines Finanzbeamten zur Vorbereitung auf die Steuerberaterprüfung als Fortbildungskosten [= abziehbare WK].

Beispiel:
Promotionskosten eines wissenschaftlichen Assistenten sind keine Fortbildungskosten, sondern Ausbildungskosten, also Sonderausgaben (BFH, BStBl 1967 III 777 und 779).

WK liegen nur im Rahmen eines Promotionsdienstverhältnisses vor (BFH, BStBl 1993 II 115).

Werbungskosten bei einem „Ausbildungs-Dienstverhältnis" sind die Aufwendungen, die die eigentliche Dienstleistung zum Zweck der Ausbildung mit sich bringt, insbesondere Aufwendungen für Fahrten zwischen Wohnung und Arbeitsstätte, Aufwendungen wegen doppelter Haushaltsführung oder Reisekosten, z. B. bei einem Wechsel der Ausbildungsstätten (vgl. BFH, BStBl 1990 II S. 856, 859, 861 und Abschn. 34 Abs. 3 LStR). Siehe auch BFH, BStBl 1992 II 531 (Klassenfahrt eines **Berufsschülers** als WK).

Vgl. im übrigen Abschn. 33 Abs. 1 LStR und ausführlich C 2.1.2. Auch **vorweggenommene, vergebliche** und **nachträgliche** Werbungskosten sind abziehbar. Vgl. C 2.1.2.7 bis 2.2.1.2.9 und Abschn. 33 Abs. 3 LStR.

Beispiel (zu nachträglichen WK):
Ein Stpfl. mußte in 04 noch eine Rechnung über 500 DM für in 02 bezogene Fachliteratur bezahlen, obwohl er bereits 03 sein Arbeitsverhältnis aufgegeben hatte.
Es handelt sich um „nachträgliche WK" i. S. § 9 Abs. 1 Satz 1. Denn sie sind durch das frühere Dienstverhältnis veranlaßt (BFH, BStBl 1961 III 20).

Bei **vorweggenommenen** Werbungskosten muß stets ein **eindeutiger Zusammenhang** mit einer bestimmten in Aussicht genommenen Tätigkeit bestehen. Bei dieser Gruppe von WK darf die Absicht der Einnahmeerzielung niemals fehlen.

Bei **unbeschränkter** Steuerpflicht nur während eines **Teils** des Jahres sind nur die während der unbeschränkten Steuerpflicht angefallenen Werbungskosten bei der Veranlagung für den Zeitraum der unbeschränkten Steuerpflicht abziehbar (BFH, BStBl 1984 II 587).

Das **Abzugsverbot** nach § 3c bei Zusammenhang mit steuerfreien Einnahmen ist zu beachten.

Beispiel:
Aufwendungen für Fremdsprachenunterricht wegen einer im Ausland ausgeübten nichtselbständigen Tätigkeit, für die im Inland kein Besteuerungsrecht besteht (BFH, BStBl 1992 II 666). Ggf. ist eine **Aufteilung** auf das Inland und Ausland vorzunehmen (BFH BStBl 1993 II 450)

5.6.2 Einzelfälle

Typische WK bei Arbeitnehmern sind u. a.

- Beiträge zu **Berufsverbänden** (§ 9 Abs. 1 Nr. 3)
- Aufwendungen für **Fahrten zwischen Wohnung und Arbeitsstätte** (§ 9 Abs. 1 Nr. 4)
- Aufwendungen wegen beruflich veranlaßter **doppelter Haushaltsführung** (§ 9 Abs. 1 Nr. 5; Pauschbeträge siehe Abschn. 43 LStR)
- Aufwendungen für **Arbeitsmittel** (§ 9 Abs. 1 Nr. 6; Abschn. 44 LStR; ggf. Berücksichtigung im Wege der AfA gem. § 9 Abs. 1 Nr. 7)
- **Reisekosten** bei Dienstreisen und Dienstgängen (Abschn. 38 bis 40 LStR)
- **Fortbildungskosten**; vgl. hierzu auch F. 3.7 und nachfolgend 5.6.2.5.

- beruflich veranlaßte **Umzugskosten** (Abschn. 41 LStR)
- Aufwendungen für ein **häusliches Arbeitszimmer** (Abschn. 45 LStR).

Der Verlust einer Darlehensforderung gegen den Arbeitgeber kann zu WK führen (BFH, BStBl 1993 II 663).

5.6.2.1 Beiträge zu Berufsverbänden (§ 9 Abs. 1 Nr. 3 EStG)

Unter § 9 Abs. 1 Nr. 3 fallen z. B. Beiträge an die Gewerkschaften, den Beamtenbund usw.

Ausgaben bei Veranstaltungen des Berufsstands, des Berufsverbands, des Fachverbands oder der Gewerkschaft eines Arbeitnehmers, die der **Förderung des Allgemeinwissens** der Teilnehmer dienen, sind nicht Werbungskosten, sondern **nichtabzugsfähige Kosten der Lebensführung**: z. B. stets bei Aufwendungen aus Anlaß von **gesellschaftlichen Veranstaltungen** der bezeichneten Organisation, und zwar auch dann, wenn die gesellschaftlichen Veranstaltungen im Zusammenhang mit einer rein fachlichen oder beruflichen Tagung oder Sitzung standen.

Dient die Veranstaltung dem Zweck, die Teilnehmer im Beruf fortzubilden (z. B. Fortbildungslehrgänge, fachwissenschaftliche Lehrgänge, fachliche Vorträge, usw.) können es WK gem. § 9 Abs. 1 Satz 1 sein.

Das gilt auch für Veranstaltungen im Zusammenhang mit einer **ehrenamtlichen** Tätigkeit für den zuständigen **Berufsstand** oder **Berufsverband** (BFH, BStBl 1981 II 368). Vgl. auch Abschn. 36 LStR.

5.6.2.2 Fahrten zwischen Wohnung und Arbeitsstätte (§ 9 Abs. 1 Nr. 4 EStG)

Aufwendungen für Fahrten zwischen Wohnung und Arbeitsstätte sind stets Werbungskosten. Das gilt auch dann, wenn der Arbeitgeber dem Arbeitnehmer eine unentgeltliche Beförderungsmöglichkeit zur Verfügung stellt, auf deren Inanspruchnahme der Arbeitnehmer aber verzichtet (BFH, BStBl 1971 II 55).

Die **Wahl des Verkehrsmittels** und gegebenenfalls der **Tarifklasse** steht dem Arbeitnehmer frei. Bei Benutzung eines **eigenen Kraftfahrzeuges** sind – vorbehaltlich des § 9 Abs. 2 – stets **nur** die in **§ 9 Abs. 1 Nr. 4 Satz 2** bezeichneten **Pauschbeträge** anzusetzen. Die **Kilometerpauschale** beträgt

	Pkw	Motorrad/Motorroller
je km einfache Entfernung	0,70 DM	0,33 DM

Beispiel:
Ein Arbeitnehmer macht als Fahrten zwischen Wohnung und Arbeitsstätte geltend:
1. Straßenbahn 80 Tage × 2 DM (nachgewiesen) =   160 DM
2. Benutzung des eigenen Pkw an 100 Tagen
 (tägliche tatsächliche Fahrstrecke 100 km, kürzeste Verbindung)
3. Taxibenutzung zur Arbeit und zurück an 60 Tagen
 (lt. vorgelegter Einzelbelege täglich 2 × 7 DM) =   840 DM

Zu 1. und 3.:
Bei öffentlichen Verkehrsmitteln besteht keine Begrenzung: Abzug aller nachgewiesenen Aufwendungen von zusammen 1 000 DM gemäß § 9 Abs. 1 Nr. 4 **S. 1**.

Zu 2.:
Bei Benutzung eines eigenen Pkw Beschränkung auf die „km-Pauschale" des § 9 Abs. 1 Nr. 4 **S. 4**:
100 Arbeitstage × 50 km (einfache Entfernung) × 0,70 DM =   3 500 DM

Auch bei Benutzung eines **überlassenen**, z. B. geleasten, Pkw kommt **nur** der Kilometer-Pauschbetrag zur Anwendung (§ 9 Abs. 1 Nr. 4 Satz 4).

Bei **mehreren Wohnungen** werden Fahrten zur weiter entfernt liegenden Wohnung – wenn keine doppelte Haushaltsführung vorliegt – nur dann noch als Fahrten zwischen Wohnung und Arbeitsstätte anerkannt, wenn die weiter entfernt liegende Wohnung nicht nur gelegentlich genutzt wird und als Mittelpunkt der Lebensinteressen des Arbeitnehmers gilt (§ 9 Abs. 1 Nr. 4 Satz 3). So können z. B. Flüge eines ausländischen Arbeitnehmers in den Heimatstaat idR nicht mehr berücksichtigt werden.

Vgl. bereits BFH (BStBl 1983 II 306).

Grundsätzlich ist für die Entfernungsberechnung die **kürzeste benutzbare Straßenverbindung** maßgebend (vgl. Gesetzeswortlaut). Nach Abschn. 42 Abs. 4a LStR kann jedoch bei Benutzung eines eigenen Kraftfahrzeugen an Stelle der kürzesten benutzbaren Straßenverbindungen auch eine andere Straßenverbindung zugrunde gelegt werden, wenn sie offensichtlich **verkehrsgünstiger** ist und vom Arbeitnehmer **regelmäßig** für die Fahrten zwischen Wohnung und Arbeitsstätte **benutzt** wird (BFH, BStBl 1975 II 852).

Beispiel:
Wie vor, nur benutzt der Stpfl. regelmäßig die schnellere Autobahnverbindung (Fahrtstrecke insgesamt täglich 120 km).

Normalerweise Ansatz der kürzesten Straßenverbindung; hier aber Anerkennung der regelmäßig benutzten „verkehrsgünstigeren" Verbindung. Darunter ist eine schnellere und/oder sichere Verbindung zu verstehen.

Daher Ansatz 60 km als einfache Entfernung.

Bei der Anwendung der Kilometerpauschale ist die einfache Entfernung zwischen Wohnung und Arbeitsstätte **für jeden Arbeitstag,** an dem der Arbeitnehmer das Fahrzeug benutzt, **nur einmal** zu berücksichtigen, auch wenn der Arbeitnehmer den Weg mehrfach, z. B. zur Einnahme des Mittagessens in der Wohnung, zurücklegt; vgl. BFH, BStBl 1963 III 134 und BStBl 1964 III 342; Abschn. 42 Abs. 2 LStR.

Beispiel:
Einfache Entfernung = 10 km, der Stpfl. fährt mittags zur Einnahme des Mittagessens nach Hause. Er legt die einfache Entfernung somit arbeitstäglich viermal zurück.

Als WK sind trotzdem arbeitstäglich nur 10 km × 0,70 DM = 7,00 DM (ab 1994) anzusetzen. Die Mittagsheimfahrten fallen somit unter § 12. Sie sind auch nicht nach § 33 zu berücksichtigen.

Wegen **Ausnahmen** von der Einmalberücksichtigung vgl. § 9 Abs. 1 Nr. 4 Satz 2 und Abschn. 42 Abs. 2 LStR; zu **Fahrgemeinschaften** vgl. Abschn. 42 Abs. 4b LStR.

Der Kilometer-Pauschbetrag gilt **auch**

— für arbeitstäglich **zusätzliche Fahrten** außerhalb der regelmäßigen Arbeitszeit (BFH, BStBl 1992 II 838)

— für **zusätzliche Fahrten** wegen einer Unterbrechung der Arbeitszeit um mindestens 4 Stunden.

Kfz-Kosten für **Umwegstrecken** aus **beruflichem** Anlaß sind in Höhe der **tatsächlichen** Kosten (§ 9 Abs. 1 Satz 1) abziehbar (BFH, BStBl 1991 II 134).

Im Normalfall können statt der Kilometer-Pauschbeträge des § 9 Abs. 1 Nr. 4 **nicht** die tatsächlichen Aufwendungen für die Benutzung des eigenen Kraftfahrzeugs zu Fahrten zwischen Wohnung und Arbeitsstätte oder die Kilometersätze des Abschn. 38 Abs. 2 LStR angesetzt werden.

Beispiel:
Ein Arbeitnehmer kann durch Einzelaufzeichnungen der gesamten Kfz-Kosten belegen, daß der nachweisliche km-Satz 0,85 DM je gefahrenen km für Fahrten zwischen Wohnung und Arbeitsstätte beträgt (lt. Fahrtenbuch). Trotzdem ist nur die km-Pauschale von 0,70 DM je km der einfachen Entfernung anzusetzen (ab 1994).

Wegen der Ausnahmen vgl. § 9 Abs. 2 und Abschn. 42 Abs. 6 LStR.

Wird das Kraftfahrzeug lediglich für **eine Hin- oder Rückfahrt** benutzt, z. B. wenn sich an die Hinfahrt eine Dienstreise anschließt, die in der Wohnung des Arbeitnehmers endet, so sind die Pauschbeträge nur zur **Hälfte** anzusetzen; vgl. BFH, BStBl 1978 II 661.

Mit den km-Pauschbeträgen sind grds. **sämtliche Aufwendungen abgegolten,** die mit der Benutzung des Kfz gewöhnlich verbunden sind. Dies gilt auch für die Prämien für eine Vollkaskoversicherung (BFH, BStBl 1967 III 576), die Kosten der Unterbringungen des Fahrzeugs (z. B. Garagenkosten), Parkgebühren (BFH, BStBl 1979 II 372) und die Kosten eines Anschaffungsdarlehns (BFH, BStBl 1980 II 138), selbst wenn die Kfz-Anschaffung wegen Zerstörung des alten Kfz erforderlich geworden ist (BFH, BStBl 1983 II 17). Ebenso sind Kosten für den Einbau eines **Austauschmotors** i. d. R. mit den Pauschbeträgen abgegolten (BFH, BStBl 1974 II 188, BStBl 1982 II 325).

Außergewöhnliche Kosten können **neben den Pauschbeträgen** berücksichtigt werden (BFH, BStBl 1971 II 101). Vgl. Abschn. 42 Abs. 5 LStR.

Daher können **Unfallkosten** neben den Kilometer-Pauschbeträgen berücksichtigt werden, und zwar unabhängig von ihrer Höhe, wenn sich der Unfall auf dem Weg zwischen Wohnung und Arbeitsstätte ereignet hat und für ihn nicht ausnahmsweise private Gründe (z. B. Wettfahrten oder Alkoholeinfluß) maßgebend waren (BFH, BStBl 1978 II 105 und BStBl 1984 II 434).

Unfallkosten teilen das rechtliche Schicksal der Fahrkosten. Ist die Fahrt beruflich veranlaßt, so sind die Unfallkosten selbst dann Werbungskosten, wenn der Unfall auf einem bewußten und leichtfertigen Verstoß gegen die Verkehrsvorschriften beruht (BFH, BStBl 1980 II 655). Vgl. aber H 118 „Unfallkosten – Nr. 2" EStH: Danach soll auch (**gegen** den BFH) grobe Mißachtung der Verkehrsregeln schädlich sein.

Werbungskosten liegen auch vor, wenn der Unfall sich auf der Fahrt mit eigenem Pkw von einer Baustelle zu einer nahgelegenen Gaststätte ereignet, weil auf der Baustelle die Möglichkeit zur Einnahme einer warmen Mahlzeit fehlte (BFH, BStBl 1982 II 261).

Unfallkosten können auch dann Werbungskosten sein, wenn der Arbeitnehmer seine Fahrtroute zwischen Wohnung und Arbeitsstätte verläßt, um sein Fahrzeug zu betanken, und einen Unfall erleidet (BFH, BStBl 1985 II 10). Dagegen sind Unfallkosten auf der Umwegstrecke anläßlich der Mitnahme eines Arbeitskollegen aus Gefälligkeit **nicht** abziehbar (BFH, BStBl 1987 II 275).

Zu den Unfallkosten gehören neben den **Reparaturkosten** auch **Schadenersatzleistungen**, die der Arbeitnehmer unter Verzicht auf Versicherungsleistungen selbst getragen hat. Wenn der Arbeitnehmer sein Fahrzeug nicht reparieren läßt, kann er eine **Absetzung für außergewöhnliche technische Abnutzung** (§ 9 Abs. 1 Nr. 7 i. V. mit § 7 Abs. 1 Satz 5) geltend machen.

Neben dem Abzug der Reparaturkosten kommt eine Absetzung wegen außerordentlicher technischer Abnutzung aber **nur** in Betracht, wenn trotz der Reparatur eine nennenswerte **Wertminderung** des Pkw verblieben ist. Vgl. BFH, BStBl 1994 II 235.

Wird bei einem **Totalschaden** von dritter Seite Ersatz des vollen Zeitwertes des Kfz geleistet, so entfällt jedoch der Ansatz von Werbungskosten (BFH, BStBl 1970 II 764). Bei Totalschaden ist die AfaA in der Regel für das Jahr vorzunehmen, in dem der Unfall eingetreten ist (BFH, BStBl 1969 II 160).

Sind aber vernünftige Gründe für die Annahme gegeben, daß dem Arbeitnehmer der Schaden voll ersetzt wird, so kann die Absetzung für das Jahr vorgenommen werden, in dem sich herausstellt, daß der Arbeitnehmer den Schaden doch selbst tragen muß (BFH, BStBl 1969 II 160).

Der Umfang der **privaten Nutzung** eines bei einer beruflichen Fahrt infolge Unfalls beschädigten Pkw ist dabei **ohne Auswirkung** auf die Höhe der als Werbungskosten berücksichtigungsfähigen Aufwendungen (BFH, BStBl 1974 II 185).

Beispiel:

Der Arbeitnehmer erleidet auf der morgendlichen Fahrt zur Arbeitsstätte durch überraschenden, nicht durch Warnschilder angekündigten Wildwechsel einen Unfall. Die beim Unfall mit seinem Pkw nicht ersetzten Reparaturkosten betragen 1 200 DM (keine Kaskoversicherung).

Es handelt sich um außergewöhnliche Kosten, die neben der km-Pauschale in vollem Umfang abzugsfähig sind.

Als Unfallkosten gelten nicht nur die unmittelbaren Krankheits- und Reparaturkosten, sondern alle Kosten, die wirtschaftlich mit dem Unfall zusammenhängen, z. B. auch **Gerichts-** und **Anwaltskosten** im Zusammenhang mit einem Schadenersatzprozeß, **Zinsen** für ein zur Deckung der Kosten aufgenommenes Darlehen usw.

Sind **beide Ehegatten Arbeitnehmer** und fährt der Ehemann seine Ehefrau von der Wohnung zur Arbeitsstätte, um dann selbst diese Strecke wieder zurück zu seiner Arbeitsstätte zu fahren, so kann jeder Ehegatte den gesetzlichen Kilometer-Pauschbetrag höchstens für diejenigen Kilometer in Anspruch nehmen, die zwischen der Wohnung und seiner eigenen Arbeitsstätte liegen (BFH, BStBl 1967 III 571, BStBl 1969 II 206).

Beispiel:

Arbeitstäglich fährt der berufstätige Ehemann A seine ebenfalls berufstätige Ehefrau B zur 13 km von der gemeinsamen Wohnung entfernten Arbeitsstätte. Anschließend fährt er zurück und über den Wohnort hinaus zu seiner von der Wohnung 6 km entfernten Arbeitsstätte. Die tatsächliche tägliche Fahrtstrecke beträgt $(13 + 13 + 6) \times 2 = 64$ km. Bei A ist die einfache Entfernung von 6 km, bei der Ehefrau B sind 13 km anzusetzen (BFH, a. a. O.).

Vgl. im einzelnen zur **Ehegatten-Fahrgemeinschaft** Abschn. 42 Abs. 4b S. 4 ff. LStR.

Wegen der km-Pauschale, wenn der Arbeitnehmer **mehrere Wohnungen** hat, vgl. Abschn. 42 Abs. 3 LStR und BFH, BStBl 1986 II 95 und 221 sowie BStBl 1988 II 706 und BStBl 1992 II 306.

Ersetzt der **Arbeitgeber** einem Arbeitnehmer die **Aufwendungen für Fahrten zwischen Wohnung und Arbeitsstätte**, so gehören die ersetzten Beträge zum steuerpflichtigen Arbeitslohn (Abschn. 70 Abs. 2 Nr. 14 LStR). Bis zur Höhe der km-Pauschale i.S. von § 9 Abs. 1 Nr. 4 ist eine Pauschalierung der LSt mit 15% möglich (§ 40 Abs. 2 S. 2). Auch soweit der Arbeitgeber Aufwendungen **ersetzt**, können beim Arbeitnehmer Kosten für Fahrten zwischen Wohnung und Arbeitsstätte als **Werbungskosten** berücksichtigt werden.

Stellt der **Arbeitgeber** einem Arbeitnehmer ein **Kraftfahrzeug unentgeltlich** zu Fahrten zwischen Wohnung und Arbeitsstätte **zur Verfügung**, so gehört der geldwerte Vorteil zum Arbeitslohn. In diesem Fall kommt noch eine Berücksichtigung von Fahraufwendungen als Werbungskosten in Betracht, vgl. im einzelnen Abschn. 31 Abs. 7 LStR. Auch hier ist die LSt-Pauschalierung nach § 40 Abs. 2 S. 2 möglich. Soweit die LSt pauschaliert wurde, scheidet der Werbungskosten-Abzug aus (§ 40 Abs. 2 Satz 3).

5.6.2.3 Aufwendungen für Arbeitsmittel (§ 9 Abs. 1 Nr. 6 EStG)

Aufwendungen für Arbeitsmittel gehören nach § 9 Abs. 1 Satz 3 Nr. 6 zu den Werbungskosten.

Arbeitsmittel sind ausschließlich der Berufsausübung dienende Gegenstände. Die gesetzliche Aufzählung ist nur beispielhaft. Der Begriff Arbeitsmittel ist weit auszulegen.

Beispiele:

Fachbücher und Fachzeitschriften; Schreibmaschinen; Tonbandgeräte; Diktiergeräte; Taschenrechner; Musikinstrument für einen Musiker; Videorekorder; Computer.

Die Aufwendungen eines Arbeitnehmers für ein Arbeitsmittel sind **auch** dann als **Werbungskosten** abziehbar (im Wege der AfA), **wenn** sie **sehr hoch** sind (BFH, BStBl 1981 II 735), z.B. Aufwendungen für **Heimcomputer**. Typische „Spielcomputer" sind regelmäßig keine WK (BFH, BStBl 1993 II 348). Bei einem Mathematiklehrer mit dem Fach Informatik ist ein Heimcomputer Arbeitsmittel (EFG 1987, 301 – rkr). Es ist aber von den Lebenshaltungskosten abzugrenzen.

Nicht selten wird bei Arbeitsmitteln das **Aufteilungsverbot** des § 12 Nr. 1 Satz 2 tangiert. Gegenstände, die beruflich benutzt werden, werden häufig auch für private Zwecke genutzt. Ist die private Nutzung nicht nur von untergeordneter Bedeutung, ist eine Anerkennung als Arbeitsmittel nicht möglich. Vgl. Abschn. 44 Abs. 2 LStR.

Beispiele:

1. Die Kosten für die Anschaffung eines allgemeinen Nachschlagewerkes wie „Der Große Brockhaus" gehören bei einem Lehrer grundsätzlich zu den Kosten der Lebenshaltung (BFH, BStBl 1957 III 328).
2. Ebenso Schallplatten bei einem Musiklehrer.

Die Anschaffung eines Buches durch einen Lehrer fällt dann ausschließlich oder fast ausschließlich in die berufliche Sphäre, wenn das gleiche Werk von zahlreichen anderen Personen, bei denen die Anschaffungskosten zu Lebenshaltungskosten führen würden, nicht angeschafft würde (BFH, BStBl 1982 II 67).

Ist ein Arbeitsmittel geeignet, sowohl der beruflichen als auch der Privatsphäre eines Arbeitnehmers zu dienen, so hängt die Entscheidung, ob es sich um Aufwendungen für ein Arbeitsmittel oder um Lebenshaltungskosten handelt, grundsätzlich von der **tatsächlichen Funktion im Einzelfall** ab (vgl. BFH, Großer Senat, BStBl 1971 II 17 und BStBl 1992 II 195 (Videorekorder bei einem Lehrer WK?). sowie BStBl 1993 II 193 (Sehbrille **keine** WK, auch wenn sie ausschließlich am Arbeitsplatz getragen wird).

Beispiele:

1. Ein Lehrer für Geschichte bezieht eine überregionale **Tageszeitung**, um sich über das politische Geschehen zu informieren. Hier ist auch der Bereich der privaten Lebensführung berührt. Eine ausschließlich berufliche Nutzung der Tageszeitung scheidet aus. Die private Nutzung ist auch nicht nur von untergeordneter Bedeutung. Da keine Aufteilungsmöglichkeit besteht, kein Abzug als Werbungskosten (§ 12 Nr. 1 Satz 2 2. Halbsatz).

Bücher und **Zeitschriften** werden als Arbeitsmittel angesehen und die Aufwendungen als Werbungskosten berücksichtigt, wenn sichergestellt ist, daß die erworbenen Bücher und Zeitschriften ausschließlich oder ganz überwiegend beruflichen Zwecken dienen (BFH, BStBl 1977 II 716 und BStBl 1982 II 67).

Ist dies nicht der Fall, greift grds. das Abzugsverbot des § 12 Nr. 1 ein. Weist der Stpfl. jedoch nach, daß er betreffende Buch usw. **zweimal** besitzt (einmal zur beruflichen Nutzung, einmal als Privatlektüre), stellt **ein** Exemplar ggf. ein Arbeitsmittel der (BFH, BStBl 1977 II 716).

2. B ist Richter am OLG. Er verwendet sein Tonbandgerät (Anschaffungskosten 1 500 DM) zu Hause zum Diktieren von Urteilsentwürfen. Das Gerät befindet sich in der Wohnung des Stpfl. Es eignet sich auch zum Überspielen von Musiksendungen in Funk und Fernsehen.

Es liegen gemischte Aufwendungen ohne eindeutige und nachprüfbare Aufteilungsmöglichkeit vor; da her Abzugsverbot gem. § 12 Nr. 1 Satz 2 (BFH, BStBl 1967 II 773, 774, 776).

Anders wäre die Beurteilung bei einem **Diktiergerät**.

Auch Aufwendungen für **typische Berufskleidung** gehören zu den Arbeitsmitteln. Sie muß ein Kennzeichen des jeweiligen Berufs sein (BFH, BStBl 1980 II 75).

Beispiel:

Robe eines Richters; Amtstracht der Geistlichen; schwarzer Anzug eines Kellners; Frack eines Dirigenten; Schutzbrille eines Schweißers.

Bei typischer Berufskleidung sind Werbungskosten neben den Anschaffungskosten auch die weiteren Unterhaltskosten (z. B. **Reinigung** und **Reparaturen**) (BFH, BStBl 1993 II 837 und 838).

Dagegen ist bürgerliche Kleidung nicht als typische Berufskleidung denkbar. Zur Abgrenzung von § 12 vgl. C 4. und Abschn. 33 Abs. 2 LStR. Hierfür sind auch Reinigungskosten grds. **keine** WK (BFH, BStBl 1993 II 838); Ausnahme: bei eindeutig beruflich verursachter Verschmutzung.

Arbeitsmittel, deren Verwendung bzw. **Nutzungsdauer** sich über einen Zeitraum von **mehr als einem Jahr** erstreckt, können grds. **nur im Wege der AfA** berücksichtigt werden (BFH, BStBl 1990 II 684). Zulässig ist nach § 9 Abs. 1 Nr. 7 hier **nur** die **lineare AfA** i. S. des § 7 Abs. 1. Insbesondere die degressive AfA (§ 7 Abs. 2) ist bei den Überschußeinkünften nicht zulässig.

Eine AfA wegen technischer Abnutzung kann auch bei als Arbeitsmittel genutzten Antiquitäten (z. B. Schreibtisch, Schreibtischsessel) trotz Wertsteigerung in Betracht kommen (BFH, BStBl 1986 II 355).

Beispiel:

Ein Arbeitnehmer schafft sich im Januar 01 eine elektrische Schreibmaschine an, die als Arbeitsmittel anzuerkennen ist. Der Kaufpreis beträgt 1 000 DM + 150 DM USt. Nutzungsdauer 5 Jahre. Abzugsfähig als Werbungskosten ist nur die AfA, hier 20 % von 1 150 DM = 230 DM jährlich.

Wird ein Arbeitsmittel **im Laufe des Jahres** angeschafft, so wäre grundsätzlich im Jahre der **Anschaffung** eine **zeitanteilige** AfA-Aufteilung vorzunehmen.

Aus **Vereinfachungsgründen** kann im Jahr der Anschaffung für die im **ersten (zweiten)** Halbjahr angeschafften Arbeitsmittel der **volle (halbe)** Jahresbetrag abgezogen werden (Abschn. 44 Abs. 3 Satz 3 LStR). Die Regelung entspricht R 44 Abs. 2 Satz 3 EStR.

Beispiel:

Eine Schreibmaschine wird im Oktober 01 angeschafft. Die Nutzungsdauer beträgt 5 Jahre. Für 01 kommt die halbe Jahres-AfA in Betracht, da die Maschine im zweiten Halbjahr angeschafft wurde.

Bei **Zerstörung, Verlust** kommt eine a. o. AfA (§ 7 Abs. 1 letzter S.) in Betracht (BFH, BStBl 1984 II 586), und zwar auch durch ein „neutrales" (nicht berufsbezogenes) Ereignis.

Aufwendungen, die durch den Diebstahl eines **Privat-Pkw** bei einer **Dienstreise** entstanden sind, sind WK (BFH, BStBl 1993 II 44); ebenso bei Diebstahl bzw. Beschädigung von notwendigem persönlichen Dienstreisegepäck (BFH, BStBl 1995 II 744).

Aus **Vereinfachungsgründen** können die Anschaffungskosten von Arbeitsmitteln **im Jahr** der **Anschaffung in voller Höhe** als Werbungskosten abgesetzt werden, wenn die **Anschaffungskosten** für das **einzelne** Arbeitsmittel **800 DM ausschließlich Umsatzsteuer nicht übersteigen** (Abschn. 44 Abs. 3 Satz 1 LStR). In § 9 Abs. 1 Nr. 7 Satz 2 wird die Anwendung des § 6 Abs. 2 auf Arbeitsmittel, gesetzlich verankert. Daraus ergibt sich, daß der Abzug (bereits) im VZ der **Anschaffung** erfolgt.

Beispiel:

Der Kaufpreis für eine ausschließlich berufliche Schreibmaschine beträgt 920 DM (einschl. 15 % USt). Im Jahre der Anschaffung ergeben sich Werbungskosten von 920 DM. Eine Verteilung der Aufwendungen auf mehrere Jahre ist nicht erforderlich.

Wird ein Wirtschaftsgut zunächst privat genutzt und dann für berufliche Zwecke verwendet („**Quasi-Einlage**") so ist für die Bemessung der AfA vom Wert zu Beginn der beruflichen Nutzung auszugehen. Dieser Wert ist dadurch zu ermitteln, daß von den Anschaffungs- oder Herstellungskosten (einschließlich Umsatzsteuer) die AfA-Beträge nach § 7 Abs. 1 für die Zeit zwischen der Anschaffung oder Herstellung und der beruflichen Nutzung abgezogen werden. Vgl. BFH, BStBl 1989 II 922, BStBl 1990 II 684 sowie BStBl 1990 II 883.

Ist dieser Wert **nicht größer als 800 DM**, so kann der Sofortabzug nach § 6 Abs. 2 in Anspruch genommen werden. Vgl. Abschn. 44 Abs. 3 S. 7 ff. LStR und BFH, BStBl 1990 II 883.

5.6.2.4 Häusliches Arbeitszimmer

a) Begriff

Aufwendungen für ein häusliches Arbeitszimmer können WK sein. Voraussetzung ist eine **so gut wie ausschließliche berufliche Nutzung** (Abschn. 45 LStR, BFH, BStBl 1985 II 467). Hierbei sind folgende Merkmale zu würdigen:

- Größe der Wohnung unter Berücksichtigung des Wohnbedarfs sowie der sozialen und wirtschaftlichen Stellung des Stpfl.;
- Einrichtung des Arbeitszimmers;
- Trennung des Arbeitszimmers von den übrigen Wohnräumen (nicht möglich durch das Stellen von Möbeln) z. B. BFH, BStBl 1992 II 304 (zum Wohnzimmer offene Galerie = kein Arbeitszimmer).

Dagegen ist die Erforderlichkeit eines zusätzlichen bzw. besonderen Arbeitszimmers im Hinblick auf Art und Umfang der Tätigkeit **nicht** zur prüfen, ebenso nicht eine bestimmte Nutzungszeit im VZ (BFH, BStBl 1985 II 467).

Ein „**Durchgangszimmer**" kann grds. **nicht** als häusliches Arbeitszimmer anerkannt werden (BFH, BStBl 1984 II 110), wohl aber ein „gefangenes" Zimmer, zu dem man nur durch Wohnräume gelangt. Ein gelegentliches Durchqueren (-Müssen) ist jedoch unschädlich (vgl. BFH, BStBl 1988 II 1000, z. B. um das Schlafzimmer zu erreichen).

b) Umfang der Aufwendungen

aa) Arbeitsmittel

Bei einem anerkannten Arbeitszimmer sind insbesondere die Aufwendungen für die **Ausstattung** und etwaige **Renovierung** des Zimmers WK.

Arbeitsmittel sind neben dem Schreibtisch z. B. auch Schreibtischlampe, Garnitur und Papierkorb (BFH, BStBl 1977 II 464, 1984 II 112). Es besteht zwar **kein** „Kargheitsgebot". Aufwendungen für **Kunstgegenstände** als Einrichtungsbestandteil eines häuslichen Arbeitszimmers sind jedoch regelmäßig **keine** WK (BFH, BStBl 1991 II 340). Dies gilt auch bei einem Dienstzimmer des Stpfl. im Betrieb des Arbeitgebers (BFH, BStBl 1993 II 506).

Die Teile der Einrichtung eines häuslichen Arbeitszimmers, die unmittelbar (bei nur unbedeutender privater Mitbenutzung) der Berufsausübung dienen, können auch dann als Arbeitsmittel berücksichtigt werden, wenn das Arbeitszimmer als solches steuerlich nicht anerkannt werden kann (BFH, BStBl 1977 II 464).

bb) Raumkosten

Aufwendungen, die die Wohnung bzw. ein selbstgenutztes Gebäude insgesamt betreffen (Miete, Schuldzinsen für Finanzierungskredite, Absetzungen für Abnutzung, Reparaturkosten, Feuerversicherung, Grundsteuer, Müllabfuhrgebühren, Wassergeld, Stromkosten, Heizungskosten, Reinigungskosten), sind mit dem **Anteil** als Werbungskosten abziehbar, der sich nach dem **Verhältnis der Fläche des Arbeitszimmers** zur **Summe** aus der nach §§ 42 – 44 der II. BV (Berechnungsverordnung) ermittelten Wohnfläche **zuzüglich** der Fläche des Arbeitszimmers ergibt (BFH, BStBl 1987 II 500 als „Klarstellung" zu BFH, BStBl 1984 II 112; vgl. auch Vfg der OFD Düsseldorf vom 11. 9. 1986, StEK EStG § 9 Nr. 417). Nebenräume wie Keller, Waschküche, Abstellräume usw. sind nach der II. BV **nicht** zu berücksichtigen (BFH, BStBl 1984 II 112). Zahlungen an den Ehegatten für die Reinigung des Arbeitszimmers sind regelmäßig keine Werbungskosten (BFH, BStBl 1979 II 80).

cc) Drittaufwand bei Ehegatten

Benutzt in einer den Eheleuten als Miteigentümer z. B. zu je ½ gehörenden Wohnung der Ehemann allein ein Arbeitszimmer, so sind die hierauf anteilig entfallenden Schuldzinsen für Verbindlichkeiten zur Anschaffung der Wohnung grds. ohne Rücksicht auf den halben Miteigentumsanteil des anderen Ehegatten WK bei seinen Einkünften aus nichtselbständiger Arbeit (BFH, BStBl 1987 II 623). Der BFH erkennt (nur) in diesem Fall sogenannten **Drittaufwand** als **Werbungskosten** des einkünfteerzielenden Ehegatten an, wenn der leistende Dritte (hier: Ehegatte) an den Stpfl. eine Zuwendung erbringen will und somit lediglich eine Abkürzung des Zahlungswegs vorliegt. Auch die anteilige **Gebäude-AfA** kann unabhängig vom Miteigentumsanteil des anderen **Ehegatten** berücksichtigt werden (BFH, BStBl 1988 II 764). In der Entscheidung BFH, BStBl 1991 II 82 werden beide o. a. Entscheidungen zum häuslichen Arbeitszimmer **bestätigt**, für einen vergleichbaren Fall einer **betrieblichen** Nutzung jedoch **verneint**. Vgl. hierzu ausführlich C.3.6.3. Weitere Bestätigung durch BFH, BFH/NV 1995, 879.

Der Große Senat des BFH hat die Frage der Abzugsfähigkeit von Drittaufwand Angehöriger beim Nutzenden bisher nicht entschieden. Mit dem Beschluß des GrS vom 30.1.1995, BStBl 1995 II 281 wurde lediglich die Abziehbarkeit von **Eigenaufwand** – nach dem sog. **Nettoprinzip** – bestätigt.

dd) Begrenzung des Werbungskostenabzugs

Ab VZ 1996 sind die **Abzugsbegrenzungen** des § 4 Abs. 5 Nr. 6b i. V. m. § 9 Abs. 5 zu beachten.

ee) Beispiel:

Ein Lehrer hat in seiner gemieteten Vierzimmerwohnung ein Arbeitszimmer. Der Stpfl. ist verheiratet, keine Kinder.

Einrichtung: Bücherborde, Schreibtisch, Arbeitslampe, 1 Stuhl – Anschaffung Anfang 01 für 5 000 DM. Die Nutzungsdauer der Einrichtung beträgt 10 Jahre. Anteilige Miete einschließlich Beleuchtung 600 DM p. a.

Es kommt vor, daß der Stpfl. im Arbeitszimmer gelegentlich Privatbriefe schreibt.

Der Abzug als WK ist möglich wegen so gut wie ausschließlicher Nutzung für berufliche Zwecke (BFH, BStBl 1977 II 464).

Daher sind WK:

a) AfA 10 % von 5000 DM =	500 DM
b) anteilige Miete	600 DM
	1 100 DM

Wird das Zimmer nicht unerheblich genutzt, so ist zwar die Miete nicht mehr anteilig als WK abzugsfähig, weiterhin aber die AfA für ausschließlich beruflich genutzte Möbelstücke.

5.6.2.5 Fortbildungskosten

Fortbildungskosten sind Aufwendungen, die ein Stpfl. macht, um seine **Kenntnisse und Fähigkeiten im ausgeübten Beruf zu vertiefen bzw. aufzufrischen.** Grds. ist eine Änderung der beruflichen Tätigkeit damit nicht verbunden. Dann liegen stets WK vor. Für die Klassifizierung von Ausgaben als Fortbildungskosten läßt es der BFH aber auch genügen, wenn der Stpfl. zwar nicht in demselben, wohl aber in einem verwandten Beruf tätig werden wird (BFH, BStBl 1969 II 433). So stellen nach dem o. a. BFH-Urteil Aufwendungen einer **(nichtselbständigen) Bilanzbuchhalterin** zur Vorbereitung auf die **Steuerbevollmächtigten-Prüfung** Fortbildungskosten, also WK bei dem Dienstverhältnis als Angestellte im steuerberatenden Beruf dar. Der BFH ließ es genügen, daß durch die Prüfungsvorbereitung auch die Kenntnisse für die ausgeübte Berufstätigkeit gefördert würden. Daß der Stpfl. sich anschließend selbständig machen wollte, erschien dem BFH nicht relevant.

Im Grundsatz hat sich der BFH für eine **weite Auslegung** des Begriffs der Fortbildungskosten ausgesprochen. Er hält es für geboten, das Streben der Stpfl. nach Steigerung der beruflichen Leistung durch Fortbildung auch von der steuerlichen Seite her anzuregen (BFH, BStBl 1963 III 298).

Daher sind Aufwendungen eines **angestellten Diplomkaufmanns** im Büro einer Wirtschaftsprüfungs- und **Steuerberatungsgesellschaft** zur Vorbereitung auf das **Steuerberaterexamen** Fortbildungskosten (BFH, BStBl 1990 II 572), ebenso bei einem **Finanzbeamten** (BFH, BStBl 1993 II 108).

Ausgaben eines Handwerksgesellen zur Vorbereitung auf die Meisterprüfung sind Fortbildungskosten (BFH, BStBl 1990 II 692).

Ausgaben **eines Gerichtsreferendars** für die **Zweite juristische Staatsprüfung sind Fortbildungskosten** (BFH, BStBl 1967 III 340). Kosten der **Promotion** sind dagegen grds. keine Fortbildungskosten, sondern **Ausbildungskosten** i. S. des § 10 Abs. 1 Nr. 7 (BFH, BStBl 1975 II 421).

Promotionskosten sind nur dann **WK**, wenn ein sog. Promotionsdienstverhältnis vorliegt (BFH, BStBl 1993 II 115).

Ausbildungskosten sind auch die Kosten eines Hochschulstudiums, auch wenn es neben einem Beruf absolviert wird (BFH, BStBl 1967 III 723 und BStBl 1985 II 94). **Das Aufbaustudium** eines Lehrers stellt jedoch WK dar (BFH, BStBl 1992 II 556).

Ausbildungskosten sind dagegen keine WK, sondern **Sonderausgaben** (§ 10 Abs. 1 Nr. 7).

Vgl. zur Abgrenzung von Fortbildung, Ausbildung und Weiterbildung in einem nicht ausgeübten Beruf im einzelnen auch F. 3.7, 34 Abs. 3 LStR sowie BFH, BStBl 1985 II 87, 89, 91, 94, BStBl 1990 II 692, BStBl 1992 II 556 und 961, 962, 963, 965, 966 (Erweiterung des Begriffs „Fortbildung").

Fortbildungskosten können **auch** bereits **vor Aufnahme einer Tätigkeit** bei klarem Zusammenhang mit einem angestrebten Dienstverhältnis vorliegen (Abschn. 34 Abs. 2 S. 4 LStR, BFH, BStBl 1992 II 666).

5.6.3 Ersatz von Werbungskosten durch den Arbeitgeber

Grds. stellt der Ersatz von WK **Arbeitslohn** dar. Es sind jedoch im Einzelfall **Befreiungen** zu beachten, insbesondere Ersatz von Reisekosten, § 3 Nr. 13 und 16 und Abschn. 38 Abs. 6, 39 Abs. 9 und 40 Abs. 3 LStR; vgl. auch oben 5.5.2.

Soweit ein steuerfreier Ersatz erfolgt, ist der **WK-Abzug nach § 3c ausgeschlossen.**

5.7 Ermittlung der Einkünfte

5.7.1 Ermittlungsschema

Die Einkünfte aus § 19 sind wie folgt zu ermitteln:

Stpfl. Bruttoarbeitslohn = Einnahmen	
⁒ a) Tatsächliche WK (§ 9), mindestens	
b) Arbeitnehmer-Pauschbetrag (§ 9a Nr. 1a)	2 000 DM
= Einkünfte § 19	

Bei Zusammenveranlagung von Ehegatten (§ 26b) erhalten **beide** Ehegatten den Arbeitnehmer-Pauschbetrag, falls **beide Arbeitnehmer** sind.

5.7.2 Versorgungsfreibetrag

Der Versorgungsfreibetrag (§ 19 Abs. 2) wird für Versorgungsbezüge i. S. des § 19 Abs. 2 Satz 2 in Höhe von **40% der Versorgungsbezüge, höchstens 6 000 DM (ab KJ 1993) im VZ je Arbeitnehmer** (nicht je Dienstverhältnis) gewährt.

Beispiel:
Der Stpfl. wurde als Beamter zum 1. 8. des VZ 10 pensioniert. Er bezog im VZ 10
- laufendes Gehalt bis 31. 7.   63 000 DM
- Pension ab 1. 8.   33 500 DM

Versorgungsfreibetrag § 19 Abs. 2: 40% von 33 500 DM = 13 400 DM, höchstens 6 000 DM.

Bezieht der Stpfl. **aus mehr als einem Dienstverhältnis** Versorgungsbezüge, wird eine Begrenzung des Versorgungsfreibetrags im Wege einer **Veranlagung** von Amts wegen nach **§ 46 Abs. 2 Nr. 2** vorgenommen.

Beispiel:

Der Stpfl. bezieht zwei Pensionen a) 10 000 DM
b) 6 000 DM.

Beim Lohnsteuerabzug ist der Versorgungsfreibetrag bei der 1. Pension mit 4 000 DM, bei der 2. Pension mit 2 400 DM berücksichtigt worden. Bei der ESt-Veranlagung nach § 46 Abs. 2 Nr. 2 wird der Versorgungsfreibetrag auf 6 000 DM begrenzt.

Versorgungsbezüge sind nach § 19 Abs. 2 **begünstigt,** wenn sie

– entweder als Ruhegehalt usw. aufgrund beamtenrechtlicher (oder entsprechender gesetzlicher) Vorschriften bzw. nach beamtenrechtlichen Grundsätzen von öffentlich-rechtlichen Körperschaften (öffentlicher Dienst) – § 19 Abs. 2 Nr. 1 –

oder

– in der Privatwirtschaft wegen Erreichens der Altersgrenze von 62 Jahren – bei Schwerbehinderten von 60 Jahren –, Berufs- oder Erwerbsunfähigkeit oder als Hinterbliebenenbezüge gezahlt werden – § 19 Abs. 2 Nr. 2 –

Beispiele:

1. Ein Beamter wird wegen Dauerkrankheit mit 50 Jahren „frühpensioniert".
   Der Versorgungsfreibetrag ist anwendbar, da eine beamtenrechtliche Versorgung vorliegt (§ 19 Abs. 2 Nr. 1).
2. Ein Angestellter geht mit 58 Jahren in den sogenannten Vorruhestand. Der Versorgungsfreibetrag ist nicht anwendbar, solange die Altersgrenze von 62 Jahren nicht erreicht ist (§ 19 Abs. 2 Nr. 2). Zu beachten ist aber die Befreiung nach § 3 Nr. 9 (Entlassungsabfindungen).

Versorgungsbezüge sind **von Rentenbezügen** (= sonstigen Einkünften i. S. d. § 22 Nr. 1) **abzugrenzen:**

– **Versorgungsbezüge** sind Leistungen des Arbeitgebers aufgrund eines früheren Dienstverhältnisses (§ 19 Abs. 1 Nr. 2).

Beispiel:

Beamtenpension, „Werksrente" (ohne vorangegangener Beitragsleistung) → Versorgungsfreibetrag anwendbar.

– **Renten** (aufgrund entgeltlich erworbenen Stammrechts) beruhen auf früheren Beitragsleistungen (ganz oder teilweise) und fallen unter die sonstigen Einkünfte i. S. d. § 22 Nr. 1.

Beispiel:

Rente aus der Sozialversicherung → kein Versorgungsfreibetrag.
Zu versteuern ist lediglich der sogenannte Ertragsanteil.

Die **unterschiedliche Behandlung** ergibt sich daraus, daß der Arbeitnehmer bei Renten bereits während der aktiven Dienstzeit die Beiträge zur gesetzlichen Rentenversicherung teilweise selbst aufgebracht hat. Dagegen hat z.B. ein Beamter den Versorgungsanspruch mit seinem Dienstverhältnis erworben. Beide Ansprüche sind in rechtlicher und tatsächlicher Hinsicht sehr verschieden, so daß dem Gesetzgeber diese unterschiedliche steuerliche Behandlung bisher gerechtfertigt erschien. Mit Beschluß vom 26. 3. 1980 (BStBl II 545) hatte das BVerfG den Gesetzgeber aufgefordert, die Unterschiede langfristig zu beseitigen. Nach dem Beschluß des BVerfG, BStBl 1992 II 774 ist die vom BVerfG gesetzte Anpassungsfrist noch nicht abgelaufen.

5.7.3 Arbeitnehmer-Pauschbetrag (§ 9a Nr. 1a EStG)

Ein Arbeitnehmer-Pauschbetrag von 2 000 DM wird von den Einnahmen aus nichtselbständiger Arbeit abgezogen.

Dieser Pauschbetrag soll zu einer Vereinfachung des Besteuerungsverfahrens führen. Er ist in die Lohnsteuertabelle eingearbeitet. Arbeitnehmer, deren Werbungskosten den Pauschbetrag übersteigen, können diese steuerlich geltend machen.

Der Arbeitnehmer-Pauschbetrag von 2 000 DM

– ist nicht aufzuteilen und
– wird einem Arbeitnehmer auch bei mehreren Dienstverhältnissen insgesamt nur einmal gewährt.

Er darf nicht zu einem Verlust aus § 19 führen oder einen Verlust aus § 19 erhöhen (§ 9a Satz 2).

Nachgewiesene Werbungskosten, die unter dem (begrenzten) Arbeitnehmer-Pauschbetrag liegen, **dürfen aber zu Verlusten führen.** Vgl. auch C. 2.2.

Beispiele zum Zusammenwirken von nachgewiesenen WK und dem Pauschbetrag (§ 9a Nr. 1):

	1.	2.	3.	4.
Einnahmen	10 000 DM	800 DM	1 440 DM	0 DM
nachgewiesene WK	20 00 DM	1 050 DM	1 400 DM	150 DM
Einnahmen	10 000 DM	800 DM	1 440 DM	0 DM
./. a) § 9a Nr. 1a	2 000 DM	–	1 440 DM	–
./. b) nachgewiesenes WK	–	1 050 DM	_	150 DM
Einkünfte	8 000 DM	./. 250 DM	0 DM	./. 150 DM

5.8 Vermögensbeteiligung von Arbeitnehmern (§ 19a EStG)

5.8.1 Allgemeines

Durch § 19a wird die **unentgeltliche** oder **verbilligte Überlassung von Vermögensbeteiligungen an Arbeitnehmer steuerlich begünstigt.**

In § 19a Abs. 1 Satz 1 wird geregelt, daß nur unentgeltliche oder verbilligter **Sachbezüge** in Form von **Kapitalbeteiligungen** oder Darlehensforderungen möglich sind.

Diese Regelung schließt insoweit die Steuerfreiheit von Geldleistungen aus.

Wegen der möglichen Anlageformen vgl. im einzelnen § 19a Abs. 3 bis 7.

Die Überlassung außerbetrieblicher Vermögensbeteiligungen ist **grds.** nicht steuerbegünstigt.

5.8.2 Höhe der Vergünstigung

Die unentgeltliche oder verbilligte Überlassung der begünstigten Vermögensbeteiligungen an Arbeitnehmer wird in der Weise gefördert, daß der geldwerte Vorteil für den Arbeitnehmer nach § 19a Abs. 1 in begrenztem Umfang **steuerfrei** bleibt. Der geldwerte Vorteil ergibt sich aus dem Unterschied zwischen dem Wert der Vermögensbeteiligung und dem Preis, zu dem die Vermögensbeteiligung dem Arbeitnehmer überlassen wird. Die **Steuerfreiheit des** geldwerten Vorteils ist **zweifach begrenzt.**

Wenn der Arbeitgeber die Beteiligung dem Arbeitnehmer gratis oder verbilligt überläßt, bleibt dieser Vorteil bei Einhaltung einer sechsjährigen Sperrfrist **bis zu 300 DM jährlich steuerfrei,** ist aber **auf die Hälfte des Wertes der Beteiligung begrenzt.** Diese Begünstigung ist an keine Einkommensgrenze gebunden und kann unabhängig von der erweiterten Förderung nach dem 5. VermBG beansprucht werden.

Beispiele:

1. **Kostenlose Überlassung**

   Ein Arbeitnehmer erhält 3 Gratisaktien mit einem Börsenkurs von je 300 DM.

Geldwerter Vorteil	900 DM
./. steuerfrei nach § 19a Abs. 1:	
aa) ½ × Wert der Vermögensbeteiligung = 450 DM	
bb) höchstens 300 DM	300 DM
steuerpflichtiger Arbeitslohn	600 DM

2. **Verbilligte Überlassung**

   Im Fall a) erhält der Arbeitnehmer die Aktien gegen Zahlung von insgesamt 400 DM.

Wert der Vermögensbeteiligung (wie bei a)	900 DM
./. Zahlung des Arbeitnehmers	400 DM
Geldwerter Vorteil	500 DM
./. steuerfrei § 19a Abs. 1:	
aa) ½ × Wert der Vermögensbeteiligung = 450 DM (nicht ½ des Vorteils)	
bb) höchstens steuerfrei 300 DM	300 DM
steuerpflichtiger Arbeitslohn	200 DM

   Soweit der Sachbezug steuerfrei ist, ist er auch sozialversicherungsfrei (§ 1 Arbeitsentgeltsverordnung).

Verbilligt überlassene Vermögensbeteiligungen können vom Arbeitnehmer auch mit vermögenswirksamen Leistungen i. S. d. 5. VermBG erworben werden. In diesem Fall können die für die Vermögensbeteiligungen aufgewendeten Beträge bis zu 936 DM unter den Voraussetzungen des 5. VermBG zusätzlich durch Arbeitnehmer-Sparzulagen gefördert werden.

5.8.3 Wert der Vermögensbeteiligung

Die Ermittlung des Werts der Vermögensbeteiligung richtet sich nach § 19a Abs. 8. Bei Wertpapieren i. S. d. § 19a Abs. 3 Nr. 1 bis 3 ist grundsätzlich der niedrigste Börsenkurs an dem Tag maßgebend, an dem das Wertpapier dem einzelnen Arbeitnehmer überlassen wird. Bei Überlassung von eigenen Aktien des Arbeitgebers ist der niedrigste Börsenkurs am Tag der Beschlußfassung über die Überlassung maßgebend.

5.8.4 Begünstigte Leistungen

Nach § 19a Abs. 1 wird nur der geldwerte Vorteil aus der unentgeltlichen oder verbilligten Überlassung von Vermögensbeteiligungen als Sachbezug steuerlich begünstigt. Die **Begünstigung gilt** deshalb **nicht** für die in manchen bestehenden „Beteiligungsmodellen" vorgesehenen **Geldleistungen** des Arbeitgebers, die zweckgebunden allein zum Erwerb von Vermögensbeteiligungen des Arbeitnehmers an „Mitarbeiterbeteiligungs-Gesellschaften" gewährt werden.

5.8.5 Sperrfrist

Voraussetzung für die Gewährung des Freibetrags ist die Festlegung der Vermögensbeteiligung mit einer Frist von 6 Jahren (Sperrfrist, § 19a Abs. 1 Satz 2, Abs. 2). Die Sperrfrist beginnt jeweils am 1. 1. zu laufen (bei vor dem 1. 1. 1987 begründeten Beteiligungen am 1. 1. **und 1. 7.**).

Wegen der vorzeitigen unschädlichen Verfügungsmöglichkeiten Hinweis auf § 19a Abs. 2 Nr. 1 bis 6 (Tod oder völlige Erwerbsunfähigkeit, Arbeitslosigkeit, Heirat, Aufnahme einer Tätigkeit i. S. d. § 13, § 15 oder § 18, Rückkehr von Ausländern in das Heimatland in bestimmten Fällen und Wiederanlage in Veräußerungsfällen).

5.8.6 Erträge der Vermögensbeteiligung

Die Einnahmen aus den Vermögensbeteiligungen sind bei **§ 20** zu erfassen.

Die **Veräußerung** führt **nicht** zu **Einkünften,** auch nicht ggf. aus § 23, da der Wert der Vermögensbeteiligungen zumindest teilweise bei den Einkünften aus § 19 anzusetzen ist.

6. Einkünfte aus Kapitalvermögen

Literaturhinweise: Harenberg/Irmer, Die Besteuerung privater Kapitaleinkünfte, Herne/Berlin 1993; dies., NWB E 3 S. 8411; Keßler, NWB E 3 S. 8823; Scheurle, NWB E 3 S. 8895; ders., DB 1994, 445; Loy, NWB Aktuelles 1994 S. 226, 308; Philipowski, Bank Information 1993, Heft 12 S. 40; Jonas, BB 1993, 2421.

6.1 Begriff der Einkünfte aus Kapitalvermögen

Unter den Begriff Einkünfte aus Kapitalvermögen fallen alle **Entgelte aus der Nutzungsüberlassung von (Geld-)Kapital,** d. h. die Früchte aus der Kapitalnutzung.

Dagegen werden Mehrungen der Substanz durch nicht realisierte **Wertsteigerungen,** insbesondere Kurssteigerungen, **nicht** erfaßt.

Auch die **Veräußerung** des Kapitalstammes führt **grds. nicht** zu **Einnahmen** aus § 20, kann aber nach § 23 bzw. § 17 zu erfassen sein.

> **Beispiel:**
> A beteiligt sich an der X-GmbH und erhält eine Dividende von 10 v. H. bezogen auf seinen Anteil = Kapitalnutzung.

Anschließend veräußert A den für 50 000 DM erworbenen GmbH Anteil für 60 000 DM (außerhalb der Spekulationsfrist) = **Substanzverwertung** (keine Einnahme).

Dieser **Grundsatz** gilt aber **nicht ausnahmslos**. § 20 Abs. 1 Nr. 7 und § 20 Abs. 2 Nr. 4 **erweitern** einerseits den Begriff der Kapitalerträge und grenzen ihn andererseits gegenüber Vermögensmehrungen ab, die nicht unter diese Vorschrift fallen. Für die Annahme von „Erträgen" ist es **nicht** erforderlich, daß die Rückzahlung des überlassenen Kapitalvermögens zugesagt worden ist.

Auch wenn unsicher ist, ob und ggf. in welcher Höhe das überlassene Kapitalvermögen zurückgezahlt wird, liegt ein Kapitalertrag vor, wenn ein Entgelt zugesagt worden ist.

Wird dagegen die Rückzahlung des überlassenen Kapitalvermögens versprochen, kann auch dann ein Kapitalertrag erzielt werden, wenn nicht von vornherein sicher ist, ob und ggf. in welcher Höhe ein Zins gezahlt wird, wie es beispielsweise bei Index-Anleihen der Fall ist.

Nicht zu einem Kapitalertrag führen demnach **Wertpapiere** und **Kapitalforderungen** mit **rein spekulativem** Charakter, bei denen **nicht wenigstens eine** der genannten Voraussetzungen erfüllt ist, sondern sowohl die Rückzahlung des Kapitalvermögens als auch der Ertrag unsicher sind, z. B. Futures; Bandbreiten-Optionsscheine ohne Kapitalrückzahlungsgarantie.

Vgl. auch BMF, DB 1994, 2315.

Kapitalerträge werden nicht nur durch **Einlösung** der vom Emittenten erworbenen Wertpapiere und Kapitalforderungen erzielt, sondern auch durch **Veräußerung** der Papiere und Forderungen vor deren Fälligkeit (§ 20 Abs. 2 Nr. 4).

Bei verschiedenen Formen von Kapitalanlagen (insbesondere Aufzinsungs- und Abzinsungspapieren) wird bei Ausgabe des Papiers von vornherein eine **Rendite versprochen**, die bei **Einlösung** ganz oder bei **Zwischenveräußerung besitzzeitanteilig** erzielt werden kann. Diese Rendite schlägt sich im **Kurs** des Papiers nieder und wird bei Veräußerung/Einlösung als **Kapitalertrag** realisiert. **Besitzzeitanteilige Emissionsrenditen** sind zu versteuern (§ 20 Abs. 1 Nr. 7, § 20 Abs. 2 Nr. 4, BMF-Schr. v. 1. 7. 1993, BStBl I 343). Vgl. auch unten 6.2.10, 6.2.11 und 6.3.

Hinsichtl. des **Zuflusses** von Einnahmen in Form von Wertsteigerungen s. BFH, FR 1993, 542.

Wertminderungen bzw. der **Verlust** des Kapitalstamms sind keine Werbungskosten aus § 20.

Erträge sind insbesondere:

1. Gewinnanteile
2. Zinsen
3. sonstige Bezüge (Vorteile).

Bei den Dividenden und Gewinnanteilen handelt es sich um **erfolgsabhängige,** bei Zinsen grds. um **erfolgsunabhängige** Vergütungen. Die Aufzählung in § 20 ist **beispielhaft**.

Sonstige Vorteile sind jede Art von Vergünstigungen, die im Zusammenhang mit einer Kapitalüberlassung gewährt werden, gleichgültig, ob sie **neben** einer Gewinnbeteiligung oder Verzinsung des überlassenen Kapitals oder **anstelle** dieser gewährt wird. Vgl. § 20 Abs. 2 Nr. 1 und im einzelnen 6.3.

Die **Kapitalüberlassung** kann in folgender Form erfolgen:

1. durch Erwerb von Anteilen an einer Kapitalgesellschaft
2. in der Form der stillen Beteiligung oder als partiarisches Darlehen
3. in Form der Gewährung von Hypotheken, Grundschulden und Rentenschulden
4. durch Ansparung von Kapital in Form von Versicherungsverträgen auf den Erlebens- oder Todesfall
5. Erwerb von Wechseln, Anweisungen einschließlich der Schatzanweisungen
6. sonstige Kapitalüberlassungen jeder Art, unabhängig von ihrer Bezeichnung und der zivilrechtlichen Ausgestaltung, wenn bei wirtschaftlicher Betrachtung eine Überlassung von Kapitalvermögen zur Nutzung vorliegt.

Voraussetzung für die Qualifizierung als Kapitalerträge ist das Vorhandensein eines Kapitalstamms. Ob es auf den **Wert** der jeweiligen Anlage ankommt, ist **zweifelhaft**; vgl. BFH-Beschluß, BStBl 1995 II 262 betr. Gutschrift von „Erträgen" aus dem überlassenen Kapitalstamm (aus Einlagen) bei einem sog. „Schneeballsystem".

Beispiel:

A hat eine Darlehensforderung gegen B, die uneinbringlich ist. B zahlt an A einen Teilbetrag rückständiger Zinsen. Ob diese – trotz Wertlosigkeit der Forderung – Einnahmen aus § 20 Abs. 1 Nr. 7 sind, ist zuweifelhaft (BFH, a. a. O.).

Die **Art** der Vergütung ist nicht entscheidend. Das ergibt sich aus § 20 Abs. 2 Nr. 1, wonach zu den Einkünften aus Kapitalvermögen auch besondere Entgelte und Bezüge gehören, die neben den Gewinnanteilen und Zinsen oder an deren Stelle gewährt werden. § 20 Abs. 2 Nr. 1 bezieht sich auf alle in § 20 Abs. 1 Nr. 1–8 genannten Arten der Kapitaleinkünfte.

Beispiel:

A hat dem B ein zinsloses Darlehen über 50 000 DM, Laufzeit 10 Jahre, gewährt. B hat dem A dafür ein Nutzungsrecht von 6 Wochen im Juli und August in einer B gehörenden Ferienwohnung eingeräumt. Der wöchentliche Mietwert beträgt 400 DM.

Die Nutzungsüberlassung an der Ferienwohnung ist in Höhe des ortsüblichen Mietwertes als ein Entgelt für die Nutzungsüberlassung anzusehen.

Einnahmen des A aus § 20 Abs. 1 Nr. 7 im VZ 2 400 DM (vgl. hierzu auch K 7.5, Subsidiaritätsklausel § 20 Abs. 3 und BFH, BStBl 1993 II 399 = Nutzung von Ferienwohnungen als Sachdividende der HAPIMAG AG, Schweiz).

Zu beachten ist die **Subsidiaritätsklausel** des § **20 Abs. 3**. Danach haben die **Gewinneinkünfte** (§§ 13, 15, 18) sowie § **21** Vorrang vor § 20.

Beispiel:

Kapitalerträge aus **betrieblichen** Beteiligungen, Guthaben usw. sind Betriebseinnahmen.

Zu Bausparguthabenzinsen vgl. 7.5, zu Verzugszinsen 6.2.6.12.

Maßgeblich für die Erfassung ist der Zufluß (§ 11 Abs. 1).

Die Zahlung führt auch dann beim Empfänger zu Einnahmen gem. §§ 8, 20, wenn der vermeintliche zivilrechtliche Zinsanspruch dem Grunde oder der Höhe nach **nicht** besteht (BFH, BStBl 1993 II 825).

6.2 Die einzelnen Einnahmen gem. § 20 Abs. 1 Nr. 1 bis 8 EStG

6.2.1 Einkünfte aus Beteiligungen an Kapitalgesellschaften (§ 20 Abs. 1 Nr. 1 bis 3 EStG)

Gewinnanteile i. S. von § 20 Abs. 1 Nr. 1 sind insbesondere folgende Gewinnausschüttungen

– Dividenden aus Aktien
– Gewinnanteile aus Beteiligungen an GmbH
– Ausbeuten aus Kuxen (= Anteile an bergrechtlichen Gewerkschaften)

Gewinnausschüttung ist jede Zahlung oder sonstige Vorteilsgewährung, die gesellschaftsrechtlich veranlaßt ist, soweit **keine** Rückzahlung von Nennkapital gegeben ist (vorbehaltlich § 20 Abs. 1 Nr. 2).

Die Ausschüttungen können

– **offen** (d. h. aufgrund eines handelsrechtlichen Gewinnverteilungsbeschlusses) oder
– in **anderer Form** (z. B. **verdeckt**)

erfolgen. Zu den verdeckten Gewinnausschüttungen vgl. im einzelnen 6.2.1.5 sowie Band 5 dieser Buchreihe.

Unter § 20 Abs. 1 Nr. 1 fallen alle Vorteile, die ein Gesellschafter von der Kapitalgesellschaft aufgrund seiner Gesellschafterstellung erhält (z. B. **verdeckte** Gewinnausschüttungen).

Ausgenommen sind solche Beträge,

– die eine **Rückzahlung** von **Nennkapital** darstellen.
– sowie die Rückzahlung / Ausschüttung von **EK 04** (§ 20 Abs. 1 Nr. 1 **Satz 3**; BFH, BStBl 1995 II 362 und 725.
– Aber auch **Kapitalrückzahlungen** sind Ausschüttungen, soweit es sich um die Auskehrung von zum verwendbaren Eigenkapital gehörenden Nennkapital handelt (vgl. § 29 Abs. 3 KStG, § 20 Abs. 1 Nr. 2 EStG).

6.2.1.1 Dividenden, Gewinnanteile

● **Aktiendividende**

Aktien sind Anteile am gezeichneten Kapital einer Aktiengesellschaft oder Kommanditgesellschaft auf Aktien. Diesen Gesellschaften sind die Anteile an ausländischen Gesellschaften gleichgestellt, die in ihrer Struktur der Aktiengesellschaft gleichen. Das Recht auf die Dividende ist grundsätzlich an die Aktie geknüpft.

Dividenden sind die **Gewinnanteile**, die auf eine Aktie entfallen und die aufgrund eines Gewinnverteilungsbeschlusses gemäß § 58, 60 AktG von der Hauptversammlung der Aktiengesellschaft beschlossen und an die Inhaber der Aktien ausgeschüttet werden.

Beispiel:

Die X-AG beschließt auf ihrer Hauptversammlung, an die Aktionäre 16 v. H. Dividenden je Aktie auszuschütten.

A hat Aktien im Nominalwert von 10 000 DM. Er erhält eine Dividende von brutto 1 600 DM (§ 20 Abs. 1 Nr. 1). Gleichzeitig erhält er noch eine Steuergutschrift von 3/7 des Ausschüttungsbetrages (§ 20 Abs. 1 Nr. 3 i. V. m. § 36 Abs. 2 Nr. 3). A hat somit folgende steuerpflichtige Kapitalerträge:

Bardividende § 20 Abs. 1 Nr. 1 =	1 600 DM
Steuergutschrift 3/7 (§ 20 Abs. 1 Nr. 3)	585 DM
	2185 DM

● **Gewinnanteile aus GmbH-Anteilen**

Das gezeichnete Kapital einer **GmbH** wird durch Stammeinlagen der Gesellschafter aufgebracht. Diese erhalten dafür einen Geschäftsanteil (§ 14 GmbHG). Dieser Geschäftsanteil ist auch grds. Maßstab für die Gewinnverteilung, § 29 Abs. 3 GmbHG Der Gewinnanspruch ergibt sich aus § 29 Abs. 1 GmbHG bzw. der Satzung. Dem konkreten Gewinnanspruch des Gesellschafters liegt ein Ausschüttungsbeschluß der Gesellschaft zugrunde. Erst mit diesem Gewinnverwendungsbeschluß entsteht das **Gläubigerrecht** auf **Gewinnbezug** des Gesellschafters. Die **Besteuerung** erfolgt im Rahmen des § 20 aber erst mit dem **Zufluß** (§ 11 Abs. 1); vgl. hierzu 6.2.1.2.

Nach § 29 GmbHG **a. F.** hatten die Gesellschafter grds. Anspruch auf **Vollausschüttung** des Bilanzgewinns. Eine Gewinnthesaurierung war nur möglich aufgrund einer Ermächtigung im Gesellschaftsvertrag oder durch einstimmigen Gesellschafterbeschluß.

Nach § 29 Abs. 2 GmbHG **n. F.** können dagegen die Gesellschafter, wenn der Gesellschaftsvertrag nicht anders bestimmt, im Ergebnisverwendungsbeschluß Beträge in Gewinnrücklagen einstellen oder vortragen. Es besteht daher **kein gesetzliches Vollausschüttungsgebot mehr.**

Diese Fassung des § 29 GmbHG gilt grds. nur für Gesellschaften, die **nach** dem **19. 12. 1985** in das Handelsregister eingetragen wurden. Für die „Alt-GmbH's" sind die Übergangsregelungen in Art. 12 § 7 des GmbHGÄndG zu beachten.

Danach gelten die bisherigen Vorschriften zunächst weiter. Bei Alt-GmbH's, bei denen bisher ein Voll- oder Teilausschüttungsanspruch besteht, muß jedoch bei der ersten Änderung des Gesellschaftsvertrags die Frage der Gewinnverteilung nochmals geregelt werden. Eine Frist für diesen mit **einfacher** Mehrheit zu treffenden Beschluß besteht nicht. Solange er aber nicht gefaßt ist, besteht beim Handelsregister eine Änderungssperre für jegliche Satzungsänderung. Vgl. im einzelnen z. B. Dreipmann, NJW 1986, 1846; Holzapfel, GmbHR 1986, 296.

● **Ausbeuten aus Kuxen**

Es handelt sich hier um Anteile an bergrechtlichen Gewerkschaften. Die Gewinnausschüttungen an die Gewerken heißen „Ausbeuten".

● **Bezüge aus Genußrechten**

Bei den Genuß**scheinen** handelt es sich um Urkunden mit verschiedenartigem Charakter. In den §§ 160 Abs. 1 Nr. 6 und § 221 Abs. 2 AktG werden Genußrechte erwähnt, ohne daß sich das Gesetz zur Rechtsnatur äußert. Bei Genuß**scheinen** handelt es sich um **Wertpapiere**, die das Recht auf Gewinn und Liquidationserlös einer Kapitalgesellschaft verbriefen, ohne daß die Inhaber Mitglieder der Kapitalgesellschaft werden. Sie verbriefen keine Mitgliedschaftsrechte, insbesondere kein Stimmrecht. Sie unterscheiden sich dadurch von den nicht stimmberechtigten Vorzugsaktien, als bei diesen das Stimmrecht wieder auflebt, sobald die Vorzüge nicht mehr gewährt werden. Es ist jedoch nicht erforderlich, daß diese Rechte **verbrieft** sind (vgl. Gesetzeswortlaut).

Es kann sich also um (verbriefte oder nicht verbriefte) **Gläubigerrechte** oder **aktienähnliche Beteiligungsrechte** handeln.

- Genußscheine bzw. -rechte **ohne** Beteiligung am Liquidationserlös verkörpern lediglich Gläubigerrechte und sind **obligationsähnlich.** Die Bezüge hieraus fallen unter § 20 Abs. 1 **Nr. 7** (Zinsabschlagsteuerpflicht 30% bzw. 35% (§ 43 Abs. 1 Nr. 7).

- Bei Beteiligung an Liquidationserlös liegen **aktienähnliche** Beteiligungsrechte vor. Die Bezüge fallen dann unter § 20 Abs. 1 Nr. 1 (mit KapSt-Pflicht 25%, § 43 Abs. 1 Nr. 1).

Vgl. auch BMF-Schreiben vom 8.12.1986, BB 1987, 667.

> **Beispiel:**
> Die X-AG, die wertvolle Patente hatte, hat im Jahre 01 ihr Betriebsvermögen auf die Y-AG im Wege der **Verschmelzung** übertragen. Die Y-AG gewährt den Aktionären der X-AG neben Anteilen an der Y-AG Genußscheine hinsichtlich der Erträge aus den übernommenen Patenten. Die Y-AG schüttet an die Inhaber der Genußscheine 20 DM pro Schein aus. Je nachdem, ob eine Beteiligung am Liquidationserlös besteht oder nicht, handelt es sich um Einnahmen aus § 20 Abs. 1 Nr. 1 bzw. Nr. 7.

Auch Arbeitnehmern werden vielfach Genußscheine gewährt, um sie auf diese Weise am Gewinn zu beteiligen. Die Erträge hieraus fallen auch beim Arbeitnehmer unter § 20 Abs. 1 Nr. 1 bzw. Nr. 7. Wegen der Behandlung der Vermögensbeteiligung vgl. § 19a und K 5.8.

- **Ausschüttungen aus Anteilen an Erwerbs- und Wirtschaftsgenossenschaften**

Gewinnanteil des Genossen ist alles, was dieser von der Genossenschaft unbeschadet des Geschäftsguthabens erhält, gleichgültig, ob die Gutschriften aus dem laufenden Bilanzgewinn oder aus Gewinnen früherer Geschäftsjahre entstammen.

> **Beispiel:**
> A ist mit 10 Geschäftsanteilen an der X–Volksbank eG beteiligt. Die Genossenschaft schüttet auf jedem Anteil 8 DM aus. A hat Einnahmen aus § 20 Abs. 1 Nr. 1 in Höhe von   80 DM
> zuzüglich Steuergutschrift § 20 Abs. 1 Nr. 3 3/7   34 DM
>   114 DM

- **Ausgeschütteter Gewinn**

Gewinnausschüttungen beziehen sich nicht nur auf Ausschüttungen aus dem Bilanzergebnis des letzten der Ausschüttung zugrunde liegenden Geschäftsjahres.

Einnahmen im Sinne des § 20 Abs. 1 Nr. 1 liegen auch dann vor, wenn vorher in der Bilanz offen ausgewiesene Gewinnrücklagen zugunsten des Gewinnes aufgelöst und ausgeschüttet werden.

Dies gilt nur dann nicht, wenn die Rücklagen aus **Einlagen nach** dem **31.12.1976** stammen (§ 20 Abs. 1 Nr. 1 Satz 2).

> **Beispiel:**
> Die X-GmbH hat im Jahre 1990 ihr gezeichnetes Kapital (§ 272 Abs. 1 HGB) von 2 000 000 DM um 1 000 000 DM erhöht. Ausgabekurs der neuen Anteile 200 v.H. Soweit die Einzahlung den Nennwert der Anteile überstieg, wurde sie in die Kapitalrücklage (§ 272 Abs. 2 Nr. 1 HGB) eingestellt. Im Jahre 1992 wurden 300000 DM aus dieser Rücklage zur Gewinnausschüttung verwendet. Es handelt sich **nicht** um Einnahmen i.S. des § 20 Abs. 1 Nr. 1, weil hier wirtschaftlich eine Kapitalrückzahlung vorliegt.

- **Sonstige Bezüge**

Unter den Begriff sonstige Bezüge i.S. der Nr. 1 i.V.m. Abs. 2 Nr. 1 fallen bei einer Kapitalgesellschaft alle Beträge, welche die Anteilseigner von der Gesellschaft unbeschadet des Nennkapitals und ohne Verpflichtung der Anrechnung auf ihre Kapitaleinlagen erhalten. Es ist gleichgültig, ob die an sie verteilten Beträge aus dem Jahresüberschuß der Gesellschaft im letzten Geschäftsjahr oder aus den in den Gewinnrücklagen angesammelten Gewinnen früherer Geschäftsjahre herrühren, oder ob die Beträge aus der Vermögenssubstanz der Gesellschaft geleistet werden.

Als sonstige Bezüge werden insbesondere angesehen:

verdeckte Gewinnausschüttungen (siehe 6.2.1.5)

Gewährung von Freianteilen (vgl. 6.2.1.3),

Zinsen aus Wandelanleihen und Gewinnobligationen,

statutarische (= satzungsmäßige) **Zinsen auf Geschäftsguthaben der Genossen** einer Genossenschaft (§ 21a GenG).

Auch ein neben der Dividende gewährter **Bonus** fällt hierunter.

Beispiele:
1. A ist Aktionär der X-AG. Er hält 100 Aktien im Nennwert von je 100 DM. Die X-AG schüttet im Kj 03 14 v. H. Dividende für das Geschäftsjahr 01/02 aus. Gleichzeitig schüttet sie zum 100jährigen Bestehen einen **Jubiläumsbonus** von 4 v. H. aus.

Bardividende	1 400 DM
Bonus	400 DM
Einnahmen § 20 Abs. 1 Nr. 1	1 800 DM
+ Steuergutschrift § 20 Abs. 1 Nr. 3 3/7	771 DM
stpfl. Einnahmen	2 571 DM

2. A ist Aktionär der X-Fluggesellschaft AG. Er hält 100 Aktien im Nennwert von je 100 DM. Die Gesellschaft hat im Kj 03 für das Geschäftsjahr 01/02 eine Bardividende von 15 DM pro Anteil ausgeschüttet (vor KapSt). Außerdem erhält jeder Aktionär für jede Aktie einen Flugberechtigungsschein von 10 DM, die auf Flugbuchungen angerechnet werden. Die Berechtigungsscheine sind übertragbar.

Die Berechtigungsscheine sind als **sonstige Bezüge** anzusehen. Sie sind im Zeitpunkt der Übergabe zugeflossen, da sie übertragbar sind und somit der Aktionär zu diesem Zeitpunkt die wirtschaftliche Verfügungsmacht hat.

Bardividende	1 500 DM
„Sachdividende"	1 000 DM
Einnahmen § 20 Abs. 1 Nr. 1	2 500 DM
Steuergutschrift § 20 Abs. 1 Nr. 3 3/7	1 071 DM
stpfl. Einnahmen	3 571 DM

Sonstige Bezüge (Sachdividende) sind auch die satzungsgemäß den Aktionären zur vorübergehenden Nutzung überlassene Ferienwohnungen nach dem Hapimag-Wohnberechtigungspunktesystem (BFH, BStBl 1993 II 399).

6.2.1.2 Zufluß der Einnahmen

a) Grundsätze

Die Einnahmen fließen mit **Verschaffung der Verfügungsmacht** zu. Das ist der Zeitpunkt, zu dem der **Gläubiger** des Anspruchs **wirtschaftlich über den Anspruch verfügen konnte** (BFH, BStBl 1992 II 174). Dividenden fließen nicht bereits mit Ablauf eines Wirtschaftsjahres der Kapitalgesellschaft zu. Der Anspruch auf Dividenden entsteht erst mit dem Gewinnverteilungsbeschluß. Damit ist die Dividende als **Gläubigerrecht** entstanden. Von diesem Zeitpunkt an kann der Gesellschafter zwar über den Gewinnanspruch als Gläubiger verfügen. Die Verfügungsmacht über einen Anspruch steht aber nicht der Verfügungsmacht über den Gegenstand selbst (hier: Ausschüttungsbetrag) gleich.

aa) **Geldbeträge** fließen in der Regel dadurch zu, daß sie **bar ausgezahlt** oder einem **Konto** des Empfängers bei einem Kreditinstitut **gutgeschrieben** werden.

bb) Sonstige Bezüge in der Form der **Nutzungsüberlassung** fließen erst mit der jeweiligen Nutzungsüberlassung zu (BFH, BStBl 1993 II 399).

cc) Aktiendividende sind – bei Aufbewahrung in einem Depot – mit **Einlösung** der **Couponabschnitte** durch die Depotbank zugeflossen:

Bei nicht im Depot aufbewahrten Aktien ist die Dividende bereits in dem Zeitpunkt zugeflossen, zu dem die Gesellschaft die **Mittel bei den Zahlstellen bereitgestellt** und die Gesellschafter zur Einreichung der Coupons aufgefordert hat. Es kommt nicht darauf an, wann der Aktionär seine Dividenden-Coupons der Bank einreicht.

dd) Aber auch eine **Gutschrift in den Büchern der Kapitalgesellschaft** kann einen Zufluß bewirken, wenn in der Gutschrift nicht nur das buchmäßige Festhalten einer Schuldverpflichtung zu sehen ist, sondern darüber hinaus zum Ausdruck gebracht wird, daß der Betrag dem Berechtigten von nun an zu seiner Verwendung zur Verfügung steht (BFH, BStBl 1968 II 525; BStBl 1982 II 469; BStBl 1984 II 480). Das wäre der Fall, wenn die Kapitalgesellschaft für ihre Gesellschafter Verrechnungskonten bzw. Kontokorrentkonten unterhält, die so ausgestaltet sind, daß der Gesellschafter über gutgeschriebene Beträge verfügen kann (BFH, BStBl 1977 II 545 für die GmbH).

ee) Eine Gutschrift erfolgt auch, wenn die Gesellschaft die Gewinnansprüche **mit Verpflichtungen** der Gesellschafter **verrechnet**, z. B. Einzahlungsverpflichtung bei nicht voll eingezahltem Kapital, Gutschriften auf Geschäftsguthaben der Genossen einer Genossenschaft.

Wird bei der Kapitalgesellschaft für den Gesellschafter ein Kontokorrentkonto geführt, über das er frei verfügen kann, so stellt eine **Dividendengutschrift** auf dieses Konto einen Zufluß beim Gesellschafter dar (BFH, BStBl 1977 II 545 und BFH, BB 1986, 997).

Die Ausnahmeregelung § 11 Abs. 1 S. 2 ist **nicht** anwendbar. S. a. H 154 „Zuflußzeitpunkt bei Gewinnausschüttungen".

b) Zufluß bei Alleingesellschaftern und beherrschenden Gesellschaftern

Dem **Alleingesellschafter** oder dem **beherrschenden Gesellschafter** einer GmbH fließen Beträge, die ihm die GmbH schuldet, bereits im Zeitpunkt der Fälligkeit zu (BFH, BStBl 1965 III 407; BStBl 1973 II 815; BStBl 1982 II 139; BStBl 1984 II 480).

Beherrschende Gesellschafter sind Gesellschafter, die die Stimmenmehrheit besitzen, z. B. durch eine Mehrheitsbeteiligung.

Beherrschung ist aber auch durch eine **Interessengleichrichtung** mehrerer selbst nicht mehrheitlich beteiligter Gesellschafter möglich (z. B. BFH, BStBl 1980 II 304). Vgl. Abschn. 31 Abs. 6 KStR.

Beispiel:
A und B sind zu je 50% an der X-GmbH beteiligt. Beide sind auch Geschäftsführer der GmbH mit gleichem Gehalt.
Es ist Interessengleichrichtung anzunehmen.

Anteile des **Ehegatten** und der minderjährigen Kinder sind dem Stpfl. **grds. nicht** zuzurechnen (vgl. BFH, BStBl 1986 II 62). Jedenfalls ist die Vermutung einer Interessengleichrichtung nur wegen der Tatsache, daß es sich um Ehegatten handelt, unzulässig. Hinzukommen müssen **zusätzliche** Beweisanzeichen für eine Interessengleichrichtung.

Einer Gutschrift auf dem Verrechnungskonto bedarf es **nicht**, insoweit mißverständlich H 154 „Zuflußzeitpunkt bei Gewinnausschüttungen". Denn der beherrschende Gesellschafter hat es kraft seiner Stellung in der GmbH in der Hand, sich fällige Beträge auszahlen zu lassen unter der Voraussetzung, daß die Gesellschaft leistungsfähig ist.

Fällig ist eine Dividende in dem Zeitpunkt, der im Ausschüttungsbeschluß als Fälligkeitszeitpunkt benannt ist. Ist ein Zeitpunkt im Ausschüttungsbeschluß nicht benannt, ist eine Dividende im Zweifel sofort fällig.

Enthält dagegen die **Satzung** eine **Fälligkeitsbestimmung** hinsichtlich der Auszahlung des Gewinnanteils, ist dieser satzungsmäßige Zeitpunkt maßgebend. Dies gilt **auch** bei beherrschenden und Alleingesellschaftern (BFH, BStBl 1981 II 612 und BStBl 1982 II 139).

c) Zufluß bei Gesamtgläubigerschaft

Steht die Dividende mehreren Personen als Gesamtgläubiger zu, so ist diese allen Gläubigern zugeflossen, wenn einer der Gesamtgläubiger Verfügungsmacht erlangt hat, und nicht erst dann, wenn die anteilige Dividende an die übrigen Gesellschafter weitergeleitet worden ist (BFH, BStBl 1986 II 342).

d) Unmaßgeblichkeit der Kapitalertragsteuer-Einbehaltungspflicht

Die Regelungen in § 44 über den Zeitpunkt der KapESt-Einbehaltungspflicht sind für den Zuflußzeitpunkt i. S. des § 11 Abs. 1 Satz 1 unerheblich (vgl. BFH, BStBl 1986 II 451).

e) Kein Zufluß bei Illiquidität der Gesellschaft

Kein Zufluß mit einer Beschlußfassung (vgl. unter b) oder durch eine Gutschrift in den Büchern der Gesellschaft (vgl. unter a) ist gegeben, wenn die Gesellschaft zum jeweiligen Zeitpunkt infolge Zahlungsunfähigkeit konkursreif ist (= echte, nicht nur vorübergehende Illiquidität); BFH, BStBl 1973 II 815).

Beispiel:

A ist Gesellschafter der X-GmbH mit 75 v. H. Beteiligung am gezeichneten Kapital. Geschäftsjahr der GmbH ist der 1.7. bis 30.6. Für das Geschäftsjahr 02/03 beschließt die Gesellschafterversammlung am 20.11.03 eine Dividende von 10 v. H. Die GmbH wäre zur sofortigen Zahlung in der Lage gewesen. Die Dividende wird am 3.1.04 den Gesellschaftern überwiesen.

Die Dividende gilt bei A bereits am 20.11.03 als zugeflossen. Sie ist daher bei ihm in 03 zu erfassen.

f) Zufluß durch Novation

Der Zufluß kann auch durch eine gesonderte Vereinbarung zwischen Schuldner und Gläubiger bewirkt werden, daß der Betrag fortan aus einem **anderen Rechtsgrund** geschuldet sein soll. In der **Schuldumschaffung (Novation)** ist eine Verfügung des Gläubigers über seine bisherige Forderung zu sehen (BFH, BStBl 1984 II 480).

Beispiel:

Gesellschafter der X-GmbH sind A und B mit jeweils 50 v. H. Das gezeichnete Kapital der Gesellschaft beträgt 1 000 000 DM. Die Gesellschaft beschließt am 20.7.04 für das Wj. = Kj. 03 eine Dividende von 20 v. H. A und B vereinbaren mit der Gesellschaft, daß die Dividende nicht ausgezahlt, sondern der Gesellschaft als **Darlehn** mit 8 v. H. verbleibt. Die GmbH ist **zahlungsfähig**.

Die Dividende ist A und B am 20.7.04 zugeflossen.

Eine **Ausnahme** gilt jedoch dann, wenn eine **Stundung** im Interesse des Schuldners erfolgt, weil er sich in Zahlungsschwierigkeiten befindet.

Die Umwandlung der Schuld in ein Darlehn hätte in diesem Falle keinen Zufluß zur Folge (vgl. BFH, BStBl 1984 II 480).

g) Rückzahlung von Dividenden

Werden Dividenden aufgrund einer rechtlichen Verpflichtung zurückgezahlt, z. B. weil die Ausschüttung umrechtmäßig war oder der Beschluß der Hauptversammlung bzw. Gesellschafterversammlung aus anderen Gründen aufgehoben wurde, liegen uE keine Einlagen, sondern **negative Einnahmen** vor (vgl. BFH, BStBl 1979 II 510; BStBl 1986 II 193). Die FinVerw lehnt dies generell ab. Dies ist u. E. nur zutreffend, wenn ein Dividendenbeschluß **freiwillig** aufgehoben wurde. Hier liegt eine Einlage der Gesellschafter vor (BFH, BStBl 1977 II 847; BStBl 1979 II 510; BStBl 1987 II 733, 1989 II 1029).

Zur **Rückzahlung** bzw. zur Frage einer **„Rückgängigmachung"** verdeckter Gewinnausschüttungen vgl. Abschn. 31 Abs. 9 und Abschn. 77 Abs. 10 KStR; BFH, BStBl 1984 II 723; BFH, BStBl 1985 II 345; BMF-Schreiben vom 6.8.1981, BStBl I 599 und vom 23.4.1985, DB 1985, 1437; im einzelnen vgl. Band 5 dieser Buchreihe sowie – statt aller – Zenthöfer, Steuer- und Satzungsklauseln – eine Zwischenbilanz, in: Festschrift zum zehnjährigen Bestehen der Fachhochschule für Finanzen Nordkirchen 1986 = DStZ 1987, 185 ff., 217 ff. und 273 ff.

Die vorgenommene Gewinnausschüttung einer Kapitalgesellschaft bleibt auch nach Aufhebung des Gewinnverteilungsbeschlusses eine (zugeflossene) Einnahme aus Kapitalvermögen (H 154 „Rückgängigmachung einer Gewinnausschüttung").

6.2.1.3 Ausgabe von Freianteilen

Die Dividende besteht nicht notwendigerweise in Geld. Es können auch **Sachdividenden** gewährt werden. Darunter fallen insbesondere **Freiaktien** und **sonstige Freianteile** (z. B. GmbH-Anteile). So ist es im Ausland vielfach üblich, den Aktionären eine Dividende in Form neuer Aktien anzubieten. Dies kann anstelle, zusätzlich oder auch wahlweise geschehen. Diese „stock"-Dividenden sind grds. als Einkünfte aus Kapitalvermögen steuerpflichtig. Die Begebung von Freianteilen kann steuerlich als eine **Doppelmaßnahme** gestaltet werden, nämlich als eine **(stpfl.)** Gewinnausschüttung aufgrund eines Gewinnverteilungsbeschlusses bei gleichzeitigem Kapitalerhöhungsbeschluß mit der Ausgabe neuer Aktien, wobei die Einzahlungsverpflichtungen aufgrund der Übernahme der neuen Aktien mit den Dividendenansprüchen verrechnet werden. Nach dem KStG sind wegen der niedrigeren Ausschüttungsbelastung mit Körperschaftsteuer von 30 v. H. anstelle von 45 v. H. für nicht ausgeschüttete Gewinne bei Anrechnung der Ausschüttungsbelastung auf die Einkommensteuer derartige Doppelmaßnahmen üblich und je nach Höhe der ESt-Belastung des Anteilseigners vorteilhaft **(Schütt-aus-Hol-zurück-Verfahren)**. Vgl. hierzu auch Band 5 dieser Buchreihe.

Beispiel:

Die X-GmbH beschließt eine Dividende von 20 v. H. auf ihr Stammkapital von 1 000 000 DM. A hält einen Anteil von 25 v. H. Gleichzeitig beschließt sie eine Kapitalerhöhung um 20 v. H., die mit dem Dividendenanspruch verrechnet wird.

Kapitaleinkünfte des A:

Dividende 20 v. H. von 250 000 DM =	50 000 DM
Steuergutschrift $3/7$ (§ 20 Abs. 1 Nr. 3) =	21 428 DM
stpfl. Einnahmen	71 428 DM

Die Steuergutschrift deckt unter Umständen die steuerliche Belastung, die auf diesen Einkünften beruht, ab. Bei einer gesamten ESt-Belastung unter 30 v. H. erhielte A noch eine Erstattung.

Keine stpfl. Kapitaleinkünfte sind gegeben, wenn die **Kapitalerhöhung aus Gesellschaftsmitteln** nach dem handelsrechtlichen Kapitalerhöhungsgesetz bzw. nach §§ 207 bis 220 AktG erfolgt (§ 1 KapErhStG).

Hierbei handelt es sich um eine **Umwandlung** von **Rücklagen (Kapitalrücklage und Gewinnrücklagen)** in **gezeichnetes Kapital** ohne Leistung von Einlagen durch die Gesellschafter. Voraussetzung ist hierbei u. a., daß es sich hierbei um in der letzten Bilanz ausgewiesene Rücklagen handelt (vgl. § 208 AktG).

Bereits **handelsrechtlich** liegt in diesen Fällen **keine** Doppelmaßnahme vor (vgl. BFH, BStBl 1966 III 220). Liegen diese Voraussetzungen nicht vor, ist der Erwerb der Freianteile grds. **stpfl.** (BFH, BStBl 1979 II 560). Ein Verstoß gegen das KapErhG bzw. AktG wird aber durch die Eintragung des Kapitalerhöhungsbeschlusses in das Handelsregister geheilt. Da die Eintragung konstitutiv ist, ist sie auch steuerlich bindend (BFH, BStBl 1974 II 32).

Vgl. H 154 „Freianteile".

6.2.1.4 Ausgabe von Bezugsrechten

Unter **Bezugsrecht** ist das Recht zu verstehen, neue Aktien aufgrund einer Kapitalerhöhung zu beziehen. Nach **§ 186 AktG** muß bei einer Kapitalerhöhung gegen Einlage jedem Aktionär auf sein Verlangen ein seinem Anteil an dem bisherigen Grundkapital entsprechender Teil der neuen Aktien zugeteilt werden. Das Einkommensteuerrecht sieht in dem Bezugsrecht **keinen Ertrag,** sondern einen Teil der Substanz. Die Trennung des Bezugsrechts von der Aktie führt in der Regel zu einem Wertverlust der Aktie. Sie führt zu **keiner Vermögensmehrung,** weil der Wert des Bezugsrechtes in der Regel dem Wertabschlag der Altaktie entspricht, sie führt nur zu einer **Umschichtung in den Mitgliedschaftsrechten** („Abspaltungstheorie").

Die **Entstehung (Einräumung)** des Bezugsrechtes bildet daher bei den Gesellschaftern **keinen** Ertrag ihrer Beteiligung und somit steuerlich **keine Einnahme** aus Kapitalvermögen, ebensowenig daher die Veräußerung des Bezugsrechtes (vgl. Herrmann/Heuer/Raupach, EStG § 20, Rz. 500).

Bezugsrechte werden (kurze Zeit) an der Börse gehandelt.

Beispiel:

Die X-AG, deren gezeichnetes Kapital 20 000 000 DM beträgt, beschließt, dieses um 5 000 000 DM auf 25 000 000 DM zu erhöhen. Die neuen Aktien werden den Aktionären im Verhältnis vier alte Aktien gegen eine neue Aktie zum Kurs von 100 v. H. angeboten. Der Kurs der alten Aktien betrug im Zeitpunkt der Ausgabe 300 v. H.

Der Wert des Bezugsrecht (B) kann wie folgt ermittelt werden:

$$B = \frac{\text{Kurs alte Aktien} - \text{Kurs neue Aktien}}{\text{Bezugsverhältnis} + 1}$$

$$B = \frac{300 - 100}{4 + 1} = \frac{200}{5} = \qquad\qquad \underline{40 \text{ DM}}$$

Er stellt **keine** Einnahme aus § 20 Abs. 1 Nr. 1 dar.

Der Kurs einer alten Aktie beträgt – rechnerisch – nach Abschlag um den Wert des Bezugsrechtes $\qquad\qquad$ <u>260 DM</u>

6.2.1.5 Verdeckte Gewinnausschüttungen

Unter § 20 Abs. 1 Nr. 1 fallen auch **verdeckte Gewinnausschüttungen**. Sie gehören zu den sonstigen Bezügen (§ 20 Abs. 1 Nr. 1 Satz 2). Es handelt sich hier um Vorteile, die einem Gesellschafter aufgrund des Gesellschaftsverhältnisses von der Kapitalgesellschaft gewährt werden. Dies sind Vorteilsgewährungen, die verdeckt gekleidet in ein anderes Rechtsgeschäft, wie Kaufvertrag, Darlehen, Anstellungsvertrag, Miet- und Pachtvertrag, erfolgen. Die Besonderheit besteht darin, daß das Leistungsverhältnis zwischen der Kapitalgesellschaft und dem Gesellschafter zu Lasten der Kapitalgesellschaft unausgeglichen ist.

> **Beispiel:**
>
> Die X-GmbH veräußert an den Gesellschafter A ein Grundstück zum Buchwert von 10 000 DM. Der Verkehrswert des Grundstücks beträgt jedoch 40 000 DM.
>
> Hierdurch werden in der Form eines Kaufvertrages 30 000 DM dem Gesellschafter zugewendet. Dies geschieht in verdeckter Form, weil das Leistungsverhältnis buchmäßig ausgeglichen ist. Einem buchmäßigen Abgang des Grundstücks im Werte von 10 000 DM steht ein Bankeingang von 10 000 DM gegenüber. Da jedoch das Grundstück einen Wert von 40 000 DM hatte, sind stille Reserven von 30 000 DM verdeckt auf den Gesellschafter übergegangen, ohne daß diese als Veräußerungsgewinn in Erscheinung getreten sind.
>
> Steuerlich ist der Vorgang so zu behandeln, als sei das Grundstück für 40 000 DM an den Gesellschafter veräußert worden, bei einer gleichzeitigen Gewinnausschüttung von 30 000 DM, wobei infolge der Saldierung der Ausschüttung mit den Ansprüchen aus dem Kaufvertrag lediglich eine Geldbewegung von 40 000 DM ∕ 30 000 DM = 10 000 DM offen in Erscheinung tritt **(Fiktionstheorie)**. Das Einkommen der Kapitalgesellschaft ist daher um den Verzicht auf den Veräußerungsgewinn von 30 000 DM zu erhöhen (= **verhinderte Vermögensmehrung**), der gleichzeitig an den Gesellschafter mit einer Ausschüttungsbelastung (§ 27 KStG) als ausgeschüttet gilt (= andere Ausschüttung i. S. § 27 Abs. 3 S. 2 KStG).. Der Gesellschafter hat daher Anschaffungskosten für das Grundstück in Höhe von 40 000 DM. Gleichzeitig hat er jedoch Kapitaleinkünfte in Höhe von $\qquad\qquad$ 30 000 DM
>
> zuzüglich ³/₇ (§ 20 Abs. 1 Nr. 3) $\qquad\qquad$ <u>12 857 DM</u>
>
> zusammen $\qquad\qquad$ <u>42 857 DM</u>

Eine verdeckte Gewinnausschüttung i. S. § 8 Abs. 3 S. 2 KStG ist bei einer Kapitalgesellschaft eine **Vermögensminderung** oder **verhinderte Vermögensmehrung**, die durch das Gesellschaftsverhältnis veranlaßt ist, sich auf die Höhe des Einkommens auswirkt und in keinem Zusammenhang mit einer offenen Ausschüttung steht.

Bei einem **beherrschenden** Gesellschafter ist eine Veranlassung durch das Gesellschaftsverhältnis auch dann anzunehmen, wenn es an einer klaren und von vornherein abgeschlossenen **Vereinbarung** darüber **fehlt**, ob und in welcher Höhe ein Entgelt von der Kapitalgesellschaft gezahlt werden soll (BFH, BStBl 1989 II 475 und BStBl 1989 II 63).

Bei Anwendung des § 27 Abs. 3 KStG ist zwischen einer vGA i. S. des § 8 Abs. 3 Satz 2 KStG einerseits und einer anderen Ausschüttung i. S. des § 27 Abs. 3 Satz 2 KStG andererseits zu unterscheiden.

Beiden ist gemeinsam, daß sie eine bei der Kapitalgesellschaft eintretende **Vermögensminderung** voraussetzen, die **durch das Gesellschaftsverhältnis veranlaßt** ist und **in keinem Zusammenhang** mit einer **offenen Ausschüttung** steht. Die vGA i. S. des § 8 Abs. 3 Satz 2 KStG setzt zusätzlich voraus, daß die Vermögensminderung auch das Einkommen verändert. Umgekehrt verlangt sie nicht, daß die der Vermögensminderung entsprechenden Mittel bei der Kapitalgesellschaft abfließen.

Die **andere Ausschüttung** i. S. des § 27 Abs. 3 Satz 2 KStG stellt dagegen auf die Einkommensminderung **nicht** ab. Entscheidend kommt es insoweit nur darauf an, daß die der Vermögensminderung bei der Kapitalgesellschaft entsprechenden Mittel auch tatsächlich abfließen, was Voraussetzung für die Herstellung der Ausschüttungsbelastung ist (BFH, BStBl 1989 II 633 und BStBl 1989 II 854).

Bei dem Gesellschafter ist Voraussetzung für die Erfassung als Kapitaleinkünfte i. S. des § 20 Abs. Nr. 1, daß ihm oder einer ihm nahestehenden Person der **Vorteil tatsächlich zugeflossen** ist.

Eine Veranlassung durch das Gesellschaftsverhältnis setzt eine Vorteilsgewährung an den Gesellschafter durch die Gesellschaft voraus, die ein **ordentlicher und gewissenhafter Geschäftsführer einem fremden Nichtgesellschafter unter sonst gleichen Umständen nicht gewährt haben würde** (z. B. BFH, BStBl 1967 III 626; BStBl 1983 II 247; BStBl 1981 II 108). Vgl. Abschn. 31 KStR.

Vgl. im einzelnen **Band 5** dieser Buchreihe (**Körperschaftsteuer**).

Ist bei einem Rechtsgeschäft zwischen der Kapitalgesellschaft und einem Gesellschafter die Vergütung für die Leistung des Gesellschafters unangemessen, so liegt hinsichtlich des **unangemessenen Teils** eine verdeckte Gewinnausschüttung vor.

Beispiele:

1. A ist Gesellschafter-Geschäftsführer der X-GmbH. Er erhält ein Jahresgehalt von 120 000 DM. 90 000 DM sind jedoch (unstreitig) nur angemessen.

   Steuerlich werden nur 90 000 DM als Betriebsausgaben bei der GmbH anerkannt. Die weiteren Zahlungen von 30 000 DM stellen eine verdeckte Gewinnausschüttung bei dem Gesellschafter dar, der diese als Kapitaleinkünfte gemäß § 20 Abs. 1 Nr. 1 zu versteuern hat.

2. Der Gesellschafter A hat für den Bau eines Mietwohngrundstücks einen Kredit von 100 000 DM von der X-GmbH erhalten zu 4 v. H. Zinsen. 10 v. H. wären jedoch angemessen. Das Einkommen der X-GmbH ist um die verdeckte Gewinnausschüttung von 6 000 DM zu erhöhen. Gleichzeitig hat der Gesellschafter A Einkünfte aus Kapitalvermögen hinsichtlich der ersparten Zinsen:

verdeckte Gewinnausschüttung § 20 Abs. 1 Nr. 1	6 000 DM
³/₇ Steuergutschrift (§ 20 Abs. 1 Nr. 3)	2 571 DM
	8 571 DM

   Gleichzeitig erhöhen sich seine **Werbungskosten** bei den Einkünften aus § 21 um 6 000 DM (Auswirkung der Fiktionstheorie; vgl. Band 5 dieser Buchreihe).

3. Gesellschafter A wohnt in einem Haus der X-GmbH zur Miete. Er zahlt eine Miete von 3 000 DM jährlich. 12 000 DM wären angemessen. Der Verzicht auf die Miteinnahmen in Höhe von 9 000 DM stellt eine vGA an den Gesellschafter dar:

Einnahmen § 20 Abs. 1 Nr. 1 =	9 000 DM
Steuergutschrift § 20 Abs. 1 Nr. 3 ³/₇	3 857 DM
Kapitalerträge	12 857 DM

Bei **beherrschenden Gesellschaftern** werden Vereinbarungen nicht anerkannt, wenn sie nicht **eindeutig** und **klar im voraus** erfolgt sind. So werden **rückwirkende** Zahlungen (z. B. Gehalt) und **rückwirkende** Vereinbarungen (z. B. Tantiemen) nicht anerkannt, auch wenn sie angemessen sind. Soweit aufgrund dieser nicht anerkannten Vereinbarungen Zahlungen an die Gesellschafter erfolgt sind, werden sie als verdeckte Gewinnausschüttungen behandelt (Verstoß gegen das sogenannte **Rückwirkungsverbot**, vgl. im einzelnen **Band 5** dieser Buchreihe und Abschn. 31 Abs. 5 und 6 KStR).

6.2.1.6 Kapitalrückzahlungen

Kapitalrückzahlungen sind nach Handelsrecht insbesondere in folgenden Fällen möglich:

a) bei Beendigung der Kapitalgesellschaft durch Liquidation
   für die AG   §§ 262 ff. AktG
   für die GmbH   §§ 60 ff. GmbHG

b) im Falle der **Kapitalherabsetzung**
   für die AG   §§ 222 ff. AktG
   für die GmbH   § 58 GmbHG

Nach § 20 Abs. 1 Nr. 2 Satz 1 gehören Bezüge, die aufgrund einer **Kapitalherabsetzung** oder nach der **Auflösung** unbeschränkt steuerpflichtiger Körperschaften oder Personenvereinigungen i. S. des § 20 Abs. 1 Nr. 1 anfallen, soweit bei diesen für Ausschüttungen verwendbares Eigenkapital i. S. des § 29 KStG als verwendet gilt und die Bezüge nicht zu den Einnahmen i. S. des § 20 Abs. 1 Nr. 1 gehören, zu den Kapitaleinkünften. Soweit Gesellschaftern verwendbares Eigenkapital zurückgezahlt wird – mit Ausnahme von Rücklagen, die aus Einlagen nach dem 31.12.1976 stammen –, sind diese Kapitalrückzahlungen wie Ausschüttungen zu behandeln.

Die Rückzahlung des gezeichneten Kapitals stellt grundsätzlich **keine** Gewinnausschüttung dar. Eine Ausnahme gilt jedoch dann, wenn verwendbares Eigenkapital zur Erhöhung des Nennkapitals verwandt worden ist (§ 29 Abs. 3 KStG).

Vgl. im einzelnen K. 3.16.3 sowie **Band 5** dieser Buchreihe.

Wird im Rahmen einer Kapitalherabsetzung oder Liquidation verwendbares Eigenkapital an die Anteilseigner ausgezahlt, kommen diese in den Genuß des körperschaftsteuerlichen Anrechnungsverfahrens (Ausnahme: EK 01 (ab 1994) und EK 04, vgl. § 40 Nr. 1 und 2 KStG und H 154 „Einlagenrückgewähr").

Zur Aufspaltung in Kapitalerträge und **Veräußerungserlös** bei wesentlicher Beteiligung i. S. des § 17 vgl. § 17 Abs. 4 Satz 2 (siehe im einzelnen K 3.16).

6.2.1.7 Anrechenbare Körperschaftsteuer

Zu den Einkünften aus Kapitalvermögen gehört auch die **anrechenbare Körperschaftsteuer (Steuergutschrift)**, § 20 Abs. 1 Nr. 3. Diese beträgt stets $3/7$ der Barausschüttung **vor** Kapitalertragsteuer.

Beispiel:
A hat eine Dividendengutschrift aus Aktien an einer unbeschränkt steuerpflichtigen Aktiengesellschaft in Höhe von 12 000 DM abzüglich einbehaltener Kapitalertragsteuer erhalten. Die Kapitaleinkünfte berechnen sich wie folgt:

Netto-Dividende	12 000 DM
zuzüglich 25 %ige Kapitalertragsteuer (33 $1/3$ % von 12 000 DM)	4 000 DM
Bar-Dividende = § 20 Abs. 1 Nr. 1	16 000 DM
Steuergutschrift $3/7$ von 16 000 DM = § 20 Abs. 1 Nr. 3	6 857 DM
zu versteuernde **Brutto**-Dividende	22 857 DM

Die Erfassung der anrechenbaren Körperschaftsteuer als Einkünfte aus Kapitalvermögen ist eine **notwendige Folge** des **Anrechnungsverfahrens**. Nach dem KStG wird eine doppelte Belastung des ausgeschütteten Gewinnes mit Körperschaftsteuer bei der Gesellschaft und der Einkommensteuer hierauf bei den Gesellschaftern dadurch vermieden, daß die auf die Gewinnausschüttung entfallende Körperschaftsteuer auf die Einkommensteuer der Gesellschafter angerechnet wird (§ 36 Abs. 2 Nr. 3). Hiernach werden auf die Einkommensteuer angerechnet die Körperschaftsteuer einer unbeschränkt körperschaftsteuerpflichtigen Körperschaft in Höhe von $3/7$ der Einnahmen im Sinne des § 20 Abs. 1 Nr. 1 oder 2. Das gleiche gilt bei Einnahmen i. S. des § 20 Abs. 2 Nr. 2 Buchstabe a, die aus der erstmaligen Veräußerung von Dividendenscheinen oder sonstigen Ansprüchen durch den Anteilseigner erzielt worden sind, in diesen Fällen beträgt die anrechenbare Körperschaftsteuer höchstens $3/7$ des Betrages, der auf die veräußerten Ansprüche ausgeschüttet wird (§ 36 Abs. 2 Nr. 3 Satz 2).

Die Höhe von $3/7$ vom Ausschüttungsbetrag ergibt sich dadurch, daß die Steuer für ausgeschüttete Gewinne 30 v. H. vom Gewinn vor Abzug der Körperschaftsteuer berechnet wird, der für die Ausschüttung als verwendet gilt.

Gewinn	= 100 v. H.	Steuerliche Belastung des Ausschüttungsbetrags =
Ausschüttungsbelastung	= 30 v. H.	$\dfrac{30}{70} = \dfrac{3}{7}$
Ausschüttung	= 70 v. H.	

Es ist für die Anrechnung der Körperschaftsteuer **unerheblich**, ob die ausschüttende Kapitalgesellschaft die Körperschaftsteuer tatsächlich abgeführt hat. Eine Ausnahme gilt in bestimmten Fällen für Anteilseigner mit beherrschendem Einfluß auf die Körperschaftsteuer, d. h. für solche Anteilseigner, die mehr als 25 v. H. der Anteile halten (§ 36a Abs. 1 und Abs. 2).

Bei **Ausschluß** der **Anrechnung** nach § 36a ist die KSt **nicht** nach § 20 Abs. 1 Nr. 3 als Einnahme hinzuzurechnen (BFH, BStBl 1987 II 217); ebenso bei **fehlender Bescheinigung** über die anrechenbare KSt (s. unten).

Die anrechenbare Körperschaftsteuer ist **nicht** kapitalertragsteuerpflichtig.

Sie gilt stets als zusammen mit den Einnahmen aus § 20 Abs. 1 Nr. 1 oder 2 als zugeflossen (§ 20 Abs. 1 Nr. 3 Satz 2).

Bei Zugehörigkeit der Gewinnausschüttung zu den Gewinneinkünften stellt die anrechenbare Körperschaftsteuer eine Betriebseinnahme dar (§ 20 Abs. 3). Vgl. hierzu und zur buchtechnischen Behandlung Grundkurs des Steuerrechts Band 11 Abschn. I. 3.

Voraussetzungen der Anrechnung von Körperschaftsteuer sind

a) Vorliegen von stpfl. Einnahmen i. S. des § 20 Abs. 1 Nr. 1 oder 2 (BFH, BStBl 1996 II 473).

b) (Grds.) unbeschränkte Steuerpflicht des Anteilseigners (arg. ex. § 50 Abs. 5 Satz 2); Ausnahme: insbesondere bei Erzielung der Kapitalerträge durch eine inländische Betriebsstätte, § 50 Abs. 5 Satz 3.

c) Körperschaftsteuer einer unbeschränkt stpfl. Körperschaft i. S. der §§ 27, 43 KStG.

d) **Steuerbescheinigung nach §§ 44, 45 oder 46 KStG**
Voraussetzung für eine Anrechnung ist auf jeden Fall, daß eine der in den §§ 44, 45 oder 46 KStG bezeichneten Bescheinigungen dem Finanzamt vorgelegt wird.

e) Kein Vergütungsantrag (vgl. §§ 36b, 36c, 36d)

f) Kein Ausschluß der Anrechnung nach § 36a (siehe oben)

Vgl. Band 5 dieser Buchreihe sowie **Grundkurs des Steuerrechts, Band 11 (Körperschaftsteuer).**

6.2.1.8 Ausschüttung von EK 01

Bei der – **stpfl.** – Weiterausschüttung von steuerfreien Auslandseinkünften aus dem EK 01 an natürliche Personen unterbleibt die Herstellung der Ausschüttungsbelastung. Die Ausschüttung hieraus führt nicht zu einer Erhöhung der Körperschaftsteuer. Eine Anrechnung von Körperschaftsteuer nach § 36 Abs. 2 Nr. 3 sowie die Erfassung dieser Anrechnungsbeträge nach § 20 Abs. 1 Nr. 3 entfällt daher.

In der von der ausschüttenden Körperschaft zu erstellenden Steuerbescheinigung unterbleiben daher insoweit die Angaben über anzurechnende Körperschaftsteuer.

6.2.1.9 Zurechnung der Einkünfte

Nach § 20 Abs. 2a erzielt Einkünfte aus Kapitalvermögen i. S. des § 20 Abs. 1 Nr. 1 – 3 der **Anteilseigner.**

Anteilseigner ist derjenige, dem nach § 39 Abs. 2 Nr. 1 AO die Anteile an dem Kapitalvermögen i. S. des § 20 Abs. 1 Nr. 1 im Zeitpunkt des **Gewinnverteilungsbeschlusses zuzurechnen** ist. Der Inhaber des Anteils im Zeitpunkt des Gewinnverwendungsbeschlusses ist Beziehen der Dividende, unabhängig davon, wie lange er den Anteil gehalten hat.

Durch diese Regelung ist sichergestellt, daß ein Dividendenanspruch bis zum Zeitpunkt des Gewinnverwendungsbeschlusses unselbständiger Bestandteil des Stammrechts ist und daher von demjenigen als Kapitalertrag zu versteuern ist, dem im Zeitpunkt des Gewinnverteilungsbeschlusses das Stammrecht steuerlich zugerechnet wird. **Vereinbarungen** i. S. des **§ 101 Nr. 2 Halbsatz 2 BGB** darüber, daß ein Dritter berechtigt sein soll, die Gewinnanteile zu beziehen, betreffen bereits die **Einkommensverwendung** und sind daher für die steuerrechtliche Zurechnung der Dividende **nicht** maßgebend. Auch ist eine zeitanteilige Aufteilung zwischen dem Veräußerer und Erwerber im Verhältnis des Bezugszeitraums mit steuerlicher Wirkung **nicht möglich**. Die KSt-Anrechnung erhält, wer die Dividende zu versteuern hat.

6.2.2 Gewinnanteile aus Investmentfonds

6.2.2.1 Inländische Fonds

Zu den Einkünften aus Kapitalvermögen i. S. des § 20 Abs. 1 Nr. 1 gehören auch die **Ausschüttungen** auf **Anteilsscheine** an einem **Wertpapiersondervermögen,** sowie die von einem Wertpapier-Sondervermögen vereinnahmten nicht zur Kostendeckung oder Ausschüttung verwendeten Zinsen und Dividenden, soweit sie nicht Betriebseinnahmen des Steuerpflichtigen sind (§ 39 Abs. 1 Gesetz über Kapitalanlagegesellschaften **(KAGG)** in der Fassung des Zinsabschlaggesetzes 1993 sowie des Gesetzes zur Umsetzung des Föderalen Konsolidierungsprogramms (FKPG).

Das **Fondsvermögen (Wertpapiersondervermögen)** wird von **Anlagegesellschaften** verwaltet. Diese legen die Einlagen der Fondsinhaber und die Einnahmen der Fonds, die nicht zur Ausschüttung bestimmt sind, an. Nach § 1 KAGG handelt es sich bei den Anlagegesellschaften um Unternehmen, deren Geschäftsbereich darauf gerichtet ist, bei ihnen eingelegtes Geld im eigenen Namen für gemeinschaftliche Rechnung der Einleger nach dem Grundsatz der Risikomischung in Wertpapiere oder Grundstücke gesondert vom eigenen Vermögen anzulegen und über die hieraus sich ergebenden Rechte der Einleger **Urkunden** auszustellen **(Investmentzertifikate).**

Die Kapitalanlagegesellschaften müssen die **Rechtsform** einer **Aktiengesellschaft** oder einer **GmbH** haben. Die Wertpapiergeschäfte müssen über eine **Depotbank** abgewickelt werden.

a) Grundsätzlich sind **alle Einnahmen des Wertpapiersondervermögens,** unabhängig, ob **ausgeschüttet** oder **nicht,** als **Kapitaleinkünfte** anteilig bei den Zertifikatsinhabern zu erfassen, soweit sie nicht zur Kostendeckung benötigt werden.

b) **Ausgenommen** sind jedoch Gewinne aus der **Veräußerung** von **Wertpapieren** und **Bezugsrechten** auf Anteile an Kapitalgesellschaften, **sofern** sich die Anteile am Wertpapiersondervermögen im **Privatvermögen** des Zertifikatsinhabers befinden, ferner soweit **steuerfreie Erträge** aufgrund eines Doppelbesteuerungsabkommens vorliegen (vgl. im einzelnen § 40 KAGG). Soweit das Wertpapiersondervermögen Anteile von Kapitalgesellschaften enthält, deren Ausschüttungen mit **Körperschaftsteuer** belastet ist, wird die Körperschaftsteueranrechnung unter den Voraussetzungen des § 39a, § 38 Abs. 2 KAGG an die Zertifikatsinhaber weitergegeben.

c) Bei inländischen und ausländischen Investmentfonds und der sog. „Zwischengewinn" beim Anleger den steuerpflichtigen Kapitalerträgen zugeordnet (§ 39 Abs. 2 KAGG) **und** dem Zinsabschlag unterworfen (§ 38b Abs. 4 KAGG).

Der „Zwischengewinn" ist dabei definiert als das dem Anleger mit dem **Rücknahmepreis** im Falle der Veräußerung **oder** Rücknahme von Anteilscheinen zugeflossene Entgelt für die seit der letzten **Ausschüttung** oder **Thesaurierung** vom Fonds angesammelten **Zinserträge** (nicht: Dividendenerträge, Veräußerungsgewinne etc.). Der Zwischengewinn entspricht damit in etwa den Stückzinsen bei festverzinslichen Wertpapieren.

Da die Rückgabe des Anteilscheins jederzeit möglich ist, wird die Kapitalanlagegesellschaft verpflichtet, den Zwischengewinn **börsentäglich** zu ermitteln (§ 41 Abs. 4 KAGG) **und** ihn mit dem Rücknahmepreis zu **veröffentlichen.**

Die Kapitalanlagegesellschaft hat nach § 41 Abs. 1 KAGG den Zertifikatsinhabern bekanntzugeben

- den Betrag der Ausschüttung
- die darin enthaltenen steuerfreien Zinsen und Dividenden,
- den zur Anrechnung oder Vergütung von Körperschaftsteuer berücksichtigten Teil der Ausschüttung,
- die Beträge zur anzurechnenden oder zu vergütenden Körperschaftsteuer.

Beispiel:

A besitzt 100 Anteile des **Aktienfonds F**.

Ausschüttung im Kj. 01 2,20 DM pro Anteil; im Privatvermögen steuerpflichtig 0,85 DM pro Anteil. Die Bank erteilte für die Ausschüttung auf die Anteile eine Steuergutschrift in Höhe von 33 DM.

F.-Anteile 100 × 0,85 DM	85 DM
Steuergutschrift $3/7$	36 DM
Einnahmen	121 DM

Auch die Ausschüttungen von **Grundstückssondervermögen** werden als **Kapital**einkünfte behandelt (BFH, BStBl 1980 II 453).

Beispiel:
Immobilienfonds Grundbesitz-Invest
Anteile 100; Ausschüttung im Kj. 012,55 DM pro Anteil; im Privatvermögen steuerpflichtig 2,30 DM pro Anteil.

Einnahmen aus § 20 Abs. 1 Nr. 1 100 × 2,30 DM   230 DM

Die erforderlichen Besteuerungsmerkmale werden in einer jährlichen Übersicht nach folgendem Muster vom BMF im BStBl I veröffentlicht:

Fonds	Gesamtausschüttung einschließlich Steuerguthaben (nach Abzug der Quellensteuer) DM	steuerpflichtige Bruttoerträge bei Zugehörigkeit der Anteile zum		inländischer Dividendenanteil, der zur Anrechnung oder Vergütung von KSt berechtigt DM	anrechenbare KSt DM	ausländische Bruttoerträge die nicht von inländischen Steuern freigestellt sind DM	hierauf einbehaltene, auf die ESt anzurechnende Quellensteue DM
		Privatvermögen DM	Betriebsvermögen DM				
1	2	3	4	5	6	7	8
Muster-Fonds	6,04	6,13	6,13	2,02	0,86	0,77	0,09

6.2.2.2 Behandlung der Erträge aus ausländischen Investmentfonds

Die einkommensteuerliche Behandlung ausländischer Fonds hängt im wesentlichen von ihrer besonderen Beschaffenheit ab.

Hier sind insbesondere 3 Gruppen zu unterscheiden:

1. ausländische Fonds, die sich im Inland haben registrieren lassen
2. ausländische Fonds, die sich nicht haben registrieren lassen, aber gewisse Mindestforderungen erfüllen, wie z. B. Vertretung durch einen inländischen Repräsentanten
3. ausländische Fonds, die keinen inländischen Repräsentanten besitzen und in der BR nicht öffentlich vertrieben werden dürfen.

Zu 1. Registrierte Fonds

Die im Inland registrierten Fonds werden im wesentlichen den inländischen, abgesehen von einigen Abweichungen, gleichbehandelt.

Die Ausschüttungen sind beim deutschen Empfänger grundsätzlich Einkünfte aus Kapitalvermögen.

Ausschüttungen können auch in Sachwerten erfolgen.

Erhält ein Zertifikatinhaber wahlweise anstelle einer Barausschüttung Zertifikate, so stellt der **gemeine Wert** der **gutgeschriebenen Anteile** eine zu versteuernde Einnahme dar. Gleiches gilt in den Fällen, in denen sich der Anleger von vornherein damit einverstanden erklärt hat, daß die Ausschüttungen zur Wiederanlage verwendet werden.

Auch **nichtausgeschüttete** vereinnahmte Erträge, soweit sie nicht zur Kostendeckung verwandt worden sind, gehören zu den Einnahmen aus Kapitalvermögen (sogenannte **Thesaurierungsfonds**).

Sonstige Erträge sind als Kapitalerträge zu erfassen, gleichgültig, welcher Einkunftsart sie nach allgemeinen Grundsätzen zuzurechnen wären. Es soll hier die Besteuerung sichergestellt werden. **Veräußerungsgewinne werden jedoch nicht erfaßt, steuerfreie Teile der Ausschüttung ebenfalls nicht.**

Zwischengewinne sind stpfl. (§ 17 Abs. 2a AuslInvestG).

Zu 2. Nichtregistrierte publizierende Fonds

Nichtregistrierte Fonds, die einen inländischen Repräsentanten haben und auch gewisse Auflagen erfüllen, erfahren folgende steuerliche Behandlung:

Zugeflossene Zinserträge und Dividenden, **einschließlich der Veräußerungsgewinne,** gehören zu den Einkünften aus Kapitalvermögen. Verschärfend tritt hier gegenüber den registrierten Fonds hinzu, daß die **Veräußerungsgewinne** (z. B. Bezugsrechte) **erfaßt** werden. Ein steuerfreier Teil der Ausschüttung wird **nicht** anerkannt.

Wertsteigerungen, also nicht realisierte Gewinne, werden jedoch **nicht** erfaßt.

Zu 3. Nicht registrierte und nicht publizierende Fonds

Bei Fonds, die nicht das Recht zum inländischen öffentlichen Vertrieb besitzen und auch keinen inländischen Repräsentanten haben, werden die zu versteuernden Erträge aus diesem Fonds im Wege einer **gesetzlich pauschalierten Schätzung** ermittelt. Der deutsche Anteilsinhaber hat die Ausschüttungen auf solche Investmentanteile in voller Höhe zu versteuern. Ein steuerfreier Teil wird **nicht** anerkannt.

Zusätzlich sind jedoch **90 v. H.** des Mehrbetrages zu versteuern, der sich zwischen dem ersten und dem letzten im Kalenderjahr festgesetzten Rücknahmepreis eines ausländischen Investmentanteils ergibt.

Mindestens sind jedoch 10 v. H. des letzten Rücknahmepreises anzusetzen.

Beispiel:
A hat 100 Anteile des **Bahamas Kapitalwachstumsfonds** Ausschüttung im Kj. 01 9 DM pro Anteil. Der Rücknahmepreis betrug 1.1.01 120 DM und am 31.12.01 180 DM. Der Fonds ist in der Bundesrepublik Deutschland nicht registriert und hat auch keinen inländischen Repräsentanten (§ 18 Abs. 3 AuslInvestmentG).

100 × 9 DM	900 DM
Mehrwert 6 000 DM × 90 v. H.	
(Mindestbetrag 10 v. H. von 18 000 DM ist überschritten)	5 400 DM
als Einnahmen zu versteuern	6 300 DM

Nach § 18a AuslInvestG sind auch **Ausschüttungen** auf Anteile an **ausländischen** Investmentfonds **mit** und **ohne** Genehmigung zum Vertrieb der Anteilscheine in Deutschland dem Zinsabschlag durch die auszahlende Stelle – d. h. inländisches Kreditinstitut – unterworfen. Der Zinsabschlag beträgt 30 %, bei Tafelgeschäften 35 %.

Bei ausländischer Depotverwahrung fällt hingegen **kein** Zinsabschlag an.

Zu den Einkünften gehören auch die sog. **Zwischengewinne (§ 17 Abs. 2a AuslInvestG).**

6.2.3 Gewinnanteile aus stillen Beteiligungen und partiarischen Darlehn (§ 20 Abs. 1 Nr. 4 EStG)

Zu den Einkünften aus Kapitalvermögen zählen auch die Einnahmen aus einer **stillen Beteiligung an einem Handelsgewerbe** sowie aus **partiarischen Darlehn.**

6.2.3.1 Begriff der stillen Beteiligung

Die stille Beteiligung ist in den §§ 230 bis 237 HGB geregelt. Hiernach besteht die stille Beteiligung an dem **Handelsgewerbe,** das ein anderer betreibt, in einer **Vermögenseinlage,** die in das Vermögen des Inhabers des Handelsgeschäfts, übergeht.

Der stille Gesellschafter hat Anspruch auf unveränderte Betriebsfortführung.

Der stille Gesellschafter ist im übrigen lediglich Kapitalgeber und am Betriebsvermögen weder sachen- noch schuldrechtlich beteiligt. Er ist am Gewinn und Verlust nach Maßgabe des Gesellschaftsvertrages beteiligt und hat im Fall der Beendigung des Gesellschaftsverhältnisses lediglich einen Anspruch auf Rückerstattung seiner Einlage.

Im einzelnen gilt:

a) **Vermögenseinlage**
Die in das Vermögen des Inhabers des Handelsgeschäfts übergehende Vermögenseinlage kann in Geld, Sachwerten, ausnahmsweise auch Gestellung der Arbeitskraft bestehen (vgl. BFH, BStBl 1968 II 356).

b) Gewinn- und Verlustbeteiligung

Die Gewinnbeteiligung ist für die Annahme einer stillen Gesellschaft zwingend. Eine bloße Umsatzbeteiligung schließt eine stille Gesellschaft aus. Jedoch ist ein vertraglicher Ausschluß der Verlustbeteiligung nach § 231 Abs. 2 HGB möglich und auch steuerlich unschädlich für die Annahme einer stillen Gesellschaft.

Im übrigen nimmt der stille Gesellschafter nur bis zur Höhe seiner Einlage an Verlusten teil (§ 232 Abs. 2 HGB).

c) Keine Beteiligung am Betriebsvermögen

Der stille Gesellschafter ist weder sachenrechtlich Miteigentümer des Betriebs noch schuldrechtlich an den stillen Reserven beteiligt. Er trägt daher kein Unternehmerrisiko und ist folglich kein Mitunternehmer. Vgl. zur Abgrenzung nachfolgend 6.2.3.3.

d) Kein Einfluß auf die Geschäftsführung

Der stille Gesellschafter hat lediglich die Kontrollrechte aus § 233 HGB (Einsichtnahme in den Jahresabschluß).

Er tritt nach außen hin nicht in Erscheinung. Es handelt sich um eine **reine Innengesellschaft**.

Der stille Gesellschafter entwickelt mithin keine Unternehmerinitiative.

e) Beteiligung an Handelsgewerbe

Die **Handelsgeschäfte** sind in § 1 Abs. 2 HGB abschließend aufgeführt.

Darüber hinaus gilt auch ein handwerkliches oder ein sonstiges gewerbliches Unternehmen als Handelsgewerbe, das nach Art und Umfang einen in kaufmännischer Weise eingerichteten Geschäftsbetrieb erfordert, sofern die Firma des Unternehmers in das Handelsregister eingetragen ist (**Sollkaufmann**, § 2 HGB). Darüber hinaus gilt der Betrieb insbesondere einer OHG, KG, AG, KGaA und GmbH als Handelsgewerbe (**Formkaufmann**, § 6 HGB). Eine GmbH gilt z.B. auch dann als ein Handelsgewerbe kraft Rechtsform, wenn sie lediglich Vermögensverwaltung betreibt.

Somit können stille Beteiligungen i.S. des § 20 Abs. 1 Nr. 4 an dem Handelsgewerbe eines **Einzelkaufmanns**, einer **Personenhandelsgesellschaft** oder **Kapitalgesellschaft** bestehen. Steuerlich anerkannt ist auch die Beteiligung von Anteilseignern einer Kapitalgesellschaft als stille Gesellschafter an „ihrer" KapGes (BFH, BStBl 1980 II 477) = **GmbH & Still**.

Nach dem Gesetzeswortlaut ist die stille Beteiligung auf die Beteiligung an einem **Handelsgewerbe** beschränkt.

Es fragt sich, ob die stille Beteiligung an einem nicht eingetragenen **Handwerksbetrieb** (der nicht unter § 2 HGB fällt), an dem Betrieb eines **Freiberuflers** und an einem **land- und forstwirtschaftlichen Betrieb** auch unter die Vorschrift des § 20 Abs. 1 Nr. 4 fällt oder ob hier Einkünfte aus sonstigen Kapitalforderungen nach § 20 Abs. 1 Nr. 7 vorliegen. Die gleiche Frage trifft für die **Unterbeteiligung** an einem Handelsgewerbe zu. Eine Unterbeteiligung liegt vor, wenn die Beteiligung nicht unmittelbar am Handelsgewerbe selbst besteht, sondern an einer Beteiligung an einem Handelsgewerbe, z.B. an einem OHG-Anteil, Kommanditanteil, GmbH-Anteil oder an einer atypisch stillen Beteiligung. Die Frage hat auch praktische Auswirkungen.

Sind diese Beteiligungen einer stillen Beteiligung am Handelsgewerbe gleichzusetzen, unterliegen die Gewinnanteile der allgemeinen Kapitalertragsteuer von 25 %, ferner sind die Vorschriften des § 15a hinsichtlich der Begrenzung des Verlustausgleichs und des Verlustabzuges sinngemäß anzuwenden. Herrmann/Heuer/Raupach, § 20 Grünes Vorblatt EK III 4g 750 S. 7 neigt dazu, auch diese Beteiligungen wie stille Beteiligungen an einem Handelsgewerbe zu behandeln.

Gegen die **erweiterte** Auslegung spricht, daß Tatbestandsmerkmal die Beteiligung an einem **Handelsgewerbe** ist und nicht die Beteiligung an einem Gewerbe schlechthin. Die Beschränkung auf „Handelsgewerbe" bedeutet danach, daß lediglich die Gewinnanteile aus einer stillen Beteiligung im Sinne des **HGB** erfaßt werden sollte, § 20 Abs. 1 Nr. 4 also insbesondere kein genereller Auffangtatbestand für fehlgeschlagene Mitunternehmerschaften ist. Die stille Beteiligung an einem Handelsgewerbe ist eine besondere im HGB geregelte Form der Kapitalüberlassung, die auf einem Gesellschaftsverhältnis beruht. Sie kann **nicht** auf alle Innengesellschaften ausgedehnt werden, somit handelt es sich bei Gewinn- **und** Verlustbeteiligung um Einkünfte aus sonstigen Kapitalforderungen i.S. des § 20 Abs. 1 Nr. 7 i.V.m. § 20 Abs. 2 Nr. 1 (streitig).

Bei Ausschluß der Verlustbeteiligung wird i. d. R. ein partiarisches Darlehn gegeben sein. **Zivilrechtlich** dürfte eine GbR ohne Gesamtvermögen vorliegen.

6.2.3.2 Partiarische Darlehen

Das partiarische Darlehen unterscheidet sich dadurch von der stillen Beteiligung, daß es **nicht** auf einem Gesellschaftsverhältnis beruht. Es fehlt eine gemeinsame Zweckverfolgung. Es werden lediglich **obligatorische** Beziehungen geknüpft, die auf einen **Leistungsaustausch** gerichtet sind. In der Regel wird bei partiarischen Darlehen **neben** einer **Gewinnbeteiligung** eine **feste Verzinsung** oder eine **Mindestverzinsung** gewährt.

Eine weitere Möglichkeit ist eine **Umsatzbeteiligung** statt fester Zinsen.

Der partiarische Darlehensgeber hat **nicht** die Kontrollrechte aus § 233 HGB.

Eine **Verlustbeteiligung** schließt ein partiarisches Darlehen aus.

In Abgrenzung zum **Darlehen** wird ein partiarisches Darlehen in der Regel immer dann gegeben sein, wenn die **gewinnabhängige Vergütung überwiegt.** Zur Abgrenzung vgl. auch BFH, BStBl 1984 II 373 und BStBl 1983 II 563).

Die **steuerliche Behandlung** entspricht der stillen Gesellschaft:

Die **Zinsen** und **Gewinnanteile** sind Einnahmen aus **§ 20 Abs. 1 Nr. 4** und unterliegen der allgemeinen **KapESt** von 25 % (BFH, BStBl 1992 II 889).

6.2.3.3 Abgrenzung zur atypischen stillen Beteiligung

Ist ein stiller Gesellschafter **schuldrechtlich** an den stillen Reserven beteiligt für den Fall der Beendigung der Beteiligung oder der Liquidation des Handelsgeschäfts und/oder sind ihm Mitwirkungsrechte eingeräumt, ist er als Mitunternehmer anzusehen und bezieht Einkünfte aus § 15 Abs. 1 Nr. 2 (keine KapESt-Pflicht). Vgl. H 138 Abs. 3 „Stille Gesellschaft".

Hinsichtlich der GmbH und Still vgl. BFH, BB 1993, 1194.

Überblick
Vergleich der typischen und atypischen stillen Beteiligung

	typische stille Gesellschaft	atypische stille Gesellschaft
Grundlage	Gesellschaftsvertrag (§ 230 HGB)	Gesellschaftsvertrag (§ 230 HGB)
Dauer	zeitlich befristet und von unbestimmter Dauer	keine Begrenzung Regelung wie bei einer Personenhandelsgesellschaft
Vermögensrechte	Gewinn- und Verlustbeteiligung	Gewinn- und Verlustbeteiligung
	Rückzahlung der geleisteten Einlage (Nennwert)	Rückzahlung der Einlage zuzüglich anteiliger stiller Reserven und eines anteiligen Firmenwertes
Mitwirkungs- und Kontrollrechte	Kontrollrechte	Einfluß auf die Geschäftsführung oder Mitwirkungsrechte; Widerspruchsrecht i.S. § 164 HGB; im Innenverhältnis Stellung einer Kommanditisten
Einkunftsart	Einkünfte nach § 20 Abs. 1 Nr. 4 (Kapitalvermögen)	Einkünfte aus Gewerbebetrieb § 25 Abs. 1 Nr. 2
	Einbehaltung Kapitalertragsteuer § 43 Abs. 1 Nr. 3	**keine** Einbehaltung Kapitalertragsteuer
Einkünfteermittlung	Überschuß (§ 2 Abs. 2 Nr. 2)	Gewinn
Zeitpunkt der Erfassung	§ 11 Abs. 1 (Zufluß)	Vermögensvergleich §§ 4 Abs. 1, 5 Abs. 1 Wirtschaftsjahr (§ 4a Abs. 2 Nr 2)
durch Einnahmeerzielung veranlaßte Aufwendungen des Gesellschafters	Werbungskosten (§ 9 Abs. 1 S. 1)	Sonderbetriebsausgaben (§ 4 Abs. 4)
Vermögensverluste	keine Berücksichtigung	Gewinnminderung (sonstiger betriebl. Aufwand)
Vergütungen aus sonderrechtsverhältn. (Vermietung usw.)	weder Sonderbetriebseinnahmen noch § 20 Abs. 1 Nr. 4 (sondern jeweilige Einkuftsart, z.B. § 21)	Sonderbetriebseinnahmen (z.B. Tätigkeitsvergütungen, Zinsen, Nutzungsvergütungen)
Vorschüsse	Einnahmen	keine Erträge
Gewinnüberweisung	Einnahmen	keine Erträge (Entnahmen)

6.2.3.4 Zusammenfassender Überblick

Darlehen	partiarisches Darlehn	typische stille Gesellschaft	atypische stille Gesellschaft
§ 20 Abs. 1 Nr. 7 keineKapESt	§ 20 Abs. 1 Nr. 4; KapESt 25 % (Gleichbehandlung)		§ 15 Abs. 1 Nr. 2 keine KapESt

6.2.3.5 Stille Beteiligung von nahen Angehörigen

Es gelten grundsätzlich auch hier die für Familienpersonengesellschaften maßgebenden Grundsätze (Vgl. 2.2.10), **nicht** dagegen die Grundsätze für Darlehnsverhältnisse zwischen Angehörigen (BFH, BStBl 1990 II 10).

a) Voraussetzungen dem Grunde nach

Die Ernsthaftigkeit der Vereinbarung erfordert auch hier stets **bürgerlich-rechtliche Wirksamkeit** der Vereinbarungen (BFH, BStBl 1975 II 141; 1980 II 242 und 1984 II 623). Weil die stille Gesellschaft nach außen ohne Rechtswirkungen ist, ist eine klare Gestaltung des Innenverhältnisses von besonderer Bedeutung.

Bei Schenkungen von stillen Beteiligungen an minderjährige Kinder bedarf es der Bestellung von Ergänzungspflegern (BFH, BStBl 1980 II 242), und zwar lediglich von **Abschluß**pflegern bei Begründung der stillen Beteiligung, also keiner Dauerergänzungspflegschaften (BFH, BStBl 1976 II 328). Dies gilt auch bei Ausschluß der Verlustbeteiligung.

Weiterhin ist eine **notarielle** (oder **gerichtliche**) **Beurkundung** des **Gesellschaftsvertrags** erforderlich, falls der Betriebsinhaber den Angehörigen die Beteiligung **schenkweise** einräumen will (BFH, BStBl 1975 II 141). Dabei bilden Gesellschaftsvertrag und Schenkungsvertrag eine **Einheit**. Denn da bei der stillen Gesellschaft die Einlage in das Vermögen des Inhabers des Handelsgeschäfts übergeht, liegt lediglich ein **Schenkungsversprechen** vor. Im Gegensatz zur schenkweisen Begründung von Anteilen an einer Personengesellschaft ist somit **keine Heilung des Formmangels** durch „Vollzug" (Einbuchung der Beteiligung) nach § 518 Abs. 2 BGB möglich, ebenso nicht nach § 41 Abs. 1 S. 1 AO. Ohne notarielle Beurkundung hätte der Angehörige bei Auflösung keinen durchsetzbaren Anspruch.

Einer **vormundschaftsgerichtlichen Genehmigung** bedarf es nur bei **Verlustbeteiligung** (BFH, BStBl 1974 II 289).

Die Vereinbarungen müssen einem **Fremdvergleich** standhalten (BFH, BStBl 1980 II 242). S. auch BFH, BStBl 1990 II 10.

Den beteiligten Abkömmlingen usw. müssen annäherungsweise die gleichen Rechte zustehen, die einem stillen Gesellschafter zukommen (BFH, BStBl 1978 II 3c). Andernfalls liegen beim Schenker nichtabzugsfähige Zuwendungen i.S. des § 12 Nr. 2 vor (**keine Anerkennung dem Grunde nach**).

Erfüllen Kommanditisten nicht die Voraussetzungen einer Mitunternehmerschaft, können diese u.U. Einkünfte aus stiller Beteiligung haben (BFH, BStBl 1981 II 663).

Weiterhin ist eine **tatsächliche Durchführung** des Vertrags erforderlich. Vgl. hierzu auch BFH, BStBl 1990 II 66.

Voraussetzung einer Zurechnung der Erträge bei einem Kind des Stpfl. ist, daß alle Folgerungen gezogen wurden, die sich aus einer endgültigen Vermögensübertragung ergeben (BFH, BStBl 1990 II 539).

b) Angemessenheit der Gewinnbeteiligung

Ist die Gewinnbeteiligung **nicht angemessen**, ist sie **insoweit**, als sie nicht angemessen ist, für den Inhaber des Handelsgewerbes nicht betrieblich veranlaßt und nicht als Betriebsausgabe abzugsfähig (§ 12 Nr. 2). Sie ist als Zuwendung beim Empfänger nicht als Einnahme anzusetzen (vgl. § 22 Nr. 1 Satz 2).

Bei der **geschenkten** Beteiligung ist eine Gewinnbeteiligung bis zur Höhe von **15 v.H.**, berechnet vom Nominalwert, noch als angemessen anzusehen, sofern die Verlustbeteiligung nicht ausgeschlossen ist (BFH, BStBl 1973 II 650). Bei **Ausschluß** der **Verlustbeteiligung** ist lediglich eine Gewinnbeteiligung bis zu **12 v.H.** angemessen.

Bei einer von Angehörigen **entgeltlich** erworbenen Beteiligung ist bei **Verlustbeteiligung** eine Gewinnbeteiligung bis zu 35 v.H. noch als angemessen zu betrachten (BFH, BStBl 1982 II 387). Im übrigen ist eine Gewinnbeteiligung von **25 v.H.** noch als angemessen anzusehen (BFH, BStBl 1973 II 395).

Maßgebend für die Beurteilung ist der Zeitpunkt der Vereinbarung (= Beginn der stillen Gesellschaft). Dabei ist der Zeitraum der fünf folgenden WJ zugrundezulegen unter Berücksichtigung der Ergebnisse der Vorjahre und der Zukunftsaussichten. Diese Beurteilung bleibt maßgebend, bis eine wesentliche Rendite-Veränderung eintritt.

Die gleichbleibende Rendite-Obergrenze (in%) wird auf den jeweiligen Gewinn des WJ angewendet. Es wird also nicht in den einzelnen Jahren jeweils derselbe Gewinnanteil in absolut gleichbleibender Höhe anerkannt. Vielmehr wird der anfangs ermittelte Renditesatz auf den Gewinn des jeweiligen WJ angewendet.

Beispiel:

V beteiligt seinen Sohn S – zivilrechtlich wirksam – ab 1.1.01 **schenkweise** an seiner Einzelfirma als stillen Gesellschafter mit einer Einlage von 50 000 DM. Der zu erwartende Gewinn des Unternehmens beträgt in den nächsten 5 WJ voraussichtlich durchschnittlich je 100 000 DM p. a.

Vereinbart ist eine Gewinnbeteiligung von 10 %. Eine Verlustbeteiligung ist ausgeschlossen. Der Gewinn des WJ = KJ 01 beträgt tatsächlich 110 000 DM. V hat S daher in 02 für 01 10 070 = 11 000 DM unter Abzug von 25 % KapSt gutgeschrieben. In der Bilanz zum 31.12.01 wurde der Gewinn entsprechend um den Gewinnanteil von 11 000 DM gemindert.

Die Obergrenze der Angemessenheit liegt bei **12 %** der Einlage 50 000 DM = 6 000 DM. Hieraus folgt eine angemessene Gewinnbeteiligung von

$$\frac{6\,000}{100\,000} = 6\,\%.$$

Für 01 sind somit nur 6 % von 110 000 DM = 6 600 DM angemessen.

Der darüberhinausgehende Betrag von 11 000 DM ⁄ 6 600 DM 4 400 DM ist
– keine Betriebsausgabe bei V
– kein Gewinnanteil i. S. § 20 Abs. 1 Nr. 4 bei S, sondern Zuwendung i. S. des § 12 Nr. 2.

6.2.3.6 Umfang der Einnahmen aus stiller Beteiligung

Das Gesetz verwendet nicht den Begriff Gewinnbeteiligung, sondern **Einnahmen**. Der Begriff „Einnahmen" umfaßt somit Vergütungen jeder Art, die im Zusammenhang mit der stillen Beteiligung gewährt werden, also auch **Zinsen**, die **neben** oder **anstelle** einer Gewinnbeteiligung gewährt werden. Auch **sonstige Vorteile** i. S. des § 20 Abs. 2 Nr. 1 sind Einnahmen in diesem Sinne.

Beispiel:

A ist stiller Gesellschafter mit einer Einlage von 100 000 DM am Handelsgewerbe des B. Der Vertrag ist auf die Dauer von 10 Jahren abgeschlossen worden. Dieser wird vorzeitig beendet. A erhält außer der Rückzahlung der Einlage von 100 000 DM eine Abfindung für die künftigen Gewinnansprüche i. H. v. 30 000 DM.

Nach BFH (BStBl 1984 II 480) ist die Abfindung von 30 000 DM ein zusätzliches Entgelt für die Kapitalüberlassung. Als Entschädigung i. S. des § 24 Nr. 1b ist sie jedoch nach § 34 Abs. 1 tarifbegünstigt. Gleiches gilt, wenn von vornherein eine höhere Rückzahlung als die ursprüngliche Einlage vereinbart war.

Die Veräußerung einer zum Privatvermögen gehörenden stillen Beteiligung ist (vorbehaltlich des § 23 – Spekulationsgeschäft) ein Vorgang auf der Vermögensebene (BFH, BStBl 1981 II 463). Ob hierbei eine Abfindung künftiger Gewinnansprüche entsprechend BFH, BStBl 1984 II 580, BFH/NV 1996, 125 gemäß § 24 Nr. 1b eine Einnahme aus § 20 Abs. 1 Nr. 4 ist (allerdings ohne KapSt-Pflicht), ist fraglich.

6.2.3.7 Zufluß der Einnahmen

Die Einnahmen des stillen Gesellschafters aus der Beteiligung sind im Zeitpunkt des Zuflusses bei ihm zu erfassen (§ 11 Abs. 1). Das ist der Zeitpunkt, an dem der Berechtigte wirtschaftlich über den Gewinnanteil usw. verfügen kann.

Im allgemeinen ist dies der Fall im **Zeitpunkt der Erstellung des Jahresabschlusses** bzw. **sonstigen Feststellung** des Gewinnanteils usw. Der Zufluß wird hierbei typischerweise bewirkt durch
– **Gutschrift** auf einem **Verrechnungskonto** des stillen Gesellschafters oder
– **Erhöhung** der **Vermögenseinlage** oder
– **Auffüllung des geminderten** (unter Umständen von Verlustanteilen **negativen**) Einlagekontos.

Voraussetzung ist in den vorgenannten Fällen, daß der tätige Gesellschafter (Handelsgewerbetreibende) **zahlungswillig** und **zahlungsfähig** ist sowie des stillen Gesellschafters **Kenntnis** und **Einverständnis** vorliegen.

Der Zufluß erfolgt spätestens jedoch in dem Zeitpunkt, in dem ihm der Gewinnanteil tatsächlich ausgezahlt wird.

Erhält der stille Beteiligte Vorschüsse auf seinen künftigen Gewinnanspruch, ist bereits der Vorschuß mit der Auszahlung als Gewinn i. S. des § 20 Abs. 1 Nr. 4 zu behandeln. Spätere evtl. **Rückzahlungen** stellen **negative Einnahmen** dar.

Die Einnahmen aus stiller Beteiligung unterliegen der KapESt von 25% (§ 43 Abs. 1 Nr. 3, § 43a Abs. 1 Nr. 1). Zum Zeitpunkt der KapSt-Einbehaltungspflicht vgl. § 44 Abs. 3. Im Regelfall ist dies der Tag nach der Erstellung des Jahresabschlusses bei dem tätigen Gesellschafter.

Beispiel:
A hat sich mit einer Einlage in Höhe von 200 000 DM am Kfz-Handel des B beteiligt. Nach dem Gesellschaftsvertrag geht die Einlage in das Vermögen des B über. B ist zur Rückerstattung der Einlage zum Nennbetrag bei Beendigung des Gesellschaftsverhältnisses verpflichtet. A ist am Gewinn mit 15 v. H. beteiligt. Der Handelsbilanzgewinn vor Berücksichtigung der stillen Beteiligung betrug im Wj. 01 300 000 DM. A erhielt in 02 eine Überweisung in Höhe von 33 750 DM (nach Abzug von KapESt).

A hat Einnahmen aus der stillen Beteiligung in 02 nach
§ 20 Abs. 1 Nr. 4 i. H. v.   33 750 DM
+ KapESt (33 $^1/_3$%)   11 250 DM
                                                                        45 000 DM

6.2.3.8 Werbungskosten

Zu den Werbungskosten (§ 9) eines stillen Gesellschafters gehört insbesondere seine **Beteiligung am Verlust,** sofern sie im Beteiligungsvertrag nicht ausgeschlossen ist (h L.). Der Werbungskosten-Charakter kann mit einem unmittelbaren wirtschaftlichen Zusammenhang der Verlusttragung mit aus der Beteiligung bereits angefallenen oder erwarteten Gewinnanteilen begründet werden.

Der Verlustanteil ist als Werbungskosten im Zeitpunkt des Abflusses anzusetzen. Er ist insbesondere bei Verrechnung des Verlustes mit dem Einlagekonto abgeflossen.

Beispiel:
A ist stiller Gesellschafter am Unternehmen des B mit einer Einlage von 100 000 DM. Laut Gesellschaftsvertrag ist er am Gewinn und Verlust mit 20 v. H. beteiligt.
Der Verlust des Unternehmens beträgt in 01 200 000 DM. Bei Bilanzerstellung im Jahr 02 wird der Verlustanteil des A von dem Einlagekonto in Höhe von 100 000 DM abgebucht, so daß es nur noch 60 000 DM beträgt.
Mit Verrechnung in 02 ist der Verlustanteil von 40 000 DM abgeflossen und in 02 als Werbungskosten bei § 20 zu berücksichtigen.

Zu unterscheiden von der Verlusttragung ist der Ausfall der Beteiligung (insbesondere im Konkurs); dieser stellt beim stillen Gesellschafter eine privaten Vermögensverlust dar (EFG 1981, 341, rkr).

Beispiel:
A war am Unternehmen des B mit einer Einlage von 100 000 DM beteiligt. Am 2.4.09 fiel B in Konkurs. Die Einlage des A war zu diesem Zeitpunkt durch Verluste aus 07 und 08 auf 60 000 DM gemindert. Für 09 wurde am 2.6.09 ein Verlustanteil des A von 8 000 DM festgestellt, so daß sich das Einlagekonto weiter auf 52 000 DM minderte.
Aufgrund der im Juni 09 festgestellten Konkursquote von 40% erhielt A im Juli 09 20 800 DM Resteinlage ausgezahlt.
Der Verlustanteil für 09 von 8 000 DM stellt noch Werbungskosten des A in 09 dar, die zu einem Verlust aus § 20 führen (ebenso wie der Verlustanteil für 08).
Die Rückzahlung der Resteinlage stellt hier keine Einnahmen dar (Vermögensumschichtung, kein Fall der sinngemäßen Anwendung von § 15a, 20 Abs. 1 Nr. 4 Satz 2). Der Verlust der Resteinlage von 31 200 DM stellt einen nichtabziehbaren Verlust auf der Vermögensebene dar.

Negatives Einlagekonto

Nach § 232 HGB ist der stille Gesellschafter nur bis zur Höhe seiner Einlage am Verlust beteiligt (sofern kein vertraglicher Ausschluß am Verlust besteht).

Gewinnanteile sind solange zur Auffüllung seiner Einlagekontos zu verwenden, bis der bedungene Stand der Einlage wieder erreicht ist.

Über § 232 HGB hinausgehend können jedoch der stille und der tätige Gesellschafter **vereinbaren,** daß der Stille über seine Einlage hinaus am Verlust teilnimmt.

Hierdurch kann ein **negatives Einlagekonto** entstehen. Hier greift nach § 20 Abs. 1 Nr. 4 Satz 2 die **sinngemäße Anwendung** des **§ 15a** ein. Dies bedeutet insbesondere

- Abzug von Verlustanteilen als Werbungskosten nur bis zur Höhe der Einlage (str., ob geleistete oder vereinbarte)
- Berücksichtigung übersteigender Verlustanteile als „verrechenbarer Verlust" i. S. des § 15a Abs. 2 (Minderung späterer Gewinnanteile)

Eine Minderung des steuerlichen „Einlagekontos" durch Fremdfinanzierung ist **nicht** vorzunehmen (vgl. Ausführungen zu § 15a = K 2.4).

Beispiel:

Einlage des typischen stillen Gesellschafters (voll geleistet)	20 000 DM
./. Verlustanteil für 01 lt. Jahresabschluß von April 02	./. 26 000 DM
vertragliche Bildung eines negativen Einlagekontos	./. 6 000 DM

Ausgleichsfähiger Verlust aus § 20 Abs. 1 Nr. 4 in 02 nur 20 000 DM (bis zur Höhe der Einlage). Der „verrechenbare" Verlust von 6 000 DM wird – ohne zeitliche Begrenzung in späteren Jahren mit Gewinnanteilen aus § 20 Abs. 1 Nr. 4 verrechnet.

Als sonstige Werbungskosten des stillen Gesellschafters kommen z. B. noch in Betracht:

- Schuldzinsen aus der Fremdfinanzierung der Einlage
- Reisekosten zum Betrieb sowie Kosten eines Wirtschaftsprüfers zwecks Ausübung der Kontrollrechte.

Diese unterliegen **nicht** der Beschränkung nach § 20 Abs. 1 Nr. 4 Satz 2, i. V. m. § 15a.

6.2.3.9 Unterbeteiligungen

Eine Unterbeteiligung ist dann gegeben, wenn sich ein Dritter mit einer Einlage nicht am Handelsgewerbe, sondern an der Beteiligung eines Gesellschafters beteiligt ist.

Zwischen dem Gesellschafter und dem Unterbeteiligten besteht eine Innengesellschaft. Auf die Untergesellschaft finden die Regeln der Gesellschaft bürgerlichen Rechts Anwendung (§ 705 ff. BGB). Auf das Innenverhältnis werden die Vorschriften über die stille Gesellschaft entsprechend angewandt.

Die Unterbeteiligung ist aber keine stille Gesellschaft im Sinne des HGB, weil diese eine unmittelbare Beteiligung an einem Handelsgewerbe voraussetzt (§ 230 HGB).

Wie bei der stillen Gesellschaft geht die Einlage des Unterbeteiligten in das Vermögen des Hauptbeteiligten (z. B. Gesellschafter der Personengesellschaft) über und hat der Unterbeteiligte lediglich einen Anspruch auf Gewinn und Rückzahlung einer geleisteten Einlage bei Vertragsende.

Die Unterbeteiligung kann aus Anteilen an einer Personengesellschaft, aber auch an Anteilen einer Kapitalgesellschaft, insbesondere einer GmbH, bestehen.

Auch bei der Unterbeteiligung wird zwischen einer typischen und einer atypischen Unterbeteiligung unterschieden.

Eine **typische Unterbeteiligung** ist dann gegeben, wenn das Vertragsverhältnis nach Art einer typischen stillen Gesellschaft ausgestaltet ist.

Eine **atypische Unterbeteiligung** liegt dann vor, wenn der Unterbeteiligte an den stillen Reserven einschließlich eines Firmenwertes beteiligt ist und im Innenverhältnis die Stellung eines Kommanditisten einnimmt. In diesem Falle ist er als Mitunternehmer anzusehen. Vgl. hierzu 2.2.3.5.

Die Einkünfte des Unterbeteiligten, der als Kapitalüberlassender i. S. des § 20 Abs. 1 anzusehen ist, fallen nach Ansicht des BFH (BStBl 1988 II 186 und BStBl 1991 II 313 unter die Vorschrift des § 20 Abs. 1 Nr. 4, also nicht unter die Erträge aus sonstigen Kapitalforderungen i. S. des § 20 Abs. 1 Nr. 7, obwohl § 20 Abs. 1 Nr. 4 eine unmittelbare Beteiligung als stiller Gesellschafter i. S. des § 230 ff. HGB an einem Handelsgewerbe voraussetzt (vgl. 6.2.3.1).

Folglich hat der Hauptbeteiligte Kapitalertragsteuer von 25 % einzubehalten (§ 43 Abs. 1 Nr. 3).

6.2.4 Zinsen aus Hypotheken, Grundschulden und Renten aus Rentenschulden

Unter § 20 Abs. 1 Nr. 5 fallen Zinsen aus **Hypotheken** (§ 1113 ff. BGB) und **Grundschulden** (§§ 1191 BGB) nur, wenn sie nicht bereits als Zinsen aus Darlehensforderungen i. S. des § 20 Abs. 1 Nr. 7 zu erfassen sind.

Unter die Vorschrift des § 20 Abs. 1 Nr. 5 fallen nur die Verkehrshypotheken (§ 1113 ff. BGB), **nicht** jedoch die **Sicherungshypotheken**.

Bei Tilgungshypotheken und Tilgungsgrundschulden sind nur die **Zinsbeträge** (auf den jeweiligen Kapitalrest) Einkünfte aus Kapitalvermögen, während die **Tilgungsbeträge** die Hypothekenforderung oder die Grundschuld vermindern, also keine Einkünfte darstellen (vgl. auch Herrmann/Heuer/Raupach, EStG, § 20 Rz. 260, 268).

Beispiel:

A hat im Jahr 01 B eine Verkehrshypothek von 100 000 DM zu 8 v. H. Zinsen mit einer Annuität von 9 000 DM gewährt. Im Jahre 02 ist die Annuität zwischen Zinsen und Tilgung wie folgt aufzuteilen:

8 v. H. von (100 000 − 1 000 =) 99 000 DM =	7 920 DM
Annuität	9 000 DM
Tilgungsanteil	1 080 DM

Einnahmen aus Kapitalvermögen § 20 Abs. 1 Nr. 5 stellt nur der Zinsanteil von 7 920 DM dar.

„Renten" aus Rentenschulden (§§ 1199 ff. BGB) sind in voller Höhe Kapitaleinkünfte. Da es sich um **Kapitalerträge handelt, fallen sie nicht** unter § 22 Nr. 1. Die Ablösungssumme i. S. des § 1199 Abs. 2 BGB ist dagegen **keine** Einnahme (da kein Nutzungsentgelt).

6.2.5 Außerrechnungsmäßige und rechnungsmäßige Zinsen bei Lebensversicherungen

a) Grundsatz = Steuerpflicht

Lebensversicherungsprämien setzen sich in der Regel aus **Kosten-, Spar-** und **Risiko**anteilen zusammen. Der **Sparanteil,** der zur Schaffung eines Deckungskapitals von den Versicherungsgesellschaften angelegt wird, wird dem Versicherungsnehmer verzinst. Diese Zinsen stellen grundsätzlich Kapitaleinkünfte i. S. des § 20 Abs. 1 Nr. 6 dar. Man unterscheidet zwischen **rechnungsmäßigen** und **außerrechnungsmäßigen** Zinsen.

Rechnungsmäßige Zinsen sind Zinsen auf den Sparanteil, die bei der Berechnung des Versicherungsbeitrags berücksichtigt worden sind.

Außerrechnungsmäßige Zinsen bilden denjenigen Teile des vom Versicherer erwirtschafteten Überschusses, der sich daraus ergibt, daß der Versicherer einen höheren Ertrag erwirtschaftet, als bei der Beitragskalkulation (rechnungsmäßige Zinsen) erwirtschaftet wurde. Die Steuerpflicht ergibt sich nur für den Zinsanteil des Überschusses, nicht aber für Überschüsse selbst z. B. aus dem Umstand, daß Kostenanteile nicht verbraucht wurden.

Grundsätzlich sind diese Zinsen **stpfl.** (§ 20 Abs. 1 Nr. 6 **Satz 1**). Vgl. R 154 Abs. 3.

b) Steuerfreiheit nach § 20 Abs. 1 Nr. 6 Satz 2 EStG

Hinsichtlich dieser rechnungsmäßigen und außerrechnungsmäßigen Zinsen tritt jedoch nach § 20 Abs. 1 **Nr. 6 Satz 2 Steuerfreiheit** ein, wenn es sich um begünstigte Versicherungen im Sinne des § 10 Abs. 1 Nr. 2 Buchstabe b handelt, die **Sonderausgaben** darstellen, also

– Rentenversicherungen ohne Kapitalwahlrecht,
– Rentenversicherungen mit Kapitalwahlrecht gegen laufende Beitragsleistung, wenn das Kapital wahlrecht nicht vor Ablauf von 12 Jahren mit Vertragsabschluß ausgeübt werden kann,
– Kapitalversicherungen gegen laufende Beitragsleistung, wenn sie für mindestens 12 Jahre abgeschlossen worden sind.

Voraussetzung für die Steuerfreiheit ist, daß die Zinsen

mit Beiträgen verrechnet werden oder

im **Versicherungsfall** oder

im Fall des **Rückkaufs** des Vertrages **nach Ablauf von 12 Jahren** ausgezahlt werden.

Zinsen aus **Risikoversicherungen** sind bereits deswegen **steuerfrei,** weil sie **keinen Sparanteil** enthalten.

Beispiel:

A hat bei der X Lebensversicherung in 01 einen Lebensversicherungsvertrag abgeschlossen. Die Beträge sind als Sonderausgabe nach § 10 Abs. 1 Nr. 2b begünstigt. Im Jahre 07 hat A die Versicherung zur Tilgung einer privaten Schuld „zurückgekauft". Die Versicherung zahlt zum 31.12.07 den Sparanteil sowie Zinsen in Höhe von 6 000 DM aus. In der Summe waren rechnungsmäßige Zinsen von 4 500 DM und außerrechnungsmäßige Zinsen von 1 500 DM enthalten.

Es handelt sich bei den Zinsen von 6 000 DM um Einnahmen aus Kapitalvermögen nach § 20 Abs. 1 Nr. 6.

Zinsen aus Sparanteilen aus **begünstigten** Lebensversicherungen sind mithin **keine** steuerpflichtigen Kapitalerträge (§ 20 Abs. 1 Nr. 6 Satz 2) in folgenden Fällen:

1. **Verrechnung mit Beiträgen**
   desselben Vertrags oder gleichartigen Vertrags bei derselben Versicherung

2. **Auszahlung im Versicherungsfall**
   zusammen mit der Versicherungssumme

3. **Auszahlung bei Rückkauf nach Ablauf von 12 Jahren** seit Vertragsabschluß

Die **Folge bei 1. bis 3.** ist eine **Minderung** der als Sonderausgaben begünstigten Beiträge.

Soweit die Zinsen nach § 20 Abs. 1 Nr. 6 **stpfl.** sind, unterliegen sie der allgemeinen KapSt von 25% (§ 43 Abs. 1 Nr. 4).

c) Abgrenzung zwischen kapitalbildenden Lebensversicherungen und Sparverträgen

Kapitalbildende Lebensversicherungen i. S. des § 10 Abs. 1 Nr. 2b und § 10 Abs. 1 Nr. 6 sind nur solche Versicherungen, bei denen der **Todesfallschutz während der gesamten Laufzeit** – also auch bereits bei **Versicherungsbeginn** – **mindestens 60%** der Summe der nach dem Versicherungsvertrag für die gesamte Vertragsdauer zu zahlenden Beiträge beträgt (Nachweis durch Selbstauskunft des Versicherers auf jeder Beitragsrechnung – mindestens aber jährlich).

Die Regelung gilt grds. für alle nach dem **31.3.1996** abgeschlossenen Versicherungsverträge. Zu Übergangsregelungen vgl. BMF-Schr. vom 6.3.1996, BStBl I 124.

d) Steuerpflicht nach § 20 Abs. 1 Nr. 6 Satz 3 EStG

Nach § 20 Abs. 1 Nr. 6 Satz 3 werden Zinsen aus den Sparanteilen, die in den Beiträgen zu Versicherungen auf den Erlebens- oder Todesfall enthalten sind, als Einkünfte erfaßt, wenn die Versicherungsbeiträge nach § 10 Abs. 2 Satz 2 **nicht** als **Sonderausgaben** abzugsfähig sind, sofern die Ausnahmen des § 10 Abs. 2 Satz 2 Buchst. a und b nicht gegeben sind.

Im Falle des Buchst. c werden die Zinsen in dem Veranlagungszeitraum erfaßt, in welchem ein Sonderausgabenabzug der Versicherungsprämien **nicht** zulässig ist **(vgl. im einzelnen zu Sonderausgaben F. 3.3.3** und BFM-Schr. v. 19.5.1993, BStBl I 406 und vom 2.11.1993, BStBl I 901).

Übersicht zu § 20 Abs. 1 Nr. 6 **Sätze 1 und 2 EStG**

Einkommensteuerliche Behandlung von Zinsen aus Lebensversicherungen

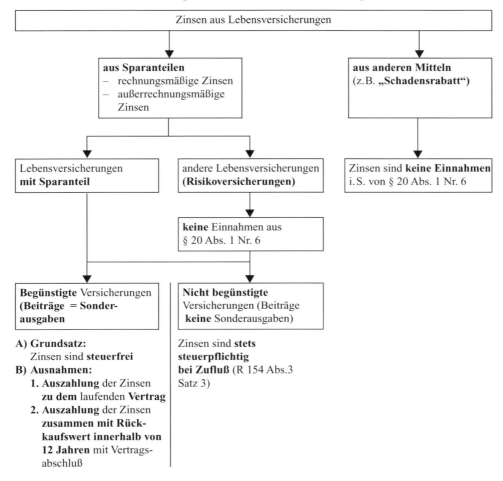

Zu § 20 Abs. 1 Nr. 6 Satz 3 vgl. F. 3.3.

6.2.6 Erträge aus sonstigen Kapitalforderungen (§ 20 Abs. 1 Nr. 7 EStG)

6.2.6.1 Überblick

Unter diese Vorschrift fielen bisher „Zinsen" aus sonstigen Kapitalforderungen **jeder Art**, z.B. aus **Darlehen, Anleihen, Guthaben** bei Sparkassen, Banken und anderen Kreditinstituten. Hinsichtlich der Unterbeteiligung siehe 6.2.3.9. Diese Aufzählung ist lediglich **beispielhaft**. Hierunter fallen Zinsen für Kapitalüberlassungen jeder Art. Es ist hierbei auch gleichgültig, ob es sich um **privatvertragliche** Vereinbarungen handelt oder um **gesetzliche Schuldverhältnisse**. S. auch BFH, BStBl 1986 II 252.

Beispiel:
A gewährt dem B ein privates Darlehen und erhält hierfür Zinsen. Diese sind als Kapitaleinkünfte zu erfassen i. S. des § 20 Abs. 1 Nr. 7.

Unter § 20 Abs. 1 Nr. 7 fallen **Erträge aus Kapitalforderungen,** wenn die **Rückzahlung** des Kapitalvermögens

oder ein **Entgelt** für die Überlassung des Kapitalvermögens zur Nutzung **zugesagt oder gewährt** worden ist,

auch wenn die Höhe des Entgelts von einem ungewissen Ereignis abhängt.

Dies gilt **unabhängig** von der **Bezeichnung** und der **zivilrechtlichen** Ausgestaltung der Kapitalanlage.

Somit liegen **auch dann Kapitalerträge** vor, wenn zwar

- die **Rückzahlung des Kapitalvermögens zugesagt** worden ist, die Zinszahlung jedoch dem Grunde und der Höhe nach ungewiß ist (Index-Anleihen), oder
- ein **bestimmter Zins zugesagt und gewährt** worden ist, unabhängig davon, ob und ggf. in welcher Höhe eine Rückzahlung des Kapitalvermögens vorliegt. Dabei kann die Zinshöhe von einem ungewissen Ereignis abhängen.

Beispiel:

Werden „capped warrants" durch eine Kombination von „Call" und „Put" so ausgestaltet, daß die Optionsprämie einschließlich einer vereinbarten Rendite am Ende der Laufzeit zurückgezahlt wird, so liegt stpfl. Kapitalertrag vor, weil das Kapitalvermögen zurückgezahlt und ein **zugesagter** Ertrag ausgezahlt wird.

Ist **nicht wenigstens eine** dieser Voraussetzungen erfüllt, liegt keine Kapitalforderung i.S. des § 20 Abs. 1 Nr. 7 vor. Demnach sind **Erträge** aus Kapitalforderungen mit **rein spekulativem Charakter,** bei denen sowohl die Rückzahlung des Kapitals als auch die Auszahlung eines bestimmten Ertrags (Zinses) unsicher ist (z.B. bestimmte „Bandbreiten-Optionsscheine" und „Futures"), weiterhin nicht steuerbar.

- **Laufender Zufluß oder Zufluß bei Endfälligkeit**

Die Vorschrift des § 20 Abs. 1 Nr. 7 gilt sowohl für **laufend** zufließende als auch für Kapitalerträge, die einem **Ersterwerber** bei **Einlösung** (= Endfälligkeit), z.B. auf- oder abgezinste Wertpapiere wie Finanzierungsschätze, abgezinste Sparbriefe), zufließen. Die Veräußerungsfälle und die Einlösung durch einen Zweit- oder weiteren Erwerber sind in § 20 Abs. 2 geregelt.

- **Entgeltbegriff**

Das Gesetz spricht nicht von Zinsen, sondern verwendet den Begriff **Entgelt** („für die Überlassung des Kapitalvermögens zur Nutzung").

Dieser Begriff ist im Gesetz nicht definiert. Unter Entgelt ist wirtschaftlich all das zu verstehen, was dem Gläubiger des Kapitalvermögens für die Nutzungsüberlassung gewährt worden ist.

Die bloße **Kapitalrückzahlung** fällt **nicht** darunter.

Stpfl. ist nicht das Entgelt, sondern sind die **Erträge** aus der Kapitalforderung. Der **Entgeltbegriff** dient der Abgrenzung von **nicht steuerbaren** Kurssteigerungen und **stpfl.** Kapitalerträgen. Nur wenn das Entgelt **zugesagt oder gewährt** worden ist, wird es zum **stpfl.** Kapitalertrag. Die Zusage der Entgeltzahlung muß durch den **Schuldner** der Kapitalforderung erfolgen. Die Vorschrift des § 20 Abs. 1 Nr. 7 erfaßt nur solche Erträge, die dem Stpfl. als Gläubiger vom Schuldner zufließen. **Kursgewin**ne, die durch Änderungen des Kapitalmarktzinses entstehen, können nicht vom Schuldner zugesagt sein und bleiben demnach weiterhin steuerfrei. Ist in den Kursgewinnen dagegen eine Zinsansammlung enthalten (Nullkupon-Anleihen, flat gehandelte Anleihen), fällt zumindest in Höhe der Emissionsrendite stpfl. Kapitalertrag an (§ 20 Abs. 2 Nr. 4 Buchst. a und b).

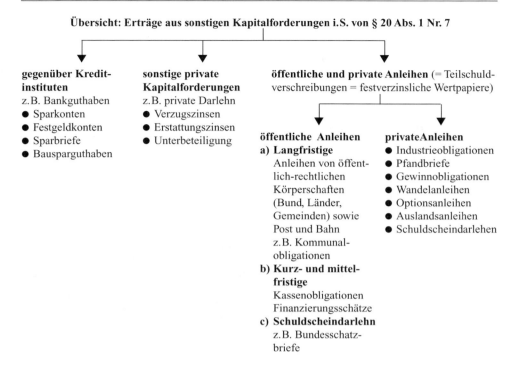

6.2.6.2 Kapitalforderungen gegenüber Kreditinstituten

Hierunter fällt insbesondere die Verzinsung eines **Kontokorrentkontos,** eines **Festgeldkontos,** von **Sparkonten** und von **Sparbriefen.**

Die Einnahmen aus diesen Geldanlagen werden stets mit Zufluß (§ 11 Abs. 1) erfaßt. Das gilt auch für Kapitalforderungen mit einer mehrjährigen Laufzeit, die mit feststehenden, unterschiedlich hohen Kapitalerträgen ausgestattet sind (z.B. **Kombi**zins-Anleihen, **Gleitzins**anleihen, **Festzins**anleihen mit getrennt handelbaren Zinsscheinen; BMF-Schr. vom 30.4.1993, BStBl I 343). Wird die Anleihe über die **gesamte** Laufzeit gehalten, ergeben sich für die Zuflußbesteuerung **keine** Besonderheiten.

Bei **vorzeitiger** Einlösung/**Zwischenveräußerung** ist jedoch eine **besitzzeitanteilige Emissionsrendite** bzw. – ohne Nachweis – eine **Marktrendite** nach der Differenzmethode zu versteuern (vgl. BMF, a.a.O., § 20 Abs. 2 Nr. 4 und 6.3.2.5).

6.2.6.3 Anleihen (Teilschuldverschreibungen)

Bei den Teilschuldverschreibungen handelt es sich um Darlehnsgewährungen einer großen Masse von Gläubigern an **einen** Schuldner. Das geschieht in der Weise, daß der Kapitalsuchende (der Bund, ein Land, eine sonstige öffentlich-rechtliche Körperschaft oder ein Wirtschaftsunternehmen zulässig nur bei AG und KGaA) unter Einschaltung einer Bank oder eines Bankenkonsortiums an den Kapitalmarkt tritt, und gegen Ausstellung von Schuldverschreibungen (= Wertpapieren) Geld aufnimmt. Diese Teilschuldverschreibungen sind in der Regel Inhaberpapiere, d.h. die Forderungen aus dem Papier können durch Übergabe des Wertpapiers übertragen werden. Diese Anleihen sind mit einem **festen Zinssatz** versehen und sind auf einen **bestimmten Termin** zahlbar. Früher wurden sie in der Regel halbjährlich gezahlt, nunmehr hat sich die Anleihe mit dem **Jahrescoupon** durchgesetzt. Die Anleihen, die mit einer festen Laufzeit versehen sind, sind in der Regel in den ersten Jahren für den Schuldner tilgungsfrei. Die Tilgung erfolgt in der Weise, daß nach Ablauf der tilgungsfreien Zeit die Stücke, die jeweils zurückgezahlt werden, ausgelost werden. Aus der Sicht des einzelnen Gläubigers handelt es sich jedoch um **Fälligkeitsdarlehen.**

Die Rückzahlung stellt **keine** Einnahmen dar. Auch **Kurssteigerungen** und bei Rückzahlung erzielte **Kursgewinne** sind **keine** Kapitalerträge. Bei verschiedenen Anlageformen ist jedoch ggf. eine Emissionsrendite stpfl. (BMF Schr., a. a. O., § 20 Abs. 2 Nr. 4 und 6.3.2.5).

Beispiel:

A hatte an der Börse nominell 10 000 DM 6%ige Obligationen der X-AG für 78 v. H. = 7 800 DM erworben. Er erhält 10 000 DM bei Auslosung zurück. Der Mehrerlös von 2 200 DM ist ein nicht steuerbarer Vermögenszuwachs.

Zinserträge liegen jedoch insbesondere vor, wenn eine Anleihe zum **Nennwert** ausgegeben wird, jedoch **über** dem Nennwert mit einem Aufgeld (Agio) zurückgezahlt wird (BFH, BStBl 1974 II 735).

Es handelt sich um einen besonderen Vorteil i. S. von § 20 Abs. 2 Nr. 1.

Beispiel:

A hat als Ersterwerber Obligationen der XAG zum Nennwert von 10 000 DM erworben. Er erhält im Zeitpunkt der Rückzahlung 10 500 DM zurück. Bei dem Aufgeld von 500 DM handelt es sich um Zinserträge. Solche Aufgelder haben Zinscharakter. Sie dienen der Feineinstellung des Zinssatzes auf dem Kapitalmarkt.

Gleiches gilt, wenn eine Anleihe mit einem **Abgeld (Disagio)** ausgegeben wurde und zum Kurs von 100% (Nennwert) zurückgezahlt werden soll (BFH, a. a. O.). Vgl. auch BMF-Schreiben vom 24. 11. 1986, BStBl 1986 I 539. Hiernach liegen Kapitaleinkünfte vor, wenn bestimmte Mindestgrenzen des Disagios, die an die Laufzeit gebunden sind, überschritten werden. Wird eine Anleihe zum Kurs von 102% bei einer Rückzahlung von 100% ausgegeben, müßten folgerichtig bei Wahl der **Marktrendite (Differenz-Methode)** in Höhe der Differenz von 2%-Punkten **negative Einnahmen** vorliegen, weil durch diesen Abschlag von 2%-Punkten die Effektivverzinsung gemindert werden soll.

6.2.6.4 Pfandbriefe

Pfandbriefe sind Anleihen der Hypothekenbanken. Pfandbriefe haben in der Regel eine lange Laufzeit mit festen Annuitäten. Die Tilgungsrate erhöht sich Jahr für Jahr um den durch die fortschreitende Tilgung ersparten Zinsaufwand. Nur der **Zinsanteil** wird als Kapitalertrag erfaßt.

6.2.6.5 Gewinnobligationen

Gewinnobligationen sind Teilschuldverschreibungen, bei denen **neben** einer **festen** Verzinsung eine **Gewinnbeteiligung** gewährt wird. In der Regel ist die Gewinnbeteiligung an die Höhe der Dividende gekoppelt. Gewinnobligationen unterliegen im Gegensatz zu den festverzinslichen Teilschuldverschreibungen der allgemeinen **Kapitalertragsteuer** von 25% (§ 43 Abs. 1 Nr. 2).

6.2.6.6 Wandelschuldverschreibungen

Wandelschuldverschreibungen sind eine weitere Unterart der Teilschuldverschreibungen. Mit diesen ist ein **Recht auf Umtausch in Aktien** verbunden. Macht der Inhaber von dem Recht auf Umwandlung Gebrauch, kann er die Wandelschuldverschreibung ggf. gegen Barzuzahlung zum Ausgleich einer Wertdifferenz in **Aktien** des **Schuldners** der Anleihe umtauschen.

Die Zinsen der Wandelschuldverschreibungen sind Kapitaleinkünfte i. S. des § 20 Abs. 1 Nr. 7. Auch sie unterliegen der 25%igen **Kapitalertragsteuer**, § 43 Abs. 1 Nr. 2.

6.2.6.7 Optionsanleihen

Optionsanleihen sind Schuldverschreibungen, die neben der Verzinsung und Rückzahlung der Schuldsumme dem Begünstigten das Recht gewähren, Aktien des Emittenten oder einer ihm nahe stehenden Gesellschaft (Mutter- oder Tochtergesellschaft) von einem bestimmten Zeitpunkt an in einem ebenfalls vorher festgelegten Verhältnis zu einem bestimmten Preis zu beziehen. Während bei Wandelanleihen bei Ausübung des Umtauschrechts das ursprüngliche Schuldverhältnis erlischt, besteht bei Optionsanleihen auch nach der Ausübung der Option das Schuldverhältnis mit allen seinen Rechten weiter. Das Optionsrecht kann selbständig veräußert werden. Umgekehrt kann auch die Anleihe ohne Optionsrecht veräußert werden.

Die Optionsanleihen werden steuerlich als Teilschuldverschreibungen behandelt. Die Zinsen der Anleihe werden nach § 20 Abs. 1 Nr. 7 erfaßt. Im Gegensatz zu den Gewinnobligationen und den Wandelschuldverschreibungen unterliegen sie **nicht** der allgemeinen Kapitalertragsteuer von 25%.

Ist bei als Optionsgeschäften bezeichneten Modellen (z. B. capped warrants = gekappte Optionsscheine) wirtschaftlich betrachtet mit einem sicheren Ertrag zu rechnen („Spekulation ohne Risiko"), liegen besondere Vorteile i. S. § 20 Abs. 2 Nr. 1 vor (BMF-Schr. v. 30.4.1993, BStBl I 343 Ziffer 3).

6.2.6.8 Bausparzinsen

Zinsen, die auf ein Bausparguthaben gezahlt werden, sind in der Regel Einkünfte aus sonstigen Kapitalforderungen i. S. des § 20 Abs. 1 Nr. 7. Sie sind mit dem Zeitpunkt der **Gutschrift** auf dem Bausparguthaben zugeflossen (d. h. regelmäßig zum 31.12. der betreffenden KJ).

Stehen jedoch die Bausparzinsen in einem **engen zeitlichen** Zusammenhang mit einem **Hauskauf** oder **-bau (vermietetes** Objekt), sind die Guthabenzinsen auf Bausparverträge und im Zusammenhang damit geleistete **Schuldzinsen** bei den Einkünften aus **Vermietung und Verpachtung** zu berücksichtigen (BFH, BStBl 1983 II 172 und 1983 II 355).

Die Guthabenzinsen sind im Falle der **Selbstnutzung** der Wohnung im eigenen Haus aber Einnahmen aus § 20 Abs. 1 Nr. 7, wenn mit einer – wenn auch bescheidenen – Rendite gerechnet werden kann (BFH, BStBl 1990 II 975). Vgl. im einzelnen BMF-Schreiben vom 28.2.1990, BStBl I 124 und 7.10.3.11.

Wenn dagegen das Bausparguthaben über einen sog. **Auffüllungskredit** fremdfinanziert wird, ist eine **Rendite** wegen des Zinsgefälles zwischen Schuldzins und Guthabenzins ausgeschlossen (BFH, BStBl 1993 II 301).

Zum **Schuldzinsenabzug wie Sonderausgaben** bis zur Höhe von **Guthabenzinsen** entsprechend der Übergangsregelung § 52 Abs. 21 Satz 5 vgl. BFH, BStBl 1992 II 1005 und unten 7.10.2.4.

6.2.6.9 Sparbriefe

Zu den Einkünften aus Kapitalvermögen i. S. des § 20 Abs. 1 Nr. 7 gehören auch die Zinsen aus Sparbriefen. Sparbriefe sind Schuldversprechen der Bank. Durch den Ankauf der Sparbriefe wird dem Kreditinstitut Kapital **mittelfristig** überlassen. Die Sparbriefe haben in der Regel eine Laufzeit von 4 Jahren. Der Zinssatz wird von vornherein festgelegt und verändert sich während der Laufzeit nicht. Bei den Sparbriefen werden verschiedene Typen unterschieden.

- **Typ I**

Der normale Sparbrief wird zum **Nennwert** ausgegeben. Die Zinsen werden i. d. R. zum Jahresende gutgeschrieben (unter Umständen auch halbjährlich).

Der Inhaber eines **nicht abgezinsten** Sparbriefes kann mit **Gutschrift** über die Zinsen **verfügen,** das ist der 31.12. bzw. halbjährlich 30.6. und 31.12. Dementsprechend ist jeweils ein Zufluß i. S. von § 11 Abs. 1 gegeben.

- **Typ II**

Beim **abgezinsten Sparbrief** werden Zins und Zinseszinsen für die gesamte Laufzeit von vornherein auf den Kaufpreis angerechnet, so daß der Erwerbspreis unter dem Nennwert liegt.

Bei den abgezinsten Sparbriefen erfolgt der Zufluß erst mit **Rückzahlung des Nominalbetrages.** Die Differenz zwischen dem Erwerbspreis und dem Rückzahlungsbetrag ist in diesem Fall als Einnahme zu behandeln.

Beispiel:
A hat für einen Sparbrief m Höhe von 1 000 DM in 01 720 DM gezahlt. Die Differenz zwischen dem Ankaufswert in 01 und dem Rückzahlungsbetrag in 04 in Höhe von 280 DM ist in 04 bei Rückgabe als Zinsertrag zu behandeln.

6.2.6.10 Öffentliche Anleihen, Obligationen, Schatzbriefe und Schatzanweisungen

Einkünfte aus § 20 Abs. 1 Nr. 7 sind auch Zinserträge aus folgenden Kapitalforderungen:

6.2.6.10.1 Anleihen des Bundes

Anleihen des Bundes, der **Länder** und **Kommunen** sind Schuldverschreibungen. Aus Gründen der Kostenersparnis werden keine Wertpapiere ausgegeben, sondern diese werden in Gestalt von Sammelurkunden verbrieft **(Wertrechte)**. Sie werden in der Regel jährlich verzinst.

6.2.6.10.2 Kassenobligationen

Kassenobligationen sind kurz- und mittelfristige Schuldverschreibungen. Die Laufzeit beträgt im allgemeinen zwei bis fünf Jahre.

6.2.6.10.3 Bundesschatzbriefe

Bundesschatzbriefe sind Wertpapiere. Sie werden als Daueremission der Bundesrepublik Deutschland ausgegeben, d.h. jede Serie wird, ohne Einschaltung eines Konsortiums, solange zum Verkauf angeboten, bis aufgrund von Zinsänderungen der Verkauf zu den alten Bedingungen eingestellt wird. Ihr Verkauf erfolgt über Kreditinstitute. Bundesschatzbriefe sind Inhaberschuldverschreibungen. Effektive Stücke werden nicht ausgedruckt (vgl. oben 6.2.6.10.1). Der Zinssatz ist nicht gleichmäßig für die ganze Laufzeit, sondern er steigt jährlich an.

Den Bundesschatzbrief gibt es in **zwei Ausstattungen:**

Typ A
- Volle Einzahlung des Nennbetrags
- Die Zinsen werden jährlich nachträglich gezahlt.

Der **Zufluß der Zinsen (§ 11 Abs. 1) erfolgt somit jährlich am 31.12.**

Typ B
- „Aufzinsungspapier", d.h.
- Einzahlung des Nennbetrags
- vorzeitige Rückzahlung nach Ablauf einer „Sperrfrist" von 12 Monaten
- bzw. Einlösung am „Ende der Laufzeit" Rückzahlung zum Rückzahlungswert (Kapital + Zinsen + Zinseszinsen).

Bei Bundesschatzbriefen Typ B, deren Sperrfrist nach dem 31.12.1988 endet, sind die Zinsen **am Ende der Laufzeit oder bei Rückgabe nach Ablauf der Sperrfrist** in einem Betrag zu leisten. Der Emittent braucht also die Leistung erst in diesem Zeitpunkt zu erbringen, um seine Schuld zu tilgen.

Beispiel:

A erwirbt am 20.1.01 einen Bundesschatzbrief im Nennwert von 1 000 DM. Typ B. Der Schatzbrief ist (angenommen) mit jährlich steigendem Zinssatz ausgestattet:

01	8,00 v.H. p.a.
02	9,50 v.H. p.a.
03	9,50 v.H. p.a.
04	9,75 v.H. p.a.
05	9,75 v.H. p.a.
06	10,00 v.H. p.a.
07	10,00 v.H. p.a.

Der Rückzahlungswert beträgt zum

31.12.01	1080 DM
31.12.02	1182 DM
31.12.03	1294 DM
31.12.04	1421 DM
31.12.05	1559 DM
31.12.06	1715 DM
31.12.07	1887 DM

Die Schatzbriefe haben eine Sperrfrist von 1 Jahr.

Im vorgenannten Beispiel sind folgende Erträge zu erfassen:

Besteuerung bei „Endfälligkeit:

Die Zinsen in Höhe von 887 DM sind erst im Jahre 07, also im Jahr der Einlösung, als Kapitaleinkünfte zu erfassen.

6.2.6.10.4 Finanzierungsschätze

Finanzierungsschätze sind unverzinsliche Schatzanweisungen der Bundesrepublik Deutschland, die von jedermann außer Kreditinstituten gekauft werden können. Die Laufzeiten betragen ca. ein und zwei Jahre. Bei kürzeren Laufzeiten spricht man von **Schatzwechseln**. Es handelt sich auch hier um Inhaberpapiere, ohne daß jedoch effektive Stücke ausgedruckt werden (**Wertrechte**).

Eine Verzinsung erfolgt in der Weise, daß der Erwerber beim Kauf einen **geringeren** Betrag einzahlt, als er später bei der Einlösung am festliegenden Fälligkeitstag erhält.

Beispiel:

Für eine Jahresanlage im Nennbetrag von	1000 DM
beträgt der Kaufpreis	960 DM
Wert nach einem Jahr =	
Erlösungswert	1000 DM
Zinsertrag	40 DM

Die Zinsen sind mit dem Einlösungstag zugeflossen. Es handelt sich hier um Einkünfte i. S. des § 20 Abs. 1 **Nr. 8** (Diskonterträge).

6.2.6.11 Schuldscheindarlehen

Schuldscheindarlehen sind kurz-, mittel- oder langfristige Großkredite, denen ein Schuldschein des Schuldners zur Absicherung der Forderungen beigefügt ist. Im Schuldschein bestätigt der Darlehensnehmer seine Verpflichtung zu einer Leistung. Die Übertragung kann nur durch Abtretung erfolgen. Der Unterschied zwischen einem Schuldscheindarlehen und einem normalen Kredit besteht darin, daß Schuldscheindarlehen **fungibel** sind. Sie können wie Schuldverschreibungen **gehandelt** werden. Die kleinste Stückelung beträgt in der Regel 100 000 DM. Auch natürliche Personen können Schuldscheine erwerben. Schuldscheindarlehen sind verzinslich. Die Zinsen werden in der Regel jährlich gezahlt.

6.2.6.12 Verzugszinsen

Unter Verzugszinsen sind die Zinsen zu verstehen, die der Schuldner einer Geldschuld im Rahmen eines Leistungsverhältnisses zu leisten hat, weil er mit seiner Leistung in Verzug geraten ist. Eine Geldschuld ist während des Verzuges mit 4 v. H. zu verzinsen (§ 288 Abs. 1 BGB). Vertraglich können auch höhere Zinsen vereinbart werden. Verzugszinsen sind Einnahmen auf Kapitalvermögen, auch soweit sie die gesetzlichen Verzugszinsen übersteigen (BFH, BStBl 1982 II 113). Vgl. auch BFH, BStBl 1986 II 252 und BStBl 1995 II 121.

Beispiel:
A hat dem B ein Haus für 300 000 DM verkauft. Der Kaufpreis sollte am 1.4. beim Notar hinterlegt werden. B hinterlegte den Kaufpreis erst am 1.6. beim Notar. A berechnete dem B 4 v. H. Verzugszinsen = 2 000 DM, die auch in 01 gezahlt wurden.
A hat in Höhe von 2 000 DM Einnahmen aus Kapitalvermögen (§ 20 Abs. 1 Nr. 7).

6.2.6.13 Stundungszinsen

Wird eine Forderung gestundet und sind während der Stundungszeit Zinsen zu entrichten, so handelt es sich bei diesen um Kapitaleinkünfte aus sonstigen Forderungen i. S. des § 20 Abs. 1 Nr. 7 EStG. Ist eine Kaufpreisschuld über einen **Zeitraum von mehr als einem Jahr** gestundet, ist die Kaufpreisforderung **abzuzinsen** (BFH, BStBl 1981 II 160). Kaufpreisraten sind regelmäßig auch dann abzuzinsen, wenn die Vertragsparteien eine Abzinsung ausdrücklich ausgeschlossen haben (BFH, BStBl 1975 II 431).

Beispiel:
A veräußerte zum 31.12.01 ein zu seinem Privatvermögen gehörendes Grundstück. Es wurde in dem notariellen Vertrag ein Kaufpreis von 300 000 DM vereinbart, der in 10 gleich hohen Jahresraten, fällig jeweils zum 31.12., zu entrichten ist. Eine Verzinsung der Kaufpreisforderung ist nicht vereinbart. Die erste Rate über 30 000 DM wurde am 31.12.02 überwiesen.

Der Kaufpreis ist abzuzinsen und der Zinsanteil jeder Rate zu errechnen.

Wert des Kaufpreises am 31.12.01 nach Anlage 9a	
zu § 13 BewG 7,745 × 30 000 DM =	232 350 DM
Wert des Kaufpreises am 31.12.02 nach Anlage 9a	
zu § 13 BewG 7,143 × 30 000 DM =	214 290 DM
Barwertminderung (= Tilgungsanteil)	18 060 DM
Rate am 31.12.02	30 000 DM
Vereinnahmte Zinsen 02	11 940 DM

Eine Abzinsung erfolgt jedoch **nicht,** wenn bei der Kaufpreisstundung eine feste Zahlungsvereinbarung fehlt (BFH, BStBl 1984 II 543).

6.2.6.14 Erstattungszinsen

Zinsen, die das Finanzamt gem. § 233a AO bzw. § 236 AO für zu erstattende Einkommensteuer zahlt, sind gem. § 20 Abs. 1 Nr. 7 zur Einkommensteuer heranzuziehen (BFH, BStBl 1975 II 568). Wirtschaftlich handelt es sich um eine „Darlehensgewährung". Dem steht § 12 Nr. 3 lt. BFH **nicht** entgegen (kein Umkehrschluß möglich).

6.2.6.15 Prozeßzinsen

Prozeßzinsen auf erstattete Grunderwerbsteuer sind Einkünfte aus Kapitalvermögen (Zinsen aus sonstigen Kapitalforderungen jeder Art); BFH, BStBl 1986 II 557.

6.2.6.16 Vorfälligkeitsentschädigungen

Nach BFH, BStBl 1992 II 1032 gehören Vorfälligkeitsentschädigungen stets zu den Einnahmen aus § 20 Abs. 1 Nr. 7, da sie dem Darlehensgeber die kalkulierte Rendite erhalten sollen.

6.2.6.17 Zinsanteil bei wiederkehrenden Bezügen

Nach BFH, BStBl 1993 II 298 sind bei **wiederkehrenden Bezügen**, die im Rahmen eines privaten – entgeltlichen – **Leistungsaustausches** vereinbart worden sind, diese mit ihrem Zinsanteil nach § 20 Abs. 1 Nr. 7 steuerbar. Dieser ist grundsätzlich durch Gegenüberstellung der Barwerte zu ermitteln. Es liegen **keine Einnahmen** aus § 22 Nr. 1 in Höhe eines **Ertragsanteils** vor **(Änderung der Rechtsprechung;** vgl. K 9.).

6.2.7 Diskonterträge (§ 20 Abs. 1 Nr. 8 EStG)

Diskontbeträge von Wechseln und Anweisungen einschließlich Schatzwechseln sind ebenfalls Kapitaleinkünfte. **Diskont** ist der Betrag, um den der Wechselnehmer für die Zeit bis zur Fälligkeit des Wechsels den Nominalbetrag des Wechsels kürzt.

Beispiel:
A „kauft" von B am 10.12.01 einen Wechsel über 30 000 DM an. Laufzeit 90 Tage. Unter Zugrundelegung eines Zinssatzes von 8 % zahlt A dem B nur 29 400 DM aus. A erhält am 10.2.02 die volle Wechselsumme von 30 000 DM.

Der Diskontabschlag ist ihm im Zeitpunkt der **Einlösung** des Wechsels am 10.2.02 zugeflossen und daher im Jahre 02 als Einnahme aus Kapitalvermögen gemäß § 20 Abs. 1 Nr. 8 zu erfassen.

6.2.8 Darlehensverträge mit Angehörigen

Zur steuerlichen Anerkennung von **Darlehensverträgen** mit **Angehörigen** vgl. BFH, BStBl 1977 II 78, 1979 II 434, 1984 II 705 (jeweils nicht anerkannt). BStBl 1985 II 243 (anerkannt: Abtretung einer Darlehensforderung durch den Gesellschafter einen PersG an ein Kind).

Nach BFH, BStBl 1988 II 603 können Zinsen für betriebliche Darlehensverbindlichkeiten, die auf vom Darlehensnehmer dem Darlehensgeber **schenkweise** zugewendeten Geldbeträgen beruhen, Betriebsausgaben sein, wenn die **Darlehensvereinbarung** einem **Fremdvergleich** standhält.

Vgl. im einzelnen BMF-Schreiben vom 1.12.1992, BStBl 1992 I 729 und vom 25.5.1993 BStBl 1993 I 410 und D. 8.3.

Zinsen aus **nicht** anerkannten Darlehen mit nahen Angehörigen sind **keine** BA und beim Empfänger **nicht** stpfl. und § 20 Abs. 1 Nr. 7 (BFH, BStBl 1995 II 264).

6.2.9 Zinsen auf Lohnforderungen

Auch Geldansprüche aus einem Arbeitsverhältnis sind „sonstige Kapitalforderungen", Zinsen aus Lohnforderungen sind daher **kein** Arbeitslohn, sondern Einnahmen aus § 20 Abs. 1 Nr. 7 (BFH, BStBl 1990 II 532).

6.2.10 Aufzinsungs- und Abzinsungspapiere

Bei **auf- und abgezinsten Wertpapieren** und **Forderungen**, z. B. Nullkupon-Anleihen (zur Ermittlung der stpfl. Kapitalerträge vgl. BMF-Schreiben vom 1.3.1991, BStBl I 422) und **Bundesschatzbriefen Typ B**, gehören der **Unterschiedsbetrag** zwischen dem Erwerbspreis und dem Einlösungsbetrag zu den Einnahmen aus Kapitalvermögen (siehe auch 6.3.2.5, BFH, BStBl 1985 II 252 sowie BStBl 1992 II 174).

6.2.11 Verschiedene Formen von Kapitalanlagen (Finanzinnovationen)

Zu den Einkünften aus Kapitalvermögen gehören Zinsen, Entgelte und Vorteile, die unabhängig von ihrer Bezeichnung und der zivilrechtlichen Gestaltung bei **wirtschaftlicher Betrachtung** für die Überlassung von Kapitalvermögen erzielt werden. Hierzu gehören u. U. ganz oder teilweise **Kursgewinne,** die bei der **Veräußerung** der Forderung erzielt werden, soweit sie als (ggf. besitzzeitanteilige) Emissionsrendite anzusehen sind. Vgl. hierzu bereits im einzelnen BMF, BStBl 1993 I 343.

Kapitalerträge aus Wertpapieren sind **bisher ausschließlich** auf der Grundlage der sog. **Emissionsrendite** (z. B. Nominalverzinsung zuzüglich eines Emissionsdiskonts bzw. -disagios) erfaßt worden. Durch das StMBG ist der Anwendungsbereich des § 20 durch Änderung des § 20 Abs. 2 konkretisiert worden; d. h. die bisherige Rechtsauffassung der Finanzverwaltung ist „klarstellend" in den Gesetzestext aufgenommen worden.

Auf- und abgezinste Kapitalanlagen sowie „Finanzinnovationen" werden **ersatzweise** (d. h. **ohne Nachweis** der Emissionsrendite) in **Zwischenerwerbs-** und **Veräußerungs-** sowie teilweise auch **Einlösungsfällen** nach der sog. **Marktrendite** (Kursdifferenz zwischen Kauf- und Verkaufspreis) besteuert.

Betroffen von dieser Neuregelung sind (vgl. auch Scheurle, DB 1994, 445):

- Zerobonds „Null-Zins-Anleihen".

- deep-discount-Anleihen (Disagio-Anleihen) – z. B. niedrigverzinsliche Optionsanleihen – einschließlich der außerhalb der Disagiostaffel begebenen Anleihen.

- stripped bonds „Zinsscheine" der Anleihe sind von vornherein als selbständig handelbare Inhaberpapiere ausgestaltet.

- Indexanleihen Index (z. B. DAX)-orientierte Anleihen.

– Optionsscheine mit Rückzahlungsgarantie und indexiertem Ertrag	GROI (guaranteed return on investment), GIRO (guaranteed investment return options), MEGA-Zertifikate (z. B. Deutsche Bank AG) – Rückzahlungsgarantie des eingezahlten Kapitals bei variabler Verzinsung.
– Staffelzins und Gleitzinsanleihen	Je nach Gestaltung von Jahr zu Jahr steigende oder fallende Nominalzinsen.
– Step-up-Anleihen	Anleihen, die in den ersten Jahren mit einem unter dem Marktzins liegenden Zins ausgestaltet sind und zum Ausgleich in den letzten Jahren der Laufzeit überdurchschnittlich verzinst werden.
– Kombizinsanleihen	Inhaberschuldverschreibungen ohne Verzinsung in der Anfangsphase, entsprechend hoher ZinsSatz 1n den folgenden Jahren.
– Doppelzinsanleihen	Die Anleihe ist mit zwei Zinssätzen ausgestaltet. Beispiel: bei 10 Jahren Laufzeit 5 Jahre je 2,5 v.H. und 5 Jahre je 13,25 v.H.
– capped warrants (teilweise)	Optionsscheine (warrants) auf Aktien, Aktienindizes oder Währungen, die kombiniert als Call- (Kauf-) – oder Put (Verkauf)-Optionsscheine auf denselben Optionsgegenstand ausgegeben werden, und zwar auf der Basis von Wertpapier- oder Devisenindizes.

Beispiel:

A erwirbt eine Kombination von Optionsscheinen (capped warrant) auf den Dax mit einem Gesamtverkaufspreis von 430 DM: der „call" verbrieft die Zahlung des Differenzbetrags, um den der Dax zu einem bestimmten Zeitpunkt den Basiskurs von 1 800 DM überschreitet, maximal jedoch 600 DM, der „put" verbrieft die Zahlung des Differenzbetrages, um den der Dax den Basiskurs von 2 400 DM unterschreitet, maximal jedoch 600 DM. Beide „Optionsscheine" zusammen garantieren eine Rendite von 7,2 v.H.

– range warrants	Kombination von Optionsscheinen, mit denen der Käufer das Recht auf Zahlung eines bestimmten, über dem Optionspreis liegenden Betrags („Ausübungsbetrag") durch den Emittenten erwirbt, wenn z.B. der Kurs einer bestimmten Aktie oder einer Fremdwährung den Ausübungsbetrag innerhalb der Bandbreite eines der Optionsscheine liegt. Liegt der Kurs der Aktie am Ausübungstag außerhalb der Bandbreite, erhält der Anleger lediglich sein eingesetztes Kapitalvermögen, den Optionspreis, zurück. Die Optionsscheine, die regelmäßig nur zusammen erworben werden können, sind mit einer solchen Bandbreite ausgestattet, daß der Kurs der Aktie am Ausübungstag mit an Sicherheit grenzender Wahrscheinlichkeit innerhalb der Bandbreite eines der Optionsscheine liegt.

Beispiel:

A erwirbt auf die Kursentwicklung einer X-Aktie 3 Warrants.
1. Warrant: Bandbreite 150 – 350
2. Warrant: Bandbreite 350 – 425
3. Warrant: Bandbreite 425 – 850

Der Zeichnungsschein beträgt 100 DM je Warrant.

Im Zeitpunkt der Option liegt der Kurs bei 400 DM.
A erhält aus dem 2. Warrant einen Ausübungsbetrag von 130 DM, aus den anderen Warrants den Einstandsbetrag von je 100 DM zurück.
Der Ertrag beträgt 330 DM / 300 DM = 30 DM.

- floater (mit cap, reversed, collared) Variabel verzinsliche Wertpapiere, teilweise der Höhe nach begrenzt (mit cap); teilweise variabler Festzins abzüglich eines Indexes (z. B. LIBOR, FIBOR) (reversed), somit umgekehrt abhängige Rendite, variabel verzinsliche Anleihen mit Minimum- und/oder Maximumkupon (collared).

- „flat" gehandelte Anleihen Die rechnerisch bis zum Verkaufstag aufgelaufenen Stückzinsen werden nicht gesondert in Rechnung gestellt, sondern im Kurs vergütet.

6.3 Besondere Entgeltsformen und Veräußerungsfälle (§ 20 Abs. 2 EStG)

6.3.1 Besondere Entgelte und Vorteile (§ 20 Abs. 2 Nr. 1 EStG)

§ 20 Abs. 2 Nr. 1 stellt keine besondere Einkunftsquelle innerhalb des § 20 vor.

Die Vorschrift stellt klar, daß unter die Vorschrift des § 20 Abs. 1 Nr. 1 bis 8 neben den aufgeführten Gewinnanteilen und Zinsen auch besondere Entgelte oder Vorteile fallen. Als besonderes Entgelt sind Vermögensmehrungen zu verstehen, die bei wirtschaftlicher Betrachtung als **Nutzung** des hingegebenen **Kapitals** angesehen werden müssen. Insoweit gilt § 8 Abs. 1 (BFH, BStBl 1986 II 178). Die **Bezeichnung** der Vorteile ist unerheblich (BMF, BStBl 1993 I 343).

Beispiel:
A hat dem B ein Darlehen über 100 000 DM gewährt. A soll neben einer festen Verzinsung von 8 v. H. 102 000 DM zurückerhalten. Das Aufgeld von 2 000 DM stellt einen besonderen Vorteil dar. Zufluß erfolgt bei Rückzahlung (vgl. BFH, BStBl 1974 II 735).

Auch das **Damnum** bei Darlehen fällt grundsätzlich unter die sonstigen Vorteile.

Beispiel:
A gewährt dem B ein Darlehen von 100 000 DM (Rückzahlungsbetrag); er zahlte jedoch nur 98 000 DM aus. Das Abgeld von 2 000 DM stellt einen Ertrag dar. Zufluß mit der Einbehaltung bei Hingabe des gekürzten Darlehnsbetrags (BFH BStBl 1994 II 93).

Unter die besonderen Vorteile fallen auch Bereitstellungszinsen (BFH/NV 1995, 377).

Zum **Disagio und Agio** bei Anleihen vgl. vorstehend 6.2.6.3. **Mehrzahlungen** aufgrund einer **Wertsicherungsklausel**, einer **Kursgarantie** und **Dividendengarantie** stellen besondere Vorteile dar.

Zum Begriff der Wertsicherungsklausel vgl. K. 9.1.3.3.

Dividendengarantien werden Minderheitsgesellschaftern von Organgesellschaften geleistet und fallen unter § 20 Abs. 1 Nr. 1.

Kursgarantien sind Entschädigungen, die der Schuldner eines Darlehns an den Gläubiger dafür zahlen muß, daß Wertpapiere, die der Gläubiger veräußert hat, um dem Schuldner die Summe zu leihen, im Kurs gestiegen sind. Die Mehrzahlung über den Nennwert des Darlehns hinaus fällt unter § 20 Abs. 1 Nr. 7.

Die **Auflangklausel** des § 20 Abs. 2 Nr. 1, nach der bisher auch alle neben den oder anstelle der in § 20 Abs. 1 aufgeführten Einnahmen gezahlten besonderen Vorteile oder Entgelte zu den stpfl. Einnahmen aus Kapitalvermögen gehörten, ist erweitert worden.

Die Änderung bestimmt, daß nun auch besondere Vorteile oder Entgelte, die **neben oder anstelle** von Einnahmen i. S. des **§ 20 Abs. 2** gezahlt werden, der Besteuerung unterliegen.

Damit liegen auch stpfl. Kapitalerträge i. S. des § 20 Abs. 2 (Veräußerungsfälle) vor, wenn sie in Form von **Sachbezügen** oder anderen **geldwerten Vorteilen** gewährt werden.

6.3.2 Einkünfte aus der Veräußerung von Dividendenscheinen oder Zinsscheinen (§ 20 Abs. 2 Nr. 2 EStG)

6.3.2.1 Allgemeines

Grundsätzlich fließen nur dem Inhaber der Kapitalforderung (Gesellschaftsrechts oder Darlehnsforderung) oder einem dinglich Berechtigten die Einnahmen zu. Bei der Veräußerung von Aktien und Wertpapieren sind folgende Fälle zu unterscheiden:

1. Aktien	2. festverzinsliche Wertpapiere
a) Veräußerung von Aktien mit Dividendenscheinen	a) Veräußerung des Wertpapiers mit Zinsschein
b) Veräußerung von Dividendenscheinen ohne Aktien	b) Veräußerung von Zinsscheinen ohne Wertpapier
c) Veräußerung der Aktien ohne Dividendenschein	c) Veräußerung des Wertpapiers ohne Zinsschein

6.3.2.2 Veräußerung von Aktien

6.3.2.2.1 Veräußerung von Aktien mit Dividendenschein

Veräußert der bisherige Eigentümer seine Aktien an einen Dritten einschließlich der Dividendenscheine, ist der einheitliche Kaufpreis **nicht** aufzuteilen auf den Veräußerungserlös für die Aktien und in einen Veräußerungserlös für die Dividendenforderung, solange ein Dividendenbeschluß noch nicht gefaßt ist und daher die Dividendenforderung als selbständiges Gläubigerrecht noch nicht entstanden ist. Es liegen insoweit **keine** Einkünfte aus Kapitalvermögen vor. Der wegen der zu erwartenden Dividende gezahlte **Mehrpreis** gehört nicht zu den Werbungskosten bzw. zu den Anschaffungskosten einer Gewinnforderung (vgl. auch BFH, BStBl 1986 II 794, 815).

Die Dividenden sind demjenigen als Einnahmen aus § 20 Abs. 1 Nr. 1 zuzurechnen, der im Zeitpunkt des **Gewinnausschüttungsbeschlusses** Inhaber der Aktien ist (§ 20 Abs. 2a).

Beispiel:

A hat am 10.3.02 von B Aktien der X-AG im Nennwert von 10 000 DM zum Kurs für 315 v. H. erworben. A erhält am 2.5.02 eine von der Hauptversammlung der AG am 15.4.02 beschlossene Dividende für 01 von 20 v. H. vor KapESt. Nach Abschlag der Dividende ist der Kurs auf 300 v. H. gesunken.

– B hat als Veräußerer, auch soweit der Kurs in der zu erwartenden Dividende begründet war, keine Einkünfte aus Kapitalvermögen.

– A hat Einkünfte aus Kapitalvermögen, auch soweit die Dividendenwartung im Anschaffungskurs mitenthalten ist.

Einnahmen § 20 Abs. 1 Nr. 1 20 v. H. von 10 000 DM =	2 000 DM
+ § 20 Abs. 1 Nr. 3 ³/₇ × 2 000 DM =	857 DM
	2 857 DM

Die Mehrzahlung von 15 v. H. von 10 000 DM = 1 500 DM kann A nicht als Werbungskosten abziehen.

6.3.2.2.2 Veräußerung von Dividendenscheinen und sonstigen Ansprüchen ohne Aktien (§ 20 Abs. 2 Nr. 2a EStG)

a) Veräußerer

Veräußert der Inhaber von Aktien die Dividendenscheine oder sonstige Ansprüche, die mit der Beteiligung zusammenhängen, ohne die Aktien, so ist das hierfür erhaltene Entgelt als Einnahme des Veräußerers aus Kapitalvermögen zu behandeln (§ 20 Abs. 2 Nr. 2a; vgl. auch BFH, BStBl 1969 II 188). Die Einnahmen sind bei Zufluß zu erfassen.

Die Versteuerung des Veräußerungserlöses für die Dividendenscheine tritt an die Stelle der Dividendenbesteuerung nach § 20 Abs. 1 Nr. 1 – 3. Die Dividende ist weder beim Anteilsigner noch beim Erwerber der Dividendenscheine nochmals zu versteuern (§ 20 Abs. 2 Nr. 2 Satz 2).

Der Veräußerer ist bei **erstmaliger** Veräußerung der Dividendenscheine grds. auch zur Anrechnung von Körperschaftsteuer berechtigt, und zwar **höchstens** bis 3/7 der **tatsächlichen Ausschüttung** auf die veräußerten Ansprüche (§ 36 Abs. 2 Nr. 3 Satz 2). Allerdings ist er nicht zur Anrechnung der Körperschaftsteuer berechtigt, soweit die veräußerten Dividendenansprüche erst nach Ablauf des Kalenderjahres fällig werden, das auf den Veranlagungszeitraum der Veräußerung folgt (§ 36 Abs. 2 Nr. 3 Buchstabe d).

Beispiel:

A veräußert am 1.4.02 Dividendenscheine an B ohne die dazugehörenden Aktien für die Jahre 01 bis 04 für 50 000 DM. Die Dividende beträgt für 01 12 000 DM, für das Jahr der Veräußerung 02 12 000 DM, für 03 10 000 DM, für 04: keine Dividende (jeweils im Folgejahr zugeflossen).

Die Einnahmen aus der Veräußerung sind bei **A** im Jahr des Zuflusses zu erfassen.

§ 20 Abs. 1 Nr. 1 i.V.m. § 20 Abs. 2 Nr. 2a	50 000 DM
Steuergutschrift 3/7 (begrenzt auf Ausschüttungen von 24 000 DM)	10 285 DM
Kapitalerträge des A	60 285 DM

Die Dividenden für die Jahre 03 ff. berechtigen **nicht** mehr zur Anrechnung, da sie erst nach Ablauf des auf das Veräußerungsjahr folgenden Jahres fällig wurden.

A kann **keine** KapSt anrechnen, denn
- der Veräußerungserlös unterliegt nicht der KapSt und
- die KapSt auf die Dividende wird dem **B** erstattet (§ 37 Abs. 2 AO, § 45 Abs. 1 Satz 2 EStG).

Beim **Erwerber B** spielt sich der Vorgang auf der **Vermögensebene** ab (Umschichtung). Es liegt für ihn der entgeltliche Erwerb einer Dividendenforderung vor. Der Dividendenbezug stellt für ihn einen bloßen Forderungseinzug dar (vgl. BFH, BStBl 1969 II 188 und BStBl 1970 II 212).

6.3.2.2.3 Veräußerung von Anteilen ohne Dividendenschein

Auch wenn nach einer Veräußerung von Aktien ohne Dividendenscheine die Dividendenzahlungen ein im Zeitpunkt der Veräußerung des Stammrechts bereits abgelaufenes Wirtschaftsjahr betreffen, in dem der Veräußerer noch Gesellschafter war, sind diesem die Dividenden nicht mehr aufgrund seiner Gesellschafterstellung zuzurechnen, **§ 20 Abs. 2a**. Da die Überlassung der Dividende an den Veräußerer ein Teil des Entgeltes für die Veräußerung der Anteile ist, hat der Veräußerer der Anteile die Dividende nicht als Gesellschafter, sondern als Gläubiger bezogen (vgl. bereits BFH, BStBl 1983 II 128). Sie sind beim Veräußerer nicht als Kapitaleinkünfte zu behandeln, sondern der Vermögenssphäre zuzurechnen. Sie sind vom **Erwerber** zu versteuern.

Beispiele:

1. A hat am 2.5.02 1 000 Stück X-Aktien an den B veräußert. Das Wirtschaftsjahr 01/02 der X-AG endet am 30.4.02. A hat die Dividendenscheine für das Wj 01/02 zurückgehalten. Es ist im Zusammenhang mit der Veräußerung vereinbart worden, daß A zwar die Divendenscheine für künftige Dividenden behalten sollte, der Dividendenanspruch jedoch auf den Kaufpreis der Aktien angerechnet werden sollte. Am 10.10.02 beschloß die Hauptversammlung, 10 DM Dividende pro Aktie zu zahlen.

   Die Dividenden für 01/02 sind bereits B zuzurechnen. B kann insoweit auch Körperschaftsteuer anrechnen. Dies setzt Weitergabe der Steuerbescheinigung an B voraus.

   A hat die Dividende nicht als Gesellschafter, sondern als Gläubiger bezogen. Er hat daher insoweit keine Kapitaleinkünfte mehr.

2. A veräußert am 1.2.02 Aktien an B:
   Vereinbarter Kaufpreis 500 000. A darf die Dividendenscheine für 01 zurückbehalten.
   Aufgrund Gewinnausschüttungsbeschlusses vom 10.5.02 wird für 01 eine Dividende von 70 000 DM an A ausgeschüttet.

   Lösung:

   A erzielt **keine** Kapitalerträge (vgl. § 20 Abs. 2a) und kann weder KapSt (vgl. § 45 Abs. 1 Satz 1) noch KSt anrechnen.

   Der Veräußerungserlös des A beträgt 552 500 DM.

   B hat Anschaffungskosten für die Aktien von 552 500 DM.

Er muß die **Dividende für 01** (zuzüglich ³/₇ KSt-Guthaben) als **Kapitalertrag in 02** versteuern und kann **die KSt und KapSt** anrechnen. Die Anrechnung setzt jedoch gem. § 36 Abs. 2 Nr. 3 Buchst. b voraus, daß A die ihm von der ausschüttenden Körperschaft bzw. vom Kreditinstitut ausgestellte Steuerbescheinigung an B **weiterleitet.**

Einnahmen des B in 02:

§ 20 Abs. 1 Nr. 1	70 000 DM
+ § 20a Abs. 1 Nr. 3 ³/₇	30 000 DM
zu versteuern	100 000 DM
Anrechnung KapSt 25 % × 70 000 =	17 500 DM
KöSt ³/₇ × 70 000 =	30 000 DM
	47 500 DM

6.3.2.2.4 Veräußerung von GmbH-Anteilen während des Geschäftsjahres der GmbH

Der Veräußerer des Anteils an einer GmbH hat nach § 101 Nr. 2 BGB Anspruch auf den für das laufende Geschäftsjahr auszuschüttenden Gewinn der Gesellschaft, soweit der Gewinn **anteilig** auf die Zeit entfällt, während der der Veräußerer Inhaber des Gesellschaftsrechts war. Dieser Anspruch richtet sich nicht gegen die Gesellschaft, sondern gegen den Erwerber des Anteils. Mit der Erfüllung durch den Erwerber erlischt der Anspruch (§ 362 BGB).

Wird der Anteil an einer GmbH veräußert, so geht bereits nach bisheriger Auffassung der Finanzverwaltung der Gewinnanspruch für das laufende Wirtschaftsjahr nicht als selbständiger Anspruch bzw. zu bilanzierendes Wirtschaftsgut auf den Erwerber über. Der Erwerber erwirbt vielmehr mit dem Anteil an der Kapitalgesellschaft das uneingeschränkte Mitgliedschaftsrecht, das auch die Anwartschaft auf den nach Ablauf des Geschäftsjahres zu verteilenden Gewinn einschließt (vgl. auch BFH, BStBl 1986 II 794 und 815, BStBl 1984 II 746 und **§ 20 Abs. 2a)**. Die Aufwendungen des Erwerbers sind daher einschließlich einer Zahlung für den Gewinnanspruch **Anschaffungskosten** der **Anteile.** Der nach Ablauf des Geschäftsjahrs an den Erwerber ausgeschüttete Gewinn stellt deshalb bei diesem eine steuerpflichtige Einnahme gemäß § 20 Abs. 1 Nr. 1 bzw. erfolgswirksam zu buchende Betriebseinnahme dar. Liegen die Voraussetzungen des § 36 Abs. 2 Nr. 2 und 3 vor, ist der Erwerber zur Anrechnung der auf den ausgeschütteten Gewinn entfallenden KSt und KapESt berechtigt (so bereits BMF-Schreiben vom 18. 3. 1980, BStBl I 146).

Fall:

Sachverhalt

A überträgt an B eine 20 %ige Beteiligung an der X-GmbH durch notariellen Vertrag vom 1. 7. 02.

B hat zu zahlen

Kaufpreis	100 000 DM
Zahlung Gewinnanteil 1. 1. bis 30. 6. 02 (§ 101 Nr. 2 BGB)	4 000 DM
	104 000 DM

Im Jahre 03 schüttet die GmbH für das WJ 02 64 000 DM (brutto) aus.

B erhält eine Gutschrift über	12 800 DM
./. 25 % KapESt	3 200 DM
	9 600 DM

Jahr 02

B hat Anschaffungskosten für den GmbH-Anteil von 104 000 DM. Er darf die Zahlung für den anteiligen Gewinnanteil für 02 (§ 101 Nr. 2 BGB) nicht als Werbungskosten absetzen (BMF-Schreiben vom 18. 3. 1980, a. a. O.).

A hat die erhaltene Zahlung i. S. von § 101 Nr. 2 BGB nicht als Einkünfte aus § 20 zu versteuern; der Betrag von 4 000 DM stellt Teil des Veräußerungserlöses dar (hat nur Bedeutung bei § 17, § 23 oder Zugehörigkeit der Beteiligung zum Betriebsvermögen).

Jahr 03

B hat Einnahmen aus § 20 Abs. 1 Nr. 1	12 800 DM
+ anrechenbare KSt, § 20 Abs. 1 Nr. 3 ³/₇	5 485 DM
Kapitalerträge	18 285 DM

A kann 5485 DM KSt anrechnen (§ 36 Abs. 2 Nr. 3; BMF-Schreiben a. a. O.).

Werden Anteile an einer GmbH während des Geschäftsjahres der Gesellschaft veräußert und vereinbaren der Veräußerer und der Erwerber, daß der Erwerber am Gewinn des **ganzen** Geschäftsjahres beteiligt sein soll, dann sind ihm auch die Gewinnanteile zuzurechnen, die auf die Zeit vom Beginn des Geschäftsjahres bis zum Tag der Veräußerung der Anteile auf ihn entfallen.

Eine solche von der gesetzlichen Regel des § 101 Nr. 2 2. Halbsatz BGB **abweichende Vereinbarung** ist **zivilrechtlich möglich** und auch **steuerlich ohnehin nach § 20 Abs. 2a vorgesehen.**

Ein anteiliger Kaufpreis für das Recht zum Bezug dieser Gewinnanteile kann **nicht** als Werbungskosten abgezogen werden (BFH, BStBl 1984 II 746).

Beispiel:
A und B waren Gesellschafter der X-GmbH. Geschäftsjahr war der Zeitraum vom 1.7. bis 30.6. A veräußerte seinen Anteil an der X-GmbH am 1.5.02 mit dem Gewinnbezugsrecht ab 1.7.01. A erhielt von B für die Veräußerung des Anteils von nominell 100 000 DM 280 000 DM. Die X-GmbH schüttete für 01/02 insgesamt 120 000 DM aus. Hiervon entfielen rechnerisch 85 000 DM auf die Besitzzeit des A.

B hat als Erwerber die volle Dividende in Höhe von 120 000 DM zu versteuern. Der Kaufpreis ist **nicht** aufzuteilen in eine Veräußerung des Anteils und eines Gewinnbezugsrechtes.

6.3.2.3 Veräußerung festverzinslicher Wertpapiere

6.3.2.3.1 Veräußerung des Zinsscheines oder der Zinsforderung ohne das Wertpapier (§ 20 Abs. 2 Nr. 2b)

Wird der Zinsschein **ohne** das Wertpapier durch den Inhaber oder ehemaligen Inhaber veräußert, stellt das Entgelt beim Veräußerer Einkünfte aus Kapitalvermögen dar (§ 20 Abs. 2 Nr. 2b).

Der Erwerber erzielt ebenfalls Einkünfte aus § 20 Abs. 1 Nr. 7, falls er den Zinsschein zu einem abgezinsten Preis erworben hat.

Beispiel:
A ist Inhaber von 8%igen Obligationen der X–Landesbank im Nennwert von 100 000 DM. Da A flüssige Mittel benötigt, veräußert er die Zinsscheine für das Jahr 01 für 7 500 DM an B.
A hat insoweit Einkünfte i. S. von § 20 Abs. 1 Nr. 7 i. V. m. § 20 Abs. 2 Nr. 2b.
Der Erwerb des Zinsscheins zu einem **abgezinsten Preis** steht wirtschaftlich dem Erwerb einer **abgezinsten Forderung** (Zero-Bond) gleich. Daher erzielt **B** bei der Einlösung Einnahmen aus § 20 Abs. 1 Nr. 7 in Höhe von 8 000 DM ⁄ 7 500 DM = 500DM. Vgl. BMF-Schreiben vom 30.4.1993, BStBl I 343 Nr. 5.

Nach § 20 Abs. 2 Nr. 2b sind Einnahmen aus der **Veräußerung von Zinsscheinen und Zinsforderungen** sowohl durch den **Inhaber** des Stammrechts als auch durch den **ehemaligen Inhaber** stpfl. Damit spielt es keine Rolle, ob der Inhaber einer Schuldverschreibung vor der Veräußerung der Zinsscheine diese vom Stammrecht getrennt hat.

Der Begriff „**Zinsforderungen**" stellt klar, daß die Besteuerung unabhängig davon ist, ob der Zinsanspruch in einer Urkunde **verbrieft** oder **unverbrieft** ist.

Werden die (getrennten) Zinsscheine oder Zinsforderungen nach ihrer Veräußerung durch den Ersterwerber oder durch jeden weiteren Erwerber weiterveräußert, gilt § 20 Abs. 2 Nr. 4 Buchst. b.

Die Einnahmen aus der **Einlösung** von zurückbehaltenen Zinsscheinen und Zinsforderungen durch den ehemaligen Inhaber der Schuldverschreibung werden gleichfalls aufgrund gesetzlicher Regelung steuerlich erfaßt (§ 20 Abs. 2 Nr. 2 Buchst. b Satz 2).

6.3.2.3.2 Veräußerung des Wertpapiers mit Zinsschein (§ 20 Abs. 2 Nr. 3)

Veräußert der bisherige Inhaber festverzinslicher Wertpapiere diese mit dem Zinsschein, hat der Erwerber in der Regel dem Veräußerer den Betrag **gesondert** zu vergüten, der auf die Zeit seit dem Beginn des laufenden Zinszahlungszeitraumes bis zum Veräußerungszeitpunkt anfällt. Diese Zinsen werden **Stückzinsen** genannt. Besonders in Rechnung gestellte Stückzinsen, die der **Veräußerer** vereinnahmt, sind bei diesem als Einkünfte aus Kapitalvermögen zu erfassen (§ 20 Abs. 2 Nr. 3).

Das für die Erhebung des Zinsabschlags auf Stückzinsen eingeführte **modifizierte Nettoprinzip** soll auch für die Einkommensteuer gelten. Danach können vom **Erwerber** gezahlte Stückzinsen **ohne** Zuordnung zu den Erträgen aus den angeschafften Wertpapieren im Kalenderjahr der **Zahlung** als **negati-**

ve Einnahmen abgezogen werden. Sie mindern also selbst dann die Bemessungsgrundlage für die Einkommensteuer, wenn in dem betreffenden Kalenderjahr keine oder geringere Kapitalerträge bezogen werden.

Beispiele:

1. A erwirbt am 1.4.01 festverzinsliche Wertpapiere im Nennwert von 10 000 DM mit 8%iger Verzinsung. Die Zinsen werden jeweils nachträglich am 1.1. gezahlt. A werden von B in Rechnung gestellt Kurswert 9950 DM zuzüglich 200 DM Stückzinsen.

    B muß die 200 DM Stückzinsen als Einnahmen in 01 versteuern.

    A darf die Stückzinsen von 200 DM als negative Einnahmen im Kj der Zahlung (01) ansetzen.

2. Eheleute A erwerben im Dezember 01 eine Anleihe mit einem Stückzinsanteil von 10 000 DM. Um diesen Betrag mindert sich ihr zu versteuerndes Einkommen. In 02 fließen ihnen aus der Anleihe 11 500 DM Zinsen zu, die aufgrund des Sparer-Freibetrags von 12 000 DM (§ 20 Abs. 4 Satz 1) nicht zu versteuern sind.

Die Vorschrift des § 20 Abs. 2 Nr. 3 erfaßt neben der Veräußerung von **Zinsscheinen** auch die Veräußerung von Zinsforderungen. Diese Erweiterung stellt klar, daß die bisherige **Stückzinsregelung** unabhängig davon gelten soll, ob die Zinsforderung verbrieft ist oder **nicht**. Die Stückzinsregelung findet damit ausdrücklich auch auf Schuldverschreibungen Anwendung, die in ein **öffentliches Schuldbuch** eingetragen sind.

Keine Aufteilung der Zinsen erfolgt im **Erbfall**. Auch soweit die Zinsen für einen Zeitraum vor dem Tode des Erblassers gezahlt worden sind, sind sie für diesen Zeitraum gleichwohl dem Erben zuzurechnen.

6.3.2.4 Veräußerung festverzinslicher Wertpapiere ohne Zinsschein

Werden Wertpapiere **ohne Zinsschein** veräußert, so sind die beim Veräußerer aus den zurückbehaltenen Zinsscheinen zufließenden Zinsen grundsätzlich noch bei diesem Einnahmen aus Kapitalvermögen (BFH, BStBl 1973 II 452; § 20 Abs. 2 Nr. 2b Satz 2).

Beispiel:

A veräußert am 1.10.02 8%ige X-Obligationen. Diese sind mit einem Jahrescoupon (Zinstermin jeweils 31.12.) ausgestattet. A behält die Zinsscheine für das Jahr 02 zurück. A hat insoweit noch Einkünfte aus § 20 Abs. 1 Nr. 7.

Bei Veräußerung des Papiers zu einem **abgezinsten** Preis erzielt der **Erwerber bei Einlösung** des Papiers einen Kapitalertrag aus § 20 Abs. 1 Nr. 7. Die Veräußerung führt bei allen Personen zu besitzzeitanteiligem Kapitalertrag nach § 20 Abs. 2 Nr. 4 (BMF-Schr. v. 30.4.1993, BStBl I 343 Tz 5). Vgl. nachfolgend 6.3.2.5.

6.3.2.5 Kapitalerträge aus der Veräußerung oder Abtretung von abgezinsten oder aufgezinsten Kapitalforderungen (§ 20 Abs. 2 Nr. 4 EStG)

Literatur: Scheurle, DB 1994, 445, 502.

6.3.2.5.1 Grundsatz

Einnahmen aus der **Veräußerung** oder **Abtretung** von **abgezinsten** oder **aufgezinsten Schuldverschreibungen, Schuldbuchforderungen** und **sonstigen Kapitalforderungen,** soweit die Kapitalerträge rechnerisch auf die Zeit der Innehabung dieser Wertpapiere oder Forderungen entfallen, sind als Kapitaleinkünfte zu erfassen, § 20 Abs. 2 Nr. 4.

Nach § 20 Abs. 2 Nr. 4 **Satz 2** ist der Unterschiedsbetrag zwischen dem Erwerbspreis und dem Einlösungsbetrag (= **Marktrendite**) bei auf- und abgezinsten Wertpapieren und Forderungen als Einnahmen aus Kapitalvermögen anzusetzen, sofern die **Emissionsrendite nicht nachgewiesen wird** (§ 20 Abs. 2 Nr. 4 S. 1). Die Pauschalregelung bei der Einbehaltung der Zinsabschlagsteuer durch die Kreditinstitute ist bei der Veranlagung dieser Erträge **nicht** anzuwenden (vgl. § 43a Abs. 2 Satz 3).

Die Vorschrift sieht eine Erfassung der zeitanteiligen Erträge beim Veräußerer vor, wenn Gegenstand der Veräußerung abbzw. aufgezinsten Wertpapiere und Forderungen (z.B. **Null-Kupon-Anleihen, Sparbriefe**) sind, weil der Unterschiedsbetrag zwischen dem Erwerbspreis und dem Einlösungsbetrag bzw. Veräußerungspreis wirtschaftlich gesehen Zinscharakter hat.

Beispiel:

A hatte am 1.1.01 Wertpapiere als Ersterwerber zum Ausgabekurs von 92 v. H., Rückzahlung am 1.1.10 zu 100 v. H. erworben.

Die Differenz zwischen dem Ausgabekurs und dem Rückzahlungskurs stellt Kapitaleinkünfte dar, die im Zeitpunkt der Realisierung, hier im Zeitpunkt der Einlösung als Kapitaleinkünfte zu behandeln sind (vgl. bereits BMF v. 24.11.1986, BStBl I 547).

§ 20 Abs. 2 Nr. 4 regelt die **Veräußerung** aller Kapitalanlagen, die unter den schillernden Begriff „**Finanzinnovationen**" fallen. Die Vorschrift bestimmt in Buchst. a bis d die steuerliche Behandlung der Veräußerung, Abtretung oder Einlösung von

- **auf- oder abgezinsten Kapitalforderungen** (z. B. Nullkupon-Anleihen, Sparbriefe) – Buchst. a,
- **abgetrennten Kapitalforderungen** (z. B. stripped bonds) oder Zinsscheinen (Zinsforderungen) – Buchst. b,
- „**flat gehandelten Kapitalforderungen – Buchst. c,**
- **Kapitalforderungen mit variabler Zinsausstattung** (Kombizins-, Gleitzinsanleihen) – Buchst. d.

Im Rahmen des § 20 Abs. 2 Nr. 4 gilt:

a) Stpfl. sind nur die Erträge, die **rechnerisch** der besitzzeitanteiligen Emissionsrendite entsprechen. Diese **Emissionsrendite** muß der Stpfl. **nachweisen.**

b) Erfolgt der Nachweis der Emissionsrendite **nicht (= faktisches Wahlrecht)**, pauschaliert das Gesetz in § 20 Abs. 2 Nr. 4 Satz 2 die Höhe der stpfl. Einnahmen als „**Marktrendite**" nach der **Differenz-Methode.**

Hinsichtlich der Berechnung des stpfl. Kapitalertrages bei Zero-Bonds vgl. auch BMF-Schr. v. 24.1.1985, BStBl I 77.

Zu weiteren Fällen **besitzzeitanteiliger Emissionsrenditen** vgl. im einzelnen BMF-Schr. v. 30.4.1993, BStBl I 343 und nachfolgende 6.3.2.5.2 ff.

6.3.2.5.2 Einnahmen aus der Veräußerung oder Abtretung von abgezinsten oder aufgezinsten Schuldverschreibungen, Schuldbuchforderungen und sonstigen Kapitalforderungen durch den ersten und jeden weiteren Erwerber (§ 20 Abs. 2 Nr. 4a EStG)

Hierunter fallen insbesondere Forderungen in **abgezinsten Sparbriefen** oder in **Wachstumszertifikaten**, bei denen der gesamte Zinszuwachs erst am Ende der Laufzeit fällig wird (**Null-Kuponanleihe** = Zero-Bonds), unverzinsliche Schatzanweisungen (U-Schätze), Finanzierungsschätze, **Bundesschatzbriefe Typ B**, Optionsanleihen, capped warrants.

Behält der **erste** Erwerber eines ab- oder aufgezinsten Wertpapiers dieses bis zum Ende der Laufzeit und löst es als „Durchhalter" ein, so erzielt er in dem Unterschiedsbetrag zwischen Emissionspreis und Einlösungspreis einen Kapitalertrag i. S. des § 20 Abs. 1 Nr. 7.

Veräußert er das Wertpapier während der Laufzeit, ist im Zeitpunkt des Zuflusses des Veräußerungserlöses der rechnerisch auf seine Besitzzeit entfallende Kapitalertrag steuerpflichtig, wenn er die Emissionsrendite nachweist (§ 20 Abs. 2 Nr. 4 **Satz 2**). Weist er die Emissionsrendite **nicht** nach, ist für die Besteuerung nach § 20 Abs. 2 Nr. 4 Satz 2 der Unterschiedsbetrag zwischen dem Erwerbspreis und Veräußerungspreis **(Marktrendite)** maßgebend. Die Vorschrift erfaßt auch die Veräußerungen durch **jeden weiteren** Erwerber.

Erfaßt wird durch § 20 Abs. 2 Nr. 4a auch der Kapitalertrag aus der Veräußerung oder Einlösung **niedrig** verzinslicher Wertpapiere, die mit einem Abschlag auf den Nennwert, einem sog. Diskont oder Disagio begeben werden. Dieser Abschlag ist jedoch beim Privatanleger aus Vereinfachungsgründen nicht zu besteuern, wenn er innerhalb der Disagio-Staffel des BMF-Schreibens v. 24.11.1986 (BStBl I 1986, 539) liegt.

6.3.2.5.3 Schuldverschreibungen, Schuldbuchforderungen und sonstige Kapitalforderungen ohne Zinsscheine und Zinsforderungen oder Zinsscheine und Zinsforderungen ohne Schuldverschreibungen, Schuldbuchforderungen und sonstige Kapitalforderungen bei Veräußerung durch den zweiten und jeden weiteren Erwerber zu einem abgezinsten oder aufgezinsten Preis (§ 20 Abs. 2 Nr. 4b EStG)

Die Vorschrift erfaßt den Kapitalertrag aus der **Veräußerung** des **von** den zugehörigen **Zinsscheinen gelösten isolierten** Stammrechts (stripped bonds) zu einem abgezinsten und aufgezinsten Preis und dessen Einlösung durch den zweiten und jeden weiteren Erwerber.

Entsprechendes gilt für die Veräußerung und Einlösung von Zinsscheinen und Zinsforderungen, die von dem zugehörigen Stammrecht gelöst wurden.

Die Veräußerung der **isolierten Zinsscheine** oder Zinsforderungen durch den ersten Inhaber einer Schuldverschreibung wird bereits durch § 20 Abs. 2 Nr. 2b erfaßt.

Die Veräußerung der isolierten Schuldverschreibung durch den Inhaber, der das Stammrecht und die Zinskupons getrennt hat, findet auf der **Vermögensebene** statt. Daher erzielt dieser bei der Veräußerung des zum Nennwert erworbenen Stammrechts zu einem abgezinsten Preis **keine** steuerlich berücksichtigungsfähigen negativen Einnahmen. Hingegen erfaßt § 20 Abs. 2 Nr. 4b den zweiten oder weiteren Erwerber, wenn diese wiederum das Stammrecht weiter veräußern.

Beispiel:

B hat von A für 70 000 DM eine 7%ige Anleihe von nominell 100 000 DM erworben. B veräußert diese im Folgejahr für 80 000 DM weiter an C.

Der den Erwerbspreis von 70 000 DM übersteigende Betrag von 10 000 DM ist bei B als Einkünfte aus Kapitalvermögen i. S. v. § 20 Abs. 2 Nr. 4b zu erfassen.

6.3.2.5.4 Schuldverschreibungen, Schuldbuchforderungen und sonstige Kapitalforderungen mit Zinsscheinen oder Zinsforderungen, wenn Stückzinsen nicht besonders in Rechnung gestellt werden oder bei denen die Höhe der Erträge von einem ungewissen Ereignis abhängt (§ 20 Abs. 2 Nr. 4c EStG)

Die Veräußerung eines Wertpapiers mit Zinsscheinen führte bisher nicht zu einem Kapitalertrag, wenn das Entgelt für die bis zum Veräußerungszeitpunkt aufgelaufenen Zinsen des laufenden Zinszeitraums besonders in Rechnung gestellt wurden, sondern sich in einem höheren Entgelt für das Wertpapier niederschlug („**flat**"-Handel). Durch diese Vorschrift wird der Kapitalertrag aus der Veräußerung von Finanzinnovationen mit Zinsforderungen erfaßt, bei denen keine Stückzinsen in Rechnung gestellt werden.

So ist z. B. der Ertrag aus der Veräußerung nicht getrennter **range warrants** auf Grund § 20 Abs. 2 Nr. 4c stpfl.

Beispiel:

A veräußert eine Anleihe von nominell 100 000 DM (Zinstermin 1. Januar 8 v. H.), am 1. 7. 02 für 106 000 DM an B. Stückzinsen wurden **nicht** gesondert in Rechnung gestellt.

Die Kapitalerträge betragen 6 000 DM, sofern A die Höhe der Emissionsrendite **nicht** nachweist.

- Die Veräußerung **getrennter capped warrants** ist nicht steuerpflichtig, weil es sich **nach** der **Trennung** um zwei reine Spekulationspapiere handelt.
- Unter § 20 Abs. 2 Nr. 4c fällt jedoch der Ertrag aus der Veräußerung von Wertpapieren und Kapitalforderungen, bei denen die Höhe des Ertrags von einem ungewissen Ereignis abhängt (z. B. Ertrag aus der Veräußerung einer **Index**anleihe).
- Gewinne aus der Veräußerung von Genußscheinen und Gewinnobligationen fallen **nicht** hierunter.

6.3.2.5.5 Schuldverschreibungen, Schuldbuchforderungen und sonstige Kapitalforderungen mit Zinsscheinen oder Zinsforderungen, bei denen Kapitalerträge in unterschiedlicher Höhe oder für unterschiedlich lange Zeiträume gezahlt werden, soweit sie der rechnerisch auf die Besitzzeit entfallenden Emissionsrendite entsprechen (§ 20 Abs. 2 Nr. 4d EStG)

Dies betrifft insbesondere Erträge aus der Veräußerung von **Gleitzins**-Anleihen, **Step-up**-Anleihen sowie von Wertpapieren mit unterschiedlich langen Zinszahlungszeiträumen (z. B. **Kombizins-Anleihen** sowie **Doppelzins-Anleihen**).

Anders als bei der Veräußerung klassischer festverzinslicher Wertpapiere bemißt sich das Entgelt beim Erwerb dieser Papiere nicht nur nach dem Nennwert des Stammrechts und den aufgelaufenen Zinsen des laufenden Zeitraums.

Beim Zwischenerwerb von Kombizins-, Gleitzins- und Step-up-Anleihen hat der Erwerber dem Veräußerer auch die hohe Verzinsung in den restlichen Jahren der Laufzeit über den Kurs zu vergüten.

Beispiel:
A erwirbt eine Kombizinsanleihe, Laufzeit 10 Jahre. 5 Jahre je 0%, 5 Jahre je 19% Zinsen. Ausgabekurs 101,7. Unter Berücksichtigung einer Emissionsrendite von 7,54% liegt der rechnerische Wert der Anleihe nach Ablauf von 5 Jahren bei 145% (angenommen).

A veräußert nach Ablauf von 5 Jahren die Anleihe zu 155 v. H.

   145,0 v. H.
   <u>101,7 v. H.</u>
   43,3 v. H. stellen Kapitalerträge
   10,0 v. H. steuerfreie Kursgewinne dar.

6.3.2.5.6 Sonstige Regelungen

Die Besteuerung der Zinsen und Stückzinsen nach § 20 Abs. 1 Nr. 7 und § 20 Abs. 2 Nr. 3 bleibt **unberührt.** Die danach der Einkommensteuer unterliegenden, dem **Veräußerer** bereits **zugeflossenen** Kapitalerträge aus den Wertpapieren und Kapitalforderungen sind bei der Besteuerung nach der **Emissionsrendite abzuziehen** (§ 20 Abs. 2 Nr. 4 Satz 3 2. Halbs.), da es sonst zu einer doppelten Besteuerung kommt. Der **Abzug entfällt,** wenn der stpfl. Ertrag nach der **Differenz-Methode** berechnet wird, da bei dieser Ermittlungsmethode die Stückzinsen nicht in der Differenz enthalten sind. Sie müssen daher zusätzlich versteuert werden.

§ 20 Abs. 2 Nr. 4 Sätze 1 bis 3 gelten für die **Einlösung** der Wertpapiere und Kapitalforderungen bei deren **Endfälligkeit** durch den zweiten und jeden weiteren Erwerber **entsprechend.**

§ 20 Abs. 2 Nr. 4 Sätze 1 bis 4 sind **nicht** auf Zinsen aus **Gewinnobligationen** und **Genußrechten** im Sinne des § 43 Abs. 1 Nr. 2 anzuwenden.

6.4 Werbungskosten

6.4.1 Begriff

Werbungskosten sind nach dem Gesetzeswortlaut solche Aufwendungen, die dem Erwerb, der Sicherung und dem Erhalt von Einnahmen dienen, nach der Rechtsprechung jedoch solche Aufwendungen, die **durch die Einkunftserzielung veranlaßt** sind. Vgl. hierzu im einzelnen C 1.2.

Keine Werbungskosten sind solche Aufwendungen, die unmittelbar dem „Erwerb der Quelle" dienen. Hierzu gehören die Anschaffungskosten für den **Kapitalstamm** einschließlich der **Erwerbsnebenkosten** wie **Courtage** und **Bankspesen.** Entsprechend gilt bei Zusammenhang mit der **Veräußerung** BFH, BStBl 1989 II 934. Aufwendungen für die **Verwaltung** des Kapitalstamms sind Werbungskosten. Vgl. **R 153** und **H 153**.

6.4.2 Schuldzinsen

a) Einkünfteerzielungsabsicht

Schuldzinsen für Darlehnsaufnahmen, die im Zusammenhang mit dem Erwerb von Wertpapieren stehen, sind Werbungskosten, allerdings unter der Voraussetzung, daß der Erwerb der Wertpapiere der Einkünfteerzielung aus § 20 dienen soll (BFH, BStBl 1995 II 697). Ist mit dem Erwerb von vornherein beabsichtigt, durch Umschichtung eine Substanzmehrung zu erzielen, sind die Schuldzinsen nicht abzugsfähig.

Sie sind jedoch nur solange als Werbungskosten abziehbar, wie die finanzierte **Beteiligung** beim Stpfl. noch vorhanden ist (BFH, BStBl 1992 II 289).

Kapitalvermögen i. S. von § 20 ist **grds. nicht** die – einheitlich zu beurteilende – **Gesamtheit** der Kapitalanlagen, sondern die Summe der jeweils – gesondert – zu beurteilenden Anlagegegenstände. Es ist daher **grundsätzlich** auf **jede einzelne** Kapitalanlage abzustellen (z. B. das einzelne Wertpapier). Die nach den einzelnen Kapitalanlagen getrennte Erfassung von Einnahmen und Werbungskosten macht regelmäßig eine Aufteilung der Schuldzinsen erforderlich. Dafür kann eine einfache Verhältnisrechnung genügen, es können aber auch die für Kontokorrentschulden geltenden Grundsätze anzuwenden sein.

Die nach den einzelnen Kapitalanlagen getrennte Erfassung von Einnahmen und Ausgaben schließt es nicht aus, bei Wertpapierdepots zum Zweck der schätzweisen Zuordnung der Aufwendungen einzelne **Gruppen** von Wertpapieren zusammenzufassen (BFH, BStBl 1993 II 18). Vgl. auch BFH, BStBl 1995 II 697.

> **Beispiel:**
>
> Im Wertpapierdepot des A befinden sich inländische Aktien im Werte von 400 000 DM und ausländische im Inland steuerfreie im Werte von DM 200 000. Von den Erträgen entfielen 20 000 DM auf die **inländischen** und 10 000 DM auf die **steuerfreien** Werte. Die Kreditzinsen in Zusammenhang mit den Aktienkäufen betragen insgesamt 15 000 DM.
>
> Es kann **nicht** ermittelt werden, mit welchen Aktienkäufen sie in Zusammenhang stehen. Daher sind sie im Verhältnis ihrer Erträge aufzuteilen = 2:1. Nur der auf die inländischen Werte entfallene Teil in Höhe v. 10 000 DM kann als WK berücksichtigt werden. Im übrigen gilt das Abzugsverbot des § 3c.

b) Schuldzinsen als vorweggenommene Werbungskosten

Aufwendungen stehen bereits mit einer Einkunftsart im Zusammenhang, wenn mit den Aufwendungen Einkünfte beabsichtigt sind (vorweggenommene Werbungskosten) Eine Einkunftserzielungsabsicht liegt vor, wenn sich im Zeitpunkt der Aufwendungen übersehen läßt, daß sich insgesamt ein Überschuß erzielen läßt. Erwirbt ein Stpfl. eine Beteiligung an einer Kapitalgesellschaft mit Kredit, muß abzusehen sein, daß die Dividenden insgesamt die Kreditzinsen übersteigen werden.

In den Vergleich können jedoch grds. nur steuerpflichtige Einnahmen, nicht sonstige beabsichtigte Vermögensmehrungen einbezogen werden. Handelt es sich jedoch um eine **wesentliche Beteiligung** an einer Kapitalgesellschaft i. S. des § 17, sind die Schuldzinsen als WK abzugsfähig, wenn mit **Wertsteigerungen** bzw. einem (angemessenen) **Veräußerungsgewinn** zu rechnen ist (BFH, BStBl 1986 II 596.

Schuldzinsen können daher grundsätzlich auch bei vorübergehender Dividendenlosigkeit abgezogen werden. Lediglich die dauernde Ertragslosigkeit läßt die Vermutung zu, daß die Wertpapiere nicht der Einkunftserzielung wegen angeschafft worden sind. Auf einen längeren Zeitraum gesehen muß sich ein Überschuß ergeben (vgl. BFH BStBl 1982 II 537, BStBl 1983 II 40, BStBl 1982 II 36; BStBl 1982 II 463 – bei wesentlicher Beteiligung aber grds. unbeachtlich). Aufwendungen für die **Depotverwaltung** sind grundsätzlich auch dann in **vollem** Umfang Werbungskosten, wenn neben den stpfl. Einnahmen auch steuerfreie Vermögensvorteile erzielt werden (BFH, DB 1993, 2212).

Ist der Erwerb von Anteilen auf Dauer angelegt, spricht die Vermutung dafür, daß die Erzielung von Einkünften i. S. des § 20 beabsichtigt war.

Ist der Erwerb jedoch nicht auf Dauer angelegt, steht die Substanzverwertung im Vordergrund.

c) Vergebliche Aufwendungen

Auch vergebliche Aufwendungen können Werbungskosten darstellen. Vgl. hierzu C 2.1.2.8.

> **Beispiel:**
>
> A hat Aktien einer neugegründeten AG für nominal 200 000 DM erworben. Er hat zur Finanzierung der Beteiligung einen Kredit von 200 000 DM zu 8 v. H. Zinsen aufgenommen. Zu einer Dividendenzahlung kam es jedoch nicht, da die AG nach 3 Jahren in Konkurs ging.
>
> A hatte bei Erwerb der Anteile Einkünfteerzielungsabsicht. Die spätere Entwicklung der Gesellschaft ist hierbei unerheblich. Die verausgabten Zinsen sind somit WK.

d) Nachträgliche Werbungskosten

Nachträgliche Werbungskosten sind auch bei den Einkünften aus Kapitalvermögen möglich. Im Gegensatz zu den nachträglichen Betriebsausgaben erstreckt sich die Berücksichtigung als nachträgliche Werbungskosten **nicht** für solche Aufwendungen, die erst **nach Beendigung** der **Einkunftserzielung entstanden** sind. Vgl. hierzu im einzelnen C 2.1.2.9 (siehe auch BFH, BStBl 1992 II 289).

Beispiel:

A hat eine Beteiligung, die er auf Kredit erworben hatte, zum 31.12.04 veräußert, den Kredit jedoch nicht vollständig aus dem Erlös abdecken können. Nach der Veräußerung der Beteiligung sind ihm für das Kj. 05 Zinsen in Höhe von 6000 DM in Rechnung gestellt worden (gezahlt ebenfalls in 05).

Es handelt sich hier **nicht** um nachträgliche Werbungskosten. Es können nur solche Aufwendungen als nachträgliche Werbungskosten Berücksichtigung finden, die bereits vor Veräußerung der Quelle entstanden sind, jedoch erst nach Veräußerung der Einkunftsquelle gezahlt worden sind (vgl. BFH, BStBl 1984 II 29).

Beispiel:

A hat zum 30.9.01 seine Beteiligung an der X-GmbH veräußert. Diese Beteiligung war mit Kredit finanziert worden. Bis zum 30.9.01 waren noch 9000 DM Zinsen angefallen, aber noch nicht bezahlt worden. A überwies die Zinsen erst am 2.1.02.

Es handelt sich hier um nachträgliche Werbungskosten in 02.

6.4.3 Sonstige Werbungskosten

Darüber hinaus sind alle Aufwendungen, die im Zusammenhang mit den Kapitaleinkünften stehen, Werbungskosten. Das gilt insbesondere für **Verwaltungskosten** wie **Depotgebühren** der Banken, **Reisekosten** zur Hauptversammlung oder Gesellschafterversammlung (falls sie über die Gewinnverteilung beschließt und die Kosten in einem angemessenen Verhältnis zu den Einnahmen stehen). **Prozeßkosten** und **Beratungskosten,** soweit sie Fragen der Ausschüttung betreffen. **Zinsen** für **Erbschaftsteuer,** die auf im Nachlaß enthaltene Wertpapiere entfällt, sowie Testamentsvollstreckerkosten sind jedoch **keine** Werbungskosten aus § 20 (vgl. BStBl 1984 II 27).

Keine Werbungskosten sind **Verzugszinsen,** die ein Erbe an den Pflichtteilsberechtigten zu entrichten hat, auch wenn der Nachlaß im wesentlichen aus Kapitalvermögen (hier: GmbH-Anteil) besteht (BFH, BStBl 1993 II 275).

Keine Werbungskosten sind ein **erfolgsabhängiges Verwalterentgelt,** das auf nicht steuerbare Wertsteigerungen des verwalteten Vermögens entfällt. Das gilt auch dann, wenn aus den im Wert gestiegenen Anlagegegenständen zugleich Einnahmen nach § 20 erzielt wurden (BFH, BStBl 1989 II 16).

Keine Werbungskosten stellt die **Übernahme** von **Verlusten** einer GmbH dar. Ist der Gesellschafter gleichzeitig Arbeitnehmer, liegen evtl. Werbungskosten bei nichtselbständiger Arbeit vor (BFH, BStBl 1993 II 111).

6.4.4 Werbungskostenpauschbetrag (§ 9a Nr. 1b EStG)

Der Werbungskostenpauschbetrag von 100 DM darf **nur bis zur Höhe der Einnahmen** abgezogen werden, § 9a letzter Satz.

Tatsächliche Werbungskosten, die unter dem Pauschbetrag liegen, dürfen jedoch zu Verlusten führen.

Beispiel:

Der ledige A hat Einnahmen aus Kapitalvermögen in Höhe von 20 DM, und Werbungskosten in Höhe von 70 DM.

Der Werbungskostenpauschbetrag kann nur bis 20 DM berücksichtigt werden. Da jedoch die tatsächlich nachgewiesenen Werbungskosten höher sind, sind diese anzusetzen.

Einnahmen		20 DM
Werbungskosten	./.	70 DM
Verlust aus § 20	./.	50 DM

Im Falle der **Zusammenveranlagung** von Eheleuten wird der Pauschbetrag von 100 DM auf 200 DM verdoppelt, unabhängig davon, wer von den Eheleuten Kapitaleinkünfte hat. Er steht den Eheleuten **gemeinsam** zu. Haben die Eheleute Werbungskosten, die den Pauschbetrag übersteigen, werden die tatsächlichen Werbungskosten bei den einzelnen Ehegatten angesetzt, auch wenn einer der Ehegatten Werbungskosten unter 100 DM hat.

748   Einkünfte aus Kapitalvermögen

Beispiel:
Die Eheleute werden zusammenveranlagt. Der Ehemann hat Kapitaleinnahmen von 2 000 und 190 DM Werbungskosten, die Ehefrau 800 DM Einnahmen und 50 DM Werbungskosten

Bei den Eheleuten werden die tatsächlichen Werbungskosten berücksichtigt, weil die gemeinsamen Werbungskosten den Pauschbetrag von 200 DM übersteigen.

	Ehemann	Ehefrau
	7 400 DM	6 200 DM
WK § 9	190 DM	50 DM
Sparer-Freibetrag § 20 Abs. 4	6 000 DM	6 000 DM
Einkünfte aus § 20	1 210 DM	150 DM

Vgl. auch C. 2.2 und C. 4.2.2 (mit Beispielen) sowie R 85 Abs. 1.

6.5 Sparer-Freibetrag

Bei den Einkünften aus Kapitalvermögen steht dem Stpfl. ein Sparer-Freibetrag von 6 000 DM zu (§ 20 Abs. 4). Es handelt sich hierbei um eine sachliche Steuerbefreiung. Er ist nach Abzug der **Werbungskosten** abzuziehen **einschließlich nach § 34 c Abs. 2 und 3 abzuziehender ausländischer Steuer** und darf **nicht** zu negativen Einkünften führen.

Beispiel:
A hat nach Abzug der Werbungskosten verbleibende Einnahmen aus Kapitalvermögen in Höhe von 150 DM. Der Sparerfreibetrag (§ 20 Abs. 4) kann lediglich in Höhe von 150 DM Berücksichtigung finden.

Im Falle der **Zusammenveranlagung** steht der Sparer-Freibetrag grundsätzlich jedem Ehegatten in Höhe von 6 000 DM zu. Hat jedoch ein Ehegatte keine Kapitaleinkünfte oder kann er den Freibetrag nicht voll ausschöpfen, ist der Freibetrag entweder m voller Höhe oder in Höhe des nicht ausgenutzten Teiles auf den anderen Ehegatten zu übertragen.

Haben beide Ehegatten Einkünfte aus Kapitalvermögen, sind für die Frage der Gewährung des Sparer-Freibetrages nicht die Einnahmen beider Ehegatten zusammenzurechnen. Der Freibetrag des Ehegatten, der negative Einkünfte hat, kann auf den Ehegatten übertragen werden, der entsprechende positive Einkünfte hat, und zwar **auch** dann, **wenn** die **Kapitaleinkünfte** der Ehegatten **insgesamt negativ** sind (BFH, BStBl 1985 II 547).

Beispiel:
Die Eheleute M und F werden zusammenveranlagt. M hat positive Einnahmen aus Kapitalvermögen in Höhe von 12 200 DM, F jedoch Verluste aus Kapitalvermögen in Höhe von 3 000 DM (= Werbungskosten).

	M	F
Kapitalerträge	12 200 DM	–
Werbungskosten	–	./. 3 000 DM
Sparer Freibetrag § 20 Abs. 4	./. 6 000 DM	
	./. 6 000 DM	–
	200 DM	./. 3 000 DM
		+ 200 DM
Gemeinsamer Verlust aus § 20		./. 2 800 DM

6.6 Zurechnung der Einkünfte

Einkünfte aus Kapitalvermögen kann nur derjenige haben, der den **Tatbestand der Kapitalüberlassung** erfüllt, nicht schlechthin derjenige, der zivilrechtlich Gläubiger des Anspruchs ist (BFH, BStBl 1983 II 272). Nicht notwendig ist, daß derjenige, der Einkünfte aus Kapitalvermögen hat, auch formaler Eigentümer des Kapitalstamms ist. Er muß jedoch die Einkünfte wirtschaftlich in seiner Person erzielt haben.

Bei den Einkünften aus § 20 Abs. 1 Nr. 1 und 2 hat derjenige Anspruch auf den Gewinnanteil, der der Gesellschaft gegenüber als Gesellschafter anzusehen ist, also nicht derjenige, der lediglich aufgrund einer Abtretung der Gewinnforderung aus abgeleitetem Recht Anspruch auf den Gewinn hat.

Bei § 20 Abs. 1 Nr. 4 ist dies der stille Gesellschafter.

Bei den Zinsansprüchen i. S. des § 20 Abs. 1 Nr. 5 bis 8 erzielt grds. derjenige die Einkünfte, der das Kapital überläßt.

Bei **Anderkonten** eines Rechtsanwalts oder Notars kommt der Verkäufer bzw. der Käufer als Berechtigter der Zinsen in Betracht. In der Regel wird dies der **Verkäufer** des Grundstücks sein (BFH, BStBl 1986 II 404). Die Zinsen auf Anderkonten sind dem jeweiligen **Treugeber** zuzurechnen.

Zu den Besonderheiten beim **Nießbrauch** vgl. nachfolgend 6.7.

Zur Zurechnung der Gewinnanteile und Zinsen bei **Veräußerung** des **Kapitalstamms** und/oder der **Ertragsforderungen** vgl. vorstehend 6.3.2 und **§ 20 Abs. 2a.**

Zur Zurechnung **besitzzeitanteiliger Emissionsrendite** bei verschiedenen Formen von Kapitalanlagen vgl. BMF-Schreiben vom 30. 4. 1993, BStBl I 343.

6.7 Nießbrauch am Kapitalvermögen

Nach der Rechtsprechung des BFH (BStBl 1977 II 115) hat der Nießbraucher nur dann Einkünfte aus Kapitalvermögen, wenn er selbst einem Dritten Kapital gegen Entgelt zur Nutzung überläßt. Er muß im Verhältnis zum Kapitalnehmer die Stellung eines Kapitalgebers einnehmen. Hat der Nießbrauch lediglich die Überlassung (Abführung) der Einkünfte zum Gegenstand, handelt es sich wirtschaftlich gesehen um die Abtretung einzelner Forderungen (Dividenden- bzw. Zinsforderungen).

Ist der Nießbrauch an einem **Gesellschaftsanteil an einer Kapitalgesellschaft** oder an einer **stillen Beteiligung** bestellt worden, müßte der Nießbraucher, um Einkünfte zu haben, auf Zeit in die volle Gesellschafterstellung eingetreten sein. Soweit der Nießbraucher an einer Kapitalbeteiligung in die Gesellschafterstellung mit Stimmrecht eintritt, wird man ihn auch unter Zugrundelegung der BFH-Rechtsprechung als dinglich Berechtigten ansehen müssen. Jedoch nimmt ohne ausdrückliche Vereinbarung nach herrschender Ansicht (Esch/Schulze zur Wiesche, Handbuch der Vermögensnachfolge, Tz. 1246 ff.) der Nießbraucher das Stimmrecht **nicht** wahr.

Ist der Nießbrauch an verzinslichen **Forderungen** eingeräumt worden, müßte dem Nießbraucher auch das Recht eingeräumt werden, das Darlehn zu kündigen und die Geldanlage mitzubestimmen.

Die Verwaltung unterscheidet auch nach ihrem zweiten „Nießbrauchserlaß" (BStBl 1984 I 561) zwischen dem **Vorbehaltsnießbrauch,** dem **Zuwendungsnießbrauch** und dem **Vermächtnisnießbrauch.**

Beim Zuwendungsnießbrauch ist wiederum zwischen dem entgeltlichen und dem unentgeltlichen zu entscheiden. Vgl. zu den Begriffen im einzelnen unter K. 8.11 (Nießbrauch an Grundstücken).

6.7.1 Vorbehaltsnießbrauch

Behält sich der Schenker bei der schenkweisen Übertragung von Kapitalvermögen (z. B. Aktien, GmbH-Anteile, stille Beteiligung, festverzinsliche Kapitalforderungen) an den übertragenen Wirtschaftsgütern den Nießbrauch vor, sind die Einnahmen dem **Nießbraucher** zuzurechnen (Nießbrauchserlaß vom 23. 11. 1983, BStBl I 508, Tz 55 a.F.).

Beispiel:

A überträgt in 01 auf seinen Sohn S seinen Anteil an der X-GmbH, behält sich aber den Meßbrauch vor.

Der Gewinnanteil für 03 beträgt 60 000 DM. 45 000 DM werden dem Nießbraucher in 04 von der GmbH ausgezahlt.

A hat bei der ESt-Veranlagung für 04 den Anspruch auf Anrechnung der einbehaltenen Kapitalertragsteuer und Anrechnung der auf diese Einkünfte entfallenden Körperschaftsteuer.

Nettoausschüttung	45 000 DM
25 %ige Kapitalertragsteuer	15 000 DM
Barausschüttung	60 000 DM
+ ³/₇ KSt	25 714 DM
stpfl. Einnahmen	85 714 DM

Der Anspruch auf Anrechnung der Körperschaftsteuer steht dem **Nießbraucher** zu (§ 20 Abs. 2 Nr. 2 Satz 3). Der Anrechnungsbetrag ist daher von diesem zu versteuern.

Es sind 40 714 DM auf seine Einkommensteuer anrechenbar.

Beim **Vermächtnisnießbrauch** ist aufgrund des BFH-Beschlusses GrS, BStBl 1990 II 837 zur Erbauseinandersetzung von einer Behandlung wie ein Zuwendungsnießbrauch demnach auszugehen (vgl. in diesem Sinne auch BFH-Urt. vom 28.9.1993, DB 1994, 190 und BMF-Schr. vom 22.4.1994, DB 1994, 913 – **keine** AfA-Befugnis des Vermächtnisnießbrauchers).

Realisierte stille Reserven aus dem auszugehenden Anlagevermögen gehören **nicht** zu den Nutzungen eines Vorbehaltsnießbrauchs an einem GmbH-Anteil (BFH, BStBl 1992 II 607).

6.7.2 Zuwendungsnießbrauch

Ist der Nießbrauch im Rahmen eines ausgewogenen **Leistungsaustausches** eingeräumt worden, liegt ein **entgeltlicher** Nießbrauch vor. Liegt **keinerlei** Gegenleistung vor, ist ein **unentgeltlicher** Nießbrauch gegeben.

Obwohl der Nießbrauch an Kapitalvermögen im **zweiten** Nießbrauchserlaß vom 15.11.1984 (BStBl a.a.O.) nicht geregelt ist, gelten uE infolge des Verweises in Tz 56 a. E des ersten Nießbrauchserlasses auf die Abgrenzungsgrundsätze beim Grundstücksnießbrauch (Tz 6 bis 8 a. F.) nunmehr die **neuen** Grundsätze (= Tz 6 bis 9 n. F.). Vgl. hierzu K. 8.

6.7.2.1 Unentgeltlich bestellter Nießbrauch

Bei unentgeltlicher Bestellung eines Nießbrauchs sind die Einnahmen dem **Nießbrauchsbesteller** zuzurechnen, auch wenn sie dem Nießbraucher zufließen (BFH, BStBl 1977 II 115). Der Nießbrauch ist mithin ohne einkommensteuerliche Wirkung. Ein Anspruch auf Anrechnung der Körperschaftsteuer steht ebenfalls dem Nießbrauchbesteller zu. Der Anrechnungsbetrag ist daher von diesem zu versteuern nach § 20 Abs. 1 Nr. 3 (Erlaß 1983 a.a.O. Tz 57 a. F.).

In diesem Falle hat der Anteilseigner also weiterhin Einkünfte aus Kapitalvermögen. Die Verpflichtung zur Überlassung der Einkünfte stellt zwar grundsätzlich eine dauernde Last dar (§ 10 Abs. 1 Nr. 1a), sie fällt jedoch regelmäßig unter das Abzugsverbot des § 12 Nr. 2.

> **Beispiel:**
> A ist an der X-GmbH nominal mit 25 v.H. beteiligt. Er hat seinem Vater unentgeltlich einen lebenslänglichen Nießbrauch bestellt. Der Gewinnanteil betrug für 01 = 30000 DM.
> A sind weiterhin die Einnahmen zuzurechnen.
>
> | | |
> |---|---:|
> | Gewinnanteil = | 30000 DM |
> | zuzüglich $3/7$ = | 12857 DM |
> | | 42857 DM |

6.7.2.2 Entgeltlich bestellter Nießbrauch

Bei **entgeltlicher** Bestellung eines Nießbrauchs am Kapitalvermögen ist dem Nießbrauchbesteller das hierfür gezahlte Entgelt nach § 20 Abs. 2 Nr. 2 zuzurechnen. Entsprechend zieht der Nießbraucher lediglich eine Forderung ein, so daß die Kapitalerträge bei ihm nicht zu besteuern sind (vgl. BFH, BStBl 1970 II 212 und Erlaß 1983 a.a.O. Rz 58 a. F.).

Das Nießbrauchsentgelt ist in vollem Umfang in dem Jahr des Zuflusses zu erfassen (§ 11 Abs. 1). Es ist **nicht** auf den Zeitraum des Nießbrauchs zu verteilen.

Die Anrechnung von Körperschaftsteuer kommt nur bei dem Nießbrauchbesteller in Betracht. Anzurechnen sind $3/7$ des Betrags, der auf die nießbrauchbelasteten Ansprüche ausgeschüttet wird. Die Anrechnung wird nur gewährt, soweit die in § 20 Abs. 1 Nr. 1 und 2 bezeichneten nießbrauchbelasteten Ansprüche spätestens in dem Kalenderjahr fällig werden, das auf das Jahr des Zuflusses des Entgelts für die Nießbrauchbestellung folgt. Für die weitere Laufzeit des Nießbrauchs ist Körperschaftsteuer nicht anzurechnen (§ 36 Abs. 2 Nr. 3 Buchstabe d, Tz 59 Erlaß 1983).

> **Beispiel:**
> A hat dem B entgeltlich gegen Zahlung eines Einmalbetrages von 100000 DM am 1.4.02 an seinem Anteil an der X-GmbH einen Meßbrauch bestellt. Auf den Anteil des A wurden am 30.9.02 und 30.9.03 jeweils 20000 DM Dividende ausgeschüttet.

Kapitaleinkünfte des A
02

Entgelt (§ 20 Abs. 2 Nr. 2)	100 000 DM
Steuergutschrift höchstens 3/7 von (20 000 DM + 20 000 DM) =	17 142 DM
	117 142 DM

Eine Anrechnung von 3/7 des Nießbrauchsentgelts kommt – da höher – nicht in Betracht.

Die Anrechnung setzt die Vorlage einer Steuerbescheinigung eines Notars nach § 46 KStG voraus und Nachweis über Höhe und Fälligkeit der Ausschüttungen.

Die Steuergutschrift ist auf die Einkommensteuer des Jahres 02 anzurechnen.

Bei **B** sind **keine** Einkünfte zu versteuern. Die Auszahlungen spielen sich auf der Vermögensebene ab. Es liegen auch keine sonstigen wiederkehrenden Bezüge i. S. § 22 Nr. 1 vor.

7. Einkünfte aus Vermietung und Verpachtung (§ 21 EStG)

7.1 Begriffe „Vermietung" und „Verpachtung"

Die Begriffe „Vermietung" und „Verpachtung" stammen aus dem **BGB**. Danach ist

- **Vermietung:**

die zeitlich befristete entgeltliche Gebrauchsüberlassung von Sachen und Rechten (§ 535 BGB).

- **Verpachtung:**

die zeitlich befristete entgeltliche Gebrauchsüberlassung von Sachen und Rechten und Einräumung des Rechts auf Fruchtziehung (§ 581 BGB).

Bei einem Pachtvertrag kommt mithin zu der Gebrauchsüberlassung noch die Verpflichtung des Verpächters hinzu, dem Pächter den Genuß der Früchte, soweit sie nach den Regeln einer ordnungsmäßigen Wirtschaft als Ertrag anzusehen sind, während der Pachtzeit zu gewähren (§ 581 Abs. 1 BGB).

Beispiel:
Verpachtung eines Obstgartens

Die **zeitliche Befristung** der Gebrauchsüberlassung muß als Abgrenzungsmerkmal gegenüber der Veräußerung von Wirtschaftsgütern herangezogen werden. Diese Abgrenzung erlangt praktische Bedeutung bei den sogenannten **Substanzbeuteverträgen;** vgl. 7.3.2.

Eine **wechselseitige** Vermietung kann Gestaltungsmißbrauch i. S. § 42 AO sein (BFH, BStBl 1991 II 904).

7.2 Verhältnis der Vermietung und Verpachtung i. S. des § 21 EStG gegenüber dem Zivilrecht

Der einkommensteuerliche Begriff der Vermietung und Verpachtung ist **teils weiter, teils enger** als im bürgerlichen Recht gefaßt. Die bürgerlich-rechtlichen Begriffsbestimmungen von Miete und Pacht sind grundsätzlich auch bei der Auslegung des § 21 zu beachten. Dennoch ist bei der Frage, ob Einnahmen aus Vermietung und Verpachtung vorliegen, keine rechtliche Bindung an die bürgerlich-rechtlichen Begriffe gegeben. Es kommt vielmehr auf den Regelungsgehalt des § 21 an.

Gemeinsames Merkmal der verschiedenen Einkünfte aus Vermietung und Verpachtung ist die entgeltliche Gebrauchsüberlassumg bestimmter Wirtschaftsgüter an Dritte. Die **Wirtschaftsgüter,** deren entgeltliche Gebrauchsüberlassung unter § 21 fällt, sind im § 21 **abschließend aufgezählt.** § 21 kann also nicht auf andere, nicht aufgeführte Einnahmen ausgedehnt werden.

- **Erweiterung des Begriffs der Vermietung und Verpachtung gegenüber dem Zivilrecht**

Im BGB haben Miete und Pacht ausschließlich schuldrechtlichen Charakter.

Für die steuerliche Zuordnung kommt es jedoch letztlich nicht auf die bürgerlich-rechtliche Form und Beziehung des Pachtverhältnisses an, sondern auf ihren **wirtschaftlichen Gehalt** (BFH, BStBl 1974 II 130).

a) Unter § 21 fallen auch Einnahmen aus der **Einräumung dinglicher Rechte**.

Beispiel:

Einräumung eines Erbbaurechts gegen Erbbauzinsen.
Es liegen Einnahmen aus V und V vor, obwohl das Erbbaurecht ein sogenanntes „dingliches Recht" ist.

b) Nutzungsentschädigungen für die Inanspruchnahme von Grundstücken durch den Staat auf Grund eines Hoheitsaktes fallen ebenfalls unter § 21 (Abs. 1 Nr. 1); vgl. § 24 Nr. 3, obwohl kein zivilrechtliches Rechtsverhältnis die Grundlage ist.

c) Im bürgerlichen Recht ist Miete stets Entgelt für eine zeitlich begrenzte Gebrauchsüberlassung. Unter § 21 fallen jedoch auch **Erlöse aus der Abtretung („Veräußerung") von Miet- oder Pachtzinsforderungen;** vgl. § 21 Abs. 1 Nr. 4.

d) Unter den bürgerlich-rechtlichen Begriff fallen nur entgeltliche Vorgänge. In § 21 Abs. 2 ist aber – mit grds. letztmaliger Geltung **im VZ 1986** – eine **systemwidrige Besteuerung des Nutzungswerts** der Wohnung im eigenen Haus enthalten mit Übergangsregelung ggf. bis VZ 1998 einschl. (§ 52 Abs. 21 S. 2f).

Zur Verwirklichung von Einkünften aus § 21 bei einer **GbR** und **Zurechnung** auf die **Gesellschafter,** vgl. BFH, BStBl 1986 II 792 sowie R 164 Abs. 1.

- **Einengung des bürgerlich-rechtlichen Begriffs der Vermietung und Verpachtung im ESt-Recht**

Es fehlen in der Aufzählung des § 21 die beweglichen Sachen.

Beispiele:

1. Vermietung eines Privat-Pkw's durch einen Privatmann. Es handelt sich nicht um Einkünfte aus § 21. Vielmehr liegen die Einkünfte i.S. § 22 Nr. 3 vor.

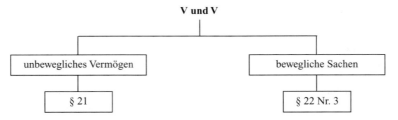

2. Abwandlung:
Der Stpfl. vermietet den Pkw mit Wohnwagenanhänger und Einrichtung.
Es liegt ein Sachinbegriff i.S. des § 21 Abs. 1 Nr. 2 vor, hier sind daher Einkünfte aus § 21 gegeben.

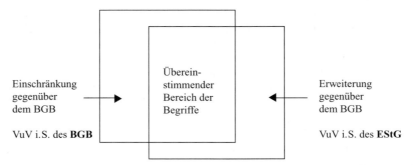

Zu beachten ist die **Subsidiaritätsklausel** des **§ 21 Abs. 3**: Einkünfte aus VuV sind **anderen Einkunftsarten zuzurechnen,** soweit sie zu diesen gehören. Vgl. im einzelnen 7.5.

Zur **Liebhaberei** bei VuV vgl. BMF-Schreiben BStBl 1992 I 434 und unter 7.6.3.

7.3 Arten der Einkünfte aus Vermietung und Verpachtung

§ 21 Abs. 1 enthält vier Einkunftsgruppen:

a) Vermietung und Verpachtung von unbeweglichem Vermögen

b) Vermietung und Verpachtung von Sachinbegriffen

c) Zeitlich begrenzte Überlassung von Rechten

d) Entgeltliche Abtretung von Miet- und Pachtzinsforderungen.

7.3.1 Vermietung und Verpachtung unbeweglichen Vermögens (§ 21 Abs. 1 Nr. 1 EStG)

Hierunter fallen

- Grundstücke
  - unbebaute
  - bebaute

- Grundstücksteile
  - Gebäude
  - Wohnungen
  - einzelne Zimmer

- Grundstücksgleiche Rechte
  z. B. Erbbauzinsen aus der Einräumung eines
  Erbbaurechts; Mineralgewinnungsrechte, Bergrechte, Fischereirechte

- ins Schiffsregister eingetragene Schiffe.

Die Art der **Nutzung** durch den **Mieter** oder **Pächter** ist **unerheblich**.

> **Beispiel**
> Einnahmen aus der Vermietung eines Ladenlokals fallen ebenfalls unter § 21 Abs. 1 Nr. 1.

Der Vermieter bzw. Verpächter **muß nicht Eigentümer** der zur Nutzung überlassenen Sache sein.

Daher fällt unter § 21 **auch** eine **Untervermietung** und **Weitervermietung**.

Der Begriff Vermietung ist, wie unter 7.2 ausgeführt, **weit** auszulegen. Vgl. H 161 „Einnahmen".

7.3.2 Überlassung von Grundstücken zur Substanzausbeute

7.3.2.1 Begriff

Unter § 21 Abs. 1 fällt nicht nur die – problemlos einzuordnende – Vermietung, sondern auch eine Verpachtung, die begrifflich das Recht zur Fruchtziehung mit umfaßt. Vgl. § 581 BGB und vorstehend unter 7.1. Daher fallen sogenannte **Substanzausbeuteverträge grds.** unter **§ 21** (BFH, BStBl 1994 II 231 und BStBl 1994 II 840). Es handelt sich um Verträge, mit denen einem anderen als dem Eigentümer des Substanzvorkommens das Recht eingeräumt wird, Bodenschätze aus einem Grundstück zu entnehmen. Grds. werden Abbauverträge über Bodenschätze, soweit sie nicht zu einem gewerblichen Betriebsvermögen gehören, als **Pachtverträge** beurteilt. Vgl. H 164a.

Die Entgelte für die Einräumung von Substanzausbeuterechten, also Entgelte für die Entnahme von Bodenschätzen, wie Kohle, Kali, Mineralien, Erdöl, Steine, Ziegellehm, Kies, Sand usw., gehören zu den Einkünften aus **Vermietung und Verpachtung, soweit nicht** Einkünfte aus **§ 13** (nur als „**Nebenbetrieb**" der Landwirtschaft denkbar, § 13 Abs. 2 Nr. 1) oder aus **Gewerbebetrieb** anzunehmen sind und **soweit nicht** eine **Veräußerung** von Bodenschätzen vorliegt. Dabei ist es **unwesentlich**, ob das **Entgelt** in Form **laufender** Pachtzahlungen oder als **Einmalentgelt** zu entrichten ist. Als Pachtvertrag sah der BFH auch den „Verkauf" einer bestimmten Sandmenge an, die noch abzubauen war und noch innerhalb des vereinbarten Vertragsjahres tatsächlich abgebaut und abgefahren wurde (BFH, BStBl 1966 III 324). Auch wenn die Ausbeute nur verhältnismäßig kurze Zeit dauert, ist gleichwohl im allgemeinen ein Pachtvertrag anzunehmen, BFH, BStBl 1970 II 210.

Beispiel:

Privatmann schließt mit einem Bauunternehmer einen Pachtvertrag von einem Jahr über ein Grundstück mit einem Kiesvorkommen ab.

Bemessung der Pacht:
1. pauschal 30 000 DM für das Vertragsjahr
2. 3 DM je (entnommene) Tonne Kies.

Es liegt sowohl bei 1. wie auch bei 2. bürgerlich-rechtlich eine Verpachtung vor.

Dazu gehören bereits nach BGB die Fruchtziehung, hier die Substanzausbeute, vgl. § 581 BGB.

Ob die Pacht pauschal oder nach der entnommenen Menge bemessen wird, ist unbeachtlich.

Substanzausbeuteverträge führen bei Zugehörigkeit des Grund und Bodens zu einem landwirtschaftlichen Betrieb zu Einkünften aus § 13.

Beispiel:

Wie vor, nur daß es sich um ein Grundstück eines Landwirts handelt.

Hier liegen **nicht** Einnahmen i. S. des § 21 Abs. 1 Nr. 1 vor sondern über § 21 Abs. 3 Betriebseinnahmen aus § 13. Das Grundstück ist trotz Verpachtung Betriebsvermögen des Landwirts, ebenso die darin lagernden Bodenschätze (BFH, BStBl 1990 II 840, 841).

Bei Substanzausbeuteverträgen über betrieblichen Grundbesitz eines **Gewerbebetriebs** liegen ebenfalls (wie auch bei Veräußerung) Betriebseinnahmen gem. **§ 15** i. V. m. § 21 Abs. 3 vor.

7.3.2.2 Abgrenzung zwischen Verpachtung und Veräußerung

Es ist eine **Abgrenzung** zwischen **Pachtverträgen** und **Kaufverträgen** vorzunehmen.

Verträge über die zeitlich begrenzte Überlassung der Entnahme von Bodenschätzen gegen Entgelt sind, wenn das Vertragsverhältnis in seinem wirtschaftlichen Ergebnis einem Pachtverhältnis gleichkommt, als Pachtverträge über ein Grundstück anzusehen. Ein **Kaufvertrag** über die im Boden befindlichen Mineralien oder sonstigen Bestandteile kann **nur** in **Ausnahmefällen** angenommen werden, z. B. wenn auch der **Grund und Boden mit veräußert** wird (BFH, BStBl 1959 III 5).

Ein Pachtvertrag ist aber anzunehmen bei Veräußerung von Grundstücken mit Substanzvorkommen bei gleichzeitiger **Vereinbarung eines Rückkaufsrechts** (BFH, BStBl 1974 II 130, BStBl 1993 II 296 und BStBl 1994 II 231).

Beispiel:

Lt. Kaufvertrag erfolgt eine Veräußerung eines kiesträchtigen Grundstücks für 400 000 DM durch A.

Die Bemessung des Kaufpreises erfolgt nach der Mächtigkeit und Güte des Vorkommens.

Zugunsten des Verkäufers erfolgt eine Sicherung des Anspruchs auf Rückkauf des Grundstücks für 10 000 DM nach abgeschlossener Auskiesung durch Vormerkung im Grundbuch. Es liegen Einkünfte aus VuV (§ 21) vor.

Für die steuerliche Zuordnung von Einnahmen zu VuV i. S. von § 21 kommt es nicht auf die bürgerlich-rechtliche Form und Bezeichnung eines Vertrages, sondern auf seinen wirtschaftlichen Inhalt an.

Danach liegt vom wirtschaftlichen Gehalt ein Pachtvertrag vor. Ein Kaufvertrag ist nicht gegeben, da er seinem Wesen nach auf endgültige Übertragung eines Gegenstandes aus dem Vermögen des einen in das Vermögen eines anderen abzielt.

A will sich hier jedoch eindeutig nicht endgültig von dem Grundstück trennen.

Die Bemessung der Pachthöhe nach Mächtigkeit und Qualität statt nach Zeiteinheiten ist bereits bürgerlich-rechtlich möglich (BFH, a. a. O.).

Nur bei endgültiger Übertragung des Grund und Bodens ohne Rückübertragungsverpflichtung kann daher eine im Privatvermögen steuerlich nicht zu erfassende Veräußerung des Substanzvorkommens anerkannt werden.

Die spätere „Kaufpreiszahlung" von 10 000 DM durch A bei der formalen Rückübertragung muß folgerichtig **negative Einnahmen** aus § 21 Abs. 1 Nr. 1 darstellen.

Als **Veräußerung** ist **auch** die **einmalige Lieferung einer festbegrenzten Menge ohne weitere Nebenpflichten des Abnehmers** anzuerkennen.

Beispiel:

A schließt mit B einen Kaufvertrag über die Lieferung von 10 000 t Kies zum Preis von 28 000 DM ab. Der Erwerber B muß das Material
1. lediglich selbst abholen;
2. selbst abbauen;
3. nicht nur abbauen, sondern auch den Mutterboden abtragen und später wieder das Gelände verfüllen und mit Mutterboden abdecken (Rekultivierungsverpflichtung).

Bei a) liegt eine einmalige Lieferung einer fest begrenzten Menge ohne weitere Nebenpflichten des Erwerbers vor. Die Abholung der Substanz allein ist für die Verneinung eines Kaufvertrags nicht ausreichend.

Es handelt sich um einen **Vorgang der privaten Vermögensebene.**

Bei b) und c) ist eine **schädliche Übernahme** von **Nebenpflichten** anzunehmen, daher liegen Einkünfte aus § **21 (Pachtvertrag)** vor. Vgl. BFH, BStBl 1970 II 210.

Nimmt der **Grundstückseigentümer selbst** einen **nachhaltigen Abbau** vor, liegt ein **Gewerbebetrieb** vor (§ **15 Abs. 2 Satz 1**).

7.3.3 Vermietung und Verpachtung von Sachinbegriffen (§ 21 Abs. 1 Nr. 2 EStG)

7.3.3.1 Begriff

Sachinbegriff ist „eine Mehrheit beweglicher Sachen, die durch einen gemeinsamen wirtschaftlichen Zweck zu einer Einheit verbunden sind".

Beispiel:

Wohnungseinrichtung, Gewerbebetrieb (bewegliches BV), landwirtschaftliches Inventar, freiberufliche Praxis, Bibliothek.

Unter § 21 fällt die Überlassung nur bei Zugehörigkeit zum Privatvermögen (vgl. § 21 Abs. 3).

Beispiel

Betriebsverpachtung im ganzen **nach** Aufgabeerklärung durch den Stpfl.; vgl. R 139 Abs. 5.

Es ist eine Abgrenzung zur Vermietung einzelner beweglicher Wirtschaftsgüter vorzunehmen. Hier liegen keine Einkünfte aus § 21, sondern sonstige Einkünfte i. S. § 22 Nr. 3 Satz 1 vor.

Die Freigrenze des § 22 Nr. 3 Satz 2 ist zu beachten (keine Besteuerung, wenn Überschuß weniger als 500 DM).

Das Verlustausgleichsverbot des § 22 Nr. 3 letzter S. ist zu beachten.

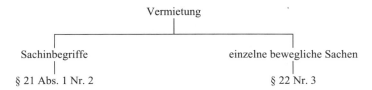

7.3.4 Zeitlich begrenzte Überlassung von Rechten (§ 21 Abs. 1 Nr. 3 EStG)

In Betracht kommt insbesondere die Überlassung von **schriftstellerischen, künstlerischen und gewerblichen Urheberrechten,** insbesondere Patente, Gebrauchsmuster, Geschmacksmuster. Es muß sich um eine zeitlich begrenzte Überlassung der Rechte zur Nutzung durch Dritte handeln.

§ 21 ist **auch** gegeben, wenn ein Vertrag **zivilrechtlich nicht** als Miet- oder Pachtvertrag zu beurteilen ist.

Es ist jedoch eine **Abgrenzung** der Vermietung und Verpachtung gegenüber den **anderen Einkunftsarten** vorzunehmen (§ 21 Abs. 3). Die Einnahmen fallen nur dann unter § 21 Abs. 1 Nr. 3, wenn sie nicht schon im Rahmen der Gewinneinkünfte §§ 13, 15, 18 zu erfassen sind.

Die Nutzungsüberlassung durch den Urheber des Rechts selbst führt häufig zu Einkünften aus §§ 15 oder 18.

Beispiele:

1. Ein freier Erfinder, der planmäßig Patente entwickelt, vergibt diese in Lizenz. Die Lizenzeinnahmen sind Betriebseinnahmen gem. § 21 Abs. 3, § 18 Abs. 1 Nr. 1 (wissenschaftliche Tätigkeit, R 149 Satz 1).
2. a) Ein Erfinder entwickelt mit Hilfe einer größeren Zahl von Arbeitnehmern planmäßig Erfindungen.
   b) Gewerbetreibender entwickelt im Rahmen seines Gewerbebetriebes Patente.

   In beiden Fällen a) und b) stellen die Lizenzeinnahmen Betriebseinnahmen aus § 15 i. V. mit § 21 Abs. 3 dar. In Fall a) dürfte der Stpfl. nicht mehr „leitend und eigenverantwortlich" i. S. von § 18 Abs. 1 Nr. 1 S. 3 tätig sein.

Unter § 21 Abs. 1 Nr. 3 fallen insbesondere Nutzungsüberlassungen von **Zufallserfindungen** und **in das Privatvermögen erworbenen Erfindungen.**

Beispiel:

1. Ein „Zufallserfinder" vergibt seine Erfindung in Lizenz. Es liegen Einnahmen aus § 21 Abs. 1 Nr. 3 vor. Gewinneinkünfte i. S. § 18 Abs. 1 Nr. 1 sind mangels Nachhaltigkeit zu verneinen.
2. Der Erfinder A veräußert ein Patent an B. B schließt mit X einen Lizenzvertrag. B erhält von X Lizenzgebühren. Das erworbene Patent gehört bei B nicht zu einem Betriebsvermögen. Die Lizenzgebühren fallen unter § 21 Abs. 1 Nr. 3.

Die **Fortsetzung** der Nutzungsüberlassung durch einen **Gesamtrechtsnachfolger** führt zu **nachträglichen** Einkünften i. S. des **§ 24 Nr. 2.** Ihre Einordnung richtet sich nach der Einkunftsart, die der Rechtsvorgänger (Erblasser) hieraus erzielte.

Der Gesamtrechtsnachfolger eines Urhebers erzielt demnach – abgesehen vom Zufallserfinder – nachträgliche Einkünfte aus § 15 oder § 18 Abs. 1 Nr. 1 i. V. m. § 24 Nr. 2.

Beispiele:

1. A hat ein Buch geschrieben. Seine Urheberrechte hat er dem X–Verlag überlassen. A ist in 07 verstorben. Seine Witwe erhält in 07 und 08 vom Verlag hierfür Honorarüberweisungen.
2. Der Witwe eines in 08 verstorbenen freien Erfinders fließen in 09 ff. weiterhin Lizenzeinnahmen aus einem noch vom Erblasser abgeschlossenen Lizenzvertrag zu.

In beiden Fällen erzielt die Witwe nachträgliche Einkünfte aus § 18 Abs. 1 Nr. 1 i. V. m. § 24 Nr. 2.

Bei Fall 1 ist allerdings Tatfrage, ob die erforderliche Nachhaltigkeit für das Vorliegen von Gewinneinkünften gegeben ist.

Gewerbliche Einkünfte (§ 15) liegen aber bei **Verwertung** von Rechten durch den Gesamtrechtsnachfolger im Rahmen eines **eigenen Gewerbebetriebs** vor.

Beispiel:

Die Witwe schließt über eine noch nicht verwertete Erfindung ihres verstorbenen Mannes, der freier Erfinder war, erstmalig einen Lizenzvertrag ab, und zwar im Rahmen ihres Gewerbetriebs.

Sie erzielt Einkünfte aus § 15.

Denkbar ist auch eine Fortführung einer freien Erfindertätigkeit i. R. des § 18 Abs. 1 Nr. 1 durch den Gesamtrechtsnachfolger.

Schließlich ist noch eine **Abgrenzung** der zeitlich begrenzten Nutzungsüberlassung von Rechten gegenüber der **Veräußerung** von Rechten vorzunehmen.

Bei **endgültiger Übertragung der Rechte (Abtretung)** liegt keine Nutzungsüberlassung des Rechts vor, sondern eine „Veräußerung". Eine Erfassung kann nur im Rahmen der Gewinneinkünfte erfolgen. Im Rahmen des Privatvermögens liegt dagegen ein nicht zu erfassender Vorgang auf der Vermögensebene vor (vorbehaltlich § 23 – Spekulationsgeschäft).

Beispiel:

Ein Schriftsteller verkauft die Rechte an einem Buch gegen einmalige Zahlung an einen Verlag. Die Zahlung ist eine Betriebseinnahme aus § 18 Abs. 1 Nr. 1.
Der Art nach liegt eine Veräußerung des Rechts vor, so daß § 21 Abs. 1 Nr. 3 i. V. m. § 21 Abs. 3 nicht gegeben ist.

7.3.5 Abtretung von Miet- und Pachtzinsforderungen (§ 21 Abs. 1 Nr. 4 EStG)

Unter § 21 Abs. 1 Nr. 4 fallen nur solche Miet- oder Pachtzinsforderungen, die einen Gegenstand der VuV i. S. § 21 Abs. 1 Nr. 1 bis 3 betreffen.

Ein Fall des § 21 Abs. 1 Nr. 4 liegt vor bei Abtretung rückständiger Miet- und Pachtzinsforderungen im Zusammenhang mit der **Veräußerung eines Gebäudes.**

Bei Vereinbarung eines **einheitlichen Gesamt**kaufpreises für Grundstück und Forderung ist eine **Aufteilung** des Kaufpreises vorzunehmen.

Beispiel:
A hat am 1.12.04 an B ein Mietwohngrundstück veräußert. Außerdem hat A dem B eine Mietforderung gegen C abgetreten. Das Entgelt für die rückständige Miete von 10 000 DM, die voraussichtlich in voller Höhe zu realisieren sein wird, ist im Gesamtkaufpreis des Grundstücks von 300 000 DM enthalten. Dieser wurde am 20.12.04 an A gezahlt. C zahlte die rückständige Miete an B am 2.1.05.

- A hat in 04 den Erlös von 10 000 DM aus der Abtretung als Einnahme aus § 21 Abs. 1 Nr. 4 zu versteuern.
- Der Grundstückserlös beträgt nur 290 000 DM (bedeutsam evtl. für § 23).
- B hat Anschaffungskosten für das Grundstück von ebenfalls 290 000 DM.
- Der Einzug des rückständigen Mietbetrags von 10 000 DM in 05 gehört **nicht** zu den Einkünften aus VuV i. S. des § 21 Abs. 1 Nr. 1, da es sich hierbei lediglich um den **Einzug einer entgeltlich erworbenen Forderung** handelt.

Die Mietforderung ist auf den **Zeitpunkt der Abtretung** zu **bewerten.**

Später eintretende Umstände, die den Wert der abgetretenen Forderung beeinflussen, bleiben dabei **außer Betracht** (da Vorgänge der **privaten Vermögensebene**).

Beispiel:
Wie vor, aber im Zeitpunkt der Abtretung der Mietforderung kann nur mit einer Realisierung von 4 000 DM gerechnet werden. Wider Erwarten kann B in 05 sogar nur 1 500 DM einziehen.
1. Hier hat A in 04 gem. § 21 Abs. 1 Nr. 4 4 000 DM zu versteuern. Die Mehrzahlung von 6 000 DM rechnet zu dem Grundstückskaufpreis, da feststeht, daß in dieser Höhe die Forderung nicht zu realisieren ist.
2. Die Anschaffungskosten bzw. der Veräußerungserlös für das Grundstück betragen mithin 300 000 DM ./. 4 000 DM = 296 000 DM.
3. Der Einzug des Betrags von 1 500 DM durch B liegt auf der Vermögensebene.
4. Der Forderungsausfall von 4 000 DM ./. 1 500 DM = 2 500 DM ist für B ein privater Vermögensverlust.

Bei einer entgeltlichen Abtretung **künftiger** Miet- und Pachtzinsforderungen (d. h. ohne Grundstücksveräußerung) gelten die obigen Grundsätze entsprechend:
- Beim Abtretenden liegen Einnahmen aus § 21 Abs. 1 Nr. 4 vor.
- Beim Abtretungsempfänger liegt der entgeltliche Erwerb einer Mietforderung vor, deren Realisierung für ihn nicht zu Einnahmen aus § 21 führt.

Dagegen fällt eine **unentgeltliche Abtretung** einer Miet-Pachtforderung **nicht** unter § 21 Abs. 1 Nr. 4.

Die **Zurechnung** der Einnahmen aus § 21 Abs. 1 Nr. 1 **beim Vermieter** oder **Verpächter** bleibt unberührt, da lediglich eine **Einkommensverwendung** vorliegt, die unter das **Abzugsverbot** des § 12 Nr. 2 fällt.

Beispiel:
Der Stpfl. V schenkt seinem Sohn S zum 31.12.04 ein Mietwohngrundstück (Wert 500 000 DM). Gleichzeitig tritt er ihm Mietforderungen von 10 000 DM ebenfalls **unentgeltlich** ab. S zieht diese Forderungen in 05 ein.
Der Abtretende (V) hat den Betrag von 10 000 DM zu versteuern nach § 21 Abs 1 Nr. 1 (nicht § 21 Abs. 1 Nr. 4) in dem Zeitpunkt, in dem der Sohn S (Abtretungsempfänger) den Betrag einzieht (also bei Zufluß in 05). Jedenfalls liegt noch kein Zufluß im Abtretungszeitpunkt vor (FG Ba.-Wü., EFG 1985, 174 – rkr.).
Begründung: S verwirklicht **nicht** den Tatbestand des § 21 Abs. 1 Nr. 1 in seiner Person bzw. es liegt eine nach § 12 Nr. 2 nichtabziehbare Zuwendung des V an eine gesetzlich unterhaltsberechtigte Person vor. S erzielt insoweit keine Einkünfte (vgl. § 22 Nr. 1 S. 2).

Eine andere Beurteilung – also Einnahmen aus § 21 Abs. 1 Nr. 1 bei S – ergibt sich evtl. aus BFH, BStBl 1982 II 540 und 1984 II 746 (zur Übertragung von Sparbriefen bzw. GmbH-Anteilen); vgl. auch Seeger in: Schmidt, EStG, 14. Aufl., § 24 Anm. 8 c – jedoch wohl **nicht** bei isolierter Abtretung der Mietforderung.

7.3.6 Einkunftserzielung bei den Einkünften aus Vermietung und Verpachtung

Für die Abgrenzung zur „**Liebhaberei**" gilt im Rahmen der Einkunftsart § 21 nach dem BMF-Schreiben vom 23. 7. 1992, BStBl I 434:

Nach dem Beschluß des Großen Senats vom 25. Juni 1984 (BStBl 1984 II 751) setzt eine einkommensteuerrechtliche Bestätigung oder Vermögensnutzung im Bereich der **Überschußeinkünfte** die **Absicht** voraus, **auf Dauer gesehen** nachhaltig **Überschüsse** zu erzielen (vgl. auch BFH, BStBl 1981 II 37, BStBl 1992 II 463 und BStBl 1980 II 452). Dabei ist **nicht** auf das Ergebnis der Vermögensnutzung **eines** oder **weniger** Jahre, sondern auf das **positive Gesamtergebnis** der **voraussichtlichen Vermögensnutzung** durch den Stpfl. **und** seinen **Gesamtrechtsnachfolger oder** seinen **voll unentgeltlichen Einzelrechtsnachfolger** abzustellen. Steuerfreie Veräußerungsgewinne sind in diese Betrachtung **nicht** einzubeziehen (BFH, BStBl 1982 II 463). Für die **Dauer** der voraussichtlichen Vermögensnutzung ist bei Gebäuden **grundsätzlich** von einer tatsächlichen Nutzungsdauer von **100 Jahren** auszugehen. **Grundsätzlich** spricht bei den Einkünften aus Vermietung und Verpachtung der **Beweis des ersten Anscheins** für das **Vorliegen** der **Einkunftserzielungsabsicht**.

Der Beweis des ersten Anscheins für das Vorliegen der Einkunftserzielungsabsicht ist **entkräftet,** wenn aufgrund objektiver Beweisanzeichen festgestellt werden kann, daß der Stpfl. das Gebäude in der Absicht angeschafft oder hergestellt hat, die Steuervorteile in Anspruch zu nehmen und es kurze Zeit danach zu veräußern (z. B. bei sogenannten **Mietkauf**-Modellen, BFH, BStBl 1987 II 668 und 774). Solche **Beweisanzeichen** können zum Beispiel der Abschluß eines entsprechenden **Zeitmietvertrages,** einer entsprechenden **kurzen Fremdfinanzierung** oder die **Suche nach einem Käufer schon kurze Zeit nach Anschaffung oder Herstellung** des Gebäudes sein. Die Inanspruchnahme von **Sonderabschreibungen** oder erhöhten Absetzungen bei Gebäuden reicht zur Widerlegung der Einkunftserzielungsabsicht **allein nicht aus.**

Auch bei **Grundstücksverwaltungsgesellschaften** oder -gemeinschaften mit Einkünften aus Vermietung und Verpachtung von Grundstücken spricht der Beweis des ersten Anscheins **für** das Vorliegen der Einkunftserzielungsabsicht. Entsprechendes gilt bei geschlossenen Immobilienfonds in den Fällen des § 15 Abs. 3 Nr. 2. Aus der rechtlichen Gestaltung des Vertragswerkes und der tatsächlichen Durchführung im Einzelfall kann sich aber ergeben, daß die Beteiligten nicht eine auf Dauer angelegte Investition anstreben, sondern im Vordergrund ihrer Entscheidung die Minderung ihrer Steuerbelastung steht. Nur in einem solchen Fall sind die Grundsätze des BFH, BStBl 1990 II 564 anzuwenden. Bei einem Gesellschafter oder Gemeinschafter genügt allein die rechtliche oder tatsächliche Möglichkeit, die Beteiligung an der Gesellschaft oder Gemeinschaft kurzfristig aufzugeben, **grds. nicht** zu einer **Entkräftung** des Beweises des ersten Anscheins für das Vorliegen einer Einkunftserzielungsabsicht.

Bei **selbstgenutzen** Wohnungen sind die Liebhabereigrundsätze **nicht** anwendbar (BFH, BStBl 1995 II 98 und BStBl 1995 II 102.

Vgl. auch H 161 „Einkünfteerzielungsabsicht" und BFH, BStBl 1995 II 462.

Im Zusammenhang mit der Beteiligung an einem Bauherrenmodell abgegebenes **Rückkaufsangebot** oder **Verkaufsgarantie** sind Beweisanzeichen für Liebhaberei (BFH, BStBl 1995 II 116. Dies gilt nur bei **Kenntnis** des Anlegers (BFH, BStBl 1995 II 778). Zur Beweislast des FA für Kenntnis des Anlegers vgl. BFH, BStBl 1995 II 460.

7.3.7 Mietverträge zwischen nahen Angehörigen

Zur steuerlichen Anerkennung von Mietverträgen zwischen nahen Angehörigen vgl. **H 162a** und 7.9.5.4.

Eine Vermietung an den geschiedenen Ehegatten und die Verrechnung der Miete mit dem geschuldeten Barunterhalt stellen **keinen** Mißbrauch von Gestaltungsmöglichkeiten dar (BFH, BStBl 1996 II 214).

7.4 Einnahmen aus Vermietung und Verpachtung

7.4.1 Begriff

Unter den Begriff der Einnahme aus § 21 Abs. 1 fallen die Nutzungsentgelte für die unter § 21 Abs. 1 fallenden Miet- oder Pachtobjekte.

- Maßgeblich ist der **wirtschaftliche Zusammenhang** der Einnahmen mit der Nutzungsüberlassung
- Die von den Parteien gewählte **Bezeichnung** ist dagegen **unerheblich**.

Als Einnahme ist alles anzusetzen, was Ausfluß der Nutzung des Mietobjekts ist (BFH, BStBl 1972 II 624). Hierzu gehört auch die **USt** im Falle der **Option**.

Erlöse aus der **Veräußerung** des **Mietobjekts** sind daher **keine** Einnahmen aus § 21.

Die Einnahmen können in **Geld** oder **Geldeswert** bestehen (Sachbezüge), **§ 8 Abs. 2**.

> **Beispiel:**
>
> Ein Mieter darf vereinbarungsgemäß die vereinbarte Miete von monatlich 350 DM in Form regelmäßiger Warenlieferungen zum Verbraucherpreis von 380 DM (einschließlich USt) begleichen (Einkaufspreis des Mieters 270 DM netto, ohne Vorsteuer).
>
> Als Einnahme i. S. von § 21 Abs. 1 Nr. 1 und § 8 sind anzusetzen der übliche Endpreis nach § 8 Abs. 2: 380 × 12 = 4560 DM.
>
> Unmaßgeblich sind
> - der ursprünglich vereinbarte Mietbetrag von 350 DM
> - der Einkaufspreis des Mieters.

Nicht erfüllt ist der Tatbestand des § 21 Abs. 1 Nr. 1 bei Nutzungsüberlassung einer Wohnung an den geschiedenen Ehegatten (BFH, BStBl 1992 II 1009; H 161 „Einnahmen").

7.4.2 Einzelfälle von Einnahmen

Außer der eigentlichen, als Miete/Pacht bezeichneten Hauptleistung sind daher weitere Einnahmen zu erfassen.

7.4.2.1 Leistungen des Mieters/Pächters an Dritte zugunsten des Vermieters/Verpächters

Leistet der **Mieter/Pächter** mit **schuldbefreiender** Wirkung Beträge zugunsten des Vermieters/Verpächters, liegen bei dem Vermieter/Verpächter Einnahmen aus § 21 Abs. 1 vor.

> **Beispiel:**
>
> Pächter eines Grundstückes entrichtet 4000 DM Erschließungsbeiträge; zu deren Zahlung der Verpächter gesetzlich verpflichtet ist (BBauG), unmittelbar zugunsten des Verpächters an die Gemeinde – neben der normalen Pacht.
>
> Es liegt eine Einnahme aus § 21 Abs. 1 Nr. 1 beim Verpächter vor, da der Pächter schuldbefreiend zugunsten des Verpächters geleistet hat, so bisher z. B. BFH, BStBl 1989 I 1407.
>
> Zeitpunkt des Zuflusses ist der Zeitpunkt der Zahlung durch den Pächter.
>
> A.A aber jetzt BFH, BStBl 1990 II 310 (keine Einnahmen im **Zahlungszeitpunkt** bei Übernahme durch einen Erbbauberechtigten).

Nach Auffassung der FinVerw liegen bei **Übernahme** von **Erschließungskosten** durch den **Erbbauberechtigten** Einnahmen aus § 21 Abs. 1 Nr. 1 vor, jedoch erst im Zeitpunkt des **Heimfalls** des Gebäudes (BMF, BStBl 1991 I 1011).

7.4.2.2 Umlagen

Auch von den Mietern vereinnahmte **Umlagen** sind als Einnahmen zu erfassen. Umlagen sind **Nebenleistungen**, die von den Mietern zur Deckung von **Nebenkosten wie Heizung, Warmwasser, Flurlicht, Kanalgebühren** usw. erhoben werden.

Diese Erhebung kann in Form von **Vorschüssen**, die später durch Vermieter einzeln abgerechnet werden, oder als **Pauschalumlagen** erfolgen. Als Einnahmen aus § 21 sind beide Formen zu versteuern.

Die mit den Umlagen bestrittenen Hausaufwendungen sind Werbungskosten.

Die **Rückzahlung** zu hoch geleisteter Umlage-Vorschüsse führt – ebenso wie die Rückzahlung von Mieten – beim Vermieter zu **negativen Einnahmen,** die die (positiven) Einnahmen mindern.

7.4.2.3 Schadensersatzleistungen des Mieters oder Dritter

Bei Schadensersatzleistungen ist zu unterscheiden, ob es sich um Ersatz für

- **entgehende** oder **entgangene Einnahmen** oder
- **Vermögensschäden**

handelt.

Ersatzleistungen **(für entgangene oder entgehende Einnahmen)** sind stpfl. **Einnahmen aus VuV** i. S. des § 21 Abs. 1 Nr. 1 im Zuflußzeitpunkt (BFH, BStBl 1991 II 76).

> **Beispiel:**
> 1. Ein Verwalter hat Mieten unterschlagen, die von einer Versicherung ersetzt werden.
> 2. Ein Mieter muß dem Vermieter einen Betrag von 2 Monatsmieten zahlen, da der Mieter keinen Nachmieter beschaffen konnte und die Wohnung noch 2 Monate leerstand.
>
> In beiden Fällen sind die Ersatzleistungen Einnahmen aus VuV gem. § 24 Nr. 1a.

Auch sind als Einnahmen aus VuV zu erfassen erhaltene Zahlungen

- wegen **übermäßiger Beanspruchung der Mietsache**
- wegen **vertragswidriger Vorenthaltung der Miet- und Pachtsache** sowie
- wegen **Vernachlässigung der Miet- und Pachtsache**.
- wegen **Entlassung aus einem Vormietvertrag** (BFH, BStBl 1991 II 76). Vgl. H 161 „Einnahmen".

Nutzungsentschädigungen für die Inanspruchnahme von Grundstücken durch die öffentliche Hand sind als Einnahmen zu erfassen gem. § 24 Nr. 3.

Bei **Ersatz für Schäden an Miet-/Pachtobjekt** durch den Mieter gilt:

a) Der Ersatz für **Substanzschäden** stellt **keine Einnahmen** dar, da kein Nutzungsentgelt oder Ersatz für entgangene Einnahmen vorliegen.

b) Werden vom Vermieter zur Beseitigung des Vermögensschaden **Erhaltungsaufwendungen** gemacht, dann sind die Erhaltungsaufwendungen um die **Ersatzleistungen** zu **kürzen (= Kürzung der Werbungskosten).**

Bei **Ersatz** in **späteren** Jahren sind die Leistungen des Mieters als **Einnahmen** anzusehen (BFH, BStBl 1962 III 219).

> **Beispiel:**
> Ein Mieter beschädigte beim Einzug das Treppengeländer. Die Reparaturkosten von 250 DM wurden vom Vermieter im Dezember 01 gezahlt. Der Mieter leistete in 02 Schadensersatz i. H. v. 200 DM.
> Der Vermieter kann in 01 250 DM als WK abziehen; in 02 hat er die Schadensersatzleistungen als Einnahmen zu versteuern.

Nimmt der Vermieter nach Schadenseintritt infolge einer erheblichen Beschädigung eine **AfaA nach § 7 Abs. 1 Satz 5** in Anspruch, dann sind die **Ersatzleistungen in Höhe der AfaA als Einnahmen** anzusetzen.

Ebenso liegen Einnahmen vor, soweit die Versicherungsleistung Werbungskosten-Ersatz beinhaltet (BFH, BStBl 1994 II 11 und 12).

> **Beispiel:**
> Die Feuerversicherung zahlt für die Vernichtung eines Gebäudes 70 000 DM.
> Der Restwert des Gebäudes betrug 80 000 DM.
> – Die Entschädigung der Feuerversicherung ist Einnahme i. S. § 21 Abs. 1 Nr. 1 in Höhe von   70 000 DM
> – a. o. AfA gem. §§ 7 Abs. 1 Satz 5, § 9 Abs. 1 Nr. 7 = WK   80 000 DM

- **Kein Wahlrecht für AfaA bei Entschädigungszahlung**

Es besteht **kein Wahlrecht**, mit der Geltendmachung der AfaA zu warten, bis feststeht, ob und in welcher Höhe der Schaden ersetzt wird. § 7 Abs. 1 Satz 5 bietet für ein solches Wahlrecht **keine** gesetzliche Grundlage.

Es ist auch **nicht** möglich, mit der AfaA bis zum Jahr des Zuflusses der Versicherungsentschädigung zu warten, um dann beides miteinander zu verrechnen. Möglich ist allenfalls eine Billigkeitsmaßnahme aus **persönlichen** Gründen.

- **Versicherungsentschädigung liegt grundsätzlich in der Vermögenssphäre**

Die Entschädigung gehört als Ersatz für die Zerstörung des Gebäudes grds. zur Vermögenssphäre. Die Versicherungsentschädigung führt daher grds. weder zu Einnahmen aus § 21 noch zu einer Minderung der Herstellungskosten. Eine Entschädigung stellt nur insoweit Einnahmen aus VuV dar, als sie als WK-Ersatz gezahlt wird. Das ist der Fall, soweit die Versicherung

a) für die Minderung des Restwerts des Gebäudes infolge des Brandes geleistet und

b) soweit die Versicherung Abbruch- und Aufräumkosten ersetzt hat.

Die Versicherungsleistung wird auch nicht dadurch zu Einnahmen aus VuV, daß der Stpfl. in früheren VZ die Versicherungsprämien als WK nach § 9 Abs. 1 Satz 3 Nr. 2 abgezogen hat.

- **Leistungen der Versicherung**

Besteht eine geltende Neuwertversicherung und wird das Gebäude zerstört, so hat der Eigentümer gegen die Versicherung einen Anspruch auf Übernahme der Räumungs- und Abbruchkosten und auf Ersatz des ortsüblichen Neubauwerts des versicherten Gebäudes. Der BFH stellt fest, daß die Versicherungsleistungen **nur** dann zu Einnahmen aus VuV führen, wenn sie zu dem Zweck geleistet werden, **WK** zu **ersetzen**. WK kamen in den Urteilsfällen nur unter dem Gesichtspunkt der AfaA und der Abbruch- und Aufräumungskosten in Betracht. Die AfaA umfaßt nur die Wertminderung des Gebäudes infolge des Brandschadens, so daß i. d. R der weitaus größere Teil der Versicherungsleistung steuerfrei ist.

Der BFH lehnt es auch ab, in der Versicherungsentschädigung einen Zuschuß Dritter zu sehen, der die Herstellungskosten des Neubaus mindert. Denn der Leistende erfüllt lediglich eine rechtliche Verpflichtung.

Die Abbruch- und Aufräumkosten gehören zu den WK, ihre Entschädigung daher zu den Einnahmen aus § 21. Der BFH hat in dem Abbruch eines alten Gebäudes i. d. R. noch nicht den Beginn der Bauarbeiten für ein auf dem Gelände geplantes neues Gebäude gesehen (BFH, BFH/NV 1992, 558). Etwas anderes gilt nur dann, wenn der Bauherr das alte Gebäude schon in Abbruchabsicht erworben hat.

Zusammenfassung:

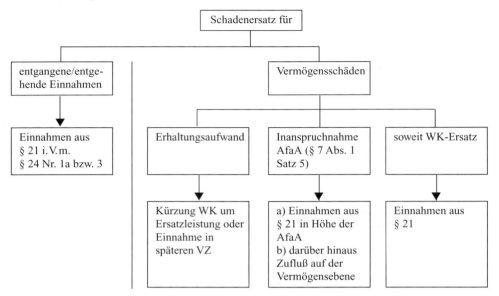

7.4.2.4 Instandhaltung durch den Mieter

Macht ein **Mieter** auf die Mietsache übliche **vertragliche Instandhaltungsaufwendungen** – sogenannte **Schönheitsreparaturen** – liegen beim Vermieter „aus Vereinfachungsgründen" insoweit **keine Einnahmen** aus § 21 vor (vgl. R 163 Abs. 3 Satz 8).

Wenn der Mieter dem Vermieter aber Beträge in Höhe der an sich von ihm durchzuführenden Instandsetzungsarbeiten zahlt, liegen Einnahmen aus VuV vor. Die Reparaturkosten sind WK.

7.4.2.5 Grundstücksaufbauten durch den Mieter

Führt der Mieter werterhöhende Maßnahmen (Einbauten, Umbauten) durch, stellt der **gemeine Wert der Verbesserung im Zeitpunkt der Beendigung des Mietverhältnisses** eine **Einnahme** aus VuV gem. § 21 Abs. 1, § 8 Abs. 2 dar (BFH, BStBl 1969 II 184). Ob der Wert eines Gebäudes, das auf fremdem Grund und Boden errichtet wird, mit der Fertigstellung oder erst später dem Grundstückseigentümer als Einnahme aus § 21 Abs. 1 Nr. 1 zufließt, hängt vom Vertrag ab.

Errichtet der **Mieter** auf dem Grundstück des Vermieters ein **Gebäude,** das **entschädigungslos** in das Eigentum des Vermieters **übergeht,** so **fließt** dem Vermieter der Wert dieses Gebäudes bereits dann **mit der Errichtung zu,** wenn der Vermieter in diesem Zeitpunkt rechtlicher und wirtschaftlicher Eigentümer wird (BFH, BStBl 1965 III 125). Das kann dann der Fall sein, wenn die Errichtung des Gebäudes gleichermaßen den Interessen der Vertragsparteien dient, der Wert des Gebäudes sich nicht innerhalb der vereinbarten Mietdauer verzehrt und der Vermieter nach Ablauf der Mietzeit keinen Beschränkungen bei der Miethöhe unterworfen ist.

Der Wertzufluß muß aber seine **Grundlage in einem Nutzungsvertrag** haben; BFH, BStBl 1983 II 755. Es gelten die gleichen Grundsätze wie bei verlorenen Baukostenzuschüssen, vgl. BFH, BStBl 1981 II 161 und R 163 Abs. 3 und unten 7.4.2.7.

Zur Wohnungsmodernisierung durch Mieter vgl. auch Stuhrmann, Inf. 1983, 200.

> **Beispiel:**
> Ein Kaufhausunternehmen pachtet ein Grundstück für 15 Jahre, um darauf eine neue Filiale zu errichten. Laufende Pachtzahlungen sind nicht zu errichten.
>
> Das Kaufhaus ist verpflichtet, nach Ablauf der Pachtzeit das Gebäude dem Verpächter entschädigungslos zu übereignen. Der Verzicht des Verpächters auf laufende Einnahmen beruht auf geschäftlichen Erwägungen.

Man kann dabei den Sachverhalt nicht so behandeln, als habe dieser bereits laufend Pachteinnahmen.

Die Pachteinnahme besteht hier in dem entschädigungslosen Übergang des Gebäudes auf den Verpächter nach Ablauf der Pachtzeit. Der Zeitpunkt des Zuflusses liegt hier erst bei Ablauf des Pachtvertrages vor, da er erst in diesem Zeitpunkt wirtschaftlich Verfügungsmacht über das Gebäude erhält.

Die Tatsache, daß das bürgerlich-rechtliche Eigentum schon bei Errichtung des Gebäudes auf den Verpächter übergangen ist (wesentlicher Bestandteil – § 94 Abs. 1 BGB), ist steuerlich für den Zufluß des Sachbezugs ohne Bedeutung.

Abwandlung:

Der Verpächter hat bereits auf die Gestaltung der Bauausführung wesentlichen Einfluß (Verfügungsmöglichkeiten) oder der Pächter leistet die Aufbaukosten als Baukostenzuschuß an den Verpächter.

Hier liegt bereits eine Einnahme vor im Zeitpunkt der Errichtung des Gebäudes (BFH, BStBl 1965 III 125). Es ist aber eine Verteilung der Mieteinnahme auf die Vertragsdauer möglich (BFH, a. a. O.), höchstens aber auf 10 Jahre.

Vgl. auch BFH, BStBl 1966 III 368 und 1982 II 533.

7.4.2.6 Behandlung von Zuschüssen

Bei vom Stpfl. empfangenen Zuschüssen ist wie folgt zu unterscheiden:

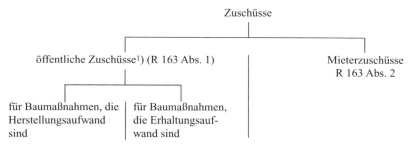

7.4.2.6.1 Zuschüsse zu Herstellungsaufwand, Erhaltungsaufwand und Schuldzinsen[2])

Öffentliche Zuschüsse zu **Herstellungsaufwand,** die unabhängig von der Nutzung des Gebäudes gewährt werden, **mindern die Herstellungskosten**[3]) und sind **nicht** als Einnahmen aus Vermietung und Verpachtung zu behandeln (BFH, BStBl 1992 II 999). R 163 Abs. 1. Die Behandlung von Zuschüssen im betrieblichen Bereich bleibt unberührt (BFH, BStBl 1992 II 488).

Zuschüsse zu **Erhaltungsaufwand** zu **Schuldzinsen** sowie zum **Ausgleich von Mietminderungen** infolge Vermietung an einen bestimmten Personenkreis sind nach R 163 Abs. 1 wie folgt zu behandeln: Ansatz als Einnahme im VZ des Zuflusses (§ 21 Abs. 1 Nr. 1, § 11 Abs. 1[4]).

Zur Behandlung öffentlicher Zuschüsse, die im Zusammenhang mit zu einem **Betriebsvermögen** gehörenden Gebäuden gewährt werden, vgl. R 34; siehe Darstellung in **Band 1** dieser Buchreihe.

7.4.2.7 Mietvorauszahlungen und Mieterzuschüsse

Mieter beteiligen sich unter Umständen an den Herstellungskosten des Gebäudes oder der Mieträume oder lassen die Mieträume auf ihre Kosten wieder herrichten. Solche Mieterzuschüsse werden i. d. R. auf die Miete wie eine Mietvorauszahlung angerechnet.

- **Mietvorauszahlungen** sind einmalige Nutzungsentgelte von Mietern, die auf die laufenden Mietzahlungen – mindernd – **angerechnet** werden.

---

[1]) und private Zuschüsse, die keine Mieterzuschüsse sind.

[2]) Falls die Zuschüsse eine **Gegenleistung** für die Nutzungsüberlassung darstellen, ist bei **Einmalbeträgen** Verteilung auf den Bindungszeitraum, höchstens auf 10 Jahre möglich.

[3]) ab Jahr der **Bewilligung** (R 163 Abs. 1 Satz 2).

[4]) falls Zufluß des Zuschusses nicht im VZ des Abflusses der Aufwendungen; sonst Minderung der WK.

- **Mieterzuschüsse** sind ebenfalls Nutzungsentgelte, die aber als sogenannte „verlorene Baukostenzuschüsse" **nicht auf die Miete angerechnet** werden.

Für alle Zuschüsse, die der Mieter neben der laufenden Miete zahlt, hat der Vermieter ein **Wahlrecht** zwischen **vollem Ansatz** im Zeitpunkt des **Zuflusses** als **Einnahme** (R 163 Abs. 3 Nr. 1 Satz 1) oder auf **Antrag: Verteilung** nach R 163 Abs. 3 Nr. 1 **Satz 2**.

a) Mietvorauszahlungen

(Anrechenbare) Mietvorauszahlungen können auf Antrag auf die **vereinbarte Laufzeit** verteilt werden (R 163 Abs. 3 Satz 3). Sie können somit **wie** ein **zinsloses Darlehen** behandelt werden.

In diesem Falle hat der Vermieter
a) die tatsächlich im VZ gezahlte (geminderte) Miete und
b) den jährlichen Anrechnungsbetrag (Betrag der Mietanrechnung)
zu versteuern (R 163 Abs. 3 Satz 4).

Beispiel:
A vermietet ab 1.7.01 an B eine Wohnung zu monatlich 500 DM. B zahlt am 1.7.01 eine Mietvorauszahlung von 4800 DM, die mit monatlich 200 DM ab 1.7.01 auf die am 1. eines Monats zahlbare Miete zugerechnet wird.

aa) A stellt keinen Antrag

Einnahmen aus VuV
01: 6 × 300 =   1800 DM
    + Zuschuß   4800 DM   6600 DM
02: 12 × 300 =   3600 DM

bb) auf Antrag Verteilung

01: 6 × 300 =   1800 DM
    + monatliche Anrechnung
    6 × 200 DM =   1200 DM   3000 DM
02: 12 × 300 =   3600 DM   tatsächliche Miete
    12 × 200 =   2400 DM   Anrechnung MVZ
                                        6000 DM

b) Verlorene Mieterzuschüsse

Auch **nicht** auf die Miete anrechenbare Baukostenzuschüsse dürfen auf Antrag im Rahmen des R 163 Abs. 3 Satz 6 wie folgt gleichmäßig verteilt werden:

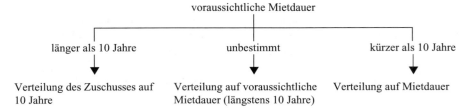

voraussichtliche Mietdauer		
länger als 10 Jahre	unbestimmt	kürzer als 10 Jahre
Verteilung des Zuschusses auf 10 Jahre	Verteilung auf voraussichtliche Mietdauer (längstens 10 Jahre)	Verteilung auf Mietdauer

Jeder Zuschuß ist **einzeln** zu behandeln.

Beispiel:
A vermietet an B eine Wohnung ab 1.1.01 für 12 000 DM jährlich. Am 2.1.01 zahlt B an A einen verlorenen Zuschuß = 36 000 DM

Mietdauer I: 20 Jahre
Mietdauer II: unbestimmt (voraussichtlich aber länger als 10 Jahre)
Mietdauer III: 8 Jahre

a) Kein Antrag

Ansatz 01 (§ 11 Abs. 1)
- tatsächliche Miete   12 000 DM
- verlorener Zuschuß   36 000 DM   = 48 000 DM

b) **Auf Antrag Verteilung**

I. **Festgesetzte Mietdauer = 20 Jahre**

tatsächliche Miete	12 000 DM	
$1/10$ des Zuschusses	3 600 DM	= 15 600 DM

Verteilung höchstens auf 10 Jahre.

II. **Unbestimmte Mietdauer**
Hier ist eine Verteilung auf 10 Jahre möglich.

tatsächliche Miete	12 000 DM	
+ $1/10$ des Zuschusses	3 600 DM	= 15 600 DM

III. **Mietdauer 8 Jahre**

tatsächliche Miete	12 000 DM	
+ $1/8$ des Zuschusses	4 500 DM	= 16 500 DM

In allen Fällen darf **keine Minderung** der **Herstellungskosten** des Gebäudes vorgenommen werden (R 163 Abs. 3 Nr. 4).

c) **Verlorene Mieterzuschüsse zu Geschäftsräumen**
Diese können ebenfalls **wie private Baukostenzuschüsse** zu **Wohnräumen** behandelt werden. Es darf nach BFH, BStBl 1981 II 161 stattdessen ebenfalls **kein Abzug von den Herstellungskosten** des Gebäudes erfolgen.

d) **Veräußerung oder Einbringung des Gebäudes in ein Betriebsvermögen während des Verteilungszeitraumes**
In diesem Fall ist der **noch nicht** als Einnahme **versteuerte Restbetrag des Mieterzuschusses** im Veräußerungsjahr grds. als **Einnahme** anzusetzen. Soweit jedoch der vom Erwerber zu zahlende **Kaufpreis** wegen der **Übernahme von Verpflichtungen** aus den bestehenden Mietverträgen durch den Erwerber **gemindert** wurde, entfällt eine Versteuerung des restlichen Zuschußbetrages. Vgl. R 163 Abs. 3 Sätze 9 und 10.

Beispiel:

A hat in 01 ein Mietwohngrundstück errichtet und vermietet. Die von Mietern Anfang 01 geleisteten verlorenen Zuschüsse von 30 000 DM wurden antragsgemäß mit jährlich $1/10$ = 3 000 DM in den Jahren 01 bis 04 versteuert.
Zum 1.1.05 hat A das Gebäude an B veräußert.
Da die Mietverträge der Mieter noch bis Ende des Jahres 10 unverändert weiterlaufen, hat der Erwerber eine Minderung des Kaufpreises i. H. von 18 000 DM durchgesetzt.

Gesamte Zuschüsse	30 000 DM
– bisher versteuert 4 × 3 000 DM =	12 000 DM
noch nicht versteuert	18 000 DM
– Kaufpreisminderung wegen Übernahme der Verpflichtungen aus den Mietverträgen	18 000 DM
noch von A zu versteuern	0 DM

Dem Erwerber wurde durch die Kaufpreisminderung im Ergebnis der Zuschußrest von 18 000 DM weitergegeben.
B hat den Betrag daher entweder bei Zufluß zu versteuern oder entsprechend der Restlaufzeit von 6 Jahren (= 3 000 DM p. a.) zu verteilen.

e) **Rückzahlung von Zuschüssen**
Die **Rückzahlung** „nicht verbrauchter" Zuschüsse an die Mieter (bei vorzeitigem Auszug) durch den Erwerber eines Gebäudes stellt **negative Einnahmen** dar (entsprechend BFH, BStBl 1964 III 184).

Beispiel:
Ein Mieter hat Anfang 01 einen verlorenen Zuschuß von 10 000 DM gegeben. Von 01 bis 06 hat der Vermieter A hiervon je $1/10$, insgesamt 6 000 DM versteuert. Anfang 07 zieht der Mieter aus und erhält von dem neuen Eigentümer B, das das Gebäude Ende 06 erworben hat, 3 700 DM zurück (abgezinster Betrag).
Eigentümer B kann in 07 3 700 DM von den Einnahmen abziehen.

f) Zuschüsse für nicht der Nutzungswertbesteuerung unterliegende Wohnungen

Handelt es sich bei den bezuschußten Aufwendungen um Herstellungs- oder Anschaffungskosten, für die der Stpfl. einen Sonderausgaben-Abzug nach § 10e oder § 52 Abs. 21 Satz 6 beansprucht, sind die Anschaffungs- oder Herstellungskosten **um den Zuschuß zu mindern.**

Dies gilt entsprechend, wenn der Stpfl. für **Erhaltungsaufwand** den Sonderausgaben-Abzug nach § 52 Abs. 21 Satz 6 in Anspruch nimmt. Vgl. R 163 Abs. 4.

7.4.2.8 Leistungen Dritter

Auch Leistungen Dritter können als Einnahmen aus VuV zu versteuern sein, z. B. bei der Erstattung bzw. **Rückzahlung** von **WK in späteren** Jahren.

Beispiel:

Ein Handwerker erstattet dem Vermieter in 01 100 DM auf eine ebenfalls in 01 gezahlte Reparatur über 2 000 DM.

Hier ist eine Kürzung der WK in 01 vorzunehmen: 2 000 DM ./. 100 DM = 1 900 DM.

Abwandlung:

Erstattung 100 DM erst in 02.

In diesem Fall ist der Betrag in 02 als Einnahmen aus VuV anzusetzen.

Die **Erstattung** von **Finanzierungskosten** durch den Grundstückserwerber an den Veräußerer im Rahmen des Kaufpreises kann beim Veräußerer Einnahmen aus § 21 darstellen (BFH, BStBl 1995 II 118).

Erstattung von Aufwendungen, die als WK abgezogen worden sind, nach Wegfall der Nutzungswertbesteuerung sind Einnahmen aus § 21 (BFH, BStBl 1995 II 704).

7.4.2.9 Zinsen

Verzugszinsen eines Mieters bei verspäteter Mietzahlung sind Einnahmen aus VuV, führen also **nicht** zu **Einkünften aus § 20 Abs. 1 Nr. 7** (BFH, BStBl 1986 II 557, 558).

Guthabenzinsen aus **Bausparverträgen** sind Einnahmen aus § 21, wenn sie in **engem zeitlichen Zusammenhang** mit dem Erwerb (bzw. Bau oder Umbau) eines Gebäudes (**Mietobjekt**) stehen (BFH, BStBl 1983 II 172), sowie BMF-Schreiben vom 28. 2. 1990, BStBl I 124.

Nach **Wegfall** einer **Nutzungswertbesteuerung** sind sie regelmäßig Einnahmen aus **Kapitalvermögen** (BFH, BStBl 1993 II 301).

Überschußbeteiligungen von Bausparkassen an Schuldner von Bauspardarlehen stellen wirtschaftlich eine Ermäßigung von Schuldzinsen dar, werden aber nach Verwaltungsauffassung im Falle der Überschußermittlung nach § 2 Abs. 2 Nr. 2 bei Zufluß als Einnahmen angesetzt (z. B. Vfg der OFD Frankfurt vom 11. 5. 1983 – St 211 A 2 – St II 29).

7.4.2.10 Erbbauzinsen

Erbbauzinsen sind das Entgelt für die Bestellung des Erbbaurechts.

Sowohl die

– laufende Zahlung als auch

– einmalige Zahlung von Erbbauzinsen (vgl. BFH, BStBl 1969 II 729)

stellt beim Erbbauverpflichteten **Einnahmen** aus § 21 Abs. 1 Nr. 1 dar (vgl. BFH, BStBl 1983 II 413).

Bei einem **Einmalbetrag** besteht die Möglichkeit der **Verteilung** (in sinngemäßer Anwendung von R 163 Abs. 3, **höchstens** also auf **10 Jahre** (Vfg der OFD Münster, BB 1984, 1080).

Die **Übernahme von Erschließungsbeiträgen durch den Erbbauberechtigten** stellt ein **zusätzliches Entgelt** dar (BFH, BStBl 1990 II 310).

Die Einnahme fließt dem Erbbauverpflichteten nicht im Zeitpunkt der Zahlung durch den Erbbauberechtigten zu, sondern erst im Zeitpunkt des Heimfalls des Gebäudes (BMF, BStBl 1991 I 1011).

Es ist ernstlich zweifelhaft, ob Erschließungskosten, die der Erbbauberechtigte zunächst an den Grundstückseigentümer gezahlt hat und die später bei Erwerb des Grundstücks auf den Grundstückskaufpreis angerechnet werden, im Jahr des **Erwerbs** bei dem **Erbbauberechtigten** als **Einnahmen** aus Vermietung und Verpachtung zu erfassen sind (BFH, BStBl 1991 II 712).

Zur Behandlung beim Erbbauberechtigten vgl. 7.8.4.

7.4.10 Bestellung eines dinglichen Wohnrechts gegen Übertragung eines unbebauten Grundstücks im privaten Bereich

Der BFH vertritt im Urteil BStBl 1992 II 718 die Auffassung, daß der Erwerb eines Grundstücks gegen die Verpflichtung, dieses mit einem Wohnhaus zu bebauen und dem Veräußerer ein dingliches Wohnrecht an einer Wohnung zu bestellen, als **Anschaffungsgeschäft** zu beurteilen sein kann.

Nach dem BMF-Schreiben vom 5.8.1992, BStBl I 522 ist die Entscheidung **nicht** über den Einzelfall hinaus anzuwenden. Die Gegenleistung des Erwerbers für die Übereignung des Grundstücks erschöpft sich nicht in einer einmaligen Leistung in Gestalt der Bebauung des Grundstücks und der Einräumung eines Wohnrechts. Nach dem wirtschaftlichen Gehalt der zwischen Veräußerer und Erwerber getroffenen Vereinbarung besteht die maßgebliche Gegenleistung des Erwerbers darin, eine Wohnung zur dauernden Selbstnutzung zu überlassen. In diesem Fall bezieht der **Erwerber** in Höhe des **Grundstückswerts Einnahmen** aus **Vermietung und Verpachtung**, die aus Billigkeitsgründen auf einen Zeitraum von längstens 10 Jahren gleichmäßig verteilt werden können (vgl. Tz. 32 des BMF-Schreibens vom 15.11.1984, BStBl I 561).

7.5 Subsidiaritätsklausel des § 21 Abs. 3 EStG

Nach § 21 Abs. 3 sind die in § 21 Abs. 1 und § 21 Abs. 2 – noch bis VZ 1986 – aufgeführten Einkünfte anderen Einkunftsarten zuzurechnen, soweit sie zu diesen gehören.

§ 21 Abs. 3 ist danach eine sogenannte „**Konkurrenzvorschrift**". Der Vorrang anderer Einkunftsarten vor § 21 **gilt nicht gegenüber** den Einkünften aus § **20** infolge der Vorschrift § 20 Abs. 3. Daher hat § 21 Vorrang gegenüber § 20.

> **Beispiel:**
>
> Unter Umständen sind Bausparguthabenzinsen Einnahmen aus § 21; vgl. hierzu BFH, BStBl 1983 II 172 und vorstehend 7.4.2.9.

Für die Anwendung des § 21 Abs. 3 ist kein Raum, wenn ein Konkurrenzfall gar nicht gegeben ist. Dies ist der Fall, wenn eine Einnahme ihrer Natur nach im Einzelfall sich nur einer bestimmten Einkunftsart zuordnen läßt.

> **Beispiel:**
>
> A gibt dem B ein Fälligkeitsdarlehn mit einer Laufzeit von 10 Jahren. Zinsen sind nicht zu zahlen. A darf jedoch 10 Jahre lang kostenlos in dem Mietwohnhaus des B wohnen.
>
> A hat den Mietwert der Wohnung als Einnahme aus § 20 Abs. 1 Nr. 7 i.V.m. § 21 Abs. 1 Nr. 1 zu versteuern.
>
> Zins ist alles, was Ertrag der Kapitalnutzung ist. Der Ansatz der Einnahme erfolgt in Höhe der ortsüblichen Miete i.S. des § 8 Abs. 2.
>
> Einkünfte aus VuV liegen begrifflich bei A nicht vor, insbesondere nicht aus § 21 Abs. 2, weil die Überlassung der Wohnung nicht unentgeltlich erfolgt.

§ 21 Abs. 3 hat im wesentlichen **Bedeutung** gegenüber den **Gewinneinkunftsarten (§§ 13, 15, 18)**.

Anwendungsfälle der Subsidiaritätsklausel § 21 Abs. 3 EStG

1 VuV innerhalb eines Betriebes	2 VuV eines ganzen Betriebes oder Teilbetriebes		3 VuV als Betrieb
VuV von Wirtschaftsgütern des BV	Wahlrecht		Gewerbebetrieb
	bei Fortführung	nach Betriebsaufgabe	
= BE §§ 13, 15, 18 (§ 21 Abs. 3)	= BE §§ 13, 15	= § 21	= § 15 Abs. 2
	R 139 Abs. 5		

a) VuV innerhalb eines Betriebs

Bei Vermietung/Verpachtung von Wirtschaftsgütern eines BV liegen Betriebseinnahmen vor.

Beispiele:

1. Ein Gewerbetreibender A verpachtet ein Grundstück an den Gewerbetreibenden B, der es in seinem Unternehmen
   a) kurzfristig
   b) auf Dauer
   betrieblich nutzt.
   A erzielt mit den Pachteinnahmen Betriebseinnahmen gem. § 21 Abs. 3, § 15. Ob kurzfristig oder auf Dauer, ist ohne Bedeutung, da weiterhin BV vorliegt.
2. Ein Fabrikant vermietet Werkswohnungen an seine Arbeitnehmer.
   Die Mieteinnahmen sind Betriebseinnahmen des Gewerbebetriebs.
3. Ein Landwirt verpachtet kleinere Flächen Ackerland, deren Eigenbewirtschaftung sich für ihn nicht lohnt.
   Die Pachteinnahmen sind den Einkünften aus Land- und Forstwirtschaft zuzurechnen.

b) VuV eines Betriebs im ganzen

Wird ein Betrieb im ganzen verpachtet, dann gehören die Pachteinnahmen
- zu den Einkünften aus § 21 Abs. 1 Nr. 2 nach Aufgabe des Betriebes gem. § 16 Abs. 3 bzw. § 14, § 18 Abs. 3 bzw.
- zu den Einkünften aus §§ 13 oder § 15,
  solange in der Verpachtung eine Fortführung des Betriebs und keine Aufgabe zu erblicken ist.

Wegen des dem Verpächter eines land- und forstwirtschaftlichen oder gewerblichen Betriebs gewährten Wahlrechts vgl. im einzelnen R 139 Abs. 5, „Verpachtungserlasse" (BStBl 1965 II 4, 1966 II 34) sowie K. 2.6.9.

c) VuV als Gewerbebetrieb

Wenn die **Nutzungsüberlassung gewerblicher Natur** ist, liegen originär gewerbliche Einkünfte gem. § 15 Abs. 2 Satz 1 vor. Dies ist der Fall bei **Überschreitung** der Grenzen einer bloßen **Vermögensverwaltung**. Vgl. hierzu K. 2.1.2.3.

7.6 Zurechnung der Einkünfte

Zurechnung der Einkünfte erfolgt bei dem Stpfl., der das Wirtschaftsgut zur Nutzung überlassen hat.
Der Vermieter oder Verpächter muß nicht Eigentümer sein (auch nicht wirtschaftlicher Eigentümer).

Beispiel:

Bei Untervermietung erzielt der Hauptmieter Einkünfte aus § 21.
Zur Zurechnung der Einkünfte im Falle des Nießbrauchs und zur Zurechnung des Nutzungswerts der Wohnung bei dinglichen und obligatorischen Nutzungsrechten vgl. K 8. insbesondere 8.10.

7.7 Nutzungswert der Wohnung im eigenen Haus (§ 21 Abs. 2 EStG)

Anmerkung:
Die Nutzungswertbesteuerung wurde mit Wirkung vom 1.1.1987 abgeschafft. Es sind aber die Übergangsregelungen § 52 Abs. 15 und Abs. 21 zu beachten, die unter Umständen noch zu einem Ansatz des Nutzungswerts nach § 21 Abs. 2 1. Alternative (in einem Ausnahmefall auch der 2. Alt.) innerhalb einer 12jährigen Übergangsfrist bis zum Jahre 1998 führen können.

Insbesondere deswegen wird die Vorschrift hier noch dargestellt.

7.7.1 Nutzungswert der Wohnung im eigenen Haus (§ 21 Abs. 2 1. Alternative)

7.7.1.1 Anwendungsbereich

Unter die **1. Alternative** des § 21 Abs. 2 fallen der zu **Wohnzwecken selbstnutzende** rechtliche bzw. wirtschaftliche **Eigentümer** sowie der **Vorbehaltsnießbraucher** als „**Quasi-Eigentümer**".

Vgl. zum Nießbrauch und dinglichen Nutzungsrechten im einzelnen K. 8.

Ein eigentumsähnlich ausgestaltetes **Dauerwohnrecht** ist (bei entgeltlicher Bestellung) wie wirtschaftliches Eigentum zu behandeln (BFH, BStBl 1986 II 258).

7.7.1.2 Begriff der Wohnung

Der Begriff der Wohnung erfordert, daß **zum Bewohnen eingerichtete Räume zur Verfügung stehen müssen.**

Nach BFH, BStBl 1983 II 660 unter Berufung auf Bordewin in Lademann/Söffing/Brockhoff, EStG, § 21 Tz. 92; Herrmann/Heuer/Raupach, EStG, § 21 Amm. 21) soll nur der Nutzungswert einer „**Wohnung**" und nicht jedes einzelnen selbstgenutzten Raumes vom Eigentümer als Einnahme versteuert werden.

Eine Wohnung kann nach dieser Auffassung nur eine Zusammenfassung von Räumen sein, die die Führung eines selbständigen Haushalts ermöglicht. Somit ist eine Wohnung – entsprechend dem Bewertungsrecht – u. a. bei Vorhandensein einer Küche oder Kochgelegenheit gegeben. Damit soll offenbar der verschärfte Wohnungsbegriff maßgebend sein (vgl. z. B. BFH, BStBl 1985 II 151).

7.7.1.3 Begriff der Selbstnutzung

Der Begriff der Selbstnutzung erfordert nicht ein ständiges tatsächliches Bewohnen im Sinne einer „körperlichen Anwesenheit". Es müssen vielmehr grds. **zum Bewohnen eingerichtete Räume zur Verfügung stehen und** – wenn auch nicht ständig – **immer wieder benutzt** werden (BFH, BStBl 1992 II 24).

Ein zeitliches Überwiegen der tatsächlichen Benutzung im VZ ist nicht erforderlich. Daher ist es auch denkbar, daß einem Stpfl. der Nutzungswert **mehrerer** eigener Wohnungen in verschiedenen Gebäuden zugerechnet wird, z. B. bei einem **Ferienhaus** (s. a. H 162 „Selbstnutzung").

Beispiel:
A bewohnt ein Einfamilienhaus in Münster. Daneben sucht er ständig – in unregelmäßigen Abständen und von verschiedener Dauer – seine Eigentumswohnung in Sylt auf. Diese wird nicht vermietet, sondern steht ständig zur Selbstnutzung zur Verfügung. A wird der Nutzungswert beider Wohnungen zugerechnet. (**Ansatz nur im Rahmen des § 52 Abs. 21 S. 2 möglich**).

Für **leerstehende**, tatsächlich **nicht genutzte** Räume ist dagegen **kein Nutzungswert** anzusetzen (BFH, BStBl 1976 II 9 und 1987 II 565).

Dagegen sind baurechtliche Nutzungsbeschränkungen und Fälle der baurechtswidrigen (Dauer)-Nutzung unerheblich.

7.7.1.4 Sonderformen der Selbstnutzung

Grds. wird der Nutzungswert im Falle einer **unentgeltlichen Nutzungsüberlassung** dem **Nutzenden** gem. § 21 Abs. 2 2. Alternative zugerechnet, wenn er die Wohnung aufgrund sogenannter **gesicherter Rechtsposition** innehat (BFH, BStBl 1984 II 366 und 371). Vgl. K. 8.10.

Dies gilt jedoch **nicht** bei unentgeltlicher Überlassung an **minderjährige Kinder** – auch nicht bei schuldrechtlicher Vereinbarung oder dinglicher Berechtigung –. Hier ist vielmehr die Nutzung der Eltern vorrangig, so daß eine **besondere Form der Selbstnutzung** vorliegt.

In diesen Fällen ist der Nutzungswert den **Eltern** gem. § 21 Abs. 2 1. Alternative zuzurechnen (vgl. Tz. 4a des Nießbrauchserlasses vom 15.11.1984).

Eine Zurechnung des Nutzungswerts auf den Eigentümer gem. § 21 Abs. 2 1. Alternative erfolgt außerdem bei unentgeltlicher Nutzungsüberlassung bei **Fehlen einer gesicherten Rechtsposition** des Nutzenden, d. h. wenn eine jederzeitige Einschränkung oder Beendigung der Nutzung möglich ist; vgl. Tz. 54c des Nießbrauchserlasses; R 162 Abs. 4. Vgl. K. 8.10.3.

Kein Fall des § 21 Abs. 2 (und auch nicht des § 21 Abs. 1 Nr. 1) liegt vor bei Überlassung einer Wohnung an den geschiedenen Ehegatten (BFH, BStBl 1992 II 1009).

7.7.1.5 Begriff der Wohnzwecke

Die Selbstnutzung muß zu **privaten Wohnzwecken** erfolgen. Für **eigene gewerblich** oder **freiberuflich** genutzte Gebäude oder Gebäudeteile ist **kein Nutzungswert** nach § 21 Abs. 2 anzusetzen, ebenso **nicht** für ein **häusliches Arbeitszimmer** eines Arbeitnehmers.

Bei **gemischter Nutzung** von Gebäudeteilen für eigene Wohnzwecke und eigene berufliche oder gewerbliche Zwecke ist eine **Aufteilung** vorzunehmen.

Auch bei eigenen Wohnzwecken aus ausschließlich beruflichen oder betrieblichen Gründen ist der Nutzungswert anzusetzen (doppelte Haushaltsführung) BFH, BStBl 1995 II 322.

7.7.1.6 Ermittlung des Nutzungswerts

„Nutzungswert" der Wohnung ist – soweit nicht (bis 1986) § 21a anzuwenden ist – der **Überschuß** des **Mietwerts** über die auf die Wohnung entfallenden **Werbungskosten** (R 162).

Der Mietwert ist in entsprechender Anwendung des § 8 Abs. 2 zu schätzen. Dabei ist regelmäßig die sogenannte **Marktmiete** anzusetzen. Dies ist die **ortsübliche mittlere Miete** für Wohnung **vergleichbarer Art, Lage und Ausstattung.** Vgl. H 162 „Nutzungswert".

Bei Gebäuden mit mehreren Wohnungen ist i. d. R. von den tatsächlich erzielten Mieten aus fremdvermieteten Wohnungen auszugehen. Diese scheiden jedoch als Vergleichsmaßstab aus, wenn sie nicht die Marktmiete bzw. – bei öffentlich geförderten Wohnungen – die preisrechtlich zulässige Miete widerspiegeln (vgl. BFH, BStBl 1984 II 368). Die tatsächlich erzielte Miete ist auch maßgebend, wenn sie – bei Förderung des öffentlichen Wohnungsbau – **höher** als die preisrechtlich zulässige Miete ist.

Die tatsächlich erzielte Miete scheidet auch aus bei

– fehlender Vergleichbarkeit nach Größe, Ausstattung usw.
– verbilligter Überlassung (bei Fremden nur bei deutlicher Unterschreitung der Marktmiete).

Sind fremdvermietete Wohnungen im Gebäude des Eigentümers nicht vorhanden, werden andere Gebäude (anderer Stpfl.) herangezogen. Ist ein solcher Vergleich auch nicht möglich, zieht die FinVerw sogenannte **Mietspiegel** für nicht preisgebundene Wohnungen heran.

7.7.1.7 Nutzungswert bei aufwendig gebauten Zweifamilienhäusern

a) Ansatz der Kostenmiete

Nur in **Ausnahmefällen** kann der Nutzungswert in Anlehnung an die **Kostenmiete** ermittelt werden (R 162 Abs. 2 S. 3; BFH, BStBl 1977 II 860).

aa) Nach BFH, BStBl 1995 II 98 kommt die Kostenmiete in Betracht für die eigene Wohnung in **besonders aufwendig gestalteten** oder **ausgestatteten Zweifamilienhäusern.** Vgl. hierzu BMF-Schreiben vom 20.2.1995, BStBl I 150.

bb) Die Kostenmiete ist weiterhin anzusetzen, wenn

– bei Selbstnutzung beider Wohnungen eines Zweifamilienhauses die selbstgenutzte Wohnfläche **mindestens einer** Wohnung **250 m² übersteigt** (BFH, BStBl 1995 II 98 und 381) oder
– eine **Schwimmhalle** vorhanden ist.

b) Ermittlung der Kostenmiete

Die FinVerw läßt zwei Methoden zur Ermittlung der Kostenmiete zu.

aa) **Individuelle Ermittlung** nach der II. BV (BStBl 1984 I 285).

bb) Bei **fehlender Einzelermittlung** setzt die FinVerw **pauschal** 6% der AK oder HK des Gebäudes zuzüglich der AK des Grund und Bodens an.

Zur Frage des Werbungskostenabzugs vgl. nachfolgend 7.7.1.8.

Die Schätzung des Nutzungswerts bei im **Ausland** gelegenen Wohngrundstücken ist nach der Anweisung in R 162 Abs. 3 sowie nach BFH, BStBl 1986 II 287 nach allgemeinen Grundsätzen der Überschußermittlung vorzunehmen.

Der Wert der **eigenen Arbeitsleistung** für die Hausverwaltung mindert **nicht** den Nutzungswert für die selbstgenutzte Wohnung (BFH, BStBl 1986 II 142).

7.7.1.8 Werbungskostenabzug bei selbstgenutzter Wohnung

Die Ermittlung des Nutzungswerts beschränkt sich **nicht** auf den Ansatz fiktiver Einnahmen.

Da der Gesetzgeber bei der Wohnung im eigenen Haus einen Tatbestand der Einkunftserzielung fingiert, müssen Aufwendungen, die der Stpfl. macht, um sich diese Quelle zu erschließen, abzugsfähige Werbungskosten sein.

Daher ist der **allgemeine Werbungskostenbegriff** maßgeblich. Dabei ist eine Abgrenzung von den Lebenshaltungskosten vorzunehmen.

Als WK können nur diejenigen Aufwendungen abgezogen werden, die auch im Falle der Vermietung nach § 9 abziehbar wären. Dies gilt jedoch **nicht,** wenn im Fall der Vermietung der **Mieter zur Übernahme bestimmter Aufwendungen verpflichtet** würde, der Eigentümer diese Beträge jedoch – zutreffend – nicht als Mieteinnahmen ansetzen würde (BFH, BStBl 1967 III 309).

Beispiele:

1. A ist Eigentümer eines Zweifamilienhauses. Eine der beiden gleichwertigen Wohnungen ist zur Marktmiete vermietet (monatlich 1 000 DM), die andere Wohnung selbstgenutzt.
   Der Mieter ist lt. Mietvertrag zur Übernahme der Schönheitsreparaturen verpflichtet.
   In 06 wird eine Renovierung beider Wohnungen für je 5 000 DM vorgenommen. Eigentümer und Mieter bezahlen jeweils ihren Anteil.

   Mieter
   Beim Mieter liegen in der Tragung der Hauskosten keine WK vor, sondern Lebenshaltung (§ 12 Nr. 1).

   Vermieter
   Die Übernahme der Schönheitsreparaturen durch den Mieter fällt unter den Begriff „Erhaltungsaufwand". Diese Übernahme führt aus Vereinfachungsgründen nicht zu Einnahmen i.S. § 21 Abs. 1 beim Eigentümer. Vgl. R 163 Abs. 3 Satz 8; BFH, BStBl 1968 II 309.
   Die vom Mieter gezahlten Ausgaben sind auch keine WK des Vermieters (mangels Aufwendungen).
   Die vom Eigentümer für seine Wohnung getragenen Schönheitsreparaturen sind keine Werbungskosten (BFH, BStBl 1965 III 350).
   Die vom Eigentümer getragenen Schönheitsreparaturen für seine Wohnung wirken sich begrifflich bereits durch Übernahme der tatsächlichen Miete aus der vermieteten Wohnung als Mietwert für die selbstgenutzte Wohnung aus. Die Miete wird bei einer solchen Verpflichtung des Mieters bereits entsprechend niedriger sein.

2. Im Beispiel 1 werden die **Heizungskosten umgelegt**. Der Mieter hat im VZ hierfür 1 800 DM Umlagenvorschüsse entrichtet. Die tatsächlichen Heizkosten betrugen im VZ 3 700 DM. Der **Eigentümer** kann **nur** die **Hälfte** der Heizungskosten (das sind die auf die vermietete Wohnung entfallenden Kosten) als WK abziehen, da sich bei Ansatz des Mietwerts der Wohnung die anteiligen Umlagen nicht mietwerterhöhend ausgewirkt haben.

Einnahmen:	Miete	12 000 DM	
	Umlagen	1 800 DM	13 800 DM
	Mietwert selbstgenutzte Wohnung		12 000 DM
WK:	Heizungskosten 50% von 3 700 =		1 850 DM

Die Umlagen des Mieters sind als Einnahmen aus § 21 Abs. 1 Nr. 1 zu erfassen. Als Mietwert für die Wohnung des Eigentümers ist jedoch nur die Miete von 12 000 DM anzusetzen.

Ein Abzug der Heizungskosten in voller Höhe ließe sich nur dadurch erreichen, daß der Mietwert stets fiktiv um die vom Mieter tatsächlich zugeflossenen Umlagen erhöht würde.

3. wie Fall 2, aber der Mieter zahlt eine nichtabrechenbare pauschale „Warmmiete", die auch die Heizungskosten deckt, von monatlich 1 200 DM.

Soweit in diesem Fall die Warmmiete als Bruttomietwert für die Wohnung des Eigentümers übernommen wird, sind auch die Heizungskosten voll als WK abziehbar.

Bei Ansatz der **Kostenmiete** (vgl. vorstehend 7.7.1.7) können grds. alle Werbungskosten ohne Einschränkung abgezogen werden (BFH, BStBl 1986 II 394; BMF-Schreiben vom 2. 10. 1986, BStBl I 486).

Bei der Nutzung von Gebäudeteilen für **eigene gewerbliche** oder **berufliche Zwecke** erfolgt **kein Ansatz** eines Nutzungswerts. Die hierauf entfallenden anteiligen Aufwendungen sind als Betriebsausgaben (bzw. WK bei § 19) abzuziehen.

Beispiel:
1. Ein Gebäude ist ganz als Arztpraxis genutzt:
   Sämtliche Aufwendungen (einschließlich AfA) sind BA. Kein Ansatz eines Nutzungswerts.
2. 50 % Praxis: Kein Nutzungswert, Aufwendungen = 50 % BA
   50 % Wohnung: Nutzungswert gemäß § 21 Abs. 2; Aufwendungen = 50 % WK
   Aufteilung nach Nutzflächen

7.7.1.9 Ansatz des Nutzungswerts als betriebliche Einkunftsart

a) Rechtslage bis VZ 1986

Auch beim Ansatz des Nutzungswerts i. S. des § 21 Abs. 2 ist die Subsidiaritätsklausel des **§ 21 Abs. 3 zu beachten,** grds. aber nur noch bis VZ 1986.

Sie wird im Rahmen der Gewinneinkünfte (§§ 13, 15, 18) wirksam, soweit die **Wohnung** – nach früherer Rechtslage – **zum gewillkürten BV** (vgl. Abschn. 14 Abs. 4 EStR **1984**) gehört.

Beispiel:

Ein Gewerbetreibender mit Gewinnermittlung nach § 4 Abs. 1, § 5 nutzt in **1986** ein ihm gehörendes Gebäude nach dem Verhältnis der Nutz- bzw. Wohnfläche wie folgt: 60 % eigener Betrieb (Mietwert 24 000 DM) und 40 % eigene Wohnung (Mietwert 12 000 DM).

Der Stpfl. kann die Wohnung als
- Privatvermögen oder
- Betriebsvermögen

behandeln; so früher Abschn. 14 Abs. 4 EStR 1984.

Im Fall a) Ansatz nach § 21 Abs. 2 12 000 DM

Im Fall b) liegt eine Nutzungsentnahme (vgl. § 4 Abs. 1 Satz 2) vor, die gem. § 21 Abs. 3 zum Ansatz als Betriebseinnahme führt (ebenfalls 12 000 DM in entsprechender Anwendung von § 8 Abs. 2).

Bei der Gewinnermittlung nach § 4 Abs. 3 ist dagegen **kein gewillkürtes BV** möglich (vgl. R 16 Abs. 6). Zum Nutzungswert der Wohnung bei Land- und Forstwirten vgl. K. 1.4.2.

b) Rechtslage ab VZ 1987

Ab 1987 ist durch den Wegfall der Nutzungswertbesteuerung grds. auch die Möglichkeit der Behandlung einer selbstgenutzten oder unentgeltlich überlassenen Wohnung als **Betriebsvermögen** entfallen. Vgl. R 13 Abs. 10 Satz 2. Somit ist ab 1987 auch die Möglichkeit der Zuordnung des Nutzungswerts einer Wohnung zu einer **betrieblichen Einkunftsart** über § 21 Abs. 3 (§ 52 Abs. 15) **entfallen.** Ab dem VZ 1987 darf deshalb der Nutzungswert einer Wohnung bei der Ermittlung der Einkünfte aus §§ 13, 15 oder § 15 grds. **nicht** angesetzt werden.

Beispiel:

A erwirbt 1997 entgeltlich ein bebautes Grundstück, das zu 60 % seinem Betrieb und zu 40 % eigenen Wohnzwecken dient.

Die Wohnung und der hierauf entfallende Teil des Grund und Bodens dürfen **nicht** als Betriebsvermögen behandelt werden. Ein Nutzungswert für die Wohnung ist nicht als BE anzusetzen. Die anteiligen Hausaufwendungen (einschließlich der anteiligen Gebäude-AfA) sind **keine BA**.

c) Übergangsregelungen

Zu beachten sind aber die Übergangsregelungen in § 52 Abs. 15. Siehe hierzu BMF-Schreiben vom 12.11.1986 (BStBl I 528). Zur Übergangsregelung bei der Land- und Forstwirtschaft s. K. 1.4.2.

Grundregelung: § 52 Abs. 21 gilt auch für die Besteuerung des Nutzungswerts von Wohnungen, die im VZ 1986 zu einem Betriebsvermögen gehören und deren Nutzungswert im VZ 1986 somit als Überschuß des Mietwerts über die Betriebsausgaben zu erfassen ist (§ 52 Abs. 15 Sätze 2 und 10). Abschn. 11 des BMF-Schreibens vom 19.9.1986 (BStBl I 480) ist entsprechend anzuwenden. Daher kann für selbstgenutzte und **ohne** gesicherte Rechtsposition unentgeltlich überlassene Wohnungen, die am 31.12.1986 zum Betriebsvermögen gehören, ab 1987 bis einschließlich VZ 1998 der Nutzungswert wie bisher als Überschuß des Mietwerts über die Betriebsausgaben ermittelt werden kann, sofern die Voraussetzungen dieser Einkunftsermittlungsart in diesem Veranlagungszeitraum weiterhin vorliegen.

Entnahme: Mit dem Wegfall der Nutzungswertbesteuerung endet die Zugehörigkeit der Wohnung und des dazugehörenden Grund und Bodens zum Betriebsvermögen. Die Wohnung gilt mit dem dazugehörenden Grund und Boden zu dem Zeitpunkt als entnommen, bis zu dem der Nutzungswert letztmals besteuert wird (§ 52 Abs. 6 Satz 5).

Bei einer Wohnung, deren Nutzungswert im Veranlagungszeitraum 1986 (§ 52 Abs. 15 Satz 2) zu den Einkünften aus Gewerbebetrieb gehört, ist der Entnahmezeitpunkt das Ende des VZ, für den auf Grund eines Antrags auf Wegfall der Nutzungswertbesteuerung der Nutzungswert letztmals angesetzt wird, frühestens also der 31.12.1986 (§ 52 Abs. 15 Sätze 4 und 6), spätestens der 31.12.1998 (§ 52 Abs. 15 S. 6).

Der **Entnahmegewinn** bleibt **in diesen Fällen** steuerfrei (§ 52 Abs. 15 Satz 7). Ein **Entnahmeverlust** darf jedoch den **Gewinn mindern**. Selbst **nach** steuerfreier Entnahme der Wohnung kann eine Fortsetzung der Überschußermittlung für den Nutzungswert i. R. des § 52 Abs. 21 Satz 2, § 21 Abs. 2 erfolgen (BMF-Schreiben vom 12.11.1986, a.a.O.). Wegen weiteren Einzelheiten vgl. § 52 Abs. 15, K. 1.4.2, BMF-Schreiben vom 12.11.1986 (a.a.O.) sowie **Band 1 dieser Buchreihe.**

7.7.2 Unentgeltliche Überlassung einer Wohnung

Nach § 21 Abs. 2 2. Alt. gehörte **bis 1986 einschließlich** zu den Einkünften aus VuV auch der Nutzungswert einer dem stpfl. ganz oder teilweise unentgeltlich überlassenen Wohnung. Zur Zurechnung des Nutzungswerts und zum Wegfall der Besteuerung ab VZ 1987 vgl. BMF-Schreiben vom 19.9.1986, BStBl I 480 und K. 8.10 (obligatorische Nutzungsrechte).

7.8 Werbungskosten bei den Einkünften aus Vermietung und Verpachtung

7.8.1 Grundsätze

Zum Begriff der Werbungskosten vgl. C 2.1.2.

- Es müssen **Aufwendungen** vorliegen. Dies ist insbesondere **nicht** der Fall bei der eigenen Arbeitsleistung, z. B. eigene Hausverwaltung (BFH, BStBl 1986 II 142).
- Maßgeblich ist der wirtschaftliche und nicht der rechtliche Zusammenhang der Aufwendungen mit den Einnahmen. Vgl. hierzu auch 7.8.2.

Zur Angleichung des Werbungskostenbegriffs an den Betriebsausgabenbegriff i. S. von § 4 Abs. 4 vgl. C 2.1.2.4.

Aufwendungen i. S. des § 9 Abs. 1 Satz 3 sind auch dann Werbungskosten, wenn sie in erster Linie für das Vermögen aufgewendet werden (Kausalzusammenhang ausreichend).

WK liegen auch vor, soweit sie – bei Vermietungsobjekten – den Grund und Boden betreffen (BFH, BStBl 1994 II 842).

Eine vorübergehende Unterbrechung der Einnahmeerzielung führt nicht zur Lösung des Kausalzusammenhangs mit der Einkünfteerzielung (R 161 Abs. 3).

Daher sind Aufwendungen für ein vorübergehend leerstehendes Gebäude (weiterhin) WK, wenn eine baldige Wiederaufnahme der Nutzung durch Vermietung/Verpachtung (im Rahmen der Übergangsregelung § 52 Abs. 21 S. 2 auch bei Selbstnutzung zu Wohnzwecken) beabsichtigt ist. Vgl. R 161 Abs. 3, C 2.1.2.6. und BFH, BStBl 1987 II 565.

Beispiel:
A kann die Dachwohnung in seinem Mehrfamilienhaus, die bis 31. 3. 05 vermietet war, trotz mehrerer Zeitungsannoncen erst wieder ab 1. 1. 06 vermieten.

Die anteiligen Hausaufwendungen (einschließlich Gebäude-AfA) für die Zeit vom 1. 4. 05 bis 31. 12. 05 sind abzugsfähige WK.

Werbungskosten können zeitlich vor, während oder (mit Einschränkungen) nach der Erzielung von Einnahmen aufgewendet werden.

Daher sind auch bei § 21

– **vorweggenommene WK** (vgl. BFH, BStBl 1983 II 554 und BStBl 1991 II 761) und

– **nachträgliche WK** (vgl. BFH, BStBl 1983 II 373) denkbar und abzugsfähig. Vgl. hierzu bereits C 2.1.2.7; C 2.1.2.8 (mit Beispielen). Weitere Beispiele siehe Meyer, Nachträgliche WK bei den Einkünften aus § 21, DStR 1983, 531 ff.

Dagegen sind **veräußerungsbedingte** Aufwendungen **keine** WK. Dies gilt auch, wenn eine objektiv geplante Veräußerung **nicht** durchgeführt wird (BFH, BStBl 1996 II 198).

Verpflichtet sich der Verkäufer im Kaufvertrag über sein Mietwohngrundstück, an dem Gebäude zuvor festgestellte Schäden auf seine Kosten zu beseitigen, bilden die Aufwendungen zur Schadensbeseitigung keine Werbungskosten bei den Einkünften aus Vermietung und Verpachtung, da sie **veräußerungsbedingt** sind (BFH, BStBl 1990 II 465).

Wird im Zusammenhang mit der Veräußerung eines Mietwohngrundstacks ein zu dessen Bebauung vom Verkäufer aufgenommenes Darlehen vorzeitig abgelöst, um das Grundstück vertragsgemäß lastenfrei übereignen zu können, so ist die für die vorzeitige Darlehensrückzahlung an den Darlehensgläubiger zu leistende **Vorfälligkeits-Entschädigung nicht** als Werbungskosten bei den Einkünften aus Vermietung und Verpachtung abziehbar (BFH, BStBl 1990 II 464). Ebenso BFH, BStBl 1990 II 775 (mit dem Gebäudeverkauf zusammenhängende Aufwendungen keine WK).

Schuldzinsen nach Beendigung der Einkunftserzielung sind **keine** WK (BFH, BStBl 1992 II 289).

Durch die Veräußerung veranlaßt und somit **keine** WK sind auch Zahlungen des Erwerbers an den Veräußerer für Schuldzinsen auf übernommene Grundstücksbelastungen (a. a. O.).

Auch **vergebliche** Aufwendungen können WK sein; vgl. bereits C 2.1.2.8 sowie nachfolgend 7.8.2.

Die Beteiligung des geschiedenen Ehegatten an Grundstückserträgen zur Regelung des **Zugewinnausgleichs** führt **nicht** zu WK bei § 21 (BFH, BStBl 1993 II 434), ebenso **nicht** WK sind Schuldzinsen für ein Darlehen zur Erfüllung einer Zugewinnausgleichsverpflichtung (BFH, BStBl 1993 II 751).

Zu Fragen des Werbungskostenabzugs im Zusammenhang mit der **Vermögensrückgabe** im **Beitrittsgebiet** bei den Einkünften aus § 21 vgl. BMF-Schreiben vom 11. 1. 1993, BStBl I 18.

Von einem **Miteigentümer veruntreute Beträge** sind **keine** WK der anderen Miteigentümer (BFH, BStBl 1995 II 534).

7.8.2 Vergebliche Planungskosten

Planungskosten für ein Gebäude können Herstellungskosten des Gebäudes, vorweggenommene WK oder nichtabziehbare Aufwendungen i. S. von § 12 Nr. 1 sein.

a) Behandlung als Herstellungskosten

Der Art nach gehen Planungskosten normalerweise in die Gebäude-Herstellungskosten ein; so gehören z. B. die Architektenhonorare und die Kosten der Baugenehmigung zu den Herstellungskosten eines (tatsächlich errichteten) Gebäudes.

Aber auch die Kosten für die ursprüngliche Planung eines Gebäudes gehören zu den Herstellungskosten, wenn später ein anderes die beabsichtigten Zwecke erfüllendes Gebäude erstellt wird (BFH, BStBl 1975 II 574, 1976 II 614, 1984 II 303 und 1984 II 306 = **finaler** Herstellungskosten-Begriff).

Die Kosten für nichtverwirklichte Baupläne gehören nur dann nicht zu den Herstellungskosten des Gebäudes, wenn es sich bei dem ursprünglich geplanten Gebäude und bei dem errichteten Gebäude nach Zweck und Bauart um zwei **völlig verschiedene** Bauwerke handelt (z. B. anstelle eines ursprünglich geplanten Wohngebäudes wird eine Fabrikhalle errichtet) und die erste Planung in keiner Weise der Errichtung des neuen Gebäudes dient. Diese Auffassung beruht auf der Überlegung, daß bei gleichem Zweck und bei gleicher Bauart des ursprünglich geplanten und des errichteten Gebäudes auch die Kosten der ursprünglichen Planung wertbestimmend in das neue Gebäude eingehen (BFH, BStBl 1981 II 418).

Es genügt, daß Erfahrungen für die Planung und Errichtung des Gebäudes gewonnen werden. Erfahrungen, die lediglich für die Finanzierung des Gebäudes Bedeutung haben, reichen aber nicht aus (BFH, BStBl 1984 II 303).

b) Abzug als Werbungskosten

Planungskosten für ein Gebäude sind vorweggenommene Werbungskosten, wenn

1. das ursprüngliche Bauvorhaben tatsächlich nicht verwirklicht worden ist
2. sich der feste Entschluß zur Erzielung von Einkünften aus Vermietung und Verpachtung anhand gewichtiger objektiver Umstände klar und eindeutig feststellen läßt (BFH, BStBl 1974 II 161).

Bei Errichtung eines anderen Gebäudes darf die erste Planung in keiner Weise der Errichtung des neuen Gebäudes dienen; vgl. unter a).

Nicht abziehbar sind Aufwendungen, die zu den Anschaffungskosten des Grund und Bodens gehören.

Vergebliche Planungskosten können nicht bereits mit ihrer Entstehung und auch nicht mit ihrer Verausgabung i. S. des § 11 Abs. 2, sondern **erst** in dem **Zeitpunkt,** ab dem **feststeht,** daß das geplante **Objekt endgültig nicht realisiert** wird, abgezogen werden (BFH, BStBl 1981 II 418).

> **Beispiel:**
> In 02 hat A ein Baugrundstück gekauft (Anschaffungskosten 110 000 DM). In 02 hat A Planungskosten für ein zu errichtendes Mehrfamilienhaus von 9 000 DM verausgabt. In 03 gibt er das Projekt infolge Finanzierungsschwierigkeiten auf (oder: Nichterteilung bzw. Widerruf der Baugenehmigung).
> A kann in 03 9 000 DM (nur die Planungskosten) als WK aus § 21 abziehen; es handelt sich um eine **AfaA** i. S. **§ 7 Abs. 1 S. 5.**

c) Nichtabziehbare Aufwendungen (§ 12 Nr. 1 EStG)

Im Falle der Nichtverwirklichung reicht für den Abzug als Werbungskosten die Tatsache allein, daß Planungsaufwand entstand, nicht aus. Bei einer „Planung ins Blaue" etwa wäre die erforderliche Zweckgerichtetheit (Finalität) der Aufwendungen zu verneinen. Vielmehr müssen weitere objektive schlüssige Umstände hinzutreten. Insbesondere muß feststehen, daß im Planungszeitpunkt keine Verkaufsabsicht bestand, sondern die Absicht nachhaltiger Einnahmeerzielung.

Eine **Abstandszahlung** aufgrund eines Rücktritts von einem Vorvertrag über den Kauf eines Hauses, das vermietet werden sollte, gehört nicht zu den Werbungskosten bei den Einkünften aus Vermietung und Verpachtung. Das gilt auch dann, wenn später ein anderes Haus erworben wird (BFH, BStBl 1984 II 307).

7.8.3 Schuldzinsen und Geldbeschaffungskosten

7.8.3.1 Begriffe

a) Schuldzinsen (§ 9 Abs. 1 Nr. 1 EStG)

Zu den Schuldzinsen gehören **laufende** und **einmalige** Entgelte für die Kapitalüberlassung.

> **Beispiele:**
> – laufende Verzinsung
> – bei Auszahlung des Darlehens einbehaltenes Damnum (vgl. 7.8.3.3).

b) Geldbeschaffungskosten

Geldbeschaffungskosten sind Aufwendungen zur Erlangung eines Kredits. Hierzu gehören insbesondere

- Kreditprovisionen
- Bereitstellungsgebühren
- Zuteilungsgebühren
- Aufwendungen für die Kreditvermittlung
- Notar- und Gerichtskosten im Zusammenhang mit der Eintragung einer Hypothek
- vom Erwerber eines Grundstücks an den Veräußerer gezahlte Entgelte für die Überlassung zinsgünstiger Hypotheken oder Darlehen
- Reisekosten und Telefonkosten zur Kreditbeschaffung

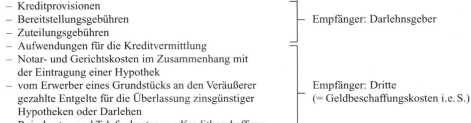

Empfänger: Darlehnsgeber

Empfänger: Dritte
(= Geldbeschaffungskosten i.e.S.)

Geldbeschaffungskosten werden behandelt wie Schuldzinsen (Gleichstellung).

7.8.3.2 Wirtschaftlicher Zusammenhang

Abzugsvoraussetzung ist nach § 9 Abs. 1 Nr. 1 ein wirtschaftlicher Zusammenhang des Kredits mit dem der Einkünfteerzielung dienenden Objekt i.S. des § 21 Abs. 1. Ein rechtlicher Zusammenhang reicht nicht aus.

Beispiele:

1. Der Stpfl. „belastet" sein Mehrfamilienhaus mit einer Hypothek zur Begleichung von Spielschulden. Trotz des rechtlichen Zusammenhangs mit dem Haus (es „haftet" nunmehr für die der Hypothek zugrunde liegende Schuld) ist kein Abzug der Schuldzinsen als WK möglich, da das zugrunde liegende Darlehn für private Zwecke verwendet wurde.
2. Der Stpfl. belastet ein Betriebsgrundstück mit einer Hypothek zur Modernisierung seines privaten Zweifamilienhauses. Hier liegen WK bei den Einkünften aus § 21 aus dem Zweifamilienhaus vor.

Schuldzinsenabzug bei VuV (§ 9 Abs. 1 Nr. 1):

	Zusammenhang mit Grundstück	
nur rechtlich	rechtlich und wirtschaftlich	nur wirtschaftlich
kein WK-Abzug	WK-Abzug	WK-Abzug

Abschlußgebühren für **Bausparverträge** sind WK bei § 21, wenn der Abschluß des Bausparvertrags mit einem konkreten Bauvorhaben in engem zeitlichen und wirtschaftlichen Zusammenhang steht (BFH, BStBl 1983 II 355, 1984 II 554).

Fehlt ein solcher Zusammenhang, stellt die Abschlußgebühr WK bei den Einkünften aus § 20 Abs. 1 Nr. 7 zu den Guthabenzinsen dar (BFH, BStBl 1990 II 975).

Prämien zu **Risikolebensversicherungen** zur Absicherung von Bauspardarlehen sind **keine** WK, sondern SA i.S. § 10 Abs. 1 Nr. 2 b aa) (BFH, BStBl 1986 II 143). Entsprechendes gilt bei Absicherung einer Kaufpreis-Leibrente (BFH, BStBl 1986 II 260).

Schuldzinsen, die im Zusammenhang stehen mit **ertraglosen** Gebäuden oder Grund und Boden, der nur der Vermögensanlage dient, sind keine WK.

Beispiel:

A kauft in 01 einen ertraglosen Acker mit Hilfe eines Darlehns, in der Hoffnung, daß er zum Bauland wird. Die Zinsen sind keine WK (§ 12 Nr. 1).

Bei Grundstücken, die der Vermögensanlage dienen und nur geringfügige Einnahmen in Gestalt einer sogenannten „Zwischennutzung" aufweisen, sollen die mit dem Grundstück zusammenhängenden Aufwendungen aufzuteilen sein:

- bis zur Höhe der Zwischennutzung liegen begrifflich **WK** vor
- darüberhinaus nimmt der BFH Aufwendungen auf der Vermögensebene an, die daher unter **§ 12 Nr. 1** fallen (BFH, BStBl 1960 III 67; 1982 II 463).

Beispiel:
A hat in 01 als Vermögensanlage einen Acker auf Kredit erworben, den er an einen Landwirt für 100 DM jährlich verpachtet. In 02 hat A verausgabt:

Schuldzinsen zur Finanzierung des Kaufpreises	900 DM
Grundsteuer	60 DM

Lösung lt. BFH:

Pacht = Einnahmen § 21 Abs. 1 Nr. 1	100 DM
./. WK	
Grundsteuer und Schuldzinsen zusammen nur bis	100 DM
Einkünfte aus § 21	0 DM

Ein Verlust darf hierdurch nicht entstehen.

Systematisch überzeugender wäre m. E. folgende Begründung: Da auf Dauer **kein** Überschuß der Einnahmen über die Ausgaben möglich erscheint, liegen keine Einkünfte aus § 21 vor (keine Erfüllung des Tatbestands der Einkünfteerzielung).

Keine WK, sondern Teil der **Anschaffungskosten** stellt die **Übernahme** von **rückständigen** Schuldzinsen des Grundstücksveräußerers durch den Grundstückserwerber dar.

An den Veräußerer eines Grundstücks gezahlte **Bauzeitinsen** sind entweder Bestandteil der Anschaffungskosten oder sofort abzugsfähige eigene Geldbeschaffungskosten.

Anschaffungskosten liegen vor, wenn der Erwerber dem Veräußerer dessen Baukostenfinanzierung ersetzt. Dies ist anzunehmen, wenn der Kaufpreis erst nach Entstehung der Zinsen beim Veräußerer fällig ist (BFH, BStBl 1977 II 598; 1977 II 680; 1980 II 441). Ebenso gehört ein **vor** Fälligkeit des Kaufpreises vom Veräußerer geleistetes **Disagio** bei Erstattung durch den Erwerber zu dessen Anschaffungskosten (BFH, BStBl 1981 II 460).

Hat dagegen der Erwerber laufende Zinsen und ein evtl. Disagio aus **eigenem Rechtsgrund** zu leisten, liegen bei ihm WK vor. Dies gilt auch bei Zahlung an den Veräußerer (vgl. hierzu z. B. BFH, BStBl 1979 II 601; 1978 II 143).

Für das Abzugsjahr der Schuldzinsen ist **§ 11 Abs. 2** zu beachten (**Abfluß**). Zur Abzugsfähigkeit bei **Vorauszahlung** von Schuldzinsen vgl. BMF-Schreiben vom 31. 8. 1990, BStBl I 366 (sogenannter Bauherren-Erlaß). Zum Mißbrauch i. S. von § 42 AO durch unangemessen hohe Gebühren bei „Bauherren-Modellen" vgl. z. B. BFH, BStBl 1986 II 217 sowie BStBl 1990 II 299.

Die aufgewendeten Schuldzinsen sind zu kürzen um
- öffentlich Zuschüsse (R 163 Abs. 1)
- steuerfreie Zuschüsse des Arbeitgebers des Stpfl. (BFH, BStBl 1993 II 784). Vgl. § 3c.

In **Herstellungsfällen** besteht für **Bauzeitinsen** bei Überschußeinkünften (= § 21) kein Wahlrecht, zwischen Herstellungskosten und sofort abzugsfähigen Werbungskosten. Sie sind als WK zu berücksichtigen (BFH, BStBl 1990 II 460).

Zur Behandlung von Renten, dauernden Lasten und Raten vgl. K 10.1.

7.8.3.3 Damnum

Das Damnum, Oberbegriff für **Abgeld** und **Aufgeld**, hat ebenfalls grds. **Zinscharakter**. Nach BFH, BStBl 1990 II 207 kann es auch laufzeitunabhängigen Kostencharakter haben (Bearbeitungsgebühr).

Der Abfluß des Damnums unterliegt der **Parteivereinbarung** (BFH-Beschl., BStBl 1966 III 144).

Bei **Einbehaltung** des Damnums im Zeitpunkt der Darlehnsauszahlung ist es zu diesem Zeitpunkt abgeflossen (BFH, BStBl 1980 II 353).

Bei **ratenweiser** Auszahlung des Darlehns kommt es darauf an, ob das Damnum in voller Höhe von der ersten Rate oder in Teilbeträgen einbehalten wird. Vgl. BFH, BStBl 1968 II 816. Eine Aufteilung des Damnums entsprechend der ratenweisen Auszahlung des Darlehns kommt **nur** in Betracht, wenn **keine Vereinbarung** vorliegt (BFH, BStBl 1975 II 330).

Im Falle der Gewährung eines Zusatzdarlehns in Höhe des Damnums (sogenanntes **Tilgungsstreckungsdarlehn**) stellen die zur Tilgung dieses Darlehns geleisteten Raten den ratenweisen Abfluß des Damnums dar (BFH, BStBl 1975 II 330 und 503).

Ein **vor** Auszahlung des Darlehns geleistetes Damnum ist als WK abziehbar, wenn dieser Zahlungszeitpunkt vertraglich vereinbart war und zu der Auszahlung des Damnums ein enger zeitlicher Zusammenhang besteht (BFH, BStBl 1984 II 428). Rechtsmißbrauch i. S. § 42 AO wird aber i. d. R. vorliegen, wenn die Zeitspanne zwischen Leistung des Damnums und Auszahlung des Damnums mehr als einen Monat beträgt (BFH, BStBl 1984 II 426 betreffend § 21a – Objekt).

Eine Vorausleistung mehr als einen Monat vor Darlehensauszahlung ist aber ggf. ebenfalls noch anzuerkennen, wenn sinnvolle wirtschaftliche Überlegungen zu bejahen sind (BFH, BStBl 1987 II 492 betr. vermietete Eigentumswohnung. Wird das Damnum entsprechend der vertraglichen Vereinbarungen innerhalb der 3 Monate vor Auszahlung des Darlehens geleistet, sind wirtschaftliche Gründe zu unterstellen (BMF-Schr. vom 31. 8. 1990, BStBl I 366 und H 116 „Damnum – Nr. 3").

Beispiele:

1. Der Stpfl. nimmt ein Baudarlehn von 100 000 DM auf. Sofort bei der Auszahlung am 2. 1. 01 wird ein Damnum von 5% = 5 000 DM einbehalten, so daß nur 95 000 DM ausgezahlt werden, aber 100 000 DM in 06 zurückzuzahlen sind. Abfluß des Damnums am 2. 1. 01 i. H. v. 5 000 DM durch Einbehaltung.

2. wie 1., aber Auszahlung des Darlehns nach Baufortschritt am 2. 7. 01 57 000 DM und 2. 1. 02 38 000 DM (jeweils gekürzt um das anteilige Damnum). WK in 01 3 000 DM, in 02 2 000 DM.

3. Sachverhalt wie 1. mit der Abweichung, daß das Kreditinstitut den vollen Darlehnsbetrag von 100 000 DM auszahlte, d. h. dem A das Geld als Zusatzdarlehn gewährte. Das Zusatzdarlehn über 5 000 DM ist vorweg zu tilgen. Während dieser Zeit ruht die Tilgung des Hauptdarlehns. Die jährliche Tilgung von 2% von 100 000 DM = 2000 DM wird für $2^{1/2}$ Jahre bis einschließlich 30. 6. 03 zur Tilgung des Zusatzdarlehns verwendet. Die Tilgungszeit verlängert sich dadurch auf $52^{1/2}$ Jahre.

   Die Tilgung des Zusatzdarlehns bedeutet wirtschaftlich eine Leistung des Damnums in Raten. Als WK sind abzugsfähig in 01: 2 000 DM, 02: 2 000 DM, 03: 1 000 DM.

4. Der Eigentümer eines vermieteten Gebäudes macht folgende Aufwendungen als Werbungskosten bei den Einkünften aus VuV für 01 geltend:

Bei der Auszahlung eines Darlehns von	100 000 DM am 2. 1. 01
einbehaltenes Damnum von 7%	7 000 DM
Laufzeit des Darlehns 10 Jahre	
Laufende Schuldzinsen	6 000 DM
Notarkosten Darlehnsvertrag	600 DM
Kosten der Hypothekeneintragung	400 DM

   Das Darlehen, für das eine Hypothek am vorliegenden Grundstück bestellt wurde, wurde wie folgt verwendet:

   50 000 DM für Baukosten des obigen Gebäudes, 30 000 DM für Restkaufpreis des Baugrundstücks, 13 000 DM für Kauf eines privaten Pkw.

   Alle oben genannten Beträge von zusammen 14 000 DM sind Geldbeschaffungskosten. Soweit jedoch das Darlehn für den privaten Pkw-Kauf verwendet wurde, sind die Zinsen anteilig (zu 13/93) = 1957 DM gemäß § 12 Nr. 1 nicht abzugsfähig (nicht 13/100).

   Als WK sind 80/93 = 12 043 DM zu berücksichtigen (nicht 80/100).

Zur Beschränkung der Sofortabzugsfähigkeit auf die marktübliche Höhe vgl. den sogenannten Bauherren-Erlaß (BMF-Schreiben vom 31. 8. 1990, BStBl I 366). Danach ist bei einer **Zinsfestschreibung auf 5 Jahre** ein Damnum bis zu **10 v. H.** als marktüblich anzuerkennen.

7.8.4 Weitere Werbungskosten

a) Weiterhin sind typische WK bei VuV:

– **gemäß § 9 Abs. 1 Nr. 2:** Grundsteuer, Müllabfuhrgebühren, Kanalbenutzungs- und Straßenreinigungsgebühren, Beiträge zur Feuerversicherung, Einbruchversicherung, Haftpflichtversicherung, sonstige Versicherungen im Zusammenhang mit dem Grundstück. Es ist ggf. eine Abgrenzung von den Kosten der Lebenshaltung vorzunehmen.

Beispiel:
Die Beiträge zu einer Hausratversicherung sind WK, soweit sie auf möbliert vermietete Wohnungen oder Räume entfallen.

– **gemäß § 9 Abs. 1 Nr. 3:** Beiträge zu Haus- und Grundbesitzervereinen.

Nach § 9 Abs. 1 **Satz 1** sind u. a. zu berücksichtigen: Heizungskosten (zur Einschränkung bei der selbstgenutzten Wohnung vgl. 7.7.1.8),

Kosten der Hausverwaltung und Aufwendungen für Strom-, Gas- und Wasserversorgung u. ä.

b) Auch bei den Einkünften aus Vermietung und Verpachtung können **Reisekosten** als Werbungskosten zu berücksichtigen sein.

   Beispiel:
   Fahrten zur Beaufsichtigung eines Mietwohngrundstückes.
   Bei den Fahrtkosten handelt es sich nicht um nach § 9 Abs. 1 Nr. 4 nur in Höhe der km-Pauschbeträge abzugsfähige Fahrten zwischen Wohnung und Tätigkeitsstätte, wenn **nur gelegentliche** Fahrten vorliegen, **anders** bei regelmäßigen Fahrten.

c) Soweit **Steuerberatungskosten** auf die Ermittlung der Einkünfte aus VuV entfallen, sind sie WK bei VuV. Vgl. zur Abgrenzung von den Sonderausgaben i. S. des § 10 Abs. 1 Nr. 6 F 3.7.

d) Bei **Prozeßkosten** ist zu unterscheiden, ob der Prozeß mit sofortabzugsfähigen WK aus VuV zusammenhängt.

   Daher sind z. B. abzugsfähig Prozeßkosten im Zusammenhang mit der Finanzierung, Mietprozeßkosten. Prozeßkosten im Zusammenhang mit der Anschaffung oder Herstellung des Grundstücks sind grds. Teil der Anschaffungs- oder Herstellungskosten.

   Bei Kosten von Mängelbeseitigungsprozessen kommt es auf die Behandlung der Mängelbeseitigung an (Herstellungskosten oder WK); vgl. hierzu 7.8.5.2.

e) **Abschlußgebühren** für einen **Bausparvertrag** sind WK, wenn der Vertragsabschluß in engem zeitlichen und wirtschaftlichen Zusammenhang mit der Errichtung (oder: dem Erwerb) eines Gebäudes steht, aus dem künftig Einkünfte aus VuV erzielt werden sollen. Im Falle des Hausbaus müssen Planung und Vorbereitung in ein solch konkretes Stadium eingetreten sein, daß eine Verwendung des Bausparvertrags nur noch als Finanzierung dieses Objekts möglich ist (BFH, BStBl 1975 II 699). Fehlt ein solcher Zusammenhang mit den Einkünften aus § 21, liegen WK bei den Einkünften aus § 20 Abs. 1 Nr. 7 (zu den Bausparguthabenzinsen) vor (BFH, BStBl 1990 II 975).

f) Zum Werbungskostenabzug bei Nießbrauchsbestellung vgl. K. 8.

g) Bei einem der Einkunftserzielung i. S. des § 21 dienenden **Erbbaurecht** kann der **Erbbauberechtigte** WK nach allgemeinen Grundsätzen abziehen.

   Insbesondere ist er hinsichtlich eines von ihm in Ausübung des Erbbaurechts errichteten Gebäudes zur AfA berechtigt (vgl. § 95 Abs. 1 Satz 2 BGB – das Gebäude ist lediglich Scheinbestandteil des belasteten Grundstücks). Zu den WK gehören auch die von dem Erbbauberechtigten gezahlten **Erbbauzinsen**. Sie sind den **Schuldzinsen** gleichzusetzen (BFH, BStBl 1954 III 199).

   aa) **Laufende Erbbauzinszahlungen** sind daher bei Abfluß WK.

   bb) Dies gilt auch bei **Einmalbeträgen** (so Verwaltungsauff., vgl. z. B. DB 1984, 1656 und DStR 1985, 525).

   cc) Vom Erbbauberechtigten **übernommene Erschließungskosten** sind nach BFH, BStBl 1990 II 310 und BMF-Schreiben vom 16. 12. 1991, BStBl 1991 I 1011 jedoch **Anschaffungskosten** des **Erbbaurechts**.

   Entsprechendes gilt für die **Erstattung** bereits gezahlter Erschließungskosten durch den Erbbauberechtigten an den Erbbauverpflichteten.

h) **Aussetzungszinsen** für GrESt aus den Anschaffungskosten eines Mietobjekts sind WK gemäß § 9 Abs 1 Nr. 1 (BFH, BStBl 1995 II 835).

i) Zur Auswirkung der **Umsatzsteuer** auf die Einkunftsermittlung – insbesondere bei den Einkünften aus § 21 – vgl. **§ 9b** und R 86. Zur Umsatzbesteuerung kommt es bei § 21 im Falle der **Option** nach **§ 9 UStG**. Vereinnahmte USt ist (bei Zufluß) als **Einnahme** aus § 21 Abs. 1 Nr. 1 anzusetzen.

   Verausgabte USt (insbesondere gezahlte **Vorsteuer**) ist (bei Abfluß) als **Werbungskosten** zu berücksichtigen.

Dies gilt **nicht** für Vorsteuerbeträge, die zu den Anschaffungs- oder Herstellungskosten des betreffenden Wirtschaftsguts gehören (BFH, BStBl 1982 II 755).

Die **Rückzahlung** der Vorsteuererstattung bei „fehlgeschlagener" Option zur USt-Pflicht (§ 9 UStG) führt **nicht** zu WK bei § 21 (BFH, BStBl 1987 II 374).

Dagegen liegen **WK** vor bei **Rückzahlung** von **Vorsteuer** nach **§ 15a Abs. 4 UStG** anläßlich der **Veräußerung** des Grundstücks (BFH, BStBl 1993 II 17 und BStBl 1993 II 656; BMF-Schr. v. 23. 8. 1993, BStBl I 698).

Zu sofortabziehbaren WK bei einer „**Schein-KG**" vgl. BFH, BStBl 1987 II 212.

7.8.5 Abgrenzung von Erhaltungsaufwand und Herstellungsaufwand

Aufwendungen an Gebäuden können

- sofort abzugsfähiger **Erhaltungsaufwand** (R 157 Abs. 1) oder
- grds. nur im Wege der AfA zu berücksichtigender **Herstellungsaufwand** (R 157 Abs. 3) sein.

Die Unterscheidung zwischen Erhaltungs- und Herstellungsaufwand ist einkommensteuerlich wegen des Zeitpunkts der Abzugsfähigkeit von besonderer Bedeutung.

Die steuerlich günstigere Behandlung ist i. d. R. dann gegeben, wenn er sofort als Erhaltungsaufwand abgesetzt werden kann. Soweit nicht besonders vermerkt, gelten die im folgenden dargestellten Grundsätze sowohl für Gebäude oder Gebäudeteile des **Betriebsvermögens** als auch des **Privatvermögens**.

7.8.5.1 Begriff des Erhaltungsaufwands

Zum Erhaltungsaufwand (§ 9 Abs. 1 Satz 1) gehören die Aufwendungen für die laufende Instandhaltung und für die Instandsetzung. Diese Aufwendungen werden im allgemeinen durch die gewöhnliche Nutzung des Grundstücks veranlaßt.

> **Beispiele:**
> **Aufwendungen für laufende Instandhaltung:**
> Schönheitsreparaturen (Außenanstrich), Ausbesserungen, Dachreparaturen usw.
> **Aufwendungen für Instandsetzungsarbeiten:**
> Erneuerung einer defekten und wirtschaftlich verbrauchten Heizungsanlage, Beseitigung von Hausschwamm.

„Klassische" **Merkmale** des **Erhaltungsaufwands** sind

- **Keine Veränderung** der **Wesensart** und
- **Erhaltung** des **ordnungsmäßigen Zustands** des Gebäudes

Auch wenn nicht beide Voraussetzungen zusammen vorliegen, kann Erhaltungsaufwand in Betracht kommen. Der Begriff des Erhaltungsaufwands wurde jedoch durch die Rechtsprechung des BFH darüberhinaus **erheblich erweitert**.

Danach liegt Erhaltungsaufwand auch vor bei **Erneuerung** von bereits **in den Herstellungskosten des Gebäudes enthaltenen Teilen,** wenn die neue Anlage bzw. das Bauteil die bisherige Funktion für das einheitliche Gebäude in vergleichbarer Weise erfüllt.

> **Beispiele:**
> Austausch von Fenstern – Holz- gegen Aluminiumrahmen, Einfach- gegen Doppelglas – , Ersatz von mit Kohle beheizten Einzelöfen durch Elektro-Speicheröfen, Umstellung einer Zentralheizung von Öl- auf Koksfeuerung, Einbau einer Zentralheizung anstelle einer Einzelofenheizung, Anschluß einer Zentralheizung an eine Fernwärmeversorgung, Einbau von Heizungs- und Warmwasseranlagen, wenn durch diese Anlagen vorhandene Heizanlagen ergänzt oder ersetzt werden, Einbau meßtechnischer Anlagen zur verbrauchsabhängigen Abrechnung von Heiz- und Warmwasserkosten, Ersatz eines vorhandenen Fahrstuhls durch einen modernen Fahrstuhl, Umdeckung des Daches.

Auf den **technischen Verbrauch** der alten Anlage bzw. des alten Gebäudeteils kommt es **nicht** an. **Unerheblich** ist auch die **Notwendigkeit** oder **Zweckmäßigkeit** der Maßnahmen. Auch wenn diese noch nicht verbraucht waren, ist in der Regel Erhaltungsaufwand gegeben.

Die neue Anlage muß für sich betrachtet auch nicht dieselbe Beschaffenheit aufweisen oder technisch ebenso funktionieren wie die alte Anlage.

Beispiele:
1. Der Außenputz eines Hauses ist schadhaft. Bei der Instandsetzung ist auch dann von Erhaltungsaufwand auszugehen, wenn die Erneuerung durch Plattierung der Außenwände erfolgt (FG Düsseldorf, EFG 1967, 6-rkr).
2. Die Kosten für die Erneuerung einer Hangstützmauer, die der Sicherung eines Gebäudes gegen Abrutschen infolge der Lage am Hang dient, sind Erhaltungsaufwand. Das gilt auch dann, wenn die neue Mauer umfassender und mit anderen Baustoffen ausgeführt wird (BFH, BStBl 1965 III 674).

Bei **Umstellungsmaßnahmen** ist die Beurteilung einheitlich vorzunehmen, d. h. keine Aufteilung in Erhaltungsaufwand und Herstellungsaufwand vorzunehmen.

Die Aufwendungen eines Grundstückseigentümers für die **Umstellung** des **Heizungssystems** in einem bisher mit (Kohle-) Einzelöfen beheizten Gebäude auf (Warmwasser-) Zentralheizung sind sofort abzugsfähiger **Erhaltungsaufwand**.

Das gilt **auch** für Fälle, in denen die durch ein anderes Heizungssystem **ersetzten Einzelöfen nicht Eigentum** des **Grundstückseigentümers**, sondern der Mieter waren. In gleicher Weise sofort abzugsfähig sind die Kosten für den **Anschluß** eines bisher mit Einzelöfen beheizten Gebäudes an die **Fernwärmeversorgung**, sowie die des nachträglichen Einbaus einer monovalenten **Wärmepumpenanlage** (ganzjähriger Betrieb der Heizung mit Erd- oder Luftwärme) anstelle einer vorhandenen Ofen- oder Zentralheizungsanlage, sowie die Kosten für die nachträgliche **Ergänzung** einer vorhandenen Heizungsanlage um eine bivalente **Wärmepumpenanlage** (BFH, BStBl 1980 II 7).

Beispiele aus der Rechtsprechung:
1. In einem Gebäude wird die Ölzentralheizung – vgl. auch H 157 „Erhaltungsaufwand" – auf Gasheizung umgestellt. Da es sich nicht um den erstmaligen Einbau einer Heizung handelt, ist Erhaltungsaufwand gegeben, auch wenn die ersetzte Feuerungsanlage technisch noch funktionsfähig war (BFH, BStBl 1977 II 281). Die frühere Rechtsprechung (BFH, BStBl 1961 III 402) ist überholt.
2. Wird der Öltank einer Heizungsanlage in einem Gebäude auf Grund gesetzlicher Sicherheitsbestimmungen nachträglich mit einer Plastikinnenhülle und einem Leckanzeigegerät ausgestattet, so können die hierfür erbrachten Kosten laufender Erhaltungsaufwand des Gebäudes sein (BFH, BStBl 1975 II 193).
3. Aufwendungen zur Ausbesserung und Verstärkung der Fundamente eines Hauses und zur Begradigung der Geschoßdecken sind als Erhaltungsaufwand abziehbar (BFH, BStBl 1965 III 168).

Zur Prüfung der Abgrenzung zwischen Erhaltungsaufwand und Herstellungsaufwand bei **Wohnungs-** und Teileigentum vgl. BFH, BStBl 1996 II 131 (Prüfung für Gemeinschaftseigentum bezogen auf das gesamte Gebäude, Prüfung für Sondereigentum gesondert für jede einzelne Einheit).

7.8.5.2 Begriff des Herstellungsaufwands

Merkmale für die Annahme von Herstellungsaufwand sind nach R 157 Abs. 3

entweder a) wesentliche **Substanzvermehrung**

oder b) erhebliche **Veränderung** der **Wesensart**

oder c) deutliche **Verbesserung** des **Zustands** des Gebäudes.

Ein Gebäude wird in seiner Substanz vermehrt durch Ausbau- und Erweiterungsmaßnahmen.

– Vgl. auch **H 157 „Herstellungsaufwand nach Fertigstellung"**

Beispiele:
Anbauten und Umbauten
Einbau eines Fahrstuhls, einer Rolltreppe (in einem Kaufhaus).
Anbringung einer Markise an der Außenmauer eines Wohngebäudes (BFH, BStBl 1990 II 431).
Bädereinbau (BFH, BStBl 1993 II 659).

In Ausnahmefällen kann Erhaltungsaufwand auch dann anzunehmen sein, wenn ein Gebäude durch eine Baumaßnahme erheblich vergrößert wird (BFH, BStBl 1985 II 394 betr. **BV**).

Beispiel:
Erhöhung der Raumhöhe einer **betrieblichen** Halle bei einer Dacherneuerung ohne wesentliche Funktionsänderung.

Eine **erhebliche Veränderung der Wesensart** liegt z. B. vor bei Aufteilung von Großwohnungen in Kleinwohnungen, Umbau gewerblicher Räume in Wohnräume oder Umbau eines Lagerhauses oder Bürogebäudes in ein Wohnhaus. **Nicht jede**, durch wechselnde Bedürfnisse eines **Betriebes** hervorgerufene **Änderung** der **Raumaufteilung** führt zu einer Wesensänderung des betroffenen Gebäude(teil)s (FG Hbg, EFG 1985, 333 – rkr); ähnlich FG Hbg, EFG 1985, 167 – rkr. bei Vergrößerung von Zimmern eines Hotelbetriebs.

Eine **deutliche Verbesserung des Zustands** liegt nur vor, wenn die erneuerten Teile, Einrichtungen oder Anlagen gegenüber dem bisherigen Zustand so artverschieden sind, daß die Baumaßnahme nach der Verkehrsauffassung nicht in erster Linie dazu dient, das Gebäude in seiner bestimmungsgemäßen Nutzungsmöglichkeit zu erhalten, sondern **etwas Neues, bisher nicht Vorhandenes** zu schaffen.

Herstellungsaufwand ist nicht schon deshalb anzunehmen, weil mit notwendigen Erhaltungsmaßnahmen eine dem technischen Fortschritt entsprechende übliche Modernisierung verbunden ist (BFH, BStBl 1966 III 324).

Beispiel:
In einem Haus ist eine Holztreppe baufällig. Nach Abbruch wird eine gefliese Betontreppe eingebaut. Außerdem wird das Treppenhaus (bisher lediglich gestrichen) gekachelt.
Die gesamten Kosten sind als Erhaltungsaufwand abzugsfähig. Die Verwendung moderner Baustoffe ist dabei unschädlich, auch wenn sie zu einer längeren Nutzungsdauer führen.

Die gleichen Grundsätze gelten für selbständige Gebäudeteile. Die Aufwendungen sind beim Gebäude oder Gebäudeteil zu erfassen (bei Betriebsvermögen zu aktivieren) und einheitlich mit dem Gebäude oder dem selbständigen Gebäudeteil abzuschreiben.

Bei **räumlichem und zeitlichem Zusammentreffen** von Herstellungsaufwand und isoliert als Erhaltungsaufwand zu beurteilenden Aufwendungen ist **einheitlich Herstellungsaufwand** anzunehmen. Eine Aufteilung ist nicht vorzunehmen. Vgl. **H 157 „Räumlicher und zeitlicher Zusammenhang mit Herstellungsaufwand"**

Beispiel:
Beim Einbau von Bädern (Kosten 40 000 DM) müssen Wände angrenzender Räume neu tapeziert werden (Kosten 1 000 DM). Es liegen einheitlich nachträgliche Herstellungskosten von 41 000 DM vor.
Zum Bädereinbau als nachträgliche HK vgl. BFH, BStBl 1993 II 659.

Sind Arbeiten zwar im **zeitlichen Zusammenhang, aber an räumlich getrennten** Stellen eines Gebäudes vorgenommen worden, so hindert der Umstand, daß in einem Teil des Gebäudes Herstellungsaufwand angefallen ist, nicht die Anerkennung von Erhaltungsaufwand in einem anderen Teil des Gebäudes.

Beispiel:
Eine Dachreparatur ist nicht etwa deshalb Herstellungsaufwand, weil gleichzeitig für den Umbau des Erdgeschosses Herstellungsaufwand angefallen ist (BFH, BStBl 1960 III 493).

Die Beurteilung, welche Art von Bauaufwendungen vorliegt, muß im Jahr der Fertigstellung der entsprechenden Arbeiten erfolgen, weil im Falle des Herstellungsaufwands ab diesem Jahr AfA zu gewähren ist.

- **Mängelbeseitigungskosten an unfertigen Gebäuden**

Nach BFH, BStBl 1987 II 694 und BStBl 1988 II 431 kann Erhaltungsaufwand noch **nicht** in der **Bauphase** eines Gebäudes, also **vor** Fertigstellung, anfallen, sondern nur bei bestehenden Gebäuden.

Aufwendungen, die ein privater Bauherr **vor Fertigstellung** des Gebäudes macht, um Mängel der Bauausführung zu beseitigen, sowie **Mehrfachaufwendungen**, die ihren Grund darin haben, daß der mit einer Baumaßnahme verfolgte Zweck zunächst nicht oder nicht vollständig erreicht wurde, gehören zu den **Herstellungskosten** des Gebäudes, können also **nicht** als Werbungskosten sofort abgezogen werden; so nochmals BFH, BStBl 1992 II 806.

In diesem Zusammenhang anfallende **Prozeßkosten** sind lt. BFH (a. a. O.) ebenfalls den Herstellungskosten zuzurechnen.

Baumängel vor Fertigstellung eines Gebäudes rechtfertigen **keine** a. o. AfA (BFH, BStBl 1992 II 805).

- **Verlorene Anzahlungen**

Entgegen BFH, BStBl 1987 II 695 zählt das an einen Handwerker gezahlte Entgelt **nicht** zu den Herstellungskosten des Gebäudes, sondern zu den sofortabzugsfähigen Werbungskosten, wenn der Bauherr einen Forderungsverlust dadurch erleidet, daß der Handwerker die vereinbarte und bereits bezahlte Leistung wegen Konkurses letztlich nicht erbringt und aus diesem Grund der Bauherr wegen der Fertigstellung des Gebäudes durch einen dritten Handwerker einen (zusätzlichen) Aufwand hat (BFH GrS, BStBl 1990 II 830 und BStBl 1992 II 805). Das gilt auch für die Aufwendungen eines **Beweissicherungsverfahrens.**

Die **Verteuerung** der Herstellung infolge des Konkurses des Bauunternehmers rechtfertigt **keine AfaA** (BFH, BStBl 1987 II 695).

Keine WK liegen vor, soweit Bauleistungen des Bauunternehmer vorliegen, wenn auch mangelhafte.

- **Minderung der Herstellungskosten**

Ein **Zuschuß** der Gemeinde zur **Tiefgarage** mindert die HK (BFH, BStBl 1995 II 702).

7.8.5.3 Zeitpunkt der Berücksichtigung von Erhaltungsaufwand und Herstellumgsaufwand

a) Erhaltungsaufwand – Grundsatz

Erhaltungsaufwand ist bei der Gewinnermittlung nach § 4 Abs. 3 und bei den Einkünften aus Vermietung und Verpachtung im Jahr der **Bezahlung (§ 11 Abs. 2)** abzuziehen. Dies gilt **auch** bei Bezahlung von Erhaltungsaufwand mit Hilfe von **Fremdmitteln.**

b) Verteilung größeren Erhaltungsaufwands (§ 82b EStDV)

Abweichend hiervon ist es im Rahmen des § 82b EStDV zulässig, größere Aufwendungen auf **zwei bis fünf Jahre gleichmäßig zu verteilen.**

Anwendungsvoraussetzungen hierfür sind

- Zugehörigkeit des Gebäudes zum Privatvermögen
- überwiegende Nutzung zu Wohnzwecken
- Vorliegen „größerer Erhaltungsaufwendungen".

Eine betragsmäßige Grenze ist aber weder in der Vorschrift noch in den EStR festgelegt. Die Frage ist nach der Größe des Objekts, dem Umfang der Maßnahme(n) sowie der Höhe der Mieteinnahmen zu entscheiden. Auch eine Vielzahl kleinerer Maßnahmen kann zusammengefaßt werden.

Fallen in einem KJ Erhaltungsaufwendungen für verschiedene Erhaltungsmaßnahmen an, braucht hierfür u. E. **kein einheitlicher** Verteilungszeitraum gebildet werden. Für größere Erhaltungsmaßnahmen in **verschiedenen** KJ wird aber jeweils ein **eigener** Verteilungszeitraum gebildet. Die Ausübung des Wahlrechts ist nur im Kalenderjahr der **Leistung** des größeren Erhaltungsaufwands zulässig (BFH, BStBl 1978 II 367).

Beispiel:

A hat in 01 folgenden Erhaltungsaufwand verausgabt:

- Dachreparatur im Mai   8 000 DM
- Außenanstrich im April   4 000 DM
- Innenrenovierung im November   3 000 DM

A kann den gesamten Erhaltungsaufwand von 15 000 DM entweder

1. im VZ 01 voll absetzen oder
2. auf 2 bis 5 Jahre verteilen (einheitlicher Verteilungszeitraum), also

    1. jährlich   7 500 DM in 01 und 02 oder
    2. jährlich   5 000 DM in 01 bis 03 oder
    3. jährlich   3 750 DM in 01 bis 04 oder
    4. jährlich   3 000 DM in 01 bis 05.

3. u. E. auch möglich: unterschiedliche Behandlung der einzelnen Maßnahmen.

Hat der Stpfl. in dem VZ, in dem der Erhaltungsaufwand geleistet worden ist, diesen als Werbungskosten nicht abgezogen oder von der Möglichkeit der Verteilung nicht Gebrauch gemacht, kann der Antrag auf Verteilung des Erhaltungsaufwands in dem nächsten „offenen" VZ innerhalb des Zeitraums im Sinne des § 82b Abs. 1 Satz 1 EStDV gestellt werden. Dies gilt auch, wenn für das Entstehungsjahr Festsetzungsverjährung eingetreten ist (BFH, BStBl 1993 II 593). Der auf ein bestimmtes Jahr entfallende Anteil kann aber nicht in einem anderen Jahr geltend gemacht werden (BFH, BStBl 1978 II 96). Eine **Nachholmöglichkeit** besteht also **nicht** (BFH, BStBl 1993 II 589, 591).

Bei
- **Veräußerung** eines Gebäudes,
- **Überführung** eines Gebäudes **in ein Betriebsvermögen**
- oder **Wechsel zur Selbstnutzung zu eigenen Wohnzwecken eines bisher vermieteten Gebäudes** während des Verteilungszeitraums erfolgt der Abzug des noch nicht berücksichtigten Teils der Erhaltungsaufwendungen im Jahr der Veräußerung oder Einlage in das Betriebsvermögen (§ 82b Abs. 2 EStDV).

Der **Wegfall** der **überwiegenden Nutzung** zu **Wohnzwecken** (in einem Jahr) nach der Verausgabung der Aufwendungen hat für die begonnene Verteilung **keine** Konsequenz (Weiterführung). **Maßgebend** ist allein der Zeitpunkt der **Verausgabung**. § 82b Abs. 2 EStDV gilt nicht entsprechend.

Soweit in einem VZ ab **1987** durch den Wegfall der Nutzungswertbesteuerung keine Einkünfte aus VuV mehr vorliegen (Konsumgutlösung, § 52 Abs. 21 Satz 1), ist der Restbetrag in dem VZ, für den letztmals ein Nutzungswert angesetzt wird, in einer Summe abzugsfähig (BMF-Schr. vom 19.9.1986, BStBl I 480).

Wird das Eigentum an einem Wohngebäude **unentgeltlich** auf einen anderen übertragen, so kann der Rechtsnachfolger größeren Erhaltungsaufwand noch in dem von seinem Rechtsvorgänger gewählten restlichen Verteilungszeitraum geltend machen. Dabei ist der Teil des Erhaltungsaufwands, der auf den VZ des Eigentumswechsels entfällt, entsprechend der Besitzdauer auf den Rechtsvorgänger und den Rechtsnachfolger aufzuteilen. S. a. H 157 „Verteilung des Erhaltungsaufwands nach § 82b EStDV".

Entsprechendes wie bei § 82b EStDV gilt in den Fällen der §§ 11a und 11b EStG_ohne Beschränkung auf größere Aufwendungen.

c) Herstellungsaufwand – Grundsatz

Herstellungsaufwand ist dagegen grds. **nur** über die **AfA** berücksichtigungsfähig. Dabei kommt es für den AfA-Beginn nicht auf das Jahr der Bezahlung, sondern der **Fertigstellung** der Arbeiten an. Wegen der Vereinfachungsregelung für das Jahr der Fertigstellung bei nachträglichen Herstellungskosten vgl. R 44 Abs. 11 Satz 3 und J. 3.9.3.3.

d) Vereinfachung der Abgrenzung (4 000 DM-Grenze)

Ob Herstellungsaufwand vorliegt, ist im allgemeinen nur zu prüfen, wenn es sich um verhältnismäßig große Aufwendungen handelt. Betragen die Kosten für die **einzelne Baumaßnahme** nicht mehr als 4000 DM (Rechnungsbetrag stets **ohne USt) je Gebäude,** so ist **auf Antrag** dieser Aufwand als **Erhaltungsaufwand** abzuziehen (R 157 Abs. 3 Satz 2). Auf Kosten, die eindeutig der **endgültigen Fertigstellung** eines neu errichteten Gebäudes dienen, ist die Vereinfachungsregelung jedoch **nicht** anzuwenden, vgl. R 157 Abs. 3 Satz 3.

Der Stpfl. kann die Vereinfachungsregelung auch in Anspruch nehmen, wenn eigentlich Herstellungsaufwand vorliegt. Aufgrund des entsprechenden Antrags ist eine Prüfung, ob Erhaltungs- oder Herstellungsaufwand gegeben ist, nicht vorzunehmen. Für die Vereinfachungsregelung ist jede einzelne Baumaßnahme an einem Gebäude gesondert zu betrachten. Gleichzeitige Baumaßnahmen in verschiedenen Teilen des Gebäudes sind gesondert zu behandeln.

> **Beispiel:**
> Bei einem Gebäude wird eine Dachreparatur durchgeführt. Gleichzeitig wird ein Kellerraum zu einem Hobbyraum ausgebaut. Die Dachreparatur kostet 6000 DM + 900 DM USt, der Ausbau 4000 DM + 600 DM USt.
> Die Dachreparatur ist eindeutig Erhaltungsaufwand – kein Wahlrecht des Stpfl.
> Die Kosten des Hobbyraums sind auf Antrag als sofort abzugsfähige Kosten zu behandeln.

e) **Übersicht:**

	Aufwendungen an Gebäuden	
	Erhaltungsaufwand	Herstellungsaufwand
Grundsatz	Abzug als WK im VZ des Abflusses	Berücksichtigung nur im Wege der AfA
Ausnahme	Verteilung auf 2 bis 5 Jahre (§ 82b EStDV)	Auf Antrag Behandlung als Erhaltungsaufwand im Rahmen der 4000 DM-Grenze (Vereinfachungsregelung R 157 Abs. 3 S. 2)

7.8.5.4 Abbruchkosten

Abbruchkosten eines Gebäudes stellen **sofort abzugsfähige Werbungskosten** oder **Betriebsausgaben** dar, wenn der **Restwert** des abgebrochenen Gebäudes durch eine Absetzung für außergewöhnliche Abnutzung abgeschrieben werden kann (vgl. R 44 Abs. 13; wegen der Behandlung von Abbruchkosten als Herstellungskosten eines Gebäudes vgl. BFH, BStBl 1993 II 504, sowie im einzelnen **Band 1** dieser Buchreihe).

Bei Erwerb in Abbruchabsicht ist kein Abzug des Restwertes im Wege der AfA und der Abbruchkosten als WK möglich (BFH, BStBl 1993 II 504).

7.8.5.5 Anschaffungsnaher Aufwand

a) Grundsätze

Abweichend von den allgemeinen Grundsätzen ist bei Aufwendungen, die im Zusammenhang mit der Anschaffung eines Gebäudes gemacht werden, zu prüfen, ob es sich um sogenannte anschaffungsnahe Aufwendungen handelt. Vgl. R 157 Abs. 4 und H 157 „Anschaffungsnaher Aufwand".

Diese sind als **Herstellungskosten** zu behandeln, wenn sie im Verhältnis zum Kaufpreis hoch sind und durch die Aufwendungen im Vergleich zu dem Zustand des Gebäudes im Anschaffungszeitpunkt das **Wesen** des Gebäudes **verändert**, der **Nutzungswert erheblich erhöht** oder die **Nutzungsdauer erheblich verlängert** wird (Beschluß des Großen Senats des BFH, BStBl 1966 III 672, BFH, BStBl 1980 II 744, BStBl 1988 II 690, BStBl 1990 II 53, BStBl 1990 II 130, BStBl 1992 II 28, BStBl 1992 II 285, BFH/NV 1992, 379 und BStBl 1993 II 338). Diese Voraussetzungen werden regelmäßig nur dann vorliegen, wenn **zurückgestellte Instandhaltungsarbeiten nachgeholt** werden (vgl. BFH, BStBl 1980 II 744). Ob anschaffungsnaher Herstellungsaufwand vorliegt, ist für die ersten **drei** Jahre nach der Anschaffung des Gebäudes zu prüfen, wenn die Aufwendungen für Instandsetzung (Rechnungsbetrag **ohne** USt) in diesem Zeitraum insgesamt

a) **20 v. H.** der **Anschaffungskosten** des Gebäudes **übersteigen,** wenn das Gebäude aufgrund eines **vor** dem **1.1.1994** abgeschlossenen obligatorischen Vertrags angeschafft worden ist,

b) **15 v. H.**, wenn der obligatorische Vertrag **nach** dem **31.12.1993** abgeschlossen wurde.

Veranlagungen werden vom FA vorläufig durchgeführt (§ 165 Abs. 1 AO), solange in diesem Zeitraum die Instandsetzungsaufwendungen 15 v.H. bzw. 20 v.H. der Anschaffungskosten des Gebäudes nicht übersteigen.

Die Dreijahresfrist **beginnt** mit dem **Übergang** des **wirtschaftlichen** Eigentums.

Bei Instandsetzungsarbeiten, die erst **nach** Ablauf von drei Jahren seit der Anschaffung durchgeführt werden, ist „im allgemeinen" ein Zusammenhang mit der Anschaffung des Gebäudes nicht mehr anzunehmen.

Anschaffungsnaher Aufwand kann **ausnahmsweise** auch bei Instandsetzungsarbeiten entstehen, die zwar erst nach **Ablauf von drei Jahren** seit dem Erwerb des Gebäudes durchgeführt werden, aber einen schon im **Zeitpunkt der Anschaffung vorhandenen erheblichen Instandhaltungsrückstand aufholen.** Diese Fallgestaltung kommt in Betracht, wenn ein älteres Mietwohngebäude im Anschluß an den verbilligten Erwerb gleichsam in Raten erneuert und modernisiert wird (BFH, BStBl 1992 II 30).

Bei der Ermittlung des Betrags der anschaffungsnahen Aufwendungen bleiben die Kosten für **typische Herstellungsarbeiten** wie z. B. Ausbauten **außer Betracht**. Die Behandlung anschaffungsnaher Aufwendungen als Herstellungsaufwand ist **nicht** auf den Betrag begrenzt, um den der Kaufpreis wegen baulicher Mängel des Gebäudes gemindert wurde (BFH, BStBl 1973 II 483).

Laufender Erhaltungsaufwand, der jährlich üblicherweise anfällt, kann auch bei neu erworbenen Gebäuden **sofort** als Werbungskosten abgezogen werden (R 157 Abs. 4 S. 6).

Das gleiche gilt für Aufwendungen zur Beseitigung **versteckter Mängel** (R 157 Abs. 4 S. 7).

Aufwendungen für **Schönheitsreparaturen** (z. B. Malerarbeiten), sind jedoch **nicht** als Erhaltungsaufwand sofort abziehbar, wenn sie im Rahmen einer „umfassenden Renovierung und Modernisierung" anfallen (BFH, BStBl 1992 II 28).

Beispiele:

1. Erwerb eines Gebäudes im VZ 01 für 300 000 DM. Im VZ 05 wird eine Gesamtrenovierung für 15 000 DM durchgeführt (kein typischer Herstellungsaufwand wie Umbau oder Modernisierung).

    Behandlung als Erhaltungsaufwand, da insbesondere kein zeitlicher Zusammenhang mehr mit der Anschaffung (R 157 Abs. 4 Satz 8).

2. Beseitigung versteckter Mängel für 25 000 DM im VZ 02 an einem in 01 erworbenen Gebäude führt zu sofort abzugsfähigem Erhaltungsaufwand (R 157 Abs. 4 S. 7).

3. A hat im VZ 01 ein Gebäude erworben (Kaufvertrag nach dem 31. 12. 1993). Der vereinbarte Kaufpreis von 270 000 DM (nur für das Gebäude ohne Grund und Boden) ist um einen Abzug für unterlassene Instandhaltung von 30 000 DM gemindert (ursprüngliche Verhandlungsbasis für das Gebäude 300 000 DM). In 03 holt A die vom Erwerber unterlassene Instandhaltung für 60 000 DM + 9 000 DM USt nach. Zusätzlich führt er eine Modernisierung für 20 000 DM einschl. USt durch (Bädereinbau).

    Es liegt beim nachgeholten Instandhaltungsaufwand anschaffungsnaher Herstellungsaufwand vor, da die Durchführung

- innerhalb von 3 Jahren nach Erwerb erfolgte,
- keine versteckten Mängel beseitigt wurden und
- die 15 %-Grenze überschritten ist (15 % von 270 000 DM = 40 500 DM).

    Dabei erfolgt keine Begrenzung der Behandlung als Herstellungskosten auf den Betrag des Kaufpreisabschlags wegen unterlassener Instandhaltung (H 157 „Anschaffungsnaher Aufwand").

    Der Modernisierungsaufwand ist gesondert zu beurteilen und stellt typischen Herstellungsaufwand dar.

    Die AfA Bemessungsgrundlage ist um die

- nachträglichen Herstellungskosten von 20 000 DM und
- anschaffungsnahen Herstellungskosten von 69 000 DM

    zu erhöhen.

    Bei der AfA für 03 ist die Vereinfachungsregelung des R 44 Abs. 11 Satz 3 zu beachten.

AfA 03

Anschaffungskosten 01	270 000 DM
+ Erhöhung in 03 69 000 DM + 20 000 DM =	89 000 DM
2 % von	359 000 DM
=	7 180 DM

(keine zeitanteilige AfA).

Übersicht:

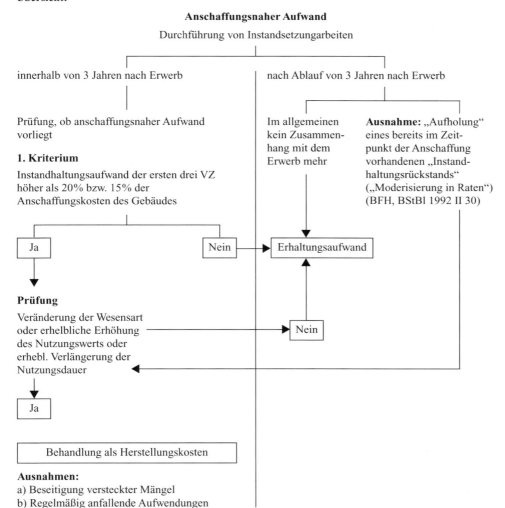

b) Besonderheiten

aa) Gemischte Nutzung des Gebäudes

Wird das erworbene Gebäude **gemischt genutzt**, z. b. teils als eigene Wohnung, teils zu betrieblichen Zwecken und teils durch Vermietung, so ist für die Frage, ob die Aufwendungen als Erhaltungsaufwand sofort abziehbar sind oder ob insoweit anschaffungsnaher Aufwand vorliegt, **nicht** vom Erwerb **mehrerer** Gebäudeteile auszugehen. Die in engem zeitlichen und sachlichen Zusammenhang mit dem Erwerb für die Renovierung und Modernisierung des **gesamten Gebäudes insgesamt** gemachten Aufwendungen sind vielmehr **einheitlich** der Beurteilung zugrunde zu legen (BFH, BStBl 1992 II 940).

bb) Unentgeltlicher und teilentgeltlicher Erwerb eines Gebäudes

Der **unentgeltliche** Erwerb ist **keine** Anschaffung. Nach einer **Schenkung** und einem **Erbfall** (ohne Abfindungsleistungen) ist somit anschaffungsnaher Aufwand **nicht** möglich. Bei **teilentgeltlichem** Erwerb ist **bislang** die für Privatvermögen geltende **Trennungstheorie** (vgl. BFH, BStBl 1981 II 11) anzuwenden.

Anschaffungsnaher Aufwand ist nur hinsichtlich des **entgeltlich** erworbenen **Teils** des Gebäudes möglich. Zur Ermittlung der **Quote** vgl. BMF-Schr. vom 11.1.1993, BStBl I 62 Tz. 28 (betr. Erbauseinandersetzung) sowie vom 13.1.1993, BStBl I 80 Tz 14 (betr. vorweggenommene Erbfolge).

Hiervon ist der BFH im Urt. vom 9.5.1995, DB 1995, 1942 (**bisher nicht im BStBl veröffentlicht**) ab**gewichen**.

Er wendet **nicht** die Trennungstheorie an, sondern stellt auch bei teilentgeltlichem Erwerb darauf ab, ob der „erwerbsnahe" Aufwand 15% des **Verkehrswert** des gesamten Gebäudes überschreitet.

7.8.5.6 Aufwendungen für Gartenanlagen

Kosten für die gärtnerische Gestaltung der Grundstücksfläche bei einem Wohngebäude gehören **nicht** zu den **Herstellungskosten** des **Gebäudes** (BFH, BStBl 1966 III 12 und BStBl 1966 III 541). Dies gilt nicht, soweit Kosten für das Anpflanzen von Hecken, Büschen, und Bäumen an den Grundstücksgrenzen entstanden sind. Solche lebenden Umzäunungen gehören zu den Gebäude-Herstellungskosten, vgl. H 33a „Lebende Umzäunungen".

Im übrigen können Aufwendungen für Gartenanlagen
– sofort abzugsfähige Werbungskosten bzw. BA oder
– Aufwendungen für ein besonderes Wirtschaftsgut (Nutzungsdauer 10 Jahre) oder
– nichtabziehbare Kosten der Lebenshaltung (§ 12 Nr. 1)
sein.

Vgl. im einzelnen R 157 Abs. 5.

Übersicht

Gartenanlagen bei Wohngebäuden

a) Erstanlage

aa) bei selbstgenutzten Gebäuden: ab VZ 1987 = „Konsumgut"	dd) bei von Mietern mitbenutzten Gartenanlagen
bb) bei nur vom Eigentümer benutzten Gartenanlagen	
cc) bei Nutzgarten des Eigentümers	ee) bei Vorgärten
Abzugsverbot § 12 Nr. 1 (R 157 Abs. 5 S. 5)	Gartenanlage = besonderes Wirtschaftsgut (AfA-Satz 10%) (R 157 Abs. 5 S. 2).

b) Instandhaltung

Abzugsverbot § 12 Nr. 1	sofort abzugsfähige WK (§ 9 Abs. 1 Satz 1) R 157 Abs. 5 S. 4

In den Fällen der Nr. 2 und 3 sind die als WK abziehbaren Aufwendungen um den Anteil zu kürzen, der auf den Eigentümer entfällt (R 157 Abs. 5 S. 5). Die Übergangsregelung (§ 52 Abs. 21 S. 2) bleibt unberührt.

7.8.5.7 Werbungskosten-Pauschbetrag (§ 9a Nr. 2 EStG)

a) Allgemeines

In § 9a Nr. 2 wird erstmals ein Pauschbetrag für Einkünfte aus § 21 eingeführt. Dieser knüpft mit **42 DM/qm** jährlich an die vermietete Wohnfläche an. Er bemißt sich also nach den individuellen Verhältnissen des Einzelfalls.

Unterschiede zu den Pauschbeträgen nach § 9a Nr. 1:
– Es besteht ein **Wahlrecht**;
– Ggf. ist eine zeitanteilige Kürzung vorzunehmen;
– Zu beachten ist **insgesamt fünfjährige** Bindungsfrist für den **Einzelnachweis** tatsächlicher Aufwendungen;
– Es tritt eine Abgeltung nur eines **Teils** der Werbungskosten ein;
– Es besteht die Möglichkeit eines **Verlustes** durch diese Pauschalierung.

b) Geltungsbereich

Die Pauschale gilt nur für Gebäude, **soweit** sie zu **Wohnzwecken** vermietet werden, wobei das häusliche Arbeitszimmer des Mieters aus Vereinfachungsgründen den Wohnzwecken dienenden Räumen zuzurechnen ist (R 42a Abs. 3 S. 2). Für Wohngebäude, die Betriebsvermögen sind, kommt die Pauschale ebenfalls **nicht** in Betracht, da § 9a lediglich Pauschbeträge für Werbungskosten, nicht aber für Betriebsausgaben festsetzt.

Die Pauschalierungsmöglichkeit bezieht sich auf das **einzelne** Objekt der Einkunftserzielung (z. B. Mietwohngrundstück oder Eigentumswohnung, die zu Wohnzwecken vermietet wird).

- **Sonderfall: Fortgesetzte Nutzungswertbesteuerung**

Die Pauschalierung gilt u. E. auch in den Fällen des § 52 Abs. 21 **Satz 2** („große Übergangsregelung").

Daß hier wegen des Ansatzes der sog. „Kaltmiete" insbesondere Heizungskosten nicht angesetzt werden dürfen, verhindert ab VZ 1996 m. E. nicht den Ansatz der neuen Pauschale.

c) Berechnung der Pauschale

aa) Wohnflächenberechnung

Für die Berechnung der Wohnfläche dürfte die II. BerechnungsVO maßgebend sein.

bb) zeitanteilige Kürzung

- Bei vorübergehendem Leerstehen, z. B. wegen Mieterwechsels, kann u. E. die Pauschale weiter abgezogen werden (vgl. dazu R 161 Abs. 3).
- Der Pauschbetrag ist für die Zeiträume **nicht** abzuziehen, in denen das Gebäude entweder **nicht Wohnzwecken** bzw. **nicht der Erzielung von Vermietungseinkünften** dient. In diesen Fällen kann der Pauschbetrag u. E. nur zeitanteilig abgezogen werden.

Beispiel:

Eine Wohnung des Gebäudes wird zunächst als Büro, anschließend zu Wohnzwecken vermietet. Für den Zeitraum der Vermietung zu gewerblichen Zwecken müssen die laufenden Kosten einzeln nachgewiesen werden; für den Zeitraum der Vermietung zu Wohnzwecken kann dagegen zeitanteilig pauschaliert werden.

d) Wahlrecht und Bindungsfrist

Die Werbungskosten-Pauschale ist erstmals für 1996 anzuwenden. Der Stpfl. kann wählen, entweder die Pauschale anzusetzen oder die Werbungskosten, die mit der Pauschale abgegolten wären, im einzelnen nachzuweisen.

Die einmal vorgenommene Pauschalierung bindet den Stpfl. **nicht** für spätere Jahre. Damit besteht die Möglichkeit, im auf die Pauschalierung folgenden Jahr die tatsächlichen Werbungskosten zu berücksichtigen.

Wechselt der Stpfl. aber von der Pauschalierung zum Einzelnachweis, **muß** er hingegen auch in den **vier folgenden** Veranlagungszeiträumen die Werbungskosten durch Einzelnachweis belegen, d. h. eine erneute Pauschalierung der Werbungskosten ist erst nach Ablauf der vier folgenden Veranlagungszeiträume möglich.

Für Zeiträume, in denen das Gebäude nicht Wohnzwecken oder der Erzielung von Einkünften aus Vermietung und Verpachtung dient, ist der Pauschbetrag **nicht** abzuziehen.

Hierdurch tritt die besagte Fünfjahresbindung aber **nicht** ein.

Miteigentümer können das Wahlrecht nur **einheitlich** ausüben. Nutzt ein Miteigentümer – entsprechend seinem Miteigentumsanteil – eine Wohnung zu eigenen Wohnzwecken, während der andere Miteigentümer die zweite Wohnung vermietet, kann der vermietende Miteigentümer für die von ihm vermietete Wohnung den pauschalen Werbungskostenbetrag insgesamt geltend machen.

e) Umfang der Abgeltung – Abzug neben der Pauschale

Neben dem Pauschbetrag können noch folgende Aufwendungen als Werbungskosten geltend gemacht werden:

- **Schuldzinsen** nach § 9 Abs. 1 Nr. 1
- **AfA**, einschl. erhöhter Absetzung und Sonderabschreibungen.

Ist der Pauschbetrag höher als die Einnahmen aus der Vermietung, kann – anders als bei den übrigen Pauschbeträgen für Werbungskosten – auch der die Einnahmen übersteigende Betrag als Werbungskosten abgezogen werden, durch die Inspruchnahme der Pauschale kann mithin **ein Verlust** entstehen, bzw. sich erhöhen.

Alle anderen Werbungskosten sind mit der Pauschale abgegolten, insbesondere Reparatur- und Modernisierungsaufwendungen, Grundsteuer, Versicherungsprämien, Wassergebühren, Schornsteinfegergebühren sowie die Aufwendungen für die Beheizung.

Problematisch ist, daß verteilter Erhaltungsaufwand i. S. § 82b EStDV demnach nicht weiterhin angesetzt werden darf.

f) Beispiele:

Beispiel:

1 – § 21 Abs. 2 Satz 2 –

Der Stpfl. hat seinem Sohn eine Eigentumswohnung (100 m²) für 350 DM monatlich zu Wohnzwecken vermietet. Die ortsübliche Marktmiete beträgt 1 000 DM monatlich. Anm.: Der Sohn kann die Miete aus eigenen Einkünften bestreiten.

Lösung:

Die Nutzungsüberlassung ist nach **§ 21 Abs. 2 S. 2** in einen **entgeltlichen** und einen **unentgeltlichen Teil aufzuteilen**, weil das Entgelt nur 35 % der ortsüblichen Marktmiete beträgt.

Der WK-Pauschbetrag nach § 9a Nr. 2 muß daher aufgeteilt werden:

100 qm × 42 DM = 4 200 DM × 35 % = 1 414,70 DM.

Beispiel:

2 – zeitweise Vermietung im VZ –

Der Stpfl. vermietet zu Wohnzwecken ab 1.10.1996 eine von ihm bisher selbstgenutzte Wohnung (100 m²).

Lösung:

- 100 m² × 42 DM = 4 200 DM jährlich
- zeitanteilig für die Zeit vom 1.10.1996 – 31.12.1996 = 3 Monate
 = 4 200 × 3/12 = 1 050 DM. Vgl. § 9a Nr. 2 S. 5.

Beispiel:

3 – Gemischte Nutzung eines Gebäudes –

Ein Gebäude wird wie folgt genutzt	Pauschalierung nach § 9a Nr. 2
aa) eigene Wohnzwecke (100 qm) (**kein** Nutzungswert § 52 Abs. 21 S. 2) – PV –	nicht möglich (**keine** WK)
bb) vermietet für fremde Wohnzwecke (100 qm) – PV – (100 m² × 42 DM)	ja, 4 200 DM
cc) vermietet für gewerbl. Zwecke (100 qm) – PV –	nein (tatsächl. WK)
dd) eigengewerblich genutzt (100 qm) – BV –	nein (tatsächl. BA).

7.8.6 Absetzung für Abnutzung

7.8.6.1 Allgemeines

Zu den WK gehört nach § 9 Abs. I Nr. 7 auch die AfA für der Einkünfteerzielung aus VuV (§ 21) dienende Wirtschaftsgüter. In Betracht kommen

a) **§ 7 Abs. 1** – lineare AfA (für andere Wirtschaftsgüter als Gebäude); vgl. Einzeldarstellung unter J 3.10.1.

Nicht möglich ist bei VuV (sowie bei den anderen Überschuß Einkunftsarten) die degressive AfA nach § 7 Abs. 2 sowie die Leistungs-AfA nach § 7 Abs. 1 Satz 3, da sie betriebliches Anlagevermögen voraussetzt.

b) **Gebäude-AfA** (§ 7 Abs. 4, § 7 Abs. 5, § 7c, § 7h, § 7i, § 7k); Vgl. **Einzeldarstellung unter J 3.15**, zu § 82a ff. EStDV vgl. 7.8.6.6)

c) AfS – § 7 Abs. 6; vgl. Einzeldarstellung J 3.13.

Die Anschaffungs- oder Herstellungskosten sind um den Teil zu **kürzen,** der auf Teile einer Wohnung oder eines Gebäudes entfällt, die zu eigenen Wohnzwecken selbstgenutzt wird und für die **kein** Nutzungswert angesetzt wird (nach dem Verhältnis der Nutzflächen); vgl. R 157 Abs. 7.

7.8.6.2 Anschaffungskosten bei Gebäuden

Zum allgemeinen Anschaffungskosten-Begriff, zu nachträglichen Anschaffungskosten sowie Anschaffungskosten-Minderung siehe bereits J 3.9; Hinweis auf § 255 Abs. 1 HGB und R 32a.

Zu den Anschaffungskosten eines Gebäudes zählen außer dem Kaufpreis auch die **Anschaffungsnebenkosten,** insbesondere

– Notargebühren für den Kaufvertrag

– Kosten der Eintragung des Eigentumswechsels im Grundbuch

– Maklerprovisionen

– vom Erwerber getragene GrESt.

– Säumniszuschläge zur GrESt (BFH, BStBl 1992 II 464).

Der Kaufpreis kann neben einer Barzahlung auch in der **Übernahme** von **Verbindlichkeiten** bestehen, z. B. Übernahme von

– Grundsteuer des Veräußerers bis zum Veräußerungszeitpunkt,

– Zinsverbindlichkeiten; zur Abgrenzung von eigenen Zinsaufwendungen des Erwerbers vgl. 7.8.5.

„Eigene" Zinsen und andere Geldbeschaffungskosten gehören **nicht** zu den Anschaffungskosten.

Beim Erwerb eines bebauten Grundstücks ist ein **einheitlicher Kaufpreis** auf das **Gebäude** und den **Grund und Boden aufzuteilen.**

Für den Grund und Boden ist keine AfA zulässig, da es sich um ein nichtabnutzbares Wirtschaftsgut handelt.

Bei (zum Privatvermögen gehörenden) Grundstücken ist die Aufteilung nach dem **Verhältnis der Verkehrswerte** (= gemeinen Werte i. S. des § 9 BewG) maßgebend (BFH, BStBl 1973 II 295, 1978 II 620, 1982 II 320, 1982 II 385, 1983 II 130).

In Sonderfällen (z. B. Erwerb zur „Arrondierung" kann eine andere Aufteilung in Betracht kommen; vgl. BFH, BStBl 1982 II 320).

Für die Aufteilung bei Erwerb einer **Eigentumswohnung** in Anteil am Grund und Boden und Gebäudewert gelten nach BFH, BStBl 1985 II 252 (zu § 7b ergangen) folgende Grundsätze:

– Die Anschaffungskosten einer Eigentumswohnung sind zur Ermittlung der Bemessungsgrundlage für die erhöhten Absetzungen nach § 7b nach dem Verhältnis der Verkehrswerte des Boden- und des Gebäudeanteils aufzuteilen.

– Die Verkehrswerte sind anhand der Sachwerte von Boden- und Gebäudeanteil zu schätzen. Als anerkannte Schätzungsmethode kommt die WertV i. d. F. vom 15. August 1972 (BGBl I 1416) in Betracht.

– Der Wert des Miteigentumsanteils am Grund und Boden läßt sich im allgemeinen mit Hilfe der Richtwerte der Gutachterausschüsse (§ 5 WertV) schätzen.

– Bei der Ermittlung des Sachwerts des Gebäudeanteils einschließlich des Sondereigentums an der Wohnung nach Maßgabe der §§ 15 bis 20 WertV kann in der Regel der anteilige Herstellungswert des Gesamtgebäudes einschließlich der Außenanlagen entsprechend der Beteiligungsquote des Wohnungseigentümers am Miteigentum als Ausgangswert dienen, sofern bezüglich der Beteiligungsquote nichts Abweichendes vereinbart ist.

– Wertbeeinflussende Umstände, die sich nach allgemeiner Lebenserfahrung beim Boden- oder Gebäudeanteil preisbildend ausgewirkt haben, sind nach den tatsächlichen Verhältnissen unter Berücksichtigung der Interessenlage des Erwerbers zu prüfen. Die eingeschränkte Nutzungs- und Verfügungsmöglichkeit des Wohnungseigentümers bezüglich seines Bodenanteils rechtfertigt keinen Wertansatz unter dem Bodenrichtwert.

– Für die Bewertung sind die Wertverhältnisse im Zeitpunkt der Anschaffung der Eigentumswohnung maßgebend.

Zur **Erwerbereigenschaft** eines geschlossenen Immobilienfonds bei vorformuliertem Vertragswerk und Geschäftsführung durch die Initiatoren vgl. BFH, BStBl 1992 II 883.

7.8.6.3 Herstellungskosten bei Gebäuden

Zum Herstellungskostenbegriff und zu nachträgliche Herstellungskosten vgl. bereits unter J 3.9.2 und J 3.9.3.

Bei Gebäuden gehören z. B. dazu

– Ausschachtungsarbeiten und übliche Erdarbeiten (BFH, BStBl 1994 II 512)
– Zahlungen an die verschiedenen Bauhandwerker
– Architektenhonorare, Statik
– Kosten der Baugenehmigung und -abnahme
– Anschlüsse ans Strom-, Wasser-, Abwassernetz
– Umzäunung (auch lebende Hecken).

Wegen weiterer zu den Herstellungskosten des Gebäudes gehörenden Aufwendungen vgl. R 33a Abs. 1 Satz 1.

Nicht zu den Herstellungskosten gehören – mangels Aufwendungen – der Wert der **eigenen Arbeitsleistung.**

Die Gebäudeherstellungskosten sind **abzugrenzen** von

a) **Sofortabzugsfähigen Werbungskosten (§ 9)**

   Beispiel:
   Beiträge zu einer für die Bauzeit des Gebäudes abgeschlossenen Bauwesen Versicherung sind WK (BFH-Beschluß, BStBl 1980 II 294).

b) **Aufwendungen für ein besonderes bewegliches oder unbewegliches Wirtschaftsgut:**
   Dieses unterliegt der linearen AfA nach § 7 Abs. 1 oder kann – bei Kosten von nicht mehr als 800 DM einschließlich USt – aus Vereinfachungsgründen im Jahr der Anschaffung voll abgesetzt werden.

   Beispiele:
   1. Eine Waschmaschine ist ein bewegliches Wirtschaftsgut (also kein Gebäudebestandteil), auch wenn sie mit Schrauben an einem Zementsockel befestigt ist (BFH, BStBl 1971 II 95). Bei einem vermieteten Gebäude können die Aufwendungen nach § 7 Abs. 1 abgesetzt werden.
   2. Küchenspüle und Besenkammer gehören zu den Herstellungskosten, nicht dagegen die übrige Kücheneinrichtung, auch soweit es sich um eine Einbauküche handelt, die einen wesentlichen Bestandteil des Gebäudes darstellt (BFH, BStBl 1990 II 514). Dies gilt jedoch nicht für andere Einbaumöbel, die wesentliche Bestandteile sind.

c) **Anschaffungskosten des Grund und Bodens**

   Beispiele:
   1. Straßenanliegerbeiträge und Kanalanschlußgebühren sind Aufwendungen für den Grund und Boden.
   2. Kosten des Stichkanals einschließlich Kanalanstichgebühr gehören zu den Herstellungskosten.
   3. Nachträgliche Straßenbaukostenbeiträge bei einem bereits erschlossenen Grundstück (insbesondere zur Verkehrsberuhigung) sind dagegen WK (BFH, BStBl 1994 II 842).
   4. Erschließungsbeiträge für eine öffentliche Straße anstelle provisorischer Anbindung sind Erhaltungsaufwand, wenn die Nutzbarkeit des Grundstücks nicht verändert wird (BFH, BStBl 1996 II 89, 134 und 190).

d) nur bei **betrieblich** genutzten Gebäuden:
   Außenanlagen, also besondere unbewegliche Wirtschaftsgüter (AfA nach § 7 Abs. 1).

   Bei Wohngebäuden gehören dagegen Einfriedungen zu den Gebäude-Herstellungskosten, wenn sie in einem einheitlichen Nutzungs- und Funktionszusammenhang mit dem Gebäude stehen.

   Dies gilt bei Wohngebäuden u. E. auch für andere in unmittelbarer Beziehung zum Gebäude stehende Außenanlagen (z. B. Zufahrten usw.).

7.8.6.4 Unentgeltlicher Erwerb

Literatur:
Hörger, Anmerkungen zum BMF-Schreiben vom 11.1.1993, DStR 1993, 37; **Spiegels,** Vorweggenommene Erbfolge und Erbauseinandersetzung (Übersichten), Beilage 3/1993 zu NWB Heft 23/1993; **Schoor,** Vererbung eines Mitunternehmeranteils, StWa 1993, 81; **Obermeier,** Ertragsteuerliche Behandlung der vorweggenommenen Erbfolge, Anmerkungen zum BMF-Schreiben vom 13.1.1993, DStR 1993, 77.

Bei Gebäuden im Privatvermögen führt der Rechtsnachfolger bei einem unentgeltlichen Erwerb sowohl die **AfA-Bemessungsgrundlage** als auch den **AfA-Satz** sowie das **AfA-Volumen** des Rechtsvorgängers fort (§ 11d Abs. 1 EStDV).

7.8.6.4.1 Begriff und Abgrenzung zur Anschaffung

Ein unentgeltlicher Erwerb i. S. des § 11d Abs. I EStDV kann nach R 43 Abs. 3 sowohl bei **Gesamtrechtsnachfolge** als auch **Einzelrechtsnachfolge** vorliegen.

a) Vorweggenommene Erbfolge

Vorweggenommene Erbfolge ist eine Vermögensübertragung unter Lebenden mit Rücksicht auf eine künftige Erbfolge.

Je nach Art der vereinbarten Leistungen anläßlich der Vermögensübertragung liegt eine

– **voll unentgeltliche** oder

– **teilentgeltliche**

Übertragung vor (BFH, GrS, BStBl 1990 II 847, BMF-Schreiben vom 13.1.1993, BStBl I 80, nachfolgend: **BMF-VE**; vgl. hierzu auch ausführlich K 2.6.7.4.1 und K 2.6.7.4.2).

aa) Vollunentgeltliche Übertragung

Typische Fälle der **voll unentgeltlichen** Übertragung liegen bei Vermögensübertragungen vor gegen

aaa) Gewährung von Versorgungsleistungen,

insbesondere einer privaten Versorgungsrente oder steuerfreien bzw. nach § 12 Nr. 2 nicht abzugsfähigen Unterhaltsrente (BFH-Beschluß GrS vom 5.7.1990, BStBl II 847, BMF-VE, Tz 4.).

Dies ist auch anzunehmen, wenn der Übernehmer Versorgungsleistungen an Angehörige des Übergebers zusagt.

Die **Versorgungsleistungen** stellen **weder Veräußerungsentgelt noch Anschaffungskosten** dar. Bei Übertragung gegen Versorgungsleistungen führt der Übernehmer die bisherigen Anschaffungskosten/Herstellungskosten im Rahmen des § 11d Abs. 1 EStDV bzw. die steuerlichen Buchwerte (§ 7 Abs. 1 EStDV) fort, kann andererseits aber die Versorgungsleistungen vorbehaltlich des Abzugsverbots nach § 12 Nr. 2 als **Sonderausgaben** gem. § 10 Abs. 1 Nr. 1a steuermindernd geltend machen, während der Übertrager (Versorgungsberechtigter) die Versorgungsleistungen als **wiederkehrende Bezüge** gem. § 22 Nr. 1 Satz 1 versteuert (vorbehaltlich Nichtansatz nach § 22 Nr. 1 Satz 2). Vgl. BMF-VE, Tz. 6. Dies führt zu einem ähnlichen ertragsteuerlichen Ergebnis wie beim Vorbehaltsnießbrauch.

Bei der **Abgrenzung** zu **nicht abziehbaren Unterhaltsleistungen** i. S. von § 12 Nr. 2 ist R 123 zu beachten (Beschl. des Großen Senats des BFH v. 15.7.1991, BStBl 1993 II 78, BMF-VE, Tz. 5).

Bei Vermögensübertragungen auf Abkömmlinge besteht eine nur in Ausnahmefällen zu widerlegende Vermutung dafür, daß die Übertragung aus familiären Gründen, nicht aber im Wege eines Veräußerungsgeschäfts unter kaufmännischer Abwägung von Leistung und Gegenleistung erfolgt (BMF-VE, Tz. 5.).

bbb) Übertragung von Teilen des erhaltenen Vermögens an Angehörige

In Übergabeverträgen wird gelegentlich auch vereinbart, daß der Übernehmer Bestandteile des übernommenen Vermögens an Angehörige übertragen muß (vgl. BFH, BStBl 1988 II 490).

Aus steuerrechtlicher Sicht erwirbt der Unternehmer **unentgeltlich,** wenn er Teile des **übertragenen Vermögens** Angehörigen zu **übertragen** hat. **Diese Verpflichtung** ist **keine Gegenleistung** des Übernehmers für die Übertragung des Vermögens; sie mindert vielmehr von vornherein das übertragene Vermögen (BMF-VE, TZ 8).

ccc) Einräumung des Nießbrauchs oder eines dinglichen Wohnrechts

Ebenfalls **unentgeltlich** ist die Übertragung von Vermögen gegen **Einräumung** des **Nießbrauchs** oder eines **dinglichen Wohnrechts** für Schenker oder Dritte(n) (BFH, BStBl 1988 II 260 und BStBl 1991 II 793; BMF-VE, Tz 10).

bb) Entgeltliche bzw. teilentgeltliche Vorgänge

Die vorweggenommene Erbfolge kann nach den Beschlüssen des Großen Senats vom 5. 7. 1990, BStBl II 847 aber auch zu ertragsteuerlichen **Gewinnrealisierungen** bzw. zu **Anschaffungskosten** führen.

Soweit der Vermögensübernehmer nämlich

– **Ausgleichsleistungen** (z. B. **Gleichstellungsgelder** an Angehörige) oder

– **Abstandszahlungen** (einmalige Zahlungen **an Übergeber oder Dritte**) leistet und/oder

– bei Übertragung von **Privatvermögen Verbindlichkeiten übernimmt** oder

– bei Übertragung von **Betriebsvermögen Verbindlichkeiten außerhalb des Betriebs** übernimmt,

führt dies zu **Anschaffungskosten** beim Übernehmer und zu einem **Veräußerungsgewinn (soweit** im Privatvermögen **steuerpflichtig** nach § 23 und § 17) des Übertragenden.

In diesen Fällen **erwirbt** der Übernehmer **teilentgeltlich,** denn er erbringt hier **eigene Aufwendungen,** um das Vermögen übertragen zu erhalten. Der **Übergeber** erlangt einen **Gegenwert** für das übertragene Vermögen. Die Voraussetzungen eines Anschaffungs– und Veräußerungsgeschäfts sind damit gegeben.

Bei wirtschaftlicher Betrachtung kann es dabei keinen Unterschied machen, ob der Vermögensübernehmer seine Leistungen zunächst an den Übergeber erbringt, damit dieser sie an den begünstigten Angehörigen weiterleitet, oder ob er unter Vermeidung dieses Umwegs direkt an den Begünstigten leistet. Damit sind insbesondere insoweit **überholt** BFH, BStBl 1985 II 720, BStBl 1986 II 161 sowie das BMF-Schreiben vom 31. 12. 1988, BStBl I 546, hier insbesondere Tz 27.

Auch in der **Übernahme** von **Verbindlichkeiten** des Veräußerers durch den Erwerber liegen in steuerrechtlicher Beurteilung **grundsätzlich Anschaffungskosten** des Wirtschaftsguts; die Begleichung der Verbindlichkeit führt zu Aufwendungen des Erwerbers, die er auf sich nimmt, um die Verfügungsmöglichkeit über das Wirtschaftsgut zu erlangen. Dies wird deutlich, wenn die Beteiligten vereinbaren, daß die Verbindlichkeit in Anrechnung auf den Kaufpreis übernommen wird; wird als Kaufpreis nur der zu entrichtende Barbetrag genannt, ist er um die übernommenen Verbindlichkeiten zu erhöhen. In gleicher Höhe entsteht für den Veräußerer ein als Gegenleistung zu wertender Vorteil, weil er von sonst anfallenden Ausgaben befreit wird. Vgl. BMF-VE, Tz 9.

Hierbei macht es keinen Unterschied, ob die Verbindlichkeiten im wirtschaftlichen oder rechtlichen Zusammenhang mit dem übernommenen Wirtschaftsgut stehen oder ob es sich um Verbindlichkeiten handelt, die nicht mit einer Einkunftsart in Zusammenhang stehen (vgl. BMF-Schr. v. 7. 8. 1992, BStBl I 522).

Eine **abweichende Beurteilung** ist jedoch geboten, wenn ein **Betrieb** oder ein **Mitunternehmeranteil** übertragen wird und zum Betriebsvermögen, wie es regelmäßig der Fall ist, Verbindlichkeiten gehören. Hier geschieht der Übergang von Verbindlichkeiten unter der Herrschaft des **§ 7 Abs. 1 EStDV.** Dies schließt einen entgeltlichen Charakter aus (so schon BFH, BStBl 1973 II 111; bestätigt durch Beschluß BFH GrS vom 5. 7. 1990, a. a. O.). Siehe im einzelnen BMF-VE, Tz 28 und 29.

Schuldzinsen zur Finanzierung einer selbst geleisteten oder übernommenen Abfindung stellen stets WK dar, soweit das übertragene Grundstück der Einkunftserzielung durch den Stpfl. dient (so bereits BFH, BStBl 1985 II 720, 1986 II 161; vgl. BMF-VE, Tz 22).

cc) Aufteilung des Veräußerungs- und Anschaffungsvorgangs in einen entgeltlichen und einen unentgeltlichen Teil

Eine teilentgeltliche Übertragung ist im Bereich des Privatvermögens in einen **entgeltlichen** und **unentgeltlichen** Teil **aufzuteilen.** Vgl. BFH, BStBl 1981 II 11, BMF-VE, E 14. Zur abweichenden Behandlung im Betriebsvermögen im einzelnen K 2.6.7.4.3 (zu § 16).

Dieser Fall tritt ein, wenn das vom Übernehmer zu erbringende Entgelt nicht dem Verkehrswert (gemeinen Wert) des erhaltenen Vermögens entspricht.

Den Umfang der Unentgeltlichkeit bzw. Entgeltlichkeit bestimmen nach dem Verhältnis des **tatsächlichen Entgelts** (ohne Nebenkosten) zum gemeinen Wert.

Dies entspricht der Beurteilung des entgeltlichen Umfangs in Fällen der Erbauseinandersetzung (vgl. BMF-VE, Tz 29), dort wird allerdings der zwischen den Parteien vereinbarte Anrechnungswert zugrundegelegt).

Anders im Betriebsvermögen (vgl. BFH, BStBl 1986 II 811): dort findet **keine** Aufteilung statt.

Werden mehrere Wirtschaftsgüter teilentgeltlich übertragen, sind die Anschaffungskosten vorweg nach dem Verhältnis der Verkehrswerte den einzelnen Wirtschaftsgütern anteilig zuzurechnen (BMF-VE, Tz 14).

Hat sich der Übergeber ein **Nutzungsrecht** an dem übertragenen Wirtschaftsgut vorbehalten, ist bei Aufteilung des Rechtsgeschäfts in den entgeltlichen und den unentgeltlichen Teil dem Entgelt der um den Kapitalwert des Nutzungsrechts **geminderte** Wert des Wirtschaftsguts gegenüberzustellen (BFH, BStBl 1991 II 793).

dd) Übersicht

Vorweggenommene Erbfolge

Voll unentgeltliche Übertragung	Teilentgeltliche Übertragung
Hauptfälle: Vermögensübertragung	**Hauptfälle:** Vermögensübertragung
a) an voraussichtliche(n) Erben gegen Versorgungsleistungen	a) gegen Ausgleichszahlungen (z. B. Gleichstellungsgelder an Angehörige)
b) gegen (Weiter-) Übertragung von Teilen des erhaltenen Vermögens an Angehörige	b) gegen Abstandszahlungen an Vermögensübergeber
c) mit Einräumung des Nießbrauchs oder eines dinglichen Wohnrechts	c) gegen Übernahme von Verbindlichkeiten (außerhalb des Betriebsvermögens)

Rechtsfolge im Privatvermögen

voll § 11d Abs. 1 EStDV	**Aufteilung** in entgeltlichen und unentgeltlichen Teil

ee) Höhe der Anschaffungskosten

aaa) Unverzinsliche Kapitalforderungen

Hat sich der Übernehmer zu einer unverzinslichen Geldleistung verpflichtet, die nach mehr als einem Jahr zu einem bestimmten Zeitpunkt fällig wird, liegen Anschaffungskosten nicht in Höhe des Nennbetrags, sondern in Höhe des nach den Vorschriften des BewG abgezinsten Gegenwartswerts vor (BFH, BStBl 1981 II 160 und BMF-VE, Tz 11).

Den Zinsanteil kann der Übernehmer nach § 9 Abs. 1 Nr. 1 als Werbungskosten im Jahr der Zahlung abziehen. Der Inhaber der Forderung hat insoweit steuerpflichtige Einnahmen nach § 20 Abs. 1 Nr. 7. Das ist bei echten Verträgen zugunsten Dritter der Begünstigte.

> **Beispiel:**
> V überträgt im Wege der vorweggenommenen Erbfolge auf seinen Sohn S1 zum 1.1.02 ein schuldenfreies vermietetes Mehrfamilienhaus. S verpflichtet sich gegenüber V an seinen Bruder S1 am 1.1.05 300 000 DM zu zahlen.
>
> S hat Anschaffungskosten für das Mehrfamilienhaus in Höhe des Gegenwartswerts der unverzinslichen Kapitalforderung. Der Gegenwartswert beträgt nach § 12 Abs. 3 BewG 255 483 DM. Den Zinsanteil i. H. v. 44 517 DM kann S1 im Jahr der Zahlung als Werbungskosten nach § 9 Abs. 1 Nr. 1 abziehen. S2 hat im Jahr der Zahlung in gleicher Höhe Einnahmen i. S. d. § 20 Abs. 1 Nr. 7.

bbb) Leistungen in Sachwerten

Ist der Übernehmer verpflichtet, Leistungen aus **seinem Vermögen** in Sachwerten zu erbringen (vgl. BMF-VE, Tz 7), hat er Anschaffungskosten in Höhe des **gemeinen Werts** der hingegebenen Wirtschaftsgüter. Entnimmt er ein Wirtschaftsgut aus dem Betriebsvermögen, ist der **Teilwert** maßgebend. BMF-VE, Tz 12.

ccc) Anschaffungsnebenkosten

Im Rahmen eines teilentgeltlichen Erwerbs aufgewandte Anschaffungsnebenkosten (z. B. Notar, Gerichtsgebühren) werden in **voller** Höhe den Anschaffungskosten zugerechnet (BFH, BStBl 1992 II 239).

Nebenkosten eines in vollem Umfang unentgeltlichen Erwerbs dagegen führen weder zu Anschaffungskosten noch zu Werbungskosten. Nicht zu den Anschaffungskosten gehört daher die Schenkungsteuer (§ 12 Nr. 3). Vgl. BMF-VE, E 13.

Beispiele:

1. V übereignet seinem Sohn S1 ein vermietetes Mietwohngrundstück-Verkehrswert 500 000 DM – mit der Auflage, seinem anderen Sohn S2 einen Barausgleich i. H. von 250 000 DM zu zahlen. S1 finanziert die Abfindungsverpflichtung mit einem Kredit. V besitzt noch weiteres Vermögen – Wert ca. 1 000 000 DM, das er seinen beiden Kindern ebenfalls noch entweder schenken oder vererben will.

    Es liegt jeweils zur Hälfte ein unentgeltlicher und ein entgeltlicher Erwerb des gesamten Grundstücks durch S1 vor. Zu diesem Ergebnis kommt man übrigens auch bei Übertragung der Anweisungen zur Erbauseinandersetzung über Privatvermögen im BMF-Schreiben vom 11. 1. 1993 (BMF-EA), insbesondere Tz. 29.

    Die Anschaffungskosten des S1 für den entgeltlich erworbenen Hälfteanteil betragen 250 000 DM.

    Hinsichtlich der anderen, unentgeltlich erworbenen Hälfte gilt § 11d Abs. 1 EStDV.

    Die Zinsen sind in voller Höhe WK i. R. des § 21, weil die Kreditaufnahme „durch die Erlangung des Grundstücks ersichtlich und unmittelbar darauf gerichtet" ist, dem A Einnahmen aus VuV zu ermöglichen (so bereits BFH, BStBl 1985 II 720; BMF-VE, Tz. 22).

2. Abwandlung zu a): V hat die Abfindung in Höhe von 250 000 DM an S2 mit einem Kredit selbst geleistet. Der Kredit wurde durch eine Grundschuld am Grundstück abgesichert, das V anschließend dem S1 mit der Verpflichtung zur Darlehensübernahme übertrug.

    Es ergibt sich keine von a) abweichende Lösung: Je zur Hälfte entgeltlicher und unentgeltlicher Erwerb; Zinsen sind WK bei den Einkünften aus VuV (vgl. BFH, BStBl 1986 II 161).

3. Weitere Abwandlung zu a): V übereignet das Grundstück seinen beiden Söhnen je zur Hälfte. S1 erwirbt danach die ideelle Grundstückshälfte des S2 für 250 000 DM.

    U. E. liegt hier ein entgeltlicher Erwerb der Grundstückshälfte durch S1 von S2 vor. Unerheblich ist, daß der Kaufpreis aus eigenem Vermögen des S1 oder aus auch geschenkten Vermögensgegenständen zu bestreiten ist. Unerheblich ist auch die Aussicht des S2 auf weiteren Vermögenserwerb.

4. Hätte V erst das Grundstück seinem Sohn S1 für 500 000 DM verkauft und einige Zeit später S1 und S2 je 250 000 DM in bar geschenkt, läge u. E. in voller Höhe ein entgeltlicher Erwerb durch S1 vor. Dann die spätere Schenkung ist mit der Grundstücksübertragung rechtlich nicht verknüpft. S1 hatte bei Grundstückserwerb nur eine ungesicherte Aussicht auf einen zukünftigen Vermögenserwerb.

    Zu beachten wäre hier jedoch eine erbschaftsteuerliche Mehrbelastung gegenüber den vorherigen Varianten.

ff) Berechnung der AfA

aaa) Bemessungsgrundlage

Soweit der Übernehmer das Wirtschaftsgut unentgeltlich erworben hat, führt er die AfA des Übergebers fort. Er kann die AfA nur bis zu dem Betrag abziehen, der anteilig von der Bemessungsgrundlage des Übergebers nach Abzug der AfA, der erhöhten Absetzungen und Sonderabschreibungen verbleibt (§ 11d Abs. 1 EStDV).

Soweit er das Wirtschaftsgut entgeltlich erworben hat, bemessen sich die AfA nach seinen Anschaffungskosten (BMF-VE, Tz. 16).

Beispiel: (nach BMF-VE, Tz. 16)
A überträgt seinem Sohn B im Wege der vorweggenommenen Erbfolge ein schuldenfreies Mietwohngrundstück mit einem Verkehrswert von 1 Mio. DM (Gebäude 0,8 Mio. DM, Grund und Boden 200 000 DM). A hatte das Mietwohngrundstück zum 1.1.1975 erworben und die auf das Gebäude entfallenden Anschaffungskosten von 350 000 DM mit jährlich 2 v. H. abgeschrieben. B hat seinen Bruder C einen Betrag von 500 000 DM zu zahlen. Der Übergang von Nutzungen und Lasten erfolgt zum 1.1.1997.

Lösung:
S hat Anschaffungskosten i. H. v. 500 000 DM. Nach dem Verhältnis der Verkehrswerte entfallen auf das Gebäude 400 000 und auf den Grund und Boden 100 000 DM. Eine Gegenüberstellung von Anschaffungskosten und Verkehrswert ergibt, daß B das Gebäude zu 1/2 **unentgeltlich** und zu 1/2 **entgeltlich** für 400 000 DM erworben hat.

Die AfA-Bemessungsgrundlage und das AfA-Volumen ab 1997 berechnen sich wie folgt:

	unentgeltlich	entgeltlich
	erworbener Teil des Gebäudes	
Bemessungsgrundlage ab 1997	175 000 DM	400 000 DM
	(1/2 von 350 000 DM)	
./. bereits von V für den unentgeltlichen erworbenen Gebäudeteil in Anspruch genommene AfA 22 × 2 v. H. von 175 000 DM (1/2 von 350 000 DM)	77 000 DM	–,–
AfA-Volumen ab 1992	98 000 DM	400 000 DM

bbb) Vomhundertsatz

Hinsichtlich des weiteren AfA-Satzes des Erwerbers ist zwischen dem unentgeltlich und dem entgeltlich erworbenen Teil des Wirtschaftsguts zu unterscheiden.

Für den unentgeltlich erworbenen Teil des Wirtschaftsguts hat der Übernehmer die vom Übergeber begonnene Abschreibung anteilig fortzuführen (§ 11d Abs. 1 EStDV).

Für den entgeltlich erworbenen Teil des Wirtschaftsguts bemessen sich die AfA

- bei beweglichen Wirtschaftsgütern und bei unbeweglichen Wirtschaftsgütern, die keine Gebäude sind, nach der tatsächlichen künftigen Nutzungsdauer des Wirtschaftsguts im Zeitpunkt des Übergangs von Nutzungen und Lasten,
- bei Gebäuden regelmäßig nach § 7 Abs. 4.

Danach ergibt sich bei Gebäuden für den unentgeltlich und den entgeltlich erworbenen Teil regelmäßig eine unterschiedliche Abschreibungsdauer (BMF-VE, Tz. 17 = „Zwei AfA-Reihen").

Beispiel: (nach BMFVE, Tz. 17)
Beträgt im vorigen Beispiel die tatsächliche Nutzungsdauer des Gebäudes am 1.1.1997 nicht weniger als 50 Jahre, sind folgende Beträge als AfA abzuziehen:

	unentgeltlich	entgeltlich
	erworbener Teil des Gebäudes	
AfA-Satz (§ 7 Abs. 4 S. I Nr. 2a EStG)	2 v. H.	2 v. H.
AfA jährlich	3500 DM	8000 DM
Abschreibungszeitraum	1997–2024	1997–2046

Die abzuziehenden AfA betragen mithin in den Jahren 1997 bis 2024 insgesamt 11 500 DM jährlich und in den Jahren 2025 bis 2046 8000 DM jährlich.

Entsprechendes gilt, wenn kein Gebäude, sondern ein **bewegliches Wirtschaftsgut** übernommen wird; da jedoch die Nutzungsdauer des entgeltlich erworbenen Teils des Wirtschaftsguts hier regelmäßig mit der Restnutzungsdauer des unentgeltlich erworbenen Teils des Wirtschaftsguts übereinstimmt, kann in diesen Fällen auf eine Aufspaltung in zwei AfA-Reihen verzichtet werden (BMF-VE, Tz. 18).

ccc) Besonderheiten bei Bedingung und Befristung

Aufschiebend bedingte oder **befristete** Leistungsverpflichtungen des Übernehmers führen **erst bei Eintritt des Ereignisses,** von dem die Leistungspflicht abhängt, zu Veräußerungsentgelten und Anschaffungskosten (vgl. §§ 6, 8 BewG). Der **Umfang** des **entgeltlichen Erwerbs** des Wirtschaftsguts bestimmt sich nach dem Verhältnis seines Verkehrswertes zur Höhe der Leistungsverpflichtung **im Zeitpunkt ihrer Entstehung** und hat Auswirkungen für die Bemessung der **künftigen** AfA (BMFVE, Tz. 21).

Eine Leistungsverpflichtung des Übernehmers steht i. d. R. unter einer aufschiebenden Bedingung, wenn ihre Entstehung von einem Ereignis abhängt, dessen Eintritt umgewiß ist (z. B. Heirat); sie steht i. d. R. unter einer aufschiebenden Befristung, wenn ihre Entstehung von einem Ereignis abhängt, dessen Eintritt sicher, der Zeitpunkt aber ungewiß ist (z. B. Tod).

Beispiel: (nach BMF-VE, Tz. 21)

V überträgt im Wege der vorweggenommenen Erbfolge auf seinen Sohn S zum 1.1.1997 ein schuldenfreies Mehrfamilienhaus. V hat die Herstellungskosten i. H. v. 400 000 DM mit jährlich 2 v. H. bis auf 320 000 DM abgeschrieben. S verpflichtet sich, an seine Schwester T im Zeitpunkt ihrer Heirat einen Betrag von 300 000 DM zu zahlen. T heiratet am 1.1.2002. Das Mehrfamilienhaus hat zu diesem Zeitpunkt einen Wert von 600 000 DM (Grund und Boden 120 000 DM, Gebäude 480 000 DM).

S hat das Mehrfamilienhaus zunächst unentgeltlich erworben und setzt gem. § 11d EStDV die AfA des V fort. Zum 1.1.2002 entstehen dem S Anschaffungskosten i. H. v. 300 000 DM. Nach dem Verhältnis der Verkehrswerte zum 1.1.2002 entfallen auf das Gebäude 240 000 DM und auf den Grund und Boden 60 000 DM. Die Gegenüberstellung der Anschaffungskosten und des Verkehrswertes des Gebäudes ergibt, daß S das Gebäude jeweils zur Hälfte entgeltlich für 240 000 DM und zur Hälfte unentgeltlich erworben hat.

Die AfA berechnen sich ab 1997 wie folgt:
AfA 1.1.1997 bis 31.12.2001:
5 Jahre × 2 v. H. = 10 v. H. von 400 000 DM = 40 000 DM
ab 1.1.2002:
AfA unentgeltlich erworbener Gebäudeteil:
2 v. H. von 200 000 DM (1/2 von 400 000 DM) = 4 000 DM
AfA entgeltlich erworbener Gebäudeteil: 2 v. H. von 240 000 DM = 4 800 DM

Der verbleibende Abschreibungszeitraum beträgt für den unentgeltlich erworbenen Gebäudeteil 35 Jahre und für den entgeltlich erworbenen Gebäudeteil 50 Jahre, wenn keine kürzere Nutzungsdauer nachgewiesen wird.

ddd) Anschaffungsnaher Aufwand

Nach BMF-VE Tz. 55 ist Erhaltungsaufwand, den der Übernehmer bereits in bestandskräftig veranlagten Kalenderjahren – ausgehend von den bisher für die vorweggenommene Erbfolge angewandten Grundsätzen – als Werbungskosten abgezogen hat, und der sich bei Annahme eines teilentgeltlichen Erwerbs als anschaffungsnaher Aufwand (R 157 Abs. 4) darstellt, **nicht nachträglich** in die AfA-Bemessungsgrundlage einzubeziehen.

eee) Nachholung unterbliebener AfA

Soweit eine vorweggenommene Erbfolge über abnutzbare Wirtschaftsgüter, die nach der Übertragung zur Erzielung von Einkünften i. S. v. § 2 Abs. I Nrn. I bis 7 dienen, nach den **bisher** anzuwendenden Grundsätzen als unentgeltlicher Vorgang behandelt worden ist, sind die **AfA** in der Regel für den entgeltlich erworbenen Teil des Wirtschaftsguts **zu niedrig** angesetzt worden.

AfA, die bei dem entgeltlich erworbenen Teil eines Gebäudes unterblieben sind, für den die AfA nach § 7 Abs. 4 Satz I zu bemessen gewesen wäre, sind in der Weise nachzuholen, daß die weiteren AfA von der nach den Grundsätzen dieses Schreibens ermittelten Bemessungsgrundlage mit dem für den entgeltlich erworbenen Teil des Gebäudes maßgebenden Vomhundertsatz vorgenommen werden. Die AfA können bis zu dem Betrag abgezogen werden, der von dieser Bemessungsgrundlage nach Abzug der bisherigen AfA, der erhöhten Absetzungen und Sonderabschreibungen verbleibt. Hierbei verlängert sich der Abschreibungszeitraum für den entgeltlich erworbenen Teil des Gebäudes über 25, 40 bzw. 50 Jahre hinaus (BFH, BStBl 1984 II 709). Vgl. das Beispiel in Tz. 52 BMF-VE.

Sind AfA bei dem entgeltlich erworbenen Teil des Gebäudes teilweise unterblieben, den der Übernehmer nunmehr nach § 7 Abs. 4 Satz 2 abschreibt, bemessen sich die weiteren AfA nach seinen um die bereits abgezogenen AfA, erhöhten Absetzungen und Sonderabschreibungen verminderten Anschaffungskosten und der Restnutzungsdauer des Gebäudes. Entsprechendes gilt für den entgeltlich erworbenen Teil eines beweglichen Wirtschaftsgutes (BMF-VE, Tz. 53).

Die vorstehenden Grundsätze sind entsprechend anzuwenden, wenn die Aufstockungsbeträge wie nachträgliche Anschaffungskosten behandelt werden (vgl. Tz. 36), BMF-VE, Tz. 54.

gg) Steuerpflicht der Veräußerungsgewinne

Die teilentgeltliche Veräußerung von Wirtschaftsgütern des Privatvermögens führt beim Übergeber nur unter den Voraussetzungen der §§ 17 und 23 EStG und des § 21 UmwStG zu steuerpflichtigen Einkünften. Die Übertragung ist zur Ermittlung der steuerpflichtigen Einkünfte nach dem Verhältnis des nach den vorstehenden Grundsätzen ermittelten Veräußerungsentgelts zum Verkehrswert des übertragenen Wirtschaftsguts aufzuteilen (BFH, BStBl 1981 II 11); BMF-VE, Tz. 23.

Beispiel: (nach BMF-VE, Tz 23)
V hält Aktien einer Aktiengesellschaft (Grundkapital 100 000 DM) im Nennwert von 30 000 DM (Verkehrswert 120 000 DM). Er überträgt seine Aktien im Wege der vorweggenommenen Erbfolge auf seinen Sohn S. S leistet an V eine Abstandszahlung von 60 000 DM. V hatte die Anteile für 94 000 DM erworben.

Lösung:
V erhält ein Veräußerungsentgelt i. H. v. 60 000 DM. Nach dem Verhältnis des Veräußerungsentgelts zum Verkehrswert ist die Beteiligung zu $^1/_2$ entgeltlich übertragen worden. Der Veräußerungsgewinn wird nach § 17 Abs. 3 EStG nur insoweit zur Einkommensteuer herangezogen, als er den Teil von 20 000 DM übersteigt, der dem Nennwert des entgeltlich übertragenen Anteils ($^1/_2$ von 30 000 DM = 15 000 DM) entspricht.

Der steuerpflichtige Veräußerungsgewinn i. S. d. § 17 beträgt:

Veräußerungspreis		60 000 DM
./. $^1/_2$ Anschaffungskosten des V		47 000 DM
		13 000 DM
./. Freibetrag nach § 17 Abs. 3		
$^{15}/_{100}$ von 20 000 DM	3 000 DM	
Kürzung		
Veräußerungsgewinn	13 000 DM	
./. $^{15}/_{100}$ von 80 000 DM	12 000 DM	
	./. 1 000 DM	
		2 000 DM
		11 000 DM

In den Fällen des § 17 ist bei einer späteren Veräußerung des unentgeltlich übertragenen Anteils durch den Übernehmer § 17 Abs. I Satz 5 zu beachten (erweiterter Besteuerungstatbestand).

hh) Übergangsregelung

Soweit die Vermögensübertragung,
- vor dem **1.1.1991** bindend festgelegt und
- bis **31.12.1993** vollzogen worden ist,

sind die **bisherigen** Grundsätze anzuwenden (BMF-VE, Tz. 48 und 49).

b) Erbfall

Beim Erbfall geht das Vermögen des Erblasser im Todeszeitpunkt kraft Gesetzes auf den (die) Erben über, vgl. § 1922 BGB. Es liegt ein typischer Fall des voll unentgeltlichen Erwerbs vor.

c) Erbauseinandersetzung (BMF-EA, Tz 23–32)

aa) Allgemeines

Abfindungszahlungen an Miterben sind **Anschaffungskosten** (BFH, BStBl 1987 II 616).
Nach BFH ist für die Besteuerung die bürgerlich-rechtliche Gestaltung maßgebend, wenn sie ernsthaft gewollt und tatsächlich durchgeführt wird. Bürgerlich-rechtlich stellt sich der Erwerb von Erbanteilen wie auch der Erwerb von einzelnen Nachlaßgegenständen gegen Zahlung von Abfindungen an die übrigen Miterben als **entgeltliches** Geschäft dar. Dies gilt auch für den nichtbetrieblichen Bereich. Vgl. K. 2.6.7.2.2 (zu § 16).

Inwieweit der Miterbe für den Erwerb Nachlaßvermögen oder eigenes Vermögen einsetzt, ist dabei nicht entscheidend.

Auf den **Zeitpunkt** der **Erbauseinandersetzung kommt nicht an** (so ausdrücklich BFH, a.a.O.) Denn es fehlt an Kriterien für eine „Fortsetzung der Einkunftserzielung des Erblassers in der Person des Erben".

bb) Behandlung der Erbengemeinschaft bis zur Auseinandersetzung

Der **Nachlaß** ist **Gesamthandsvermögen** der Erben (§ 1922 BGB). Die Erbengemeinschaft wird bis zu ihrer Auseinandersetzung (§ 2042 BGB) steuerlich wie eine Bruchteilsgemeinschaft behandelt (§ 39 Abs. 2 Nr. 2 AO). Vgl. **BMF-Schreiben vom 11.1.1993, BStBl I 60** (nachfolgend „**BMF-EA**"), Tz. 1.

cc) Erbauseinandersetzung ohne Abfindungsleistungen

Setzen sich die Miterben in der Weise auseinander, daß der **gesamte Nachlaß ohne Abfindungsleistungen** (Zahlung einer Abfindung oder Übernahme von Verbindlichkeiten über den Erbteil hinaus, vgl. BMF-EA, Tz. 25 bis 26), **verteilt** wird **(Realteilung)**, werden auch im Bereich des **Privatvermögens** die Wirtschaftsgüter des Nachlasses **unentgeltlich erworben** (siehe auch BMF-EA, Tz. 23).

dd) Erbauseinandersetzung mit Abfindungsleistungen

aaa) Unentgeltlicher Erwerb

Ein **unentgeltlicher** Erwerb vom Erblasser liegt nach BMF-EA, Tz. 28 vor, **soweit** der Miterbe den **Teil** des Wirtschaftsguts erhält, der seine **Erbquote entspricht.** Erhalten bei einer Erbauseinandersetzung mehrere Erben Wirtschaftsgüter, gelten die Wirtschaftsgüter im Zeitpunkt der Erbauseinandersetzung insoweit als unentgeltlich nach BFH GrS vom 5.7.1990 (a.a.O.) von den weichenden Erben erworben, als der Miterbe für die Einräumung des Alleineigentums seine Gesamthandsberechtigung an den Wirtschaftsgütern aufgibt, die die anderen Miterben zu Alleineigentum erwerben (vgl. auch BFH, BStBl 1985 II 722 und BStBl 1988 II 250).

bbb) Realteilung mit Abfindungsleistungen (BMF-EA, Tz 28–32)

Setzen sich die Miterben in der Weise auseinander, daß ein Miterbe ein Wirtschaftsgut gegen Zahlung einer **Abfindung** an weichende Miterben übernimmt, liegen in Höhe der Abfindungszahlung **Anschaffungskosten** des übernommenen Wirtschaftsguts vor (BMF-EA, Tz. 28, BFH GrS, vom 5.7.1990, a.a.O.). – Bestimmung der **Entgeltlichkeitsquote** nach dem **Anrechnungswert** –

Beispiele:

1. A und B sind zu ½ Miterben eines privaten Mietwohngrundstücks (einziger Nachlaßgegenstand); Verkehrswert und der Auseinandersetzung zugrundegelegter Anrechnungswert (vgl. BMF-EA, Tz. 28 letzter Satz) 500 000 DM.

   Bei Auseinandersetzung erhält A das Grundstück gegen Abfindung von 250 000 DM.

   Die gesamte Abfindung von 250 000 DM stellt Anschaffungskosten dar.

   AfA für A:

   zu ½ nach § 11d Abs. 1 EStDV und zu ½ aus Anschaffungskosten von 250 000 DM

   Vgl. zur AfA 7.8.4.2. Die Schuldzinsen sind als WK bei § 21 abzugsfähig.

2. Sachverhalt wie aa) mit folgender Abwandlung: Zum Nachlaß gehören weitere Vermögensgegenstände mit einem Verkehrswert von zusätzlich 900 000 DM. A und B setzen insoweit die Erbengemeinschaft fort (= Teilauseinandersetzung).

   Hier ist zwar wertmäßig kein Einsatz von Vermögenswerten außerhalb der Erbmasse erforderlich, sondern die Abfindung ist durch den Anteil des A am noch nicht auseinandergesetzten Nachlaß gedeckt. Trotzdem liegt bei A in gleichem Umfang wie im Fall aa) ein entgeltlicher Erwerb vor (BMF-EA, Tz 59).

   Die Zinsen sind jedoch auch hier WK bei § 21, weil sie die Erzielung zusätzlicher Miteinnahmen ermöglichen.

3. Der Nachlaß besteht aus

Grundstück I, Anrechnungswert (vgl. BMF-EA, Tz. 28)	600 000 DM
Grundstück II, Anrechnungswert	300 000 DM
Gesamtwert	900 000 DM

   Erben sind A und B zu gleichen Teilen.
   A erhält Grundstück I und zahlt an B 150 000 DM.
   B erhält Grundstück II sowie von A 150 000 DM.
   Die Anschaffungskosten von A für Grundstück I betragen 150 000 DM.

Die Anschaffungskosten von B für Grundstück 11 betragen 0 DM.
Bei A liegt ein entgeltlicher Erwerb in Höhe von 150 000 DM/600 000 DM = 1/4 vor.
Zu 3/4 ist das Grundstück I mithin unentgeltlich i. S. § 11d Abs. I EStDV erworben worden.
B hat das Grundstück II voll unentgeltlich i. S. § 11d Abs. I EStDV erworben.

ccc) Keine Anschaffungskosten in Höhe übernommener liquider Mittel (BMF-EA, Tz 31)

Soweit eine Abfindungszahlung dem Wert übernommener **liquider Mittel** des **Nachlasses** (z. B. Bargeld, Sparguthaben, Schecks) entspricht, sollen **keine** Anschaffungskosten vorliegen, weil es sich um einen **Leistungsaustausch „Geld gegen Geld"** handele, der **wirtschaftlich** einer **Rückzahlung der Abfindungszahlung** gleichstehe (BMF-EA, Tz. 31).

Beispiele:
1. Wie Sachverhalt aa) oben mit Abweichung: Neben dem Grundstück gehören noch liquide Mittel (Bargeld, Schecks) – Wert beim Erbfall: 100 000 DM – zum Nachlaß. A und B setzen sich hinsichtlich des Grundstücks erst zwei Jahre nach dem Erbfall auseinander. Die Ausgleichszahlung des A an E für die Übernahme des Grundstücks beträgt 250 000 DM. Die flüssigen Mittel sind zu diesem Zeitpunkt verbraucht.

   Es liegt ein entgeltlicher Erwerb des Grundstücksanteils vor, weil A auch hier eine Abfindung leistet. Anschaffungskosten liegen jedoch nicht vor, soweit A an den liquiden Mittel beteiligt war (1/2 × 100 000 =) 50 000 DM. Anschaffungskosten 250 000 DM ./. 50 000 DM = 200 000 DM.

2. Abwandlung: Die liquiden Mittel betragen 500 000 DM. A übernimmt den gesamten Nachlaß und zahlt an B eine Abfindung von 500 000 DM. **Steuerlich** liegt trotz Zahlung der Abfindung **insgesamt** eine **Realteilung** ohne Abfindung vor (BMF-EA, Tz. 31, Beispiel 13).

ddd) Behandlung von Nachlaßverbindlichkeiten (BMF-EA, Tz 25–27)

Ist der Nachlaß mit Nachlaßverbindlichkeiten belastet und werden diese von den Miterben **entsprechend** ihren **Erbanteilen** übernommen, führt dies **nicht** zu Anschaffungskosten.

Soweit ein Miterbe **über** seinen **Erbanteil hinaus** Nachlaßverbindlichkeiten übernimmt, d. h. andere Miterben von Nachlaßverbindlichkeiten entlastet, liegen – anders als bei einer Abfindungszahlung – ebenfalls **keine Anschaffungskosten** der erworbenen Nachlaßgegenstände vor. BFH, BStBl 1983 II 595 sowie Tz. 7 des BMF-Schreiben v. 31. 12. 1988, BStBl I 546 sind durch BFH, BStBl 1990 II 837 überholt (BMF-EA, Tz. 25).

Dabei kommt es nicht darauf an, ob die übernommenen Verbindlichkeiten in einem Finanzierungszusammenhang mit zugeteilten Nachlaßgegenständen stehen.

Dies bedeutet gleichzeitig, daß Nachlaßverbindlichkeiten einen wertmäßigen Ausgleich unter den Miterben bei einer **Realteilung** und damit einen **unentgeltlichen** Rechtsvorgang ermöglichen.

Beispiel:

Der Nachlaß besteht aus einem Grundstück mit einem Anrechnungswert von		1 000 000 DM
Hiermit stehen Verbindlichkeiten, die durch eine auf dem Grundstück eingetragene Hypothek gesichert sind, in wirtschaftlichem Zusammenhang von	800 000 DM	200 000 DM
übrige Nachlaßverbindlichkeiten		– 40 000 DM
Gesamtwert des Nachlasses		160 000 DM

Erben sind A und E zu je 1/2.

A erhält das Grundstück und zahlt an B 100 000 DM. Er übernimmt die Verbindlichkeiten, die durch die auf das Grundstück eingetragene Hypothek gesichert ist, sowie die Hälfte der übrigen Nachlaßverbindlichkeiten. B erhält von A 100 000 DM. Er übernimmt die Hälfte der übrigen Nachlaßverbindlichkeiten. Die Anschaffungskosten des A für das Grundstück betragen 100 000 DM (Abfindungszahlung an B). Die hälftige Übernahme der übrigen Nachlaßverbindlichkeiten berührt die Anschaffungskosten von A nicht, ebenso **nicht** die **volle Übernahme** der Hypothek.

Die Übernahme von Verbindlichkeiten der Erbengemeinschaft durch einzelne Miterben über die Erbquote hinaus führt **auch dann nicht** zu Anschaffungskosten, wenn durch die Art der Verteilung von Verbindlichkeiten **zusätzlich Abfindungsbedarf** geschaffen wird. Dies gilt unabhängig davon, ob durch die Art der Verteilung von Verbindlichkeiten ein bisher bestehender Finanzierungszusammenhang zwischen Wirtschaftsgut und Schuld erhalten bleibt oder nicht. Regelmäßig wird der „Übernahme von Verbindlichkeiten" eine interne Freistellungsverpflichtung zugrunde liegen (BMF-EA, Tz. 26).

Beispiel:

X und V sind Erben zu je ½. Zum Nachlaß gehören zwei Grundstücke im Wert von je 2 Mio DM, die mit Hypotheken von je 1 000 000 DM belastet sind. X erhält Grundstück 1 und übernimmt auch die das Grundstück 2 betreffende Hypothek. V erhält das Grundstück 2 und zahlt an X 1 000 000 DM.

Es liegt eine **Realteilung ohne Abfindungszahlung** vor. V hat mit der Zahlung von 1 000 000 DM an X die Freistellung von der das Grundstück 2 belastenden Schuld intern beglichen.

Die vom BFH in BStBl 1990 II 837 zur Wertangleichung zugelassene Möglichkeit der Übernahme von Verbindlichkeiten der Erbengemeinschaft über die Erbquote hinaus bezieht sich nur auf die **Nachlaßverbindlichkeiten,** also **nicht** auf solche Verbindlichkeiten, die die Erbengemeinschaft selbst im Zusammenhang mit der Erbauseinandersetzung eingeht (BFH, BStBl 1992 II 385).

Bei Schaffung **neuer** Verbindlichkeiten in Zusammenhang mit der Erbauseinandersetzung zur Ermöglichung einer Realteilung soll daher nach Tz. 27, BMF-EA Gestaltungsmißbrauch i. S. von § 42 AO vorliegen.

eee) Aufteilung von Abfindungsleistungen (BMF-EA, Tz 29)

Erhält ein Miterbe alle oder mehrere Wirtschaftsgüter des Nachlasses gegen Leistung einer Abfindung an die übrigen Miterben, ist die Abfindung **zwingend** nach dem **Verhältnis** der **Verkehrswerte = Anrechnungswerte** der Wirtschaftsgüter aufzuteilen. Vgl. BMF-EA, Tz. 29.

Erhalten bei einer Erbauseinandersetzung mit Abfindungszahlungen mehrere Miterben Wirtschaftsgüter des Nachlasses, so sind die Anschaffungskosten ebenfalls im Verhältnis der Verkehrswerte auf die erlangten Nachlaßgegenstände zu verteilen. Ein **Wahlrecht** besteht **nicht.** Tz. 9 des BMF-Schr. vom 31. 12. 1988 (BStBl 1988 I S. 546) ist **überholt** (BMF-EA, Tz. 30).

Beispiel:

	Anrechnungswert
Der Nachlaß besteht aus einem Einfamilienhaus (Anteil des Grund und Bodens 40 %)	400 000 DM
Wertpapieren	100 000 DM
Gemälde, Briefmarkensammlungen	100 000 DM

Erben sind A (verheiratet) und B je zu ½. A erhält das Einfamilienhaus (anschließend **Selbstnutzung**) sowie die Wertpapiere, B den übrigen Nachlaß. A zahlt daher an B eine Abfindung von 200 000 DM.

Lösung:

Die Abfindung des A von 200 000 DM fällt zu ⁴/₅ auf das EFH und zu ¹/₅ auf die Wertpapiere.

A kann unter den sonstigen Voraussetzungen Grundförderung nach **§ 10e** Abs. 1 in Anspruch nehmen:

Anschaffungskosten ⁴/₅ × 200 000 DM =	160 000 DM
./. Grund und Boden 40 %	64 000 DM
	96 000 DM
+ ½ Anschaffungskosten Grund und Boden	+ 32 000 DM
Bemessungsgrundlage § 10e Abs. 1	128 000 DM
Abzugsbetrag 6 %	= 7680 DM p. a.

Der Höchstbetrag von 19 800 / 16 500 / 9 000 DM ist hier – anders als bei teilentgeltlichem Erwerb – aufzuteilen (BMF – § 10e, Tz 66); **kein** Fall des BFH-Urteils BFH, BStBl 1989 II 778; BMF-Schr. vom 31. 12. 1994 (§ 10e, Tz 43 – die den Erwerb einer **ganzen** Wohnung betreffen).

– Zu 60 % liegt – entsprechend Tz 38 BMF EA – ein unentgeltlicher Erwerb vor, für den § 10e Abs. 1 grds. ausscheidet. Ggf. aber Fortsetzung des § 10e bei Ehegatten (BMF – § 10e, Tz 66).

– Zu 40 % liegt ein entgeltlicher Erwerb vor (Abfindung 200 000 DM im Verhältnis zum erhaltenen Vermögen 400 000 + 100 000 DM). Höchstbetrag § 10e Abs. I daher: 40 % × (z. B.) 9 000 DM = 3 600 DM (Lösung entsprechend BMF EA, Tz 38).

Es liegen zwar **zwei** Objekte vor (BMF – § 10e, Tz 32). A kann aber § 10e für **beide** Objekte geltend machen.

fff) Beurteilung von Teilauseinandersetzungen (BMF-EA, Tz 59_60)

Bei mehreren Teilauseinandersetzungen ist aus Gründen der Gleichbehandlung grds. zu fordern, daß die Behandlung möglichst nicht von der Gesamtauseinandersetzung abweicht. Für diese Problematik bietet die FinVerw im BMF-EA, Tz. 59–65 folgende Lösung an.

- **Grundsatz: Entgeltlicher Erwerb bei Teilauseinandersetzungen**

Bei Teilauseinandersetzungen ist vorbehaltlich der Tz. 63 nach den Tz. 59–61 BMF-EA zu verfahren.

Das bedeutet insbesondere, daß bei Leistung einer Abfindung an Miterben bei der **ersten** Teilauseinandersetzung in Höhe der **gesamten Abfindung Anschaffungskosten** des übernommenen Wirtschaftsguts vorliegen (BFH, BStBl 1987 II 423; BMF-EA, Tz. 59).

Beispiel: Der Nachlaß in 01 besteht aus:

Grundstück mit einem Anrechnungswert von	1 000 000 DM	
Verbindlichkeiten, die durch eine auf Grundstück I eingetragene Hypothek gesichert sind	800 000 DM	200 000 DM
Grundstück II, Anrechnungswert		600 000 DM
Gesamtwert		800 000 DM

Erben sind A und B zu je ½.

Teilauseinandersetzung in 02:
A und E setzen sich in 02 zunächst nur über ein Grundstück auseinander. A erhält Grundstück I und zahlt an B 100 000 DM. A übernimmt die Verbindlichkeiten, die durch die auf Grundstück I eingetragene Hypothek gesichert sind. Die Anschaffungskosten des A für Grundstück I betragen:

Abfindungszahlung an B von	100 000 DM
Die Übernahme der auf B entfallenden Verbindlichkeiten von	400 000 DM

gehört **nicht** zu den Anschaffungskosten.

- **Umgekehrte Abfindungen (BMF-EA, Tz 25)**

Insgesamt müssen Teilauseinandersetzungen **grds. zu denselben Anschaffungskosten** und **demselben Veräußerungspreis** wie eine Gesamtauseinandersetzung fahren (BFH, BStBl 1985 II 722). Abfindungsleistungen an einen Miterben, der bei einer anderen Teilauseinandersetzung selbst Abfindungen leistet **(umgekehrte Abfindung)**, sind deshalb als **Rückzahlung** der Abfindung aus der anderen Teilauseinandersetzung zu werten (BFH, BStBl 1987 II 423). Eine umgekehrte Abfindung liegt aber **nicht** vor, wenn ein Miterbe einen Ausgleich dafür zahlt, daß er von Nachlaßverbindlichkeiten entlastet wird. Vgl. BMF-EA, Tz. 25.

Es gilt allerdings eine **zeitliche Beschränkung**. Umgekehrte Abfindungen sind **nicht mehr** anzunehmen, wenn seit der ersten bzw. letzten Teil-Erbauseinandersetzung mehr als 5 Jahre vergangen sind. Dann kann nicht mehr unterstellt werden, daß bei der vorangegangene Teil-EA die zweite bereits ins Auge gefaßt war. Diese Frist eröffnet **steuerlichen Gestaltungsspielraum.**

Umgekehrte Abfindungen **mindern** die Anschaffungskosten aus vorangegangenen Teilauseinandersetzungen (BMF-EA, Tz. 62).

Umgekehrte Abfindungen sind **nicht** erst ab dem Zeitpunkt steuerlich zu berücksichtigen, in dem sie zufließen, sondern **rückwirkend** auf den Zeitpunkt der vorangegangenen Erbauseinandersetzung. Veranlagungen für die Zeit bis zum Erhalt der umgekehrten Abfindungen sind daher insoweit nach § 175 Abs. 1 Nr. 2 AO zu ändern (BMF EA, Tz. 65, 66).

Beispiel:

Wie Beispiel oben unter 1. mit der Ergänzung, daß bei der Endauseinandersetzung in 04 B Grundstück II erhält und an A 300 000 DM zahlt.

Die Anschaffungskosten des B für Grundstück II betragen 200 000 DM (Abfindungszahlung an A von 300 000 DM abzüglich der in 02 erhaltenen Abfindung von A von 100 000 DM).

Die Anschaffungskosten des A für Grundstück I vermindern sich wegen der von B erhaltenen Abfindung von 300 000 DM auf 0 DM, und zwar rückwirkend ab VZ 01 (Berichtigung der Vorjahre!).

Ist bei einer vorangegangenen Teilauseinandersetzung eine Abfindung für den Erwerb mehrerer Wirtschaftsgüter geleistet worden (Tz. 29), so ist die umgekehrte Abfindung auf diese Wirtschaftsgüter nach dem Verhältnis ihrer Anrechnungswerte im Zeitpunkt der vorangegangenen Teilauseinandersetzung aufzuteilen (BMF-EA, Tz. 64).

ee) Mischnachlaß (BMF-EA, Tz 33–39 und 47–50)

Vgl. hierzu 2.6.7.2.3.

7.8.6.4.2 Rechtsfolgen für die AfA (BMF-EA, Tz 32) [1]

Bei der AfA-Berechnung ist aufgrund der **Trennungstheorie** unter Umständen für dasselbe Gebäude die AfA unterschiedlich zu bemessen. Dabei muß noch zwischen den verschiedenen AfA-Methoden unterschieden werden. Es entstehen zwei verschiedene „AfA-Reihen". Vgl. hierzu im einzelnen BMF EA, Tz. 32.

a) Bemessungsgrundlage

Wird ein Wirtschaftsgut gegen Abfindungsleistung erworben, berechnen sich der **entgeltlich** und der **unentgeltlich** erworbene Teil des Wirtschaftsguts in der Regel nach dem **(Verkehrs-)Wert**, den die Miterben der Erbauseinandersetzung zugrunde legen **(Anrechnungswert)**.[2] Vgl. BMF EA, Tz. 28.

Beispiel:

Die AfA-Bemessungsgrundlage des Rechtsvorgängers betrug 200 000 DM Herstellungskosten. Errichtung durch Rechtsvorgänger in 01. Erbfall mit Erbauseinandersetzung in 05.

Der Rechtsvorgänger hat für das Gebäude bis zu seinem Tode AfA gem.

aa) § 7 Abs. 4 Nr. 2a 2%
bb) § 7 Abs. 5 Nr. 2 bzw. § 7 Abs. 5 Nr. 3b 5%

AfA für Rechtsnachfolger A

	unentgeltlicher Teil (½) (§ 11d Abs. I EStDV)	entgeltlicher Teil (½) (Anschaffungskosten)
aa)	§ 7 Abs. 4; weiter 2% von 100 000 DM	§ 7 Abs. 4 = 2% von 300 000 DM
bb)	§ 7 Abs. 5 Nr. 2 in 06 bis 08 weiter 5% von 100 000 DM, dann weiter nach gesetzlicher AfA Staffel	wie aa) Nicht jedoch § 7 Abs. 5, da Anschaffung

b) Verschiebung vom entgeltlich zum unentgeltlich erworbenen Anteil

Durch eine **umgekehrte** Abfindung **vermindert sich** der bei der vorangegangenen Teilauseinandersetzung **entgeltlich erworbene Teil** des Wirtschaftsguts und **erhöht sich** korrespondierend der **unentgeltlich** erworbene Teil.

Beispiel:

Im Beispiel unter fff) 1. (s. oben) vermindert sich durch die umgekehrte Abfindung in 05 der entgeltlich erworbene Teil von Grundstück I **rückwirkend ab 01** auf 20 v. H. (Verhältnis der Abfindungszahlung 200 000 DM zum Anrechnungswert 1 000 000 DM) und erhöht sich der unentgeltlich erworbene Teil auf 80 v. H.

	Entgeltlich	Unentgeltlich
vor umgekehrter Abfindung	500 000 DM = 50% 1 000 000 DM	50%
nach umgekehrter Abfindung	200 000 DM = 20% 1 000 000 DM	80%

c) Bemessungsgrundlage der AfA

Soweit ein Miterbe ein Wirtschaftsgut **unentgeltlich** erworben hat, führt er die AfA-Bemessungsgrundlage des Erblassers fort **(§ 11d Abs. 1 EStDV)**. Der Miterbe kann AfA nur noch bis zu dem restlichen AfA-Volumen vornehmen.

---

[1] wegen der Auswirkungen auf § 10e vgl. 710.3.5

[2] Bei Übernahme von Verbindlichkeiten ist fraglich, ob die Abfindung zum **Bruttowert** (Verkehrswert des Wirtschaftsguts) oder zum **Nettowert** (Verkehrswert **abzüglich** übernommenen Verbindlichkeiten) ins Verhältnis zu setzen ist.

Soweit der Miterbe des Wirtschaftsgut **entgeltlich** erworben hat, bemessen sich die weiteren AfA von **seinen Anschaffungskosten.**

d) AfA-Satz

Für den unentgeltlich erworbenen Teil des Wirtschaftsguts ist § 11d Abs. 1 EStDV anzuwenden. Die vom Erblasser begonnene Abschreibung wird anteilig zu Ende geführt.

Für den entgeltlich erworbenen Teil des Wirtschaftsguts bemessen sich die AfA bei Gebäuden nach § 7 Abs. 4 Satz 2 und der tatsächlichen künftigen Nutzungsdauer des Gebäudes im Zeitpunkt der Erbauseinandersetzung oder nach § 7 Abs. 4 Satz 1.

Danach kann sich bei Gebäuden für den umentgeltlich und den entgeltlich erworbenen Teil **unterschiedliche** Abschreibungsdauer ergeben.

Vgl. Beispiel 14 in Tz. 32 des BMF-EA.

e) Umgekehrte Abfindungen

Erhält ein Miterbe bei einer Teilauseinandersetzung eine umgekehrte Abfindung, d. h. werden Anschaffungskosten zurückgezahlt, bemessen sich **rückwirkend ab** dem **Zeitpunkt** der vorangegangenen Teilauseinandersetzung die weiteren AfA für den entgeltlich erworbenen Teil des Wirtschaftsguts nach der um den zurückgezahlten Betrag **verminderten** bisherigen **Bemessungsgrundlage.** Die AfA können insgesamt nur bis zu dem Betrag abgezogen werden, der von der neuen Bemessungsgrundlage nach Abzug bisheriger AfA und erhöhter Absetzungen verbleibt.

7.8.6.4.3 Übertragung eines Erbteils (BMF-EA, Tz 40 und 43–46)

a) Schenkung eines Erbteils

Wird ein Erbteil **verschenkt** und gehört zum Nachlaß **nur Privatvermögen**, ist **§ 11d Abs. 1 EStDV** anzuwenden. Durch den unentgeltlichen Erwerb des Erbteils ist der Beschenkte in die Rechtsstellung des Schenkers eingetreten, die dieser innerhalb der Erbengemeinschaft gehabt hat. Die anteilige AfA, die dem Beschenkten an den zum Nachlaß gehörenden abnutzbaren Wirtschaftsgütern des Privatvermögens zusteht, bemißt sich demzufolge (weil der Schenker ebenfalls unentgeltlich erworben hat) nach der AfA-Bemessungsgrundlage der Erbengemeinschaft (§ 11d Abs. 1 Satz 1 EStDV). Der Beschenkte kann – anteilmäßig – nur noch das nicht bereits verbrauchte AfA-Volumen abschreiben (BMF-EA, Tz. 43).

b) Veräußerung eines Erbteils

§ 11d Abs. 1 EStDV ist nicht anwendbar, wenn ein Miterbe seinen Erbteil verkauft und zum Nachlaß nur Privatvermögen gehört.

Der Erwerber muß seine AfA nach § 7 von seinen Anschaffungskosten vornehmen (BMF-EA, Tz. 44).

> **Beispiel:**
> V wird von seinen Söhnen A, B und C zu je 1/3 beerbt. Zum Nachlaß gehört nur ein privates Mietwohnhaus, das V für 5 Mio DM (Anteil Gebäude 4 Mio DM) erworben und jährlich mit 2 v. H. abgeschrieben hatte A veräußert seinen Erbteil zum 1.1.05 für 1 400 000 DM an X. Hiervon entfallen 1 120 000 DM auf das Gebäude und 280 000 DM auf den Grund und Boden. Im Zeitpunkt der Veräußerung hatte das Gebäude einen Restwert von 2 400 000 DM.
> Die AfA für das noch zum Nachlaß gehörende Gebäude kann **nicht** mehr einheitlich vorgenommen werden. B und C haben als Miterben ihre Anteile am Nachlaß und damit an dem Grundstück, aus dem der Nachlaß besteht, unentgeltlich erworben. Sie müssen demzufolge nach § 11d Abs. 1 EStDV die AfA der Erbengemeinschaft – anteilig – fortführen. B und C können jährlich je 26 667 DM (je 1/3 von 80 000 DM) für einen verbleibenden AfA-Zeitraum von 30 Jahren absetzen. Für X hingegen ist, da er entgeltlich erworben hat, seine anteilige AfA nach **seinen Anschaffungskosten** zu bemessen. Er muß seinen Gebäudeanteil mit 2 v. H. von 1 120 000 DM über 50 Jahre mit jährlich 22 400 DM abschreiben (vorbehaltlich des Nachweises einer kürzeren Restnutzungsdauer i. S. des § 7 Abs. 4 Satz 2).

Gehören **mehrere Wirtschaftsgüter** zum Nachlaß, sind die Anschaffungskosten für den Erbteil auf alle zum Nachlaß gehörenden Wirtschaftsgüter nach dem Verhältnis der Verkehrswerte im Zeitpunkt des Erbteilkaufs zu verteilen (BMF-EA, Tz. 45).

Ein Veräußerungsgewinn ist nur steuerpflichtig, wenn die Voraussetzungen
- des § 17 (wesentliche Beteiligung an einer Kapitalgesellschaft),
- des § 23 (Spekulationsgeschäft) oder
- des § 21 UmwStG (einbringungsgeborene Anteile) vorliegen (BMF-EA, Tz. 46).

7.8.6.4.4 Ausscheiden eines Miterben

Scheidet ein Miterbe aus der Erbengemeinschaft aus, so wächst zivilrechtlich sein Anteil am Gemeinschaftsvermögen den verbliebenen Miterben zu.

Die Anwachsung ist ein Unterfall der Veräußerung des Erbteils. Ertragsteuerlich ist das Anwachsen als
- entgeltliche oder unentgeltliche - Übertragung des Anteils des ausscheidenden Miterben auf die verbleibenden Miterben anzusehen (BMF-EA, Tz. 51).

Scheidet ein Miterbe **ohne Abfindung** aus der Erbengemeinschaft aus, finden die Grundsätze über die Schenkung eines Erbteils Anwendung (BMF-EA, Tz. 52).

Scheidet ein Miterbe **mit Barabfindung** aus der Erbengemeinschaft aus, finden die Grundsätze über den Verkauf eines Erbteils Anwendung (BMF-EA, Tz. 53).

Beim Ausscheiden **gegen Sachwertabfindung** können sich zusätzlich zu dem vom ausscheidenden Miterben zu versteuernden Veräußerungsgewinn auch für die verbleibenden Miterben Veräußerungsgewinne ergeben (vgl. BMF-EA, Tz. 54).

7.8.6.4.5 Veräußerung des Nachlasses

Die Erbauseinandersetzung kann gem. §§ 2046 ff. BGB auch in der Weise erfolgen, daß alle Wirtschaftsgüter des Nachlasses veräußert werden. Anschließend werden alle Nachlaßverbindlichkeiten berichtigt. Der Rest der Veräußerungserlöse wird den Erbquoten entsprechend anteilmäßig unter den Miterben verteilt (BMF-EA, Tz. 56).

Soweit zum Nachlaß Privatvermögen gehört, ist die Veräußerung einkommensteuerrechtlich nur dann zu erfassen, wenn sie unter §§ 17, 23 EStG oder § 21 UmwStG fällt.

7.8.6.4.6 Sekundärfolge „Finanzierungskosten"

Schuldzinsen zur Finanzierung der Abfindungszahlung sind Werbungskosten, soweit der erhaltene Gegenstand (das Grundstück) der Einkünfteerzielung dient. Dies gilt auch für Zinsen, die auf einen unentgeltlich zu wertenden Teil der Übertragung entfallen (BFH, BStBl 1985 II 722). Vgl. auch bereits BFH, BStBl 1983 II 380 und 325 (zum betrieblichen Bereich). Bei Einlage des angeschafften Nachlaßgegenstands in ein BV stellt der Kredit eine Betriebsschuld dar, die Schuldzinsen sind BA (BFH, BStBl 1987 II 616).

Umgekehrte Abfindungszahlungen, die der übernehmende Miterbe später erhält und nicht zur Ablösung des aufgenommenen Kredits verwendet, haben **keine** Auswirkungen auf den weiteren Werbungskostenabzug seiner Schuldzinsen.

7.8.6.4.7 Altfälle

Wegen der **Übergangsregelung** in Altfällen, in denen früher von anderen Grundsätzen ausgegangen worden war, vgl. Tz. 96 und 97 des BMF-EA.

Vgl. Tz 98–100.

7.8.6.5 Erhöhte AfA gemäß § 7b EStG

7.8.6.5.1 Letztmalige Anwendung

§ 7b war letztmalig für begünstigte Gebäude und Eigentumswohnungen anzuwenden, die **vor** dem **1.1.1987 hergestellt** oder **angeschafft** worden sind (§ 7b Abs. 1).

Im Rahmen der Übergangsregelung des § 52 Abs. 21 wie auch als WK (§ 9) kam somit eine Berücksichtigung des § 7b **letztmals** für den **VZ 1993** in Betracht.

7.8.6.5.2 Restwert-AfA (§ 7b Abs. 1 Satz 2 EStG)

Nach Ablauf des Begünstigungszeitraums beträgt die jährliche AfA bis zur vollen Absetzung **2,5 v. H. des Restwerts** (§ 7b Abs. 1 Satz 2). Vgl. Abschn. 64 EStR 1990, R 52. Das gilt auch bei Anschaffung von Gebäuden, die nach dem 31.12.1924 fertiggestellt worden sind. Entsprechendes gilt bei Folgeobjekten i. S. des § 7b Abs. 4 S. 4 und 5. § 7 Abs. 4 Satz 2 – Nachweis einer tatsächlich kürzeren Restnutzungsdauer als 40 Jahre und § 7 Abs. 4 Satz 5 – Vornahme einer AfaA – sind zu beachten.

Restwert ist der Betrag, der nach Abzug sämtlicher im Begünstigungszeitraum vorgenommenen erhöhten Absetzungen, AfA nach § 7 und etwaiger Sonder- und Teilwertabschreibungen von den gesamten Anschaffungs- oder Herstellungskosten verbleibt.

Für den den Höchstbetrag von 200 000 DM bzw. 250 000 DM übersteigenden Teil der Anschaffungs- oder Herstellungskosten ist **keine** gesonderte AfA nach § 7 Abs. 4 fortzuführen.

Beispiel:
Die Herstellungskosten eines vermieteten Zweifamilienhauses betrugen in 01 400 000 DM. Fertigstellung 2.1.01. Bisher war 8 Jahre lang in höchstzulässigem Umfang § 7b-AfA abgesetzt worden.

Ermittlung des Restwerts:

Gesamte Herstellungskosten	400 000 DM
– § 7b: 8 × 5% × 250 000 DM	100 000 DM
– § 7 Abs. 4: 8 × 2% × 150 000 DM	24 000 DM
Restwert	276 000 DM
AfA ab 09 2,5% von 276 000 DM	6 900 DM p.a.

Bei der Ermittlung des Restwerts ist zu beachten, daß für den Zeitraum, für den wegen Selbstnutzung des Gebäudes die Einkünfte nach **§ 21a** zu ermitteln waren (letztmals denkbar für VZ 1986), bei der Berechnung des Restwerts im Sinne des § 7b Abs. 1 Satz 2 die Anschaffungs- oder Herstellungskosten außer um die in Anspruch genommenen erhöhten Absetzungen auch um die gesamten durch den Grundbetrag abgegoltenen AfA nach § 7 Abs. 4 zu kürzen sind (BFH, BStBl 1981 II 212 und Abschn. 64 Abs. 2 EStR 1990).

Diese wirkt sich aber nur aus bei Gebäuden, für die erhöhte Absetzungen nach § 7b in Anspruch genommen worden sind und bei denen infolge einer Nutzungsänderung die weitere Anwendung des § 21a – letztmals für 1986 – ausscheidet bzw. – ab 1987 – Einkünfte aus § 21 Abs. 1 vorliegen.

Nach Abschn. 64 Abs. 4 EStR 1990 sind bei einer Wohnung im eigenen Haus, bei dem die der erhöhten AfA entsprechenden Beträge nach § 52 Abs. 21 S. 4 wie Sonderausgaben abgezogen worden sind, bei der Berechnung des Restwerts i. S. des § 7b Abs. 1 S. 2 die Anschaffungs- oder Herstellungskosten dieser Wohnung für die Jahre, in denen die Beträge nach § 52 Abs. 21 S. 4 in Anspruch genommen wurden, um die **AfA nach § 7 Abs. 4** zu **kürzen**.

Beispiel:
Die Herstellungskosten eines Einfamilienhauses betrugen im Januar 01 350 000 DM. Der Bauherr nutzte das Gebäude selbst zu Wohnzwecken. Bisher ist 8 Jahre lang in höchstzulässigem Umfang § 7b-AfA abgesetzt worden. Für 01 bis 08 einschließlich war § 21a anzuwenden. Ab dem 9. Jahr wird das Gebäude zu Wohnzwecken vermietet.

Gesamte Herstellungskosten	350 000 DM
– § 7b: 8 × 5% × 200 000 DM	80 000 DM
– § 7 Abs. 4: 8 × 2% × 350 000 DM	56 000 DM
Restwert	214 000 DM
AfA ab 09 2,5%	5 350 DM p.a.

Bei **Überführung** eines begünstigten Objektes **aus** einem **Betriebsvermögen in** das **Privatvermögen**, ist für die Entnahme der Teilwert anzusetzen. Es ist jedoch zu beachten: Erhöhungen oder Minderungen der Bemessungsgrundlage, die sich bei der Überführung eines Gebäudes aus einem Betriebsvermögen in das Privatvermögen ergeben, sind bis zum Ablauf des Begünstigungszeitraums für die Bemessung der erhöhten Absetzungen **nicht** zu berücksichtigen. Sie erhöhen oder mindern jedoch die Bemessungsgrundlage für die AfA nach den §§ 7 Abs. 4 und 7b Abs. 1 Satz 2 und nicht nur den Restwert (entgegen früherer Auffassung). Vgl. Abschn. 64 Abs. 1 S. 4, 5 EStR 1990.

Beispiel:
Ein im Januar 1986 für 246 000 DM angeschafftes und zu einem Betriebsvermögen gehörendes vermietetes Zweifamilienhaus ist am 31. 12. 1986 in das Privatvermögen übergeführt worden.

Anschaffungskosten		246 000 DM
Erhöhte Absetzungen nach § 7b für 1986		
5 v. H. von 246 000 DM		./. 12 300 DM
Buchwert am 31. 12. 1986		233 700 DM
Teilwert im Zeitpunkt der Entnahme 285 000 DM.		
Absetzungen 1987 bis 1993		
Erhöhte Absetzungen nach § 7b 35 v. H. von 246 000 DM	75 000 DM	
AfA nach § 7 Abs. 4:		
14 v. H. von (28 5000 DM – 246 000 DM =) 39 000 DM	+ 5 460 DM	./. 80 460 DM
verbleiben am 31. 12. 1993		153 240 DM
Restwert-AfA ab 1994:		
jährlich 2,5 v. H. von (285 000 DM – [246 000 DM – 153 240 DM]) = 192 240 DM =		4 866 DM

Bei Überführung **nach Ablauf** des Begünstigungszeitraums erhöht oder mindert sich dagegen nicht lediglich der **Restwert,** sondern ist der **Teilwert** anzusetzen. Die AfA bemißt sich u. E. nach § 7 Abs. 4 Satz 1 Nr. 2 mit 2 % **(keine** Restwert-AfA von 2,5 %).

Bei Ausbauten und Erweiterungen, für die erhöhte Absetzungen nach § 7b Abs. 2 in Anspruch genommen worden sind, ist der Restwert nach Ablauf des Begünstigungszeitraums den Anschaffungs- oder Herstellungskosten des Gebäudes oder dem an deren Stelle getretenen Wert **hinzuzurechnen,** die weiteren AfA sind **einheitlich** für das Gebäude nach dem sich hiernach ergebenden Betrag und dem für das Gebäude maßgebenden Hundertsatz zu bemessen (§ 7b Abs. 2 Satz 3).

7.8.6.6 Erhöhte AfA nach § 82a EStDV

7.8.6.6.1 Allgemeines

Nach dem – auslaufenden – § 82a EStDV ist für bestimmte (abschließend aufgezählte) Maßnahmen, die grds. Herstellungsaufwand darstellen müssen, eine 10 %ige erhöhte AfA anstelle der Gebäude-AfA nach § 7 Abs. 4, § 7 Abs. 5 zulässig.

Ausnahmsweise ist über § 82a Abs. 3 EStDV **Erhaltungsaufwand** begünstigt, wenn er unter den Katalog der begünstigten Maßnahmen fällt, und bei einer **selbstgenutzten** Wohnung im Inland anfällt, deren Nutzungswert **nicht** mehr besteuert wird. Der Abzug erfolgt hier als Sonderausgabe.

§ 82a Nr. 1 bis 4 EStDV ist ausgeschlossen bei Inanspruchnahme von Investitionszulage für dieselbe Baumaßnahme (§ 82a Abs. 2 EStDV).

Der Abzug der erhöhten AfA ist **letztmals** im **VZ 2000** möglich.

7.8.6.6.2 Begünstigte Maßnahmen (Überblick)

Grundvoraussetzung ist das Vorliegen von Herstellungsaufwand (Abgrenzung nach den allgemeinen Merkmalen). § 82a Abs. 1 EStDV ist bei Vorliegen von Erhaltungsaufwand daher grds. nicht zulässig (Ausnahme: § 82a Abs. 3 EStDV, s. o.). Aufwendungen zur Beseitigung von Gebäudeschäden, die durch begünstigte Baumaßnahmen verursacht wurden, sind ebenfalls begünstigt.

Der Katalog begünstigter Maßnahmen wurde mehrfach geändert.

- **Zeitliche Voraussetzung bei den begünstigten Maßnahmen**

Voraussetzung war bei § 82a Abs. 1 EStDV Fertigstellung der Maßnahme vor dem 1. 1. 1992.

- **Zeitliche Voraussetzung bei den Gebäuden**
  a) **Anschluß an Fernwärmeversorgung (§ 82a Abs. 1 Nr. 1 EStDV)**
  Fertigstellung des Gebäudes vor dem 1. 7. 1983, daher ist diese erhöhte AfA i. d. R. bereits im VZ **1991** abgelaufen. Die Voraussetzung entfällt, wenn bei der Errichtung des Gebäudes ein Anschluß an eine Fernwärmeversorgung noch nicht möglich war (§ 82a Abs. 1 Satz 3 EStDV).

b) **Heizungs- und Warmwasseranlagen (§ 82a Abs. 1 Nr. 5 EStDV)**
Mit diesen Maßnahmen durfte nicht vor Ablauf von 10 Jahren seit Fertigstellung des Gebäudes begonnen worden sein, d. h. das Gebäude mußte bei Beginn der Arbeiten mindestens 10 Jahre alt sein.

c) **Übrige Maßnahmen (§ 82a Abs. 1 Nr. 2 bis 4 EStDV)**
Bei den übrigen begünstigten Maßnahmen war keine zeitliche Voraussetzung beim Gebäude zu beachten. Daher können die erhöhten AfA von den Kosten für den Einbau von Wärmepumpen, Solar- und Wärmerückgewinnungsanlagen und Biogasanlagen auch in Anspruch genommen werden, wenn diese Anlagen im Zusammenhang mit einem Neubau eingebaut worden sind.

Unerheblich ist die Zugehörigkeit des Gebäudes zum **Betriebsvermögen oder Privatvermögen** und die Art der Nutzung des Gebäudes.

7.8.6.6.3 Höhe der § 82a-AfA

AfA-Bemessungsgrundlage sind die **Herstellungskosten** der begünstigten Baumaßnahmen.

In den Fällen des § 82a Abs. 1 Nr. 5 EStDV hat es sich jedoch in der Regel um Erhaltungsaufwand gehandelt (Abzug im VZ des Abflusses als **WK** (§ 9) bzw. wie **Sonderausgaben** (§ 82a Abs. 3 EStDV).

Verschiedene Baumaßnahmen im gleichen Kalenderjahr sind zusammenzufassen. Für Baumaßnahmen in verschiedenen Kalenderjahren laufen eigene Abschreibungszeiträume.

Für den **Beginn** der erhöhten AfA ist das Jahr der Fertigstellung der Baumaßnahme entscheidend. Der Begünstigungszeitraum beträgt **10 Jahre**, der AfA-Satz maximal 10 v. H. p. a. Eine Begrenzung der AfA durch Antrag ist möglich. Es besteht **keine Nachholungsmöglichkeit** unterlassener AfA während des Begünstigungszeitraums (BFH, BStBl 1984 II 709). Als Mindest-AfA ist nach § 7a Abs. 3 die AfA gem. § 7 Abs. 4 vorzunehmen. Im Jahr der **Fertigstellung** der Baumaßnahme ist der **volle** Jahresbetrag anzusetzen, ebenso im Jahr der Veräußerung des Gebäudes.

Nach Ablauf des Begünstigungszeitraums ist der Restwert der AfA-Bemessungsgrundlage des Gebäudes hinzuzurechnen und einheitlich mit dem für das Gebäude maßgebenden AfA-Satz abzuschreiben.

Für die Inanspruchnahme durch Grundstücksgemeinschaften gelten die Grundsätze des § 7a Abs. 7. Eine von den Miteigentumsanteilen abweichende Verteilung ist nach R 164 Abs. 1 **nicht** möglich (vgl. BFH, BStBl 1993 II 105).

AfA-Berechtigter ist, wer als Bauherr die in § 82a EStDV bezeichneten Baumaßnahmen an einem ihm gehörenden Gebäude durchführt bzw. durchführen läßt.

Dies gilt auch, wenn dem Stpfl., der **nicht** Grundstückseigentümer ist, der Nutzungswert in Altfällen nach § 52 Abs. 21 S. 2 weiterhin ab 1987 zugerechnet wird (BFH, BStBl 1985 II 453). Vgl. hierzu K. 7.10.2.1.1 und BMF-Schreiben vom 19.9.1986, BStBl I 480, Abschn. II/1.

Bei unentgeltlichem Erwerb gilt § 11d Abs. 1 EStDV. Dies gilt **nicht** bei unentgeltlichem Erwerb einer zu eigenen Wohnzwecken genutzten Wohnung nach dem 31.12.1986. Eine Fortführung des Abzugs wie Sonderausgaben ist **nur** bei **Gesamtrechtsnachfolge** durch **Erbfall** möglich (Abschn. 160a Abs. 4 letzter Satz EStR 1990).

Im Jahr des Überganges können Rechtsvorgänger und Rechtsnachfolger – wie bei § 7b – die Jahres-AfA beliebig unter sich aufteilen.

Erhaltungsaufwand

Stellen begünstigte Maßnahmen Erhaltungsaufwand im Rahmen von Einkünften aus § 21 dar, können die Aufwendungen bei Abfluß in voller Höhe als WK abgesetzt oder nach § 82b EStDV auf 2 bis 5 Jahre verteilt werden.

Bei einer vom Eigentümer selbstgenutzten Wohnung sind die Aufwendungen nach § 82a Abs. 3 EStDV ebenfalls mit 10% p.a., aber wie **Sonderausgaben** absetzbar.

Wegen der Fortführung in „Altfällen" einer selbstgenutzten Wohnung ab VZ 1987 vgl. K. 7.10.

7.8.6.7 Umbauabschreibung (§ 7c EStG)

Literaturhinweise: Spanke, DB 1990, 144; **Sauer/Spanke,** Erhöhte AfA nach § 7k EStG und steuerfreie Entnahme bei Vermietung von Wohnungen mit Sozialbindung, DB 1990, 1254 ff. und 1990, 1305 ff.; **Leberfinger,** Erhöhte Absetzungen nach dem neuen § 7c EStG, DStR 1990, 170; **Zitzmann,** Erhöhte Absetzungen für Baumaßnahmen zur Schaffung neuer Mietwohnungen, NWB Fach 3, 7243; KÖSDI Heft 2/90, 7966; **Seithel,** Neue steuerfreie Entnahmemöglichkeit von Betriebsgebäuden und dazugehörendem Grund und Boden für Zwecke des sozialen Wohnungsbaus, DStR 1990, 291; **Hartmann/Paus,** Inf. 1990, 75.

7.8.6.7.1 Grundsätze

Durch § 7c sollte ein Anreiz geschaffen werden, **vorhandene Gebäudeflächen** durch **Ausbau- und Umbaumaßnahmen** zur Nutzung als **zusätzliche, abgeschlossene Mietwohnungen** umzuwandeln. Die Vorschrift sieht für Wohnungen, die durch Baumaßnahmen an bestehenden Gebäuden geschaffen werden, erhöhte Absetzungen von 5 × 20 v. H. der Aufwendungen vor, beschränkt auf 60000 DM Umbaukosten je Wohnung. Die Abschreibungen kommen für alle Baumaßnahmen in Betracht, für die der **Bauantrag nach dem 2. 10. 1989** gestellt worden ist oder die nach diesem Zeitpunkt begonnen worden sind, wenn die **Wohnung vor** dem **1. 1. 1996 fertiggestellt** wird. Außerdem dürfen für diese Wohnungen **keine Mittel aus öffentlichen Haushalten** gewährt werden.

Voraussetzungen auf einen Blick:

Die erhöhten Absetzungen nach § 7c kommen in Betracht

– bei Baumaßnahmen an Gebäuden im Inland (BMF, RZ. 2),

– wenn durch diese Baumaßnahmen neue Wohnungen hergestellt werden (BMF, RZ. 1),

– für die der Bauantrag nach dem 2. 10. 1989 gestellt worden ist (BMF, Rz. 4),

– die vor dem **1. 1. 1996** fertiggestellt worden sind (BMF, Rz. 6),

– für die keine öffentlichen Mittel in Anspruch genommen werden (BMF, Rz. 8 – 10) und

– die vom Zeitpunkt der Fertigstellung bis zum Ende des Begünstigungszeitraums fremden Wohnzwecken dienen (BMF, Rz. 11 – 14).

§ 7c ist in den neuen Bundesländern auf Tatbestände anzuwenden, die nach dem 31. 12. 1990 verwirklicht worden sind (§ 57 Abs. 1). Vgl. im einzelnen BMF-Schreiben vom 17. 2. 1992, BStBl 1992 I 115.

7.8.6.7.2 Baumaßnahmen an Gebäuden

Gegenstand der Abschreibungsvergünstigung sind **Wohnungen,** die durch Baumaßnahmen an Gebäuden (im Inland) hergestellt werden. Damit ist also die (einzelne) „Wohnung" Abschreibungsobjekt.

Nach § 7c Abs. 1 können die erhöhten Absetzungen nur für Wohnungen in Anspruch genommen werden, die durch Baumaßnahmen an bereits bestehenden Gebäuden im Inland hergestellt werden. Das bedeutet, daß die Baumaßnahme in einem von der Errichtung des Gebäudes **getrennten** und hinsichtlich ihres Beginns und ihrer Fertigstellung **abgrenzbaren Bauabschnitt** vorgenommen werden muß (vgl. BFH, BStBl 1980 II 203 – zu § 7b ergangen).

Als begünstigte Baumaßnahmen kommen insbesondere in Betracht – vgl. BMF, Rz. 3 –

– der Ausbau des Dachgeschosses oder anderer Nebenräume (z. B. Keller),

– der Anbau an ein Gebäude,

– die Aufstockung eines Gebäudes,

– die Aufteilung einer Großwohnung in kleinere Wohnungen (stets Herstellungsaufwand, vgl.R 157 Abs. 3) oder

– der Umbau bisher landwirtschaftlich, gewerblich, freiberuflich oder zu eigenen Wohnzwecken genutzter Räume,

wenn dadurch eine Wohnung geschaffen wird.

Es kann sich sowohl um die Herstellung einer Wohnung als selbständiges Wirtschaftsgut als auch um die Herstellung einer Wohnung als unselbständiger Teil eines Gebäudes handeln.

Beispiele:

– Erstmalige Schaffung eines Wohnungsabschlusses in einem Zweifamilienhaus;
– Einbau einer Küche oder sanitärer Einrichtungen.

Es handelt sich zwar nur um unselbständige nachträgliche Herstellungskosten, trotzdem aber um nach § 7c begünstigte Aufwendungen, durch die Wohnungen geschaffen werden.

Baumaßnahmen, die **nicht** zur Herstellung einer Wohnung führen, sind **nicht** begünstigt (gl. A. Spanke, DB 1990, 144).

Beispiele:
- Grundlegende Modernisierung und Instandsetzung einer Wohnung;
- Vergrößerung einer Wohnung durch Umbau oder durch Anbau neuer Räume (BMF, Rz. 3).

Es muß sich um eine Baumaßnahme in unmittelbarem **räumlichen Zusammenhang** mit einem bereits vorhandenen und auch nach Durchführung der Baumaßnahme noch bestehenden Gebäude handeln.

Beispiel:
Abriß eines Altbaus und Einrichtung eines neuen Gebäudes = nicht begünstigt.

Wohnungen, die im Rahmen der **Errichtung eines Neubaus** hergestellt werden, sind somit **nicht begünstigt**, BMF Rz. 2 (gl. A. Spanke, DB 1990, 144).

Beispiel:
Errichtung einer Wohnung auf einem bisher unbebauten Grundstück = **Neubau** = **nicht** begünstigt.

Zu **verneinen** ist auch eine Begünstigung von Wohnungen, die durch einen grundlegenden Umbau entstehen, der das Gebäude in seinem Zustand so wesentlich verändert, daß es bei objektiver Betrachtung als neues Wirtschaftsgut (neues Gebäude) erscheint (vgl. z. B. BFH, BStBl 1978 II 363 und BFH, BStBl 1992 II 808 – „bautechnischer Neubau"; so auch BMF, Rz. 2 und „Dachgeschoß-Erlaß" = BMF-Schr. vom 10. 7. 1996, BStBl 1996 I 689, Rz 13. Vgl. auch R 44 Abs. 11 Satz 5 und H 44 „Neubau").

Ein – nicht begünstigter – Neubau liegt auch – gegen den Wortlaut der Vorschrift – vor, wenn ein Anbau selbständig ist, d. h. wenn der Anbau mit einem bestehenden Gebäude **nicht** verschachtelt ist (BMF, Rz. 2) (so auch Spanke, DB 1990, 144). Sind die Alt- und Neubauteile jedoch verschachtelt, liegt ein begünstigter Anbau vor.

Ohne Bedeutung ist, welchen Zwecken das Gebäude vor dem Umbau gedient hat. Die begünstigten Baumaßnahmen gehen über den Begriff der „Ausbauten und Erweiterungen" i. S. § 17 II. WoBauG hinaus.

7.8.6.7.3 Begriff der Wohnung

Für den Begriff der Wohnung sind auch bei § 7c die **bewertungsrechtlichen** Abgrenzungsmerkmale maßgebend. Vgl. BMF, Rz. 1.

Unter einer Wohnung ist die Zusammenfassung von mehreren Räumen zu verstehen, die in ihrer Gesamtheit so beschaffen sein müssen, daß die Führung eines selbständigen Haushalts möglich ist. Diese Voraussetzung ist erfüllt, wenn die Zusammenfassung von Räumen eine von anderen Wohnungen oder Räumen, insbesondere Wohnräumen, baulich getrennte, in sich **abgeschlossene Wohneinheit** bildet.

Es muß ein eigener Zugang bestehen, der nicht durch einen fremden Wohnbereich führt. Die Räume müssen grundsätzlich eine **Mindestgröße** von **25 qm** aufweisen (Gemeinsamer Ländererlaß vom 5. 10. 1979; z. B. Erlaß des FinMin NRW vom 5. 10. 1979, DB 1979, 2110; vgl. auch BFH, BStBl 1985 II 582 – nicht weniger als **23 qm**). Vgl. auch BFH, BStBl 1985 II 151; 1985 II 318, 1985 II 319. Innerhalb der Wohnung muß ein Raum mit Kochgelegenheit vorhanden sein. Dabei reicht es aus, wenn in dem als Küche vorgesehenen Raum die Anschlüsse für diejenigen Einrichtungs- und Ausstattungsgegenstände vorhanden sind, die für die Führung eines selbständigen Haushalts notwendig sind. Das sind insbesondere der Starkstromanschluß für den Elektroherd bzw. der Gasanschluß für den Gasherd, die Kalt- und Warmwasserzuleitung und der von den sanitären Räumen gesonderte Ausguß. Außerdem muß ein Bad oder eine Dusche vorhanden sein und sich innerhalb der Wohnung eine Toilette befinden.

Der Begriff der Wohnung hat somit nicht nur für die Einheitsbewertung des Grundvermögens Bedeutung, sondern auch für die Steuerbegünstigung nach § 10e, die **Bauzulage** und erhöhte AfA nach **§ 7c**.

Zu beachten ist aber, daß es für den Begünstigungstatbestand und die Inanspruchnahme der erhöhten Absetzungen nach § 7c **unerheblich** ist, ob eine Wohnung ein selbständiges Wirtschaftsgut oder ein unselbständiger Teil eines anderen Wirtschaftsguts ist. Diese Unterscheidung hat jedoch Bedeutung für die Abschreibung der Herstellungskosten, für die keine erhöhten Absetzungen in Anspruch genommen werden.

7.8.6.7.4 Bauantrag und Herstellungsbeginn

Begünstigt sind Baumaßnahmen, wenn der Bauantrag für die Baumaßnahme nach dem 2.10.1989 gestellt worden ist oder, soweit ein Bauantrag nicht erforderlich ist, daß mit der Baumaßnahme nach diesem Zeitpunkt begonnen worden ist. Vgl. auch R 42a Abs. 4.

Ob der Zeitpunkt des Bauantrags oder der Herstellungsbeginn maßgebend ist, richtet sich danach, ob ein Bauantrag erforderlich ist oder nicht.

Bauantrag ist das Schreiben, mit dem die landesrechtlich vorgesehene Genehmigung für den beabsichtigten Bau angestrebt wird (vgl. R 42a Abs. 4). Anträge, die die **Finanzierung** des geplanten Baus betreffen, sowie sogenannte **Bauvoranfragen** bei der Baugenehmigungsbehörde sind **nicht** als Bauanträge anzusehen, weil sie nicht die Erlangung der Baugenehmigung, sondern nur die Klärung von Vorfragen zum Ziel haben (vgl. BFH, BStBl 1980 II 411).

Zeitpunkt der Beantragung einer Baugenehmigung ist der Zeitpunkt, in dem der Bauantrag bei derjenigen Behörde gestellt wird, bei der er nach Landesrecht einzureichen ist; maßgebend ist regelmäßig der Eingangsstempel dieser Behörde.

Das gilt auch bei einer **Änderung** der Bauplanung nach Stellung des Bauantrags, ohne daß ein neuer Bauantrag erforderlich wird. Wird dagegen die Bauplanung **nach** Stellung des Bauantrags so grundlegend geändert, daß ein neuer Bauantrag erforderlich ist, so ist Zeitpunkt der Antragstellung der Eingang des neuen Bauantrags bei der zuständigen Behörde (vgl. BFH, BStBl 1983 II 148). Das gleiche gilt, wenn ein Bauantrag abgelehnt worden ist und die Baugenehmigung erst aufgrund eines neuen Antrags erteilt wird.

Bei **Rücknahme** des Bauantrags durch den Steuerpflichtigen und späterer Stellung eines neuen Bauantrags ist grundsätzlich der Zeitpunkt des **neuen** Bauantrags maßgebend. Ein **Mißbrauch** kann aber vorliegen, wenn zwischen der Rücknahme und der Stellung des neuen Bauantrags nur eine kurze Zeit liegt oder sich die Bauvorhaben nur unwesentlich unterscheiden.

Bei **Verzicht** auf eine bereits erteilte Baugenehmigung, die aufgrund eines vor dem 3.10.1989 gestellten Bauantrags erteilt worden ist, bleibt der vor dem 3.10.1989 gestellte Bauantrag maßgebend, wenn in engem zeitlichen Zusammenhang mit dem Verzicht nach dem 2.10.1989 ein inhaltsgleicher Bauantrag gestellt wurde, der nicht auf wirtschaftlich sinnvollen Erwägungen beruht (vgl. hierzu Vfg. der OFD Münster vom 8.5.1987 S 2196 – 53 – St 11 – 31 = DB 1987, 1170).

Wird nach **Erlöschen** einer Baugenehmigung, nachdem die ursprüngliche Bauabsicht aufgegeben worden ist, ein neuer Bauantrag gestellt, so ist dieser auch dann maßgebend, wenn sich gegenüber dem früheren Antrag keine Änderungen ergeben. Der Zeitpunkt des ursprünglichen Bauantrags bleibt hingegen maßgebend, wenn **ohne** Aufgabe der Bauabsicht das Erlöschen der Baugenehmigung allein zu dem Zweck abgewartet wird, durch eine neue Antragstellung die förmlichen Voraussetzungen für die neue Abschreibungsvergünstigung zu schaffen (vgl. BMF-Schreiben vom 11.10.1982, BStBl I 775, RZ 20).

Eine Baugenehmigung **erlischt**, wenn nicht innerhalb einer bestimmten Zeit nach Erteilung mit der Bauausführung begonnen worden ist.

7.8.6.7.4.1 Genehmigungspflichtige Baumaßnahmen

Ist die Herstellung einer Wohnung von einer Baugenehmigung abhängig, ist für die Anwendung der Abschreibungsvergünstigung allein der Zeitpunkt des Bauantrags maßgebend. Die erhöhten Absetzungen sind daher ausgeschlossen, wenn zwar mit der tatsächlichen Herstellung der Wohnung nach dem 2.10.1989 begonnen, der erforderliche Bauantrag aber vor dem 3.10.1989 gestellt worden ist.

Für „**Schwarzbauten**", d.h. für Wohnungen, für die eine Baugenehmigung erforderlich ist, jedoch kein Bauantrag gestellt wird, kommt § 7c **nicht** in Betracht, denn das Tatbestandsmerkmal „Bauantrag", an das die erhöhte AfA geknüpft ist, liegt nicht vor. Auf den Herstellungsbeginn kann nicht ersatzweise abgestellt werden, denn dieser ist nur bei genehmigungsfreien Bauvorhaben maßgebend (vgl. BFH, BStBl 1980 II 474, BMF, Rz. 4).

Beispiel:
Dachausbau ohne erforderliche Baugenehmigung.
Baubeginn: 4.10.1994, Fertigstellung 1.10.1995
§ 7c ist ausgeschlossen.

Von einer genehmigungspflichtigen Baumaßnahme kann regelmäßig ausgegangen werden, wenn
- die zuständige Baubehörde die Genehmigungspflicht bestätigt
oder
- eine Baugenehmigung bereits erteilt worden ist.

7.8.6.7.4.2 Genehmigungsfreie Baumaßnahmen

Ist die Herstellung einer Wohnung **nicht** genehmigungspflichtig, so ist der Beginn der tatsächlichen Herstellung nach dem 2. 10. 1989 maßgebend.

7.8.6.7.4.3 Herstellungsbeginn

Die Herstellung einer Wohnung beginnt grundsätzlich an dem Tag, an dem mit den eigentlichen Herstellungsarbeiten begonnen wird. Wenn der Stpfl. z. B. einen Dritten beauftragt, für ihn eine Wohnung herzustellen, ist Beginn der Herstellung der Zeitpunkt der Auftragserteilung.

Werden zur Herstellung einer Wohnung nicht nur unwesentliche Mengen von Material angeschafft, so ist als Zeitpunkt des Beginns der Herstellung der Zeitpunkt der **Materialbestellung** anzusehen.

Nicht als Herstellungsbeginn sind jedoch **Planungsarbeiten** anzusehen (BMF-Schreiben vom 16. 6. 1982, BStBl I 569, RZ 56; siehe auch BMF, Rz. 5).

7.8.6.7.5 Fertigstellung der Wohnung

Nach § 7c Abs. 2 Nr. 2 sind nur Wohnungen begünstigt, die **vor dem 1. 1. 1996 fertiggestellt** werden. Hierbei gelten die allgemeinen Grundsätze; vgl. R 44 Abs. 1 Satz 5 und BMF, Rz. 6 und 7. Eine Wohnung ist fertiggestellt, wenn sie bezugsfertig ist. Die Bezugsfertigkeit ist gegeben, wenn die wesentlichen Bauarbeiten abgeschlossen sind und der Bezug der Wohnung zumutbar ist. Unerheblich ist, ob noch geringfügige Restarbeiten ausstehen und welchen Kostenanteil sie an den Gesamtkosten der Wohnung haben (vgl. BFH, BStBl 1989 II 906). Abzustellen ist dabei auf die **einzelne** Wohnung.

Werden durch eine Baumaßnahme mehrere Wohnungen geschaffen, ist es **nicht** erforderlich, daß alle Wohnungen vor dem 1. 1. 1996 fertiggestellt werden. § 7c kommt aber nur für die Wohnungen in Betracht, die vor diesem Zeitpunkt fertiggestellt worden sind.

7.8.6.7.6 Verbot der Kumulierung mit öffentlichen Mitteln

§ 7c ist nur dann anwendbar, wenn für die Wohnung keine Mittel aus öffentlichen Haushalten unmittelbar oder mittelbar gewährt werden (§ 7c Abs. 2 Nr. 3). Vgl. dazu BMF, Rz. 8–10.

Der Steuerpflichtige muß daher prüfen, ob für ihn die steuerliche Förderung oder die direkte Förderung günstiger ist.

Schädlich sind daher insbesondere
- Zinsverbilligung nach dem KfW-Wohnungsbauprogramm. Das Wohnungsbauprogramm der Kreditanstalt für Wiederaufbau begünstigt dieselben Baumaßnahmen wie § 7c.
- Mittel des sozialen Wohnungsbaus.
- Mittel, die dem Steuerpflichtigen über den Arbeitgeber aus öffentlichen Haushalten zufließen.

Der Begriff „**Mittel aus öffentlichen Haushalten**" ist weitergehend als der Begriff „öffentliche Mittel i. S. von § 6 Abs. 1 des Zweiten Wohnungsbaugesetzes"; letzterer Begriff umfaßt nur Mittel der Länder, Gemeinden und Gemeindeverbände, die von ihnen zur Förderung des Baus von Wohnungen bestimmt sind.

„Mittel aus öffentlichen Haushalten" i. S. § 7c sind dagegen auch Mittel des Bundes sowie Mittel, die zur Förderung des Baus von Wohnungen für bestimmte Bevölkerungskreise bestimmt sind, insbesondere die Mittel der Länderprogramme zugunsten des Wohnungsbaus für Aussiedler und Zuwanderer und für ältere Menschen und zugunsten familiengerechter Wohnungen.

Keine Mittel aus öffentlichen Haushalten sind Wohnungsbauprämien und die Grundsteuervergünstigung nach dem II. WoBauG.

Bei Ausschluß des § 7c infolge Gewährung öffentlicher Mittel schließt dies die Anwendung des § 7b Abs. 8 **nicht** aus, wenn die weiteren Voraussetzungen des § 7c vorliegen (BMF, Rz. 10).

7.8.6.7.7 Dienen zu fremden Wohnzwecken

Die erhöhten Absetzungen sollen nur in Anspruch genommen werden können, wenn die Wohnungen auf Dauer zur Vermietung bestimmt sind (§ 7c Abs. 4). Vgl. BMF, Rz. 11 – 14. Sie sind deshalb unzulässig, wenn die Wohnung im Jahr der Fertigstellung oder in einem der folgenden vier Jahre eigenen Wohnzwecken oder betrieblichen Zwecken dient oder zur kurzfristigen Vermietung genutzt wird.

Ferienwohnungen dienen **nicht** Wohnzwecken (R 42a Abs. 1 Satz 3).

Man muß von einer ununterbrochenen Dauernutzung ausgehen, d. h. die vorübergehende Überlassung als Ferienwohnung wäre schädlich. Die Voraussetzung „fremde Wohnzwecke" muß vom Zeitpunkt der Fertigstellung bis zum Ende des Begünstigungszeitraums vorliegen, d. h. bis zum Ende des vierten auf das Jahr der Fertigstellung folgenden Jahres.

Diese Voraussetzung wird i. d. R. durch Vermietung zu Wohnzwecken erfüllt. Das entspricht auch den Intentionen des Gesetzgebers, vgl. BT-Drucks. 11/5680, 11 („… auf Dauer zur Vermietung bestimmt …"). Vermietung mit Sozialbindung ist – anders als bei § 7k – **nicht** erforderlich.

Die Wohnung muß nicht tatsächlich ständig zu fremden Wohnzwecken genutzt werden. Es genügt, daß sie ständig hierzu zur Verfügung steht.

Beispiel:
Zwischen dem Auszug des einen Mieters und dem Einzug eines neuen Mieters stand die Wohnung eine begrenzte, durch den Mieterwechsel bedingte Zeit leer.
Dies ist für § 7c unschädlich (BMF, Rz. 12).

§ 7c fordert **nicht** Zugehörigkeit der Wohnung(en) zum Privatvermögen.

Ohne Bedeutung ist es daher, daß diese Räume nach R 13 Abs. 4 zu dem eigenbetrieblich genutzten Gebäudeteil gehören.

Eine Wohnung dient Wohnzwecken, wenn sie dazu bestimmt und geeignet ist, auf Dauer Menschen Aufenthalt und Unterkunft zu ermöglichen. Fremden Wohnzwecken dienen daher auch Wohnungen, die aus besonderen betrieblichen Gründen an Betriebsangehörige überlassen werden.

Beispiel:
– Hausmeisterwohnung
– Wohnung für Mitarbeiter, wenn diese aus betrieblichen Gründen unmittelbar im Werksgelände ständig zum Einsatz bereit sein müssen.

Bei Wohnungen, die sowohl zu Wohnzwecken als auch zu gewerblichen oder beruflichen Zwecken genutzt werden, ist es zumindest dann ausreichend, wenn sie überwiegend Wohnzwecken dienen (vgl. R 42a Abs. 3 Satz 1). Das Gesetz selbst bestimmt allerdings nicht, in welchem Umfang eine Wohnung fremden Wohnzwecken dienen muß. Das häusliche Arbeitszimmer eines Mieters ist aus Vereinfachungsgründen den Wohnzwecken zuzurechnen.

§ 7c fordert – anders als § 7k – **nicht,** daß die Wohnung „bei dem Stpfl." fremden Wohnzwecken dienen muß. Es ist daher **unschädlich,** wenn die Wohnung während des Begünstigungszeitraums **veräußert** wird. Bedingung für die Belassung der vom Veräußerer vorgenommenen erhöhten Absetzungen ist jedoch – aus Vereinfachungsgründen – nach BMF, Rz 13 **nicht,** daß die Wohnung weiterhin bis zum Ende des vierten auf das Jahr der Fertigstellung folgenden Jahres beim **Erwerber** fremden Wohnzwecken dient Vielmehr reicht eine **Selbstnutzung** zu Wohnzwecken durch den Erwerber.

Natürlich kann die Wohnung auch an Angehörige vermietet werden. Angesicht der kritischen Beurteilung von Verträgen zwischen nahen Angehörigen muß Wert auf klare Vereinbarungen und deren exakte Durchführung gelegt werden.

Hat eine – noch so kurze – schädliche Verwendung stattgefunden, sind bereits in Anspruch genommene erhöhte Absetzungen nach § 175 Abs. 1 Satz 1 Nr. 2 und Abs. 2 AO rückwirkend zu versagen (für den gesamten bisherigen Begünstigungszeitraum!). BMF, Rz. 11 und 12.

Für die **unentgeltliche Einzel-** und **Gesamt**rechtsnachfolge gilt entsprechendes.

Eine **Fortsetzung** der erhöhten AfA nach § 7c durch einen unentgeltlichen Erwerber ist aber nur möglich, wenn die Wohnung auch bei ihm zu fremden Wohnzwecken dient (BMF, Rz. 13), **Selbstnutzung** ist hier also **schädlich.**

7.8.6.7.8 Bemessung der erhöhten AfA

7.8.6.7.8.1 Grundsätze

Bemessungsgrundlage sind die Aufwendungen, die dem Steuerpflichtigen durch die Baumaßnahme entstanden sind, höchstens jedoch 60 000 DM je Wohnung (§ 7c Abs. 3 Satz 1).

Abweichend von § 7 Abs. 4 und 5 können im Jahr der Fertigstellung und in den folgenden 4 Jahren Absetzungen jeweils bis zu 20 v. H. der Bemessungsgrundlage vorgenommen werden (§ 7c Abs. 1).

Durch die Höchstbegrenzung auf 60 000 DM je Wohnung soll die Förderung gezielt auf kleinere und damit in der Regel preisgünstige und schnell durchführbare Baumaßnahmen ausgerichtet werden.

Vgl. im einzelnen BMF, Rz. 15 – 22.

- **Keine Begünstigung von Anschaffungskosten**

    Durch die Beschränkung auf Aufwendungen, die „dem Stpfl." durch die Baumaßnahme entstanden sind, wird die Anschaffung einer Wohnung von der neuen Abschreibungsvergünstigung ausgeschlossen.

- **Abgrenzung zwischen Herstellungs- und Erhaltungsaufwand**

    § 7c hat nur Bedeutung, soweit die Aufwendungen Herstellungskosten darstellen Wenn sie als Erhaltungsaufwand zu beurteilen sind, geht die neue Abschreibungsvergünstigung ins Leere, denn dann können die Aufwendungen im Jahr ihrer Verausgabung sofort in vollem Umfang abgezogen werden. Zur Abgrenzung vgl. R 157.

Betragen die Aufwendungen für die einzelne Baumaßnahme nicht mehr als 4 000 DM (Rechnungsbetrag ohne Umsatzsteuer) je Gebäude, so hat das Finanzamt auf Antrag diesen Aufwand stets als sofort abziehbaren Erhaltungsaufwand zu behandeln (R 157 Abs. 3 Satz 2).

7.8.6.7.8.2 Aufwendungen für die Herstellung der Wohnung

Die Herstellungskosten im Rahmen einer begünstigten Baumaßnahme sind daraufhin zu untersuchen, ob sie nicht begünstigte Aufwendungen enthalten. Dabei sind alle unmittelbar durch die Schaffung der zusätzlichen Wohnung entstandenen Baukosten einzubeziehen (BMF, Rz. 15).

Erforderlich ist, daß die Aufwendungen Arbeiten betreffen, die in **zeitlichem** und **sachlichem** Zusammenhang mit der Herstellung dieser Wohnung stehen.

> **Beispiel:**
> Bei einem Dachgeschoßausbau sind z. B. begünstigt – vgl. auch BMF, Rz. 15 –
> – die Schaffung eines Wohnungsabschlusses (Wohnungstür)
> – Einziehen von Decken und Zwischenwänden,
> – Beseitigen von Dachschrägen,
> – Einbau einer Küche, Toilette und Dusche,
> – Einbau und Anschluß von Heizkörpern.

Nicht erforderlich ist, daß die Arbeiten in **räumlichem** Zusammenhang mit der Herstellung der neuen Wohnung durchgeführt werden. Aufwendungen für Baumaßnahmen außerhalb der neuen Wohnung sind begünstigt, wenn die Arbeiten zu deren Herstellung erforderlich sind (BMF, Rz. 15).

> **Beispiele:**
> – Umgestaltung der bereits bestehenden Wohnräume, damit diese nicht mehr durchquert werden müssen, um die Wohnung zu erreichen.
> – Aufwendungen für eine Verstärkung der Strom- oder Gasleitung.

Wenn durch die Baumaßnahme ein Gebäudeteil hergestellt wird, der ein selbständiges Wirtschaftsgut darstellt, gehört zu den Herstellungskosten dieses Gebäudes auch der **anteilige Restwert** des **vorhandenen Gebäudes,** soweit es auf die neue Wohnung entfällt. Dieser anteilige Restwert gehört jedoch **nicht** zu den Aufwendungen, die durch die Baumaßnahme i. S. des § 7c entstanden sind und kann daher **nicht** nach § 7c erhöht abgeschrieben werden (BMF, Rz. 16).

7.8.6.7.8.3 Höchstbetrag der Bemessungsgrundlage

Die Aufwendungen dürfen bis zu höchstens 60 000 DM je Wohnung nach § 7c abgeschrieben werden (unabhängig von Wohnungsgröße und Ausstattung).

Zur Abschreibung der übersteigenden Aufwendungen vgl. unten 7.8.6.7.8.4.

Bei Schaffung **mehrerer** neuer Wohnungen muß der Gesamtaufwand auf die einzelnen Wohnungen aufgeteilt werden.

Die Aufteilung ist nach dem Verhältnis der Nutzfläche der einzelnen Wohnung zur Nutzfläche aller durch die Baumaßnahme geschaffenen Wohnungen vorzunehmen (vgl. R 13 Abs. 6) – soweit sich nicht vorrangige individuelle Zuordnungskriterien anbieten.

Eine „Kompensation" zwischen mehreren Wohnungen ist **nicht** möglich (BMF, Rz. 17).

Beispiel:

				§ 7c
Herstellungskosten	Wohnung I	48 000 DM	→	48 000 DM
	Wohnung II	95 000 DM	→	60 000 DM
		143 000 DM		108 000 DM

7.8.6.7.8.4 Höhe der erhöhten AfA

Die erhöhten AfA nach § 7c können

– im Jahr der Fertigstellung und in den folgenden 4 Jahren
– jeweils bis zu 20 v. H.

der Bemessungsgrundlage in Anspruch genommen werden.

Aufwendungen, die vor dem Jahr der Fertigstellung entstehen, können im Entstehungsjahr noch nicht erhöht abgeschrieben werden. Eine Begünstigung von „Teilherstellungskosten" ist nach § 7c nicht möglich.

Der Steuerpflichtige kann in jedem Jahr neu wählen, ob er die erhöhten AfA mit dem Höchstsatz von 20 v. H. oder mit einem niederigeren AfA-Satz 1n Anspruch nehmen will.

Der Höchstsatz von 20 v. H. darf auch **nicht** überschritten werden, wenn in einem oder mehreren der vorangegangenen Jahre erhöhte AfA von weniger als 20 v. H. in Anspruch genommen worden sind (BFH, BStBl 1984 II 709).

Als **Mindest-AfA** muß die lineare AfA i. S. § 7 Abs. 4 vorgenommen werden (§ 7a Abs. 3).

Bei Wohnungen im Eigentum mehrerer Personen dürfen die erhöhten AfA von allen Miteigentümern nur mit einem einheitlichen Vomhundertsatz geltend gemacht werden (§ 7a Abs. 7).

Die AfA muß aber nicht zwingend nach dem Verhältnis der Miteigentumsanteile verteilt werden. Wenn zivilrechtlich wirksam vereinbart wird, daß sie z. B. nach den von den einzelnen Beteiligten getragenen Aufwendungen zu verteilen sind (vgl. BFH, BStBl 1987 II 322), so ist diese Vereinbarung auch für die Inanspruchnahme des § 7c maßgeblich.

Das zu § 7b Abs. 1 Satz 3 ergangene BFH-Urteil BStBl 1993 II 105 ist nicht auf § 7c (sowie § 7k) übertragbar.

7.8.6.7.8.5 AfA für nicht nach § 7c begünstigte Herstellungskosten

Nach § 7c sind begünstigt

– nur durch die Baumaßnahme entstandene Herstellungskosten
– im Rahmen des Höchstbetrags von 60 000 DM je Wohnung.

Für die Bemessung der AfA für **nicht** nach § 7c **begünstigte** Herstellungskosten ist zu unterscheiden, ob durch die Baumaßnahme ein selbständige Wirtschaftsgut (= sonstiger selbständiger Gebäudeteil i. S. § 7 Abs. 5a, R 13 Abs. 4) entstanden ist oder nicht.

Entstehung eines selbständigen Wirtschaftsguts durch die Baumaßnahme

ja	nein
Regelung § 7c Abs. 3 Satz 2 1. Halbsatz = AfA für nicht nach § 7c begünstigte Aufwendungen (einschließlich Restwert des vorhandenen Gebäudeteils): nur nach § 7 Abs. 4 Vgl. BMF, Rz. 19. **Hinweis** Statt AfA nach § 7c + § 7 Abs. 4 ggf. insgesamt § 7 Abs. 5	**Keine** Regelung in § 7c Abs 3, d.h. Geltung der allgemeinen Grundsätze, also Erhöhung der AfA-Bemessungsgrundlage für das Gebäude (den Gebäudeteil) um nicht nach § 7c begünstigte Aufwendungen nach R 43 Abs. 5 und R 44 Abs 11 Vgl. BMF, Rz. 20.

7.8.6.7.8.5.1 Entstehung eines selbständigen Wirtschaftsguts

Dieser Fall tritt ein, wenn vor der Baumaßnahme bei einem Gebäude **keine fremden Wohnzwecke** vorlagen.

Eine Wohnung ist daher z. B. ein selbständiges Wirtschaftsgut, wenn sie fremden Wohnzwecken dient, während das übrige Gebäude eigenen Wohnzwecken des Steuerpflichtigen dient. Der eigen- und fremdbetrieblich genutzte sowie der eigenen Wohnzwecken dienende Gebäudeteil scheiden dagegen für die Anwendung der neuen Abschreibungsvergünstigung aus.

Beispiel:
Ein bisher voll eigengewerblich genutztes Gebäude wird aufgestockt. Dadurch entstehen erstmals zwei Mietwohnungen. Für diesen Fall bestimmt § 7c Abs. 3 Satz 21. Halbsatz, daß für die **nicht** nach § 7c begünstigten Herstellungskosten (einschl. eines Restwerts für den bisher vorhandenen Gebäudeteil, der in das neue Wirtschaftsgut eingegangen ist) ausschließlich AfA nach § 7 Abs. 4 zulässig ist.

Fortführung des Beispiels (s. o.)
Die Herstellungskosten der beiden gleich großen Wohnungen betragen insgesamt 200000 DM (ausschließlich neue Bausubstanz).

Lösung:
Die beiden Mietwohnungen stellen das neue Wirtschaftsgut „fremden Wohnzwecken dienender Gebäudeteil" dar.

AfA gemäß § 7c Abs. 3 Satz 2 1. Halbsatz
1. § 7c – Bemessungsgrundlage 2 × 60000 DM = 120000 DM
   AfA 5 Jahre × bis 20% p a.
2. § 7 Abs. 4 – Bemessungsgrundlage = übersteigende HK 80000 DM
   AfA 2% p. a.

Stattdessen ist insgesamt degressive AfA nach § 7 Abs. 5 **Nr. 2** oder **Nr. 3** denkbar (wegen § 7 Abs. 5a).

AfA nach § 7 Abs. Nr. 2 bzw. Nr. 3b

8 × 5% × 200000 DM =	10000 DM p. a.
6 × 2,5% × 200000 DM =	5000 DM p. a.
36 × 1,25% × 200000 DM =	2500 DM p. a.

AfA nach § 7 Abs. 5 Nr. 3a:

– falls Bauantrag vor 1. 1. 1996 –

4 × 7% × 200000 DM =	14000 DM p. a.
6 × 5% × 200000 DM =	10000 DM p. a.
6 × 2% × 200000 DM =	4000 DM p. a.
24 × 1,25% × 200000 DM =	2500 DM p. a.

Vergleich **VZ 01 bis 05**

(a) § 7c $\qquad$ 5 × 20% × 120 000 DM = 120 000 DM
+ § 7 Abs. 4 $\qquad$ 5 × 2% × 80 000 DM = <u>8 000 DM</u>
$\qquad\qquad\qquad\qquad\qquad\qquad\qquad\qquad\qquad\qquad\qquad$ 128 000 DM

oder

(b) § 7 Abs. 5 **Nr. 2** bzw. **Nr. 3b** $\qquad$ 5 × 5% × 200 000 DM = <u>50 000 DM</u>

bzw.

(c) § 7 Abs. 5 **Nr. 3a** $\qquad$ 4 × 7% × 200 000 DM = 56 000 DM
$\qquad\qquad\qquad\qquad\qquad\qquad\qquad$ + 1 × 5% × 200 000 DM = <u>10 000 DM</u>
$\qquad\qquad\qquad\qquad\qquad\qquad\qquad\qquad\qquad\qquad\qquad\qquad$ 66 000 DM

Hier ist § 7c günstiger.

Hinweis:

Da die Bemessungsgrundlage der degressiven AfA nach § 7 Abs. 5 nicht auf einen Höchstbetrag begrenzt ist, sollte geprüft werden, ob sich danach nicht höhere AfA-Beträge ergeben als nach § 7c i.V.m. § 7 Abs. 4.

Die AfA nach **§ 7 Abs. 5 Nr. 3a** ist in den ersten 5 Jahren höher als die AfA nach § 7c i.V.m. § 7 Abs. 4, wenn die gesamten Herstellungskosten einer Wohnung mehr als 234 783 DM betragen.

Dieser Grenzbetrag ergibt sich aus folgender Beziehung:

$$5 \cdot \frac{20}{100} \cdot 60\,000 \text{ DM} + 5 \cdot \frac{2}{100} \cdot (x - 60\,000 \text{ DM}) = 4 \cdot \frac{7}{100} \cdot x + \frac{5}{100} \cdot x$$

[x = gesamte Herstellungskosten]

Die Auflösung der Gleichung ergibt

$$x = \frac{54\,000 \times 100}{23} = 234\,783 \text{ DM}.$$

Dieser Grenzbetrag ist bei **mehreren** Wohnungen jeweils zu **vervielfachen.**

Beispiel:

Die Herstellungskosten **einer** Wohnung betragen 234 783 DM.

(a) § 7c: $\qquad$ 5 × 20% × 60 000 DM = 60 000 DM
+ § 7 Abs. 4: $\qquad$ 5 × 2% × 174 783 DM = <u>17 478 DM</u>
$\qquad\qquad\qquad\qquad\qquad\qquad$ gesamte AfA $\qquad$ 77 478 DM

(b) § 7 Abs. 5 **Nr. 3a**: $\qquad$ 4 × 7% × 234 783 DM = 65 739 DM
$\qquad\qquad\qquad\qquad$ + 1 × 5% × 234 783 DM = <u>11 739 DM</u>
$\qquad\qquad\qquad\qquad\qquad\qquad$ gesamte AfA $\qquad$ 77 478 DM

Zu der AfA-Bemessungsgrundlage, die **nicht** nach § 7c abgeschrieben werden kann, gehört auch der **anteilige Restwert** bzw. ein **Entnahmewert** des vorhandenen Gebäudes, der auf die Gebäudeteile entfällt, die in das neu entstandene selbständige Wirtschaftsgut eingegangen sind. Eine Einbeziehung in die AfA nach § 7c ist **nicht** möglich, da es nicht um durch die Baumaßnahme entstandenen Aufwendungen handelt:

Ermittlung des **Restwerts:**

$\quad$ Anteilige bisherige Bemessungsgrundlage, die auf die neue(n) Wohnung(en) entfällt
./. gesamte AfA für diesen Gebäudeteil bis zum Zeitpunkt der Fertigstellung der Wohnung(en)

Dabei ist AfA nach § 7 Abs. 4 auch für Zeiträume anzurechnen, während derer der Gebäudeteil

– nicht zur Erzielung von Einkünften genutzt wurde oder
– zu einem Betrieb gehörte, der seinen Gewinn nach Durchschnittssätzen (§ 13a) ermittelt.

Der Restwert bzw. Entnahmewert ist nach dem Verhältnis der Nutzfläche (vgl. R 13 Abs. 6) des gesamten Gebäudes **vor** Durchführung der Baumaßnahme (Altgebäude) zur Nutzfläche der Räume des Altgebäudes zu berechnen, die **nach** Durchführung der Baumaßnahme zu dem neuen Wirtschaftsgut gehören. Vgl. auch BMF, Rz. 19.

Beispiele:
1. In einem bisher ausschließlich selbstgenutzten Einfamilienhaus wird das Dachgeschoß zu einer Mietwohnung ausgebaut. Gesamte Wohnfläche **bisher:**

Erdgeschoß	100 m²
Dachgeschoß (bisher 2 Kinderzimmer)	25 m²
	125 m²
Dachgeschoß nach Ausbau insgesamt	60 m²

Zur Bemessungsgrundlage der AfA nach § 7 Abs. 4 bzw. 5 für die Dachgeschoßwohnung gehören $25/125 = 1/5$ des Restwerts des vorhandenen Gebäudes **vor** Ausbau. Die Wohnfläche **nach** Ausbau ist unerheblich.

Da das Altgebäude **nicht** der Einkunftserzielung gedient hat, ist bei der Berechnung des Restwerts ein AfA-Verbrauch nach R 44 Abs. 12 Nr. 2 Satz 4 zu berücksichtigen (vgl. das Beispiel in BMF, Tz. 21).

2. Bisher eigenbetrieblich genutztes Gebäude: Nutzfläche 400 m². Herstellungskosten 500 000 DM in 01 – AfA 10 % gem. § 7 Abs. 5 S. 1. Durch Umbau von 100 m² Büroräumen werden in Ende 03 zwei Kleinwohnungen von je 50 m² Wohnfläche geschaffen.
Umbaukosten insgesamt 150 000 DM. Vermietung ab Fertigstellung 2.1.04. Teilwert des Gebäudes 2.1.04 = 400 000 DM.

Lösung:

1. Eigenbetrieblicher Gebäudeteil

Zugang 01	500 000 DM
AfA 01 bis 03: 3 × 10 % × 500 000 DM =	150 000 DM
Restwert 31.12.03	350 000 DM
– Abgang 04 100/400 = 25 % =	87 500 DM
– AfA 04: 10 % × 75 % × 500 000 DM =	37 500 DM
31.12.04	225 000 DM
– AfA ab 05 bis 07	
je 5 % × 75 % × 500 000 DM =	18 750 DM p. a.

2. Gebäudeteil fremde Wohnzwecke

a) Behandlung als Privatvermögen

Infolge der Nutzungsänderung liegt eine **Entnahme** vor, falls keine Behandlung als gewillkürtes BV erfolgt.

Herstellungskosten 04 (**ohne** nach § 7c begünstigte Aufwendungen)	30 000 DM
+ **Teilwert des entnommenen** Gebäudeteils 25 % × 400 000 DM =	100 000 DM
AfA-Bemessungsgrundlage	130 000 DM

Vgl. R 43 Abs. 6 i. V. m. R 44 Abs. 12

AfA ab 04 nur nach § 7 Abs. 4 Satz 1 (oder Satz 2), hier 2 % × 130 000 DM =	2 600 DM p. a.
Erhöhte AfA nach § 7c ab Jahr 04 bis Jahr 08 bis 20 % × 120 000 DM =	24 000 DM p. a.

b) Behandlung als (gewillkürtes) Betriebsvermögen

Herstellungskosten 04	150 000 DM
+ Rest(buch)wert des Gebäudeteils (Nutzungsänderung, aber keine Entnahme) 25 % × 350 000 DM =	+ 87 500 DM
(entspricht Abgang beim eigenbetr. Teil)	
	237 500 DM
–AfA 04	
aa) § 7c: 20 % × 120 000 DM =	– 24 000 DM
bb) § 7 Abs. 4 S. 1:	
2 % × (30 000 DM + 87 500 DM)	– 2 350 DM
31.12.04	211 150 DM

usw.

§ 7c ist auch zulässig bei Zugehörigkeit zum Betriebsvermögen. Bei Anwendung des § 7c ist hier § 7 Abs. 5 für den fremden Wohnteil ausgeschlossen.

7.8.6.7.8.5.2 Keine Entstehung eines neuen Wirtschaftsguts

§ 7c enthält keine Regelung über die Abschreibung der 60 000 DM je Wohnung übersteigenden Herstellungskosten, falls durch die Baumaßnahme **kein** selbständiges Wirtschaftsgut hergestellt worden ist. Dann sind die Verwaltungsanweisungen zur weiteren AfA nach Entstehung „schlichter" nachträglicher Herstellungsarbeiten in R 43 Abs. 6 und R 44 Abs. 11 entsprechend anzuwenden.

Dieser Fall liegt z. B. vor, wenn neue Mietwohnungen in einem bereits bisher zu Wohnzwecken vermieteten Gebäude geschaffen werden.

Die weitere AfA richtet sich danach, ob das Gebäude bisher nach § 7 Abs. 4 Satz 1, § 7 Abs. 4 Satz 2, § 7 Abs. 5 oder § 7b abgeschrieben wurde.

Bei Gebäuden, die nach § 7 Abs. 4 Satz 1 oder § 7 Abs. 5 abgeschrieben werden, bemessen sich die weiteren AfA nach der bisherigen Bemessungsgrundlage des Gebäudes zuzüglich der über 60 000 DM hinausgehenden Aufwendungen und nach dem für das Gebäude maßgebenden Vomhundertsatz (vgl. R 43 Abs. 6).

Ergänzend bestimmt BMF, Rz. 20 Abs. 2, daß die 60 000 DM je Wohnung übersteigenden Aufwendungen in diesen Fällen aus Vereinfachungsgründen in die Bemessungsgrundlage der für den Stpfl. **günstigsten** Absetzungsmethode einbezogen werden können.

Beispiel:

Aufstockung eines Mietwohngrundstücks um ein Geschoß mit 2 zusätzlichen Mietwohnungen im Jahre 05 (Fertigstellung 1.10.05). Bisherige AfA: 2 % der Anschaffungskosten von 400 000 DM seit dem Jahr 01. Herstellungskosten der zwei neuen Wohnungen insgesamt 220 000 DM.

Lösung:

Anschaffungskosten Gebäude		400 000 DM
+ nachträgliche Herstellungskosten	220 000 DM	
./. nach § 7c begünstigt	120 000 DM	
	100 000 DM	+100 000 DM
neue Bemessungsgrundlage der AfA nach § 7 Abs. 4 Satz 1		500 000 DM
AfA ab dem Jahr 05 2 %		10 000 DM

Für das Jahr 05 ist aus Vereinfachungsgründen die **volle** Jahres-AfA zulässig (R 44 Abs. 11 Satz 3).
Erhöhte AfA nach § 7c ab dem Jahr 05:
bis 20 % × 120 000 DM = 24 000 DM p. a.

Abwandlung

Das Gebäude wurde bisher nach § 7 Abs. 5 Nr. 2 mit 5 % ab dem Jahr 01 abgeschrieben.

Lösung:

Neue Bemessungsgrundlage: 500 000 DM
(wie bei AfA nach § 7 Abs. 4 Satz 1)

AfA nach § 7 Abs. 5 Nr. 2 ab Jahr 05 bis Jahr 08 einschließlich 5 % × 500 000 DM = 25 000 DM p. a. usw.
ab VZ 09 ff nach gesetzlicher Staffelung, 6 Jahre je 2,5 % usw..

Vgl. R 44 Abs. 11 Satz 4

Erhöhte AfA nach § 7c: wie oben 24 000 DM p. a.

Bei Gebäuden, die nach § 7 Abs. 4 Satz 2 abgeschrieben werden, bemessen sich die weiteren AfA nach dem Restwert des Gebäudes zuzüglich der über 60 000 DM hinausgehenden Aufwendungen und nach der tatsächlichen Restnutzungsdauer des Gebäudes.

Beispiele:

1. Gebäude-Anschaffungskosten eines älteren Mietwohngrundstücks in 01 360 000 DM. AfA-Satz nach § 7 Abs. 4 **Satz 2** = (angenommen) 3 1/3 %. Schaffung von zwei zusätzlichen Wohnungen im Jahr 11 (Herstellungskosten 200 000 DM). Neugeschätzte Restnutzungsdauer im Jahre 11 noch 25 Jahre.

Lösung:

Anschaffungskosten Gebäude Jahr 01	360 000 DM
− AfA Jahre 01 bis 10:	
$3^1/_3\% \times 10 = 33^1/_3\%$	120 000 DM
Restwert 1.1.11	240 000 DM
+ nachträgliche Herstellungskosten	
200 000 DM ∕ 120 000 DM =	+ 80 000 DM
Neue AfA-Bemessungsgrundlage	320 000 DM
AfA § 7 Abs. 4 Satz 2 4 % p. a. =	12 800 DM p. a.

Erhöhte AfA nach § 7c für die neuen Wohnungen 2 × 20 % von 60 000 DM = 2 × 12 000 DM.

2. Sachverhalt wie oben.

Die AfA nach § 7 Abs. 4 Satz 2 kann auch mit $3^1/_3$ % von 320 000 DM = 10 666 DM bemessen werden (restliche Abschreibungsdauer noch 30 Jahre).

Dann ergibt sich:

Anschaffungskosten	400 000 DM
+ nachträgliche HK	80 000 DM
	480 000 DM
AfA $3^1/_3$ % × 480 000 DM =	16 000 DM

(Restliche Abschreibungsdauer noch **20 Jahre**).

Da es möglichst zu einer Vollabschreibung innerhalb der tatsächlich verkürzten Nutzungsdauer kommen soll, ist die letztere Auslegung plausibler.

Erhöhte AfA nach § 7c wie 1).

7.8.6.7.8.6 Baumaßnahmen i. S. des § 7c EStG an § 7b-Objekten

Bei nach § 7c begünstigten Maßnahmen an bisher nach § 7b begünstigten Objekten hatte der Stpfl. ein **Wahlrecht** zwischen **Einbeziehung** der Herstellungskosten in § 7c oder AfA nach § 7c **neben** § 7b (§ 7b Abs. 8, § 7c Abs. 3 letzter Halbsatz).

Ebenso erscheint eine **beliebige Aufspaltung** in § 7b und § 7c zulässig (gl. A. KÖSDI 1990, 7966).

7.8.6.7.9 AfA nach Ablauf des Begünstigungszeitraums

Ein etwaiger nach Ablauf des Begünstigungszeitraums noch vorhandener Restwert ist den Anschaffungs- oder Herstellungskosten des Gebäudes hinzuzurechnen und nach dem für dieses geltenden Abschreibungssatz mit abzuschreiben, § 7c Abs. 5. Besteht das Gebäude aus mehreren selbständigen Wirtschaftsgütern, so gilt dies für das jeweilige Wirtschaftsgut, zu dem die neue Wohnung gehört oder das sie bildet.

7.8.6.7.10 Wohnungen im ehemaligen Berlin (West)

Für Wohnungen im ehemaligen Berlin (West) gilt § 7c i. V. m. **§ 14c BerlinFG** mit folgenden Besonderheiten (West-Berliner Präferenzvorsprung):

a) Der Höchstbetrag je Wohnung beträgt statt 60 000 DM 75 000 DM und im steuerbegünstigten frei finanzierten Wohnungsbau 100 000 DM.

b) Die erhöhte AfA ist unzulässig, wenn die Wohnung durch Umbau bisher **gewerblich** oder **landwirtschaftlich genutzter** Räume entstanden ist.

c) Die erhöhten AfA betragen im Jahr der Fertigstellung und in den folgenden zwei Jahren jeweils bis **zu $33^1/_3$ v. H.**, im steuerbegünstigten und frei finanzierten Wohnungsbau bis zu insgesamt **100 v. H.**

d) Die Inanspruchnahme öffentlicher Mittel ist unschädlich.

Die Ausnahmen von der Verlustzuweisungsbeschränkung nach § 15a BerlinFG gelten auch für die erhöhte Absetzung nach § 14 BerlinFG.

7.8.6.7.11 Kumulationsverbot

Wird eine einheitliche Baumaßnahme (z. B. die Errichtung einer Wohnung) durchgeführt, bei der die Voraussetzungen für die Inanspruchnahme erhöhter Absetzungen nach §§ 7h, 7i, 7k und nach § 7c vorliegen, können nach § 7a Abs. 5 die erhöhten Absetzungen **nur** nach **einer** dieser Vorschriften vorgenommen werden. Der Stpfl. kann **wählen**, welche Abschreibungsvergünstigung er in Anspruch nehmen will.

Wird durch eine einheitliche Baumaßnahme an einem bestehenden Gebäude eine Wohnung im Sinne des § 7c geschaffen, die ein selbständiges Wirtschaftsgut im Sinne von R 13 Abs 4 ist, können die Aufwendungen, die 60000 DM übersteigen, vorbehaltlich BMF, Rz. 19 Satz 1 **nicht** nach anderen Vorschriften **erhöht** abgeschrieben werden. Vgl. BMF, Rz. 23.

Wird **kein** selbständiges Wirtschaftsgut geschaffen, erhöhen die Aufwendungen, die 60000 DM übersteigen, als nachträgliche Herstellungskosten die Bemessungsgrundlage der **erhöhten** Absetzungen nach **anderen** Vorschriften. Von einer einheitlichen Baumaßnahme ist regelmäßig auszugehen, wenn mehrere Baumaßnahmen in räumlichem Zusammenhang oder auf Grund eines einheitlichen Bauantrages durchgeführt werden. Vgl. BMF, Rz. 23.

Werden durch eine einheitliche Baumaßnahme mehrere Wohnungen hergestellt, bei denen die Voraussetzungen für die Inanspruchnahme der erhöhten Absetzungen nach § 7c oder § 7k erfüllt sind, kann der Steuerpflichtige bei jeder einzelnen Wohnung wählen, welche Abschreibungsvergünstigung er in Anspruch nehmen will. Vgl. BMF, Rz. 24.

Werden mehrere Baumaßnahmen durchgeführt, die **keine** einheitlichen Baumaßnahmen darstellen und die nach objektiven Anhaltspunkten eindeutig und einwandfrei voneinander abgrenzbar sind, können für die jeweiligen Aufwendungen erhöhte Absetzungen nach verschiedenen Vorschriften vorgenommen werden. Vgl. BMF, Rz. 25.

Wegen weiterer Besonderheiten bei § 14c BerlinFG vgl. BMF, Rz. 26 – 28.

7.8.6.8 Erhöhte Absetzung für Mietwohnungen mit Sozialbindung (§ 7k EStG)

Literaturhinweise: Spanke, DB 1990, 144; **Sauer/Spanke,** Erhöhte AfA nach § 7k EStG und steuerfreie Entnahme bei Vermietung von Wohnungen mit Sozialbindung, DB 1990, 1254ff. und 1990, 1305ff.

7.8.6.8.1 Überblick

Eine zeitlich befristete Abschreibungsregelung enthält § 7k für **neu errichtete Mietwohnungen**, die auf die Dauer von mindestens zehn Jahren zu einer sozial verträglichen Miete an Personen vermietet werden, die im öffentlich geförderten sozialen Wohnungsbau wohnberechtigt sind. Die erhöhten Absetzungen (**5 × 10%, 5 × 7%** danach jährlich **$3^{1}/_{3}$%** vom **Restwert**) kommen für alle Wohnungen in Betracht, für die der Bauantrag nach dem 28.2.1989 gestellt worden ist oder die nach diesem Zeitpunkt im Jahr der Fertigstellung angeschafft worden sind. Vgl. im einzelnen BMF-Schreiben vom 17.2.1992, BStBl 1992 I 115, Rz. 29 – 50.

Weitere Voraussetzung für die Inanspruchnahme der neuen Abschreibungsregelung ist, daß die Wohnung **vor** dem **1.1.1996 fertiggestellt** worden ist.

Außerdem dürfen für die Wohnung **keine** Mittel aus öffentlichen Haushalten gewährt werden.

Von § 7c unterscheidet sich die Regelung, indem einerseits § 7k nicht auf Baumaßnahmen an vorhandenen Gebäuden beschränkt ist und andererseits § 7k frei vermietete Wohnungen nicht begünstigt, sondern nur mit Sozialbindung i. S. des § 7k Abs. 3 vermietete Wohnungen.

Gegenstand der erhöhten AfA ist – wie bei § 7c – die (einzelne) Wohnung. Es ist **ohne** Bedeutung, ob die Wohnung ein selbständiges Wirtschaftsgut i. S. von R 13 Abs. 4 darstellt.

Auch Wohnungen, die durch Baumaßnahmen an **bestehenden** Gebäuden geschaffen wurden – z. B. durch Dachgeschoßausbau – sind begünstigt (BMF, Rz. 48; gl. A. Sauer/Spanke, DB 1990, 1254).

Es gilt der bewertungsrechtliche Wohnungsbegriff (wie bei § 7c); vgl. BMF, Rz. 29 i. V. m. Rz. 1.

7.8.6.8.2 Zeitlicher Anwendungsbereich (§ 7k Abs. 2 Nr. 1 EStG)

a) Nach § 7k Abs. 2 Nr. 1 und 2 ist für **Herstellungsfälle** erforderlich, daß der **Bauantrag** nach dem 28.2.1989 gestellt worden ist (vgl. BMF, Rz. 31).

Bei genehmigungsfreien Baumaßnahmen (z. B. Schaffung einer [abgeschlossenen] Wohnung nur durch Herstellung eines Wohnungsabschlusses) tritt der Beginn der Herstellung an die Stelle des Bauantrags (BMF, Rz. 31 i. V. m. Rz. 5).

Baumaßnahmen, die **ohne** die erforderliche Genehmigung durchgeführt wurden, sind m. E. – wie bei § 7c – **nicht** nach § 7k begünstigt (gl. A. Sauer/Spanke, DB 1990, 1254).

Erwerbsfälle sind begünstigt, wenn der Stpfl. die Wohnung nach dem 28. 2. 1989 aufgrund eines nach diesem Zeitpunkt abgeschlossenen obligatorischen Vertrags bis zum Ende des Jahres der Fertigstellung angeschafft hat. Diese Voraussetzungen entsprechen denen für die Inanspruchnahme der degressiven AfA für vermietete Wohngebäude nach § 7 Abs. 5 Satz 2.

Wird durch einen nach dem 28. 2. 1989 abgeschlossenen Kaufvertrag ein Grundstück oder ein teilfertiges Gebäude erworben, für das der Veräußerer bereits vor dem 1. 3. 1989 einen Bauantrag gestellt hat, und errichtet der Erwerber auf Grund dieses Bauantrags ein Gebäude oder stellt er das teilfertige Gebäude fertig, ist für die Anwendung des § 7k der Zeitpunkt des rechtswirksamen Abschlusses des obligatorischen Vertrags maßgebend (vgl. BFH, BStBl 1990 II 889 und BMF, Rz. 32).

Die Anschaffung einer Wohnung von einem Zwischenerwerber schließt die Inanspruchnahme der erhöhten Absetzungen nach § 7k nicht aus, wenn weder der Hersteller noch der Zwischenerwerber Absetzungen nach § 7 Abs. 5, erhöhte Absetzungen oder Sonderabschreibungen in Anspruch genommen haben und die Wohnung bis zum Ende des Jahres der Fertigstellung angeschafft worden ist (BMF, Rz. 33).

Im Fall der Anschaffung ist § 7k nur anzuwenden, wenn der Hersteller für die veräußerte Wohnung weder Absetzungen für Abnutzung nach § 7k Abs. 5 vorgenommen noch erhöhte Absetzungen oder Sonderabschreibungen in Anspruch genommen hat.

§ 7k ist in den neuen Bundesländern auf Tatbestände anzuwenden, die nach dem 31. 12. 1990 verwirklicht worden sind.

b) Die Wohnungen müssen **vor** dem **1. 1. 1996 fertiggestellt** sein. Zum Begriff „Fertigstellung" vgl. Ausführungen zu § 7c.

7.8.6.8.3 Keine öffentlichen Mittel (§ 7k Abs. 2 Nr. 3 EStG)

Die Abschreibungsvergünstigung soll eine Alternative zur Direktförderung des sozialen Wohnungsbaus darstellen. Daher ist weitere Voraussetzung, daß für die Wohnungen keine Mittel aus öffentlichen Haushalten **mittelbar** oder **unmittelbar** gewährt werden dürfen. Zum Begriff vgl. Ausführungen zu § 7c und BMF, Rz. 36 i. V. m. Rz. 9.

Auch ein **verbilligter Verkauf von Bauland** durch die öffentliche Hand müßte demnach als **mittelbare Förderung schädlich** sein.

7.8.6.8.4 Fremde Wohnzwecke

Die Wohnungen müssen im Jahr der Anschaffung oder Herstellung und den folgenden neun Jahren **(Verwendungszeitraum)** dem Stpfl. zu fremden Wohnzwecken dienen (§ 7k Abs. 2 Nr. 4). Zum Begriff vgl. grundsätzlich Ausführungen zu § 7c.

7.8.6.8.5 Vermietung mit Sozialbindung an Arbeitnehmer des Stpfl.

Es sind nur Wohnungen begünstigt, die der Stpfl. **mindestens 10 Jahre lang** an Personen mit geringem Einkommen vermietet, die **im Jahr der Fertigstellung** der **Wohnung** zum Stpfl. in einem Dienstverhältnis gestanden haben (gilt bei **Bauantrag** bzw. **notariellem Kauf**vertrag nach dem **31. 12. 1992**, § 7k Abs. 3 Satz 2). Der Stpfl. muß – soweit es zu einer Vermietung gekommen ist – für **jedes Jahr** des Verwendungszeitraums durch eine Bescheinigung der zuständigen Behörde nachweisen, daß mit Sozialbindung i. S. von § 7k Abs. 3 vermietet worden ist. Vermietung mit Sozialbindung ist eine Vermietung an folgende zwei Personengruppen:

a) Personen, für die entweder eine Bescheinigung über die Wohnberechtigung nach § 5 des Wohnungsbindungsgesetzes, im Saarland eine Mieteranerkennung, daß die Voraussetzungen des § 14 des WoBauG für das Saarland erfüllt sind, ausgestellt worden ist. oder

b) Personen, für die eine Bescheinigung ausgestellt worden ist, daß sie die Voraussetzungen des § 88a Abs. 1 Buchst. b des II. WoBauG bzw. § 51b Abs. 1 Buchst. b. WoBauG-Saar erfüllen.

Folgende Voraussetzungen müssen **zusätzlich** erfüllt sein:

– Die Größe der Wohnung darf die in der Bescheinigung angegebene **Größe** nicht überschreiten.
– Die **Höchstmiete** darf nicht überschritten werden. Diese wird durch die Landesregierungen in Anlehnung an die Beträge nach § 72 Abs. 3 des II. WoBauG, im Saarland und in den neuen Bundesländern unter Berücksichtigung der einschlägigen Besonderheiten, festgesetzt (Höchstmieten-Verordnung); vgl. Anlage zum BMF-Schreiben vom 17.2.1992, BStBl 1992 I 115.

Bei der Mietpreisgestaltung müssen die Höchstmieten eingehalten werden, die in den jeweiligen Ländern im sozialen Wohnungsbau üblicherweise gelten. Diese Höchstmieten sind von den für das Wohnungs- und Siedlungswesen zuständigen obersten Landesbehörden **in Anlehnung** an die Beträge nach § 72 des Zweiten Wohnungsbaugesetzes durch Rechtsverordnung festgesetzt worden. Hierdurch soll sichergestellt werden, daß der Steuerpflichtige zu Beginn einer Vermietung nur die Miete erhält, die im Rahmen des sozialen Wohnungsbaus von den Ländern als Bewilligungsmiete bestimmt wird, und daß diese Miete nur entsprechend der durchschnittlichen Erhöhung der Mieten im sozialen Wohnungsbau angepaßt werden darf.

Neben dieser Höchstmiete dürfen **zusätzlich** Betriebskosten erhoben werden.

Die **zeitlichen Voraussetzungen** für die Schaffung der neuen Wohnung, das Verbot der Kumulierung mit öffentlichen Mitteln und die Verwendung der Wohnung zu fremden Wohnzwecken werden von den **Finanzbehörden** geprüft (vgl. BMF, Rz. 43). Die Prüfung der **Belegungs- und Mietpreisbindung** dagegen ist von der Stelle vorzunehmen, die auch für die Erteilung des Wohnberechtigungsscheins nach § 3 Wohnungsbindungsgesetz zuständig ist (Amt für Wohnungswesen). Die Bescheinigung dieser Behörde dient dem Steuerpflichtigen als Nachweis der Sozialbindung und ist materiell-rechtliche Voraussetzung für die Inanspruchnahme der erhöhten Absetzungen. Vgl. BMF, Rz. 39 und 40.

Die Bescheinigung unterliegt weder in rechtlicher noch in tatsächlicher Hinsicht der Nachprüfung durch die Finanzbehörden. Bei Zweifeln an der Richtigkeit der Bescheinigung hat die Finanzbehörde die ausstellende Behörde zu einer Prüfung zu veranlassen (BMF, Rz. 42).

Die Bescheinigung ist dem Vermieter von der für das Wohnungswesen zuständigen Behörde nach Ablauf jeden Jahres des Begünstigungszeitraums zu erteilen.

Aus dem Gesetzeswortlaut geht nicht eindeutig hervor, **welche** Voraussetzungen **Jahr für Jahr** erfüllt sein müssen.

Die **Höchstmiete** i.S. § 7k Abs. 3 Nr. 2 darf in keinem VZ des Verwendungszeitraums überschritten sein, ebenso nicht die begünstigte **Wohnungsgröße**. Sonst kommt es zu einer rückwirkenden Versagung der erhöhten AfA (§ 175 Abs. 1 Nr. 2 AO).

Bei einer „Fehlbelegung" dadurch, daß der Mieter nicht mehr wie ursprünglich die Voraussetzungen des Wohnungsbindungsgesetzes oder des II. WoBauG erfüllt, soll nach einer Entschließung des Bundesrats zum WoBauFG (BR-Drucks. 692/89) die Bescheinigung über die Wohnberechtigung trotzdem ausgestellt werden. So auch BMF, Rz. 41.

Denn es wäre unbillig, dem Vermieter die erhöhte AfA rückwirkend aufgrund von veränderten Merkmalen in der Person des Mieters zu versagen, auf die er als Vermieter keinen Einfluß hat.

Für die Prüfung der persönlichen Voraussetzungen des Mieters sind daher die Verhältnisse zu Beginn des jeweiligen Mietverhältnisses maßgebend. Der spätere Wegfall dieser Voraussetzungen, z.B. wegen eines gestiegenen Einkommens des Mieters oder des Auszugs von Familienangehörigen, ist daher **unbeachtlich** (BMF, Rz. 41).

Grundsätzlich müßten die erhöhten Absetzungen **rückwirkend versagt** werden, wenn die Wohnung während des 10jährigen Verwendungszeitraums **nicht vermietet** oder an Personen vermietet wird, die **nicht** zu dem berechtigten Personenkreis gehören. Dies ist in den Fällen unbillig, in denen der Steuerpflichtige die Wohnung zwar zur Vermietung an berechtigte Personen bereithält, einen entsprechenden Mieter aber nicht findet.

Daher ist es **unschädlich**,

- wenn eine Wohnung leersteht infolge Mieterwechsels oder weil der Stpfl. keinen zum berechtigten Personenkreis gehörenden Mieter finden kann.
  Das ständige Bereithalten der Wohnung zur Vermietung zu Wohnzwecken ist daher ausreichend.
- wenn der Steuerpflichtige im Fall einer Vermietung an eine **nicht** zum berechtigten Personenkreis gehörende Person durch eine **Bescheinigung** nachweist, daß ein zum berechtigten Personenkreis gehörender **Mieter nicht innerhalb von 6 Wochen nach Anforderung gefunden werden konnte** (§ 7k Abs. 3 Nr. 1 Buchst. b). − **gilt nicht mehr bei Bauantrag bzw. notariellem Kaufvertrag nach dem 31.12.1992 (§ 7k Abs. 3 Satz 2).**

Wird nach Ablauf der 10jährigen Verwendungsfrist **ohne** Sozialbindung vermietet, so bleibt es bei den $3^1/_3$% Abschreibung auf den Restwert (gl. A. KÖSDI 1990, 7967).

Es dürfte entsprechend R 42a Abs. 4 Satz 1 zumindest genügen, daß die Wohnung **überwiegend** zu Wohnzwecken dient. Vgl. auch Ausführungen zu § 7c.

Dem Gesetzeswortlaut kann auch nicht entnommen werden, ob die Verwendungsvoraussetzungen während des Verwendungszeitraums zeitlich ununterbrochen vorliegen müssen.

M. E müssen bei der Wohnung die Wohnzwecke in jedem VZ des 10jährigen Verwendungszeitraumes zeitlich überwiegend mehr als zusammen ein halbes Jahr vorliegen.

Beispiel:
Vermietung einer Wohnung mit Sozialbindung vom 1.6.1991 bis 31.8.1996; eigengewerbliche Nutzung vom 1.9.1996 bis 31.5.1997; vom 1.6.1997 wieder Bereithaltung zur Vermietung mit Sozialbindung; tatsächliche Vermietung gelingt jedoch erst ab 1.1.1998 bis zum Ende des Verwendungszeitraums.
In 1996 und 1997 zeitlich überwiegende begünstigte Verwendung; daher sind Voraussetzungen des § 7k insoweit erfüllt.
Lägen die fremden Wohnzwecke z. B. erst ab 1.7.1997 wieder vor, **entfielen** die für 1991 bis 1996 gewährten § 7k-Abschreibungen **rückwirkend**.

Der Verwendungszeitraum umfaßt nicht volle 10 Kalenderjahre.

Beispiel:
Fertigstellung einer Wohnung am 1.4.1991. Der Verwendungszeitraum umfaßt die VZ 1991 bis VZ 2000 (einschließlich); er endet mithin am 31.12.2000.

Anders als bei § 7c ist die erhöhte AfA nach § 7k **personenbezogen** (vgl. Wortlaut des § 7k Abs. 2 Nr. 4 „. . .dem **Stpfl.** zu fremden Wohnzwecken dienen . . „).

Daher führt ein **Verkauf** oder eine **schenkweise Übertragung** durch den Stpfl. innerhalb des 10jährigen Verwendungszeitraumes zum rückwirkenden Wegfall der erhöhten AfA, und zwar auch bei Fortsetzung der Vermietung mit Sozialbindung durch den Erwerber (BMF, Rz. 37 Abs. 1 Satz 2).

Nach den Grundsätzen der Gesamtrechtsnachfolge ist aber der **Erbfall unschädlich,** wenn der Erbe die Vermietung mit Sozialbindung bis zum Ende des Verwendungszeitraums fortsetzt.

Schädlich ist auch eine Zwischenvermietung z. B. an Gemeinden. Dies gilt auch dann, wenn die Wohnungen an den begünstigten Personenkreis weitervermietet werden (BMF, Rz. 37 Abs. 1 Satz 3).

Werden die Vermietungsvoraussetzungen des § 7k Abs. 2 Nummern 4 und 5 i. V. m. § 7k Abs. 3 nicht mindestens zehn Jahre lang erfüllt, entfallen die Abschreibungsvergünstigungen rückwirkend (§ 175 Abs. 1 Nr. 2 AO), vgl. BMF, Rz. 37 Abs. 1 letzter Satz.

Wird die Wohnung ganz oder teilweise unentgeltlich überlassen, ist § 21 Abs. 2 Satz 2 zu beachten. Hierbei gilt die von der jeweiligen Landesregierung festgesetzte Höchstmiete nach § 7k Abs. 3 Nr. 2 als ortsübliche Vergleichsmiete, wenn die tatsächliche Marktmiete die Höchstmiete nicht unterschreitet.

7.8.6.8.6 Höhe der AfA

a) AfA-Sätze

Die Abschreibungsvergünstigung sieht vor, daß für Wohnungen, die die in Absatz 2 und 3 bezeichneten Voraussetzungen erfüllen, Absetzungen in **fallenden Staffelsätzen** vorgenommen werden können. Voraussetzung hierfür ist, daß für die Wohnungen **keine** erhöhten Absetzungen oder Sonderabschreibungen in Anspruch genommen werden.

Im Fall der Anschaffung ist weiter erforderlich, daß der Hersteller für die veräußerte Wohnung keine anderen Abschreibungen als nach § 7 Abs. 4 vorgenommen hat.

Anstelle von § 7 Abs. 4 oder 5 sind im Jahr der Fertigstellung und den folgenden vier Jahren je 10 v. H. (also 5×10 v. H.) in den folgenden fünf Jahren je 7 v. H. (5×7 v. H.) und danach bis zur Vollabsetzung jährlich $3^{1}/_{3}$ v. H. auf den Restwert abzuziehen. Die Restwert-AfA entspricht nach voller Ausnutzung der erhöhten AfA 0,5 v. H. der Anschaffungs/Herstellungskosten.

Im Jahr der Fertigstellung bzw. Anschaffung wird die volle Jahres-AfA gewährt.

Der Stpfl. hat für **dieselbe** Wohnung ggf. ein Wahlrecht zwischen

- § 7 Abs. 4 oder § 7 Abs. 5 Nr. 2 oder Nr. 3a;
- § 7 Abs. 4 oder § 7 Abs. 5 Nr. 3b und
- § 7 Abs. 4 oder § 7 Abs. 5 oder § 7 k.

An die einmal getroffene Wahl ist der Stpfl. gebunden.

Der Stpfl. kann für jede **einzelne** Wohnung zwischen den erhöhten Absetzungen nach § 7c und nach § 7k wählen.

Bei **Nichteinhaltung** der **Vermietung mit Sozialbindung** innerhalb der Verwendungsfrist ist § 7k rückwirkend gem. § 175 Abs. 1 Nr. 2 AO zu versagen.

Dann lebt das Wahlrecht zwischen § 7 Abs. 4 und § 7 Abs. 5 Satz 1 bzw. Satz 2 wieder auf.

Bei § 7k ist auf die **einzelne** Wohnung abzustellen. Bei einem Gebäude mit mehreren Wohnungen können daher unterschiedliche AfA-Methoden bzw. Förderungen angewendet werden.

Beispiel:

Der Steuerpflichtige errichtet in 1991 ein Dreifamilienhaus (Bauantrag 15.3.1990). Eine Wohnung ist selbstgenutzt, die beiden anderen vermietet; davon eine Wohnung mit Sozialbindung i. S. § 7k Abs. 3.

Es kommen in Betracht für die

1. selbstgenutzte Wohnung: Förderung nach § 10 e Abs. 1
2. **ohne** Sozialbindung vermietete Wohnung:

    AfA a) § 7 Abs. 5 Satz 2: $4 \times 7\%$, $6 \times 5\%$ usw. oder
    b) § 7 Abs. 5 Satz 1 Nr. 2: $8 \times 5\%$, $6 \times 2,5\%$ usw. oder
    c) § 7 Abs. 4: 2%.

3. **mit** Sozialbindung:

    aa) wie 2. oder
    bb) AfA § 7k

§ 7 c ist dagegen ausgeschlossen, da ein Neubau vorliegt.

b) Bemessungsgrundlage

Bemessungsgrundlage für die erhöhten Absetzungen sind die Herstellungs- oder Anschaffungskosten der einzelnen Wohnung.

Werden durch eine Baumaßnahme mehrere Wohnungen hergestellt, sind die entstandenen Aufwendungen nach dem Verhältnis der Nutzflächen auf die einzelnen Wohnungen aufzuteilen, soweit eine direkte Zuordnung nicht möglich ist (vgl. R 13 Abs. 6); BMF, Rz. 44.

Entsteht eine Wohnung im Sinne des § 7k durch eine Baumaßnahme an einem bestehenden Gebäude, ist der anteilig auf die neue Wohnung entfallende **Restwert** des **Altgebäudes** mit in die Bemessungsgrundlage der erhöhten Absetzungen nach § 7k einzubeziehen, und zwar auch dann, wenn die neue Wohnung kein selbständiges Wirtschaftsgut im Sinne R 13 Abs. 4 ist. Zur Berechnung der anteiligen Altbausubstanz vgl. Rz. 19. Hinweis auf BMF, Rz. 45.

Die Aufteilung der Herstellungs -bzw. Anschaffungskosten erfolgt **grds.** nach dem Verhältnis der **Nutzflächen,** soweit dies nicht zu einem unangemessenen Ergebnis führt.

Wenn eine Wohnung in einem bereits bestehenden und fremden Wohnzwecken dienenden Gebäude hergestellt wird, ist sie **kein** selbstständiges Wirtschaftsgut, sondern es liegen **an sich** lediglich nachträgliche Herstellungskosten i. S. von R 43 Abs. 6 und 44 Abs. 11 vor.

Trotzdem greift hier § 7k für die neue Wohnung (**evtl.** unter **Einbeziehung** eines anteiligen **Restwerts** des vorher vorhandenen Gebäudes); vgl. BMF, Rz. 45.

Zur Kumulierung der erhöhten Absetzungen nach § 7k mit den erhöhten Absetzungen auf Grund anderer Vorschriften gilt BMF, Rz 23 bis 25 entsprechend (BMF, Rz 47).

7.8.6.8.7 Wohnungen im ehemaligen Berlin (West)

Im ehemaligen Berlin (West) ist § 7k EStG i. V. m. § 14 d BerlinFG mit folgenden Besonderheiten anzuwenden:

a) Öffentliche Mittel i. S. des § 6 Abs. 1 II. WoBauG sind unschädlich, § 14 Abs. 2 BerlinFG.

b) Die AfA, die an die Stelle des § 14 a BerlinFG treten, betragen allgemein 2 × 20 v. H. danach 10 × 5,5 v. H.; im frei finanzierten Wohnungsbau im Jahr der Fertigstellung und den folgenden 4 Jahren zusammen 75 v. H.

c) Die AfA können bereits für Teilherstellungskosten und für Anzahlungen auf Anschaffungskosten in Anspruch genommen werden, § 14 d Abs. 3 BerlinFG.

d) Die Ausnahmen von den Verlustzuweisungsbeschränkungen nach § 15 a BerlinFG werden auf diese erhöhte Absetzung ausgedehnt.

Vgl. hierzu auch BMF, Rz. 49 und 50.

7.8.6.9 Förderung von Baudenkmalen und Gebäuden in Sanierungs- und Entwicklungsgebieten

Die §§ 7h und 7i ermöglichen (als Dauerregelung) die Fortführung und Verstärkung der steuerlichen Förderung von Baudenkmalen und Gebäuden in Sanierungsgebieten und städtebaulichen Entwicklungsbereichen. Gleichzeitig werden **auch Anschaffungskosten** im bestimmten Umfang in die Steuervergünstigung einbezogen. In gleicher Weise werden Steuervergünstigungen für zu **eigenen Wohnzwecken** genutzte Baudenkmale und Gebäude in Sanierungsgebieten und städtebaulichen Entwicklungsbereichen, nach § 10 f. Abs. 1 begünstigt. Auch Erhaltungsaufwand an den genannten eigengenutzten Gebäuden kann nach § 10f Abs. 2 auf zehn Jahre verteilt wie Sonderausgaben abgezogen werden.

7.8.6.10 Erhöhte AfA bei Gebäuden in Sanierungsgebieten und städtebaulichen Entwicklungsbereichen (§ 7h EStG)

Bei der Steuervergünstigung für Aufwendungen zur Wiederherstellung von Gebäuden in Sanierungsgebieten und städtebaulichen Entwicklungsbereichen handelt es sich um eine Dauerregelung. Es muß sich um in § 7h Abs. 1 Sätze 1 und 2 bezeichnete Herstellungsmaßnahmen handeln.

Die erhöhte AfA beträgt bis zu 10% p. a. im Jahr der Herstellung und in den folgenden 9 Jahren.

Dies gilt auch für Gebäudeteile, die selbständige unbewegliche Wirtschaftsgüter sind, Eigentumswohnungen und im Teileigentum stehende Räume (§ 7h Abs. 3).

Welche Baumaßnahmen begünstigt sind, hat nicht das Finanzamt, sondern die zuständige Gemeindebehörde zu prüfen (vgl. § 7h Abs. 2 Satz 1). Die Finanzämter sind insoweit an die Bescheinigungen dieser Behörden gebunden. Die Bescheinigungen stellen Grundlagenbescheide im Sinne der AO dar. Zum Inhalt des Bescheinigungsverfahrens vgl. **R 83a Abs. 4**. Zum Umfang des Prüfungsrechts der Finanzbehörden vgl. **R 83a Abs. 5**. § 7h Abs. 1 **Satz 3** enthält die wichtige **materielle** Besonderheit, daß in bestimmten Sonderfällen auch **Anschaffungskosten** begünstigt sind. Das gilt allerdings **nur,** wenn die Baumaßnahmen **nach** dem **Abschluß** des notariellen Kaufvertrags durchgeführt werden.

Diese Regelung soll nach der amtlichen Begründung „sicherstellen, daß Baumaßnahmen, die durch gesellschafts- oder gemeinschaftsrechtlich miteinander verbundene Personen, die die Bausubstanz und die vorkonzipierte Sanierung in einem Paket erwerben, durchgeführt werden, in gleichen Umfang begünstigt sind"

Damit soll verhindert werden, daß Bauherrengemeinschaften, bei denen die Beteiligten nach der neue Rechtsprechung des BFH nicht mehr als Bauherrn, sondern als Erwerber anzusehen sind, die entprechenden Vergünstigungen verlieren (vgl. BFH, BStBl 1990 II 299 und BMF-Schr. v. 31. 8. 1990, BStBl I 366).

Begünstigt sind die Herstellungskosten und ggf. Anschaffungskosten nur insoweit, als sie nicht durch Zuschüsse aus Sanierungs- oder Entwicklungsfördermitteln gedeckt sind.

Die Regelungen gelten sowohl für Gebäude des **Betriebs-** wie des **Privatvermögens**.

Führen begünstigte Baumaßnahmen zu **Erhaltungsaufwand**, darf dieser gleichmäßig auf 2 bis 5 Jahre verteilt werden (§ **11a**, § **4 Abs. 8**).

7.8.6.11 Erhöhte AfA bei Baudenkmalen (§ 7i EStG)

In § 7i ist die erhöhte AfA von bis zu 10 % bei Herstellungsaufwand an Baudenkmalen mit Wirkung vom 1.1.1992 übernommen worden.

Nach § 7i Abs. 1 sind nur Gebäude und Gebäudeteile begünstigt, die den öffentlich-rechtlichen Bindungen des Denkmalschutzrechtes der Länder unterliegen. Diese Klarstellung entspricht dem Ziel der Regelung, wegen der denkmalschutzrechtlichen Belastungen dem Eigentümer eine Steuerentlastung zu gewähren.

Die Beschränkung der Vergünstigung auf die öffentliche Zuschüsse nicht gedeckten Aufwendungen (§ 7i Abs. 1 vorletzter Satz) trägt dem Umstand Rechnung, daß der Stpfl. nur in dieser Höhe wirtschaftlich belastet ist.

Wegen der in § 7i Abs. 1 einbezogenen bestimmten Anschaffungskosten wird auf die Ausführungen zu § 7h verwiesen – auch hier also Abkoppelung von der negativen Rechtsprechung zur Bauherrengemeinschaft.

In § 7i Abs. 1 Satz 1 wird klargestellt, daß die Steuervergünstigung **nicht** davon abhängt, daß die Baumaßnahmen sowohl unmittelbar die Substanz des Baudenkmals erhalten als auch zu dessen sinnvoller Nutzung erforderlich sein müssen. Vielmehr reicht jeweils **eine** der beiden Voraussetzungen aus.

§ 7i Abs. 2 enthält die Bestimmungen über das Bescheinigungsverfahren. Sie machen die Wirkung der Bescheinigung als Grundlagenbescheid für die Finanzverwaltung deutlich und grenzen die Zuständigkeiten von Finanzamt und Bescheinigungsbehörde voneinander ab. Vgl. hierzu **R 83b Abs. 2** (Umfang des Bescheinigungsverfahrens) und **R 83b Abs. 3** (Umfang des Prüfungsrechts des Finanzamts). Da § 7i anzuwenden ist, wenn die Baumaßnahmen nach dem 31.12.1991 fertiggestellt worden sind, ist die Ermächtigungsvorschrift des § 51 Abs. 1 Nr. 2 Buchst. y entsprechend befristet.

Für selbstgenutzte Wohnungen vgl. § 7f und 7.10.4.

7.8.6.12 Verteilung von Erhaltungsaufwand bei Gebäuden in Sanierungsgebieten und städtebaulichen Entwicklungsbereichen (§ 11a EStG) sowie bei Baudenkmalen (§ 11b EStG)

§ **11a** regelt die Verteilung von Erhaltungsaufwand für Gebäude in Sanierungsgebieten und städtebaulichen Entwicklungsbereichen als Betriebsausgaben oder Werbungskosten auf 2 bis 5 Jahre.

§ **11b** regelt die Verteilung und Erhaltungsaufwand für Baudenkmale als Betriebsausgaben oder Werbungskosten auf ebenfalls 2 bis 5 Jahre.

Die §§ 11a und 11b sind anzuwenden, wenn die Maßnahmen nach dem 31.12.1989 fertiggestellt worden sind. Die Regelungen sind **nicht** auf größere Anwendungen beschränkt. Dem Stpfl. bleibt es unbenommen, die Aufwendungen in voller Höhe

– im Abflußzeitpunkt (soweit es sich um Werbungskosten – § 9 – bzw. Betriebsausgaben im Falle der Gewinnermittlung nach § 4 Abs. 3 handelt) oder

– im Entstehungszeitpunkt (bei Gewinnermittlung durch Bestandsvergleich)

abzuziehen. **R 83a** und **R 83b** gelten entsprechend (R 116a, R 116b).

7.8.6.13 Zeitlich unbegrenzte Nutzungswertbesteuerung bei selbstgenutzten Baudenkmalen im Betriebsvermögen (§ 52 Abs. 15 Satz 12 EStG)

§ 52 Abs. 15 ermöglicht die Anwendung der Nutzungswertbesteuerung für selbstgenutzte Wohnungen in **denkmalgeschützten** Betriebsgebäuden und ihre **steuerfreie Entnahme – zeitlich unbegrenzt – über das Jahr 1998 hinaus**.

Die Regelung gilt für alle Gewinneinkunftsarten. Die amtliche Begründung macht jedenfalls keine Einschränkung Nach der Stellung des zugefügten Satzes könnten aber Zweifel bestehen, ob (versehentlich?) nicht eine Regelung nur für Land- und Forstwirte getroffen wurde.

7.9 Wegfall der Ermittlung des Nutzungswerts der eigenen Wohnung nach § 21a EStG

7.9.1 Allgemeines, Wegfall des § 21a EStG

Bis zum VZ 1986 einschließlich – mit Übergangsregelung nach § 52 Abs. 21 – gehörte zu den Einkünften aus VuV auch der Nutzungswert der eigenen Wohnung (§ 21 Abs. 2 Satz 1). Hierfür schrieb § 21a unter bestimmten Voraussetzungen eine pauschalierte Ermittlung der Einkünfte aus VuV vor.

Durch den Ansatz des Grundbetrags erübrigte sich eine individuelle Ermittlung des Nutzungswerts; die Werbungskosten waren bis auf Schuldzinsen und erhöhte AfA abgegolten.

Lagen die Voraussetzungen des § 21a vor, **mußte** der Nutzungswert nach dieser Vorschrift ermittelt werden. Der Stpfl. hatte kein Wahlrecht.

7.9.2 Zeitlicher Anwendungsbereich

Letztmals war § 21a für den **VZ 1986** anzuwenden (§ 52 Abs. 21 Satz 1).

Ab ab dem VZ 1987 entfällt grundsätzlich der Ansatz eines Nutzungswerts für die Wohnung im eigenen Haus. Dies gilt für § 21a ohne Übergangsregelung. Eine Fortführung der Nutzungswertbesteuerung als Übergangsregelung ist nur bei Überschußermittlung nach § 21 Abs. 2, § 2 Abs. 2 Nr. 2 möglich. Vgl. hierzu § 52 Abs. 21 S. 2 f. und im einzelnen K 7.10.

7.9.3 Sachlicher Anwendungsbereich

Der Anwendungsbereich des § 21a hat über 1986 hinaus für die Anwendung der Übergangsregelungen nach § 52 Abs. 21 S. 2 ff. Bedeutung. Vgl. im einzelnen K 7.10. Dabei **gilt Abschn. 164b EStR 1990 weiter.**

Die Vorschrift gilt nach § 21a Abs. 1 Satz 1 für selbstgenutzte Wohnungen im **eigenen Einfamilienhaus**, für selbstgenutzte **Eigentumswohnungen** sowie nach § 21a Abs. 1 **Satz 2** für selbstgenutzte Wohnungen in einem eigenen Haus, das **kein** Einfamilienhaus im Sinne des Bewertungsgesetzes ist. Hierunter fallen nicht nur Zweifamilienhäuser, sondern z. B. auch Häuser mit drei Wohnungen, wenn der Eigentümer alle drei Wohnungen selbst bewohnt.

Bei Gebäuden, die **keine** Einfamilienhäuser sind, ist § 21a gemäß § 21a Abs. 7 nicht anzuwenden (= sogenannte **Altfälle**):

1. Im Fall der Herstellung durch den selbstnutzenden Grundstückseigentümer, wenn

    a) der Bauantrag vor dem 30. 7. 1981 gestellt worden ist. Vgl. zum Begriff des Bauantrags R 42a Abs. 4 und 7.8.6.5.1.

    Beispiel:

    B ist Eigentümer eines als Zweifamilienhaus bewerteten Grundstücks; beide Wohnungen bewohnt er in 1986 selbst.
    Aufgrund eines Voranschlags erteilte er dem Bauunternehmer den Auftrag am 29. 7. 1981. Der Bauantrag wurde am 1. 6. 1981 gestellt.
    § 21a Abs. 1 **Satz 2 ist nicht anzuwenden,** da der Bauantrag vor dem 30. 7. 1981 gestellt wurde. Daher ist eine fortgesetzte Überschußermittlung möglich.

    b) das Gebäude im Fall eines **Werk- oder Werklieferungsvertrages** vor dem 30. Juli 1981 bestellt worden ist, wenn die Bestellung vor der Stellung des Bauantrags erfolgte.

    c) bei **Umbau** eines Einfamilienhauses zu einer anderen Gebäudeart mit den Umbauarbeiten vor dem 30. Juli 1981 begonnen oder der für den Umbau erforderliche Antrag auf Baugenehmigung vor diesem Tag gestellt worden ist (§ 21a Abs. 7 S. 4). An die Stelle des Antrags auf Baugenehmigung tritt die Bauanzeige, wenn diese baurechtlich ausreicht. Unter Beginn des Umbaus ist die erste Baumaßnahme im Rahmen eines Umbauplans zu verstehen, vgl. hierzu 7.8.6.5.1. Dies gilt **nicht** für einen **Erwerb** (BFH, BStBl 1991 II 754).

Beispiel:

A hat in 1980 ein Einfamilienhaus erworben und am 2.8.1981 mit dem Umbau zu einem Zweifamilienhaus begonnen.

Die Umbauarbeiten waren im Dezember 1981 beendet. Den Bauantrag hatte A am 31.7.1981 gestellt.

§ 21a Abs. 1 Satz 2 ist anzuwenden, da sowohl Umbaubeginn als auch Bauantrag nach dem 29.7.1981 erfolgten (vgl. § 21a Abs. 7 Satz 4).

2. im Fall des **Erwerbs** durch den selbst nutzenden Grundstückseigentümer, wenn

- das Gebäude auf Grund eines vor dem 30. Juli 1981 rechtswirksam abgeschlossenen obligatorischen Vertrags oder sonstigen Rechtsakts angeschafft worden ist; vgl. hierzu Abschn. 52 Abs. 1 Nr. 3 EStR 1987. Entsprechendes gilt, wenn der Stpfl. auf Grund eines Kaufanwartschaftsvertrags vor dem 30. Juli 1981 wirtschaftlicher Eigentümer des Hauses geworden ist;
- ein „Kaufeigenheim" oder eine „Trägerkleinsiedlung" vor dem 1. Juli 1983 angeschafft wird und der Bauantrag nach dem 31. Dezember 1979 und vor dem 30. Juli 1981 gestellt worden ist;
- das Gebäude nach dem 29. Juli 1981 im Wege der Erbfolge erworben worden ist und bei dem Rechtsvorgänger des Hauses die unter Nummer 1 oder unter Nummer 2 Buchstabe a oder b genannten Voraussetzungen vorgelegen haben. Das gilt nicht in Schenkungsfällen und Fällen vorweggenommener Erbfolge (BFH, BStBl 1992 II 824).

In Erbfällen ist der Nutzungswert der selbstgenutzten Wohnung weiterhin durch Gegenüberstellen des Mietwerts und der tatsächlichen Werbungskosten nach R 162 Abs. 2 zu ermitteln.

Beispiele:

1. A hat von seinem Vater am 2.1.1986 ein Zweifamilienhaus geerbt, für das dieser am 28.7.1981 den Bauantrag gestellt hatte. Das Haus wird ausschließlich selbstgenutzt zu Wohnzwecken. Gemäß § 21a Abs. 7 Nr. 2 ist § 21a nicht anzuwenden, da die Erbfolge nach dem 20.7.1981 eingetreten ist und beim Vater die Voraussetzung des § 21a Abs. 7 Nr. 1 vorlag (hier: Bauantrag vor dem 30.7.1981).

Zur Abgrenzung der entgeltlichen von der unentgeltlichen Übertragung bei Erbauseinandersetzung und zur vorweggenommenen Erbfolge vgl. 7.8.6.4.

2. Wie 1, aber das Grundstück ging im Wege der vorweggenommenen Erbfolge (= Schenkung) am 2.1.1983 über. Der notarielle Übertragungsvertrag wurde bereits am 1.10.1982 geschlossen. Da der obligatorische Vertrag nach dem 29.7.1981 datiert, ist § 21a anzuwenden (BFH, BStBl 1992 II 824).

7.9.4 Anwendungsvoraussetzungen des § 21a Abs. 1 EStG

Vorbemerkung: Diese Anwendungsvoraussetzungen sind von 1987 an bis zum **VZ 1998 einschließlich** noch von Bedeutung für die Fälle der „großen Übergangsregelung" nach § 52 Abs. 21 Satz 2 f.

7.9.4.1 Belegenheit im Inland

Das Grundstück muß im **Inland** belegen sein. Bei im Ausland belegenen Grundstücken fehlt es an einem festgestellten Einheitswert (vgl. § 19 Abs. 1 BewG).

Daher ist für im Ausland belegene Wohnungen der Nutzungswert nach allgemeinen Grundsätzen als Überschuß gem. R 162 Abs. 1 bis 3 zu ermitteln.

Beispiel:

A ist Eigentümer eines Ferienbungalow in Spanien. Das Gebäude, das nur eine Wohnung enthält, ist ganzjährig bewohnbar und zur Führung eines Haushalts eingerichtet.

Der ganzjährig anzusetzende Nutzungswert ist **nicht** nach § 21a zu ermitteln, sondern durch Überschußrechnung. Ein EW ist für das Grundstück nicht festzustellen.

§ 21a war ferner nicht anwendbar, wenn ein Einfamilienhaus usw. einer Kapitalgesellschaft gehört (BFH, BStBl 1972 II 594).

7.9.4.2 Keine Überschreitung des 20fachen der bebauten Fläche

Die gesamte Grundfläche darf nicht größer sein als das 20fache der bebauten Fläche (§ 21a Abs. 6).

7.9.4.3 Selbstnutzung einer eigenen Wohnung

Die Anwendung des § 21a hängt von der Selbstnutzung des Hauses bzw. der Wohnung zu Wohnzwecken durch den Eigentümer ab (BFH, BStBl 1972 II 882).

Hierunter ist der bürgerlich-rechtliche (§ 39 Abs. 1 AO) oder wirtschaftliche Eigentümer zu verstehen.

Zum wirtschaftlichen Eigentum vgl. § 39 Abs. 2 Nr. 1 AO.

Auch für die Zurechnung sind die Feststellungen im Einheitswertverfahren bindend (vgl. § 182 AO).

Zur Anwendung des § 21a beim Nießbraucher vgl. 8.

Eine Selbstnutzung durch den Eigentümer liegt auch vor, wenn der Eigentümer das Haus oder die Wohnung

– gemeinsam mit einer anderen Person nutzt (BFH, BStBl 1991 II 171)
– einer Person **unentgeltlich** und **ohne gesicherte Rechtsposition** (R 162 Abs. 4) oder
– einem **minderjährigen Kind** (vgl. Tz 4a des Nießbraucherlasses) überläßt (BFH, BStBl 1984 II 366).

Beispiele:
A überläßt in 1986 ff. seiner Tochter eine Eigentumswohnung zu Wohnzwecken.
1. A hat der 19jährigen Tochter die Nutzung für 2 Jahre verbindlich zugesagt.
   Es liegt eine Überlassung mit gesicherter Rechtsposition für die Tochter vor, der der Nutzungswert letztmals in 1986 zuzurechnen war. **Keine** Anwendung des § 52 Abs. 21 S. 2 beim Vater. (Dieser kann daher auch keine WK sowie keine AfA abziehen, da er aus dem Haus keine Einkünfte erzielt.)
2. Wie 1. jedoch wurde vereinbart, daß die Tochter sofort auszieht, wenn A einen Mieter findet.
   Die Nutzung durch die Tochter erfolgt **ohne** gesicherte Rechtsposition. Der Nutzungswert war in 1986 dem Vater zuzurechnen. Ermittlung für 1986 nach § 21a. Daher ab 1987 bei A nur „kleine Übergangsregelung" (§ 52 Abs. 21 S. 4 ff.).
3. wie 1., aber die Tochter ist in 1986 17 Jahre alt. Zurechnung des Nutzungswerts bei A und Ermittlung in 1986 nach § 21a. Ab 1987 nur „kleine Übergangsregelung" (§ 52 Abs. 21 S. 4 ff.).

Bei **verbilligter** oder **entgeltlicher** Überlassung eines Einfamilienhauses usw. waren die Einkünfte nicht nach § 21a zu ermitteln. § 21a galt auch bei Miteigentum mehrerer Personen (z. B. Ehegatten).

Bewohnen alle **Miteigentümer** das Einfamilienhaus gemeinsam, so werden die Einkünfte nach den Miteigentumsanteilen ermittelt und aufgeteilt. Entsprechen die Nutzungsanteile nicht den Eigentumsanteilen, weil nicht alle Miteigentümer in dem Haus bzw. in der Eigentumswohnung wohnen, so liegen die Voraussetzungen des § 21a bei **entgeltlicher** Überlassung jeweils nur für den selbstgenutzten Teil, höchstens für den Miteigentumsanteil vor; im übrigen sind die Einkünfte nach allgemeinen Grundsätzen (Überschußrechnung) zu ermitteln.

Bei **unentgeltlicher** Überlassung ist jedoch § 21a ebenfalls aus Vereinfachungsgründen insgesamt anzuwenden. Vgl. BFH, BStBl 1979 II 523.

Beispiele:
1. Die Geschwister X und Y bewohnen je eine der Wohnungen eines Zweifamilienhauses, das ihnen die Eltern am 15. 2. 1982 je zur ideellen Hälfte geschenkt hatten.
   § 21a war – letztmals 1986 – für das gesamte Haus anzuwenden, da zwar jeweils eine von den Miteigentumsanteilen abweichende Selbstnutzung vorliegt, diese aber unentgeltlich erfolgt.
2. Abwandlung
   X bewohnt beide Wohnungen aufgrund eines Mietvertrags zu einer angemessenen Miete für den Y gehörenden Hälfteanteil.
   Bei X war § 21a (bis 1986) für seinen Hälfteanteil (an beiden Wohnungen) anzuwenden. Für Y ist eine Überschußrechnung durchzuführen (Mieteinnahmen ∠ WK). Daher ist nur bei Y die große Übergangsregelung (§ 52 Abs. 21 Satz 2 f.) denkbar.

7.9.4.4 Einfamilienhaus oder andere Grundstücksart

Es muß sich um ein Einfamilienhaus (§ 21a Abs. 1 Satz 1) oder eine **andere Grundstücksart** (nur unter den bei § 21a Abs. 1 Satz 2 zu beachtenden Voraussetzungen) handeln.

Diese Unterscheidung nach der Grundstücksart ist u. a. bedeutsam wegen der **Ausnahmetatbestände** des § 21a Abs. 1 Satz 3, die nur für **andere** Grundstücke als Einfamilienhäuser gelten (vgl. 7.9.5) (BFH, BStBl 1992 II 286).

Für die Frage der Grundstücksart sind die Feststellungen im Einheitswertverfahren stets verbindlich.

Zu beachten ist die **Verschärfung** des **Wohnungsbegriffs** z. B. durch BFH, BStBl 1985 II 151 sowie die hierzu ergangenen Übergangsregelungen (z. B. übereinstimmende Ländererlasse vom 15.5.1985, BStBl I 201). Zur Bindung an die Artfeststellung vgl. EFG 1987, 306 – rkr.

Eigentumswohnungen werden bewertungsrechtlich grds. wie Einfamilienhäuser behandelt (§ 93 Abs. 1 i. V. mit § 75 Abs. 5 BewG).

7.9.4.5 Einkünfte aus § 21 EStG

§ 21a ist anzuwenden, wenn der Nutzungswert der Wohnung zu den Einkünften aus § 21 gehört.

Dies ist auch der Fall, wenn die Wohnung im Rahmen einer **doppelten Haushaltsführung** genutzt wird (BFH, BStBl 1995 II 322).

Gehört die Wohnung zu einem **Betriebsvermögen,** ist die Subsidiaritätsklausel des § 21 Abs. 3 zu beachten, so daß § 21a **nicht** anwendbar ist (grds. nur noch bis VZ 1986 einschließlich möglich).

Die Wohnung von **Land- und Forstwirten** fällt nicht unter § 21a, sondern unter § 13 Abs. 2 Nr. 2, wenn die Wohnung die bei Betrieben gleicher Art übliche Größe nicht überschreitet (Hinweis auf § 13a Abs. 7). Zur **Entnahme** aus dem BV infolge der Neuregelung der Nutzungswertbesteuerung vgl. § 52 Abs. 15, K. 7.7.1.9 und K. 1.4.3.

> **Beispiel:**
> Landwirt L bewohnt mit seiner Familie in 1986 eine Wohnung in dem ihm gehörenden Hofgebäude. Die Wohnung ist nicht übergroß. **Keine** Anwendung des § 21a.
> **Keine** Anwendung des § 52 Abs. 21 Satz 2, aber es ist Überschußermittlung gemäß § 52 Abs. 15 möglich.

7.9.5 Ausnahmetatbestände

Für selbstgenutzte Wohnungen in einem eigenen Haus, das **kein** Einfamilienhaus i. S. des BewG ist, enthält § 21a Abs. 1 Satz 3 Ausnahmen von der Anwendung des § 21a. Besonders zu beachten ist, daß die Ausnahmetatbestände **nicht** für Einfamilienhäuser gelten (BFH, BStBl 1992 II 286).

Der Nutzungswert der selbstgenutzten Wohnung in einem eigenen Haus, das **kein** Einfamilienhaus i. S. des BewG ist (also insbesondere Zweifamilienhaus, Mietwohngrundstück oder gemischt genutztes Grundstück) ist **nicht** nach § 21a, sondern als Überschuß des Mietwerts über die Werbungskosten (R 162 Abs. 2) zu ermitteln, wenn der Hauseigentümer mindestens

a) eine Wohnung oder eine anderen als Wohnzwecken dienende Einheit von Räumen zur dauernden Nutzung vermietet hat oder

b) mindestens 33 1/3 v. H. der gesamten Nutzfläche des Hauses zu gewerblichen oder beruflichen Zwecken selbst nutzt oder zu diesen Zwecken unentgeltlich überläßt oder

c) eine bisher vermietete oder zur Vermietung bestimmte Wohnung oder eine anderen als Wohnzwecken dienende Einheit von Räumen innerhalb von 6 Monaten nach der Fertigstellung oder der Anschaffung des Hauses, nach der Beendigung einer Vermietung oder nach der Beendigung der Selbstnutzung zur dauernden Nutzung vermietet.

Der Einheitswertbescheid ist hinsichtlich der Grundstücksart auch bei fehlerhafter Artfeststellung bindend (BFH, BStBl 1992 II 719).

7.9.5.1 Wohnungsbegriff

Für die Frage, ob der vermietete Teil des Hauses als eine Wohnung i. S. des § 21a Abs. 1 anzusehen ist, ist die bewertungsrechtliche Beurteilung maßgebend. Hierbei ist die Verschärfung des Wohnungsbegriffs zu beachten (z B. BFH, BStBl 1985 II 151) und die hierzu ergangene Übergangsregelung (übereinstimmender Ländererlaß v. 15.5.1985, BStBl I 201 ff.).

7.9.5.2 Begriff der Einheit von Räumen

Unter einer Einheit von Räumen, die anderen als Wohnzwecken dient, ist ein gleich einer Wohnung abgegrenzter, aus mehreren Räumen bestehender Teil eines Hauses zu verstehen.

Beispiele:
- Ladenlokal mit räumlich ummittelbar angrenzenden Büro- und Lagerräumen;
- aus Behandlungs- und Wartezimmer bestehende ärztliche Praxis.

Nicht unter § 21a Abs. 1 Satz 3 Nr. 1 fällt die Vermietung einzelner Räume, einer Garage oder eines Kellers, z. B. als Lagerraum.

Beispiele:
1. Ein Zweifamilienhaus (erworben 1982) dient in 1986 zu $^2/_3$ als Wohnung des Eigentümers, zu $^1/_3$ ist es
   a) als eigene freiberufliche Praxis genutzt
   b) als freiberufliche Praxis vermietet
   c) vermietet (zweite Wohnung)
   zu a) Infolge Nutzung zu eigenen freiberuflichen Zwecken zu $33^1/_3$ % der gesamten Nutzfläche **keine** Anwendung des § 21a für die eigene Wohnung gemäß § 21a Abs. 1 Satz 3 Nr. 3, sondern Überschußermittlung.
   Kein Ansatz eines Mietwerts für die Praxis. Die anteiligen Hausunkosten ($^1/_3$) stellen BA dar.
   zu b) Keine Anwendung des § 21a auf die eigene Wohnung gemäß § 21a Abs. 1 Satz 3 **Nr. 1** wie auch **Nr. 3**, sondern Überschuß-Ermittlung § 21 für das ganze Haus.
   zu c) Keine Anwendung des § 21a auf die eigene Wohnung gemäß § 21a Abs. 1 Satz 3 Nr. 1; Überschußermittlung für das ganze Haus.
2. Wie 1., das Nutzungsverhältnis ist jedoch 75 % eigene Wohnung: 25 % freiberufliche Zwecke.
   a) **Kein** Ausnahmetatbestand i. S. von § 21a Abs. 1 Satz 3 Nr. 3, da nicht mindestens $33^1/_3$ %. Anwendung des § 21a für 1986 für die eigene Wohnung.
   b) Ausnahmetatbestand § 21a Abs. 1 Satz 3 **Nr. 1, keine** Anwendung des § 21a in 1986 für die eigene Wohnung.
   c) Ausnahmetatbestand § 21a Abs. 1 Satz 3 Nr. 1 **keine** Anwendung des § 21a in 1986 für die eigene Wohnung.
3. wie 1., aber es handelt sich um ein Einfamilienhaus mit einer zweiten „nicht abgeschlossenen" Wohnung. Die Ausnahmetatbestände des § 21a Abs. 1 **Satz 3** beziehen sich ausschließlich auf andere Gebäude als Einfamilienhäuser (bzw. Eigentumswohnungen).
   In allen Fällen a) bis c) ist § 21a jeweils nur für die eigene Wohnung anzuwenden (§ 21a Abs. 5).
   a) $66^2/_3$ % § 21a – $33^1/_3$ % der Hausunkosten sind Betriebsausgaben bei § 18.
   b) Prüfung der Vereinfachungsregelung des § 21a Abs. 5 Satz 2:
      Überschreitet die Miete nicht das Dreifache des anteiligen Grundbetrags i. S. des § 21a Abs. 1 und nicht mindestens 1 000 DM, ist § 21a sogar für das ganze Haus anzuwenden.
   c) Wie b).

Fazit:

Es ergibt sich eine erhebliche Ungleichbehandlung von Einfamilien- und Zweifamilienhäusern. Während bei einem Zweifamilienhaus das Vorliegen eines Ausnahmetatbestandes i. S. des § 21a Abs. 1 Satz 3 zur Nichtanwendung des § 21a **insgesamt** führt, hatte die teilweise andere Nutzung als zu eigenen Wohnzwecken stets noch eine **anteilige** Anwendung des § 21a auf die selbstgenutzte Wohnung zur Folge.

7.9.5.3 Begriff der dauernden Nutzung

Eine Wohnung oder eine Einheit von Räumen muß zur dauernden Nutzung vermietet sein. Eine dauernde Nutzung liegt nicht vor, wenn der Eigentümer als Vermieter die Wohnung oder die anderen als Wohnzwecken dienende Einheit von Räumen ständig wechselnden Mietern zur Verfügung stellt. Ein Wechsel von Untermietern ist aber u. E. unschädlich.

Beispiele:
1. Dem B gehört ein Zweifamilienhaus (Bauantrag nach dem 29.7.1981). Eine Wohnung ist selbstbewohnt. Die andere Wohnung hat B ganzjährig an ein Touristikunternehmen als Ferienwohnung vermietet. Die Vermietung fällt unter den Ausnahmetatbestand des § 21a Abs. 1 Satz 3 Nr. 1, da sie auf Dauer angelegt ist. Die Einkünfte aus dem Haus sind insgesamt nicht nach § 21a zu ermitteln.
2. wie 1., aber Vermietung an wechselnde Urlauber (aber nicht gewerblich).
   Es liegt **keine** Vermietung zur dauernden Nutzung vor. Daher ist § 21a auf die selbstgenutzte Wohnung anzuwenden. Für die vermietete Wohnung sind die Einkünfte als Überschuß zu ermitteln.

Ein auf unbestimmte Zeit, aber jederzeit kündbar abgeschlossener Mietvertrag reicht aus, wenn die Anmietung der Wohnung oder der anderen als Wohnzwecken dienenden Einheit von Räumen auf Dauer angelegt ist.

7.9.5.4 Anerkennung von Mietverhältnissen

Die Vermietung einer Wohnung im eigenen Haus an den **nicht** dauernd getrennt lebenden Ehegatten des Grundstückseigentümers oder die wechselseitige Vermietung von Wohnungen in einem im Miteigentum mehrerer Personen stehenden Haus oder die Vermietung einer Wohnung an den Ehegatten des anderen Miteigentümers zu Wohnzwecken ist **keine** Vermietung i. S. des § 21a Abs. 1 Satz 3. Vgl. R 162a (nichteheliche Lebensgemeinschaft) u. H 162a.

Diese Einschränkung gilt **nicht** bei **dauernd getrennt lebenden** und **geschiedenen** Ehegatten.

Der Abschluß eines Mietvertrags und die Verrechnung der Miete mit dem geschuldeten Barunterhalt ist **kein** Mißbrauch i. S. von § 42 AO (BFH, BStBl 1996 II 214).

Beispiel:
C lebt von seiner Ehefrau dauernd getrennt. Er muß ihr aufgrund § 1361 BGB mtl. 3 000 DM Unterhalt zahlen. Weitere Einkünfte und Bezüge hat die Ehefrau nicht. Eine Wohnung seines Zweifamilienhauses hat C seiner Ehefrau zu einem angemessenen Mietzins (1 000 DM) vermietet. Die andere Wohnung bewohnt C selbst, überweist seiner Ehefrau monatlich 3 000 DM ./. 1 000 DM = 2 000 DM.
Die Einkünfte sind für beide Wohnungen als Überschuß (R 162 Abs. 2) zu ermitteln, da eine Wohnung zur dauernden Nutzung vermietet ist.
Da die Ehegatten dauernd getrennt leben, ist der Mietvertrag anzuerkennen. Daß die Mittel vom Vermieter-Ehegatten stammen, ist in diesem Fall unerheblich (BFH, a. a. O.).

Wird eine Wohnung oder eine anderen als Wohnzwecken dienende Einheit von Räumen in dem eigenen Haus an den anderen **Ehegatten** zu gewerblichen oder beruflichen Zwecken vermietet, ist der Nutzungswert der selbstgenutzten Wohnung nicht nach § 21a, sondern als Überschuß nach R 162 Abs. 2 zu ermitteln, wenn der Mietvertrag ernsthaft vereinbart ist und tatsächlich durchgeführt wird (vgl. R 162a). Wird eine Wohnung oder eine anderen als Wohnzwecken dienende Einheit von Räumen **unentgeltlich** an den Ehegatten überlassen, muß der zu gewerblichen oder beruflichen Zwecken genutzte Teil des Hauses mindestens 33 1/3 v. H. der gesamten Nutzfläche des Hauses betragen. Diese Grundsätze gelten **auch,** wenn das Haus im Miteigentum der Ehegatten steht.

Ein solches Mietverhältnis kann jedoch erkannt werden, wenn der Unterhaltsberechtigte neben den Unterhaltsleistungen noch über andere Einnahmen verfügt, die zur Zahlung der Miete ausreichen (z. B. Rente, Aushilfslöhne, BAföG; BFH, BStBl 1996 II 59 (betr. Mietvertrag mit Kind).

Beispiel:
B ist Eigentümer eines Zweifamilienhauses (Kaufvertrag 15. 12. 1986) mit einer Gesamtnutzfläche von 285 qm. Hiervon nutzt die Ehefrau 95 qm für ihre Arztpraxis; die übrigen Räume dienen eigenen Wohnzwecken der Eheleute.
Die berufliche Nutzung durch die Ehefrau erfolgt aufgrund mündlicher Vereinbarung unentgeltlich.
Die Voraussetzungen des § 21a liegen nicht vor. Nutzung zu mindestens 33 1/3 % freiberuflichen Zwecken.

Abwandlung:
Wie vor, aber die Eheleute sind je zur ideellen Hälfte Eigentümer des Hauses.
Lösung: wie vor.

Die Vermietung einer Wohnung zu Wohnzwecken an eine gegenüber dem Eigentümer eines Hauses **unterhaltsberechtigte Person** mit Ausnahme des Ehegatten stellt eine Vermietung i. S. des § 21a Abs. 1 Satz 3 Nr. 1 dar, wenn das Mietverhältnis nach Inhalt und Durchführung einer zwischen Fremden üblichen Gestaltung gleichkommt. Voraussetzung für die steuerrechtliche Anerkennung eines solchen Mietverhältnisses ist insbesondere, daß dieser Mieter einen eigenen Haushalt führt und aus eigenen Mitteln den Mietzins entrichten kann.

Beispiel:
In einem Zweifamilienhaus hat der Stpfl. eine Wohnung an seine Mutter vermietet gegen eine angemessene monatliche Miete von 400 DM. Die Mutter lebt ausschließlich von einer monatlichen Unterhaltszahlung des Stpfl. von 800 DM, von der sie auch die Miete bestreitet.
Es liegt keine Vermietung i. S. des § 21a Abs. 1 Satz 3 Nr. 1 vor, weil der Mieter den vereinbarten Mietzins aus Mitteln erbringt, die er von dem Vermieter erhalten hat.

Zur Vermietung einer Wohnung an die **Eltern** des Stpfl. zum Zweck der Kinderbetreuung als Gestaltungsmißbrauch i. S. des **§ 42 AO** vgl. BFH, BStBl 1992 II 549.

Ein Mietvertrag zwischen Eltern und **Kind** ist **nicht** anzuerkennen, wenn das Kind (ohne [ausreichende] eigene Einkünfte und Bezüge) **nur** die Miete, nicht jedoch den übrigen Lebensunterhalt aus einer einmaligen Geldschenkung für die Dauer der üblichen Studienzeit entrichten kann (BMF-Schr. vom 22. 1. 1996, BStBl I 37 **entgegen** BFH, BStBl 1996 II 59).

Im übrigen muß ein Mietvertrag zivilrechtlich **wirksam** abgeschlossen sein, einem Fremdvergleich standhalten und tatsächlich vollzogen sein (z. B. tatsächliche Mietzahlung); BFH, BStBl 1992 II 75.

Überläßt der Eigentümer eines Hauses eine Wohnung an eine ihm gegenüber unterhaltsberechtigte Person mit Ausnahme des Ehegatten zu einer Miete, die in einem **krassen Mißverhältnis** zur ortsüblichen Marktmiete steht, liegt **keine** Vermietung i. S. von § 21a Abs. 1 Satz 3 Nr. 1 vor. Ein „krasses Mißverhältnis" liegt stets vor, wenn die vereinbarte Miete **mehr als** 1/3 unter der **ortsüblichen Marktmiete** liegt (BFH, BStBl 1993 II 606, 490 und 492).

Beispiele:
X hat ein Zweifamilienhaus (Kaufvertrag in 1986) erworben. Eine Wohnung bewohnt er in 1986 mit Ehefrau und Kindern, die andere Wohnung hat er seinen Eltern vermietet. Die vereinbarte und gezahlte Miete beträgt
1. 300 DM
2. 700 DM
Die ortsübliche Miete beträgt jeweils 1 000 DM.

a) Es liegt kein anzuerkennender Ausnahmetatbestand i. S. des § 21a Abs. 1 Satz 3 Nr. 1 vor, da die tatsächliche Miete in einem krassen Mißverhältnis zur ortsüblichen Miete steht (unter 66 2/3 % der Marktmiete).

– Der Nutzungswert der eigenen Wohnung ist 1986 nach § 21a zu ermitteln. Der Ansatz entfällt ab 1987 (§ 52 Abs. 21 Satz 1).

– Bei der vermieteten Wohnung liegt 1986 eine teilentgeltliche Überlassung vor:
X hat 300 DM monatlich nach § 21 Abs. 1 Nr. 1 zu versteuern und kann 30 % der Hausaufwendungen und der AfA als WK abziehen (vgl. Tz. 54e 2. Nießbrauchserlaß; BFH, BStBl 1986 II 839 und BStBl 1993 II 606).

Dies gilt hier gemäß § 21 Abs. 2 Satz 2 auch ab VZ 1987 ff., da die Miete **nicht** mindestens 50 % der Marktmiete beträgt.

– Die Eltern hatten die Mietverbilligung in 1986 i. H. v. monatlich 700 DM zu versteuern, da sie die Wohnung aufgrund gesicherter Rechtsposition (Mietvertrag) nutzen (§ 21 Abs. 2 2. Alt.).

Diese Versteuerung der Mietverbilligung entfiel ab VZ 1987 (§ 52 Abs. 21 Satz 1, BMF-Schreiben vom 19. 9. 1986, BStBl I 480).

b) Der Mietvertrag ist als Ausnahmetatbestand i. S. des § 21a Abs. 1 Satz 3 Nr. 1 anzuerkennen.

– Der Nutzungswert der eigenen Wohnung des X ist daher in 1986 **nicht** nach § 21a, sondern als **Überschuß** (R 162 Abs. 2) zu ermitteln.

– Bei der vermieteten Wohnung liegt in **1986** eine teilentgeltliche Überlassung vor:
X: Einnahmen § 21 Abs. 1 Nr. 1 700 DM
  WK: 70% (Tz. 54c 2. Nießbraucherlaß)
Eltern: Mietverbilligung § 21 Abs. 2 2. Alt. 300 DM

Ab **1987** ist bei der Wohnung der Eltern aufgrund des § 21 Abs. 2 Satz 2 eine vollentgeltliche Überlassung anzunehmen, da die Miete mindestens 50% der Marktmiete beträgt. Vgl. R 162 Abs. 5.
X: Einnahmen § 21 Abs. 1 Nr. 1 700 DM (unverändert)
  WK: **voller** Abzug (**100%**).
Eltern: Keine Einnahmen mehr (§ 52 Abs. 21 Satz 1).

7.9.5.5 Unentgeltliche Überlassung

Liegt eine unentgeltliche Überlassung einer Wohnung **ohne gesicherte Rechtsposition** vor und ist auch sonst keiner der Tatbestände des § 21a Abs. 1 Satz 3 erfüllt, liegen die Voraussetzungen für ein vom Eigentümer selbstgenutztes Haus nach § 21a vor.

Nutzt der Berechtigte eine ihm unentgeltlich überlassene Wohnung auf Grund einer **gesicherten Rechtsposition** und ist keiner der Tatbestände des § 21a Abs. 1 Satz 3 erfüllt, liegen die Voraussetzungen des § 21a für ein im übrigen vom Eigentümer selbstgenutztes Haus insoweit nach § 21a Abs. 1 Satz 2 vor.

Beispiel:
Frau A bewohnt eine Wohnung in einem Zweifamilienhaus – Bauantrag in 1985 – in 1986 ff. selbst, die andere Wohnung hat sie unentgeltlich ihren Eltern überlassen
1. mit
2. ohne

gesicherte Rechtsposition der Eltern.

Zu 1.: Zurechnung des Nutzungswerts der unentgeltlich überlassenen Wohnung in 1986 auf die. A kann insoweit **keine** WK abziehen.
Für die selbstgenutzte Wohnung ist 1986 § 21a anzuwenden. Die unentgeltliche Überlassung ist **kein** Ausnahmetatbestand i. S. des § 21a Abs. 1 Satz 3.

Zu 2.: Zurechnung des Nutzungswerts der unentgeltlich überlassenen Wohnung in 1986 auf A. § 21a ist auf das gesamte Haus anzuwenden.

In beiden Fällen ist die „große Übergangsregelung" (§ 52 Abs. 21 S. 2 f.) für die selbstgenutzte Wohnung ab 1987 **nicht** anwendbar.

7.9.5.6 Gewerbliche oder berufliche Nutzung

Die zu gewerblichen oder beruflichen Zwecken des Hauseigentümers genutzte oder zu diesen Zwecken unentgeltlich überlassene Wohnung oder anderen als Wohnzwecken dienende Einheit von Räumen muß **mindestens 33$^{1}/_{3}$ v. H.** der Nutzfläche des Hauses betragen. Wohnfläche und gesamte Nutzfläche sind nach der II. BerechnungsVO zu ermitteln.

7.9.5.7 Sechsmonatsfrist

Wird die Wohnung oder die anderen als Wohnzwecken dienende Einheit von Räumen bereits vor Abschluß des Mietvertrags von dem Mieter tatsächlich genutzt, ist bei der Berechnung der Sechsmonatsfrist nach § 21a Abs. 1 Satz 3 Nr. 2 der Beginn der tatsächlichen Nutzung maßgebend. Als Beginn der Sechsmonatsfrist gilt aus Vereinfachungsgründen der Beginn des Monats, der dem Monat folgt, in dem das Haus fertiggestellt oder angeschafft worden ist oder in dem die Vermietung oder die Selbstnutzung beendet worden.

Wird eine bisher vermietete Wohnung eines im übrigen selbstgenutzten Gebäudes nach Beendigung des Mietverhältnisses innerhalb von 6 Monaten nicht vermietet, ist die Voraussetzung des § 21a Abs. 1 Satz 3 Nr. 2 mit Beginn des Monats, der auf den Monat der Beendigung des Mietverhältnisses folgt, erfüllt. Das gilt auch, wenn die Wohnung nach Ablauf des Sechsmonatszeitraums vermietet wird. Eine leerstehende Wohnung erfüllt **nicht** einen der „Ausnahmetatbestände" des § 21a Abs. 1 S. 3.

Beispiele:

1. A bewohnt eine Wohnung in seinem Zweifamilienhaus – Kaufvertrag 10. 8. 1984 – selbst. Die andere Wohnung war bis zum 2. 4. 1986 vermietet. Danach stand sie leer, da × keinen Mieter finden konnte.

   Am 3. 10. 1986 schloß A mit X einen Mietvertrag ab. Beginn des Mietverhältnisses am 15. 10. 1986. Aus persönlichen Gründen bezog X die Wohnung erst am 1. 11. 1986.

   Für die Sechsmonatsfrist des § 21a Abs. 1 Satz 3 Nr. 2 ist der Beginn des Mietverhältnisses entscheidend.

   Als Beginn der Frist gilt der Beginn des Folgemonats nach Beendigung der Vermietung, hier also der 1. 5. 1986. Fristablauf: 31. 10. 1986. Infolge Beginn des Mietverhältnisses am 15. 10. 1986 (also vor Ablauf der Sechsmonatsfrist) scheidet § 21a aus (§ 21a Abs. 1 Satz 3 Nr. 2).

2. Wie 1. aber Beginn des Mietverhältnisses 15. 12. 1986. Da keine Vermietung innerhalb von 6 Monaten vorliegt, war § 21a für die eigene Wohnung ab Mai 1986 anzuwenden (bis November 1986).

3. A ist Eigentümer eines Zweifamilienhauses. Das Gebäude wurde aufgrund eines nach dem 29. 7. 1981 gestellten Bauantrags im Jahre 1984 fertiggestellt. Eine Wohnung in dem Haus bewohnt A seit der Fertigstellung für eigene Wohnzwecke.

   a) Die zweite Wohnung war bis zum 31. 3. 1986 vermietet. A gelingt es erst am 2. 1. 1987, diese Wohnung wieder zu vermieten. Im VZ 1986 lagen nur bis zum 31. 3. 1986 die Voraussetzungen für die Ermittlung des Nutzungswertes als Überschuß des Mietwerts über die Werbungskosten vor, da die zweite Wohnung nicht innerhalb von 6 Monaten wieder vermietet wurde. (A hat daher das Wahlrecht der Fortführung der Nutzungswertbesteuerung ab 1987 ff. nach § 52 Abs. 21 Satz 2).

   b) Bis zum 30. 9. 1986 war die zweite Wohnung vermietet. Seit dem 1. 10. 1986 nutzt A auch diese Wohnung für eigene Wohnzwecke.

   Vom 1. 1. bis zum 30. 9. 1986 ist der Nutzungswert der eigenen Wohnung als Überschuß des Mietwerts über die Werbungskosten zu ermitteln. Ab 1. 10. 1986 ist § 21a für das gesamte Haus anzuwenden. (Auch hier besteht ab 1987 das Wahlrecht nach § 52 Abs. 21 Satz 2.)

   c) Die zweite Wohnung stand vom 30. 11. 1985 bis zum 31. 12. 1986 leer. Seit dem 2. 1. 1987 ist diese Wohnung wieder vermietet.

   Für den gesamten VZ 1986 ist der Nutzungswert der eigenen Wohnung nach § 21a zu ermitteln. (Daher steht A ab dem VZ 1987 das Wahlrecht i. S. des § 52 Abs. 21 Satz 2 hinsichtlich der eigenen Wohnung **nicht** zu.)

§ 21a Abs. 1 Satz 2 ist auch nicht anzuwenden, wenn ein Haus (z. B. Zweifamilienhaus) „in einem Zug" errichtet und innerhalb von 6 Monaten nach endgültiger Fertigstellung des Hauses mindestens eine Wohnung zur dauernden Nutzung vermietet wird (vgl. auch BMF-Schreiben vom 19. 9. 1986, BStBl I 480).

Beispiel:

X hat ein Zweifamilienhaus (Bauantrag Januar 1982 für ein Zweifamilienhaus) wie folgt fertiggestellt:

Die erste Wohnung war am 15. 1. 1985 bezugsfertig (selbstgenutzt), die zweite am 31. Juli 1986 (vermietet ab 1. 11. 1986).

Da die Fertigstellung der zweiten Wohnung innerhalb von 2 Jahren seit Fertigstellung der ersten Wohnung erfolgte, ist von einer Errichtung „in einem Zug" auszugehen. Die Vermietung der zweiten Wohnung erfolgte innerhalb von 6 Monaten nach Fertigstellung. Daher liegen die Voraussetzungen des § 21a nicht vor.

7.9.5.8 Vereinfachungsregelung

Nach R 161 Abs. 1 gilt für vorübergehend vermietete Teile einer Wohnung oder eines Hauses, für das ein Nutzungswert bei Selbstnutzung nicht zu versteuern ist: Übersteigen die Mieteinnahmen hieraus nicht 1 000 DM im VZ, kann im Einverständnis mit dem Stpfl. eine Versteuerung unterbleiben. Insoweit entfällt allerdings auch der anteilige WK-Abzug.

7.9.6 Ermittlung des Nutzungswerts

Infolge der **letztmaligen Anwendung** des § 21a für den **VZ 1986** wird auf eine Darstellung ganz verzichtet.

7.10 Behandlung des selbstgenutzten Wohneigentums

Literatur: Stephan, Die Wohneigentumsförderung, 5. Auflage 1996, Schäffer-Poeschel Verlag; **Stuhrmann,** NWB F 3b, 3301 ff. und 3317 ff.; **ders.,** (Un-)Widerruflichkeit der Optionserklärung nach § 52 Abs. 21 Satz 3 EStG, DB 1989, 2304, **ders.,** Erbauseinandersetzung und vorweggenommene Erbregelung bei selbstbewohntem Wohneigentum (Teil I), DB 1991, 1038. **Wiesel,** Kann der bewertungsrechtliche Wohnungsbegriff beim Zweifamilienhaus in den Ausnahmefällen des § 21a Abs. 1 Satz 3 EStG die Nutzungswertbesteuerung nach dem Mietwert zu Fall bringen?, DB 1986, 2405; **Günther,** Grundsätze bei Bauten auf fremdem Grund und Boden, Inf. 1986, 8; **Boveleth,** Nutzungsrechte an Privatgrundstücken – Auswirkungen des WohnEig FG, Inf. 1986, 470; **Korth,** Nutzungswertbesteuerung einer als Unterhaltsleistung überlassenen Wohnung und Realsplitting, DB 1987, 553; **-hg,** Einnahmeüberschußrechnung und gleichzeitige Förderung nach § 10e EStG möglich?, DB 1987, 662.

7.10.1 Überblick

7.10.1.1 Wegfall der Nutzungswertbesteuerung

Nach § 52 Abs. 21 Satz 1 waren § 21 Abs. 2 Satz 1 und § 21a letztmals für den VZ 1986 anzuwenden.

Ab dem VZ 1987 ist die Besteuerung des Nutzungswerts einer Wohnung nach § 21 Abs. 2 somit grundsätzlich weggefallen. Für vor dem 1.1.1987 fertiggestellte oder angeschaffte Wohnungen gilt eine Übergangsregelung (§ 52 Abs. 21 Satz 2). Danach ist die Nutzungswertbesteuerung (mit vollem Werbungskostenabzug) in bestimmten Fällen für eine 12jährige Übergangsfrist fortführbar.

Der Stpfl. kann aber während der Übergangsfrist auf die Fortführung verzichten (§ 52 Abs. 21 Satz 3). Vgl. im einzelnen 7.10.2.3.

Infolge des Wegfalls der Nutzungswertbesteuerung erfüllt der Stpfl. mit der selbstgenutzten Wohnung keinen Tatbestand der Einkunftserzielung i. S. des EStG mehr. Es entfällt somit auch der rechtssystematische Ansatzpunkt für einen Werbungskostenabzug (einschließlich AfA). Aufwendungen für die selbstgenutzte Wohnung sind somit grds. keine Werbungskosten mehr, sondern nichtabzugsfähige Lebenshaltungskosten (§ 12 Nr. 1).

Ist wegen des Wegfalls der Nutzungswertbesteuerung ab 1.1987 für die Zeit der Selbstnutzung eines vor dem 1.1.1987 hergestellten oder angeschafften **Ferienhauses** kein Nutzungswert zu erfassen, so können Werbungskosten bei den Einkünften aus Vermietung und Verpachtung nur noch insoweit abgezogen werden, als sie mit der Vermietung des Ferienhauses an Feriengäste zusammenhängen. Sind die Aufwendungen sowohl durch die Selbstnutzung als auch durch die Vermietung veranlaßt, sind sie regelmäßig **zeitanteilig** aufzuteilen (BFH, BStBl 1992 II 27).

7.10.1.2 Wegfall erhöhter AfA nach § 7b EStG

§ 7b ist letztmals für begünstigte Gebäude und Eigentumswohnungen anzuwenden, die vor dem 1.1.1987 hergestellt oder angeschafft worden sind (§ 7b Abs. 1).

Für nach dem 31.12.1986 hergestellte oder angeschaffte Objekte entfällt § 7b. Dies gilt auch bei Vermietung des Gebäudes oder der Eigentumswohnung.

7.10.1.3 Förderung des selbstgenutzten Wohneigentums

Für selbstgenutztes Wohneigentum, das nach dem 31.12.1986 hergestellt oder angeschafft wird, tritt an die Stelle der bisherigen AfA nach § 7b ein besonderer Abzugsbetrag **(§ 10e)**. Der Abzugsbetrag wird **acht Jahre** lang gewährt und beträgt **jährlich** 6% bzw. **5% der Summe** aus **Herstellungs-** oder **Anschaffungskosten** der Wohnung **zuzüglich 50%** der **Anschaffungskosten** des dazugehörigen **Grund und Bodens**, bis zu einem Höchstbetrag (je nach Gesetzesfassung und VZ) 15 000 DM / 16 500 DM / 19 800 DM / 9 000 DM / 7 500 DM **jährlich**.

Die steuerrechtliche Förderung des selbstgenutzten Wohneigentums erfolgt somit im Bereich der **Sonderausgaben**.

Beispiel:

A erwirbt in 1997 eine Eigentumswohnung (Baujahr 1980) und nutzt sie sofort zu eigenen Wohnzwecken.
Anschaffungskosten: Gebäude   240 000 DM
Grund und Boden   50 000 DM

Die steuerliche Förderung erfolgt über die Sonderausgaben nach § 10e: **Grundförderung** (§ 10e Abs. 1):
6% von (240 000 + 50% von 50 000) = 15 900 DM, hier jedoch höchstens 4 × 9 000 DM und 4 × 7 500 DM
(§ 10e Abs. 1 **Satz 4**).

Wegen der Aufwendungen in der Herstellungs- oder Anschaffungsphase vgl. § 10e Abs. 6, BMF-Schr. v. 31. 12. 1994 RZ 83–103 und 7.10.3.

Vgl. zu § 10e im einzelnen 7.10.3.

7.10.2 Übergangsregelungen für vor dem 1.1.1987 hergestellte oder angeschaffte Gebäude/ Eigentumswohnungen des Privatvermögens (§ 52 Abs. 21 EStG)

Für selbstgenutztes Wohneigentum, das **vor dem 1. 1. 1987 fertiggestellt** oder **angeschafft** worden ist, gelten nach § 52 Abs. 21 folgende **Übergangsregelungen** bei der Nutzungswertbesteuerung:

a) **Fortführung** der Ermittlung des **Nutzungswerts** der **selbstgenutzten Wohnung im eigenen Haus** als **Überschuß** des **Mietwerts** über die **Werbungskosten** während einer **Übergangsfrist** von (bis zu) **12 Jahren** (§ 52 Abs. 21 Satz 2 und 3).

b) **Weitergeltung** von **Steuervergünstigungen** (erhöhte Absetzungen nach §§ 7b EStG, §§ 82a, 82k, 82i EStDV, Sonderbehandlung von Erhaltungsaufwand nach § 82a Abs. 3 EStDV a. F. sowie erweiterter Schuldzinsenabzug (§ 21a Abs. 4) als Sonderausgaben (§ 52 Abs. 21 Sätze 4 bis 7).

Wegen der Begriffe Anschaffung und Herstellung vgl. R 44 Abs. 1.

In **Anschaffungsfällen** war somit nicht das Datum des notariellen Kaufvertrags maßgebend, sondern der **Zeitpunkt des wirtschaftlichen Übergangs** (§ 39 Abs. 2 Nr. 1 AO).

Welche Regelungen im einzelnen anzuwenden sind, hängt davon ab, wie der Nutzungswert der selbstgenutzten Wohnung im VZ 1986 zu ermitteln war bzw. ob überhaupt ein Nutzungswert nach § 21 Abs. 2, 1. Alt. anzusehen war.

Entscheidend ist

a) daß die **eigene Wohnung in 1986 zu Wohnzwecken selbstgenutzt wird** (einschließlich unentgeltlicher Überlassung ohne gesicherte Rechtsposition) und

b) ob im **VZ 1986** für die Ermittlung des Nutzungswertes **ausschließlich die Pauschalbesteuerung nach § 21a oder** zeitweise die **Überschußermittlung** (Überschuß des Mietwerts (ortsübliche Miete) über die Werbungskosten anzuwenden war.

Allein die Tatsache der Anschaffung oder Herstellung vor dem 1. 1. 1987 ist also nicht entscheidend.

Beispiel:

A hatte in 1986 sein 1984 errichtetes Zweifamilienhaus ganz vermietet. Ab 1996 bewohnt er eine Wohnung selbst.

Trotz Fertigstellung des Hauses vor dem 1. 1. 1987 ist die Übergangsregelung § 52 Abs. 21 Satz 2 (= Fortführung der Überschußermittlung) nicht anwendbar. Es ist entscheidend auf die Nutzung in 1986 abzustellen.

Andererseits müssen aber auch für jedes Jahr ab 1987, in dem die Überschußermittlung fortgesetzt werden soll, deren Voraussetzungen („Parallelwertung" nach der bisherigen Rechtslage) weiterhin vorliegen.

7.10.2.1 Fortsetzung der Ermittlung des Nutzungswerts als Überschuß des Mietwerts über die Werbungskosten

Der Nutzungswert einer Wohnung, die vor dem 1. 1. 1987 fertiggestellt oder angeschafft worden ist, wird ab dem VZ 1987 für den Zeitraum der Selbstnutzung als Überschuß des Mietwerts über die Werbungskosten ermittelt, wenn die folgenden Voraussetzungen vorliegen:

a) Im **VZ 1986** muß **dem Stpfl.** der **Nutzungswert** der Wohnung im eigenen Haus nach § 21 Abs. 2 – wenn auch **nur für kurze Zeit** – als **Überschuß** des Mietwerts über die Werbungskosten **zuzurechnen** gewesen sein. Vgl. 7.10.2.1.1. Ist für den VZ 1986 **fälschlich** (ausschließlich) § 21a in einer – bestandskräftigen – Veranlagung angewendet worden, so ist dies **kein** Hindernis für die große Übergangsregelung, da der ESt-Bescheid 1986 hierfür **kein** Grundlagenbescheid ist.

b) In dem jeweils in Betracht kommenden **VZ nach 1986** müssen, wenn auch **nur für kurze Zeit,** die **Voraussetzungen** für die Ermittlung des Nutzungswerts als **Überschuß** des Mietwerts über die Werbungskosten vorliegen. Vgl. 7.10.2.1.2.

c) **Nämlichkeit,** d. h. Identität der Wohnung während des Übergangszeitraums; vgl. 7.10.2.1.3.

7.10.2.1.1 Nutzungswertbesteuerung in 1986 als Überschuß

Die Ermittlung des Nutzungswerts in 1986 als Überschuß des Mietwerts über die Werbungskosten setzt voraus, daß

a) der Stpfl. den **Tatbestand** des § 21 Abs. 2 **1. Alt.** – wenn auch nur für kurze Zeit – erfüllt (Ausnahme: bei durch Baumaßnahmen entstandenen Nutzungsrechten, s. u.) **und**

b) § 21a nicht während der gesamten Dauer der Selbstnutzung im VZ 1986 anzuwenden war.

Zu a): Der Stpfl. erfüllte in 1986 den Tatbestand des § 21 Abs. 2 **1. Alt.**, wenn die Wohnung in diesem VZ, wenn auch nur für kurze Zeit,

– vom Stpfl. zu eigenen Wohnzwecken genutzt oder
– vom Stpfl. unentgeltlich ohne gesicherte Rechtsposition zu Wohnzwecken überlassen oder
– vom Stpfl. auf Grund eines vorbehaltenen oder auf Grund eines durch Vermächtnis eingeräumten dinglichen Rechts zu eigenen Wohnzwecken genutzt worden war.

Nach dem BMF-Schreiben vom 19. 9. 1986 (a. a. O., Abschn. II 1) fällt **außerdem** eine **Wohnung** darunter, die auf Grund eines **Nutzungsrechts** zu **eigenen Wohnzwecken genutzt** worden ist, das **durch Baumaßnahmen des Nutzungsberechtigten entstanden** ist (vgl. BMF-Schreiben vom 4. 6. 1986, BStBl I 318) – obwohl hierdurch der Stpfl. lediglich den Tatbestand des § 21 Abs. 2 **2. Alt.** erfüllt.

Vgl. zu **dinglichen** und **obligatorischen Nutzungsrechten** im einzelnen K. 8.

Ist die Wohnung vor dem 1. 1. 1987 fertiggestellt oder angeschafft worden, **beginnt** die **Nutzung** zu **eigenen Wohnzwecken** jedoch erst **nach** dem 31. 12. 1986, kommt weder die Übergangsregelung des § 52 Abs. 21 Satz 2 noch die Anwendung des § 10e Abs. 1 bis 5 in Betracht (§ 52 Abs. 14). Vgl. hierzu 8.10.3. (Ausnahme: Fertigstellung der 2. Wohnung nach dem 31. 12. 1986 bei „Errichtung in einem Zug" und Beginn der Selbstnutzung in 1986.)

Lediglich die Fortsetzung von Steuervergünstigungen als Sonderausgaben noch § 52 Abs. 21 Satz 4 ff. bleibt möglich.

Zu b): Bei Änderung der Verhältnisse im Laufe des VZ 1986 steht dem Stpfl. eine Fortführungsmöglichkeit der Überschußermittlung für die VZ nach 1986 auch dann zu, wenn bei einer Wohnung im eigenen Haus die Voraussetzungen für die Ermittlung des Nutzungswerts als Überschuß des Mietwerts über die Werbungskosten **nur** für einen **Teil** des Jahres 1986 vorgelegen haben (vgl. BMF-Schreiben vom 19. 9. 1986, a. a. O., Abschn. II 1a).

> **Beispiele:**
>
> B ist Eigentümer eines Zweifamilienhauses. Das Haus wurde aufgrund eines nach dem 29. 7. 1981 gestellten Bauantrags im Jahre 1985 fertiggestellt. Eine Wohnung in dem Haus bewohnt B seit der Fertigstellung für eigene Wohnzwecke.
>
> 1. Die zweite Wohnung war bis zum 31. 3. 1986 vermietet. B kann erst am 2. 1. 1987 diese Wohnung wieder vermieten.
>
>   Da er im VZ 1986 bis zum 31. 3. 1986 die Voraussetzungen für die Ermittlung des Nutzungswerts als Überschuß des Mietwerts über die Werbungskosten vorgelegen haben, steht B die Fortführung der Überschußermittlung für die selbstgenutzte Wohnung ab 1987 zu.

2. Bis zum 30.11.1986 war die zweite Wohnung vermietet. Seit dem Beginn des 1.12.1986 nutzt B auch diese Wohnung für eigene Wohnzwecke.

Da im VZ 1986 bis zum 30.11.1986 der Nutzungswert der eigenen Wohnung als Überschuß des Mietwerts über die Werbungskosten zu ermitteln ist, steht B für 1987 ff. die Übergangsregelung des § 52 Abs. 21 Sätze 2, 3 zu. Hierfür müssen aber auch in 1987 ff. jeweils die Voraussetzungen für eine Überschußermittlung des Nutzungswerts vorliegen.

3. Die zweite Wohnung konnte vom 31.10.1985 bis zum 31.12.1986 nicht vermietet werden und stand daher leer. Seit dem 1.1.1987 ist diese Wohnung wieder vermietet.

Da für den gesamten VZ 1986 der Nutzungswert der eigenen Wohnung nach § 21a zu ermitteln ist, kann B die Übergangsregelung § 52 Abs. 21 Sätze 2, 3 **nicht** in Anspruch nehmen.

Hat der Stpfl. im VZ 1986 ein Zweifamilienhaus fertiggestellt oder angeschafft und eine Wohnung selbst genutzt, wird der Nutzungswert dieser Wohnung für 1986 **auch** dann durch **Überschuß** des Mietwerts über die Werbungskosten ermittelt, wenn die **andere Wohnung innerhalb von sechs** Monaten nach Fertigstellung oder Anschaffung des Hauses erst im VZ 1987 vermietet wird (= Ausnahmetatbestand § 21a Abs. 1 Satz 3 Nr. 2).

Beispiel:
A hat mit Übergang zum 1.12.1986 ein Zweifamilienhaus erworben. Eine Wohnung bezieht er sofort selbst, die andere Wohnung steht in 1986 leer und wird ab 1.5.1987 vermietet.

Da die Vermietung innerhalb der Sechsmonatsfrist stattfindet, ist der Nutzungswert für (Dezember) 1986 durch Überschußrechnung zu ermitteln (Fristbeginn 1.1.1987, Fristende 30.6.1987). Daher ist hier die Große Übergangsregelung anwendbar.

Entsprechendes gilt, wenn ein Einfamilienhaus vor dem 1.1.1987 zu einem Zweifamilienhaus **ausgebaut** oder **erweitert** worden ist und eine Wohnung **innerhalb von sechs Monaten nach Beendigung des Ausbaus oder der Erweiterung vermietet** wird (wenn auch erst in **1987**).

Beispiel:
A baut sein bisheriges Einfamilienhaus (selbst bewohnt) zu einem Zweifamilienhaus um. Die neue Wohnung ist am 15.11.1986 bezugsfertig, eine Vermietung gelingt jedoch erst zum 1.4.1987.

Eine Fortführung der Überschußrechnung ist möglich (BMF Schreiben a. a. O. Abschn. II Nr. 2), da die Wohnung innerhalb der Sechsmonatsfrist (§ 21a Abs. 1 Nr. 2 S. 3) vermietet wird.

Bei einem **in einem Zug errichteten Zweifamilienhaus** (d.h. Fertigstellung der **zweiten** Wohnung innerhalb von 2 Jahren seit Fertigstellung der ersten Wohnung) wird der Nutzungswert ebenfalls durch Überschuß des Mietwerts über die Werbungskosten ermittelt, wenn im VZ 1986 erst eine Wohnung fertiggestellt und zu eigenen Wohnzwecken genutzt und die andere Wohnung vor Ablauf von sechs Monaten nach ihrer Fertigstellung vermietet wird (wenn auch erst 1987).

Beispiel:
B beginnt mit der Errichtung eines Zweifamilienhauses am 1.3.1986, das Erdgeschoß ist fertiggestellt zum 30.11.1986, B zieht sofort in die Wohnung ein. Die Dachgeschoßwohnung ist am 1.11.1987 fertig, eine Vermietung erfolgt erst zum 1.4.1988.

Da es sich um die Errichtung eines Zweifamilienhauses in einem Zuge handelt **(Zeitraum zwischen Fertigstellung der ersten und zweiten Wohnung nicht mehr als 2 Jahre),** beginnt die Sechsmonatsfrist für eine Vermietung erst mit Fertigstellung der zweiten Wohnung. Somit ist für 1986 eine Überschußrechnung (ab Dezember) vorzunehmen mit der Möglichkeit der Fortführung ab 1987.

§ 7b ist in diesem Fall **nicht** zulässig, da das Zweifamilienhaus **nach** dem 31.12.1986 fertiggestellt wurde. **§ 10e** ist jedoch zulässig, obwohl die eigene Wohnung bereits in 1986 fertiggestellt wurde; der Abzugszeitraum beginnt jedoch erst 1987. § 10e kann jedoch nur bei Verzicht auf die Fortsetzung der Nutzungswertbesteuerung geltend gemacht werden (vgl. BMF-Schr. vom 31.12.1994, RZ 1).

Die Übergangsregelung nach § 52 Abs. 21 Sätze 2, 3 gilt mithin z. B. **nicht,** wenn

– das Haus Ende 1986 fertiggestellt oder angeschafft worden ist, aber eine Wohnung erst nach dem 31.12.1986 zu eigenen Wohnzwecken genutzt wird, oder

– der Eigentümer im VZ 1986 ein Zweifamilienhaus fertiggestellt oder angeschafft und eine Wohnung selbst genutzt hat, die andere Wohnung aber erst nach Ablauf von sechs Monaten nach Fertigstellung oder Anschaffung des Hauses im VZ 1987 vermietet hat oder

– bei einem in einem Zug errichteten Zweifamilienhaus (siehe oben) im VZ 1986 erst eine Wohnung fertiggestellt und zu eigenen Wohnzwecken genutzt wird, die andere Wohnung aber erst nach Ablauf von sechs Monaten nach ihrer Fertigstellung vermietet wird.

Vgl. BMF-Schreiben vom 19. 9. 1986, a. a. O., Abschn. II 5.

7.10.2.1.2 Maßgeblichkeit der Verhältnisse im Jahr der übergangsweisen Fortführung der Nutzungswertbesteuerung (Parallelwertung)

Das Wahlrecht nach § 52 Abs. 21 Sätze 2, 3 steht dem Stpfl. nur unter der weiteren Voraussetzung zu, daß in den **VZ ab 1987,** für die eine Überschußermittlung nach der bis 1986 geltenden Regelung vorgenommen werden soll, die **früheren Tatbestandsmerkmale** für eine **Überschußermittlung** weiter (bzw. wieder) **erfüllt** sind (Parallelwertung).

Dies ist z. B. **nicht** der Fall, **wenn ganzjährig**
– für den betreffenden VZ nach 1986 die Voraussetzungen des früheren **§ 21a erfüllt wären** oder
– **keine Selbstnutzung einer eigenen Wohnung** zu Wohnzwecken mehr vorliegt.

Die Einkunftsermittlung für die eigene Wohnung durch Überschuß bleibt aber möglich, wenn zwischenzeitlich die Voraussetzungen für die Ermittlung des Nutzungswerts als Überschuß des Mietwerts über die Werbungskosten, z. B. bei zwischenzeitlicher Vermietung oder bei Nutzung des ganzen Hauses zu eigenen Wohnzwecken, nicht vorgelegen haben.

Beispiele:
1. A ist Eigentümer eines Zweifamilienhauses. Eine Wohnung bewohnt er selbst, die andere Wohnung ist bis 1991 vermietet. Ab 1992 nutzt A beide Wohnungen für eigene Wohnzwecke.

    A kann nur bis 1991 seine Einkünfte aus dem Zweifamilienhaus als Überschuß der Einnahmen/des Mietwerts über die Werbungskosten ermitteln.
2. Die Eheleute B bewohnen in ihrem in 1983 erworbenen Zweifamilienhaus bis zum 31. 1. 1986 nur eine Wohnung selbst. Die andere Wohnung war vermietet. Ab 1. 2. 1986 bis 30. 11. 1992 bewohnen sie das gesamte Haus selbst. Ab Dezember 1992 vermieten sie wieder eine Wohnung.

    Die Voraussetzungen für die Fortführung der Überschußrechnung liegen dem Grunde nach vor: 1986 erfolgte eine Vermietung für „kurze Zeit". In den Jahren 1987 bis 1991 ist jedoch keine Überschußrechnung möglich, da keine Vermietung vorliegt. Diese Möglichkeit „lebt jedoch 1992 wieder auf". Vgl. BMF Schreiben, a. a. O., Abschn. II Nr. 1b. Daher Überschußermittlung ab Dezember 1992.

Der **Nutzungswert** der **zu eigenen Wohnzwecken genutzten Wohnung** wird **ab** dem **VZ 1987** daher **nicht mehr besteuert,** wenn in einem VZ ab 1987 z. B.

– der Eigentümer erstmals eine Wohnung seines bisher vermieteten Hauses oder eines im VZ 1986 leerstehenden Hauses zu eigenen Wohnzwecken nutzt oder
– erstmals eine Wohnung eines bisher in vollem Umfang zu eigenen Wohnzwecken genutzten und nach § 21a pauschaliert besteuerten Hauses vermietet wird.

Beispiel:

C erwirbt ein Zweifamilienhaus mit Übergang von „Nutzungen und Lasten" zum 1. 11. 1986. Aus verschiedenen Gründen verzögert sich der Einzug des C in die erste Wohnung bis zum 10. 1. 1987. Die zweite Wohnung ist aber bereits seit dem 1. 12. 1986 vermietet.

Es ist keine Fortführung der Überschußrechnung möglich, weil C die eigene Wohnung 1986 noch nicht selbstgenutzt hat. § 10e kommt im übrigen nicht zur Anwendung, da die Anschaffung vor dem 1. 1. 1987 liegt (§ 52 Abs. 14).

7.10.2.1.3 Nämlichkeit der Wohnung und Wohnungswechsel

Sowohl aus dem Gesetzeswortlaut als auch aus Sinn und Zweck der Vorschrift ergibt sich, daß die **Identität** der selbstgenutzten Wohnung während des Übergangszeitraums gewahrt bleiben muß.

Ein **Wechsel** der selbstgenutzten Wohnungen durch den Stpfl. nach dem 31. 12. 1986 schließt die weitere Ermittlung des Nutzungswerts als Überschuß des Mietwerts über die Werbungskosten aus, wenn nicht beim Stpfl. bei der im jeweiligen Veranlagungszeitraum nach dem 31. 12. 1986 selbstgenutzten Wohnung auch schon im VZ 1986 die Voraussetzungen für diese Einkunftsermittlung vorgelegen haben (BFH, BStBl 1995 II 535).

Beispiel:

In einem in 1985 erworbenen Zweifamilienhaus bewohnt der Eigentümer A in 1986 die Dachgeschoßwohnung, während das Erdgeschoß vermietet ist. In 1987 zieht A in die Erdgeschoßwohnung. Die Dachgeschoßwohnung

1. bleibt weiter selbstgenutzt
2. wird nunmehr vermietet.

Im Fall 1. ist die Identität bei der Dachgeschoßwohnung gewahrt, daher wäre die Fortführung der Überschußermittlung ab 1987 für diese Wohnung möglich. Infolge Selbstnutzung beider Wohnungen liegt jedoch ab 1987 kein „Ausnahmetatbestand" i. S. des § 21a Abs. 1 Satz 3 mehr vor.
Daher werden beide Wohnungen ab 1987 nicht mehr besteuert.
Im Fall 2. ist die Identität der Wohnung **nicht** gewahrt. Die Erdgeschoßwohnung wird ab 1987 nicht mehr besteuert. Für die Dachgeschoß-Wohnung ist der Überschuß nach § 21 Abs. 1 zu ermitteln.

7.10.2.2 Rechtsfolgen bei Fortsetzung der Nutzungswertbesteuerung durch Überschußrechnung

Setzt der Stpfl. in einem VZ nach 1986 zulässigerweise die Überschußrechnung für die eigene Wohnung fort, so sind die Werbungskosten, soweit sie auf die eigengenutzte Wohnung entfallen, ohne Einschränkung abzugsfähig. Erhöhte Absetzungen (§ 82a, § 82g. § 82i EStDV) sind ggf. bis zum Ende des maßgeblichen Begünstigungszeitraums weiter zu berücksichtigen, solange § 52 Abs. 21 Satz 2 vom Stpfl. angewendet wird.

7.10.2.3 Verzicht auf die Nutzungswertbesteuerung (Abwahl)

Haben bei einer Wohnung im eigenen Haus bei dem Steuerpflichtigen im VZ **1986** die Voraussetzungen für die Ermittlung des Nutzungswerts als Überschuß des Mietwerts über die Werbungskosten vorgelegen, kann diese Methode bis einschließlich **1998** beibehalten werden (§ 52 Abs. 21 Satz 2).

Der Stpfl. kann aber auch erstmals ab dem VZ 1987 den Wegfall der Nutzungswertbesteuerung mit den daran anknüpfenden Folgen (kein Werbungskostenabzug) **wählen.** Der Verzicht ist in einem beliebigen VZ von 1987 bis 1998 möglich (§ 52 Abs. 21 Satz 3). Wird kein Antrag gestellt, ist der Nutzungswert letztmals im VZ 1998 zu besteuern.

Entscheidet sich der Stpfl. für den Wegfall der Nutzungswertbesteuerung, so ist er für die Zukunft daran gebunden. Er kann danach nicht mehr zur Nutzungswertbesteuerung zurückkehren.

Der **Antrag** auf **Wegfall der Nutzungswertbesteuerung** ist (unbeschadet der Geltendmachung eines Verlusts im Lohnsteuerermäßigungs- oder Vorauszahlungsverfahren) im **Veranlagungsverfahren** zu stellen. Der Antrag auf Wegfall kann mit der Abgabe der ESt-Erklärung, **spätestens bis zur Bestandskraft der Steuerfestsetzung** gestellt werden. Bei einem unter dem **Vorbehalt der Nachprüfung** stehenden Steuerbescheid (**§ 164 AO**) ist der Antrag auch nach Bestandskraft des Bescheides jederzeit und ohne Einschränkung zulässig (§ 164 Abs. 2 AO), solange keine Festsetzungsverjährung eingetreten ist.

Bei einem **vorläufigen Steuerbescheid (§ 165 AO)** ist der (nachträgliche) Antrag nach § 52 Abs. 21 Satz 3 nur zulässig, soweit sich die Vorläufigkeit auf ungewisse Tatsachen erstreckt, die für die Ermittlung der Einkünfte aus Vermietung und Verpachtung der Wohnung des Steuerpflichtigen nach § 52 Abs. 21 Satz 2 maßgebend sind.

Ein einmal gestellter Antrag auf **Wegfall** der Nutzungswertbesteuerung ist **unwiderruflich**, kann also **nicht** im Rechtsbehelfsverfahren zurückgenommen werden (BFH, BStBl 1995 II 410). Zur Kritik vgl. Stephan, DB 1989, 2304. Nach der Auffassung der FinVerw kann ein Widerruf der „Abwahl" der Nutzungsbesteuerung nach Treu und Glauben möglich sein (z. B. Vfg. OFD Düsseldorf, DB 1989, 1947).

Beispiel:

Der Stpfl. verzichtet mit Abgabe der ESt-Erklärung für 1996 in 1997 auf die Nutzungswertbesteuerung ab 1.1.1997 für eine selbstgenutzte Wohnung seines Zweifamilienhauses. Er hat für die andere vermietete Wohnung ²/₃ der Hausaufwendungen als Werbungskosten geltend gemacht, weil nach seiner Meinung nur ¹/₃ auf die selbstgenutzte Wohnung entfallen. Wenn das FA nunmehr von dieser Verteilung zu**ungunsten** des Stpfl. abweicht, soll ein Widerruf des Verzichts i. S. des § 52 Abs. 21 Satz 3 möglich sein.

Dagegen kann eine bereits bei der Veranlagung durchgeführte Nutzungswertbesteuerung im Rechtsbehelfsverfahren noch durch einen Antrag auf Wegfall beseitigt werden. Dies bietet sich für den Stpfl. z. B. an, wenn das Finanzamt einen erklärten Verlust nicht oder nicht in voller Höhe anerkannt hat.

Beispiel:
A bewohnt beide Wohnungen seines Zweifamilienhauses i. S. des § 21a Abs. 7. Bei den ESt-Veranlagungen für 1996 (bestandskräftig) und 1997 (noch nicht bestandskräftig) ist jeweils ein Überschuß der Einnahmen über die WK angesetzt worden.

Für 1996 ist infolge Bestandskraft der Steuerfestsetzung kein Antrag auf Wegfall der Nutzungswertbesteuerung mehr möglich. Der Antrag ist hier dagegen für den VZ 1997 noch möglich.

Der **Antrag** auf Wegfall der Nutzungswertbesteuerung kann für **jede Wohnung**, die unter die Übergangsregelung des § 52 Abs. 21 Satz 2 fällt, **gesondert** gestellt werden.

Dies gilt nach dem Wortlaut des BMF-Schreiben (a. a. O., Abschn. II Nr. 4) nicht nur bei mehreren Wohnungen in verschiedenen Häusern, sondern auch bei Wohnungen in demselben Haus.

Beispiel:
Beide Wohnungen eines Zweifamilienhauses i. S. des § 21a Abs. 7 sind selbstgenutzt. Der Eigentümer A beantragt, von der Besteuerung des Nutzungswerts **nur** für die Dachgeschoßwohnung ab 1997 abzusehen.

Den Wegfall der Nutzungswertbesteuerung für die (z. B. renovierungsbedürftige) Erdgeschoßwohnung beantragt er erst bei der Veranlagung für 1998.

Miteigentümer können voneinander unabhängig den Verzicht beantragen.

Hat der Stpfl. größeren **Erhaltungsaufwand** nach § 82b EStDV **verteilt** abgezogen, kann er den noch nicht abgezogenen Aufwand in einem Betrag in dem VZ abziehen, für den letztmals der Nutzungswert anzusetzen ist (BMF-Schreiben, a. a. O., Abschn. II Nr. 4 und BFH, BStBl 1993 II 432).

Beispiel:
X bewohnt sein von ihm 1960 erbautes inzwischen „schuldenfreies" Zweifamilienhaus ganz selbst. In 1994 hat er das Haus für 50 000 DM renovieren lassen und die Verteilung des Aufwands gem. § 82b EStDV auf 5 Jahre beantragt. X hat den Wegfall der Nutzungswertbesteuerung ab 1996 beantragt.

Infolge Wegfalls der Nutzungswertbesteuerung ab 1996 kann der noch nicht abgezogene Aufwand von 30 000 DM insgesamt in 1995 abgesetzt werden.

Wenn die Steuerfestsetzung des Veranlagungszeitraums, für den letztmals ein Nutzungswert versteuert wird, bereits bestandskräftig ist und der Steuerpflichtige die noch nicht abgezogenen Erhaltungsaufwendungen in diesem Veranlagungszeitraum nicht geltend gemacht hat, kann die bereits bestandskräftige Einkommensteuerfestsetzung auf Antrag der Stpfl. berichtigt werden, da es sich bei der o. a. Regelung zum Sofortabzug des bisher nicht berücksichtigten Restes der Erhaltungsaufwendungen um eine Billigkeitsmaßnahme handelt, die insoweit Grundlagenbescheid für den Einkommensteuerbescheid ist. Die Einkommensteuerfestsetzung kann deshalb nach § 175 Abs. 1 Nr. 1 AO geändert werden. In den Optionsfällen besteht außerdem die Möglichkeit der Berichtigung nach § 175 Abs. 1 Nr. 2 AO.

Haben für den **VZ 1986** die **Voraussetzungen** für die Inanspruchnahme **erhöhter Absetzungen** vorgelegen, können ab dem VZ, der auf das letzte Jahr der Nutzungswertbesteuerung folgt, bis einschließlich des VZ, für den die erhöhten Absetzungen letztmals hätten in Anspruch genommen werden können, die diesen entsprechenden Beträge **wie Sonderausgaben** vom Gesamtbetrag der Einkünfte abgezogen werden (§ 52 Abs. 21 Satz 4).

Diese **Regelung gilt** also nicht nur, wenn im VZ 1986 die pauschalierte Nutzungswertbesteuerung nach § 21a anzuwenden war, sondern **auch nach einem beantragten Verzicht auf die Überschußermittlung** gemäß § 52 Abs. 21 Satz 3.

Die Regelung des § 52 Abs. 21 **Satz 5** (Abzug der Beträge i. S. des § 82a Abs. 3 EStDV aF – Sonderbehandlung von Erhaltungsaufwand – gilt ebenfalls auch dann, wenn eine Selbstnutzung zu Wohnzwecken in 1986 nicht vorlag, sondern erst ab 1987 (ohne vorherige Vermietung).

Wird **nach dem 31. 12. 1986** eine Wohnung im Wege der **Gesamtrechtsnachfolge (Erbfall)** erworben und haben bei dem Rechtsvorgänger in 1986 die Voraussetzungen für die Ermittlung des Nutzungswerts als Überschuß des Mietwerts über die Werbungskosten vorgelegen, kann diese Einkunftsermittlungsart bei dem Gesamtrechtsnachfolger für die VZ fortgeführt werden, in denen dieser die Wohnung zu eigenen Wohnzwecken nutzt (oder sie ohne gesicherte Rechtsposition unentgeltlich überläßt). Bei **Schenkung** und **vorweggenommener Erbfolge** ist § 52 Abs. 21 Satz 2 **nicht** anwendbar (BFH, BStBl 1994 II 457).

Die Grundsätze des § 52 Abs. 21 Satz 3 und 4 (= Abschn. II Nr. 4 des BMF-Schreibens vom 19. 9. 1986, a. a. O.) gelten entsprechend. Vgl. Abschn. II Nr. 7 des o. g. BMF-Schreibens, a. a. O.

Beispiel:
Die Witwe W hatte ihr im Jahre 1980 errichtetes Zweifamilienhaus in 1986 selbst bewohnt. Im Jahre 1996 verstirbt sie. Alleinerbe Sohn S zieht in das Haus mit seiner Familie ein.
Eine Fortführung der Überschußrechnung durch den Gesamtrechtsnachfolger ist möglich (bis 31. 12. 1998), da die Erblasserin in 1986 die Voraussetzungen dafür erfüllte.

7.10.2.4 Übergangsregelung für Fälle der früheren pauschalierten Nutzungswertbesteuerung (§ 21a EStG)

7.10.2.4.1 Fortfall der Nutzungswertbesteuerung ab 1987

Wurde der Nutzungswert einer Wohnung in einem vor dem 1. 1. 1987 fertiggestellten oder angeschafften eigenen Haus im VZ 1986 für die gesamte Dauer der Selbstnutzung in 1986 nach § 21a pauschaliert besteuert, ist ab dem VZ 1987 in jedem Fall ein Nutzungswert nicht mehr anzusetzen.

Es besteht **kein** Wahlrecht (vgl. § 52 Abs. 21 Satz 1). In anderen Fällen der Selbstnutzung vgl. Abschn. II Nr. 1 des BMF-Schreiben vom 19. 9. 1986 (a. a. O.) und 7.10.2.1 – 7.10.2.4.

7.10.2.4.2 Weitergeltung von Abzugsmöglichkeiten

a) Umfang des Abzugs

Nutzt der Stpfl. die Wohnung zu eigenen Wohnzwecken, so gelten bestimmte Steuervergünstigungen auch ab 1987 noch bis zum Ablauf des jeweils geltenden Begünstigungszeitraums weiter, sofern die Abzugsvoraussetzungen im VZ 1986 vorgelegen haben.

Da in diesen Fällen ab 1987 die Nutzungswertbesteuerung entfällt, entfällt auch ab 1987 der Ansatz negativer Einkünfte aus Vermietung und Verpachtung.

Die in Betracht kommenden Vergünstigungen sind daher ab dem VZ 1987 betragsmäßig unverändert, aber wie **Sonderausgaben** bei der Ermittlung des Einkommens zu berücksichtigen.

Folgende Vergünstigungen – **soweit noch von Bedeutung** – sind wie Sonderausgaben zu berücksichtigen:

aa) **erhöhte AfA nach § 7b** bis zum Ablauf des i. d. R. achtjährigen Begünstigungszeitraums und nach **§ 82a, § 82g, § 82i EStDV** bis zum Ablauf des i. d. R. zehnjährigen Begünstigungszeitraums (§ 52 Abs. 21 Satz 4). Die AfA nach **§ 7 Abs. 5** ist **keine** „erhöhte AfA" i. S. des § 52 Abs. 21 S. 4 (BFH, BStBl 1994 II 322).

Der Abzug ist möglich bis einschließlich des VZ, in dem die erhöhten Absetzungen letztmals hätten in Anspruch genommen werden können, bei § 7b **letztmals** im **VZ 1993**, bei § 82a EStDV ff. letztmals im **VZ 2000**.

Bei Nutzung der Wohnung nach dem 31. 12. 1986 zur Erzielung von Einkünften ist **nicht** § 52 Abs. 21 S. 4 oder Satz 6 maßgebend.

bb) **Verteilter Erhaltungsaufwand** i. S. des **§ 82a Abs. 3 EStDV aF** bis zum Ablauf des i. d. R. zehnjährigen Begünstigungszeitraums (§ 52 Abs. 21 Satz 5).

Bei Durchführung von Maßnahmen i. S. von § 82a, § 82g, § 82i EStDV (Herstellungskosten) an einer zu **eigenen** Wohnzwecken genutzten Wohnung im eigenen Haus **nach** dem 31. 12. 1986 und **vor** dem **1. 1. 1992**, Nichtanwendung des § 52 Abs. 21 **Satz 2** und Nichteinbeziehung in § 10e ist ein Abzug von bis zu 10% ab dem Jahr der Herstellung wie Sonderausgaben zulässig (§ 52 Abs. 21 **Satz 6**). Dies gilt für § 82a Abs. 3 EStDV (verteilter Erhaltungsaufwand) entsprechend (§ 52 Abs. 21 **S. 6** 2. Halbs.). Hat ein **Erblasser** diesen Sonderausgabenabzug begonnen, kann ihn ein Erbe – bei Nutzung der Wohnung zu **eigenen** Wohnzwecken – entsprechend fortsetzen.

b) Unentgeltlicher Erwerb

Wird nach dem 31.12.1986 eine Wohnung im Wege der Erbfolge erworben und haben bei dem Rechtsvorgänger die Voraussetzungen des § 52 Abs. 21 Sätze 4 bzw. 5 vorgelegen, kann der **Gesamtrechtsnachfolger** den danach möglichen **Sonderausgabenabzug** vornehmen, sofern er die Wohnung zu eigenen Wohnzwecken selbst nutzt oder unentgeltlich ohne gesicherte Rechtsposition überläßt.

Beispiel:
B ist Eigentümer eines Einfamilienhauses. Das Gebäude wird von ihm selbst bewohnt.
Im Jahre 1991 ließ B eine neue Heizungsanlage in das Haus einbauen (§ 82a Abs. 3 EStDV).
Eine Nutzungswertbesteuerung entfiel ab VZ 1987 zwingend: Ein Werbungskostenabzug ist nicht möglich. Aber Abzug des Erhaltungsaufwands für die Heizungsanlage mit dem sich nach § 82a Abs. 3 EStDV ergebenden Betrag (10% jährlich) wie Sonderausgaben (§ 52 Abs. 21 S. **6**) bis zum VZ **2000**.

Bei unentgeltlichem Erwerb nach dem 31.12.1986 durch **Einzelrechtsnachfolge** ist ein Abzug der den erhöhten AfA entsprechende Beträge wie Sonderausgaben bei dem Erwerb **ausgeschlossen**)

Erfüllen für den VZ des Erbfalls sowohl der Erblasser als auch der Erbe die Abzugsvoraussetzungen nach § 52 Abs. 21 S. 4 bis 6 für die den erhöhten Absetzungen entsprechenden Beträge, kann der Erbe bestimmen, in welchem Umfang für diesen VZ der Abzug wie Sonderausgaben beim Erblasser und Erben erfolgen soll. Zur Problematik bei **Erbauseinandersetzung** und **vorweggenommener Erbfolge** vgl. Stephan, DB 1991, 1038 und 1090 ff.

7.10.3 Steuerliche Förderung des selbstgenutzten Wohneigentums (§ 10e EStG)

Literaturhinweise:
Märkle, Fallstudien zur Grundförderung nach § 10e Abs. 1 EStG und zum Vorkostenabzug nach § 10e Abs. 6 EStG, StWa 1989, 173; **Stephan**, Die Wohneigentumsförderung, 5. Auflage 1996, Schäffer-Poeschel Verlag; **ders.**, Erbauseinandersetzung und vorweggenommene Erbregelung bei selbstbewohntem Wohneigentum (Teil 1), DB 1991, 1038; Teil II: DB 1991, 1090; **ders.**, Erwerb eines Miteigentumsanteils an selbstbewohntem Wohneigentum von Ehegatten, DB 1991, 15.

7.10.3.1 Allgemeines

Für selbstgenutztes Wohneigentum, das nach dem 31.12.1986 hergestellt oder angeschafft wird, gilt ein besonderer Abzugsbetrag sog. **Grundförderung** (§ 10e Abs. 1). Der Abzugsbetrag wird acht Jahre lang gewährt und beträgt jährlich

– in den ersten 4 Jahren 6%
– in den folgenden 4 Jahren 5%

der Summe aus Herstellungs- oder Anschaffungskosten des Gebäudes und 50% der Anschaffungskosten des dazugehörigen Grund und Bodens, höchstens jedoch 19800 DM/16500 DM bzw. 9000 DM/7500 DM jährlich (Grundförderung).

Die steuerliche Förderung des selbstgenutzten Wohneigentums wird im Bereich der **Sonderausgaben** berücksichtigt.

Beispiel:
A erwirbt in 1995 ein Einfamilienhaus (Baujahr 1979)
Anschaffungskosten Gebäude   260000 DM,
       Grund und Boden   70000 DM.
Keine Nutzungswertbesteuerung. Steuerliche Förderung über Sonderausgaben nach § 10e:
Grundförderung (§ 10e Abs. 1):
4 Jahre je 6% von (260000 + 50% von 70000) = 17700 DM, danach 4 Jahre je 5% = 14750 DM.

Wegen des Abzugs von Aufwendungen in der Herstellungs- und Anschaffungsphase ebenfalls als Sonderausgaben vgl. § 10e Abs. 6 und 7.10.3.11. Vgl. im einzelnen **BMF-Schreiben** vom 31.12.1994, BStBl I 887.

7.10.3.2 Zeitliche Anwendung

§ 10e ist erstmals bei Wohnungen im eigenen Haus bzw. bei eigengenutzten Eigentumswohnungen anzuwenden, wenn das Haus oder die Eigentumswohnung nach dem 31.12.1986 hergestellt oder angeschafft worden sind (§ 52 Abs. 14 Satz 1). Daher ist **keine** Grundförderung nach § 10e Abs. 1 bis 5 zu gewähren für eine über dem VZ 1986 hinaus der Nutzungswertbesteuerung unterliegende eigengenutzte Wohnung (BFH, BStBl 1992 II 801 und BStBl 1993 II 30).

§ 10e ist **auch** anzuwenden bei Wohnungen, Ausbauten und Erweiterungen von Wohnungen in den **neuen Bundesländern,** wenn die Wohnungen nach dem 31.12.1990 hergestellt oder angeschafft und die Ausbauten und Erweiterungen nach diesem Zeitpunkt fertiggestellt worden sind (vgl. § 57 Abs. 1).

Zu den Begriffen Herstellung und Anschaffung vgl. R 44 Abs. 1, BMF-Schreiben vom 31.12.1994, a.a.O. **Rz 14 – 18**, sowie 7.10.3.3. Es kommt mithin nicht darauf an, wann in Herstellungsfällen der Antrag auf Baugenehmigung gestellt oder wann mit der Herstellung des Gebäudes begonnen worden ist. In Erwerbsfällen ist es ohne Bedeutung, wann das obligatorische Rechtsgeschäft (notarieller Kaufvertrag) abgeschlossen worden ist. Vgl. BMF, a.a.O., **Rz 18**.

- **Änderung durch JStG 1996:**

§ 10e ist für die VZ nach 1995 anzuwenden, wenn der Stpfl. im Fall der Herstellung vor dem 1.1.1996 mit der Herstellung des Objekts begonnen hat oder im Fall der Anschaffung das Objekt auf Grund eines vor dem 1.1.1996 rechtswirksam abgeschlossenen obligatorischen Vertrags oder gleichstehenden Rechtsakts angeschafft hat. Als Beginn der Herstellung gilt bei Objekten, die für eine Baugenehmigung erforderlich ist, der Zeitpunkt, in dem der Bauantrag gestellt wird; bei baugenehmigungsfreien Objekten, für die Bauunterlagen einzureichen sind, der Zeitpunkt, in dem die Bauunterlagen eingereicht werden (§ 52 Abs. 14 Sätze 6 und 7).

- **Übergangsregelung/Wahlrecht:**

Stpfl., die im Fall der Herstellung den Bauantrag **nach** dem **26.10.1995** und **vor** dem **1.1.1996** bzw. im Fall der Anschaffung den Kaufvertrag rechtswirksam nach dem 26.10.1995 und vor dem 1.1.1996 abschließen, können zwischen der Förderung nach **§ 10e oder** der **Bauzulage** nach dem Eigenheimzulagengesetz **wählen. Mieter** in den **neuen Ländern**, die ihre Wohnung aufgrund einer Veräußerungspflicht des Wohnungsunternehmers nach § 5 des Altschuldenhilfe-Gesetzes erwerben, werden auf Antrag bereits befördert, wenn der Zeitpunkt des zugrundliegenden obligatorischen Vertrags oder gleichstehenden Rechtsakts **nach** dem **28.6.1995** liegt.

- **Unentgeltlicher Erwerb**

Der **unentgeltliche** Erwerb (Schenkung bzw. vorweggenommene Erbfolge ohne Abfindungsleistungen sowie Erbfolge) ist **keine** Anschaffung i.S. des § 10e (**Rz 2 Satz 3**); zur Abgrenzung vgl. 7.8.6.4.

Bei **Gesamtrechtsnachfolge** (also im **Erbfall**) ist beim Rechtsnachfolger § 10e solange weiter anzuwenden, wie der Rechtsvorgänger die Vergünstigung hätte in Anspruch nehmen können, **Rz 59**. Dies gilt jedoch **nicht** bei der Einzelrechtsnachfolge (Schenkung, vorweggenommene Erbfolge); vgl. hierzu BMF, **Rz 2 Satz 3** und BFH, BStBl 1992 II 295.

- **Fortgesetzte Nutzungswertbesteuerung**

§ 10e ist **nicht** anwendbar, solange der Stpfl. mit der zu eigenen Wohnzwecken genutzten Wohnung der **Nutzungswertbesteuerung** unterliegt (z.B. nach § 52 Abs. 21 Satz 2); vgl. BMF Rz 1, BFH, BStBl 1992 II 801 sowie BStBl 1993 II 30.

7.10.3.3 Zeitpunkt der Herstellung und Anschaffung

Der achtjährige Abzugszeitraum beginnt

— mit dem Jahr der Fertigstellung oder Anschaffung der Wohnung im eigenen Haus oder der eigenen Eigentumswohnung (Wohnung) bzw.

— mit dem Jahr der Fertigstellung des Ausbaus oder der Erweiterung der Wohnung.

Eine Wohnung ist in der Regel auch dann im Sinne des § 10e angeschafft, wenn sie durch **Baumaßnahmen** des **Nutzungsberechtigten** auf fremdem Grund und Boden entstanden ist und dieser das Eigentum an dem Objekt **gegen Aufgabe** eines **Aufwendungsersatzanspruchs erwirbt** (vgl. BMF, **Rz 5** und **17 Satz 2**).

Erwirbt der Nutzungsberechtigte das Eigentum z. B. als Erbe, stellt der Eigentumserwerb keine Anschaffung dar.

Wird ein im **Miteigentum** stehendes Gebäude in **Eigentumswohnungen umgewandelt,** an denen die bisherigen Miteigentümer jeweils Alleineigentum erwerben, liegt ebenfalls **keine** Anschaffung im Sinne des § 10e vor. Der Zeitpunkt der Herstellung oder Anschaffung des Gebäudes, an dem die Miteigentumsanteile bestanden haben, bleibt insoweit für die Anwendung des § 10e maßgebend.

Eine Wohnung ist hergestellt oder der Ausbau oder die Erweiterung ist **fertiggestellt**, sobald die Wohnung oder der Ausbau oder die Erweiterung nach **Abschluß** der **wesentlichen Bauarbeiten bewohnbar** ist (BFH, BStBl 1975 II 659 und BStBl 1980 II 365). Vgl. BMF, **Rz 14 – 16**.

Eine Wohnung ist **angeschafft**, wenn der Erwerber das wirtschaftliche Eigentum an dem Objekt erlangt; das ist regelmäßig der Zeitpunkt, zu dem Besitz, Nutzungen, Lasten und Gefahr auf ihn übergehen. Vgl. BMF, **Rz 17 – 18**.

7.10.3.4 Begünstigte Objekte

7.10.3.4.1 Wohnung im eigenen Haus – Maßgebender Zeitpunkt

Die Begünstigung des § 10e gilt (anders als bei § 7b) ganz allgemein für die Wohnung im eigenen Haus (§ 10e Abs. 1 Satz 1).

Es kommt **nicht** auf die **Grundstücksart** an. Vgl. BMF, **Rz 8 Satz 3**.

Ausgenommen sind Ferien- und Wochenendwohnungen (§ 10e Abs. 1 Satz 2). Vgl. 7.10.4.3.4.5.

Für die Förderung nach § 10e ist weder die tatsächliche Gestaltung im Zeitpunkt der Anschaffung bzw. Herstellung noch im Zeitpunkt des erstmaligen Bezugs der zu eigenen Wohnzwecken genutzten Wohnung maßgebend.

Bei der Anwendung des § 10e ist in **jedem Veranlagungszeitraum** zu **prüfen**, ob nach bewertungsrechtlichen Grundsätzen eine Wohnung vorliegt.

Beispiele:
1. Der Stpfl. erwirbt im VZ 01 ein vermietetes Einfamilienhaus. Erst ab VZ 08 nutzt er es zu eigenen Wohnzwecken. Lediglich im VZ 08 liegt eine nach § 10e begünstigte Wohnung vor. Der Begünstigungszeitraum endet zwingend mit dem VZ 08. § 10e ist daher nur für ein Jahr zu gewähren. Eine Nachholung nach § 10e Abs. 3 ist nicht möglich.
2. Der Stpfl. erwirbt am 1.2.01 ein Zweifamilienhaus und baut es vor Bezug in ein Einfamilienhaus um (Fertigstellung 1.11.01, Erstbezug 1.12.01).

   Der Stpfl. kann die Steuerermäßigung nach § 10e von den gesamten Anschaffungskosten des Gebäudes zuzüglich den nachträglichen Herstellungskosten und 50 v. H. der Anschaffungskosten des Grund und Bodens für den vollen Begünstigungszeitraum von 8 Jahren gewährt werden. Ggf. liegt die „**Herstellung** einer Wohnung" i. S. BMF Rz 15 vor.

Die Grundförderung für die selbstgenutzte Wohnung ist nicht auf selbstgenutzte Wohnungen in Einfamilienhäusern, Zweifamilienhäusern und Eigentumswohnungen begrenzt.

Beispiel:

A nutzt in einem ihm gehörenden Mietwohngrundstück eine von vier gleichgroßen Wohnungen selbst zu Wohnzwecken.

Der Teil der Anschaffungs- bzw. Herstellungskosten, der auf die eigene Wohnung entfällt, sowie der entsprechende Anteil des Grund und Bodens (zur Hälfte) fallen unter die Grundförderung nach § 10e Abs. 1.

Die Aufteilung der Anschaffungs- und Herstellungskosten ist i. d. R. nach dem Verhältnis der Nutzflächen oder einem anderen angemessenen Aufteilungsmaßstab vorzunehmen (vgl. R 13 Abs. 6, BMF, **Rz 52** und **53**.).

Gesondert zurechenbare Aufwendungen sind vorweg voll zu erfassen (vgl. Nießbraucherlaß, Tz. 52a)

7.10.3.4.2 Wohnung

Nur die Nutzung einer Wohnung ist begünstigt.

Vgl. zum Wohnungsbegriff BMF, **Rz 8**.

Der durch die BFH-Rechtsprechung (insbesondere BFH, BStBl 1985 II 151 und 1986 II 319) verschärfte Wohnungsbegriff gilt bei Errichtung, Umbau oder Erweiterung von Gebäuden, wenn der Antrag auf Baugenehmigung nach dem 31.12.1985 gestellt wurde. Vgl. im einzelnen BMF-Schreiben vom 15.5.1985, BStBl I 201. Die Verschärfung ist daher bei § 10e regelmäßig zu beachten (BMF, **Rz 8**). Nebenräume (wie Keller, Hobbyraum, u.ä.) gehören zur Wohnung (vgl. BMF, **Rz 9 Nr. 1**), ebenso Garagen (ohne Rücksicht auf die Anzahl), soweit sie nach ihrer Nutzung als zur Wohnung gehörend angesehen werden können (vgl. BMF, Rz 9 Nr. 2).

Nicht unter den Wohnungsbegriff fällt die wohnliche Nutzung **einzelner** Räume (vgl. BFH, BStBl 1983 II 660, 662).

> **Beispiel:**
> A hat sein Einfamilienhaus vermietet. Einen Raum (10% der Wohnfläche) bewohnt er selbst. § 10e ist nicht anwendbar.

Eine Ausnahme hierzu stellt die Begünstigung von Ausbauten und Erweiterungen nach § 10e Abs. 2 dar; vgl. 7.10.3.6.5.

7.10.3.4.3 Belegenheit im Inland

Unter § 10e fällt nur Wohneigentum in einem im Inland belegenen Haus (bzw. Eigentumswohnung).

7.10.3.4.4 Nutzung zu eigenen Wohnzwecken (§ 10e Abs 1 Satz 2 EStG)

7.10.3.4.4.1 Eigene Wohnzwecke

Unter § 10e fällt nur Wohneigentum, das zu eigenen Wohnzwecken des Eigentümers genutzt wird. Die steuerliche Förderung ist auf die selbstgenutzte Wohnung im eigenen Haus beschränkt. Dies entspricht der Regelung in § 34f Satz 2 Nr. 1.

Nicht begünstigt sind **leerstehende** Wohnungen (auch nicht bei Bereithaltung zur späteren Selbstnutzung, BMF, **Rz 11 Satz 3**).

Eine Selbstnutzung nur während eines **Teils** des Jahres ist jedoch ausreichend (BMF, **Rz 58**).

> **Beispiel:**
> Der Stpfl. hat seine eigene Wohnung am 15.12.01 bezogen. Er erhält für 01 die (volle) Grundförderung.

7.10.3.4.4.2 Unentgeltliche Mitbenutzung oder Überlassung einzelner Räume zu Wohnzwecken

Unschädlich ist die unentgeltliche Überlassung **einzelner Räume** einer im übrigen vom Eigentümer selbstgenutzten Wohnung oder die **unentgeltliche Mitbenutzung** durch Dritte einer im übrigen vom Eigentümer selbst bewohnten Wohnung zu Wohnzwecken (§ 10e Abs. 1 Satz 3). In diesen Fällen bleibt die Förderung für die **gesamte** Wohnung erhalten. Vgl. BMF, Rz 11 Satz 2.

7.10.3.4.4.3 Unentgeltliche Überlassung einer Wohnung

a) Grundsatz

Eine Nutzung zu eigenen Wohnzwecken liegt grds. **nicht** vor, wenn eine Wohnung **insgesamt unentgeltlich** Dritten zu Wohnzwecken überlassen wird. Hierbei ist es **ohne Bedeutung**, ob die Nutzungsüberlassung an den Dritten aufgrund **gesicherter** Rechtsposition oder **nicht gesicherter** Rechtsposition erfolgt (Umkehrschluß aus § 10e Abs. 1 Satz 3).

Daher ist die unentgeltliche Überlassung an den geschiedenen bzw. dauernd getrennt lebenden Ehegatten **keine** besondere Form der Selbstnutzung (vgl. BFH-Urt. vom 26.1.1994, DB 1994, 817, vgl. auch BFH, BStBl 1991 II 305).

b) Ausnahmen

Nach BFH, BStBl 1992 II 241 liegt jedoch eine Selbstnutzung i. S. des § 10e Abs. 1 vor, wenn der Stpfl. **und** ein (studierendes) Kind eine **außerhalb** des Familienwohnsitzes gelegene Wohnung bewohnen;

ebenso bei ausschließlich unentgeltlicher Überlassung an ein **zu berücksichtigendes** Kind (BFH, BStBl 1994 II 544, BMF, **Rz 11**).

Beispiel:
A erwirbt eine Eigentumswohnung und überläßt sie einem volljährigen Sohn S zur unentgeltlichen Nutzung
a) S ist nach § 32 Abs. 1 bis 5 zu berücksichtigen
b) **keine** Berücksichtigung nach § 32 Abs. 1 bis 5.

Zu Fall a) gilt:
aa) § 10e ist anwendbar,
bb) § 34f ist **nicht** anwendbar.

Zu Fall b) gilt:
aa) § 10e ist **nicht** anwendbar.
bb) § 34f ist **nicht** anwendbar.
cc) § 33a Abs. 2 ist anwendbar.

7.10.3.4.4.4 Teilweise Nutzung der Wohnung zu anderen als eigenen Wohnzwecken

Nutzt der Eigentümer seine Wohnung **teilweise** auch zu **eigenen betrieblichen** oder **beruflichen Zwecken,** so ist als Bemessungsgrundlage des **§ 10e nur** der **Teil** der Anschaffungs- bzw. Herstellungskosten des Gebäudes bzw. Grund und Bodens anzusetzen, der auf die eigenen Wohnzwecke entfällt (§ 10e Abs. 1 Satz 7) – Kürzung der Bemessungsgrundlage.

Es ist jedoch **keine** anteilige Kürzung des Höchstbetrages von vorzunehmen (so auch BMF, **Rz 54**).

Die auf den eigenbetrieblichen (oder beruflichen) Zwecken dienenden Teil entfallenden Aufwendungen sind als **Betriebsausgaben** (bzw. Werbungskosten) abziehbar (einschließlich anteiliger Gebäude-AfA).

Entsprechendes gilt auch, wenn Teile einer im übrigen selbstgenutzten Wohnung **vermietet** werden.

Aufteilungsmaßstab ist das Verhältnis der Nutzflächen; beim **häuslichen Arbeitszimmer** ist somit das Verhältnis der Fläche des Arbeitszimmers zur Summe aus Wohnfläche der übrigen Wohnung i. S. §§ 42 bis 44 II. BerechnungsVO und Fläche des Arbeitszimmers maßgebend (vgl. BFH, BStBl 1987 II 500, BMF, **Rz 6**).

Beispiel:
Bei einem Einfamilienhaus betragen die Herstellungskosten 420 000 DM, die Anschaffungskosten des Grund und Bodens 180 000 DM. (Bauantrag **vor** 1. 1. 1994).
Die Wohnfläche beträgt 120 m^2 (= 60%), weitere 80 m^2 (= 40%) dienen der eigenen freiberuflichen Praxis.

– Eigene **Wohnung:** § 10e Abs. 1
Bemessungsgrundlage 60% × 420 000 DM =   252 000 DM
                              60% × $^1/_2$ × 180 000 DM =   54 000 DM
                                                  306 000 DM
              Höchstbetrag   330 000 DM
Grundförderung 6% von 306 000 DM = 18 360 DM.

– Eigene **Praxis**
Die anteilige Gebäude-AfA (40%) ist als Betriebsausgaben zu berücksichtigen (AfA nach § 7 Abs. 4 bzw. § 7 Abs. 5 Nr. 1). AfA-Bemessungsgrundlage 40% von 420 000 DM = 168 000 DM, AfA 10% von 168 000 DM = 16 800 DM.

– Dementsprechend sind 40% der Hausaufwendungen als Betriebsausgaben zu berücksichtigen.

Bei Vermietung der gesamten Wohnung ist § 10e nicht anwendbar. Hier kommt stattdessen die Gebäude-AfA nach § 7 Abs. 4 bzw. § 7 Abs. 5 oder erhöhte AfA als Werbungskosten zum Abzug.

Beispiel:
A errichtet aufgrund Bauantrag aus 1994 ein Zweifamilienhaus (Fertigstellung 2.1.1995).

Herstellungskosten Gebäude	400 000 DM
Anschaffungskosten Grund und Boden	100 000 DM
Gesamte Hausaufwendungen	10 000 DM.

Eine Wohnung ist für monatlich 1000 DM vermietet, die andere Wohnung (gleichgroß und gleichwertig) selbstgenutzt.

a) **Einkünfte** aus § 21 in 1995:

Vermietete Wohnung: Ansatz Überschuß der Einnahmen über die Werbungskosten

Einnahmen 1 000 DM × 12 =	12 000 DM
∕. Werbungskosten	
½ von 10 000 DM =	5 000 DM
AfA: § 7 Abs. 5 Nr. 3a 7% von 1/2 × 400 000 =	14 000 DM
Einkünfte § 21	∕. 7 000 DM

b) **Selbstgenutzte** Wohnung:
Keine Einnahmen – keine Werbungskosten – keine AfA. Vielmehr Sonderausgabe nach § 10e Abs. 1:
6% von ½ × 450 000 DM = 13 500 DM.

7.10.3.4.4.5 Keine Förderung von Ferien- und Wochenendwohnungen

Nicht gefördert werden Ferien- und Wochenendwohnungen (§ 10e Abs. 1 Satz 2).

Der Begriff der Ferien- und Wochenendwohnung wird im Gesetz allerdings nicht definiert.

Nach dem BMF, **Rz 20**, handelt es sich um Wohnungen, die

– in einem ausgewiesenen **Sondergebiet** für Ferien- oder Wochenendhäuser liegen oder
– sich aufgrund ihrer Bauweise **nicht zum dauernden Bewohnen eignen** (entsprechend BFH, BStBl 1990 II 815).

7.10.3.4.5 Baurechtliche Voraussetzungen

Eine Wohnung, ein Ausbau und eine Erweiterung sind **nicht** begünstigt, wenn sie entgegen den baurechtlichen Vorschriften ohne Baugenehmigung errichtet worden sind (sog. **Schwarzbauten**).

Grund für diesen Ausschluß der Steuerbegünstigung (der sich nicht aus dem Gesetz ergibt) ist die Überlegung, daß ein Stpfl., der gegen das öffentliche Baurecht verstößt, für ein solches rechtswidrig erstelltes Objekt nicht auch noch eine staatliche Förderung erhalten darf.

Die stillschweigende Zustimmung der Gemeinde (z.B. durch Anmeldung mit erstem Wohnsitz) reicht **nicht** aus.

7.10.3.5 Abzugsberechtigte Personen

Anspruchsberechtigt ist der **bürgerlich-rechtliche Eigentümer** oder der **wirtschaftliche Eigentümer** i.S. § 39 Abs. 2 Nr. 1 AO (BFH, BStBl 1992 II 944), der die Herstellungs- oder die Anschaffungskosten getragen hat, und dessen **Erbe**. Andere unentgeltliche Erwerber sind nicht anspruchsberechtigt. Bürgerlich-rechtliches Eigentum am Gebäude kann auch nach § 95 Abs. 1 BGB erlangt werden, z.B. bei Herstellung eines Gebäudes in Ausübung eines dinglichen Rechts (beispielsweise eines Nießbrauchs) an einem unbebauten Grundstück.

Vgl. hierzu BMF, **Rz 2 bis 6**..

7.10.3.5.1 Bauherr oder Erwerber

Die Steuervergünstigung des § 10e kann in Anspruch nehmen, wer als Bauherr oder entgeltlicher Erwerber der selbstgenutzten Wohnung anzusehen ist.

Zur Bauherreneigenschaft vgl. § 15 Abs. 1 EStDV, BMF-Schreiben vom 31.8.1990, BStBl I 366 (Bauherren-Erlaß).

Nur die **entgeltliche** Anschaffung ist als Erwerb i.S. des § 10e anzusehen.

Erforderlich ist zumindest der Übergang des wirtschaftlichen Eigentums (§ 39 Abs. 2 Nr. 1 AO).

Auch bei **Erbbauberechtigten** (generell) und **Dauerwohnberechtigten** (unter bestimmten Voraussetzungen, vgl. BMF, **Rz 6**) ist § 10e anwendbar.

Der Dauerwohnberechtigte im Sinne der §§ 31 ff. Wohnungseigentumsgesetz ist nur dann als wirtschaftlicher Eigentümer der Wohnung anzusehen, wenn seine Rechte und Pflichten bei wirtschaftlicher Betrachtungsweise den Rechten und Pflichten eines Eigentümers der Wohnung entsprechen und wenn er aufgrund des Dauerwohnrechtsvertrags bei Beendigung des Dauerwohnrechts eine angemessene Entschädigung erhält. Ob dies zutrifft, richtet sich nach den Verhältnissen des Einzelfalls (BFH, BStBl 1965 III 8 und BStBl 1986 II 258).

7.10.3.5.2 Unentgeltlicher Erwerber

a) Allgemeines

Bei unentgeltlichem Erwerb einer Wohnung (eines Gebäudes) liegt keine Anschaffung i. S des § 10e vor. Bei der Frage, ob wenigstens eine Fortsetzung des begonnenen Sonderausgabenabzugs nach § 10e möglich ist, ist § 11d Abs. 1 EStDV nicht anwendbar.

Es ist aber zu unterscheiden zwischen Einzel- und Gesamtrechtsnachfolge.

Bei Einzelrechtsnachfolge, also Schenkung, bzw. „vorweggenommener Erbfolge" (soweit unentgeltlich!) kann § 10e vom Rechtsnachfolger **nicht** fortgesetzt werden (BFH, BStBl 1992 II 295 und 1992 II 736). Dies steht im Einklang mit dem Grundsatz, daß eine Sonderausgaben-Abzugsberechtigung nicht durch Rechtsgeschäft unter Lebenden auf Dritte übertragbar ist. Siehe auch BMF, **Rz 2 Satz 3**.

Entsprechendes gilt für den **Vermächtnisnehmer** und für **Pflichtteilsberechtigte**.

b) Erbfall, Erbauseinandersetzung

Der **Gesamtrechtsnachfolger** (Erbe) kann § 10e noch in dem Umfang in Anspruch nehmen, wie dem Rechtsvorgänger die Vergünstigung zugestanden hätte (vgl. BMF, **Rz 59**).

Der Abzugszeitraum für den Rechtsnachfolger beginnt aber nicht neu zu laufen. Die Fortführung des Abzugszeitraums kommt für den Gesamtrechtsnachfolger aber nur in Betracht, wenn bei ihm eine Selbstnutzung vorliegt. Abzugsberechtigung des Rechtsvorgängers ist dagegen nicht Voraussetzung. Der Gesamtrechtsnachfolger kann die Steuerbegünstigung nach § 10e bis zum Ende des Abzugszeitraums **auch** dann in Anspruch nehmen, wenn beim **Erblasser** eine Inanspruchnahme wegen der **Objektbeschränkung** im Sinne des § 10e Abs. 4 Sätze 1 bis 3 ausgeschlossen war (vgl. BFH, BStBl 1992 II 69, BMF, **Rz 59 Satz 2**).

Im Falle der **Erbauseinandersetzung** ist sowohl ein entgeltlicher als auch unentgeltlicher Erwerb denkbar. Vgl. BMF-Schreiben vom 11.1.1993, BStBl I 62, BFH GrS, BStBl 1990 II 837, und im einzelnen BMF, **Rz 64 bis 66**.

Unentgeltlicher Erwerb (mit bloßer Fortsetzungsmöglichkeit des § 10e als Gesamtrechtsnachfolger) ist somit insbesondere gegeben bei **Realteilung** (Überführung in Alleineigentum **ohne Abfindung**) (BMF, **Rz 65**).

Dagegen liegt **entgeltlicher** Erwerb (also Anschaffung i. S. des § 10e) vor, soweit der Miterbe z. B. **Abfindungen** an weichende Erben leisten muß (BMF, **Rz 66** mit **Beispiel**).

Hierbei ist der **Höchstbetrag** in dem Umfang zu **kürzen,** wie der Stpfl. **nicht** Erbe war (BMF, **Rz 66**, Vgl. im einzelnen 7.10.3.13).

c) Vorweggenommene Erbfolge

- Bei **voll un**entgeltlicher vorweggenommener Erbfolge liegt weder eine Anschaffung vor noch kann der Übernehmer § 10e fortsetzen.
- Bei **teilentgeltlichem** Erwerb (gegen Abfindung bzw. Schuldübernahme sind für § 10e nur die Anschaffungskosten des Erwerbers anzusetzen.

Der Höchstbetrag ist **nicht** zu kürzen (BMF, **Rz 43**). Zu nachträglichem HK vgl. BMF, **Rz 71**.

d) Mittelbare Grundstücksschenkung

Es ist eine **Abgrenzung** von **Grundstücks- und Geldschenkung** vorzunehmen. Vgl. BMF, Rz 2 Sätze 4 und 5.

Hat der Eigentümer eine Geldschenkung erhalten und damit eine Wohnung im Sinne des § 10e angeschafft oder hergestellt, hat er die Anschaffungs- oder Herstellungskosten getragen. Daher ist § 10e Abs. 1 anwendbar.

Dies gilt **nicht** im Falle einer mittelbaren Grundstücksschenkung. Diese liegt vor, wenn im voraus eine klare und eindeutige Schenkungsabrede dahingehend getroffen ist, daß der Gegenstand der Schenkung ein ganz bestimmtes **Grundstück** und nicht etwa ein Geldbetrag sein soll (vgl. BFH, BStBl 1992 II 67; zur Abgrenzung zwischen Grundstücks- und Geldschenkung vgl. auch die gleichlautenden Erlasse vom 2.11.1989, BStBl I 443).

7.10.3.5.3 Vorbehalts- und Vermächtnisnießbraucher

Die **FinVerw lehnt** weiterhin – u. E. unbefriedigend – Fortsetzung des § 10e bei allen dinglichen Nutzungsrechten **ab** (BMF, **Rz 5**) und begründet dies damit, daß wirtschaftliches Eigentum durch dinglich oder schuldrechtlich begründete Nutzungsrechte an der Wohnung in der Regel nicht vermittelt werde. Dies gelte auch, wenn die Wohnung aufgrund eines vorbehaltenen Nießbrauchs genutzt werde (unter Hinweis auf BFH, BStBl 1983 II 631 und BStBl 1984 II 202).

7.10.3.5.4 Unentgeltlich Nutzungsberechtigte

a) Grundsatz

§ 10e ist **nicht** anwendbar bei unentgeltlicher Nutzungsberechtigung aufgrund obligatorischer gesicherter Rechtsposition sowie unentgeltlichem Zuwendungsnießbrauch.

§ 10e ist **aber** anwendbar bei Herstellung eines Gebäudes in Ausübung eines dinglichen Rechts (= Scheinbestandteil, § 95 Abs. 1 Satz 2 BGB); vgl. BMF, **Rz 3**.

b) Bauten auf fremdem Grund und Boden

M. E. müßte der Stpfl. hinsichtlich eines **Nutzungsrechts,** das er durch **Baumaßnahmen** auf einem **fremden Grundstück** begründet hat, ebenfalls zur Inanspruchnahme des § 10e berechtigt sein (entsprechend der hier gegebenen AfA-Berechtigung nach den für Gebäude geltenden Grundsätzen), vgl. BMF-Schreiben vom 4.6.1986, BStBl I 318. Denn die vom BFH gegebene Begründung für die AfA-Berechtigung läuft auf wirtschaftliches Eigentum hinaus. Trotzdem lehnt auch das BMF-Schreiben vom 31 12.1994, **Rz 5** weiterhin die § 10e-Berechtigung **grds.** ab.

Erst wenn ein Nutzungsberechtigter unter **Verzicht** auf den **Aufwendungsersatzanspruch** nach § 951 i.V.m. § 812 BGB das **Eigentum** an einer **Wohnung erwirbt,** die durch von ihm durchgeführte Baumaßnahmen auf fremdem Grund und Boden entstanden ist, soll er Anspruch auf Grundförderung nach § 10e Abs. 1 haben. Erst in diesem Zeitpunkt liegt das Tatbestandsmerkmal „eigene Wohnung" vor.

Eine schriftliche Vereinbarung hierzu ist aber **nicht** erforderlich (**Rz 17 Satz 2**)

Dann liegen **Anschaffungskosten** der **Wohnung** in Höhe des **aufgegebenen Ersatzanspruchs** vor. Es kann davon ausgegangen werden, daß die geschätzte Höhe des Aufwendungsersatzanspruchs dem Betrag der vom Steuerpflichtigen getragenen **Herstellungskosten entspricht** (BMF, **Rz 17** und **42**).

Die Anschaffungskosten entfallen in **vollem** Umfang auf die **Wohnung ohne** den dazugehörenden Grund und Boden (BMF, **Rz 48 Satz 2**).

Erwirbt der Nutzungsberechtigte das Eigentum dagegen **unentgeltlich,** kann er die Steuerbegünstigung nach § 10e **nicht** in Anspruch nehmen, weil im Zeitpunkt der Herstellung des Objekts keine Wohnung im eigenen Haus vorhanden war und der unentgeltliche Erwerb das Tatbestandsmerkmal der Anschaffung nicht erfüllt.

7.10.3.6 Einkommensgrenze (§ 10e Abs. 5a EStG)

Die Förderung nach § 10e Abs. 1 bis 5 wird auf Stpfl. mit einem **Gesamtbetrag der Einkünfte** bis zu **120 000 DM**, bei Ehegatten i.S. des § 26 Abs. 1 bis zu **240 000 DM** beschränkt (§ 10e Abs. 5a Satz 1). Maßgebend ist das jeweilige Jahr des Abzugszeitraums. Vgl. BMF, **Rz 22.**

Die Einschränkung gilt in **Herstellungsfällen** für Objekte, für die der Stpfl. **nach dem 31.12.1991** den **Bauantrag** gestellt hat oder, falls ein solcher nicht erforderlich ist, mit deren Herstellung er nach diesem Zeitpunkt begonnen hat (§ 52 Abs. 14 Satz 4).

In **Anschaffungsfällen** muß der rechtswirksame Abschluß des obligatorischen **Vertrags** oder eines gleichstehenden Rechtsakts **nach** dem 31.12.1991 vorgenommen worden sein (§ 52 Abs. 14 Satz 5).

Die **Nachholung** von Abzugsbeträgen ist ebenfalls nur möglich **für** die Veranlagungszeiträume, in denen die Einkommensgrenze nicht überstiegen wird (§ 10e Abs. 5a Satz 2). Im Jahr der Nachholung ist die Überschreitung des Grenzwerts dagegen **unschädlich** (BMF, **Rz 67**).

Entsprechendes gilt für **nachträgliche Herstellungskosten** oder Anschaffungskosten im Sinne des § 10e Abs. 3 Satz 2, d. h. nachträgliche Herstellungs- oder Anschaffungskosten können nur auf die Veranlagungszeiträume zurückbezogen werden, in denen der Sonderausgabenabzug zulässig ist (BMF, **Rz 70**).

Nicht betroffen ist der Vorkostenabzug (§ 10e Abs. 6). Die Maßgeblichkeit des Gesamtbetrags der Einkünfte beschränkt sich auf die Abzugsbeträge der **Tatbestände** des § 10e **Abs. 1** und **Abs. 2**.

Der Abzug der vor der erstmaligen Nutzung zu eigenen Wohnzwecken entstandenen Kosten nach § 10e Abs. 6 ist deshalb **unabhängig** von der Höhe des **Gesamtbetrags der Einkünfte** zulässig.

Beispiel:

Der ledige Stpfl. hat aufgrund Bauantrags vom Februar 1996 ein Einfamilienhaus errichtet, das er ab 1.12.1996 zu eigenen Wohnzwecken nutzt.

Der Gesamtbetrag der Einkünfte 1996 beträgt 150 000 DM. Für 1996 ist zwar **nicht** die **Grundförderung**, wohl aber der Abzug von **Vorkosten** zulässig.

7.10.3.7 Erwerb unter Ehegatten

Erwirbt ein Ehegatte von dem anderen Ehegatten eine Wohnung (oder einen Anteil daran), so kann hierfür der Abzugsbetrag nach § 10e **nicht** geltend gemacht werden, wenn die Ehegatten im **Erwerbszeitpunkt** die Voraussetzungen des § 26 Abs. 1 erfüllen (§ 10e Abs. 1 Satz 8). Vgl. BMF, **Rz 21**.

Beispiel:

M erwirbt in 03 von F entgeltlich eine Eigentumswohnung. F hat hierfür § 10e in den Jahren 01 bis 03 einschließlich beansprucht.

M und F heiraten in 04.

M kann auch nach der Heirat für das von ihm erworbene Haus § 10e in Anspruch nehmen.

§ 10e Abs. 1 S. 8 ist nicht anwendbar, da im Erwerbszeitpunkt die Voraussetzungen des § 26 Abs. 1 nicht vorlagen. Für M **und** F ist aber Objektverbrauch eingetreten.

Kein Erwerb vom Ehegatten ist der Erwerb bei Zwangsversteigerung (BFH, BStBl 1993 II 152).

7.10.3.8 Ermittlung des Abzugsbetrags (Grundförderung § 10e Abs. 1 EStG)

7.10.3.8.1 Bemessungsgrundlage

Bemessungsgrundlage für den Abzugsbetrag nach § 10e Abs. 1 ist die Summe aus den Anschaffungs- und Herstellungskosten der selbstgenutzten Wohnung und der Hälfte der Anschaffungskosten des dazugehörigen Grund und Bodens. Vgl. im einzelnen BMF, **Rz 35–55**.

Zur Bemessungsgrundlage gehören **auch** die den **Herstellungskosten** zuzurechnenden **anschaffungsnahen Aufwendungen,** die auf die zu eigenen Wohnzwecken genutzte Wohnung entfallen.

Ob anschaffungsnahe Aufwendungen vorliegen, beurteilt sich nach R 157 Abs. 5. Vgl. 7.8.6.2.

Zu beachten ist Absenkung der 20 v.H.-Grenze auf **15 v.H.** der Gebäude-AK bei obligatorischem Rechtsgeschäft **nach** dem 31.12.1993.

In den Fällen des **§ 10f Abs. 1** (vgl. 7.10.4) ist die Bemessungsgrundlage nach § 10e um die Aufwendungen zu **kürzen,** die in die Bemessungsgrundlage nach §§ 7h, 7i oder 10f Abs. 1 und 5 einbezogen worden sind.

Bei einem **teilentgeltlichen** Erwerb sind ausschließlich die Anschaffungskosten des Erwerbers zu berücksichtigen. Der **Höchstbetrag** nach § 10e Abs. 1 Satz 1 wird in diesen Fällen **nicht gekürzt** (siehe BFH, BStBl 1989 II 778), vgl. BMF, **Rz 43**.

Teilentgeltlicher Erwerb eines §-10 e-Objekts liegt insbesondere im Wege vorweggenommener Erbfolge vor (BMF, Rz 43 S. 2).

7.10.3.8.1.1 Anschaffungs- bzw. Herstellungskosten der Wohnung

Grds. gilt der allgemeine Anschaffungs- und Herstellungskostenbegriff; vgl. hierzu 7.8.6.2 und 7.8.6.3 sowie R **32a bis** 33a sowie H 33a EStH.

Hierunter fällt auch anschaffungsnaher Aufwand i. S. des R 157 Abs. 4 (BFH, BStBl 1993 II 338).

Nicht zu den **Herstellungskosten** gehören und damit **auch nicht** zu den **Anschaffungskosten,** auch soweit es sich um wesentliche Bestandteile des Gebäudes handelt, die Aufwendungen

a) für **besondere Anlagen** und **Einrichtungen,** soweit sie nicht üblich sind, wie z. B. für Schwimmbecken innerhalb und außerhalb des Gebäudes, für eine Sauna, für eine Bar oder für eine Kegelbahn (BFH, BStBl 1963 III 115 und BStBl 1974 II 478).

b) für **Einbaumöbel,** wenn diese nicht bei vermieteten Wohnungen üblicherweise vom Vermieter gestellt werden (vgl. BFH, BStBl 1990 II 514); das gilt auch für eine Schranktrennwand mit der Funktion eines Raumteilers (BFH, BStBl 1974 II 476 und 477). Vgl. **Rz 38**.

Aufwendungen für **Fahrten zur Baustelle** oder **zum Kaufobjekt,** das zu eigenen Wohnzwecken genutzt werden soll, sind zu den Anschaffungs- oder Herstellungskosten i. S. d. § 10e Abs. 1 zu rechnen.

Herstellungskosten für **Außenanlagen** eines nach § 10e begünstigten Objektes sind **nicht** in die Bemessungsgrundlage für die Steuerbegünstigung einzubeziehen, da nach dem Gesetzeswortlaut des § 10e ausschließlich Herstellungs- und Anschaffungskosten des Gebäudes und Anschaffungskosten des Grund und Bodens begünstigt sind.

Zu den **Herstellungskosten** des Gebäudes, und damit zu den nach § 10e begünstigten Kosten gehören bei Wohngebäuden jedoch auch die Aufwendungen für **Einfriedungen,** wenn sie in einem einheitlichen Nutzungs- und Funktionszusammenhang mit dem Gebäude stehen (**vgl. H 33a EStH**). Dies gilt auch für „lebende Umzäunungen", vgl. R 157 Abs. 5 Satz 1.

Wird das Gebäude **teilweise** zur Erzielung von **Einkünften** genutzt, so können die **anteiligen** Aufwendungen für die Außenanlagen bei der Ermittlung der Einkünfte im Wege der AfA berücksichtigt werden. Als Aufteilungsmaßstab kommt hier grundsätzlich die Zahl der zur Nutzung der Außenanlagen befugten **Mietparteien** in Betracht (vgl. auch R 157 Abs. 5). Sollte der Mieter (einer der Mieter) von einer Nutzung ausgeschlossen sein, sind die Herstellungskosten der Außenanlagen in vollem Umfang (anteilig) von einem steuerlichen Abzug ausgeschlossen.

Zu den **Anschaffungskosten** einer **Eigentumswohnung** gehört **nicht** der Teil des Kaufpreises, der auf die **Übernahme** der **Instandhaltungsrückstellung** nach § 21 Abs. 5 Nr. 4 WEG entfällt (BFH, BStBl 1992 II 152).

7.10.3.8.1.2 Anschaffungskosten des Grund und Bodens

Zu den Anschaffungskosten des Grund und Bodens gehören neben dem eigentlichen Kaufpreis auch die anteiligen **Anschaffungsnebenkosten** sowie die **Grundstückerschließungskosten** (H 33a EStH a. E.).

Der Grund und Boden ist **auch** bei Anschaffung **vor** dem **1.1.1987** (zur Hälfte) einzubeziehen, da die Anschaffungskosten des Grund und Bodens lediglich einen unselbständigen Bestandteil der Bemessungsgrundlage des § 10e bilden (so auch BMF, **Rz 45**).

Bei Erwerb vor dem 21. 6. 1948 ist der anteilige EW vom 21. 6. 1948 (Bodenwertanteil) maßgebend. Besonderheiten gelten für das frühere Berlin (West), das Saarland (vgl. BMF, **Rz 45**) sowie die **neuen Bundesländer**, (BMF, **Rz 46**).

Nach einer Entnahme aus dem Betriebsvermögen sind u. E. die tatsächlichen Anschaffungskosten, nicht der Teilwert im Zeitpunkt der Entnahme maßgebend.

Bei **unentgeltlichem Erwerb** sind die Anschaffungskosten des Grund und Bodens des Rechtsvorganges **nur** im **Erbfall einzubeziehen** (BMF, **Rz 47**). Bei Ausbauten und Erweiterungen i. S. des § 10e Abs. 2 und bei Scheinbestandteilen i. S. des § 95 BGB (vgl. BMF-Schreiben, a. a. O., Abs. 5) ist Grund und Boden **nicht** einzubeziehen (BMF, **Rz 44**).

Ist die zu eigenen Wohnzwecken des Eigentümers genutzte Wohnung z. B. in einem Mehrfamilienhaus bereits **vor Fertigstellung** des **Gebäudes** hergestellt, können **nur die** Anschaffungskosten des Grund und Bodens in die Bemessungsgrundlage zur Hälfte einbezogen werden, die unter Berücksichtigung der **Gebäudeplanung** auf die zu eigenen Wohnzwecken genutzte Wohnung entfallen (BMF, **Rz 53**).

7.10.3.8.1.3 Aufteilung der Anschaffungskosten eines bebauten Grundstücks

Der Kaufpreis für eine Wohnung ist nach dem Verhältnis der Verkehrswerte auf Grund und Boden und auf Gebäude oder Gebäudeteile aufzuteilen (vgl. BFH, BStBl 1985 II 252).

7.10.3.8.1.4 Kürzung der Bemessungsgrundlage

Bei „**gemischter**" Nutzung eines Gebäudes ist nur der **Teil** der Anschaffungs- oder Herstellungskosten des Gebäudes sowie der Teil der hälftigen Anschaffungskosten des Grund und Bodens Bemessungsgrundlage für den Abzugsbetrag, der anteilig auf die selbstgenutzte Wohnung entfällt (Aufteilung im **Regelfall** nach dem Verhältnis der **Nutzflächen**, Vgl. BMF, **Rz 52**).

Beispiel:

A errichtet ein Zweifamilienhaus mit zwei gleichgroßen Wohnungen. Die Herstellungskosten betragen insgesamt 350 000 DM, die Anschaffungskosten des Grund und Bodens 200 000 DM. Eine Wohnung bewohnt A selbst, die andere Wohnung ist vermietet.

Für die selbstgenutzte Wohnung ist A zur Inanspruchnahme des § 10e berechtigt, da er die Wohnung zu eigenen Wohnzwecken nutzt. Begünstigt sind nach § 10e nur die Aufwendungen, so weit sie auf die selbstgenutzte Wohnung entfallen. Bemessungsgrundlage für den Abzugsbetrag nach § 10e:

```
                                    350 000 DM
+  50% von 200 000 DM =             100 000 DM
                                    450 000 DM
Davon ½ =                           225 000 DM   für die selbstgenutzte Wohnung
Abzugsbetrag 6% von 225 000 DM = 13 500 DM.
```

Bei der Überschußermittlung für die vermietete Wohnung kann A die AfA nach § 7 Abs. 4 oder die degressive AfA nach § 7 Abs. 5 als Werbungskosten geltend machen.

Bei einem **häuslichen Arbeitszimmer** ist dagegen der hierauf entfallende Anteil der Bemessungsgrundlage nach dem Verhältnis der nach den §§ 42 bis 44 der Zweiten Berechnungsverordnung zu ermittelnden Wohnfläche zur Grundfläche des häuslichen Arbeitszimmers aufzuteilen (BFH, BStBl 1987 II 500).

Steht eine Wohnung im **Miteigentum** von **Ehegatten,** sind in den Fällen der Zusammenveranlagung nach § 26b die Anschaffungs- und Herstellungskosten beider Ehegatten abzüglich der Anschaffungs- und Herstellungskosten, die auf das Arbeitszimmer entfallen, bei der Ermittlung der Bemessungsgrundlage zugrunde zu legen (vgl. BFH, BStBl 1988 II 764, **BMF, Rz 54 Satz 7**).

Zur Ermittlung des Abzugsbetrags bei **getrennter Veranlagung** vgl. BMF, **Rz 54 Satz 8** und H 174a „Abzüge". Danach ist die **Bemessungsgrundlage für jeden** Ehegatten entsprechend seinem Miteigentumsanteil **getrennt** zu berechnen und nur bei dem Ehegatten um die Herstellungs- oder Anschaffungskosten des Arbeitszimmers zu kürzen, der das Arbeitszimmer nutzt.

Bei einer **Garage,** die der Unterbringung eines **Pkw** dient, der sowohl gewerblich/beruflich als auch privat genutzt wird, ist aus Vereinfachungsgründen von einer Kürzung der Bemessungsgrundlage abzusehen. Dabei wird in Kauf genommen, daß ein Teil der Aufwendungen sowohl in die Bemessungsgrundlage nach § 10e als auch in die der als Betriebsausgaben abziehbaren AfA einbezogen werden kann. Diese Vereinfachungsregelung gilt jedoch nur für Garagen, die der Unterbringung von Pkw dienen, die im ersten Jahr des Abzugszeitraums nicht zum notwendigen Betriebsvermögen gehören.

Die Bemessungsgrundlage ist **nicht** zu kürzen, wenn **Teile** einer ansonsten zu eigenen Wohnzwecken genutzten Wohnung **unentgeltlich zu Wohnzwecken überlassen** werden. Eine unentgeltliche Überlassung liegt **auch** vor, wenn an einem Teil der zu eigenen Wohnzwecken genutzten Wohnung ein **obligatorisches** oder **dingliches** Zuwendungs- oder Vermächtniswohnrecht zugunsten einer dritten Person besteht.

Wird ein Teil der Wohnung aufgrund eines **vorbehaltenen obligatorischen** oder **dinglichen Wohnrechts** genutzt, handelt es sich dagegen **nicht** um eine unentgeltliche Überlassung. Zur Ermittlung der BMG vgl. Rz 55 (mit Beispiel). Dem liegt die Überlegung zugrunde, daß der **wohnrechtsbelastete Teil** der Wohnung im Verhältnis zu dem unbelasteten Teil wirtschaftlich **weniger wert** ist. Daher wird der Kaufpreis nicht gleichmäßig auf beide Teile verteilt, sondern bei dem belasteten Teil eine Wertminderung berücksichtigt.

Der Wert eines **obligatorischen Vorbehaltswohnrechts** ist beim **Erwerber** als **Einnahme** aus Vermietung und Verpachtung zu erfassen (vgl. Tz. 53b des BMF-Schreibens vom 15.11.1984, BStBl I 561 und 609).

7.10.3.8.1.5 Zuschüsse

Zuschüsse zu den Aufwendungen für die Errichtung oder den Erwerb eines Objektes mindern die Herstellungs- oder Anschaffungskosten (vgl. R 163 Abs. 1). Vgl. BMF, **Rz 41**.

7.10.3.8.1.6 Bemessungsgrundlage bei Fertigstellung von Teilen eines Gebäudes zu verschiedenen Zeitpunkten

Wird bei der Errichtung eines gemischtgenutzten Gebäudes **zunächst** die zu **eigenen** Wohnzwecken genutzte Wohnung fertiggestellt und werden erst danach die Teile des Gebäudes, die vermietet oder eigenbetrieblich genutzt werden sollen, fertiggestellt, sind die auf die noch nicht fertiggestellten Teile des Gebäudes entfallenden Kosten **nicht** in die Bemessungsgrundlage nach § 10e Abs. 1 einzubeziehen. Dies gilt auch für den entsprechenden Anteil am Grund und Boden.

Wird zunächst ein vermieteter oder eigenbetrieblich genutzter Gebäudeteil und danach erst die zu eigenen Wohnzwecken genutzte Wohnung fertiggestellt, sind nach Fertigstellung der eigengenutzten Wohnung die gesamten Herstellungskosten des Gebäudes und die Anschaffungskosten des Grund und Bodens auf die Gebäudeteile aufzuteilen.

Die Bemessungsgrundlage wird **nicht** um die in Anspruch genommenen Abschreibungen gemindert, die auf die in die AfA-Bemessungsgrundlage einbezogenen Herstellungskosten der noch nicht fertiggestellten eigengenutzten Wohnung entfielen. Vgl. BFM Rz 53.

7.10.3.8.2 Abzugsbetrag

a) Grundsätze

Die Abzugsbeträge können nur für die Veranlagungszeiträume des im Jahr der Herstellung oder Anschaffung beginnenden achtjährigen Abzugszeitraums in Anspruch genommen werden, in denen der Stpfl. die Wohnung zu eigenen Wohnzwecken nutzt. Er steht dem Stpfl. auch dann **voll** zu, wenn er die Wohnung nur zu einem **Teil** des VZ zu eigenen Wohnzwecken genutzt hat. Daher können im Jahr der Anschaffung ggf. sowohl der Veräußerer als auch der Erwerber den vollen Abzugsbetrag in Anspruch nehmen. Zur Fortführung durch den Gesamtrechtsnachfolger (Erben) vgl. BMF, **Rz 59**. Er kann bis zum Ende des Abzugszeitraums die Steuerbegünstigung nach § 10e in Anspruch nehmen, wenn in seiner Person die Voraussetzungen hierfür erfüllt sind und beim Erblasser eine Inanspruchnahme nicht wegen der Objektbeschränkung i. S. des § 10e Abs. 4 Sätze 1 bis 3 ausgeschlossen gewesen wäre. Der **Erbe kann bestimmen**, in welchem Umfang der Abzugsbetrag beim Erblasser und ihm abzuziehen ist.

b) Höhe nach den verschiedenen Gesetzesfassungen

aa) Ursprungsfassung

Der Abzugsbetrag beträgt bei Anschaffung/Herstellung vor dem 1.1.1991 5% der Bemessungsgrundlage, höchstens 15000 DM (§ 52 Abs. 14 Satz 1).

bb) Zweitfassung (StÄndG 1991)

Nach dem StÄndG 1991 war die Steuerbegünstigung für das zu eigenen Wohnzwecken genutzte Wohneigentum nach § 10e durch die Anhebung des höchstens zulässigen Abzugsbetrages von 15 000 DM auf **16 500 DM** jährlich verbessert worden. Das entsprach einer Anhebung der Höchstbemessungsgrundlage aus Herstellungs- oder Anschaffungskosten von 300 000 DM auf 330 000 DM.

Dies gilt erstmals bei in § 10e Abs. 1 und 2 bezeichneten Objekten, wenn die Wohnung im eigenen Haus oder die Eigentumswohnung nach dem 31.12.1990 hergestellt oder angeschafft worden ist oder der Ausbau oder die Erweiterung nach dem 31.12.1990 fertiggestellt worden ist (§ 52 Abs. 14 Satz 2).

cc) Drittfassung (StÄndG 1992)

Die Abzugsbeträge nach § 10e Abs. 1 Satz 1 wurden in den ersten vier Jahren von bisher 5 v. H. auf **6 v. H.** angehoben.

Die Abzugsbeträge betragen somit

– in den ersten 4 Jahren jeweils bis zu 6 v. H., höchstens jeweils **19 800 DM,**
– in den folgenden 4 Jahren jeweils bis zu 5 v. H., höchstens jeweils **16 500 DM,**

zusammen maximal **145 200 DM.**

Dies gilt erstmals bei Objekten, für die der Stpfl. nach dem **30.9.1991** einen **Bauantrag** gestellt hat. Hat der Stpfl. den Bauantrag vor dem 1.10.1991 gestellt oder ist ein Bauantrag nicht erforderlich, so genügt es, wenn der Stpfl. mit der **Herstellung nach dem 30.9.1991** begonnen hat.

In **Erwerbsfällen** ist die Regelung anzuwenden, wenn der Stpfl. nach diesem Zeitpunkt einen rechtswirksamen obligatorischen Vertrag, z. B. **Kaufvertrag** abgeschlossen hat.

Liegt der Vertragsabschluß früher, so kann die Neuregelung auch dann noch angewendet werden, wenn der Veräußerer, z. B. eine Bauträgergemeinschaft, mit der Herstellung nach dem 30.9.1991 begonnen hat.

Vgl. § 52 Abs. 14 Satz 3.

dd) Viertfassung (FKPG)

Bei Objekten, die erst nach Ablauf des zweiten auf das Jahr der Fertigstellung folgenden Jahrs angeschafft werden (= **Altbauten**) wird die Grundförderung auf einen Höchstbetrag von 150 000 DM eingeschränkt (§ 10e Abs. 1 Satz 4).

Der Stpfl. kann daher in den ersten vier Jahren höchstens 6% von 150 000 DM = 9 000 DM, in den folgenden 4 Jahren je 5% von 150 000 DM = 7 500 DM als SA abziehen.

Die Einschränkung ist erstmals anzuwenden, wenn der notarielle Kaufvertrag nach den 31.12.1993 abgeschlossen wurde.

Bei anderen Objekten als Altbauten tritt keine Änderung ein.

ee) Übersicht

Ursprungsfassung	Zweitfassung	Drittfassung	Viertfassung
Anschaffung/ Herstellung – nach 31.12.1986 – vor 1.1.1991 (§ 52 Abs. 14 S.1)	Anschaffung/ Herstellung nach 31.12.1990 (§ 52 Abs. 14 S.2)	– Bauantrag/ Baubeginn nach 30.9.1991 bzw. – notarieller KV/ Baubeginn nach 30.9.1991 (§ 52 Abs. 14 S.3)	a) **Altbauten** – Notarieller KV nach 31.12.1991 **und** – Anschaffung nach Ablauf des 2. Jahres nach Fertigstellung
8 × 5% max. 15 000 p. a. (BMG max. 300 000 DM)	8 × 5% max. 16 500 p. a. (BMG max. 330 000 DM)	4 × 6% max. 19 800 4 × 5% max. 16 500 (BMG max. 330 000 DM)	4 × 6% max. 9 000 4 × 5% max. 7 500 (BMG max. 150 000 DM)
			b) **andere Bauten wie Drittfassung**

7.10.3.8.3 Abzugszeitraum

Die Grundförderung kann **acht Jahre** lang wie Sonderausgaben bei der Ermittlung des Einkommens abgezogen werden, wenn die Wohnung im jeweiligen Jahr des Abzugszeitraums zu eigenen Wohnzwekken genutzt wird (zumindest zeitweise).

Der achtjährige Abzugszeitraum **beginnt grds.** mit dem Jahr der **Anschaffung** oder **Fertigstellung** des Gebäudes bzw. der Eigentumswohnung.

Für volle Jahre nicht begünstigter Nutzung geht der Abzugsbetrag **verloren**.

Der Abzugszeitraum verändert sich **nicht** entsprechend.

> **Beispiel:**
> Ein 1990 von A fertiggestelltes Einfamilienhaus wird zunächst vermietet. Seit dem Jahre 1992 bewohnt A das Haus selbst. A kann nur für die Jahre 1992 bis 1997 den Abzugsbetrag nach § 10e geltend machen. Eine Nachholung ist nicht möglich.

Die Inanspruchnahme der Steuervergünstigung für den gesamten Begünstigungszeitraum setzt somit unabdingbar den Einzug des Stpfl. im Jahr der Anschaffung oder Herstellung voraus.

Ist eine Selbstnutzung im Jahr der Anschaffung einer Wohnung z. B. wegen noch durchzuführender Renovierungsarbeiten oder wegen verspäteter Räumung durch den Verkäufer bzw. bisherigen Mieter nicht möglich, kann die Steuervergünstigung nach § 10e für diesen Veranlagungszeitraum weder aus rechtlichen noch aus Billigkeitsgründen gewährt werden. Für dieses Jahr ist die Förderung nach § 10e unwiderbringlich verloren (sog. „**Neujahrsfalle**"). S. auch BFH, BStBl 1990 II 977. Evtl. ergeben sich aber **höhere Vorkosten** i. S. von § 10e Abs. 6.

Der Gesetzgeber hat die Regelung zur Selbstnutzung in Kenntnis dieser Problematik in das Gesetz aufgenommen. Entsprechende Regelungen waren bereits in § 34f a. F. enthalten. Billigkeitsregelungen sind bei § 10e nicht entsprechend anwendbar.

7.10.3.8.4 Nachholung nicht ausgenutzter Abzugsbeträge

Die Möglichkeit der **Nachholung** von nicht ausgeschöpften Abzugsbeträgen besteht – ab der „Drittfassung" – im **gesamten Abzugszeitraum von acht** Jahren. Dadurch wird die individuelle Kosten-, Belastungs- und Einkommensentwicklung berücksichtigt.

Eine „Nichtausnutzung" liegt vor, soweit

- der Stpfl. den Abzugsbetrag nicht beantragt hat oder
- der Abzugsbetrag sich nicht steuermindernd ausgewirkt hat.

Eine Ausnutzung liegt daher **nicht** vor, soweit das zu versteuernde Einkommen unter den jeweiligen Tabelleneingangsbetrag von Grund- bzw. Splittingtarif sinken würde.

Die Nachholung bis zum 8. Jahr kommt unter den gleichen zeitlichen Voraussetzungen in Betracht, die auch für die Erhöhung der Abzugsbeträge (vgl. 7.10.3.8.2) gelten (§ 52 Abs. 14 Satz 3).

Hierbei ist es demnach zulässig, erst im achten Jahr den vollen Betrag von bis zu 4 × 19 800 DM und 4 × 16 500 DM = insgesamt 145 200 DM abzuziehen. Ein Mindestabzug in jedem Jahr des Abzugszeitraum ist wie bisher nicht vorgeschrieben. § 7a Abs. 3 oder Abs. 4 ist nicht anzuwenden, weil § 10e keine AfA darstellt.

Wegen der nunmehr degressiv ausgestalteten Förderung ist in § 10e Abs. 4 Satz 6 bestimmt, daß für das **Folgeobjekt** die v. H.-Sätze der vom Erstobjekt verbliebenen Jahre maßgebend sind. Die Regelung schließt damit aus, daß der erhöhte Abzugsbetrag von 4 × 6 v. H. sowohl beim Erstobjekt als auch beim Folgeobjekt in Anspruch genommen werden kann (also insgesamt nur vier Jahre).

> **Beispiel:**
> Der Stpfl. hat für das Erstobjekt nur ein Jahr die Steuervergünstigung in Anspruch genommen, die mit bis zu 6 v. H. der Bemessungsgrundlage zulässig ist.
> Er kann für die noch nicht ausgenutzten weiteren 7 Jahre nur noch für drei Jahre das Folgeobjekt mit 6 v. H., für die darauffolgenden vier Jahre jeweils bis zu 5 v. H. wie Sonderausgaben abziehen.

Eine Nachholung nicht ausgenutzter Prozentpunkte ist aber nicht zulässig.

Beispiel:
Der Stpfl. hat beim Erstobjekt z. B. pro Jahr nur 4 v. H. statt der möglichen 6 v. H. in Anspruch genommen. Er kann die bei dem Folgeobjekt zulässigen v. H.-Sätze **nicht** um die noch nicht ausgenutzten jeweiligen 2 v. H. aufstocken.

Der Erbe kann nicht ausgenutzte Abzugsbeträge des Erblassers nur dann nach § 10e Abs. 3 nachholen, wenn dem Erblasser die Nachholung zugestanden hätte (BMF-Schr. vom 22.10.1993, Abs. 4).

7.10.3.8.5 Rückbeziehung nachträglicher Anschaffungs- oder Herstellungskosten

Nachträgliche Anschaffungs- oder Herstellungskosten können vom Jahr ihrer Entstehung an so behandelt werden, als wären sie bereits im Jahr der Anschaffung oder Herstellung entstanden (§ 10e Abs. 3 Satz 2). Vgl. BMF, **Rz 70**.

Beispiel:

Selbstgenutztes Einfamilienhaus	
Herstellungskosten in 01	200 000 DM
Anschaffungskosten Grund und Boden	100 000 DM
nachträgliche Herstellungskosten in 08	70 000 DM
Herstellungskosten	270 000 DM
+ ½ Anschaffungskosten Grund und Boden	50 000 DM
	320 000 DM
höchstens	330 000 DM
Abzugsbeträge für 01 bis 08: 8 × 19 200 DM =	153 600 DM
./. in Anspruch genommen 01 bis 07:	
(4 × 6 % + 3 × 5 %) = 39 % × (200 000 DM + 50 000 DM) =	97 500 DM
Abzugsbetrag in 08	56 100 DM.

Die Geltendmachung ist aber **nur in** VZ und **für** VZ möglich, in denen eine Selbstnutzung zu Wohnzwecken durch den Stpfl. vorlag.

7.10.3.8.6 Ausbauten und Erweiterungen[1])

§ 10e gilt auch für Ausbauten und Erweiterungen selbstgenutzter Wohnungen (§ 10e Abs. 2). Zum Begriff vgl. im einzelnen BMF, **Rz 10**. Wegen der Begriffe Ausbauten und Erweiterungen vgl. § 17 Abs. 1 und 2 des II. WoBauG, BStBl 1985 I 511 und Anhang 4 EStH.

Begünstigt sind Ausbauten und Erweiterungen nur, wenn durch die Baumaßnahmen neuer Wohnraum im Sinne des Baurechts geschaffen wird[1]). Ein begünstigter Ausbau setzt wesentlichen Bauaufwand voraus. Dies ist der Fall, wenn Räume umgewandelt werden, die nach ihrer baulichen Anlage und Ausstattung bisher anderen als Wohnzwecken dienten, oder Wohnräume, die infolge Änderung der Wohngewohnheiten nicht mehr für Wohnzwecke geeignet sind, durch Umbau an die veränderten Wohngewohnheiten angepaßt werden. Der Einbau eines **Bades** fällt unter § 10e Abs. 2 (analog BFH, BStBl 1993 II 659).

Soweit **Kellerräume** bereits den zu Wohnzwecken dienenden Räumen zugerechnet werden, können z. B. Kosten für die Errichtung eines Kinderzimmers im Keller **grundsätzlich nicht** nach § 10e begünstigt sein; insoweit wird kein neuer Wohnraum geschaffen. Eine **Ausnahme** gilt nach § 17 Abs. 1 Satz 2 II. WoBauG dann, wenn die Räume infolge Änderung der Wohngewohnheiten nicht mehr für Wohnzwecke geeignet sind. Der Ausbau eines **Dachgeschosses** ist regelmäßig nach § 10e Abs. 2 begünstigt.

Der Begriff ist erfüllt z. B. auch bei nachträglicher Erstellung (oder Erweiterung) von **Garagen, nicht** jedoch bei nachträglicher Erstellung von **Carports** (mangels „räumlicher Umschließung" i. S. des Gebäudebegriffs). Wintergärten sind bei dauernder Nutzungsmöglichkeit begünstigt.

Voraussetzung ist aber, daß **nach** der **Fertigstellung** auch – ebenso wie die Wohnung – der Ausbau oder die Erweiterung zu **eigenen Wohnzwecken** genutzt werden.

---

[1]) **Wichtig:** Die „**Verschärfung**" des Begriffs der „Ausbauten und Erweiterungen" i. S. des **§ 10e Abs. 2** aufgrund BFH, BStBl 1996 II 352 (vgl. **7.13.3** zur Eigenheimzulage) ist im Ergebnis auf § 10e Abs. 2 **nicht** anzuwenden (BMF, BStBl 1996 I 692).

Beispiel:

A (verheiratet) baut im Dachgeschoß seines 1984 errichteten Einfamilienhaus in 1995 zwei Zimmer aus, die er als Kinderzimmer nutzt.

§ 10e Abs. 2 ist anwendbar, da eigene Wohnzwecke vorliegen.

Die Vorschrift ist als zusätzliche Vergünstigung insbesondere für die Fälle gedacht, in denen
- das Gebäude (die Wohnung) selbst nicht bzw. nicht mehr unter § 10e fällt oder
- der Begünstigungszeitraum nach § 10e für das Gebäude (die Wohnung) bereits abgelaufen ist.

Der nach § 10e Abs. 2 selbständig begünstigte Ausbau usw. stellt allerdings ein **eigenständiges Objekt** i. S. des § 10e Abs. 4 dar (Objektbeschränkung).

Allerdings können **Ehegatten nicht gleichzeitig für zwei in räumlichem Zusammenhang stehende Objekte** die Grundförderung in Anspruch nehmen (§ 10e Abs. 4 Satz 2). Solange die Grundförderung für die Wohnung (das Haus) gewährt wird, wäre § 10e Abs. 2 – ohne Nachholungsmöglichkeit – gesperrt.

Daher kann der Stpfl. daher die Kosten des Ausbaus usw. auch als „schlichte" nachträgliche Herstellungskosten einer selbstgenutzten Wohnung nach § 10e Abs. 3 Satz 2 (mit Rückbeziehungsmöglichkeit) behandeln; vgl. 7.10.3.8.4. Dies wirkt sich auch vorteilhaft beim Objektverbrauch aus.

Beispiel:

Ehegatten (i. S. des § 26) haben in 01 ein Einfamilienhaus errichtet: Herstellungskosten 250 000 DM, Anschaffungskosten des Grund und Bodens 50 000 DM. In 04 bauen sie das Dachgeschoß zu eigenen Wohnzwecken für 80 000 DM aus. Die Stpfl. haben folgende Möglichkeiten:

1. Grundförderung Einfamilienhaus 01 bis 08:
   4 × 6% + 4 + 5% von (250 000 DM + 25 000 DM) =   121 000 DM
   – Ausbau (§ 10e Abs. 2): nur möglich von 09 bis 11
   wegen § 10e Abs. 4 Satz 2
   3 × 5% von 80 000 DM =   12 000 DM
   zusammen   133 000 DM
   Es ist Objektverbrauch eingetreten.

2. Grundförderung Einfamilienhaus 01 bis 03:
   3 × 6% von 275 000 DM (s. o. a.) =   49 500 DM
   04 (Rückbeziehung der nachträglichen Herstellungskosten im Rahmen
   der Höchstgrenze von 330 000 DM, § 10e Abs. 3 Satz 2)
   4 × 6% von 330 000 DM =   72 000 DM
   01 bis 03 ausgenutzt   49 500 DM   22 500 DM
   05 bis 11: 4 × 5% V. 330 000 DM =   66 000 DM
        138 000 DM

Es ist kein Objektverbrauch eingetreten.

§ 10e Abs. 2 kann aber nicht in Anspruch genommen werden, solange die betreffende Wohnung einschließlich des hieran vorgenommenen Ausbaus usw. der Nutzungswertbesteuerung unterliegen (BMF, **Rz 1** und BFH, BStBl 1993 II 30).

Wird in dem Ausbau bzw. durch die Erweiterung eine **neue Wohnung** hergestellt, kommt eine Förderung der Aufwendungen des Stpfl. **nur nach § 10e Abs. 1** in Betracht. Insoweit ist kein Ausbau bzw. keine Erweiterung an einer zu eigenen Wohnzwecken genutzten Wohnung gegeben.

Zu den nach § 10e Abs. 2 begünstigten Aufwendungen gehören **nicht** die anteiligen Kosten für den Grund und Boden.

7.10.3.9 Objektverbrauch

7.10.3.9.1 Grundsätze

Der Stpfl. kann die Abzugsbeträge nach § 10e Abs. 1 oder 2 (Grundförderung) **nur einmal** in Anspruch nehmen (Objektverbrauch), vgl. § 10e Abs. 4 Satz 1 BMF, **Rz 23–34**.

Anzurechnen sind auch Objekte, für die die erhöhte AfA nach § 7b im der ab 1965 geltenden Fassung in Anspruch genommen wurde (BMF, **Rz 34**).

Objektverbrauch tritt auch ein, wenn der Stpfl. lediglich selbstnutzender **Miteigentümer** eines Hauses bzw. einer Wohnung ist und er für seinen Anteil Grundförderung nach § 10e geltend gemacht hat. Die Höhe des Miteigentumsanteils ist dabei bedeutungslos.

Der Hinzuerwerb eines Miteigentumsanteils stellt auch dann ein selbständiges Objekt dar, wenn der Anteilserwerber Alleineigentümer wird (vgl. BFH, BStBl 1982 II 735 zu § 7b).

Der Objektverbrauch tritt allerdings nur ein, falls sich der Sonderausgabenabzug nach § 10e Abs. 1 und 2 – zumindest teilweise – bei der ESt-Veranlagung steuerlich ausgewirkt hat. Umfang und Zeitraum der Auswirkung spielen keine Rolle. Eine evtl. Berücksichtigung im Vorauszahlungs- oder Lohnsteuerermäßigungsverfahren ist unerheblich.

- **Unerhebliche Merkmale**

Für den Objektverbrauch kommt es **nicht** darauf an, ob die Bemessungsgrundlage den maßgebenden Höchstbetrag (§ 10e Abs. 1 Sätze 1 und 6) erreicht.

Unerheblich ist auch, ob der Stpfl. Abzugsbeträge

– für den gesamten Abzugszeitraum,.
– nur für einzelne Jahre des Abzugszeitraums oder
– zu Unrecht in Anspruch genommen hat.

Zur Erweiterung der Objektzahl bei Wohnungen in den neuen Bundesländern vgl. 7.10.3.9.8.

7.10.3.9.2 Objektverbrauch bei Ehegatten

Ehegatten, die die Voraussetzungen des **§ 26 Abs. 1** erfüllen, können die Abzugsbeträge nach § 10e Abs. 1 und 2 grundsätzlich für **zwei** Objekte abziehen (§ 10e Abs. 4 Satz 2 1. Hs). Hierbei kommt es **nicht** darauf an, **wem** die Objekte **zuzurechnen** sind.

Nach **Wegfall** der Voraussetzungen des **§ 26 Abs. 1** kann jeder Ehegatte nur für jeweils ein – ihm zuzurechnendes – Objekt § 10e Abs. 1 bzw. 2 geltend machen.

Objekte, für die der **andere** Ehegatte erhöhte AfA nach § 7b oder die Grundförderung nach § 10e erhalten hat, sind **nicht** anzurechnen (BMF, **Rz 26 Satz 2**).

> **Beispiel:**
>
> Die Ehegatten M und F lebten bis zum Jahre 1994 nicht dauernd getrennt. M hat für eine Eigentumswohnung § 10e in Anspruch genommen. Für ein Einfamilienhaus hat M ebenfalls Grundförderung nach § 10e ausgenutzt. Nach der Scheidung im Jahre 1995 erwirbt F eine Eigentumswohnung.
>
> F kann für die erworbene Eigentumswohnung § 10e erhalten, da bei ihr noch kein Objektverbrauch eingetreten ist (BMF, Rz 26 S. 2).
>
> M kann nach Wegfall des § 26 Abs. 1 für sein Einfamilienhaus § 10e **nicht mehr** gewährt werden, weil durch die frühere Inanspruchnahme des § 10e für die Eigentumswohnung Objektverbrauch eingetreten ist.

Sind **beide** Objekte **einem** Ehegatten zuzurechnen, ist nach Wegfall der Voraussetzungen des § 26 Abs. 1 für die Feststellung, ob für ihn Objektverbrauch eingetreten ist, **nur** das **erste** Objekt maßgebend (BMF, **Rz 26 Satz 1**). Er hat also **kein** Wahlrecht. Bei erneuter Heirat mit einem Ehegatten „ohne Objektverbrauch" kann er § 10e für **beide** Objekte geltend machen, soweit der Abzugszeitraum nicht abgelaufen ist.

Für den **anderen** Ehegatten ergibt sich nach Wegfall der Voraussetzungen des § 26 Abs. 1 **kein** Objektverbrauch aus den Objekten, die ihm nicht zuzurechnen waren (BMF, Rz 26 Satz 2).

Zur Erweiterung der Objektzahl bei Wohnungen in den neuen Bundesländern vgl. 7.10.3.9.8.

7.10.3.9.3 In räumlichem Zusammenhang stehende Objekte von Ehegatten

Ehegatten können die Grundförderung nach § 10e Abs. 1 und 2 **nicht gleichzeitig** für **zwei in räumlichem Zusammenhang stehende** Objekte in Anspruch nehmen (§ 10e Abs. 4 S. 2; BMF,**Rz 28**).

Dies ist z.B. der Fall, wenn die beiden Objekte durch geringfügige Baumaßnahmen zu einer Einheit verbunden werden können.

Dies ist insbesondere anzunehmen hinsichtlich der beiden Wohnungen eines Zweifamilienhauses oder zwei nebeneinanderliegenden Reiheneinfamilienhäusern, zwei neben- oder übereinanderliegenden Eigentumswohnungen von Ehegatten bei Selbstnutzung jeweils beider Einheiten.

Kein räumlicher Zusammenhang ist dagegen z. B. gegeben, wenn die beiden Objekte in verschiedenen politischen Gemeinden liegen.

§ 10e ist aber nur auf beide Wohnungen anwendbar, wenn sie tatsächlich beide selbstgenutzt sind. Ob der bewohnende Ehegatte auch Eigentümer ist, ist aber unerheblich (Eigentum des anderen Ehegatten genügt).

Der Ausschluß der gleichzeitigen Begünstigung gilt nicht nur innerhalb des § 10e Abs. 1 und 2, sondern auch bei Zusammentreffen mit einem

- § 7b-Objekt (BFH, BStBl 1991 II 221)
- Sonderausgabenabzug nach § 52 Abs. 21 Satz 4, da es sich ebenfalls um ein „§ 7b"-Objekt nach § 10e Abs. 4 Satz 3 und BMF-Schreiben, Abs. 41 handelt, das einem § 10e-Objekt gleichsteht (BFH, BStBl 1991 II 221, **Rz 28 Satz 1**).

Beispiel:

Ehegatten haben in 1986 und 1991 je eine Eigentumswohnung erworben. Die Wohnungen stehen im räumlichen Zusammenhang und sind beide selbstgenutzt.

Die Ehegatten können für die 1986 erworbene Wohnung die 1986 begonnene erhöhte AfA nach § 7b gemäß § 52 Abs. 21 Satz 4 ab 1987 weiter wie eine Sonderausgabe abziehen (bis VZ 1993 einschließlich).

Daneben können sie für die 1991 erworbene Wohnung § 10e Abs. 1 bis zum VZ 1993 einschließlich **nicht** geltend machen, sondern erst ab VZ 1994 (bis VZ 1998 einschließlich).

Dagegen ist ein räumlicher Zusammenhang im Sinne des § 10e Abs. 4 Satz 2 **nicht** gegeben, wenn ein **Miteigentümer** oder **sein Ehegatte** einen Anteil an der zu eigenen Wohnzwecken genutzten Wohnung von einem Dritten hinzu erwirbt (**Rz 28 Satz 4**).

7.10.3.9.4 Anschaffung von Objekten durch Ehegatten vor Eheschließung

Der Ausschluß der Grundförderung gilt trotz räumlichen Zusammenhangs **nicht**, wenn die Ehegatten im Zeitpunkt der Herstellung oder Anschaffung der Objekte die Voraussetzungen des § 26 Abs. 1 nicht erfüllt haben (vgl. Wortlaut § 10e Abs. 4 Satz 2); BMF, **Rz 27 Satz 1**.

Beispiel:

Im Oktober 01 stellen M und F ein Zweifamilienhaus fertig, das sie sofort beziehen, M und F heiraten im Dezember 01. Die Ehegatten können die Grundförderung nach § 10e für beide Wohnungen erhalten, weil im Zeitpunkt der Fertigstellung der Wohnungen die Voraussetzungen des § 26 Abs. 1 noch nicht vorgelegen haben.

Heiraten Stpfl., nachdem für **beide** Objektverbrauch eingetreten ist, stehen ihnen, wenn kein Folgeobjekt vorliegt, Abzugsbeträge für ein weiteres Objekt **nicht** zu (BMF, **Rz 27, Satz 1**).

Heiraten Stpfl. nachdem für **einen** von ihnen Objektverbrauch eingetreten ist, können sie die Abzugsbeträge für ein **zweites** Objekt in Anspruch nehmen, unabhängig davon, wer von ihnen Eigentümer ist. Das gilt auch, wenn für das zweite Objekt vor der Eheschließung wegen Objektverbrauchs keine Abzugsbeträge in Anspruch genommen werden konnten. Die Abzugsbeträge stehen in diesem Fall den Stpfl. **nur** für die **verbliebenen** Jahre des Abzugszeitraums zu. Vgl. BMF, Rz 27 Satz 2.

Beispiel:

A hat in den Jahren 01 bis einschließlich 08 Grundförderung nach § 10e in Anspruch genommen. In 09 kauft er eine Eigentumswohnung, die er zu eigenen Wohnzwecken nutzt. In VZ 10 heiratet er. Seine Ehefrau hat bisher weder erhöhte Absetzungen nach § 7b noch Abzugsbeträge nach § 10e in Anspruch genommen.

Die Eheleute können für die Eigentumswohnung des A Abzugsbeträge für die Jahre 10 bis einschließlich 16 in Anspruch nehmen, nicht dagegen für 09 (unverheiratet, daher Objektverbrauch).

7.10.3.9.5 Erwerb eines Miteigentumsanteils vom anderen Ehegatten
7.10.3.9.5.1 Ehegatten i. S. des § 26 Abs. 1 EStG

Der Erwerb des Anteils an einer Wohnung von dem anderen Ehegatten ist ebenso wie der Erwerb einer Wohnung **nicht** nach § 10e begünstigt, wenn im **Erwerbszeitpunkt** bei den Ehegatten die Voraussetzungen des **§ 26 Abs. 1** vorliegen (§ 10e Abs. 1 Satz 8, BMF, **Rz 21**).

> **Beispiel:**
> Die Ehegatten M und F sind zu je ½ Eigentümer eines in 01 erworbenen Einfamilienhauses. Im Jahre 03 erwirbt M entgeltlich (angemessener Kaufpreis) den Anteil von F.

Nach Hinzuerwerb (hier ab 04) ist § 10e nur noch für den **ursprünglichen Hälfteanteil** des M zulässig.

7.10.3.9.5.2 Erwerb eines Miteigentumsanteils durch Tod des Ehegatten

Wenn der Stpfl. einen Anteil seines Ehegatten an einer Wohnung infolge Erbfalls erwirbt, kann er die auf den erworbenen Anteil entfallenden Abzugsbeiträge weiter in der bisherigen Höhe abziehen (§ 10e Abs. 5 Satz 3 1. HS). Der Stpfl. **muß nicht Alleineigentümer** werden. Wer neben dem Stpfl. Miterbe ist, spielt keine Rolle.

Der infolge Erbfalls übergegangene Miteigentumsanteil des verstorbenen Ehegatten gilt **nicht** als weiteres Objekt. Vgl. BMF, Rz 30 Satz 1.

> **Beispiel:**
> Die Ehegatten M und F sind zu je ½ Eigentümer einer in 01 erworbenen Eigentumswohnung. In 03 verstirbt F. M ist Alleinerbe.
>
> M kann den Abzug nach § 10e bis 08 weiterhin von seinem Anteil und von dem von der Ehefrau geerbten Anteil geltend machen.

7.10.3.9.5.3 Erwerb eines Miteigentumsanteils nach Wegfall der Voraussetzungen des § 26 Abs. 1 EStG

Nach Wegfall der Voraussetzungen des § 26 Abs. 1 infolge Scheidung oder dauernder Trennung während des Abzugszeitraums kann der Stpfl. von seinem Ehegatten einen **Anteil** an einer Wohnung begünstigt erwerben (ebenso wie eine Wohnung), § 10e Abs. 5 Satz 3, 2. Halbs. Vgl. BMF, Rz 30 Satz 1. Diese Regelung unterscheidet sich von den bei § 7b geltenden Grundsätzen (vgl. BFH, BStBl 1986 II 387, 388).

Es kann sich sowohl um einen unentgeltlichen als auch entgeltlichen Erwerb handeln.

Aber auch bei entgeltlichem Anteilserwerb kann der Erwerber-Ehegatte die Grundforderung nach § 10e auf diesen Anteil **nur** in der **bisherigen Höhe fortsetzen** (keine Bemessung nach den nunmehr aufgewendeten Anschaffungskosten des Anteils, „Anteilsvereinigung").

Wie im Erbfall braucht der erwerbende Ehegatte nicht den gesamten Anteil erhalten, also durch den Anteilserwerb vom anderen Ehegatten **nicht** Alleineigentümer werden. Vgl. BMF, Rz 30 Satz 2; danach gelten die Grundsätze bei Tod eines Ehegatten entsprechend, d. h. der erwerbende Ehegatte muß nicht Alleineigentümer werden.

Auch hierbei gilt der Erwerb eines Anteils an einer Wohnung für den **erwerbenden** Ehegatten **nicht** als weiteres Objekt.

> **Beispiel:**
> Die Ehegatten M und F sind zu je ½ Miteigentümer einer in 01 erworbenen Eigentumswohnung. Anschaffungskosten 280 000 DM (davon Anteil des Grund und Bodens 30 000 DM). Seit November 02 leben die Ehegatten dauernd getrennt. Zum 1. 1. 03 überträgt M seinen Hälfteanteil auf F.
>
> Der Kaufpreis von 170 000 DM (hiervon Grund und Boden 18 000 DM) wurde mit einer Zugewinnausgleichsforderung der F verrechnet.
>
> Für 01 und 02 können die Ehegatten die Abzugsbetrage nach § 10e mit gemeinsam mit 6% von 265 000 DM (250 000 DM Gebäude + 15 000 DM Grund und Boden) = 15 900 DM geltend machen.
>
> Ab 03 kann die F die Abzugsbeträge nach § 10e weiterhin bis zum Jahre 08 geltend machen. Bemessungsgrundlage und Abzugszeitraum für den hinzuerworbenen Anteil ändern sich nicht.

Abzugsbeträge 03 und 04: unverändert 6% = 15 900 DM.

Abzugsbeträge 05 bis 08: jährlich 5% = 13 250 DM

In letzterem Fall (BMF, **Rz 31 Satz 1**) ist für den anderen (= **übertragenden**) Ehegatten Objektverbrauch eingetreten, wenn er seinen Miteigentumsanteil entgeltlich oder unentgeltlich vor dem Jahr des Eintritts oder nach dem Jahr des Wegfalls der Voraussetzungen des § 26 Abs. 1 übertragen hat (= Fall der Rz **30 Satz** 2). Das gilt auch, wenn der Abzugszeitraum bei dem Übergang des Miteigentumsanteils bereits beendet war. BMF, **Rz 31 Satz 2.**

Bei dieser Auslegung des nicht eindeutigen Wortlauts von **Rz 31** des BMF-Schreibens reicht es für den Nichteintritt des Objektverbrauchs aus, wenn die Anteilsübertragung in einem VZ erfolgt, in dem noch die Voraussetzungen des § 26 Abs. 1 vorgelegen haben, gleichgültig ob der Begünstigungszeitraum bei der Übertragung bereits beendet war oder nicht. Vgl. **Rz 31 Satz 2**.

Dagegen hat das FG Münster in EFG 1992, 191 entschieden, daß bei der Übertragung von Miteigentumsanteilen unter Ehegatten, bei denen im Begünstigungszeitraum zum Zeitpunkt der Übertragung noch die Voraussetzungen für die Ehegattenbesteuerung nach § 26 Abs. 1 vorgelegen haben, für den seinen Miteigentumsanteil übertragenden Ehegatten **stets** ein nicht mehr zu beseitigender Objektverbrauch eingetreten ist.

Nach Auffassung der FinVerw ist jedoch in der Person des den Miteigentumsanteil übertragenden Ehegatten **kein** Objektverbrauch eingetreten, wenn im VZ der Übertragung noch die Voraussetzungen für die Ehegattenbesteuerung nach § 26 Abs. 1 vorgelegen haben.

7.10.3.9.6 Objektverbrauch bei Miteigentum

Sind **mehrere Stpfl. Eigentümer** einer Wohnung, ist **jeder Anteil** an dieser Wohnung **ein Objekt** (§ 10e Abs. 5 Satz 1; BMF, **Rz 29** S. 1).

Abweichend hiervon werden die Anteile von Ehegatten an einer Wohnung nicht als selbständige Objekte, sondern als **ein** Objekt behandelt, solange bei den Ehegatten die Voraussetzungen des § 26 Abs. 1 vorliegen (§ 10e Abs. 5 Satz 2) und zwar auch dann, wenn außer den Ehegatten noch weitere Personen Eigentümer der Wohnung sind; vgl. auch BMF, **Rz 29 Satz 2**.

Als ein Objekt werden die Anteile von Ehegatten auch behandelt, wenn die Ehegatten vor Eintritt der Voraussetzungen des § 26 Abs. 1 Abzugsbeträge in Anspruch genommen haben und die Voraussetzungen des § 26 Abs. 1 im Laufe des Abzugszeitraums oder später eingetreten sind.

Fallen bei Ehegatten die Voraussetzungen des § 26 Abs. 1 fort, sind deren Anteile an der Wohnung **wieder** als **selbständige** Objekte zu behandeln (BMF, **Rz 29** Satz 4 und **Rz 30, 31**).

Ein **unentgeltlich** im Rahmen einer **Gesamtrechtsnachfolge** erworbener Miteigentumsanteil stellt **ein Objekt** dar, wenn der Erbe die Abzugsbeträge **fortführt** (BMF, **Rz 32 Satz 1**).

Erwirbt ein Miteigentümer, z.B. im Rahmen einer Erbauseinandersetzung, von einem anderen Miteigentümer dessen Anteil hinzu oder erwirbt er von mehreren anderen Miteigentümern deren Anteile durch einheitliches Rechtsgeschäft hinzu, stellen die hinzuerworbenen Anteile ein selbständiges Objekt im Sinne des § 10e Abs. 5 Satz 1 dar; das gilt auch dann, wenn der Anteilserwerber Alleineigentümer der Wohnung geworden ist (vgl. BFH, BStBl 1982 II 735). Vgl. BMF, **Rz 32 Satz 3**.

Ausnahme: Erwerb im „Erstjahr" des Anteils i.S. § 10e Abs. 1 (BMF, **Rz 32 Satz 2**).

7.10.3.9.7 Objekt im Sinne des § 10e Abs. 2 EStG

Ein Objekt im Sinne des § 10e Abs. 4 Satz 1 kann mehrere Ausbau- und/oder Erweiterungsmaßnahmen (§ 10e Abs. 2) umfassen, wenn diese Maßnahmen in Zusammenhang stehen und getrennt von der Herstellung des Gebäudes als einheitliche Baumaßnahme durchgeführt werden (BMF, **Rz 33**).

7.10.3.9.8 Zeitlich begrenzte Erweiterung der Objektzahl bei Wohnsitzverlegung in das Beitrittsgebiet (§ 10e Abs. 4 Satz 8 ff. EStG)

Für Stpfl., die wegen der Objektbeschränkung nach § 10e Abs. 4 Sätze 1–3 die Steuerbegünstigung für das zu eigenen Wohnzwecken genutzte Wohneigentum nicht mehr in Anspruch nehmen können, gilt ab 1991 die Möglichkeit Abzugsbeträge für ein weiteres Objekt geltend zu machen, wenn es im **Beitrittsgebiet** hergestellt oder erworben wird.

Voraussetzungen sind, daß der Stpfl. oder dessen Ehegatte, bei denen die Voraussetzungen des § 26 Abs. 1 vorliegen,

a) seinen ausschließlichen Wohnsitz in diesem Gebiet zu Beginn des Veranlagungszeitraums hat oder ihn im Laufe des Veranlagungszeitraums begründet **oder**

b) bei mehrfachem Wohnsitz einen Wohnsitz in diesem Gebiet hat und sich dort überwiegend aufhält.

Voraussetzung ist, daß die Wohnung im eigenen Haus oder die Eigentumswohnung **vor** dem **1.1.1995 hergestellt oder angeschafft** oder der Ausbau oder die Erweiterung vor diesem Zeitpunkt fertiggestellt worden ist.

Die Regelungen zum schädlichen räumlichen Zusammenhang sowie zu Folgeobjekten sind für Objekte i. S. des § 10e Abs. 4 Satz 8 entsprechend anzuwenden.

Ehegatten, bei denen im Abzugszeitraum die Voraussetzungen für die Zusammenveranlagung zur Einkommensteuer vorliegen, können mithin Abzugsbeträge für zwei weitere Objekte geltend machen, jedoch nicht gleichzeitig für zwei in einem räumlichen Zusammenhang belegene Objekte.

7.10.3.10 Fortsetzung der Grundförderung bei einem Folgeobjekt

7.10.3.10.1 Voraussetzungen

Entfallen die Abzugsvoraussetzungen des § 10e für ein begünstigtes Objekt durch Wegfall der Selbstnutzung, können die Abzugsbeträge bei einem Folgeobjekt bis zum Ende des Abzugszeitraums fortgeführt werden (§ 10e Abs. 4 Satz 4). Vgl. BMF, **Rz 72 bis 82**.

Der Abzug nach § 10e beim Erstobjekt kann insbesondere entfallen durch Veräußerung, unentgeltliche Übertragung, Auszug aus der bisher selbstgenutzten Wohnung.

Erstobjekt i. S. des § 10e Abs. 4 kann **auch** ein Objekt sein, für das der Stpfl. erhöhte AfA nach **§ 7b** in Anspruch genommen hat (§ 10e Abs. 4 S. 6 und BMF, **Rz 76**) bzw. die entsprechenden Beträge ab 1987 wie Sonderausgaben (vgl. § 52 Abs. 21 S. 4) abgezogen hat.

Voraussetzungen für die Fortsetzung bei einem Folgeobjekt sind:

a) Für das **Erstobjekt** i. S. des § 10e muß die Begünstigung durch **Fortfall** der **Selbstnutzung** wegfallen. Ein Erstobjekt i. S. des § 7b bzw. § 52 Abs. 21 S. 4 darf dem Stpfl. dagegen nicht während des gesamten Begünstigungszeitraums zuzurechnen sein (BMF, **Rz 76**). Ein Verzicht auf § 7b bzw. den entsprechenden Abzug wie Sonderausgaben berechtigt **nicht** zum Abzug nach § 10e für ein weiteres Objekt.

b) Das **Folgeobjekt** muß – anders als bei der **Bauzulage** nach dem **EigZulG** – **innerhalb** von **zwei** Jahren **vor** und **drei** Jahren **nach** Ablauf des Veranlagungszeitraums, in dem das Erstobjekt letztmals zu eigenen Wohnzwecken genutzt wird, angeschafft oder hergestellt worden sein.

7.10.3.10.2 Folgeobjekt

Folgeobjekt kann eine begünstigte **Wohnung** i. S. des § 10e Abs. 1 Satz 1, ein **Miteigentumsanteil** daran (§ 10e Abs. 5 Satz 1) sowie ein **Ausbau** bzw. eine **Erweiterung** i. S. des § 10e Abs. 2 sein (§ 10e Abs. 4 Satz 4 2. Halbsatz). Inanspruchnahme bei einem **dritten** Objekt ist **nicht** möglich. Dies liegt nach BMF, **Rz 82 Satz 2** auch bei Wiederaufnahme der Selbstnutzung zu Wohnzwecken beim ursprünglichen Erstobjekt vor.

Ehegatten, bei denen die Voraussetzungen des § 26 Abs. 1 vorliegen, können wählen, ob ein innerhalb des in § 10e Abs. 4 S. 4 bezeichneten Zeitraums hergestelltes oder angeschafftes Objekt als Folgeobjekt i. S. des § 10e Abs. 4 S. 4 oder als zweites Objekt i. S. des § 10e Abs. 4 S 2 gelten soll (BMF, **Rz 82**).

7.10.3.10.3 Abzugszeitraum für das Folgeobjekt

Der Abzugszeitraum von acht Jahren **verkürzt** sich für das Folgeobjekt um die Anzahl der VZ, in denen der Stpfl. für das Erstobjekt die Grundförderung hätte abziehen können. Die Kürzung gilt aber auch für VZ ohne Selbstnutzung zu Wohnzwecken, nicht aber für VZ, die auf den VZ der letztmaligen Selbstnutzung zu Wohnzwecken folgen (so BMF, **Rz 79**).

Der Abzugszeitraum für das Folgeobjekt **beginnt** hierbei frühestens mit Ablauf des VZ, in dem der Stpfl. das Erstobjekt letztmals zu eigenen Wohnzwecken genutzt hat.

Beispiel:

Erwerb einer selbstgenutzten Eigentumswohnung (1) durch den A (ledig) in 1991.

Im Juni 1995 erwirbt er eine weitere Eigentumswohnung (2), die er selbst nutzt. Die erste Eigentumswohnung wird ab 1996 vermietet.

Es liegt ein begünstigtes Folgeobjekt vor, da die Anschaffung (hier) innerhalb von zwei Jahren vor Ablauf des VZ erfolgte, in dem die Selbstnutzung des Erstobjekts weggefallen ist.
1. Eigentumswohnung:
 1991 bis 1995: § 10e Abs. 1
 Ab 1996: AfA gem. § 7 Abs. 4: Hierfür bleiben die ungekürzten Anschaffungskosten maßgebend (R 43 Abs. 6 Satz 3 Nr. 2a, R 44 Abs. 12 Nr. 2); aber Kürzung des AfA-Volumens, vgl. R 44 Abs. 12 Nr. 2 Sätze 2 und 3.
2. Eigentumswohnung
 ab 1996: § 10e als Folgeobjekt bis 1998 einschließlich (3 Jahre).

7.10.3.10.4 Abzugsbetrag für das Folgeobjekt

Der Abzugsbetrag bemißt sich ausschließlich nach den Merkmalen des Folgeobjekts. Hierbei gilt die Nachhol- und Rückbeziehungsmöglichkeit nach § 10e Abs. 3, jedoch **nicht** für beim **Erstobjekt** nicht ausgenutzte Abzugsbeträge bzw. erhöhte Absetzungen.

a) Bemessungsgrundlage

Die Bemessungsgrundlage für das Folgeobjekt ergibt sich aus den AK/HK des **Folgeobjekts** (BMF, **Rz 77**).

Beispiel:

Der Stpfl. hat für sein 1990 hergestelltes und am 1. Juni 1992 veräußertes Einfamilienhaus (Bemessungsgrundlage 240 000 DM) Abzugsbeträge für die Veranlagungszeiträume 1990 bis 1992 in Anspruch genommen. 1991 hat er ein weiteres Objekt angeschafft (Bemessungsgrundlage 300 000 DM), das er ab 1. Juni 1992 zu eigenen Wohnzwecken nutzt. Bei diesem beginnt der Abzugszeitraum erst 1993. Der Stpfl. kann, wenn er das Folgeobjekt in dem jeweiligen Jahr des Abzugszeitraums zu eigenen Wohnzwecken nutzt, Abzugsbeträge von einer Bemessungsgrundlage von 300 000 DM für 1993 bis einschließlich 1997 in Anspruch nehmen. Dabei hat er die Möglichkeit, nicht ausgenutzte Abzugsbeträge für 1993 bis 1996 bei der Veranlagung für 1997 nachzuholen.

b) Maßgebender Höchstbetrag

Der Höchstbetrag für das Folgeobjekt ist **unabhängig** vom Erstobjekt.

Beispiel:

Für ein Erstobjekt (angeschafft 1989) gilt ein Höchstbetrag der Grundförderung von 15 000 DM. Wenn ein Folgeobjekt in 1993 vom Stpfl. errichtet wird, gilt der Höchstbetrag von 4 × 19 800 und 4 × 16 500 DM.

c) Maßgebende v. H.-Sätze (§ 10e Abs. 4 Satz 6 EStG)

Auch die v. H.-Sätze bestimmen sich im Prinzip nach den Merkmalen des Folgeobjekts. Handelt es sich bei dem Folgeobjekt um ein Objekt der Drittfassung, sind darauf die – degressiven – Abzugssätze grds. anzuwenden (6 %/5 %), allerdings mit der Einschränkung, daß nach § 10e Abs. 4 Satz 6 für das Folgeobjekt die v. H.-Sätze der vom Erstobjekt verbliebenen Jahre maßgebend sind.

Beispiel:

Der Stpfl. hat für sein 1990 hergestelltes und am 1. 10. 1992 wieder veräußertes (zu eigenen Wohnzwecken genutztes) Einfamilienhaus Abzugsbeträge nach § 10e Abs. 1 für die VZ 1990 bis 1992 in Anspruch genommen.

In 1994 schafft er ein weiteres Objekt (EFH) an (**kein** Altbau i. S. des § 10e Abs. 1 Satz 4), das er ab 1. 3. 1994 zu eigenen Wohnzwecken nutzt.

Der Stpfl. nimmt die Folgeobjektregelung nach § 10e Abs. 4 Satz 4 in Anspruch.

Die degressive Ausgestaltung des § 10e Abs. 1 in der Drittfassung mit dem Abzugssatz von 6 v. H. wirkt sich für das Folgeobjekt noch im VZ 1994 aus.

Der Abzugszeitraum für das Erstobjekt umfaßt die Jahre 1990 bis 1992. Die hierfür nach § 10e Abs. 1 zulässige Grundförderung beträgt – nach der Ursprungsfassung – 3 × 5 v. H., höchstens jeweils 15 000 DM.

Der Abzugszeitraum für das Folgeobjekt umfaßt die Jahre 1994 bis 1998. Bei diesen Jahren handelt es sich – bezogen auf das Erstobjekt – um die vom Erstobjekt verbliebenen Jahre des Abzugszeitraums (viertes bis achtes Jahr). Bei dem Folgeobjekt beträgt deshalb für 1994 (= viertes vom Erstobjekt verbliebenes Jahr) die nach § 10e Abs. 1 nach der Drittfassung zulässige Grundförderung noch 6 v. H., höchstens 19 800 DM und für die Jahre 1995 bis 1998 4 × 5 v. H., höchstens jeweils 16 500 DM.

Dem steht nicht entgegen, daß für das Erstobjekt nach bisherigem Recht nur eine Grundförderung von 8 × 5 v. H. möglich war. Denn dem Gesetzeswortlaut (§ 10e Abs. 4 Satz 6) ist nicht zu entnehmen, daß es sich auch beim Erstobjekt um ein Objekt der Drittfassung handeln muß. Für die Anwendung des Abzugssatzes von 6 v. H. reicht es daher aus, wenn nur das Folgeobjekt unter den zeitlichen Geltungsbereich des § 10e nach der Drittfassung (StÄndG 1992) fällt und vom Abzugszeitraum des Erstobjekts weniger als vier Jahre verbraucht worden sind (BMF, **Rz 8**).

d) Nachholung und Rückbeziehung (§ 10e Abs. 3 EStG)

Nicht möglich ist eine Nachholung nicht ausgenutzter Abzugsbeträge des Erstobjekts beim Folgeobjekt (BMF, **Rz 78**).

7.10.3.10.5 Wahlrecht bei Ehegatten i. S. des § 26 EStG

Wenn Ehegatten i. S. des § 26 Abs. 1 bisher nur für ein Objekt § 10e in Anspruch genommen haben, haben sie nach BMF, Abs. 47 ein **Wahlrecht**, ob sie ein zweites Objekt als

(a) Folgeobjekt i. S. § 10e Abs. 4 Satz 4 oder

(b) zweites Objekt i. S. § 10e Abs. 4 Satz 2 behandeln wollen.

7.10.3.10.6 Drittobjekt

Wird das Folgeobjekt ebenfalls nicht bis zum Ende des möglichen Abzugszeitraums selbstgenutzt, geht der § 10e für den restlichen Abzugszeitraum verloren.

Eine Fortsetzung bei einem Drittobjekt ist nicht möglich (BMF, **Rz 81**).

7.10.3.11 Miteigentum

Der Miteigentumsanteil eines Stpfl. an einer Wohnung steht grds. einer ganzen Wohnung gleich (§ 10e Abs. 1 Satz 5). Vgl. BMF, **Rz 29 Satz 1**. Es ist zwischen Einfamilienhäusern/Eigentumswohnungen einerseits und anderen Gebäuden zu unterscheiden.

a) Einfamilienhäuser und Eigentumswohnungen

Der Abzugsbetrag kann bei einem Einfamilienhaus bzw. einer Eigentumswohnung höchstens mit 5 v. H. des **dem Miteigentumsanteil entsprechenden Teils** abgezogen werden (vgl. § 10e Abs. 1 Satz 6) (ausgenommen zusammenveranlagte Ehegatten, die für die Ermittlung des Abzugsbetrags eine Einheit bilden). Vgl. BMF, **Rz 60 Satz 1**.

Hierbei wird der jeweilige **Höchstbetrag** auf den dem Miteigentumsanteil entsprechenden Anteil **ermäßigt**. Somit ist hier nach Auffassung der FinVerw eine von den Miteigentumsanteilen abweichende begründete Verteilung nicht möglich, z. B. bei von den Miteigentumsanteilen abweichender Baufinanzierung. So zu schließen aus BMF, **Rz 60 Satz 2**.

Diese Aufteilung ist unabhängig davon, ob alle Miteigentümer das Objekt zu eigenen Wohnzwecken nutzen.

Die Miteigentümer **brauchen** § 10e **nicht einheitlich** dem **Grunde** nach (Objektwahl) und der **Höhe** nach (z. B. Nachholung) in Anspruch zu nehmen; die Regelung des § 7a Abs. 7 Satz 2 ist bei § 10e **nicht** anwendbar.

Ein Miteigentümer kann die Grundförderung jedoch nur dann geltend machen, wenn er die Wohnung zu eigenen Wohnzwecken nutzt.

b) Andere Gebäude

Bei Miteigentümern eines **anderen** Gebäudes ist § 10e Abs. 1 Satz 6 **nur** anzuwenden, wenn der **Miteigentumsanteil geringer** ist als **der Wert** der **zu eigenen Wohnzwecken genutzten Wohnung** im Verhältnis zum Wert des Gebäudes oder wenn **mehrere Miteigentümer** – mit Ausnahme von zusammen zur Einkommensteuer veranlagten Ehegatten – eine Wohnung bewohnen.

Nach Verwaltungsauffassung nutzt ein Miteigentümer eines Gebäudes eine darin belegene Wohnung zu eigenen Wohnzwecken **insgesamt** aus **eigenem Recht,** wenn der **Wert** der Wohnung im Verhältnis zum Wert des Gebäudes seinen **Miteigentumsanteil** an dem Gebäude **nicht übersteigt,** z. B. bei hälftigem Miteigentum nicht mehr als die Hälfte des Gebäudewerts beträgt (= sog. **Rechtszuständigkeitsgedanke**).

Die Folge ist:

Die Herstellungs- oder Anschaffungskosten einer solchen Wohnung gehen in **vollem Umfang** in die **Bemessungsgrundlage** des Abzugsbetrags nach § 10e ein, wenn der Wert der Wohnung im Verhältnis zum Wert des Gebäudes dem Miteigentumsanteil des selbst nutzenden Miteigentümers entspricht. Vgl. auch R 164 Abs. 2.

Der Wert einer Wohnung einschließlich des dazugehörenden Grund und Bodens entspricht in der Regel dem Miteigentumsanteil, wenn die Nutzfläche der Wohnung im Verhältnis zur Gesamtnutzfläche dem Miteigentumsanteil entspricht. Vgl. BMF, **Rz 62**. Diese Vermutung erspart im Regelfall eine Wertermittlung.

Beispiel 1:

A hat gemeinsam mit B im Veranlagungszeitraum 1990 ein Zweifamilienhaus (Miteigentumsanteile je 50 v.H.) mit zwei gleich großen Wohnungen, von denen A eine zu eigenen Wohnzwecken nutzt, errichtet. Die Gesamtherstellungskosten zuzüglich der Hälfte der Anschaffungskosten für den dazugehören den Grund und Boden haben 800 000 DM betragen. Hiervon entfallen auf A entsprechend seinem Miteigentumsanteil an dem Haus 400 000 DM.

Da dieser Betrag dem Wert der zu eigenen Wohnzwecken genutzten Wohnung entspricht, ist der Abzugsbetrag, den A in Anspruch nehmen kann, wie folgt zu berechnen:

6 bzw. 5 v. H. der Bemessungsgrundlage von 400 000 DM =   24 000 DM bzw. 20 000 DM
höchstens jedoch   19 800 DM bzw. 16 500 DM

Beispiel 2:

Wie Beispiel 1, aber das Gebäude wird vor Bezug in Eigentumswohnungen aufgeteilt, so daß jeder Miteigentümer nunmehr Alleineigentümer einer Wohnung ist.

Die Beteiligten können die Steuervergünstigung nach § 10e für sämtliche von ihnen getragenen Anschaffungskosten der Wohnung zuzüglich 50 v. H. der auf ihren Anteil entfallenden Anschaffungskosten des Grund und Bodens nach § 10e geltend machen.

Es ergibt sich dasselbe Ergebnis wie im Fall 1.

(Die Aufteilung in Eigentumswohnungen ist aber keine Anschaffung i. S. § 10e Abs. 1.)

Wenn der Wert der zu eigenen Wohnzwecken genutzten Wohnung **höher** ist als der Miteigentumsanteil des nutzenden Miteigentümers, nutzt der Miteigentümer den seinen Miteigentumsanteil übersteigenden Teil der Wohnung aufgrund einer **Überlassung** der anderen Miteigentümer. Erfolgt diese Überlassung **entgeltlich,** erzielen die anderen Miteigentümer insoweit **Einnahmen** aus Vermietung und Verpachtung und können die auf den überlassenen Teil der Wohnung entfallenden Werbungskosten einschließlich der AfA abziehen.

Beispiel 3:

Wie Beispiel 1. Die von A zu eigenen Wohnzwecken genutzte Wohnung ist 150 m², die andere Wohnung ist 50 m² groß. Das Wertverhältnis der Wohnungen entspricht der jeweiligen m²-Zahl.

Eine **Ausgleichszahlung** erfolgt in entsprechender Höhe.

A nutzt $\dfrac{400\,000}{3/4 \times 800\,000}$ der Wohnung als Eigentümer, darüberhinaus aufgrund einer Überlassung.

Der Abzugsbetrag ist nach § 10e Abs. 1 Sätze 1 und 6 wie folgt zu berechnen:

6 v.H. bzw. 5 v.H. auf A entfallenden Bemessungsgrundlage von 400 000 DM × 2/3 =
    16 000 DM bzw. 13 333 DM,
höchstens jedoch 2/3 von 19 800 DM bzw. 16 500 DM   13 200 DM bzw. 11 000 DM.

Zu beachten ist, daß dem zu eigenen Wohnzwecken nutzenden Miteigentümer unabhängig von der Entgeltlichkeit oder Unentgeltlichkeit der Überlassung **nur ein Anteil** an dem **Höchstbetrag** nach § 10e Abs. 1 zusteht, der dem Anteil an der Wohnung entspricht, den er aus eigenem Recht nutzt.

Beispiel 4:
Wie Beispiel 3, B nutzt die 50 m² große Wohnung zu eigenen Wohnzwecken.

Von den von B getragenen Gesamtherstellungskosten zuzüglich der Hälfte der Anschaffungskosten für den dazugehörigen Grund und Boden von 400 000 DM entfallen mit $1/4 \times 800\,000$ DM = 200 000 DM auf die zu eigenen Wohnzwecken genutzte Wohnung.

B erhält die Förderung aus 200 000 DM (Höchstbetrag 330 000 DM **nicht** überschritten).

Ist der Miteigentumsanteil **höher** als der Wert der zu eigenen Wohnzwecken genutzten Wohnung, ist dies bei Ermittlung der Bemessungsgrundlage zu beachten. **Weicht** der **Anteil** der **Nutzfläche** vom **Miteigentumsanteil** ab, spricht eine **widerlegbare Vermutung** dafür, daß der **Wert der Wohnung dem Miteigentumsanteil entspricht, wenn keine Ausgleichszahlung** vereinbart ist. Sind die Miteigentümer **Angehörige**, gilt dies **nur,** wenn **auch Fremde** auf Ausgleichszahlungen **verzichten würden** (BMF, Rz 62 Sätze 3 und 4).

Bei Ehegatten, die die Voraussetzungen des § 26 Abs. 1 erfüllen, und alleinige Eigentümer einer zu eigenen Wohnzwecken genutzten Wohnung sind, findet § 10e Abs. 1 S. 5 und 6 **keine** Anwendung. Die Ehegatten können **zusammen** den Abzugsbetrag bis zum Höchstbetrag von 9 000/7 500/ 19 800/16 500 DM geltend machen. Vgl. im übrigen BMF, **Rz 61 bis 63**.

7.10.3.12 Vorrang des Betriebsausgaben- und Werbungskostenabzugs

Die Inanspruchnahme des § 10e Abs. 1 bis 5 scheidet wegen des Vorrangs des Betriebsausgaben und Werbungskostenabzugs aus, solange der Stpfl. mit dem zu eigenen Wohnzwecken genutzten Objekt der Nutzungswertbesteuerung unterliegt (z. B. im Rahmen der Übergangsregelung nach § 52 Abs. 15 Satz 3 oder Abs. 21 Satz 2); BFH, BStBl 1992 II 801 und BMF, **Rz 1**.

Der Vorrang besteht auch, wenn Aufwendungen für eine doppelte Haushaltsführung als Werbungskosten oder Betriebsausgaben geltend gemacht werden (vgl. BMF, BMF-Schreiben vom 10. 5. 1989, BStBl I 165).

7.10.3.13 Behandlung der Erbengemeinschaft und ihrer Auseinandersetzung

Zur Behandlung der Erbengemeinschaft und ihrer Auseinandersetzung sind die im BMF, BMF-Schreiben vom 11. 1. 1993 (BStBl I S. 62) dargelegten Grundsätze anzuwenden. Hieraus ergeben sich für § 10e folgende Rechtsfolgen.

a) Steht eine Wohnung im Gesamthandseigentum einer Erbengemeinschaft, kann ein Miterbe bis zur Auseinandersetzung der Erbengemeinschaft, längstens jedoch bis zum Ende des Abzugszeitraums, die Steuerbegünstigung nach § 10e in Anspruch nehmen, wenn in seiner Person die Voraussetzungen hierfür erfüllt sind (BMF, **Rz 64 Satz 3**).

b) Erhält ein Miterbe nach Auseinandersetzung der Erbengemeinschaft durch Realteilung eine Wohnung, deren Wert dem Wert seines Anteils am Nachlaß entspricht, kann er die Steuerbegünstigung nach § 10e bis zum Ende des Abzugszeitraums für die ganze Wohnung in Anspruch nehmen, wenn in seiner Person die Voraussetzungen hierfür erfüllt sind. Dies gilt unabhängig davon, ob die Wohnung dem Miterben bereits während des Bestehens der Erbengemeinschaft zur Nutzung überlassen worden ist. Ist dem Miterben die Wohnung bereits während des Bestehens der Erbengemeinschaft überlassen worden, so kann er auch für die Zeit des Bestehens der Erbengemeinschaft die Steuerbegünstigung nach § 10e für die ganze Wohnung in Anspruch nehmen. Voraussetzung dafür ist, daß die Miterben innerhalb von **sechs Monaten** nach dem Erbfall eine Auseinandersetzungsvereinbarung treffen. Tz. 8 und 9 des BMF-Schreibens vom 11. 1. 1993 (BMF-EA) gelten entsprechend (BMF, **Rz 65**).

Beispiele: – nach BMF, Rz 65 –

1. A und B sind Miterben zu je $1/2$ nach dem am 1. 8. 1992 verstorbenen V. Zum Nachlaß gehören Wertpapiere im Wert von 380 000 DM und ein von V am 1. 7. 1991 zum Preis von 380 000 DM erworbenes Einfamilienhaus (Anschaffungskosten Haus: 280 000 DM, Grund und Boden: 100 000 DM). V war we-

gen Objektverbrauchs an der Inanspruchnahme der Steuerbegünstigung nach § 10e gehindert. Seit dem Erbfall bewohnt A das Einfamilienhaus. Im Januar 1993 vereinbaren A und B die Auseinandersetzung, wonach A das Einfamilienhaus und B die Wertpapiere erhält.

Lösung:
A kann 1992 bis 1998 die Steuerbegünstigung nach § 10e mit jährlich 16 500 DM in Anspruch nehmen.

2. Wie Beispiel 1, nur A und B setzen sich in 1994 auseinander. A kann für 1992 und 1993 als Miteigentümer die Steuerbegünstigung nach § 10e zur **Hälfte** in Anspruch nehmen. 1994 bis 1998 kann er als **Alleineigentümer** Abzugsbeträge i. H. von 16 500 DM jährlich **voll** geltend machen.

Erhält ein Miterbe **wertmäßig** mehr, als ihm nach seiner Erbquote zusteht, und zahlt er dafür an die anderen Miterben eine **Abfindung** (sog. **Überquotenausgleich**), so handelt es sich **insoweit** um ein **Anschaffungsgeschäft**, das zur Inanspruchnahme der Steuerbegünstigung nach § 10e berechtigt. Soweit er die Wohnung seiner Erbquote entsprechend unentgeltlich erwirbt, kann er die Steuerbegünstigung nach § 10e des Erblassers fortführen, wenn in seiner Person die Voraussetzungen hierfür erfüllt sind. Zum Objektverbrauch vgl BMF, **Rz 32**.

Beispiel: – nach BMF, Rz 66 –

A und B sind Miterben zu je $1/2$ nach dem am 1.6.1992 verstorbenen V. Zum Nachlaß gehört ein Einfamilienhaus (Wert 800 000 DM), das V am 1.7.1991 erworben hatte (Bemessungsgrundlage 600 000 DM). Nach Erbauseinandersetzung in 1993 erhält der verheiratete A das Einfamilienhaus, das er bereits seit dem Erbfall bewohnt, und zahlt an B eine Abfindung i. H. von 400 000 DM (Anteil Grund und Boden 50 000 DM).

A kann folgende Abzugsbeträge in Anspruch nehmen:
- als Gesamtrechtsnachfolger von V

  1992 – 1998 5% von 300 000 DM=   15 000 DM
  höchstens   8 250 DM

- als Erwerber des Miteigentumsanteils von B

  1993 – 1996 6% von 375 000 DM=   22 500 DM
  höchstens   9 900 DM
  und
  1997 – 2000 5% von 375 000 DM=   18 750 DM
  höchstens   8 250 DM

7.10.3.14 Aufwendungen vor erstmaliger Selbstnutzung (§ 10e Abs. 6 EStG)

a) Begriff der „Vorkosten"

Vorkosten i. S. des § 10e Abs. 6 sind Aufwendungen in der Herstellungs- oder Anschaffungsphase, die **nicht** zu den Herstellungs- oder Anschaffungskosten des Gebäudes und **nicht** zu den Anschaffungskosten des Grund und Bodens gehören. Sie sind im Jahre ihrer Verausgabung wie Sonderausgaben vom Gesamtbetrag der Einkünfte abzuziehen (§ 10e Abs. 6 Satz 1). Vgl. BMF-Schreiben vom 31.12.1994, RZ 83 bis 103.

b) Abzugsberechtigter

Aufwendungen nach § 10e Abs. 6 können **nur** von dem **Eigentümer**, der Herstellungs- bzw. Anschaffungskosten getragen hat, sowie von einem Gesamtrechtsnachfolger (unentgeltlicher Erwerb durch Erbfall) geltend gemacht werden, falls der Erblasser die Wohnung nicht selbst genutzt hat (BMF, **Rz 83**), **nicht** dagegen von einem unentgeltlichen Einzelrechtsnachfolger.

Beispiele:

A hat am 2.1.01 ein Einfamilienhaus

a) als Bauherr fertiggestellt
b) entgeltlich erworben
c) geerbt (Wohnung war vom Erblasser bewohnt)
d) schenkweise erworben

und „Vorkosten" nach Art des § 10e Abs. 6 vor Beginn nur der Selbstnutzung (1.4.01) aufgewendet.
Die Vorkosten sind nur in den Fällen a) und b), nicht jedoch in den Fällen c) und d) abzugsfähig.

Bei **teilentgeltlichem** Erwerb (im Wege der vorweggenommenen Erbfolge sowie bei Erbauseinandersetzung) sind die Vorkosten nur hinsichtlich des **entgeltlichen** Teils abzugsfähig (BFH, BStBl 1993 II 704 und BMF, **Rz 84**; Übergangsregelung vgl. **Rz 119 Satz 2**).

c) Entstehung vor Beginn der erstmaligen Selbstnutzung

Die Aufwendungen sind grds. nur dann nach § 10e Abs. 6 abzugsfähig, wenn sie **vor Beginn** der **erstmaligen Selbstnutzung** einer Wohnung **entstanden** sind. Auf den Zeitpunkt der Zahlung kommt es somit für den Sonderausgabe-Charakter grds. nicht an. BMF, **Rz 86**.

Dagegen erfolgt der **Abzug** im Jahre des **Abflusses** (§ 11 Abs. 2).

Bei **Leistung** des **Damnums nach** Beginn der Selbstnutzung ist **nur** der anteilige Betrag als Sonderausgabe abziehbar, der auf die Zeit vor Beginn der Selbstnutzung entfällt. Vgl. BMF, **Rz 92 Satz 4**.

Vorausgezahlte Aufwendungen können grundsätzlich nur bis zu der Höhe abgezogen werden, in der sie auf den Zeitraum bis zur erstmaligen Nutzung der Wohnung zu eigenen Wohnzwecken entfallen.

Unter Beginn der erstmaligen Nutzung ist der **tatsächliche Zeitpunkt** des **Einzugs** des Eigentümers zu verstehen (BMF, **Rz 89**).

Beginnt die erstmalige Selbstnutzung innerhalb eines Kalendermonats, können die bis **einschließlich** des **Tages** der **erstmaligen Selbstnutzung** entstandenen Aufwendungen abgezogen werden (= sog. „**Tageslösung**") (BMF, **Rz 90 Satz 1**).

Im Falle der Anschaffung können dazu **auch** Aufwendungen gehören, die **nach Beendigung** einer **Vermietung** und vor Beginn der erstmaligen Selbstnutzung zu Wohnzwecken entstehen.

Bei Erwerb einer bisher **gemieteten** Wohnung können die **vor Übergang** des **(wirtschaftlichen) Eigentums** entstandenen Aufwendungen abgezogen werden (BMF, **Rz 90 Satz 3**).

Entsprechendes gilt bei einem **Nutzungsberechtigten,** der die von ihm auf fremdem Grund und Boden hergestellte **Wohnung erwirbt** (BMF, **Rz 90 Satz 3**).

d) Werbungscharakter im Falle der Vermietung

Unter § 10e Abs. 6 fallen im Rahmen einer „**Parallelwertung**" grds. Aufwendungen, die im Falle der **Vermietung** als „**vorweggenommene Werbungskosten**" zu behandeln wären, insbesondere **Schuldzinsen** und andere **Geldbeschaffungskosten**, **Erhaltungsaufwendungen** sowie Abstandszahlungen, die ein Stpfl. an den Mieter der von ihm gekauften Wohnung geleistet hat, um das Mietverhältnis im Interesse der Eigennutzung (vorzeitig) zu beenden.

Die Grundsätze des Abzugs vorweggenommener Werbungskosten gelten somit grds. entsprechend. Dies gilt jedoch **nicht** für sog. „**vergebliche" Aufwendungen,** weil hier ein wirtschaftlicher Zusammenhang mit einem konkreten (angeschafften oder hergestellten) Objekt **fehlt**. Vgl. auch BMF, **Rz 87** und BFH, BStBl 1991 II 916.

Aufwendungen für **Fahrten** zur Besichtigung von Bau-, Kauf- oder Musterhausobjekten, für Verpflegung, für den Erwerb von Bau- und Finanzierungsfachliteratur sowie für Eintrittsgelder für Fachausstellungen sind dementsprechend **nicht** als vergebliche Planungskosten nach § 10e Abs. 6 wie Sonderausgaben berücksichtigungsfähig.

Nicht zu den nach § 10e Abs. 6 abziehbaren Aufwendungen gehören auch die Absetzungen für Abnutzung gemäß § 7.

e) Keine Anschaffungs- oder Herstellungskosten

Die Aufwendungen dürfen **nicht** zu den Herstellungs- oder Anschaffungskosten der Wohnung bzw. zu den Anschaffungskosten des Grund und Bodens gehören (BMF, **Rz 88**).

Daher sind z. B. **keine** Vorkosten:

- anschaffungsnaher Herstellungsaufwand (= nachträgliche Herstellungskosten der Wohnung); vgl. R 157 Abs. 4
- Übernahme von Zinsverbindlichkeiten des Veräußerers (= Anschaffungskosten von Wohnung bzw. Grund und Boden).

Erstattet der Erwerber dem Veräußerer ein bei dessen Darlehensaufnahme einbehaltenes **Disagio,** gehört der Erstattungsbetrag ebenfalls zu den **Anschaffungskosten** des Erwerbers (BFH, BStBl 1981 II 466); es liegen also **keine** Vorkosten vor (BMF, **Rz 91 Satz 8**).

f) Keine Betriebsausgaben oder Werbungskosten

Bei Wohnungen, die vermietet werden sollen oder die eigenbetrieblichen oder eigenen freiberuflichen Zwecken dienen sollen, stellen die entsprechenden Aufwendungen in der Bau- und Anschaffungsphase Werbungskosten oder Betriebsausgaben dar **(keine** Anwendung von § 10e Abs. 6).

g) Ausschlußfälle

§ 10e Abs. 6 setzt **nicht** eine tatsächliche Inanspruchnahme der Grundförderung (§ 10e Abs. 1) voraus.

Aufwendungen im Sinne des § 10e Abs. 6 können auch dann abgezogen werden, wenn der Stpfl. für die zu eigenen Wohnzwecken genutzte eigene Wohnung **keine Abzugsbetrag** nach § 10e Abs. 1 und 2 in Anspruch nimmt oder nehmen kann, z. B. im Falle des **Objektverbrauchs** oder eines **räumlichen Zusammenhangs** im Sinne des **§ 10e Abs. 4** (BMF, BMF, **Rz 85 Satz 1**).

Ausgeschlossen ist jedoch der Abzug von Aufwendungen, die im Zusammenhang stehen mit der Herstellung oder Anschaffung

– von nicht nach § 10e Abs. 1 begünstigten **Wochenend-** oder **Ferienwohnungen**
– von Objekten ohne die erforderliche Baugenehmigung (**Schwarzbauten**, vgl. 7.10.3.4.5) sowie
– von Objekten, die unentgeltlich durch **Schenkung** (vgl. 7.10.3.2), **Erbfall** oder vom **Ehegatten** erworben sind. Vgl. BMF, **Rz 85 Satz 2**

Der Ausschluß der Abzugsmöglichkeiten sog. Vorkosten in diesen Fällen beruht auf der Überlegung, daß solche Objekte nicht vom Förderzweck des § 10e erfaßt werden.

Erwirbt ein Stpfl. eine Wohnung **unentgeltlich**, so kann er die von ihm bis zum Bezug der Wohnung getragenen Aufwendungen im Sinne des **§ 10e Abs. 6** grds. auch **nicht** steuerlich geltend machen, wenn er **Gesamtrechtsnachfolger** ist (BFH, BStBl 1993 II 346 i BMF, Rz 83); **Ausnahme: keine** Selbstnutzung durch den Erblasser.

Im Falle der **Einzelrechtsnachfolge** ist § 10e Abs. 6 generell **nicht** anzuwenden (BMF, **Rz 83 Satz 3**).

> **Beispiel:**
> Ein Stpfl. überträgt eine Wohnung schenkweise auf sein Kind. Das Kind kann die bis zum Beginn der Eigennutzung aufgewandten Renovierungskosten steuerlich nicht absetzen.

h) Einzelfälle

aa) Finanzierungskosten

Finanzierungskosten stehen **stets** im engen wirtschaftlichen Zusammenhang mit der Herstellung oder Anschaffung der Wohnung. Deshalb können die Finanzierungskosten auch dann abgezogen werden, wenn die Wohnung zunächst vermietet war. Unerheblich ist, ob der Stpfl. in ein Mietverhältnis eingetreten ist oder die Wohnung selbst vermietet hat. Vgl. BMF, **Rz 91**.

Unter den Begriff der Finanzierungskosten fallen

– Schuldzinsen und
– Geldbeschaffungskosten.

aaa) Schuldzinsen

Schuldzinsen, die auf die Zeit vor der erstmaligen Nutzung der eigenen Wohnung zu eigenen Wohnzwecken entfallen, können im Veranlagungszeitraum der Zahlung – ggf. nach Kürzung um Zuschüsse – wie Sonderausgaben abgezogen werden.

Schuldzinsen, die auf die Zeit **nach** Beginn der erstmaligen Nutzung der eigenen Wohnung zu eigenen Wohnzwecken entfallen, können auch dann **nicht** wie Sonderausgaben abgezogen werden, wenn sie vor der erstmaligen Nutzung geleistet worden sind.

bbb) Geldbeschaffungskosten

Geldbeschaffungskosten sind **wie Schuldzinsen** zu behandeln. Hierunter fallen z. B. Schätzungsgebühren, Gebühren für Hypothekenvermittlung, Bürgschaftsgebühren, Bereitstellungszinsen für Bankkredite, Notariatsgebühren, Aufwendungen für Fahrten zur Einholung von Kreditangeboten zur Finanzierung der Wohnung (BMF, **Rz 91 Satz 6**).

ccc) Damnum

Ein **vor** Beginn der erstmaligen Nutzung der eigenen Wohnung zu eigenen Wohnzwecken geleistetes Damnum, das in einem engen wirtschaftlichen Zusammenhang mit der Herstellung oder Anschaffung steht, ist im Veranlagungszeitraum der Zahlung in voller Höhe wie Sonderausgaben abzuziehen (BMF, **Rz 92 Satz 1**).

Wird das Damnum **nach** dem Beginn der erstmaligen Nutzung der eigenen Wohnung zu eigenen Wohnzwecken geleistet, entfällt es jedoch teilweise auf die Zeit vor der erstmaligen Nutzung, kann der **Teilbetrag** in entsprechender Anwendung von BFH, BStBl 1955 III 26 in dem Veranlagungszeitraum, in dem es gezahlt wird, wie Sonderausgaben abgezogen werden (BFH, **Rz 92 Satz 4**).

Soweit für das Damnum ein **Tilgungsstreckungsdarlehen** aufgenommen wird, fließt das Damnum mit den **Tilgungsraten** des Tilgungsstreckungsdarlehens ab (BFH, BStBl 1975 II 330 und BStBl 1975 II 503). Vgl. BMF, **Rz 92 Satz 5**.

Wird das Damnum der vertraglichen Vereinbarung entsprechend bereits **vor Auszahlung** des **Darlehens** entrichtet, ist dieser Zahlungszeitpunkt nur dann steuerlich anzuerkennen, wenn die Vorausleistung des Damnums wirtschaftlich sinnvoll ist.

Ist ein Damnum **nicht mehr als drei Monate vor Auszahlung** der Darlehensvaluta oder einer ins Gewicht fallenden Teilauszahlung des Darlehens geleistet worden, kann davon ausgegangen werden, daß ein wirtschaftlich sinnvoller Grund besteht (vgl. BFH, BStBl 1987 II 492, BMF, **Rz 92 Satz 3**).

ddd) Abschlußgebühren für Bausparvertrag

Vor Bezug entstandene Vertragsabschlußgebühren und Kontoführungsgebühren für einen Bausparvertrag sind als Vorkosten abzugsfähig, wenn ein **enger wirtschaftlicher Zusammenhang** zwischen dem Abschluß des Bausparvertrags und der Herstellung oder Anschaffung der Wohnung oder des dazugehörigen Grund und Bodens besteht. Dieser enge Zusammenhang

– muß aus äußeren Tatsachen erkennbar und
– die Verwendung der erstrebten Kreditmittel zur Errichtung oder zum Erwerb einer eigengenutzten Wohnung oder des dazugehörigen Grund und Bodens alleiniger Grund des Vertragsabschlusses

sein.

Vgl. BMF, **Rz 94**. Zur Behandlung bei den Einkünften aus § 21 bzw. § 20 vgl. BFH, BStBl 1990 II 975 und H 153 „Abschlußgebühr".

Bei **Gutschrift** der Abschlußgebühr auf einem **Sonderkonto** liegen zum Zeitpunkt der **Leistung** wohl noch keine Aufwendungen vor, die WK bei § 20 oder § 21 oder Vorkosten sind. Daher dürften bei Leistung – **bis VZ 1995 einschl.** – zunächst Sonderausgaben nach § 10 Abs. 1 Nr. 3 (50%) und zusätzlich im Falle der Auszahlung der Bausparsumme WK bei § 20/§ 21 oder Vorkosten vorliegen.

Zur einkommensteuerlichen Behandlung von **Bausparzinsen** und damit zusammenhängenden **Schuldzinsen** für einen Zwischen- oder Auffüllungskredit bei selbstgenutztem Wohneigentum vgl. BMF-Schreiben vom 28. 2. 1990, BStBl I 124. Vgl. nachfolgend unter eee).

eee) Bausparzinsen und Schuldzinsen

– Guthabenzinsen

a) Zinsen auf Bausparguthaben gehören zu den Einnahmen aus **Vermietung und Verpachtung**, wenn sie mit dieser Einkunftsart in wirtschaftlichem Zusammenhang stehen (§ 20 Abs. 3, BFH, BStBl 1983 II 172 und BStBl 1983 II 355). Der Vorrang der Einkunftsart Vermietung und Verpachtung vor der Einkunftsart Kapitalvermögen gilt bei selbstgenutztem Wohneigentum **auch** für VZ **nach** 1986, sofern der **Nutzungswert** der Wohnung im eigenen Haus nach § 52 Abs. 21 Satz 2 weiterhin als Überschuß des Mietwerts über die Werbungskosten ermittelt wird.

b) Fallen die Guthabenzinsen dagegen im Rahmen der Finanzierung von Wohneigentum an, das in VZ nach 1986 **nicht** oder **nicht mehr** der **Nutzungswertbesteuerung** unterliegt, so besteht grundsätzlich **kein** wirtschaftlicher Zusammenhang mit einer anderen Einkunftsart. In diesen Fällen ist § 20 Abs. 3 nicht mehr anwendbar. Die Zinsen aus dem Bauspargutbaben sind daher grds. als Einnahmen aus Kapitalvermögen im Sinne des § 20 Abs. 1 Nr. 7 zu behandeln.

– **Schuldzinsen**

Um die Wartezeit bis zur Zuteilungsreife eines Bausparvertrags zu überbrücken oder abzukürzen, lassen sich Bausparer häufig einen Zwischenkredit oder einen Auffüllungskredit geben. Bis zur Zuteilung des Bauspardarlehns fallen sowohl Zinsen auf das Bausparguthaben als auch **Schuldzinsen** für den Zwischenkredit oder den Auffüllungskredit an.

In den Fällen der fortgeführten Nutzungswertbesteuerung sind die Schuldzinsen für einen Zwischen- oder Auffüllungskredit weiterhin als bei den Einkünften aus Vermietung und Verpachtung abziehbar (§ 9 Abs. 1 Nr. 1).

In den übrigen Fällen hängt die einkommensteuerliche Behandlung davon ab, ob es sich um Schuldzinsen für ein **Bau-** oder **Anschaffungsdarlehen** oder um Schuldzinsen für einen **Auffüllungskredit** handelt.

– Schuldzinsen für Bau- oder Anschaffungsdarlehen **(Zwischen-** oder **Vorfinanzierungskredite)** werden weder unmittelbar noch mittelbar zur Erwerbung, Sicherung oder Erhaltung von Zinsen aus einem Bausparguthaben aufgewendet. Solche Schuldzinsen können deshalb **nicht** bei den Einkünften aus Kapitalvermögen abgezogen werden. Bis zum Beginn der erstmaligen Nutzung des Wohneigentums zu eigenen Wohnzwecken sind sie jedoch nach § 10e Abs. 6 wie Sonderausgaben abziehbar.

– Schuldzinsen für einen **Auffüllungskredit** sind dagegen dem Grunde nach **Werbungskosten** bei den Einkünften aus **Kapitalvermögen**. Regelmäßig werden die Schuldzinsen jedoch die Zinsen aus dem Bausparguthaben auf Dauer übersteigen, so daß das Tatbestandsmerkmal der Einkunftserzielungsabsicht insoweit nicht erfüllt ist (vgl. R 153 Abs. 1 Satz 2 und H 153 „Schuldzinsen"). Daher sind weder die Guthabenzinsen noch die Schuldzinsen den Einkünften aus Kapitalvermögen zuzuordnen. In diesen Fällen kann jedoch der **übersteigende** Aufwand (Schuldzinsen abzüglich Guthabenzinsen = **Schuldzinsenüberhang**) bis zum Beginn der erstmaligen Nutzung des Wohneigentums zu eigenen Wohnzwecken nach § 10e Abs. 6 wie Sonderausgaben abgezogen werden.

Die vorstehenden Regelungen gelten **auch** für **Ausbau-** oder **Erweiterungsmaßnahmen** an einem zu eigenen Wohnzwecken genutzten Wohneigentum i. S. von § 10e Abs. 2.

bb) Aufwendungen für Erbbaurecht

Vor Bezug entstandene Aufwendungen für ein Erbbaurecht sind abzugsfähige **Vorkosten** z. B.

– **zeitanteilige Anschaffungskosten** des Erbbaurechts (vgl. BMF, BStBl 1991 I 1011; BFH, BStBl 1994 II 934; BMF, Rz 119)
– **Erbbauzinsen.**

Erbbauzinsen sind wie Schuldzinsen zu behandeln (vgl. aa) Finanzierungskosten). Vgl. BMF, **Rz 93 Sätze 1 und 2.**

Erbbauzinsen, die für nach dem Bezug der Wohnung liegende Zeiträume gezahlt werden, können steuerlich **nicht** mehr abgezogen werden, und zwar **auch nicht** als **dauernde Lasten** im Sinne des § 10 Abs. 1 Nr. 1 Buchstabe a; vgl. auch BFH, BStBl 1991 II 175.

Die von einem Erbbauberechtigten vereinbarungsgemäß **übernommenen** und vor Beginn der erstmaligen Nutzung der Wohnung gezahlten **Erschließungskosten** können **nicht** nach § 10e Abs. 6 in voller Höhe wie Sonderausgaben abgezogen werden, sondern gehören zu den AK des Erbbaurechts (BMF, **Rz 93 Satz 3**).

Nach Bezug gezahlte Erschließungskosten können nur insoweit nach § 10e Abs. 6 steuerlich berücksichtigt werden, als sie auf den Zeitraum vor Beginn der Selbstnutzung entfallen.

Die **Anschaffungskosten** für ein Erbbaurecht können **nur begrenzt** im Rahmen des § 10e Abs. 6 berücksichtigt werden. Sie sind insbesondere **nicht** in die Bemessungsgrundlage nach § 10e Abs. 1 einzubeziehen, da der Gesetzgeber ausdrücklich nur die Hälfte der Anschaffungskosten für den Grund und Boden begünstigt hat. Die Aufwendungen eines Erbbauberechtigten für den Erwerb des Erbbaurechts können den Anschaffungskosten eines Grundstückseigentümers für den Grund und Boden daher nicht gleichgestellt werden. Zu der Bemessungsgrundlage nach § 10e gehört demnach auch **nicht** der kapitalisierte Wert der Erbbauzinsen.

Die Anschaffungskosten für das Erbbaurecht können jedoch für die Zeit vor der erstmaligen Wohnungsnutzung **zeitanteilig** als Sonderausgaben nach **§ 10e Abs. 6** berücksichtigt werden. Dem steht nicht entgegen, daß die Vorschrift des § 7 Abs. 1 im Bereich des Sonderausgabenabzugs nicht anwendbar ist. Vgl. BMF, **Rz 93 Satz 1**.

cc) Erhaltungsaufwand

aaa) Grundsätze

Aufwendungen für Reparaturen, die in einem engen wirtschaftlichen Zusammenhang mit der Anschaffung der Wohnung stehen und vor erstmaliger Nutzung zu eigenen Wohnzwecken ausgeführt wurden, sind – sofern es sich **nicht** um den Herstellungskosten zuzurechnende anschaffungsnahe Aufwendungen i. S. von R 157 Abs. 4 handelt (BFH, BStBl 1993 II 338) – im VZ der Zahlung wie Sonderausgaben abziehbar.

Auch hier ist der **Entstehungszeitpunkt** für Abzugsfähigkeit dem Grunde nach **maßgebend**.

Bei Erwerb einer vermieteten Wohnung vgl. unten gg).

Eine **Verteilung ist nicht** möglich (§ 82b EStDV ist **nicht** anwendbar).

Bei Anschaffung aufgrund obligatorischen Vertrags **nach** dem 31. 12. 1993 darf Erhaltungsaufwand nur bis höchstens 15% der AK des Gebäudes, max. jedoch 22 500 DM, abgezogen werden (**§ 10e Abs. 6 Satz 3**). Vgl. im übrigen **BMF, Rz 93** und nachfolgend bbb).

Liegt anschaffungsnaher Herstellungsaufwand vor, gehören die Reparaturaufwendungen zur Bemessungsgrundlage für die Grundförderung nach § 10e Abs. 1.

bbb) Beschränkung des Vorkostenabzugs (§ 10e Abs. 6 Satz 3)

Nach § 10e Abs. 6 Satz 3 wird für Objekte, die aufgrund eines nach dem 31. 12. 1993 rechtswirksam abgeschlossenen obligatorischen Vertrags oder gleichstehenden Rechtsaktes erworben werden (§ 52 Abs. 14), der Vorkostenabzug für im **zeitlichen Zusammenhang mit der Anschaffung** (d. h. im Regelfall innerhalb der ersten 3 Jahre nach Anschaffung) anfallenden Erhaltungsaufwand auf **15 v. H.** der Anschaffungskosten, **höchstens** jedoch **15 v. H.** von **150 000 DM = 22 500 DM** (einschl. USt), beschränkt. Diese Beschränkung bezieht sich auf das **einzelne** Objekt.

Diese Begrenzung setzt **nicht** die Behandlung der Erhaltungsaufwendungen als anschaffungsnaher Herstellungsaufwand voraus.

dd) Laufende Grundstücksaufwendungen

Laufende Grundstückskosten, z. B.

- Grundsteuer und
- Gebäudeversicherungsprämien,

sind ebenfalls abziehbare Vorkosten, soweit sie auf die Zeit entfallen, in der die Wohnung zwischen Herstellung oder Anschaffung und Nutzung zu eigenen Wohnzwecken

- weder vermietet
- noch vom Stpfl. unentgeltlich überlassen war. Vgl. BFH, BStBl 1993 II 704.

Sie stehen **dagegen nicht** in einem engen wirtschaftlichen Zusammenhang mit der Herstellung oder Anschaffung, wenn der Stpfl. die Wohnung zwischen Erwerb oder Herstellung und Selbstnutzung vermietet hatte (BMF, **Rz 95 Satz 2**).

Dagegen kann dieser Zusammenhang unter Berücksichtigung der Verhältnisse des Einzelfalls vorliegen, wenn der Stpfl. durch den Kauf einer vermieteten Wohnung in ein Mietverhältnis eingetreten ist, um dessen Beendigung er sich wegen der beabsichtigten Selbstnutzung umgehend bemüht. Vgl. BMF, **Rz 95**.

ee) Vergeblich aufgewendete Kosten

aaa) Nichtrealisiertes Objekt

Aufwendungen, die im Zusammenhang mit **nicht** verwirklichten Bauvorhaben, **nicht** erworbenen Objekten oder entgegen ursprünglicher Planung **nicht** zu eigenen Wohnzwecken genutzten Objekten anfallen, stehen nach Auffassung der FinVerw **nicht** in einem engen wirtschaftlichen Zusammenhang mit der Herstellung oder Anschaffung der zu eigenen Wohnzwecken genutzten Wohnung und können daher **nicht** nach § 10e Abs. 6 abgezogen werden. Vgl. BMF, **Rz 87** und BFH, BStBl 1991 II 916.

Beispiele:
- Planungskosten,
- Fahrtkosten,
- Kosten für Fachliteratur,
- Finanzierungskosten für ein unbebautes Grundstück,
- Vorauszahlungen für ein Bauvorhaben, für die wegen des Konkurses des Bauunternehmers keine Herstellungsleistungen erbracht worden sind, obwohl bei Zusammenhang mit angestrebten Einkünften aus § 21 vorweggenommene WK vorlägen (BFH GrS, BStBl 1990 II 830).

bbb) Realisiertes Objekt

Vorauszahlungen, für die **keine** Herstellungsleistungen erbracht worden sind (z. B. wegen Konkurses des Bauunternehmers), können nach § 10e Abs. 6 abgezogen werden (vgl. BFH, GrS, BStBl 1990 II 830), wenn das **Bauvorhaben realisiert** worden ist, und das Objekt entsprechend der ursprünglichen Planung zu eigenen Wohnzwecken genutzt wird (vgl. BFH, BStBl 1991 II 916 und BMF, **Rz 98**).

Eine „vergebliche" Vorauszahlung kann erst in dem Veranlagungszeitraum wie Sonderausgaben abgezogen werden, in dem deutlich wird, daß sie ohne Gegenleistung bleibt und eine Rückzahlung nicht zu erwarten ist (vgl. BFH, BStBl 1992 II 805).

Für den Entstehungszeitpunkt ist hingegen maßgeblich, wann die Leistung hätte erbrachten werden sollen. Bei Herstellungsleistungen kann regelmäßig davon ausgegangen werden, daß diese **vor Bezug** hätten erbracht werden sollen.

ff) Erwerb einer Wohnung durch einen bisherigen Mieter

Ein **Mieter,** der seine bisher von ihm **gemietete Wohnung kauft,** kann **vor** Übergang des (wirtschaftlichen) Eigentums (vgl. BMF, **Rz 86 Satz 3**) entstandene Aufwendungen ebenfalls nach § 10e Abs. 6 abziehen (BMF, **Rz 90 Satz 3**). Das BMF-Schreiben geht hierbei offensichtlich davon aus, daß der Erwerber die Wohnung **ununterbrochen** bewohnt. Zieht er jedoch vor Übergang des wirtschaftlichen Eigentums aus, liegen m. E. Vorkosten auch **nach** Übergang des wirtschaftlichen Eigentums bis zum Tage des (Wieder-)Einzugs vor.

Solange der Stpfl. nur Mieter ist, ist es steuerlich unbeachtlich, daß er die Wohnung bereits zu eigenen Wohnzwecken nutzt.

gg) Erwerb einer vermieteten Wohnung

Nach dem BMF, **Rz 86 Satz 3** sind **nach Beendigung** einer **Vermietung** und **vor** der **erstmaligen Nutzung** zu eigenen Wohnzwecken entstandene Reparaturaufwendungen als Vorkosten abzugsfähig, wenn der Stpfl. eine vermietete Wohnung gekauft und sich im Interesse der Eigennutzung umgehend um die Beendigung des Mietverhältnisses bemüht hat. Vgl. BMF, **Rz 96 Satz 2 sowie Rz 95 Satz 3** – laufende Grudstückskosten.

Dagegen fehlt der erforderliche unmittelbare wirtschaftliche Zusammenhang mit der Anschaffung, wenn der Stpfl. sich erst nach geraumer Zeit nach außen erkennbar um eine Selbstnutzung bemüht.

Für die Beurteilung ungeeignet ist dabei u. E. der Begriff der „Anschaffungsnähe" i. S. von R 157 Abs. 4 (= innerhalb der ersten drei Jahre nach Erwerb).

Beispiel:

Der Stpfl. erwirbt in 01 eine vermietete Eigentumswohnung. In 03 kündigt er dem Mieter wegen Eigenbedarf, renoviert die Wohnung nach Auszug des Mieters und zieht dann selbst Anfang 04 ein.

Die Reparaturaufwendungen sind
- weder WK (auch keine nachträglichen WK, da nach Beendigung der Einkünfteerzielung aufgewendet)
- noch Vorkosten, da kein wirtschaftlicher Zusammenhang mit der Anschaffung besteht.

hh) Vorkosten bei Ausbauten und Erweiterungen

Die Vorkosten-Grundsätze gelten mit Ausnahme des Abzugs von Reparaturaufwendungen entsprechend bei zu eigenen Wohnzwecken genutzten Ausbauten und Erweiterungen, die der Stpfl. an einer Wohnung hergestellt hat, die er spätestens nach Abschluß der Maßnahme zu eigenen Wohnzwecken nutzt (BMF, **Rz 103**).

Aufwendungen, die im Zusammenhang mit „schlichten" nachträglichen Herstellungskosten stehen, sind **nicht** nach § 10e Abs. 6 abzugsfähig.

ii) Vorkosten bei durch Baumaßnahme geschaffenen Nutzungsrechten

Grds. ist bei einer vom Stpfl. errichteten Wohnung, die er aufgrund eines Nutzungsrechts bewohnt (vgl. BMF, BMF-Schreiben vom 4.6.1986, BStBl I 318), **kein Abzug** von **Vorkosten** möglich, da sie **nicht** mit der **Anschaffung** der Wohnung zusammenhängen. Finanzierungskosten sind aber ab dem Zeitpunkt als Vorkosten abziehbar, an dem Maßnahmen eingeleitet worden sind, die zum Eigentumserwerb geführt haben.

Voraussetzung für deren Abziehbarkeit ist, daß sie mit der **Anschaffung**, nicht mit der Herstellung der Wohnung zusammenhängen. Deshalb sind diese Finanzierungskosten **ab dem Zeitpunkt abziehbar,** an dem Maßnahmen **eingeleitet** worden sind, die zum **Eigentumserwerb** geführt haben.

kk) Erwerb gegen Rente oder dauernde Last

Bei Erwerb einer zu eigenen Wohnzwecken genutzten Wohnung gegen Rente oder dauernde Last kann für die Zeit nach Bezug der Wohnung der Ertragsanteil der Kaufpreisrente oder die dauernde Last – soweit der Wert der wiederkehrenden Leistung den Wert der Gegenleistung übersteigt – nach § 10 Abs. 1 Nr. 1a als Sonderausgabe abgezogen werden. Das Abzugsverbot des § 12 Nr. 1 greift **nicht** ein, weil die Aufwendungen nicht, wie z. B. Mietzahlungen für den Haushalt des Stpfl., sondern zur Anschaffung eines Vermögensgegenstandes (der zu eigenen Wohnzwecken genutzten Wohnung) vorgenommen werden.

Vor Erstbezug liegen Vorkosten i. S. § 10e Abs. 6 vor. Die Höhe ist nach den bei den § 10 Abs. 1 Nr. 1a geltenden Grundsätzen zu ermitteln (bei Rente und bei dauernder Last ist nur **Zinsanteil** (= Ertragsanteil) i. S. von § 22 Nr. 1 Satz 3a anzusetzen).

i) Zuordnung von Aufwendungen und Aufteilungsmaßstab

Aufwendungen, die nur zum Teil im Rahmen des § 10e Abs. 6 zu berücksichtigen sind, z. B. weil sie auf mehrere Wohnungen entfallen oder in den Fällen verschiedener Nutzung, sind den verschiedenen Teilen des Grundstücks, des Gebäudes oder der Wohnung zuzuordnen.

Grds. sind die Aufwendungen **wirtschaftlich zuzuordnen,** soweit sie sich nach objektiven Merkmalen und Unterlagen leicht und einwandfrei einem Teil des Grundstücks, des Gebäudes oder der Wohnung eindeutig zuordnen lassen. Andernfalls sind sie nach dem **Verhältnis** der **Nutzflächen** aufzuteilen (BMF, **Rz 100**).

Diese Zuordnungsgrundsätze gelten **auch** bei Wohnungen, die im **Miteigentum** stehen. Ein Miteigentümer, der eine Wohnung aufgrund seiner Eigentümerstellung zu eigenen Wohnzwecken nutzt (vgl. BMF, Rz 62), kann die Aufwendungen im Sinne des § 10e Abs. 6, die auf diese Wohnung entfallen, daher in **vollem** Umfang abziehen. Nutzt ein Miteigentümer die zu eigenen Wohnzwecken genutzte Wohnung teilweise aufgrund einer Nutzungsüberlassung (vgl. BMF, BMF-Schreiben Rz 62 Beispiel 2), sind die **anteiligen** Aufwendungen, die auf diesen Teil der Wohnung entfallen, **nicht** abziehbar. Sie stehen **nicht** in einem engen wirtschaftlichen Zusammenhang mit der Anschaffung oder Herstellung.

Vgl. BMF, **Rz 101**.

k) Teilentgeltlicher Erwerb

Bei teilentgeltlichem Erwerb (im Wege der vorweggenommenen Erbfolge) sind die Vorkosten nur hinsichtlich des **entgeltlichen** Teils abzugsfähig (BFH, BStBl 1993 II 704, BMF, **Rz 84**).

Die Aufteilung erfolgt im Verhältnis des Entgelts zum Verkehrswert.

Zur **Übergangsregelung** vgl. BMF, **Rz 119 Satz 2**.

7.10.3.15 Erweiterter Schuldzinsenabzug (§ 10e Abs. 6a EStG)

a) Allgemeines

Im Bereich des selbstgenutzten Wohneigentum wird die Neubautätigkeit durch einen auf 3 Jahre begrenzten Schuldzinsenabzug von **jährlich bis zu 12 000 DM** je Wohnung gefördert. Die Förderungsmaßnahme ist daher gezielt auf die

– **Herstellung** von Wohneigentum **vor** dem **1.1.1995** sowie
– auf solche Fälle des **Erwerbs** ausgerichtet, in denen Wohneigentum spätestens im Jahr der Fertigstellung (vor dem 1.1.1995) angeschafft wird.

Vgl. BMF, **Rz 103 bis 116**.

Unter Anschaffung ist die Erlangung des bürgerlich-rechtlichen oder des wirtschaftlichen Eigentums zu verstehen. Auf den Abschluß eines gerichtlich oder notariell beurkundeten Vertrags zwischen Veräußerer oder Erwerber kommt es nicht an.

Die Regelung ist von Bedeutung bei Anschaffungen von einem Bauträger, bei denen in der Regel der Kaufvertrag vor Beginn oder während der Bauarbeiten abgeschlossen wird.

§ 10e Abs. 6a Satz 1 läßt für das Jahr der Fertigstellung und die folgenden zwei Jahre den Abzug von Schuldzinsen zu, die mit der Herstellung der Wohnung im wirtschaftlichen Zusammenhang stehen. Abzugsfähig sind auch die Schuldzinsen, die in wirtschaftlichem Zusammenhang mit **Ausbauten** oder **Erweiterungen** i. S. des § 10e Abs. 2 stehen.

Ein unentgeltlicher Erwerb im Rahmen der Einzelrechtsnachfolge berechtigt daher **nicht** zur Inanspruchnahme des Schuldzinsenabzugs (BMF, **Rz 104 Satz 4**).

Schuldzinsen können auch dann abgezogen werden, wenn sie mit der Finanzierung eines vor dem 1. 10. 1991 angeschafften unbebauten Grundstücks zusammenhängen (BMF, **Rz 107 Satz 2**).

b) Inanspruchnahme von Grundförderung

Der Schuldzinsenabzug ist grundsätzlich an die tatsächliche Inanspruchnahme von Grundförderung nach § 10e Abs. 1 und 2 im jeweiligen VZ gekoppelt. Es reicht jedoch die Nachholmöglichkeit i. S. des § 10e Abs. 3 aus (vgl. BMF, **Rz 105**). In der Geltendmachung des Schuldzinsabzugs kommt in diesem Fall die Inanspruchnahme der Steuerbegünstigung nach § 10e Abs. 1 bis 5 zum Ausdruck.

Eine Ausnahmeregelung gilt dann, wenn dem Stpfl. **nur** wegen der Einkommensgrenze des § 10e Abs. 5a kein Abzugsbetrag zusteht.

Ist die Einkommensgrenze nach § 10e Abs. 5a überschritten, tritt bei Inanspruchnahme des Schuldzinsenabzugs **kein** Objektverbrauch nach § 10e Abs. 4 ein (BMF, **Rz 106**).

c) Nutzung zu eigenen Wohnzwecken

Schuldzinsen können nach § 10 Abs. 6a wie Sonderausgaben **nur** abgezogen werden, soweit sie auf die Zeit der Nutzung zu **eigenen Wohnzwecken** entfallen. Hierdurch wird der Schuldzinsenabzug nach § 10e Abs. 6a für den Teil des Abzugszeitraums versagt, in dem die Wohnung zu anderen Zwecken als zu eigenen Wohnzwecken genutzt wird.

> **Beispiel:**
> Selbstnutzung der zum 1. 10. 1994 fertiggestellten Wohnung vom 1. 10. 1994 bis 31. 12. 1994, ab dem Jahre 1995 unentgeltliche Überlassung am den dauernd getrennt lebenden Ehegatten des Stpfl.
> In den Jahren 1995 und 1996 ist der § 10e Abs. 6a **nicht** anwendbar, in 1997 auch **keine Nachholung** für den nicht ausgeschöpften Teil des Höchstbetrages aus 1994.
> Auch die Grundförderung entfällt hier ab VZ 1995 mangels Selbstnutzung (BFH-Urt. vom 26. 1. 1994, DB 1994, 817).

d) Umfang des Schuldzinsenabzugs

aa) Tatsächliche Zahlung von Schuldzinsen

Gezahlte Schuldzinsen können im jeweiligen Kalenderjahr bis zu 12 000 DM wie Sonderausgaben abgezogen werden.

Die Ausschöpfung des vollen Schuldzinsenabzugs von 12 000 DM kommt deshalb nur in Betracht, wenn der Stpfl. Schuldzinsen im jeweiligen Jahr in dieser Höhe **tatsächlich** gezahlt hat (§ 11 Abs. 2).

bb) Höchstbetrag

Der Höchstbetrag von **12 000 DM** ist auf die zu eigenen Wohnzwecken genutzte Wohnung bezogen. Steht die Wohnung im Eigentum mehrerer Personen, kann der Stpfl. nur den seinem **Miteigentumsanteil** an der Wohnung entsprechenden Anteil an den Schuldzinsen abziehen (§ 10e Abs. 6a Satz 3). Dies gilt auch, wenn er die **ganze** Wohnung zu eigenen Wohnzwecken bewohnt.

cc) Abzugszeitraum grundsätzlich drei Jahre

Der Schuldzinsenabzug beginnt im Jahr der Herstellung oder Anschaffung des eigengenutzten Objekts.

Der Schuldzinsenabzug ist möglich in diesem Jahr und in den beiden darauffolgenden Kalenderjahren. Das Jahr des Beginns der Selbstnutzung zu Wohnzwecken ist **nicht** relevant, wenn es nach dem Jahr der Herstellung oder Anschaffung liegt.

Voraussetzung für den Schuldzinsenabzug nach § 10e Abs. 6a ist aber der Beginn der Nutzung zu eigenen Wohnzwecken, weil die bis zu diesem Zeitpunkt anfallenden Schuldzinsen nach § 10e Abs. 6 unbegrenzt wie Sonderausgaben abgezogen werden können. Die Eigennutzung beginnt mit dem tatsächlichen Einzug. Beginnt die Eigennutzung im auf das Jahr der Herstellung oder Anschaffung folgenden Kalenderjahr, kommt der Schuldzinsenabzug bis zu 12000 DM nur für dieses und das darauf folgende Kalenderjahr in Betracht.

Beispiel:
Ein Einfamilienhaus wird zum 1.12.1994 fertiggestellt. Der Stpfl. zieht Anfang Januar 1995 in das Haus ein. Der Schuldzinsenabzug beschränkt sich auf die Jahre 1995 und 1996.

dd) Nachholung im vierten Jahr

Soweit Stpfl. den Höchstbetrag von 12000 DM im Erstjahr **nicht** voll ausschöpfen können, haben sie die Möglichkeit der **Nachholung** im **vierten** Jahr (§ 10e Abs. 6a Satz 2).

Die Nichtausschöpfung des Höchstbetrags ergibt sich insbesondere, wenn die Nutzung zu eigenen Wohnzwecken erst gegen Ende des Erstjahres beginnt und die nach Beginn der Selbstnutzung gezahlten Schuldzinsen den Betrag von 12000 DM unterschreiten.

Eine Nachholung ist **nicht** zulässig, soweit sich der Schuldzinsenabzug im Jahr der Herstellung oder Anschaffung mangels ausreichend hohem zu versteuernden Einkommen nicht steuermindernd ausgewirkt oder der Stpfl. auf die Inanspruchnahme verzichtet hat (BMF, **Rz 111 Satz 4**).

Im auf das Jahr der Fertigstellung oder Anschaffung folgenden dritten Kalenderjahr kann der Stpfl. den Schuldzinsenabzug des Erstjahres nur insoweit nachholen, als er in diesem VZ tatsächlich Schuldzinsen verausgabt hat.

Beispiel:
A zieht in seine neu errichtete Eigentumswohnung am 1.10.1994. Die monatlichen Schuldzinsen betragen 1000 DM. A kann für Oktober bis Dezember 1994 insgesamt 3000 DM wie Sonderausgaben abziehen. In Höhe von (12000 DM − 3000 DM =) 9000 DM kann er den Höchstbetrag nicht ausschöpfen. Im Jahre 1997 zahlt er Schuldzinsen in Höhe von 7000 DM. Diesen Betrag kann A wie Sonderausgaben abziehen.
Der nicht ausgenutzte Restbetrag von (9000 DM − 7000 DM =) 2000 DM geht endgültig verloren.

Die Nachholung ist nur **in** Veranlagungszeiträumen und nur **für** Veranlagungszeiträume möglich, in denen der Stpfl. die Wohnung zu eigenen Wohnzwecken genutzt hat (BMF, **Rz 111 Satz 2**).

Hat der Stpfl. im Erstjahr die Wohnung noch nicht zu eigenen Wohnzwecken genutzt, ist der Schuldzinsenabzug nach § 10e Abs. 6a in diesem Jahr noch nicht möglich.

Hier **scheidet** auch die **Nachholung** im **Viertjahr** aus, weil die auf das Erstjahr entfallenden Schuldzinsen nicht „für die Zeit der Nutzung zu eigenen Wohnzwecken" entstanden sind.

Sind die im zweiten oder dritten Jahr gezahlten Schuldzinsen niedriger als 12000 DM, geht der nicht ausgeschöpfte Teil des Höchstbetrags endgültig verloren, kann also nicht im Viertjahr nachgeholt werden.

Beispiel:
Im 2. und 3. Jahr zahlt der Stpfl. jeweils 6500 DM Schuldzinsen. Diese sind jeweils nach § 10e Abs. 6a Satz 1 abzugsfähig. Eine Nachholung im Viertjahr ist **nicht** möglich.

e) Begünstigte Aufwendungen

Unter dem Begriff Schuldzinsen fallen
- Darlehnszinsen
- Erbbauzinsen
- Geldbeschaffungskosten
- Damnum.

Vgl. BMF, **Rz 109**.

f) Schuldzinsenabzug beim Folgeobjekt

Bei einem Folgeobjekt (§ 10e Abs. 4 Satz 4) kann der Stpfl. den Schuldzinsenabzug nur für die vom Erstobjekt verbliebenen Jahre des Abzugszeitraums nach § 10e Abs. 1 geltend machen. Vgl. BMF, **Rz 110**.

Beispiel:

Der Stpfl. hat für ein 1988 hergestelltes Einfamilienhaus die Abzugsbeträge nach § 10e für die Jahre 1988 bis 1994 in Anspruch genommen. Ab 1.6.1994 bewohnt er ein im selben Jahr hergestelltes Folgeobjekt. Da der Stpfl. wegen § 10e Abs. 4 Satz 5, 2. Halbsatz für das Folgeobjekt den Abzugsbetrag nach § 10e Abs. 1 nur für 1995 abziehen kann, kann er den Schuldzinsenabzug auch nur für 1995 in Anspruch nehmen.

Macht der Stpfl. den Schuldzinsenabzug für ein Folgeobjekt (§ 10e Abs. 4) geltend, hat er die **Nachholungsmöglichkeit** auch dann **nicht,** wenn er im Jahr der Herstellung oder Anschaffung des Folgeobjekts nur wegen § 10e Abs. 4 Satz 5 2. Halbsatz noch nicht zur Inanspruchnahme von Abzugsbeträgen nach § 10e Abs. 1 oder 2 berechtigt war (BMF, **Rz 112**).

g) Teilweise Nutzung der Wohnung zu anderen als eigenen Wohnzwecken

Werden Teile der Wohnung **nicht** zu eigenen Wohnzwecken genutzt (z. B. Arbeitszimmer, gewerblich/beruflich genutzte oder vermietete Räume), sind die mit der Wohnung in wirtschaftlichem Zusammenhang stehenden Schuldzinsen – nicht aber der Höchstbetrag – insoweit zu kürzen, als sie auf den nicht zu eigenen Wohnzwecken genutzten Teil entfallen. Die Schuldzinsen sind grundsätzlich nach dem Verhältnis der Nutzflächen aufzuteilen (vgl. BMF, **Rz 113**).

Sie sind **nicht** zu kürzen, wenn Teile einer ansonsten zu eigenen Wohnzwecken genutzten Wohnung unentgeltlich zu Wohnzwecken überlassen werden (vgl. a. a. O.).

h) Erbfall

Geht eine zu einem Nachlaß gehörende Wohnung auf einen **Erben** über, kann dieser bis zum Ende des Abzugsraums nach § 10e Abs. 6a den Schuldzinsenabzug in Anspruch nehmen, wenn in seiner Person die Voraussetzungen hierfür erfüllt sind (vgl. BMF, **Rz 59**).

Der Erbe kann den nicht ausgenutzten Schuldzinsenabzug des Erblassers nach § 10e Abs. 6a Satz 2 nachholen, soweit die Nachholung dem Erblasser zugestanden hätte.

Erfüllen für den Veranlagungszeitraum des Erbfalls der Erblasser und der Erbe die Voraussetzungen für die Inanspruchnahme des § 10e Abs. 6a, können die Schuldzinsen beim Erblasser bzw. beim Erben jeweils bis zu der Höhe berücksichtigt werden, in der sie ihnen entstanden und von ihnen gezahlt worden sind.

Übersteigen die Schuldzinsen insgesamt den Höchstbetrag von 12 000 DM, kann der **Erbe wählen,** in welchem Umfang die Schuldzinsen für dieses Jahr beim Erblasser und bei ihm abzuziehen sind, höchstens jedoch bis zu der Höhe, in der sie ihm entstanden und von ihm gezahlt worden sind; BMF, **Rz 114**.

i) Miteigentümer

Miteigentümer eines **Einfamilienhauses** oder einer **Eigentumswohnung** – mit Ausnahme von zusammen zur Einkommensteuer veranlagten Ehegatten, die für die Ermittlung des Abzugsbetrags eine Einheit bilden (§ 26b) – können Schuldzinsen bei Vorliegen der übrigen Voraussetzungen nur im Verhältnis ihrer Miteigentumsanteile, höchstens jedoch bis zu dem **Teil** von 12 000 DM abziehen, der ihrem jeweiligen Anteil entspricht (§ 10e Abs. 6a Satz 3). Diese Aufteilung gilt unabhängig davon, ob alle Miteigentümer das Objekt zu eigenen Wohnzwecken nutzen bzw. von der Möglichkeit des Schuldzinsenabzugs nach § 10e Abs. 6a Gebrauch machen. BMF, **Rz 115 i. V. m. Rz 60 bis 62**.

Bei Miteigentümern eines anderen Gebäudes ist § 10e Abs. 6a Satz 3 nur anzuwenden, wenn entweder der Miteigentumsanteil geringer ist als der Wert der zu eigenen Wohnzwecken genutzten Wohnung im Verhältnis zum Wert des Gebäudes, oder wenn mehrere Miteigentümer – mit Ausnahme von zusammen zur Einkommensteuer veranlagten Ehegatten – eine Wohnung nutzen (BMF, **Rz 61 und 62**).

Steht das Objekt im Miteigentum von Ehegatten, und erwirbt ein Ehegatte infolge Erbfalls den Miteigentumsanteil des anderen Ehegatten hinzu, kann der hinzuerwerbende Ehegatte die auf diesen Anteil entfallenden Schuldzinsen nach § 10e Abs. 6a – unter Beachtung des Höchstbetrags – weiterhin abziehen, wenn bis zum Tod des einen Ehegatten die Voraussetzungen des § 26 Abs. 1 vorgelegen haben.

Entsprechendes gilt, wenn während des Abzugszeitraums die Voraussetzungen des § 26 Abs. 1 aus anderen Gründen wegfallen, ein Ehegatte den Anteil des anderen Ehegatten an der Wohnung erwirbt und bei ihm noch kein Objektverbrauch eingetreten ist.

Vgl. BMF, **Rz 116.**.

k) Zeitlicher Anwendungsbereich

aa) Der Schuldzinsenabzug kann grds. unter den gleichen zeitlichen Voraussetzungen in Anspruch genommen werden, die auch für die Erhöhung der Abzugsbeträge auf **6 %** gelten (vgl. § 52 Abs. 14 **Satz 3**).

bb) Der Schuldzinsenabzug ist begrenzt auf Objekte, die vor dem **1.1.1995** hergestellt oder angeschafft werden. In Anschaffungsfällen genügt es **nicht**, wenn der Zeitpunkt des Abschlusses des obligatorischen Erwerbsvertrags vor dem 1.1.1995 liegt. Vielmehr müssen Gefahr, Besitz, Nutzen und Lasten vor dem 1.1.1995 übergegangen sein (= § 39 Abs. 2 Nr. 1 AO).

7.10.3.16 Gesonderte und einheitliche Feststellung bei Miteigentümern nach § 10e Abs. 7 EStG

Eine gesonderte und einheitliche Feststellung nach § 10e Abs. 7 ist **nur** durchzuführen, wenn mehrere Miteigentümer einen anteiligen Abzugsbetrag für die von ihnen gemeinschaftlich genutzte Wohnung in Anspruch nehmen. Sie ist **nicht erforderlich**, wenn die Wohnung im Miteigentum von nach § 26b zusammen zu veranlagten Ehegatten steht oder

– nur durch einen der Miteigentümer bewohnt wird oder
– ein Zwei- oder Mehrfamilienhaus im Miteigentum mehrerer Steuerpflichtiger steht und die Wohnungen jeweils von den einzelnen Miteigentümern bewohnt werden.

Eine gesonderte und einheitliche Feststellung ist entsprechend § 180 Abs. 3 Nr. 2 AO **nicht** durchzuführen, wenn es sich um einen Fall von geringer Bedeutung handelt, insbesondere weil die Höhe des festgestellten Betrages und die Aufteilung feststehen. Vgl. BMF, **Rz 117**.

7.10.3.17 Anwendung des § 10e EStG und des § 52 Abs. 21 Sätze 4 bis 6 EStG bei Aufwendungen für eine eigene Wohnung im Rahmen einer doppelten Haushaltsführung

Mit dem Wegfall der Nutzungswertbesteuerung entfällt die Zurechnung der Aufwendungen zu den Einkünften aus Vermietung und Verpachtung (so früher BFH, BStBl 1983 II 487). Die Aufwendungen sind daher in **vollem** Umfang – soweit sie notwendig sind – bei einer steuerlich anzuerkennenden doppelten Haushaltsführung als Werbungskosten bei den Einkünften aus **nichtselbständiger Arbeit** zu berücksichtigen.

Zu den abziehbaren Aufwendungen gehören auch **AfA, Schuldzinsen** und **Reparaturkosten.** Die Aufwendungen sind in der Höhe als notwendig anzusehen, in der sie der Steuerpflichtige als Mieter für eine nach Größe, Ausstattung und Lage angemessene Wohnung tragen müßte.

Für die Anwendung des § 10e und des § 52 Abs. 21 Sätze 4 bis 6 gilt:

Liegen bei einer eigenen Wohnung im jeweiligen Jahr des Abzugszeitraums während der **gesamten Dauer** der Nutzung zu eigenen Wohnzwecken die Voraussetzungen für den Abzug notwendiger Mehraufwendungen wegen einer doppelten Haushaltsführung als Werbungskosten nach § 9 Abs. 1 Nr. 5 oder als Betriebsausgaben nach § 4 Abs. 4 i. V. m. Abs. 5 Nr. 7 vor, ist die Inanspruchnahme von Abzugsbeträgen nach **§ 10e** für diese Wohnung **ausgeschlossen** (BMF, **Rz 1**). Aufwendungen, die vor dem Beginn der erstmaligen Nutzung der eigenen Wohnung im Rahmen einer steuerlich anzuerkennenden doppelten Haushaltsführung entstehen, können **nicht** nach **§ 10e Abs. 6** abgezogen werden.

Macht der Stpfl. die Fahrtkosten für Fahrten zwischen Familienwohnung und Arbeitsoder Betriebsstätte als Werbungskosten nach § 9 Abs. 1 Nr. 4 oder als Betriebsausgaben nach § 4 Abs. 4 i. V. m. Abs. 5 Nr. 6 geltend und scheidet deshalb der Abzug der notwendigen Mehraufwendungen wegen einer doppelten Haushaltsführung aus (vgl. BFH, BStBl 1988 II 990), kann er die Abzugsbeträge nach § 10e für die eigene Wohnung am Beschäftigungsort in Anspruch nehmen.

Wenn der Stpfl. die („kleine") Übergangsregelungen nach § 52 Abs. 21 Sätze 4 bis 6 in Anspruch nimmt (Abzug erhöhter AfA wie Sonderausgaben), können die von diesen Regelungen **nicht erfaßten** Aufwendungen für die eigene Wohnung am Beschäftigungsort – soweit sie notwendig sind – im Rahmen einer steuerlich anzuerkennenden doppelten Haushaltsführung als Werbungskosten oder als Betriebsausgaben abgezogen werden. Vgl. BMF-Schreiben vom 10.5.1989, BStBl I 165. Dazu gehören z.B. Schuldzinsen und Reparaturaufwendungen.

7.10.4 Steuerbegünstigung für zu eigenen Wohnzwecken genutzte Baudenkmale und Gebäude in Sanierungsgebieten und städtebaulichen Entwicklungsbereichen (§ 10f EStG)

7.10.4.1 Allgemeines

Die Vorschrift regelt die steuerliche Berücksichtigung von Herstellungs- und Erhaltungsaufwendungen zur Städtebauförderung und Baudenkmalerhaltung bei eigengenutzten Wohnungen wie Sonderausgaben, und zwar in § 10f Abs. 1 von Herstellungsaufwand und in § 10f Abs. 2 von Erhaltungsaufwand. Dies gilt auch für Eigentumswohnungen (§ 10f Abs. 4).

7.10.4.2 Herstellungsaufwand (§ 10f Abs. 1 EStG)

Für eigengenutzte Wohnungen in eigenen Gebäuden bzw. eigenen Eigentumswohnungen, kann der Stpfl. für Aufwendungen i.S.v. **§ 7h** oder **§ 7i** in Höhe von je 10% in 10 Jahren nach § 10f Abs. 1 **wie Sonderausgaben** abziehen. Die Aufwendungen dürfen aber in dem betreffenden Kalenderjahr **nicht** in die Bemessungsgrundlage nach § 10e einbezogen oder nach § 7h oder § 7i abgezogen worden sein (§ 10f Abs. 1 Sätze 2 und 3).

§ 10f Abs. 1 Satz 4 stellt klar, daß die unentgeltliche Überlassung z.B. eines Zimmers in der ansonsten vom Stpfl. bewohnten Wohnung an einen Angehörigen zu Wohnzwecken nicht zu einer Kürzung des Abzugsbetrages führt. Zu § 7h und § 7i vgl. 7.8.6.11.

Zum Bescheinigungsverfahren vgl. R 83a Abs. 4, zum Umfang des Prüfungsrechts des Finanzamts vgl. R 83a Abs 5 i.V.m. R 115b und R 83b.

7.10.4.3 Erhaltungsaufwand (§ 10f Abs. 2 EStG)

Durch § 10f Abs. 2 wird für Eigentümer zu Wohnzwecken selbstgenutzter Baudenkmale und Gebäude in Sanierungsgebieten und städtebaulichen Entwicklungsbereichen die Möglichkeit eröffnet, **Erhaltungsaufwand** bei Vorliegen der Voraussetzungen der §§ 11a und 11b auf zehn Jahre verteilt wie Sonderausgaben abzuziehen.

Bei vermieteten Gebäuden könnte dieser Erhaltungsaufwand nach den §§ 11a, 11b auf 2 bis 5 Jahre verteilt werden. Vgl. 7.8.6.12.

Die Aufwendungen dürfen aber nicht als Vorkosten nach § 10e Abs. 6 abgezogen worden sein (§ 10f Abs. 2 Satz 2).

Soweit der Stpfl. das Gebäude während des Verteilungszeitraums zur Einkunftserzielung nutzt, ist der noch nicht berücksichtigte Teil des Erhaltungsaufwands im Jahr des Übergangs zur Einkunftserzielung wie Sonderausgaben abzuziehen (§ 10f Abs. 2 Satz 3). § 10f Abs. 1 Satz 4 gilt entsprechend.

7.10.4.4 Objektbeschränkung (§ 10f Abs. 3 EStG)

§ 10f Abs. 3 beschränkt die Inanspruchnahme der Steuervergünstigung auf **ein** zu eigenen Wohnzwecken genutztes Objekt. Die Regelung lehnt sich an § 10e an.

Die Objektbeschränkung gilt jeweils für den Herstellungsaufwand nach § 10f Abs. 1 und den Erhaltungsaufwand nach § 10f Abs. 2, bei **einem** Gebäude, bei zusammenveranlagbaren Ehegatten **zwei**, einschließlich der Gebäude, für die nach 1986 Abzugsbeträge über § 52 Abs. 21 Satz 6 i.V.m. § 51 Abs. 1 Nr. 2 Buchst. x oder y EStG 1987 (= §§ 82g, 82i EStDV) beansprucht wurden. Die Objektbeschränkung ist also **nicht** maßnahmebezogen, sondern gebäudebezogen. Deshalb können bei einund demselben Gebäude **mehrfach** begünstigte Aufwendungen anfallen.

Die Objektbeschränkung gilt **nur** für **eigengenutzte,** nicht für vermietete Wohnungen und ist **unabhängig** von derjenigen, die für die Grundförderung i. S. des **§ 10e Abs. 1** gilt. Die Objekte werden also bei § 10e und § 10f **getrennt gezählt.**

7.10.4.5 Miteigentum und Hinzuerwerb von Anteilen

§ 10f Abs. 4 Satz 1 stellt Miteigentümer eines Gebäudes bei der Objektbeschränkung Alleineigentümern gleich. Die Vorschrift entspricht weitgehend den Bestimmungen in § 10e Abs. 5. Die Vorschrift § 10f Abs. 4 Satz 2 regelt jedoch abweichend von § 10e Abs. 5, daß der Hinzuerwerb eines Anteils an demselben Objekt für die Objektbegrenzung unbeachtlich ist.

Bei dem hinzuerworbenen Anteil sind allerdings nur Maßnahmen begünstigt, die **nach** dem Hinzuerwerb durchgeführt werden. Die Regelung kann jedoch ungerechtfertigte Nachteile bei Hinzuerwerb eines Miteigentumsanteils nicht vermeiden.

Die Regelungen gelten für Bruchteils- und Gesamthandseigentum.

7.10.5 Steuerbegünstigung der unentgeltlich zu Wohnzwecken überlassenen Wohnung im eigenen Haus (§ 10 h EStG)

Literatur: Wewers, DB 1992, 753; Stuhrmann, NWB, Fach 3b, 3969.

a) Überblick

Der Stpfl. kann für Aufwendungen, die

- durch Baumaßnahmen an einem von ihm ganz oder teilweise zu eigenen Wohnzwecken genutzten Gebäude entstehen,
- durch die eine weitere Wohnung hergestellt wird,
- die an Angehörige i. S. § 15 Abs. 1 Nr. 3 und 4 AO unentgeltlich zu Wohnzwecken überlassen wird, eine im Umfang dem § 10e nachgebildete Steuervergünstigung in Anspruch nehmen.

Nach § 10h Satz 1 können die Aufwendungen für die Baumaßnahme – im Jahr der Fertigstellung und in den folgenden drei Jahren mit jeweils bis zu 6 v. H., höchstens jeweils 19 800 DM – in den darauffolgenden Jahren mit jeweils bis zu 5 v. H. höchstens jeweils 16 500 DM, wie Sonderausgaben abgezogen werden.

Der **Höchstbetrag** der förderungswürdigen Herstellungskosten ist wie bei § 10e auf **330 000 DM** begrenzt.

Durch die Inanspruchnahme der Steuervergünstigung tritt kein Objektverbrauch für die Inanspruchnahme des § 10e ein.

Die Inanspruchnahme des § 10h berechtigt aber nicht

- zum Schuldzinsenabzug nach § 10e Abs. 6a (§ 10h Satz 3)
- zur Steuermäßigung nach § 34 f.

Für Miteigentum, die Nachholung (§ 10e Abs. 3) von Abzugsbeträgen sowie den Abzug der vor Fertigstellung der neuen Wohnung entstandenen Kosten gelten die Grundsätze, die bei der Anwendung des § 10e maßgebend sind (§ 10h Satz 3).

Der Gesamtbetrag der Einkünfte des Stpfl. darf im jeweiligen Kalenderjahr des Abzugszeitraums die Grenzen des § 10e Abs. 5a nicht überschreiten. Es besteht die Möglichkeit des Vorkostenabzugs entsprechend § 10e Abs. 6.

Änderung durch JStG 1996

§ 10h ist letztmals anzuwenden, wenn der Stpfl. vor dem 1.1.1996 mit der Herstellung begonnen hat. Als **Beginn** der Herstellung **gilt** bei Baumaßnahmen, für die eine Baugenehmigung erforderlich ist, der Zeitpunkt, in dem der **Bauantrag** gestellt wird; bei baugenehmigungsfreien Baumaßnahmen, für die Bauunterlagen einzureichen sind, der Zeitpunkt, in dem die Bauunterlagen eingereicht werden (§ 52 Abs. 14b).

b) Voraussetzungen (§ 10h Nr. 1 bis 5 EStG)

1. Wohnung im eigenen Haus des Stpfl. (§ 10h Nr. 2 EStG)

Begünstigt ist die Herstellung einer neuen (weiteren) Wohnung im eigenen Haus des Stpfl.

Die danach unentgeltlich überlassene Wohnung muß sich also in einem Haus des Stpfl. befinden.

2. Selbstnutzung einer Wohnung durch den Stpfl. (§ 10h Nr. 2 EStG)

Die Aufwendungen müssen durch Baumaßnahmen an einem Gebäude veranlaßt sein, in dem der Stpfl. im jeweiligen Jahr des Abzugszeitraums des § 10h Satz 1 eine eigene Wohnung zu eigenen Wohnzwecken nutzt.

Die Selbstnutzung einer Wohnung durch den Stpfl. nur während eines Teils des Kalenderjahres reicht aus.

Nicht erforderlich, aber auch nicht schädlich ist, daß für die selbstgenutzte andere Wohnung eine andere Förderung, insbesondere § 10e, gewährt wird.

Beispiel:
Erwerb eines Zweifamilienhauses gemäß notariellen Kaufvertrag vom 30. 12. 1994 zum 1. 1. 1995 (Baujahr 1993).
Selbstnutzung der Obergeschoßwohnung zu Wohnzwecken, im Erdgeschoß eigene freiberufliche Praxis.
Im November 1995 Fertigstellung des Ausbaus des Dachgeschosses zu einer dritten Wohnung, die ab 1. 12. 1995 an die Mutter des Stpfl. unentgeltlich überlassen wird.
Obergeschoßwohnung: § 10e – Drittfassung: 4 Jahre je 6 %, höchstens je 19 800 DM, danach 4 Jahre je 5 %, höchstens je 16 500 DM (kein Fall der Viertfassung, da kein „Altbau" i. S. des § 10e Abs. 1 Satz 4).
Dachgeschoßwohnung: § 10h – der Höhe nach wie § 10e.
Unerheblich ist der Zeitpunkt des Bezuges der beiden Wohnungen in 1995.

Nicht erforderlich ist
- die vollständige Selbstnutzung des übrigen Gebäudes zu eigenen Wohnzwecken.
- die Nutzung der anderen Wohnung bereits vor Fertigstellung der neuen Wohnung zu eigenen Wohnzwecken.

c) Bemessungsgrundlage für den Abzugsbetrag (§ 10h Abs. 1 Satz 1 EStG)

Begünstigt sind Aufwendungen für Baumaßnahmen zur Herstellung der Wohnung.

Es kann sich um
- Herstellungskosten oder
- Erhaltungsaufwand

handeln.

Begünstigt sind als Herstellungskosten Aufwendungen für Umbaumaßnahmen an bestehenden Gebäuden zur Schaffung einer abgeschlossenen Wohnung.

Beispiele:
- Ausbau Dachgeschoß zu einer Wohnung
- Einbau einer Wohnungstür als Abschluß der Wohnung gegenüber den anderen Räumen
- Ausstattung mit einer Küche, Toilette und Dusche
- Einziehen von Decken und Zwischenwänden.

Begünstigt sind auch Aufwendungen, die nach den allgemeinen Grundsätzen Erhaltungsaufwand sind, soweit sie im Zusammenhang mit der Schaffung der Wohnung stehen.

Der Begriff der Aufwendungen ist **nicht** mit dem der Herstellungskosten identisch.

Beispiele:
- Aufwendungen für Baumaßnahmen außerhalb der neuen Wohnung
- Tapezierarbeiten sowie Anstrich von Fenstern und Türen im Zusammenhang mit der Schaffung der Wohnung
- Einbau von Heizkörpern und deren Anschluß an die bestehende Heizungsanlage.

Zu den wohnungsbezogenen Aufwendungen i. S. des § 10 h gehören auch die Kosten für die Erstellung einer Garage, die der neugeschaffenen Wohnung zugeordnet wird.

Beispiel:

Kauf eines Einfamilienhauses in 1993 (vermietet). Ab Fertigstellung wird eine Dachgeschoßwohnung ab 1.1.1995 unentgeltlich überlassen. Ebenfalls ab 1.1.1995 Selbstnutzung der bisher vermieteten Wohnung. § 10h ist möglich.

3. Belegenheit der Wohnung im Inland (§ 10h Nr. 2 EStG)

4. Unentgeltliche Überlassung der ganzen Wohnung zu Wohnzwecken (§ 10h Nr. 4 EStG)

a) Nur eine **voll unentgeltliche** Überlassung der Wohnung ist begünstigt. **Keine** Anwendung findet § 10h bei **nur teilweiser** Unentgeltlichkeit. Die volle Unentgeltlichkeit der Nutzungsüberlassung bezieht sich m. E. jedoch lediglich auf die sog. **„Kaltmiete"**. Wenn von dem unentgeltlich Nutzenden umlagefähige Kosten wie Strom, Kanalbenutzung, Müllabfuhr getragen werden, dürfte dies nichts an der Unentgeltlichkeit der Überlassung ändern. Hierfür kommt den getroffenen Vereinbarungen entscheidende Bedeutung zu.

Beispiel:

Sohn S überläßt die vom Vater V mit einem unverzinslichen Darlehen finanzierte neue Dachgeschoßwohnung ab 1994 an diesen unentgeltlich. Lediglich an den Heizungskosten beteiligt sich V.

U. E liegt weder in der Darlehensgewährung noch in der Tragung eines Teils der umlagefähigen Kosten eine (Teil-)Entgeltlichkeit. Folglich ist § 10h anwendbar.

Eine **verbilligte** Überlassung i. S. des § 21 Abs. 2 S. 2 zu

– mindestens 50% der Marktmiete **oder**

– weniger als 50% der Marktmiete

ist für die gesamte Wohnung **schädlich.**

b) Grundsätzlich muß die **gesamte** neue Wohnung an den Angehörigen zu Wohnzwecken überlassen sein. Werden Teile der überlassenen Wohnung

– zu eigenen Wohnzwecken oder

– zu eigenen gewerblichen/freiberuflichen Zwecken genutzt,

scheidet eine Förderung nach § 10h aus.

Beispiel:

Die in 1994 hergestellte Wohnung im Hause des Stpfl. überläßt dieser unentgeltlich seiner Mutter. Der **Stpfl.** nutzt ein Zimmer der neuen Wohnung als eigenes Arbeitszimmer.

§ 10h scheidet insgesamt aus.

§ 10e Abs. 1 Satz 3 ist **nicht** anwendbar.

Nutzt dagegen der Nutzende Teile der neuen Wohnung für eigengewerbliche/eigene freiberufliche Zwecke, ist dies m. E. unter Hinweis auf die Vereinfachungsregelung in R 42a Abs. 3 Satz 2 für die Gewährung des § 10h **unschädlich,** da die teilweise anderweitige Nutzung außerhalb des Machtbereichs des Überlassenden liegt.

c) Die unentgeltliche Nutzungsüberlassung muß auf **Dauer** erfolgen. Eine vereinbarte Mindestdauer von 1 Jahr dürfte ausreichen, ebenso die Überlassung auf **unbestimmte Zeit.**

Die Kündbarkeit des Überlassungsvertrags ist unschädlich.

d) **Überlassung während eines Teils des Jahres**

Überlassung der Wohnung nur während eines **Teils** des Kalenderjahres ist ausreichend. Der Abzugsbetrag ist in voller Höhe zu gewähren.

Hier gelten die gleichen Grundsätze wie bei § 10e.

Dies gilt

– im Jahr der Herstellung und

– im Jahr des Wegfalls der Voraussetzungen des § 10h.

Beispiel:

Der Stpfl. hat seit 1994 den Abzugsbetrag nach § 10h für die unentgeltliche Überlassung der Dachgeschoßwohnung im eigenen Haus in Anspruch genommen. Am 1.10.1996 stirbt der Angehörige. Die Wohnung wird ab 1.1.1997 fremdvermietet.

Für das Jahr 1996 steht dem Stpfl. noch der volle Jahresbetrag nach § 10h zu.

5. Überlassung der Wohnung an Angehörige i. S. § 15 Abs. 1 Nr. 3 und 4 AO (§ 10h Nr. 4 EStG)

Die neue Wohnung muß im jeweiligen Abzugsjahr an einen Angehörigen i. S. d. § 15 Abs. 1 Nr. 3 und 4 AO überlassen werden. Dies sind:
- Eltern
- Großeltern
- Geschwister
- Kinder und Enkelkinder
- Schwiegersöhne und -töchter
- Schwiegereltern

Nicht begünstigt ist die Überlassung an
- den Ehegatten
- den Verlobten.

Bei der Überlassung an **mehrere Personen** in Haushaltsgemeinschaft ist es als ausreichend anzusehen, wenn einer der Nutzenden zum Kreis der Angehörigen i. S. v. § 10h Satz 2 Nr. 4 gehört.

Beispiel:

Überlassung an den 18jährigen Sohn zusammen mit dessen Partnerin in nichtehelicher Lebensgemeinschaft ist nach § 10h begünstigt.

6. Wohnungsbegriff

Durch die Baumaßnahme muß eine **Wohnung** geschaffen werden. Für den Begriff der Wohnung sind die bewertungsrechtlichen Abgrenzungsmerkmale maßgebend (insbesondere Abgeschlossenheit, eigener Zugang, Mindestgröße, notwendige Nebenräume)

Vgl. BFH, BStBl 1985 II 151. Vgl. auch BMF, BMF-Schreiben vom 17.2.1992, BStBl 1992 I 115, Rz. 2 (zu § 7c).

Begünstigt sind danach z. B.
- der Ausbau des Dachgeschosses oder von Kellerräumen
- der Umbau von Räumen, die bisher betrieblichen Zwecken dienten,
- die Umwandlung einer Großwohnung in mehrere kleine Appartmentwohnungen.

Nicht begünstigt sind z. B.
- die Vergrößerung einer vorhandenen Wohnung,
- die Umwidmung einer bisher vermieteten Wohnung.

7. Keine Ferien- oder Wochenendwohnung (§ 10h Nr. 3 EStG)

Die neue Wohnung darf **keine Ferien- oder Wochenendwohnung** sein. Die Abgrenzung ist nach den bei § 10e geltenden Grundsätzen vorzunehmen.

8. Baumaßnahmen an bestehenden Gebäuden (§ 10h Nr. 2 EStG)

Es sind nur Baumaßnahmen an einem **bestehenden Gebäude** begünstigt. **Hierdurch muß eine Wohnung** entstehen.

§ 10h findet deshalb **keine** Anwendung, wenn im Rahmen eines einheitlichen **Neubauvorhabens** zunächst eine Wohnung, die der Eigentümer zu eigenen Wohnzwecken nutzt, und anschließend eine weitere Wohnung hergestellt wird, die zur unentgeltlichen Nutzungsüberlassung bestimmt ist. Ob eine einheitliche Baumaßnahme vorliegt, hängt im Einzelfall in aller Regel von der Bauplanung und dem zeitlichen Zusammenhang der Erstellung der Wohnungen ab.

Hinweis auf BMF-Schr. v. 17.2.1992, BStBl I 115, Rz. 2.

Vor Beginn der Herstellung der neuen Wohnung muß das Altgebäude bereits bestanden haben. Dieses Altgebäude muß auch nach Fertigstellung der neuen Wohnung noch weiter bestehen.

Das Altgebäude darf nicht in die neue Wohnung durch einen vollständigen Neubau/Umbau eingegangen sein.

Die neu hergestellte Wohnung muß mit dem Altgebäude derart verbunden sein, daß nicht ein selbständiger Gebäudeteil bzw. ein neues vollständiges Gebäude entsteht.

Begünstigte Herstellungsmaßnahmen sind z. B.

- Anbau
- Umbau
- Aufstockung.

Bei einem grundlegenden Umbau, mit dem insgesamt **bautechnisch** ein neues Gebäude entsteht, ist **keine** Begünstigung nach § 10h möglich.

Der Umbau eines Gebäudes ist daher nur begünstigt, wenn mindestens die tragenden Teile und die Fundamente des bisherigen Gebäudes Verwendung finden (BFH, BStBl 1992 II 725).

Nebengebäude, z. B. Garagen, die im Zusammenhang mit der begünstigten Baumaßnahmen entstehen, sind ebenfalls nach § 10h begünstigt, auch wenn sie mit der Wohnung nicht unmittelbar verbunden sind.

9. Zeitliche Voraussetzungen (§ 10h Abs. 1 Nr. 1 EStG)

a) § 10h ist erstmals anwendbar bei

- Bauantrag nach dem 30. 9. 1991 oder
- Beginn der Herstellung nach dem 30. 9. 1991, falls
  - der Bauantrag vor dem 1. 10. 1991 gestellt worden ist oder
  - ein Bauantrag nicht erforderlich ist.

b) § 10h ist **letztmals** anwendbar bei **Bauantrag vor** dem 1. 1. 1996 (§ 52 Abs. 14b).

10. Keine Einbeziehung in andere Steuervergünstigungen

Weiterhin setzt der Sonderausgabenabzug nach § 10h voraus, daß die Aufwendungen zur Herstellung der überlassenen Wohnung nicht in die Bemessungsgrundlage nach §§ 10e, 10f Abs. 1, 10g, § 52 Abs. 21 Satz 6 EStG und § 7 FördergebietsG einbezogen sind.

Ggf. ist bei Einbeziehung von Teilen der bisherigen Wohnung in die neue Wohnung die Bemessungsgrundlage des **§ 10e zu kürzen**.

Beispiel:

Der Stpfl. wandelt ein Einfamilienhaus in ein Zweifamilienhaus um.

Herstellungskosten des Einfamilienhauses 1993	450 000 DM
Anschaffungskosten Grund und Boden 1992	135 000 DM
Wohnfläche des EFH 1993	200 qm

Fertigstellung des Umbaus zum 1. 1. 1996. Es erfolgt eine unentgeltliche Überlassung der neuen Wohnung an den Vater des Stpfl.

Aufwendungen für die Herstellung der neuen Wohnung	140 000 DM
Die Wohnfläche der bisherigen Wohnung beträgt nach dem Umbau noch	150 qm
Wohnfläche der neuen Wohnung	150 qm

Da nicht mehr die gesamte hergestellte Wohnfläche von 200 qm zu eigenen Wohnzwecken genutzt wird, ist für diese Wohnung eine **Kürzung** der **Bemessungsgrundlage** nach dem Verhältnis der Wohnfläche vorzunehmen. Begünstigte Herstellungs- bzw. Anschaffungskosten sind damit ab 1996 nur noch 3/4:

Herstellungskosten 3/4 von 450 000 DM	337 500 DM
+ 1/2 Grubo-Anschaffungskosten	
3/4 von 135 000 DM × 1/2 =	50 625 DM
Bemessungsgrundlage § 10e 1996	388 125 DM
Abzugsbetrag § 10e für 1996 6 %	23 288 DM
Höchstbetrag	19 800 DM
Die Bemessungsgrundlage für den Abzugsbetrag nach § 10h beträgt ab 1996	140 000 DM
Abzugsbetrag 6 % =	8 400 DM

Aufwendungen für Baumaßnahmen **auch außerhalb** der neuen Wohnung sind begünstigt, wenn die Arbeiten zu ihrer Herstellung erforderlich sind (z. B. Verstärkung von Stromleitungen usw.).

Die Baumaßnahme darf **nicht** im Zusammenhang mit der Errichtung eines **neuen** Gebäudes stehen.

Nicht einzubeziehen sind:
- Anschaffungskosten, die auf die überlassene Wohnung entfallen;
- Anschaffungskosten des Grund und Bodens.

Die Herstellungskosten bzw. Anschaffungskosten des Altbaus werden **nicht** anteilig mit in die Bemessungsgrundlage für die neu geschaffene Wohnung einbezogen (vgl. BMF, BStBl 1992 I 115, Rz. 16 zu § 7c).

Anteiliger Grund und Boden ist ebenfalls nicht in § 10h einzubeziehen.

d) Abzugsbetrag

1. Höhe

Der Abzugsbetrag beträgt im Jahr der Fertigstellung und in den drei folgenden Jahren 6 v. H. der Bemessungsgrundlage, max. je 19 800 DM.

In den folgenden vier Jahren beträgt der Abzugsbetrag 5 v. H. der Bemessungsgrundlage, max. je 16 500 DM. Der Abzugsbetrag wird wie bei § 10e wie Sonderausgaben berücksichtigt. Die sich daraus ergebende Höchstbemessungsgrundlage ist somit 330 000 DM.

2. Abzugszeitraum

Der Abzugszeitraum nach § 10h beträgt – wie bei § 10e – **8 Jahre.** Er beginnt zwingend mit dem Jahr der Fertigstellung der Wohnung. Wird die neue Wohnung nicht bereits im Jahr der Fertigstellung förderungsgemäß überlassen, so geht der Abzugsbetrag für das entsprechende Jahr verloren. Auch eine Nachholung des Abzugsbetrages gem. § 10h Satz 3 i. V. m. § 10e Abs. 3 ist für **dieses** Jahr **nicht** möglich.

> **Beispiel:**
> Fertigstellung der Wohnung am 1. 12. 1995. Überlassung an die Mutter M ab 1. 6. 1996.
> Der Abzugszeitraum läuft von **1995** bis 2002. Für das Jahr **1995** kann ein Abzugsbetrag nach § 10h **nicht** gewährt werden. Eine Nachholung für 1995 ist ebenfalls **nicht** möglich. Für die Jahre 1996 bis 1997 beträgt der Abzugsbetrag 6 %, für 1998 bis 2002 5 % der Aufwendungen (im Rahmen des Höchstbetrags von 330 000 DM).

3. Nachholung und Rückbeziehung des Abzugsbetrags

Die Nachholungs- und Rückbeziehungsvorschriften (= § 10e Abs. 3 Sätze 1 und 2) gelten ebenfalls für § 10h entsprechend. Der Stpfl. kann daher für Jahre, in denen die Voraussetzungen des § 10h vorgelegen haben, er jedoch den Abzugsbetrag nicht in Anspruch genommen hat, diesen innerhalb des Begünstigungszeitraums, also innerhalb von 8 Jahren nachholen.

Nach Ablauf des Begünstigungszeitraums ist eine Nachholung **nicht** mehr möglich.

4. Keine Objektbeschränkung

Eine Objektbeschränkung wie bei § 10e Abs. 4 gibt es nicht. Der Stpfl. kann daher die Förderung nach § 10h **mehrmals** hintereinander bzw. nebeneinander auch in Verbindung mit gleichzeitiger Förderung nach § 10e erhalten. Möglich ist sogar eine gleichzeitige Förderung mehrerer neu entstandener Wohnungen im eigenen Haus.

Auch bei bereits eingetretenem Objektverbrauch nach § 10e Abs. 4 ist die Förderung nach § 10h noch möglich.

> **Beispiel:**
> Ausbau des Dachgeschosses des selbstgenutzten Zweifamilienhauses mit Schaffung von zwei Wohnungen in 1995. Anschließende unentgeltliche Überlassung der neuen Wohnungen an den Sohn einerseits und die Mutter andererseits ab 1. 1. 1996.
>
> **Lösung:**
> § 10h kann für beide Wohnungen gewährt werden.

5. Miteigentum

§ 10e Abs. 1 Satz 6 gilt nach § 10h Satz 3 entsprechend. Somit kann der Stpfl. bei einem Miteigentumsanteil an der unentgeltlich überlassenen Wohnung nur den entsprechenden **Teil** des Abzugsbetrags abziehen.

e) Einkommensgrenze (§ 10h Satz 3 EStG)

§ 10e Abs. 5a ist auch bei § 10h entsprechend anzuwenden. Die Abzugsbeträge nach § 10h werden entsprechend der Drittfassung des § 10e nur gewährt, wenn der **Gesamtbetrag der Einkünfte** des überlassenen Stpfl. im jeweiligen Abzugsjahr **120 000 DM** bzw. bei Zusammenveranlagung von Ehegatten **240 000 DM nicht übersteigt**.

Dabei ist für **jedes Jahr** des Abzugszeitraumes **gesondert** zu prüfen, ob die Grenze überschritten ist.

Für Jahre, in denen diese Grenze überschritten ist, sind **Nachholung** und **Rückbeziehung** in sinngemäßer Anwendung von **§ 10e Abs. 3** ebenfalls **nicht** möglich.

Die Höhe der Einkünfte des **unentgeltlich Nutzenden** ist dagegen unerheblich.

f) Vorkosten (§ 10h Satz 3 EStG)

§ 10e Abs. 6 ist auch bei § 10h entsprechend anzuwenden.

Daher sind Vorkosten bei **Entstehung bis zum Tag des Erstbezugs** der **unentgeltlich überlassenen** Wohnung neben der Grundförderung nach § 10h abzugsfähig.

Ggf. ist **räumliche** und **zeitliche Aufteilung** der Vorkosten auf § 10e und § 10h vorzunehmen.

Beispiel:

Errichtung eines Einfamilienhauses vom 1. 9. 1993 bis 30. 9. 1994 – Erstbezug durch Stpfl. 1. 12. 1994; Umbau zum Zweifamilienhaus in 1995 (Fertigstellung 31. 12. 1995), erstmals unentgeltliche Überlassung ab 1. 4. 1996

(1) Selbstgenutzte Wohnung

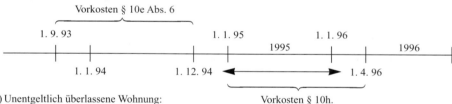

(2) Unentgeltlich überlassene Wohnung:

Dagegen ist der **zusätzliche Schuldzinsenabzug** i. S. des § 10e Abs. 6a bei § 10h **nicht** entsprechend anzuwenden.

g) Übersicht

Entsprechende Anwendung von Vorschriften des § 10e bei § 10h

1)	Unentgeltliche Überlassung von Teilen der Wohnung zu Wohnzwecken ist unschädlich (§ 10e Abs. 1 Satz 3)	Anwendung bei § 10 h ja (nicht geregelt)
2)	Kürzung der Bemessungsgrundlage bei Nutzung von Teilen der Wohnung zu anderen als Wohnzwecken (§ 10e Abs. 1 Satz 7)	ja (nicht geregelt) **Ausnahme:** nein bei Verwirklichung der anderweitigen Nutzung durch den Nutzenden selbst (entsprechend dem Gedanken von R 42a Abs. 4 Satz 2)
3)	Geltendmachung für Miteigentumsanteil (§ 10e Abs. 1 Satz 6)	ja (§ 10h Satz 3)
4)	Ausbauten und Erweiterungen (§ 10e Abs. 2)	nein
5)	Nachholung von Abzugsbeträgen (§ 10e Abs. 3 Satz 1) und Rückbeziehung nachträglicher Herstellungskosten (§ 10e Abs. 3 Satz 2)	ja (§ 10h Satz 3)
6)	Objektbeschränkung, schädlicher räumlicher Zusammenhang und Folgeobjektsregelung (§ 10e Abs. 4 und 5)	nein
7)	Einkommensgrenze (§ 10e Abs. 5a) – ab „Drittfassung" des § 10e	ja (§ 10h Satz 3)
8)	Vorkosten (§ 10e Abs. 6)	ja (§ 10h Satz 3)
9)	Zusätzlicher Schuldzinsenabzug (§ 10e Abs. 6a)	nein
10)	Gesonderte Feststellung bei Miteigentum (§ 10e Abs. 7)	ja (§ 10h Satz 3)
11)	Baukindergeld (§ 34f)	nein

7.11 Miteigentum an Grundstücken

Vermieten alle oder ein Teil der Miteigentümer gemeinschaftlich Wohnungen, so ist der Überschuß der Einkünfte aus Vermietung und Verpachtung zunächst auf der **Ebene** der **Gemeinschaft** zu ermitteln. Vgl. R 164.

7.11.1 Einnahmen

Die **Einnahmen** sind den Miteigentümern **grundsätzlich** nach dem **Verhältnis** der nach **bürgerlichem Recht** anzusetzenden **Anteile** zuzurechnen. Haben die Miteigentümer Vereinbarungen über die von den Miteigentumsanteilen abweichende Zurechnung der Einnahmen getroffen, sind diese maßgebend, wenn sie bürgerlich-rechtlich wirksam sind und hierfür wirtschaftlich vernünftige Gründe vorliegen, die **grundstücksbezogen** sind (vgl. BFH, BStBl 1987 II 322 und BStBl 1993 II 105).

Treffen Angehörige als Miteigentümer eines Wohngrundstücks (z. B. im Rahmen einer Erbengemeinschaft) eine von dem zivilrechtlichen Beteiligungsverhältnis abweichende, z. B. an der tatsächlichen Nutzung orientierte Vereinbarung hinsichtlich der Verteilung der Einnahmen und Ausgaben, so ist eine solche Vereinbarung nur dann steuerrechtlich zu beachten, wenn sie in Gestaltung und Durchführung dem zwischen fremden Personen Üblichen entspricht (Fremdvergleich); vgl. BFH, BStBl 1992 II 890 und H 164 „abweichende Zurechnung".

7.11.2 Werbungskosten und AfA

Werbungskosten können vom Miteigentümer nur in dem Umfang abgezogen werden, wie sie im Zusammenhang mit ihm zuzurechnenden Einnahmen stehen. AfA und erhöhte Absetzungen können grds. nur demjenigen zugerechnet werden, der die Anschaffungs- oder Herstellungskosten getragen hat (BFH, BStBl 1987 II 322, R 164 Abs. 1 S. 3; hier von Miteigentumsanteilen abweichende Verteilung möglich).

7.11.3 Entgeltliche Überlassung an einzelne Miteigentümer

Wird einem Miteigentümer eine Wohnung oder werden andere als Wohnzwecken dienende Räume entgeltlich von der Gemeinschaft einem oder mehreren Miteigentümern überlassen, so ist eine **Vermietung** einkommensteuerrechtlich **anzuerkennen, soweit** die **entgeltliche Überlassung** den **ideellen Miteigentumsanteil** des Miteigentümers **übersteigt**. Vgl. H 164 „Beispiele".

Dies gilt sinngemäß, wenn nicht der Miteigentümer, sondern dessen **Ehegatte** eine Wohnung zu Wohnzwecken mietet.

Beispiele:
1. A, B und C sind zu je 1/3 Miteigentümer eines 1987 errichteten Dreifamilienhaus mit einer Gesamtwohnfläche von 240 m². Von den Wohnungen, die gleich groß und gleichwertig sind, hat die Gemeinschaft zwei Wohnungen an Fremde vermietet und eine an A.

   A nutzt die Wohnung, die seinem Miteigentumsanteil entspricht, auf Grund eigenen Rechts. Als Einkünfte aus Vermietung und Verpachtung sind daher nur die Einnahmen aus den beiden an Fremde vermieteten Wohnungen abzüglich der auf diese Wohnungen anteilig entfallenden Werbungskosten zu erfassen. Die auf der Ebene der Gemeinschaft ermittelten Einkünfte sind B und C je zur Hälfte zuzurechnen. A erzielt keine Einkünfte aus Vermietung und Verpachtung (§ 52 Abs. 21 Satz 1). Wenn er die Voraussetzungen erfüllt, kann er für die von ihm zu eigenen Wohnzwecken genutzte eigene Wohnung Beträge im Sinne der §§ 10e, 10f und 52 Abs. 21 Satz 6 EStG, § 7 FördGG abziehen.
2. Wie Beispiel 1. Die an A vermietete Wohnung ist jedoch 120 m², die beiden an die Fremden vermieteten Wohnungen sind je 60 m² groß. Das Wertverhältnis der Wohnungen entspricht der jeweiligen m²-Zahl.

   A nutzt 80 m² der Wohnung auf Grund eigenen Rechts (1/3 von 240 m²). Der Mietvertrag der Gemeinschaft mit A ist zu 2/3 × 120 m² = 80 m² anzuerkennen. Einkünfteermittlung und Verteilung wie vorstehend. Wenn A die Voraussetzungen erfüllt, kann er für die von ihm zu eigenen Wohnzwecken genutzte Wohnung Beträge im Sinne der §§ 10e, 10f und 52 Abs. 21 Satz 6 EStG, § 7 FördGG abziehen, soweit sie auf seinen Miteigentumsanteil (2/3 der Wohnung) entfallen.

7.12 Gemischte Nutzung von Gebäuden

Bei Nutzung von Grundstücken oder Grundstücksteilen für eigene gewerbliche oder freiberufliche Zwecke ist eine **Aufteilung** der Aufwendungen in Werbungskosten und Betriebsausgaben vorzunehmen.

Die Aufteilung erfolgt grundsätzlich nach dem Verhältnis der Nutzflächen.

Keine Aufteilung, sondern ein voller Abzug als BA oder WK ergibt sich, soweit Aufwendungen dem eigengewerblichen bzw. freiberuflichen Teil einzeln zurechenbar sind.

Beispiele:
1. Ein Gebäude ist ganz als Arztpraxis genutzt: Die Aufwendungen (einschließlich Gebäude-AfA) sind in voller Höhe **BA.**
2. Das Gebäude ist zu je 50% als Mietwohnung (Privatvermögen) und als eigene Praxis genutzt.
   Die Aufwendungen sind zu je 50% BA und WK.

Bei teilweiser Selbstnutzung eines Gebäudes zu eigenen Wohnzwecken ist der Werbungskostenabzug beschränkt auf den Teil des Gebäudes, der der Erzielung von Einkünften dient.

Es fehlt ein Einkunftszusammenhang für den Teil der Aufwendungen, der mit dem Grundstücksteil zusammenhängt, der eigenen Wohnzwecken dient.

Regelmäßig ist eine Aufteilung im Verhältnis der Nutzflächen des Gebäudes zu machen.

Für den selbstgenutzten Teil kommt ggf. Förderung nach **§ 10e** in Betracht.

Keine Aufteilung, sondern eine **direkte Zurechnung** ist vorzunehmen, falls die Aufwendungen **ausschließlich** auf Selbstnutzung oder Erzielung von Einkünften (§ 21) entfallen.

Beispiel:
Bei einem Zweifamilienhaus mit zwei gleichgroßen Wohnungen ist eine Wohnung selbstgenutzt, die zweite vermietet.

Es sind nachfolgende Aufwendungen entstanden:

– Dachreparatur	5 000 DM
– Renovierung der selbstgenutzten Wohnung	3 000 DM
– Renovierung der Mietwohnung	2 000 DM
– Die Gebäude-AfA beträgt	7 000 DM
Als Werbungskosten sind zu berücksichtigen:	
– 50% von 5000 DM =	2 500 DM
– voll nichtabziehbar (§ 12 Abs. 1)	–
– in voller Höhe WK	2 000 DM
– 50% von 7 000 DM =	3 500 DM
	8 000 DM

Überblick

Verschiedene Nutzungen eines Gebäudes:

a) **Vermietet** (Wohnzwecke oder betrieblich/freiberuflich)	Einnahmen § 21 Abs. 1 Nr. 1 ./. WK (Aufwendungen und Gebäude-AfA)
b) **Verbilligt vermietet**	Einnahmen § 21 Abs. 1 Nr. 1 ./. WK zu beachten ggf. Aufteilung der WK (§ 21 Abs. 2 Satz 2); vgl. 8.10.7
c) **Selbstnutzung zu Wohnzwecken**	– keine Einnahmen – **Keine WK** – ggf. § 10e
d) **Unentgeltliche Überlassung zu Wohnzwecken**	– keine Einnahmen – keine WK – ggf. § 10e
e) **Eigenbetriebliche Zwecke**	– keine Einnahmen oder BE – Aufwendungen zu 50% BA

7.13 Förderung des selbstgenutzten und unentgeltlich überlassenen Wohneigentums nach dem Eigenheimzulagengesetz und § 10i EStG

Literatur: Stephan, Die Wohneigentumsförderung, 5. Auf. 1996, Schäffer-Poeschel-Verlag, Stuttgart.

7.13.1 Vorbemerkung

Bauherren und Eigenheimerwerber, die nach dem **31.12.1995** den **Bauantrag stellen** bzw. den **Kaufvertrag abschließen**, werden nicht mehr nach § 10e, sondern nach dem Eigenheimzulagengesetz gefördert.

Stpfl., die **ab dem 27.10 1995** bis zum **31.12.1995** den **Bauantrag** stellen bzw. den **Kaufvertrag** abgeschlossen haben, können **wählen**, ob sie die Förderung nach § 10e oder die Förderung nach dem **Eigenheimzulagengesetz** in Anspruch nehmen wollen.

Die **Eckpunkte** der neuen Wohneigentumsförderung sind:

– Die neue Zulage ist progressions**unabhängig**.
– Der Fördergrundbetrag läuft **wie bisher über 8 Jahre**
  – bis zu **5 000 DM** für „Neubauten"
  – bis zu **2 500 DM** für „Altbauten"

- Die **Kinderzulage (Baukindergeld)** wird von 1 000 DM (§ 34 f EStG) auf **1 500 DM** angehoben.
- Die **Wirkung der Einkommensgrenzen wurde grundlegend umgestellt.**
- Der sog. **Vorkostenabzug** (für z. B. Finanzierungskosten) wird **progressionsabhängig** mit einer **Pauschale** von **3 500 DM abgegolten** (§ 10 i Abs. 1 Nr. 1 EigZulG).
- Progressionsabhängig bleibt auch der Vorkostenabzug für **Reparaturkosten** bei **Bestandserwerb** in Höhe von max. 22 500 DM (§ 10 i Abs. 1 Nr. 2 EigZulG). Für diesen Abzug gelten jedoch **keine** Einkommensgrenzen.

Zusätzlich enthält das EigZulG folgende **ökologische** Komponenten:

- Eine erhöhte Zulage von max. 500 DM für heizenergiesparende Maßnahmen (Solaranlagen, Wärmepumpen, Anlagen zur Wärmerückgewinnung) und
- zusätzlich (kumulativ) eine erhöhte Zulage von Neubauten von Niedrigenergiehäusern in Höhe von 400 DM,

jeweils befristet auf drei Förderungsjahrgänge bis 1998.

- Ferner wird die Anschaffung von Anteilen an Wohnungsbaugenossenschaften in Höhe von mindestens 10 000 DM gefördert, wenn die Genossenschaft nach dem 1.1.1995 in das Genossenschaftsregister eingetragen worden ist und die Genossenschaft unwiderruflich den Genossenschaftsmitgliedern das vererbliche Recht auf Erwerb von Wohneingentum einräumt. Der Förderbetrag beträgt jährlich 3 % der Anschaffungskosten, max. 2 400 DM, und wird auf die Grundförderung angerechnet. Hinzu kommt eine Kinderzulage von jährlich 500 DM.

Die Förderung wird als Zulage vom Finanzamt ausgezahlt. Diese **Eigenheimzulage** setzt sich grds. aus zwei Komponenten zusammen, dem sog. „**Fördergrundbetrag**" und der sog. „**Kinderzulage**".

Dazu kommen ggf. die „Öko-Komponenten".

Anspruchsberechtigt sind nur **unbeschränkt Stpfl. i. S. des EStG (§ 1 EigZulG)**.

Die **Eigenheimzulage** gehört nicht zu den Einkünften i. S. des EStG (§ 16 Satz 1 EigZulG).

Sie mindert nicht die steuerlichen Herstellungs- und Anschaffungskosten (§ 16 Satz 2 EigZulG).

Die bisherige Förderung für Baudenkmale und Gebäude in Sanierungsgebieten und städtebaulichen Entwicklungsbereichen nach § 10f EStG, die Steuerbegünstigung schutzwürdiger Kulturgüter nach § 10g EStG und der Abzugsbetrag in den neuen Bundesländern nach § 7 FörderG **bleiben bestehen**.

Die Regelung der Eigenheimzulage **lehnt sich eng an § 10e EStG** an, so daß diese Probleme erhalten bleiben. Bei dem neuen Recht muß daher weitgehend auf die Problematik zu § 10e EStG verwiesen werden.

Entfallen ist angesichts der jährlich gleichbleibend hohen Zulage jedoch die Regelung des § 10e Abs. 3 EStG zur Nachholung der Förderung und zu nachträglichen Herstellungs- und Anschaffungskosten.

7.13.2 Anspruchsberechtigte

a) Grundsatz

Die Eigenheimzulage können unbeschränkt stpfl. Personen beanspruchen (§ 1 EigZulG), die **zivilrechtliche oder wirtschaftliche Eigentümer** eines begünstigen Objekts sind und dessen **Herstellungs- oder Anschaffungskosten getragen** haben (vgl. BMF-Schreiben vom 31.12.1994, Rz 2).

b) Unentgeltlicher Einzelrechtsnachfolger

Eigene Anschaffungs- oder Herstellungskosten hat der unentgeltliche Einzelrechtsnachfolger nicht getragen, so daß auch bei mittelbarer Grundstücksschenkung eine **Eigenheimzulage nicht** in Betracht kommt (BMF vom 31.12.1994, Rz 2 Satz 4 f.). Für Stpfl., die eine selbstgenutzte Wohnung aufgrund **gemischter Schenkung** oder im Rahmen einer **vorweggenommenen Erbfolge** erworben haben, kommt die neue Förderung **nur insoweit** in Betracht, als sie **entgeltlich** erworben haben. Entsprechend dem im Verhältnis zu 10e EStG gleichgelagerten Förderungszweck ist auch die Eigenheimzulage in **voller** Höhe des Teilentgelts bis zur Höchstbemessungsgrundlage ohne Einschränkung zu gewähren (vgl. BMF vom 31.12.1994, Rz 43).

c) Gesamtrechtsnachfolge

Bei unentgeltlichem Erwerb aufgrund Gesamtrechtsanchfolge ist – wie bei 10e EStG – die **Fortsetzung** der Eigenheimzulage möglich.

Bei einer **Erbauseinandersetzung** durch **Realteilung mit Spitzenausgleich** kommt also grundsätzlich sowohl eine Förderung des unentgeltlich erworbenen Anteils an der Wohnung für den Gesamtrechtsnachfolger als auch des von dem oder den Miterben entgeltlich erworbenen Anteils in Betracht. Für eine Übergangszeit kann damit für ein und dieselbe Wohnung eine Förderung sowohl nach dem alten Förderungssystem der Grundförderung nach § 10e EStG als auch dem neuen nach dem EigZulG erfolgen. Zudem fällt auf, daß eine dem § 10e Abs. 1 Satz 6 EStG entsprechende Regelung, die eine Kürzung der Förderung beim Erwerb eines Anteils an der zu eigenen Wohnzwecken genutzten Wohnung vorsieht, im **EigZulG fehlt**. Dieses hat lediglich in § 9 Abs. 2 Satz 3 EigZulG eine Regelung zum Miteigentum getroffen. Solches liegt aber nicht vor, wenn ein Miterbe aufgrund Erwerbs im Rahmen einer Erbauseinandersetzung Alleineigentümer des Nachlaßgegenstandes wird. Im **Gegensatz** zur bisherigen Rechtslage kommt für den entgeltlichen **Anteilserwerb** an einer selbstgenutzten Wohnung daher die Gewährung der **vollen Eigenheimzulage** in Betracht (vgl. Stephan, a. a. O.).

Beispiel (nach Stephan, a. a. O.):

Der Erblasser O hat 1994 mit einem Herstellungsaufwand von 300 000 DM ein Einfamilienhaus auf einem Grundstück errichtet, das er zum Kaufpreis von 200 000 DM angeschafft hat. Er hat das Gebäude 1994 zu eigenen Wohnzwecken bezogen und für dieses Jahr die Grundförderung nach § 10e Abs. 1 Satz 1 EStG i. H. von 19 800 DM erhalten. 1995 ist O verstorben. O hat seine Neffen A und B mit Rücksicht darauf, daß A verheiratet ist und zwei Kinder hat, B jedoch unverheiratet, zu 4/5 bzw. zu 1/5 zu testamentarischen Erben bestimmt. A ist mit seiner Familie noch 1995 in das Einfamilienhaus eingezogen. Zum 1. 12. 1995 nehmen A und B die Erbauseinandersetzung dergestalt vor, daß A, da das Objekt seit der Herstellung bzw. Anschaffung durch O im Wert nicht gestiegen ist, gegen Zahlung von 100 000 DM an B Alleineigentümer des Einfamilienhauses wird. Weder bei ihm noch seiner Ehefrau liegt Objektverbrauch i. S. von § 10e Abs 4 EStG bzw. § 6 EigZulG vor.

Lösung:

Im Umfang des unentgeltlichen Erwerbs durch Gesamtrechtsnachfolge kann A die Grundförderung nach § 10e EStG nach dem Erblasser für den Restbegünstigungszeitraum fortsetzen. Sie beträgt in den Veranlagungszeiträumen 1995 bis 1997 jeweils 15 840 DM (4/5 von 19 800 DM) und von 1998 bis 2001 einschließlich jeweils 13 200 DM (4/5 von 16 500 DM), da der unentgeltlich erworbene Anteil am Einfamilienhaus 4/5 beträgt (§ 10e Abs. 1 Satz 6 EStG). Zusätzlich kann A wegen des entgeltlichen Erwerbs von 1/5-Anteil am Einfamilienhaus von B von 1995 bis 2003 einschließlich den Fördergrundbetrag nach § 9 Abs. 2 Satz 1 EigZulG von 5 v. H. der Bemessungsgrundlage von 100 000 DM (vgl. § 8 Satz 1 EigZulG), also von 5 000 DM jährlich beanspruchen (vgl. § 19 Abs. 2 Satz 1 Nr. 2 EigZulG), da diese Anschaffung noch bis zum Ende des zweiten auf das Jahr der Fertigstellung folgenden Jahres erfolgt ist und weder bei ihm noch bei seiner Ehefrau Objektverbrauch (§ 6 EigZulG) vorlag. Eine **Kürzung** der Förderung auf 1/5, da A nur einen 1/5-Anteil am Objekt entgeltlich erworben hat, erfolgt **nicht**. Eine § 10e Abs. 1 Satz 6 EStG entsprechende Regelung besteht für die Eigenheimzulage nicht. Des weiteren kann sich A für die gegenüber § 34 f EStG günstigere jährliche Kinderzulage von 1 500 DM für jedes Kind entscheiden (§ 9 Abs. 5 EigZulG). Daneben kommt aber die Inanspruchnahme des Baukindergelds nach § 34 f EStG **nicht** mehr in Betracht (§ 9 Abs. 5 Satz 4 EigZulG).

7.13.3 Begünstigte Objekte (§ 2 EigZulG)

Begünstigt sind

a) **Herstellung** oder **Anschaffung** einer **Wohnung** in einem im **Inland** belegenen eigenen Haus oder einer im Inland belegenen eigenen Eigentumswohnung (**§ 2 Abs. 1 S. 1 EigZulG**).

b) **Ausbauten** und **Erweiterungen** an einer Wohnung in einem im Inland belegenen eigenen Haus oder einer im Inland belegenen eigenen Eigentumswohnung (§ 2 Abs. 2 EigZulG).

Nach neuester BFH-Rechtsprechung (BFH, BStBl 1996 II 352) liegen Erweiterungen und Anbauten i. S. von § 17 Abs. 2 2 II. WoBauG jedoch **nur** vor, wenn dadurch vollwertige Wohnräume geschaffen werden, die nach § 44 Abs. 1 Nr. 1 II. BVO **voll** auf die **Wohnfläche** anzurechnen sind.

Diese Grundsätze sind bei § 2 Abs. 2 EigZulG anzuwenden bei Bauantrag nach dem 26.10.1995 (BMF, BStBl 1996 I 692). Damit ist z. B. die **nachträgliche** Errichtung einer Garage **nicht** begünstigt, **entgegen** Tz 10 Satz 8 BMF zu § 10e EStG).

Nicht voll auf die Wohnfläche **anzurechnende** Räume oder Raumteile sind **nur „mit"begünstigt**, wenn sie im Zuge einer **einheitlichen** Baumaßnahme zusammen mit nach § 44 Abs. 1 Nr. 1 II. BV voll anrechenbaren Räumen oder Raumteilen hergestellt werden (z. b. bei einem unterkellerten Anbau oder bei Ausbau eines Raums im Dachgeschoß, bei dem Teile wegen der Dachschrägen nicht voll auf die Wohnfläche angerechnet werden (BMF-Schreiben, a. a. O.).

Ein **Wintergarten**, der die Voraussetzungen der Tz 10 Satz 9 des BMF-Schreibens vom 31. Dezember 1994, a. a. O., erfüllt – also nach seiner baulichen Gestaltung (insbesondere Raumhöhe, Belüftung, Beheizung und Beleuchtung) zum dauerhaften Aufenthalt von Menschen auch in den Wintermonaten objektiv geeignet ist, ist **voll** auf die Wohnfläche **anzurechnen** und daher nach § 2 Abs. 2 EigZulG begünstigt. Unter diesen Voraussetzungen handelt es sich **nicht** um einen Wintergarten i. S. des § 44 Abs. 1 Nr. 2 II. BV.

Der Anbau eines **Carports** und eines Abstellraums ist **nicht** als Erweiterung i. S. § 2 Abs. 2 EigZulG begünstigt (BFH, BStBl 1996 II 360).

Anders als bei § 10e Abs. 2 EStG ist jedoch nach dem Gesetzeswortlaut des § 2 Abs. 2 EigZulG für die Eigenheimzulage **nicht** erforderlich, daß der Ausbau oder die Erweiterung an einer zu eigenen Wohnzwecken genutzten Wohnung erfolgt. Es ist also weder notwendig, daß die Wohnung, an der der Ausbau oder die Erweiterung vorgenommen wird, bei Beginn der entsprechenden Baumaßnahmen bereits vom Eigentümer bewohnt wird, noch daß dieser sie nach der Fertigstellung von Ausbau und Erweiterung bewohnt (vgl. BMF, Rz 12; gl. A. Stephan, a. a. O.).

c) **„Schlichte" nachträgliche Herstellungs-** oder **Anschaffungskosten** sind dagegen entsprechend dem eindeutigen Gesetzeswortlaut des § 2 Abs. 1 Satz 1 EigZulG **nicht** begünstigt. Diese Vorschrift führt lediglich die Herstellung oder Anschaffung einer Wohnung auf und unterscheidet sich damit von § 10e Abs. 1 Satz 1 und 4 EStG.

Zwar wird angesichts des geringen Förderhöchstbetrags von 100 000 DM (vgl. § 9 Abs. 2 EigZulG) dieser Förderausschluß bei der Herstellung oder Anschaffung eines begünstigten Objekts nicht von erheblicher Tragweite sein, bedeutsam kann er jedoch insbesondere bei teilentgeltlichem Erwerb im Rahmen einer vorweggenommenen Erbfolgeregelung oder Erbauseinandersetzung werden (Stephan, a. a. O.).

d) **Ausschlußfälle**

Nicht begünstigt sind nach § 2 Abs. 1 Satz 2 EigZulG

aa) eine **Ferien-** oder **Wochenendwohnung**

bb) eine Wohnung, für die Absetzungen als **Betriebsausgaben** oder **Werbungskosten** im Rahmen der doppelten Haushaltsführung abgezogen werden

cc) Wohnungen, für die § 52 Abs. 15 S. 2 oder 3 oder Abs. 21 S. 2 EStG gilt („große Übergangsregelung")

dd eine Wohnung oder ein Anteil daran, die der Anspruchsberechtigte von seinem **Ehegatten** anschafft, wenn bei den Ehegatten im Zeitpunkt der Anschaffung die Voraussetzungen des § 26 Abs. 1 EStG vorliegen.

7.13.4 Nutzung zu Wohnzwecken

Der Anspruch besteht grds. nur für Kalenderjahre, in denen der Anspruchsberechtigte die Wohnung zu **eigenen** Wohnzwecken nutzt (§ 4 S. 1 EigZulG). Eine Nutzung zu eigenen Wohnzwecken liegt aber auch vor, soweit eine Wohnung **unentgeltlich** an einen **Angehörigen** i. S. des **§ 15 AO** zu Wohnzwecken überlassen wird (§ 4 S. 2 EigZulG).

Dieser Begünstigungstatbestand reicht **weiter** als die bisherige Regelung des § 10h EStG (unentgeltliche Überlassung nur an Angehörige i. S. des § 15 Abs. 1 Nr. **3** und **4** AO). Daher **entfällt** der **§ 10h EStG** zum **1.1.1996**. Künftig kann somit ein Anspruchsberechtigter, der die Wohnung z. B.

- an seinen geschiedenen Ehegatten oder
- an den **Verlobten** unentgeltlich überläßt,

ebenfalls die Eigenheimzulage erhalten.

Begünstigt ist auch bei unentgeltlicher Überlassung i. S. von § 4 Satz 2 EigZulG **jedes** angeschaffte oder hergestellte **Objekt** i. S. von § 2 Abs. 1 oder 2 EigZulG (anders als bei § 10h EStG)

Die unentgeltliche Überlassung nach § 4 EigZulG muß – anders als bei § 10h EStG – nicht auf Dauer angelegt sein.

Ein **Wechsel** zwischen Selbstnutzung und begünstigter unentgeltlicher Überlassung ist daher **unschädlich**.

Die unentgeltliche Überlassung i. S. von § 4 Satz 2 EigZulG ist in die **Objektbeschränkung** nach § 6 EigZulG **einbezogen** (anders als bei § 10h EStG).

Bei unentgeltlicher Wohnungsüberlassung an Kinder außerhalb des Familienhaushalts zum Zweck des Studiums kann der Stpfl. nach Auffassung des BFH und der Verwaltung mangels Haushaltszugehörigkeit Baukindergeld gem. § 34f EStG bzw. Kinderzulage nach § 9 Abs. 5 EigZulG **nicht** erhalten (vgl. BFH, BStBl 1995 II 378; BMF v. 21. 11 1994, BStBl 1994 I 885.

> **Beispiel** (nach Stephan, a. a. O.):
> Der in einer gemieteten Villa in Hamburg wohnende A erwirbt 1996 in der Eifel eine ältere Eigentumswohnung zum Kaufpreis von 100 000 DM. Diese überläßt er seiner geschiedenen Ehefrau zur unentgeltlichen Nutzung. Zu seinem Haushalt gehören insgesamt sechs Kinder, die aus seiner geschiedenen Ehe und der ersten Ehe seiner zweiten Ehefrau B stammen und für die die Eheleute Kindergeld erhalten.
>
> **Lösung:**
> A kann für die seiner geschiedenen Ehefrau i. S. von § 4 Abs. 2 EigZulG unentgeltlich überlassene Wohnung gem. § 9 Abs. 2 Satz 2 EigZulG einen jährlichen Fördergrundbetrag von 2 500 DM, für den gesamten Förderzeitraum also i. H. von 20 000 DM geltend machen. Zusätzlich erhält er für die sechs Kinder, für die er bzw. seine Ehefrau Kindergeld erhalten, gem. § 9 Abs. 5 Satz 1 und 2 EigZulG eine jährliche Kinderzulage von 9 000 DM, insgesamt für den Förderzeitraum also 72 000 DM, obwohl der Wohnraumbedarf der Kinder durch die Eigentumswohnung in der Eifel nicht abgedeckt wird. Die gesamte Eigenheimzulage des A erreicht mit insgesamt 92 000 DM mithin annähernd die Anschaffungskosten der Eigentumswohnung.

7.13.5 Förderzeitraum (§ 3 EigZulG)

Wie bei § 10e EStG kann der Anspruchsberechtigte die Förderung maximal für 8 Jahre in Anspruch nehmen. Der Förderzeitraum beginnt – wie bei § 10e EStG – mit dem Jahr der **Fertigstellung** oder **Anschaffung** der Wohnung. Die Förderung setzt jedoch – wie bei § 10e EStG – voraus, daß der Anspruchsberechtigte die Wohnung im **jeweiligen VZ** zu begünstigten Wohnzwecken i. S. von § 4 EigZulG nutzt. Es droht – wie bei § 10e EStG – die sog. **Neujahrsfalle**.

Die Förderung entfällt für Kalenderjahre, in denen eine entsprechende Nutzung nicht ganzjährig vorliegt.

Wie die Grundförderung nach § 10e EStG, ist auch die Eigenheimzulage eine **Jahresförderung** mit der Folge, daß sie in **vollem** Umfang **auch** dann zu gewähren ist, wenn deren Voraussetzungen **nicht** während des ganzen Kalenderjahres vorliegen.

Bei Nutzungsänderungen im Laufe eines Jahres können neben der Eigenheimzulage daneben ggf. AfA als Werbungskosten oder Betriebsausgaben geltend gemacht werden.

7.13.6 Bemessungsgrundlage (§ 8 EigZulG)

Bemessungsgrundlage für den Fördergrundbetrag nach § 9 Abs. 2 EigZulG sind die **Herstellungskosten** oder **Anschaffungskosten der Wohnung zuzüglich der (vollen) Anschaffungskosten** für den dazugehörenden Grund und Boden.

Auch Herstellungskosten bzw. Anschaffungskosten für „besondere Anlagen und Einrichtungen", z. B. für Schwimmbad, Sauna und Kegelbahn, sind **entgegen** BMF-Schreiben vom 31. 12. 1994, Tz 38 Nr. 1 (zu § 10e) **begünstigt** (BFH, BStBl 1996 II 362).

Dem steht **nicht** entgegen, daß nach BFH, BStBl 1996 II 352 der nachträgliche Einbau eines Schwimmbades **nicht** nach § 10e Abs. 2 EStG begünstigt ist.

Bei begünstigten **Ausbauten** oder **Erweiterungen** nach § 2 Abs. 2 EigZulG sind Bemessungsgrundlage die **Herstellungskosten**.

Werden Teile der Wohnung **nicht** zu eigenen Wohnzwecken bzw. nicht unentgeltlich an Angehörige überlassen, ist die **Bemessungsgrundlage** um den hierauf entfallenden **Teil zu kürzen** (§ 8 Satz 3 EigZulG).

Beispiel: Häusliches Arbeitszimmer

7.13.7 Höhe der Eigenheimzulage (§ 9 EigZulG)

Die Eigenheimzulage umfaßt

- Fördergrundbetrag (§ 9 Abs. 2 EigZulG)
- Kinderzulage (§ 9 Abs. 5 EigZulG)
- Öko-Komonente(n) (§ 9 Abs. 3 und 4 EigZulG).

a) Fördergrundbetrag ((§ 9 Abs. 2 EigZulG)

Der **Fördergrundbetrag** beträgt nach § 9 Abs. 2 EigZulG

- bei **Neubauten 5 %** der Bemessungsgrundlage, **höchstens 5 000 DM**,
- bei **Altbauten 2,5 %** der Bemessungsgrundlage, **höchstens 2 500 DM**.

Die **Höchstbemessungsgrundlage** beträgt also **100 000 DM**.

Von einem **Altbau** ist auszugehen, wenn das **Objekt** erst **nach Ablauf von zwei Jahren** nach dem Jahre der Fertigstellung erworben wird (entspricht **§ 10e Abs. 1 Satz 4, 2. Halbs. EStG**).

b) Kinderzulage (§ 9 Abs. 5 EigZulG)

Die Kinderzulage beträgt jährlich für **jedes** Kind, für das der Anspruchsberechtigte oder sein Ehegatte im jeweiligen Kalenderjahr des Förderzeitraums einen **Kinderfreibetrag** oder **Kindergeld** erhält, **1 500 DM**.

Voraussetzung ist, daß das Kind im Förderzeitraum **zum inländischen Haushalt** des Anspruchsberechtigten gehört oder gehört hat. Die Haushaltszugehörigkeit braucht – anders als bei § 10e EStG – **nicht** auf Dauer angelegt sein (zweifelhaft, ob damit Rechtsänderung beabsichtigt war).

Sind **mehrere Anspruchsberechtigte** Eigentümer einer Wohnung, und haben sie zugleich für ein Kind Anspruch auf die Kinderzulage, ist bei jedem die Kinderzulage zur **Hälfte** anzusetzen (§ 9 Abs. 5 Satz 3 EigZulG).

Im übrigen erhalten Miteigentümer die Kinderzulage in **vollem** Umfang, (gl. A. Märkle/Franz, Stbg. 1995, 488).

Da die Eigenheimzulage auch für unentgeltlich überlassene Wohnungen i. S. von § 4 Satz 2 EigZulG in Betracht kommt, besteht in diesen Fällen zudem ein Anspruch auf die Kinderzulage, auch wenn der Wohnungsbedarf des Kindes durch die unentgeltlich überlassene Wohnung nicht gedeckt wird.

Wurde gem. § 17 Satz 5 EigZulG aufgrund der Anschaffung von Genossenschaftsanteilen die Kinderzulage von 500 DM in Anspruch genommen, so ist sie gem. § 9 Abs. 5 Satz 6 i. V. mit Abs. 2 Satz 4 EigZulG auf die Kinderzulage anzurechnen, die bei Herstellung oder Erwerb der Wohnung beansprucht wird.

Der Anspruchsberechtigte kann die Kinderzulage im Kalenderjahr **nur für eine Wohnung** in Anspruch nehmen (§ 9 Abs. 5 Satz 4 EigZulG).

Der Kinderzulage steht die Steuerermäßigung nach § 34f EStG gleich, d. h. wer das Baukindergeld nach § 34f EStG in Anspruch nimmt, kann nicht gleichzeitig die Kinderzulage nach dem EigZulG erhalten (§ 9 Abs. 5 Satz 5 EigZulG).

c) Höchstbetrag für Fördergrundbetrag und Kinderzulage (§ 9 Abs. 6 EigZulG)

Um eine **Überförderung** zu vermeiden (insbesondere bei Ausbauten und Erweiterungen), darf die Summe der Eigenheimzulage (Fördergrundbetrag zuzüglich **Kinderzulage**) die Bemessungsgrundlage nach § 8 EigZulG **nicht** überschreiten (§ 9 Abs. 6 Satz 1 EigZulG, entspricht der Regelung in § 34f Abs. 4 Satz 1 EStG). Hierbei werden die Zusatzförderungen für Öko-Maßnahmen (§ 9 Abs. 5 und 4 FörderG) **nicht** einbezogen.

Beispiel:
Die Eheleute A und B mit 3 Kindern bauen im Jahr 1997 in ihrem Einfamilienhausgrundstück das Dachgeschoß für 28 000 DM aus. Bisher haben die Eheleute erst für ein Objekt den § 10e EStG in Anspruch genommen.

Berechnung der Eigenheimzulage	
Fördergrundbetrag 5% von 28 000 DM	1 400 DM
Kinderzulage: 1 500 DM × 3	4 500 DM
zusammen	5 900 DM
Eigenheimzulage 1997 bis 2000: 4 × 5 900 DM =	23 600 DM
Eigenheimzulage 2001	4 400 DM
Eigenheimzulage ab 2002	0 DM

Bei **mehreren** Anspruchsberechtigten bezieht sich der Höchstbetrag auf den Anteil des jeweiligen Berechtigten an der Bemessungsgrundlage (§ 9 Abs. 6 Satz 2 EigZulG).

Hierbei sind neben den jeweils übernommenen Herstellungs- oder Anschaffungskosten der Umfang des Miteigentumsanteils und der Selbstnutzung (§ 4 EigZulG) zu berücksichtigen.

d) Öko-Zulagen (§ 9 Abs. 3 und 4 EigZulG)

Der Fördergrundbetrag erhöht sich um eine **Zusatzförderung** von **jährlich 2%**, höchstens 500 DM (Höchstbemessungsgrundlage 25 000 DM) für Aufwendungen, die auf **Anlagen zur Energieeinsparung** in der eigengenutzten Wohnung entfallen (§ 9 Abs. 3 EigZulG). Für folgende Aufwendungen gilt die Zusatzförderung:

– Einbau einer verbrennungsmotorisch oder thermisch angetriebenen Wärmepumpenanlage mit einer Leistungszahl von mindestens 1,3

– einer Elektro-Wärmepumpenanlage mit einer Leistungszahl von mindestens 3,5

– einer Solaranlage

– einer Anlage zur Wärmerückgewinnung einschließlich Anbindung an das Heizsystem.

Die **weiteren Voraussetzungen** dieser **Zusatzförderung** hängen davon ab, ob der Anspruchsteller

– den Einbau dieser Anlagen selbst veranlaßt (**Herstellungsfall**), oder

– ob er ein Objekt erwirbt, bei dem diese Maßnahmen bereits durchgeführt sind (**Anschaffungsfall**).

Hat der Anspruchsteller den Einbau dieser Anlagen selbst vorgenommen, so spielt es keine Rolle, ob es sich um einen Altbau oder Neubau handelt.

- **Herstellungsfälle**

Voraussetzung für die Förderung in den **Herstellungsfällen** ist, daß der Anspruchsteller die Maßnahme

a) **vor Beginn** der **begünstigten Nutzung** sowie

b) **vor dem 1.1.1999** abgeschlossen hat (§ 9 Abs. 3 Satz 3 Nr. 1 EigZulG).

- **Erwerbsfälle**

Erwirbt der Anspruchsteller ein Objekt, bei dem die o. g. Anlagen bereits eingebaut sind, so kommt diese Zusatzförderung nur in Betracht, wenn das Objekt

a) **innerhalb** von **zwei Jahren** nach Fertigstellung des Gebäudes und

b) **vor dem 1.1.1999** angeschafft wird (§ 9 Abs. 3 Satz 3 Nr. 2 EigZulG).

In diesen **Anschaffungsfällen** scheidet daher eine Zusatzförderung bei **Altbauten** aus.

Eine weitere **Zusatzförderung** von jährlich 400 DM wird gewährt, wenn die **vor** dem **1.1.1999** hergestellte oder vor dem 1.1.1999 im Jahr der Fertigstellung erworbene Wohnung in einem Gebäude belegen ist, dessen Jahres-Heizwärmebedarf den nach der Wärmeschutzverordnung geforderten Wert um mindestens 25% unterschreitet. Diese Voraussetzung hat der Anspruchsteller durch einen Wärmebedarfsnachweis nach § 12 der Wärmeschutzverordnung vom 16.12.1994 (BGBl I S.212) nachzuweisen.

Zu beachten ist, daß die genannten **Ökozulagen nicht** für **Ausbauten** und **Erweiterungen** i.S. des § 2 Abs. 2 EigZulG gelten (§ 9 Abs. 3 Satz 2 EigZulG).

Die Öko-Zulagen sind **nicht** in die Begrenzungsregelung nach § 9 Abs. 6 EigZulG einzubeziehen.

7.13.8 Einkunftsgrenze (§ 5 EigZulG)

Der Anspruchsberechtigte kann die Eigenheimzulage ab dem Jahr in Anspruch nehmen (**Erstjahr**), in dem der Gesamtbetrag der Einkünfte nach § 2 Abs. 3 EStG des **Erstjahres zuzüglich** des Gesamtbetrags der Einkünfte des vorangegangenen Jahres (**Vorjahr**) **240 000 DM nicht** übersteigt.

Bei **Ehegatten** i.S. des § 26 Abs. 1 EStG verdoppelt sich diese Grenze auf **480 000 DM** (§ 5 Satz 2 EigZulG).

Im Unterschied zu der Regelung des § 10e Abs. 5a EStG sind allerdings grundsätzlich nur noch die Einkommensverhältnisse

– im Jahr der Fertigstellung/Anschaffung und
– dem vorangegangenen Jahr maßgeblich.

Es ist zu unterscheiden:

- Stpfl., die die Einkunftsgrenze im Verlauf des Förderzeitraums **überschreiten**, können danach **weiterhin** die Eigenheimzulage beanspruchen.
- Stpfl., die die Einkunftsgrenzen im Verlauf des Förderzeitraums **unterschreiten**, können die Zulage **ab diesem Jahr** bis zum Ende des Förderzeitraums beanspruchen, auch wenn sie später die Einkunftsgrenze wieder überschreiten.

Erstjahr i.S. des § 5 Satz 1 EigZulG ist also das Jahr, in dem der GdE zuzüglich des GdE des Vorjahres die 240 000 DM /480 000 DM-Grenze überschreitet.

Beispiel:

Die Eheleute F und M (1 Kind) erwerben 1997 eine Neubauwohnung für 300 000 DM. Der Gesamtbetrag der Einkünfte beträgt:

1996:	240 000 DM
1997:	280 000 DM
1998:	240 000 DM
1999:	120 000 DM
2000:	550 000 DM

Der Förderzeitraum für die Gewährung einer Eigenheimzulage umfaßt die Jahre 1997 bis 2004. Für die Jahre 1997 und 1998 erhalten die Eheleute **keine** Eigenheimzulage, da der Gesamtbetrag der Einkünfte in diesen Jahren die Grenze von 480 000 DM übersteigt. Ab dem Jahr 1999 (GdE 240 000 DM + 120 000 DM = 360 000 DM) bis zum Jahr 2004 erhalten die Eheleute eine Eigenheimzulage von 5 000 DM sowie eine Kinderzulage von 1 500 DM, solange sie für das Kind einen Kinderfreibetrag oder Kindergeld erhalten.

Haben sich in den beiden maßgeblichen Zeiträumen die Voraussetzungen des § 26 Abs. 1 EStG geändert, so ist der für den jeweiligen Berechtigten maßgebliche Gesamtbetrag der Einkünfte zu berücksichtigen (§ 9 Sätze 3 und 4 EigZulG).

Beispiel:

A und B (verheiratet seit 1997) erwerben in 1997 eine in 1997 fertiggestellte Eigentumswohnung für 300 000 DM. der Gesamtbetrag der Einkünfte beträgt:

für A im Jahr 1996:	60 000 DM
für B im Jahr – 1996:	140 000 DM
– 1997:	230 000 DM

Der Gesamtbetrag der Einkünfte von A und B ist für das Jahr 1996 zusammenzurechnen (= 200 000 DM, § 5 Satz 4 EigZulG). Da die Summe aus den Jahren 1996 und 1997 (= 430 000 DM) unter 480 000 DM liegt, erhalten die Ehegatten acht Jahre lang eine **Neubau**-Eigenheimzulage von 5 000 DM.

Ist ein Anspruchsberechtigter bei dauernder Trennung, Scheidung oder Wegfall der unbeschränkten Steuerpflicht des Ehegatten jedoch noch im Vorjahr gem. § 26 EStG zusammen oder nicht zur ESt veranlagt worden und hat er die Voraussetzungen des § 26 Abs. 1 EStG erfüllt, so ist bei der Frage, ob seine Einkünfte die 240 000 DM-Grenze überschreiten, außer seinen Einkünften im Erstjahr der Anteil am Gesamtbetrag der Einkünfte des Vorjahrs zu berücksichtigen, der auf ihn entfällt (§ 5 Satz 3 EigZulG).

Beispiel (nach Stephan):
Ehefrau F hat sich im Lauf des Jahres 1995 von ihrem Ehemann M getrennt und ab 1.11.1995 wieder eine Erwerbstätigkeit aufgenommen. Der Gesamtbetrag der Einkünfte der im VZ 1995 noch zusammen zu veranlagenden Eheleute beträgt 500 000 DM, davon 30 000 DM auf F entfallend, der der F im VZ 1996 200 000 DM. Im gleichen Jahr erwirbt F eine 1995 fertiggestellte Eigentumswohnung zum Kaufpreis von 300 000 DM, die sie zu eigenen Wohnzwecken bezieht.

Lösung:
F steht von 1996 bis 2003 einschließlich gem. § 9 Abs. 2 Satz 1 EigZulG eine Eigenheimzulage von jährlich 5 000 DM zu, insgesamt also 40 000 DM, da die Wohnung kein Altobjekt i. S. des § 9 Abs. 2 Satz 2 EigZulG ist. Die Förderung scheitert nicht an § 5 EigZulG, da der der F zuzurechnende Gesamtbetrag der Einkünfte des Erstjahrs 1996 von 200 000 DM zuzüglich des auf sie entfallenden entsprechenden Anteils des Vorjahrs von 30 000 DM insgesamt die Grenze von 240 000 DM nicht übersteigt (§ 5 Satz 3 i. V. mit Satz 1 EigZulG).

Wird hingegen ein Anspruchsberechtigter z. B. aufgrund Heirat im Erstjahr nach § 26b EStG zusammenveranlagt, während er im Vorjahr noch ledig war, ist für das Vorjahr der Gesamtbetrag der Einkünfte beider Ehegatten zu berücksichtigen (§ 5 Satz 4 i. V. mit Satz 2 EigZulG).

Für die Festsetzung der Eigenheimzulage wird auf die Anknüpfung an die Einkommensbesteuerung verzichtet. Die Ermittlung des maßgeblichen Gesamtbetrags der Einkünfte ist also **verfahrensrechtlich unabhängig** von der ESt-Veranlagung durchzuführen. Änderungen bei der ESt-Veranlagung haben damit keine unmittelbare Auswirkung auf die Gewährung der Eigenheimzulage (vgl. auch Horlemann, DB 1995 S. 2289 (2292) und Stephan, a. a. O.).

§ 11 Abs. 4 EigZulG enthält aber eine entsprechende Korrekturvorschrift.

Wird ein Objekt erst **nach** dem Jahr der Herstellung oder Anschaffung erstmals i. S. von § 4 EigZulG zu eigenen Wohnzwecken genutzt, so dürfte dieses letztere Jahr als das der erstmaligen Anspruchsbegründung zugleich das für die Einkunftsgrenze maßgebliche Erstjahr i. S. von § 5 EigZulG sein (Stephan, a. a. O.).

7.13.9 Objektbeschränkung (§ 6 EigZulG)

Hinsichtlich der Objektbegrenzung ergibt die Neuregelung im EigZulG **inhaltlich keine** Änderung gegenüber der Regelung des § 10e Abs. 4 EStG.

Entsprechend der Regelung in § 10e Abs. 4 Satz 1 und 2 EStG kann der Anspruchsberechtigte die Eigenheimzulage ebenfalls nur für **ein Objekt**, sei es eine Wohnung oder ein Ausbau oder eine Erweiterung, in Anspruch nehmen (§ 6 Abs. 1 Satz 1 EigZulG). Ehegatten, bei denen die Voraussetzungen des § 26 Abs 1 EStG vorliegen, können hingegen die Eigenhimzulage für insgesamt zwei Objekte geltend machen, sofern diese nicht in räumlichem Zusammenhang belegen sind und bei Fertigstellung oder Anschaffung dieser Objekte bei den Ehegatten bereits die Voraussetzungen des § 26 Abs. 1 EStG vorlagen (§ 6 Abs. 1 Satz 2 EigZulG). Dies gilt auch hinsichtlich einer selbstbewohnten und einer i. S. von § 4 Abs. 1 Satz 2 EigZulG unentgeltlich überlassenen Wohnung (vgl. Küper/Werschmöller, Inf. 1995 S. 373; Stephan a. a. O.).

Bei **Miteigentum** führt die Inanspruchnahme der Eigenheimzulage ggf. für jeden Miteigentumsanteil an einem der vorbenannten Objekte zum Objektverbrauch (§ 6 Abs. 2 EigZulG; vgl. auch § 10e Abs. 5 Satz 1 EStG).

Jedoch gilt **auch hier** mit den entsprechenden Rechtsfolgen, daß Miteigentum bei Zwei- und Mehrfamilienhäusern ggf. **lediglich** zu einer **Teilung** der **Rechtszuständigkeit** führt.

Sind Ehegatten, die die Voraussetzungen des § 26 Abs. 1 EStG erfüllen, Miteigentümer eines zu begünstigenden Objekts, so bilden deren Miteigentumsanteile **nur ein** Objekt i. S. der Objektverbrauchsregelung (§ 6 Abs. 2 Satz 2 EigZulG; vgl. § 10e Abs. 5 Satz 2 EStG).

Dies gilt auch bei „Anteilsvereinigung", und zwar auch für den Fall, daß für einen Miteigentumsanteil die Grundförderung nach § 10e EStG, für den anderen jedoch die Eigenheimzulage nach § 9 EigZulG in Anspruch genommen worden ist.

Beispiel (nach Stephan a. a. O.):

Frau A und Herr B erwerben durch Kaufvertrag vom 1.12.1995 zu einem Kaufpreis von je 200 000 DM das hälftige Miteigentum an einer in 1995 fertiggestellten Eigentumswohnung und beziehen diese noch im gleichen Jahr. Der Kaufpreis entfällt zu 20 v. H. auf den Grund und Boden. Entsprechend ihren Einkommensverhältnissen bantragt A die Eigenheimzulage nach § 9 EigZulG und B die Grundförderung nach § 10e Abs. 1 Satz 4 EStG. 1997 heiraten A und B. Im Jahr 2000 trennen sie sich und lassen sich scheiden. Im Rahmen der Scheidungsfolgevereinbarungen überträgt B noch im Jahr 2000 seinen Miteigentumsanteil auf A.

Lösung:

B kann die Grundförderung nach § 10e Abs. 1 Satz 4 EStG für seinen Miteigentumsanteil an dem Neubauobjekt in Anspruch nehmen. Die Bemessungsgrundlage beträgt 160 000 DM (AK für die hälftige Eigentumswohnung) + 20 000 DM ($^1/_2$ AK für den hälftigen Grund und Boden), insgesamt also 180 000 DM. Zu berücksichtigen sind jedoch höchstens 165 000 DM ($^1/_2$ von 330 000 DM; § 10e Abs. 1 Satz 6 EStG). Die Grundförderung beläuft sich damit für die Jahre 1995 bis 1998 einschließlich auf jährlich 9 900 DM (6 v. H. von 165 000 DM) und in 1999 und 2000 auf je 8 250 DM.

A kann demgegenüber für ihren steuerrechtlich zunächst als selbständiges Objekt zu behandelnden Miteigentumsanteil die Eigenheimzulage nach § 9 EigZulG geltend machen (vgl. § 19 Abs. 2 Nr. 2 EigZulG). Die Bemessungsgrundlage beträgt 200 000 DM (§ 8 EigZulG), der der A insoweit für 1995 bis 2002 einschließlich zustehende Fördergrundbetrag also 5 v. H. der Bemessungsgrundlage, wegen ihres hälftigen Miteigentumsanteils jedoch höchstens jährlich 2 500 DM (§ 9 Abs. 2 Satz 3 EigZulG).

Trotz der unterschiedlichen Fördersysteme tritt für die zivilrechtlichen Miteigentumsanteile der A und des B die Wirkung des § 10e Abs. 5 Satz 2 EStG sowie § 6 Abs. 2 Satz 2 EigZulG, nämlich Objektverbrauch nur für ein Objekt, mit deren Eheschließung 1997 ein. Aufgrund der „Vereinigung" (vgl. BFH, BFH/NV 1987, 236) der Ehegatten-Miteigentumsanteile im Jahr der Trennung von A und B im Jahr 2000 kann A in den Jahren 2001 und 2002 sowohl ihren Fördergrundbetrag von je 2 500 DM in Anspruch nehmen als auch die Grundförderung nach B für diesen Restbegünstigungszeitraum und zwar i. H. von 8 250 DM jährlich. Bei B tritt wegen der Inanspruchnahme der Grundförderung für seinen Miteigentumsanteil kein Objektverbrauch ein (vgl. BMF, Rz 31).

a) Grundsätze

Der Anspruchsberechtigte kann die Eigenheimzulage nur für **eine** Wohnung oder **einen** Ausbau oder **eine** Erweiterung (Objekt) in Anspruch nehmen (§ 6 Abs. 1 Satz 1 EigZulG). Ehegatten, bei denen die Voraussetzungen des § 26 Abs. 1 EStG vorliegen, können die Eigenheimzulage für **insgesamt zwei** Objekte beanspruchen, jedoch nicht gleichzeitig für zwei in räumlichem Zusammenhang belegene Objekte, wenn bei den Ehegatten im Zeitpunkt der Fertigstellung oder Anschaffung der Objekte die Voraussetzungen des § 26 Abs. 1 EStG vorliegen (vgl. § 6 Abs. 1 Satz 2 EigZulG).

Der Eigenheimzulage stehen die erhöhten Absetzungen nach § 7b EStG sowie die Abzugsbeträge nach § 10e EStG gleich (§ 6 Abs. 3 EigZulG).

b) Miteigentumsanteile

Sind mehrere Anspruchsberechtigte Eigentümer einer Wohnung, steht jeder Anteil an dieser Wohnung einer Wohnung gleich (§ 6 Abs. 2 Satz 1 EigZulG).

Entsprechendes gilt bei dem Ausbau oder der Erweiterung der Wohnung.

Dies gilt **nicht**, wenn Ehegatten Eigentümer der Wohnung sind, bei denen die Voraussetzungen des § 26 Abs. 1 EStG vorliegen (§ 6 Abs. 2 Satz 2 EigZulG).

Erwirbt in diesem Fall ein Ehegatte infolge Erbfalls einen Miteigentumsanteil an der Wohnung hinzu, so kann er den auf diesen Anteil entfallenden Fördergrundbetrag nach § 9 Abs. 2 weiter in der bisherigen Höhe in Anspruch nehmen. **Entsprechendes** gilt, wenn in diesem Fall während des Förderzeitraums die **Voraussetzungen** des § 26 Abs. 1 wegfallen und ein Ehegatte den Anteil des anderen Ehegatten an der Wohnung erwirbt. Vgl. § 6 Abs. 2 Satz 3 EigZulG.

Insofern haben sich keine Änderungen gegenüber der Rchtslage zur Grundförderung nach § 10e EStG ergeben (vgl. § 10e Abs. 1 Satz 6 EStG).

Das bedeutet vor allem auch, daß aufgrund der zutreffenden Beurteilung des Miteigentums als einer Frage der Teilung der Rechtszuständigkeit der Miteigentümer eines **Zwei-** oder **Mehrfamilienhauses** oder eines gemsicht genutzten Grundstücks die **volle** Eigenheimzulage in Ansprcuh nehmen kann, wenn er das Objekt im Umfang seiner miteigentümerischen Berechtigung selbst bewohnt oder i. S. von § 4 Satz 2 EigZulG unentgeltlich überläßt (vgl. BMF, zu § 10e, Rdn. 62; glA Stephan, a.a.O.).

7.13.10 Folgeobjekt (§ 7 EigZulG)

Auch die Folgeobjektregelung des § 10e Abs. 4 Satz 4 und 5 EStG ist vom Prinzip her in das EigZulG übernommen worden.

Nutzt der Anspruchsberechtigte die Wohnung (Erstobjekt) nicht bis zum Ablauf des Förderzeitraums zu eigenen Wohnzwecken und kann er deshalb die Eigenheimzulage nicht mehr in Anspruch nehmen, kann er die Eigenheimzulage für ein weiteres Objekt (Folgeobjekt) beanspruchen (§ 7 Satz 1 EigZulG).

Der Förderzeitraum für das Folgebojekt ist um die Kalenderjahre zu kürzen, in denen der Anspruchsberechtigte die Eigenheimzulage für das Erstobjekt hätte in Anspruch nehmen können (§ 7 Satz 3 1. Halbs. EigZulG).

Bei gleichzeitiger Nutzung des Erstobjekts und Folgeobjekts in einem Jahr ist das Erstobjekt für die Förderung maßgebend. Das Folgeobjekt kann somit erst im darauffolgenden Jahr für die Förderung berücksichtigt werden (§ 7 Satz 3, 2. Halbs. EigZulG).

Im Unterschied zur bisherigen Regelung durch § 10e EStG sieht die Neuregelung allerdings **keine zeitliche Befristung** für die Anschaffung/Herstellung des Folgeobjekts mehr vor (§ 7 Satz 1 EigZulG **entgegen** § 10e Abs. 4 Satz 4 EStG).

Dem Erstobjekt steht ein Objekt i. S. des § 7b EStG und § 10e EStG gleich (§ 7 Satz 4 EigZulG).

Als Nutzung zu eigenen Wohnzwecken gilt dabei **auch** hier die **unentgeltliche Überlassung** eines Objekts zu Wohnzwecken an **Angehörige** (§ 4 Satz 2 EigZulG). Es ist gleichgültig, ob das Erst- oder das Folgeobjekt jeweils selbstbewohnt oder unentgeltlich überlassen worden ist. Auch ein Wechsel in der Nutzung ist jeweils bei beiden Objekten möglich.

Zu einem Wegfall der Begünstigung des Erstobjekts führt jedoch **nicht** der Verzicht auf die Eigenheimzulage.

§ 7 Satz 4 EigZulG eröffnet die Möglichkeit des Übergangs vom Erstobjekt i. S. der §§ 7b Abs. 5 Satz 4 oder 10e Abs. 4 Satz 4 EStG und der §§ 15 Abs. 1 oder 15b Abs. 1 BerlinFG auf ein Folgeobjekt i. S. des EigZulG. Da das EigZulG für die Herstellung oder Anschaffung des Folgeobjekts keinen zeitlichen „Korridor" mehr vorsieht, kann die Folgeobjektregelung des § 7 EigZulG auch dann in Anspruch genommen werden, wenn die abgekürzte Förderung des Erstobjekts schon vor vielen Jahren beendet worden ist, gl. A. Stephan, a. a. O.

> **Beispiel:**
> Die Eheleute A und B haben für eine selbstbewohnte Eigentumswohnung (1) in den Jahren 1983 bis 1986 einschließlich erhöhte Absetzungen nach § 7b EStG in Anspruch genommen und das Objekt wegen Wegzugs 1986 verkauft. In den Jahren 1987 bis 1994 einschließlich haben sie mit Rücksicht auf die volle Inanspruchnahme des Baukindergelds (§ 34f EStG) für ein Einfamilienhaus die Grundförderung nach § 10e EStG als Zweitobjekt (§ 10e Abs. 4 Satz 2 EStG) erhalten. 1996 erwarben sie eine Eigentumswohnung (selbstgenutzt) – (2).
>
> A und B können die Eigentumswohnung (2) als Folgeobjekt der Eigentumswohnung (1) behandeln. Da sie für die letztere erst vier Jahre lang die erhöhte Absetzung nach § 7b EStG in Anspruch genommen haben, steht ihnen von 1996 bis 1999 die Eigenheimzulage für die neu erworbene Wohnung zu. Ohne Belang ist, daß zeitlich dazwischenliegend ein weiteres Objekt als Zweitobjekt gefördert worden ist.

§ 10e Abs. 4 Satz 4 2. Halbs. EStG, nach dem die Folgeobjektregelung auch für Ausbauten oder Erweiterungen gilt, ist **nicht** in § 7 Satz 1 EigZulG übernommen worden. Dort wird zudem ausdrücklich nur die Wohnung als Erstobjekt angesprochen. Eine Rechtsänderung gegenüber § 10e Abs. 4 Satz 4 EStG dürfte hieraus jedoch **nicht** abzuleiten sein, zumal § 7 Satz 3 2. Halbs. EigZulG ausdrücklich den Ausbau oder die Erweiterung als Folgeobjekt anspricht. Daß insoweit für das Erst- und Folgeobjekt eine unterschiedliche Regelung getroffen werden sollte, ist aber auszuschließen (gl. A. Stephan, a. a. O.).

§ 7 Satz 2 EigZulG bestimmt nunmehr **ausdrücklich**, daß das Folgeobjekt **eigenständig** i. S. von § 2 EigZulG ist. Dies bedeutet z. B., daß für das Folgeobjekt dessen Bemessungsgrundlage (§ 8 EigZulG) maßgeblich ist und sich die Frage der Einkunftsgrenze i. S. von § 5 EigZulG sowie die Höhe des Fördergrundbetrags nach § 9 Abs. 2 Satz 1 oder für Altobjekte nach § 9 Abs. 2 Satz 2 EigZulG sowie die der ökologischen Förderkomponenten nach § 9 Abs. 3 und 4 EigZulG jeweils **neu** stellt. Eine Rechtsänderung gegenüber der Grundförderung nach § 10e EStG ist mit dieser Einfügung in den Gesetzestext jedoch nicht verbunden.

Der Förderzeitraum für das Folgeobjekt beträgt acht Jahre abzüglich der Kalenderjahre, in denen der Anspruchsberechtigte die Eigenheimzulage hätte in Anspruch nehmen können (§ 7 Satz 3 EigZulG; vgl. auch: § 10e Abs. 4 Satz 5 EStG). Hierzu gehören nach Verwaltungsauffassung die Kalenderjahre, in denen der Anspruchsberechtigte die Förderung wegen Überschreitens der Einkunftsgrenze (§ 5 EigZulG) nicht erhalten oder er das Objekt nicht zu eigenen Wohnzwecken genutzt hat, nicht jedoch solche Kalenderjahre nach letztmaliger Nutzung zu eigenen Wohnzwecken (vgl. BMF, Rdn. 79 Satz 2).

Die Folgeobjektregelung sollte entsprechend ihrer Zweckausrichtung auch dann in Anspruch genommen werden können, wenn beim Erstobjekt wegen der Begrenzung der Förderung nach § 9 Abs. 6 EigZulG auf die Bemessungsgrundlage ein Ausschöpfen des vollen achtjährigen Förderzeitraums nicht möglich war (gl. A. Stephan, a. a. O.).

7.13.11 Verfahrensvorschriften

Der Anspruch auf die Eigenheimzulage entsteht für das Erstjahr mit der erstmaligen Nutzung der Wohnung zu eigenen Wohnzwecken (§ 10 EigZulG). Ab diesem Zeitpunkt kann der Anspruchsberechtigte den Antrag auf Eigenheimzulage – unabhängig von seiner Einkommensteuererklärung – stellen.

Das Finanzamt setzt die Eigenheimzulage für das **Erstjahr und die Folgejahre** fest (§ 11 EigZulG) und zahlt die Zulage für das Erstjahr innerhalb eines Monats nach Bekanntgabe des Bescheides an den Berechtigten aus (§ 13 EigZulG); für **jedes weitere Jahr** des Förderzeitraums erfolgt die Zahlung am **15. März**.

Das Finanzamt kann die Eigenheimzulage bereits festsetzen, bevor die genaue Höhe der Einkünfte feststeht. Der Berechtigte muß in diesem Fall allerdings glaubhaft machen, daß er die Einkunftsgrenze in den maßgeblichen Jahren nicht überschreiten wird. Ist bei der Festsetzung der Eigenheimzulage von einem unzutreffenden Gesamtbetrag der Einkünfte ausgegangen worden, besteht jederzeit eine Änderungsmöglichkeit (§ 11 Abs. 4 EigZulG).

7.13.11.1 Entstehung des Anspruchs auf Eigenheimzulage (§ 10 EigZulG) und Auszahlung (§ 13 EigZulG)

Der Anspruch auf Eigenheimzulage entsteht mit Beginn der Nutzung der hergestellten oder angeschafften Wohnung zu eigenen Wohnzwecken, für jedes **weitere** Jahr des Förderzeitraums mit **Beginn** des Kalenderjahres (§ 10 EigZulG).

Eine Auszahlung erfolgt allerdings erst am 15. März des entsprechenden Förderjahres (ab dem „Zweitjahr"). Diese Auszahlung erfolgt ohne Antrag und beruht auf dem Festsetzungsbescheid des Erstjahres. Wenn sich die Verhältnisse im Förderzeitraum nicht ändern, reicht mithin ein einmaliger Antrag/eine einmalige Festsetzung aus, um acht Jahre lang die Eigenheimzulage zu erhalten.

7.13.11.2 Festsetzung der Eigenheimzulage (§ 11 EigZulG)

Die Eigenheimzulage wird für das Jahr, in dem erstmals die Voraussetzungen für die Inanspruchnahme der Eigenheimzulage vorliegen, und die folgenden Jahre des Förderzeitraums von dem für die Besteuerung des Anspruchsberechtigten nach dem Einkommen zuständigen Finanzamt festgesetzt (§ 11 Abs. 1

Satz 1 EigZulG). Für die **Höhe des Fördergrundbetrags** nach § 9 Abs. 2 EigZulG und **die Zahl der Kinder** nach § 9 Abs. 3 Satz 1 und 2 EigZulG sind die **Verhältnisse bei Beginn der Nutzung** der hergestellten oder angeschafften Wohnung zu eigenen Wohnzwecken maßgeblich (§ 11 Abs. 1 Satz 2 EigZulG). Liegen die **Voraussetzungen** für die Inanspruchnahme der Eigenheimzulage erst zu **einem späteren Zeitpunkt** vor, sind die Verhältnisse zu diesem Zeitpunkt maßgeblich (§ 11 Abs. 1 Satz 3 EigZulG).

7.13.11.3 Änderung der Verhältnisse (§ 11 Abs. 2 bis 5 EigZulG)

Ändern sich beim Anspruchsberechtigten die **Verhältnisse**, ist entweder eine **Neufestsetzung** (§ 11 Abs. 2) oder **Aufhebung** (§ 11 Abs. 3) vorzunehmen.

- **Entfallen** die Voraussetzungen für die Inanspruchnahme der Eigenheimzulage, z. B. durch **Verkauf** oder **Vermietung** der Wohnung, so ist der bis dahin Berechtigte nach dem EigZulG verpflichtet, dies dem FA unverzüglich mitzuteilen. Das FA hebt daraufhin den Festsetzungsbescheid mit **Wirkung** ab dem **folgenden** VZ auf (§ 11 Abs. 3 Satz 1 EigZulG).
- Ändern sich die Verhältnisse **zugunsten** des Berechtigten, z. B. durch Erhöhung der Kinderzahl, besteht keine Mitteilungspflicht.
- Ändern sich die Verhältnisse zu seinen **Ungunsten**, so ist der Berechtigte **gesetzlich** verpflichtet, dies dem FA unverzüglich mitzuteilen (§ 12 Abs. 2 EigZulG).

In beiden Fällen hat das FA eine Neufestsetzung durchzuführen. Neu festgesetzt wird mit Wirkung vom Beginn des Kalenderjahres an, für das sich die Abweichung bei der Eigenheimzulage ergibt, bis zum Ende des Förderzeitraums (§ 11 Abs. 2 letzter Satz EigZulG).

Der Bescheid über die Festsetzung der Eigenheimzulage ist auch aufzuheben oder zu ändern, wenn nachträglich bekannt wird, daß der Gesamtbetrag der Einkünfte in den nach § 5 EigZulG maßgebenden Jahren insgesamt die Einkunftsgrenze über- oder unterschreitet (§ 11 Abs. 4 EigZulG).

7.13.11.4 Antrag auf Eigenheimzulage (§ 12 EigZulG)

Der Antrag auf Eigenheimzulage ist nach **amtlichem Vordruck** zu stellen und eigenhändig zu unterschreiben (§ 12 Abs. 1 EigZulG). Der Antrag wird ab dem Zugang beim FA wirksam (BFH, BStBl 1995 II 410).

7.13.11.5 Auszahlung (§ 13 EigZulG)

Für das Jahr der Bekanntgabe des Bescheides und die vorangegangenen Jahre ist die Eigenheimzulage innerhalb eines **Monats nach Bekanntgabe des Bescheides**, für **jedes weitere** Jahr des Förderzeitraums am **15. 3.** auszuzahlen.

7.13.11.6 Rückforderung (§ 14 EigZulG)

Ergibt sich aufgrund der Neufestsetzung eine Minderung der Eigenheimzulage oder wird die Festsetzung aufgehoben, sind überzahlte Beträge innerhalb eines Monats nach Bekanntgabe des Bescheids zurückzuzahlen.

7.13.12 Eigenheimzulage bei Anschaffung von Genossenschaftsanteilen (§ 17 EigZulG)

Die Eigenheimzulage kann auch für die **Anschaffung** von **Geschäftsanteilen** in Höhe von mindestens 10 000 DM an einer **nach** dem **1. 1. 1995** in das Genossenschaftsregister **eingetragenen Genossenschaft** in Anspruch genommen werden.

Die Einbeziehung des Erwerbs von Anteilen an neugegründeten eigentumsorientierten Wohnbaugenossenschaften in die Förderung nach dem EigZulG verfolgt den Zweck, auch im Bereich des genossenschaftlichen Wohnens Anreize für die Bildung und den Erwerb von Wohneigentum zu schaffen. Die Gewährung der Zulage setzt voraus, daß die **Genossenschaftsanteile mindestens 10 000 DM** betragen.

Der **Fördergrundbetrag** beträgt allerdings nur **3 %** der Bemessungsgrundlage, **höchstens 2 400 DM** für jedes Jahr, in dem der Anspruchsberechtigte die Genossenschaftsanteile innehat.

Bemessungsgrundlage ist die **geleistete Einlage**.

Die Regelung berücksichtigt den Erwerb von Geschäftsanteilen nur dann, wenn eine an einen Mehrheitsbeschluß der in dem Objekt wohnenden Genossenschaftsmitglieder gekoppelte Option auf den endgültigen Eigentumserwerb besteht.

Falls der Stpfl. die Wohnung zu einem späteren Zeitpunkt erwirbt, wird eine Anrechnung der bereits gewährten Förderbeträge vorgenommen.

7.13.13 Anwendungsregelung (§ 19 EigZulG)

a) Das Eigenheimzulagengesetz ist anzuwenden:

- in **Herstellungsfällen**:
  wenn der Bauantrag nach dem 13. 12. 1995 gestellt wird (§ 19 Abs. 1 i. V. m. Abs. 3 1. Halbs. EigZulG).
  Bei baugenehmigungsfreien Objekten, für die Bauunterlagen einzureichen sind, ist der Zeitpunkt maßgebend, in dem die Bauunterlagen eingereicht werden (§ 19 Abs. 3 2 Halbs. EigZulG).

- in **Anschaffungsfällen**:
  wenn der Kaufvertrag nach dem 31. 12. 1995 rechtswirksam abgeschlossen wird (§ 19 Abs. 1 EigZulG).

b) **Übergangsregelungen (Wahlrecht)**

- Anspruchsteller, die im Fall der Herstellung den Bauantrag **nach** dem **26. 10. 1995** und **vor dem 1. 1. 1996** bzw. im Fall der Anschaffung den Kaufvertrag rechtswirksam **nach** dem **26. 10. 1995** und **vor dem 1. 1. 1996** abschließen, können zwischen der Förderung nach § 10e EStG oder der nach dem EigZulG **wählen** (§ 19 Abs. 2 Nr. 2 EigZulG).

    Beispiel:
    Die Eheleute A und B schließen am **27. 10. 1995** einen notariellen Kaufvertrag über den Erwerb einer Eigentumswohnung ab. Nutzen und Lasten gehen zum **1. 1. 1996** auf A und B über. A und B haben zwei Kinder und einen Gesamtbetrag der Einkünfte von jährlich unter 240 000 DM.
    Da A und B den obligatorischen Kaufvertrag **nach** dem 26. 10. 1995 abgeschlossen haben, können sie von ihrem **Wahlrecht** Gebrauch machen. Auf Antrag erhalten sie eine Förderung nach dem **EigZulG**. Unmaßgeblich ist es, daß Nutzen und Lasten erst in **1996** auf die Eheleute **übergegangen** sind.

    Werden Baugenehmigungsanträge, die vor dem 27. 10. 1995 gestellt worden sind, zurückgenommen und anschließend inhaltsgleich wieder gestellt, um in den Genuß des Wahlrechts zur Eigenheimzulage zu kommen, so kann damit ein Anwendungsfall des § 42 AO vorliegen (gl. A. Küper/Werschmöller, Inf. 1995, 741).

    Bei Ausübung des Wahlrechts nach § 19 Abs. 2 Satz 1 Nr. 1 und 2 EigZulG zugunsten der Eigenheimzulage sind die Steuerbegünstigungen nach den §§ 10e, 10h und 34f EStG **ausgeschlossen** (§ 19 Abs. 2 Satz 2 EigZulG). Der Antrag auf Anwendung des EigZulG ist **unwiderruflich** (§ 19 Abs. 2 Satz 3 EigZulG).

    Es gilt hier die Rechtslage zur Unwiderruflichkeit der Option nach § 52 Abs. 21 Satz 3 EStG entsprechend (vgl. BFH, BStBl 1995 II 410).

    Der Antrag auf Eigenheimzulage ist jedoch ausgeschlossen, wenn der Anspruchsberechtigte für das Objekt bereits Abzugsbeträge nach §§ 10e Abs. 1 bis 5 oder 10h EStG oder die Steuerermäßigung nach § 34f EStG in Anspruch genommen hat. Gleiches gilt, wenn er für VZ **nach VZ 1994** für das betreffende Objekt Aufwendungen nach §§ 10e Abs. 6 oder 10h Satz 3 EStG als Vorkosten abgezogen hat (§ 19 Abs. 2 Satz 4 EigZulG).

- **Mieter** in den **neuen Ländern**, die ihre Wohnung aufgrund einer Veräußerungspflicht des Wohnungsunternehmers nach § 5 Altschuldenhilfe-Gesetz erwerben, werden **auf Antrag** bereits gefördert, wenn der Zeitpunkt des zugrunde liegenden **obligatorischen Vertrags** oder gleichstehenden Rechtsakts **nach** dem **28. 6. 1995** liegt (§ 19 Abs. 2 Nr. 1 EigZulG).

7.13.14 Vorkostenregelung (§ 10i EStG)

Die Vorkostenregelung ist weiterhin im Sonderausgabenbereich enthalten (**neuer § 10i EStG**).

Begünstigt sind selbstbewohnte oder unentgeltlich an Angehörige zu Wohnzwecken überlassene (§ 4 EigZulG) Einfamilienhäuser oder Wohnungen.

Nach § 10i Abs. 1 Satz 5 EStG gilt dies auch für Ausbauten und Erweiterungen, die jedoch an einer zu eigenen Wohnzwecken genutzten Wohnung i. S. von § 4 EigZulG vorgenommen werden müssen.

Damit wird der Kreis der durch die Vorkostenregelung **gegenüber** den durch die **Eigenheimzulage** zu begünstigenden Objekten **eingeschränkt**, da die Förderung von Ausbauten und Erweiterungen nach § 2 Abs. 2 EigZulG lediglich voraussetzt, daß diese „an einer Wohnung in einem im Inland belegenen eigenen Haus oder einer entsprechenden Eigentumswohnung vorgenommen werden". Ein Grund für eine solche Differenzierung ist nicht ersichtlich, so daß auch hier abzuwarten sein wird, ob die Verwaltung hierin eine „Unstimmigkeit des Gesetzeswortlauts" i. V. von § 18 EigZulG erkennen wird, die zu beseitigen sie befugt und gehalten ist (Stephan, a. a. O.).

Nach der Neuregelung sind **zwei** Möglichkeiten des Vorkostenabzugs vorgesehen.

7.13.14.1 Vorkostenpauschale

Jedem Stpfl., der die Eigenheimzulage **im Jahr der Herstellung/Anschaffung oder in einem der zwei folgenden Jahre** in Anspruch nimmt, erhält eine **Vorkostenpauschale** in Höhe von **3 500** DM (§ 10i Abs. 1 Nr. 1).

Hiermit werden **alle** Vorkosten (z. B. Finanzierungskosten, insbesondere Damnum) mit **Ausnahme** der **Erhaltungsaufwendungen** (siehe **Nr. 2**) abgegolten. Ein Vorkostenabzug wird im Gegensatz zum § 10e Abs. 6 EStG nunmehr **nicht** mehr bei Objektverbrauch, räumlichem Zusammenhang oder Überschreiten der Einkunftsgrenze gewährt. Die Gewährung der Vorkostenpauschale ist damit an die **tatsächliche** Gewährung einer **Eigenheimzulage gekoppelt**.

Ein Nachweis oder eine Glaubhaftmachung tatsächlicher entsprechender Aufwendungen ist **nicht** erforderlich.

Die Pauschale kann den Stpfl. **im Jahr** der **Fertigstellung** oder **Anschaffung** wie Sonderausgaben abziehen unter der **Voraussetzung**, daß er für das Objekt in **diesem** Jahr oder in **einem** der **zwei folgenden** Jahre eine Eigenheimzulage in Anspruch nimmt.

Die vorbenannte Erstreckung auf die beiden Folgejahre erfolgt mit Rücksicht auf § 5 EigZulG, demzufolge die Eigenheimzulage auch dann noch in Anspruch genommen werden kann, wenn die maßgebliche Einkunftsgrenze erst nach dem Jahr der Herstellung oder Anschaffung unterschritten wird.

Gleichwohl ist der pauschale Vorkostenabzug auch in diesem Fall im Jahr der Fertigstellung oder Anschaffung vorzunehmen. Die entsprechende Veranlagung ist gem. § 165 AO vorläufig durchzuführen, um sie ändern zu können, wenn sich später herausstellt, daß der Stpfl. auch in den beiden Folgejahren die Eigenheimzulage nicht in Anspruch nehmen kann oder in Anspruch nehmen wird (Stephan, a. a. O.).

Aufgrund dieser **Anbindung** an die **Eigenheimzulage** schlägt die Objektbeschränkung des § 6 EigZulG, die auch den Objektverbrauch nach den §§ 7b und 10e EStG sowie §§ 15 und 15b BerlinFG und den aufgrund unentgeltlicher Wohnungsüberlassung an Angehörige i. S. von § 4 Satz 2 EigZulG einschließt, auf den Vorkostenabzug nach § 10i Abs. 1 Satz 1 Nr. 1 EStG durch.

Ebenso kommt der Vorkostenabzug nach der vorbenannten Regelung auch dann nicht in Betracht, wenn das Objekt im Weg der **Einzelrechtsnachfolge unentgeltlich** erworben worden ist, da auch in diesen Fällen die Gewährung der Eigenheimzulage ausgeschlossen ist.

Bei **teilentgeltlichem** Erwerb in Einzelrechtsnachfolge hingegen dürfte – anders als bei der Vorkostenregelung nach § 10e Abs. 6 EStG (vgl. BMF, Rdn. 84 Satz 1) – schon angesichts der Pauschalregelung des § 10i Abs. 1 Satz 1 Nr. 1 EStG eine **Aufteilung** des Vorkostenabzugs in einen abzugsfähigen und einen nichtabzugsfähigen Teil entsprechend dem Verhältnis des Teilentgelts zum Verkehrswert des Objekts **ausscheiden**, zumal der bedeutsame unter die Abgeltungsregelung fallende Vorkostenteil, die Finanzierungskosten, ausschließlich dem entgeltlich erworbenen Teil des Objekts zuzuordnen ist (vgl. BMF, Rdn. 84 Satz 2) und nur für den entgeltlichen Erwerb eines Anteils an einer Wohnung in § 10i Abs. 1 Satz 4 EStG eine Sonderregelung getroffen worden ist (vgl. Stephan, a. a. O.).

Bei **unentgeltlicher Gesamtrechtsnachfolge** ist der Vorkostenabzug – wie bei § 10e Abs. 6 EStG (vgl. BMF, Rdn. 83 Satz 2) – zwar **grundsätzlich denkbar**. Dieser Frage kommt angesichts dessen, daß der Pauschalbetrag von 3 500 DM ausschließlich im Jahr der Fertigstellung oder Anschaffung des Objekts geltend gemacht werden kann (vgl. oben), insoweit jedoch so gut wie keine praktische Bedeutung mehr zu. Eine Anschaffung durch den Erben, die zum Vorkostenabzug nach § 10i Abs. 1 Satz 1 Nr. 1 EStG berechtigen könnte, wird daher regelmäßig lediglich bei einem Erbfall mit nachfolgender Erbauseinandersetzung in Form einer Realteilung mit Spitzenausgleich vorliegen.

In diesem Fall kann der Stpfl. nach § 10i Abs. 1 Satz 4 EStG die Abzugsbeträge nach § 10i Abs. 1 Satz 1 EStG, also auch die Pauschalregelung des Satzes 1 Nr. 1 EStG, nur **quotal** in Anspruch nehmen (anders: Eigenheimzulage), wie es dem Umfang des entgeltlich erworbenen Anteils an der Wohnung entspricht, da anders als beim teilentgeltlichen Erwerb in Einzelrechtsnachfolge hier nicht ein einheitliches Objekt teilweise entgeltlich, sondern **ein Anteil** des Objekts **voll entgeltlich** erworben wird. Die Vereinfachungsregelung des § 10i Abs. 1 Satz 1 Nr. 1 EStG reduziert sich damit in diesem Zusammenhang darauf, daß der Pauschalbetrag von 3 500 DM quotal zu gewähren ist und zwar auch dann, wenn die Finanzierungskosten ausschließlich der Erbauseinandersetzung entgeltlich erworbenen Teil des Objekts zuzuordnen sind.

Beispiel (nach Stephan, a. a. O.):

Zum Nachlaß des 1996 verstorbenen A gehört ein von diesem 1980 erworbenes Einfamilienhaus mit einem Verkehrswert von 600 000 DM. Es ist noch mit einer über 300 000 DM valutierten Grundschuld belastet. Erben sind B und C zu je 1/2. 1997 nehmen sie die Erbauseinandersetzung vor, nach der B unter Übernahme der Grundschuld Alleineigentümer des Einfamilienhauses wird. Da sich der Wert des Einfamilienhauses nicht geändert hat, muß B dem C eine Ausgleichszahlung von 150 000 DM erbringen, die er voll fremdfinanzieren muß. Er bezieht noch 1997 das Einfamilienhaus zu eigenen Wohnzwecken und nimmt für das Objekt die Eigenheimzulage in Anspruch.

B hat das Einfamilienhaus in der Erbauseinandersetzung zu 1/4 (150 000 DM AK zu 600 000 DM Verkehrswert des EFH) entgeltlich und zu 3/4 unentgeltlich als Gesamtrechtsnachfolger des A erworben (sog. Realteilung mit Spitzenausgleich). Die Finanzierungskosten für die übernommene Grundschuld sind auch nicht mit einem Pauschalbetrag nach § 10i Abs. 1 Satz 1 Nr. 1 EStG zu berücksichtigen. Sie betreffen den unentgeltlich im Wege der Gesamtrechtsnachfolge erworbenen Anteil des Hauses. Eine Anschaffung, in deren Jahr der Pauschalabzug nach § 10i Abs. 1 Satz 1 Nr. 1 EStG allein in Betracht kommt, liegt insoweit nicht vor. Die Finanzierung der Ausgleichszahlung von 150 000 DM bezieht sich hingegen auf einen Anschaffungsvorgang, den entgeltlichen Erwerb eines Anteils von 1/4 am Einfamilienhaus im Jahre 1997. B kann daher in diesem Jahr ohne Rücksicht auf die Höhe seiner Finanzierungskosten nach § 10i Abs. 1 Satz 1 Nr. 1 i. V. mit Satz 4 EStG einen pauschalen Sonderausgabenabzug von 875 DM (1/4 von 3 500 DM) in Anspruch nehmen.

Miteigentümern steht der Vorkostenabzug grundsätzlich **nur quotal** entsprechend ihrem Miteigentumsanteil zu (§ 10i Abs. 1 Satz 4 EStG).

Miteigentümer eines Zwei- oder Mehrfamilienhauses, die eine Wohnung aufgrund des Rechtszuständigkeitsgedankens **voll aus eigenem Recht bewohnen**, können für diese auch die **volle** Vorkostenpauschale von 3 500 DM in Anspruch nehmen.

7.13.14.2 Erhaltungsaufwendungen

a) Grundsätze

aa) Neben der Vorkostenauschale ist der Abzug von **Erhaltungsaufwendungen** bis zu 22 500 DM als Vorkosten möglich, soweit sie **bis** zum **Beginn** der **erstmaligen** Nutzung einer Wohnung zu eigenen Wohnzwecken entstanden sind (§ 10i Abs. 1 Nr. 2a).

Im Gegensatz zu § 10e Abs. 6 Satz 3 EStG gilt hier also **nur** der **absolute Höchstbetrag**, **nicht** die relative Grenze von 15 v. H. der Anschaffungskosten des Gebäudes oder der Eigentumswohnung.

Dieser Höchstbetrag wird bei **teilentgeltlichem** Erwerb **nicht** gekürzt.

Das gilt auch dann, wenn Teile einer im übrigen begünstigten Wohnung **nicht** zu eigenen Wohnzwecken i. S. von § 4 EigZulG genutzt werden (vgl. § 8 Satz 3 EigZulG), sofern auf den zu begünstigenden Teil entsprechend hohe Erhaltungsaufwendungen entfallen (vgl. BMF, Rdn. 97 Satz 4).

Bei Miteigentum gilt das zu § 10i Abs. 1 Satz 1 Nr. 1 EStG Gesagte entsprechend (Inanspruchnahme nach Maßgabe der jeweiligen „Rechtszuständigkeit").

– Die Berücksichtigung der angefallenen Erhaltungsaufwendungen ist anders als die Vorkostenpauschale **nicht** an die tatsächliche Gewährung der Eigenheimzulage gekoppelt.

Nach den Gesetzesmaterialien sollte damit erreicht werden, daß für Erhaltungsaufwendungen der Vorkostenabzug „unabhängig von der Einhaltung der Einkunftsgrenzen unverändert beibehalten wird" (vgl. BT-Drucks. 13/2784 vom 26. 10. 1995 S. 73).

Im Gegensatz auch zu § 10e Abs. 6 Satz 1 EStG, der für den Vorkostenabzug eine Wohnung i. S. von § 10e Abs. 1 EStG voraussetzt, fehlt eine solche Bezugnahme in § 10i Abs. 1 Satz 1 Nr. 2 EStG. Hier wird lediglich eine i. S. des § 4 EigZulG zu eigenen Wohnzwecken genutzte Wohnung vorausgesetzt. Das aber können z. B. auch Ferien- und Wochenendwohnungen, Schwarzbauten, vom Ehegatten i. S. von § 2 Abs. 1 Satz 3 EigZulG erworbene oder sich in räumlichem Zusammenhang i. S. von § 6 Abs. 1 Satz 2 EigZulG befindliche Wohnungen sein. Gegenteiliges ergibt sich auch nicht aus der Überschrift zu § 10i EStG, da Gesetzesüberschriften für die Auslegung unerheblich sind (gl. A. Stephan, a. a. O.).

Die Erhaltungsaufwendungen müssen **bis** zum **Beginn** der **erstmaligen Nutzung** der Wohnung bzw. des Ausbaus oder der Erweiterung (vgl. § 10i Abs. 1 Satz 5 EStG) zu eigenen Wohnzwecken entstanden sein (§ 10i Abs. 1 Satz 1 Nr. 2 Buchst. a EStG). Wie zu § 10e Abs. 6 EStG gilt hier die sog. **Tageslösung** (vgl. BMF, Rdn. 90 Satz 2), und auch hier ist wie dort maßgeblich, daß die Aufwendungen **wirtschaftlich** auf den Zeitraum vor der erstmaligen begünstigten Nutzung entfallen (vgl. BMF, Rdn. 90 Satz 1). Außer der **Selbstnutzung** durch den Eigentümer gehört bei § 10i Abs. 1 Satz 1 Nr. 2 EStG auch die **unentgeltliche Überlassung** der Wohnung an Angehörige i. S. von § 15 AO zu Wohnzwecken hierzu (§ 4 Satz 2 EigZulG).

bb) Ein **Mieter**, der die von ihm bisher bewohnte Wohnung erwirbt, kann nunmehr **auch Erhaltungsaufwendungen**, die er **im Jahr der Anschaffung und in dem folgenden Jahr** durchführt, bis zur Höhe von 22 500 DM wie Sonderausgaben abziehen (§ 10i Abs. 1 Nr. 2b EStG).

Dies bedeutet eine zeitliche Erweiterung gegenüber der Regelung zu § 10e Abs. 6 EStG:

Die nach § 10e Abs. 6 EStG abzugsfähigen Aufwendungen müßten bis zum Zeitpunkt des wirtschaftlichen Übergang der Wohnung entstanden sein (vgl. BMF, Rdn. 86 Satz 3).

Beispiel:
A erwirbt mit notariellem Kaufvertrag vom 10. 12. 1996 die von ihm bisher als Mieter genutzte Wohnung zu einem Kaufpreis von 300 000 DM (Anteil Grund und Boden 50 000 DM). Nutzen und Lasten gehen zum 1. 1. 1997 auf A über. Im Dezember 1996 fallen Renovierungskosten von 2 000 DM an. Im Jahre 1997 tätigte A Aufwendungen für Erhaltungsmaßnahmen von 10 000 DM und im Jahre 1998 von 8 000 DM.
Die Aufwendungen sind **Erhaltungsaufwand**. Da sie die Grenze von 15 v. H. der Anschaffungskosten der Wohnung nicht übersteigen, liegt **kein** anschaffungsnaher Aufwand vor (vgl. R 157 Abs. 4 Satz 2). Die Aufwendungen können daher bis zum Höchstbetrag von 22 500 DM als Vorkosten i. S. von § 10i Abs. 1 Satz 1 Nr. 2b abgezogen werden. Da A die Wohnung zuvor als Mieter genutzt hat, können die Aufwendungen abgezogen werden, die bis zum Ablauf des auf das Jahr der Anschaffung folgenden Kalenderjahres entstanden sind (§ 10i Abs. 1 Satz 1 Nr. 2 Buchst. b). Da der wirtschaftliche Übergang der Eigentumswohnung im Jahr 1997 erfolgte, können Erhaltungsaufwendungen, die bis zum Kalenderjahr 1998 einschließlich entstanden sind, berücksichtigt werden.
A kann für die Jahre 1996 – 1998 folgende Aufwendungen als Sonderausgaben nach § 10i EStG geltend machen:

1996:	Erhaltungsaufwendungen bis zum Beginn der erstmaligen Nutzung	2 000 DM
1997:	Vorkostenpauschale im Jahr der Anschaffung	3 500 DM
	Erhaltungsaufwendungen im Jahr der Anschaffung	10 000 DM
1998:	Erhaltungsaufwendungen bis zum Ablauf des auf das Jahr der Anschaffung folgenden Kalenderjahres	8 000 DM

Da der Gesetzeswortlaut des § 10i Abs. 1 Satz 1 Nr. 2 EStG dem erwerbenden Mieter eines angeschafften Objekts nicht vorschreibt, in welchem der in Betracht kommenden Veranlagungszeiträume er die Erhaltungsaufwendungen bis zu 22 500 DM als Vorkosten geltend zu machen hat, eröffnet sich ihm im Rahmen des Mittelabflusses ein Gestaltungsrecht. § 10i Abs. 1 Satz 1 Nr. 2 Buchst. b EStG begünstigt nur Mieter, die ihre Wohnung **erwerben** (= **Anschaffung**), nicht aber generell Nutzungsberechtigte.

Nur der Nutzungsberechtigte, der sein Nutzungsrecht **entgeltlich** erworben hat, ist einem Mieter gleichzustellen (vgl. BFH, BStBl II 1979 S. 332; BMF vom 15.11.1984, BStBl 1984 I 561; BMF – § 10e, Rdn. 31).

Entsprechend der Regelung in § 10e Abs. 6 Satz 1 EStG müssen die Erhaltungsaufwendungen nach dem Wortlaut des § 10i Abs. 1 Satz 2 EStG **unmittelbar** mit der **Herstellung** oder **Anschaffung** des Gebäudes oder der Eigentumswohnung **zusammenhängen**. Sie dürfen **nicht** zu den Herstellungs- oder Anschaffungskosten der Wohnung oder zu den Anschaffungskosten des Grund und Bodens gehören und müßten im Fall der Vermietung oder Verpachtung der Wohnung als Werbungskosten abgezogen werden können. Mithin kann insofern auf § 10e Abs. 6 verwiesen werden. Soweit der BFH bislang bei Erhaltungsaufwendungen den notwendigen zeitlichen Zusammenhang mit der Anschaffung oder auch Herstellung bereits nach Ablauf von 1½ Jahren verneint hat (vgl. BFH, BStBl II 1992 S. 886), muß diese Auffassung nunmehr als zu eng angesehen werden, da in den Fällen des § 10i Abs. 1 Satz 1 Nr. 2 Buchst. b EStG ggf. auch Erhaltungsaufwendungen, die bis an die Grenze eines Zweijahreszeitraums nach Anschaffung des Objekts entstanden sind, von Gesetzes wegen noch als Vorkosten anerkannt werden können (gl.A. Stephan, a.a.O.).

Die Regelung des § 10i Abs. 1 Satz 3 EStG, wonach bei Vermietung oder Nutzung zu eigenen beruflichen oder betrieblichen Zwecken vor erstmaliger Nutzung zu eigenen Wohnzwecken die Aufwendungen, die Werbungskosten oder Betriebsausgaben sind, nicht wie Sonderausgaben abgezogen werden können, entspricht § 10e Abs. 6 Satz 2 EStG.

Bei einem Anteil an der zu eigenen Wohnzwecken genutzten Wohnung kann der Stpfl. den entsprechenden Teil der Abzugsbeträge wie Sonderausgaben abziehen.

b) Zeitliche Anwendung

In § 52 Abs. 14c Satz 1 wird geregelt, daß § 10i (**bereits**) in VZ **vor** VZ 1996 anzuwenden ist, wenn der Stpfl. im Fall der Herstellung nach dem 31.12.1995 mit der Herstellung des Objekts begonnen hat oder im Fall der Anschaffung des Objekts nach dem 31.12.1995 aufgrund eines nach diesem Zeitpunkt rechtswirksam abgeschlossenen Vertrags oder gleichstehenden Rechtsakts angeschafft hat (Gesetzeswortlaut ist nicht stimmig).

Nach dem **JStErgG** 1996 ist gesetzlich ausgeschlossen worden, daß ein Anspruchsberechtigter ab 1995 Bauzulage nach dem EigZulG beantragt, aber noch vor der „alten" Vorkostenregelung des § 10e Abs. 6 EStG in **1995** Gebrauch macht. Deswegen regelt § 19 Abs. 2 EigZulG:

Stellt der Anspruchsberechtigte den Antrag nach § 19 Abs. 2 Satz 1 EigZulG, finden die §§ 10e, 10h und 34f EStG **keine** Anwendung.

Der Antrag ist **unwiderruflich**.

Er ist **ausgeschlossen**, wenn der Anspruchsberechtigte für das Objekt in einem Jahr Abzugsbeträge nach § 10e Abs. 1 bis 5 oder § 10h EStG, die Steuerermäßigung nach § 34f EStG in Anspruch genommen oder für VZ nach dem VZ 1994 Aufwendungen nach § 10e Abs. 6 oder § 10h Satz 3 EStG abgezogen hat.

aa) Auswirkungen der Ausübung des Wahlrechts zugunsten des EigZulG

– Wählt der Anspruchsberechtigte die Eigenheimzulage, finden die §§ 10e, 10h, 34f EStG keine Anwendung (§ 19 Abs. 2 Satz 2 EigZulG). Dies bedeutet im einzelnen:

– Ist auf der LSt-Karte 1996 ein **Freibetrag** für die Steuervergünstigungen nach §§ 10e, 10h, 34f EStG eingetragen worden, kann die Eintragung rückwirkend ab 1.1.1996 rückgängig gemacht werden (§ 39a Abs. 4 Satz 1 EStG i.V. mit § 164 Abs. 2 AO).

– Wurden die Steuervergünstigungen nach §§ 10e, 10h, 34f EStG bei der Festsetzung der Vorauszahlungen für die Jahre 1995 und 1996 berücksichtigt und liegen insoweit noch keine bestandskräftigen Veranlagungen vor, sind die Vorauszahlungen nach § 164 Abs. 2 AO – unter Beachtung der zeitlichen Grenzen des § 37 Abs. 3 EStG – ohne Berücksichtigung der Steuervergünstigungen neu festzusetzen.

– Hat der Stpfl. bei der ESt-Veranlagung für 1995 die Steuervergünstigungen nach §§ 10e, 10h, 34f EStG in Ansporuch genommen und ist die Steuerfestsetzung angefochten, insoweit nach § 165 AO vorläufig oder nach § 164 AO unter dem Vorbehalt der Nachprüfung erfolgt, ist bei Ausübung des Wahlrechts zugunsten der Eigenheimzulage die Inanspruchnahme der Steuervergünstigungen rückgängig zu machen. Vgl. OFD Cottbus vom 22.4.1996, DB 1996, 1011.

bb) Ausschluß des Wahlrechts zugunsten des EigZulG

In folgenden Fällen kann das Wahlrecht zugunsten des EigZulG nicht mehr ausgeübt werden:
– Der Stpfl. hat für das Objekt 1995 oder in einem Folgejahr Abzugsbeträge nach §§ 10e Abs. 1 bis 5, 10h oder die Steuerermäßigung nach § 34f EStG in Anspruch genommen.
– Der Stpfl. hat für VZ ab 1995 Vorkosten nach §§ 10e Abs. 6, 10h Satz 3 EStG abgezogen.

Weitere Voraussetzungen für den Ausschluß des Wahlrechts ist, daß die Steuervergünstigungen bei einer nach allgemeinen Verfahrensgrundsätzen nicht mehr änderbaren Veranlagung berücksichtigt worden sind. Die Berücksichtigung im LSt.-Ermäßigungs- oder ESt-Vorauszahlungsverfahren oder bei einer noch änderbaren Steuerfestsetzung ist **nicht** schädlich.

d) Gesonderte Feststellung (§ 10i Abs. 2 EStG)

Sind mehrere Stpfl. Eigentümer einer zu eigenen Wohnzwecken genutzten Wohnung, können die Aufwendungen nach § 10i Abs. 2 **gesondert** und **einheitlich** festgestellt werden. Die für die gesonderte Feststellung von Einkünften nach § 180 Abs. 1 Nr. 2a AO geltenden Vorschriften sind entsprechend anzuwenden.

8. Nießbrauch und andere dingliche sowie obligatorische Nutzungsrechte an Grundvermögen

Vorbemerkung: Eine Gesamtdarstellung würde den Rahmen dieses Lehrbuchs sprengen. Daher werden nur Grundzüge – teilweise in Übersichtsform – dargestellt. Zur Hinführung auf Einzelfragen und für die Praxis vgl. die nachstehenden Hinweise.

a) Literatur (Auswahl):

Zivilrecht

– Petzoldt, Der Nießbrauch im Zivilrecht, NBW F 19, 1337

Steuerrecht (ESt)

Abhandlungen über den zweiten Nießbrauchserlaß:
– Stephan, DB Beilage Nr. 3/85 zu Heft 6/85
– Brandenberg, NWB F 3, 5895 bis 5926
– Stuhrmann, DStR 1984, 741
– Zenthöfer, FR 1985, 113 bis 124 und FR 1985, 142 bis 149

Auswirkungen der steuerlichen Behandlung des selbstgenutzten Wohneigentums:
– Stephan, DB 1985, 1364; ders., DB 1986, 1992
– Brandenberg, NWB F 3, 6057

b) Verwaltungsanweisungen

– Zweiter Nießbrauch-Erlaß (BMF-Schr. vom 15.11.1984, BStBl I 561)
– BMF-Schr. vom 14.4.1986, BStBl I 262 (Zur Anwendung des BFH-Urt. BStBl 1986 II 327)
– BMF-Schr. vom 4.6.1986, BStBl I 318 (Durch Baumaßnahmen geschaffene Nutzungsrechte)

c) Nach dem zweiten Nießbrauchserlaß ergangene Rechtsprechung des BFH und der FG (Auswahl)

– BFH, BStBl 1985 II 154:
  Zur gesicherten Rechtsposition bei unentgeltlicher Wohnungsüberlassung

- BFH, BStBl 1985 II 390:

    Zurechnung des Nutzungswerts eines geschenkten Einfamilienhauses bei obligatorischem Vorbehalt der Weiternutzung – Werbungskostenabzug

- BFH, BStBl 1985 II 610:

    Abziehbarkeit von Unterhaltsleistungen bei Vermögensübertragungen als dauernde Last-Zurechnung des Nutzungswerts obligatorisch vorbehaltener Wohnung – Grundsatzentscheidung

- FG Düsseldorf vom 29. 8. 1984 -rkr-, DB 1985, 684:

    Zurechnung des Nutzungswerts von Wohnungen und Räumen eines Hauses, das dem Sohn von den Eltern geschenkt worden ist. Aufwendungen des Sohnes als Werbungskosten. **Urteilsbesprechung:** Stephan, DB 1985, 676

- BFH, BStBl 1985 II 453:

    Abzug von Werbungskosten und Modernisierungsaufwand bei unentgeltlicher Nutzung (AfA-Berechtigung)

- FG Baden.Württemberg vom 23. 10. 1984 -rkr-, EFG 1985, 284:

    Erwerb eines nießbrauchbelasteten Grundstücks durch Zuschlag in Zwangsversteigerung

- BFH, BStBl 1986 II 12:

    Volle AfA-Berechtigung für den früheren Alleineigentümer im Falle des unentgeltlichen gemeinschaftlichen Vorbehaltsnießbrauchs für den Übertragenden und dessen Ehegatten

- BFH, BStBl 1986 II 327:

    Änderung der BFH-Rechtsprechung zum obligatorischen Vorbehaltsnutzungsrecht;

    Steuerliche Anerkennung eines nicht im Grundbuch eingetragenen („fehlgeschlagenen") Nießbrauchs –

    Behandlung des gewerblich genutzten Grundstücksteils und der vom Eigentümer an den Nutzungsberechtigten gezahlten Miete (Rückvermietung) –

    Zurechnung des Nutzungswerts der Wohnung des schuldrechtlich Nutzungsberechtigten sowie des Eigentümers, dem die Wohnung vom Nutzungsberechtigten unentgeltlich überlassen worden ist –

    Abzug von Grundstücksaufwendungen als Werbungskosten des Eigentümers (Werbungskostenkürzung, keine vorweggenommenen Werbungskosten, Bestätigung der Tzn 52a, 54d des Nießbrauchserlasses vom 15. 11. 1984) –

    AfA-Befugnis des Eigentümers bzw. des obligatorisch Nutzungsberechtigten.

    Wegen der Anwendung dieses Urteils – soweit es den vom Eigentümer betrieblich genutzten Grundstücksteil betrifft – vgl. BMF-Schr. vom 14. 4. 1986, BStBl I 262. Besprechung: Söffing, NWB F 3, 6169 (20. 1. 1986).

- BFH, BStBl 1985 II 720, 722:

    Kein Werbungskostenabzug des Eigentümers bei einem unentgeltlichen dinglichen Vorbehaltswohnrecht (Abweichung von BFH, BStBl 1984 II 371 – Bestätigung der Tzn. 52a und 54d Nießbrauch-Erlaß)

- BFH, BStBl 1986 II 258, 260:

    Anteiliger Werbungskostenabzug des Nutzungsberechtigten bei teilentgeltlichen Nutzungsrechten (vgl. Tzn. 35a und 54e Erlaß)

    Kein Werbungskostenabzug des Eigentümers für den unentgeltlichen Teil des Nutzungsrechts.

- BFH, BStBl 1986 II 713:

    Unentgeltliche Grundstücksübertragung unter Vorbehalt des Nießbrauchs aus dem Sonderbetriebsvermögen des Gesellschafters einer Personengesellschaft in das Sonderbetriebsvermögen eines anderen Gesellschafters.

- BFH, BStBl 1986 II 714:

    Mietzahlungen als Versorgungsleistungen an den Vorbehaltsnießbraucher.

- BFH, BStBl 1988 II 938: Zurechnung des Nutzungswert bei Nießbrauch zugunsten des ehemaligen Alleineigentümer und dessen Ehegatten
- BFH, BStBl 1989 II 763: Nießbrauch an Betriebsgrundstück, vgl. 8.5.4 a. E.
- BFH, BStBl 1990 II 888: **keine** Gebäude-AfA für unentgeltlich zugewendetes dingliches Wohnrecht
- BFH, BStBl 1990 II 462: Erhaltungsaufwand für durch **mündliche** Vereinbarung zur Reparatur verpflichteten Vorbehaltsnießbraucher sofort abziehbare WK
- BFH, BStBl 1991 II 205: Unentgeltliche Nießbrauchsbestellung an Grundstücken zugunsten des Kindes und anschließende Rückvermietung an die Eltern als Mißbrauch rechtlicher Gestaltungsmöglichkeiten
- BFH, BStBl 1992 II 67: Erhöhte AfA möglich bei mittelbarer Grundstücksschenkung durch einen Vorbehaltsnießbraucher
- BFH, BStBl 1992 II 506: Ergänzungspfleger erforderlich bei Nießbrauchsbestellung zugunsten minderjähriger Kinder, vgl. hierzu BMF-Schreiben vom 26. 5. 1992, BStBl I 370
- BFH, BStBl 1992 II 803: Zuwendungen aus Anlaß einer Vermögensübergabe unter Vorbehalt des Nießbrauchs **keine** dauernde Last, da **keine** „vorbehaltenen Vermögenserträge"
- BFH, BStBl 1992 II 381: Im Rahmen einer Erbauseinandersetzung einem Miterben bestelltes Wohnrecht ist **nicht** gegen Entgelt bestellt; Ablösung des Wohnrechts durch den Miterben führt zu nachträglichen Anschaffungskosten des Grundstücks
- BFH, BStBl 1993 II 31: Bei Vorbehaltsrecht an einzelnen Räumen der Wohnung Zurechnung des Nutzungswerts beim Eigentümer, Mietwert der überlassenen Räume als dauernde Last beim Eigentümer
- BFH, BStBl 1993 II 98: Wiederkehrende Leistungen zur Ablösung eines Vorbehaltsnießbrauchs als dauernde Last
- BFH, BStBl 1993 II 484: Vom Eigentümer geleistete Zahlungen zur Ablösung eines aufgrund eines Vermächtnisses eingeräumten Wohnrechts stellen auch bei unentgeltlich erworbenem Grundstück (nachträgliche) Anschaffungskosten dar
- BFH, BStBl 1993 II 486: Vom Eigentümer geleistete Zahlungen zur Verhinderung der Wiedereintragung eines Vorbehaltsnießbrauchs stellen auch bei einem unentgeltlich erworbenen Grundstück (nachträgliche) Anschaffungskosten dar
- BFH, BStBl 1993 II 488: Zahlungen zur Ablösung eines dinglichen Wohnrechts als nachträgliche Anschaffungskosten des Grundstückseigentums
- BFH, BStBl 1995 II 441: **Keine** Entnahme eines zum Sonder-BV gehörenden Grundstücks bei Bestellung des Nießbrauchs am Gesellschaftsanteil.

8.1 Begriff und zivilrechtliche Grundlagen

Der Nießbrauch ist ein **dingliches persönliches Nutzungsrecht**. Die gesetzlichen Vorschriften über den Nießbrauch befinden sich in §§ 1030 ff. BGB.

Der Nießbraucher ist berechtigt, die Nutzungen eines Gegenstandes unmittelbar kraft eigenen Rechts zu ziehen. Das Substanzrecht verbleibt beim Eigentümer.

Der Nießbrauch ist **nicht übertragbar** und **nicht vererblich**. Rechte und Pflichten der Beteiligten beim Nießbrauch sind im BGB im einzelnen festgelegt.

Die rechtsgeschäftliche Bestellung des Nießbrauchs folgt den für die Übertragung des belasteten Gegenstandes geltenden Regeln.

Beim Grundstücksnießbrauch ist mithin notarielle Beurkundung erforderlich (§ 313 BGB), bei schenkweiser Einräumung vgl. § 518 Abs. 1 BGB.

Die dingliche Bestellung des Nießbrauchs erfolgt durch Einigung zwischen Eigentümer und Erwerber und **Eintragung** des Nießbrauchs in das **Grundbuch** (§§ 873, 925 BGB).

Das **dingliche Wohnrecht** (§ 1093 BGB) ist ebenfalls ein dingliches Nutzungsrecht. Es beinhaltet für den Berechtigten das gegenüber jedermann wirkende Recht auf Bewohnen eines Gebäudes oder Gebäudeteils unter Ausschluß des Eigentümers.

Im Gegensatz zum Nießbrauch ist beim dinglichen Wohnrecht der Umfang der Nutzung eingeschränkt. Die Nutzung erstreckt sich lediglich auf das Wohnen.

Die Vorschriften über den Nießbrauch sind teilweise entsprechend anwendbar – § 1083 Abs. 1 Satz 2 BGB –.

Obligatorische Nutzungsrechte haben dagegen lediglich schuldrechtliche Natur.

Beispiel:
Nicht im Grundbuch eingetragenes vertragliches Wohnrecht. Zivilrechtlich handelt es sich bei unentgeltlicher Einräumung nicht um Schenkungen i. S. § 518 BGB, sondern um **Leihe** (§ 598 BGB).
Zur steuerlichen Behandlung vgl. 8.7 und Tz. 53 bis 54e Erlaß.

8.2 Überblick

Der BFH stellt bei der Zurechnung von Einkünften nach einer Nießbrauchsbestellung entscheidend darauf ab, wer den **Tatbestand der Einkunftserzielung** i. S. des § 2 Abs. 1, § 21 erfüllt (BFH, BStBl 1983 II 660).

Ein Abzug von Hausaufwendungen als **vorweggenommene Werbungskosten** sowie der **Gebäude-AfA** beim **Eigentümer** ist **nicht** möglich, **soweit** er **keine Einnahmen** aus dem Gebäude nach der Nießbrauchsbestellung mehr erzielt. Der BFH bejaht die AfA-Berechtigung des Vorbehaltsnießbrauchers (BFH, BStBl 1982 II 380; 1983 II 6).

Die Rechtsprechung des BFH war für die Verwaltung Anlaß zur umfangreichen Neufassung des Erlasses durch BMF-Schreiben vom 15. 11. 1984, BStBl I 561. Kernpunkte waren insbesondere

– Übernahme der BFH-Rechtsprechung zur Zurechnung des Nutzungswerts bei unentgeltlicher Wohnungsüberlassung auf den Nutzenden bei „gesicherter Rechtsposition" (Tz. 1, 53, 54 Erlaß). Vgl. im einzelnen 8.10.1.

– Verneinung der AfA-Berechtigung und des Abzugs der Hausaufwendungen als WK durch den Eigentümer bei obligatorischer unentgeltlicher Wohnungsüberlassung (vgl. Tz. 54d). Vgl. im einzelnen 8.10.6.

– Unterscheidung zwischen Vollentgeltlichkeit, Teilentgeltlichkeit und Unentgeltlichkeit beim Zuwendungsnießbrauch (vgl. Tz. 6 und 8 Erlaß)

– Anerkennung einer von der gesetzlichen Kostentragung (§§ 1041, 1045, 1047 BGB) abweichenden vertraglichen Regelung auch bei (unentgeltlichem) Zuwendungsnießbrauch.

Die Tzn. 60 bis 69 enthalten umfangreiche Übergangsregelungen.

Durch den Wegfall der Nutzungswertbesteuerung ab 1. 1. 1987 hat die steuerliche Bedeutung dinglicher Nutzungsrechte deutlich abgenommen.

8.3 Nießbrauchsarten

Der geltende 2. Erlaß geht im wesentlichen von folgender Dreiteilung aus:

– **Zuwendungs**nießbrauch
– **Vorbehalts**nießbrauch
– **Vermächtnis**nießbrauch

Ein Zuwendungsnießbrauch wird einem Dritten vom Eigentümer – entgeltlich, unentgeltlich oder teilentgeltlich – bestellt (vgl. Tz. 6 Erlaß).

Dagegen liegt ein **Vorbehaltsnießbrauch** vor, wenn bei der – entgeltlichen oder unentgeltlichen – Übertragung eines Grundstücks gleichzeitig ein Nießbrauchsrecht für den bisherigen Eigentümer an dem übertragenen Grundstück eingeräumt wird (Tz. 36/37 Erlaß).

Dieses Nießbrauchsrecht leitet sich also aus dem bisherigen Eigentum ab.

Zivilrechtliches Motiv sind bei dieser Nießbrauchsbestellung Regelungen im Wege der sog. **vorweggenommenen Erbfolge**.

Ein **Vermächtnisnießbrauch** liegt vor, wenn aufgrund einer letztwilligen Verfügung des Grundstückseigentümers durch dessen Erben einem Dritten der Nießbrauch an dem Grundstück eingeräumt wird (Tz. 51 Erlaß).

Diese Art des Nießbrauchs dient der testamentarischen Absicherung Anspruchs- oder Unterhaltsberechtigter.

8.4 Überblick

über den Erlaß zum Grundstücksnießbrauch vom 15. 11. 1984

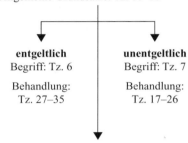

1. **Zuwendungsnießbrauch**
   Begriff: Tz. 6
   Allgemeine Grundsätze: Tz. 10–16

   entgeltlich
   Begriff: Tz. 6
   Behandlung: Tz. 27–35

   unentgeltlich
   Begriff: Tz. 7
   Behandlung: Tz. 17–26

   teilweise unentgeltlich
   Begriff: Tz. 8
   Behandlung: Tz. 35a; 28, 31–35, 54a,
   Tz. 33 nicht, soweit unentgeltlich

2. **Vorbehaltsnießbrauch**
   Begriff: Tz. 36/37
   (keine Unterscheidung entgeltlich-unentgeltlich)

   Behandlung: Tz. 38–50

3. **Vermächtnisnießbrauch**
   Begriff: Tz. 51

   Behandlung: Tz. 51; entsprechende Anwendung Tz. 37–40; 43–49

   Anm.: Aufgrund des BFH-Beschusses GrS vom 5. 7. 1990, BStBl II 837 betr. Erbauseinandersetzung ist eine Behandlung wie ein Zuwendungsnießbrauch naheliegender.
   So auch BFH, BStBl 1994 II 319 sowie BMF-Schr. vom 22. 4. 1994, BStBl I 258.

4. **Dingliches Wohnrecht:** Tz. 52
   Entsprechende Anwendung der Grundsätze des Nießbrauchs, und zwar des Quoten- und Bruchteilsnießbrauchs (vgl. Tz. 24a) – also keine Gebäude-AfA für den mit dem Wohnrecht belasteten Gebäudeteil (Tz. 52a)

5. **Unentgeltlich und teilweise unentgeltlich bestellte obligatorische Nutzungsrechte:** Tz. 53–54e

   Anm.: Diese Regelungen haben bei unentgeltlicher Nutzungsüberlassung weiterhin Bedeutung für die Übergangsregelungen des § 52 Abs. 21.

8.5 Allgemeine Besteuerungsgrundsätze

8.5.1 Zurechnung von Einkünften

Die Zurechnung von Einkünften erfordert, daß der Stpfl., bei dem sie erfaßt werden sollen, in seiner Person die gesetzlichen Voraussetzungen der jeweiligen Einkunftsart nach § 2 Abs. 1 i. V. mit den §§ 13 bis 24 erfüllt (BFH, BStBl 1981 II 295 ff.). Der Stpfl. muß also die Einkünfte selbst erwirtschaften. Daher erzielt Einkünfte i. S. des § 21 Abs. 1, wer mit den Rechten und Pflichten eines Vermieters Sachen und Rechte i. S. des § 21 Abs. 1 an andere zur Nutzung gegen Entgelt überläßt (BFH, BStBl 1983 II 502). Vgl. Tz. 1 Erlaß.

Tz. 10 bis 16 enthalten Grundsätze der Einkünftezurechnung bei Vermietung des Grundstücks.

Die Einkünfte sind dem Nießbraucher nur dann zuzurechnen, wenn ihm die **volle Besitz- und Verwaltungsbefugnis** zusteht, er die **Nutzungen tatsächlich zieht**, das **Grundstück in Besitz hat und es verwaltet** (vgl. Tz. 10). Insbesondere ist zu beachten, daß

- der Eintritt in bestehende Mietverträge den Mietern anzuzeigen ist (BFH, BStBl 1983 II 502);
- bei Abschluß neuer Mietverträge nach der Bestellung des Nießbrauchs diese durch den Nießbraucher abgeschlossen werden müssen (Tz. 11 Erlaß)
- unbare Mietzahlungen auf ein Konto des Nießbrauchers erfolgen müssen (Tz. 12 Erlaß).

Beispiel:

1. A bestellt seinem volljährigen Sohn S rechtswirksam den – im Grundbuch eingetragenen – Nießbrauch an einem Mietwohngrundstück.

   A hat die Mieter schriftlich auf die Nießbrauchsbestellung und den Wechsel des Vermieters hingewiesen sowie zur Zahlung der Miete auf ein für S eingerichtetes Konto aufgefordert.

   Die Mietverträge sind zivilrechtlich und auch mit steuerlicher Wirkung auf S übergegangen. Vgl. Tz. 11, 12. Eine Unterrichtung der Mieter reicht aus. Deren Zustimmung ist wegen § 577 BGB nicht erforderlich.

2. **Awandlung:**

   Die Mieten werden weiterhin von A vereinnahmt und sodann an S weitergeleitet (z. B. auf ein Sparkonto des S).

   Eine Vermieterstellung des S liegt nicht vor, weil keine nach außen erkennbare Veränderung eingetreten ist (vgl. Tz. 2, 3). Dabei spielt der Übergang der Mietverträge kraft Gesetzes (§§ 571, 577 BGB) keine Rolle.

Entgegen Tz. 15 Erlaß kann eine **Rückvermietung** durch den Nießbraucher an den Eigentümer anzuerkennen sein. Dies gilt auch zwischen Angehörigen; vgl. BFH, BStBl 1986 II 327 zur Anerkennung der Vermietung aufgrund eines vorbehaltenen obligatorischen Nutzungsrechts an den Eigentümer („strahlt" u. E. auch auf dingliche Nutzungsrechte aus) sowie BStBl 1986 II 322 (anerkannt bei Rückvermietung durch **Vorbehaltsnießbraucher,** so schon BFH, BStBl 1976 II 421, 423). Gestaltungsmißbrauch (§ 42 AO) liegt aber i. d. R. bei Rückvermietung im Rahmen eines unentgeltlichen **Zuwendungsnießbrauchs** vor (BFH, BStBl 1991 II 205).

Im Fall der steuerlichen Anerkennung von Nießbrauch und Mietverhältnis nutzt der Grundstückserwerber das Grundstück nicht als Eigentümer, sondern als Mieter, so daß die Miete als Betriebsausgaben abzugsfähig ist.

Auch die sonstigen vom Eigentümer getragenen Grundstücksaufwendungen sind BA, soweit sie neben der Miete als zusätzliche Gegenleistung aus dem Mietverhältnis anzusehen und nicht unangemessen sind (BFH, a. a. O.). Ob daneben die Gebäude-AfA ebenfalls als BA abziehbar ist, ist streitig (vgl. 8.10.11 und BMF-Schreiben vom 14. 4. 1986, BStBl I 262).

Zur **Zurechnung** von Einkünften aus § 21 bei einem **Nießbrauch** an einem Gewinnstammrecht eines GbR-Gesellschafters vgl. BFH, BStBl 1991 II 809.

8.5.2 Bestellung eines Nießbrauchs- oder eines anderen Nutzungsrechts zwischen nahen Angehörigen

Die Bestellung eines Nießbrauchs- oder eines anderen Nutzungsrechts zugunsten naher Angehöriger kann steuerrechtlich nur anerkannt werden, wenn ein **bürgerlich-rechtlich wirksames Nutzungsrecht** begründet worden ist und die Beteiligten die Vereinbarungen auch tatsächlich durchführen (BFH, BStBl 1981 II 297). An der tatsächlichen Durchführung fehlt es, wenn z. B. nur die Erträge an den Nutzungsberechtigten abgeführt werden, dieser also keine Verwaltungs- und Dispositionsbefugnis hat (Tz. 3 Erlaß). Zusätzliche Formerfordernisse sind bei Nießbrauchsbestellungen von Eltern zugunsten ihrer **minderjährigen** Kinder zu beachten.

So ist z. B. bei Nießbrauchsbestellung die Bestellung eines **Ergänzungspflegers** erforderlich (BFH, BStBl 1992 II 506). Dies gilt auch

– bei einem Bruttonießbrauch und
– wenn das Vormundschaftsgericht die Mitwirkung eines Ergänzungspflegers für entbehrlich angesehen hat.

Die Anordnung einer Ergänzungspflegschaft für die Dauer des Nießbrauchs ist **nicht** erforderlich (BFH, BStBl 1981 II S. 295). Vgl. BMF-Schreiben vom 26. 5. 1992, BStBl I 370 Tz. 1.

Ist der Nießbrauch vor dem 1. Juli 1992 beurkundet oder der Überlassungsvertrag vor dem 1. Juni 1992 abgeschlossen worden, ist Tz. 4 des BMF-Schreibens vom 15. 11. 1984 weiter anzuwenden.

Ist ein Nießbrauch mangels Eintragung im Grundbuch bürgerlich-rechtlich **nicht wirksam** bestellt worden, sind die Grundsätze obligatorischer Nutzungsrechte (Tz. 53 bis 54e Erlaß) anzuwenden (BFH, BStBl 1986 II 605), Tz. 5 Erlaß. Dingliche (und obligatorische) Rechte zugunsten minderjähriger Kinder sind **bei Selbstnutzung nicht steuerlich anzuerkennen** (Tz. 4a Erlaß).

8.5.3 Zuwendungsnießbrauch

Zum Begriff vgl. Tz. 6 Erlaß und 8.3.

8.5.3.1 Abgrenzung zwischen entgeltlicher, teilweise entgeltlicher und unentgeltlicher Bestellung

Infolge der Unterscheidung im 2. Nießbraucherlaß zwischen Vollentgeltlichkeit (Tz. 6, 7), Teilentgeltlichkeit (Tz. 8) und Unentgeltlichkeit (Tz. 9) beim Zuwendungsnießbrauch gelten nunmehr auch beim Nießbrauch quasi die Grundsätze einer „gemischten Schenkung".

(Voll-)Entgeltlichkeit liegt vor, wenn der Wert des Nießbrauchs und der Wert der Gegenleistung nach wirtschaftlichen Gesichtspunkten gegeneinander abgewogen sind (Tz. 6).

Dies kann unter Fremden unterstellt werden, es sei denn, Leistung und Gegenleistung stehen in einem **krassen Mißverhältnis** zueinander.

Teilentgeltlichkeit ist gegeben, wenn – insbesondere bei Angehörigen – der Wert des Nießbrauchs und der Wert der Gegenleistung nicht nach wirtschaftlichen Gesichtspunkten ausgewogen sind (Tz. 8).

Unentgeltlichkeit liegt vor, wenn keinerlei Gegenleistung zu erbringen ist oder der Wert der Gegenleistung im Verhältnis zum Wert des Nießbrauchs so niedrig ist, daß bei Zugrundelegung einer zwischen Fremden üblichen Gestaltung nicht mehr von einer Gegenleistung ausgegangen werden kann (Tz. 9).

Die Konsequenz bei Teilentgeltlichkeit ist eine **Zerlegung** des einheitlichen Sachverhalts in einen entgeltlichen und unentgeltlichen Teil. Dies führt bei Eigentümer (ggf.) und Nießbraucher zu einer „**zweigleisigen**" Lösung.

8.5.3.2 Übersichten zum unentgeltlichen Zuwendungsnießbrauch (Tz. 17–26)

a) Vermietung durch Nießbraucher

	Eigentümer	Nießbraucher
1. Mieten	Keine Zurechnung	Zurechnung aus § 21 Abs. 1 Nr. 1 (Tz. 17) nach den Grundsätzen der Tz. 10–16
2. Grundstücksaufwendungen (gesetzlich oder bei Nießbrauchsbestellung vertragl. übernommene)	Kein Abzug (Tz. 24)	abzugsfähige WK (Tz. 21)
3. Gebäude-AfA („Leerlauf", d. h. steuerlich nicht wirksam)	Kein Abzug (Tz. 24)	Kein Abzug (Tz. 19)
4. AfA-Nießbrauchsrecht	entfällt	Kein Abzug (Tz. 20) s. auch BFH, BStBl 1990 II 888.

b) Selbstnutzung durch Nießbraucher

	Eigentümer	Nießbraucher
1. Nutzungswert	entfällt	Ansatz nach § 21 Abs. 2 2. Alt. (Tz. 18) bis VZ 1986; **ab 1987 keine Besteuerung** mehr (§ 52 Abs. 21 Satz 1, BMF-Schreiben vom 19.9.1986, a.a.O., Abschnitt II Nr. 6)
2. Grundstücksaufwendungen	Keine WK (Tz. 24) – wie a) –	abzugsfähige WK bis VZ 1986, (Tz. 21), **ab 1987 kein Abzug** mehr (s. o. 1.)
3. Gebäude-AfA („Leerlauf")	Kein Abzug (Tz. 24) – wie a) –	Kein Abzug (Tz. 19) – wie a) –
4. AfA-Nießbrauchsrecht	entfällt	Kein Abzug (Tz. 19) – wie a) –

Ab 1987 ist ein Grundstück, an dem ein unentgeltlicher Zuwendungsnießbrauch bestellt ist, bei **Selbstnutzung** zu Wohnzwecken durch den Nießbraucher für Eigentümer und Nießbraucher steuerlich irrelevant. Die Übergangsregelungen des § 52 Abs. 21 S. 2 ff. sind **nicht anwendbar**.

Beispiel:
A hat dem B unentgeltlich den Nießbrauch an einem bebauten Grundstück bestellt.
B nutzt das Grundstück durch Vermietung.

Beim Zuwendungsnießbrauch könnte die Gebäude-AfA sowohl bei Vermietung als auch Selbstnutzung durch den Nießbraucher nur der Eigentümer geltend machen. Beim unentgeltlich bestellten Zuwendungsnießbrauch hat der Eigentümer aber keine Einkünfte aus § 21. Er kann deshalb die AfA nicht als WK abziehen. Die Gebäude-AfA kann hier daher niemand geltend machen (= AfA-Leerlauf zu 100%), Tz. 19 und 24 Erlaß.

Ab 1987 entfällt der Ansatz eines Nutzungswerts bei B (ohne Übergangsregelung), § 52 Abs. 21 Satz 1, BMF-Schreiben vom 19.9.1986, a.a.O., Abschnitt II Nr. 6.

Bei **Errichtung** eines **Gebäudes** durch den **Nießbraucher** (= in Ausübung des Nießbrauchsrechts) ist aber **§ 10e** anwendbar; BMF-Schreiben vom 31.12.1994, Rz 3.

8.5.3.4 Übersichten zum entgeltlichen Zuwendungsnießbrauch (Tz. 27–35)

a) Vermietung durch Nießbraucher

	Eigentümer	Nießbraucher
1. Mieten	Keine Zurechnung	Zurechnung Einnahmen § 21 Abs. 1 Nr. 1
2. Nießbrauchsentgelt a) Laufende Zahlungen b) Einmalzahlung – auch **Sachleistung** (z.B. Grundstücksübertragung); a.A. BFH, BStBl 1992 II 718, hierzu aber Nichtanwendungserlaß BMF, BStBl 1992 I 526) –	Einnahmen gem § 21 Abs. 1 Nr. 1 (Tz. 31) – grds. Einnahme (§ 21 Abs. 1 Nr. 1) bei Zufluß – auf Antrag Verteilung auf Laufzeit des Nießbrauchs, höchstens auf 10 Jahre (Tz 32)	abzugsfähige WK (Tz. 28) keine sofortabzugsfähigen WK, sondern AfA auf Nießbrauchsrecht (Tz. 28); s. unten 5.
3. Grundstücksaufwendungen (gesetzliche oder vertraglich übernommene)	abzugsfähige WK (Tz. 33)	abzugsfähige WK (Tz. 29)
4. Gebäude-AfA	AfA-Berechtigung (Tz. 33)	Kein Abzug
5. AfA-Nießbrauchsrecht	entfällt	AfA-Berechtigung (Tz. 28); s.o. 2b)

b) Selbstnutzung durch Nießbraucher

	Eigentümer	Nießbraucher
1. Nutzungswert	–	Kein Ansatz (Tz. 27), da keine unentgeltliche Nutzung
2. Nießbrauchsentgelt 3. Grundstücksaufwendungen (gesetzliche oder vertraglich übernommene)* 4. Gebäude-AfA* 5. AfA-Nießbrauchsrecht*	wie a)	Kein Abzug (Tz. 30) Kein Abzug (wie a) Kein Abzug (Tz. 30)

* abzugsfähige WK während der **gesamten** Laufzeit des Rechts (auch bei Sofortbesteuerung bzw. nach Ablauf des 10jährigen Verteilungszeitraums).

Beispiel:

Selbstnutzung bei entgeltlichem Zuwendungsnießbrauch

A hat dem B entgeltlich den Nießbrauch an einem Einfamilienhaus bestellt. B nutzt es selbst zu Wohnzwecken.

B hat die Nießbraucherlasten gem. §§ 1041, 1045, 1047 BGB zu tragen.

B kann diese Aufwendungen nicht als WK abziehen, denn er hat keine Einkünfte aus § 21. § 21 Abs. 2 ist nicht anwendbar (Tz. 27 Erlaß). Als Quasi-Miete fallen die Aufwendungen grds. unter § 12 Nr. 1.

8.5.3.5 Teilentgeltlicher Zuwendungsnießbrauch

Die Konsequenz der Teilentgeltlichkeit ist beim Nießbraucher ggf. eine **Zerlegung** des einheitlichen Sachverhalts in einen **entgeltlichen** und **unentgeltlichen** Teil.

Im einzelnen ergibt sich (Grundgedanke vgl. Tz. 35a Nießbrauchserlaß):

- **Bis VZ 1986** liegt eine Teilentgeltlichkeit nur vor – entgegen dem Wortlaut der Tz 35a – bei einer Unterschreitung des marktüblichen Entgelts um **mehr als** 1/3 (BFH, BStBl 1993 II 606, 920 und 922)
- **Ab VZ 1987** gilt die gesetzliche Regelung § 21 Abs. 2 Satz 2, d. h. Teilentgeltlichkeit nur bei Unterschreitung der 50%-Grenze.

Nießbraucher

- AfA auf das Nießbrauchsrecht (Tz. 28)
- WK-Abzug im Rahmen der Tz. 29 (anteilig)

Eigentümer

- Nießbrauchsentgelt ist Einnahme aus § 21 Abs. 1 Nr. 1 (Tz. 31, 32)
- Gebäude-AfA und sonstige WK gem. Tz. 33, aber **nicht** soweit eine teilentgeltliche Bestellung i. S. des § 21 Abs. 2 S. 2 vorliegt.
- Prüfungsmaßstab ist das Verhältnis des vereinbarten Entgelts zum wirtschaftlich ausgewogenen Entgelt.

Die Grundsätze der Tz. 54a (Mietverbilligung als Teilentgeltlichkeit) sind ab VZ 1987 **nicht** entsprechend anzuwenden, sondern die **gesetzliche** Regelung in **§ 21 Abs. 2 Satz 2:**

Das bedeutet, daß eine Aufteilung beim Eigentümer in einen entgeltlichen und in einen unentgeltlichen Teil nur vorzunehmen ist, wenn das Nießbrauchsentgelt nicht mindestens 50% des wirtschaftlich ausgewogenen Entgelts beträgt.

Beispiel:

A hat seinem volljährigen Sohn S an einem Einfamilienhaus gegen Zahlung von 25 000 DM den Nießbrauch für 10 Jahre bestellt. Der Wert des Nießbrauchs beträgt unstreitig 40 000 DM. S nutzt die Wohnung selbst zu Wohnzwecken.

Nießbraucher

Ein teilentgeltlicher Vorgang muß im Privatvermögen (unabhängig von den verschiedenen zivilrechtlichen Rechtsfolgetheorien) in einen entgeltlichen und einen unentgeltlichen Vorgang aufgeteilt werden (BFH, BStBl 1981 II 11).

1. Entgeltlicher Teil

Beim entgeltlichen Zuwendungsnießbrauch findet § 21 Abs. 2 keine Anwendung.

Folge:

- B hat insoweit gemäß § 21 Abs. 2, § 52 Abs. 21 S. 1 keinen Nutzungswert anzusetzen, nämlich zu $25/40$ (Tz. 17)
- AfA auf den Teil des Nutzungsrechts, den B entgeltlich erworben hat (25 000 DM), kann er nicht als WK absetzen, weil er hinsichtlich dieses Teils wegen der Nichtanwendbarkeit des § 21 Abs. 2 keine Einkünfte aus § 21 erzielt
- B kann insoweit keine Gebäude-AfA geltend machen (Tz 19 Erlaß). B wird insoweit wie ein „Mieter" behandelt.

2. Unentgeltlicher Teil
- Beim unentgeltlichen Nießbrauch hat der Nießbraucher den Nutzungswert (ab VZ 1987) nicht mehr zu versteuern (§ 52 Abs. 21 Satz 1) einschl. des Nutzungswerts i. S. des § 21 Abs. 2 2. Alt.
- B kann daher keine Gebäude-AfA absetzen (Tz. 19) und zwar
- keine AfA auf den unentgeltlich erworbenen Teil des Nießbrauchsrechts (Tz. 20) und auch nicht den Anteil von $15/40$ der vertraglich übernommenen Hausaufwendungen als WK abziehen (Tz. 21)

Eigentümer

Eine Zerlegung in einen entgeltlichen und unentgeltlichen Teil entfällt, da das Nießbrauchsentgelt $25/40$ des erzielbaren (üblichen) Entgelts beträgt, also **mindestens** 50% (§ 21 Abs. 2 S. 2).

- A hat das Entgelt von 25 000 DM für den Nießbrauch als Einkünfte aus VuV zu versteuern (Tz. 31). Es besteht Verteilungsmöglichkeit auf bis zu 10 Jahre (Tz. 32).
- A kann die Gebäude-AfA in **voller** Höhe geltend machen, da er für die Dauer der Nießbrauchsbestellung Einkünfte aus VuV erzielt (Tz. 33 und § 21 Abs. 2 S.2)

Ebenso sind die Hausaufwendungen **voll** als WK abzugsfähig (entgegen Tz 35a Erlaß).

8.5.4 Übersichten zum Vorbehaltsnießbrauch (Tz. 36–50)

Zum Begriff vgl. Tz. 36/37 Erlaß und 8.3

Die Einräumung kann sowohl bei unentgeltlicher als auch entgeltlicher Grundstücksübertragung erfolgen. Die Bestellung des Nießbrauchs ist aber **in keinem Fall** eine **Gegenleistung** des Erwerbers (BFH, BStBl 1982 II 378, Tz. 38 Erlaß). Vielmehr geht das Grundstück aus steuerlicher Sicht **bereits mit dem Nießbrauch belastet** auf den Grundstückserwerber über.

Daher gehört der Wert des Nießbrauchsrechts in diesem Falle **nicht** zu den **Anschaffungskosten** des Erwerbers.

a) Vermietung durch Nießbraucher

	Eigentümer	**Nießbraucher**
1. Mieten	Keine Zurechnung (Tz. 39 i. V. m. Tz. 10–16)	Zurechnung (Tz. 39 in V. m. Tz. 10–16)
2. Grundstücksaufwendungen gesetzliche oder vertragliche	Kein Abzug (Tz. 44)	abzugsf. WK (Tz. 40) (auch bei mündlicher Vereinbarung [hier Reparaturverpflichtung], BFH, BStBl 1990 II 462)
3. Gebäude-AfA	Keine AfA-Berechtigung (Tz. 44) (auch **nicht** für eigene Herstellungskosten!)	AfA-Berechtigung (Tz. 41, 42); bei **mittelbarer** Grundstücksschenkung unter Vorbehaltsnießbrauch vgl. BFH, BStBl 1992 II 506
4. AfA-Nießbrauchsrecht	entfällt	entfällt

b) Selbstnutzung durch Nießbraucher zu Wohnzwecken

	Eigentümer	Nießbraucher
1. Nutzungswert	entfällt	Ansatz nach § 21 Abs. 2 **1. Alt.** (Tz. 39 Satz 2), Ansatz grds. nur bis VZ 1986; ggf. Fortführung der Nutzungswertbesteuerung (falls Überschußermittlung) ab 1987 gemäß § 52 Abs. 21 Satz 2 (BMF-Schreiben vom 19.9.1986, Abschnitt II Nr. la).
2. Grundstücksaufwendungen gesetzliche oder vertragliche	entfällt (wie a)	begrifflich WK, grds. bis VZ 1986. Evtl. ab 1987 weiterhin als WK abzugsfähig, s. o. 1.
3. Gebäude-AfA	entfällt (wie a)	AfA-Berechtigung grds. bis VZ 1986. **Ab 1987** evtl. **Fortführung erhöhter AfA** wie Sonderausgaben (§ 52 Abs. 21 Satz 4) bzw. weiterhin Abzug von AfA als WK, s. o. 1.
4. AfA-Nießbrauchsrecht	entfällt (wie a)	entfällt

Beispiel:

A hat in 1980 mit Herstellungskosten von 300 000 DM ein Zweifamilienhaus errichtet, das er selbst bewohnt. A hat AfA nach § 7b beantragt. Zum 1.1.1986 überträgt er das Grundstück unentgeltlich seinem volljährigen Sohn S unter Zurückbehaltung des Nießbrauchs (im Grundbuch eingetragen). A bewohnt das Haus weiter selbst.

A hatte den Nutzungswert als Nießbraucher in 1986 weiterhin gemäß § 21 Abs. 2 1. Alt. zu versteuern. Die Ermittlung erfolgt hier für das gesamte Haus (beide Wohnungen) durch Überschußrechnung und **nicht** gemäß § 21a, da der Nießbraucher das Gebäude als Eigentümer vor dem 30.7.1981 errichtet hat (Altfall-Vertrauensschutzregelung gemäß § 21a Abs. 7; siehe auch OFD Düsseldorf, Vfg. vom 22.5.1985, DB 1985, 1249). Daher gilt die „große Übergangsregelung", also Fortsetzung der Nutzungswertbesteuerung als Überschuß (§ 52 Abs. 21 Satz 2) bis zum VZ 1998 einschl.

Die Gebäude-AfA steht A während dieser Zeit weiterhin als Nießbraucher wie bisher als Eigentümer zu.

A kann die vertraglich übernommenen Grundstücksaufwendungen als WK abziehen. Ein WK-Abzug für Eigentümer S scheidet mangels Einnahmeerzielung aus.

Wird anläßlich einer Grundstücksübertragung ein Nießbrauch **gemeinschaftlich** (§ 428 BGB) zugunsten von Ehegatten bestellt, wenn **nur einer** der Ehegatten **Eigentümer** war, stellt sich das Problem, ob die Gebäude-AfA dem Vorbehaltsnießbraucher grds. nur zusteht, als sich auch das frühere Eigentum erstreckt, hier also zur Hälfte (so früher BFH, BStBl 1984 II 266) mit der Begründung, hier liege in Wirklichkeit kein gemeinschaftlicher Vorbehaltsnießbrauch vor. Vielmehr sei nur der frühere Alleineigentümer Vorbehaltsnießbraucher, der andere Ehegatte sei unentgeltlicher Zuwendungsnießbraucher. Diesem stehe aber keine Gebäude-AfA zu (Tz. 19 Erlaß).

In Abänderung dieser Rechtsprechung hat der BFH entschieden, daß der Nutzungswert in solchen Fällen weiterhin dem bisherigen Eigentümer gemäß § 21 Abs. 2 1. Alt. zuzurechnen ist, wenn sich in der tatsächlichen Nutzung des Grundstücks nichts geändert hat. Dann sei der Zuwendungsnießbrauch des mitberechtigten Ehegatten nicht durchgeführt. Folglich steht dem früheren Alleineigentümer auch die AfA in voller Höhe zu (BFH, BStBl 1988 II 938; vgl. bereits BFH, BStBl 1986 II 12).

Beispiel:

V war Alleineigentümer des Grundstücks. Es wurde anläßlich der Grundstücksübertragung ein gemeinschaftlicher Nießbrauch zugunsten des V und seiner Ehefrau bis zum Tode des Letztversterbenden bestellt.

	AfA-Berechtigung		
	V = Vorbehalts-nießbraucher	Ehefrau = Zuwendungsnießbraucherin	Ergebnis
a) zu Lebzeiten von V und Ehefrau	**volle** AfA	**keine** AfA	**kein** Leerlauf
b) wenn Ehefrau zuerst stirbt	weiterhin **volle** AfA	./.	**kein** Leerlauf
c) wenn V zuerst stirbt	./.	keine AfA	nach dem Tod von V **voller** Leerlauf, da nunmehr Ausübung des Zuwendungsnießbrauchs durch Ehefrau **(Beachte: keine** Vererblichkeit des (Vorbehalts-)Nießbrauchs!)
Vgl. hierzu FG Ba.-Wü., EFG 1984, 603 – rkr.			

Wird ein zugunsten von Ehegatten gemeinschaftlich bestellter Vorbehaltsnießbrauch **nur vom bisherigen Alleineigentümer-Ehegatten durch Vermietung ausgeübt,** sind diesem Ehegatten allein die Einnahmen zuzurechnen und steht ihm die Gebäude-AfA voll zu (BFH, BStBl 1986 II 12).

Beispiel:

Vorbehalts-Bruttonießbrauch

A hatte in 1986 (entgeltlich oder unentgeltlich) dem B ein Grundstück unter Vorbehalt des Nießbrauchs übereignet. Es ist vereinbart, daß B alle Grundstückslasten (also auch die Nießbraucherlasten) zu tragen hat. Selbstnutzung durch A (Wohnzwecke). Der Nießbrauch ist zwar steuerlich anzuerkennen.

B kann die Grundstückslasten jedoch nicht als WK geltend machen, weil er keine Einkünfte aus § 21 hat (Tz. 49 Erlaß). Ab 1987 entfällt die Nutzungswertbesteuerung bei A. Es besteht zwar Fortführungsmöglichkeit nach § 52 Abs. 21 S. 2. Diese ist aber steuerlich uninteressant, da Überschüsse entstünden.

8.5.5 Vermächtnis-Nießbrauch

Zum Begriff vgl. Tz. 51 Erlaß. Der Vermächtnis-Nießbrauch wird aufgrund letztwilliger Verfügung des Grundstückseigentümers durch dessen Erben einem Dritten eingeräumt. Nach Tz. 51 Erlaß sollten die Grundsätze des Vorbehaltsnießbrauchs entsprechend gelten. Dies hätte auch bedeutet, daß der Vermächtnis-Nießbraucher zur **AfA** auf das **Gebäude berechtigt** ist. Dies ist jedoch abzulehnen.

M. E ist die Aussage in BFH, BStBl 1972 II 114, daß der Vermächtnis-Nießbraucher „partiell Gesamtrechtsnachfolger des Erblassers" sei, aufgrund des BFH-Beschlusses GrS vom 5.7.1990, BStBl II 837 nicht mehr aufrechtzuerhalten. Danach wird ein Vermächtnis erst durch den bzw. die **Erben** dem Vermächtnisnehmer **eingeräumt,** d. h. **zugewendet.** Folglich sind – hinsichtlich der **AfA** – die Grundsätze des Zuwendungsnießbrauchs anzuwenden. So nun auch BFH, BStBl 1994 II 319: **keine** AfA-Befugnis.

Die Rechtsgrundsätze dieses Urteils sind in allen Fällen anzuwenden, in denen der Vermächtnisnießbrauch **nach** dem 31.5.1994 notariell beurkundet worden ist. Ist der Vermächtnisnießbrauch **vor** dem 1.6.1994 notariell beurkundet worden, ist der Nießbraucher weiterhin zum Abzug der Gebäude-AfA nach Maßgabe der Rdn. 51, 41 des BMF-Schr. vom 15.11.1984 (Nießbrauchserlaß) berechtigt (BMF-Schr. vom 22.4.1994, BStBl I 258).

8.6 Quoten- und Bruchteilsnießbrauch

Ein **Quotennießbrauch** liegt vor, wenn dem Nießbraucher ein **bestimmter Anteil** an den **Einkünften** des Grundstücks zusteht; ein **Bruchteilsnießbrauch** liegt vor, wenn der Nießbrauch an einem **Bruchteil** eines **Grundstücks** bestellt wird (Tz. 14 Erlaß).

Bei Vermietung gelten für die Gemeinschaft von Nießbraucher und Eigentümer die Grundsätze in Tz. 10 bis 12 Erlaß entsprechend; im übrigen vgl. Tz. 13 Erlaß.

Der Eigentümer kann AfA auf das Gebäude und andere Aufwendungen nicht abziehen, soweit sie auf den mit dem Nießbrauch belasteten Eigentumsanteil entfallen (Tz. 24a Erlaß).

8.7 Bruttonießbrauch

Ein Bruttonießbrauch liegt vor, wenn sich der Nießbrauchbesteller verpflichtet, die den Nießbrauchberechtigten nach § § 1041, 1045, 1047 BGB treffenden Kosten und Lasten zu tragen, so daß dem Nießbraucher die Bruttoerträge verbleiben (Tz. 10 Erlaß). Diese Gestaltung beeinträchtigt die steuerliche Anerkennung nicht, insbesondere nicht die Vermieterstellung des Nießbrauchers (Erlaß, a. a. Q).

8.8 Dingliches Wohnrecht

8.8.1 Nutzungswertbesteuerung und Werbungskostenabzug

Die für den Nießbrauch (und zwar den Quoten- und Bruchteils-Nießbrauch) geltenden Grundsätze sind entsprechend anzuwenden (n. 52 i. V. m. Tz. 24a Erlaß).

Das bedeutet z. B. beim **vorbehaltenen** dinglichen Wohnrecht:

– Der Berechtigte hatte den Nutzungswert der Wohnung i. S. des § 21 Abs. 2 **1. Alt.** grds. letztmals im VZ 1986 zu versteuern, also ab VZ 1987 nicht mehr zu versteuern.
– Die Übergangsregelungen des § 52 Abs. 21 S. 2 ff. sind ggf. anwendbar.

Zu beachten ist, daß der Eigentümer AfA auf das Gebäude nicht in Anspruch nehmen kann, soweit sie auf den mit dem Wohnrecht belasteten Gebäudeteil entfallen. Entsprechendes gilt für den Abzug anderer Aufwendungen (Tz. 52a).

Bei der Aufteilung der AfA und der Hausaufwendungen kann grds. davon ausgegangen werden, daß sie auf das gesamte Gebäude entfallen (Aufteilung nach dem Verhältnis der Nutzflächen) (Einzelnachweis ist aber möglich).

Beispiel:

Ein Zweifamilienhaus – Bauantrag 5.1.1985 – wurde 1986 fertiggestellt. Eine Wohnung bewohnte in 1986 der heutige Eigentümer (Sohn S) selbst. Die andere Wohnung wurde von seinem Vater A aufgrund eines im Grundbuch eingetragenen Vorbehalts-Wohnrechts bewohnt. Das Wohnrecht hat sich A bei Eigentumsübertragung zum 1.12.1986 vorbehalten. Auswirkung im VZ 1997?

Bei der Wohnung des **A** liegt ein dingliches Vorbehaltswohnrecht vor. A hatte den Nutzungswert der von ihm aufgrund des Wohnrechts genutzten Wohnung in 1986 nach § 21 Abs. 2 **1. Alt.** zu versteuern (als „Quasi-Eigentümer"), Tz. 52 i. V. m. Tz. 39 Erlaß. Die Einkunftsermittlung erfolgte nach § 21a. Ein „Altfall" i. S. des § 21a Abs. 7 liegt nicht vor, da A den Bauantrag als Eigentümer nach dem 29.7.1981 gestellt hat. Das Wohnrecht ist auch **keine** „Vermietung einer Wohnung" als Ausnahmefall i. S. des § 21a Abs. 1 Satz 3. A konnte ggfs. die erhöhte AfA nach § 7b – nur für seine Wohnung – wie zuvor als Eigentümer geltend machen (bis VZ 1993 einschließlich).

Die Wohnung ist im VZ 1997 mithin steuerlich **nicht** relevant.

S hatte den Nutzungswert der von ihm selbst genutzten Wohnung in 1986 ebenfalls nach § 21a zu ermitteln (Erwerb durch obligatorisches Rechtsgeschäft nach dem 29.7.1981, vgl. § 21a Abs. 7 Nr. 1). § 21a Abs. 1 Satz 3 Nr. I fand keine Anwendung, weil hinsichtlich der dem Vater A überlassenen Wohnung keine Vermietung erfolgt. S kann ggfs. die erhöhte AfA – nur für seine Wohnung – nach § 11d Abs. 1 EStDV fortführen, hier bis VZ 1993 einschließlich.

Die Wohnung ist im VZ 1997 mithin steuerlich **nicht** relevant.

Die Übergangsregelung § 52 Abs. 21 Satz 2 ist bei **A und S nicht** anwendbar

8.8.2 Entgeltlicher Erwerb eines wohnrechtsbelasteten Gebäudes

Wird ein dingliches Wohnrecht bei einer **(entgeltlichen)** Grundstücks**veräußerung** zurückbehalten, so können die zur AfA berechtigenden Anschaffungskosten des Eigentümers für den **unbelasteten** Teil des Gebäudes u. E. wie folgt ermittelt werden:

Der Kapitalwert des Wohnrechts gehört zwar nicht zu den Anschaffungskosten. Es ist jedoch davon auszugehen, daß der Eigentümer für den **belasteten** Teil **entsprechend weniger** aufgewendet hat.

Vgl. BMF-Schreiben vom 31.12.1994 (zu § 10e), BStBl I 626, Tz 55 und 10.7.3.8.1.4.

Beispiel:

A erwirbt ein Zweifamilienhaus mit 2 gleichwertigen Wohnungen (Verkehrswert 400 000 DM). Hierfür ist eine Kaufpreiszahlung von 310 000 DM zu erbringen. Der Kapitalwert eines vorbehaltenen dinglichen Wohnrechts beträgt 90 000 DM. Ermittlung:

Kaufpreiszahlung	310 000 DM
+ Kapitalwert Wohnrecht	90 000 DM
	400 000 DM

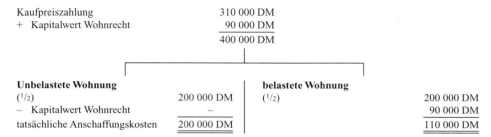

Unbelastete Wohnung		**belastete Wohnung**	
(¹/₂)	200 000 DM	(¹/₂)	200 000 DM
− Kapitalwert Wohnrecht	−		90 000 DM
tatsächliche Anschaffungskosten	200 000 DM		110 000 DM

Die AfA des Eigentümers bemißt sich von 200 000 DM. Für den belasteten Teil (Anschaffungskosten 110 000 DM) ist **keine** AfA beim Eigentümer zulässig (Tz. 52a Erlaß).

8.8.3 AfA für Eigentümer nach Erlöschen des Vorbehaltsnießbrauchs

8.8.3.1 Grundsatz

Die **AfA-Berechtigung des Eigentümers beginnt erst mit dem Erlöschen des Vorbehaltsnießbrauchs** (**Tz. 47** Nießbrauch-Erlaß).

Das gilt auch für eigene zusätzliche Herstellungskosten des Eigentümers.

Für die **AfA-Bemessungsgrundlage nach Erlöschen des Nießbrauchs** muß zwischen dem **entgeltlichen** und dem **unentgeltlichen Erwerb des Grundstücks** unterschieden werden. Für diese Unterscheidung sind die allgemeinen Grundsätze heranzuziehen (**Tz. 50** Nießbrauch-Erlaß)

8.8.3.2 Entgeltlicher Erwerb

Wenn das Grundstück entgeltlich unter Vorbehalt des Nießbrauchs erworben worden ist, **bemessen** sich die **AfA nach Erlöschen des Vorbehaltsnießbrauchs nach den Anschaffungskosten des Eigentümers** (Tz 48 Nießbrauch-Erlaß).

Der Kapitalwert **des Nießbrauchs gehört nicht zu den Anschaffungskosten.**

Die AfA-Bemessungsgrundlage **erhöht** sich um die vom Eigentümer **aufgewendeten zusätzlichen Herstellungskosten.**

Nach **Tz. 48** des Nießbrauch-Erlasses ist das dem Eigentümer nach Beendigung des Vorbehaltsnießbrauchs zur Verfügung stehende **AfA-Volumen um die AfA-Beträge zu kürzen, die von den Anschaffungskosten des Eigentümers auf den Zeitraum zwischen der Anschaffung des Grundstücks und dem Erlöschen des Nießbrauchs entfallen.** Denn der Eigentümer konnte, **solange der Vorbehaltsnießbrauch lief, auch auf seine eigenen Anschaffungs- und Herstellungskosten keine AfA oder erhöhte Absetzungen in Anspruch nehmen, weil er in dieser Zeit** keine Einnahmen aus dem mit dem Vorbehaltsnießbrauch belasteten Grundstück erzielte. Würde **man das AfA-Volumen nicht um die auf diesen Zeitraum entfallenden fiktiven AfA-Beträge kürzen, so würde dies zu einer Nachholung der auf diesen Zeitraum entfallenden AfA führen.**

Beispiel:

X verkauft ein 20 Jahre altes Gebäude (Herstellungskosten 300 000 DM) an Y für 450 000 DM (ohne Grund und Boden). Er behält sich dabei lebenslänglich den Nießbrauch daran vor. X stirbt nach 10 Jahren.

Auch nach dem Verkauf des Grundstücks entfallen auf X die AfA in Höhe von jährlich 2 v. H. aus seinen Herstellungskosten von 300 000 DM. Solange der Vorbehaltsnießbrauch läuft, kann Y weder für seine Anschaffungskosten von 450 000 DM noch sonstige Werbungskosten geltend machen, denn er erzielt keine Einnahmen aus dem nießbrauchbelasteten Grundstück.

Mit dem Erlöschen des Vorbehaltsnießbrauchs durch den Tod des X kann Y AfA in Höhe von 2 v. H. seiner Anschaffungskosten von 45 000 DM = jährlich 9 000 DM geltend machen. Das AfA-Volumen beträgt jedoch nur 360 000 DM, denn die Bemessungsgrundlage (= 450 000 DM) wird um 10 × 9 000 DM AfA-Beträge gekürzt, die auf Zeit vom Erwerb des Grundstücks bis zum Ende des Nießbrauchs entfallen.

8.8.3.3 Unentgeltlicher Erwerb

Auch im Falle der **unentgeltlichen Übertragung** eines Grundstücks unter Vorbehalt des Nießbrauchs bleibt die **AfA-Berechtigung des Vorbehaltsnießbrauchers erhalten**. Der **neue Eigentümer** hatte in diesem Fall keine eigenen Anschaffungskosten. Als unentgeltlicher Rechtsnachfolger kann er lediglich die AfA seines Rechtsvorgängers nach **§ 11d Abs. 1 EStDV fortführen**. Da er jedoch, solange der Vorbehaltsnießbrauch besteht, keine Einnahmen aus dem nießbrauchbelasteten Grundstück erzielt, kann er auch diese AfA nicht beanspruchen. **Endet der Vorbehaltsnießbrauch, ist für die Ermittlung der Bemessungsgrundlage für die AfA beim Erwerber allerdings § 11d Abs. 1 EStDV maßgebend. Aber auch hier ist das AfA-Volumen um die AfA zu kürzen, die der Vorbehaltsnießbraucher während des Bestehens des Vorbehaltsnießbrauchs in Anspruch genommen hat** (Tz. 49 Nießbrauch-Erlaß). **Außerdem ist das AfA-Volumen** aber auch um die AfA-Beträge zu kürzen, die der Vorbehaltsnießbraucher **früher als Eigentümer geltend** gemacht hat.

Beispiel:
A überträgt sein 20 Jahre altes Gebäude (Herstellungskosten 360 000 DM) seiner Tochter T und behält sich auf Lebenszeit den Nießbrauch daran vor. A stirbt nach 10 Jahren.
A kann zunächst weiterhin 2 v. H. aus seinen Herstellungskosten von 360 000 DM = jährlich 7 200 DM AfA in Anspruch nehmen. T hat keine Einnahmen und kann damit weder Werbungskosten nach AfA geltend machen.

Nach dem Tode des A und damit dem Erlöschen des Vorbehaltsnießbrauchs erhält T die Gebäude-AfA nach § 11d Abs. 1 EStDV aus den Herstellungskosten des A von 360 000 DM. Das AfA-Volumen beträgt jedoch nur 154 000 DM, da von den ursprünglichen 360 000 DM bereits 216 000 DM (= **30** × 2 v. H. aus 360 000 DM) abgesetzt sind.

8.8.4 Schenkung eines Betriebsgrundstücks unter Nießbrauchsvorbehalt

Behält sich der Eigentümer eines **Betriebsgrundstücks** bei einer **Schenkung** des Grundstücks den Nießbrauch an dem Grundstück vor und nutzt er das nießbrauchsbelastete Grundstück wie bisher betrieblich, so treten nachstehende Rechtsfolgen ein (vgl. BFH, BStBl 1989 II 763 und 1990 II 368):

a) Entnahme des Grundstücks

Mit der Übertragung des Eigentums an dem Grundstück auf den Empfänger wird der zum Betriebsvermögen des Stpfl. (Gewerbetreibenden) gehörenden Grundstücks als Ganzes **entnommen** und das Nießbrauchsrecht ist erst nach diesem Zeitpunkt im privaten Vermögensbereich entstanden.

Die Entnahme ist mit dem **Teilwert** (§ 6 Abs. 1 Nr. 4) anzusetzen und führt zur **Aufdeckung sämtlicher stiller Reserven** aus dem Grundstück. Vgl. BFH, BStBl 1974 II 481.

b) Keine Einlage des Vorbehaltsnießbrauchs, aber Abzug eigener Aufwendungen

Der **Vorbehaltsnießbraucher** kann das Nießbrauchsrecht **nicht** mit dem Teilwert in sein Betriebsvermögen einlegen (BFH, BStBl 1989 II 763 und BFH, BStBl 1990 II 368; vgl. auch BFH, BStBl 1991 II 82 betr. **betriebl.** Arbeitszimmer bei Miteigentum von Ehegatten).

Der Vorbehaltsnießbraucher kann aber seine **eigenen Aufwendungen,** die im Zusammenhang mit dem betrieblich genutzten Grundstück stehen, durch Absetzung einer entsprechenden **Einlage gewinnmindernd** berücksichtigen, soweit er kraft Gesetzes oder Vertrags verpflichtet ist (vgl. BFH, Beschluß des Großen Senats, BStBl 1988 II 348). Zu diesen Aufwendungen rechnen auch die abschreibbaren Anschaffungs- oder Herstellungskosten, die der Nießbraucher selbst getragen hat. Die AfA ist im Wege der Aufwandseinlage geltend zu machen (Buchung: „AfA an Neueinlage").

Die jährlichen AfA-Beträge auf das Nutzungsrecht können dabei im Ergebnis nicht höher sein als die AfA auf den genutzten Gegenstand selbst. Der BFH ließ offen, ob die AfA für das Wirtschaftsgut „Nutzungsrecht an einem Grundstück" nach § 7 Abs. I oder nach den Vorschriften über die Gebäude-AfA vorzunehmen ist.

Dabei ist nicht der **Entnahmewert**, sondern es sind die „historischen" Anschaffungskosten anzusetzen (BFH, BStBl 1990 II 368; vgl. H 31a „Nutzungsrechte").

c) Rechtsfolgen bei Erlöschen des Nießbrauchsrechts in „Altfällen"

Das Erlöschen des Nießbrauchsrechts durch den Tod des Nießbrauchers führt zu **keiner** erfolgswirksamen Ausbuchung eines etwaigen – in „Altfällen" noch aktivierten – Restbuchwerts **(keine** Teilwertabschreibung); vgl. BFH, BStBl 1989 II 763.

Dies muß lt. BFH bereits daran scheitern, daß unentgeltlich erworbene Nutzungsrechte bei der Gewinnermittlung nur insoweit berücksichtigt werden können, als dem Nutzungsberechtigten eigene betrieblich veranlaßte Aufwendungen entstanden sind. Das durch den Tod des Rechtsinhabers bedingte Erlöschen des Nießbrauchsrechts steht jedoch ersichtlich in keinem Zusammenhang mit Aufwendungen des Nießbrauchers, die dieser als Betriebsausgaben geltend machen könnte.

Der BFH ließ u. a. offen, ob das Erlöschen des Nießbrauchsrechts durch den Tod des Berechtigten ein außerbetrieblichen Vorgang hat, der die erfolgsneutrale Ausbuchung dieses Wirtschaftsguts gebietet.

8.8.5 Zuwendungsnießbrauch an Betriebsgrundstück

Ein dinglich gesichertes Nutzungsrecht ist zwar grundsätzlich einlagefähig. Das gilt jedoch nicht für unentgeltlich erlangte Nutzungsrechte. Hier ist die Einlage auf die eigenen Aufwendungen begrenzt. Da der Zuwendungsnießbraucher die Anschaffungs- oder Herstellungskosten des Gebäudes jedoch **nicht** getragen hat, kommt die Gewährung von AfA **auch nicht** über den Rechtsgedanken des § 11d Abs. 1 EStDV in Betracht (BFH, BStBl 1990 II 888).

8.9 Ablösung des Nießbrauchs

Ablösungszahlungen sind wie folgt zu behandeln:

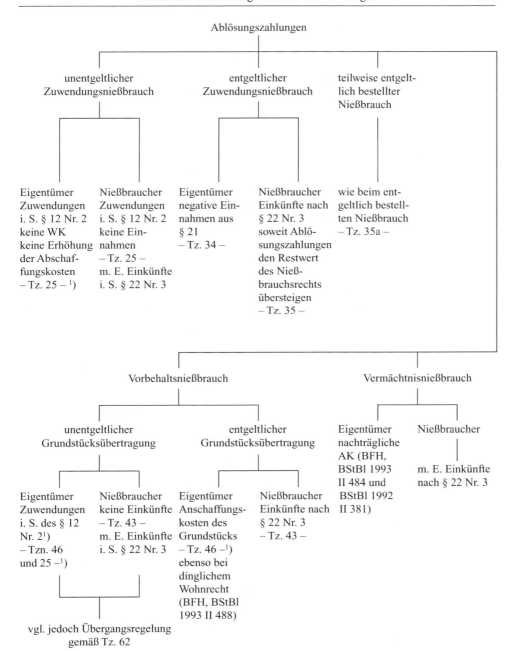

---

[1]) **a.A.** der BFH: Nach BStBl 1993 II 485 liegen nachträgliche AK des Grundstücks vor. Vom Eigentümer geleistete Zahlungen zur **Wiedereintragung** eines **Vorbehaltsnießbrauchs** stellen nachträgliche AK dar (auch bei unentgeltlichem Erwerb); BFH, BStBl 1993 II 486 **gegen** TZ 25 und 46 des BMF-Schr. v. 15. 11. 1984.

8.10 Obligatorische Nutzungsrechte

Nach § 21 Abs. 2 2. Alt. war **bis VZ 1986** einschließlich auch der Nutzungswert einer dem Stpfl. ganz oder teilweise unentgeltlich überlassenen **Wohnung** zu versteuern.

Ab VZ 1987 ist die Nutzungswertbesteuerung für eine mit gesicherter Rechtsposition ganz oder teilweise unentgeltlich überlassene Wohnung ohne Übergangsregelung entfallen (§ 52 Abs. 21 Satz 1, Abschnitt II Nr. 6 des BMF-Schreiben vom 19.9.1986, a.a.O. und R 162 Abs. 1 Satz 2).

Hiervon **ausgenommen** sind

- die Überlassung einer Wohnung durch **Eltern** an **minderjährige Kinder** (vgl. Tz. 4a Nießbrauchserlaß).

- **Nutzungsrechte,** die **durch Baumaßnahmen des Berechtigten** geschaffen worden sind (i.S. des BMF-Schreibens vom 4.6.1986, BStBl I 318), d.h. hier gilt ggf. § 52 Abs. 21 S. 2 ff..

Beispiel: Ein Kind errichtet auf dem Grundstück der Eltern ein selbstgenutztes Gebäude.

In diesen Fällen kommt noch die große Übergangsregelung in Betracht (§ 52 Abs. 21 Satz 2).

Die folgenden Ausführungen haben noch Bedeutung für die Übergangsregelungen des § 52 Abs. 21 S. 2 ff. (Geltung **nur** für die **alten** Bundesländer und nur **bis VZ 1998 einschl.**)

8.10.1 Unentgeltliche Überlassung einer Wohnung mit gesicherter Rechtsposition

Wird eine Wohnung aufgrund eines unentgeltlich bestellten Nutzungsrechts von dem Berechtigten selbst zu Wohnzwecken genutzt, so hatte der Nutzende den Nutzungswert nach § 21 Abs. 2 2. Alt. bis VZ 1986 einschließlich zu versteuern, wenn er die Wohnung aufgrund einer gesicherten Rechtsposition nutzt (Tz. 54 Satz 1 Erlaß). Insoweit kommt der Wortlaut des § 21 Abs. 2 2. Alt. zum Tragen (Stpfl. = Nutzender). Dies gilt auch bei einem im Rahmen einer Grundstücksübertragung **vorbehaltenen** obligatorischen Nutzungsrecht (BFH, BStBl 1986 II 327). Überläßt aufgrund eines solchen Rechts der Nutzungsberechtigte eine Wohnung unentgeltlich dem **Eigentümer,** so hatte bis 1986 letzterer den Nutzungswert nach § 21 Abs. 2 **2. Alt.** zu versteuern. Die Eigentümerstellung tritt zurück **(kein** Fall des § 21 Abs. 2 1. Alt.); vgl. BFH, BStBl 1984 II 366 und 371.

Gesicherte Rechtsposition bedeutet, daß **kein Entzug der Nutzung für eine fest bestimmte Zeit** möglich ist (Tz. 54 Satz 2 Erlaß).

Eine **Begründung** ist durch **dingliches,** aber auch durch ein **obligatorisches,** also lediglich schuldrechtliches (vertragliches) Nutzungsrecht möglich.

Ein solches obligatorisches Nutzungsrecht kann durch **Miet-** oder **Leihvertrag** begründet werden.

Bei unentgeltlicher Einräumung des Nutzungsrechts kommt praktisch nur ein Leihvertrag (§ 598 BGB) in Betracht. Eine **Schenkung** wird vom BFH (BStBl 1984 II 366 und 371) in diesem Zusammenhang **verneint.**

Die FinVerw hat die vom BFH geforderte Voraussetzung der „festbestimmten Zeit" so interpretiert, daß der Entzug der Nutzung für **mindestens 1 Jahr** nicht möglich sein darf (Tz. 54 Satz 3 Erlaß).

Dies erscheint im Hinblick auf die Abschnittsbesteuerung nach dem Kalenderjahr (§ 2 Abs. 7) eine vertretbare Interpretation (gl. A. Stuhrmann, DStR 1984, 744). Lediglich einige Monate reichen mithin nicht aus.

Nach Ablauf der Mindestlaufzeit kann eine gesicherte Rechtsposition nur noch bei Verlängerung um mindestens ein Jahr oder Aufhebungsmöglichkeit nicht vor Ablauf eines weiteren Jahres anerkannt werden (Tz. 54 letzter Satz Erlaß).

Lt. BFH ist keine besondere Form der Vereinbarung erforderlich. Auch der Erlaß fordert für diesen Personenkreis (Fremde) nicht Schriftform, daher ist eine **mündliche Vereinbarung ausreichend.**

8.10.2 Gesicherte Rechtsposition bei Überlassung an Angehörige

Die allgemeinen Voraussetzungen „ernsthafte Vereinbarung" und „tatsächliche Durchführung" für die Anerkennung dinglicher Nutzungsrechte zugunsten Angehöriger (Tz. 2 und 3 Erlaß) gelten auch für schuldrechtliche Nutzungsrechte (Tz. 53 Satz 1 Erlaß).

Während noch Tz. 53 Satz 2 Erlaß für die Anerkennung einer gesicherten Rechtsposition zugunsten Angehöriger regelmäßig einen **schriftlichen** Überlassungsvertrag fordert, obwohl die Leihe (§ 598 BGB) formfrei ist, sehen **nunmehr** die FinVerw und der BFH die **Schriftform** hier **nicht** als **unabdingbare** Voraussetzung an.

Bedeutsam sind u. a. die

— Laufzeit des (wenn auch mündlich vereinbarten) Nutzungsrechts,
— Beteiligung des Nutzungsberechtigten an der Finanzierung.

Nach dem Urteil des Hess. FG vom 19. 6. 85 (DB 1986, 2001 – rkr., Nichtzulassungsbeschwerde zurückgewiesen) ist der Nutzungswert einer Wohnung dem unentgeltlich Nutzenden gemäß § 21 Abs. 2 2. Alt. **auch zuzurechnen,** wenn die Nutzung **nur mündlich vereinbart** ist oder sich konkludent aus den Umständen ergibt. Dies ist regelmäßig anzunehmen, wenn die Wohnung „**nicht nur für einen kurzen und unbedeutenden Zeitraum**" genutzt wird.

Maßgebend sind das Gesamtbild der Verhältnisse sowie ein bereits jahrelanger Vollzug der (mündlichen) Vereinbarung.

Die Zurückweisung der Nichtzulassungsbeschwerde durch den BFH läßt erkennen, daß das Urteil sich mit der BFH-Rechtsprechung im Einklang befindet (vgl. § 115 Abs. 2 Nr. 2 FGO).

Aufgrund des Urteils ist meist eine Zurechnung des Nutzungswerts beim Nutzenden vorzunehmen (§ 21 Abs. 2 Satz 1).

Die Verwaltung ist diesem Urteil gefolgt (Weitergeltung von R 164b EStR **1990**).

Mit der Bejahung der gesicherten Rechtsposition entfällt die Anwendung der Übergangsregelung (§ 52 Abs. 21 S. 2 ff.) **ab VZ 1987** (BMF-Schreiben vom 19. 09. 1986, Abschn. II Nr. 6).

Beispiele:
1. Stpfl. hat sich durch schriftlichen Vertrag verpflichtet, seinem Neffen bis zur Beendigung der Ausbildung eine Wohnung unentgeltlich zu überlassen. Die Ausbildung dauert noch mindestens ca. drei Jahre. Der Nutzungswert ist dem Nutzenden (Neffen) gemäß § 21 Abs. 2 2. Alt. zuzurechnen (gesicherte Rechtsposition). Es liegt ein Leihvertrag (§ 598 BGB), kein Schenkungsversprechen, vor. Der Entzug der Nutzung ist zwar nicht kalendermäßig fest bestimmt, aber mit einiger Sicherheit nicht vor Ablauf eines Jahres möglich. – **Keine Besteuerung mehr ab VZ 1986** –.
2. A erbt das Vermögen des B, u. a. ein Mietwohngrundstück. A muß jedoch auf Grund eines Vermächtnisses seinem Neffen C unentgeltlich eine Wohnung auf Lebzeit des C überlassen. Ein Vermächtnisnehmer hat stets eine gesicherte Rechtsposition, daher Zurechnung des Nutzungswerts auf C. – **Keine Besteuerung mehr ab VZ 1986** –.

In beiden Fällen erfolgt **keine** Übergangsregelung (§ 52 Abs. 21 S. 2).

Eine gesicherte Rechtsposition wird auch angenommen, wenn das **Nutzungsrecht durch Baumaßnahmen der Berechtigten** geschaffen wurde (BMF-Schreiben vom 4. 6. 1986, BStBl I 318).

Beispiel:
A errichtet in 1986 auf dem Grundstück seiner Eltern ein Einfamilienhaus, das er selbst bezieht. Schriftliche Vereinbarungen liegen nicht vor.

Der Nutzungswert ist A nach § 21 Abs. 2 2. Alt. zuzurechnen. Bei durch Baumaßnahmen der Berechtigten geschaffenen Nutzungsrechten sind daher die **Übergangsregelungen des § 52 Abs. 21 S. 2 ff. anwendbar** (BMF-Schreiben vom 19. 9. 1986, a. a. O., Abschn. II Nr. 1a).

§ 10e soll jedoch nicht anwendbar sein (BMF-Schreiben vom 31. 12. 1994, a. a. O., Tz 5, 17), solange kein Eigentumserwerb (durch Aufgabe des Aufwendungsersatzanspruchs) erfolgt ist.

8.10.3 Fehlende gesicherte Rechtsposition

Liegt keine gesicherte Rechtsposition vor, hat die **Nutzung** des **Eigentümers Vorrang:** dann erfolgt die **Zurechnung** des Nutzungswerts auf den **überlassenden (Eigentümer)** gemäß § 21 Abs. 2 **1. Alt.** (Tz. 54c Erlaß; R 162 Abs. 4 S. 1). Es liegt lediglich eine besondere Form der Selbstnutzung vor (sogenannte „**verlängerte**" Selbstnutzung).

Dann gelten die Übergangsregelungen des § 52 Abs. 21 S. 2 ff. vgl. hierzu 7.10.2 und BMF-Schreiben vom 19. 9. 1986 (a. a. O.), Abschnitt II Nr. 1a.

Beispiele:
A hat es einem in Not geratenen Bekannten bis auf weiteres gestattet, die Dachwohnung seines Hauses zu bewohnen. Bürgerlichrechtlich handelt es sich um eine Leihe, die auch mündlich vereinbart werden kann (formfrei).
A kann die Räumung jedoch jederzeit verlangen, daher Zurechnung auf ihn als Eigentümer gemäß § 21 Abs. 2 1. Alt.

8.10.4 Überlassung an minderjährige Kinder

Bei Überlassung an ihre minderjährigen Kinder ist die **Nutzung** der **Eltern vorrangig** (da minderjährige Kinder den Wohnsitz der Eltern teilen – § 11 BGB – und der elterlichen Sorge unterliegen).

Hier ist keine steuerliche Anerkennung einer – wenn auch zivilrechtlich wirksamen – schuldrechtlichen (oder dinglichen) Vereinbarung möglich.

Der Nutzungswert wird gemäß § 21 Abs. 2 **1. Alt.** bei den **Eltern** angesetzt (Tz. 4a Erlaß).

Beispiel:
Eltern überlassen in 1986 in ihrem Zweifamilienhaus eine Wohnung unentgeltlich ihrer 17jährigen Tochter aufgrund eines schriftlichen (Leih-)Vertrages mit einer festen Laufzeit von fünf Jahren.
Der Nutzungswert ist den Eltern zuzurechnen.
Die Übergangsregelungen § 52 Abs. 21 S. 2 ff. sind **anwendbar**.

8.10.5 Übersicht

Zurechnung des Nutzungswerts einer unentgeltlich überlassenen Wohnung

gesicherte Rechtsposition (dingl. oder obligatorisches Nutzungsrecht)	keine gesicherte Rechtsposition
Zurechnung Mietwert: beim **Nutzenden** (§ 21 Abs. 2 2. Alt.) **Übergangsloser Wegfall ab VZ 1987**	Zurechnung Mietwert: beim **Überlassenden** (§ 21 Abs. 2 1. Alt.)
Ausnahme: Minderjährige Kinder (Nutzung durch Eltern trotz dingl./schuldrechtl. Vereinbarung vorrangig, also: Zurechnung auf Eltern § 21 Abs. 2 1. Alt. **Übergangsregelung § 52 Abs. 21 S. 2 nicht** anwendbar	Übergangsregelung § 52 Abs. 21 S. 2 ff. anwendbar

8.10.6 AfA-Berechtigung und Abzug von Aufwendungen als WK bei unentgeltlicher Wohnungsüberlassung

Der Umfang des Werbungskostenabzugs ist davon abhängig, ob eine gesicherte Rechtsposition des Nutzungsberechtigten vorliegt oder nicht.

- **Ohne gesicherte Rechtsposition des Nutzenden**

In diesem Fall kann der Eigentümer die Hausaufwendungen und die Gebäude-AfA auch als WK abziehen, soweit sie auf die unentgeltlich überlassene Wohnung entfallen (Tz. 54c Erlaß).

Er kann mithin sämtliche WK sowie die ganze Gebäude-AfA abziehen, da er auch den Nutzungswert versteuert (grds. nur bis VZ 1986, **aber Übergangsregelungen § 52 Abs. 21 S. 2 ff. anwendbar).**

- **Bei gesicherter Rechtsposition des Nutzenden**

Der Grundstückseigentümer kann AfA und andere Werbungskosten nur geltend machen, soweit er Einnahmen erzielt (Tz. 54d Erlaß und z. B. BFH, BStBl 1985 II 720, 1985 II 390 und BStBl 1986 II 327). Der obligatorisch Berechtigte ist ebenfalls hinsichtlich der Aufwendungen des **Eigentümers** nicht zum Abzug berechtigt (BFH, BStBl 1986 II 327).

Als Konsequenz ergibt sich insoweit ein „Leerlauf" der Hausaufwendungen und der AfA, da keiner sie geltend machen kann (weder Eigentümer noch Nutzungsberechtigter).

Dies entspricht der Behandlung beim dinglichen Wohnrecht (Tz. 52a Erlaß) sowie beim zum Vergleich heranzuziehenden Quoten- und Bruchteilsnießbrauch (Tz. 24a Erlaß).

Der Nutzende kann jedoch **eigene** „durch diese Einkunftsart veranlaßten Aufwendungen" als WK abziehen. Dazu zählt auch die Gebäude-AfA, soweit er als Nutzungsberechtigter Anschaffungs- oder Herstellungskosten des Wirtschaftsgutes Gebäude getragen hat. Dabei kommt es nicht darauf an, ob er zivilrechtlicher oder wirtschaftlicher Eigentümer des Gebäudes ist (BFH, BStBl 1985 II 453).

Dies muß konsequenterweise auch für eigene Aufwendungen des unentgeltlichen **Zuwendungsnießbrauchers** gelten.

8.10.7 Teilweise unentgeltliche Überlassung einer Wohnung

Ist bei Vermietung einer Wohnung nicht die ortsübliche Miete zu zahlen, ist die **Nutzungsüberlassung** in einen **entgeltlichen** und einen **unentgeltlichen Teil aufzuteilen, wenn das Nutzungsentgelt (Kaltmiete zuzüglich gezahlte Umlagen, vgl. R 162 Abs. 5 Satz 2) weniger als 50 v. H. der ortsüblichen Miete (Marktmiete)** beträgt (§ 21 Abs. 2 S. 2). Diese Regelung gilt erstmals **ab dem Veranlagungszeitraum 1987,** und zwar sowohl bei einer Überlassung an Fremde als auch an (nahe) Angehörige.

Umlagefähige Kosten gehören zur Marktmiete.

Die Regelung gilt **nicht** bei einer verbilligten Überlassung zu **anderen** als Wohnzwecken.

Dies hat zur Folge, daß der Teil der Aufwendungen, der auf den unentgeltlich überlassenen Teil der Wohnung entfällt, vom Eigentümer nicht als Werbungskosten bei der Ermittlung der Einkünfte abgezogen werden kann.

Beträgt die tatsächlich gezahlte Miete **weniger als 50 v. H.** der Marktmiete, sind die auf die vermietete Wohnung entfallenden **Aufwendungen nach dem Verhältnis der ortsüblichen Miete zur tatsächlich gezahlten Miete** in einen als Werbungskosten abzugsfähigen Teil und einen nicht abzugsfähigen Teil **aufzuteilen.**

Bei einer verbilligten Wohnungsüberlassung kann somit der volle Werbungskostenabzug beim Eigentümer nur erhalten bleiben, wenn das Entgelt für die Nutzungsüberlassung mindestens in Höhe von 50 v. H. der Marktmiete gezahlt wird.

Eine **Mietverbilligung** ist **ab VZ 1987 nicht mehr zu besteuern** (§ 52 Abs. 21 Satz 1). Die Übergangsregelungen § 52 Abs. 21 S. 2 ff. sind **nicht** anwendbar.

Beispiele:
1. A vermietet eine Eigentumswohnung an einen Angehörigen. Die monatliche Miete beträgt 600 DM zuzüglich 100 DM Umlagen, die ortsübliche Miete 1 000 DM (Kaltmiete 850 DM zuzüglich 150 DM umlagefähige Kosten).
   – Einnahmen § 21 Abs. 1 Nr. 1   8 400 DM
   – kein Ansatz einer Mietverbilligung mehr als Einnahmen
   – Es ist keine Kürzung der Werbungskosten vorzunehmen, da die tatsächliche Miete mindestens 50% der ortsüblichen Miete beträgt, § 21 Abs. 2 Satz 2.
2. Abwandlung von a): Die Wohnung ist an einen Angehörigen vermietet, der nur 400 DM monatlich (Miete und Umlagen) zu zahlen hat.
   – Einnahmen   4 800 DM
   – Kein Ansatz einer Mietverbilligung als Einnahmen
   – Nur 40% der Hausaufwendungen und der AfA sind als Werbungskosten abzugsfähig.

8.10.8 Abgrenzung zwischen Teilentgeltlichkeit und Unentgeltlichkeit

Eine (ganz) unentgeltliche Nutzungsüberlassung liegt nicht nur vor, wenn keinerlei Gegenleistung erbracht wird, sondern auch, wenn bei der vereinbarten „Miete" im Verhältnis zur Marktmiete wirtschaftlich betrachtet nicht mehr von einem Entgelt im Rahmen eines Mietvertrags ausgegangen werden kann (Tz. 53a Erlaß).

Dies dürfte der Fall sein bei einer Gegenleistung von nicht mehr als 10% des ortsüblichen Mietwerts (Stephan, DB Beilage 3/1985, S. 5 (zu Tz. 9 Erlaß).

Beispiel:

Der Stpfl. A „vermietet" aufgrund schriftlichen Mietvertrags mit fünfjähriger Vertragsdauer eine Wohnung seines Zweifamilienhauses an seinen volljährigen Sohn für monatlich 50 DM.

Die ortsübliche Miete beträgt unstreitig 800 DM.

Es liegt eine unentgeltliche Nutzungsüberlassung vor.

Vater:

- Keine Einkünfte aus § 21 hinsichtlich der überlassenen Wohnung
- Kein Abzug der Hausaufwendungen und der Gebäude-AfA, soweit sie auf die überlassene Wohnung entfallen.

Sohn:

Zurechnung des Nutzungswerts gemäß § 21 Abs. 2 2. Alt. (gesicherte Rechtsposition); letztmals 1986 zu versteuern.

8.10.9 Weitervermietung durch Nutzungsberechtigten

Vermietet der Nutzungsberechtigte die Wohnung weiter, muß er die Einnahmen nach § 21 Abs. 1 Nr. 1 versteuern; bei bestehenden Mietverträgen ist eine rechtsgeschäftliche Übernahme der Mietverträge erforderlich, damit der Nutzungsberechtigte in die Vermieterstellung eintritt (Tz. 54b Erlaß).

Der Nutzungsberechtigte kann von ihm getragene Aufwendungen (incl. eines an den Eigentümer gezahlten Nutzungsentgelts) als WK abziehen. Das Vorliegen einer gesicherten Rechtsposition ist nur für die Zurechnung des Nutzungswerts i. S. der § 21 Abs. 2 relevant.

Einkünfte i. S. des § 21 Abs. 1 Nr. 1 sind demjenigen zuzurechnen, der den Tatbestand dieser Einkunftserzielung erfüllt, also die Vermieterstellung innehat (vgl. Tz. 1 Erlaß).

Folglich sind dem Nutzenden Einnahmen aus einer Weitervermietung auch ohne gesicherte Rechtsposition zuzurechnen.

8.10.10 Fehlgeschlagener Nießbrauch

Bei fehlgeschlagenem Nießbrauch oder fehlgeschlagenem dinglichen Wohnrecht (mangels Eintragung im Grundbuch) gelten ebenfalls die Grundsätze **obligatorischer** Nutzungsrechte (Tz. 5 Erlaß). Vgl. auch BFH, BStBl 1986 II 605. Die Eintragung kann dabei auch bewußt (z. B. aus Kostengründen) unterbleiben.

8.10.11 Vorbehaltenes obligatorisches Nutzungsrecht

Ein vorbehaltenes obligatorisches Nutzungsrecht liegt vor, wenn anläßlich einer Grundstücksübertragung eine obligatorische Nutzungsberechtigung eingeräumt wird.

Anders als beim Vorbehaltsnießbrauch, der als „Eigentumssplitter" (dingliches Nutzungsrecht) zurückbehalten wird, ist die Situation bürgerlich-rechtlich (BGH, NJW 1982, 2381) so, daß zunächst das Grundstück ohne Nutzungsberechtigung voll übertragen wird. Das obligatorische Nutzungsrecht wird erst im Gegenzug vom Erwerber eingeräumt. Bei einer **entgeltlichen** Übertragung stellt der nach dem BewG ermittelte **Kapitalwert** einen **Teil der Anschaffungskosten** des Erwerbers dar, Tz. 38 Erlaß ist ausdrücklich **nicht** anzuwenden. Der **Erwerber** erzielt in derselben Höhe **Einnahmen** aus VuV (§ 21 Abs. 1 Nr. 1), die er gemäß Tz 32 Erlaß auf bis zu 10 Jahre verteilen kann.

Zur Zurechnung des Nutzungswerts der Wohnung des schuldrechtlich **Nutzungsberechtigten** sowie des **Eigentümers,** dem die Wohnung vom Nutzungsberechtigten **unentgeltlich** überlassen worden ist, vgl. BFH, BStBl 1986 II 327 und vorstehend 8.10.1.

In dem o. a. Urteilsfall nutzte der Eigentümer u. a. einen Teil des übertragenen Gebäudes aufgrund eines mündlich vereinbarten Mietvertrages mit seinem Vater (Nutzungsberechtigter) für **eigengewerbliche Zwecke.**

Die vom Eigentümer an den Nutzungsberechtigten gezahlte Miete hat der BFH zum Abzug als BA zugelassen. Diese Rechtsprechung verstößt nicht gegen das GG (BVerfG-Beschluß vom 23.10.1986, StRK EStG § 21 Abs. 1 NutzRecht R. 28). Es darf sich aber **nicht** um **Versorgungsleistungen** handeln. Dies ist anzunehmen, wenn die Höhe der Gegenleistung nach dem Willen der Beteiligten **nicht** nach dem Nutzungswert des Grundstücks bemessen worden sind (BFH, BStBl 1986 II 714).

Die Behandlung des gewerblich genutzten Grundstücksteils als Betriebsvermögen und einem Abzug der anteiligen Gebäude-AfA als BA bei dem Eigentümer lehnen BFH und FinVerw ab. Beide wollen den BA-Abzug hinsichtlich der Gebäude-AfA für die Zeiträume nicht zulassen, für die der Eigentümer Mietaufwendungen als BA abzieht (BMF-Schreiben vom 14.4.1986, BStBl I 262; folgt m.E. auch aus BFH, BStBl 1988 II 348.

Ein bei einer Vermögensübertragung zugunsten des Übertragenden vereinbartes **obligatorisches Wohnrecht** führte – **bis 1986** – zur **Besteuerung** des Nutzungswerts beim **Nutzenden** (§ 21 Abs. 2 2. Alt.). Der **Eigentümer** kann die auf die Wohnung des Nutzenden entfallenden **Erhaltungsaufwendungen** als dauernde Last – auch ab 1986 weiterhin – gemäß § 10 Abs. 1 Nr. 1a als Sonderausgaben abziehen. Die Gebäude-AfA ist dabei **nicht** zu berücksichtigen (BFH, BStBl 1985 II 610). Es ist unbefriedigend, daß die AfA ggf. zur Nutzungsentnahme aus dem BV, nicht jedoch zur abzugsfähigen dauernden Last gehört.

8.10.12 Entgeltlicher Erwerb eines Grundstücks und Übernahme eines Nutzungsrechts

Sachverhalt:

Ein mit einem Nutzungsrecht belastetes Grundstück wird veräußert und zwischen Erwerber und Veräußerer das Fortbestehen des Nutzungsrechts vereinbart. Der Wert des Nutzungsrechts wird auf den Kaufpreis angerechnet (oder von vornherein ein entsprechend niedriger Kaufpreis zugrunde gelegt).

Beurteilung:

Behandlung beim: obligatorisches Nutzungsrecht	Veräußerer	Erwerber
a) entgeltlich bestellt	Der Veräußerer erstattet wirtschaftlich betrachtet dem Erwerber über die Minderung des Kaufpreises die bereits vereinnahmten, aber auf die Eigentumszeit des Erwerbers entfallenden Mietzinsen. Der Veräußerer hat damit insoweit negative Einnahmen aus Vermietung und Verpachtung. Das gleiche gilt, wenn der Veräußerer seinerseits ein mit einem obligatorischen Vorbehaltsnutzungsrecht belastetes Grundstück entgeltlich erworben hat (vgl. Tz. 53b Nießbrauchserlaß).	Der Grundstückserwerber hat Einnahmen aus Vermietung und Verpachtung gemäß § 21 Abs. 1 Nr. 1 in Höhe der Minderung des Kaufpreises aufgrund des Nutzungsrechts (ebenso bei Übernahme eines obligatorischen Vorbehaltsnutzungsrechts im Falle des entgeltlichen Erwerbs des Grundstücks durch den jetzigen Veräußerer).
b) unentgeltlich bestellt	Negative Einnahmen aus Vermietung und Verpachtung sind **nicht** gegeben, weil der Veräußerer keine Einnahmen hatte, die wieder hätten abfließen können.	Der Erwerber übernimmt die Verpflichtung, dem Nutzungsberechtigten auch weiterhin unentgeltlich den Gebrauch zu überlassen. Für diesen Verzicht zahlt der Veräußerer dem Erwerber ein Entgelt durch Minderung des Kaufpreises, im Zweifel in Höhe des Kapitalwerts des Nutzungsrechts. Dies ist beim Erwerber ein Leistungsentgelt i.S. des § 22 Nr. 3 (vgl. Stephan, DB 1985, S. 2218, 2230).

Der Kapitalwert des **obligatorischen** Nutzungsrechts im Zeitpunkt des Erwerbs (Kaufpreisminderung) gehört sowohl bei Unentgeltlichkeit als auch bei entgeltlich eingeräumten Nutzungsrechten zu den Anschaffungskosten des Grundstücks.

8.11 Beurteilungskriterien für Nutzungsrechte

Um die steuerliche Beurteilung vornehmen zu können, ist insbesondere zu **prüfen,**

- ob das Nutzungsrecht **im Grundbuch eingetragen** ist (Dingliche Rechte = Tzn 6, 52a Erlaß, obligatorische Rechte Tzn 53 ff. Erlaß)
- ob es sich um ein Zuwendungs- oder Vorbehaltsnutzungsrecht handelt (z. B. Zuwendungsnießbrauch Tzn 6 – 35a Erlaß, Vorbehaltsnießbrauch Tznr 36 – 50 Erlaß)
- bei Zuwendungsnutzungsrechten: ob die Bestellung **unentgeltlich, teilweise entgeltlich** oder **unentgeltlich** erfolgt ist:

    • Zuwendungsnießbrauch
    - unentgeltlich   Tz. 17 ff. Erlaß
    - entgeltlich   Tz. 27 ff. Erlaß
    - teilweise unentgeltlich   Tz. 35a Erlaß; aber:

    Beachte BFH, BStBl 1993 II 606, 920 und 922 (Abweichung von der üblichen Miete um mehr als ⅓) sowie – ab VZ 1987 – § 21 Abs. 2 Satz 2.

    • Obligatorische Nutzungsrechte (mit gesicherter Rechtsposition)
    - unentgeltlich   Tz. 54
    - teilweise unentgeltlich   Tz. 54a

- bei obligatorischen Nutzungsrechten: ob der Berechtigte aufgrund einer **gesicherten Rechtsposition** nutzt

    - gesicherte Rechtsposition   Tz. 54
    - keine gesicherte Rechtsposition   Tz. 54c

    Vgl. hierzu auch R 162 Abs. 1.

- welchen **Umfang** das **Nutzungsrecht** hat (**volle** oder **quotale** Nutzung), vgl. insbesondere Tz. 24a, 35a (beachte ab VZ 1987 § 21 Abs. 2 Satz 2!), 52a, 54d Erlaß (Werbungskostenkürzung beim Eigentümer!)
- welche **Art der Nutzung** vorliegt (eigene Wohnzwecke oder Vermietung).
- welche **Art des Grundstücks** vorliegt (Ein- oder Zweifamilienhaus bzw. andere Grundstücksart, „Altfall" i. S. des § 21a Abs. 7) – bedeutsam u. a. für Art der Einkunftsermittlung bis 1986 sowie evtl. Fortführung der Nutzungswertbesteuerung und sonstige Übergangsregeln nach § 52 Abs. 21 S. 2 ff.

9. Sonderabschreibungen nach Fördergebietsgesetz

9.1 Anspruchsberechtigter und Fördergebiet

Nach § 1 Abs. 1 **FördG** sind zur Vornahme der **Sonderabschreibungen nach § 4 FördG** grundsätzlich **alle** Stpfl. i. S. des EStG und KStG berechtigt. Unerheblich ist, ob es sich um unbeschränkt oder beschränkt stpfl. Personen handelt. Bei Personengesellschaften und Gemeinschaften tritt an die Stelle des Stpfl. die Gesellschaft bzw. Gemeinschaft.

Diese Regelung weicht von der früheren Auffassung ab, wonach nur der einzelne Gesellschafter bzw. Gemeinschafter zur Inanspruchnahme von erhöhter AfA oder von Sonderabschreibungen berechtigt ist.

Fördergebiet nach **§ 1 Abs. 2 FördG** ist das **Beitrittsgebiet**. Der Begünstigungszeitraum für Sonderabschreibungen ergibt sich aus **§ 8 Abs. 1 Satz 1 FördG**. Besonderheiten gelten für das ehemalige Berlin-West (vgl. § 8 Abs. 1 Satz 2 ff **FördG**).

9.2 Begünstigte Maßnahmen

Begünstigt sind grundsätzlich nach § 3 Satz 1 FördG:
- Anschaffung und Herstellung von unbeweglichen Wirtschaftsgütern
- nachträgliche Herstellungsarbeiten an unbeweglichen Wirtschaftsgütern

Die **Anschaffung** von abnutzbaren unbeweglichen Wirtschaftsgütern, die beim Erwerber **nicht zu einem Betriebsvermögen** gehören, ist u. a. **nur** begünstigt, wenn für das unbewegliche Wirtschaftsgut weder AfA nach § 7 Abs. 5 EStG noch erhöhte Absetzungen oder Sonderabschreibungen in Anspruch genommen worden sind und das Wirtschaftsgut bis zum Ende des Jahres der Fertigstellung angeschafft wird (vgl. § 3 Satz 2 Nr. 1 FördG).

Weitere Begünstigungstatbestände in Anschaffungsfällen ergeben sich aus § 3 Satz 2 Nr. 2 und 3 FördG.

9.3 Höhe der Sonderabschreibungen

Die Sonderabschreibungen betragen gemäß **§ 4 Abs. 1 FördG bis zu 50 v. H.** der Anschaffungs- bzw. Herstellungkosten. Sie können im Jahr der Anschaffung/Herstellung bzw. Beendigung der nachträglichen Herstellungsarbeiten und in den folgenden vier Jahren (**Begünstigungszeitraum**) in Anspruch genommen werden.

Die insgesamt zulässigen Sonderabschreibungen kann der Stpfl. beliebig verteilen. Er kann sie auch bereits im Erstjahr voll in Anspruch nehmen.

Begünstigt sind Anschaffungs-/Herstellungskosten und nachträgliche Herstellungkosten. Nachträgliche Anschaffungskosten erhöhen die Bemessungsgrundlage vom Jahr ihrer Entstehung an (vgl. § 7a Abs. 1 Satz 2 EStG).

Die Vorschrift des § 7a Abs. 4 EStG ist zu beachten. Danach tritt die Sonderabschreibung **neben** die lineare AfA nach § 7 Abs. 4 EStG. Die Vornahme von linearer AfA ist zwingend.

Nach **§ 4 Abs. 2 FördG** können die Sonderabschreibungen bereits für **Anzahlungen auf Anschaffungskosten** und für **Teilherstellungskosten** in Anspruch genommen werden (vgl. R 45 Abs. 5 und 6). Nach **§ 7a Abs. 2 Satz 2 EStG** sind die Sonderabschreibungen **nach** Anschaffung oder Herstellung der Wirtschaftsgüter oder Beendigung der nachträglichen Herstellungsarbeiten nur noch in der Höhe zulässig, soweit nicht bereits Sonderabschreibungen oder entstandene Teilherstellungskosten vorgenommen wurden. Die **lineare AfA** ist jedoch **erst ab** dem Jahr der **Anschaffung/Herstellung** des Wirtschaftsgutes bzw. der Beendigung nachträglicher Herstellungsarbeiten zulässig.

Zur **Restwertabschreibung im Fall der Anschaffung** bzw. **Herstellung** ist § 7a Abs. 9 EStG zu beachten. Danach bemessen sich die AfA nach Ablauf des Begünstigungszeitraums bei unbeweglichen Wirtschaftsgütern nach dem Restwert und dem nach § 7 Abs. 4 EStG unter Berücksichtigung der Restnutzungsdauer maßgebenden Hundertsatzes. Dies bedeutet, daß die AfA-Sätze des § 7 Abs. 4 Satz 1 EStG grundsätzlich auch nach Ablauf des Begünstigungszeitraums weiterhin anzuwenden sind, allerdings bezogen auf den Restwert nach Ablauf des Begünstigungszeitraums.

Der Übergang zur Restwert-AfA ist erst **nach** Ablauf des **fünfjährigen** Begünstigungszeitraums möglich.

Bei der **Restwertabschreibung im Zusammenhang mit nachträglichen Herstellungskosten** ist § 4 **Abs. 3 FördG** zu beachten. Danach ist der Restwert von dem Jahr an, in dem die Sonderabschreibungen nicht mehr vorgenommen werden können – spätestens aber vom fünften Jahr nach Beendigung der Herstellungsarbeiten an – bis zum Ende des neunten Jahres nach dem Jahr der Beendigung der Herstellungsarbeiten gleichmäßig abzusetzen; d. h. für nachträgliche Herstellungskosten ergibt sich eine Vollabschreibung innerhalb von 10 Jahren.

Zu **Zweifelsfragen** und weiteren **Einzelheiten** vgl. BMF-Schr. vom 29. 3. 1993, BStBl I 279.

9.4 Änderungen des FördG durch das JStG 1996

Die Sonderabschreibungen wurden um zwei Jahre bis Ende 1998 verlängert, dabei aber ab 1997 abgesenkt und nach der Art der Investition differenziert. Ab 1997 gilt ein Höchstsatz von

- 40 v. H. für bewegliche Wirtschaftsgüter des Anlagevermögens, nachträgliche Herstellungsarbeiten an diesen Wirtschaftsgütern, eigenbetrieblich genutzte (d. h. nicht vermietete) Gebäude des verarbeitenden Gewerbes (Abteilungen 15 bis 37 der vom Statistischen Bundesamt herausgegebenen Klassifikation der Wirtschaftszweige) sowie für Sanierungs- und Modernisierungsmaßnahmen an Gebäuden,
- 25 v. H. für Mietwohnneubauten,
- 20 v. H. für fremdbetrieblich genutzte Gebäude des verarbeitenden Gewerbes und für Betriebsgebäude außerhalb des verarbeitenden Gewerbes unabhängig davon, ob sie eigenbetrieblich oder fremdbetrieblich genutzt werden.

Die Aufwendungen für Sanierungs- und Modernisierungsmaßnahmen an Gebäuden können weiterhin in zehn Jahren in voller Höhe abgeschrieben werden.

Eigenbetrieblich genutzte Gebäude des verarbeitenden Gewerbes und bewegliche Wirtschaftsgüter im verarbeitenden Gewerbe und im Handwerk (Eintragung in die Handwerksrolle oder das Verzeichnis handwerksähnlicher Betriebe) in Berlin (West) werden ab 1996 wieder in die Sonderabschreibungen einbezogen. Voraussetzung ist, daß die Investitionen von einem Betrieb mit nicht mehr als 250 Arbeitnehmern vorgenommen werden.

Übersicht

Sonderabschreibungen nach § 4 FördG   **Höhe:**

für Investitionen die

a) vor dem 1.1.1997 abgeschlossen werden   50%

b) nach dem 31.12.1996 und vor dem 1.1.1999 abgeschlossen werden

    aa) für Anzahlungen auf Anschaffungskosten/Teilherstellungskosten vor dem 1.1.1997   50%

    bb) soweit die Bemessungsgrundlage die Anzahlungen auf Anschaffungskosten/Teilherstellungskosten vor dem 1.1.1997 übersteigt

       - grundsätzlich   40%
       - für Baumaßnahmen außer Modernisierungskosten und nachträglichen Herstellungskosten
          - bei mindestens 5jähriger Nutzung zu Wohnzwecken   25%
          - bei weniger als 5jähriger Nutzung zu Wohnzwecken   20%
          - bei weniger als 5jähriger eigenbetrieblicher Nutzung in einem Betrieb des verarbeitenden Gewerbes   20%

c) nach dem 31 12.1998 abgeschlossen werden

    aa) für Anzahlungen auf Anschaffungskosten/Teilherstellungskosten vor dem 1.1.1997   50%

    bb) für Anzahlungen auf Anschaffungskosten/Teilherstellungskosten nach dem 31.12.1996 und vor dem 1.1.1997   40%

       - grundsätzlich   40%
       - für Baumaßnahmen außer Modernisierungskosten und nachträgliche Herstellungskosten
          - bei mindestens 5jähriger Nutzung zu Wohnzwecken   25%
          - bei weniger als 5jähriger Nutzung zu Wohnzwecken   20%
          - bei weniger als 5jähriger eigenbetrieblicher Nutzung in einem Betrieb des verarbeitenden Gewerbes   20%

9.5 Beispiel

Ein Stpfl. mit Wohnsitz im „alten" Bundesgebiet ist Bauherr eines in den „neuen" Ländern belegenen Mietwohngrundstücks (zum 10.11.1996 fertiggestellt). Ab dem 1.12.1996 werden die Wohnungen zu Wohnzwecken vermietet. Die Herstellungskosten des Gebäudes betragen 900 000 DM. Der Stpfl. beantragt die Sonder-AfA nach § 4 FördG im höchstmöglichen Umfang für 1996.

Lösung:
1996

2% von 900 000 DM = 18 000 DM × 2/12 =		3 000 DM
50% von 900 000 DM =		450 000 DM
insgesamt 1996		453 000 DM

1997 – 2000
jeweils 2% von 900 000 DM =   18 000 DM

ab 2001:

Restwert	Herstellungskosten	900 000 DM	
	./. AfA 1996	453 000 DM	
	./. AfA 1997 – 2000	72 000 DM	
	Restwert	375 000 DM	
Restwert-AfA 1/45 von 375 000 DM =			8 335 DM

10. Sonstige Einkünfte (§ 22 EStG)

Unter § 22 fallen:
- Einkünfte aus wiederkehrenden Bezügen – § 22 Nr. 1 und § 22 Nr. 1a
- Einkünfte aus Spekulationsgeschäften, § 22 Nr. 2, § 23
- Einkünfte aus (sonstigen) Leistungen – § 22 Nr. 3
- Bestimmte Abgeordnetenbezüge – § 22 Nr. 4.

Die Einkünfte aus § 22 sind gegenüber den übrigen Einkünften (§ 2 Abs. 1 Nr. 1 – 6) subsidiär. Vgl. auch BFH, BStBl 1990 II 377.

10.1 Einkünfte aus wiederkehrenden Bezügen (§ 22 Nr. 1 EStG)

Literatur: Weber-Grellet, Veräußerung-Versorgung-Unterhalt, Beihefter zu DStR 31/1993, Fischer, Kontinuität und Fortentwicklung des Steuerrechts der wiederkehrenden Leistungen, DB 1993, 1002; Stephan, DB 1993, 194; Seithel, Die Folgerechtsprechung des BFH zu Renten und dauernden Lasten. . ., BB 1993, 473.

10.1.1 Wirkungsbereich wiederkehrender Bezüge/Leistungen

Wiederkehrende Bezüge sind Bezüge, die in Zeitabständen wiederkehren und die auf einem einheitlichen Entschluß des Gebers (oder einem einheitlichen Rechtsgrund) beruhen, R 165 Abs. 1. Vgl. im einzelnen 9.1.3. **Hinweis** auf **R 165 bis 168** sowie **H 165 bis 167.**

Es handelt sich um einen **Oberbegriff** für (bisher) **drei Erscheinungsformen:**

Vgl. zu den Begriffen im einzelnen 9.1.2. – 9.1.4.

Die Entscheidung, ob eine Rente oder dauernde Last bzw. sonstige wiederkehrende Bezüge vorliegen, kann für den Geber und Empfänger nur **einheitlich** beurteilt werden. Ggf. sind ESt-Veranlagungen zur Herstellung einer einheitlichen Beurteilung unter dem Gesichtspunkt widerstreitender Steuerfestsetzungen zu berichtigen (BFH, BStBl 1988 II 404).

---

[1]) Es ist fraglich, ob die klassische Dreiteilung beibehalten wird; sonstige wiederkehrende Bezüge sind de facto bedeutungslos.

Keine wiederkehrenden Bezüge sind Kapitalrückzahlungen, insbesondere (Kaufpreis-)**Raten**. Vielmehr liegen einkommensteuerlich unbeachtliche Vermögensumschichtungen vor. Die zutreffende Einordnung ist von entscheidender Bedeutung für die Besteuerung beim Empfänger bzw. die Abzugsfähigkeit beim Geber.

Anknüpfungspunkt für die steuerliche Behandlung wiederkehrender Bezüge ist § 22 Nr. 1. Danach gehören sie beim Empfänger grds. zu den sonstigen Einkünften.

Die Bezüge können beim **Empfänger**

a) in **voller** Höhe steuerpflichtige Einnahmen sein

b) nur in Höhe eines **Ertragsanteils** (§ 22 Nr. 1 Satz 3 Buchst. a) zu versteuern sein

c) nur in Höhe eines **Zinsanteils** nach § 20 Abs. 1 Nr. 7 als Einnahme aus Kapitalvermögen zu versteuern sein (vgl. 9.1.8.6.4)

d) nur bis zu einem **Höchstbetrag** steuerpflichtige Einnahmen sein (vgl. § 22 Nr. 1a = „begrenztes Realsplitting")

e) nicht der ESt unterliegen (Nichtansatz gemäß § 22 Nr. 1 Satz 2 bzw. Steuerbefreiung nach § 3).

§ 22 Nr. 1 hat aber lediglich subsidiären Charakter (§ 22 Nr. 1 Satz 12. Halbs.). Wiederkehrende Bezüge können daher auch bei anderen Einkunftsarten zu erfassen sein, insbesondere im Rahmen der Gewinneinkünfte (= betriebliche wiederkehrende Bezüge).

> **Beispiel:**
> Ein Rechtsanwalt erhält als nachträgliches Entgelt für anwaltliche Beratungen feste monatliche Zahlungen bis zum Lebensende.
> Es liegt **keine** Leibrente i. S. des § 22 Nr. 1 vor, sondern es liegen (nachträgliche) Einnahmen aus § 18 Abs. 1 Nr. 1, § 24 Nr. 2 vor (BFH, BStBl 1987 II 597; s. auch BFH, BStBl 1990 II 377).

Auf der **Geberseite** kommt ein Abzug in Betracht

– als **Sonderausgaben** nach § 10 Abs. 1 Nr. 1a (nur noch als „Renten" oder „dauernden Lasten" im Rahmen der vorweggenommenen Erbfolge) sowie ggf. § 10 Abs. 1 Nr. 1 („Begrenztes Realsplitting")

– als **Werbungskosten** nach § 9 Abs. 1 Nr. 1 (nur „Renten" oder „dauernde Lasten"; andere wiederkehrende Bezüge ggf. nach § 9 Abs. 1 **Satz** 1)

– als BA gemäß § 4 Abs. 4 nach den Grundsätzen der Gewinnermittlung (vgl. 9.1.8.6.4).

Zu beachten sind die Abzugsverbote

– nach § 12 Nr. 2 für bestimmte **Zuwendungen**

– nach § 12 Nr. 1 für **Zinsanteile** in zeitlich gestreckten **privaten** Vermögensumschichtungen

Grds. müssen die Behandlung beim Empfänger und Geber **nicht** übereinstimmen, da die steuerliche Beurteilung für beide grds. unabhängig erfolgt.

U. U. ergeben sich jedoch Wechselwirkungen.

So korrespondieren z. B. grds. das Abzugsverbot gemäß § 12 Nr. 2 und der Nichtansatz beim Empfänger gemäß § 22 Nr. 1 Satz 2; Vgl. 9.1.8.5 und **Übersicht auf der folgenden Seite**.

Hinweis: Aufgrund der **neueren Rechtsprechung** insbes. des IX. und X. BFH-Senats sind die **Besteuerungsgrundsätze** der wiederkehrenden Bezüge für weite Bereiche **in Frage gestellt**. Da auch die **EStR 1993** sowie die **Hinweise** im **ESt-Handbuch 1995** nicht dazu Stellung nehmen, sind nachfolgend die **Beispiele grds.** nach **bisheriger** Auffassung gelöst (ggf. mit Anmerkungen).

Übersicht
Wirkungsbereich wiederkehrender Bezüge

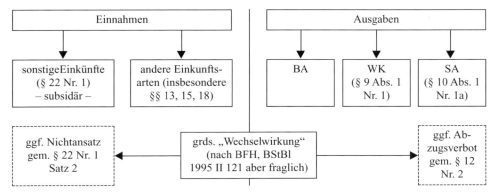

10.1.2 Begriff „wiederkehrende Leistungen/Bezüge"

Der Oberbegriff umfaßt Leistungen in Geld oder Geldeswert, die keine Raten sind und dem Empfänger aufgrund eines einheitlichen Entschlusses (oder Rechtsgrundes) von Zeit zu Zeit zufließen sollen, ohne daß sie regelmäßig, für einen bestimmten Zeitraum oder jeweils in derselben Höhe erbracht werden müssen.

Merkmale sind mithin

a) Leistungen in Geld oder Geldeswert

b) Einheitlicher Entschluß des Gebers

c) Wiederkehr von Zeit zu Zeit (gewisse Regelmäßigkeit)

d) gewisse Dauer.

10.1.2.1 Leistungen in Geld oder Geldeswert

Außer Geld können die Leistungen in Sachbezügen wie freie Wohnung, Kost, Dienstleistungen, Übernahme von Steuern, Versicherungsbeiträgen u. ä. bestehen (Bewertung nach § 8 Abs. 2).
Vgl. BFH, BStBl 1974 II 423, R 165 und H 165.

Die Höhe der wiederkehrenden Bezüge/Leistungen bestimmt sich bei Entstehung von **Aufwendungen** (z. B. Lohn für Pflegekraft) nach der Höhe der **Aufwendungen** (BFH, BStBl 1992 II 552). Der BFH hat offengelassen, wie und ob sich **persönlich erbrachte** Dienstleistungen auswirken (uE **ohne** Auswirkungen mangels Aufwendungen).

10.1.2.2 Einheitlicher Entschluß

Alle Leistungen müssen auf einem im voraus gefaßten und hinreichend erkennbaren Entschluß (oder Rechtsgrund) beruhen (BFH, BStBl 1960 III 65, R 165 Abs. 1 S. 2).

Diese Voraussetzung ist **nicht** erfüllt bei Leistungen/Bezügen, die sich zwar wiederholen, bei denen aber die einzelne Leistung jeweils von einer neuen Entschlußfassung oder Vereinbarung abhängig ist (BFH, BStBl 1972 II 170).

> **Beispiel:**
> Eine Vereinigung zur Förderung von Nachwuchskräften gewährt Studienbeihilfen in Form einmaliger Zahlungen. Werden Studenten mehrfach gefördert, so jeweils aufgrund eines neuen Beschlusses.
> **Keine** wiederkehrenden Bezüge.

Nicht erforderlich ist ein einheitlicher **Rechtsgrund**, d. h. es braucht keine bürgerlich-rechtlich wirksame Leistungsverpflichtung zu bestehen.

10.1.2.3 Wiederkehr von Zeit zu Zeit

Die Zahlungen brauchen nur „dann und wann" zu erfolgen. Jedoch ist objektive Wiederkehr erforderlich (BFH, BStBl 1959 III 65). **Nicht** erforderlich ist Leistung in regelmäßigen Zeitabständen.

War eine Leistung eindeutig als wiederkehrend gedacht, muß nach wohl h. M. auch eine einmalige Zahlung erfaßt werden.

> **Beispiel:**
> Der Geber hatte mit dem Empfänger privatschriftlich wiederkehrende Leistungen vereinbart. Der Geber verstarb jedoch bereits nach der ersten Zahlung. Die Zahlung ist nach den Besteuerungsregeln wiederkehrender Bezüge/Leistungen zu erfassen.

10.1.2.4 Gewisse Dauer

Der Empfänger muß für einen nicht nur ganz kurzen Zeitraum mit Bezügen rechnen können. „Längere" Zeit – wie etwa die Mindestdauer bei Renten und dauernden Lasten von grds. zehn Jahren – ist jedoch nicht erforderlich. Es dürfte ausreichen, daß die Leistungen für mehr als die Dauer eines KJ vorgesehen sind. **Nicht** erforderlich ist gleichmäßige Höhe.

10.1.3 Begriff der „Rente"

Die Rente ist die in der Praxis wichtigste Erscheinungsform wiederkehrender Leistungen/Bezüge.

Ihre steuerliche Behandlung unterscheidet sich – insbesondere im Privatbereich – von der Behandlung der anderen wiederkehrenden Bezüge. Eine Legaldefinition ist weder im EStG noch in der EStDV enthalten.

Für die Beurteilung ist vom **bürgerlichen Recht** auszugehen[1]) – soweit es sich nicht um Renten aus der gesetzlichen Sozialversicherung handelt.

In §§ 759 ff. BGB wird zwar nur der Begriff „Leibrente" (ohne Legaldefinition) verwendet.

Die Merkmale einer Leibrente – d. h. einer Rente auf **Lebenszeit** einer Person – sind für das bürgerliche Recht jedoch durch eine Vielzahl höchstrichterlicher Urteile festgelegt. Diese Rechtsprechung ist – bisher – auch im Steuerrecht zu beachten (BFH, BStBl 1962 III 304); vgl. aber Fußnote 1.

Diese Merkmale gelten bislang nach h. M. auch für Zeitrenten[2]), weil sich diese nur hinsichtlich der Dauer der Leistungen von den Leibrenten unterscheiden.

Renten sind danach periodisch wiederkehrende gleichmäßige Leistungen (Bezüge) in Geld oder anderen vertretbaren Sachen, die für eine bestimmte Zeit (Zeitrente) oder für die Lebensdauer einer natürlichen Person (Leibrente) oder auf unbestimmte Zeit auf Grund eines einheitlichen Stammrechts gewährt werden, als dessen Früchte sich die einzelnen Bezüge darstellen. Eine Rente muß **alle** genannten Voraussetzungen erfüllen. **Fehlt eine** der Voraussetzungen, liegt **keine Rente** vor[1]).

Andernfalls sind wiederkehrende Bezüge bzw. ist eine dauernde Last gegeben.

Es ist – bisher – zwischen **Leibrenten** und **Zeitrenten**[2]) zu unterscheiden. Leibrenten sind solche, deren Laufzeit auf das Ableben einer oder mehrerer Personen abgestellt sind (BFH, BStBl 1992 II 78).

> **Beispiel:**
> A verpflichtet sich, dem B bis zu dessen Lebensende eine monatliche Rente von 1 000 DM zu zahlen.
> Die Rente ist auf das Leben des B abgestellt, daher Leibrente.

Zeitrenten[2]) enden dagegen mit Zeitablauf unabhängig vom Leben einer Person. Sie werden steuerlich jedoch nur als Renten behandelt, wenn ihre Laufzeit mindestens zehn Jahre beträgt.

Die einzelnen Voraussetzungen der Rente sind also

1. Leistungsinhalt in Geld oder vertretbaren Sachen
2. Regelmäßige Wiederkehr

---

[1]) Diese dogmatischen Grundsätze sind allerdings insbesondere durch die Rechtsprechung des Großen BFH-Senats in Frage gestellt (vgl. insbesondere BFH, BStBl 1992 II 609, BStBl 1992 II 78 und unten 9.1.5.3). Danach wäre ein bürgerlich-rechtliches Rentenstammrecht **nicht** erforderlich. **H 167 EStH** fordert dies aber noch.

[2]) Es ist fraglich, ob es diese Erscheinungsform künftig noch geben wird (Tendenz).

3. Gleichmäßigkeit der Leistungen
4. Rentenstammrecht (keine besondere Prüfung bei öffentlich-rechtlichen Leistungen, vgl. BFH, BStBl 1989 II 551 (554 f.); auch sonst fraglich geworden (BFH, BStBl 1992 II 78)
5. Selbständigkeit des Stammrechts (siehe 4.)
6. Abhängigkeit der Laufzeit vom Leben einer oder mehrerer Personen (Leibrente) oder Laufzeit mindestens zehn Jahre (Zeitrente)
7. Keine (Kaufpreis-)Raten (da keine „wirtschaftliche Belastung" bei bloßen Vermögensumschichtungen vorliegt), vgl. u. a. BFH, BStBl 1992 II 612; BStBl 1993 II 295.

10.1.3.1 Leistungen in Geld oder vertretbaren Sachen

Eine andere Leistungsart als Geldzahlung oder Leistung in vertretbaren Sachen ist bei einer Rente nicht denkbar.

Vertretbare Sachen sind solche, die nach Zahl, Maß und Gewicht bestimmt sind (§ 91 BGB).

Beispiel:
A verpflichtet sich B gegenüber zur Leistung von jährlich 50 Zentnern Kohle (auf zehn Jahre).

Insbesondere **Dienstleistungen, Naturalleistungen** sowie **Aufwendungsübernahme** können daher keine Rente sein. Keine Rente liegt z. B. daher in folgenden Fällen vor:

– A überläßt B die Nutzung einer Wohnung (Wohnrecht) oder eines Gartens.
– A hat sich verpflichtet, Haus und Garten des D auf dessen Lebenszeit in Ordnung zu halten und D in „guten und schlechten Tagen" zu versorgen und zu pflegen.

Es liegen vielmehr dauernde Lasten vor. **Keine** wiederkehrenden Bezüge sind jedoch **persönliche Dienstleistungen** (mangels Aufwendungen – vom BFH noch offengelassen).

● **Behandlung von Mischfällen**

In Mischfällen, d. h. bei einem Nebeneinander von Geldleistungen (oder vertretbaren Sachen) und anderen Sach- bzw. Naturalleistungen ist zu unterscheiden.

a) Grundsätzlich gesonderte Prüfung

Abweichend von dem Grundsatz, daß ein einheitlicher wirtschaftlicher Vorgang auch steuerlich einheitlich zu beurteilen ist, ist bei auf Grund eines Übergabevertrags zu erbringenden verschiedenartigen laufenden Versorgungsleistungen (z. B. bei Altenteilsleistungen auf Grund von Hofübergabeverträgen zwischen Eltern und Kindern) **grundsätzlich** bei **jeder Leistung gesondert** zu prüfen, ob die Voraussetzungen für das Vorliegen einer Leibrente oder von sonstigen wiederkehrenden Bezügen im Sinne von R 165 bzw. einer dauernden Last erfüllt sind (BFH, BStBl 1967 III 243; BStBl 1980 II 501 und BStBl 1984 II 97).

Daher ist eine auf Lebenszeit erteilte Versorgungszusage, die zu einem nicht unerheblichen Teil gleichbleibende Geldzahlungen vorsieht, hinsichtlich dieses Teils als Rente zu behandeln (BFH, a. a. O.), es sei denn, auch die Geldleistungen sind bereits aufgrund des Vertragstypus „Vermögensübergabe" als dauernde Last anzusehen (vgl. BFH, BStBl 1992 II 499 und unten 9.1.3.3).

b) Einheitliche Beurteilung

Dagegen ist eine **einheitliche** Beurteilung vorzunehmen, wenn die **Geld**leistungen gegenüber den Sach- und Naturalleistungen von **geringer** Bedeutung sind.

Eine Aufteilung erfolgt also nur, wenn in einem Mischfall die Barleistung sowohl in ihrer absoluten Höhe als auch im Verhältnis zum Wert der Naturalleistungen erheblich ist.

Eine feste zahlenmäßige Grenze für die Frage der Aufteilung existiert aber nicht.

Im Fall des BFH-Urteils BStBl 1965 III 706 betrugen die Barzahlungen jährlich 1 200 DM und der angenommene Wert der Naturalleistungen jährlich 960 DM.

Hier hat der BFH nach den damaligen Verhältnissen eine Aufteilung vorgenommen, weil die Barzahlung absolut und relativ erheblich sei (bestätigt in BFH/NV 1986, 600).

Fazit:

Wenn die Geldleistungen im Verhältnis zum Wert der Sachleistungen von geringer Bedeutung sind, liegen – bereits aus diesem Grund – in vollem Umfang sonstige wiederkehrende Bezüge/Leistungen bzw. dauernde Lasten vor (**Anhaltspunkt: Barleistung weniger als 100 DM monatlich**).

Sind dagegen die **Geldleistungen nicht unerheblich** im Verhältnis zu den Naturalleistungen, sind – beim Vorliegen der übrigen Voraussetzungen – die **Geldleistungen** als **Rente** und die **Naturalleistungen** als **sonstige wiederkehrende Bezüge/Leistungen bzw. dauernde Last** anzusehen (BFH, BStBl 1984 II 97).

Beispiele:
1. Im Wege der vorweggenommenen Erbfolge überträgt A seinen Gewerbebetrieb auf seinen Sohn S. S verpflichtet sich, an A bis zu dessen Tod monatlich 75 DM zu zahlen und ihn außerdem bis zu seinem Tode zu versorgen. Wert der Naturalleistungen monatlich 600 DM.

   Es liegen bereits deshalb in vollem Umfang sonstige wiederkehrende Bezüge/Leistungen vor, weil die Geldleistungen nur von geringer Bedeutung sind. Außerdem liegt bereits aufgrund des Vertragstypus eine dauernde Last vor (BFH, BStBl 1992 II 499).

2. wie vor, aber Geldleistung monatlich 500 DM und Dienst- und Sachleistungen von monatlich 650 DM.

   Hier muß eine Aufteilung in eine Rente (hinsichtlich der Geldleistungen) und sonstige wiederkehrende Bezüge/Leistungen (Dienst- und Sachleistung) erfolgen.

   Die o. a. Aufteilungsgrundsätze gelten auch, wenn es sich bei den verschiedenartigen Leistungen nur um Geldleistungen handelt (BFH, BStBl 1980 II 501, 1984 II 97). Vgl. aber BFH, BStBl 1992 II 499 (s. oben 1).

3. A verpflichtet sich dem B gegenüber, diesem eine monatliche Zahlung von 2 000 DM zu erbringen. Sollte jedoch der Jahresgewinn des Unternehmens mehr als 150 000 DM betragen, soll sich die Leistung auf 2500 DM monatlich erhöhen. In 07 betrug der Jahresgewinn 100 000 DM, in 08 200 000 DM.

   Hier hat der BFH in BStBl 1980 II 501 eine Leibrente in Höhe des Grundbetrages von 2000 DM und eine dauernde Last hinsichtlich des übersteigenden Betrages angenommen.

4. Einen anderen Rechtsstandpunkt hat der BFH jedoch in folgendem Fall vertreten:

   A hat mit B vereinbart, daß sie eine monatliche Rente in Höhe von 10 v. H. seines Jahresgewinnes erhält, mindestens aber 10 000 DM.

   Nach BFH, BStBl 1980 II 575 liegt hier in vollem Umfange eine dauernde Last vor.

   Auch in Höhe des Mindestbetrags liegt keine Rente vor.

9.1.3.2 Regelmäßigkeit

Es muß eine regelmäßige Leistung vereinbart sein (z. B. monatlich, vierteljährlich, jährlich). Der Anspruch muß sich aus dem Rentenstammrecht ergeben.

Entscheidend ist der Anspruch, nicht die tatsächliche Zahlung.

Gerät z. B. der Verpflichtete mit seinen Zahlungen in Rückstand, ändert sich nichts an der regelmäßigen Wiederkehr.

9.1.3.3 Gleichmäßigkeit

Die Leistungen müssen in gleichmäßiger Höhe festgelegt sein (BFH, BStBl 1992 II 78). Der Umfang der einzelnen Leistungen muß fest bestimmt sein. Die Leistungen dürfen nicht von den Verhältnissen abhängen, die jeweils zur Zeit der Zahlung bestehen (BFH, BStBl 1962 III 304).

Die Gleichmäßigkeit ist erfüllt, wenn die Höhe bzw. der innere Wert der Leistungen nicht schwanken.

Eine nachträglich oder von vornherein vereinbarte Herabsetzung oder Erhöhung der Bezüge ist jedoch hierfür unbeachtlich.

Der Erhöhungsbetrag stellt u. U. eine selbständige Rente dar.

Eine **Rente** liegt **nicht** vor, wenn die einzelnen **Leistungen** vereinbarungsgemäß **wegen veränderter wirtschaftlicher Verhältnisse ganz oder teilweise entfallen können.**

Keine Gleichmäßigkeit ist gegeben bei Klauseln wie

- „Die Zahlungen erfolgen unter dem Vorbehalt gleichbleibender Verhältnisse" (BFH, BStBl 1967 III 245)
- Leistungen „zur Sicherung eines angemessenen oder standesgemäßen Unterhalts" (BFH, BStBl 1965 III 166)

Leistungen sind **nicht** gleichmäßig, wenn deren Höhe von der Leistungsfähigkeit des Verpflichteten oder den Bedürfnissen des Empfängers abhängt.

Abänderungsklauseln nach (Art des) § 323 ZPO bei Unterhalts- und Übergabeverträgen:

a) Bei Unterhaltsleistungen, die in einer vollstreckbaren Urkunde (notarielle Beurkundung, Urteil, Vergleich) erteilt werden[1]), kann nur eine Rente begründet werden, wenn die Beteiligten ausdrücklich auf die Rechte des § 323 ZPO verzichten (BFH, BStBl 1965 III 583 und BStBl 1967 III 245).

Nach § 323 ZPO können sowohl der Geber als auch der Empfänger die Anpassung von wiederkehrenden Leistungen, die in einer vollstreckbaren Urkunde vereinbart werden, an wesentlich geänderte Verhältnisse durchsetzen (wegen veränderter Leistungsfähigkeit bzw. Bedürftigkeit).

Bei Unterhaltsverträgen unterstellt der BFH, daß der **stillschweigende Vorbehalt** gleichbleibender Verhältnisse gelten soll. Wiederkehrende Leistungen im Zusammenhang mit Unterhaltsverträgen sind daher in der Regel keine Renten, H 167 „Vertraglich vereinbarte Leistungen – 3. Unterhaltsverträge".

Eine Leibrente liegt nur vor, wenn auf die Abänderungsmöglichkeiten nach (Art des) § 323 ZPO **ausdrücklich verzichtet** wird (BFH, BStBl 1974 II 105 und 1975 II 881). Hier sind überdies das Abzugsverbot des § 12 Nr. 2 und ein Nichtansatz gemäß § 22 Nr. 1 Satz 2 zu beachten.

b) Bei **vertraglichen Betriebs-** oder **Vermögensübertragungen** gegen wiederkehrende Bezüge (Leistungen) ist ebenfalls von der Gleichmäßigkeit der wiederkehrenden Bezüge/Leistungen nur auszugehen, wenn ausdrücklich eine jederzeitige Anpassung an veränderte wirtschaftliche Verhältnisse **vertraglich ausgeschlossen** ist (BFH, BStBl 1992 II 78 und 499).

	Unentgeltliche Unterhaltszusagen	Betriebs- oder Vermögensübertragungen*
Abänderungsmöglichkeit i. S. des § 323 ZPO ist ausdrücklich Vertragsgegenstand	dauernde Last	dauernde Last (BFH vom 16.12.1993, DB 1994, 661)
Keine Erwähnung des § 323 ZPO	dauernde Last („stillschweigender Vorbehalt")	**dauernde Last** (BFH, BStBl 1992 II 78 und 499)**
Ausdrücklicher Verzicht auf Abänderungsmöglichkeit	**Leibrente** (BFH, BStBl 1985 II 610; 1986 II 621).	Leibrente

* insbesondere im Rahmen der vorweggenommenen Erbfolge
** Gilt wohl **nicht**, wenn Vermögen **unwesentlich**, d. h. **nicht „existenzsichernd"** ist.

Eine Abänderungsklausel – wenn auch unter Bezug auf § 323 ZPO – ist aber **unbeachtlich**, wenn sie lediglich die Bedeutung einer Wertsicherungsklausel hat (BFH, BStBl 1986 II 348).

Außerdem reicht eine bloße Bezugnahme auf § 323 ZPO **nicht** aus. Vielmehr bedarf es einer klaren und eindeutigen Regelung, daß die Leistungen über den konkreten Betrag hinaus abänderbar sein sollen (BFH, BStBl 1992 II 78 und BStBl 1993 II 15).

Die stillschweigende Abänderungsmöglichkeit nach Art des § 323 ZPO gilt **nicht** bei **testamentarisch** oder durch **Erbvertrag** festgelegten wiederkehrenden Leistungen.

---

[1]) Der Rechtsgedanke des § 323 ZPO kann – im Rahmen der geltenden Vertragsfreiheit – auch in einem privatschriftlichen Vertrag oder in einem Testament wirksam vereinbart werden.

Dagegen sind Leistungen aufgrund von **Übergabeverträgen** einschließlich **Altenteilsleistungen** auch bei Nichterwähnung der Änderungsmöglichkeit nach Art des § 323 ZPO **dauernde Lasten** (BFH, BStBl 1992 II 499). Vgl. BMF vom 13.1.1993, BStBl I 80, Tz 6 und H 167 „Vertraglich vereinbarte Leistungen – 2. Übergabeverträge" sowie H 87 „Dauernde Last – Nr. 2".

Keine Rente ist weiterhin gegeben, wenn die Leistungen vom **Gewinn** bzw. **Umsatz** eines land- und forstwirtschaftlichen **Betriebes,** eines **Gewerbebetriebes** oder einer **Freiberuflerpraxis** abhängen. Vgl. H 167 „Leibrente".

Beispiel:
Steuerberater A veräußert seine Praxis an B. Der Erwerber verpflichtet sich, ihm bis an sein Lebensende jährlich 20 v.H. seines zukünftigen Reingewinns zu zahlen. Wegen der fehlenden Gleichmäßigkeit handelt es sich nicht um eine Rente, sondern um sonstige wiederkehrende Bezüge/Leistungen.

Das gilt aber nicht, wenn ein Mindestbetrag in einer bestimmten Höhe zu erbringen ist und nur im übrigen die Höhe der Leistungen von den wirtschaftlichen Gegebenheiten abhängt.

(BFH, BStBl 1980 II 541.) Anders aber BFH, BStBl 1980 II 575. Vgl. bereits 9.1.2.

Beispiel:
Wie vor, aber es ist ein Mindestbetrag von monatlich 1 000 DM vereinbart.
Der Mindestbetrag stellt eine Rente dar. A. A BFH, BStBl 1980 II 575.

- **Wertsicherungsklauseln**

Schwankungen in der absoluten Höhe der Leistungen, die sich durch **Wertsicherungsklauseln** ergeben, **beeinträchtigen** das Wesen einer **Rente nicht** (BFH, BStBl 1986 II 261 und 1983 II 99; H 167 „Wertsicherungsklausel").

Solche Klauseln dienen lediglich dazu, den **inneren Wert der Rente zu erhalten.**

Es kann sich dabei um Preisindexklauseln, Währungsklauseln, Sachwertklauseln u.ä. handeln.

Durch Abhängigkeit von Geldleistungen z.B. von
– Beamtengehältern
– Lebenshaltungskostenindex
– der Höhe von Sozialversicherungsrenten
wird die Gleichmäßigkeit der Leistungen **nicht** beeinträchtigt.

Beispiele:
1. Monatliche Zahlungen sollen nach dem Vertrag in der Weise angehoben werden, wie die Renten zur gesetzlichen Sozialversicherung steigen.
2. A zahlt B monatlich 1200 DM; in der Weise, wie das Grundgehalt eines Beamten der Eingangsstufe der Besoldungsgruppe A 15 angehoben wird, sollen die Zahlungen steigen.

Eine Leibrente und nicht eine dauernde Last liegt auch dann vor, wenn eine gesetzliche Sozialversicherungsrente auf eine wertgesicherte Leibrente angerechnet werden soll. Die Differenz hat ebenfalls Leibrentencharakter (BFH, BStBl 1981 II 265).

Beispiel:
A hat sich in einem Übergabevertrag gegenüber seinem Vater verpflichtet, seiner Stiefmutter eine lebenslängliche Rente zu zahlen. Darüber hinaus wurde eine Wertsicherungsklausel vereinbart. Außerdem sollte eine Sozialversicherungsrente auf diese Rente angerechnet werden.
Es liegt eine Leibrente vor.

- **Wegfall** oder **Änderung** der Bezüge **„nach Treu und Glauben"** (vgl. § 242 BGB) ist für die Renteneigenschaft unschädlich. Dies gilt nur in Extremfällen (bei Existenzgefährdung des Schuldners) – nicht zu verwechseln mit § 323 ZPO).

9.1.3.4 Rentenstammrecht

Der Begriff der Rente setzt nach bisherigem Verständnis voraus, daß die wiederkehrenden Bezüge auf einem Rentenstammrecht beruhen. Aufgrund BFH, BStBl 1992 II 78 erscheint jedoch das Vorliegen eines zivilrechtlich definierten Rentenstammrechts als **entbehrlich.** Das Stammrecht ist ein gemeinsamer Verpflichtungsgrund, als dessen „Früchte" sich die einzelnen Bezüge darstellen. Das Rentenstammrecht stellt ein selbständiges Vermögensrecht dar. Es kann entgeltlich oder unentgeltlich eingeräumt werden. Der Erwerb des Stammrechts liegt auf der Vermögensebene. Die Begründung kann sich aus einem Vertrag, aus dem Gesetz oder einer letztwilligen Verfügung ergeben.

* Der BFH sieht bei **öffentlich-rechtlichen** Ansprüchen keinen Bedarf für einen Rückgriff auf den aus dem bürgerlichen Recht stammenden Begriff des „Rentenstammrechts" (vgl. § 759 ff. BFB); so BFH, BStBl 1989 II 551 (554 f.); es bedarf daher z. B. bei Sozialversicherungsrenten zumindest keiner besonderen Prüfung eines Rentenstammrechts.

Bei der vertraglichen Begründung eines wirksamen Rentenstammrechts ist die Beachtung der **Formvorschriften** des BGB erforderlich. Formmängel führen grds. zur Nichtigkeit (§ 125 BGB).

– Für die Begründung eines Leibrentenversprechens ist grds. die **Schriftform** erforderlich, § 761 BGB. **Zeitrenten** können dagegen auch **mündlich** wirksam begründet werden.
– Dagegen ist eine **gerichtliche oder notarielle** Beurkundung des Vertrags erforderlich z. B. bei
  – unentgeltlichen Zusagen, da Schenkungsversprechen (§ 518 Abs. 1 BGB);
  – Grundstücksübertragungen (§ 313 BGB)
  – Übertragung von GmbH-Anteilen (§ 15 GmbHG).

Ein evtl. Formmangel kann **nicht** durch nachfolgende Leistung (tatsächlichen Vollzug) geheilt werden. § 518 Abs. 2 BGB hat insoweit für die Renteneigenschaft **keine** Bedeutung. Auch eine Berücksichtigung über § 41 Abs. 1 S. 1 AO ist **nicht** möglich (vgl. § 41 Abs. 1 S. 2 AO). Vgl. BFH, BStBl 1960 III 424.

Formfehler sind ausnahmsweise unbeachtlich, wenn es sich bei den Beteiligten um rechtsungewandte Personen handelt oder bürgerlich-rechtlich besonders undurchsichtige Verhältnisse vorliegen, die Beteiligten den Formmangel nicht kannten und ihn sofort mit Wirkung für die Zukunft beseitigen. (BFH, BStBl 1960 III 424, BStBl 1963 III 563 und 1966 III 244.) Eine Rentenerhöhung bedarf als Vertragsänderung grds. derselben Form wie der ursprüngliche Vertrag.

9.1.3.5 Selbständigkeit des Stammrechts[1])

Das Stammrecht (soweit noch erforderlich) muß selbständig einklagbar sein, es darf nicht abhängig von einem anderen Recht sein.

Die einzelnen Zahlungen dürfen daher nicht Entgelt für eine Gegenleistung darstellen. Entgelt für eine Gegenleistung kann nur das Stammrecht selbst sein.

Beispiel:
A veräußert ein bebautes Grundstück nicht gegen einen Barpreis, sondern feste monatliche Zahlungen von 3 000 DM (Kapitalwert der Leistungen 350 000 DM).
Mit der Abgabe des Rentenversprechens ist der Kaufvertrag seitens des Rentenverpflichteten erfüllt.
Zahlt der Rentenverpflichtete nicht, wird er vom Rentenberechtigten nicht aus dem ursprünglichen Kaufvertrag, sondern aus dem Rentenversprechen in Anspruch genommen. Daher liegt zivilrechtlich (vgl. § 761 BGB) und somit auch steuerlich eine Leibrente vor.

---

[1]) Das Vorliegen eines zivilrechtlich wirksamen Rentenstammrechts könnte aufgrund BFH, BStBl 1992 II 78 entbehrlich sein.

Renten aus den gesetzlichen Rentenversicherungen beruhen stets auf einem selbständigen Rentenstammrecht kraft Gesetzes (z. B. RVO).

Die Rechtsprechung hat bei „Schadensrenten" ein selbständiges Stammrecht verneint, weil Gegenstand der Leistungen die Regulierung eines Schadens ist. Die einzelnen Leistungen bilden Schadensersatz gem. §§ 843 – 845 BGB insbesondere für den Verzicht auf Unterhaltsansprüche (BFH, BStBl 1979 II 133.

Beispiel:

A ist durch Verschulden des B so schwer verletzt worden, daß er arbeitsunfähig wird. Zur Vermeidung eines Schadensersatzprozesses verpflichtet sich der Schädiger B nach § 843 BGB, dem Geschädigten A monatliche Bezüge von 1 000 DM bis zum Lebensende zu zahlen.

Bisherige Beurteilung:

Es handelt sich nicht um eine Rente, sondern um eine „dauernde Last". B kann die Leistungen in voller Höhe als Sonderausgaben nach § 10 Abs. 1 Nr. 1a abziehen, A muß sie in voller Höhe als sonstige Einkünfte nach § 22 Nr. 1 versteuern. Die §§ 12 Nr. 2, 22 Nr. 1 Satz 2 sind nicht anwendbar.

Neue (unsichere) Rechtslage:

Evtl. muß auch hier ein Fall einer „zeitlich gestreckten privaten entgeltlichen Vermögensumschichtung" gesehen werden. Dann **entfallen**

– der Sonderausgabenabzug nach § 10 Abs. 1 Nr. 1a und
– die Besteuerung nach § 22 Nr. 1 (stattdessen fällt Zinsanteil unter § 20 Abs. 1 Nr. 7). Vgl. BFH, BStBl 1993 II 298.

Wird dagegen die Schadensersatzverpflichtung im Wege der **Novation** durch ein abstraktes Rentenversprechen ersetzt, wird ein selbständiges Stammrecht begründet, so daß nunmehr eine Rente vorliegt[1]).

Beispiel:

Wie vor, mit der Abwandlung, daß in dem notariellen Vertrag der Schuldgrund Schadensersatzverpflichtung durch ein abstraktes Rentenversprechen ersetzt wird. Bisherige Beurteilung:

Jetzt liegt eine Rente vor. B kann nur den Ertragsanteil als Sonderausgaben abziehen. A muß nur den Ertragsanteil der Leibrente nach § 22 Nr. 1 versteuern.

10.1.3.6 Dauer der Bezüge/Leistungen

Die Rente muß

a) entweder auf **Lebenszeit** einer Person (oder mehrerer Personen) gewährt werden (Abhängigkeit vom Leben des Empfängers, Verpflichteten oder eines Dritten) = **Leibrente** oder

b) dem Berechtigten für die Dauer von mindestens zehn Jahren zugesagt werden = **Zeitrente**[2]).

Unterformen der Leibrente ergeben sich, wenn neben der Abhängigkeit vom Leben einer Person eine **Mindestlaufzeit** oder **Höchstlaufzeit** vereinbart sind.

Renten, die grundsätzlich mit dem Tode einer Person erlöschen, jedoch eine Höchstlaufzeit haben, heißen **abgekürzte Leibrenten** (oder: Höchstzeitrenten).

Wenn die Person, von deren Leben sie abhängen, die Höchstzeit überlebt, erlöschen abgekürzte Leibrenten durch Zeitablauf. Bei einer abgekürzten Leibrente muß die Höchstlaufzeit bei **unentgeltlicher** Begründung mindestens zehn Jahre betragen (BFH, BStBl 1959 III 463.

Bei entgeltlicher Einräumung des Stammrechts ist dies nach bislang h. M. nicht erforderlich.

Beispiel:

A verpflichtet sich im Rahmen eines Grundstückserwerbs von B, an B als Gegenleistung eine monatliche Rente von 1 000 DM bis zu seinem Lebensende, höchstens jedoch für einen Zeitraum von acht Jahren, zu zahlen.

---

[1]) Auch hier ist evtl. die „Umdeutung" in eine private Vermögensumschichtung vorzunehmen (s. o. und BFH, BStBl 1995 II 47).

[2]) Fortbestand dieser Erscheinungsform ist unsicher.

D. h.: Stirbt B innerhalb des Zeitraums von acht Jahren, erlischt die Rente. Überlebt aber B diesen Zeitraum, erlischt die Rente mit dem Ablauf von acht Jahren. Es liegt eine Höchstzeitrente (abgekürzte Leibrente) vor.

Die Höchstlaufzeit braucht infolge entgeltlicher Begründung des Stammrechts nicht mindestens zehn Jahre betragen (sachlich zutreffend?).

Es ist nach der neueren Rechtsprechung jedoch eine **Umdeutung** in **Kaufpreisraten** vorzunehmen (z. B. BFH, BStBl 1995 II 47).

Wegen Besonderheiten zur Ermittlung des Ertragsanteils nach § 22 vgl. § 55 Abs. 2 EStDV und 10.2.

Verlängerte Leibrenten (= Mindestzeitrenten) sind Renten, die grundsätzlich mit dem Tode einer Person erlöschen, die aber unabhängig vom Leben einer Person eine **bestimmte Mindestlaufzeit** aufweisen.

Wenn die Person, von deren Leben sie abhängt, die Mindestzeit überlebt, erlischt die verlängerte Leibrente erst mit dem Tode.

Beispiel:
A verpflichtet sich, dem B bis zu dessen Lebensende eine monatliche Rente von 1 000 DM zu zahlen, mindestens aber für einen Zeitraum von zwölf Jahren.

D. h. wenn B erst nach 20 Jahren verstirbt, ist die Rente auch über die zwölf Jahre hinaus bis zu seinem Lebensende zu zahlen. Stirbt B bereits nach acht Jahren, wäre die Rente noch vier Jahre an seine Erben zu zahlen.

Daher Mindestzeitrente (oder = verlängerte Leibrente).

Bei einer verlängerten Leibrente gilt – nach bislang h. M. –: die Mindestlaufzeit darf nicht wesentlich länger als die Lebenserwartung der begünstigten Person nach der amtlichen Sterbetafel sein, da andernfalls – wirtschaftlich – eine Zeitrente[1]) gegeben ist (BFH, BStBl 1975 II 173).

Zur Ermittlung des Ertragsanteils nach § 22 vgl. 10.1.9.

Zeitrenten[1]) sind im Gegensatz zu Leibrenten vom Leben einer Person unabhängig. Sie erlöschen stets und ausschließlich durch Zeitablauf. Es **fehlt** die leibrententypische Ungewißheit über das Leistungsende (vgl. BFH, BStBl 1986 II 261). Die Laufzeit muß jedoch **mindestens zehn Jahre** betragen (BFH, BStBl 1959 III 463).

Entgeltlich begründete feste Leistungen auf Zeit sind im **Privatbereich stets als Raten zu behandeln** (z. B. BFH, BStBl 1995 II 47). Unentgeltliche Zeitrenten kommen in der Praxis kaum vor, da es sich i. d. R. um eine abgekürzte Leibrente handeln wird.

Eine **abgekürzte Leibrente** liegt vor, wenn die Leistungen zur **Unterstützung** erfolgen, also **nicht vererblich** sind (BFH, BStBl 1986 II 261).

Eine **Versorgungszeitrente**[1]) liegt vor, wenn die Leistungen **vererblich** sind, weil sie im Zusammenhang mit dem Verzicht auf Vermögensansprüche stehen (z. B. Verzicht auf Pflichtteilsanspruch).

In diesem Sinne hat auch der BFH (VIII. Senat) noch in BStBl 1992 II 809 entschieden, daß als Abfindung für einen Erbund Pflichtteilsverzicht geleistete Rentenzahlungen regelmäßig „wiederkehrende Bezüge" i. S. von § 22 Nr. 1 sind.

Dagegen sieht der X. Senat des BFH hierin eine zeitlich gestreckte Auszahlung erbrechtlicher Vermögensansprüche; es sei eine Trennung in (nicht steuerbaren) Tilgungs- und (steuerbaren) Zinsanteil vorzunehmen (BFH, BStBl 1993 II 298).

Beispiel (= Urteilsfall):
Erhält ein pflichtteilsberechtigter Erbe aufgrund letztwilliger Verfügung des Erblassers vom Erben unter Anrechnung auf seinen Pflichtteil für die Dauer von 15 Jahren wiederkehrende Leistungen in schwankender Höhe, sind diese nicht mit ihrem vollen Betrag als Einkünfte aus wiederkehrenden Bezügen (§ 22 Nr. 1 Satz 1), sondern nur mit ihrem Zinsanteil (§ 20 Abs. 1 Nr. 7) steuerbar.

Der BFH begründet dies insbesondere mit einer Ausdehnung der Wertverrechnungstheorie. Außerdem dehnt er die bei „Raten" vorzunehmende Aufteilung in einen Zins- und Tilgungsanteil auf „Renten" bei entgeltlichen privaten Vermögensumschichtungen aus (unter Hinweis auf BFH, BFH/NV 1993, 87).

---

[1]) Fortbestand insbesondere der **Versorgungs-"Zeitrente"** ist **fraglich** (Wegfall aufgrund BFH-Urteil von 31. 8. 1994 X R44/93).

Beispiel:

Durch notariellen Vertrag hat sich A verpflichtet, an den B für die Dauer von 10 Jahren monatliche Zahlungen von 500 DM zur Unterstützung zu erbringen.

Da die Leistungen bereits mit dem Tode des B – längstens aber nach zehn Jahren – erlöschen, handelt es sich nicht um eine Zeitrente, sondern nach bisherigem Verständnis um eine abgekürzte Leibrente.

Nach BFH, BStBl 1993 II 298 liegen dagegen **keine** wiederkehrenden Bezüge i. S. § 22 Nr. 1 vor.

Zur Abgrenzung der Zeitrenten[1]) von Raten im **betrieblichen** Bereich vgl. 9.1.5.3 sowie BFH-Urt. v. 19.5.1992, BFH/NV 1993, 87.

Übersicht

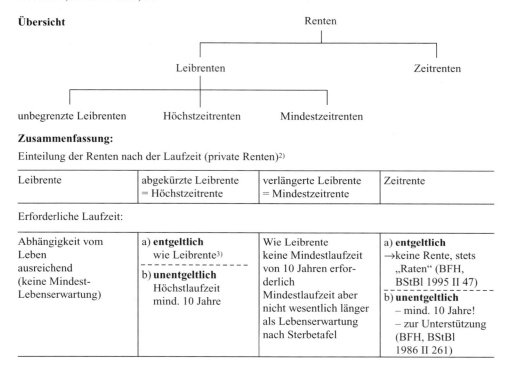

Zusammenfassung:

Einteilung der Renten nach der Laufzeit (private Renten)[2])

Leibrente	abgekürzte Leibrente = Höchstzeitrente	verlängerte Leibrente = Mindestzeitrente	Zeitrente
Erforderliche Laufzeit:			
Abhängigkeit vom Leben ausreichend (keine Mindest-Lebenserwartung)	a) **entgeltlich** wie Leibrente[3]) b) **unentgeltlich** Höchstlaufzeit mind. 10 Jahre	Wie Leibrente keine Mindestlaufzeit von 10 Jahren erforderlich Mindestlaufzeit aber nicht wesentlich länger als Lebenserwartung nach Sterbetafel	a) **entgeltlich** →keine Rente, stets „Raten" (BFH, BStBl 1995 II 47) b) **unentgeltlich** – mind. 10 Jahre! – zur Unterstützung (BFH, BStBl 1986 II 261)

10.1.4 Dauernde Lasten

Nach dem Wortlaut von § 9 Abs. 1 Nr. 1 und § 10 Abs. 1 Nr. 1a sind nur Leibrenten (diese nur in Höhe ihres Ertragsanteils), sowie dauernde Lasten – und zwar in voller Höhe – als Werbungskosten bzw. Sonderausgaben, nicht aber sonstige wiederkehrende Leistungen abzugsfähig.

Auf der Einnahmeseite besteht i. R. des § 22 Nr. 1 ebenfalls der Besteuerungsunterschied: Renten sind nur in Höhe des Ertragsanteils steuerpflichtig, dauernde Lasten jedoch in voller Höhe. Deswegen ist eine Abgrenzung zu den Renten als auch den sonstigen wiederkehrenden Leistungen/Bezügen erforderlich.

Voraussetzungen einer dauernden Last sind

1. Leistungen in Geld oder Geldeswert
2. Wiederkehr
3. Leistung auf längere Zeit

---

[1]) Vgl. FN 1 auf S. 947.

[2]) **soweit nicht** von einer „zeitlich gestreckten Auszahlung (insbesondere erbrechtlicher) Vermögensansprüche auszugehen ist (vgl. oben sowie BFH, BStBl 1993 II 298). Dann erfolgt **Aufteilung** in **Zinsanteil** und Tilgungsanteil.

[3]) strittig (nach a. A. ebenfalls mind. 10 Jahre).

4. Besonderer Verpflichtungsgrund
5. **„Wirtschaftliche Belastung" (Keine Raten)**; vgl. BFH, BStBl 1992 II 612, BStBl 1995 II 47 und 10.1.5.2

zu 1: Bei „dauernden Lasten" sind, anders als bei Renten, als Leistungsinhalt auch andere Leistungen als Geld oder vertretbare Sachen möglich. Vgl. BFH, BStBl 1989 II 784.

Beispiele:
- Naturalleistungen (z. B. Verpflegung)
- Dienstleistungen (z. B. Gartenpflege), jedoch **nicht persönliche Dienstleistungen** (mangels Aufwendungen – vom BFH noch offengelassen)

zu 2: Regelmäßige Wiederkehr wird **nicht** gefordert.

zu 3: Bei der Zeitdauer gelten die gleichen Voraussetzungen wie bei einer Rente (BFH, HFR 1965, 504), also
- Leistungen auf Lebenszeit einer Person oder – Befristung auf mindestens zehn Jahre.

Vgl. BFH, BStBl 1989 II 779.

zu 4: Das Erfordernis des besonderen Verpflichtungsgrundes ergibt sich aus § 9 Abs. 1 Nr. 1 und § 10 Abs. 1 Nr. 1a und entspricht dem Rentenstammrecht. Vgl. hierzu im einzelnen 10.1.3.4.

Nicht erforderlich sind jedoch im Gegensatz zur Rente
– Selbständigkeit des Stammrechts sowie – Gleichmäßigkeit der Leistungen.

Laufende Erbbauzinsen sind keine dauernde Last, da sie wirtschaftlich ein Nutzungsentgelt darstellen (BFH, BStBl 1991 II 175).

Zusammenfassend läßt sich sagen: **Dauernde Lasten sind wiederkehrende Leistungen, die auf einem besonderen Verpflichtungsgrund (Stammrecht) beruhen, deren Laufzeit von der Lebenszeit eines (oder mehrerer) Menschen abhängt oder die dem Berechtigten für mindestens zehn Jahre zustehen sollen, die aber nicht regelmäßig und gleichmäßig erbracht werden müssen. Vgl. BFH, BStBl 1989 II 779.**

10.1.5 Bedeutung der Unterscheidung der Arten wiederkehrender Bezüge/Leistungen

10.1.5.1 Übersicht

	Renten	dauernde Lasten	sonstige wiederkehrende Bezüge
a) § 22 Nr. 1	Einnahme nur **Ertrags-anteil**	Einnahme = **voller** Bezug	Einnahme = **voller** Bezug
b) WK	Abzug nur des Ertrags-anteils (§ 9 Abs. 1 Nr. 1 i. V. m. § 22 Nr. 1)	Abzug der vollen Leistung (§ 9 Abs. 1 Nr. 1)	Abzug in Höhe des vollen Betrags (§ 9 Abs. 1 Satz 1)
c) SA (§ 10 Abs. 1 Nr. 1a)	Abzug nur des Ertrags-anteils i. S. des § 22 Nr. 1[1])	Abzug der vollen Leistung[1])	Abzugsverbot

Wegen der Behandlung betrieblicher Bezüge/Leistungen vgl. 9.1.7.

10.1.5.2 Abgrenzung zu Raten

Die wiederkehrenden Bezüge/Leistungen dürfen nicht Teilbeträge eines festen Kaufpreises sein, da sonst lediglich eine unbeachtliche Vermögensumschichtung stattfindet.

---

[1]) Soweit nicht wirtschaftlich **Raten** vorliegen, vgl. u. a. BFH, BStBl 1993 II 295 und BStBl 1995 II 47.

Merkmale der (Kaufpreis-)Raten sind (vgl. BFH, BStBl 1965 III 613):
- Leistungen sind Teilbeträge eines **festen Kaufpreises**
- Ratenzahlung aufgrund einer **Stundung**
- im Interesse des **Verpflichteten**
- zeitliche Begrenzung (i. d. R. nicht mehr als zehn Jahre)
- Abtretbarkeit und Vererblichkeit des Anspruchs.

Beispiel:

A veräußert an B ein privates Mietwohngrundstück. Da B den Kaufpreis von 500 000 DM nicht sofort aufbringen bzw. finanzieren kann, gestattet A die Entrichtung in fünf jährlichen Teilbeträgen von je 100 000 DM. Die jeweilige Restschuld ist mit 8% zu verzinsen.

Es liegen keine wiederkehrenden Bezüge, sondern Kaufpreisraten vor.

Die Veräußerung liegt auf der Vermögensebene und führt bei A – vorbehaltlich § 23 – nicht zu Einkünften. Die gezahlten Zinsen sind bei A Einnahmen aus § 20 Abs. 1 Nr. 7, bei B ggf. WK oder BA.

Die für **Kaufpreisraten** geltenden Grundsätze will der BFH (X. Senat) auf **wiederkehrende Bezüge ausdehnen, soweit keine** Versorgungsleistungen im Rahmen einer **vorweggenommenen Erbfolge** vorliegen (vgl. u. a. BFH, BStBl 1992 II 78 BFH/NV 1993, 78 und BStBl 1995 II 47):

Werden anläßlich einer auf die Lebenszeit einer Bezugsperson zeitlich gestreckten entgeltlichen privaten Vermögensumschichtung gleichbleibende wiederkehrende Leistungen vereinbart, ist deren Ertragsanteil (**Zinsanteil**), da dieser Entgelt für die Überlassung von Kapital (**Zins**) ist und private Schuldzinsen nicht abgezogen werden dürfen, bei verfassungskonformer Auslegung **nicht** als Sonderausgaben abziehbar (Fortführung von BFH, BStBl 1992 II S. 609; so BFH, BStBl 1993 II 295 und BStBl 1995 II 47).

10.1.5.3 Abgrenzung der entgeltlichen Zeitrente[1]) von Raten im betrieblichen Bereich

Sowohl (entgeltliche) Zeitrenten als auch Raten enden stets mit Zeitablauf (fest bestimmter Endtermin).

Die Abgrenzung ist nach bisherigem Verständnis wie folgt vorzunehmen:

Kaufpreisraten liegen vor, wenn entscheidendes Motiv der Wunsch des Verpflichteten nach einer Stundung des Kaufpreises war (BFH, BStBl 1959 III 192 und 1965 III 613).

Eine **Zeitrente**[1]) liegt dagegen vor, wenn die Zahlungsweise in erster Linie im Interesse des Empfängers zur Sicherstellung seiner Versorgung vereinbart wurde.

Der VIII. Senat des BFH hat in seinem Urteil vom 19. 5. 1992 zum Fall einer wertgesicherten gleichmäßigen Zahlung eines Kaufpreises auf die Dauer von 15 Jahren entschieden, daß es auf die Unterscheidung zwischen Kaufpreisraten einerseits und Veräußerungszeitrenten andererseits nicht ankomme; diese Unterscheidung sei allein bedeutsam für das von der Rechtsprechung eingeräumte Wahlrecht zwischen Sofort- und Zuflußbesteuerung; insbesondere finde auf Kaufpreiszeitrenten § 22 Nr. 1 Satz 1 keine Anwendung. Damit wird allerdings eine **eigenständige Bedeutung des Begriffs „Rente" in Frage gestellt,** wenn im Ergebnis eine steuerliche Umdeutung mit Trennung in Zins- und Tilgungsanteil erfolgt (zumindest des Begriffs „**Zeitrente**").

10.1.6 Abgrenzung betrieblicher und privater Renten

- **Betriebliche** Renten liegen bei Kausalzusammenhang mit Gewinneinkünften vor. Es handelt sich um Renten, die
  - beim Empfänger zu Einkünften aus §§ 13, 15, § 17, § 18 führen,
  - beim Geber durch einen Betrieb (§§ 13, 15, 18) veranlaßt sind und daher zu BA (§ 4 Abs. 4) führen.

- **Private** Renten liegen vor, wenn ein wirtschaftlicher Zusammenhang mit Gewinneinkünften **nicht** gegeben ist.

  Dies sind Renten, die
  - mit Überschußeinkünften im Zusammenhang stehen oder
  - nicht in einem Einkunftszusammenhang stehen.

---

[1]) Fortbestand ist unsicher.

Sie führen
- beim Empfänger zu sonstigen Einkünften i. S. des § 22 Nr. 1 oder i. S. § 20 Abs. 1 Nr. 7 (Zinsanteil) oder fallen unter keine Einkunftsart
- beim Geber zu Werbungskosten (§ 9 Abs. 1 Nr. 1), Sonderausgaben (§ 10 Abs. 1 Nr. 1 und 1a) oder nicht abzugsfähigen Lebensführungskosten (§ 12 Nr. 1) bzw. Zuwendungen (§ 12 Nr. 2).

Die Beurteilung, ob eine betriebliche oder private Rente vorliegt, ist für Geber und Empfänger **getrennt** zu beurteilen (BFH, BStBl 1974 II 88); es besteht insoweit **keine Wechselbeziehung.**

Beispiele:
1. A veräußert ein Grundstück aus seinem Betriebsvermögen gegen eine monatliche Rente. B erwirbt das Grundstück für sein Unternehmen. Bei beiden Beteiligten liegt eine betriebliche Rente vor. Sie führt bei A zu Betriebseinnahmen, bei B liegen Betriebsausgaben vor.
2. A veräußert sein Einzelunternehmen auf Rentenbasis an B (der Wert der Rente entspricht dem Wert des Betriebs).
   Für den Veräußernden liegt ein betrieblicher Vorgang vor, ebenso für den Erwerber des Betriebes.
   Wegen der Besonderheiten der steuerlichen Behandlung beim Berechtigten und beim Verpflichteten 10.1.7.1.3.
3. A erwirbt für sein Privatvermögen von B ein vermietetes bebautes Grundstück (bei B ebenfalls Privatvermögen) auf Rentenbasis. Der Barwert der Rente entspricht dem Wert des Grundstücks, monatliche Rentenzahlungen 2 000 DM (Ertragsanteil 500 DM).

   Bisherige Beurteilung:
   Sowohl bei A als auch B liegt eine private Rente vor.
   In Höhe des Ertragsanteils hat A Werbungskosten (§ 9 Abs. 1 Nr. 1) bei den Einkünften aus Vermietung und Verpachtung. Der Veräußerer B hat in Höhe des Ertragsanteils sonstige Einkünfte (§ 22 Nr. 1).

   Neue (unsichere) Rechtslage:
   Nach BFH, BStBl 1993 II 295 und BFH, BStBl 1995 II 47 ist eine Umdeutung in Kaufpreisraten vorzunehmen:
   A: Zinsanteil (= Ertragsanteil i. S. § 22 Nr. 1 S. 3 Buchst. b) stellt WK (§ 9 Abs. 1 Nr. 1) dar.
   B: Zinsanteil (= Ertragsanteil i. S. § 22 Nr. 1 S. 3 Buchst. b) stellt Einnahmen aus § 20 Abs. 1 Nr. 7 dar.
4. Wie 3. aber das Grundstück gehörte bei B zum Betriebsvermögen. Bei A unverändert private Rente (bzw. „**Raten**"; bei B betriebliche Rente.
5. Wie 3., aber es handelt sich um ein unbebautes Grundstück, das A als private Vermögensanlage dienen soll.
   Das Grundstück steht bei A nicht in einem Einkunftszusammenhang, insbesondere nicht mit § 21.
   Die Rente steht daher bei A nicht mit einer Einkunftsart im Zusammenhang, d. h.:
   bisher Abzug als Sonderausgabe unter den Voraussetzungen des § 10 Abs. 1. Nr. 1a.
   Nach **BFH** (a. a. O.) Abzugsverbot für den Zinsanteil nach § 12 Nr. 1.
   Beim Veräußerer liegen bisher Einkünfte i. S. des § 22 Abs. 1 vor,
   Nach BFH stellt der Zinsanteil Einnahmen i. S. des § 20 Abs. 1 Nr. 7 dar.

10.1.7 Betriebliche Renten

Je nach ihrem Entstehungszusammenhang sind
betriebliche Renten
- betriebliche Versorgungsrenten
- betriebliche Veräußerungsrenten
- betriebliche Schadensrenten
- betriebliche Versicherungsrenten.

10.1.7.1 Betriebliche Veräußerungsrenten

10.1.7.1.1 Zusammenhang mit Betriebsvermögen

Betriebliche Veräußerungsrenten ergeben sich beim **Empfänger** bei Veräußerung
- eines ganzen Betriebes
- eines Teilbetriebs

- eines Mitunternehmeranteils
- einer (zum Privatvermögen gehörenden) wesentlichen Beteiligung i. S. des § 17
- einzelner betrieblicher Wirtschaftsgüter.

Der Gegenstand muß beim Berechtigten zu einem Betriebsvermögen (oder zu einer wesentlichen Beteiligung i. S. des § 17) gehört haben.

Beim Verpflichteten muß der erworbene Gegenstand dem Betriebsvermögen zugeführt worden sein.

10.1.7.1.2 Gleichwertigkeit von Leistung und Gegenleistung

Leistungen und Gegenleistung müssen nach kaufmännischen Gesichtspunkten gegeneinander abgewogen werden (Leistungsaustausch; vgl. BFH, BStBl 1986 II 55 und BStBl 1993 II 15). Der Versorgungsgedanke spielt dabei nur eine untergeordnete Rolle.

Der Barwert der Rente muß allein oder zusammen mit anderen Leistungen dem Wert der übertragenen Wirtschaftsgüter entsprechen.

Auch wenn sich Leistung und Gegenleistung im Einzelfall nicht objektiv gleichwertig gegenüberstehen, liegt eine betriebliche Veräußerungsrente vor, wenn die Beteiligten subjektiv von der Gleichwertigkeit beider Leistungen ausgegangen sind (= **subjektive Äquivalenz**; vgl. BFH, BStBl 1992 II 465 und BFH vom 16. 12. 1993, DB 1994, 661).

> **Beispiel:**
>
> Ein Betrieb mit einem Kapitalkonto von 100 000 DM wird für 260 000 DM veräußert, da die stillen Reserven mit 90 000 DM und ein Firmenwert von 70 000 DM ermittelt wurde.
>
> Nach der Veräußerung ergibt sich, daß die stillen Reserven nur 50 000 DM, der Firmenwert aber 170 000 DM betragen.
>
> Trotzdem liegt eine betriebliche Veräußerungsrente vor.

Zur Abgrenzung von der betrieblichen Versorgungsrente vgl. 9.1.7.2, von der privaten Versorgungsrente vgl. 9.1.8.6. und BFH, BStBl 1993 II 15, BFH, BStBl 1992 II 465, BFH vom 16. 12. 1993, DB 1994, 661.

10.1.7.1.3 Betriebsveräußerung gegen Leibrente

a) Behandlung beim Veräußerer

• **Wahlrecht**

Wird ein **Betrieb** gegen Barzahlung (oder Kaufpreisraten) veräußert, tritt eine sofortige Gewinnrealisierung nach § 16 Abs. 1 Nr. 1 ein.

Dagegen ist bei einer Betriebsveräußerung gegen **Leibrente** eine zwingende Sofortrealisierung – in Höhe des Rentenbarwerts – **nicht** gegeben.

Dies liegt an dem **Wagnis**, das jeder Rente innewohnt.

Daher hat der Berechtigte – bisher – ein **Wahlrecht** zwischen der **Sofortversteuerung** (nach § 16) und **Zuflußversteuerung** (oder: nachträgliche Versteuerung) (nach §§ 15, 24 Nr. 2).

Dies bedeutet: der Stpfl. kann wählen, ob er den Vorgang als Veräußerung nach § 16 oder erst mit Zufluß als nachträgliche Einkünfte aus Gewerbebetrieb behandelt (vgl. R 139 Abs. 11). Dieses Wahlrecht gilt auch bei einer **Zeitrente** mit einer ungewöhnlich langen Laufzeit (25 Jahre), wenn sie auch mit dem Nebenzweck vereinbart ist, dem Veräußerer langfristig eine zusätzliche Versorgung zu schaffen; BFH, BStBl 1984 II 829.

aa) Sofortversteuerung

> Wählt der Veräußerer die Sofortversteuerung, hat er den Veräußerungsgewinn unabhängig vom Zufluß im Jahr der Veräußerung zu versteuern, allerdings mit allen Vorteilen eines begünstigten Veräußerungsgewinnes (§ 16 Abs. 4 und § 34 Abs. 1, 2).

Ermittlung des Veräußerungsgewinns:

Barwert der Rente = Veräußerungspreis
./. Veräußerungskosten
./. Buchwert des Kapitalkontos
= Veräußerungsgewinn
./. Freibetrag nach § 16 Abs. 4
= stpfl. Veräußerungsgewinn → § 34

Maßgebend ist der nach dem **BewG** ermittelte Barwert, wenn kein anderer Zinssatz als 5,5 v. H. vereinbart wurde (R 139 Abs. 11 S. 9).

Mit der Versteuerung nach § 16 gehört das Rentenstammrecht zum Privatvermögen. Daher stellt ein späterer Ausfall der Rente einen privaten Vermögensverlust dar.

Der in den Rentenzahlungen enthaltene Ertragsanteil ist nach § 22 Nr. 1 zu erfassen[1]).

Der Ansatz des Ertragsanteils führt **nicht** zu einer doppelten Versteuerung des Veräußerungsgewinns (BFH, BStBl 1989 II 551 und BStBl 1992 II 78).

bb) Zuflußversteuerung

Der Stpfl. kann stattdessen die Rentenzahlungen als nachträgliche Betriebseinnahmen i. S. des § 15 i. V. m. § 24 Nr. 2 behandeln. In diesem Fall entsteht ein Gewinn erst, wenn die Rentenzahlungen das steuerliche Kapitalkonto des Veräußerers zuzüglich etwaiger Veräußerungskosten des Veräußerers übersteigen. Der Freibetrag nach § 16 Abs. 4 und der ermäßigte Steuersatz nach § 34 sind in diesem Fall nicht anwendbar.

Da der Stpfl. mit **Gewinnermittlung** nach **§ 4 Abs. 3** bei Betriebsveräußerung zum Bestandsvergleich (§ 4 Abs. 1) übergehen muß, ist **die Behandlung** beim Berechtigten bei Gewinnermittlung nach § 4 Abs. 3 und § 4 Abs. 1 **identisch**.

Beispiel:

A (56 Jahre) veräußert seinen Gewerbebetrieb zum 31. 12. 04. Der Wert des Betriebsvermögens beträgt zum Zeitpunkt der Veräußerung 240 000 DM.
Als Gegenleistung wird eine Leibrente von 2 500 DM pro Monat vereinbart, die ab Januar 05 zu zahlen ist. Der Rentenbarwert im Zeitpunkt der Veräußerung beträgt 360 000 DM. Die von A getragenen Veräußerungskosten betragen 3 000 DM.
A hat im Zeitpunkt der Veräußerung das 50. Lebensjahr vollendet.

1. Sofortversteuerung

– Ansatz eines Veräußerungsgewinns nach § 16 Abs. 1 Nr. 1 im Jahre 04

Veräußerungserlös	360 000 DM
./. Betriebsvermögen	240 000 DM
./. Veräußerungskosten	3 000 DM
Gewinn (§ 16 Abs. 2)	117 000 DM
./. Freibetrag gemäß § 16 Abs. 4 (auf Antrag [falls noch nicht „verbraucht"])	60 000 DM
stpfl. Veräußerungsgewinn	57 000 DM

– Der Ertragsanteil der Leibrente führt ab dem Jahr 05 zu sonstigen Einkünften aus § 22 Nr. 1[1]):

Ertragsanteil 43 % von 30 000 DM =	12 900 DM
./. WK-Pauschbetrag (§ 9a Nr. 1c)	200 DM
	12 700 DM

---

[1]) Bei Übertragung der Grundsätze der BFH-Urteile (u. a. BStBl 1993 II 298 und BStBl 1995 II 47) wäre der **Zinsanteil** als Einnahme aus § 20 Abs. 1 Nr. 7 anzusetzen (so jedenfalls der BFH, a. a. O.); aber R 139 Abs. 11 EStR 1996 = insoweit unverändert.

2. Zuflußbesteuerung

Nachträgliche Einkünfte aus Gewerbebetrieb (§ 15, § 24 Nr. 2) liegen erstmals vor, wenn die Summe der Rentenzahlungen den Wert des Betriebsvermögens zuzüglich der Veräußerungskosten übersteigt.

9 × 30 000 DM =	270 000 DM
./. Wert des Betriebsvermögens	240 000 DM
./. Veräußerungskosten	3 000 DM
	27 000 DM

Im 9. Jahr des Rentenbezugs sind erstmals 27 000 DM zu versteuern. In jedem weiteren Jahr (ab VZ 10), in dem die Rente voll bezogen wird, fallen Einkünfte von jeweils 30 000 DM an. Da es sich um nachträgliche Einkünfte handelt (§ 15 i. V. m. § 24 Nr. 2), wird kein Freibetrag (§ 16 Abs. 4) und kein ermäßigter Steuersatz (§ 34 Abs. 1) gewährt.

- **Veräußerung eines Betriebs gegen Barpreis und Rente**

Besteht der Kaufpreis aus einer Leibrente und einer Barzahlung, räumt R 139 Abs. 11 S. 8 **ebenfalls** das **Wahlrecht** zwischen Sofort- und Zuflußbesteuerung ein, aber beschränkt auf die Leibrente. Ein durch den **festen Kaufpreisteil** realisierter Veräußerungsgewinn ist **zwingend** nach § 16 zu versteuern.

Vgl. BFH, BStBl 1979 II 334, BStBl 1970 II 309 und BStBl 1968 II 76.

Dabei ist im Falle der Zuflußbesteuerung zu beachten, daß zum Zweck der Berechnung des Freibetrags nach § 16 Abs. 4 der Rentenbarwert **fiktiv** in den Veräußerungsgewinn einzubeziehen ist (BFH, BStBl 1968 II 75).

Bei der Zuflußbesteuerung ergeben sich drei Möglichkeiten:

Fester Kaufpreisanteil

kleiner	gleich	größer

als Kapitalkonto (und Veräußerungskosten)

Kein Ansatz eines Veräußerungsverlusts	Kein Veräußerungsgewinn	Differenz fester Kaufpreis ./. Kapitalkonto ./. Veräußerungskosten sofort stpfl. Veräußerungsgewinn nach § 16
– Rentenbezüge sind nach §§ 15, 24 Nr. 2 zu versteuern, sobald Differenz zwischen Kapitalkonto (zuzüglich Veräußerungskosten) und festem Kaufpreis „aufgezehrt" sind	– Rentenbezüge sind sofort nach §§ 15, 24 Nr. 2 zu versteuern	– Rentenbezüge sind sofort nach §§ 15, 24 Nr. 2 zu versteuern

Beispiel:

A veräußert zum 1.1.05 seinen Betrieb an B. Buchwert seines Kapitalkontos 200 000 DM. Der Wert des Betriebes beträgt 400 000 DM. Es ist vereinbart worden, daß A 250 000 DM in bar erhält und außerdem eine Rente von monatlich 1 250 DM (Barwert 150 000 DM). Barpreis und erste Rentenzahlung sind zum 1.1.05 fällig.

A ist am 1.1.05 66 Jahre alt.

1. **Sofortversteuerung** – § 16 Abs. 1 Nr. 1

Barpreis	250 000 DM
Rentenbarwert	150 000 DM
Veräußerungspreis	400 000 DM
Buchwert	200 000 DM
Veräußerungsgewinn	200 000 DM
steuerfrei auf Antrag (§ 16 Abs. 4)	60 000 DM
tarifbegünstigter stpfl. Veräußerungsgewinn	140 000 DM

– Die einzelnen Rentenzahlungen sind mit ihrem Ertragsanteil steuerpflichtig[1]).

Ertragsanteil 26 v. H. von 15 000 DM =	3 900 DM
WK-Pauschbetrag (§ 9a Nr. 3)	200 DM
Einkünfte i. S. des § 22 Nr. 1a	3 700 DM

2. Zuflußbesteuerung – § 15 i. V. m. § 24 Nr. 2

– § 16

Soweit der Barpreis den Buchwert des Kapitalkontos übersteigt, liegt ein sofort zu versteuernder Veräußerungsgewinn vor. Inwieweit dieser jedoch steuerfrei ist, richtet sich danach, ob und inwieweit der Veräußerungsgewinn unter Einbeziehung des Rentenbarwerts den Grenzbetrag von (hier) 300 000 DM übersteigt.

Berechnung

Barpreis	250 000 DM	
Buchwert des Kapitalkontos	200 000 DM	
Veräußerungsgewinn	50 000 DM	50 000 DM
+ Rentenbarwert (fiktive Einbeziehung)	150 000 DM	
fiktiver Veräußerungsgewinn	200 000 DM	
Grenzbetrag	300 000 DM	
Der Gesamtgewinn liegt im Rahmen des Grenzbetrags.		
Freibetrag nach § 16 Abs. 4 60 000 DM, maximal		./. 50 000 DM
zu versteuern nach § 16		0 DM

– § 15, § 24 Nr. 2

Die einzelnen Rentenzahlungen sind nicht etwa steuerfrei, soweit der Freibetrag noch nicht ausgeschöpft ist. Diese sind in vollem Umfange nach § 24 Nr. 2 als nachträgliche gewerbliche Einkünfte zu erfassen (BFH, BStBl 1968 II 76). Stpfl. Gewinn § 24 Nr. 2, § 15 ab VZ 05 = 15 000 DM p. a.

Die Behandlung beim Berechtigten ist bei **Gewinnermittlung nach § 4 Abs. 3** wie beim Bestandsvergleich, da der Veräußerer so gestellt wird, als sei er im Augenblick der Veräußerung zur Gewinnermittlung durch Bestandsvergleich übergegangen.

Der **Ausfall des** Rentenanspruchs[2]) **vor Erreichung des Kapitalkontos** (zuzüglich evtl. Veräußerungskosten) führt bei beabsichtigter Zuflußbesteuerung weiterhin zu einem nachträglichen Verlust aus § 15, § 24 Nr. 2 (m. a. W., hier keine Auswirkung des BFH GrS, BStBl 1993 II 897, betr. Ausfall der Ratenforderung).

Beispiel:

Betriebsveräußerung gegen Leibrente (keine Sofortbesteuerung in 01)

Rentenzahlungen bis zum Ausfall des Rentenanspruchs in 02	9 000 DM
./. Kapitalkonto	50 000 DM
./. Veräußerungskosten	1 500 DM
Verlust aus § 15, § 24 Nr. 2 in 02	./. 42 500 DM

Nach vorausgegangener Sofortbesteuerung ist m. E. entsprechend BFH GrS, BStBl 1993 II 894 und 897 ein rückwirkendes Ereignis gegeben, das zur Verringerung des „Rentenbarwertes" und damit des Veräußerungsgewinns führt. Vgl. § 16 EStG (2.6.4.2.2). Dies gilt u. E. jedoch nicht bei **Tod**, jedenfalls nicht bei Tod des Rentenberechtigten.

Eine später vereinbarte und gezahlte **Abfindung,** mit der eine zunächst vereinbarte betriebliche Veräußerungsrente abgelöst wird, ist **nicht** nach § 16 Abs. 4 und § 34 zu besteuern, falls im Veräußerungsjahr ein fester Kaufpreis zu einem nach § 34 zu besteuerndem Veräußerungsgewinn geführt hat (BFH, Urt. v. 21. 9. 1993, DStR 1994, 132).

---

[1]) Vgl. Fußnote 1) Seite 953.

[2]) z. B. bei **Tod** des **Rentenberechtigten.**

b) Behandlung beim Verpflichteten

aa) Gewinnermittlung nach § 4 Abs. 1 oder § 5 EStG

Es ergeben sich folgende Auswirkungen

1. **Passivierung** der betrieblichen **Rentenverpflichtung** mit dem versicherungsmathematischen Barwert. Der Rentenbarwert ist nicht nach dem Bewertungsgesetz, sondern auf Grund eines versicherungsmathematischen Gutachtens zu ermitteln. Das gilt nicht nur für den Zeitpunkt der Begründung der Verpflichtung, sondern für jeden folgenden Bilanzstichtag.
2. **Aktivierung** der **erworbenen Wirtschaftsgüter** mit den Anschaffungskosten: Aufteilung des Rentenbarwerts auf die Wirtschaftsgüter (einschließlich eines eventuellen Firmenwerts)
3. In den Rentenzahlungen enthaltene **Zinsanteile** sind **BA** (§ 4 Abs. 4).

Dies wird in technischer Hinsicht wie folgt erreicht:
- Die Rentenzahlungen werden in voller Höhe als Aufwand behandelt.
- Die jährliche Barwertminderung stellt einen sonstigen betrieblichen Ertrag dar.

Der Unterschiedsbetrag zwischen dem Jahreswert der einzelnen Rentenzahlungen und der Veränderung der Rentenverpflichtung stellt den Zinsanteil dar.

Beispiel:

A veräußert am 31.12.05 seinen Gewerbebetrieb an B gegen eine monatliche Leibrente von 2000 DM. Versicherungs mathematischer Barwert 31.12.04 200000 DM, 31.12.05 190000 DM, stille Reserven im Anlagevermögen 40000 DM.

Schlußbilanz A 31.12.04

Anlagevermögen	390000 DM	Kapital	110000 DM
sonstige Aktiva	310000 DM	Verbindlichkeiten	590000 DM
	700000 DM		700000 DM

Lösung:

Eröffnungsbilanz B 1.1.05

Anlagevermögen	430000 DM	Kapital	0 DM
sonstige Aktiva	310000 DM	Verbindlichkeiten	590000 DM
Firmenwert	50000 DM	Rentenverpflichtung	200000 DM
	790000 DM		790000 DM

Die Rentenzahlung in 05 von 24000 DM ist als Aufwand zu buchen. Die Minderung des Kapitalwerts von 200000 DM ./. 190000 DM = 10000 DM ist als Ertrag zu behandeln. Als BA wirkt sich in 05 effektiv der Zinsanteil der Rentenzahlung von 24000 DM ./. 10000 DM = 14000 DM aus.

Eine **Erhöhung** der **Rentenverpflichtung** aufgrund der Anwendung einer **Wertsicherungsklausel** stellt im Jahre des Wirksamwerdens **Sofortaufwand** in Höhe des Erhöhungsbetrags dar (BFH, BStBl 1984 II 516).

Die Anschaffungskosten der erworbenen Wirtschaftsgüter ändern sich **nicht**.

Fällt die **Rentenverpflichtung auf Grund Todes des Berechtigten** fort, führt dies in Höhe des Kapitalwerts zum Zeitpunkt des Wegfalls zu einem laufenden, nicht begünstigten **Gewinn**.

bb) Gewinnermittlung nach § 4 Abs. 3 EStG

Wegen der unterschiedlichen Behandlung der Anschaffung von Wirtschaftsgütern bei § 4 Abs. 3 ist die Rentenzahlung aufzuteilen:

- Der Teil der Rente, der auf Umlaufvermögen (insbesondere **Waren**) entfällt, ist in **voller** Höhe als **Betriebsausgaben** abzugsfähig; vgl. hierzu § 4 Abs. 3 Satz 1.
- Der Teil der Rente, der auf abnutzbares Anlagevermögen entfällt, darf sich nur in Höhe des **Zinsanteils** als Betriebsausgaben auswirken.

Der Zinsanteil ergibt sich aus dem Unterschiedsbetrag zwischen den anteiligen Rentenzahlungen und der jährlichen anteiligen Minderung des versicherungsmathematischen Barwerts. Die **Anschaffungskosten** in Höhe des **Barwerts** sind im Wege der **AfA** zu berücksichtigen (vgl. § 4 Abs. 3 Satz 3). Die Anschaffungskosten für diese Wirtschaftsgüter ergeben sich aus dem anteiligen **versicherungsmathematischen oder nach dem BewG** ermittelten Barwert der Leibrentenverpflichtung **(Wahlrecht;** vgl. R 16 Abs. 4 S. 1 i. V. m. R 32a).

- Der Teil der Rente, der auf nichtabnutzbares Anlagevermögen entfällt, ist ebenfalls nur in Höhe des Zinsanteils BA. Die Anschaffungskosten in Höhe des anteiligen Rentenbarwerts sind erst bei einer Veräußerung oder Entnahme als BA abzugsfähig; vgl. § 4 Abs. 4 Satz 4 und R 16 Abs. 3. Für **Anlagevermögen** gilt nach R 16 Abs. 4 S. 7 eine **Vereinfachungsregelung:** Die einzelnen anteiligen Rentenzahlungen können in voller Höhe mit dem anteiligen versicherungsmathematischen Barwert der ursprünglichen Rentenverpflichtung verrechnet werden; sobald die Summe der anteiligen Rentenzahlungen diesen Wert übersteigt, sind die übersteigenden anteiligen Rentenzahlungen in vollem Umfang als Betriebsausgabe abzusetzen.

Beispiel:

B hat mit rechtswirksamem Vertrag vom 2.1.01 ein (in gemieteten Räumen betriebenes) Damenmodengeschäft (Einzelunternehmen) von der zu diesem Zeitpunkt 60jährigen A gegen Einräumung fester monatlicher Zahlungen erworben, die bis an das Lebensende der A in Höhe von monatlich 500 DM zu leisten sind. B übernahm auch den Mietvertrag für das Ladenlokal. Die Teilwerte der von A auf B übertragenen Wirtschaftsgüter betrugen zum 2.1.04

Einrichtung	10 000 DM
Warenbestand	20 000 DM

Die von B zu leistenden monatlichen Zahlungen wurden indes so bemessen, daß sich hierfür zum 2.1.04 ein Barwert der Leistungen von 50 000 DM ergab. Hierdurch sollten die gute Geschäftslage des Ladenlokals sowie der bekannte Name des Geschäfts berücksichtigt werden. B hat im Jahre 04 die Zahlungen an A in Höhe von insgesamt 6 000 DM pünktlich geleistet.

Zum 31.12.04 ergibt sich ein Barwert der Zahlungen von 48 000 DM.

B ermittelt ihren Gewinn für 04 zulässigerweise nach § 4 Abs. 3. Auf den erklärten Gewinn von 20 500 DM haben sich lediglich die Zahlungen an A von 6 000 DM noch nicht ausgewirkt. Im übrigen ist der erklärte Gewinn zutreffend ermittelt.

B beantragt, einen möglichst niedrigen Gewinn bei der Veranlagung 04 anzusetzen.

Es handelt sich um eine betriebliche Veräußerungsrente, da Leistung und Gegenleistung nach kaufmännischen Gesichtspunkten abgewogen sind. Der Wert des veräußerten Betriebes setzt sich wie folgt zusammen:

	Teilwert
Einrichtung	10 000 DM
Warenbestand	20 000 DM
Firmenwert	20 000 DM
	50 000 DM

(entspricht Rentenbarwert im Zeitpunkt der Übertragung)

Der Unterschiedsbetrag zwischen dem Rentenbarwert und der Summe der gegenständlichen Wirtschaftsgüter (50 000 DM ./. 30 000 DM = 20 000 DM) entfällt auf den Firmenwert (gute Lage und eingeführter Name des Betriebes). Damit besteht subjektive (und objektive) Äquivalenz von Leistung und Gegenleistung.

Wahlrecht bei der Behandlung der Rente für die Verpflichtete (B) gemäß R 16 Abs. 4.

Erste Methode

Von der Rentenzahlung von 6 000 DM ist der Zinsanteil als Betriebsausgabe abzugsfähig (R 16 Abs. 4 Satz 2), da insoweit wirtschaftlich Schuldzinsen und nicht Anschaffungskosten vorliegen.

Ermittlung des Zinsanteils (R 16 Satz 3):

Rentenzahlungen 04			6 000 DM
Barwertminderung 2.1.04		50 000 DM	
31.12.04		48 000 DM	
Tilgungsanteil		2 000 DM	
Zinsanteil 04			./. 2 000 DM
= abzugsfähige BA			4 000 DM

Überdies ist die anteilige Rentenzahlung, die auf Vorratsvermögen, hier also den übernommenen Warenbestand entfällt, in voller Höhe im Zahlungsjahr Betriebsausgabe (§ 4 Abs. 3 Satz 1, § 11 Abs. 2; Umkehrschluß aus § 4 Abs. 3 Sätze 3 und 4).

Da der auf den Warenbestand entfallende Zinsanteil der Rente bereits im gesamten Zinsanteil 04 von 4 000 DM enthalten ist, ist in 04 über den Betrag von 4 000 DM hinaus nur noch der auf den Warenbestand entfallende Tilgungsanteil zusätzlich als Betriebsausgabe zu berücksichtigen.

Gesamter Tilgungsanteil 04 (s. oben)   2 000 DM

Anteil Warenbestand (nach dem Verhältnis der Anschaffungskosten = Anteil am Rentenbarwert, R 16 Abs. 4 Satz 1 = Teilwert)

$$\frac{20\,000\text{ DM}}{50\,000\text{ DM}} = 40\,\%$$

Als Betriebsausgabe sind zusätzlich abzugsfähig:
40 % von 2 000 DM =   800 DM

Von der Rentenzahlung von 6 000 DM sind – bei der ersten Methode – hier in 04 abzugsfähig:

Gesamter Zinsanteil   4 000 DM
40 % des Tilgungsanteils   800 DM
  4 800 DM

Zweite Methode

Nach R 16 Abs. 4 Satz 4 können die Rentenzahlungen zunächst in voller Höhe mit dem Barwert der ursprünglichen Rentenverpflichtung – erfolgsneutral – verrechnet werden. Nach Abschluß der Verrechnung bis zur Höhe des ursprünglichen Rentenbarwerts können die weiteren Rentenzahlungen in voller Höhe als Betriebsausgabe abgezogen werden. Insoweit wird die volle Rentenzahlung nach Ablauf des Verrechnungszeitraums als Zinsaufwand behandelt.

Diese Verrechnungsregelung hat allerdings nur für Anlagevermögen Bedeutung, da die volle Abzugsfähigkeit des Teils der Rentenzahlung, der auf das Umlaufvermögen entfällt, unberührt bleibt (Umkehrschluß aus R 16 Abs. 4 Satz 4 2. Halbs.).

Von der Rentenzahlung 04 von 6 000 DM entfallen auf das Anlagevermögen

$$\frac{30\,000\text{ DM}}{50\,000\text{ DM}} = 60\,\% \text{ also } 3\,600\text{ DM}.$$

Dieser Betrag ist nicht als Betriebsausgabe abzugsfähig, da er mit dem ursprünglichen Rentenbarwert von 60 % von 50 000 DM = 30 000 DM verrechnet werden muß.

Die auf den Warenbestand entfallenden 40 % der Rentenzahlung sind dagegen als Betriebsausgabe abzugsfähig:

40 % von 6 000 DM = 2 400 DM

Für 04 ist die erste Methode günstiger.

Der niedrigste zulässige Gewinn 04 beträgt daher

 20 500 DM
./. 4 800 DM
 15 700 DM

Die infolge einer **Wertsicherungsklausel nachträglich eingetretene Erhöhung** einer Rente ist im Rahmen der Gewinnermittlung nach § 4 Abs. 3 in **vollem** Umfange beim **Betriebsausgabenabzug** zu berücksichtigen, **nicht nur** in Höhe des **Zinsanteils** (BFH, BStBl 1984 II 516). Damit kann aber – bei § 4 Abs. 3 – **nur** der **Erhöhungsbetrag** der **laufenden Rentenzahlung** gemeint sein (unter Beachtung des Abflußprinzips des § 11 Abs. 2) (gl. A. Richter, DB 1984, 2322, aber str.; aA KöSDI 1984, 5534, wonach im Jahr der Rentenerhöhung neben den tatsächlich geleisteten Zahlungen auch die Erhöhung des Rentenbarwerts als BA abziehbar sein soll, u. E. – bei § 4 Abs. 3 – unzutreffend); vgl. auch BFH, BStBl 1991 II 796.

Fällt die Rentenverpflichtung fort, z. B. bei **Tod des Rentenberechtigten**, so liegt eine **Betriebseinnahme** in Höhe des **versicherungsmathematischen Barwerts** der Rentenverpflichtung im Augenblick ihres Fortfalls vor (BFH, BStBl 1973 II 51). Dies gilt jedoch **nicht** für **Umlaufvermögen** (Vorräte, Waren); hier liegt **keine BE** vor (R 16 Abs. 4 S. 7).

Wurde für das Anlagevermögen von der Vereinfachungsmethode nach R 16 Abs. 4 S. 4 Gebrauch gemacht, ist bei vorzeitigem Fortfall der Rentenverpflichtung der Betrag als Betriebseinnahme anzusetzen, der nach Abzug aller bis zum Fortfall geleisteten Rentenzahlungen von dem ursprünglichen Barwert verbleibt.

Übersicht

Behandlung des Wegfalls einer Rente bei § 4 Abs. 3

1. **Umlauf**vermögen (Vorräte)	**keine** BE (R 16 Abs. 4 S. 7)
2. **Anlage**vermögen a) Keine Anwendung der Vereinfachungsregelung i. S. nach R 16 Abs. 4 S. 4	Barwert im Zeitpunkt des Wegfalls der Rente = BE
b) Nach Anwendung der Vereinfachungsregelung	**Ursprünglicher** Rentenbarwert ./. bisherige Rentenzahlungen = BE (§ 15, § 24 Nr. 2) (R 16 Abs. 4 S. 5)

10.1.7.1.4 Veräußerung eines Mitunternehmeranteils gegen Leibrente

Das Wahlrecht i. S. von R 139 Abs. 11 gilt auch bei der Veräußerung eines Mitunternehmeranteils i. S. des § 15 Abs. 1 Nr. 2.

Beispiel:
A, B, C sind zu gleichen Teilen Gesellschafter der A-KG. C schied zum Jahresende 04 aus der KG aus. Sein Kapitalkonto betrug im Zeitpunkt seines Ausscheidens 200 000 DM. C war im Zeitpunkt seines Ausscheidens 68 Jahre alt. Er erhielt als Abfindung eine monatliche Rente von 2500 DM (Rentenbarwert 280 000 DM). Das entsprach dem Wert seiner Beteiligung. Der insgesamt erzielbare Veräußerungsgewinn aus der KG betrüge 240 000 DM. Die Rente soll zum 1. 1. des folgenden Jahres beginnen.

Es handelt sich um eine betriebliche Veräußerungsrente, weil die Rente die Gegenleistung für die Übertragung des Mitunternehmeranteils darstellt und beide Leistungen sich wertmäßig entsprechen.

1. **Sofortversteuerung** nach § 16 Abs. 1 Nr. 2

Rentenbarwert		280 000 DM
Buchwert Kapitalkonto[1])		200 000 DM
Veräußerungsgewinn		80 000 DM
anteiliger Freibetrag		
⅓ von 120 000 DM		40 000 DM
Veräußerungsgewinn	80 000 DM	
anteiliger Grenzbetrag (⅓ von 300 000 DM)	100 000 DM	
Kürzung	0 DM	0 DM
	40 000 DM	./. 40 000 DM
stpfl. Veräußerungsgewinn (steuerbegünstigt nach § 34 Abs. 1)		40 000 DM

Sonstige Einkünfte liegen im Jahr der Veräußerung (04) noch nicht vor, da die Rentenzahlung erst am 1. 1. des Folgejahres beginnt. Ab VZ 05 sind 23 v. H. der Rentenzahlungen als sonstige Einkünfte i. S. des § 22 Nr. 1 zu versteuern[2]).

Ertragsanteil 23 % von 24 000 DM =	5 520 DM
./. WK-Pauschbetrag	200 DM
	5 320 DM

2. **Zuflußbesteuerung**

Solange die Rentenzahlungen den letzten Kapitalkontostand von 200 000 DM noch nicht überstiegen haben, sind sie vermögensumschichtend, danach nachträgliche Einkünfte aus Gewerbebetrieb.

Rentenzahlungen 9 × 24 000 DM =	216 000 DM
./. Kapitalkonto	200 000 DM
stpfl. im VZ 09 (§§ 15, 24 Nr. 2)	16 000 DM

Ab VZ 10 ist die volle Rentenzahlung von 24 000 DM zu versteuern.

---

[1]) Kapitalkonto I und II (evtl. auch Kapitalkonto lt. Ergänzungsbilanz und Sonderbilanz).
[2]) Vgl. Fußnote 1) Seite 953.

10.1.7.1.5 Ausscheiden eines lästigen Gesellschafters aus einer Personengesellschaft gegen Leibrente

Ein lästiger Gesellschafter liegt vor, wenn sein Verbleiben im Betrieb durch dauernde Störungen des Betriebs zu einer ernsthaften Gefährdung von Bestand und Gedeihen der Gesellschaft führen würde. Auf jeden Fall liegt Lästigkeit vor, wenn die Ausschließungsvoraussetzungen nach § 140 HGB bzw. die Auflösungsvoraussetzungen nach § 133 HGB gegeben sind (z. B. Verfolgung gesellschaftsfremder Interessen, Verletzung eines Wettbewerbsverbots, bestimmte persönliche Gründe). In einem solchen Fall werden die Gesellschafter – unbeschadet der gesetzlichen Möglichkeiten nach §§ 133 und 140 HGB – versuchen, den lästigen Gesellschafter dadurch zum Ausscheiden zu bewegen, daß sie ihm eine **über** dem tatsächlichen Wert der Beteiligung liegende Abfindung anbieten. An den Nachweis sind strenge Anforderungen zu stellen. Leichte Pflichtverletzungen genügen nicht.

a) Behandlung beim lästigen Gesellschafter

Das Ausscheiden des lästigen Gesellschafters fällt unter § 16 Abs. 1 Nr. 2.

Die Lästigkeitsabfindung gehört ebenfalls zum Veräußerungserlös. Erfolgt die Abfindung ganz oder teilweise in Leibrentenform, ergeben sich gegenüber der betrieblichen Veräußerungsrente (vgl. 9.1.7.1.3) keine Besonderheiten.

b) Behandlung beim Verpflichteten

Die Personengesellschaft hat den gesamten Rentenbarwert (vgl. R 32a) zu passivieren. Die Buchwerte der aktivierten Wirtschaftsgüter sind um eventuell aufgedeckte stille Reserven anteilig aufzustocken (einschließlich Aktivierung eines eventuellen anteiligen Firmenwerts). Der Teil des Rentenbarwerts, der auf die Lästigkeitsabfindung entfällt, ist sofort abzugsfähiger Aufwand (BFH, BStBl 1979 II 302).

Die gesamten Rentenzahlungen wirken sich nur in Höhe des Zinsanteils als BA aus.

> **Beispiel:**
> A ist mit 25 % an der X-OHG beteiligt und wird als lästiger Gesellschafter mit einer Leibrente im Barwert von 80 000 DM abgefunden (monatlich 600 DM). Die Abfindung wurde wie folgt ermittelt
>
> | | |
> |---|---:|
> | Kapitalkonto des A | 24 000 DM |
> | + anteilige stille Reserven (25 %) | 20 000 DM |
> | + anteiliger Firmenwert (25 %) | 16 000 DM |
> | + Lästigkeitsabfindung | 20 000 DM |
> | Rentenbarwert | 80 000 DM |
>
> Das Kapitalkonto des A ist auszubuchen, die anteiligen stillen Reserven und der anteilige Firmenwert zu aktivieren. Die Lästigkeitsabfindung von 20 000 DM ist Sofortaufwand. Die Rentenzahlung von 600 DM × 12 = 7 200 DM ist Aufwand, die jährliche Barwertminderung Ertrag.

10.1.7.1.6 Veräußerung einer wesentlichen Beteiligung i. S. § 17 EStG gegen Leibrente

a) Behandlung beim Berechtigten

Die zur Betriebsveräußerung gegen Leibrente geltenden Grundsätze sind entsprechend anzuwenden (R 140 Abs. 6 S. 8). Damit gilt insbesondere das **Wahlrecht** zwischen **Sofortversteuerung** und **Zuflußbesteuerung** nach **R 139 Abs. 11.**

– Bei Sofortversteuerung ist **ein Veräußerungsgewinn** i. S. des § 17 anzusetzen, auf der Freibetrag nach § 17 Abs. 3 und der ermäßigte Steuersatz nach § 34 anzuwenden sind. Ermittlung nach § 17 Abs. 2:

> Nach **BewG** ermittelter Rentenbarwert (§§ 13, 14 BewG) = Veräußerungspreis
> ∕. Veräußerungskosten
> ∕. Anschaffungskosten der Beteiligung
> = Veräußerungsgewinn § 17
> ∕. Freibetrag § 17 Abs. 3
> = stpfl. Veräußerungsgewinn § 34

– Die Leibrente ist nach **§ 22 Nr. 1** zu versteuern[1]).

---

[1]) Vgl. Fußnote 1) Seite 953.

Beispiel:
A veräußerte in 04 seine Beteiligung an der X-GmbH in Höhe von 60% gegen eine Leibrente ab dem 1.11.04 von monatlich 5 000 DM (angenommener Rentenbarwert nach § 14 BewG 310 000 DM). Anschaffungskosten des A der Beteiligung in 01 250 000 DM. Veräußerungskosten des A 4 000 DM.

aa) Sofortbesteuerung

1. **§ 17**

Veräußerungspreis			310 000 DM
./. Anschaffungskosten			250 000 DM
./. Veräußerungskosten			4 000 DM
Veräußerungsgewinn § 17			56 000 DM
Freibetrag § 17 Abs. 3			
60 v. H. von 20 000 DM		12 000 DM	
Veräußerungsgewinn	56 000 DM		
./. Grenzgewinn 60% von 80 000 DM =	48 000 DM		
Kürzung	8 000 DM	./. 8 000 DM	
verbleibender Freibetrag		4 000 DM	4 000 DM
stpfl. Veräußerungsgewinn			52 000 DM

Der stpfl. Veräußerungsgewinn unterliegt dem ermäßigten Steuersatz nach § 34 Abs. 1.

2. Die Rente ist von Anfang an nach § 22 Nr. 1 mit dem Ertragsanteil zu besteuern[1]).

bb) Zuflußbesteuerung

Besteuerung als nachträgliche Einkünfte i. S. des § 15 i. V. m. § 17:

Rentenzahlungen 04	10 000 DM
05 – 09 60 000 DM × 5 =	300 000 DM
	310 000 DM

Im Jahre 09 übersteigt die Summe aller Rentenzahlungen den Betrag von 254 000 DM (250 000 DM Anschaffungskosten und 4 000 DM Veräußerungskosten). Dementsprechend ist in 09 ein Betrag von 56 000 DM (310 000 DM ./. 254 000 DM) zu versteuern. Für das Jahr 10 und die folgenden Jahre ist jeweils ein Betrag von 60 000 DM zu versteuern. Es wird weder ein Veräußerungsfreibetrag nach § 17 Abs. 3 gewährt noch findet der ermäßigte SteuerSatz 1. S. des § 34 Abs. 1 Anwendung.

b) Behandlung beim Verpflichteten

Es liegt eine **private** Veräußerungsleibrente vor. Vgl. hierzu auch 9.1.8.2.

Der Ertragsanteil der Rente ist **ggf.** als **Werbungskosten** bei den Einkünften aus § 20 abziehbar (nach den für Schuldzinsen geltenden Grundsätzen, vgl. K. 6.4.2).

Besteht kein Einkunftszusammenhang, liegen bisher **Sonderausgaben** i. S. des § 10 Abs. 1 Nr. 1a vor.

Evtl. ist aber dann wieder Umdeutung in eine „entgeltliche private Vermögensumschichtung" vorzunehmen (= „Kaufpreisraten"), Folge: Abzugsverbot § 12 Nr. 1 für „private Schuldzinsen" (BFH, BStBl 1993 II 293).

Der Kapitalwert der Rente i. S. § 14 BewG stellt die Anschaffungskosten der wesentlichen Beteiligung dar.

10.1.7.2 Betriebliche Versorgungsrenten[2]),

10.1.7.2.1 Begriff

Eine betriebliche Versorgungsrente liegt vor,
- wenn bei der Übertragung eines Betriebs, **insbesondere** aber eines **Mitunternehmeranteils** eine Rente vornehmlich aus Versorgungsgründen vereinbart wird
- zur **Sicherstellung des Lebensunterhalts** des ausscheidenden Unternehmers bzw.
- zur nachträglichen Abgeltung von für den Betrieb erbrachten Leistungen (als eine Art „Ruhegehalt")

---

[1]) Vgl. Fußnote 1) Seite 953.
[2]) Wohl keine Auswirkung der Rechtsprechung des X. BFH-Senats.

- Die Rente darf nach dem Parteiwillen **nicht** als **kaufmännisch abgewogene Gegenleistung** für die Übertragung des Betriebsvermögens gedacht sein und die Versorgung muß **betrieblichen** Charakter haben.

Es ist mithin eine **Abgrenzung** gegenüber der

- betrieblichen Veräußerungsrente und der
- privaten Versorgungsrente vorzunehmen.

- Ist eine kaufmännisch abgewogene Gegenleistung für das übertragene Betriebsvermögen vereinbart, liegt eine betriebliche Veräußerungsrente vor. Dabei kommt dem Willen der Beteiligten entscheidende Bedeutung zu. Dies ist Tatfrage.

  Bei der betrieblichen Veräußerungsrente spielt der Versorgungsgedanke zwar auch eine Rolle, tritt jedoch in den Hintergrund. Vgl. auch BFH, BStBl 1986 II 55.

- Die Versorgung muß rein betrieblichen Charakter haben. Es darf sich **nicht** um eine privat veranlaßte Versorgung anläßlich einer **Vermögensübertragung unter Angehörigen** handeln (vgl. BFH, BStBl 1973 II 184).

  Es besteht eine nur in Ausnahmefällen zu widerlegende Vermutung, daß bei Betriebsübertragungen (bzw. Übertragung von Mitunternehmeranteilen) von Eltern auf Kinder eine Rentenvereinbarung privaten Versorgungscharakter hat (z. B. BFH, BStBl 1992 II 526 sowie BStBl 1993 II 23).

  Allerdings sind auch bei diesem Personenkreis betriebliche Veräußerungsrenten möglich, sofern die Beteiligten Leistung und Gegenleistung nach kaufmännischen Gesichtspunkten wie unter Fremden festlegen.

10.1.7.2.2 Behandlung beim Berechtigten[1])

Die Rentenzahlungen sind von Anfang an als nachträgliche Einkünfte aus § 13, § 15 oder § 18 Abs. 1 i. V. m. § 24 Nr. 2 zu versteuern.

Es ist **keine** Verrechnung mit dem Kapitalkonto vorzunehmen. Dies muß auch gelten, wenn keine Abfindung für das Kapitalkonto gezahlt wird.

Diese Rentenzahlungen fallen jedoch, wenn sie an einen ausgeschiedenen Mitunternehmer geleistet werden, aufgrund der Vorschrift § 15 Abs. 1 Satz 2 unter die **Hinzurechnungsvorschrift § 15 Abs. 1 Nr. 2 2. Halbs.** Als **nachträgliche Tätigkeitsvergütungen** erhöhen sie im Rahmen der einheitlichen und gesonderten Feststellung den Gewinn der Personengesellschaft und lösen eine GewSt-Belastung aus; vgl. hierzu auch K 2.1.

Die **Übertragung** des **Kapitalkontos** erfolgt **unentgeltlich** i. S. des § 7 Abs. 1 EStDV, fällt also **nicht** unter § 16.

10.1.7.2.3 Behandlung beim Verpflichteten[2])

Die laufenden Rentenzahlungen sind nach h. M. in **voller Höhe** als **Betriebsausgaben** abzugsfähig – **ohne** Verrechnung mit einem nicht abgefundenen Kapitalkonto (BFH, BStBl 1977 II 603, BStBl 1980 II 741).

Der Betriebsausgabenabzug entfällt im Personengesellschaftsbereich aufgrund des § 15 Abs. 1 Satz 2 (vgl. oben). **Die Rentenzahlung wirkt sich damit lediglich bei der Gewinnverteilung** aus (volle Zurechnung beim Empfänger).

Nach Schmidt, EStG, 15. Aufl., z. B. § 4 Rz 88 liegt weiterhin voll absetzbarer Aufwand vor; kann **steuerlich im Ergebnis** nicht zutreffen bei **Personengesellschaften!**)

Es liegt ein unentgeltlicher Erwerb des Betriebsvermögens (Mitunternehmeranteils) mit Fortführung der bisherigen Buchwerte nach § 7 Abs. 1 EStDV vor.

---

[1]) Wohl keine Auswirkung der Rechtsprechung des X. BFH-Senats.
[2]) U. E **keine** Auswirkung der neuen BFH-Rechtsprechung.

Beispiel:
A, B und C sind Gesellschafter einer OHG. Die Kapitalkonten der Gesellschafter betragen je 45 000 DM. Die stillen Reserven betragen insgesamt 120 000 DM, der Firmenwert 90 000 DM.

Der Gesellschafter C, der seit Gründung der Personengesellschaft Geschäftsführer war, scheidet in 1988 aus Altersgründen aus. Die verbleibenden Gesellschafter A und B übernehmen den Anteil des C und verpflichten sich in Anerkennung der geleisteten Dienste des C, seinen zukünftigen Lebensunterhalt durch eine monatliche Rente von 2 000 DM sicherzustellen.

Der Barwert der Rente beträgt 185 000 DM.

Die Rente ist keine kaufmännisch abgewogene Gegenleistung für den übertragenen Mitunternehmeranteil

Der Berechtigte C hat die Rentenzahlungen – ohne Verrechnung mit dem nicht ausgezahlten Kapitalkonto – von Anfang an als nachträgliche gewerbliche Einkünfte in voller Höhe zu versteuern (§ 15 Abs. 1 Nr. 2 i. V. m. § 24 Nr. 2 und § 15 Abs. 1 Satz 2).

Beim Verpflichteten (OHG) sind die Rentenzahlungen u. E. steuerlich keine Betriebsausgaben (lediglich **bilanzieller** Aufwand), sondern berühren als Vorwegvergütungen i. S. des § 15 Abs. 1 Nr. 2 2. Halbs. lediglich die Gewinnverteilung. Es ist keine Verrechnung mit dem Kapitalkonto vorzunehmen. Eine Passivierung der Rentenschuld erfolgt nicht.

10.1.7.3 Betriebsveräußerung gegen Kaufpreisraten

10.1.7.3.1 Behandlung beim Berechtigten

Eine Betriebsveräußerung gegen Raten liegt vor, wenn ein **einheitlicher Kaufpreis** festgesetzt ist, der jedoch **gestundet** ist. Vgl. zum Begriff der Kaufpreisraten im übrigen 9.1.5.2.

Eine Betriebsveräußerung gegen Kaufpreisraten ist nach den Grundsätzen der §§ 14, 16, 17, 18 Abs. 3 zu beurteilen. Grundsätzlich ist der **gesamte Veräußerungsgewinn** als im Zeitpunkt der dinglichen Übertragung **zwingend** als **realisiert** anzusehen. Wegen der Anwendung des Wahlrechts i. S. R 139 Abs. 11 bei längerfristigen Raten vgl. weiter unten.

Als Veräußerungspreis i. S. des § 16 ist bei normaler Verzinsung (4 % bis 10 %) der **Nennwert**, d. h. die Summe aller Raten) anzusetzen, d. h. die Zahlungsstreckung hat hier auf die Höhe des anzusetzenden Veräußerungserlöses keinen Einfluß.

Bei niedriger Verzinsung (unter 4 %) oder Unverzinslichkeit ist der **gemeine Wert** der Raten anzusetzen (BFH, BStBl 1978 II 295). Hier ist grds. davon auszugehen, daß in dem vereinbarten Kaufpreis ein Zinsanteil enthalten ist, so daß grds. eine **Abzinsung** nach den Hilfstafeln zum BewG vorzunehmen ist (= Ansatz des **Gegenwartswerts** i. S. § 12 Abs. 1 und Abs. 3 BewG); vgl. BFH, BStBl 1971 II 92.

Siehe hierzu K 2.6.4.2.4.

Wird eine unverzinsliche Stundung von mehr als einem Jahr gewährt und ist die Fälligkeit bestimmt, ist der Kaufpreis in jedem Falle abzuzinsen (BFH, BStBl 1981 II 160).

Veräußerungserlös bei Kaufpreisraten

(normale) Verzinsung	Niedrige bzw. Unverzinslichkeit
Nennwert = Summe der Raten	Gegenwartswert (Barwert) der Raten – bei **Unverzinslichkeit:** nur bei Laufzeit von mehr als 1 Jahr (auch bei ausdrücklicher Vereinbarung der Zinslosigkeit)

Die Kaufpreisforderung gehört zwar zum **Privatvermögen**; vgl. aber BFH, BStBl 1993 II 798: der Ausfall der Kaufpreisforderung führt zu einer nachträglichen Verringerung des Veräußerungsgewinns.

Die gezahlten laufenden Zinsen bzw. die in unverzinslichen (bzw. niedrig verzinslichen) Raten enthaltenen Zinsanteile stellen daher bei Zufluß grds. Einnahmen aus Kapitalvermögen (§ 20 Abs. 1 Nr. 7) dar.

Beispiel:

A (60 Jahre) veräußert seinen Betrieb zum 1.1.09 an B. Der Buchwert des Kapitalkontos betrug zum 1.1.09 300 000 DM. Als Kaufpreis wurde ein Betrag von 640 000 DM vereinbart. Dieser soll in 8 Jahresraten zu je 80 000 DM gezahlt werden. Die erste Rate war zum 1.1.09 fällig.

Zinsen wurden nicht vereinbart.

Die Raten sind pünktlich gezahlt worden.

Die Veräußerungskosten hat der Erwerber zu tragen.

Die Ratenzahlung verhindert nicht die sofortige Realisierung des gesamten Veräußerungsgewinns.

Ermittlung des Veräußerungserlöses und -gewinns:

Es handelt sich um Raten. Gegenwartswert nach Anlage 9a:

80 000 × 6,509 =	520 720 DM
∕. Kapitalkonto	300 000 DM
Veräußerungsgewinn	220 720 DM
∕. Freibetrag § 16 Abs. 4 (nur auf Antrag und sofern nicht verbraucht)	60 000 DM
stpfl. (§ 34)	160 720 DM

A hat den in den einzelnen Ratenzahlungen enthaltenen Zinsanteil nach § 20 Abs. 1 Ziff. 7 im Jahr des Zuflusses zu versteuern. Der Zinsanteil für 09 berechnet sich wie folgt:

Gegenwartswert 1.1.09	520 720 DM
Gegenwartswert 1.1.10 80 000 × 5,839 =	467 120 DM
Gegenwartsdifferenz	53 600 DM
Jahresrate 09	80 000 DM
Zinsanteil 09 = Einnahmen § 20 Abs. 1 Nr. 7 in 09	26 400 DM

Der Ausfall der Ratenforderung ist grds. ein privater Vermögensverlust (vgl. K 2.6.4.2.4).

Bei **Ratenzahlungen** von **mehr als 10 Jahren Dauer** gilt das **Wahlrecht** wie bei einer **Veräußerungsrente,** wenn diese Vereinbarung **Versorgungscharakter** hat.

Die Zahlungsvereinbarung muß daher **im Interesse des Berechtigten** liegen. Es darf sich nicht erkennbar um Stundung des Kaufpreises im Interesse des Verpflichteten handeln. In diesem Fall steht dem Berechtigten ebenfalls ein **Wahlrecht** zwischen **Sofort- oder Zuflußversteuerung** nach den Grundsätzen von R 139 Abs. 11 zu.

- Bei der Sofortversteuerung ergibt sich gegenüber den kurzfristigen Raten (bis 10 Jahre) ein Unterschied: Die **Zinsanteile** sind Kapitalerträge i.S. des § 20 Abs. 1 Nr. 7.
- Bei der Zuflußversteuerung ist zunächst eine erfolgsneutrale Verrechnung der Raten mit dem Kapitalkonto im Veräußerungszeitpunkt vorzunehmen.

Die Ratenzahlungen sind nach Abschluß der Verrechnung mit dem Kapitalkonto in voller Höhe als nachträgliche Einkünfte gemäß § 24 Nr. 2 aus §§ 13, 15, 18 Abs. 1 zu versteuern (keine Aufteilung in Zins- und Tilgungsanteil!). Auch diese Behandlung erscheint nunmehr fraglich.

Bei Raten bis zu 10 Jahren besteht dieses Wahlrecht **nicht** (BFH, BStBl 1978 II 295).

10.1.7.3.2 Behandlung beim Verpflichteten

Der Erwerber des Betriebs hat den Wert der Raten (Nennwert bzw. Barwert) in seiner Eröffnungsbilanz zu passivieren und die erworbenen Wirtschaftsgüter mit den entsprechenden Anteilen dieses Werts zu aktivieren. Die einzelnen Raten sind Aufwand, die jährliche Barwertminderung Ertrag (entspricht der Behandlung der betrieblichen Veräußerungsrente).

Letztlich wirkt sich der **Zinsanteil** der **Raten** als **Betriebsausgaben** aus.

10.1.7.4 Betriebs- oder Mitunternehmeranteilsveräußerung gegen andere wiederkehrende Bezüge

Die unter 9.1.7.1 dargestellten Grundsätze der betrieblichen Veräußerungsleibrente sind auf andere laufende Bezüge als Renten **nicht voll** übertragbar.

Keine Rente liegt z. B. vor bei einer Laufzeit der Bezüge von nicht mindestens 10 Jahre, Umsatz- oder Gewinnbeteiligungen sowie Natural- und Dienstleistungen (keine vertretbaren Sachen). Es ergeben sich insbesondere folgende Abweichungen gegenüber Renten:

10.1.7.4.1 Berechtigter

Es ist nach Auffassung der FinVerw (vgl. R 139 Abs. 11 Satz 1) **nur** die **nachträgliche (= Zufluß-) Versteuerung möglich**, d. h. die Leistungen sind nach Abschluß der Verrechnung mit dem Kapitalkonto als nachträgliche Einkünfte gemäß § 24 Nr. 2 aus §§ 13, 15, 18 Abs. 1 steuerpflichtig.

Ein Wahlrecht zugunsten der Sofortversteuerung wird nach Auffassung der FinVerw – wohl gegen die h. M. – verneint; a. A. z. B. Schmidt, EStG, 15. Aufl., § 16 Rz 221 ff.

10.1.7.4.2 Verpflichteter

Wegen der Ungewißheit über die voraussichtliche Höhe der wiederkehrenden Bezüge/Leistungen – insbesondere bei Umsatz- und Gewinnbeteiligungen – hatte der BFH in BStBl 1967 III 366 hier früher die sogenannte **buchhalterische Methode** gebilligt. Eine **Passivierung** der Verpflichtung ist danach zwingend zunächst nur insoweit vorzunehmen, als sie Anschaffungskosten materieller Wirtschaftsgüter darstellt (umgekehrter Weg wie bei der betrieblichen Kaufpreisrente). Dies darf dann – **aus Vereinfachungsgründen** – in Höhe der Summe der Teilwerte der materiellen Wirtschaftsgüter erfolgen; a. A. wohl der BFH: Passivierung des (geschätzten) versicherungsmathematischen Barwerts (vgl. nunmehr BFH, BStBl 1986 II 55).

Ob für schwer bewertbare immaterielle Wirtschaftsgüter zunächst – bei Begründung der Verpflichtung – Aktivierungswahlrecht (in entsprechender Höhe auch ein Passivierungswahlrecht für die Verpflichtung) besteht, ist sehr fraglich; damals noch bejaht: BFH, BStBl 1967 III 366.

Der ursprünglich passivierte Schuldposten würde dann zunächst **erfolgsneutral** mit der jährlichen Umsatz- oder Gewinnbeteiligung verrechnet. Nach Aufzehrung des Schuldpostens wäre ggf. diese nachträgliche – sukzessive – Aktivierung schwer bewertbarer immaterieller Wirtschaftsgüter vorzunehmen (aber nicht rückwirkend!), und zwar jeweils nur, soweit eine betragsmäßige Deckung durch die wiederkehrenden Leistung vorliegt.

Erst danach wären die Leistungen **in voller Höhe Aufwand**. Eine Aufteilung der Gewinn- und Umsatzzahlungen in einen Zins- und Tilgungsteil wäre somit nicht vorzunehmen – folgt man weiterhin BFH, BStBl 1967 III 366.

Beispiel:

Gewerbetreibender A veräußert seinen schuldenfreien Betrieb zum 1. 1. 05 gegen eine lebenslängliche Gewinnbeteiligung an B von 10 v. H. Das Kapitalkonto beträgt bei A im Veräußerungszeitpunkt 60 000 DM. Die stillen Reserven betragen 45 000 DM, der Firmenwert wurde mit 75 000 DM ermittelt.

Gewinnanteile: 05 30 000 DM, 06 35 000 DM, 07 40 000 DM, 08 80 000 DM, 09 60 000 DM.

aa) Behandlung beim Verpflichteten nach „buchhalterischer Methode" (fraglich)

Die erworbenen Wirtschaftsgüter wären mit den Teilwerten zu aktivieren. Ein entsprechend hoher Schuldposten wäre zu passivieren. Dieser würde durch die jährlich zu leistenden Gewinnanteile zunächst erfolgsneutral aufgezehrt.

Eröffnungsbilanz	B	1. 1. 05
Aktiva (Teilwerte)	105 000 DM Kapital	0 DM
Firmenwert	– Wahlrecht – Gewinnbeteiligungslast	105 000 DM

Die Gewinnanteile für 05, 06 und 07 von zusammen 105 000 DM wären umschichtend mit der Beteiligungslast zu verrechnen, so daß diese zum 31. 12. 07 aufgezehrt wäre. Eine weitere Passivierung erfolgte nicht. In 08 wäre der Firmenwert mit 75 000 DM zu aktivieren. Der Gewinnanteil für 08 wäre daher nur in Höhe von 5 000 DM Aufwand. Der Anschaffungsvorgang wäre damit gedanklich abgeschlossen.

Ab 09 wären die Gewinnanteile **voll Aufwand** (Gewinnminderung 09 = 60 000 DM).

bb) Behandlung beim Berechtigten

Es ist nur eine Zuflußversteuerung möglich. Die Gewinnbeteiligung führt erst dann zu nachträglichen Einkünften aus § 15, § 24 Nr. 2, wenn die Zahlungen das Kapitalkonto übersteigen (**str., s. o.**).

Die o. a. Lösung ist **nicht** mit dem Bilanzrecht vereinbar (allenfalls aus Vereinfachungsgründen vertretbar).

10.1.7.5 Veräußerung einzelner Wirtschaftsgüter des Betriebsvermögens gegen Leibrente

10.1.7.5.1 Behandlung beim Berechtigten

Bei der Veräußerung einzelner betrieblicher Wirtschaftsgüter gegen Rente liegt eine **betriebliche Veräußerungsrente** vor. Der Veräußerer hat den Rentenanspruch bei Gewinnermittlung nach § 4 Abs. 1, § 5 zu aktivieren.

Der Unterschiedsbetrag zwischen dem Buchwert des veräußerten Wirtschaftsguts und dem Rentenbarwert stellt im Veräußerungsjahr einen a. o. Ertrag oder Verlust dar. Die einzelnen Rentenzahlungen sind Betriebseinnahmen, die jährliche Minderung des Rentenbarwerts Betriebsausgaben, so daß sich im Ergebnis der Zinsanteil der einzelnen Rentenzahlungen gewinnerhöhend auswirkt (BFH, BStBl 1971 II 302).

Bei Wegfall des Rentenanspruchs liegt Aufwand in Höhe des noch verbliebenen Rentenbarwerts vor.

10.1.7.5.2 Behandlung beim Verpflichteten

Es ergibt sich kein Unterschied zur Behandlung beim Erwerb eines Betriebs gegen Leibrente (vgl. 10.1.7.1).

Beispiel:
Zum Gewerbebetrieb des A gehört ein Grundstück (Buchwert 50 000 DM, Teilwert 180 000 DM). Das Grundstück wird gegen eine monatliche Leibrente von 1 400 DM veräußert. Der Barwert der Rente beträgt zum Veräußerungszeitpunkt 2.1.04 180 000 DM und zum 31.12.04 170 000 DM.

aa) **Berechtigter**

– Aktivierung Rentenbarwert 2. 1.04	180 000 DM
31.12.04	170 000 DM
Barwertminderung in 04 = Aufwand	10 000 DM
Rentenzahlungen 04 = BE	
12 × 1 400 DM =	16 800 DM
Der Zinsanteil von	6 800 DM
wirkt sich gewinnerhöhend aus.	
– Rentenbarwert 2.1.04	180 000 DM
./. Buchwert Grundstock	50 000 DM
sonstiger betrieblicher Ertrag (laufender Gewinn) in 04	130 000 DM

Würde das Grundstück dagegen vor der Veräußerung in das Privatvermögen überführt und erst danach gegen Leibrente veräußert, so läge eine mit dem Teilwert zu bewertende Entnahme (§ 6 Abs. 1 Nr. 4) vor:

Entnahmewert = Teilwert 2.1.04	180 000 DM
./. Buchwert	50 000 DM
sonstiger betriebl. Ertrag (Entnahmegewinn – keine Neutralisierung durch § 6b mögl.!)	130 000 DM

Aus der anschließenden Grundstücksveräußerung bezöge A eine private Veräußerungsrente. Diese ist jedoch nach BFH in **Kaufpreisraten** umzudeuten (BFH, BStBl 1995 II 47).

bb) **Verpflichteter**

Behandlung wie bei Erwerb eines ganzen Betriebes

– Passivierung der Rentenverpflichtung 2.1.04	180 000 DM
– Aktivierung des Grundstücks mit seinen Anschaffungskosten von	180 000 DM
– Rentenzahlungen 04 = Aufwand	./. 16 800 DM
– Minderung Rentenbarwert in 04 = BE	
180 000 DM ./. 170 000 DM =	+ 10 000 DM
Gewinnminderung 04 (= Zinsanteil)	./. 6 800 DM

10.1.7.6 Betriebliche Schadensrenten und Unfallrenten (Behandlung beim Empfänger)

Eine betriebliche Schadensrente liegt vor, wenn die Rente beim Empfänger zu den Einkünften aus §§ 13, 15 oder 18 gehört. Dies ist der Fall, wenn

– der Schadensfall in die betriebliche Sphäre fällt (z. B. ein Unfall des Betriebsinhabers in Ausübung seiner Tätigkeit) und

– die Rente vom Schädiger als **Entschädigung** für **entgehenden** oder **entgangenen Gewinn** gezahlt wird (§§ 13, 15, 18 i. V. m. § 24 Nr. la).

Bei **anderen** Leistungsgründen (z. B. Abgeltung von Schmerzensgeldansprüchen nach § 847 BGB und **Mehrbedarfsrenten** (§ 843 Abs. 1 BGB) ergibt sich **keine** Besteuerbarkeit (BFH, BStBl 1995 II 121).

Die Renteneigenschaft ist sowohl im betrieblichen als auch Privatbereich nach bisheriger h. L. nur bei **Novation** gegeben; vgl. hierzu 9.1.3.5.

Bei Gewinnermittlung des Empfängers nach § 4 Abs. 1, § 5 ist der **Rentenbarwert** im **Entstehungsjahr gewinnerhöhend** zu **aktivieren**. Der hierdurch entstehende a. o. Ertrag ist nach § **34 Abs. 2 Nr. 2** begünstigt (vgl. R 199 Abs. 1).

Beispiel:

Ein selbständiger Handwerker rutscht im Winter auf dem Weg zu einem Kunden auf einem nicht vom Hausbesitzer gestreuten vereisten Fußweg aus. Aufgrund der erlittenen Verletzungen ist er nur noch eingeschränkt arbeitsfähig.

Der Hausbesitzer gewährt dem Handwerker zur Abgeltung entgehender Gewinne eine Leibrente von monatlich 1500 DM, unabhängig von den §§ 843 bis 845 BGB (Schadensersatz) (= Novation)

Rentenbarwert bei Zusage	2. 1.04	200 000 DM
und am	31.12.04	194 000 DM

Der Handwerker muß den Rentenanspruch zum 2.1.04 aktivieren: Gewinnerhöhung + 200 000 DM

Dieser Gewinn unterliegt dem **ermäßigten Steuersatz** (§ 34 Abs. 1). Die zugeflossenen Rentenzahlungen sind Erträge, die jährliche Barwertminderung Aufwand, so daß sich der jährliche **Zinsanteil** als **Betriebseinnahme** auswirkt.

Rentenzufluß 04 = Ertrag	18 000 DM
∕. Barwertminderung 04 = Aufwand 200 000 DM ∕. 194 000 DM =	∕. 6 000 DM
Zinsanteil 04 = BE	12 000 DM

Bei Gewinnermittlung nach § 4 Abs. 3 liegen – voll zu versteuernde – BE bei Zufluß (§ 11 Abs. 1) vor.

Eine **betriebliche Unfallversicherungsrente** liegt vor, wenn sie ein Unternehmer aus einem Versicherungsvertrag bezieht, den er durch Abzug der Versicherungsbeiträge als Betriebsausgaben eindeutig als Betriebsvermögen behandelt hat. Dies ist möglich, wenn der Unternehmer einem erhöhten betrieblichen Unfallrisiko unterliegt.

Beispiel:

Unfallversicherung eines selbständigen Handelsvertreters wegen der Reisetätigkeit mit eigenem Pkw.

Die Behandlung beim Berechtigten entspricht der betriebliche Schadensrente.

Dagegen ist eine Rente aus der gesetzlichen Unfallversicherung (= Berufsgenossenschaft) bei einem pflichtversicherten Unternehmer **steuerfrei gemäß § 3 Nr. 1a**.

10.1.8 Private wiederkehrende Bezüge/Leistungen

10.1.8.1 Begriff und Arten

Private wiederkehrende Bezüge bzw. Leistungen liegen vor, wenn ein Zusammenhang mit Gewinneinkünften nicht vorliegt.

Das ist der Fall bei Zusammenhang mit Überschußeinkünften oder Fehlen eines Einkunftszusammenhangs (Versorgungsgedanke bzw. Unterhaltsgewährung).

Eine Unterteilung der Rentenarten ist wie folgt vorzunehmen (entspricht der Einteilung betrieblicher Renten – bis auf Unterhaltsrenten).

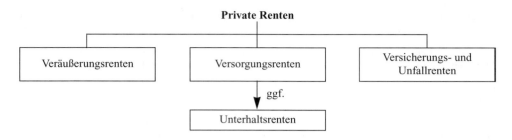

10.1.8.2 Private Veräußerungsleihrenten

10.1.8.2.1 Begriff

Eine private Veräußerungsleibrente liegt vor, wenn sie eine kaufmännisch abgewogene Gegenleistung für die Veräußerung privater Vermögenswerte darstellt. Zur Gleichwertigkeit von Leistung und Gegenleistung vgl. 9.1.7.1.

Hiervon ist die Veräußerung einer wesentlichen Beteiligung i. S. des § 17 gegen Leibrente **auszunehmen**. Diese stellt beim Veräußerer eine **betriebliche** Veräußerungsleibrente dar (vgl. 9.1.7.1), beim Erwerber dagegen eine private Veräußerungsleibrente. Zu beachten ist die getrennte Beurteilung für den Verpflichteten und Berechtigten; vgl. hierzu bereits 9.1.6.

Eine Rente für den **Verzicht auf private Ansprüche** (z. B. für den Verzicht auf einen Anspruch auf Zugewinnausgleich i. S. des § 1378 Abs. 1 BGB) ist bisher nach h. M. wie eine private Veräußerungsleibrente zu behandeln (so noch BFH, BStBl 1992 II 809: als Abfindung für einen Erb- und Pflichtteilsverzicht geleistete Rentenzahlungen sind regelmäßig wiederkehrende Bezüge i. S. von § 22 Nr. 1).

Dagegen liegen nach BFH, BStBl 1993 II 298 **keine** wiederkehrenden Bezüge i. S. des § 22 Nr. 1 vor, sondern der Zinsanteil stellt – unter **Umdeutung** in **Kaufpreisraten** –

- beim **Geber** nichtabzugspflichtige private Schuldzinsen (§ 12 Nr. 1)
- beim **Empfänger** Einnahmen aus § 20 Abs. 1 Nr. 7 dar.

Damit erscheint die bisherige steuerliche Behandlung insgesamt fraglich. Die Erfassung als Einkünfte aus § 20 Abs. 1 Nr. 7 kann sich wegen des Sparerfreibetrags von 6 000 DM/12 000 DM vorteilhaft auswirken.

10.1.8.2.2 Behandlung beim Berechtigten

In Höhe des Ertragsanteils liegen – **bisher** – sonstige Einkünfte nach § 22 Nr. 1 vor. Wird ein Wirtschaftsgut des Privatvermögens **innerhalb der Spekulationsfrist des § 23 Abs. 1** gegen Leibrente veräußert,

- wird der Ertragsanteil – **bisher** – nach § 22 Nr. 1 erfaßt

- stellt der jährliche Tilgungsanteil einen nach § 22 Nr. 2, § 23 zu erfassenden Spekulationserlös dar. Der Tilgungsanteil ist zunächst mit den Anschaffungs- und Veräußerungskosten des veräußerten Wirtschaftsgutes – jeweils bis auf 0 DM – zu verrechnen.

Nach Abschluß dieser Verrechnung stellt der jährliche Tilgungsanteil einen Spekulationsgewinn i. S. des § 23 dar. Die Freigrenze i. S. des § 23 Abs. 4 ist zu beachten: Spekulationsgewinne von weniger als 1 000 DM bleiben außer Betracht. Für die Frage, ob ein Spekulationsgewinn entstanden ist oder nicht, spielt die Zahlung des Veräußerungspreises keine Rolle. Die Zahlungsweise wirkt sich jedoch auf den Zeitpunkt der Versteuerung aus (BFH, BStBl 1962 III 306).

Beispiel:
A (ledig) hatte am 2.1.01 ein Miethaus für 300 000 DM gekauft. Am 30.12.02 hat er es wieder gegen eine monatliche Rente von 3 000 DM (Rentenbarwert 400 000 DM) veräußert. A, von dessen Leben die Laufzeit der Rente abhängt, ist zum Zeitpunkt des Beginns der Rente 55 Jahre alt (erste Rentenzahlung ab 1.1.03).

Rentenberechtigter

– Lösung nach bisheriger Auffassung –

– In Höhe des Ertragsanteils hat A Einkünfte ab 03 aus § 22 Nr. 1 S. 3 Buchst. a):

36 000 DM jährliche Rente × 38 v. H. =	13 680 DM
– Pauschbetrag § 9a Nr. 1c	200 DM
jährliche sonstige Einkünfte	13 480 DM

– Lösung nach neuer (unsicherer) Rechtslage –

Zinsanteil = Ertragsanteil stellt Einnahmen aus

§ 20 Abs. 1 Nr. 7 dar	13 680 DM
./. § 9a Nr. 1b	./. 100 DM
./. § 20 Abs. 4	./. 6 000 DM
Einkünfte § 20	7 580 DM

– Weiterhin liegt bei A ein Spekulationsgeschäft vor, weil der Gegenstand der Veräußerung innerhalb von 2 Jahren nach seiner Anschaffung veräußert wurde.

Verrechnung der Anschaffungskosten mit den Tilgungsanteilen:

jährlicher Tilgungsanteil 62 % von 36 000 DM = 22 320 DM.

22 320 DM × 14 Jahre =	312 480 DM
./. Anschaffungskosten	300 000 DM
stpfl. Spekulationsgewinn in 14. Jahr der Rentenzahlung (= VZ 14)	12 480 DM

In den VZ 03 bis 17 ergibt sich kein Spekulationsgewinn (jeweils 0 DM).
Ab dem VZ 18 beträgt der jährliche Spekulationsgewinn 22 320 DM.

Eine Ermittlung des Zinsanteils durch **Abzinsung** nach **BewG** ist nicht zu beanstanden (BFH, BFH/NV 1993, 87).

Bei „**Zeitrenten**" ist der Zinsanteil nach Verwaltungsauffassung nach BewG zu ermitteln.

U. E. liegt jedoch die Anwendung von § 55 Abs. 2 EStDV näher.

Mehrbeträge aufgrund einer Wertsicherungsklausel sind in voller Höhe als Einnahmen (§ 20 Abs. 1 Nr. 7) und ggf. Ausgabe (WK gemäß § 9 Abs. 1 Nr. 1) anzusetzen (BFH, a. a. O.).

10.1.8.2.3 Behandlung beim Verpflichteten

Wenn das erworbene Wirtschaftsgut der Erzielung von Überschußeinkünften dient, stellt **bisher** der Ertragsanteil der Rente **Werbungskosten** gemäß § 9 Abs. 1 Nr. 1 dar.

Nach der „neuen" Rechtslage ist der **Zinsanteil** als WK abzugsfähig. Dieser wird weiterhin in Höhe des bisherigen Ertragsanteils angesetzt.

Dies gilt auch bei einer selbstgenutzten Wohnung, solange die Nutzungswertbesteuerung als Überschuß gemäß § 52 Abs. 21 S. 2 fortgeführt wird.

Besteht **kein** wirtschaftlicher Zusammenhang mit Einkünften, ist **bisher** der Ertragsanteil als Sonderausgabe gemäß **§ 10 Abs. 1 Nr. 1a** abzugsfähig. Renten (und dauernde Lasten), die mit **steuerbefreiten** Einkünften, z. B. auf Grund eines **DBA**, in wirtschaftlichem Zusammenhang stehen, können jedoch nicht als Sonderausgaben abgezogen werden.

Nach „**neuer** Rechtslage" besteht hier **Abzugsverbot** nach **§ 12 Nr. 1** (= Verbot des privaten Schuldzinsenabzugs); BFH, BFH/NV 1994, 620 und BFH vom 25. 11. 1992, DB 1993, 665.

Erbbauzinsen, die in wirtschaftlichem Zusammenhang mit einer selbstgenutzten Wohnung im eigenen Haus stehen, sind **keine** Rente. Sie können aber auch **nicht** als dauernde Last gemäß § 10 Abs. 1 Nr. 1a abgezogen werden.

Der **Kapitalwert** der **Rente – zu ermitteln nach § 14 BewG –** stellt die **Anschaffungskosten** des Wirtschaftsgutes dar und stellt ggf. die **Bemessungsgrundlage** der **AfA** dar bzw. Ausgangspunkt für die Bemessungsgrundlage der Grundförderung nach **§ 10e** dar.

Beispiele:

1. A veräußert sein bebautes Grundstück (Verkehrswert 258 000 DM) an B. B verpflichtet sich, eine monatliche Rente von 2 500 DM auf **Lebenszeit des B** zu zahlen. Der Grund- und Bodenanteil beträgt 20 v. H. B ist im Zeitpunkt des Beginns der Rentenzahlung 64 Jahre alt.

   Behandlung bei A – bisherige Rechtslage/Auffassung –
   A hat Einkünfte nach § 22 Nr. 1 in Höhe des Ertragsanteils der Leibrente.

Jährliche Rentenzahlung	30 000 DM
Ertragsanteil 28 v. H. hier nach Lebensalter des Verpflichteten **B**, § 22 Nr. 1 S. 4 EStG, § 55 Abs. 1 Nr. 2 EStDV	8 400 DM
./. WK-Pauschbetrag § 9a Nr. 1c	./. 200 DM
	8 200 DM

   – Lösung nach BFH –

Zinsanteil = Einnahmen § 20 Abs. 1 Nr. 7	8 400 DM
./. § 9a Nr. 1b	100 DM
./. § 20 Abs. 4	6 000 DM
Einkünfte § 20	2 300 DM

   Behandlung bei B – siehe oben –
   Die Anschaffungskosten des Grundstücks sind durch Kapitalisierung nach § 14 BewG zu ermitteln.

Jahreswert 30 000 DM × Faktor 9,313 (Anlage 9 zu § 14 BewG) =	279 390 DM
./. Anteil Grund und Boden 20 %	55 878 DM
Anschaffungskosten Gebäude	223 512 DM

   = Bemessungsgrundlage für die AfA (bzw. § 10e: 223 512 DM + 50 % von 55 878 DM = 251 451 DM, höchstens jeweiliger Höchstbetrag).

   Werbungskosten stellt ebenfalls der Ertragsanteil der Rente dar, wenn sie mit der Erzielung von Einkünften im Zusammenhang steht.

   Ertragsanteil 28 v. H. =   8 400 DM

   Lt. „BFH" ist – begrifflich – der **Zinsanteil** in gleicher Höhe anzusetzen.

   Wenn das erworbene Wirtschaftsgut **nicht** der Erzielung von Überschußeinkünften dient, ist **bisher** der Ertragsanteil der Rente nach § 10 Abs. 1 Nr. 1a als Sonderausgaben abzugsfähig, z. B. eine selbstgenutzte Wohnung, die nicht oder nicht mehr der Nutzungswertbesteuerung unterliegt (§ 52 Abs. 21 S. 1 bzw. S. 3).

   Nach „BFH" kommt das Abzugsverbot des § 12 Nr. 1 für private Schuldzinsen zum Zuge.

2. C erwirbt mit Wirkung vom 1. 11. 01 ein Zweifamilienhaus (Altbau) gegen eine monatliche Leibrente an Herrn D (zu Beginn der Rentenzahlungen 64 Jahre) von 2 750 DM ab 1. 11. 01.

   C bezieht das Haus erst zum 2. 1. 02 (in 01 noch leerstehend). Rentenzahlungen 01 5 500 DM, 02 33 000 DM).

   Der wertmäßige Anteil des Grund und Bodens soll 20 % betragen.

   C kann **bisher** den Ertragsanteil der Leibrente in **01** als Sonderausgabe nach § 10e Abs. 6 abziehen, da kein Zusammenhang mit Einkünften besteht, aber auch hier nur in Höhe des Ertragsanteils („Parallelwertung" vorweggenommene WK).

   Abzug in **02** als Sonderausgabe nach § 10 Abs. 1 Nr. 1a.

   Nach „BFH": in 01 – wie bisher – Vorkosten (10e Abs. 6), ab 02 Abzugsverbot § 12 Nr. 1.

   Ertragsanteil 01 28 % von 5 500 DM = Sonderausgabe 1 540 DM § 10e Abs. 6
   02 28 % von 33 000 DM = Sonderausgabe 9 240 DM (bisher § 10 Abs. 1 Nr. 1a).

   Ab 02 steht C die Grundförderung durch § 10e Abs. 1 zu. Der Abzugsbetrag ist einschließlich VZ 02 nur 7 Jahre zu gewähren (da in 01 noch keine Selbstnutzung vorlag).

Anschaffungskosten	
Kapitalwert der Rente 33 000 × 9,313 =	307 329 DM
./. Anteil Grund und Boden 20 %	61 465 DM
Anschaffungskosten Gebäude	245 864 DM
+ 50 % Grund und Boden	30 732 DM
Bemessungsgrundlage § 10e Abs. 1	276 596 DM
Höchstbetrag jedoch	150 000 DM
Abzugsbetrag 6 %	9 000 DM p. a.

10.1.8.2.4 Erhöhung der Rente aufgrund einer Wertsicherungsklausel

Bei einer Erhöhung der Rentenzahlungen aufgrund einer Wertsicherungsklausel ist der unveränderte Ertragsanteil-Prozentsatz auch auf den Erhöhungsbetrag anzuwenden (BFH, BStBl 1979 III 699 und 1984 II 109). Das Urteil des BFH, BStBl 1979 II 334, wonach bei Kaufpreisraten mit Wertsicherungsklausel der volle Erhöhungsbetrag als Werbungskosten abziehbar ist, kann nicht sinngemäß angewendet werden. **Die Anschaffungskosten ändern sich nicht.**

Entsprechendes gilt für den Abzug als Sonderausgabe i. S. des § 10 Abs. 1 Nr. 1a.

„Veräußerungszeitrenten" gibt es im Privatbereich nicht; sie sind **stets** als **Kaufpreisraten mit Zinsanteilen** zu behandeln.

In diesem Sinne auch bei zeitlich gestreckter entgeltlicher privater Vermögensumschichtung (BFH, BStBl 1992 II 609, BStBl 1993 II 298 sowie BStBl 1995 II 47).

10.1.8.3 Veräußerung privater Wirtschaftsgüter gegen dauernde Lasten. Sonstige private dauernde Lasten

10.1.8.3.1 Grundsätze

Bei privaten dauernden Lasten, die eine nach kaufmännischen Grundsätzen abgewogene Gegenleistung für die Veräußerung privater Vermögenswerte darstellen, stellt sich das Problem, **ob** und – im Falle der Bejahung – **wie** eine **Aufteilung** in einen **einkommensteuerlich relevanten Ertragsanteil (bzw. Zinsanteil)** und einen lediglich **vermögensumschichtenden Kapital- oder Tilgungsanteil** vorzunehmen ist. Anders als bei Leibrenten fehlt eine gesetzliche Regelung. Daraus kann aber nicht geschlossen werden, daß eine solche Aufteilung nicht vorzunehmen sei, so daß sich die dauernde Last in voller Höhe steuerlich auswirken würde.

Die Rechtsprechung hatte die Aufteilung **bejaht** für **kauf- und darlehnsähnliche Vorgänge** (BFH, BStBl 1974 II 101, 103) und darüber hinaus in allen Fällen, in denen wiederkehrende Leistungen im **Leistungsaustausch** – wenn **auch teilentgeltlich** – erbracht werden (BFH, BStBl 1985 II 709), **aber** im Wege der sogenannten **Wertverrechnung** der dauernden Lasten **mit dem Wert der Gegenleistung.**

Bis zur Höhe des Werts der Gegenleistung waren die Leistungen sowohl beim Empfänger als auch Geber **steuerneutral** (nicht zu versteuern bzw. nicht abzugsfähig).

Darüber hinaus waren sie in **voller** Höhe steuerwirksam.

Nach **BFH, BStBl 1995 II 47** und **169** ist jedoch der Gedanke der Wertverrechnung noch weitergehender auszulegen. Danach liegt **insgesamt keine** wirtschaftliche Belastung vor, so daß ein Sonderausgabenabzug nach § 10 Abs. 1 Nr. 1a nicht möglich ist. Der **Zinsanteil** kann **WK (§ 9 Abs. 1 Nr. 1)** darstellen oder **nicht abzugsfähig (§ 12 Nr. 1)** sein.

Diese Art der Wertverrechnung gilt auch, soweit die wiederkehrenden Bezüge an Stelle des gesetzlichen Zugewinnausgleichs des unterhaltsberechtigten Ehegatten gewährt werden (BFH, BStBl 1986 II 674), **ebenso** wenn die Gegenleistung in einer **Nutzungsüberlassung** besteht (BFH, BStBl 1990 II 13).

10.1.8.3.2 Behandlung beim Berechtigten

Die Bezüge waren nach bisheriger Auffassung solange nicht nach § 22 Nr. 1 stpfl., als nicht die Summe der laufenden Zahlungen insgesamt den Wert des veräußerten Wirtschaftsgutes überstieg.

Nach Abschluß der Wertverrechnung waren die Bezüge voll stpfl. nach § 22 Nr. 1.

Nach **BFH** (a.a.O.) – vgl. oben – sind **von Anfang an die als Raten zu behandelnden Beträge in einen Zins- und Tilgungsanteil aufzuteilen. Der Zinsanteil fällt dann unter § 20 Abs. 1 Nr. 7.**

10.1.8.3.3 Behandlung beim Verpflichteten

Korrespondierend zur Behandlung beim Berechtigten waren bisher die Leistungen erst als Werbungskosten oder Sonderausgaben in voller Höhe abzugsfähig, wenn die Summe der Leistungen den Wert der Gegenleistung überstieg. Nach **BFH** (a.a.O.) fallen die **Leistungen** bei fehlendem Zusammenhang mit Einkünften unter das **Abzugsverbot** für **private Schuldzinsen (§ 12 Nr. 1).**

Beispiel:

A veräußert an B am 2.1.01 ein unbebautes Grundstück (Privatvermögen bei A und B; gemeiner Wert 100 000 DM).

B erwirbt das Grundstück als Vermögensanlage. Die Gegenleistung besteht in monatlichen Zahlungen von 1 000 DM auf Lebenszeit, die aber laut Vertrag ausdrücklich nach dem Gedanken des § 323 ZPO abänderbar sind.

Es liegt eine **dauernde Last** vor (mangels Gleichmäßigkeit).

a) **Lösung nach bisheriger Auffassung:**

	Berechtigter A sonstige Einkünfte § 22 Nr. 1	Verpflichteter B Sonderausgaben § 10 Abs. 1 Nr. 1a
VZ 01 bis 08	(Wertverrechnung 8 × 12 000 = 96 000 DM)	(Wertverrechnung)
VZ 09	12 000 DM restliche 4 000 DM Wertverrechnung 8 000 DM zu versteuern ⁄. 200 DM WK-Pauschbetrag 7 800 DM	8000 DM
ab VZ 10	12 000 DM ⁄. 200 DM WK-Pauschbetrag 11 800 DM	12 000 DM

b) **Lösung nach „BFH":**

Nach der neuen Rechtsprechung liegen (**ohne** Wertverrechnung) beim Berechtigten Zinsanteile i. S. § 20 Abs. 1 Nr. 7 vor; beim Verpflichteten besteht Abzugsverbot nach § 12 Nr. 1.

10.1.8.3.4 Sonstige private dauernde Lasten

Private dauernde Lasten müssen nicht immer mit einem Veräußerungsvorgang in wirtschaftlichem Zusammenhang stehen.

Beispiel:

Bei Renten, Nießbrauchsrechten und sonstigen wiederkehrenden Leistungen, für die der Erwerber bei der Erbschaftsteuer die jährliche Versteuerung nach § 23 ErbStG als Sonderausgabe beantragt hat, ist die Jahreserbschaftsteuer als **dauernde** Last nach § 10 Abs. 1 Nr. 1a abziehbar (§ 35 Satz 3).

10.1.8.4 Gleichstellung entgeltlicher privater Zeitrenten mit Kaufpreisraten

Bei der Veräußerung privater Wirtschaftsgüter auf **Zeit** eingeräumte Renten sind nach der Rechtsprechung schon bisher stets als (unverzinsliche) **Kaufpreisraten** zu behandeln. Vgl. 10.1.5.2. Eine Abgrenzung kann daher unterbleiben.

10.1.8.4.1 Behandlung beim Berechtigten

Der in den als Raten zu behandelnden Bezügen enthaltene Zinsanteil ist nach § 20 Abs. 1 Nr. 7 zu versteuern. Zur Ermittlung des Zinsanteils vgl. bereits oben 10.1.7.3.

Die Veräußerung führt – vorbehaltlich des § 23 – nicht zu Einkünften.

10.1.8.4.2 Behandlung beim Verpflichteten

Der **Gegenwartswert** der Verpflichtung stellt die **Anschaffungskosten** des Wirtschaftsguts dar.

Der **Zinsanteil** stellt Werbungskosten dar, soweit das erworbene Wirtschaftsgut der Erzielung von Überschußeinkünften dient; im übrigen kann er gemäß § 12 Nr. 1 nicht abgezogen werden. (**Kein** Abzug als Sonderausgabe nach § 10 Abs. 1 Nr. 1a)

Beispiel:

A veräußert an B am 2.1.02 ein Mietwohngrundstück (Wert 500 000 DM) gegen 10 nachschüssige Zahlungen von jeweils 50 000 DM, fällig erstmals 31.12.02. Wertanteil des Grund und Bodens 20 %.

1. **Verpflichteter B**

   Als Anschaffungskosten ist der Gegenwartswert gemäß § 12 Abs. 1 und 3 BewG anzusetzen:

50 000 × 7,745 (Anlage 9a) =		387 250 DM
∕ 20 % Grund und Boden		77 450 DM
Anschaffungskosten Gebäude = AfA-Bemessungsgrundlage		309 800 DM
Der Zinsanteil der „Rate" stellt Werbungskosten dar (§ 9 Abs. 1 Nr. 1): Rate		50 000 DM
∕ **Tilgungsanteil**		
Barwert 2.1.02	387 250 DM	
− Barwert 1.1.03		
7,143 × 50 000 DM=	357 150 DM	
	30 100 DM	30 100 DM
Zinsanteil = WK (§ 9 Abs. 1 Nr. 1)		19 900 DM

2. **Berechtigter A**

   Zinsanteil 19 900 DM = Einnahmen § 20 Abs. 1 Nr. 7.

10.1.8.5 Bedeutung des Abzugsverbots nach § 12 Nr. 2 für die Besteuerung wiederkehrender Bezüge

10.1.8.5.1 Zuwendungen

Diese Vorschrift (§ 12 Nr. 2) enthält ein Abzugsverbot für bestimmte **Zuwendungen** und gilt auch bei der Besteuerung wiederkehrender Bezüge. Der Sonderausgabenabzug nach § 10 Abs. 1 Nr. 1a steht unter dem **Vorbehalt** des § 12 Nr. 2, d.h. **§ 12 Nr. 2 geht § 10 Abs. 1 Nr. 1a vor**; vgl. R 87 Abs. 2.

Renten (und dauernde Lasten), die solche Zuwendungen i.S. des § 12 Nr. 2 sind, unterliegen einem Abzugsverbot.

Nach § 12 Nr. 2 sind nicht abzugsfähig:

a) **freiwillige** Zuwendungen, d.h. Zuwendungen ohne rechtlichen Verpflichtungsgrund,

b) Zuwendungen aufgrund einer **freiwillig begründeten Rechtspflicht,**

c) Zuwendungen des Stpfl. oder seines **Ehegatten** an **gesetzlich unterhaltsberechtigte Personen** oder deren **Ehegatten,** auch wenn sie auf einer besonderen Verpflichtung beruhen.

Zu a) Freiwillig ist eine Leistung, wenn weder eine gesetzliche oder vertragliche Verpflichtung bestand.

Beispiel:

A zahlt seinem Neffen jeden Monat 500 DM.

1. Ein Vertrag liegt nicht vor

   oder

2. A zahlt an den Neffen auf Grund eines privatschriftlichen Vertrags.

In beiden Fällen liegen freiwillige Leistungen vor, im Falle 2. mangels notarieller Beurkundung (§ 518 Abs. 1 BGB).

Ein Sonderausgabenabzug nach § 10 Abs. 1 Nr. 1a scheitert in beiden Fällen bereits an dem Fehlen eines Verpflichtungsgrundes (weder Rente noch dauernde Last).

Zu b) Beispiel zur freiwillig begründeten Rechtspflicht:

A verpflichtet sich in einem notariellen Vertrag, an den Neffen B eine monatliche Rente von 1 000 DM zu zahlen. Die Rente unterliegt dem Abzugsverbot des § 12 Nr. 2.

Eine Abzugsfähigkeit kann sich hier nur im Rahmen des § 33a Abs. 1 ergeben.

Eine **Rechtspflicht** ist auch dann **freiwillig** i.S. des § 12 Nr. 2 begründet, wenn der StPfl eine **sittliche** Verpflichtung erfüllt (BFH, BStBl 1992 II 612).

Zu c) Gesetzlich unterhaltsberechtigte Personen sind z. B.

- Ehegatten (§ 1360, 1361 BGB)
- geschiedene Ehegatten nach Maßgabe der §§ 1569 ff. BGB
- Verwandte in gerader Linie (§ 1601 BGB)
- Adoptivkinder im Verhältnis zu den Adoptiveltern (§ 1754 BGB).

Damit kommt es – abweichend vom Zivilrecht (§§ 1610, 1612a, 1569 BGB) nicht auf die Unterhaltsbedürftigkeit, sondern lediglich auf die **potentielle** Unterhaltsberechtigung an.

Beispiele:
1. A sagt seiner **Schwiegermutter** in notarieller Form eine Rente (ohne Gegenleistung) zu.
   Abzugsverbot nach § 12 Nr. 2, da A Ehegatte der gegenüber ihrer Mutter unterhaltsverpflichteten Ehefrau ist.
2. B unterhält seinen **Schwiegersohn** S durch rechtswirksam zugesagte Zahlungen.
   Abzugsverbot für die dauernde Last nach § 12 Nr. 2, da die Tochter des B gesetzlich unterhaltsberechtigt ist.

Begriff der Zuwendung:

Zuwendungen sind **Leistungen ohne Gegenleistung** bzw. **ohne angemessene Gegenleistung** (vgl. R 123).

Eine Leistung ist keine Zuwendung, wenn bei grober und überschlägiger Berechnung der **Wert der Gegenleistung wenigstens** die **Hälfte** des Werts der **Leistung** ausmacht (BFH, BStBl 1964 III 422 und BStBl 1968 II 263) – möglicherweise strittig aufgrund BFH-Rechtsprechung (X. BFH-Senat).

Die Beurteilung ist aus der Sicht des Leistungs(= Renten)verpflichteten vorzunehmen.

Leistung ist der Wert der vom Verpflichteten eingegangenen Rentenverpflichtung usw.

Zur Überprüfung, ob eine Rente (oder dauernde Last) Zuwendungen darstellt, muß eine Kapitalisierung des Rentenanspruchs nach den Vorschriften des Bewertungsgesetzes (§§ 13, 14 BewG) vorgenommen werden.

Gegenleistung ist der Wert der Leistung des Rentenberechtigten, die er im Zusammenhang mit der Begründung des Rentenanspruchs erbracht hat (Ansatz mit dem gemeinen Wert).

Steht der Rentenzusage keine angemessene Gegenleistung gegenüber, **überwiegt** bei der Rente der **Unterhaltscharakter,** so daß sie insgesamt dem Abzugsverbot des § 12 Nr. 2 unterliegt.

Eine **Aufteilung** ist **nicht** vorzunehmen. Zuwendung ist hier also nicht etwa nur der Teil der Leistung, der den Wert der Gegenleistung übersteigt. Vgl. R 123 und 87 Abs. 3.

Beispiel:
S erwirbt von seinem Vater V ein Mietwohngrundstück gegen rechtsverbindliche Zusicherung einer Leibrente von monatlich 1 000 DM. Der Wert der Rente wird nicht nach dem Wert des Grundstücks, sondern nach den Lebensbedürfnissen des Vaters bemessen.

Grundstück (Wert 80 000 DM) = Gegenleistung

Rentenzusage
(Kapitalwert 200 000 DM) = Leistung

Der Wert der Gegenleistung beträgt nicht mindestens die Hälfte des Werts der Leistung (50 % von 200 000 DM = 100 000 DM).

Es handelt sich um eine **(private) Unterhaltsrente,** die überwiegend auf gesetzlicher Unterhaltspflicht beruht. A kann den Ertragsanteil der Rente gemäß § 12 Nr. 2 nicht als Sonderausgabe abziehen; der Vater braucht den Ertragsanteil der (vollen) Rente **nicht** nach § 22 Nr. 1 zu versteuern.

Ebenfalls unter § 12 Nr. 2 fallen **testamentarisch** verfügte wiederkehrende Leistungen. Hier liegen Zuwendungen des Leistenden vor (BFH, BStBl 1992 II 612).

Beispiel:

Ein Erbe hat aus dem Nachlaß aufgrund eines Vermächtnisses wiederkehrende Leistungen zu erbringen. Sie sind mangels wirtschaftlicher Belastung nicht nach § 10 Abs. 1 Nr. 1a abziehbar (BFH, a. a. O.)

Davon ausgenommen sind wiederkehrende Leistungen, die bei vorweggenommener Erbfolge beim Übernehmer nach § 10 Abs. 1 Nr. 1a abziehbar wären (BFH, a. a. O.).

Dagegen fallen **nicht** unter § 12 Nr. 2 **betriebliche** oder beruflich veranlaßte Aufwendungen.

Beispiel:

Ein Student erhält von einem Unternehmen ein Stipendium in Form einer monatlichen Zahlung von 400 DM für die Dauer von 5 Jahren (ohne Verpflichtung für den Studenten).

Das Unternehmen kann die Zahlungen als BA abziehen. Der Student muß die sonstigen wiederkehrenden Bezüge nach § 22 Nr. 1 in voller Höhe versteuern.

Für freiwillige Zuwendungen hat die Vorschrift § 12 Nr. 2 lediglich klarstellende Funktion. Es tritt hier ein Ausschluß eines Sonderausgabenabzugs nach § 10 Abs. 1 Nr. 1a auch ohne § 12 Nr. 2 ein, da wegen des fehlenden Stammrechts bzw. Verpflichtungsgrundes Renten bzw. dauernde Lasten nicht vorliegen.

§ 12 Nr. 2 ist außerdem nicht anzuwenden bei Unterhaltsleistungen, die Sonderausgaben gemäß § 10 Abs. 1 Nr. 1 darstellen; Vgl. hierzu 10.1.10.

10.1.8.5.2 Nichtansatz wiederkehrender Bezüge gemäß § 22 Nr. 1 Satz 2 EStG

§ 12 Nr. 2 und § 22 Nr. 1 Satz 2 stehen grds. in einer **Wechselbeziehung**. Nach § 22 Nr. 1 Satz 2 werden wiederkehrende Bezüge, die beim Verpflichteten Zuwendungen i. S. § 12 Nr. 2 darstellen, außer Ansatz gelassen (so noch R 165 Abs. 2 Satz 2). Dies gilt auch für Bezüge des **Ehegatten** einer gesetzlich unterhaltsberechtigten Person (analog § 12 Nr. 2). Nach BFH, BStBl 1995 II 121 ist die Aufrechterhaltung dieses **Korrespondenzprinzips fraglich**.

Die Wechselwirkung besteht **nicht** bei fehlender unbeschränkter Steuerpflicht des Verpflichteten. In diesem Fall sind die wiederkehrenden Bezüge beim Berechtigten zu versteuern. Dies gilt auch bei Leistung aus ausländischen Einkünften (BFH, BStBl 1974 II 101). Vgl. H 166.

Soweit ein unbeschränkt Stpfl. die Leistungen (als Betriebsausgaben oder Werbungskosten) abziehen kann, sind die Bezüge beim Empfänger zu versteuern – entgegen dem Wortlaut des § 22 Nr. 1 Satz 2.

Beispiel (s. o.):

Ein Student erhält von einem Unternehmen ein mehrjähriges Stipendium in Form monatlicher Zahlungen. Die Bezüge sind von dem Studenten nach § 22 Nr. 1 zu versteuern.

Nicht nach § 22 Nr. 1 Satz 2 freigestellt werden wiederkehrende Bezüge, die für den Verpflichteten keine Zuwendungen i. S. § 12 Nr. 2 darstellen. Sie werden vielmehr auch dann beim Empfänger besteuert, wenn die Leistungen beim Verpflichteten nach § 10 Abs. 1 Nr. 1a nicht als Sonderausgaben abzugsfähig sind (weil sie weder Renten noch dauernde Lasten darstellen).

10.1.8.6 Private Versorgungsleibrenten

10.1.8.6.1 Begriff

Eine private (außerbetriebliche) Versorgungsrente liegt insbesondere vor,

– wenn sie mit einer **Betriebs-** oder **Vermögensübertragung** unter **Angehörigen** zusammenhängt, ohne daß die Rentenzusage als Kaufpreis für die Vermögensübertragung anzusehen ist,

– wenn also Leistung (Rentenvereinbarung) und Gegenleistung (Vermögensübertragung) **nicht** kaufmännisch gegeneinander abgewogen sind, so daß der Kaufpreisgedanke in den Hintergrund tritt.

Die private Versorgungsrente ist nicht nach dem Wert des übertragenen Vermögens, sondern nach den Bedürfnissen des Berechtigten und den wirtschaftlichen Möglichkeiten des Verpflichteten bemessen.

Der Rentenbarwert wird i. d. R. höher oder niedriger als der Wert des übertragenen Vermögens sein.

Sind allerdings Leistung und Gegenleistung ausdrücklich aufeinander kaufmännisch abgestimmt, kann auch zwischen Angehörigen eine betriebliche Veräußerungsrente vorliegen (vgl. R 123 Satz 1). Siehe auch BFH, BStBl 1983 II 99, 1984 II 97, 1986 II 161 und BStBl 1992 II 465.

Beispiel:
S erwirbt von seinem Vater V dessen Gewerbebetrieb gegen rechtsverbindliche Zusicherung einer Leibrente. Die Höhe der Rente wird nach wirtschaftlichen Grundsätzen bemessen, so daß Leistung und Gegenleistung sich gleichwertig gegenüberstehen (Rentenbarwert und gemeiner Wert des Betriebs jeweils 300 000 DM). Es handelt sich um eine betriebliche Veräußerungsrente, die nicht in Erfüllung der gesetzlichen Unterhaltspflicht, sondern als Kaufpreis für den Betrieb gezahlt wird.

Zur steuerlichen Behandlung vgl. 10.1.7.1.3.

Eine **betriebliche Versorgungsrente** ist dagegen unter **Angehörigen** regelmäßig **ausgeschlossen,** da die Versorgung hier familiären bzw. erbrechtlichen Charakter hat (vgl. z. B. BFH, BStBl 1964 III 422).

Wegen Ausnahmen vgl. BFH, BStBl 1978 II 262.

Weiterhin ist eine Abgrenzung zu einer **Unterhaltsrente** vorzunehmen. Vgl. unten 10.1.8.7 und oben 10.1.8.5. R 123 Satz 6 ist z. Zt. weiterhin zu beachten: BFH GrS BStBl 1992 II 78 (unter Tz 4c der Gründe, BFH, BFH/NV 1992, 513, BFH, BStBl 1992 II 526; jedoch zweifelnd BFH, BStBl 1992 II 803).

Unterhaltsrenten sind nach § 12 Nr. 2 nicht abzugsfähig und beim Empfänger grds. nicht zu versteuern (§ 22 Nr. 1 Satz 2). Vgl. hierzu im einzelnen 10.1.8.7.

Private Versorgungsrenten sind beim Verpflichteten **nur noch** dann als **Sonderausgabe** nach **§ 10 Abs. 1 Nr. 1a** abzugsfähig, wenn es sich um einen Vorgang **innerhalb** des sog. **Sonderrechts der Vermögensübergabe** handelt (vgl. nachstehend 10.8.1.6.4). Dieser Sonderausgabenabzug wird bei Unterhaltsrenten durch § 12 Nr. 2 verdrängt, da es sich um nichtabzugsfähige Zuwendungen handelt. § 12 Nr. 2 hat somit Vorrang vor dem Sonderausgabenabzug nach § 10 Abs. 1 Nr. 1a. **BMF-VE, Tz 5.**

Somit ist bei privaten Versorgungsrenten im Zusammenhang mit Vermögensübertragungen **weitere Voraussetzung,** daß der Leistung (= Rentenbarwert) eine **angemessene Gegenleistung** gegenübersteht. Diese muß **mindestens 50 % des Wert der Leistung,** also 50 % des Rentenbarwerts betragen.

Die Anwendbarkeit des § 12 Nr. 2 ist **strittig** (im Hinblick auf Rechtsprechung des X. BFH-Senats, s. o.).

Private Versorgungsrente	Unterhaltsrente
– Gegenleistung für die Rentenzusage: mindestens 50 % des Rentenbarwerts – aber keine kaufmännische Abwägung	Gegenleistung für die Rentenzusage: a) Keine oder b) weniger als 50 % des Rentenbarwerts

Beispiel:
A überträgt seinen Gewerbebetrieb gegen Einräumung einer monatlichen Leibrente von 1 000 DM auf seinen Sohn S. Der Kapitalwert der Rente beträgt 100 000 DM.

Der Rente wurde nicht nach dem Wert des Betriebes, sondern nach den Bedürfnissen des Vaters bemessen.

Der Wert des Betriebes beträgt
1. 250 000 DM
2. 50 000 DM
3. 30 000 DM.

Eine betriebliche Veräußerungsrente liegt in allen drei Fällen a) bis c) **nicht** vor, weil Leistung und Gegenleistung nicht kaufmännisch gegeneinander abgewogen sind. Es kann sich lediglich um eine private Versorgungsrente handeln.

Zu Fall 1.
Hier ist eine „angemessene Gegenleistung" i. S. des § 12 Nr. 2, R 123 gegeben (der Wert der Gegenleistung beträgt sogar mehr als 100 % des Werts der Leistung), also:

private Versorgungsrente

Im **Fall 2.** ist die Gegenleistung ebenfalls angemessen, da sie 50 % des Rentenbarwerts von 100 000 DM = 5 000 DM beträgt, also:

private Versorgungsrente

Im **Fall 3.** liegt keine angemessene Gegenleistung für die Rentenzusage vor. Da der Unterhaltscharakter somit überwiegt, stellen die Rentenzahlungen insgesamt Zuwendungen i. S. des § 12 Nr. 2 dar. Also:
Nichtabzugsfähige bzw. steuerfreie Unterhaltsrente; vgl. 10.1.8.5 und 10.1.8.7.

Die Gegenleistung kann bei einer privaten Versorgungsrente auch in einem Verzicht auf Erb-, Pflichtteils- und Zugewinnausgleichsansprüche bestehen.

10.1.8.6.2 Behandlung beim Berechtigten

Es besteht **Wechselwirkung** mit der Höhe des Sonderausgabenabzugs nach § 10 Abs. 1 Nr. 1a (BFH, BStBl 1996 II 157).

Die Rente ist mit dem Ertragsanteil nach § 22 Nr. 1 zu versteuern. Ein Nichtansatz gemäß § 22 Nr. 1 Satz 2 ist nicht denkbar, da beim Geber keine Zuwendungen i. S. des § 12 Nr. 2 gegeben sind.

Bei Zusage von Versorgungsleistungen an den Stpfl. **und** seinen **Ehegatten** beziehen **beide** anteilig Einkünfte aus § 22 Nr. 1 (BFH, BStBl 1994 II 107).

10.1.8.6.3 Behandlung beim Verpflichteten

Die Leibrente ist mit dem Ertragsteil als Sonderausgaben nach § 10 Abs. 1 Nr. 1a abzugsfähig.

Ein Abzug als Betriebsausgaben oder Werbungskosten (§ 9 Abs. 1 Nr. 1) ist ausgeschlossen, da ein Einkunftszusammenhang fehlt. Vgl. BFH GrS, BStBl 1990 II 847.

10.1.8.6.4 Behandlung der Vermögensübertragung

a) **Unentgeltlicher Erwerb**

Es liegt ein **unentgeltlicher Erwerb** des übertragenen Vermögens **vor (= vorweggenommene Erbfolge). BFH, GrS, BStBl 1990 II 847 und BStBl 1992 II 499. Vgl. BMF-VE Tz 1, 2, 5.**

Nach BVerfG, Beschluß vom 17.12.1992, DStR 1993, 315, bestehen **keine** durchgreifenden verfassungsrechtlichen Bedenken gegen die Rechtsprechung des BFH zu Vermögensübergabeverträgen.

Es ist nicht angreifbar, wenn die Rechtsprechung eine Vermögensübertragung als einen Vorgang bewertet, der typischerweise ohne wirtschaftlich berechnete Gegenleistung erfolgt.

Es ist nicht sachwidrig, wenn die Rechtsprechung die vereinbarten Versorgungsleistungen als wiederkehrende Bezüge deutet, weil in diesen Fällen ein **bedeutsamer Transfer wirtschaftlicher Leistungsfähigkeit** stattfindet; denn der Sache nach fordern die Eltern einen bestimmten Ertrag des bereits übergebenen Vermögens in regelmäßig wiederkehrenden Zahlungen zurück (sog. **vorbehaltene Vermögenserträge**). Das GG verbietet nicht, zugewendetes Einkommen wie erwirtschaftetes Einkommen zu behandeln. Die von den Gerichten vorzunehmende Abgrenzung zwischen einkommensteuerlich unbeachtlichen Unterhaltsleistungen und einkommensteuerlich bedeutsamen Versorgungsleistungen im Sinne der Rechtsprechung zu den Übergabeverträgen betrifft eine Frage des einfachen Rechts, die von Verfassungs wegen nicht zu entscheiden ist.

Das BVerfG hatte sich nur mit dem „steuerlichen Sonderrecht" der Vermögensübergabe gegen Versorgungsleistungen zu befassen. Seine Erwägungen sind speziell auf diesen Rechtstypus ausgerichtet; sie sagen nichts aus über die steuerliche Behandlung von dauernden Lasten i. R. von „kauf- und darlehensähnlichen Verträgen" bzw. über die „Verträge im Austausch mit einer Gegenleistung".

Die **Besonderheit** von **Übergabeverträgen** wird darin gesehen, daß sie der nachfolgenden Generation mit Rücksicht auf die künftige Erbfolge das Nachrücken in eine wesentliche Existenzgrundlage ermöglichen und gleichzeitig die Altersversorgung der weichenden Generation sichern sollen. Ein Stpfl., der hiernach Vermögen gegen Zusage von Versorgungsleistungen übernimmt, erwirbt dieses nach der Rechtsprechung des BFH unentgeltlich. Die **Versorgungsleistungen** stellen grundsätzlich **weder Veräußerungsentgelt noch Anschaffungskosten** dar; sie werden allerdings der Regelung des § 22 Nr. 1 unterstellt und entweder als Leibrente mit dem Ertragsanteil der Besteuerung unterworfen bzw. zum Abzug zugelassen (§ 22 Nr. 1 Satz 3 Buchst. a, § 10 Abs. 1 Nr. 1a) oder als (sonstige) wiederkehrende Bezüge in vollem Umfang besteuert bzw. als dauernde Last in vollem Umfang steuerlich abgezogen (§ 22 Nr. 1 Satz 1, § 10 Abs. 1 Nr. 1a).

Nicht unbedenklich ist zwar, daß die Rechtsprechung bei den Übergabeverträgen eine **Verrechnung** des Werts der empfangenen Leistung und der durch die Versorgungszahlungen zu erbringenden „Gegenleistung" **nicht** vornimmt. Vgl. H 87 „Vorweggenommene Erbfolge". Zu einer solchen Verrechnung ist sie aber nicht verpflichtet, weil es typischerweise den Beteiligten darauf ankommt, daß die Kinder nur aus dem Ertrag, den die übertragene Erwerbsgrundlage abwirft, die Versorgungsleistungen erbringen sollen.

Soweit es sich um einen Betrieb, Teilbetrieb oder Mitunternehmeranteil handelt, findet **Buchwertverknüpfung** nach § 7 Abs. 1 EStDV unter Ausschluß des § 16 EStG statt.

Soweit Gegenstand der Übertragung ein Gebäude im Privatvermögen ist, gilt hinsichtlich der **AfA** § 11d Abs. 1 EStDV.

Eine **Fortführung** des Abzugsbetrages nach § 10e ist **nicht** möglich (BMF-Schr. vom 31.12.1994, Rz 2 Satz 3).

Beispiel:
Wie oben:
In den Fällen a) und b)
- hat V den Ertragsanteil der Leibrente nach § 22 Nr. 1 zu versteuern
- kann S den Ertragsanteil nach § 10 Abs. 1 Nr. 1a als Sonderausgabe abziehen (kein Abzug als BA!).

Im Fall c) ist die Unterhaltsrente
- bei V gemäß § 22 Nr. 1 Satz 2 außer Ansatz zu lassen;
- bei S gemäß § 12 Nr. 2 nicht als Sonderausgabe abzugsfähig, da Zuwendungen vorliegen.

In allen drei Fällen a) bis c) liegt eine unentgeltliche Betriebsübertragung i.S. des § 7 Abs. 1 EStDV vor (kein Fall des § 16 EStG).

Übersicht

Abgrenzung bei Vermögensübertragungen gegen Leibrente (diese Dreiteilung bleibt erhalten)

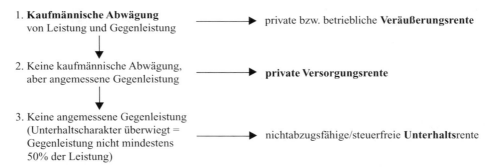

b) Sonderrecht der Vermögensübergabe

Der BFH sieht in den Vermögensübergabeverträgen eine Art „Sonderrecht". Kennzeichnend sind:

- die **Übertragung existenzsichernden und ertragbringenden Vermögens**
- auf (einen) **voraussichtlichen Erben**
- unter dem **Vorbehalt von Vermögenserträgen**
- im „versorgungsbedürftigen Generationenverbund"
- gegen **Versorgungsleistungen auf Lebenszeit** (BFH vom 31.8.1994, DStR 1995, 408 und 523
- (nur) **im Rahmen der vorweggenommenen Erbfolge.**

Der BFH sieht in diesem Fall in den vereinbarten Versorgungsleistungen einen Hauptanwendungsfall – steuerrelevanter – wiederkehrender Bezüge i.S. von § 22 Nr. 1 und § 10 Abs. 1 Nr. 1a, weil in diesen Fällen ein bedeutsamer Transfer wirtschaftlicher Leistungsfähigkeit stattfindet. Denn im Ergebnis fordert der Vermögensübergeber einen bestimmten Ertrag des übergebenen Vermögens in Form regelmäßig wiederkehrender Zahlungen zurück.

Das soll die Nichtanwendbarkeit zumindest des § 12 Nr. 1 rechtfertigen.

Dies gilt auch, wenn die Versorgungsleistungen nicht aus den Erträgen des übertragenen Vermögens geleistet werden können (BFH, BStBl 1992 II 526) – strittig, a. A. BFH vom 16.12.1993, DB 1994, 661 und BFH, BFH/NV 1994, 848.

c) Voraussetzungen des Versorgungsvertrags

aa) Ernsthafte Vereinbarung und tatsächliche Durchführung

Da es sich regelmäßig um Verträge zwischen nahen Angehörigen handelt, sind zunächst die **allgemeinen Voraussetzungen** für die Anerkennung zu beachten:

- Formerfordernisse nach Zivilrecht (BFH, BFH/NV 1992, 306)
- Klare und eindeutige Vereinbarungen zu **Beginn** und bei Vertragsänderungen (BFH, BStBl 1992 II 499; BFH vom 31. 8 1994, DStR 1995, 523)
- Rückwirkungsverbot (BFH, BFH/NV 1992, 233)
- Tatsächliche Vertragsdurchführung (BFH, BStBl 1992 II 1020, BFH, BFH/NV 1995, 498).

bb) Leistungen auf Lebenszeit

Versorgungsleistungen müssen auf Lebenszeit erbracht werden, da der Vermögensübergeber in Zukunft aus den Erträgen des übertragenen Vermögens versorgt werden soll.

Eine **abgekürzte Leibrente** widerspricht dabei grds. dem Versorgungsgedanken. Eine **verlängerte Leibrente** widerspricht ebenfalls dem Versorgungsgedanken, da unabhängig vom vorzeitigen Tod des Berechtigten, eine bestimmte Mindestsumme zu zahlen ist; solche Zahlungen sind nach den Grundsätzen zur Kaufpreisrente zu behandeln.

Eine **Versorgungsrente auf Zeit** ist grundsätzlich **nicht mehr** anzuerkennen;

Zeitlich begrenzte Zahlungen sind wie Kaufpreisrenten = Veräußerungsrenten = Kaufpreisraten zu behandeln (BFH vom 31. 8. 1994, DStR 1995, 408 und 523).

cc) Leistungen im „versorgungsbedürftigen Generationenverbund"

- **Versorgungsempfänger**
  Versorgungsverträge sollen die vorweggenommene Erbfolge regeln. Daher ist eine Übertragung stets auf den gesetzlich erbberechtigten Personenkreis möglich. Dies sind stets die Abkömmliche, u. E. auch andere Verwandte, der Ehegatte nur ausnahmsweise (BFH vom 16. 12. 1993, DB 1994, 66)

- **Versorgungsempfänger**
  Empfänger der Versorgungsleistungen können stets der Vermögensübergeber, sein Ehegatte und die erbberechtigten Abkömmliche, nur ausnahmsweise sowie – bei gesetzlicher Erbberechtigung – auch andere nahestehende Personen (z.B. Verwandte in der Seitenlinie und geschiedene Ehegatten) sein.
  Vgl. BFH, BStBl 1992 II 612, BStBl 1994 II 633, BFH vom 14. 12. 1994, DB 1995, 1543.

- **Versorgungsbedürfnis des Empfängers**
  Der Vermögensübergeber gilt immer als versorgungsbeürftig. Der sonstige Personenkreis gilt nur als versorgungsbedürftig, wenn er vom Vermögensübergeber nicht gleichfalls existenzsicherndes Vermögen erhalten hat (BFH, BStBl 1994 II 633).

dd) Gegenstand der Vermögensübertragung

- Es muß sich um eine **Wirtschaftseinheit** handeln, d. h. um Vermögen, das als „generationenübergreifende" dauerhafte Anlage geeignet ist.

  Die Übertragung des gesamten Vermögens ist **nicht** erforderlich.

  Vgl. BFH, BStBl 1992 II 609.

  Die Wirtschaftseinheit muß **existenzsichernd** sein.

  Dies ist **unstreitig** der Fall bei einem

  - Gewerbebetrieb
  - land- und forstwirtschaftlichem Betrieb
  - Teilbetrieb
  - Mitunternehmeranteil
  - Mietwohngrundstück.

  Vgl. BFH BFH/NV 1992, 647.

Keine existenssichernde Vermögenseinheit liegt z. B. vor bei

- Vermögensübertragung unter Vorbehaltsnießbrauch
- Übertragung von Bargeld.

Vgl. BFH, BStBl 1992 II 609, BStBl 1992 II 803 und BStBl 1994 II 633.

Die existenzsichernde Wirtschaftseinheit muß auch **ertragbringend** sein (Tendenz: zumindest dann, wenn die Versorgungsleistungen **teilweise** aus den Erträgen des übertragenen Vermögens erbracht werden können).

Vgl. die – **uneinheitliche** – Rechtsprechung: BFH, BStBl 1992 II 526, BStBl 1994 II 19, BFH, BFH/NV 1994, 848.

Nach BMF-EA, Tz 6 liegen auch dann Versorgungsleistungen vor, wenn diese **nicht** aus den Vermögenserträgen erbracht werden können.

ee) Leistungsgegenstand für Versorgungsleistungen

Es muß sich um Geld-, Dienst- oder Sachleistungen zur Existenzsicherung, also der Grundbedürfnisse handeln (BFH, BStBl 1992 II 102).

Bei Überlassung einer (ganzen) Wohnung ist **nicht** der Nutzungswert abzugsfähig / stpfl., sondern nur „nutzungsbedingte" Kosten wie Heizung, Strom, Wasser, Gas.

Vgl. BFH, BStBl 1992 II 1012 und BStBl 1993 II 23.

d) Vermögensübergabe unter Nießbrauchsvorbehalt

Wird anläßlich einer Vermögensübergabe ein **Vorbehaltsnießbrauch** am (gesamten) übertragenen Vermögen vereinbart, **fehlt** es lt. BFH an „vorbehaltenen Vermögenserträgen", weil der Vermögensübergeber diese Erträge weiterhin selbst aufgrund des Nießbrauchsrechts erzielt (vgl. Tz. 1 Nießbrauchserlaß).

Daher versagt der BFH hier die steuerliche Abzugsfähigkeit der dauernden Last (BFH, BStBl 1992 II 803 und BStBl 1994 II 19).

Bei **partieller** Nießbrauchsbestellung könnte die dauernde Last entsprechend in einen abziehbaren und nicht abziehbaren Teil aufzuteilen sein (fraglich).

Dagegen ist eine als Sonderausgabe abziehbare Last gegeben, wenn im Vermögensübergabevertrag zunächst ein **befristeter** Vorbehaltsnießbrauch und zeitlich hieran anschließend eine Versorgungsrente vereinbart werden (BFH, BStBl 1993 II 23). Mit der Versorgungsrente wird eine andere Form des Vorbehalts der Vermögenserträge praktiziert.

e) Vorgänge außerhalb des „Sonderrechts der Vermögensübergabe"

Handelt es sich um sonstige private Vermögensumschichtung außerhalb des Sonderrechts der Vermögensübergabe, liegen ebenfalls **keine** „vorbehaltenen Vermögenserträge" vor.

So hat der BFH z. B. entschieden, daß wiederkehrende Lösungen (Renten und dauernde Lasten), die der Erbe auf Grund eines Vermächtnisses an einen – nicht erbberechtigten – Dritten zu zahlen hat, mit dem Wert des empfangenen Vermögens zu verrechnen sind. Sie sind mangels wirtschaftlicher Belastung des Erben nicht als Sonderausgaben nach § 10 Abs. 1 Nr. 1a abziehbar (BFH, BStBl 1992 II 612). Anders bei Erbberechtigung (BFH, a. a. O.).

Dies bedeutet eine erhebliche **Fortentwicklung = Ausdehnung der Wertverrechnung:**

- Der **Tilgungsanteil** unterliegt für die **gesamte Dauer** der Leistungen der **Wertverrechnung,** sofern es sich um einen (entgeltlichen) Leistungsaustausch handelt
- Der **Zinsanteil** unterliegt dem **Abzugsverbot** i. S. des § 12 Nr. 1.

Vgl. BFH, BStBl 1992 II 609, 612; BFH v. 25. 11. 1992, DB 1993, 665; BFH, BStBl 1993 II 298.

Davon ausgenommen sind wiederkehrende Leistungen, die bei einer Vermögensübergabe im Wege vorweggenommener Erbfolge zu Lebzeiten des Erblassers beim Übernehmer nach § 10 Abs. 1 Nr. 1 a abziehbar wären (Fortführung des BFH-Urteils BStBl 1989 II 779).

Beispiel:
Als Abfindungen für einen Erbteils- und Pflichtteilsverzicht geleistete Rentenzahlungen sind wiederkehrende Bezüge i. S. § 22 Nr. 1, § 10 Abs. 1 Nr. 1a (BFH, BStBl 1992 II 809).

Hier tauchen Zweifel auf, ob diese Rechtsprechung auf die **private Veräußerungsrente** ausstrahlt. Die Grenzziehung erscheint unscharf.

f) Übertragung von Geldvermögen

Bei einer Übertragung von **Geldvermögen** lehnt der BFH eine Anwendung des „Sonderrechts der Vermögensübergabe" ab.

Erhält z. B. jemand von seinen Eltern einen Geldbetrag und verpflichtet sich, ihnen „als Gegenleistung" Unterhalt zu zahlen, führt dies nicht zu einer als Sonderausgabe abziehbaren dauernden Last (BFH, BStBl 1992 II 609). Der BFH sieht dies als „Fortführung" des Wertverrechnungsvorteils BFH, BStBl 1985 II 709.

10.1.8.6.5 Private Versorgungsleistungen als dauernde Last

Für die Abgrenzung privater Versorgungsleistungen, die keine Leibrente, sondern eine dauernde Last darstellen, gelten **dieselben Grundsätze wie für Leibrenten**.

Bei der Besteuerung besteht der Unterschied zur Versorgungsleibrente darin, daß bei der dauernden Last

– beim Berechtigten die **vollen** Bezüge nach § 22 Nr. 1 zu versteuern sind und
– beim Verpflichteten die **vollen** Leistungen nach § 10 Abs. 1 Nr. 1a abzugsfähig sind.

Sowohl beim Berechtigten als auch beim Verpflichteten ist **keine Verrechnung** mit der Gegenleistung vorzunehmen, da die hier vorliegenden Vermögensübertragungen (vorweggenommene Erbfolge, Schenkung unter Auflage) nach der nunmehr gefestigten Rechtsprechung des BFH keinen Teilentgeltscharakter haben (BFH, BStBl 1985 II 709). Bestätigt durch BFH, BStBl 1989 II 779, BFH GrS, BStBl 1990 II 847 (852), BStBl 1992 II 78 und BStBl 1992 II 499. Vgl. auch H 87 „Vorweggenommene Erbfolge".

Einziger Fall ist der **Vermögensübergabevertrag**. Hierbei wird Vermögen (Privat- und/oder Betriebsvermögen) im Wege der **vorweggenommenen Erbfolge** u. a. gegen **lebenslängliche Versorgungsleistungen** übertragen. Die Höhe dieser Geldleistungen ist **auch** dann, wenn eine **ausdrückliche Änderungsklausel fehlt, regelmäßig änderbar,** also liegen dann **dauernde Lasten** vor (BFH, BStBl 1992 II 78 und BStBl 1992 II 499). Dies ergibt sich aus dem **Vertragstypus** als **Versorgungsvertrag** (Rechtsnatur).

Hierunter fallen auch **Altenteilsleistungen** in der Landwirtschaft. Der Wert **unbarer** Altenteilsleistungen ist nach § 1 Abs. 1 der SachBezV in der für den jeweiligen VZ geltenden Fassung zu schätzen (BFH, BStBl 1989 II 784 und BStBl 1989 II 786).

10.1.8.6.6 Zeitrente als Versorgung

Zeitrenten als Versorgungsleistungen werden wie **Kaufpreisrenten** behandelt (BFH-Urteil vom 31. 8. 1994 X R44, 93). Damit fällt der Begriff „Versorgungszeitrente" weg.

10.1.8.7 Versicherungsrenten und sonstige Renten

Renten aus privaten Versicherungsverträgen sowie Sozialversicherungsrenten (Altersruhegeld, Berufsunfähigkeitsrente usw.) beruhen stets auf einem selbständigen Rentenstammrecht und sind regelmäßig mit dem Ertragsanteil nach § 22 Nr. 1 zu versteuern vorbehaltlich sachlicher Steuerbefreiungen nach § 3. Steuerfrei sind z. B. Renten aus der gesetzlichen Unfallversicherung (§ 3 Nr. 1a), Kinderzuschüsse aus den gesetzlichen Rentenversicherungen (§ 3 Nr. 1b).

Dagegen sind insbesondere das Altersruhegeld, Berufs- und Erwerbsunfähigkeitsrenten mit dem Ertragsanteil stpfl. nach § 22 Abs. 1. Bezüge aus einem früheren Dienstverhältnis sind nach § 19 Abs. 1 Nr. 2 zu erfassen; vgl. unten 10.1.8.8.3.

Beiträge eines Arbeitnehmers zur gesetzlichen Rentenversicherung sind keine vorab entstandenen WK zur Erlangung einer späteren Sozialversicherungsrente (BFH, BStBl 1986 II 747).

10.1.8.7.1 Sonstige Renten

Bei Renten aus **Pensionskassen** und **Direktversicherungen** des Arbeitgebers ist eine Abgrenzung gegenüber den Einkünften aus § 19 Abs. 1 Nr. 2 vorzunehmen.

Beispiele:
1. Ein Arbeitgeber hat zugunsten seiner Arbeitnehmer eine Direktversicherung mit einer Versicherungsgesellschaft abgeschlossen. Er zahlte je Arbeitnehmer eine jährliche Prämie von 1 000 DM. Hierdurch erlangten die Arbeitnehmer vereinbarungsgemäß einen unmittelbaren Zahlungsanspruch gegenüber der Versicherung. Aus dieser Direktversicherung erhalten die Arbeitnehmer mit Vollendung ihres 62. Lebensjahres auf Lebenszeit eine monatliche Rente von 400 DM.

   Die Zahlung der jeweiligen Versicherungsprämie von 1 000 DM stellte für die Arbeitnehmer im Zeitpunkt der Zahlung Arbeitslohn dar (§ 2 Abs. 2 Nr. 3 LStDV). Die LSt kann gemäß § 40b ggf. pauschaliert werden. Die spätere Rente von 400 DM ist mit dem Ertragsanteil nach § 22 Nr. 1 zu versteuern.

2. Abwandlung: Der Arbeitgeber verpflichtet sich, den Arbeitnehmer von der Vollendung ihres 62. Lebensjahres an auf Lebenszeit monatlich 400 DM zu zahlen und bildet für die rechtsverbindliche Zusage eine Pensionsrückstellung (§ 6a).

   Die Pensionszahlungen stellen nachträgliche Einkünfte aus § 19 Abs. 1 Nr. 2 dar (vgl. § 24 Nr. 2).

Schadensersatzrenten in Form von **Mehrbedarfsrenten nicht** nach § 22 Nr. 1 zu besteuern (BFH, BStBl 1995 II 121).

10.1.9 Ermittlung des Ertragsanteils privater Leibrenten

10.1.9.1 Grundsätze

Während eine dauernde Last beim Verpflichteten bei **vorweggenommener Erbfolge** (ohne Wertverrechnung mit einer Gegenleistung) voll abzugsfähig und beim Empfänger voll anzusetzen ist, unterliegt bei einer **Rente** lediglich der **Ertragsanteil** i. S. des § 22 Nr. 1 Satz 3 Buchst. a) der Besteuerung. Derselbe Ertragsanteil ist auch nur als Sonderausgabe (§ 10 Abs. 1 Nr. 1a) abzugsfähig. Vgl. H 87 „Vorweggenommene Erbfolge".

Dieser Ertragsanteil ist – in **privaten Veräußerungsfällen** – auch aus Vereinfachungsgründen als **Zinsanteil** i. S. § 20 Abs. 1 Nr. 7 bzw. i. S. § 9 Abs 1 Nr. 1 (WK) abzusetzen.

Der Ertragsanteil richtet sich nach dem **vollendeten Lebensalter** desjenigen, von dessen Leben die Rente abhängt, zum Zeitpunkt des vertraglichen oder gesetzlichen **Beginns der Rente**.

Vgl. § 22 Nr. 1 Satz 4 EStG, § 55 Abs. 1 Nr. 2 EStDV.

Beispiel:
A bezieht eine Sozialversicherungsrente mit Erreichen seines 65. Lebensjahres.

Nach § 22 Nr. 1 Satz 3 Buchstabe a) beträgt der Ertragsanteil der Rente bei vollendetem 65. Lebensjahr bei Beginn der Rente 27 v. H. Dieser Ertragsanteil bleibt grds. während der gesamten Laufzeit gleich (**ausgenommen bei gesetzlicher Änderung des Ertragsanteils**).

Für die Bestimmung des maßgebenden Lebensalters ist nicht der Zeitpunkt der ersten Rentenzahlung, sondern der **versicherungsrechtliche** Beginn maßgeblich. Auf den Zeitpunkt des Rentenantrags kommt es hierbei ebenfalls nicht an.

Wird die Rente im Monat der Vollendung des maßgebenden Lebensalters bereits ab Monatsbeginn gewährt, ist bereits das erst in diesem Monat vollendete Lebensalter maßgebend (R 167 Abs. 5).

Beispiel:
A erhält ab 1.4.01 eine monatliche Rente von 800 DM. Er vollendet das 60. Lebensjahr mit Ablauf des 25.4.01. Die erste Rentenzahlung erfolgte am 10.4.01.

Hier ist vom vollendeten 60. Lebensjahr bei Beginn der Rente am 1.4.01 auszugehen. Ertragsanteil der Rente somit 32 v. H.

Die Verjährung einzelner Rentenansprüche hat auf den maßgeblichen Zeitpunkt keinen Einfluß (BFH, BStBl 1981 II 155 und H 167 „Beginn der Rente").

Beispiel:
A hatte mit dem 1.1.01 Anspruch auf eine Hinterbliebenenrente, was ihr jedoch nicht bekannt war. Sie erhielt durch Rentenbescheid infolge Verjährung Nachzahlungen erst ab dem Jahre 11 und ab 1.4.15 laufende monatliche Rentenzahlungen.

Der Ertragsanteil der Rente bemißt sich nach dem Lebensjahr, das A am 1.1.01 vollendet hatte.

Beispiel zur Ermittlung der sonstigen Einkünfte:
A, alleinstehend, erhält eine monatliche Rente aus der Angestelltenversicherung in Höhe von 600 DM ab Vollendung des 65. Lebensjahres.

Einnahmen aus § 22 Nr. 1: Leibrenten-Ertragsanteil 27 v. H. von 7 200 DM =	1 944 DM
./. WK-Pauschbetrag § 9a Nr. 1c	200 DM
sonstige Einkünfte	1 744 DM

10.1.9.2 Abgekürzte Leibrenten (Höchstzeitrenten)

Der Ertragsanteil von abgekürzten Leibrenten ist
- nach der Lebenserwartung (Ertragsanteil i. S. des § 22 Nr. 1)
- unter Berücksichtigung der zeitlichen Begrenzung (Ertragsanteil i. S. des § 55 Abs. 2 EStDV)

zu ermitteln.

Dabei ist der jeweils **niedrigere** Faktor maßgebend (§ 55 Abs. 2 EStDV).

Beispiel:
A erhält eine lebenslängliche Rente, die aber höchstens 15 Jahre läuft. A ist bei Rentenbeginn

	a) 60 Jahre	b) 68 Jahre
Ertragsanteil		
gemäß § 22 Nr. 1 EStG	32 v. H.	23 v. H.
gemäß § 55 Abs. 2 EStDV	28 v. H.	28 v. H.
anzusetzen (niedrigerer Ertragsanteil)	28 v. H.	23 v. H.

Im Fall a) richtet sich der Ertragsanteil nicht nach § 22 EStG, sondern nach der Tabelle § 55 Abs. 2 EStDV. Hiernach bestimmt sich der Ertragsanteil nach der Höchstdauer von 15 Jahren = 28 v. H.

10.1.9.3 Verlängerte Leibrenten (Mindestzeitrenten)

Mangels gesetzlicher Regelung ist der Ertragsanteil einer verlängerten Leibrente in **sinngemäßer Anwendung** der Grundsätze bei abgekürzten Leibrenten zu ermitteln:
- auch hier Vergleich der Ertragsanteile,
- aber **Ansatz** des **höheren** Ertragsanteils.

In entsprechender Anwendung des § 55 Abs. 2 EStDV ist nämlich davon auszugehen, daß für den Fall, daß die Lebenserwartung länger ist als die Mindestlaufzeit, von dem Ertragsanteil nach § 22 Nr. 1 auszugehen ist; ist die Lebenserwartung geringer, ist von der festen Mindestlaufzeit auszugehen.

Beispiel:
Wie oben unter 9.1.9.2, aber mit dem Unterschied, daß die Rente mindestens 15 Jahre gewährt werden soll.

Im vorhergehenden Fall a) ist davon auszugehen, daß die Lebenserwartung höher ist als die vereinbarte Mindestlaufzeit. Somit ist der Ertragsanteil gemäß der Tabelle in § 22 Nr. 1 zugrunde zu legen, also 32v. H. Umgekehrt ist im Fall b) der höhere Ertragsanteil von 28 v. H. (§ 55 Abs. 2 EStDV) anzusetzen.

Verlängerte Leibrenten mit einer wesentlich längeren Mindestlaufzeit als der voraussichtlichen Lebenserwartung sind als Zeitrenten zu behandeln.

10.1.9.4 Erhöhung der Rente

Die Erhöhung einer Rente bedeutet, daß sich sowohl die Rentenzahlungen als auch grds. der Wert des Stammrechts erhöhen.

Dies kann von vornherein oder nachträglich während der Laufzeit der Rente vereinbart werden.

In beiden Fällen ist der **Erhöhungsbetrag grds.** als **neue Rente** anzusehen. Dies gilt jedoch **nicht** bei **Erhöhung aufgrund Wertsicherungsklauseln.** Vgl. R 167 Abs. 3 S. 2.

Beispiel:
B erhält von A eine monatliche Rente von 2 000 DM. A war zum Zeitpunkt des Beginns der Rente 62 Jahre alt; nach 10 Jahren soll sich die Rente auf 2 500 DM erhöhen.

Der Ertragsanteil für die Rente von 2 000 DM richtet sich nach dem Lebensalter zum Zeitpunkt des Beginns der Rente.

Ertragsanteil (62 Jahre) = 30 v. H.		7 200 DM
WK-Pauschbetrag § 9a Nr. 1c	∕.	200 DM
		7 000 DM

Der Erhöhungsbetrag in Höhe von 500 DM ab dem 11. Jahr stellt eine neue Rente dar.
Der Ertragsanteil ist vom Alter im Zeitpunkt der Rentenerhöhung zu berechnen.
72 Jahre = 19 v. H.

Nach Ablauf von 10 Jahren (ab VZ 11) hat der Berechtigte folgende Einkünfte

Rente 1)	24 000 × 30 v. H. =	7 200 DM
2)	6 000 × 19 v. H. =	1 140 DM
		8 340 DM
WK-Pauschbetrag § 9a Nr. 1c		200 DM
		8 140 DM

10.1.9.5 Herabsetzung der Rente

Hier ist nach R 167 Abs. 4 zu unterscheiden:

10.1.9.5.1 Von vornherein vereinbarte Herabsetzung

Hierbei ist zunächst der Ertragsanteil des Sockelbetrags der Rente zu ermitteln, d. h. des Betrages, auf den die Rente später ermäßigt wird. Den Ertragsanteil muß der Stpfl. während der gesamten Laufzeit versteuern.

Der Teil, der später ermäßigt wird, ist als **abgekürzte Leibrente** anzusehen; vgl. R 167 Abs. 4 Nr. 1.

Beispiel:
A gewährt dem B eine lebenslängliche Rente von monatlich 2 000 DM ab 1. 1. 01. B ist zu Beginn des Rentenbezuges 58 Jahre alt. Die Rente soll zum 1. 1. 10 auf 1 250 DM herabgesetzt werden.
Die Grundrente beträgt während der Gesamtlaufzeit (1 250 × 12 =) 15 000 DM p. a. Der Ertragsanteil hierfür beträgt nach § 22 Nr. 1 35 v. H. von 15 000 DM = 5250 DM.
Zusätzlich in den ersten 10 Jahren 9 000 DM × 19 v. H. (§ 55 Abs. 2 EStDV) = 1 710 DM.
In den ersten 10 Jahren beläuft sich der Ertragsanteil daher auf (5 250 + 1 710 =) 6 960 DM.

10.1.9.5.2 Spätere Herabsetzung bei sofortiger Wirksamkeit

Wird eine Rente später mit sofortiger Wirksamkeit herabgesetzt, bleibt der Ertragsanteil der Rente unverändert; vgl. R 167 Abs. 4 Nr. 2.

Beispiel:
A erhält von B eine Rente in Höhe von 15 000 DM seit dem 1. 1. 01. A war zu Rentenbeginn 56 Jahre alt. A und B kamen Anfang 05 überein, daß die Rente zum nächstfolgenden Fälligkeitstag auf 1 000 DM monatlich = 12 000 DM herabgesetzt werden soll. A ist im Zeitpunkt der Vereinbarung 60 Jahre alt.
Der Ertragsanteil von 37 v. H. bleibt auch nach der Herabsetzung unverändert.

10.1.9.5.3 Spätere Herabsetzung der Rente bei späterer Wirksamkeit

Soll eine Rentenherabsetzung erst zu einem späteren Zeitpunkt wirksam werden, bleibt der v. H.Satz bis zum Zeitpunkt der Vereinbarung unverändert. Vom Zeitpunkt der Vereinbarung an ist die Rente in eine lebenslängliche und eine abgekürzte Leibrente aufzuteilen.

Dabei ist jedoch das zu Beginn des Rentenbezuges vollendete Lebensjahr des Rentenberechtigten auch insoweit maßgeblich, als die Rente eine abgekürzte Leibrente ist (§ 55 Abs. 2 EStDV). Die beschränkte Laufzeit ist ab Beginn des Rentenbezugs zugrunde zu legen (R 167 Abs. 4 Nr. 3).

Beispiel:
A gewährt B ab 1. 1. 01 eine lebenslängliche Rente von jährlich 18 000 DM. B ist zu Beginn des Rentenbezuges 55 Jahre alt.

Ertragsanteil 38 v. H.

Am 1.1.06 wird vereinbart, daß die Rente ab 1.1.11 an auf jährlich 12 000 DM herabgesetzt wird.

Ab 1.1.01 hat B zu versteuern

1. während der gesamten Dauer des Rentenbezugs seinen Ertragsanteil des Grundbetrags der Rente von 12 000 DM:

    38 v.H. von 12 000 DM = 4 560 DM, vom 1.1.01 bis 31.12.05 zusätzlich 35% von 6 000 DM = 2 100 DM, zusammen 6 600 DM.

2. Vom 1.1.06 bis zum 31.12.10 stellt der über den Grundbetrag hinausgehende Rententeil von 6 000 DM eine abgekürzte Leibrente mit einer beschränkten Laufzeit von 10 Jahren dar. Der vom Beginn der Rente gesehene Ertragsanteil nach § 55 Abs. 2 EStG beträgt 19 v.H. von 6 000 DM = 1 140 DM.

    Der jährliche Ertragsanteil beläuft sich somit von 06 bis 10 auf

    4 560 DM
    1 140 DM
    = <u>5 700 DM</u>

3. Ab 1.1.11 ist nur noch der Ertragsanteil von 38% von 12 000 DM = 4 560 DM zu versteuern. Vgl. R 167 Abs. 4 Nr. 3.

10.1.9.6 Berufs- und Erwerbsunfähigkeitsrenten

Berufs- und Erwerbsunfähigkeitsrenten der gesetzlichen Rentenversicherung sind **stets abgekürzte** Leibrenten. Ihre Laufzeit ist beschränkt bis zum Zeitpunkt der Umwandlung in das Altersruhegeld oder in die Regelaltersrente. Es ist davon auszugehen, daß diese Umwandlung mit Vollendung des **65.** Lebensjahres erfolgt. Ergibt sich hiernach ein höherer Ertragsanteil, ist er zugrundezulegen. Wird eine Berufs- oder Erwerbsunfähigkeitsrente vor Vollendung des 65. Lebensjahrs in ein vorzeitiges Altersruhegeld umgewandelt, ist die Laufzeit bis zum Umwandlungszeitpunkt maßgebend.

Eine **Mindestdauer** (von 10 Jahren) ist hier **nicht** Voraussetzung (BFH, BStBl 1991 II 686 und H 167 „Rente wegen Berufs- oder Erwerbsunfähigkeit").

Die **Altersrente** ist in jedem Fall eine neue selbständige Rente, die mit dem Ertragsanteil nach § 22 Nr. 1 anzusetzen ist. Vgl. R 167 Abs. 7 und H 167 „Leibrente, abgekürzt".

Beispiel:

A erleidet einen Unfall, durch den er berufsunfähig wird. Er erhält eine Berufsunfähigkeitsrente von jährlich 18 000 DM. A ist im Zeitpunkt des Beginns der Rente 34 Jahre alt.

A hat die vorzeitige Umwandlung in die Altersrente ab 62 Jahren

aa) beantragt
bb) nicht beantragt.

Zu aa)

Es handelt sich um eine abgekürzte Leibrente, deren Höchstlaufzeit 28 Jahre bis zur Vollendung des 62. Lebensjahres beträgt (= Laufzeit bis zum **Umwandlungszeitpunkt).** Nach der Tabelle von § 55 Abs. 2 EStDV beträgt der Ertragsanteil 45 v.H., nach § 22 Nr. 1 57 v.H., Ansatz: 45 v.H.

Mit Vollendung des 62. Lebensjahres erhält er in Form des vorgezogenen Altersruhegeldes eine neue Rente. Der Ertragsanteil richtet sich nach dem Alter zu Beginn dieser Rente = 30 v.H.

Zu bb)

(1) Ertragsanteil bis zur Vollendung des 65. Lebensjahres:
    48 v.H. (§ 55 Abs. 2 EStDV) – statt 45 v.H. bei aa) –

(2) ab Vollendung des 65. Lebensjahres:
    27 v.H. (§ 22 Nr. 1)

Wird eine Erwerbsunfähigkeitsrente mehrfach hintereinander auf Zeit bewilligt und schließen sich die Bezugszeiten unmittelbar aneinander an, so liegt eine **einheitliche** abgekürzte Leibrente vor. Sie beginnt mit dem Eintritt des Versicherungsfalles. Die Laufzeit ist für jeden VZ neu zu bestimmen (unter Berücksichtigung der Verlängerung); BFH, BStBl 1991 II 686.

10.1.9.7 Renten bei mehreren Berechtigten

10.1.9.7.1 Berechtigung mehrerer Personen nacheinander

Die aufschiebend bedingten Ansprüche sind erst ab Eintritt des Ereignisses (i. d. R. Tod des davor Berechtigten) entstanden und wirken sich davor nicht aus (H 167 „Ertragsanteil einer Leibrente").

> **Beispiel:**
> A erhält eine lebenslängliche Rente von 30 000 DM. Im Falle seines Todes soll seine Witwe eine Rente in Höhe von 15 000 DM erhalten.
> Es handelt sich hier um 2 Rentenansprüche. Der aufschiebend bedingte Anspruch der Ehefrau ist zu Lebzeiten des Mannes nicht anzusetzen.

10.1.9.7.2 Gleichzeitige Berechtigung mehrerer Personen

Bei einem gemeinsamen Rentenanspruch bis zum Tod des Letztversterbenden (z. B. bei Ehegatten) ist das Lebensalter der jüngeren Person, bei einem Wegfall bereits beim Tod des Erstversterbenden das Lebensalter der älteren Person maßgebend (§ 55 Abs. 1 Nr. 3 EStDV).

> **Beispiel:**
> Die Eheleute B erhalten eine gemeinsame monatliche Rente von 1 500 DM.
> Die Rente soll bis zum Lebensende des Letztversterbenden in gleicher Höhe gezahlt werden. A ist im Zeitpunkt des Rentenbeginns 64, die Ehefrau 60 Jahre alt.
> Der Ertragsanteil richtet sich nach dem Lebensalter der Ehefrau im Zeitpunkt des Beginns der Rente = 32 v. H. Auf jeden Ehegatten entfällt die **Hälfte** des Ertragsanteils.
>
> | | Ehemann | | Ehefrau |
> |---|---|---|---|
> | Ertragsanteil 32 v. H. | 9000 DM | | 9000 DM |
> | | 2880 DM | 32 v. H. | 2880 DM |
> ∕. WK-Pauschbetrag (§ 9a Nr. 1c) | 200 DM | | 200 DM |
> | sonstige Einkünfte | 2680 DM | | 2680 DM |

Wird eine **gemeinsame Rente** nach dem **Tod** des **Erstversterbenden herabgesetzt**, ist der Ertragsanteil ebenfalls mit Hilfe des § 55 Abs. 1 Nr. 3 EStDV zu ermitteln. Dabei ist eine Aufteilung der Rente vorzunehmen (H 167 „Ertragsanteil einer Leibrente", Beispiel):

- Für den Sockelbetrag ist das Alter der jüngeren Person maßgebend,
- für den Erhöhungsbetrag das Alter der älteren Person;

> **Beispiel:**
> Die Eheleute C erhalten eine Rente von 24 000 DM jährlich. Die Rente soll beim Tode des Erstversterbenden auf 9 000 DM herabgesetzt werden, Ehemann = 69 Jahre, Ehefrau = 64 Jahre.
> Der Ertragsanteil des
> - Sockelbetrags 9000 DM berechnet sich nach dem Alter der Ehefrau,
> - Spitzenbetrags 15 000 DM nach dem Alter des Ehemannes.
>
> 9 000 DM × 28 v. H. =   2 520 DM
> 15 000 DM × 22 v. H. =   3 300 DM
>   5 820 DM
>
> | Aufteilung: | Ehemann | Ehefrau |
> |---|---|---|
> | | 2 910 DM | 2 910 DM |
> | WK-Pauschbetrag (§ 9a Nr. 1c) | ∕. 200 DM | ∕. 200 DM |
> | | 2 710 DM | 2 710 DM |

10.1.9.8 Besonderheiten bei Sozialversicherungsrenten

Lebenslängliche Leibrenten sind in der **gesetzlichen Rentenversicherung** insbesondere alle **Altersrenten** einschließlich der **vorzeitigen Altersrenten**.

Wird eine Rente wegen Alters zunächst als **Teilrente** in Anspruch genommen, so ist der Rentenbetrag, um den sich die Teilrente bei Inanspruchnahme der Vollrente **erhöht**, als **selbständige Leibrente** zu behandeln (R 167 Abs. 1).

Eine **Große Witwen- oder Witwerrente,** die der unter 45 Jahre alte Berechtigte nach unterschiedlichen Vorschriften voraussichtlich auf Lebenszeit bezieht, stellt stets eine Leibrente dar, deren Ertragsanteil nach der Tabelle des § 22 Nr. 1 Satz 3 Buchstabe a zu bemessen ist (BFH BStBl 1989 II 551 und R 167 Abs. 8 Satz 1).

Lebt eine wegen **Wiederheirat** des Berechtigten **weggefallene** Witwen- oder Witwerrente wegen Auflösung oder Nichtigerklärung der neuen Ehe wieder auf (§ 46 Abs. 3 SGB VI), so handelt es sich **nicht** um eine **neue** Leibrente im Sinne des § 22 Nr. 1 Satz 3 Buchstabe a (BFH, BStBl 1989 II 1012 und R 167 Abs. 9 Satz 3). Der Ertragsanteil auch dieser Wiederauflebensrente bestimmt sich nach dem vollendeten Lebensalter bei Beginn der Witwen- oder Witwerrente und – bei abgekürzten Leibrenten – unter zusätzlicher Berücksichtigung der Beschränkung auf die bestimmte Laufzeit. Dabei sind die rentenfreien Zeiten in der Weise zu berücksichtigen, daß für die Bemessung des Ertragsanteils der Wiederauflebensrente dem vollendeten Lebensalter bei Beginn der Witwen- oder Witwerrente die rentenfreien Zeiten zugerechnet werden und gegebenfalls die bestimmte Laufzeit entsprechend gemindert wird; aus Gründen der Praktikabilität sind jedoch nur volle Kalenderjahre zu berücksichtigen.

Vgl. R 167 Abs. 9 Satz 2.

Von der Versorgungsanstalt des Bundes und der Länder **(VBL)** und vergleichbaren **Zusatzversorgungseinrichtungen** geleistete **Versorgungsrenten** und **Versicherungsrenten** für Versicherte und Hinterbliebene stellen grundsätzlich Leibrenten dar. Etwas anderes gilt z. B., wenn die von der Versorgungseinrichtung gewährte Rente deshalb endet, weil die Berufs- oder Erwerbsfähigkeit nicht mehr besteht. Dann liegt eine abgekürzte Leibrente vor (BFH, BStBl 1991 II 89).

Vorgezogenes Knappschaftsgeld ist eine (reine) Leibrente (BFH, BStBl 1991 II 688).

10.1.10 Begrenztes Realsplitting (§ 10 Abs. 1 Nr. 1, § 22 Nr. 1a EStG)

10.1.10.1 Allgemeines

Grundsätzlich fallen **Zuwendungen** an den geschiedenen oder dauernd getrennt lebenden Ehegatten unter das **Abzugsverbot** des § 12 Nr. 2, da gesetzliche Unterhaltspflicht besteht (§ 1361 bzw. § 1569 ff. BGB).

Hiervon macht jedoch die Regelung § 10 **Abs. 1 Nr. 1** eine gesetzliche Ausnahme.

Hiernach dürfen **Unterhaltsleistungen** an den **geschiedenen** oder **dauernd getrennt lebenden Ehegatten** unter den Voraussetzungen der Vorschrift bis zu einem **Höchstbetrag** von **27 000 DM jährlich** als **Sonderausgabe** abgezogen werden.

Voraussetzung ist u. a. aber die **Zustimmung** des anderen Ehegatten. Dieser muß die Unterhaltsleistungen nämlich in der als Sonderausgabe abgezogenen Höhe als Einnahmen aus § 22 Nr. 1a versteuern:

Geber	Wechselwirkung	Empfänger	
Sonderausgabe bis 27 000 DM (§ 10 Abs. 1 Nr. 1)	⬅➡	sonstige Einkünfte bis ./. WK-Pauschbetrag (§ 22 Nr. 1a)	27 000 DM 200 DM 26 800 DM

10.1.10.2 Voraussetzungen

§ 10 Abs. 1 Nr. 1 setzt im einzelnen voraus

1. **Unterhaltsleistungen**

   Es kann sich um
   – vom Familiengericht festgelegte
   – vertraglich vereinbarte
   – „freiwillige" (hierzu kritisch Kanzler, NWB F.3, 8371)
   Leistungen handeln.

   Auch **Sachleistungen** sind zu berücksichtigen. Handelt es sich um eine **Wohnungsüberlassung** zur vollen oder teilweisen Abgeltung einer Unterhaltsverpflichtung, erzielt der Verpflichtete – bei einer **Unterhaltsvereinbarung** – insoweit **keine** Einnahmen aus § 21 Abs. 1 Nr. 1 (BFH, BStBl 1992 II 1009). Daher können die hierauf entfallenden Aufwendungen (einschließlich Gebäude-AfA) **nicht** als WK abgezogen werden.

Als **Sonderausgaben** nach § 10 Abs. 1 Nr. 1 sind **nur** die **nutzungsbedingten**, vom Geber getragenen Aufwendungen anzuerkennen wie z. B.

- Grundsteuer
- Kosten für Heizung, Strom, Wasser, Abwasser, Müll

nicht jedoch insbesondere

- AfA
- Schuldzinsen
- Erhaltungsaufwand.

Es ist **ohne** Bedeutung, ob es sich um **laufende** oder **einmalige** Leistungen handelt (H 86b „Unterhaltsleistungen").

Eventuelle Gegenleistungen des unterhaltsempfangenden Ehegatten sind unerheblich, solange in entsprechender Anwendung des § 12 Nr. 2, R 123 Satz 6 „Zuwendungen", d. h. Leistungen ohne angemessene Gegenleistung (weniger als 50 % der Unterhaltszahlungen) vorliegen.

2. **geschiedene oder dauernd getrennt lebende Ehegatten**
3. **unbeschränkte Steuerpflicht beider Ehegatten. Ausnahme:**

   Ist der **Empfänger nicht** unbeschränkt einkommensteuerpflichtig, kann ein Abzug der Unterhaltsleistungen auf Grund eines **DBA** in Betracht kommen. So gibt es eine entsprechende Regelung im **DBA** mit Kanada (BStBl 1982 I 752, 762).

4. **Zustimmung** des unterhaltsempfangenden Ehegatten zum Sonderausgabenabzug nach § 10 Abs. 1 Nr. 1 beim leistenden Ehegatten. Sie wirkt bis auf Widerruf.

   Die Verweigerung der Zustimmung zum Realsplitting ist zunächst auch dann steuerlich beachtlich, wenn – auch unter Einbeziehung der Unterhaltseinkünfte – eine ESt-Schuld nicht entstehen würde. Die Rechtsprechung zum Schikaneverbot (= BFH, BStBl 1977 II 870) ist **nicht** übertragbar auf das Realsplitting (BFH, BStBl 1990 II 1022).

   Der Empfänger ist aber **zivilrechtlich** zur Zustimmung verpflichtet, falls er keinen finanziellen Nachteil hat (§ 242 BGB; BGH, NJW 1983, 124 und 1545). Vgl. auch – differenzierend – BGH vom 29. 1. 1992, NJW 391). Eine rechtskräftige **Verurteilung** zur Zustimmung (§ 894 Abs. 1 ZPO) oder ein entsprechender **Prozeßvergleich gelten** daher **als Zustimmung** (BFH, BStBl 1989 II 192), auch hier jedoch nur bis auf Widerruf.

5. **Antrag** auf Sonderausgabenabzug

   Der Antrag ist **für jedes Kalenderjahr erneut** zu stellen. Er kann auf einen **Teilbetrag** der Unterhaltsleistungen beschränkt werden. Eine **Rücknahme** des **Antrags** ist **nicht** möglich. Vgl. § 10 Abs. 1 Nr. 1 S. 2.

Die **Zustimmung** des Empfängers hat grds. **Dauerwirkung;** d. h. sie gilt solange, bis ein Widerruf gegenüber dem Finanzamt erfolgt. Der Widerruf ist **vor** Beginn des KJ zu erklären, für das er erstmals gelten soll (§ 10 Abs. 1 Nr. 1 S. 4).

10.1.10.3 Behandlung beim unterhaltsleistenden Ehegatten

Der Sonderausgabenabzug ist nach § 10 Abs. 1 Nr. 1 auf 27 000 DM begrenzt.

Ein den Höchstbetrag **übersteigender Betrag** kann auch **nicht** nach **§ 33a Abs. 1** berücksichtigt werden (auch nicht im Falle der Antragsbeschränkung nach § 10 Abs. 1 Nr. 1). In dem VZ, in dem dauernde Trennung der Ehegatten herbeigeführt wird, ist der volle Höchstbetrag zu berücksichtigen **(keine zeitanteilige Aufteilung).** Eine § 33a Abs. 4 entsprechende Regelung existiert nicht. Bei Unterhaltsleistung an mehrere geschiedene bzw. dauernde getrennt lebende Ehegatten gilt der Höchstbetrag je Unterhaltsempfänger.

Ob § 10 Abs. 1 Nr. 1 im Jahr der Trennung anzuwenden ist, ist strittig (für Abzugsverbot Kanzler, NWB F.3, 8369).

10.1.10.4 Behandlung beim Unterhaltsempfänger

Die Unterhaltsleistungen sind in voller Höhe beim Empfänger als sonstige Einkünfte gemäß § 22 Nr. 1a zu versteuern, soweit sie beim Geber als Sonderausgaben abgezogen wurden (Wechselwirkung). § 9a Nr. 1c ist zu beachten.

10.1.10.5 Behandlung bei Nichtvorliegen der Voraussetzungen des Realsplitting

Die Unterhaltsleistungen sind beim Geber und beim Empfänger nach den allgemeinen Regeln über die Besteuerung wiederkehrender Bezüge zu beurteilen, wenn eine der Voraussetzungen für das Realsplitting fehlt, insbesondere wenn der Empfänger seine Zustimmung nicht erteilt.

Beispiele:

1. Der geschiedene Ehemann A hat 12 000 DM Unterhalt an seine geschiedene Ehefrau B gezahlt. Diese verweigert jedoch die Zustimmung zum Realsplitting.
   - **Kein Sonderausgabenabzug bei A**
   - nach § 10 Abs. 1 Nr. 1 (mangels Zustimmung)
   - nach § 10 Abs. 1 Nr. 1a (da nichtabzugsfähige Zuwendung i. S. des § 12 Nr. 2)
   - ggf. § 33a Abs. 1 Höchstbetrag 12 000 DM (ab VZ 1996).
   - Nichtansatz bei Frau B gemäß § 22 Nr. 1 Satz 2.

2. A war in erster Ehe mit B kinderlos verheiratet. Diese Ehe war am 21. 8. 07 rechtskräftig geschieden worden (B war zu diesem Zeitpunkt 56 Jahre). Aufgrund des Scheidungsurteils hat A an seine geschiedene Ehefrau zwar keinen Unterhalt zu leisten. A hat sich ihr gegenüber jedoch durch notariellen Vertrag vom 22. 8. 07 verpflichtet, ihr als Gegenleistung für einen Verzicht auf Auszahlung eines Zugewinnausgleichsanspruchs im Sinne von § 1378 Abs. 1 BGB lebenslängliche gleichbleibende Zahlungen von monatlich 2000 DM zu zahlen. Der Barwert dieser Leistungen und der Zugewinnausgleichsanspruch stimmten unstreitig wertmäßig überein.

   A hat diese Leistungen in 08 regelmäßig erbracht.

   B hatte in 08 keine anderen Einkünfte und Bezüge.

   Ihren Wohnsitz hatte B bis zum 30. 6. 08 in Koln. Am 1. 7. 08 ist sie nach Zürich (Schweiz) verzogen. Die schriftliche Zustimmung der B zum Abzug der Leistungen als Sonderausgaben bei A liegt dem Finanzamt vor.

   – Die Voraussetzungen von § 1 Abs. 3, § 1a liegen **nicht** vor. –

   Lösung:

Ehemann **Rente an geschiedene Ehefrau**	**Ehefrau**
– Keine dauernde Last infolge Gleichmäßigkeit – Private Leibrente – kein Abzug als Sonderausgabe (§ 10 Abs. 1 Nr. 1a), auch nicht in Höhe des Ertragsanteils (§ 22 Nr. 1), – sondern Abzugsverbot gemäß § 12 Nr. 1, da entgeltliche private Vermögensumschichtung und keine vorweggenommene Erbfolge (BFH, BStBl 1992 II 609, 612, BFH vom 25. 11. 1992, DB 1993, 665).	a) **keine** sonstigen Einkünfte § 22 Nr. 1 Satz 3a (1.1. – 30.6.) b) ab 1.7. **keine inländischen** Einkünfte i. S. § 49 Abs. 1 Nr. 7

3. Seit 1. 7. 07 ist Frau C mit Herrn D verheiratet.

   Ihre erste Ehe mit E war am 25. 6. 06 geschieden worden. Noch vor dem Scheidungsurteil hatte sich E durch notariellen Vertrag vom 20. 6. 06 verpflichtet, ihr ab 1. 7. 06 einen Unterhaltsbeitrag von monatlich 1 800 DM zu zahlen. Änderungsmöglichkeit nach Art des § 323 ZPO war ausdrücklich ausgeschlossen worden. Im Falle ihrer Wiederheirat sollten die Zahlungen wegfallen.

   C hat daher vom 1. 1. bis 30. 6. 07 6 × 1 800 DM =   10 800 DM erhalten.

   C und E haben sich für 07 darauf geeinigt, daß E seine Unterhaltsleistungen als Sonderausgaben abzieht. Dies ist auch in der gebotenen Form auf dem Vordruck Anlage U zur ESt-Erklärung des E für 07 geschehen.

Ehefrau	Ehemann
Zwar Steuerfreiheit gemäß § 22 Nr. 1 Satz 2, aber Einkünfte aus Unterhaltsleistungen	
– Unterhaltsleistungen = Einnahmen gemäß § 22 Nr. 1a (Begrenztes Realsplitting)	
– Ansatz der vollen Unterhaltsleistung (nicht nur des Ertragsanteils) 10 800 DM	Sonderausgaben → § 10 Abs. 1 Nr. 1 10 800 DM
– Keine Aufteilung des Höchstbetrags ./. Werbungskosten-Pauschbetrag § 9a Nr. 1c ./. 200 DM Sonstige Einkünfte (§ 22 Nr. 1a) 10 600 DM	Keine zeitanteilige Ermäßigung des Höchstbetrags von 27 000 DM

10.1.11 Ermittlung der Einkünfte aus § 22 Nr. 1 und 1a EStG

Zur Ermittlung der Einkünfte aus § 22 Nr. 1 und 1a ist ein WK-Pauschbetrag von 200 DM abzuziehen, falls nicht höhere tatsächliche WK nachgewiesen werden (§ 9a Nr. 1c).

Als WK kommen z. B. in Betracht

– Rechtsverfolgungskosten
– u. U. Schuldzinsen

Beispiel:

Der StPfl. veräußert ein Grundstück gegen eine Rente.

Die auf dem Grundstück lastende Hypothek wird **nicht** vom Erwerber übernommen. Die für das fortgeführte Darlehen aufgewendeten Schuldzinsen sind WK bei den sonstigen Einkünften i. S. des § 22 Nr. 1 (BFH, BStBl 1991 II 398, vgl. auch BFH, BStBl 1991 II 14: WK-Abzug für Schuldzinsen aus zurückbehaltenem Darlehen nach Grundstücksveräußerung und verzinslicher Anlage des Veräußerungserlöses).

10.2 Einkünfte aus Spekulationsgeschäften (§§ 22 Nr. 2, 23 EStG)

10.2.1 Allgemeines

Einkünfte (Gewinne oder Verluste) aus der Veräußerung von Wirtschaftsgütern eines Betriebsvermögens werden regelmäßig bei den Gewinneinkünften (§ 2 Abs. 1 Nr. 1 – 3) erfaßt.

Dagegen werden Überschüsse bzw. Verluste aus der Veräußerung von (Privat-)Vermögen, insbesondere solches, das die Einkunftsquelle bildet, bei den Überschußeinkünften i. S. § 2 Abs. 1 Nr. 4 – 6 grundsätzlich nicht erfaßt.

Ausnahmen von diesem Grundsatz sind:

a) Veräußerung bei wesentlicher Beteiligung i. S. § 17 (vgl. K. 3)
b) Einkünfte aus der entgeltlichen Abtretung von Ertragsforderungen (insbesondere § 20 Abs. 2 Nr. 2 – vgl. K 6.3.2.2.2, K 6.3.2.3.1 und § 21 Abs. 1 Nr. 4 – vgl. K 7.3.5) sowie
c) Spekulationsgeschäfte i. S. § 23.

Die Besteuerung von Spekulationsgewinnen wird damit gerechtfertigt, daß der Stpfl. Werterhöhungen von Wirtschaftsgütern binnen bestimmter Frist (§ 23 Abs. 1 Nr. 1) oder noch vor dem Erwerb (§ 23 Abs. 1 Nr. 2) realisiert hat (vgl. BFH, BStBl 1976 II 74) und damit seine wirtschaftliche Leistungsfähigkeit (= Besteuerungsgrundsatz bei der ESt) erhöht hat. Die Vorschrift – insbesondere auch bei Ungleichbehandlung gegenüber dem BV – ist verfassungskonform (BVerfG, BStBl 1970 II 156). Vgl. auch **R 169** und **H 169**.

10.2.2 Voraussetzungen eines Spekulationsgeschäfts

Voraussetzungen sind

– Anschaffung und
– Veräußerung

- eines (unter § 23 fallenden) Wirtschaftsguts
- innerhalb der nach § 23 Abs. 1 maßgeblichen Frist.

Eine Spekulationsabsicht ist **nicht** erforderlich (BFH, BStBl 1969 II 705).

Sie wird vielmehr bei Veräußerung innerhalb der Spekulationsfrist vom Gesetz „unwiderlegbar vermutet".

10.2.2.1 Gegenstand des Spekulationsgeschäfts

§ 23 erstreckt sich auf **alle Wirtschaftsgüter** des **Privatvermögens**, soweit sie nicht bereits nach §§ 20 Abs. 2 Nr. 2, 21 Abs. 1 Nr. 4 erfaßt werden bzw. nach § 23 Abs. 2 befreit sind. Wegen der unterschiedlichen Spekulationsfrist ist eine gesetzliche Unterscheidung der Wirtschaftsgüter in § 23 Abs. 1 Nr. 1 getroffen zwischen

a) Grundstücken und grundstücksgleichen Rechten (Spekulationsfrist 2 Jahre) – § 23 Abs. 1 Nr. 1a – und

b) anderen Wirtschaftsgütern (Spekulationsfrist 6 Monate)
  – § 23 Abs. 1 Nr. 1b.

Auch negative Wirtschaftsgüter (Schulden) können Gegenstand des § 23 sein.

Die Anschaffung oder Veräußerung einer **unmittelbaren** oder **mittelbaren Beteiligung** an einer **Personengesellschaft gilt** als **Anschaffung** bzw. **Veräußerung** der **anteiligen Wirtschaftsgüter** (§ 23 Abs. 1 letzter Satz – **ab VZ 1994**); bis zum VZ 1993 gilt dies nach Nichtanwendungserlaß BMF – Schr. vom 27. 2. 1992, BStBl I 125 zu BFH, BStBl 1992 II 211.

10.2.2.2 Aufhebung der sachlichen Befreiung des § 23 Abs. 2 EStG

- **Keine** Anwendung fand bisher § 23 auf die Veräußerung von inländischen Schuldverschreibungen und Rentenverschreibungen = festverzinsliche Wertpapieren. Dies sind

  a) nach § 23 Abs. 2 Nr. 1
     – Teilschuldverschreibungen des Bundes, der Länder und Gemeinden
     – Industrieanleihen
     – Pfandbriefe.

  Ausnahmen: Die Veräußerung von **Wandelanleihen** und **Gewinnobligationen** ist steuerpflichtig im Rahmen des § 23.

  b) Schuldbuchforderungen (§ 23 Abs. 2 Nr. 2) z. B. Bundesschatzbriefe.

  Wegen der Begriffe vgl. die Erläuterungen zu § 20 (siehe K 6.2.6.2).

  Diese Vorschrift ist **gestrichen** worden. Sie ist letztmals auf die Veräußerung von vor dem 1. 1. 1994 angeschafften WG anzuwenden (§ 52 Abs. 22 n. F.).

- **Keine** Anwendung fand die Befreiungsvorschrift des § 23 Abs. 2 auf die Veräußerung von Zinsansprüchen. Die Steuerpflicht nach § 20 Abs. 2 Nr. 2 und 3 bleibt unberührt.

  Befreiungen enthält § 40 Abs. 1 Nr. 1 KAAG für Investmentanteile.

10.2.2.3 Anschaffung und Veräußerung als Voraussetzungen des Spekulationsgeschäfts

a) Voraussetzungen für die Verwirklichung des Spekulationsgewinns sind der dingliche Erwerb und die dingliche Übertragung des Wirtschaftsguts.

   Ein obligatorisches Veräußerungsgeschäft kann daher noch nicht zur Steuerpflicht führen, wenn die dingliche Übertragung noch aussteht (vgl. auch BFH, BStBl 1982 II 618).

b) Die Besteuerung erfolgt sodann im Jahre des Zuflusses (§ 11 Abs. 1) des Spekulationserlöses (vgl. 9.2.4.6).

c) Hiervon zu unterscheiden ist die Berechnung der Spekulationsfrist. Hierfür sind die obligatorischen Rechtsgeschäfte (mit Besonderheiten) maßgebend; vgl. 10.2.3.2.

10.2.2.3.1 Begriff der Anschaffung

Anschaffung kann nur der **entgeltliche Erwerb** eines Wirtschaftsgutes (mit dinglicher Wirkung) sein (nicht zu verwechseln mit dem schuldrechtlichen Anschaffungsgeschäft). Es muß sich um eine „im wesentlichen vom Willen des Stpfl. abhängende Erwerbshandlung" handeln (BFH, BStBl 1961 III 385).

Typische Anschaffungsvorgänge sind **Kauf** und **Tausch**.

Eine Anschaffung liegt auch vor bei

- Ersterwerb von Anteilen einer KapGes bei **Gründung** und **Kapitalerhöhung** aus Gesellschaftsmitteln (gegen Einlagen), **nicht** jedoch bei Kapitalerhöhung aus Gesellschaftsmitteln i. S. § 1 ff. KapErhStG.

- Erwerb eines Wirtschaftsguts durch den Gesellschafter von der Personengesellschaft (aus dem Gesamthandsvermögen) zu Bedingungen wie unter Fremden, wenn das Wirtschaftsgut Privatvermögen wird (BFH, BStBl 1981 II 84); ebenso bei Erwerb von einem anderen Mitunternehmer (aus dessen Sonderbetriebsvermögen).

- **Abfindung von Miteigentümern** eines Wirtschaftsgutes hinsichtlich des gegen Abfindung erworbenen Miteigentumsanteils im Rahmen einer **Erbauseinandersetzung** über Privatvermögen (BFH, BStBl 1985 II 722; BFH GrS, BStBl 1990 II 837 sowie BMF-Schreiben vom 11.1.1993, BStBl I 62).

- **Abfindung von Miteigentümern** in den Fällen **vorweggenommener Erbfolge** hinsichtlich des erworbenen Miteigentumsanteils (BFH, BStBl 1977 II 382; BFH GrS, BStBl 1990 II 847 sowie BMF-Schr. vom 13.1.1993, BStBl I 80).

- **Auseinandersetzung** einer Zugewinngemeinschaft mit Abfindungen (vgl. BFH, BStBl 1988 II 250 und 1988 II 942; BFH, BStBl 1977 II 389).

Keine Anschaffung i. S. § 23 sind

a) unentgeltlicher Erwerb

Hierunter fallen

- **Schenkung**
  Bei teilentgeltlichem Erwerb – vgl. hierzu § 17 (K 3) – kann für den entgeltlich erworbenen Anteil am Wirtschaftsgut der Fall des § 23 eintreten (BFH, BStBl 1967 III 74).

- **Erbschaft** (BFH, BStBl 1969 II 520)

- **Erwerb** im Rahmen einer **Erbauseinandersetzung** unter bloßer Aufgabe der Anteilsrechte am Nachlaß, d. h. **ohne Abfindungen (= Realteilung)**; vgl. BMF-Schr vom 11.1.1993, a. a. O.
  Dies gilt nach der BFH-Rechtsprechung nicht, soweit der Stpfl. im Rahmen einer Realteilung einen Spitzenausgleich leistet (BFH, BStBl 1988 II 250). Hier liegt ein Spekulationsgeschäft für den über die Gesamthandsbeteiligung des Erwerbers hinausgehenden Anteil vor (BFH, BStBl 1990 II 847).

- Aufhebung von Miteigentum durch Realteilung (EFG 1972, 24 – rkr); gl. A. Herrmann/ Heuer/ Raupach, EStG, § 23 Anm. 30), § 23 aber hinsichtlich eines Spitzenausgleichs zu bejahen (wie bei Erbauseinandersetzung).

- **Vermächtnis**
  Bei Veräußerung unentgeltlich durch **Erbfall** erworbener Wirtschaftsgüter liegt ein Spekulationsgeschäft i. S. § 23 vor, wenn (entgeltliche) Anschaffung durch den **Rechtsvorgänger** und Veräußerung durch den **Rechtsnachfolger** innerhalb der Spekulationsfrist liegen (BFH, BStBl 1988 II 942).
  Bei unentgeltlich durch Einzelrechtsnachfolge (= **Schenkung**) erworbenen Wirtschaftsgütern, die innerhalb der Spekulationsfrist veräußert werden, ist ein Spekulationsgeschäft i. S. des § 23 nur bei Mißbrauch von Gestaltungsmöglichkeiten i. S. des § 42 AO anzunehmen (BFH, a. a. O.). Dabei sind die Anschaffungskosten des Schenkers zugrundezulegen (BFH a. a. O.).

b) **Entnahme von Wirtschaftsgütern aus einem Betriebsvermögen** (BFH, BStBl 1965 III 477).

Hier liegt auch keine Veräußerung vor.

Wenn die Anschaffung im Betriebsvermögen und die Veräußerung im Privatvermögen innerhalb der Spekulationsfrist erfolgte, ist es fraglich, ob eine Besteuerung nach § 23 erfolgen kann, da der Wert des Wirtschaftsguts bei einer anderen Einkunftsart – nämlich bei der Entnahme mit dem Teilwert,

§ 6 Abs. 1 Nr. 4 – angesetzt worden ist (Subsidiaritätsklausel des § 23 Abs. 3); diese Frage hatte der BFH in dem Urteil (a. a. O.) aber nicht entschieden. Die Wertdifferenz zwischen Entnahmewert und Veräußerungserlös ist m. E. nicht zu erfassen (gl. A. Schmidt, EStG, § 23 Anm. 5a, aA z. B. Herrmann/Heuer/Raupach, § 23, Anm. 28 unter Berufung auf weitere Literatur, fraglich).

Beispiel:

Kauf eines unbebauten Grundstücks (als gewillkürtes BV) 2. 1. 01	
Anschaffungskosten	100 000 DM
Entnahme (§ 4 Abs. 1 S. 2) 3. 7. 01	
Teilwert	120 000 DM
Veräußerung 15. 12. 02 für	180 000 DM

Der Entnahmegewinn von 20 000 DM (Teilwert 120 000 DM ./. Anschaffungskosten 100 000 DM) ist gewerblicher Gewinn (§ 15).

Die Veräußerung kann m. E. – entgegen Stimmen in der Literatur – wegen § 23 Abs. 3 nicht nach § 23 besteuert werden.

c) Zwangszuweisung eines Ersatz-Wirtschaftsguts nach vorangegangener Enteignung (BFH, BStBl 1973 II 445) aufgrund **rechtlichen** Zwangs (BFH, BStBl 1977 II 209). Entsprechendes kann gelten, wenn eine unmittelbar bevorstehende Enteignung durch Verkauf abgewendet und das Ersatzwirtschaftsgut durch bürgerlich-rechtlichen Vertrag erworben wird (BFH, BStBl 1961 II 385).

Werden von der drohenden Enteignung nicht unmittelbar betroffene Wirtschaftsgüter bzw. Teile ersetzt, liegt insoweit eine Anschaffung vor.

d) Austausch von Grundstücken im Umlegungsverfahren (BFH, BStBl 1974 II 606).

Die Spekulationsfrist läuft hier nach Einbringung des Grundstücks im Umlegungsverfahren weiter, d. h. sie beginnt nicht bei Umlegung, sondern bereits bei Erwerb des eingebrachten Grundstücks.

e) Privatrechtlicher Erwerb eines Ersatzwirtschaftsguts nach vorhergegangener Grundstücksveräußerung wegen unmittelbar drohender Enteignung (ausnahmsweise keine Gewinnrealisierung nach BFH, BStBl 1962 III 387).

f) **Herstellung eines Wirtschaftsgutes**

Bei Errichtung von Gebäuden und anschließender Veräußerung ist § 23 nur hinsichtlich des Grund und Bodens anzuwenden (BFH, BStBl 1977 II 384).

Beispiel:

Anschaffung eines unbebauten Grundstücks 1. 4. 01	
Anschaffungskosten	20 000 DM
Fertigstellung Gebäude 30. 12. 02	140 000 DM
Veräußerung des bebauten Grundstücks 2. 2. 03 für	200 000 DM
(davon Anteil Grund und Boden)	30 000 DM

§ 23 ist nur hinsichtlich des veräußerten Grund und Bodens gegeben.

§ 23 Abs. 1 Nr. 1a

Veräußerungserlös Grund und Boden	30 000 DM
./. Anschaffungskosten	20 000 DM
Spekulations-Überschuß	10 000 DM

10.2.2.3.2 Begriff der Veräußerung

Wie bei Anschaffung kommt nur die **entgeltliche** Veräußerung in Betracht.

Veräußerung ist die **entgeltliche** Übertragung von Wirtschaftgütern mit dinglicher Wirkung (vgl. BFH, BStBl 1982 II 618) auf eine andere Person, insbesondere Verkauf und Tausch.

Zur unterschiedlichen Bedeutung von obligatorischen Verpflichtungsgeschäft und dinglichem Erfüllungsgeschäft vgl. 10.2.3.

Das **Veräußerungsmotiv** ist **unerheblich**. Daher fallen **auch Veräußerungen unter** Zwang grundsätzlich unter § 23, insbesondere

a) Veräußerung zur Abwendung einer drohenden Enteignung

b) **Zwangsversteigerung** (BFH, BStBl 1970 II 310 = Entscheidung zu § 17, aber auf § 23 übertragbar), m. E. bedenklich, da hoheitlicher Akt. Siehe weiter unten „Enteignung".

c) Veräußerung infolge persönlicher Zwangslagen (z. B. Krankheit, Zahlungsschwierigkeiten; berufsbedingter Wohnortwechsel u. a.), BFH, BStBl 1969 II 705.

Ausnahme zu a):

Bei alsbaldiger Ersatzbeschaffung eines wert-, art- und funktionsgleichen Wirtschaftsguts nach einer dem Stpfl. aufgezwungenen Veräußerung (wegen unmittelbar bevorstehender Enteignung) führt nicht nur Gewinnverwirklichung.

Die **Enteignung** (gegen Entschädigung ohne Ersatzbeschaffung) soll nach Schmidt, a. a. O., § 23 Anm. 7a eine Veräußerung sein (unter Berufung auf BFH, BStBl 1973 II 445, geht aber m. E. nicht klar aus Urteil hervor); ebenso ablehnend z. B. Herrmann/Heuer/Raupach, a. a. O. Anm. 10 zu § 23 m. w. N.

Die **Aufhebung von Miteigentum gegen Abfindung** führt – im **Gegensatz** zur **reinen Realteilung** – zur entgeltlichen Veräußerung bzw. Anschaffung (gl. A. Herrmann/Heuer/Raupach, § 23, Anm. 30).

Beispiel:

A und B sind je zur Hälfte Miteigentümer eines Grundstücks, das am 2.1.01 (notarieller Kaufvertrag) gemeinschaftlich für 100 000 DM angeschafft wurde. Am 31.12.01 überträgt B dem A seinen Hälfteanteil zum Verkehrswert von 75 000 DM A veräußert das gesamte durch notariellen Kaufvertrag vom 31.12.02 für 180 000 DM.

aa) Die entgeltliche Übertragung des Hälfteanteils durch B an A ist eine Veräußerung, und zwar innerhalb der Spekulationsfrist des § 23 Abs. 1 Nr. 1a.

Erlös	75 000 DM
./. Anschaffungskosten ½ × 100 000 DM =	50 000 DM
Spekulationsüberschuß	25 000 DM

bb) Für A liegt am 31.12.01 entsprechend eine Anschaffung vor. Die Veräußerung des gesamten Grundstücks durch A fällt ebenfalls unter § 23. Die Anschaffung beider Hälfteanteile liegt innerhalb der Spekulationsfrist.

Erlös		180 000 DM
Anschaffungskosten		
a) ½ × 100 000 DM =		50 000 DM
b)	125 000 DM	75 000 DM
Spekulationsüberschuß		55 000 DM

Zur **Erbauseinandersetzung** gegen **Abfindungen** vgl. BMF-Schreiben vom 11.1.1993, BStBl I 62 und 9.2.2.3.1 (zur Anschaffung) sowie BFH GrS, BStBl 1990 II 837.

Bei der **Realteilung** einer **Gesamthandsgemeinschaft** mit **Spitzenausgleich** liegt eine **Veräußerung** (= **entgeltliches** Rechtsgeschäft) für den über die Gesamthandsbeteiligung des Erwerbers hinausgehenden Anteil vor. Nur insoweit kann ein Spekulationsgeschäft entstehen (BFH, BStBl 1988 II 250, BStBl 1990 II 837).

Beispiel:

An einer Grundstücksgemeinschaft sind A mit ⅙ und B mit ⅚ beteiligt. Die Gemeinschaft wurde am 2.1.01 in der Weise aufgehoben, daß A das gesamte Grundstück erhielt (Wert am 2.1.01 300 000 DM) und dem B einem Ausgleich von ⅚ des Grundstückswerts = 250 000 DM zahlte. Mit Vertrag vom 30.12.01 veräußerte A das gesamte Grundstück für 390 000 DM. Es liegt zu ⅚ ein Spekulationsgeschäft vor.

Erlös i. S. § 23 = ⅚ × 390 000 DM =	325 000 DM
./. Anschaffungskosten	250 000 DM
Spekulationsgewinn	75 000 DM

Der **Einzug** einer **unter Nennwert erworbenen Forderung** ist ihrer Veräußerung gleichzusetzen, da es sich ebenfalls – wie bei einer Abtretung gegen Entgelt – um eine Verwertung der Forderung handelt (BFH, BStBl 1962 III 127).

Die **Diskontierung fremder Wechsel** fällt aber nicht unter § 23, weil bereits Steuerpflicht nach § 20 Abs. 1 Nr. 8 gegeben ist (Subsidiaritätsklausel § 23 Abs. 2).

§ 23 ist ebenfalls **nicht** anwendbar bei der **Einlösung** oder **Weiterveräußerung** von **Zinsscheinen** in den Fällen des § 20 Abs. 2 Nr. 3.

Unter § 23 fällt auch die Veräußerung von Wirtschaftsgütern, wenn sie vor dem Erwerb erfolgt = **Fixgeschäfte** (§ 23 Abs. 1 Nr. 2). Vgl. 10.3.4.

Es müssen aber Geschäfte sein, die tatsächlich auf die Lieferung von Wirtschaftsgütern gerichtet sind. **Private Devisentermingeschäfte** sind **keine** Einkünfte aus Spekulationsgeschäften (BFH, BStBl 1982 II 618, BStBl 1984 II 132, BStBl 1988 II 248 und BStBl 1989 II 39).

Veräußerungsgeschäfte i. S. § 23 sind **nicht**

a) **unentgeltliche Übertragung** eines Wirtschaftsgutes; Hinweis auf „Anschaffung" (10.2.2.3.1)

b) **Einlage** eines Wirtschaftsgutes in ein Betriebsvermögen (EFG 1981, 388 – rkr –).

Die Ausführungen zur „Entnahme" (10.2.2.3.1) gelten sinngemäß. Auch hier fehlt es an einer Übertragung auf eine andere Person. (Über § 6 Abs. 1 Nr. 5a können aber Wertsteigerungen zwischen der Anschaffung und der Einlage bei Einlage innerhalb der Dreijahresfrist nach Anschaffung bei Veräußerung/Entnahme gewinnwirksam zu erfassen sein.)

c) **Zerstörung** oder **Verlust** eines Wirtschaftsguts gegen Entschädigung.

d) Kapitalherabsetzung, Liquidation, Einziehung von GmbH-Anteilen (§ 34 GmbHG) – anders bei § 17; vgl. K 3.

e) formwandelnde Umwandlung und echte Verschmelzung.

10.2.2.3.3 Identität des angeschafften und veräußerten Wirtschaftsguts

Voraussetzung für die Erfassung nach § 23 ist Identität von angeschafftem und veräußertem Wirtschaftsgut (zumindest die **wirtschaftliche**); BFH, BStBl 1984 II 26.

Beispiele:

1. Ein Wohngebäude wird in Ausübung eines angeschafften Erbbaurechts hergestellt und zusammen mit dem Erbbaurecht innerhalb von zwei Jahren nach dessen Anschaffung veräußert.

   Ein Spekulationsgeschäft liegt nur hinsichtlich des veräußerten Erbbaurechts vor; in bezug auf das Gebäude fehlt es an der Anschaffung. Anders ausgedrückt: angeschafftes und veräußertes Wirtschaftsgut sind nicht identisch, vgl. BFH, BStBl 1977 II 384.

2. A erwarb am 2.1.01 eine Fläche Rohbauland und parzellierte sie noch in 01. Er veräußerte einzelne Parzellen in 02, am 4.1.03, den Rest in 04. –

   Die Veräußerungen in 02 fallen unter § 23, **nicht** mehr die vom 4.1.03 und in 04.

Nach der Anschaffung vorgenommene Herstellungsmaßnahmen schließen die Annahme eines Spekulationsgeschäftes nur aus, wenn dadurch das angeschaffte Wirtschaftsgut bei wirtschaftlicher Betrachtung in ein anderes umgewandelt wird.

Keine Umgestaltung in diesem Sinne ist die Fertigstellung eines im Zeitpunkt der Anschaffung im Rohbau befindlichen Gebäudes (vgl. BFH, BStBl 1989 II 652).

10.2.3 Spekulationsfristen (§ 23 Abs. 1 Nr. 1 EStG)

10.2.3.1 Allgemeines

Die Spekulationsfrist beträgt bei Veräußerung von

a) Grundstücken und grundstücksgleichen Rechten: 2 Jahre (§ 23 Abs. 1 Nr. 1a)

b) sonstigen Wirtschaftsgütern: 6 Monate (§ 23 Abs. 1 Nr. 1b)

Die Aufzählung in § 23 Abs. 1 Nr. 1a ist nur **beispielhaft**.

Hierzu zählen auch

– Erbbaurecht (vgl. EFG 1970, 223 – rkr –)
– Wohnungseigentum und Teileigentum
– Dauerwohnrecht i. S. des WEG

Dagegen rechnen Nießbrauch (§§ 1030 ff. BGB) und dingliches Wohnrecht (§ 1093 BGB) **nicht** hierzu, da sie **nicht veräußerbar** sind.

"**Andere Wirtschaftsgüter**" i. S. des § 23 Abs. 1 Nr. 1b sind bewegliche Sachen, z. B. Briefmarken, Bücher, Kunstgegenstände, Schmuck, Edelmetalle, private Kfz, aber auch **Rechte,** soweit sie steuerlich selbständige Wirtschaftsgüter darstellen z. B. Aktien, GmbH-Anteile, sonstige Wertpapiere, Patente u. a.

Beispiel:

Die Veräußerung von Bodenschätzen fällt unter § 23 Abs. 1 Nr. 1b, da kein Bestandteil des Grund und Boden vorliegt (BFH, BStBl 1981 II 794).

10.2.3.2 Fristberechnung

10.2.3.2.1 Maßgeblichkeit des obligatorischen Rechtsgeschäfts

Für die Berechnung der Spekulationsfrist kommt es bei Anschaffung wie bei Veräußerung **nicht** auf den Zeitpunkt der dinglichen Übertragung an, sondern jeweils auf den Zeitpunkt des Abschlusses des **schuldrechtlichen Verpflichtungsgeschäfts (Kaufvertrag, Tauschvertrag** usw. als Anschaffungs- und Veräußerungsgeschäft); BFH, BStBl 1982 II 618 (619). Denn es ist maßgebend, wann der Stpfl. die Tätigkeit entfaltet, durch die er die für die Anschaffung und Veräußerung entscheidenden Grundlagen schafft (BFH, BStBl 1962 III 127).

Die **dinglichen Geschäfte** sind – anders als bei §§ 16, 17 – für die Fristberechnung nicht maßgebend. Maßgebende obligatorische Rechtsgeschäfte sind z. B. auch

- Ausübung eines Wiederkaufsrechts (BFH, BStBl 1982 II 459)
- Abgabe des Meistgebots bei einer Zwangsversteigerung (BFH, BStBl 1977 II 827).

10.2.3.2.2 Vorgezogener Beginn der Spekulationsfrist

Unter Umständen beginnt die Spekulationsfrist bereits vor Abschluß des schuldrechtlichen Verpflichtungsgeschäfts, weil die Vertragspartner innerhalb der Spekulationsfrist eine Situation geschaffen haben, die der nach Abschluß eines Kaufvertrags gleichrangig ist. Dies wird in der Rechtsprechung z. B. angenommen bei

- Übertragung des **Eigenbesitzes** vor Abschluß des Kaufvertrags (= wirtschaftlichen Eigentums, § 39 Abs. 2 Nr. 1 AO (BFH, BStBl 1968 II 142);
- Vorwegnahme des dinglichen Rechtsgeschäfts (BFH, BStBl 1974 II 606, 1977 II 382 und 384).
- Abgabe eines „bindenden Verkaufsangebots" – nur bei Bindung nach § 145 BGB (BFH, BStBl 1974 II 606). Hierbei müssen die Formvorschriften beachtet worden sein, bei Grundstücken z. B. die notarielle Beurkundung (§ 313 BGB) und der Eigentümer muß dem Erwerber eine so starke Rechtsstellung eingeräumt haben, daß das Eigentumsrecht „völlig ausgehöhlt" ist. Es muß derjenige, dem das Angebot erteilt worden ist, rechtlich oder tatsächlich gezwungen sein, das Angebot anzunehmen (BFH, BStBl 1972 II 452).
- Abschluß eines bürgerlich-rechtlich wirksamen, beide Parteien bindenden Vorvertrags (BFH, BStBl 1984 II 311).

Beispiel:

Die Verpachtung eines Grundstücks, verbunden mit der Einräumung eines zeitlich befristeten Vorkaufsrechts an diesem Grundstück, sowie zur Sicherung dieses Rechts eingetragene Auflassungsvormerkung führen nicht zu einer so starken Bindung, daß dies als Veräußerung im Sinne von § 23 Abs. 1 Nr. 1 Buchstabe a angesehen werden kann (BFH, a. a. O.).

Hierdurch erwirbt der Pächter selbst dann nicht wirtschaftliches Eigentum, wenn ihm der Verpächter die Bebauung des Grundstücks gestattet hat und auch dessen Belastung zustimmt (BFH a. a. O.).

Bei bürgerlich-rechtlich **formungültigen** Verträgen beginnt die für § 23 relevante „Besitzzeit" grds. nicht erst mit Beseitigung des Formmangels bzw. mit Heilung des Formmangels durch Vollzug, sondern rückwirkend. Dies gilt jedoch **nicht,** wenn die Vertragsparteien das wirtschaftliche Ergebnis des Rechtsgeschäfts **nicht** eintreten bzw. **nicht** bestehen lassen (BFH, BStBl 1994 II 687).

Beispiel:

Eintragung des Eigentumswechsels an einem Grundstück am 2 1.02 bei fehlender notarieller Beurkundung des Kaufvertrags (privatschriftlicher Vertrag vom 30.12.01). Als Anschaffungszeitpunkt gilt der Zeitpunkt der Heilung des Formmangels (hier durch Vollzug), nach § 313 S. 2 BGB.

Die **Genehmigungsbedürftigkeit** eines Rechtsgeschäfts ist – falls die Genehmigung tatsächlich erteilt wird – für die Wirksamkeit **unbeachtlich**.

Beispiel:
Nachträgliche Genehmigung bei Kaufverträgen Minderjähriger (BFH, BStBl 1981 II 435).

10.2.3.2.3 Fristberechnung

Für die Fristberechnung gelten die §§ 108 Abs. 1 AO i. V. m. 187 Abs. 1 (nicht Abs. 2), 188 Abs. 2 und 3 BGB.

Beispiele:
1. notarieller Kaufvertrag über Grundstück:
   - Anschaffung 31. 8. 01; Veräußerung 1. 9. 03.

   Ereignistag 31. 8. 01 rechnet nach § 187 Abs. 1 BGB nicht mit.

   Fristbeginn 1. 9. 01

   Fristende 31. 8. 03 24.00 Uhr.

   Daher liegt kein Spekulationsgeschäft mehr vor (ebenso FG Köln, EFG 1989, 114).
2. Grundstücksveräußerung

	bei Kauf:	bei Verkauf:
– notarieller Vertrag (und Auflassung)	4. 4. 01	20. 3. 03
– Übereignung von Besitz, Nutzungen und Lasten vertragsgemäß	1. 5. 01	1. 6. 03
– Eintragung Eigentumswechsel im Grundbuch	8. 6. 01	10. 6. 03

   Es liegt ein Spekulationsgeschäft vor.
3. Abwandlung wie 2., aber notarieller Veräußerungsvertrag 4. 4. 03 = noch Spekulationsgeschäft.

10.2.3.2.4 Spekulationsfristen in Sonderfällen

10.2.3.2.4.1 Veräußerung von Wertpapieren gleicher Art, die zu verschiedenen Zeitpunkten angeschafft wurden

a) Grundsatz

Nach bisheriger Auffassung der FinVerw (z. B. bisherige Anw. 5 zu § 23 EStG der ESt-Kartei NW) galten bei der Berechnung der Frist von sechs Monaten (§ 23 Abs. 1 Nr. 1 Buchstabe b) bei einem Privatmann, der zu verschiedenen Zeiten und zu verschiedenen Kursen Wertpapiere derselben Art (z. B. Aktien ein- und desselben Unternehmens) veräußert, die zuletzt angeschafften Stücke stets als zuerst verkauft. Das sollte auch dann gelten, wenn nachweislich andere Stücke geliefert worden sind. Hiervon wurde grundsätzlich ausgegangen (= bisher **zwingende** Anwendung der **LiFo-Methode**).

b) Identitätsnachweis bei Aufbewahrung durch den Stpfl. oder im Streifbanddepot

Abweichend von a) konnte bisher nur **auf Antrag** die Frist i. S. des § 23 Abs. 1 Ziff. 1 Buchstabe b nach dem Anschaffungs- und dem Veräußerungszeitpunkt des einzelnen Wertpapiers berechnet und die tatsächlichen Anschaffungskosten dem Veräußerungspreis gegenübergestellt werden, wenn die **Identität** des veräußerten Wertpapiers mit einem bestimmten angeschafften Wertpapier nummernmäßig nachgewiesen wird. Das sollte nur dann möglich sein, wenn der Stpfl. die Wertpapiere **selbst verwahrt oder** sie bei einem Kreditinstitut in Einzelverwahrung **(Streifbanddepot)** gegeben hat.

c) Identitätsnachweis bei Aufbewahrung im Girosammeldepot

Befinden sich die einem Stpfl. gehörenden Wertpapiere derselben Art im **Girosammeldepot**, so galt ein Identitätsnachweis bisher als nicht möglich. Die Verwaltung wendete bisher die Staffelrechnung nach dem **LiFO-Verfahren** an.

Nach BFH, BStBl 1994 II 591 gilt nunmehr – als Änderung der Rechtsprechung – :

1. Bei Wertpapieren eines Sammeldepots ist dem Nämlichkeitserfordernis i. S. des § 23 genügt, wenn die angeschafften und veräußerten Wertpapiere der Art und der Stückzahl nach identisch sind. Denn auch im Rahmen des § 23 Abs. 1 Nr. 1b können Anschaffung und Veräußerung von Wertpapieren, die in Sammelverwahrung genommen werden, immer nur auf den ideellen Anteil an solchen Wirtschaftsgütern bezogen werden (Bruchteilseigentum).
2. Die Sechsmonatsfrist des § 23 Abs. 1 Nr. 1b ist nur gewahrt, wenn (der Art und der Stückzahl nach) ausgeschlossen werden kann, daß die veräußerten Wertpapiere außerhalb dieser Frist erworben wurden.
3. Lifo- und Fifo-Verfahren sind im Rahmen des § 23 Abs. 1 Nr. 1b unanwendbar.
4. Soweit Spekulationsgeschäfte vorliegen, sind die Anschaffungskosten nach Durchschnittswerten zu ermitteln.

Beispiel:
Der Stpfl. läßt Aktien des Privatvermögens im Girosammeldepot verwahren (ausschließlich Akten der X-AG mit einem Grundkapital von 1 Million DM, 100-DM-Stücke).

Erwerb von Aktien	Nennwert	Anschaffungs-kosten	Veräußerung	Nennwert	Veräußerungserlös
10. 8.01	40 000 DM	80 000 DM	15. 2.02	40 000 DM	111 000 DM
10.10.01	60 000 DM	150 000 DM	15. 3.02	70 000 DM	140 000 DM
10.12.01	80 000 DM	170 000 DM	15. 5.02	70 000 DM	210 000 DM

Lösung nach BFH-Urteil vom 24.11.1993, DB 1994, 509 – Änderung der Rechtsprechung –

– **Verkauf 15.02.02:** 400 Stücke

./. Altbestand (außerhalb der Spekulationsfrist angeschafft) = 10.08.01   ./. 400 Stücke
zu versteuern nach § 23   0 Stücke

– **Verkauf 15.03.02:** 700 Stücke ./. Altbestand (s. o.) 400 Stücke, davon bereits angerechnet 400 Stücke, anzurechnen 0 Stücke

zu versteuern nach § 23   700 Stücke

Verkaufspreis 700 Stücke × 200 DM =   140 000 DM

./. durchschnittliche AK:	10.01.01	600 Stücke	150 000 DM
	10.12.01	800 Stücke	170 000 DM
		1 400 Stücke	320 000 DM

Durchschnitt = rd. 228,50 DM × 700 Stücke =   ./. 159 000 DM
Spekulationsverlust   ./. 19 950 DM
(nicht mit anderen Einkünften ausgleichsfähig)

– **Verkauf 15.05.02:**   700 Stücke

./. Altbestand 400 + 600 + 800 =	1 800 Stücke	
./. angerechnet bei Verkauf 15.02.02:	400 Stücke	
15.03.02:	–	
anzurechnender Altbestand	1 400 Stücke	./. 1 400 Stücke
zu versteuern nach § 23		0 Stücke

Es ergibt sich in diesem Fall ein günstigeres Ergebnis als nach der bisherigen LiFo-Methode.

10.2.3.2.4.2 Veräußerung von Bezugsrechten

Erhält ein Stpfl. nach dem Erwerb von Aktien Bezugsrechte und veräußert er die Bezugsrechte innerhalb der Frist des § 23 Nr. 1 Buchstabe b, also innerhalb von 6 Monaten nach Erwerb der **(Alt-)** Aktien, so handelt es sich um ein Spekulationsgeschäft. Insoweit sah das FG Münster (EFG 1983, 411) in dem engen zeitlichen Zusammenhang zwischen Erwerb der Aktien und Erhalt der Bezugsrechte einen einheitlichen Anschaffungsvorgang (uE zutreffend), der zu begründen ist mit der **Abspaltungstheorie** (vgl. § 186 AktG): Die Bezugsrechte sind abgespaltene Sonderrechte des Stammrechts; daher ist für § 23 die Anschaffung des Stammrechts maßgebend. Vgl. nachfolgend 10.2.3.2.4.3.

10.2.3.2.4.3 Veräußerung von Freianteilen

Freianteile sind Aktien oder GmbH-Anteile aufgrund einer Kapitalerhöhung aus Gesellschaftsmitteln. Wegen der Auswirkungen bei § 20 siehe K 6.2.1.3.

Die Veräußerung von Freianteilen fällt nach h. M. unter § 23, wenn sie innerhalb der Spekulationsfrist erfolgt. Allerdings ist streitig, ob Anschaffungszeitpunkt

a) der Zeitpunkt der Kapitalerhöhung ist (BFH-Meinung) oder

b) der Zeitpunkt der Anschaffung der Altaktien ist (= Abspaltungstheorie; vgl. § 186 AktG) = überwiegende Meinung in der Literatur, z. B. Herrmann/Heuer/Raupach, EStG, § 23, Anm. 47.

10.2.3.3 Weitere Einzelfälle

Bei **Veräußerung von nach Anschaffung des Grund und Bodens mit einem Gebäude bebauten Grundstücken** liegt ein nach § 23 zu besteuerndes Spekulationsgeschäft nur hinsichtlich des Grund und Bodens vor. Folglich beginnt die Spekulationsfrist mit der Anschaffung des unbebauten Grundstücks. Vgl. auch 9.2.3.1.

Für den **Beginn** der Spekulationsfrist bei **Veräußerung unentgeltlich durch Erbfall erworbener Wirtschaftsgüter** ist das entgeltliche Anschaffungsgeschäft durch den **Rechtsvorgänger** maßgeblich.

Der Vorgang des unentgeltlichen Erwerbs durch **Erbfall, Vermächtnis** oder **Schenkung** selbst ist zwar keine Anschaffung, vgl. 9.2.2.3.1. Aber ein **Gesamtrechtsnachfolger** muß für Zwecke der Beurteilung eines Spekulationsgeschäfts die entgeltliche Anschaffung durch den Rechtsvorgänger als eigene Anschaffung **gegen sich gelten lassen** (BFH, BStBl 1988 II 942).

10.2.3.4 Fixgeschäfte (§ 23 Abs. 1 Nr. 2 EStG)

Hierunter fallen typische Spekulationsgeschäfte, bei denen die Veräußerung vor der Anschaffung erfolgt, wie Termingeschähe mit Waren und Wertpapieren sowie Optionsgeschäfte. Voraussetzung ist nach BFH, BStBl 1982 II 618, daß es Geschäfte mit **tatsächlicher Lieferverpflichtung** sind.

Kommt es den Beteiligten lediglich auf die Auszahlung einer Kursdifferenz an, liegt ein Geschäft mit Spielcharakter vor (vgl. § 764 BGB), das weder unter § 23 noch unter § 22 Nr. 3 fällt; siehe 10.2.3.4.2. Vgl. auch BFH, BStBl 1984 II 132, BFH/NV 1987, 158 und BFH, BStBl 1988 II 248.

10.2.3.4.1 Optionsgeschäfte und Finanztermingeschäfte

Durch ein **Optionsgeschäft** räumt der sogenannte Stillhalter seinem Vertragspartner gegen Zahlung einer Gebühr das Recht ein, innerhalb einer bestimmten Frist jederzeit die Lieferung (Kaufoption) oder die Abnahme (Verkaufsoption) bestimmter Wertpapiere zum vereinbarten Preis zu verlangen.

Der Erwerb einer Option ist als Anschaffung eines Wirtschaftsguts (eines Rechts) anzusehen. Veräußert der Erwerber dieses Wirtschaftsgut an einen Dritten, was grundsätzlich zulässig ist, so liegt ein Spekulationsgeschäft im Sinn des § 23 Abs. 1 vor, wenn der Zeitraum zwischen Anschaffung und Veräußerung nicht mehr als sechs Monate beträgt oder die Veräußerung früher als die Anschaffung erfolgt. Die Optionsprämie, die der Optionsgeber (Stillhalter) erhält, kann zu Einkünften aus **§ 22 Nr. 3** führen (BFH, BStBl 1991 II 300).

Die Ausübung einer Option – das sogenannte **Ausführungsgeschäft** – ist als **Anschaffung oder Veräußerung von Wertpapieren** im Sinn des § 23 anzusehen. Die Spekulationsfrist beginnt bzw. endet beim Ausführungsgeschäft mit der Ausübung der Option, nicht mit der Einräumung der Option, denn die Einräumung der Option führt noch nicht zur Anschaffung oder Veräußerung von Wertpapieren, sondern lediglich zum Erwerb eines Rechts, so daß wirtschaftliche Identität zwischen dem angeschafften und dem veräußerten Wirtschaftsgut nicht gegeben ist.

Spekulationsgeschäfte im Sinn des § 23 können beim Optionshandel unter folgenden Voraussetzungen gegeben sein:

a) Ein angeschafftes **Optionsrecht** wird innerhalb der Spekulationsfrist des § 23 Abs. 1 **veräußert**.

b) **Wertpapiere** werden aufgrund der Ausübung eines Optionsrechts **veräußert,** die **innerhalb** der Spekulationsfrist angeschafft worden sind.

c) **Wertpapiere,** die aufgrund eines ausgeübten Optionsrechts angeschafft worden sind, werden innerhalb der Spekulationsfrist veräußert.

Zu weiteren Besonderheiten bei Options- und Finanztermingeschäften vgl. BFH, BStBl 1991 II 300 und BMF-Schreiben vom 10.11.1994, BStBl I 816.

10.2.3.4.2 Differenzgeschäfte

Diese Art von Fixgeschäften hat zwar ebenfalls nach dem Wortlaut Kauf und Verkauf von Wirtschaftsgütern zum Gegenstand. Die Beteiligten sind sich jedoch darüber einig, daß es zur Lieferung oder Abnahme **nicht** kommt, sondern daß sich der Leistungsaustausch auf die Zahlung der Differenz zwischen den Kursen bei Abschluß des Geschäfts und bei Abschluß des Gegengeschäfts beschränkt. Sie fallen daher **nicht** unter § 23 (BFH, BStBl 1982 II 618, BStBl 1984 II 132 und BStBl 1988 II 248).

Zur Abgrenzung von den auf Lieferung gerichteten Fixgeschäften hat die Rechtsprechung der Zivilgerichte eine Reihe von Beweisanzeichen herausgearbeitet.

Für ein Differenzgeschäft-Spiel können sprechen: fehlende Beziehung zum Berufskreis der Börsenhändler, fortgesetzte Unterlassung einer tatsächlichen Erfüllung des Geschäfts oder auffallendes Mißverhältnis zwischen Vermögen und Börsenengagement.

10.2.4 Ermittlung der Einkünfte aus Spekulationsgeschäften (§ 23 Abs. 3 EStG)

10.2.4.1 Begriff des Spekulationsgewinns

Für die Ermittlung der Einkünfte aus § 23 ist § 2 Abs. 2 **Nr. 2** maßgeblich.

Es handelt sich um Überschußeinkünfte trotz der ungenauen gesetzlichen Bezeichnung „Gewinn"; BFH, BStBl 1962 III 306.

Nach § 23 Abs. 3 ist der Spekulations-„Gewinn" (oder -Verlust) wie folgt zu ermitteln:

Veräußerungspreis
./. Anschaffungskosten **ggf. abzüglich AfA**
./. ggf. nachträgliche Herstellungskosten
./. Werbungskosten

= Spekulationsgewinn (-verlust)

10.2.4.2 Veräußerungspreis

Veräußerungspreis sind

– alle Güter in Geld oder Geldeswert, die dem Veräußerer für die Veräußerung zufließen, z. B.
– die als Kaufpreis bezeichneten Beträge; hierzu gehören auch Entschädigungen, z. B. für die vorzeitige Räumung eines Grundstücks;
– vom Erwerber mit schuldbefreiender Wirkung übernommene Lasten, z. B. Darlehen;
– vom Erwerber übernommene Verpflichtungen aus Mietvorauszahlungen (vgl. K 7.4.2.7).
– Bei Veräußerung eines Wirtschaftsguts an eine Kapitalgesellschaft, an der der Stpfl. beteiligt ist, zu einem unangemessenen (zu hohen oder zu niedrigen) Veräußerungspreis, ist als Veräußerungspreis im Ergebnis stets der **angemessene Preis** anzusetzen;
– Bei **überhöhtem** Veräußerungspreis ist der Mehrpreis eine **verdeckte Gewinnausschüttung** (sogenannte „Fiktionstheorie"; vgl. hierzu im einzelnen Band 5 dieser Buchreihe (KSt).

Beispiel:

A veräußert an die X-GmbH, an der er beteiligt ist, Wertpapiere des Privatvermögens 5 Monate nach der Anschaffung (Anschaffungskosten: 100 000 DM) zu einem Preis von 163 000 DM, obwohl der Verkehrswert (gemeiner Wert) im Veräußerungszeitpunkt nur 128 000 DM betrug.

A bezieht Einkünfte aus

1. § 20 Abs. 1 Nr. 1 (VGA)   35 000 DM
    + § 20 Abs. 1 Nr. 3 (anrechenbare KSt)
    – bei Vorlage einer Steuerbescheinigung – 3/7   15 000 DM
    Kapitalerträge   50 000 DM

2. § 22 Nr. 2, § 23:

Veräußerungspreis	128 000 DM
./. Anschaffungskosten	100 000 DM
Spekulationsgewinn	28 000 DM

– Bei zu **niedrigem** Veräußerungspreis liegt in Höhe der Differenz eine **verdeckte Einlage** (Abschn. 36a KStR) vor (die die Anschaffungskosten der GmbH-Anteile erhöht); vgl. hierzu im einzelnen Band 5 dieser Buchreihe.

Als Veräußerungspreis i. S. des § 23 ist in diesem Falle ebenfalls der (höhere) gemeine Wert anzusetzen.

Bei einer Grundstücksveräußerung ist die Einräumung eines **(Vorbehalts-)Nießbrauchs** oder eines sonstigen **dinglichen Nutzungsrechts** zu Gunsten des Veräußerers **keine** Gegenleistung des Erwerbers (BFH, BStBl 1982 II 378; Tz 36 Nießbrauchs-Erlaß; BFH, BStBl 1990 II 87). Wegen **Ratenzahlungen** und **Rentenzahlungen** vgl. 10.2.4.6.

10.2.4.3 Anschaffungskosten

10.2.4.3.1 Begriff und Umfang

Maßgeblich ist der allgemeine einkommensteuerliche Anschaffungskostenbegriff (vgl. auch zu § 17 K 3).

Hierzu gehören insbesondere Kaufpreis, übernommene Schulden sowie Anschaffungsnebenkosten, z. B. Kosten des Kaufvertrags (Notar), Gerichtsgebühren, GrESt, Maklergebühren, Zeitungsannoncen.

Beispiel:
Der Veräußerer hatte bei Anschaffung des Grundstücks Aufwendungen für Besichtigungsfahrten hinsichtlich

1. des tatsächlich erworbenen Grundstücks	100 DM
2. anderer ebenfalls besichtigter, aber nicht erworbener Grundstücke	250 DM

Nur die Kosten der Besichtigung des erworbenen Grundstücks stehen mit der konkreten Anschaffung im Zusammenhang (BFH, BStBl 1981 II 470). Die anderen Kosten sind auch **keine** Werbungskosten bei § 23.

Bei Erwerb eines Wirtschaftsguts von einer Kapitalgesellschaft, an der der Stpfl. beteiligt ist, zu einem, unangemessen niedrigen Kaufpreis, gehört die **verdeckte Gewinnausschüttung** zu den Anschaffungskosten (Fiktionstheorie; vgl. im einzelnen Band 5 dieser Buchreihe).

Beispiel:
Anteilseigner A erwirbt von GmbH ein Grundstück zum Kaufpreis von 100 000 DM. Der gemeine Wert beträgt 116 000 DM.
Die Anschaffungskosten betragen 116 000 DM, d. h. die vGA von 16 000 DM gehört zu den Anschaffungskosten (**nicht** jedoch die anrechenbare KSt).

Bei **Kaufpreisraten** ist der **gemeine Wert** anzusetzen (§§ 1, 9 BewG); BFH, BStBl 1978 II 295 zu § 16.

– Bei **verzinslichen** Raten ist dies i. d. R. der Nennwert (Summe der Raten).
– Bei **unverzinslichen** Raten mit einer Laufzeit von mehr als 1 Jahr ist der Gegenwartswert i. S. des § 12 Abs. 1 und 3 BewG anzusetzen. Zur Ermittlung vgl. zu § 16 K 2.6.4.2.4.

Bei **Leibrenten** ist der Rentenbarwert nach §§ 13, 14 BewG zu ermitteln (§ 1 BewG).

Bei **unentgeltlichem Erwerb** eines Wirtschaftsguts sind die Anschaffungskosten des Rechtsvorgängers maßgebend (BFH, BStBl 1964 III 647 und BStBl 1988 II 942).

Die **Veräußerung** eines unentgeltlich im Wege der **Schenkung** erworbenen Wirtschaftsguts innerhalb der Spekulationsfrist ist jedoch nur nach § 23 zu besteuern, wenn ein Gestaltungsmißbrauch i. S. von § 42 AO vorliegt (BFH, BStBl 1988 II 942). In diesem Fall sind die **Anschaffungskosten** des **Schenkers** maßgebend (H 169 Anschaffung).

10.2.4.3.2 Nachträgliche Herstellungskosten für ein Wirtschaftsgut

Den Anschaffungskosten sind – selbst aufgewendete – nachträgliche Herstellungskosten hinzuzurechnen (vgl. Wortlaut § 23 Abs. 3), **nicht** jedoch Erhaltungsaufwand.

Der Grund der Hinzurechnung liegt darin, daß der Erlös umso höher sein wird, je mehr der Stpfl. werterhöhend – nicht lediglich werterhaltend – auf das Wirtschaftsgut aufgewendet hat (vgl. Herrmann/Heuer/Raupach, EStG, § 23, Anm. 20).

> **Beispiel** (nach Herrmann/Heuer/Raupach, a. a. O.):
> Der Stpfl. erwirbt am 5.1.01 ein Gebäude für 100 000 DM, baut es für 30 000 DM aus (Herstellungsaufwand), renoviert es für 10 000 DM (versteckte Mängel) und veräußert es am 20.12.01 für 150 000 DM (**ohne** vorherige Vermietung).
>
> | | |
> |---|---:|
> | Veräußerungspreis | 150 000 DM |
> | ./. Anschaffungskosten | 100 000 DM |
> | ./. nachträgliche Herstellungskosten | 30 000 DM |
> | Spekulationsgewinn | 20 000 DM |
>
> Der Erhaltungsaufwand (versteckte Mängel) ist **nicht** abzuziehen. Die Anschaffungskosten sind **nicht** um AfA zu mindern, da diese nicht als Werbungskosten bei anderen Überschußeinkünften (insbesondere § 21) abgezogen worden sind; vgl. unten 10.2.4.3.3.

Die Kosten der Bebauung eines unbebauten Grundstücks fallen **nicht** unter diesen Herstellungskostenbegriff i. S. des § 23 Abs. 3. Insoweit liegt bei der Veräußerung des bebauten Grundstücks kein Spekulationsgeschäft vor, sondern nur hinsichtlich des Grund und Bodens, vgl. 10.2.3.1 und H 169 „Identisches Wirtschaftsgut".

10.2.4.3.3 Berücksichtigung der AfA

Die Anschaffungskosten bzw. Herstellungskosten sind um die bei der Ermittlung von Überschußeinkünften aus dem betreffenden Wirtschaftsgut berücksichtigten AfA und erhöhten Absetzungen zu mindern (**§ 23 Abs. 3 Satz 2**).

Entsprechendes gilt ausdrücklich **nicht** für Abzugsbeträge nach § 10e, § 10f, 10h und § 52 Abs. 21 S. 4 und S. 6.

> **Beispiel:**
> Erwerb eines Gebäudes im Erbbaurecht in 01 für 400 000 DM, Vornahme von Sonder-AfA nach § 4 FördG im Rahmen einer Vermietung von 200 000 DM sowie Veräußerung in 02 für 400 000 DM.
>
> | | |
> |---|---:|
> | Veräußerungspreis | 400 000 DM |
> | ./. Anschaffungskosten 400 000 DM | |
> | abzüglich Sonder-AfA 200 000 DM | 200 000 DM |
> | Spekulationsgewinn | 200 000 DM |

Die Regelung gilt bei Wirtschaftsgütern, die der Stpfl. nach dem 31.7.1995 **angeschafft und veräußert** hat (§ 52 Abs. 22)

Vom Stpfl. aufgewendete Schuldzinsen sind **keine** Anschaffungs- oder Herstellungskosten. Wegen der Berücksichtigung als Werbungskosten vgl. 10.2.4.3.

10.2.4.4 Werbungskosten

Der Umfang des Werbungskostenabzugs bei Spekulationsgeschäften ist begrenzt auf Aufwendungen, die durch das Spekulationsgeschäft veranlaßt sind. Dies sind vor allem die durch die **Veräußerung** – nicht durch die Anschaffung – veranlaßten Aufwendungen wie

- Maklergebühren,
- Notar- und Gerichtskosten,
- Grunderwerbsteuer.

Nicht dazu gehören

- die AfA und sonstige Abzugsbeträge (z. B. § 10e, s. o.) für das Spekulationsobjekt und
- andere Aufwendungen, die als Werbungskosten, insbesondere bei § 21, abzugsfähig sind (z. B. Erhaltungsaufwand).

Schuldzinsen können WK bei § 23 sein, **soweit** sie durch das Spekulationsgeschäft veranlaßt sind. Das ist der Fall, **soweit** das Spekulationsobjekt während des steuerlichen Besitzzeitraums nicht der Einkunftserzielung (insbesondere aus §§ 20, 21) gedient hat. Zur Abgrenzung vgl. zu § 20 K 6.4.2.

Ggf. kommt eine Aufteilung der Schuldzinsen in Betracht. Bei der Ermittlung des Spekulationsgewinns im Fall der Veräußerung eines zu Wohnzwecken genutzten Gebäudes können die Schuldzinsen, die auf den Zeitraum entfallen, der zwischen dem **Verkaufsentschluß** und der **Veräußerung sowie nach Beendigung** der **Eigennutzung** oder der **Nutzung zur Erzielung von Einkünften** aus Vermietung und Verpachtung liegt, als Werbungskosten abgezogen werden (R 169 Abs. 2 S. 4).

Liegt die Verausgabung der Schuldzinsen im Zusammenhang mit § 23 vor dem Jahr des Bezugs des Spekulationserlöses, so liegen abzugsfähige WK zu § 23 vor. Sie sind im Zuflußjahr des Spekulationserlöses abzuziehen (vgl. BFH, BStBl 1991 II 916) und unten 10.2.4.6.

Entsprechend der Beurteilung von Schuldzinsen liegt es nahe, auch **andere durch das Spekulationsobjekt während des Besitzzeitraums veranlaßte** Aufwendungen als WK bei § 23 anzunehmen, soweit das Wirtschaftsgut **nicht** der anderweitigen Einkünfteerzielung diente.

Nach BFH, BStBl 1963 III 116 und BStBl 1978 II 100 sind **nur veräußerungsbedingte** Aufwendungen und Schuldzinsen WK. Vom BFH offengelassen in BStBl 1989 II 16 (19).

Beispiel:
Zahlung von Grundsteuer für Grundstücke, die **nicht** der Einnahmeerzielung i. S. § 21 dienen, während des Besitzzeitraums. WK bei § 23 sind entsprechend R 169 Abs. 2 Satz 2 zu bejahen.

Bei **Verausgabung** von Werbungskosten des Spekulationsgeschäfts nach Veräußerung des Wirtschaftsguts sind diese abweichend von § 11 Abs. 2 bei der Ermittlung des Spekulationsgewinns zu berücksichtigen (H 169 „Werbungskosten").

10.2.4.5 Einnahmen aus der Nutzung des Wirtschaftsgutes während der Besitzzeit

Diente des veräußerte Wirtschaftsgut im Besitzzeitraum der Einkünfteerzielung, sind

- die Einnahmen nicht bei § 23, sondern ggf. bei anderen Einkunftsarten zu erfassen (insbesondere § 21);
- die entsprechenden Aufwendungen keine WK bei § 23, sondern bei der jeweiligen anderen Einkunftsart und zwar bis zur Veräußerung bzw. bis zur Beendigung der Einkünfteerzielung.

Beispiele:
1. Vermietung eines bebauten Grundstücks (Mietwohngrundstücks, Baujahr nach 31.12.1924) von der Anschaffung (2.1.01) bis zur Veräußerung (30.12.01). Anschaffungskosten 200 000 DM, davon Grund und Boden 50 000 DM.

Mieteinnahmen 01	12 000 DM
Hausaufwendungen 01	3 500 DM
Schuldzinsen 01	1 500 DM

   Veräußerungserlös (in 02 zugeflossen 240 000 DM).
   Die Veräußerung erfolgt wegen finanzieller Schwierigkeiten (Verkaufsentschluß 29.12.01).

   - Während des Besitzzeitraums erfüllt der Stpfl. den Tatbestand der Einkunftserzielung aus § 21 Abs. 1 Nr. 1. AfA, Hausaufwendungen und Schuldzinsen des Jahres 01 sind daher WK bei § 21.

§ 21 Abs. 1 Nr. 1		12 000 DM
∕. WK (§ 9):		
Hausaufwendungen	3 500 DM	
Schuldzinsen	1 500 DM	
AfA (§ 7 Abs. 4) 2 % × 150 000 DM =	3 000 DM	8 000 DM
Einkünfte § 21		4 000 DM

   - § 22 Nr. 2, § 23:

Veräußerungspreis	240 000 DM
∕. Anschaffungskosten 200 000 DM ∕. AfA 3 000 DM	197 000 DM
Spekulationsgewinn 02	43 000 DM

   Der Spekulationsgewinn ist in 02 zu versteuern, da der Erlös in 02 zugeflossen ist, § 11 Abs. 1 S. 1; vgl. unten 10.2.4.6.

2. Wie 1., aber selbstgenutztes Einfamilienhaus
- **Einkünfte** (insbesondere aus § 21) liegen infolge der **Selbstnutzung** der Wohnung **nicht** vor.
- **Spekulationsgeschäft**
   a) Spekulationsgewinn in **02** 240 000 DM ∕. 200 000 DM =   40 000 DM

   Die Anschaffungskosten hier **nicht** um die AfA zu mindern (vgl. § 23 Abs. 3 Satz 2).
   Anm. zu Fall 1. und 2.:
   Die auf die **Zeit nach Verkaufsentschluß entfallenden Schuldzinsen** für **01** (**nicht andere** Aufwendungen) sind ebenfalls **WK** bei § **23**, können hier wegen Geringfügigkeit vernachlässigt werden.

10.2.4.6 Bedeutung des Zufluß- und Abflußprinzips (§ 11 EStG)

§ 23 Abs. 3 betrifft nur die Berechnung des Veräußerungsgewinns; die Vorschrift enthält keine Aussage über den Zeitpunkt der Erfassung. Da § 23 eine Überschußeinkunftsart ist, ist ein Spekulationsgewinn im **Zuflußjahr des Veräußerungserlöses zu** erfassen; BFH, BStBl 1974 II 540. Dies muß nicht unbedingt das Veräußerungsjahr sein. Bei den Anschaffungskosten gilt das Abflußprinzip nicht. Daher sind nach Zweck des § 23 auch Anschaffungskosten vom zugeflossenen Veräußerungserlös abzuziehen, die
- in einem Jahr vor der Veräußerung,
- nachträglich im Veräußerungsjahr nach Veräußerung des Wirtschaftsguts oder
- sogar erst nachträglich in einem späteren Jahr

verausgabt worden sind (H 169 „Werbungskosten").

Bei nachträglichen **Veränderungen** der Anschaffungskosten wird dagegen § 175 Abs. 1 Nr. 2 AO uneingeschränkt anzuwenden sein (entsprechend BFH, BStBl 1993 II 798 zum Forderungsausfall für Betriebsveräußerung).

Eine strikte Anwendung des Abflußprinzips bei den **WK** zu § 23 ist nicht möglich (BFH, BStBl 1991 II 916). Somit entsteht ein Spekulationsgewinn in dem Jahr, in dem der zugeflossene Veräußerungserlös die **insgesamt entstandenen** Anschaffungskosten und Werbungskosten übersteigt. Hierfür spricht auch die Formulierung des § 23 Abs. 3 S. 1. Bei nachträglicher Entstehung und/oder nachträglichem Abfluß von WK ist dann ggf. eine Korrektur der Veranlagung des Zuflußjahres erforderlich.

Beispiel:
- Anschaffung eines Grundstücks in 01 für 100 000 DM (Bezahlung in 02)
- Veräußerung in 02 für 160 000 DM (Zufluß des Erlöses in 03)
- Bezahlung der in 03 entstandenen Veräußerungskosten in 04 2 000 DM.

Lösung (BFH, BStBl 1991 II 916, BStBl 1992 II 17 und H 169 „Werbungskosten")
Ansatz eines Spekulationsgewinns in **03**:

Veräußerungserlös (§ 11 Abs. 1)	160 000 DM
∕. Anschaffungskosten	100 000 DM
∕. in 04 nachträglich abgeflossene WK	2 000 DM
	58 000 DM

10.2.4.7 Veräußerung gegen Raten und Leibrenten

10.2.4.7.1 Raten

Bei ratenweiser Kaufpreiszahlung entsteht ein Spekulationsgewinn erst, wenn die vollen (nominellen) Ratenzahlungen die Anschaffungskosten und WK überstiegen haben.

Beispiel:
Veräußerung eines für 100 000 DM am 2.1.01 angeschafften Grundstücks für 180 000 DM, am 30.12.03 gegen 10 normalverzinsliche jährliche Kaufpreisraten ab 31.12.03.
In den Jahren 03–05 entsteht noch kein Spekulationsgewinn;

in 06 entsteht ein Spekulationsgewinn von	18 000 DM
∕. restliche Anschaffungskosten	10 000 DM
	8 000 DM

ab 07 bis 10 entsteht jährlich ein Spekulationsgewinn von 18 000 DM.

Dies gilt **nicht** bei **unverzinslicher** Ratenvereinbarung, da in diesem Fall in den einzelnen Raten Zinsanteile enthalten sind. Es ist daher eine Aufspaltung der Rate in Zinsanteil (§ 20 Abs. 1 Nr. 7) und Tilgungserlös (Spekulationserlös § 23) vorzunehmen, vgl. zu § 20: 6.2.6.13.

10.2.4.7.2 Leibrente

Bei Veräußerung gegen Leibrente sind die Rentenzahlungen aufzuspalten:

a) Der **Ertragsanteil** führt bisher zu Einnahmen aus sonstigen Einkünften i. S. § 22 Nr. 1 S. 3 Buchstabe a).

Nach „BFH" (neue Rechtslage) stellt der Zinsanteil Einnahmen aus § 20 Abs. 1 Nr. 7 dar.

b) Der Kapital- oder Tilgungsanteil (= Unterschiedsbetrag zwischen Rentenzahlung und Ertragsanteil) stellt jeweils mit Zufluß einen Spekulationserlös i. S. §§ 22 Nr. 2, 23 dar. Siehe zu § 22 Nr. 1 K 9.1.8.2.2 (mit Beispiel).

Sowohl bei Raten wie bei Renten ist die Freigrenze des § 23 Abs. 3 Satz 3 für jeden VZ **gesondert** zu prüfen. Die Freigrenze gilt für jeden einzelnen VZ.

10.2.5 Freigrenze (§ 23 Abs. 3 Satz 2 EStG)

Spekulationsgewinne bleiben ganz steuerfrei, falls sie beim Stpfl. in einem VZ insgesamt niedriger als 1 000 DM sind. Es handelt sich also um eine **Freigrenze** von **999 DM**.

Beispiel:
1. Spekulationsgewinne von zusammen 999 DM im VZ bleiben ganz steuerfrei.
2. Spekulationsgewinne von zusammen genau 1 000 DM im VZ sind bereits in voller Höhe stpfl.

Für die Freigrenze ist die Summe aller Spekulationsgewinne abzüglich aller Spekulationsverluste des einzelnen Kalenderjahres maßgeblich.

Beispiel:

Der Stpfl. hat im VZ erzielt
(1) Spekulationsgewinn   1 200 DM
(2) Spekulationsverlust   ./. 5 200 DM
(3) Spekulationsgewinn   5 000 DM
                                                1 000 DM   sind **voll** stpfl.

Abzustellen ist auf die Einkünfte aus § 23 des einzelnen Stpfl.

Auch bei nach § 26b **zusammenveranlagten** Ehegatten ist eine **gesonderte** Bestimmung der Freigrenze für jeden Ehegatten vorzunehmen.

Beispiel:
Ehemann: § 23 ./. 500 DM → Ausgleichsverbot § 23 Abs. 3 letzter Satz.
Ehefrau: § 23 10 000 DM → voll stpfl.

Spekulationseinkünfte sind **tariflich** zu versteuern (d. h. keine Anwendung des § 34).

10.2.6 Verlustausgleichsverbot

Nach § 23 Abs. 3 S. 4 besteht ein **Verbot** des **vertikalen** Verlustausgleichs (**kein** Verlustausgleich mit Einkünften aus anderen Einkunftsarten, auch nicht § 22 Nr. 1, 1a, 3, 4).

Auch der Verlustabzug (§ 10d) scheidet aus.

Zulässig ist lediglich der Ausgleich von Verlusten aus Spekulationsgeschäften mit Gewinnen aus Spekulationsgeschäften im gleichen Kalenderjahr (= horizontaler Verlustausgleich).

Beispiel:

Einkünfte § 15   80 000 DM
       §§ 22 Nr. 2, 23 – Ausgleichsverbot –   ./. 2 000 DM
Anzusetzende Summe der Einkünfte   80 000 DM

10.2.7 Verhältnis des § 23 EStG zu den anderen Einkünften (§ 23 Abs. 2 EStG)

10.2.7.1 Grundsatz

Nach § 23 Abs. 2 ist ein Vorrang aller anderen Einkünfte vor § 23 zu beachten.

Eine Versteuerung nach § 23 unterbleibt immer dann, wenn der Wert eines Wirtschaftsguts – entweder bei der Anschaffung oder bei der Veräußerung – **bei einer anderen Einkunftsart berücksichtigt wird.**

Es handelt sich hier zwar um eine Art Subsidiaritätsklausel. Sie ist aber **weitreichender** als die anderen Subsidiaritätsklauseln (§§ 20 Abs. 3, 21 Abs. 3 und 22 Nr. 1 Satz 1).

10.2.7.2 Anwendungsfälle des § 23 Abs. 2 EStG

a) Veräußerung von Wirtschaftsgütern, die zu einem **Betriebsvermögen** gehören.

> **Beispiel:**
> Ein Wirtschaftsgut des BV wird 5 Monate nach der Anschaffung
> aa) veräußert
> bb) entnommen.
> aa) Der Veräußerungsgewinn oder -verlust stellt laufende Einkünfte aus § 15 dar.
> bb) Der Entnahmegewinn oder -verlust fällt ebenfalls unter § 15 (§ 23 ist tatbestandsmäßig ohnehin nicht erfüllt).
>
> Wie bb), aber nach Entnahme erfolgt eine Veräußerung, jedoch noch innerhalb der Spekulationsfrist (gerechnet seit der Anschaffung).
>
> Evtl. Besteuerung nach § 23. An die Stelle der Anschaffungskosten tritt der Entnahmewert (= Teilwert, § 6 Abs. 1 Nr. 4). Aber str. Dies entspricht der Beurteilung der Entnahme als anschaffungsähnlicher Vorgang bei der AfA; vgl. J. 3.15.7.

b) **Keine Anwendung des § 23, wenn Spekulationsgeschäfte selbst einen Gewerbebetrieb darstellen**

Die Entfaltung einer Spekulationstätigkeit mit den Merkmalen des § 15 Abs. 2 S. 1 stellt einen Gewerbebetrieb dar.

Hierbei sind die Grundsätze der Abgrenzung zur Vermögensverwaltung zu beachten.

c) **Veräußerung von Wirtschaftsgütern, deren Wert bereits bei den Einkünften i.S. § 2 Abs. 1 Nr. 4 – 6 anzusetzen ist**

> **Beispiel:**
> Ein Arbeitnehmer erhält Sachbezüge (lohnsteuerlicher Wert 500 DM), die er nach 4 Wochen für 1 100 DM veräußert.
> Der Wert der Sachbezüge wurde bei Erhalt (Zufluß) als Arbeitslohn (§ 19 Abs. 1) erfaßt. Die Veräußerung der Sachbezüge kann daher nicht nach § 23 besteuert werden (§ 23 Abs. 2; BFH, BStBl 1965 III 477/478). Etwaige Wertschwankungen sind danach unbeachtlich.

d) **Verhältnis zu § 17 EStG**

Eine Ausnahme vom Vorrang des § 23 Abs. 2 stellt der Vorrang des § 23 vor § 17 dar. Vgl. § 17 K 3.6 (mit Beispiel).

Durch **§ 23 Abs. 2 Satz 2** wird die **Anwendung des § 17 ab VZ 1994 gesetzlich ausgeschlossen.**

e) **Zwischengewinne aus Anteilen an Investmentfonds**

Der Veräußerer von Anteilen an einem **Investmentfonds** hat nach § 39 Abs. 1a KAGG **ab VZ 1994** auch **Zwischengewinne** als Einkünfte aus **Kapitalvermögen** zu versteuern. Dabei handelt es sich um das Entgelt für die dem Veräußerer noch nicht zugeflossenen oder als zugeflossen geltenden Einnahmen des Sondervermögens. Durch § 23 Abs. 2 Satz 3 wird sichergestellt, daß diese Zwischengewinne **nicht** als **Spekulationsgewinne** behandelt werden. Nur **darüber hinausgehende** Gewinne sind nach § 23 zu besteuern.

10.2.8 Beschränkte Steuerpflicht

10.2.8.1 Einschränkung des § 23 EStG

Bei beschränkter Steuerpflicht ist § 23 durch § 49 Abs. 1 Nr. 8 eingeschränkt. Danach werden nur
1. Spekulationsgeschäfte i. S. des § 23 Abs. 1 Nr. 1a (Grundstücke und grundstücksgleiche Rechte) und
2. Spekulationsgeschäfte aus der Veräußerung bei wesentlicher Beteiligung i. S. des § 17

erfaßt.

10.2.8.2 Wechsel der Steuerpflicht

Der Wechsel der Steuerpflicht bedeutet **keine** Veräußerung. Eine analoge Anwendung des § 6 AStG kommt nicht in Betracht.

Die Besteuerung des Spekulationsgewinns erfolgt jeweils nach den Regeln der Steuerpflicht, in deren Verlauf der Spekulationsgewinn bezogen wurde (§ 11 Abs. 1). Nach anderer Meinung soll es auf die Art der persönlichen Steuerpflicht im Zeitpunkt der Veräußerung ankommen (wobei unklar bleibt, ob die – dingliche – Übertragung oder das – schuldrechtliche – Veräußerungsgeschäft gemeint ist).

Fällt der Spekulationsgewinn in die Zeit der beschränkten Steuerpflicht, ist er nur bei Vorliegen der Voraussetzungen des § 49 Abs. 1 Nr. 8 stpfl.

10.3 Einkünfte aus Leistungen (§ 22 Nr. 3 EStG)

10.3.1 Begriff und Umfang

Nach § 22 Nr. 3 Satz 1 sind Einkünfte aus Leistungen der ESt zu unterwerfen.

Voraussetzung ist, daß die Leistungsentgelte nicht bereits einer anderen Einkunftsart oder § 22 Nr. 1, 1a, 2 oder 4 zuzuordnen sind **(Subsidiaritätsklausel)**.

Aufgrund des weitgefaßten Wortlauts der Vorschrift kann die Gefahr bestehen, daß § 22 Nr. 3 als „unbestimmter Auffangtatbestand" fehlinterpretiert wird. Tatsächlich sind **nur bestimmte Leistungen** zu **besteuern**. Ein gegenseitiger Vertrag ist aber **nicht** Voraussetzung (BFH, BStBl 1994 II 96).

Es kann sich um Vergütungen

- für eine **Tätigkeit** oder
- für eine **Nutzungsüberlassung** von Vermögenswerten

    handeln.

    Als Beispiele erwähnt das Gesetz Einkünfte aus

- gelegentlicher Vermittlung = Tätigkeitsentgelte.

    Beispiel:
    Gelegentliche Wohnungs-, Grundstücks-, Versicherungsvertragsvermittlung.

Provisionen für eigene Vertragsabschlüsse eines Versicherungsvertreters sind dagegen nicht zu erfassen (Hess. FG, EFG 1984, 122, rkr.).

- Vermietung beweglicher Sachen = Nutzungsüberlassung.

    Beispiel:
    Vermietung eines Privat-Pkw für eine Urlaubsfahrt.

Dagegen fällt die Vermietung von **Sachinbegriffen** unter **§ 21 Abs. 1 Nr. 2**; vgl. 7.3.3.

Es **braucht** sich **nicht** um **nachhaltige** Vorgänge zu handeln. Im Gegenteil, die **Einmaligkeit** der Tätigkeit ist sogar **typisch** für § 22 Nr. 3.

Die Leistungen müssen im **Leistungsaustausch**, d. h. **entgeltlich** erfolgen.

Leistung im Sinne des § 22 Nr. 3 ist **jedes Tun, Dulden** oder **Unterlassen**, das Gegenstand eines **entgeltlichen Vertrags** sein kann und um des Entgelts willen erbracht wird.

Der Abschluß eines gegenseitigen Vertrages ist jedoch **nicht** Voraussetzung für die Besteuerung (BFH, BStBl 1994 II 96).

Beispiel:

für „Leistung durch Nichtstun":

Entgelt, das ein Unternehmen an Mitglieder einer Bürgerinitiative zahlt, damit diese ihre Aktivitäten einstellt (BFH, BStBl 1986 II 340).

Zu den Einkünften im Sinne dieser Vorschrift können auch gehören: – vgl. auch **H 168a** –

- eine einmalige **Bürgschaftsprovision** (BFH, BStBl 1965 III 313),
- das Entgelt für Duldung von Bau und Betrieb eines Kraftwerks (BFH, BStBl 1986 II 890),
- das Entgelt für die **Einräumung** eines **Vorkaufsrechts** (BFH, BStBl 1986 II 340),
  Bei späterer Anrechnung des Entgelts auf den Kaufpreis für das Grundstück entfällt rückwirkend die Besteuerung nach § 22 Nr. 3 (BFH, BStBl 1995 II 57).
- das Entgelt für den **Verzicht** auf **Einhaltung** des gesetzlich vorgeschriebenen **Grenzabstands** eines auf dem Nachbargrundstück errichteten Gebäudes (BFH, BStBl 1977 II 26),
- das Entgelt für die Abgabe eines **zeitlich befristeten Kaufangebots** über ein Grundstück (BFH, BStBl 1977 II 631),
- das Entgelt für den Verzicht des Inhabers eines eingetragenen Warenzeichens auf seine Abwehrrechte (BFH, BStBl 1980 II 114),
- das Entgelt für ein vertraglich vereinbartes umfassendes **Wettbewerbsverbot** (BFH, BStBl 1983 II 289),
- das Entgelt für eine Vereinbarung, das **Bauvorhaben** des Zahlenden zu **dulden** (BFH, BStBl 1983 II 404),
- Vergütungen für die **Mitnahme in Pkw** (BFH, BStBl 1994 II 516).

Eine Leistung im Sinne des § 22 Nr. 3 liegt auch dann vor, wenn für eine Tätigkeit, die Gegenstand eines entgeltlichen Vertrags sein kann, **nachträglich** ein Entgelt gezahlt und vom Leistenden als angemessene Gegenleistung für die von ihm erbrachte Tätigkeit angenommen wird (BFH, BStBl 1983 II 201).

Die Leistung braucht nicht unbedingt freiwillig erbracht werden (vgl. auch BFH, BB 1986, 373).

Beispiel:

Entschädigung für Beschlagnahme und Nutzung eines Wirtschaftsguts.

Die **Form** des Leistungsentgelts ist **unerheblich (einmalig, laufend, Geld** oder **Sachwerte).**

10.3.2 Nicht zu besteuernde Leistungen

Nicht unter § 22 Nr. 3 fallen insbesondere

a) Tätigkeiten, die kein wirtschaftliches Handeln i. S. einer Einkunftserzielung darstellen und

b) die Veräußerung von Wirtschaftsgütern.

Zu a)

Die zufließende Zahlung muß für ein **wirtschaftliches Handeln** i. S. einer **Einkunftserzielung** i. S. des § 2 Abs. 1 erfolgen (BFH, BStBl 1983 II 201). Insoweit ist auch die Abgrenzung zur Liebhaberei von Bedeutung.

Vgl. hierzu C. 1.3.2.

Beispiele:

Nicht unter § 22 Nr. 3 fallen daher grds. z. B.

- Belohnungen für Hinweise zur Ergreifung eines Straftäters (falls nicht planmäßiges Verhalten als sogenannter V-Mann der Behörde, EFG 1969, 120 rkr.)
- Finderlohn
- Gewinne aus Preisausschreiben
- Gewinnpreise von „Amateuren" bei sportlichen Veranstaltungen
- Wett- und Lotteriegewinne
- Streikunterstützungen (BFH, BStBl 1991 II 337)
- Vereinbarung wertmindernder Beschränkung des Grundstückseigentums gegen Entgelt (BFH, BStBl 1995 II 640).

Zu b)

Veräußerungs- und **veräußerungsähnliche** Vorgänge **scheiden** bei § 22 Nr. 3 **aus**, soweit sie nicht – entgegen ihrer Bezeichnung – wirtschaftlich eine Nutzungsüberlassung darstellen. Vgl. BFH, BStBl 1985 II 264.

Als Veräußerungsvorgänge sind z. B. anzusehen

- **Abtretung** eines **Rückkaufsrechts** an einem Grundstück (BFH, BStBl 1979 II 298) – anders bei Einräumung (s. o.),
- Einkünfte aus **privaten Devisentermingeschäften** (BFH, BStBl 1982 II 618, BStBl 1984 II 132 und BStBl 1988 II 433).

Entgelte für die **Ablösung** eines **Nießbrauchs** können unter § 22 Nr. 3 fallen; vgl. Nießbraucherlaß (a. a. O.), Tz. 35, 35a, 43; s. a. K 8.9 m. w. N.

10.3.3 Ermittlung und Besteuerung der Einkünfte

Von den Einnahmen sind die wirtschaftlich dazugehörigen **WK** (§ 9) abzuziehen.

> **Beispiel:**
> Reisekosten, Porti, Telefon in Zusammenhang mit gelegentlichen Vermittlungen.

Zu beachten ist das Zu- und Abflußprinzip des § 11 (vgl. C. 5.).

Da für Verluste aus § 22 Nr. 3 ein **Ausgleichs- und Abzugsverbot** nach § 22 Nr. 3 Satz 2 besteht, ist bei Zufluß der Einnahmen und Abfluß der WK in **verschiedenen VZ** bei den WK § 11 Abs. 2 **nicht** anzuwenden, sondern die WK von den Einnahmen im Zuflußjahr abzuziehen (dieselbe Problematik wie bei Spekulationsgeschäften, vgl. 9.2.4.6); gl. A. BFH, BStBl 1992 II 1017, vgl. auch BFH, BStBl 1991 II 916.

> **Beispiel:**
> In 01 sind Aufwendungen für Fahrten usw. von 200 DM wegen gelegentlicher Vermittlung entstanden. Die Provisionen von 1 100 DM fließen in 02 zu.
>
> | Einkünfte § 22 Nr. 3 | 01 | – | |
> |---|---|---|---|
> | | 02 | 1 100 DM | Einnahmen |
> | | ./. | 200 DM | dazugehörige WK |
> | | | 900 DM | Einkünfte |

- **Eingeschränkter Verlustausgleich**

Verluste aus § 22 Nr. 3 dürfen nur mit anderen positiven Einkünften aus § 22 Nr. 3 ausgeglichen werden.

> **Beispiel:**
>
> | | |
> |---|---:|
> | – Vergebliche Werbungskosten im Zusammenhang mit nicht zustandegekommenen Vermittlungsgeschäft | ./. 5 000 DM |
> | – Vereinnahmtes Entgelt für Einräumung Vorkaufsrecht an einem Grundstück | 2 000 DM |
> | Einkünfte § 22 Nr. 3 | ./. 3 000 DM |
>
> Ein Ausgleich des verbleibenden Verlusts von 3 000 DM mit anderen Einkunftsarten ist nicht möglich.

- **Freigrenze**

Betragen die Einkünfte aus § 22 Nr. 3 – ggf. nach **horizontalem** Verlustausgleich – **weniger als 500 DM** (also bis 499 DM), werden sie nicht besteuert.

Haben beide zusammenveranlagte Ehegatten Einkünfte im Sinne des § 22 Nr. 3 bezogen, so ist bei jedem Ehegatten die Freigrenze – höchstens jedoch bis zur Höhe seiner Einkünfte im Sinne des § 22 Nr. 3 – zu berücksichtigen (R 168a).

> **Beispiel:**
>
> | Einkünfte aus § 22 Nr. 3 | Ehemann | 400 DM |
> |---|---|---|
> | | Ehefrau | 500 DM |
>
> Anzusetzen sind 500 DM. Beim Ehemann ist die Freigrenze nicht überschritten.
> Eine „Kompensation" ist nicht möglich.

10.4 Abgeordnetenbezüge

10.4.1 Umfang der Besteuerung

§ 22 Nr. 4 erfaßt nur solche Leistungen, die auf Grund des Abgeordnetengesetzes, des Europaabgeordnetengesetzes oder der entsprechenden Gesetze der Länder gewährt werden. Vgl. R 168b.

Leistungen, die außerhalb dieser Gesetze erbracht werden, z. B. Zahlungen der Fraktionen, unterliegen hingegen den allgemeinen Grundsätzen steuerlicher Beurteilung. Es kann sich dabei z. B. um Einkünfte aus § 18, § 19 oder insbesondere § 22 Nr. 3 handeln. Wahlkampfzuschüsse sind **nicht** steuerbar. **Nicht** unter § 22 Nr. 4, sondern unter § 18 Abs. 1 Nr. 3 fallen ehrenamtliche Stadtrats-, Gemeinderats-, Kreistagsmitglieder.

Überbrückungsgelder gemäß § 24 Abgeordnetengesetz und § 16a Bundesministergesetz gehören zu den steuerpflichtigen sonstigen Einkünften i. S. § 22 Nr. 4.

10.4.2 Werbungskosten

Wenn Abgeordnete zur Abgeltung der durch ihr Mandat veranlaßten Aufwendungen Aufwandsentschädigungen erhalten, so ist nach § 22 Nr. 4 Satz 2 der Abzug jeglicher mandatsbedingter Aufwendungen als Werbungskosten ausgeschlossen (BFH, BStBl 1983 II 601). Zu den steuerfreien Aufwandsentschädigungen gehören auch die gesondert gezahlten Tage- oder Sitzungsgelder.

Insbesondere **Wahlkampfkosten** für ein Bundestags- oder Landtagsmandat sind **nicht** als **WK** abzugsfähig (§ 22 Nr. 4 Satz 3). **Partei-** und **Fraktionsbeiträge** sind **Parteispenden** i. S. des § 10b (Sonderausgaben); s. auch BMF, DStR 1984, 397; BFH, BStBl 1988 II 433; BStBl 1988 II 435; BVerfG, HFR 1988, 532. Vgl. auch **H 168b**.

10.4.3 Besteuerung

Nach § 22 Nr. 4 Satz 4 sind folgende – eigentlich nur für Arbeitnehmer geltende – Vorschriften **partiell** anzuwenden:

- § 3 Nr. 62 S. 1 = Steuerfreiheit für Zukunftssicherungsleistungen aufgrund gesetzlicher Verpflichtung: hier anwendbar auf Krankenversicherungs- und Pflegeversicherungszuschüsse
- § 19 Abs. 2 – Versorgungsfreibetrag (40 %, höchstens 6 000 DM)
- § 34 Abs. 3 – Verteilung von Übergangsgeld und Versorgungsabfindungen bei Zahlung in einer Summe.

Nachversicherungsbeiträge für Abgeordnete sind steuerfrei gemäß § 22 Nr. 4 Satz 4 Buchst. a.

11. Entschädigungen und nachträgliche Einkünfte (§ 24 EStG)

11.1 Grundsätze

Nach der Vorschrift des § 24 sind Einkünfte i. S. des § 2 Abs. 1 auch

- **Entschädigungen,**
- Einkünfte aus einer **ehemaligen Tätigkeit** und
- bestimmte **Nutzungsvergütungen.**

Die in § 24 aufgeführten Einkünfte stellen keine eigene Einkunftsart dar. Die Vorschrift dient lediglich der **Klarstellung**, daß diese Zuflüsse der Einkunftsart zuzuordnen sind, zu der sie gehören (BFH, BStBl 1982 II 552, 554).

Vgl. H 170 „Allgemeines".

Die Vorschrift hat jedoch insoweit eine **konstitutive** Bedeutung, als Entschädigungen i. S. des § 24 Nr. 1 a – c und Nutzungsvergütungen i. S. der Nr. 3 nach § 34 Abs. 1 und 2 tarifbegünstigt sein können; vgl. hierzu E 4.1.3.

Keine Tarifbegünstigung gibt es jedoch für nachträgliche Einkünfte i. S. des § 24 Nr. 2.

Übersicht

Regelungsinhalt des § 24 EStG

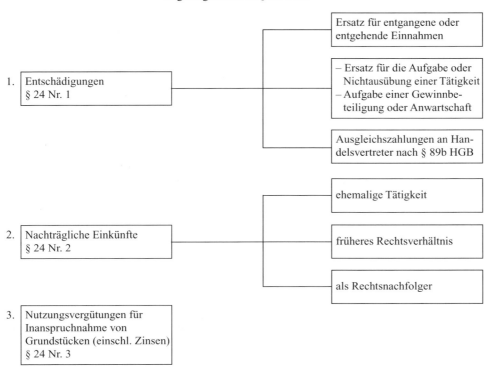

11.2 Entschädigungen

Nach § 24 Nr. 1 sind solche Entschädigungen zu versteuern, die

a) als Ersatz für entgangene oder entgehende Betriebseinnahmen oder Einnahmen,
b) für die Aufgabe oder Nichtausübung einer Tätigkeit oder für die Aufgabe einer Gewinnbeteiligung oder
c) als Ausgleichszahlung an Handelsvertreter nach § 89b HGB gezahlt werden.

Entschädigungen sind die **Einkünfte nach** Abzug von BA (WK); vgl. **H 170** „Abzugsfähige Aufwendungen".

Der **Begriff** der **Entschädigung** i. S. des § 24 Nr. 1a und b verlangt insbesondere, daß

– einkommensteuerliche Betriebseinnahmen oder Einnahmen wegfallen bzw. weggefallen sind,
– infolge des Wegfalls ein Schaden entsteht oder entstanden ist und
– die gewährten Entschädigungen diesen Schaden ausgleichen sollen.

Grundsätzlich sind Entschädigungen bei allen Einkunftsarten denkbar. Unter dem Begriff der „Entschädigung" fallen nicht nur Geldleistungen, sondern **auch** geldwerte Vorteile, z. B. ein Wohnrecht (BFH, BStBl 1988 II 525). Nach der Rechtsprechung des BFH (BStBl 1979 II 9, BStBl 1979 II 69) müssen die steuerbegünstigten Entschädigungen folgende Voraussetzungen erfüllen:

- Eintritt eines Schadens durch Einnahme-Wegfall
- Leistungen Dritter als Ausgleich bei einem Schaden
- Kausalzusammenhang zwischen entgehenden Einnahmen und Entschädigung

- Andere Leistung anstelle der Einnahme
- kein gewöhnlicher Geschäftsvorfall bzw. Ereignisablauf.

Vgl. **R 170** und **H 170**.

11.2.1 Eintritt eines Schadens durch Einnahmen-Wegfall

Der Stpfl. muß einen **Schaden** erlitten haben durch Wegfall von Einnahmen. Ein Schaden liegt vor bei **Verschlechterung der wirtschaftlichen Lage** des Stpfl. durch den Einnahmeausfall (BFH, BStBl 1979 II 9). Das schadensauslösende Ereignis muß **unmittelbar** zum Wegfall von Einnahmen geführt haben (BFH, BStBl 1987 II 106). Die Rechtsgrundlage für Einnahmen, mit denen der Stpfl. rechnen konnte, muß also durch ein Schadensereignis entfallen sein (BFH/NV 1994, 308).

Der Stpfl. müßte einen (endgültigen) Schaden erlitten haben, wenn er die Ersatzleistung nicht erhalten hätte (BFH, BStBl 1981 II 6).

Nicht erforderlich ist es, daß das zur Entschädigung führende Ereignis **ohne** oder **gegen** den Willen des Steuerpflichtigen eingetreten sein muß. Eine Entschädigung i.S. des § 24 Nr. 1 liegt auch dann vor, wenn der Stpfl. an einer Vereinbarung über die Aufgabe oder Nichtausübung einer Tätigkeit oder die Beendigung eines Handelsvertretervertrages **mitgewirkt** hat. Das wäre der Fall, wenn der Berechtigte eine Vereinbarung zur Ausgleichung eines eingetretenen oder drohenden Schadens getroffen hat.

Die Mitwirkung des Stpfl. an der Entstehung des Schadens steht der Beurteilung einer Ersatzleistung als Entschädigung nicht entgegen, wenn der Geschädigte auf rechtlichen, wirtschaftlichen oder tatsächlichen Druck handelte (BFH, BStBl 1979 II 9).

> **Beispiel:**
> A betreibt einen Möbelhandel in von B gemieteten Räumen. Zur Erweiterung seines Betriebes hatte ihm B die Vermietung weiterer Gebäudeteile zugesagt, B veräußerte jedoch zwischenzeitlich das Geschäftsgrundstück an C. Da C die vertraglichen Verpflichtungen gegenüber A nicht erfüllte und auch sonst diesem die Ausübung des Gewerbes erschwerte, kam A mit C überein, daß A die Geschäftsräume vorzeitig gegen eine Entschädigung von 500 000 DM aufgibt. Von der Entschädigung von 500 000 DM entfielen 250 000 DM auf Aufgabe von Rechtspositionen, Umzugskosten, sonstige Aufwendungen, die mit der Verlegung des Geschäftes verbunden waren, sowie ein Ausgleich für den entgangenen Gewinn und die künftigen Gewinneinbußen von ebenfalls 250 000 DM.
>
> Nur soweit die Entschädigung den entgangenen Gewinn betrifft und zukünftige Gewinneinbußen entschädigen soll, liegt eine steuerbegünstigte Entschädigung i.S. des § 24 Nr. 1a i.V.m. § 34 vor. Hinsichtlich der weiteren Entschädigung hat A reguläre Betriebseinnahmen, denen entsprechende Betriebsausgaben gegenüberstehen. Vgl. hierzu im einzelnen BFH, BStBl 1979 II 9.

Das schadenverursachende Ereignis darf jedoch **nicht aus eigenem Antrieb** herbeigeführt worden sein, z.B. bei Kündigung wegen Eheschließung (BFH, BStBl 1990 II 1020). Dies gilt **nicht** bei § 24 Nr. 1b (vgl. BFH, BStBl 1984 II 580 betr. Abfindung wegen vorzeitiger Auflösung einer stillen Beteiligung). Vgl. nachfolgend 10.2.8 und **H 170** „Entschädigungen i.S. des § 24 Nr. 1a EStG".

11.2.2 Leistungen Dritter als Ausgleich für einen Schaden

Eine Entschädigung erfordert eine Leistung durch Dritte als Ersatz für einen Schaden infolge entgehender oder entgangener Einnahmen.

Eine Ersatzleistung i.S. des § 24 Nr. 1a liegt nur insoweit vor, als der Stpfl. zum Ausgleich für entgehende oder entgangene Einnahmen Ersatz erhält.

> **Beispiele:**
> 1. A ist Handelsvertreter. Er wird bei einem Spaziergang von B angefahren, mit der Folge, daß er für ein halbes Jahr berufsunfähig ist.
>   Für den Einnahmeausfall als Handelsvertreter erhält er von der Versicherung des B eine Entschädigung in Höhe von 40 000 DM.
> 2. B ist Eigentümer eines Mietshauses. Infolge einer Sprengung wird das Miethaus so beschädigt, daß es für einige Wochen nicht mehr bewohnbar ist. B hat einen Mietausfall. Er erhält u.a. von dem Schädiger eine Entschädigung für den Mietausfall.
>
> Es handelt sich in beiden Fällen um eine Ersatzleistung i.S. des § 24 Nr. 1a.

11.2.3 Kausalzusammenhang zwischen der entgehenden Einnahme und der Entschädigung

Zwischen der entgehenden bzw. entgangenen Einnahme und der Entschädigung muß ein **ursächlicher Zusammenhang** bestehen.

Ein innerer Zusammenhang zwischen der entgangenen Einnahme und der Entschädigung ist gegeben, wenn die aufgrund des Schadensereignisses ausgefallene Einnahme die Entschädigungszahlung ausgelöst hat.

Beispiel:
A hat mit B einen Mietvertrag über 20 Jahre abgeschlossen, ohne bisher die gemieteten Räume genutzt zu haben. Zur Auflösung des Mietvertrags zahlt er B für den eventuellen Mietausfall eine Entschädigung. Die Leistungen fallen unter § 24 Nr. 1a.

Vgl. auch BFH, BStBl 1991 II 76 hinsichtlich der Abstandszahlungen für die Entlassung aus einem Vormietvertrag.

11.2.4 Andere Leistung anstelle der Einnahme (Betriebseinnahme)

Es muß sich um **andere** Leistungen anstelle der ursprünglichen Einnahme handeln. Die Leistung des „Erfüllungsinteresses" ist keine Entschädigung i. S. dieser Vorschrift. M. a. W.:

Die Zahlungen dürfen nicht zur Erfüllung von Ansprüchen aufgrund des ursprünglichen Rechtsverhältnisses erfolgen (BFH, BStBl 1994 II 167).

Kein Schadenersatz ist gegeben, wenn das Erfüllungsinteresse (d. h. Erfüllung eines laufenden Vertrages) geleistet wird. Das ist z. B. der Fall, wenn ein Arbeitnehmer aus einem Dienstverhältnis ausscheidet und er für einen gewissen Zeitraum seine vollen Bezüge weiter erhält. Die Zahlung der Bezüge stellt in diesem Falle **keine** Entschädigung dar.

Keine Entschädigungen i. S. des § 24 Nr. 1a sind

- die Erfüllungsleistung aus einem gegenseitigen Vertrag (BFH, BStBl 1994 II 167)
- die Gegenleistung für neu begründete Leistungspflichten (BFH/NV 1994, 23)

Beispiele:
1. A ist zum Vorstand der X-AG bestellt. Der Vertrag läuft noch über 2 Jahre. Er wird jedoch unter Fortzahlung der Bezüge vorzeitig aufgelöst.

   Hier liegt keine Entschädigung vor, da A weiterhin seine bisherigen Bezüge erhält (keine „andere Einnahme"). Vgl. auch BFH, BStBl 1994 II 185: Barablösung eines Wohnrechts bei fortbestehendem Dienstverhältnis ist **keine** Entschädigung.

2. Wie zuvor, A erhält für die Aufgabe seiner Rechtsposition und als Abfindung seiner Pensionsansprüche eine einmalige Abfindung von 800 000 DM.

   Es handelt sich hier um eine andere als die bisher vom Arbeitgeber geschuldete Leistung.

Werden Entschädigungen an **Arbeitnehmer** bei **Beendigung** des **Dienstverhältnisses** gezahlt, ist die Entschädigung unter den in **§ 3 Nr. 9** und **10** genannten Voraussetzungen **steuerbefreit**. Der über diese Befreiungen **hinausgehende** Betrag kann eine Entschädigung im Sinne des § 24 Nr. 1a darstellen (vgl. BFH, BStBl 1979 II 176). Dies gilt **nicht** für Abfindungen, die bei **Abschluß** des oder **während** des Dienstverhältnisses vereinbart wurden (BFH, BStBl 1991 II 703).

Lohnnachzahlungen sind **keine** Entschädigungen (BFH, BStBl 1993 II 507).

Entschädigungen für ehrenamtliche Tätigkeit in Berufs- und Standesorganisationen können als Aufwandsentschädigung i. S. des § 3 Nr. 26 befreit sein. Der über diese Steuerbefreiung hinausgehende Betrag ist eine Entschädigung i. S. des § 24 Nr. 1a.

Die vertraglich **nicht** vereinbarte Abfindung einer Pensionsverpflichtung nach § 8 Abs. 2 BetrAVG ist Entschädigung i. S. § 24 Nr. 1a (BFH, BStBl 1994 II 167).

Keine Entschädigungen i. S. des § 24 Nr. 1a und somit **nicht** (mehr) zu besteuern sind nach BFH (BFH, BStBl 1991 II 337) **Streikunterstützungen** (anders noch BFH, BStBl 1982 II 552) und **Aussperrungsunterstützungen** (anders noch BFH, BStBl 1982 II 556), ebenso nicht **Vorfälligkeitsentschädigungen** bei vorzeitiger Kündigung eines Darlehens (BFH, BStBl 1992 II 1032).

Haben ein Architekt und sein Auftraggeber vertraglich vereinbart, daß jeder Vertragspartner aus wichtigem Grund kündigen könne und in diesem Falle der Architekt die vereinbarte Vergütung nur nach Abzug ersparter Aufwendungen erhält, ist der zur Auszahlung kommende Honoraranteil **keine** Entschädigung i. S. des § 24 Nr. 1 Buchstabe a, sondern lediglich Vertragserfüllung (BFH, BStBl 1987 II 25).

Die **Verzinsung** von Entschädigungen fällt **nicht** unter § 24 Nr. 1 (BFH, BStBl 1995 II 121).

11.2.5 Kein gewöhnlicher Geschäftsvorfall bzw. Ereignisablauf

Kein Schadenersatz 1. S. des § 24 Nr. 1a ist gegeben, wenn das schadenstiftende Ereignis einen üblichen Geschäftsvorfall im Rahmen der jeweiligen Gewinneinkunftsart darstellt.

> **Beispiel:**
>
> Bauunternehmer A hatte mit dem staatlichen Bauamt die Erstellung von Hochbauten zum Festpreis vereinbart. Da der Bauträger wegen Streichung der Haushaltsmittel das Bauvorhaben nicht mehr durchführen konnte, kamen A und das Hochbauamt überein, daß das Vertragsverhältnis gegen Zahlung einer Entschädigung von 600 000 DM gelöst werden sollte. Die Entschädigung umfaßte den Ersatz für bereits entstandene Aufwendungen und einen Teil des entgangenen Gewinns.
>
> Der BFH sah hierin **keine** Entschädigung i. S. des § 24 Nr. 1a, da die Abwicklung eines Architektenvertrages zu den sich auf die Berufstätigkeit eines Architekten beziehenden Geschäfte gehöre. Vgl. hierzu BFH, BStBl 1979 II 66, BStBl 1979 II 69.

Die Unterscheidung der Entschädigungen i. S. des § 24 Nr. 1 von den laufenden Einnahmen bzw. Betriebseinnahmen ist insofern von **Bedeutung,** als für die Entschädigungen die steuerlichen Vergünstigungen des **§ 34 Abs. 1** und Abs. 2 Nr. 2 in Betracht kommen, wenn zusätzlich auch das Merkmal der Außerordentlichkeit vorliegt (vgl. dazu BFH, BStBl 1975 II 485, BStBl 1993 II 831; BFH, BStBl 1996 II 416 und H 199 „Außerordentliche Einkünfte").

Auch der Schadensersatz wegen Nichterfüllung ist **keine** tarifbegünstigte Entschädigung bei Gewerbebetrieben (BFH, DB 1990, 307).

Die Außerordentlichkeit ist eine selbständige Voraussetzung für die Tarifbegünstigung (BFH, BStBl 1993 II 497).

11.2.6 Ersatzleistungen für Sachschäden

Unter den Begriff der Schadensersatzleistung i. S. des § 24 Nr. 1a fallen jedoch **nicht Leistungen für Sachschäden,** sowohl im privaten Vermögensbereich als auch im betrieblichen Bereich. Ersatz für Sachschäden gehört im privaten Bereich i. d. R. zu keiner Einkunftsart. Soweit Ersatz für Sachschäden im betrieblichen Bereich geleistet wird, sind die Ersatzleistungen grundsätzlich als laufende Betriebseinnahmen zu behandeln. Vgl. **H 170** „Allgemeines".

> **Beispiel:**
>
> A ist Eigentümer eines Miethauses. Dieses wird durch den Absturz eines Flugzeugs zerstört. A erhält eine Ersatzleistung von 150 000 DM. Der Restwert des Gebäudes betrug 100 000 DM.
>
> In Höhe der AfaA (§ 7 Abs. 1 letzter S.) 100 000 liegt eine Einnahme aus § 21 Abs. 1 Nr. 1 vor. Der **Rest** von 50 000 DM ist ein Zufluß auf der Vermögensebene.
>
> Die gesamte Ersatzleistung von 150 000 DM ist **keine** Entschädigung i. S. des § 24 Nr. 1a.

11.2.7 Ersatzleistungen für Personenschäden

Auch der Einsatz für Personenschäden fällt nicht unter die Vorschriften des § 24 Nr. 1a. Der Ersatz für Arzt- und Krankheitskosten, Schmerzensgeld, Beerdigungskosten ist grundsätzlich **nicht** steuerpflichtig. Er mindert jedoch die Belastung bei der außergewöhnlichen Belastung i. S. des § 33.

> **Beispiel:**
>
> A wird bei einem privaten Autounfall schwer verletzt. Er erhält Schmerzensgeld in Höhe von 15 000 DM sowie die Erstattung der Arzt- und Krankenhauskosten in Höhe von 12 000 DM.
>
> Es handelt sich nicht um einen Schadensersatz für entgangene Einnahmen i. S. des § 24 Nr. 1a. Die Schadensersatzleistungen unterliegen nicht der ESt.

11.2.8 Entschädigungen für die Aufgabe oder Nichtausübung einer Tätigkeit (§ 24 Nr. 1b EStG)

Unter § 24 Nr. 1b fallen Entschädigungen, die für die **Aufgabe** oder **Nichtausübung** einer Tätigkeit gewährt werden, z. B. die Abfindung für Aufgabe eines **Dienstverhältnisses** durch **Ausübung** eines tarifvertraglichen **Optionsrechtes** (BFH, BStBl 1987 II 106) und nach Vertragsbeendigung zugesagte **Karenzentschädigungen** (BFH, BStBl 1987 II 386), sowie Entschädigungen für die **Aufgabe** einer **Gewinnbeteiligung** bzw. einer Anwartschaft.

Vgl. H 170 „Entschädigungen i. S. des § 24 Nr. 1b EStG".

> **Beispiel:**
> Die Stadt X benötigt für ein Bauvorhaben das Grundstück des Gewerbetreibenden A. Hierfür erhält er ein gleichwertiges Ersatzgrundstück. Da A jedoch wegen Alters keinen neuen Betrieb mehr eröffnen will, erhält er als zusätzliche Entschädigung für die Aufgabe seines Betriebes einen Betrag von 100 000 DM = § 24 Nr. 1b.

Nicht unter diesen Begriff fallen jedoch die Abfindungen, die einem Gesellschafter einer Personengesellschaft bei seinem Ausscheiden gezahlt werden. Hier liegt eine Veräußerung eines Mitunternehmeranteils i. S. des § 16 Abs. 1 Nr. 2 vor.

Eine Abfindung liegt **nicht** vor, wenn maßgeblicher Grund der Leistung die Begründung eines **neuen** Dienstverhältnisses ist und sie vom neuen Arbeitgeber erbracht wird (BFH, BStBl 1993 II 447).

Eine Entschädigung i. S. des § 24 Nr. 1b liegt – **anders als bei § 24 Nr. 1a** – auch dann vor, wenn die Tätigkeit oder Gewinnbeteiligung (z. B. ein stilles Gesellschaftsverhältnis) vorzeitig mit **Wollen** oder **Zustimmung** des Betroffenen beendet wird und der Stpfl. eine Abfindung für seine künftigen Gewinnansprüche bis zur regulären Vertragsbeendigung erhält (BFH, BStBl 1984 II 580).

> **Beispiel:**
> A ist stiller Gesellschafter am Handelsgewerbe des B. mit einer Einlage von 200 000 DM. Das stille Gesellschaftsverhältnis ist auf die Dauer von 10 Jahren abgeschlossen. Das Gesellschaftsverhältnis wird jedoch auf **Wunsch** des **A** zum Ende des 7. Vertragsjahres gelöst. Als Abfindung für die künftigen Gewinnsprüche erhält er 40 000 DM neben der Rückzahlung der Einlage.
> In Höhe von 40 000 DM handelt es sich um Entschädigungen für künftige Gewinnansprüche.

Steuerbegünstigt ist die Entschädigung für eine Aufgabe oder Nichtausübung einer mehrjährigen Tätigkeit nur dann, wenn sie in einem Betrag gezahlt wird oder wenn die Entschädigung für die Aufgabe oder Nichtausübung einer **ein**jährigen Tätigkeit in einem **anderen** Jahr ausgezahlt wird und dadurch ein **Progressionsnachteil** entsteht (BFH, DB 1993, 1268).

11.2.9 Ausgleichszahlungen an Handelsvertreter nach § 89b HGB

Leistungen i. S. des § 24 Nr. 1c liegen vor, wenn ein Handelsvertreter von dem Unternehmer nach Beendigung des Vertragsverhältnisses eine Ausgleichszahlung erhält, für die die besonderen Voraussetzungen des § 89b HGB erfüllt sind. Nach dieser Vorschrift hat ein Handelsvertreter gegen den vertretenen Unternehmer nach Beendigung des Vertretungsverhältnisses einen Anspruch auf angemessenen Ausgleich, sofern das Vertragsverhältnis **nicht** von dem Handelsvertreter selbst gekündigt worden ist, wenn der Unternehmer aufgrund der Vertretertätigkeit weiterhin erhebliche Vorteile hat und der Handelsvertreter sonst weiter laufende Provisionsansprüche verliert und eine Ausgleichszahlung der Billigkeit entspricht. Auch im Rahmen einer Betriebsaufgabe handelt es sich um laufenden Gewinn (BFH, BStBl 1987 II 570). Vgl. H 170 „Ausgleichszahlungen an Handelsvertreter".

> **Beispiel:**
> A vertritt die X-AG. Nach dem mit der X-AG abgeschlossenen Handelsvertretervertrag sollte das Vertretungsverhältnis zum Ablauf des 31. 12. 10 enden. A erhält in 11 nach § 89b HGB eine Abfindung von 150 000 DM. Es liegt (laufender) Gewinn aus § 15 vor.

Keine Entschädigungen sind sog. Vorabentschädigungen (BFH, BStBl 1988 II 936) sowie Zahlungen an den Erwerber von Vertretungen (BFH, BStBl 1991 II 218).

11.3 Einkünfte aus einer ehemaligen Tätigkeit oder einem früheren Rechtsverhältnis

11.3.1 Allgemeines

Nach § 24 Nr. 2 gehören zu den Einkünften i. S. des § 2 Abs. 1 auch Einkünfte aus

- einer früheren eigenen Tätigkeit oder eigenem früheren Rechtsverhältnis sowie
- der früheren Tätigkeit oder einem früheren Rechtsverhältnis des Rechtsvorgängers.

Die Vorschrift hat lediglich klarstellende Funktion. Sie stellt klar, daß diese Einkünfte bei der Einkunftsart zu erfassen sind, bei der sie sonst angefallen wären. Es handelt sich hier um laufende Einkünfte; eine Tarifvergünstigung nach § 34 Abs. 1 wird für nachträgliche Einkünfte **nicht** gewährt. Nachträgliche Einkünfte liegen dann vor, wenn der Steuerpflichtige eine Tätigkeit oder ein Rechtsverhältnis aufgegeben hat und ihm noch in einem späteren Veranlagungszeitraum Einnahmen hieraus zufließen.

Es handelt sich nicht um eine eigene Einkunftsart. Vielmehr ist jeweils eine Einordnung in eine der Einkunftsarten des EStG vorzunehmen. Vgl. **R 171**.

11.3.2 Einkünfte aus ehemaliger Tätigkeit

„Tätigkeitseinkünfte" sind Einkünfte aus Land- und Forstwirtschaft, Gewerbebetrieb, selbständiger Arbeit und nichtselbständiger Arbeit.

Nachträgliche Einkünfte i. S. der §§ 13, 15, 18 liegen z. B. vor, wenn der Betriebsinhaber **nach Aufgabe, Veräußerung oder unentgeltlicher Übertragung** seines Betriebs **noch Betriebseinnahmen** erzielt.

Nachträgliche Einkünfte aus Gewerbebetrieb liegen auch dann vor, wenn ein bisheriger Einzelunternehmer seinen **Betrieb gegen Leibrente veräußert** hat, den Vorgang jedoch nicht als Betriebsveräußerung bzw. Aufgabe behandelt hat. In diesem Falle stellen die Rentenzahlungen, soweit sie das Buchkapital des Stpfl. übersteigen, nachträgliche Einkünfte aus Gewerbebetrieb dar.

Vgl. hierzu im einzelnen R 139 Abs. 11 und K. 2.6.4.2.5.

Gleiches gilt für die Einkünfte aus Land- und Forstwirtschaft und selbständiger Arbeit.

Nachträgliche Einkünfte können auch resultieren aus bei einer Betriebsveräußerung **zurückbehaltenem Betriebsvermögen.**

Keine Gewinnauswirkung ergibt sich i. d. R. bei **bloßem Einzug von Forderungen** sowie **bloßer Tilgung von Verbindlichkeiten.**

Bestrittene Schadensersatzforderungen bleiben auch im Rahmen einer Betriebsaufgabe BV; spätere Ersatzleistungen beeinflussen **rückwirkend** (§ 175 Abs. 1 Nr. 2 AO) den Aufgabegewinn nach § 16 Abs. 3 und fallen daher **nicht** unter § 24 Nr. 2 (BFH, BStBl 1994 II 564).

Zinsen für nicht in das Privatvermögen überführte und vom Erwerber nicht übernommener Darlehn können **nachträgliche BA** sein, vgl. BFH, BStBl 1985 II 323, BStBl 1981 II 564.

Keine nachträglichen BA, sondern WK bei den Einkünften aus § 20 liegen vor bei Schuldzinsen für Darlehen, die im Rahmen einer Betriebseinbringung i. S. des § 20 UmwStG zurückbehalten wurden (BFH, BStBl 1992 II 404).

Unter § 24 Nr. 2 fallen auch

- der Ausfall von nicht in das Privatvermögen überführten betrieblichen Forderungen,
- der Eingang von bereits abgeschriebenen Forderungen sowie
- der Erlaß von betrieblichen Schulden nach Wegfall des Betriebes.
- der Gewinn aus der Auflösung einer bei der Betriebsaufgabe gebildeten Rückstellung bei späterem Wegfall des Rückstellungsgrundes (BFH, BStBl 1980 II 186).

Vgl. auch K 2.6.6.14.

Nachträgliche Einkünfte aus **nichtselbständiger Arbeit** liegen vor, wenn dem Stpfl. nach der Beendigung eines Arbeitsverhältnisses noch Einnahmen hieraus, z. B. **Nachzahlungen,** erhält. Hinweis auf § 19 Abs. 1 Nr. 2 und K 5.

11.3.3 Einkünfte aus einem früheren Rechtsverhältnis

Hierunter fallen insbesondere nachträgliche Einkünfte aus Vermietung und Verpachtung (§ 21), Kapitalvermögen (§ 20) und sonstige Einkünfte i. S. von § 22. Dies ist der Fall bei Einziehung von Einnahmen **nach Veräußerung** oder **unentgeltlicher Übertragung** der Einkunftsquelle durch den Veräußerer/Übertrager.

Nachträgliche Einkünfte aus Vermietung und Verpachtung liegen z. B. vor, wenn der Stpfl. sein Haus veräußert hat, jedoch die rückständigen Mieten noch selbst einzieht.

Bei der Einziehung von Dividenden nach Veräußerung der Aktien unter Zurückbehaltung von Dividendenscheinen vgl. K 6 und § 20 Abs. 2a.

11.3.4 Nachträgliche Verluste

Die Vorschrift des § 24 Nr. 2 umfaßt nicht nur positive Einkünfte, sondern auch **negative Einkünfte**. So liegen nachträgliche Verluste aus Gewerbebetrieb vor, wenn

- der bisherige Betriebsinhaber seinen Betrieb veräußert hat, ohne die Verbindlichkeiten voll abzudecken, bzw.
- Darlehn aufgenommen hat, um die betrieblichen Verbindlichkeiten abzudecken, und **Schuldzinsen** zu zahlen hat. Die Zahlung der Schuldzinsen stellt **nachträgliche Betriebsausgaben** dar, weil diese im Zusammenhang mit der früheren Tätigkeit stehen (BFH, BStBl 1981 II 461, 462, 464). Spätere Inanspruchnahmen aus Bürgschaften, Gewährleistungsansprüchen u. ä. stellen nachträgliche Betriebsausgaben dar. Vgl. auch K. 2.6.6.14. Nachträgliche Verluste sind auch bei den Überschußeinkünften möglich, allerdings sind nachträgliche Werbungskosten insoweit eingeschränkt, als diese schon vor der Veräußerung bzw. Aufgabe der Tätigkeit entstanden sein müssen, jedoch erst nach Aufgabe der Tätigkeit gezahlt worden sind (BFH, BStBl 1983 II 373). Vgl. auch C. 2.1.2.9 und **H 171** „Nachträgliche Ausgaben".

Zu Zinszahlungen eines Gesellschafters nach Betriebsaufgabe der Personengesellschaft vgl. BFH, BStBl 1996 II 291.

11.3.5 Einkünfte als Rechtsnachfolger

Unter § 24 Nr. 2 fallen auch die Einkünfte, die aus einer Tätigkeit oder einem Rechtsverhältnis des Rechtsvorgängers stammen, die jedoch dem Rechtsnachfolger zugeflossen sind. Rechtsnachfolger ist zum einen, auf wen durch Erbfall als **Erbe** oder **Vermächtnisnehmer** die Ansprüche übergegangen sind.

Rechtsnachfolger i. S. dieser Vorschrift ist **nicht**, wem Einnahmen kraft unentgeltlichen Rechtsgeschäfts unter Lebenden während der Lebenszeit des früheren Rechtsinhabers zufließen (BFH, BStBl 1990 II 377 [379]).

Die **unentgeltliche Einzelrechtsnachfolge (Schenkung)** fällt nach wohl h. M. unter die Vorschrift (vgl. zum Meinungsstand BFH, BStBl 1994 II 455). Nach H 171 „Rechtsnachfolger" gilt § 24 Nr. 2 auch bei Einzelrechtsnachfolge. Nachträgliche Einkünfte in diesem Sinne sind nur solche, die der Rechtsvorgänger bereits erwirtschaftet hat, aber erst dem Rechtsnachfolger zufließen. Es liegen nachträgliche Einkünfte aus künstlerischer Tätigkeit vor, wenn die Erbin eines Kunstmalers zum Nachlaß gehörende Bilder veräußert (BFH, BStBl 1993 II 746).

Nicht jedoch fallen unter diese Vorschrift die Einkünfte, die der Rechtsnachfolger durch **eigene Tätigkeit** erzielt hat.

Vgl. **H 171** „Rechtsnachfolger".

Beispiele:
1. Der Verstorbene war Arbeitnehmer. Seiner Witwe bzw. seinem Erben fließen noch einige Gehälter nach dem Tode zu. Beim Rechtsnachfolger liegen Einkünfte aus § 19 i. V. m. § 24 Nr. 2 vor.
2. Der Verstorbene war Freiberufler, seine Witwe zieht noch die ausstehenden Honorarforderungen ein. Die Witwe erzielt nachträgliche Einkünfte aus § 18 Abs. 1 Nr. 1 i. V. m. § 24 Nr. 2.

3. Die Witwe eines Arztes läßt die Praxis eine Zeit lang durch einen Arztvertreter führen. In diesem Falle hat sie Einkünfte aus Gewerbebetrieb, weil sie die Voraussetzungen als Berufsträger nicht erfüllt. Es liegen keine Einkünfte aus Rechtsnachfolge vor, weil es sich hier um eigene Einkunftserzielung handelt.
4. Der Erblasser war Schriftsteller. Er hatte ein Manuskript zwar fertiggestellt, aber die Erben haben selbständig mit einem Verlag einen Verlagsvertrag abgeschlossen. In diesem Falle haben die Erben Einkünfte aus Vermietung und Verpachtung aufgrund der Überlassung von zeitlich begrenzten Rechten (§ 21 Abs. 1 Nr. 3). Sie haben keine Einkünfte aus freiberuflicher Tätigkeit als Rechtsnachfolger, weil sie die Einkünfte selbst durch Abschluß des Verlagsvertrages erzielt haben.
5. Anders ist jedoch die Rechtslage, wenn ein Buch bereits aufgelegt war und die Erben lediglich aufgrund der Tätigkeit des Erblassers die Honorare aus den Buchverkäufen beziehen. Im letzteren Falle handelt es sich um Einkünfte als Rechtsnachfolger aus § 18 Abs. 1 Nr. 1, weil hier lediglich der Zufluß bei den Erben erfolgt.

Keine Anwendung findet § 24 Nr. 2 bei **entgeltlicher** Abtretung künftiger Erträgnisansprüche.

Hier liegen aber z. B. Einnahmen vor in den Fällen des

- § 20 Abs. 2 Nr. 2
- § 20 Abs. 2 Nr. 3.

Auch bei **unentgeltlicher Abtretung** künftiger Erträgnisansprüche bei fortbestehendem Rechtsverhältnis bzw. fortbestehender Tätigkeit des Abtretenden liegt kein Fall des § 24 Nr. 2 vor.

Die Zurechnung der Einnahmen erfolgt hier beim Abtretenden und nicht beim Abtretungsempfänger.

11.4 Nutzungsvergütungen (§ 24 Nr. 3 EStG)

Nach § 24 Nr. 3 stellen Nutzungsvergütungen für die Inanspruchnahme von Grundstücken für öffentliche Zwecke, sowie Zinsen auf solche Nutzungsvergütungen und auf Entschädigungen, die mit der Inanspruchnahme von Grundstücken für öffentliche Zwecke zusammenhängen, steuerpflichtige Einnahmen dar.

Dem Gesetzgeber schien für diese Zahlungen eine besondere steuerliche Vergünstigung geboten, da die Nutzungsvergütungen nebst Zinsen für die Inanspruchnahme von Grundstücken für öffentliche Zwecke häufig erst nach längerer Zeit und sodann in einem Betrag gezahlt werden, um die hierdurch eintretende Kumulationswirkung zu mindern. Aus diesem Grunde war es gesetzestechnisch erforderlich, eine Sondervorschrift zu schaffen.

In der Regel jedoch wird es sich hierbei um **Gewinneinkünfte** oder Einkünfte aus **Vermietung** und **Verpachtung** handeln. Zu beachten ist jedoch, daß Einkünfte i. S. des § 24 Nr. 3 nur dann nach § 34 Abs. 2 Nr. 2 tarifbegünstigt sind, soweit sie **insgesamt** für einen Zeitraum von mehr als 3 Jahren nachgezahlt werden (BFH, BStBl 1994 II 640). Nach BFH (BStBl 1985 II 463) ist die gesamte Nachzahlung tarifbegünstigt, nicht nur der Teilbetrag, der auf den drei Jahre übersteigenden Teil des Nachzahlungszeitraumes entfällt.

> **Beispiel:**
> A ist Landwirt. Er erhält von der Bundesstraßenverwaltung für den Abrechnungszeitraum 01–04 eine Zinsnachzahlung für Nutzungsvergütungen von 120 000 DM. Hiervon entfielen jeweils 30 000 DM auf ein Kalenderjahr.
> Die gesamte Zinsnachzahlung ist nach §§ 24 Nr. 3, 34 Abs. 2 Nr. 2 tarifbegünstigt.
> Es liegen Einkünfte aus **§ 13** vor (BFH, BStBl 1994 II 840).

12. Zugewinnausgleich und Versorgungsausgleich

12.1 Zugewinnausgleich

a) Grundsätze

Lebten Eheleute im Güterstand der Zugewinngemeinschaft, steht bei **Ehescheidung** dem Ehegatten, der während der Ehe einen geringeren Vermögenszuwachs erlangt hat, gegen den anderen Ehegatten ein **Zugewinnausgleichanspruch** nach § 1371 ff. BGB in Höhe der Hälfte des Mehrgewinns des anderen Ehegatten zu. Der Zugewinnausgleich zwischen den Ehegatten spielt sich einkommensteuerlich **grds.** auf der **Vermögensebene** ab.

Nimmt der ausgleichsverpflichtete Ehegatte ein **Darlehn** auf, um den Zugewinnausgleichsanspruch abzufinden, sind die **Schuldzinsen** nicht abzugsfähig, weil sie nicht mit einer Einkunftsart im Zusammenhang stehen (BFH, BStBl 1993 II 751 – keine WK bei § 21). Es liegt **auch keine außergewöhnliche Belastung** i. S. des § 33 des ausgleichsverpflichteten Ehegatten vor, weil die Ausgleichsverpflichtung das **Vermögen** des Ausgleichsverpflichteten belastet und nicht dessen Einkommen. Gleiches gilt für die Zinsen auf ein aufgenommenes Darlehn, um den Ausgleichsanspruch des anderen Ehegatten zu erfüllen.

Der ausgleichsberechtigte Ehegatte hat hinsichtlich der **Abfindung** für den Zugewinnausgleich grds. **keine Einkünfte.**

Anders bei der Vereinbarung **wiederkehrender Bezüge** zur Abgeltung des Zugewinnausgleichsanspruchs. Hier gilt nach langjähriger Auffassung:

- Handelt es sich um eine **kaufmännisch abgewogene Leibrente,** gelten die Grundsätze der **privaten Veräußerungsleibrente:** Der Verpflichtete kann den Ertragsanteil als Sonderausgabe nach § 10 Abs. 1 Nr. 1a abziehen; der Berechtigte hat den Ertragsanteil nach § 22 Nr. 1 zu versteuern.
- Sind die Bezüge **nicht gleichmäßig,** so daß eine dauernde Last anzunehmen ist, ist zunächst eine **steuerneutrale Verrechnung** der Bezüge/Leistungen mit der **Zugewinnausgleichsforderung** vorzunehmen. Nach Abschluß der Verrechnung sind die weiteren Leistungen in voller Höhe als Sonderausgaben nach § 10 Abs. 1 Nr. 1a abzugsfähig; der Empfänger muß die Bezüge in voller Höhe nach § 22 Nr. 1 versteuern (BFH, BStBl 1986 II 674, vgl. hierzu auch K 9.1).

Die Behandlung als wiederkehrende Bezüge/Leistungen ist **fraglich geworden** aufgrund BFH, BStBl 1992 II 612, BStBl 1992 II 609; BFH v. 25. 11. 1992, DB 1993, 665; BFH, BStBl 1993 II 298. Danach ist von einer Ausdehnung der Wertverrechnung auszugehen. Dann wären die **gesamten Leistungen** während der **gesamten Laufzeit** nicht abziehbar, weil die Rente in „**Kaufpreisraten**" umgedeutet wird. Der **Zinsanteil** fällt dann unter **§ 12 Nr. 1.**

b) Sachwertabfindungen

Steuerlich von Bedeutung können außerdem **Sachwertabfindungen** sein. Wird der ausgleichsberechtigte Ehegatte mit einem **Sachwert** abgefunden, der dem Wert des Zugewinnausgleichsanspruchs – bei kaufmännischer Abwägung von Leistung und Gegenleistung – entspricht, liegt ein **entgeltliches** Geschäft vor. Der ausgleichsberechtigte Ehegatte, der z. B. ein Grundstück zum Ausgleich erhalten hat, hat in Höhe des Zugewinnausgleichsanspruchs **Anschaffungskosten** hinsichtlich dieses Grundstücks, weil der Verzicht auf diesen Zugewinnausgleichsanspruch die Gegenleistung für das erworbene Grundstück darstellt. Der Wert des Zugewinnausgleichsanspruchs stellt daher, soweit er auf das Gebäude entfällt, AfA-Bemessungsgrundlage für das Gebäude dar.

Wird der ausgleichsberechtigte Ehegatte mit **Wirtschaftsgütern** eines **Betriebsvermögens** abgefunden, so soll hinsichtlich dieser Wirtschaftsgüter eine **Entnahme** aus dem Betriebsvermögen vorliegen, mit der Folge, daß ein **Entnahmegewinn** bzw. -verlust zu erfassen ist. (Vgl. hierzu BFH, BStBl 1982 II 18.) U. E. liegt ein tauschähnlicher Vorgang und damit **Veräußerung** vor. Lediglich die Gegenleistung wird entnommen.

Geldentnahmen zur Abfindung des Zugewinnausgleichsanspruchs führen zu einer privaten Verbindlichkeit, soweit das betriebliche Bankkonto durch diese Geldentnahme überzogen wird, bzw. indem sich ein Kontokorrentkredit erhöht. Das hat zur Folge, daß die Schuldzinsen für diesen Kredit, soweit er durch die Entnahme verursacht ist, **nicht** als **Betriebsausgaben** abgezogen werden dürfen (vgl. BFH, BStBl 1983 II 725; BFH, NV 1986, 24). Eine laufende „Umschuldung" nach den Grundsätzen von BFH, BStBl 1985 II 510 und 619 sowie BFH GrS, BStBl 1990 II 817 ist aber möglich, insbesondere nach dem sogenannten **Zweikontenmodell.**

12.2 Versorgungsausgleich

Wird eine **Ehe geschieden,** findet zwischen den Ehegatten ein **Versorgungsausgleich** statt, soweit für sie oder einen von ihnen in der Ehezeit Anwartschaften oder Aussichten auf eine Versorgung wegen Alters, Berufs- oder Erwerbsunfähigkeit der in § 1587a Abs. 2 BGB genannten Arten begründet oder aufrechterhalten worden sind (§ 1587 BGB).

Ausgleichspflichtig ist der Ehegatte mit den **werthöheren** Anwartschaften oder Aussichten auf eine auszugleichende Versorgung. Dem hiernach berechtigten Ehegatten steht die Hälfte des Wertunterschiedes als Ausgleich zu. Die **ausgleichspflichtigen Renten** × **Versorgungsbezüge** ergeben sich aus § 1587 BGB. Hierunter fallen insbesondere die **Versorgungsanwartschaften** aus einem **öffentlich-rechtlichen Dienstverhältnis**, Renten- oder Rentenanwartschaften aus den **gesetzlichen Rentenversicherungen**, Leistungen, Anwartschaften oder Aussichten auf Leistungen der **betrieblichen Altersversorgung**, und **sonstige Renten** oder ähnliche wiederkehrende Leistungen, die der Versorgung wegen Alters-, Berufs- oder Erwerbsunfähigkeit zu dienen bestimmt sind, ebenso auch Rentenanwartschaften aufgrund eines Versicherungsvertrages. Der Ausgleich vollzieht sich grundsätzlich als ein **öffentlich-rechtlicher Anspruch** (§§ 1587a ff. BGB).

Formen:

a) **„Rentensplitting"** (§ 1587b Abs. 1 BGB),

b) **„Quasi-Splitting"** = „fiktive Nachversicherung" (§ 1587b Abs. 2 BGB) und **„Renteneinkauf"** (§ 1587b Abs. 3 BGB).

c) Daneben sieht die Regelung einen **schuldrechtlichen** Versorgungsausgleich vor, der sich nach den Vorschriften § 1587f bis 1587n BGB regelt. Er ist im wesentlichen auf die Fälle anwendbar, in denen wegen gewisser Wartezeiten ein Anwartschaftsrecht noch nicht entstanden ist.

Darüber hinaus können anstelle des öffentlich-rechtlichen Versorgungsausgleichsanspruchs und auch des schuldrechtlichen Versorgungsanspruchs **Parteivereinbarungen** treten, die allerdings vom Familiengericht genehmigt werden müssen (§ 1587o BGB). Eine derartige Vereinbarung muß auch notariell beurkundet werden, damit sie zivilrechtlich anerkannt wird.

12.2.1 Öffentlich-rechtlicher Versorgungsausgleich

Der öffentlich-rechtliche Versorgungsausgleich vollzieht sich nach dem Gesetzeswortlaut in drei Formen. Diese ergeben sich aus der Art der Altersversorgung.

a) Die Übertragung von Anwartschaften (§ 1587b Abs. 1 BGB) (= **Rentensplitting),**

b) Begründung von Anwartschaften in einer gesetzlichen Rentenversicherung durch fiktive Nachversicherung (§ 1587b Abs. 2 BGB) (= **Quasi-Splitting),**

c) Die Begründung von Anwartschaften in einer gesetzlichen Rentenversicherung durch eigene Ausgleichszahlungen des Unterhaltsverpflichteten (§ 1587b Abs. 3 BGB) (= **Renteneinkauf.** § 1587b Abs. 3 Satz 1 BGB ist **nichtig** (BVerfG, Urteil vom 27.1.1983, BGBl I 375); ersetzt m. W. vom 1.4.1983 durch Härteregelungsgesetz vom 21.2.1983 (BGBl I 105) und ÄndG (BGBl 1986 I 301).

Ist der geschiedene Ehegatte, der während der Ehe Rentenanwartschaften einer gesetzlichen Rentenversicherung erworben hat, ausgleichsverpflichtet, so werden auf den anderen Ehegatten Rentenanwartschaften übertragen (sogenanntes **Rentensplitting**). Diese Art der Übertragung vollzieht sich im Rahmen der gesetzlichen Rentenversicherung.

Später beziehen beide Ehegatten Einkünfte aus § 22 Nr. 1. Die Übertragung von Anwartschaften von ausgleichsverpflichteten Ehegatten an den ausgleichsberechtigten Ehegatten bewegt sich innerhalb der **Vermögenssphäre** der geschiedenen Ehegatten (BMF vom 20.7.1981, BStBl 1981 I 567). Somit werden durch die **Übertragung** der Anwartschaft **selbst keine einkommensteuerlichen Vorgänge** ausgelöst. Der Ausgleichsverpflichtete hat die **Sozialversicherungsbeiträge** seinen Bruttobezügen entsprechend ungekürzt weiter zu entrichten, die er im Rahmen des § 10 Abs. 3 als **Sonderausgaben** berücksichtigen kann (BMF vom 20.7.1981, a.a.O.).

Füllt der Ausgleichsverpflichtete durch die Entrichtung von Beiträgen an den Versicherungsträger seinen Versorgungsanspruch i.S. der §§ 1304a Abs. 6 RVO, § 83 Abs. 6 AVG, § 98a Abs. 6 RKnappG wieder auf, erfüllen diese Beiträge grundsätzlich die Voraussetzungen des § 10 Abs. 1 Nr. 2a (Abzug im Rahmen der Höchstbeträge des § 10 Abs. 3).

Die Begründung von Anwartschaften, bei denen **Beiträge** wie im Falle der Beamtenpension **tatsächlich nicht entrichtet** werden, ist einkommensteuerlich **ohne Auswirkungen**. Der ausgleichsberechtigte Ehegatte erhält keine Einkunftsquelle. Der **Ausgleich** spielt sich auf der **Vermögensebene** ab (BMF, a.a.O.).

Erhält der Ausgleichsverpflichtete die infolge Ausgleichs gekürzten **Versorgungs**bezüge später ausgezahlt, so hat er die tatsächlich zugeflossenen gekürzten Versorgungsbezüge nach § 19 Abs. 1 Nr. 2 zu versteuern (vgl. Herrmann/Heuer/Raupach, EStG, Anm. 95 zu § 19). Hierbei ist der Versorgungsfreibetrag von 40 % der Bezüge, höchstens jedoch 6 000 DM jährlich, zu berücksichtigen (§ 19 Abs. 2).

Beim geschiedenen Ehegatten liegen dagegen Einkünfte aus § 22 Nr. 1 vor. Zahlt der Ausgleichspflichtige einen **Kapitalbetrag** an den Dienstherrn, um die Minderung seiner Pensionsbezüge auszugleichen (§ 58 Beamtenversicherungsgesetz), sind diese Zahlungen uE als **Sonderausgaben** zu behandeln. Es handelt sich hier um Beiträge zu einer gesetzlichen Versicherung. Entgegen Stuhrmann, DStR 1977, 468 ff., handelt sich daher **nicht** um **vorweggenommene Werbungskosten** i. S. des § 19.

Vgl. hierzu auch BFH, BStBl 1986 II 747 (Rentenversicherungsbeiträge keine WK).

Umstritten ist jedoch, wie die **Auffüllung** von Rentenanwartschaften zu behandeln ist. Nach Ansicht der Verwaltung (BMF-Schreiben, a. a. O.) kann der Verpflichtete die **einmalige** Zahlung oder die **Raten**zahlungen **nicht** steuerlich geltend machen. Entsprechend sind diese dem Ausgleichsberechtigten nicht als wiederkehrende Bezüge zuzurechnen.

Leistungen eines Ausgleichspflichtigen nach **§ 1587b Abs. 3 BGB** (soweit noch erfolgt) in Form von **Raten** oder **Rentenzahlungen** an einen gesetzlichen Versicherungsträger sind weder nach § 10 Abs. 1 Nr. 2 als Sonderausgaben abzugsfähig, da Voraussetzung für die Abzugsfähigkeit von Sonderausgaben ist, daß der Zahlende gleichzeitig Versicherungsnehmer ist, noch liegen Werbungskosten oder außergewöhnliche Belastungen vor (BFH, BStBl 1984 II 106).

Die **Rentenzahlungen** an den anspruchsberechtigten Ehegatten aufgrund des öffentlich-rechtlichen Vermögensausgleichs sind also regelmäßig **stpfl.** sonstige Einkünfte gemäß § 22 Nr. 1 (Ansatz mit dem Ertragsanteil). Sie beruhen auf einem eigenen Rentenstammrecht des Empfängers und stellen somit keine freigestellten Zuwendungen i. S. des § 12 Nr. 2, § 22 Nr. 1 S. 2 dar.

12.2.2 Schuldrechtlicher Versorgungsausgleich

Der schuldrechtliche Versorgungsausgleich ist, ebenso wie der öffentlich-rechtliche Versorgungsausgleich, ein gesetzlicher Anspruch. Der schuldrechtliche Versorgungsausgleich kommt insbesondere nach **§ 1587 f.** BGB in Betracht, wenn die Begründung von Rentenanwartschaften in einer gesetzlichen Rentenversicherung nicht möglich ist, weil z. B. die Mindestzeiten noch nicht erfüllt sind. Das wäre der Fall, wenn der ausgleichsverpflichtete Ehegatte im Zeitpunkt der Ehescheidung noch keine 60 Monate Beitragsleistungen geleistet hat. Gleiches gilt im öffentlichen Dienst, wenn der Ausgleichsverpflichtete die Voraussetzungen für eine Pensionsanwartschaft noch nicht erfüllt hat, weil die Mindestzeiten noch nicht abgelaufen sind. Der schuldrechtliche Versorgungsausgleich erfolgt

– entweder durch Zahlung einer **Geldrente (Ausgleichsrente)** nach Maßgabe des § 1587g Abs. 1 BGB, oder

– statt der laufenden Zahlungen in Form der **Abtretung von Versorgungsansprüchen** nach Maßgabe des § 1587i Abs. 1 BGB oder

– in der Form einer **Abfindung** (§ 1587l BGB), die allerdings **nur** in Form von **Zahlungen an eine gesetzliche Renten-, private Renten-** oder **Lebensversicherung** gewährt werden darf (§ 1587i Abs. 3 BGB).

Wird der Versorgungsausgleich in der Form einer **Rente** gewährt **(§ 1587g Abs. 1 BGB)**, ist es fraglich, ob der Ausgleichsverpflichtete diese nach § 10 Abs. 1 Nr. 1a als Rente bzw. dauernde Last wie Sonderausgaben abziehen kann. Hier ist der Vorbehalt des § 12 Nr. 2 zu beachten. Danach besteht ein Abzugsverbot solcher Leistungen an eine gesetzlich unterhaltsberechtigte Person. Für die gesetzliche Unterhaltsberechtigung genügt schon ein **potentieller** Unterhaltsanspruch, um die Abzugsfähigkeit auszuschließen (BFH, BStBl 1970 II 177).

Die Versorgungsrente schließt einen Unterhaltsanspruch des ausgleichsberechtigten Ehegatten nicht aus (vgl. § 1571 ff., 1576 BGB). Für Abzugsverbot Stuhrmann, DStR 1977, 468, dagegen Labus, BB 1977, 1041 und Tiemann/Ferger, NJW 1977, 2137. U.E erfolgt die Erfüllung des Versorgungsausgleichanspruches durch die Vereinbarung der Rentenverpflichtung selbst. Der in den einzelnen Rentenzahlungen enthaltene Ertragsanteil stellt daher (vorbehaltlich der „neuen" BFH-Grundsätze einer privaten Veräußerungsleibrente) abzugfähige Sonderausgaben dar, die von § 12 Nr. 2 nicht berührt werden. Fraglich ist auch, ob die Ausgleichsrente nach § 1587g Abs. 1 BGB als Unterhaltszahlung nach § 33a Abs. 1 abzugsfähig ist. U.E handelt es sich bei der Ausgleichsrente zur Abgeltung des Versorgungsausgleichs **nicht** um eine Unterhaltszahlung i.S. des § 33a Abs. 1. Nach dem BMF-Schreiben (a.a.O.) kann der **Ausgleichsverpflichtete** die Zahlung **wegen** der **Abänderbarkeit** nach § 1587g Abs. 3 BGB nach § 10 Abs. 1 Nr. 1a sogar als **dauernde Last** in **voller** Höhe abziehen, wenn der schuldrechtliche Versorgungsausgleich durch Zahlung einer Geldrente (§ 1587g BGB) bzw. Rente auf Lebenszeit des Berechtigten (§ 1587k Abs. 2 BGB) bewirkt wird. Der **Ausgleichsberechtigte** hat die Zahlungen als wiederkehrende Bezüge nach § 22 Nr. 1 Satz 1 EStG in **voller** Höhe zu versteuern; vgl. Abänderungsklausel § 1587g Abs. 3 i.V.m. § 1587b Abs. 2.

Ist der Versorgungsausgleich in der Weise vollzogen worden, daß dem Ausgleichsberechtigten **Versorgungsansprüche abgetreten** wurden, so hat der ausgleichsberechtigte Ehegatte **keine eigene Einkunftsquelle** erhalten, weil die Abtretung von Ansprüchen nur **schuldrechtlichen** Charakter hat und sie lediglich eine **Verfügung** des verpflichteten Ehegatten über die zustehenden Vermögenswerte darstellt. Beim Ausgleichsverpflichteten sind (so BMF-Schreiben a.a.O.) die Versorgungsbezüge auch insoweit zu erfassen, als sie wegen der Abtretung nicht ihm, sondern dem Ausgleichsberechtigten zufließen. Der Ausgleichsverpflichtete soll jedoch den jeweils abgetretenen Teil der Versorgungsleistungen als **dauernde Last** in **voller Höhe** abziehen können. Der Ausgleichsberechtigte soll die **anteiligen** Versorgungsbezüge als wiederkehrende Bezüge nach § 22 Nr. 1 Satz 1 voll zu versteuern haben (ebenso Stuhrmann, FR 1981, 485).

U.E. ist der oben genannte Erlaß insoweit überholt.

Nach BFH, BStBl 1992 II 609 und 612 ist **sowohl** bei einer **Rente** als auch bei einer **dauernden Last** von einer „erweiterten" Wertverrechnung auszugehen (d.h. **insgesamt** Abzugsverbot). Der Zinsanteil fällt dann somit unter das Abzugsverbot des § 12 Nr. 1)

Hat der ausgleichspflichtige Ehegatte dem anderen Ehegatten eine Abfindung in Form von **Zahlungen** in eine **gesetzliche Renten-** oder **private Renten-** oder **Lebensversicherung** gewährt, so sind diese Zahlungen im Zweifel **nicht** als Sonderausgaben abzugsfähig, weil der Versicherungsnehmer möglicherweise der Versorgungsausgleichsberechtigte ist (so auch Herrmann/Heuer/Raupach, EStG, § 10 Anm. 130).

Schuldzinsen und andere Kreditkosten für die Aufnahme eines Kredits zur **Finanzierung** des anläßlich einer Ehescheidung nach § 1587o BGB vereinbarten **Versorgungsausgleichs** können als **vorab entstandene Werbungskosten** bei den Einkünften i.S. des § 22 Nr. 1 abziehbar sein (BFH, BStBl 1993 II 867).

12.2.3 Sonstige Vereinbarungen über den Versorgungsausgleich

Anstelle des öffentlich-rechtlichen Versorgungsausgleichs und auch anstelle des schuldrechtlichen Versorgungsausgleichs, der durch das Familiengericht festgesetzt wird, können die Eheleute im Rahmen der Scheidung eine **Vereinbarung** über den Ausgleich von Anwartschaften oder Anrechten auf eine Versorgung wegen Alters, Berufs- oder Erwerbsunfähigkeit schließen. Anstelle eines gesetzlichen Anspruchs wird hier ein **vertraglicher** Anspruch begründet.

Schließt der Ausgleichsverpflichtete zum Ausgleich für den Ausgleichsberechtigten eine **Lebensversicherung** ab, so ist der Ausgleichsverpflichtete **nur** zum **Sonderausgabenabzug** berechtigt, **wenn** er **Versicherungsnehmer** ist. Allerdings ist die Abzugsfähigkeit im Rahmen der **Höchstbeträge** des § 10 Abs. 3 begrenzt.

Wird der Ausgleichsanspruch in Form einer privaten Vereinbarung durch eine **Geldrente** ausgeglichen, so ist auch hier fraglich, ob diese Leistungen als dauernde Last i.S. des § 10 Abs. 1 Nr. 1a als Sonderausgabe abzugsfähig sind. Es handelt sich hier zwar um eine Leistung an eine gesetzlich unterhaltsberechtigte Person, es fragt sich aber, ob in diesem Falle überhaupt eine Zuwendung vorliegt. Behandelt man den Ausgleichsanspruch ähnlich dem Zugewinnausgleichsanspruch als **vermögensrechtlichen Anspruch**, so liegt ein **entgeltliches** Geschäft vor, wenn der Anspruch auf Versorgungsausgleich durch ein anderes Rechtsgeschäft erfüllt wird und somit der Ausgleichsberechtigte auf den gesetzlichen Ausgleich verzichtet. In diesem Falle müßte eine Zuwendung **verneint** werden (siehe auch oben 11.2.2). Wiederum droht nämlich auch hier die erweiterte Wertverrechnung nach BFH, BStBl 1992 II 609, 612.

Das bedeutet, daß der Zinsanteil nach § 12 Nr. 1 **nicht** abzugsfähig wäre.

L. Altersentlastungsbetrag (§ 24a EStG)

1. Altersentlastungsbetrag (§ 24a EStG)

1.1 Zweck

Dieser Freibetrag mildert als Ergänzung zum Versorgungsfreibetrag (§ 19 Abs. 2) und zur Besteuerung von Leibrenten lediglich mit ihrem Ertragsanteil (§ 22 Nr. 1) die volle tarifliche Besteuerung aller übrigen Einkünfte bei mindestens 64 Jahre alten Personen.

Obwohl der Altersentlastungsbetrag (AEB) wegen der Anknüpfung an die Vollendung eines bestimmten Lebensjahres tariflichen Charakter hat, wird er gemäß § 2 Abs. 3 infolge der rechnerischen Einkunftsbezogenheit bereits von der Summe der Einkünfte zur Ermittlung des Gesamtbetrags der Einkünfte abgezogen. Vgl. R 171a.

1.2 Voraussetzung

Voraussetzung für den AEB ist dem Grunde nach, daß der Stpfl. **vor dem Beginn des VZ,** in dem er sein Einkommen bezogen hat, **das 64. Lebensjahr vollendet hat.**
Für die Lebensaltersberechnung gelten die §§ 108 Abs. 1 AO i. V. m. § 187 Abs. 2 Satz 2, 188 Abs. 2 BGB.

Beispiele:
1. Ein am **2. 1. 1933 geborener** Stpfl. vollendet mit Ablauf des 1. 1. 1997 sein 64. Lebensjahr (§ 108 Abs. 1 AO i. V. m. §§ 187 Abs. 2 Satz 2, 188 Abs. 2 BGB).
   Er kann daher für den **VZ 1997 keinen AEB** erhalten.
2. Geburtsdatum: 1. 1. 1933: Vollendung des 64. Lebensjahres mit Ablauf des 31. 12. 1996, 24 Uhr, daher AEB bereits für VZ 1997.

1.3 Bemessungsgrundlage (§ 24a Satz 1 EStG)

Der AEB bemißt sich nach der Höhe
- des **Arbeitslohns** zuzüglich
- der **positiven Summe der Einkünfte, die nicht solche aus nichtselbständiger Arbeit sind.**

Es handelt sich dabei um zwei voneinander unabhängige Bemessungsgrundlagen.

a) Nur **steuerpflichtiger** Arbeitslohn gehört zur Bemessungsgrundlage, weil es Sinn der Vorschrift ist, steuerpflichtige Einkünfte einkommensteuerlich zu entlasten.

Beispiel:
Ein Stpfl. erhält außer seinem Gehalt von 6 000 DM eine Heiratsbeihilfe von 1 000 DM.
Zum **Arbeitslohn** gehört nur der den gemäß § 3 Nr. 15 steuerfreien Betrag von 700 DM übersteigende Teil der **Beihilfe von 300 DM.**

Nicht abzuziehen sind jedoch nach Sinn und Zweck der Vorschrift der Arbeitnehmer-Pauschbetrag (§ 9a Nr. 1) oder die nachgewiesenen höheren Werbungskosten (§ 9). Das dient der Vereinfachung des Lohnsteuerabzugs und wurde vom Gesetzgeber bewußt in Kauf genommen.
Nicht zum Arbeitslohn gehören **Versorgungsbezüge** i. S. § 19 Abs. 2 (§ 24a Satz 2).

b) **Rückzahlung von Arbeitslohn**

Zurückgezahlter Arbeitslohn ist eine „**negative Einnahme**", die bei der Einkunftsermittlung mit positiven Einnahmen aus § 19 zu verrechnen ist.

Dies kann bei der Ermittlung des AEB nur eingeschränkt gelten, da er hinsichtlich der Bemessungsgrundlage „Arbeitslohn" eindeutig an den Lohnsteuerabzug anknüpft.

- Bei Rückzahlung an **denselben** Arbeitgeber, der im Jahr des Rückflusses die LSt einbehält, mindert sich die Bemessungsgrundlage Arbeitslohn. Der Arbeitgeber kann die LSt von dem um die Rückzahlung geminderter Arbeitslohn berechnen.

- Bei **fehlender Identität des Arbeitgebers** scheidet eine Saldierung bei der LSt bereits in technischer Hinsicht aus. M. E. ist zusätzlich darauf abzustellen, ob es sich um Arbeitslohn des laufenden Jahres (Saldierung) oder früherer Jahre (keine Saldierung) handelt.

Außerdem müßte bei einer Minderung der Bemessungsgrundlage der bei der LSt berücksichtigte AEB ganz oder teilweise rückgängig gemacht werden. Dies widerspricht jedoch dem Sinn und Zweck der Vorschrift. Im übrigen wäre hierzu ein eigener Veranlagungstatbestand nach § 46 erforderlich.

Auch eine Minderung der „**positiven Summe der übrigen Einkünfte**" scheidet aus, da Arbeitslohn und übrige Einkünfte isoliert zu behandeln sind.

Beispiele:

1. Arbeitslohn 02 von Arbeitgeber A — 9 000 DM
   Rückzahlung von Arbeitslohn für 01 in 02 an früheren Arbeitgeber B — 2 500 DM
   Der AEB wird u. E. nach dem Arbeitslohn von 9 000 DM bemessen: 40% von 9 000 DM = 3 600 DM
2. Einkünfte aus § 18 — 9 000 DM
   Kein Bezug von Arbeitslohn, sondern lediglich Rückzahlung von Arbeitslohn von 2 000 DM.
   Bemessungsgrundlage für den AEB: 9 000 DM.

c) „Positive Summe der übrigen Einkünfte"

Unter Einkünften i. S. § 24a sind die nach § 2 Abs. 2 Nr. 1 oder 2 ermittelten **Einkünfte im steuertechnischen Sinn** zu verstehen, nicht also etwa die Einnahmen i. S. § 8.

Verluste innerhalb der „übrigen Einkünfte":

Sind einzelne nicht aus Arbeitslohn bestehende Einkünfte **negativ**, so sind sie nach Möglichkeit mit den positiven Einkunftsergebnissen dieser Gruppe auszugleichen. Dadurch mindert sich die Bemessungsgrundlage für den AEB. Aus dem Wortlaut der Vorschrift kann nicht geschlossen werden, daß nur die Summe positiver Einkünfte zu bilden sei, Verluste aber außer Betracht zu lassen seien (Herrmann/Heuer/Raupach, EStG, § 24a S. 3).

Beispiel:

Arbeitslohn	6 000 DM
Einkünfte aus § 15	30 000 DM
Einkünfte aus § 21	./. 28 000 DM
Die **positive Summe** der übrigen Einkünfte beträgt	2 000 DM
+ Arbeitslohn	6 000 DM
Bemessungsgrundlage für den AEB	8 000 DM

Wird die Summe **negativ**, so ist sie **nicht** etwa mit dem Betrage des **Arbeitslohns zu verrechnen.** Denn eine Verrechnung würde wieder dazu führen, daß der beim Lohnsteuerabzug berücksichtigte AEB im Rahmen der Veranlagung zur Einkommensteuer ganz oder teilweise rückgängig gemacht werden müßte. Dies widerspricht aber Sinn und Zweck der Vorschrift.

Beispiel:

Arbeitslohn	7 000 DM
Einkünfte aus § 15	20 000 DM
Einkünfte aus § 21	./. 25 000 DM
negative Summe der übrigen Einkünfte	./. 5 000 DM

Der AEB beträgt 40% von 7 000 DM = 2 800 DM.

Der Betrag von ./. **5 000 DM** ist also **nicht** mit dem Arbeitslohn **zu verrechnen.**

d) Nicht zur positiven Summe der übrigen Einkünfte gehörende Einkünfte

Nach § 24a S. 2 sind hier **nicht** anzusetzen

- Einkünfte aus **Leibrenten-Ertragsanteilen i. S. § 22 Nr. 1a**
- steuerpflichtige Abgeordnetenbezüge (§ 22 Nr. 4).

Beispiele:

1. Ein 67jähriger Stpfl. bezieht **Altersruhegeld** aus der Sozialversicherung von 12 000 DM und eine nicht auf eigener Beitragsleistung beruhende Zusatzrente vom Arbeitgeber **(Werkspension)** von 6 000 DM.

    Ein AEB ist nicht abzuziehen, weil die Summe der Einkünfte **nur** aus Leibrenten-Ertragsanteilen (§ 22 Nr. 1 S. 3 Buchstabe a) und Versorgungsbezügen (§ 19 Abs. 1 Nr. 2) besteht.

2. Der Stpfl. bezieht **Arbeitslohn** aus einem gegenwärtigen Dienstverhältnis in Höhe von 8 000 DM sowie eine **Beamtenpension von 6 000 DM.**

    Zur Bemessungsgrundlage des AEB gehört **nur** der **laufende Arbeitslohn**.

Jedoch gehören **sonstige** wiederkehrende Bezüge i. S. § 22 Nr. 1 Satz 1, die mit dem vollen Betrag zu versteuern sind, und Einkünfte aus Unterhaltsleistungen (§ 22 Nr. 1a) zur Bemessungsgrundlage.

Beispiel:

Der Stpfl. bezieht Einkünfte aus § 20 von 5 000 DM sowie seiner Versorgung dienende monatliche Zahlungen von 400 DM von seinem in Holland lebenden Sohn. Die Zahlungen beruhen auf einem notariellen Vertrag des Stpfl. mit seinem Sohn und hängen nicht mit einer Gegenleistung zusammen. Eine Abänderbarkeit nach dem Rechtsgedanken des § 323 ZPO ist nicht ausdrücklich im Vertrag ausgeschlossen worden.

Bei den Zahlungen des Sohnes handelt es sich um wiederkehrende Bezüge i. S. § 22 Nr. 1 Satz 1, die vom Empfänger mit dem vollen Betrag versteuert werden müssen. Denn es mangelt den Bezügen infolge des stillschweigenden Vorbehalts der Abänderungsmöglichkeit nach § 323 ZPO an dem für die Annahme einer Leibrente erforderlichen Merkmal der Gleichmäßigkeit (BFH, BStBl 1975 II 881, H 167 „Vertraglich vereinbarte Leistungen – 3. Unterhaltsverträge").

Die Bezüge sind dem Empfänger auch als gesetzlich unterhaltsberechtigte Person zuzurechnen, da der Geber nicht unbeschränkt steuerpflichtig ist und somit die Wechselwirkung zwischen Nichtabzugsfähigkeit der Zuwendung gemäß § 12 Nr. 2 und Nichtansatz nach § 22 Nr. 1 Satz 2 nicht wirksam werden kann.

Einkünfte aus § 20	5 000 DM	
Einkünfte aus § 22 Nr. 1 Satz 1		4 800 DM
./. Werbungskostenpauschbetrag (§ 9a Nr. 1b)	+ 4 600 DM	200 DM
Bemessungsgrundlage des AEB	9 600 DM	

AEB 40% von 9 600 DM = 3 840 DM, höchstens 3 720 DM.

Sind in den Einkünften neben Leibrenten auch andere wiederkehrende Bezüge im Sinne des § 22 Nr. 1 enthalten, so ist der Werbungskosten-Pauschbetrag nach § 9a Nr. 1b stets vom Ertragsanteil der Leibrenten abzuziehen, soweit er diesen nicht übersteigt.

Übersicht zur Bemessungsgrundlage

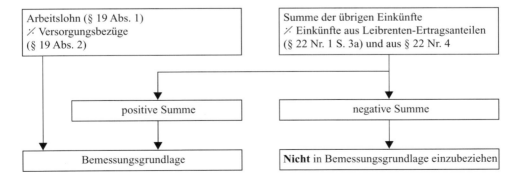

1.4 Ermittlung des Freibetrags

a) Der AEB beträgt für den einzelnen Stpfl. 40% der Bemessungsgrundlage, höchstens 3 720 DM.

b) Bei der Zusammenveranlagung (§ 26b) erhält **jeder Ehegatte** einen AEB, **sofern er die Altersvoraussetzung erfüllt** und über eine entsprechende eigene Bemessungsgrundlage verfügt. Die Berechnung ist für jeden Ehegatten **gesondert durchzuführen.** Vgl. § 24a S. 4 und H 171a (vgl. BFH, BStBl 1994 II 107).

Beispiel:

Ehegatten i. S. § 26 Abs. 1 haben im VZ folgende Einkünfte:

Ehemann (66 Jahre alt)
Arbeitslohn	10 000 DM
§ 15	./. 6 000 DM

Ehefrau (60 Jahre alt)
Arbeitslohn	3 000 DM
§ 21	10 000 DM

Berechnung der AEB:

Ehemann
40% des Arbeitslohns von 10 000 DM =	4000 DM
Höchstbetrag jedoch	3 720 DM

Ehefrau
Kein AEB.

Der Altersentlastungsbetrag ist auf den nächsten vollen DM-Betrag aufzurunden (R 171a Abs. 1 S. 3).

Im übrigen vgl. R 171a.

M. Steuerfreie Einnahmen (§§ 3 – 3b EStG)

1. Grundsätze

Nicht alle Zuflüsse, die unter eine der sieben Einkunftsarten fallen, sind auch tatsächlich stpfl. Vielmehr ist eine Vielzahl sachlicher Steuerbefreiungen – von unterschiedlicher Bedeutung – zu beachten.

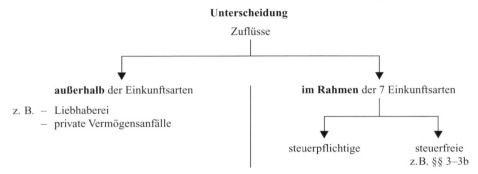

Wenn die Zuflüsse außerhalb der Einkünfte anfallen, bedarf es keiner sachlichen Steuerbefreiung.

Beispiel:
Leistungen aus einer Krankenversicherung in Form der tariflichen Erstattung privater Krankheitskosten.
Der Erstattung fällt hier unter keine Einkunftsart.
Daher bedarf es hier nicht der Anwendung der Befreiungsvorschrift für Leistungen aus einer Krankenversicherung (§ 3 Nr. 1).

Den Befreiungen liegen insbesondere sozial- und kulturpolitische Motive zugrunde. Zum Teil dienen sie auch der Vereinfachung der Besteuerung oder beruhen auf bilateralen bzw. supranationalen vertraglichen Verpflichtungen oder Usancen.

Die §§ 3 – 3b enthalten keine abschließende Aufzählung. Weitere Befreiungen ergeben sich aus anderen Gesetzen und der LStDV (z. B. § 3 LStDV = Jubiläumsgeschenke).

Für eine **Befreiung** bedarf es einer **gesetzlichen** Regelung.

Folgerichtig sind eine Reihe von **Werbungskostenersatzleistungen** an Arbeitnehmer **steuerpflichtig** (soweit **keine** gesetzliche Befreiung besteht), z. B. Ersatzleistungen für Fahrten zwischen Wohnung und Arbeitsstätte; vgl. auch K 5.5.7.

Befreiungen sind i. d. R. bei unbeschränkter und beschränkter Steuerpflicht anwendbar.

Eine Systematisierung ist praktisch nicht möglich. Daher soll hier ein Überblick über einige wichtige Befreiungen genügen.

2. Einzelne Steuerbefreiungen

2.1 Steuerbefreiung nach § 3 Nr. 1 EStG

2.1.1 Leistungen aus Versicherungen (§ 3 Nr. 1 EStG)

Steuerfrei sind **Bar-** und **Sach**leistungen aus **gesetzlichen** und **privaten Krankenversicherungen** und aus der **gesetzlichen Unfallversicherung**.

Einer Steuerbefreiung bedarf es nur bei Zusammenhang der Versicherungsleistungen mit einer bestimmten Einkunftsart (insbesondere § 19).

Andernfalls gehören die Leistungen zu den nicht unter das EStG fallenden Zuflüssen.

Zu den Leistungen aus privaten Krankenversicherungen gehören auch Leistungen aus **Krankenhaustagegeld-** und **Krankentagegeldversicherungen**.

Beispiel:

Der selbständige Steuerberater hat eine freiwillige Krankenversicherung und eine Krankentagegeldversicherung abgeschlossen. Mit den Leistungen aus der Krankentagegeldversicherung will er im Krankheitsfall einen Teil seiner Betriebsausgaben bestreiten.

Eventuelle Leistungen der Krankenversicherung sind keine Einnahmen i. S. des EStG (auch nicht die Krankentagegelder), da ein Einkunftszusammenhang zu verneinen ist.

Barleistungen aus der gesetzlichen Unfallversicherung sind sowohl in der Form der **Kapitalabfindung** als auch einer **Rente** steuerfrei.

Beispiel:

Die Witwe des A bezieht eine Rente von monatlich 500 DM aus der gesetzlichen Unfallversicherung, da ihr Mann bei einem Betriebsunfall tödlich verunglückt ist.

Leistungen aus der gesetzlichen Unfallversicherung sind auch dann nach § 3 Nr. 1 steuerfrei, wenn es sich um wiederkehrende Bezüge, insbesondere Renten (§ 22 Nr. 1) handelt.

Dagegen sind Leistungen aus nicht gesetzlichen privaten Unfallversicherungen nur in der Form der Kapitalabfindung steuerfrei (Kapitalrückzahlung).

Eine Rente aus einer nicht gesetzlichen Unfallversicherung ist **nicht** steuerfrei, sondern mit dem Ertragsanteil nach § 22 Nr. 1 zu versteuern.

Aus den **gesetzlichen Rentenversicherungen** (Angestellten-, Arbeiterrenten- und Knappschaftsversicherung) sind **steuerfrei nur Sachleistungen** und **Kinderzuschüsse**, nicht aber Barleistungen.

Renten aus der gesetzlichen Rentenversicherung sind mit dem Ertragsanteil nach **§ 22 Nr. 1 Satz 3 Buchst. a** zu versteuern; vgl. K 9.1.

Der Teil der Rente, der als Kinderzuschuß gewährt ist, bleibt steuerfrei (§ 3 Nr. 1b).

2.1.2 Mutterschaftsgeld (§ 3 Nr. 1 d EStG)

Mutterschaftsgeld ist steuerfrei i. R. des § 3 Nr. 1 d.

2.2 Lohnersatzleistungen (§ 3 Nr. 2 EStG)

Steuerfrei sind insbesondere

- Arbeitslosengeld,
- Kurzarbeitergeld,
- Schlechtwettergeld,
- Arbeitslosenhilfe und
- bestimmte Leistungen nach dem AFG; vgl. im einzelnen Abschn. 4 LStR

hierunter fällt auch das Konkursausfallgeld (§ 141a AFG).

Bei den in § 32b Abs. 1 Nr. 1 aufgeführten Leistungen ist der **Progressionsvorbehalt** zu beachten. Zur Berechnung des besonderen Steuersatzes vgl. § 32b Abs. 2 und Abschn. 91 LStR.

Zahlungen durch den Konkursverwalter an das Arbeitsamt infolge des gesetzlichen Forderungsübergangs stellen Arbeitslohn dar; vgl. Abschn. 4 Abs. 2 Satz 2 LStR.

2.3 Kapitalabfindungen (§ 3 Nr. 3 EStG)

Steuerfrei sind Kapitalabfindungen aufgrund der gesetzlichen Rentenversicherung sowie der Beamtenpensionsgesetze. Vgl. Abschn. 5 LStR. Laufende Bezüge sind nach den allgemeinen Vorschriften zu versteuern, z. B. eine Beamtenpension nach § 19 Abs. 1 Nr. 2, § 19 Abs. 2 Nr. 1.

2.4 Steuerbefreiungen beim Arbeitslohn

Weitere Steuerbefreiungen für Bezüge von Arbeitnehmern sind insbesondere

- Abfindungen wegen Auflösung des Dienstverhältnisses (§ 3 Nr. 9); vgl. Abschn. 9 LStR. Siehe auch § 3 Nr. 10 und Abschn. 10 LStR.

- Reisekosten- und Umzugskostenvergütungen (§ 3 Nr. 13 und 16); vgl. Abschn. 14 und 16 sowie Abschn. 37 bis 41 und 43 LStR. S unter 2.5
- Heiratsbeihilfen und Geburtsbeihilfen (§ 3 Nr. 15); vgl. Abschn. 15 LStR

Die steuerfreien Beträge betragen einheitlich höchstens je 700 DM für beide Arten von Beihilfen.

- Trinkgelder (§ 3 Nr. 51); vgl. Abschn. 70 Abs. 2 Nr. 5 und 106 Abs. 3 und 4 LStR
- Jubiläumsgeschenke (§ 3 Nr. 52 EStG, § 3 LStDV)
- Zukunftssicherung (§ 3 Nr. 62) vgl. unten 2.6.
- Sonntags-, Feiertags- und Nachtarbeitszuschläge (§ 3b)

Vgl. hierzu im einzelnen Grundkurs des Steuerrechts Band 7 (Lohnsteuer).

2.5 Ersatz von Reisekosten, Kosten doppelter Haushaltsführung und Umzugskosten (§ 3 Nr. 13 und § 3 Nr. 16 EStG)

Die Steuerfreiheit des Ersatzes von Reisekosten, Kosten doppelter Haushaltsführung und Umzugskosten ergibt sich bei Zahlung

- aus öffentlichen Kassen (öffentlicher Dienst) aus § 3 Nr. 13 (vgl. Abschn. 14 LStR)
- durch andere Arbeitgeber (Privatwirtschaft) aus § 3 Nr. 16 (vgl. Abschn. 16, 37 bis 41 und 43 LStR).

§ 3 Nr. **13** enthält auch eine ausdrückliche Rechtsgrundlage für die Steuerfreiheit der **Trennungsgelder**.

Entsprechend der gesetzlichen Ausweitung der Steuerbefreiung im öffentlichen Dienst nach § 3 Nr. 13 werden auch im Rahmen des § 3 **Nr. 16** die Vergütungen für Mehraufwendungen bei doppelter Haushaltsführung einbezogen.

Die steuerfreien Vergütungen des Arbeitgebers für beruflich veranlaßte Mehraufwendungen für Verpflegung dürfen die Pauschbeträge nach § 4 Abs. 5 Nr. 5 Satz 2 i. V. m. § 9 Abs 5 und bei Familienheimfahrten die Pauschbeträge nach § 9 Abs. 1 Nr. 4 (**0,70 DM** je Entfernungskilometer) **nicht** übersteigen.

Durch die Einbeziehung der Vergütungen für Mehraufwendungen bei doppelter Haushaltsführung ist gleichzeitig eine abschließende Regelung des steuerfreien Werbungskostenersatzes getroffen worden. Daher ist u. a. auch **stpfl.** der Ersatz für Fahrten zwischen Wohnung und Arbeitsstätte, für Kontoführungsgebühren, Telefonkosten u. a. Beachte jedoch § 3 Nr. 30 bis 34.

2.6 Zukunftssicherung (§ 3 Nr. 62 EStG)

2.6.1 Begriff

Ausgaben des Arbeitgebers zur Sicherstellung des Arbeitnehmers für den Fall der Krankheit, des Unfalls, der Invalidität, des Alters oder des Todes stellen grds. stpfl. Arbeitslohn dar (§ 2 Abs. 2 Nr. 3 Satz 1 LStDV).

Voraussetzung ist die ausdrückliche oder stillschweigende Zustimmung des Arbeitnehmers zur Zukunftssicherung (§ 2 Abs. 2 Nr. 3 Satz 2 LStDV).

Es ist aber die volle bzw. teilweise Steuerbefreiung nach § 3 Nr. 62 zu beachten; vgl. Abschn. 24 LStR.

2.6.2 Formen

Erscheinungsformen sind

a) gesetzliche Sozialversicherung

   - Krankenversicherung (z. B. AOK, Ersatzkassen)
   - Rentenversicherung (LVA, BfA)
   - Arbeitslosenversicherung (Bundesanstalt für Arbeit)
   - Pflegekasse (Pflegeversicherung)

b) Zukunftssicherung bei privaten Versicherern in Form der sogenannten Direktversicherung vgl. § 4b und Abschn. 129 Abs. 3 und 4 LStR).

Der Abschluß erfolgt durch den Arbeitgeber zugunsten der Arbeitnehmer, die Beiträge werden vom Arbeitgeber ganz oder teilweise getragen.

c) Versorgungszusagen an Arbeitnehmer mit Pensionsrückstellung nach § 6a.

d) Versicherung von Arbeitnehmern durch Arbeitgeber bei Pensions- und Unterstützungskassen.

Zur Behandlung der Fälle b) bis d) beim Arbeitgeber vgl. § 4c und § 4d.

2.6.3 Steuerliche Behandlung – Übersicht

Die Behandlung ist im Grundsatz wie folgt:

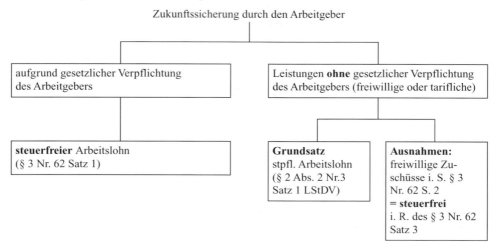

2.6.4 Behandlung einzelner Zukunftssicherungsleistungen

a) **Bei Versicherungspflicht des Arbeitnehmers**

  aa) **Zahlungen des AG ohne gesetzliche Verpflichtung**

   aaa) **bei eigener gesetzlicher Verpflichtung des Arbeitnehmers**

   – stpfl. Arbeitslohn

Beispiel:
Übernahme der AN-Anteile zur Sozialversicherung durch den Arbeitgeber.

   bbb) **ohne gesetzliche Verpflichtung des Arbeitnehmers:**

   – stpfl. Arbeitslohn

Beispiel:
Der Arbeitgeber wendet 1 000 DM zusätzliche freiwillige Lebensversicherung für den Arbeitnehmer auf (z. B. Direktversicherung). Es liegt stpfl. Arbeitslohn vor. Pauschalierung der LSt ist möglich gemäß § 40b EStG. Der stpfl. Beitrag ist als Sonderausgabe abzugsfähig (gilt nicht bei Pauschalbesteuerung).

Spätere Versorgungsleistungen sind kein Arbeitslohn, sondern Renten i. S. des § 22 Nr. 1.

Diese Grundsätze gelten für Zuwendungen des Arbeitgebers zu Pensionskassen (§ 4b) entsprechend.

Bei Zuwendungen an Unterstützungskassen (§ 4c) liegt dagegen für den Arbeitnehmer noch kein Zufluß von Arbeitslohn vor.

Die Leistungen der Unterstützungskasse stellen beim Arbeitnehmer nachträgliche Einkünfte aus § 19 dar.

bb) **Zahlungen des Arbeitgebers aufgrund gesetzlicher Verpflichtung**

aaa) **gesetzliche Arbeitgeber-Anteile zur Sozialversicherung**

(= Renten-, Kranken- und Arbeitslosenversicherung): steuerfrei gemäß § 3 Nr. 62 Satz 1.

bbb) **gesetzlicher Zuschuß des Arbeitgebers bei gesetzlicher Versicherung des Arbeitnehmers in einer Ersatzkasse:**

steuerfrei gemäß § 3 Nr. 62, höchstens bis zur Hälfte des Beitragssatzes der betreffenden Ersatzkasse, bei der der Arbeitnehmer pflichtversichert ist (Abschn. 24 Abs. 2 Nr. 1 LStR); Ersatzkassen sind ebenfalls gesetzliche Krankenkassen.

b) Bei Nichtvorliegen gesetzlicher Krankenkassenpflicht des Arbeitnehmers

Der wegen Überschreitung der Jahresarbeitsverdienstgrenze gesetzlich zu leistende Zuschuß des Arbeitgebers gemäß § 257 Abs. 2 SGB V ist höchstens bis 50% der Gesamtbeiträge und höchstens bis zur Hälfte des fiktiven Arbeitgeber-Anteils zur gesetzlichen Krankenkasse, die bei Versicherungspflicht zuständig wäre, steuerfrei; ein übersteigender Teil ist stpfl. Vgl. Abschn. 24 Abs. 2 Nr. 2 LStR. Bei freiwilliger Versicherung in einer gesetzlichen Krankenversicherung sind Zuschüsse nach § 3 Nr. 62 steuerfrei, soweit der Arbeitgeber nach § 257 Abs. 1 SGB V zur Zuschußleistung verpflichtet ist. Steuerfrei ist deshalb die Hälfte des Beitrags, der für einen versicherungspflichtigen Arbeitnehmer bei der Krankenkasse, bei der die freiwillige Krankenversicherung besteht, zu zahlen wäre, höchstens die Hälfte des tatsächlichen Beitrags.

Vgl. im übrigen Abschn. 24 Abs. 2 Nr. 2 LStR.

c) Bei Befreiung des Arbeitnehmers von der gesetzlichen Rentenversicherung auf eigenen Antrag

Es erfolgt eine Gleichstellung der freiwilligen Zuschüsse des Arbeitgebers u. a. zu einer „befreienden Lebensversicherung", auch bei freiwilliger Versicherung in der gesetzlichen Rentenversicherung, mit gesetzlichen Beiträgen des Arbeitgebers. Also sind steuerfrei: 50% der Gesamtbeiträge, höchstens aber bis zur Höhe des fiktiven Arbeitgeberanteils zur gesetzlichen Rentenversicherung (§ 3 Nr. 62 Sätze 2 und 3, Abschn. 24 Abs. 3 und 4 LStR).

Beispiel:

Lebensversicherungsprämie eines von der gesetzlichen Rentenversicherung auf **seinen** Antrag befreiten

Arbeitnehmers jährlich	4 800 DM
Zuschuß des Arbeitgebers	2 400 DM

Bei gesetzlicher Rentenversicherungspflicht hätte der Arbeitgeber (angenommen) 1 800 DM leisten müssen. Die Steuerfreiheit des Zuschusses ist nach § 3 Nr. 62 S. 3 begrenzt auf:

a) ½ der Gesamtprämie: ½ von 4 800 DM =	2 400 DM
b) höchstens den fiktiven Arbeitgeberanteil bei Versicherungspflicht	1 800 DM

Zuschuß	2 400 DM
− steuerfrei § 3 Nr. 62	1 800 DM
verbleibt stpfl. Arbeitslohn	600 DM

Soweit Zukunftssicherungsleistungen

- **stpfl.** sind, sind sie als **Sonderausgaben** des Arbeitnehmers unter den Voraussetzungen des § 10 Abs. 1 Nr. 2 abzugsfähig;
- **steuerfrei** sind, scheidet ein Sonderausgabenabzug beim Arbeitnehmer aus; § 10 Abs. 2 Nr. 2.

d) Versorgungszusagen

Die Aussicht auf spätere Versorgung ist kein Arbeitslohn.

Daher führen Bildung bzw. Erhöhung einer Pensionsrückstellung nach § 6a nicht zum Zufluß eines Vorteils beim Arbeitnehmer (vgl. § 2 Abs. 2 Nr. 3 Satz 1 LStDV).

Die späteren Leistungen fallen unter § 19 Abs. 1 Nr. 2.

2.7 Zinsersparnisse aus Arbeitgeberdarlehn (§ 3 Nr. 68 EStG 1987)

Zinsersparnisse aus einem unverzinslichen oder zinsverbilligten Arbeitgeberdarlehn sowie **Zinszuschüsse** des Arbeitgebers waren für die VZ 1987 und 1988 bis zu einem Höchstbetrag von 2000 DM jährlich steuerfrei, wenn das Darlehn mit dem Bau oder dem Erwerb einer selbstgenutzten Wohnung im Inland zusammenhängt (spätere Nutzungsänderung ist aber unerheblich). Begünstigt sind auch Altfälle (= Kauf oder Fertigstellung vor dem 1.1.1987).

Die Steuerfreiheit nach § 3 Nr. 68 wurde **ab VZ 1989 aufgehoben**; Zinsersparnisse und Zinszuschüsse aus **vor 1989 erhaltenen Darlehen** bleiben weitere 12 Jahre bis zum Kalenderjahr 2000 steuerfrei (siehe § 52 Abs. 2f Satz 2), jedoch nur soweit die Vorteile nicht über die im Kalenderjahr 1988 gewährten Vorteile hinausgehen.

Vgl. hierzu und wegen weiterer Einzelheiten BMF-Schreiben vom 3.10.1988, BStBl I 432.

Bei Darlehen, die nach dem 31.12.1988 gewährt werden, gehören die **Zinsersparnisse** in jedem Fall zum **steuerpflichtigen** Arbeitslohn.

> **Beispiel:**
> Ein Arbeitnehmer erhält am 1.7.1988 ein zinsloses Darlehen von 40 000 DM durch den Arbeitgeber. Das Darlehen wird zum Erwerb einer Eigentumswohnung verwendet. Die Zinsersparnis betrüge für das ganze Jahr 1988 I 600 DM (1% von 40 000 DM). Weil das Darlehen aber erst am 1.7.1988 gewährt wurde, beträgt die Zinsersparnis somit 800 DM.
> Für die Folgejahre **(1989 bis 2000)** können lediglich 800 DM jährlich steuerfrei bleiben.

Vgl. auch Abschn. 28 LStR.

Eine Zinsersparnis liegt erst dann vor, wenn ein Zinssatz von weniger als 4 v.H. gilt.

> **Beispiel:**
> Ein Arbeitnehmer erhält von seinem Arbeitgeber am 2.1.1988 ein zinsloses Darlehn von 150 000 DM zum Erwerb einer selbstgenutzten Eigentumswohnung.
> Die jährliche Zinsersparnis beträgt 4 v.H. = 6000 DM. Hiervon sind 2000 DM steuerfrei nach § 3 Nr. 68.

2.8 Kindergeld, Erziehungsgeld

Steuerfrei sind Leistungen nach dem Bundeskindergeldgesetz (§ 3 Nr. 24), Erziehungsgeld nach dem Bundeserziehungsgeldgesetz (§ 3 Nr. 67) und

Kindererziehungs**zuschlag** nach dem Kindererziehungs**zuschlags**gesetz.

Leistungen nach dem Kindererziehungs**leistungs**gesetz (BGBl I 1987, 1585) fallen nur unter § 3 Nr. 67, soweit die Stpfl. **vor dem 1.1.1921** geboren ist. Werden Erziehungszeiten bei nach dem 31.12.1920 geborenen Stpfl. anerkannt, so sind die darauf beruhenden Leistungen der gesetzlichen Rentenversicherung nach den allgemeinen Regeln mit dem Ertragsanteil zu versteuern.

2.9 Übungsleiterfreibetrag (§ 3 Nr. 26 EStG)

2.9.1 Allgemeines

Hierbei handelt es sich um einen **Einnahmen-Freibetrag** von **bis zu 2400 DM** jährlich für **Aufwandsentschädigungen.**

Er gilt für nebenberufliche Tätigkeiten als **Übungsleiter, Ausbilder, Erzieher** oder für eine **vergleichbare nebenberufliche Tätigkeit** zur Förderung gemeinnütziger, mildtätiger und kirchlicher Zwecke (§§ 52 bis 54 AO) im Dienst oder Auftrag einer inländischen juristischen Person des öffentlichen Rechts oder einer unter § 5 Abs. 1 Nr. 9 KStG fallenden Einrichtung sowie

für nebenberufliche **Pflegetätigkeit.**

Vgl. im einzelnen Abschn. 17 LStR.

2.9.2 Tätigkeit

Die nicht gesetzlich definierten Begriffe Übungsleiter, Ausbilder, Erzieher sind nach Sinn und Zweck der Vorschrift relativ weit auszulegen (vgl. BFH, BStBl 1986 II 401). Vgl. Abschn. 17 Abs. 1 LStR.

> **Beispiel:**
> Der Leiter der Außenstelle einer Volkshochschule kann als Ausbilder die Vergünstigung in Anspruch nehmen (BFH, BStBl 1986 II 398).

Typische begünstigte Tätigkeiten sind z.B. nebenberufliche **Sporttrainer, Kinderbetreuer, Skilehrer, Chorleiter, Arbeitsgemeinschaftsleiter.**

Die Tätigkeit muß im weiteren Sinne der Vermittlung von Wissen, Kenntnissen, Fähigkeiten, auch Charakter- und Persönlichkeitsbildung dienen.

Die Vermittlung von Allgemeinwissen reicht (keine Beschränkung auf Aus- oder Fortbildung i.e.S.).

Die **Einkunftsart,** zu der die nebenberufliche Tätigkeit gehört, ist **unerheblich.** Die Befreiung gilt daher z.B. sowohl bei § 18 als § 19.

2.9.3 Nebenberuflichkeit

Eine Tätigkeit ist nebenberuflich, wenn sie nicht dazu geeignet ist, die Grundlage für den Lebensunterhalt zu bilden. Vgl. Abschn. 17 Abs. 2 LStR.

Dies beurteilt sich u.a. nach dem Zeitaufwand, der Höhe der Vergütung und dem Umfang, in dem aus der Tätigkeit der Lebensunterhalt bestritten wird.

Eine Tätigkeit ist nebenberuflich i.S. des § 3 Nr. 26, wenn sie **nicht mehr als ¹/₃ der Arbeitszeit eines vergleichbaren Vollzeiterwerbs** in Anspruch nimmt. Dabei sind mehrere gleichartige Tätigkeiten zusammenzufassen, wenn sie sich nach der Verkehrsauffassung als Ausübung eines einheitlichen Hauptberufs darstellen (BFH, BStBl 1990 II 854).

Eine gleichzeitige Erzielung „hauptberuflicher Einkünfte" ist aber **nicht** erforderlich.

Daher können auch Personen nebenberuflich tätig sein, die im steuerrechtlichen Sinne keinen Hauptberuf ausüben, z.B. Hausfrauen, Vermieter, Studenten, Rentner oder Arbeitslose.

Als üblicherweise in einem Hauptberuf ausgeübte Tätigkeit stellt sich beispielsweise die Tätigkeit einer Hausfrau als Lehrerin oder Kindergärtnerin mit halber Stundenzahl dar.

2.9.4 Vergleichbare Tätigkeit

Eine Tätigkeit ist „vergleichbar" im Sinne des § 3 Nr. 26, wenn sie ihrer Art nach der Tätigkeit eines Übungsleiters, Ausbilders oder Erziehers entspricht.

> **Beispiel:**
> Die Tätigkeit als Prüfer bei einer Prüfung, die zu Beginn, im Verlaufe oder als Abschluß einer Ausbildung abgenommen wird, ist wegen des Zusammenhangs zwischen Prüfung und Ausbildung mit der Tätigkeit eines Ausbilders vergleichbar (BFH, BStBl 1988 II 890).

Eine Tätigkeit, die ihrer Art nach keine übungsleitende, ausbildende oder erziehende Tätigkeit ist, ist nicht „vergleichbar", auch wenn sie die übrigen Voraussetzungen des § 3 Nr. 26 erfüllt (z.B. Tätigkeit als Vorstandsmitglied oder als Vereinskassierer).

2.9.5 Begünstigte Auftraggeber und Zwecke[1]

Begünstigte Auftraggeber i.S. des § 3 Nr. 26 sind z.B. Universitäten, Schulen, Volkshochschulen, Sportvereine, berufsständische Kammern mit öffentlich-rechtlichem Status (z.B. Rechtsanwaltskammer). Wegen des Merkmals „Förderung gemeinnütziger, mildtätiger und kirchlicher Zwecke" vgl. §§ 52 bis 54 AO und BMF-Schreiben vom 19.6.1981, BStBl I 502, Tz. 4. Vgl. Abschn. 17 Abs. 2 und 3 LStR.

---

[1] Auch **mittelbare** Förderung der begünstigten Zwecke ist anzuerkennen (BFH, BStBl 1993 II 20).

Der Förderung begünstigter Zwecke kann auch eine Tätigkeit für eine juristische Person des öffentlichen Rechts dienen (z. B. nebenberufliche Lehrtätigkeit an einer Universität, nebenberufliche Fortbildungstätigkeit für eine Anwalts- oder Ärztekammer). Dem steht nicht entgegen, daß die Tätigkeit in den Hoheitsbereich der juristischen Person des öffentlichen Rechts fallen kann (Abschn. 17 Abs. 5 LStR).

2.9.6 Höhe des Freibetrags

Nach § 3 Nr. 26 Satz 2 gilt als steuerfreie Aufwandsentschädigungen im VZ nur ein Betrag bis zu 2400 DM. **Übersteigende** Bezüge sind **stpfl**. Vgl. BMF-Schreiben vom 19.6.1981, a.a.O., Tz. 10. Bei **mehreren** Tätigkeiten gilt der **Freibetrag nur einmal** (BFH, BStBl 1988 II 890). Der Betrag von 2400 DM ist ein **nicht aufzuteilender Jahresbetrag**. S. auch Abschn. 17 Abs. 6 LStR.

Die Steuerfreiheit ist auch dann auf insgesamt 2400 DM begrenzt, wenn in einem Jahr **Vergütungen für mehrere Jahre** zufließen (BFH, BStBl 1990 II 686).

BA oder WK im Zusammenhang mit der (den) begünstigten Tätigkeit(en) sind nur insoweit abzugsfähig, als sie insgesamt 2400 DM im VZ übersteigen. Darunterliegende Ausgaben sind nicht abzugsfähig. Anders ausgedrückt:

Werden im Zusammenhang mit der nebenberuflichen Tätigkeit höhere Aufwendungen als insgesamt 2400 DM im Jahr gegen Einzelnachweis oder pauschal (z. B. nach S. 4 Abs. 5 Nr. 5) geltend gemacht, so ist nur der 2400 DM **übersteigende** Teil der Aufwendungen abzugsfähig. § 3c **ist nicht** anwendbar (vgl. BFH, BStBl 1986 II 401).

Beispiele:

	a)	b)
Einnahmen als Übungsleiter	3 600 DM	6 000 DM
damit zusammenhängende WK/BA	900 DM	2 700 DM
steuerfrei nach § 3 Nr. 26	2 400 DM	2 400 DM
steuerpflichtige Einnahmen	1 200 DM	3 600 DM
abzugsfähige WK/BA	0 DM	300 DM
stpfl. Einkünfte	1 200 DM	3 300 DM
nichtabzugsfähige Ausgaben	900 DM	2 400 DM

2.9.7 Zusammentreffen mit anderen Steuervergünstigungen

Andere Vorschriften, nach denen die Erstattung von Aufwendungen ebenfalls steuerfrei ist (z. B. § 3 Nr. 12, Nr. 13, Nr. 16, Nr. 50), bleiben unberührt. § 3 Nr. 26 ist auf die von diesen Vorschriften **nicht** erfaßten Beträge anzuwenden.

2.10 Unterbringung und Betreuung von nicht schulpflichtigen Kindern (§ 3 Nr. 33 EStG)

Die Steuerfreiheit nach § 3 Nr. 33 beschränkt sich auf Arbeitgeberleistungen, die zur Unterbringung, einschließlich Unterkunft und Verpflegung und Betreuung von nicht schulpflichtigen Kindern des Arbeitnehmers in Kindergärten oder vergleichbaren Einrichtungen bestimmt sind. Dabei muß es sich um Leistungen handeln, die **zusätzlich** zu dem ohnehin geschuldeten Arbeitslohn erbracht werden.

Die **Umwandlung** von Arbeitslohn, auf den bereits ein Rechtsanspruch besteht, in eine steuerfreie Arbeitgeberleistung ist daher **nicht** möglich. Vgl. Abschn. 21a Abs. 1 S. 4 und Abschn. 21c LStR.

Beispiel:
AN mit Kind (5 Jahre) wird vom AG 295 DM monatlich für Betreuung und Unterbringung gezahlt. Der AN verzichtet auf 150 DM Gehalt.
Der AG zahlt **zusätzlich** 75 DM für die Beförderung.
zusätzliche Leistung: 145 DM = steuerfrei
                                   150 DM = stpfl., da keine zusätzliche Leistung
                                   75 DM = stpfl. (Abschn. 21a Abs. 2 LStR).

Es ist gleichgültig, ob die Unterbringung und Betreuung in betrieblichen oder außerbetrieblichen Kindergärten bzw. vergleichbaren Einrichtungen erfolgt.

Die alleinige Betreuung im Haushalt, z. B. durch Kinderpflegerinnen, Hausgehilfinnen oder Familienangehörige, genügt nicht.

Sachleistungen an den Arbeitnehmer, die über den § 3 Nr. 33 steuerfreien Bereich **hinausgehen**, sind regelmäßig mit dem Wert nach § 8 Abs. 2 Satz 1 dem Arbeitslohn hinzuzurechnen. Barzuwendungen an den Arbeitnehmer sind nur steuerfrei, soweit der Arbeitnehmer dem Arbeitgeber die zweckentsprechende Verwendung nachgewiesen hat. Der Arbeitgeber hat die Nachweise im Original als Belege zum Lohnkonto aufzubewahren (Abschn. 21a Abs. 4 LStR).

2.11 Jobticket für Fahrten zwischen Wohnung und Arbeitsstätte (§ 3 Nr. 34 EStG)

Zuschüsse des Arbeitgebers zu den Aufwendungen des Arbeitnehmers für **Fahrten zwischen Wohnung und Arbeitsstätte mit öffentlichen Verkehrsmitteln im Linienverkehr** sind steuerfrei. Vgl. Abschn. 21b LStR.

Die Leistungen müssen **zusätzlich** zum geschuldeten Arbeitslohn erbracht werden (Abschn. 21b Abs. 1 Nr. 5 und Abschn. 21c LStR).

Begünstigt sind

- die unentgeltliche oder verbilligte Zurverfügungstellung von Fahrausweisen (Fahrberechtigung)
- Zuschüsse des Arbeitgebers zu den Fahrtkosten und
- Leistungen Dritter, die mit Rücksicht auf das Dienstverhältnis erbracht werden.

Die Steuerbefreiung gilt **auch** für die Fälle, in denen der ArbG nur **mittelbar** an der Vorteilsgewährung beteiligt ist.

Beispiel:
Abschluß eines Rahmenabkommens.
Taxifahrten sind **nicht** begünstigt. Vgl. auch BMF Schr. vom 1.2.1994, BStBl I 119, Nr. 2.

2.12 Sanierungsgewinne (§ 3 Nr. 66 EStG)

Sanierungsgewinne entstehen durch Forderungsverzicht von Gläubigern. Ihre Besteuerung könnte die beabsichtigte Wirkung der Sanierungsmaßnahmen vereiteln.

Voraussetzungen sind

- Gewinnermittlung nach § 4 Abs. 1, § 5.
- Erlaß betrieblicher Schulden
- Sanierungsbedürftigkeit und
- Sanierungsfähigkeit des Unternehmens
- Sanierungsabsicht des Gläubigers.

S. a. BFH, BStBl 1985 II 365, 1985 II 501, 1986 II 672, 1989 II 711, 1990 II 810 und 1990 II 813 sowie BStBl 1990 II 955.

Vgl. ausführlich **Band 5 dieser Buchreihe (Körperschaftsteuer)** RZ 256 ff.

Beispiel:
Der Gewerbetreibende A geriet im Jahr 07 in ernsthafte Zahlungsschwierigkeiten. Da es gerechtfertigt erschien, den Betrieb zu erhalten, einigten sich die Gläubiger im Rahmen eines Vergleichsverfahrens darauf, auf 50 % ihrer Forderungen zu verzichten (bei Beginn des Verfahrens 1 000 000 DM).
Der durch den Schuldenerlaß von 500 000 DM entstandene Gewinn ist nach § 3 Nr. 66 steuerfrei.

2.13 Lohnzuschläge für Sonntags-, Feiertags- oder Nachtarbeit (§ 3b EStG)

Hinsichtlich des Umfangs der Steuerfreiheit von Lohnzuschlägen wird nicht unterschieden, ob und in welcher Höhe Lohnzuschläge gesetzlich geregelt oder tarifvertraglich festgelegt sind oder nicht. § 3b sieht daher eine einheitliche steuerliche Behandlung der Lohnzuschläge vor.

Es ergeben sich folgende „steuerfreie" Zuschlagsregelungen:
- für Sonntagsarbeit = 50%
- für gesetzliche Feiertagsarbeit und am 31.12. ab 14.00 Uhr = 125%
- Für die Arbeit am 24.12. ab 14.00 Uhr, am 25. und 26.12. sowie am 1.5. = 150%
- für Nachtarbeit = 25%

des Grundlohnes.

Eine Sonderregelung enthält § 3b Abs. 3: Danach gilt der steuerfreie Zuschlagsatz von 40 v. H. in jedem Fall der Aufnahme der Nachtarbeit vor 0 Uhr (nicht nur bei überwiegender Nachtarbeit).

Zu **Mischzuschlägen** vgl. BFH, BStBl 1991 II 8 und Abschn. 30 Abs. 5 LStR.

3. Abzugsverbot gemäß § 3c EStG

Aufwendungen, die in wirtschaftlichem Zusammenhang mit steuerfreien Einnahmen stehen, dürfen bei der Ermittlung der steuerpflichtigen Einkünfte nicht abgezogen werden.

Das Abzugsverbot gilt für Betriebsausgaben und Werbungskosten.

Beispiel:
Aufwendungen in Zusammenhang mit nach einem DBA steuerbefreiten ausländischen Einkünften sind nach § 3c nicht abzugsfähig.

N. Internationales Steuerrecht

1. Einführung

Das internationale Steuerrecht ist das Steuerrecht, das die **grenzüberschreitenden** Sachverhalte regelt. Die Rechtsnormen bestehen insbesondere aus den nationalen Steuergesetzen (z. B. das deutsche EStG sowie das Außensteuergesetz [AStG]) sowie Verträgen mit anderen Staaten.

Der Problemkreis entsteht durch die Gebiets- und Personalhoheit der einzelnen Staaten.

Die **unbeschränkte** Steuerpflicht knüpft an die Gebietsansäßigkeit an (im EStG: „Wohnsitz" bzw. „gewöhnlicher Aufenthalt" im Inland, vgl. § 1 Abs. 1) und leitet daraus ein Besteuerungsrecht grds. auch für ausländische Einkunftsquellen ab.

Die **beschränkte** Steuerpflicht knüpft an bestimmte inländische Einkunftsquellen an (§ 1 Abs. 4, § 49).

Steuerhoheit und Zugriffsobjekt des Staates

Die auf seinem Staatsgebiet gelegenen Einkunfsquellen unterliegen der **Quellenbesteuerung**	Die auf seinem Staatsgebiet ansäßigen Personen unterliegen der **Wohnsitzbesteuerung**

Umfang des Zugriffs

Beschränkt sich auf die im Staatsgebiet verwirklichten Tatbestände = **Territorialitätsprinzip**	Erfaßt auch im Ausland verwirklichte Tatbestände = **Universalitätsprinzip**
= beschränkte Stpfl. Quellen- und Territorialitätsprinzip § 1 Abs. 4	= unbeschränkte Stpfl. Wohnsitzprinzip § 1 Abs. 1

Drohende Doppelbesteuerung

Die Tatsache, daß in der Regel der **Wohnsitzstaat und** auch der **Staat, in dem eine Einkunftsquelle belegen** ist **(Quellenstaat)** das Besteuerungsrecht für sich in Anspruch nehmen, kann in den Fällen, in denen ein Stpfl. in dem anderen Staat, der nicht sein „Wohnsitzstaat" ist, Einkünfte hat, zu einer doppelten Besteuerung führen.

Hier ergeben sich drei Konfliktkreise:

1. ein unbeschränkt Stpfl. hat in verschiedenen Staaten einen Wohnsitz (Doppel- bzw. Mehrfachwohnsitz)
2. ein beschränkt Stpfl. ohne inländischen Wohnsitz (bzw. gewöhnlichen Aufenthalt) hat inländische Einkünfte
3. ein unbeschränkt Stpfl. hat ausländische Einkünfte.

Darüber hinaus tritt das **Außensteuergesetz (AStG)** Gestaltungen entgegen, die Einkünfte der deutschen Besteuerung entziehen wollen (Verhinderung der „Steuerflucht" in das Ausland).

Auf **internationaler** Ebene sorgen **bilaterale Doppelbesteuerungsabkommen** für eine **Vermeidung oder Milderung** der doppelten Besteuerung von Einkünften. Mit vielen Staaten bestehen solche Abkommen.

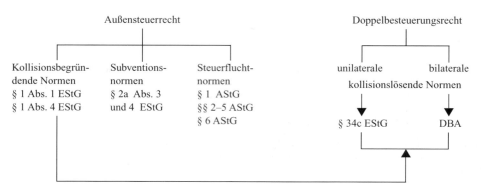

Die doppelte Besteuerung wird einmal dadurch vermieden, daß Einkunftsquellen, deren Besteuerung einem Staat vertraglich zugestanden wird, in dem anderen Staat **steuerfrei** gestellt werden **(Freilassungsmethode)** oder aber daß die im Ausland erhobene Steuer auf die deutsche Steuer **angerechnet wird (Anrechnungsmethode).**

Die Doppelbesteuerungsabkommen beziehen sich nur auf in der Bundesrepublik Deutschland nach § 2 Abs. 1 und § 49 Abs. 1 steuerbare Einkünfte. Sie schaffen **keine** neuen Besteuerungsrechte.

Soweit ein Doppelbesteuerungsabkommen mit einem Staat **nicht** vorhanden ist, wird eine Doppelbesteuerung durch eine Steuerermäßigung bei ausländischen Einkünften (vgl. § 34d) durch **Anrechnung** der ausländischen Steuer auf die deutsche Einkommensteuer nach § 34c Abs. 1, **Abzug** bei der Ermittlung der Einkünfte (§ 34c Abs. 2 und 3), durch Anwendung des ermäßigten Steuersatzes i. S. des § 34 Abs. 1 (§ 34c Abs. 4) oder **Pauschalierung** der ESt (§ 34c Abs. 5) vermieden bzw. deren Folgen gemindert.

Diese **nationalen Maßnahmen** zur Beseitigung bzw. Milderung der doppelten Besteuerung hinsichtlich ausländischer Einkünfte kommen wie gesagt nur dann zur Anwendung, wenn ein Doppelbesteuerungsabkommen **nicht** besteht.

Da jedoch nur die Doppelbesteuerung vermieden werden soll, der Stpfl. keine Vorteile dadurch erhalten soll, daß sich seine Einkünfte auf zwei oder mehrere steuerberechtigte Staaten verteilen und daher die Bemessungsgrundlage für die Steuer niedriger ist, als wenn alle Einkünfte in einem Staat bezogen würden, sehen nahezu alle Doppelbesteuerungsabkommen einen **Progressionsvorbehalt** vor, wonach für die Tariffindung auch die steuerfreien Einkünfte einbezogen werden dürfen (vgl. § 32b Abs. 1 Nr. 3).

Zusammenfassung von Normen

Gesetz	Vorschrift	Regelungsinhalt
EStG	§ 1 Abs. 1 und 2 § 1 Abs. 3 § 1 Abs. 4	unbeschränkte und erweiterte unbeschränkte Steuerpflicht unbeschränkte Steuerpflicht auf Antrag. beschränkte Steuerpflicht
	§ 1a	Sondervorschriften für unbeschränkt Steuerpflichtige, wenn der Stpfl. bzw. sein Ehegatte bzw ein Kind Bürger eines **EU**- oder **EWR**-Staates ist
	§ 2a	Eingeschränkte Berücksichtigung negativer ausländischer Einkünfte
	§ 32b Abs. 1 Nr. 2 u. 3	Progressionsvorbehalt
	§ 34c – Abs. 1 – Abs. 2 und 3 – Abs. 5 § 34d	Steuerermäßigungen bei ausländischen Einkünften Anrechnung ausl. Steuern Abzug ausl. Steuern bei der Ermittlung der Einkünfte Pauschalierung Begriff „ausländische Einkünfte"

Gesetz	Vorschrift	Regelungsinhalt
	§ 49	Begriff „inländische Einkünfte"
	§§ 50, 50a	Erhebungsverfahren (Veranlagung, Steuerabzug)
AStG		**Verhinderung der Steuerflucht:**
	§ 1	Gewinnberichtigung (Verrechnungspreise im Waren- und Leistungsverkehr)
	§§ 2 bis 5	erweiterte beschränkte Steuerpflicht
	§ 6	Wohnsitzverlegung bei wesentlicher Beteiligung an inländischer Kapitalgesellschaft
	§§ 7, 8	Zwischengesellschaften

2. Besteuerung beschränkt Steuerpflichtiger

2.1 Grundsätze

Beschränkt steuerpflichtig sind Personen, die im Inland weder einen **Wohnsitz** (§ 8 AO) noch einen **gewöhnlichen Aufenthalt** (§ 9 AO) haben, aber inländische Einkünfte i. S. des § 49 Abs. 1 beziehen. Das Vorhandensein inländischer Einkünfte ist **Voraussetzung** für die beschränkte Steuerpflicht (und **Rechtsfolge** zugleich). Diese Personen sind mit ihren inländischen Einkünften i. S. des § 49 vorbehaltlich eines Doppelbesteuerungsabkommens beschränkt einkommensteuerpflichtig (§ 1 Abs. 4). Die Prüfung, ob inländische Einkünfte im Sinne des § 49 Abs. 1 vorliegen, hat logisch Vorrang vor der Anwendung eines DBA.

Unter den Voraussetzungen des **§ 1 Abs. 3** ist ein **Antrag** auf **unbeschränkte** Steuerpflicht zulässig (erweiterte Grenzgängerregelung nach JStG 1996). Vgl. auch BMF, BStBl 1996 I 373.

Bei **EU**- und **EWR-Bürgern** kommen darüber hinaus die personen- und familienbezogenen Steuerentlastenden Vorschriften hinzu, die anderen „Nicht-Inländern" verschlossen bleiben: insbesondere **Zusammenveranlagung** mit **Ehegatten-Splitting**, **Real-Splitting**, **Haushaltsfreibetrag** und **Kinderbetreuungskosten**.

2.2 Inländische Einkünfte

§ 49 Abs. 1 Nr. 1 – 9 enthält eine **Auswahl** inländischer Einkunftsquellen. Der Begriff „**inländische Einkünfte**" schafft keine neuen Einkunftsbegriffe, fordert aber das zusätzliche Merkmal, daß die Quellen im Inland belegen sein müssen. Die in § 49 Abs. 1 – 9 aufgeführten Quellen sind zwar im wesentlichen dem § 2 Abs. 1 entlehnt, der Katalog ist jedoch **enger**. So fallen z. B.

- **Guthabenzinsen aus Spareinlagen, Renten** und **dauernde Lasten**, sowie
- **Spekulationsgewinne** (mit Ausnahme von Grundstücksverkäufen und Veräußerungen wesentlicher Beteiligungen)

nicht unter die inländischen Einkünfte.

Darüber hinaus muß zum Teil noch ein zusätzliches Anknüpfungsmerkmal im Inland hinzukommen, zum Beispiel bei gewerblichen Einkünften eine „Betriebstätte" im Inland, bei Einkünften aus Vermietung und Verpachtung „Belegenheit im Inland". Die Aufzählung in § 49 ist **abschließend**.

2.2.1 Einkünfte aus Land- und Forstwirtschaft (§ 49 Abs. 1 Nr. 1 EStG)

Einkünfte aus Land- und Forstwirtschaft sind nur als inländische i. S. des § 49 Abs. 1 Nr. 1 anzusehen, wenn alle in §§ 13 oder 14 genannten Merkmale gegeben sind und die Land- und Forstwirtschaft **im Inland betrieben** wird.

Im Inland betrieben wird eine Land- und Forstwirtschaft, **soweit die bewirtschafteten Grundstücke** im **Inland liegen**, auch wenn die Bewirtschaftung vom Ausland aus geleitet wird oder sich das bewegliche und unbewegliche Inventar im Ausland befindet. Unter „im Inland betrieben" ist der im wesentlichen technische Vorgang der Bearbeitung und Bewirtschaftung der land- und forstwirtschaftlichen Flächen zu verstehen, also die Belegenheit der Flächen im Inland. Es ist **nicht** erforderlich, daß der im Ausland Ansäßige irgendeine Tätigkeit persönlich ausübt; er kann die Flächen auch durch seine Angestellten im Inland bewirtschaften lassen. Der Stpfl. braucht auch nicht Eigentümer der Flächen zu sein (z. B. Pachtbetrieb).

Auch Veräußerungsgewinne (§ 14) fallen hierunter.

2.2.2 Einkünfte aus Gewerbebetrieb (§ 49 Abs. 1 Nr. 2 EStG)

2.2.2.1 Grundsätze

Einkünfte aus Gewerbebetrieb i. S. § 49 Abs. 1 Nr. 2 können erzielt werden als

- Gewerbetreibender (§ 15 Abs. 1 Nr. 1)
- Mitunternehmer (§ 15 Abs. 1 Nr. 2)
- Komplementär einer KGaA (§ 15 Abs. 1 Nr. 3)

– als laufender Gewinn (§ 15) sowie

– als Veräußerungsgewinn (§ 16). Vgl. auch **R** und **H 222**.

Die Einkünfte können im Inland erzielt werden insbesondere durch

– **Betriebstätten** (§ 12 AO) oder **ständige Vertreter** (§ 13 **Nr. 2a** AO)

– den Betrieb eigener oder gecharterter Seeschiffe oder Luftfahrzeuge aus Beförderungen zwischen inländischen und von **inländischen** zu ausländischen Häfen (Nr. 2b)

– Künstlerische, sportliche, artistische und ähnliche Darbietungen, die nicht unter § 49 Abs. 1 Nr. 3 und 4 fallen, soweit sie im **Inland erzielt** oder **verwertet** werden, unabhängig davon, wem die Einnahmen zufließen (Nr. 2d), sowie

– Veräußerungen von wesentlichen Beteiligungen an inländischen Kapitalgesellschaften (§ 17) – Nr. 2e –

Einkünfte aus Gewerbebetrieb i. S. § 49 Abs. 1 Nr. 2a liegen nur vor, **soweit** sie aus einer **inländischen Betriebstätte** (§ 12 AO) stammen oder über einen **inländischen ständigen Vertreter** (§ 13 AO) erzielt worden sind. Der Gewinn aus dem **Verkauf** von **Waren** kann **nur** dann und insoweit Betriebstättengewinn sein, als der An- und Verkauf von der Betriebstätte abgewickelt wird (BFH, BStBl 1991 II 95).

Beispiele:
1. Der Schweizer Uhrenfabrikant A tätigt an einer Bar in Westerland auf Sylt mit dem deutschen Uhrenhändler B einen Geschäftsabschluß. Aus den Uhrenlieferungen in die Bundesrepublik erzielt A einen Gewinn von 200 000 DM

   A hat keine Betriebstätte im Inland. Der Gewinn unterliegt nicht der deutschen Besteuerung.

2. Die Einzelfirma Hürlimann in Zürich hat eine Betriebstätte in Frankfurt (M). Der Inländer A bestellt bei ihr in Zürich unmittelbar Waren ohne Einschaltung der Frankfurter Betriebstätte. Die Waren werden direkt von Zürich aus geliefert, die Abrechnung erfolgt ebenfalls über Zürich. Die Betriebstätte Frankfurt hat das Geschäft auch nicht vermittelt. Die Firma Hürlimann erzielt aus dem Geschäft mit A einen Gewinn von 60 000 DM.

   Es handelt sich hier **nicht** um inländische Einkünfte aus § 15, da der Gewinn nicht durch die Betriebstätte erzielt worden ist. Das Vorhandensein einer inländischen Betriebstätte allein reicht nicht aus.

2.2.2.2 Betriebstätte

Der Begriff der Betriebstätte i. S. des § 49 Abs. 1 Nr. 2 ergibt sich aus **§ 12 AO**.

Hiernach ist eine Betriebstätte jede **Einrichtung** oder **Anlage**, die der **Tätigkeit eines Unternehmens dient**.

§ 12 AO setzt demnach eine örtliche Verbindung von **einiger Dauer** voraus, in der Geschäftstätigkeit herrscht.

Auch bewegliche Geschäftseinrichtungen mit vorübergehend festem Standort (z. B. fahrbare Verkaufsstätten mit wechselndem Standplatz sind Betriebstätten (BMF, BStBl 1987 I 664).

Es müssen in der Einrichtung also Tätigkeiten ausgeübt werden, die im Zusammenhang mit dem Unternehmen des Stpfl. stehen.

Eine Geschäftseinrichtung i. S. des § 12 Satz 1 AO ist nur dann eine Betriebstätte eines Stpfl., wenn dieser über sie **nicht nur vorübergehend Verfügungsmacht** hat (BFH, BStBl 1993 II 462). Der Nutzende muß eine Rechtsposition innehaben, die ihm ohne seine Mitwirkung nicht mehr ohne weiteres entzogen werden kann (BFH, BStBl 1990 II 166).

Auf die **Qualifikation** der Tätigkeit kommt es grundsätzlich **nicht** an. Die Tätigkeit reicht von der **Geschäftsleitung** bis zu **Lager-** und **Auslieferdiensten**. Geschäftsräume, die einer **ausländischen** Muttergesellschaft von ihrer inländischen Tochtergesellschaft **Angestellten** der **Muttergesellschaft** zur Verfügung gestellt werden, können eine Betriebstätte der ausländischen Muttergesellschaft sein (BFH, BStBl 1993 II 462).

Das bloße Vorhandensein eines Grundstücks im Inland reicht aber nicht aus.

Beispiel:
Der ausländische Gewerbetreibende A hat im Inland ein Grundstück erworben, das lediglich als Vorratsgelände dient. Es liegt noch **keine** Betriebstätte vor.
Anders jedoch ist die Rechtslage, wenn das Grundstück als Lagerplatz des Unternehmens dient.

§ 12 AO enthält **keine abschließende Aufzählung.** Die Aufzählung der Nrn. 1 bis 8 ist lediglich beispielhaft.

a) Stätte der Geschäftsleitung

Die Stätte der Geschäftsleitung ist der Ort, an dem die unternehmerischen Entscheidungen getroffen werden. Die Geschäftsleitungsbetriebsstätte i. S. des § 12 S. 2 Nr. 1 AO setzt **keine** feste Geschäftseinrichtung oder Anlage voraus (BFH, DB 1994, 76).

Beispiel:
A aus Eupen (Belgien) hat seinen Produktionsbetrieb in Holland. Er hat jedoch sein Büro in Aachen. Dort hält er alle wichtigen Besprechungen mit seinen leitenden Angestellten und den Geschäftskunden ab und trifft auch dort die wichtigsten unternehmerischen Entscheidungen.
Das Büro in Aachen stellt eine Betriebstätte dar.

b) Zweigniederlassung

Es handelt sich hier um eine Zweigniederlassung i. S. des § 13 HGB. Unter einer Zweigniederlassung versteht man handelsrechtlich einen in sich selbständigen Unternehmenszweig, der aber juristisch ein unselbständiger Teil der Hauptniederlassung ist. Voraussetzung ist hier, daß die Zweigniederlassung im inländischen Handelsregister eingetragen ist.

c) Geschäftsstelle

Es handelt sich um Einrichtungen eines Unternehmens, in denen Geschäfte abgewickelt werden, ohne daß der handelsrechtliche Status ein Zweigniederlassung gegeben ist.

d) Fabrikations- oder Werkstätte

Es handelt sich um Produktionsstätten, die wirtschaftlich und rechtlich unselbständig sind, z. B. keinen eigenen Einkauf und/oder Verkauf tätigen.

e) Warenlager

Unter Warenlager versteht man solche Einrichtungen, in denen lediglich die Waren gelagert werden, ohne daß Geschäftsabschlüsse getätigt werden. Lagerverwalter haben i. d. R. keine Abschlußvollmacht. Das Warenlager stellt nach der Begriffsbestimmung vieler Doppelbesteuerungsabkommen **keine** Betriebstätte dar. Dies ist für die Begriffsbestimmung inländischer Einkünfte i. S. des § 49 Abs. 1 Nr. 2a unerheblich; aufgrund eines DBA kann es aber zu einer **Freilassung** von dieser Einrichtung zuzuweisenden Betriebsergebnissen kommen.

f) Ein- oder Verkaufsstellen

Es handelt sich um feste Einrichtungen, in denen entweder (z. B. für die Produktion) Einkäufe getätigt werden oder die dem Verkauf dienen. Hierunter fallen auch fahrbare Verkaufsstätten (Verkaufswagen) mit wechselnden (mithin vorübergehend festem) Standort (BMF-Schr. vom 24.9.1987, BStBl I 665). Vielfach sind die Verkaufsstellen mit einem Warenlager verbunden. Notwendig ist dies jedoch nicht.

g) Bergwerke, Steinbrüche oder bestimmte andere Stätten der Gewinnung von Bodenschätzen

Betriebstätten in diesem Sinne stellen z.B. auch die **schwimmenden** Bohrinseln auf dem Festlandsokkel, der der Nordseeküste vorgelagert ist, dar. Gleiches gilt auch für Bohrtürme, die auf dem Festlandsockel errichtet (verankert) sind.

h) Bauausführungen oder Montagen

Bei den Bauausführungen oder Montagen ist es nicht notwendig, daß es sich um feste Einrichtungen handelt. Auch örtlich fortschreitende oder schwimmende Einrichtungen können eine Betriebstätte darstellen, wenn

- die einzelnen Bauausführungen oder Montagen oder
- eine von mehreren zeitlich nebeneinander bestehenden Bauausführungen oder Montagen oder
- mehrere ohne Unterbrechung aufeinander folgende Bauausführungen oder Montagen

länger als 6 Monate dauern (§ 12 Satz 2 Nr. 8a, b, c AO).

Dem **Montagebegriff** i.S. des § 12 Satz 2 Nr. 8 AO kommt **neben** dem Begriff **„Bauausführungen"** selbständige Bedeutung zu. Die Montage ist kein Unterfall der Bauausführung. Zwar kann die Montage gleichzeitig Bauausführung sein, wenn es sich um eine Baumontage handelt (BFH, BStBl 1982 II 241). Unter den Begriff „Montage" fallen nur das Zusammenfügen und der Umbau von vorgefertigten Einzelteilen, nicht dagegen bloße Reparatur- und Instandsetzungsarbeiten. Dabei erfüllen untergeordnete Einzelleistungen für sich allein noch nicht den Begriff der „Montage". Die Tätigkeit muß vielmehr zumindest die wesentlichen Arbeiten des Zusammenfügens von Einzelteilen zu einer Sache umfassen (BFH, BStBl 1990 II 983).

> **Beispiele:**
> 1. Die niederländische Baufirma A (Einzelunternehmen) aus Enschede baut in Gronau ein Verwaltungsgebäude. Die Bauarbeiten dauerten insgesamt 15 Monate. Es liegt eine inländische Betriebstätte vor, mit deren Einkünften aus § 49 Abs. 1 Nr. 2a Inhaber A beschränkt stpfl. ist (§ 1 Abs. 4).
> 2. Die o. a. Baufirma A hat gleichzeitig in Hannover, Braunschweig und Wolfsburg jeweils eine Baustelle begonnen. Die Bauarbeiten in Hannover dauerten vom 1. März bis zum 31. Oktober, die in Braunschweig vom 1. März bis 30. August und die in Wolfsburg vom 1. März bis 30. Juli.
>   Da die Bauausführungen zeitlich nebeneinander bestanden, handelt es sich bei allen drei Baustellen um inländische Betriebstätten, da **eine** Baustelle den Zeitraum von 6 Monaten überschreitet.
> 3. Die o. a. Baufirma A hat in Hannover drei Baustellen. Die Bauausführungen dauerten hinsichtlich jeder Baustelle 4 Monate. Sie wurden jedoch ohne zeitliche Unterbrechung hintereinander ausgeführt.
>   Es liegt eine einheitliche Betriebstätte i.S. von § 12 Nr. 8c AO vor.

Örtlich **fortschreitende** Baustellen sind insbesondere im Straßen- und Kanalbau gegeben.

Dies gilt auch bei Stätten der Erkundung von Bodenschätzen, z.B. Versuchsbohrungen (BMF, BStBl 1987 I 665).

Anlagen, die ausschließlich Wohnzwecken, Erholungszwecken u.ä. dienen, sind **keine** Betriebstätten (vgl. Abschn. 24 Abs. 4 GewStR).

Der Betriebstättenbegriff i.S. des § 49 Abs. 1 Nr. 2a, § 12 AO wird durch die bestehenden DBA meist eingeschränkt (z.B. durch Art. 2 Abs. 1 Nr. 2a und b DBA – NL).

> **Beispiel:**
> Der holländische Bauunternehmer unterhält in Wesel eine Baustelle (Dauer 9 Monate). Es liegt zwar eine Betriebstätte i.S. § 12 AO vor (Dauer mehr als 6 Monate).
> Das Besteuerungsrecht haben jedoch gemäß Art. 5 Abs. 1, Art. 2 Abs. 1 Nr. 2a gg DBA-NL die Niederlande (keine Betriebstätte i.S. des DBA-NL, da nicht länger als **12** Monate).

Bei Verneinung einer inländischen Betriebstätte ist noch zu prüfen, ob die Einkünfte nicht durch einen inländischen Vertreter (§ 13 AO) erzielt werden. Vgl. unten 2.2.2.3.

2.2.2.3 Inländischer ständiger Vertreter

Ständiger Vertreter ist eine Person, die **nachhaltig** die **Geschäfte** eines Unternehmens **besorgt** und dabei dessen **Sachweisungen unterliegt**.

Vgl. § 13 AO.

Ständiger Vertreter ist insbesondere eine Person, die für ein Unternehmen nachhaltig Verträge abschließt oder vermittelt oder Aufträge einholt oder einen Bestand von Gütern oder Waren unterhält und davon Auslieferungen vornimmt. Es ist hierbei **unerheblich,** ob der ständige Vertreter im **Angestelltenverhältnis** zum Vertretenen steht oder ob es sich um einen **selbständigen Gewerbetreibenden** handelt (R 222 Abs. 1). Die Vertretung kann **auch** im Rahmen eines **eigenen Unternehmens** des Vertreters wahrgenommen werden. Nicht unbedingt notwendig ist es, daß der Vertreter für **einen** Vertretenen tätig wird.

Nicht darunter fallen jedoch

- Agenten (die Handelsvertreter i. S. des § 84 HGB sind) ohne allgemeine Vertragsvollmacht und ohne Warenlager
- Kommissionäre und Makler, sofern es sich um die ordentliche Geschäftstätigkeit handelt.

Auch hier sind Einschränkungen durch DBA zu beachten.

Im Falle der **Betriebsverpachtung** ist der Pächter des Betriebes in der Regel **nicht** als ständiger Vertreter des im Ausland ansäßigen Verpächters anzusehen. Der Pächter führt grundsätzlich einen eigenen Betrieb. Er ist nur dann als ständiger Vertreter anzusehen, wenn er über das Pachtverhältnis hinaus besondere Verpflichtungen für den ausländischen Verpächter wahrzunehmen hat. Bei einem verpachteten Betrieb handelt es sich um die Betriebstätte des Pächters und nicht die des Verpächters. Der Verpächter kann daher nur inländische Einkünfte aus Gewerbebetrieb haben, wenn der Pächter gleichzeitig sein inländischer Vertreter i. S. des § 13 AO ist (BFH, BStBl 1978 II 494).

Ist der Pächter **nicht** inländischer Vertreter, liegt bei Verpachtungsbeginn beim Verpächter zwingend eine Betriebsaufgabe i. S. des § 16 Abs. 3 vor, die unter § 49 Abs. 1 Nr. 2a fällt.

Die anschließende Verpachtung fällt unter § 21 i. V. m. § 49 Abs. 1 Nr. 6.

Auch **nachträgliche** Einkünfte können unter § 49 Abs. 1 Nr. 2 fallen; vgl. 2.2.3.4 und BFH, BStBl 1984 II 620 und H 212g sinngemäß.

2.2.2.4 Behandlung von Mitunternehmerschaften

§ 49 Abs. 1 Nr. 2 gilt auch für Mitunternehmerschaften. Die im Ausland ansäßigen Mitunternehmer haben nur dann inländische gewerbliche Einkünfte, wenn die Mitunternehmerschaft eine Betriebstätte im Inland unterhält (BFH, BStBl 1988 II 663).

Beispiele:
1. Die A-OHG in Amsterdam, deren Gesellschafter A, B und C ihren Wohnsitz jeweils in Amsterdam haben, unterhält ein Auslieferungslager in Kleve. Dieses Auslieferungslager wird von einem mit Abschluß- und Verkaufsvollmacht versehenen Angestellten verwaltet.
   Die Mitunternehmer A, B und C sind mit ihren Einkünften aus dieser Betriebstätte beschränkt einkommensteuerpflichtig.
2. An der B-KG in Amsterdam sind A aus Köln, B aus Dortmund und C aus Amsterdam beteiligt. Die B-OHG unterhält eine Betriebstätte in Gronau (Westfalen).
   A und B sind daher grundsätzlich mit ihren **gesamten** Einkünften aus der OHG unbeschränkt stpfl. C ist beschränkt stpfl. nur in Höhe seines Gewinnanteils an der **Betriebstätte in Gronau**.
3. An der C-KG mit Sitz und Betriebstätte in Köln sind A aus Köln, B aus Düsseldorf und C aus Arnheim (Niederlande) beteiligt.
   Da die C-KG in Köln eine Betriebstätte unterhält, ist der beschränkt steuerpflichtige C mit seinem Gewinnanteil aus der KG beschränkt steuerpflichtig.

Der **Umfang** der steuerpflichtigen Einkünfte bei Mitunternehmerschaften richtet sich nach § 15 Abs. 1 Nr. 2. Somit gehören auch hier zu den gewerblichen Einkünften nicht nur der Gewinnanteil an der Personengesellschaft, sondern auch die in diesem Zusammenhang gewährten Sondervergütungen für der Gesellschaft gewährte Dienstleistungen, Kapitalüberlassungen (Darlehen) und Nutzungsüberlassungen (vgl. K. 2.2.4.3).

Beispiel:

An der A-OHG in Duisburg sind A, B und C beteiligt. C hat seinen Wohnsitz in Arnheim. Sein Gewinnanteil beträgt im Jahre 01 100 000 DM. Für die Geschäftsführung erhält er ein **Gehalt** von 60 000 DM. Darüber hinaus hat er der Gesellschaft ein **Darlehen** von 100 000 DM gewährt, für das er 10 000 DM Zinsen erhalten hat. Seine Einkünfte aus der Mitunternehmerschaft betragen insgesamt 170 000 DM. Da diese im Zusammenhang mit einer inländischen Betriebsstätte stehen, handelt es sich hierbei um inländische Einkünfte i. S. des § 49 Abs. 1 Nr. 2a.

2.2.2.5 Betriebsveräußerungen

Unter die inländischen Einkünfte fallen grundsätzlich auch Veräußerungsgewinne i. S. des § 16 Abs. 1. Gleiches gilt für die Betriebsaufgabe i. S. des § 16 Abs. 3.

Voraussetzung jedoch ist, daß die Betriebstätte die Voraussetzungen des § 16 erfüllt. Nach § 16 Abs. 1 liegt nur dann eine steuerbegünstigte Betriebsveräußerung vor, wenn es sich hierbei um einen ganzen Betrieb oder um einen Teilbetrieb handelt. Eine Betriebsstätte wird i. d. R. nicht als ein selbständiger Betrieb des beschränkt Stpfl. anzusehen sein. Sie ist nur ein Teil der gesamten gewerblichen Tätigkeit. Eine steuerbegünstigte Betriebsveräußerung liegt daher nur dann vor, wenn die Betriebstätte zumindest einen **Teilbetrieb** darstellt. Liegt die gesamte gewerbliche Tätigkeit im Inland, so ist die Betriebstätte mit dem Betrieb identisch. Liegen die Voraussetzungen eines Teilbetriebes nicht vor, führt die Veräußerung der Betriebstätte zu laufendem Gewinn.

2.2.2.6 Einkünfte aus dem Betrieb von Seeschiffen oder Luftfahrzeugen aus Beförderungen (§ 49 Abs. 1 Nr. 2b und c EStG)

Zu den gewerblichen Einkünften i. S. des § 15 und 16 gehören auch solche, die durch den Betrieb eigener oder gecharterter Seeschiffe oder Luftfahrzeuge aus Beförderungen zwischen inländischen und ausländischen Häfen erzielt werden, einschließlich der Einkünfte aus anderen mit solchen Beförderungen zusammenhängenden, sich auf das Inland erstreckende Beförderungsleistungen (§ 49 Abs. 1 Nr. 2b).

Beispiel:

Eine spanische Charterflugfirma B befördert in den Sommermonaten täglich mehrfach Fluggäste vom Flughafen Düsseldorf nach Palma de Mallorca. Die Einkünfte, die sie aus diesem Lufttransport erzielt, sind inländische Einkünfte i. S. des § 49 Abs. 1 Nr. 2b.

Gleiches gilt für Einkünfte aus Beförderungsleistungen eines Unternehmens im Rahmen einer **internationalen Betriebsgemeinschaft** oder eines **Poolabkommens,** bei denen ein Unternehmen mit Sitz oder Geschäftsleitung im Inland die Beförderung durchführt (§ 49 Abs. 1 Nr. 2c). Im Falle des § 49 Abs. 1 Nr. 2b sind die Einkünfte mit 5 v. H. der für diese Beförderungsleistungen vereinbarten Entgelte anzusetzen (§ 49 Abs. 3).

2.2.2.7 Einkünfte aus künstlerischen und sportlichen Darbietungen (§ 49 Abs. 1 Nr. 2d EStG)

Unabhängig davon, ob eine Betriebsstätte oder ein ständiger Vertreter vorhanden ist, gehören Einkünfte von beschränkt Stpfl. durch künstlerische oder sportliche, artistische oder ähnliche **Darbietungen im Inland** oder solche, die durch deren Verwertung im Inland erzielt werden, einschließlich der Einkünfte aus anderen mit diesen Leistungen zusammenhängenden Leistungen – unabhängig davon, wem die Einnahmen zufließen – zu den gewerblichen Einkünften, soweit diese Tätigkeiten nicht zu den Nrn. 3 oder 4 gehören (nichtselbständige Arbeit oder selbständige Arbeit).

Die Regelung findet in erster Linie Anwendung in den Fällen, in denen ausländische Unternehmen die Künstler usw. dem inländischen Veranstalter nicht im Wege der Vermittlung, sondern im eigenen Namen und für eigene Rechnung zur Verfügung stellen und der Veranstalter die Vergütung an diese Unternehmen zahlt. Die Regelung ist aber auch Grundlage für die Besteuerung gewerblich tätiger Berufssportler, Artisten, Entertainer oder ähnliches, sowie allgemein für die Besteuerung der mit der künstlerischen Darbietung zusammenhängenden Einkünfte (BMF, BStBl 1995 I 337 Tz. 2.2 sowie BMF, BStBl 1996 I 89.

- **Darbietung im Inland**

Hierunter fallen insbesondere **Ausstellungen, Konzerte, Theateraufführungen, Shows, Turniere, Wettkämpfe.**

Der Begriff Darbietung ist **weit** zu verstehen; auch nichtöffentliche Auftritte und Studioaufnahmen für Film, Funk, Fernsehen und zur Herstellung von Tonträgern fallen hierunter.

Zu den ähnlichen Darbietungen mit vergleichbarem Unterhaltungscharakter zählen z. B. **Talkshows, Quizzsendungen** und **Modeschauen**, nicht jedoch wissenschaftliche Vorträge und Seminare (BMF, a. a. O., Tz. 2.2.1).

Die Darbietung findet im Inland statt, wenn die künstlerische, sportliche, artistische oder ähnliche Tätigkeit (physisch) im Inland **ausgeübt** wird.

Ort der Darbietung ist bei Filmaufnahmen der Ort der Dreharbeiten, bei Schallplattenaufnahmen der tatsächliche Aufnahmeort.

Live-Übertragungen in Hör- und Fernsehfunk von einer Darbietung im Inland sind, unabhängig davon, wer die Leistung anbietet, **nicht** zur Verwertung, sondern zur Darbietung zu rechnen.

- **Verwertung der Darbietung im Inland**

Unter Verwerten ist der Vorgang zu verstehen, durch den der Inhaber der Nutzungsrechte an einer Darbietung sich das Ergebnis der Darbietung durch eine zusätzliche Handlung nutzbar macht, insbesondere durch Übertragung der Nutzungsrechte. Verwerten kann auch ein Dritter, der die Leistung nicht selbst erbracht hat.

- **Mit Darbietungen oder deren Verwertung zusammenhängende Leistungen (Ausrüstungsverträge, Werbeverträge und andere Leistungen)**

Einkünfte aus Ausrüstungsverträgen (**Sponsoring**), **Werbeverträgen**, Vergütungen für **Autogrammstunden, Interviews, Auftritten** in **Talkshows** usw. gehören zu den Einkünften aus mit den Darbietungen zusammenhängenden Leistungen, soweit diese Leistungen in sachlichem Zusammenhang mit der jeweiligen Darbietung stehen.

> **Beispiel:**
> A, Tennisspieler aus den USA, nimmt an einem internationalen Turnier in Frankfurt teil. Für die Teilnahme erhält er ein **Startgeld**, als Sieger eine **Siegesprämie**. Daneben hat er sich gegen ein Honorar von 100 000 DM gegenüber einem Sportausrüstungshersteller verpflichtet, während des Turniers deren Sportkleidung und deren Tennisschläger zu benutzen. Für ein **Interview** während der Sportveranstaltung mit dem Fernsehen erhält er ebenfalls ein Honorar.
> Zu den Einkünften i. S. des § 49 Abs. 1 Nr. 2d gehören neben dem Startgeld und der Siegesprämie auch das Honorar des Sportartikelherstellers mit zu den Leistungen; das gleiche gilt für das Honorar für ein Fernsehinterview.

Zu den Leistungen, die mit den Darbietungen zusammenhängen, zählen auch technische Nebenleistungen wie Bühnenbild, Beleuchtung, Tontechnik, Kostüme und Vermittlungsleistungen, soweit sie Teil der Gesamtleistung sind.

> **Beispiel:**
> Der amerikanische Boxer M. A tritt im Münchner Olympia-Stadion gegen den Brasilianer X. Y an. Er erhält von dem inländischen Veranstalter eine Million DM.
> M. A hat zwar keine Betriebstätte i. S. des § 12 AO. Bei Berufssportlern ist aber der Ort der Darbietung maßgebend. Keine inländischen Einkünfte nach § 49 Abs. 1 Nr. 2a, aber nach § 49 Abs. 1 Nr. **2d**.

Es ist dabei gleichgültig, wem die Leistungen zufließen.

> **Beispiel:**
> Die X-GmbH aus Wien bietet einem inländischen Veranstalter die Leistung des Tennisspielers B an. Empfänger des Honorars ist nach dem Vertrag die X-GmbH.
> Die sportliche Tätigkeit ist durch B im Inland ausgeübt worden. Damit liegen die Voraussetzungen des § 49 Abs. 1 Nr. 2d vor.

Regelmäßig ist der Steuerabzug nach § 50a Abs. 4 S. 3 Nr. 1 zu beachten.

2.2.2.8 Gewinnermittlung der Betriebstätte

Der Gewinn der Betriebstätte ist nach § 5 Abs. 1 zu ermitteln (BFH, BStBl 1989 II 140).

Die Gewinnermittlung der Betriebstätte kann entweder aufgrund eigener Buchführung unabhängig vom Gesamtgewinn des multinationalen Unternehmens ermittelt werden (**direkte Methode**) oder – hilfsweise – des **Gesamtgewinns** des Unternehmens durch **Aufteilung** (indirekte Methode).

a) Direkte Methode

Der Gewinn der Betriebstätte wird hierbei **selbständig** aufgrund eigener Buchführung ermittelt mit Aufstellung einer selbständigen Bilanz sowie Gewinn- und Verlustrechnung (sog. **Dealing-at-arms-length-Klausel**).

Soweit ein **Warenverkehr** sich zwischen der Betriebstätte und dem ausländischen Unternehmen vollzieht, sind der Gewinnermittlung fiktive Anschaffungskosten bzw. Verkaufspreise zugrunde zu legen. Diese **Verrechnungspreise** haben den **Marktpreisen** zu entsprechen, andernfalls ist die Gewinnermittlung entsprechend zu berichtigen, ggf. unter dem Gesichtspunkt der verdeckten Gewinnausschüttung bzw. verdeckten Einlage).

Hierbei dürfen Betriebsausgaben nur insoweit berücksichtigt werden, als sie mit inländischen Einkünften im Zusammenhang stehen (§ 50 Abs. 1 Satz 1).

Allgemeine Verwaltungskosten sind entsprechend aufzuteilen.

Hierbei sind Geschäftsführungs- und allgemeine Verwaltungskosten einer Hauptniederlassung anteilig der Betriebstätte zuzurechnen, wenn und soweit die Aufwendungen durch eine spezielle Leistung der Hauptniederlassung an die Betriebstätte ausgelöst sind.

Das BMF-Schreiben vom 23. 2. 1983 (BStBl I 218) zur internationalen Einkunftsabgrenzung dürfte entsprechend anzuwenden sein (vgl. insbesondere BFH, BStBl 1989 II 140).

b) Indirekte Methode

Die indirekte Methode der Gewinnermittlung stellt eine besondere Form der Schätzung dar. Sie wird in der Regel nur dann angewandt, wenn die gesonderte Gewinnermittlung des inländischen Gewinns nicht oder nur unter großen Schwierigkeiten möglich ist und ist auf spezielle Branchen beschränkt.

Dabei wird das Gesamtergebnis nach geeigneten Schlüsseln aufgeteilt. Besteht ein DBA, ist i. d. R. ein Verständigungsverfahren der beiden Vertragsstaaten erforderlich.

Beispiel:

Der beschränkt Stpfl. A hat in den Niederlanden eine Möbelfabrik. Die Möbel werden in eigenen Läden verkauft. Die Fabrikation findet ausschließlich in den Niederlanden statt. In der Bundesrepublik und in den Niederlanden werden Verkaufsläden unterhalten. Bei einem Gesamtgewinn von 300 000 DM betrugen im Jahr 01 die Umsätze in den Niederlanden 1 800 000 DM, in der Bundesrepublik Deutschland 900 000 DM.

Da in der BRD keine Bücher geführt wurden, ermittelt das Finanzamt den Gewinn in Absprache mit der niederländischen Finanzverwaltung nach der indirekten Methode. Es ist davon auszugehen, daß der gesamte Geschäftserfolg etwa gleichwertig durch die Herstellung und Verkaufstätigkeit erzielt worden ist und daß für die Geschäftsleitung ein Voraus von 10 v. H. des Gesamtgewinns in Betracht kommt.

Es ergibt sich daher folgende Aufteilung des Gewinns:

		Niederlande	Deutschland
Gesamtgewinn	300 000 DM		
abzüglich Geschäftsleitung	30 000 DM	30 000 DM	–
	270 000 DM		
Produktion $^1/_2$ =	135 000 DM	135 000 DM	
Vertrieb $^1/_2$			
(davon $^2/_3$ Niederlande, $^1/_3$ BRD)	135 000 DM	90 000 DM	45 000 DM
Einkünfte		255 000 DM	45 000 DM

2.2.2.9 Veräußerung einer wesentlichen Beteiligung (§ 49 Abs. 1 Nr. 2e EStG)

Unter den Begriff der inländischen Einkünfte i. S. des § 49 Abs. 1 Nr. 2e fallen die Einkünfte, die unter den Voraussetzungen des § 17 aus der Veräußerung eines Anteils an einer Kapitalgesellschaft erzielt werden, die ihren Sitz oder ihre Geschäftsleitung im Inland hat.

Beispiel:
Der beschränkt steuerpflichtige A ist mit 30 v. H. an der X-GmbH in Köln beteiligt. Er veräußert die Hälfte seiner Beteiligung = 15 v. H. an den B. Es liegen inländische Einkünfte vor.

Falls der Vorrang des § 23 vor § 17 zum Zuge kommt (§ 23 Abs. 3 Satz 2), greift § 49 Abs. 1 Nr. 8 ein (Spekulationsgeschäfte) – wie bei unbeschränkter Steuerpflicht –.

Auch im Rahmen der beschränkten Steuerpflicht steht die verdeckte Einlage der wesentlichen Beteiligung einer Veräußerung gleich. (§ 17 Abs. 1 S. 2)

2.2.2.10 Veräußerung bestimmter Wirtschaftsgüter ohne Vorhandensein einer inländischen Betriebstätte (§ 49 Abs. 1 Nr. 2f EStG)

Inländische Einkünfte aus Gewerbebetrieb sind auch solche, die, soweit sie nicht zu den Einkünften i. S. des § 49 Abs. 1 Nr. 2a gehören, durch Veräußerung von unbeweglichem Vermögen, Sachinbegriffen oder grundstücksgleichen Rechten erzielt werden (i. S. § 49 Abs. 1 Nr. 6). Das gilt auch für nicht gewerblich tätige Kapitalgesellschaften ohne Sitz oder Geschäftsleitung im Inland.

Mit dieser Vorschrift sollen **ausländische gewerbliche** Investoren ohne Betriebstätte oder ständigen Vertreter im Inland erfaßt werden, die im Inland belegene Immobilien erwerben und außerhalb der Spekulationsfrist von zwei Jahren wieder veräußern.

Bei einer ausländischen Körperschaft, die einer inländ. KapGes oder einer sonstigen juristischen Person des privaten Rechts vergleichbar ist, die nach HGB buchführungspflichtig ist, wird in solchen Fällen der **Bezug inländischer gewerblicher Einkünfte fingiert.**

Vgl. im einzelnen BMF-Schreiben vom 15. 12 1994, BStBl I 883.

2.2.3 Einkünfte aus selbständiger Arbeit i. S. des § 49 Abs. 1 Nr. 3 EStG

2.2.3.1 Grundsätze

Die Vorschrift des § 49 Abs. 1 Nr. 3 hat ihre Grundlage in § 18 Abs. 1. Die Einkünfte müssen die Voraussetzungen des § 18 Abs. 1 erfüllen. Daher muß es sich um eine freiberufliche Tätigkeit, Tätigkeit eines Lotterieeinnehmers oder eine sonstige selbständige Tätigkeit handeln. Ferner müssen als besondere Anknüpfungsmerkmale zum Inland entweder die **Tätigkeit im Inland ausgeübt** oder **verwertet** werden.

Voraussetzungen

- Tätigkeit i. S. des § 18
- Ausübung im Inland **oder**
- Verwertung im Inland. Vgl. auch **H 222a**.

2.2.3.2 Ausübung im Inland

Die Tätigkeit, die zu Einkünften führt, muß im Inland ausgeübt sein. D. h., es muß die **Haupttätigkeit**, die die Einkünfte verursacht hat, im Inland ausgeübt worden sein. Die Tätigkeit im Inland muß die unmittelbare Veranlassung für die Einkunftserzielung sein. Eine selbständige Tätigkeit wird in dort ausgeübt, wo sich die ausübende Person tatsächlich aufhält und die Berufstätigkeit persönlich entfaltet (vgl. auch BFH, BStBl 1987 II 377 [378] zur „Verwertung" bei § 49 Abs. 1 Nr. 4). Ist dies der Fall, kommt es **nicht** darauf an, daß auch die Einkünfte aus einer inländischen Quelle geflossen sind.

Beispiel:
Der Künstler A aus Amsterdam hat in Hamburg ein Konzert gegeben. Diese Aufführung wurde vom Deutschen Fernsehen life gesendet und vom niederländischen Fernsehen übernommen. Der Künstler erhielt eine Vergütung von 10 000 hfl.
Da die Tätigkeit im Inland ausgeübt worden ist, handelt es sich hierbei generell um inländische Einkünfte. Dies gilt auch für die im Ausland erzielten Einnahmen.

Vgl. auch nachfolgend 2.2.3.3 sowie BMF-Schr. v. 30. 5. 1995 (a. a. O.), Tz 2.2.1.

Für die Qualifizierung als inländische Einkünfte ist es auch unerheblich, ob der beschränkt steuerpflichtige Berufsträger einen **ständigen Ort der Ausübung** hat. Eine **einmalige** Tätigkeit im Inland reicht grundsätzlich aus. Es ist für bestimmte Berufe wie den Beruf eines Rechtsanwalts, Arztes oder Architekten nicht erforderlich, daß sie hier ihren Beruf ständig (etwa im Rahmen einer **Praxis**) ausüben.

Beispiel:

Rechtsanwalt A aus Amsterdam verbringt in Oberstdorf seinen Sommerurlaub. Einem Hotelgast fertigt er ein Gutachten an, wofür er 1 000 DM erhält.

Die Tätigkeit ist im Inland ausgeübt worden. Hinsichtlich des Honorars für das Gutachten liegen somit inländische Einkünfte i. S. des § 49 Abs. 1 Nr. 3 vor.

Es muß sich jedoch um eine qualifizierte Tätigkeit handeln, die unmittelbar zu Einkünften geführt hat. Die Verrichtung von untergeordneten Nebenhandlungen im Inland reicht nicht aus.

Beispiel:

Rechtsanwalt A aus Arnheim (NL) hat für seinen deutschen Klienten aus Gronau einen Prozeß in Amsterdam übernommen. Im Rahmen dieses Prozesses besucht er mehrfach seinen Mandanten in Gronau (BRD). Für den Prozeß erhält A insgesamt 10 000 hfl. von M.

Es handelt sich hier bei dem Honorar nicht um inländische Einkünfte, auch nicht zum Teil, weil die wesentliche Tätigkeit für das Honorar in den Niederlanden ausgeübt worden ist.

2.2.3.3 Verwertung im Inland

Ist eine Tätigkeit im **Inland nicht ausgeübt** worden, handelt es sich bei der Vergütung für diese Tätigkeit dennoch um inländische Einkünfte, wenn eine **Verwertung** im **Inland** vorliegt.

Der Tatbestand der Verwertung kommt also **nur** in Betracht, wenn eine Ausübung im Inland nicht erfolgt ist (vgl. BFH, BStBl 1987 II 377 [379]; 379 [381]; 381 [383]; 383 [384] zum Verwertungstatbestand bei § 49 Abs. 1 Nr. 4).

Unter Verwerten wird ein Nutzbarmachen durch eine zusätzliche Handlung verstanden, insbesondere durch **Übertragung** der **Nutzungsrechte**.

Der Tatbestand der Verwertung setzt **nicht** voraus, daß der Überlassende Inhaber des Rechts bleibt und das Recht zur Nutzung zeitlich begrenzt überläßt (wie bei § 49 Abs. 1 Nr. 6).

Die Verwertung kann auch in der Übertragung des Vollrechts (Eigentums) bestehen.

Beispiel:

Der in den Niederlanden lebende Maler veräußert ein im Ausland gemaltes Bild im Inland.

Der Ort der Verwertung richtet sich nach dem, der als Stpfl. in Betracht kommt (also nach dem **Überlassenden**).

Bei der Herstellung eines Filmes ist dies nicht der Ort des Auftritts bzw. der Aufführung, sondern der Ort der Herstellung (= Drehort) (BFH, a. a. O.).

Die Live-Übertragung im Hör- und Fernsehfunk einer Darbietung im Ausland ist Teil der **Verwertung** (BMF-Schr., a. a. O., Tz 2.2.2).

Eine selbständige **schriftstellerische** Tätigkeit wird dort verwertet, wo der Autor dem Verleger die Autorenrechte überläßt. Dies ist in der Regel der Ort der Geschäftsleitung des Verlages. Auf den Ort, an dem das einzelne Buch hergestellt oder verkauft wird, kommt es **nicht** an, weil es sich insoweit um die Verwertung des dem Verleger zustehenden Rechts handelt (BFH, BStBl 1989 II 87).

Beispiel:

Der Wirtschaftsprüfer X aus London erstellt im Auftrage der inländischen Z-AG den Jahresabschluß ihrer Tochtergesellschaft in England. Hierfür erhält X von der deutschen Muttergesellschaft Z-AG ein Honorar von 100 000 DM. Es liegt **keine** Verwertung im Inland vor. Denn die Leistung der Pflichtprüfung wird gegenüber der Tochtergesellschaft erbracht, auch wenn die Mutter die Auftraggeberin ist.

Die Leistung des Testats wird im Staat des Sitzes bzw. der Geschäftsleitung der geprüften Gesellschaft verwertet.

Überläßt ein im Ausland wohnhafter Erfinder selbstentwickelter Arzneimittelrezepturen einem inländischen Unternehmen die Nutzung gegen Lizenzgebühren, so erzielt er beschränkt stpfl. Einkünfte aus selbständiger Arbeit durch **Verwertung** im Inland (§ 49 Abs. 1 Nr. 3, BFH, BStBl 1993 II 407).

Der Steuerabzug nach § 50a Abs. 4 ist zu beachten. Vgl. nachfolgend 2.4.2.4.

2.2.3.4 Nachträgliche Einkünfte

Einkünfte i. S. des § 49 Abs. 1 Nr. 3 können auch nachträgliche Einkünfte sein, wenn die Tätigkeit im Inland ausgeübt und verwertet worden ist.

> **Beispiel:**
> A ist selbständiger Erfinder mit Wohnsitz im Inland. Er veräußert das Patent gegen Gewährung einer Leibrente und verlagert danach seinen Wohnsitz in die Schweiz.
> Die Rente ist als nachträgliche Einkünfte aus selbständiger Arbeit (§§ 18 Abs. 1 Nr. 1, 49 Abs. 1 Nr. 3) zu erfassen (BFH, BStBl 1984 II 620).

2.2.4 Einkünfte aus nichtselbständiger Arbeit (§ 19 EStG)

Einkünfte aus nichtselbständiger Arbeit sind unter der Voraussetzung inländische Einkünfte, daß die Tätigkeit im Inland **ausgeübt, verwertet wird** oder **worden ist.** Hinsichtlich des Begriffes Verwertung vgl. bereits 2.2.3.3.

Unabhängig davon fallen Einkünfte, die aus **inländischen öffentlichen Kassen** mit Rücksicht auf ein gegenwärtiges oder früheres Dienstverhältnis **gezahlt** werden, hierunter.

Eine **Ausübung** im Inland liegt vor, wenn der Arbeitnehmer seine Arbeitsleistung tatsächlich im Inland erbringt.

Eine **Verwertung** der Arbeit im Inland liegt dann vor, wenn der **Arbeitnehmer** das Ergebnis seiner nichtselbständigen Arbeitsleistung seinem Arbeitgeber im Inland zuführt.

Verwertender i. d. S. kann also nur der **Arbeitnehmer** sein; vgl. BMF-Schr. vom 30. 5. 1995, a. a. O., Tz 2.3.

Der Nutzen geleisteter Arbeit kann auch dort gezogen werden, wo die Arbeit ausgeübt wird. Verwertung i. S. des § 49 Abs. 1 Nr. 4 muß jedoch an einem vom Ausübungsort **verschiedenen** Ort stattfinden (im wesentlichen bei geistigen Leistungen).

> **Beispiel:**
> Tätigkeit einer Schiffsbesatzung (nicht unbeschränkt stpfl.) einer inländischen Reederei
> a) auf hoher See
> b) in deutschen Hoheitsgewässern.
> Bei a) liegen **weder** Ausübung **noch** Verwertung im Inland vor. **Keine** inländischen Einkünfte.
> Bei b) liegt Ausübung im Inland i. S. § 49 Abs. 1 Nr. 4 vor.

Es kommt lt. BFH **nicht** darauf an, ob
- der Erfolg der Arbeit unmittelbar der inländischen Volkswirtschaft zu dienen bestimmt ist und
- der Arbeitslohn zu Lasten eines inländischen Arbeitgebers gezahlt wird. Dies wird im Gesetz nur für bestimmte Bezüge aus inländischen **öffentlichen** Kassen gefordert.

Bei Einkünften aus der **Verwertung** einer nichtselbständigen Arbeit im Inland verzichtet die BRD in den DBA regelmäßig auf das Besteuerungsrecht.

Für den Lohnsteuerabzug bei beschränkt stpfl. Arbeitnehmern sind die Sondervorschriften § 39d, § 50a Abs. 4 sowie die Abgeltung der ESt durch den LSt-Abzug zu beachten (vgl. § 50 Abs. 5 Satz 1).

2.2.5 Einkünfte aus Kapitalvermögen

2.2.5.1 Gewinnanteile (§ 49 Abs. 1 Nr. 5a EStG)

Die Vorschrift des § 49 Abs. 1 Nr. 5a umfaßt die (kapitalertragsteuerpflichtigen)
- Gewinnanteile aus Anteilen an Kapitalgesellschaften (§ 20 Abs. 1 Nr. 1 und 2)
- Gewinnanteile aus stillen Beteiligungen und partiarischen Darlehen (§ 20 Abs. 1 Nr. 4) sowie

- stpfl. Zinsen i. S. § 20 Abs. 1 Nr. 6.
- Zinsen/Erträge aus Wandelanleihen und Gewinnobligationen.

Voraussetzung ist, daß der **Schuldner** der Leistung **Wohnsitz, Geschäftsleitung** oder **Sitz** im **Inland** hat.

Hierunter fallen nicht nur die eigentlichen **Dividenden** und **Gewinnanteile,** sondern auch die **sonstigen** für die Kapitalnutzung gewährten **Vorteile.** Das ergibt sich aus der entsprechenden Anwendung des § 20 Abs. 2 Nr. 1.

Besteuert werden **auch verdeckte Gewinnausschüttungen** (BFH, BStBl 1986 II 193; § 20 Abs. 1 Nr. 1 S. 2).

Bei Aktien ist es unerheblich, ob diese in einem inländischen Depot verwahrt werden oder nicht.

> **Beispiel:**
> A aus Amsterdam unterhält bei der X-Bank AG in Zürich ein Wertpapierdepot. In diesem Depot befinden sich u. a. 100 Stück M-AG-Aktien (Sitz der M-AG in Düsseldorf) und 50 Stück Aktien der S-AG, München.
> Die Züricher Bank hat A auf dessen laufendes Konto in Amsterdam insgesamt 15 000 DM Dividenden abzüglich Kapitalertragsteuer überwiesen.
> Es handelt sich hier um inländische Einkünfte i. S. des § 49 Abs. 1 Nr. 5a, weil die Schuldner der Dividendenerträge, nämlich die M-AG und die S-AG, ihren Sitz (und auch Geschäftsleitung) im Inland haben.

Inhaber von Anteilsscheinen an Investmentfonds unterliegen grds. wie Direktanleger als Steuerausländer **nicht** der beschränkten Steuerpflicht mit ihren Kapitaleinkünften nach § 49 Abs. 1 Nr. 5a, also auch nicht dem Steuerabzug (Ausnahme: Tafelgeschäfte, vgl. unten 2.2.5.3.3).

Der Katalog der inländischen Kapitaleinkünfte enthält darüber hinaus auch Erträge aus **ausländischen** Investmentanteilen i. S. der §§ 17, 18 AuslInvestmG bei **Zahlung** durch ein **inländisches** Kreditinstitut. Somit ist auch insoweit ein Abzug der Zinsabschlagsteuer vorzunehmen.

Bei einer **stillen Beteiligung** kommt es darauf an, wo das Handelsgewerbe betrieben wird (Sitz bzw. Geschäftsleitung im Inland); entscheidend ist hier **nicht,** wo der Handelsgewerbebetreibende seinen Wohnsitz hat (Herrmann/Heuer/Raupach EStG, Anm. 35 zu § 49; BFH, BStBl 1982 II 374).

> **Beispiel:**
> A aus Amsterdam hat sich mit einer Einlage von 100 000 DM an dem Handelsgewerbe des B aus Köln beteiligt. Der Betrieb des A befindet sich in Basel (ebenfalls die Geschäftsleitung). Die Mittel aus der stillen Beteiligung sind dem Betrieb in Basel zugeflossen. A erhält über eine Schweizer Bank einen Gewinnanteil in Höhe von 15 000 DM auf sein Konto in Amsterdam überwiesen. Es liegen **keine** inländischen Einkünfte vor.

Gleiches gilt für die Beteiligung eines beschränkt Stpfl. am Handelsgewerbe einer inländischen Personengesellschaft oder Kapitalgesellschaft (BFH, a. a. O.).

Unter § 49 Abs. 1 Nr. 5a fallen **auch Zinsen/Erträge** aus **Wandelschuldverschreibungen** (siehe K 6.2.6.5) und **Gewinnobligationen** (K 6.2.6.4).

Voraussetzung ist auch hier, daß der Schuldner entweder Wohnsitz, Sitz oder Geschäftsleitung im Inland hat.

> **Beispiel:**
> A mit Wohnsitz in Amsterdam hat bei der X-Bank AG in Köln 1 000 Stück 6 v. H. Wandelschuldverschreibungen der X-AG mit Sitz in Düsseldorf in Verwahrung.
> A erhält im Kj 01 6000 DM Zinsen abzüglich 25 v. H. Kapitalertragsteuer ausgezahlt.
> Diese Zinseinkünfte sind inländische Einkünfte i. S. des § 49 Abs. 1 Nr. 5a.

Im Falle der **Zinsen aus Lebensversicherungen** kommt es darauf an, ob die **Versicherung** als Schuldner der Leistung ihre Geschäftsleitung oder ihren Sitz im Inland hat.

Die unter § 49 Abs. 1 Nr. 5a fallenden Kapitalerträge unterliegen der 25%igen KapSt gemäß § 43 Abs. 1 Nr. 1 bis 4. Sie sind daher grds. nicht „veranlagungsfähig" gemäß § 50 Abs. 5 Satz 1 (Abgeltungswirkung). Wegen der Ausnahmen vgl. § 50 Abs. 5 Satz 2 und unten 2.4.2.5.

2.2.5.2 Steuergutschrift i. S. von § 20 Abs. 1 Nr. 3 (§ 49 Abs. 1 Nr. 5b EStG)

Bei der Steuergutschrift i. S. von § 20 Abs. 1 Nr. 3 handelt es sich grundsätzlich um inländische Einkünfte. Dies ist jedoch grds. ohne praktische Bedeutung, weil nach § 50 Abs. 5 Satz 1 die Vorschrift § 36 Abs. 2 Nr. 3 **nicht** anzuwenden ist. Bei Dividendeneinkünften ist grundsätzlich die deutsche Steuer mit der Einbehaltung der Kapitalertragsteuer abgegolten. Eine Anrechnung der Körperschaftsteuer für beschränkt Stpfl. ist nach § 50 Abs. 5 grds. ausgeschlossen.

Der Ausschluß der Anrechenbarkeit gilt jedoch dann **nicht**, wenn sich die Anteile im **Betriebsvermögen** einer **inländischen Betriebstätte** befinden. In diesem Falle stellen die Steuergutschriften über § 20 Abs. 3 i. V. m. § 20 Abs. 1 Nr. 3 und § 49 Abs. 1 Nr. 5b Betriebseinnahmen dar.

Eine praktische Bedeutung hat § 20 Abs. 1 Nr. 3 i. V. m. § 49 Abs. 1 Nr. 5b auch dann, wenn es sich um die **erweiterte** beschränkte Steuerpflicht (§ 2 AStG) handelt und die kapitalertragsteuerpflichtigen Erträge aus diesem Grunde auch in die Veranlagung mit einbezogen werden.

2.2.5.3 Zinsen aus Kapitalforderungen (§ 49 Abs. 1 Nr. 5c EStG)

2.2.5.3.1 Zinseinkünfte

a) § 49 Abs. 1 Nr. 5c aa) EStG

Hierunter fallen Zinseinnahmen i. S. des § 20 Abs. 1 Nr. 5 und 7, wenn das Kapitalvermögen

- durch **inländischen Grundbesitz,**
- durch **inländische Rechte,** die den Vorschriften des bürgerlichen Rechts über Grundstücke unterliegen,
- oder durch Schiffe, die in ein inländisches Schiffsregister eingetragen sind,

unmittelbar oder **mittelbar gesichert** ist.

Kapitaleinkünfte sind daher grundsätzlich nur dann als inländische Einkünfte zu erfassen, wenn dieser besondere Anknüpfungspunkt im Inland hinzukommt. Es ist hier unerheblich, wo der Schuldner seinen Sitz, Wohnsitz oder seine Geschäftsleitung hat.

> **Beispiel:**
> A aus Amsterdam hat dem B aus Breda (Niederlande) ein Darlehn von 200 000 hfl. gewährt. Hierfür erhält A von B 160 00 hfl. Zinsen. Das Darlehn in Höhe von 200 000 hfl. ist an einem Grundstück des B in Köln durch eine Hypothek gesichert. Es liegen inländische Einkünfte i. S. § 49 Abs. 1 Nr. 5c vor.

Die dingliche Sicherung bezieht sich auf das Kapitalvermögen, nicht auf die Zinsen. Nach Wegfall der dinglichen Sicherung zufließende Zinsen zählen **nicht** mehr zu den inländischen Einkünften (BFH, BStBl 1984 II 620).

Es kommt nicht darauf an, ob

- außer der Kapitalforderung auch die Zinsen dinglich gesichert sind (s. o.),
- der Schuldner unbeschränkt stpfl. ist,
- die dingliche Sicherung einen wirtschaftlichen Wert hat oder nicht (z. B. nachrangige Belastung).

Die dingliche Sicherung kann

- unmittelbar oder
- mittelbar

erfolgen.

Mittelbare dingliche Sicherung liegt vor, wenn wegen der Kapitalforderung ein fremdes Verwertungsrecht vom Gläubiger ausgeübt werden kann (verpfändete oder abgetretene Hypothekenforderung; BFH, BStBl 1994 II 743).

2.2.5.3.2 § 49 Abs. 1 Nr. 5c bb) EStG

Hierunter fallen Erträge aus Genußrechten, die **nicht** unter § 20 Abs. 1 Nr. 1 fallen. Dies ist der Fall, wenn die Genußrechte keine Beteiligung am Liquidationserlös beinhalten und daher unter die Vorschrift des § 20 Abs. 1 Nr. 7 fallen. Vgl. K. 6.2.1.1.

2.2.5.3.3.1 § 49 Abs. 1 Nr. 5c cc) EStG

Die beschränkte Steuerpflicht des § 49 erstreckt sich i. d. R. **nicht** auf **Zinserträge** i. S. d. § 20 Abs. 1 Nr. 7 (Zinsen aus sonstigen Kapitalforderungen). Deshalb sind Personen mit Wohnsitz im Ausland vom Zinsabschlag i. d. R. nicht betroffen. Aber das gilt **nicht für Tafelgeschäfte**. Daher sind inländische Einkünfte **auch** Kapitaleinkünfte i. S. des § 43 Abs. 1 Nr. 7 Buchst. a (und § 43 Abs. 1 Satz 2), wenn diese

- von einem inländischen Kreditinstitut oder
- von dem Schuldner einem anderen als einem ausländischen Kreditinstitut ausgezahlt oder gutgeschrieben werden

und die Teilschuldverschreibungen nicht von dem Schuldner oder dem inländischen Kreditinstitut verwahrt werden. Hier sieht § 49 Abs. 1 Nr. 5 Buchst. c cc) die materielle Steuerpflicht von Zinserträgen bei Tafelgeschäften von Steuerausländern vor.

> **Beispiel:**
> A mit Wohnsitz in Amsterdam, bezieht Zinsen aus 7%igen Teilschuldverschreibungen, die er nicht seinem Kreditinstitut zur Verwahrung gegeben hat. Die Couponabschnitte reicht er der X-Bank in Aachen ein.
> Es handelt sich um inländische Einkünfte. Es ist der Zinsabschlag i. H. von 35% einzubehalten – sog. **Tafelgeschäft** – (§ 43a Abs. 1 Nr. 4 letzter Halbs.). Hierdurch kommt es zur Abgeltung der ESt (§ 50 Abs. 5 S. 1).

§ 49 Abs. 1 Nr. 5c stellt klar, daß auch Einnahmen aus Anteilscheinen an **Investmentfonds** (ausgenommen sog. Tafelgeschäfte) nicht zu den inländischen Einkünften aus Kapitalvermögen gehören.

2.2.6 Einkünfte aus Vermietung und Verpachtung (§ 49 Abs. 1 Nr. 6 EStG)

2.2.6.1 Übersicht

Unter die Einkünfte aus Vermietung und Verpachtung i. S. des § 49 Abs. 1 Nr. 6 fallen

- unbewegliches Vermögen i. S. § 21 Abs. 1 Nr. 1
- Sachinbegriffe i. S. § 21 Abs. 1 Nr. 2
- zeitlich begrenzte Rechte i. S. § 21 Abs. 1 Nr. 3,

die entweder

- im Inland **belegen** (Nr. 1 und 2) oder
- in ein inländisches **Buch** oder **Register eingetragen** oder
- in einer inländischen **Betriebstätte** oder in einer **anderen Einrichtung verwertet** werden (Nr. 3).

2.2.6.2 Unbewegliches Vermögen und Sachinbegriffe

Einkünfte aus Vermietung und Verpachtung (§ 21) fallen nur dann unter die inländischen Einkünfte, wenn das unbewegliche Vermögen, aus dem die Einkünfte erzielt werden, bzw. die Sachinbegriffe (z. B. ein Gewerbebetrieb) **im Inland belegen** sind.

> **Beispiele:**
> 1. A aus Amsterdam hat ein Mietwohnhaus in Dortmund. Die Einkünfte nach Abzug der Werbungskosten, einschließlich AfA, betragen 40 000 DM.
>   Es handelt sich um inländische Einkünfte, da das unbewegliche Vermögen im Inland belegen ist.
> 2. B aus Amsterdam ist Eigentümer eines Schiffes, das auf dem Rhein fährt und in ein inländisches Schiffsregister eingetragen ist. Er hat das Schiff verpachtet. Es gehört zu seinem Privatvermögen.
>   Es handelt sich um Einkünfte aus Vermietung und Verpachtung, da das Schiff in einem inländischen Schiffsregister eingetragen ist.

2.2.6.3 Zeitlich begrenzte Überlassung von Rechten

Es liegen hierbei nur dann inländische Einkünfte i. S. des § 49 Abs. 1 Nr. 6 vor, wenn entweder das Recht in einem **inländischen Register** eingetragen ist oder in einer **inländischen Betriebstätte** oder **sonstigen Einrichtung** verwertet (z. B. Rundfunkanstalt, s. unten) wird. Vgl. BFH, BStBl 1993 II 407.

Hierunter fallen insbesondere Patente, wenn sie beim Bundespatentamt oder beim europäischen Patentamt (München) oder einem Patentamt der europäischen Gemeinschaft eingetragen sind. Die Überlassung von Patenten fällt grundsätzlich unter § 21 Abs. 1 Nr. 3, wenn es sich hier nicht um eine freiberufliche Tätigkeit i. S. von § 18 oder eine gewerbliche Tätigkeit i. S. von § 15 handelt (Zugehörigkeit des Patents zu einem Betriebsvermögen).

Beispiele:
1. Privatmann A aus Amsterdam hat dem Unternehmer × ein Patent gegen eine Lizenzgebühr überlassen. Das Patent ist beim Bundespatentamt in München registriert. B verwendet es in einer Betriebstätte in Mailand.

    Es handelt sich dennoch um inländische Einkünfte, weil das Patent im Inland registriert ist (vgl. BFH, BStBl 1993 II 407).
2. Privatmann B aus Amsterdam überläßt dem × ein erworbenes Patent gegen Lizenz. Das Patent ist lediglich beim niederländischen Patentamt registriert. Der Unternehmer B verwendet das Patent in einer Betriebstätte in Berlin.

    Es handelt sich um inländische Einkünfte, weil das Patent in einer inländischen Betriebstätte verwertet wird.

Die Verwertung von Rechten in einer **anderen Einrichtung** als einer Betriebstätte ist ebenfalls ein Anknüpfungspunkt der beschränkten Steuerpflicht. Hier ist ein im Steuerrecht begründeter Wettbewerbsvorteil der **Rundfunk-** und **Fernsehanstalten**, die nicht unter den Betriebstättenbegriff fallen, gegenüber privatrechtlich organisierten inländischen Nutzern verhindert worden.

Beispiel:

Der Niederländer A hat ein Urheberrecht an den Westdeutschen Rundfunk in Köln überlassen und hierfür ein Honorar erhalten. Das Entgelt fällt unter § 49 Abs. 1 Nr. 6.

Bei Zugehörigkeit der in § 49 Abs. 1 Nr. 6 bezeichneten Wirtschaftsgüter zum **Betriebsvermögen** eines **inländischen Betriebs** oder einer **inländischen Betriebstätte des Rechtsinhabers** greift aber die **Subsidiaritätsklausel** des § 21 Abs. 3 ein.

Beispiel:

Der freie Erfinder C aus den Niederlanden überläßt einem inländischen Betrieb eine in den Niederlanden entwickelte Erfindung gegen Lizenzzahlung.

Es liegen inländische Einkünfte aus § 18 Abs. 1 Nr. 1 i. V. m. § 49 Abs. 1 Nr. 3 vor.

Es liegen Einkünfte aus im Inland verwerteter selbständiger Arbeit vor (§ 49 Abs. 1 Nr. 3), **keine** Einkünfte aus § 49 Abs. 1 Nr. 6, § 21 Abs. 1 Nr. 3. Vgl. BFH, BStBl 1987 II 377 ff. und vorstehend 2.2.4.

Die isolierende Betrachtungsweise i. S. des § 49 Abs. 2 (vgl. hierzu 2.3) darf zu keinem anderen Ergebnis führen.

Nach § 50a Abs. 4 ist ohne Rücksicht auf die Einkunftsart ein 25%iger Steuerabzug vorzunehmen (vgl. BFH, BStBl 1987 II 372). Eine Veranlagung findet insoweit nicht statt (§ 50 Abs. 5 Satz 1).

2.2.7 Sonstige Einkünfte i. S. des § 22 Nr. 1 EStG (§ 49 Abs. 1 Nr. 7 EStG)

Da bei Renten, dauernden Lasten und sonstigen wiederkehrenden Bezügen ein Steuerabzug nicht vorgeschrieben ist, handelt es sich hierbei **nicht** um inländische Einkünfte, auch dann, wenn die Renten von einem unbeschränkt Stpfl. gezahlt werden. Die Vorschrift ist daher zur Zeit gegenstandslos.

Keine sonstigen Einkünfte i. S. des § 22 Nr. 1, sondern nachträgliche Einkünfte aus freiberuflicher Tätigkeit § 24 Nr. 2 i. V. m. § 18 Abs. 1 Nr. 1 liegen vor, wenn ein Patent im Zusammenhang mit einer Betriebsaufgabe auf Rentenbasis veräußert hat und die Zuflußbesteuerung gewählt wurde (BFH, BStBl 1984 II 620 und BStBl 1990 II 377); vgl. hierzu bereits oben 2.2.3.4.

2.2.8 Spekulationsgeschäfte i. S. von § 22 Nr. 2 i. V. m. § 23 EStG (§ 49 Abs. 1 Nr. 8 EStG)

Spekulationsgeschäfte sind nur dann inländische Einkünfte, wenn Gegenstand der Rechtsgeschäfte **inländische Grundstücke** oder **inländische Rechte** sind, die den Vorschriften des bürgerlichen Rechts über Grundstücke unterliegen. **Keine** inländischen Einkünfte liegen jedoch vor, wenn ein beschränkt Steuerpflichtiger in der Bundesrepublik Deutschland **bewegliches** Vermögen innerhalb der Spekulationsfrist anschafft und wieder veräußert.

Beispiel:
Die niederländische Schauspielerin van D. kauft am 1. Mai 01 in Stuttgart Goldschmuck für 5 000 DM, im September 01 veräußert sie diesen wieder für 8 000 DM. Es handelt sich hier zwar um ein Spekulationsgeschäft (§ 23 Abs. 1 Nr. 1b). Es liegen jedoch keine inländischen Einkünfte vor, da es sich um die Anschaffung und Veräußerung lediglich von beweglichem Vermögen handelt.

Bei Veräußerung einer zum **Privatvermögen** gehörenden **wesentlichen** Beteiligung i. S. des § 17 **außerhalb** der Spekulationsfrist fällt der Vorgang unter §§ 17, 49 Abs. 1 Nr. 2e.

Spekulationsgeschäfte i. S. des § 23 Abs. 1 Nr. 1b mit **Anteilen an Kapitalgesellschaften** mit Geschäftsleitung oder Sitz im Inland bei wesentlicher Beteiligung i. S. des § 17 Abs. 1 Satz 4 sind als sonstige Einkünfte i. S. § 49 Abs. 1 Nr. 8 inländische Einkünfte. § 23 Abs. 1 Satz 3 und Abs. 3 sind anzuwenden **(Vorrang des § 23).**

Damit entsprechen die Regelungen zur Besteuerung von Veräußerungsgewinnen aus **wesentlichen Beteiligungen** i. S. des § 17 den für unbeschränkt Stpfl. geltenden Regelungen.

2.2.9 Sonstige Einkünfte i. S. des § 22 Nr. 4 (§ 49 Abs. 1 Nr. 8a EStG)

Bei § 22 Nr. 4 handelt es sich um Entschädigungen, Amtszulagen, Zuschüsse zu Krankenversicherungsbeiträgen, Übergangsgelder, Sterbegelder, Versorgungsabfindungen, Versorgungsbezüge die aufgrund des Abgeordnetengesetzes oder des Europa-Abgeordnetengesetzes, sowie vergleichbare Bezüge, die aufgrund der entsprechenden Gesetze der Länder gezahlt werden (vgl. K 9.4). Europaabgeordnete, die ihren Wohnsitz im Ausland haben, jedoch von einer inländischen Kasse bezahlt werden, haben inländische Einkünfte i. S. des § 49 Abs. 1 Nr. 8a.

2.2.10 Sonstige Einkünfte i. S. von § 22 Nr. 3 (§ 49 Abs. 1 Nr. 9 EStG)

Unter § 49 Abs. 1 Nr. 9 fallen sonstige Einkünfte i. S. des § 22 Nr. 3, auch wenn sie bei Anwendung dieser Vorschrift einer anderen Einkunftsart zuzurechnen wären; soweit es sich um Einkünfte aus der **Nutzung beweglicher Sachen im Inland** oder aus der **Überlassung der Nutzung** oder des **Rechts auf Nutzung** von **gewerblichen, technischen, wissenschaftlichen und ähnlichen Erfahrungen, Kenntnissen, Fertigkeiten, z. B. Plänen, Mustern und Verfahren** handelt, die im Inland genutzt werden oder worden sind; dies gilt nicht, soweit steuerpflichtige Einkünfte i. S. der Nr. 1 bis 8 vorliegen.

Es handelt sich hierbei im wesentlichen um Vergütungen für Nutzungsüberlassungen von **beweglichen Sachen** und **immateriellen** Wirtschaftsgütern, insbesondere um die Einkünfte aus der Überlassung von gewerblichen Urheberrechten und des sogenannten **Know-how**, weil deren Verwertung dem Nutzenden mangels Schutzes nicht mehr entzogen werden kann (BFH, BStBl 1970 II 567).

Zur Rechtsnatur von Know-how-Verträgen vgl. BFH, BStBl 1984 II 70.

Die Nutzung beweglicher Sachen fällt **nicht** unter die Vorschrift des § 49 Abs. 1 **Nr. 6**.

Gleiches gilt für die **immateriellen** Wirtschaftsgüter, sofern es sich hierbei nicht um zeitlich begrenzte geschützte Rechte handelt.

Die Vorschrift des § 49 Abs. 1 Nr. 9 hat lediglich subsidiären Charakter. Sie findet nur dann Anwendung, wenn die Nrn. 1 bis 8 nicht zum Tragen kommen.

Die Vorschrift hat insbesondere Bedeutung im Rahmen der sogenannten **isolierenden Betrachtungsweise,** wenn die Erfassung als gewerbliche Einkünfte nicht in Betracht kommt, weil es an einer inländischen Betriebstätte mangelt.

Beispiele:
1. Der beschränkt Stpfl. A aus Zürich hat an B aus Stuttgart Baumaschinen vermietet. A unterhält keine Betriebstätte im Inland.

   Da die Vermietung von beweglichen Wirtschaftsgütern, soweit es sich nicht um Sachinbegriffe handelt, nicht unter die Vorschrift des § 49 Abs. 1 Nr. 6 (Vermietung und Verpachtung) fällt, und auch mangels Betriebstätte im Inland keine gewerblichen Einkünfte vorliegen, sind – als „Auffangtatbestand" – inländische Einkünfte i. S. von § 49 Abs. 1 Nr. 9 (sonstige Einkünfte) gegeben. Die Subsidiaritätsklausel des § 22 Nr. 3 ist **nicht** anzuwenden.

Es ist ein Steuerabzug von 25% vorzunehmen (§ 50a Abs. 4 Nr. 3). Die ESt ist hierdurch abgegolten (§ 50 Abs. 5 Satz 1).

2. Der Erfinder A aus Paris hat dem B aus Köln eine geschützte Erfindung zur Auswertung in seinem Betrieb gegen eine Lizenzgebühr überlassen. B hat an den A für das Jahr 01 120 000 DM überwiesen. Die Erfindung gehört **nicht** zu einer inländischen Betriebstätte des A.

Es liegen inländische Einkünfte nach § 49 Abs. 1 Nr. 3 vor.

Steuerabzug und Abgeltungswirkung wie im Fall a).

3. Wie 2., aber es handelt sich um Know how, das durch eine inländische gewerbliche Betriebstätte des A überlassen wird. Es liegen inländische Einkünfte aus § 49 Abs. 1 Nr. 2a, **nicht** aus § 49 Abs. 1 Nr. 9 vor (Anwendung der Subsidiaritätsklausel § 22 Nr. 3).

Steuerabzug wie bei 2., aber **keine** Abgeltung, sondern Ansatz der Vergütungen als Betriebseinnahmen und Anrechnung der Abzugssteuer.

2.3 Isolierende Betrachtungsweise (§ 49 Abs. 2 EStG)

Die isolierende Betrachtungsweise besagt, daß im Ausland gegebene Besteuerungsmerkmale außer Betracht bleiben, soweit bei ihrer Berücksichtigung inländische Einkünfte i. S. des § 49 Abs. 1 nicht angenommen werden können. In diesem Falle **beschränkt** sich die Prüfung, ob inländische Einkünfte gegeben sind, nur auf die **im Inland verwirklichten Tatbestandsmerkmale**. Vgl. R 223. Dadurch sollen Besteuerungslücken geschlossen werden, die durch die Subsidiaritätsklauseln (z. B. § 20 Abs. 3, § 21 Abs. 3) eintreten würden (Keßler, BB 1986, 1895).

Beispiele:

1. Unternehmer A aus Belgien mit einer Betriebstätte in Belgien nahe der deutsch-belgischen Grenze hat im Inland ein Mehrfamilienhaus, das von Arbeitnehmern seines Unternehmens bewohnt wird. Das Miethaus gehört somit zum notwendigen Betriebsvermögen des Betriebs in Belgien.

   Es liegen **keine** gewerblichen Einkünfte i. S. des § 49 Abs. 1 Nr. 2a vor, da das Miethaus für sich alleine keine Betriebstätte des ausländischen Unternehmers darstellt. Da es sich bei der Verbindung zum Betrieb um einen im Ausland verwirklichten Tatbestand handelt, bleibt dieser im Rahmen der isolierenden Betrachtungsweise außer Betracht. Die Vermietung und Verpachtung von Wohnungen fällt für sich (= **isoliert**) betrachtet unter die Vorschrift des § 21, § 49 Abs. 1 Nr. 6. Somit sind die Mieteinkünfte als Einkünfte aus Vermietung und Verpachtung (§ 49 Abs. 1 Nr. 6, § 21) zu behandeln.

2. A aus London unterhält bei einer Bank in Düsseldorf ein Wertpapierdepot mit inländischen Aktien i. S. des § 49 Abs. 1 Nr. 5a. Die Wertpapiere gehören zum Betriebsvermögen eines Unternehmens des A in London.

   Da die Wertpapiere zum Betriebsvermögen gehören, handelt es sich hierbei grundsätzlich um gewerbliche Einkünfte. § 49 Abs. 1 Nr. 2a verlangt jedoch, daß sie aus einer inländischen Betriebstätte herrühren. Das Depot allein begründet jedoch noch keine Betriebstätte. Für sich alleine genommen ohne Bindung an den Betrieb in London handelt es sich um Einkünfte aus Kapitalvermögen i. S. von § 49 Abs. 1 Nr. 5a. Die ESt ist durch den KapSt-Abzug abgegolten (§ 50 Abs. 5 Satz 1).

3. Der Gewerbetreibende X aus Basel (Schweiz), der im Inland keine Betriebstätte unterhält, hat der Y-GmbH in Köln gegen eine Lizenzgebühr gewerbliche Erfahrungen überlassen.

   Diese Einkünfte sind nicht im Rahmen einer inländischen Betriebstätte erzielt worden, so daß keine gewerblichen Einkünfte i. S. von § 49 Abs. 1 Nr. 2 gegeben sind. Isoliert betrachtet liegt jedoch eine Überlassung gewerblicher Erfahrungen i. S. von § 49 Abs. 1 Nr. 9 vor, so daß inländische Einkünfte hiernach gegeben sind, auch wenn nach allgemeinen Grundsätzen eine andere Einkunftsart gegeben sein könnte.

2.4 Pauschalierung für Schiffahrt- und Luftfahrtunternehmen

Bei Schiffahrt- und Luftfahrtunternehmen sind die Einkünfte i. S. des § 49 Abs. 1 Nr. 2 Buchst. b mit 5 v. H. der für diese Beförderungsleistungen vereinbarten Entgelte anzusetzen, auch dann wenn die Einkünfte durch eine inländische Betriebstätte oder einen inländischen ständigen Vertreter erzielt werden.

Dies gilt jedoch **nicht** in den Fällen des § 49 Abs. 1 Nr. 2 Buchst. c oder soweit das deutsche Besteuerungsrecht nach einem Abkommen zur Vermeidung der Doppelbesteuerung ohne Begrenzung des Steuersatzes aufrechterhalten bleibt.

2.5 Ermittlung der Einkünfte und Erhebung der Steuer

2.5.1 Grundsätze

Die Einkommensteuer wird bei beschränkt Stpfl.

entweder im **Abzugsverfahren** oder

im **Veranlagungsverfahren** (durch Steuerbescheid) erhoben.

Soweit bei unbeschränkt Stpfl. die Einkommensteuer im Wege des Steuerabzugs erhoben wird (Kapitalertragsteuer, Lohnsteuer) gilt dies auch für beschränkt Stpfl. Jedoch ist der Kreis der Abzugssteuern bei beschränkt Stpfl. wegen der praktischen Schwierigkeiten bei dem Veranlagungsverfahren erheblich erweitert.

Zu beachten sind zusätzlich die **Aufsichtsratsteuer** (§ 50a Abs. 1 bis 3) und der Steuerabzug nach **§ 50a Abs. 4.**

Darüber hinaus kann jedoch das Finanzamt die Einkommensteuer von beschränkt steuerpflichtigen Einkünften, soweit diese nicht bereits dem Steuerabzug unterliegen, im Wege des Steuerabzugs erheben, wenn dies zur Sicherstellung des Steueranspruchs zweckmäßig ist (§ 50a Abs. 7).

Mit dem Steuerabzug ist grundsätzlich die deutsche Einkommensteuer **abgegolten** (§ 50 Abs. 5 Satz 1).

Die Einkünfte, bei denen die Steuer durch Steuerabzug zu erheben ist, werden in eine **Veranlagung nicht mehr** mit einbezogen. Für eine Veranlagung bleiben daher nur übrig Einkünfte aus einem land- und forstwirtschaftlichen Betrieb, Einkünfte aus einer gewerblichen Betriebstätte, Einkünfte aus selbständiger Arbeit (z. B. als Rechtsanwalt, Arzt, Architekt usw.). Bei bestimmten Freiberuflern, die keinen festen Ort der Ausübung haben, das gilt insbesondere für Künstler, wird die Steuer i. d. R. durch Steuerabzug (§ 50a Abs. 4 Nr. 2) erhoben. Weiterhin werden die Einkünfte aus Vermietung und Verpachtung, sofern es sich um die Überlassung von unbeweglichem Vermögen handelt (§ 21 Abs. 1 Nr. 1), veranlagt.

2.5.2 Steuerabzugsverfahren

Im Rahmen des Steuerabzugsverfahrens wird die Steuer i. d. R. von den Einnahmen, nicht von den Einkünften erhoben. Werbungskosten und Betriebsausgaben können daher **nicht** berücksichtigt werden.

Übersicht

2.5.2.1 Lohnsteuerabzug bei beschränkt Steuerpflichtigen

Für beschränkt stpfl. Arbeitnehmer gelten grundsätzlich die Vorschriften der §§ 38 ff.

Es sind jedoch die Sondervorschriften nach **§ 39d, § 50 Abs. 1** zu beachten. Danach werden für die Durchführung des Lohnsteuerabzugs beschränkt stpfl. Arbeitnehmer ausschließlich in die Steuerklasse I eingereiht (§ 39d Abs. 1 S. 2).

§ 38b Nr. 6 ist anzuwenden, d. h. bei mehreren Arbeitsverhältnissen gilt die Steuerklasse VI.

Das Betriebstättenfinanzamt (§ 41a Abs. 1 Nr. 1) erteilt auf Antrag des Arbeitnehmers über die maßgebende Steuerklasse und die Zahl der Kinder eine **Bescheinigung**. Hierfür sind die Vorschriften über die Eintragung auf der Lohnsteuerkarte mit der Maßgabe sinngemäß anzuwenden, daß der Arbeitnehmer eine Änderung der Bescheinigung bis zum Ablauf des Kalenderjahres, für das sie gilt, beim Finanzamt beantragen kann.

Bei **beschränkt stpfl. Arbeitnehmern** sind nach **§ 50 Abs. 1 Satz 6**, § 39 d Abs. 2 folgende Beträge zu berücksichtigen

1. **Arbeitnehmer-Pauschbetrag** (§ 9a Nr. 1a), wenn nicht höhere Werbungskosten nachgewiesen werden

2. **Sonderausgaben-Pauschbetrag** von 108 DM (§ 10c Abs. 1), wenn nicht höhere Aufwendungen i. S. § 10 Abs. 1 Nr. 5 und § 10b nachgewiesen werden

3. **Vorsorgepauschale** (§ 10c Abs. 2 und 3) **ohne** Möglichkeit, die tatsächlichen Aufwendungen nachzuweisen.

Bei beschränkt Stpfl. i. S. des § 50a Abs. 4 Nr. 2, also insbes. **Künstlern** und **Berufssportlern**, geht der **LSt-Abzug** dem Steuerabzug nach § 50a Abs. 4 vor.

2.5.2.2 Kapitalertragsteuer

Zum Umfang des KapSt-Abzugs vgl. O.2. Eine Veranlagung findet grds. nicht statt (Abgeltungswirkung § 50 Abs. 5 Satz 1); zu den Ausnahmen vgl. § 50 Abs. 5 Satz 3.

2.5.2.3 Aufsichtsratsteuer

Die Aufsichtsratsteuer wird von **beschränkt** stpfl. Mitgliedern eines **Aufsichtsrates** (Verwaltungsrates) von **inländischen** Aktiengesellschaften, Kommanditgesellschaften auf Aktien, Berggewerkschaften, Gesellschaften mit beschränkter Haftung und sonstigen Kapitalgesellschaften, Genossenschaften und Personenvereinigungen des privaten und des öffentlichen Rechts, bei denen die Gesellschafter nicht als Unternehmer (Mitunternehmer) anzusehen sind, erhoben.

Ihr unterliegen die **Vergütungen jeder Art,** die ihnen von den o. g. Gesellschaften für die **Überwachung der Geschäftsführung gewährt** werden **(Aufsichtsratsvergütungen),** § 50a Abs. 1.

> **Beispiel:**
> A aus Amsterdam erhält als Aufsichtsratsmitglied der X-Hüttenwerke AG in Dortmund eine Vergütung von 30 000 DM.
> Die Steuer wird nach § 50a Abs. 1 im Wege des **Steuerabzugs** erhoben.
> Sie beträgt **30 v. H.** der Aufsichtsratsvergütung (§ 50a Abs. 2), und zwar 30 v. H. der Brutto-Vergütungen einschließlich der **Umsatzsteuer.**
> Die Vergütung ist **nicht** um eventuelle Betriebsausgaben zu mindern (§ 50a Abs. 3 Satz 1). Eine Ausnahme gilt nur dann, wenn Reisekosten (Tagegelder und Fahrtkostenersatz) gesondert neben der Aufsichtsratsvergütung gewährt werden.
> Sie werden nur insoweit den Aufsichtsratsvergütungen hinzugerechnet, als sie die tatsächlichen Auslagen übersteigen (§ 50a Abs. 3 Satz 2).
> Diese Ausnahmeregelung bezieht sich nur auf Tagegelder und Fahrtauslagen, nicht jedoch auf allgemeine Unkostenpauschalen.
> Allgemeine Unkostenpauschalen sind in die Aufsichtsratsvergütung für die Bemessung der Steuer mit einzubeziehen.
> Die Aufsichtsratsteuer entsteht grundsätzlich in dem Zeitpunkt, in dem die Aufsichtsratsvergütungen dem Gläubiger der Aufsichtsratsvergütung, also dem Aufsichtsratsmitglied zufließen. In diesem Zeitpunkt hat der Schuldner der Aufsichtsratsvergütungen, also die Gesellschaft den Steuerabzug für Rechnung des beschränkt steuerpflichtigen Gläubigers vorzunehmen. Hinsichtlich weiterer Einzelheiten siehe § 50a Abs. 5. Siehe auch R 227c. Auch hier findet insoweit keine Veranlagung statt (§ 50 Abs. 5 Satz 1).

Bei Bestehen eines **DBA** ist § 50d EStG zu beachten.

Zu den **Auswirkungen** der USt vgl. H 227c „Bemessungsgrundlage ..." und „Übersicht"

2.5.2.4 Steuerabzug nach § 50a Abs. 4 EStG

Die in § 50a Abs. 4 Nr. 1 bis 3 aufgeführten inländischen Quellen unterliegen dem Steuerabzug. Es handelt sich hier im wesentlichen um (häufig: einmalige) Zuflüsse aus der Tätigkeit als Künstler, Berufssportler, Schriftsteller, Journalist oder Bildberichterstatter und Vergütungen für die Nutzung von beweglichen und immateriellen Wirtschaftsgütern.

Nr. 1: Einkünfte, die durch künstlerische, sportliche, artistische und ähnliche **Darbietungen** im **Inland** oder deren **Verwertung** im Inland erzielt werden (§ 49 Abs. 1 Nr. 2 Buchstabe d). Vgl. auch R 227b.

Nr. 2: Einkünfte, die aus der **Ausübung** oder **Verwertung** einer Tätigkeit als Künstler, Berufssportler, Schriftsteller, Journalist oder Bildberichterstatter einschließlich solcher Tätigkeiten für den Rundfunk und dem Fernsehfunk § 49 Abs. 1 Nr. 2 bis 4.

Dies gilt **nicht**, wenn es sich um Einkünfte aus nichtselbständiger Arbeit handelt. Diese unterliegen ab 1.1.1996 dem **Lohnsteuerabzug.** Hinsichtlich der Einkünfte aus nichtselbständiger Arbeit bei beschränkt stpfl. Künstlern vgl. BMF-Schreiben vom 15.1.1996, BStBl I 162.

Diese Änderung betrifft insbesondere **Künstler, Artisten** und **Sportler** im Angestelltenverhältnis.

Hier ist **ausschließlich LSt** nach der **Lohnsteuertabelle** einzubehalten.

> **Beispiel:**
>
> Der Lizenzfußballspieler F mit alleinigem Wohnsitz in Beligen ist angestellter Vertragsspieler beim FC X (Bundesliga) in Köln. Bei ihm sind nicht mehr wie bis zum VZ 1995 15 v.H. Quellensteuer, sondern Lohnsteuer entsprechend der LSt-Tabelle einzubehalten.

Nr. 3: Einkünfte aus Vergütungen für die Nutzung beweglicher Sachen, oder für die Übertragung der Nutzung oder des Rechts auf Nutzung von Rechten; vgl. R 227a, § 73a Abs. 2 und 3 EStDV und BFH, BStBl 1989 II 101.

Ab 1.1.1996 ist die Zuordnung der Einnahmen zu einer der Ziffern 1 bis 3 **unerheblich**, da sie einem einheitlichen Steuersatz von 25 v.H. unterliegen. Ausübung und Verwertung werden gleich behandelt.

Hierzu gehören auch Vergütungen für **andere** Leistungen, wenn sie aufgrund eines **einheitlichen** Vertrags als Teil einer **Gesamtleistung** zu erbringen sind (vgl. R 227b).

Der Steuerabzug beträgt hier grundsätzlich 25 v.H. der **Einnahmen.** Hier ist grundsätzlich von den **Bruttoeinnahmen einschließlich** der **Umsatzsteuer,** auszugehen (BFH, BStBl 1990 II 967). Dies gilt auch bei der sog. **Nullregelung** (§ 52 Abs. 2 UStDV); die Einnahme liegt hier in der Befreiung von der USt-Schuld (BFH, BStBl 1991 II 235, falls der inländische Unternehmer **keinen** Rückforderungsanspruch hat); ausländische Unternehmer fallen **nicht** unter die Nichterhebung nach § 19 Abs. 1 UStG.

Betriebsausgaben oder Werbungskosten sind hierbei **nicht** zu berücksichtigen (§ 50a Abs. 4 Sätze 4 und 5).

Die §§ 8 und 11 sind unabhängig von der Einkunftsart anzuwenden.

Die **Einkunftsart** ist für den Steuerabzug **unerheblich.**

2.5.2.5 Wirkung des Steuerabzuges

Durch den Steuerabzug ist grundsätzlich die deutsche Einkommensteuer abgegolten (§ 50 Abs. 5 Satz 1). Diese Quellen werden grundsätzlich in eine Veranlagung nicht mehr mit einbezogen. Dies gilt auch dann, wenn der beschränkt Steuerpflichtige wegen anderer Einkünfte zu veranlagen ist. Eine Ausnahme gilt dann, wenn die Einkünfte, die dem Steuerabzug unterliegen, zu dem Betriebsvermögen einer inländischen Betriebstätte gehören. In diesem Falle gehören auch diese Einnahmen zum Gewinn der Betriebstätte. Vgl. § 50 Abs. 5 Satz 3 Nr. 1.

Das Abgeltungsprinzip bei steuerabzugspfl. Einkünften gilt nach § 50 Abs. 5 Satz 4 auch **nicht**, wenn

1. nachträglich festgestellt wird, daß die Voraussetzungen der unbeschränkten ESt-Pflicht i.S. des § 1 Abs. 2 oder 3 oder des § 1a nicht vorgelegen haben

2. ein beschränkt stpfl. Arbeitnehmer, der Einkünfte i.S. des § 49 Abs. 1 Nr. 4 bezieht, Staatsangehöriger eines **EU-** oder **EWR-**Staates ist und im Hoheitsgebiet eines dieser Staaten seinen Wohnsitz hat, eine Veranlagung zur Einkommensteuer beantragt. In diesem Fall wird die ESt-Verlanlagung durch das für den Arbeitgeber zuständige Betriebsstätten-FA durchgeführt.

> **Beispiel:**
>
> A aus Arnheim hat in Kleve eine Betriebstätte i.S. des § 49 Abs. 1 Nr. 2a. Zu deren Betriebsvermögen gehört ein Patent, das er dem B aus Stuttgart gegen eine Lizenzgebühr überlassen hat. Nach dem Vertrag hatte B an A im Jahre 01 120 000 DM Lizenzgebühren zu leisten.
>
> Bei den Lizenzgebühren handelt es sich um Betriebseinnahmen i.S. des § 49 Abs. 1 Nr. 2a. Vergütungen für die Verwertungen von Patenten unterliegen nach § 50a Abs. 4 Nr. 3 der Quellensteuer in Höhe von 25 v.H. B hat demnach 30 000 DM Quellensteuer einzubehalten. Die Quellensteuer ist auf die deutsche Einkommensteuer des A anzurechnen (§ 50 Abs. 5 Satz 3 Nr. 1).

Wegen weiterer Ausnahmen von der Abgeltungswirkung vgl. § 50 Abs. 5 Satz 3 Nr. 2 und 3.

Steuerfreie Einnahmen i. S. des § 3 unterliegen in der Regel **nicht** dem Steuerabzug (§ 50a Abs. 4 Satz 3, BFH, BStBl 1989 II 449).

Der Steuerabzug ist jedoch vorzunehmen bei steuerfreien Einnahmen, die unter § 3 Nr. 13 und § 16 fallen (Erstattungen für Reise- und Umzugskosten und Mehraufwand für Verpflegung; § 50a Abs. 4 Satz 3; BFH, BStBl 1992 I 187; BFH, BStBl 1995 II 337, Tz 3.2).

Die Steuerbefreiung aufgrund **DBA** schließt den Steuerabzug jedoch grundsätzlich nicht aus (§ 50d Abs. 3 Satz 1; BFH, BStBl 1993 II 407); siehe aber **§ 50d** (2.5.2.6).

§ 50a Abs. 4 ist auch dann anwendbar, wenn es sich um **gesamthänderisch erzielte Einkünfte** handelt (BMF, DB 1992, 510).

Beispiel:

Das ABC-Trio aus den Niederlanden hat in Aachen ein Konzert gegeben und hierfür ein Honorar in Höhe von 150 000 DM von einer inländischen Konzertagentur erhalten. Nur A ist beschränkt steuerpflichtig (§ 1 Abs. 4). Vom Honoraranteil des A sind 25 v. H. einzubehalten, **nicht** dagegen von den Honorareinnahmen des B und C.

Übersicht

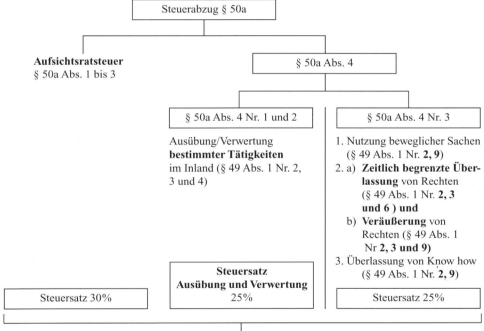

2.5.2.6 Besonderheiten bei Doppelbesteuerungsabkommen (§ 50d EStG)

a) Erstattung von Abzugssteuer

§ 50d Abs. 1 stellt sicher, daß die Vorschriften über die Einbehaltung, Abführung und Anwendung der Abzugssteuern (Quellensteuer) vom Schuldner der Erträge auch dann zu beachten sind, wenn diese Erträge nach einem DBA einer **niedrigeren Steuer** als der Abzugsteuer unterliegen oder nach einem **DBA steuerbefreit** sind. Die Vorschrift ist rechtmäßig (BFH, BStBl 1995 II 129 und 781).

Nach den meisten von der Bundesrepublik Deutschland abgeschlossenen DBA dürfen unter bestimmten Voraussetzungen Einkünfte, die dem Steuerabzug vom Kapitalertrag oder dem Steuerabzug nach § 50a Abs. 4 unterliegen, und die einem in einem ausländischen Vertragsstaat ansässigen Gläubiger zufließen, in der Bundesrepublik Deutschland entweder **nicht** oder nur nach einem **niedrigeren Satz** besteuert werden. Auch in diesen Fällen soll die Abzugssteuer **zunächst** in **voller** Höhe einbehalten werden.

Macht der im anderen Staat ansässige Gläubiger die in einem Abkommen vorgesehene Entlastung geltend, so ist ihm die zuviel einbehaltene Steuer zu **erstatten**. Die Voraussetzungen hierfür sind in einem **Antragsverfahren** auf amtlich vorgeschriebenem Vordruck darzulegen.

Die Entlastung aufgrund eines DBA ist in einem besonderen Verwaltungsverfahren, das vielfach zwischen den zuständigen Behörden der Vertragsstaaten abgestimmt ist, geltend zu machen.

Die Berechtigung des Gläubigers der Kapitalerträge oder Vergütungen i. S. des § 50a, eine **Steuerbefreiung** oder **niedrigere** Steuer nach einem DBA in Anspruch zu nehmen, ist grds. durch eine **Bestätigung** der für ihn zuständigen Steuerbehörde des anderen Vertragsstaates nach amtlich vorgeschriebenem Vordruck nachzuweisen (§ 50 Abs. 2 S. 1). Allerdings kann der Bundesminister der Finanzen ein erleichtertes Verfahren oder vereinfachten Nachweis zulassen (vgl. § 50d Abs. 2 Satz 2 ff.; s. auch unten c)).

Vgl. hierzu BMF-Schreiben vom 21.12.1993, BStBl 1994 I 4 zum sog. **Kontrollmeldeverfahren**.

b) Kein Anspruch auf Steuerentlastung in den Fällen des § 50d Abs. 1a EStG

Beschränkt Stpfl., die in einem Staat ansässig sind, mit dem ein DBA besteht, können u. U. nach dessen Maßgabe die **Freistellung** oder die **Ermäßigung** von inländischen **Abzugssteuern** (insbesondere KapSt und Steuerabzug nach § 50a) beanspruchen.

Durch die Vorschrift des § 50d Abs. 1a soll einer mißbräuchlichen Inanspruchnahme dieser Steuerentlastungen durch zwischengeschaltete ausländische Gesellschaften entgegengewirkt werden.

Danach hat eine ausländische Kapitalgesellschaft **keinen** Anspruch auf Steuerentlastung (Steuerbefreiung oder Ermäßigung nach § 44d oder nach einem Abkommen zur Vermeidung der Doppelbesteuerung), soweit Personen an ihr beteiligt sind, denen die Steuerentlastung nicht zustünde, wenn sie die Einkünfte unmittelbar erzielten, und wenn für die Einschaltung der ausländischen Gesellschaft wirtschaftliche und sonst beachtliche Gründe fehlen und sie keine eigene Wirtschaftstätigkeit entfaltet, es sei denn, die in diesen Bereich zuzuordnenden Einkünfte fallen nicht ins Gewicht (hierfür trägt der Gesellschafter die Beweislast).

> **Beispiel:**
> Die Inländer A und B gründen eine Gesellschaft mit Sitz in einem steuerlich günstigen DBA-Land (d. h. mit der Verpflichtung der Bundesrepublik Deutschland, keinen oder nur einen geringen Steuerabzug vorzunehmen), um ganz oder teilweise steuerbefreite Lizenzen, Zinsen oder Dividenden aus der Bundesrepublik Deutschland „abzuziehen".

Vielfach werden sogenannte Künstlergesellschaften dazu benutzt, die den bei ihr angestellten Künstlern oder Berufssportlern für Auftritte im Inland gezahlte Gehaltsteile in steuerfreie gewerbliche Einkünfte der Gesellschafter umzuqualifizieren. § 42 AO gibt zur Bekämpfung eines Mißbrauchs meist keine wirksame Handhabe.

c) Freistellungs- und Kontrollmeldeverfahren

Bei Kapitalerträgen i. S. des § 43 Abs. 1 Nr. 4, 5, 8 Buchstabe b und c sowie bei Vergütungen im Sinne des § 50a Abs. 4 kann der Schuldner den **Steuerabzug** nach Maßgabe des Abkommens **unterlassen** oder noch einen **niedrigeren Steuersatz** vorsehen, wenn das Bundesamt für Finanzen auf Antrag bescheinigt, daß die Voraussetzungen dafür vorliegen **(Freistellungsverfahren)**. Das gleiche gilt, wenn das Bundesamt für Finanzen den Schuldner auf Antrag hierzu **allgemein ermächtigt (Kontrollmeldeverfahren)**.

Für die genannten Kapitalerträge gilt dies jedoch nur, wenn die ihnen zugrundeliegenden Kapitalforderungen weder in Schuldverschreibungen verbrieft noch ähnlich verkehrsfähig wie Schuldverschreibungen noch in ein öffentliches Buch eingetragen sind, da in diesen Fällen der Gläubiger dem Schuldner regelmäßig nicht bekannt ist.

Hinweis auf **Merkblatt** zum Steuerabzug nach § 50a Abs. 4 des Bundesamts für Finanzen vom 1.3.1994, BStBl I 201.

2.5.2.7 Übersicht

Einkunftsart	Abzugs-verfahren	Veranlagung	Anrechnung der Quellensteuer
a) Land- und Forstwirtschaft § 49 Abs. 1 Nr. 1		X	
b) Gewerbebetrieb § 49 Abs. 1 Nr. 2a		X	
– soweit Steuerabzug nach § 50a Abs. 4 Nr. 3	X	X	X
– soweit Dividenden i. S. des § 43	X	X	X
§ 49 Abs. 1 Nr. 2b + c		X	
§ 49 Abs. 1 Nr. 2d	X	X	X
§ 49 Abs. 1 Nr. 2e		X	
c) Selbständige Arbeit		X	
– aus **fester** Einrichtung (z. B. als **Arzt, Rechtsanwalt**			
– soweit Steuerabzug § 50a Abs. 4 Nr. 2+3 als Künstler, Schriftsteller usw.	X		
– als Aufsichtsratsmitglied § 50a Abs. 1 – 3	X		
d) Nichtselbständige Arbeit (§ 49 Abs. 1 Nr. 4, § 38 ff.)	X	X[1]	
Kapitalvermögen			
– § 49 Abs. 1 Nr. 5a (§ 43 Abs. 1 Nr. 1 – 4)	X		
– § 49 Abs. 1 **Nr. 5c** aa)		X	
– § 49 Abs. 1 Nr. 5c bb) und cc)	X		
Vermietung und Verpachtung		X	
– unbewegliches Vermögen Sachinbegriffe (soweit nicht § 50a Abs. 4 Nr. 3)		X	
– zeitlich begrenzte Rechte	X		
Sonstige Einkünfte § 49 Abs. 1 Nr. 7	X (Z. Zt. Leer-vorschrift)		
Spekulationsgeschäfte § 49 Abs. 1 Nr. 8		X	
Sonstige Einkünfte i. S. des § 22 Nr. 4		X	
Sonstige Einkünfte § 22 Nr. 3, § 49 Abs. 1 Nr. 9	X		

[1] auf Antrag von EU- und EWR-Bürgern nach § 50 Abs. 5 Satz 4.

2.5.3 Veranlagungsverfahren

2.5.3.1 Anzuwendende Vorschriften

Die Veranlagung beschränkt Stpfl. richtet sich nach **§ 50**. Hierbei sind grundsätzlich auch die Vorschriften für unbeschränkt Stpfl. anzuwenden. § 50 Abs. 1 regelt, welche Vorschriften **nicht** anzuwenden sind.

Für beschränkt Stpfl. gilt grundsätzlich auch die allgemeine Einkommensteuergrundtabelle, jedoch beträgt die **Mindeststeuer 25 v. H.** des Einkommens, § 50 Abs. 3. Die Veranlagung von beschränkt Stpfl. beschränkt sich häufig im wesentlichen auf die Ermittlung der Einkünfte. Die persönlichen Verhältnisse – Kinder, Sonderausgaben, außergewöhnliche Belastungen – finden nur eingeschränkt Berücksichtigung.

Beschränkt Stpfl. können nach Maßgabe des § 1 Abs. 3 auf Antrag als unbeschränkt Stpfl. behandelt werden.

2.5.3.2 Einzelveranlagung

Beschränkt Stpfl. werden grundsätzlich **einzeln** veranlagt. Auch Eheleute, die ansonsten die Voraussetzungen für eine Zusammenveranlagung erfüllen, werden einzeln veranlagt, wenn einer oder beide beschränkt steuerpflichtig sind, weil eine Zusammenveranlagung nur möglich ist, wenn beide Eheleute unbeschränkt einkommensteuerpflichtig sind. Einzelveranlagung bedeutet, daß nur die Grundtabelle Anwendung findet vorbehaltlich der Mindeststeuer von 25 v. H.

2.5.3.3 Ermittlung des Gesamtbetrags der Einkünfte

2.5.3.3.1 Anzusetzende Einkünfte

Die Ermittlung der Einkünfte im Veranlagungsverfahren beschränkt sich nur auf die Einkünfte, deren Steuer nicht im Abzugsverfahren (§ 50 Abs. 5) erhoben wird. Soweit die Steuer im Abzugsverfahren erhoben wird, bleiben die Einkünfte bei der Veranlagung außer Ansatz. Eine Ausnahme gilt im wesentlichen dann, wenn die Einnahmen zu einer inländischen Betriebstätte gehören (§ 50 Abs. 5 S. 3 Nr. 1). Weitere Ausnahmen vgl. § 50 Abs. 5 S. 3 Nr. 2 sowie Nr. 3 („Grenzgängerregelung").

Beispiele:
1. Der beschränkt Stpfl. A hat in Köln eine Betriebstätte. Zur Kölner Betriebstätte gehört ein Patent, das er dem B aus Frankfurt zur Nutzung gegen eine Lizenzgebühr überlassen hat. B hat für das Jahr 02 180 000 DM Lizenzgebühren überwiesen und hierbei 45 000 DM Quellensteuer (§ 50a Abs. 4 Nr. 3) einbehalten, so daß lediglich 135 000 DM überwiesen worden sind. Die Lizenzgebühren gehören zu den Betriebseinnahmen der Betriebstätte. Die deutsche Einkommensteuer ist somit nicht mit dem Steuerabzug abgegolten. Die Lizenzgebühren von 180 000 DM sind somit in den Gewinn mit einzubeziehen. Die Abzugsteuer in Höhe von 45 000 DM ist auf die deutsche Einkommensteuer anzurechnen.
2. Der beschränkt Stpfl. B hat eine Betriebstätte in Düsseldorf (Wj = Kj), Gewinnermittlung durch Bestandsvergleich. Im Betriebsvermögen der inländischen Betriebstätte befindet sich ein Anteil an der X-GmbH aus Köln in Höhe von 200 000 DM. Die X-GmbH hat Ende des Kj 02 für ihr Wirtschaftsjahr 01/02 eine Gewinnausschüttung beschlossen. 35 000 DM Dividende abzüglich 8 750 DM Kapitalertragsteuer = 26 250 DM wurde B Anfang 03 überwiesen. Zu den Betriebseinnahmen des Jahres 02 gehören nicht nur die Bardividende in Höhe von 35 000 DM, sondern auch die Steuergutschrift i. S. des § 20 Abs. 1 Nr. 3 von 3/7 der Bardividende = 15 000 DM, so daß die Betriebseinnahmen hieraus insgesamt 50 000 DM betragen. Die Kapitalertragsteuer in Höhe von 8 750 DM und die anrechenbare Körperschaftsteuer (§ 49 Abs. 1 Nr. 5b i. V. m. § 20 Abs. 1 Nr. 3 und § 20 Abs. 3, § 36 Abs. 2 Nr. 3) sind auf die deutsche Einkommensteuer anrechenbar.

2.5.3.3.2 Einschränkung des BA- und WK-Abzugs

Betriebsausgaben und **Werbungskosten** dürfen nur insoweit berücksichtigt werden, als sie mit inländischen Einkünften im Zusammenhang stehen (§ 50 Abs. 1 Satz 1).

Beispiel:
Der beschränkt Steuerpflichtige A aus Amsterdam hat in Köln eine Betriebstätte. A hat bei einer Kölner Bank einen Kredit in Höhe von 200 000 DM aufgenommen zu 8 % Zinsen, deren Mittel er jedoch in seinem Betrieb in Amsterdam verwendete.

Der Kredit steht nicht mit seiner inländischen Betriebstätte im Zusammenhang, so daß die 16 000 DM Zinsen beim Gewinn der Betriebstätte nicht als Betriebsausgaben geltend gemacht werden können.

Die Werbungskosten müssen tatsächlich nachgewiesen werden. Die Werbungskostenpauschalen des § 9a Nr. 2 und 3 finden bei beschränkt Stpfl. keine Anwendung.

Die **sachlichen Steuerbefreiungen** in Form von Freibeträgen bei Veräußerungsgewinnen im Sinne von § 14, 16, 17 und 18 Abs. 3 gelten auch für beschränkt Stpfl., jedoch mit der Einschränkung, daß der erhöhte Freibetrag nach § 16 Abs. 4 S. 3 wegen Alters und Berufsunfähigkeit nicht gilt.

Bei der Ermittlung des Gesamtbetrags der Einkünfte findet grundsätzlich auch ein **Verlustausgleich** zwischen den Einkünften statt. Zu beachten ist jedoch die Ausnahme, daß Einkünfte, die dem **Steuerabzug** unterliegen, nicht zum Ausgleich von Verlusten aus anderen Einkunftsarten dienen können.

Das gilt auch für Einkünfte i. S. des § 20 Abs. 1 **Nr. 5** und **Nr. 7. Vgl. § 50 Abs. 2.**

Beispiel:
Der beschränkt Stpfl. A hat eine Betriebstätte in Düsseldorf. Diese hat im Wirtschaftsjahr 01 einen Verlust von 100 000 DM erlitten. In dem Verlust sind enthalten 10 000 DM Zinsen aus Festgeld bei deutscher Bank und 21 000 DM Bardividende zuzüglich anrechenbarer KSt von 9 000 DM.
Der anzusetzende stpfl. Gewinn der Betriebstätte beträgt 40 000 DM. [10 000 DM Zinsen (§ 20 Abs. 1 Nr. 7) + 21 000 DM Bardividende (§ 20 Abs. 1 Nr. 1) und die Steuergutschrift von 9 000 DM (§ 20 Abs. 1 Nr. 3).] Diese Einkünfte dürfen nach dem Wortlaut des § 50 Abs. 2 nicht zum Verlustausgleich herangezogen werden; a. A. Krabbe in Blümich-Falk, EStG, Anm. 20 zu § 50.

Bei der Ermittlung des Gesamtbetrags der Einkünfte ist der Altersentlastungsbetrag nach § **24a nicht** zu berücksichtigen.

Jedoch ist im Falle von Einkünften aus Land- und Forstwirtschaft der Freibetrag von bis zu 2 000 DM nach **§ 13 Abs. 3** abzuziehen.

2.5.3.4 Ermittlung des Einkommens / zu versteuernden Einkommens

Sonderausgaben und **außergewöhnliche Belastungen** werden bei beschränkt Steuerpflichtigen grundsätzlich nicht berücksichtigt.

Eine Ausnahme gilt **Steuerzinsen** (§ 10 Abs. 1 Nr. 5) und **Spenden** (§ 10b).

Die Vorschrift des **§ 10d ist nur** anzuwenden, soweit der Verlust aus der Zeit der beschränkten Steuerpflicht im wirtschaftlichen Zusammenhang mit inländischen Einkünften steht und sich aus Unterlagen ergibt, die im Inland aufbewahrt werden.

Für den **Verlustausgleich** bei Wechsel der Steuerpflicht besteht eine Regelungslücke.

Im Fall beschränkter Stpfl. sind **Sonderausgaben** auch dann nicht abzugsfähig, wenn sie von dem beschr. Stpfl. **Erben** eines unbeschr. Stpfl. geleistet werden und Zeiträume betreffen, in denen der Erblasser noch lebte (BFH, BStBl 1992 II 550).

2.5.3.5 Tarif und Mindeststeuer

Dem sich hieraus ergebenden zu versteuernden Einkommen ist die **Grundtabelle** zugrunde zu legen. Hierbei ist jedoch zu beachten, daß bei beschränkt Stpfl. die Mindeststeuer 25 % des Einkommens beträgt.

In den Fällen des § 50 Abs. 1 Satz 6 i. V. m. § 50 Abs. 3 S. 2 (beschränkt stpfl. **Arbeitnehmer**) ist die Mindeststeuer **nicht** anwendbar.

Für Veräußerungsgewinne nach § 14, 16, § 17 und 18 Abs. 3 gilt auch die Tarifvorschrift des **§ 34**. Durch die Tarifbegünstigung des § 34 kann die Mindeststeuer von 25 v. H. unterschritten werden (auf 12,5 v. H.). § 34g **gilt (ohne** Verdopplung für § 26b-Fälle).

2.5.3.6 Veranlagung beschränkt steuerpflichtiger Arbeitnehmer

2.5.3.6.1 Voraussetzungen für eine Veranlagung

Nach § 50 Abs. 5 Satz 4 Nr. 2 haben beschränkt stpfl. Arbeitnehmer, die

1. EU-Bürger oder Bürger eines EWR-Staates sind und

2. ihren Wohnsitz in einem EU- oder EWR-Staat haben,

die Möglichkeit, den **Antrag** auf eine **Veranlagung** zur Einkommensteuer zu stellen.

Diese Vorschrift setzt den 3. Leitsatz des „Schumacker-Urteils" des EuGH um, nach dem beschränkt stpfl. Arbeitnehmer, die Bürger eines EU- oder EWR-Staates sind und dort ihren Wohnsitz haben, einen **Anspruch** auf eine Veranlagung zur Einkommensteuer haben.

Dies gilt insbesondere für Arbeitnehmer, die die Voraussetzungen des § 1 Abs. 3 **nicht** erfüllen und daher **nicht** den Antrag stellen können, als unbeschränkt Stpfl. behandelt zu werden. § 1a ist auf die Arbeitnehmerveranlagung i. S. d. § 50 Abs. 5 Satz 4 Nr. 2 **nicht** anwendbar.

2.5.3.6.2 Umfang der Veranlagung

Der Antrag auf Arbeitnehmerveranlagung bewirkt **nur**, daß die Abgeltungswirkung durch den Steuerabzug hinsichtlich der Einkünfte aus nichtselbständiger Arbeit aufgehoben wird.

Er erstreckt sich jedoch **nicht** auf die Einkünfte, die dem Steuerabzug vom Kapitalertrag oder nach § 50a Abs. 4 unterliegen.

Diese Einkünfte werden jedoch im Wege des Progressionsvorbehalts berücksichtigt. Auch weitere ausländische Einkünfte werden durch Einbeziehung in den Progressionsvorbehalt berücksichtigt (§ 32b Abs. 1 Nr. 2).

Eine KSt-Anrechnung ist **nicht** vorzunehmen.

2.5.3.6.3 Anwendbare Vorschriften

Für beschränkt Stpfl., die Einkünfte aus nichtselbständiger Arbeit beziehen, gelten nach § 50 Abs. 1 Satz 6 abweichend von § 50 Abs. 1 Satz 5 folgende Vorschriften:

- § 9a Satz 1 Nr. 1 Buchst. a
- § 10c Abs. 1 mit der Möglichkeit, die tatsächlichen Aufwendungen i. S. des § 10 Abs. 1 Nr. 5 und §§ 10b nachzuweisen,
- § 10c Abs. 2 und 3 (Vorsorgepauschale), allerdings ohne die Möglichkeit, die tatsächlichen Aufwendungen nachzuweisen.

Da es sich hier um eine Veranlagung beschränkt stpfl. Arbeitnehmer handelt, werden die persönlichen Verhältnisse grundsätzlich nicht berücksichtigt.

Die Arbeitnehmerveranlagung unterscheidet sich von der Veranlagung sonstiger beschränkt Stpfl. dadurch, daß die Mindeststeuer von 25 v. H. für sie **nicht** gilt. Das ist dadurch gerechtfertigt, daß durch den Progressionsvorbehalt, der sich auf die übrigen Einkünfte, die dem Steuerabzug unterliegen (mit Ausnahme der Aufsichtsratsteuer) der ausländischen Einkünfte eine Besteuerung nach einem wesentlich höheren Satz erfolgt, als bei den übrigen Veranlagungen beschränkt Stpfl., die sich nur auf Einkünfte beziehen, die nicht dem Steuerabzug unterliegen, ergibt.

2.5.3.6.4 Durchführung der Veranlagung

Die Veranlagung wird durch das Betriebsstättenfinanzamt, das die Bescheinigung nach § 39d Abs. 1 Satz 1 erteilt hat, auf Antrag nach § 46 Abs. 2 Satz 1 Nr. 8 durchgeführt (im einzelnen § 50 Abs. 5 Satz 3 Nr. 2 Satz 3).

3. Wechsel der Steuerpflicht

3.1 Grundsätze

Verlegt ein bisher unbeschränkt Stpfl. im Laufe eines Kalenderjahres seinen Wohnsitz in das Ausland, so **endet** mit diesem Zeitpunkt die unbeschränkte Steuerpflicht, somit auch der Ermittlungszeitraum für seine Einkünfte bzw. sein Einkommen. Soweit der Stpfl. weiterhin inländische Einkünfte i. S. des § 49 hat, **beginnt** mit dem Wohnsitzwechsel eine neue Steuerpflicht, nämlich die beschränkte Steuerpflicht. Somit entstehen durch den Wechsel der Steuerpflicht grundsätzlich zwei Ermittlungszeiträume.

Gleiches gilt, wenn ein bisher beschränkt Stpfl. durch Wohnsitzwechsel unbeschränkt stpfl. wird. Er ist im gleichen Veranlagungszeitraum als unbeschränkt Stpfl. und auch als beschränkt Stpfl. zu veranlagen. Vgl. nachfolgend 3.2.

> **Beispiel:**
>
> A aus Köln verlegt mit Ablauf des 30. 6. 02 seinen Wohnsitz nach Amsterdam. Er ist vom 1. 1. bis 30. 6. 02 unbeschränkt stpfl. (§ 1 Abs. 1), vom 1. 7. bis 31. 12. 02 beschränkt stpfl. (§ 1 Abs. 4), falls er inländische Einkünfte i. S. des § 49 bezieht.

3.2 Veranlagung

Wechselt ein Stpfl. im Laufe **eines** KJ von der beschränkten zur unbeschränkten Steuerpflicht oder umgekehrt, so ist für dieses KJ dessenungeachtet nur **eine Veranlagung** durchzuführen. Die Besteuerungsgrundlagen sind jedoch **getrennt** zu ermitteln. Das gilt auch bei **mehrfachem** Wechsel der Steuerpflicht in einem KJ. In diesem Fall sind alle Zeiträume gleichartiger Steuerpflicht für die Ermittlung des ZVE zusammenzufassen.

Der Wechsel der Steuerpflicht **führt** also **ab 1996 nicht** mehr dazu, daß für das Kalenderjahr des Wechsels zwei Veranlagungen durchgeführt werden.

Die während der beschränkten Einkommensteuerpflicht erzielten **inländischen** Einkünfte sind den während der unbeschränkten Einkommensteuerpflicht erzielten Einkünften **hinzuzurechnen**.

Das führt jedoch **nicht** dazu, daß der Stpfl. während des ganzen Kalenderjahres als unbeschränkt steuerpflichtig behandelt wird. Die Einkünfte sind insoweit vielmehr als „inländische **Einkünfte**" zu ermitteln. § 50 Abs. 1 und insbesondere §§ 50 Abs. 5, 50a Abs. 4 sind anzuwenden. D. h. insbesondere Sonderausgaben, außergewöhnliche Belastungen und Kinderfreibetrag dürfen nur bis zum Wechsel zur beschränkten Steuerpflicht berücksichtigt werden. Die inländischen Einkünfte i. S. des § 49 Abs. 1 sind ggf. der entsprechenden Einkunftsart, die während der unbeschränkten Steuerpflicht erzielt wurde, hinzuzurechnen.

Dies kann zu einer höheren Besteuerung als bisher führen, weil das um die inländischen Einkünfte erhöhte zu versteuernde Einkommen der Besteuerung zugrunde gelegt wird (nur noch **einmalige** Gewährung des Grundfreibetrags). Da der beschränkt Stpfl. im Ergebnis als unbeschränkt Stpfl. behandelt wird, kann die Mindeststeuer von 25 v. H. nach § 50 Abs. 3 **keine** Anwendung finden.

Der Höchstbetrag für den Spendenabzug dürfte, gleichgültig ob die Spenden während der Zeit der unbeschränkten oder beschränkten Steuerpflicht abgeflossen sind, einheitlich vom gemeinsamen Gesamtbetrag der Einkünfte vorgenommen werden.

Bei Wechsel zwischen beschränkter und unbeschränkter Steuerpflicht im Laufe eines VZ sind nach § 32b Abs. 1 Nr. 2 die ausländischen Einkünfte, die nicht der deutschen ESt unterliegen, d. h. die während der Dauer der beschränkten Steuerpflicht bezogene ausländischen Einkünfte, für die Anwendung des Progressionsvorbehalts zu berücksichtigen.

Bei der zusammengefaßten Veranlagung bleibt

– **Veranlagungszeitraum** (VZ) → das **Kalenderjahr** (§ 25 Abs. 1)
– **Bemessungszeitraum** → ebenfalls das **Kalenderjahr.**

Beispiele:
1. Der ledige A aus Kleve verlegt mit Beginn des 1. 9. 08 seinen Wohnsitz nach Arnheim (Niederlande). Er bezieht weiterhin in der Bundesrepublik Einkünfte i. S. des § 49.
   Es ist **nur eine** Einkommensteuerveranlagung durchzuführen.
   Ermittlungszeitraum für die unbeschränkte Steuerpflicht: 1. 1. bis 31. 8. 08
   Ermittlungszeitraum für die beschränkte Steuerpflicht: 1. 9. bis 31. 12. 08
2. wie zuvor, aber der Stpfl. ist verheiratet. Auch seine Ehefrau hat inländische Einkünfte. Für den Zeitraum der beschränkten Steuerpflicht ist weder für den Ehemann noch für die Ehefrau jeweils eine Einzelveranlagung durchzuführen. Vielmehr ist für den Zeitraum der unbeschränkten Steuerpflicht eine Ehegattenveranlagung (Zusammenveranlagung oder getrennte Veranlagung) durchzuführen. Dabei sind die während der beschränkten Steuerpflicht erzielten Einkünfte beider Ehegatten hinzuzurechnen, § 2 Abs. 7 S. 3 i. V. m. § 26b).
3. A heiratet am 1. 10. 02 in Köln die L aus Madrid. Sie nimmt von diesem Tage an ihren Wohnsitz in Köln. Sie hat Einkünfte i. S. § 49 in der Bundesrepublik Deutschland.
   Keine Einzelveranlagung der Ehefrau während der beschränkten Steuerpflicht, aber:
   gesonderter Ermittlungszeitraum 1. 1. bis 30. 9. 02 für die beschränkt stpfl. Einkünfte i. S. des § 49
   Zusammenveranlagung der Eheleute für das gesamte KJ
4. Die Eheleute A mit Wohnsitz in den Niederlanden lebten seit 1. 3. 03 dauernd getrennt. Sie ließen sich am 20. 6. 03 in den Niederlanden scheiden. Ehemann A begründet am 1. 7. 03 einen Wohnsitz in der Bundesrepublik Deutschland. Beide Ehegatten haben Einkünfte i. S. des § 49 in der Bundesrepublik Deutschland. Der Ehemann beantragt Zusammenveranlagung, da die Voraussetzungen für die Zusammenveranlagung zu Beginn des Kalenderjahres gegeben gewesen seien.

Einzelveranlagung als beschränkt Stpfl.:
Ehemann Ermittlungszeitraum 1.1. bis 30.6.
Ehefrau Ermittlungszeitraum 1.1. bis 31.12.
Einzelveranlagung Ehemann unbeschränkte Steuerpflicht
Ermittlungszeitraum 1.7. bis 31.12.

Eine Zusammenveranlagung kann **nicht** durchgeführt werden, weil die Voraussetzungen der Ehegattenveranlagung im Ermittlungszeitraum der unbeschränkten Steuerpflicht zu keinem Zeitpunkt vorgelegen haben.

3.3 Ermittlung der Besteuerungsgrundlagen

Da mit dem Wechsel der Steuerpflicht andere Besteuerungsgrundsätze gelten, sind die Besteuerungsgrundlagen auf beide Ermittlungszeiträume zu verteilen.

3.3.1 Gewinneinkünfte bei Betriebsvermögensvergleich

Werden die Einkünfte aus § 13, § 15 oder § 18 durch Betriebsvermögensvergleich (§ 4 Abs. 1 bzw. § 5) ermittelt, entstehen durch den Wechsel der Steuerpflicht quasi zwei „Rumpfwirtschaftsjahre".

Es ist jedoch nicht notwendig, daß der Stpfl. im Zeitpunkt des Wechsels der Steuerpflicht eine Bilanz erstellt. Wenn der Betrieb bestehen bleibt, ergibt sich auch nach handelsrechtlichen Vorschriften **keine** Verpflichtung, eine Bilanz auf diesem Zeitpunkt zu erstellen. Ein Fall des § 8b Satz 2 EStDV ist **nicht** gegeben.

Erfolgt der Wechsel der Steuerpflicht im Laufe des WJ, ist das Ergebnis dieses Wirtschaftsjahres grundsätzlich auf die beiden Ermittlungszeiträume **aufzuteilen.** Grundlage für die Aufteilung können die in den einzelnen Zeiträumen getätigten **Umsätze** sein, aber auch andere objektive Maßstäbe. Läßt sich ein Maßstab für die Aufteilung nicht finden, kann im Schätzungswege (§ 162 AO) eine **zeitanteilige** Aufteilung erfolgen.

Beispiel:

A ist Gewerbetreibender in Goch (Bundesrepublik). Er verlegt am 1.9.02 seinen Wohnsitz nach Venlo (Niederlande). Sein Gewerbebetrieb verbleibt weiterhin in Goch. Der Gewinn des WJ = KJ 02 beträgt insgesamt 240 000 DM.

Der Gewinn ist mangels eines anderen Maßstabes wie folgt aufzuteilen:
unbeschränkte Steuerpflicht 8 Monate = 160 000 DM (⁸/₁₂).
beschränkte Steuerpflicht 4 Monate = 80 000 DM (⁴/₁₂).

Veräußerungsgewinne sind von der Aufteilung auszunehmen und in dem Ermittlungszeitraum anzusetzen, in dem sie erzielt (= realisiert) worden sind.

Eine **Aufteilung** des Ergebnisses erfolgt grundsätzlich auch bei **abweichendem** Wirtschaftsjahr.

Es ist daher **nicht** § 4a Abs. 2 Nr. 2 für die Frage der Zuordnung zur unbeschränkten oder beschränkten Steuerpflicht anzuwenden.

Beispiele:

1. A aus Emmerich verlegt am 1.7.02 seinen Wohnsitz nach Arnheim (NL). Seinen Betrieb behält er weiterhin in Emmerich. Im Wirtschaftsjahr 01/02 hatte er einen Gewinn von 180 000 DM, im Wirtschaftsjahr 02/03 hatte er einen Gewinn von 240 000 DM. Das Wirtschaftsjahr läuft vom 1.10. bis 30.9.

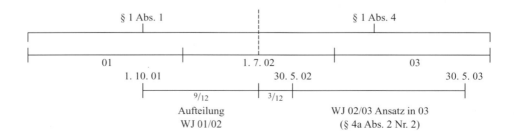

Für 02 ergibt sich folgende Zuordnung: vom Wirtschaftsjahr 01/02 fallen 9 Monate auf den Zeitraum der unbeschränkten Steuerpflicht und 3 Monate auf den Zeitraum der beschränkten Steuerpflicht.

Im Zeitraum der unbeschränkten Steuerpflicht sind daher ein anteiliger Gewinn von 135 000 DM, im Zeitraum der beschränkten Steuerpflicht sind 45 000 DM für 02 zu erfassen. Der Gewinn von 240 000 DM wird erst in 03 erfaßt (§ 4a Abs. 2 Nr. 2).

2. Wie a), Wirtschaftsjahr ist jedoch der Zeitraum 1.4. bis 31.3.

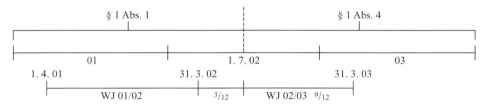

In diesem Fall ist der Gewinn des Wirtschaftsjahres 01/02 in Höhe von 180 000 DM voll im Kalenderjahr 02 zu erfassen.

Vom Wirtschaftsjahr 02/03 entfallen 3 Monate auf den Zeitraum der unbeschränkten Steuerpflicht und 9 Monate auf den Zeitraum der beschränkten Steuerpflicht. Da das Wirtschaftsjahr erst in 03 endet, ist der Anteil, der auf die beschränkte Steuerpflicht entfällt, in Höhe von 180 000 DM erst im Kalenderjahr 03 zu erfassen. Während der unbeschränkten Steuerpflicht 02 sind daher folgende Gewinne zu erfassen:

180 000 DM aus dem Wirtschaftsjahr 01/02
 60 000 DM aus dem Wirtschaftsjahr 02/03
240 000 DM

Auf diese Aufteilung kann u. E. **verzichtet** werden, **soweit** die Einkünfte aus **beiden** Zeiträumen **unterschiedslos zu erfassen sind**.

3.3.2 Gewinneinkünfte mit Einnahme-Überschuß-Rechnung und Überschußeinkünfte

Bei Einnahme-Überschuß-Rechnung nach § 4 Abs. 3, sowie bei Überschußeinkünften ist eine Zuordnung nach den Grundsätzen des **Zu- und Abflusses (§ 11)** vorzunehmen (BFH, BStBl 1992 II 550). Auf den Zeitpunkt der Entstehung der Einkünfte kommt es hier nicht an. Einkünfte, die während der unbeschränkten Steuerpflicht zugeflossen sind, werden diesem Zeitraum zugerechnet. Einkünfte, die während der beschränkten Steuerpflicht zugeflossen sind, werden der beschränkten Steuerpflicht zugerechnet. **Fraglich** ist, ob bei regelmäßig wiederkehrenden Einnahmen und Ausgaben auch die Ausnahmeregelung des § 11 Abs. 1 Satz 2 bzw. Abs. 2 Satz 2 anzuwenden ist.

Beispiel:

A hat am 31.3.01 seinen Wohnsitz nach Arnheim (NL) verlegt. Bei der Deutschen Bank in Kleve unterhält er ein Wertpapierdepot. Auf diesem gingen im Jahre 01 folgende Dividenden ein:

20.1.	3 000 DM der GHH Oberhausen AG
23.3.	4 000 DM der Philips NV Eindhoven
20.4.	2 000 DM der Shell NV Den Haag
10.7.	4 000 DM der VW AG Wolfsburg

Die Dividendenzahlungen am 20.1. und 23.3. fallen in den Zeitraum der unbeschränkten Steuerpflicht, die Dividendenzahlungen am 20.4. und 10.7. fallen in den Zeitraum der beschränkten Steuerpflicht. Die Dividendenzahlungen von GHH und Philips sind im Zeitraum der unbeschränkten Steuerpflicht zu erfassen. Steuerfreiheit tritt in der Bundesrepublik hinsichtlich der Philips-Dividenden Eindhoven nicht ein, obwohl die Philips NV ihren Sitz in den Niederlanden hat. Nach Art. 13 DBA/NL hat der Wohnsitzstaat das Besteuerungsrecht. Jedoch können die Niederlande als Quellenstaat eine Quellensteuer bis zu 15% einbehalten. Die niederländische Quellensteuer ist jedoch auf die deutsche Einkommensteuer anzurechnen (§ 34c Abs. 1 und § 34c Abs. 6 Satz 1 i. V. m. Art. 20 Abs. 2 S. 3 DBA-NL).

Hinsichtlich der Dividende aus den Shell-Aktien liegen **keine** inländischen Einkünfte i. S. des § 49 „Abs. 1 Nr. 5 a) vor, da die Shell-NV als Schuldner der Dividendenforderung ihren Sitz und Geschäftsleitung in den Niederlanden hat.

Hinsichtlich der Dividenden der VW-AG Wolfsburg liegen jedoch inländische Einkünfte i.S. des § 49 Abs. 1 Nr. 5a vor. Nach dem DBA/NL (Art. 13) darf die Bundesrepublik Deutschland eine Quellensteuer bis zu 15 v.H. erheben. Mit der Quellensteuer ist jedoch die deutsche Einkommensteuer abgegolten. Die Einkünfte hieraus sind in eine Veranlagung **nicht** mehr einzubeziehen.

3.4 Freibeträge und Pauschbeträge

Einkunftsermittlungsfreibeträge (§ 19 Abs. 2, § 9a, § 20 Abs. 4) gelten nur bei der **un**beschränkten Steuerpflicht (vgl. § 50 Abs. 1), sind jedoch **nicht** zeitanteilig aufzuteilen.

Der Freibetrag nach **§ 13 Abs. 3** gilt sowohl bei der unbeschränkten (bis 2 000 bzw. 4 000 DM) als auch der beschränkten Steuerpflicht (bis 2 000 DM), ist aber für beide Zeiträume zu **insgesamt nur einmal** zu gewähren; eine gesonderte Ermittlung für die Höhe des Einkommens ist **nicht** vorzunehmen.

Der **Altersentlastungsbetrag** (§ 24a) gilt nur bei unbeschränkter Steuerpflicht (Ausnahme: beim Lohnsteuerabzug nach § 39d). Eine zeitanteilige Aufteilung ist **nicht** vorzunehmen.

4. Persönliche Steuerpflicht von Nichtinländern (§ 1 Abs. 2 und 3, § 1a EStG)

Literatur: Grützner, Die Einkommensbesteuerung von Grenzgängern nach dem JStG 1996; NWB F. 3, 9563; **Plenker**, DB 1995, 2135; **Kischel**, JStR 1995, 368; **Schulze zur Wiesche**, JStR 1996, 105.

4.1 Überblick

Nach Art. 48 des EWG-Vertrages dürfen beschränkt stpfl. Staatsangehörige anderer Mitgliedstaaten der EU, die ihr Einkommen ganz oder fast ausschließlich aus nichtselbständiger Tätigkeit in Deutschland erzielen, mit unbeschränkt einkommensteuerpflichtigen Arbeitnehmern materiellrechtlich nicht ungleich behandelt werden (EuGH, DB 1995, 407).

Die Vorschriften des § 50 Abs. 4 i.d.F. des **Grenzpendlergesetzes**, die beschränkt Stpfl. mit nahezu ausschließlich inländischen Einkünften weitgehend einem unbeschränkt Stpfl. gleichstellen sollten, genügten dem nicht. Diese Vorschrift ist daher durch eine wahlweise unbeschränkte Steuerpflicht, die **antragsgebunden** ist, ersetzt worden (§ 1 Abs. 3). Der § 1 Abs. 3 a. F., der eine erweiterte unbeschränkte Steuerpflicht von Staatsbediensteten mit Wohnsitz im Ausland für die VZ **1994** und **1995** zum Gegenstand hatte, ist durch die allgemeinen Regelungen für beschränkt Stpfl. mit nahezu ausschließlich Einkünften, die der deutschen Einkommensteuer unterliegen, ersetzt worden.

§ 1 Abs. 3 gilt nunmehr unter den weiteren Voraussetzungen für alle an sich beschränkt Stpfl. Es ist gleichgültig,

- welcher Nationalität der Stpfl. ist,
- welches der Wohnsitzstaat ist,
- welcher Einkunftsart die der deutschen Steuer unterliegenden Einkünfte zuzurechnen sind.

4.2 Unbeschränkte Steuerpflicht auf Antrag (§ 1 Abs. 3 EStG)

Beschränkt Stpfl., die die Voraussetzungen des § 1 Abs. 3 erfüllen, können auf **Antrag** als unbeschränkt Stpfl. behandelt werden. Vgl. BMF, BStBl 1996 I 373.

Das Wahlrecht gilt nur für **natürliche**, nicht für juristische Personen. Unerheblich sind die Staatsangehörigkeit und das Wohnsitzland. Das Wahlrecht wird für jedes Kalenderjahr ausgeübt. Der Stpfl. ist daher bei der Ausübung des Wahlrechts nicht für die Zukunft gebunden.

Auch Ausländer, die **keinen** Wohnsitz in einem EU-Staat oder in einem EWR-Staat (Island, Liechtenstein, Norwegen) haben, können den Antrag auf Besteuerung als unbeschränkt Stpfl. stellen. Folgende Voraussetzungen müssen – alternativ – erfüllt sein:

a) Die im Kalenderjahr bezogenen Einkünfte müssen mindestens zu **90 v.H.** der deutschen Einkommensteuer unterliegen oder

b) die **nicht** der deutschen ESt unterliegenden Einkünfte dürfen nicht mehr als 12 000 DM im Kalenderjahr betragen.

Die Höhe der nicht der deutschen Einkommensteuer unterliegenden Einkünfte muß hierfür durch eine Bescheinigung der zuständigen ausländischen Steuerbehörde nachgewiesen werden.

- „Nicht der deutschen ESt unterliegende Einkünfte" sind auch inländische Einkünfte, die nach einem DBA nur der Höhe nach beschränkt besteuert werden dürfen (Quellensteuer),
- Die 12 000 DM-Grenze bei ausländischen Einkünften ist zu kürzen, soweit es nach den Verhältnissen im Wohnsitzstaat des Stpfl. notwendig und angemessen ist, z. B. auf 8 000 DM ($^2/_3$) oder 4 000 DM ($^1/_3$) (entsprechend § 50 Abs. 4 – bis VZ 1995 anwendbar – und BMF-Schreiben vom 11. 12. 1989, BStBl I 463 = Ländergruppeneinteilung).

   Beispiel:
   Der kroatische Arbeitnehmer A mit Wohnsitz in Kroatien (weder EU- noch EWR-Staat) bezieht 1996 ausschließlich inländische Einkünfte i. S. des § 49 Abs. 1 Nr. 4 in Deutschland.
   Er kann auf Antrag nach § 1 Abs. 4 als unbeschränkt Stpfl. behandelt werden.

   Folgen der Behandlung als unbeschränkt Stpfl. sind:
- Die Sonderregelungen des § 50 sind **nicht** anwendbar, d. h. die nachteiligen Folgen der beschränkten Steuerpflicht werden unterdrückt.
- Der Steuerabzug nach **§ 50a** ist jedoch vorzunehmen.
- Der Regelfall ist eine **ESt-Veranlagung** mit Einbeziehung der steuerabzugspflichtigen Einkünfte.
- Steuerabzugsbeträge sind nach § 36 Abs. 2 Nr. 2 auf die ESt anzurechnen.
- Bei Einkünften aus **§ 19** gilt das Bescheinigungsverfahren nach **§ 39c Abs. 4**.
- **Nicht** möglich sind jedoch
   - Ehegattenveranlagung nach § 26 und
   - Splittingtarif.

   Dies ist **nur** in den Fällen des § **1a** möglich. Vgl. § 26 Abs. 1.
- Die nicht der deutschen ESt unterliegenden **positiven** Einkünfte unterliegen dem Progressionsvorbehalt (§ 32 b Abs. 1 Nr. 3).

Der **Familienleistungsausgleich** nach § 31 ist vorrangig durch das **Kindergeld**, hilfsweise durch den **Kinderfreibetrag** zu berücksichtigen.

Kindergeldanspruch besteht nach § 62 Abs. 1 Nr. 2b bei Aufenthaltsberechtigung oder -erlaubnis des Stpfl.; ein Ausschluß kann sich aus § 65 Abs. 1 Satz 1 Nr. 2 ergeben (Anspruch auf Leistungen für Kinder im Ausland).

Bei der alternativen Gewährung eines Kinderfreibetrags (ggf. nach Ländergruppeneinteilung gekürzt) ist die Steuerersparnis nach Maßgabe von § 31 Sätze 4 und 5 zu kürzen.

4.3 Sonderregelungen nach § 1a EStG

4.3.1 Allgemeines

§ 1a enthält die durch das Urteil des Europäischen Gerichtshofs vom 14. Februar 1995 – Rechtssache C – 279/93 – Schumacker – erforderlich gewordene Anwendung derjenigen **personen- und familienbezogenen steuerentlastenden Vorschriften**, deren Anwendung das Grenzpendlergesetz (§ 50 Abs. 4 Satz 1 a. F.) **nicht** vorsah.

Der Einleitungssatz bestimmt zunächst den Personenkreis, der die Steuerentlastungen beanspruchen kann:
- Die Person, die inländische Einkünfte erzielt, ist Angehöriger eines Mitgliedsstaates der EU (einschließlich deutscher Staatsangehöriger) oder eines Staates, auf den der **EWR-Vertrag** anwendbar ist. Der EWR-Vertrag (Vertagsparteien waren die EG-Staaten und die EFTA-Staaten) übernimmt in den Artikeln 20 bis 45 im wesentlichen den gesamten Bestand der Regelungen des EG-Vertrages zu den sog. Grundfreiheiten (u. a. Freizügigkeit, Niederlassungsfähigkeit). In Art. 6 des EWR-Vertrags wird zunächst bestimmt, daß die Bestimmungen des Abkommens, soweit sie mit entsprechenden Re-

gelungen des EG-Vertrages in ihrem wesentlichen Inhalt identisch sind, im Einklang mit der einschlägigen EuGH-Entscheidung auszulegen sind. Der EWR-Vertrag ist nach dem Beitritt Finnlands, Österreichs und Schwedens zur EU noch auf Island, Norwegen und Liechtenstein anzuwenden.

- Die Person erzielt ihr **Einkommen ganz** oder **fast ausschließlich** in Deutschland; **unerheblich** ist, ob es sich um unbeschränkt Stpfl. im eigentlichen Sinn (§ 1 Abs. 1) handelt (insbesondere EU-Gastarbeiter mit Familienwohnsitz im EU-Ausland) **oder**
  um Grenzpender **oder**
  sonstige Personen ohne Wohnsitz oder gewöhnlichen Aufenthalt im Inland, die nach § 1 Abs. 3 wie unbechränkt Stpfl. behandelt werden.

Bei den nach § 1a Abs. 1 Satz 1 anwendbaren Vorschriften handelt es sich um Steuerentlastungen, die die unbeschränkte Steuerpflicht oder den inländischen Wohnsitz des Ehegatten oder des Kindes voraussetzen (**Realsplitting, Zusammenveranlagung** von Ehegatten nebst Verdopplung von Höchst- und Pauschbeträgen, **Haushaltsfreibetrag** und **Kinderbetreuungskosten**).

Es wird regelmäßig darauf abgestellt, daß der **Ehegatte oder das Kind** seinen **Wohnsitz** im **EU-** oder **EWR-**Ausland haben muß.

4.3.2 Zusammenveranlagung und Splittingtarif (§ 1a Abs. 1 Nr. 2 EStG)

Der Splittingtarif wird grunsätzlich nur dann gewährt, wenn beide Ehegatten unbeschränkt stpfl. sind. Der neue § 1a Abs. 1 Nr. 2 macht die unbeschränkte Stpfl. beider Ehegatten **nicht** mehr zur Voraussetzung für die Gewährung des Splitting.

Voraussetzung ist jedoch zusätzlich, daß

1. der Stpfl. unbeschränkt stpfl. nach § 1 Abs 1 oder auf Antrag nach § 1 Abs. 3 ist
2. Staatsbürger eines EU-Staates oder eines EWR-Staates ist
3. beide Eheleute
   - zumindest **90 v. H.** der deutschen Einkommensteuer unterliegende Einkünfte haben oder
   - die nicht der deutschen Einkommensteuer unterliegenden Einkünfte nicht mehr als **24 000 DM** im KJ betragen und
4. der nicht dauernd getrennt lebende Ehegatte ohne Wohnsitz im Inland seinen **Wohnsitz** in einem **EU-Staat** oder **EWR-Staat** hat.

Beispiele:

1. A (deutscher Staatsbürger) mit Wohnsitz in Eupen (Belgien) arbeitet an der Technischen Universität in Aachen und bezieht dort ausschließlich der deutschen ESt unterliegende Einkünfte (öffentlicher Dienst). Er ist verheiratet.
   A hat den Antrag auf Behandlung als unbeschränkt Stpfl. i. S. des § 1 Abs. 3 gestellt. Beide Eheleute beantragen die Zusammenveranlagung.
   Die Voraussetzungen des § 1a Abs. 1 Nr. 2 liegen vor.
2. Der Kroate K mit Wohnsitz in Zagreb (Kroatien), der auf Antrag unbeschränkt stpfl. i. S. des § 1 Abs. 3 ist, beantragt die Zusammenveranlagung mit seiner in Mailand (Italien) lebenden Frau.
   Eine Zusammenveranlagung ist **nicht** möglich, da K kein Staatsangehöriger eines **EU-Staates** oder **EWR-Staates** ist.
3. A, deutscher Staatsangehöriger, verheiratet, Wohnsitz beider Eheleute in Basel (Schweiz), hat ausschließlich der deutschen Einkommensteuer unterliegende Einkünfte. Er beantragt, nach § 1 Abs. 3 als unbeschränkt stpfl. behandelt zu werden. Beide Eheleute beantragen die Zusammenveranlagung.
   A kann zwar auf Antrag als unbeschränkt stpfl. behandelt werden (§ 1 Abs. 3). § 1a Abs. 1 findet jedoch **keine** Anwendung, weil der Wohnsitz sich nicht in einem EU- oder EWR-Staat befindet. Die Schweiz hat den EWR-Vertrag nicht ratifiziert.
4. A, Finanzbeamter mit Dienstort in Aachen, wohnt mit seiner Familie in Belgien.
   A ist **nicht** nach § 1 Abs. 2 unbeschränkt stpfl., weil er nicht im Ausland dienstlich tätig wird. Er kann jedoch unter den Voraussetzungen des § 1 Abs. 3 als unbeschränkt stpfl. behandelt werden. Als Angehöriger eines EU-Staates mit Wohnsitz auch des Ehegatten in einem EU-Staat können beide Eheleute die Zusammenveranlagung beantragen (§ 1a Abs. 1 Nr. 2).

5. A. ist in deutschen Diensten bei einer internationalen Organisation in Genf tätig. Das Gehalt wird ihm von einer inländischen öffentlichen Kasse gezahlt. Er lebt mit seiner Ehefrau, einer Libanesin, in Genf.

A ist unbeschränkt stpfl. nach § 1 Abs. 2. Beide Eheleute können nach § 1a Abs. 2 den Antrag auf Zusammenveranlagung stellen. Die Voraussetzungen für eine Zusammenveranlagung würden jedoch entfallen, wenn er nach Erreichen seines Ruhestandes in Genf weiter wohnen würde, da § 1a Abs. 2 eine aktive dienstliche Tätigkeit im Ausland erfordert. § 1 Abs. 3 i.V. m. § 1a Abs. 1 Nr. 2 sind **nicht** gegeben, da es sich bei der Schweiz **nicht** um einen **EWR-Staat** handelt.

4.3.3 Realsplitting (§ 1a Abs. 1 Nr. 1 EStG)

Unterhaltszahlungen an den geschiedenen oder dauernd getrennt lebenden Ehegatten sind bis zur Höhe von 27 000 DM auch dann abzugsfähig, wenn der Empfänger zwar nicht unbeschränkt stpfl. ist, jedoch der Empfänger

1. seinen Wohnsitz in einem EU- oder EWR-Staat hat und
2. die Besteuerung der Unterhaltszahlngen beim Empfänger durch eine Bescheinigung der zuständigen ausländischen Steuerbehörde nachgewiesen wird.

4.3.4 Haushaltsfreibetrag (§ 1a Abs. 1 Nr. 3 EStG)

Ein Haushaltsfreibetrag nach § 32 Abs. 7 wird dem Personenkreis des § 1a Abs. 1 unter den dort genannten Voraussetzungen auch gewährt, wenn die Wohnung des Stpfl., in der das Kind gemeldet ist, **nicht** im Inland belegen ist, sondern in einem EU- oder EWR-Staat. Bei **verheirateten Stpfl.** gilt dies nur bei dauerndem Getrenntleben (§ 1a Abs. 1 Nr. 3 Satz 3).

> **Beispiel:**
>
> A mit alleinigem Wohnsitz in Belgien, aber mit ausschließlich inländischen Einkünften ist **geschieden**. Ein Kind ist bei ihm mit Wohnung gemeldet.
>
> A steht der Haushaltsfreibetrag i. S. § 32 Abs. 7 zu, wenn er auf Antrag auch § 1 Abs. 3 als unbeschränkt stpfl. behandelt wird und ihm somit Kindergeld nach § 62 Abs. 1 Nr. 2b zusteht.

4.3.5 Kinderbetreuungsfreibetrag nach § 33c EStG (§ 1a Abs. 1 Nr. 4 EStG)

Aufwendungen für Dienstleistungen zur Betreuung eines zum Haushalt eines Alleinstehenden gehörenden Kindes (§ 33c Abs. 1) gelten auch dann als ausgewöhnliche Belastung, wenn das Kind **nicht** unbeschränkt stpfl. ist. Allerdings muß das Kind seinen Wohnsitz in einem **EU-** oder **EWR**-Staat haben (§ 1a Abs. 1 Nr. 4 S. 2).

> **Beispiel:**
>
> A mit alleinigem Wohnsitz in Eupen ist **verwitwet** und hat ein 9jähriges Kind, das von einer Betreuungsperson versorgt wird. A hat ausschließlich Einkünfte, die der deutschen Besteuerung unterliegen. Ihm steht der Abzug von Kinderbetreuungskosten i.S. des § 33c Abs. 1 zu.

Bei nicht dauernd getrennt lebenden **Ehegatten** ist auch § 33c Abs. 5 anwendbar (§ 1a Abs. 1 Nr. 4 S. 3).

4.4 Anwendungsregelung

Die Neuregelungen sind, soweit sie nicht ausdrücklich erst ab 1996 gelten, mit Rücksicht auf das EuGH-Urteil bereits im Rahmen des laufenden Lohnsteuerabzugs und der ESt-Vorauszahlungen sowie auf noch offene Altfälle anzuwenden.

Vgl. BMF-Schreiben vom 25. 8. 1995, DStR 1995, 1470 und BMF-Schr., BStBl 1996 I 373 (betr. in das Ausland entsandte Angehörige des öffentlichen Dienstes).

a) Lohnsteuerabzug, ESt-Vorauszahlungen

Die Regelungen für den LSt-Abzug ergeben sich aus § 1a Abs. 1 i. V. m. § 1 Abs. 3, § 38b, § 39c Abs. 4 und § 52 Abs. 2. Bei Personen, die die Voraussetzungen des § 1a Abs. 1 erfüllen, kommen insb. die Steuerklassen II oder III, für die Festsetzung von ESt-Vorauszahlungen das Ehegattensplitting oder der Haushaltsfreibetrag in Betracht. Das gilt auch für unbeschränkt Stpfl. mit Familienwohnsitz in einem anderen EU/EWR-Mitgliedstaat.

Für die in § 1 Abs. 3 Satz 4 vorgesehene Bescheinigung der ausländischen Einkünfte durch die zuständige ausländische Steuerbehörde liegen noch keine Vordrucke vor. Die Bescheinigung über die Höhe der ausländischen Einkünfte kann daher bis auf weiteres auch formlos (z. B. durch Vorlage eines Steuerbescheids des Wohnsitzstaates) nachgewiesen werden. Aus Vereinfachungsgründen können bei der Prüfung, ob die ausländischen Einkünfte nicht mehr als 10 v. H. der gesamten Einkünfte oder – falls dies nicht der Fall ist – nicht mehr als 12 000 DM (bei Ehegatten nicht mehr als 24 000 DM) betragen, die nach ausländischem Recht ermittelten Beträge in der Regel übernommen werden.

b) Altfälle

Die rückwirkende Regelung für bisher unbeschränkt oder beschränkt Stpfl., die die Anwendung der in § 1a Abs. 1 Nr. 1 bis 4 genannten Vorschriften (insb. Ehegattensplitting, Haushaltsfreibetrag) beantragen, ergibt sich aus § 1a Abs. 1 i. V. m. § 1 Abs. 3, § 46 Abs. 2 Nr. 7 und § 52 Abs. 2. Die beim LSt-Abzug anzuwendende Vereinfachungsregelung für den Nachweis ausländischer Einkünfte gilt entsprechend. Ein Progressionsvorbehalt ist nicht anzuwenden (§ 52 Abs. 2).

Für beschränkt einkommensteuerpflichtige Arbeitnehmer, die wesentliche ausländische Einkünfte haben (d. h. über die in § 1 Abs. 3 und § 1a Abs. 1 Nr. 2 EStG genannten Höchstsätze für ausländische Einkünfte hinaus) und eine Veranlagung zur ESt beantragen, gelten § 50 Abs. 5 Nr. 2 soweit § 52 Abs. 2 und 31.

Der Progressionsvorbehalt ist **nicht** anzuwenden (§ 52 Abs. 1, 2 und 31).

4.5 Sonderausgaben und außergewöhnliche Belastungen

Auch für Sonderausgaben und grds. auch für außergewöhnliche Belastungen gilt für die Zuordnung das Abflußprinzip (§ 11).

Sonderausgaben und außergewöhnliche Belastungen sind **nur** bei **unbeschränkter** Steuerpflicht abziehbar (Ausnahmen: Spenden, § 10b). Die Pauschbeträge nach **§ 10c** gelten nur bei der unbeschränkten Steuerpflicht und sind **nicht** aufzuteilen.

Der Verlustabzug (§ 10d) bleibt erhalten.

4.6 Berücksichtigung der persönlichen Verhältnisse

Eine Zusammenveranlagung der Eheleute kann nur durchgeführt werden, wenn die Voraussetzungen für die Ehegattenveranlagung im **Ermittlungszeitraum** der unbeschränkten Steuerpflicht vorgelegen haben.

> **Beispiel:**
> A hatte seinen Wohnsitz bis zum 30.6.02 in der Bundesrepublik Deutschland. Am 1.7.02 verlegte er ihn nach Amsterdam und heiratete dort die D.
>
> Eine Zusammenveranlagung kann für den Zeitraum der unbeschränkten Steuerpflicht **nicht** durchgeführt werden, da die Voraussetzungen für eine Ehegattenveranlagung erst während des Zeitraums der beschränkten Steuerpflicht eingetreten sind.

Bei der **Berücksichtigung von Kindern** gilt: Diese können zum einen bei der Veranlagung berücksichtigt werden, solange die Voraussetzungen im Ermittlungszeitraum der unbeschränkten Steuerpflicht bestanden haben.

Für den Zeitraum der beschränkten Stpfl. ist eine Kinderberücksichtigung nach § 32 **nicht** möglich (§ 50 Abs. 1 Satz 6).

Beispiel:
1. Die Eheleute A haben am 1.7.03 ihren Wohnsitz von Köln nach Eindhoven verlegt. Am 10.9.02 ist der Sohn S geboren worden. Bei der Zusammenveranlagung während der unbeschränkten Steuerpflicht kann S als Kind **nicht** berücksichtigt werden, weil die Voraussetzungen nicht im Ermittlungszeitraum für die unbeschränkte Steuerpflicht vorgelegen haben.
2. A hat am 31.8.01 die B geheiratet, die bisher ihren Wohnsitz in den Niederlanden hatte. Frau B's Tochter aus erster Ehe war am 3.3.01 in den Niederlanden verstorben, ihr Sohn (Wohnsitz in den Niederlanden) hat am 10.5.01 das Staatsexamen abgeschlossen und danach einen Beruf ausgeübt.

   Für A und B findet eine Zusammenveranlagung (§§ 26, 26b) statt. für die unbeschränkte Steuerpflicht ergeben sich folgende Ermittlungszeiträume:

   Ermittlungszeitraum Ehemann   1.1. bis 31.12.01
   Ermittlungszeitraum Ehefrau   31.8. bzw. 1.9. bis 31.12.01

   Die beiden Kinder der Ehefrau aus erster Ehe können **nicht** berücksichtigt werden, weil die Voraussetzungen bei B nur während des Zeitraums der beschränkten Steuerpflicht bestanden.

4.7 Progressionsvorbehalt

Die während der beschränkten Steuerpflicht erzielten **ausländischen** Einkünfte unterliegen dem Progressionsvorbehalt nach § 32b Abs. 1 Nr. 2.

5. Doppelbesteuerungsabkommen

5.1 Maßnahmen zur Vermeidung einer internationalen Doppelbesteuerung

Zu einer internationalen Doppelbesteuerung kann es kommen, wenn mehrere Staaten als Steuerhoheitsträger
- denselben Stpfl.
- wegen desselben Gegenstands, z.B. wegen derselben Einkünfte
- zu einer gleichartigen Steuer heranziehen.

Zur **Vermeidung** bzw. **Milderung** bestehen **einseitige** und **zweiseitige** Maßnahmen. **Einseitige** Milderungsmaßnahmen sind nach dem deutschen **EStG** insbesondere
- bei unbeschränkter Steuerpflicht
   - **Anrechnung ausländischer Steuern** auf die deutsche ESt (§ 34c Abs. 1) oder – wahlweise –
   - **Abzug ausländischer Steuern** bei der Ermittlung der Einkünfte (§ 34 c Abs. 2, 3) – vgl. 7.2.
- bei beschränkter Steuerpflicht
   - Erfassung nur bestimmter inländischer Einkünfte i. S. des. § 49 – vgl. vorstehend 2.

Zweiseitige Maßnahmen sind die **Doppelbesteuerungsabkommen (DBA)**.
Zum **Stand** der DBA zum **1.1.1996** vgl. BMF-Schreiben vom 2.1.1996, BStBl I 5.

5.2 Bedeutung der Doppelbesteuerungsabkommen

Bei den **DBA** handelt es sich um **(bilaterale) Verträge** zwischen zwei Staaten, die eine internationale Doppelbesteuerung von Einkünften vermeiden sollen. Die DBA beziehen sich auf Personen, die in einem der beiden Staaten (oder in beiden) ihren **Wohnsitz** haben und in beiden Staaten oder dem anderen Staat, der nicht Wohnsitzstaat ist, Einkünfte beziehen. Auf die Staatsangehörigkeit kommt es i. d. R. nicht an, sondern nur auf die persönliche Steuerpflicht in beiden Vertragsstaaten (vgl. z.B. Art. 3 DBA/NL und BFH, BStBl 1989 II 649). Die DBA sollen aber auch vermeiden, daß Stpfl. dadurch Vorteile erhalten, daß sich ihr Einkommen auf mehrere Staaten verteilt; aus diesem Grunde sehen die meisten Doppelbesteuerungsabkommen einen sogenannten **Progressionsvorbehalt** vor, wonach der Steuertarif vom Gesamteinkommen einschließlich der **ausländischen steuerfreien Einkünfte** zu bemessen ist. Vgl. § 32b Abs. 1 Nr. 3 und im einzelnen nachfolgend 6. Die Doppelbesteuerung kann dadurch vermieden werden, daß die **Einkünfte** in einem der Vertragsstaaten **steuerfrei** gelassen werden, **oder** dadurch, daß die **Steuern,** die der eine Staat erhebt, bei der Besteuerung durch den anderen Staat **angerechnet** werden.

Beispiel:

A ist Kaufmann mit Wohnsitz in den Niederlanden, er hat seinen Betrieb in Köln (Betriebstätte), in den Niederlanden befindet sich ein Betriebsgrundstück.

Hinsichtlich der Betriebstätte hat grundsätzlich die BRD das Besteuerungsrecht (Art. 5 DBA/NL). Es bezieht sich jedoch nicht auf das in den Niederlanden belegene Betriebsgrundstück, weil hier die Niederlande als Belegenheitsstaat das Besteuerungsrecht haben (Art. 4 Abs. 3 DBA/NL).

Die DBA werden zum **innerstaatlichen Recht** erst durch Ratifikation (d. h. Beschluß des Bundes- , Unterzeichnung und Veröffentlichung im Bundesgesetzblatt; vgl. hierzu BFH, BStBl 1995 II 129). Sie haben als Bestandteil des **Völkerrechts** Vorrang vor dem innerstaatlichen Recht. Allerdings ist bei der Freilassungsmethode zu beachten, daß die Zuordnung von Einkünften zu einem der Vertragsstaaten nur dann zu einer Besteuerung führt, wenn die Einzelsteuergesetze eine entsprechende Besteuerung vorsehen.

DBA **schränken** also die Besteuerungsrechte der Vertragsstaaten ein. **Niemals** jedoch können sie den Umfang der sachlichen Steuerpflicht **erweitern** (= **Verbot** der **virtuellen Besteuerung).**

So räumt z. B. Art. 8 DBA/NL dem Wohnsitzstaat das Besteuerungsrecht hinsichtlich der Veräußerung von Beteiligungen ein, eine Besteuerung ist jedoch nur möglich, soweit ein nationales Steuergesetz eine Besteuerung vorsieht. So führt z. B. nach dem **EStG** die Veräußerung von Beteiligungen an Kapitalgesellschaften nur dann zu Einkünften, wenn die Voraussetzungen des § 17, § 23, § 16 Abs. 1 Nr. 1 2. Halbs., 15 EStG oder § 21 UmwStG gegeben sind.

Beispiel:

A, mit Wohnsitz in Köln, ist an einer niederländischen N. V. (= AG) mit 30 v. H. beteiligt. Er veräußert die Hälfte seiner Beteiligung.

Nach § 17 Abs. 1 liegt eine Veräußerung bei wesentlicher Beteiligung vor. Gemäß Art. 8 DBA/NL hat die BRD als Wohnsitzstaat das Besteuerungsrecht.

Nach den DBA werden die Einkunftsquellen nach bestimmten Anknüpfungspunkten auf die Vertragsstaaten **aufgeteilt** bzw. diesen **zugewiesen.**

Anknüpfungspunkte sind: der **Ort** der **Belegenheit,** der **Betriebstätte,** der Ausübung einer **Tätigkeit** (u. U. feste Einrichtung erforderlich), des **Wohnsitzes,** der öffentlichen Kasse.

Stärkster Anknüpfungspunkt ist der Ort der Belegenheit. Wo dieser mit anderen Anknüpfungspunkten in Konflikt gerät, hat er Vorrang. Danach ist der gewichtigere Anknüpfungspunkt der Ort der Betriebstätte. Der schwächste Anknüpfungspunkt ist der Wohnsitz. Dieser hat subsidiären Charakter. Soweit eine andere Regelung nicht getroffen ist, wird an diesen angeknüpft (vgl. Art. 16 DBA/NL).

Vgl. im einzelnen 5.3.3.

Die **Methoden** lassen sich wie folgt einteilen:

Aufteilungs- und **Zuteilungsmethode (Freilassungsmethode) = direkte** Methode	**Anrechnungsmethode** (entspricht § 34c Abs. 1) **= indirekte Methode**	**gemischte Methode**
• Zuweisung des Besteuerungs**rechts** an einen Vertragsstaat (muß nicht ausgeübt werden) • Gewährung einer sachlichen Steuerbefreiung in dem anderen Staat (vgl. § 2 AO); jedoch ggf. Progressionsvorbehalt (§ 32b Abs. 1 Nr. 3)		– Quellensteuer im Quellenstaat – Besteuerung im Wohnsitzstaat mit Anrechnung (z. B. Dividendenbesteuerung nach Art. 13 DBA/NL)

5.3 Aufbau des Doppelbesteuerungsabkommens

Den Ausführungen wird das DBA/Niederlande (DBA/NL) zugrunde gelegt.

5.3.1 Sachlicher Umfang des Abkommens

Art. 1 regelt den sachlichen Umfang des Doppelbesteuerungsabkommens. Es werden die Steuerarten aufgeführt, für die das Abkommen Gültigkeit hat.

5.3.2 Begriffsbestimmungen

Dann folgen Begriffsbestimmungen.

5.3.2.1 Begriff der Person

Unter den Begriff „Person" fallen sowohl **natürliche** als auch **juristische** Personen, **Personenvereinigungen** und **Vermögensmassen,** die als solche der Besteuerung wie eine juristische Person unterliegen. Daher ist das DBA auch für die Körperschaftsteuer anwendbar.

5.3.2.2 Begriff der Betriebstätte

Das DBA enthält eine eigene Definition der Betriebstätte (Art. 2 Nr. 2 DBA/NL).

Der Betriebstättenbegriff des § 12 AO ist maßgebend für die Frage, ob inländische Einkünfte i. S. des § 49 vorliegen.

Für die Frage, ob eine Betriebstätte i. S. des DBA vorliegt, ist dagegen der eigenständige Betriebstättenbegriff des DBA maßgebend.

Beispiel:
A aus Amsterdam, der dort ein Gewerbe betreibt, unterhält ein Auslieferungslager in Aachen.

Das Auslieferungslager erfüllt den Betriebstättenbegriff des § 12 AO; insofern liegen inländische Einkünfte vor. Ein Auslieferungslager erfüllt jedoch nicht die in Art. 2 Nr. 2a genannten Voraussetzungen. Nach Art. 2 Nr. 2b gelten ausdrücklich nicht die Benutzung von Einrichtungen ausschließlich zur Lagerung, Ausstellung oder Auslieferung zu den dem Unternehmen gehörenden Gütern.

Als Betriebstätte gilt jedoch **auch** eine **Person,** die in einem der Vertragsstaaten für ein Unternehmen des anderen Vertragsstaates tätig ist mit Ausnahme eines unabhängigen Vertreters, wenn dieser Vollmacht besitzt, im Namen des Unternehmens in diesem Staat Verträge abzuschließen und diese Vollmacht dort gewöhnlich ausübt, es sei denn, die Vollmacht beruht lediglich auf dem Einkauf von Gütern, Art. 2 Nr. 2c.

Eine Betriebstätte liegt **nicht** vor, wenn die Geschäftsbeziehungen lediglich durch einen Kommissionär oder Makler unterhalten werden (Art. 2 Nr. 2d).

Beispiel:
Wie zuvor, aber das Lager wird von einem Angestellten des A betreut, der Abschlußvollmacht besitzt. Hier liegt eine Betriebstätte i. S. des Art. 2 Nr. 2c vor.

5.3.2.3 Wohnsitz

Der Wohnsitzbegriff entspricht nicht vollständig dem der §§ 8, 9 AO (vgl. Art. 3 Abs. 1 und Abs. 2). Die Vorschrift hat lediglich Bedeutung für die Bestimmung des Wohnsitzstaates i. S. des DBA. Dagegen sind die §§ 1 EStG, §§ 8, 9 AO maßgebend für die Frage, ob eine Person unbeschränkt oder beschränkt steuerpflichtig i. S. von § 1 EStG ist. Die Bestimmung des Wohnsitzstaats nach Art. 3 ist maßgebend für die Zuweisung der Einkünfte zwischen den Vertragsstaaten.

Eine besondere Regelung enthält daher Art. 3 Abs. 3 für den Fall, daß eine Person nach Art. 3 Abs. 1 und 2 einen Wohnsitz in beiden Vertragsstaaten hat.

In diesem Falle hat der Stpfl. seinen Wohnsitz in dem Staate, zu dem die stärkeren persönlichen und wirtschaftlichen Beziehungen bestehen, also dort, wo sich der Mittelpunkt der Lebensinteressen befindet.

Beispiel:

A besitzt in Hösel (BR Deutschland) ein Einfamilienhaus. Dieses wird von einer Haushälterin ständig in Ordnung gehalten und bewohnt. Seine beiden Söhne befinden sich in einem Internat am Bodensee und verbringen ihre Ferien im Einfamilienhaus in Hösel. A selbst hält sich nur selten dort auf. Insgesamt war er jedoch 5 Monate im Jahr im Inland. An der See in Holland hat er ein Sommerhaus sowie eine weitere Wohnung in einem Haus in Amsterdam, letztere bewohnte er 3 Monate im Jahr; etwa 6 Wochen hielt er sich in seinem Ferienhaus mit seinen Kindern auf. Im Jahre 05 ließ er in den städtischen Krankenanstalten in Düsseldorf eine Gallenoperation durchführen und war anschließend zur Kur in Bad Mergentheim.

Er war Alleininhaber der Firma Anlagenbau A in Düsseldorf. EW des Betriebsvermögens 5 000 000 DM, Gewinn 1 500 000 DM. Diese war gleichzeitig an der Vulkan-Werft in Hamburg mit 1 000 000 DM beteiligt.

Ferner besaß er eine Beteiligung in Rotterdam an der Tankerreinigung N. V von 50 v. H., Wert 800 000 DM, Gewinn 200 000 DM. Ferner unterhielt sein Einzelunternehmen eine Zweigniederlassung in Amsterdam. Gewinn der Zweigniederlassung 100 000 DM. Eine Handelsgesellschaft, an der er zu 80 v. H. beteiligt war, hatte einen Gewinn von 50 000 DM. Bei der Commerzbank in Düsseldorf unterhielt er ein Depot von nominell 3 000 000 DM inländischen Wertpapieren.

Nach Berücksichtigung der Gesamtumstände ist der Mittelpunkt der Lebensinteressen in der BRD (Wohnsitz der Familie und überwiegende wirtschaftliche Interessen).

Läßt sich der Mittelpunkt der Lebensinteressen nicht feststellen, ist ein Verständigungsverfahren nach Art. 23 zwischen den oberen Finanzbehörden durchzuführen.

5.3.2.4 Sonstige Auslegungen

Soweit das DBA keine Begriffsbestimmung enthält, sind die Vorschriften nach dem Sinn und Zweck des Abkommens auszulegen.

Ergibt sich jedoch aus dem Abkommen keine bestimmte Auslegung, richtet sich die Auslegung der Bestimmung der DBA nach dem Recht des jeweiligen Vertragsstaates.

5.3.3 Zuordnung der Quellen (Aufteilung des Besteuerungsrechts)

Die Art. 4 bis 16 regeln die **Zuordnung von Einkunftsquellen** entsprechend dem maßgebenden Anknüpfungspunkt zu einem der beiden Vertragsstaaten.

Die Zuordnung der Quellen geschieht **unabhängig von der Einkunftsart.** Diese wird im DBA überhaupt nicht angesprochen.

a) Einkünfte aus unbeweglichem Vermögen

Hier gilt das **Belegenheitsprinzip (Art. 4).** Hierunter fallen

- Vermietung und Verpachtung von Grundvermögen (Art. 4 Abs. 1), auch wenn sie zu einem Betriebsvermögen gehören.

Es ist unerheblich, welcher Einkunftsart die Einkünfte nach § 2 Abs. 1 zuzuordnen sind.

- Betreiben von Land- und Forstwirtschaft (Art. 4 Abs. 2).
- Einkünfte aus Spekulationsgeschäften (Schlußprotokoll zu Art. 4 DBA-NL).

Bei **Zinseinkünften** gilt **auch** bei Sicherung des Kapitalvermögens durch inländischen Grundbesitz das **Wohnsitzprinzip** uneingeschränkt (vgl. Art. 14 Abs. 1). Art. 4 Abs. 3 a. F. ist durch das zweite Zusatzprotokoll zum DBA-NL **ersatzlos** gestrichen worden (BMF, BStBl 1992 I 94).

b) Einkünfte aus Gewerbebetrieb

Auch hier gilt das **Belegenheitsprinzip** (Art. 5 Abs. 1) in modifizierter Form. Maßgebend ist, ob eine Betriebstätte in dem jeweiligen Vertragsstaat besteht.

Hierbei gilt der Betriebstättenbegriff des Art. 2.

Entsprechendes gilt nach dem sog. „**Betriebstättenvorbehalt**":
- Art. 8 Abs. 2 für Beteiligungen im Betriebsvermögen
- Art. 13 Abs. 5 für Wertpapiere im Betriebsvermögen
- Art. 15 Abs. 4 für Lizenzgebühren, wenn das Recht zum Betriebsvermögen gehört.

c) Einkünfte aus selbständiger Arbeit

Hier ist grds. maßgebend der **Ort der Ausübung** (bei fester Einrichtung) (**Art. 9** Abs. 2).

Er muß auf längere Dauer (mindestens 6 Monate) ausgelegt sein (BFH, BStBl 1993 II 655, betr. DBA-Italien).

d) Einkünfte aus nichtselbständiger Arbeit

Hier gilt grds. ebenfalls das Ausübungsprinzip, vgl. Art. 10.

Zur 183-Tage-Klausel vgl. BMF-Schreiben vom 5. 1. 1994, BStBl I 11.

Der **Ort der öffentlichen Kasse** ist maßgebend für
- Vergütungen im öffentlichen Dienst (Art. 11)
- Versorgungsbezüge von Beamten (Art. 12 Abs. 2) und Angestellten im öffentlichen Dienst.

e) Kapitalerträge

Bei **Dividendeneinkünften** gilt nach Art. 13 Abs. 1 das **Wohnsitzprinzip**.

Dem Quellenstaat ist jedoch ein Recht zum Quellensteuerabzug (= Kapitalertragsteuer) vorbehalten (Art. 13 Abs. 2).

Dabei gilt eine Beschränkung der Quellensteuer auf 15% (Art. 13 Abs. 3).

Der Stpfl. hat Anspruch auf Ermäßigung der Kapitalertragsteuer auf 15%.

Bei zuviel erhobener Kapitalertragsteuer hat der Stpfl. Anspruch auf Erstattung durch das Bundesamt für Finanzen. Bei **Zinsen** gilt ebenfalls das Wohnsitzprinzip (Art. 14 Abs. 1).

Gewinnanteile **aus stiller** Beteiligung werden wie Dividendeneinkünfte besteuert (Schlußprotokoll Nr. 9 zu Art. 13).

Erträge aus **partiarischen Darlehen** sind dagegen wie **Zinsen** i. S. des Art. 14 zu behandeln (Schlußprotokoll, a. a. O., und BMF-Schr. vom 16. 11. 1987, BStBl I 740).

Vgl. im einzelnen 5.4.

Im übrigen ist das Wohnsitzprinzip als Generalklausel in Art. 16 zu beachten.

5.3.4 Vermeidung der Doppelbesteuerung

Die Konsequenzen aus der Zuweisung des Besteuerungsrechts ergeben sich aus Art. 20. Hiernach hat grundsätzlich der Staat, der das **Besteuerungsrecht nicht** hat, diese Einkünfte **freizulassen.** Der andere Staat, dem das Besteuerungsrecht zusteht, **kann** eine Besteuerung vornehmen (nur soweit das innerstaatliche Recht eine Besteuerung vorsieht).

Die weiteren Art. behandeln die Schlußvorschriften (Verständigungsverfahren, Zusammenarbeit der Finanzbehörden).

Besondere Bedeutung für die Auslegung kommt auch dem **Zusatzprotokoll** zu.

5.4 Die einzelnen Zuordnungsregeln

5.4.1 Belegenheitsprinzip

Das Belegenheitsprinzip gilt für alle Einkünfte aus **Grundbesitz,** gleichgültig, ob es sich um den Betrieb von **Land- und Forstwirtschaft,** unmittelbare Nutzung eines Grundstücks oder deren Vermietung und Verpachtung (und Veräußerung) von bebauten und unbebauten Grundstücken handelt.

Das Belegenheitsprinzip greift auch dann durch, wenn das Grundstück zu einer Betriebstätte in dem anderen Vertragsstaat gehört.

5.4.2 Betriebstättenprinzip

5.4.2.1 Grundsätze

Bei den gewerblichen Einkünften gilt grundsätzlich das **Betriebstättenprinzip** (als Unterart des Belegenheitsprinzips).

Gewerbliche Einkünfte werden grundsätzlich im Wohnsitzstaat besteuert, sofern in dem anderen Staat **keine** Betriebstätte im Sinne des DBA vorhanden ist.

Beispiele:
1. A mit Wohnsitz in Amsterdam liefert Waren im Werte von 600 000 DM in die BRD aufgrund von Verträgen, die er in der BRD persönlich abgeschlossen hatte. Der Gewinn hieraus beträgt 150 000 DM.

    Das Besteuerungsrecht haben die Niederlande, weil in der BRD keine Betriebstätte vorhanden ist, Art. 5 i. V. m. Art. 2 Nr. 2 DBA/NL.

2. A aus Arnheim, der dort einen Produktionsbetrieb hat, hat eine Betriebstätte in Kleve. Sein Gewinn beträgt 300 000 DM. In diesem sind 100 000 DM aus seiner Betriebstätte in Kleve enthalten.

    Hinsichtlich des Gewinns der Betriebstätte in Kleve steht der BRD das Besteuerungsrecht zu.

5.4.2.2 Einkünfte als Mitunternehmer

Unter Art. 5 fallen auch die Einkünfte als Mitunternehmer. Der Mitunternehmer-Begriff ergibt sich aus den deutschen Steuergesetzen (§ 15 Abs. 1 Nr. 2), da das DBA und auch das Zusatzprotokoll keine Begriffsbestimmung enthalten.

Beispiel:

A aus Düsseldorf ist Gesellschafter der X-OHG in Amsterdam. Die übrigen Gesellschafter sind B aus Utrecht und C aus Amsterdam. Sie sind zu je einem Drittel am Gewinn und Verlust der OHG beteiligt. Die OHG hatte im WJ einen Gewinn von 600 000 DM. In dem Gewinn waren 100 000 DM einer im Handelsregister eingetragenen Zweigniederlassung in Dortmund enthalten.

Der Gewinn der inländischen Betriebstätte unterliegt dem deutschen Besteuerungsrecht (je 33 333 DM für A, B und C). Er ist bei A (unbeschränkt Stpfl.) zu erfassen. Bei B und C, die beschränkt stpfl. sind, handelt es sich um inländische Einkünfte i. S. des § 49 Abs. 1 Nr. 2a.

Nach Nr. 9 des Zusatzprotokolls wird ein **stiller Gesellschafter** wie ein Unternehmer behandelt, wenn mit seiner Beteiligung eine Beteiligung am Vermögen des Unternehmens verbunden ist. Somit fällt auch der **atypisch** stille Gesellschafter unter Art. 5.

5.4.2.3 Umfang des Betriebstättenprinzips

Das Betriebstättenprinzip gilt für alle Einkünfte, die unmittelbar durch die Betriebstätte erzielt werden.

Es gilt auch für Einkünfte aus der Vermietung und Verpachtung und jeder anderen Art der Nutzung der gewerblichen Betriebstätte.

Der Gewinn aus Materiallieferungen an eine ausländische Montage-Betriebstätte gehört **nicht** zum Betriebstättengewinn; Ausnahme: Abwicklung des An- und Verkaufs durch die Betriebstätte (BFH, BStBl 1991 II 94).

Im Falle der **Verpachtung** einer Betriebstätte ist gleichgültig, ob der Verpächter die Betriebsaufgabe erklärt hat oder nicht. Das Betriebstättenprinzip findet also auch dann Anwendung, wenn es sich um Einkünfte aus Vermietung und Verpachtung i. S. des § 21 Abs. 1 Nr. 2 handelt.

Gewerbliche Einkünfte i. S. des Art. 5 DBA/NL sind auch die Einkünfte aus der **Veräußerung** eines Betriebes im ganzen, einer Betriebstätte, eines Teiles einer Betriebstätte oder eines Wirtschaftsgutes, das zur Betriebstätte gehört. Hierunter fallen also alle Vorgänge des § 16 genauso wie Gewinne aus der Veräußerung (oder durch die Entnahme) einzelner betrieblicher Wirtschaftsgüter.

Das Betriebstättenprinzip gilt auch dann, wenn sich Wertpapiere im Betriebsvermögen der Betriebstätte befinden. Hat die Betriebstätte in dem anderen Staat Einkünfte aus diesen Wertpapieren oder Beteiligungen erzielt, hat nicht der Wohnsitzstaat, sondern der Betriebstättenstaat das Besteuerungsrecht.

Beispiel:

A aus Amsterdam hat eine Betriebstätte in Köln. Im Betriebsvermögen dieser Betriebstätte befindet sich eine 10%ige Beteiligung an der X-N.V in Eindhoven. Die Aktien befinden sich im Depot einer niederländischen Bank. Die Betriebstätte in Köln erzielte aus diesen Aktien eine Dividende von 500 00 hfl. im WJ 02.

Die Dividende ist als Betriebseinnahme der Kölner Betriebstätte zu behandeln und somit in der Bundesrepublik Deutschland als Einkünfte zu erfassen (Art. 13 Abs. 5).

Gleiches gilt auch im Falle der **Veräußerung** einer **Beteiligung**. Der Veräußerungsgewinn wird ebenfalls im Betriebstättenstaat erfaßt (Art. 8 Abs. 2). Der Betriebstättenstaat hat auch das Besteuerungsrecht für **Lizenzgebühren,** wenn sich die **Patente** und **sonstigen Urheberrechte** in einer Betriebstätte dieses Staates befinden.

Beispiel:

A aus Amsterdam, der mit 33 $^1/_3$ v.H. Gesellschafter der X-OHG in Kleve ist, hat der Gesellschaft ein Patent, das er aufgrund wissenschaftlicher Erkenntnisse außerhalb des Betriebes entwickelt hat, dieser Betriebstätte gegen Lizenz zur Nutzung überlassen. Für das Jahr 05 hat A Lizenzzahlungen in Höhe von 180 000 DM von der Betriebstätte in Kleve erhalten. Es handelt sich hier um inländische Einkünfte i.S. des § 49 Abs. 1 Nr. 2a (Sondervergütungen i.S. der § 15 Abs. 1 Nr. 2). Das Patent ist einer inländischen Betriebstätte gegen eine Lizenzgebühr zur Nutzung überlassen (= inländisches **Sonderbetriebsvermögen**). Die Lizenzgebühren sind daher nach Art. 15 Abs. 4 DBA/NL im Betriebstättenstaat, also in der BRD zu erfassen.

5.4.2.4 Gewinnermittlung

Befindet sich in dem anderen Staat eine Betriebstätte, sollen dieser diejenigen Einkünfte zugewiesen werden, die sie erzielt hätte, wenn sie sich als selbständiges Unternehmen mit gleichen oder ähnlichen Geschäften unter gleichen oder ähnlichen Bedingungen befaßte und Geschäfte wie ein unabhängiges Unternehmen tätigte (Art. 5 Abs. 2 DBA/NL). Diese Vorschrift will verhindern, daß Gewinne im Interesse des Stpfl. von einem in das andere Land verlagert werden. Diese Vorschrift erlaubt auch eine Gewinnkorrektur, wenn der Gewinn der Betriebstätte aufgrund überhöhter bzw. zu niedriger Verrechnungspreise mit dem Hauptunternehmen zu Lasten der Betriebstätte gemindert bzw. zugunsten der Betriebstätte erhöht worden ist. Der Gewinnermittlung sind marktgerechte Verrechnungspreise zugrunde zulegen (= sogenannte **direkte** Methode). Vgl. hierzu insbesondere BFH, BStBl 1989 II 140 und 2.2.2.2.8.

Wegen der Anwendung der sogenannten **indirekten** Methode in Ausnahmefällen vgl. Tz. 7 des Schlußprotokolls. Vgl auch 2.2.2.2.8.

Wegen der weiteren Möglichkeit einer Gewinnkorrektur, wenn ein Unternehmen eines der Vertragsstaaten aufgrund seiner Beteiligung an der Geschäftsführung oder am finanziellen Aufbau eines Unternehmens des anderen Staates mit diesem Unternehmen unüblicher, d.h. nicht marktgerechte wirtschaftliche oder finanzielle Bedingungen vereinbart oder ihm solche auferlegt, vgl. Art. 6.

Das BMF-Schr. vom 23.2.1983, BStBl 1983 I 218 zur Einkunftsabgrenzung bei verbundenen Unternehmen dürfte **sinngemäß** anzuwenden sein.

Vgl. auch Gesetz vom 26.8.1993 zum Übereinkommen vom 23.7.1990 über die Beseitigung der Doppelbesteuerung im Falle von Gewinnberichtigungen zwischen verbundenen Unternehmen (90/436/EWG), BStBl 1993 I 818.

Der Gewinn ist für Zwecke des **Progressionsvorbehaltes (§ 32b Abs. 1 Nr. 3)** nach § 4 Abs. 1 zu ermitteln.

5.4.3 Ort der Ausübung

Ort der Ausübung ist grds. der Ort, an dem eine Tätigkeit tatsächlich ausgeübt worden ist.

Der Begriff ist jedoch durch Art. 9 Abs. 2 eingeschränkt. Danach liegt eine **Ausübung selbständiger Arbeit** in dem anderen Staate nur dann vor, wenn die Tätigkeit durch eine regelmäßig zur Verfügung stehende ständige Einrichtung ausgeübt wird.

Beispiel:

Rechtsanwalt A aus Arnheim übt dort seinen Beruf als Anwalt aus. Er ist bei den dortigen Gerichten zugelassen und unterhält in Arnheim seine Kanzlei. Im Rahmen dieser Tätigkeit betreut er auch in der Bundesrepublik Deutschland einige Mandanten, die er dort aufsucht und berät. Hierdurch erzielte er Einkünfte in Höhe von 30 000 DM.

Die Einkünfte sind **nicht** in Deutschland, sondern in den Niederlanden zu erfassen, weil die Ausübung der Tätigkeit nicht unter Benutzung einer in Deutschland regelmäßig zur Verfügung stehenden ständigen Einrichtung ausgeübt wurde. Eine ständige Einrichtung hat A nur in Arnheim.

Für die Ausübung einer **künstlerischen, vortragenden, sportlichen** oder **artistischen** Tätigkeit gilt die Einschränkung **nicht**.

Beispiel:

Ein niederländischer Dirigent mit Wohnsitz in Amsterdam dirigiert an zwei Abenden das Kölner Rundfunksinfonieorchester in Köln. Für diese beiden Abende erhält er 20 000 DM.

Er hat seine Tätigkeit als Dirigent in der Bundesrepublik Deutschland ausgeübt. Das Besteuerungsrecht hinsichtlich dieser Honorare steht daher dieser auch zu.

Für **Aufsichtsratsvergütungen** ist der **Sitz** der **Gesellschaft** maßgebend (Art. 9 Abs. 4).

Der Ort der Ausübung gilt grundsätzlich auch für die Einkünfte aus **nichtselbständiger Tätigkeit** (Art. 10). Allerdings bestehen hier insbesondere im Hinblick auf die Grenzgänger Ausnahmeregelungen.

Ein Pilot, der ausländisches Hoheitsgebiet überfliegt und dort mit Zwischenaufenthalt landet, übt dort seine Tätigkeit aus (BFH, BStBl 1989 II 319).

5.4.4 Ort der öffentlichen Kasse

Bezieht eine natürliche Person mit Wohnsitz in einem der Vertragsstaaten von einer öffentlichen Kasse des **anderen** Vertragsstaates Einkünfte in Form von Löhnen, Gehältern und ähnlichen Vergütungen, so hat der Staat der öffentlichen Kasse das Besteuerungsrecht für diese Einkünfte, sofern er Schuldner des Lohns ist.

Beispiel:

A ist Verwaltungsbeamter der Bundeswehr. Er ist zum Luftwaffenstützpunkt Budel in den Niederlanden abgeordnet und hat dort aus dienstlichen Gründen seinen Wohnsitz. Er erhält weiterhin sein Gehalt von der Bundesrepublik Deutschland überwiesen. Das Besteuerungsrecht hinsichtlich dieser Bezüge hat die Bundesrepublik Deutschland.

Gleiches gilt hinsichtlich der **Versorgungsbezüge** aus den o. g. Kassen.

Beispiel:

A ist Ruhestandsbeamter. Er hat seinen Wohnsicht nach Arnheim verlegt. Er enthält seine Pensionsbezüge aus der inländischen öffentlichen Kasse überwiesen.

Es handelt sich hier um Versorgungsbezüge aus einer öffentlichen Kasse i. S. von Art. 12 Abs. 2.

5.4.5 Wohnsitzprinzip

Das Wohnsitzprinzip gilt für die Veräußerung von **Beteiligungen** (Art. 8 Abs. 1), für **Dividenden** (Art. 13) und **Zinseinkünfte** (Art. 14). Allerdings steht bei Dividenden i. S. des Art. 13 dem Quellenstaat das Recht zu, eine **Quellensteuer** bis zur Höhe von 15 v. H. des Dividendenertrages vorzunehmen. Das Wohnsitzprinzip gilt auch hinsichtlich der **Verwertung** von Urheberrechten, Patenten, Gebrauchsmustern, Herstellungsverfahren, Warenzeichen oder ähnlichen Rechten, sofern diese Rechte nicht zu einem Betriebsvermögen gehören.

Die Art der Vergütung ist hier gleichgültig.

Die **Abgrenzung** zu Art. 9 zwischen **Ausübung** und **Verwertung** ist wie folgt vorzunehmen: Die Regelung des Art. 9 ist anzuwenden, wenn die Vergütung der **unmittelbare Erfolg der Ausübung** einer künstlerischen oder freiberuflichen Tätigkeit ist. Das ist der Fall, wenn es sich um die **Verwertung** solcher Rechte handelt. Erhält z. B. ein Dichter für eine Lesung ein Honorar, so fällt dieses unter Art. 9.

Verwertet ein Autor ein Manuskript, indem er einem Verlag das Urheberrecht überläßt, so liegt wohl eine Verwertung i. S. des Art. 15 vor. Die neuere BFH-Rechtsprechung zu § 49 Abs. 1 Nr. 4 sieht nämlich auch die Manuskriptverwertung im Inland als unmittelbare Folge der **Ausübung** an; vgl. 2.2.3.2 und BFH, BStBl 1987 II 377, 379, 381, 383. Vgl. auch BFH, BStBl 1987 II 372 zum Quellensteuerabzug nach § 50a Abs. 4.

Besonderheiten gelten für die **Lehrtätigkeit** (Art. 17). Erhält z. B. ein Hochschullehrer mit Wohnsitz in einem Vertragsstaat einen Lehrauftrag, der einen vorübergehenden Aufenthalt von höchsten 2 Jahren beinhaltet, und erhält er hierfür in dem anderen Staat eine Vergütung, wird er hinsichtlich dieser Vergütung nur in dem ursprünglichen Wohnsitzstaat besteuert. Auch **Studenten, Lehrlingen, Praktikanten** und **Volontäre** aus einem der Vertragsstaaten, die sich nur zu Studien- oder zu Ausbildungszwecken in dem anderen Staat aufhalten, werden wegen der von ihnen für Lebensunterhalt Studien und Ausbildung empfangenen Bezüge von diesem anderen Staat nicht besteuert, wenn diese ihnen außerhalb dieses Staates zufließen.

Soweit **Einkunftsquellen** in dem DBA **nicht** angesprochen worden sind, hat **im Zweifel** nach **Art. 16** der **Wohnsitzstaat** das Besteuerungsrecht.

5.5 Vermeidung der Doppelbesteuerung

5.5.1 Steuerbefreiung

Hat der Wohnsitzstaat nach den Art. 4 – 17 das Besteuerungsrecht, so darf der andere Staat diese Einkünfte oder Vermögensteile grundsätzlich nicht besteuern (Art. 20).

Das bedeutet, daß insbesondere die Bundesrepublik Deutschland als Wohnsitzstaat diese Einkünfte aus der Bemessungsgrundlage herauszunehmen hat, für die die Niederlande das Besteuerungsrecht haben (Art. 20 Abs. 2 Satz 1). Wegen des Progressionsvorbehalts vgl. nachfolgend 5.5.3 und 6. sowie Art. 20 Abs. 2 Satz 2 DBA).

5.5.2 Steueranrechnung

Obwohl bei **Dividendeneinkünften** und **Zinsen** für **Wandelanleihen** und **Gewinnobligationen** grundsätzlich der Wohnsitzstaat das Besteuerungsrecht hat (vgl. oben 4.3.5), ist es dem **Quellenstaat** gestattet, eine **Quellensteuer** bis zur Höhe von 15 v. H. zu erheben. Das bedeutet, daß die Bundesrepublik Deutschland als Wohnsitzstaat diese Einkünfte in ihre Bemessungsgrundlage mit einbeziehen darf. Allerdings ist die von dem Quellenstaat – hier den Niederlanden – im Abzugsweg erhobene niederländische Steuer auf die deutsche Steuer für diese Einkünfte anzurechnen. Die Anrechnung erfolgt in **entsprechender** Anwendung des **§ 34c** (vgl. 8.2.2). Vgl. Art. 20 Abs. 2 Satz 3 DBA.

5.5.3 Progressionsvorbehalt

Auch die ausländischen Einkünfte, für die der andere Staat das Besteuerungsrecht hat, die also aus der Bemessungsgrundlage für die Steuer herauszunehmen sind, dürfen jedoch für die **Tariffindung** wieder einbezogen werden. Nach Art. 20 Abs. 2 S. 2 sind Steuern für die Einkünfte, die der Bundesrepublik Deutschland zur Besteuerung zugewiesen sind, nach dem Satz zu erheben, der dem gesamten Einkommen des Stpfl. entspricht. Vgl. im einzelnen unter 6.

5.5.4 Beschränkte Steuerpflicht und DBA

Beschränkte Steuerpflicht besteht nur dann, wenn die Person inländische Einkünfte i. S. des § 49 hat. Aus diesem Grunde ist vorrangig jeweils zu prüfen, ob inländische Einkünfte im Sinne des § 49 unterliegen. Erst bei Vorliegen von inländischen Einkünften i. S. des § 49 ist zu prüfen, welcher von beiden Staaten das Besteuerungsrecht hat. Liegen keine inländischen Einkünfte vor, findet das Doppelbesteuerungsabkommen keine Anwendung.

Beispiel:

Sachverhalt

A mit Wohnsitz in Leiden (NL) (verheiratet, zwei Kinder) hat einen Lehrstuhl für internationales Recht an der Universität Leiden.

Für das Wintersemester 02/03 (15. Okt. 02 bis 15. Februar 03) hat er einen Lehrauftrag an der Universität Köln angenommen. Es ist von einem Dienstverhältnis auszugehen. Hierfür erhielt er in den Monaten Jan./Febr. 03 von der Universität Köln eine Vergütung von 8000 DM (vor Abzug der LSt). Am 16.2.03 ging er wieder zurück nach Leiden.

Für **Vorträge** in Deutschland am 20.1.03 und am 26.6.03 erhielt er insgesamt 1000 DM. Für ein **Interview** mit dem ZDF erhielt er ein Honorar von 2000 DM.

Ein in den Niederlanden veröffentlichtes Lehrbuch wurde ins Deutsche übersetzt und von einem Verlag in Köln verlegt. Am 1.6.03 erhielt er eine **Honorarüberweisung** von 1800 DM.

In Köln besitzt er ein Miethaus, in dem er während seines Aufenthaltes in Köln auch wohnte. Die Mieteinnahmen betrugen 22000 DM, die Hausaufwendungen 10000 DM. Die Wohnung, die er bis zum 15. Februar 03 bewohnte, hat einen Mietwert von 600 DM monatlich. Nach dem Verhältnis der Nutzfläche entfallen hierauf 25%.

Es soll **keine** Nutzungswertbesteuerung vorgenommen werden, auch nicht im Wege der Übergangsregelung § 52 Abs. 21 S. 2. Am 20.1.03 erhielt er eine Dividendengutschrift der X-AG aus Dortmund in Höhe von 2250 DM, am 1.6. eine Gutschrift von 2000 DM der Y-AG aus München.

Lösung:

A ist im Inland **nicht** unbeschränkt stpfl. (§ 1 Abs. 1), da er die Wohnung in Köln nicht beibehalten wollte. Der Aufenthalt im Inland für die Dauer des Gastsemesters an der Universität Köln war von vornherein begrenzt.

Da A Einkünfte im Sinne des § 49 hat, ist er jedoch beschränkt stpfl. (§ 1 Abs. 4).

Einkünfte

a) Aus dem Lehrauftrag an der Universität Köln erzielt A Einkünfte aus § 19 im Sinne des § 49 Abs. 1 Nr. 4. Nach Art. 17 DBA/NL ist das Honorar für die Lehrtätigkeit in den Niederlanden als Wohnsitzstaat zu erfassen, da der Aufenthalt zwei Jahre nicht überschreitet.

b) Die Honorare für die beiden **Vorträge** und das **Fernsehinterview** sind inländische Einkünfte i. S. des § 49 Abs. 1 Nr. 3, da die Tätigkeit im Inland **ausgeübt** wurde. Auch nach Art. 9 DBA/NL kommt es bei der selbständigen Arbeit auf den Ort der Ausübung an, da es sich um eine vortragende Tätigkeit handelt. Jedoch Steuerabzug gemäß § 50a Abs. 4 Nr. 2 i. V. m. Satz 2 25% der Einnahmen.

c) Auch bei dem **Buchhonorar** handelt es sich grundsätzlich um inländische Einkünfte (§ 49 Abs. 1 Nr. 3), da das Buchmanuskript im Inland **verwertet** wurde. Nach Art. 9 DBA Niederlande kommt es jedoch ausschließlich darauf an, wo die Tätigkeit ausgeübt wurde. Das Buch wurde in den Niederlanden geschrieben. Somit haben die Niederlande das Besteuerungsrecht. Jedoch Steuerabzug gemäß § 50a Abs. 4 Nr. 3 25% der Einnahmen (zulässig gemäß Art. 15 DBA-NL), der auf Antrag wieder zu **erstatten** ist (Vgl. § 50d).

d) Die Einkünfte aus dem Miethaus fallen unter § 21, § 49 Abs. 1 Nr. 6. Nach Art. 4 DBA/NL hat der Belegenheitsstaat, nämlich die BRD, das Besteuerungsrecht.

Mieteinnahmen § 21 Abs. 1 Nr. 1	22 000 DM
Werbungskosten 75% von 10 000 DM	7 500 DM
Einkünfte aus **Vermietung und Verpachtung**	14 500 DM

e) Bei den **Dividenden** handelt es sich um inländische Einkünfte i. S. des § 20 Abs. 1 Nr. 1, § 49 Abs. 1 Nr. 5a. Den Einnahmen wird eine Steuergutschrift **nicht** hinzugerechnet, infolge Ausschluß der KStAnrechnung gemäß § 50 Abs. 5 Satz 2. Jedoch ist die Einkommensteuer durch die einzubehaltende Kapitalertragsteuer abgegolten (§ 50 Abs. 5 Satz 1). Das Besteuerungsrecht haben im übrigen die Niederlande (Art. 13 DBA/NL).

Gesamtbetrag der Einkünfte, Einkommen und zu versteuerndes Einkommen	14 500 DM

Da die tarifliche Steuer unter 25 v. H. liegt, ist die Mindeststeuer von 25 v. H. von 14 500 DM anzusetzen = 3 625 DM.

6. Progressionsvorbehalt bei nach DBA steuerfreien Einkünften (§ 32b Abs. 1 Nr. 3 EStG)

6.1 Bedeutung

Die DBA sollen lediglich eine Doppelbesteuerung vermeiden, nicht jedoch dem Stpfl. darüberhinaus Vergünstigungen gewähren. „Verteilt" sich das Einkommen des Stpfl. auf mehrere Staaten, wird tatsächlich jeweils ein niedrigeres Einkommen versteuert, als wenn der Stpfl. mit seinem gesamten Einkommen nur in einem Staat besteuert würde.

Beispiel:
Das Gesamteinkommen des A beträgt 100 000 DM. Hinsichtlich 50 000 DM hat die BRD, hinsichtlich der übrigen 50 000 DM haben die Niederlande das Besteuerungsrecht. Wegen des progressiven Tarifs in einem oder beiden Staaten wäre die Steuer von insgesamt 2 × 50 000 DM geringer als wenn das Gesamteinkommen von 100 000 DM in **einem** der Staaten besteuert würde.

Um einen solchen Begünstigungseffekt zu vermeiden, sehen die Doppelbesteuerungsabkommen vor, daß das im jeweiligen Staat zu versteuernde Einkommen nach dem Steuersatz zu versteuern ist, der sich bei Zugrundelegung des Gesamteinkommens ergeben würde.

6.2 Voraussetzungen

6.2.1 Anwendbarkeit aufgrund eines Doppelbesteuerungsabkommens

Der Progressionsvorbehalt ist nur anzuwenden, wenn das betreffende DBA seine Anwendung vorsieht (BFH, BStBl 1983 II 382, BStBl 1986 II 287, 288 und 902).

Sieht ihn ein DBA vor (z. B. Art. 20 Abs. 2 Satz 2 DBA/NL) ist § 32b Abs. 1 Nr. 3 **von Amts wegen** anzuwenden. Dies gilt auch für den negativen Progressionsvorbehalt (vgl. hierzu 5.2.5). Die meisten mit der BRD geschlossenen DBA sehen den Progressionsvorbehalt vor.

§ 32b Abs. 1 Nr. 3 gilt **nicht** bei

– Abzug des Auslandsverlusts nach § 2a Abs. 3 und
– (ohne DBA) unter § 2a fallenden Verlusten.

6.2.2 Unbeschränkte Steuerpflicht

§ 32b Abs. 1 Nr. 3 gilt grds. nur bei **unbeschränkter** Steuerpflicht **(§ 1 Abs. 1 bis 3).**

Nach § 2 AStG gilt er ausdrücklich auch bei **erweiterter beschränkter** Steuerpflicht.

Nicht anwendbar ist § 32b Abs. 1 Nr. 3 somit bei **beschränkter** Steuerpflicht gemäß **§ 1 Abs. 4**.

Ausnahme: Beschränkt Stpfl., die auf Antrag nach § 1 Abs. 3 unbeschränkt stpfl. sind (neue Grenzgängerregelung); vgl. § 32b Abs. 1 **Nr. 2**.

6.3 Durchführung des Progressionsvorbehaltes

Die durch ein DBA von der inländischen Besteuerung freigestellten Einkünfte sind bei der Ermittlung des auf die der inländischen Besteuerung unterliegenden Einkünfte anzuwendenden **Steuersatzes** rechnerisch einzubeziehen. Dabei geht § 32b dem § 32a Abs. 1 Satz 2 (insbesondere dem Grundfreibetrag) im Range vor (BFH, BStBl 1986 II 902), d. h. der Progressionsvorbehalt erstreckt sich bis in die Nullzone des Tarifs.

Dabei ist eine Hinzurechnung der abkommensbefreiten ausländischen Einkünfte zum **ermittelten** stpfl. zu versteuernden Einkommen **vorzunehmen**.

Ab VZ 1996 ist somit **nicht** mehr eine „fiktive Schattenveranlagung" mit Einbeziehung aller Folgeänderungen durchzuführen (geänderter Einleitungssatz des § 32b Abs. 2). Somit ist die hiervon **abweichende Rechtsprechung** (BFH, BStBl 1990 II 157 und 906) **überholt**. Gl.A. Schmidt, EStG, Rz 2 und 23 zu § 32b.

Nicht einzubeziehen sind in den abkommensbefreiten Einkünften enthaltene **außerordentliche Einkünfte** i. S. von § 34 Abs. 2 und § 34b, nach BFH vom 9.6.1993, DB 1993, 2009 auch **nicht** Einkünfte i. S. des § 34 Abs. 3. Der so ermittelte fiktive Steuersatz ist auf das tatsächlich nur anzusetzende stpfl. zu versteuernde Einkommen anzuwenden.

Beispiel:

A hat ein im Inland zu versteuerndes Einkommen von 60 000 DM. Seine aufgrund eines DBA befreiten Einkünfte betragen 40 000 DM. A ist ledig.

zu versteuerndes Einkommen	60 000 DM
zuzüglich abkommensbefreite Einkünfte	40 000 DM
für Steuersatz maßgebliches Einkommen	100 000 DM
Abrundung (auf Stufeneingangsbetrag)	99 954 DM
Steuer lt. ESt-Tabelle 1996	30 743 DM

durchschnittlicher Steuersatz bezogen auf 99 954 DM = 30,757 %

Anwendung des durchschnittlichen Steuersatzes auf das auf den Eingangsbetrag der Tabellenstufe abgerundete zu versteuernde Einkommen von 59 994 DM × 30,757 % =   18 452 DM

Das für den Steuersatz maßgebliche Einkommen und das zu versteuernde Einkommen sind dabei jeweils auf den Eingangsbetrag der Tabellenstufe abzurunden.

Zum Vergleich: Die ESt beträgt **lt. Tabelle** bei einem zu versteuernden Einkommen von 60 000 DM =
    14 423 DM

Wirkung des Progressionsvorbehalts = Mehrsteuer von 4 029 DM.

6.4 Ermittlung der abkommensbefreiten ausländischen Einkünfte

Das für den Steuersatz maßgebliche Einkommen ist nach inländischem Recht zu ermitteln (BFH, BStBl 1992 II 94; H 185 „Ausländische Einkünfte). Das gilt somit auch für die ausländischen Einkünfte (BFH, BStBl 1990 II 57 und BStBl 1992 II 94). Der **Gewinn** ausländischer Betriebe (auch von ausländischen Personengesellschaften) ist nach **§ 4 Abs. 1** und **§ 5** zu ermitteln (BFH, a. a. O. sowie BFH, BStBl 1992 II 94). Werbungskostenpauschalen u. ä. nach dem Recht des anderen Staates sind hierbei nicht zu berücksichtigen. Sofern nach dem innerstaatlichen Recht zu gewährende Einkunftsermittlungsfreibeträge u. ä. bereits bei den inländischen Einkünften verbraucht sind, können nur die tatsächliche BA bzw. WK einkunftsmindernd berücksichtigt werden (BFH, BStBl 1983 II 34).

Beispiel:

Der ledige Stpfl. hat nach einem DBA befreiten inländischen Arbeitslohn von 20 000 DM bezogen. Im Inland hat er **keine** Einkünfte aus § 19 erzielt. Zur Ermittlung des für den Steuersatz maßgeblichen zu versteuernden Einkommens sind hinzuzurechnen:

Arbeitslohn	20 000 DM
∠ § 9a Nr. 1a	2 000 DM
ausländische Einkünfte aus § 19	18 000 DM

Bei den Einkünften aus Gewerbebetrieb kann z. B. eine ausländische Sonder-AfA **nicht** berücksichtigt werden.

Beispiel:

Der unbeschränkt stpfl. A hat außer den inländischen Einkünften in den Niederlanden erzielt

Einkünfte aus **Gewerbebetrieb** Amsterdam 100 000 DM. Für den Maschinenpark hat er eine nach niederländischem Recht zulässige degressive AfA (angenommen 40 %) von 80 000 DM vorgenommen.

Nach § 7 Abs. 2 ergäbe sich ein AfA von (30 % des entsprechend höheren Buchwerts) angenommen 69 000 DM.

Bei der Berechnung des für den Steuersatz maßgeblichen zu versteuernden Einkommens sind die ausländischen Einkünfte wie folgt anzusetzen

Gewinn Gewerbebetrieb	100 000 DM
+ niederländische AfA	80 000 DM
∠ AfA § 7 Abs. 2	69 000 DM
	111 000 DM

6.5 Negativer Progressionsvorbehalt

Nach der Rechtsprechung des BFH ist der Progressionsvorbehalt auch zu berücksichtigen, wenn die ausländischen Einkünfte **negativ** sind (BFH, BStBl 1982 II 342; BFH, BStBl 1976 II 454; BStBl 1976 II 662, BStBl 1990 II 157).

Beispiel:

A hat ein zu versteuerndes Einkommen von 60 000 DM, die ausländischen Verluste aus einem DBA-Staat betragen 40 000 DM und sollen **nicht** unter § 2a fallen. A ist ledig.

zu versteuerndes Einkommen	60 000 DM
./. ausländ. Verluste (DBA) = keine Einkünfte i. S. § 2a Abs. 1	40 000 DM
für Steuersatz maßgebliches Einkommen	20 000 DM
Tabelleneingangsstufe	19 980 DM
Steuer (Tabelle 1996)	2 039 DM
durchschnittlicher Steuersatz	10,205 v. H.
10,205 % × 59 994 DM =	6 122 DM

Der negative Progressionsvorbehalt reicht bis in die **Nullzone** des Tarifs. Verluste können auch zu einem Steuersatz von 0 % führen. Vgl. H 185 „Ausländische Verluste – Nr. 1".

Beispiel:

Zu versteuerndes Einkommen	60 000 DM
Verluste (DBA) – keine Einkünfte i. S. des § 2a Abs. 1	70 000 DM
für Steuersatz maßgebendes Einkommen	0 DM
Steuersatz	0 %

Ausländische Verluste mindern die steuerliche Leistungsfähigkeit. Soweit sie in einem KJ nicht voll berücksichtigt werden können, konnten sie **vor dem JStG 1996** in **entsprechender Anwendung** des **§ 10d** für die Anwendung des § 32b zwei Veranlagungszeiträume zurück- und (zeitlich unbegrenzt) vorgetragen werden (BFH, BStBl 1970 II 755). Hierbei waren in entsprechender Anwendung von § 10d Abs. 1 Sätze 2 und 3 die Veranlagungen der Rücktragsjahre zu berichtigen (vgl. auch BFH, BStBl 1990 II 157).

Aufgrund der Änderung des § 32b Abs. 2 Satz 1 durch das JStG 1996 (Wegfall der Schattenveranlagung) ist die **entsprechende Anwendung** des **§ 10d** im Rahmen des neg. § 32b **nicht** mehr möglich. Dies gilt auch für **vor** dem VZ 1996 erzielten Einkünfte i. S. des § 32b.

Beispiel:

A hat im Jahre 01 ein zu versteuerndes Einkommen von 40 000 DM. Im Jahr 02 hatte er ein zu versteuerndes Einkommen von 30 000 DM, im Jahre 03 von 50 000 DM, jedoch einen Verlust im Ausland (DBA-Staat, jedoch **nicht** i. S. des § 2a) von 100 000 DM.

Der Verlust wirkt sich lediglich wie folgt aus:

03 zu versteuerndes Einkommen 50 000 ./. Verlust 100 000 = ./. 50 000 DM Steuersatz 0 % ESt 0 DM

Eine Auswirkung in den VZ 01, 02 sowie ab 04 ergibt sich nicht.

6.6 Einschränkung des negativen Progressionsvorbehalts durch § 2a EStG

Durch § 2a ist die Geltendmachung ausländischer Verluste auch im Rahmen des § 32b erheblich eingeschränkt.

Liegen die Voraussetzungen des § 2a Abs. 1 (vgl. 6.1) vor, **entfällt** auch die Anwendung des **negativen** Progressionsvorbehalts. Er ist nur noch im Rahmen des § 2a Abs. 2 möglich.

Denn bei Nichtberücksichtigung der DBA-Regelungen wären Verluste i. S. § 2a Abs. 1 grds. bereits nach § 2a nicht ausgleichsfähig. Folglich können sie auch nicht steuersatzmindernd nach § 32b berücksichtigt werden. Vgl. BMF, BStBl 1981 I 108 Tz 17 zu § 15a Abs. 5 Nr. 3; FG Köln, EFG 1986, 189 rkr. Nach BFH, BStBl 1991 II 136 beschränkt § 2a den steuermindernden Ausgleich der von der Vorschrift erfaßten negativen ausländischen Einkünfte **auch** mit **Wirkung** für den **negativen** Progressionsvorbehalt i. S. des § 32b Abs. 1 Nr. 3. Die Vorschrift ist **nicht** verfassungswidrig.

Beispiel:

A hat sich an einem Ferienzentrum in den Niederlanden als Kommanditist beteiligt und erhält im Jahre 01 hieraus eine Verlustzuweisung von 150 000 DM. Gleichzeitig hat er aus einer gewerblichen Betriebstätte in den Niederlanden i. S. des § 2a Abs. 2 einen Gewinn von 40 000 DM. Außerdem bezog er Einkünfte aus V+V in Höhe von 20 000 DM.

Sein zu versteuerndes Einkommen im Inland beträgt in 01 120 000 DM. In 02 hat er aus der KG-Beteiligung einen Gewinn von 50 000 DM, aus der Betriebstätte einen Verlust von 30 000 DM sowie ein zu versteuerndes Einkommen von 130 000 DM.

VZ 01 Der Verlust in Höhe von 150 000 DM kann nur mit dem Gewinn der Betriebstätte verrechnet werden, nicht jedoch mit den Einkünften aus V+V.

Das zu versteuernde Einkommen von ist zu erhöhen um	120 000 DM
	20 000 DM
für Steuersatz maßgebliches Einkommen	140 000 DM

VZ 02 Der verbleibende Verlust i. S. des § 2a Abs. 1 von 110 000 DM ist mit den abkommensbefreiten positiven Einkünften zu „verrechnen". Fraglich ist jedoch im vorliegenden Fall, ob erst ein interner „Verlustausgleich" zwischen den positiven Einkünften und dem Verlust aus 02 vorgenommen werden muß.

Grundsätzlich geht der „Verlustausgleich" dem „Verlustabzug" nach § 10d vor. Da § 2a dem § 10d nachgebildet ist, wird hier entsprechend verfahren.

Gewinnanteil KG-Beteiligung	50 000 DM
Verlust gewerbliche Betriebstätte	⁄ 30 000 DM
Gewinn Gewerbebetrieb	20 000 DM
Verlust i. S. § 2a Abs. 1 aus Vorjahr 110 000 DM	⁄ 20 000 DM
für Progressionsvorbehalt maßgebliche Einkünfte	0 DM

Die Anwendung des § 32b entfällt insoweit. Das zu versteuernde Einkommen von 120 000 DM ist nach der ESt-Tabelle zu versteuern. Der verbleibende Verlust von 90 000 DM aus der KG-Beteiligung ist **nicht** weiter im Rahmen des § 2a Abs. 2, § 32b „vorzutragen".

7. Einschränkung der Abzugsfähigkeit ausländischer Verluste

7.1 Einschränkung der Abzugsfähigkeit ausländischer Verluste nach § 2a EStG

7.1.1 Sinn und Zweck der Vorschrift

Durch § 2a soll verhindert werden, daß volkswirtschaftlich nicht erwünschte Investitionen durch Verlustausgleich und Verlustabzug begünstigt werden. § 2a schränkt für bestimmte Einkunftsquellen den Verlustausgleich und Verlustabzug ein, im wesentlichen für die Verlustzuweisungsgesellschaften und Abschreibungsmodelle im Ausland. Mit dieser Vorschrift wird aber auch der **negative Progressionsvorbehalt** i. S. des § 32b Abs. 1 Nr. 3 eingeschränkt (vgl. vorstehend 6.6).

7.1.2 Sachlicher Umfang der Vorschrift

7.6.2.1 Grundsätze

§ 2a gilt für die Einkommensteuer und über § 8 Abs. 1 KStG auch für die Körperschaftsteuer.

Der Verlustausgleich bzw. der Verlustabzug ist lediglich eingeschränkt für die in § 2a Abs. 1 abschließend aufgezählten negativen Einkünfte aus im Ausland belegenen Quellen. Dabei handelt es sich bei dem Begriff negative „ausländische" Einkünfte z. T. um Minderungen inländischer Einkünfte durch im Ausland verursachten Aufwand (sog. „mittelbare Verluste"; vgl. unten c).

Im einzelnen sind von dieser Einschränkung betroffen: Verluste

a) aus einer im Ausland belegenen land- und forstwirtschaftlichen Betriebstätte, § 2a Abs. 1 Nr. 1

b) aus einer im Ausland belegenen gewerblichen Betriebstätte, sofern diese Betriebstätte nicht „aktiv" gewerblich tätig ist (vgl. § 2a Abs. 2).

Der Begriff der Betriebstätte bestimmt sich nur nach § 12 AO.

Für jede ausländische Betriebstätte ist gesondert zu prüfen, ob sie ggf. eine aktive Tätigkeit i. S. des § 2a Abs. 2 ausübt.

c) aus einer **Teilwertabschreibung** oder aus einer **Veräußerung** oder **Entnahme** aus dem Betriebsvermögen von zum BV gehörenden Anteilen an einer **ausländischen Kapitalgesellschaft** i. S. § 2a Abs. 1 Nr. 3 und 4.

Beispiel:

Betroffen wäre z. B. der Fall eines inländischen Stpfl., der sich zu 50 v. H. am Kapital einer „Limited Corporation" in Kanada beteiligt, deren alleiniger Geschäftszweck der Erwerb und die Bewirtschaftung von land- und forstwirtschaftlichem Grundbesitz ist, und der die Beteiligung in seinem inländischen Betriebsvermögen hält. Weisen die Bilanzen der Gesellschaft ständige Verluste aus, so wird er nach Ablauf einiger Jahre eine Teilwertabschreibung auf den Bilanzansatz seiner Beteiligung vornehmen, da der Teilwert der Beteiligung aufgrund der Verluste erheblich gesunken ist. Die Teilwertabschreibung wirkt sich gewinnmindernd in seinem inländischen Betrieb aus. Diese Gewinnminderung wird aufgrund des § 2a steuerlich versagt.

d) aus der Veräußerung von zum Privatvermögen gehörenden Anteilen einer Kapitalgesellschaft i. S. des § 17, die weder ihre Geschäftsleitung noch ihren Sitz im Inland hat.

Gleiches gilt für Verluste aus der **Auflösung** oder **Kapitalherabsetzung** und für **Veräußerungsverluste** aus Anteilen im Sinne des § 17.

e) aus der Beteiligung als typisch stiller Gesellschafter an einem Handelsgewerbe oder aus partiarischen Darlehn, wenn der Schuldner Wohnsitz, Sitz oder Geschäftsleitung in einem ausländischen Staat hat,

f) aus der Vermietung oder Verpachtung unbeweglichen Vermögens oder von Sachinbegriffen, wenn diese im Ausland belegen sind,

g) **Vermietung und Verpachtung** von im Ausland belegenen Grundvermögen, Sachinbegriffen sowie Seeschiffen.

Gehören diese Wirtschaftsgüter (Grundvermögen, Sachinbegriffe, Schiffe) zu einem **Betriebsvermögen**, so sind Verluste aus einer **Teilwertabschreibung** und **Veräußerung** oder **Entnahme** ebenfalls nur im Rahmen des § 2a Abs. 1 Satz 1 verrechenbar,

h) § 2a Abs. 1 Nr. 7 betrifft inländische Kapitalgesellschaften, die Verluste im Sinne der Nrn. 1 – 6 haben. Befinden sich die Anteile in einem **Betriebsvermögen,** so sind Verluste aus einer **Teilwertabschreibung,** einer **Veräußerung** oder **Entnahme** dieser Anteile, soweit diese auf eine der in den Nrn. 1 – 6 genannten Tatbestände zurückzuführen sind, beschränkt verrechenbar.

Gleiches gilt für Verluste aus der Auflösung oder Herabsetzung dieses Kapitals und für Veräußerungsverluste aus Anteilen im Sinne des § 17.

In einer Art „umgekehrter isolierender Betrachtungsweise" kommt es **nur** auf die im **Ausland** gegebenen Besteuerungsmerkmale an (so auch amtl. Begr.-BT-Drucks. 9/2074).

Nach Herrmann/Heuer/Raupach, EStG, § 2a Anm. 6 und 32c werden Einkünfte aus stiller Beteiligung und aus Vermietung und Verpachtung von § 2a auch dann erfaßt, wenn sie gem. § 20 Abs. 3, § 21 Abs. 3 betrieblichen Einkunftsarten zuzurechnen sind (a. A. Vogel, DB 1983, 169).

Von der Einschränkung der Abzugsfähigkeit sind **nicht** betroffen insbesondere:

a) Verluste aus selbständiger Tätigkeit,

b) Verluste aus nichtselbständiger Arbeit,

c) Verluste aus ausländischem Kapitalvermögen, soweit es nicht aus einer typisch stillen Beteiligung oder einem partiarischen Darlehn besteht, sowie

d) aus der entgeltlichen Überlassung von Rechten, soweit dies nicht im Rahmen gewerblicher Leistungen geschieht,

Diese Einkünfte dürfen nur mit **positiven** Einkünften der **jeweils selben Art** aus **demselben Staat**, in den Fällen der Nr. 7 aufgrund von Tatbeständen der jeweils selben Art aus demselben Staat **ausgeglichen** werden.

10d ist insoweit entsprechend anwendbar, als ein zeitlich unbegrenzter Verlustvortrag gilt, beschränkt auf positive Einkünfte der jeweils selben Art aus demselben Staat, bei Einkünften i. S. des § 2a Abs. 1 Nr. 7 auf Tatbestände der jeweils selben Art aus dem betreffenden Staat.

7.1.2.2 Einkunftsart i. S. des § 2a Abs. 1 EStG

Welche Einkunftsart im Sinne des § 2a Abs. 1 vorliegt, bestimmt sich nur nach den im Ausland gegebenen Merkmalen (sog. isolierende Betrachtungsweise). Die Umqualifizierung von Einkünften nach dem Subsidiaritätsprinzip (z. B. § 20 Abs. 3) wegen im Inland vorliegender Merkmale hat für die Frage der Einkunftsart nach § 2a Abs. 1 keine Auswirkungen.

> **Beispiel:**
>
> Gehört eine stille Beteiligung an einem ausländischen Handelsgewerbe zum Betriebsvermögen eines inländischen Gewerbebetriebs, ist die Zugehörigkeit zum inländischen Betriebsvermögen für die Frage der Einkunftsart nach § 2a Abs. 1 EStG außer Acht zu lassen; Verluste aus der stillen Beteiligung fallen daher unter § 2a Abs. 1 Nr. 5.

Für die Zuordnung von Wirtschaftsgütern zu einer ausländischen Betriebsstätte gelten die allgemeinen Regelungen. Gehört z. B. ein verlustbringendes Mietwohngrundstück zum Betriebsvermögen einer aktiven gewerblichen ausländischen Betriebsstätte (z. B. wegen Vermietung an Arbeitnehmer), ist der Verlust im Rahmen des Betriebsstättenergebnisses zu berücksichtigen. Hierbei ist zu prüfen, ob die Einkünfte der Betriebsstätte noch fast ausschließlich aus einer aktiven Tätigkeit stammen.

7.1.2.3 Einkünfte der jeweils selben Art

Einkünfte der jeweils selben Art sind grundsätzlich alle unter einer Nummer aufgeführten Tatbestände, soweit sie nicht unter die Aktivitätsklausel des § 2a Abs. 2 fallen. Dies gilt auch bei Nummern, die in Buchstaben aufgegliedert sind. Die Nummern 3 und 4 sind dabei zusammenzufassen.

> **Beispiel:**
>
> Der Stpfl. nimmt eine Teilwertabschreibung auf seine Beteiligung an der schweizerischen X-AG vor, die ein Hotel betreibt. Er erzielt im selben Veranlagungszeitraum einen Gewinn aus der Veräußerung seiner wesentlichen Beteiligung an der schweizerischen Y-AG, die Waffen herstellt.
>
> Es liegen ausgleichsfähige Einkünfte nach § 2a Abs. 1 Nr. 3a und b oder nach § 2a Abs. 1 Nr. 3a und Nr. 4 vor, je nachdem, ob die Beteiligung an der Y-AG im Betriebs- oder Privatvermögen gehalten wird.

Bei **zusammenveranlagten Ehegatten (§ 26b)** können negative Einkünfte nach § 2a Abs. 1 des einen Ehegatten mit positiven Einkünften des anderen Ehegatten der jeweils selben Art und aus demselben Staat ausgeglichen werden, vgl. H5 „Zusammenveranlagung".

7.1.3 Aktivitätsklausel (§ 2a Abs. 2 EStG)

Die Einschränkung des Verlustausgleichs und Verlustabzugs ist nicht anzuwenden, wenn die negativen Einkünfte aus einer sogenannten aktiven **gewerblichen Betriebsstätte** im Ausland stammen, die ausschließlich oder fast ausschließlich die Herstellung oder Lieferung von Waren außer Waffen, die Gewinnung von Bodenschätzen, sowie die Bewirkung gewerblicher Leistungen zum Gegenstand hat, **soweit** diese **nicht** der Errichtung oder dem Betrieb von Anlagen, die dem **Fremdenverkehr** dienen, oder in der Vermietung oder Verpachtung von Wirtschaftsgütern einschließlich der Überlassung von Rechten, Plänen, Mustern, Verfahren, Erfahrungen und Kenntnissen bestehen.

Eine Zweigniederlassung, die sich hauptsächlich mit der Produktion beschäftigt oder Handel betreibt, ist also abgesehen von den in § 2a Abs. 2 genannten Ausnahmen nicht von der Einschränkung des Verlustausgleichs bzw. Verlustabzuges betroffen.

> **Beispiel:**
>
> A ist Hersteller von Kraftfahrzeugzubehörteilen in Stuttgart. In Österreich hat er eine Zweigniederlassung, die ebenfalls Zubehörteile herstellt. Die Zweigniederlassung hat im Veranlagungszeitraum einen Verlust von 100 000 DM.
>
> Der Verlust der ausländischen Zweigniederlassung ist von der Beschränkung des § 2a nicht betroffen, da es sich hier um einen Produktionsbetrieb handelt.

Ausgleichs- und abzugsfähig sind auch die Verluste, wenn sich die ausländische Betriebsstätte mit der Bewirkung (sonstiger) gewerblicher Leistungen befaßt.

Ausgenommen hiervon sind jedoch Leistungen, die in der Errichtung oder dem Betrieb von Anlagen, die dem **Fremdenverkehr** dienen, bestehen.

Beispiele:

1. A betreibt in Düsseldorf ein Speditionsunternehmen. Dieses unterhält in Arnheim eine Betriebstätte. Diese Betriebstätte hat im VZ einen Verlust von 150 000 DM.

   Dieser Verlust wäre nach § 2a Abs. 2 grundsätzlich abzugsfähig. Im Ergebnis besteht jedoch ein Ausgleichsverbot aufgrund des DBA/NL (Art. 5 Abs. 1).

2. A aus Dortmund hat sich an einer Kommanditgesellschaft in Österreich, die eine Hotelkette und Skilifte in Österreich betreibt, mit 200 000 DM als Kommanditist beteiligt. Im ersten Jahr erhält er eine Verlustzuweisung in Höhe von 100 000 DM. Die Ausnahmevorschrift des § 2a Abs. 2 ist **nicht** auf Betriebstätten anzuwenden, deren Gegenstand das Betreiben von Anlagen, die dem Fremdenverkehr dienen, ist. Folglich greift § 2a Abs. 1 Satz 1 ein.

Unter das Verbot des § 2a fallen auch Verluste ausländischer Betriebstätten, die sich mit der Vermietung und Verpachtung von Wirtschaftsgütern einschließlich der Überlassung von Rechten, Plänen, Mustern, Verfahren und Erfahrungen und Kenntnissen befassen.

Beispiel:

A ist atypischer stiller Gesellschafter einer Gesellschaft in Österreich, die sich mit der Überlassung von Urheberrechten an Filmen befaßt. Infolge der Abschreibung der Filmrechte erhält A Verlustzuweisungen in Höhe von 50 000 DM.

Diese Verluste sind bei der Veranlagung des Stpfl. im Inland nicht zu berücksichtigen.

Die Aktivitätsklausel des § 2a Abs. 2 gilt auch bei Beteiligungen an Kapitalgesellschaften i. S. des § 2a Abs. 1 Nr. 3 und 4 von **mindestens 25 v. H.** Die Einschränkung für die Verrechnung von Verlusten gilt im Falle der Nrn. 3 und 4 (Verluste bei Anteilen im Betriebsvermögen und Beteiligungen i. S. d. § 17) **nicht,** wenn der Stpfl. nachweist, daß die Kapitalgesellschaft entweder mit ihrer Gründung oder während der letzten 5 Jahre Aktivitäten im Sinne des § 2a Abs. 2 S.1 betrieben hat.

Ob eine gewerbliche Betriebstätte ausschließlich oder fast ausschließlich eine **aktive** Tätigkeit im Sinne des § 2a Ab. 2 zum Gegenstand hat, ist für **jedes Wirtschaftsjahr gesondert** zu prüfen.

Zu den aktiven Einkünften nach § 2a Abs. 2 gehört auch ein **Veräußerungs-** oder **Aufgabeverlust.**

7.1.4 Räumlicher Anwendungsbereich

§ 2a gilt für negative ausländische Einkünfte aus einem ausländischen Staat. Die Vorschrift des § 2a ist anwendbar für negative Einkünfte, die in einem Staat erzielt worden sind, mit dem die Bundesrepublik Deutschland

a) entweder **kein** Doppelbesteuerungsabkommen abgeschlossen hat

b) oder ein **DBA** abgeschlossen und die **Anrechnungsmethode** vereinbart hat (z. B. bei Einkünften aus stiller Beteiligung).

Bei negativen Einkünften aus einem DBA-Staat, für die die **Freistellungsmethode** gilt (= Regelfall), bewirkt § 2a, daß für diese negativen Einkünfte auch die Anwendung des negativen Progressionsvorbehalts entfällt. Vgl. im einzelnen vorstehend 6.6.

Beispiel:

A ist Gesellschafter einer niederländischen KG, die an der niederländischen Küste ein Ferienzentrum betreibt. A erhält aus dieser Beteiligung eine Verlustzuweisung von 100 000 DM (die nicht zu einem negativen Kapitalkonto führt). Kein Ausgleich und Abzug gemäß § 2a.

Nach Art. 5 DBA/NL haben die Niederlande das Besteuerungsrecht hinsichtlich des in den Niederlanden belegenen Ferienzentrums (Betriebstättenprinzip). Die Einkünfte aus diesem Ferienzentrum sind für Stpfl., die ihren Wohnsitz in der BRD haben, daher grundsätzlich steuerbefreit. Aufgrund des Progressionsvorbehaltes Art. 20 Abs. 2 S.2 DBA/NL sind jedoch die steuerfreien Einkünfte bei der Tariffindung mit zu berücksichtigen. Grundsätzlich schließt der Progressionsvorbehalt auch die negativen Einkünfte ein. Da jedoch nach § 2a ein Verlustausgleich und Verlustabzug ausgeschlossen ist, ist auch insoweit der Progressionsvorbehalt eingeschränkt.

7.1.5 Umfang der Einschränkungen

Die in § 2a Abs. 1 genannten ausländischen Einkünfte dürfen nur mit ausländischen Einkünften derselben Art aus **demselben** Staat ausgeglichen werden.

Negative Einkünfte aus einer **nicht aktiven** gewerblichen Betriebstätte dürfen **nicht** mit **positiven** Einkünften aus einer **aktiven** gewerblichen Betriebstätte ausgeglichen werden. Eine Verlustverrechnung ist auch bei derselben Betriebstätte nicht möglich, wenn sich innerhalb von zwei VZ das Verhältnis von **nicht aktiver** zu **aktiver** Tätigkeit geändert hat. Dies gilt auch dann nicht, wenn die Betriebstätte ohne Veränderung ihrer Tätigkeit aufgrund einer gesetzlichen Änderung (hier: Holdingfunktion als aktive Tätigkeit nach dem StÄndG 1992) nunmehr als aktive Betriebstätte zu qualifizieren ist. In diesem Fall ist der Stpfl. so zu stellen, als ob die Aktivitätsklausel **nicht** geändert worden wäre.

Der Begriff „dieselbe Einkunftsart" bezieht sich **nicht** auf die Einkunftsarten, sondern auf die **Nummern** des § 2a Abs. 1.

> **Beispiel:**
> A hat in den Niederlanden eine Einzelfirma (Produktionsbetrieb). Gewinn 01 300 000 DM, ferner ist er an einer niederländischen KG beteiligt, die unter § 2a Abs. 1 Nr. 2 fällt und in 01 einen Verlust von 150 000 DM hat.
> Der Verlust ist mit dem gewerblichen Betriebstättengewinn aus demselben Staat ausgleichsfähig, da sie derselben Art angehören.

Ein Verlustausgleich ist u. E. auch dann zulässig, wenn nicht der Stpfl., sondern der zusammenveranlagte Ehegatte i. S. des § 26b in dem gleichen Staat positive Einkünfte der gleichen Art hat.

Kein Ausgleich ist möglich, wenn der Stpfl. oder dessen Ehegatte neben dem Verlust aus der gewerblichen Betriebsstätte einen Verlust in einer anderen Einkunftsgruppe i. S. des § 2a Abs. 1 hat.

> **Beispiel:**
> A hat sich in Portugal an einer Hotelkette beteiligt und hat hieraus einen gewerblichen Verlust von 150 000 DM. Gleichzeitig hat A Miethäuser in Lissabon und hieraus Einkünfte in Höhe von 80 000 DM. Ein Ausgleich mit diesen positiven Einkünften ist **nicht** möglich, weil sie **nicht** der gleichen Einkunftsgruppe (i. S. des § 2a Abs. 1) angehören.

Ebenso ist ein Ausgleich nicht möglich, wenn der Stpfl. zwar positive Einkünfte der gleichen Art wie die Verluste im Ausland hat, die positiven Einkünfte aber **nicht** in dem Staat angefallen sind, in dem auch die Verluste angefallen sind.

Soweit ein Verlustausgleich nach § 2a nicht möglich ist, ist auch ein Verlustabzug nach § 10d nicht zulässig.

Soweit die negativen Einkünfte nicht in dem vorbezeichneten Rahmen ausgeglichen werden können, mindern sie in **entsprechender Anwendung** von § 10d die positiven ausländischen Einkünfte derselben Art, die der Stpfl. in den **folgenden VZ** aus **demselben Staat** erzielt.

> **Beispiel:**
> A ist an einer Personengesellschaft in Portugal beteiligt. Im Jahr 01 hatte er einen Verlust von 200 000 DM. Dem standen keine positiven Einkünfte der gleichen Einkunftsart in Portugal gegenüber. Im Jahre 02 hatte er eine Gewinnzuweisung in Höhe von 100 000 DM aus dieser Beteiligung.
> Der Gewinn von 100 000 DM in 02 wird von dem Verlust in Höhe von 150 000 DM aus 01 voll aufgezehrt, so daß im Jahre 02 Einkünfte von 0 DM zu berücksichtigen sind. Soweit der Verlust in 02 noch nicht ausgeglichen werden konnte, kann er mit positiven Einkünften der gleichen Einkunftsart in den folgenden Jahren verrechnet werden (zeitlich unbegrenzt).

7.1.6 Verhältnis zu § 15a EStG

Ist bereits nach **anderen** Vorschriften des EStG ein Verlustausgleich eingeschränkt (z. B. bei Verlusten aus gewerblicher Tierhaltung nach § 15 Abs. 4 oder bei Verlusten aus der Beteiligung an einer ausländischen Personengesellschaft bei beschränkter Haftung nach § 15a (vgl. R 138d Abs. 5), ist jeweils die Vorschrift mit der **weitergehenden Einschränkung** anzuwenden.

Das bedeutet, daß auf Verluste bei beschränkter Haftung, falls **kein DBA** besteht, § 15a anzuwenden ist, soweit die Verluste nach § 2a Abs. 1 und 2 zu **berücksichtigen** sind.

Falls ein DBA besteht, ist § 15a anzuwenden, wenn

– ein Antrag nach § 2a Abs. 3 gestellt ist oder

– kein Antrag nach § 2a Abs. 3 gestellt ist, aber der Verlust nach § 2a Abs. 1 und 2 i. R. des § 32b zu berücksichtigen ist (R 138d Abs. 4).

7.1.7 Abschließendes Beispiel

		Ansatz bei der Veranlagung
Einkünfte Inland	20 000 DM	200 000 DM
Einkünfte Ausland		
a) Nicht-DBA-Staat 1 = Verlust VuV (Grundstück)	– 10 000 DM	– § 2a Abs. 1 Nr. 6
b) Nicht-DBA-Staat 2 = Verlust Kapitalvermögen § 20 Abs. 1 Nr. 7 (infolge Schuldzinsen, BFH, BStBl 1982 III 36, 37 40)	– 20 000 DM	./. 20 000 DM **Nicht** § 2a (Kein Ausschlußtatbestand)
c) Nicht-DBA-Staat 3 = Verlust aus gewerblicher Betriebstätte (**aktive** Tätigkeit)	– 30 000 DM	./. 30 000 DM **Nicht** § 2a (Aktivitätsklausel § 2a Abs. 2)
d) DBA-Staat A (Freilassungsmethode) = Verlust VuV (Grundstück)	– 40 000 DM	– DBA[1]); § 2a Abs. 1 Nr. 6
e) DBA-Staat B (Freilassungsmethode) = Verlust aus gewerblicher Betriebstätte (**keine** aktive Tätigkeit)	– 50 000 DM	– § 2a Abs. 1 Nr. 2[1])
Summe/Gesamtbetrag der Einkünfte		150 000 DM

7.1.8 Gesonderte Feststellung der verbleibenden Verluste

Die am Schluß eines Veranlagungszeitraums verbleibenden negativen Einkünfte sind unter sinngemäßer Anwendung des § 10d Abs. 3 gesondert festzustellen. Dies gilt auch für Zwecke des negativen Progressionsvorbehalt.

Sind ausländische Einkünfte gesondert und einheitlich festzustellen, ist im Feststellungsverfahren darüber zu entscheiden, ob es sich um Einkünfte i. S. des § 2a Abs. 1 Nrn. 1 bis 7 handelt. Da sich Rechtsfolgen aus § 2a **ausschließlich** bei der **ESt-Veranlagung** der **Feststellungsbeteiligten** ergeben, ist neben der Höhe der Einkünfte auch festzustellen, welcher Art i. S. des § 2a Abs. 1 Nrn. 1 bis 7 diese Einkünfte zuzuordnen sind und **aus welchem Staat diese Einküfte stammen**. Daraus wird deutlich, daß auch auf die Feststellung negativer Einkünfte i. S. des § 2a Abs. 1 nicht verzichtet werden kann.

Handelt es sich bei den freizustellenden Einkünften nicht um solche aus gewerblichen Betriebstätten, so ist lediglich zu unterscheiden zwischen laufenden und außerordentlichen Einkünften, ferner sind die Regelungen des § 2a Abs. 1 und 2 zu beachten.

---

[1]) Der negative Progressionsvorbehalt entfällt (aufgrund § 2a)

Im Feststellungsverfahren ist lediglich darüber zu befinden, ob und in welchem Umfang die Betriebstätteneinkünfte die Voraussetzungen des § 2a Abs. 3 in Verbindung mit Abs. 1 und 2 erfüllen und aus welchem Staat diese Einkünfte stammen. Eine Zusammenfassung der Betriebstätteneinkünfte aus mehreren Staaten ist deswegen **nicht** möglich.

7.2 Berücksichtigung von DBA-Verlusten nach § 2a Abs. 3 EStG

7.2.1 Verlustausgleich und Verlustabzug

Die Vorschrift betrifft Verluste aus Betriebstätten, die in Staaten belegen sind, mit denen ein DBA besteht, welches dem Belegenheitsstaat das Besteuerungsrecht zuweist. Gewerbetreibenden sollen Direktinvestitionen in Form von Firmengründungen und Gründungen von Zweigniederlassungen im Ausland (insbesondere in Entwicklungsländern) nicht dadurch erschwert werden, daß insbesondere Anlaufverluste im Ausland mit positiven Einkünften im Inland deshalb nicht ausgeglichen werden können, weil der andere Staat das Besteuerungsrecht hat. Daher sieht § 2a Abs. 3 vor, daß Stpfl., die eine **gewerbliche** Betriebstätte i. S. des § 12 AO in einem ausländischen DBA-Staat haben, den Antrag stellen können, diese Verluste bei ihrer Veranlagung durch Ausgleich mit übrigen positiven Einkünften bzw. durch Abzug nach § 10d zu berücksichtigen. Dabei ist nicht der Betriebstättenbegriff des jeweilgen DBA, sondern des § 12 AO maßgebend (BFH, BStBl 1986 II 661, 663).

§ 2a Abs. 3 ist nur auf Produktionsbetriebe, mit Ausnahme von Waffen, anwendbar und auch auf Dienstleistungsbetriebe, sofern diese nicht dem Fremdenverkehr dienen. Voraussetzung ist, daß die Verluste ohne die Steuerbefreiung nach den DBA abgezogen werden könnten. Somit gilt auch hier die **Aktivitäts- bzw. Produktivitätsklausel** (vgl. auch BFH, BStBl 1990 II 112). Der Verlust ist bei der Ermittlung des Gesamtbetrags der Einkünfte insoweit abzuziehen, als er nach dem jeweiligen DBA zu befreiende positive Einkünfte aus gewerblicher Tätigkeit aus anderen, in diesem ausländischen Staat belegenen Betriebstätten übersteigt.

Beispiel:

A ist Gewerbetreibender. Er betreibt eine Maschinenfabrik im Inland. Die Einkünfte im Inland betrugen im VZ 03

§ 15	300 000 DM
§ 20	20 000 DM
§ 21	80 000 DM
GdE (Inland)	400 000 DM

Er hat eine Betriebstätte in Mailand (Italien), Gewinn 03 100 000 DM, der nach dem DBA-Italien dort zu versteuern ist. Er hat in 03 eine zweite Zweigniederlassung in Bari (Italien) errichtet. Der Verlust im ersten WJ 03 betrug hieraus 320 000 DM. A stellt den Antrag nach § 2a Abs. 3 Satz 1.

Der Verlust ist zunächst mit den **positiven** Einkünften der **Betriebstätte** in dem **gleichen** Staat zu verrechnen.

Betriebstätte Mailand	+ 100 000 DM
Betriebstätte Bari	./. 320 000 DM
nicht ausgeglichener Verlust 03	./. 220 000 DM

Der Verlust kann mit den positiven inländischen Einkünften des Jahres 03 ausgeglichen werden.

GdE bisher	400 000 DM
nicht ausgeglichener Verlust	./. 220 000 DM
GdE 03	180 000 DM

Soweit ein Ausgleich nicht möglich ist, kann der Verlust nach § 10d rück- und vorgetragen werden (§ 2a Abs. 3 Satz 2).

7.2.2 Hinzurechnungsbetrag (§ 2a Abs. 3 Satz 3 EStG)

Ergibt sich jedoch in den folgenden Jahren in den ausländischen gewerblichen Betriebstätten des gleichen Staates insgesamt ein positives Ergebnis, so ist dieses zeitlich unbegrenzt den inländischen Einkünften hinzuzurechnen, bis sie den berücksichtigten Verlust erreicht haben (§ 2a Abs. 3 Satz 3).

Eine Nachversteuerung unterbleibt jedoch, wenn der Stpfl. nachweist, daß in dem ausländischen Staat ein Verlustvor- oder -rücktrag allgemein nicht möglich ist (§ 2a Abs. 3 Satz 4).

Beispiel:
Wie zuvor, aber im folgenden Jahr (04) erwirtschaftet die Betriebstätte in Mailand einen Gewinn von 260 000 DM, die Betriebstätte in Bari einen Verlust von 10 000 DM.

Das Gesamtergebnis errechnet sich wie folgt:

Mailand	260 000 DM
Bari	./. 10 000 DM
Gewinn	250 000 DM
zu verrechnender Verlust	220 000 DM

Ein Gewinn in Höhe von 220 000 DM ist daher bei der Ermittlung des Gesamtbetrags der Einkünfte für 04 wieder hinzuzurechnen.

7.2.3 Gesonderte Feststellung

Liegen Verluste im Sinne von § 2a Abs. 3 vor, müssen sie nach § 180 Abs. 5 AO gesondert und einheitlich festgestellt werden, wenn an den Einkünften mehrere Stpfl. beteiligt sind, z. B. wenn an einer ausländischen Mitunternehmerschaft mehrere unbeschränkt stpfl. Personen beteiligt sind oder eine ausländische Mitunternehmerschaft, an der nicht nur ausländische Gesellschafter beteiligt sind, ausländische Einkünfte erzielt.

Im Rahmen der Feststellung sind die tatsächlichen oder rechtlichen Voraussetzungen für den Verlustabzug festzustellen, z. B. ob gewerbliche Einkünfte vorliegen und ob die Voraussetzungen einer aktiven Tätigkeit im Sinne des § 2a Abs. 2 erfüllt sind. Dagegen ist über den Antrag auf Verlustabzug nach § 2a Abs. 3 (und eine evtl. spätere Nachversteuerung) nur bei der Einkommensteuerveranlagung des Mitunternehmers zu entscheiden (H 5 „Betriebsstättenverluste bei DBA" EStH).

7.2.4 Progressionsvorbehalt

Zu beachten ist, daß **je Staat** der negative Progressionsvorbehalt nur insoweit zu berücksichtigen ist, als **kein** Antrag nach § 2a Abs. 3 gestellt worden ist.

Im Falle einer Nachversteuerung in folgenden Veranlagungszeiträumen ist nur der Betrag, der nicht zur Nachversteuerung herangezogen wird, dem Progressionsvorbehalt zu unterwerfen.

8. Vermeidung der Doppelbesteuerung durch innerstaatliche Maßnahmen

8.1 Innerstaatliche Maßnahmen

Als innerstaatliche Maßnahmen zur Vermeidung der Doppelbesteuerung sieht § 34c folgende Möglichkeiten vor:

a) **Anrechnungs**verfahren gemäß § 34c Abs. 1 oder
b) **Abzugs**verfahren gemäß § 34c Abs. 2 und 3
c) Steuerermäßigung entsprechend § 34 Abs. 1 S. I (nur beim Betrieb von Handelsschiffen im internationalen Verkehr)
d) Erlaß bzw. Pauschalierung der deutschen Steuer (§ 34c Abs. 5).

8.2 Anrechnungsverfahren

8.2.1 Allgemeines

Durch das Anrechnungsverfahren wird die Doppelbelastung mit ausländischer und deutscher Einkommensteuer dadurch vermieden, daß die **ausländische Einkommensteuer** auf die deutsche Einkommensteuer angerechnet wird.

8.2.2 Voraussetzungen für die Anrechnung

Das Anrechnungsverfahren setzt nach § 34c Abs. 1 voraus:

a) grds. **unbeschränkte** Steuerpflicht (Ausnahme vgl. § 50 Abs. 6)

b) **ausländische** Einkünfte i. S. des **§ 34d**

c) Besteuerung dieser Einkünfte im Quellenstaat

d) Einkünfte

    aa) aus einem Nicht-DBA-Staat (§ 34c Abs. 6 Satz 1) oder

    bb) aus einem DBA-Staat, aber Anrechnung der ausländischen Steuer ist in einem DBA vorgesehen (§ 34c Abs. 6 Satz 2)

    oder

    cc) aus einem DBA-Staat, aber keine Beseitigung der Doppelbesteuerung durch das DBA (§ 34c Abs. 6 Satz 3).

e) die Heranziehung zu einer der **deutschen Einkommensteuer entsprechenden** Steuer im Quellenstaat

f) die ausländische Steuer muß **festgesetzt, gezahlt** sein und darf **keinem Ermäßigungsanspruch** mehr unterliegen

g) die ausländische Steuer muß auf den Veranlagungszeitraum entfallen,

h) Identität des Steuerschuldners.

Die Anrechnung ist auf den Betrag begrenzt, der der durchschnittlichen deutschen Steuerbelastung entspricht.

8.2.2.1 Ausländische Einkünfte

Der Begriff der ausländischen Einkünfte ist in § 34d geregelt. Die in § 34d enthaltenen ausländischen Einkünfte stellen im wesentlichen das **Spiegelbild des § 49** dar, nur mit dem Unterschied, daß die Quellen nicht im Inland, sondern im Ausland angefallen sein müssen. Es handelt sich **im wesentlichen** um folgende Einkünfte:

1. Einkünfte aus einer in einem ausländischen Staat betriebenen Land- und Forstwirtschaft (§ 13 und 14, § 34d Nr. 1)

2. Einkünfte aus Gewerbebetrieb (§§ 15 und 16),
soweit sie durch eine in einem ausländischen Staat belegene **Betriebstätte** oder durch einen in einem ausländischen Staat tätigen **ständigen Vertreter** erzielt werden. Vgl. auch H 212g.

3. Einkünfte aus selbständiger Arbeit (§ 18), die in einem ausländischen Staat **ausgeübt** oder **verwertet** worden ist.

4. Einkünfte aus der Veräußerung von

    a) Wirtschaftsgütern, die zum Anlagevermögen eines Betriebs gehören, wenn die Wirtschaftsgüter in einem ausländischen Staat belegen sind,

    b) Anteilen an Kapitalgesellschaften, wenn die Gesellschaft Geschäftsleitung oder Sitz in einem ausländischen Staat hat.

5. Einkünfte aus nichtselbständiger Arbeit (§ 19), die in einem ausländischen Staat ausgeübt oder ohne im Inland ausgeübt zu werden oder worden zu sein, in einem ausländischen Staat verwertet wird oder worden ist, und Einkünfte, die von ausländischen öffentlichen Kassen mit Rücksicht auf ein gegenwärtiges oder früheres Dienstverhältnis gewährt werden. Zu Begriff und Umfang einer Auslandstätigkeit vgl. auch BFH, BStBl 1986 II 739.

6. Einkünfte aus Kapitalvermögen (§ 20), wenn der **Schuldner Wohnsitz**, Geschäftsleitung oder Sitz in einem ausländischen Staat hat oder das Kapitalvermögen durch ausländischen Grundbesitz gesichert ist;

7. Einkünfte aus Vermietung und Verpachtung (§ 21), soweit das unbewegliche Vermögen oder die Sachinbegriffe in einem ausländischen Staat belegen oder die Rechte zur Nutzung in einem ausländischen Staat überlassen worden sind;

8. Sonstige Einkünfte i. S. des § 22, wenn

   a) der zur Leistung der wiederkehrenden Bezüge Verpflichtete **Wohnsitz, Geschäftsleitung** oder **Sitz** in einem ausländischen Staat hat,
   b) bei Spekulationsgeschäften die veräußerten Wirtschaftsgüter in einem ausländischen Staat **belegen** sind,
   c) bei Einkünften aus Leistungen einschließlich der Einkünfte aus Leistungen i. S. des § 49 Abs. 1 Nr. 9 der zur Vergütung der Leistung Verpflichtete **Wohnsitz, Geschäftsleitung** oder **Sitz** in einem ausländischen Staat hat.

8.2.2.2 Besteuerung im Quellenstaat

Die Steueranrechnung erfolgt nur dann, wenn die Steuer in dem Staat erhoben worden ist, in dem die genannten Einkünfte erzielt worden sind.

Beispiel:
A, der je einen Wohnsitz in der Bundesrepublik und gleichzeitig in Portugal hat, hat Einkünfte in Liechtenstein erzielt, die auch in Portugal besteuert werden.
Da Portugal nicht der Quellenstaat ist, kann die portugiesische Steuer nicht angerechnet werden.

8.2.2.3 Der deutschen Einkommensteuer entsprechende Steuer

Die ausländischen Steuern, die der Einkommensteuer entsprechen, sind in **Anlage 8 EStR** aufgeführt. Vgl. R und H 212a.

8.2.2.4 Festsetzung und Zahlung der ausländischen Steuer

Eine Anrechnung der ausländischen Steuer findet nur dann statt, wenn sie **festgesetzt** und **gezahlt** ist; es reicht also nicht aus, daß der unbeschränkt Stpfl. einen Steuerbescheid erhalten hat, aus dem sich die Höhe der ausländischen Steuer ergibt.

Es fehlt **nicht** an der Festsetzung, wenn die Steuer zwar nicht durch eine ausländische Behörde durch Steuerbescheid festgesetzt ist, sondern lediglich durch einen ausländischen Arbeitgeber oder Unternehmer angemeldet worden ist (BFH, BStBl 1992 II 607 und H 212a).

Der Stpfl. muß nachweisen, daß er die Steuer bereits entrichtet hat. Vgl. zum **Nachweis § 68b EStDV**.

Darüber hinaus darf die Steuer **keinem Ermäßigungsanspruch** mehr unterliegen. Hat der Stpfl. den Ermäßigungsanspruch nicht geltend gemacht, muß er so gestellt werden, als habe er die Steuer unter Berücksichtigung der Steuerermäßigung gezahlt. Hinsichtlich ausländischer Steuern, die auf negative Einkünfte entfallen, die unter § 2a fallen, siehe R 212a Abs. 2.

Beispiel:
A hat in den Niederlanden ein Wertpapierdepot von 100 000 DM. Die Dividendenerträge betrugen 10 000 DM. Die Niederlande haben eine Kapitalertragsteuer von 2 500 DM = 25 % einbehalten. Lt. DBA Niederlande (Art. 13) hat A einen Ermäßigungsanspruch von 10 % = 1 000 DM, da die Niederlande nur berechtigt ist, eine Quellensteuer bis 15 v. H. zu erheben. A hat es bisher unterlassen, den Erstattungsantrag zu stellen.
Die ausländische Steuer kann in diesem Falle nur in Höhe von 1500 DM auf die deutsche Einkommensteuer angerechnet werden. Vgl. Art. 20 Abs. 2 S. 3 DBA-NL.

Zur **Umrechnung** der ausländischen Steuer vgl. R 212a Abs. 1.

8.2.2.5 Auf den Veranlagungszeitraum entfallende Steuer

Eine Anrechnung der ausländischen Steuer ist nur insoweit möglich, als sie auf den Veranlagungszeitraum der betreffenden Einkünfte (= **Bezugszeitraum**) entfällt.

Bei Auseinanderfallen der Veranlagungsperioden ist eine Anrechnung der Steuern nicht zulässig. Die im Ausland gezahlten Steuern müssen für den gleichen Zeitraum erhoben sein (BFH, BStBl 1991 II 922).

Beispiel:

A, unbeschränkt stpfl. in der Bundesrepublik Deutschland, hat eine Betriebstätte in Portugal. Für den Veranlagungszeitraum 05 ergibt sich eine Steuer von 10 000 DM. Aufgrund einer durchgeführten Betriebsprüfung erhält er für die Jahre 01 bis 04 berichtigte Steuerbescheide mit Steuernachzahlungen in Höhe von 50 000 DM für diese Jahre, die in 05 ebenfalls gezahlt werden.

Im Jahre 05 kann nur der Steuerbetrag von 10 000 DM berücksichtigt werden, der sich auf den Veranlagungszeitraum 05 bezieht. Evtl. sind aber die ESt-Bescheide für 01 bis 04 nach § 68c EStDV zu ändern.

Eine Anrechnung **entfällt** auch für ausländische ESt auf positive Auslandseinkünfte i. S. § 2a, die nach § 2a Abs. 1 Satz 2 durch Verluste aus vorangegangenen VZ gemindert werden.

8.2.2.6 Anrechnung fiktiver Auslandssteuern

Nach einigen DBA (z. B. Brasilien, Indien, Spanien) ist eine Anrechnung **fiktiver** ausländischer Quellensteuern auf Dividenden/Zinsen bis zu einem bestimmten Höchstbetrag zulässig; d. h. selbst wenn im Ausland **keine** oder eine **niedrige** Quellensteuer einbehalten wird, wäre nach diesen **DBA sowohl** eine **Anrechnung** ausländischer Steuern bzw. – alternativ – auf Antrag ein Abzug bei der Ermittlung der Einkünfte zulässig.

Ein **Abzug fiktiver** Steuern bei der Ermittlung der Einkünfte gem. § 34c Abs. 2 ist **ab** dem Veranlagungszeitraum 1994 nicht mehr möglich, wenn das Rechtsgeschäft (z. B. die Anschaffung eines Wertpapiers) nach dem 10. 11. 1993 abgeschlossen wurde. Das Wahlrecht auf Abzug bleibt jedoch in Höhe des evtl. tatsächlich gezahlten Steuerbetrags erhalten. Bei Abzug der tatsächlich gezahlten Steuer ist eine Anrechnung des Differenzbetrages zwischen tatsächlich gezahlter und als gezahlt geltender ausländischer Steuer nicht zulässig. Kommt **nur** die Anrechnung fiktiver Steuern in Betracht, weil ein Abzug gesetzlich nicht zulässig ist, wird das Antragsrecht auf Abzug anderer ausländischer Steuern aus demselben Staat nicht ausgeschlossen.

Ist das den Einkünften zugrunde liegende Rechtsgeschäft vor dem 11. 11. 1993 abgeschlossen worden, ist der Abzug fiktiver Steuern **erst ab** dem VZ **1996** ausgeschlossen (§ 34c Abs. 6 i. V. m. § 52 Abs. 25a).

8.2.3 Wahlrecht des Steuerpflichtigen

Liegen die vorgenannten Voraussetzungen vor, hat der Steuerpflichtige die **Wahl** zwischen **Steueranrechnung** (§ 34c Abs. 1) und dem **Steuerabzugsverfahren** (§ 34c Abs. 2).

8.2.4 Durchführung des Anrechnungsverfahrens, Höchstbetrag

Die Anrechnung der ausländischen Steuer erfolgt höchstens insoweit, als sie der durchschnittlichen deutschen Steuerbelastung auf diesen ausländischen Einkunftsteilen entspricht. Die im Ausland erhobene Einkommensteuer darf also höchstens bis zu der Höhe der deutschen Einkommensteuer angerechnet werden, die anteilig auf die ausländischen Einkünfte entfällt. Nach § 34c Abs. 1 Satz 2 ist die auf die ausländischen Einkünfte entfallende deutsche Einkommensteuer in der Weise zu ermitteln, daß die sich aus dem zu versteuernden Einkommen einschließlich der ausländischen Einkünfte ergebende deutsche Einkommensteuer im Verhältnis der ausländischen Einkünfte zur Summe der Einkünfte aufgeteilt wird.

Nach BFH, BStBl 1992 II 187 ist die anzurechnende ausländische Steuer im Verhältnis der beiden Bemessungsgrundlagen herabzusetzen, wenn die Bemessungsgrundlage der ausländischen Einkünfte im Inland niedriger als im Ausland ist. Dieses Urteil wendet die Verwaltung **nicht** an (BMF, BStBl 1992 I 123).

$$\text{Höchstbetrag} = \text{gesamte ESt} \times \frac{\text{ausländische Einkünfte}}{\text{SdE}}$$

Die **Qualifizierung** der ausländischen Einkünfte erfolgt nach innerstaatlichem Recht (= EStG).

Die **Ermittlung** der ausländischen Einkünfte für die deutsche Besteuerung hat **ebenfalls** unabhängig von der Einkommensermittlung des ausländischen Staates nach den Vorschriften des deutschen **EStG** zu erfolgen. Dabei sind alle **Betriebsausgaben** und **Werbungskosten** zu berücksichtigen, die mit den im Ausland erzielten Einnahmen im wirtschaftlichen Zusammenhang stehen. Zur Ermittlung der anrechenbaren ausländischen Steuer vgl. auch BFH, BStBl 1986 II 739. Die Anrechnung ist **Teil der Steuerfestsetzung**. Vgl. auch das **Beispiel** in **H 212b**.

Beispiel:

A ist verheiratet. Die Summe der Einkünfte beträgt 34 500 DM. Hierin enthalten ist die Dividende einer liechtensteinischen AG in Höhe von 18 200 DM (d. h. Einküfnte aus § 20 = 6 000 DM). In Liechtenstein wurden 25 v. H. Couponabgabe einbehalten. Die Sonderausgaben betragen 4 900 DM.

Das zu versteuernde Einkommen errechnet sich wie folgt:

Summe der Einkünfte	34 500 DM
abzüglich Sonderausgaben	4 900 DM
Einkommen/zu versteuerndes Einkommen	29 600 DM
Steuer lt. Tabelle 1996	1 438 DM
anteilige Steuer $= \dfrac{1\,438 \times 6\,000}{34\,500} =$	250 DM

Von der einbehaltenen Steuer in Höhe von 4 550 DM (= 25% von 18 200 DM) werden nur 250 DM angerechnet.

Bei ausländischen Einkünften aus **mehreren** Staaten ist die Ermittlung der anrechenbaren Steuer für jeden Staat getrennt vorzunehmen (= **Saldierungsverbot** oder **per-country-limitation**, § 68a EStDV).

Beispiel:

Lediger Stpfl. hat im VZ erzielt		ausländische Steuer
1. inländische Einkünfte	30 000 DM	–
2. Einkünfte aus ausländischem Staat A **(kein** DBA) = stpfl.	10 000 DM	1 500 DM
3. Einkünfte aus ausländischem Staat B (DBA sieht Anrechnung vor)	20 000 DM	6 500 DM
SdE/GdE	60 000 DM	
./. SA	6 000 DM	
Einkommen/zvE	54 000 DM	
ESt lt. Tabelle 1996	12 392 DM	

./. **Anrechnung**

Steuer Staat A

Höchstbetrag $12\,392 \times \dfrac{10\,000}{60\,000} = 2\,065\ \text{DM} \rightarrow$ 1 500 DM = Anrechnung des gezahlten Betrags

Steuer Staat B

Höchstbetrag $12\,392 \times \dfrac{20\,000}{60\,000} = 4\,131\ \text{DM} \rightarrow$ 4 131 DM = Anrechnung des Höchstbetrags

Festzusetzende ESt   6 763 DM

Wenn eine ausländische Steuer den Höchstbetrag **übersteigt**, kann der entstehende „**Überhang**" auch dann nicht angerechnet werden, wenn (eine) andere ausländische Steuer(n) **unter** dem Höchstbetrag liegt (liegen) (= **overall-limitation**); aber Abzug bei den Einkünften ist möglich (§ 34c Abs. 3).

8.3 Abzug der ausländischen Steuer bei der Ermittlung der Einkünfte

8.3.1 Voraussetzungen

Unter den Voraussetzungen des § 34c Abs. 2 oder 3 ist die ausländische Steuer **auf Antrag** bei der Ermittlung **der Einkünfte abzuziehen.** Damit soll erreicht werden, daß dieser Abzug auch beim Verlustausgleich und ggf. bei der Gewerbesteuer wirksam wird.

Im Falle des § 34c Abs. 2 hat der Stpfl. ein Wahlrecht zwischen dem Anrechnungsverfahren und dem Abzugsverfahren. Das Steuerabzugsverfahren ist dann für den Stpfl. von Vorteil, wenn die ausländische Steuerbelastung wesentlich höher ist als die inländische oder die Einkünfte im Inland 0 DM betragen oder der Stpfl. nicht ausgeglichene Verluste hat.

Abgesehen hiervon ist die ausländische Steuer nach § 34c Abs. 3 in vollem Umfange bei der Ermittlung der Einkünfte abzuziehen, wenn die Steuer aus folgenden Gründen nicht angerechnet werden kann:

1. weil die ausländische Steuer nicht der deutschen Einkommensteuer entspricht,
2. weil die ausländische Steuer ein anderer Staat als der Quellenstaat erhebt,
3. weil keine ausländischen Einkünfte i. S. des § 34d vorliegen.

Auch im Falle des Abzugs bei der Ermittlung der Einkünfte muß die Steuer **festgesetzt** und **gezahlt** sein und darf **keinem Ermäßigungsanspruch** mehr unterliegen. Darüber hinaus müssen die Einkünfte der deutschen Einkommensteuer unterlegen haben.

Beispiele:
1. A mit Wohnsitz im Inland hat bei einer ausländischen Zweigniederlassung einer inländischen Bank ein Sparkonto über 200 000 DM. Die Zinsen hieraus betragen 8 000 DM. Es sind 2 000 DM ausländische Quellensteuer abgezogen worden. Eine Steueranrechnung nach § 34c Abs. 1 ist nicht möglich, weil es sich bei den Zinsen nicht um ausländische Einkünfte i. S. des § 34d handelt. Nach § 34c Abs. 3 sind jedoch die Voraussetzungen für den Abzug bei der Ermittlung der Einkünfte gegeben.
2. A hat einen Wohnsitz in der BRD und in Frankreich. Er ist an einer portugiesischen GmbH beteiligt. Die Dividenden-Einkünfte aus der portugiesischen GmbH werden auch in Frankreich besteuert. Die Steueranrechnung ist nicht möglich, da die Steuer nicht im Quellenstaat erhoben wurde. A kann jedoch die festgesetzte und gezahlte französische Einkommensteuer bei der Ermittlung der Einkünfte abziehen.

8.3.2 Durchführung des Abzugs

Der Abzug wird in der Weise durchgeführt, daß die volle festgesetzte und gezahlte und keiner Ermäßigung mehr unterliegende ausländische Steuer bei der **Ermittlung der Einkünfte wie Werbungskosten bzw. Betriebsausgaben** abgezogen wird. Durch den Abzug der ausländischen Steuer kann sich auch ein nicht ausgeglichener Verlust beim Gesamtbetrag der Einkünfte ergeben oder kann der Abzug einen bereits vorhandenen Verlust erhöhen, der nach § 10d rücktrags- bzw. vortragsfähig ist.

Beispiel:

A hat Verluste aus § 15	∕. 50 000 DM
Einkünfte aus § 20	4 000 DM
aus § 21	36 000 DM

In den Einkünften aus Vermietung und Verpachtung sind ausländische Einkünfte i. S. von § 34d in Höhe von 22 000 DM enthalten. Die ausländische, der Einkommensteuer entsprechende Steuer beträgt 8 000 DM. A beantragt den Abzug nach § 34 c Abs. 3.

§ 15	∕. 50 000 DM
§ 20	+ 4 000 DM
§ 21 36 000 DM ∕. 8 000 DM =	+ 28 000 DM
Summe der Einkünfte = GdE	∕. 18 000 DM
GdE = nicht ausgeglichener, also rücktragsfähiger bzw. vortragsfähiger Verlust.	∕. 18 000 DM

Eine Steuerermäßigung wegen der ausländischen Steuer ergibt sich hier über den Umweg des Verlustabzugs nach § 10d. Dagegen würde das Anrechnungsverfahren zu keiner Steuerermäßigung führen.

- **Reihenfolge des Abzugs von Sparer-Freibetrag und ausländischen Steuern**

Die bei der Ermittlung der Einkünfte auf Antrag mögliche Berücksichtigung von ausländischen Steuern gemäß § 34c Abs. 2 und 3 ist **vor** Abzug des Sparer-Freibetrags vorzunehmen (§ 20 Abs. 4 letzter Satz).

Beispiel:

inländische und ausländische Einnahmen aus § 20	7 600 DM
Werbungskosten	./. 2 100 DM
ausländische Steuer, die nach § 34c Abs. 2 bzw. 3 bei der Ermittlung der Einkünfte abgezogen werden soll	./. 1 500 DM
Sparer-Freibetrag (6 000 DM) höchstens	./. 4 000 DM
Einkünfte	0 DM

8.3.3 Besonderheiten bei mehreren Beteiligten

In den Fällen der gesonderten und einheitlichen Feststellung kann jeder Beteiligte einen Antrag auf Abzug der ausländischen Steuer nach § 34c Abs. 2 stellen. Der Stpfl. muß sein Antragsrecht für die gesamten Einkünfte und Steuern aus demselben Staat einheitlich ausüben. Werden die Einkünfte gesondert festgestellt, ist auch über den Steuerabzug im Feststellungsverfahren zu entscheiden.

Der Antrag ist **grundsätzlich** in der **Feststellungserklärung** zu stellen. In den Fällen der einheitlichen und gesonderten Feststellung kann jeder Beteiligte einen Antrag stellen. Hat ein Stpfl. in einem VZ neben den festzustellenden Einkünften andere ausländische Einkünfte aus demselben Staat als Einzelperson und/oder als Beteiligter bezogen, so ist die Ausübung oder Nichtausübung des Antragsrechts in der **zuerst** beim zuständigen Finanzamt eingegangenen Feststellungs- oder Steuererklärung maßgebend. Bis zur Unanfechtbarkeit des in diesem Verfahren ergangenen Bescheids kann der Antrag nachgeholt oder zurückgenommen werden (vgl. R 212c S. 3 ff.).

8.4 Tarifermäßigung beim Betrieb von Handelsschiffen im internationalen Verkehr

Statt der Anrechnung oder des Abzugs einer ausländischen Steuer (§ 34c Abs. 1 bis 3) ist bei unbeschränkt Stpfl. auf Antrag die auf ausländische Einkünfte aus dem Betrieb von **Handelsschiffen** im **internationalen Verkehr** entfallende Einkommensteuer nach dem ermäßigten Steuersatz des § 34 Abs. 1 Satz 1 bis zu 30 Mio zu bemessen (§ 34c Abs. 4). Sie beträgt jedoch höchstens die Hälfte von 47 v. H. = 23,5 v. H.

Als ausländische Einkünfte in diesem Sinne gelten, wenn ein Gewerbetrieb ausschließlich den Betrieb von Handelsschiffen im internationalen Verkehr zum Gegenstand hat, **80 v. H.** des Gewinns dieses Gewerbebetriebes, unter Einschluß der Sondervergütungen i. S. d. § 15 Abs. 1 Nr. 2.2 Halbsatz (BFH, BStBl 1992 II 798).

Ist Gegenstand eines Gewerbebetriebes nicht ausschließlich der Betrieb von Handelsschiffen im internationalen Verkehr, so gelten **80 v. H.** des **Teils** des Gewinns des Gewerbebetriebs, der auf den Betrieb von Handelsschiffen im internationalen Verkehr entfällt, als ausländische Einkünfte i. S. des § 34c Abs. 4. Zum Begriff „Betrieb von Handelsschiffen im internationalen Verkehr vgl. auch BFH, BStBl 1990 II 783. Hinsichtlich der **Weitervercharterung** siehe BFH, BStBl 1990 II 433.

8.5 Erlaß der deutschen Steuer oder Pauschalierung der deutschen Steuer

Mit Zustimmung des Bundesministers der Finanzen können die obersten Finanzbehörden der Länder die auf ausländische Einkünfte entfallende deutsche Steuer ganz oder zum Teil erlassen oder in einem Pauschbetrag festsetzen, wenn es aus volkswirtschaftlichen Gründen zweckmäßig ist oder die Anwendung der Steueranrechnung besonders schwierig ist (§ 34c Abs. 5).

Dabei besteht ein **Wahlrecht** zwischen § 34c Abs. 1, § 34c Abs. 2 und § 34 c Abs. 5. Das Wahlrecht ist für jeden VZ gesondert auszuüben. Vgl. BMF-Schreiben vom 10. 4. 1984, BStBl I 252.

8.6 Anrechnungsverfahren aufgrund von Doppelbesteuerungsabkommen

Stammen Einkünfte aus einem ausländischen Staat, mit dem ein Doppelbesteuerungsabkommen besteht, kann eine Steueranrechnung (§ 34c Abs. 1) oder ein wahlweiser Abzug der ausländischen Steuern bei Ermittlung des Gesamtbetrages der Einkünfte (§ 34c Abs. 2) nur unter **Beachtung** der **Vorschriften** des betreffenden **Doppelbesteuerungsabkommens** vorgenommen werden (§ 34c Abs. 6).

Wenn ein Abkommen nur die Anrechnung ausländischer Steuern vorsieht, kann dennoch auf Antrag der nach innerstaatlichem Recht wahlweise eingeräumte Abzug der ausländischen Steuern bei der Ermittlung der Einkünfte beansprucht werden (§ 34c Abs. 6 **Satz 2**).

Das Wahlrecht muß für die gesamten Einkünfte aus einem ausländischen Staat für alle nach dem Abkommen anrechenbaren Steuern einheitlich ausgeübt werden.

Über den Rahmen bestehender DBA hinaus kann eine Anrechnung oder ein Abzug ausländischer Steuern in Betracht kommen, wenn das Abkommen die Doppelbesteuerung nicht beseitigt oder sich nicht auf die fragliche Steuer vom Einkommen dieses Staates bezieht (§ 34c Abs. 6 **Satz 3**).

Für nach einem DBA „als gezahlte geltende" – also **fiktive** – ausländische Steuern ist ab VZ 1994 der Abzug bei der Ermittlung der Einkünfte nach § 34c Abs. 2 ausgeschlossen. Fiktive Steuerbeträge können nicht mehr wie Betriebsausgaben oder Werbungskosten nach § 34c Abs. 2 abgezogen werden, sondern nur noch in der tatsächlich erhobenen Höhe.

§ 52 Abs. 25a enthält eine Übergangsregelung für Altfälle: Der Ausschluß des Abzugs gilt danach erst ab VZ 1996, wenn das den Einkünften zugrundeliegende Rechtsgeschäft vor dem 11.11.1993 abgeschlossen wurde.

8.7 Steueranrechnung bei beschränkt Steuerpflichtigen (§ 50 Abs. 6 EStG)

Bei beschränkt Steuerpflichtigen ist bei Einkünften aus Land- und Forstwirtschaft, Gewerbebetrieb oder selbständiger Arbeit (§ 49 Abs. 1 Nr. 1 bis 3), für die im Inland ein Betrieb unterhalten wird, § 34c Abs. 1 bis 3 entsprechend anzuwenden, wenn in dem Gewinn Einkünfte enthalten sind, die mit einer ausländischen Steuer belastet sind. Die Anrechnung gilt jedoch **nicht** für solche Einkünfte aus einem ausländischen Staat, mit denen der beschränkt Stpfl. dort in einem der unbeschränkten Steuerpflicht ähnlichen Umfang zu einer Steuer vom Einkommen herangezogen wird. § 50 Abs. 6 ist in den Fällen anwendbar, in denen neben der Bundesrepublik Deutschen als Betriebstättenstaat von dem beschränkt Stpfl. ein **weiterer Staat** für **Teile** des Betriebstättengewinns eine **Quellensteuer** erhebt.

> **Beispiel:**
> A mit Wohnsitz in Portugal hat in Karlsruhe eine Betriebstätte. Im Betriebsvermögen der Betriebstätte befindet sich eine Beteiligung an einer französischen Kapitalgesellschaft. Darüber hinaus hat die Betriebsstätte Unterlizenzen an einem Patent an dänische und schwedische Gewerbetreibende vergeben. Die Dividenden der französischen Kapitalbeteiligung haben in Frankreich der Quellensteuer unterlegen. Von den durch die dänischen und schwedischen Unternehmen übernommenen Lizenzen ist ebenfalls Quellensteuer einbehalten worden.
>
> Die von den Quellenstaaten erhobene Quellensteuer ist auf die deutsche Einkommensteuer anrechenbar.
>
> Der beschränkt Stpfl. kann grundsätzlich zwischen der Steueranrechnung und dem Abzug bei den Einkünften wählen, wenn die Voraussetzungen für eine Steueranrechnung gegeben sind.

R 212a bis 212d sind entsprechend anzuwenden.

§ 50 Abs. 6 ist auch im Verhältnis zu Staaten anzuwenden, mit denen Abkommen zur Vermeidung der Doppelbesteuerung bestehen. In dem Verzeichnis ausländischer Steuern, die der deutschen Einkommensteuer entsprechen (Anlage 8), sind die Steuern dieser Staaten jedoch nicht aufgeführt. Es ist in diesem Fall davon auszugehen, daß Ertragsteuern, für welche die Abkommen gelten, der deutschen Einkommensteuer entsprechen.

Der Mindeststeuersatz des § 50 Abs. 3 Satz 2 kann als Folge der Steueranrechnung unterschritten werden. Er beträgt dann mindestens **12,5 v.H.**

8.8 Gesamtüberblick Veranlagungsverfahren

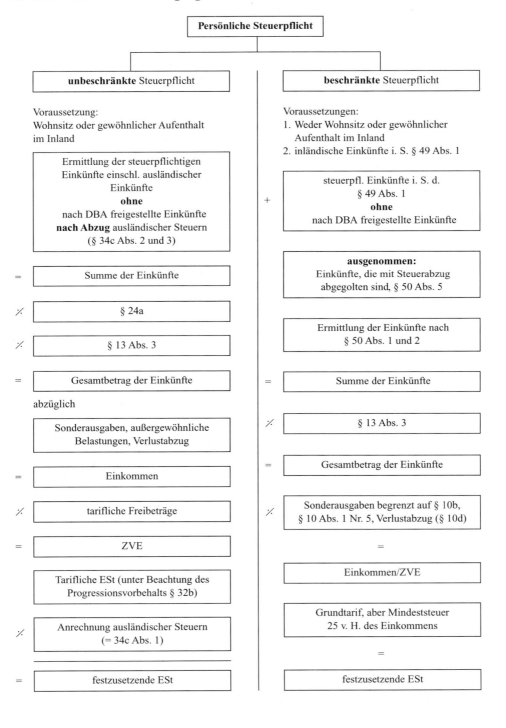

9. Außensteuergesetz

9.1 Zielsetzung des Außensteuergesetzes

Das Gesetz über die Besteuerung bei Auslandsbeziehungen (Außensteuergesetz, AStG) vom 8.9.1972 (mehrfach geändert) trifft Regelungen zur Wahrung der steuerlichen Gleichmäßigkeit bei Auslandsbeziehungen. Es enthält in wesentlichen folgende vier materiellen Regelungen:

1. Berichtigung von Einkünften bei international verflochtenen Unternehmungen (§ 1)
2. die erweiterte beschränkte Steuerpflicht (§§ 2 bis 5)
3. die Besteuerung des Vermögenszuwachses bei wesentlichen Beteiligungen an inländischen Gesellschaften bei Wohnsitzwechsel ins Ausland (§ 6)
4. die Zugriffsbesteuerung (§§ 7 bis 14).

9.2 Berichtigung von Einkünften

9.2.1 Grundsätze

Die Regelung in § 1 AStG ist darauf gerichtet, bei Auslandsbeziehungen eine Gewinnzuordnung sicherzustellen, die dem wirklichen Geschäftsgehalt unter Ausklammerung geschäftsfremder Einflüsse entspricht (Debatin, DB, Beilage Nr. 15/74 S. 1).

Diese Vorschrift sieht eine **Gewinnkorrektur** vor, wenn Einkünfte eines Stpfl. aus **Geschäftsbeziehungen** mit einer ihm **nahestehenden Person** dadurch **gemindert** werden, daß dieser im Rahmen solcher Geschäftsbeziehungen zum Ausland Bedingungen vereinbart, die von denen abweichen, die voneinander unabhängige Dritte unter gleichen oder ähnlichen Verhältnissen vereinbart hätten (Grundsatz des Fremdverhaltens). Erforderlich ist eine Interessenverbindung, kraft derer dem Stpfl. der Vorteil der nahestehenden Person wie ein eigener zufällt. (Anwendungserlaß AStG, BMF, Tz 1.0.1) Im Wege der Berichtigung sind dessen Einkünfte so anzusetzen, wie sie unter den zwischen unabhängigen Dritten vereinbarten Bedingungen angefallen wären. Geschäftsbeziehungen sind Beziehungen, die ein Betrieb i. S. der Gewinneinkünfte eingeht, **nicht** z. B. private Darlehnsgewährung (BFH, BStBl 1991 II 287).

9.2.2 Anwendungsbereich

Die Vorschrift gilt nur für **grenzüberschreitende** Geschäftsbeziehungen zwischen **verschiedenen** nahestehenden Personen. Das gilt auch für inländische Personengesellschaften (BFH, BStBl 1990 II 875).

Bei grenzüberschreitenden Beziehungen innerhalb des Unternehmens **derselben** Person regelt sich die Gewinnabgrenzung nach dem EStG und KStG sowie den DBA (vgl. z. B. Art. 5 Abs. 2 DBA/NL, „dealing-at-arms-length-Klausel"). Vgl. Anwendungserlaß zum AStG, BMF-Schr. v. 2.12.1994, Tz 1.0.1.

§ 1 AStG findet daher z. B. keine Anwendung, wenn eine Zweigniederlassung im Inland mit der Hauptniederlassung im Ausland des gleichen Stpfl. unangemessene Verrechnungspreise vereinbart, die zu Lasten des inländischen Gewinnes gehen. Es muß sich vielmehr um Rechtsbeziehungen zwischen rechtlich selbständigen Unternehmen bzw. verschiedener Personen handeln.

Hinsichtlich der Überlassung zinsloser Darlehen siehe BFH, BStBl 1990 II 875.

Vgl. hierzu auch Tz 1.4. Anwendungserlaß zum AStG, a. a. O.

§ 1 AStG gilt bei unbeschränkter wie bei beschränkter Steuerpflicht.

Im EG-Bereich ist auch das Gesetz zum Übereinkommen vom 23.7.1990 (90/436/EWG) – BStBl 1993 I 818 – zu beachten.

9.2.3 Zu berichtigende Einkünfte

Die Vorschrift gilt für **Einkünfte jeder Art,** wenn sie im Zusammenhang mit grenzüberschreitenden Geschäftsbeziehungen zu nahestehenden Personen gemindert worden sind.

Vgl. Tz 1.4.4., a. a. O.

9.2.4 Nahestehende Person

Der Begriff **nahestehende Person** ist in § 1 Abs. 2 AStG definiert. Hiernach ist eine Person nahestehend, wenn zu dem Stpfl. im Inland eine „Verflechtung" durch
- wesentliche Beteiligung,
- beherrschenden Einfluß,
- besondere Einflußmöglichkeiten oder
- Interessenidentität

besteht.

Eine Verflechtung durch **wesentliche Beteiligung** liegt vor, wenn
- die Person an dem Stpfl. mindestens zu ¼ unmittelbar oder mittelbar beteiligt **(wesentlich beteiligt)** ist (oder **umgekehrt**) oder
- eine dritte Person sowohl an der Person als auch an dem Stpfl. wesentlich beteiligt ist.

Eine Verflechtung i. S. des § 1 AStG liegt auch vor, wenn
- die Person auf den Stpfl. unmittelbar oder mittelbar einen **beherrschenden Einfluß** ausüben kann (oder umgekehrt) oder
- wenn eine dritte Person auf beide unmittelbar oder mittelbar einen beherrschenden Einfluß ausüben kann.

Unter beherrschendem Einfluß kann auch eine natürliche Person stehen.

Es genügt für die Begründung einer Verflechtung bereits die **Möglichkeit** der Ausübung eines beherrschenden Einflusses.

Beispiele zur Beherrschung (vgl. Tz 1.0.1. i. V. m. BMF-Schr. vom 23. 2. 1983, BStBl 1983 I 218)
- unmittelbare oder mittelbare Beteiligung derselben Person an der Geschäftsleitung oder Kontrolle zweier Unternehmen.
- aktienrechtliche Unternehmensverträge (§§ 291, 292 AktG) bei Eingliederung (§ 319 AktG).

Eine Verflechtung i. S. von § 1 AStG liegt auch vor, wenn die Person oder der Stpfl. imstande ist, bei der Vereinbarung der Bedingungen einer Geschäftsbeziehung auf den Stpfl. oder die Personen einen außerhalb dieser Geschäftsbeziehungen begründeten **Einfluß auszuüben** oder wenn einer von ihnen ein **eigenes Interesse** an der Erzielung der Einkünfte des anderen hat.

Die besonderen Einflußmöglichkeiten müssen sich auf die zu beurteilende Geschäftsbeziehung selbst erstrecken. Im Falle der Interessenidentität muß sich das eigene Interesse des Stpfl. oder der Person auf die zu berichtigenden Einkünfte selbst erstrecken.

9.2.5 Durchführung der Gewinnberichtigung

Aufgrund des § 1 AStG ist **nur** eine **Aufstockung** von Einkünften möglich (keine Gewinnminderung denkbar!).

Für die Bestimmung der Einkünfteminderung ist ein **Vorteilsausgleich** vorzunehmen. D. h. es kommt nicht auf das Einzelgeschäft, sondern auf das **Ergebnis** der Geschäftsbeziehungen im **WJ** an (Saldierung zwischen vorteilhaften und nachteiligen Geschäften mit derselben Person).

Für Gewinnberichtigungen **jeder Art**, also Regelungen des **nationalen** Steuerrechts
- § 1 AStG
- verdeckte Gewinnausschüttung
- verdeckte Einlage wie auch Regelungen in den **DBA** gelten die **Verwaltungsgrundsätze zur internationalen Einkunftsbegrenzung** (BMF vom 23. 2. 1983, BStBl I 218).

Die Berichtigung ist durch **Schätzung** (§ 162 AO) vorzunehmen.

Die Rechtsfolge des § 1 Abs. 1 AStG erschöpft sich in dem Ansatz **fiktiv erhöhter Einkünfte**. Die Vorschrift fingiert weder Einnahmen noch Forderungen (BFH, BStBl 1990 II 875).

Es ist nur eine **Aufstockung**, also **keine** Abstockung von Einkünften möglich.

9.2.6 Verhältnis zu Doppelbesteuerungsabkommen

Die DBA haben grds. Vorrang vor den AStG. Vgl. Übereinkommen über die Beseitigung der Doppelbesteuerung im Falle der Gewinnberichtigung zwischen verbundenen Unternehmen (90/436/EWG v. 26.8.1993, BStBl I 818).

§ 1 AStG steht dem **nicht** entgegen, soweit diese für Gewinnberichtigungen Maßstäbe enthalten, die sich wie § 1 AStG am Verhalten unabhängiger Personen orientieren **(Fremdvergleich)**. Die in diesen Klauseln vorgesehenen Maßstäbe über die Einkunftsabgrenzung sind bei der Anwendung des § 1 AStG zu beachten. § 1 AStG bleibt auch in den Fällen der Interessenverflechtung anwendbar, die in den Gewinnberichtigungsklauseln der DBA nicht genannt sind. Dem Sinn und Zweck der Doppelbesteuerungsabkommen entspricht es nicht, Berichtigungen von Einkünften, die sachlich geboten sind, für bestimmte Fälle zu verbieten (Tz 1.2.1 BMF-Schreiben vom 23.2.1983, a.a.O.).

9.3 Erweiterte beschränkte Steuerpflicht

9.3.1 Grundsätze

Im Ausland ansässige Personen, die durch **langjährige Ansässigkeit** in der Bundesrepublik und **deutsche Staatsangehörigkeit** in besonderer Weise persönlich mit der Bundesrepublik und ihrer Wirtschaft verbunden waren und **wesentliche Wirtschaftsinteressen** im Inland unterhalten, werden für eine Anschlußzeit nach Wegzug aus der Bundesrepublik Deutschland für ihr deutsches Einkommen und Vermögen einer Steuerpflicht unterworfen, die sich in Gegenstand und Höhe stärker als bei der allgemeinen beschränkten Steuerpflicht nach der persönlichen Leistungsfähigkeit ausrichtet.

Beschränkt Steuerpflichtige, die die persönlichen Voraussetzungen des § 2 AStG erfüllen, sind im Jahre des Wohnsitzwechsels und während der **folgenden 10 Jahre erweitert beschränkt einkommensteuerpflichtig,** soweit sie während dieses Zeitraums

a) **im Ausland nicht** oder **nur niedrig besteuert** werden und

b) **wesentliche wirtschaftliche Interessen im Inland** haben.

Die erweiterte beschränkte Steuerpflicht kommt trotz Vorliegens dieser Voraussetzungen für solche Veranlagungszeiträume **nicht** zur Anwendung, in denen die Summe der inländischen Einkünfte i.S. des § 49 zuzüglich der Einkünfte, die zusätzlich der erweiterten beschränkten Steuerpflicht unterliegen, **32 000 DM nicht übersteigen (Bagatellgrenze).**

Steuerfrei bleibende Veräußerungsgewinne nach einem DBA oder dem Auslandstätigkeitserlaß freigestellte Einkünfte sowie steuerfreie Einnahmen zählen **nicht** zu den insgesamt stpfl. Einkünften (Tz 2.0.1.3 Anwendungserlaß).

Das AStG gilt hinsichtlich der erweiterten beschränkten Steuerpflicht bei Wohnsitzverlegung in solche Staaten, mit denen **kein** DBA besteht. Besteht jedoch mit dem neuen Wohnsitzstaat ein DBA, gilt folgendes:

- Einkünfte und Vermögensteile, für die nach dem DBA dem betreffenden Gebiet (Wohnsitzstaat) das ausschließliche Besteuerungsrecht zusteht, unterliegen nicht der erweiterten beschränkten Steuerpflicht.
- Begrenzt das Abkommen die deutsche Steuerberechtigung für bestimmte Einkünfte auf einen Höchstsatz (z.B. bei Dividenden), so darf auch bei der erweiterten beschränkten Steuerpflicht die Steuer von diesen Einkünften nur bis zu dieser Grenze erhoben werden.
- Wird nach dem DBA die deutsche Steuerberechtigung **nicht begrenzt** (z.B. bei einer im Ausland belegenen Betriebstätte oder Einkünften aus im Inland belegenen unbeweglichem Vermögen), so bemißt sich der Steuersatz für die erweitert beschränkt stpfl. Einkünfte auch in diesen Fällen nach dem „Welteinkommen" (Tz 2.0.2.1).

9.3.2 Persönliche Voraussetzungen

Es muß sich um eine **natürliche Person** handeln, die **in den letzten 10 Jahren** vor dem Ende ihrer unbeschränkten Steuerpflicht nach § 1 Abs. 1 Satz 1 EStG als **Deutscher insgesamt mindestens 5 Jahre unbeschränkt einkommensteuerpflichtig** war. Die Vorschrift gilt also **nur** für **deutsche Staatsan-**

gehörige sowie Personen i. S. des Art. 116 Abs. 1 GG. Sie gilt nicht für Personen, die lediglich ihren Wohnsitz im Inland haben und daher unbeschränkt steuerpflichtig sind. Berechnet vom Wohnsitzwechsel an muß der Steuerpflichtige innerhalb der letzten 10 Jahre mindestens 5 Jahre lang unbeschränkt einkommensteuerpflichtig gewesen sein. **Nicht** Voraussetzung ist, daß die 5 Jahre der unbeschränkten Steuerpflicht **zusammenhängend** vorgelegen haben.

9.3.3 Niedrige Besteuerung

§ 2 AStG setzt voraus, daß der Stpfl.
- entweder **nur in Niedrigsteuer-Gebieten ansässig** ist oder
- infolge ständigen Aufenthaltswechsels **in keinem ausländischen Gebiet ansässig** ist.

Ansässig ist der Stpfl. in solchen Gebieten, in denen er auf Grund seines Wohnsitzes, eines gewöhnlichen Auftenhalts oder eines anderen ähnlichen Merkmals nach dortigem Recht steuerpflichtig ist.

Ein Niedrigsteuer-Gebiet liegt nach § 2 Abs. 2 Nr. 1 AStG typisiert vor,
- wenn die **Belastung** durch die in dem ausländischen Gebiet erhobene Einkommensteuer bei einer in diesem Gebiet ansässigen unverheirateten natürlichen Person, die ein steuerpflichtiges Einkommen von 150 000 DM bezieht, **um mehr als $1/3$ geringer** ist als die Belastung einer im Geltungsbereich dieses Gesetzes ansässigen natürlichen Person durch die deutsche Einkommensteuer unter sonst gleichen Bedingungen (das trifft nach dem Stand von 1994 bei einem ausländischen Steuersatz von weniger als 25,17 v. H. zu.).

Der Betrag von 150 000 DM für den Steuerbelastungsvergleich ist nach dem Kurs am Anfang eines Jahres in die maßgebliche ausländische Währung umzurechnen. Zur deutschen Steuer zählt **nicht** der Solidaritätszuschlag (Tz 2.2.2)

oder
- die **Belastung** der Person durch die in dem ausländischen Gebiet erhobene Einkommensteuer aufgrund einer gegenüber der allgemeinen Besteuerung eingeräumten **Vorzugsbesteuerung** erheblich gemindert ist.

Das wäre der Fall, wenn zuziehende Personen von der Einkommensteuer befreit sind, Steuervergünstigungen ohne Rücksicht auf die steuerliche Leistungsfähigkeit erlangen können oder die Einkünfte aus den im Inland verbliebenen Wirtschaftsinteressen gegenüber anderen Einkünften bevorzugt besteuert werden, z. B. durch volle Freistellung oder Besteuerung nur bei Transfer in das Ausland. Es genügt, wenn diese Vorteile für wesentliche Teile des Einkommens des beschränkt Steuerpflichtigen gewährt werden.

Typische Niedrigsteuergebiete sind z. B. **Andorra**, Campione, Monaco, Bahamas, Bermudas (keine ESt) und Liechtenstein (niedrige ESt).

Die Vermutung der Niedrigbesteuerung kann der Stpfl. widerlegen, wenn er nachweist, daß die von seinem Einkommen insgesamt zu entrichtende Steuer mindestens $2/3$ der Einkommensteuer beträgt, die er bei unbeschränkter Steuerpflicht nach § 1 Abs. 1 EStG zu entrichten hätte.

Zur Vergleichsrechnung deutsche/ausländische Steuer sowie zur Ermittlung der deutschen Einkommensteuer vgl. BFH, BStBl 1987 II 363 und BStBl 1989 II 365.

Bei der Ermittlung der ausländischen Steuer ist nicht auf die tatsächlich entrichtete ausländische Steuer zurückzugreifen, sondern auf die ausländische Steuer, die angefallen wäre, wenn bei gleichen Einkünften der Stpfl. nicht beschränkt, sondern unbeschränkt stpfl. wäre, d. h. seinen Wohnsitz oder gewöhnlichen Aufenthalt im Inland hätte (Tz 2.2.4).

9.3.4 Wesentliche wirtschaftliche Interessen

Ein beschränkt Steuerpflichtiger hat weiterhin wesentliche wirtschaftliche Interessen in der Bundesrepublik Deutschland, wenn er

1. zu Beginn des Veranlagungszeitraums **Einzelunternehmer** oder **Mitunternehmer** eines im Inland belegenen Gewerbebetriebes ist oder sofern er **Kommanditist** ist, mehr **als 25 v. H.** der Einkünfte i. S. des § 15 Abs. 1 Nr. 2 aus der Gesellschaft auf ihn entfallen oder ihm eine **wesentliche Beteiligung** i. S. des **§ 17 Abs. 1** Satz 3 an einer inländischen **Kapitalgesellschaft** gehört oder

2. seine Einkünfte, die bei unbeschränkter Einkommensteuerpflicht nicht ausländische Einkünfte i. S. des § 34c Abs. 1 sind, im Veranlagungszeitraum mehr als 30 v. H. seiner gesamten Einkünfte betragen oder 120 000 DM übersteigen

   – Hierbei sind die Grundsätze des **deutschen Steuerrechts** über die Ermittlung der Einkünfte anzuwenden.

oder

3. zu Beginn des VZ sein Vermögen, dessen Erträge bei unbeschränkter Einkommensteuerpflicht nicht ausländische Einkünfte i. S. des § 34c Abs. 1 wären, mehr als 30 v. H. seines Gesamtvermögens beträgt oder 300 000 DM übersteigt.

   – Die Bestimmungen des Bewertungsgesetzes sind hierbei anzuwenden.

9.3.5 Veranlagung bei erweiterter beschränkter Steuerpflicht

9.3.5.1 Umfang der Besteuerung

Bei erweitert beschränkt Stpfl. i. S. des § 2 Abs. 1 AStG wird die Veranlagung des beschränkt Stpfl. über die Einkünfte i. S. d. § 49 Abs. 1 hinaus insofern **erweitert,** als sie sich auf **alle inländischen** Einkünfte i. S. des § 2 Abs. 1 EStG erstreckt, die **nicht** ausländische Einkünfte i. S. des § 34c Abs. 1 sind. In die Veranlagung mit einbezogen werden **auch** die Einkünfte, die bei beschränkt Stpfl. lediglich dem Steuerabzug unterliegen und bei der Veranlagung außer Betracht bleiben. Jedoch darf die Einkommensteuer die Steuerabzugsbeträge **nicht unterschreiten** (§ 2 Abs. 5 Satz 2 AStG). Insgesamt jedoch darf die Besteuerung als erweitert beschränkt Steuerpflichtiger **nicht** zu einer **höheren** Steuer führen, die er als **unbeschränkt** Steuerpflichtiger zu entrichten hätte (§ 2 Abs. 6 AStG).

Die erweiterte beschränkte Steuerpflicht erstreckt sich also über die in § 49 genannten inländischen Einkünfte hinaus, insbesondere auf **sämtliche** inländische Einkünfte:

1. Einkünfte aus Gewerbebetrieb, die weder einer inländischen noch ausländischen Betriebstätte zuzurechnen sind;

2. Einkünfte aus der Veräußerung von Wirtschaftsgütern, die zum Anlagevermögen eines ausländischen Betriebs gehören oder im Inland belegen sind; hierzu gehört auch eine nicht schon unter § 17 fallende Veräußerung von Anteilen an einer Kapitalgesellschaft, die ihre Geschäftsleitung oder Sitz im Inland hat;

3. Einkünfte aus Kapitalvermögen i. S. des § 20, wenn der Schuldner unbeschränkt steuerpflichtig ist, z. B. Zinsen aus von Inländern gegebenen Schuldscheindarlehn;

4. Einkünfte aus der Vermietung und Verpachtung von beweglichem Vermögen im Inland, sofern dieses nicht zu einem im Ausland belegenen Sachinbegriff gehört;

5. Einkünfte aus wiederkehrenden Bezügen i. S. des § 22 Nr. 1, wenn der Verpflichtete unbeschränkt steuerpflichtig ist oder seinen Sitz im Inland hat;

6. Einkünfte aus Spekulationsgeschäften i. S. des § 22 Nr. 2, wenn die veräußerten Wirtschaftsgüter nicht im Ausland belegen sind;

7. Einkünfte aus Leistungen, wenn der zur Vergütung der Leistung Verpflichtete unbeschränkt steuerpflichtig ist oder seinen Sitz im Inland hat;

8. Andere Einkünfte, die das deutsche Steuerrecht (§ 49, § 34d) weder dem Inland noch dem Ausland zurechnet (z. B. Erträge aus beweglichen Sachen, die nicht zum Anlagevermögen eines ausländischen Betriebs gehören).

9. Einkünfte, die dem Stpfl. nach § 5 AStG bzw. § 15 AStG zuzurechnen sind.

Vgl. im einzelnen Tz 2.50.1 und 2., a. a. O.

9.3.5.2 Ermittlung des zu versteuernden Einkommens

Nach § 2 AStG stpfl. Einkünfte sind nach deutschem Steuerrecht zu ermitteln.

Dabei sind zu beachten

– die Einschränkung des BA- und WK-Abzugs gemäß § 50 Abs. 1

– ein Verlustausgleichsverbot von Verlusten i. S. § 2 AStG mit positiven Einkünften i. S. des § 49 (s. Tz 2.5.1.2).

Auf Freibeträge und sonstige Abzüge finden die Bestimmungen des § 50 Anwendung.

9.3.5.3 Veranlagung, Tarif

Auch Ehegatten sind im Rahmen des § 2 AStG stets **einzeln** zu veranlagen (§ 25).

Die Abgeltungswirkung bei steuerabzugspflichtigen Einkünften (KapSt, Steuerabzug gemäß § 50a) **entfällt**.

Trotz beschränkter Steuerpflicht ist der Progressionsvorbehalt (§ 32b Abs. 1 Nr. 2) anzuwenden (§ 2 Abs. 5 Satz 1 AStG).

Die ESt ist stets nach dem **Grundtarif** (§ 32a Abs. 1) zu bemessen.

Die **Mindeststeuer** beträgt **25%** des erweitert beschränkt stpfl. **Einkommens;** hierbei dürfen die Steuerabzugsbeträge nicht unterschritten werden (§ 2 Abs. 5 letzter Satz AStG). Es kann somit durch Anrechnung von Steuerabzugsbeträgen **nicht** zu Erstattungen kommen.

Beispiel:

A, ein bekannter Tenor, deutscher Staatsangehöriger, 39 Jahre alt, der von Geburt an seinen Wohnsitz in der Bundesrepublik hatte, hat seinen Wohnsitz nach Monaco verlegt (1.4.1995). Im Jahre 1996 hatte er in der Bundesrepublik Honorare in Höhe von 60000 DM für Auftritte erhalten. Die Abzugsteuer in Höhe von 25 v. H. ist von der Agentur ordnungsmäßig einbehalten worden. Die mit den Auftritten zusammenhängende BA betrugen 10000 DM. Sein Wertpapierdepot bestand aus inländischen festverzinslichen Wertpapieren von 200000 DM. Die Zinsen hieraus betrugen 18000 DM **(keine** Zinsabschlagsteuer einbehalten).

Außerdem unterhielt er bei einer Bank in der BRD ein Festgeldkonto von 300000 DM, wofür er im VZ 1996 15000 DM Zinsen **(keine** Zinsabschlagsteuer einbehalten) erhielt. Aus einem Miethaus in München hatte er 14000 DM Einkünfte.

Lösung:

A ist erweitert beschränkt einkommensteuerpflichtig, d. h. seine Einkünfte werden über § 49 Abs. 1 hinaus besteuert, soweit es sich nicht um ausländische Einkünfte i. S. des § 34d handelt.

A hat als deutscher Staatsbürger, der innerhalb der letzten 10 Jahre mehr als 5 Jahre unbeschränkt steuerpflichtig war, seinen Wohnsitz in ein Niedrigsteuergebiet verlegt und hat weiterhin wesentliche wirtschaftliche Interessen in der BRD. Monaco gilt als „Niedrigsteuerland" gemäß Anwendungserlaß zum AStG.

Die beschränkt stpfl. Einkünfte betragen mehr als 32000 DM.

Im Rahmen der erweiterten beschränkten Steuerpflicht sind alle Einkünfte zu erfassen, die nicht ausländische Einkünfte i. S. d. § 34d sind.

Es ergeben sich gegenüber einem beschränkt Steuerpflichtigen i. S. des § 1 Abs. 4 folgende Abweichungen:

	Beschränkte Steuerpflicht (§ 1 Abs. 4 EStG)		Erweiterte beschränkte Steuerpflicht (§ 2 AStG)	
a) freiberufliche Einkünfte (§ 18 Abs. 1. Nr. 1)	mit Steuerabzug (§ 50a Abs. 4) von 25% abgegolten (Abzugsteuer 15 000 DM)	–,–	BE 60 000 DM ⁄ BA 10 000 DM	50 000 DM
b) Kapitalvermögen (§ 20 Abs. 1 Nr. 7) – Zinsen festverzinsliche Wertpapiere		–,–	+ 18 000 DM	
– Festgeldzinsen	(keine inländischen Einkünfte i. S. § 49 Abs. 1 Nr. 5)	–,–	+ 15 000 DM 33 000 DM	33 000 DM
Vermietung und Verpachtung (§ 21)		14 000 DM		14 000 DM
Gesamtbetrag der Einkünfte/ Einkommen/ZVE		14 000 DM		97 000 DM
Steuer (Tabelle 1996)		506 DM	Steuer (Tabelle 1996) abzügl. Abzugsteuer	29 363 DM ⁄ 15 000 DM
Mindeststeuer 25 % von 14 000 DM =		3 500 DM	verbleibende ESt	14 363 DM[1])
			Mindeststeuer 25% ist überschritten	= 24 250 DM
			Anrechnung der Abzugsteuer von 15 000 DM	

[1]) Auf Antrag wird diese ESt begrenzt auf die Höhe, die sich bei unbeschränkter Steuerpflicht ergäbe (§ 2 Abs. 6 AStG); diese ESt wäre hier niedriger wegen
  – 100 DM WK-Pauschbetrag (§ 9a Abs. 1b)
  – 6 000 DM Sparerfreibetrag (§ 20 Abs. 4)
  – 108 DM Sonderausgaben-Pauschbetrag (§ 10c Abs. 1).

9.4 Wegfall der unbeschränkten Steuerpflicht bei wesentlicher Beteiligung (§ 6 AStG)

9.4.1 Sinn und Zweck der Vorschrift

Die Besteuerung eines Veräußerungsgewinnes aus der Veräußerung eines Anteils bei wesentlicher Beteiligung i. S. des § 17 EStG soll nicht dadurch für die BRD unmöglich gemacht werden, daß ein Stpfl. den Wohnsitz in ein Land verlagert, das das Besteuerungsrecht für solche Veräußerungsgewinne hat.

In der Regel hat hierfür der Wohnsitzstaat das Besteuerungsrecht (vgl. z. B. Art. 8 DBA/NL).

Beispiel:
Max Reich, der eine 30%ige Beteiligung an einer inländischen AG hält (Anschaffungskosten 100 000 000 DM (gemeiner Wert 300 000 000 DM) verlegt seinen Wohnsitz in die Niederlande.
Da die Niederlande nach Art. 8 das Besteuerungsrecht haben, kann eine spätere Veräußerung im Inland nicht mehr versteuert werden. Es liegen zwar inländische Einkünfte i. S. des § 49 Abs. 1 Nr. 2e vor. Sie sind aber nach dem DBA in der BRD steuerbefreit (Art. 8 DBA/NL).
§ 6 AStG besteuert daher bei Wohnsitzverlegung den Wertzuwachs wie eine Veräußerung des Anteils.

9.4.2 Voraussetzungen für die Besteuerung

a) Der Anteilsinhaber muß **mindestens 10 Jahre** im Inland einen Wohnsitz oder gewöhnlichen Aufenthalt gehabt haben.

Nicht erforderlich ist, daß der Stpfl. gleichzeitig die deutsche Staatsangehörigkeit besessen hat.

Für Personen, die für weniger als 10 Jahre die unbeschränkte Stpfl. begründet haben, trifft § 6 AStG nicht zu.

b) Es muß eine **Wohnsitzverlegung** in das Ausland erfolgt sein – also ein Wegfall der unbeschränkten Steuerpflicht;

c) Im Zeitpunkt der Wohnsitzverlegung müssen die Voraussetzungen für § 17 vorgelegen haben.

Im einzelnen sind daher erforderlich:

 aa) Vorliegen einer Beteiligung an einer inländischen Kapitalgesellschaft,

 bb) die – vom Zeitpunkt der Wohnsitzverlegung an berechnet – innerhalb der letzten 5 Jahre mehr als 25 v. H. Jahre betragen haben muß.

Beispiel:
A wohnt seit dem Jahr 01 im Inland und verlegt seinen Wohnsitz noch im Jahre 11 ins Ausland. A hatte im Jahre 07 eine Beteiligung von 30 v. H. an der X-AG erworben, die im Zeitpunkt des Wohnsitzwechsels nur noch in Höhe von 10 v. H. bestand.
Die Voraussetzungen des § 6 AStG liegen vor. Die wesentliche Beteiligung bestand noch im Zeitpunkt des Wohnsitzwechsels, weil A innerhalb der letzten 5 Jahre zu mehr als 25 v. H. an der X-AG beteiligt war.

 cc) Sind die Anteile ganz oder teilweise durch unentgeltliches Rechtsgeschäft erworben worden, sind für die Errechnung der maßgebenden Dauer der unbeschränkten Steuerpflicht auch Zeiträume einzubeziehen, in denen der Rechtsvorgänger bis zur Übertragung der Anteile unbeschränkt steuerpflichtig war (§ 6 Abs. 2 AStG).

§ 21 UmwStG geht Art. 6 AStG vor.

Vgl. im einzelnen Anwendungserlaß AStG **Tz 6**.

9.4.3 Talbestände, die einer Wohnsitzverlegung gleichstehen

Folgende Tatbestände stehen nach § 6 Abs. 3 AStG einer Wohnsitzverlegung gleich:

a) die ganz oder teilweise unentgeltliche Übertragung an eine nicht unbeschränkt stpfl. Person.

b) die Begründung eines Wohnsitzes oder gewöhnlichen Aufenthaltes oder die Erfüllung eines ähnlichen Merkmales in einem ausländischen Staat, das zur Ansässigkeit i. S. eines betreffenden DBA führt.

Beispiel:
A hat sowohl in der BRD als auch in den Niederlanden einen Wohnsitz. Da die überwiegenden Interessen in den Niederlanden liegen, hat er in den NL nach Art. 2 DBA/NL seinen Wohnsitz, ohne daß ein Wechsel der Steuerpflicht gegeben ist.

c) Die Einlage der Anteile in einen Betrieb oder eine Betriebstätte in einem ausländischen Staat, falls der BRD das Besteuerungsrecht hierdurch entzogen wird.

d) Der Tausch von Anteilen gegen Anteile an einer ausländischen Kapitalgesellschaft.

9.4.4 Ermittlung des Veräußerungsgewinnes

An die Stelle des Veräußerungspreises tritt der **gemeine Wert** der Anteile im Zeitpunkt der Beendigung der unbeschränkten Steuerpflicht. Der Veräußerungsgewinn wird daher wie folgt ermittelt:

| Gemeiner Wert | im Zeitpunkt der Beendigung der unbeschränkten Steuerpflicht oder eines Tatbestandes i. S. des § 6 Abs. 3 AStG.

./. | Anschaffungskosten | bzw. | gemeiner Wert bei erstmaliger Begründung der unbeschränkten Steuerpflicht |

= fiktiver Veräußerungsgewinn

§ 17 Abs. 3 und § 34 sind anzuwenden (§ 6 Abs. 1 Sätze 3 und 4 AStG).

Lösung des Eingangsbeispiels (unter 9.4.1):

gemeiner Wert	300 000 000 DM
Anschaffungskosten	100 000 000 DM
Veräußerungsgewinn i. S. § 17 EStG, § 6 AStG	200 000 000 DM

Der Veräußerungsgewinn ist im Rahmen des **Höchstbetrags** von **30 000 000 DM** nach § 34 Abs. 1 tarifbegünstigt.

Bei Anteilen, für die der Stpfl. nachweist, daß ihm diese bereits im Zeitpunkt **der erstmaligen** Begründung der unbeschränkten Stpfl. gehört haben, ist beim **erneuten** Wechsel der Steuerpflicht als Anschaffungskosten der gemeine Wert der Anteile zum Zeitpunkt der **erstmaligen** Begründung der unbeschränkten Steuerpflicht anzusetzen (§ 6 Abs. 1 Satz 2 AStG).

9.4.5 Spätere Veräußerung des Anteils

Wird ein Anteil nach dem Wohnsitzwechsel veräußert, so unterliegt der dabei entstehende Veräußerungsgewinn nach § 49 Abs. 1 Nr. 2e i. V. m. § 17 der beschränkten Steuerpflicht. Hierbei ist aber der versteuerte Wertzuwachs bei Wegzug ins Ausland bei der Besteuerung zu berücksichtigen (vgl. Tz 6.1.3.1, a. a. O.).

Beispiel:

A ist am 1.1.02 in das Bundesgebiet zugezogen und am 31.12.12 weggezogen. Eine wesentliche Beteiligung an einer inländischen GmbH, die A am 1.1.01 für 1 Mio. DM erworben hatte, besaß am 1.1.02 einen gemeinen Wert von 3 Mio. DM und am 31.12.12 von 10 Mio. DM. Sie wurde am 1.1.14 für 17 Mio. DM veräußert.

Für den Veranlagungszeitraum 12 ist der Stpfl. mit dem Wertzuwachs seit dem Zuzug in Höhe von 7 Mio. DM (= 10 Mio. DM ./. 3 Mio. DM) unbeschränkt steuerpflichtig.

Für den VZ 14 ergibt sich folgender Veräußerungsgewinn:

Veräußerungspreis	17 Mio. DM
abzüglich AK	1 Mio. DM
abzüglich bereits versteuerten Wertzuwachs	7 Mio. DM
stpfl. Veräußerungsgewinn	9 Mio. DM

Der Veräußerungsgewinn ist also um den bereits versteuerten Vermögenszuwachs zu kürzen.

9.4.6 Stundung der Steuer

Die geschuldete Steuer auf den Wertzuwachs i. S. des § 6 Abs. 1 AStG ist auf Antrag in regelmäßigen Teilbeträgen für einen Zeitraum von höchstens fünf Jahren mit Eintritt der ersten Fälligkeit gegen Sicherheitsleistung zu stunden, wenn ihre alsbaldige Einbeziehung mit erheblichen Härten für den Stpfl. verbunden wäre (§ 6 Abs. 5 AStG). Es können Zinsen gemäß 234 Abs. 1 AO erhoben werden (BFH, BStBl 1992 II 321).

9.4.7 Berichtigung der Veranlagung

Die Steuerfestsetzung ist zu berichtigen, wenn der Stpfl. nach vorübergehender Abwesenheit innerhalb von fünf Jahren unbeschränkt steuerpflichtig wird. Das Finanzamt kann die Frist um höchstens weitere fünf Jahre verlängern, wenn der Stpfl. eine berufliche Veranlassung seiner Anwesenheit glaubhaft macht. Vgl. § 6 Abs. 4 AStG.

9.4.8 Veranlagung

Der nach § 6 AStG steuerpflichtige Vermögenszuwachs unterliegt der **unbeschränkten** Steuerpflicht. Er ist zusammen mit anderen Einkünften, die der Stpfl. in dem betreffenden Veranlagungszeitraum erzielt hat, zu besteuern (vgl. § 2 Abs. 7 S. 3).

9.5 Zugriffsbesteuerung

Die **Zugriffsbesteuerung** nach den **§§ 7 bis 14 AStG** bezweckt, daß im Inland ansässige Personen, die an ausländischen Gesellschaften beteiligt sind, die Einkünfte aus „nicht aktiver Geschäftstätigkeit" erzielen, mit einem daraus abgeleiteten Betrag **(Hinzurechnungsbetrag)** entsprechend ihrem Beteiligungsanteil in der Bundesrepublik steuerpflichtig sind (siehe hierzu BFH, BStBl 1990 II 114). Diese Vorschrift betrifft im wesentlichen Beteiligungen von Inländern an ausländischen Holding-Gesellschaften, die selbst keinen Geschäftsbetrieb haben. Diese Gesellschaften werden auch **Zwischengesellschaften** genannt. Die Gesellschafter sollen grundsätzlich so behandelt werden, als seien sie an dem Vermögen ohne Zwischenschaltung der sogenannten Zwischengesellschaft unmittelbar beteiligt (vgl. im einzelnen §§ 7 und 8 AStG und Anwendungserlaß Tz 7 und 8).

Beispiel:
A mit Wohnsitz in Dortmund ist Alleingesellschafter der X-AG in Vaduz. A hat einen Gewerbebetrieb in Dortmund und in Stuttgart. Die X-AG in Vaduz ist Eigentümerin verschiedener Patente, die A entwickelt hat, und gewerblicher Erfahrungen, die sie den Betrieben des A gegen Lizenzen überlassen hat. Darüber hinaus ist sie Eigentümerin von Maschinen und Ausrüstungsgegenständen, die sie A zur Nutzung in seinen Betrieben im Inland gegen Mietzahlungen überlassen hat. Darüberhinaus hält sie mehrere Beteiligungen an inländischen Kapitalgesellschaften.
Es handelt sich bei der X-AG um eine sogenannte Zwischengesellschaft i. S. des § 8 AStG.
Da A zu 100 v. H. an der X-AG beteiligt ist, ist er in vollem Umfang hinsichtlich der Einkünfte, für die die X-AG Zwischengesellschaft ist, steuerpflichtig (§ 7 Abs. 1 AStG). Das gilt für die Lizenzeinkünfte und die Miet- und Pachtzahlungen, § 8 Abs. 1 Nr. 6 Buchstabe a und c AStG. Dieser Hinzurechnungsbetrag gilt beim Stpfl. als Einkünfte aus Kapitalvermögen i. S. des § 20 Abs. 1 Nr. 1 EStG (§ 10 Abs. 2 AStG). Er gilt A unmittelbar nach Ablauf des WJ der Zwischengesellschaft als zugeflossen.

Eine Tätigkeit i. S. des § 8 Abs. 1 AStG ist demjenigen zuzurechnen, für dessen Rechnung sie ausgeübt wird. Ist eine (erste) ausländische Gesellschaft in der Weise in die Einkaufs- und Verkaufstätigkeit einer zweiten ausländischen Gesellschaft für eine dritte ausländische Gesellschaft eingeschaltet, daß die zweite und die dritte Gesellschaft lediglich Zahlungen und Schriftverkehr auf den Namen der ersten Gesellschaft laufen lassen, ohne daß diese über eigenes Personal oder Büroräume verfügt, so werden die Bruttoerträge nur von der (zweiten) ausländischen Gesellschaft erzielt, die die Einund Verkaufstätigkeit ausübt (BFH, BStBl 1993 II 223).

O. Veranlagung von Arbeitnehmern (§ 46 EStG)

1. Bedeutung der Vorschrift

Zweck des § 46 ist es, die durch das ESt-Abzugsverfahren bedingten Besteuerungsunterschiede zwischen Arbeitnehmern und anderen Stpfl. zu beseitigen (BVerG, BStBl 1968 II 70).

Veranlagungsfälle des § 46 sind Ausnahmen zu dem Grundsatz der Abgeltungswirkung der LSt (§ 46 Abs. 4 S. 1). Denn grundsätzlich ist die Einkommensteuer, soweit sie auf die Einkünfte aus nichtselbständiger Arbeit entfällt, durch den Steuerabzug abgegolten, abgesehen von den Fällen einer Nachforderung zu wenig einbehaltener Lohnsteuer nach § 42d Abs. 2.

Nur im Rahmen des § 46 ist eine Milderung der Besteuerung durch Härteausgleich in bestimmten Fällen als Überleitung zur vollen Besteuerung vorgesehen (§ 46 Abs. 3 EStG und § 70 EStDV); vgl. hierzu nachfolgend 3.3.

2. Voraussetzungen

Eine Veranlagung nach § 46 setzt voraus, daß
1. im Einkommen Einkünfte aus § 19 enthalten sind; diese können im Extremfall 0 DM betragen.
2. hiervon ein LSt-Abzug zu Recht vorgenommen worden ist; bei zu Recht unterbliebenem LStAbzug ist § 46 nicht anwendbar; in diesem Falle erfolgt ggf. eine Veranlagung nach § 25.

   Bei vorschriftswidrig unterlassenem LSt-Abzug ist eine Veranlagung unter den sonstigen Voraussetzungen des § 46 durchzuführen.

   Sind diese nicht erfüllt, ist die LSt außerhalb der Veranlagung nachzufordern.
3. ein Veranlagungstatbestand des § 46 gegeben ist.
4. nur bei Antragsveranlagung: daß die Antragsfrist nicht abgelaufen ist.

   Vgl. § 46 Abs. 2 Sätze 2 und 3 und 2.2.13, 2.3.

2.1 Veranlagungstatbestände des § 46 EStG

Arbeitnehmerveranlagungen sind
- teils Zwangsveranlagungen (d.h. von **Amts wegen** durchzuführende)
- teils Antragsveranlagungen

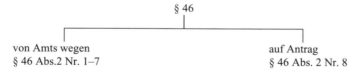

Die Aufzählung der Tatbestände ist **abschließend**.

2.2 Fälle der Zwangsveranlagung

2.2.1 Wegfall der allgemeinen Veranlagungsgrenze

Die allgemeine Veranlagungsgrenze des § 46 Abs. 1 a. F. ist mit Wirkung ab VZ 1996 **entfallen** (– JStG 1996 –).

2.2.2 Andere Einkünfte von mehr als 800 DM (§ 46 Abs. 2 Nr. 1 EStG)

Nach § 46 Abs. 2 Nr. 1 ist eine Veranlagung durchzuführen, wenn der Stpfl. „Nebeneinkünfte", die zu Recht nicht der LSt unterlegen haben (1. Gruppe),

oder Einkünfte und Leistungen, die dem Progressionsvorbehalt (§ 32 b) unterliegen (2. Gruppe), von mehr als 800 DM erzielt hat.

Die Freigrenze von 800 DM gilt **jeweils** für die **einzelne Gruppe** von Einkünften/Leistungen.

In die Einkunftsgrenze von 800 DM sind bei stpfl. Nebeneinkünften (1. Gruppe) einzubeziehen

– stpfl. Einkünfte aus anderen Einkunftsarten als § 19,
– Arbeitslohn bei zulässigerweise unterbliebenem Lohnsteuerabzug.

Der Grund für den Veranlagungstatbestand „dem Progressionsvorbehalt unterliegende Einkünfte/Leistungen von mehr als 800 DM" ist die Anwendung dieses Progressionsvorbehalts (§ 32b) im Wege des Veranlagungsverfahrens bei Überschreitung der Bagatellgrenze.

Beispiele:

1. Der Stpfl. bezog im VZ
   Einkünfte aus § 19   20 000 DM
   § 21   900 DM

   Veranlagung nach § 46 Abs. 2 Nr. 1, da die anderen Einkünfte 800 DM übersteigen.

2. Einkünfte aus § 19   20 000 DM
   Entschädigung für entgangenen Arbeitslohn von 810 DM.
   Hierbei handelt es sich um Arbeitslohn, von dem aber **zu Recht keine LSt** einbehalten wurde.
   Veranlagung nach § 46 Abs. 2 Nr. 1.
   Dabei Härteausgleich gemäß § 70 EStDV 1 600 DM ∕ 810 DM = 790 DM; vgl. nachfolgend 2.4.

3. 1 000 DM Arbeitslohn sind zu Unrecht nicht der LSt unterworfen. Es liegen keine „Nebeneinkünfte" i. S. des § 46 Abs. 2 Nr. 1 vor. Ggf. Nacherhebung der LSt außerhalb des Veranlagungsverfahrens.

Die 800-DM-Grenze ist eine Freigrenze.

Bei Überschreitung ist ein voller Ansatz der Nebeneinkünfte im Gesamtbetrag der Einkünfte vorzunehmen. Der Härteausgleich § 46 Abs. 5 EStG, § 70 EStDV erfolgt erst durch Abzug vom Einkommen.

Zur Feststellung der Grenzüberschreitung ist eine Saldierung positiver und negativer Nebeneinkünfte vorzunehmen. Dabei ist ein interner Verlustausgleich innerhalb der „Nebeneinkünfte" durchzuführen.

Beispiele:

1. Der Stpfl. bezog außer den Einkünften aus § 19
   § 20   1 000 DM
   § 21   ∕   300 DM
                                                   700 DM < 800 DM

   Keine Veranlagung nach § 46 Abs. 2 Nr. 1.

2. § 15   1500 DM
   § 21   ∕   600 DM

   900 DM > 800 DM → Veranlagung nach § 46 Abs. 2 Nr. 1.

3. Einkünfte
   § 19   20 000 DM
   § 20   1 000 DM
   Einkünfte/Leistungen i. S. § 32b   800 DM.

   Es ist eine Veranlagung nach § 46 Abs. 2 Nr. 1 durchzuführen, da die stpfl. Nebeneinkünfte **(1. Gruppe)** mehr als 800 DM betragen. Hierbei ist der Härteausgleich nach § 46 Abs. 5 EStG, § 70 EStDV in Höhe von 1 600 DM ∕ 1 000 DM = 600 DM vom Einkommen abzuziehen.
   Der Härteausgleich nach § 46 Abs. 3 ist bei der 2. Gruppe (Zuflüsse i. S. des § 32b) **nicht** zu gewähren (BFH, BStBl 1994 II 655). Daher wird der Progressionsvorbehalt für die Einkünfte/Leistungen von 800 DM m. E. trotz Nichtüberschreitung der Freigrenze angewendet.

4. Einkünfte
   § 19   20 000 DM
   § 20   800 DM
   Einkünfte/Leistungen i. S. § 32b   1 000 DM.

Es ist eine Veranlagung nach § 46 Abs. 2 Nr. 1 zur Anwendung des § 32b für Zuflüsse von 1 000 DM durchzuführen.

Auf die Nebeneinkünfte aus § 20 von 800 DM ist § 46 Abs. 3 anzuwenden, d. h. ein Härteausgleich von 800 DM ist vom Einkommen wieder abzuziehen.

Eine Minderung der 800-DM-Grenze tritt bei der **1. Gruppe** ein durch den Freibetrag gemäß § 13 Abs. 3 und den Altersentlastungsbetrag (§ 24a).

Beispiel:

A (ledig) bezog im VZ 01 Einkünfte aus § 19 in Höhe von 20 000 DM. Daneben erzielte er im VZ 01 Einkünfte aus § 13 in Höhe von 2 800 DM.

Es ist **keine** Veranlagung nach § 46 Abs. 2 Nr. 1 durchzuführen, da die Nebeneinkünfte nach Abzug des Freibetrags nach § 13 Abs. 3 genau 800 DM betragen.

Bei Zusammenveranlagung von Ehegatten nach § 26b erfolgt **keine** Verdoppelung der 800-DM Grenze.

Beispiel:

	Ehemann	Ehefrau
§ 19	20 000 DM	25 000 DM
§ 20	5 000 DM	
§ 21		− 4 000 DM

Veranlagung nach § 46 Abs. 2 Nr. 1 (saldierte Nebeneinkünfte 1 000 DM, also über 800 DM).

Ehegatten sind auch dann gemäß § 46 Abs. 2 Nr. 1 zusammen zu veranlagen, wenn nur **ein** Ehegatte dem Progressionsvorbehalt zu unterwerfende Einkünfte von mehr als 800 DM bezogen hat (BFH, BStBl 1991 II 84).

2.2.3 Mehrere Dienstverhältnisse (§ 46 Abs. 2 Nr. 2 EStG)

Nach § 46 Abs. 2 Nr. 2 ist eine Veranlagung durchzuführen, wenn der Stpfl. Arbeitslohn aus **mehreren Dienstverhältnissen** bezogen hat.

Die Veranlagungspflicht für Arbeitslöhne von – nebeneinander – mehreren Arbeitgebern ist **nicht einkommensabhängig**. Entsprechendes gilt für Versorgungsbezüge bei Bezug von mehreren Arbeitgebern bei Anspruch auf Freibetrag nach § 24a.

Durch diesen Veranlagungstatbestand wird **auch (automatisch)** eine Beschränkung des Altersentlastungsbetrages auf den Höchstbetrag von 3 720 DM erreicht.

Beispiel:

Ein lediger Arbeitnehmer (65 Jahre) bezog
– eine Pension von 12 000 DM und
– laufenden Arbeitslohn 6 000 DM.

Es ist eine Veranlagung nach § 46 Abs. 2 Nr. 2 durchzuführen, da Arbeitslohn aus mehreren Dienstverhältnissen erzielt wurde.

Die Vorschrift sichert **auch (automatisch)** die Beschränkung des Versorgungsfreibetrags auf den Höchstbetrag von 6 000 DM.

Das Höchstbetrag von 6 000 DM nach § 19 Abs. 2 wird bei Versorgungsbezügen von 15 000 DM erreicht.

Beispiel:

		vom Arbeitgeber berücksichtigter Versorgungsfreibetrag:
1. Pension	8 500 DM	40 % = 3 000 DM
2. Pension	9 000 DM	40 % = 3 600 DM
	17 500 DM	6 600 DM

Durch Veranlagung nach § 46 Abs. 2 Nr. 2 wird der Versorgungsfreibetrag auf 6 000 DM begrenzt.

Bei Zusammenveranlagung (§ 26b) ist § 46 Abs. 2 Nr. 2 nur anwendbar, wenn **einer** der Ehegatten Arbeitslohn aus mehreren Dienstverhältnissen bezogen hat.

2.2.4 Anwendung der gekürzten Vorsorgepauschale (§ 46 Abs. 2 Nr. 3 EStG)

Die Vorschrift stellt die Anwendung der gekürzten Vorsorgepauschale i. S. des § 10c Abs. 3 in den Fällen sicher, in denen der Arbeitnehmer, obwohl er zum Personenkreis des § 10c Abs. 3 gehört, für das ganze Jahr oder einen Teil des Jahres nach der Allgemeinen LSt-Tabelle mit der ungekürzten Vorsorgepauschale besteuert worden ist.

Voraussetzungen sind

- Zugehörigkeit des Stpfl. zum Personenkreis des § 10c Abs. 3
- Erhebung der LSt in StKl I – IV für einen Teil des VZ nach der allgemeinen LSt-Tabelle A.

Bei bestehender Sozialversicherungspflicht braucht der Arbeitgeber nicht zu prüfen, ob die LSt nach der Allgemeinen LSt-Tabelle (mit ungekürzter Vorsorgepauschale) oder der Besonderen LSt-Tabelle (mit gekürzter Vorsorgepauschale) zu ermitteln ist.

Daher wird die LSt im Abzugsverfahren nach der Allgemeinen LSt-Tabelle erhoben. Die Anwendung der gekürzten Vorsorgepauschale wird erst im Wege der Zwangsveranlagung verwirklicht.

2.2.5 Bezug von Arbeitslohn durch beide Ehegatten (§ 46 Abs. 2 Nr. 3a EStG)

Ein Veranlagungsfall liegt bei **zusammenveranlagten** Ehegatten vor nach § 46 Abs. 2 Nr. 3a im Fall der Steuerklassenkombinationen III/V oder III/VI eines Ehegatten für einen Teil des Jahres.

Beide Ehegatten müssen also Arbeitslohn bezogen haben. Die Dienstverhältnisse brauchen aber nicht nebeneinander vorgelegen haben.

Dagegen findet bei der Steuerklassenkombination IV/IV keine Veranlagung nach § 46 Abs. 2 Nr. 3a statt (da sich hier aufgrund des Tarifs regelmäßig sogar LSt-Überzahlungen ergeben), sondern nur aus anderen Gründen.

Beispiel:

Bei zusammenveranlagten Ehegatten in Steuerklasse IV/IV mit Nebeneinkünften von mehr als 800 DM findet eine Veranlagung nach § 46 Abs. 2 Nr. 1 statt (nicht aber nach § 46 Abs. 2 Nr. 3a).

2.2.6 Eintragung eines Freibetrags auf der Lohnsteuerkarte nach § 39a Abs. 1 Nr. 1 bis 3, 5 und 6 EStG (§ 46 Abs. 2 Nr. 4 EStG)

Nach § 39a Abs. 1 Nr. 5 kann im Rahmen des LSt-Ermäßigungsverfahrens ein Freibetrag wegen **Verlusten** (grds. aus **allen Einkunftsarten**) sowie der **Förderung** des **Wohneigentums** eingetragen werden. Es handelt sich dabei um

- Beträge, die nach § 52 Abs. 21 Satz 4 und Satz 5 wie Sonderausgaben abgezogen werden können
- Abzugsbeträge nach § 10e und § 10f
- Freibetrag zur vorläufigen Abgeltung des § 34f.

§ 37 Abs. 3 ist zu beachten. **VuV**–Verluste sind erst **nach** dem Jahr der Fertigstellung/Anschaffung eintragungsfähig (§ 37 Abs. 3 S. 7); dies gilt **nicht** bei Sonder-AfA nach **BerlinFG** und **§ 4 FörderGG** (§ 37 Abs. 3 **S. 9**).

Diese Beträge – insbesondere Verluste aus VuV – stehen bei Eintragung des Freibetrags auf der LSt-Karte noch nicht endgültig fest. Hier muß die Veranlagung von Amts wegen nach § 46 Abs. 2 Nr. 4 korrigierend eingreifen – unabhängig von einem Antrag nach § 46 Abs. 2 Nr. 8.

In den Fällen, in denen vom FA auf der LSt-Karte ein Kinderfreibetrag i. S. des § 39 Abs. 3a eingetragen worden ist, ist ebenfalls nach § 46 Abs. 2 Nr. 4 nach Ablauf des Kj eine **ESt-Veranlagung** durchzuführen.

2.2.7 Übertragung von Frei- und Pauschbeträgen bei nicht unter § 26 Abs. 1 EStG fallenden Elternpaaren (§ 46 Abs. 2 Nr. 4a EStG)

Eine Veranlagung beider Elternteile, die im VZ **nicht** die Voraussetzungen des § 26 **Abs. 1 Satz 1** erfüllen, ist in folgenden Fällen vorgesehen:

a) wenn im Fall des § 32 Abs. 6 Satz 3 Nr. 1 Alternative 2 einem Elternteil auf der Lohnsteuerkarte der Kinderfreibetrag eingetragen worden und der andere Elternteil im Kalenderjahr unbeschränkt einkommensteuerpflichtig geworden ist oder

b) wenn im Fall des § 32 Abs. 6 Satz 5 einem Elternteil auf der Lohnsteuerkarte der übertragene Kinderfreibetrag eingetragen worden ist oder ein Elternteil die Übertragung des Kinderfreibetrags beantragt.

In Fällen, in denen nur **einem Elternteil** ein Kinderfreibetrag nach § 32 Abs. 6 Satz 3 Nr. 1 oder § 32 Abs. 6 Satz 5 gewährt worden ist oder werden soll, ist eine Veranlagung nur durchzuführen, wenn es sich um dauernd getrennt lebende Ehegatten oder Eltern nichtehelicher Kinder handelt.

c) Bescheinigung der Steuerklasse II auf der LSt-Karte des Vaters mit Zustimmung der Mutter oder Beantragung des Haushaltsfreibetrags durch den Vater (vgl. § 32 Abs. 7 Satz 2).

d) Antrag auf Übertragung eines Anteils am Ausbildungsfreibetrag (§ 33a Abs. 2 Satz 11); vgl. G. 5.10.

e) Antrag auf andere Verteilung eines Körperbehinderten-Pauschbetrags eines Kindes als zur Hälfte (§ 33b Abs. 5 Satz 3); vgl. G. 7.8.

Betroffen sind

- geschiedene oder dauernd getrennt lebende Ehegatten und
- nicht verheiratete Elternpaare.

Die getrennten Anträge können zur Folge haben, daß bei dem übertragenden Elternteil die entsprechenden Steuerermäßigungen, soweit sie sich im LSt-Abzugsverfahren ausgewirkt haben, wieder rückgängig gemacht werden müssen; dies wird durch eine Veranlagung beider Elternteile sichergestellt.

2.2.8 Eheauflösung und Wiederheirat eines Ehegatten im VZ (§ 46 Abs. 2 Nr. 6 EStG)

Eine Veranlagung ist in folgenden Fällen durchzuführen:

- Tod des Ehegatten des Arbeitnehmers und Wiederheirat des Arbeitnehmers im VZ
- Tod des Arbeitnehmers und Wiederheirat des Ehegatten im VZ
- Scheidung (oder Aufhebung der Ehe) des Arbeitnehmers und Wiederheirat des Arbeitnehmers oder seines früheren Ehegatten im VZ.

Der Veranlagungstatbestand stellt sicher, daß die Beteiligten zutreffend besteuert werden unter Berücksichtigung der Vorschriften

§ 26 Abs. 1 Satz 2 (vgl. D. 3.5) und § 32a Abs. 6 Nr. 2 (vgl. E.).

Es finden stets **zwei** Veranlagungen statt (für **beide Ehegatten** der durch Tod, Scheidung oder Aufhebung aufgelösten Ehe).

2.2.9 Anwendung des § 1 Abs. 3 und § 1a EStG (§ 46 Abs. 2 Nr. 7 EStG)

Eine Veranlagung ist auch durchzuführen, wenn

a) für einen unbeschränkt Stpfl. i. S. des § 1 Abs. 1 auf der LSt-Karte ein Ehegatte i. S. des § 1a Abs. 1 Nr. 2 (für § 26 und § 32a Abs. 5) berücksichtigt worden ist oder

b) für einen Stpfl. i. S. des § 1 Abs. 3 oder § 1a eine Bescheinigung des Betriebstätten-FA nach § 39c Abs. 4 erteilt worden ist.

2.3 Antragsveranlagungen nach § 46 Abs. 2 Nr. 8 EStG

Ein Antrag auf Veranlagung ist insbesondere möglich

- zur Anwendung von **Steuervergünstigungen** (§§ 34 ff.)
- zur Berücksichtigung von Verlusten anderen Einkunftsarten

- zur Berücksichtigung des **Verlustabzuges (§ 10d)**
- zur Berücksichtigung des § 10f und § 52 Abs. 21 Sätze 4 bis 6
- zur **Anrechnung von KapESt** (einschl. Zinsabschlagsteuer) auf die Steuerschuld.
- zur **Anrechnung von KSt** auf die Steuerschuld.

§ 46 Abs. 2 Nr. 8 greift nur ein, wenn nicht bereits eine Veranlagung nach § 46 Abs. 2 Nr. 1 bis 7 durchzuführen ist (R 217 Abs. 1). Der Antrag ist bis zum Ablauf des auf den betreffenden VZ folgenden **zweiten** KJ durch Abgabe einer ESt-Erklärung zu stellen (§ 46 Abs. 2 Nr. 8 Satz 2). Zur Antragsfrist wegen § **10d** oder § **34f Abs. 3** vgl. § 46 Abs. 2 Nr. 8 Satz 3.

Für die Anwendung des **ermäßigten Steuersatzes** nach § **34 Abs. 1, 2** hat § 46 Abs. 2 Nr. 8 praktische Bedeutung für **lohnsteuerpflichtige** außerordentliche Einkünfte.

Dies sind nur Entschädigungen i. S. des § 24 Nr. 1, z. B. stpfl. Entlassungsabfindungen.

Dagegen ist ein Antrag nach § 46 Abs. 2 Nr. 8 grds. unzulässig, wenn die nach § 34 Abs. 1, 2 tarifbegünstigten Einkünfte nicht der LSt unterliegen und nicht mehr als 800 DM betragen.

In solchen Fällen werden die Nebeneinkünfte bereits durch den Härteausgleich nach § 46 Abs. 3 freigestellt. Das gilt auch, wenn eine Veranlagung zur Anwendung des § 34 f (Abzug von der Steuerschuld in Höhe von 1 000 DM je Kind bei Inanspruchnahme von Grundförderung nach § 10e) beantragt wird.

Enthalten dagegen die nicht der LSt unterliegenden „Nebeneinkünfte" **auch** Verluste, so kann wegen der steuerbegünstigten positiven Einkünfte ggf. eine Veranlagung nach § 46 Abs. 2 Nr. 8 durchgeführt werden. S. auch R 197 Abs. 1. Denn für die Besteuerung der nach §§ 34, 34b, 34c und 35 begünstigten Einkünfte sind die Verluste zunächst mit den nicht begünstigten Einkünften einschließlich der Einkünfte aus nichtselbständiger Arbeit auszugleichen.

Der Antrag **für Verluste aus anderen Einkunftsarten** ist möglich, wenn die Einkünfte, von denen zu Recht ein Steuerabzug nicht vorzunehmen ist, insgesamt einen **Verlustbetrag** ergeben. Die Freibeträge nach § 13 Abs. 3 und § 24a **erhöhen** den Verlust.

Beispiel:

Der Arbeitnehmer erzielte
Einkünfte aus § 20   600 DM
§ 21   ∕. 1 000 DM (Verlust)
                          ∕.   400 DM

Antragsveranlagung gemäß § 46 Abs. 2 Nr. 8 ist möglich.

Durch § 46 Abs. 2 Nr. 8 ist auch eine Anwendung des negativen Progressionsvorbehalts (vgl. N. 5.2.5) möglich.

Bei nicht nach § 46 Abs. 2 von Amts wegen zu veranlagenden Arbeitnehmern ist eine **Berücksichtigung von Verlustabzügen** nach § 10d nur durch Antragsveranlagung möglich. Es ist zu beachten, daß der Antrag für das jeweilige **Abzugsjahr** (nicht das Verlustentstehungsjahr) zu stellen ist.

Der Antrag auf Veranlagung zur Berücksichtigung eines Verlustes für den zweiten vorangegangenen VZ ist bis zum Ablauf des diesem folgenden vierte KJ und für den ersten vorangegangenen VZ bis zum Ablauf des diesem folgenden dritten KJ zu stellen (§ 46 Abs. 2 Nr. 8 Satz 3).

Diese Antragsfristen stellen sicher, daß im Ergebnis die Fristen zur Stellung des Antrags auf Veranlagung wegen Verlustausgleich im Verlustentstehungsjahr (§ 46 Abs. 2 Satz 2) und auf Veranlagung der Vorjahre zum Zwecke des Verlustrücktrags (§ 46 Abs. 2 Satz 3) in demselben Zeitpunkt enden, nämlich bis zum Ablauf des zweiten KJ, das dem Verlustentstehungsjahr folgt.

Die Anrechnung setzt die tatsächliche Einbehaltung voraus.

Betragen die Einkünfte aus § 20 (ggf. zusammen mit anderen nicht der LSt unterliegenden Einkünften) nicht mehr als 800 DM, kann eine Anrechnung von KapESt durch Antrag nach § 46 Abs. 2 Nr. 8 bewirkt werden. Dabei werden die Nebeneinkünfte – also auch die betreffenden Kapitaleinkünfte selbst – durch den Härteausgleich nach § 46 Abs. 3 von der Besteuerung freigestellt.

Stattdessen ist in bestimmten Fällen auch eine Erstattung der KapESt nach § 44b möglich.

Arbeitnehmer, die nicht aus anderen Gründen nach § 46 zu veranlagen sind, können sich **anrechenbare KSt** (§ 36 Abs. 2 Nr. 3) entweder durch Veranlagung nach § 46 Abs. 2 Nr. 8 oder Vergütung (§§ 36b bis 36d) erstatten lassen.

3. Härteausgleich

3.1 Allgemeines

Es ist zu unterscheiden zwischen dem Härteausgleich § 46 Abs. 3 EStG und § 46 Abs. 5 EStG, § 70 EStDV.

Sinn der Vorschrift ist es, eine Milderung der Besteuerung von Arbeitnehmern mit nicht der LSt unterliegenden Nebeneinkünften herbeizuführen.

Nach § 46 Abs. 3 werden in den Fällen des § 46 Abs. 2 Nr. 2 bis 4, 6 bis 8 Nebeneinkünfte bis 800 DM durch Abzug eines Betrags in Höhe der Nebeneinkünfte vom Einkommen (tariflicher Freibetrag) von der ESt freigestellt.

Nach §§ 46 Abs. 5 EStG, 70 EStDV werden in den Fällen des § 46 Abs. 2 Nr. 1 – 4, 6 bis 8 Nebeneinkünfte von mehr als 800 DM, aber weniger als 1 600 DM stufenweise auf die volle Besteuerung übergeleitet durch Abzug eines Betrages von 1 600 DM abzüglich der Nebeneinkünfte vom Einkommen.

3.2 Anwendungsbereich

Übersicht

§ 46 Abs. 2 Nr. 1 EStG Nebeneinkünfte über 800 DM	§ 46 Abs. 2 Nr. 2 bis 4, 6 bis 8 EStG	§ 46 Abs. 2 Nr. 8 EStG, soweit Antrag auf Verlustausgleich
Härteausgleich nur nach §§ 46 Abs. 5 EStG, 70 EStDV	a) Nebeneinkünfte nicht über 800 DM: § 46 Abs. 3 EStG	Kein Härteausgleich (Nebeneinkünfte = Verlustbetrag)
	b) Nebeneinkünfte über 800 DM bis 1 600 DM: §§ 46 Abs. 5 EStG, 70 EStDV	

3.3 Härteausgleich nach § 46 Abs. 3 EStG

3.3.1 Voraussetzungen

a) Einer der in § 46 Abs. 2 aufgeführten **Veranlagungsbestände** muß erfüllt sein. Dies ist ohne die Anwendung des Härteausgleichs zu prüfen.

§ 46 Abs. 3 und 5 sind auch anwendbar bei einer Veranlagung nach § 25, d. h. wegen zu Recht unterbliebenem LSt-Abzug (ausländischer Arbeitgeber); BFH, BStBl 1992 II 720 und H 173).

In den Fällen des § 46 Abs. 2 Nr. 8 bedarf es eines Härteausgleichs nicht, soweit ein Verlustausgleich geltend gemacht wird.

b) Die Nebeneinkünfte (= Einkünfte, von denen zu Recht ein LSt-Abzug nicht vorgenommen worden ist) dürfen insgesamt 800 DM nicht übersteigen.

Positive und **negative** Nebeneinkünfte sind dabei – wie bei § 46 Abs. 2 Nr. 1 – zu **saldieren**.

Der Härteausgleich wird von Amts wegen berücksichtigt. Vgl. auch **H 217**.

3.3.2 Durchführung

Im Gesamtbetrag der Einkünfte (§ 2 Abs. 3) werden die Nebeneinkünfte in **ungekürzter Höhe** angesetzt.

Der Abzug erfolgt vom Einkommen.

Beispiel:

Einkünfte	§ 19	25 000 DM	
	§ 20	1 700 DM	(mit KapESt)
	§ 21	./. 900 DM	

Antrags-Veranlagung nach § 46 Abs. 2 Nr. 8 (Anrechnung von KapESt).

Die Nebeneinkünfte von (saldiert) 800 DM werden vom Einkommen abgezogen (trotzdem Erstattung der vollen KapESt).

Der Ausgleichsbetrag bestimmt sich nach der Höhe der Einkünfte, von denen (zu Recht) kein LStAbzug vorgenommen worden ist.

Arbeitslohn ist bei vorschriftswidrig unterbliebenem LSt-Abzug nicht in die Ermittlung des Härteausgleichs einzubeziehen.

Beispiel:

Es wurde kein LSt-Abzug bei 2. Dienstverhältnis vorgenommen (Arbeitslohn 700 DM); kein Härteausgleich.

Nicht einzubeziehen in die Veranlagung und den Härteausgleich sind steuerfreie ausländische Einkünfte aus DBA-Staaten und Leistungen/Einkünfte i. S. des § 32b Abs. 1 Nr. 1 (BFH, BStBl 1994 II 654). Bei der Anwendung des Progressionsvorbehalts sind sie jedoch zu berücksichtigen; vgl. oben 2.2.2.

Bei Zusammenveranlagung von Ehegatten (§ 26b) sind die Nebeneinkünfte der Ehegatten zu saldieren.

Der Betrag von 800 DM ist **nicht** zu verdoppeln.

- **Zusammentreffen des Härteausgleichs mit dem Freibetrag nach § 13 Abs. 3 EStG**

Kommt für den VZ der Abzug sowohl des Freibetrags nach § 13 Abs. 3 als auch des Ausgleichsbetrags nach § 46 Abs. 3 in Betracht, so ist dieser Ausgleichsbetrag um den Betrag zu kürzen, um den beide Beträge zusammen die Summe der Einkünfte, die nicht der Lohnsteuer zu unterwerfen waren, übersteigen (§ 46 Abs. 3 Satz 2). Sinn dieser Kürzung ist, eine doppelte Entlastung zu vermeiden.

Beispiel:

Außer Einkünften aus § 19 hat der Stpfl. (unter 64 Jahre alt), auf dessen LSt-Karte ein Freibetrag nach § 39a Abs. 1 Nr. 5 eingetragen ist, noch die folgenden Einkünfte erzielt:

Einkünfte aus § 13	300 DM
Einkünfte aus § 21	400 DM
Einkünfte, die nicht der Lohnsteuer zu unterwerfen waren, insgesamt	700 DM

Das Einkommen **vor** Abzug des Freibetrags nach § 13 Abs. 3 beträgt nicht mehr als 50 000 DM.

Bei der Ermittlung des Gesamtbetrags der Einkünfte ist von der Summe der Einkünfte der Freibetrag nach § 13 Abs. 3 in Höhe von 300 DM abzuziehen.

Der Ausgleichsbetrag nach § 46 Abs. 3 von 700 DM ist bei der Veranlagung nach § 46 Abs. 2 Nr. 4 wie folgt zu kürzen:

Nebeneinkünfte	700 DM
./. Freibetrag § 13 Abs. 3	− 300 DM
anzusetzender Härteausgleich	400 DM

Dieser Betrag entspricht den anderen, nicht durch § 13 Abs. 3 entlasteten Nebeneinkünften.

- **Kürzung des Härteausgleichs um den Altersentlastungsbetrag (§ 46 Abs. 3 S. 2 EStG)**

Der Ausgleichsbetrag nach § 46 Abs. 3 vermindert sich um den Altersentlastungsbetrag (§ 24a), soweit dieser 40 v. H. des Arbeitslohns mit Ausnahme der Versorgungsbezüge im Sinne des § 19 Abs. 2 übersteigt.

Sinn der Kürzung ist auch hier eine Vermeidung doppelter Entlastung.

Zu einer Kürzung kommt es nur bei Arbeitslöhnen unter 9 300 DM. Der Grund liegt in der Vermutung des Gesetzgebers zugunsten des Stpfl., daß der Altersentlastungsbetrag bei (stpfl.) Arbeitslöhnen ab 9 300 DM gedanklich voll auf die Teilbemessungsgrundlage Arbeitslohn und auch nicht teilweise auf die Nebeneinkünfte entfällt (40 % von 9 300 DM = 3 720 DM).

Ermittlung des Kürzungsbetrags:

Gesamter Altersentlastungsbetrag
∕. 40 % des Arbeitslohns
= Kürzungsbetrag (abzuziehen vom Härteausgleichsbetrag)

Beispiel:

Versorgungsbezüge (1. Arbeitgeber)	9 000 DM
laufender Arbeitslohn (2. Arbeitgeber)	6 000 DM
Einkünfte aus § 21	800 DM
Der Altersentlastungsbetrag beträgt nach § 24a:	
40 % von (6 000 DM + 800 DM) =	2 720 DM
Hiervon entfallen 40 % von 800 DM = 320 DM auf die Nebeneinkünfte.	
Minderung des Härteausgleichsbetrags nach § 46 Abs. 3	
von	800 DM
um	320 DM
Bei der Veranlagung nach § 46 Abs. 2 Nr. 2 zu gewährender Härteausgleich (nach § 46 Abs. 3): 800 DM ∕. 320 DM = 480 DM.	

3.4 Erweiterter Härteausgleich (§ 70 EStDV)

Betragen in den Fällen des § 46 Abs. 2 Nr. 1 bis 7 die Nebeneinkünfte i. S. des § 46 Abs. 3 (vermindert um die darauf entfallenden Beträge nach § 13 Abs. 3 und § 24a) insgesamt mehr als 800 DM, aber nicht mehr als 1 600 DM, so ist der Härteausgleich nach § 70 EStDV zu gewähren. Bei der Ermittlung der Einkunftsgrenze von 1 600 DM sind Einnahmen und Einkünfte nicht zu berücksichtigen, die nur bei der Berechnung der Einkommensteuer, z. B. nach § 32b, einbezogen werden.

Zur Ermittlung der Nebeneinkünfte vgl. im übrigen 3.3.

Beispiel:

Ein lediger Arbeitnehmer – unter 64 Jahre – hat außer Einkünften aus § 19 von 23 000 DM bezogen

Einkünfte aus § 20	2 000 DM
§ 21	∕. 500 DM
Nebeneinkünfte	1 500 DM
Veranlagung nach § 46 Abs. 2 Nr. 1.	
Dabei Härteausgleich nach § 70 EStDV	
Grenzbetrag	1 600 DM
∕. Nebeneinkünfte	1 500 DM
vom Einkommen abzuziehender Milderungsbetrag	100 DM

Bei Zusammentreffen von § 70 EStDV mit einem Freibetrag nach § 13 Abs. 3 ist – wie bei § 46 Abs. 3 – eine Kürzung des Härteausgleichs vorzunehmen.

Ebenfalls zur Vermeidung einer Doppelentlastung enthält § 70 Satz 2 EStDV eine dem § 46 Abs. 3 Satz 2 entsprechende Kürzung des Ausgleichsbetrags i. S. des § 70 EStDV im Zusammenhang mit dem Altersentlastungsbetrag (§ 24a).

Beispiele:

1. Ein 65jähriger Arbeitnehmer hat im Kalenderjahr bezogen:

Versorgungsbezüge	10 000 DM
Arbeitslohn aus einem aktiven Dienstverhältnis	6 000 DM
Einkünfte aus selbständiger Arbeit	3 000 DM
Verlust aus Vermietung und Verpachtung	− 1 600 DM

Der Altersentlastungsbetrag beträgt 40 v. H. von (6 000 DM + 3 000 DM − 1 600 DM =) 7 400 DM = 2 960 DM. Er entfällt mit 40 v. H. von 6 000 DM = 2 400 DM auf den Arbeitslohn aus dem aktiven Dienstverhältnis und mit 40 v. H. von 1 400 DM = 560 DM auf die positive Summe der Einkünfte, die nicht solche aus nichtselbständiger Arbeit sind. Die Nebeneinkünfte vermindern sich um den Altersentlastungsbetrag, der nicht auf Einkünfte aus nichtselbständiger Arbeit entfällt (= 560 DM) auf (1 400 DM − 560 DM =) 840 DM. Diese Minderung der Nebeneinkünfte führt mittelbar zu einer Doppelberücksichtigung des § 24a, soweit er auf die Nebeneinkünfte entfällt. Der Härteausgleich beträgt 1 600 DM / 840 DM = 760 DM. Dieser Betrag (760 DM) ist nicht höher als die um den § 24a verminderten Nebeneinkünfte (§ 70 Satz 2 EStDV).

2. Die Ehegatten A und B haben beide Einkünfte aus § 19 bezogen. Das Einkommen beträgt 35 000 DM. Der 66jährige A hat Arbeitslohn aus einem gegenwärtigen Dienstverhältnis in Höhe von 6 400 DM Versorgungsbezüge in Höhe von 14 000 DM und Einkünfte aus VuV in Höhe von 1 100 DM bezogen. Die Einkünfte der Ehefrau (unter 64 Jahre alt) aus § 19 Abs. 1 Nr. 1 betrugen 10 000 DM.

Härteausgleich § 46 Abs. 3 bei der Veranlagung nach § 46 Abs. 2 Nr. 2:

Nebeneinkünfte	1 100 DM
./. Freibetrag § 24a, soweit er auf die Nebeneinkünfte entfällt 40 % × 1 100 DM =	./. 440 DM
verbleibende Nebeneinkünfte	660 DM

(daher keine Veranlagung nach § 46 Abs. 2 Nr. 1).

Zur Erhaltung der nach §§ 34 ff. tarifbegünstigten Einkünfte ist der Ausgleichsbetrag nach § 70 EStDV in erster Linie von nicht begünstigten Nebeneinkünften abzuziehen.
Erst dann ist eine Minderung der tarifbegünstigten Einkünfte vorzunehmen.

P. Entrichtung der Einkommensteuer

1. Vorauszahlungen

1.1 Grundsatz

Der Stpfl. hat nach § 37 Abs. 1 für den laufenden VZ **Vorauszahlungen** in Höhe der voraussichtlich für diesen VZ geschuldeten ESt zu entrichten. Die Vorauszahlungen werden durch **Vorauszahlungsbescheid** festgesetzt (§ 37 Abs. 3 S. 1). Die Bemessung erfolgt grds. nach der ESt, die sich nach Anrechnung der Steuerabzugsbeträge (§ 36 Abs. 2 Nr. 2) und der Körperschaftsteuer (§ 36 Abs. 2 Nr. 3) bei der letzten Veranlagung ergeben hat (§ 37 Abs. 3 S. 2). Die Festsetzung kann auch noch nach Ablauf des VZ erfolgen (BFH, BStBl 1982 II 448).

Fälligkeitstermine sind grds. der 10. 3., 10. 6., 10. 9. und 10. 12. (§ 37 Abs. 1 S. 1). Dabei ist jeweils ein Viertel der Jahressteuerschuld zu entrichten. Bei Land- und Forstwirten haben die Oberfinanzdirektionen die Fälligkeitstermine aufgrund des § 37 Abs. 2 S. 1 auf den 10. 3., 10. 6. (je ein Viertel der Jahressteuerschuld) und 10. 12. (Hälfte der Jahressteuerschuld) festgesetzt.

Auch bei Stpfl. mit Einkünften aus § 19, die nicht der LSt zu unterwerfen sind, besteht die Möglichkeit der Festlegung abweichender Fälligkeitstermine. Zu Vorauszahlungen bei **Konkurs** vgl. BFH, BStBl 1984 II 602.

1.2 Anpassung von Vorauszahlungen

Das FA kann bereits festgesetzte Vorauszahlungen an die voraussichtliche Jahressteuerschuld **anpassen.** Dies ist bis zum Ablauf des auf den VZ folgenden 15. Kalendermonats möglich (§ 37 Abs. 3 Satz 3). Handelt es sich um eine nachträgliche Erhöhung der Vorauszahlungen, ist die letzte Vorauszahlung des VZ anzupassen. Der Erhöhungsbetrag (sogenannte „**fünfte Vorauszahlung**") ist innerhalb eines Monats nach Bekanntgabe des Vorauszahlungsbescheides, durch den dieser Betrag festgesetzt wird, fällig (§ 37 Abs. 4). Dieser Zahlungstermin gilt nicht für reguläre Vorauszahlungen i. S. des § 37 Abs. 3 Satz 2 (BFH, BStBl 1982 II 105). Bei Härten kommt aber eine Stundung in Betracht.

> **Beispiel:**
>
> Die ESt-Vorauszahlungen für das Jahr 04 sind durch Vorauszahlungsbescheid nach § 37 Abs. 3 Satz 1 aufgrund der Veranlagung für 02 in 03 auf vierteljährlich 5 000 DM festgesetzt worden Aufgrund der Veranlagung für 03 ergeht am 30. 11. 04 ein neuer Vorauszahlungsbescheid, in dem ab 10. 12. 04 6 000 DM vierteljährlich zu entrichten sind.
>
> Für den Erhöhungsbetrag zum 10. 12. 04 (1 000 DM) gelten weder die Zahlungsfrist i. S. des § 37 Abs. 4 Satz 2 noch der Mindestbetrag (5 000 DM) i. S. des § 37 Abs. 5 letzter Satz. Vgl. 1.4.
>
> Vgl. im übrigen R 213n Abs. 1 und H 213n.

Eine **Herabsetzung** der Einkommensteuer-Vorauszahlungen kann im laufenden Veranlagungszeitraum rückwirkend bereits für früher fällig gewordene Vorauszahlungen ausgesprochen werden. Nach Ablauf des Veranlagungszeitraums kann nur noch die letzte Vorauszahlung für den Veranlagungszeitraum herabgesetzt werden.

1.3 Einschränkungen der Vorauszahlungsminderung

1.3.1 Bestimmte Sonderausgaben und außergewöhnliche Belastungen

Bei der Bemessung und Anpassung von Vorauszahlungen bleiben nach § 37 Abs. 3 Satz 5 **außer Betracht** nicht in Vorsorgeaufwendungen bestehende Sonderausgaben (= Aufwendungen i. S. des § 10 Abs. 1 Nr. 1, 1a, 4 bis 9, § 10b, Aufwendungen i. S. § 33 und 33c sowie abziehbare Beträge nach § 33a), wenn die Summe der Aufwendungen und der nach § 33a abziehbaren Beträge insgesamt die Grenze von 1200 DM nicht übersteigen. Dies entspricht der Antragsgrenze für das Lohnsteuerermäßigungsverfahren i. S. des § 39a Abs. 2 Satz 4.

§ 37 Abs. 3 Satz 4 soll eine weitgehende Gleichstellung von Arbeitnehmern mit anderen Einkunftsbeziehern bewirken.

Der Ausschluß der LSt-Ermäßigung für nachgewiesene Vorsorgeaufwendungen (§ 39a Abs. 1 Nr. 2) ist lt. BFH verfassungsgemäß (BFH, BStBl 1989 II 976). Entsprechendes dürfte für die Einschränkungen der Vorauszahlungsminderung gelten.

1.3.2 Aufwendungen i. S. des § 10e Abs. 6, § 10h Satz 3 und § 10i EStG

Außer Ansatz bleiben für Zwecke der Vorauszahlungen auch bis zur Anschaffung oder Herstellung der selbstgenutzten Wohnung Aufwendungen i. S. des § 10e Abs. 6, § 10h Satz 3 und § 10i. Vgl. hierzu im einzelnen K 8.10.3.10.

Beispiel:
Der Stpfl. hat am 31.1.02 ein von ihm bisher gemietetes Einfamilienhaus angeschafft und selbst bezogen. Im Dezember 01 hat er Erhaltungsaufwendungen von 5000 DM gezahlt.
Keine Vorauszahlungsminderung nach § 37 Abs. 3 Satz 5 für 01.

1.3.3 Negative Einkünfte aus § 21 EStG

1.3.3.1 Allgemeines

Eine weitere Einschränkung der Vorauszahlungsminderung ergibt sich nach § 37 Abs. 3 Sätze 6 bis 9 für negative Einkünfte aus Vermietung und Verpachtung von

- Gebäuden (§ 37 Abs. 3 S. 6 bis 8) und
- sonstigen Vermögensgegenständen (§ 37 Abs. 3 S. 9),

und zwar in der sogenannten **Anlaufphase** bei der Errichtung bzw. Anschaffung des betreffenden Vermögensgegenstandes i. S. des § 21 Abs. 1 Nr. 1 bis 3.

1.3.3.2 Negative Einkünfte aus § 21 EStG bei Gebäuden

Nach § 37 Abs. 3 Satz 6 und 7 können negative Einkünfte aus Vermietung und Verpachtung eines Gebäudes bei der Festsetzung der Vorauszahlungen nur für KJ berücksichtigt werden, die **nach** der **Anschaffung** oder **Fertigstellung** beginnen (verfassungskonform gem. BFH, BStBl 1994 II 567).

Die Regelung zielt auf Bauherrenmodelle und Verlustzuweisungsgesellschaften, gilt aber für sämtliche Objekte mit negativen Einkünften aus § 21.

Hierdurch wird die steuerlich attraktive Möglichkeit eingeschränkt, durch Sofortabzug hoher Beträge als Werbungskosten zu hohen negativen Einkünften aus § 21 zu kommen, die die Steuerschuld bereits im Vorauszahlungsverfahren stark ermäßigen.

Beispiel:
Errichtung eines Mehrfamilienhauses in 01/02; Fertigstellung 1.12.02, Vermietung ab 1.1.03.

Werbungskosten 02

AfA § 7 Abs. 5 (Jahresbetrag) – angenommen –	25 000 DM
abgeflossenes Damnum	15 000 DM
sonstige WK	6 000 DM
voraussichtlicher Verlust 02	46 000 DM
voraussichtlicher Verlust 03	5 000 DM

a) Der voraussichtliche Verlust für 02 kann bei der Bemessung der Vorauszahlungen für 02 noch **nicht** berücksichtigt werden, da es ein Verlust des Fertigstellungsjahres ist.

b) Für 03 ist eine Berücksichtigung des Verlusts von 5000 DM nach § 37 Abs. 3 S. 6 möglich, da 03 ein Jahr nach der Fertigstellung ist.

1.3.3.3 Objektbezogenheit

Die einschränkende Maßnahme soll **objektbezogen** wirken. Das Vorauszahlungsverfahren stellt daher auf negative **Teile** der Einkünfte aus Vermietung und Verpachtung ab.

Daher verwendet das Gesetz eine von § 21 abweichende Terminologie. Dieses Ziel wird außerdem durch das Abstellen auf ein Gebäude bzw. auf einen Vermögensgegenstand erreicht.

Beispiel:
Der Stpfl. erzielt im VZ 05

Gebäude 1: Verlust VZ 05 = Jahr nach der Fertigstellung des Gebäudes	∕. 20 000 DM
Gebäude 2: Verlust VZ 05 = Jahr der Anschaffung des Gebäudes	∕. 36 000 DM
Gebäude 3: Überschuß	+ 18 000 DM
Negative Einkünfte aus VuV insgesamt:	∕. 38 000 DM

Bei den Vorauszahlungen für den VZ 05 kann der Verlust aus dem Gebäude 2 in Höhe von ∕. 36 000 DM nicht berücksichtigt werden, wohl aber der Verlust aus Gebäude 1 (allerdings saldiert mit den positiven Einkünften aus Gebäude 3, also nur ∕. 2 000 DM).

1.3.3.4 Negative Einkünfte aus § 21 EStG

Es muß sich um Einkünfte aus Vermietung und Verpachtung handeln. § 37 Abs. 3 Sätze 6 ff. ist daher **nicht** auf Einkünfte aus vermieteten oder verpachteten Vermögensgegenständen anzuwenden, soweit sie zu einem Betriebsvermögen gehören, gleichgültig, ob es sich dabei um notwendiges oder um gewillkürtes Betriebsvermögen handelt; vgl. R 13.

Bei Wohnungseigentumsanlagen ist nicht das gesamte „Gebäude" Gegenstand der Beurteilung. Vielmehr gilt – sachgerecht – **jede Eigentumswohnung** als „Gebäude" (vgl. § 7 Abs. 5a) fällt also unter § 37 Abs. 3 Satz 6 (und nicht unter Satz 9).

Entsprechendes gilt für Ausbauten und Erweiterungen, soweit sie ebenfalls nach § 7 Abs. 5a wie Gebäude behandelt werden.

Beispiel:
Durch Ausbau des Dachgeschosses in 01 ist Wohnraum geschaffen worden, der erst ab 02 vermietet wird. Es handelt sich um ein Gebäude i. S. des § 37 Abs. 3 S. 6. Die Anlaufphase endet bereits mit Ablauf des Jahres 01 (nicht erst 02).

1.3.3.5 Abgrenzung der Gebäude" von „sonstigen Vermögensgegenständen" i. S. des § 21 Abs. 1 Nr. 1 EStG

Der Begriff „Gebäude" entspricht dem des Bewertungsrechts; die im Verfahren zur Einheitsbewertung getroffenen Feststellungen sind jedoch **nicht** bindend.

Die übrigen in § 21 Abs. 1 Nr. 1 aufgezählten Vermögensgegenstände fallen nach dem Wortlaut nicht unter § 37 Abs. 3 S. 6, sondern unter Satz 9.

Von Gebäuden im Sinne des § 21 Abs. 1 Nr. 1 zu unterscheiden sind daher **Gebäudeteile** i. S. § 21 Abs. 1 Nr. 1, letztere fallen unter § 37 Abs. 3 S. 9.

Die Unterscheidung hat erhebliche Bedeutung, da die Vorauszahlungsminderung

– bei Gebäuden nach Ablauf des Herstellungs- bzw. Anschaffungsjahres beginnt
– bei sonstigen Vermögensgegenständen nach Ablauf des KJ der Aufnahme der Nutzung (kann zeitlich später liegen!).

Der Begriff „Gebäudeteil" i. S. von § 37 Abs. 3 S. 9 ist nicht im Gesetz definiert.

Der Begriff dürfte aber praktisch identisch mit dem Begriff des Gebäudeteils im Sinne des § 7 Abs. 5a sein. Gebäudeteile im Sinne des § 7 Abs. 5a sind selbständige unbewegliche Wirtschaftsgüter, die zu dem Gebäude in einem gesonderten Nutzungsund Funktionszusammenhang stehen (vgl. auch R 13 Abs. 4).

1.3.3.6 Begriffe „Anschaffung" und „Herstellung"

Anschaffung ist der Übergang des bürgerlich-rechtlichen oder des wirtschaftlichen Eigentums (R 44 Abs. 1). Wird das bürgerlich-rechtliche Eigentum später als das wirtschaftliche Eigentum übertragen, ist der Zeitpunkt des früheren Übergangs des wirtschaftlichen Eigentums maßgebend (§ 39 Abs. 2 Nr. 1 AO).

Herstellung

Ein Gebäude ist fertiggestellt, sobald es bewohnbar bzw. nutzbar ist, R 44 Abs. 1 S. 5. Der Einzug muß für die Bewohner zumutbar sein (vgl. Abschn. 6 Abs. 3 BewRGr) bzw. die beabsichtigte Nutzung möglich sein.

Es ist fraglich, ob für die Anwendung des § 37 Abs. 3 auf das ganze Gebäude abzustellen ist (bei Auslegung nach dem Wortlaut: u. E. grds. zu bejahen).

1.3.3.7 Herstellung nach der Anschaffung

Die Fertigstellung tritt an die Stelle der Anschaffung, wenn das Gebäude vor dem KJ seiner Fertigstellung angeschafft wird, § 37 Abs. 3 S. 6. Dies trifft zu bei der Anschaffung unfertiger Gebäude.

> **Beispiel:**
> Der Stpfl. erwirbt in 01 von einem Bauherrn ein unfertiges Gebäude. Anschaffungskosten 300 000 DM.
> Fertigstellung als Mietwohngrundstück in 02; eigene Herstellungskosten 480 000 DM. Der Stpfl. beantragt AfA nach § 7 Abs. 5.
> AfA nach § 7 Abs. 5 ist ab VZ 02 zulässig, da Anschaffung vor Fertigstellung erfolgt ist.
> Aber die Verluste 01 und 02 können **nicht** bei den ESt-Vorauszahlungen 01 bzw. 02 geltend gemacht werden, da 02 als Jahr der Fertigstellung maßgeblich für das Ende der Anlaufphase ist.

§ 37 Abs. 3 S. 6 ist z. B. auch anzuwenden im Falle des

– Beitritts zu einer Bauherrengemeinschaft während der Bauphase
– Anschaffungen von einem Bauträger, wenn der Kaufvertrag vor Beginn oder während der Bauarbeiten abgeschlossen wird.

1.3.3.8 Kein Ausschluß negativer Einkünfte aus VuV eines Gebäudes bei den Vorauszahlungen bei erhöhter AfA nach § 14a, § 14c, § 14d BerlinFG und Sonder-AfA nach § 4 FörderGG

Der Ausschluß von Verlusten aus § 21 im Vorauszahlungsverfahren gilt **nicht** bei einem Gebäude, für das erhöhte AfA nach § 14a, § 14c, § 14d BerlinFG oder Sonder-AfA nach § 4 FörderGG in Anspruch genommen werden. Die Inanspruchnahme dieser erhöhten AfA setzt bei § 14a Abs. 4 BerlinFG lediglich Teilherstellungskosten oder Anzahlungen auf Anschaffungskosten voraus (entsprechend bei § 4 FörderG).

Angesichts der Gesetzesformulierung „in Anspruch genommen werden" reicht es für die Berücksichtigung des Verlustes im Vorauszahlungsverfahren nur aus, wenn während der Erstellungsphase dieser Gebäude vom Stpfl. erklärt wird, die genannten erhöhten AfA für diese(n) VZ tatsächlich in Anspruch zu nehmen.

Zur Inanspruchnahme erhöhter Absetzungen gehört demnach, daß der Stpfl. die erhöhten Absetzungen tatsächlich im Veranlagungsverfahren des betreffenden Kalenderjahres geltend macht.

1.3.3.9 Entsprechende Anwendung auf andere Vermögensgegenstände

§ 37 Abs. 3 S. 7 gilt für andere Vermögensgegenstände i. S. § 21 Abs. 1 Nr. 1 bis 3 entsprechend (§ 37 Abs. 3 S. 10).

Hierunter fallen insbesondere

– aus § 21 Abs. 1 Nr. 1:
  Eingetragene Schiffe, Erbbaurechte, Grund und Boden, Gebäudeteile i. S. R 13 Abs. 4.
– aus § 21 Abs. 1 Nr. 2:
  Vermietung/Verpachtung von Sachinbegriffen. Hierunter fällt insbesondere die Verpachtung eines Betriebes im ganzen nach Aufgabeerklärung i. S. von § 16 Abs. 3 (R 139 Abs. 5), nicht dagegen Verluste aus „ruhenden" Betrieben, da hier weiterhin gewerbliche Einkünfte vorliegen.
– aus § 21 Abs. 1 Nr. 3:
  Urheberrechtsüberlassung, gewerbliche Erfahrungen.
  Hierbei ist aber die Subsidiaritätsklausel § 21 Abs. 3 zu beachten.

Sind die negativen Einkünfte einer anderen Einkunftsart als VuV (§ 21) zuzurechnen, gilt die Einschränkung der Vorauszahlungsminderung **nicht**.

Verluste aus Vermietung und Verpachtung dieser Vermögensgegenstände können erstmals bei der Festsetzung der Vorauszahlungen des KJ berücksichtigt werden, **das dem KJ der Aufnahme der Nutzung durch den Stpfl. folgt.** Unter Aufnahme der Nutzung muß der Beginn der Überlassung der Nutzung verstanden werden, z. B. bei Schiffen die Vercharterung, bei Urheberrechten die Verwertung.

Eine Aufnahme der Nutzung liegt nicht schon dann vor, wenn der Stpfl. mit einem Dritten den schuldrechtlichen Vertrag über die Vermietung oder Verpachtung des Vermögensgegenstandes abgeschlossen hat, sondern erst dann, wenn der Dritte den Vermögensgegenstand auf Grund des Vertrages nutzt.

1.3.3.10 Stundung von Vorauszahlungen?

Die von § 37 Abs. 3 beabsichtigten Wirkungen können nicht dadurch umgangen werden, daß die infolge Nichtberücksichtigung von Verlusten aus § 21 (erhöhten) Vorauszahlungen bis zur Höhe des voraussichtlichen Erstattungsanspruchs nach § 222 AO gestundet werden (keine „erhebliche sachliche Härte").

1.4 Mindestgrenze

Nach § 37 Abs. 5 sind folgende Mindestbeträge zu beachten:

Vorauszahlungen werden nur festgesetzt, wenn sie mindestens

- jährlich 400 DM und
- 100 DM für einen Vorauszahlungszeitpunkt betragen.

Eine Erhöhung der Vorauszahlungen ist nur möglich, wenn

- in den Fällen des § 37 Abs. 2 Sätze 2 bis 4 der Erhöhungsbetrag für einen Vorauszahlungszeitpunkt mindestens 100 DM beträgt,
- bei der nachträglichen Erhöhung der letzten Vorauszahlung (§ 37 Abs. 4) der Erhöhungsbetrag mindestens 5000 DM beträgt.

Beispiel:

Für das Jahr 02 sind 4 × 7000 DM = 28 000 DM festgesetzte Vorauszahlungen nach der Höhe der für 01 veranlagten ESt entrichtet.

In 03 wird vom FA aufgrund der Umsatzentwicklung des Jahres 02 gegenüber 01 eine unstreitige voraussichtliche ESt für 02 von 32 000 DM ermittelt.

Eine Erhöhung der letzten Vorauszahlung des Jahres 02 ist nicht möglich, da die Erhöhung nur 4000 DM betrüge.

2. Anrechnungsbeträge, Verrechnung von Kindergeld und Abschlußzahlung

Soweit sich aufgrund der Veranlagung nach Anrechnung von sbeträgen (LSt, KapSt und ggf. Steuerabzug nach § 50a – vgl. § 36 Abs. 2 Nr. 2), anrechenbarer KSt (§ 36 Abs. 2 Nr. 3) und geleisteten Vorauszahlungen (§ 36 Abs. 2 Nr. 1) sowie ggf. nach **Hinzurechnung** von **Kindergeld** (§ 36 Abs. 2 Satz 1) eine verbleibende ESt-Schuld ergibt, ist vom Stpfl. eine **Abschlußzahlung** zu leisten.

Diese ist **fällig**

- in Höhe rückständiger Vorauszahlungen sofort und,
- im übrigen innerhalb eines Monats nach Bekanntgabe des Steuerbescheides. Vgl. § 36 Abs. 4 Satz 1.

Ein Überschuß wird erstattet (§ 36 Abs. 4 Satz 2). Auch bei Zusammenveranlagung (§ 26b) von Ehegatten steht die Auszahlung überzahlter LSt dem Ehegatten zu, der sie gezahlt hat (BFH, BStBl 1983 II 162). Vgl. zur Erstattungsberechtigung auch BFH, BStBl 1990 II 41.

Dies kann auch durch Verrechnung des Guthabens mit Steuerschulden geschehen.

Trotz ihrer technischen Zusammenfassung liegen bei dem **ESt-Bescheid** und der **Abrechnungsverfügung** (Anrechnung von Steuerabzugsbeträgen und geleisteten Vorauszahlungen) zwei rechtlich **getrennte Bescheide** vor, die hinsichtlich Bestandskraft, Rücknahme und Änderbarkeit unterschiedlichen Vorschriften unterliegen. Vgl. R 213 f Abs. 1. Die Anrechnung ist nicht Bestandteil der Steuerfestsetzung (BFH, BStBl 1986 II 216).

Die Abrechnungs- bzw. Anrechnungsverfügung fällt unter § 130 AO.

- Ist die Anrechnung **zuungunsten** des Stpfl. zu gering, kann sie gemäß § 130 Abs. 1 AO innerhalb der Zahlungsverjährung zugunsten des Stpfl. ohne Einschränkung geändert werden.

- Die Änderung einer Abrechnungsverfügung, die mit einem Steuerbescheid verbunden ist, kann dagegen – soweit nicht § 129 AO anzuwenden ist – zuungunsten des Stpfl. nur unter den engen Voraussetzungen des § 130 Abs. 2 AO (begünstigender Verwaltungsakt) zurückgenommen werden (BFH, BStBl 1987 II 405).

Vgl. auch H 213f bis H 213i.

Werden vom Einkommen nach § 31 **Kinderfreibeträge** (§ 32 Abs. 6) abgezogen, weil die steuerliche Freistellung des Kinder-Existenzminimums nicht vollständig durch das Kindergeld bewirkt wurde, ist das Kindergeld bei der Veranlagung nach § 36 Abs. 2 Satz 1, § 31 Satz 5 zu verrechnen, d. h. der festzusetzenden ESt hinzuzurechnen (vgl. § 2 Abs. 6 S. 2).

3. Steuerabzug

Ein Steuerabzug ist vorgesehen bei

- Einkünften aus § 19 im Rahmen der §§ 38 ff.
- bestimmten Kapitalerträgen im Rahmen der §§ 43 ff.
- beschränkter Steuerpflicht im Rahmen des § 50a.

3.1 Lohnsteuer

3.1.1 Allgemeines

Inländische Arbeitgeber müssen nach § 38 Abs. 1 vom Arbeitslohn der Arbeitnehmer Lohnsteuer einbehalten. Vgl. hierzu **im einzelnen Grundkurs des Steuerrechts Band 7 (Lohnsteuer).**

Grundsätzlich ist die ESt hierdurch abgegolten (§ 46 Abs. 4). Dies gilt nicht,

- soweit Lohnsteuer vom Arbeitnehmer nachzufordern ist (§ 42d Abs. 2) oder
- wenn eine Veranlagung nach § 46 durchzuführen ist (vgl. hierzu Teil O).

3.1.2 Bedeutsame Änderungen durch das JStG 1996 und JStErgG 1996

Durch das JStG und JStErgG 1996 sind zahlreiche Änderungen des Einkommensteuerrechts mit Wirkung grds. ab 1996 in Kraft gesetzt worden.

a) Steuerklasse von Arbeitnehmern mit Besteuerungsmerkmalen im Ausland

aa) Berücksichtigung des Ehegatten bei Staatsangehörigen eines **EU/EWR**-Mitgliedstaats, die nach § 1 Abs. 1 unbeschränkt stpfl. sind. Einem Arbeitnehmer, der als Staatsangehöriger eines Mitgliedstaats der Europäischen Union (**EU**) oder der Staaten Island, Norwegen oder Liechtenstein (**EWR**) nach § 1 Abs. 1 unbeschränkt stpfl. ist, ist in die Steuerklasse III einzuordnen, wenn der Ehegatte des Arbeitnehmers in einem EU/EWR-Mitgliedstaat lebt (§ 1a Abs. 1 Nr. 2). Es ist nicht erforderlich, daß der Ehegatte ebenfalls Staatsangehöriger eines EU/EWR-Mitgliedstaates ist. Voraussetzung ist jedoch, daß die Einkünfte beider Ehegatten zu mindestens 90 v. H. der deutschen Einkommensteuer unterliegen oder ihre nicht der deutschen Einkommensteuer unterliegenden Einkünfte höchstens 24 000 DM betragen. Die nicht der deutschen Einkommensteuer unterliegenden Einkünfte sind durch eine Bescheinigung der zuständigen ausländischen Steuerbehörde nachzuweisen. Für die Änderungen der Steuerklasse ist das Wohnsitzfinanzamt des im Inland lebenden Arbeitnehmers zuständig. Die Eintragung der Steuerklasse III auf der Lohnsteuerkarte führt zur Veranlagungspflicht nach § 46 Abs. 2 Nr. 7 Buchst. a.

bb) Unbeschränkte Steuerpflicht auf Antrag nach § 1 Abs. 3 bei Arbeitnehmern ohne Wohnsitz oder gewöhnlichen Aufenthalt im Inland (Grenzpendler)

Ein Arbeitnehmer, der im Inland keinen Wohnsitz oder gewöhnlichen Aufenthalt hat, wird auf Antrag nach § 1 Abs. 3 als unbeschränkt stpfl. behandelt, wenn seine Einkünfte zu mindestens 90 v. H. der deutschen Einkommensteuer unterliegen oder die nicht der deutschen Einkommensteuer unterliegenden Einkünfte höchstens 12 000 DM betragen. Die nicht der deutschen Einkommensteuer unterliegenden Einkünfte sind durch eine Bescheinigung der zuständigen ausländischen Steuerbehörde nachzuweisen.

aaa) Berücksichtigung des Ehegatten bei Grenzpendlern, die Staatsangehörige eines EU/EWR-Mitgliedstaates sind

Grenzpendler, die auf Antrag nach § 1 Abs. 3 als unbeschränkt stpfl. zu behandeln sind, sind auf Antrag in die Steuerklasse III einzuordnen, wenn sie die unter Tz a) aa) dargestellten Voraussetzungen erfüllen. Die Steuerklasse ist in der nach § 39 c Abs. 4 zu erteilenden Bescheinigung vom Betriebstättenfinanzamt zu bescheinigen. Die Erteilung der Bescheinigung führt zur Veranlagungspflicht nach § 46 Abs. 2 Nr. 7 Buchst. b.

bbb) Steuerklasse bei Grenzpendlern, die nicht Staatsangehörige eines EU/EWR-Mitgliedstaates sind

Bei Grenzpendlern i. S. des § 1 Abs. 3, die nicht Staatsangehörige eines EU/EWR-Mitgliedstaates sind, kann der Ehegatte steuerlich nicht berücksichtigt werden. Für diese Arbeitnehmer ist in der nach § 39 c Abs. 4 zu erteilenden Bescheinigung die Steuerklasse I oder für das zweite und jedes weitere Dienstverhältnis die Steuerklasse VI anzugeben.

Die Folge ist Veranlagungspflicht (§ 46 Abs. 1 Nr. 7b).

cc) Haushaltsfreibetrag wegen eines Kindes, das in einer Wohnung des Arbeitnehmers in einem EU/EWR-Mitgliedstaat gemeldet ist

Bei einem alleinstehenden Arbeitnehmer, der Staatsangehöriger eines EU/EWR-Mitgliedstaates ist, ist, wenn er nach § 1 Abs. 1 unbeschränkt einkommensteuerpflichtig ist und die Einkommensvoraussetzung des § 1 Abs. 3 Satz 2 bis 4 (s. oben bb) erfüllt oder nach § 1 Abs. 3 auf Antrag als unbeschränkt stpfl. behandelt wird, auf der Lohnsteuerkarte oder in der Bescheinigung nach § 39 c Abs. 4 die Steuerklasse II einzutragen, wenn in seiner Wohnung im EU/EWR-Mitgliedstaat ein Kind gemeldet ist, für das er Anspruch auf einen Kinderfreibetrag oder Kindergeld hat (§ 1a Abs. 1 Nr. 3). Die Steuerklasse II ist auch dann zu bescheinigen, wenn der Arbeitnehmer verheiratet ist, aber von seinem Ehegatten dauernd getrennt lebt.

dd) Steuerklasse bei Angehörigen des öffentlichen Dienstes, die nach § 1 Abs. 2 Satz 1 Nr. 1 und 2 EStG unbeschränkt stpfl. sind

Auf Angehörige des öffentlichen Dienstes i. S. des § 1 Abs. 2 Satz 1 Nr. 1 und 2 ohne diplomatischen oder konsularischen Status, die an einem ausländischen Dienstort tätig sind, sind die Regelungen (s. o. bb) und cc) auf Antrag nach § 1a Abs. 2 entsprechend anzuwenden. Dabei muß auf den Wohnsitz, den gewöhnlichen Aufenthalt, die Wohnung oder den Haushalt im Staat des ausländischen Dienstortes abgestellt werden. Danach kann auch bei außerhalb von EU/EWR-Mitgliedstaaten tätigen Beamten weiterhin die Steuerklasse III in Betracht kommen. Dagegen können ein pensionierter Angehöriger des öffentlichen Dienstes und ein im Inland tätiger Angehöriger des öffentlichen Dienstes, die ihren Wohnsitz außerhalb eines EU/EWR-Mitgliedstaates haben, nicht nach § 1a Abs. 2 ggf. aber nach § 1a Abs. 1 in die Steuerklasse III eingeordnet werden.

ee) Behandlung der beschränkt stpfl. Arbeitnehmer

Für Arbeitnehmer, die im Ausland ansässig sind und nicht die Voraussetzungen der Punkte a), bb) oder a) dd) erfüllen, ist weiterhin das Bescheinigungsverfahren nach § 39d anzuwenden.

b) Berücksichtigung von Kindern

aa) Allgemeines

Bei der Bemessung der Lohnsteuer werden Kinderfreibeträge nicht mehr berücksichtigt; die Lohnsteuererbelastung des für den Unterhalt eines Kindes erforderlichen Einkommens wird durch das monatliche Kindergeld ausgeglichen. Die Zahl der Kinderfreibeträge ist im Steuerabzugsverfahren ab 1996 **nur noch** für die Bemessung der **Zuschlagsteuern** zur Lohnsteuer (Solidaritätszuschlag, Kirchensteuer) bedeutsam. Dabei sind die Kinder, die nicht nach § 1 Abs. 1 oder 2 unbeschränkt stpfl. sind, nur noch dann zu berücksichtigen, wenn für sie der **volle Kinderfreibetrag** in Betracht kommt; die auf ein Drittel oder zwei Drittel ermäßigten Kinderfreibeträge können sich im Steuerabzugsverfahren nicht mehr auswirken.

bb) Bescheinigung der Kinderfreibeträge

Bei der Bemessung der Zuschlagsteuern wird für jedes Kind im Steuerabzugsverfahren 1996 ein jährlicher Kinderfreibetrag von 6264 DM wirksam, wenn die entsprechende Zahl der Kinderfreibeträge nach den Verhältnissen zu Beginn des Jahres zutreffend auf der Lohnsteuerkarte nach § 39 Abs. 3 und 3a bescheinigt wird. Für Arbeitnehmer, die nach § 1 Abs. 2 unbeschränkt stpfl. sind oder nach § 1 Abs. 3 als unbeschränkt stpfl. zu behandeln sind, ist die Zahl der Kinderfreibeträge in der Bescheinigung nach § 39c Abs. 3 oder 4 anzugeben.

Tritt im Laufe des Jahres eine Änderung der Verhältnisse zuungunsten des Arbeitnehmers ein, braucht die bescheinigte Zahl der Kinderfreibeträge **nicht** geändert zu werden.

cc) Kinder, die das 18. Lebensjahr vollendet haben

Die Entscheidung über die Berücksichtigung von Kindern, die das 18. Lebensjahr vollendet haben, ist **wie bisher** von den **Finanzämtern** zu treffen. Die Tatbestandsvoraussetzungen sind in § 32 Abs. 4 und 5 weitgehend neu bestimmt worden. Danach kann für ein solches Kind ab 1996 ein Kinderfreibetrag grundsätzlich nur noch dann bescheinigt werden, wenn ihm Einkünfte und Bezüge, die zur Bestreitung seines Unterhalts und seiner Berufsausbildung bestimmt oder geeignet sind, von **nicht mehr als 12 000 DM (geänderte Fassung** aufgrund **JStErgG 1996)** im Kalenderjahr zustehen; Bezüge, die für besondere Ausbildungszwecke bestimmt sind, und Einkünfte, die für solche Ausbildungszwecke verwendet werden, sind **nicht** zu berücksichtigen.

Die 12 000 DM-Grenze gilt nicht für behinderte Kinder; bei ihnen ist R 180d Abs. 3 anzuwenden.

Außerdem können Kinder, die den gesetzlichen Grundwehrdienst oder Zivildienst oder freiwilligen Wehrdienst leisten oder eine Tätigkeit als Entwicklungshelfer ausüben, nicht mehr berücksichtigt werden. Dagegen kann ab 1996 ein Kind, das das 18., aber noch nicht das 21. Lebensjahr vollendet hat, unter der Voraussetzung der 12 000 DM-Grenze berücksichtigt werden, wenn es arbeitslos ist und der Arbeitsvermittlung im Inland zur Verfügung steht.

Die als Berücksichtigungstatbestände ausgeschlossenen Dienste und Tätigkeiten werden als Verlängerungstatbestände fortgeführt. Dies bedeutet, daß ein Kind, das für einen Beruf ausgebildet wird, oder ein arbeitsloses Kind i. o. g. S. über das 27. bzw. 21. Lebensjahr hinaus für einen der Dienstzeit entsprechenden Zeitraum, höchstens für die Dauer des inländischen Grundwehrdienstes oder – bei anerkannten Kriegsdienstverweigerern – für die Dauer des inländischen gesetzlichen Zivildienstes berücksichtigt werden kann.

dd) Haushaltsfreibetrag wegen eines Kindes, das in der Wohnung des Arbeitnehmers im Inland gemeldet ist

Die Einordnung eines alleinstehenden (nicht in die Steuerklassen III, IV oder V eingereihten) Arbeitnehmers setzt nach § 38b in Verbindung mit § 32 Abs 7 voraus, daß er einen Kinderfreibetrag oder Kindergeld für mindestens ein Kind erhält, das in seiner Wohnung im Inland gemeldet ist.

Da die Gemeinde bei der Ausstellung der Lohnsteuerkarte keine Angaben darüber hat, ob der Kinderfreibetrag nach § 31 in Betracht kommt und wer das Kindergeld erhält, ist die Steuerklasse II unabhängig davon und zwar dann zu bescheinigen, wenn der Arbeitnehmer ein Kind i. S. des § 32 Abs. 1 und 2 hat, das in seiner Wohnung gemeldet ist. Dies gilt auch für das Finanzamt.

Für Kinder, die bei beiden Elternteilen mit Wohnung im Inland gemeldet sind, ist weiterhin die Zuordnungsregelung des § 32 Abs. 7 Satz 2 und Abschn. 109 Abs. 4 LStR anzuwenden.

Kann ein Kinderfreibetrag nach § 32 Abs. 6 Satz 6 auf einen alleinstehenden Großelternteil übertragen werden, weil dieser das Kind in seinen Haushalt aufgenommen hat, kann auch er in die Steuerklasse II eingeordnet werden, wenn das Kind in seiner Wohnung im Inland gemeldet ist.

c) Anerkennung von Werbungskosten

aa) Aufwendungen bei Auswärtstätigkeiten

aaa) Verpflegungsaufwendungen

Nach § 9 Abs. 5 i. V. m. § 4 Abs. 5 Nr. 5 dürfen Verpflegungsmehraufwendungen bei einer Dienstreise, einer Fahrtätigkeit und einer Einsatzwechseltätigkeit ab 1996 **nur noch pauschal** angesetzt werden. Die Möglichkeit, aufgrund einer Einzelabrechnung höhere Beträge zu berücksichtigen, ist ausgeschlossen worden. Für jeden Kalendertag, an dem eine Dienstreise, Fahrtätigkeit oder Einsatzwechseltätigkeit durchgeführt wird, können Verpflegungsmehraufwendungen wie folgt pauschal berücksichtigt werden:

– bei einer Abwesenheit von mindestens 24 Stunden: 46 DM,

– bei einer Abwesenheit von mindestens 14 Stunden: 20 DM,

– bei einer Abwesenheit von mindestens 10 Stunden: 10 DM.

Daher betrifft die Abwesenheitsdauer bei Dienstreisen die Dauer der Abwesenheit von der Wohnung **und** der regelmäßigen Arbeitsstätte; bei einer Fahrtätigkeit und Einsatzwechseltätigkeit ist allein die Dauer der Abwesenheit von der Wohnung maßgebend.

Die Unterscheidung zwischen Dienstreise und Dienstgang ist weggefallen. Für die Anerkennung einer Dienstreise ist eine Mindestentfernung von der regelmäßigen Arbeitsstätte deshalb nicht mehr erforderlich. Es bleibt jedoch dabei, daß eine Dienstreise nur für die ersten drei Monate einer vorübergehenden Auswärtstätigkeit an der selben Tätigkeitsstelle anerkannt werden kann.

Für die Prüfung der für die Pauschbeträge maßgebenden Mindestabwesenheitszeiten dürfen die Abwesenheitszeiten mehrerer Auswärtstätigkeiten an einem Kalendertag zusammengerechnet werden. Im übrigen sind die Pauschbeträge **nicht** zu kürzen, wenn der Arbeitnehmer während seiner Auswärtstätigkeit vom Arbeitgeber oder auf dessen Veranlassung von einem Dritten unentgeltlich oder teilentgeltlich verpflegt wird. Soweit für den selben Zeitraum Verpflegungsmehraufwendungen wegen einer Dienstreise, Fahrtätigkeit oder Einsatzwechseltätigkeit oder wegen einer doppelten Haushaltsführung anzuerkennen sind, ist jeweils der höchste Pauschbetrag anzusetzen.

Bei Auslandsdienstreisen sind wie bisher länderweise unterschiedliche Pauschbeträge anzusetzen.

bbb) Fahrtkosten bei einer Einsatzwechseltätigkeit

Es ist zu beachten, daß bei einer Einsatzwechseltätigkeit die Aufwendungen für Fahrten zwischen Wohnung und Einsatzstelle nur noch dann als Reisekosten zu behandeln sind, wenn die Entfernung mehr als 30 km (bisher: 20 km) beträgt.

bb) Mehraufwendungen wegen doppelter Haushaltsführung

Die steuerliche Berücksichtigung von **Verpflegungsmehraufwendungen** bei einer beruflich veranlaßten doppelten Haushaltsführung ist (wie die Anerkennung einer Dienstreise) auf einen Zeitraum von drei Monaten und auf einen Pauschbetrag von 46 DM für den vollen Kalendertag beschränkt worden. Die bisherige Unterscheidung zwischen Arbeitnehmern mit Einsatzwechseltätigkeit und anderen Arbeitnehmern ist dabei weggefallen. Ist der Tätigkeit am Beschäftigungsort eine Dienstreise an diesen Beschäftigungsort unmittelbar vorausgegangen, so ist deren Dauer nunmehr auf die Dreimonatsfrist anzurechnen.

Die steuerliche Berücksichtigung von **Unterkunftskosten und Heimfahrten** im Rahmen einer doppelten Haushaltsführung ist durch § 9 Abs 1 Satz 3 Nr. 5 Satz 3 auf die ersten **zwei Jahre** einer Beschäftigung am selben Ort begrenzt worden. Eine urlaubs- oder krankheitsbedingte Unterbrechung der Beschäftigung am selben Ort hat auf den Ablauf dieser Zweijahresfrist keinen Einfluß. Andere Unterbrechungen, z. B. durch eine vorübergehende Tätigkeit an einem anderen Beschäftigungsort, können nur dann zu einem Neubeginn der Zweijahresfrist führen, wenn die Unterbrechung mindestens zwölf Monate gedauert hat. Die Zweijahresfrist gilt auch für eine doppelte Haushaltsführung, die vor dem 1.1.1996 begonnen hat, so daß z. B. Aufwendungen wegen einer am 1.7.1994 begonnenen doppelten Haushaltsführung nur noch für die Zeit bis zum 30. Juni 1996 berücksichtigt werden können. Aufwendungen für Heimfahrten können jedoch nach Ablauf der Zweijahresfrist nach § 9 Abs. 1 Satz 3 Nr. 4 als Werbungskosten anerkannt werden, soweit die Beschäftigung an einem Arbeitsort zunächst als Dienstreise zu behandeln ist, beginnt die Zweijahresfrist mit der Beendigung der Dienstreise.

Im übrigen können Aufwendungen für Heimfahrten mit einem Firmenwagen nicht mehr als Werbungskosten berücksichtigt werden; die steuerliche Erfassung der Kraftfahrzeuggestellung für die wöchentlichen Heimfahrten an den Ort des eigenen Hausstands ist allerdings für die o. g. Zweijahresfrist ebenfalls ausgeschlossen worden.

cc) Aufwendungen für ein häusliches Arbeitszimmer

Durch § 9 Abs. 5 i. V. m. § 4 Abs. 5 Nr. 6b ist der Abzug von Aufwendungen für ein häusliches Arbeitszimmer beschränkt worden. Dabei gelten weiterhin die von der Rechtsprechung geprägten Grundsätze für die Anerkennung eines häuslichen Arbeitszimmers.

Die Aufwendungen können ab 1996 nur noch dann **unbegrenzt** als Werbungskosten abgezogen werden, wenn das häusliche Arbeitszimmer den **Mittelpunkt** der gesamten beruflichen und betrieblichen Betätigung des Stpfl. bildet. Dies bedeutet, daß der Arbeitnehmer an keinem anderen Ort dauerhaft tätig sein darf. Der unbegrenzte Abzug kann deshalb für Heimarbeiter in Betracht kommen, nicht dagegen bei Lehrern oder Richtern, die ihren Tätigkeitsmittelpunkt in der Schule bzw. im Gericht haben.

Kommt ein unbegrenzter Werbungskostenabzug nicht mehr in Betracht, können die Aufwendungen ab 1996 nur bis zu **2 400 DM** jährlich abgezogen werden, wenn die berufliche Nutzung des Arbeitszimmers **mehr als 50 v. H.** der gesamten beruflichen Tätigkeit beansprucht oder den für die berufliche Tätigkeit erforderlichen Arbeitsplatz nicht zur Verfügung gestellt hat. Die erste Voraussetzung kann z. B. bei einem Richter erfüllt sein, wenn er seine richterliche Tätigkeit nur tageweise im Gericht ausübt; die zweite Voraussetzung wird regelmäßig bei Lehrern erfüllt sein, die für ihre Unterrichtsvorbereitung keinen Schreibtisch in der Schule haben.

Der Abzugshöchstbetrag von 2 400 DM umfaßt nach dem Gesetzeswortlaut nicht nur die Zimmerkosten (z. B. anteilige Miete, Heizungskosten, Reinigungskosten), sondern auch die Kosten seiner **Ausstattung**. Zur **Ausstattung** gehören insbesondere Tapeten, Teppiche, Fenstervorhänge, Lampen, Bücherschränke, Schreibtisch, Stühle und andere Möbelstücke. Lediglich typische Arbeitsmittel – wie das Klavier eines Musiklehrers – sollen nicht zur Ausstattung gehören (**str.:** vgl. FG Rh.-Pf. vom 24.4.1996, DB 1996, 1798).

Liegen auch die Voraussetzungen für einen begrenzten Abzug nicht vor, können die Aufwendungen für ein häusliches Arbeitszimmer nicht mehr berücksichtigt werden.

d) Anerkennung von Sonderausgaben

aa) Aufwendungen für die eigene Berufsausbildung oder Weiterbildung in einem nicht ausgeübten Beruf

Die Höchstbeträge der nach § 10 Abs. 1 Nr. 7 als Sonderausgaben abziehbaren Aufwendungen für die eigene Berufsausbildung des Stpfl. oder seines Ehegatten oder für seine oder seines Ehegatten Weiterbildung in einem nicht ausgeübten Beruf sind verdoppelt worden. Ab 1996 können derartige Aufwendungen für eine Person allgemein bis zu 1 800 DM jährlich und bei auswärtiger Unterbringung bis zu 2 400 DM jährlich als Sonderausgaben berücksichtigt werden.

bb) Unterhaltsleistungen in andere Länder

Nach § 10 Abs. 1 Nr. 1 ist der auf 27 000 DM begrenzte Sonderausgabenabzug von Unterhaltsleistungen an den geschiedenen oder dauernd getrennt lebenden Ehegatten u. a. davon abhängig, daß der Empfänger unbeschränkt stpfl. ist. Dies ist in § 1a Abs. 1 Nr. 1 geändert worden. Der Sonderausgabenabzug kann danach von Staatsangehörigen eines EU/EWR-Mitgliedstaates, die nach § 1 Abs. 1 unbeschränkt stpfl. sind oder nach § 1 Abs. 3 auf Antrag als unbeschränkt stpfl. zu behandeln sind, in Anspruch genommen werden, wenn der Empfänger in einem anderen EU/EWR-Mitgliedstaat ansässig ist und die Besteuerung der empfangenen Unterhaltszahlungen durch eine Bescheinigung der zuständigen ausländischen Steuerbehörde nachgewiesen wird.

e) Anerkennung von außergewöhnlichen Belastungen

aa) Unterhaltsaufwendungen

Der Abzug von Unterhaltsaufwendungen nach § 33a Abs. 1 ist ab 1996 grundsätzlich auf Leistungen an Personen beschränkt, die einen **gesetzlichen Unterhaltsanspruch** gegenüber dem Stpfl. oder seinem Ehegatten haben. Voraussetzung ist außerdem, daß weder der Stpfl. noch eine andere Person Anspruch auf einen Kinderfreibetrag oder auf Kindergeld für die unterhaltene Person hat und die unterhaltene Person kein oder nur ein geringes Vermögen besitzt. Den gesetzlich unterhaltsberechtigten Personen sind andere Personen insoweit gleichgestellt worden, als bei diesen Leistungen aus öffentlichen Mitteln mit Rücksicht auf die Unterhaltsleistung des Stpfl. gekürzt werden. Der Abzugshöchstbetrag ist einheitlich auf 12 000 DM für jede unterhaltene Person angehoben worden. Die Einkünfte und anrechenbaren Bezüge der unterhaltenen Person sind darauf jedoch anzurechnen, soweit sie 1 200 DM jährlich überschreiten.

bb) Kinderbetreuungskosten

Nach § 33c Abs. 1 ist die Anerkennung von Kinderbetreuungskosten als außergewöhnliche Belastung u. a. davon abhängig, daß das Kind unbeschränkt stpfl. ist. Diese Beschränkung ist in § 1a Abs. 1 Nr. 4 in gleicher Weise, wie für den Sonderausgabenabzug von Unterhaltsleistungen unter d) bb) dargestellt, gelockert worden.

f) Vereinfachter Antrag auf Lohnsteuer-Ermäßigung

Die vorstehend aufgeführten Rechtsänderungen stellen bei vielen Arbeitnehmern ab 1996 eine wesentliche Änderung der für die Lohnsteuer-Ermäßigung maßgebenden Verhältnisse dar. Dies gilt insbesondere hinsichtlich der steuerlichen Berücksichtigung von Verpflegungsmehraufwendungen bei Auswärtstätigkeiten (vgl. c) aa), von Mehraufwendungen wegen doppelter Haushaltsführung (vgl. c) bb) und von Aufwendungen für ein häusliches Arbeitszimmer (vgl. c) cc). In diesen Fällen wird ein vereinfachter Antrag auf Lohnsteuer-Ermäßigung, mit dem die Übernahme des bisherigen Freibetrags beantragt wird, regelmäßig nicht ausreichen, sondern zusätzliche Angaben des Arbeitnehmers erfordern. Es empfiehlt sich, von vornherein den „vollständigen" Antragsvordruck zu verwenden, um Steuernachforderungen bei der Veranlagung zur Einkommensteuer zu vermeiden.

g) Zuständigkeit der Finanzämter im Lohnsteuer-Ermäßigungsverfahren

Die bisherige Zuständigkeitsregelung in § 39a Abs. 4a ist aufgehoben worden. Im Lohnsteuer-Ermäßigungsverfahren für 1996 sind erstmals die Zuständigkeitsvorschriften des § 19 AO zu beachten.

Vgl. auch zu allem ausführlich **Merkblatt für den Arbeitgeber** = BStBl 1995 I 719.

3.2 Kapitalertragsteuer

3.2.1 Kapitalertragsteuerpflichtige Einnahmen und Höhe der Kapitalertragsteuer (§§ 43, 43a EStG)

Nach § 43 ist ein Kapitalertragsteuerabzug insbesondere vorzunehmen bei

– Gewinnanteilen i. S. § 20 Abs. 1 Nr. 1 und Nr. 2 (Bezüge jeder Art **grds**. einschließlich verdeckter Gewinnausschüttungen), § 43 Abs. 1 Nr. 1.

Zu den Besonderheiten der KapSt bei verdeckten Gewinnausschüttungen vgl. im einzelnen Band 5 dieser Buchreihe (Körperschaftsteuer).

§ 43 Abs. 1 Nr. 1 stellt sicher, daß für die **Weiterausschüttung** aus dem Teilbetrag im Sinne des § 30 Abs. 2 Nr. 1 KStG (**= EK 01**) Kapitalertragsteuer einzubehalten ist, obwohl bei **Körperschaften** diese Ausschüttung steuerfrei ist (§ 8b Abs. 1 KStG).

– Zinsen aus Teilschuldverschreibungen und Wandelschuldverschreibungen (§ 43 Abs. 1 Nr. 2).

– Einnahmen aus typischer stiller Gesellschaft (auch wenn ein Nießbrauch hieran besteht; BFH, BStBl 1991 II 38) und partiarischen Darlehen (§ 43 Abs. 1 Nr. 3, BFH, BStBl 1992 II 889).
 Dies gilt auch bei typisch stiller Unterbeteiligung (BFH, BStBl 1991 II 313).

– Einnahmen aus Lebensversicherungen i. S. § 20 Abs. 1 Nr. 6; vgl. hierzu K. 6). (§ 43 Abs. 1 Nr. 4).

– Einnahmen aus der Vergütung von KSt (§ 36e EStG bzw. § 52 KStG).

– Zinsen aus „verbrieften" und „einfachen" Forderungen (§ 43 Abs. 1 Nr. 7) = **Zinsabschlag(steuer)**.

– Besondere Entgelte und Vorteile i. S. des § 20 Abs. 2 Nr. 1 (vgl. hierzu K. 6); § 43 Abs. 1 Satz 2.

Der Steuerabzug ist **auch** dann vorzunehmen, wenn die Kapitalerträge beim Gläubiger zu den **Gewinneinkünften** (§§ 13, 15, 18) oder aus **§ 21** gehören (§ 43 Abs. 4).

Der Kapitalertragsteuer ist grds. in Höhe von **25 v. H.** der Einnahmen vorzunehmen (§ 43a Abs. 1 Nr. 1 und 3).

In den Fällen des § 43 Abs. 1 Nr. 5 beträgt sie **30 %** (§ 43a Abs. 1 Nr. 2).

In den Fällen des § 43 Abs. 1 Nr. 7, Nr. 8 und § 43 Abs. 1 Satz 2 beträgt der **Zinsabschlag 30 v. H.**; bei sog. Tafelgeschäften **35 v. H.** (§ 43a Abs. 1 Nr. 4).

Bei Übernahme der Kapitalertragsteuer durch den Schuldner der Kapitalerträge beträgt der Steuerabzug bei einem Steuersatz von z. B.

- 25 %: 33¹/₃ % des tatsächlich ausgezahlten Betrags
- 30 %: 42,85 % des tatsächlich ausgezahlten Betrags (**ohne** Berücksichtigung des **SolZ**).

3.2.2 Entstehung und Entrichtung der Kapitalertragsteuer (§ 44 EStG)

Schuldner der Kapitalertragsteuer ist in den Fällen des § 43 Abs. 1 Nr. 1 bis 5, 7 und 8 sowie § 43 Abs. 1 Satz 2 der **Gläubiger** der Kapitalerträge (= der Inhaber des Kapitalvermögens) (§ 44 Abs. 1 Satz 1).

Die Vornahme des Steuerabzugs erfolgt durch den Schuldner der Kapitalerträge (§ 44 Abs. 1 S. 3), beim **Zinsabschlag** (§ 43 Abs. 1 Nr. 7 und 8) durch die auszahlende Stelle.

Der Abzug erfolgt **für Rechnung des Gläubigers** der Kapitalerträge.

3.2.2.1 Entstehung der Kapitalertragsteuer

Der Schuldner der Kapitalerträge muß die allgemeine KapSt für Erträge i. S. § 43 Abs. 1 Nr. 1 bis 5 in dem Zeitpunkt vornehmen, in dem die Kapitalerträge dem Gläubiger **zufließen** (§ 44 Abs. 1 i. V. m. Abs. 2 und 3). Dies gilt **anch** bei **verdeckter Gewinnausschüttung,** wenn sie dem Empfänger i. S. einer Vermögensmehrung zufließt (BFH, BStBl 1984 II 842). Vgl. auch BFH, BStBl 1986 II 178 und 1988 II 348 (zu Nutzungsvorteilen zwischen Schwestergesellschaften).

In diesem Zeitpunkt **entsteht** die KapSt.

Die **Aufhebung** eines Ausschüttungsbeschlusses läßt die Entstehung unberührt (vgl. BFH, BStBl 1986 II 193), eine Erstattung der KapSt kommt daher insoweit **nicht** in Betracht. Dies gilt auch, wenn die Rückgewähr negative Einnahmen darstellt.

Zu beachten sind die **Sondervorschriften** § 44 Abs. 2 und 3. Sie haben **nur** Bedeutung für die Entstehung und Entrichtung der KapSt. Der sich aus § 44 für die Entstehung der KapSt ergebende Zeitpunkt kann von dem für die Veranlagung maßgebenden Zuflußzeitpunkt i. S. von § 11 Abs. 1 **abweichen.**

Die Regelungen in § 44 sind mithin für die **Besteuerung,** d. h. den **zeitlichen Ansatz** bei der Veranlagung **unerheblich** (BFH, BStBl 1986 II 451 und BStBl 1988 II 460 [463]).

Nach § 44 Abs. 2 entsteht die Kapitalertragsteuer bei **Dividenden** und anderen von einer Körperschaft beschlossenen Ausschüttungen an dem Tag, der im Beschluß über die Gewinnausschüttung **als Auszahlungstag bestimmt** ist.

Dies gilt auch bei einem **Alleingesellschafter** (BFH, a. a. O.) sowie bei einem **beherrschenden** Gesellschafter.

Vgl. dagegen zum Zufluß i. S. von § 11 Abs. 1 S. 1 von Gewinnausschüttungen – K 6.2.1.2.

> **Beispiel:**
> Bei einer Einpersonen-GmbH wird für das WJ 01/02 eine Gewinnausschüttung am 30. 12. 02 beschlossen. Auszahlungstag ist lt. Beschluß der 15. 1. 03.
> Die Dividende ist bei der **Veranlagung** des **Jahres 02** anzusetzen, da sie dem Alleingesellschafter am Tage der Beschlußfassung zugeflossen ist (§ 11 Abs. 1 Satz 1).
> Die **KapSt entsteht** dagegen an dem im Beschluß genannten Auszahlungstag **15. 1. 03** (§ 44 Abs. 2 Satz 1). Sie ist jedoch nach § 36 Abs. 2 Nr. 2 auf die ESt des Jahres **02** anzurechnen.

Bei **Fehlen** eines **Auszahlungszeitpunkts** entsteht die KapSt am **Tag nach** der **Beschlußfassung** über die Gewinnausschüttung (§ 44 Abs. 2 Satz 2).

> **Beispiel:**
> Die Gesellschafter der Liquida-GmbH beschließen einstimmig am 1. 12. 02, den Gewinn des Wirtschaftsjahres (= Kalenderjahres) 01 am 1. 2. 03 auszuschütten. Gesellschafter sind A zu 60 % und B zu 40 %

Die Satzung der GmbH
1. enthält keine Bestimmung über die Auszahlung von Ausschüttungen;
2. bestimmt, daß Gewinnausschüttungen 2 Monate nach dem Ausschüttungsbeschluß fällig sind;
3. bestimmt, daß die Gesellschafter in dem Beschluß bei der Feststellung der Fälligkeit frei sind.

Schwerwiegende Gründe gegen eine sofortige Auszahlung lagen weder im Beschlußzeitpunkt noch zum vorgesehenen Auszahlungszeitpunkt vor (keine Illiquidität oder drohende Schmälerung des Stammkapitals durch die Auszahlung der Gewinnausschüttung).

A ist als **beherrschender** Gesellschafter anzusehen (nicht B – falls keine Interessengleichrichtung; BFH, BStBl 1980 II 304).

1. Zufluß der offenen Ausschüttung an A gemäß § 11 Abs. 1 Satz 1 bereits im Zeitpunkt der Beschlußfassung 1.12.02 (insoweit mißverständlich: H 154 „Zuflußzeitpunkt bei Gewinnausschüttungen – Nr. 1").

   Dagegen entsteht die Pflicht zur Einbehaltung der KapSt erst an dem im Beschluß genannten Auszahlungstag 1.2.03 (§ 44 Abs. 2 Satz 1).

2. Zufluß i. S. § 11 Abs. 1 Satz 1 bei A für die Besteuerung **und** Pflicht zur Einbehaltung der KapErtrSt erst am 1.2.03.

   Für die Besteuerung des A gilt dies, da der Beschluß mit der ausdrücklichen Fälligkeitsbestimmung in der Satzung übereinstimmt (BFH, BStBl 1982 II 139). Für die KapSt gilt § 44 Abs. 2 Satz 1.

3. wie 1.

Zur Auszahlung von Gewinnanteilen in Teilbeträgen vgl. BFH, BStBl 1986 II 451.

Entstehen durch Rückzahlung einer kapitalertragsteuerpflichtigen Dividende negative Einnahmen aus § 20 (von der FinVerw i. d. R. ohnehin abgelehnt), ist **keine** Erstattung der einbehaltenen und abgeführten KapSt vorzunehmen (BFH, BStBl 1986 II 193).

Bei Einnahmen aus **stiller Gesellschaft** entsteht die KapSt

– wenn im Beteiligungsvertrag **kein Fälligkeitszeitpunkt** für die Gewinnanteile bestimmt ist:
am **Tag nach Aufstellung der Bilanz** oder sonstigen Feststellung des Gewinnanteils, **spätestens** jedoch **6 Monate nach Ablauf des WJ**, auf das sich der Gewinnanteil bezieht (§ 44 Abs. 3 Satz 1);

– wenn im Beteiligungsvertrag ein **Fälligkeitszeitpunkt bestimmt** ist:
mit **tatsächlichem Zufluß** (§ 44 Abs. 1), d. h. i. d. R. zum **Fälligkeitszeitpunkt**.

Beispiel:

Die Bilanzerstellung beim tätigen Gesellschafter (Inhaber des Handelsgeschäfts) für das WJ 1.7.01 bis 30.6.02 erfolgte am 15.9.02.

Im Beteiligungsvertrag ist
1. kein Fälligkeitszeitpunkt bestimmt bzw.
2. als Auszahlungszeitpunkt „ein Monat nach Bilanzerstellung" bestimmt.

Die tatsächliche Auszahlung erfolgte am 4.1.03.

Der Betrieb war aa) liquide, bb) illiquide, daher Stundung bis 3.1.03, 24.00 Uhr.

	Zuflußzeitpunkt für Veranlagung (§ 11 Abs. 1 S. 1)	Entstehung der KapSt
a) **Kein Auszahlungszeitpunkt lt. Vertrag**		
aa) Betrieb liquide	15.9.02 (Feststellung des Gewinnanteils durch Bilanzerstellung)	16.9.02 (Tag nach Bilanzerstellung, § 44 Abs. 3 S. 1)
bb) Betrieb illiquide	4.1.03 (Nach Ablauf der Stundungsfrist mit tatsächlicher Auszahlung)	4.1.03 (§ 44 Abs. 4)
b) **Auszahlungstermin lt. Vertrag**		
aa) Betrieb liquide	15.10.02 (Zufluß bei Fälligkeit, Gutschrift usw.)	15.10.02 (§ 44 Abs. 1)
bb) Betrieb illiquide	4.1.03 (wie a) bb)	4.1.03 (wie a) bb)

Bei **Stundung** der Kapitalerträge für den Schuldner durch den Gläubiger wegen vorübergehender Zahlungsunfähigkeit ist der Steuerabzug erst **mit Ablauf der Stundungsfrist** vorzunehmen (§ 44 Abs. 4).

Zur **Haftung** des Schuldners bzw. Inanspruchnahme des Gläubigers vgl. § 44 Abs. 5.

Bei Kapitalerträgen i. S. § 43 Abs. 1 **Nr. 6 (Vergütung von KSt)**, gilt für den Entstehungszeitpunkt § 45c. Danach behält das Bundesamt für Finanzen die KapSt vom Vergütungsbetrag im Zeitpunkt der Vergütung ein.

3.2.2.2 Fälligkeit der Kapitalertragsteuer

Der Schuldner der Kapitalerträge bzw. die Zahlstelle haben die KapSt jeweils bis zum 10. des Folgemonats nach Entstehung zu entrichten (vgl. § 44 Abs. 1 Satz 5).

3.2.2.3 Anmeldung und Bescheinigung (§ 45a EStG)

Eine **KapSt-Anmeldung** ist vom **Schuldner** der Kapitalerträge innerhalb der Frist des § 44 Abs. 1 (also bis zum 10. des Folgemonats) dem für die Einkommensbesteuerung des Schuldners zuständigen FA einzureichen (§ 45a Abs. 1). Das gilt **auch** bei **Nichteinbehaltung** oder **niedrigerer Einbehaltung** (vgl. § 44a, § 45a Abs. 1 S. 2).

Bei nicht ordnungsgemäßer Abführung nimmt das FA den Schuldner bzw. die Zahlstelle oder den Gläubiger nach Maßgabe des § 44 Abs. 5 in Anspruch.

Zur Ermöglichung der **Anrechnung** (§ 36 Abs. 2 Nr. 2) bzw. Vergütung der KapSt ist der Schuldner (vorbehaltlich § 45a Abs. 4) verpflichtet, dem Gläubiger eine **KapSt-Bescheinigung** nach amtlichem Muster auszustellen (§ 45a Abs. 2 bzw. Abs. 3).

3.2.2.4 Zinsabschlag und Freistellungsauftrag

3.2.2.4.1 Vorbemerkungen

Die geltende Regelung beinhaltet im einzelnen

- Das Bankgeheimnis und damit der Schutz der Bankkunden bleiben voll gewahrt (§ 30a AO).
- Von Zinsen auf Kapitalforderungen wird grundsätzlich ein 30%iger Zinsabschlag einbehalten. Der Zinsabschlag ist ein auf die Einkommensteuer oder Körperschaftsteuer des Veranlagungszeitraums **anrechenbarer Steuerabzug** mit Vorauszahlungscharakter.
- Der Sparer-Freibetrag beträgt 6000/12000 DM (Alleinstehende/Verheiratete). Das bedeutet eine erhebliche Steuerentlastung und Vereinfachung.

3.2.2.4.2 Zinsabschlagspflichtige Zinserträge

§ 43 Abs. 1 Nr. 7 bestimmt, daß auch von den Kapitalerträgen i. S. d. § 20 Abs. 1 **Nr. 7 ("Zinsen aus sonstigen Kapitalforderungen jedere Art, z. B. aus Einlagen und Guthaben bei Kreditinstituten, aus Darlehen und Anleihen")** eine KapSt erhoben wird. Dabei wird zwischen verbrieften Geldforderungen und **einfachen Forderungen** unterschieden:

a) Verbriefte Forderungen

Hierzu gehören Zinsen aus Anleihen und Forderungen, die in ein öffentliches Schuldbuch eingetragen oder über die Teilschuldverschreibungen ausgegeben sind, z. B. aus

- festverzinslichen Wertpapieren wie Industrieobligationen und Pfandbriefen,
- Anleihen des Bundes oder anderer Gebietskörperschaften und Körperschaften des öffentlichen Rechts wie Bundesschatzbriefe oder Finanzierungsschätze,
- bestimmten Investmentzertifikaten.

Zinsen aus verbrieften Forderungen unterliegen dem Zinsabschlag unabhängig von der Person des Schuldners der Kapitalerträge (also neben Wertpapieren von Kapitalgesellschaften auch solche von juristischen Personen des öffentlichen Rechts; ebenfalls Emissionen von Kreditinstituten).

b) Einfache Forderungen

Hierzu gehören Zinsen aus Guthaben bei Banken und Sparkassen, Schuldscheindarlehen und Guthaben bei Bausparkassen. Diese Zinsen unterliegen nur dem Zinsabschlag, wenn der Schuldner ein inländisches Kreditinstitut im Sinne des Kreditwesengesetzes ist. Dazu rechnen auch z. B. die **Bausparkassen,** die POSTBANK, und eine **inländische** Zweigstelle eines **ausländischen** Kreditinstituts i. S. d. § 53 KWG.

Zinsen aus einfachen Forderungen unterliegen also **nicht** dem Zinsabschlag, **wenn** es sich beim **Schuldner** beispielsweise um **Privatpersonen** oder um **Unternehmen** handelt, die **kein Kreditinstitut** sind.

Der Zinsabschlag erfaßt **grundsätzlich nur Personen mit inländischem Wohnsitz (Steuerinländer)** – folgt im Umkehrschluß aus § 49 Abs. 1 Nr. 5 c) cc).

Zinsabschlag ist auch zu erheben, wenn der Gläubiger der Kapitalerträge in Konkurs gefallen ist (BFH, BStBl 1996 II 308).

3.2.2.4.3 Ausnahmeregelungen

Von der Zinsabschlagspflicht ausgenommen sind

- Steuerausländer
- schon bisher KapSt-pflichtige Zinsen
- bestimmte Sonderfälle „einfacher Kapitalforderungen"

a) Beschränkt steuerpflichtige Zinsgläubiger

Steuerausländer (Personen mit Wohnsitz, gewöhnlichem Aufenthalt, Sitz oder Geschäftsleitung im Ausland) sind – **bis auf Tafelgeschäfte** – vom Steuerabzug ausgenommen, weil sie regelmäßig mit ihren Zinserträgen auch materiell steuerfrei sind (Wohnsitzprinzip der DBA).

b) Schon bisher KapSt-pflichtige Zinsen

Dies sind vor allem Zinsen aus **partiarischen Darlehen** (§ 20 Abs. 1 Nr. 4) und Zinsen aus **kurz laufenden Lebensversicherungen** (§ 20 Abs. 1 Nr. 6: Steuersatz gem. § 43a Abs. 1 Nr. 1 und 3 = 25%).

c) Sonderfälle einfacher Kapitalforderungen

Ausgenommen vom Zinsabschlag sind ferner:

- **Girokonten** (Sichteinlagen) mit einer Verzinsung von nicht mehr als 1%;
- **Zinsen aus Bausparguthaben,** die mit bis zu 1% verzinst werden oder für die der Stpfl. im Kalenderjahr der Gutschrift der Erträge für die Bausparaufwendungen eine Arbeitnehmer Sparzulage erhalten hat oder für die den Stpfl. im Kalenderjahr der Gutschrift oder im Kalenderjahr vor der Gutschrift der Zinserträge eine Wohnungsbauprämie festgesetzt oder gewährt worden ist;
    - **geringe Zinsgutschriften** von **bis zu 20 DM** je Konto im Kalenderjahr;
- Erträge aus sog. **Interbankengeschäften.**

3.2.2.4.4 Höhe des Zinsabschlags

- Nach § 43a Abs. 1 Nr. 4 beträgt der Zinsabschlag **30%** der Zinseinnahmen, wenn der **Gläubiger** der Zinserträge die KapSt trägt. Übernimmt der **Schuldner** die KapSt, so beläuft sich der Satz auf 42,85% des tatsächlich ausgezahlten Betrags.
- In den Fällen der sog. **Tafelgeschäfte** (§ 44 Abs. 1 Satz 4 Nr. 1 Buchst. a Doppelbuchst. bb) (= Bankgeschäften über den Schalter) beträgt der Zinsabschlag 35 v. H.

Dem Steuerabzug unterliegen die vollen Kapitalerträge **ohne jeden Abzug**.

3.2.2.4.5 Abzugspflichtige Stelle

Abzugspflichtig ist die auszahlende Stelle (z. B. Kreditinstitut, Bausparkasse). Im Gegensatz zu einem Steuerabzug, der stets beim Schuldner des Kapitalertrags ansetzte, wird beim Zinsabschlag eine Spaltung des Kapitalmarkts (**Schuldner** mit inländischem/ausländischem Wohnsitz) vermieden.

Die **auszahlende Stelle** hat den Steuerabzug vorzunehmen und die Beträge an das zuständige Finanzamt abzuführen (sog. **Zahlstellenlösung**, § 44 Abs. 1 Sätze 3 und 4).

In **Depotfällen** kann die **inländische** auszahlende Stelle den Steuerabzug auch für **ausländische** Wertpapiererträge an Inländer vornehmen (§ 43 Abs. 1 Satz 1), wenn es sich um Einnahmen aus § 43 Abs. 1 Nr. 7a, Nr. 8 und Satz 2 handelt.

Dagegen hat bei der bisher schon einzubehaltenden KapSt auf Dividendenerträge, Zinsen aus Wandelanleihen, partiarischen Darlehen, Lebensversicherungen (§ 43 Nrn. 1 bis 6) der **Schuldner** der Kapitalerträge, also z. B. der Emittent des Wertpapiers, den Steuerabzug für Rechnung des Gläubigers der Kapitalerträge vorzunehmen und an das Finanzamt abzuführen (sog. **Schuldnerlösung**). Vgl. § 44 Abs. 1 bis 4.

Bei Erträgen aus Wertpapieren und **Schuldbuchforderungen** (§ 43 Abs. 1 Nr. 7 **Buchst. a**) ist Zahlstelle in der Regel das **inländische Kreditinstitut**. **Ausländische** Kreditinstitute und **ausländische** Zweigstellen inländischer Kreditinstitute sind **nicht** zum Steuerabzug für Erträge aus Wertpapieren verpflichtet, die in einem **ausländischen Depot** verwahrt werden. Andererseits ist die **inländische** Zweigstelle eines **ausländischen** Kreditinstituts **abzugspflichtig**.

Wenn **nicht** ein **Kreditinstitut,** sondern der **Schuldner** der Zinserträge aus den verbrieften Forderungen die Zinsen auszahlt bzw. gutschreibt, ist der **Schuldner** die auszahlende Stelle (§ 44 Abs. 1 Nr. 1 Satz 4 Nr. 1 Buchst. b).

Bei Erträgen aus einfachen Darlehensforderungen (§ 43 Abs. 1 Nr. 7 **Buchst. b**), z. B. Erträge aus Guthaben bei Banken, Sparkassen und Bausparkassen – , ist das **Kreditinstitut** auszahlende Stelle (§ 44 Abs. 1 Satz 4 Nr. 2).

3.2.2.4.6 Abstandnahme vom Steuerabzug – Freistellungsauftrag (§ 44a EStG)

Da der auszahlenden Stelle die Inhaber der Papiere bekannt sind, kann bei der „Zahlstellenlösung" in den Fällen der Nichtveranlagung (NV-Bescheinigung), des Freistellungsauftrags und der von der KSt befreiten juristischen Personen von vornherein ein Abzug des Zinsabschlags **unterbleiben**. Dadurch kann der umständliche Weg vermieden werden, die vom Schuldner zunächst einbehaltene Steuer zu erstatten.

Der Steuerabzug darf nur in den in § 44a genannten Fällen unterbleiben (BFH, BStBl 1996 II 199).

a) Natürliche Personen

aa) NV-Bescheinigung

Der Steuerabzug ist nicht vorzunehmen, wenn der Sparer dem Kreditinstitut durch Vorlage einer Bescheinigung seines Wohnsitz-Finanzamtes nachweist, daß für ihn eine Veranlagung zur Einkommensteuer nicht in Betracht kommt (sog. NV-Bescheinigung).

Dies gilt auch für **Zinserträge** i. S. d. § 43 Abs. 1 **Nr. 7**. Sie sind in die Abstandnahme nach § 44a Abs. 1 einbezogen. Dies gilt für den Fall des Vorliegens einer **NV-Bescheinigung** (§ 44a Abs. 1 Nr. 2 und Abs. 2 Satz 1 Nr. 2) ebenso wie bei der Erteilung eines sog. **Freistellungsauftrags** durch den Sparer an das Kreditinstitut (§ 44a Abs. 1 Nr. 1 und Abs. 2 Nr. 1).

bb) Freistellungsauftrag

Der Sparer-Freibetrag (§ 20 Abs. 4) kann bereits beim Steuerabzug berücksichtigt werden. Der Sparer hat die Möglichkeit, gegenüber der auszahlenden Stelle (unter Angabe des Namens, der Anschrift und des Geburtsdatums) durch einen sog. „Freistellungsauftrag" zu erklären, bis zu welcher Höhe Kapitalerträge unterhalb des Sparer-Freibetrags 6 000/12 000 DM **und** des Werbungskosten-Pauschbetrags in Höhe von 100/200 DM für Kapitalerträge vom Steuerabzug ausgenommen werden sollen.

Die auszahlende Stelle hat im Fall des Freistellungsauftrags insoweit vom Steuerabzug abzusehen, als alle Kapitalerträge, die der Abstandnahme und Erstattung nach §§ 44a und 44b unterliegen, zusammen den Sparer-Freibetrag von 6 000/12 000 DM **zuzüglich** des Werbungskosten-Pauschbetrags von 100/200 DM nicht übersteigen.

Der Freistellungsauftrag **muß** nach amtlich vorgeschriebenem Vordruck erteilt werden. Er gilt **ausschließlich** für Einkünfte aus (privatem) Kapitalvermögen und **nicht** für Einnahmen aus Gewinneinkünften, Vermietung und Verpachtung sowie nichtselbständiger Arbeit. Denn der Sparer-Freibetrag wird **nur** bei der Einkunftsart „Kapitalvermögen" (§ 20) gewährt.

Das Freistellungsvolumen kann auf **mehrere Konten aufgeteilt** werden. Er steht den Finanzämtern zu Prüfzwecken (nach § 50b) zur Verfügung. Alle den verschiedenen Zahlstellen erteilten Freistellungsaufträge (**Muster vgl. Seite 1159**) dürfen zusammen den Sparer-Freibetrag und den Werbungskosten-Pauschbetrag, d. h. bei Ledigen 6 100 DM und bei zusammen veranlagten Ehegatten 12 200 DM nicht überschreiten.

Das Freistellungsvolumen kann auch auf **mehrere auszahlende Stellen** (also verschiedene Kreditinstitute) verteilt werden. Der Auftrag gilt solange, bis er **widerrufen** oder **geändert** wird.

Ehegatten i. S. von § 26 Abs. 1 müssen einen **gemeinsamen** Auftrag erteilen. Wenn die Zusammenveranlagung zur ESt und damit der gemeinsame Sparer-Freibetrag entfallen, ist eine entsprechende Änderung des Freistellungsauftrags erforderlich.

Zur Verhinderung der mehr als einmaligen Inanspruchnahme des Sparer-Freibetrags hat der Abzugsverpflichtete dem Bundesamt für Finanzen auf Verlangen die Angaben in den Freistellungsaufträgen zu übermitteln (§ 45d).

Bei **Tafelgeschäften** kommt die Berücksichtigung des Sparer-Freibetrags oder von sonstigen Befreiungstatbeständen **nicht** in Betracht. Der Steuerabzug auf Zinseinnahmen aus solchen Geschäften in Höhe von **35 v. H.** ist **in jedem Fall** vorzunehmen und zwar **auch** für **Steuerausländer.**

Auch bei Tafelgeschäften kann der Zinsabschlag später bei der Veranlagung angerechnet oder bei Steuerausländern nach einem Doppelbesteuerungsabkommen erstattet werden (§ 50d).

cc) Auswirkungen auf die Dividendenbesteuerung

Der Freistellungsauftrag kann auch Grundlage für eine Erstattung von KapESt und KSt auf **Dividendenerträge** nach §§ 44b, 36bff. sein; in diesem Fall müssen die betreffenden Erträge (Dividenden, Erträge aus GmbH-Anteilen u. ä.) **in das Freistellungsvolumen einbezogen** werden.

Bei Dividenden ergibt sich eine Belastung mit 25 v. H. Kapitalertragsteuer und einer KSt-Ausschüttungsbelastung von $3/7$ = 42,85 v. H. der Ausschüttung.

Auch bei Dividendenauszahlung über ein Kreditinstitut kann ein Freistellungsauftrag erteilt werden. Für den Empfänger der Dividenden führt der Freistellungsauftrag zum gleichen Ergebnis wie bisher die Vorlage einer Nichtveranlagungsbescheinigung: Die Kapitalertragsteuer wird auf einem vom Kreditinstitut im Auftrag des Anteilseigners gestellten Antrag an das Bundesamt für Finanzen erstattet und die anrechenbare Körperschaftsteuer wird vergütet.

Der Dividendenempfänger erhält im Ergebnis den **vollen** Ausschüttungsgewinn **ohne** Kürzung um Körperschaftsteuer und ohne Abzug von Kapitalertragsteuer.

Beispiel:

		DM
ausgeschütteter körperschaftsteuerpflichtiger Gewinn		4 000
./. anrechenbare Körperschaftsteuer (30 v. H. von 4 000 DM) =	./.	1 200
= Bardividende		2 800
25 v. H. Kapitalertragsteuer		700

1. Bei Erteilung eines Freistellungsauftrags in Höhe von 4 000 DM (maßgeblich ist die Bardividende **zuzüglich** anrechenbarer Körperschaftsteuer) erhält der Dividendenempfänger die anrechenbare Körperschaftsteuer (1 220 DM) vergütet, die Kapitalertragsteuer (700 DM) erstattet und i. d. R. im Ergebnis 4 000 DM Kapitalerträge ausgezahlt.
2. Bei Ausstellung eines Freistellungsauftrags von zum Beispiel 3 000 DM (weil der SparerFreibetrag zum Teil schon durch anderweitige Kapitalerträge ausgeschöpft ist) werden im Ergebnis 3 000 DM ohne Belastung mit Körperschaftsteuer und Kapitalertragsteuer ausgezahlt. Für die restlichen 1 000 DM ausgeschütteten körperschaftsteuerpflichtigen Gewinn werden

300 DM anrechenbare Körperschaftsteuer gekürzt,

175 DM – ebenfalls anrechenbare – Kapitalertragsteuer einbehalten und abgeführt.

Im Ergebnis werden bezüglich der so belasteten Ausschüttungen von 1 000 DM noch 525 DM ausgezahlt (= **Netto**dividende).

Bei der Veranlagung sind 4 000 DM zusammen mit den übrigen Kapitaleinkünften und anderen Einkünften zu versteuern. Bei der Veranlagung wird der volle Sparer-Freibetrag (6 000/12 000 DM zuzüglich ggf. der einschlägige Werbungskosten-Pauschbetrag von 100/200 DM) berücksichtigt und 300 DM Körperschaftsteuer sowie 175 DM Kapitalertragsteuer auf die ESt angerechnet.

b) Steuerbefreite Körperschaften

Nach § 44a Abs. 4 werden die Zinserträge in die aufgrund einer solchen (regelmäßig für 3 Jahre gültigen) Bescheinigung möglichen Abstandnahme vom Steuerabzug einbezogen. Nach § 44c Abs. 1 Satz 1 kommt in allen Fällen der Abstandnahme eine Erstattung **nicht** in Betracht.

3.2.2.4.7 Keine Abstandnahme bei Tafelgeschäften, Treuhandfällen und Nießbrauchsfällen

§ 44a Abs. 6 sieht als **Voraussetzung** für die Abstandnahme vom Steuerabzug vor, daß die Teilschuldverschreibung die Einlagen und Guthaben usw. im Zeitpunkt des Zufließens der Einnahmen unter dem **Namen** des **Gläubigers** der Kapitalerträge von der auszahlenden Stelle **verwahrt oder verwaltet** werden.

Bei sog. **Tafelgeschäften** muß demnach ein **Zinsabschlag einbehalten** werden, weil die auszahlende Stelle die Identität des Einlösers der Zinsscheine nicht kennt oder nicht überprüfen kann.

Wenn zwar ein Depot geführt wird, ist aber unklar, ob der Depotinhaber auch der Gläubiger der Zinseinnahmen ist (z. B. bei Treuhandkonten, in Nießbrauchsfällen), muß die auszahlende Stelle ebenfalls den Zinsabschlag einbehalten. In allen Fällen muß das Kreditinstitut in der dem Einlöser der Zinsscheine auszustellenden Steuerbescheinigung kennzeichnen, daß es sich um ein Tafelgeschäft, um einen Treuhandfall etc. handelt (§ 44a Abs. 6 Satz 2 EStG i. V. m. § 45 Abs. 2 KStG).

Damit soll erreicht werden, daß im Veranlagungsverfahren die Rechtslage geprüft und die bescheinigte Steuer beim tatsächlich Berechtigten angerechnet wird.

3.2.2.4.8 Erstattungsfälle (§§ 44b, 44 c EStG)

Das Erstattungsverfahren gilt, weil auch die auf den Kapitalerträgen des Schuldners lastende KSt in den sog. NV-Fällen im gleichen Verfahren vergütet wird (§§ 36b ff.). Die Erstattung der KapSt auf Dividendenerträge usw. ist nicht nur in NV-Fällen aufgrund einer NV-Bescheinigung des Finanzamts, sondern auch aufgrund eines Freistellungsauftrags möglich. Wie bei der Abstandnahme vom Zinsabschlag nach § 44a ist Voraussetzung, daß die Dividendenerträge zusammen mit den Zinserträgen, von denen nach § 44a Abs. 1 vom Steuerabzug Abstand zu nehmen ist, das in Betracht kommende Freistellungsvolumen von 6 100 DM/12 000 DM nicht übersteigen. Die Erstattung ist in denselben Fällen **unzulässig** wie bei der Freistellung der Zinserträge vom Steuerabzug, nämlich bei Tafelgeschäften, Treuhandkonten, in Nießbrauchsfällen etc.

Die **Zahlstelle** hat das Recht (aber nicht die Pflicht), bei verspätet vorgelegter NV-Bescheinigung bzw. bei verspätetem Freistellungsauftrag eine beim Finanzamt abgegebene Steueranmeldung entsprechend zu berichtigen. Dies führt zur Erstattung eines bereits abgeführten Steuerbetrags. Eine Pflicht zur Berichtigung besteht aber nicht (vgl. § 44b Abs. 4).

3.2.2.4.9 Mitteilung der Freistellungsaufträge an das Bundesamt für Finanzen

Das Bundesamt für Finanzen kann verlangen, daß die abzugsverpflichteten Kreditinstitute, die für die Abstandnahme vom Steuerabzug bzw. die Erstattung maßgebende Daten der Freistellungsaufträge melden. Die Kreditinstitute sollen **nicht** sämtliche erteilten Freistellungsaufträge an das BfF zu übermitteln haben. Vielmehr solle es der Verwaltung überlassen bleiben, eine Auswahl zu treffen, Es soll sich nicht um ein nach § 30a AO unzulässiges Kontrollverfahren „auf Umwegen" handeln, sondern soll lediglich eine mehr als einmalige Inanspruchnahme des Sparer-Freibetrags aufgrund von Freistellungsaufträgen im Steuerabzugsverfahren verhindern.

3.2.2.4.10 Anmeldung und Bescheinigung des Zinsabschlags

Es gelten die Regelungen des § 45a zur KapESt für Erträge aus Beteiligungen.

Hinzukommen ist die **Verpflichtung auch der auszahlenden** Stelle zur Ausstellung einer Steuerbescheinigung. Wenn die auszahlende Stelle nicht zugleich Schuldner der Kapitalerträge ist, hat sie zusätzlich Namen und Anschrift des Schuldners anzugeben. Außerdem ist auf der Bescheinigung zu vermerken, wenn diese nicht auf den Namen dessen lautet, der im Depot beim Kreditinstitut verzeichnet ist.

3.2.2.4.11 Haftung für den Zinsabschlag

Zu beachten ist nach § 44 Abs. 5 eine „Verschuldenshaftung mit Feststellungslast beim Verpflichteten". Der Schuldner bzw. die auszahlende Stelle haben die Möglichkeit nachzuweisen, daß eine Verpflichtung zum Steuerabzug nicht bestand und die dem Abzugspflichtigen auferlegten Pflichten weder vorsätzlich noch grob fahrlässig verletzt wurden.

Hintergrund ist ein gestiegenes Haftungsrisiko der Kreditinstitute. Infolge der „ungebremsten Phantasie" zu neuen Kapitalanlageformen ist zuweilen nicht klar, ob es sich um abzugspflichtige Kapitalerträge oder nicht steuerbare Vermögensmehrungen handelt (Beispiel: **Bandbreiten-Optionsscheine** auf den Dollarkurs **ohne** Zusicherung der Rückzahlung des Kapitaleinsatzes).

3.2.2.4.12 Sonderregelungen für Investmentfonds

a) Grundsätze

Es ist zu unterscheiden zwischen Erträgen aus

- Anteilswerten (Aktien usw.) und
- Zinserträgen sowie Grundstückserträgen.

Ausschüttungen werden nicht mit 25 %iger KapSt belastet, **soweit** die Erträge aus **Aktien** usw. stammen (§ 38a KAGG)

Zins- und Grundstückserträge unterliegen jedoch dem 30 %igen Zinsabschlag.

Für **ausschüttende (gemischte)** Fonds gilt die sog. Zahlstellenlösung (§ 38b Abs. 1 KAAG). Abzugspflichtig ist das depotführende Kreditinstitut oder der auszahlende Fonds selbst (Regelung wie bei verbrieften Geldforderungen in § 43 Abs. 1 Nr. 7 Buchst. a). Der Zinsabschlag wird bei der Veranlagung zur ESt angerechnet. Bei „Steuer-Ausländern" wird der Zinsabschlag – in Nicht-Depot-Fällen – nach § 50d vom Bundesamt für Finanzen erstattet.

Wie bei § 44a (s. o.) ist bei Vorliegen einer NV-Bescheinigung oder eines Freistellungsaufrags vom Steuerabzug abzusehen.

Der bei gemischten Fonds auf thesaurierte Erträge entfallende Zinsabschlag ist vom ausgeschütteten Betrag einzubehalten (38b Abs. 2 KAGG).

Werden sämtliche Erträge thesauriert (sog. **thesaurierende Fonds**), existiert **keine** „Zahlstelle". Daher hat die Kapitalanlagegesellschaft den Steuerabzug vorzunehmen (§ 38b Abs. 3 KAGG). Der Fonds muß generell 30 % Zinsabschlag einbehalten.

b) Ausländische ausschüttende Investmentfonds

Ausländische **ausschüttende** Fonds unterliegen – nach Schließung einer Gesetzeslücke – ebenfalls dem Zinsabschlag.

Nach § 18a AuslInvestmG sind im Fall einer inländischen Depotverwahrung der Anteilscheine alle Ausschüttungen auf Anteilscheine an ausländischen **ausschüttenden** Investmentfonds **mit** (§ 17 AuslInvestmG) oder **ohne** (§ 18 AuslInvestmG) Genehmigung zum Vertrieb der Anteilscheine in Deutschland dem **Zinsabschlag** durch die „**auszahlende Stelle**" (= **inländische Depotbank**) zu unterwerfen.

Bei ausländischer Depotverwahrung fällt hingegen kein Zinsabschlag an.

c) Versteuerung des sog. „Zwischengewinns"

aa) „Zwischengewinne" bei inländischen Investmentfonds

Der sog. „Zwischengewinn" wird ab VZ 1994 beim Anleger den steuerpflichtigen **Kapitalerträgen** zugeordnet (§ 39 Abs. 2 KAGG) **und** dem **Zinsabschlag** unterworfen (§ 38b Abs. 4 KAGG).

Der Zwischengewinn ist dabei **definiert** als das dem Anleger **mit dem Rücknahmepreis im Falle der Veräußerung oder Rücknahme von** Anteilscheinen zugeflossene Entgelt für die seit der letzten **Ausschüttung** oder **Thesaurierung** vom Fonds angesammelten **Zinserträge** (nicht: Dividendenerträge, Veräußerungsgewinne etc.). Der Zwischengewinn **entspricht** damit **in etwa Stückzinsen bei festverzinslichen Wertpapieren.**

Da die Rückgabe des Anteilscheins jederzeit möglich ist, wird die Kapitalanlagegesellschaft verpflichtet, den **Zwischengewinn börsentäglich** zu ermitteln (§ 41 Abs. 4 KAGG) **und** ihn mit dem Rücknahmepreis **zu veröffentlichen.**

Wird der Zwischengewinn von der Kapitalanlagegesellschaft **nicht mitgeteilt**, so ist der Zinsabschlag auf der Basis einer **Pauschalbesteuerung** (= 20 v. H. des Rücknahmepreises) zu berechnen.

bb) Zwischengewinne bei ausländischen Investmentfonds

Nach den §§ 17, 18 AuslInvestmG wird auch **hier der** „**Zwischengewinn**" der Besteuerung unterworfen, d. h. er ist **einkommensteuerpflichtig und** wird mit **Zinsabschlag** belastet.

Wird der **Zwischengewinn** vom ausländischen Investmentfonds **nicht mitgeteilt,** so ist das Kreditinstitut verpflichtet, den 30%igen Zinsabschlag von **20 v. H.** des Rücknahmepreises **(sog. Pauschalbesteuerung")** vorzunehmen.

Dieser Zinsabschlag **betrifft nur Veräußerungen oder Rückgaben über ein inländisches Kreditinstitut,** d. h. bei ausländischer Depotverwahrung oder bei nicht depotverwahrten Tafelpapieren **und** Einlösung der Zinsscheine **im Ausland** bzw. Verkauf oder **Rückgabe über ein ausländisches** Kreditinstitut fällt **kein** Zinsabschlag an.

c) Ausländische thesaurierende Investmentfonds

Nach § 18a AuslInvestmG wird fingiert, daß bei **Rückgabe oder Veräußerung über eine inländische Depotbank dem Anteilscheininhaber die thesaurierten Erträge** wie bei inländischen Fonds **zufließen**, daher werden sie bei Rückgabe oder Veräußerung dem **Zinsabschlag** unterworfen.

Bei Verkauf/Rückgabe von Anteilscheinen ausländischer thesaurierender Fonds ist der Zinsabschlag neben dem Zwischengewinn **auch aus allen Erträgen** zu berechnen, die dem **Inhaber nach dem 31.12.1993** (!) **als zugeflossen gelten** – allerdings beschränkt auf den Zeitraum der Verwahrung **beim Kreditinstitut** (§ 18a Abs. 1 Nr. 3 Satz 2 AuslInvestmG – und bislang noch nicht dem Steuerabzug unterworfen wurden.

Dies bedeutet, daß sich der **Zinsabschlag auch auf thesaurierte Erträge** erstreckt, die der Anleger im Zweifelsfall bereits im Rahmen seiner ESt-Erklärung erklärt hat. Der **zuviel einbehaltene Zinsabschlag kann somit erst wieder** im Rahmen der ESt-Veranlagung **für das Veräußerungsjahr** erstattet werden.

3.2.2.4.13 Einzelfragen zu Umfang und Zeitpunkt des Steuerabzugs

a) Bundesschatzbriefe Typ B

Bei Bundesschatzbriefen Typ B fließen die Erträge dem Stpfl. in dem Zeitpunkt zu, in dem entweder die Endfälligkeit erreicht ist oder die Titel an die Bundesschuldenverwaltung zurückgegeben werden. Dem Zinsabschlag unterliegt demnach am **Ende** der **Laufzeit** oder bei **Rückgabe** des Titels der **gesamte** Kapitaleretrag. Dem steht die Übergangsregelung des BMF-Schreibens vom 30.10.1989, BStBl I 428 nicht entgegen, nach der dem Stpfl. für vor dem 1.1.1989 erworbene Bundesschatzbriefe das Wahlrecht eingeräumt worden war, bei der Veranlagung zur ESt entsprechend der früheren Verwaltungsregelung weiter die jährliche Besteuerung zu wählen.

b) Zinsen aus Kontokorrentkonten

Bei Zinsen aus Kontokorrentkonten ist der Zinsabschlag nicht auf der Grundlage des Saldos am Ende des jeweiligen Abrechnungszeitraums, sondern von den einzelnen Habenzinsbeträgen **vor** der Saldierung zu erheben.

c) Freistellungsauftrag/NV-Bescheinigung

aa) Freistellungsvolumen

Für die Frage, in welchem Umfang vom Steuerabzug nach § 44a Abs. 1 Abstand genommen werden darf, sind auch Kapitalerträge i.S. des § 43 Abs. 1 Nr. 2 und solche, für die eine Vergütung von KSt nach §§ 36b oder 36c in Betracht kommt, in das Freistellungsvolumen einzubeziehen.

bb) NV-Bescheinigung und Freistellungsauftrag

Nach § 36b Abs. 2 ist die NV-Bescheinigung unter dem Vorbehalt des Widerrufs mit einer Geltungsdauer von höchstens drei Jahren auszustellen; sie muß am Schluß eines Kalenderjahres enden.

Wird dagegen neben einem Freistellungsauftrag oder nach dessen Widerruf eine NV-Bescheinigung vorgelegt, ist es unerheblich, in welchem Umfang zuvor eine Abstandnahme vom Zinsabschlag vorgenommen wurde und Anträge auf Erstattung/Vergütung gestellt worden sind.

cc) Freistellungsauftrag bei Ehegatten

Ehegatten, die unbeschränkt stpfl. sind und nicht dauernd getrennt leben, können nur gemeinsam Freistellungsaufträge erteilen. Der gemeinsame Freistellungsauftrag kann sowohl für Gemeinschaftskonten als auch für auf den Namen nur eines der Ehegatten geführte Konten oder Depots erteilt werden.

d) Freistellungsaufträge von Vereinen

Unbeschränkt körperschaftsteuerpflichtigen Körperschaften, Personenvereinigungen und Vermögensmassen steht bei Einkünften aus Kapitalvermögen der Werbungskosten-Pauschbetrag von 100 DM (§ 9a Nr. 1b) und der Sparer-Freibetrag von 6000 DM (§ 20 Abs. 4) zu. Sie können deshalb auf demselben Vordruck wie natürliche Personen einen Freistellungsauftrag erteilen, wenn das Konto auf ihren Namen lautet.

Dies gilt u.a. auch für nichtrechtsfähige Vereine (§ 1 Abs. 1 Nr. 5 KStG), **nicht** aber für **GbR**.

Ein nichtrechtsfähiger Verein liegt vor, wenn die Personengruppe

- einen gemeinsamen Zweck verfolgt,
- einen Gesamtnamen führt,
- unabhängig davon bestehen soll, ob neue Mitglieder aufgenommen werden oder bisherige Mitglieder ausscheiden,
- einen für die Gesamtheit der Mitglieder handelnden Vorstand hat.

Das Kreditinstitut hat sich anhand einer Satzung der Personengruppe zu vergewissern, ob die genannten Wesensmerkmale gegeben sind.

e) Zinsen aus Mietkautionen

Die Zinsen fließen dem **Mieter** zu dem Zeitpunkt zu, zu dem sie vom Kreditinstitut auf dem vom Vermieter für die Sicherheit eingerichteten Konto fällig werden, und sind vom Mieter zu versteuern.

- Hat der Vermieter ein für das Kreditinstitut als Treuhandkonto erkennbares Sparkonto eröffnet, wie es seinen Verpflichtungen nach § 550b Abs. 2 BGB entspricht, und weiß das Kreditinstitut, wer der Treugeber ist, hat es die Steuerbescheinigung auf den Namen des Treugebers auszustellen. Der Vermieter hat dem Mieter die Steuerbescheinigung zur Verfügung zu stellen (§ 34 Abs. 1 und 3 AO), damit er die Zinsen versteuern und den einbehaltenen Zinsabschlag auf seine ESt anrechnen lassen kann.

- Hat das Kreditinstitut von dem Treuhandverhältnis Kenntnis, ohne zu wissen, ob der Kontoinhaber Anspruch auf die Zinsen hat, ist die Steuerbescheinigung auf den Namen des Kontoinhabers auszustellend und mit dem Vermerk „Treuhandkonto" zu versehen. Auch in diesem Fall hat der Vermieter dem Mieter die Steuerbescheinigung zur Verfügung zu stellen.

- Werden die Mietkautionen mehrerer Mieter auf demselben Konto angelegt, ohne daß dem Kreditinstitut die Treugeber (= Mieter) bekannt sind, ist die Steuerbescheinigung auf den Namen des Kontoinhabers (= Treuhänders) auszustellen und mit dem Vermerk „Treuhandkonto" zu versehen. Der Vermieter als Vermögensverwalter i. S. des § 34 AO ist verpflichtet, gegenüber seinem FA eine Erklärung zur einheitlichen und gesonderten Feststellung der Einkünfte aus Kapitalvermögen der Mieter (§ 180 AO) abzugeben.

f) Zinsen aus der Anlage von Instandhaltungsrücklagen von Wohnungseigentümergemeinschaften

Die Beteiligten einer Wohnungseigentümergemeinschaft erzielen mit den Zinsen aus der Anlage der Instandhaltungsrücklage gemeinschaftliche Einnahmen aus **Kapitalvermögen**. Diese sind grundsätzlich nach § 180 Abs. 1 Nr. 2 Buchst. a AO einheitlich und gesondert festzustellen. Nach Auffassung der Fin-Verw reicht es jedoch aus, daß der Verwalter die anteiligen Einnahmen aus Kapitalvermögen nach dem Verhältnis der Miteigentumsanteile aufteilt und dem einzelnen Wohnungseigentümer mitteilt.

Soweit Kapitalerträge erzielt wurden, von denen der Zinsabschlag einbehalten und abgeführt wurde, ist die Anrechnung des Zinsabschlags bei dem einzelnen Beteiligten nur möglich, wenn neben der Mitteilung des Verwalters über die Aufteilung der Einnahmen und des Zinsabschlags eine Ablichtung der Steuerbescheinigung des Kreditinstituts vorgelegt wird, sofern keine einheitliche und gesonderte Feststellung stattfindet.

g) Zinsen einer Personengesellschaft

Gläubiger der von einer (nichtgewerblichen) Personengesellschaft bezogenen Kapitalbeträge sind die Gesellschafter. Daher ist ein Freistellungsauftrag bzw. eine NV-Bescheinigung für die **einzelnen** Gesellschafter erforderlich (BFH, BStBl 1995 II 255; BMF-Schr. vom 18.12.1992, BStBl 1993 I 58).

Wegen weiterer Einzelfragen vgl. das BMF-Schreiben vom 26.10.1992, BStBl I 693.

3.2.2.5 Abstandnahme vom Steuerabzug (§ 44a EStG)

Der Steuerabzug kann im Rahmen des § 44a **unterbleiben** bei Einnahmen aus

- § 43 Abs. 1 **Nr. 3** (Einnahmen aus stiller Beteiligung und aus partiarischen Darlehen – § 20 Abs. 1 Nr. 4)

- § 43 Abs. 1 **Nr. 4** (stpfl. Gewinnanteile aus Lebensversicherungen – § 20 Abs. 1 Nr. 6)

- § 43 Abs. 1 **Nr. 7, Nr. 8** und **Satz 2** (= grds. **zinsabschlagpflichtige** Zinsen).

Voraussetzungen sind

1. unbeschränkte Steuerpflicht des Gläubigers (§ 1 Abs. 1 bis 3) im Zeitpunkt des Zuflusses der Kapitalerträge und

2. a) entweder kein Inbetrachtkommen einer ESt-Veranlagung (§ 44a Abs. 1 Nr. 2) **oder**

    b) keine Überschreitung des Freistellungsvolumens von 6 100 DM/12 200 DM (§ 44a Abs. 1 Nr. 1).

Die Voraussetzung der Nr. 2 muß der Gläubiger durch

- eine Bescheinigung seines Wohnsitzfinanzamts nachweisen (sogenannte „**NV-Bescheinigung**"). (§ 44a Abs. 1 Nr. 2, § 44a Abs. 2 Nr. 2); vgl. im einzelnen R 213 o Abs. 1. – bzw.

- einen Freistellungsauftrag (§ 44a Abs. 1 Nr. 1, Abs. 2 Nr. 1).

Durch die Freistellung entfallen für den Schuldner
- die Verpflichtung zur Einbehaltung
- die Haftung i. S. des § 44 Abs. 5
- die Verpflichtung zur KapSt-Bescheinigung i. S. § 45a Abs. 2, 3.

Dagegen ist die Anmeldung auch in diesem Fall einzureichen (§ 45a Abs. 1 Sätze 2 und 3).

Wird die NV-Bescheinigung verspätet vorgelegt, kommen in Betracht
- Erstattung nach § 44b Abs. 4 oder
- Veranlagung (§ 46 Abs. 2 Nr. 8).

Für Einnahmen i. S. des § 20 Abs. 1 Nr. 1 und 2 (§ 43 Abs. 1 **Nr. 1**) ist bei **natürlichen Personen** als Gläubigern eine Abstandnahme vom KapSt-Abzug **nicht** vorgesehen. Vgl. R 213 o Abs. 2.

Bei **Körperschaften** als Gläubigern besteht Freistellungsmöglichkeit nach § 44a Abs. 4, § 43 Abs. 1 Nr. 6 Satz 2 bzw. Erstattungsmöglichkeit nach § 44c Abs. 1 oder 2.

3.2.2.6 Erstattung von Kapitalertragsteuer (§§ 44b, 44c EStG)

Rechtsgrundlage für eine **Erstattung** von bereits einbehaltener und **abgeführter KapSt** können sein
- § 44b
- § 44c (für bestimmte von der KSt befreite Körperschaften, vgl. BFH, BStBl 1985 II 162)
- §§ 37 Abs. 2, 218 Abs. 2 S. 2 AO (Freistellungsbescheid nach Erstattungsantrag des Stpfl.; BFH, BStBl 1986 II 193)
- DBA-Bestimmungen.

Erstattungsgründe des § 44b sind:

1. **Keine Durchführung einer Veranlagung** für einen unbeschränkt stpfl. Gläubiger von Einnahmen i. S. § 43 Abs. 1 **Nr. 1** und **2** (§ 44b Abs. 1).

    Bei Kapitalerträgen im Sinne des § 43 Abs. 1 Nr. 1 und 2 wird die Kapitalertragsteuer unter den in § 44b Abs. 1 genannten Voraussetzungen zusammen mit der Vergütung der anrechenbaren Körperschaftsteuer in einem einheitlichen Verfahren durch das Bundesamt für Finanzen erstattet; vgl. hierzu R 213j bis 213l (§ 44b Abs. 2).

2. **Geringe Kapitalerträge** i. S. des § 43 Abs. 1 Nr. 1 bei Vergütung der KSt nach § 36d (§ 44b Abs. 2).

    Bei geringen Kapitalerträgen wird die Kapitalertragsteuer nach § 44b Abs. 2 in einem vereinfachten Verfahren erstattet, wenn Körperschaftsteuer nach § 36d vergütet wird; vgl. hierzu R 213m.

3. **Vom Arbeitgeber überlassene Teilschuldverschreibungen** (§ 44b Abs. 3).

    Das vereinfachte Verfahren ist nach § 44b Abs. 3 auch bei Kapitalerträgen auf Teilschuldverschreibungen im Sinne des § 43 Abs. 1 **Nr. 2** zulässig, die einem unbeschränkt stpfl. Arbeitnehmer von seinem gegenwärtigen oder früheren Arbeitgeber überlassen worden sind.

    Wird gleichzeitig Erstattung von Kapitalertragsteuer nach § 44b Abs. 2 und 3 beantragt, ist das vereinfachte Verfahren nur zulässig, wenn die Gesamtsumme der von dem Schuldner gezahlten Kapitalerträge den Betrag von 100 DM nicht übersteigt.

4. **Ohne gesetzliche Verpflichtung einbehaltene Kapitalertragsteuer** (§ 44b Abs. 4).

    Ist KapSt einbehalten und abgeführt worden, **obwohl keine Verpflichtung** hierzu bestand, **oder** wenn der Gläubiger der Kapitalerträge dem Schuldner oder dem auszahlenden Kreditinstitut die **Bescheinigung** i. S. des § 44a **erst nach** bereits erfolgter **Abführung der KapSt** vorgelegt hat, wird die KapSt auf Antrag an den Gläubiger der Kapitalerträge (Antragsteller) erstattet.

    Dabei kann es sich um einen **Freistellungsauftrag** oder eine **NV-Bescheinigung** handeln; vgl. oben 3.2.2.5.

    Maßgebend ist die Beurteilung der Kapitalerträge aufgrund einer bestandskräftigen Veranlagung.

Darüber hinaus wird die KapSt bei KapSt-pflichtigen Einnahmen jeder Art ggf. **aufgrund** eines **Doppelbesteuerungsabkommens ganz** oder **teilweise** erstattet (§ 50d).

3.2.2.7 Abgeltung der Einkommensteuer durch die besondere Kapitalertragsteuer

Gehören Kapitalerträge i. S. des § 43 Abs. 1 Nr. 5 zu den Einkünften aus § 13, § 15 oder § 20, ist die ESt durch die KapSt von 30% (§ 43a Abs. 1 Nr. 2) **abgegolten**. Eine Einbeziehungsmöglichkeit in die ESt-Veranlagung besteht **nicht**.

3.2.2.8 Erstattung von KapSt an Erwerber von Zins- oder Dividendenscheinen (§ 45 EStG)

a) Erwerb von Zinsscheinen

Der Erwerber von **Zinsscheinen** kann **nicht** unter Hinweis auf § 37 Abs. 2 AO verlangen, daß ihm die von Zinsen einbehaltene Kapitalertragsteuer erstattet wird, weil er im Verhältnis zum Emittenten nicht Gläubiger der Kapitalerträge ist (§ 45 Abs. 1 Satz 3).

b) Erwerb von Dividendenscheinen

Nach § 45 Abs. 1 Satz 1 ist grds. in den Fällen, in denen die Dividende an einen anderen als den Anteilseigner ausgezahlt wird, die **Erstattung von KapESt an den Zahlungsempfänger ausgeschlossen**.

Dies gilt jedoch **nicht** für den Erwerber eines Dividendenscheins in den Fällen des § 20 Abs. 2 Satz 1 Nr. 2 Buchst. a (§ 45 Abs. 1 Satz 2).

3.3 Besonderheiten des Zinsabschlags bei Stückzinsen und Kursdifferenzpapieren

a) Vorbemerkung

Besonderheiten sind insbesondere bei Stückzinsen und Erträgen aus Kursdifferenzpapieren zu beachten. Betroffen sind u. a. auch die Weiterveräußerung von Wertpapieren vor dem Zinstermin/vor Endfälligkeit. Vgl. § 43 Nr. 1 Nr. 8 und § 43a Abs. 2 Sätze 2 ff.

Zu den Besonderheiten bei der Besteuerung der entsprechenden Kapitalerträge vgl. K 6.

b) Stückzinsen

Bei **Anleihen** mit **regelmäßigen Zinsen** sind zwei Besonderheiten zu beachten:

1. Dem Zinsabschlag unterliegen nicht nur die vom Stpfl. bei Einlösung/Endfälligkeit vereinnahmten laufenden Wertpapierzinsen, sondern **auch** die von ihm **vereinnahmten Stückzinsen**.

   Ausgenommen sind Stückzinsen bei **Wandelanleihen**.

2. Die vom Stpfl. vereinnahmten Zinsen, Stückzinsen und Zwischengewinne werden für die Erhebung des Zinsabschlags rechnerisch gekürzt um die von ihm verausgabten Stückzinsen und Zwischengewinne.

   Dies gilt nur, wenn Stückzinsen **tatsächlich** gesondert berechnet und vergütet werden; das ist z. B. **nicht** der Fall bei sog. „flat" gehandelten Papieren, bei denen Stückzinsen **über den Kurs** mitvergütet werden (kommt insbesondere bei ausländischen Anleihen vor).

Hier gilt die sog. „**modizierte Nettolösung**", d. h. das Nettoprinzip umfaßt auch die bei Endfälligkeit eingelösten Zinsscheine sowie Zwischengewinne. Die Depotbank des Stpfl. sammelt hierfür insbesondere die vom Stpfl. beim Erwerb von festverzinslichen Wertpapieren gezahlten Stückzinsen eines Jahres. Wenn der Stpfl. später Zinsscheine einlöst oder bei der Veräußerung von festverzinslichen Wertpapieren oder von Zinsscheinen Stückzinsen vereinnahmt, sind die gesammelten gezahlten Stückzinsen von den beschriebenen Einnahmen abzuziehen.

Ein Zinsabschlag ist nur einzubehalten, wenn
- sich dabei ein positiver Überhang der Einnahmen über die gezahlten Stückzinsen ergibt,
- das Freistellungsvolumen aufgrund eines Freistellungsauftrags ausgeschöpft ist und
- keine NV-Bescheinigung vorliegt.

Es ist **unerheblich**, ob die vereinnahmten/gezahlten Stückzinsen
- von demselben Wertpapier stammen oder
- derselben Wertpapiergruppe/-gattung/-sorte angehören.

Es ist nur zu beachten, daß es sich um Fälle des § 43 Abs. 1 Nr. 7 **Buchst. a** handelt.

Nicht einzubeziehen sind jedoch Zinserträge aus
- der Zwischenveräußerung von Wertpapieren i. S. § 20 Abs. 2 Nr. 4 (Kursdifferenzpapiere)
- Kapitalforderungen i. S. § 43 Abs. 1 Nr. 7 **Buchst. b**
- Kapitalforderungen, die der 25%igen KapSt unterliegen (z. B. Erträge aus Genußscheinen)

Schema des modifizierten Nettoprinzips bei Stückzinsen („Topflösung")

Zugeflossene Erträge
Vereinnahmte Stückzinsen
+ Zinsen aus Zinsscheineinlösung
+ Erträge aus Einlösung von – **nicht** – zwischenveräußerten – Auf- und Abzinsungspapieren (**nicht**: Erträge aus Zwischenveräußerung)
+ Zinsen aus **ausländ.** Wandelanleihen und **ausländ.** Gewinnobligationen (**keine** 25%ige KapSt!)
+ Erhaltene Zwischengewinne aus der Veräußerung von Investmentanteilen (Inland und Ausland)
+ Ausschüttungen von Ausschüttungsfonds

./. **Gezahlte**
– Stückzinsen **und**
– Zwischengewinne aus der Veräußerung von Investmentanteilen (Inland und Ausland)

= saldierte Bemessungsgrundlage Zinsabschlag

Bei der **ESt-Veranlagung** werden gezahlte Stückzinsen im Jahr der **Zahlung** (§ 11 Abs. 2) bereits als **negative Einnahmen** angesetzt. Hierdurch kann sich **auch** ein **Verlust** ergeben.

Eine wirtschaftliche Zuordnung zu den betreffenden Zinserträgen ist somit **nicht** vorzunehmen. Der Abzug als negative Einnahmen setzt aber Einkünfteerzielungsabsicht voraus (BMF vom 15. 3. 1994, BStBl I 230), d. h. die Einnahmen müssen die negativen Einnahmen zuzüglich der Werbungskosten übersteigen.

c) Kursdifferenzpapiere i. S. § 20 Abs. 2 Nr. 4 EStG

Hierunter fallen Einnahmen aus der **Veräußerung** oder **Abtretung** von Papieren i. S. § 20 Abs. 2 Nr. 4 **Buchst. a) bis d).**

Vgl. hierzu im einzelnen bereits K 6.2.6.3.

Es handelt sich insbesondere um
- auf- oder abgezinste Papiere (z. B. Zero-Bonds, Stripped Bonds, Papiere mit einem Emissionsdisagio außerhalb der gestaffelten Disagiogrenzen des BMF-Schreibens vom 24. 11. 1986, BStBl I 539 (§ 20 Abs. 2 Abs. 4 Buchst. a und b).
- Wertpapiere, deren Erträge von einem ungewissen Ereignis abhängen (z. B. Index-Anleihen) oder bei denen keine Stückzinsen berechnet werden (z. B. capped warrants), § 20 Abs. 2 Nr. 4 Buchst. c,
- Wertpapiere mit Zinsen in unterschiedlicher Höhe (z. B. Gleitzins-Anleihen; § 20 Abs. 2 Nr. 4 Buchst. d),
- Wertpapiere mit unterschiedlich langen Zinszahlungszeiträumen (z. B. Kombizins-Anleihen; § 20 Abs. 2 Nr. 4 Buchst. d).

Für die Bemessungsgrundlage des Zinsabschlags kommen zwei Methoden in Betracht:
- Netto-Kursdifferenz-Methode oder
- Pauschalbesteuerung.

d) Netto-Kursdifferenz-Methode

Nach § 43a Abs. 2 **Satz 2** bemißt sich der Zinsabschlag **individuell** nach der **Differenz** zwischen
- den **erhaltenen Einnahmen aus der Veräußerung** oder **Einlösung** der Wertpapiere und Kapitalforderungen und
- dem **gezahlten** Entgelt für den **Erwerb**.

Hierbei ist **Voraussetzung**, daß die Wertpapiere/Kapitalforderungen von der die Kapitalerträge auszahlenden Stelle für den Gläubiger **erworben oder** an ihn veräußert und seitdem **verwahrt oder verwaltet** worden sind.

Bei der **individuellen** Ermittlung ist als Bemessungsgrundlage anzusetzen der **Unterschied** zwischen dem Entgelt für den Erwerb des Wertpapiers und den Einnahmen aus seiner Veräußerung oder Einlösung.

Das gilt aber nur dann, wenn die folgenden drei Voraussetzungen sämtlich vorliegen.

1. Erwerb des Papiers für den Stpfl. durch die Bank (als Kommissionärin) oder Veräußerung durch die Bank (als Eigenhändlerin) an den Stpfl.
2. ununterbrochene Depotverwahrung des Papiers durch die betreffende Bank
3. Veräußerung oder Einlösung des Papiers „aus dem Depot heraus"

- **Entgelt für den Erwerb**

Hierzu gehört alles, was der Leistungsempfänger (hier: der Wertpapierkäufer) aufwendet, um die Leistung (hier: das Wertpapier) zu erhalten.

Hierzu gehören
- berechneter Kurswert
- Gebühren
- Maklerprovision
- Spesen

- „**Einnahme**" ist (nur) der tatsächliche gutgeschriebene Betrag.

Dies ist der **Saldo** aus

Kurswert
./. Gebühren, Maklerprovision, Spesen.

Dies gilt auch, wenn die Bank bei Einlösung eines Wertpapiers **Einlösungsgebühren und Spesen** berechnet.

Dann ist **nicht** der nominelle Einlösungsbetrag maßgebend, sondern ebenfalls nur der Saldo aus

Einlösungsbetrag
./. Einlösungsgebühren, Spesen.

Die Gutschrift von Kapitalerträgen, die Freistellung vom Zinsabschlag und die Einbehaltung von Zinsabschlag sind Vorgänge im Rahmen eines Massenverfahrens. Dieses läßt sich nur dann praktizieren, wenn die einschlägigen Berechnungen „automatisch" vorgenommen werden können.

Um den auszahlenden Stellen die Einbehaltung des Zinsabschlags zu ermöglichen und zu erleichtern, hat der Gesetzgeber die individuelle Ermittlung der Bemessungsgrundlage davon abhängig gemacht, daß die genannten **vier** Voraussetzungen sämtlich vorliegen.

Nur so ist es möglich, daß die auszahlende Stelle (Bank)
- bei jedem Erwerb eines Wertpapiers das vom Stpfl. gezahlte Entgelt gesondert speichern kann,
- bei einer späteren Veräußerung oder Einlösung des Papiers die vom Stpfl. erzielten Einnahmen ebenfalls gesondert erfaßt und
- für die Bemessung des Zinsabschlags die Einnahmen sofort mit dem bei Erwerb gezahlten Entgelt saldieren kann.

- **Wahlrecht**

Wahlweise kann bei **Erwerb vor** dem **1.1.1994 auch** die **Pauschalbesteuerung** mit **30%** des **Veräußerungs-** bzw. **Einlösungspreises** durchgeführt werden (§ 43a Abs. 2 Satz 4); vgl. nachfolgend e).

e) **Pauschalbesteuerung**

aa) **Grundsätze**

Wenn die oben unter d) genannten Voraussetzungen nicht sämtlich vorliegen, sind als Bemessungsgrundlage **30%** der **Einnahmen** aus der **Veräußerung** oder **Einlösung** anzusetzen (§ 43a Abs. 2 Satz 3).

Das gilt vor allem dann,

- wenn der Stpfl. das Wertpapier in Eigenverwahrung hatte und es nunmehr im Schaltergeschäft veräußert oder zur Einlösung gibt ("Tafelgeschäft")
- wenn der Kunde das Wertpapier zunächst selbst verwahrte und das Papier erst **später** bei der Bank ins Depot einliefert, aus dem es dann veräußert oder eingelöst wird,
- wenn das Wertpapier per **Depotübertragung** zur jetzt verwahrenden Bank gelangte und dann aus dem Depot heraus veräußert oder eingelöst wird,
- wenn die Bank das Wertpapier zwar für den Kunden erwarb und seitdem für ihn depotverwahrte, wenn aber der **Erwerb** schon vor dem 1.1.1994 stattfand (Wahlrecht); vgl § 43a Abs. 2 Satz 4; s. oben d).

Diese Methode ist auch bei **Ersterwerbern** anzuwenden, die die Papiere/Forderungen bei **Endfälligkeit einlösen** (§ 43a Abs. 2 Satz 5).

Die Bemessungsgrundlage des Zinsabschlags beträgt hier 30% der **Einnahmen** aus der **Veräußerung** oder **Einlösung** der Wertpapiere und Kapitalforderungen (§ 43a Abs. 2 **Satz 3**).

bb) Auswirkungen der Pauschalbesteuerung

Die Pauschalbesteuerung zielt in erster Linie auf langlaufende Zero-Bonds (Nullkupon-Anleihen), trifft aber auch die anderen Kursdifferenzpapiere.

Beispiel:

Emission einer Nullkupon-Anleihe zum 2.1.1986 zum Kurs von 20; Einlösung zum 2.1.1996 zum Kurs (= Nennwert) von 100. Es fallen Spesen von 3 an, so daß die Gutschrift 97 beträgt.

a) Stpfl. X hat zum Kurs von 20 im Rahmen der Emission 2.1.1986 erworben zuzüglich Nebenkosten von 1.
b) Stpfl. Y hat (angenommen) im Jahre 1993 zum Kurs von 83 erworben zuzüglich Nebenkosten von 2.

Lösung:

Da der **Erwerb** vor dem 1.1.1994 erfolgte, **kann** die Bemessungsgrundlage des Zinsabschlags in beiden Fällen a) und b) **pauschal** mit **30%** der Einnahmen aus der Veräußerung angesetzt werden (§ 43a Abs. 2 Satz 4).
30% der Gutschrift von 97 = 29,10.
Der Zinsabschlag beträgt in beiden Fällen – falls kein Tafelgeschäft vorliegt – 30% von 29,10 = 8,73.
Wird die – individuelle – Netto-Kursdifferenz-Methode gewählt, beträgt der Zinsabschlag für

	X	Y
Netto-Einnahmen aus Einlösung (= Gutschrift)	97	97
./. Entgelt für Erwerb	21	85
Bemessungsgrundlage wäre	76	12
30% Zinsabschlag	22,80	3,60

Bei **X** wirkt sich die **Pauschalmethode** günstig aus, da der Zinsabschlag in Anbetracht der tatsächlich erzielten Zinserträge von 100 ./. 20 = 80 erheblich zu niedrig einbehalten wird.
Bei **Y** wäre der Zinsabschlag nach der Pauschalversteuerung ungünstiger, da er zu viel Zinsabschlag als Steuervorauszahlung zu leisten hat.

	X	Y
Zinsabschlag		
– bei Pauschalversteuerung	8,73	8,73
– bei Kursdifferenzmethode	22,80	3,60
Vorteil im Beispiel	14,07	–
Nachteil im Beispiel	–	5,13

Dabei geht es nur um einen **Liquiditätsunterschied**, da der steuerliche Ausgleich bei der ESt-Veranlagung erfolgt. Diese Unterschiede müssen in einem Massenverfahren hingenommen werden.

Abwandlung:

Erwerb (und Veräußerung) liegen bei gleichen Zahlen – **nach** dem 31.12.1993.

Lösung:

Nach § 43a Abs. 2 **Satz 2** gilt nunmehr **zwingend** die Netto-Kursdifferenz-Methode. Das bedeutet Zinsabschlag für X = 22,80; Y = 3,60.

Zum faktischen Wahlrecht bei der **Einkunftsermittlung** zwischen Emissionsrendite und Kursdifferenzmethode im Rahmen des ESt-Veranlagung vgl. K 6.3.2.5.1.

f) Übergangsregelungen

Vgl. hierzu § 52 Abs. 29.

g) Übersicht

	Anleiheformen	Bemessungsgrundlage für Zinsabschlag
a)	Anleihen mit regelmäßigen Zinsen	vereinnahmte Wertpapierzinsen und **vereinnahmte Stückzinsen** Kürzung um gezahlte Stückzinsen („Nettoprinzip")
b)	Null-Kupon-Anleihen	1. bei Veräußerung bzw. Einlösung: Differenzbetrag zwischen Einnahmen und Erwerbsentgelt („Kurzdifferenzmethode") 2. wenn Erwerb vor 31.12.1993 (wahlweise) und in weiteren Fällen (zwingend): pauschal 30% der gesamten Einnahmen aus Veräußerung/Einlösung („Pauschalbesteuerung")
c)	abgezinste Sparbriefe	1. bei Fälligkeit gesamter Zinszuwachs seit Emission 2. bei Veräußerung durch den Ersterwerber BMF-Schreiben vom 17.12.1993, BStBl 1993 I 16
d)	Disagioanleihen, Optionsanleihen	1. Vereinnahmte Wertpapierzinsen und vereinnahmte Stückzinsen 2. bei Veräußerung bzw. Einlösung: Kursdifferenzmethode oder Pauschalbesteuerung
e)	Kombizins-, Doppelzins-, Staffelzins-, Gleitzins-Anleihen; Index-Anleihen; Umkehr-Floater	1. vereinnahmte Wertpapierzinsen 2. bei Veräußerung bzw. Einlösung: Kursdifferenzmethode oder Pauschalbesteuerung
f)	flat gehandelte Anleihen	1. Wertpapierzinsen 2. **zusätzlich:** Kursdifferenzmethode oder Pauschalbesteuerung
g)	Genußscheine; Gewinnobligationen	a) vereinnahmte Zinsen b) bei Veräußerung **keine Besteuerung**
h)	Bundes- und Landes-Wertpapiere	a) Vereinnahmte Zinsen und Stückzinsen b) bei Veräußerung →BMF-Schreiben vom 17.12.1993 (a.a.O.)

h) Einzelheiten bei Auf- und Abzinsungspapieren (§ 20 Abs. 2 Nr. 4 EStG)

Hierunter fallen insbesondere **Zero-Bonds** (= Null-Kupon-Anleihen).

Je nach Fall kommt die „Kursdifferenz-Methode" oder „Pauschalbesteuerung" in Betracht (§ 43a Abs. 2 Sätze 2 bis 5).

aa) Sparbrief Typ II (Abzinsungstyp)

Dem Zinsabschlag unterliegt nicht nur die Einlösung fälliger Sparbriefe, sondern **auch** die **Veräußerung** von noch nicht fälligen abgezinsten Sparbriefen (§ 43 Abs. 1 Satz 1 Nr. 8 i.V.m. § 20 Abs. 2 Satz 1 Nr. 4 S. 1 Buchst. a).

Der Zinsabschlag bemißt sich bei Erwerb **nach** dem 31.12.1993 grds. nach der „Kursdifferenz-Methode"; bei Vorliegen der Voraussetzungen des § 43a Abs. 2 Satz 2 gilt das Wahlrecht bei Erwerb **vor** dem 1.1.1994 zur „Pauschalbesteuerung" (§ 43a Abs. 2 S. 4).

bb) Teilabgezinste Disagio-Anleihen

An sich stellt ein Emissions-Disagio einen Kapitalertrag dar, da es sich um einen besonderen Vorteil i.S. des § 20 Abs. 2 Nr. 1 handelt. Nach dem BMF-Schreiben vom 24.11.1986, BStBl I 539 ist jedoch eine Disagio-Staffel festgelegt, bis zu der – je nach Laufzeit – **kein** Kapitalertrag angenommen wird; bestätigt durch BFH, BStBl 1988 II 252.

Bei **Überschreitung** dieser Disagio-Margen ist von einer **Teilabzinsung** auszugehen.

Für den Zinsabschlag folgt daraus die Anwendung der Vorschriften für Abzinsungspapiere; vgl. Oben.

cc) Options-Anleihen

Hier liegen **zwei** verschiedene Kapitalanlagen (Wirtschaftsgüter) vor

1. Anleihe (niedrig verzinslich)
2. Optionsrecht.

Der einheitliche Erwerbspreis muß durch Vergleichsrechnungen auf die beiden Wirtschaftsgüter verteilt werden.

Der so ermittelte Emissionswert der Anleihe selbst liegt **unter** dem späteren Rückzahlungsbetrag, so daß die Differenz ebenfalls ein steuerliches **Disagio** beinhaltet.

Liegt dieses Disagio **über** den Grenzwerten für teilabgezinste Disagio-Anleihen (= Regelfall), gelten für den Zinsabschlag die Vorschriften über Abzinsungspapiere.

> **Beispiel:**
>
> | | |
> |---|---:|
> | Der Emissionspreis einer Optionsanleihe beträgt | 104 |
> | Rückzahlungsbetrag der Anleihe (ohne Optionsrecht) | 100 |
> | ermittelter Emissionswert der Anleihe (ohne Optionsrecht) | 75 |
> | Disagio der Anleihe (ohne Optionsrecht) | 25 |
>
> Die Laufzeit beträgt 6 Jahre.
> Da das Disagio die ab 6 bis 8 Jahren Laufzeit maßgebende Grenze von 4% überschreitet (lt. BMF-Schreiben vom 24.11.1986, a.a.O.), liegt eine „Teilabzinsung" vor.

dd) Kombizinsanleihen

Hierbei werden in den ersten Jahren (typischerweise 5 Jahre) **keine** Zinsen gezahlt, danach für die Restlaufzeit entsprechend höhere Zinsen.

> **Beispiel:**
>
> Anleihe mit einer Laufzeit von 10 Jahren.
>
> | Zinsen | 1. bis 5. Jahr: | – keine – |
> |---|---|---|
> | | 6. bis 10 Jahr: | jährlich 16% |

Die Veräußerung während der Laufzeit – insbesondere auch in der zinszahlungsfreien Phase – führt bereits zu einem Kapitalertrag in Höhe der „besitzzeitanteiligen Emissionsrendite".

Dem **Zinsabschlag** unterliegt nicht nur die laufende Zinszahlung und die Einlösung bei Endfälligkeit, sondern auch die **Veräußerung noch nicht fälliger** Kombizins-Anleihen. (§ 43 Abs. 1 Nr. 7a und 8 i.V.m. § 20 Abs. 2 Nr. 4d) Es gelten die Vorschriften für Abzinsungspapiere.

3.4 Anrechnung

3.4.1 Anrechnung auf die ESt. Grundsätze

Auf die festgesetzte ESt sind Steuerabzugsbeträge nur anzurechnen, wenn die entsprechenden Einkünfte bei der Veranlagung angesetzt sind (vgl. § 36 Abs. 2 Nr. 2).

Voraussetzung der Anrechnung ist die tatsächliche Einbehaltung (BFH, BStBl 1994 II 182 [185]).

Bei der LSt ist eine Nichtabführung durch den Arbeitgeber **unerheblich** (BFH, BStBl 1982 II 403). Vgl. auch BFH, BStBl 1986 II 186 zur Anrechnung nicht angemeldeter und nicht abgeführter LSt bei Nettolohnvereinbarung.

Bei **Abgeltung** der ESt durch den Steuerabzug kommt **keine** Anrechnung in Betracht (z. B. bei § 50 Abs. 5).

3.4.2 Kapitalertragsteuer auf nach § 8b Abs. 1 KStG steuerfreie Bezüge

§ 36 Abs. 2 Nr. 2 stellt sicher, daß auf die ESt auch angerechnet wird die durch Steuerabzug erhobene ESt, soweit sie auf die nach **§ 8b Abs. 1 KStG** bei der Ermittlung des Einkommens außer acht bleibenden Bezüge entfällt. Somit wird bei der Weiterausschüttung von EK 01 (§ 30 Abs. 2 Nr. 1 KStG) die einbehaltene KapESt nicht definitiv (**betrifft nur Körperschaften**).

3.4.3 Absenkung der Kapitalertragsteuer im EU-Bereich (§ 44d EStG)

§ 44d setzt Artikel 5 der **Mutter/Tochter-Richtlinie** in deutsches Recht um. Nach dieser Bestimmung sind die von einer Tochtergesellschaft an ihre Muttergesellschaft ausgeschütteten Gewinne in der **EU** vom Steuerabzug an der Quelle befreit. Abweichend hiervon konnte die Bundesrepublik Deutschland bis **30. 6. 1996** als Ausgleich für den gespaltenen Körperschaftsteuersatz eine Kapitalertragsteuer von **höchstens 5 v. H.** auf Gewinnausschüttungen deutscher Tochtergesellschaften erheben.

Demgemäß enthalten die Bestimmungen in den von der Richtlinie angesprochenen Fällen ab **1. 7. 1996** die vollständige Befreiung von der Kapitalertragsteuer.

4. Anrechnung von Körperschaftsteuer (§ 36 Abs. 2 Nr. 3 EStG)

4.1 Anrechnungsgrundsatz

Nach § 36 Abs. 2 Nr. 3 ist für unbeschränkt stpfl. Anteilseigner (§ 1 Abs. 1 bis 3) die Anrechnung von Körperschaftsteuer einer in das Anrechnungsverfahren einbezogenen Körperschaft (§§ 27, 43 KStG) – insbesondere also inländischer Kapitalgesellschaften – auf die ESt vorgesehen.

Das Anrechnungsverfahren wird **nur** für Einnahmen i. S. des § 20 Abs. 1 Nr. 1 und 2 inganggesetzt. Zur Erläuterung des Anrechnungsverfahrens vgl. ausführlich Grundkurs des Steuerrechts Band 11 Körperschaftsteuer/GewSt.

Die Anrechnung der Körperschaftsteuer auf **ausgeschüttete** Gewinne wird in Höhe der Ausschüttungsbelastung vorgenommen. Sie dient der exakten Beseitigung der Belastung mit Körperschaftsteuer für den ausgeschütteten Einkommensteil.

Die Anrechnung der Körperschaftsteuer ist bei der Veranlagung **von Amts wegen** durchzuführen (§ 36 Abs. 2 Nr. 3). Vgl. auch H 213 f bis 213i.

Die Anrechnung erfolgt wie Steuerabzugsbeträge (LSt, KapSt) bzw. Vorauszahlungen (§ 36 Abs. 2 Nr. 2 bzw. 1).

Bei Arbeitnehmern besteht die Möglichkeit der Antragsveranlagung nach § 46 Abs. 2 Nr. 8.

4.2 Höhe und Zufluß der anrechenbaren Körperschaftsteuer

Die anrechenbare Körperschaftsteuer steht in einem konstanten Verhältnis zur Höhe der Ausschüttung.

Auf je 100 DM Gewinn der Körperschaft entfallen

- 70 DM mögliche Gewinnausschüttung
- 30 DM Körperschaftsteuer (Ausschüttungsbelastung = Anrechnungsvorteil).

Die anrechenbare Körperschaftsteuer beträgt daher stets

$\frac{30}{70} = \frac{3}{7}$ der Gewinnausschüttung (**vor** Abzug der KapSt).

Eine Ausnahme gilt bei Auskehrung der unbelasteten Teilbeträge EK 01 und 04. Hier ist **keine** Körperschaftsteuer-Ausschüttungsbelastung herzustellen. Vgl. § 40 Nr. 1 und 2 KStG.

Die **Gewinnausschüttung** (§ 20 Abs. 1 Nr. 1) unterliegt im Zuflußzeitpunkt der 25%igen KapSt (§ 43 Abs. 1 Nr. 1, 43a Abs. 1 Nr. 1). Vgl. vorstehend 3.

Die **anrechenbare Körperschaftsteuer** (§ 20 Abs. 1 Nr. 3) ist dagegen selbst **nicht** KapSt-pflichtig.

Ändert sich die Belastungshöhe bei der Kapitalgesellschaft (z.B. durch Berichtigungsveranlagungen), so hat dies **keine** Auswirkung auf die Anrechnung beim Anteilseigner. Denn für den ausgeschütteten Gewinn ist die Ausschüttungsbelastung – abgesehen von den Ausnahmefällen des § 40 KStG (s.o.) – in jedem Fall herzustellen.

Die anrechenbare Körperschaftsteuer gilt für die Besteuerung als zusammen mit den Einnahmen aus § 20 Abs. 1 Nr. 1 bzw. 2 zugeflossen (§ 20 Abs. 1 Nr. 3 Satz 2).

Beispiel:

1. A ist Aktionär der Flüssig-AG, Düsseldorf. Im Juni 02 schrieb ihm seine Bank für seine zum Privatvermögen gehörenden Aktien dieser Gesellschaft die Dividende für 01 in Höhe von 5250 DM (nach ordnungsmäßigem Abzug der gesetzlichen KapESt) auf seinem Bankkonto gut.
   Wie hoch sind die Einnahmen aus § 20 Abs. 1 Nr. 1 und 3, wenn **kein SolZ** einbehalten wurde?

Einnahmen aus § 20 Abs. 1 Nr. 1 und 3

Ausgezahlte Netto-Dividende	5250 DM
+ Einbehaltene KapSt: (¹/₃ von 5250 DM =)	+ 1750 DM
– nicht abzugsfähig gemäß § 12 Nr. 3 –	
§ 20 Abs. 1 Nr. 1 (**Bar**-Dividende)	7000 DM
+ § 20 Abs. 1 Nr. 3:	
Anrechenbare Körperschaftsteuer ³/₇ × 7000 DM =	3000 DM
Einnahmen aus Kapitalvermögen (**Brutto**-Dividende) (nicht Einkünfte)	10000 DM

Anrechnung auf die ESt

Auf die ESt sind bei A anzurechnen:	
KapSt gemäß § 36 Abs. 2 Nr. 2	1750 DM
Körperschaftsteuer gemäß § 36 Abs. 2 Nr. 3	3000 DM
insgesamt anzurechnen	4750 DM

Die Ausschüttungsbelastung von ³/₇ gilt nach § 52 Abs. 27 erstmals für Ausschüttungen, die auf einem den gesellschaftsrechtlichen Vorschriften entsprechenden **Gewinnverteilungsbeschluß** für ein **abgelaufenes WJ** beruhen und in dem ersten **nach dem 31.12.1993 endenden Wj** der ausschüttenden Körperschaft erfolgen.

Entscheidend ist die von der Körperschaft ausgestellte Bescheinigung.

Für **andere Ausschüttungen** und sonstige Leistungen ist entsprechend zu verfahren, sofern sie in dem letzten vor dem 1.1.1994 endenden Wj der ausschüttenden Körperschaft erfolgen.

Die Änderungen stehen im Zusammenhang mit der Vorschrift des § 54 Abs. 10a KStG.

Danach hatte die Körperschaft auch ein Wahlrecht, das „neue Recht" (= ³/₇ statt ⁹/₁₆ Ausschüttungsbelastung) erst ein Jahr später anzuwenden. Dies ist in der auszustellenden Bescheinigung zu berücksichtigen.

4.3 Anrechnung der Körperschaftsteuer bei Zugehörigkeit der Gewinnausschüttungen zu den Gewinneinkünften

Ob die Einnahmen im Rahmen der Einkünfte aus Kapitalvermögen anfallen oder auf Grund des § 20 Abs. 3 bei einer anderen Einkunftsart, ist für die Anrechnung unerheblich. Vgl. auch BFH, BStBl 1988 II 348 betr. verdeckte Gewinnausschüttung an Muttergesellschaft.

Die Anrechnung von Kapitalertragsteuer und Körperschaftsteuer kommt auch in Betracht, wenn ein Anteilseigner den Anspruch auf noch nicht gezahlte Dividende bei der steuerlichen Gewinnermittlung als Betriebsvermögen anzusetzen hat (vgl. BFH, BStBl 1981 II 184 und BStBl 1989 II 714).

Das gilt für Mitunternehmer von Personengesellschaften, die an Kapitalgesellschaften beteiligt sind, auch dann, wenn die gesonderte Feststellung, aus der sich die Höhe der Einkünfte und der anzurechnenden Steuer ergibt, noch nicht durchgeführt worden ist. Vgl. R 213g Abs. 1.

Infolge der **Subsidiaritätsklausel (§ 20 Abs. 3)** stellt bei Zugehörigkeit der Gewinnausschüttung zu den Gewinneinkünften auch die anrechenbare Körperschaftsteuer einen **betrieblichen Ertrag (Betriebseinnahme)** dar (so EFG 1985, 128 rkr).

Gewinnausschüttung und anrechenbare Körperschaftsteuer sind in zeitlicher Hinsicht zu erfassen
- bei Gewinnermittlung nach § 4 Abs. 3 im **Zufluß**zeitpunkt (§ 11 Abs. 1)
- bei Bestandsvergleich grds. für das Wirtschaftsjahr, in dem der Ausschüttungsbeschluß erfolgte (Aktivierung des Gläubigerrechts). Zum Ansatz „bei verbundenen Unternehmen" **noch vor** Beschlußfassung vgl. BFH, BStBl 1981 II 184, BStBl 1989 II 714 und K. 2.9.4.3.

Danach ist bei verbundenen Unternehmen mit Mehrheitsbeteiligung des rechtlich noch nicht feststehenden Gewinnanspruchs dann zulässig (und geboten), wenn er sich gegen ein verbundenes Unternehmen mit gleichem WJ richtet. Voraussetzung ist außerdem, daß bei Bilanzerstellung für das beherrschende Unternehmen der Jahresabschluß der beherrschten Kapitalgesellschaft bereits festgestellt ist und Einigkeit über die Gewinnausschüttung besteht. Das gilt auch, wenn das beherrschende Unternehmen eine Einzelfirma ist (= **phasengleiche Bilanzierung**). Es besteht **kein** EU-rechtliches Verbot dieser phasengleichen Aktivierung (EUGH, Urteil vom 27. 6. 1996 (= Fall „Tomberger"), GmbHR 1996, 521).

Die Ausschüttung – nicht die anrechenbare Körperschaftsteuer – unterliegt der KapSt ohne Rücksicht auf die jeweilige Einkunftsart (§ 43 Abs. 4).

Beispiel:
Der Gewerbetreibende A ist zu 10% an der X-GmbH beteiligt. Der Anteil gehört zum Betriebsvermögen des A. Für das Wirtschaftsjahr = Kalenderjahr 01 wurde am 1. 11. 02 von der Gesellschafterversammlung eine Gewinnausschüttung von insgesamt 100 000 DM beschlossen, fällig zur Auszahlung am 1. 1. 03.

A erhielt seinen Gewinnanteil von netto 7 500 DM (nach Abzug von 25 % KapESt) per Scheck am 5. 1. 03.

A ermittelt seinen Gewinn nach
a) § 4 Abs. 3
b) Bestandsvergleich (§ 4 Abs. 1, § 5).

Infolge der Zugehörigkeit des Anteils zum Betriebsvermögen ist die Gewinnausschüttung als **Betriebseinnahme** zu erfassen (§§ 15 Abs. 1 Nr. 1, 20 Abs. 3).

a) Bei Gewinnermittlung nach **§ 4 Abs. 3** gilt – wie bei § 20 – das Zuflußprinzip.
Die Betriebseinnahmen sind daher im **Veranlagungszeitraum 03** zu erfassen (§ 11 Abs. 1 Satz 1).

Nettobetrag	7 500 DM
+ 25%ige KapESt: 1/3 von 7500 DM (§§ 43a Abs. 1 Nr. 1 12 Nr. 3)	2 500 DM
Gewinnanteil (§ 20 Abs. 1 Nr. 1)	10 000 DM
Anrechenbare Körperschaftsteuer (§§ 20 Abs. 1 Nr. 3, 36 Abs. 2 Nr. 3)	
3/7 von 10 000 DM =	4 285 DM
Betriebseinnahmen (§ 20 Abs. 3) in 03	14 285 DM

b) Bei **Bestandsvergleich** ist der Anspruch auf die Ausschüttung bereits als Gläubigerrecht zu aktivieren. Der Zuflußzeitpunkt ist bedeutungslos.

Die Betriebseinnahmen sind im **Veranlagungszeitraum 02** zu erfassen:

Gewinnanteil (einschließlich KapSt)	10 000 DM
+ Anrechenbare Körperschaftsteuer	4 285 DM
(nach dem Gedanken des § 20 Abs. 1 Nr. 3 Satz 2 stets zusammen mit der Ausschüttung anzusetzen)	
BE 02	14 285 DM

Buchungen:
01: –
02: Sonstige Forderungen   14 285 DM   an Beteiligungserträge   14 285 DM
03: Bank   7 500 DM   an sonstige Forderungen   14 285 DM
    und Privatentnahmen   6 785 DM

Ob die anrechenbare Körperschaftsteuer bei einem Personenunternehmen Gegenstand einer **betrieblichen** Forderung sein kann, ist streitig.

Verneint man dies, liegt hinsichtlich der anrechenbaren KSt bereits im Jahr der Erfassung der Bardividende als Beteiligungsertrag eine entsprechende **Privatentnahme** vor.

Buchungen:
02: Sonstige Forderungen   10 000 DM   an Beteiligungserträge   14 285 DM
    und Privatentnahmen   4 285 DM
03: Bank   7 500 DM   an Sonstige Forderungen   10 000 DM
    und Privatentnahmen   2 500 DM

Der Hauptfachausschuß beim Institut der Wirtschaftsprüfer hat sich in einer Stellungnahme (vgl. Wprg 1977, 463) dafür ausgesprochen, das KSt-Anrechnungsguthaben als zusätzlichen Beteiligungsertrag im betrieblichen Bereich zu erfassen.

Bei Anteilen im Betriebsvermögen einer **Einzelfirma** oder **Personengesellschaft** kann das u. E. nur bedeuten, daß das KSt-Anrechnungsguthaben im betrieblichen Bereich **entsteht** und gleichzeitig **entnommen** wird.

Die Darstellung des KSt-Guthabens im Falle einer **Personengesellschaft** erfolgt im **Sonderbereich,** da es sich um persönliche Ansprüche der Mitunternehmer handelt.

Vgl. bereits EFG 1983, 133 rkr.

Damit ist das KSt-Anrechnungsguthaben im Gewinn enthalten, ohne daß eine betriebliche Forderung ausgewiesen wird (= entnommener Ertrag).

4.4 Voraussetzungen der Anrechnung

Voraussetzungen sind

1. Persönliche Anrechnungsberechtigung
2. Vorliegen steuerpflichtiger Einnahmen aus § 20 Abs. 1 ^{1}/$_2$ EStG
3. Körperschaftsteuer einer unbeschränkt stpfl. Körperschaft i. S. d. §§ 27, 43 KStG
4. Steuerbescheinigung nach §§ 44 bis 46 KStG
5. Kein Vergütungsantrag
6. Kein Ausschluß der Anrechnung nach § 36a EStG
7. Keine Ausschüttung aus dem EK 01 und EK 04.

4.4.1 Persönliche Anrechnungsberechtigung

a) Anrechnungsberechtigt sind im Regelfall nur unbeschränkt stpfl. Anteilseigner (Umkehrschluß aus § 50 Abs. 5 Satz 2).

b) **Beschränkt** steuerpflichtige Anteilseigner sind nach §§ 49 Abs. 1 KStG, 50 Abs. 5 Satz 2 EStG im Regelfall von der Anrechnung **ausgeschlossen,** weil die Körperschaftsteuer hier durch den Steuerabzug (25 %ige KapESt) abgegolten ist.

Ausnahmen

1. Bei Erzielung der Einnahmen durch einen inländischen Betrieb des Anteilseigners ist die Körperschaftsteuer anrechenbar (§ 50 Abs. 5 Satz 3 Nr. 1).

Beispiel:
A ohne Wohnsitz und gewöhnlichen Aufenthalt im Inland hält in einer inländischen Betriebstätte seines Gewerbebetriebs eine Beteiligung an der inländischen X-GmbH.
Für das Wirtschaftsjahr 01 wurde im Jahre 02 von der X-GmbH eine Ausschüttung beschlossen. Hiervon entfallen auf A 35 000 DM.
Am 1.6.02 wurden A nach Abzug von 25 % KapSt 26 250 DM überwiesen.
Gewinnermittlung durch Bestandsvergleich (§ 5).
C ist beschränkt steuerpflichtig gemäß § 1 Abs. 4, da er inländische Einkünfte aus Gewerbebetrieb gemäß § 49 Abs. 1 Nr. 2a hat.

Zum **Betriebstättengewinn** gehören auch

aa) **die Gewinnausschüttung** 26 250 DM + $^1/_3$ KapSt = 8 750 DM = (gemäß §§ 20 Abs. 1 Nr. 1, 20 Abs. 3)	35 000 DM
Die Ausschüttung ist bei der ESt-Veranlagung des beschränkt steuerpflichtigen A zu erfassen, da sie Betriebseinnahme einer inländischen Betriebsstätte ist (§ 50 Abs. 5 Satz 3 Nr. 1)	
bb) die anrechenbare Körperschaftsteuer (§§ 20 Abs. 1 Nr. 3, 20 Abs. 3) $^3/_7$ × 35 000 DM =	15 000 DM
Betriebseinnahmen	50 000 DM

Auf die Einkommensteuer des A sind anzurechnen

– KapSt gemäß § 36 Abs. 2 Nr. 2	8 750 DM
– Körperschaftsteuer gemäß § 36 Abs. 2 Nr. 3, **§ 50 Abs. 5 Satz 3**	15 000 DM
	23 750 DM

2. Eine Anrechnung bleibt auch möglich, wenn nachträglich festgestellt wird, daß die Voraussetzungen der unbeschränkten Steuerpflicht i.S. des § 1 Abs. 2 oder 3 oder des § 1a nicht vorgelegen haben, und somit beschränkte Steuerpflicht i.S. des § 1 Abs. 4 vorliegt. Hier ist § 39 Abs. 5a entsprechend anzuwenden.

c) Bei **erweiterter beschränkter Steuerpflicht** ist die Körperschaftsteuer anzurechnen, wenn die Einnahmen, die zur Anrechnung berechtigen, im Inland bei der Veranlagung zur Einkommensteuer erfaßt werden und die für diese Einnahmen festzusetzende Einkommensteuer der Höhe nach **nicht** durch ein Abkommen zur Vermeidung der Doppelbesteuerung begrenzt ist. Die nach § 50 Abs. 3 Satz 2 festzusetzende Mindesteinkommensteuer darf die Steuerabzugsbeträge nicht unterschreiten (§ 2 Abs. 5 Satz 3 AStG). Vgl. auch R 213h Abs. 2.

4.4.2 Vorliegen steuerpflichtiger Einnahmen aus § 20 Abs. 1 Nr. 1 und 2 EStG

Die Anrechnung von Körperschaftsteuer setzt zwingend den **Ansatz** der dazugehörigen Kapitalerträge aus § 20 Abs. 1 Nr. 1 oder 2 voraus. Vgl. R 213g Abs. 1, BFH, BStBl 1994 II 191 und BStBl 1996 II 473.

§ 36 Abs. 2 Nr. 3 Buchstabe e schließt daher folgerichtig die Anrechnung von Körperschaftsteuer insbesondere für die Fälle aus, in denen ein unbeschränkt steuerpflichtiger Anteilseigner einen zweiten Wohnsitz in einem anderen Staat hat und das mit diesem Staat bestehende Abkommen zur Vermeidung der Doppelbesteuerung des Besteuerungsrecht – vom Kapitalertragsteuerabzug abgesehen – dem anderen Staat zuweist.

Anrechnungsberechtigter Anteilseigner ist, wem die Anteile an der Kapitalgesellschaft gemäß § 39 AO und damit die Ausschüttungen zuzurechnen sind.

Kapitalerträge, die zur Anrechnung von Körperschaftsteuer führen können, sind

– § 20 Abs. 1 Nr. 1 **(Regelfall):**
Alle Gewinnausschüttungen von Kapitalgesellschaften, auch verdeckte Gewinnausschüttungen (BFH, BStBl 1988 II 348)
(Ausnahme: steuerfreie Ausschüttung von EK 01 und 04, § 40 Nr. 1 und Nr. 2 KStG)

- § 20 Abs. 1 Nr. 2:
  Bezüge aufgrund einer Kapitalherabsetzung oder Liquidation, soweit hierfür „für Ausschüttungen verwendbares Eigenkapital" (§ 29 KStG) als verwendet gilt (= Sonderfall des § 29 Abs. 3 KStG).
- § 20 Abs. 2 Nr. 2a:
  Einnahmen aus **erstmaliger** Veräußerung von Dividendenscheinen (Beschränkung der Körperschaftsteuer-Anrechnung auf den Veranlagungszeitraum der Veräußerung und das Folgejahr, § 36 Abs. 2 Nr. 3 Satz 4 Buchstabe d. Vgl. hierzu näher K 2.6.2.3.2.2.2.

4.4.3 Körperschaftsteuer einer unbeschränkt steuerpflichtigen Körperschaft im Sinne der §§ 27, 43 KStG

Anrechenbar kann nur sein die Körperschaftsteuer einer unbeschränkt steuerpflichtigen Körperschaft, die unter das Anrechnungsverfahren fällt, für deren Ausschüttungen also die Ausschüttungsbelastung herzustellen ist.

Das sind vor allem **inländische** Kapitalgesellschaften (§ 27 KStG) sowie Erwerbs- und Wirtschaftsgenossenschaften (vgl. § 43 KStG).

4.4.4 Steuerbescheinigung nach §§ 44 bis 46 KStG

Der Anteilseigner muß – zur Verhinderung von Mißbräuchen – eine Steuerbescheinigung vorlegen (§ 36 Abs. 2 Nr. 3b).

Die Bescheinigung ist materiell-rechtliche Voraussetzung für die Anrechnung (BFH, BStBl 1991 II 924).

Inhalt der Bescheinigung (vgl. Muster Anlagen 2 bis 5 KStR) im Normalfall –
- Name und Anschrift des Anteilseigners
- Höhe der Leistungen (Kapitalerträge)
- Zahlungstag
- Betrag der anrechenbaren Körperschaftsteuer

Aussteller der Bescheinigung können sein
- die **ausschüttende Körperschaft** (§ 44 KStG)
- mit der Auszahlung beauftragtes **Kreditinstitut** (§ 45 KStG)
  - bei Auschüttungen auf Dividendenscheine
- ein Notar (§ 46 KStG)
  - nur bei erstmaliger Veräußerung von Dividendenscheinen.

Hat der Stpfl. diese Bescheinigung bis zum Zeitpunkt der Veranlagung **nicht** vorgelegt, sind **nur** die Einnahmen im Sinne des § 20 Abs. 1 Nr. **1** oder **2** oder Abs. 2 **Nr. 2 Buchstabe a** zu erfassen. Die hierauf entfallende Körperschaftsteuer ist in diesem Fall **nicht** als Einnahme anzusetzen und **nicht** auf die Einkommensteuer anzurechnen. Wird die Steuerbescheinigung später nachgereicht, ist die Steuerfestsetzung entsprechend nach der AO zu ändern und auf die Einkommensteuer anzurechnen. Vgl. R 213g Abs. 2.

4.4.5 Kein Vergütungsantrag

Nach § 36 Abs. 2 Nr. 3c ist eine Anrechnung der Körperschaftsteuer ausgeschlossen, wenn ein **Vergütungsantrag** gemäß §§ 36b, 36c oder 36d EStG gestellt worden ist.

Sonst käme es zu einer **doppelten** Erstattung.

Das gilt jedoch **nicht** bei bestandskräftiger Ablehnung eines Vergütungsantrags.

Das **Wahlrecht** zwischen
- Anrechnung bei der Veranlagung und
- Vergütungsantrag

ist für **alle** Anteile des Steuerpflichtigen **einer** Gesellschaft einheitlich auszuüben.

4.5 Ausschluß der Anrechnung nach § 36a EStG

4.5.1 Grundsatz

Die Anrechnung der Körperschaftsteuer erfolgt **unabhängig** von der **Entrichtung** der Körperschaftsteuer durch die Körperschaft (§ 36 Abs. 2 Nr. 3 Satz 3).

Das bedeutet, daß der Anteilseigner die Körperschaftsteuer **grds.** auch schon dann auch seine Einkommensteuer anrechnen kann, wenn die Körperschaft noch keine Körperschaftsteuer in Höhe der korrespondierenden Ausschüttungsbelastung an das Finanzamt gezahlt hat. Vgl. BFH, BStBl 1982 II 401. Bei Ausschluß der Anrechnung nach § 36a erfolgt auch **keine** Hinzurechnung bei den Einkünften aus § 20 bzw. §§ 13, 15, 18 (BFH, BStBl 1987 II 217).

4.5.2 Ausschluß der Anrechnung nach § 36a EStG

Eine Ausnahme von diesem Grundsatz ergibt sich nach § 36a zur Verhinderung von Mißbräuchen.

Bei Anteilseignern, die zu einem Zeitpunkt innerhalb der letzten drei Jahre vor der Ausschüttung
- einen **beherrschenden Einfluß** auf die ausschüttende Körperschaft ausgeübt **oder**
- zu **mehr als 25 %** unmittelbar oder unmittelbar an der ausschüttenden Körperschaft beteiligt waren,

ist die Anrechnung
- zu versagen **oder**
- rückgängig zu machen,

soweit

1. die anzurechnende Körperschaftsteuer nicht durch die ihr entsprechende gezahlte Körperschaftsteuer gedeckt ist **und**
2. nach Beginn der Vollstreckung wegen dieser rückständigen Körperschaftsteuer anzunehmen ist, daß die vollständige Einziehung keinen Erfolg haben wird.

Zum Begriff „beherrschender Einfluß" vgl. H 213i EStH und Abschn. 31 Abs. 5 KStR (Einzelheiten siehe Band 5 dieser Buchreihe (Körperschaftsteuer).

Wird die Anrechnung von KSt nach § 36a versagt, unterbleibt auch ein Ansatz dieser KSt als Einnahme nach § 20 Abs. 1 Nr. 3 (BFH, BStBl 1987 II 217).

4.6 Ausschließungsgründe

Ausschließungsgründe für die Anrechnung der KSt können also insbesondere sein:
- Nichtvorlage der vorgeschriebenen Bescheinigung (§§ 44 bis 46 KStG)
- Beantragte oder durchgeführte Körperschaftsteuer-Vergütung (§§ 36b, 36c, 36d)
- Nichtzahlung der Körperschaftsteuer bei beherrschendem Einfluß bzw. wesentlicher Beteiligung bei voraussichtlich erfolgloser Zwangsvollstreckung bei der Kapitalgesellschaft (§ 36a).

4.7 Einschränkung des Dividenden-Stripping (Ausschluß der Anrechnung nach § 36 Abs. 2 Nr. 3 Satz 4 Buchst. g EStG)

Der in § 36 Abs. 2 Nr. 3 Satz 4 enthaltene Buchstabe g ergänzt die Regelung des § 50c und soll verhindern, daß die Einmalbesteuerung inländischer Körperschaftsgewinne durch Einschaltung anrechnungsberechtigter Anteilseigner, insbesondere mittels Finanzinnovationen oder durch Nutzung der Techniken der Optionsmärkte vermieden wird.

4.8 Keine KSt-Anrechnung für das EK 01

§ 36 Abs. 2 Nr. 3 stellt – durch eine Einschränkung – sicher, daß für den Teil der Ausschüttungen, für den bei der ausschüttenden Kapitalgesellschaft der Teilbetrag im Sinne des **§ 30 Abs. 2 Nr. 1 KStG (= EK 01)** als verwendet gilt und für den die Kapitalgesellschaft die Körperschaftsteuer-Ausschüttungsbelastung nicht herzustellen braucht, beim Anteilseigner auch die Anrechnung von Körperschaftsteuer **nicht** möglich ist.

5. Vergütung der Körperschaftsteuer (§§ 36b, 36c, 36d, 36e EStG)

Eine Vergütung der Körperschaftsteuer ist möglich bei **unbeschränkt stpfl.** Anteilseignern mit Einnahmen aus § 20 Abs. 1 Nr. 1 und 2, wenn eine **Veranlagung nicht in Betracht kommt** oder ein Freistellungsauftrag i. S. des § 44a Abs. 2 Satz 1 vorliegt, nach

- § 36b aufgrund eines **Einzelantrags** (einzureichen: Vordruck VE 1, Steuerbescheinigung VE 8 und NV-Bescheinigung);
- § 36c aufgrund eines **Sammelantrags**

beim Bundesamt für Finanzen. Das Verfahren ist nur möglich für Ausschüttungen auf Anteile, die sich in einen auf den **Namen** lautenden **Wertpapier-Depot** einer inländischen Bank befinden (§ 36b Abs. 5 Nr. 2). **Ausgeschlossen** sind daher z. B. **Gewinnanteile** einer **GmbH**. Zum Nachweis der Nicht-Veranlagung durch „NV-Bescheinigung" vgl. § 36b Abs. 2, § 44b Abs. 1.

Liegen die Voraussetzungen des § 36b vor, hat der Stpfl. ein Wahlrecht zwischen **Einzelantrag** und **Sammelantrag.**

Mit dem Verfahren der Vergütung der KSt (§§ 36b, 36c) verbunden wird die **Erstattung** der **KapSt** nach § 44b Abs. 1. Vgl. R 213j. Zu den Voraussetzungen des Einzelantrags vgl. im einzelnen R 213k.

Zum Sammelantrag (§ 36c und § 44b Abs. 1) vgl. im einzelnen R 213l.

Weiterhin ist nach § 36d und § 44b Abs. 2 in Sonderfällen eine Vergütung von KSt und Erstattung von KapSt vorgesehen.

Danach ist die Vergütung/Erstattung in einem vereinfachten Verfahren für bestimmte Fälle zugelassen, in denen ein unbeschränkt steuerpflichtiger Anteilseigner nur geringe Bezüge aus den Anteilen an einer ausschüttenden Körperschaft erhalten hat (**bis 100 DM je** Anteilseigner). Der Vergütung/Erstattung setzt einen Sammelantrag der ausschüttenden Kapitalgesellschaft, eines von ihr bestellten Treuhänders oder der ausschüttenden Erwerbs- oder Wirtschaftsgenossenschaft in Vertretung der Anteilseigner/Gläubiger der Kapitalerträge voraus. Für die Vergütung/Erstattung nach den §§ 36d, 44b Abs. 2 ist das Finanzamt zuständig, dem die Besteuerung des Einkommens des Sammelantragstellers obliegt.

Unter das vereinfachte Verfahren fallen insbesondere Sammelanträge auf Vergütung von Körperschaftsteuer und Erstattung von Kapitalertragsteuer, die

1. eine Kapitalgesellschaft (Arbeitgeber) in Vertretung ihrer gegenwärtigen oder früheren Arbeitnehmer stellt, soweit es sich um Einnahmen aus Aktien handelt, die den Arbeitnehmern von der Kapitalgesellschaft überlassen worden sind und von ihr oder von einem inländischen Kreditinstitut verwahrt werden;

2. der von einer Kapitalgesellschaft (Arbeitgeber) bestellte Treuhänder in Vertretung der gegenwärtigen oder früheren Arbeitnehmer dieser Kapitalgesellschaft stellt, soweit es sich um Einnahmen aus Aktien handelt, die den Arbeitnehmern von der Kapitalgesellschaft überlassen worden sind und von dem Treuhänder oder einem inländischen Kreditinstitut verwahrt werden;

3. eine Erwerbs- oder Wirtschaftsgenossenschaft in Vertretung ihrer Mitglieder stellt, soweit es sich um Einnahmen aus Anteilen an dieser Genossenschaft handelt.

Vgl. im einzelnen R 213m und H 213m.

Die Vergütung von KSt auf Einzelantrag oder im Sammelantragsverfahren wird durch in § 36b Abs. 1 und § 36c Abs. 1 auch für die Stpfl. ermöglicht, deren **festzusetzende ESt (KSt)** aufgrund der Art der ausgeübten Geschäfte auf Dauer **niedriger** als die **anrechenbare KESt und KSt** ist (vgl. § 44a Abs. 5).

Für die Vergütung des Körperschaftsteuer-Erhöhungsbetrags an beschränkt stpfl. Anteilseigner gilt § 52 KStG entsprechend (§ 36e). Der Vergütungsbetrag unterliegt der **KapSt** (§ 43 Abs. 1 Nr. 6).

Muster

Freistellungsauftrag
(Gilt nicht für Betriebseinnahmen und Einnahmen aus Vermietung und Verpachtung)

_____   _____
(Name, Vorname, Geburtsdatum)   (Straße, Hausnummer)

_____   _____
(ggf. Name, Vorname, Geburtsdatum des Ehegatten)   (Postleitzahl, Ort)

                                      _____
                                                    (Datum)

An

_____
(Kreditinstitut/Bausparkasse/Bundesamt für Finanzen/Lebensversicherungsunternehmen/
Bundes-/Landesschuldenverwaltung)

_____   _____
(Straße, Hausnummer)   (Postleitzahl, Ort)

Freistellung vom Steuerabzug auf Zinsen (Freistellungsauftrag)

Hiermit erteile ich/erteilen wir*) Ihnen den Auftrag meine/unsere*) bei Ihrem Kreditinstitut anfallenden Zinseinnahmen vom Steuerabzug freizustellen und/oder bei Dividenden und ähnlichen Kapitalerträgen die Erstattung von Kapitalertragsteuer und die Vergütung von Körperschaftsteuer beim Bundesamt für Finanzen zu beantragen und zwar

☐ bis zur Höhe des für mich/uns*) geltenden Sparer-Freibetrages und Werbungskosten-Pauschbetrags von insgesamt 6 100 DM/12 200 DM*).

☐ bis zu einem Betrag von …… DM.

Dieser Auftrag gilt ab dem …………… und so lange, bis Sie einen anderen Auftrag von mir/uns*) erhalten.

Dieser Auftrag steht den zuständigen Finanzbehörden zu Prüfungszwecken zur Verfügung.

Ich versichere/wir versichern*), daß mein/unser*) Freistellungsauftrag zusammen mit Freistellungsaufträgen an andere Kreditinstitute, Bausparkassen, das Bundesamt für Finanzen usw. den für mich/uns*) geltenden Höchstbetrag von insgesamt 6 100 DM/12 200 DM*) nicht übersteigt. Ich versichere/wir versichern*) außerdem, daß ich/wir*) mit allen für das Kalenderjahr erteilten Freistellungsaufträgen für keine höheren Kapitalerträge als insgesamt 6 100 DM/12 200 DM*) im Kalenderjahr die Freistellung oder Erstattung von Kapitalertragsteuer in Anspruch nehme(n)*).

_____   _____
(Unterschrift)   (ggf. Unterschrift Ehegatte, gesetzlicher Vertreter)

☐ Zutreffendes bitte ankreuzen

*) Nichtzutreffendes streichen

Der Höchstbetrag von 12 200 DM gilt nur bei Zusammenveranlagung. Der Freistellungsauftrag ist z. B. nach Auflösung der Ehe oder bei dauerndem Getrenntleben zu ändern.

Q. Wertminderung von Anteilen durch Gewinnausschüttungen (§ 50c EStG)

1. Allgemeines

§ 50c soll durch die Nichtberücksichtigung ausschüttungsbedingter Gewinnminderungen sicherstellen, daß die vor dem Erwerb von Anteilen an einer unbeschränkt stpfl. Kapitalgesellschaft durch einen zur Anrechnung von Körperschaftsteuer berechtigten Anteilseigner von einem **nichtanrechnungsberechtigten Anteilseigner** erzielten Gewinne einer unbeschränkt steuerpflichtigen Kapitalgesellschaft im Fall der **Ausschüttung an den Erwerber mit einer Steuer vom Einkommen belastet werden.** Die Vorschrift gilt für Gewinnminderungen im Rahmen des **Betriebsvermögens** und bei Veräußerungsgewinnen im Sinne der §§ 17 und 23.

Es handelt sich also um ein Problem des **körperschaftsteuerlichen Anrechnungsverfahrens,** das auf der Gesellschafterebene, d. h. bei der Einkommensbesteuerung des Anteilseigners, gelöst wird.

Die Besteuerung der Ausschüttungen auf die erworbenen Anteile und die Anrechnung von Körperschaftsteuer bei dem Erwerber werden durch § 50c nicht berührt.

Vgl. im einzelnen **R 227d**, **H 227d** und ausführliche Darstellung in **Band 5 dieser Buchreihe** (Körperschaftsteuer).

2. Grundregelung

Das Ziel des § 50c, d. h. ein **Gewinnminderungsverbot,** wird verwirklicht

a) im Bereich des Betriebsvermögens

durch **Nichtanerkennung ausschüttungsbedingter Teilwertabschreibungen** (Hinzurechnung **außerhalb** der Bilanz).

b) im Bereich des Privatvermögens

durch **Erhöhung** eines Veräußerungsgewinns bzw. **Verminderung** eines Veräußerungsverlusts i. S. des § 17 bzw. § 23.

§ 50c greift nur ein, **soweit** die Gewinnminderung **ausschließlich** auf Gewinnausschüttungen der Kapitalgesellschaft zurückzuführen ist; vgl. R 227d Abs. 2.

Das Gewinnminderungsverbot beschränkt sich dabei jeweils auf den sogenannten **Sperrbetrag** (§ 50c Abs. 4) als **Obergrenze** (vgl. H 227d „Sperrbetrag").

Das ist zunächst der **Unterschiedsbetrag** zwischen den **Anschaffungskosten** und dem **Nennbetrag** der Beteiligung an der Kapitalgesellschaft, d. h. die beim Erwerb vom nichtanrechnungsberechtigten Anteilseigner an diesen **bezahlten (anteiligen)**

- offenen **Rücklagen** (Gewinnrücklagen)
- **stillen Reserven.**

Bei Anschaffungskosten einer Beteiligung bis 100000 DM im VZ (**Bagatellgrenze**) ist § 50c **nicht** anzuwenden (§ 50c Abs. 9), bei **Erwerb über die Börse** nur unter den Voraussetzungen des § 50c Abs. 10.

Beispiel:

1. Erworbene Anteile gehören zum Betriebsvermögen des Erwerbers:

    Der anrechnungsberechtigte Stpfl. E erwirbt im Jahr 01 vom nichtanrechnungsberechtigten Veräußerer V die Hälfte der Aktien der inländischen Z-AG.

Nennbetrag der erworbenen Aktien	500000 DM
Anschaffungskosten	800000 DM

    In den Jahren 01 bis 04 zahlt die Z-AG Dividenden von jährlich 100000 DM, die zu 50% auf den Erwerber entfallen.

Im Jahre 07 macht E eine Teilwertabschreibung in Höhe von 200 000 DM auf die erworbenen Anteile geltend. Er legt glaubhaft dar, daß eine Teilwertverringerung in Höhe von 150 000 DM darauf zurückzuführen ist, daß die Z-AG ab dem Jahre 05 in eine längerwährende Verlustsituation geraten ist.

Berechnung des Sperrbetrags und der steuerlich anzuerkennenden Gewinnminderung infolge der Teilwertabschreibung:

- Sperrbetrag zum 31.12.01:

Anschaffungskosten		800 000 DM
Nennwert der erworbenen Anteile		−500 000 DM
Sperrbetrag		300 000 DM

- Rest-Sperrbetrag zum 31.12.07:

Bisheriger Sperrbetrag		300 000 DM
vorgenommene Teilwertabschreibung	200 000 DM	
steuerlich zu berücksichtigende Gewinnminderung	−150 000 DM	
nach § 50c nicht zu berücksichtigende Gewinnminderung	50 000 DM	− 50 000 DM
Rest-Sperrbetrag zum 31.12.07		250 000 DM

2. Erworbene Anteile gehören zum Privatvermögen des Erwerbers:

Sachverhalt wie Beispiel a) mit der Abweichung, daß der Erwerber die erworbene wesentliche Beteiligung im Jahre 07 für 600 000 DM veräußert.

Der erklärte Veräußerungsverlust im Sinne des § 17 (Erlös 600 000 DM ∕ Anschaffungskosten 800 000 DM) von 200 000 DM ist nach § 50c in Höhe von 500 00 DM nicht zu berücksichtigen. Der Rest Sperrbetrag zum 31.12.07 von 250 000 DM (300 000 DM ∕ 50 000 DM) ist nach § 50c Abs. 7 für die Besteuerung bei dem Rechtsnachfolger des Erwerbers von Bedeutung.

3. Besonderheiten

Sonderregelungen in § 50c schließen Regelungslücken und dehnen die Anwendung der Vorschrift insbesondere auf Fallgestaltungen aus, bei denen zwischen den nicht anrechnungsberechtigten Anteilsveräußerungen und den anrechnungsberechtigten Erwerbern anrechnungsbedingte Personen zwischengeschaltet werden.

a) Investmentfonds

In § 50c Abs. 1 Satz 1 wird klargestellt, daß auch bei Erwerb von Anteilen an einer unbeschränkt stpfl. KapGes von einem zur Vergütung von KSt berechtigten **Investmentfonds** die Rechtsfolgen des § 50c eintreten.

b) Ausschüttungsbedingte Gewinnminderungen

- Durch § 50c Abs. 1 Satz 1 werden den ausschüttungsbedingten Gewinnminderungen die Gewinnminderungen aufgrund **organschaftlicher Gewinnabführungen gleichgestellt**.
- Es ist unerheblich, ob die Anteile beim Erwerber zu einem BV oder zum Privatvermögen gehören.

§ 50c ist danach auch bei der Besteuerung nach §§ 17, 23 zu beachten.

c) Erwerb i. S. des § 50c Abs. 1 EStG

Als Erwerber i. S. des § 50c Abs. 1 gelten auch die **gesellschaftsrechtliche** oder die **verdeckte Einlage** (H 227d „Erwerb i. S. des § 50c Abs. 1"). Aus § 50c Abs. 1 Satz 2 und Abs. 4 Satz 2 wird deutlich, daß der Gesetzgeber nicht nur bei Übertragung gegen Entgelt die Rechtsfolgen des § 50c Abs. 1 Satz 1 eintreten lassen wollte. § 50c Abs. 1 Satz 2 enthält eine entsprechende Klarstellung.

d) Erwerb über die Börse § 50c Abs. 10 EStG

Nach § 50c Abs. 10 ist auch bei Erwerb der Anteile über die **Börse** grds. nach § 50c Abs. 1 bis 9 zu verfahren.

Die Anwendung dieser Vorschriften wird allgemein ausgeschlossen, wenn vom Erwerber glaubhaft gemacht wird, daß der Veräußerer anrechnungsberechtigt ist.

Ferner sind § 50c Abs. 1 bis 9 **nicht** anzuwenden, wenn für die bezogenen Gewinnausschüttungen durch § 36 Abs. 2 Nr. 3 Satz 4 Buchst. g die **Anrechnung der KSt ausgeschlossen** wird. Dies ist dann der Fall, wenn dem nichtanrechnungsberechtigten Anteilseigner durch Finanzinnovationen (z. B. Wertpapierleihe) oder durch Nutzung der Techniken der Optionsmärkte eine nicht der ESt (KSt) unterliegende Zahlung erhält, die bei dem anrechnungsberechtigten Dividendenbezieher zu abz. BA (WK) führt.Vgl. oben P 4.7.

Weitere **Voraussetzung** ist dann, daß

- zwischen Erwerber der Anteile und der Veräußerung dieser oder gleichartiger **Anteile nicht mindestens 10 Tage** liegen und der Gewinnverwendungsbeschluß der ausschüttenden KapGes in diesen Zeitraum fällt oder
- die gleichartige Anteile unmittelbar zu Bedingungen rückveräußert werden, die allein oder im Zusammenhang mit anderen Vereinbarungen dazu führen, daß das Kursrisiko begrenzt ist oder
- die Gegenleistung für den Erwerb der Anteile ganz oder teilweise in der Verpflichtung zur Übertragung nicht oder nicht voll dividendenberechtigter Aktien besteht.

e) Gewinnminderungen aufgrund mittelbarer Beteiligungen

Nach § 50c Abs. 7 sind die Grundsätze des § 50c Abs. 1 bis 6 sinngemäß anzuwenden bei ausschüttungsbedingten Gewinnminderungen, die aus Anlaß der **Weiterausschüttung** von durch § 50c Abs. 1 als schädlich behandelten Ausschüttungen entstehen.

Damit läßt sich § 50c nicht mehr dadurch umgehen, daß die Anteile nicht unmittelbar vom nichtanrechnungsberechtigten Anteilseigner erworben werden, sondern eine **weitere KapGes** (Tochtergesellschaft) **zwischengeschaltet** wird. **Ohne § 50c Abs. 7 wäre** lediglich bei der Tochtergesellschaft nach § 50c zu verfahren. Verwendete diese die empfangenen Ausschüttungen zur Weiterausschüttung, wäre mangels Erwerbs der Anteile an der Tochtergesellschaft von einem nichtanrechnungsberechtigten Anteilseigner die ausschüttungsbedingte Gewinnminderung auch steuerlich zu berücksichtigen. Dies wird durch § 50c Abs. 7 ausgeschlossen.

Die ausschüttungsbedingte Gewinnminderung ist jedoch berücksichtigungsfähig, wenn der Erwerber glaubhaft macht, daß bei **mittelbarem Erwerb** nicht nur der Veräußerer, sondern auch sämtliche zwischengeschalteten Veräußerer zur Anrechnung von KSt berechtigt sind.

Stichwortverzeichnis

(Die Zahlen bedeuten die Seiten)

Abbruchkosten, 785
Abfindung(en)
— an Ehegatten, 138
— Aufteilung bei Erbauseinandersetzung, 802
— bei Erbauseinandersetzung, 552, 800
— bei vorweggenommener Erbfolge, 573
— umgekehrte, 803
— vorzeitige Beendigung der stillen Gesellschaft, 722
— wegen Auflösung des Dienstverhältnisses, 1028
Abfluß (siehe auch Zufluß), 83
— Werbungskosten, 40
abgekürzte Leibrente, 946, 983
Abgeordnetenbezüge, 1010
Ablösung Nießbrauch, 926
Abschlußgebühren für Bausparverträge, 776, 779
Abschlußzahlung
— Einkommensteuer, 1126
Abschreibung Praxiswert, 363
Absetzung für Abnutzung (AfA), 364
— Anschaffung/Herstellung innerhalb eines Wirtschaftsjahres, 383
— Anschaffungskosten, 362
— außergewöhnliche technische oder wirtschaftliche Abnutzung, 387, 408
— Beginn der AfA, 383
— Beginn der Nutzungsdauer bei Gebäuden, 399
— Bemessungsgrundlagen, 374, 376
— Berechtigter, 367
— degressive, 376, 380, 400
— Einheitlichkeit, 366
— Einlage in das Betriebsvermögen, 378, 385
— Einzel-AfA, 366
— Ende der Berechtigung, 385
— Entnahme aus dem Betriebsvermögen, 378, 386
— erhöhte AfA nach § 7 b, 806
— Gebäude, 393, 790
— Grundsätze, 366
— Handelsrecht, 364
— Herstellungskosten, 375
— im Jahr der Veräußerung, 385
— immaterielle Wirtschaftsgüter, 372
— Leistungs-AfA, 380, 382
— lineare AfA, 366, 376, 379
— Methoden, 365, 379
— Minderung der Bemessungsgrundlagen, nachträgliche, 378
— Miteigentum, 383
— nach Ablauf von Sonder-AfA, 412
— nach Maßgabe der Leistung, 366, 382
— nach Teilwertabschreibung, 386
— nach Vornahme einer AfaA, 388, 409
— Nachholung unterlassener AfA, 391

— nachträgliche Anschaffungs- und Herstellungskosten, 376, 405
— Nutzungsdauer, 373
— objektbezogene Gebäude-AfA, 398
— Pachtverhältnisse, 368
— Rechtsnachfolger, 804
— Sammel-AfA, 366
— technische Nutzungsdauer, 373
— technische, wirtschaftliche Abnutzung, 371, 387
— teilentgeltlicher Erwerb, 794, 855
— typisierte Gebäude-AfA, 395
— Übergang zur Verwendung für die Erzielung von Überschußeinkünften, 386
— unentgeltliche Betriebsüberlassung, 368
— unentgeltlicher Erwerb, 793
— — Betriebsvermögen, 378
— — Privatvermögen, 378
— versehentlich unterlassene AfA, 392
— vorsätzlich unterlassene AfA, 392
— Wechsel der AfA-Methode, 382
— wirtschaftliche Nutzungsdauer, 373
— Wirtschaftsgebäude, 396
— Zweck, 364
Absetzung für Substanzverringerung, 389
Abstandszahlungen, 775
Abtretung
— Miet- und Pachtzinsforderungen, 757
— unentgeltliche, 757
— von Rechten, 755
— Zeitpunkt, 757
Abtretung einer Forderung, 689
Abzugsbetrag nach § 10e EStG
— Abzugszeitraum, 859
— Folgeobjekt, 866
— Grundförderung, 859
— Nachholung nicht ausgenutzter Abzugsbeträge, 859
Abzugsverbot
— Beiträge Lebensversicherung, 191
— § 3c EStG, 1036
— § 12 Nr. 1 EStG, 175
Abzugsverfahren, ausländische Steuer, 1093
Adoptivkinder, 326
AfA nach § 82a EStDV, 808
— begünstigte Maßnahmen, 808
— Höhe der AfA, 809
— zeitliche Voraussetzungen, 808
AfA-Berechtigung
— obligatorische Nutzungsrechte, 932
Aktien, 705
Aktiengesellschaft, 705
Aktivitätsklausel, 1088
Allgemeine Gütergemeinschaft
— Einkünfte aus dem Gesamtgut, 144
— Einkünfte aus Gewerbebetrieb, 144

— Einkünfte aus Kapitalvermögen, 146
— Einkünfte aus Land- und Forstwirtschaft, 144
— Einkünfte aus Mitunternehmerschaft, 145
— Einkünfte aus nichtselbständiger Arbeit, 146
— Einkünfte aus selbständiger Arbeit, 145
— Einkünfte aus Spekulationsgeschäften, 146
— Renten und wiederkehrende Bezüge, 146
— sonstige Einkünfte, 146
Altbausanierung, 446
Altenteilsleistungen, 429, 944
Altersentlastungsbetrag, 26, 1023
— Bemessungsgrundlage, 1023
— Leibrentenertragsanteile, 1025
— positive Summe der übrigen Einkünfte, 1024
— Rückzahlung von Arbeitslohn, 1023
— Verluste innerhalb der übrigen Einkünfte, 1024
— Zusammenveranlagung, 1026
Altersrente, 985
Altersversorgung, betriebliche
— Ehegatten-Arbeitsverträge, 135
Änderung des Unternehmenszwecks, 535
Angehöriger
— Arbeitsverträge, 131
— Aufwendungen, 254
— Gesellschaftsverträge, 139, 479
— Nießbrauch, 916
— Nutzungsüberlassung, 928
— Schenkungsverträge, 141
— Zuwendungen, 973
Angemessenheit
— betriebliche Pkw-Kosten, 62
— Betriebsausgaben, 62
— Gewinnbeteiligung, 721
— — bei Verlustbeteiligung, 721
— — entgeltlich erworbene Beteiligung, 721
— — geschenkte Beteiligung, 721
— — stille Gesellschaft, 721
Angestellte, 680
Anleihen, 729, 991
— des Bundes, 732, 991
Anrechnung
— ausländischer Steuern, 1093
— — beschränkte Steuerpflicht, 1100
— Beträge, 1126
— Doppelbesteuerungsabkommen, Verfahren, 1099
— Kapitalertragsteuer, 1132
— Körperschaftsteuer, 1151
— — Anrechnungsmethode, 1038, 1089, 1093
— — Anrechnungsverfahren, 1093
Anschaffung, 383
— Begriff, 383, 1124
Anschaffungskosten, 375, 791
— bei Einbringung, 601 f., 609
— bei Kapitalerhöhung, 651
— Gebäude, 787
— Grund und Boden, 792
— Grundförderung nach § 10e EStG, 854
— nachträgliche, 652

— Rentenbarwert, 958
— unentgeltlicher Erwerb, 652
— wesentliche Beteiligung, 652
Anschaffungsnaher Aufwand, 785
Anschaffungsnebenkosten, 791
Anschluß an Fernwärme, Gasversorgung, 808
Ansparabschreibung, 412
Ansparrücklage, siehe Ansparabschreibung
Anteile, 705
— Aktiengesellschaft, 705
— bergrechtliche Gewerkschaft, 705
— Erwerbs- und Wirtschaftsgenossenschaften, 706
— GmbH, 705
— im Betriebsvermögen, 660
Anteilsschenkung
— Belastung mit Erbschaftsteuer, 172
— Steuerermäßigung bei Belastung mit Erbschaftsteuer, 172
Anzahlungen
— verlorene, 783
Arbeiter, 680
Arbeitnehmer, 680, 1049
— Abgrenzung, 682
— Angestellte, 680
— Arbeiter, 680
— Beamte, 680
— Beamtenanwärter, 682
— beschränkt Steuerpflichtiger, 1049
— kein Geschäftsrisiko, 681
— Lehrkräfte im Hauptberuf, 684
— mehrere Tätigkeiten, 683
— Pauschbetrag, 42, 700
— Schulden der Arbeitskraft, 681
— unselbständige Nebentätigkeit, 683
— Vermögensbeteiligung, 701
— Weisungsgebundenheit, 681
Arbeitnehmer-Pauschbetrag
— Übertragung von Frei- und Pauschbeträgen, 1116
Arbeitnehmerveranlagung, 1112
— Anrechnung Kapitalertragsteuer, 1117
— Anrechnung Körperschaftsteuer, 1117
— Antragsveranlagungen, 1112, 1116
— Anwendung der gekürzten Vorsorgepauschale, 1115
— Anwendung von Steuervergünstigungen, 1116
— Auflösung der Ehe und Wiederheirat eines Ehegatten, 1116
— bei mehreren Dienstverhältnissen, 1114
— Bezug von Arbeitslohn durch beide Ehegatten, 1115
— erweiterter Härteausgleich, 1120
— Härteausgleich, 1118
— Steuerklassenkombination, 1115
— Veranlagungsgrenzen, 1112
— Verlustabzug, 1117
— Verluste aus anderen Einkunftsarten, 1117
— Versorgungsbezüge aus mehreren Dienstverhältnissen, 1114

Arbeitslohn, 34, 684
— Abtretung einer Forderung, 689
— Aufmerksamkeiten, 685
— Befreiungen, 689
— Betriebsveranstaltungen, 688
— Gelegenheitsgeschenke, 685
— laufender, 81, 684, 689
— Sachbezüge, 686
— Sonderzuwendungen, 685
— Steuerbefreiungen, 685
— Zufluß, 689
— Zuwendungen aus überwiegend betrieblichem Interesse, 687
Arbeitslosenhilfe, 1028
Arbeitsverträge, Ehegatten; s. auch: Ehegatten, Verträge, 131
— wechselseitige Teilzeit-Arbeitsverträge, 132
Architekt, 668
Aufbaustudium, 204
Aufenthalt
— gewöhnlicher, 10, 13, 1037
— Sechsmonatsfrist, 13
— Unterbrechung, 14
— Verweilensabsicht, 13
Aufgabegewinn, 539
Aufgabekosten, 539
Auflösung der Ehe, 108
— Arbeitnehmerveranlagung, 1116
— durch Scheidung, 109
— durch Tod, 109
— Nichtigkeitserklärung, 109
— Verschollenheit, 109
Auflösung der Gesellschaft, 571
Aufmerksamkeiten, 34, 685
Aufsichtsratsteuer, 1056 f.
Aufteilung des Gewinns
— bei Wechsel der Steuerpflicht, 1064
Aufteilung des Kaufpreises, 757
Aufteilungsverbot, 70
— Ausnahmen, 71
Aufwendungen
— Berufsausbildung, 290
— — eigene, 203
— der Lebensführung, 68
— für Angehörige, 254
— Gartenanlagen, 788
— Instandsetzungsarbeiten, 780
— laufende Instandsetzung, 780
— private, 61
— Straßenkleidung, 75
— Umstellungsmaßnahmen, 781
— vergebliche, 41
— vergleichbare, 253
— wegen Pflegebedürftigkeit, 301
— Weiterbildung im nicht ausgeübten Beruf, 175
— Wirtschaftsgüter der gehobenen Lebensführung, 73
— zur Erhaltung des Vermögens, 249
— zur Milderung körperlicher Mängel, 248
Aufzinsungs- und Abzinsungspapiere, 735

Ausbeuten aus Kuxen, 705
Ausbildungsfreibeträge, 289
— Aufteilung, 297
— Aufwendungen für Berufsausbildung, 290
— auswärtige Unterbringung, 291
— Begriff der Berufsausbildung, 290
— Höhe der Steuerermäßigung, 293
— Kindschaftsverhältnis zu mehr als 2 Steuerpflichtigen, 298
— nicht unbeschränkt stpfl. Kinder, 293 f.
— Übertragungsmöglichkeit auf anderen Ehegatten, 297
— Unterbringung im Haushalt des Stpfl., 292
— Vollendung des 18. Lebensjahres, 292
— Voraussetzungen, 289
— zeitanteilige Kürzung, 295
Ausbildungskosten
— Sonderausgaben, 203
Auseinandersetzung
— Erbengemeinschaft (Privatvermögen), 800
— Zugewinngemeinschaft, 992
Ausgaben
— regelmäßig wiederkehrende, 81
Ausgaben der Lebensführung, 61, 67
— gemischte Aufwendungen, 69 f.
— Kleidung, 68
— Krankheitskosten, 68
— Unterhaltsaufwendungen, 69
— Wohnung, 68
Ausgleichszahlung an Handelsvertreter, 1015
ausländische Steuer
— Anrechnung, 1096
Ausländische Verluste, Beschränkung § 2a EStG, 1085
— Aktivitätsklausel, 1088
Auslandsbeziehung, 1102
Auslandskinder, 337
— Steuerermäßigung, 293
Ausnahmeregelung
— regelmäßig wiederkehrende Einnahmen und Ausgaben, 89
Ausscheiden eines lästigen Gesellschafters
— gegen Leibrente, 960
Außenhaftung, 500
— BGB-Gesellschaft, 506
— Einlageminderungen, 503
— gesonderte Feststellung verrechenbarer Verluste, 505
— gewerbliche Tierzucht/Tierhaltung, 511
— Haftungsminderung, 505
— Nachversteuerung des negativen Kapitalkontos, 507
— Sonderbetriebsvermögen, 500
— Überschußeinkünfte, 507
— Verrechnung mit künftigen Gewinnen, 501
— weitergehende Außenhaftung, 500
Außensteuergesetz, 1037, 1102
— Berichtigung von Einkünften, 1102
— Besteuerung des Wertzuwachses bei wesentlicher Beteiligung, 1108

— erweiterte beschränkte Steuerpflicht, 1104
— Verhältnis zu den DBA, 1104
— Zugriffsbesteuerung, 1111
außergewöhnliche Belastung, 26, 237
— Abflußprinzip, 238
— Abgrenzung typischer Lebenshaltungskosten, 250
— Abgrenzung zu den Betriebsausgaben, 240
— Abgrenzung zu den Sonderausgaben, 240
— Abgrenzung zu den Werbungskosten, 240
— Abzugsvoraussetzungen, 237
— Ansammlung von Beträgen, 238
— Antrag, 261
— Außergewöhnlichkeit, 238, 250
— Aufwendungen, 238 f.
— Aufwendungen zur Milderung körperlicher Mängel, 248
— Ausstattung des Kindes, 262, 269
— Beerdigungskosten, 265
— Beitragsrückgewähr, 246
— Belastung des Einkommens, 237
— Belastungsprinzip, 270
— beschränkte Steuerpflicht, 1061
— Besuchsfahrten, 262
— durch Unterhalt, 271
— Ehescheidungskosten, 266
— eigene Aufwendungen, 239
— Erlangung von Gegenwerten, 246
— Geburtskosten, 262
— Höchstbetrag, 286
— Kurkosten, 263
— Nachlaßverbindlichkeiten, 240
— Prozeßkosten, 268
— Schuldzinsen, 255
— typisierte Fälle, 269
— — Ausbildungsfreibeträge, 289
— — Freibetrag für Heimbewohner, 301
— — Hausgehilfin, Haushaltshilfe, 298
— — Kinderbetreuungskosten, 309
— — Pauschbeträge für Körperbehinderte, 302
— Zeitpunkt der Berücksichtigung, 238
— Zivilprozeßkosten, 268
— Zumutbare Belastung, 258
— Zusammenveranlagung, 123
— Zwangsläufigkeit, 238, 254, 275
Außergewöhnliche Belastung nach § 33a EStG, 271
Außergewöhnlichkeit, 250
Außerordentliche Einkünfte, 159, 166
Aussetzungszinsen, 78
Ausstattung von Kindern, 269
Aussteueraufwendungen, 269
Ausübung im Inland
— beschränkte Steuerpflicht, 1049

Bademeister
— medizinischer, 668
Barentnahmen, 351
Bauausführung
— als Betriebstätte, 1042

Baudenkmale
— erhöhte AfA, § 7b EStG, 827
— selbstgenutzte im Betriebsvermögen (zeitlich unbegrenzte Nutzungswertbesteuerung), 828
— Verteilung von Erhaltungsaufwand, § 11b EStG, 828
Baukindergeld, 171
— Steuerermäßigung, 169
Baukostenzuschüsse, 763, 765
Bauleiter, 668
Bausparzinsen, 731, 766
Baustellen, fortschreitende
— als Betriebstätte, 1042
Bauzeitzinsen, 777
Beamte, 680
Beamtenanwärter, 682
Beamter
— Versorgungsfreibetrag, 700
Beendigung
— Betriebsaufspaltung, 629
Beerdigungskosten, 265
Beförderungsleistungen
— beschränkte Steuerpflicht, 1044
Beginn der Spekulationsfrist, 996
— der Spekulationsfrist bei unentgeltlichem Erwerb, 992
begrenztes Realsplitting, 987
Begründung
— Rentenversprechen (Form), 945
begünstigte Objekte nach § 7b EStG
— Höchstbetrag, 807
Beherrschung
— Besitzunternehmen, 616
— Betriebsunternehmen, 616
— Ehegatten-Anteile, 620
— faktische (Betriebsaufspaltung), 622
Beiträge an
— Bundesanstalt für Arbeit, 186
— gesetzliche Rentenversicherung, 185
— Haftpflichtversicherung, 185
— Krankenversicherung, 183
— Unfallversicherung, 184
Beitragsrückvergütungen, 190
Bemessungsgrundlage, ESt, 19
— erhöhte AfA nach § 82a EStDV, 809
Bemessungszeitraum, 93
Berater
— für EDV, 668
Berechnung des Veräußerungsgewinns, 953
Bergwerke, 1042
Berichtigung von Einkünften (§ 1 AStG), 1102
Berücksichtigung von Kindern
— im ersten Grad verwandte Kinder, 326
Berufe
— ähnliche, 667
— Katalogberufe, 667
Berufs- und Erwerbsunfähigkeitsrenten, 985
Berufsausbildung, 203, 331
Berufskrankheit, typische, 48
Berufssportler, 1045, 1058

Beschränkte Steuerpflicht, 15, 17, 1039
— Arbeitnehmer, 1049
— Aufsichtsratsteuer, 1057
— Lohnsteuer, 1056
— Mindeststeuer, 1063
— Steuerabzug § 50a Abs. 4 EStG, 1057
— Steuerabzugsverfahren, 1056
— Steueranrechnung, 1100
— Tarif, 1063
— Veranlagung, 1065
Besitzsteuer, 1
Besitzunternehmen
— Betriebsaufspaltung, 623
besondere Entgelte und Vorteile, 737
besondere Veranlagung, 123
— Arbeitnehmerveranlagung, 1112
— Tarif, 125
Besteuerungsrecht, DBA, 1076
Betrieb
— eigener oder gecharterter Seeschiffe, 1044
betriebliche Altersversorgung
— Ehegatten, 135
— Rückstellungsbildung, 136
Betriebliche Schadensrenten, 966
— Unfallrenten, 966
— Unfallversicherungsrente, 967
betriebliche Veranlassung, 44, 47, 63
Betriebliche Veräußerungsrente
— Sofortbesteuerung, 952, 961
— Zuflußbesteuerung, 954 f., 959, 961
betriebliche Versorgungsrente, 961
Betriebsaufgabe, 363, 512
— Änderung des Unternehmenszwecks, 535
— Gewinn, 541
— Land- und Forstwirtschaft, 434
— laufende Geschäfte, 531
Betriebsaufspaltung, 614
— Beendigung, 629
— Besitzunternehmen, 597
— Besitzunternehmen als Gewerbebetrieb, 623
— Betriebsunternehmen, 597
— Faktische Beherrschung, 622
— Interessengleichrichtung von Ehegatten, 620
— Korrespondierende Bilanzierung, 626
— mitunternehmerische, 627
— Motive, 623
— personelle Verflechtung, 618
— verdeckte Gewinnausschüttung, 625
— Wiesbadener Modell, 628
Betriebsausgaben, 23, 40, 44, 46, 1062
— Abgrenzung zu den Sonderausgaben, 175
— abnutzbares Anlagevermögen bei § 4 Abs. 3 EStG, 355
— Abzugsverbote, 49, 63
— Angemessenheit, 62
— Anschaffungs- und Herstellungskosten bei § 4 Abs. 3 EStG, 349
— Aufwendungen, 47
— Ausgaben der Lebensführung, 61
— bei Einnahme-Überschußrechnung, 354

— Berufsverband, 67
— besondere Aufzeichnungen nach § 4 Abs. 7 EStG, 66
— betriebliche Veranlassung, 63
— Bewirtung, 51
— buchtechnische Behandlung, 66
— Erwerb von Umlaufvermögen bei § 4 Abs. 3 EStG, 354
— Fahrtkosten, 60
— Gästehäuser, 53
— Geldbußen, 63, 65
— Gemeinsamkeiten mit Werbungskosten, 40
— Geschenke, 49
— Hinterziehungszinsen zu Betriebssteuern, 65
— Jagd, Fischerei, 53
— Mehraufwendungen für Verpflegung, 54
— Mitgliedsbeiträge, 67
— nachträgliche, 48
— nichtabnutzbares Anlagevermögen bei § 4 Abs. 3 EStG, 355
— nichtabziehbare, 49
— Notwendigkeit, 48
— Ordnungsgelder, 63
— Parteispenden, 67
— Rückzahlung von Sanktionen, 64
— Sanktionen (EG), 64
— Schmiergelder, 50
— Spenden an politische Parteien, 67
— Üblichkeit, 48
— Veräußerung von Wirtschaftsgütern, 34, 66
— Verwarnungsgelder, 64
— vollabziehbare, 51
— vorweggenomme, 48
— Zeitpunkt der Gewinnminderung, 46
— Zweckmäßigkeit, 48
Betriebseinnahmen, 23, 44, 348
— durchlaufende Posten, 349
— Teilzahlungen, 349
— Veräußerung von Anlagevermögen, 349
— Vorschüsse, 349
Betriebseinstellung, 516, 532
Betriebsgemeinschaft, internationale, 1044
Betriebssteuern
— Hinterziehungszinsen, 65
Betriebstätte, 1040, 1042, 1052 f.
— ausländische, 1086, 1096
— Gewinnermittlung, 1087
— land- und forstwirtschaftliche, 1086
Betriebstättenprinzip, 1078
Betriebsübertragung
— gegen Rente, 952
— unentgeltliche, 573
Betriebsunternehmen
— Betriebsaufspaltung, 597
Betriebsveräußerung, 363
— freiberufliche Praxis, 677
— Freibetrag, 580
— gegen andere wiederkehrende Bezüge, 964
— Gewinn, 520
— Kaufpreisraten, 963

— nachträgliche Einkünfte, 542
— unentgeltliche Übertragung, 547, 573
Betriebsvermögen, 794
— gewillkürtes, 348
— notwendiges, 348
Betriebsverpachtung, 450, 587
— als Gewerbebetrieb, 588
— Betriebsaufspaltung, 590
— Betriebsfortführung, 590
— Erklärung der Betriebsaufgabe, 592
— Pachteinkünfte, 592
— Wahlrecht, 588
Bewirtung aus geschäftlichem Anlaß, 51 f., 72
— Gaststätte, 51 f.
— Wohnung des Stpfl., 52
Bewirtungsaufwendungen, 51, 73
— Kürzung um 20 %, 51
— Nachtlokale, 52
— Nachweis, 52
— Striptease, 52
— Umsatzsteuer, 53
Bezüge, 946
— aus Genußrechten, 705
Bilanzierung, korrespondierende
— bei Betriebsaufspaltung, 626
Bodenschätze, 390
Bruchteilsgemeinschaft, 453
Bruchteilsnießbrauch, 922
Bruttonießbrauch, 923
Buchführungspflicht, 345
Buchführungspflichtgrenzen, 345
Bundesanstalt für Arbeit, 186
Bundesschatzbriefe, 732
Bürgschaftsprovisionen, 1008

Capped Warrants, 728, 736, 743

Dachreparatur, 784
Damnum, 777
Darbietungen im Inland, 1044
Darlehen
— Zinsen, 468, 725
Darlehensforderung, 141
Darlehensverträge, Angehörige, 735
Dauernde Berufsunfähigkeit, 584
Dauernde Lasten, 944, 948, 971, 981
dauernde Nutzung
— Begriff (§ 21a EStG), 834
Dauerndes Getrenntleben
— Ehegatten, 109
deep-discount-Anleihen, 735
degressive AfA, 380
— Gebäude, 400
Dienstleistungen, 941
Dienstverhältnis, 681
Differenzgeschäfte, 1000
dingliche Rechte, 752
dingliches Wohnrecht, 915, 923
Diplomkaufmann
— Vorbereitung auf Steuerberaterexamen, 698

Disagio, 777
Disagio-Anleihen, 735
Diskontertrag, 733
Dividenden, 703, 1051, 1077, 1080
— Dividendengarantie, 737
Doppelbesteuerungsabkommen, 1037, 1059
— Abzug ausländischer Steuern, 1059
— Anrechnungsverfahren, 1099
— Auslegung, 1076
— Betriebsstättenbegriff, 1075
— Person, 1075
— Progressionsvorbehalt, 1038
— Umfang, 1075
— Zuordnung der Quellen, 1076
Doppelwohnsitz, 1037
Doppelzinsanleihen, 736, 744
Drittaufwand, 369
— Ehegatten, 698
— häusliches Arbeitszimmer, 697
— Werbungskosten, 698
Drittland, 11
Dualismus der Einkünfteermittlung, 22
Durchführung, tatsächliche
— Ehegatten-Arbeitsverträge, 131
Durchgangszimmer
— als häusliches Arbeitszimmer, 697
durchlaufende Posten, 46

Ehegatten
— Verträge, 126
— Wiesbadener Modell, 628
Ehegattenveranlagung, s. a. Veranlagung
— Arten, 107
— dauerndes Getrenntleben, 109
— Durchführung besondere Veranlagung, 123
— Durchführung getrennte Veranlagung, 120
— Durchführung Zusammenveranlagung, 115, 163
— mehrere Ehen im VZ, 113
— Nichtausübung des Wahlrechts, 112
— rechtsgültige Ehe, 108
— Steuererklärungspflicht, 108
— Verträge zwischen Ehegatten, 126, 129
— Voraussetzungen, 108
— Wahlrecht, 112
— Zurechnung der Einkünfte, 123, 126
eheliche Güterstände, 142 f.
— fortgesetze Gütergemeinschaft, 147
— Gesamtgut, 143
— Gütertrennung, 142
— Sondergut, 143
Ehen von Ausländern, 108
Ehescheidungskosten, 266
Eigenaufwand, 369
eigene Arbeitsleistung, 37
Eigengenutztes Einfamilienhaus, § 21a EStG, 829
— Belegenheit im Inland, 830
— dauernde Nutzung, 834
— Ermittlung Nutzungswert, 829

— gewerbliche/berufliche Nutzung, 836
— Selbstnutzung der eigenen Wohnung, 831
— Überlassung an unterhaltsberechtigte Personen, 835
— unentgeltliche Überlassung mit gesicherter Rechtsposition, 831
— unentgeltliche Überlassung ohne gesicherte Rechtsposition, 831
— verbilligte Überlassung, 831
— Wohnungsbegriff, 833
Eigenheimzulage, 893
— „Anteilsvereinigung", 902
— „Fördergrundbetrag", 893
— „große Übergangsregelung", 896
— Änderung der Verhältnisse (§ 11 Abs. 2 bis 5 EigZulG), 905
— Anlagen zur Wärmerückgewinnung, 894
— Anschaffung von Genossenschaftsanteilen, 905
— Anspruchsberechtigte, 894
— Anteile an Wohnungsbaugenossenschaften, 894
— Antrag, 905
— Anwendungsregelung, 906
— Aufhebung, 905
— Ausbauten, 895
— Ausschlußfälle, 896
— Auszahlung, 905
— Begünstigte Objekte, 895
— Bemessungsgrundlage (§ 8 EigZulG), 897
— Carports, 896
— Einkunftsgrenze (§ 5 EigZulG), 900
— Erbauseinandersetzung, 895
— Erhaltungsaufwendungen, 908
— Erweiterungen, 895
— Ferien- oder Wochenendwohnung, 896
— Folgeobjekt, 903
— Fördergrundbetrag, 898
— Förderzeitraum (§ 3 EigZulG), 897
— Gesamtrechtsnachfolge, 895
— Gesonderte Feststellung, 911
— Häusliches Arbeitszimmer, 898
— heizenergiesparende Maßnahmen, 894
— Höchstbemessungsgrundlage, 898
— Höchstbetrag, 899
— Kinderzulage, 894, 898
— Miteigentumsanteile, 902
— nachträgliche Herstellungs- oder Anschaffungskosten, 896
— Neufestsetzung, 905
— Niedrigenergiehäuser, 894
— Nutzung zu Wohnzwecken, 896
— Objektbeschränkung, 901
— Öko-Komonente(n), 898
— Öko-Zulagen, 899
— ökologische Komponenten, 894
— Pauschale, 894
— Realteilung mit Spitzenausgleich, 895
— Reparaturkosten, 894
— Rückforderung, 905
— Solaranlagen, 894

— Übergangsregelungen (Wahlrecht), 906
— unentgeltliche Überlassung, 896
— Unentgeltlicher Einzelrechtsnachfolger, 894
— Vorkostenabzug, 894
— Vorkostenpauschale, 907
— Wärmepumpen, 894
— Wintergarten, 896
Eigenverantwortlichkeit, 669
Eigenverbrauch, 351, 353
Ein- und Verkaufsstellen
— als Betriebstätte, 1041
Einbau
— Fahrstuhl, 781
— Rolltreppen, 781
Einbringung eines Betriebes in eine Personengesellschaft, 605
— Buchwertfortführung, 606
— Gewährung von Gesellschaftsrechten, 606
— Wahlrecht, 606
Einbringung eines Betriebs in eine Kapitalgesellschaft, 596 f.
— aufnehmende Kapitalgesellschaft, 598
— Behandlung der Einbringung, 599
— Sacheinlagen, 598
— Veräußerungsfreibetrag, 603
— Veräußerungsgewinn, 600
— Wahlrecht der übernehmenden Kapitalgesellschaft, 598
— Zeitpunkt, 599
Einkommen, 19, 26
— Begriff, 19
— Ermittlung, 123
— zu versteuerndes, 19, 124, 148
Einkommensbelastung, 238, 270
Einkommensbesteuerung, 19
Einkommensermittlung, 67, 1061, 1063
Einkommensquelle, 10
Einkommensteuer
— Abschlußzahlung, 1126
— Anrechnungsbeträge, 1126
— ausländische, 1095
— Bemessungsgrundlage, 19
— Geltung des EStG im Beitrittsgebiet, 3
— Personensteuer, 1
— Rechtsentwicklung, 3
— Veranlagung, 106
Einkommensteuer-Grundtabelle
— beschränkt Steuerpflichtige, 1063
Einkünfte
— aus früherem Rechtsverhältnis, 1016
— aus Grundvermögen (DBA), 1076
— aus künstlerischen oder sportlichen Darbietungen (§ 49 EStG), 1044
— ausländische, 1037, 1078, 1094
— außerordentliche, 159
— — Entschädigungen, 160
— — Nutzungsvergütung, 160
— — Veräußerungsgewinn, 160
— Ermittlung, 22
— Gesamtbetrag der Einkünfte, 25, 115

— Gewinneinkünfte, 23, 706
— inländische, 1037
— negative (Progressionsvorbehalt), 1079
— Summe der Einkünfte, 24
— Überschußeinkünfte, 24
Einkünfte als Lotterieeinnehmer, 664
Einkünfte aus freiberuflicher Tätigkeit, 664
— ähnliche Berufe, 667
— eigene Fachkenntnisse, 665, 669
— Eigenverantwortlichkeit, 665, 669
— einmalige Tätigkeiten, 664
— Erbfall, 675
— gemeinschaftliche Ausübung, 674
— gemischte Tätigkeiten, 671
— inländische, 1048
— Katalogberufe, 664 f., 667
— Leitung, persönliche, 665, 669
— mehrere Betriebe eines Stpfl., 671
— nachträgliche Einkünfte, 675
— Selbständigkeit, 668
— Tätigkeiten, 665
— Veräußerung einer Praxis, 677
— vorübergehende Tätigkeit, 664
Einkünfte aus Gewerbebetrieb, 438, 1040, 1076
— Betriebsarten bei beschränkter Stpfl., 1044, 1076, 1086, 1094
Einkünfte aus Kapitalvermögen, 702, 1049
— Begriff, 702
— Dividenden, 703
— Entgelte, 702
— Gewinnanteile, 703
— inländische, 1050
— Stundungszinsen, 733
— Wertsteigerungen, 702
— Zinsen Bausparkasse, 731
— Zufluß, 703
Einkünfte aus Land- und Forstwirtschaft, 415
— inländische Einkünfte (§ 49 EStG), 1039, 1077
Einkünfte aus Mitunternehmerschaft, 452
— inländische (§ 49 EStG), 1043, 1078
Einkünfte aus nichtselbständiger Arbeit
— Arbeitnehmer, 680
— Dienstverhältnis, 681
— Ermittlung, 699
— inländische Einkünfte, 1049
Einkünfte aus selbständiger Arbeit, 664
— inländische, 1047
Einkünfte aus Vermietung und Verpachtung, 751
— inländische Einkünfte (§ 49 EStG), 1052
Einkunftsarten, 19
— Zuordnung der Werbungskosten, 41
Einkunftsgrenze, 333
Einkunftsquellen, 19
— inländische, 1046
Einlagen, 360
— abnutzbares Anlagevermögen, 361
— AfA, 378
— Begriff, 496

— Einnahme-Überschuß-Rechnung, 346
— geringwertige Wirtschaftsgüter, 362
— nicht abnutzbares Anlagevermögen, 362
— Umlaufvermögen, 361
Einnahme-Überschuß-Rechnung, 23
— Anwendungsbereich, 347
— Arzthonorare, 354
— Aufzeichnungen, 364
— Ausfall von Kundenforderungen, 358
— Betriebsausgaben, 354
— Betriebseinnahmen, 348
— Darlehen, 353, 358
— Diebstahl, 359
— durchlaufende Posten, 349
— Einlagen, 360
— Entnahmen, 352
— Entschädigungen, 363
— Erwerb
— — Anlagevermögen, 355
— — Umlaufvermögen, 354
— Forderungsausfall, 358
— Forderungserlaß, 359
— Geldverluste, 359
— Kontokorrentzinsen, 362
— Umsatzsteuer, 350
— Unterschlagung, 359
— Veräußerung Anlagevermögen, 349
— Zufluß, 346
Einnahmeausfall, 1012
Einnahmen
— aus Hilfsgeschäften, 45
— entgangene, 37
— nachträgliche, 36
— regelmäßig wiederkehrende, 81
— Steuerfreiheit, 1027
— Vermietung und Verpachtung, 759
— Verzicht, 35
— Zufluß, 722
Einnahmenverzicht, 35
Einzelrechtsnachfolge, 793
Einzelveranlagung, 1062
Emissionsrendite, 742
Ende
— persönliche Steuerpflicht, 16
Entgelt für
— Verzicht auf Einhaltung des Grundstücksabstands, 1008
Entlohnung
— für mehrjährige Tätigkeit, 164
Entnahmefinanzierung, 77
Entnahmen, 351
— Bemessung der AfA nach Entnahme, 378
— steuerfreie Entnahme von Wohnungen
— — § 32 Abs. 13 EStG, 773
— von Nutzungen und Leistungen, 352
— Wirtschaftsgüter, 992
Entschädigungen
— an Handelsvertreter (§ 89b HGB), 1015
— bei Einnahme-Überschuß-Rechnung, 363
— für entgehenden und entgangenen Gewinn, 967

Erbauseinandersetzung
— Abfindung als Anschaffungskosten, 800
— Abfindung an weichende Erben, 800
— Finanzierungskosten, 806
— Grundförderung nach § 10e EStG, 852
— Mischnachlaß, 560
— Sonderbetriebsvermögen, 572
— Teilauseinandersetzung, 803
— Übernahme von Verbindlichkeiten, 800
Erbbaurecht, 766, 779
Erbbauzinsen, 766
— Einnahmen, 766
— Werbungskosten, 779
Erbengemeinschaft, 800
Erbfall
— Abfindung als Anschaffungskosten, 799
— Aufteilung des laufenden Gewinns, 547
— freiberufliche Praxis, 676
— Gewerbebetrieb, 511
— mehrere Erben, 551
Erblasser
— außergewöhnliche Belastung, 234
— Verlustausgleich, 233
Erbschaft, 992
Erfindungen, 756
Ergänzungsbilanzen
— bei Einbringung in eine Personengesellschaft, 608
Erhaltungsaufwand, 780
— Vereinfachungsregel, 786
— Verteilung größeren Erhaltungsaufwandes, 783
— Zeitpunkt der Berücksichtigung, 783
erhöhte AfA nach § 7b EStG, 806
erhöhte AfA nach § 7h EStG, 827
erhöhte AfA nach § 7i EStG, 828
erhöhte AfA nach § 7k EStG, 822
erhöhte AfA nach § 82a EStDV, 808
Erhöhung, 956
Erlaß der deutschen Steuer, 1099
Erlöse aus Abtretung von Miet- oder Pachtzinsforderungen, 752
Ermittlung der Einkünfte, 32
Ermittlung der Steuer bei beschränkt Stpfl., 1056
Ermittlung des Einkommens, 123
Ermittlung des Nutzungswertes der eigenen Wohnung nach § 21a EStG, 839
Ermittlungszeitraum, 93 f.
— beschränkte Steuerpflicht, 1062
— Gewinneinkünfte, 95
— Überschußeinkünfte, 82
— Wechsel Steuerpflicht, 95
— Wirtschaftsjahr, 96
Ernsthaftigkeit
— Ehegatten-Arbeitsverträge, 132
Ersatzleistungen (§ 33 EStG), 244
— in späteren Jahren, 244
— Verzicht auf, 246
— vor dem Jahr der Aufwendungen, 245
Erschließungskosten(beiträge), 759

— Übernahme durch Erbbauberechtigten, 759, 766
Erstattung
— Kirchensteuer, 175
— Sonderausgaben, 175
— von Aufwendungen, 243
Erststudium, 204
Ertragsanteil
— Renten, 938, 953, 981
Ertragshoheit, 1 f.
Erweiterte beschränkte Steuerpflicht, 16, 1104
— Ermittlung des zu versteuernden Einkommens, 1106
— niedrige Besteuerung, 1105
— persönliche Voraussetzung, 1104
— Progressionsvorbehalt, 1083
— Umfang der Besteuerung, 1106
— Veranlagung, 1106 f.
— wesentliche wirtschaftliche Interessen, 1105
Erwerb
— abnutzbares Anlagevermögen, 355
— eines bebauten Grundstücks, 791
— im Rahmen einer Erbauseinandersetzung, 992
— nichtabnutzbares Anlagevermögen, 355
— Umlaufvermögen, 354
Erwerber, 851
— unentgeltlicher, 852
Erwerbs- und Wirtschaftsgenossenschaft, 706
Erzieherische Tätigkeit, 665, 667
EU/EWR-Bürger, 11
Existenzminimum, 148
Exterritoriale, 18

Fabrikationsstätte, 1041
Facharzt, 670
Fachkenntnisse, eigene, 669
Fachliteratur
— Ausbildungskosten, 207
— medizinische, § 33 EStG, 263
Fahrgemeinschaft
— Werbungskosten, 693
Fahrtkosten
— außergewöhnliche Belastung, 311
— nichtabziehbare Betriebsausgaben, 60
— zwischen Wohnung und Arbeitsstätte, 692
Fälligkeitsdarlehn, 729
Familienlastenausgleich, 321
Familienleistungsausgleich, 321, 337
Feiertagszuschläge, 1029
Ferienwohnungen, 449, 851
Feststellungsverfahren, 235
Finanzberater, 668
Finanzierungsschätze, 733
flat gehandelte Anleihen, 737, 743 f.
Floater, 737
Folgeobjekt
— Abzugsbetrag nach § 10e EStG, 867
— Abzugszeitraum bei § 10e EStG, 866
— Grundförderung § 10e EStG, 854

Fördergebietsgesetz, 934
Förderung des Wohneigentums, 838
— Übergangsregelung, 839
Förderung selbstgenutzten Wohneigentums, 838
— abzugsberechtigte Personen, 851
— Abzugsbetrag, 857
— Abzugszeitraum, 859
— Aufteilungsmaßstab bei gemischter Nutzung, 850
— Aufwendungen vor erstmaliger Selbstnutzung, 871
— Ausbauten, 860
— Ausschlußfälle (Vorkosten), 873
— Bauherr, 851
— begünstigte Objekte, 848
— Bemessungsgrundlage, 854
— besondere Anlagen, 855
— Carport, 860
— Ehegatten, 854
— eigene Wohnzwecke, 850
— Einkommensgrenze, 853
— Erweiterung Objektzahl für Beitrittsgebiet, 865
— Erwerber, 851
— Fahrtkosten, 872
— Ferien- und Wochenendwohnung, 851
— Garage, 856, 860
— Geldbeschaffungskosten, 873
— — Abschlußgebühr Bausparvertrag, 874
— — Auffüllungskredit, 875
— — Bausparzinsen, 874
— — Damnum, 874
— — dauernde Last, 878
— — Erbauzinsen, 875
— — Erbbaurecht, 875
— — Erhaltungsaufwand, 876
— — Erwerb einer vermieteten Wohnung, 877
— — Erwerb Wohnung durch Mieter, 877
— — Gebäudeversicherung, 876
— — Grundsteuer, 876
— — Rente, 878
— — Vorfinanzierung, 875
— — Zwischenkredit, 875
— gemischte Nutzung, 850
— gesonderte Feststellung, 882
— häusliches Arbeitszimmer, 856
— Mietwohngrundstück, 840
— Miteigentumsanteil, 856, 864, 868
— Nachholung nicht ausgenutzter Abzugsbeträge, 859
— Nutzungsberechtigte, 853
— — Wohnungserwerb gegen Verzicht auf Aufwendungsersatz, 853
— Objektverbrauch, 861
— räumlicher Zusammenhang bei Objekten von Ehegatten, 861
— Rückbeziehung nachträglicher Anschaffungs- oder Herstellungskosten, 860
— Schuldzinsen, 873 f.
— Schwarzbauten, 851
— städtebauliche Entwicklungsbereiche, § 10f EStG, 883
— teilentgeltlicher Erwerb, 855
— unentgeltliche Überlassung, 849
— vergebliche Aufwendungen, 876
— Vorkosten
— — Ausbauten, Erweiterungen, 877
— — Nutzungsberechtigte, 878
— Vorrang der Betriebsausgaben/Werbungskosten, 870
— Wintergarten, 860
— Wochenendwohnung, 851
— Wohnrecht, 857
— Zuschüsse, 857
Fortbildung
— Begriff, 204
— Kosten, 698
freiberufliche Tätigkeit, 665
Freibetrag
— Abfindung weichender Erben, 436
— Betriebsaufgabe, 580
— Betriebsveräußerung, 580, 583
— für Hausgehilfin, 298
— für Heimbewohner, 301
— Hausgehilfin, 298
— Haushaltshilfe, 298
— Hauswirtschaftliche Arbeit, 299
— Kinderpflegerin, 299
— Land- und Forstwirtschaft, 26, 432
— Schuldentilgung, 437
— Veräußerung
— — einbringungsgeborener Anteile, 603
— — Mitunternehmeranteil, 585
— — wesentliche Beteiligung, 656
— weichende Erben, 436
Freilassungsmethode, 1074
Freistellungsauftrag, Zinsabschlag
— Muster, 1159
Freistellungsmethode, 1074, 1089
freiwillig begründete Rechtspflicht, 973
Fremdenverkehr, 1088
Führerschein, 691
Futures, 728

Gartenanlagen, 788
Gästehäuser, 53
GbR, 463
Gebäude-AfA, 393
— außergewöhnliche technische AfA, 408
— Beginn der Nutzungsdauer, 399
— Bemessungsgrundlage, 403
— degressive, 402
— Einlage, 403
— Entnahme, 404
— erhöhte AfA, gemeinsame Vorschriften § 7a EStG, 410
— Folgen unterlassener AfA, 404
— Gebäudebegriff, 393
— Herstellung eines neuen Wirtschaftsguts, 407

— Ladeneinbauten, 394
— nachträgliche Anschaffungs- und Herstellungskosten, 405
— Sonderabschreibungen, gemeinsame Vorschriften (§ 7a EStG), 410
— typisierte, 395
— unentgeltlicher Erwerb, 403
— Wechsel der AfA-Methode, 397
Gebrauchsüberlassung, 751
— zeitliche Befristung, 751
Geburt, 16
Geburtsbeihilfen, 1029
Geldbeschaffungskosten, 775
Geldbußen, 62 f., 65
Geldstrafen, 62, 79
Gelegenheitsgeschenke, 685
Gemischte Aufwendungen, 69
gemischte Pkw-Nutzung, 73
gemischte Tätigkeiten, 671
— nicht trennbare, 672
— trennbare, 672
Genußrechte, 705
— Beteiligung am Liquidationserlös, 1051
Genußscheine, 705
Gerichtsreferendar
— Fortbildungskosten, 699
Geringwertige Wirtschaftsgüter, 357
Gesamtbetrag der Einkünfte, 115
— Ermittlung, 25
Gesamtgut, 143
Gesamtrechtsnachfolger, 756
Geschäftsbeziehungen mit nahestehenden Personen
— grenzüberschreitende, 1102
Geschäftsstelle, 1041
Geschenke
— an Arbeitnehmer, 50
— betriebliche, 50
— Geschenkgrenze, 49
— nichtabziehbare BA, 49
Gesellschaft bürgerlichen Rechts, 463
Gesellschafter von Personengesellschaften, 452
Gesellschaftliche Veranstaltungen, 73
Gesellschaftsverhältnis, 139, 452, 480
Gesetzgebungskompetenz, 1
Gesicherte Rechtsposition, 928
gesonderte Feststellung
— verbleibender Verlustabzug, 235
— verrechenbarer Verlust, 505
getrennte Veranlagung, 107, 120
— außergewöhnliche Belastungen, 121
— Gesamtbetrag der Einkünfte, 120
— Kinderbetreuungskosten, 122
— Sonderausgaben, 120
— Übertragung Pauschbetrag nach § 33b Abs. 5 EStG, 122
— Vorsorgepauschale, 121
Gewerbebetrieb
— Abgrenzung gegenüber
— — Vermietung und Verpachtung, 448

— Beginn, 451
— Ende, 451
— Grundstückshandel, 443
— Mitunternehmer, 452
— Pächter, 590
— Verpächter, 590
— Wirtschaftsjahr, 97
Gewerbetreibender s. Gewerbebetrieb
— Wirtschaftsjahr, 99
gewerbliche Einkünfte, 157
gewerbliche Tierhaltung
— Verluste, 25, 511
gewerbliche Urheberrechte, 755
gewerblicher Grundstückshandel, 443
— Beteiligung an Grundstücksgemeinschaften, 447
— Drei-Objekt-Grenze, 444
— Ehegatten, 447
gewillkürtes Betriebsvermögen, 348
Gewinn
— anteil, 466
— aus Land- und Forstwirtschaft, 432
— beteiligung, 483
— einkünfte, 23
— verteilung, 488
— zeitliche Zuordnung, 104
Gewinnanteile, 705, 1049
— partiarisches Darlehn, 717
Gewinnausschüttungen von KapGes, 1049
— Komplementär-GmbH, 491
— verdeckte, 489, 1050
Gewinneinkünfte, 23
Gewinnermittlung, 23
— Bestandsvergleich, 23, 345
— direkte Methode, 1046
— Einnahme-Überschuß-Rechnung (§ 4 Abs. 3 EStG), 23, 431
— indirekte Methode, 1046
— Land und Forstwirtschaft, 431
— steuerliche, 346
— Unterschiede zwischen Bestandsvergleich und § 4 Abs. 3 EStG, 348
Gewinnermittlungsarten, 345
— Wechsel, 346
Gewinnerzielungsabsicht, 21
Gewinnobligationen, 707, 729, 991, 1050
Gewinnschätzung, 347
Gewinnverteilung
— GmbH & Co. KG, 488
— Personengesellschaft, 470
Gleitzinsanleihen, 736, 743 f.
GmbH
— Anteile, 705
GmbH & Co. KG, 484
Grab
— Erstanlage, § 33 EStG, 265
Gratifikation, 684
Grundstücksaufbauten durch Mieter, 762
grundstücksgleiche Rechte, 753
Grundstücksveräußerung, 993

Günstigerprüfung, 337
Gütergemeinschaft, 143
Güterstände, 142
Güterzufluß, 34
Guthabenzinsen, 1039
Guthabenzinsen aus Bausparverträgen, 731, 766

Haftpflichtversicherung, 185
Haftung
— Kommanditist, 494
Haftungsminderung (§ 15a EStG), 504 f.
Handelsvertreter
— Ausgleichszahlung, 1015
Hausgehilfin, 298
Haushaltsersparnis, 264
Haushaltsfreibetrag, 342
Haushaltshilfe, 298
Hausratversicherung, 185
Heimbewohner-Freibetrag, 301
Heimcomputer
— Spielcomputer, 695
— Werbungskosten, 695
Heiratsbeihilfe, 689, 1029
Heizungs- und Warmwasseranlagen, 809
Heizungskosten bei Selbstnutzung, 771
Herabsetzung einer Rente, 984
Herstellung
— nach Anschaffung (Vorauszahlungsminderung), 1125
Herstellungsaufwand, 780
Herstellungskosten, 375, 774
— Gebäude, 792
— Grundförderung § 10e EStG, 854
— Rückbeziehung nachträglicher, § 10e EStG, 860
Hinterbliebene
— Freibetrag, 308
Hinterziehungszinsen, 65
Höchstbetrag außergewöhnliche Belastung nach § 33a Abs. 1, 312ff.
— Aufteilung des Höchstbetrags, 281
Höchstbetrag für Vorsorgeaufwendungen, 197
— Kürzung des Vorwegabzugsbetrags, 198
— Vorwegabzugsbetrag, 197
— Zusammenveranlagung, 197
Hypotheken
— Tilgungsbeträge, 725
— Zinsbeträge, 725

Identität des angeschafften und veräußerten Wirtschaftsgutes (§ 23 EStG), 995
Indexanleihen, 728, 735
Ingenieur, 668
Inland, 830
— Aufenthalt, 14
— Wohnsitz, 10
inländische Einkünfte, 1039
— Gewerbetrieb, 1040
— Kapitalvermögen, 1049
— Land- und Forstwirtschaft, 1039

— nichtselbständige Arbeit, 1049
— selbständige Arbeit, 1047
— sonstige Einkünfte, 1053
— Vermietung und Verpachtung, 1052
inländischer ständiger Vertreter, 1040, 1042
Innehaben einer Wohnung, 11
Instandhaltung durch den Mieter, 762
Internat, 673
Internationales Steuerrecht, 1037
Investmentfonds
— nicht registrierte, 716

Jobticket, 1035
Jubiläumsgeschenke, 689, 1029

Kanalbenutzungsgebühren, 778
Kapital (gezeichnetes), 705
Kapitalabfindung (gesetzliche Rentenversicherung), 1028
Kapitaleinkünfte
— Anleihen (Teilschuldverschreibungen), 729
— anrechenbare Körperschaftsteuer, 713
— außerrechnungsmäßige und rechnungsmäßige Zinsen bei Versicherungen, 725
— Bausparzinsen, 731
— besondere Entgelte oder Vorteile (§ 20 Abs. 2 Nr. 1 EStG), 737
— Bezugsrechte, 710
— Diskonterträge (§ 20 Abs. 1 Nr. 8 EStG), 734
— Dividenden, 704
— Ehegatten, 748
— Einnahmen aus stillen Beteiligungen, 717
— Gewinnanteile, 703
— Gewinnobligationen, 730
— Kapitalrückzahlungen, 712
— Obligationen, 732
— Optionsanleihen, 730
— Pfandbriefe, 730
— Prozeßzinsen, 734
— Schatzanweisungen, 732
— Schuldzinsen, 745
— Sparbriefe, 731
— Sparer-Freibetrag, 748
— Stundungszinsen, 733
— Veräußerung
— — Aktien, 738
— — Dividendenscheine oder Zinsscheine (§ 20 Abs. 2 Nr. 2 EStG), 738
— — festverzinslicher Wertpapiere, 741
— Verzugszinsen, 733
— vorweggenommene Werbungskosten, 746
— Wandelschuldverschreibungen, 730
— Werbungskosten, 745
— Zinsen
— — Grundschulden, 725
— — Hypotheken, 725
— — Schuldscheindarlehn, 733
— — sonstige Kapitalforderungen (§ 20 Abs. 1 Nr. 7), 729
— Zufluß, 707

— Zurechnung der Einkünfte, 748
Kapitalerträge, 703
— inländische, 1077
Kapitalertragsteuer, 1132
— Abstandnahme, 1137
— Abzug, 1133
— Alleingesellschafter, 1133
— Anmeldung, 1135
— Aufhebung eines Ausschüttungsbeschlusses, 1133
— Auszahlung von Dividenden, 1133
— beschränkt Steuerpflichtige, 1051, 1057
— besondere Entgelte, 1132
— Entstehung, 1133
— Fehlen eines Auszahlungszeitpunkts, 1133
— Gewinnobligationen, 730
— Lebensversicherungen, 1132
— partiarische Darlehn, 1132
— stille Gesellschaft, 1132
— Unterbeteiligung, 724
— Wandelschuldverschreibungen, 730
Kapitalforderungen (sonstige), 731
— Anleihen, 731
— gegenüber Kreditinstituten, 729
— vorzeitige Einlösung, 729
— Zwischenveräußerung, 729
Kapitalgesellschaft, 704
— Veräußerung bei wesentl. Beteiligung, 631
Kapitalherabsetzung, 657, 713
Kapitalkonto
— Begriff (§ 13a EStG), 494
Kapitalrückzahlungen, 703, 712
Kapitalüberlassung, 703
Kapitalvermögen, 19
— Einkünfte, 702
Kapitalversicherungen mit Sparanteil, 187
Kapitalwert einer Rente, 971
Kassenobligationen, 732
Katalogberufe, 664, 667
Kaufpreisforderung
— aus Betriebsveräußerung, 544
— Privatvermögen, 963
Kaufpreisraten
— Betriebsveräußerung, 963
— Veräußerung privater Wirtschaftsgüter, 971
Kaufpreisstundung, 522
Kausalität, 37
Kausalzusammenhang, 36
Kausalzusammenhang zwischen Einnahmenausfall und Entschädigung, 1011
Kfz-Sachverständiger, 668
Kinder, Kindschaftsverhältnis s. auch Kinderfreibetrag
— Adoptivkinder, 326
— Aufteilung Pauschbetrag für Körperbehinderte, 307
— Ausbildungsfreibetrag, 289
— Berücksichtigung, 309
— Betreuungskosten, 309 f.
— Haushaltszugehörigkeit, 310
— Hilfen im Haushalt, 299
— Pflegekinder, 327
— Übertragung eines Pauschbetrags bei körperbehinderten Kindern, 306
— Unterhaltsaufwendungen, 272
Kinderbetreuungskosten, 237, 309
— Begriff, 310
— bei Alleinstehenden, 310
— bei Ehegatten, 312
— Berücksichtigungsgründe, 311
— Halbteilungsgrundsatz, 314
— Haushaltszugehörigkeit, 310
— Höchstbetrag, 313
— Pauschbetrag, 315
— Umfang der Vergünstigung, 313
— unbeschränkte Stpfl. des Kindes, 310, 313
— zeitanteilige Ermäßigung des Höchstbetrags, 314
— zumutbare Belastung, 314
— Zusammenwirken mit § 33 EStG, 315
Kinderfreibetrag, 322
— Anspruch des Stpfl. als Voraussetzung für Ausbildungsfreibetrag, 289
— Berücksichtigung von Auslandskindern, 337
— Gewährung, 290
— Übertragung, 336
Kindergeld, 324
— andere anzurechnende Leistungen, 324
— Auszahlung, 325
— Befreiung für kleine Betriebe, 325
— Begriff des Kindes, 325
— Berücksichtigung von Kindern, 325
— Gemeinsame Regelungen, 322
— Höhe des, 324
— mehrere Berechtigte, 324
— Wohnsitz des Kindes, 324
— Zahlungszeitraum, 324
Kindergeld, Steuerfreiheit, 1032
Kinderheim, 670
Kirchensteuer, 176, 200
— Begriff, 200
— erhebungsberechtigte Körperschaft, 200
— Erstattung, 201
— Umgang des Abzugs, 200
— Zahlung durch Rechtsnachfolger, 201
Kirchgeld, 200
Klinik, 673
Kombizinsanleihen, 736, 743 f., 1150
Kommanditgesellschaft (KG), 462, 485
Kommanditgesellschaft auf Aktien, 492
— Kommanditaktionäre, 492
Kommanditist, 455, 462
— Verluste bei beschränkter Haftung (§ 15a EStG), 493
Komplementär, 462, 493
— GmbH, 489
Konkursausfallgeld, 1028
Kontokorrentzinsen als BA, 76, 362
— Entnahmefinanzierung, 77

— Ersetzung von Eigen- durch Fremdkapital, 76
— Umschuldung, 76
— Verhältnismethode, 76
— Zinsstaffelmethode, 76
— Zweikontenmodell, 76
Körperbehinderte, 300, 302
Körperschaftsteuer
— anrechenbare, 713
— Anrechnung, 1151
— Anrechnung bei beschränkter Steuerpflicht, 1154
— Vergütung, 1158
Körperschaftsteuer-Anrechnung, 713, 1151, 1157
— Ausschluß der Anrechnung, 1157
— bei Gewinneinkünften, 1153
— beschränkte Steuerpflicht, 1154
— erweitert beschränkt Steuerpflichtige, 1038, 1155
— Höhe, 1152
— persönliche Berechtigung, 1154
— Steuerbescheinigung, 1156
— Vergütung, 1156
— Voraussetzungen, 1154
— Zufluß, 1152
Kosten der Berufsausbildung, 242
Kostenmiete, 772
Kostkinder, 329
Krankenhauskosten, 261
Krankenhaustagegeldversicherung, 183, 243
Krankentagegeldversicherung, 180, 183, 1027
Krankenversicherung, 183
Krankheitskosten, 68, 240, 253, 261
— vorbeugende Maßnahmen, 262
Kreditberater, 668
Kumulationsverbot, 822
Kumulierung, 813
Künstlerische Tätigkeit, 664
Kurkosten, 263
Kursdifferenzpapiere, 1146
Kursgarantie, 737
Kurssteigerung, 730
Kurzarbeitergeld, 689, 1028

Land- und Forstwirtschaft, 415
— Abgrenzung zum Gewerbebetrieb, 415
— Abgrenzung zur Liebhaberei, 426
— Altenteilsleistungen, 429
— Be- und Verarbeitungsbetrieb, 421
— Begriff, 415
— Betriebsarten, 417
— Betriebsaufgabe, 434
— Betriebsveräußerung, 434
— Betriebsvermögensvergleich, 430
— Binnenfischerei, 420
— Einkünfte, 1039
— Einnahme-Überschuß-Rechnung, 431
— Freibetrag § 13 Abs. 3 EStG, 435
— Freibetrag § 13 Abs. 3 EStO, 26
— gemeinschaftliche Tierhaltung, 420

— gewerbliche Tierhaltung, 418
— Gewinnermittlung, 430 f.
— Gewinnschätzung, 432
— Hofübergabe, 429
— Jagd, 420
— Liebhaberei, 426
— Mitunternehmerschaft, 428
— Nebenbetrieb, 421
— Nutzungswert der Wohnung, 422, 425
— Substanzbetriebe, 422
— Tierzucht, Tierhaltung, 417
— Übergangsregelungen zur Nutzungswertbesteuerung, 423
— Veräußerungsfreibetrag, 435
— Veräußerungsgewinn, 434
— Verlustabzug, 433
— Verlustausgleich, 433
— Verpachtung, 428
— Zukauf fremder Erzeugnisse, 415
Last, dauernde, 949
s. auch Renten, wiederkehrende Bezüge
Lebensführungskosten, 67, 175
— Abzugsverbot, 67
— Aufteilungsverbot, 70
— Ausnahmen vom Aufteilungsverbot, 71
— Geldstrafen, 79
— gemischte Aufwendungen, 69
— Personensteuern, 77
— Spenden, 77
— Verfahrenskosten, 79
— Zuwendungen, 77
Lebensgemeinschaft, nichteheliche
— Verträge, 131
Lebensversicherung, 186
— Abzugsverbot, 191
— Ausnahme vom Abzugsverbot, 192
— Beitragsdauer, 188
— Direktversicherung, 195
— fondsgebundene, 189
— Risikolebensversicherung, 186
— Rückdatierung, 188
— Umschuldung, 194
— verwendete Ansprüche, 194
— Vorschaltdarlehen, 194
— Zuzahlung zur Abkürzung der Vertragsdauer, 188
leibliche Kinder, 326
Leibrente, 940
s. auch Renten
— abgekürzte, 983
— Betriebsveräußerung, 524, 952, 966
— Erhöhung, 983
— Herabsetzung, 984
— Veräußerung einer wesentlichen Beteiligung, 649
— verlängerte, 983
Leistungen aus Versicherungen, 1027
— gesetzliche Krankenversicherung, 1027
— gesetzliche Rentenversicherung, 1028
— gesetzliche Unfallversicherung, 1027

— private Krankenversicherung, 1027
Leistungen Dritter
— Einnahmen aus VuV, 766
Leistungen nach dem AFG, 1028
Leistungen, Einkünfte aus § 22 Nr. 3 EStG, 1007
Leistungs-AfA, 382
Leitung, 669
Liebhaberei, 21 f.
Liquidation
— Gewerbebetrieb, 514
— Kapitalgesellschaft, 657
Lizenzeinnahmen, 756, 1053
Lizenzvertrag, 756
Lohnersatzleistungen, Steuerfreiheit
— Progressionsvorbehalt, 1028
Lohnsteuer, 1112, 1127
Lohnsteuerabzug, 1112
Lohnsteuerkarte
— Eintragung eines Freibetrags, 1115
Lohnzahlungszeitraum, 689
Lotterieeinnehmer, 679
Luftfahrtunternehmen, 1055

Mängelbeseitigungskosten
— an unfertigen Gebäuden, 786
Marktrendite, 729, 742
Mehrere Dienstverhältnisse, 1114
Mehrfachwohnsitz, 1037
Mehrfamilienhäuser, 829
Miet- bzw. Pachtzinsforderung, Abtretung, 757
— künftige, 757
Miet- und Pachtvertrag
— Ehegatten, 140
Mietervorschüsse, 759
Mieterzuschüsse, 763
— verlorene, 764 f.
Mietverhältnis
— Beendigung, 762
Mietvorauszahlung, 763
Mindeststeuer, 1063
Mindeststeuersatz
— beschränkte Steuerpflicht, 1101
Mineralgewinnungsrechte, 753
Miteigentum, 864, 868, 884
— AfA, 892
— Einnahmen, 891
— Grundstücke; § 21 EStG, 891
— Werbungskosten, 892
Miteigentümer, 881, 892
Miterben
— Ausscheiden, 806
— mittelbare Beteiligung an Personengesellschaften, 457
Mitgliedsbeiträge
— an Sportvereine, 73
Mitunternehmer, 452, 1078
— Beteiligung am Verlust, 455
— Beteiligung am Vermögen, 455
— Initiative, 452, 456

— Risiko, 452, 454
Mitunternehmeranteil
— Betriebsaufgabe, 527
— Einbringung in eine Kapitalgesellschaft, 596
— Einbringung in eine Personengesellschaft, 605
— im Betriebsvermögen, 529
— Sonderbetriebsvermögen, 528
— Veräußerung, 527, 959, 964
— Veräußerungszeitpunkt, 529
— Verfahrensfragen, 587
Mitunternehmerschaft, 452, 588, 1043
— Änderung der Gewinnverteilung, 472
— atypisch stille Gesellschaft, 463
— bei Eintrittsklausel, 570
— bei Fortsetzungsklausel, 567
— bei Nachfolgeklausel, 568, 570 f.
— Familiengesellschaften, 479
— GbR, 463
— Gesellschaftsverhältnis, 452
— Gewerbliche Einkünfte, 464
— Gewinnverteilung, 470
— GmbH & Co. KG, 485
— KG, 462
— Liquidation im Erbfall, 571
— OHG, 462
— Personengesellschaft, 460
— stille Gesellschaft, 463
— Unterbeteiligung, 453, 456, 464
— verdeckte, 454
— vergleichbares Gemeinschaftsverhältnis, 453
— Vermittlung durch Personengesellschaft, 460
Monatsprinzip, 323
Montagen, 1042
Mutterschaftsgeld, 1028

Nachfolgeklausel, 568, 570
Nachforderungszinsen, 78
Nachholung, 868
— AfA, 356
— Instandsetzungsarbeiten, 785
— unterbliebener AfA, 798
Nachtarbeitszuschlag, 1035
Nachträgliche Anschaffungskosten, 375, 652
— degressive AfA, 376
— lineare AfA, 376
Nachträgliche Einkünfte, 36, 1010, 1049
— aus Gewerbebetrieb, 527
— der Erben, 675
— freiberufliche, 675
— nach Betriebsveräußerung, 527, 542
Nachträgliche Herstellungskosten, 375
— Abgrenzung zum Erhaltungsaufwand, 376
— Abgrenzung zur Herstellung eines neuen Wirtschaftsguts, 377
— degressive AfA, 376
— lineare AfA, 376
Nachträgliche Verluste, 1017
Nachträgliche Werbungskosten, 41, 746

Nachversteuerung, 196
— Verluste, 507
— Versicherungsbeiträge, 196
Nachweis
— Körperbehinderung, 304
Nahestehende Person, 1103
Nämlichkeit der Wohnung
— Übergangsregelung zur Nutzungswertbesteuerung, 839
Nasciturus, 16
Naturalleistungen, 941, 949
Naturalrabatt, 46
Nebenberuflichkeit, 1033
Nebentätigkeit, unselbständige, 45, 683
negative Einkünfte aus § 21 EStG
— Gebäude, Vorauszahlungsminderung, 1123
— Objektbezogenheit, 1123
negativer Progressionsvorbehalt, 1085
negatives Kapitalkonto, 495, 509
— aufgrund verrechenbarer Verluste, 510
— Auflösung der Gesellschaft, 510
— bei Ausscheiden eines Kommanditisten, 509
— bei unentgeltlicher Übertragung, 511
— bei Veräußerung von Mitunternehmeranteilen, 510
— Veräußerung Kommanditanteil, 530
Nicht unbeschränkt stpfl. Kinder
— Ausbildungsfreibetrag, 293
— Kinderbetreuungskosten, 313
— Kinderfreibetrag, 313
— Unterhaltsleistungen, 285
Nichtabziehbare Betriebsausgaben, 49
Nießbrauch
— Ablösung, 926
— AfA für Eigentümer nach Erlöschen des Nießbrauchs, 924
— Anerkennung, 916
— Arten, 914
— Begriff, 911
— Bestellung zugunsten Angehöriger, 916
— Bruchteilsnießbrauch, 922
— Bruttonießbrauch, 923
— fehlgeschlagener, 932
— Grundvermögen, 911
— Kapitalvermögen, 749 f.
— Quotennießbrauch, 922
— Vermächtnisnießbrauch, 922
— Vorbehaltsnießbrauch, 914
— Werbungskosten, 914, 923
— zivilrechtlich, 913
— Zurechnung von Einkünften, 915
— Zuwendungsnießbrauch, 916
Nießbraucher
— Einkünfte, 915
— Rückvermietung, 916
— Vermietung, 920
— Werbungskosten, 917
Nießbrauchseinräumung, 794
notarielle Beurkundung
— stille Beteiligung, 721

Nullkupon-Anleihen, 735, 742, 1149
Nullzone des Tarifs, 149 f., 1085
Nutzung von Wirtschaftsgütern für betriebliche Zwecke, 362
Nutzungsberechtigte, 853, 932
Nutzungsentschädigung, 753
Nutzungsrechte, 933
— obligatorische, 911, 928
— vorbehaltene, 932
Nutzungsüberlassung, 755
Nutzungsvergütungen, 160, 1010, 1018
Nutzungsvertrag, 762
Nutzungswert der Wohnung, 769, 829
— Ansatz als betriebliche Einkunftsart, 772
— aufwendig gebaute Zweifamilienhäuser, 770
— Besteuerung, 839
— Ermittlung, 770, 838
— für Wohnungen im BV, 772
— Übergangsregelung für Wohnungen im Privatvermögen, 839
Nutzungswertbesteuerung
— Fortsetzung, 843
— unentgeltliche Überlassung, 773
— Verzicht, 843
— Wegfall, 766, 838
— Werbungskosten, 771
— zeitlich unbegrenzte, 828
NV-Bescheinigung, 1142

Obergesellschaft als Mitunternehmerin, 460
Objektbeschränkung, 883
Objektverbrauch
— bei Miteigentum, 865
— Ehegatten § 10e EStG, 862
— Grundförderung § 10e EStG, 861
Obligatorische Nutzungsrechte, 928, 932
— AfA-Berechtigung, 930
— gesicherte Rechtsposition, 928
— unentgeltliche Überlassung, 928
— verbilligte Überlassung, 931
— zugunsten Minderjähriger, 916
offene Handelsgesellschaft (OHG), 462
Öffentliche Zuschüsse, 45
Optionsanleihen, 730, 1149
Optionsgeschäft, 999
Optionsscheine, 736
Ort
— der Ausübung einer Tätigkeit, 1048, 1079, 1094
— der Belegenheit, 1052, 1078
— der Betriebstätte, 1078
— der öffentlichen Kasse, 1080
Ortsübliche Miete, 770

Pachteinkünfte, 592
Pächter, 590, 751
Pachtvertrag, 624
Pachtzahlungen
— einmalige, 753
— laufende, 753
Pachtzinsforderung

— Abtretung, 752
— künftige, 757
Partiarisches Darlehn, 717
Patente, 1053
Pauschalierung (ESt), 1093, 1099
Pauschalumlagen, 759
Pauschbetrag für Hinterbliebene, 308
Pauschbetrag für Körperbehinderte, 237, 302
— Abgeltung typischer Mehraufwendungen, 305
— Anspruchsberechtigte, 302
— Art der Körperbehinderung, 303
— Aufteilung des Pauschbetrags, 307
— Höhe des Pauschbetrags, 303
— Nachweis der Behinderung, 304
— Übertragung des einem Kind zustehenden Pauschbetrags, 306
— Wahlrecht, 305
Pauschbeträge
— Körperbehinderung, 302
— Pflegebedürftigkeit, 302
— Werbungskosten, 42, 747
Personengesellschaft
— atypische stille Gesellschaft, 463
— aufnehmende, 607
— GbR, 463
— GmbH 484
— KG, 462
— mittelbare Beteiligung, 459
— Mitunternehmerschaft, 452
— OHG, 462
— Realteilung, 545
— Rechtsgeschäfte mit den Gesellschaftern, 472
Personensteuern, 1, 77
Pfandbriefe, 730
Pflege-Pauschbetrag, 308
Pflegekind, 327
Pflegekindschaftsverhältnis, 327
Pflegeversicherung, 184
Pflichtteilsansprüche, 569
Pkw-Unfallkosten, 74
Planungskosten
— vergebliche, 774
Poolabkommen, 1044
Praxisaufgabe, 678
Praxiseinbringung
— Sozietät, 678
Praxisfortführung, 676
Praxisveräußerung, 677
Praxisverpachtung
— durch Berufsträger, 676
— durch Erben, 676
private Renten, 940, 950, 968
— Unterhaltsrenten, 968, 974
— Veräußerungsrente, 968
— Versicherungs- und Unfallrenten, 968, 981
— Versorgungsrenten, 968, 975
private Veranlassung, 63
Private Veräußerungsleibrenten, 968
private Versorgungsleistungen, 981
Privatentnahme, 23

Privatschulen
— 30 % des Schulgelds als Sonderausgaben, 208
Privatvermögen
— Überführung von Wirtschaftsgütern in das -, im Rahmen einer Betriebsveräußerung, 525
— Zugehörigkeit veräußerter Anteile, 634
Produktionsbetriebe, 1092
— Produktionsstätte, 1041, 1092
Progressionsvorbehalt, 156, 1028, 1082
— DBA, 1083
— negativer, 1085
Proportionalzone
— obere, 150
Prozeßkosten
— außergewöhnliche Belastung, 268
— Werbungskosten, 779
Prozeßzinsen, 734

Quellenbesteuerung, 1037
Quellenstaat, 1037, 1077, 1080, 1095
Quellensteuer, 1080

range warrants, 736, 744
Raten, 938, 949 f.
Räume, Begriff, 833
Raumkosten, 697
Realsplitting
— begrenztes, 987
Realsteuer, 1
Realteilung
— Erbengemeinschaft, 551
— Personengesellschaft, 545
Rechtsanwalt, 670
Rechtsentwicklung, 3
Rechtsgeschäfte
— der Personengesellschaft mit ihren Gesellschaftern, 472
Rechtsgrundlagen, 2
Rechtsposition, gesicherte, 928
Register
— inländisches, 1052
Reisekosten, 1029
Reisekosten- und Umzugsvergütungen, 1029
Renten
— Abänderungsklauseln, 943
— Abgrenzung von Raten, 949
— betriebliche, 950
— Betriebsausgabenabzug, 956
— Dauer, 946
— Einteilung, 951
— Erhöhung, 971, 983
— Ertragsanteil, 938, 982
— Gegenwartswert, 972
— Geldleistungen, 939, 941
— gleichmäßige Leistungen, 942
— Herabsetzung, 984
— Höchstlaufzeit, 946
— Kapitalwert, 953, 969
— Laufzeit, 946
— mehrere Berechtigte, 986

— private, 950, 968
— regelmäßige Leistungen, 942
— Rentenversprechen, 946
— Selbständigkeit des Stammrechts, 945
— Sonderausgaben, 938
— Sozialversicherungsrenten, 986
— Stammrecht, 945
— Werbungskosten, 938
— Wertsicherungsklauseln, 944
Renten aus Rentenschulden, 724 f.
Rentenbarwert, 952, 956, 967
— Anschaffungskosten, 968
Rentenberechtigter, 951, 965
Rentensplitting, 1020
Rentenverpflichtung, 956, 965
Rentenversicherungen
— gegen Einmalbeitrag, 196
Repräsentationsaufwendungen, 72
Restwert-AfA
— nach Ablauf des Begünstigungszeitraums (§ 7b EStG), 807
Risikolebensversicherung, 186
Risikoversicherung, 726
Rückdeckungsversicherung, 136
Rückflüsse von
— Ausgaben, 93
— Einnahmen, 92
Rückgängigmachung
— verdeckter Gewinnausschüttungen, 709
Rückkauf des Versicherungsvertrags, 725
Rückkaufsrecht
— Vereinbarung eines, 754
Rückzahlung
— Arbeitslohn, 1023
— Betriebseinnahmen, 93
— Dividende, 709
— Kapitalrückzahlungen, 712
ruhender Betrieb, 515, 591
Rumpfwirtschaftsjahr, 97

Sachbezüge, 686
— Abgabeort, 686
— Arbeitnehmer, 33
— Bewertung, 686
— Rabattfreibetrag, 686 f.
Sachbezugsverordnung, 33
Sachdividende, 707
Sachentnahmen (§ 4 Abs. 3 EStG), 351
Sachgründung
— verschleierte, 598
Sachinbegriff
— Vermietung und Verpachtung, 755, 1052
Sachzuwendungen, 45
Saldierungsverbot bei der Anrechnung ausländischer Steuern, 1097
Sanatorium, 673
Sanierungsgebiete, 883
— erhöhte AfA, § 7h EStG, 827
— Verteilung Erhaltungsaufwand, 828
Sanierungsgewinne, 1035

Schaden(sersatz)
— außergewöhnliche Belastung, 269
— durch Mieter, 760
— Entschädigungen, § 24 Nr. 1a EStG, 1014
— Leistungen, 35, 269, 1014
Schadenseintritt, 1012
Schadensrenten
— betriebliche, 966
Schatzbriefe, 732
Schenkung
— Betriebsgrundstück unter Nießbrauchsvorbehalt, 925
— Gewerbebetrieb, 514, 573
— keine Anschaffung (§ 23 EStG), 992
Schenkungsverträge
— Ehegatten, 141
Schiffahrtsunternehmen, 1055
Schlechtwettergeld, 1028
Schmerzensgeld, 1014
Schönheitsreparaturen, 771
Schriftsteller, 1057 f.
schriftstellerische Tätigkeit, 666
Schuldscheindarlehen, 733
Schuldverschreibungen, 744
Schuldzinsen, 653, 745
— außergewöhnliche Belastung, 255
— Entnahmefinanzierung, 77
— Erbauseinandersetzung, 563
— nach Betriebsveräußerung, 544
— Vermietung und Verpachtung, 775
— vor Beginn der erstmaligen Selbstnutzung, 873
— vorweggenommene Werbungskosten, 746
— Zweikontenmodell, 76
Schuldzinsenabzug, 878
Schulgeld
— Sonderausgaben, 175 f.
Schulleiter, 669
Schumacker-Urteil, 15
Sechsmonatsfrist, 13, 836
Selbständige Arbeit, 664
Selbstgenutztes Wohneigentum, 838
Selbstnutzung, 769, 831, 872
Sitz im Inland, 1047
Sonderabschreibung, 630, 934
Sonderausgaben, 26, 175
— Abfluß, 182
— Abgrenzung zu außergewöhnlichen Belastungen, 178
— Abgrenzung zu Betriebsausgaben und Werbungskosten, 178, 180, 202
— allgemeine Voraussetzungen, 178
— Aufwendungen, 179
— — für den Besuch von Privatschulen, 208
— — für hauswirtschaftliche Beschäftigungsverhältnisse, 207
— Ausbildungskosten, 203
— beschränkt abziehbare, 176
— beschränkte Steuerpflicht, 1063
— Ehegatten, 118, 120
— Einteilung, 176

— Enumerationsprinzip, 178
— Erstattungen, 180, 201
— gesetzliche Rentenversicherung, 185
— getrennte Veranlagung, 121
— Grundförderung § 10e EStG, 846
— Haftpflichtversicherung, 185
— Höchstbeträge Vorsorgeaufwendungen, 197
— Kirchensteuer, 176, 200
— Krankenversicherung, 183
— Mindesthöhe, 178
— Nachversteuerung
— — Versicherungsbeiträge, 196
— Pauschalabzüge s. Pauschbeträge, 178, 217
— regelmäßig wiederkehrende Ausgaben, 182
— Renten und dauernde Lasten, 176, 182
— Sachleistungen, 179
— Schuldner, 181
— Schuldnerprinzip, 178, 181
— Steuerberatungskosten, 176, 202
— unbeschränkt abziehbare, 176
— unbeschränkte Steuerpflicht, 182
— Unfallversicherung, 184
— Unterhaltsleistungen an geschiedene/dauernd getrennt lebende Ehegatten, 182
— Versicherungen auf den Erlebens- oder Todesfall, 186
— Vorsorgeaufwendungen, 177, 183
— Zinsen zu nichtabziehbaren Steuern, 176, 202
— Zusammenveranlagung, 118
Sonderausgaben-Pauschbetrag, 217
Sonderbetriebsausgaben, 465, 469
Sonderbetriebseinnahmen, 469
Sonderbetriebsvermögen, 474, 572
— Betriebsveräußerung, 530
— Erbauseinandersetzung, 572
— Veräußerung, 530
Sondergut, 143
Sondervergütungen, 466
Sonntagszuschläge, 1035
sonstige Bezüge, 706
sonstige Einkünfte, 937, 1053
Sonstige selbständige Arbeit, 679
sonstige Vorteile, 703
Sparbriefe, 731, 1149
Sparer-Freibetrag, 748
Spekulationsgeschäft, 990, 1053
— Anschaffungskosten, 991, 1000
— Befreiung, 991
— beschränkte Stpfl., 1007
— Fixgeschäfte, 999
— Freigrenze, 1005
— Fristberechnung, 996
— Gewinn, 990
— nachträgliche Herstellungskosten, 1001
— Veräußerungspreis, 1000
— Verhältnis zu anderen Einkünften, 1006
— Verlustausgleichsverbot, 25, 1005
— Wechsel Steuerpflicht, 1007
— Zu- und Abflußprinzip, 1004
Spekulationsgewinne, 1000

Spekulationsfrist, 995
Spenden, 77, 209
— Billigkeitsregelung, 213
— Durchlaufspenden, 213
— Einschränkung für Zuwendungen von Nutzen und Leistungen, 209
— Empfänger, 213
— Freiwilligkeit, 210
— Geldspenden, 213
— Haftung des Ausstellers, 212
— Höchstbeträge, 213
— Nachweis, 215
— Parteispenden, 216
— Rücktrag, 214
— Rückzahlung, 212
— Sachspenden, 210, 213
— Unentgeltlichkeit, 210
— Vertrauenstatbestand, 212
— Verwendung, 211
— Vortrag, 214
— Zuwendung, 209
— Zweckbestimmung, 211
Splitting
— Ehegatten, 151
— Jahr der Auflösung der Ehe, 153
— Verwitwete, 152
Sportschule, 670
städtebauliche Entwicklungsbereiche
— Erhaltungsaufwand, § 11a EStG, 828
— erhöhte AfA, § 7h EStG, 827
Staffelzinsanleihe, 736, 1149
Steinbrüche, 1042
Step-up-Anleihen, 744
Steuer
— -erhebung, 1056
— Veranlagung, 1056
Steuerabzug, 1057, 1127
— Aufsichtsratsteuer, 1057
— Gewinneinkünfte, 1132
— Lohnsteuer, 1127
— Quellensteuer § 50a, 1056
Steuerabzugsverfahren, 1056, 1126
— Aufsichtsratsteuer, 1057
— beschränkt Stpfl., 1056
— Kapitalertragsteuer, 1057
— Lohnsteuer, 1056
— Quellensteuer, 1056
Steueranrechnung, 1081, 1099
— ausländische Steuer, 1095, 1097
— Höchstbetrag, 1096
Steuerbefreiung, 1081
— Arbeitslohn, 1028
Steuerberatungskosten, 175, 202, 779
— Betriebsausgaben, 202
— gemischte Aufwendungen, 203
— Sonderausgaben, 202
— Vereinfachungsregelung, 203
— Werbungskosten, 202
Steuerbescheinigung (KSt), 714
Steuererklärungspflicht, 108

Steuerermäßigungen, 28, 170
— Baukindergeld (§ 34f EStG), 168 f.
— bei Belastung mit Erbschaftsteuer, 172
— Einkünfte aus Land- und Forstwirtschaft, 166
— Parteispenden, 216
Steuerfreie Einnahmen, 1027
Steuergutschrift, 713, 1051
Steuerpflicht
— Arten, 9
— Beginn, 16
— beschränkte, 10, 15, 17, 1038
— Ende, 16
— erweiterte beschränkte, 16, 1104
— erweiterte unbeschränkte, 10, 15
— EU- oder EWR-Bürger, § 1a, 11
— juristische Personen, 9
— natürliche Personen, 9
— persönliche, 9
— sachliche Steuerpflicht, 9
— Staatsbürger eines Drittlandes, § 1 Abs. 3, 11
— unbeschränkte, 10, 17, 182
— Wechsel, 17, 1064
Steuerrecht
— internationales, 1037
Steuersatz, 163, 166, 1084
— ermäßigter, 604
Steuersystem, 1
stille Beteiligung, 717, 720, 722
— DBA, 463
stille Gesellschaft (Beteiligung), 463, 717
— atypische, 719
— Begriff, 717
— Beteiligung an Handelsgewerbe, 718
— Betriebsvermögen, 718
— Einnahmen, 722
— Gewinn- und Verlustbeteiligung, 718
— nahe Angehörige, 720
— Schenkung der Beteiligung, 721
— Werbungskosten, 723
stiller Gesellschafter, 463
Stockdividende, 709
Strafprozeßkosten, 268
Strafverteidigungskosten, 268
stripped bonds, 735, 744
Stückzinsen, 1145
Studienreisen, 75
Studienzimmer, 207
Stundung der Steuer, 1110
Stundungszinsen, 733
Subsidiarität, 680
Subsidiaritätsklausel, 704, 752, 767, 1054, 1153
Substanzausbeute(verträge), 751, 753
— Abgrenzung zur Veräußerung, 754
— Entgelt, 753
— nachhaltiger Abbau, 755
— Nebenpflichten Abnehmer, 754
Substanzerhaltungsanspruch, 626
Substanzschäden, 760
Substanzverlust, 37

Summe der Einkünfte, 24
Systemanalytiker, 668

Tafelgeschäfte, 1139
Tageszeitung, 695
Tantieme, 684
Tarif
— besondere Veranlagung, 126
— Grundtabelle, 150
— Grundtarif, 151
— Nullzone, 150
— Progressionsvorbehalt, 161, 1083
— Proportionalzone, 150
— Splitting, 150
Tarifermäßigung, 159
— Entschädigungen, 160
— Veräußerungsgewinn, 159 f.
Tätigkeit
— erzieherische, 667
— freiberufliche, 664, 671, 679
— gemischte, 671
— im Inland, 1048
— künstlerische, 665
— mehrere, 672, 683
— schriftstellerische, 666
— selbständige, 668, 679
— trennbare, 672
— unterrichtende, 667
— wissenschaftliche, 665
Tätigkeitsentlohnung, 165
Tätigkeitsvergütung, Mitunternehmer, 464, 466
Tausch
— als Anschaffung, 992
Teilauseinandersetzungen, 803
Teilbetrieb, 596
— Aufgabe, 538
— Einbringung in eine Kapitalgesellschaft, 596
— Einbringung in eine Personengesellschaft, 605
— inländische Betriebstätte, 1044
— Veräußerung, 517, 577
Teilbetriebsaufgabe, 538
teilentgeltliche Überlassung
— Wohnung, 931
Teilwert, 599, 607
testamentarische Renten, 943
Tilgungsbeträge, 725
Tilgungsstreckungsdarlehn, 777
Tod
— Ende der Steuerpflicht, 16
— Mitunternehmer, 566
Tonbandgerät, 695
Treuhandfälle, 1139
Trinkgelder, 1029

Übergabeverträge, 945
Übergangsregelung
— Fortsetzung der Überschußermittlung für selbstgenutze Wohnung, 839
— pauschalierte Nutzungswertbesteuerung, 846

Stichwortverzeichnis 1183

Überlassung
— Know-how, 1054
— Recht auf Nutzung, 1053
— zur Nutzung, 1053
Übernahme rückständiger Schuldzinsen, 777
Überschußbeteiligungen von Bausparkassen, 766
Überschußeinkünfte, 22, 24, 32
— Ermittlung, 32
Überschußermittlung, Nutzungswert der Wohnung, 840
Übungsleiter-Freibetrag, 1032
Umbauabschreibung, § 7c EStG, 809
Umkehr-Floater, 1149
Umlagen, 759
— Rückzahlung, 760
Umsatzbeteiligung
— partiarisches Darlehn, 719
Umsatzsteuer (Einnahmen aus Vermietung oder Verpachtung), 759
Umstellung des Heizungssystems, 781
Umwegstrecke
— Werbungskosten, 693
Umzugskosten, 1029
Unbeschränkte Steuerpflicht, 10, 17, 1083
— auf Antrag, 15
— Ehegatten, 108, 111
— Schumacker-Urteil, 15
unentgeltliche Betriebsübertragung, 514, 537
— Wirtschaftsjahr, 98
unentgeltliche Übertragung eines Wirtschaftsgutes, 995
unentgeltliche Wohnungsüberlassung, 773, 836, 884, 928, 930
Unfallkosten
— Betriebsausgaben, 68, 71, 74
— Steuerberatungskosten, 202
— Werbungskosten, 68, 71, 74, 694
Unfallrenten, 966
Unfallversicherung, 184
Unterbeteiligungen, 464, 724
— atypische, 724
— typische, 724
Unterhalt (§ 33a Abs. 1 EStG), 271
— anrechnungsfreie Einkünfte und Bezüge, 281
— Anspruch auf Kinderfreibetrag, 277
— Berechnung des Freibetrags, 279
— Ehegatten, 278
— eigene Einkünfte und Bezüge des Unterhaltsempfängers, 282
— Höhe der Ermäßigung, 281
— Notwendigkeit der Aufwendungen, 276
— typische Aufwendungen, 272
— Unterstützung durch mehrere Personen, 285
— Unterstützung mehrerer Personen (§ 33a Abs. 1 EStG), 283
— zeitanteilige Aufteilung der Höchstbeträge, 286
— Zwangsläufigkeit, 275
Unterhaltsaufwendungen, 254
Unterhaltsleistungen, 987

— an geschiedene oder dauernd getrennt lebende Ehegatten, 182
Unterhaltsrente
— Begriff, 976
Unterhaltszahlungen
— an Ehegatten als Sonderausgaben, 987
— bei besonderer Veranlagung, 278
— dauernd getrennt lebende Ehegatten (§ 33a Abs. 1 EStG), 279
— zusammenlebende Ehegatten (§ 33a Abs. 1 EStG), 279
Unterrichtende Tätigkeit, 667
Untervermietung, 753

Veranlagung, 107
s. auch Ehegattenveranlagung
— Begriff, 107
— beschränkte Steuerpflicht, 1061
— Ehegattenveranlagung, 107, 111, 1114
— — besondere, 155
— — Einzelveranlagung, 151 f., 154
— — getrennte, 151 f.
— — Sonderregelung bei mehreren Ehen, 113
— — Voraussetzungen, 108
— — Wahlrecht, 112
— — Wiederheirat, 114, 154
— — Zusammenveranlagung, 151
— Einzelveranlagung, 107
— Individualbesteuerung, 106
— Verfahren, 1061
— Zeitraum, 94
— Zwangsveranlagung, 1112
Veranlagungszeitraum, 94
Veranlassungsprinzip, 37, 40
Veräußerung von Anteilen an Kapitalgesellschaft bei wesentlicher Beteiligung, 631
— Abgrenzung zur Ausschüttung, 636
— Aktien mit Dividendenscheinen, 738
— Anschaffungskosten, 650
— Anteile ohne Dividendenscheine, 739
— Anwartschaften, 638
— Begriff, 637
— Begriff der wesentlichen Beteiligung, 637
— beschränkte Steuerpflicht, 1046
— Betrieb, 952
— Bezugsrechte, 998
— Dauer, 641
— Dividendenschein ohne Aktien, 738
— eigene Anteile, 641
— einbringungsgeborene Anteile, 603
— Entgeltsformen, 649
— festverzinsl. Wertpapiere ohne Zinsschein, 738
— festverzinsliche Wertpapiere, 741
— Freianteile, 999
— Freibetrag, 655
— Fünfjahresfrist, 641
— Genußrechte, 638
— GmbH-Anteile, 740
— Schuldzinsen, 653
— Teilbetrieb, 951

— Teilentgeltliche Veräußerung, 655
— Verlustberücksichtigung, 657
— Zeitpunkt, 641
Veräußerungserlöse, 33, 35
Veräußerungsfreibetrag, 603
Veräußerungsgewinn, 600, 661, 678, 799, 953 f., 959, 1108
— Betrieb, 520
— Betriebsaufgabe, 159 f.
— Betriebsveräußerung, 159 f.
— Ermittlung, 646
— im Schnittpunkt zweier Kalenderjahre, 521
— Wechsel Steuerpflicht, 1066
— Zeitpunkt der Realisierung, 521
Veräußerungskosten, 653
Veräußerungspreis, 522, 646
Veräußerungsrente
— betriebliche, 951
— private, 968
Veräußerungszeitpunkt, 529
Verausgabung, 80
verbilligte Überlassung einer Wohnung, 931
— Nutzender, 931
verdeckte Einlage
— Anschaffungskosten, 652
— keine Veräußerung i. S. § 17 EStG, 645
verdeckte Gewinnausschüttungen, 625, 711
— andere Ausschüttung, 711
— Vermögensminderung, 711
verdeckte Mitunternehmerschaft, 454, 629
Vereinnahmung, 80
Verfahrenskosten, 79
Vergebliche Aufwendungen, 41, 746
Vergebliche Planungskosten
— als Herstellungskosten, 774
— als Werbungskosten, 774
Vergütung
— Körperschaftsteuer, 1158
Vergütung für Nutzungsüberlassungen, 1007
verhinderte Vermögensmehrung
— verdeckte Gewinnausschüttung, 711
verlängerte Leibrente, 947, 983
Verlust(e), 22, 24
   s. auch Verlustausgleich, Verlustabzug, Verlustrücktrag, Verlustvortrag, Verlustausgleichsverbote
— Altbetriebe, 507
— Anteil, 494
— atypisch stille Gesellschaft, 505
— ausländische, 1086
— ausländische Personengesellschaften, 506
— bei beschränkt haftenden Gesellschaftern, 493
Verlustabzug, 224, 1086, 1092
— beschränkter (§ 15a EStG), 495
— getrennte Veranlagung, 122
— Zusammenveranlagung, 115
Verlustausgleich, 224, 1086, 1092
— Begriff, 494
— Ehegatten, 232
— Erbfall, 233

— getrennte Veranlagung, 232
— horizontaler, 24, 225
— Jahr der Eheschließung, 233
— unechter, 24
— Verbote, 25
— vertikaler, 24
— Zusammenveranlagung, 232
Verlustausgleichsverbote, 25
— ausländische Einkünfte, 1086
— beschränkt haftender Gesellschafter, 25
— bestimmte Kapitalerträge bei beschränkter Steuerpflicht, 25
— gewerbliche Tierhaltung, 25, 511
— Spekulationsgeschäft, 25, 1005
Verlustbeteiligung, 455, 718
Verlustrücktrag, 227, 229
Verlustvortrag, 228
Vermächtnisnießbrauch, 915
— Grundvermögen, 915
— Kapitaleinkünfte, 749
Vermächtnisnießbraucher, 853
Vermächtnisse, 569
Vermeidung der Doppelbesteuerung, 1081, 1093
Vermietung, 751
— bewegliche Wirtschaftsgüter, 755, 1054
— durch Nießbraucher, 917
— Höchstmiete, § 7k EStG, 824
— mit Sozialbindung, § 7k EStG, 823
Vermietung und Verpachtung, 751
— Abgrenzung, 754
— Abtretung Miet-/Pachtzinsforderung, 757
— Arten, 753
— ausländische Verluste, 1087
— Begriff, 751
— beschränkte Steuerpflicht, 1052
— durch Gemeinschaft, 891
— Einnahmen, 759, 1052
— Erbauseinandersetzung, 795
— Erbbauzinsen, 766
— Gesamtrechtsnachfolger, 756
— Gewerbebetrieb, 768
— Grundstücksaufbauten durch Mieter, 762
— Mietvorauszahlungen, 764
— Sachinbegriffe, 755
— Schadenersatzleistungen, 760
— Seeschiffe, 753
— Substanzausbeuteverträge, 753
— Überschußermittlung für Nutzungswert der Wohnung, 839
— Umlagen, 759
— Umsatzsteuer, 779
— unbewegliches Vermögen, 753
— zeitlich begrenzte Rechte, 753, 755
— Zinsen, 766
— Zuschüsse, 763
Vermögensbeteiligung
— Kapitalbeteiligungen, 701
Vermögensbeteiligung, Arbeitnehmer, 701
Vermögenseinlage
— stiller Gesellschafter, 717

Vermögensmehrungen, 20
Vermögensminderung
— außergewöhnliche Belastung, 239
Vermögensübergabe, 978
Vermögensübergeber, 575
Vermögensübertragung, 977
Vermögensübertragungen gegen Rente, 975
Vermögensverluste, 239, 250
Vermögensverwaltung, 443
Verpächter, 590, 753
Verpachtung, 594, 751
Verpachtung einer Betriebstätte, 1078
Verpflichtung, 960
Verschollenheit, 16
Versicherung auf den Erlebensfall, 186
Versicherung auf den Todesfall, 186
Versicherungsrenten, 981
Versicherungsunternehmen, 190
Versorgungsausgleich, 267, 1018
— öffentlich-rechtlicher, 1020
— schuldrechtlicher, 1021
Versorgungsbezüge, 1080
Versorgungsfreibetrag, 699
Versorgungsleistungen, 468, 574, 793, 981
Versorgungsrente
— betriebliche, 961, 976
— private, 968, 975, 981
Versorgungszusagen, 1031
Verteilung
— größerer Erhaltungsaufwand, 783
— Übergangsregelung, 845
Verträge
— von Eltern mit Kindern, 139
— zwischen Ehegatten, 126
— — Angemessenheit des Arbeitslohns, 134
— — Arbeitsverträge, 131
— — Darlehensverträge, 140
— — Gesellschaftsverträge, 139
— — Miet- und Pachtverträge, 140
— — Rückwirkungsverbot, 130
Vertreter
— inländischer, 1043
Vervielfältigungstheorie, 679
Verwalterentgelt, erfolgsabhängiges
— Werbungskosten Kapitalvermögen, 747
Verwaltungshoheit, 1 f.
Verwertung im Inland, 1048, 1053
Verwertung von Rechten, 756
— im eigenen Gewerbebetrieb, 756
Verwiteneneigenschaft, 152
— getrennte Veranlagung, 152
— Wiederaufleben, 153
— Wiederheirat, 153
Verzinsung
— Festgeldkonto, 729
— Kontokorrentkonto, 729
— Sparbriefe, 729
— Sparkonten, 729
Verzugszinsen, 733, 766
Vorauszahlungen

— Anpassung, 1122
— Aufwendungen i. S. § 10e und § 10h EStG, 1123
— bei erhöhter AfA, 1125
— Einkommensteuer, 1122
Vorauszahlungsminderung, 1122
— Mindestgrenze, 1126
— negative Einkünfte aus § 21 EStG, 1123
— Stundung, 1126
Vorbehaltsnießbrauch, 914, 920
— AfA-Berechtigung, 920
— entgeltlicher, 914
— Kapitaleinkünfte, 749
— unentgeltlicher, 914
Vorbehaltsnießbraucher, 853, 915
Vorfälligkeitsentschädigungen, 734
Vorkaufsrecht, 1008
Vorkostenabzug, 876
Vorruhestandsleistungen, 689
Vorschüsse, 45
Vorsorgeaufwendungen, 176, 183, 197
— Höchstbeträge, 197
— zusätzlicher Höchstbetrag (§ 10 Abs. 3 Nr. 3), 197
Vorsorgepauschale, 217 f.
— Ehegatten, 222
— gekürzte, 220, 1115
— Mischfälle, 223
— Zusammenveranlagung, 221
Vorwegabzugsbetrag, 197
— Kürzung, 198
Vorweggenommene Erbfolge, 573, 795
— Abstandszahlungen, 575, 794
— Ausgleichszahlungen an Dritte, 575
— Betriebsvermögen, 573
— Finanzierungskosten, 577
— Gewerbebetrieb, 547
— Gleichstellungsgelder, 794
— Grundförderung § 10e EStG, 852
— Land- und Forstwirtschaft, 429
— Privatvermögen, 795
— Übernahme von Verbindlichkeiten, 576, 794
— Übertragungsverpflichtung, 575
— Versorgungsleistungen, 574
— Vorbehaltsnießbrauch, 575

Wahlkampfkosten, 1010
Wahlrecht
— bei ruhendem Betrieb, 588
— Betriebsveräußerung gegen Leibrente, 959
— Ehegattenveranlagung, 112
— Einbringung
— — in Kapitalgesellschaft, 598
— — in Personengesellschaft, 606
— Steueranrechnung/-abzug, 1096
— Veräußerung von Anlagevermögen gegen Kaufpreisraten, § 4 Abs. 3 EStG, 350
— Wahlkampfkosten, 1010
Wandelanleihen, 991, 1050
Warenlager, 1041

Wechsel der Steuerpflicht, 17, 1064
— Aufteilung des Gewinns, 1066
— Berücksichtigung von Kindern, 1072
— Ehegatten, 1066
— Ermittlungszeitraum, 95, 1065
— Freibeträge, 1068
— Gewinneinkünfte, 1066
— Pauschbeträge, 1068
— Rumpfwirtschaftsjahr, 1066
— Sonderausgaben, 1072
— Überschußeinkünfte, 1067
— Veranlagung, 1065
— Veranlagungszeitraum, 1065
— wesentliche Beteiligung, 1108
Wegfall
— Nutzungswertbesteuerung, 838
Weiterbildung, 205
Welteinkommen, 10
Werbungskosten, 36, 240, 690, 723, 745, 773, 778
— Abfluß, 40
— Abgeordnetenbezüge, 1010
— Abgrenzung von Sonderausgaben, 178, 180, 691
— Abzug bei selbstgenutzter Wohnung, 771
— Arbeitnehmer, 690
— Arbeitsmittel, 691, 695
— Arbeitszimmer, häusliches, 692, 697
— Aufteilungsverbot bei gemischten Aufwendungen, 695
— Aufwendungen, 36
— Aufwendungen, die die Lebensführung berühren, 39
— ausländische Einkünfte, 1097
— Begriff, 36, 690
— Beiträge zu Berufsverbänden, 691 f.
— doppelte Haushaltsführung, 691
— Ersatz durch Arbeitgeber, 695, 699
— Fahrgemeinschaft, 693
— Fahrten zwischen Wohnung und Arbeitsstätte, 691 f.
— Finanzierung, 41
— Fortbildungskosten, 691, 698
— häusliches Arbeitszimmer, 692, 697
— Kausalitätsprinzip, 690
— nachträgliche, 41, 691, 746
— Notwendigkeit, 39
— Pauschbeträge, 42, 692, 701, 747
— Reisekosten, 691
— Reparaturkosten (Pkw), 694
— Schuldzinsen, 1002
— sonstige WK bei § 20 EStG, 747
— typische Berufskleidung, 696
— Üblichkeit, 39
— Umfang private Nutzung, 694
— Umzugskosten, 692
— unbeschränkte Steuerpflicht, 691
— Unfallkosten (Pkw), 694
— Unterbrechung der Einnahmeerzielung, 40
— vergebliche, 41, 691

— Verhältnis zum Betriebsausgaben-Begriff, 40
— Vermietung und Verpachtung, 773, 778
— vorweggenommene, 40, 180, 691
— Willentlichkeit, 39
— Zuordnung zu den Einkunftsarten, 41
— Zusammenhang mit Einnahmen, 37
Wert des Betriebsvermögens, 524, 540
Wertminderung von Anteilen durch Gewinnausschüttungen, 1160
Wertpapiere
— ohne Zinsschein, 742
Wertpapiergeschäfte, 448
Wertsicherungsklauseln, 737, 956, 958, 971
Wertsteigerungen, 34, 702
Wesentliche Beteiligung, s. auch Veräußerung
— Anteile im BV, 640
— Begriff (§ 17 EStG), 637
— eigene Anteile der Kapitalgesellschaft, 641
— unentgeltlicher Erwerb, 643
wesentliche Betriebsgrundlagen
— Begriff, 515
— Betriebsaufspaltung, 616
— Betriebsveräußerung, 517
— Betriebsverpachtung, 589
— unentgeltliche Betriebsübertragung, 573
Wettbewerbsverbot
— Entgelt, § 22 Nr. 3 EStG, 1008
Wiederheirat, 153
— Arbeitnehmerveranlagung, 1116
wiederkehrende Bezüge, 734, 937, 967, 973, 975
s. auch Renten, dauernde Lasten
— Begriff, 939
Wiesbadener Modell, 628
Wirtschaftsgut, 817
Wirtschaftsjahr, 96
— Betriebsaufgabe, 97
— Betriebsaufspaltung, 98
— Betriebseröffnung, 97
— Betriebsveräußerung, 97 f.
— Dauer, 97 f.
— Einvernehmen mit dem FA (Umstellung), 101
— Gewerbetreibende, 99, 104
— Land- und Forstwirt, 97, 103 f.
— Rumpfwirtschaftsjahr, 97
— Umstellung, 97, 100
wissenschaftliche Tätigkeit, 665
Witwenrente, große, 987
Wochenendwohnungen, 851, 887
Wohnrecht, dingliches, 915, 923
— AfA bei entgeltlichem Erwerb eines wohnrechtsbelasteten Gebäudes, 923
Wohnsitz, 11, 13, 1075, 1094
— Ausland, 12, 1037
— Begründung, 11
— DBA, 1073, 1083
— Ehegatten, 11
— Inland, 10, 14
— Wechsel, 1064, 1109
— Wohnsitzprinzip, 1076, 1080
— Wohnsitzstaat, 1037, 1075

Wohnsitzwechsel
— Beitrittsgebiet, 865
— Niedrigsteuergebiet, 1104
Wohnung, Begriff, 11, 769, 811, 833, 887
— Anschaffungs- bzw. Herstellungskosten, 855
— Beibehaltungsabsicht, 12
— Berlin (West), 827
— Fertigstellung, 813
— Innehaben, 11
— Nutzungswert, 769
— selbstgenutztes Einfamilienhaus, 832
— Selbstnutzung, 769
— § 1 EStG, 11
— § 34f EStG, 168
— Überlassung an minderjährige Kinder, 770
Wohnungswechsel, 842
Wohnzwecke, 770, 823

Zeitrente, 950
Zerobonds, 735
Zinsabschlag, 1135
Zinsanteil, Raten, 958
— Renten, 950
Zinseinkünfte
— aus gesicherten Kapitalforderungen (§ 49 Abs. 1 Nr. 5c EStG), 1051
Zinsen, 766
— außerrechnungsmäßige und rechnungsmäßige bei Versicherungen, 725
— auf Lohnforderungen, 735
— aus Mietkautionen, 1142
— aus Sparanteilen, 726
— Aussetzungszinsen, 78
— DBA, 1077, 1081
— Grundschulden, 725
— Hypotheken, 725
— Lebensversicherungen, 1050
— Schuldscheindarlehn, 729, 733
— sonstige Kapitalforderungen, 727
— statutarische auf Geschäftsguthaben, 707
— von Instandhaltungsrücklagen, 1143
Zinsersparnisse aus Arbeitgeberdarlehn, 1032
Zinsstaffelmethode
— Aufteilung Kontokorrentzinsen, 76
Zivilprozeßkosten (§ 33 EStG), 268
Zu versteuerndes Einkommen, 19, 124
— Berechnungsschema, 29
— Übersicht, 27
Zufallserfindungen, 756
Zufluß
— Alleingesellschafter, 708
— Arzthonorare, 354
— Aufrechnung, 86
— Ausnahmeregelung, 89
— Banküberweisung, 83
— beherrschender Gesellschafter, 708
— der Einnahmen, 722
— Forderungsabtretung, 85
— Gesamtgläubigerschaft, 708

— Gutschrift in Büchern, 85
— Illiquidität des Schuldners, 709
— Novation, 86, 709
— Scheck, 84
— Stundung, 709
— Wechsel, 85
— Zahlung an Bevollmächtigte, 84
— Zinsen aus Sparbriefen, 731
Zufluß- und Abflußprinzip, 81
s. auch Zufluß, Abfluß
— Spekulationsgeschäft, 1004
— Zeitpunkt des Zuflusses, 83
Zugewinnausgleich, 1018
Zugewinngemeinschaft, 142
Zugriffsbesteuerung, 1111
Zukunftssicherung
— bei Befreiung des Arbeitnehmers von der gesetzlichen Rentenversicherung, 1031
— Leistungen des Arbeitgebers, 1029
Zumutbare Belastung
— Bemessungsgrundlage, 259
— maßgebender Prozentsatz, 259
Zuordnung Kind, 343
Zurechnung der Einkünfte
— aus Kapitalvermögen, 714, 748
— aus Vermietung und Verpachtung, 768
Zusammenveranlagung
— außergewöhnliche Belastung, 119, 239
— Durchführung, 115
— gesonderte Ermittlung der Einkünfte, 115
— Kapitaleinkünfte, 116
— Sparer-Freibetrag, 116
— Verlustausgleich, 232
— Vorsorgepauschale, 221
— zumutbare Belastung, 319
Zusatzhöchstbetrag, 212
Zuschlagsteuern, 321
Zuschüsse, 857
— Einnahmen, 763
— Mieterzuschüsse, 763
— Rückzahlung, 765
— Vermietung und Verpachtung, 763
— zu Herstellungsaufwand, 763
Zuwendungen
— an gesetzlich unterhaltsberechtigten Personen, 973
— aus ganz überwiegendem betrieblichen Interesse, 34, 687
— Begriff (§ 12 Nr. 2 EStG), 973
Zuwendungsnießbrauch, 915, 917 f.
— Ablösung, 926
— AfA, 917
— entgeltlich bestellter, 750, 915
— Kapitaleinkünfte, 750
— Körperschaftsteuer-Anrechnung, 750
— Selbstnutzung durch Nießbraucher zu Wohnzwecken, 917
— teilentgeltlicher, 915
— unentgeltlicher, 750, 915
— Werbungskosten, 917

Zuzahlung
— bei Einbringung in Personengesellschaft, 614
Zwangsläufigkeit von Aufwendungen, 254, 268 ff.
— der Höhe nach, 258
— des verursachenden Ereignisses, 255
— rechtliche Gründe, 254
— sittliche Gründe, 254, 257
— tatsächliche Gründe, 256

Zweifamilienhaus, 770
Zweigniederlassung
— inländische, 1041
Zweikontenmodell, 76
Zweitstudium, 204
Zwischengewinne, 715
Zwischenwerte, 599, 613
— Einbringung in Kapitalgesellschaft, 599
Zytologisches Institut, 670

Der Verlag Schäffer-Poeschel sieht die Berücksichtigung von Umweltgesichtspunkten als Teil seiner Unternehmenskultur und bezieht sie in besonderer Weise in seine Entscheidungen mit ein.

Bei der Produktion unserer Bücher verwenden wir ausschließlich aus chlorfrei gebleichtem Zellstoff hergestelltes und im pH-Wert neutrales Papier.

Die zur Verpackung und zum Schutz der Umschläge eingesetzten Folien sind aus recyclefähigem Polyethylen und schneiden gegenüber anderen Verpackungsmaterialien in der Umweltbilanz positiv ab.

Wir haben zusammen mit unserem Produktions-Partner
- der Franz Spiegel Buch GmbH in Ulm -
ein Verfahren entwickelt (Spiegel-ProPrint), das eine besonders umweltschonende Herstellung unserer Bücher ermöglicht:

- Durch filmlosen Druck (computer-to-plate) werden Ressourcen gespart und kann auf umweltbelastende Chemikalien verzichtet werden.
- Durch Standardisierung der Formate und gemeinsame Fertigung gleichartiger Titel wird das zum Einrichten der Maschinen erforderliche Material minimiert und Abfall reduziert.
- Durch bedarfsgerechte Produktion (Printing-on-demand) werden Überdrucke und ihre Entsorgung vermieden.